中華大典

工業典

上海古籍出版社

中華人民共和國國務院批准的重大文化出版工程

國家文化發展綱要的重點出版工程項目

新聞出版總署列為「十一五」國家重大工程出版規劃之首

國家出版基金重點支持項目

《中華大典》工作委員會

主　任：柳斌傑
金人慶

副主任：李　彦　于永湛　鄔書林　張少春　李衛紅
周和平　陳金泉　李靜海

委　員：張小影　伍　傑　朱新均　吳尚之　孫　明
王家新　徐維凡　劉小琴　毛群安　遲　計
曹清堯　彭常新　王志勇　潘教峰　姜文明
王　正　石立英　安平秋　陳祖武　詹福瑞
戴龍基　宋煥起　孫　顒　陳　昕　魏同賢
王建輝　朱建綱　高紀言　莫世行　段志洪
李　維　何學惠　甄樹聲　馮俊科　譚　躍
羅小衛　王兆成

《中華大典》編纂委員會

《中華大典》前言

《中華大典》是運用我國歷代漢文古籍編纂的一部大型工具書。其目的是爲學術界及願意瞭解中國古代珍貴文化典籍的人士提供準確詳實、便於檢索的漢文古籍分類資料。

中國是世界文明古國之一，幾千年來纂寫和聚集的文化典籍浩如烟海。我國歷代都有編纂類書的優良傳統，具有代表性的《永樂大典》等大多已佚失，現存《古今圖書集成》編就距今也已數百年。爲了適應今天和以後研究和檢索的需要，一九八八年海内外三百多位專家學者和各古籍出版社同仁倡議，在已有類書的基礎上，用現代科學方法編纂一部新的類書《中華大典》。

國務院在關於編纂《中華大典》問題的批覆中指出，編纂《中華大典》「是我國建國以來最大的一項文化出版工程」。本書所收漢文古籍上起先秦，下迄清末，約三萬種，達七億多字，分爲二十四個典，近百個分典，内容廣博，規模宏大，前所未有。

《中華大典》的編纂工作堅持科學態度和百花齊放、百家爭鳴方針。儘量採用古精校精刻本，優先採用我國建國後文獻學和考古學的優秀成果。對傳統文化中重要的不同學派的資料，兼收并蓄。運用現代圖書分類的方法，對收集到的資料，精選、精編，力求便於檢索、準確可信。

這項工作從開始起就受到中共中央、國務院和有關部門的重視和支持。國家主席江澤民、國務院總理李鵬分别爲《中華大典》題詞。江澤民的題詞是：「同心同德群策群力認真編好中華大典爲建設有中國特色的社會主義服務」。李鵬的題詞是：「繼承和弘揚民族優秀傳統文化」。全國政協主席李瑞環、國務委員李鐵映也作了重要指示，要求抓緊辦理。一九九零年五月，國務院批准《中華大典》爲國家重點古籍

大典》工作、編纂會議。自此，《中華大典》的編纂工作由試點轉入正式啓動，逐步鋪開。整理項目。一九九二年九月，正式成立了《中華大典》工作委員會和《中華大典》編纂委員會，召開了《中華

編纂《中華大典》，學術性很强，工作量很大，工程十分艱巨，全賴廣大專家學者和全國各有關高等院校、科研院所、圖書館、出版單位的鼎力支持與積極參與。大家本着弘揚中華民族優秀文化的心願，發揚奉獻精神，克服各種困難，團結協作，給這部巨大類書的出版提供了根本保證。在此謹表示誠摯的謝意。

對本書的批評與建議，我們將十分歡迎。

《中華大典》編纂委員會

一九九七年四月

二〇〇六年十一月修訂

《中華大典》編纂通則

一、性質：《中華大典》（以下簡稱《大典》）是對漢文古籍（含已翻譯成漢文的少數民族古籍）進行全面的、系統的、科學的分類整理和匯編總結的新型類書，是在繼承歷代類書優良傳統、考慮漢文古籍固有特點的基礎上，借鑒和參照近代編纂百科全書的經驗和方法編纂而成。編纂《大典》的目的，是爲學術界及願意瞭解中國古代珍貴文化典籍的人士提供各種分門別類的，準確詳細的古代漢文專題資料。

二、規模和體例：《大典》所收古籍的時限，上自先秦，下迄辛亥革命。全書共收各類漢文古籍三萬餘種，七億多字。全書體例，着重汲取清代《古今圖書集成》所採用的經目和緯目相交織這一統一框架結構的模式，同時參照現代科學的學科、目録分類方法，并根據各類學科內容的實際情況，一般將每一大類學科輯爲一典，也有將幾個相關學科共輯爲一典的。對各典名稱，均以現代學科命名，對於所收入的各種古籍資料，亦儘可能納入現代科學分類體系之中。

三、經目：大典共分二十四個典，即哲學典、宗教典、政治典、軍事典、經濟典、法律典、教育典、語言文字典、文學典、藝術典、歷史典、歷史地理典、民俗典、數學典、物理化學典、天文典、地學典、生物學典、醫藥衛生典、農業典、林業典、工業典、交通運輸典、文獻目録典。典以下以分典、總部、部、分部分級，分部之下的標目根據各學科特點由各典自行擬定。

四、緯目：共設置九項緯目，用以包容各級經目的具體內容：

①題解：對有關學科的名稱、概念、涵義、特點等作總體介紹的資料。

②論説：有關理論部份的資料。

③綜述：有關學科或事物的系統性資料，凡有關學科或事物的性狀、制度、範疇、特點及學科地位、發展情況等具體內容均編入此緯目中。

④傳記：有關人物的傳記資料。

⑤紀事：有關學科或事物的具體活動或事例的資料。

⑥著録：重要人物或文獻的有關著作資料，如專集介紹、序跋、藏書題記，以及有關著作的成書經過、版本源流等。

⑦藝文：有關屬於文學欣賞性的散文或韵文。

⑧雜録：凡未收入以上各緯目，而又有較高參考價值的資料，均入雜録。

⑨圖表：根據有關經目的内容需要，圖與表附於相關專題之下，或集中匯總於某級經目之後。

《大典》以内容分類安排各級緯目，各級緯目的正文，一般以原書爲單位，按時代順序排列。每一條資料前標明出處，包括書名或作者名、篇名或卷次，以利讀者核對原書。

五、書目：每分典後附有該分典所收書之書目，書目包括書名、作者、時(年)代、版本等内容。時代以成書時代爲準，成書時代不詳者，以作者主要活動時代爲準，并遵從歷史習慣。

六、版本：《大典》在選用版本時儘量採用古人的精校精刻本，亦採用學術界通用的近、現代整理圈點本及現代學者校點整理本。

七、校點：爲儘可能保存古籍原貌，《大典》衹對底本中明顯的脱、訛、衍、倒進行勘正。古本中的避諱字一般不作改動，衹對缺筆字補足筆畫。後人刻書時避當朝人諱而改動的字，據古本改回。《大典》採用新式標點法。

一九九六年八月

二〇〇六年十一月修訂

《中華大典·工業典》編纂委員會

主　編：魏明孔

編　委（以姓氏筆畫爲序）：

王興文　李紹强　范建鏋　林廣志

胡小鵬　高超群　郭遠英　陳文源

湯開建　趙利峰　趙連穩　蔡　鋒

鄧　堪　劉建麗　盧華語　魏正孔

《中華大典·工業典》序

《工業典》是《中華大典》的一個組成部分，系統地分類彙集上起先秦下迄清末有關中國工業的文獻資料。

中國傳統工業的歷史，可以說就是一部手工業的歷史。現代人類學研究中的一個主流觀點是，人類揖別猿類是從打製第一塊石質工具所體現的勞動開始的，而被打製出來的这第一塊石質工具就是人類的第一件手工業産品，手工業由此濫觴。因而，我們可以認爲，人類是與手工業同時步入歷史舞臺的，而且直到工業革命前，手工業一直是科技乃至生産力進步的主要推動者、承載者和傳播者，而科技和生産力進步對人類文明的綿延和提升的意義則是不言而喻的：農業生産的進步、商業活動半徑的擴大、交通運輸能力的提高、軍事實力的增强、文化内容的豐富、生活水平的提高、劳动强度的降低、居住环境的改善，等等，皆離不開手工業的發展。工業革命濫觴於英倫三島之前，中國之所以能成爲人類文明的主要輸出地之一，很大程度上與中國傳統手工業的領先地位密切相關。當然，當人類基本生産形態因工業革命而徹底换軌之後，雖然中國的手工業並未裹步不前，但是已經無力繼續承擔起助中華文明領先於世界文明之重任。

我國傳統社會的一個重要特點是耕織經濟發達，個體小生産農業及家庭副業手工業經濟構成了當時社會財富的基本來源，「男耕女織」或「晴耕雨織」是廣大農民的基本生産方式。另外一個特點是，官營手工業經濟一直比較活躍。上述特點，對中國傳統工業水準的提升、科學技術的進步乃至社會經濟的發展所造成的影響無疑是多方面的，但是，越到晚近，它的負面影響就越凸顯出來。這無疑決定了我國的國情，且影響深遠。

我國歷史上的手工業技術對於人類的影響是深刻的，「四大發明」對推動人類文明進步的作用是人人皆知的例子，而通過「絲綢之路」向中亞、西亞、歐洲乃至非洲輸送的由中國製造的絲綢、紙張等精美手工業品，更成爲中外文化交流的重要媒介。隨着海上絲綢之路的開通與延伸，我國輸出的手工業品的數量及品種在不斷增加，其中最重要的商品是瓷器，其對世界的影響巨大，以至於英語中「中國」（China）與「瓷器」是同一詞。當然，當時的手工業品的交流是雙向的，並非只是單一的輸出。

除此之外，我國歷史上的彩陶、採礦、冶金、鑄造、造船、漆器、紡織、印染等工藝，亦處於當時世界的領先水準，社會影響亦是具有國際性的。被譽爲古代建築「活化石」的唐代建築山西五臺山南禪寺、佛光寺、芮城廣仁王廟、平順天台庵等榫卯結構建築，經過千餘年的風雨滄桑，依然在向世人展示着中國古代工匠獨特的藝術神韻。《工業典》就是對包括上述內容在內的資料進行搜集和整理。

我國流傳至今的古籍可謂汗牛充棟，而在傳統的農本主義經濟形態下，在國家制度設計中，手工業作爲「末」而没有得到應有的重視，受此影響，史家對工業的記載或是只言片語，或是在記載其他內容時附帶提及。早在《史記·商君列傳》中就明確提出重本輕末的思想，唐代人司馬貞在《史記索隱》中指出，這里「『末』謂工商也」。一些時期甚至將手工業技術發明視作奇技淫巧而備受限制。正因爲如此，古籍中有關工業的記載非常零散，系統記載者可謂鳳毛麟角。受此影響，手工業方面的資料在後世缺乏必要的整理，即使今天，這種情況也並没有得到多大改觀。這無疑使《工業典》資料的搜集難度非常大，遠遠超過了我們的估計。當然，各種官修典籍和文獻對手工業的輕視，並不意味着手工業不重要。事實上，手工業生產從某種程度上早已成爲中國人文化因子的一部分。例如，中國古代的製陶和冶煉工藝曾被視爲最尖端的工藝，故而人們常用「陶冶情操」來形容提升思想、道德和情趣的艱難過程。另外，刻範是我國古代手工業生產活動中出現較早的工具，而且精準度和標準化應該達到了很高的水準，故而人們用「模範」一詞來指被大家廣泛認同的樣板。凡此種種，不勝枚舉。《工業典》在編纂過程中，除了不遺餘力地利用傳世文獻外，對於新發現和整理的資料，也儘量給予關注，特別對最近發現和整理的資料費力較多，以體現編纂的時代特點。

《工業典》共計九個分典。根據現代工業主要行業且結合我國傳統手工業自身的特點，《工業典》設置了《陶瓷與其他燒製品工業分典》《金屬礦藏與冶煉工業分典》《製造工業分典》《造紙與印刷工業分典》《建築工業分典》《紡織與服裝工業分典》《食品工業分典》以及《綜合分典》。因爲傳統手工業發展到近代，在內外條件的變化下，出現了近代工業，這具有劃時代的意義。因此，在《中華大典》編委會領導的支持和上海古籍出版社專家的贊許下，《工業典》下設了《近代工業分典》。《近代工業分典》搜集材料時主要遵循兩個方面的原則：一是具有近代工業的生產形式，二是具有近代工業的管理與組織功能。這雖然與其他分典體例不盡一致，卻不失爲一種創新。這是需要說明的。

《工業典》的編纂，對瞭解中國傳統社會的工業佈局和經濟狀況，對發揚壯大手工業技術，對傳承和弘揚傳統文化，具有重要的意義。特別在將實現工業化和推進城鎮化作爲國家戰略的今天，挖掘整理這份文化遺産，無疑具有不可替代的歷史鏡鑒價值。

參加《工業典》編纂的學者分别來自重慶、廣州、蘭州、曲阜和北京以及澳門等地，均是手工業經濟史方面的專家。《工業典》自二〇〇六年啓動以來，已逾九載。《工業典》的編纂工作，自始至終得到了《中華大典》工作委員會和編纂委員會的指導，特别是《中華大典》辦公室的領導和工作人員付出心血頗多，各編纂者所在單位給予諸多方便，上海古籍出版社領導及編輯先生費心良多，在此一併深表謝忱。

我們從事《工業典》的編纂工作，限於水準和時間，難免存在掛一漏萬的問題，特别是在選材、整理方面的錯誤，需要方家和廣大讀者的批評指正。

魏明孔

二〇一五年十月

中華大典·工業典

近代工業分典

主　編：高超群
副主編：賀江楓　魚宏亮

《中華大典·工業典·近代工業分典》編纂説明

一、《中華大典·工業典·近代工業分典》(以下稱「本分典」),係《中華大典·工業典》的分典之一。根據《中華大典》的編纂通則、《工業典》的有關規定和本分典的具體情況,制訂了相應的編纂體例。

二、近代工業是指採用了機器和機械動力生產的製造工業,或者是指採用了現代企業的組織、管理制度(比如股份制)的製造工業。在時間範圍上,大致從十九世紀中後期至一九一一年。

三、本分典下設《近代工業思想與政策法規總部》《近代工業調查統計與同業組織總部》《近代工業企業家、工程管理人員與工人總部》《近代大型工業企業總部》和《近代地區工業總部》。

四、本分典各總部根據具体情況下設部、分部。

(一)《近代工業思想與政策法規總部》下設《近代工業思想部》《近代工業生產技術部》《近代工業政策部》和《近代工業法規部》。

(二)《近代工業調查統計與同業組織總部》下設《近代工業調查統計部》和《同業組織與近代工業部》。由於近代中國曾經參加或者舉辦多次工業展覽會,其中很多内容與近代工業密切相關,因此,在這個總部中,我們另附《近代工業展覽會部》。《同業組織與近代工業部》下設《上海同業組織與近代工業分部》《蘇州同業組織與近代工業分部》和《其他地區同業組織與近代工業分部》。

(三)《近代工業企業家、工程管理人員與工人總部》下設《近代工業企業家部》《近代工業工程人員部》《近代工業管理人員部》和《近代工業工人部》。

(四)《近代大型工業企業總部》包括一些規模較大、文獻資料較爲豐富的製造工業,下設《江南製造局部》《福州船政局部》《開平煤礦部》《上海機器織布局部》《湖北槍礮廠部》《漢冶萍公司部》和《大生紗廠部》。其中《漢冶萍公司部》包括漢陽鐵廠，《上海機器織布局部》包括華盛紡織廠。

（五）《近代地區工業總部》包括除上述大型工業企業之外的製造業，下設《南方地區近代工業部》和《北方地區近代工業部》。根據文獻特點、清末地域概念及編纂方便，北方地區大致包括今天的如下省市自治區：黑龍江、吉林、遼寧、內蒙古、河北、北京、天津、山東、山西、河南、陜西、寧夏、甘肅、新疆、青海、西藏。南方地區大致包括安徽、江西、浙江、江蘇、上海、湖北、湖南、廣東、廣西、福建、臺灣、四川、重慶、雲南、貴州。由於近代中小型工業較爲集中在軍事工業和採礦冶煉工業領域，因此這兩個部下分别設《軍事工業分部》《採礦冶煉工業分部》和《其他工業分部》。

五、本分典各部、分部下設題解、論説、綜述、紀事、藝文、圖表六個緯目。因各部、分部内容的不同，緯目的數目也有所不同，有資料則設，無則闕。根據近代工業有關文獻的特點，綜述一般收録同時論述多件事情的文獻，紀事一般收録只論述一件事情的文獻。

六、在每個緯目之下，所收資料按内容時間先後編排。部分文獻時代籠統、不清者，放在最後。

七、文獻標注基本按照作者（編者）、書名、卷次、篇名四級標目。由於近代文獻的特殊性，檔案、類書、叢書、全集和報刊類的書籍，大多屬於集體編纂，或者由後人編輯，因此只標編者姓名。如爲多個編者或機構，只出第一個編者，後加「等」字，省略其他編者。但如文獻爲當時人所著，則標明作者。

八、所收資料一依底本，訛、衍用「（　）」，正、補用「〔　〕」。省略用「【略】」。

九、譯著一律不收，酌收外國人在中國所著漢文著作，以及中國人譯編、譯述的著作。

一〇、本分典爲集體編纂。主編高超群，副主編賀江楓、魚宏亮，編纂組成員還包括紀鵬、李峰、李林。

《中華大典·工業典·近代工業分典》編纂委員會

二〇一五年七月

總目

近代工業思想與政策法規總部

《近代工業思想與政策法規總部》提要

一八四〇年鴉片戰爭爆發後，面對西方堅船利炮的強烈衝擊，一方面，中國的有識之士開始認識到西方近代工業文明的先進性，在學習介紹西方工業技術的同時，也努力呼籲國人向西方學習近代工業技術；另一方面，清政府在內憂外患的困境之中，亦逐步認識到必須採取各種措施，發展近代工業，只有如此方能挽救統治危機，改變中國積貧積弱的局面。

本總部主要收錄晚清時期介紹西方近代工業技術與主張發展近代工業的各類官私文獻，以及清政府在發展近代工業過程中推行的各項政策法規。本總部下設《近代工業思想部》《近代工業生産技術部》《近代工業政策部》和《近代工業法規部》。緯目包括論說、綜述、紀事、藝文、圖表，各部緯目根據收錄文獻的特點與內容進行設置，故而有所差異。

目録

近代工業思想部

論說

《申報》同治十三年十二月十三日《論開煤礦》　近日中國各省紛紛延請西士開挖煤礦，論者謂中國指日即可振興，當不至如昔時之將就也。又有言者謂西國之振興，不僅在于開煤而已，若僅師其開煤而其餘諸法皆置之度外，恐亦不足以即能振興也。夫西國之所以振興者，首在于各人均知算學，算學明而後能知製造，製造興而後能益人事。凡同一物若能常變其作法，或改爲新奇可喜，或更爲便易合用，則人必無不喜用者，喜用者多，則銷塲必廣，銷場廣則製造者皆獲其利矣。如房屋一端，此人生所必不可少之物，亦中國人所同不可少之物也。西人嘗謂予曰，造屋一事，一切工料，中國皆聽命于各匠，西國皆聽命于主人，是以同此大小之屋，同此工料之用，而西人必能料省工廉於華人者，無他，一明算法，一不明算法故也。其餘如機器等件，若欲製造，更非明於算學者不能也。又在於有人能明化學，既明化學，無論天地所已生成之物，皆知取用。即天地所未生成之者，或用二三物以合成爲一物者有之，或用十餘物以合成爲一物者亦有之，果能如此，製造各處所未有之物，以供生人日用之需，是直可以彌補天地之缺陷矣。豈徒令人世能得其利益哉。此各西國近年振興之要務也。若言開採地中所產各物，猶其末也，故滬上格致書院之設本館屢稱麥領事之有功於中國人事也，今則不但本館屢稱之，即中國各大憲亦無不深知之，所以各大憲均已佽助多金，而望格致書院之速成也。蓋皆深知格致之學，大有益於人世故也。所謂算學化學諸事，亦皆在其中矣。夫開採諸事，僅能受天地已生成之物，而化學既通，並能製成天下所未有之物，算學既通，既能改造天下新奇之物，又能節省天下製作之料也。然僅能取天地已生成之物，則天地生成之物，未必皆能歲復有所增益，以供世人之取用。故當其未經開採之時，則物之徧於地上、藏於地中者必多，如今日臺灣生番境內各物是也。若夫已經開採之後，則物亦必漸次而竭，如今日雲南各礦所產之五金等物是也。即以採煤而論，英國於百年以前煤之蓄積於礦內者，逐處皆有，近今百年之內，如鼓鑄鐵銅、製造機器、行駛輪車輪船、轉動器機，燃點燈火各事，無一不藉煤力。用之者廣，則採之者必多。其初年開採之時，尚有餘煤可集銷於他國，今則用煤之事歲有所增，而礦內之所有日有所竭，故反須購煤於他國。以中國與英國之土地而較，中國固數倍於英國，其所産之煤亦必能數倍於英國，然苟各處開採，則煤必至一時聚集。現今中國除轉動機器、行駛輪船之外，又無大須耗煤之事，小民無知，見煤既多而少用，必盡售之於他人，俟將來各事振興，需煤較多之時，反至無煤以供已用矣。今非爲開煤漸廣，即行議論阻撓，但既已廣行採煤之事，則銅鐵之礦亦在所宜速，即察明開採鼓鑄製造之事，更在所宜先辦理者，不似火車煤燈之可從緩也。第煤鐵各礦相離太遠之處，必須運此以就彼，火車轉運既速且廉，然斷難於成就，不如暫用西國鐵索機器轉運之法，較之人負馬駄定能便易。若不能自行鼓鑄製造之事，則開採之煤雖多，僅不過增一土產之貨可以售銷，仍不能大有益於人世也。總之現既多開煤礦，尤宜急採銅鐵，更宜先行鼓鑄，多造機器，再加習悉算化諸學，則衆利皆成矣。若猶不能振興，吾不信也。伏望當道諸公采用芻蕘，庶不負建設格致書院之美意，與開掘各處煤礦之盛舉也。

《申報》同治十三年十二月二十一日《西報論開煤鐵礦》　倫敦某報館論中國現議挖開煤鐵各礦事，因謂曰中國一創此舉，其後可不必待人再行勸勵矣。蓋一知大利所在，未有不趨之若鶩，而擴充之也。至所謂風水之說，想必不復有聞也。

《申報》光緒元年五月初二日《論廣募西人代開各礦事》　前閱西報，據曰李伯相創開煤鐵各礦之良謀，近見拒於京師某大臣，但某大臣以何藉口以阻伯相之意，是則未嘗傳聞。又接英京來信，復知英國購辦機器亦頗爲難，因在中國估價與英能買辦得之價兩相懸殊故也。以故，直隸何日始能開工，似仍無定期可指也。本館每閱京報，動見國庫告絀，政治大事如清還勇糧各難，豈非明徵與？又時聞徧處徵收已極，非籌議漸減，則民生難免日見減色，而國收亦必爲之日減，每思及之，而果然不免爲國家後局一慮。況現在我國以防禦外侮而不免就用外國耗費之軍器乎。不辦則我國不能稱敵，故他邦既辦，則年有鉅費之支，實歷來所全未見者也。本館愚意，國家若果能認真將徧國各省州縣所收所支從新整頓，則國庫自必有大餘積，即大減民捐，亦應足以辦買軍器。但所謂整頓者，皆惟終歸於虛言具文而已矣。故此寔難懷大望。雖然，當今之大局又何以求善法乎？曰開礦一事，已有挽回之道，亦足爲補救之法。但此道非能廣開，猶何能濟於大局乎。是以本館今敢略進片言，愿中國進西人，以西人之銀數行大開各礦。然華人聞此言而遂以本館偏袒西人者，必有之，但本館亦不以此爲憚也。又誠恐有大憲多員明知不如准西人之開爲計之得，特因懼首建此議見譴，故不敢以奏聞也。夫開礦也，欲從大挖取，則用本亦鉅大，第開礦亦如他舉，未必定可獲利也。現西國雖有獲鉅利者不少，然開礦而大虧折者亦種種每見矣。惟揆現在實勢，若必欲待華人自開，則歷年久遠，而開挖仍必細微，於國家之大局將如何其有助。設使准西人代開，則未逾數年，西人用本或至數十兆銀，而其能大挖亦可保無疑矣。或曰中國地内常藏財寶，何爲而如是棄於西人耶？曰不願國家永遠捨於西人，如某處開礦，可與訂定或數年，或十年，礦所仍可歸與國家，且又與訂如挖煤每噸捐銀於國家若干，或半元、或一元不等。即若東洋長崎相近之煤礦名大可西馬者，東人前租與西人，名克拉弗，訂以五年爲期，期既滿，則礦已經又歸於東人也。而現在每日可挖取五百噸，合斤即八千多担，中國若果肯效此法，許西人立大公司在十數處，兹逾一年，則每年或可挖取二千餘萬銀之貨，除國家繳項至二百餘萬，又可使小民或數十萬人皆有筐生之道。或逾五年或十年，則各礦仍然歸與中國，而中人又已多得西人開礦之法也。至西人之贃利，大抵亦不甚大，若欲使中民與分其利，亦可先訂每公司由中民入股若干，設使懼西人在内地滋事作難，亦可先訂每礦只准用厚實之五六西人，其餘皆議就用華民也。余所以勸及此者，蓋明知若待中人自開，勢必延曠多年，若能反准西人，則年餘已必見効。國家既坐收其利，百姓又得食力之道。各路商人船户將又擴充其業，而中國可免每年運出鉅銀以購辦其所用之煤鐵等物也。夫以西人之得利論之，地内所藏財寶無窮，西人雖歷數年而得之，亦仍然非中人之失也。若妬其小利，此實不過以小疾而自害無異也。且外洋諸國亦准彼國之人在我國開礦，若近日西報所述英人某在西班牙國辦買大礦一所，即英人向來亦多入股於美國各開礦公司者，皆有明徵。蓋明知我國之人無力自開其礦，不如藉他國之力與銀以開之爲美也。西國之人，無不自少即知開礦之法，故開礦是其專家也，又況我國不知良法，自行之恐必有屢涉錯悞者乎。本館此論欲爲中國指畫自利之捷道，行之極易至便，我□坐收其利而已矣，不知當局者能不以余言爲河漢否也。

《申報》光緒元年五月二十九日《再論開采各礦録用西學事》 昨因道路傳言，中國將有開采各礦之舉，與録用能通西學之人。雖未確有實據，然本館聞之，喜中國大有振興之機，不禁詳爲之論。特是中國向來之病，往往失在自立門户，各樹黨援，故多黨同伐異之行，以爲分所應爾；重中輕外之意，以爲理所當然。恐上雖有是心，而下仍無其事，爲可惜也。即如五金之礦，天地生成，原欲以供世人之用，但不能各省皆有耳。至於煤礦，則各省皆有之，惟未能盡行開采耳。然有煤礦之區，而督撫又不欲開采；督撫之願開采者，又或煤礦之不美；甚至礦雖至美而未開采者，或多方以阻止；即已開采者，或設法以議停。故議論開礦者，已有歷年，而其事至今尚無成説也。今既上有開礦之意，即各省仍存不願開礦之心。伏思臺灣一島，新闢生番之地，彼既无風水之見，何妨先在彼處舉行。倘能獲有利益，或内地各省見之歆羡，從此情願仿照辦理，亦未可知。惟望司臺灣之柄者，勿存成見可也。至未通商以前，凡與中國往來之國，皆與中國書同文者居多。今則泰西諸國航海而來，其文字全與中國不同。但昔日所與往來之國無可取法，而今泰西各國，其一切化學、算術、製造各法，訓練諸方，開采懋遷之艺，皆大有益於人事，而中國亦可取法者。若不通其文字，事事皆須延請西人，耳提面命，口授指傳，不亦難乎。秉國者深明此理，所以有同文舘之設也。然各人均有畏難圖易之心，反鄙西法爲不足法，毁西學爲不足學，設有人從而習之，羣起而謂爲索隱行怪。動則曰，中國自唐虞至今，已數千年，皆用聖人之道以治世，並無所謂西法西學者，而亦長治久安。今則厭故喜新，吾未見其即能治理也。且有人焉已則畧知一二，即自命爲精通，見有人高出其上者，必將妒忌而排擠之，較之鄙棄不習者爲尤甚，又安望有人習之哉。不知通商之後，中國不能閉關而守，泰西諸國均有新奇之法，惟中國仍用陳腐之物，將何術以禦他國乎。且西法西學皆係有益人事之端，並非若佛教道教，專以清静寂滅爲事而無益於人，可指爲異端之不可攻也。但中國之學，漢宋各異，朱陸互殊，聖教中尚存彼此之見，何況中西哉。今既欲録用能通西學之人，則他日之學西學者必多，但擇西法西書之有益人事者，是則是效，其他亦不必盡習，是仍與中國聖教不相刺謬，不過於中國書中再加技藝一門而已，又何害於大局哉。由是觀之，開采各礦者，取其物皆可有益於人；録用西學者，取其法亦足有益於人。但求其有益可也，遑問其他哉。今舉奉旨辦此二事，或者向日黨同伐異、重中輕外之故習可以盡除，而自立門户、各樹黨援之錮蔽亦可全泯，庶不致徒託空言，仍無實濟，將來即從此而大能振興，亦意中之事也，拭目俟之。

楊書霖《左文襄公文集·説帖·藝學説帖》 爲呈具説帖，商請核酌，挈衔彙奏請旨事。閏五月十九日，欽奉諭旨：國子監司業潘衍桐奏請特開藝學一科以儲人才一摺，著大學士六部九卿，會同總理各國事務衙門，妥議具奏，欽此。竊藝事，係形而下者之稱，然志道、據德、依仁、游藝，爲形而上者所不廢。經稱工執藝事以諫，是其有位於朝，與百爾並無同異。況自海上用兵以來，泰西諸邦，以機器輪船横行海上，英、法、俄、德又各以船礮互相矜耀，日競其鯨吞蠶食之謀，乘虚蹈瑕，無所不至。此時而言自強之策，又非師遠人之長，還以治之不可。宗棠在閩浙總督任内時，力請創造輪船，並有正誼堂書局、求是堂藝局之設。所有管駕、看盤、機器均選用閩中藝局生徒承充，並未參雜西洋師匠在内。洋人每言華人明悟甚於洋人，亦足見其言之不誣也。見聞廣東正紳多延訪深明藝事者，課其子弟，此風一開，則西人之長，皆吾華之長，不但船堅礮利可以制海寇，即分吾華一郡一邑之聰明才智物力，敵彼一國而有餘。行之數年，各海口船礮羅列，並可隨時分撥協濟，人力物力互相通融，處處銅墻鐵壁，以守則固，以戰則克，尚何外侮之足慮乎。所宜預爲籌策者，船礮之製購宜精也，人才之登進宜廣也。海上用兵以來，華人於造船製礮之法請求有日，其精良殆可與泰西各國比。就經費而言，無泰西保險及長途運脚等項，虚糜之耗，又較省也。人才惟廣東稱盛，緣紳民仇視泰西由來已久，如令自相固結，籌兵籌餉不患無人。無論購製船礮，固可期尅日蕆事；即令其選募成營，用其所長，亦必踴躍争先。而戰於其鄉，勇氣自倍，更無論也。沿海如閩、浙兩省，士民之氣稍近疲玩，非督撫切實經理，於勸勉之中益加督責不爲功。至於江南，則漁團不撤，正可資以集事，船可製購撥用，火礮則儲備尚多，且由局增製亦易，人才物力，均非所乏也。此言藝學之宜行也。至原奏所請特開一科之説，則似可無庸置議。緣古人以道藝出於一，原未嘗析而爲二，周公以多材多藝自許，孔子以不試故藝自明。是藝事雖所兼長，究不能離道而言藝，本末輕重之分固有如此。惟登進之初，必先由學臣考取，録送咨部，行司註册，然後分發各海口效用差委，補署職官乃憑考核。立法之初，應由海疆督撫飭委海關道及候補道員，專司察驗考生三代籍貫，具册開報，一呈送督撫，一由督撫咨送學政。其願就文武兩途，由各考生自行呈明註册，聽候學政考試，分别去取，移明督撫傳驗，會同出榜曉示。一面飭司註册，由司飭考生本籍州縣傳知各考生知照。其流寓各考生，即呈由寄籍各州縣開列加結，具文申送備案。其取中文武兩科藝事各生，均聽各考生自呈，願就何項差使，填注試卷面旁，鈐用文科藝事、武科藝事戳記，以便識别。大約藝事以語言、文字、製造三者爲要，能通中西語言文字，則能兼中西之長，旁推交通，自成日新盛業。其有取於語言文字者，爲其明製造之理與數，雖不能親手製器，尚可口授匠師，令其製造也。其能製造而不諳文理者，即以武科開列，以之充當末弁，深其歷練，究勝於趨蹌應對，以弓箭槍礮得差缺補署之流也。至於取中額數，以應考名數爲斷，大約學額十名，取録藝事兩三名。於學額無所損，而於人才則大有益，省虚文而收實效。自強之策，固無有急於此者。謹畢其愚慮作爲説帖，敬希同事諸君子核定，挈銜彙奏，幸甚，幸甚。

甘韓《皇朝經世文新編續集》卷八《礦務問答》　問，泰西之富，效在礦務，中國仿而行之，於右有合否。曰：礦之興也，由來舊矣，特古無礦務之名耳。子華子曰，黄帝之治天下也，百神出而受職於明堂之庭，乃采銅於首山，以鑄神鼎焉。此爲采礦之所自始。《管子・地數篇》曰，出銅之山四百六十七，出銕之山三千六百九。伯高對黄帝曰，上有丹砂者，下有黄金。上有慈石者，下有銅金。上有段石者，下有鉛錫赤銅。上有赭石者，下有銕。此山之見榮者也。《淮南子・地形訓》曰：「正土之氣也，御乎埃天。埃天五百歲生缺，缺五百歲生黄埃，黄埃五百歲生黄澒，黄澒五百歲生黄金。偏土之氣，御乎清天，清天八百歲生青曹，青曹八百歲生青澒，青澒八百歲生青金。壯土之氣，御於赤天，赤天七百歲生赤丹，赤丹七百歲生赤澒，赤澒七百歲生赤金。弱土之氣，御乎白天，白天九百歲生白礜，白礜九百歲生白澒，白澒九百歲生白金。牝土之氣，御乎玄天，玄天六百歲生玄砥，玄砥六百歲生玄澒，玄澒六百歲生玄金。」可知五金之礦，有苗可察，伊古已然。《周官》一書，有卝人之職，掌金玉錫石之地，而爲之厲禁以守之。若以時取之，則物其地圖而授之，巡其禁令。由斯而譚礦務一端，歷古如斯，非獨泰西之秘計也。又攷《列國歲計政要》載礦税一則，計布國礦利二千三十萬九千六百八十大拉，合銀八百九十三萬六千餘兩，俄國金礦餘銀二兆六十九萬八百四十二磅，合銀一千七十六萬三千餘兩，比利時礦捐六十二萬八千福蘭格，合銀十一萬九千餘兩，英美兩國礦産至旺，足見泰西所以致富之道，發源於礦亦一端也。想我中國五金之富，甲於地球，光緒癸酉年西報稱德人游歷中國，曾遵直隸、山東、湖南、湖北等省，探息至詳，謂礦産極富，煤銕尤多，復聞山東、山西、雲南亦然。英國博物院謂中國煤産以江西樂平、山東萊州、浙江江山及湖南等處爲最，而莫多於山西。比利時議院謂中華土厚人稠，金、銀、銕、錫四金之産所在多有，通國煤産十倍於英。中國礦産西人多稱述之，蓋早垂涎於此也。中國士夫非無知者，如漠河之金礦、開平之煤礦、平泉之銅礦早經開闢，具有成效。迄今時局難艱，彌形支絀，是以朝廷屢陳開采之章，皇上大頒開採之詔，各省督撫將軍曲體宸衷，於直隸、江西、湖北、浙江等處迭開礦務，湘省亦並與此舉。自客歲至今，各府州縣陸續興辦，近聞常甯之鉛礦、辰州之安的摩尼礦、湘潭之煤礦，盛稱極盛。益陽甯鄉各處，亦次第舉辦。夫礦本天地自然之利，取之不竭，用之不窮者也。又得其人，籌之盡善，採之得法，則七澤三湘之地，不即五金坌溢之區哉。

求是齋《皇朝經世文編五集》卷一一《英名士日也美崇氏論中國紡繅業》

滬濱之地，有二繅紡公司，一則專事紡繅，一則兼綿布機織之業。其專事紡繅者，有錘數一萬五千，而兼機織者，有錘數二萬五千，備織機五百五十架，將有漸次興旺之勢。二公司並稱係商民私立，究其實情，蓋爲有司所營也。故政府附與特權，而保護其業務矣。政府之意，以爲若不出此策，則根基不得鞏固，苟根基不固，奈他人亦興此種工業，而攙奪其利何。國内人猶可恕，獨恐外國人亦將奪我利也。蓋華人心懷危懼者如斯耳。查兩公司，其一在九十三年十月爲火所災，該公司不訂火災保險，遂至貲財蕩盡，損失甚巨。聞燒後欲擴大規模，經營慘澹，將裝置紡錘十萬，織機一千五百架。外國商工等羣欲於中國公開埠頭，興製造諸業，屢請中國政府。該政府百方設辭，婉拒絶之，欲不與外人以利權，甚至諭令海關，謂非經政府允准者，禁輸進一切紡繅機器。於是列國工商等，聯成一氣，以反抗其專横矣。雖中國政府不准輸進此種機器，然已有通商條約明文矣。假使藉詞推託，而與條約相背，則模稜解釋，惡能禁外人輸進貨物哉。意中國政府蓋謂若使外邦之人於國内與紡織等業，則横奪勞工之銀，遂使國内勞工立見困弊也。抑知外人於中國内興紡繅織機等業，不獨不損害中國，却足誘起該業興盛焉。何也？曰外國貲本利息甚低，藉此低息貲本，利用運爲，興其商業，則豈非大利益之事哉。況中國目下，正望得此種貲本也。且紡繅棉布，需用日繁，當此之時，得外邦在内地興業，則物産出於國内，其便且益也，不待智者而知矣。不見中國歲歲挪四五百萬鎊，仰供給於海外，以充其日用乎。歲縻四五百萬鎊巨貲，嗚呼！其不利炳然如是也。苟中國内地，此種工業未興，雖當此時，我英製造此等機器，得利者寡，至若滿查士太即英國紡織業最盛之地之收益，則□□大耳。要之中國政府，若必劃定一區，始准興紡繅工業，□□□工業務依然狹小，不計千百年後，到底有何等□益也。若各國公開其内地，准興諸種工業，則雖孟買蘭加士耶兒並爲紡機業殷盛□之地等，亦稱其爲勁敵，中國之利益，蓋莫大焉。當是之時，我英向華貿易交通不須固守現時步武，事機爲之一轉，可無論矣。

求是齋《皇朝經世文編五集》卷一六《開礦》 地不愛寶也，利不諱言也，不富未有能強者也。雖然，富於國每病於民，富於私易損於公。求其有利無害，而爲天地自然之富，無如開礦，取不禁，用不竭，化無用爲有用，人人知之。知之而卒不開，開之而卒不富，非礦誤開者，第開者誤礦耳。間者礦亦數開矣，大抵泥於官督商辦之説，而無事不由官總其成，徧招商股以資成本。礦匠多濫竽也，機器無實濟也，總辦、會辦、支應、文案，名目既繁，開銷自鉅，但論情勢，爲任用不問賢否之混淆。平度金礦、徐州鐵礦、三山銀礦、鶴峯銅礦均以是敗，率是道也，雖布金滿地，如取如携，未有能富者也。西人言理財，從無以商合官者，今乃混官商而一之。官有權，商無權，勢不至本集自商、利散於官不止，特借礦股爲戲人之猴焉而已。今請以官發其耑，舉其事，而既任之商，不以官與，天下無不富之礦。竊有説於此，僅費朝廷十餘萬之帑，不數年而可綜二十三行省所有之礦，一一漸宣其藴，坐收其利，當道亦願聞之乎。請朝廷明降諭旨，查明舊有礦産處所，或新有礦苗發露而未報官者，令地方詳析具報。一面諭出使各國大臣，就外洋博訪頭等礦師數人來華，餼從其厚，總署派曾經學習礦務司員導之，分赴各省確加測驗，而詳記其苗之衰旺，穴之淺深，質之優劣，以達之部。先覆勘一二處，有不實者嚴坐，所薦之使臣自無徇私濫保者。雲南、貴州等省邊民有老於礦事者，亦可令該督撫確訪招徠，所費尤省，就所驗釐定其價之等差，仿牙行納帖例，刊發礦帖攽之藩司，由商民認地具領，計所入歲必不訾，或集訾夥辦，或獨力開采，聽其便。如疆吏有孔僅、劉晏之流長於理財，樂開風氣，願認地開采者，奏請准行。《籌洋芻議》所舉礦屯六利，抉摘無餘，宜仿爲之，不得多派委員濫用私人，仍蹈惡習而啓流弊。歲繳所餘於國，明提幾成以次犒辦理各員，各營仍優予議叙。人情最貪者利，而最重者名，重賞懸其前，峻罰怵其後，尚有肥己誤公者哉。會稽之東有鄙人焉，富於窖藏，而恒憂貧。有語之者曰，子明明有窖藏，在貧胡爲者，則以「畚鍤不具，僕從無助」對。今中國之棄貨於地，將無同。夫使中國而無需於礦也，則不必開。無論互市以來，進口出口貨價相抵，歲尚溢出銀二三千萬兩，從此銀根日短，急賴礦以補捄之也。即以煤鐵論，日用所必需也，製造所必需也。且去年兩廣督臣張請築湖北至盧溝橋鐵路，臺灣撫臣劉請築沿江沿海鐵路，江蘇護撫臣黃請築沿邊鐵路，而上海輪船局、織布局又擴充有效。非煤無以發汽，非鐵無以製器。如再因循，必將廢日用、停製造，及鐵路、輪船、紡織諸大政，概予罷去而後可，否則勢不得不購自外洋，棄自有之利權，而與外人以龍斷。爲是説者，特夷人之雉媒，而中國之蟊賊耳。何爲不開？抑使中國而本無礦産也，則無從開。然開而不效者固有，而雲南銅礦、開平、基隆煤礦、漠河金礦，均聞開有規模。就煤六項計之，同治十二年正月西報比利時外部咨其議院，謂金銀銅鐵四金之礦，中國所在多有，煤産十倍於英，英煤産計一萬二千方里。總計十二萬七千方英里，是皆富媼之菁華，生民所利賴，如法開采，取土中之固有，濟民間所本無，富國富民悉基於此，何爲不開？抑使於古無征，則不敢開。丱人列自《周官》，鐵官箸於《管子》。漢置鐵官凡四十郡，小鐵官又徧天下。魏有銀官金户之設，唐有銀冶五十八，銅冶九十六，鐵山五，錫山二，鉛山四。宋時産銀者三監、五十一場、三務，産銅者三十五場、一務，産鐵者四監、十二冶、二十務、二十五場，産鉛者三十六場、三十九務，産錫者九場，水銀四場，朱砂三場。遼置五冶太師。金制指坑得寶有賞，訪察礦苗有使。元有鐵冶銅冶淘金總府提舉司、金銀銅冶轉運司。明之鐵冶銀課，布政使參議與夫按察使僉事主之。雖宣德以後，或罷或設，中使四出，礦徒交開，遂爲國病。然周公、管仲以王以霸，豈容鑒衰世所失，自塞源源之利孔，因噎廢食，愚者笑之。何爲不開？抑使於今無證，則不開。康熙五十二年上諭：天地有自然之利，當與民共之，不當以無用棄之。乾隆四年上諭兩廣總督馬爾泰：銀礦所以便民，無庸封禁。同治六年，曾文正覆奏預籌修約事宜疏有云，窆煤一事，借外國開窆之器，興中國永遠之利，聖君哲相開物成務，不欲牟利以擾民，而亦不欲棄地而壅利。何爲不開？抑使中國不自開而能保洋人永不覬覦，則尚可以緩開。環地球各國，英最富，故最強。其國合蘇格蘭、阿爾蘭及英倫三島而成，連屬地廣四百六十七萬七千四百三十二方里，其礦歲産鐵約六七十兆噸，煤約一百二三十兆噸。足國所餘，歲出口鐵值銀十七八兆鎊，煤值銀三十餘兆鎊，獲利無算。顧開窆既久，羅掘亦艱，二十年來，價亦加昂矣。近有深識者游其全境，謂綜覆英礦之未出而易開者，僅足□百數十年之用。同治癸酉四月西報，英員集衆商而語之曰，近有德人游歷中國，曾過山東等省，探悉礦産極富，煤礦尤多，見僅英國煤缺，亟思乞諸其鄰，應咨請駐京使臣籌議開礦條約，以資轉運而利帑儲。又同月十七日英員復議煤礦云，中國礦地膏腴，煤産凝結，其厚自一尺至二三十尺不等，自應查各國條約中有無開礦條款，否則議請添入。然猶曰西國新報不足據爲典要也。同治七年九月總署咨三口前因，東省平度、甯海等州屬有各國洋人私赴各處開礦窆金，當即照會嚴飭禁止等因。光緒十三年總署遵議漠河金廠開辦事宜疏云，前有俄商薩比湯在出使大臣處呈請，欲租粗魯海圖地方設廠窆金等因，其地即在漠河之西，豈有王大臣入告咨行之言而不足信者。中國擁其利而不善自謀，外人已虎視眈眈，其欲逐逐。況距各國換約之期不遠，恐將藉端要求。要求不遂，恫喝隨之，隱患不堪設想。投骨於地，羣犬斷斷，慢藏誨盜，勢有固然。迅即明定章程，自發其覆，以杜窺伺，以免鉏鋙，以收利權。何爲不開？其事簡便而易行，其利挹注而無盡，故不憚上下縱横，直抉其症結之所在，冀裨國是於萬一。誠采芻蕘而行之，開一分則保一分之富，開十分則保十分之富，日增月盛，國用既饒，轉資鄰敵，將逐年所溢出於外洋者，未始不可逐年收回。富云乎哉？至於損地脈釀變端，此一孔之目論，直不足與之深辨。

求是齋《皇朝經世文編五集》卷一六《鐵政》

鐵之爲用大矣，伊古以來，釜鐺以爨，鉏鎛以耕，深閨之刀翦無聲，絶塞之戈矛如雪，以至百工椎鑿、效伎程材、九陛鐘鏞、銘勳紀事，自公私上下、民生日用，無一不於鐵乎是資。明時海疆將帥虜獲倭人，及奉詔放還，皆乞取鎖鐐，歡欣踴躍而去，以倭不産鐵故也。蓋鐵之爲用，實冠五金。中國鐵礦繁多，故如取如攜，了無足異，使天下一日無錢，斯民之不便何如。英吉利海西三島耳，當未得印度之先，徒以煤鐵之富販運歐洲，縱横海外。近日西士之精於天文化學者，攷察太陽本體，其色其光其熱與煆紅之錳鐵無殊，疑其質性相同，故光華相若。自書契至今五千歲，陽烏光熱未減毫芒，地體小於日輪三百萬倍，日與地之吸力如景隨形，如磁引鐵，同類則相感，同氣則相求，因疑地與衆行星皆日中爆出之分體。故大地所産惟鐵獨多，而外洋火山震裂之時，所湧出者皆硫磺與鐵汁也。意地心奇熱，焚燒錳鐵之精，與日輪光熱俱同，故其氣可以互攝。今日講求格致，機器鐵路取多用宏，然以理揣之，日輪鐵也，地球亦鐵也。則鐵之效用於人者，今日尚其濫觴而未得窮其究竟也。西士之言如此，雖六合之外，古聖人有所不言，然俯察仰觀，不得謂豪無所見矣。通商而後，洋鐵盛行，大關乎製造海防，小極於尋常日用。中國非無鐵也，製練不精，故大利盡爲所奪也。張之洞有見於此，在鄂奏開鐵政一局，購機鍊銅以闢利原，或乃掎摭流言，阻撓至計，若惟恐西人失利，而中國富彊也者。井蛙夏蟲之見，淵魚叢雀之心，不自知其倒行逆施之至於此極也。惟局中工匠舉用西人，費鉅工繁，難乎爲繼，宜選聰俊子弟隨節出洋，於克虜伯及著名各廠專門習學，然後博攷舊法，參用中西，棄短取長，持平核實。其必用西法者，提官款以助其成。其兼用中法者，藉人力以省其費。他若枯煤受煅，引氣以然鐙，鐵洛所遺，入灰而成石，務使礦無遺利，廠無棄材，乃能細大不捐，精粗悉當。中國煤鐵之礦，十八行省無慮無之，廣收利權，致精械用，權衡今古，便益公私。他日兵事偶開，則精槍快礮，鐵艦魚雷，取之宫中而皆備，何必皇皇然、竊竊然憂局外之刁難恫喝哉。

夏東元《鄭觀應集》下册《讀〈軍機大臣覆奏伍秩庸星使開辦礦務條陳杜弊章程摺〉跋尾》 光緒二十四年九月初十日，準軍機處抄交出使美、日、秘國大臣伍廷芳具奏開辦礦務條陳、杜弊章程各摺片，本日奉硃批：著王文韶等會同總理衙門議奏。片並發。欽此。臣等查原奏内稱：中國地大物博，各國環伺，乘間要求，非第利其土疆，實亦羨其礦産。我誠定計於先，廣爲籌辦，既可貽我民之樂利，即可杜他族之覬覦。從前礦務辦法大約有三：曰官辦，曰商辦，曰官商合辦。但官辦則公款難籌，商辦則私財不給，官商合辦則商惟恐受制於官，亦難取信於民，瞻顧徘徊，事機坐失。是惟華商承辦，許附洋股，互相維制，此法誠良。若内地商民，或因資本不足，或因礦師難延，或因機器難購，雖求速效且資熟手，勢不能不轉任洋商。既任洋商，則必須善訂章程始可有濟。杜弊之要，約有數端條陳：清地界，定年限，明抽出，估華股，慎稽核，防後患，以備采擇等語。臣等查中國礦産富饒，甲於五洲，爲外人所覬覦已非一日。特以華人資本不裕，向用土法開採，收效無多，近來風氣既開，華商亦多糾集公司，思效西法開採，每以資本不足請借洋款，事當開辦伊始，利之所在，弊即隨之，自非善訂章程誠不足以杜後患。該大臣條陳各節洵屬杜漸防微之道，此須臣等議定章程，已將該大臣陳奏各條酌爲採入。至原片又稱：西人游歷來華，探測礦産殆遍，人皆洞澈，我反罔昧。應由總理衙門延顧上等礦師，並招致曾經出洋肄習礦務學生，隨同總局委員周歷各省，按址履勘，詳細記載，列册備查；並行知各疆臣檄下地方官各就本轄境内博訪周諮，確查礦産所出，呈報總局，庶幾披圖按籍，一一可籍等語。臣等查局中擬設礦務學堂，延請礦師，曾經奏明在案。只以經費難籌，一時當未及舉辦；至肄習礦務學堂學生，亦經奏明由南北洋大臣遴派聰穎子弟出洋，尚未據該大臣諮報。從前學生有選派出洋肄業者並無專習礦務之人，現尚無從招致。惟二十一行省産礦地方，所在多有，與其由總局派員往勘勢不能周，不若由各該地方官就近查明，較爲切實。應如該大臣所請，由各省將軍、督撫轉飭各該地方官，於所轄境内察訪産礦之處，無論已開、未開及開而復閉者，詳細探明確勘，繪圖貼説，於六個月内諮報總局，以憑核辦云云。

查開礦築路等事，余昔年曾上書當道：如各國允與我國訂立條約，二三十年内彼此不動干戈，保東方太平，我國路礦準外人與華商合辦，外人着三分一，華人着三分二；設立華董四人，西董二人；不論華、洋股東，皆當遵守大清商律。與部復伍公使奏章所論不約而同。惟未悉何以條議遷延，只準借款，不準入股。查借款、用人、購料均歸彼所承辦，假彼利權，我國暗耗尤多，故西商皆樂爲之，而政府全然不覺，以致伍星使亦有議準美人合興公司，一再訂約之舉。讀楊京卿度《鐵路駁議》一卷，令人幾欲廢書而嘆。幸該路贖回，余得濫竽年餘；然憂讒引退，無補時艱，是余之所疚心也。特著於篇，以冀大才應運行其所言，則余之所欣幸也歟。

陳忠倚《皇朝經世文三編》卷六八《論開煤礦之益》 傳曰，天不愛道，地不愛寶。不愛之者，不吝惜以與人也。夫天既不吝道以傳人，地即不吝寶以養人，此固自然之理，亦即自然之利。然伊古以來，所謂地中之産寶者，惟稼穡耳，材木耳，惟《周禮》有丱人一職，似於山内各産畧有所出，然亦未見大行。秦漢而後更鮮有言及者。夫國家寶稼穡，農人重菽粟，則農人終歲勤苦者，大抵皆地面之所生耳，而地之所以不愛寶以與人，人竟捨而棄置之，終千百年而不用，良可惜之。鄙人嘗著論説言商務諸事，必須輪船火車以濟之，自有此製，而往來運脚省費不啻倍蓰，而中土人士竟漠置焉。甘於運□之耗費而不悔，良用詫異。今地中有寶以供人用，又甘棄置而不出，豈果不知此利耶，亦以出之無良法，而且又未曾核計其數，姑舍是耳。今歲爲始終核計，必當恍然思、幡然悟，而知所變計矣。按英國之民，亦未嘗不力田，一自礦務改興，而合一國所出之煤，匀計每年每人可得工銀四兩。況考五洲各國煤礦，惟中國最多，以此推之，中國粤省民人匀計可增銀八千萬兩，煤礦之開，所關不綦大哉。按地學家考煤之原質，係開闢之初，有無數樹木覆於地中，地中有火燒之，一如窑狀，迨將濕氣逼出，惟餘黑炭在土而已。然煤又有三類：一有不十分黑之煤；二其煤有甚軟而有油者，故入爐時有烟，又名曰烟煤；三有煤甚堅硬而光亮無烟者。按化學家言不十分黑之煤，每百分中只有七十分之炭，炭即煤也，下餘惟輕、養二氣，俗名即曰濕氣。烟煤有八十餘分炭，餘亦濕氣。惟堅硬無烟之煤，每百分中有九十餘分之炭，幾若無濕氣者然，此但論煤塊而已。若煤渣滓亦有法製之，將此渣滓入窑燒煉去烟，仍成炭塊，名曰焦煤。凡用大輪者最喜用此，緣無烟而力大也。早年西國居家者，每年每口勻計用煤十斤，至今每年每口均拉用煤七十斤餘，蓋緣有輪車、輪舟、鐵廠、煤氣礦及各類製造廠用煤故也。又查西國一千八百八十五年所出之煤四百餘兆噸，每噸一千六百八十斤内有歐洲出煤三百兆，美洲出煤一百兆，其餘之國所出不過廿兆，惟英一國出一百六十兆，可見歐洲所出之煤多半皆在英國，而五洲列國所出之煤數，在本年三月初三日報可知。由是觀之，中國地中所產之煤已駕乎五洲而上之，惜均在地中，尚未經發洩耳。今聞國家已準各省產煤之區任人開採，鄂省、臺灣已皆行之有效，即開平所開煤井，每日可出數百噸，甚見興盛。將來各省所出愈多，銷售愈廣，行見利民利國，指顧問耳，不第此也。而且又可遠售各國，則財又不可以倍蓰計矣，不禁跂予望之。

邵之棠《皇朝經世文統編》卷八九《論中國煤礦》 中國湖南省新設礦務局，開採金、銀、銻、鈊、鎳各礦，但此省礦產之富，以煤爲最。其餘各礦雖有，難卜美利。煤礦已准商人開採，仍歸官查核，而西人之意，不以歸官查報爲宜，礦務局現准人報名註册開採。查湖南產煤之地自醴陵道至湘潭，縱横二萬一千方英里，可以開採獲利者，約居其半，所產之煤分爲二種：一稱遼江煤，一稱湘江煤。遼江煤質潔浄，惟華人採法不精，遺棄甚多，祇是採其礦面之煤，礦穴深處從未試取。煤價粗者每噸值銀一兩，碎者每噸一兩六錢，俱交到船，由揚子江經雍興而至漢口，水道約四百三十英里，船費每墩不過一兩五錢。由此計之，上品之遼煤運至漢口，每墩承本銀不過三兩一錢，途中另有担工之費，每墩二百五十文。現下該處所產之煤多運至漢口而銷，間有運至九江與南京者，長江運費甚廉，若多開煤井，則可以運至上海，餘外别無石煤礦地與上海水道相接而不遠者。此處之煤既浄且豊，附近又有鐵礦頗多，若得朝廷相助而鼓勵之，誠有無窮之利也。湖南省除湘江之外，尚有辰州府、沅州府並其西便一帶，皆有各種礦苗，但採出不多。又河南省近黄河之南岸有極大煤田，在於魯山與睢州，華人在此採煤祇擇其易者採之，此煤田亦與極好之鐵礦附近。再上北方，則以河南府之煤田爲佳，所產石煤極盛，雖有億兆人用之而不竭。太行山脚更有石煤礦，其煤堅實光潔，可與山西東境之煤相比。此處開採之礦穴，恒有百餘處，而所棄之礦竟有三四倍之多，其煤之厚約在三尺與三十尺之間，煤井之深約在一百二十尺至四百尺之間。華人採法，架竹墻用攬盤，以八人之力而攬之，每次起煤於籮内，共重十三擔，由此可見其法之笨重。若以汽力開採，以火車載運，則可運至天津發沽，比唐山礦產之煤更相宜也。太原之西，以此處煤礦爲關鍵。山西之煤地約一萬四千方里，在於省之東南，高於海面二三千英尺，其煤地共爲一幅，畧無間斷。曾有人估計，此處礦山至少有煤六溝三穰墩即六千三百萬萬墩，以天下之人照現在所用之數而用之，足用二十年而未畢。查此地之煤，最薄亦有十五尺至二十尺，畧厚者則有三十尺，照此推算，則上文之估計，殊非謬論。且其東首之煤礦常有極美鐵礦相連，天下煤礦已爲人所知者，未有及此也。自平原築鐵道通至此處煤地，雖爲難事，後日必不能免。若有鐵路相通，其利更溥。此處碎煤價值每百斤不過十文，每墩約值英銀六篇士半，其賤可謂極矣。且其地離太原不遠，而太原又爲衆庶之地，可以築鐵路而交通二十二行省，又有河道通至大洋，且此處民俗勤儉，工價尤廉。通舉中國之煤地而計，足有四十萬方英里。欲知此數能有何作用，可舉英國之煤地而比之。英國工務之興爲天下冠者，多賴煤力，乃英國所有之煤地總共不過一萬二十方英里，僅居中國煤地三十二分之一，其相去有若天淵。如用之有法，則其用已屬不窮。蓋最妙者，各處煤礦均與鐵礦附近也。前者西人列圭拖蕃男爵曾遍遊中國而歸，稱説中國之煤礦山若均設鐵路而達太原，則天下工商之務可因之而一變。此説未必無因，其他各處更有小煤礦山，即如南京與鎮江鄰近均亦有之，但有難於遷運，除供用於本土外，别無所用。今通國之煤礦，其得西人並西法而資助者，獨有開平煤礦一處，其餘不異於石田也。

長谷川長田郎《中國經濟全書》第一輯《第一節中國固有之投資方法》 一 官辦 官辦者，人民所不能之事，而官以其於國家經營爲必要而辦之。或事業之帶有獨佔之性質者，如礦業電線鐵道輪船等，必須得敕許而後能開辦之類是也。官辦之方法，多從外國，而其資本則大抵以各省之地方財賦充之。不然，則如招商輪公司廣集資金，以股分公司之組織成之。其股東多爲官吏。普通人民不聞加入者。經理之人，必由官委。利益之分配，年以結算行之。其不足者，則地方補助之。循是以觀，其經營之始意，雖云爲國家營利事業，而其經營之方法，則却有私立會社之觀。

二 私人自營 此爲自投資本而自營之之事。資本主自爲經理人，此普通之所通行也。夫中國之商業習慣，甚爲複雜。非有經歷者，不可得而争其利。故自營者，大抵皆斯道之老練家爲之，而其資本亦不大。

三　匿名會社　此官紳投資所適用之法也。資本家爲官紳，而經理之者爲其所派遣親信之人。此其由來，前節固已述之矣。爲此者，惟年終結算，分配利益，于他無所干與焉。而受其信任者，亦始終其事，無所侵漁，此亦可爲欽佩者也。

四　合名合資　資本主爲官吏富紳，而不匿其名，此爲與第三者之異點。經理之人，亦委任于其所親信者，不加干涉。此種營業，多有合名公司之性質，即有資者出資，有力者効力，以共營業者也。當其開辦之時，二者協議合同，分出資者爲幾何股，効力者爲幾何股，結算利益之際，按股而分配之。今鈔録其合同一章，載之於左，以供參攷焉。

合同

嘗讀《大學》十章，理財爲要，《洪範》五福，致富爲先，於是知生意之道，由來久矣。昔賢肇引其前轍，今人即步其後塵，故管、鮑、陳、雷，皆思慕焉。蓋重其合德同心也。

於光緒二十六年正月吉日

興順魁名下入福本銀二萬兩正

開設興順金銀爐，生意座落在西没溝營路南，共作銀股十分。單興順作舖墊股五厘，興順綵房作管業股五厘，同衆議定章程。開市之後，各守成規，勿得自恃聰明。志事竟成，須要協力同心，久之生意興隆，日增月盛，亦猶之積土成山，聚水成河也。初立生意，未至賬期，不準長支，尤不準預支。未知分金幾何，東夥不宜開支，是固本之道也。然足兵必先足食，家給而後人足，是夥支一節，生意中有所不免，要非約支不可。衆身股每厘按十兩約支，頭三年爲度。嗣後約支，三年賬期結算之後，所得之餘利按身銀、舖墊股均分。分金之後，除約支而外，各有餘存，即東加護本、夥加護身之厘，亦按幾成護之，是本固者枝自榮也。除加護本身而外，淨存餘利若即前三年之餘利，後三年約支，即東家加銀股、夥加身股，其護本、護身亦按所加之數目加之，是源遠流長也。至本號夥友，須要循規蹈矩，倘有不遵舖規者，即照年底賬清出，決無異言。諸事上下一體，各敬爾身，總歸劃一，是之謂合德同心也。欲後有憑，立萬金賬爲證。

計身銀舖墊股開列于左

興順魁　作銀股十分

入福本銀二萬兩正

單興順　作舖墊股五厘

入舖墊股銀一千兩正

興順綵房　作管業股五厘

徐環五　光緒二十六年正月以身力作股一分二厘

李信齊　光緒二十六年正月以身力作股九厘

唐子安　光緒二十六年正月以身力作股七厘

以上共計銀舖墊身股十三分八厘

光緒二十七年六月九日　立

股東　順興魁

掌櫃者……………署名印

中人……………

五　豊記　豊記以社員三人組織而成，社員多爲戚友，其出資之責任無限。蓋以前中國商法無所謂合資公司，其社員大抵限於三人，以爲特長故也。經商者或以一人資本不足，或以一人不肯冒險爲之，而欲合同經營之者，其投資多以此法。經理人以東家中之一人爲之，或別聘人爲之，而以其勞力作爲股本，其合同亦與上節所載者畧相類。其所異者，惟其股本之作法而已。此等公司，雖有一人退社，而仍襲用豊記之名。至退社者至二人，而獨歸之一人。則改稱爲小豊記。至其營業資本之多少固不一致，然大商店之招牌多不見用此文字，惟限于小商家見之。然則用此文字者，或不必有大資本也。

六　協記　一名合記，以二三人至六七人之社員組織而成之合名會社也，此其與豊配異者，惟其人數之限制不同。至共同合資以謀利，則二者一其揆也。其招集股本之方法，則均分其所需之資本，定其股數，加入之社員，各認數股。利益之分配，亦以是爲之標。其經理事務三人，大抵以其出股多者爲之。其責任則惟經理人爲無限，他皆有限，與日本之合資會社畧有相同之處。然其社員不問其擔當事務與否，而皆有無限之責任者，固比比皆是也。中國商法合資會社以無限責任者爲普通，其爲有限責任者則特於公司之上，冠以有限二字。

七　公記　其組織無異日本之株式會社，然其規模小，社員多自七八人以至二三十人。若資本須增加，則常不增其股份之數，而惟增其每股之金。故股份之數，常以數十股爲限，過百股者殆不之見。公司之初組織也，同人相集發起，作意見書，明記其營業之種類方法資本額股數，布之于衆，求其加入。公記之與協記異者，一固在于社員之多寡，一又在于認股之多寡也。協記社員股分之數不等，公記之社員則多僅一股也。其經理社務之人，由社員公選，多以發起人充之。經理者，多負無限之責任，他皆爲有限之責任。

邵之棠《皇朝經世文統編》卷九二《論中國宜廣設織布廠以收利權》　昔元相耶律楚材嘗有言曰，興一利不若除一害，生一事不如減一事，有識者反覆斯語，咸稱其精於世務，通達詳明，故能簡要得體若斯。然以鄙意觀之，此二語雖得簡要之旨，終不免拘墟自守，暴棄自甘，而於富民裕國之道，則猶未嘗三致思焉。何則？斯人之情性，大抵好逸樂而苦勤勞，喜省事而畏多事，殊不知古帝王創制顯庸，事無鉅細，凡有益於國、有利於民者，罔不竭心盡力，一再國維以享其成。故以天下有利可圖之事，既不能絶無而僅有，亦不能彼少而此多。苟沾沾焉謹守跬步，謂一二已足，而不思所以推廣之者，恐苦樂既出於不均，生計反因此而日蹙矣，尚何望利益之廣收哉。即以我中國今日而論，商務一宗，孜孜講求，日事振興，如滬上華盛、華新等布廠及湖北官屬所織之布，要皆已有成效，而接踵而起者，尚乏其人，良以此等廠局倘非廣出股份，集以巨款，斷不措置而裕如，而中國民人又不能各以信義相孚，即欲集股興辦，而已謡喙叢生，互相傾軋，以致事多中止，業敗垂成。雖欲推廣各處，而亦有所不能矣。然自西人通商以來，其商務中之最爲獲利者，除鴉片烟而外，厥惟洋布。查近年間各省所銷洋布，每歲不下數十萬兩，而中國之標布則銷路日見其滯，小民之生計亦於此而日見其窮。使有人而興一議也，謂可作絶其來，以復標布之舊，吾恐時至今日，其勢必有所不能，則欲杜此漏卮，以收利權，計惟有各省廣開廠局，自織自銷，既足潛移外洋之利益，又可隱維小民之生計。所慮者，經理不得其人，雖有良法美意，轉以此增弊竇而貽口實耳。閒嘗閲織布局章程矣，其所言中國機器織布有足勝於外洋者，約而計之，其利有三。緣中國棉花廠本甚輕，不及外洋十分之六，一利也。中國貧民較多就近雇用，每人每日僅給工價二三百文，已多接踵而來，二利也。以中國所織之布即銷於中國民人之用，水脚更可減省，三利也。誠能推廣以行之十年之後，當有更上一層者。且各省流民無業實繁有徒，每因無所事事，致成匪類，爲賊爲盜，亦不過因衣食不足，欲覓無從，不得不以身試法，以圖彰其身而糊其口，豈真樂此不疲哉。苟各省創立廠局一二處，此輩具有天良，或者翻然變計，投充工役，爲我所用，祇須駕馭得法，彼自不敢生心妄作，化莠爲良，於民間不無裨益。其利不更昭然若揭哉。特設廠之事，必先由官教端，而後選股實巨商經辦，官場習氣一概芟除，凡事務求實在，毫無虛假利權之獲，猶不能計日以待者，未之有也。所望創其事者，聯官商爲一氣，合終始爲一轍，毋事彌縫，毋存私計，則發數千年未有之利，挽數千萬外溢之財，上可以裕國用，下可以足民生，利權之大莫過於此矣。而況近日紗廠迭開，有日增月盛之勢，將來各廠開工後，所出之紗自必取之不竭，用之不盡，以各紗廠所出之紗應各布廠織布之用，更可利益同收。我中國不欲富強則已，苟欲富強，則必自推廣布廠始。推之以機器織綢，厥利惟均，蓋織綢更可通行於外洋，而獲外洋之厚利也。牖下書生不禁拭目俟之。

邵之棠《皇朝經世文統編》卷九二《論紗廠宜就地招工》　機器紡織之利益，至今日已彰明較著矣。始創於外洋，繼行於中土，初仿於上海一隅，近推廣於通商各口，局廠林立，日益增多，而猶以紗局爲最。推原其故，由於織布之利滯，而紡紗之利捷也。早年虹口織布局被焚以後，當軸易人辦理，復有某觀察等從而設局，籌事紡紗，無非爲挽回利權之計。曾不數年，湖北一省踵事增行，蘇、杭兩埠通商，取法上海，更宏規鉅製，日異月新，如淮陰將兵，多多益善。富庶之象，固可拭目以俟之也。不知者且謂凡事宜持盈保泰，中國得此各廠，已足振興商務，如貪多務得，非惟盛衰無常，且恐鄉民之利盡爲所攘奪也。是説也，誠不識商務者之一大據也。本報前曾論及印度，地方每年所出之紗不知凡幾，其所設之局廠亦不知凡幾，其紗且遠銷於歐墨等洲，以故獲利無算，竟與該土所産之鴉片煙、茶葉同爲出口之大宗。日本一國，地方所設紡紗之廠，亦在百數以外，然其所出之紗僅敷本國之用，仍不足供他國之取求。雖然，猶非廣土衆民，價廉工省比也。以中國土地之茂腴、人民之庶、出産之茂、工價之微，縱百千萬廠從事其間，既不爲難，亦不爲過。不惟通商口岸可以設廠，水陸要隘而亦設焉。不惟通都大邑可以設廠，窮鄉僻壤而亦設焉。馴至一鄉有若干廠，一縣有若干廠，一府有若干廠，一省有若干廠，合二十餘省，計之應有若干廠，羣天下之廠，養天下之人，尚何慮有廢時失業之民哉。因民之利而利之，更何攘奪之有。惟是設局易，用人難，由用人而次及招工則尤難。蓋用人不當，大壞廠規，非剋扣工資，即狗庇工作，甚至虐待童工、穢亂女工諸事，時有所聞。衆望不孚，叢怨斯集，一旦有事，故羣起爲難者有之，相率罷工者有之，必累及廠東出場，百般安撫而後已，見諸各日報紙，不一而足，可指可名。夫紗廠各工，視經事人之誠僞爲去就者也。若人而出納無私也，揮之未必即去。若人而行止有虧也，招之未必即來。

試即近報所載一事觀之，當亦知翻然變計之爲得矣。報謂本埠裕源紗廠有洪華浦其人者，在廠辦事有年，平時待男女亦體恤亦厚道。日前以事赴蘇，在蘇綸紡織紗廠工作，諸人認識洪某者實繁有徒，有願隨洪仍回上海裕源紗廠者，約聚數十人之多，均求洪挈回。後經該局司事人知覺，不肯放行，致生口角，遂告知經理人祝某。祝知不可強留，聽其自去。該工人等始各欣然束裝來滬，仍赴裕源工作。按此一事，洪固深得人心，祝亦不稍拂人意，謂爲解事，則誠解事矣。然爲該廠計，使此大幫熟手一朝引去，即不能收通力合作之效。而爲辭工人計，諒非有意去此適彼，亦非爲蘇廠章程苛於滬，滬廠工價優於蘇。推是心也，大約習慣上海有家室於兹，出外一時，不如在家千日，故去之不俟終日歟。然則招工之法，將若之何而後可？計惟就地取材，無男無女，一律招用土著。先擇精明勤慎者十數輩，資遣外埠老廠學習。藝成之日，招之歸里，於拓地建廠之附近，使之分授其鄉人。開廠之日一呼而衆工應，初不必遠者羅致，來去無常，致多臨事掣肘之慮。一廠如是，廠廠如是，紡務則擴充日盛，人工則生聚日多，亦奚事捨近遠圖爲哉。當鑒於蘇綸廠工而益信焉。

邵之棠《皇朝經世文統編》卷九二《紡織之利》 今邊郡之民，既不知耕，又不知織，雖有材力而安於游惰。華陰王宏撰《箸議》，以爲「延安一府，布帛之價貴於西安數倍，既不獲紡織之利，而又歲有買布之費，生計日蹙，國稅日逋，非盡其民之惰，以無教之者耳。今當每州縣發紡織之具一副，令有司依式造成，散給里下，募外郡能織者爲師，即以民之勤惰工拙，爲有司之殿最。一二年間，民享其利，將自爲之，而不煩程督矣。計延安一府四萬五千餘户，户不下三女子，固已十三萬餘人，其爲利益，豈不甚多？」按《鹽鐵論》曰：「邊民無桑麻之利，仰中國絲絮而後衣之。夏不釋複，冬不離窟，父子夫婦内藏於專室土圜之中。」崔寔《政論》：「僕前爲五原太守，土俗不知緝績，冬積草，伏卧其中，若見吏以草纏身，令人酸鼻。（今大同人多是如此，婦人出草則穿紙褲，其所謂倮蟲者也）。吾乃賣儲峙得二十餘萬，詣雁門、廣武迎織師，使巧手作機，乃訪以教民織。」（《後漢書》采入本傳）。是則古人有行之者矣。《漢志》有云：「冬，民既入，婦人同巷，相從夜績，女工一月得四十五日。」「八月載績，爲公子裳」，豳之舊俗也。率而行之，富強之效，惇龐之化，豈難致哉。吴華核上書，欲禁綾綺錦繡，以一生民之原，豐谷帛之業，謂「今吏士之家少無子女，多者三四，少者一二。通令户有一女，十萬家則十萬人，人人織績，一歲一束，則十萬束矣。使四疆之民同心戮力，數年之間，布帛必積。恣民五色，惟所服用，但禁綺繡無益之飾。且美貌者不待華采以崇好，豔美者不待文綺以致愛，有之無益，廢之無損，何愛而不暫禁，以充府藏之急乎。此救乏之上務，富國之本業，使管、晏復生，無以易此。」方今纂組日新，侈薄彌甚，斲雕爲樸，意亦可行之會乎？

何良棟《皇朝經世文四編》卷四二《論中國製造日精》 中國自與泰西各國開埠通商，競欲仿西人之所長，以救我之所短。凡一切製造，輪船、兵艦、軍械、槍礮，至於今日而西人之所有者無不有之矣。然而製造之工，則必用西人爲之指示，而中國匠人但供其奔走焉。輪船、兵艦則多購自外洋，雖有船政局之設，而工程多緩，且其中亦必用西人爲之頭目，而華匠步其後塵。槍礮軍械多購自西國，而中國終年自製，或亦無能駕乎其上。且即有自製者，而其所用料件又往購自西國，此中國之最可異而亦可惜者也。蓋人情每忽於近而審於遠，中外之所同也。余當壓綫之暇，時復策蹇西郊，游玩風景，以一舒胸中塵俗之氣。有時順道至高昌廟江南製造局，遍覽各式製造軍械，則見其大有蒸蒸日上之勢。西字報中亦詳言其效。余猶以爲不過小試，未必遂能得其精詣也。乃總辦劉康侯觀察心精力果，不憚艱難，以爲能將本國所産之礦鐵化鍊成鋼，獲益誠匪淺鮮。於是苦心孤詣，日與工匠輩請求，因將河南礦内所出之鐵鎔練成鋼，其質之美實與泰西所出者無異。方之從前他省各處礦鐵試鍊不成，半途中止者，不可同日語矣。是以觀察立志添辦鍊鋼之爐，並軋床等諸機器，將見出鋼日多，從此可以不須購諸外洋。中國銀錢之流出者，藉以塞一漏巵，則是一大快事。余既樂觀其成，始信有志者事竟成。古人之言，誠不我欺也。數日前，曾造七磅子後膛鋼礮一尊，全用河南礦鐵自行鍊成之鋼，其錘打車膛扳線一切工作亦皆由華匠自作，此爲全用中國工料以成製造之第一次。礮之外又造緊要軍械，其數甚夥，如銅質實心開花各彈、洋槍筒子等類，其名目僂指莫計。刻又製造小輪船殼一艘，及船内應用機器各件，悉用自鍊之鋼。至其圖樣，亦係自出。現在又將自鍊之鋼另造大輪船，所用汽機一副，足有二千五百匹馬力之多。比聞觀察稟請兩江制府，擬在局中自造堅固快船一艘，以備南洋艦隊之用，更將鍊鋼之法推而廣之，添置大號機器，須具三千噸力量之大汽錘以爲製造極大後膛砲位之需，免得將來仍向泰西購辦軍械，轉使大宗銀錢漏於外洋。其謀國之忠爲何如哉。竊以爲觀察先將本國礦産試用，確見著有成效，極有把握，然後專心致力，逐漸推廣，更見其謹慎小心，不敢輕心以掉，固非僅能坐而言者所能望其項背。如此辦理不特有益於國家，且使天地自然之利不任廢棄，豈惟徒塞漏卮而已耶。吾知自此以後，河南礦務必將日異月新，局中鍊鋼之盛，必取之不盡，用之不竭，而且可以添增無數工人，於小民生計更爲大有裨益。誠所謂一舉而數善備焉。嘗與觀察談及中國之所産，當爲中國用之，使必中國實無可用而後購之外洋，或中國向無此物，惟西國有之，則亦不得不購之外洋。故凡中國礦産苟有可用者，無不儘用中國之物，無如各處礦局未能一心，不免有各顧自身之見。其有售之西人或售之商人者，物則揀選上等，價亦較爲和平，若售之製造各局，則往往攙雜劣貨僞物，以相濛混，而以下等之貨開上等之價。其意以爲如此，則彼局礦務自必生色，而不知此則以鄰爲壑之計，彼礦局則有大利，而製造局將有大損矣。吾則以爲此事當明定章程，凡各處礦産苟有可用，則必先儘中國各局自用，而其價則有一定，貨色必選上等，而上等之貨不准售於他人，如製造各局有中國上等之料而不用，則罰之。各礦局以劣貨搪塞，或高抬價值，則亦罰之。夫如是，則中國之礦産必且日採而日多，中國之製造亦將日精而日盛，庶不負觀察精詳擘畫、慮遠思深之一番心力也。

于寶軒《皇朝蓄艾文編》卷二二《論金礦》　《漢志》載金重一斤，值錢萬；朱提銀八兩，值一千五百八十；他銀值一千，則金每兩僅抵錢六百，銀每兩抵錢二百，或百餘。至宋困於遼金，而金漸貴，每金一兩至换銀十二兩，由元明至我朝道光時，迭有漲跌，無過十五六换。光緒初年，金價昂至二十八兩，今且至三十三四换，固由流出外洋，地内金少價貴，或亦秦漢以前，採鑿殆盡所致。然若東之吉林、黑龍江，北之蒙古諸部，西之天山南北，南之藏衛，與滇蜀邊界，以及臺灣等處，産金之所，僂指難計。而尤以毗連俄界之蒙古、黑龍江、吉林及臺灣爲最。臺北金沙，陶洗易，出産多，以西曆一千八百九十四年，即光緒二十年海關買易總册計之，該處出口金沙，一年中值銀十一萬兩，其未報關者不計，今已割歸日本，無可如何。若北徼産金地段綿長，非臺島一隅可比。惟漠河一局，開採有年，觀彼處公司第六屆結帳告白，謂上年共得金沙二萬八千二百七十餘兩，售見愛平銀七十六萬兩，合諸赢雜各項，得八十萬有奇，除去六成礦丁金價，及官利局用外，猶存三十八萬有奇。又提充黑龍江軍餉及員司花紅外，猶派各股餘利銀十八萬，計每股得銀一百七十六兩，出金不爲不多。所慮者西人以金爲常用之錢幣，銷耗頗鉅。雖北美洲，與英之澳大利亞，俄之中亞西亞，悉比利，礦産亦多，然近年中國進口之銀，多至二三千萬兩有奇，金則有出無入。攷西曆一千八百九十年，即光緒十六年，運出黄金值銀一百七十餘萬兩，合金四十六萬餘磅。十七年運出之金，值銀三百七十萬，合金九十餘萬磅。十八、十九二年，運出之金，俱值七百數十萬兩，合金一百四十萬至一百六十萬磅。二十年，陡增至值銀一千二百七十七萬餘兩，合金二百餘萬磅。僅一漠河，何足敷用。近粤海關監督採買進呈，屢因例價不敷入奏，此其驗也。查中國外蒙古恰克圖迤西至阿爾泰山一帶，金有整塊至數斤者，中國人偷挖，俄民亦多越取，邊隅甌脱，稽察頗難。然俄金之入中國者，歲不下數萬兩，蓋俄自奄有亞洲北境，覓礦開採，分爲八部，設廠一千一百四十六所，各廠採得金沙，悉令交官運送俄都，需費較鉅，每十分中耗二分，就近售賣，即免耗折，故交官者固多，而暗賣者亦不多。説見薛叔耘星使日記。近資州紳士周維綸呈請辦四川礦務，川督鹿示云：礦産開採，本部堂力任，至所許熟習礦務之人，本部堂曾在陝西任内，歷試無驗，當經奏明，派員前赴甯雅各屬踏勘礦苗，果有可開，由官試辦，如獲利益，再行招商。誠能廣推漠河之利，行於川省，再於蒙古阿克蘇切貴河等處，招遊牧旗民開採，彷屯墾之法，編束礦丁，勒爲部伍，更多利益。即天山葱嶺之間，古所謂於闐河産玉甚多，亦可開採，恭讀雍乾歷朝諭旨，歲有常貢，非亦淘採所宜旁及乎。

于寶軒《皇朝蓄艾文編》卷三二《奏設機器製造局先鑄銀元疏》　竊奴才前因奉省制錢短絀，憑帖易於僞造，奏請購機設局，鑄造大小銀元，以期便利，奉旨允准。嗣在天津德國禮和洋行，購定製造銀元各種機器鍋爐，所需價銀，别無款項可籌，請將此項購價，並將來安設機爐、修蓋房屋諸費，暫由奉省各項税捐項下，每兩抽提五分，核實動用，於光緒二十二年六月二十二日，附片具奏，奉硃批：户部議奏，欽此。旋經户部議准，飭將一切辦法，妥議奏明，並將原議送部查覈等因。於光緒二十二年八月初九日具奏，奉旨：依議，欽此。行知在案。維時機器尚未由外洋運到，而房基亦未擇定，無從開辦。經奴才迭次電催該洋行將所購機器依限速運，一面派員相度地勢，勘得省城東關東邊門裏，奉軍舊有營房一所，房間悉已坍塌，基地寬廣，可以修建局房，當即鳩工庀材，於上年七月十五日興工，本年五月底工竣。適銀元機器陸續運到，飭令先期招集三齊工匠查驗，雖尚缺少小銀元印花紋滚邊□機器，鍋鑪及各項機器悉已齊備，可先試鑄以應急需。當札派副都統銜廂紅旗滿洲協領常慶爲總辦，花翎二品銜候補協領翼長文起、花翎候補協領防禦連科爲幫辦，妥置各廠員司工匠，並先由糧餉處撥發銀兩，於本年六月初九日開工試鑄。旋據造成大銀元，並兩開銀元，共二等，呈送前來。奴才細加考驗，分兩重輕，係照部定章程較准，成色亦好，惟奉天市面，實銀本甚低潮，即糧餉處存儲銀兩，多係徵收税釐款項，並非十足淨銀，鑄元時重新傾鎔，不免多所折耗。三月以來，共鑄出大小銀元十四萬元，通盤勾稽，不致虧折，尚有盈餘。但通省市面，向來營口通用外洋銀元，近則省地間用各省銀元，風氣未開，驟然行用，勢必多所阻格。當飭驛巡道八界協領並各局處及承德縣，公同妥議。去後，旋據稟稱，擬令將已成銀元，分交糧餉處、官錢局，以兩换兩，隨將所换銀元，搭放各員司薪工，及各營將弁勇夫薪餉，並作官錢局交易之用，約計每月可發放銀五六萬，已可絡繹鑄用。一俟機器大開，商民信用，即令通省舖商，以市平交局鼓鑄，以兩付兩，俾可廣行鑄造。局中不得以庫寶庫平爲詞，致有增減，亦不准商人附搭股本，致違定章。至於民間行使銀元，價目不能一律，每日隨價低昂，苦難勾算，且不足救錢絀之弊，若酌定常價，設值銀價貴賤懸殊，不免賠累。擬令所出銀元，隨各城銀價漲落，如市平銀每兩值東錢十千，銀元合市平銀七錢四分三，即定價七千三四百文，仍按照每月初一、十六日銀行酌定價值，由各該地方官出示曉諭，並傳知大小户舖，均於舖面懸掛水牌，開明價值，半月一换，俾衆知有定價，便於行用等情。據此，奴才詳核所議章程，尚屬周妥，通飭咨局處及闔省旗民各屬一體照辦，並飭令將地租税釐，凡向來無論以銀以錢交納者，均准以銀元兼收，以期取信商民。目下每月可鑄銀二萬五千餘兩，每鑄元一萬兩，以二等勾稽牽算，除去搭配料件，傾鎔火耗，以及員司夫匠薪工，核實開銷外，約得贏餘銀三百四十餘兩。現已將缺少之小銀元機器三副，自行製造，將來造成開鑄，餘利較厚，所有員司工廠章程，悉仿鄂省定章辦理。惟機器初開，規模粗定，所有員司人數，及一切薪工，開支時有增添，未便遽行酌定，容俟試辦一年後，再將鑄造章程，並購機造機購買物料，及一切薪工開支，暨設廠蓋房工程，分晰開單，造册奏明辦理。除將此次所購外洋各項銀元機器名目，並現鑄銀元式樣，咨送户部查覈外，所有奉天設立機器製造局，先行鑄造銀元，並行使情形緣由，理合恭摺具陳，伏乞皇太后皇上聖鑒訓示。謹奏。

《東方雜誌》第一年第三期《興商爲强國之本説》 今中國之所當握要以圖者，富强而已矣。商務者，古今中外强國之一大關鍵也。上古之强在牧業，中古之强在農業，至近世則强在商業。商業之盈虚消長，國家之安危係之。故致强之道，務在興商。乃鄙薄商人者輒譏之曰逐末，曰市儈，則甚矣，其未知立國之大經，爭存之要義也。夫范蠡用越而勾踐以興，管仲用齊而小白以覇，彼二人者，皆所謂逐末之市儈耳，而其有造於二國者，顧卓卓若是。求之泰西，則葡萄牙以蕞爾小邦，徒以善商之故，而帆舶首及乎亞東。英吉利以藐兹三島，徒以重商之故，而國徽遍植乎大陸，充其商力之所至，足以墟人國，屋人社，而盡爲彼族之殖民地。是故古者以兵戰，而今則以商戰，而猶曰逐末，曰市儈，其不爲西人所齒冷者幾希。

然則吾華之與西人通商也，亦既有年，而不聞商業之有進步者，其故安在？曰：在不知有重商主義。彼西人惟知有重商主義，用其傾國之財力，專心致志，慘淡經營，故卒能於吾華商業界上，佔一最優勝之地位。我華商懵焉不察，惟知聽其自然，而不思振作，故其後效果之優劣，遂不可與西人同日而語。而揆厥我商業之所以頹廢疲敝，而不能興者，則尚有數大端焉，曰無合羣之思想，無堅持之能力，無奮往之精神，無開通之智識。

曷爲謂之合羣？曰：千金之裘，非一狐之腋，萬間之厦，非一木之材。殫一人之材力，以營一業，則苦其艱，合衆人之財力，以營一業，則覺其易。我華商知有私益，不知有公益，是以同業相傾，同道相忮，同利相賊，同力相陵。其究也，彼此俱受其損，而不得不讓西人以獨步。彼西人熟權乎公益私益之得失，而於是每營一業，必集合多數之貲本家，爲一大公司，併力同心，以謀莫大之利益。至其公司成就，我華商且望而退舍，任其左右操縱，而無所措其手足焉。何以故？以無合羣之思想故。

曷爲謂之堅持？曰：聖人之道，至誠無息。《大易》之義，恒久不已。無恒心而能擴張其商業，以與彼西人相頡頏者，吾未乙聞也。同一事也，華人見小而不見大，能暫而不能常，西人則有成效未睹，而期諸畢世者矣，有大願未償，而俟諸後人者矣。掘井弗憚九仞之勞，爲山不虧一簣之覆，其收功之遠大，由其先有堅持之能力以致之。華商則務近功，求速效，一擊不中，顧而之他，夫是以能與彼角逐於貿易之場者，甚寥寥也。何以故，無堅持之能力故。若夫奮往之精神，亦經商之不可少者。哥倫布之發見美洲也，寄性命於驚濤駭浪，而不以爲危，拿破侖之遠征埃及也，糜血肉於炎風沙磧，而益見其奮。蓋西人之性質如是，無論他國之若何深拒固閉，要必索得商埠而後已，否則即破其身家財產，而亦無所於悔，而且前者踣而後者繼也。華商則同視離鄉背井，爲最不幸之事，蓋未知彼之屆於吾華者，其皆視重洋如坦途，等萬里於庭户者也。則言乎奮往之精神，在我華商宜自勵。

至於開通之智識，又西人所優於吾華者。蓋厭故喜新，人世之恒情；優勝劣敗，天演之公例。我華商未達此理，知仿模而不知創造，能用舊而不能求新，藝無獨精，而器皆苦窳。而且睹一人之獲利，則羣焉效之，效者既衆，則勢分而利微，效者益衆，則利去而害至。彼西人本其專門名家之學，不囿成法，而得新理新製者，更僕而難數，其商業之發達，誠未可以限量也。則言乎開通之智識，我華商又宜自勉。

然則我華商宜鑒於四者而惕然矣，自今以後，既有商部以爲之保護，有商律以爲之維持，亟宜激厲奮發，毅然有爲。當知商興則民富，民富則國強，富強之基礎，我商人宜肩其責。蓋商業無論巨細，皆與國家有密切之關係，能於外洋收回一分利權，即爲國家增長一分勢力，能於商界多佔一分位置，即爲國家多獲一分光榮。我華商誠不以逐末之市儈，妄自菲薄，吾知二十世紀中，以商務雄飛於太平洋之上者，莫中國若也。華商乎，華商乎，其亦念及中國之前途，而急起以圖之乎。

《東方雜誌》第一年第五期《營業方法之變遷》 社會幼稚時代，商業之範圍不廣，銷售貨物，往往限於一方，凡百事業之規模，類皆狹隘。迨社會稍有進化，全體國民，遂知協力經營商務。更進而上之，五洲各國之商民，皆知懋遷有無，相與經營地方之分業，由是舊式之小營業漸衰，而新式之大營業，即代之而起，此非自然淘汰之結果乎。今試就工業而論，學問上手工業之組織，輒隨當世風潮而變更，所以其進忽然，其退亦忽然。然就大體觀之，已漸見其消滅，而家內工業及工場製，即因此大見發達矣。

手工業者，如鍛冶鋪、木器鋪等，其主人雇工數人，使操工作，或應主顧之訂購，或自計需要者若干，而造相當之物品以出售是也。當經濟幼稚時代，此種營業，各國皆有，即稱爲最文明最開化之國，亦有數種之手工業，蓋技術上不得不依是法而行也。如製造精緻之美術工藝品，雖在今日，亦以小經營視大經營爲有利益，所以未見有役數十工人，以營七寶細工業者。雖然，社會經濟之關係既廣，銷售之規模亦大，一時既有無數貨品之輸入，則其品質、形狀、價格，不可不歸於一律，於是多數之小營業，各製造擅長之物品，除具技術特殊之性質外，餘皆漸次廢止，而變爲家內工業及工場製矣。

家內工業者，如卷烟業，有多數工人，皆就於各人宅內，操其工作。惟其製造之要點，則出於大營業者一人之命，故雖製出無數之物品，而無參差不齊之弊。至若工場製，不必有大機器蒸汽、電汽之原動力，惟集多數工人於一工場，勞動於營業者指揮之下，即謂之工場製。機械與工場製，有切要之關係，試觀西洋，自蒸汽機器發明之後，工場製勃然而興。夫工場製，較之家內工業，製出之貨既多，而又合於時尚，家內工業之價值，逐漸爲工場製所奪。如日本卷烟業中之糊紙工，昔用手工，今則以克利賓革機器代之矣。若英美兩國，用手工業者極少。若德國，則紡績機織、桶釘綱紐、刃鎖陶器等皆不用手工，而用機器製造，惟造鐘錶，頗有用手工者。若日本，棉絲紡績，已全易爲工場製，惟製造生絲，有所謂座繅者，仍用家內工業。至於機織，則工場製、家內工業、手工業三者併用，如上野下野各地，稱爲元機屋者，中有工場，而用多數之女工，其他地方，給絲於農家婦女，而使之織者（賃機之法）亦復不少。斯即營業者，併行工場製與家內工業也。他若和歌山之織棉布，則用賃機之法；甲州郡之織綢緞，則用手工；煉瓦玻璃及化學製品、西洋製品，則用工場製。惟向來物品，用手工者猶多，然亦隨世運之進步，而漸消其迹，此不僅歷史上所明言，而亦見諸事實者也。

方今中國手工業、家內工業尚見盛行，工場製猶未發達，安能競生存於商工業上乎？願我凡百商人，察時運之大勢，講臨機應變之道，略變更其技術，改手工業爲工場製，則實業發達，可拭目以待也。

《東方雜誌》第一年第五期《借民債以興路礦》 粤督奏請借民債三百萬兩，以興路礦及地方要政，意非不善，然記者謂其事有必不可行者數端，爲表而出之。政府近於建言理財者，則鼓舞而歡迎之，立商部，開銀行，一則垂涎於海外之華商，一則注意於國內之財主。今粤督乃欲借債於民，且須指款償還，況所借者，仍用之於民，毫不假手於政府，其不能行者一。礦路之權，衛生之利，在民爲要，又誰肯以無謂之擔負，爲民作牛馬。且政府以爲將來利害不可知，目前固已歲減定款三十萬，其不能行者二。粤督又言實借實還，永不改作捐輸報效，其不能行者三。而自民間觀之，則政府所爲，久不見信於天下，岑督雖諄諄限制，無如昭信股票，墨迹未乾，民雖至愚，亦不能復受其誑，其不能行者四。所最不可解者，則以將來歸還之款，按期交税務司，而此次章程，又必由赫德閲定，豈粤督明知官場之於人民，久失信用，故假外人以堅人民之信心耶。果然，則是驅吾民以崇奉外人，而此次之良法美意，亦第爲外國人買民心邀聲譽而已，噫！

《東方雜誌》第一年第六期《杜截請辦礦路諸弊策》 自辛丑以來，國家以興利爲急，於是呈請開礦築路者，攘臂而起，無不以興利爲言。而究其利害所終極，則獨受其害者，國家大局也；稍受其利而終受其害者，人民也。得其小利者，出面具呈之華商也；而獨得其大利者，則出資經辦之洋商，與其本國之政府也。蓋華人於路礦之學，本不諳曉，其所謂身家殷實者，率據其田產及營業而言，非果有數十萬、數百萬之資本，足以供其經營也。而又無論何人，即有足以取信於人之聲望，亦斷不能將數十萬、數百萬之資本咄嗟立集也。故築路、開礦二事，謹愿者不能爲，豪商巨賈亦不敢爲、不願爲。惟桀黠者流，始起而承其乏，美其名則曰華洋合辦也，文其詞則曰華股若干、洋股若干也，而究其實，則有洋股無華股。當官之説帖，有洋股亦有華股，而私訂之合同，則洋人有款，華人無款，殆於衆所共知，不可掩飾者矣。夫利所在，即權所在，彼既擲其巨萬之資本於中國之地，既已盡其權利而有之，則中國之土地，豈不陰爲其所有，是利之在於洋商也。當其興工之始，或出於洋商之私計，其本國政府未必與聞，然而西人之謀人國也，往往興商於始，而佔地於終。彼方亟亟於窺佔土地，則當其路礦開辦以後，安知不以保護商業爲名，行其擴張勢力之計。甚或事機遘會，無知小民，不忍一時之忿辱，起而與西人爲難，則彼之駐兵佔地，更爲有辭，我更何辭以拒之，是利之在於洋商之本國也。反是以觀，則於我國家大局，有利乎，有害乎，不待智者而知之矣。此等出面具呈之華人，甘爲外人之嚮導，以圖得事後之酬謝，與夫日後之利益，而猶以興商爲言，不悟己之所得者小，洋商之所得者大，國家之失者實大，其罪可勝誅哉。商部亦知其然，故去冬及今春所奏定之章程，嚴爲之限。一曰集股，總以華股獲佔多數者爲主，不得已而附搭洋股，則以不逾華股之數爲限，具稟時須聲明洋股實數若干，毫無遁飾字樣，並不準於附搭洋股外，另借洋款，以杜朦混，而慎名實。倘有朦準開辦者，一經查實，隨時註銷撤辦。又云，嗣後華人請辦鐵路，如與洋商私訂合同，以請辦之路，抵借洋款，一時朦準，或於開辦後，將該路工私賣與他人，以上情事，如經本部覺察，或由地方督撫查明，除將路工充公註銷全案外，應視案情關係輕重酌罰。（以上爲鐵路簡明章程）又曰，集股開礦，總宜以華股佔多數爲主，倘華股不敷，必須附搭洋股，則以不逾華股之數爲限，具稟時須聲明洋股實效若干，無得含混。並不準於附搭洋股外，另借洋款，倘有朦準開辦者，查實即將執照註銷，礦地充公。又曰，嗣後華商請辦礦務，如未經稟明本部，徑與洋商議訂合同，以礦地抵借洋款，一時朦準，或開辦後，將該礦工密售他國人民，原領照人，坐收出名之利益。凡此情弊，經地方督撫及本部查實，即視案情輕重，照第十四條一律辦理。（以上爲礦務暫行章程）其防弊之策，可謂無微不至，然華人作弊之法最多，往往貌爲遵守，而實陰相違背，故無論部臣立法如何精詳，如何周備，而俜張爲幻之人，類能置身於法之中，而實舞弊於法之外。視其合同説帖，固無一字一語，不與章程相應也，而究其實情，則幾於取章程之所禁者，一一身體而實行之，則雖有良法美意，又安所用之。竊謂請辦鐵路礦務者，其流弊既如此，若部臣猶聽其自然，不爲之限制，則前者既得志以去，後者必接踵而來，勢不將全中國之鐵道礦山盡售與外人不止。然如懲羹吹齏，遇有呈請開辦路礦者，概行斥不準理，則亦無以服呈請者之心。且如遇有實心任事，實能遵守章程，招集華洋商股，以辦理路礦工程者，若亦一律駁斥，則亦無以闢利源而興商務，誠未爲可也。今不得已而籌一補偏救弊之法。竊謂宜由商部特立一例，凡有欲開辦路礦者，除在本省督撫署及商部具呈外，並令將章程合同等類，一律刊登官商各報，並聲明凡鐵路所經之地，及礦山所在之地，如各該處人民，或不以開辦此項工程爲然，咸許其各陳所見，指摘其非。苟三月内無人指摘，即已爲衆人默許之證，商部自當批準。若指摘者如雲而起，而其所言，又確有所見，實無挾嫌之意，與夫雔視新法之積習，則商部即當準輿論以爲從違，不復許其興辦。若是者，有三善焉。商部遠在京師，與外省消息隔膜，故具呈諸人之底細，與其辦理之實情，商部實無從而知。然而諸人之品誼若何，才幹若何，身家若何，官長不之知，而鄉里則知之矣。其勾結西人，與之合辦路礦也，究竟命意何在，創議何若，訂約何若，可以欺官長，不可以欺鄉里。則衆人之耳目，足以補商部之所不及，而不致爲狡詐者所愚，其善一也。商部於礦路二者，原有準駁之權，然其所據以爲準駁者，特紙上之空文耳，究之作弊愈大者，其妝點亦愈工，足使人無隙可尋，而不能斥其非。今如於未經批準之先，即令其宣告大衆，許人指駁，則十目所視，十手所指，必有能發露其奸狀，而使之無可掩飾者。商部若博采輿論，據以爲駁斥之準，較之推敲利病於詞句之間者，豈不勝之遠甚，其善二也。近時鐵路所經地方，時有聚衆滋擾之事，而自庚子以來，各處遇有鬧教及殺斃洋人之案，當地紳士，輒被責備，輕則罰款，重或懲處，將來鐵路如織，礦工林立，此等案件，恐所不免。夫事前既不使之與聞，臨事乃加以詰責，實不足以服人心而平衆怨。今如許人公議，苟其衆議僉同，則既有允許之意，即有保護之責，設開工後，仍有人出而滋擾，則加以懲處，誰曰非宜。若本不以爲然，且又實有不能允許之故，則商部從而駁斥，究足以防患未然，而杜後來無數之糾葛，其善三也。有此三善，則補偏救弊之法，殆無以逾此矣。或謂近來不善新法之徒，何地蔑有，若商部之準駁，一以輿論爲從違，保無有嫉視路礦，一意駁斥，而不願人之開辦者，不知亦視其所言之何如耳。苟其所言確有證據，而又能洞見其利病所在，則其言自係爲大局起見，採而用之可也。若其所言全係無據之詞，徒爲動聽之言，而按諸實際，實無絲毫之影響，則置之不論不議之列，亦可也，何必以阻撓爲患歟。或又謂近來呈請開辦路礦者，率由本省路礦局爲之轉詳，若令其詳細考核，必確實足據，始爲之上聞，似亦足以杜其流弊。不知近來路礦局於此等事件，往往循例辦理，並不實事求是。甚有詢諸本局之紳士，以爲依據，而其所謂紳士者，即亦慣於舞弊之人，甚或即爲本案串同作弊之人，則其言又烏可信哉。總之一人之私見，實不敵萬衆之公論，固昭昭然也。

《東方雜誌》第一年第六期《論士人不講求實業之非》　今日之中國，固合朝野上下，無一足以自全之局也。政府不必言矣，而民間亦甚不足恃，團體不必論矣，即就個人言之，亦實無足以自保之資格，此非過言也。夫有國者之大患，莫患於全國之中，無論何人，咸露貧弱之象，而前者既種貧弱之因，今者即食貧弱之報，此誠非玩歲愒日、朝不及夕之政府所能施其挽救。而就國民言之，則當此元黄交戰、大禍臨身之際，人人宜有自救之志，人人宜講求自救之術，盡得一分人事，即挽回一分天運，有一分實力，即有一分效驗。而欲救弱，宜急研習兵學，欲救貧，宜急研究實業，此必然之理也。學一科，爲中國所無，於是士氣披靡，見金革而股栗，聞鼓鼙而神悚，即如有好言軍務者，率皆大言欺世，此實中國致弱之原因，不可爲諱者也。近數年來，遊學日本之士，始有入彼國成城武備等學校肄業者，思欲採彼之長，以救我之短，其立志不可謂不鋭，其用意不可謂不深，然人數甚微，殊無救於全國之積弱。乃前者某制軍等，奏進學堂章程，特定一非官派生不得學武備之例，於是其途更狹，其人更少，此殆與嬴秦之銷兵、胡元之禁漢人不得持兵器，同一故智，欲以起沈疴而挽積習，蓋亦難矣。至論及實業，則尤有可詫者。中國士農工商，號爲四民，實則農、工二者，並無事業之可言。農人固守舊法，牢不可破，若語以改良之術，非詫爲異聞，即厭爲多事，故《農學報》發行數年，中國農人未受其賜，亦足見農業之不振也。至於工人，則率係貧無聊賴之徒，欲爲農則無田可耕種，欲爲商則無貲可營運，欲爲士則家世寒微，景況窘迫，又無途以就學，始不得不迫而爲工，以爲糊口之計。師以是傳，徒以是學，稍及數年，便稱學成，欲其有以自見，難乎不難，此中國工業所以不發達，而終古受制於外人也。而士大夫於農工兩途，亦復不屑注意，試觀遊學日本諸生，其所佔科目，率不越文學、法律、政治數門，而近年新出譯述諸書，浩如烟海，亦大約不出此數門。較諸同治年間，江南製造局所譯算學、化學諸書，虛實之分，便已判然。則其注重於此，而忽忘於彼，又可知也。此事雖細，然中國農、工兩途，下焉者既不能有所成就，上焉者復不以爲意，而又值環球交通、物力競爭之世，人瑜而我瑕，人神明而我苟簡，勢不至始於貧乏，終於澌滅不止。斯中國之前途，大可懼矣。而所謂志士者流，既不屑注意於平日，則雖抱偉大之雄心，不知何所恃以發抒，天下未有枵腹之人，而能有所成就者也。而尤可懼者，假如我將大有所作爲，其勢非相持數年，不能猝解，則必我於農、工二途，實足倚以爲命，而後進可以戰，退可以守。平時潛爲布置，足以增長其勢力，而後精力彌滿，乘釁而動，而人莫之敢侮，否則既不能自養，更不足以養人，不及數月，便有内潰之虞，又何所恃而無恐哉。是則實業也，大事也，又互有無形之關係，而非可取辦於倉卒者也，竊願與關心時局者一論之。

《東方雜誌》第一年第七期《論鑄造銀幣之三大要素》　理財之策不一端，而由國家以鑄立貨幣，其一也。環球各國，未有行使人幣，而己國轉無定製者，亦未有行使人幣，而利源不盡外溢者。蓋一國財政之急，首在銀行，而銀行之得人信用，尤以整頓幣制爲要素。幣制有一定，而後鈔票匯兑有所準，出入有所齊。銀行之與幣制，必須同時並理，缺其一則不行。中國向無一定幣制，通商而後，概用墨西哥洋銀，而銀行一事，更闃焉無人倡議者，故利益日爲外國銀行所侵没，而商界無形之失利，且較有形之賠款而更甚。近歲以來，我國不少知者，而上下議論其間，以是朝廷悉其情幣，特立財政處，創銀行鑄局於京師，未幾而又派那尚書赴東考察財政，似銀行既意在必辦，而鑄造貨幣，自所不待言矣。然貨幣三等，曰金幣，曰銀幣，曰銅幣。金幣則今日之中國，勢難即舉，銅幣特所以輔銀幣之不及，而今日商市之所流行，與國家鑄造之首先注重者，自必在銀幣可知也。然使國家而無整頓財政之意也，則亦已耳，而既欲自鑄國幣，以爲挽回利權計，則必力求其流通之法。鑄而不通，何異不鑄。抑鑄銀幣而欲求其流通，則必盡反今之所爲，從新振作而後可。吾今言其流通之要素，一，輕重必使相等。鑄立銀幣，本所以昭劃一，若有一輕重其間，則商家可以任意上下，受虧必深，而銀幣之信用既減，即流通之機關爲沮。近歲以來，國家雖未有一定幣制，而各省固已極其能力所及，争先鑄造。然調其輕重，雖中國各省自鑄之銀元，均標爲七錢二分，而據粵省之所通用，概未能及其實數者。若北洋、江南、湖北、奉天、廣東等銀元，均只作七錢一分五厘之用，時而僅作七錢一分，高下不等。而吉林一省，則僅作六錢八九分，尤爲減色。其輕重之實不相同如此，故行家得以出入取利，而各省擯之不用。吾謂銀幣之鑄，必由朝廷劃定若干分兩，以後不準絲毫參差。凡前此已出銀元，宜由國家盡行收買改鑄，如此方昭劃一之制。一，機器宜歸一式。原各省銀元輕重不等之故，半由不肖官吏之從中侵漁，亦半由購辦機器之各殊。故第劃制其分兩，而不整齊其製造之器，形式既不同，而成色仍不無稍減。吾謂朝廷今已設有財政處，各省鑄幣事宜，當由該處統屬重購同樣機器，分局而製，務期不失毫厘。倘再不相劃一，自必官吏之舞奸，則以破壞國機器典治之，而後國幣始有起色。然此固所以求人信用之本源，與夫本質上可以使人流通之實，而其所以導之流通，迫之使不得不流通者，尤有一莫大之要素在。要素謂何？即以征税所納，歸重新鑄銀幣是也。原國幣之所以收利，本以廣布流通爲主，然必自國家有以提倡之，而後新幣不求通而自通，外幣不待禁而自禁。今各省新鑄銀元，雖迫民以通行，而官家財拒而不受，錢糧爲平民輸入國家之款，而新幣不可以納糧，關税爲商人輸入國家之款，而新幣不可以完税。夫以中國自鑄之銀元，而不能爲中國征税之用，反有需於洋元，則其所以重外幣而輕國幣者，已概可見。然則朝廷鑄幣之意，固何所在。豈非明欲以不足之銀兩，攫取商民之財利耶。此真吾所大惑不解者也，又何怪新幣之不能流行，而民之滋不信於朝廷哉。吾謂新幣鑄成以後，非特準民照數並用，凡錢糧、關税、郵政、電費之類，苟官民交接之端，並宜非此不行。則國幣之聲價自高，不必禁外幣之入口，而商民趨利所在，又何患外人之壟斷我乎。凡此三端，皆今日鑄造銀幣之要素，苟其不爾，吾未見其幣之能行也。非特不能行，而三年築室，遺誚道旁，且益使外幣得信用，病國病民，且由此而深焉矣。財政諸公，其亦一思否也。

《東方雜誌》第一年第八期《論實業所以救亡》　自日兵據守高麗之後，而日本駐韓公使，有向韓廷要請墾荒之事，韓人多不願者，至結爲會社，以拒日爲名，其政府亦以自行辦理謝日人，然日使之意未泯也。有謂韓人之結會拒日，實爲黨派之私利禄之見者，此非吾國切膚之害，可以不必深求。然竊就此事而有所省焉，則以實業之興衰，關於國勢之存亡是也。吾因是而悟列强之用心，凡欲顛覆人國者，非有所甚利於己，則斷不亟亟圖之，而其所利者，乃必不在於其佔籍之人民，而在於其自然之地利。舉凡所謂農工商礦之事，無一而不啓其覬覦，而染指之念既殷，則窺伺之心愈切，蓋不啻舉全國公共之産，而皆爲負乘致寇之媒。此等事例，見於中國者，幾於書不勝書，而以承攬工程、測勘礦山二者爲最夥。主權之喪，恒必由之，固不獨朘我脂膏已也，而推其致此之故，則皆起於實業之不興。蓋外人雖有涎我利益之情，而萬無紾臂奪食之理，果使一國之民，皆能振興實業，舉所謂農工商礦諸事者，開拓經營，不致貨棄於地，則彼外人者，雖有攫取之心，更無着手之處，亦只可爲臨淵之羨耳。惟我既不能自闢其利，則已自棄其爲地主之資格，而後旁觀者乃得爲越俎之謀，即爲地主者，亦竟無辭以間執其口，前者之願方償，後來之徒益衆。地利去，而國勢隨之以去，古人所以有石田千里，謂之無地之言也。此次高麗墾荒之案，韓人以自行辦理拒日本，其詞甚正，然何以不辦於日本未請之先，直至聲言要緊之時，始欲以空言抵制，此誠不能爲韓人解者，固知日本之願未易從此遽休也。近年之間，我國於外人嘗試之舉，亦頗謀所以阻之，即如礦山工程等事，明哲之士乍見外人有所謀畫，亦每籌自辦之策，以尼其成（如近日安徽全省礦山之事是其最著之例），然猶限於一二端，而未推及其全體。見此一事之爲害，則但思興此一事以禦之。雖然，遍中國之廣，二萬萬方里之地利，二十六萬種之物産，皆外人之所甚欲也，非舉一國之實業而提倡之，通力合作，以自養者自保，則更何術以救亡哉。夫見一二礦山工程之關係，遑遑焉憂之，而於全國地利之關係，或朦焉而不察，不知推此一二事之關係，以及於全國之關係，則此一二事之患可尼，即亡國之禍亦可遏，而其所以遏之者，舍提倡實業之道，豈有他法歟。嗚呼，日本固以提挈韓國爲己任者也，而今日之設施於韓國者，乃不爲急整其内政，而先以墾荒之説爲言，則是實業不興，即亡國之兆，其證據有若是之著者，可畏也矣。

《東方雜誌》第一年第八期《論女工》　同是圓顱方趾之儔，有官骸口體之具，有知覺運動之能，而男子獨任其勞，女子獨爲其逸，直若舍炊舂鞠育以外，不必擔一毫之義務者，輓近世之頹俗，孰有甚於此乎。考中國男女生息之數，據《周禮》職方氏所載，惟冀州之域，其民五男二女，其餘諸州，皆女多而男少，以女較男，其數當贏五分之一。乃以目下通國男女計之，又若女少於男，與三代盛時爲反比例者，則以溺女之風，於今爲烈，有以預蹙其生機故也。夫女人既不能使嗣宗祊，又不能自謀衣食，在在須仰給於男子，是以貧窶之氓，咸以生女爲大不幸，或屢緣弄瓦，而付諸清流，或未及衣褐，而投諸隘巷，此女口之所以不蕃也。然則欲養女口，莫若禁溺女之風，欲禁溺女之風，莫若廣勸女工而集其力，力有所用，即口有所資，如是而猶以生女爲不幸者，未之聞也。

吾嘗遐稽夫秦漢以上，自軒轅之妃西陵氏，始教民蠶，後此蠶桑紡績之事，遂爲婦女之專職。成周之制，自后妃夫人以下至庶民妻妾，無無所事事之婦女，王后親織元紞，公侯之夫人加之以紘綖，卿之内子爲大帶，命婦成祭服，列士之妻加之以朝服，自庶士以下，皆衣其夫，莫不社而賦事，烝而獻功，故四德之中，工居其一。司馬遷言，太公封於營邱，以其地斥卤，人民寡，乃勸其女工，功極伎巧，其後齊國之富，至冠帶衣履天下。漢制，宫人有罪者，輸織室，責以紡織蠶織，民間之有罪者，其女子爲白粲，課以品别粢盛，因其有罪而罰之作工，與因其患貧而勸之務工，意美法良，均非後世所能及。夫周漢户口之數，尚不逮今者三分之一，顧於女工猶汲汲如是，是以家給人足，幾於比户可封。今民數已達四百餘兆，而坐食無能之婦女，殆居其半，有不日就澌滅，而傷終窶者耶。

難之者曰，婦女之聰明才力，皆遜於男子，即使教以工作，裨益幾何。噫，爲是言者，其亦勿思之甚矣。夫乾道成男，坤道成女，鍾毓之靈，何分軒輊。自古婦女之卓卓可傳者，如鄧曼料楚師之敗，陵母知漢室之興，木蘭負羽以從軍，曹昭揮毫而作史。回文之錦，制自若蘭，列國之圖，綉於趙氏，而《毛詩》三百，幃房之作，居其五六。浸假若而人者，易裙釵以冠弁，變巾幗爲鬚眉，安在聰明才力，盡出乎男子下哉。即使今日婦女之智，遠不逮古，而教之以技藝工作，未有不勝其任者。中國自秦漢而下，女學不講，婦職不修，致使爲女子者，略堪温飽，即不肯操勞，偶爾食貧，輒終朝詬誶，抑若口體之奉，固宜由男子供億也者。而男子則無論其勞心勞力，仰事俯畜，皆所不免，多則八口，少則五口，莫不取給於一人之身，往往終歲勤動，而老稚猶轉乎溝壑，骨肉不免於飢寒。生之者寡，食之者衆，力小任重，此家道所以不興也。而奈何而不重女工，奈何而不亟興夫女工。

誠使通國婦女皆有所執業，則男子之仔肩有人分任，不必以謀生爲苦、内顧爲憂矣。且以生利分利之説衡之。通國利源，當增一倍，即國家斂入之税額，亦當增一倍。不觀夫歐美諸國女工之發達乎？以美利堅一國言之，凡工程、繪畫、測量、樂律諸事，以婦女操其業者，至數十萬人，而沙的士省之女子煤油公司，則自總理以迄傭役，無一而非女子者（見《天南新報》）。次則爲英吉利，即英國鋼筆製造場而論，職工三萬餘，就中女子，多於男子數倍（見《晉報》）。該兩國皆以工業立國，故女工之進步，亦未可限量。即如比利時之蕞爾邦，目下亦擬於敖斯當得地方，開博覽女工大會，已派定克來忙地諾王爵夫人爲監督，所有各女工皆可與賽（見《公理報》）。泰西各國之女工，即此已足征大概。而環顧我國，二百兆之婦女，則皆無一藝之擅，一技之長以糊其口而贍其身，夫安望工業之振興哉。

然則欲興女工，其道何由？曰，在乎興女學而已矣。按西國普通之女學，分爲十六科，以次教授，一識字，二書法，三知算，四縫衣，五精綉，六作札，七吟詩，八繪畫，九扎花，十編織絨衣絨帽，十一製各種花邊，十二略知醫理及形性學，十三音樂，十四宗教之道理，十五體操，十六地理。我國女學之興，現始萌芽，欲仿西法教授，一時未能遽曉，惟就各地産出物品之可以製成熟貨者，令婦女轉相傳習，如紡棉繅絲，績麻織布，縫衣製履，學製顧綉、編織草帽等工，皆使各習一門，暇時兼課以文學，俾粗通大義，講求歐美工藝，自不難日新月異。況我國地大物博，遠勝泰西，而婦女耐勞習苦之性質，更超乎泰西婦女之上。果能通國婦女，皆以工業爲御貧之術、内助之資，其不一蹴而躋乎富强之域者，無是理也。

《東方雜誌》第一年第九期《論中國宜保護商務》 今日爲生計競争之世界，稍明時勢者，類能識之，故各國近日所持政策，莫不先争商業界之戰勝，以爲立國之第一要義，非無故也。我政府近亦察天下之趨勢，特設商部，以謀振興吾國之商業，所謂識時務，因時善變者，非耶。雖然，吾國民之天性，善於經商，天下既有定論矣，顧何以數千年以來，吾國商業之不發達，竟如彼也。噫，吾知之矣。往者中國之宗教家、政治家，皆以言利爲詬病，凡與於商界者，謂之末業，鮮不賤而抑之。嗚呼，此實吾國民生憔悴、國力萎敝之一大原因也。夫持賤商主義者，在昔閉關之世，各種族不相往來，自爲强弱，自爲消長，其病國之害，或猶未大著。然於生産消費之調劑，已不能得其平均之率，況於今日航路大通，鐵道四闢，其與我交通者，皆有挾而求。語有之，巧者有餘，拙者不足。以今日商界幼稚，商力凋敝之中國，與彼工商業發達極盛之國，並立於商戰劇烈之場，比權量力，猶以鼷鼠迮猛虎，至則靡耳，寧復有政策之可言耶。今請舉西方現行商務之政策，與東方世守商務之政策，兩兩比較，其孰得孰失，不待智者而後決矣。

一，西方謂商業爲和平戰争，商業不盛，即國無自致富强之理。東方則謂商業過盛，即習爲奢侈，不復能保持久遠之和平。

一，西方以兵力增進商力，凡兵力所到之處，即爲置設通商法律。東方之用兵，常與商務爲反比例，非徒無益，而又害之。

一，西方以商能興利，有殖民之功，凡所以增長商業之進步者，無不奬勵之，助成之。東方則謂商人專思利己，無益於羣，乃抑勒之不使過度。

由是觀之，東方之國，自古無鉅大商業，非其民之不善經商，乃由國家政法、社會習慣，均有所以貶抑之，束縛之，故致此耳。雖然，西方古時，其賤商之弊，豈不與中國同出一轍哉。惟其進化甚速，不與之長此終古，故能一躍而登於文明幸福之樂地，而遂使東方人不免有望塵不及之嘆矣。今更取西方商業之變遷而言之。

當歐洲西羅馬全盛之時，其人民以強武好鬥爲習俗，不知研究商業。社會制度，又分貴族、平民兩等，貴族食税衣租，無所事事，平民供給如奴隸，而無完全治生之中級人民，雖有修官道、置郵局、立銀行之種種善政，大抵不爲商業而設。洎乎封建時代，耶穌教徒勢力寖盛，又持財産共有主義，強平市價，禁止息利，理想雖善，而於商業猶多滯礙，是猶之抑制時代也。嗣後義大利自由都府、漢沙同盟市府，更崛起於南北歐，劃市區以通交易，不使政府干涉，蓋漸趨於放任時代矣。至十四五紀以降，輿論皆以自由貿易爲不刊之令典，而斯密亞丹《原富》之著，主張商業之進步，不應抑制而貴放任，其勢力遂磅礴於今之世界，未幾而窮荒島建爲獨立邦，未幾而古帝國夷爲殖民地，滄田貿變，殆莫不由此商業膨脹力爲之媒介。故竊謂去抑制而爲放任者，所以鑿通商業之障也，進放任爲保護者，所以扶助商業之成也。今則國際交涉，因商人之利益而起者，十居八九，會議所可與議院相通，領事官直爲公使之副，一私人之訟端債務，動輒以國力争之，夫豈非政策之又一變耶。然則東方之國，苟欲振興商務，舍保護政策，其道又奚由。

且夫東方之國，未有大於中國者也，而語其商業，則無可比數矣。歷代政策，除搜括貨税外，絕不知獎勵爲何事，豈有所謂放任者耶。放任且不得，況於保護哉。不放任，不保護，則惟有抑制之而已矣。假令其實行抑制之法，無分於內外國人，雖愚不可及，猶不過一社會之生活，無與於他社會之生活，他社會權力，亦無釁可乘。乃又喜功好名，務博柔遠之虚榮，承平無事之日，偶見邊關海港間，有一不相習之番賈來此，必竭力誘導，使之貢獻方物，或更爲鋪張揚厲之辭，以欺後世，史編所載，大抵如斯。迨其來集愈多，遂跋扈不可復制，因之邊釁開，而國力耗矣。所以不能相爲抵制者，實由待本國商人，如制傭奴，而待外國商人，如奉驕子也。前車已覆，後車弗鑒，何必遠言唐宋元明之故事哉。以近事考之，歷屆通商條約，皆言彼商人之來中國者，當如何待遇，如何安集，其於我商人往彼國之事，則略不道及。故百餘年，彼有來航，我無往艦，偶有一二提倡遠商之人，彼必竭力抵拒。如曾惠愍運貨至英，羈留不得登岸，幸争得之，亦大虧折，可爲殷鑒。後之人猶不悟，馴至今日以有美人禁止華工之惡果，而又不清其界限，至並華商而亦牽入華工之列，增多方之困難問題，而我外部及駐美欽使，並不聞有實行保護之策。然則中國商業之前途，其尚可望哉。

比者，政府亦稍稍思爲改良之計，立商部，建商會，研商律，其推行政策，殆必取於保護無疑。然西國之保護也，從放任而生，中國之保護也，由抑制而變，取徑雖捷，而其間陵躐舛誤之處，難以枚舉，即商人亦不能深信不疑，何也？彼固素未享受自由之幸福，則茲之所謂保護者，亦猶抑制之幻形耳矣。否則如前舉比較之三事，一爲和平，由商人有進取之能力。二爲兵争，由國家有確實之後援。三爲殖民，由國家及商人有共同之資産。三者有其一，則足以自存，有其二，則足以排外界之競争，有其三，則可以衡行於生計競争之時代，而永永保其人民自由生存之幸福。並世大國，若英、法、德、美，若東方之日本，皆其行之已有明驗者也。我商部諸臣，其宜知所取法矣。

《東方雜誌》第一年第九期《論興實業在先籌通運》 中國內地之製造減色、實業未興者，非盡由機器之難購、工師之難覓、物料之難求也，實以水陸運道，均極艱澀。除長江支河名城大鎮外，餘多窮僻州縣，深阻山谷，外有貨而不能入，內有産而不能出。明知航路鐵路之當開，而既乏鉅富，又鮮公司，涓滴之財，安能創遠大之舉。所貴有經理之責者，相機審勢，徐圖開通，爲吾四萬萬生靈，謀一永沾利益之長策也。知要哉，商部頭等顧問官張殿撰季直也。彼以通州實業增多，需用物料亦多，咨請江督，設立躉船於通州就近之天星港，以爲往來通滬小輪卸料之步，並擬將內河外江小輪並合爲一，集股擴充，沿用前此大達小輪公司之名，名曰通州大達輪船公司，其上海小輪船步，亦擬設法擴充增設。且稱查本年五月間，西報載英、德兩國政府，催成淺水小輪多艘，本月又見兩國租借洞庭、鄱陽湖游弋之報。體察各國，均欲及旅順得失未決以前，各行其分佔中國商界之政策。華民若不就地蚤自爲計，剥膚之痛即來，何堪設想。是則因時推廣，不僅爲通廠運料計，尤不僅爲通州行旅計，推其用意，蓋思藉通州一隅以爲之倡，冀各地方聞風争起，以爲之繼。吾三復斯説，竊嘆吾鄂上五府，天然膏腴，而通運道路之設法開浚，益不容須臾緩也。考鄂省所轄區域，下游一帶州縣，濱臨江湖者甚多，其轉運諸物也，順而易，上游一帶州縣，險阻崎嶇者不少，其轉運諸物也，逆而難。當此創興實業、整頓工藝之秋，正宜取地利之未闢者，從速闢之，舉土産之未呈者，次第呈之，而要非化紆爲直、改滯爲捷不爲功。誠鑒英、德近事，置淺水小輪多艘，以數艘達襄河，使漢水東西所出之産，來匯於此，以數艘達沙市、宜昌，使荆宜施各屬所出之産，來匯於此，以數艘達沙洋，使南漳、房竇諸路所出之産，來匯於此。又於水陸交綫之地，分築鐵路，聽地方富有貲本者，量力集股，廣開公司，章程不必繁，以簡明易行爲要，規模不必大，以開通無礙爲宜。安見礦業、林業、蠶務、漁務之不日新月盛，挽回利權於無形乎。若概以荒僻棄之，一任百物菁華長此封閉，以待外人之發泄，是果如張殿撰所慮，甘受剥膚之痛而不之覺也，必自斃矣，貧弱云乎哉。

《東方雜誌》第一年第九期《論紙業宜改良》 我中國爲世界文明初祖，而所以傳布其文明者，莫尚乎紙，刷印術其次也。當造紙術未發明以前，中國所賴以傳布文明者，曰竹簡，曰韋編，曰縑帛。西人所賴以傳布文明者，曰木葉，曰羊皮，曰硝皮（西國古時，多取樹葉以作書。後或書於木，書於羊皮，書於硝皮。現奥國有倫念安者，搜羅甚富，大半從埃及得來，近將所有送歸奥京之藏書樓。其間係希臘字者七萬葉，阿剌伯字者二萬葉，埃及古文考古得者千葉，見《檳城新報》）。至西曆第一世紀之末（東漢和帝時），我國蔡倫始發明造紙術，而紙之用以宏。西曆九世紀之初（五代石晉時），我國馮道又發明印刷術，而紙之用益宏。自有紙以爲傳布文明之憑藉，於是世界上竹簡、韋編、縑帛、木葉、羊皮、硝皮等，皆退聽於無用。西人之造紙術，後於我國，西人之刷印術，仿於我國，乃綜核全世界最近之産紙額，我國轉不能争雄競勝於其間者，曷故？

考西曆一千八百五十年（即咸豐三年），全世界製出之紙類，約爲二十二萬噸。及至去歲，經西人古華魯利魯氏之調查，其産額已突增十二倍，約爲二百六十二萬噸。其中惟北美合衆國，多至一百二十萬噸，幾佔總産額之半數。次則英國有四十萬噸，法國有三十五萬噸，德國有三十萬噸，合歐洲諸國計之，當爲一百三十六萬五千噸有奇。至言其價值，則約爲日本金八億萬元（見《政藝通報》）。噫，非業此者之競求進步，曷克臻此。

試更以我國言之，我國所有精潔細白之紙，皆産自皖、鄂、贛、閩等省，至下等紙，則隨在皆産。然每歲之輸出外洋者，即以前年論，僅三十三萬三千五百三十三擔，價值關平銀三百零九萬八千五十兩左右。而日本每年輸出之刷印紙料，至值日本金八十六萬四千餘圓，反多於我國一倍（我國進出口紙數見海關册，日本産紙數見《政藝通報》）。則我國産紙之額，僅足以步武日本，而不能駕乎美、英、法、德諸國也，明矣。夫以我國人口之蕃、版圖之廣，而産額乃僅此區區，甚至不敷本國之用，每歲尚須購五六十萬金之洋紙以附益之，我國紙業之不振如此，亦安望與他國争雄競勝乎。

雖然争勝之道無他，汲汲焉改良其造法已耳。查内地自來造紙之法，大抵以竹簧、構皮等爲原料，而化以鈣養，淋以柴灰，迭經水漂、火蒸、日曝諸方法以成之（見上期本報叢鈔門。鈣養即石灰）。其粗者則用竹簧，或用稻草，以爲原料，造法雖大同小異，而爲工較簡。然要皆我國千百年來相傳之舊法，未有進步，難冀暢銷。且舍構皮、竹簧、稻草等以外，不知用他物爲原料，即能暢銷，不能廣製。按西人紙料，取諸木皮、布片者爲多，與蔡氏古法無異（史稱蔡倫造紙，取樹膚、麻頭、敝布、魚網爲之）。而造之之法，則用苛性曹達（藥名）入沸湯中，融化其原料，及將入槽，乃以蜀葵根汁傾入，俾其滑澤美觀，以求速售（見本報十一、二十一兩册）。其取材既富，可以化朽腐爲神奇，其製法甚新，可以省更番之蒸釋，故雖尋常稻草，亦有製爲上等紙者（某日本人在上海設廠，購收稻草，製爲上等細紙，致稻草價頓昂，事見近日上海各報紙）。則我國今日之業紙者，何可不亟圖改良耶。

夫木皮、布片一切之原料，我國固極優足，而以之造紙，又我國本有之舊法。自我失其舊法，不能利用此原料，而輸之他人，以致洋紙之攙入者日益多，土紙之製出者日益少，馴是不已，其不至盡奪我利權，盡絶我生業不止。近日我國官紳，罔不竭力振興，以圖改良，商部既特籌鉅款，設官紙廠於上海，贛撫夏中丞又派學生東流日本，專習造紙術。凡可以扶植紙業，啓迪紙工者，皆不憚研求，不惜煩費，以爲我商民謀其利益，誠當今急務也。當此各國文明勃發之時代，即新聞雜誌一項而論，全世界每年所出，約共三千四百八十一兆六十一萬紙，亦足見文明之程度愈高，則紙貨之需用愈廣。我國業紙者果宜如何改良，以期前途之發達，商界之光榮也哉。

《東方雜誌》第一年第九期《華人宜自辦路礦》 近歲賣礦之事屢見，雖政府與國民無有異辭，而尚有一二書生，持空言囂囂以鳴於報紙之上。白種人若曰，是豎子雖不足畏，然有一般輿論之反對，或足以尼吾事。因是比人欲辦上海至長沙、南昌之鐵路，嗾中國官紳出面，向政府運動，已則暗中附股，包攬工程。夫中國路礦，中國人自辦之，此二語，寧非今日達識之士所持之最力者耶。而白種人，即以名義上之近似此二語者，上眯政府之目，下噤一般之輿論。在彼持傀儡者，立於幕後，萬不至於跌足。在彼傀儡，方且睨高爾伊、龔銘義，而傲然曰，中國路礦，中國人自辦之矣。

《東方雜誌》第一年第一〇期《論中國工業之前途》 世界上物競之大較，愈進化愈競争，亦愈競争愈進化。其究也，優者勝，劣者敗，胥不能越天演之公例，而自成一社會。今日爲實業競争最劇烈之時代，凡國乎大陸者，非極力發達其工業，則不可以立國。蓋商戰同於兵戰，兵戰以槍礮爲利益，商戰則以熟貨爲利器。使其國富於天産，而絀於人工，商之所輸出者，無非生貨，是猶以未經鑄造槍礮之銅鐵，出而應敵，適足藉寇兵而賫盗糧，雖欲不敗，其可得乎。故西人有恒言曰，國無熟貨以輸出者，其國貧。近數十年以來，西人於工業上發明，工業之進步，咸有浡起不可遏之勢，由手工而機器，由家製而廠造，藝通乎神，技進乎道，其膨脹力浸及於外界，遂飆馳電掣，而東底於太平洋。凡洋商之於我國，其輂運橐載而去，以輸之彼國之工藝場者，皆我國之生貨也，其蠅攢蟻附而來，以輸於我之通商埠者，又彼國之熟貨，而我國之生貨也。夫以我國物産之富，我不能自製，他人取而代製之，轉移往返之間，我工業上之利，皆爲彼囊括殆盡。彼日以贏，我日以絀，彼日以富，我日以貧，日朘月削，靡有底止。念及此，能不爲我國工業之前途危。

今日工業最佔優勝之位置者，莫過於機器。如尋常紡紗、織布等機，以一人運動之，其出貨之數，可與千百人手工製出之數爲比例，至蒸氣機之滿一千四百萬匹馬力者，即可代二億八千萬人之工作而有餘。而我國之工業，則全恃乎手工，其能代以機器者，百無一二。我國人口之多，居全球四分之一，盡趨工作，猶難與素用機器之國方軌並馳，又況游手坐食之居其大半乎。是以綜一年中出入口貨計之，如前年出口貨之價值二萬一千四百十八萬，而入口貨之價值爲三萬一千五百三十六萬，其溢出者一萬萬零十八萬有奇，相去懸絶乃如是。可一言以蔽之曰，未通行機器之故。

不寧惟是，物質之胡以生成，機括之胡以運動，以及融解凝結之理由，化合分析之作風，皆懵然未之研究。雖欲使賤者而貴之，粗者而精之，無用者而有用之，其道奚繇。蓋科學爲工藝所從出，誠欲工業之逐漸發達，與文明各國相抗衡，不特機器與手工當併行而不悖，且當先明乎製造機器之學，以爲凡百工業之基礎。良以製造機器，且屬工業之一端，而實則衆工之母、衆業之原，無不可以機器賅之，彼手工不過以輔機器之所不及耳。故言乎我國工業之前途，其能制勝與否，當視乎能造機器與否以爲斷。

我不敢知曰，我同胞皆庸愚蠢陋，無自造機器之能力也。我亦不敢知曰，我工業之前途，必能方駕乎東西各國，而不至久居人下也。曩歲湖南楊君度，游於日本之高等工藝學堂，聞教員某氏之緒論曰，國中高等學問之人多，則普通學問之人亦宜更多，以備工人之用。故工業之盛衰，可以視教育之盛衰爲準。中國人數雖衆，而曾習普通、堪備職工者殊少。若能大興教育，普及人民，將來不患不爲地球上之工業國。目下欲求切實辦法，惟有擇洞悉本國各種實業情形之人，使其出遊各國，考究彼此形勢，度本國何種實業可以不習普通，而徑聘外人教之，以定興辦之次序。中國資本、原料皆不乏，惟機器則須自製，此最上策。某教員爲我國計，蓋以普通教育爲植工業之基，以考察各國爲辦工業之序，以自造機器爲興工業之原，如是而工業猶不振興，當無是理。

然則我國前途不大有可望乎。前此各國之主開放政策者，皆汲汲焉廣求新地，今則惟汲汲焉廣闢商場。蓋無新地則原料無從取給，而工業必弛；無商場則熟貨無處銷流，而工業亦弛。考歐美兩洲人口增加之速率，當十九世紀之初，除南美及墨西哥以外，爲一億七千萬人，今則達乎五億一千萬人，準此以推，則此世紀之末，當達十五億以上。生齒極衆，恐無可執之工，資本雖饒，恐無可營之業。屆時我國人口，亦必視今日爲倍蓰，使工業仍復不振，將二十六萬種之物産，適以供彼之製造品，二萬萬方里之大地，適足爲彼之工作場，否則我國工業界之勢力，必一躍而出於各國之上。雖使多數人民之各國，無不仰我唾餘、望我鼻息，而爲我輸泄貨品之尾閭，夫何難哉，夫何難哉。

《東方雜誌》第一年第一〇期《論實業》 嗚呼，吾中國二千年來，商工業之歷史，可謂不名譽之歷史也矣。歷代君主，視商賈爲末業，務抑制之，而百工更置不足論。是以求之中國古書，其有發明商工業，與社會有密切之關係者，《周禮》而外，殆已中絶。此外《管子》一書，於生計學頗有影響，史遷《貨殖傳》，其實業上之理想，最爲圓滿，惜繼之者無其人，而千數百年，流風歇絶矣。然而昔也處閉關之世，無外界之競争，其所失敗之影響於生計界者，猶有所底。抑吾國亘古以來，又以務農爲本業，生計之紓絀，恒視歲收之豐歉以爲比例差，是以工商業之漲縮，常在客位而不在主位。故雖形衰落，猶不足以牽動社會之全體，受之者亦無慘急之感觸。無感觸斯無競争，西儒有言曰，競争者，進化之母。吾國商工業無競争，故無進化也。奈何造化窮奇，地球大通，優劣競争，乃在商工。今與我並世而立於商戰劇烈之場者，大小國以數十計，而我僅以卑劣巽懦之手段，以從彼武健驍桀之勇士之後，十步九踣，氣息僅屬。乃有少數志士，蚤夜號呼，奔走喘汗，以號於國中，曰亡國，曰亡種，羣思所以保國保種之道，知非合羣力以禦之，不可以抵制。然而猗猗靡靡，空論多而實事少，至於今日，朝野上下深知貧之足患，而講求實業者，始漸漸出現焉。近如張謇氏者，能於數年之間，出其全力以創辦實業之公司以十數，除已成者，若紡織，若磨面，若榨油，若墾牧，若水利，若小輪、燭皂、蠶桑等外，近又創設漁鹽實業公司，集資本金幾千萬，養遊民至數萬人。管敬仲之山海，太史公之貨殖，以彼例此，何多讓焉。張氏乃提其盈餘，建設通州高等學堂，以造就其地及其鄰境之少年英雋之士，是張氏乃真能實行救時之策者也。西哲羣學家言，謂文明人與野蠻人之別，在公共思想之有無，與未來觀念之豐缺，而此兩者之差異，則恒視生計之舒蹙以爲差。管子曰，倉廩實而知禮節，衣食足而知榮辱。孟子曰，民無恒產，斯無恒心，既無恒心，放闢邪侈，救死不贍，奚暇禮義。此實吾國羣治不進之近因也。夫聚一國什伯仟萬之衆，緊豈無窮乏不足攖其胸者。然可以求之少數畸異絶特之士，而不可以律諸多數尋常之民。近者，朝廷振興商務，設立商部，各省競開商會，爭研商學，將由此省自爲會，家自爲學，推之府州廳縣，所在而有，孜孜焉謀興實業，建公司，開工廠，合羣力以赴之，如水奔壑，然後各出其財力，以興一切地方自治之事業，吾國民生計之前途，庶其有豸乎。

《東方雜誌》第一年第一二期《論實業之效大於法政》 張氏季直有言中國人留學外洋者，多喜就政治、法律，以二者之成效近官，而其從事也，空言而易爲力。若農工實業，皆有實習，皆須致力理化，而收效之榮，不及仕宦，國家又無以鼓舞之，宜其舍此就彼也。又言中國目前興學之要，普通重於專門，實業亟於名哲，故比年以來，極力提倡實業，兼及尋常普通之教育。觀其兩度東游，於紡織、畜牧、鹽利諸端，以及徒弟、職工諸小學校，殫意經營，欲一一施於名實，詎與夫侈遠效而不求近用，務高談而不恤小施者，相提併論哉。顧或者曰，政治爲組織內務之機關，法律爲辦理外交之鈐轄，中國於此二者，殊多缺點。如張氏言謂習此者，空言較易爲力，不如實業可見施行，豈政法可以不學乎？而非也。政法之與實業，雖同爲當學，然其間究有先後緩急之分。蓋實業爲萬事根本，學此者苟佔多數，則財力自日形發達，中外古今，幾見有財力雄厚，而政治法律猶難整頓乎。故知法政之效，不過爲朝廷增一二吏才，而實業之效，在一家則生活之途寬，在一邑則遊惰之人希，在一省則歲入之款饒，在天下國家，則並可以轉弱爲強，化貧爲富。觀英國默爾化所著《萬國國力比較》一書，專紀各邦財政，與其商工諸業，而政事兵威，皆所不及，可以想其微意之所在矣。然則中國欲普興實業，膨脹國力，果將何道之從？曰，是必各省各屬各中小高等學堂，皆仿京師實業學校之規則，編輯專門學説，爲實業教科之需。又復闡明其義而提挈之，以淺顯易知者引其端，以目驗可憑者竟其用，庶教習、學生皆知起困救窮，舍此別無善策，不耗散精神於無益之地矣。又必選派學生出洋之初，由學務處頒一新例，勿論官費自費，均於備文請咨時，將農工商各業認定一門，限以學年，以觀其成。倘認而不學，學而不肯卒業，廢於半途者，官費則勒令賠繳，自費則從嚴議罰。務使學實業者，居其大半，庶異日回國，人人皆克自立，始有餘力以效用公家，昌明社會。不然歲耗數百金，養一學生，其究也，率空疏浮泛，而無濟於事，果安取此紛紛咨遣，貽笑外人哉。兩術併用，更近法日本，就京、津、滬、寧、漢、湘各處，間開博覽會，以喚起國民競爭之心。若政治、法律，第各省加派官吏一二十人往習之，以歸教其同類可也。必聽人自便，均挾一欲速得官之私而往，則殊失變法自強之主腦矣。張氏之言，蓋深有慮乎此也。

《東方雜誌》第二年第一期《獎勵華商》 讀商部奏請獎勵華商章程，可謂詳盡，然吾竊有疑焉，謂其有獎勵而無保護也。夫華人本有經商資格，苟有利可獲，雖無獎勵，彼固趨之若鶩，此實一善謀經濟之大羣也。又吾國歷史上，素來皆貿易自由，政府絶不干涉，其事與歐洲中世時絶異。雖漢代有重農抑商之禁，然不久其禁遂弛。故歐洲之貿易，由干涉而放任，不得不出於獎勵，獎勵不獲濟，又不得不出於補助，此近來各國政府所以有興業補助金之支出也。吾國歷史既與人殊，而性質又與人異，吾謂今日商部，宜先定保護之法，而獎勵次之。且所謂獎勵者，與其獎以頂戴之虛名，不如獎以補助金之實惠。今日國家既萬萬無此餘款，則區區之頂戴，未必能招之使來。又況辦有成效，而始行獎給，則虧折者既失鉅利，又不能得虛名，亦誰樂而爲樂。縱有肯爲者，則其不爲頂戴而來也亦明甚。今欲懸此以爲餌，是不啻以冰致蠅、以狸召鼠，愈來而愈遠也。今日而真欲振興實業乎，非編定商法，國家力任保護，吾未見有效也。

《東方雜誌》第二年第三期《論宜自造機器》 自計學發明，而商戰之説起。歐美文明之人，不鬥勇而鬥智，不角力而角財，高掌遠蹠，作賈重洋，商貨駢集，獲利倍蓰，豈百產之菁英至是而所出獨多耶，抑工巧藝能之發達有以使之然耶？而不知皆非也，是惟能創造機器故，是惟能利用機器故。泰西計學家言曰，機器乃貲本之一種，器具中最完備、最靈便者也。夫人工之於製造，皆以手足發其自然力，而此則以致動力發其自然力。當夫器機萌芽時代，其所以運轉之者，人力而外，厥惟牛馬。進步而後，或以風力，或以水力。至今日，則蒸汽力、電氣力、煤油力，無一不可爲其原動力矣。而其爲用，亦由單簡而繁雜，而美備，其卒也遂爲衆工之母、百藝之原，爲凡工業國所不可少之物，故機器之精粗多寡，可以覘其國民文野、國勢强弱之程度。蓋國民愈文明，則機器愈完備，機器愈完備，則産業愈豐饒，而國勢愈强盛。機器之關係於人國，顧不重耶。若語其利益，則製造各類中，如織布、紡紗之屬，以千百人手工爲之而不給者，以一機器代之而有餘。至於大工業、大建築，如澁尼斯山鐵路之隧道（即義大利、瑞士兩國交通之隧道）、蘇彝士地峽之運河，皆恃機器以開浚疏鑿，成萬世無窮之利。昔白耳義名士喇布雷氏之言曰，蒸汽機至千四百萬匹馬力者，即可代二億八千萬人之人力（此以萬萬爲一億，汽機一馬力可當人力二十人），是用一馬力之汽機，即可省人力二十倍。業場雖大（西人謂生財之地爲業場），陡增二十倍之人力以治之，以闢地財，何材不出；以製熟貨，何物不成。況夫無機器，則天象之微妙、河流之淵深，以及風雨寒暑之遲速推遷、動植飛潛之生息變化，舉末由憑以測驗，僅用之於製造，猶其小焉者也。而以言我國，則各局場之步武泰西者，大而鑄槍、造礮、煉鐵、繅絲，小而鋸木、碾米、印書、縫衣，亦幾無往而非機器矣。雖然，我國知機器製造，而不知製造機器，其於機器也，知其然而不知其所以然，購諸西人以給吾用而已。其尤精巧者，運用則必以西人司之，修治則必以西人監之，一若無西人，則機器即不免廢棄也者，而於是西人得欺我以所不知，傲我以所不能，價值任其居奇，工役歸其調遣，甚至有以用舊之機器轉售於我，而我竟無從覺察者。故以機製之貨品言之，我國之進項有加，而以購機之經費言之，我國之漏卮實鉅也。噫，工藝爲商業之本，而機器又爲工藝之本，不能自造機器，而欲望工商業之振興，是猶伐木而未有斧柯，涉川而未有舟楫也，安可得歟？然則我國能自造機器乎？曰：能。曷由而知其能？曰：日本其已事也。日本當三十年前，外侮迭乘，幾至不國。其君臣乃幡然變計，築路開礦，通商惠工，一切傚法泰西，而於機器製造一事，尤悉心規畫，精益求精。泰西出一新器，必竭力仿之，泰西獲一新法，必鋭意求之。其始不過萬一之仿佛，未幾而模型確肖矣，又未幾而蹊徑別開矣。向也我國僅尚西洋之貨，而蔑視日本，今則日本貨之出口者，不惟我國喜之，即歐美各國亦莫不貪其價廉而競購之。所以然者，機器之學日精，無俟仰給於外人故也。我國民智未必遜於日本人，則我國能自造機器也，有斷然者。而況邃古以來，我國之創造機器者，代有名人。軒轅之南針、刻漏，虞舜之璇璣玉衡，公輸子之飛鳶，武鄉侯之流馬，史册昭垂，蓋堪徵信。其餘如漢張騫之候風地動儀（見《漢書》），魏曹植之鴨頭鵲尾杓（見《皇覽》），隋煬帝之曲水行酒船（見《大業拾遺記》），唐海州巧匠之十二辰車，馬待封之皇后妝具，及爲李勁所造酒山（俱見《朝野僉載》），韓志和之木雕鸞鳳（見《杜陽編》），金忠義之記里鼓（見《三朝志》），宋張思訓之樓閣渾天儀（見《宋史》），元順帝之宫中蓮花漏（見《元氏掖庭記》），及近世黄履莊（造有機器多種，見《虞初新志·黄履莊小傳》）、江永（字慎修，能造種種之奇器，見《婺源邑志》）等，巧思奇製，卓卓可傳，綿延至今，人才輩出。現查各省之精製造者，有王泰均（寧鄉監生，能製水車機器，不需人力及水火汽電等力）、胡士榮（永明人，能用堅木製成碾米機器，不須人力）、黎文蔚（永順貢生，能製磨面、舂米水機兩種）、溥崇棨（合江人，創造織寬布木機）、張玉山（四川人，能造鹽水各機車）、任玉衡（高要縣知縣，能製木架，以代耕牛）、陳正焮（福建船政局學生，能創造耕織等機）、陳紫綬（福建船政藝徒，能創造紡紗機器，前總理衙門核准專利有案）等，皆能匠心獨運，不讓泰西名家。由斯而論，則我國人民之智巧，實足以冠絶五洲，而猶曰不能自造機器，豈非妄自菲薄哉。惜乎我商民於製糖、釀酒各大商業，皆知集鉅貲，設公司以經營之，而不知自設製造機器廠也。曾亦思彼歐美各邦，不有機器，烏能如是之强盛歟。曾亦思彼蕞爾日本，不有機器，烏能如是之勃興歟。曾亦思我國古今來之神聖賢豪，皆能因心作則，製器尚象，較泰西而尤爲杰出歟。藉曰是非明乎重、算、汽電諸學者不能造，則各種學説，皆已譯有專書，取而研究焉可也。不然，則貲遣聰穎子弟，就學於泰西各廠，歸爲教授亦可也。又不然，則延請西國之機師以爲先導，亦無不可也。西人嘗謂我國人最富於模仿性，豈於造機器一事，並此模仿性而失之乎。吾知其必不然矣。抑又聞之，智者創物，巧者述之。我果有志於自造機器，當不求創造，先求仿造，伐柯伐柯，其則不遠，此仿造之説也。仿造既久，則力以用而愈奮，思以浚而愈靈，由是錘爐在手，規矩從心，不期創造而自能創造，則技進乎神之謂也。試思我國每年出口之貨，價值至二百餘兆，而生貨居其大半，他日自造機器，則生貨皆可製爲熟貨，獲利豈直倍蓰乎。而況有機器，則製造速；製造速，則需料多；需料多，則地無可棄之材，人獲勞力之值。不旋踵間，而海内家給人足，比户可封矣。有志興實業者，其勿弁髦斯言哉。

《東方雜誌》第二年第五期《路礦通論》

今日之中國，莫急於救貧，此今日公認之理論也。救貧之要着，莫先於築路開礦，此又衆人所共知者也。且不獨此而已，彼外人之日日垂涎於我，而謀欲得之者，推其意，不過欲取我國中利益之大端，如扼要之綫路、著名之佳礦，一二握其實權已耳。諗是則今日之修路治礦，不獨救貧而已，乃直爲救亡之策。使舉所謂扼要之路、著名之礦，皆自我而創興之，彼族見無利益可圖，亦惟有廢然自止耳。

數年以前，中國之策時者，但言路礦之利耳。而於所以籌款之方法，則猶往往主借外款，或華洋合辦者。至近日各省之輿論，乃亟亟以華款自辦爲言，此誠怵於福公司、合興公司等之已事，而鑒及外人以路礦殖權之害也，此亦可謂自動力之征矣。然自辦非難，自集華股爲難，則請先言集款之事。

今者度支竭蹶，各省所同，欲言路礦，斷不能仰給於官款，就令有之，亦必甚微，而無補於事。然則集款必取諸商民，顧事有甚難者，我國富豪之家，本不多覯，即有其人，要皆保守不遑，而乏進取之略，是故真有資本者，必不出其資本，以獨力任事。而歷來言路礦者，其人半非殷實之徒，不過得有官吏之允許，然後出其憑狀，以邀集資本耳，以是之故，恒不得人之信任。而集款至難，就令創始之人，聲望素著，而爲衆人之所信矣，然當其集款之時，一切未備，其距開工動機之日尚遠，而其募集之款，亦必不能全數遽集。於是則彼此觀望，必俟募款已交大半，辦事已有條規，而後認股者或可踴躍。否則衆股未齊，着手無日，而遽望其先交股份，則誰肯以金錢聽人閣置者，此亦人之恒情也。然既彼此觀望，則彼此皆不願遽投其資，而集款終無可齊之一日。彼曰爲時尚早，何必先交，此亦曰頭緒尚多，不如從緩，蓋因觀望而遷延，愈觀望則愈遷延，此實中國集款任事之通例，不獨於路礦爲然。而路礦事大，需款尤殷，則亦尤不易集，以吾所見事之創議而無成，其坐此病者多矣。且路礦之集款，更有不易者，假如以一千里之軌路，分兩端而並築之，至速非三年不能竣工，非四五年後不能通行獲利。若興築之時，遇有購地遷墳種種之糾葛，則尤不在此算内。至於開礦之事，則又必以機器去其積水，鏟其石層，然後可以收效，更非淺嘗者可以見功。而我國人之投資本於營業事實者，其圖利之心太急，又不能洞見事情，一二年後未得分利，則意興嗒然矣，此亦衆情不舉之一端也。

且事更有難言者，即使募款易集，其事克舉，然而失敗之數，則亦有出人意外而難料者（此等事開礦多於築路）。故外國之於此等大工，必寬籌資本以繼其後，一有摧挫，則更謀所以挹注之，其任事之人，又復不撓其氣，如此則必終有見功獲利之一日。然使中國之人，一遇此等事實，則非徒衆志渙散已也，勢必轉相告戒，傳爲口實，而他處之有路礦等事，皆必受牽率之憂。此則集款雖易，而亦有難於一試者矣。

且更有一説，中國國家往往於已成之局，謀欲奪其利以坐享厚益，而不恤經始之艱難。故稍窺世事者，戒於近日輪電等局之事，其他營業，亦不敢輕擲其資，誠懼受虧則不蒙補救，而獲利則將被併吞也。

故如右所舉，則首在集款之難，款既集矣，獲利稍遲，則致疑沮，一有不幸，尤難再振，其成功猶不可必，此皆自募華款之棘手最甚者也。

然則自行集款，固甚難矣，必不得已，仍於外債求之，但使操之有道，或亦不致大害乎。則亦不然，請更陳其説。

言者曰：凡天下之大工程，無論以一國之資本，或非一國之資本，共經營之，而其利必歸於有此工程之本國。蓋凡有一工程於此，其爲利益之實，不外三端：一即此工程也，二傭於此工程之徒衆也，三因工程所獲之利息也。此三者其一與二，則本國獨擅之，其三則本國與所貸資本之國共焉，而其得用此工程之巨益，猶不列此。故美利堅人於其國中通行之鐵路，與其境内獨擅之礦産，其初皆任聽外國人競投資本，未嘗有所分别也。今中國之言路礦，必欲拒絶外款，是謂靳其一而亡其三，若是者，終必自遺其利，而貽後日之悔焉。

或人之言如此，此亦近日一派之議論，而言之成理者也。然而中國之情事，則有萬不可以一概例者。蓋此等事在法律完全、主權獨備之國，則可偶一行之，以外人之在其國，必皆帖然受治於其法權之下，既已投巨資以營業於其國，則必自願托庇於此邦，受其約束而無辭。故雖或用外人之資本，而彼爲資本家之母國者，固不易得而干涉之，以侵觸本國之權利。又其甚者，則外人且因有資本營業之干係，竟入其國籍焉，故如美利堅者，乃真具此資格，而可以翕受外資，獲其益而不被其損者也。使不揣其本而言，以中國之爲國，而欲一蹴以趨之，則彼外人之在吾國者，既不受我之法權，雖一私人，且將挾其侵略主義以凌我，按之近事，固已灼然不誣。路礦所以興利，奈何反以徇害。持此論者，是猶欲以漏脯止饑，鴆酒治渴，蓋必不可行矣。

藉外款以治路礦，其患既如此，而以近日所聞某公司之原動力某氏者，且有引商力以弭兵力之説，其言可謂甚辨。然試思所謂商力者，有以異於兵力乎。吾恐干戈之與智力雖異其用，而各挾其帝國侵略主義以俱來，則固事之無可疑者也。是故以英、美籍之人而投其資本，則大抵其私人先抱此主義，迨其事既成，而其本國更推此帝國主義，以擴充保護之，而爲之後盾。以法、比等籍之人，而投其資本，則其國家直以此帝國主義相臨，而其私人則且若傀儡焉。是二者，其不利於我中國則同，而如後一説者，其禍害峻且速。然私人之抱此主義，固不若國家用此主義之易於收效也。以此之故，粵漢之事，遂至易美而爲比，一言蔽之，則皆帝國侵略主義之作用而已。所謂商力者，固猶是帝國主義之變名也，其與兵力所到，固無殊也，然則外款之不能假借，更彰彰矣。

夫以救貧、救亡二者言之，則今日之中國，誠不可不亟亟於路礦。而官款無可言，内款不易集，外款不能用，是豈中國之路礦，竟無可圖，而惟有束手坐視乎。以吾思之，蓋有兩法，而其一較難，其一尚易，請略言之。

其一，當提中飽也。近者國家之求財，大抵以搜剔中飽爲説，然中飽之資，既爲百姓之所不應出，則固非官吏之所應有，亦非國家之所應取也。故凡有中飽之款，惟有由地方公正紳士從實清查，以合宜之方法，商令官吏按數撥出，以資地方公益之用，如是者最爲情理之正。而所謂地方之公益者，則以施之路礦等事爲先。近聞湘人欲以該省糶穀捐爲購還粵漢路票之用，實深合此義。第恐他處鄉紳不盡有此毅力耳。所謂較難者此也。

其一，地方附加税可行也。各國税法不同，所謂地方附加税者，大抵就國家征税之物品，而附加若干，以爲地方自治各項公費之用，此法最爲通行。今使中國各省略本其意，於通行之販賣品，而爲一定之税者，不妨商請地方官酌量加收，以資地方一切興措之用。若有路礦要需，尤宜先資挹注，但不可過涉苛細，以致民怨耳。此舉有三便焉。今日國家之取於民者，竭澤而漁，而爲之牧民者，又從而附益之，隨時加征，本在意中之事。及今而附和征税，雖近苛取，而其用既在公益，且亦可以杜政府無厭之求，蓋先有附加之税，則國家雖欲再加，終不能不有疑慮，以資抑制。一也。中國度支，向無預算、決算諸表，故人民所納之税，不知何用。然亦由國境太廣，中央政府之收入，取於此者，不免用之於彼，而民間更無從質疑。今以此等附加之税，即用之於地方要務，則衆視所瞻，更無疑滯。目前以之濟路礦，異日政體改革，即可爲地方行政之需，以植基址。二也。彼爲路礦之代表者，使其資本而爲自募，貞佞不一，私弊方滋，而出資者或力量散弱，或顧忌私交，未必爲其所畏。若藉地方之公税而治事，則衆矢羣集，一涉私弊，身名與之俱毀，人非甚不肖，未有不懼。蓋人或敢於結怨一部分，而未有敢於冒一國之不韙者，以資箝束。三也。此三者，皆藉地方附加税，以治路礦之便，所謂較易者此也。

是二者擇一而行，則一切疑義，皆就捐除。若使成效漸著，利益可期，而執政者又欲從而奪之，則此等中飽之款、附加之税，其性質本自活動，即以之移爲他用，毋俾並奪焉可也。

欲征附加税，有一要義，蓋凡欲得某業之附加税，則必結合該業之首領稍著名望者一二人，陳説利害，而與之商榷，使其樂於號召，則事不難爲也。試以近事證之，湖南諸紳倡議加畝捐以濟路費，江西諸紳亦倡議加鹽價以濟路費，此即所謂附加税之類也。然湖南輿論，未聞有所抗議，而江西商情，則若有甚不便者。説者以爲湖南倡議之紳士，大抵有田盈陌，自具大户田主之資格，故言之而莫違，而江西倡議之紳士，則初與鹽業未有關係故也。觀於此，而辦事入手之條理，亦可以明矣。

此篇所陳，反覆申譬，皆欲明路礦之籌款，孰宜與不宜，冀任事者之有所擇，略舉大凡，尚多未盡。聞近人之熱心於路礦事業者，又頗以鐵路彩票爲言，然彩票散售既多，難免不入外人之手，且以釁賭而興鐵路，利未可知，而其害先及於政事，是亦必不相宜者也。故因論路礦而並及之。

《東方雜誌》第二年第五期《論教無業遊民宜多設工藝局廠》 國之貧，貧於民，民之貧，貧於惰。貧且惰，求其不爲非而不得，求其勉爲善而尤不得，而又重之以末俗之浮靡、積習之嗜好。一應酬之費，而故逞豪華；一日用所糜，而動形拮据。通都大邑、巨埠要津，無論已，間嘗過百餘户、數十户之村落，其居民爲嗜好所銷耗，不數年而百存數十户焉，十存四五户焉。又不數年，而數十户僅存十餘户焉，十户中僅存一二户焉。其田地以典售而爲他姓所有，其子弟以好逸而與匪類爲羣。今試望不兵不農，不工不賈，不衫不履，蠢然騷然，自別於四民之外者，非遊民乎。極其遊惰之害，至飢寒交迫時，細之則行竊黑夜，大之則放會結盟，聚類呼朋，肆無忌憚，蜀粵土匪遊勇之蔓延，大抵皆若輩混雜於其中。蜀粵如此，他省可知，特多潛伏而未發耳。説者謂民亂之階，始於官迫饑驅，吾獨謂官之所以迫，饑之所以驅，實始於無業，無業之原因，實始於無教。今欲力挽頹波，俾之相生相養、相習相安，非疆吏嚴飭府廳州縣多設工藝局廠不可。泰東西罪人尚且習藝，何有於平民；女流且能作工，何有於男子；瞽聾喑啞且各專恒業，何有於智慧聰明。患在地方官漫不加察，任其暇豫優遊，疲茶呰窳，無論其民本貧也，就令家號素封，而有如上所云種種之銷耗，如木無本，如水無源，欲保其永永不枯竭也，得乎？教民若何，宜勸工藝。勸藝若何，宜先籌款。今之興善舉，辦要件者，動曰款無從出。夫款亦何難出之有。一邑之中，每歲淫祀之需，無益之費（如神誕演劇、薦醮禳災、龍燈龍舟、出會朝山等類），最小之邑，亦費數百千金，大者尚不止此。誠提此款，易而設工藝局廠，不費躊躇，立集鉅貲，延公正紳董以經理其事，聘精於製造者以充當教習，納無數之遊民食息寢處於其中，定以年限，必使之藝成而後止。兼編白話俗語，爲之演説，以啓其蒙，而覺其聵。局廠並附戒烟會，凡有嗜好者，務使一律痛除。不數年中，而民皆有業可執，向之疲苶呰窳、暇豫優遊者，今一變而精神焠厲，發憤自強，儼同具國民之資格。西人能體華人之性質，造成合用之器以進口，華人何不可體西人之性質，造成適用之器以出口耶。一邑如是，一省如是，積之各行省，亦復如是。民不至更流於惰，國不至再患其貧，是亦中國圖強轉捩之一大機軸也。惟是言之匪艱，行之維艱，督撫以綜舉大務，而不暇察及瑣事，地方官以催租理訟，而不復爲民謀生，至紳董多存私意，而不能爲桑梓講公益，稍有一二正大者，退居林下，又孰肯以清白之名譽，受下流社會之風潮。宜各省工藝局廠不多設，各處遊民仍蠢然騷然，而充塞於路也。強鄰見逼，振作無人，蒿目時艱，頹風莫挽，不禁感慨係之。

《東方雜誌》第二年第七期《中國工藝日衰之確論》 中國今日工業之不振，夫人而知之矣。然沿考古時中國之工業，發達最早，其後日有進步。特一業之進，不過盛於一時，過此以往，則暫衰竭，未有精益求精，即一業而日加進步者，此由國家不以工業爲國本，任其起滅興廢。彼執業者，趨一時之嗜好，以歆大利，出其天才，以成一器，則獲盛名以去，及時過境遷，其業遂以中絶矣。又伊古以來，所稱爲工業名家者，其所製作，大抵玩好之具、輕眇之物，曾未有關於民生國計，足以利衆用而開利源者。以是之故，中國非無創造之物名馳五洲，而迄於今茲，卒不得步列強之後塵，徒使洋貨暢銷，漏巵日溢，彼且以工商之業，制我死命。明哲之士，日日言抵制洋貨，而出口者大半仍屬生貨，其舊有之工業，且有日臻衰敗之勢。嗚呼，幾何而不同歸於盡耶。今日論工業改良者，非不切中事理，然其人大抵與中下社會素少交通，則揚榷事情，究恐未能詳盡。今以記者臆目兩力所及，聊述大凡，大抵中國工業之不振，有關於内部者，有關於外部者。内部者，工作之人與地，及其搆造改良之法。外部者，銷貨之人與地，及其時民生之舒促、商道之通塞是也。關於内部者二，關於外部者二，以下次第述之。

一，業聯規例之不善也（業聯指會館、行店、幫號等）。外國工業之有會也，互相研求競爭，以求進步，故工業之盛，賴合羣之力爲多。乃中國工人之合羣，不用之於對外競爭，而用之於箝束内部，不用以研求新法，而用以保守舊規。凡五都之邑，其工人莫不有會集之所焉、議事之堂焉。又有所謂董事者主持一切，如私減工價則有罰，私改製法則有罰，嚴明整肅，莫敢不遵。以是言之，其工業固應大有進步，乃所作之物，昔之堅純精善者，今皆變爲窳敗苦楛，其故何也？原夫業聯之起，本以平工業之不齊，然其弊也，則使無論物之良楛，工之巧拙，皆得齊一之工價，於是巧疾之工，皆相勉而爲楛貨，以爲其貨雖楛，得價自若也。數傳而後，巧工益鮮，拙工益多，而貨之行於市者，乃無一非楛。其時而不與外人交通，則國人困於聯例，不能自爲，只有出重價以購楛貨耳。然一旦與外人交通，其貨之堅致勝我百倍，而價又相仿，則常人之情，自無不樂用外貨之理，此所以洋貨日盛，而土貨日衰也。逮夫土貨日衰，工人日困，不悟其由工拙貨楛所致，乃益堅持聯例，以冀工價之如前。工價既多，貨本益貴，售貨者欲減價則虞虧折，欲增價則恐滯銷，則惟有改販洋貨已耳。至於此，而中國之工業，尚得自存哉。況聯約中，大抵有私改做法之禁，凡物之須經十工而成者，有法可減爲九工八工，不能也。凡物之須經十日而成者，有法可減爲九日八日，不能也。立法之嚴，甚於官令。近者景德鎮有磁工，擬改彩畫之法，一工可抵十工，工人恐奪其衣食，毆之幾死。杭州有某機坊，織寧綢以棉綫爲緯，光采與絲無異，同行以其有犯行規，必控官嚴罰，且毀其貨而後已。殊不悟外洋磁工，其速於中國何啻十倍，而洋綢緞之充斥内地者，何一不攙雜棉麻。乃欲自峻行規，以遏銷路，其愚真不可及矣。故近日凡魄力較小、資本不宏，及普通皆有之貨，尚有一二改良，仿傚洋裝，而獲厚利者（如木器、五金等類），以行規不甚嚴肅之故也。又通商口岸，其改良易於内地，雖由風氣濡染，亦行規寬闊有以致然。由是觀之，如今日業聯之所爲，有百害於工業，而無一利矣。今人競言工商當立行會，夫業聯之所爲，儻爲積極的而非消極的，凡事以維持公益，向外競爭爲主，亦何以異夫商會所爲。惟其宗旨所在，專在箝束同業，而不在向外競爭，斯所以爲工業進步之大障礙耳。今日欲廢除工聯，誠非易事，且鄙意中國尚未至自由貿易地步，茲事恐不可行。惟有由商部立一嚴令，干涉茲事，勒令除去不得私改做法之例，庶腐敗之工失其所恃，咸相競以有爲。而工業之獲利與否，全視求之過供與否，將工作益善，求者益多，求過於供，利乃大溥，而業益盛，雖欲抵制洋貨，不難矣。不然，雖有提倡工業之人，而格於行規，亦只補苴罅漏已耳，何益於事哉。

一，工業地位之太卑也。工人古居四民之一，其視之雖不如商之賤，然流品甚下，且動輒受制於官。於是爲工人者，非愚頑不學之徒，即奸猾無賴之輩，其不能出新法、成大事，固無論矣。即行廠之東，雖資本素豐，而人之視之也，不能如搢紳之榮，於是此輩遂別爲流品，不知學問爲何事。惟本其授受相傳之法，盲語盲從，其心中亦若鄙夷所謂讀書之人虛薄而無用也。於是凡有關於文字者，一不究心，以爲我用我法，是亦足矣。世界之情勢，物理之發明，新法之利用，其輻輳而來者，不但略無所睹也，即有人著書立說，敝舌焦唇，稱道其事，彼且以爲斷無是理。夫今日實業之進步，何一不由學問而來，乃中國工業之徒，竟偏避之若浼。考各國工人作業之暇，無不讀書，故心地開明，時能發明新法。至總理工場，更屬專門學問，中國此二等人，十之九不學無術，不學故益愚，愚故益妄。又益以業聯規約之不善，故每況愈下，時至今日，即欲覓一數十年前之良工，而不可得矣。無怪乎汝窑、宣壚等製幾絶於天下，而中國工業，愈古則愈足貴也，此內部之不振者又其一。

若夫外部之原因，則政令之腐敗，民生之凋敝，實其綱要。專制之國，凡百事業，皆與其政令之善否爲緣。以工業言，征歛之繁苛，官吏之昏暴，皆足間接而使之日下。而民生之凋敝，又□□□□□□母財以就工者日多。又工製之物，不必盡人皆需也，必民間之生事，足以供衣食者有餘，然後進求用具之備。而其間恃工以求食者，目擊銷場之旺，則務爲奇巧，以弋高價，而工乃日良。故夫民生之休，與實業之隆，常爲正比例也。若民生凋敝，則凡民所入，盡耗於衣食，其用器不過取給而止。而奇巧之物，凡所謂蕩心悦目者，不必盡人能售，則工有所懾而不敢爲，其始有所懾而不敢爲，其後遂失傳而不能造。而奇巧之匠，所得不足以自養，乃改業而就他途，所留貽而不他徙者，皆庸劣無能，無之而不得薄價者也。試觀乎僻左之地，其用器殆無過百錢者，而工作之劣，亦足與相稱，其間殆求一良工而不可得。及乎都會省邑，則用器既繁，而物價之高，物質之佳，皆遠過矣。以中國而較歐美，猶之乎僻左之地也。民生不休，欲工業之盛，恐必不可得。然則本原之地，所須加意者，猶有出乎所謂提倡保護之外者也，其外部之原因又如此。記者於實業觀察向無所得，聊次所聞，以諗知者，或不以爲捫籥之見乎。

《東方雜誌》第二年第七期《論振興商務當先興農業工業》 海禁既開，白人競拓商場於東方大陸，懋遷之所及，即成爲勢力範圍，不費一兵，不遺一鏃，即能吸我膏血，握我利權，若是者，何也？曰商力膨脹故。然各國立於商戰劇烈之場，類能長袖善舞，使其商力舒而不蹙，其商務漲而無縮者，何也？曰工業農業發達故。數年以來，我國怵於民生之日蹙，國計之日絀，深知商務窳敗，則必不足立國於商戰之世也。乃力變向者賤商病末之積習，急謀振興之策，創商部於京師，分遣大臣於各地，以考察商務，商會之設幾遍行省。乃者，諭旨更諄諄以整頓商務、保護商人爲訓詞。凡此固將以興商業而培商力，是誠可謂當務之急矣。然果遂足以興商業，而培商力矣乎。竊以爲勸農考工之政不舉，其道固有未盡也。

商業者，轉有以易無，固不能自無而爲有者也。商人之懋遷也，相乙地物產之所不足，則運甲地物產之有餘者以劑之，而取乙地物產之所餘，復之甲地以彌其不足，挹盈注虛，爲之媒介。故材物之充牣、製造之繁興，有商以爲之通，則生熟二貨，雖有餘而不至棄地。然必先有人以出是貨，使國人享用而外，足與他地爲易，而後商有以爲通，否則轉運無以爲業，而懋遷無以爲利也。故夫歐美殷富之國，其農業之精良，足盡地力，而工藝之巧速，又日新月異，而歲不同。故野業之物材，足供邑業之製造而副其量，而邑業機器之精巧，手指之繁多，亦能盡野業之材物，有以復其利而給其求。邑求則野爲之供，野求而邑爲之供，國中之商業，不期而蕃然蔚起矣。況生衆爲疾，供本國之享用而有餘，業既有餘，自力不能不磅礴，而求尾閭之泄，而材豐價廉，行銷自遠，自能專奪他國之市場，而爲外競，而商業遂以稱雄。蓋進富自然之序，農工盛則商自隨之，固未有材物儉陋、製造楛窳之國，其貿易能雄飛於商界者也。

我國農工之業，至今日而窳敗極矣。西北之邊，赤地千里，童然而絶無所生。三吴楚粵，號稱財富之區矣，然荒土不毛，往往而在。種植畜牧，西人業之以致大利者，我國則任其荒廢，曾無人焉謀其業以規其利。茶絲二事，向爲我國莫大之利源，今盡爲外人争掩市場，亦未嘗謀改良爲補救。且外人之進出口貨，務出熟貨而進生貨，蓋必材用宏多，而後工業製造，本輕價廉，足以敵他國之所出，而佔銷其市場。今我二十一口之輸出，強半皆爲生貨，外人捆載而去，轉生爲熟，復之我國。我國人日用之棉布，奇巧之玩器，大之機械，小之巾綫，無一非外來之品。而我國工藝至粗極劣，曾無一物爲彼之所喜，足與爲競於商場。我商人勤儉冒險，商才非盡後人也，然我徒日仰彼供，而絶無品物足以供彼。故彼有來船，我無去筏，吾商雖才，烏能以內供不足之貨物，可與有餘橫溢之商力爲競哉。

然則今日欲振商業，非先興農工諸業不可矣。中國地大物博，號稱陸海，寒帶温帶之物産，工藝製造之材料，與夫一切民生日用之所需，舉皆無俟於外。誠使荒蕪之地盡墾，山澤之利盡出，則我國之所自産，足供吾國之求而有餘。且外人熟貨之輸入我國也，類皆轉吾之生貨以治之，徒以機器大興，工巧日進，故勞少費省，工廉品良，雖轉運頻煩，而尚獲大利。我但能改良工藝，廣用機器，使工速品良，足與客貨頡頏。我國工價最廉，成本更輕，且材料取給於内地，無待遠販之勞，以視彼之販生而去，沽熟而來，勞尤少而費尤省。如此則物産殷闐，製造繁富，不特敵外貨之内流，而可以爲守，且争外市之銷場，而可以爲戰。烏見地大物博之國，勤儉耐勞之民，其商務不能上人也。不然，日言整頓，日言保護，而商業僨矣，亦何補哉。

《東方雜誌》第二年第一期《説針業》 針爲俗字，其來已古。《説文》大徐注云：所以縫布帛之錐也，乃針字之俗書。夫《説文》作於東漢之許叔重，而徐鼎臣弟兄作注，爲南唐時人，在北宋之前。我前古之人，必存此俗書者，以市井習用，便於簿計，又民業之一部分，百工執技以事上，以自養其身家，皆經國者所保護而涵育之者也。兹何以特善爲説，且鄭重之曰業，若與農業、林業凡諸實業相頡頏者，則以外人之奪吾業，而以所謂洋針者，浸灌内地，幾遍吾二十餘行省，而吾失業者多，飢寒爲盜，我之當事尚未遑燭及而籌所以抵制之也。然則吾爲此説，將讎視外人，而鼓頑固之排外乎？則又不然。商者所以交通中外，而以利用便民，增進人民之幸福者也，故通商之世，客之利一而主之利九。特恐主國之民，不知觀摩仿傚，觸類引伸，於彼所已來者，虚己以學之，學之而通其新意，以製造吾之舊物。所廢棄者，所湮没者，宜培植者，宜搜剔者，宜擴充者，宜創獲者，化無用爲有用，拓小用爲大用，如是則彼一人之來，不啻爲我之導師，我之千百萬人，皆得而師之，以啓吾新知，養吾萬衆，夫非客利一而主利九乎。此天地之公理，而敢仇之乎。如其仇之，是背於天理，自甘爲不開化之野蠻而已矣。凡民族之自甘爲不開化之野蠻者，於公例宜殲其類，而以其地殖文明之民。地球上膏沃之壤，皆天所以貽文明之民者，彼野蠻與鳥獸相若，我中國古人驅鳥獸而不爲虐，今之文明人種驅野蠻人類而豈爲虐乎。吾國之東，瀛洲三島，其民早知之矣。西人有一器物，必仿造之，必價廉物美，超乎其上。且時出其新知識，以展拓其新作用，而工業日出，農業日富，以東西錯立於經綫之上，彼西人惟有嘆羡之而已。彼亦惟自求其進步，而未嘗仇疾西人也。今吾民忽視西法而不之貴，或鄙夷而不屑仿爲，吾第就一針以喚醒我國人。曰：曩歲凡城邑市鎮，皆有針業，懸商標於門曰琢針，計一鋪之中，切綫者，穿孔者，磨尖者，成貨而後，坐而售者，並其執爨之人，殆以十人計，而製造鐵絲之家，尚未嘗列入。計一鐵絲廠，可供數家針鋪之用，其廠中亦必以數十人計，我國中業針之人，核其全數，至少亦必以百萬計。何則？凡立一工業，作工之人一二，而食於是工者，常不止數人，是猶一與十之比例也。吾國女子二萬萬餘，無人不用針，而縫工又溢其十之一焉。夫針只半寸，或一寸餘，其爲利合全國計之，業以億萬，今皆奪於外工。其爲術亦甚簡也，取而視之，第覺一則針孔凸於針幹之外，一則針孔藏於針幹之中，其所難者，有機製與無機製耳。夫我之前古，本重視此業，《禮記・内則》作箴，婦事舅姑，右佩箴管綫纊，子事父母，衣裳綻裂，紉箴請補綴是也。《左傳》作針，楚有針尹，固以之命官。魯賂楚，有執針百人，以之代貨，賄皆重之也，而何今人之不察乎。糾大公司以機器製針，相抵制於全國，此其時矣。不然，商戰激烈，殺人無聲，不必來復槍、格林礮也。僅此一寸之針，已足盡刺我百萬之民而有餘矣。我民雖多，一針足刺我百萬，他物他事，或有形或無形，不知更有幾許百萬人之待盡焉，可不懼哉。

《東方雜誌》第三年第二期《工業改良辨》 天下事惟智者爲能創，惟巧者爲能因，因易創難，智勞巧逸，此吾國民共有之思想，歷百喙而不易其説者也。抑知有時焉，有勢焉，有視其事爲何如事，而與時勢相權衡者焉。其事非時勢能轉移之事，宜於因，不必創，其事爲時勢相關係之事，利用創，不可因。吾故曰有時有勢，有視其事爲何如事，而與時勢相權衡也。然而智者乃得之，巧者則失之，耐勞者能創之，耽逸者仍因之，是何也。是吾國民之巧智，巧則猥巧，智非真智之現象也。

百工所業，爲備器物，器物之製，必酌時宜，此通理也。夫九梁進賢，冠非不美，而陳之椎髻之市，則無問其名者，以貴於此，不必宜於彼也。韎韐韋□，服非不武，而售之紈縠之室，則無酬其值者，以和於彼，未嘗適於此也。人不適用，斯業者無利，即使獲利，亦時而幸得。歐亞交通，沓來互市，窺我喜好，輸入之品，月異而歲不同，瑰奇麗都，焜耀耳目，凡我舊有，遂致益形窳陋。故謀抵制者，揆時度勢，同聲而出於一途曰，改良我工業，改良我工業。工業改良誠是矣，顧吾之改良，非創也，仍因也。不因於己國，則因於人國也。因人之製，不得以爲我國所自創也。若是者，良在人，不在我，何以謂之能改良。

近東瀛作者論對清貿易，其言則謀觀察我之衣食住居，及我一切嗜好之需給，以圖發達其製造，侵入我内地。又言今日對我貿易之盛旺，莫如德意志，殆將握我市場之全權，皆由察我内地之需給，而於彼國能製對我之貿易品者，則獎進之。然則工業之改良，非以改其銷於本國之品物謂之良，蓋欲改其銷於人國之品物，俾可投人所好，而後謂之良也。吾今日工業之所改，爲本國所銷之品物乎，抑銷於人國之品物乎。良與不良，是必有辨。

辯者曰：吾國爲有各國之輸入品，漏卮之巨，其麗不億。吾苟改吾工業之製造，能多一分自造自用之主權，即少一分強權侵入之客貨，以視安我窳陋，而令彼之品物，陵駕我上，奪我市利，耗我民財於不覺者，不較良耶。雖然，我工業之改良，其創耶？其因耶？其創也，則彼所需給，必創一法而新之，乃能歆動其所好。然而物質有分化，製造有配合，格化妙用，我能之乎？曰不能。不能則所造者即從彼法，猶是我國自用之品也，因也。因者，謹守範圍，事事規仿，亦若孩提學步，循途接武，業已不勝其蹶蹶，遑問捷足以争先乎。且因者未逼肖，創者已更端，我即遍設無量之工廠，日費無量之財力，竭才智，曠時期，而謀抵制彼之輸入品，猶是決定其未能。

不寧惟是，我即規仿得法矣，品物精美矣，顧因人之製以爲巧，極乎其量，不過與之方駕斯已矣。試問我民所需給，挾貲入市，果必擇本國之製品而購之，而於製自人國者，一切屏棄而不購乎？否則我之製品，既與相等，羼雜而售，即使收回十分而五之市利，其餘之散入各國者，仍非鮮也。況東人所言，凡謀對我之貿易，皆以我國爲豐庫，彼既麇集，我乃僅以國内之抵制爲抵制，此猶擁軍危城，坐待巷戰，而不知分枝旁出，布爲遠勢，牽制敵人後顧之爲得也。

其牽制也奈何？曰：彼人也，我人也，我有一切需給之嗜好，不可謂彼無嗜好也。彼能察我嗜好，以圖發達其製造品，不可謂我改良製造，於彼嗜好，不能察也。我有我内地，彼有彼國疆，互相溝通，互相來往，而謂適彼國者，凡我人士，則皆盲其目，鐍其心，閉塞其口耳。不能窺探，不能詢訪，不能調查其嗜好所需給，歸而善製其對外之貿易品者，吾弗信也。夫亞東大陸，地處温帶，號爲上腴，地產之阜，或彼國未有，我俱足備。故其製造品之原料，有時亦取資於我，謂之生貨，然購自我而售於我，循環計算，成本必重。若我以自有之生貨，視其需給，益以巧製，價廉用便，奪其市利，彼將自謀補救之不暇，顧能佔我商業，有進無退，而爲競争界中之常勝軍哉。如此乃可謂對外之抵制，乃可謂工業之改良。

辯者又曰，如子規畫，高矣遠矣，顧製造發達，原於格化，格化之學，近雖討論，門徑甫闢，奥窔未窺。倘欲創製而益新之，似尚有待，且欲擴張國外之貿易，必有馭遠之商輪。内地航權，半猶失墜，海洋争駛，目前財力，未必可支。而來我國者，已知羣蟻附膻，無孔不入，我倘舍此國内之抵制，高掌遠跖，務求製造品之發達，是無異鮒魚在轍，勢將就槁，而謀爲之決西江之水也。慮非不周，志非不大，其如迂闊而不當於迫切之急計何。

不知當大敵者，不可争小勝，攬全局者，不可域方隅。以各國之工業言，彼如不争對外之貿易，但欲抵抗客貨，製爲一切，以供民求，微論工藝愈良，出貨愈衆，同業之銷場，愈益壅滯，即市肆所列，無欲不得，蕩民心，導民侈，害於治道，亦非淺鮮，其何以克自樹立、雄視全球哉。我既無對外之製造，凡所規仿，皆彼導我侈靡之品物，計所輸入，已苦難禁，若又從而益之，是以彼之蹷我爲不速，而必自愚其民，自賈其國，令我財力日消耗也。如曰藉補卮漏，則收回之利，僅十之五，譬若一盂之水，罅隙既大，塞而小之，其流之竭，不過少須緩臾耳。同歸於盡，何争遲速。倘以是爲彌補，吾未見其彌補之有濟也。

若夫格致理化，學雖精邃，我苟專其詣力以研之，亦何患不得。至出洋商輪，必製自國家，以今財政，誠有不給，顧如東瀛郵船社會，合我商力，尚可爲之。由是以譚，如吾所言之改良，非必曠日需時，可徐圖之，而不可以刻期待也。且即求急迫之計，我之勝於各國，亦在地大物博，有廣儲原料之豐庫。使荒曠之土，多用勞工，出其地寶，售之各國，雖曰生貨，尚不失爲對外之貿易，以較國内抵制，自剥民財，爲得爲失，斷然有間。況有原料，即可爲組織，近日之景泰藍，昔日之鷺鷀羽，銷之彼國，皆得重價。今環球之上，分國十數，各有風氣，各有好尚，使一一觀察，以增廣我對外之製造品，市場既大，視彼聚而吸侵我一國者，其利不更有倍蓰耶。

然而我民根性，巧者多，智者少，耽逸而畏勞，故喜因而憚創。近吾工藝，其改良者，曰織布也，織罽也，製皮革也，製玻璃也。火柴油燭，循其捷法，麵粉胰皂，效其設施，一切巧製，我皆能仿，若是者，斯爲製造之發達乎。顧兹各項，皆彼所創，投我之好，彼則無須，是我之製造，不能運售於彼國也，顯然可決矣。若茶、絲、磁器，爲彼需給，近我改製，進化效果，尚少明征。矧欲創一法，製一器，協合其風俗，歆動其嗜好，利便其日用，使之争先恐後，出其財幣，以供我國之挹取，吾知我民之業工者，必且目眙舌□，相顧□愕，斂手自退，其人十居八九，何也？以其難也，以其創也。以創之勢，不如因之逸也。腦筋思想，習爲巧猾，易因爲創，非有達智者不能。

謂予不信，不觀我之市場乎。地廣途直，利於設市，而蕪穢未闢，憚爲首倡，曠而置之，或數十年。至一閧之地，比屋鱗次，雖甚狹隘，此争彼佔，租賃之價，幾於日益加昂，此一證也。又一業得利，繼其後者，牌號林立，互相擠併，即利微息耗，勢將偕仆，而猶束手坐待，不欲另闢其徑途，此又一證也。至於不惜成本，考求物質，聲譽稍著，則冒牌假託，不耻雷同，以我所聞，亦隨在而有。是皆我民巧猾，狃於用因之見端，而不得謂揭其弊者言之爲太過也。

雖然，閉關之時代利用因，交通之時代利用創。奚以明其然也？閉關之時代，凡所製品，但供己國之日用，制度既定，即有損益，亦可概見。故先哲之言曰：「不貴異物賤用物。」又曰：「毋作淫巧，以蕩上心。」創者有誅，斯因者爲便矣。若瀛壖大通，競議商戰，戰之爲術，或以奇勝，或以捷勝，或以敵所不能，而我能者勝，若此者法必自創，必非因於人者所可爲也。今各國皆注重對我之貿易品，圖發達其製造，惟日汲汲，他日我之市場受其佔奪，當更勝於今日什百倍也。而我乃狃於摹仿傚法之長技，憚於創作，而務自惜其煩勞，且斤斤然號於衆曰，吾工業近已改良。烏乎，果良也乎哉，果良也乎哉。

《商務官報》光緒三十二年四月十五日第二期《振興實業策》第一章　根本之根本

今之謀國者，憤外力之駸駸而不可遏也，有言抵制者矣；知抵制之不可以徒手争也，有言練兵者矣。顧練兵則需兵餉，需兵餉則需經費。羅掘乎，鼠雀亦既罄矣；舉債乎，負擔亦既重矣。此其一。練兵則需兵械，需兵械則需製造。化學不發達，何以造彈藥；工學不發達，何以造艦礮。此其二。且講軍事必修馬政，則畜牧、獸醫之事又起。此其三。製利器必用鋼鐵，則開礦、鍊鑛之事又起。此其四。故欲求抵制，必先儲實力；欲儲實力，必先言練兵；欲言練兵，必先講實業。

然此就保守者言之，猶未就進取者言之也。試觀商業史，地中海之商業，一變而爲印度洋、大西洋之商業，再變而爲太平洋之商業。葡萄牙之勢力，何以自大西洋而達於中國海，則鮮不曰航海術發達，發明新路故也。西班牙之勢力，何以自歐洲而達於西印度、南美洲，則鮮不曰航海術發達，發明新地故也。荷蘭之殖民地，何以一時徧於東西，則鮮不曰創設東印度商會、西印度商會故也。英人之勢力，何以及於亞、美、非、澳各洲，而莫與抗衡，則鮮不曰發布航海條例，設立殖民商會故也。然此就強者言之也。試問埃及何以滅亡？則以國債故。印度何以滅亡？則以連合商會故。更觀之我國，今日草野之士，固有爲憤激流涕之談者矣，然自他人言之，則吾之所望於爾者，亦不過曰商場、曰鐵道、曰礦山、曰森林、曰漁業、曰關稅、曰利息。其所用者，固皆理財學上之名辭，而非政治學上之名辭。故吾謂蠻人之滅國也，以弧矢，其稍進化者，則以鎗礮，而最文明者，則以工商政策。

故彼以兵力攻，我以兵力應，固當以實業爲後勁。彼以實業攻，我以實業應，尤以實業爲惟一之戰鬥策。苟國用有餘，奚必募外債；苟資本充盈，奚必招外股；苟能振興商業，則與諸大國逐鹿中原，正不知鹿死誰手；苟能自闢利源，則庖人能治庖，尸祝固不容越俎而代之。非然者，上之人挾其空談之外交術，下之人奮其虛憍之愛國心，無論其不可成也。即告成矣，而向之出其死力，以取於甲之懷中者，今仍拱手聽命，而授諸乙焉。此無他心，有餘而力不足也。

雖然，實業亦豈易言哉。今朝野上下，固競言理財矣。然精此學者無其人，勢必用顧問官而後已。今世之健者，固多言自設鐵路，自闢礦山矣，然專門家無其人，勢必用外國之工程師、礦師而後已。以本國人爲闞吏，固也，然習染既深，其事反有不舉者矣。以本國人爲實業教員，固也，然不學無術，有實業其名，而小學其實者矣。由此觀之，則無論實業不興，而批亢擣虛者，固有其人也。即一言興實業，而臥榻之側，眈眈者又有人矣。且也工藝學堂之外國教師，工廠之外國技師，往往驕橫恣肆，大有背於文明人之所爲者，人或斥爲無賴。吾以爲其人亦未始無教育也，以馭之者非精於此道，故安其愚而不可制也。一商約之訂，一合同之訂，往往放棄權利，貽害至不可究詰者，人以爲失之弱，吾以爲失之愚。失之弱者，僅十之二三，失之愚者，乃十之七八，此往事之不可掩者也。此無他，以對之者不精於商法、國際法，故受其愚而不敢較也。一言以蔽之，則曰無人材故也。

故凡事皆由教育始，而實業其尤甚者也。各種教育，固當並舉，而實業教育，其尤要者也。夫策今日之中國而曰實業，迂緩之策也，乃言實業而更推原於實業教育，尤迂緩中之迂緩者也。然吾所言者，固無可速成，無可粉飾，必積若干化學、博物學之智識，而後可以言農，必積若干算術、物理學之智識，而後可以言工，必積若干商學、理財學之智識，而後可以言商，則雖欲速成，安得而速成。

以敲剥之故智，爲理財之上策，不如不理財之爲愈也。以泰西之良法，爲害民之暴政，不如無西法之爲愈也。則雖欲粉飾，安得而粉飾。且也吾所言者，固非空談而已，農業機關所應設置者幾何，工商業機關之所應設置者幾何，固一一期之實行。實行之道，在乎得人。入其中而闃無人焉，其事之不舉無論已。入其中而僅有年高德劭之官紳坐鎮於其間，其事之不舉如故。入其中而僅有留心時事之能員指揮於其間，其事之不舉如故。即入其中而僅有哲理、法理之專門學士，高論於其間，其事之不舉猶如故。此無他，苟有具此能力者爲之，雖緩之無可緩，苟無具此能力者爲之，雖急之亦無可急也。故不言教育則已，言教育必以實業教育爲先務；即不言實業則已，言實業必以實業教育爲先務。

然所謂實業教育者，有高等之實業教育，有中等之實業教育，有普及之實業教育。最高等者，曰大學，即商科大學、工科大學、農科大學是也。其次，曰專門，即高等商業學校、高等工業學校、高等農業學校是也。高等實業教育之不可一日緩，固無論矣，然爲今日計，有三難焉。程度既高，學生必具中學校、高等學校之完全智識，而後可以問津。而回顧中國今日之教育界，則初等教育尚在幼稚時代，其不能得合格經學生，固勢所必至。一難也。規模既大，經費較巨，即以中央政府、地方政府之力爲之，猶虞竭蹶，而私立、公立更無論矣。故勉力開辦，勢不能完備，即能完備，勢不能徧設。二難也。即或程度具矣，經費備矣，而今之學者，固多以謀生爲急，必經十數年之積累，而成完全之教育。在家有恒産者，固優爲之，而無恒産者，勢有不能卒業之苦，則耗絶大之經費，而所成者，或寥寥無幾。三難也。

有此三難，故不如以中等言之，不如以普及言之。中等之實業教育，農業爲一類，工業爲一類，商船爲一類，商業爲一類。農業所教育，曰農田，曰畜牧，曰農産製造，曰園藝，曰蠶桑，曰山林，曰獸醫，曰水産。工業所教者，曰土工，曰金工，曰造船，曰電工，曰木工，曰礦工，曰染織，曰窯業，曰漆工，曰圖畫。商船學校所教者，曰航海，曰機關。商業學校所教者，曰理財，曰商法，曰商品，曰商事要項，曰商業實踐，曰簿記，算術、外國語等諸普通學。此類學校，卒業之期限，不過三年，入學生之程度，不過高等小學，此中等之名所由來也。普及之實業教育，一曰實業補習學校，一曰徒弟學校。補習學校惡乎起，曰一欲使已受義務教育者，補習一二，以廣其生財之路。二在使從事實業者，受有新智識，意欲使科學技術與實業合而爲一。故工業有工業之補習，商業有商業之補習，農業有農業之補習。工業之補習，如圖畫、模型、幾何、理化、電學、工藝、意匠、手工是也。商業之補習，如商業書翰、商業算術、商品商業、地理、簿記、商習慣、商法令、商業理財、外國語是也。農業之補習，如農業大意、害蟲、肥料、土壤、排水、灌溉、農具、樹藝、家畜、養蠶、森林、農業帳簿、丈量是也。而其要在所習，本於所業，設學本於土宜，此普及之及於各業者也。徒弟學校惡乎起，曰：其目的在培養工匠。蓋有專門家而無工匠，則工藝不興，有極巧之專門，而有極拙之工匠，則製造必遜。故男子有男子之徒弟學校，女子(之)〔有〕女子之徒弟學校。男子徒弟學校所教者，如修身、算術、幾何、理化、圖畫及關於本業教科及實習是也。女子徒弟學者所教校，如刺繡、機織等。彼日本所謂女子職業學校，吾國近日所設女工廠皆是也。此普及者及於職工者也。

抑吾所以不言高等，而僅就中等以下言之者，非敢自安固陋，謂能如是，是亦足也。蓋不欲有名無實，一也。負擔較輕，開辦自易，二也。外國此類學堂，或聽商會爲之，則實業家可分任其責，而開設必廣，三也。收效較速，不必多費時日，四也。適合於學生智識之程度，入學者僅高等小學、尋常小學生之資格，則招集自易，五也。適合於學生生計之程度，數年卒業，即可以其術鳴，無曠日持久之苦，故中人之家，勢必羣趨於實業，六也。由普及與中等入手，而後及高等，卒業者欲求精深，不妨再入高等，則爲高等之豫備，而有循序漸進之益，七也。於校中廣設實驗場、工作場，則教育之時，即生産品增殖之時，八也。誠由是行之，更擴而充之，則富國之道在是，即強國之道，亦在是。故吾敢大聲疾呼，爲天下正告曰：實業者，富強之根本，而實業教育者，又根本之根本也。

《東方雜誌》第三年第四期《實業礪志談》 吾國今日所急須爲救亡之人材者，莫不曰軍人與實業家，此盡人所知也。雖然，有軍人與實業家，遂足恃爲救亡之賴乎。此無論吾國向日隸尺籍者，頗不乏人，而農工商賈，亦皆隨地而有。所謂四民，與夫懸於四民以外之號爲兵者，自有歷史以至今日，無代無時，而不有此數種人，蟠際於國內，顧一逆乎外勢，所受禍敗，乃至斯極。此後政治修明，雖具芽蘖，朝野之間，所以待遇於是數種人者，亦將改觀易聽，非如疇昔之恝視。然究社會之分願，對待之力所可至者，不過如是，乃遂謂今後之軍人與實業家足以持險應變，增進後此之吾國，而大反於夙昔，此固極疑難之問題，而未易置答者也。蓋所謂軍人與實業家，無論在過去時期、現在時期、未來時期，且無問朝野上下所以待遇者，爲尊榮賤辱，特觀其形質，終不過塊然爲國人中之一類，且進而究其實，亦不過國人爲此職務一類者而已。設令全國之人，既猶如昨，所習所染，均未祓除，而乃謂軍人與實業家，獨有救亡之效，未免爲計太早，洵如莊生所謂見卵而求時夜，見彈而求鴞炙者矣。夫含生負氣，人類所同，雜觸雜受，文野各别，此教育之祈向陶鑄改造於前途者，爲獨一無二之物。而教育之物，則須以臻進人之品格，爲祈向之鵠，故不獨質力、名數諸科，爲待資之良藥，即如哲理、美術，實爲增崇人格之媒。又如宗教之迷信力，亦爲趨事赴功之囮，修德制行之範，吾國教育家，皆不可不致力黽勉。討論宗趣，潛施隱播，施及於國人動静云爲之地，俾受教者得有歸墟之途，與高尚之趣，庶幾私蔽消泯，往者徒錮一身之小智，漸□以去，擴其畛域，菀然有和洽爲羣之德，固結不泮之力。如此則吾國之前途，庶或有幸。無他，盍取鑒於美國乎。

今夫美，實業最殷之國也。其民蓋藏之富厚，殆佔世界母財之半。間者觀其營一業，舉一事，皆以托拉斯天之略，爲其宗趣，雖在歐人，亦且談而色變，矧在吾儕，有不震驚以瞻言乎？溯美人開國至今，僅百餘年，其民物之盛，治化之美，製作之精，幾於絶景以馳者，是何以故？以其國民所享之權利，較諸國獨多故（變言之，則曰自由較多）。蓋人類進化，能有今日之昌盛者，正以人類之有營有欲，其初生於志慮，卒乃見於實事，而自由（此二字指法律上明定確許者，非如吾國人隨意唾溺之野蠻自由也）界域較廣，則其營其欲，亦必較廣，而所成之功業亦較多。此美國國力增進，扶輿磅礴，遠出他邦之一大因也。又當美人拒英樹旗之始，所效力以執兵者，皆爲儕偶之人。及夫祈向既達，遲之又久，乃始確立中央政府。誠以地醜德齊，莫能相尚，故於曹等之中，推而執政之人，必堅爲之法制以防範之，頗有束縛濕薪之勢。於是挺生之奇杰，乃不樂投身政界，而竭智力於貨殖懋遷，遂有徒手致富，勢可傾國者。稽彼方乘簡册，此其人隨在多有，類皆訏謀偉績，可以師法，爲吾國實業家所未夢見者。雜述於左，亦有聞聲以起者乎。

美國各省，必有著名學校數所，或十數所。其需款巨者，至數千萬，或數百萬，下此者則難僂指矣。而其所需之財，大率爲一人或數人所捐助。以彼後進之國，而乃有此，固知實業界中偉材，莘莘如林也。然其事亦非不可跂及。吾國商界中人，心能性習，夙推重於外人，然則雖不能速躋如美國實業界中之巨人，亦當展拓其志，規取宏遠。故舉列可爲師法者，以破其暖暖姝姝，篤於家室村落者，而進之於國家世界者。

近年美國書肆，有談實業之書出版，蓋聚各種科學哲理，以研究實業者。其最顯者凡二種，曰《富之福音》，曰《實業之帝國》。其宗趣殆欲進商學爲一科術，大爲商界所歡迎。旬日之間，銷行至數十萬部，影響所被極大。讀其書者，皆有抗身青雲之想，而於當今實業界中諸偉人，推論極摯，究其所以成就，皆出人爲，而非幸獲。蓋美國今世，固有所謂實業界中之三霸主與二十富豪者，婦人孺子無不耳震其名，其聲稱匪惟在本國者如是，遠及歐洲、臺笠厮養，亦無不津津以道其名焉。三霸主者，托拉斯天（本意爲可信賴其業爲連合資本）霸主墨爾根，煤油霸主禄克匪蘭，鋼鐵霸主卡尼基。二十富豪則爲營鐵路業之皮兒，營礦業之斯多倫特，營烟草業之其由枯，營雜貨業之委内米加，營鐵業之希的維夫，營衣服業之扶納多，營白糖業之斯蒲來庫司與罕萬苗，營食品業之夫林多，營銅礦業之苦雷克，營啤酒業之哈布斯多，營獸骨業之夫黎克，營麵粉業之巴斯亨利，營銀行業之克里鴉，營街道鐵路業之也苦司又荒内梯尼，又營汽車附屬品寢車業之巴里門，營造船業之科倫布，又專以造遊船爲業者之亨勒希約夫與執銀行股本最多之哇克登彌兒。此二十三人，乃其表表最著者，所蓄資本，多者數千兆圓（一美金圓約當吾國通用銀圓二圓左右），少亦數十兆圓。其勢力不特能左右美國之財政界，往往一彈指，一謦欬，歐洲與世界各國市面咸受震動。故美之政府，推崇此等人，殆如神明，遇有緩急，則就訪以謀，得其承諾，則一瞬而巨款立集。顧此等人大率徒手起家，初非世族，其精能機敏，誠爲不世出之英杰。今德皇威廉，嘗謂並世惟兩豪杰，爲己與墨爾根，其傾倒之情可見矣。若謂實業可以救國，則必企及諸人，而乃始有救國之效也。蓋美人之才能性質，就其良者言之，固秉有其祖國（英國）人貞幹不撓之風，且又濟之以活潑，故於實業之宏詣，方諸英人爲尤大，而導諸人之先路者，尤有挺生之杰，多而非一。即舉所聞，已不乏矣，今請更述其尤者。

紐約克有工業學校，專教職工（即日本所稱之徒弟學校），門前矗立豐碑，紀此校所以成立，蓋五十年前，有捐資財五千萬圓以建造者。其人爲誰，曰波多可班。此校就學者千有餘人，自成時至今日，造就之職工凡五萬餘人，更有高等職工萬餘人，遞推遞演，間接而成就者，殆百餘萬人，所贍養者，極少八百餘萬人（以上據校師某言）。嗚呼，一校且如此，宜紐約克市之工業發皇如是之盛，可以知其故矣。夷考波多可班之爲人，亦美國實業界中之巨子。弱逢家乏，其父乃設帽肆者，從父居肆，所獲甚微。後乃改業爲釀造師，又爲燒磚瓦之窑匠，其貧如故。以父肆近車站，波見汽車往來，必潛往，審其機關，所得錢，不妄費，儲爲研究機械之用。凡十餘年，始積二百金，遂於夜間閉户思索，淬礪既久，乃成織毛布之機械一種，就産毛之區，賃場製造，百方稱貸，僅集五百圓。波爲人機敏誠篤，既治此業，節省用度，日必儲積一圓。未期年，盡償所貸，人以是服其誠，信用大著，遂得募股，立一造作鐵器公司。波具有遠志，目營四海，殊於凡商。斯時陸地電報初通，尚無用諸海者，波乃建議創大西洋海綫，連通歐美兩大陸之聲聞。人以此事難成，咸目笑之。而波與二三同志，研求不怠，未幾試設於孫特洛克司海灣，竟覯成績，謀之益力。於是英之富人，多樂助其成。波遂終成曠古未聞之宏業，由是而致大富。波氏功業既立，名震區宇。而美國實業中人，益多專尚於獨闢之心慮矣。波於晚年，曾爲書以詔青年，謂人欲致富，當力行其三維。所謂三維，正直、勤敏、儲積是也，其德行固可師矣。輓近以來，吾國商人多習於翾薄欺詐，豪奪巧取，往者商界中之道義，日漸澌亡，循是不改，末流所屆，頗足寒心，此鄙人所深憂惕勵者。故亟著此篇，冀有補救之效，區區之隱，幸吾黨加察，而匡其不逮可也。

《商務官報》光緒三十二年五月初五日第七期《中國之棉布業》　據在華美領事報告東三省商務情形，稱煤油一項，美貨在東三省可佔市面，無虞競争。其他如材木、罐置食物、麪粉、紙烟、縫衣機、廚用及室用火爐，均見銷流。又稱東三省煤礦、金礦之豐，將來礦物發達，美之礦機必大行用。又言東三省地多未闢，如能介紹美之農藝，則美之農具可以輸往其中。言棉布一則，頗虞中國貨之競争。其言曰，曩中國之設立棉廠，原冀供給東方市場棉布之用，無如中國之植棉者，喜弄各種弊法，如屯積棉花以擡高價，如注水於棉包使分量加重等是。加以中國之棉産，不如美佳，以是中國製棉工藝，一時未能大振。然現時中國已將諸弊法除去，並有數廠傭雇日本人，織法改良，且市面喜用東方之産貨，外至之棉布，不免有見屏之虞云。

《商務官報》光緒三十二年五月二十五日第九期《中日商務相關條議》

一，火柴運銷各省，日見其多，而日人尚旦夕籌維。查華商在滬漢等處，設有數廠，而未能展拓規模，以楊木不多，其值遂昂，實爲致病之本源。惟此木於河南、直隸二省土質最宜，亟應令民間廣種，計最易滋長，或五六年，或七八年，便可大用。若該二省從速種二千萬株，則屈指十年，可售銀二千萬元。並嚴定章程，該省各州縣以勸種之多寡，爲考績之殿最，庶可收實效。查去年日本出口火柴，共值銀一千零數十萬元，而銷於中國者，居十之七八，是一大漏巵，可不究其源流而爲之堵禦耶。

一，東三省之礦山、林木、鐵路三事，日人竭力經營，而於枕木一項，尤殷殷考求，以冀不失其大利。緣我華鐵道枕木由日本購者，居其多數，現各省紛紛築道，所需枕木，又不知凡幾。惜榆木一種，直隸不乏其材，而未能多植。至雜木，則閩之汀州、浙之温州、粤之北江，素産著名。近之粤漢鐵道則經行北江，漳厦鐵道去汀不遠，杭甬鐵道離温甚邇，應飭人在該三處設法購運，勿徒使利源外溢也。查鐵道所購外洋材料，入口之海關均免其税，如粤漢購用北江木料，沿途釐捐，可援此免納，即杭甬漳厦向内地購料亦如是。則各商以成本稍輕，必易招致，且免往外洋遠購，是亦挽利權之一端也。

一，花蓆向爲粤産，而近被日人佔其利之半，蓋花之玲瓏，色之秀麗，有非粤人所及。而粤商一意守舊，又在省交易，不知遠運之法，故著著落人之後。應飭其速購日本蓆，以爲矜式，而時爲翻新，則此業或不致墮落也。

一，草帽辮之運銷外洋，日産竟與華産争衡，不可不加之意。緣日人於出口貨不收税釐，所以成本獨輕。神户、横濱間，歐美輪船均能直達。製造之法，亦日見其精，爲外人所喜用。有此三便，宜乎無遠弗屆，而獲利之倍蓰。我華出産各地，去海口頗遠，釐税頻繁，且商人不知研究，自種植以至運□，均不得善法，故相形愈以見絀，業此者可不振刷精神，師人之長技，以免每況愈下耶。

一，絲巾向由粤人製造，而運銷於西南洋，實爲一大宗。近日人之絲巾，竟偏於美洲及南洋各島，而粤商之絲巾，則未見暢銷，其故有二。一則粤人之刺繡本極整齊，不遜於日人，而繪事未精，形色呆鈍，遂難奪人之目。一則絲質過於堅厚，成本較重，不若日本之輕薄，在西人祇知日本之色麗而價廉，不論其質之厚薄，均喜用之。有此二因，應如何去其弊而復其利，所當亟謀。且蘇浙等省素工刺繡，何不研究西人之所嗜，而刻意經營，以開工藝之一利源耶。

一，日磁運往直北者，其數極繁，竟與江西並駕齊驅。雖其質稍遜，不能耐久，而人每喜其價廉。現其國人考究日精，即瓶盆各器，刻畫精細，不亞於華磁，故售於外洋者，日增月盛，幾盡奪華磁之利。聞福建近已有人立製磁公司，江西亦由官設公司，應將繪畫一項，竭力研究，以冀精工。如能倣造洋式各磁，運售於外洋，則必減輕其釐税，然後可行之及遠也。

一，日本之花布，華人所喜用，而江蘇通州之花布，素銷於東三省，沙船亦因以爲利。近因日人在大連灣等處，力謀疏通航路、鐵路，以冀暢銷各貨。且通川布之顔色花均，樣極陳舊，令人閲之生厭，不如日布之翻新標異，無不時式，殊足悦人之目。兼以東三省一水相隔，輪船往來，不絶於道，其運費既省，則售價必廉，此乃自然之勢。將來通州布之滯銷，不待知者而決，似宜早爲之計。聞通州已開商埠，且設有輪船公司，宜派船於奉天各埠而繞經煙臺、天津，以分其利。並傳知布商，速爲改良，務必悉合時宜。聞日人已將東三省之布，何者所喜，何者所忌，一一歸而記之，可不懼哉。

一，豆宜廣種也。日本之用豆爲食品，及豆餅爲肥料，所需甚巨。奉天所産，以此爲最，閩粤商於營口者，亦藉此爲生計。近聞日人擬以火車轉運，而繞避釐税以出口，則商況將不可問。且日人銀行廣設，勢力雄厚，愈易施其壟斷之謀，似宜於内地釐税，量爲減輕，使商貨易於暢銷。並遼河各道，能通小輪之處，宜多設小輪以敵之。附近錦州各屬，如有豆糧轉運，宜將榆關火車價減扣，使由秦皇島以出口。要之我境多一物出口，即我國多一進益，當局者貴見其大，而不貪其小，斯得理財之策耳。

一，華漆向銷於日本，而邇年以來，則來源日少。據日本調查員報告，四川、湖北來者最佳，而近日輸出之數，大不如前，皆因釐税太繁，故價雖昂，仍無利可獲，廣東、福建、安徽亦然。而日本漆器，馳名於歐美，每年所售不貲。雖福建之漆工甚佳，有勝於日本者，惜其價過貴。廣東之漆藝漸精，而各器形式不合於外人所用，應由該省陳列所購求日本漆器，一一羅列，並著説以申明之，使知所則效，庶可日進有功也。

一，日本絲去年出口，較之前年，減一千餘萬元，蓋戰事方殷，荷戈遠戍，故蠶事未遑，而西洋絲市中少此一千餘萬，恐價必有變動。惜華商之售絲，祇在通商口岸，而不能自運赴西洋。應由浙江、廣東二省巨商，自設行棧於美法二國，使洋商不得獨擅其利，是亦整頓華絲之一法也。

《商務官報》光緒三十二年五月二十五日第九期《論中國宜求爲工業國》

歐美各國中，有以農業著者，則曰農業國，有以工業著者，則曰工業國，有以商業著者，則曰商業國。若吾中國，非自古所謂重農之國者耶？就數千年之重農説而發揮張大之，其事順，其效捷，故歷代憂時君子，皆以重農主義提倡天下。雖然，昔日之中國，處閉關自守時代，其所患者，饑饉耳，内亂耳，苟求民食不缺，内亂不興，則上下已相與安之，而可目爲太平之世。今則大非昔比矣，每舉行一新政，經營一新事業，皆必取資於洋貨，故以言練兵，則槍礮等物須購諸他國矣，以言造路，則鐵軌等件又須購諸他國矣，以言興教育，則學校内必用之標本品又有人儲之以待吾用矣。甚而至於日用必需之物，陳列玩好之類，亦一一惟洋貨之是求，則漏巵日大，脂膏日竭，其隱憂之所伏，實有萬倍於饑饉與内亂者。而吾國政府與草野志士，顧相與泰然安之者數十年，甯不怪也。西哲有言曰，舊開國以工業與他國戰，新開國以農業與他國戰。由前之説，英吉利是也，由後之説，美利堅是也。蓋新開之國，地利甫興，户口不繁，土地之所入，不特足養其全國人民，並可使他國之以地瘠民衆爲患者，皆俯首而仰給於我，美國之以農業雄視全球，由斯道也。然户口日繁，則耕地日少，不别闢一途以補之，人滿之患，必有不能免者。美國自近年以來，頗汲汲焉以發達其工業爲務，其規模之大、方法之新，已爲各國最。説者謂二十世紀中之美國，將由農業時代進於工業時代矣。吾中國農學未精，新法不講，可耕之地等諸石田者，何可勝道。即言農業，尚有愧色焉。論時事者往往謂居今日而圖富强，惟有講明農學，以闢天地自然之利，則中國之富，可翹足待也。夫天下大利，必在於農，論者之議，吾輩亦贊成之。然吾謂中國將來之不能不爲工業國，猶諸美國今日之不能不爲工業國，此則事有必至、理有固然者。然則振興實業之方針，其必求爲工業國而後已，蓋顯然矣。

且夫中國者，實有爲工業國之資格者也，蓋工業所需者原料，中國則地大物博，物産豐富，西北之羊毛，不減於澳洲，江浙之生絲，凌駕乎法、意，苟知所以利用之，則他國之精製品，其何能更充塞於市場也？工業所需者勞力，中國則人口日增，庸率頗廉，其勤而耐苦，又歐美人之公論也。工業所需者原動力，中國則東南水利環球稱之，全國礦屬甲於五洲，苟利用礦力與水力，則一切之大工場，鮮有患其不能興辦者。工業所需者智巧，中國人之聰明材力，甯讓白種，苟使專利發明等條例一旦頒布，則利之所在，人争趨之，吾知新出之器，必有足與歐美人鬥奇競巧者。況即就目前論之，江西之紙磁，江浙之織物，福建之漆器，果能不安故步，日求精進，則持此以與世界競争，又何患不博各國之歡迎也。夫不能不爲工業國之勢如彼，而易於爲工業國之理又如此，吾國之有志實業者，其盍不投袂而起矣。

況今日之世界，實工業最發達之時代也，英美無論已，請徵諸德。德之地味磽瘠，農利甚薄，然近年以來，事業日宏，度支不匱，苟非恃其創造之豐富與製作之堅牢，其何能有今日也。更徵諸法，法以毛織物、綢織物及葡萄酒著，而其他工藝，亦復優美精巧，度越各國，巴黎之物，歐人稱之，誠有由也。更徵諸比，比之所恃，首推礦業，供給不乏，工乃大興，共以鋼鐵所製之器，足與英國品同其聲價，輸出日多，國藉以富。更徵諸意，意於各國大興機械等工業之時，獨以手工業自樹一幟，絹織等物，足稱名産。其國北部富而南部貧，蓋北部爲工業盛行之地，而南部則可見者少也。又試徵諸我同洲之日本，日本農産，僅能自給，商之魄力不宏，信用不堅，尤爲他國所詬病，乃考其每年統計，仍能戰勝於經濟界中者，則因其深究他國人嗜好，而輸出之工業品，能風行於各地也。夫各國之經營工業，其萃全力如此，我若不急起直追，與之角逐，其將何所待也。況昔日惠工要政，闕焉不講，局中人躊躇四顧，或有不能不畏難而止者。今則保護之責，商部任之，勸工之場，推行各省，苟能取吾國固有之工業研究而改良之，取吾國所無之工業擇尤而仿製之，本古來歷史上之沿革，而又神明於規矩之外，以求於工業史上特放異彩，則有美必彰，利與名俱，惟在我工業家好自爲之而已。

今欲振興工業，則格致之學，萬不可不亟加講求也。夫電學明而工業界之面目一變，化學明而工業界之面目又一變。説者謂今日歐美各國之新理日明、新器迭出者，皆出於格致學之賜，非虚言也。吾國學者向喜空論道德，不知研究物質，故能發新理、製新器者，幾如鳳毛，如麟角。夫格致不講，則所謂電氣工業、化學工業、機械工業，皆不能興，而欲專藉古來之習慣，作今日之椎輪，則人智我愚，人巧我拙，而尚欲戰勝於經濟場中，此何異南轅而北其轍也。故講求格致之學，又振興工業之本源也。

吾今敢告天下曰，從純正經濟學上言之，農、工、商三者，可以譬之於鼎，鼎必有三足而鼎始平，國亦必有農、工、商三者而國始富。然一國必有一國之特徵，一時代必有一時代之趨勢，而國家所行政策，即不能無偏重於其間。吾國雖幅幀甚廣，地有遺利，然循此以往，欲純以農業增進國富，勢實有所不易。即吾國人素工心計，以善於經商聞各國，然若貨物惡劣，信用不堅，則雖以白圭、計然之才，在今日亦將束手無策。近來絲茶諸商，往往有大失敗者，職此故也。然則今日振興實業，其必首重工業者，又豈待智者而始知之哉。

《商務官報》光緒三十二年五月二十五日第九期《振興礦務芻言》　中國救貧之策，無有逾於振興礦務者。領事來洋已三十年，營業錫礦，亦有二十餘載，親見白蠟之興，忝參議政之末，其中振興礦務之法，頗有足資考證者。謹獻芻言，用備採擇。

一，開礦之要，修路爲先。領事初到白蠟之時，華民僅六人耳。深林密箐，跋涉維艱，土人採錫，率恃人力，負荷幸勤，亦少獲厚利者。自歸英人保護，闢蠶叢，治馬路，機器重品，皆可運往，不數年而華人麕至，今則建埠二十餘處，華人幾三十萬矣。鐵路溢利歲逾三百萬，錫税之入歲逾四百萬，其他税餉，又將及四百萬焉。推其興盛之由，非平治道路之功不及此。吾中國礦産，各省富有，若處處需給官貲爲修道路，一時力量必有不逮。然英人亦有批給官荒數十里，令商人設立公司承辦，責成修道路、設巡警，而減其錫税，免其他税，酌定年限，以爲酬報者。太僕寺卿張振勳、前任領事謝榮光與陸如祐等之文冬公司，給地四千英畝，減税二十二年，修路費三十萬圓，其一證也。

一，産礦之區，當先分別官荒、民業，測繪詳圖，以便商民請給也。領事初到白蠟之時，無論何處，任人尋覓，請領一照，納費二元，先得礦者，聽其自採，惟是界址不明，爭端迭起。自後乃定以魚鱗圖册，上下左右，四至顯然。雖係民業，亦必請領開礦執照，乃准開採。請地納税，每英畝歲科一元。而銷泥之處、用水之法，亦必按章佈置。其請給礦地，每照二十五英畝以内，各埠管理礦務之官，可以隨時劃給。百畝以上者，必詳請總參政司核奪，乃得施行。所以貲本家無論大小，皆能招人開採，聞風響應，民至如歸。吾中國請給礦地，必由省局，小貲本家未免裹足。論礦地之深者，固以大貲本家爲宜，而礦地之淺者，仍以小貲本家爲合。蓋大貲本家每以其不能大施作用，多不措意，其實積少可以成多，必小貲本家皆能謀生，而後地方乃易興盛。白蠟之興，初未聞有大貲本家前來開採者，今日之大貲本家，皆昔時之由小致富者也。

一，振興礦務之道，固以招徠開採工人爲急，尤以創立提化公司爲要。有大貲本者，固足以兼務並營，合開採與提化爲一公司。然兩事各有規模，籌辦殊未易舉。其貲本不甚充裕者，若無提化公司爲之收買礦砂，則既得礦砂之後，仍不能隨時週轉，所以人多視爲畏途也。況各礦之出産，除金銀二品，可以中國自銷外，餘皆需售諸外洋，若無提化大公司爲之收躉，則零星售賣，勢必節節受制於人。即以南洋礦地論，若坤甸、萬里洞等埠，歸荷人管轄者，章程較密，發售不便，雖礦苗興旺，人皆棄之如遺。若吉隆、白蠟、彭亨、芙蓉等埠，歸英人保護者，章程較寬，又有提化公司爲之收買礦砂，凡小貲本者，無論數人，或數十人，或數百人，皆能招集小夥，合力經營，但期朝得礦砂，暮即可以易銀，工貲伙食，無虞竭蹶，故人皆樂於趨附，無礦土，無棄礦，其興勃焉，有由來已。中國産礦之地，似宜准人設立提化公司，以爲招徠之本。然此公司若不劃定疆域，予以專利，優給年限，誠恐有大貲本者，未敢貿貿然輕於嘗試也。蓋此項公司，雖有益於礦商，而貲本非百數十萬元不可。其牌號必註册，其出貨必用印花，以杜攙奪之弊。其定價必隨歐美商會之行情，每日由電報告，以昭大信。而於公家之税餉，嚴爲稽查，分毫不能走漏。且處處需人調查，乃能因時俯仰，佔其優勝。竊以爲欲與歐美人争利，非先有此大公司不可，此中關鍵，實提倡礦務之一大端也。

一，探礦之例，宜加優待，俾礦苗易於發現也。英人初到白蠟之時，遍出示諭，令土人尋覓礦苗，先具報者，查驗確實，分别旺弱，給以賞格數百元或數十元，以是深山窮谷，莫不洞悉靡遺，請領礦地者，亦遂得以知其指歸，争先恐後。吾中國探礦向恃礦師，其實礦師之責任，惟識分化辨别礦質而已，非深藏於山者，一望而能知其深淺旺弱也。英人所用礦師，衹令其調查開採之法有危險否，用水銷泥之處有妨礙他人礦業否，未聞令其探驗礦苗也。領事等之打問公司，即白蠟礦師以七千元出售者，數年出錫，亦頗不少。使彼能預知，即七十萬元，亦未必肯出售也，然該礦師又未嘗因是而減其聲價，英人用礦師之法，亦可以喻矣。華人之老於礦務者，備嘗甘苦，核算精微，每有比礦師尤爲練達者。若能聽其查探，加以厚賞，中國數千年藴蓄未洩之精華，或不難一舉而盡令發現乎。

以上四端，則皆領事所身經體驗，信而有徵者。前讀鈞部奏定礦務章程，嚴密精詳，範圍不過，當與在洋熟悉礦務各貲本家詳細斟酌，商與祖國礦務。僉云當兹礦業幼稚時代，若遽繩以嚴密章程，愚民何知，勢必不肯棄寬大而就嚴密。倘蒙俯念商情，予以通融辦理之法，逮民情歸向，然後漸就範圍，其於振興礦務之道，庶幾便易。領事細察彼等之所謂通融者，殆即指以上四端而言，爲此不揣冒昧，謹採取英人之所以振興者，藉效獻曝之誠，不敢目爲條陳，蓋以存其實耳。

《商務官報》光緒三十二年六月初五日第一〇期《羊毛談》

輸入浮於輸出者，鮮不曰漏卮，此盡人之所知也。然使輸入雖多，而所入者多原料品，輸出雖少，而所出者多粗製品與精製品，則輸入多而愈見其工藝之發達，輸出少而或出於本國人之消費，固不必斤斤較量於其間也。若輸出者皆爲原料品，而輸入者皆爲粗製品與精製品，則我以土壤氣候勝，彼以學術伎藝勝，我所恃者天然力，而彼則利用其天然力而以腦力運之，其相形之下，固不可同日語矣。然使彼所輸入之粗製品與精製品，其原料品或爲彼之所有，而我之所無，則各習其地，猶可言也。且使原料品亦非彼之所有，而取之於他國，加以人工，以供吾國之用，則各擅其長，猶可言也。所最難堪者，我有原料品而不能用，人乃利用吾原料品，而即以其原料品所出之粗製品與精製品，爲反哺之計，則受其哺者，乃真爲天下之大愚。

今他姑不論，試以羊毛業言之。吾國西北方及蒙古一帶，産羊毛及駝毛甚富。今考其出産地，約分爲三路，甘肅之甯夏、甘州、凉州、蘭州爲西路，山西之歸化、城西、包頭、西嘴子爲山西路，張家口外喇嘛廟、熱河、哈達一帶爲北路。西路最宜遊牧，羊與駱駝最爲蕃悉，所出羊毛與駱駝毛，質純而澤，絲長而韌，爲中國之最。山西路産額較少，品質亦遜。北路毛帶黑色，問雜沙土，品位居第三等。此三者皆爲中國輸出品之大宗，西路以甯夏府爲大市場，山西路以歸化城爲大市場，北路以張家口爲大市場，而皆由天津輸至外國。聞是業之興，由天津有西人某，貧乏不能自存，不得已赴内地拾駱駝之脱毛，售之天津，爲糊口計，其後日益發達，而拾駱駝毛之西人，乃至富累巨萬。由是在津各國商人競效之，赴張家口一帶購集，至有今日之盛。

考羊毛、駝毛之輸出額，雖年有增減，然大約羊毛每年輸出，在二百五十萬擔以下，駝毛每年輸出，在三十萬擔以上。其由張家口輸至天津者，西路居十之五，山西路居十之三，北路居十之二。而由各路輸至張家口，其交通至爲不便，或用駱駝，或用牛車，或下黄河，或繞塞外，故自西路至天津，約須七十餘日，自山西路至天津，約須二十餘日，自北路至天津，亦須十七八日。運道既艱，運費亦巨，然各國商人之購之也，猶趨之若鶩，而中國人爲洋商奔走至産地定購者，亦趨之若鶩。

中國之羊毛，約分三種，曰翦毛，曰抓毛，曰脱毛。翦毛每年一翦，抓毛乃七八九月間，由羊體所抓得者，其品質稱第一，脱毛乃春秋二季所自脱者，而尤以秋季所脱爲佳。惟全球所産羊毛，要以澳洲産爲第一，其最上者曰美利腦，可以製法蘭羢及極上第之呢。中國之羊毛，則宜於羢氈毯，又雜以澳洲産之羊毛，可以製中等之呢，最宜軍服。今中國羢毯呢布之輸入，日益增加，中人之家，蓋鮮不服呢，鮮不用氈毯者。而且練新軍則戎服爲之一新，設學堂則操衣在所必備，他日軍務學務，日益進步，所需者且不可勝計，何一不取之外國。然則吾國之消費品，既取之外國，而外國製此消費品之原料品，乃仍取之中國，於此而猶不設法自製，是可忍孰不可忍。

近日日本羢業，日有進步，有千住製羢所，有東京製羢株式會社，有東京墨司林紡績株式會社，有日本毛布製造株式會社，有大阪毛絲株式會社。而其原料品，則或取諸印度，或取諸德國，而尤以澳洲爲盛，然取諸中國者，足以澳洲相匹。近中國羊毛輸入日本者日益多，而日本政府特免輸入税以獎勵之，其他日羢業製造之發達，有可豫卜者。故爲今日計，當由直隸、山西諸省，派學生專習是業，更於天津、張家口、歸化、甯夏諸地，設立工廠，則以土産之便，與工價之廉，固足以驅逐外國之輸入品而有餘。且澳洲之美利腦佳種，本亦移自西班牙，今若於蒙古一帶廣興畜牧，擇他國佳種而繁殖之，則即上製之呢與法蘭羢，固未嘗不可自製。其利有不可勝言者，是在實業家善爲之耳。

《商務官報》光緒三十二年六月初五日第一〇期《鐵價騰貴之原因》　近時工業界之最大問題，則鐵價騰貴是也。其騰貴之原因，在於生産減少歟，抑由於需要增加歟？欲知鐵市場之前途者，必將於是覘之。

今觀世界之産鐵額，頗有逐年增進之勢，然則謂由於生産減少者，未可信也。第觀一千九百五年之生産增加，尚不能補一千九百四年之生産減少，而應新事業之需要，故於工業界中，遂亦不能無影響耳。今將生産額與歷年增加額表示如左，其有視前獨減之年，則以△別之。

年代	生産額　噸	較上年增加額　噸
一九〇一年	四〇、一〇〇、〇〇〇	一二、三八四
一九〇二年	四三、三二四、〇六八	三、二二四、〇六八
一九〇三年	四五、八九四、七一三	二、五七〇、六四五
一九〇四年	四四、八〇四、一五〇	△一、〇九〇、五六〇
一九〇五年（概算）	四六、五〇〇、〇〇〇	一、六九五、八五〇

又觀世界之需鐵額，實以非常之速度，年增一年，蓋最需鐵類者，爲船舶及鐵道。各國汽船在百噸以上者，自一千九百一年至九百四年，由二千四百萬噸達於二千八百六十萬噸，以平均數計之，約年增一百十五萬噸，而由鋼與鐵製成者，實居其大部分，汽船需鐵之多，概可想見。又以鐵道言之，世界之鐵道總延長線，當一千八百九十年時，祇有三十八萬三千哩，及一千九百年，則達於四十九萬哩，以平均數計之，年增哩數十萬七千哩。電車及輕便鐵道亦在其內。夫路工之需鐵，無論已，即車輛及汽關車等，亦皆非鐵不辦。此外軍艦之增建，兵器之製造，及水道瓦斯管等，無一不取材於鐵類。日俄戰起，需要益多，迨戰事告終，非前數年所能比擬也。

夫鐵之需要額驟增，而供給之額不足以副之，鐵價之騰貴，固其所也。或曰北美、德意志及英國之鐵鑛，不出兩世紀，行將告竭。此語雖未可盡據，然以已往之比例，定歐洲今日之需要，則至本世紀末葉，每年需要額當達於五億噸，全歐需鐵之多如此，供給不足，蓋意中事。而返觀吾亞洲，蘊蓄深厚，大利未興，苟及今講明礦學，締造經營，則烏知今日我之取資於彼者，他日彼不仰給於我耶？經濟家可以興矣。

《東方雜誌》第三年第七期《實業教育》　實業，西名謂之Industries，而實業教育，則謂之Technical Education。顧西人所謂實業，舉凡民生勤動之事，靡所不賅，而獨於樹藝、牧齋、漁獵數者，財罕用其字（説見《社會通詮》）。至所謂實業教育所苞尤隘，大抵同於工業，The teaching of handicrafts，此誠彼中習俗相沿，我輩莫明其故。故講實業，似不必守此無謂分別，大抵事由問學Science，施於事功，展用筋力，於以生財成器，前民用而厚民生者，皆可謂之實業。第其事與他項術業，有必不可相混者，則如美術是已，西人以建造屋宇，結構亭臺，爲美術之一，故西人不稱建築爲實業，而自吾人觀之，則幾幾乎與實業爲類矣。又如醫療、法律，以至政治，亦無有以實業稱者，此其大略也。

故實業主於工冶製造之業而已，吾國此事，於汽電機器未興之時，固未即居人後，而歐洲當乾嘉以往，其製造亦無可言。如其時洋布一宗，且由印度運往，北美棉業未興，而國律於民間純用吉貝織成匹頭者有罰（一千七百七十四年），可以見矣。顧瓦德用汽之機，即於此時出世，汽機影響，第一見於織造。故一千七百八十五年，英之棉貨出口者，僅值八十六萬鎊，而一千八百十年，乃十八兆鎊，再後六十年，直至八十兆鎊。他若鐵業，當法國革命之日，英國三島全年出産，不過七萬噸。降至一千九百年，歲出乃七兆噸矣，其發達之速如此。又機器進步，則所操之律度，必以愈粘。聞瓦德初成之機，乃以汽漏難用，開機轉輪，聲震屋瓦。後得威都淮Whitworth製爲量機，可以量物至一兆分寸之一之微，製造之業，遂臻絶詣。上下百餘年間，其實業演進，絶景而馳如此。至於今西國造物成事，幾於無事不機，而吾國所用，猶是高曾之規矩耳。

夫中國以往三四千年，所以爲中國者，正緣國於大地之中，而不與人交通競爭而已。時至今日，舟車電郵之疾速，爲往古之所無，故雖欲守前此之局，有不可得。開門相見，事事有不及人之憂，而浮淺之人，又不察病源之所在，則曰中國之所以受侮者，無強權耳，於是以講武詰戎爲救時惟一之政策。又曰中國之所以貧弱者，坐利權之見奪耳，於是以抵制排外爲富強扼要之方針。顧不知耗散國財，惟兵爲甚，使中國長貧如此，則雖欲詰戎講武，勢且不能。且道路不可不通，礦產不可不出，使吾能自通而自出之，將無事抵排，外力自消，内力自長。設不能自通自出，而僅言抵制，將抵制不成，成而病國益甚。然則中國今日自救之術，固當以實業教育爲最急之務，何則？惟此乃有救貧之實功，而國之利源，乃有以日開，而人人有自食其力之能事，語曰既富方谷，又曰倉廩實而後知禮義，兵力教化，何一非富足而後可言乎？

雖然，實業教育者，專門之教育也。專門教育，固繼普通教育而後施。不幸吾國往者舍科舉而外，且無教育，使其人舉業不成，往往終身成廢，因緣事會，降就商工之業，則覺半世所爲，無一可用。而此時所願有之知識，蒙蒙然與六七齡孩稚同科，某物某貨，産於何地，製於何工，銷於何所，無所知也。一切製器成物之業，循其舊有不知，尚何開新之與有？叩其普通知識，且不知長江所經爲何省，高麗、西藏居國之何方。若夫實業莫大於製造，製造莫盛於五金，而五金之性質何如，採煉之方術何若，問讀書之子，有前聞者乎，固無有也。無論爲工爲商，計算之學，皆所必用，商功均輸，固無論矣，乘除加減，則亦難言。吾嘗見二三十歲人，不識作碼者，尚何有於八綫三角之學乎。不但爾也，再使其人舉業有成，又不然，循例納粟入貲，皆爲官也，顧問其人其學，於國家制度、律例、掌故有所及乎，未嘗及也。故吾國前此教育，反正皆不可通，遂造成今日之時世。然則居今而言實業教育，學生入校，舍區區國文，姑以爲能而外，教者必視學者爲一無所知，而一簣爲山，進由吾往而後可耳。

今使有子弟於此，其人於中學粗了，將使之從事實業之中，則依東西洋成法，其所以教之者宜如何，此今貴校所實行，十八九已與之合，無俟鄙人詳論。大抵算學，則如幾何、代數、三角、割錐、微積，爲不可不治之科，其次則莫如理化兩大科，但是二者，其教授必須合法，方能有益。且此數科，所賅甚廣，程度稍進，吾國即無專書，是以爲今之計，斷然必以西文傳習，如此不但教授稱便，而學成之後，其人於外國實業進步，息息相通，不致轉瞬即成故步。西人爲此，常兼拉丁、英、法、德諸文，其用意即亦如是，此治實業基礎之大略也。

但實業教育與他種教育有不同者，以其人畢生所從事，皆在切實可見功程，如礦，如路，如一切製造，大抵耳目手足之烈，與治懸理者迥殊。故教育之要，必使學子精神筋力常存朝氣，以爲他日服勞幹事之資。一言蔽之，不欲其僅成讀書人而已。西哲謂讀書人通病，前半生則傲兀自喜，後半生則衰茶糊塗，此由年少之時，用心太過，而不知吾人入世，涉物競至烈之場，破敗勝存，僉於三四十以後見分曉。其人年少氣盛之日，不必放蕩淫佚，自斫其生也。但使征逐虛名，作爲無益，坐令腦力萎耗，則四十以往，其人必衰，而一切真實事功，轉以無望。夫不佞此言，非爲惰窳無志少年遊説，實因深知心腦之力，其須休息將養，與筋骨血氣正同，而少壯之腦力，其時須休息將養，較老年之人，乃爲尤急。每見由來成就大事業人，其任事之際，所以能樂事勸功，沈毅勇往，治繁理劇，若有兼人之力者，此其果非結於夙興夜寐之時，乃在少日優遊，不過用心力之目。拿破侖之初起，真如巨刃摩天，方其勤事，見者驚爲非人，顧十年以後，敗征見矣，彼晚節之所以不終，由其精神短也。毛禄至七十而後收勝法之業，方其少壯，未聞有何表見。諸君子閔國步之艱難，欲來日藉手有資，乃起而爲問學之事，惰怠自逸，吾知免矣。所患者，用心太猛，求成過急，不爲他日辦事精神道地而已。公等聞轅田之説乎。再耕之後，必置之以俟地力之復，否則雖耕雖種，且無所得，而地力彌竭，稂莠益多。願諸公今日爲學，他日辦事，皆時時深思此言。

言今日之教育，所以救國，而祛往日學界之弊者，誠莫如實業之有功。蓋往日之教育篤古，實業之教育法今，往日之教育求逸，實業之教育習勞，往日之教育成分利之人才，實業之教育充生利之民力。第須知實業教育，其扼要不在學堂，而在出堂後辦事之閱歷。以學堂所課授者，不過根柢之學，增廣知識，爲他日立事階梯云耳。若夫扼要之圖，所以陶練之使成真實業家，則必仍求之實業之實境。作坊商店，鐵路礦山，此無疑義者也，使有人於此，其於學堂功課，爲之至善，卒業大考，已得無上文憑，此不外得半之程而已，將謂其人即實業家，尚未可也。但使其人，此後筋力萎弱，品行平常，臨事既無條理，趨功又不精勤，則其學雖成，於實業無幾微之益。又使其人，不自知操業之高尚可貴，惟此有救國之實功，恥尚失所，不樂居工商之列，時時壞出位上人之思，將其人於實業，終必不安，而社會亦無從受斯人之庇也。故鄙人居平持論，謂中國欲得實業人才，如英之大斐Davy，法拉第Farady，瓦德James Watt，德之杜勵志Dreyse，克鹿卜Krupp等，乃爲至難，何則？中西國俗大殊，吾俗之不利實業家，猶北方風土之難生橘柚也。

蓋吾國舊俗，本謂舍士無學，士者所以治人，養於人，勞其心而不勞其力者也。乃今實業教育，所栽培成就之人才，則能養人，有學問，而心力兼勞者也。學子有志爲實業之人，才必先視其業爲最貴，又菲薄仕宦而不爲者，而後能之。又必其人所受體智二育均平，不致爲書生腐儒而後可。學問智識，誠不可闕，顧但有學問智識，必不逮事也。精神筋力，忍耐和平，行之以素位不願外之心，而後有濟。初不必天資過絶人，而耳目聰明，思慮精警，如西人所謂母慧者Mother wit，則又不可無。其學堂教育，即陶煉此種母慧，而使之擴充有法者也。故實業之家，不受學堂教育，而一切悉由於閱歷者，其入理必粗，不能有開物成務之盛業也。但受學堂教育，而不經事業之磨礱，又程功不實，而無甘苦疾徐之自得。必其人受益於學堂者十之四，收效於閱歷者十之六，夫而後爲真實業家。

諸君子既已發願，置身實業界中，則鄙人有極扼要數語，敬爲諸君告者。一，當早就實行之閱歷，勿但向書籍中求增智識。二，當知此學爲中國現今最急之務，果使四百兆實業進步，將優勝富強，可以操券，而風俗民行，亦可望日進於文明。三，當知一己所操，內之有以贍家，外之有以利國，實生人最貴之業，更無所慕於爲官作吏、鐘鳴鼎食、大纛高軒。四，宜念此業，將必有救國利民之效，則吾身宜常與小民爲緣，其志欲取四萬萬之衆，饔飧而襦褲之，故所學所能，不但以供一己之用已也，行且取執工勞力之衆，而教誨誘掖之，使製器庀材，在在有改良之實。諸君果能取不佞之言，而實見諸行事，則課其功業，雖古之禹稷，亦何以加。蓋言禹之功，不過能平水土，俾民奠居而已；言稷之功，不過教民稼穡，免其阻饑而已。實業之事，將以轉生貨爲熟貨，以民力爲財源，被之以工巧，塞一國之漏卮，使人人得飽暖也。言其功效，比隆禹稷，豈過也哉。

夫一國之民，其待於實業之亟，不徒於工商之業爲然，即在兵戰，亦以此而預操勝算，不佞請爲諸君言一史事。當十九稘初載，普魯士受困於拿破侖，可謂極矣，土地日蹙，軍費無窮，憤而求戰，戰乃益敗。至一千八百六年，燕那Jena之役，普之未亡，特一發耳。則有思墨達人，名杜勵志者John Nicholas Dreyse，年十九，業鑰工，既卒業，南行覓生計，道經戰場，死者從横卧草中，或猶執槍不釋。杜則取其一微驗之，知爲歐洲最劣槍製，喟然長嘆，言以此器界新征之卒，當拿破侖百戰精兵，輔以精槍，安得無敗。則仰天自誓，歸日必有以改良此槍，使爲可恃之利器而後已。蓋當此時，德、法二邦之國命，已隱決於杜勵志之腦中矣。已乃入巴黎，事拿破侖之武庫長，瑞士人名保利者，爲之火伴學徒，以其勤篤，大爲保利所倚信。一日保利言，大皇帝令改軍槍舊製，不以前口入藥彈，而從後膛，杜怳然若有所悟。嗣保利爲後膛槍竟成，然製粗不適用也，而拿破侖猶奬之以賜金，加十字佩章，列爲貴爵焉。吾聞汽舟、後膛槍二物，皆拿破侖所親見者，顧皆以始製，椎劣未精，莫敢信用。向使當拿破侖時，而其物皆美具如後六十年，則以梟雄而操二利器如此，其勢殆可以混合區宇而有餘。英吉利區區三島，欲始終倔強，與爲勍敵，豈有幸哉。乃天若留杜勵志之後膛火器，以爲德復仇之用者，蓋杜之槍製善，而拿破侖死於絶島久矣。一千八百三十五年，杜爲後膛針礮先成，又三十年，而後膛槍成，維廉第一用之，造攻於丹麥，再克於奧國，薩多哇之役，奧之死傷逾三萬，而德則不過九千。至於一千八百七十年，師丹之役，德師長驅入巴黎，維廉加冕於華賽爾宮，凱歸而爲全德共主。此其成功至偉，雖遠近因緣，不可一二數，而微杜勵志製器之進步，其收功殆不能如是之疑神也。嗚呼，實業可忽乎哉。

實業之利國，其大者如礦，如路，如舟車，如冶，如織，如兵器，所共見者也。乃即言其小，小至於緘綫錐刀、琉璃瓷紙，今若取吾國所産，以與歐美之所出者較，則未有不令人傷心短氣，不自知吾種將何以自立於天演物競之場者。至於今，吾國日日人人，莫不扼腕扣心，争言變法，而每事之變，其取材於外國者必以益多，其舊産於吾國者必愈無用。將勉強遷就，而用其故者乎，則以物材器製之非良，其弊乃立見。即不然，則集資設廠，號爲抵制，以自保利源頭。其中所用機器，則以重價購自外洋者也，匠師又以重束而聘自外洋者也，其所自保者，亦至有限耳。且此必強有力之官商貴富而後爲之，其於遍地之小民，凡勤儉勞力以治身者，又無裨也，其於全國，豈有豸乎。故吾謂實業爲功，不必着意於重且大，但使造一皮箱，製一衣扣，一巾一鏡之微譾，果有人焉，能本問學以爲能事，力圖改良舊式，以教小民，此其功即至不細，收利即至無窮耳。夫吾國實業之閉塞，論其大歸，不過二病而已，不知機器之用與不明物理與化學也。是故實業之教育，必以之數者爲要素。且其爲教，宜力爲其普通，至於普通，則無取於精微，但人人知其大理而已足。吾國近日風氣，教育所亟，大抵不出政法、武備兩涂。顧武備爲物，其所待之外緣極多，必皆訢合，而後有守堅戰勝之可望。使外緣不相爲助，而惟兵之求，恐事變推移，將徒得其惡果。至於政治爲學，不得其人，則徒長囂風，其於國尤無益，皆不若實業有明效之可言也。所惜者，吾國舊俗，如前所云，若有以沮此項之人才，使之最難成就也者。夫其人博學多通，然猶勤勤懇懇，於執工勢力之中，泥塗黻冕，奴隸軒朱，毅然以拯救同羣，張皇民力爲事者，此其人於西國已不易得，於中國乃尤難求耳。英人葛勒敦Galton有曰，國民總總，就中可望爲出色人者，大約四千人之中不過得一而已。若夫具矯然英特之資，其心必不願爲庸衆人，無論已所操爲何業，必求爲社會所利賴者，則兆人之中而得一，已無異比肩則立者。赫胥黎曰，論教育之極功，即在能爲法以網羅此二種之人才，裁成輔相之，使不虛生，而以爲通國天下所托庇。夫此二種之人，其出於何地，至不可知者也，亦如至愚極惡者然。生於宮禁之中可也，生於圭竇之中亦可也，故生學家以此爲造物之遊戲。設有國焉，其中之法俗，能使如是之材，上不爲富貴之所腐，下不爲槁餓之所芸，俾之成材，而任之以其所最宜之事，人類進步，終必賴之，不僅強一國、盛一種而已也。且果使教育之家具真識別，而能得此二種之人才乎。則其所以培成之者，雖費至厚之資，猶不折閱也，何則？使人才如瓦德，如法拉第，如大斐者，而可以財易得，則英國雖人以兆金爲價，其爲廉猶糞土耳。嗚呼，是三人者，皆實業家也，其諸吾黨，可以奮矣。

《東方雜誌》第三年第八期《商部奏議覆廣設工藝廠自造機器摺》　光緒三十二年四月二十八日，準軍機處片交御史顧瑗奏請廣設工藝廠自造機器一摺，奉旨：商部議奏，欽此。欽遵鈔交到部。查原奏内稱，自上海製造之局立，繼而各省仿行，鑄幣、煉鐵、紡紗、織布、造紙等廠，賡續興辦，然器非我自造，其用卒不靈，術非我素知，其事必不善。況中國各局廠，每購一大機器，動糜數十萬金，洋匠指揮工資尤鉅，是我國獲機器之用，尚遠待諸異時，而洋人售機器之利，已收效於俄頃。日本於三十年前，貨物半取給於歐美，邇來製機自造，入口日少，尤能行銷各邦。中國工匠，亦有獨出心裁自製各種機器者，力薄不昌，良用惜之。今請飭下各省將軍督撫，略仿日本礮兵工廠成例，於製造軍火之暇，兼造各種機器，一面設廠，一面招工，凡泰西所有機器，擇其便於中國者，每購一具以爲模範，輾轉傳習，民智自開，挽回利權，莫先於此。亦知各省款項難籌，然事不爲則不成，法不備則不舉，此又全在各疆臣竭力提倡，不可畏難等語。臣等伏查振興工藝，推廣製造，首以自造機器、廣爲傳習爲入手不易之方。中國工業萌芽，端資提倡，而欲規一時之美利，必先復已失之利權。該前御史奏請仿照日本礮兵工廠成例，請飭下各直省，於製造軍火之暇，兼造各種機器，招工設廠，輾轉傳習，不但廣開民智，兼可預杜漏卮，洵爲目前急務。查各省所設機器局，以上海之製造局、漢陽之鐵廠，規制較爲詳備，此外福州船廠經歷任將軍、總督規畫日久，成效較著，北洋德州機器局亦經督臣袁世凱締造經營，力求完備，於各省爲最。能否如該前御史所奏，於製造軍火之暇，兼造各種機器，應請旨飭下該將軍、總督等，通盤籌畫，竭力推廣。該將軍、總督等公忠素著，諒不至藉詞諉卸，置爲緩圖。此外各省已設機器局廠之處，亦應各就地方情形，量力籌維，以期逐漸擴充，仍隨時奏明辦理。其中國工匠，及出洋畢業學生，果有能獨出心裁，製造機器，限於財力未能獨自任辦者，在京準報明臣部，在外準報明各省督撫，考驗真確，有裨實用，準其酌借官款，俾助其成，或由各廠隨時訂用，庶工業可興，而利源亦不致外溢矣。謹奏。奉旨：依議，欽此。

《商務官報》光緒三十二年七月二十五日第一五期《論組合》　山不避土壤，故能成其高，水不擇細流，故能成其大。國無統一之策，則勢散力分，而無以屏外侮，民無鳩聚之智，則不能勝爪牙齒角而存種於近世。故欲謀一羣之強以與人競者，必有會合之法焉，商工之業亦然。昔者歐洲當十二世紀黑暗之時代，日耳曼貿遷業者，運貨往意大利，海陸之間，盜賊滋多。嗣後八十五邑合開一商會，廣開商埠，設立貨倉，北方商務，統歸商會主持，乃無復裹足不前之患，是爲世界商會之起點。繼是而見稱於世者，若英人之印度商會，佛之東亞殖民商會是也。近者米國商界，又有所謂脱拉司脱（原文見前）者，聯羣同業而爲一大幫。最近又有所謂特巴脱門脱斯大（原文見前）者，合羣異業而成一大組，世界之謀商業者，已莫不震而驚之矣，特我商界或未之知耳。

夫古之時無所謂商也，以其所有易其所無耳。自貨幣興而始有壟斷之術，其時之商仍至陋也，個人商業、家庭工業耳。自機械興而始有各公司之法，商之術無窮，與社會程度相應而恃以自存。自無而有，自分而合，其所經之階級，當如是也。然今考我國商工之業，則與社會不相應，何則？個人商業耳，家庭工業耳。個人商業者何？開設店户，專謀一個人之利益，或僅謀數個人之利益，是謂個人商業。家庭工業者何？手藝之人，聚而作工，自朝至暮，且寢食於主人之家，若與其主人有至親之關係者然，主人之教督其庸，若父兄之督責子弟者然，是謂家庭工業。此種商業工業者，歐洲百數十年前之事業也，而猶存於今日之中國，是與社會不相應也。

然則今宜亟爲合小以致大，聯散而成聚，舍個人商業而營社會商業，舍家庭工業而營工場工業。雖然，公司也，工廠也，資本家之所爲，而零售小販不得被其利，中小手業仍自向其隅，又非第不被其利仍向其隅而已。又有凌壓吞攫之大戚，富者愈富，貧者愈貧，社會黨之所以興也。社會黨者，今日之中國固無憂此，中國固未有致社會黨之資格，然爲中等以下商工謀自存計，則社會之性質、工場之性質，其可緩耶。

今者聚會之法亦夥矣。法之舊者，曰會館，曰公所。法之新者，曰商會，曰公司。雖然，會館者，敦鄉誼耳，公所者，議行規耳。敦鄉誼者，戲樓丙舍之外無餘事也，議行規者，防弊之意爲多，於商店内部真正之利害不過問也。商會者，祇維持大體，操縱全市，於各商未嘗有密切之關係也。公司前既言之，固資本家之事也，然則恃何法以聚合之，其惟組合乎。組合之法，可以濟中小商工之窮。

組合者，日本之名詞也，其義即以多數商工組織而合爲一也，與公司不同。公司者，先有組而後有商工業；組合者，先有商工業而後有組。公司者，公司之外有支店；組合者，組合之外有本作。公司有有限，有無限；組合者，有限無限之外，兼有保證。要之，其所相差者甚多，殆不可以枚舉也，茲特鈎稽日本組合之法，以畢其說。

組合有同業組合，有産業組合。産業組合又分四種，曰信用組合、販賣組合、購買組合、生産組合。

同業組合之目的，在禁濫惡，防傾軋，矯正一切有害同羣之舉，惟不得以同業組合之名義作營利之事，蓋此項組合，與我國之公所最相合，所異者，組合則受國家之監督耳。有此組合，則同業公所可以廢。

同業組合之事業，在整理各組之自治，國家既以此權委之，故絶不再行干涉。惟其事之重大而易於滋弊者，則不得不受國家之督監，如選任役員、役員權限，會議之法、決議之法，分擔費用之法、處分違約人之法等是也。故組合之規定，必呈明地方官，請其認可，而平時所辦各事，及費用決算之表，必以報於官。同業組合之組織，必合一二地方之同業，盡行組入，惟商店因特別之故，經農商部之認可者，可不入組。又其物産屬大宗重要之項，如茶葉者，國家可強令成一組合。

同業組合規約，應載之事項如左（據日本組合準則第三條）：

一，組織組合之業名及組合之名。

二，組合之區及事務所之所在。

三，目的及方法。

四，役員選舉法及權限。

五，會議之規則。

六，進組出組之規則。

七，徵收費用之法。

八，處分違約人之法。

産業組合之目的，在合小爲大，防産業界之弱肉強食。

産業組合之組織有三種：一，無限責任之組合。此項組合，遇有虧累之處，由組合員以其資産攤還，必清帳而後已。二，有限責任之組合。此項組合，遇有虧累之處，即儘組合之財産爲償，與組合員資産無涉。三，保證責任之組合。此項組合，遇有虧累之處，由組合員以其作證之財産爲償，作證者既有一定之額，不至十分連累。

産業組合各員，以信用爲主，如有在組之員，欲以在組財産盤與他人，必全體人員承認而後可。又每員名下，儘多祇認十份，祇少一份，以防大股東凌壓小小股東之弊。

産業組合之監督，於凡組合免其所得税及營業税，所以期其發達也。然國家之監督有不得不嚴重者，如組合之規約，必受承認，其事業及財産，必受檢查等，皆有定則著於商律。

更進言産業組合下之四種組合。

信用組合者，組合員所開之儲蓄銀行也，票號也，存款必於是，借貸必於是。有此組合，則組合外之銀行票號，無所施其盤剥之技倆，而手工小販，亦得增長節儉之美風。

販賣組合者，緣小商資本窘急，恒不得不減值以求售。有此組合，則彼此無傾軋，貨價得其平均，且可互相砥礪，使所藝益精。此組合之性質，便於齊行長價，與公所相似。

購買組合者，緣中小商工於執業所需之原料及一切貨物，恒以需用無幾，致不便利。一，購入之時，不容任意揀選。二，祇能近處採買，不能就時於遠方。有此組合，可擇最便之地採辦，以供所求。

生産組合者，合羣小工場爲共同之工場，可以備共同之機械，又可以相觀而共進。

《商務官報》光緒三十二年七月二十五日第一五期《振興糖業議》蔗糖一物，爲日用銷費品之一大宗，亦爲中國數百年來固有之工業。從前日本所需之糖，大半仰給於中國。自十九世紀下半期起，歐西各國工業進化，莫不利用機器，製品捷而成本廉。南洋各島以及歐美各國，糖廠林立，多方保護。日本在臺灣，又復極力經營，產糖之富，正未可量。東西各國，挾其製品，以與中國固守舊法不知改良之工業爭競，宜乎斯業之日就衰頹也。試取近年海關進出口價值，作表以證之。

光緒二十六年至三十一年外國糖進口價值表

	二十六年	二十七年	二十八年	二十九年	三十年	三十一年
	兩					
赤糖	二、三九〇、六七一	四、〇二五、四九二	八、八七三、二〇五	四、七八七、九九五	五、四九八、五一〇	七、三六三、〇五三
白糖	一、〇二二、五三五	二、五〇九、九九一	三、七七三、八三〇	三、五九六、二四四	四、五五六、三〇七	五、四三一、五四八
車白糖	二、六七七、三七一	六、四三三、九九七	七三一、八四五	六、二八五、五四六	六、八三八、七二三	八、二八三、四〇二
冰糖	三三三、二一六	四八七、七一五	九四二、六三六	一、二九二、二六六	一、三一七、九一一	一、五七八、一八九

光緒二十六年至三十一年內國糖出口價值表

	二十六年	二十七年	二十八年	二十九年	三十年	三十一年
	兩					
赤糖	二、四一一、八五七	二、五七六、〇〇〇	一、九八七、二七九	八八三、〇二七	一、一一二、六〇八	一、九〇七、五〇二
白糖	五五一、四五九	四三一、二四六	三一二、七六〇	一〇一、四五一	二三六、七二八	二八四、一一四
冰糖	二〇、六七四	六、九六四	四、四三四	三、四九九	五、八四三	二、八六四

就進口價值表分類觀之，赤糖一項，二十六年進口之價值，二百三十九萬餘，至二十八年，忽增至八百八十餘萬。自後二十九年及三十年、三十一年，減而復增，較之二十六年，在三倍以上。白糖則有增無減，自一百二萬餘，漸增至五百四十餘萬。車白糖則自二百六十七萬餘，增至八百二十餘萬。冰糖則逐年遞增至一百五十餘萬。而出口價值表中，內國既不產車白糖，餘如赤糖、白糖、冰糖，莫不連年遞減。就中赤糖一項，三十一年略見增加，然猶遜於二十六年之數。以最近三十一年各糖進出口價值合計之，進口二千二百六十二萬二千九十二兩，而出口僅有二百十九萬四千四百八十兩，以之相抵，進口價值，實有二千四十二萬七千六百十二兩。如此鉅款，年年輸出外洋，不謀抵制之法，漏卮伊於何底。夫中國不乏產糖之區，若閩、若廣、若四川以及鄰近各省，自昔產糖，不事講求，日就敗壞。寒冷如直隸、東三省，類皆宜於西洋蘿蔔，亦爲製糖之原料，歐西各國，大半用之。居嘗以爲振興糖業，須統籌全局，因地制宜，從根本上計畫。若上有提倡獎勵保護之方，庶下有改良振興發達之望。因就製糖一業，草議辦法八則如左：

一，設種蔗試驗場。研究製糖，以選擇蔗種爲首務，蔗種不佳，則糖分稀少，或色澤不良，於製品有密切之關係。查臺灣蔗種，有竹蔗、紅蔗、蠟蔗之别。竹蔗汁易於清浄，而糖分不多。紅蔗富有糖分，易受風蟲之害。蠟蔗糖汁較多，清浄難而糖分少。自試種布哇種以來，成績頗好。此種蔗高有丈餘，莖圍有五尺許，能耐風而富有糖分，再閲五六年，全島將盡布哇種矣。此外若爪哇種，現在試種，成績若何，尚未可知。中國産蔗之區，閩廣及四川爲首，此外各省，所在有之。然氣候既殊，土質亦易，蔗種不一，良否莫辨，宜就向來産蔗之區，設種蔗試驗場，集國内舊有之蔗種，及外國之富有糖分者試種之，以研究其種類若何，糖汁成分若何。互相比較，擇其成績佳者，布之民間，廣爲勸導，改良蔗種，實爲振興糖業之基礎。

一，設製糖講習所。世界日新，科學競進，中國積習，中人以上，每薄工而不爲。故職工之流，類皆粗笨無識，以之任事，損失滋多。宜就産糖區域，設製糖講習所，收年在十六以上二十五歲以下，有高等小學堂卒業程度者，或家營糖業，而文理清通者，皆得入所肄習。所中科目，分製糖、機器二科。製料糖則由普通而進於栽培甘蔗，及製造砂糖各法。機器科則由普通而進於機器製圖，及修理使用各法。所授課程，不蹈虚浮，期於實用，少則二年，多或三年，畢業後予以文憑，其優等者，可由講習所薦至各糖廠，使從事糖業，如此則不至用非其人，而人材無缺乏矣。

一，設製糖試驗場。新法製糖，利用機器，不若舊法之單簡。民智未開，觀望心勝，非實地使之觀察，則利害莫辨，既不能確知其利，於振興糖業上，每多障礙。試證諸臺灣，當日人未建橋仔頭製糖社會以前，臺人不知有新式製糖廠，間有知者，每謂機器資本浩大，且易破損，固守舊習，莫可如何。待日人糖廠成立後，獲利頗豐，於是新式糖廠接踵而起，今則有七八處矣。利之所在，人争趨之，特提倡無術，斯其機窒塞耳。宜就交通便利之産糖區域，建製糖試驗場，規模不求其大，而機器務求完備。如有熱心糖業者，任其觀覽，詳爲説明，俾開民智。一面取種蔗試驗場之甘蔗，實地製造，於廠中考其成績，作報告書，悉心研究，俾知得失。一面更可令講習所之生徒實地練習，不至徒知學説，而於實際茫無把握，亦爲造就人材之一助。此製糖試驗場不容緩設之情形也。

一，改良舊式糖廠。搾取糖汁，首重壓搾法，壓搾法劣，則糖分之遺棄者多。中國舊法，向用石轆軸二箇或三箇，作品字形直立，牽以牛馬，以壓取蔗汁，然此法僅得糖汁百分之五十乃至六十。西洋壓搾機，其原動力則用引擎，其轆軸則用鐵製三箇，横立作品字形，此謂一重壓搾機，更有二重者三重。近來最新式之壓搾機，有用四重者，可得糖汁百分之八十五六。然非大規模不能用，欲就舊式改良之，惟有舍牛馬而改用十五乃至二十匹馬力之小壓機，則運轉捷而取汁較多，不若牛馬之需人飼養，而或遭疫病。此外清浄各法，與製品色澤關係極切，頗多改良之處，此在臨時應變，非率爾可論定也。

一，保護提倡新式製糖廠。凡有利可圖之工業，特患不知，知之而猶裹足不前者，必求其故。查新式製糖廠未易設立之原因，厥有兩端。一曰原料之採集。大抵糖廠每日出糖在一萬五六千斤以上者，所需原料，總在十八九萬斤。此十八九萬斤原料，須採諸附近各地，否則路途遥遠，難應急需，運費又昂，更虧資本，有此阻礙，則新式製糖廠即難成立。宜量廠之大小，凡近廠各地，定爲原料採集之區，所定區域中，如有舊式製糖廠，更可招之入股，如此，則原料採集便，而無缺乏之虞矣。一曰原料之搬運。規模狹隘之糖廠，所需原料，猶可藉人工牛馬以搬運。若日需二十萬斤以上之廠，全恃搬運靈捷，否則費事失時，有損工作。宜准其於所定區域中，許其有敷設輕便鐵道權，如有毁壞者，准其報官究治，力爲保護。照此舉辦，則原料可源源接濟，無搬運之苦矣。以上兩端，爲糖廠成立之要素，缺一不可，須國家爲之維持。其他提倡之法，或官撥補助金，或暫免出廠税，於振興糖業上，影響頗大，此在臨時相機辦理，非可預決者也。

一，在上海招股設立精製糖廠。近年以來，中國所用之洋白糖，所謂香港車白糖，大半來自香港，以其設廠在香港故也。其廠資本頗鉅，用作原料之粗製糖，畧取諸廣東，大半仰給於南洋各島，精製後，專消中國各地，出數不少。近幾年來，日本之精製糖又充塞中國市場，以與香港車白糖争競。查日本精製糖廠，計有三處，一在東京，資本約有二百萬，一在大阪，資本約一百五十萬，一在大里，資本在六十萬以上。三廠所用之粗製糖，亦皆取諸南洋各島。今春有三廠厚集資本，合同營業，以輸入中國各地之議。此事若成，勢力更厚，爲香港糖之勁敵。外人相逼而來，協以謀我，而我猶不籌抵制之法，是何故歟。人皆取爪哇等粗製糖，精製之以售於我，獲利而歸，我獨不可取爪哇等粗製糖，而自爲精製乎。宜在上海設立極大之精製糖廠，以圖抵制，資本富則製品廉，始可與之争競，否則被其壓倒。所以必設在上海者，有五利焉。車白糖之原料爲粗製糖，中國所産者不足供給，須求之於南洋各島。上海爲中國通商第一口岸，又據南北洋之中心，外洋各貨，先進上海，然後分運各處。倘設在他埠，運費既貴，成本加重，本重則製品隨之而昂，斷難取勝。若設廠上海，製成之品，南可至閩、粵，北可達山東、直隸、東三省，且地居長江之口，更可運至沿江各省，上迨漢口、宜昌，其利一。精製糖廠，用水既多，且須清潔。上海地臨黄浦，取水既便，且有自來水可隨意使用，製成之糖，不患色澤不佳，其利二。精製糖廠，須用骨炭。上海繁華之地，不乏牛馬骨，更便於在沿江各省收買，運至上海，費不至大，其利三。上海金融機關完備，銀行錢莊林立，運用莊款，不虞製肘，信息靈通，匯劃亦便，其利四。需用煤斤，雖不産諸上海，然交通便利，各地運來，購買亦便，其利五。有此五利，舍上海莫屬，即日人亦有論及之者，時不可失，急宜早爲之計。應由商部札行上海道及上海商會，先勸滬上各糖行，首先合創精製糖公司，招集股分，如須官爲維持之處，力予保護，抵制車白糖，在此一舉已。

一，試製蘆粟糖。蘆粟産於太倉州各屬縣，而以崇明爲最。糖分遜於甘蔗，約合百分之十三四，但因天時而異。西人曾移植歐美，用以製糖，中國有知之者，而未嘗試造。誠以創一工業，盈虧莫必，誰肯虚擲銀錢。此非藉國家提倡之力，斷難集事。宜在出産之區，畧備器具，試製砂糖，規模不求其大，如有利可圖，再行推廣，不能奏效，所失實亦無幾。蘆粟成熟後，即須刈割，不能久置田間。查太屬所産蘆粟，向不製糖，民間食此以供消閒，苟能化無用爲有用，造福於地方不少也。

一，於農事試驗場試種西洋蘿蔔。自一千七百四十七年，德國學者麥兒可辣夫始發明蘿蔔製糖法。當時歐洲各國，尚不注意，經法王拿破侖極力獎勵，忽焉勃興。德國豔之，改良税法，一意保護，風被各國，蘿蔔製糖工業，遂遍歐洲。近二十年來，生産力膨脹，佔世界砂糖産額十分之六而有餘，政府又獎勵輸出，勢力東漸，其製品遂與熱地所産之蔗糖相角逐。按西洋蘿蔔，宜植冷地，適與甘蔗相反，種類頗多，别之約有三種。稱苦拉因棚滋蕾白那者，德、奥、匈國多種之，糖分約合百分之十三乃至十七。有稱威兒木林者，法、比兩國多種之，糖分約有百分之十五乃至十八。有稱芒孤兒德者，係威兒木林變種，糖分亦與之相等，但成熟較早。然植物往往遷地而變，應由出使歐美各國大臣，博採種子，詳著名目以及種法，寄歸中國，就本京、山東、直隸、東三省之農事試驗場，一一先行試種。考其糖分佳者，佈種民間，廣爲勸導。尤宜注意東三省，蓋日人經營滿洲，全力灌注，去歲在東時，已聞有議及之者。東三省地廣人稀，不少荒蕪之地，現主開墾是地者，不乏其人，自當於此留意焉。以上但就蘿蔔糖之原料而論，蓋原料爲製糖之基礎，基礎立，而後可進言製造也。

《商務官報》光緒三十二年八月初五日第一六期《立憲與實業之關係》 亞里斯多德曰：人者，社會之動物也。人不能孤立以生存，故在前古，血族相聚而成家族，家族擴張而成部落，部落結合而成國家，國家進步，乃離於人治國之界域，而入法治國之範圍。法之大者曰憲，憲法在上古，蘇倫賴克古之所創也，其在近世，起於條頓之英吉利，而編成完全之法典者於德意志。故今各國私法之系統，宗於羅馬，公法之系統，宗於英吉利，而又由各國歷史之沿襲，而互有所殊。其形式有君主、民主之别，其性質有硬性、軟性之差，顧其精神則一也。其精神，在確定統治權與一切公權私權。統治權歸於元首，司法、行政、立法三權者，非獨立也，統治權動作之形式耳。有憲法，而後各種權力皆有一定之範圍，輕重無叵，各得其分，各得其分，是以各舉其職。且憲法爲各公私法之根本法，有憲法而後各公私法，及行政官一切規則處分，可以彌綸於全國。夫此之謂法治國之規模，今者吾國將具此規模矣。吾國數千年之政治，以防弊爲興利之基，然往往弊不勝防，而利更無覩，消極主義宜至是耳。立憲之政，必且移其方針於各國之積極主義，前者歷史所生補苴罅陋之術，將一擴而、清之。要之，立憲之利益，非言語所得而形容，其影響之大，誠磅礴乎四極而包含乎萬類矣。惟其然也，故其影響之直接間接，以及於實業界者爲尤大。其間接之及於實業者，範圍甚廣，靡得而言。第即其直接之及於實業者而論，蓋有十二大利焉，試畧言之如左：

一，轉移思想。吾國舊習，以官爲貴，以商爲賤，是以父詔其子，兄勖其弟，以得官職爲其正鵠，舉全國聰穎子弟趨於一途。立憲之世則不然，四民平等，無所偏倚。官者至苦，而商者至樂，官以名貴，而商以利尊，故民之有志於功名之及於實業者。

一，熱心國務。各國通例，民得參與政事，而後能熱心於政事，否則漠不關心，淡然忘之耳，此政治學上之公言也。蓋中央有衆議會，地方有地方議會，民既舍己事以謀國事，久必以國事爲己事，則凡地之遺利，苟屬吾所知者，不舉以利國，則舉以利地方，而間接以利於國，無復棄貨於地之患。此熱心國務而利之及於實業者。

一，消除隔閡。政府不干涉經濟界之事，則不能保護，欲保護則不能不干涉，而干涉最易失當，英之穀物條例，其前車也。且吾國商人有求一面地方知事而不得者，委曲隱痛，所在不免。即近頃各地已設有商會，然對於政府，未有正當之立言權限也。立憲則議員可作代表，且人民有所請願，議院有代收而轉上於政府之責，既有此正當之權限，復何憚而不爲。此消除隔閡而利之及於實業者。

一，選舉資格。英國選舉人，必有田地，每歲獲利四十先令，或租人田地，每歲出租四十先令者，如無田地，必有住屋，每歲可得十磅之值者，或租人住屋，每歲出租十磅者，方爲合格。又美國的那華州之例，自有地值二百愛格耳以上，或動産值千磅以上者，得爲上院議員。日本之例，須納税十圓以上者，得與選舉，又民之納税最多者，按十五人，使互選一人，爲上院議員。普、墺、比等國皆有此例，此爲選舉之財産資格。今雖有唱無限選舉論者，然各國大抵未廢此資格也。夫民既熱心國務，選舉之權，在所必争，欲争此權者，其自爲謀也當如何。此選舉資格之利於實業者。

一，生活高尚。憲政既舉，百務斯興，文明日進，講求益劇，内務、外務、軍務、財務、司法、行政五大部，處處需款，而各國近事，尤以内務、軍務之需求爲益急。國務叢錯，租税必增，國步日進，則生活程度愈高，彼甘心於救貧院者，間或有之，顧競存爲人之天性，上流社會之幸福，固人人所欲得者，不自爲謀，而亦不爲妻子謀耶。此生活高尚之利於實業者。

一，補助得宜。事有非一手一足之力所得而勝任者，如學校、救貧、道路、衛生，及鐵路、郵政、電信等事，又奸邪之必須司法警察，及工場老弱之必須保護，醫術、藥劑、美術、辯護業之必須監督。凡此種種，或須中央興辦，或須地方興辦，中央與地方，權限既明，責任自專。凡此興作，皆足爲商民之補助者也。此補助得宜之利於實業者。

一，租税得當。憲法之所由起，則租税之問題也。英國所謂大憲章者、權利法典者、權利證明者，爲近世各國憲法之祖，而皆以確定租税者耳。故憲法莫不以豫算爲下議院之先議權，亦即爲下議院最重之議題。在歐洲中古之世，諸侯濫取於民，民故呰窳偷生，不事蓋藏，苟快目前。一遇凶荒，流離轉徙。夫租税無當之弊若此。反是，則農商安堵，民志既定，斯貽謀益遠。此租税得當之利於實業者。

一，保護周詳。憲法固足保護民人之身體、名譽、財産，而本於憲法以生之刑、民各法，亦推其波而助其瀾。現在各國商法專爲保護商人而設，固無論矣，至民法人權、物權、債權各編所注意者，固何在乎？刑法者，在上世以爲復讎之具，今不以爲復讎，而以賠償爲主義，以保護社會公益爲原則，此其故又何在也？夫非保障人民之權利，而鞏固其財産者乎？此保護周詳之利於實業者。

一，交涉正當。法律不備，不可以外交，治外法權行於通商各埠，爲商民病者久矣，而所以資人以口舌者，法律未完備也。今者法律逐漸修明，他日必能援國際公法爲正當之外交，吾民商業利害所關，必有國際條約隨而保護之。此交涉正當之利於實業者。

一，尊尚信義。士人以文章詞賦爲進身之階，故不修名譽，貽害鄉閭，無所不至。若中央及地方議員，及地方陪審人員，概由選舉，是古之鄉舉里選復見於今日。人以名譽爲重，斯以信義爲尊，信義之影響及於商業者，豈待言哉。此尊尚信義之利於實業者。

一，志向有定。國是不定，則民心不固。即有積學之士，趨於樂天派者，趨於厭世派者，往往而然，是置聰明於無用之地。夫經濟者，不必貨物與金錢也，凡學説、美術、人心、世道，無不與經濟有關，即古人殘破之文章，上世蟲魚之遺跡，皆於經濟有補助之功，況當代之聰明才力所形於一切事物者乎。國是既定，則無不砥礪，以應一世之需，智者獻其技，賢者獻其德，其影響於經濟社會者，當何如也。此志向有定之利於實業者。

一，求爲公民。立憲之國，必有能力足以盡國民之義務者，乃得享有公民之權利。義務者何，曰兵役，曰納税。今除老弱不計外，其餘成丁之少壯，莫不在此二義務之中。然今之困於鴉片烟者，不能盡兵役之義務，將來定律，必有辦之者矣。然則爲保全公民資格之故，其窮而思返者必多，去此大害，其利於經濟社會者，又當何如。此求爲公民之利於實業者。

《商務官報》光緒三十二年九月初五日第一九期《煤油談》（一）煤油出産之地

煤油，乃太古之動物藏於地層之中，爲海水所壓，積久則物之質融解爲油，由地層中之隙處，流而匯瀦，成爲礦。其發見則爲火井，爲山泉浮面之紅色水，火井之下，必爲油礦無論矣。泉水浮而有紅膩者，其下非鐵礦，即油礦也。故油礦所居之地，徵之地質，即可知之。其地於古爲海，於今爲鹹湖，爲鹹井，則其左右必有礦。礦往往在湖濱山麓，蓋物質受壓變爲油，油避壓旁竄，必竄於地上海水力所不及之地，則其上必爲大山之麓，或大土股半島海島。是故今油礦所已發見者，於歐洲則在黑海之右，在Adriatic海灣之南北，在各岸線屈曲處之沿岸地。於美洲則在Abeyhang山之西北麓，在落機山之麓，在墨西哥，在委内瑞納。於亞洲在裏海之右，在喜馬拉耶西南麓，在越南西海岸，在南洋各島，在日本三島，在中國四川、雲南，在賀蘭山麓，在陰山山麓。蓋黑海、裏海之間，於古本爲内海，歐西港灣屈曲之處，於古爲海爲陸未可考，南美之北，北美之南，其礦在煤層石中，然則第即俄澳所據之礦，而觀其地海陸之變遷，與俄國相等。我國天山南北兩大溢地，及蒙古沙漠，今多鹹池，水草亦帶鹹質。據西人調查，於古亦屬内海，證以史事，洪水泛濫，殆適相符。然則西北一帶，山脈所蘊蓄者，殆與高加索山諸山無所區别，今者西人已發見油礦於河套及山陝相接之地矣。又今已著名者，蜀之敘州，鄂之施南，滇之臨安，而以蜀地爲最饒，然此外未經發見者正夥。礦物學謂近古界之地，即第三期之地者，率有煤油。果爾，則我國天山南麓，又黑龍江沿岸，當息滅火山近處，又長白山之東北麓，當烏蘇里江盡處，又横斷山脈之西，當雅魯藏布江南曲之際，皆第三期地。以此推之，則内地各省油礦所已昭人耳目者，尚屬中國油礦之萬分之一。將來中國油礦事業，必集中於天山南麓東西千餘里之地，及黑龍江左岸南北約五百餘里之地。然此猶地質之已經查明者也，葱嶺以東，及於祁連外喜馬拉山脈以北，及於阿爾金山以南，皆地質未詳之處，爲上古之原始界歟，爲太古界歟，爲中古界歟，爲近古界歟，無得而知之者。

(二)煤油之競争

煤油之礦，所在多有，惟前此無精製之法，油之用亦微而不彰。十九世紀之中葉，美洲始發見至大之油礦，精製之法，亦偕以發明，世始知可爲燃料及其餘各種銷用，油之生産額，於是頓增。沿襲至今，遂佔商品中重要之地位。今以産煤油著於世者，惟美與俄。美國此項商業，實肇脱拉司脱之製，其始美人曰Rockfeller，僅設一小商店耳，其製名爲Slanard oil company，其後擴充而爲脱拉司脱，時一千八百八十二年也。自有此大公司，而他國需求，大都受美人之供給。一千八百九十年，增設煤油公司於德意志，一千八百九十三年，復與俄國煤油公司同盟，於是世界煤油市面，爲美人所支配者多。雖然，此其勢力之競争，方興而未艾也。今者煤油界之二大强國，若俄若美者，俄歲産油七〇〇、〇〇〇、〇〇〇布特，美歲産油五四〇、〇〇〇、〇〇〇布特，是俄油多於美油一六〇、〇〇〇、〇〇〇布特。而以東方商業而論，則美足以凌俄，俄未足以製美。推原其故，美油以海運便利，費省則價自廉，此其所以勝也。然而勝敗不常，形勢無定，日俄戰後，俄人經營東方益力，遂發見樺太島之油礦。據俄人白賴德樂夫調查，其地油礦，非第遠勝於裏海之Bakn礦，且勝於紐約之Pennsyluania礦，過此以往，東方煤油之市面，其將有所轉移乎。

《東方雜誌》第三年第一〇期《續實業礪志談》 美人某者，大資本家而兼學問家者也，嘗語不肖曰：後此世界，可爲强大國者，惟有三國，一美，一俄，其一即中國。不肖聞言，瞿焉以訊之曰，君何所見而云然。某曰，往後競争，將悉注力於生計，争而得勝者，必其於生計界佔强大之勢力，此勢力之最偉大最堅實者，無有農若。方今諸國，於此塵球佔農事首坐之資格者，無逾此三國，故吾敢據此原則，以爲他日徵驗之符。不肖深思其故，躍然以喜。嗚呼，伯叔兄弟，幸勿自餒，其殫精竭誠，以赴某君言。

就某君言而論列之，此三國今日國勢，固當最美而殿中，就已發舒之富力言之，則當最美而殿俄(精於統計學者言，吾國已發舒之富力，在俄之上，特政治之機關尚未修明，致財用形其紊亂，遂乃勢消力弱，無偉大之力，以表見於世)。如以地利、天時及未宣泄之富源言，則吾中國實有一日之長，此非不肖一人之私言，而實世界之公言也。嗚呼，吾國人其勿自餒，彼美國能發攄張皇至於如是者，豈爲天命，固亦人謀。前聖有言，舜何人，予何人，有爲者，亦若是。南越尉佗，何遽不若漢，彼美人亦豈如神人之不可效，如天之不可梯以昇耶。

美國近百年來，發皇奇瑋，所以致如是者，以不肖所覘，粗有端緒，是又不得不汲汲攄發所懷，以告我伯叔兄弟矣。美人秉心篤實，原自英國種性，而其精神開拓而活潑，則又超出今日之英人，而又假之以氣候和煦、地脈膏腴之沃土，此其繁盛璀璨，所以有今日也。要而論之，美國之富力，實賴夫農。彼於一千七百八十七年定田宅之制(凡民年齒至二十一歲以上者，授田一百六十畝，耕種五年，得四人爲保證，即許所田爲私有。其後損益，此制凡民受田耕作逾六月者，即許其私有，惟須納資若干於政府)，頗與吾國古代畫井授田相似，但其性質，稍有不同。因美民得據所受之田爲私有産業，可以出賣於人，故其民競於農，百年之間，農業昌熾，躍然爲今日列國之首席。況十九稘以來，美國又大修水運，闢極長之河渠，凡其東方諸省所開諸河，總計其長，逾於吾國運河二倍有餘。未幾，鐵路大興，轉輸益便，曩之食農，皆進而爲市農(計學家於農業，有食市之别，食農者，耕而自食，如吾國古代之農，以田爲食食，或稱采地，皆食農也。市農者，則以米粟入市，以求豐財）。於是美國之麥，遂爲英、俄諸邦所仰給。夷考其時，全國資本在田場者，佔百分之六十有奇，而每歲財富出自農家者，佔百分之七十三，可謂盛矣。顧近五十年，彼於農業，既極扶興，又以機械代其人力，於是人情遂以所餘之力注於工，就今日比較其農工，則工業之發達，轉出農上，然所謂農者資格固自若，特其進步，不若工耳（按地利有止境，工利則無止境，計學家所陳論，其義甚博，今不暇悉引）。

美自立國至今，其富力發皇有三種現象：一千八百五十年以前，其現象爲農，一千八百五十年以後至一千八百八十年間，則爲農工並現之象，而自一千八百八十年後，則其現象偏向於工，而有以促成其繁盛者，則資本連合之托拉斯天主義是也。君子於此，可以觀世變之無極，而吾國實業家，亦可以觀省而決所擇矣。

雖然，不肖區區蓄念，所爲發攄於此篇者，固非徒侈美國之富已也，吾固欲吾國之實業家，於此篇而得鞭辟之用。則彼實業界中之三霸主與二十富豪，高矗之銅山，周身之阿堵，於吾曾有毫末之關係乎。是則不肖之觀念，乃抽象而非歆羡，斯又閱此篇者所不可不知也。今不肖將直標宗趣，不復推論消息，滋蔓其詞矣。美國今日顯富名而振聲稱者，稽其通國，除上所言諸人外，尚有三千餘人。彼國有成功Success記者麻頓，記録諸富豪言行，都爲一册，得數千人。麻頓之言曰：世界致富之舞臺，無若美國，立此舞臺而最易成功者，亦無若美人。試觀所記諸人，至於三千，夥頤沈沈，其數盛矣。而求其原始，出身貧窶者，十殆八九。嗚呼，麻頓之言信矣。其事涉隱幽者，姑不論，其卓犖之大者，爲世熟知，不肖寄迹異邦，亦且耳習，固有以知麻頓之言之不誣，今以耳聞，試證於下。今之卡尼基，非世稱爲鋼鐵業霸主者乎？然其幼時，貧無立錐，實嘗役身爲木棉工場卷紗係之賤工。禄克匪蘭，非操今日煤油業之霸權者乎（即吾國通行之德富士煤油）？彼當落魄之時，實傭身於蔬圃。惹姆斯皮兒，今非有大勢力於鐵路者乎？然其貧時，實於水步爲估客荷物。委內米加，今日所營雜貨之業，通於美國太平洋、大西洋兩岸，而其髫年，實爲窑業搬運瓦斤，以求日食。惟墨爾根出於富家，有世業爲之憑藉。其他由困而亨，當其困時，執業卑微，不堪指數，此今日美國富豪歷史獨具之事實。如依佔三從二之説，且將成一公例，固可異矣。雖然，芝草無根，醴泉無源，吾國古訓勖人自立者，意最深遠，吾國商界，此種人物，亦頗不乏。特域於家族思想，無歷史思想、世界思想，遂隱於小成而不彰耳。吾國人既囿心於家族，於是保田宅，永永留貽於子孫之念，遂若西方宗教家之有天國，而鄙悋纖嗇，乃至不可向邇，則其身係於社會者益微，遂至無人屑語。對觀於外，幸有吾國瘳疾之良藥，此不可不察也。

試更播吾所聞，卡尼基之富，殆傾美國，彼有自踐之格言曰：吾一生命運，惟吾一身之力開拓之。顧彼既富已後，日以布署其財，濟施於人爲先務，於教育界苦工社會，所以芘賴者極至。彼今日雖富可敵國，然其自視猶欿然一窶人，嘗云吾貧困時所立之志，要令始終貫澈，隨吾附身於棺，而後熄滅。吾今日猶之窶人，所以今昔大異者，但人之視綫而已。【略】嗚呼，翫索斯語，其襟抱何等偉俊，何等皎潔，此固吾國豸人之良師也。

不奢於世，不靡於物，卡尼基蓋善人也，謙謙君子也，其宅心公而溥矣。墨爾根則異是，墨氏席先人銀行餘業，出其材力，雄鳴於世，就其所成者，固可謂推倒一時之豪杰，開拓萬古之心胸矣。墨氏嘗言，凡人無論營何職業，當於此中闢乾坤。觀其今日，儼然爲托拉斯天大盟主，亦即墨爾根所謂乾坤者歟。蓋其人實超世之材，頗有今日世界惟我獨尊之概，故其手一攫拏，響應於財政界者，頗有掀天揭地之勢，歐美之人羣奉稱爲商界之拿破侖，非溢美也。

以上淆然論列之言，吾亦不欲過煩，區區之心，但欲略揭師法，爲吾實業家策勵之助云爾。嗚呼，我儀其人，洵心折已，然又有心折者，更爲論列。如下所言韓勒司杭者，非以製造遊船著名於波斯頓者乎。韓氏固無目之人也，彼所造之遊船，精嚴輕快，爲世稱道，韓氏之所成就，尤可謂苦心絶詣矣。韓氏幼而失明，薄有家資，尚不中中人產，然韓氏不以失明自廢，好聽航海術，記憶之能力絶強，一言入耳，終身不忘。彼既失明，遂發憤欲以他官代兩目。其於圖畫也，聽人講解而心識之，至如型模，則以手摸觸得其程律，遂能因心識之比例，以定形器，且較他人所作，尤爲便利，然固積三十年之憤悱精誠，乃能有成者。韓氏自言，吾心明猶之炬火，吾手耳之官，頗能補兩目之缺憾。其後更得兄弟行之助，遂張大其韓勒司杭兄弟造船所，今且進而造捕魚之蒸汽船與魚雷艇矣。因韓廠所出之船，以速率迅捷鳴於時也。

嗚呼，不肖始來美也，但震其富力之盛，繼念誰人致此者，乃進而察其人，且究夫其人之志行，乃知具有本末，絶非倖致。而潛窺吾國之膏土豐產，所獲於天地者，亦既與美相若，且或遠過於美，然則今日之不競，非吾人之咎，而誰咎乎。今日世運日趨會同，種族相競之場，既非在遠，決無尺土僻壤，可容頓而不進者之藏拙。故吾國之實業家，不可不急起直追，先爲之所，致國力於隆盛也。

《商務官報》光緒三十三年一月二十五日第一期《今後振興實業之方針》

通商、勸農、惠工之政，自古所重，積數千年，古意寖失，既貧且弱，亦固其所。及去年九月釐訂官制，定本部之名曰農工商部，於是遂舉富國之術，興利之事，而一以責之於本部。本部盡其責，則利由是興，國由是富。苟欲練兵，何患無餉，苟欲興學，何患無費。本部不盡其責，則天然之利，人爲之功，將有消滅於無形者。由是以言，本部之責任，顧不重歟。

責任之盡與不盡，本諸政策，有積極政策，有消極政策。利當興者興，弊當革者革，先事而圖之，全力以赴之，以積極之説也。但求無過，不求有功，事至始謀，可已則已，此消極之説也。行積極政策者，所任之職，日見其要，待理之事，日見其繁，雖多得傑出之才，昕夕治事，猶懼不給。行消極政策者，奉行故事，簿書日簡，終至於無必辦之事，難任之官，雖有才而欲以事業顯者，亦將旅進旅退，頹然而莫知所建樹。積極消極之分，誠理亂得失之所由判矣。

中國之農、之工、之商，知識卑陋，能力薄弱，立於世界經濟競争之場，誠知其不能自樹一幟。然綜丙午一年計之，京外所辦農工商各事，均視前歲遠增其數，而公司之註册，商會之成立，亦皆增至六十餘宗（詳見本部丙午年紀事簡明表）。夫以卑視實業、恥言功利之中國，而近年以來，農工商各事歲有進步，誠可幸也。然以土地之大，人民之衆，自上迄下，又皆漸知實業之足重，而其所可紀者，僅僅如此，抑又可懼也。信乎此非行消極政策之日，而行積極政策之日也。

各國之於農、工、商各政，視之綦重，於專司其職者，則目之曰助長行政機關。助長云者，即積極主義之代名詞也。一國之中，農事、工事、商事之當興作者如何，當獎勵者何在，風氣未開則倡導之，民力未逮則補助之，立檢查所以杜其作僞，建各種學堂以養其人才，羣天下爲農、爲工、爲商之人，而眼光所未注，躊躇不敢前者，爲之大聲而疾呼，鼓舞而策勵焉。此則本部之責任也，此則所謂積極政策也。

今日所行之事，當與今日之時勢相應。以言乎農，則各國耕具日新，土地日闢，而吾但曰勸農勸農，甯足恃也。以言乎工，則各國藝學大昌，新器日出，而吾但曰惠工惠工，其奚益也。以言乎商，則各國萃其全力，保護唯恐不至，而吾但曰重商重商，何足貴也。言之非艱，行之唯艱，有是言必有是事。舉昔日之敷衍積習，而盪滌擴清之，此非尋常文書之所能辦也，亦唯行積極政策而已矣。

雖然，本部之爲助長行政機關，固已，而本部所視以爲機關以行此積極政策者，則爲各省商務議員及各地商會等，是往事可不論，自兹以後，其能各盡責任與否，吾將以其所有之事蹟、所作之報告覘之。

《東方雜誌》第四年第二期《論外人於我國製造土貨》

今我同胞亦知我國之經濟界，將有莫大之危，不久即當發現，其事足以制吾人之命，而又至不易挽救者乎，則外人於内地設廠製造土貨是已。夫以經濟學理而論，外人投資本於吾地，購吾之原料，用吾之人工，彼收其利以償經畫之勞，我分其利而獲挹注之益，似亦無所大損，不知此凡以爲智力平等之國言之也。若我之於歐美，於一切條約上，已不獲享同等之利益，甚至徒負義務，而無權利之可言，而人民程度相懸，又無可以競争之資格。彼挾其雄鉅之魄力，強毅之精神，奉條約爲前驅，擁國力爲後盾，縱横恣肆，壟斷一切，此豈尚有強弱勝負之可言耶，終歸於盡而已矣。夫世界惟以工商滅人國者，其國乃永不能復興，蓋膏腴已爲吸盡，雖有形魄，不足自存。若印度之於英，豈甘心服從哉。一切權利，皆在其掌握，捨自戕以外，欲圖苟活，却不能不聽客所爲。故一切礦山、工廠、鐵道等，皆英人爲主，而印人則客也，英人爲君，而印人則奴也。居印地，用印人，以取印之利，而印乃長爲英有矣。嗚呼，是豈地不善耶，人不靈耶，蓋亦昧於時機，而授人以柄故也。我國物産繁衍，交通便易，於工商實業，皆大可有爲，然民智未開，貨之棄於地者，不可勝數，於是大啓他人之覬覦。比來各國方苦無地可以經營，而我之固塞如故，於是其謀益急，其願益奢，而其計亦益巧。内地設廠製造土貨，實始於中日馬關附約，本非明瞭正確之語，故至今尚多存疑，然自此後，各國援利益均沾之條，而英美又特著之於商約，其事已成定局，故近來洋商之就地設廠者，日見其多。憶馬關訂約後，某督曾奏請廣勸華商，力圖機器製造，以期抵制，然未見實效。蓋非人民怵於危機，自圖挽救，雖強聒勢迫，終莫可如何也。夫一國之所恃以生活者，財而已矣，財之所由生，第一在農，次工，次商，貨之得財，必經是三者。然是三者，初不必兼擅，而後可以得財。大抵各國，有專以農著，以工或商著者矣。然三者實相聯屬，使其國爲農産之國，專以原料供給世界之市場，是固有之，若工而不商，商而不工，則絶無僅有。蓋是三者本利於聯屬，其以單獨著者，皆限於天時或地利，若能三者兼擅，則獲利益優。例如美利堅之棉，稱雄世界，而其間之紡之爲紗，織之爲布，而販之各地者，使盡握之一人之手，則其利爲何如。故近者所謂大脱辣斯，嘗有併合農工商各業爲一氣者，如一脱辣斯内，有畜牧場,有乳酪廠,有製革、緝毛、售肉各廠,而遞運銷售,亦自爲之,其間省費省時,不可數計。蓋分功之變象,而實業之宏規也。在己國而能如此,則歲殖必以大增;在人國而能如此,則利權必歸掌握。故列國實業之競爭也,始奪人之商業,繼奪人之工業,繼奪人之農業,至於農業爲人奪,則不可爲國矣。蓋三者之中,商最無定着,農最有定着,而工得其中,商業爲人所奪(兼輸出、輸入言),則我舊有之工業,不足競争矣。然工之儇捷者,或地之繁盛者,其利依然尚在,至工業爲人所奪,則其國之人,惟有爲農之一法。然若其國之人口,與地之產力相等,尚可有以自存,然已困苦蕭條,不堪問矣。蓋周身以外,捨飲食外,皆取給於他人,其生事之艱,殆可想見。至於農業亦爲所奪,則一國人之生命,皆握之他人之手,其危險更不待言。夫此所謂爲所奪者,非謂我之人竟一不能插足也,但使彼爲君而我爲奴,彼爲主而我爲客,則我雖得羡餘之利,不啻剜肉以充飢,肉苟盡時,命將不保,此實業併吞政策之所以可畏也。夫百十年來,外人之於我,大抵圖通商之利而已。其始運貨售之於我,其繼乃用我之原料,製貨售之於我,此其獲利,人盡知之。然彼之工業雖精,而庸值過昂,轉輸又費,使並此而可節省,則利率更將陡增,於是而得就地設廠製貨之一策焉。就交通便易之地,以收集原料,既免遞運之費,而成本以輕,及其貨成,就地暢銷,又可省運貨來華之費。所納者一次之出廠税,較之原料出口、熟貨進口兩次之税,輕重何如,所用者中國之工,較之歐美之庸值,貴賤何如。由是論之,在中國就地製造,較其在本國製造,可省成本十分之四,宜列國之眈眈不已也。使外人果於各地設工廠,勢必多用傭工,一時苦力,可藉謀生,地方必較前旺盛,然其勢可不久,而使平日非苦力者,一時淪爲苦力,捨於其所設工廠之外,無可謀生,設其廠不能循收,則皆爲餓莩盜脅而已。蓋營業之資本雄厚者,常足侵滅小資本家而有餘,彼外人之於吾國,挾其固有之學術,精練之技能,益以工價物價之廉,勢不盡吞我舊有之業不止。我之向營工業者,勢力、資本、學術、技能無一足與抗者,則不得不捨其所業,而從事他途,若他途亦然,則惟有托庇其宇,以得工值而已。今外人之立工廠於吾國者,已漸由外及内,由大及小(如製蛋、罐詰等均漸推廣),若再推廣,吾國工業必致一敗涂地,此多數淘汰之人,無所得食,又不能盡歸於農,其現象尚忍言乎。此其間外人所製之貨,殆有以之銷吾國者,有以之銷各國者,銷各國者姑弗論,若銷吾國者充斥大地,必至無一物非外人製。吸吾人之財以溢於外,數當十倍今日,則吾人之窮,亦當十倍今日,如此斷無不亂之理,此後因緣而起之禍,將不可究詰矣。況外人既享工商之利,則必思原料尚須購之吾國,利究不完,遂進謀奪我農業,此其害上已言之。夫天下之利,商最鉅,工次之,農又次之,三者之於一國,互相通注,無甚軒輊也。而謀人國者,則必先奪其最鉅之利,牽連相及,以逮其次。蓋一利已饜,然後再謀,必欲括取無遺,乃並其利之較微者而悉圖之。故苟號爲國者,未有以土地假人,而任人耕種者也,能自立者,未有以工業假人,而聽人製造者也。今吾國尚未逮後一時代,而已及前一時代,履霜堅冰至,其可畏哉。我此時即急起直追,其能否與之競争,尚未可定,況因循不振,商約實行期屆,其間有種種受虧之處,皆將發現,尚可望有爲乎。近日新建之工廠頗多,然以中國人數地域計之,尚甚形微眇,而魄力雄厚者,更不多見,尚望同胞圖之。此其事非一朝一夕所能爲,尤望社會間之有力者,深思熟慮,不圖近功,而持以堅忍之力,夫事莫切於保全生命,我同胞苟知其狀,將奮起不遑,尚安有萎縮如今日者乎。然保護提倡,亦至切要,尤不能不有望於政府也。

《東方雜誌》第四年第三期《工業進化論》　世界工業各國,其發達以漸,因是經濟家分之爲五大時代,時無論古今,莫不由此拾級以昇。

一,族制經濟,【略】草昧之民,聚族而處,老死不相往來,有無不相通,無分功,鮮交易,衣食日用,安於樸野,自給而已,不仰求於外也。所謂族制,以廣義言之,可稱曰羣,曰村聚,曰部落,非如今所謂同姓爲族者,即奴隸亦附屬之。昔羅馬地主豪户,咸役奴作工,羅馬律稱家奴爲familia,家屬是也。英國古采地制,約束奴工,服其田疇,亦屬此時代。

二,社制經濟,或稱業聯制,【略】其制結合同城同業中人,設立會所,名曰業聯(如羊毛業聯、布業聯等是)。會友在會所作工,一切器具原料,人各自備,造者賣者,出於一人,出貨多寡,悉由顧客豫訂。其立社目的,在畛域郡邑,壟斷本地市場,不使外來之貨侵奪。同社互相協助維持,其於中世之經濟界、政治界,均佔有勢力。

三,家制經濟,【略】人事繁,交通廣,市場之趨向,由地方而浸及於一國,業聯之制,遂以失勢。是固由株守隘生之途,不知應時通變,亦由力量薄弱,欲擴張遠市,所費不貲之故。於是有居間之批發商出,百工始捨會所,而家居以成其貨,商得之而運銷遠近,工商始分爲二途。

四,肆制經濟,【略】市場漸擴漸廣,有由本國而趨於外國之勢。資本家集多數工人於肆,就肆成貨,分功著而生產之力增進,同時又撙節生產費,遂成工業發展之基礎。自是，工不必有其原料器械，而後可以爲工，售傭受值而已。此制萌芽於十六世紀，英國屬地貿易日益興盛，業聯之制破壞，法國庫培爾當政，提倡工業，設立官肆造作所，予以特别利益，皆肆制浸盛之原因也。

五，廠制經濟，【略】十九世紀以來，汽電機械發明，交通運輸之道大備，於是工業大舉，生産力進至極度。一廠之設，雇傭繁多，分功至極纖細，向之小本經紀，漸次式微，開經濟界非常之變局，歷史家大書特書，曰工業革命。

介於族制、社制二者之間，所謂雇傭制者，【略】由國德經濟家所倡導。其制爲受雇者，非完全自由之人。入雇者之家操工，由雇者給以原料，其地位頗類於小匠賣技，挨户叫雇，又如成衣匠被雇，就人家操作，衣之材料取給於是，此其最顯著者。按雇傭制，在未有社制之時，風行於日耳曼數世紀，但其於經濟界影響甚微，故不足標識爲一時代。

或謂時代後者起而先者亡，此長彼消，乃有今日，而不知其誤也。工業進化之道，大抵無消長，有勝敗。即如今日廠制發達，可謂登峰造極，然族制經濟，尚未消滅於世。證之歐洲鄉農之妻，往往績麻以應家需，則與太古之自耕而食、自織而衣者，何以異。其都會通衢，社制早已盪然，猶有多種藝匠，先由顧客定貨而後出貨者，則與中世紀之社制又何以異。估衣商頒發時宜式樣，操裁縫業者得之，量時計工，足不出户而貨售。瑞士國以時計著於世，機件分配，由匠人居家制就，售與行家，雖謂家制經濟，至今存可也。

中國昔用土法紡織，小民抱布貿絲，生計攸賴，固第三時代也。及機器布暢消，土布之利盡失，深閨婦女，無復有篝燈夜績者，似一躍而登第五時代。然田家耕織相安，自衣自食，仰給於市者鮮，猶未脱第一時代。城市間油酒作、木工鋪、彈染坊、紙作等，工人以十數計，與第四時代近似。傢具什物，衣服冠履，買者議訂而後出貨，造者賣者，多一人爲之，尚在第二時代。肩挑貿易，釘磁補鍋，沿街叫雇，及成衣匠之任身傭作，則又符於德國經濟家所稱之雇傭制，介於第一第二時代之間。

要之吾國工業，尚在幼稚。民間使用貨物，大如布匹，細至針綫，皆自外來。宏肆巨廠，寥若晨星，不足與言工戰。論者謂外患非吾所慮，獨洋貨灌溢市面，難免其魚之患，而於過渡時代爲尤甚。吾安得不急起直追，以求爲工業國耶。

《商務官報》光緒三十三年三月二十五日第七期《廠絲土絲之比較》

湖南蠶業，風氣初開，尚無收繭大莊，可資設廠之用。本學堂學生按鐘點實習，其需工用炭，以及每日所繅之絲，均可稽考。前所呈農工商部之絲，係倣廠絲繅出，尚可合洋莊之用。至本學堂所用絲車，係在日本購備一架，車價並運費，計去洋銀十八元，今照式仿造，每車祇需洋銀十二元，其費較省，惟絲眼、銅輪二物，未能如東洋輕便，購備所費無多。湘中人工炭價，皆較他省爲廉，將來風氣大開，設廠自易。今將廠絲土絲各繅法，人工、煤炭、繭價、售價，得利各項，分列如左：

廠絲，以百斤計算。

繅法，係用東洋木製絲車，不設機器，手繅絲緒，足踏車輪，手法極熟者，每車可繅四緒。今祇能以二緒計之，每緒繅繭六顆，絲將盡，隨摘隨加，絲斷續接，故用時順緒，足合洋莊。

得絲，每車每日繅絲八兩，每廠六十人，可容三十車，每日約共出絲二百四十兩，約七日可繅百斤。

收繭價，上等繭價每斤四角，約得絲二兩，每百斤需繭一十六擔，約費洋六百四十元。

工資，湘省工作較廉，每人每日約工資四角，得絲百斤，約四百二十工，計費洋百六十八元。

用炭，每車每日需炭十斤，出絲百斤，用炭二十一擔，約計費洋二十三元餘（此係就湘省價昂時計算）。

共費，洋八百三十一元。

售價，每百兩約洋七十元，每百斤售價可得洋一千一百二十元（此係就上海洋莊略低者計算）。

得利，洋二百八十九元。

土絲，以百斤計算。

繅法，係用浙江木製車輪，葉較重，足踏甚笨，取絲雖能細能粗，然不能極勻，每緒繅絲至一十二十不等。絲盡添繭，絲斷另搭一頭，故用時不如廠絲順緒，但中國通行，作織綢紡線之用。

得絲，每人一車，每日可繅十二兩，繅絲百斤，需人一百三十餘工。

收繭價，每斤約出絲一兩六錢，每百斤共需繭十擔，計洋四百元。

工資，每人每日約工資四角，得絲百斤，需百三十工，計費洋五十二元。

用炭，每人每日八斤，出絲百斤，用炭十一擔，約計費洋十二元餘。

共費，洋四百六十四元。

售價，每百兩約洋四十元，每百斤售得洋六百四十元（此係就浙江土絲價低時計算，以就近地方而論，鄂湘土繅黃絲尚不能得此價，果能易□易車，並變通繅法，自不難與浙平等矣）。

得利，洋一百七十六元。

《商務官報》光緒三十三年四月十五日第九期《振興實業議》 一，擬請立股票市場也。竊謂欲振興工藝，必先提倡公司，舉凡各項大製造廠，非集股莫從舉辦，此歐美之所以公司盛行而工藝日進也。夫公司之最有功用於大事業者，莫若股分公司，而股分公司全資羣策羣力以贊成之，非一二人所能咄嗟立辦。今中國所應急辦者，航歐亞之商船，改良製造之工廠，此二項者，皆商戰之嚆矢，非無人議及之，每因貲本太鉅，興辦爲難。推原其故，皆招股之爲難，無政策以提倡之故耳。致每有藉創辦公司爲名以撞騙者，亦有事將成立，而所招之股，收取不齊，而中止者。復有諸事鋪張，任情開支，功利未見，而資本已罄，所以殷商裹足，志士灰心，利源外溢，商務日蹙。推其故，皆因無國家銀行擔保，無股票市場銷售，以致私德害公益如此。考歐西各國，從前亦蹈此弊，故政府特於各商埠立一股票市場，派數專員經理，名曰仲買人，凡國債票暨各項股票，均由該仲買人經售。故出售股票者，不必如中國之設帳房、登告白，種種招徠，祇將股票交該仲買人，每日在市場交易，大致類乎拍賣。資本家欲購股票者，即至該市場收買，如已買股票忽有要需，仍可將票交與仲買人代售，假有作僞欺騙之事，仲買人焉肯代當其責任，是以從無流弊。又凡有欲創一工藝事業，或已得專利文憑，因無資本不能開辦，均可招股立公司，由該仲買人體察情形，認可後代當責任。可見一材一藝，有益民生者，即無資本，亦可展布，必無湮没之事，法至良，意至美也，國家亦因之坐享其利。股票市場應繳之稅，即就法國而論，每年有七百三十六萬方之多，亦國家進款之一大宗。公司因之林立，工藝因之發達，更無論矣。當此振興商務、提倡實業之際，設立股票市場，誠爲急務。宜在北京、上海、天津、廣東等各大埠創立，或附設於各商會，或在各處户部銀行，由農工商部訂定專律，選擇殷實公正有名望之商人，奏派爲仲買員。如此則折服易，而售票亦無不流通之患，更無虞欺僞失信等情弊矣。茲將法國股票市場大致情形，譯録於左：

所謂股票市場者，即一公所，法名曰Bourse，乃專爲商人聚會交易之處。按照法國商律第七十一條内載，商人、船主、仲買人等立一聚會交易之地，名爲股票市場，法名曰普耳斯Bourse，歸政府管轄。又第七十二條云，凡金銀商貨、保險、租船、水陸運費、匯票、銀條，及各種股票之時價，均以當日交易市價爲準各等語。蓋此項公所，交易甚廣，除星期每日早自九點至十一點，午後自兩點至四點開市，每晚散市時，定是日交易之價，其權均操之於國家所派仲買人，法名曰阿讓得相Agent de change，該仲買人即遵照與取引所定立之合同辦理。股票市場内，立一圓圍欄杆，中坐仲買人，或叫買，或叫賣，應者一言爲定，仲買人有書記官，記其名姓住址，不能反悔，大致與拍賣相似。股票場内除罪人及犯禁人身家不清者，無論何人，均可入觀，從前售進門票一佛郎，近已删除。巴黎股票市場最大，規模宏壯，聞其建造時，資數百萬佛郎云。

從前股票市場，本與商業市場合而爲一。至千七百年時，因國債票無從出售，故商務大臣名去耳苟者，特立一股票市場，專售國債票及各項股票，由是公司亦大受其益矣。嗣後政府定立規則，凡有大商埠，欲創立股票市場者，須由商會商務公堂及本地方官議定，呈請商部，奏明請旨施行。再由商部請簡仲買人數員，該員必須法籍，年在二十五以上，曾幫助仲買人營業四年，先納押款二十五萬佛郎，始能得此資格。蓋仲買人經理銀錢甚鉅，巴黎仲買人經管帳目，年有百萬之數，故不得不鄭重之也。

按立照法國律，仲買人亦作爲商人，只准其代人售受股票，禁其自行買賣。凡有人欲購股票，可向仲買人索取欲售股票，可交其代賣。其出入款數，每日立一簿記，每千佛郎納稅一佛郎，每百佛郎，仲買人取半佛郎或一佛郎酬金不等，均由商會到股票市場與政府仲買人同時議定遵行。

一，擬請立商務判堂也。民間素惡訟事，各國皆然，因其傷財廢時，有損無益也。至如商人，則有不得已之時必須涉訟，而彼之涉訟，尤懼遷延。訟者即使得直，已大費時日，商業必因之敗壞。即如假冒商牌者，原主訟諸公堂，若公堂不速行究辦，則被告可乘機將貨物減價售出，以免充公。非特此也，如銀錢債務、破産倒閉等案，均宜速結爲妙。蓋商情之變化，間不容髮，非捷足先登，不能制勝。考法國商務公堂之宗旨，約有二端：一，使商人爭訟案，迅速了結，免致貽誤商業。一，使商人充判官，洞悉商情，聽斷平允，而商界之信義，因之愈增。非如中國之訟案，州縣因循推諉，且中國尋常平民案件，尚每每積壓多日，商何以堪，此實非保護商人之道。上年部中曾經奏請整頓商務案件，足見振興商務，保護商人之意。惟各州縣事務殷繁，民案與商案混雜，顧彼失此，商人爭訟，勢難望其速結。且即使其熟於聽斷，未必知商人之苦衷隱曲，此西國之所以准通曉法律之商人，充當商務判官也。再，中國現欲收回領事裁判權，將來商業發達，華商與西商之交涉必多，尤不可不立判堂，專理商案，與平民訴訟事分析也。爲今之計，宜由農工商部飭令各省體察情形，先在各商埠已有商會之區，附商務公堂，由該會公舉品學兼優，通曉法律之富商，充商務判官。再由地方官派一精明聽斷之讞員會審，專理商人訟詞，當日斷定，如此則商務訟案輕而易結矣。茲將法國商務公堂大概組織，譯録如左：

按法蘭西全國，並非到處有商務公堂。凡商務興盛之區，由政府體察情形，請旨建立。商務公堂所轄之界，與每邑公堂相等，如一邑因商務繁多，有數商務公堂者，則諭旨必指明事界，分定權限。每一公堂設總理一人，判官數人，副判官若干人，均按照地方大小，分別多寡，由諭旨預定。如巴黎商務公堂，則有正副判官各二十一人，並有陪補判官數十人，俟有正副判官缺出，即行升補。各判官有數資格不可違犯者，曰必須公舉，曰不能更動，曰無薪俸，曰任以期限。其公舉之法，凡本國商人曾納營商税者，及有限公司股東、銀行總辦、仲買人等，均有公舉之權，無論已字未字之女商，及長班短班之船主等項商人，亦有公舉之權。以上所指各項商人，必須營業五年，曾在立公堂地方居住五年，始爲合例。此外尚有商會之議員、商務公堂及工藝顧問會執事員、工黨裁判所已退之總理等，亦均有此權。至如破産犯案等商人，則無此權利，不得與聞。其投票選舉判官之辦法，則由地方自治局之首董總其成。每年九月上半月，該首董報告選舉事，輔以副董或工部局員一人，立選舉名單，送於本地府尹處，以便臨時舉行。其選舉之法，與尋常舉議員畧同，商務公堂裁判之權限，尤不可不知者。蓋此等判堂事務所宜分別者有二。一，應管之商事。查商務判堂應判之事有五：一、商務契約之爭端。二、商人營業所出之文件字據。三、兩股東之爭端。四、商人與其幫伙之爭端。五、破産債務，抑又有須注意者。法家言，尋常公堂無權理結商務案件，並非公認也。蓋假使被告因商務案件，被原告控於尋常判堂，並未抗不到案，則該公堂僅可爲之斷理也。二，應管之人或應轄之地方。商務公堂應判之事，上文已詳論之矣，但何處公堂應轄何地，可以傳詢居住何地方之商人，其權限亦不可不清。按照民法第四百二十條所論，原告有三處公堂，可以訴訟，商法亦略同。一，被告所居之地方。二，還債之地方。三，約准交貨或付款之地方。

其訴訟之法，亦與尋常告狀不同，蓋商務案件之控訴，甚簡甚快，而不值一文。其裁判之案，不得過一日即行了結，甚或有時總判官因緊急案件，飭令每點鍾斷結一案，蓋商人不堪賠累時日，案件了結，愈速愈妙。尋常之涉訟也，被告原告非用訟師代表，難於了案，商務之涉訟，則可隨意派一夥友爲代表，或親自到堂，或令商務公堂書記官爲代表，均可，不出訟費，此亦便於商人之一端也。

一，擬設商務交通局也。夫貿遷有無，首在消息靈通。凡貨物之流滯，價值之漲落，年成之豐歉，何處人民素嗜何物，何處土産豐饒，某貨出進口素多，某貨最少，在在需先洞悉，以便預籌抵制之法。商人爲恃此等確信，乘機營業，防患未然，而天下各處工藝盛衰，商務阻礙各情形，以及公司虧耗、銀行倒閉等事，均須通報，愈速愈妙。如此，則商人胸有成竹，不致冒險從事。非特此也，大商一敗百敗，彼此關係甚重，若不預先知曉，防患波及，其禍實非淺鮮。即上年巴黎波蘭當主，虧空公款，各項公司，亦頗爲摇動，於是賽衣糖廠，有難以支持之勢，廠主因急自盡，蓋商業與人牽涉者最多，彼此大有關係，非獨立獨行者可比，此交易者，理之必然也。華商茫不知此理，而郵政、鐵路諸交通具，亦遲滯不靈，一經失敗，委諸運氣，聽諸天命，毫無覺察，宜其不能擴充商業。歐西全土無華商足跡，未能入彼商戰場也。查法國各處商會，均附設訪問交通局，與商務藏書樓相輔而行，該局特設專員，以素有閱歷、老於商業者充之，無論何人，均可到局討論商務，訪問各商埠市情，及出洋貿易之法。該員必詳細指導，並有各領事每年報告。如有商務急電，則標貼門首，宣布大衆，俾商務信息無遲延之弊。竊謂我國若欲商人交通知識，擴充其業，宜令商會酌量情形，於緊要商埠及交通之海口仿行之，派一熟諳商情、素有閱歷之員，專司答復商人質疑問難之事。或設於各省商會，或設於各處商報館，排定時日，接見商人，以便與之討論商務。凡天下有關商務之消息，亦皆會萃於此，隨時告知商人，庶可稍除華商諸事隔膜之弊也。今記法國辦法如左：

法國巴黎商務訪問局，創始於一千八百八十三年，當時不過附設於商部、薈萃各項商務報告，有關商業之新聞，及外國商情變幻之消息，以便告知商人，預爲抵制之策。惟此局一開，訪問之商人，來者日多一日，事務日繁，附於商部，稍覽狹隘，未免日不暇給。且商部離各大商場極遠，商人往來，亦頗不便。於是政府特與巴黎商會各員商議，於千八百九十七年，立一專局於商會，與商業市場股票公所及國家銀行相近，每年由國家津貼經費若干，迄今法國商人受益非淺云。該局爲公家地方，且爲國家認許有公益之所（按法國凡設一公所，必須報知地方官及捕房，小者由地方自治局會議，大者由議院會議，果爲公益之舉，始能決定認作公所）。該局之職任，專爲指導工商人等，在各國及屬地之販路，某地素産某貨，何國宜銷何物。每日早十點至下午四點鐘，特派專員值班，專司答覆商人疑難之事，及講論出洋貿易須知情形，循循善誘，孳孳不倦。

該局因需確實新聞，消息靈通，故專與駐紥外國之領事官商會及商務議員顧問官等，時常交通，電報函告，不絕於途。

該局派總辦一員，奉旨特簡，此外有幹事數員，議事顧問會員數人，皆係商會董事及商務議員充當。

該局之經費，除國家津貼，及營商税加成彌補外，尚有富商之捐助金，足敷公用。

該局之商務顧問官，先由熟諳商情、素有閲歷之商人中選舉，奉旨特派。此等顧問官，須與該局交通知識，如該局之訪事人，而每年亦須呈該局報告一次，並詳解商界之難題。所有駐各國之領事等，若回國，必須報知該局。定期接見商人，與之質疑問難，討論外國貿易情形，或開堂演説，俾商人豁然洞達各國商界之情勢（按比國商務訪問局，並附設一商品博物院，陳列各國農工出産及本國産，每物標一白紙牌，註明某國出口貨及某國進口貨，價值若干，出産某地）。

該局有一商務藏書樓，備有各項商務書籍，宣講人常翻書指示，局中備紙筆，聽講者亦可鈔記。

《東方雜誌》第四年第四期《振興華貨議》 近歲以來，我國輸出貨遞年減少，輸入貨同時增加。至光緒三十一年，所購之貨，幾倍於所售，幸而借用洋債外，有海外華僑每年匯家巨款，藉資挹注，不致驟形窒礙。然今者白晰人種，鑒於日俄戰事之結果，惴惴焉惟黄禍是懼，驅逐華工之説遍於各地，將來我華僑於海外果有立足之地與否，以現勢論之，尚難前定。則此項匯款，未可視爲穩固也。或謂彼固不禁商而禁工，我能以商代工，而殖民外埠，所博子利，豈非優於勞工所得，此其計則善矣。然我工商甫兆萌芽，欲造此等地位，非積年累歲不爲功。茲列最近貿易價值表如左（以關平銀兩計）：

貿易表	輸入	輸出	總數
光緒二十九年	三一〇四五三四二八兩	二三六二〇五一六二兩	五四六六五八五九〇兩
光緒三十年	三四四〇六〇六〇八兩	二三九四八六六八三兩	五八三五四七二九一兩
光緒三十一年	四四七一〇〇七九一兩	二二七八八八一九七兩	六七四九八八九八八兩

自經濟學理昌明，而漏卮之説，莫不知其刺謬，故外國貿易，不在輸出超過輸入，而在出入互有增加。譬如印度，每歲輸出額，恒過於輸入，而不改其爲貧國。英國進口貨歲超於輸出，而不失爲富翁。一則富率不足，借外債以興事業，其利潤仍歸他人。一則母財充斥，放外款以博子息，其純利注入國内，故徒據海關貿易册，未足以覘國計之盈絀也。雖然，國民之富率至卑，則購買力有所絀，購買力絀，而侈靡成風，則財力終必虧耗。一人用疾於爲，積久必虧空，一國入不敷出，經濟必擾亂，觀於吾國貿易之差負，非漏卮爲憂，實隧買力不足之爲懼也。如其足，即有漏卮何害。如其不足，藉曰無漏卮，且不免恐慌，況逐年虧短，近乃加厲，而謂有不倒敗者，吾未敢信也。

經濟學家分資本爲循環、常住二種，循環資本，謂一用之而盡，凡生貨皆是也。常住資本，屢用而不遽盡，機械屋宇是也。今者製造未興，大如布匹，細至針綫，皆自外來，吾苟投資廣採機械入口，取自國生貨，自爲造作，以應民間之用，雖投畀一時之現資，而後之取償於此機械者，正復不少，吾又何尤。及觀輸入之大宗，則棉布也，煤油也，鴉片也，酒也，淡巴菇也，而進口機器寥寥無幾。其中尚有參用外資者，並有外人出資獨辦，就地開廠者，據我心腹，而罔市利，實業之前途，微敷危哉。

一國生齒日增，需要愈急，世運日進，欲望加高，手工力作，所以不敵機器，一因出貨綦難，緩不濟急，二因生産費多，不得不令銷耗者擔任，故物價較昂，民間喜用機製貨，其勢然也。今欲禁買洋貨，有不可行之方法如下：一、全國實行禁買之同盟；二、崇儉節欲，奢侈品自廢；三、預防户口增進，需要品自減；

四、寧以高價購用國產之手工物，毋貪便宜而買外來之機製貨。識別之士，亦知禁洋貨之非計，莫如因勢利導，徐圖進取，有商部提倡在先，商會紹承於下。邇來工業製造，頗有發軔之機，然以數千年窳陋自安之中國，一旦工業大舉，造路則乏鐵軌，航運則無汽船，仿造洋貨，在在需用機器，又須取之他國，兼以資本缺少，工學乏才，明知萬端待理，缺一不可。及經營困難，始悟才力有虧，事機之急迫如彼，資料之不充足又如此，然則有志實業者，其將何所適從耶。

兵法曰批吭搗虛，吾謂工戰亦然。據要害而得寸則寸，進尺則尺，其勢順，其效捷。中國工藝幼稚，然手工精巧之物，尚稱爲世界特色，苟能取吾固有之工業，設法改良，推廣其銷路，取吾所無之工業，擇要仿製，以抵制其入口，則振興實業之方針，挽回市面之要領，庶得之矣，尚何難之有哉。

一，改良本國固有工業，推廣銷揚。（甲）茶。光緒元年，華茶銷數居世界全額之七五。自印茶推行，逐年大減。光緒三十一年，出口茶值二五四四五六五二兩，較之三十年爲三〇二〇一九六四兩，實減四七五六三一二兩。從前佔出口貨之十八，兹不過十一，江河日下，不知伊於胡底。夫華茶之所以遜於印茶者，良由焙製之法不如機器，兼以攙雜沙屑，外人厭惡。挽回之道，厥有四端，一，捨舊謀新，採用印茶製法。二，考求西人嗜好，如英用黑茶，美用緑茶，俄用黑茶，西比利亞用磚茶居多，分別精製，投合口味。三，各口岸設立茶葉檢查所，凡茶葉經檢查，始准出口，如有希圖朦混，損害名譽，由本所議罰。四，設立支店於外國，茶葉出口，由洋商開盤收買，不免把持，我有支店於外，可直接銷售，非但權自我操，且可得彼中市況，以便應付，而一切經紀費可省，茶得廉價，銷場自廣。（乙）絲。絲茶如魯衛兄弟之政，同時衰退。據光緒二十九年以後三年間，世界絲業貿易之平均數，日本絲居百之二十八，中國居二十七，意大利二十五，他國共居二十。然光緒三十一年，世界絲市共有三三五〇〇〇擔，中國得百之二十五，日本採用西法，改良蠶種，已爲世界絲業之領袖，我則放任不顧，自然劣敗。惟北方野蠶絲，以天生佳質，他國莫與之匹，年來銷數加增，至於江浙絲繭，每下愈況，紹興改良育蠶，售繭竟得售價，高於無錫繭之半，小試其技，已著成效。兹略舉辦法如下，一，廣設蠶學傳習所。二，勸養秋蠶，推廣出產。三，各口岸仿日本設立生絲檢查所，目的與茶業同。四，就里昂、紐約、倫敦、秘拉諾四大絲市，分立支店，目的與茶業同。（丙）棉花。南北美戰時，華棉銷場最廣，以後遂無起色。光緒三十年出口棉花二四八一一五九五兩，三十一年一二〇二九二三六兩，上下兩年相較，減少一二七八二一六九兩，有一落千丈之勢，然較之前五年間，猶爲有贏無絀。嘗考棉花產地，首美國，次印度，又次埃及，皆爲華棉勁敵。棉花以絨頭之長短分高下，約有三等：一，海島棉花，產於美國迤南之沿海及附近島嶼，花絨堅結而長，爲世界特產。二，埃及棉花，因熱度充足，地味腴厚，花絨亦長，適用於紡織。三，高地棉花，本印度安南產，移植於美，質地改良，歐洲市場，混稱之爲美棉。海島棉絨，長自一英寸半至二英寸半不等，埃及棉，自一英寸半至二英寸不等，高地棉花，約一英寸而強，印度棉花，一英寸而弱。中國長絨棉花，推直隸平谷縣所產，以言地味，各省無不宜棉，以棉子之青黃黑白色爲等第，黑子棉花最良，白子最劣。若悉心經營，小圖勝於大舉，一面酌度地宜，試種洋棉，最爲要着。（丁）草帽辮。天津、芝罘向握此項貿易之樞紐，自膠州興旺，不免減色。光緒三十一年出口草帽辮共一一〇二二擔，較之上年，增百分之三十，較之前五年之平均數，增百分之二十四，尚屬差強人意。惟是洋商采辦之貨，喜净白，不尚花色，裝包内容攙僞，大失信用，是宜改良手藝，痛除朦混之習，以廣銷場。前見魯商吴金印所製草帽，堅實光致，頗合軍隊及學堂用品，而輸之歐美，猶不合時，應由商家采集各式洋草帽，以爲樣本，隨時精製。再，南美產有鳳梨一種，其葉製爲拍拿馬（草帽式之一種），可卷舒自如，光致堅結，每頂價值自五圓至四五十圓不等。中國宜就閩粵温地，試種此樹，編制草帽，可獲巨利。（戊）羊毛。屬牧畜事業，爲出口貨大宗。出口以天津爲中心點，重慶次之，美國用以製造氈毯。考上等羊毛，爲美林奴，澳大利亞牲畜最盛，在敦倫市面，得上等價。又小亞細亞之木海山羊毛，厚軟而長，宜由各省已設之畜牧公司，採辦試養，以廣利源。（己）地席。此項以輸入美國爲多，光緒二十九年，計有五九三三六五捆出口，是年因貨色尚佳，紐約一埠，採辦甚廣。至三十年出口，減少一一九九二五捆，因上年得好銷場，業此者爭先恐後，以爲利在日前，不免製法草率，以致美國市面，改銷日本地席。三十一年，廣東席商，有鑒前車，稍稍改良，惟名譽已敗，驟難挽回，是年出口，又鋭減至四三八〇〇九捆。按華席樸實耐久，惟欠鮮麗而無意匠，故歐美多用日本席，日本岡山以地席著名，宜由席工仿製，以期改良。（庚）瓷器。中國以此爲特長之美術，自歐洲傳習其法，今英之瓷爲第一，德法次之。其花色尚多摹仿中國，而色澤鮮明，分量輕巧過之。華瓷質地耐用，遠勝歐制，惟繪畫頗欠精美，式樣不合應用，故阻礙銷場。光緒三十年，出口陶瓷器，值一六六五九二一一兩，三十一年，一七二一四七四兩。按日本瓷質脆弱，以能投合外人之意，故銷數較廣。宜由瓷器公司採集各國瓷器，精益求精，力争上游，此我長技，當不甚難。（辛）雜件。一，扇。光緒二十九年，出口扇計五十四兆餘件，三十年，五十三兆，三十一年，四十五兆，逐年遞減，因與日本扇相形見絀之故。歐洲婦女用扇，喜輕巧華麗，卷舒自如，不尚字畫。二，景泰藍，日本仿製，尚未優勝，惟華制殊欠鮮麗，香爐器皿等，只供本國銷用，若應外人之求，宜推陳出新，多製西式花瓶杯碟。三，綢緞。絲浄而堅實，遠勝歐産，但因方幅長短，分量太重，不適歐洲婦女衣料，彈染不由化學，色澤欠佳。宜考查日本、法國絲綢，以争先着。四，竹器。几椅屏風，歐洲多用日本貨，中國産竹，原料豐富，工值又廉，惟製法陳陳相因，不能制勝，屏風在繪事精緻，大意之山水人物，頗不雅觀。五，烟火爆竹。前見廣東烟火，以爲絶製，及抵歐洲，見公花園所放烟火，新翻花樣，五彩玲瓏。惟中國鞭礮，此間銷路尚好，每年出口爆竹，約值二百萬餘兩左右，但株守成法，亦不免歲有減色云。右列製作品，居本國出口貨之大宗，佔工業歷史上之特點，堅實經久，未可没其片長，但能於外人嗜好時宜，考求不遺餘力，一面力祛攙僞之弊，以堅信實，自可擅勝，否則優勝劣敗，當此工業競争世界，例不可逃，遑論製造發明，即此祖遺之特長，亦終歸澌滅而已。故不憚筆舌之勞，爲工商界警告也。

二，仿造本國所無工業，減少來路，分需要品、奢侈品。（天）需要品。（甲）棉布。進口貨之巨擘爲布，大都來自英美。光緒三十一年，進口棉布，值關平銀一八一四五二九五三兩，較之上年一二四〇八三三〇五兩，實增五七三六九六四八兩。以後交通既便，内地銷數，當更騰躍，兹核進口各項棉布銷數，列爲一表如左。

布之種類	光緒三十年	光緒三十一年
原色無花（作里衣材料）	三七八五七二九匹	六八二七九六七匹
同上項（作褥被材料）	二八二一〇六八匹	九四二八八〇匹
白色無花（作里衣用）	二七七五〇六五匹	四三八一六一二匹
原色斜紋布	五二九四七一匹	一二七一二五二匹
標布	一〇五三九四六匹	一九四五四〇一匹

照三十一年進口布之價值，以人口四百兆計，每人購布銀兩，約四錢有奇，若不設法抵制，本國市面，終必爲所牽動。英國紡織業所用原料，仰求於外，我則棉花爲國産物，庸率又低，若能自製自銷，運費可省，布價自廉，民間應用稱便，不難抵制洋布也。（乙）紗綫。光緒二十九年進口洋紗爲二七三八四四八擔，三十年跌至二二八〇八七八擔，三十一年爲二五五三七九七擔，其銷路所以不能劇增，因本國紡紗廠，出貨可觀，且得地方上之便利，外貨不得而勝之。由是觀之，我若仿造洋布，有何不可得同一之佳果。洋綫分球綫、極綫二種，球綫進口，三十年爲四一二〇〇磅，三十一年增至一一三八六七磅。板綫自二十除萬葛洛斯（十二打爲一葛洛斯），增至四十餘萬。（丙）火柴。今日火石之用，已成錐末，上自富室，下至窮檐，無日不用火，則火柴一日不可缺。近日燮昌公司火柴，雖已銷行，究因供給不廣，仍須仰給於外。光緒三十一年日本輸入火柴，爲二五九五四一九四葛洛斯。（丁）石鹼（即胰皂）。不愛清潔，非但有害健康，且不齒於社會，故肥皂爲潔身之美用。中國素有不潔之習，然每年進口，尚值銀百數十萬兩，故設廠製造，以應家用，爲切要之件。（戊）燭。近年銷用驟增，光緒三十一年進口值銀一三八七九〇〇兩，較之上年，忽增二倍半，以後銷數，尚當暢旺。（地）奢侈品。（甲）鴉片。光緒三十年進口洋藥五四七五二擔，三十一年五一八九〇擔。因内地種者日多，來路稍減，以後果能禁絶，每年可省六千萬兩。以此巨款，興辦實業，轉禍爲福，豈淺鮮哉。（乙）糖。糖爲奢侈品之廉者，光緒三十年進口糖約值關平銀一千餘萬兩，其中赤糖五四九八五一〇兩，白糖四五五六三〇七兩，冰糖一三八七九一八兩。夫世界糖業，自蘿卜糖暢銷歐洲，蔗糖已漸不競，惟人烟稠密之中國，承其下流，銷數獨旺。自臺灣割讓，樟腦糖利，全歸日本，而閩粵氣候温和，適於種蔗，若不廣拓蔗田，考求製法，則洋糖流入内市，正方興未艾也。（丙）紙烟雪茄。光緒三十一年分進口值四七四七七三三兩，同時出口紙烟亦有五三一〇六七磅。因英美合資公司，嘗在内地製造烟卷，販運出口，故海關册亦列作土産。近雖北京工藝局，北洋烟草公司，先後興辦，惟淡巴菇原料，仍須取之外國，故種烟、製烟兩項，須並行不悖，方能得手。（丁）酒。以燒酒、皮酒、葡萄酒爲大宗，光緒三十一年進口酒值三〇三六八一〇兩。考渤海沿岸，素産葡萄，南省夏季雨水過多，有礙生發，惟欹斜之山坡，日光及温空氣，均與葡萄相宜，應由樹藝公司試辦釀酒，抵制來路。本國酒性尤猛烈，亦宜改良。（戊）人參。我國以人參爲靈藥，視爲奇貴，每年除奉吉出産外，

自高麗美國輸入甚多。高麗人參，爲其政府專賣品，大都銷售中國。光緒三十年，進口人參，計重五五四七二六磅，次年即減至三九〇四四九磅，大約因民智漸開，迷信日去之故。我國歲購洋藥不下六千萬兩，紙烟雪茄四五百萬兩，而自造紙烟土藥，及土産各種烟草，尚不在内，可爲地球上烟鬼之雄者。酒則年來增至三百餘萬兩，將來酒癖，當不讓白人。要之吾國近年，未沾歐化之利，先受歐風之弊，即如眼鏡一物，所以佐目力之不及，世人以其輕巧雅麗，視爲時樣，以致青年短視者日多。紙烟則男女吸食，老幼吸食，維新守舊者吸食，鴉片方下禁例，一害未去，而一害又來，雖欲轉弱爲強，其可得耶。

夫製電、煉鋼、鎔鐵、造船、火藥、槍礮各種機械，何一非常務之急。惟兹事業，端視科學之發達，始有把握，故有其時期焉，非指日可成也，有其次序焉，難躐等而進也。語曰行遠自邇，登高自卑，今以智識不完全之中國，捨切近而務遠大，工業能否望成，則船政、機器、製造等局設立垂數十年，而未嘗著效，可爲明鑒。大小國不足論，請言美國。美之機械，非享盛名於當世者乎，然其造船事業，猶爲工業之缺點。日本製作商品，雖佔東亞市場之優勢，而其機械造船等業，尚在幼稚，仍須取之英德（日本海關册，船艦機械，居進口貨大宗）。中國銷用棉布、鴉片烟、酒、糖五項歲值二百六十兆兩左右，使今者禁絶鴉片，自製布烟酒糖，抵制來貨，每年節省二百六十兆，以十年計，則爲二千六百兆。同時整頓絲茶，推廣出口，所增之數不必計，即地二千六百兆巨款，移作購辦機器之用，十年以後，工業大舉矣。世之言計者，其無視爲迂遠之論以誤機宜可也。

《商務官報》光緒三十三年四月二十五日第一〇期《振興實業議續第九期》

一，擬請立本國賽會，以開商家風氣也。夫賽會之宗旨，本非牟利，其所注重者，在博名譽、求進步，故賽會專意於評奬。中國商人不明此意，非運古董以昂價射利，即販運無足壯觀之土貨，如温州青田石之類，小本營生，毫無遠志。此蓋由於商人素不識賽會之旨，以爲不過一集市，藉以營利而已。查西國賽會，約分三種：曰持別賽會，曰本國賽會，曰萬國賽會。所謂特別賽會者，專賽一類農務工藝之出産，如農務賽會，則陳列牲畜、漁獵、林木等業是也，如工藝賽會，則陳列軍械、機器、火車、油畫、雕刻等製造物是也。種種物件，均有賽會，不勝枚舉。至如本國賽會，則萃舉本國所有農工出産，外國商人不與會，其宗旨在鼓舞各業同行者，俾其互相勉勵也。所謂萬國賽會者，則會集天下各國之物，比賽優劣，以争名譽，研求改良，得有進步也。夫萬國賽會，我中國近十年來，論者多矣，亦漸達其宗旨考究改良矣。特別賽會，則中國工藝尚未發達，不易舉行，於事無補。所宜試辦者，其本國賽會乎。蓋此賽會興，於我商務有數利焉。賽會開設之地，市面必起色，商埠因之興起，一也。華商遠遊者鮮，未見賽會，不知其宗旨，今觀國中之賽會，可以開導其知識，二也。專利文憑，當場試驗，可免冒牌，三也。華商無遠志，只圖目前之利，若開賽會，發明其宗旨，可壯商人之志向，四也。中國辦賽會，半非熟手，每每措置失宜，如分門別類之法，賽會宜備之物，皆須考求，誠能先在本國試辦，情形熟悉，則可選其上品，照樣運諸外洋，免致臨時徬徨，此爲我赴賽最宜先爲籌備者也。華商能自備資斧觀賽者甚少，開諸本國，求觀會者，可免盤費浩大之苦，到者必衆，五也。今宜在興旺商埠，如北京、天津等處開設本國賽會，按照西國賽會章程，租地辦理，萃集各省之農工出産，比較其優劣，籌畫改良，並設評奬會，於三五月後，令專家評奬員，定其等差，奬給商勳，准其懸諸門首，刻諸仿單，以壯觀瞻而博名譽。遇有西國請赴賽之時，即將其得奬美觀之物，排列整齊，運諸彼國，庶於我農工商稍有裨益也。其大概辦法，謹陳於左：

歐洲各國，除萬國賽會外，每年各省，均時常開本國賽會，或專門，或普通，均一二年舉行一次，一則開化愚民之見識，一則鼓勵工藝之進步。蓋萬國賽會，舉行爲時太久，或十年一次，或八年一次，不敷效果，故必須開本國賽會，以操練農工商各業與人競争之力，爲萬國賽會之預備。此等賽會，半由商會公司大股東創立，半由國家津貼，商部因振興工藝起見，亦極力爲之提倡。曾經宣於衆商，謂創辦此等賽會者，若果能按照千九百零一年三月十八號部章辦理，商部准認爲主東，擔任一切，嚴加保護。查此等賽會，不但大有益於農工産品，俾日有進步，且可鼓動全國技師藝士之精神，何也。蓋遊覽此等賽會者，皆係專家，非工藝名手，即富商大賈，與萬國賽會遊覽者，不免有專爲擴張眼界，並無關心於工界商界事業者，大不相同也。

即如巴黎，每年有美術賽會，油畫、雕刻等技屬焉。車頭賽會，自行、電車等機器屬焉。有農務賽會，種植、畜牧等學屬焉。有工藝賽會，聲、光、電、化等製造屬焉。諸如此類，各業均有比賽之事，今不過舉其畧而已。

賽會辦法，甚爲完備。大致與萬國賽會相同，不過稍簡，以便輕而易舉耳。謹將其大略組織，縷陳於左：

一曰目的。本國實會之目的，約分數項。一，美術。專陳列繪畫、琢像、雕刻、照片、房屋圖樣等藝物。一，實業。專陳工藝製造所産之物及所用之器。

一，機器。則陳列本國新出各種機器，此項機器臚列場中，必須使之運動，俾赴會觀覽者均可目覩用法造法。一，農產。凡運動之耕耘機器，以及生畜、草木、花果、蔬菜等項，均可陳列比賽。

二曰處所。開賽會之地，必須選緊要海口，或興旺商埠，總在交通便利，四通八達之地。選擇闊大公所，及寬廣花園，或暫租公地，或暫借市場，總期敷陳列商品之用。

三曰期限。查萬國賽會期限，最多者不過一年，最少者須六個月之久。本國賽會，則至多不過兩月，如巴黎農務賽會，則每年四月舉行一月。

四曰執事員。本國賽會，向以商部爲督辦，派一二人監督之，創辦者稟明商部立案批准，即由商部派爲總理董事等職務。

五曰貨書。賽會總理須將陳列之物，分門別類，編一貨書，並詳注其產出之地，及製作用法。

六曰處置貨品條規。凡各省轉運土產至賽會場者，若由國家鐵路輪船裝載，均給免票，所過關口，亦均免税放行。又各項材料，預備在會場製造物件，以及需用之箱件，均一律豁免運費及關税。惟各項陳列貨品，如在會中售去，則須補納所有商人應納之税。

七曰布置。凡預賽各物，由貨主自行布置，然必須先行稟明總理，指派地假，然後陳列，場中並有人幫同，供奔走搬運等事。

八曰賽會布置費。凡預賽諸商人，須自行認所有打掃、電燈、保險諸雜費，至如所佔地段，亦須捐若干，供賽會之費。

九曰公定獎賞。會中評物獎賞，應由商部遴派專員監視，即由正副理及會董爲之布置。獎賞之法，係用超等文憑、榮光文憑，及金銀銅等牌，得獎者懸諸鋪店門首，出示頒獎，在會場停止之前，其儀文當備極輝煌，得獎者極爲榮耀，其賞單則廣爲傳布，以彰其榮。

十曰守護陳列物。會中陳列之物，均當設法保護，勿使受損。並有巡捕、火夫人等，看守巡查，以免火患及偷盗等事。雖然，若有意外之變，總理與會董則不能擔其咎也。故預賽商人，宜格外自已小心，以備不虞。

一，擬請造就工藝學生充當技藝師也。中國之工藝，宜如何振興，土產宜如何改良，言者夥矣。如擴充公司也，集股開廠也，論者不一而足。雖然，有治法無治人，空言何補於事。查工藝之學，以理化爲基礎，如油漆、彈染、造紙、造糖，以至練鋼、鑄礮、製火藥、造彈子等工，均非素諳化學，不能精通其業。我中國工藝之應振興者，如砂糖、煤油、鍊鋼等廠，土貨之應改良者，如絲、茶、玻璃、磁器等物，均不出化學範圍也。總之中國貨物，天然質地，無不勝於泰西，而製造之功，無不遠在各國之下。此實由於不知化學工藝之法，無論如何改良，如何仿傚，斷難與之比肩。蓋工藝製造，爲實業科學，而此科學之基礎，即爲理化算數，故曰欲世界之進步，爭人民之幸福，舍此無由也。查法國巴黎，有中央工藝學堂，包括各項製造學問。此堂畢業生，無論何種工藝，均可承辦。其各省專門製造學堂，亦不可勝數。所尤重者，在半日聽講，半日入廠習練，既領會理化之精微，又經歷其實驗，而法國無論何項製造廠之總理，無不由本業遞升者。我中國此等工廠漸多，能有一人指揮其間，傳授改良之法者尚少，聘西人每受其挾制，而不知變計。工爲商之本，無工藝則無商務。中國工廠不及西國千百之一，此誠不可緩之圖，而栽培此等專家，實我工藝將來發達富強之本原。問嘗曰，中國最缺之人才，非政治家、法律家也，實藝師也。爲今之計，擬請本部由實業學堂及藝徒學堂中，選派質地聰穎，科學有根底之學生數人，送入法國中央工藝學堂肄業。四年畢業後，由部或學部派人考試，作爲技師或藝士，分別等第，優給獎勵。即用此等人才，稽查全國之製造廠，如此，則我國之工藝有人提倡，庶工藝有振興之期矣。謹將法國中央工藝學堂考取學生章程，譯於左：

一，本學堂名曰工藝學堂，設在巴黎，專造就各項工藝製造家，三年畢業，由工商部大臣考試，給予優等文憑。

一，本學堂無住宿所，其束修分三季繳納，列表如下：

開學日	西二月壹號	五月一號
第一年四百五十佛郎	二百二十五佛郎	二百二十五佛郎
第二年五百佛郎	二百五十佛郎	二百五十佛郎
第三年五百佛郎	二百五十佛郎	二百五十佛郎

入學之先，須納三十五佛郎，作爲學生誤毀堂中器用賠修費。如三年畢業，未毀器具，可將原收條索還。

三年畢業，需納考試税，每名一百佛郎，如不取，只得交還一半。此外所有學生應用儀器、書籍等費，均歸學生自備。

考取學生

一，本學堂所有學生，均由考取，不得情免。預考學生之資格，須年在十七歲以上，執有從前所入學堂總辦發給之品行文憑。所考各業如下：

一，法文。二，算學。三，淺近幾何。四，代數。五，三角。六，三角幾何。七，幾何畫。八，機械。九，格致。十，化學。十一，測繪。

以上各項，無可豁免者。其不能全應考者，爲不及格，不得取入。如考生持有副秀才文憑，或藝徒學堂文憑者，可加十五分。本國學生如有文法及書法錯誤，須交考官會議，甚至被斥，不得與考者，故此層考生不可不留心也。

近年來因工師通外國文字，甚爲緊要有用，各考生如有精通英、德、西班牙、俄羅斯等文者，可預先報明，當面考試。

考法如下：

一，由法譯作所認文一篇。二，用所認之國文與考官談天一小時，該生所得分數，可歸入他項分數總算。

考試後所取各學生名單，由商部大臣批准後，登諸官報。所取各生，總理所定入學日不到者，即行注退。

《東方雜誌》第四年第五期《改革中國製造業論》 天下談士，痛吾國之利源外奪。莫不曰中國今日，當改革製造業，以爭回大利。爲是説者，豈不旨深趣遠乎哉。顧其所言，或過夸大，而於事情爲不切，即切於事情矣，而其樞紐不操之吾民，而操之從政者，從政者又非能自操之，而操之於外人。吾人發爲言論，欲以匡救其失，且必展轉以伺他人之意，而後其事乃有萬一之望，則委曲艱難，亦已甚矣。夫利權之失，失於萬目共睹者，其害猶有涯，失於盡人所不經意者，其患常無極。失於國家不測之變故者，其害猶易曉，失於吾民日用服御之間者，其患乃不可勝言。今就至微極細不急之用品言之，苟吾不能自造，而必仰給於他人，則課其所失之數，已有足令人瞠目結舌者。矧以舉國四百兆衆之所需，無一不求之域外，而棄置自有優美高尚之製造物於不顧，此其爲事，關係於國計民生者何若。記者不揣蒙昧，略述所知，以備我國民之採擇，或亦愚者千慮之一得歟。

吾國自來製造之業，其足勝於外人者，曰物質務求其堅固，人工務求其周密，故其本之艱巨，固與外來物之輕巧者有殊，而其耐久之功，亦迥非外來物之所及。其見敗於外人者，曰守高曾之法度，一成而不復變。夫他人之製造，日新月異而歲不同，吾國則千年猶一，欲其不相形見絀也，難矣。不特此也，外人之製造，其所最重者機械也，機械愈新，則其製造愈發達，而吾國之所恃，乃僅存乎人力。外人之製造，無一事不與物理化學相參輔而行，而吾國於此道，寂然無人過問。試即染色一事征之，夫外人布帛貨品，其輸入吾國至廣者，以色澤之鮮明也，究厥所由，乃不出於化學之效。繅絲之頃，必擇至淨之水而後用，染時復出其化學之經驗以濟之，則所由得如是之良果者，固非一朝一夕之故耳（其絲質之良，不僅在繅時之能慎用潔水而已，乃關乎蠶業，今以其事繁瑣略之）。乃反觀諸吾國，則何如。前人所既有者，則今固亦有之矣，前人所本無者，今能不缺如耶。夫其固守成法，而不知變若此，雖欲出而與外人相角逐，而自立於不敗之地，豈可得乎。然則今欲振興之，舍講求理化學，無他術矣。又試即織呢一事言之，外來貨品，其堅足以耐久，厚足以禦寒者，固莫呢若，而抵制之者，亦最無術。吾聞昔左文襄嘗深患外國呢之奪我利源，而北省一帶，產獸至夥，獸毛充斥，遂有織呢廠之設。其初亦未嘗不足以抵制於萬一，顧卒不相敵，以至於耗折者，則以後來者之固守成法，不知變更，而外人之輸入品，乃日出而日益奇也，此又事之信而有征者也。嗚呼，天道無親，惟適於時者，乃能見佑，有心實業者，可不鑒哉。

且吾國工商家之病，非徒不知改良舊業而已，其病更有甚於此者。試復舉一往事證之，數年前，浙有某甲者創爲一種新式之緞，其背以綿絲爲之，外觀固燦然，無以異於常緞也，工本既儉，價值故亦不昂，購者踴躍，頗極一時之盛。乃同業者忌其多利，則羣起而攻之，以甲爲破壞其業之規約，甲亦以衆寡不敵，遂輟其事，彼業此者，志既獲逞，以爲自此可以高枕無患也。乃無幾時，日本之緞輸入矣，駸駸焉直欲駕我而上之，其未來之勝敗，亦固自可預決耳。夫吾視其爲質，則豈有以異於某甲之所製者耶。使其時吾國商人，羣即某甲之法，而益改良之，而益擴充之，則吾國爲此業者，且將日臻於隆盛，詎復有一綫之隙，容日商之乘間以入耶。嗚呼，苟不聞有改良進化之理，而相顧莫前，則猶有説耳，今改良有人矣，乃復出其拘墟之見，排擠敗壞之而後快，此誠足令聞者之傷心短氣矣。

如上所言，吾國工商家之固習，有不可不亟革者，曰不知改良，曰見他人改良，而阻撓其成。長此以往，則實業之前途，殆將無望。抑吾尤有説焉，今日工商家所習言，而莫不自視其舉爲至當不易者，豈不曰仿造洋貨以自保利源乎。夫其物爲吾所本無，則仿造之猶可言也，其物爲吾所固有，而亦舍己以芸人，此其於理，不亦相悖之甚耶。夫彼爲此說者，必曰吾仿造其貨，吾國人識於感情之親疏，必去彼而就此，則此宗漏款，不期而自保。此其宅心，固至美也，其立説，亦未爲不成理也。顧亦知仿造爲事，凡機器匠師一切重大之事，其必須以重金聘自外邦，固無待言矣，乃至一紙之細，一匣之微，亦必仰他人而後集事，不爾，則事仍弗濟。然則其於己果何與也，其所謂自保者，又果何在也。吾聞昔者壽陵餘子之學行於邯鄲，未得國能，又失其故行，則直匍匐而歸。今吾工商家之爲此言，未嘗自保利源於萬一，且又因而益失，是其行事，又何以異於壽陵之學步耶。

記者今請以至扼要之數語，爲吾工商界諸君子告曰，公等而欲自保其利源，不樂坐視其見攘於他人也，則莫亟於改良其製造之舊法，以適合時用。夫而後，或能與外來貨物相馳騁於此天演物競之場，而自立於不敗。苟不然者，或不識改良爲何事也，或見人改良，則反從而破壞之也，或欲盡棄其所固有，而一惟他人之是效也，十年以往，不敢言之矣。

《商務官報》光緒三十三年六月十五日第一五期《生產與消費相關説》 消費與生產，二者互相提携，不可以偏重者也。是二者得其平，則私家之蓄與府庫之藏，皆可以安於泰山；不得其平，則傾圮危險，蓋剥膚吸髓而不自知也。何則？生產少於消費，則現存之財產日即於貧，而富之程度以降；消費少於生產，則生產之機漸停滯，資本勞力歸於無用，而富之原力以傷。

雖然，是二者有天然之趨勢焉。天然之趨勢者何，即當得其平是也。蓋消費者，人之所以愉快者也。而生產則耳目手足終日勤劬，未有不以爲苦者。世界同是人類，無舍愉快而趨勞苦者。其事生產也，固以爲不可缺之行爲，出於萬不得已者耳，人不能過勞，亦不敢過愉，則其本乎人情之原動力，恒相均矣。且生產與消費二者，其所藉以發現於外而爲之媒介者，供與求是已。供與求相俟以左右價格之變動，亦依價格之變動，而供與求恒相應。相應之力既強，則懸殊之處遂少，消費生產之恒劑於平，即此相應之結果也。顧其不平，亦所時有，不見夫近世生產量數至多之社會，時時病於恐慌者耶。其禍之兆，非生產逾消費，即消費超生產，試析言之。

生產不及消費，物價騰貴，恐慌乃至。其弊也，或廣及於一般經濟社會，或第及於一種經濟社會。且其缺乏，若僅在非人所急之物，尚得用制限需要之法，以維持之，需要既減，則權衡復其舊矣。惟其爲物，恒出於人類之所急，生活之必需，古來農業國所謂穀物之恐慌，亦數見之事也。近世交通發達，國際貿易進步，此種恐慌，次第減少，雖偶一見，遺害尚微。今世各國文明中心之大都會，無餓莩之患者，蓋以此也，然亦幸耳。

消費不及生產，其所害與前節大異，而爲恐慌則同。蓋其弊首在於物不得賣。不賣則滯，滯則價落，落則企業家所得者減，減則資本與勞力所得皆減。此種現象之所自來，其始也，不過現於一二種或數種企業，與此種有特別之關係者耳。其繼也，害之影響，涉於公衆，非第最初一二種企業而已。雖然，消費不及生產，因致販路閉塞者，此其情形，以客觀的觀之，殊非普及於經濟社會之全部者。聚世界全數之貨物，謂爲多於社會需要之生產，原出於想像之外者也。人類之於消費，其欲詎有饜足，非資力偶爲之制限者，雖盡萬物而驅之吾前，未或以爲過侈也。且販之與購，生之與消，亦何殊焉。販賣者何一非購買之人，生產者何一非消費之人。其販也遠，則購也易，其生也廣，則消也宏。社會之物愈充實，則購買之力愈堅強，以客觀的觀世界營營者，儔凡皆有求而不獲，又奚消費有餘之謂歟。惟此說可以例前古，而不可以例今日，今日非必若前古、先相消路而後爲之者。分工之世，職業之種別愈繁，供與求之間，權衡愈難於適當。夫各個人或各家族，單爲自己生產，即供自己消費，偶然交易所有餘，其爲機關至簡，贏絀可以預測，此上古、中古之事，非今人所得而想望者矣。

消費不及生產，此其情形，若另自一面觀之，即謂之生產過剩之經濟理情形。然有所謂客觀的過剩者，不足爲害，何則？生產過剩者，生產過於常度，致消費者絀於吸收之力之謂。此種現象，各地方往往於最易腐敗之物則見之，漁獵之取獲過多是也。夫原始森林，係天然生產，非產自經濟之人爲，未足以例生產過剩之觀念。米鹽薪炭，細民消費最關重要者，豐年大有，食用不窮，間有紅腐，此過剩也。然穀物耐於久藏，而過剩亦能自生限制，終歸平均而後已。至於都市所儲，豪富之所取精，中上人民之所欲望，則又消費之力方興未艾。加以近世人口日增，取材自富，更無慮其有餘，故客觀的過剩者，實未嘗過剩者也。是故所患在私人經濟的生產過剩，蓋消費之心無限，而購買之力有限。私人經濟之生產過剩，與社會之消費過少相值，則販路閉塞，物滯於倉庫，下級人民睨之而不能得。商業盛興之世，各個人以私有資本從事生產，競爭之餘，往往及是。

舉斯世之人而欲其不營私人經理的生產，不可得而言矣。恐慌之流行，十年一至，此不勘之論，誠不可得而遏矣。惟消費生產，常得其平，爲足以遏之，而欲常得其平者如之何，曰有數原則焉。

一，兢兢於合度之消費，即所謂生產的消費，不生產的消費者，務不失其權衡，使所有財產，不爲之減少。

二，人須先充其天然不可少之欲望，至於其分位上所可充之欲望，則緩之，奢侈之欲望，更緩之。

三，所消費之物，當消費時功效相等，則擇其可久者。

四，非有特別重要之事情，則以多數人所共同消費者爲先。至於一個人所特別消費者，緩之。

五，依信用而得之消費物，當節減之。

《東方雜誌》第四年第六期《滿洲實業談》 實業者，富國之母也，商戰之後盾也，滅人國之利器也。國未有不興實業而可以富有，亦未有不興實業而商戰可無負者，且未有振興實業，權爲他人所操，而國可以幸免於亡者。故國無實業可振興，則已；苟其有之，而不思所以振興之，是自棄也；苟思所以振興之，而又着着落他人之手，是自殺也。夫有可以致富之具、自存之利，而反致自棄自殺，人雖至愚，當不至是。然而吾特不能無感於中國，吾尤不能無感於中國之滿洲。

滿洲據有三十六萬餘英方里之面積，擁有一千數百萬之人民，渤海南緣，黑水北浸，遼河横貫盛省，嫩江、松花江浸灌中部，土腴物阜，民樸林深，可興之實業無量數，可啓之富源恒河沙數。向使及早着手，則滿洲之爲滿洲，殆未可量。乃今也不然，七八操其權者，非日即俄，即有二三尚爲中國有者，非曰中日合辦，即曰中俄合辦，掣肘之不暇，談判之不遑，舉辦之期，猶俟河清。其幸有未爲他人所注意者，華人亦泄泄沓沓，等諸秦人之視越。嗚呼，滿洲之爲今日之滿洲，已非一朝一夕之故。循此不已，滿洲之亡，將不亡於日、俄之兵，而將真亡於日、俄之代興實業。謂予不信，請析言之。

一，航業。航路之於一國，猶血脈之於一身也，血脈停滯，何以爲人，航業失權，何以爲國。故埃及不國，運河公諸列強，高麗云亡，航權移夫日本。航業之關於國權國體有如此，乃我中國之於放棄種種利權，獨以航權驅其先。當一千八百五十六年（即咸豐八年），中俄訂立《愛琿條約》，其第一條有曰，中俄兩國以黑龍江爲國界，而是江本流及支流之交通權，惟中俄兩國是限，他人毋得染指。嗚呼，是真滿洲失航權之始，亦中國失航權之先河也。嗣是以往，滿洲木筏日益少，而汽船日漸多，喧賓奪主，孰非此約階之厲哉。厥後旅順、大連灣先後割租，俄人航業益擴張及於渤海。然自日俄一戰，而形勢爲之大變，兩國在滿洲之權力，溝然相析，即航權亦然。今試舉其犖犖大者列下：一，黑龍江（俄）。二，烏蘇里江（俄、日）。三，松花江（俄、日）。四，遼河（將爲日有）。五，渤海沿岸（日）。

黑龍江長六千六百六十里，可通汽船者凡五千二百零九里（每年結冰，約六閲月，且内有一千五百九十一里只小汽船可通）。可當一千八百四十六年，俄人額里羅夫，率軍艦「君士但丁」號，五十四年，俄伯爵摩拉維夫，乘「亞利庫」號，均溯江而上，志在探測（時《愛琿條約》未訂，黑龍江左右岸皆我境）。後即有小汽船多艘，數往來其間。及一千八百七十一年，黑龍江汽船公司成，俄政府特許保護二十年，初有股本盧布七十萬，社債盧布一百二十五萬，政府補助金年約盧布三十萬，有汽船及貨物船六十六艘。千九百年以前，每年約贏盧布四十餘萬，閲二十四年，而黑龍江商船公司又成，俄政府特許保護十五年，初有股本盧布二百萬，政府補助金年約盧布二十五萬，亦有汽船及貨物船六十六艘，每年約贏盧布數十萬。此三公司在滿洲佔航業權最早，資本最厚，航路亦最長，其勢力範圍，不僅黑龍江本流已也，即松花江一部分亦隸之。且不僅松花江一部已也，即希加羅河、蒲來耶河、嫩江、亞摩庫尼河等亦莫不爲其所隸。據一千九百零一年報告，黑龍江全域（合松花江一部分）有汽船一百六十三艘，貨物船等二百九十八艘，以我中國招商局視之，不幾有慚德乎。外此，尚有哥羅巴篤商會、黑龍江採金公司、俾斯加公司、尼孟斯加公司等皆以汽船泛江上下，或專爲運金而設，或專搭客載貨，黑龍江之航業殆爲俄人一風收盡矣。

烏蘇里江長二千三百六十五里，水深幅寛，汽船殆皆可駛，亦黑龍江商船公司勢力範圍所及之域也，有支店在海參崴。雖烏蘇里江沿岸鐵路，久已告竣，而其航業不少衰，惟滿洲之所謂木槽子者，則已帆汨檣絶矣，優勝劣敗，固自然之理，然可悲已。

松花江長三千六百四十里，沿岸多大都會，滿洲之揚子江也。其航路可分三段：一，大鷹溝吉林間，二，吉林伯都訥間，三，伯都訥喇哈蘇蘇間。中以末段爲最寛，亦最長最深。千八百九十六年，東清鐵路公司河川汽船部成立，備汽船十九艘，貨物船六十艘，專走是江上游，每年載貨約值二百四十四萬五千四百五十餘盧布。外此，則有黑龍江汽船會社亦有船數十艘，專走是江下游，於是全江航業盡爲所攬。而中國則惟有小汽船三艘，爲吉林將軍所管，專駛吉、黑兩省以遞送公文爲務，不其耻歟。今者松花江上游爲日所佔（即大鷹溝至吉林一段），是江已處瓜分之地位，然日人以其上游窄而淺，下游寬而深，所佔遠不逮俄，於是遂有創爲公共河流之説者。夫此汪洋浩瀚，果爲誰家河流，而可公共之耶。是宜急起直追，思所以挽回之者。

遼河，盛京省之大河也，長一千零八十里。水急多灘，帆渡須半日得達，且水淺幅狹，汽船難駛，然所經者實皆要地。往年東三省内地各貨，皆由是河載運至營口出口，且與鐵道並行，苟能浚之以通汽船，轉運之利極溥，此宜日人有中日合浚之説也。況日人現已設有遼河帆船公司，若仍泄泄沓沓，即不能駛行汽船，而全河航業，落於日人之手，有不待蓍蔡而决者。

渤海沿岸，海口極多，日人竭力經營。據去年報告，僅大連一埠，自西四月至九月，入港船有五百二十三艘，載卸貨數有二千八百四十五萬二千餘噸，其他營口、安東、旅順等可知。然日人於南滿之航業，尚未專設公司也，不過郵船會社、大阪公司等之船，往來轉運，或於大連等處，設有分公司耳，而較中國招商總局汽船惟放營口，且寥寥無幾者，已不啻以巨無霸而與侏儒比矣，吾其奈何哉。

以上日俄在滿洲航業之大略情形也。此外尚有鴨緑江、圖們江等，然航業式微，兹亦不更述。要之，滿洲之航業，俄人着鞭早，而日人着鞭遲，俄人行以漸，而日人行以驟，日人之範圍所及，南滿也，俄人之範圍所及，則北滿也，而中國無一與焉。嗚呼，是可哀矣。

一，鐵路。滿洲之鐵路，當日俄未戰以前，爲俄人獨佔之鐵路，自日俄息戰以後，則爲日俄共有之鐵路。甲午以後，《中俄密約》許俄人以築造東清鐵路之權，於是滿洲路權授之俄人，滿洲之有鐵路自此始，滿洲之失路權亦自此始，滿洲之有今日，亦於此種其因。夫鐵路之於一地，其關係至重且巨，操其柄，則運兵速，輸貨疾，交通利便，而其地之用始活潑。失其權，則吭爲扼，背爲拊，死命爲人制，而其地即等於非我有，奈之何滿洲路權，遽可授之於人耶。今者戰雲已散，汽笛仍鳴，而日俄權力，析若鴻溝，於是全滿路權，亦爲日俄所共有。其分析之點，在長春北門外，日之有者曰南滿鐵路，俄之有者仍曰東清鐵路。南滿鐵路，所過大都會最多，不啻滿洲之京漢鐵路也，日人乘戰勝之威，紾俄臂而攫之。長凡一千二百餘里，其綫由哈爾賓横斷松花江，直走長春（是春以上，仍是俄有），越奉化與柳城之間，經開原西北，南走過鐵嶺、奉天、遼陽、海城，稍折而東南，出蓋平、復州、金州，而至大連灣，復折而西至旅順。其至大連灣者，爲貨物進出口計也，爲商計也，必折而西至旅順者，爲海陸軍聯絡計也，爲兵計也。日人既坐享成局，竭意經營，不遺餘力，特設南滿鐵路公司以總其事。議募股本二萬萬圓，半由日政府任之，半由中日兩國商民合認，名曰中日合辦，其現議改築復綫之路有一，曰大連蘇家屯間鐵路，其計畫及已興築之支路有四，曰南關嶺旅順間鐵路，曰大石橋營口間鐵路（前已築成），曰烟臺烟臺煤礦間鐵路，曰奉天安東縣間鐵路。大連潛蘇家屯間鐵路，即南滿鐵路之一部分也，長約七百里，爲南滿鐵路最繁盛之綫。且撫順、烟臺兩礦，密邇蘇家屯，煤炭之由大連灣轉運出口者頗多，故日人必欲改築復綫，以收轉運之利便。南關嶺旅順間鐵路，自旅順至普蘭店一段，即南滿鐵路之一部，不必更築，所須興築者，惟由普蘭店而西一段，長不滿百里，沿路無大都會，無商業之關係，蓋以南關嶺突出海中，足爲旅順之西屏，故此路之築，爲利便軍事耳。大石橋營口間鐵路，既以分營口之商利，復以交通營輸鐵路，故此路不特於南滿商務之關係重且巨，且於關内外商務之影響尤大且速，中國其可漠然置之哉。烟臺烟臺煤礦間鐵路，路綫甚短，其築之之意，以運煤耳。烟臺煤礦，産煤至盛，築此路以接南滿鐵路幹綫，其轉運利便，爲何如耶。雖然，以上四路，其關係固絶大，然尤使人駭目驚心者，則莫安奉鐵路若。安奉鐵路以奉天爲起點，至安東鴨緑江岸爲終點，長約四百餘里，日人竭力趕築，擬定明治四十二年竣工。且於鴨緑江上，架設鐵橋，以直接韓國之京義鐵路。他日滿韓聯絡，不特鴨緑江沿岸實業，網收無遺，即滿洲一旦有事，日兵至滿，朝發夕至，亦易如履闥。日人固嘗言曰，鴨緑江鐵橋，左作行人之路，右作鐵路，有事時，即於左方敷設復綫，以運軍隊。嗚呼，可不懼哉。此日人經營滿洲鐵路之大略也。顧或謂此南滿鐵路公司，實由中日合辦，未可謂由日人獨握，惡是何言。中日合辦，名目雖是，實權盡失，不然，日人何以不俟中國認股，即先糾工開築。且考其路章，就命中國投資入股，亦不啻爲其附庸，毫無股東之權力。而鐵路路綫所至之地，即日人權力所及之地，不獨沿路礦産，盡爲公司附産，即沿路中國政權，亦將爲公司所獨操，合辦云乎哉，合辦云乎哉。

東清鐵路，西伯利亞鐵路之東綫也，以一千八百九十七年興工，由東清鐵路公司總其事，閲數年而成，共長二千六百英里，以哈爾賓爲中心點，總公司在焉。路綫分三支：一出西北，自哈爾賓北渡松花江，過呼蘭城，横斷蒙古，距齊齊哈爾城西南四十五里，渡嫩江，越大興安嶺，經海拉爾，渡額爾克納河，以接西伯利亞幹路，長凡一千六百餘里，山嶺險阻，工程艱鉅。自成工以來，舉凡哈爾賓以西北，滿洲站以東南，呼蘭城綏化府劉家店餘慶街、通肯布特哈昂昂旗、齊齊哈爾、海拉爾等處土產之大宗，若豆粟、小麥、高粱、玉蜀黍、皮革等，罔不由其捆載而南，萃於哈爾賓，就中尤以小麥豆粟爲最。俄人於哈爾賓，特設有蒸汽製粉所，即專以製小麥粉爲事，蓋俄人於東清鐵路所定運費極賤，在百斤以内，即由滿洲站至大連灣，亦不過數十哥潘(每哥潘約值中國一二分)，況汽車速率，什百倍於人運，宜乎趨之若鶩，而爲俄人一手壟斷也。轉運之權利，既操於俄人，黑龍江全省商務淩替之權，即隨此路以盡入俄人手矣。一出東南，自哈爾賓東南行，渡松花江，經阿勒楚額一面坡、寧古塔渡牡丹江，逾老松嶺，由綏芬北出滿洲界，接烏蘇里鐵路(此路在俄境烏蘇里省)，以達海參威，橫貫吉林全省，長凡一千零五十餘里，凡吉林省所屬植物，若一面坡之粟(產粟爲滿洲最)，若白彥蘇蘇、綏芬廳、賓州廳、寧古塔三姓，及三姓以東之豆粟、高粱、玉蜀黍、小麥等(小麥最多)，動物若牡丹江沿岸之虎、貂、狐狸、獾鹿、麝、猞猁、猻等皮革，若興凱河畔龍王廟附近之貉、狍子等皮革，若一面坡、烏吉密、二層甸子，及小老營、四合川等處之貂、灰鼠、麟熊、狐、麞、野猪等各種皮革，亦莫不爲其席捲以去。或至哈爾賓，或至海參崴，其至海參崴者，即由此海口出口也，其至哈爾賓者，自哈埠南下，由大連灣或營口出口也。噫嘻，陸有汽車，水有汽船，而鐵路又與海口相聯絡，吉林北半省，物產轉運之權利，中國尚有毫忽哉。一出西南，直抵旅順，即現被割於日本者是，沿路物產至盛，植物若吉林府、長春府、農安縣、西豐縣、奉化縣、敦化縣、拉林城鐵嶺河等處之豆粟、高粱、小麥、玉蜀黍等，動物若吉林府長山屯附近之狍子、野猪，西安縣屬圍場一帶之鹿、熊、狼、狍，敦化縣四周之麝、熊、虎、鹿獾、狐、灰鼠等，各種皮革，莫不由此路挾之而南，而由營口出口。蓋自有此路，而吉林省南部及盛京全省，貨物轉運之權利亦盡失，而商務淩替之樞紐，又爲所操矣。綜計三路每年所運，何止數千萬噸，運費所入，何止數千萬盧布。以滿洲物產繁而人烟稀，宜其汽車轉運，搭客少而貨物多，然而俄人之意，尚不僅爲此，其重要主義，蓋無一非爲攫滿洲計也。其西北一綫，爲歐亞聯絡計，爲聖彼得堡與滿蒙呼吸相通計，亦爲運西歐軍隊以入滿洲計。其東南一綫，爲吸收北滿商務萃於海參崴計，亦爲海參崴海軍與駐滿之陸軍聯絡計，而亦凡以爲滿洲計也。其西南一綫，不特所以聯絡旅大，網羅南滿商務，而亦於時逼勢迫之際，爲恫喝北京政府計，而亦凡以爲滿洲計也。今雖西南一綫，風景已殊，然長蛇封豕之心，詎肯少衰。近又方議築喻洮、伯洮、伯新三路矣，夫以洮南府之僻處内蒙古，而欲自哈爾賓伯都訥，築兩路以聯絡之，長各數百里，是以北滿爲不足拓其權勢，而又欲經營内蒙古矣。以新民屯之遠在奉省，而欲自伯都訥，築路以銜接之，是又以内蒙古爲不足饜其欲望，而更欲至南滿爭衡矣。其力爭權利，以興實業之心，其有極耶。是皆中國宜急起直追，思所以抵制之者，此俄人經營滿洲鐵路之大略也。

雖然，滿洲中國自築之路，固未嘗無有也，若關外鐵路，自榆關至營口，折而至新民屯，長計七百二十里。何如築造之費，借自英國滙豐銀行，路權已失，路綫又遠，不逮日俄所有，而轉運之盛，亦非南滿東清比，則似尚未足與日俄爭衡。若奉新鐵路，今固贖回矣，然全路資本，南滿鐵路公司須佔其半，則亦未可謂中國之所固有，吉長鐵路亦猶是。外若開海鐵路、齊愛鐵路、法新鐵路，雖亦皆陸續議歸自辦，然而開築既無期，資本又未集，欲望其汽笛嗚嗚，與日俄鼎立角逐，猶不知須經幾何時也。是故滿洲今日，日俄未有鐵路，中國固未嘗不可據以自豪，日俄既有此二鐵路，而猶欲據是以相較，是猶以孩提與碩人比，適形其微而已。然而綜此以談，滿洲鐵路，固長此而已乎。則又不然，滿洲中國自辦之鐵路，今固不逮日俄遠甚，然滿洲今後之鐵路，欲稍望補救前失，則又不可不惟此數鐵路是賴。作始也簡，將畢也鉅，苟能竭力經營，則已失之鐵路，若東清，若南滿，亦何嘗不可因此數路而贖回，是蓋不能不重有望於新簡之三省督撫矣。

一，礦產。滿洲之礦產，非滿洲人之礦產也，滿洲鐵路公司之礦產耳。自東清鐵路公司設，而隨之以去者，比比也，自南滿鐵路公司成，而隨之以去者，又比比也。夫東滿及南滿鐵路，非所謂中外合辦者耶(東清鐵路開辦之時，中國亦嘗附股五百萬)，而股東之權利何在，不惟無所謂股東之權利也，即地主之權利，亦且因此而被侵。若礦產者，亦被侵權利之一端也。吾聞之，滿洲氣候寒燥，田野荒莫，誠非本部十八省富庶繁盛者可比。然坐此之故，林密菁深，礦產之富，亦有非本部所能及者。向以其地爲本朝之豐沛，王氣所鍾，禁採綦嚴，而民智閉塞，渾渾噩噩，又惑於堪輿家言，羣以開採爲戒，於是二百餘年來，掩藏寶守，任大利之棄於地而不顧。逮《中俄密約》成，俄人排闥直入，而昔之寶之護之，以爲王氣所鍾者，一舉而盡爲所佔；昔之禁之藏之，以爲陵寢密邇者，一舉而盡爲所採。至是始相顧愕眙，躑足悲嘆。亦有見致富之易，痛悔前失，稍稍投資經營之者，然而礦苗方探，烽烟已起，不特資本盡喪，即礦地亦被奪於兵，一若有人焉主之，使滿洲礦產不應爲中國人所得者，夫亦滿洲人自棄之耳。

南滿之礦產，南滿鐵路公司之礦產也，雖其間不盡爲南滿鐵路公司之產，然以南滿鐵路之故，而南滿礦產，遂悉爲日人所有。且礦業因路而愈盛，茲舉其犖犖者如下：一，撫順煤礦。一，本溪湖煤礦。一，烟臺煤礦。一，五湖咀煤礦。一，炸子窑煤礦。

撫順煤礦，南滿洲之第一大煤礦也，在撫順城南，面積極廣，分東西二區，屬東區者，曰老虎臺，楊白堡，屬西區者，曰千金寨、龍眼坑。千九百零一年，始由華商及俄人合資開採，不一年，進步甚捷。東區傭工千四五百名，每日出煤一百五六十萬斤，西區礦工尤多，出煤約二百萬斤左右。並築有輕便鐵路，專以轉運煤斤，出煤既多，轉運又速，循此力採，前途無量。何意開辦未及三年，而日俄戰事驟起，槍林彈雨，相逼而來，勢不得不停止工作。又何意戰雲擾擾之時，日人利其礦產之富，忘其出師之由，竟恃兵力唾手而得之，於是此礦遂長爲日人有矣。夫弱肉强食，鵲巢鳩佔，今日世界固無所謂公理，然日本以一政府之大，而竟恃威力，以奪一商人之產，體統大失，其謂之何。是礦既爲日人攫取後，始隸關東都督府之鐵路部，近又交由南滿鐵路公司管理，即爲日政府在南滿鐵路公司之股本。據去年報告，西曆十一月中，千金寨出煤八千四百五十九噸，老虎臺出煤三千八百八十九噸，楊白堡出煤一千九百四十五噸，龍眼坑尚不在內，是皆華人應得之權利也，而今已矣，傷哉。

本溪湖煤礦，向亦華人之產也。煤層極厚，共分四大坑，傭工千餘，自日本大倉公司受關東都督命辦理後，即經營不遺餘力。其豫定辦法，分爲三期，以今年爲第一期，需資本金二十萬；明年爲第二期，需資本全五十萬；三年以後，安奉鐵路竣工，則可投資百數十萬，大加擴充，是爲第三期。從此一日千里，獲利之厚，可操券而待。說者謂幾可與撫順、開平鼎立角逐，雖事尚未可知，然是礦不特當安奉鐵路之要衝，且於朝鮮之銷場，獨佔優勝。他日之本溪湖煤礦，誠有不可知者。然苟如是，彼撫順固不足論，而其影響於我開平者，將如何耶。日人恃强權，以攫取我實業不足，而又恃此，以與我向有之實業争，奪人之刀而還以殺人，中國之前途危矣。

烟臺煤礦，現亦隸於關東都督府，蓋亦華人之產，而於軍務倥偬時，藉口爲俄人之產，强攫以爲已有者也。此礦距南滿鐵路僅數十里，產煤之富，亦幾與撫順、本溪湖相埒。即以是中之磨臍山論，煤脈有十三層，深達一百四十餘丈，現在傭工五百餘人，產額日必數千萬斤。掘取之後，即由烟臺烟臺煤礦間鐵路，轉運至南滿鐵路，以供汽車燃料，不特轉運利便，且銷售亦極迅速，南滿之煤礦，其足與撫順、本溪湖鼎足而三者，舍此其誰與歸。然則日人之攫之者，非爲俄人之產也，亦爲利其富耳。

五湖咀煤礦，土名煤窑村，在復州亞大摩司灣沿岸。所產皆無烟煤，深淺不等，至深則煤層無底，至淺則僅四五尺，惟以粉煤多，而塊煤少，故火力不免薄弱，然煤層既厚，資本苟裕，每年出煤數千萬斤，亦非難事。初由華商陳、劉二姓合資開採，繼與俄商合採，不二年，以利微中輟，仍歸華商自辦，然而未及擴張，風雲已變。至千九百零四年五月，遂爲日軍先撫順、烟臺等礦而攫之，現由日人野村秀雄集資採掘。傷哉，是亦我華商被侮紀念之一也。夫是礦不特產煤豐富，且地瀕海岸，輸運極便，日人固嘗謂資本一裕，何患不能獲利者。然而我昔日中國之舊礦主何如，然而我今日中國其地之主人翁又何如。

炸子窑煤礦之主人翁，亦日人野村秀雄也。其礦在瓦房店，煤質含水少而甚良，適於汽車燃料之用。其脈極深，共五層，第一層最劣，最下層最優，產額亦富，常有流散地面者，土人採之，謂之出山貨，其富可知。且地亦瀕海，交通利便，設長此爲日人有，他日日人獲利之厚，不待蓍蔡決也。以上五者，固尤彰明較著者，外此，則有若懷仁縣之三道半分山煤礦，其採之者，日人金子彌平等也。有若遼陽州之田師付溝，及灰山附近之煤礦，其採之者，日人石原正太郎及庵谷忱也。有若鳳凰廳屬之江旗溝，及廳城附近之煤礦，其採之者，日人式村茂及森峰一也。有若大孤山附近之煤礦，其採之者，亦日人森峰一也。要之，日人今日之煤礦，幾爲日人網羅無遺矣，此日人經營南滿礦產之大略也。蓋至是而南滿在南滿之有礦產也，初則無一不由於兵力，繼則無一不由於南滿鐵路公司之名義，及關東都督之權力，而其攫之之辭助，必曰：是俄人之產也，俄軍敗北，礦無人主，故佔之爲戰利品之一。嗚呼，曾亦一思之，若撫順，若本溪湖者，果俄人之產耶？若烟臺，若五湖咀，若炸子窑者，果亦俄人之產耶？下若日人金子彌平等所營之礦，果亦一一當俄人之產耶？夫欲施强佔，何患無辭。然而吾不解夫日人之出師也，何以必曰是仁義之師，爲同種之國保持利權也。吾尤不解夫日人之攫取也，何以不惜擲一堂堂帝國之雄名，而惟此數商人設立之公司之產是攫也。執此以難，日人其何以自解於失信，亦何以自解於貪哉。

雖然，滿洲礦產之着着喪失，追原禍始，要皆《東清鐵路條約》階之厲也。自此約有沿路礦產盡爲公司附產之語，於是不特東清路綫內礦產，盡爲所佔，即今日日人亦以之藉口，欲援東清鐵路例，以例南滿鐵路，面攫取南滿礦產，是故吾人今日追思前事，於日猶可原，於俄必不可恕，而欲言收回之序，於日猶可置諸其次，而於俄必不可暫緩。今俄人雖戰事失敗，南滿已非權力所及，然其礦產之在北滿者尚不鮮，是亦當道所宜注意者也。茲略述之。一，長春附近煤礦。長春附近，以富於煤礦稱，若營盤溝，若波泥河，若胡家屯，若缸窑，若丁家溝，若田家屯，若三道溝，若柳樹河子，若陶家屯，若東荒山子，若長嶺子，若西荒山子，若下二臺，若西南山坡，若鍋盔頂子，若大葦子溝，若西牌嶺，若泥球溝子，若大石頭頂子，若亂泥溝子，若半拉窩集，若二道河子，若後二道河子等，櫛次鱗比，莫非產煤之地。且其開採亦較先，自營盤溝以至田家屯，於嘉慶二十年始採，凡六礦，自三道溝以至西南山坡，於道光中葉始採，凡八礦，自鍋盔頂子以至泥球溝子，於光緒六年始採，凡四礦，此外未採者，不過大石頭頂子等五礦耳。蓋其始運手足胼胝之勞，以圖收蓽路襤褸之功者，莫非我滿洲土著也。今則前六礦已荒棄不足論，餘則無不入於俄人掌中，由東清鐵路公司經營開採，日形發達，且又於各礦敷設運煤輕便鐵路，以利交通。凡所出之煤，皆運至長春，以供汽車之用，其中尤以西碑嶺煤礦爲最。西碑嶺在長春車站東南約三十五里，西麓有礦，幅員亘七里餘，所傭礦工以千計，日產煤十萬斤，凡車站以北所需煤炭，無不惟此礦是賴，而我華人反被役爲工。嗟嗟，昔日礦主，今日臧獲，此則我又不能不痛恨於東清鐵路之條約者也。

一，烏吉密煤礦。是礦在烏吉密車站南二十餘里，於千九百零五年五六月間，爲俄人開採。近自烏吉密車站以迄礦地，亦架設運煤輕便鐵路，蓋凡以爲汽車煤炭計也。且與哈埠東西相望，所出之煤，銷售尤速。現所役工人約五六百名，開採極盛，煤質亦良，日產煤數萬斤不等。

一，札來諾爾煤礦。在滿洲里之東，距車站稍遠。千九百零二年，始由俄人開採礦，脈甚深，煤質亦佳，礦工華人居大半，近歸東清鐵路公司主持。

一，哈爾賓附近煤礦。哈爾賓爲東清鐵路中心點，且有蒸汽製粉所六處，需煤甚多，是礦距哈爾賓約五十餘里，礦地甚廣，綿亘約十里，且係無烟煤，煤質極佳。俄人現正從事開採，即以供鐵路及製粉所之用，以是礦煤質既佳，銷售又速，獲利之豐，自可操券。

一，一面坡附近煤礦。是礦在東清鐵路東綫一面坡車站附近，約十餘里，俄人之所新發見者也。東清鐵路公司於正月間詳細測勘後，已派工程師前往開採，其產額今雖不得而知，然以其地密邇車站，且與哈爾賓呼吸相通，煤脈苟富，其爲用正自不少，是蓋與隔一路綫之烏吉密煤礦，足以華岳並峙者也。

一，法畢喇河金礦。礦在黑龍江支江畢喇河上流，於光緒十七八年間發見，爾後附近之來採者日多，礦質頗佳，每錢約值墨銀四五，不意未及數年，即爲愛琿旗兵擊散，嚴禁開採，蓋猶是迷信之一端也。逮俄人闌入，遂爲其唾手而得之，嗣即竭意大舉，獲利頗厚，雖礦工之中，不無華人，然亦不過俄人之奴隸耳。噫嘻，爲叢驅爵，爲淵驅魚，是誰之咎哉。

以上其大較也。外此則若漠河金礦，若觀音山金礦，若琿春家比谷等處金礦，本亦爲俄人所佔，茲已有交還之議，不復贅述，此俄人經營北滿礦產之大略也。夫俄人今日在北滿之有礦產也，雖未必盡如日人之由於兵力，然正以俄人有經營北滿礦產在先，斯日人有攫取南滿礦產於後，吾固謂階之厲者，中俄之《東清鐵路條約》也。漠河等礦，雖已交還，然被佔六七年，採金何止數百萬。俄人無絲毫報酬，則滿洲南北礦產之被佔者，就令今日一一收回，彼日、俄二國，亦必均以此爲例，其被佔時期之虧折，已不能堪，而況尚未能收回耶。

抑尤有進者，南滿富於煤，北滿富於金，今雖被日俄佔奪，屢見不一見，然其已由民間開採，而官未之知者，尚不知其若干，也其未經發見，而日、俄技師正在搜覓着，亦尚不知其若干也。我國官商，誠能設立一大公司，竭力採辦，內以綱羅礦權，外以抵制外力，於今爲時，否則眈眈逐逐之輩，方思得寸則寸，得尺則尺。雖或間有一二交還，然交還自交還，佔據自佔據，且勢必佔據逾於交還，而權利之失，必反較今日爲甚，坐成自殺之局。嗚呼，滿洲官商，其將何以自解於委荼耶。

綜上三者外，有若木植，有若漁業，有若鹽業，有若墾荒，或權已盡失，或尚易補救，茲亦未暇一一枚舉。要之，以是類推，已可概見，固不必圖窮而後匕首始盡見也。嗚呼，以滿洲爲東北奧區天府之國，而航業則然也，鐵路則然也，礦產則又然也，推而至於一切實業，亦何莫不然。《詩》曰：「子有庭內，弗灑弗掃。子有鐘鼓，弗鼓弗考。宛其死矣，他人是保。」滿洲滿洲，其果可長此終古耶。

《商務官報》光緒三十三年十月十五日第二七期《振興東省工業議》 國之富強，視乎利權，欲保利權，端在抵制，抵制之術安在，舍興工無他道也。日本以海濱三島，得以競爭於世者，純以製造行抵制之法。我東省土地之廣，物產之饒，不讓於日本。而近來農商坐困，推原其故，實由於工業之不興，如影之隨形、鼓之應桴，其理無或爽也。今就東省之物産，相東省之時勢，所亟當興辦者，約有數端：一曰麥酒。近年中國之於麥酒，需用日見增加，既不能卻而不用，自不能禁彼貨不來。查日本麥酒會社，東京一處，每年輸出換進金額一百三十二萬五千圓，大抵取諸中國者居多。以外如德、如美之麥酒，來我中國者，尤踵至不絕，關卡税入，班班可考。即此一宗，每年溢出之利，已成鉅款。東省如大江迤東迤北，産麥最富，若擇適中之地，建廠釀造，採集□□，兩稱便捷。收集利權，當以此爲第一要務也。一曰洋火。民非水火不生活，燃燈炊食，日用必需，自外洋火柴輸入，民間使用稱便，厥後鑿石取火者，遂百不睹一二焉。近雖中國亦多仿造，而東省竟付闕如，只吉林屬長春府廣仁津洋火公司一家，自今春初設，又係日人開辦，殊爲可惜。查製造洋火，所用材料，惟木居多，且以近寒帶者爲最適用，故日本燐寸公司，採集木材，恒取於北海道。以東省木植繁茂之區，若設廠製造，不但物美，並可價廉，謂非興工之急務哉。一曰製革。近自新政振興，各地分立學堂，到處徧設巡警，所需皮靴、刀袋以及行用提鞄、衣箱，多係日本人銷售。故日本之皮革製造會社、皮鞄販賣所，櫛比雲連，到處皆是，恒視此爲絶大利源。考其所購原料生革，取於東省及蒙界居多，查其製熟多脂牛革，一幅價值十三四元，尋常半革八九元，即極劣之靴革，猶須七圓以上之譜，復再製成物器，超出生革原價，一轉易間，不啻什百倍蓰。硝皮廠之立，又烏可緩也。一曰織毛。查各國工業政策，多以織毛爲重，而英國羊毛之利尤厚，其先常向大陸輸出洋毛，一年所産之額，自三萬磅達至四百三四十萬磅，實佔生産之鉅額。後自亞達滑特三世至哀里查白時代，欲變羊毛爲毛織，遂招致弗蘭特地方之織工，又歡迎希克諾脱人移居本國，並嚴禁織工之長於毛織者移居他國，多方保護奬勵，以期毛織業之發達。復設法抵制羊毛輸出，屢於輸出羊毛，課加苛税，兼禁生羊出國，行之數年，羊毛輸出之迹，不可復見。故英毛織業之盛，至今罕有其匹。近日本有見於此，於毛織業亦竭力經營。我東省土宇廣遠，豐草長林，所在多有，於畜牧最爲相宜，向除氈鞋、氈帽各粗製品，多將原料以賤值售之他人，殊非至計。欲保利權，而毛織業亦在所宜急也。一曰織麻。夫麻粗質也，近由外洋輸入之地毯、壁掛、敷布、窗簾、生麻布、蚊幬地等，皆麻織物，一購得之，斯稱美製。查得日本明治三十九年，當光緒三十二年表記，營毛織業者，四十四萬八千六百零九户，消費原料九十九萬一千二百九十二貫，製出價額一億五千三百二十三萬三千九百九十二圓，亦以麻織爲重要之工業。若奉天所屬東山一帶，産麻最良，纖細潔白，較之他國所出原料，當有過之無弗及焉。計生麻一觔，得價銀只在一錢六七分之數，向僅作繩縛網罟之用，現既講求工藝，織麻一事，又烏可忽耶。一曰製絲。中國絲産，向爲出口大宗，惟南省地方，最佔優勝。至奉天所屬之海城、蓋平、岫巖、寬甸等處所出蠶繭，雖質性較劣，每年獲售價金，在二百五十萬左右，亦爲生産之鉅額。若參用新法化學，製使熟滑，其獲利當更增一倍也。一曰改榨油。東省土性，富於加里，最宜植豆。一年所出豆石，實佔穀物之最多數，是以油坊到處林立。榨出油斤，輸送各地，而豆餅一宗，銷日本者居多。日本取作肥料，依爲重要之再生産，每年以豆餅换進日本金額，常自一千四五百萬圓以達二千萬圓之譜。惟舊多用人力榨打，計一八垛油坊，須畜牧二百匹，傭工百名，費時耗工，殊形笨拙，所恃糧價輕減，工價低廉，猶可獲利。自日俄戰役，東省糧石時爲外人運銷，故至今糧價，異常騰貴，而工價亦因之增高，營油業者，遂不免受其虧折，寖至多將生豆輸出。查去冬日商三井、茂生各洋行運出之豆，每一起動至百千萬石，復集股本三十萬圓，在大連灣組織機器油坊。營口之東盛和等，雖亦購運壓榨機器，早經開辦，僅此一隅，實不足行銷土物。如通江口鐵嶺縣新民府、長春府皆豆石聚焦之區，若非設法抵制，急于改良，將來油業之利，恐盡爲外人侵奪。欲保利權，則機器榨油其至要也。一曰改良農具。奉天、吉林、黑龍江三省，其幅幀之廣遠、氣脈之雄厚、川原之沃衍，爲天下冠。故近來連年墾荒，益復擴張，就東省而論，不虞田畝之或缺，實恐人力之未逮。故向來耕作，率多草草，惟有改良農具一法，最爲便利。查日本於北海道地方，多用美國新式機器耕種，誠以機器農具，施之人稠省或不便，施之地曠省則甚宜。以東省土地寬廣，購用機器，或合耕，或賃耕，既得深耕之法，即得收穫之豐。若執政者相其年度，於輸入輸出，復隨時設法奬勵而維持之，使無穀賤傷農、穀貴病商之弊，不數年間，而東省農業，當大有可觀也。以上數端，皆以保護國産，收集利權，取本地土物興本地工藝，發起無難，收效亦易，而採礦、冶金、紡紗、瓦斯、石油諸大端，亦將觀感興起也。

《商務官報》光緒三十三年十一月二十五日第三一期《供求説》 英國大商學家瓦倫氏曰：欲窺商務之纖悉，務先探商業之機關，欲探商業之機關，務先明握商業機關之至要至簡之理。夫所謂至要至簡之理者安在？一曰供，一曰求。此二者輒不能得其平，時而求盈而供絀，時而求絀而供盈，又時而盈絀相推而漸幾於中，適中未幾，而又生盈絀，消長循環，不可殫詰。故議者曰，假使求者之量，恒能如供者之量，則商家所壹意經營者，自然順遂，市面亦自然平和。然而未能也，彼求者往往有所趨重，躍然而起，戛然而止，則亦已耳。苟積日稍久，則一時之資本家、生産家、廠業家，勢必相率相隨而有所偏向，甚且挾全力以奔赴，流汗急走，唯恐不及。如是則求者趨重之貨物，遂日出而日多，其結果必有過多之患，此自然趨勢，其理無可倖逃者。夫貨物過多，則行銷有礙，行銷有礙，則屯積日多，屯積日多，則市面益滯，誠以求者之量既盈，而供者之力方盛，斯時而欲設法補救，計惟另覓一新市場，以求銷路。幸而得之，斯業賴以不墜，不幸而不得，又不能静俟求供之趨於平，則危亡立至矣。況乎此種情形，不時而有，此市面所以有起伏不定之説也。乃新進者流，輒生誤會，譬如英國穀、銅二物，穀市暢，銅市滯，彼固親見之，親聞之，而彼即以爲穀市暢者，適植求穀踴躍之時，銅市滯者，實以通國購銅者晨星可數，此其説非不近是。然彼亦曾思穀、銅二物之大多數購買地、發賣地，必須分别參觀，方可有得，否則以本處發賣地，與外來大概購買情勢，混同視之，則惑之甚者也。雖然，欲推究供求之紛紜蕃變，則猶有説。

則請先以買賣論之。夫買賣貨物，固有市價，市價者，即時價之謂也。今且就賣者一面而言，凡入市售貨，往往束縛於市價，而熟操貿易業者，則挾其經驗之知識，運其靈敏之眼光，預測手中所儲之貨，某種價將漲，某種價將跌，逆億之言，幾乎什中八九。譬如其業爲販賣菓物者，彼必熟探繼此收成若何，然後斟酌存貨損益價值而消售之，所謂争先著是也。其次則純用穩當辦法，但計平均可以獲利，不論多寡，利在速售，即稍貶價，亦所不惜，蓋深恐日後收成或豐，供者日盛，市肆既盈，價必大跌，其受害誠不可以尋常計。是以此種商家，其售物之價，輒比通常市面稍從低廉，凡服賈之子，果執此從事，亦可保不致受後來之失敗，然要皆不能脱市價之範圍也。至於資本薄弱之商，亟亟待款，以經營其事業，勢不能將貨物久儲，强迫出售，即遇毫無獲利之價，亦必速爲售去，故資本薄弱者之營業，遠不及資本雄厚者之豐盛。惟彼之力量，亦能激動市價，使資本雄厚者受其驚擾，彼此馳騁角逐，而市價之趨勢，有時亦藉以得持其平。

則請繼以市面劑轉論之。凡供者爲日用必需，或爲尋常消用之物，自可保求者之勿衰，其求可名真實之求。然供者爲商家預測將來需要必增，或價值必漲，一時争先購儲之物，亦可暫得求者之踴躍，其求祇可名虚幻之求。夫虚幻之求，最佔多數，如廠業家執守一例，照常雇工，照常出貨，絶不思斟酌損益於其間，其業鮮不失敗。一九〇〇年夏，英倫市面，大起驚擾，出口英煤，驟然增漲，求者紛至沓來，即在本國購用者，亦非出重價不能得，此求過乎供之現象也。斯時有獻策者，曰於此而欲解其困難，使供求相劑於平，亟宜注意於南偉爾斯大煤産地。又有爲籌國用起見者，獻一議曰外國競購英煤，業有供過乎求之勢，宜定一新税，凡煤由大不列巔舟運出口至大陸諸國者，每噸徵税五先令，如是則英煤出口，既可稍有限制，而國帑又可稍得補助。此亦一舉兩得之策也。

則請更以投機商業論之。凡爲投機商業者，率陰窺後來市面情形，恃其機智，而以巧取利者也，大約可分爲二種：一曰豫料貿易，强半係穀商爲之。一曰選擇貿易，强半係買賣股票商爲之。夫穀商之爲豫料貿易，固顯而易明。至買賣股票商之所以爲選擇貿易者，蓋取其耗利有限，獲利無限，且可握操縱由我之權，而大施其能力。雖然，此兩種貿易，或流爲賭博賤業者惟此，或可稱合律貿易者亦惟此。設如有人持其見解，逆料將來市面或有起伏情形，或預買，或預賣，彼固意在保全其業，不致爲市面波累，誠未可厚非也。又如有人挾其智巧，陰握後來市面趨勢，而以選擇貿易爲漁釣之具，是真與賭博無異，謂之賭博賤業，有何不可。此種投機商，在英吉利尚不足爲慮，而在普魯士，則釀禍方深。故普政府嘗設策以沮遏之，誠以投機商業，有時敗壞交易大局者，良非淺鮮，不可不三致意也。

《東方雜誌》第四年第二期《度支部農工商部會奏籌議開採銅礦摺》 考查銅幣大臣郵傳部尚書陳璧奏籌議開採銅礦一片，光緒三十三年五月初八日奉旨：該部議奏，欽此。欽遵，由軍機處鈔交前來。據原奏内稱，各省鑄造銅幣購用洋銅，實爲絶大漏卮，近年銅價奇昂，大利尤多外溢。查中國各省礦産甚饒，即如江西、雲南所産之銅，前經度支部總廠鎔化試驗，頗合造幣之用，惟銅質提煉未浄，鎔鑄工耗稍多，若能廣行開採，精加提煉，嗣後造幣，需用即無須取給外洋。臣此次奉命考查銅幣，贛、滇兩省均經奏明派員前往，即飭順道采訪銅礦。兹據赴贛考查司員呈稱，贛礦苗旺質佳，又據赴滇考查司員電稱，東川等處，銅礦尚旺，各等語。贛滇礦産豐富、銅質亦佳，足供鑄造，擬請飭部切實調查，籌議開採，此外如有佳礦，亦宜推廣籌辦，實於幣制礦務，均有裨益，等語。臣等伏查中國銅礦，滇省最富，歷經分批辦運，以供京師鼓鑄之需。臣部近設總廠，亦經提取滇銅，鎔化試驗，但能提煉加精，即可用以鑄幣。徒以銅本艱窘，該省歲辦京運，時虞竭蹶，而各廠造幣，轉須購買洋銅，以致利權外溢。臣部爲收回利權起見，亟思振興礦務，以塞漏卮。近聞贛省發見銅礦，苗旺質佳，又經電調二千斤，交總廠試驗，頗合造幣之用。贛省既有此佳礦，尤宜亟籌開採，冀於滇礦而外增一利源。業於上年十二月間議覆御史徐定超奏請興復滇礦摺內，奏請飭下雲貴總督，體察籌辦，俟得切實辦法，由臣部寬籌銅本，力與維持，並聲明江西礦産甚佳，乞飭切實調查，迅圖興舉，以挽利權，而恢銅政等因，奏准行知在案。嗣於本年五月，據兩江督臣端方、江西撫臣瑞良奏報，江西贛縣隴下，及長排嶺銅礦，苗脈豐厚，銅質精良，實爲上等佳礦，採法宜用機器，兼築小枝鐵路輸運，經營試辦，約需經費四十萬兩，寧贛各認銀二十萬兩，核撥開辦，等語。該督等合兩省之力，開浚利源，一俟辦有成效，則各廠鑄造銅幣，均可赴贛訂購，毋庸仰給外洋，漏卮杜塞，利莫大焉。至雲南銅礦，本年四月間，因臣部所派丁憂主事余晉芳，至滇考查造幣分廠事宜，該廠尚未開辦，電飭就近調查礦務，並電知雲貴總督，派員會同往勘。嗣準雲貴督臣錫良電稱，派道員劉孝祚偕往東川，據報，礦旺民貧，恃官家接濟。查滇銅每百斤給價銀二十兩，用以造幣，雖須改煉，小有折耗，現在洋銅日貴，以四十餘兩之重價，購之外人，不若加價興辦滇礦，免致利權外溢。擬照官價，每百斤酌加價銀，較用洋銅，仍屬合算，且能保我廠利，冀圖擴充。該員等現赴昭通等處查勘，容再籌酌電聞，等語。臣當以滇銅困於例價，出産日衰，至爲可惜，現各省鑄幣，用銅甚多，如提煉純淨，足合造幣之用，自當酌加價值。惟礦産是否豐旺，仍令轉飭詳細調查，如果確有把握，集資之事，自當内外合力通籌，關此利源，飭籌議見復，等因。電復去後，現尚未據聲復，應俟該督續報到日，察核情形，應如何内外協力，籌集資本，從事開採之處，再由臣部奏明辦理。農工商部查銅礦事關幣政，自應及時開採，以塞漏卮，至一切辦事章程，應仍按照臣部奏定礦章辦理，以歸畫一。謹奏。奉旨：依議，欽此。

《東方雜誌》第四年第一二期《論振興實業之三要策》　商戰以實業爲最重，國家之所以盛強，人民之所以樂利，胥賴乎此。而亡人國，墟人社，致人死命，在今世紀中，又無不以握其經濟機關，爲各國注意之要點。航路也，鐵道也，礦山也，種種製造之貿易品也，以工商各實業爲前鋒，以金融各機關爲後勁，風發雲涌，相率而致全力於我。故我國今日苟不欲立國於世界則已，如欲爲自立計，則斷非振興實業不可。然實業最要之關鍵，一在經濟流通，二在商團堅定，三在商力雄厚。

所謂經濟流通者，全賴銀行。今我國欲設立種種之銀行，則宜先確定對内對外之兩大方針。對内者，宜以清厘財政、開拓實業爲旨。對外者，宜以挽回利權，杜塞漏卮爲旨。今試略言其辦法。

屬於對内者，有三種銀行爲今日缺一不可者，一實業銀行，二抵當銀行，三儲蓄銀行。三者之性質，皆不外便利小民興業之應用，而於吸收母財之法，亦最妥善，非僅以匯劃爲惟一之職務已也。此三種銀行，宜遍設於各府州縣，而總其綱要，則省必有一大銀行，合各省而匯源於京師，則必更設一資本最厚之國家銀行，以綜其成，而後脈絡貫通，於經濟關鍵始能統一。

今户部銀行亦既設立擴充矣，然資本過小，不能盡其責任，且近於官辦之性質（按銀行必歸商辦，由官監督，始能發達。既可爲國家補助機關，而全以商人營業，又可使國民信用不失），是宜改設一國家銀行，資本須達二千萬元以上，由商部提倡招股事宜，各省分行，由督撫提倡招股，各内地支行，由地方官分任招股，務以斟酌地方之繁簡，派定數目，以求及額爲率。各推入股最巨及名譽共信之紳商，以爲經理及董事，而尤以全國機關息息相通爲最重要，於未設者擴充之，已設者合併之，其或地方瘠苦，不能一一遍設者，則兼辦之，此對内設立銀行之辦法也。

屬於對外者有二：一宜專設於通商各口岸，一宜專設於外國繁盛各區域。其總機關亦繞屬於國家銀行，而其專責在於本國，則惟與外人交接辦理匯劃兑換之事，使金銀高下之率，權不悉操於外人，在於外國，則使華僑財産，皆受無形保護，而行商轉輸，有此活動機關，影響最大，且可爲獎勵出洋貿易之資。

或有謂與各國銀行競争，則非具絶大資本不可者。查英國匯豐銀行，資本不過二千萬元，而已可壟斷印度及中國之金融機關。今我國各實業，尚未臻於全盛，而有中央二千萬元以上之大銀行，以爲後援，則凡喪失於外國之利權，固不難悉數收回而爲我有，此對外設立銀行之辦法也。

夫國無獎勵實業之銀行，則凡農工商各實業人民，雖有志改良，而恒苦無所挾持，以爲改良之資藉。雖可告貸資本，而既重困於償還迫促之期，復操縱於盤剥漁利之手（如内地各票號、錢莊、當鋪等，無不以畸利爲目的，且期限短促，非若各國之勸業及抵當各銀行，其取息既輕，而又有分期償還及數十年之久者），種種窒礙，致内地實業皆不能有奮迅進步之可觀，則經濟不能流通，有以大爲之障礙也。

所謂商團堅定者，則在商會。今各省商界，多有已設商會之處，就其表面觀之，不可謂不漸見發達也。然所貴乎商會者，乃集合多數之商人，而求判決於衆論，而其能力，又必有於一般商人之行爲，强其執行，蓋儼然獨具一有機體之資格，而後可謂成功。今試略言吾國商會之缺點：（甲）把持於一二巨紳大賈，小資本商人無投票發言之權。（乙）商會之能力，不過聚集數十百商人，籌一經費，立一處所，不時演説，甚且以爲宴會之地。（丙）各業公所，尚有互禁及議罰規條，商會反無此權力，以監督商人不正當之行爲（按往歲禁用美貨案，創議者上海商會，然禁者禁，而售者售，商會不能干涉之，其結果總歸無效。又如棉花運銷外洋，攙水和沙，屢受外人詬病，商會思欲禁之而無力，卒使外人不運華棉。而絲茶爲吾國最重要之輸出品，絲則日本與我國將並駕矣，以言乎茶，則某埠商人甚有以柳葉攙作爲茶，致歐西各國向嗜華茶者，今悉購自印度，而日本製茶，已駸駸度越於我國之上）。凡此種種現象，在疇昔未有商會之時，或尚未聞，而商會既設以後，乃屢見不一，見於商界，此真最可寒心者也。蓋吾國商人之性質，惟知斤斤於一己一時之小利，於其大者遠者，恒漠然無少感觸，而所賴以爲監督機關之商會，變公所之形式，且並向者猶有一長之各小團結力，亦消滅而無所孑遺，此非商團不能堅定之過歟。

所謂商力雄厚者，則在公司。夫巨大公司之能成立者，在乎商家之能信用，而商家之能信用者，又在乎商律之能保護。魄力既大，則尤宜擴充及於外國，直接營業，免受外人之把持，今更略言吾國商力之弱點。

其一，商律之保護，尚未完全。今國家已頒行公司條例，然定章內，所有董事及查帳人，員數過少，不能合從衆之義，而獨至稽查公司事務，又往往聽股東任意干涉。由於前者，則弊竇既不能消除，而意見恒囿於偏執，由於後者，則公司股東過多，人人直接詰問，公司將不勝其煩。吾國商業，方在幼稚時代，一有蹉跌，他皆視爲畏途，是宜亟圖改良者一。

其二，興業之事機，恒多妨阻。近來倡仿造洋貨，改良土貨之説者甚多，而實行辦理者，亦逐漸興起，如紙業、磁業、玻璃、紡織等。惟全國人民尚未盡知興業之利，苟非經名譽特著者爲之倡率，往往審顧遲疑，不敢輕投資本，而當事者，間有以意見紛馳，阻礙大事，則更足以遏人民希望之生機，是宜亟謀消除者二。

其三，遠征之貿易，絶少競争。中國絲茶各貨，向皆集合於滬，售之洋商，從無直接出洋自售者，故往往受其抑勒，致全國經濟盡入外人之手。此皆吾國人既無巨大之資本，又無競争之膽識，分赴各國開設商店，有以致之，是宜亟爲籌辦者三。

要之，商業必以競争而始有進步，今日之商務，尤必以與外人競争而始能自全。彼能來我不能往，不能戰即不能守，此皆致敗之道，而其要則商力不能雄厚之原因也。

綜此三者，倘能以政府之全力，斡旋於上，地方官之奉行，扶翼於下，而巨商大賈，又復能拓其遠大之識力，鼓其沈毅之勇氣，出而分任其事，則於吾國實業之前途，庶有豸乎。

《商務官報》光緒三十四年三月二十五日第七期《近世國民經濟之一現象》

近世國民經濟之現象有最足動人耳目者，即以張大其獨佔的勢力爲宗旨，設爲種種名目，聯多數企業家而一之曰聯合，亦曰合同者是也。合同云者，廣義有合併之意，自二以上相合爲一，其總稱則西語之阿馬格美興者實當之。合同之狹義，則上世經濟史亦所間有。特其勢力磅礴雄偉，由近五十年而始，如世所謂脱拉斯、加特、新戴加脱、布爾者，名目紛龐，其義一也。美國之脱拉斯，尤其有光者耳。

技術日臻於上進，則工業不牖於前規，昔之生産其量微，今之生産其額廣，而又適逢其會，信用之制，交通之道，燦然完整，販賣之途於以日闢，縱横馳騁，不患無所，才智困集，市若戰場，其結果乃有合同之制。合同者，所以防無限制之自由競争者也。糾集同業，互相提携，揆其販路，衡其生産，是以市場無意外，時價有定評，故經濟不發達則已，苟或發達，必底於是。德意志之加特以百數，美之脱拉斯亦至多數。又，國際間之合同，大小亦不下二十之數。合同之間，時且有再加以合同者，又有其發達之程度及存續之期限，與以上各種迥殊，而其聯合出於暫時者，謂之領克，或謂之谷拉。此種聯合，蓋非生産上之合同，不過於有限時日之間，運其專買專賣之術，以揺動商品市場爲目的，乃投機商業之同盟耳。

合同之始，其目的蓋在於劃一物價，在組各員之爲進貨也者，則協定一最高之價，在組各員之爲出貨也者，則協定一最底之價，然而供給之量，不能不時有盈虛，故劃一之勢，靡得而堅持也。乃進而爲加特之制。加特者，非但定價有協約，即各家販路及所生産，皆有一定，故生産不致過盈，代價不致頓落。猶懼組合員之利得不能平等也，乃有所謂販賣合同者，在組之員，合設一販賣之店，是乃新戴加特云也。由是再變，乃致業務完全統一，此爲脱拉斯。要之，加特及新戴加特者，據法律上之形式而論，其組合員各仍有獨立企業人之資格，惟其營業之方法，則受合同之規約所制限，英美之布爾，亦此類也。脱拉斯者，其組合員並獨立企業人之資格而無之，於合同中立於株主之地位，獨有合同爲營業之主體而已。

合同之成立也，立於規約之下之企業家，必與以嚴密之維護，企業家愈衆，則保護之責亦愈難，故利之所在，弊亦隨之。（一）損多數企業家之獨立。（二）不便於競争。（三）徒耗組織上之公費。（四）各種設備與其生産費各有不同，難以強齊，故惟其企業各家彼此業務及生産物大小多寡等差略近者，乃能不以合同爲病。故世界最有力之合同，則石炭、鑛鐵、銅、輪船、鐵路、各種化學品、砂糖、石油等類之企業家所合而成者也，而又宜於保護貿易主義之政策，不宜於自由貿易主義之政策，故德美易於發達，而英國反是。

謂有合同之制，則生産之業可以發達至於頂點，殆未必然，然其功效之彰彰有足道者。

一，抵制自由競争之損害。

二，可保生産及販路之確實。

三，防止過餘生産，及其餘損傷資本之舉措。

四，節省廣告之費。

五，闢新市場。

六，分業法得有最良之實行。

而因於以上之效果，可得如左之利益。

七，生産費減，則物價低。

八，合同之安固，不似非合同之危險，則可收集極大資金，謀技術上之改良。

九，取獲原料，既能穩便，又能抵制原料合同之勢力。

合同之弊，在於起始故意低減其物價，藉以廣招徠而傾同類。迨招徠廣矣，同類傾矣，乃復騰其價以補前缺，則其貽害於消費之家者，何可勝道。然亦無足慮也，政府於此，則改其税率，奬借進口，破其獨佔之市場，而與以競争之敵手，斯可矣。

《商務官報》光緒三十四年五月初五日第一一期《擴張中國麥粉銷場論》

竊查日本全國，種小麥地，共有四十八萬六千八百八十四町零三段，共出小麥四百三十四萬七千零三十五石，多以製醬油、磨麪粉、作餅餌等類。但日本小麥質少黏膩，粉欠潔白，不合製外國餅餌及麪包之用，故每年輸入外國麥粉之價額，有九百餘萬元之多。列表如下：

日本輸入外國麥粉三年總額表

年份	價額 圓	數量 擔
明治三十八平	九、九五一、三六七	一、八四一、五八二
明治三十九年	八、一九〇、九八二	一、五九一、五二六
明治四十年	六、二一二、二三八	一、二三二、八〇三

日本輸入外國麥粉三年國別表

國名		明治三十八年	明治三十九年	明治四十年
美利堅	價額	九、六三三、五四九	七、九二四、二七一	五、八五七、〇九一
又	數量	一、七八五、九四四	一、五四一、三六九	一、一六五、八二一
亞美利加	價額	一〇四、一〇七	一六三、六四二	二五三、八八九
又	數量	一八四〇〇	三一、〇六〇	四八、三八五
奧斯達利亞	價額	二一〇、九九七	九一、三一四	四二、五五八
又	數量	三六、五八一	一六、八〇四	七、七九〇
其他各國	價額	二、七一四	一一、七五五	五八、七〇〇
又	數量	六五七	二、二九三	一〇、八〇七
總計	價額	九、九五一、三六七	八、一九〇、九八二	六、二一二、二三八
又	數量	一、八四一、五八二	一、五九一、五二六	一、二三二、八〇三

按中國小麥性質最爲黏膩，由於地脈使然，美國亦自稱不及。上海麪粉廠，雖有用美奥小麥者，然必合以中麥，其粉方佳。各省製造麪包餅餌，近多舍美粉而用中粉者，取其黏膩故也。然則中國小麥，其質冠於地球，其粉宜消行各國矣。乃不能消行於各國，反任美粉之輸入，其故何在。一因米麥向禁輸出，麥粉同爲禁品也。不知麥與米異，麥粉尤與米異。中國人民，食米者十居八九，食麥者十居一二。麥粉頗同荳類，與民食無大關係。荳類尚屬原料品，麥粉則爲製造品。荳類可輸出，麥粉何不可輸出乎。一恐麥粉易於霉腐，難以行遠也。不知中國土法磨麥，必以水洗，麥質受潮，粉易霉腐。近來機廠林立，磨粉不以水洗，故有藏粉一年之久而不腐者。中國與日本比鄰，運費既靡，麥粉又勝，日本斷無拒中而用美者。查去年税務處定章，麥粉機廠，五年後須納税。既定徵麥粉之釐税，必代籌麥粉之消路。大部推廣商務，不遺餘力，果能詳陳利害，奏請弛禁，僅就輸出日本一國論，每歲當得三四百萬元之價額，杜塞漏卮，不乏小補。且不獨日本也，如英吉利自一千八百十五年始，採用自由貿易主義，與傾於工業立國主義之結果，農民漸舍鋤犂，以趨工場，以致外國穀物之輸入日加。今以左列二表證之。

英國小麥麥粉內國産出與外國輸入額比較表

年份	內國産出額	外國輸入額　單位者千萬英兩
一千八百八十五年至八十七年	三九、一四四	七六、五二二
一千八百九十年至九十二年	三七、七七〇	八九、一七五
一千八百九十五年至九十七年	二七、二九一	九八、五二八
一千九百年至零二年	二九、七三七	一〇二、五三〇

英國輸入小麥及麥粉國別價額表　單位者一億英兩

國名	一千八百九十八年	一千九百零二年
美利堅	六二、〇	六六、八
加拿大	七、七	八、六
印度	九、五	三、三
俄羅斯	六、四	二、六
亞爾然丁	四、〇	八、三
澳洲	〇、二	六、二
其他	四、六	五、二
總計	九四、四	一〇一、〇

（續表）

據上列二表，足以知英國需外國小麥及麥粉之鉅額。中國麥粉，果能弛禁，其輸入英國者，爲數必多，此乃挽回利權之一策也。雖然，欲求國外之輸出，年增一年，必須國內之農業，日興一日。欲圖農業之改良，須選植外國之嘉種。美國小麥，大於中國麥粒一倍，近年日本政府，廣購美國麥種，發植朝鮮。大部宜通飭各省農會，試植美麥，定能收效。去年山東農工商局採購美國棉種，發縣試植，旋據各縣報告，棉花倍收，此植美種有效之一證也。

秘魯利馬、嘉里約兩埠商務情形（三十三年秋季　駐秘利馬、嘉里約正領事）黎熺報告：

一、本季由港來秘中日輪船三艘，儎來華貨。今將名目、件數、價值，逐款開列於下：

宣佔米	三萬六千六十三包	值本銀二十萬五千一百二十八圓
又宣佔米	二萬六千四十五包	值本銀二十九萬六千二百四十圓
莊荳子	三百三十包	值本銀二千一十三圓
莊漿粉	一百八十包	值本銀三千八百七十圓
莊丁香	七包	值本銀二百九十四圓
莊烏椒	二百一包	值本銀八千四百圓
莊蝦米	一百三十四件	值本銀五千七百六十二圓
莊生油	四十五件	值本銀七百四十七圓五毫
茶葉	三千七百件	值本銀四萬二千九百二十圓
磩竹	二千五百十件	值本銀三萬九千四百七圓

草蓆　一百七十二束　值本銀二千五百六十二圓八毫
熟烟　二十七箱　值本銀一千五百六十六圓
牛膠　五十四箱　值本銀一千二百九十六圓
絲髮　十二箱　值本銀一萬九千五百圓
洋雜貨　五箱　值本銀六百二十五圓
藥材　一百二十四件　值本銀九千六百七十二圓
西米　十包　值本銀一百七十圓
海味　一千二百四十件　值本銀七萬二千五百四十圓
雜貨　三千六百六十五件　值本銀五萬三千一百四十二圓五毫

以上由華商撈頓船儎來，共值本銀七十六萬五千八百五十五圓八毫。

另由日本輪船儎來：

莊宣佔米　三千六百包　值本銀二萬一百六十圓
又莊宣佔米　三萬一千五百七十包　值本銀三十四萬八千一百八十圓

兩共值本銀三十六萬八千三百四十圓。

是季來華貨合共值本銀一百一十三萬四千一百九十五圓八毫。

二，本季華商之撈頓船，無貨返港，用石壓儎。日本忌連佛、笠付丸兩輪船，均往意基忌裝硝千餘噸，白糖數百噸，到日本卸儎，然後返港，此外並無別船由祕駛至中國口岸也。

三，本季利、嘉兩埠，生意平常，所到之華貨，頗爲銷流。七八月間，米價大起，土米每包一百九十磅，竟起至三十圓，爲歷來所未聞。華商由香港辦來之宣佔米，適逢其會，隨到隨沽，獲利甚豐，爲向來辦米者第一機會。及至九月，因來途太多，銀根極緊，是以市道稍跌二三圓，華商存米亦無多矣。棉花市情極穩，種植與販運者，無不獲利。蔗糖豬油，市道如常。麪粉畧起，荳子價跌，業此者無不損耗。華貨以胡椒漿粉，海味爲佳，礮竹茶葉及雜貨，銷路平常，惟草蓆最飫市，土貨大都起價者多，跌價者少，匯水上落無幾。以大局而論，本季商務平常而已。

四，本季由香港駛至嘉里約輪船三艘，華商之撈頓三千五百噸，無貨裝回。日本笠付丸三千五百噸，忌連佛三千二百噸，均往智利裝硝及蔗糖，到日本卸儎，乃回香港。此外並無別輪行走華秘。

五，本季利、嘉兩埠出口貨以棉花，進口貨以米爲最好，其餘各貨，起跌無幾，與夏季大畧相同。今將起色減色各貨，略列於後：

起色貨。一，米市。夏間已起至二十五六圓，七八月間竟起至三十圓。本季中西商人辦來宣佔米，不下二十萬包，連上季運來，所存不少。交九月後，因銀根太緊，不得不跌價求沽，以資周轉。旋跌回二十五六圓，仍有利可圖。一，石炭。從前每噸沽十八圓至二十圓，春夏間起至二十四圓，交秋再起二三圓。木炭向沽四十圓，春夏間起至五十二圓，交秋竟起至六十圓。一，麪粉。向由智利運麥來秘，近年智利無麥出口，祇靠澳洲運來，故價錢日高。一，豬油。價無甚上落，與夏季無異。其餘貨物以胡椒、礮竹、漿粉、海味爲畧好。

減色貨。一，土產。各色荳子，自夏間大跌價之後，至今仍不能復振。市道甚飫，有再跌無起之象。一，生油。從前每年銷數千箱，以爲棧器之用，爲華貨出口一大宗。近來歲銷一二百箱，不及昔年十分之一。其故由於本土之棉花核，從前不曉榨油，棄之而已，迨用機器榨出之油，初不甚清潔，近來愈出愈浄，價亦相宜。中國近年油價倍漲，兼用荳油、菜油沖之，價日漲而貨亦假，焉得不日見其滯銷耶。一，茶葉。近年英國辦來之印度茶，色味俱佳，裝璜巧妙，令人可愛，故銷場日廣。華茶假僞，其款式永不改良，焉能與之争衡。若不速爲講求，銷路愈滯，勢所必然也。一，草蓆。向爲華貨出口大宗，查秘國近來歲銷，不及萬圓，亦因其色樣始終不變所致。以上數種及絲髮，乃華貨天然土產，必須由該行中人慎選能員，出外認真考察，以期精益求精，方有暢行之望也。

六，本季由華商撈頓船儎來華客二百六十三名，由該輪返港領照，男女大小一百零五名。日本兩輪船儎來華客二百七十二名，由該輪領照返港，祇有四名。本季華人來秘，合共五百三十五名，回籍一百零九名。

《東方雜誌》第五年第五期《論礦政調查之關係》　各省奏設礦政調查局，二年於兹矣。近日農工商部奏定礦務章程，復於礦政局之職務權限，爲之詳細規定，並於商民呈請開礦，一切興利杜弊法規，籌畫極爲詳密。良以天地自然之利，取之不竭，用之無窮者，莫如礦務。時至今日，尤非大興礦利，不足以挽內界之貧弱，杜外界之覬覦也。況當此維新時代，實行自治，預備立憲，凡百新政，在在皆需經費，生利實爲要圖，而環顧各省，利之源遠流長者，終推礦務爲第一。蓋神州陝區，天不愛道，地不愛寶，峰巒起伏之際，皆寶藏蘊結之區。礦學家嘗言，十八行省礦地，多至一百二十五萬七千方里有奇，而東三省尤爲富饒。吉黑各屬及長白山一帶，金脈有長至數十百里者。奉天則金岫、蓋海、寬懷、通鳳，以及安東、遼陽、開原、鐵嶺、海龍各府州縣，金銀煤鐵，所在皆有，莫不苗綫顯露，孕育宏深。腹地各省，亦皆五金並産，而尤以晉省爲最。西人謂山西一隅，有礦面積多至九萬方里，即以煤礦而計，已有一萬四千方里之多。以環球各國歲需煤三百兆噸計之，則晉省産煤之數，可供五大洲二千四百三十三年之用。而其礦又多白煤，比較美國上等煤質，可煉焦而供機廠之用者，有過而無不及。是中國礦産之美富，洵可於地球之中首屈一指。有此美利，隱而不宣，安得不上下患貧，安得不漫藏誨盜。倘使自今而後，仍舊蹈常習故，任令民間惑於風水，有以開礦爲請者，從而百計阻撓，而官復不爲主持，設法以相提倡，勢必至外人垂涎其利者，起而爲越俎之謀，後患何堪設想。然則礦政調查局之設，顧名思義，不徒對於國家經濟、社會經濟，固有密切之關係，即於國家之主權、國民之生命，所以維持而保全之者，亦有正當之義務，而不可不默策萬全。此朝廷所以察内國之實情，感外界之激刺，而責望於礦局者，至深且遠，則凡任其職務者，自顧責任之重，而不可輕忽視之也明矣。況乎礦政之調查，非夫尋常之調查也，蓋對於探礦勘礦，必須有真實經驗，方能勝任愉快，故欲調查各省礦産，非有真正礦師，不足以盡其職務也。若徒恃一紙空文，由道而府，而州而縣，無論彼爲州縣者，深居簡出，不能周行四境，躬親履勘，即使躬親履勘，而於礦學未窺崖略，脈之長短，苗之淺深，何由探驗其詳。是故州縣既承調查之命，不過以受命於上者，轉而責之於差役，試思以無品無行無學業之差役，責以如斯之重任，彼又安能擔承。則亦不過擇其有山處所，詢之居民而已，居民曰有，且曰苗旺質佳，則雖峒老山空，而彼不知也；居民曰無，即有亦礙風水，則雖爲天下美礦，而彼不知也。由是觀之，徒恃差役之調查，報之州縣，上之司道，其所謂有者，果足爲有之據乎，其所謂無者，果足爲無之證乎。如是而言調查，不待智者知其不可也。

難者曰：各省之設立礦局，以征税而裕餉源，爲唯一之目的，故其調查之注意，不在乎未成之礦，而在乎已成之礦，則又何需乎精通礦學人員。記者曰，唯唯否否。年來朝廷迭頒明詔，飭下各省督撫，大興礦務，上以利國，下以利民，故商部奏定調查章程，實注意於未開之礦，由局派員查勘，集股開辦，以闢利源。若子所言，不特淺之乎視礦政，且揆諸立法之初意，不亦大相徑庭乎。夫礦局之組織，既以興利爲宗旨，則凡四境之内，何處有礦，何處無礦，自非精通礦學者，詳細調查，不能得其確實。蓋調查之要義，大别爲二：一曰探礦，一曰勘礦，均非不諳礦務者所能擔任，請言其故。今以探礦言之，爲開礦第一重階級，實調查入手之端。蓋五金之藴蓄，形迹最顯著者爲苗，苗之四布，枝分派别，迭起環生，猶瓜藤之蔓延，必先探其根之所由生，而察其枝之所由蔓，乃能知其盛衰。故或探獲零星碎塊，不能引爲苗旺之據，以碎塊猶其枝葉也。即或覓得大段形迹，亦難必爲苗厚之征，以形迹猶其果實也。非因端竟委，窮源溯流，不能得金礦概要。且苗有新舊之分，新者稀，而舊者富，如見苗之上下左右，有太古疆石，有古紅砂石，則其藴結必厚可知，反是，則形如枯樹，而無枝葉者，爲枯樹苗，形如斷港，而無本源者，爲鋪山苗，其下皆無美礦。若夫礦地在二山相向，其土塥交界之處，有泉瀉出，則礦必聚，則礦聚之處，尤必有緑絲苗，夾於石隙，其色純緑，其形如絲，依其緑迹探尋，乃能探其癥結（記者前撰《礦學指南》十卷，《礦政新法》八卷，曾詳述其理法。近年從公碌碌，迄未暇校定成書）。此可見探礦一事最爲縝密精微，非真正礦師不能勝任也。更以勘礦言之，探礦而後，而欲知其礦質之精粗、礦産之衰旺，則必繼之以勘礦，非兼通地質之學，而明金石各層之原理者，不能盡其職務。蓋礦脈多與石層相間，而花剛石（西語謂之合拉尼脱石）尤與五金各礦有聯合之統系。如金、銀、錫、鉛、鉍、銻，及灰銅、玻璃銅、紅鐵、磁石鐵等礦，其脈多藏花剛石中。不明石層，不能勘礦，然又不特金類如是，即産煤之區，亦與土石層層相間。土層或軟或硬，石層或嫩端石，或粗砂石，每層煤下，則有凝結軟泥，自上而下，皆爲土石相隔，積累而成，各有草木之形迹。上層砂石之面，則有紋路，或爲樹葉，或爲樹身，或爲草根，或爲草葉。精於礦學者，詳助其形迹紋路，即知其優劣精粗。倘以不諳學理者委任調查，雖有形迹，豈能辨其微乎，雖有紋路，豈能明其故乎。或且指鹿爲馬，比及開採，始知其誤，而糜費已屬不貲。此可見勘礦一事，尤爲關係重要，非真正礦師不能勝任也。不特是也，辨析礦質，尤須實驗。舉凡礦形、礦口、礦味、礦氣、礦之軟硬跪韌，對於礦質之美惡，悉有一定之比例。苟其不通礦學，則以礦形言之，或爲一律，或爲二律，或爲六角，或爲三斜，何以辨其類之等差乎。以礦口言之，或爲蚌殼，或爲鋸齒，或爲磚瓦，或爲細粒，何以驗其質之高下乎。況試驗礦質之法，有熱試酸試之别。熱試者，必先試其水氣，而復驗其銷鎔。酸試則用三酸（即硝酸、緑輕酸、硫礦酸）驗其消化之能力，以定礦質之種類，此豈不學無術者所能問津乎。然則各省調查局，不欲振興礦務則已，苟欲振興礦務，必自注意調查之人才始。

調查員之關係，固如是其重矣，雖然，調查員外，與法律及礦務有密切之關係者，猶有各州縣之礦務委員。查《奏定大清礦務正章》第四款，凡總局所派駐各州縣之礦務委員，凡關係礦内之事，無礙於地方者，準由該委員秉公辦理。或勸解調處，或執法判斷，均由該委員酌辦，總以無礙法律、有益礦務爲主。並於《附章》第二條，分別回避之條款。第三條，規定委員之責任。第二十六條，有經理告發之辦法。第二十八條，有處置訟案之權限。是其職務之重，而爲振興礦務最要之關鍵可知。然其尤要者，在乎礦務之警察。《正章》第七十二款規定，礦務警察由委員攝行其事者有三：一，關於坑内及礦地所施設之工程，有無危險事。二，關於礦工之生命及其他衛生事。三，關於保護公益事。又第七十三款，礦務委員，如實見所管礦地，有危險之虞，或有害公益者，應稟請總局，命其停工。如事迫不及稟請總局者，該委員亦可命其暫行停工。是知礦山之危險，委員有防止之責，礦丁之生命，委員有保全之責，礦地之一切公益，委員有維持之責。取益防損之法，興利剔弊之方，動輒與全礦有莫大之關係，苟非明礦學原理及有確實經驗者，安能措置裕如。今試以礦中危險情形言之，即可知其責任關係之重。大凡五金各礦，莫不含有敗氣，而煤礦爲尤烈，其勢曲折而深邃者，敗氣之蘊積尤深，種種危險情形，悉發原於此氣。其氣亦有數種：一曰炭氣。炭氣與空氣相較，其質較重，若一百五十二與一百之比例，重則下沈。故凡深邃之礦，形勢低回，悉爲炭氣所積聚，無空氣以調劑，危險不可勝言。二曰炭養氣，較空氣爲輕，若九十七與一百之比例，輕則上浮。故其性質雖毒，但使有空氣注入，則炭養必浮其上，漸漸引出礦外，尚不至危險環生。三曰硫輕氣。凡含硫各礦，皆有是氣，其性極毒，其味極臭，中其氣者，極爲危險，故開礦不可不防。四曰煤氣。多發於煤礦，質較空氣爲輕，其比例定率若五十五與一百。礦中空氣，如有三十分之一煤氣，則燈光所發藍暈尚淡；有十五分之一煤氣，則燈光即發藍暈甚濃，然此猶不爲大害。及有十分之一煤氣，則轟爆之能力漸顯；八分之一煤氣，則炸裂之危狀突生(其中兼含炭氣者轟力略減)，人若呼吸，立即昏暈。故開煤礦，往往有轟炸、覆壓及一切危險情狀者，皆敗氣爲之也。以上種種敗氣，其發泄之多寡，視空氣壓力之重輕，故欲免危險而保生命，必須調和空氣爲第一要義。今以煤礦而言，每分時恒發煤氣二百立方尺，而每方尺之煤氣，須以空氣三十立方尺，調和抵制，始不至發而爲災。故每分時，須進六千立方尺之空氣，以抵二百立方尺之煤氣。且每人每分時，呼吸之間，復需空氣一百立方尺，方能保全生命。故有千人作工之礦，每分時需進空氣至十萬立方尺之多，而礦地之施設工程，苟或不得其當，則又動致危險。然則爲礦務委員者，不通礦學及取益防損之法，何能盡其保全之義務，擔其警察之職任乎。爲今之計，苟欲大興礦務，當一面延真正礦師，先行擇要勘辦，一面設礦務學堂於局中，招選聰穎子弟入堂肄業，分作甲乙兩班。甲班培植礦師人才，畢業後派往此國，再行精學六年，乙班爲速成之選，畢業即派往各屬，分任礦務委員。如此則十年以後，礦政人才日出，礦務有不振興者，吾不信也。

《商務官報》光緒三十四年十一月初五日第二九期《論商業之資本》　商業之資本者，經營商業所用之資本也。商之資本，固定者少。農與工之資本，捨購原料、給勞銀二事以外，其固定者居多。蓋其大半，非變爲流通之資金，則成爲轉展之商品。且其爲物，逐利乘便而自然流注，無所扞格。故農、工則資本與勞力相衝突，而商業則資本與資本相競爭。工業之資本家，時時可削勞働之值，以肥己。商業之資本家，於資本之競爭，衹能任其自由，無術足以相抗也。則惟有時時旋轉其資本，旋轉之度愈速，則所收之益自宏。商之與農工，性質迥殊，作用亦有遲敏之别。

然則商業之資本，則區爲數類：一，固定資本與流動資本。二，特定資本與不特定資本。

固定資本與流動資本，此由資本之效用，能於永續與否，而别之者也。固定資本，其助力於生產者一次，則其一部之效用，輒因而損失，然全部之損失未盡即常能助力於生產。流動資本，既一次助力於生產，則全部失其效用。商業以買賣爲性質，其需固定資本，不過爲營業之補助，若門面招牌之類。然商業亦有以固定資本爲重者，運輸商業及倉庫商業是也。故商業之固定資本，其爲用如何，可析爲四種：

一，交通用之固定資本。此爲運輸而用者，若鐵路、運河、船舶等是。

二，保管用之固定資本。此爲保藏而用者，若倉庫、金庫等是。

三，舖户用之固定資本。此爲開店而用者，若門面、櫃檯、用具等是。

四，公共用之固定資本。此爲營造物而用者，若商會及其餘建造物是。

至於流通資本，於商業必佔資本之大部分，遠出於固定資本之上。若按其性質，亦可析爲二種：

一，商品。即貨物與憑票之謂，其轉展利在敏速。

二，資金。即貨幣與銀條之謂，其歛散利在敏速。

特定資本與不特定資本，此依使用之有限與否而利之者也。特定者，衹使用於一定之目的，而不能轉用於其他事業。不特定者，種種事業，皆可使用之。特定資本，略與固定資本相類。不特定資本，略與流通資本相類。然交通用及保管用之固定資本，於何等商業皆使用之，是不得爲特定資本。要之，固定與流動之別，蓋從社會之經濟，以觀其經濟之效用，乃有此區別。特定、不特定之別，則從人已經濟，以觀其使用之狀態，而有此區別者也。

資本之於商業，爲其生產之作用，而其效用之大小，則依資本之種類、資本之額數、資本使用之度數、商業之種類，而各有不同，試析言之。

凡資本因其爲固定，爲流動，爲特定，爲不特定，而異其效用。譬如銀行業家，其固定資本之用甚微，而流動資本之用極大。鐵路業家，則又以特定資本之用爲多。此效用之依種類而分者。

資本之數額與商業之規模，不必相涉。然數額既大，則效用必增。近世所以多合本之組織、公司之組合者也，惟一國之貨幣，必有定數，超過定數，則何等商業，皆受其紊亂之弊。此效用之依數額而分者。

資本增加，則使用之度亦增，固也。然即未有增加，而有術焉，足與增加相埒者，則流通速而旋轉捷是也。銀行之中，能廣爲吸收而不滯於貸出，鐵路之車輛，江海之汽船能速於往還，則其效收自增。此依使用之度數而分者。

投資於有利之事業，其效自增，然其使用之法，更能便宜而適當，則所增益巨。便宜耶，適當耶，又全視使用者之才識爲準，非人人所得而幾焉。此依使用之方而分者。

使用之方法，無缺憾矣，然商業之種類，亦有關焉。同一使用資本，而鐵路與銀行，其贏絀判然，若相徑庭。此依商業之種類而分者。

資本之爲固定，爲流動，用各不同，則其報酬亦異。然報酬之多寡，非因此而分也，仍視其各種之關係，與各種關係相適，而使用適中於窾竅則贏，與各種關係不相適，而使用不中於窾竅則絀。各種之關係者何，即投貲之安危，與需資之緩急是也。

何以爲投貲之安危也。曰：一國之法制不備，生命財產，疏於保護之術。或其政治機而不甯，社會腐而不進，則必高其利率，隱寓保險之費於其中。故利率高之國，其經濟情形必幼稚，社會制度必未完全矣。又商人所操之業，未有一定之計畫，希圖冒險，以漁奇利，則投貲於此者，其利率必高，亦安危之故也。

何以爲需資之緩急也。曰：資本之報酬，蓋其使用費耳。使用之分量及度數多，則報酬自多，否則必少。夫使用之處，何以有多少，則需用之緩急爲之也。需用之緩急，亦視其邦國之安危，及資本之多寡而別。一國之產業，方當進步之時，羣情踴躍，百務具舉，則資本之需用增，增則供給不足，不足則金利昂，此邦國安危之説也。資本之借給過多，則金利自落，設於此際，不計金利之下落，而猶自濫爲供給，則資本加而物價貴，事業漲而國家不免於破產。此供給多寡之説也。

《商務官報》宣統元年十月初五日第二九期《職工寄宿舍之利益説》　一，減縮職工之生計費。自社會之進步，近時物價，日以騰貴，而在於都市，尤爲可驚，小民生活困難，出於意外。若工廠所在地方，無處居住，工人之來自遠方者，勢必借居旅館，所費不貲，故各國工廠，皆坿設寄宿舍，舍中一切經費，皆由廠主擔任，居其間者，房金、浴費、燈油費皆不必問，惟須繳膳費而已，亦有並膳費而免之者。

二，以有限之費用，得精良之食物。凡工廠坿近，必有多數小旅館，旅館既以營利爲宗旨，則不得不粗惡其食物，而居奇其價值，惟寄宿舍不以營利爲目的，故索費寡而供給優。

三，宜於居住。小旅館或簷楹摇落，不免風飄露零之歎，或一燈如豆，並無讀書閲報之光。寄宿舍建築既較完整，而電火輝煌，亦足增人神智。

四，便於監察。多數職工，其散居各地，與聚居一處，二者於監察之上，難易迥殊，故自有寄宿舍之制，乃便於監察，是生數利。

甲，便於整頓風習。職工居舍，不許擅自出門，自無過惡之機會。且舍中設施完整，或足以陶冶性情，或足以娛慰心意，寬嚴兼濟，風紀自成。

乙，便於管理衛生。爲職工者，大都無暇計及於衛生者也，若以其不識衛生爲何物，因而恝置，一人致疾，或且貽毒於社會。惟在宿舍，自得嚴其管理，防禍未然，且既成宿舍，必坿病房，病房必有醫士，診治癒速，病亦易除。

丙，可以振起怠惰。職工居於宿舍，一律皆在監督之中，行動必遵紀律，眠起必有定時，故於工作，亦得整然畫一，無遲來早退之患，而有愛惜時間之觀念。蓋工人散處旅館，距離之遠近不齊，眠起之早晏無準，夫工作之事，往往一工未到，而各工受其牽掣，此普通之工廠，所以必置額數以外之工人者也，惟有寄宿舍，則無慮此。

五，節省勞力。職工居住廠外，其近廠者有之，遠廠者亦有之，奔走道塗，費時耗力，在所不免。今工廠開工，普通在六鐘、七鐘之間，其距廠遠者，設到廠需時一鐘，則四時半或五時半，即須盥洗，及至到廠，上工之時已迫，不得不隨即更衣執役，無復片時休歇。如是日久，其精力安得不耗，勞動之力，安得不減乎。況陰晴風雨，天時無定，衣履沾濡，不遑自惜，其勢如何。此又寄宿舍之所無慮也。

六，施行教育。職工終日勞動於工場，即係青年子弟，受教之餘暇無幾，故須有節省工作之法。又工人數日勞困，一遭放假，室家存問，情所難已，復欲強爲聚集，施以教育，必不可能之事也，然則一生殆不沐教育之澤矣。故必有寄宿舍以收容之，俟其書間疲勞，稍爲恢復，乃始徐徐施教，此夜學之所由起也。今歐美之夜學，全數工人，到者必居其半，既居其半，斯教育之目的亦過半矣。

七，獎勵儲蓄。放職工於無節制之境遇，則浪費之弊，隨之而生。寄宿舍中，日用之費，既大半歸廠主負擔，此外所需，亦復依原價售給，使監督得宜，浪費之害自除，而儲蓄之力自增。再爲設特別之機關，畀以特別之利息，雖有愚頑，靡弗向風恐後也。

八，意思相通。文明工廠，操作時不容隨意讌談，操作既終，又復閧然一散，彼此不相聞問，則意思不獲疏通，同居勞働之頃，焉能生其愉快乎。非但不愉快而已，各工既無團結之力，則其影響於生産上者，更可知矣。夫職工團結，或爲資本家所嫌忌，然自社會政策而觀，固必不可少者也。

九，遵守規則。寄宿舍起居飲食，各有定時，工人受此規則之生活，習而成性，其在廠工作之時，必能循然於規則之中。若行其所無事，工人能有規則之勞動，必得以僅少之勞費，收莫大之效果。

十，增益健康。終日營營於塵埃極目之工場，夜復歸於陰鬱不揚之陋室，其不能健康，固所宜也。體力不健，精神疲病，生産之力日削，其利害之及於廠主者何限。故寄宿舍中，無不以保全健康爲要圖，則通風採光，及其餘一切準備，自然各得其宜。

十一，補助資本家與勞動家之接洽。主與傭不相接觸，或相互反目，主視傭爲奴隸，傭譬主於蛇蠍，此産業所以不能得圓滿之發達，而歐洲之勞動問題，所以終古無解決之日也。故今之工廠，應以圖二者之接洽爲要務，欲其接洽，方法不一，而寄宿舍實其一助。其經營設施，果得其宜，彼工人者，試思一身所托，日夜起居坐臥者，何人之地。燈火輝煌，器具豐腆者，何人之物。況復籌其衛生，施以教育，畀之娛樂，惠以儲蓄、保險之便宜，又何人所爲耶。清夜捫心，自然感恩懷德，意氣既平，復何有難解之問題乎。

十二，夜工之利益。工廠夜作，有礙於保護勞働人之本旨，固不待言。然今之紡紗廠，孰不以夜繼晝乎。而在爲夜工者，晝而歸家，其家非盡夜工，勢必不便於一人之晝寢。事多而寢少，健康損而生産之力微矣。故惟在寄宿舍，夜則並作，晝則同寢，無所不便。

《商務官報》宣統元年十一月十五日第三三期《論社會階級》 自近世自由政治興，而政治上之階級消滅無餘，然社會之階級，依然如故也。此各階級，莫不各守阻障，高其崖岸，惟恐有所凌奪。雖然，此其階級，固以何者爲標準而區別之乎。今世有所謂士族與平民云者，是封建制度之遺物耳，未足以爲社會階級之準也。又有所謂上流社會、下流社會云者，以此分別富豪與貧窶，此亦第依經濟狀態而分之，未足以別社會之階級也。古來學者，又恒以其人所得之多寡爲別，然亦未爲愜當，蓋今月得十五圓之教員若警吏，與彼月儲二十五圓至四十圓之職工相較，其所得更復何殊。故第以收入定階級，亦謬也。美國社會學家根特氏，嘗於此創一新説焉。氏不以所得之多寡爲別，而依收入之性質爲準，由其所説，社會階級分爲六種如左：

一，衣食工資之生産勞働人。凡農業勞働人、機器工師、職工監督人等，皆賅於此。其爲人管理經濟，而以工資爲目的者，亦與以上各等無異。又，凡發明家及應用科學之專門家，亦在此級之内。

二，自働生産人。兼賅自爲耕作之農人，及自爲勞働之工人在内。此等雖同屬生産勞働之人，然既自有土地，自有器具，固與第一級之專取工資者有別。且此等人，於日用之下，鬻其所餘，則又儼然一商人也。

三，從事於社會事務者。此等之人，專爲公共，或爲全體社會而働者也，例如教育家、教徒、牧師、醫士、美術家、文學家、官吏及公共團體所聘用之職員皆是。凡其所掌，皆有公共之性質，實社會之傭工耳。

四，實業家。兼賅工業、商業及金融家而言。此等之人，其所經營之事業，並不以生産爲重，而以營利爲重，其感情及其思想，無一不受營利之目的所束縛也。

五，坐食之資本家。無爲無業，惟指資本之利子以爲衣食，其放資也，企業家則取而運用之。此等人於一諾之外，無他事也。

六，僕人。凡供實業家及資本家慰安娛樂之助，而直接負其責任者是也，若律師及銀行經記、公司經記及僕婢，皆賅於此。又行政及司法之官吏，雖屬社會之庸工，然其行事不秉至公而受他人之驅使者，即可歸於此類。

社會之階級，既各不同，則階級間之道德，亦隨而各異，故有種種之道德思想及道德格言。此思想、此格言皆基於其産業職業，及其餘特別之收入手段則生。以個人之良心，受物質之壓迫，壓迫所加，罕有能相抗也。蓋人心依境遇而變化，故恒以有利於己之行爲爲是，反是者則以爲非，此各階級之道德所由分也。試即各階級之道德而一究之。

一，衣食工資者之道德。以工資爲目的之人，其間所具之根本道德，厥有二者：一，相互有益。二，利害共同。以相互有益爲道德，故以働而有益於社會爲取得工資之資格，而即確信不働者不應得食之格言。以利害共同爲道德，故於共事之伴侣，互敦友誼，而深信相互福利之可恃，此種道德，在礦工之間，尤其顯著者也。以此爲道德，故有共同經濟之團體，亦即有同盟罷工之風習。

二，實業家之道德。實業家之道德，則現今社會全體道德之基礎也。夫人方罷工，而我攘其職，此種行爲，自衣食工資者之道德上觀之，爲最不正當之行爲，殆將鳴鼓而攻之者矣。而自實業家之道德觀之，且將保持之不暇，謂是勞働之自由耳。又實業家之道德，有莫大之迷信焉，即奉契約爲神聖是也。視契約之義務，若神聖之不可侵犯也，此其信仰，於全體社會實有非常之勢力。又次乎此信仰者，更有一信仰焉，即若干程度以内之隱瞞是也。買賣之間，不能毫無隱瞞，隱瞞行乎其間，而絶無一商人大聲而痛斥之者，彼固默許爲當然也。當實行此隱瞞之時，彼其持心，固謂非此不能生活耳。故有時公然誦之於人，而無所愧怍也。

《商務官報》宣統元年十二月十五日第三六期《廣東石炭之需要》 據海關報告，廣東一歲之間，需石炭十二三萬噸，然此非確數，蓋由民船自香港九龍等地運進之炭，並未計入也。若自各需要之處而觀，官吏用之於礮艦、製紙廠、製錢廠、軍械廠、火藥廠中者，每年約五六萬噸。商人用之於小輪船，每年十一二萬噸。絲廠所用三萬噸，粵漢鐵路所用一萬噸，其餘電燈水道諸公司所用，及零雜消用，約一萬噸。凡此等需要，廣東本地出産無多，皆仰給於他方，合計應在二十二三萬噸之譜。而日本石炭，佔其十三四萬噸，他國石炭，約佔七八萬噸。從前粵漢鐵路，專用澳洲石炭，近頗參用日本炭。

廣東、廣西二省煤礦全未開鑿，惟湖南乳源縣稍稍開採，而品質甚劣，中多夾雜，昨年輸入廣東市場者，不過六七千噸耳。其礦係農工商局所辦，故此六七千噸，全歸官場銷用。又乳源居北江之上流，由江上溯一節，夏季尚可行舟，冬季則否，乳源之礦夏季則開，冬季則閉。撫順炭自本年始行試售，以有他種關係，未能順手，然其炭雖火力不能耐久，而易於燃燒，亦少夾雜，後此當有望也。開平炭自昨年底始行輸入，約三千噸之譜，入本年來，亦陸續輸入，蓋因於抵斥外貨，及銀市之關係，每噸較日本炭，價廉至三四十仙。

當地石炭之需要，如前所述，以内河輪船所用居其大半。此等輪船，並用易於燃燒之炭末，不問其炭産於何地，苟價值低廉，即爲入選。其爲官吏所購而用於礮船及官辦各工廠者，則全係炭塊。此種炭塊，除乳源産以外，即全係日本所産，此目前需要之情形也。據是以推，將來其局又將一變，蓋近時以收回利權、振興土貨之故，各種工廠漸次勃興，而塞門德土廠規模獨大，以當地人民黽勉耐勞之概推之，工業前途，方興未艾，可知也。又粵漢鐵路，今所着手，雖不過三水支路三十餘哩，及幹路四十四哩，而今後日見延展，需炭正多，即使全通之後，開萍炭必復麕集，方其未克全通之時，尚須盡仰廣東之供給也。況廣西鐵路，指日可期興辦乎。由是而觀，兩粵之需炭，將來必可大增，而供給之一面，尚未有先入而爲之主者也。

《商務官報》宣統二年三月十五日第六期《論今日欲振興生産事業不宜拒絶外資》 處今日經濟競争之世界，欲强其國，莫要於振興實業。蓋産業之發達不發達，不惟國民生計之榮枯繫之，即國家大局之安危，亦係之。故非振興商務，無以塞利權外溢之漏卮，非振興工業，無以促商務前途之發達。蓋經濟界有活潑之氣象，即國事亦從而蒸蒸日上焉。若是乎居今日而言强國之道，振興工商業，實爲最急之務也。雖然，産業之發達，非無所憑藉而能致之也。凡生産之要素有三：曰土地，曰勞力，曰資本。以中國領域之廣，泱泱大國，久爲列强所艷羨，則土地之要素，實充足而無待他求。而論其人口，則四萬萬餘，且忍苦耐勞，爲我國民之特性，則勞力一項，亦豈足有餘。其最憾缺乏者，特資本已耳。雖然，欲望産業之發達，此三要素者，實缺一不可也。蓋使資本缺乏，則雖有廣漠無垠之土地，而並開墾耕作之具而無之，則終歸於荒蕪也。公司不立，工廠不興，勞動家欲得一職業，難若登天，則勞動者雖多，徒足使社會常惹起杌隉不安之現象，而奚足爲益也。故中國今日欲謀産業之發達，其相需最殷者，惟資本而已。蓋苟有道焉，可以得大資本，則産業可以勃興，即國力可以驟振。故今日資本問題，非惟爲生産界之大問題，亦爲國家存亡所關之大問題也。

雖然，以中國今日經濟界之竭蹶，欲得大資本，將焉從而致之。然而有道焉，可以彌此缺憾者，則利用外資是也。蓋今日歐美各國，資本充溢，本國既有餘於用，而競思外洩，故其利息低廉，天假奇緣，萬國交通，中國雖患此物之不足者，可借入外國之羨餘以補之。故竊以爲今日上而政治家，下而實業家，誠能利用全世界利息之低廉，借入外資，以經營生産之事業，十年而後，全國産業之振興，經濟之活潑，可坐而待也。《詩》有之，他山之石，可以攻玉。中國今日之資本，其必借助於他山哉。

讀者聞此言，必將曰今日全國輿論，皆排斥借外資，謂是可以亡國，而子獨與輿論相反，豈衆人皆愚，而子獨智也。則應之曰，今日全國人之反對外資，猶五十年前全國人之反對通商也。夫通商則何害，而五十年前之人，必曰是爲亡國之媒也，而自驚自擾，抵死以抗拒之，遂使國際上之波瀾，翻雲覆雨，亘及若干年，以今人之眼觀之，則當日之擾擾者，實不足以值一哂，而五十年前之人，則固冥然不悟也。而今之排斥外資者，其自驚自擾之現象，則正與五十年前之人同。夫外資則何害，使能利用之，以振興各種之産業，則他日必有大收其效果者。而今日舉國擾擾，皆竭力以抵抗外資，十年而後，其笑今日之擾擾者，方且競蹈五十年前之覆轍，而不知所悟也。夫我之論此，非好作笑罵之言也，今之反對外資者，與五十年前之反對通商者，實皆出於愛國心，我則何懟焉。然其不明乎外資之性質，妄以排外之手段，用之於經濟界，而自窒一國産業發達之生機，是則余之所大惘也。余之策中國，以爲今日非排斥外資之時代，而宜利用外資之時代也。故竊願就世人所致疑於外資者，試爲解釋之，以祛其惑。

第一，先從外交上觀察之。今之反對外資者，豈不曰外人將隨其資本之侵入，而其政治上之勢力，亦因之而侵入，則國亡種滅之禍，或將以是爲導火線。埃及之亡，由於外債，夫固殷鑑不遠也。雖然，是非探本之論也。夫國家之興廢存亡，視乎其政治之根本如何，而外資之借不借，實不與焉者也。使其政治善良，有以立自強之本，則雖多借外資，實有足以助産業之發展，而不必爲國家之患者。彼美國立國伊始，萬里荒原，半屬蕪穢不治，而今也，其富力之鬱勃，乃精光四射，使全世界人皆動色相驚者，則以其前此曾利用歐洲之外資，以開發一切之富源，夫是以得有今日也。而不然者，其國家之政治，既極腐敗，岌岌焉有不可終日之勢，則雖不借外資，豈能保持此風前之殘燈，使不歸於消滅者。彼安南、朝鮮之亡，試思其於外資，曾有絲毫之關係焉否也。夫以美國與安南、朝鮮較，則外資之爲利爲害，從可知矣。而況乎今日全世界盛強之國，其負外債纍纍者，殆十之七八，正不獨前此之美國已也。故以今日之中國，使庶政漸次修明，日有振興之氣象，則雖多借十萬萬之外資，愈足以促國力之進步，豈得曰一經負債，而國事即不可爲也。非然者，凡百事業，皆不振作，前途絶無發展之生機，又豈得曰我拒絶外資，即可以保延殘喘，以求生存於世界耶。固知國家之治亂安危，自有其本，而不繫乎外資之借不借。彼以外資問題，牽入政治問題者，皆節外生枝，而非探本之論也。

其次，再從財政上觀察之。今之反對外資者，又豈不曰外債之借入，只便於一時之揮霍，彼此將履行償還之義務，則財政上之竭蹶，將益加甚也。雖然，是猶知其一而不知其二也。夫使外資之借入，僅用之於消費之途，則後此將履行償還，誠不免益加重財政上之困難。然余之主張借外資者，乃爲生産而借入，非爲消費而借入也。夫使外資之借入，而用之生産事業，則以中國土地之廣，物産之豐，其資本無論投之何途，其獲收巨利，實可計期以待。他日者國庫之收入既豐，則債務之償還極易，是外資之借入，實爲財政上闢利源，而非爲財政上加負擔也。則彼致疑於財政之將加竭蹶者，其説又不足以成立也。

《商務官報》宣統二年三月二十五日第七期《論今日欲振興生産事業不宜拒絶外資續第六期》 第三，再從經濟上觀察之。則外資之有利無害，益顯然可見也。今之論者，動曰外資之輸入，將以釣取我國實際之利益，今日不知拒絶，他日必有脂膏告竭之時。殊不知國際貿易之原則，必基於彼此兩利，凡外人之以資本貸我，或以物産與我交易，其能取我之利者，亦必有利於我，固非必一方有所益，即一方有所損也，請試以淺事説明之。今使我國組織一製造公司，而借入外資千萬焉，經營之結果，每年可獲利一百萬，此時對於此公司，其得直接享受其利者，有四階級焉。一曰工人，即於此中取得若干之賃銀也。一曰營業者，即於此中取得若干之利潤也。一曰外國人，即於此中取得若干之利息也。一曰工場之地主，即於此中取得若干之地租也。享利益之人，本國人居其三，而外國人僅居其一。雖地租之利，或不能比利息，而賃銀利潤之額，則必遠過之矣。夫彼猶僅就直接受其利者言之也，若此公司歲産出無數之物品，實爲一國之經濟界，增長無量之富力，是間接受其利者，又遍於全國之人也。論者或以爲營業之事，未必有利而無損，則更就失敗言之，今使此製造公司，數年之後，而停閉焉，則必將賣器械，變田宅，以償還外國人，此時之公司，誠虧損不堪矣。而此數年中，其所製出之物品必在數千萬以上，則仍爲一國增長幾多之富力，而況乎地主之得地租，工人之得賃銀，斷不因公司之虧損，而至失其利也。是損者僅在此公司，而享其利者，仍遍於全國也。而此等外資，苟以之投於礦業，其利益亦如是也。若以之投之於鐵路，雖非直接生産之事，然足以間接而助一切事業之發達，則其利益亦復無窮，讀者請試一思之。今使我二十二行省，而悉有鐵道以溝通之，則行政機關之靈通，人民智識之進步，商工事業之發達，比之今日，奚啻千百倍以上。則以我國之與泰西通商，實先於日本，我今日雖突過日本可也，胡爲乎今日之國勢。其有一線生機者，僅限於交通發達之地，而内地邊僻之省，尚陷於五里霧中，而不知見天日果何年耶。然則今日外資之借入，使不用之於消費，而用之於生産，不特不礙我主權，則雖謂外資之輸入，爲輸入文明，輸入富源可也，我國民何所容其抵抗耶。第四，再從社會上觀察之。則今之拒絶外資者，實無異自促其國之亡也。夫我國數千年來，每數百年或數十年，輒起一次之事變，而當其亂事蔓延，動輒殺人數百萬，屠城數十郡，全國之中，其瘡痍滿地，户口零落者，比比皆是也。殆及乎天下平定，一國之人口，甚則減去其半，少亦減其三之一，此等惡現象，數千年來，如環無端，往而復返。蓋我之歷史，實以此等事充塞其半也，此其原因何自起耶。蓋我國之農工商業，其生産之方法，數千年來，毫無進步，故當人口稀少時，一國之物産，差足供人民之需用，生計既不艱難，閭閻自以安堵。及乎人口繁多，天然之利益，既不足支持全國人之日用，而生産方法，又絶無改良，於是乎全國人民，皆感生活之困難，而盜賊遂以漸多，亂機遂以漸啓，餓民搶食之事，到處而有。而適遇其時朝政之腐敗，一二野心家利用之，而遂以危邦本焉，此我國前此陳陳相因之古歷史也。然而歷朝之人口，漢之盛也，僅五千餘萬，隋之盛也，僅四千餘萬，唐之盛也，僅五千餘萬，宋之盛也，僅四千餘萬，元明之盛也，亦僅五千餘萬，而至於今，則全國之人口，約四五萬萬，比之列朝，其數實增十倍。而前此以四五千萬之人口，猶常生生活困難之問題，至岌岌無以終日，而惹起大亂。今也以十倍於前之人口，而全國人民，猶可維持其生活，不至轉死於溝壑者，此其故何耶。則外國資本、物産之輸入，其維持贊助之功，實屬不少也。試觀今日全國中，凡與外人交通之地，其經濟界必活潑，而與外人不交通之地，其經濟界必憔悴。蓋交通之地，藉外國輸入之資本，外國輸入之物産，有以相助，而供給人民之需要，而輾轉波及，即與外人不交通之地，亦未嘗不稍蒙其利益，此所以能維持今日之現象也。而不然者，恐我民之死於涸轍之中，固已久矣。然則今之排斥外資者，何異自塞其衣食之源，而將坐以待斃也。

《商務官報》宣統二年四月初五日第八期《論今日欲振興生産事業不宜拒絶外資續第七期》 故從種種方面觀察之，外資之有利而不至爲害，實確然無疑。而我國民顧蔽於感情，不暇爲學理上、事實上之研究，一聞外資之名，輒相驚以伯有，斯真可笑，亦復可憐者也。而數月以前，且復有籌還國債之舉，欲舉前此所負之外債，悉數而清還之，其愛國之熱誠，固足使人起敬，而不知由其道而行之，則中國窮困，可翹足而待也。夫以今日全國經濟界之蕭條，生産力之困竭，使舉所負十三萬萬餘兩之外債，而立刻清還焉，則不特一切之工商業，將歸倒閉，而全國之人，行將不得一絲之可衣，一粟之可食，而立成餓莩，芸芸四萬萬衆，恐待索之於枯魚之肆已耳。讀者聞此言，又必駭然曰，粟者，我國遍地皆是之物産也，絲者，亦我國到處多有之物産也，何至因償還外債，遂並此等物而無之。則將解之曰，我國之償還外債，非以貨幣還之，實以物産還之也。蓋各國有各國之貨幣，日本之貨幣，不能用於英國，英國之貨幣，不能用於德、法等國，況以我國現在之貨幣，其形式與成分，比較各國爲惡劣，欲以之清還外債，夫豈列強所樂受。若強欲以之清還，則但能以金銀塊之時價計算，而不能以貨幣之價值計算也（現在列國率多以金爲本位，故其金之爲貨幣價值，與爲金塊價值，尚不相差。若其銀則爲貨幣之價值，實大高於其爲銀塊之價值）。而熟察吾國經濟界之現象，金塊之現於市場者蓋甚少，其頗流通者，則銀幣與銀塊耳。而以今日全世界銀塊豐多，銀價下落之時代，外人之欲取得中國之利也，與其取得銀塊，實不如取得物産，不見乎近數年來海關之輸出入表，金銀之輸入，反比輸出爲較多乎。今試列其表如下：

輸出額（海關兩）	輸入額（海關兩）	
光緒十八年	一〇、六七二、五三三	二三、三九五、七七五
光緒二十一年	四七、二四五、七六八	一八、二〇一、八五九
光緒二十六年	四五、三八〇、三五七	二八、七〇五、〇六〇
光緒三十二年	二六、四三四、〇八一	四一、一八五、七八八
光緒三十三年	一五、四六九、五五九	四四、一〇八、六六四
光緒三十四年	二一、六三二、九三三	四五、四一五、五二八

據左表觀之，則除光緒二十一年、二十六年外，其餘則皆每歲輸入之額，超過於輸出之額（上表雖以金銀合計，然金少而銀多）。故近數十年來，所謂利權外溢者，非溢出金銀，實溢出物産也。蓋十餘年來之償還外債，其額量雖以貨幣計算，然外人之取回本國也，實因貿易之作用，買中國之物産而歸，非載中國之貨幣而歸也。而以現在生産力之竭蹶，使傾十三萬萬餘兩之物産，以償還外國人，又安有一絲一粟之留遺耶。不見乎十年來通商各省，其物價之騰貴，比前率增數倍，此中固有別原因，然受清還外債之影響，固亦不少也。故今日而敢借外債以經營生産之事業，則有數善焉。第一，則外債之借入，此非借入外國之貨幣也（我國現行之貨幣，雖多來自外國，然彼實視作一種物品，以售於我，非皆其本國所通行之貨幣也）。實因匯兑之作用，而變爲本國現行之貨幣，而此匯兑之結果，則於貿易上減少生産物輸出之數，而緣此影響，可以遏物價騰貴之速率，是此等之利，實普及於全社會一般之人也。第二，則各種生産之事業，次第創立，多數之工人，緣此而多得賃銀之利。是受其益者，亦普及於社會一般之人也。第三，則生産力逐日增多，全國之經濟界，日呈活潑之氣象。若干年而後，將使全國之物産，供給過於需要，即全國之富力，鬱勃而且將外洩。爾時雖盡還外債，亦不至妨及國民之經濟，而羽翼既成，雖微外資之助，亦可以高飛矣。若是乎，借外資而能善用之，則外資正非可怖之物也。昔日本維新之初，彼國人士，亦畏外債如虎狼，迨其後伴學術智識之發達，熟知此中之效用，今其外債，且負至八萬萬餘兩。不甯惟是，當日俄戰争時，日本政府募集外債者若干次，曾有一度焉，其國民將集資以貸於國家，而日政府不之許，轉而借貸於外國。夫其時之日政府，固非必不近人情，好摧抑人民之愛國心也，彼實見當時之經濟界，竭蹶已甚，不宜多傾國内之資本，投之軍費，以妨害工商業之發展，夫是以甯負利息，以借之於外國也。夫中國今日之經濟現象，則亦若是矣，故我敢正告我國人曰，各省之有路礦暨其他大産業，苟能以自力經營之，斯策之善者也，若其不能，而政府將借外資以經營之焉，或本省士紳，將借外資以經營之焉。則其所應争者，惟在勿使外人之得干與我用人辦事之權，若僅借資而不附他種之條件，則不必悉爲非難也，何也？以今日中國經濟界之竭蹶，非利用外資，無以促産業之發達，急則治標，外資實足治中國之急病，我國民其毋輕拒絶藥石也。

且經濟之流通，實無國界，苟本國之資本既缺乏，而欲拒絶外資之侵入，則防於此者，必被侵入於彼焉，防於表面者，必被侵入於裏面焉。不見乎近十餘年

來，我國民排斥外資之運動，蓋未嘗或息，而外資之侵入，仍復滔滔進行乎。譬之江河，堤防既決，而欲望水勢之不就下，必不可能。今者萬國通商，國際之堤防既決，欲望外資之不侵入，猶欲望水勢之不就下也，其庸有濟乎。嗚乎，四五十年前，我國民嘗思閉關以謝絶通商，緬想當日之舉動，今之稍有智識者，皆目笑存之矣，而今之拒絶外資，正復與前此之事相伯仲。嗚乎。我國民曷亦知所警醒乎。其無使後人笑今人之拒絶外資，猶今人笑前人之拒絶通商也。

我草此論終，我國民猶有致疑於外資之害乎。則請發問題以相詰難，辯答之責，余固泚筆以俟也。

《商務官報》宣統二年七月十五日第一八期《對於外國人投資營業之研究》

自通商以來，外國之資本，隨外人之足跡而侵入，滔滔進行，其勢日益加厲。於是外資輸入問題，遂爲吾國經濟界之大問題。苟欲謀國民經濟之發達，則對於外資問題，必當求有以解決之，此稍有識者，所能知矣。今之昧於經濟學之原理者，動持排斥外資之論，謂凡百産業，當恃我力以自經營之，而不必借入外資，即不然，我亦願坐視一國産業之不治，而不欲倚賴外資，令外人得分我之利。此其徒争意氣，不思爲一國經濟之發展計，姑弗具論。且亦知經濟無國界，苟本國之資本誠不足，則外資之侵入，將如水就下，雖欲抵抗之，而亦有所不能耶。於是其稍開通者，則謂外資之輸入，苟由我借之，而自持以經營生産之事業，則可爲我國之利，若由外人投資於我國，以經營生産之事業，則將爲吾國之害，斯亦大謬不然者也。夫貿易之原則，必基於彼此兩利，斯自亞當斯密發明此理以來，久爲經濟學家所公認矣。使外人之投資營業於我國，必將爲我國之害，則欲講求富國，宜持鎖國之主義，而不可持通商之政策矣。然而今日文明各國，外國人之投資營業於其國內者，乃千百倍於我，而彼顧不之拒，豈其國民之皆愚耶。然則此中之爲利爲害，亦可以瞭然矣。欲證明此事實際之利益，則試假譬有一外國人，挾資百萬而來我國。此時欲問其有利於我經濟界與否，則實視其資金之使用如何也。使其舉此百萬之資金，盡用之以購買奢侈物，在淺識者觀之，必曰是爲我經濟界之利矣，而豈知是固不必爲利也。蓋當其濫爲揮霍，一時亦似覺爲生産界之利，然實際之結果，但增加奢侈品之需要而已，而一國真正之資本，不爲之增加也，從而勞力者之需要，與他種物品之産出額，亦不能因之而增加。且因奢侈品需要增加之故，其價格騰貴，本國人之購買此者，亦必多費金錢。是因一外國人濫爲揮霍之故，則使本國之消費者，皆茹物價騰貴之苦痛。則受其利

者，僅在販賣此奢侈品之營業者，而受其損者，則遍及於全社會消費之人也。且殊不止此，奢侈品之價格既騰貴，則一般之企業家，見乎業此之可以獲巨利也，則移其他種之資本，與他種之勞力，以經營此奢侈品之產業。於是乎，此種之奢侈品，其產出額雖增加，而他種有用之物品，其產出額則從而減少矣。一旦此濫爲揮霍之外國人，資金告竭，則業是種之奢侈品者，少此一闊綽之顧客，其物品必爲滯銷，而物價亦因而下落，於是乎虧本破產之事，又因而發生矣。然則此濫爲揮霍之外國人，不特無益於全國之經濟，即販賣其所需之奢侈者，亦始受其利，而終必蒙其害也。反之，而此挾巨貲之外國人，用其財以從事生產之事業，則我國之經濟界，即增加此百萬之資本，而生產社會，遂以大蒙其益矣。蓋使此外國人以其貲而經營一大工廠，則我國人之得直接取其利者，一爲工廠之地主，即因之以取得若干之地租也。一爲工廠使用之工人，即因之以取得若干之賃銀也。雖微此外國人，我國之土地，未嘗不可租借於他人，我國之工人，未嘗不可從事於他業，然因得此一大資本家，我國土地與勞力之需要，必從而增加。於是乎，荒蕪無用之土地，可變爲有用之土地，枵腹無事之工人，可變爲有事之工人，則此工廠所輸之地租，與所役工人之賃銀，實緣有此外國人，而我國之經濟界，乃增加此若干之富量也。夫此猶就直接言之也，使此工廠而歲製出無數之物品，則其爲全社會之利益，而增進我經濟界之資本者，正復無窮，何也？緣彼之事業，而增進我國之生產，即亦增進我國之富量也。論者或以爲外人之以物品供給我，實將博我之利，而輦歸本國，恐彼供給我之物品愈多，則我利權之外溢亦愈多耳，此奚足以爲我國之利者。吾以爲爲此言者，則又未知乎經濟界借貸平均之理也。夫所謂借貸平均之理也者，即一國之經濟界，苟輸入外國之貨物，其價值遠過於輸出者，若是者謂之借越，於斯時也，爲還償代價，金銀必大流出於外國，金銀流出之結果，市面之間，感貨幣之不足，於是乎物價從而下落，物價既賤，必思外銷，於是乎輸出增加，而輸入減少，遂生出輸出超過之現象。輸出超過，則金銀必流入，而國際間之金融現象，遂歸於借貸平均也。又使一國輸出外國之貨物，其價值遠過於輸入者，若是者謂之貨越，於斯時也，爲收回代價，外國之金銀，必大流入，金銀流入之結果，市面之間，感貨幣之有餘，物價必從而漲高，物價既昂，即增加需要，於是乎輸出減少，而輸入增加，遂生出輸入超過之現象。輸入超過，則金銀必流出，而國際間之金融現象，又歸於借貸平均也。故明乎借貸平均之理，則知外人之以物品供給我，其能博我之金錢，而次第輦歸本國者，必我國之市面間，金銀有餘，乃能源源不絕，以購買其物品也。而不然者，其物品必不能銷行於我國，行將溢出於外國矣。故我國民之能多購其物品，實我國資金充足之徵也，而外國人之投巨資以營業於我國，則我信其能增加我國之資金者也。如我上所述，外國人之繳納地租，與給我工人之賃銀，即其直接以增加我國之資金者也。我國人得此增加之資金，而持之以購買其製出之物品，在彼外國人，其所投之資本，固因此而得完璧歸趙，而我國人所購買於彼之物品，則屬所贏者，則我國富之增加，即於是乎在。故購得愈多，則我經濟界富量之增進，亦愈多也。且此購得之物品，苟非屬直接消費者，則以之變成他種之資本，而別營職業，則利復生利，而其利愈相引於無窮。則信乎外人之投資營業於我國，實有利於我，而非有害於我，夫正不必有自起猜疑，而妄相驚訝也。

夫經濟上之原則，凡有兩相對待者，必彼此兩利，其事業乃能成立。故通商買，始也，見外人之來通商，而思抗拒之繼也。見外資之輸入，又思抗拒之，甚至見外人之投資營業於我國，亦思抗拒之，因無學之故，乃猜忌人之利，而並以妨害自己之利，而自驚自擾，使經濟界常生出無數之波瀾。嗟乎，學之不可以已也如是夫。

林修竹《茂泉實業文集·振興山東實業芻議宣統三年作於日本》 自十九世紀，帝國主義膨脹於歐洲大陸，各挾其風捲雲馳、高掌遠蹠之手段，以蠶食世界諸島夷、環球各小國，而鐵血所不及之處，假通商互市，以涸竭其利源，而使其束手待斃。由是，兵力的侵佔主義，一變爲實業的侵佔政策，不數年來，兼弱攻昧，吞蝕殆盡，歐風美雨，捲地而來，遂羣集視線於東亞。日本先覺，翻然改圖，振全國之精神，先之以兵力，繼之以實業，慘淡經營，三十餘年，竟逃出怒浪駭濤之旋渦中，而得並駕於列強。由是，吾中國四面楚歌，風雲日急，前狼後虎，咄咄逼人。自《南京條約》成，啓中外貿易之漸；《馬關條約》成，開外國在內埠設工廠之始。十餘年來，法經營於南，德經營於東，英經營揚子江一帶，日俄經營東三省、福建、蒙古。蓋今日列強之對於中國，不用兵力的侵佔政策，純用實業的侵佔政策，以實業勢力，吸收吾國之金錢，剝奪吾國之生計，擴張彼國之範圍，伸張彼國之權利，卒能使我於冥然茫然，不知不覺之中，貧困日極，全國空虛者，其手段尤辣，其心計尤毒，其害尤不可以言傳也。不觀英國之於印度乎？英國未嘗以一礮一丸加於印度也，卒致歷史最古、文明最早之印度，拱手以獻於英蘭三島者，以英國設有銀行五處，將印度全國之經濟機關，悉握於英人之手，雖欲不亡，而不得也。又不觀日本之對於朝鮮乎？築三韓全國鐵路，以爲建瓴之勢統監府，又設統計局、移民局、勸業局，大施其經營，韓人之生計日奪，利權盡失，即不合併，而韓國久在日本掌握之中矣。中國已往之現象無論矣，舉今日之東三省，日本聲言發達滿洲之工商業，而約修安奉鐵路，是以實業政策而實行其侵佔主義矣。最近之伊犂，俄人竟要求通商特權、領事設置權、不納關稅權、茶葉專賣權，強行交涉，是欲實行其侵佔主義，而利用其實業政策矣。故今日中國，欲轉弱爲強，以爲世界第一雄國，獨步於世界者，當有武力的豫備，尤當有實業的經營。以武力而御有形之侵略，以實業而御無形之侵略，救國家之貧乏，培國家之元氣，振興實業，至今日爲尤不可緩也。起視吾山東，負山環海，人口繁衍，洋貨日多，土貨日減。青島爲天然商埠，竟爲德人借租，鑛產爲財源命脈，竟爲德人開採，鐵路爲商工關鍵，竟爲德人修辦。將來不出十年，舉山東五十六萬方哩之面積，無一不爲洋貨之販賣場，三千八百萬之人口，無一不爲外商之小賣人，未可知也。我有土地，不知農業之擴充；有原料，不謀工業之發達；有商人，不計商業之進步。試問不興實業，其能逃於生存競爭、優勝劣敗、天演之公例否乎？且憲法將布矣，國會將開矣，國家之新政日繁，國民之負擔日鉅，故諮議局也，自治所也，巡警也，學堂也，上而至於陸海軍也，行政費也，無一不須吾民之分擔，而房地捐也，印花稅也，所得稅也，營業稅也，無一不將逐次以開辦。今日吾國之政治家，每豔陳日本未開國會以前，歲入僅八千萬，國會開後，不二十年，歲入驟增至二十千萬，而不知日本未變法時，無一完全之會社（即公司）變法後，專重實業政策。至明治二十九年，全國農工商以及水產各會社，爲數四千五百九十五，資本金六百十九萬二百二十三千九百四十九元。至三十六年，全國各會社，爲數九千二百四十七，資本金一千二百五十三萬一百一十三千一百四十六圓，民力富足，雖多取而不爲害。否則，如山東近四五年中，天災人事，交迫迭乘，荒旱連歲，餓莩盈野，不加捐尚饑寒之不保，恐竭澤以漁，勢不至上下交困不已也。試問不提倡振興實業，其能支持此過渡時代，下爲國民裕生計，上爲國家培元氣否乎？

山東半島，據天下之咽喉，扼南北之關鍵，人口繁庶，土地殷腴，爲適宜工業之重地，尤得興辦實業之要素。果能起而振興之，易於奏功，意中事也。

一，歷史上之關係。溯我青齊四千年名譽之歷史，官山府海，征魚鹽之利，以霸諸侯，而爲勵行實業政策之鼻祖者，我仲父管子之功，爲不可沒也。過渤海之故址，鹽筴鐵官，遺俗猶存，經臨淄之通衢，肩摩轂擊，餘俗未改。席我先人之遺業，步我高曾之矩矱，維我山東，樹之先聲，以漸及於中國，將見不數年，國富民足，自可雄視於全球。我山東由歷史上之觀念，當如何奮起也乎。

一，地理上之關係。登泰岱之絕頂，覽渤海之雄封，海岸線蜿蜒曲折，有青島、金口、芝罘、龍口、虎頭崖各口岸，瀛船往來，直航重洋。內河有黃河爲西部藪澤，運河便南北水運，小青河東西一百里，吃水六七尺，帆檣如織，舟楫可通，尤爲濟南、周村二大商埠運輸之捷徑。商埠則五里溝，既扼南北通道，周村鎮又扼全省通衢，煙台青島，貫通東北，德州濟甯，利達西南。且實業發達，必賴交通機關之完備，自膠濟之鐵路成，橫貫腹地，兼通淄博煤礦，既爲商業上之捷便，而津浦之鐵路成，管鑰南北，兼通嶧縣煤礦，尤爲商業之要路。將來煙濰、膠沂、青嶧之鐵路，逐漸成功，我山東直可四通八達。完備哉，吾省之商埠也；便利哉，吾省之路綫也。日本工商業之發達，必在大阪、名古屋運輸便利之地，吾省既便於運輸，其宜於工商，不卜可知也。

一，生產上之關係。農工商諸業之盛衰，恒視動、植、礦原料之豐歉爲比例。吾山東枕山負海，珍錯畢備。以動物論，沿海漁業生產頗夥，馬牛羊豚孳育亦多，棲霞、甯海、文登、膠州一帶，所產之柞蠶，尤爲世界之特產。以植物論，濟、泰、東、昌之棉花，登、萊各縣之白菜、花生，皆每年出口屈指堪稱，其他如嶗山之竹，肥城之桃，樂陵之棗，明水之米，章邱之葱，茌平、萊陽之梨，掖縣、煙台之葡萄，曹州之柿餅、牡丹等，皆爲名產。以礦物論，已經開採者，金礦有十，銀鑛十二，銅二，鐵一，石炭四十七，而博山玻璃、萊山滑石、黃山之大理石，沿海之鹽田尤不可勝計。今據某國人之調查，中國之礦產，以山東爲第一。並聞山西、河南大資本家，帶礦師二十餘人，赴萊州一帶，調查確實有金礦及煤礦五十餘處，已於掖平間出資本五百萬兩，設立銀行，豫備開採矣。故動植物之繁殖如彼，礦產之暢旺如此，我實業家苟能擴充而利導之，正不患原料之不足也。

一，風俗上之關係。東魯久稱禮義之邦，男耕女織，古風猶存。茲察其性質，宜於實業之特點有四：崇信義，重然諾，宜於實業者一。尚樸質，戒浮華，宜於實業者二。有耐苦之特性，宜於實業者三。有冒險之性質，宜於實業者四。今日東三省之商人苦工，爲山東人者居多，修埠開礦，何一非若輩之鑿闢；刊木築路，何一非若輩之造成。乃鼠疫之災未息，逐客之令已行，哀哉。同胞不死於天災，即死於外族，萬死一生，匍匐而歸者，又苦於生計不得以自活，故今日廣興實業，即覓若輩爲職工，自必一舉兩得，當不慮職工之缺乏也。再，吾省之女工，雖不多見，然濰縣之繡貨、東萊之草辮、棲霞之西洋花邊，細緻美麗，精巧堪稱，是吾省之女工，亦未可輕視也。

亡羊補牢，時尚未晚，見兔顧犬，機猶可乘。吾鄉諸父老兄弟，莫謂洋貨之光怪陸離，炫耀奪目，爲西洋獨特之技能也，到處之工場林立，煤煙沖天，爲各國固有之繁盛也。全歐當十八世紀，到處餓殍盈野，日本當明治初年，凡百生計維艱，以視我今日之情形，正復相同。然西洋、日本之能達此盛況者，不過上有政府之提倡保護，中有專門家之研究發明，下有實業家之經營締造，勇往邁進，有志竟成而已。況我有歷史、地理、生產、風俗上諸關係，果能因利乘便，振興得法，不過一轉移間耳。不揣愚陋，聊陳管見，惟欲研究振興之方法，必先洞達實業之現況，故記山東之農工商業如左。

山東之農業。沃野千里，耕耘得宜，除人造肥料法、驅除害蟲法、備旱防澇法三者急宜講求外，五穀園蔬之樹藝種植，已盡美盡善，竊謂無須急於改良也。惟農業副產物，天然美利，放棄靡遺，設不急爲圖之，不惟不能於農業上闢無窮之利源，並且於工業上少無數之供給，茲分舉之。

一曰森林。木材爲工業必須之要品，鐵路枕木，電線架杆，皆是也。惟山東山脈雖多，森林絶少，到處童山赤野，一望禿然，木材既乏，薪料尤缺，十年之計，莫如樹木。吾願吾山東，將所有不能耕種之隙地，而一一種樹，以大興林業也。

一曰蠶業。中國産蠶，早著名於全球，山東柞蠶，尤譽隆於世界，蠶絲爲中國出口之大宗，柞蠶絲及織物，亦爲山東出口之大宗。惟山東飼家蠶者無多，柞蠶亦僅盛於四五縣，有此天然特産，而不知擴充，實爲惋惜。吾願吾山東一百七縣，遍種桑柞，以大興蠶業也。

一曰牧畜。山東最有望之牲畜，牛、羊、豚、雞是也。羊毛可以織絨，猪鬃可以捍氈，牛及牛皮，雞及雞卵，皆爲出口最鉅之品。惟不講繁殖之法，牲畜之方，衹有此數，滔滔日運於外洋，無怪乎日俄皆驚山東牛將從此絶種矣。吾願吾山東，多設牧場，廣爲蕃育，以特別提倡牧畜也。

一曰棉花。棉爲紡織之原料，無論貧富男女，皆爲日用不可少之要品，今日洋貨入口，以洋線洋布爲唯一之大宗。雖上海一帶，中國自設，或華洋合辦之紡織工場，共有二十九處，一日中之産額，千二十八俵，而與入口洋線相較，尚不及其數之三分之一。將來興工業，尤以興紡織工場爲最急，工場日多，需棉日廣。經專門家檢查，曹州、德州一帶之木棉纖維，頗宜紡織，今東昌各處購種美棉，成績尤著。木棉宜於沙土地方，且近來禁止種煙之令行，從前種煙之地，土性半爲烟漬，頗不宜於食物，設禁烟而種棉，尤一舉而兩得。吾願吾鄉人，亟力提倡，以廣植木棉也。

一曰漁業。山東沿海線之修長，爲各省最，故魚鹽之利，自古豔稱。今日政府不加保護，漁家半泥舊習，頻年産額，日少一日，而某國漁船屢來盜竊。吾願吾沿海漁家，嚴守吾省海岸線，以大興漁業也。

山東之(山)[工]業。可分二類：一爲固有工業，一爲仿造工業。固有工業，如昌邑之繭綢(今棲霞聘請昌邑織工，織者甚多)、萊州之帽辮、博山之玻璃器具、濰縣之銅器繡貨、景芝之燒酒、青州之剪刀、沂州之草鞋、章邱之鐵器、青城之造紙、濟南之鹹菜醬物，各州縣之豆油、豆餅、粉麵食物等，不勝枚舉，皆可銷暢行遠，已屬精巧靡遺矣。惟處此交通時代，應謀長足之進步，有此流行工品，宜保永久之盛況。如繭綢爲西人爭購，宜集資設立大工場，聘請專門機織家，舉一切精練漂白，仕上等法，精益求精，以投其所好。草帽辮質堅價廉，故至今未爲外人所奪，惟手工不免粗惡，亟宜力求精緻之法，漂白之術，以求其利市。玻璃爲天然特産，煉工亦世傳名家，邇來化學上、電學上、工業上所用一切玻璃器具，日多一日，儻能聘請專門化學家，取長補短，其銷路自不難暢行於中國。至其他鹹菜食品，宜購求防腐之法，力保清潔，而裝飾尤宜優雅美麗，力求外觀。外國近來販賣之食物，所盛之匣，所包之紙，所束之絲無不優美雅潔，惹購者之歡迎，此亦不可不知也。仿造工業，如山東製造局、嶧縣中興公司、博山玻璃公司、烟台章裕葡萄酒公司、烟草公司、德州草帽公司、濟南肥料公司、濼源造紙公司、日豐織布公司等皆是也。官辦者，不用人太濫，自不難逐日發達，合資者，若總理得人，亦不難逐日繁昌，似無容贅述也。

工業必視地方固有之物産，及社會之要求，而分別先後，陸續興辦。吾山東，如開礦公司、釀造公司、紡織公司、織布公司、窑業公司、鐵器公司，似宜皆從速舉辦。至海味菓品甚夥，設罐食公司，尤應有利。將來交通日便，電燈(濟南已有電燈公司，爲商所辦)、電話、自來水公司亦可定操勝算，待人而理，拭目望之矣。

山東之商業。雖不能如山西馳名天下，而手腕之靈敏，魄力之堅毅，正不可侮也。奈自膠濟鐵路成，烟台則日形蕭疏，自大豆投機失敗，商家則到處恐慌，加以利販洋貨，甘爲外人之奴隸，仇視同行，毫無公共之團體。溯厥由來，蓋商人既無專門學識，復昧世界大勢，土貨窳陋，不利銷暢，交通不便，商機易失，又何怪一與黄鬚碧眼兒、長袖高屐輩，遇於世界商業的競争場中，不爲虎倀，即爲魚肉乎。從此修烟濰之鐵路，振内地之工業，設商業之學堂，開商人之知識，庶不難重整旗鼓也。

兹擬振興山東實業之大綱有三。

一，實業知識之不可不亟爲啓發也。實業爲致富之源，而提倡匪易，公司爲營利之基，而招股尤難，無他，無實業之知識，故不知實業之有大利也。當此實業幼稺，智識缺乏之時，政府尤宜多設農事試驗場、模範工場、商品陳列館等，以爲先導，俾農家觀之，而知改良，工家觀之，而知仿造，商家觀之，而知貿易之方針、商品之概況。五年或十年，開大博覽會一次，聚各國、各省之生産製造品，以比較其優劣。三年或二年，開共進會或勸業會一次，聚全省或數府之生産製造品，以鼓勵其進步。多刊種種實業雜誌，廣布種種内外調查，創辦各府州縣農會、商會、工會，使人人腦海中有實業之思想，知實業之利益，其有不聞風興起者，吾不信也。

一，實業教育之不可不亟於普及也。無技師，不能以應設計；無工手，不足以供指揮，技師、工手相待爲理，爲設種種工場之不可少者也。故宜遍設各種初等、中等實業學堂，以造就工手，尤宜先設各種高等實業學堂於省城，以造就技師。況今日實業之研究，無不本乎學理，科學之發明，尤必待於專門，欲振興實業，故普及教育爲尤急也。

一，獎勵方法之不可不亟於研究也。日本至今日，尚有賴政府補助之事業，借政府機器之工場，至於出口税減，入口税重，保護勸誘，無微不至，故我國不可不研究獎勵方法也。竊爲擬之，一宜獎勵資本家之興辦各種實業也，一宜優待專賣土貨之商業家也，一宜提倡各團體專用土貨也，一宜獎勵鄉紳之倡辦實業學堂也。至發明之品許以專賣特權，優美之品獎以名譽賞牌，集股未足，而規模已成者，貸以有限之官款，出口有望，而力有不給者，加以相當之保護，由斯以往，不難蒸蒸日上矣。

以上不過犖犖大者，若分條縷舉，容俟專論。儘力直追，庶可救貧困於將來，及今以圖，猶可挽利權於萬一，吾願與吾鄉父老兄弟共謀之。

此茂泉先生在日本留學時所發之議論，茂泉先生始終以振興山東實業爲已任，觀其學生時代主張已如此，距今已逾十六七年，雖時過境遷，欲興實業，名論不刊。（申丙注）

整頓實業教育計畫案

東省頻年以來，天災人禍，紛至交乘，加以外人深入内地，洋商麕集，洋貨充斥，使不提倡天然之生産，發達固有之工業，恐民食日艱，民生日窘，來日大難，將不堪言，此實業之不能不急謀振興也。然振興實業，欲使普及於全省，俾窮鄉僻壤，咸受其賜，老弱婦孺，皆食其利，於東省生産事業中，首推蠶桑與絲織。蓋蠶絲機織，財力充裕者，固可集雄厚之資本，作工場之組織，即財力薄弱者，亦可爲農家之副産，或家庭之工業。如臨朐絲業、昌邑織業，每年收入，均在百萬元以上，使他縣實業盡能取法於此，全省收入，何可限量。今欲普及全省之蠶絲與織業，以圖傳習之迅速，根本之改良，其道奚由。昔意大利之興蠶業也，則先於巴多瓦立一研究所，法之欲振興蠶業也，亦於白門里設一講習所，日本則蠶業講習所、傳習所布遍全國，幾於無縣無之。即如中國之四川省，近年絲業發達，異常迅速，亦以教育之功居多，蠶絲業惟然，織業亦何莫不然。至於調查市況，擴張銷路，連帶而及者，尤須有洞悉商業之人材以經營之，此不能不注重實業教育，而地方實業教育，又不能不特重蠶業，而次及於織業商業也。或曰，東省各縣，設立乙種農工商學校，已達六十餘處，而地方實業，迄未大著成效者，抑又何也。不知此乃實業教育未能與實業行政一致進行之故，而學校狃於成章，只跼蹐於學校範圍之内，不察社會之現狀，以特別提倡之，亦一原因也。

夫養蠶非難，而栽桑爲難，栽桑亦非難，而培養保護之得人爲難。必使人人皆自知培養保護，而後遍地皆桑，遍地皆桑，而後養蠶者多，養蠶者多，而後産絲額能成大宗，産額能成大宗，而後有大商販設莊販運，有大商設莊販運，而後有小商持小本，到四鄉收買，以轉售於大商，有小商小本，到四鄉收買，而後貧家小户，養少數蠶繭，皆可隨地變價，夫至貧家小户，養少數蠶繭，皆可隨地變價，則人人僉知桑樹之爲貴，培養保護而栽桑者，愈踴躍矣。前此各乙種蠶業學校，招生限於年齡，功課多重理論，畢業後，年齡幼稺，既不勝提倡之任，又未必甘操作之苦。即或有實心欲從事蠶業者，當局者又未能提倡栽桑，獎進養蠶，卒至無秧可栽，或則栽秧後，無人保護，或則經營不足以繼續營業，或則貿然養蠶，桑葉不敷，或則獲蠶若干，無人購買，凡是種種，欲求轉移習俗，振興繭絲，胡可得乎。故今日欲謀整頓桑業，教育也。凡屬於宜蠶各縣，已設立蠶校者，概行附設蠶業講習所，未設蠶校者，一律先設蠶業講習所，招收生徒，不限資格年齡，以殷實農家而欲從事養蠶者爲合格。所内附設實習廠，養蠶繅絲，純取營業性質，權衡本利，以期養成營業習慣爲宗旨，於是造成生徒，皆可散布農家，實行操作，自無前此蠶校之流弊矣。惟事在創始，締造匪易，特於省城創設模範蠶業講習所，作全省之模範，而爲各縣之表率。開辦講習所，復慮師資之缺乏也，特在農業專門學校，添設教員講習班一班，施以特殊教育，以期貫澈整頓蠶業之主張，熟練實地教授之方法。該講習班學生資格，即以學校畢業，曾任農蠶學校職教員者爲限，由是師資不虞缺乏矣。蠶業教育之設施如此，而實業行政方面，尤厲行嚴格主義，以提倡蠶桑事業。預爲三年之計畫，每縣每年須栽桑五萬株，三年共計十五萬株。此十五萬株，某年育苗，某年栽植，某年接换，某年可以栽成桑園，某某數年只須除草中耕，某某數年不宜折葉剪枝，某某數年方可養蠶，某年進行，至如何程度，某年需款幾何，一一先爲規定。然後委任各縣蠶業講習所所長，兼充勸業委員，專任各該縣栽桑之事，並責成縣知事，爲覓相當地畝，隨時督飭團紳，嚴加保護，循序漸近，並由省署擇地設立繅絲廠，專以收買繭絲、加工輸出爲宗旨，則繭絲之銷售，可成市場。二年後，各講習所學生畢業，即以該總廠爲實習之地，熟手經營，自易獲利。由是民間知有利可圖，自然互相仿傚，更歷數年，蠶業生徒與一般人民，自行培養之桑，必較公家直接培養者爲多，而蠶桑業自能普及，蠶桑教育亦可收完全效果也。

工業範圍較廣，而按東省社會之狀况，生産之便利，特注重染織科，較爲事半而功倍。蓋織物爲人生服用所必需，銷路不慮其遲滯，其利一。山東不宜蠶桑之區，多宜棉業，今東省棉紗工廠，將次成立，則棉紗足敷供用，其利二。提倡蠶業，改良繅絲，則絲織亦係最有希望之工業，其利三。織業資本雄厚，創設工廠，固屬其宜，倘小本營生，作爲家庭工業，亦無不可，其利四。惟此種工業教育，招考生徒，亦以不限定年齡資格，畢業後能實行操作爲適宜。故凡宜於工業各縣，概宜先設工業講習所，二年爲畢業期限，附設染織實習廠，純取營業性質，權衡子母，以期養成營業之習慣。在省城工藝傳習所，附設模範染織講習所一處，以作各縣創辦之模範，並在工業專門學校，添設教員講習班，以期造就適用之師資。而實業行政方面，特於設立染織工業講習所各縣，純取嚴格主義，極力提倡染織工業，獎勵企業，維持銷路，復調查各種標本花樣，分布傳覽，俾一般人民，知所仿效。俟二年講習所學生畢業後，由省署復擇相當地點，設一省立染織工廠，挑選技術優良生徒，從事實習。並由工廠多購織機，廉價外租，務使農人於農閑之時，知織業爲家庭工業之一種，工本以外，有利可獲，自不難逐漸推廣，互相仿傚。數年之後，工業教育成效自見，而此項工業亦可普及矣。

全省普通商業教育計畫，擬擇商埠商業繁盛區域，宜於商科者，概行按實業學校規程，設立乙種商業學校，以造就普通商業之人材。蓋商業生徒，年齡宜於幼穉，年限不妨延長，故遵照部章，定爲三年畢業，惟教授方法，如何能適用於現時之社會，教授科目，如何能適合於普通商業，尚須切實研究，力謀改良。故擬在商埠設立乙種模範商業學校，並添設教員講習班，以造就師資，由是教授得法，管理有人，學生習慣與現在商界，既無扞格之虞，一旦畢業供職，自可以研究之所得，直接發展於商界。商業教育，庶幾收完善之效果矣。

以上各節，擬即實力籌辦，分手進行，兹將三年中進行事項，開具概略如下：

整頓各縣實業教育概略

一，飭令實業教育與實業行政，同時籌備，一致進行。
一，調查各屬實業教育狀况，準備改良辦法。
一，規定各縣實業教育經費。
一，規定濮陽河工附捐（即田賦税）作各縣實業教育常年經費。此項附捐，准令各該縣盡數截留，仍酌量緩急，按成支配（辦法另行規定）。
一，造就各縣實業教育師資。
一，檢定各縣實業教員。
一，優待各縣實業教員。
一，籌設省立模範蠶業講習所。
一，籌設省立模範工業講習所。
一，籌設省立模範乙種商業學校。
一，各縣已辦實業學校者，概令添設講習所。
一，各縣未辦實業學校者，概令先設講習所。
一，審定實業教育教授課本。
一，各屬實業教育，通令農業注重蠶科，工業注重織科。
一，規定各縣實業校所，注重實習辦法。
一，各縣實業校所，概令附設實習廠。
一，籌設省立繅絲總廠，以輔助蠶業教育之進行。

一，籌設省立染織工廠，以輔助染織教育之進行。

一，籌備在省開辦實業教育成績展覽會。

整頓實業教育分年進行事項。

第一年

一，由省公署派教育、實業兩科人員，會同調查各屬農工商業，以何者爲最宜，即便規定設立何種實業科目。

一，經省公署調查之結果，規定各縣應辦科目，分令遵照。

一，調查已經設立乙種學校之成績經費，以便著手整頓。

一，派員赴江浙等省，調查最近實業教育之趨向，及其成績。

一，令留日經理員，轉知農工商留學生，於伏假期内，調查日本實業小學校狀況，呈報省公署備查。

一，規定各項乙種實業學校，及講習所常年經費。

一，規定各縣乙種實業校所，由濮陽河工附捐（即田賦税）項下，提成補助常年經費。

一，令公立農工商各專門學校，一律添設教員講習班。

一，規定各公立實業專門學校，附設教員講習班章程。

一，檢定各屬乙種實業學校校長教員。

一，規定獎勵各縣實業校所教員辦法。

一，規定各縣實業校所職教員薪金劃一數目。

一，擇省城附近適宜地點，由省款設立模範蠶業講習所一處，模範工業講習所一處，模範乙種商業學校一處，以便各縣仿傚辦理。

説明：蠶業工業生徒，以不限定年齡資格，畢業後能樸實耐勞，實地從事爲適宜。故蠶、工兩科擬先從講習所入手，以應社會之要需。商業生徒，以青年而學識優長者爲適宜，故商科按照部章，仍設乙種商業學校。

一，各縣實業校所，每學年開始，應將前一年經過情形，編成報告書，由縣知事轉呈省長公署備查。

一，已經設立各乙種實業學校，尚未完備者，應即力圖改良，或即改設講習所。

一，已經設立各乙種實業學校，其科目與地不宜者，應即遵照省公署規定，應設科目，從速改辦。

一，已經設立各乙種實業學校，一律附設講習所，其未經設立各屬，即遵照省公署規定科目，儘先籌辦講習所，以期應用。

一，規定各屬實業講習所章程。

一，審定各模範實業校所講義，陸續頒發各縣實業校所，以作範本。

一，各縣實業教育，通令注重蠶桑染織，以爲擴張地方實業之基礎。

説明：查東省乙種農校成立者，計蠶科四十處、農科二十一處。惟各處氣候土質，均宜蠶桑，學生畢業後，實地經營，簡而易行，亦以蠶桑爲最宜。東省素來即本斯旨，注重蠶業，現擬極力擴充，除地方因特別情形，有設農科必要時，酌設農科外，其餘皆設蠶科。乙種工校已經成立者計有二處，將來添設，除因地方固有工藝，或特别出産，應行設立他科外，其餘均設染織科，並應偏重絲織，以便與注重蠶業之規畫，互相聯絡。其次宜重棉織，蓋因東臨棉産素豐，將來紗廠成立，本省棉紗，亦不虞其缺乏也。

一，令商業繁盛區域，注重商業教育。

説明：乙種商校現有九處，將來添設，應擇通商大埠之地，更應與各該地商會聯絡設立，以期事半功倍，因地制宜。

一，令各屬農會與講演會，巡行講演蠶桑與染織之利益。

一，令省立農業專門學校、省立女子蠶業講習所、省立農事試驗場、濟南森林局暨省農會就省垣附近，青州第一甲種農校、青州森林局就青州附近，兖州第二甲種農校就兖州附近，即行設立桑樹苗圃，試種桑秧，以備各縣購用。

一，通令各縣農會試種桑苗，分發各鄉區，以賤價勸人民領購種植。

一，令全省農校，廣置無毒蠶種，又廉價售諸農家試養，以便逐漸改良。

一，通令各縣農會，與設立農科之校所，妥籌聯絡進行辦法。

一，通令各縣知事擇相宜地點，種植桑樹，大縣至少不得下五萬株，小縣至少不得下二萬株。其設立蠶業講習所或蠶校各屬，尤須增加株數，以備擴張蠶業之用。如各屬地質有實不宜桑者，應准選種他樹，以相抵補，但須聲明理由，呈報省公署。

説明：按每縣若三年共栽桑苗十五萬株，每株五年後，平均採桑葉二十五斤，十五萬株，計共得三百七十五萬斤。每錢蟻蠶量幼蠶時，用早桑二十餘斤，壯蠶時，用桑葉二百五十斤，可供蟻蠶量一千三百九十兩。每錢蟻量約收鮮繭十六斤，則共二十二萬二千四百斤。每斤可繅改良生絲一兩四錢，共得三十一萬一千三百六十兩。每擔生絲計重一千六百兩，共得繅絲一百九十四擔，價值銀三十一萬零四百兩。

一，令專門工校暨工藝傳習所，酌量製造蠶業各校所應用器具，以備應用。

一，令各縣實業校所教授科目，均注重實習，以期學生畢業後，具有從事實業，自謀生計之技能。

一，規定各種實業校所，附設實習廠之設備概算。

一，規定地點，設置省立繅絲總廠。

說明：繅絲總廠，專以提倡全省絲業爲宗旨，該廠純屬官立商辦性質。每值蠶期，由該廠規定劃一價目，呈請核准後，派人到設立蠶業校所各縣，收買蠶繭或繭絲，俾令農家胥知利之所在，易於暢銷，便於推行。

一，規定省立繅絲總廠章程及細則。

一，由省公署選集各機關實業人員，組織實業教育研究會，按照本計劃一切進行手續，切實研究，以利進行。

第二年

一，派員視查各縣實業校所之成績，能否適於實用。

一，令實業教育研究會暨各專門學校教員，隨時研究各縣實業教育進行辦法，呈報省公署，以備採用。

一，分配第一年，由濮陽河工附捐款下，提成補助各屬實業校所經費。

一，各公立實業專門學校，酌量續招教員講習班。

一，繼續檢定實業教員。

一，規定各縣實業教員，暨各工廠職員，獎勵辦法。

一，視查省立各模範校所成績，舉其優點，通告各屬實業校所，俾資仿行。

一，令各屬實業校所職員，赴省立模範校所參觀。

一，令各縣擴充實業講習所班次。

一，由實業、教育兩科就假期内，招集各屬農商會會長及各種實業校長，來省會議一切實業教育、實業行政進行辦法。

一，令各蠶業講習所每至養蠶時期，招集田間父老參觀，設置染織科及其他科目者，亦應隨時任人參觀，俾一般人民明晰各種實業之利益。

一，通令各縣知事繼續增植桑樹或其他樹木，連同第一年種植桑樹，大縣不得下十萬株，小縣不得下四萬株，設立乙種蠶業講習所各屬，尤須增加。

一，通令各屬蠶業講習所多製造蠶種，以便分布。

一，促令各縣村莊試辦桑樹苗圃，以便人民就近購買。

一，各縣實業校所應行附設之實習廠，概令於本年内，一律設備完全。

一，分派各蠶業校所畢業生赴繅絲總廠，從事練習。

一，令省立繅絲總廠將組織情形、營業狀況，報告省公署，以便公布，飭令人民仿傚。

第三年

一，派員視查各縣實業校所注重附設實習廠之成績。

一，分配第二年，由濮陽河工附捐款下，提成補助各屬實業校所經費。

一，統計全省實業教育師資是否敷用，以便令知各公立專門實業學校，附設教員講習班，酌量續招或停止。

一，實行獎勵乙種實業教員及廠中職員。

一，各縣士紳如有仿照創設繅絲廠，確有成績者，得呈報省公署，酌予獎勵。

一，獎勵各縣知事提倡桑絲與染織事業，確有成績者。

一，各實業校所於本期内，報告成績於省公署。

一，通令各縣知事繼續增植桑樹，或其他樹木，連同一二年種植桑株，大縣至少不得下十五萬株，小縣不得下六萬株，設立乙種蠶校各屬，尤須增加。

一，各工廠於本期内報告成績於省公署。

一，繼續分派各實業校所畢業生，赴相當工廠，從事練習。

一，繅絲總廠收買各縣繭絲，每年應具詳細報告，以便調查各縣蠶業之成績。

一，規定地點，設立省立染織工廠。

說明：省公署選擇適宜地點，設置染織工廠一處，以備染織講習所畢業生徒，實地經營，各縣亦得藉資觀摩，逐漸推廣，自由設立。

一，規定省立染織工廠章程及細則。

一，在省城開辦實業校所展覽會。

按，茂泉先生歸國，未能從事實業行政，與素志竟相左。即在山東提學使署充第二科科長，專管實業教育及專門教育，並海外留學生事宜，後合併省署教育科，兼管通俗教育，繼續在職八年有餘。提倡設立專校六、甲校三，乙校數達六十餘處，教育部統計實業學校，以山東爲最多。惟實業教育與實業行政，未能相副而行，學生畢業，謀生維艱，遂與當局諸公交換意見，提出實業教育建議案，由省議會通過，完全實行，東省實業教育得力於此議案甚鉅，殊爲經驗有得之宏議也。

各縣籌設勸業所建議案（附規程）

爲建議事。查東省實業廳設立以來，提倡實業，既有主管之機關，實業進行即負唯一之責任。惟實業行政，應注意貧民生計，以發達物産、開闢利源爲急務。至於大本營業，工場事業，自有資本家發起創辦，實業廳不過引導保護之，正無須注全力，以從事於此也。貧民生計爲何？如蠶桑種樹，以及農家副産、普通工藝等，果能提倡得法，俾老幼婦孺，咸食其賜，窮鄉僻壤，悉受其利者，皆是也。但以上事項，欲求實行有效，斷非一手一足之烈，是非實業廳負堅確不拔之主張，始終不渝之精神，雷厲風行，責成各知事共同負責，不爲功。然各知事庶政叢脞，不敢謂其不知注重實業也，縱令注重而佐理無人，欲縣知事於一草一木事必躬親，吾恐其決不能也。不觀各縣之教育乎？於縣知事之下，設有勸學所以佐理教育行政之進行，故民國以來，東省教育已根深蒂固，雖政局幾經變遷，縣知事屢經更動，而有勸學所對於各縣教育完全負責，教育之進行自若也。以是知地方事業非有佐理機關，上以稟承地方長官，分任其勞，下以接近社會方面，週知利害，斷不能維持永久而卓著成效。反觀山東地方實業，何如乎？實業條例，實業統計，内自農部，外至省署，連篇累牘，不爲不多，究之各縣實業，有人完全負責乎，抑否乎？民國成立將近八年，而各縣實業之狀況，究竟進步乎，抑退步乎？責諸知事，不過責令房科照表填注，敷衍了事而已，正無暇計及將來成績之如何。責諸農會，農會爲人民共舉機關，充其量不過如教育會之價值，對於實業行政方面，並不負何等責任，而實業行政方面，亦不能責成令其負何等責任也。故去歲東省官紳，深知實業命脈所關，對於地方經濟，物産發達，應特别注重。又慮提倡事項，務廣而荒，反不如求諸簡約，易於見效。特注重蠶桑絲織，以期始終貫澈，事在必行。復以縣地方無人負責，於各縣栽桑暫行條例規定，縣設勸業委員一員以各縣乙種農校校長充之，副勸業委員一員以各縣農會會長充之，均係兼職，不另支薪，似此籌劃，亦即因地方實業無人輔助進行之故。嗣因濮工附捐，未克實行，以致栽桑計畫遽生頓挫，故勸業委員及副委員自受委任以來，尚未能有何等建樹，但不能爲該委員等咎也。現在實業廳成立，縱令濮捐不能留歸地方，而以前計畫自應順從全省人民之殷望，別籌經費繼續進行。但各縣實業行政之輔佐機關，尤應妥爲組織，急速成立，以確立地方實業之基礎，而謀將來統系之進行。蓋勸業員委人兼充，爲節省經費暫時計，固無不可，若維持永久，斷不能以偉大之事業，迫義務以從事，且事屬兼任，心既不專，成功實難。欲求完全之策，惟有仿照各縣勸學所辦法，一律創設勸業所，限定期限，務在九年二月以前一體成立，以便不誤時期，俾作明年種桑之準備。並擬勸業所規程十一條，附録如下，以資遵守外，用特提出建議，懇祈公決施行。

〔附〕《山東各縣勸業所規程》

第一條，各縣設立勸業所一處，輔佐縣知事辦理縣實業行政事宜，並綜核一縣實業行政事務。

第二條，勸業所設所長一人，縣知事遴選合格人員一人或二人，呈送實業廳考核委任，並呈請省公署備案。

第三條，勸業所設勸業員一人或二人，由所長呈請縣知事委任之，並由縣知事呈報實業廳備案。

第四條，凡籍隸本省，年滿二十五歲以上，曾在甲種以上各實業學校畢業，得有畢業證書者，得充勸業所長及勸業員。

第五條，勸業所長受縣知事之監督指揮，總理所内一切事務。勸業員受所長之監督指揮，分掌所内事務。

第六條，勸業所秉承縣知事，應辦事項如左：

一，關於提倡蠶桑，分年進行購置桑苗，分配各社等事項。

一，關於經理苗圃，擴充地畝，廣儲苗木，以便分配事項。

一，關於種樹，廣爲提倡，設法保護，務獲成效事項。

一，關於普通工藝，如織布、帽辮、花邊、髮網等類，籌畫進行事項。

一，關於其他實業，應行進行事項。

一，關於一縣實業調查統計事項。

一，關於考查縣農會商會報告事項。

一，關於經管縣實業經費事項。

一，關於實業廳特别委任事項。

第七條，勸業所經費，由省地方實業費項下，每年每縣補助四百元，下餘不敷之款，由各縣就地方公款籌撥。

第八條，勸業所之經費支配如左：

一，所長月支二十五元，全年三百元。

一，勸業員一人，月支十五元，全年一百八十元。

一，夫役二人，每人月支四元，全年一百元。

一，辦公費月支十八元三角三分四厘，全年共計二百二十元。以上合計，每年共需八百元，依各縣之情形，上列經費數目，得由縣知事酌量增減之。

第九條，凡第六條應辦事項，需用各款，由所長商請縣知事籌撥之。

第十條，勸業所成立後，以前所委任之勸業委員及副委員，應即取消。

第十一條，本規程爲山東單行法，經省議會議決後，咨由省長公署公布之日施行。

王韜《瀛壖雜誌》卷三　蘇郡瀕海諸邑鎮，聚賈舶，通海市，始集於白茆，繼盛於劉河，後皆淤塞，乃總匯於上海。西人既來通商，南北轉輸，利溥中外。地勢既殊，情形迥異。庚、辛之間，賊陷江、浙，州縣數十爲墟，而滬以一彈丸地，獨得保全，維持大局，而後上游援師，得以截江而來，恢復樞機，既係於是，以今視昔，亦何常哉！時艱甫定，庶事創興。於是密防禦，精器械，講藝術，一切西學，無不具舉。辟向來未有之成規，操百世自強之勝券，駸駸乎馳域外之觀。由前言之，則地爲之也；由後言之，則人爲之也。

製造局建於城南，基廣四百餘畝，四周繚以高垣。其一爲局房，置機器。左右夾室，皆置小輪，而以皮條聯於輪軸，大輪既動，而無數小輪從之旋轉，凡鋸木、截鐵、鑽礮、磨鑿之工，靡不賴此。局南爲廳事，頗宏敞，用備宴客議事，層樓聳峙，正面黃浦，可遠眺望。其東爲文案房、總庫房、畫圖房。西北爲洋槍樓，樓後續建測望臺，拾級三層，高觚焕日。樓東隙地設露房，釘鍋爐，配機器悉於此焉。此外則有熟鐵廠、生鐵廠、捲槍廠、木工廠、鍋爐廠、大機器廠、大汽錘廠，攻治大礮，製造輪船、機器，皆於此取成焉。廠門外築直道以達黃浦，開治平坦，縱橫七十餘丈。浦濱植木爲柱，高九丈，上置轆轤（西人名滑車），藉以起重。直道之東爲船塢，廣十餘丈，袤三十丈有奇。旁有屋設蒸釜，中置機捩，運之以放納塢水。又東爲船廠。塢西爲木棧，儲積材料。東南隅洋房，爲西匠所栖止。東北隅百餘楹，鱗次櫛比，則百工止息處也。日操作者以千計。總辦廠務者，爲馮觀察竹儒，陳比部荔秋、鄭太守玉軒，其下分司各事者數十人。誠以火器之制，雖非創自泰西，而泰西自今日而獨精。恢復江、浙之役，有資於西人火器之力居多。因是合肥相國李公，特購泰西機器，命在滬設局鼓鑄。初在浦北虹口，旋經丁中丞奏請擴充，乃移建今處，局制於以大備。蓋前後數公，所以經營而擘畫者，不既遠矣哉！

廣方言館，向設於舊學宫之西偏，樓閣房廊，制極宏敞。馮景亭中允擬定章程十二則，令凡肄業文童，以年十四歲以下，資禀穎悟，根器端静者充選。定額四十名。延西士之學問充裕者，爲之教習。而教以西國之文字語言，兼課以算學，以西人制器尚象之法，皆從此出。三閱月一行考覈，拔其優者充博士弟子員，或在通商衙門司理繙譯，承辦洋務，即可由此遴選。果其才能出衆，則督撫登諸薦牘，調京察驗，授以官職。同治己巳，應敏齋方伯，於南門外製造局大拓地基，自西南迤邐至東北，以建書院。門外植竹萬竿，緑陰夾道，入則重樓杰閣，丹檻迴環。庚午春間，廣方言館移附於此。其後爲繙譯館，人各一室，日事撰述。旁爲刻書處，乃剞劂者所居。口譯之西士，則有傅蘭雅、林樂知、金楷理諸人；筆受者則爲徐雪村、華若汀諸人。自象緯輿圖、格致器藝、兵法醫術，罔不搜羅畢備，誠爲集西學之大觀。其已鋟木者，約二十餘種，發蕴探微，將來盡長技而操勝券者，當以此爲嚆矢。

製造總局之外，則有火箭分廠建於陳家港，火藥局建於龍華。自製洋槍細藥及銅帽礮引，亦延西人爲之指授。火箭多有向空反墜者，此獨直去不斜，則以製法有準也。繼又以西法造水雷，一用機器轟發，一用電綫引燃，並臻絶妙，講海防者當以此爲急務。嗚呼！惟能綢繆於先事，斯不至局促於臨時，謀國遠猷，固迥出於尋常矣。

王韜《瀛壖雜誌》卷四　西人火器最稱精利，所以制勝威敵者皆恃此。礮身長短有定率，礮膛都以巨鑽鑽成，常用磨治，取其滑利，久而不銹。礮丸外以鉛裹，取其四周不能泄氣，而藥力全注於彈。鳥槍製法，亦寬窄得宜，而新法可以一秒許發數十響，絶不似内地槍礮，易於炸裂，又難命中及遠。蓋其平時講求甚切，承辦得人，絶無草率偷減諸弊，故器具皆精，無窳敗之物也。我國果能延雇西匠，設局仿造，行之於各直省軍營，何至威令下移。嗚呼，難矣！此余於咸豐初元所言。

王韜《瀛壖雜誌》卷四　西國所製火船，有明輪、暗輪之别。無論風浪順逆，俱可駛行。速者一時可行六七十里，遲亦約得五十餘里。最懼海底礁石，故以鉛砣測淺深必慎。顧輪船涉海雖迅利，而不可一日斷煤；煤極重滯，勢不能足兩月用。是以西人於瀕海各處，皆設埠頭；即海中小島，亦設官置兵，專司輪船往來煤火、淡水之需，以備不虞。在滬有水營、煤炭局，倉卒解纜，取予無匱，慮誠周密矣。近有深究化學者，謂能别創新法，可以廢煤而用氣。是説也，余未之敢信。貨舶亦堅固異常，利於涉遠。其駕駛，無論風之順逆，俱可揚帆，桅上繩索，縱横無慮數百頭，舟子一一理之不少紊。緣繩上昇，其捷如猱，能直上桅杪，以遠鏡瞭望。西船近亦賃於華商，或出重價購之。當事者似可如法製造爲戰艦，以之出洋搜盗，勝於他船多矣。

王韜《弢園尺牘》卷四《與周弢甫徵君》 弢甫通人足下：暌曠三年，邂逅一旦，寓齋清話，移晷忘倦。聞足下將入都，應詔作出山之想，此鄙人聞之，私心竊幸，喜而不寐者也。今天下方多事，安石不出，其如蒼生何。豈僅韜一人，汲汲爲足下勸駕哉。以足下懷此厚實，副是盛名，其所設施，當有遠出尋常萬萬者，韜何敢贊一辭。特以愚者千慮，尚有一得。齊桓公於九九之數，猶且見收，又何敢嘿而不言，用獻蒭蕘，足下察焉。夫天下大利之所在，即大害之所在，有目前以爲甚便，而後蒙其禍者，當時以爲無傷，而久承其弊者，如今西人之互市於中國是也。西人工於貿易，素稱殷富，五口輸納之貨税，每歲所入不下數百萬，江南軍饟轉輸，藉以接濟。此海禁大開，國用以裕，一利也。西人船堅礮利，制度精良，所造火輪舟車，便於行遠，織器田具，事半功倍。説者謂，苟能仿此而行，則富強可致。西情既悉，秘鑰可探，亦一利也。西人於學有實際，天文曆算愈出愈精，利氏幾何之學，不足數也，且察地理，辨種植，治水利，講醫學，皆務析毫芒，窮其淵際，是以有識之士，樂與之游，或則尊之曰西儒。中國英俊士子，誠能屏棄帖括，從事於此，未必無實用可裨，則又一利也。然識者以爲中外異治，民俗異宜，強弱異勢，剛柔異性，潰彝夏之大防，爲民心之蟊賊，其害有不可勝言者矣。西人素工心計，最爲桀黠，其窺伺濱海諸處，雖非利吾土地，而揣其意，幾欲盡天下之利而有之，故商於印度，而印度之王僅擁虚位矣。與葡萄牙通市澳門久之，而專有其利，至葡人雖失利，而無可如何矣。

本朝以寬大之仁，計其至粤東貿易，乃旋以焚煙之舉，逞其貪毒矣。宣宗成皇帝軫念民生，禮崇柔遠，特允所求，曲界五口，是宜若何感激，乃又以睚眦小故，稱兵畿輔，而索内地通商矣。推其貪鷙之性，幾無所饜足，自以爲甲兵之雄，天下莫敵，有所興舉，事無不成。又見中國軍事方興，無暇旁及，而乘機請命，計亦狡矣。昔藍鹿洲謂，有明中葉，以澳門一島畀葡人，大爲失策，何則？海疆門户，斷不可與人，以自失其屏蔽也。果爾，西班牙、英、法、米利堅接踵東來，而禍遂烈於今日矣。今者，濱海島壤，江漢腹地，盡設埠頭，險隘之區，已與我共，猝有變故，不能控制，此誠心腹之大患也。有豪傑起，必當有以驅除之矣。然此衹就形勢言之耳，猶其害之顯焉者也。況自西人互市以來，中國無賴亡命之徒，皆往歸之，其門一逋逃之藪也。貧而庸者，仰其鼻息，寡廉鮮耻者，藉以滋事。今衹計濱海一隅，出入其門者，已不下萬人，他省可知矣。洪楊巨魁，以左道惑衆，其始亦出於粤東教會中（洪逆之師羅孝全，米利堅人），借其説以欺人，流毒幾徧天下，此其好異釀亂之明證也。傳曰：非我族類，其心必異。西人隆準深目，思深而慮遠，其性外剛很，而内陰鷙，待我華民甚薄，傭其家者，駕馭之如犬馬，奔走疲困，毫不加以痛惜，見我文士，亦藐視傲睨，而不爲禮。而華人猶爲其所用者，雖迫於衣食計，亦以見中國財力凋弊，民生窮蹙也。故西人之輕我中國也，日益甚，而中國人士亦甘受其輕，莫可如何。夫謀食於西人舍者，雖乏端人，而沈落光耀之士，隱淪其間者，未可謂竟無之也。乃十數年來所見者，皆役於饑寒，但知目前，從未有規察事理，默稔西情，以備他日之用，而爲其出死力者反不乏人，可謂中國之無人矣。吾恐日復一日，華風將浸成西俗，此實名教之大壞也。特是歐洲諸國，由西而至東，其來也，漸其志也，堅其勢力，又當全盛之際，我國在今日，又安能驟屏之於境外，況亦不足以昭王會一統之盛軌。至於天主、耶穌兩教，分門别户，同源異流，其入中土，均欲務行其説而後快。天主教入中土，雖已三百年，而耶穌教不過近今數十年間耳。向在其國中，相争若水火，今欲越數萬里而訓我華人，亦未見其能必行也。説者謂，西人之利，衹在通商，今和約既定，海市宏開，長江賊踪所在，貨物往來，彼亦有所不便，不如借兵平定之事後，酬以金幣，亦何不可之有。不知室不相和，出語鄰家，可爲通計乎。父撻子而嗾瘈狗噬之，有是理乎。説者又謂，此迂論也。赭寇之罪，上通於天，假手西人以翦滅之，正可同洩普天之憤耳。此言實未深觀大勢，而熟察全局者也。燭之武告秦穆公曰：鄰之厚，君之薄也。西人於我之損也，則喜；於我之益也，則憂。方欲逆餤之張，坐收漁翁之獲，謂其視我如秦越之肥瘠者，猶淺言之也。即使其果肯借師，願輔王室，如突厥故事，而需索酬餉，動以數百萬計。或遷延時日，未必成功，或衹勦一隅，未能全數肅清。即使果能迅埽妖氛，將請地請城，矜功炫德，飛揚跋扈，不可復制，而中原全土，皆侏儒之足跡矣。通盤籌算，朝廷又何必有此舉也。前英酋之至漢口也，道經賊巢，曾與賊小有接仗，乃人言藉藉，謂可假其兵威，殲兹羣醜。若英師受創，志必報復，則長江一帶，藉以通行，獨韜決其不然。赭寇烏合之衆，豈知大義。況既抗官軍，又禦強敵，亦力有未逮，西人以其同教，方且喜之，何肯遽加以兵。果爾入城，通問結約，和好而返，此後各國通商，番舶往還，豈無齎送盜糧，而以鎗礮鉛丸售之者乎？是固必然之勢也。韜方憂之，即如滬城，搆亂十有八月，西人不惟坐視不救，且爲寇賊籌畫，售以巨艘，與以火藥，濟以米石，其待官兵，則不許持械過洋涇浜一步，是誠何心。其例謂，如我國通商，其地遇有君民相爭之事，皆不相助，何以不能懲其商人與賊貿易之罪。空援彼例，徒欺人耳，此皆西人有害於中國大勢之明驗也。至其器械造作之精，格致推測之妙，非無裨於日用者，而我中國決不能行，請言其故。西國地小民聚，政事簡易，凡有所聞，易於郵遞，水則有輪船，陸則有火車，萬里遥隔，則有電氣通標。而中國則地大民散，政事繁劇，若仿西國月報，必至日不暇給。水之大者海，而外雖有江淮河漢，而内地支流，其港甚狹，即輪船之小者，猶不能駛。九州之區，半係塗泥，地鬆氣薄，久雨則泥濘陷足，車過則倏洞窟穴。而輪車之道，必鎔鐵爲衢，取徑貴直，高者平，卑者增，遇河則填，遇山則鑿，不獨工費浩繁，即地利有所未能。農家播獲之具，皆以機捩運轉，能以一人代百十人之用，宜其有利於民。不知中國貧乏之者甚多，皆藉富户以養其身家，一行此法，數千萬貧民，必至無所得食，保不生意外之變。如令其改徙他業，或爲工賈，自不爲游惰之民，而天地生材，數有可限，民家所用之物，亦必有時而足，其器必至壅滯不通。況中國所行水碓風篷，甚易而巧，而用者尚以爲貪天之功、省己之力，或致惰而生疾。鐘表測時，固精於銅壺、沙漏諸法，然一器之精者，幾費至百餘金，貧者力不能購，玩物喪志，安事此爲其他奇技淫巧，概爲無用之物，曾何足重。故韜謂此數者，即中國不行，亦不足爲病，苟以爲我民救死不贍，無暇講此，則非通論也。至於天算推步之學，中法固遠不逮西法，今法固大勝於古法，以疏密之不同也。顧韜以爲古法有用，而今法無用，今法易時必變，而古法可以歷久無弊，何則？愈新奇故也。新益求新，奇益求奇，必有以別法駕乎其上者，故今法不踰二百年，必悉廢矣。其間得之實測者，如月月之食，皆有一定不易之時刻，而其言彗星所行之軌道爲橢圜，至有定歲，究未全驗，無他，依一法以推之，言人人同，各依一法以推之，則千萬人之言皆不同。而習一家言者，遂謂此學可以洩天地之秘，探造化之原，窮陰陽之奥，吾弗信也。數者，六藝之一耳，於學問中，聊備一格，即使天地間盡學此法，亦何裨於身心性命之事，治國平天下之道，而使天地間竟無此法，亦非大缺陷事也。若夫鳥獸草木之學，其精者，謂能得一骨可知全體，得一葉可辨全株，徒聞其語，未見其人。察地理者，能於地殼中細分層累，得一物，即知其時代遠近，或辨其在鴻荒之先，或識其在開闢以後，類若中國骨董鬼，能言古器真贋，歷歷可據。第怪其於諸石，皆可悉其等次，而獨於中國研石、印石、寶石等器，瞠目不識爲何物，此非天地間生成之物耶，何以通於此，不能通於彼也。是其格致之學，有時而窮矣。然則西法必不可行乎？曰否。哲人取法於彝狄，孔子學在四裔，亦視其法何如耳。去其不可行者，而擇其可行者，則始爲得矣。其一曰，火器用於戰。自古兵凶戰危，聖王不得已而用武，流漸至極，至用火器，亦不仁之甚者矣。然既已用之，則又不可不精，以不精之器，而教之戰，是置之死地也。有明末季，已用佛郎機法，今踵而行之，悉心講求，務勿稍吝工料，命中及遠者，有破格之賞，能出新法制勝者，不次擢用，則工奮而物美，兵士有所恃而不恐。其二曰，輪船用於海，以備寇盜，戒不虞。船身高大，則盜舟不敢近，衝涉波濤，便於追躡。沿海悉置礮臺，以聯絡形勢，一旦有事，緩急可恃。蓋邏察既嚴，防守既密，則姦宄無自而生。烽堠要害，必守以健卒，方非虚設，如山之有虎豹，水之有蛟龍，樵叟漁夫，自不敢狎至。禦寇威戎，一舉兩得。其三曰，語言文字，以通彼此之情。今所用通事，半皆粵、浙市井細民，未識立言之體，西人素輕藐之，以犬馬相畜，而上之人亦未以此爲重也。遇有中外交涉之事，兩官相見，數語即去，遂至畏葸無能者，奉命唯謹；剛愎自用者，敗壞決裂，此皆由以已意妄揣，而未熟悉其情也。兹必於各口通商處設立譯館，使佐貳雜員入其中，壹心講肄，以備將來，或酬對遠賓，或紬譯月報。西國之學習譯官，類能華言，喜同華官交際，屢與往來，可免隔閡之虞。西國月報備載近事，誠爲譯出，可以知泰西各邦國勢之盛衰、民情之向背、習俗之善惡，其虚實瞭如指掌。此三者，皆吾所取法也，然用之，亦出於甚不得已耳。即用其法，以制其人，壯我兵威，鋤彼驕氣，明其定律，破彼飾詞，苟非西人遠至中國，又何需此，豈非所益者小，而所損者大耶。説者謂，今四海合一，天下大同，自西人入中國，出其新法秘製開我聰明者，不少矣，則中國又何仇乎。西人不知中國奇才異能之士輩出，歷觀前載，如墨子之籌守具，公輸子之刻木鳶，《蜀志》諸葛武侯之木牛流馬，《南史》祖冲之之千里船，非不巧奪天工，可施實用，而當時無人習之，死後遂至失傳。他如楊太之樓船，戚繼光之兵舶，由此加精，詎不如西國之迅捷。近則如粵東潘氏所製水雷，宜於設伏，而卒不一用，蓋中國以爲用心之精，不在於是。韜故曰：形而上者，中國也，以道勝；形而下者，西人也，以器勝。如徒頌美西人，而貶已所守，未窺爲治之本原者也。中國立治之極者，必推三代，文質得中，風醇民樸，人皆耻機心而賤機事。而西國所行者，皆鑿破其天，近於雜霸之術，非純王之政。其立法之大謬者有三：曰政教一體也，男女並嗣也，君民同治也。商賈之富，皆歸於上，而國債動以千萬計，訟則有律師，互教兩造，上下其手，曲直皆其所主。男女相悦而昏，女則見金，夫不有躬，而無財之女，終身無娶之者。尚勢而慕利，貴壯而賤老。藉口於祇一天主，而君臣之分疏；祇一大父，而父子之情薄。陋俗如此，何足爲美。夫所貴乎中國者，能以至柔克至剛，至弱克至强也。説者謂，如是則西國不難驅而遠之矣。則請一言以決之，曰：在德不在力。若遽以力争，則鮮不蹶矣。今中國之力，不足以制彼，而彼之力，偏足以制我而有餘，不獨舟礮之不及也。士卒無敢死之志，將帥無必勝之謀，守禦無足恃之方，財賦無可繼之用，而彼反易客而爲主，變勞而爲逸，在我肘腋，據我形勝，扼我要隘，傳檄鄰邦，則米利堅角其後先，法蘭西翼其左右，通問賊黨，則捻匪爲之北竄，赭寇爲之南下矣。然則以德將奈何？一則静聽其然，以待天心之厭亂，一則勵精圖治，以俟人事之振興。蓋王政隆而四裔賓，大道昌而異學息，西人之來，亦吾之衰氣有以召之也。戎狄侵凌，自古爲患。商有鬼方，周有玁狁，漢有匈奴，魏以羌胡，錯處内地，卒至神州陸沈，海宇腥穢，幾二百餘年。唐則有回紇，宋則有契丹、女直、蒙古，與相終始，然皆自爲消滅，敗亡旋踵，惡積禍盈，終至焦爛。觀夫遼、金、元三朝之興，其兵力强悍，無敵於天下，而自入中國，漸至委靡不振。誠哉，自昔無常强之國也。即以歐洲而論，羅馬盛於漢，西班牙盛於唐、宋，荷蘭盛於明，而今皆衰矣。英至今日，誠爲極盛，然盛即衰之機也。計英自通商澳門，漸至粤東，由明中葉，迄道光年間，幾三百餘年，而未嘗一得志，何則？以有所待也。明時英尚未興，乾嘉之際，力可與中國爲難，而不敢遽發者，以其時國中多事。米利堅義民叛於内，法蘭西强鄰逼於外，印度未取，國且中弱，故無暇與中國通。道光時，君位已安，民心已固，財富兵强，駸駸自大，今日之英，驕盈極矣。然盈必覆，驕必敗，天道然也。英得志於中國日益甚，則與國忌之日益深，耀兵於疆場之間，而伏戎於蕭墻之内，未可知也。至於我所以馭外者，其先在自審，次則料敵。古云：知彼知己，百戰百勝。以我所長，攻彼之短，以彼所優，供我之用。又曰勿推諉。内而在朝臣工，外而督撫大員，知無不言，言無不盡。又曰毋因循。苟有良法美意，務即施行，有行而窒礙者，勿憚更革。又曰善用人。一策一議，有可采擇者，必優容以禮之，或即使之自行所言，而責其成。然事有先其所急，而後其所緩者，當今要務，首在平賊，必以全力制之，賊滅而世治，然後講武厲兵，訓民足食，而徐議其他。所謂體天心，以行人事，莫善於此矣。夫用兵之道，舍堅而攻瑕，避鋒而挫弊，觀釁而審機，若以積弱之勢，當至兇之鋒，多故之秋，增莫强之敵，雖智者不能善其後矣。韜草茅下士，毫無遠識，素不願爲公卿大人所知，今與足下略盡區區，誠於知己之前，無所諱也。束裝未知在何日，相見尚遠，伏惟爲國自愛，不宣。

王韜《弢園尺牘》卷七《代上當軸書》

某頓首上書大人閣下。竊聞涓塊無裨於山海，而山海乃不遺者，亦得以成其高深。螢燭無增於日月，而日月所不及者，亦得以資其輝耀。杞梓皮革，楚雖有而晉用，不以殊材而擯之也。竹箭金琛，近所無而遠至，不以異産而外之也。是以聖王之用人也，不以地域，賢豪之用世也，不以分畛，融彼此之情，泯異同之見，故能集思廣益，收羣策羣力之效，而措天下於平治，躋一世於熙和也。方今聖朝樂育人才，廣羅賢俊，兼收並蓄，罔有所遺。於我國之才者能者，皆已厠之前茅，任以繁劇，大之理財振旅，小之製器譯書，無不各奏爾能，羣逞其技，然則其效亦略可覩已。至如某者，首資匡贊，曾効馳驅，始舉有類於郭隗，自薦非同於毛遂，海疆榷税之開，謬承厥乏，異地借材之説，實肇其端。凡某前後所登諸薦剡者，皆蒙甄録，處以優崇。曩在京師，猥加不次之恩，爰畀非常之任，飾以眄睞，納於鈞鎔，菲材薄植，獲附雲霄，博采旁求，極承咳唾，此蓋伏遇閣下虚衷若谷，厚德如山，録其片長，策以遠到。是以某朝聞温旨，夕就長途，感伯樂之顧，即思效命而不辭，念豫讓之言，轉懼酬知之無具。中間才不任位，事不逢時，自責自思，刻肌刻骨，言旋敝土，五載於兹。日昨曾肅手翰，妄塵執事，由火輪郵舶寄遞，轉達聰聽，一切悃忱，諒在洞鑒之中。夫某不求仕達，甘處退閒，非真痼癖山林、膏肓泉石也。今之率爾投書，浩然思往，非真妄干利禄，希慕寵榮也。平居讀書論史，稽古思今，見夫士大夫之躁進自媒，夤緣求售者，心焉鄙之，矧某爲異國之人哉。所以不憚覼縷，借留侯之箸，爲賈生前席之陳者，誠以曾邀一日之知，不敢不竭愚者之一得也。然亦實有深窺夫閣下之用心，大公無我，不是此而非彼，不憎異而阿同，識高慮遠，而能了然於國家大利大害之所在。慨自赭寇雲擾，蒼生鼎沸，皇上命將出師，廟謨潛授，十年之間，克致敉平，我師有積勝之威，逆捻有將亡之兆。不以此時，雲臻電赴，霆擊飆馳，以四集之貔貅，翦孤行之豺虎，十圍八伏，罙入長驅，譬猶決迅湍以沃爝灰，鼓洪爐而燔落毳。其爲殄埽，蹋足可幾。豈有回餘魂於閩粤，爲假息之釜魚；嘘凶燄於燕齊，爲決機之阱獸。李左元勳，尚煩撻伐；龔張巨醜，致緩誅夷。然則遲速久暫之故，其間固自有數存矣。事前易爲功，事後易爲智，何假某一二談哉。惟區區之心，實欲收廓清之速效，而俾利益之均沾，言之未明，遽遭擯棄。某雖産英邦，少長中土，自有知識以來，肄習漢文，歷經内地，每遇一事，必加深思力索，以求其故。於中朝之兵、刑、鐵、穀諸大政，以及山川阸塞、民俗險夷，雖不能洞矚機宜，亦已略稔形勢矣。竊以爲當今遠方畢至，光氣大開，海舶估艘，羽集鱗萃，泰西數十國，悉聚於一中國之中。此古今之變局，運會之轉機。懷奇抱智之士，無不思翻然爲自强計。集各國之人才，以供一國之用，正在今日，此某所以望閣下興大利、除大害也。某屢欲以尺一自通於左右，而懼意見所在，非書能盡，況限以七萬里之遠，曠以四五年之别，閣下雖欲用我，亦無從也。是以束裝就道，行抵析津，不揣冒昧，敬先肅箋奉聞，伏望眷念疇曩，賜以顔色，俯采葑菲，垂詢芻蕘，不勝悽悽待命之至。

王韜《弢園尺牘》卷八《代上丁中丞書》　舊歲秋中，猥辱寵招，留連滬瀆者兩月有奇。中間以私事牽率，未獲久羈。曾肅寸箋，達此微忱，仰叩台慈，亮垂尊鑒。自是以來，家衖栖遲，自春徂夏，轅轍南北，魚雁參差，翹首金閶，彌深馳企。茲月下旬，王軍門手翰下頒，轉述盛指，令續譯地理西書，俾蕆全功，用成完帙。聞命駭越，無任竦惶。竊以某濠鏡之鄙人也，才不足爲世用，學不足爲衆式，而閣下遽欲以一得概千慮，片長掩百短，則恐其必不能耳。夫譯書，誠未易言也。選例必嚴，取材必富，摭言必雅，立體必純，搜牢殫其深心，去取徵其獨識，遠追往古，近溯來今。苟秉筆者乏三長，將索瘢者叢衆喙，此其難者一也。況乎前之譯者，皆班范史才，燕許手筆，勢不可以犛豪爲貂續，魚目爲珠聯，連類並載則爲著糞佛頭，假光生色則爲附蠅驥尾，雖集狐有志，而疥駱貽譏，此其難者二也。即使用短舍長，置工就拙，棄干莫百淬之利，而責效於鉛刀一割之功，則才如庾鮑，清逸分鑣，學若淵雲，張弛異尚，離之雙美，合之兩傷，祇可自怡，難娛衆目，此其難者三也。雖然，某豈可憚其難而不爲哉。蓋嘗仰窺閣下之用心，若以某略通語言文字之學，繙譯之事必所勝任，倘或固辭，即爲自外，是以不敢不勉副盛懷，敬執鉛槧，請即從事。特是某來滬就譯，則恐勢有所不能，亦情有所不可，敢借前箸，代畫下情。小人有母，年七十有三矣。菽水之歡情有限，桑榆之晚景無多。潁叔之羹，必闕晨昏而偏嘗；仲由之米，非隔吴越之可負。兼以老人情性尤愛少者，苟倚閭望遠，則形影皆孤；必繞膝承顔，斯夢魂俱適。當喜少懼多之日，正難進易退之時。倘竟再賦遠游，未免有乖素志。某所以躊躇而不敢遽決者，此也。若夫籌簿糾紛，米鹽凌襍，徵租索債，問舍求田，付之旁人，俾了斯事，早已不足嬰吾慮矣。然某雖不能來，而書則可以郵遞，變通之計，在一轉圜間耳。所譯地志，原係亞墨利加之本，初非秘册，早有成書，設可寄至粤中，命加紬繹，事半功倍，告成良便。倘以此册爲可珍，浮沈爲足慮，當爲代購别本於嘉邦，價亦不奢，郵舶往還，三月可達。至於商榷文辭，規模體要，則有王君紫詮在。王君向固同譯《火器説略》者也，王君助撰是書，别出心裁，多由手創，其間增損竄削，儘有出自英文之外者。凡所論説，動合窾要，蒙雖主譯，僅觀厥成，是則其才亦可略見一斑矣。曾膺西儒聘往英，二十有八閲月，茲已歸自歐洲，縱横三萬里，周歷四五國，泰西汗漫之遊，足以供其眺覽，極北蒼凉之境，足以蕩其胸襟。飈車電馭，逐日而馳，火艦風輪，衝波直上，所見奇技異巧，格致氣機，殆不可以僂指數。曾觀書於英京太學，及其歸也，以所携書萬一千卷，置之博物院中，太學諸儒，無不同聲嘉歎。其旅居於蘇格蘭境者最久，地處英倫之北界，當冰海之偏，四時則少燠多寒，一歲則常冬不夏。杜拉一山，最爲勝地，林木葱鬱，泉水瀠洄，顧未逮杪秋，雪霜陰沍，枯樹寒鴉，凄戾萬狀。在其國中，著有《春秋朔閏考辨》、《春秋日食圖説》、《乘桴漫記》三書，屬藁甫定，遽爾言旋，以故未及繕録真本。王君雖未能深究英文，而頗肯鈎抉情僞，探索問學，以成西國一家言。飢驅四方，卒未輟業，是則其志可憫，而其遇亦可悲已。抑蒙更有請者，地志一書，體例所繫，原無區於中外，原其流變，可得而言，凡所紀載，亦惟是圖方域，具山川，考風俗，詳物産而已。皇古所傳，不可得窺，而如《夏書·禹貢》之篇，《周禮》職方之紀，撰厥大較，斯近之矣。自是而降，則若弘憲《元和郡縣志》，樂史《太平寰宇記》，或涉勝蹟，或葺藝文，踵事增華，濫觴於此。後之作者，等諸自鄶，無譏焉爾。海外輿圖，詳者實罕。漢唐以來，聲教漸訖，然自葱嶺之北，身毒而西，珥筆所及，即多茫昧。有明中葉，歐境始通，於是《職方外紀》、《坤輿全圖》相繼並興，頗稱徵實。此外非無纂輯，而非瑣屑小言，即荒誕不可致詰耳。逮夫近代，光氣大開，琛賮遠來，梯航畢集，名碩留心於掌故，西儒喜述其見聞。因是徐君松龕輯《瀛環志略》，魏君默深著《海國圖誌》，而西洋瑪吉士則有《地理備攷》，英國慕維廉則有《地理全志》、《英志》，合衆裨治文則有《聯邦志略》。巨帙宏編，網羅繁富，彬彬乎登大雅之堂，入著作之林矣。後之言西事者，必於此取資焉。然間嘗得其書，而偏讀之矣，大抵瑪氏三子所作，則失之俚，去華存實，質而不文。其甚者，述今稽古，俱乏新知，隸事分門，如出一轍。記一國，而半篇可了，閲千載，而數事僅傳。國都而外，莫著名城；邦君以降，罔聞人物。表政治，則不繫廢興；志疆域，則不詳沿革；系譜牒，則不溯淵源。疎略如斯，不無缺憾。徐、魏二君，一簡一繁，削膚存液，逞秘抽妍，並極其長，各有所主。然或記載爲多，竟同實録；捃摭太廣，有似外篇。此史乘之兼官，非地輿之專志，循名核實，尚待補苴。今之所編，似宜變格。不特此也，方今西學大昌，巵言日出，如偉烈亞力之天學，艾約瑟之重學，丁韙良之律學、格致學，合信氏之醫學，瑪高温之電氣學，標新競異，幾於美不勝收。若使徧加搜探，則篇帙驟贏於舊，必當數倍，此所謂創始者難爲工，繼起者易爲力也。蒙又嘗嘆中西文士，各有所蔽，坐令歐洲各邦遺聞故事，莫可考求西士之蔽，則在詳近而略遠，通今而昧古，識小而遺大。其所著書，圖逾徑寸，地已千里，概無論列，初乏名稱，是非無窮荒未闢之區，沙漠無人之域，祇以少名流之潤色，缺風雅之搜羅，遂致湮没弗彰耳。間有名山勝水，佳墅廣邸，足供遊屐，可入詩筒，而爲記述之所不詳，方輿之所未備，非身歷其境，不能周知，是則不好事之咎也。中士之蔽，則在甘坐因循，罔知遠大，溺心章句，迂視經猷，第拘守於一隅，而不屑馳觀乎域外。不然者，當魏默深撰《海國圖志》時，西事之書，無可採擷，甚至下及馬禮遜之每月統紀傳，修辭飾句，蔚然成篇，其用心亦良苦矣。今日者，《遐邇貫珍》刊於香港，《六合叢談》刊於上海，《中外新報》刊於甯波，其他如七日録、近事編，日報郵傳，更僕難悉。雖言非雅馴，而事堪考核，然未聞有抽豪寫牘，截貝編璫，甄削繁冗，鈎稽簡要，彙成全書，以備他日輶軒之采者，有志罕遘，良可悼惜。王君紫詮，嘗以爲言，又以西國事蹟之詳莫詳於郵報，輿地之備莫備於雜記，必須薈萃衆籍，挹注羣言，參之以訪諮，益之以閲歷，然後斯成大觀矣。所懷未逮良用，耿耿能集厥事，而剏斯舉者，非閣下，其誰與歸？蒙向者伏讀閣下前後奏議，愷切敷陳，軫惜民隱，恩頒赤縣，功在蒼生，太傅時務之書，宣公奏進之劄，無多讓焉，國門可懸，都人争寫。履任以來，振飭治局，鎗礮機器，務求新製，别探奥窔，自闢機緘，而尤留意於地志，親加論斷，摘謬指訛，集思廣益，當朱墨圍之錯置，猶經緯度之區分，美哉盛矣。閣下之政治文章，照耀江左，逖聽之餘，曷禁忭舞。蒙欽遲恐後，讚嘆莫名，猥以愛末，妄有所擬，倘蒙許可，幸賜訓言，不勝區區延企之誠。謹奉箋以聞。

《時務報》第六七期《中英開礦公司》　中國近今因用度短缺，更思變法維新，請求理財之道。爰在理財事務一項内，准定在北京立合股開礦公司，一其宗旨，耑開中國煤礦、鐵礦、煤油與亮漆等礦質，並協助中國推廣製造與商務二事。此項合股公司，起意原爲英人便造工廠，以故入股者惟有英人。其最著者，如倫敦勞脱確特洋行，侯爵勞爾吶即英皇后快婿，復有多人係英國有顯秩之大員與名望素著之富翁。至煤礦之大，自北至南，長約三百七十五啓羅邁當，自東至西，闊有五十啓羅邁當，值價無算，實非常之財源。據德國最有名之地學師名雷兆芬者，言此處煤質，乃環球中最美，從未有出其右者，而自煤質鑄出之物，與鐵礦、煤油等，足爲環球二千餘年之銷用，可謂富矣。該合股公司，承聞此項極大之富藏，而造鐵路之權利以聯續北京幹路者，尚不在内。該公司自得中國允准後，將自該工程所得之利益，抽出四分之一，浄歸中國政府作爲定章，永遠遵守。

余等並不謂自有此舉以後，夥會之説，必在中國大行，一如小雷波利格報所有之議論，惟謂自有此學動後，必須愈加留意，因於我法利益一端，必有大關繫也。

宋賡平《礦學新編摘要》卷上《試辦各礦不必概用西法説》　中國言礦務者，動謂機器便利，採驗諦當，分化尤爲神奇。故出洋學生與夫閩粵子弟之粗通洋務者，但能倣效歐洲衣服言語，皆冒充礦師，以干當道。上游徒觀其貌，遂信其果精西法，委任不疑。又有西人學而未成，泛舟來華者，中國亦徒震其名，遂不惜重貲延請，委其開辦。於是購機器，造洋房，派委員，迨糜費既多，毫無成效，始歸咎於礦之不可辦，雖西法無如之何。不知非西法之不可，辦礦貸不精西法，而冒充西法之過也。大西人礦師習自學堂，技之精者，由學堂公舉，廠主始得聘請，然高等之礦師最難出境。其學之未精者，即以應華人之聘，高其聲價，故滇、黔、湘、晉、山東各省皆用西法開辦，莫不巨本虧折，此初辦不必用西法之明證也。至於外洋機器，出自公司各廠，購買必須保險，稍有破壞即脩理，中國則良窳莫辨，縱不適用，無從修補。況蠶叢鳥道，陡壁懸崖，機器雖精，亦難搬運，其有勉强運載者，一遇山路崎嶇，萬難進步，往往棄置道旁，半途而廢，久而銹爛，誠爲可惜。此用機器不便之實在情形也。今擬試辦之廠，宜先以中法爲主，有應參用西法者，務宜臨時斟酌，斯執兩用中之道得矣。有難之者，曰：開平之煤廠、湖北之鐵政局，現用西法，皆著成效，今曰宜用土法，不幾荒謬無稽乎。應曰：礦之産於廣漠者，宜以西法爲善，其開井汲水之法，誠爲至妙也。故購器之費雖多，薪水之用雖巨（近年外洋之工貲更貴，平常手藝，一工每日以得洋銀一元五角，英之北陲之煤廠皆如是）。而所出之數既多，即所獲之利亦倍。若滇、黔諸省産礦之處，多在萬山之中，此機器之所以不便也。然銅、鐵、煤廠非大用機器，西人不能開辦，設有最旺之礦廠，或生於高山峻嶺，或長在偏僻之處，與河道不通（無江河不能運載機器，其廠決意不辦），與修鐵路不便（修路不便之謂，是礙於搬運機器之故），諸如此類，亦不能辦。然後再細考該處每年遠近前後，其能消售若干煤（照他公司應消八百兆噸，稍稱合用）。要合所辦之法，亦要合銷路，不能見礦即開，須籌畫再三，確實方能開辦，否則萬萬不能輕舉妄動。計算在先（外人之算學算進不算出，不似華算只知算出不知算進），其機器之耗費一旦失錯，勝於土法之賠累數百倍有餘。惟煤鐵之廠，亦必輪船火車往來順便，方爲上計也。故奉天之開元鐵嶺麗金廠，不必機器，惟錦州府甯遠州之夾山所產，係馬牙金，土人呼爲線金，則應用機器。爲是蓋吾之所謂不必用機器者，謂不必概用，非謂全不用也。其實土法得當，自能成功，因地制宜，凡物皆然，作事貴有權衡，固不必因流俗俯仰也。

宋賡平《礦學心要新編》卷上第八章《論新法礦山測繪》 夫以蠡測海，以管窺天，皆古人之所非笑，謂其必無所得也。然天誠不易窺而可窺，海誠不易測而可測，特不可以管蠡之見參之耳。彼礦山之高大，亦不易測者也。使因其不易測，而遂置之不測，則山於我何尤，而有求於此山者，則不能聽其不測也。能測之則礦在目前，不能測之則礦在鏡中。又必按地成圖，瞭如指掌，披覽之間，即知某山産某礦，某山近何處，其來脈爲何所，其引綫、座屏、圍墻、照壁、水口、門户，皆欲活見紙上，方爲有益。其高下、大小、遠近，毫髮不移，然後照圖錯置，諸事裕如。譬之行軍，算多者勝，道里熟習，自無敗北。彼不知測繪者，聽其所言，處處皆礦，及與之登山，張目瞠然，不知所爲，足繭荒山，自隔重霧，巨石危岩，戰競恐懼，安知所謂礦哉。夫礦在山中，必平日玩之紙上，如數家珍，始知某處林材可以取用，某處埸鎮可以貿貨，某處險要可以防守（備盜賊也），某處溪流大河能否漏水入礄，利害既明，自舉事無失，固非冒昧者所得知也。西人之言測繪，但講山川形勢，經線度數，道里遠近，其於礦山，則測其某山有礦，大略可知而已。豈知産礦之山高大，或百餘里，非加細密，究於何處下手？故予特變一法，名曰礦山測繪，計尺加算，遵中線尺，以人迹，不以鳥迹，分毫不爽。即腹中所有，皆可按圖而索，事雖艱難，實爲言礦者必由之徑。初學之士，白日登山，留心觀玩，夜間用沙拾數斛，將所見者，排於木板之上（古人聚米爲山，迺即用此法），稍若有差誤，掃去另排，務使城郭市鎮穿落傳變，星體方位如其所見，然後爲是。推之他處，莫不皆然。一二三年後，則用黄坭以水潤之，即所見之山尖圓方直、橫豎大小、高下疏密、長短寬厚，居然方位，細細揣摩，捏成各形，一一排列，東西南北，毫無錯亂，再用沙點作界，四致分明，不溢不漏，星體變化，皆可識別，方爲得手。如此之後，又一二年，始可加算開方。開方者，疊算也。兩層爲歸除算，三層爲開方算，在法爲一乘方，四層爲二乘方，五層爲三乘方，以至六七八九乘方、千乘方、萬乘方，皆由類推。明得此訣，則習天元之法，以貫地元、人元、物元，測繪勾股，舉可以四元括之。其用之小者，則權衡尺度，一見了然。其用之大者，則天星曆數，江河海洋，皆無遺失。若遇山谷險峻，大江隔絶，則用勾股，以表竿測之，西人所謂測海島法是也。其法前用一表竿，其長若干，後用一表干，其短若干，記其地之步數，遠前表竿幾許，以目斜視之，以前表竿之準率爲憑。後再用一表竿，又短幾許，以勾股法算之，山之高矮，脈之起伏，四方之界綫，無一不合。然後將沙泥排入圖綫方内，竪看倒看，絲絲入扣。學者到此境界，猶不可放鬆，學力更加精進，於山之奇峰怪形，無所眩惑。三五載後，足徧天下，見多識廣，方舍去泥沙，用鉛筆成圖，亦是以杠丨作江河溪溝，以□○△回作城郭、碼頭、市鎮。惟山水之異，千迴百折，其精微奥妙，非熟精此道者，即覽圖亦莫能道其詳。又非若丹青圖畫，用筆點綴，求其古老生動而已。即照扣留影之法，亦衹能照其一面，斷不能四面前後收入紙上，顧此失彼，施之於用，概不可行。蓋測繪所重者，在識其遠近，而最微妙者，則脈絡之貫穿，非明眼不能見，非高手不能繪。何謂穿山川之脈絡？真氣由此山穿過彼山，續斷起伏，奔騰數千萬里，大江大湖，大洋大海，起落不常，隱顯不測是也。識得此理，落筆萬狀，神妙莫測矣。變者何？脱胎之謂也。祖孫父子，另起星峰，節節駁换，五行錯雜，非深明五行生尅之理，不能確有定見，落筆書紙，烏有把握。若能者，任他變，任他换，任他奔騰，下筆有神，自開生面，展圖查閲，一目千里，分寸不失，即中外輿地之學，亦何嘗如此精詳哉。予之所以精求此事者，亦謂地學一家，非此不能審穴，礦學一家，非此不能定倉。即此綫已見，明知有礦，而山之周圍上下直徑若干尺寸，何由而知取礦之地，運貨之路何由而達。故言礦者，引綫猶次，而測繪則其尤要者也。西人之聘礦師，先入山中考驗，試其眼力，知非紙上空談，然後以測繪試之，以素所測之山，並今日所勘之地，一並繪出，詳加評覽，至再至三，乃憑本國之領事官，三面簽字訂請。領事官亦親自考試，將自檢之圖式，請礦師圈出經緯度數界綫，當面指陳，不紊分毫（繪圖必用鉛筆），然後領事官一同簽字定案，出具福頭（乃如中國之印信關防），結實保單。保得某公司之商人，果有實在本貲，某礦師果有實在本事，皆屬不虛，始作定奪，一訂便是六十年。簽字合同有草有正，其蓋福頭者，乃是正合同，永遠遵守無悔。如礦師不能測繪，萬不能以口說、手指爲據。繪成之圖，其如雲朵者，皆爲遠山，起團團小雲者，爲平山，起層層者爲高山。如圖中能點脈頭、引綫者，乃爲上上之圖式，素所罕見，不能輕以視人也。況密採之礦山，費盡心力，若使人知得，不懼其捷足先登耶。而人之深於測繪者，見有好圖，十分珍重，必令其謹慎收藏，勿輕示人，自有精圖亦然。予繪有礦山圖二十幅，長江圖十幅，濱海南北要隘全圖二十五幅，皆用最小手摺置之懷袖，毫不著迹，富美基安迪二君，一見稱善，欲以千金易去。英之來川之金砂，兵船管駕兵頭磯畢納來樓覽予圖，欲以行程照圖至貴之機器，並各大小玻片，請易是圖。又德國查勘江船之總經理克乃波，亦以洋銀千元易是圖。予均未允許。予思賣圖即是賣地(若坊間售賣各圖，其名開方，實無可用，西人不以此爲貴)，即萬金亦不能動予之心哉。今是書既成，欲刻數幅，以公同好，撿閱數次，仍守初衷，若博雅君子不棄鄙陋，索圖以觀，則不敢吝也。識者諒之。

薛福成《庸菴文編》卷三《西洋諸國爲民理財說壬辰》 英吉利三島及法、德等國，皆不過中國兩行省地耳。然其歲出歲入之款，大都在白金四五萬萬兩以外，不啻六七倍於中國。蓋諸國之取諸民也，百餘倍於中國矣。其在民家，畜一狗、馬也有稅，置一器具也有稅，佩一環釧也有稅，而田產房屋更無論焉。於商，則既稅之於貨物，又稅之於市廛，又稅之於契票，而舟車之過關津者，更無論焉。關稅有值百取四十、取六十者，甚有值百取百、取二百者。征斂若此，民必不堪命矣，而民不堪以爲病者，何也？以其取之於民，而仍用之於民也。古者中國制用之經，每量入以爲出，今之外國，則按年豫計國用之大者，而量出以爲入。其入焉者，無不旋出焉者也，其出焉者，又無不旋入焉者也。余觀諸國出款，以水陸兵費爲最鉅，實皆自養本國之民。他如養老濟貧之費，貧民子弟入學堂之費，歲支不下一二千萬兩，水陸兵丁贍老卹傷之費，文武官致仕後半俸之費，歲支亦不下一二千萬兩，用意可謂至厚。其或造一礮臺也，製一鐵甲船也，動費千百萬金，而金工、木工、石工、開礦之工、鎔煉之工無不獲利矣。築一鐵路也，通一電綫也，動費千百萬金，而巧者、樸者、富者、貧者、學通格致者，無不仰食矣。至如造一橋梁、闢一園林，而日收衆人之費，無不有所取償焉。起一師旅，興一水利，而責敵以酬兵費，勸民以增田賦，無不有所取償焉。且彼取諸貧民者，較富民爲輕，所以養護貧民者則甚備。平時謀國精神，專在藏富於商，其愛之也若子，其汲之也若水。蓋其綢繆商政，所以體卹而扶植之者，無微不至，宜其厚輸而無怨也。大抵天地生財，欲其川流不息，苟有壅之而勿流者，造物惡之。如隋文帝之積粟於倉，明神宗之積金於庫，將有睨而思攘之者矣，若西洋諸國之爲民理財，雖有重斂之實，而無厲民之迹者，無他，以其能聚亦能散也。

薛福成《庸菴文編》卷三《西洋諸國導民生財說辛卯》 西洋富而中國貧，以中國患人滿也，然余攷歐洲諸國，通計合算，每十方里(每英方里合中國十方里)居九十四人，中國每十方里居四十八人，是歐洲人滿實倍於中國矣。而其地之膏腴，又多不逮中國，以遜於中國之地養倍於中國之人，非但不至如中國之民窮財盡，而英、法諸國多有饒富景象者，何也？爲能濬其生財之源也。蓋西人於藝植之法、畜牧之方、農田水利之益，講求至精，厥產已頗勝於膏腴之地，其人多研礦學、審礦苗、興礦利，金銀銅鐵錫鉛煤之屬，日出不窮，是不但孳之地上，又鏟之地下矣。工藝之興，新奇日著，又能切於民生日用，質良價廉，爲遐邇所必需，是不但不遺地力，又善用人力矣。商務爲上下所注意，風氣既開，經營盡善，五洲萬國，無貨不流，各挾巨貲以逐什一之利，是不但鳩之境內，又輦自境外矣。凡諸要端，國家皆設官以經理之，又立法以鼓舞之，夫然則以歐洲之人，用歐洲之地，而其導民生財之道，殆不啻有三四歐洲也。且其人又善尋新地，天涯海角，無阻不通，無荒不墾，其民遠適異域，視爲樂土者，無歲無之。噫，彼以此法治民，雖人滿何嘗不富也，而況其能使不滿也。若中國之礦務、商務、工務，無一振興，坐視民之困窮而不爲之所，雖人不滿，奚能不貧也，而況乎日形其滿也。

薛福成《庸菴文編》卷三《論公司不舉之病癸巳》 蓋嘗閱製器之廠矣，鑄千鈞之鐵爲大錘，運機一擊，無剛不柔，假令其錘減輕四五，則雖日役千人，閱歲逾時，而器有不能成者矣。又嘗乘渡海之艦矣，采十拱之木爲大桅，張帆駕風，日駛千里，假令其桅減小四五，則雖廣集篙師，船堅風順，而程有不能進者矣。夫人之生於天地間也，固無不可爲，無不可成，所以能與天地參，然制事御物之機勢，充其量則以一勝百，減其力則雖有若無。《淮南子》曰：「千人之羣無絶梁，萬人之聚無廢功。」迄於今日，西洋諸國，開物成務，往往有萃千萬人之力，而尚虞其薄且弱者，則合通國之力以爲之，於是有鳩集公司之一法，官紳商民，各隨貧富爲買股多寡，利害相共，故人無異心，上下相維，故舉無敗事，由是糾衆智以爲智，衆能以爲能，衆財以爲財，其端始於工商，其究可贊造化，盡其能事，移山可也，填海可也，驅駕風電，制御水火，亦可也。有拓萬里膏腴之壤，不藉國帑，藉公司者，英人初闢五印度是也。有通終古隔閡之塗，不倚官力，倚公司者，法人創開蘇彝士河是也。西洋諸國，所以横絶四海，莫之能禦者，其不以此也哉。中國地博物阜，迥異諸國，前此善通有無者，有徽商，有晉商，有秦商，皆以忠實爲體，勤儉爲用，亦頗能創樹規模，相嬗不變者數世，而於積寡爲多，化小爲大之術尚闕焉。邇者中外通商，頗仿西洋糾股之法，其經理獲效者，則有輪船招商局，有水陸電報局，有開平煤礦局，有漠河金礦局，然較外洋公司之大者，不過什百之一耳。氣不厚，勢不雄，力不堅，末由轉移全局。曩者滬上羣商，亦嘗汲汲以公司爲徽志矣。貿然相招，孤注一擲，應手立敗，甚且乾没人財，爲飲博聲技之資，置本計於不顧，使天下之有餘財者，相率以公司爲畏塗。非但西洋絶大公司，終無可冀倖之一日，即向所謂招商、電報、開礦三四局者，亦遂畫於前基，難再蕲恢張之策。如此而望不受制於人，其可得乎。夫外洋公司所以無不舉者，衆志齊，章程密，禁約嚴，籌畫精也。中國公司所以無一舉者，衆志漓，章程舛，禁約弛，籌畫疏也。四者俱不如人，由於風氣之不開，風氣不開，由於朝廷上之精神不注。西洋舊俗，各視此爲立國命脈，有鼓舞之權，有推行之本，有整頓之方，明效應之，捷於影響。中國驟行此法，無力者既瞢然試之，當軸者輒憕然置之，風氣豈有自開之理？是故風氣不變，則公司不舉，公司不舉，則工商之業，無一能振，工商之業不振，則中國終不可以富，不可以彊。

薛福成《庸菴文編》卷三《西法爲公共之理説見出使四國日記庚寅》 歐美兩洲諸國勃焉興起之機，在學問日新，工商奮績，而其絶大關鍵，皆在近百年中。至其所以横絶寰宇而莫與抗者，不過恃火輪舟車及電綫諸務，實皆創行於六七十年之内，其他概可知矣。今之議者，或驚駭他人之強盛而推之過當，或以堂堂中國，何至效法西人，意在擯絶，而貶之過嚴，殆皆所見之不廣也。夫西人之商政兵法，造船製器，及農漁牧礦諸務，實無不精，而皆導其源於汽學、光學、電學、化學，以得御水、御火、御電之法，斯殆造化之電機，無久而不洩之理，特假西人之專門名家以闡之，乃天地間公共之理，非西人所得而私也。中國綴學之士，聰明才力，豈遜西人。特無如少年精力，多縻於時文、試帖、小楷之中，非若西洋億兆人之奮其智慧，專攻有用之學，遂能直造精微，斯固無庸自諱，亦何必自畫也。上古之世，制作萃於中華，自神聖迭興，造卦畫，造市易，造耒耜，造舟車，造弧矢，造網罟，造衣裳，造書契，當鴻荒草昧而忽有此文明，豈不較今日西人制作，尤爲神奇，特人皆習慣而不察耳。即如《堯典》之定四時，《周髀》之傳算術，西人星算之學，未始不權輿於此。其他有益國事民事者，安知其非取法於中華也。昔者宇宙尚無制作，中國聖人仰觀俯察，而西人漸效之。今者西人踵中國聖人之制作而研精不輟，中國又何嘗不可因之，若怵他人我先，而不欲自形其短，是諱疾忌醫也。若謂追隨不易，而慮始終不能勝人，是因噎廢食也。夫青出於藍而勝於藍，冰凝於水而寒於水，巫臣教吴而弱楚，武靈變服以滅胡，蓋相師者未必無相勝之機，吾又安知千百年後，華人不因西人之學，再闢造化之靈機，俾西人色然以驚，睪然而企也。

李經畬《合肥李勤恪公政書·謹將遵議總理衙門原擬六條參以管見開列清單恭呈御覽》 一曰練兵。籌辦江海之防，水師最關緊要，而扼紮險隘，護守礮臺，陸軍亦宜並重。李鴻章、左宗棠所部各軍均係百戰勁旅，各省留防之師亦皆久歷戰陣。他如經制緑營額兵，所挑選精壯教習洋鎗者，以及長江水師，均足以備戰守。惟内地與海洋，情形迥異，有事征調，恐遷地弗良，難期得力，蓋海中風濤之險，非所素習故也。擬請於南北兩洋，分設輪船外海水師。查閩、粤、江、浙等省，向設艇船巡洋，近來外國鐵甲輪艘，大而堅利，自非艇船所能禦。然沿海原設艇船，不必盡巡外洋，内海、内江、内河皆資梭緝。且外洋無戰事，萬一開仗，仍在海口，應請將艇船酌減數成，即以其餉，添充外海輪船水師之用，酌留數成，隨同輪船操演。所有外海輪船，以一船爲一營，隨帶艇船若干隻，數船爲一軍，中設鐵甲輪船一隻，弁兵水手，概不雇用洋人。如何酌定營制及俸餉公費，均由南北洋大臣與濱海各省督撫，察看形勢，妥議奏辦。將來成軍後，即令巡洋捕盜，勤加練習，庶幾操縱自如，聲勢聯絡，足備不虞。其各海口駐防陸軍，仍認真操演，以資策應。至長江上游口岸，地居腹内，前設水師礮船，頗已周密，祇須隨時訓練，歷久不懈，不必另添防兵，致滋糜費。

一曰簡器。各國鎗礮，愈出愈精，津、滬、閩等處廠局製造，亦有成效，自不難益求精進。爲利用計，暫宜購之外洋，爲經久計，必須製自中土。此時水陸礮臺，與水陸各軍，所需洋鎗巨礮，應由各員訪求精品，配搭購辦，他如英國製造之後鏜礮，能於數里外攻破鐵甲船，又有電氣水雷，沈之水底，置之海口，可以轟擊鐵船，並應廣爲購辦，如式仿製。惟外洋鎗礮等物，每有變换式樣，即稱創造，應飭各廠局將購到各項，逐一演試，擇其精利者，督飭工匠仿造，暫勿騖博誇奇，總期成一器，即得一器之實用。從此推勘入微，日臻美備，庶可無待外求。

一曰造船。閩滬設立廠局，製造輪船，慮遠思深，實爲防禦外侮探源之策。

現在中國所製輪船，雖不及外洋之精，較之前數年，日見改觀，駕駛不用洋人，是其明效，熟能生巧，自可精益求精。倘因惜費議停，不獨進境無從，並十餘年之苦心、數百萬之餉項均歸虛擲。總理衙門王大臣等，堅持定義，具徵卓識，惟目下創立外海水師，自造之船，斷不敷用，不能不酌量添購，而鐵甲船爲屏蔽全軍、衝擊敵軍之具，亦屬萬不可少。應由南北洋大臣酌量購買，擇海口最深之處駐泊，以後當令津滬各廠局，詳求製造之法，其購自外國之船，即可歸各廠局修理。長江上游口岸，亦均宜各購輪船，分作三層，上可置礮，中可屯兵，下可裝貨，仿照外國公司輪船之例，平日撥交招商局，令在沿海及長江上下攬貨，以開利源，有事仍備調遣，庶不虛縻養費。應請飭下東南沿江各省督撫臣，每省先行籌款，各購輪船一號，嗣後酌量財力，或三年，或五年，每省添購輪船數號，將見愈久愈多，中華大利，不致爲他人所分。而每年生息保險之費，既可借充庫儲，設遇有事，亦可運解兵餉器械矣。

李經畬《合肥李勤恪公政書·一議販鹽挖煤一條》 此二宗久爲彼族所垂涎，鹽爲中國大利，實難任其侵越，不得不堅忍以相拒。至如何預籌良策，使彼族自不生心，應由各路鹽政，督同鹽務各官，悉心籌畫，臣未敢妄贊末議。至挖煤之利，遜於鹽務遠甚，蓋彼族以中國取煤不得其法，用力多而獲利少，若以彼法行之，用力易而得利倍。然産煤之山，且多係民人産地，未開者，購買難以相強，已開者，窮黎恃爲生計，且野性不馴之輩，動以千百，西人冒昧前往，勢必激生事端。應以實情諭止，如彼族瀆請不已，則先與約定，設或華人争利械鬭，州縣各官，位卑力弱，封疆大吏，地隔遥遠，急切不能保護，均不在違約之列。

馬建忠《適可齋記言記行》卷一《富民説庚寅春》 治國以富強爲本，而求強以致富爲先。上溯康乾之際，税釐不征而度支充，海市有禁而闤闠足。乃軍興以來，海關釐金歲入多至二千餘萬，商賈互市歲至二萬萬。然户庫形支絀，閭閻鮮蓋藏，前後百餘年間，上與下，貧富情形，何若是迥異哉。昔也，以中國之人運中國之貨，以通中國之財，即上有所需，亦不過求之境内，是無異取之中府，而藏之外府，循環周復，而財不外散。今也不然，中外通商而後，彼易我銀之貨，歲益增，我易彼銀之貨，歲益減，而各直省之購礮械，購船隻，又有加無已。於是進口貨之銀，浮於出口貨之銀，歲不下三千萬，積三十年，輸彼之銀，奚啻億萬。寶藏未開，礦山久閉，如是，銀曷不罄，民曷不貧哉。然通商非中國獨也，宇内五大洲，國百數，自朝鮮立約，而閉關絶使者無其國矣。若英，若美，若法，若俄，若德，若英屬之印度，無不以通商致富。嘗居其邦，而考其求富之源，一以通商爲準。通商而出口貨溢於進口者，利通商，而出口貨等於進口者，亦利通商，而進口貨溢於出口者，不利。彼英美各國皆通商，而進出口貨不能兩盈，故開礦以取天地自然之利，以補進出口貨之虧。至地利不足償，乃不憚遠涉重洋，叩關約款，以取償於我華民，然則天下之大計可知矣。欲中國之富，莫若使出口貨多，進口貨少，出口貨多，則已散之財可復聚，進口貨少，則未散之財不復散。其或散而未易聚也，莫若采取礦山自有之財，采取礦山自有之財，則工役之散，不出中國，寶藏之聚，無待外求，而以權百貨進出之盈虛，自無不足矣，爰分陳焉。

一曰，使出口貨多，則在精求中國固有之貨，令其暢銷也。中國固有之貨，以絲茶爲大宗，通商之始，絲茶出口，足與洋藥洋布進口相抵。乃近年英屬印度盛産絲茶，以奪我利，查印度十餘年前，絲出口僅值百萬，茶出口僅值五百萬。去歲出口之絲，已值二百七十餘萬，出口之茶，值一千六百餘萬。日本絲茶，近亦暢旺，每歲出口近千萬。中國之絲，每歲出口值三千二百餘萬，茶亦稱是。核計十餘年間，中國絲茶所增，不過數百萬，迥不若印度、日本絲茶歲增之多。若不及時整頓，則彼日增而暢銷無已，而我止此歲入六千餘萬之數，不盡爲所奪不止。整頓之法有三，一，講求絲茶之本原也。嘗考意法兩國育蠶之家，種桑有術，而葉肥茂，選種必良，而蠶碩壯。且察其僵之猶癩也，藥而別飼之，使不傳染。聞南潯絲商説美國飼蠶有公司，民間蠶或僵病，不準留養，而舉箔送公司。有醫官以顯微鏡察看，凡蠶欲僵者，必自舉其身旁葉邊，而數數顫動，如駝馬之倚樹擦癢者。其兩面腰際，必有極細黑點，目力不能見者，每面各一粒，意猶人之癬疥作癢，須用極輭翎毛等，蘸藥水輕拭去之，甚或患者多，則用藥水灑葉飼之，踰兩宿即愈，故選種、種桑與飼養必究。沈穀成注。時其化之出蛾也，烘而乾壓之，便可久藏。成繭後二七日，即變蛾，破繭而出，故飼蠶家之人工少者，不能多蓄種，恐繭多不及盡繅成絲也。其繅盆落繭，亦不能過少，恐待繅之繭，雖未爲蛾舐破，而已損内衣，或水出汙漬也，故中國之絲不及外國之細，實由化蛾歷時太促所致。然烘繭雖免此患，而乾久則光采亦鈍，殊難兩全。此亦聞之絲商，未知近年烘繭别有新法否。穀注。凡此皆我中國蠶書蠶説諸家所未之前聞，而彼皆創立藝學，以教導民，故其繅絲之候，直可歷七蠶八蠶之長，而其成絲之功，遂極於五繭六繭之細。雖質性限於桑土，不如華産之柔韌，而色澤勻潔，人樂售焉。又觀印度之種茶也，其培植之方，相地利，因天時，比萌芽，而採葉，而伐枝，莫不日以煊之，火以焙之，水以潤之，色以濃淡之，或藉人力，或用機器，皆有程度，故其茶質雖不及華産，而色香味皆足，清而不澀，舌本迴甘，宜乎銷售之浸廣矣。中國應及此時，於育蠶産茶之省，通諭各督撫，轉飭該屬，訪求西法，師其所長，毋執成見，庶我固有之利，不盡爲洋産所奪。一，歸併絲茶之商本也。外洋商務制勝之道，在於公司，凡有大興作，大貿易，必糾集散股，厚其貲本，設有虧累，則力足持久，不爲外商牽掣。中國絲茶出口，成本約值六千餘萬，類皆散商開設行棧，始則各就當地争先採辦，鄉民乘間擡價，而成本已昂。繼則以争先致擁擠，原本不得收轉，則借莊款，貼拆息，而囤本更昂。終則洋商窺破此機，故延時日，不即出價，而莊款期迫息重，不得不自貶，以求速售。於是又人人争先，而向價驟昂者，一轉盼而驟低矣。歷年絲茶兩商，每致虧蝕數百萬金，職是故也。今誠以散商股歸併爲數大公司，公舉董事以爲經理，則採辦之價，易於會商，無高擡之虞。貲本既厚，貨款少而利息輕，貨到各口，不必急於求售，自無需仰承洋商鼻息，則待時而沽，虧本者鮮矣。一，減輕絲茶之釐税也。查通商之始，税則無成案可稽，取粤海關税册，查核值百抽五之數，每擔茶售至五十金左右，故定税每擔抽二兩半。今則次茶每擔僅售十兩，而仍以此數征之，税則之外，加以釐金，間有税釐之數，幾與其價相埒，則茶商焉得不困。外洋恤商之策，首在於重征進口貨，而輕征出口貨。中國之税反是。是宜及時按茶身之高下，以科税則之重輕，釐金亦視此遞減。税輕釐減則價賤，價賤則出口貨增，出口貨增則税釐更旺。蓋日計不足，月計有餘，初若少收而見絀，終必多報而見盈。近來各處關卡，辦理成效，率以寬大而比較日長，嚴密而比較轉短，得失之林，彰彰可考。況通商税則，原非不易之經，俟修約之時，凡洋貨税輕者，皆可按價酌增。至吕宋烟、葡萄酒等貨，外洋征税甚重，有值百抽百者，而通商税則，皆以爲洋人自用之物，概皆免征，修約則可重征其税，而減輕出口税之數，亦可因以取償矣。倘使總署王大臣堅持其議，各國必能就範，如是，絲茶兩種，既精其物産，復厚其貲本，又輕其税釐，他日暢銷，以敵日印之産，而歲增出口貨數千萬，自易易也。至中國固有之利，除絲茶外，如牛革、羊毛、蔗糖、草緶、棉花、磁器、大黄等物，皆已運往外國，亦宜隨時整頓。凡此皆所謂精求出口之貨，以復我已散之財者也。

再曰，使進口貨少，則在仿造外洋之貨，敵其銷路也。進口之貨，洋藥而外，以洋布、洋紗爲大宗。查英國織機，約十五萬張，美國織機，約十三萬張，印度亦有二三萬張。每張一晝夜織布兩疋，是三十一萬張，日成布六十二萬疋。一歲姑以三百六十日科計，可成布二萬二千三百二十萬疋，通計近十年來，中國進口洋布，每年約一千五百萬疋，值銀三千萬兩，是英美各廠所織之布，行銷中國，僅百之七耳。至洋紗，前十餘年進口，歲僅值十餘萬，曾未數載，因其精細潔白，北直諸省，競相購買。去歲進口之紗，至值銀一千三百五十萬。中國産棉，所在皆有，即如江蘇之松江、大倉，歲産之棉，亦不下五六百萬擔，今捨吾自有之棉，坐令我華民爲洋棉所衣被，殊非謀國是者所以力求致富之道。光緒五年，曾經北洋大臣李奏設織布局，乃事隔十年，仍未奏效。詢其所由，則以貲本不充，辦理者或未盡善。今則重爲整頓，十年之内，不許他人再設織局，而所設織機，不過二三百張，每日開織，祇五六百疋，歲得十八萬疋，僅當進口洋布八十分之一耳，則十年之間，所奪洋人之利，奚啻九牛之一毛哉。又況織布機器，費用浩大，少織則費重，而本有所虧，多織則費減，而利可穩獲。擬請將原設織局擴充貲本，或再立新局，務使每年所織之布，足敵進口十分之一，方足爲收回利權之善策。誠得其人，善爲創辦，不出十年，必有成效可覩。而後推之織絨、織呢、織羽、織氊，皆可次第施行，要使中國多出一分之貨，外洋即少獲一分之利，而中國工商轉多得一分之生計。凡此皆所謂仿造外洋之貨，以聚我未散之財者也。

一，欲財常聚而不虞其或散者，則在開礦山自有之財也。礦産不一，而爲用，則首推煤鐵。然煤鐵所以致富，而非所以爲富，所以爲富者，莫金銀礦若。善夫格物家之言曰，溯汽機之興，距今四十餘年耳，縱覽歐美各邦，鐵軌綿亘五六十萬里，輪船梭織六十餘萬艘，鐵塔則上摩霄漢，礦井則深鑿九泉，而梁江湖，穴長嶺，闢海渚，製巨礮，若電若火，若光若熱，其爲質，一皆微渺恍惚而不可影響。今皆効其靈以供人驅策，而成此開闢來所未有之工程，實計所費，奚啻二萬兆兩。果操何術以至此，豈今人之才力遠勝於古人歟。不然，何發洩之暴也。此無他，蓋由道光季年，地不愛寶，先後尋獲新舊金山之金穴耳。第就舊金山而言，自明中葉新得美洲，以迄道光之季，約四百年，自道光之季至同治十年，不過廿餘年耳，計其間開採金銀，已值一萬二千兆兩，視前四百年間所採，已過倍矣。又自同治十年以迄於今，開礦之機，新奇簡便，所採尤倍焉。四十年間，金銀之出，百倍於前，故能懸不貲之賞，開非常之源，奔走天下之人才，不盡改天下之舊觀不止。今也中國創設海軍，力求製造，擬開鐵礦，自製蘆溝橋至漢口之鐵路，此中國數千年來未有之創舉，若僅恃流通内地區區之金銀以資之，恐必不可得之數也。嘗聞礦師之論金礦也，謂一洲大陸，必有數萬里之嶺以爲幹脈，幹脈之長，寶礦生焉。南北美洲，以石嶺爲幹脈，而舊金山、墨西哥、智利諸金銀礦皆生其間。澳大利洲以藍嶺爲幹脈，而新金山之礦於是胚胎。亞西亞洲以蔥嶺爲正幹，而西北至烏拉山，東南經藏衛以抵滇蜀，寶礦迭爲隱見。葱嶺北幹，經南北天山，蜿蜒歷阿爾泰肯持諸山，繞內外興安嶺，以抵長白山，由朝鮮之咸鏡、奉天之旅順南趨渡海，海底高下島嶼差錯，延及榮成、登萊諸嶺，以結穴於泰山，金銀諸礦，所在皆有。蓋南北天山，金沙最富，淘者甚衆，記不絕書。俄人於外興安嶺採金者，歲值數百萬兩。我內興安嶺之漠河，今始招工，採金頗旺。至吉林諸山，前有金匪數萬人，生聚其中。而朝鮮咸鏡道等處，淘金者計七萬餘人，除納官稅外，每歲出口之金尚值銀二三百萬兩。又嘗身歷甯海、招遠諸山，見古時所開礦穴，長至數十里，深至數十丈，摩挲懸崖，鏟鑿之痕，班班可誌，計其工程必費數百巨萬。即今所棄礦石之次者，與鑪冶之渣滓，滿谷滿山，取以分化，皆(舍)[含]金質。歷請礦師爲之勘驗，則金脈紛披綿亘，起伏於諸山之脊，長至六七十里，而無有間斷穴脈。鑿石以分化之，大約每噸中數得金一兩強。歐美礦師至，比諸舊金山之祖線。考之古人，不惜工費既如彼，參之礦師，互爲取證又如此。蓋雖山東東三府斗入於海者，南北之衷，無踰三四百里，得地不厚。然總計北幹而論，其礦之富，殆可鼎峙新舊金山矣。且濱遼海，便於轉運，南北適中，調度自易。以視內外興安嶺，地近冰道，人跡罕至，其施工之難易，相去萬萬也。問者，平度金礦開辦之始，成本未集，僅恃陸續借款以爲周轉。又初延礦師，不能預算礦脈之淺深長短，與所含金質之多寡，以及分化硫金之難易，而建廠、購機、鑿井，任其指揮，及知已爲所誤，而借款之期已屆，再貸無由。主其事者，萬分拮据，局外不察，徒歸咎於金礦之不足恃，不知平度開辦至今，計用機廠二十餘萬，儲料二三萬，工匠之費十餘萬，礦師薪工五六萬，貸款息銀四五萬，而現存硫金三十餘噸，亦值十餘萬。若所有借款轉爲存本，不必剋期清還，則以所得浮金硫金之數，核諸已用之款，猶不得謂無利之礦也。中國有利之礦，僅開平煤礦耳。開平開辦，未分利息，亦十餘年，亦幾經耗折，而始有今日。假令責以盡還股本，則支絀情形，亦平度而已。假令平度一如開平，自有貲本，則今雖如開平昔時之危，他日安知不勝於開平今日之安也。若不於此時力與維持，聽其停閉，則功虧一簣，微特平度之礦可惜，恐中國礦務，永難復振。擬請北洋大臣李先將平度之礦，通盤籌算，必添貲本若干，而後可以續辦，以期日後本利有著。又將甯海、招遠各礦勘驗確實，自開井道、鑿脈、採石、舂沙、合汞、濾分，以至烘硫、鍊金，日得石若干，舂沙若干，工料若干，石每噸得金若干，而取贏若干，必逐一確估，通數年之贏餘，計用本之多寡，設法創辦，不數年間，金銀出自泥沙而不窮，金礦倡於先，各礦興於後，而後利源廣，利源廣，則南北之鐵路與塞北之耕牧以漸而興矣。美國立邦，僅及百年，居民類皆庸流，英屬澳洲，開闢亦僅百年，而兩處鐵路之縱横，耕牧之蕃庶，甲於宇內，此皆開採金山後所聚之財爲之也。是則中國不講求西法則已，中國而講求西法以求富，則莫如自開金礦始，不然民貧於下，財絀於上，徒扼腕於致富之無由，而不知天不棄我中國，固藏金於山，以待我之取用也。殆無異富家之祖，若父窖金於室，以貽後人，而其後人不知取用也，不重可惜哉。雖然，綜吾所言三大端，講求土貨則需款，仿造洋貨則需款，開採寶礦則需款，欲聚財，先散財，天下固無不耕而獲，不難而獲之利。方今度支匱於上，蓋藏竭於下，國與民，皆無力以創此莫大之功，則將上下交困以安其窮歟，抑操何術以濟其變也？曰：莫若略仿西國，設一商務衙門，以統於海軍，在外或由南北洋大臣兼治，或另簡幹練通曉商務者駐通商總口，會南北洋大臣，專治其事。然後由商務衙門向外洋各國貸款二三千萬，其契據或自行出名，或另立華商總公司出名，專辦商務，限十年內，陸續取用，歲予息四五釐，付息帶本，限二十年後，分批還訖。否則，稍增其息，至六釐半，歲僅付息而不還本，至五六十年後停付，即作爲本利清還之法。借款既定，然後由商務衙門將前三端所舉數大事，若金礦，若織布，若絲茶，先易後難，次第分辦。其辦理之法，總以商人糾股設立公司爲根本，取具殷實貲本保結，而後以借款相假，歲取其息，以還洋款。或事關商務大局，而股商裹足，貲本難集，即以借款爲之提倡。其借與華商之息，當視洋債之息稍昂，昂方足以還洋債之息，與夫往來匯兑之耗。而創辦之始，或有虧折，亦可於此挹注而不竭也。難者或謂，以華銀透漏外洋之故，而講求商務，今轉以商務故，而歲輸洋債數百餘萬之息，是更增透漏，未利先害，失其本謀。不知商務興，則進口貨少，出口貨多，是昔日華商之銀透漏外洋者，變爲洋商之銀溢輸中國。且初以外洋之銀，採中國之金，還以中國之金，售外洋之銀，正所謂以彼之矛，陷彼之盾，區區歲輸之息銀，名雖出於華商，實仍取償於洋商也，何透漏之有。難者又謂，外洋各國商人，設立公司，振興商務，互相假貸，動輒數千萬，未聞有官出名者，是官爲商借之說，從未施行於外洋，何獨創行於中國。不知外洋之商，往來他國內地，置産營運，無有限止，又可與本地商人合股設立公司，故英之富商，在歐美各國開設行棧，不知凡幾。而歐美之鐵路、電線公司，與金銀各礦，皆有英商股東董理其事。其歐美諸商之商於英屬地者，亦所在皆有，故其商人互相假貸，皆可親理，而無事取信於其國之官。中國則不然，洋人既不能置產，又不能改造土貨，而華商亦未能與洋商合本設立公司，彼此相視皆輕，故借款不得不憑官以取信。誠能得信義交孚之大臣，當官一諾，仍奏定章程，國家爲之擔保，則外洋富商無不樂從，可立借數千萬之鉅款。舉凡商務之確有把握者，悉心講貫，竭力推行，自無得不償失之慮。如是數年之間，即可轉貧民爲富民，民富而國自彊，是則初創之功，其文固官爲民借，而終收之效，其實即仍爲國借也，復何憚而不爲乎。故吾嘗謂，國債之舉，正居今之世，君民一體，通塞之機，不可行之於軍務，必不可不行之於商務，此其一端也。

馬建忠《適可齋記言記行》卷四《上李伯相論漠河開礦事宜稟》 金廠地距江省二千數百餘里，在愛琿上流又數百里，輪舟所不能達。開礦機器，類多粗笨重大，搬運維艱，費用尤巨。比年滬市蕭條，殷實之商，半遭折閲，且惕於數年前股分之虧，語以招股醵資，百無一應，就令展轉勸諭，以利歆之，亦恐徒曠歲時，難以湊成巨款。憲諭所謂集貲非易，得人尤難，洵扼要之論也。唯漠河各處金廠，乃邊防最爲喫緊之區，亦江省亟應籌辦之務。嘗博考輿圖，參以聞見，竊謂宜仿古屯田之法試辦，謹以所見言之。案漢以黄金爲幣，上下通行，而開採之法，書缺有間。近數十年，宇下五大洲，所用既廣，所産益旺。俄國烏拉山東悉畢爾部之採金，始於嘉慶十八年。美國嘉邦舊金山之採金，始於道光二十八年。英國南洋屬地新金山之採金，始於咸豐元年。以上三處，初採時，一處所獲之金，有歲值銀六千餘萬者，近已少絀，而五洲各國，現在各處歲入，猶統值銀一萬四千數百萬，俄美英所産，實居三分之二。採取之法，以淘金爲宜。舊金山之沙，長千三百餘里，寬一百餘里，金之在山，凝於沙石，分支交互，都成脈理，山水衝激，挾之下趨，石塊重而沈下，中瘞爲沙，上浮爲泥，層層有金，唯最下者，結最厚。人持鏟一、斧一、畚一，鏟以取之，斧以碎之，畚以淘之，豆金漉以水，屑金甚微，則滲以汞，合而蒸之，汞化而金凝。已淘採之初，人日所得，值銀百兩，故聞者麕集，始年萬五千人，其明年增至十萬人，後人愈衆，金沙亦瘠。每沙一噸，淘出之金，少猶值銀二錢，一人終日之獲，可扯銀一兩。其有竭津而淘者，獲金雖饒，而置機戽水，非擁厚貲集衆力不辦。沙既瘠，而淘者稀，遂議從沙傍高山，探脈開硐，鳩公司以採之。凡開山、探礦、鑿石、搏沙、磨礲、淘洗、合汞、烹煉，用機器數十座，用工役數百名，費殊不貲。又礦石每噸約可得金值銀六七兩，方不虧工本，迥不如淘金者，日獲雖微，猶可自給。故舊金山開山之七十九公司，少贏多絀，英之新金山，俄之悉畢爾採山者鮮，淘水者衆，蓋鑒乎此也。至其辦法，舊金山居者稀少，至自他國者，皆聽往淘採，不爲限制。既流寓日衆，始人限十五丈，不得占人現採之地，採畢往他處，亦如之，每處停採不得過五日。若開山礦人限三百丈，始得礦者倍之集公司者，各以應得之數予之，每處停採不得過一月，有逾限，聽他人接採之。所得之金，官不收買，聽入市，自爲交易。立法簡略，人人樂趨。又地氣温和，種植蕃蕪，流水不冰，淘金者終歲不輟，且耕且牧，招集日衆。英之新金山其法仝，其地氣又仝，兩處併收耕牧之利，今且十倍於淘金焉。至於俄之烏拉山東，地居極北，冰雪沍寒，五穀不生，金沙雖旺，而無水可淘，往者蓋少。遂以罪人往役，人限數十丈，每日所獲，不准私相貿易，由官給半值，而留其半，以充經費。近以鐵路接通，始有集貲開山，畜水礦中，備冬日之淘洗者，由是所得滋豐。自咸豐十年，與我重定東界，以什勒喀與額爾古納爲限，康熙時索還之疋克薩、尼布楚二城，復入於俄地。雖極邊苦寒，顧饒金銀，乃並發減死罪一等者往採如律，比遂商賈麕集，屯牧駢羅，尼布楚城已爲重鎮。今據成副都統所稱，漠河阿爾罕奇乾之金廠，在黑龍江南岸，計對北岸疋克薩城。又查劉大臣所稱，粗魯海圖，係由俄語轉譯，當即蘇克特，在額爾古納河西岸，正對我東岸。額爾德尼陀羅，蓋之卡倫黑龍江北岸，與額爾古納河西岸，既入於俄，其間尼布楚爲五金最旺之處，適在額爾古納河西岸，名之曰新蘇克特，正對我東岸巴圖爾和朔之卡倫，與呼倫貝爾城相距約數百里。嘗詳考中外輿圖，以求産金之沙，自阿爾罕奇乾河，迤西至黑龍江，與額爾古納河交會界彈之處，循而南下，至蘇克特地，有千餘里在内興安大嶺之麓，與舊金山高山之麓所有撒拉們約亞金兩河，形勢相似。興安嶺亦係沙石凝結，又與舊金山之石相似，金沙之富，當不少讓於美。況額爾古納河西岸，俄人採金已著成效，東岸更近礦山真脈，能得多金，似可操券。唯揆其辦法，約有數難。該處地苦荒寒，民尠殷實，四月解凍，九月結冰，淘採有時，樹藝無術。由官辦，則籌備巨款，度支維艱，招集流亡，安插不易，自夏徂秋，半載淘金，或使之自食其力。若天寒冰沍，游手安資，非若新舊金山地方温煖，可牧可耕，不致聚處滋擾，其難一也。由商辦，則醵股遠來，商情攜貳，糜費甚大，衆口皆嗸。開山則效有難期，淘沙則散而無紀，且購機器，僱工匠，往返多稽時日，非若新舊金山負山濱海，可無轉運之艱，其難二也。由官督民採，則貧民瘠户，工本不敷，荒壤窮邊，控制難遍。況淘沙合汞，豈能稽察入微。非工役私肥，即吏胥中飽，不能如俄之峻法嚴刑，勒令工作，收其半值，以充公費，其難三也。伏讀《皇朝文獻通考》，黑龍江四徼，凡設卡倫六十有四，各設兵守之，重肩保障，金湯萬禩。

王栻《嚴復集·路礦議》 歐洲五十年以前無鐵路。乃至於今，則如頓八紘之網，以冒大陸矣。若英倫，若法蘭西，若比利時，國中鐵路所經，不獨都會也，村莊鎮集，靡所不通。而美澳二洲，洎夫日本，起而從歐洲之後，所興發以營造鐵路者，費至不訾。由是産宏民富，民富而文明之治以興。此其理無他，不過使市廛棣通，食貨川流，尅捷程期，省節運費，化前者之跋涉險阻以爲平夷利安已耳。總宇内之鐵路，長約四十五萬彌盧英里本稱，而新造者且歲增未已。夫比利時爲國，廣袤不足當中國之直隸，顧其鐵路，乃有五千彌盧。而總中國境内所僅有者，六百彌盧而止。是故國無鐵路，則通商惠工爲空談。而諸工業之中，其爲所抑遏不興者，於鐵冶爲尤甚。今夫鐵，其諸金類之王歟？歐洲之富強，非黃白之多爲之也，黑鐵之盛爲之也。第非鐵路，則黑鐵又烏從而盛乎？

方鐵路之未大通也，歐美兩洲所産鐵，歲不過二百萬頓而已。至今歲産乃二十倍此而有餘。漢陽者，中國所獨有之鐵官也，其歲産僅二萬五千頓。嗚呼，可謂微爾！歐美産鐵四千萬頓，以銀值言之，乃過一千兆兩，其盛如此。雖然，鐵非能徒盛也，其所以盛者，乃建造鐵路以及諸鐵功之故。惟今日實爲天地菁華大泄之世運，百礦宏開，若煤鐵諸金，皆無終閟者已。

今日宇内産煤，歲過七百兆頓。而中國擁最腴之礦，所歲出者乃不逾五兆，可知煤礦盛衰，與鐵路最有關係。蓋鐵路如人身之脈絡，無脈絡，則人身之氣血不行，而枯瘵之疾至；無鐵路，則邦國之利源不廣，而貧弱之患興。環球諸國，擁腴礦而不知開，絶利源而不知濬者，獨此支那已耳。而其國上下，乃日以貧窶爲憂，不亦異乎！雖然，支那，開化之國也。其民族非野蠻也，聰慧強力有餘，所不能享天地自然之利者，無他，鐵軌不施，銷路不廣。則雖發之，亦貨棄於地故也。是故使中國而不求富強，則亦已耳。必求富強，其要著發端，在開鐵路。鐵路開，則諸礦業至於一切製造樹藝之事，將相隨以自生，而又於國家無大費。且此事必以商辦爲正宗，若以官辦，抑以官督商辦，皆將文例拘牽，斷行觝滯，而度支煩費，又復不訾。故中國之辦路礦，法當任公司之商業，而股分則雜華洋而兼收之。如是，則不獨邱山之母財有所從出，而辦法亦可以期成。夫謂中國之路礦，宜中國所自爲，此其言似也。顧居今之日，不獨其勢有不能，即使能之，亦未必爲中國利也。何以言之？中國業路礦者，工師無多，而其人之閱歷尤淺，則所爲審曲面勢，欲無濫費，亦無墮功，使路礦一切之政，在在皆協於無弊者，殆非今中國人之所能也。且國中殷實商民，其情皆疑而不任，必不肯出莫大之母財，企不可知之後利。故其集股也，法必以洋商之成本倡其先，而後國中商民信之，其股分乃可以踵至，此必然之理勢也。夫謂母財出自外人，而彼爲之指揮，則其利將在彼。此其説固然，然不知彼外人固利矣，而中國之利乃更大也。

故當軸此時之政策，宜以寬大而無詐虞爲宗。於中外開濬利源、張皇商業之人，必不可以歧視。外人固所重也，而華民亦不可以畸輕，匡翼勢來，惟力是視。欽設路礦總局所定章程，亦必主開通利源，俾民自由爲宗旨，而保持中國固有主權之與不悖而並行。一公司之集也，總局予之以應得之權利，而相其立事矣。又爲之立制防焉，畫權限焉，意非爲梗也，所以杜鹵莽滅裂之爲，使民間難得極重之母財，或淪胥於不可復，故總局於國中路礦，有給予承辦之全權矣。而其中經營締造之節目，總局亦有遥領監察之職司，蘄使國家在在應入之歲征，不以辦理之不善而坐耗。

全國之路礦既興，此中所以善事之器資，所以成務之物材，所需最廣，使物物必致之外洋，而長此終古，則中國之金錢可立匱也。故路礦之機器材料，不可不力求其自供。中國地大物博，工巧民勤，誠得其術爲之，數稔之間，不難致此。第此之發皇，必在幹路既通之後。故朝廷宜先注全力於幹路，以期不日之成也。至總局亦宜早定章規，以爲諸路各礦暨諸要工所循守。惟所不可不知者，諸路各礦，地勢不同，辦法亦異。欲爲一切整齊之法度，則勢有不能。察其異同而酌其輕重，此又總局之專職也。如征收礦利，使一格繩之，則在此或形其過重，功以不興，在彼又覺其太輕，而與所收之厚利不稱；故其爲此，宜定一最高之額，不可復加，而後察專礦之情形，而爲之裁減，此其大經也。

一路之造，一礦之開，皆察其情形，審其地勢，而後有以督率監察之。然則總局所設官屬，不綦衆乎？曰：有其執簡馭繁之術，則所設不必衆也。蓋當華洋商業報請領辦之時，據其所條列者，夫已可得其大要。然路礦大臣所與籌議參酌者，則不可以無人。法宜置洋參議一員，其人係著名工師，於中外路礦之事，皆所洞悉，於歐美現行路礦辦法，又所深諳。遇有報請領辦之事，洋參議取其所知者詳列之，以備路礦大臣之採擇。勘其探察測量之虚實詳略，計其後利之多寡腴瘠，以爲國家征收分利之所憑依。又凡外國新章新法之施行，有關於路礦暨他工業者，彼皆博訪而周諳之，以儲爲路礦大臣一日之施用。其於國中現行辦理路礦之政，又時詳考其利弊進退，以聞於路礦大臣焉。夫如是，則參議工師，其有裨於路礦總局者甚鉅，而事之難者，亦可以徐籌其辦法矣。是以自餘之員屬僚寀，可以不多，而所宜置者，特以驗商民之呈請，理諸路之文報，與夫訂立給辦礦路之條約耳。總局之於各省，似毋庸派駐辦專員，即以各省駐辦之公事，畀之各省之藩司，已足周事。獨功役既興，而爲甚有關係之路礦，夫而後選派專員，以監理稽覈之。如此則公帑之費輕，而事機亦不以周折之多而觝滯。詳見下總局官製圖。

至中外商民，先事探查礦脈，測量軌道，原無事總局之特準，衹須與其地州縣官陳明擬行探察測量處所，州縣照章爲之保衛招呼，俾得探測周密。惟遇地方民人聚衆阻撓，而州縣官之權力不足者，可請之本省之藩司，藩司不能，乃請之總局，總局裁酌，代爲設法。又州縣官遇有華洋商民踩勘路礦之事，即應將其業已踩勘及擬行踩勘處所，報明總局，以備查考核對。及踩勘已周，其商民公司呈請領辦專利等事，藩司及總局斟酌準駁，固宜一秉至公。惟於一種商民，聲稱公司，而力量聲名均無足道，其呈請給予領辦也，徒欲冒得利權，以之轉售他主，從中要利，此則給憑訂約之時，所不可不慎者也。往常見某國之人，聲稱某某公司，如何殷實富厚，當事者不察，與立甚優之約，然終無力舉辦，至欲號召股本，則聲實不孚，乃以轉售有力之家。而彼既得之，於一切權力，重復請益，緣此遲誤工程，礦路之開，愈以無日。故此後總局所與訂約之商業公司，宜切實查考，必真實有力聲望素著之家，彼中自有頭等路礦工師，爲之察工議辦，一也；既行訂約之後，能保尅期商集股本，以之興工，二也。至其壓約保款之微鉅，則以工程之微鉅爲差而訂約之章程，爲礦爲路，自當有別。詳見下領辦路礦章程。

中國所造鐵軌，應分兩宗。其第一宗商兵幹路，爲全國交通之經首。其所聯絡貫穿者，如京師及沿海沿江之都會。時平則爲全國商途所輻凑，有事則爲調發師旅所遄行。幹路乃國家公産，其營造不宜稽延。蓋各直省之工業待此而後進，商務待此而後興，民生待此而後蘇，而武備亦待此而後有，率然之勢也。今者以邱山經費之難籌，不得已而事之以國債，而以其營造委之經商之公司。查目前所用，如蘆漢、粵漢兩路辦法，最爲盡善。因於中國國家，得至實之保質，費至撙節，而收利又爲至多。其造路所需成本，由總局所準之公司爲之招集。其數由於豫估，而公司有總局所派總辦以監理之。其所借公債，長年計息，不過五分。訂約幹路開行十年，而後按年還母，至四十年而所舉者盡。且其所還本利，皆出於本路之歲入，而與政府之度支無涉。其一切之機器物材，與夫粗細之車輛，凡可出於國中之自産者，皆將捨外而用中。而總局所設之參議工師，職在校勘圖説，查驗工程，期所造之路功，堅完而無糜費。路行之後，其歲入之利，皆歸於公家，而另提成股以爲公司之工費。全局辦理，皆主於路礦大臣。表開行之時刻，定人貨之票價，皆取決焉。如是而五十年，將全國之幹路，盡屬於國家，而無事於價購，故曰最善之法也。

其第二宗，是名支路。支路者，由幹路分支，以聯絡僻遠之州縣，與乎礦功所在者是已。國家之於支路，當任商民之自爲，畀以自由，而予之以保護之實益。總局事期簡易，則稽其出入，視歲入之全利而爲額征。其養路之費，每里歲作千兩，凡餘於此者，總局歲取其什一。其歸還母本之法，亦如幹路，於開行若干年以後，勻年分還。屆五十年，國家坐而收之，有不足者，則爲具價。其公司之工程，雖歸路礦大臣所核準，然所動母本，國家不爲擔保。總局設天下鐵軌會議處於京師。歲爲二集，集則各路之華洋總辦咸在，而路礦大臣爲之首領。凡所行用鐵路章程，與夫立之法令，使各路之利入無畸重輕，而商業泯競爭之勢者，皆於此會議而定之。

如此，則一國之幹支諸路，其綱維皆匯於總局，而國家無難籌不訾之經費；且於天下之鐵軌，可時止而徐收之。此時一路方通，國家輒增一歲入之經款；而領辦營造之商會，各得自由，通國之民業，又不期而自進，此誠上下交相益之道也。

至於礦政，其商民籌本探察礦脈一切經始之事，國家不必過而問之也。華洋之民，欲開某處某礦，則請之於本省之州縣藩司，藩司以告總局，總局察其情形而準駁之。既開，則視其開採之如法。凡將開礦務處所，其州縣則具圖説以呈於總局。承礦之家，必能籌集股本，足敷首兩年之用者，方準開辦。其礦山如係民業，則自與契主商購，或承租之，總局亦不過問。獨至爭執涉訟，而非州縣所能了者，總局乃予派員，秉公聽斷，使新舊二主，各不受虧。又如民有土田房地，因地中開掘，而地面受其影響之害，不可耕居，其應如何賠償，亦用前法辦理。如所開礦山，係官荒國産，則總局爲之昇科。礦産、煤、鐵、五金洎諸礦質，免其内地税厘，而海關正税，按章繳納。至各礦額征，其簡徑之法，固當以全礦所歲出之數爲比例，然此大公至平之法，亦有時而不可行者。蓋礦質之貴賤迥殊，而運費與市值各異，有時就地可以淘煉，有時發運乃其粗胚。如一律征之，則有畸重畸輕之弊。故各曠須另籌辦法,而大較則以什一之征爲經數矣。征什一者,則並其海關常稅而免之。

至於他礦,其額征視每歲之浄贏。浄贏者,於每歲所得全利,先以百之七分爲股東之官息,乃於所餘之贏利,國取其百之二十五爲額征,更以什一爲本省之厘金,以什一爲攤還之股本。礦之大者,總局則派駐礦專員,以監視其工程,稽覈其帳目。

承辦礦山之權利,大較以五十年爲常期,期滿則其礦爲國家之公産,而國家收回之時,爲繳所未攤還之股本,足矣。

凡路礦大功,以國之不能盡舉也,則畀其興作之權利於公司。故公司與國,有交相利之道焉。公司圖其事功,而國家爲之保護,則相引彌長,而自然之利愈出。故路礦參議工師者,用其所學,以佐路礦大臣者也。先事,則相其措事之宜,既事,則課其功利之實,而路礦之庶績可咸熙矣。

中國之路礦,法當分繁簡之省分,而節次爲之,熾然具舉,非良法也。蓋其地之廣延如此,使數十百公司商業,散布其中,聽各省之分治,則必棼;由一總局之統治,則不暇給。且母財最爲難得,非歷試而必效者,不可妄有興作也。法當詳思審處,立盡善之章程,而先行之於一省。俟其既驗,其事皆信而有征,舉國官民無所疑慮,則利之所在,夫人而趨之矣。

夫直隸者,中國之王畿,而最重之省分也。已成鐵軌,此爲最長,而礦之興辦而得利者,亦較他省爲衆。其中曠脈地勢,經各國工師所踩勘,而知之尤真,故華洋之股,最爲易集。路礦總局之所經營,自應即近畿爲基礎。已成之路,急宜推廣,以聯合内地都會沿海埔頭爲一氣。即支路如有承造,亦當續開。蓋鐵路既已宏開,則請辦内地各礦之公司,勢當日衆。如此則民生國計,自然發達,所收者不獨路礦之正利也。一切相應而起之農工商,殆不可億計。然而猶曰民生凋敝,府庫不充,教化不振者,其誰信之!

路礦總局應設官屬:

督辦路礦大臣,除設華參議以主文牘簿書外,應置洋參議一員,爲之助理。其各省之路礦事宜,則以藩司爲總理,而各州縣皆有分任路礦之權責。於本衙門應分設礦務、鐵路兩大司,以總天下之路礦。

其礦務司,置總辦一員,品視外務部之左右丞,而分置副總辦二員以爲屬。其一主探查礦苗及承立礦約之政,而置副工程師一員,以供差遣踩勘;其一主檢校礦功之政,於大小各礦所,分置正監、工副、監工等員,以爲其耳目。

其鐵道司,置總辦一員,品如礦務司總辦,分置副總辦二員以爲屬。其一主測量營造之政,而置正工程師,以察國家之幹路,副工程師,以察各處之支路。其一主轉運委輸之政,而有幹路之正監運、支路之副監運,以爲其耳目。

以上爲路礦總局應設辦事之官屬。此外尚有所設天下鐵軌會議處之議員,議員以諸路華洋總辦充之,而路礦大臣爲之議長。

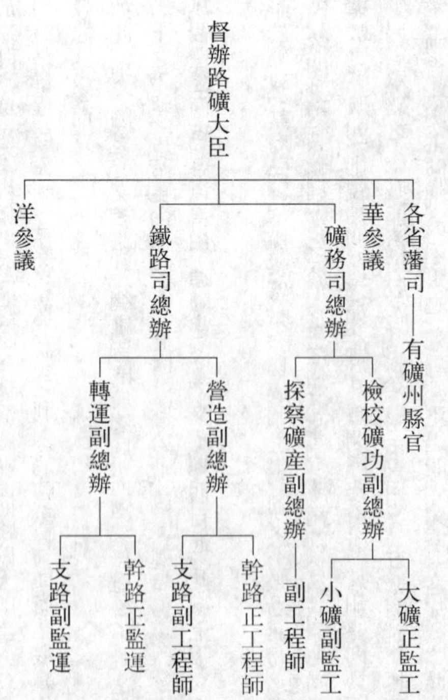

右路礦總局官製圖

路礦總局辦理庶務章程:

一、探察路礦之政:凡商民公司,擬在國中開礦造道,其所辦探察測量之事,毋庸呈請於總局,聽其自請於其地之州縣官。州縣官如章防衛招呼,並知照地主名人,以利便其探察測量之事。如民人執意聚衆沮撓,州縣權力不足者,則請於其省之藩司。藩司又不爲力,或爲力而勢不足,乃請之於京師之總局。凡呈請探察測量者,不準索費。

二、呈請領辦之政:凡商民公司,呈請領辦某處礦山,或某段鐵路者,應赴礦路所在之本省藩司衙門。所有體察地方情形、公司財力及詳立合約等,皆該司之事。凡商民公司,呈請領辦礦路,須具圖貼説,並出註册費庫平銀五十兩於藩司衙門。如係跨越數省幹路,其所經省分藩司,則以具報於總局。凡合約雖經藩司與公司訂立,而未經路礦大臣奉準者,不準施行。

再藩司未與公司訂約之先，須行切實查明該商於所請承辦地段礦脈，是否已如法測量探察。而所集公司財力股分，是否寬綽殷實，足以興功。而以其詳具報於路礦總局。

三、領辦鐵路之政：凡承辦幹路之公司，既與總局訂約之後，其測量營造車輛橋廠所動用之成本，皆由其措集，以貸之國家。凡所經用者，國家則爲擔保，不得過五分之長年息。路成開行十年，則勻年攤還其母本，攤之四十年而盡。每歲所分還之本息，皆取之於本路之歲贏。此等本息，即以本路之産業利益爲之押質。其所用測量營造之工師，及其物料機器，皆公司所承雇購採。而路礦大臣，於此路有督率監察之全權，並派正工程師以經理之。其路開之後，所有辦理轉運之員，亦公司所分派，而總局則置總監運，以督率指揮之。凡本路之利入，皆歸於國家。所首先開除者，養路修葺之經費及每年所應攤還之本息。所餘之款，以其二成五爲公司之酬勞。

至五十年之期，所攤還之本息已盡，則領辦之約期亦滿，公司之人員，應悉罷退。嗣後本路之産業利益，悉與該公司無干。

當訂約簽押之日，領辦公司須依所造鐵軌之長短，每里存銀百兩，以爲信守條約之質，號壓約銀。其銀於約期滿届之日，或全還，或不全還，臨時另議。至於領辦支路，則訂約由其省之藩司。藩司於簽押之先，爲呈請於路礦總局，而總局爲之具奏，請旨立案。其一切營造辦理，悉照總局稟定章程。公司自行籌集成本，國家不爲擔保。所有購用民間田畝地産，州縣官爲之定其平價，以期兩無虧損。其壓約銀辦法章程，與領辦幹路者無異。

訂約後予以兩年之限，俾其籌集股本，開辦工程。凡工程之保固年限，載之於約中。又開辦之先，須具圖貼説，呈報總局。總局派所設之支路副工程師，爲之察視其工，綜核其費用之帳目。

鐵路開行一年後，綜其歲入之全利，每里按提一千兩，以爲養路修葺之經費。於所餘，取其什一爲國家本路之額征。而股本未經攤還者，以七分爲之歲息。此外盈餘，作爲百分，以十五分爲本省之路捐，以二十五分爲本路之公積，以十分爲攤還之成本，而五十分爲領辦公司之净贏。

五十年期滿，國家於公司所成之鐵軌車輛，及一切屬於本路者，得具價購收之。其價届時公集議定，但不得逾所未攤還成本之數目。約期未滿之先，公司常有售賣本路之權利，但須預向總局陳明情節，並言所以願售之故。而國家有盡先購收各路之利益。

四、領辦礦務之政：各省藩司，所給予商民公司領辦之礦地，須具詳細圖説，載明界限。其領辦公司，於礦約簽押之日，即應標立界牌，便人識認。凡界内之礦産，即爲該公司之物業。約内載明探察礦脈之事，準以兩年爲期。該公司須將此兩年所用成本，呈驗切實。其壓約銀爲數多寡，則視所領辦者之大小重輕爲差。未行開辦之先，該公司須先自與民間掌業地主，交晝清晰。若係官荒，即應昇科，其數由路礦總局核定。若係腴礦，應徵礦産十成之一，而免其一切關卡税厘；次者應免厘捐，而完海關正税。此外尚有本礦額征，則以其礦之净利爲比例。譬如某礦，其全年所收之利，除去：(一)冶礦工作修葺之經費，(二)於未攤還股本分派七分之股息，(三)更提五分以爲公積及添購機器之費，此外所有盈餘，作爲百分。以二十五分爲國家之額征，十分爲本省之厘捐，十分爲攤還股本之勻款，而五十五分爲公司之净贏。假如同一公司，而分領數礦者，不得以甲礦之贏利抵乙礦之虧折。

至五十年約期已届，如前用母本，業已攤還無餘者，其礦與所有一切物材器用，即爲國家之公産，毋庸發款購收；但母本未經全還者，國家則發款購收，如其所未還之數。公司冶礦，於年限未滿之先，準其轉售他主；但須予向總局陳明情節，並言所以願售之故。而國家有盡先購收各礦之利益。

總局於開辦各礦，分別大小，而派正副監工分駐之，以監視其工程，稽察其帳目。其有舊礦向用土法開採者，與現定章程無涉。其向用西法開採者，總局爲之專章，期於新舊不相衝突。此外商民公司所設工廠機局，其訂約領辦，以礦務章程爲基礎，而諸工情形互異，則别設專條，附於礦路大宗章程之後。

又路礦及各廠局，已訂約開辦矣，而以條款煩苛之故，利源因以不開，總局有一切更張補救之權，於以勸相勞來，以期利源之日廣。

夏東元《鄭觀應集》上册《論船政》 今欲維時局，擴遠圖，飭邊防，簡軍實，上則固我疆圉，屹雄鎮於海防；次則富我商民，通外洋之貿易，乘時舉事，思患豫防。此船政之所經始也。

計自閩、滬設廠仿造輪船以後，華人皆能通西法、造機器，充船主，日新月盛，著有成功。無如製造愈多，經費愈絀，議者不察，動謂輪船可廢，工廠可停。曾亦思：莫爲之前，雖美弗彰；莫爲之後，雖盛弗繼。西人每造一船，製一器，其初勞費常十倍於中華，不竟其功不止。先難後獲，凡事皆然。今中國費千萬之帑金，積十年之功業忽然中輟，長敵人之氣，滅志士之心，失策莫甚於此。

然欲收製船之效，必先籌養船之資。嘗查西洋船制，有商船，有兵船，以兵船之力衛商船，即以商船之税養兵船。所以船雖多而餉無缺。所造輪船制度，備戰者則長而中狹，運貨者則短而中寬。其輪機之明暗，喫水之淺深，用煤之多寡，截然不同。推原閩、滬造船之初心，蓋欲合商船、兵船而參用之。故運載既不逮商船之多，戰守又較遜兵船之利，兩求其便，轉覺兩失其宜矣。

竊謂嗣後各廠宜擇請著名西匠，仿造新式槍礮、上等戰船，方爲有濟。以華匠雖粗窺其奧窔，不過仿其規模，成本固多，成功又緩。迨中國造就，而西人已另有新硎，一律更换。若欲神明變化，必須上等華匠及習算之學生，親赴外洋各廠參互考證，乃能自出胸裁，戛戛獨造。現在出洋肄業幼童，其中不乏聰穎之人。擬飭管帶各員分别察看，有能通製造之法者優給廩餼，奏保官職，令其竭慮殫心，精求絶技。他日藝成返國，因心作則，用廣其傳，庶不致倚人爲强，虚縻巨款。將來辦有成效，拾級超遷，洊昇總辦。則工匠之賢否，經費之多寡，燭照數計，洞悉隱微，然後造藝用人無欺無濫，窮神達化，乃能頡頏西人。

往年中國特設輪船招商局，奪洋人之所恃，收中國之利權，洵爲良策。無如造船各廠不能造新式之船，價比外洋更貴。所以租造者，至今尚屬寥寥。蓋洋廠機器日新，價廉功倍，以故羣商就價，趨赴外洋。往往有華商集資附入西人公司股分，不願居華商之名者。一則因華商創始不得其人，官亦不爲提倡；再則歸官創辦，不能昭大信而服商人：贏則借事勒捐，虧則多生枝節。誠能祛其畏官之隱衷，予以謀生之大道，準由公正精明之商總精擇洋匠，開設船廠，實力監工，彼將視爲身心性命之圖，製造必精，程功必速，成本必廉，虚費必省。官局、商局並行不悖，將見源源製造，迭出不窮。商船既盛於懋遷，兵船可資其接濟。興商務即以培船政，榷商船即以養兵船，强富之基，不外是耳。

若夫目前權宜之方，補救之策，如直、奉、東、楚、江、浙、閩、粤等省，各調輪船一二號，供給歲費，藉其資助，出洋巡緝，亦可稍紓廠力。不知節於此仍費於彼，行之暫難矢諸常。惟有察飭沿海各省水師舊式之舢舨、紅單艇船、拖船等一律撤裁，不準再造；又酌減各省緑營兵額，以餉力並養輪船，或能經久不匱。

至泰西船政之學，須先通數國言語文字，並嫻天文、地理、算法。若涉大海，浩無津涯，隨處皆知船在經緯綫若干度、若干分，各處風信潮汐，各國海口船旗，礁石之有無，水勢之深淺，遇大風雨應如何駕駛趨避，器機器者驗風雨表篷桅之類，機者汽機也。應如何措置得宜。考選後爲副舵工，閲歷有年，再考爲正舵工。如果心靈手敏，游刃有餘，可操全船之權，方爲船主。如有失事壞船，有司須擇請一二老練船主，會審其壞事之由。果該船主操置不善，則繳其憑，褫其職，入其罪，籍其家産，賠償船費；倘人事已盡，天實爲之，則船主與舵工免議。此定例也。中國既仿行此制，尤須得精研西學、諳練知兵之大帥，專其節制，齊其號令，每年會操一二次，察各船主之勤惰，駕駛之利鈍，以訓練而黜陟之。庶中國多造一船，即多得一船之用矣。

雖然，猶未也。自外洋入口通商而後，不特奪各路商船之利，兼侵内地商民之利。使華商能租造輪船出洋販運，漸次推廣，固塞漏卮。而華商與洋人歲時相洽，聲氣相通，利弊情形見聞真切，遇有交涉事件，亦可調停折服，弭息禍源。

聞華人之經商傭工寄寓於外洋者，計吕宋一島約四五萬，新加坡、檳榔嶼諸島約數十萬，美國、舊金山及其近埠約十四萬，越南、西貢等處約三十萬，古巴、秘魯各十餘萬。其他若日本，若新金山，若太平洋檀香山，數或逾萬，或不及萬，均各建有會館，設有董紳，特以路遠勢孤，每爲彼國所輕侮。曩日閩中船政局「揚武」兵船游閲東南洋各島，而吕宋客居華民鼓舞歡呼，至於感泣，謂百年來未有之光榮。一埠如斯，他埠可想。況西洋通例，雖二三等之國，皆有兵船游弋外埠，名爲保護商人。堂堂天朝，何難辦此！更宜照會駐劄各國公使：如各埠華民，有願得兵船保護者，當自籌歲費，報明領事，請公使轉咨船政酌派兵船，或一年或年半，分别調還，再换他船，藉資游練。如一埠不能養一船者，則數埠共養一船，使之往來鎮衛。中國有事則悉數召回，以備調遣。夫如是，則廠局有養船之費，海疆有戰守之資，中外有聲勢之聯，商旅有利運之益。蓋一舉而數善備焉。是在當軸者全局統籌，全神廣運，餉項不虞其支絀。庶幾軼美於前人，國家永慶乎昇平，不且銘功於後日也哉！

夏東元《鄭觀應集》上册《論機器》　泰西所制鐵艦、輪船、槍礮、機器，一切皆格物致知，匠心獨運，盡泄世上不傳之秘，而操軍中必勝之權。今行於中國者，輪船、槍礮之外，如鐘錶、音盒、玩好等物皆有損無益者，而華人愛之購之；如電綫、火車、耕織、開礦諸機器，皆有益無損者，而華人惡之詆之。以故振作難期，漏卮莫塞，識者傷之。

或謂：中國生齒日繁，小民藉各藝以謀衣食。若改用新法，必致奪其舊業，轉以病民，故不爲也。不知創行新法，非盡除其舊業，亦漸有以遷之焉耳。試以百人論之，以七十人守舊業，以三十人改新法。此三十人功程較速，工價必豐，彼守舊業者見其所獲之多，亦必日趨於新法。用新法者日衆，則所出之物日多，而所售之價亦日賤，銷路愈暢，販運愈宏。然則機器之行，何嘗有礙於各藝哉！況開礦則取地中所産，以供人所需，而洋布、羽呢本係外洋運來，仿之可興民利，此二者皆致富之要道也。且中國之最重者，農事也。其中沃壤數倍泰西，而地氣和煦，敏於生物，惟僅用人畜之力，未能因地利之宜。若用西國機器，以之耕種，可使土膏深透，地力騰達，物類易於發生，收成亦當倍蓰。若猶未深信，何不先購一小機器，以沃壤數畝試而行之。如果異常，然後購其大者，推行盡利，是地不加廣，而農已倍收矣。洋布、羽呢，每年進口值銀二、三千萬，是亦中國一漏卮也。亟宜招商集款，購辦機器，自行織造，擅其利權。試思英人在滬採辦棉花、羊毛，越五萬里重洋運回本國；迨織成布匹、羽呢，又歷五萬里，售於中華，其價猶減於土布者，謂非省工之明驗乎？如其各項機器，果適於用，相應如法，自行製造，精思專力，不惜工本，又何難媲美於泰西哉！

今英、美、普、法各邦，皆恃器利船堅，兵精餉足，勢力相當，得以稱雄於海外耳。嘗查萬國公法，凡兩國構釁，所需輪船、槍礮、火器，皆不得購諸局外之國，更宜備於平時。若泰西凡遇用兵，其輪船雇之於商，其軍械助之於民，民間所設製造等廠，與公局相埒。即旬日之内，需用洋槍數萬杆，各廠分制，克日可成，此實自强之要着也。且泰西官與商合，欲創造機器等局，官商會辦，集款無難；中國官與商離，雖明知獲利甚豐，而商俱畏官，不敢承辦。惟奸商劣紳乃謀經始，不求實際，專務虚聲，事縱有成，功不補過。皆因官商聲氣不洽，以致舉措失宜耳。今中國雖設立船政、製造等局，然須得通中西之學、明製造之事者，派爲總辦，而後所請洋匠，不敢欺蒙，精益求精，互相討論。各廠洋匠，我不能以誠相待，彼或不肯盡藝相傳。計惟厚給薪水，獎以虚銜，優禮牢籠，使之悦服。然後人皆用命，各奏爾能，利何如也。至於泰西定例：凡能别出新裁，製一奇器，有益於國計民生者，則必賞以職銜，照會各邦，載於和約，限以年數，準其獨造，期滿之後，别人乃得仿傚。故創始者既獲美名，又收厚利。無怪其苦心孤詣，鬥巧争奇。中國能踵而行之，未始非振作人材之道也。

世有拘迂之士，以傚法西人爲耻，從而非笑之。夫人之耻莫耻於不若人。我不過欲效其技藝，臻於富强，而於世道人心曾無少損。惟在執政者審其利弊，握其樞機，開誠布公，因勢利導，洵救時之要務，保國之良謨矣！

夏東元《鄭觀應集》上册《論鑄銀》 洋銀之入中華也，自乾隆年間始，名曰洋錢。但制度不同，式樣各異，初亦不甚通行。自立約通商以來，凡洋人履迹所經，無論通邑窮鄉，通用洋錢，而中國紋銀反形窒礙。非以其便於行旅携帶，商賈貿易只須辨其真僞乎？

今中國所行洋錢不敷市廛之用，是以西國每年陸續運至總在百萬圓以外。西人知中國一時不能自鑄也，又禀請其國開局鑄造，以濟中國之需用，蓋深知鑄造洋錢，大可獲利耳。請以鷹洋論之：鷹洋每圓計重七錢二分，運入中國，其極貴時可抵紋銀八錢，即平常市價亦總在七錢四、五分之間。是其利至厚，其用至便，瞭然可睹矣。

夫錢有金、銀、銅三品，其行於世也，統謂之國寶。自應一國有一國之寶，不應悉用他國之寶也。中國何不自行鼓鑄，列年號於其上，名正言順，獨擅利權。若購自外洋，每圓加銀多則七八分，少亦三四分，不亦失其厚利乎？

或謂：自行鑄造，經費過多。不知每圓所加之銀，其息已厚。且銀由外洋鑄造，尚有銅、鉛攙和其中，以攙和所餘之數，移作鑄造之費，已綽然有餘裕。是所昂之價，即所溢之利也。但西人好利而守信，故成色均歸一律；華人嗜利而寡信，故流弊遂至百端。昔林文忠公撫吳時，見民間洋價日增，遂鑄七錢三分銀餅以代之。初亦甚便於用，未幾而僞者低者日出，遂使美意良法廢而不行。惜哉！

竊謂：中國鑄銀錢須仿寶泉等局事例，嚴定章程，僅準户部設一專局，功罪攸歸，非但不許民間鑄銀，並不許各省官員開鑄。迨户部鑄成之後，頒行天下，令其可繳錢糧，可作捐款，則流通必暢，而洋銀反不能通行矣。試觀直隸藩庫之錢糧銀錁，每以二兩爲率，銀色甚佳，江西之方寶亦然，他省均不能及。可見事有專責，則弊無由生，舉而行之，誠裕國便民之大計也。而何至利權爲西國所獨擅也哉！

夏東元《鄭觀應集》上册《商務》 歐洲各邦以通商爲大經濟。凡利之所在，百計圖之，藉商税以充國用。查英國進口貨税，較出口倍重，三百磅以下不税；而本國船鈔，比他國稍廉，務保其商船暢銷土貨。惟歲核各商所盈之利，約八十分取一，略如中國户税。如有關於商務者，必使議政院官商議覆，而後施行，並設商部專理其事。商埠要區，俱設公使領事；屯泊水師兵船，以資護衛而壯聲威。遇有事端，恃爲挾制。或請開口岸，或勒免厘捐，誅求無厭，必遂其大欲而後已。

中國商民株守故鄉，乏於遠志，求如洋人之設公司、集巨款、涉洋貿易者，迄今尚鮮其人。去款日多，來源日絀，竊慮他日民窮財竭，補救殊難。然既不能禁止通商，惟有自理商務，核其出入，與之抗衡，以期互相抵制而已。

中國出洋之貨，以絲、茶爲大宗。今印度等處皆植桑、茶，出數與中國相仿。年來中土之貨遂難暢銷，後或並此失之，中國利源不幾竭乎！宜令地方官廣勸農民，於山谷閑地遍種桑、茶，勤加經理。其繅絲、制茶之法尤須刻意推求。如有勝於尋常者，優加獎賞。務使野無曠土，農不失時，則出數愈多，價可酌減，用廣銷路。再如東南各省多種棉花，西北廣牧牲畜。若用機器製造洋布、羽毛、呢絨等物，則一夫可抵百夫之力，且省往返運費，其價較外洋倍賤，而獲利倍豐。或疑用機器以代人工，恐攘小民之利。不知洋布、羽呢，本出外洋，無礙民業，仿而行之，藉分彼之利權耳。

今閩、粵人賈於星加坡、舊金山各處者不下八十萬人。其中或流寓百數十年，已隸英、美户籍，然皆奉大清正朔，服本朝冠裳。倘亦簡派領事，顯示撫循，隱資控制，則華人有恃無恐，各職其業。凡中國所需於外國者即可自行製造，外國所需於中國者，並可自行販運。收回利權，擴我遠圖，將使洋人進口日見其衰，華人出洋日征其盛，富國裕民之效，可操券而得焉。所慮者西人多財善賈，利之所在，必争趨之。若華人力與争雄，彼將減價相敵，拚折資本，勢必彼此虧絀，無裨大局。欲救其弊，須開其源。

按公法，凡長江内河商賈之利國人專之。如歐羅巴之來因河、多拿江，盡人皆得開設船行，以其分屬於各國也。美國之米西昔比江，帆輪之利，土著擅之，以專屬於一國也。他如巴西之阿麻沈江，雖發源於秘魯，入巴西支分派別，兼注依瓜朵耳國、委内瑞拉國，以貫注巴西數千里之遥。昔有客請立船行，而執政拒之；嗣因商旅蕭條，爰除前禁，以廣招徠，操縱之權，仍自掌之，不以假人也。今者洋船往來長江，實獲厚利，喧賓奪主，害不獨商。宜俟中西約滿之時，更换新約，凡西人長江輪船，一概給價收回。所有載貨水脚，因争載而遞減者，酌復其舊，則西人罔敢異詞。更於長江上、下游間，日開輪以報市價。庶長江商船之利，悉歸中國。西人保險公司有數種：有保屋險，有保船險，有保貨險，有保貨水漬之險，有保人生死之險，其章程甚詳，獲利均厚，亦宜招商仿辦。爲民爲國，胥於是乎在矣！

夏東元《鄭觀應集》上册《紡織》 黎召民方伯曰：「富強之道，不外二端：彼需於我者自行販運，我需於彼者自行製造。」誠哉是言也。

進口之貨，除烟土外，以紗布爲大宗，向時每歲進口值銀一二千萬，光緒十八年增至五千二百七十三萬七千四百餘兩，内印度、英國棉紗值銀二千二百三十餘萬兩，邇來更有增無減，以致銀錢外流，華民失業。（十四卷本增：洋布、洋紗、洋花邊、洋襪、洋巾入中國，而女紅失業。煤油、洋燭、洋電燈入中國，而東南數省之柏樹皆棄爲不材。洋鐵、洋針、洋釘入中國，而業冶者多無事投閑。此其大者，尚有小者，不勝枚舉。所以然者，外國用機製，故工緻而價廉，且成功亦易。中國用人工，故工笨而價費，且成功亦難，華民生計皆爲所奪矣！）如棉花一項，産自沿海，各區用以織布、紡紗，供本地服用外，運往西北各省者絡繹不絕。自洋紗、洋布進口，華人貪其價廉質美，相率購用，而南省紗布之利半爲所奪。迄今通商大埠及内地市鎮城鄉，衣大布者十之二三，衣洋布者十之八九。嗚呼！洋貨銷流日廣，土産運售日艱，有心人能不愁然憂哉？

方今之時，坐視土布失業，固有所不可，欲禁洋布不至，亦有所不能。於無可如何之中，籌一暗收利權之策，則莫如加洋布税，設洋布廠。西貢進口布税：漂布每匹值洋三元半者須納税一元三角，是值百抽三十七矣。扣布每匹值洋三元一角五者須納税一元三角，是值百抽四十矣。今中國洋布税值百者僅抽其五，甚有不及五者，如扣布每匹止納税四分，洋布之寬三十因制、長四十碼者每匹僅納税錢餘或八分、四分，輕微尤甚，此不啻授以利權，暢其銷路。所由進口日衆獲利日豐也。今若改章加税，使價值漸貴，運售漸艱，則土布之銷場漸旺，失之東隅，收之桑榆，未爲晚也。況换約之限期以十年，届期毅然行之，必有成效。然既杜洋布之來，尤須自織洋布，以與之抗衡。通商大埠及内地各省皆宜設紡織局，並購機織造，以塞來源。

查紡織工作共分三層：首曰軋花。西國軋花向亦人力，自英人懷德尼出始創機器，而利便百倍於人工。西人綜計每畝棉花歲收六十六斤，人工軋花每日可得净棉三斤許，必須歷二十二日始軋成一畝之花。自機器行，則日半已足，敏捷可知。況棉中雜質又可提清，鬆匀潔白，華人皆喜用之。次曰紡紗工分十二層：曰打花去土，曰彈花成片，曰梳棉成帶，曰引棉成條，曰初成鬆紗，曰引長，曰卷緊，曰紡經紗，曰制緯紗，曰絡紗成綂，曰合綂成包，曰提檢廢棉，皆有機器紡成，倍精倍速，所亟宜仿行者也。三曰織布，工分六層：曰絡經，曰理經，曰漿縷，曰織縷，曰摺布，曰印花。其機器有大有小，不但程功捷速，而織成布縷亦精細圓匀，勝於人工倍蓰也。

論紗布之利，各國莫不講求，尤以英爲巨擘。當西曆一千八百六十八年，棉花廠有二千四百七十處，織機有四十萬座，紡紗挺子有三千二百萬根。以後逐年添設，局、廠日多，紗布運往各邦以億萬計。其棉花皆採自美國、印度，織成紗布運售於美、印、中華。技藝既精，心思尤巧，所由獨擅利權也。年來日本機器織廠日增，所織各種棉布運入中國銷售者亦日見其夥。今中國已於上海、漢口設局紡織，果辦理得法，以自種之花織自用之布，工賤價廉，無須運脚，實可收回利權。惟華人用洋布者過多，兩局紡織不能敷用，倘再推廣設局，遍及於内地各區，除銷本國外，並可自派輪船運售於元山、釜山、仁川及南洋各島，則紗布之大利何難與泰西、日本諸國抗衡哉！

余嘗與同志戴子撝太史、龔仲人、李韵亭兩觀察、蔡嵋青部郎、經蓮珊主政，集股銀四十萬，公稟傅相奏設上海織布局，限期十年，不準他人攙奪。如限期内有欲添設者，或另開紡紗廠，均由該局代稟，酌抽牌費，津貼創辦局用。緘請駐美公使容純甫觀察，於美國織布廠選一熟悉紡織誠實可靠之洋匠來滬會商。據云土花絲短，恐於現成之機不合。當偕翻譯梁君子石，親帶土棉數十擔回美試驗，將改好之機器織出之布寄回中國，皆云與洋布無殊，遂決意創辦。先定機器二百張，擬俟人手嫻熟，陸續添機，以免糜費。囑子石在該國織布局講求利弊，以免欺朦，並囑考究外洋種花之法，天氣水土如何方與花性相宜。先購花子旋滬試種，以期日後推廣，仿織細布。所置局地，先與同事諸公邀洋匠於沿江等處，以楊樹浦之地最宜。共買三百餘畝，每畝價銀五十元，而同事者有稟傅相謂不應買租界外江邊之地者。未知此地其利有三：地沿江濱，上落貨物便易，大省扛力，一利也。不在租界，不納工部等捐，二利也。地面寬闊，又近馬路，價極相宜，三利也。現在紗紡等局均設近布局，地價大漲，每畝已值銀三百兩，是既爲布局省費十萬矣。地已購，機已定，洋匠已聘到之時，滬上洋商有擬設紗紡局，請其公使向總署理論，亦覬我華工價廉，獲利更厚也。（八卷本增：李傅相將公使來文鈔示，余曾請律師逐條批駁。局事粗備，適值法越交綏，余爲彭剛直奏調赴粵辦理湘軍營務，因將銀錢賬目等件交盛杏蓀觀察等接辦。盛稟傅相札委經蓮珊主政代理，旋又移交龔仲仁、馬眉叔、楊藕芳三觀察合辦。布局股銀放息，官商以股票抵借，股票價跌，無力取贖，變價還款，約虧銀二萬兩。余本應票揭，恐牽累人多，因自認失察，照數賠償。）不料（八卷本增：接辦未久）布局失慎，所有機房付之一炬。今傅相奏委盛觀察集股重興矣。余前購楊樹浦地三十三畝在布局之側，連漲灘約五十畝，旋粵後爲人盜賣，余返滬後乃知已歸布局。自顧安貧樂道，與世無爭，故將原契檢出，持贈布局，惟冀其利日巨，機日增，大開中國之利源，廣闢重洋之商務，此則區區之私所日夜禱祀以求者耳。

（十四卷本增：查癸巳年，金鎊漲，匯水貴，洋布、洋紗價亦因之大漲，滬上紗廠獲利甚厚。湖北織布局已開辦數年，適逢此會，自應獲利甚豐，何以去年傳言尚有虧折？豈經手辦理者未得其人歟？考泰西紡織各廠，皆設自商民，即製造船、礮、槍、藥各廠，亦取辦於民廠爲多，即有一二官廠亦悉用包工之法，與民廠無異，所以無冗工，無濫食，計工授食，而製造日精，且無物不用機器，既事半而功倍，亦工省而價廉，一切所製又復精巧絶倫，故能運之來華，推行盡利。我國創一廠，設一局，動稱官辦，既有督，又有總，更有會辦、提調諸名目，歲用正款以數百萬計，其中浮支冒領供揮霍者不少，肥私橐者尤多，所以製成一物價比外洋昂率過半。而又苦於無機器，以致窳劣不精，難於銷售。由是而論，通商之利宜其獨讓西人也。

今欲擴充商務，當力矯其弊，不用官辦而用商辦。如民間有能糾集公司精心製造者，地方官查勘屬實，即應奏明國家爲之保護，並仿照西例，如前篇所論，技藝精通者給予獎牌，庶有志之士咸思出奇制勝，獨步一時，而商務之興可立待也。）

夏東元《鄭觀應集》上册《開礦上》 五金之産，天地自然之利。居今日而策富強，開礦誠爲急務矣。夫金、銀所以利財用，鉛、鐵所以造軍械，銅、錫所以備器用，硫磺所以製火藥，石油所以運輪軸，皆宇宙間不可一日或少之物。初不能雨之於天，要必採之於地，則礦務之興，有益於公私上下者非淺鮮也。

管子曰：「上有丹砂者下有黄金，上有慈石者下有銅銀，上有鉛者下有銀，上有赭者下有鐵，此山之見榮者也。」彼時化學未有專門，而礦學已精深若此。

歷考泰西各國所由致富強者，得開礦之利耳。國家之督率也嚴，官商之集辦也易，士民之期望也切，礦師之辨別也真。有機器以代人工，有鐵路以資轉運，故能鈎深索隱，興美利於無窮。

我中土地大物豐，萬匯之菁華所萃，五金之盤薄鬱積於深山窮谷者，更僕數之未易終也。如雲南出銅、錫，山西、貴州出煤、鐵，湖廣、江西出銅、鐵、鉛、錫、煤，齊、魯、荆襄出鉛，臺灣出硝，川蜀出銅、鉛、煤、鐵，人皆知之矣。特以地產之多寡，體質之純雜，礦脈之厚薄，礦洞之深淺，人不得而盡知，大半封禁未開，良爲可惜。推原其故，由於明時礦税内監恣横，借開採之名，爲搜括之實，海内流毒，天下騷然，故天下人談虎色變，因噎而廢食，非一日矣。

本朝鑒明覆轍，乃一切封禁，以安民心，此一説也。又或任用非人，辦理不善，激成變故，以致查封，此一説也。又以風水之説深入人心，動以傷殘龍脈爲辭，環請封禁。不知地形之凶吉，本無關於地寶之藴藏，而庸師俗人輒生疑阻，此又一説也。

今者漠河之金，開平之煤，臺灣之五金，各礦已有成效，而滇南一省專設礦務大臣，朝野上下間風氣漸開，拘牽漸化矣。然利害各半，贏絀無憑，終未能有把握者，由於承辦之未盡得人，開採之不皆得法也。約而言之，其事有六：

一曰選礦師。中國舊法辨薤葱，識器物，雖或偶中，未可爲常。西國礦師辨山色，辨石紋，辨草木，辨礦脈，辨礦苗，鑽礦穴，取礦子，化礦石，驗成色，其言精實，較有可憑。泰西各國中尤以比國爲最。野世城所設學堂規模宏敞，歐、美各國多遺學生往學。今誠延比國頭等礦師，勘查礦苗，審慎開採，勿使西人之游手無賴妄相羼雜，虚糜俸糈，則利興弊去矣。

二曰購精器。中國開礦用人工，力費而效遲；西國開礦用機器，事半而功倍。今之言開礦者皆知之矣。或曰：「用人工則貧民自食其力，以工代賑莫便於斯。用機器則奪小民之利矣，可奈何？」此其間有權衡焉。西人工貴而中國工賤，當以人力爲主，人力所不及者以機器之力濟之，則一舉兩得，然其中有不得不用機器者。開礦機器亦以比國所造爲良，大要有三：一爲注生氣之器，一爲戽水之器，一爲拉重舉重之器。更有力猛極大之器，尤比國所擅長。苟留心購訂，擇善而從，則運用在心，程功自倍耳。

三曰官督商辦。全恃官力，則鉅費難籌；兼集商資，則衆擎易舉。然全歸商辦，則土棍或至阻撓，兼倚官威，則吏役又多需索。必官督商辦，各有責成：商招股以興工，不得有心隱漏；官稽查以征税，亦不得分外誅求。則上下相維，二弊俱去。與《會典》「有司治之，召商開採」之言，亦正相符合也。

四曰購地給價。中國每欲開礦，民間動至齟齬者，以辦事者倚勢強佔，不能盡順民心耳。欲絶其弊，莫如購地時按畝查明，秉公估價，不使山民失業，致起紛爭。其不願領價者，即將地段估價幾何，作爲股本，付給股票息摺，準其按年支取利息。如此持平辦理，則民間有礦地者無不欲獻之於官，尚何阻撓之慮哉？查西例：凡地面產業，其地下不能擅自開採。如知其地下有礦，可準其先鑿一井探之。俟探明可採，即具禀礦政大臣，派員往驗，準其在地下開挖若干界限，可挖至他人產業之地下，不準他人再於自己地面開井，以與之争，因其未有官準也。如二家同在近處各開一井試探，則先見礦而先報者準給以若干界限，可開至他人地下，而其第二家不準再開矣。蓋地面雖有業主，而地下之礦係公物不屬地面之業主，故國家可任意給與何人，準其開挖也。

五曰勿定税數。泰西各礦章程不同，然大致視其出產若干，按二十分而取一。或此礦已竭，勘驗得實，即罷採停征。《會典》言：礦法視出產之多少，歲無常數，則税之多寡應視礦之衰旺以爲衡。此理勢必然，無論中外古今一也。乃有地方官吏不習情形，率請改爲定額，是税減即累官，礦竭更累商，官商交相畏累，不敢議開（十四卷本增：矣）。查日本煤礦大小已開六十餘處，其中用機器者十餘處。中國用機器開者惟有開平、臺灣兩處，所以出數不多。推其故，非但集股難，亦因所抽税厘過重。洋煤出口無税，進中國口岸每噸止完税五分，三年之内復運出口，不問自用、出售，概準給還存票。中國土法所挖之煤，每噸税三錢，機器所挖之煤，每噸税一錢，所過厘卡仍須照納，（十四卷本增：開平局煤較洋人多納一半税，如出口外國，在一年期内可以取回存票。洋煤祇納一正税，如出口别處及輪船用者，三年之内可取還存票。開平局煤如輪船用者不準給回存票，何異爲叢驅爵，爲淵驅魚。諸如此類，商務何能振興！）不準給還存票，較外國抽税二十分之一，奚止多至數倍。所以繳費多而價值貴，不敵洋產之廉也。竊思以土法所挖者，必是股本不敷，皆賴手足之力，冀獲蠅頭微利，窮民亦藉此謀生，何反重其税，扶植外人以自遏斯民之生計？允宜斟酌變通，以衛吾民而塞漏卮。

六有治人斯有治法。督辦之人必能耐勞習苦，身親目擊，因地制宜，審其山川，察其井硐，核其成本，計其銷場，毋濫用私人，毋苛待工役，毋鋪張局面，毋浪費薪資。綜計每年出礦若干，銷售若干，提出官息税銀及支銷各項，此外贏餘，以若干存廠，以若干均分，以若干酬贈執事，以若干犒賞礦丁，按結報明，張貼工廠，使内外咸知。庶幾在廠諸人皆歡欣踴躍，聯爲一氣，力贊其成矣。西人謂一國盛衰可以所產各礦定之，此言豈欺我哉。

方今各口通商垂六十載，西人之遊歷者遍於内地，内地之礦產，彼族無不周知。交鄰通市，中外一家。當軸諸公，更事既多，成心漸化，凡有益於國計民生者，莫不參仿西法，次第舉行，而但師其製造之精，不知其富強之本，則度支有限，日久何以應之？

近聞泰西各處礦苗開採殆盡，惟我中國如川、藏，如滇、黔，如臺灣，如東三省，礦產饒富，莫不欣羡而垂涎。故英之入緬通藏，法之吞越逼暹，俄不惜千萬帑金以開西伯利亞之鐵道，陰謀秘計，行道皆知。與其拘泥因循，慢藏誨盜，何如變通辦理，取之官中，以濟軍國之要需，即以絶外人之窺伺哉！

〔附〕《開平礦事略》

中國風氣未開，積重難返，創辦一事非大力者不能有成。年來稟請開礦者頗不乏人，獨數開平煤礦辦有成效，而銷路猶未暢行，或云價比東洋煤貴，或云經手無利，不願竭力招徠，人言藉藉，非無因也。

余於庚寅春養疴羊城，唐景星觀察稟請札委辦理開平煤礦粤局及建造碼頭事宜。觀察稟請昇科及所購碼頭，在粤省城南珠光里至東角三水碼頭左側，久爲老龍船占踞，而所購林文叔之地亦以被占於居鄰，固知填築開辦時不免周折。況粤中官局、兵船所用煤斤俱係紳士承辦，設將官煤廠裁歸商辦，省費頗多，惟結怨招尤更所不免。故先稟請當道勘驗昇科及所購之地有無阻礙河道，復稟請督憲委員住局彈壓，余惟潔己奉公，罪我者聽之，謗我者亦聽之而已。幸蒙傅相及兩廣督憲明鑒，各當道維持，卒至碼頭築成，官廠亦撤。所有官局、兵船應用之煤均歸局中承辦，各官紳見余不辭勞瘁，疑余有大股份大好處。不知受人之托，忠人之事，安得以勞怨交集遂卸其肩乎？世風澆薄，良可慨矣。

粤局既妥，旋應當道之召，復到開平細勘林西、塘山兩礦，並采訪人言，將其中漏卮，如洋匠難靠，井内礀木、内外監工、稽核收支、采辦材料，(八卷本增：弊端頗多，)尚須認真以節糜費，及查所存各埠進出餘煤有無盜賣等情，現在承平、永平、富平淺水輪船所載不過千噸，運煤到滬、到粤均不合算，宜造二千餘噸能入塘沽之船，庶可得利，詳告唐景星觀察。觀察虚懷善下，深以爲然，欲稟請傅相留余幫辦。自思才力綿薄，當即婉辭，並力勸稟請張觀察燕謀理其内，陳觀察藹廷理其外，(八卷本增：庶)内外得人，局務必有起色。所最要者須延老手鐵礦師，細勘開平附近各處，如有鐵礦，一律開採，則無慮煤末難消，成本日貴。

嘗聞金達礦師云：開平煤已有成效，最好就近開一鐵礦，與煤礦相輔而行。煤、鐵兩礦亟宜開採，免有事時爲人掣肘。計可歲出生鐵二百噸。(八卷本增：查開平礦苗甚旺，如再開新井，可以日出煤三千噸。就近探有鐵礦，開辦僅可供熔鐵爐焦炭數百噸至千噸。出鐵多可以煉鋼，造各種鋼板、鋼軌及各種機器，售亞洲各國之用，其獲利更厚。亟早綢繆，勿爲外人垂涎，亦勿爲各國所笑也。)每噸(八卷本增：現)價二十六七兩，誠使籌款開辦，不但鐵器之漏卮可塞，而開平每年進款可多三四萬金，鐵路公司每年進項可增二十餘萬兩。若添購焦炭爐機器，雖需費銀三十餘萬，而生財之道亦有數端：不獨煉成焦炭供用鐵廠，可以獲利無窮，即煤烟及油提留亦能點火，其利一。黑油用以結膠，使成煤磚，其利二。提出薄油可浸鐵板，其利三。又可提出各種顔色，如青、紅、藍、緑等色莫不相宜，其利四。又可提出強水，其利五。其油提出用以油船，可壯觀瞻，而使堅久，其利六。以上六種約而計之，每年(八卷本增：亦)可得銀五六十萬兩，此亦留心時事者不可不知也。爰附録於此。

〔附〕《論丙申年漢陽鐵廠歸商辦情形》

丙申年漢陽鐵廠改歸商辦，盛杏蓀京卿商請鄂督張香濤制軍委余綜辦廠務，屢辭不獲，允爲暫攝。雖裁洋匠以節經費，去私弊以塞漏卮，奈焦炭購自開平，鐵礦遠在大冶，運費既多，成本遂重。如就近尋有佳煤，或萍鄉之煤礦辦理得人，移馬案山之外國爐煉焦，並築小鐵路由萍鄉至湘潭，出水便，成本輕。又移漢陽熔鐵爐於大冶，添造數座。選上等工師，制各種機器、槍礮、輪船、鐵軌材料，精益求精，雖不及德之克虜伯，英之奄士當郎規模之大，可供亞洲各國之用，然必獲利無窮。再設工藝學堂以教授華人，何慮中國不能富強，終爲外人挾制攘奪乎？

夏東元《鄭觀應集》上册《開礦下》 各國之富，全賴礦產。英國礦產最饒，其國亦最富。昔有西人嘗謂：山西煤礦共有一萬四千方里，約可得煤七十三萬萬兆噸，以天下各國歲用三百兆噸計之，可供二千四百三十三年之用，且白煤居多，較美國白煤更堅。至於鐵，則光緒二年曾有英國礦師郭斯敦遍歷楚疆，勘尋礦脈，十七年又有名謝高禮者赴青、齊查驗諸礦，皆云礦産甚多，五金遍地皆是。可知中國之礦不亞於泰西，特開採未能得法耳。試觀漠河金礦，自李秋亭太守捐館後，經理之人，所得甚爲有限。青溪鐵礦，潘鏡如觀察督辦時，初用小爐試辦，頗獲利益；及用大爐，諸多窒礙。雲南銅礦雖由唐鄂生中丞悉心開採，而近亦未見起色。開平試辦之細棉土，俗名紅毛坭所聘洋匠雖大書院出身，因尚無歷練，以致所燒之土，成數甚少，不敵洋産價廉，虧耗停工。朱翼甫觀察所開之三山銀礦，陳崑山司馬所開之潭州銀礦，均爲礦師所愚，虧折頗多。至於直隸平泉、石門，安徽池州、利國，山東濰縣諸礦，則等諸自檜以下矣。其有把握者，以開平煤礦、大冶鐵礦爲最。查開平煤礦有九層可開，其煤質之佳甲於他處，南北洋兵輪、招商局船所用，大半取給於此。惜糜費頗多，不及日本煤獲利之厚。大冶之鐵由比國化學師白乃富驗得，其苗甚旺，每百分中可得純鐵六十三分，與英之紅色、法之棕色等礦不相上下，惜未能於相近之地尋有煉焦炭之煤礦而後開辦，且熔鐵廠不設於產鐵之處，而設於漢陽，故亦糜費多而成本重。以上各礦督辦、總辦者，雖然精明，奈非其所長，未能深知礦師之優劣，遂致爲人欺矇。可見創辦一事，非素精其事而又專心籌慮周密者，必多中蹶也。可不慎歟！

夫中國之礦既如此之多且佳，則致富之道莫善於此。惟是礦產地中，採之非易，而識之更難。礦有層次淺、深之別，必先明夫地學，而後可以辨其苗。礦有體質純雜之殊，必先諳夫化學，而後可以區其類。近來泰西地學較前益精，謂地球土石皆由層累而成：一爲新時石層，二爲白石粉層，三爲魚子石層，四爲得來斯層，五爲比爾米安層，六爲煤炭層，七爲舊紅砂層，八爲昔盧里安層，九爲甘比里安層，十爲老林低安層，十一爲化形石層，十二爲花剛石層。土脈高下各有其位，考訂既確，能知其礦在某層，不至貿貿然開採，枉費經營。若夫熔煉之法，則非化學不爲功。蓋各礦皆含雜質，如養、硫、炭、磷之類是也。未諳化煉則不能得其純質，且火候或致不齊，堅脆必難如度。中國開礦往往不明乎此，任意高談，動人聽聞。及至興工開採，每由擇地不善，以致徒勞無功，即或偶有所得，又苦於熔煉不精，全不合用。惟有聘請外洋礦師來華指示，然前此中國開礦未嘗不請礦師，惜來者皆南郭先生一流人物，名曰礦師，實則毫無本領。蓋西國上等礦師在彼本國各有職司，安肯遠涉重洋爲人作嫁！其有甘於小就者，決非上等礦師。然則如之何而可？曰：當由總署咨行出使大臣，訪明彼國著名礦師曾經開採有實效者，不惜重聘，延訂來華，則西人亦未嘗不爲我用。如將來中國礦師多而且精，不必求諸外人，自然更無以上等弊矣。

有教士由山東致書西字報館云：「邇來中倭和局已成。中國急應興利除弊，力冀自強，庶爲上策。東省地方六千五百英里，人民三千萬，可謂地廣人稠，甲於他處，無如利之所在，不知振作。即如開礦一節獲利最多，乃竟置諸不顧。不知者以爲因民間惑於風水之故，然我則謂大半皆爲官長所誤。蓋華官性最畏葸，而心又貪婪。若令礦務一興，工匠必多，工匠既多，頗易滋事，官甚畏之。如開辦後礦苗既旺，官又思欲分肥，多方剝蝕，設法侵漁，以致半途而廢者甚多。數年前離金州三十里之某處銀礦，離本處一百四十里之銅礦，又一年前有友在省所開之鉛礦，類皆旋開旋止，徒費經營。僅存某煤礦未停，亦以捐稅太重，挑費太巨，勢漸不支。他如兖州有土人私開銀、鐵各礦，非不得手，奈屢爲官長所阻而止。故以目前礦務而論，東地富商甚夥，固不必官長集資開辦，無如動輒必爲官長掣肘，遂至有利難圖，有心人甚爲惋惜。且鐵路未建，車價甚昂，每日需洋一角五分僅能行英路二里之遥，合華路六里。當中倭未用兵以前，有「廣甲」輪船一艘往來烟臺羊角浦一帶，專運蘆席等物銷售，駁力既省，獲利稍豐。近自此輪停駛，貿遷者不便殊多。我西人旅華有年，甚欲使華民同沾利益，奈中國積習已深，苦於愛莫能助，言之不勝扼腕」云。吁！彼教士亦世之有心人哉。中國之官視同秦越，而外國之人代爲惜之，不亦深可慨哉！

中國礦務不興，利源未辟，其故有二：一由於官吏之需索，苟苞苴未至，必先托辭以拒，或謂輿情未洽，或謂勢多窒礙，恐致擾民，由是事卒難行，每多中止。一由謬談風水者妄言休咎，指爲不便於民，以聳衆聽，於是因循推諉，動多掣肘，而有志於開礦者不禁廢然返矣。夫開礦爲中國一大利源，奈何任其蘊而不宣，坐致窮困！此猶富者積粟滿倉而反嗟無食也。今各省理財之人明知中國煤、鐵、五金諸礦爲至旺至美，而竟不能立時開掘者，皆爲風水所格，謬悠之説信之甚堅，積習相沿，牢不可破，以形家者言，遵守奉行同於聖賢經傳，一孔之人憑其目論，若以爲吉凶之來，其應如響。使其説而誠，何以郭景純爲千古葬師之祖，而不能保其身後？世之擅青烏術者，何以其子孫未聞有富貴者？其虚誕僞妄不待明者而知之矣。

試觀法人在越南開煤礦、築鐵路以裕富國之謀，而其國益強；日人近擬赴臺灣開五金各礦，將來其國必益富，皆不聞爲風水所阻。故欲圖富強必先開礦，奈何徇俗流之見而甘於自域也哉！中國既不能自開，徒增外人之垂涎。於以嘆信風水而阻止開掘者，乃外人之功狗而中國之蟊賊也。至於西人之所講風水，則大異於是。西人所至通商開埠，但擇四山環繞，風静水深，以備停泊，舟艦可冀安穩而無虞。其所居之屋宇，祇求其高燥軒爽，敞朗通達，街衢潔净而已。若擇葬地止卜高原遠於民居，多植樹木以泄穢氣，且多數十家同葬，俟葬滿再擇别處。從未聞開礦闢路而專講風水，以致多所窒礙者也。日本不講風水，國祚永久，一姓相承至數千年。歐洲不講風水，富強甲於五洲，其商民有坐擁多資富至二三百兆者。由是言之，風水安足憑哉？是宜有以革之。秉國鈞者，盍加以剴切諭導，用辟其謬，藉以轉移風氣哉！

〔附〕《論戊戌年後各國商人承辦礦務情形》

查泰西各國均有礦律頒行。凡稟請地方官領地開礦者，須指明何處何礦，須有限制，何人承辦，資本若干，方準領辦。今中國無礦律，各國乘機愚我，侵權攘利，以爲未必盡悉外國情形。或借開礦而攬及鐵路，或因鐵路而涉及開礦。一國幸得利益，别國援照均沾，接踵而來，動稱某國公司索取全省、全府。聞山東、蘭州出金鋼鑽之地，洋人囑教民代購，價極廉。各省督、撫宜延礦師察看繪圖，俾共知優劣。近年法於雲、貴，德於山東，英、義於山西，蜀、浙，早有合同，章程紛歧，恐未必妥善無弊。何不仿照西法，公定礦律，無論已開、未開之礦，統行核定，使其界址有限，資本有據，興辦有期，國家應享權利有着，地方彈壓有權，華、洋商人一律均沾，洋人均有範圍，方於礦務有益。否則必致利權盡爲外人攘奪，平民動受外人欺侮，滋生事故，漸開釁端，是中國自然之大利反爲中國之大害矣！

夏東元《鄭觀應集》上册《技藝》 自《大學》亡《格致》一篇，《周禮》闕《冬官》一册，秦漢以後佛、老盛行，中國才智之人皆馳鶩於清浄虚無之學，其於工藝一事簡陋因循，習焉不講也久矣。夫制器尚象，古聖王之所由利用而厚民也。日省月試，既稟稱事，勸工之典，並列九經。乃後世概以工匠輕之，以輿隸概之，以片長薄技鄙數之。若輩亦自等庸奴，自安愚拙，無一聰明秀穎之士肯降心而相從者。無惑乎器用朽窳，物業凋敝，一見泰西之工藝，而瞠目咋舌，疑若鬼神也。

前年恭讀上諭，國子監司業潘衍桐奏請特開藝學一科，方汝紹奏請特開實學一科，着大學士六部九卿會同總理各國事務衙門妥議具奏。仰見聖朝勵精圖治，綜貫中西，與古聖王製作之精心隱相符合。無如當軸諸公安常習故，以藝學爲末務，遂使良法美意仍托空言。而天下多能博學之人，亦絶無自幼至長孜孜焉專精一藝，以期用世而成名者。蓋工藝之疏，非一朝一夕之故，其所由來者漸矣。

夫泰西諸國富强之基，根於工藝，而工藝之學不能不賴於讀書，否則終身習之而莫能盡其巧。不先通算法，即格致諸學亦苦其深遠而難窮。所以入工藝書院肄業生徒，皆須已通書算，未通者不收。何則？欲精工作，必先繪圖，則勾股三角弧之學不可不講也。精於此而後繪圖、測算，成器在胸，及其成物不失累黍，否則方隅不準，鈎鬥難工。英國倫敦設有工匠學堂，以爲工技之成，弟子每不能及師，不免每況愈下，故令學工藝者先讀工程專書，研究機器之理，然後各就所業，日新月異，不獨與師異曲同工，且變化神明，進而益上。此工藝所由人巧極而天工錯也。苟專設藝學一科，延聘名師，廣開藝院，先選已通西文算法者學習，讀書、學藝兩而化，亦一而神，則小可開工商之源，大可濟國家之用。

夫工藝非細事也，西人之神明規矩亦斷非一蹴所可幾也。今各省、各局機器師匠略曉機器、測算等學，彼此授受，絶少匠心，故廿餘年來所造礮船槍彈皆式老價昂。惟聞江南製造局採各槍之長，新造一後膛槍名快利，較毛瑟輕而且遠，不知其堅與速均能勝人否。堅、輕、遠、準、速，須一一精細考驗，方知孰優孰劣。況聞英國又新出利蔑佛槍，較快利更遠。我國宜懸不次之賞，鼓勵人材，使其精益求精，庶免有事之秋爲他人挾制。否則亦器劣價昂，喫虧不可勝言。英國訪事人亨利·那門云：「日本皆用新式苗也理地槍。其製造廠每日可出一百杆。」我國能如是乎？

查京都無各藝書院，同文館祇教外國語言文字、算學，各製造局洋匠縱有精通，然貪戀厚資，未免居奇而靳巧。至者未必巧，巧者不能致，能致之巧匠又或不肯傳。洋師之難得如此。且華人之心力未必遠遜西人也。多有華人習學日久，技藝日精，而當道以其華人也而薄之，薪水不優，反爲洋人招去。教習無法，考察無具，獎勸無方，一旦有事，製造無人，則歸咎於華人之不可用。噫！豈華人果不可用哉？是主者之過也。是非專設藝院，則人才無由出，格致無由精，而技藝優劣之間亦無由真知而確見。

西國之技藝以英國爲最精，製造各物價值多於土産各物。（十四卷本增：乾隆十三年即一千七百四十八年，美國將士弗蘭克令著成格致書二，全部呈於國家，欲創設格致學堂，教習國中子弟，並開一公會，每期聚集通人，各抒所見，相與討論發明。國家許其所請，因而美國化學日有進境，可與歐人並駕齊驅。乾隆十八年，英國特開藝術大會，無論巨商小賈、薄技片長，苟有能出乎其類、拔乎其萃者，則會主給予文憑以爲積學之券。其有能造靈妙機器有利於人，則當奏準朝廷獎其才藝。此會一設，各人樂從，皆自出才力心思以博榮名。於是各國蜂起，爭相仿傚，無不有工藝院之設。若創一新法呈驗有益於世者，準創者獨享其利若干年。英國更另籌巨款，專爲藝術商人獎賞度支之用。如心思靈巧能製新物，或累於家貧未能竟業者，並資以經費助其成功。斯時有美人雷瑙耳，慧質靈思，勝人數倍，於格致、製造各事均能細研其理，明道其法，國人重其才，公舉爲藝術會中總董。遠近奇特之士均來造訪，或議論終日，或執贄門墻。雷君不炫己長，虚衷博訪，倘其才有可用者，則潛記其名以待他日網羅之用。英人之厚待人才如此，民風國運其有不隆然興起者乎？）近時德、美諸邦，百工居肆，心思日辟，智巧日增，每歲取資亦幾與英國相埒。其工藝列科十二，别類分門。

吾粤鄺容階司馬使美而旋，述美技藝院二十餘所。每所約二百餘人，教習各十餘人。地基由朝廷給發，建院經費或撥國帑，或抽房捐。年費由善士輸助，如不敷用，一學生收回修金百元、二百元不等，稍有盈積，概免修金。所收學生，無論何國，必文法、算學均堪造就者方能入選。院中有工藝書，無製造廠，學成而後另進工廠閱歷數年。光緒二年，美設百年大會，見俄國藝學院新製機器甚精，因師其法，在藝院兼設製造廠，俾得同時學習。故學生俱能運巧思、創新器，學期將滿聘請有人。藝院日多，書物日備，製造日廣，國勢日強。凡有新出奇巧之物，繪圖貼說，進之當事，驗其確有實用，即詳咨執政，予以專利之權，準給執照，並將名姓圖說刊入日報，俾遐邇周知。所以有美必彰，無求不得，殫精竭慮，鬥巧爭奇，莫能測其止境也。

美國發牌衙門，（十四卷本增：發牌衙門西名拍吞，即考驗各處所呈新出機器技藝準給有權獨造執照之處。各國規例亦大同小異。查西報記一千八百四十六年至七十六年，此三十年中各國出有若干新法工藝，並比較何國多，何國少，以見民間之工藝盛衰。如四十六年，英國發出獨造執照四百九十三種，七十六年發出三千四百三十五種。英屬地在北亞美利加喀訥塔，四十六年發出三十八種，七十六年發出一千二百五十二種。奧國五十三年發出四百六十種，七十六年發出一千二百九十四種。比利士四十六年發出四百五十七種，七十六年發出二千五百七十種。法國四十六年發出二千七百五十七種，七十六年發出五千七百三十四種。意大利五十五年發出二百二十四種，七十六年發出二百三十八種。布魯士四十六年發出五十五種，七十六年發出四百七十六種。美國四十六年發出六百九十種，七十六年發出一萬七千二百十六種。俄國新法初興，發給無多，不過百數十種。惟年來各國技藝精益求精，無不日新月盛，所發執照已年多一年，其進款之多，勝於土產。顧各國準給獨造執照之數，不盡是其本國新出技藝，有上等巧法，不獨本國給發，即他國亦給，令其獨造發售也。）設總理一人考驗機器，及畫師、書吏各二十餘人。每一禮拜呈驗器物者不下七十餘種，酌收牌費，足敷公用。如此專門名家實事求是，製造所由日廣，工藝所以振興耳。

夫《周禮》考工居六官之一，《虞書》利用列三事之中。華人心思素多靈敏，自造新器古不乏人。如江慎修先生製木牛耕田，以木驢代步，法雖不著，聞取豬脬實黃荳，吹以氣而縛其口，豆浮正中，可知木制牛驢必用機關納氣令滿，即能運動自如，似亦通西法蒸氣撥輪之理也。先生又製留聲筒，其筒以玻璃爲蓋，有鑰司啓閉，向筒發聲，閉之以鑰，傳諸千里，開筒側耳，宛如晤對一堂。即西國留聲筒之法也。觀此則知華人之聰明智慧實過西人。特在上者無以鼓舞之振興之，教習而獎勸之，故甘讓西人獨步。（十四卷本增：且上年所遣出洋學生肄業，又未得其法。如當時考取已通中外言語文字三十歲以内者，赴外國大書院肄習，各專一藝，不過數年可以成材，又省初學之資，無慮其年少變性，沾染西人風氣，何致中途而廢，製造各局尚用西人。今日本所需西人之物無不自行製造，其價較西來之貨更廉，又與西人時出新樣，較華人所制無不價廉而工美。小民生計盡爲所奪。）誠能集捐籌費，廣開藝學，竭力講求，以格致爲基，以製造爲用，選擇聰穎子弟已通文理者入院學之，並延西國名師原始要終悉心教授。然後創行博物會，廣羅物產，品評優劣：優者賞之，劣者斥之，則器物日備，製造日精。以之通商，則四海之利權運之掌上也，以之用兵，則三軍之器械取諸宮中也。此取威定霸之真機，而國富民強之左券也！

中國士大夫鄙談洋務者，咸謂歐洲各國富強未久。實不知其強弱無常，盛衰迭變。余閱美國百年大會日報所載英、俄、德、法、奧、美六國富強之略，凡各國立國先後，人民多寡，國中貧富，國債經費之如何支銷，土產工藝之如何征入，莫不清列。今擇其大略於後，以備考核。英立國八百六十年，人民計共三十四兆三十萬零五千人。其富共四萬五千兆，國債共三千八百兆，而每年之費共四百一十五兆，土產所值每年有一百二十萬，而工藝所出每年則四千兆。法立國共一千一百年，人民共三十七兆零一十六萬六千。其富共有四萬兆，國債一千兆，國費六百五十兆，土產二千兆，工藝二千五百兆。德立國一千一百年，人民四十五兆三十六萬七千，富二萬五千兆，國債九十兆，國費一百五十兆，土產一千八百兆，工藝二千二百兆。俄立國三百五十年，人民八十二兆四十萬人，國債一萬五千兆，國費六百兆，土產二千兆，工藝一千三百兆。奧立國一千一百年，人民三十九兆一十七萬五千人，其富二萬四千兆，國債二千兆，土產一千兆，工藝一千五百兆。美立國一百年，人民五十兆零一十五萬，國債一千八百兆，國費二百五十七兆零九十元，土產七千五百兆，工藝八千兆。以上六國人民財賦、國債、國費、土產、工藝合而參觀，亦可知大略也。然則其工藝之多，土產之盛，國人之富，亞洲遠不及矣。何尚龐然自大鄙談洋務者乎！

〔附〕滬報《製造説》

當世士大夫所當汲汲焉講求者，孰有過於西學者哉。顧第曰西學而汲汲焉講求，或以管窺，或以臆度，或淺嘗而輒止，或泛騖而不專，宜乎有輪舟而不能駛，有機器而不能用，皆必有西人爲之指示焉，推挽焉。而華人之從事於輪舟機器者視爲固然，不求甚解，遂使西學之奧窔終未盡窺，西學之精微終未盡抉也。然則言西學者，凡一切水學、火學、氣學、光學、聲學、電學、力學、算學、化學、醫學、兵學、機器學、植物學、天文學，必別户分門，設科校士，各精一藝，各擅一長，而後西學可以大興也。且夫西學之所當傚法者，有緩急，有本末，當今之時謀人家國事，必以通商、練兵二者爲尤亟。通商以爲富，練兵以爲強，國富兵強於西學乎何有？所謂通商者，豈商賈懋遷、舟車通達而已乎？所謂練兵者，豈槍礮儲備、步伐整齊而已乎？問嘗探其原，圖其要，以爲製造一事爲通商、練兵之綱領。

泰西通商所以致富者，在材貨之充盈耳；泰西練兵所以致強者，在器械之精利耳。材貨器械非製造不爲功，我中國所産之材貨，所用之器械，由泰西製造者爲多，將使我中國襲其故智，效其成法。泰西所製造者，我中國皆能製造之，則可以盡製造之能事乎？未也。心思愈用而愈出，機括愈變而愈精，天下之物無窮，天下之理亦無窮，而吾心之靈遂求其間而入焉，必也取泰西所製造者，求其理而窮其故，因泰西所已製之物，進而求泰西所未製之物。我中國地大物博，將見青出於藍，冰寒於水，駕泰西而上之。製造之道，於是乎得焉。不言富而富在其中，不言強而強在其中矣。

雖然，是必使天下有志之士皆殫思竭精、極深研幾，以從事於製造而後可。我中國辟門吁俊，學古入官，率由舊章，昭示來世，無敢有侈口陳詞、釀新法擾民之禍者。其又安能令天下有志之士皆殫思竭精、極深研幾以從事於製造也乎？然則製造一事終不可興乎？曰：是有術焉。爲民上者以名、利二字驅使天下，而天下之民趨之若鶩，奔走恐後者，無他術爲之也。

泰西於製造一事既精而益精，日新而又新，謂非有術以驅使之乎？泰西人士往往專心致志，慘淡經營，自少而壯而老，窮畢生之材力、心思以製造一物。其祖若父有志未成，則子若孫接踵而起，復專心致志，慘淡經營，自少而壯而老，窮畢生之材力、心思以製造一物，必使豁然有得、大功告成而後已。此其驅使之者誰也？曰名也利也。泰西立法，無論士、商、軍、民，有能自製一物者，以初造式樣上諸議院，考驗、察試以爲利於民、便於民，則給領憑票，定限數年，令其自製、自售，獨專其利。他人有依傍仿傚以争利者，懲究不貸。彼製造者於數年之間，既已獨專其利而獲利無算。所呈式樣什襲珍藏，後世有摩挲斯物者，以爲創於某人，猶相與嘆賞不置，是利之中有名在焉。此所以泰西製造之精且新者層見叠出、炫異争奇、日新月異而歲不同也。

我中國人士於名、利二字蟠據固結於胸懷間，終其身不可解，積習相沿，牢不可破。仿泰西驅使之法行之，又何患天下有志之士不殫思竭精、極深研幾以從事於製造也乎？

滬報之論頗中肯綮。余嘗考日本技藝書院，自創設至今僅十有七年，設立大學院不過十年，而目前由學塾以昇入學院者彬彬濟濟，於工藝之道，無不各造精微。此皆廣設書院教育得宜之效也。堂堂華夏乃遠遜之，是誠中國之耻也。（十四卷本增：如耻之，莫若師泰西之所長而奪其所恃。今我）苟欲發奮自強，必自留意人才始，而人才非加意教養不能有成。

夫師夷制夷，今日之留心時務者類能知之，能言之。然有七年之病，而不蓄三年之艾，則因循頽廢錮疾果何日瘳乎？余夙欲創辦機器技藝書院及教養窮民工藝院，以期技藝日精，漏卮可塞，且藉此教養無限窮民，使無外向。恨經費過巨，力不從心。業托英、美諸工師，各將其國工藝書院章程鈔寄來華，擬續刊之以備當道採擇。

泰西不獨新造之物準其專利若干年，即著書者亦有此權利。蓋著一書窮年累月，費盡心神方得成茲不刊之作。向日無刻字印書之法，初則書於羊皮，繼而創行紙張，遂書於紙。每書鈔録非易，於是名山述作未容輕易傳示於人。

其後印法創行，作者遂能專利，每成一書衹準自刊自賣，不準他人翻刻，違者治以罪，或罰鍰以歸書主。後英廷以嚴禁翻刻，銷路不宏，遂於康熙三十年弛其禁令。一時牟利之徒皆紛紛翻刻成書，亥豕魯魚，殊多紕繆，名家患之，請於議院再頒前禁。議定作書之人準獨享利息十四年，至十四年後方準他人翻刻。嘉慶十九年重定新章，許作書者獨享書利二十八年。後復展其限，許作者終身享利，没後及其子孫七年，方準他人重刊。

迨道光二十二年，頒定國例，作者於所作告成後，報明國家所著何書，即須刊賣，可賣至四十二年。此後方許坊肆翻刻。如其人不欲久專書利，亦可將刻書執照售於他人，驟得巨款。惟執照賣後，則作者於其書毫無利權矣。我國亦宜仿行，若所著新書有益於世者，更如法國之獎賞，以示鼓勵，則人材自然輩出矣！

工藝一道爲國家致富之基。工藝既興，物産即因之饒裕。中國文明早啓，向重百工。《周禮》云：「大宰以九職任萬民，五曰百工，飭庇八材。」《考工記》云：「凡攻木之工七，攻金之工六，攻皮之工五，設色之工五，刮磨之工五，摶植之工二。」又賈師各掌其次之貨賄之治，辨其物而均平之，展其成而奠其賈。遐稽三代，治道郅隆，庶富之庥，蒸蒸日上，乃沿革至今，故步自封，罕有竭耳目心思以振興新法者，何怪乎國中貧惰而外侮日乘也。

茲欲救中國之貧，莫如大興工藝。其策大略有四：

一宜設工藝專科也。中國於工作一門，向爲士夫所輕易，或鄙爲雕蟲小技，或詈爲客作之兒。明熹宗以天子之尊而刻木飛鳶，史册猶多遺議。致天下有志之士，不敢以藝自鳴，國家何能致富乎？今擬設立工藝專科，即隸於工部，其爲尚書侍郎者均須嫻習工藝。詔各省人民有新造一器、新得一法爲他人所無者，爲上等。或仿照成法能駕而上之者，爲中等。若智巧猶人、才具開展者，爲下等。此三等人皆得與試，取列後可以爲工務官員。其有自願售技者，國家准予保護，令專利二十年。

一宜開工藝學堂也。大造生材，無地蔑有，而謂華人之巧必遜西人，此扣槃捫燭之見耳。今宜仿歐西之例，設立工藝學堂，招集幼童，因才教育，各分其業藝之精者，以六年爲學成，粗者以三年爲學成。其教習各師由學堂敦請。凡聲、氣、電、光、鐵路、熔鑄、雕鑿等藝，悉責成於工部衙門。

一宜派人遊學各國也。俄王大彼得，以一國之君而屈貴降尊，至荷蘭、英吉利廠中學習技藝。厥後俄國人材輩出，國勢大張，史册猶津津樂道。日本以彈丸小國有志維新，當其初見貨物之有入無出也，乃分遣親藩大臣游歷各國，訪其政俗、人情。今之伊藤諸臣，即當時隨派之肄業學生也。今中國亦宜親派大臣率領幼童，肄業各國，習學技藝，師彼之所長，補吾之所短。國中亦何慮才難乎。

一宜設博覽會以勵百工也。歐洲博覽會始於法國，一千七百六十年以前。至乾隆二十六年，英國創雅物會，專賽玩物。嘉慶三年，法王拿波侖第一興新物會。一千八百十九年，法國共有會場十餘處，於是德、意、智、奥各國相繼行之。咸豐元年，英創萬國通商大會。其最大者爲同治六年法之巴黎斯會，同治十二年奥之維也納會，光緒二年美費拉特費之會。日本在明治初年，子弟工藝學成，於橫須賀設立勸工場，以賽新物，其佳者準其專利，雖至微之物皆優奬之。故國本大張，得列公法大國之内。今中國亦宜於各省會市鎮各設勸工場，備列本省出産貨物、工作器具，縱人入觀，無分中外。一以察各國之好惡，一以考工藝之優絀，使工人互相勉勵，自然藝術日新。

余嘗與陳君敬如擬有《上海博覽會章程》，面呈商務大臣盛宗丞，惟望奏請朝廷，嚴飭各省切實舉行，並將出産若干種，人工製造若干種，每年奏報。若出口之土産增多，工匠製造新器增多者，地方官及工師分別保奬。不辦者予以處分。則無形之奬勸多矣。誠所謂西人之富在工而不在商。蓋商者運已成之貨，工者造未成之貨，粗者使精，賤者使貴，朽廢者使有用。有工藝然後有貨物，有貨物然後有商賈耳。

大率富強之道，無論何事皆須平日官爲提唱。如農工商務當創新法。開新埠之時，必先官設學堂以爲教，官創機廠以爲式，官助資本以扶持，然後農工商之利可開。本欲阜財，必先費財，西洋各國皆然。而日本爲尤著。否則一旦有急，安得人才、兵械而用之？縱使可購，亦不過廢雜之槍，價且極昂，虛糜而兼誤國矣！

夏東元《鄭觀應集》上册《賽會》 泰西以商立國，其振興商務有三要焉：以賽會開其始，以公司持其繼，以税則要其終。賽會者所以利導之也，公司者所以整齊之也，税則者所以維持而調護之也。中國於此三事皆未能因時制宜，取長棄短，無惑乎日日言商務而商務愈不可問也。

夫作者之謂聖，述者之謂明，人工有巧拙精粗，物質有良窳美惡，自然之理，必至之情也。得彼之法而亦趨亦步，則拙者有時而巧，粗者有時而精。守我之舊而不見不聞，則良者可轉而窳，美者可轉而惡。此泰西各國所以有博覽會之設也。

溯賽會之事，創之者英京倫敦，繼之者法京巴黎。嗣後迭相舉賽，各國亦起而踵行。奥則設於維也納，美則行於斐刺鐵蜚，日本則舉於東京。萃萬寶之精英，羅五洲之珍異，百年之内炫異争奇，此亦萬國大通必有之事矣。洎我聖清光緒十九年，即西曆一千八百九十三年，美人賽會於希加哥，爲科布倫探獲美洲之日，閲寒暑四百周。其氣象規模尤極天下之大觀，爲古今所未有。其會分四大部，議院選派通國各會爲第一部，希加哥本邦之以利奴瓦會爲第二部，女董會爲第三部，襄助會爲第四部。四部之外又舉一人爲會總，以總其成。分院共計十五：一農工院，一種植院，一生靈院，一漁務院，一礦務院，一機器院，一運務院，一工藝院，一電務院，一技藝院，一政務院，一林木院，一郵政院，一文藝院，一鄰政院。有條不紊，無美不臻。所建地基共七十餘畝，各院房屋占地合五百萬平方尺，其中花果、草木、園囿、池塘無所不備。所收之費，計股資五百萬元，希加哥續凑五百萬元，預計遊資約一千七百萬元，售照會等項一百萬元，會畢折卸物料值銀三百萬元，共應收美銀二千一百萬元。所出之費，計地基等項一千二百七十六萬六千八百九十元，建造等費三百三十萬八千五百六十三元，開院費一百五十五萬元，共銀一千七百六十二萬五千四百五十三元。據此計算，本可赢銀三百萬元有奇。嗣因人役過多，費用過大，又請議院撥助五百萬元。然遊人逐日增多，不致虧耗也。

美人於此一會不惜工本如此，豈特以爲觀美哉？誠以一物不知，儒者所耻，而萬物皆備，聖功所基。此會角九州萬國之珍奇，備海澨山陬之物産，非此不足以擴識見，勵才能，振工商，興利賴。開院之經費抵以每人每日之遊資，數百萬金錢取之如寄，而客館之所得，飲食之所資，電報、輪舟、鐵路、馬車之所費，本國商民所獲之利，且什百千萬而未已焉。地雖寥落，商賈驟興，費亦浩繁，國家無損，此利國利民之見於當日者也。凡人耳無所聞，目無所見，則雖有良法美意，亦苦於傚法之無從。今萃各國之工藝以鬥巧争奇，則我所已能者可以精益求精，我所未能者可以學其所學，較之憑虛臆造，難易迥殊矣！合各洲之物産以比較優劣，則本國所已有者應如何益務擴充，本國所未有者應如何漸行推廣，較之孤陋寡聞者，智愚懸隔矣！不必家喻户曉，而可以開愚賤之心思；不必越國過都，而可以發顓蒙之耳目。故各國當賽會之後，其民之靈明日闢，工藝日精，物産日增，商務日盛，此利國利民之見於後日者也，夫事至國與民皆利，上與下交益，目前與日後均收效無窮，而獨於古所未有而疑之，西人所有中國所未有而棄之，此何説也？

比年以來，中國之商務衰矣，民力竭矣，國帑空矣，事事不如人，事事受制於人，而侈然曰：我大國也，彼小國也。既不能令，又不受命，本有致富致強之道，而自暴自棄，不見不聞，一任吾民之困苦顛連，而漠然不以爲意，聖賢之用心固如是乎？

故欲富華民，必興商務；欲興商務，必開會場。欲籌賽會之區，必自上海始。上海爲中西總匯，江海要衝，輪電往還，聲聞不隔。賽會之款集股招商，而酌提官款以爲之襄助，建屋闢地必廣必精。屆期照會各國外部，將工藝製造各種物件一體入會陳設，派有名望之人比較得失，品評優劣。自南洋大臣以下均自至會場觀覽，以重其事，先期出報，知照中國十八省。各鎮各埠工、商人等，均準入會游觀。應需何物即可出資購買，定立價目，無僞無欺。酌收遊資，以助經費，均仿各國賽會章程辦理。仍先由出使大臣知照各國，詳譯立會舊章，參酌中西，務期美善，其有裨民生國計者非淺鮮矣。

如慮中國此時工藝尚未講求，不能如各國之精益求精、卓著成效，則可如日本辦法：先於內地各鎮、埠試行工藝、農桑、礦産、耕織各小會，臚列中國自有諸物，而他國有何新法、新器則官爲購置，以擴見聞。仍酌收遊資以助經費。嗣後逐漸推廣，每歲擴充，期以十年，不惟遠勝東洋，當無難與英、美各國齊驅並駕矣！

或疑此項經費爲數頗巨，事前既無所出，事後又無所歸。不知設會之後，遊人必多，所收遊資應足相抵。況今日各鎮、埠迎神賽會，無益之費累萬盈千，遊手好閒者動輒因而肇事，何如移此項資財以開博覽之會，則美利既難悉數，而積弊亦可頓除。此裕民足國之先聲，即致富通商之實效也。五行八政，探《洪範》之精；制用理財，挈《周官》之要。當事者高見遠識，一轉移間而已矣。

泰西各業莫不有會。商人有商務會，兵官有兵官會，格物士有格物會，讀書人有文學會，天文學士有天文會，地理學士有地理會，丹青學士有丹青會，機器師有製造會，種植人有花木會，醫士有醫學會，習算法者有算學會，講格致者有化學會、電學會、光學會，業蠶桑者有蠶桑會，武弁有功課會，農功有賽物會。至各省、各郡、各邑莫不有會，而善舉之會尤夥不勝數。英京一處多至五百餘所。其他國、他邑可知。雖立法各有不同，而講求實效及救人救世之苦心，則無不同也。

凡會所皆建大屋廣廈連雲，深堂容衆。與會有名者皆可至會所中讀書，習學各藝，借榻居處及招宴、議事、論公，聚集同志考究得失，棄短從長，一示大公無我、善與人同之美意。其所以必分門別類者，蓋取專門而後可名家之意。故一技可名，微長必録，而後衆善畢舉，萬物皆備也。西士李提摩太《泰西新史》言之綦詳，兹特摘論其大略如此耳。

曩者王爵棠星使自法返滬，謂法國藝文會即藝術會，其所習實不止術藝。法人謂文學之事，大之足以治國理財，小之足以資生制器，歐西文學昔推法蘭西爲巨擘，書院林立。彼都人士靡不呫嗶，辛勤力求，淹博於天算、輿地、格致、機器諸學，精益求精，標新領異。爲師長者尤加甄別，始得與此選，無濫取，無徇情，數十年來各國無不争相講求於學校，論中已詳言之矣。然歐西各國公牘來往皆用法文，以法之儒者最稱博雅也。商家多用英文者，以英人通商最早、最廣也。特於巴黎設立總會。會中爲首者約計二百人，薄給禄糈，稍足酬勞而已。外尚有四十餘人，自願不受俸薪。余則襄辦三十六人，躬親細務者二百二十人，以故責專慮密，訓迪有資。會中分類有五：曰亞格得尼，專習詞令。曰亞格得尼別列列達，專習文辭，兼攻考據。曰亞格得尼得賽恩士，專習技藝。其中區分條目凡十有二門，如：醫學、數學、格致學、藥學、機器學，各務專精求通理要。曰亞格得尼特布遏士，專習匠事，丹漆雕鏤，製作音樂，必窮精良微妙之境而後已。曰亞格得尼德賽恩士摩拉黎士抑波黎特，講求經濟，考察律令，以通制度典章之要。此五端乃其大者。至於外會亦歸總會經理，如考求遺聞往事，則有安特瓜里恩之會。崇尚博學廣問，則有飛羅麻狄之會。講明格物致知，則有拿查辣耳希式多黎之會。詳究地理輿圖，則有依阿格拉飛格爾之會。審察各國風土、民情、山川、人物，則有式達特士特爾之會。攻治百工材藝，則有飛羅德取匿之會。專講剖割人物，凡人物有患病中毒死者，例得割剖驗視，以審知其受病之所在。西醫中有此一端，然亦必其人自願捐軀乃可。李時珍《本草》木乃伊之訛，殆即由此傳聞耳。則有亞拿多迷格爾之會。辨別耕種、播植，則有亞格黎格耳查拉爾之會。其他若賽畫會、賽花會、賽馬會，無不各有會場。先期布告各新聞紙，届時遠近咸集，藉以講求其孰良孰楛，孰妍孰媸，孰宜寒，孰宜燠，孰可轉移，孰爲定質。其優者例得獎賞，並載之新聞紙，俾通國咸知以資鼓勵。下至豢養牛羊以及各色犬類，亦莫不有會，宜其碩大蕃滋，爲中土所不能及也。

夏東元《鄭觀應集》下冊《上晉撫胡蘄生中丞書》 竊職道嘗聞西人考察中土礦産，以山西最富，時欲承辦以遂其私。蓋泰西所建鐵路、鐵艦諸大工，皆取給於礦産之利，就英國而論，其幅員廣袤不及粤東一省，然礦税動輒千數百萬；以中國之大所出何止倍蓰，乃前明開湖北金場，役夫五十萬，僅得金八十五兩，何難易之懸殊？間嘗考究，推原其故。

彼業有專司，機器具備，如開煤、鐵礦，必先鑽驗深至數十丈，看有礦綫深淺厚薄、礦質優劣，核計約有噸數若干，而後開辦，所開礦井深至數十丈，横闊數十里，皆能爲所欲爲；我則僅恃鍬鋤，遇有水石即行停止，而機器不良，則功用不竟，其難一。

彼變詐叵測，專施於諸國，至其官民頗能相信，利之所在，界劃分明，上下不相侵奪，故下令招商，踴躍争赴，巨萬之資咄嗟立辦；我則彼此猜忌，嫌疑不釋，則招股不前，其難二。

彼節目疏闊，境内礦山一經具報，立即施行；我則文移往來，動多詰駁，官吏踏勘，專事批剔，文法所拘，需索不免，其難三。

彼素重商務，凡公司所應辦之事悉由總理主持，官不遥制；我則多設有司，重重鈐束，甚或布置私人，每事干預，從中掣肘，慾壑不滿，風波横生，其難四。

彼訟獄稀簡，民亦安分，物有所主，罕復構争；我則萬目眈眈，惟利是視，遇有利權，百喙噂沓，地方豪强勾通胥吏，婪索無厭，構訟不止，其難五。

積此五難，牢不可破，故明知礦有大利，率多觀望不前。我朝廷欲仿西法興天地自然之利，儲國家不匱之藏，必須掃除五難，設法協助股商大集股本，精選有歷練之礦師開辦，方冀有成。觀開平礦局辦法便知大畧矣。俗云：投骨於地，羣犬斷斷。慢藏誨盗，勢有固然。中國擁厚利而不善自謀，外人已虎視眈眈，恐將藉端要求，要求不遂，恫喝隨之。設狥一國之請，列强又將援利益均沾之説，協以謀我。沈思淪有言：「良璞之見破，求其爲瓦全而不可得也；良木之見伐，求其爲樗全而不可得也。」隱患寧堪設想耶！揆其致此之由，實我國富藏於地所致，故開礦誠今日之急務，非惟致富，且可弭亂。管見所及，願垂鑒焉。

夏東元《鄭觀應集》下册《致皖撫王爵堂中丞書》 竊維中國地大物博，礦産富，人民多，各國無不虎視眈眈，伺我内亂。或一國教士被殺，或一國商人被害，即藉端要求，甚至遣兵艦，下戰書，派兵上岸，名爲代剿賊匪，實則先據土地。一國得利，别國傚尤，執利益均沾之約接踵而起。所謂謾藏誨盗，國必自伐，而後人伐之。最宜將各省礦路弛禁，招商開採。惟華商力弱，又恐朝廷失信：辦有成效即復蹈前轍，官奪商權；或兵力不能保守，爲外人所占也。是以求先立憲法，以順民情，資助商人以堅信約。如各埠華商及外洋華僑集股自辦甚好；若仍觀望，瞻前顧後，即準入外股，作華商三分二、西商三分一之公司。無論中西股東，悉照大清商律辦理，及要各國共保我國二十年太平，中外不動干戈。如有交涉大事，兩國争執不能斷者，即請各國和平會公斷，並許我國廣開大小學校、水陸軍學堂、製造軍械船廠，俾我於二十年内休息教養，人材日出，器械日精，不致無暇籌辦也。若獨與一國訂約求其保護，恐繼波蘭及埃及危機耳。

夏東元《鄭觀應集》下册《致重慶招商渝督辦文璧城女士書》 昨讀大著，具見大智慧洞識古今中外治亂之道，及論重慶上下内河輪船亟宜招股開辦以便行人，免航業利權盡爲外人所奪云云，實獲我心，不勝忻慰。

鄙人老矣，無能爲也，惟望後進合羣策羣力而爲之，尤望政府仿照日本維新諸法振興實業，恤商保民，務使上下一心，咸知愛國，方可與外人力圖富强，立於競争之旋渦，而不受天演所淘汰。

開礦尤爲實業一大宗，西人以此致富指不勝僂。惜地方官有干預無保護，雖至好之礦及辦有成效者，如漠河、建平、永平、吉林、冕寧金礦；開平、灤州、撫順煤礦均爲奸商運動政府謀爲督辦，或委爲總辦，靡不假公濟私，以致因虧空而停辦者有之，因力竭而停辦者有之，甚至貪外人酬報與其合辦，種種弊端不一而足。鄙人所購冕寧金礦股票三十六份，建平金礦股票二十餘份，均十年來本利無着。究其故，非礦之不佳，乃官督商辦用人不善所致也。觀此可見中國辦礦之一班矣。鄙人以直待人且急公好義，凡實業公司是商場稍有名譽者創辦，欲振興實業以塞漏巵起見，無不盡力相助，不料各公司辦有實效者甚鮮，該公司總理多是假公濟私，以致十舉九敗，此皆政治不良所致也。

徐君秋畦所欠官應之款久未清還，由王爵堂方伯説情，囑官應減利銀二千兩，以秋畦所開之四川冕寧金礦三十六股抵押，每股原價一百兩，作價百二十兩，共計銀四千三百二十兩，官應欲换名，秋畦囑不必换，俟有銀時贖回等語，至今尚無着落。近聞女士留心礦學，必知該礦如何，尚祈示悉。然開礦之法，官應總辦湖北漢陽鐵廠兼辦大冶鐵廠、馬鞍山李士墩煤礦、萍鄉煤礦、宣城煤礦，日與礦師討論，頗知辦法。其要旨須仿照西法，聘老礦師探驗測量，果有把握而幹事者先將預算表布告，然後招股舉辦，庶免後患。蓋從前官商所營之各礦失敗者，多由於未照西法辦理故也。雲南之東川銅礦爲全國冠，名爲官商合辦，實已早歸少數商人之手。即前官辦時代亦概由漕户爐户之用法採煉之，官辦僅爲其虚名；而白錫臘等處不獨徒招巨損，且有停止之事，是官辦之銅礦成迹不良已昭然可見。查國内之需銅，光緒十一年至二十八年，每年平均二千三百頓；光緒二十九年至三十四年，每年平均約二萬頓，此六年中爲各省銅貨鑄造之極盛時也。當中國歷代需銅最盛之時，其有銅礦地方殆已全部調查，其淺露礦地亦幾採掘殆盡，故今日仍用土法而採掘之，則殊難得有良礦。如東川會理地方其發見雖遲，然自清朝時代之方法而經營，每年可産出八千墩。但數百千尺之地下若用新式機器以從事採掘，則中國銅礦前途決非悲觀；若依土法而採，一見礦名便即開掘，偶遭障礙忽又中止，雖開掘費極低，然而中途抛棄，較其失費仍在多數。因無抽水起重機，既有可望之礦山，亦祇能横開，不得直入。况以土法煉又甚粗末乎？此由經營者不得其宜，非適當專門之人才又不能公正無私故也。

女士欲開之金礦已禀地方官報部註册否？查國家定例，所有礦産均在地下，全歸國有，凡開礦者須繪圖禀地方官到部領照，如領照後三年尚不開辦，部舊照註銷，準別人領新照承辦矣。藝且無補助誘掖，亦無勸業銀行所致，洵可慨也。

夏東元《鄭觀應集》下册《致天津翼之弟書》 昨聞吾弟在奉天購有金礦，亟宜報部註册領照，以免争占。宜與外人合辦，惟與外人合辦必先詢明政府合辦章程，須將合辦合同並公司招股章程呈部核定方可施行，庶無交涉有喪失利權之責也。

大抵探礦必須聘請有經驗之礦師，一切執事人等又要選其公正和平、勤慎、耐勞、無嗜好者，昔唐君景星、徐君雨之所開潭州金礦，初驗時金多，開辦後金少，始知前手先以碎金裝入火槍擊入礦内，遂爲所愚。又李君山農辦山東金礦；徐君雨之辦承平銀礦，建平、永平金礦；盛君杏蓀辦吉林金礦，兄均入股數千，未有利益，迹求其故，皆由辦理不得其人又無好礦師所致。蓋辦理果得人，應知辦法且無私弊。假如開煤礦先要礦師驗明煤綫所在打鑽深至數十丈，看驗煤層多少，厚薄、優劣，核算能否獲利，方可大舉，否則冒昧從事，勢必失敗。聞張君燕謀接辦建平、永平金礦，其司事及工人均有匿報盜賣等弊，宜乎十礦九空，資本家一聞開礦二字，望而裹足也。或謂開煤礦易於得利，開金礦難有把握。不知金礦亦有勝於煤礦者。但沙金似穩於石金，以其不用大吸水機器也。

間嘗與西人論地球上營業大利，莫巨於種植，開礦二事，蓋關於國計民生非徒個人利益而已也。查美人開金、銀之礦，富甲四海，英人以開煤、鐵之礦，強壓五洲，其餘各國之以開礦致富強者指不勝屈。我國礦産之多駕乎歐美，雲南銅、錫；貴州煤、鐵；湖廣、江西銅、鐵、鉛、錫、煤；山東、湖北鉛、銻；四川、西藏金、銀、煤、鉛、銅、鐵。而尤推山西、河南煤、鐵繁盛，星羅棋布，有百三十萬方里，苗皆平衍，品亦上上，德人以爲甲於五洲，地球用之千年不盡，此其最著者。雖其説不可盡信，而煤之繁衍實非他省所及。他如直隸、東三省莫不富藏於地，爲外人所垂涎，若不及早開採，迨至入西人之手而後悔利權之外溢，遲矣！惟中國財力不足，鄙見邊省之地似宜仿照西法重定新律，招外人入籍，遵我國例，因尚無治外之權，方準其購地、開墾、開礦、築路，俾吸外洋大資本家以興地利，使窮民易於覓食，亦可借外人才力共守邊省之地，以免強鄰侵佔而腹省之地可保無虞。獨是外人入居内地必須外交有人，保護固宜周到，無許士人相欺；其所購要緊之地亦要有限制，勿爲彼輩全買壟斷也。

查礦學以比人爲最精，而不知我國開礦之法已權輿於《周官》卝人一職，至管子而其説益詳，管子曰：「上有丹砂者，下有黄金；上有磁石者，下有銅銀；上有鉛者，下有銀；上有赭者，下有鐵。」老子曰：「地有財，不憂民之貧也。」是開礦之學早以發見於中國，特世人不重，遂以無考而失傳。近年西學東漸，而礦業漸形發達，我國多開一礦即外人少涎一礦，朝廷百廢待舉，財力或有未逮，則富商巨賈正宜亟起維持，故兄謂此舉關於國計民生者此也。

顧或謂：有南威之容乃可以論其淑媛，有龍泉之利乃可以論其斷割，中國地大物博，區區數百頃曾何國計民生之足云。不知十圍之木始於把，百仞之臺始於下；一人倡之，百人和之；此省開之，彼省繼之。晨風之鳥，樹遠而聲交，蓋感應之幾有甚捷者。吾人獻身社會，凡力能福國利民，不妨請自隗始，但奉天爲日、俄俎上物，割之臠之惟所欲，故鄙見與洋人合辦，弟能於此興辦礦業，是亦争回利權之先機也。願勉圖之。

趙樹貴等《陳熾集·工價》 工價之貴賤，隨資本爲消長者也。人工少而資本多，則工價貴矣；人工多而資本少，則工價賤矣。顧天下之患，恒患於人工太多，資本太少，所求者衆，所應者稀。比户窮民，何以自活？則開闢地利之法，又所以分布人工而增益資本者也。

英國比年商務之盛，增至倍蓰什百千萬而未窮，而工人之困苦，仍如前日，豈竟一無所增哉？百物俱昂，所入仍不敷所出者耳。夫一機器之力，可以抵千百人之工，而一機器所成之功，猶不止抵千百人所出之貨，向用手工需百人者，今用機器僅需一二人，則此一二人已抵百人之工，即此一二人應得百人之值。而顧不能者，手工之資本少，機器之資本多，此資本固日日有息，與時俱長者也。工可百倍，工價不能百倍，雖增至數倍或十數倍，而食物之貴於前者亦然，此工人之所由窮困也。是故工人之窮，由於食物之貴；食物之貴，由於生齒之蕃；生齒之蕃，由於婚嫁之早；婚嫁之早，由於謀生之易；謀生之易，由於工價之增。循環倚伏，互爲始終，雖曰天數，豈非人事哉！

然生齒蕃庶，其在天者難知也，其在人者可知也。六洲之表，四海之濱，有曠土焉，亘古荒凉，未經開墾，地利未闢，人力未施，徙民以實之，以羨補不足。窮民數百萬，皆得以耕種謀生，即以彼地之糧，轉濟國中之食，則移粟移民之事起，而土滿人滿之患除，糧價漸平，工價漸貴，廣謀生之路，即以惠本國之民，則徙民出洋，實保國分財之大道矣。特是工價貴賤之故，萬有不齊，約而舉之，約有五類：

一曰託業有苦樂。挖煤之工，受價反優於巧匠，以其事甚勞，其地甚險，吐納濁氣，呼吸死生，使工價不優，誰肯爲之者？木工之勤，過於煤礦，而工價較煤工大減者，苦樂相懸耳。

二曰學藝有難易。藝愈精巧，從學之費愈多，往往綿歷歲年，不得工價。故收效愈緩，願望愈奢。及學之既成，則聲價自高，遂稱專門絶技。如航海所用之時辰表，精準細密，皆係手工，環游地球一周，不差累黍。英國工匠能製者，十人中不獲一人。殆天授非人力，則定價以酬其巧者，亦不得尋常工藝例之矣。

三曰工作有久暫。磚工木工石工之屬，風雨霜雪，不能作工，且一室已成，難乎爲繼，非若他工按日而作，即按日得錢。故磚木工價，亦常稍優，預爲他日賦閒坐食之地耳。

四曰責任有重輕。金工銀工、珠寶鑽石等工，所攻治者，皆貴重之品，其人不可托，則日夕監督，所費益多，求可托之人，即不能吝稍高之值矣。

五曰成功有可必不可必。屠龍之技，學成而無所用之。如醫術刑名之類，致精者能有幾人？果能剖析毫芒，保全人物，則所以酬其勞而養其體者，自當超越等倫矣。

此五事者，舉一以概其餘，而工價貴賤之故，或以勞心而異，或以託業而殊，其决不能一律也。理也，亦勢也。特是同一工也，有在彼國甚賤，而在此國甚貴者；同一國也，有在此地甚賤，而在彼地甚貴者，勞逸既異，苦樂迥殊，或事蓄有餘，或飢寒不免。如英國約克縣佃工，每禮拜得小銀錢十六七圓，威爾篤色縣之佃工，每禮拜僅得小銀錢十一二圓。同此力耕，縣殊至此，在國家分財保民之盛意，豈不欲使之均匀普遍，各得其平哉！即彼兩邑之民，亦何不可遷徙往來，圖此更高之工價哉？然而鄉愚無識，遠道難行，山川間之，資斧不給，則不均之患皆由道途之艱阻而生。修理道路一端，亦分財之要術矣。西國先修平路，後修鐵路，水有輪船，陸有輪車，晨夕飛馳，商民皆便，轉輸挹注，遠近相均，以較當日，何啻霄壤！説者謂，道途修整，轉運流通，獨有益於商務耳。豈知有關係於工價均不均之故。所以愛養貧民者，固有如是之大且遠哉！謀國者幸勿以細故而忽之也。

趙樹貴等《陳熾集·人功》 一紗一布，物至微矣。然而種棉者，美國也，紡紗織布者，英國也；購而服之者，印度、中國、日本諸國也。計其道里，已環地球一周。其棉之在美國也，始而耕，繼而種，終而獲。而軋子，而打包，而舟車運載，由内地以至海口，美國人功之勞費，已不可勝計矣。其由美至英，隔三萬里之海程，不能徑渡，英人於是乎造舟以迎之。初用帆，後用輪，萬舶千艘，連檣入口，又必有擔負之人夫，堆積之行棧，舟車運載，由海口以達内地，入織布紡紗各廠，汽機一動，萬軸玲瓏。工徒千人，往來如蟻，經十五器而成紗，經廿四器而成布，而成包，而成捆。舟車運載，又由内地以出海濱，載以輪船，入地中海，穿蘇伊士河，四萬里而至印度，又二萬里而至中國、日本。則英國人功之勞費，又當何如也。區區紗布之微，其功繁且巨如此，此外之百貨百物可知矣。功雖至繁，費雖至巨，而上下孳孳然並力一心，未嘗厭倦者，則億萬生民度日謀生之所係也。然而，人功之生財，有可見者，有不可見者，有相關者，有若不相關者。萬物生於天，出於地，聚於人，成於衆，人之不能生物，猶天地之不能聚物也。穀之與麥，天所生，地所出，種之獲之，舂之磨之，炊之煮之，成飯成餅，以充飢而果腹者，人也。若農若工若商，此生財之顯然可見者耳。錢鎛以耕，釜甑以爨，農有所不能爲，則助農以耕者，皆生財者也。饑必思食，寒必得衣，工有所不能致，則助工以作者，皆生財者也。道路往還，舟車轉運，商有所不能兼，則助商以通者，皆生財者也。不寧惟是，彼修道之兵夫，巡街之捕役，聽訟之官吏，守埠之兵船，乃至輪舟火車郵政電報銀行之屬，及各種格致化學重學光學電學地學之類，皆所以補農工商之不及，興大利，除大害，以永保此農工商各業，以坐收大利於無窮也，此生財之功。若相關若不相關，若可見而若不可見者也。即如鄉里之蒙師，不知者以爲糜則實甚，妨工實甚。若謂蒙師亦生財者，其誰信之。及出而就農工商各業，則知書識字者，較之不知書識字者，所得之工價必較豐，則所生之財在人身矣；所成之物料必較精，其取價必較昂，則所生之財在器物矣。

今日通商萬國，機器盛行，無論大賈巨商，皆須通達古今中外人情政俗之大凡，始能獨操勝算。即下至小負販，一材一藝，若非通曉書算，幾於跬步不行，智慧聰明，非師不開，非學不出。然則勞力者生財之末節，而勞心者生財之本原也。且人之所以成大功立大業者，恃此精神意氣耳。苟惟是潦倒頹唐，則萬念俱灰，即萬事瓦裂。西國七日安息，蹴踘放鷹，花艸園林，供人遊憩，隱以陶熔志氣，涵養心神，使舉國之人，俯仰寬然，皆得有生之樂，而後可以課其勤惰，責其功能，所謂勞之而不怨也。此事無端糜費，似有害於生財，而固亦生財之大本矣。獨是糜費則同，而有益與無益不同。天下不能無遊民，遊民不能無浪費。如東方諸國，修築寺觀，賽會迎神，僧道之流，斂錢肥己，不耕而食，不織而衣，所費者皆農工商勤苦之所生，而不能自生一物，以裨世用，則於生財一道，有害無利，有過無功，實國與民之蠹也。而作爲有益之人，亦往往有無益之浪費，如一身之服物，戚友之應酬，婚喪則奢侈相高，玩好則珍奇是尚，校其究竟，無益於己，並無益於人。徒以習俗相沿，性情偏嗜，負累滋甚，欲罷不能，所謂久則難變耳。欲富國者，審之於勞力勞心之大小，辨之於有益無益之異同，於生財之大道，思過半矣。

趙樹貴等《陳熾集·生財多寡》 生財之法，有聚散，有大小，有遲速，而出財之多寡因之。機器者，宜聚而不宜散也，宜大而不宜小也，宜速而不宜遲也，宜多而不宜寡也。如紡織一業，昔用人工，散處羣分，不相統一，自機器興而散者聚，遲者速，寡者多，紗錠多則成紗愈速，織機速則出布愈多，紗布愈多則獲利愈厚，較之昔日人功勞逸，天壤相懸。所慮者設局購機，資本大巨，非多財善賈者，不能相與有成耳。

或曰：設一局而置紗錠十萬，織機千張，固需資本百萬矣。今我以一局分作兩局，則止需五十萬金，以一局分作十局，則每局止需十萬金，不亦輕而易舉乎？不知一機之力，本可以製十萬錠，御千機。今分兩局以製之，則兩機僅得一機之用，而購兩機之價，必倍於一機，管兩局之工，必浮於一局，自余轉運諸費，因緣而增，所出之紗布，僅僅與一局相等，則設一局而可以獲利者，設兩局或反以失利，況分作十局，糜費愈大，利息愈微，虧折愈甚。故一自人力變而機器，則規劃之道，移步換形，而散之不如聚，小之不如大，遲之不如速，寡之不如多也決矣。雖然，製造之多寡，又必視銷售之暢滯以爲衡。一物焉，限於時，限於地，限於人，製者多，售者寡，則貨壅而工停，工食既已虛糜，機器復虞綉壞，較當日人工作廠，資本愈大，收拾將愈難。若而人者，亦可謂拙於用大矣。況法以新爲貴，而物以罕見珍，心計能工，不關資本，每有尋常一業，多財者所不屑爲，斯人或以少許微資，自出新意，爭先扼要，亦能獲利無窮者若是乎？小固可以敵大，而寡亦可以勝多乎？是固然矣，然是偶也，非常也，是奇也，非正也。

夫以機器代人工，天下古今之變局也。則散不如聚，小不如大，遲不如速，寡不如多，亦即天下古今之公理也。一國之內，巨富者能有幾人，出多資以興製造者，能有幾局。資少則徒存奢望，無力經營，可奈何？則公司尚焉。公司者，合衆人之資本以爲資本者也。構羣材以成大廈，全家蔭庇，不憂風雨之漂搖。假人握一椽，則相將露處矣。聚巨石以造橋梁，舉國往來，無復江河之艱阻。假人携一甓，則病涉徒嗟矣。故公司者，公其利之謂也。或曰，既立公司，則必有司其事者，如司公司之事者難得其人何？爲公不如其爲私也，爲人不如其爲己也。寖至知有己而不知有人也，知有私而不知有公也。工不勤也，費不節也，謀不忠也，心不齊一也，數不清析也，皆公司用人之弊，可奈何？是必嚴定章程，以箝制之也；厚給薪俸，以鼓舞之也；責成保人，以維繫之也；設立商部，以董勸之也；表章信義，以風示之也；刊刻帳單，以查覈之也。此數事者，皆利於合而不利於分，宜於通而不宜于塞。上假國家之權力，下維商賈之利源，而後廓然大公，人知自愛，使其愛名之心重於愛利，能成其名即能享其利，苟不能自保其名即亦不能自全其利。視人之事如己之事，視己之財猶人之財，此歐美各國之公司所以既富且強，縱橫四海也。

工商類然，而農事之盈虧多寡，亦何莫不然。比來機器盛行，一農之所耕，多至二三千畝，使耕田過少，不能盡各機之力，則所費巨而收效轉微。蓋百器俱新，則百業因之俱變也。所幸輪舟鐵路，萬國通行，轉運之程途，亦隨之而俱變。互相挹注，如環無端，何貨多而滯，將爭購之，不崇朝而貴矣。何貨缺而昂，將爭赴之，不崇朝而賤矣。五行百産，不能皆備，此有所盈，彼有所絀。截長補短，以有易無，此際轉移，有莫之爲而爲，莫之致而致者矣。故曰天也。

趙樹貴等《陳熾集·論振興工藝須擇民間繁用之物本輕價賤者先行製造》 自通商以來，洋貨之銷於中土者，日增月盛，以致華人之錢流入外洋，靡有底止。就大宗而論，洋藥也，洋布也。洋藥爲中國人民之害，爲中國一大漏卮，固不待言。自華人競尚洋布，不特銀錢流入外洋，即凡種棉、織布、紡紗之處，男女廢工，民間驟少，此一種進款不免日漸貧乏，民貧則商務不困而自困，雖興紡紗織布之局，既不能銷之外洋，且不能給民間之用。太抵每立一廠，至少亦須三四十萬。商本不易即不能多設，且祇能織一種之布。現在風氣雖開，即洋布一端，恐尚不能與西人爭利。究其所以然之故，太抵自製之布貨，雖不亞於外洋，而價不能減於外洋，民間所用遂不能舍洋而就中。蓋凡仿製之物，非價值較賤，斷不能與之爭利。日本於三十年來仿行西法，而於工藝商務尤得奧竅。故現在泰西之貨，日本皆能仿造，且能與泰西無異，而價值較泰西爲賤，致華人日用東洋之貨，而不知西人亦因其價值之賤而樂購之。日人能隱攘泰西之利者，職是故也。

方今朝廷欲振興商務，精求工藝，詔書屢下，以勖臣民，大有三十年來日本維新之局。直督榮制軍於五月二十八日，承准軍機大臣字寄二十六日上諭，振興商務爲富強至計，必須講求工藝，設廠製造，始足以保我利權。王文韶面奏，粵東商人張振勛在烟臺創興釀酒公司，采購洋種葡萄，栽植頗多，數年以後，當可坐收其利。又北洋出口之貨，以駝絨羊毛爲大宗，就地購機，仿造呢羽氈等物，亦可漸開利源。前經批：准道員吳懋鼎在天津籌款興辦等語，着榮禄飭令該員吳懋鼎、張振勛等即行仿照興辦，但使製造日精，銷路日暢，自可暗塞漏卮，務令該員等各照辦事宜，切實籌辦，以收實效，仍將如何辦理情形，由榮禄隨時奏報，將此通諭知之。

查外洋酒稅甚重，酒價甚昂，酒之銷路甚廣，能仿造以分其利，固屬美舉。駝絨、羊毛等物，自行製造，以遏去路。即此二種，苟能精求並可稍掣西人之肘。然但遏去路，未遏來源，商務終難起色。近來民間日用，無一不用洋貨，祇就極賤極繁者言之，洋火柴、縫衣針、洋皂、洋燭、洋綫等，幾幾無人不用。一人所用雖微，而合總數亦頗可觀。洋火柴、洋燭現在滬上亦有製造，然銷路未暢，外洋之貨仍源源而來，可見本國之貨祇居十之二三。若洋綫、洋針、洋皂外，洋之貨日銷日暢，宜先設法製造。太抵商務貴乎交易，而就目前而論，當先遏來源，後求去路。華人非不欲興辦，皆因無利可圖而止。其無利可圖，皆因講求未精，製造之不得其法，且商人資本不易，既無督率鼓勵之者，遂因循而不能舉辦。自在官爲之創，如洋針、洋綫之類，貨目繁多，宜一一搜求，廣爲製造，務使中國之人盡用中國之貨，然後推之外洋，此亦商務中本末先後之序。若但求製貨以銷之外洋，無論所製之貨不能與洋人無二，而中國之人仍用洋貨，通盤籌算，終未得便宜也。若新奇玩好之物，值雖貴重，惟有力者方能購買。利之溢出者，萬不如價賤之物之多。洋人以此求中國之利，中國宜照此以收回其利，此經商之要策也。所望袞袞諸公一一條奏，庶朝廷可洞悉其微，而商務得振興之實也。

趙樹貴等《陳熾集・鑄銀條陳》 呈爲敬陳管見仰懇據情代奏事。

竊維《夏書・禹貢》，惟金三品。三品者何？金銀銅也。周興，以珠玉爲上幣，黄金爲中幣，刀布爲下幣，恐上幣太貴，下幣太賤，乃高下其中幣，以制上下之用。故曰：黄金者，用之量也。蓋天下之財幣，惟貴能制賤，惟重能制輕，非三品兼權，不足濟生人之日用。

三代以前，聖神相繼，自黄帝以下，莫盛於成周，而文武當日理財，實以黄金爲準，遂以車書一軌，九譯來庭，固由德化之覃敷，亦制馭之得其道耳。明初紋銀之貴與黄金等，故俸餉地丁，概以紋銀出入，歲僅三百餘萬，而民間仍用銅錢，即以貴制賤，以重制輕之義也。萬曆以後，美國銀礦大開，運入中國。本朝沿明舊制，仍用紋銀，年復一年，度支漸以不敷，俸餉皆難自給，上既病國，下復病官病民，何則？紋銀之價日賤日輕，不足以制物價之貴重也。英吉利既得新舊金山，自鑄金錢，名之曰鎊。每鎊重二錢二分五厘，持以與各國通商，無能敵者。蓋暗合周法，得貴賤重輕相制之道，故能縱横四海，獨擅利權。各國隱受其虧，不能不謀自立。美洲分國，亦鑄金錢，式與英等。嗣而法效之矣，德效之矣，俄效之矣，奥日意比效之矣。今日本亦效之矣。其與英鎊同者十之七八，不同者十之二三，蓋人貴我賤，人重我輕，必爲人制；我貴人賤，我重人輕，必爲制人；人貴我亦貴，人重我亦重，則雖不能制人，而亦可以自立。此必然之理也。各國制度不必仿英，而不能不仿英之鑄錢者，非有金錢，一通商即爲人所制也。

今各國皆有金錢，而中國獨不用不鑄，受害之巨，悉數難終，約略言之，厥有四弊：一曰國債。中國前時所借銀債尚少，然撥還期近，鎊價必抬，以十成計之，輒虧至二三成以上，今歲撥三千萬，歲虧二成，即多出銀數百萬兩。至於購礮購船，一切海防之費，無一物不買鎊，既無一事不受虧。若自鑄金銀錢，入之金銀之會，以鎊還鎊，彼自無辭，一也。二曰商務。通商各口，買賣貨物，均須以鎊合銀，彼有千鎊之金錢，即可作萬金之貿易，我輕而彼重，即彼富而我貧。中國之匯號、銀號、典肆、錢莊，無不仰洋商之鼻息，以金鎊易紋銀，以紋銀易金鎊難。是彼以一金鎊奔走華洋，華人已暗聽指揮，相率入牢籠之內，而平日出入虧累，所不必言。六十年來，中國商務所以永無起色，馴至今日，海疆各埠，無一富商，即偶有之，亦必倚洋商通緩急者，職此故也。自鑄金錢，通用金鎊，彼此之勢，始可持平，二也。中國創開銀行以後，將與洋行通往來乎？抑不通往來乎？如通往來，必須金可通，銀可通，票亦可通，方無窒礙，否則買鎊賣鎊，必致受虧，亦與國債相等。如不通往來，其局面僅一匯票莊、官錢局耳。況國家萬一忽有急需，豈能自堅其説，則千日積之，一朝散之，反聚斂中國之現銀，以輸之外國矣。惟鑄用金銀錢，銀行鈔票亦以金銀錢爲數，則四通八達，若網在綱，三也。

中國既開金礦，又不禁金出洋，是爲授人利器。既不鑄金錢，又不用金鎊，是爲自室來源。今日銀賤於金三十餘倍，銅錢賤於金錢一萬餘倍。他日將金收盡，低昂其價值，以盤算中國之銀，則中國銀根立時短絀，市面立見摇動，生人養命之源懸於人手。蓋貴能御賤，重能御輕，而輕斷不能御重，賤斷不能御貴，此一定之理。雖聖王復起，無可如何也。惟鑄用金銀錢，則大局挽回在此一舉，四也。

或曰：中國官民上下所通用者，銀耳，祇須銀多，何患金少。此在通商以前可也，通商以後則不可；此後不通商可也，此後仍通商則不可。何以言之？今綜計天下釐金、關税、鹽課税，出於内地之商者，約二千餘萬兩，歲有所短。各海關洋税、藥釐税，出於海疆各商者，亦二千餘萬兩，歲有所增。是海疆之貿易已與内地相等，内地可以銀計，海口必以鎊計，内地之現銀少，海口之現銀多，頻年海溢川流，彼已將利權操之掌握，此後金銀價值高下由人，尚能保此銀之長在中國乎？惟金銀並用，乃可輕重相權，且金錢輕便，所值較多，人可收藏一二文，以防不測，是鑄用金錢即藏富於民之上策也。

或又曰：中國金礦甫開，奈黄金不敷鼓鑄何？而無慮也！各國之鑄錢者，非皆自有金礦也，按時價購金鑄錢，已能敷用。況中國從古至今，稱黄金最多之國，祇須廣開金礦，並由銀行金店按市價買金，斷無不足。現在情形可考而知者，海關出口黄金之數，歲值銀三千七百萬兩，計重一百餘萬兩。按照英鎊之重，可鑄金錢七百萬元。漠河一處出金，歲亦在十萬兩内外。此外吉林、奉天、四川、雲南等處，歲歲增多。外國鑄錢之機，皆金銀並鑄，惟鋼模不同，金重於銀一倍，金錢雖小而分兩轉多也。故金多則鑄金錢，金少則鑄銀錢，從無停機待鑄之患。

總之，鑄金錢所以禦外，鑄銀錢所以安内。多鑄一金錢，即外國免一分盤剥；多鑄一銀錢，即内地免一分拮据。而以貴賤輕重之理及現在情勢言之，則鑄銀錢猶緩而鑄金錢乃彌急也。

請言自鑄金錢之利。天下各國所用之金，惟中國赤金係十成足色，標金則九八也。各國所用器飾錢幣之金，自六成至九六而止，無能及標金者，因煉金無須化學，愈鍛愈純，故中國獨居上上耳。各國鑄錢之金，大略以八四爲率，因成色低，則行用不便，成色高則資本太多。當日英鎊通行，即係八四。他國仿英而鑄，亦以八四爲衡，本不必十成足色也。匯豐、馬加利等銀行，專做中國金銀交易，運金出口，並無税釐。以彼八四之金錢抵我十成之金價，是每百萬兩顯虧十六萬兩矣。今我取以鑄錢，則每金百萬兩即可淨贏十六萬兩，合紋銀五百萬兩，其利之大如此。故鑄銅錢僅敷成而已，鑄銀錢爲國大利，鑄金錢則大利之尤。此項利源，理宜歸國，並應奏定程式頒行，以重其事，則源源運鑄，美利開矣。

請言通用外國金鎊金錢之利。英鎊盛行，而後各國相率鑄錢，此國之金錢不得通行於彼國，出入虧折仍屬不便於民。惟中國自道光以來，外國之銀錢銷流於海疆内地，中國行所無事亦竟無弊端。蓋天下之錢，本供天下之用，天無私覆，地無私載，日月無私照，則錢幣之流行天壤者亦然。此天下之公義也。銀錢如此，金錢可知。今自鑄金銀錢，而外國之金銀錢與中國分兩成色相同者，均準通用，則彼錢皆我錢也，在我振興商務，以貨易之而已。夫天下萬事萬物，各有一至當不易之道，無中外古今，一也。自開闢以來五千餘年，天下鑄錢之多，莫多於今日者，各國錢法之亂，亦莫亂於今日者。而有不多不亂者存，於何驗之？驗於天下人之便不便而已矣。便不便於何驗之？驗於通行之廣不廣而已矣。

今英國之金鎊通行已遍地球，美國、墨西哥鷹洋所行，亦占地球之大半。粤、鄂仿鑄，分兩相同，得其要矣。中國銅錢雖僅行本國，而以御小物，畸零分算，大益民生。此三者，皆天下之至便。貴賤輕重，適得其權衡度量之所宜，然固圜法中至當不易之大道也。然天道後起者勝，利弊之故，歷久而始明。中國當此之時，會逢其適，實富貧强弱之一大轉機。

天佑國家，時不可失。應請宸斷毅然釐定圜法，飭下英美出使大臣，購買鼓鑄金銀錢機器一副來京，即於京師設立錢局。機器之大小以每月能鑄金錢百萬元、銀錢三百萬元爲度。明降諭旨，定圜法爲三品，金錢爲上品，成色輕重同英鎊，而龍文款式如銀錢。每金錢一枚，權紋銀七兩，銀錢十枚，銅錢十千。外國金鎊金錢與中國分兩成色相同者，亦準通用。銀錢爲中品，成色分兩款式，均照粤、鄂奏定之章，每銀錢一枚，權紋銀七錢，銅錢一千，五角小銀錢二枚，二角小銀錢五枚，一角小銀錢十枚，五分小銀錢二十枚。外國銀錢與中國分兩成色相同者，均準通用。銅錢爲下品，各省照舊鼓鑄，輕重以七分爲率。適敷其成本而止，出入一律概以錢鈔各半爲衡。明定火耗公費章程，由内外官吏自行酌定，請旨遵行，以資津貼，布告中外，咸使聞知。嗣後有阻撓圜法，挑剔留難者，以違旨論。

京師錢局及粤、鄂各省鑄銀錢局，並請皇上準令酌古，賞錫嘉名，以著一朝濟變之經，開萬世同文之軌，提綱挈領，操矩持衡，萬化之原，權輿於此。伊古以來，安有堂堂大國億萬人民而日鰓鰓然患寡患貧者？徒以鈔幣未定，民用不敷，物重錢輕，致成貧弱。以自鑄金錢立其本，以參用鈔票暢其流，以廣鑄銀錢銅錢宏其用，以開礦務農通商惠工諸事收其利而保其權。若綱在綱，如金受範，遠師夏后，繼美周京，然而不强不富者，未之有也。管蠡之見，是否有當，伏乞據情代奏，請旨施行，無任悚惶激切待命之至。

趙樹貴等《陳熾集・礦務瑣言》 今天下競言礦務矣，西人凡稱金石皆爲礦，某爲元質，某爲雜質，名目數百種，衹供化學之考證，無關日用之必需。中國則向稱金銀銅鐵鉛錫各種爲礦。查礦字，右从廣，左从金，又从石，言其出産甚廣，石内有金，而石多金少，采擇宜精，非謂礦爲難得也。煤爲炭質，係洪荒時草木腐爛，積壓所成。其中雜有他物，西人亦謂之礦，實與最多，極賤，利用便民之鐵相輔而行。

詎今之設立公司、集股開礦者，多不究心於煤鐵，動稱某處金銀銅鉛錫礦，開之可獲利若干倍，惟先需本銀若干萬，以買機器、聘礦師，其請示集股時，輒許報效國家若干成，並許攬家紅股若干成。似有得訣後點石成金，便發猛財情狀，及宕延太久，不得已一試爐火，成本虧折，經手人已先得利，而洋礦師亦飽載歸矣。公司善騙，礦師尤善騙，而出賣股分票者，又復轉相誘騙。遂至開礦成一大騙局。諸如此類，幾若方士之煉黄白以求神仙。國家以報效爲急，公攬家藉紅股以圖利，恰入騙局，先開漏卮。不知方士果能成仙，亦不奔走於秦皇漢武之庭矣；礦師若能驟富，亦不遠違其天主耶穌之國矣。今試以洋礦師所稱佳礦，可得利若干倍者，請該礦師稍待數年，勿收薪水，亦勿經手買機器，俟煉化得利重酬之。有能承認者乎？恐洋礦師爽然失、廢然返矣。若遂從此因噎廢食，則又不可。

今將興其利，必先破其迷，勿僅襲其名，必先求其實。凡貨物賤者用處較多，貴者用處較少，亦賤者取法較易，貴者取法較難。而開礦必先其賤而多者、易者，後其貴而少者、難者。就日用而論，金銀猶錦綉珍羞也，銅錫猶油鹽醬醋也，煉鐵猶布帛菽粟也。黄金爲生成净質而無礦，多在花崗石中，結成顆粒，石爛則散布於沙，徧地球皆有之産，均不多。金山最旺，中國有淘沙得金獲利者，貪開金礦，無不虧本。銀少净質而有礦，多雜於銅鉛錫各礦之中。墨西哥出銀最多，中國雖有雜質銀礦，而提净帶不敷本，礦色似銀者得銀愈少，惟産煤鐵爲最富。鐵以瑞典、俄羅斯磁石鐵礦木炭所煉爲最良，每百分礦，或能生鐵七十分，而礦難挖煤，不便，成本較重，鐵少，行於中土。英吉利各礦均出，要以煤鐵爲大宗，所産泥鐵礦每百分鐵至多不過得生鐵五十分，得精鐵三十五分而止，不及瑞、俄之磁石鐵礦遠甚。衹因泥鐵礦與煤層相間而生，煤質甚佳，開挖甚易，值價甚賤，參用石灰各項，可代木炭入冶爐，煉礦成鐵，雖不及木炭出鐵之良，而一經貝色麻西門士馬丁各項機爐煉化鑄造，自然去雜質而得精華，成本較輕，運銷自暢，利似在鐵其實煤。英國富强，原本於此。然則天下之大利在煤鐵可知已。曾文正謂中國惟開煤鐵最有把握，實爲確論。今宜指破貪開金銀之弊，而就資本專精於煤鐵，旁及於銅鉛錫各種，而勿以爲常。又必先將何項用機器，何項可不用機器，界限分明，勿再拉雜混言，始可以通礦學，並可以杜騙局。

查中國各省南北直向之山，凡水層石中，均有礦煤與鐵相間而生，大山爲斜䃕，小山爲立䃕，平地以下爲平䃕，仍(銷)〔稍〕帶斜，有内聯外聯、上聯下聯、正聯陪聯之分。蓋山爲地中石骨，斜趨而上，礦即隨山勢綿延千里，則礦苗亦千里，而同一脈，惟山有斷續閃跌整碎，而礦之䃕口高低，層次厚薄，過峽多少，成分輕重，質性老嫩，亦因之而遞變。礦有開口有閉口，平進者爲硐，直下者爲井。兩山之間，必有川，小者爲溝，山則斜上尖而斜下寬，溝則斜上寬而斜下尖。溝寬處則兩山石岩遥遥對峙，礦苗不見於山背，而常見於山溝之岩脚，是爲開口。循礦䃕，平水而進，漸入佳境，此無待於機器開山吸水者也。溝尖極則兩山石岩層層合縫，礦苗已入於山腹，而須鑿低處爲水眼，是爲閉口。循山麓，穿硐而進，左右平行，此可用機器開山，而仍無待於機器吸水者也。惟尋視礦苗甚佳，插入平地以下甚深，或須開井直下數十百丈而始見礦，見礦後，四通八達，取資無盡，然水不出，風不通，人力難施，工程太大，非山溝閉口可比。此有待於機器開井吸水開風者也。似此形勢，五大部洲皆然。上帝板板，别無活相，造物雖巧，竟不若世情之善變也。至挖礦則無論開口閉口，中法西法，均用人力鏨鑿，無用機器。挖礦者緣礦䃕在各石層夾縫中，低僅容人，高則懼壓機器無處安置也。或謂礦在山之淺處，薄而劣；礦在地之深處，厚而佳。不知山腹地心之礦，即由山溝岩脚之礦，自上斜下，同此一脈。有上薄而下厚者，亦有上厚而下薄者，層次有定，厚薄無定。而礦質之美惡，又不專繫於厚薄，或淺處而取之獲利，或深處求之而虧者。總之，開礦先其易者，後其難者。由上開下，自然之理。如必舍山内開口之礦，專開地中閉口之礦，而曰吾西法也，不過圖經手買機器耳，其得利者幾人哉！

至於煉礦成鐵之冶爐，所需燒料，木炭爲上，焦煤次之，生煤又次之。其法先於冶爐附近砌有石窗，用一翰生煤，夾一輪鐵礦，堆積封頂，如燒石灰煅，一晝夜閉熄，謂之曰煅礦。其似礦非礦者，性不耐燒，經煤火即變色，毀碎□而出之，但以煅過精礦擲冶爐中，每加一輪木(灰)〔炭〕，即夾一輪鐵礦，炭厚而礦薄。礦經炭煉，一晝夜化爲鐵水，由爐底瀉出，結爲生鐵鈑，陸續瀉鐵水，即陸續加礦炭。炭有碱性，既不結滯，又無渣滓，鐵水不至停流，即炭質混入鐵中，而重經煅煉，即本性不存。故冶爐以用木炭爲上，中西自古皆然。嗣因木炭價貴，西法改用焦煤化鐵，不清參以石灰，如用石膏點豆腐。化爲鐵水，放出結鈑，與木炭同功，或煤質雜，即焦煤參灰，而亦分鐵不清，若煤質浮，即生煤參灰，而亦出鐵可用，均以天然造化，無需機器，即用機器以代人力，拉風箱，加礦煤各項，在西國則爲省費，在中國則反加增，以各項皆人力之所優爲，中法可以仿行西法者矣。惟冶爐化出生鐵以後，所有煉生成熟，煉鐵成鋼，及製造重大器具，則有許多非中法人力所能成者，必用西法、機器以濟之。凡冶爐內，煤與鐵合而爲一，用煤多而必取其精；冶爐外，煤與鐵分而爲二，用煤少而不嫌其雜。至於各項機器，祇於鍋爐下燒足生煤，蒸水爲汽以運動之，若非冶爐之需上等焦煤也。故機器可置於水陸通衢，而冶爐則必就煤就灰，並就鐵礦出産之所，以省運費。姑就英吉利煉泥鐵礦法最便宜者計之，每中等冶爐，一日夜需加煅過鐵礦三十噸，燒過石灰七八噸，不過出生鐵十五六噸而止。爐加大則各項亦加多，均以此遞推而得。

今湖北漢陽鐵政局，仿西法置頭等冶爐二座，大冶鐵礦佳而煤質雜，興國江夏之煤，亦不合用。運費均重，購外煤則成本更高。姑將礦價煤價灰價運到冶爐，從輕計算，每煅過淨礦一噸，至少價銀八兩；每煉過焦煤一噸，至少值銀九兩；每燒過石灰一噸，至少值銀三兩，計六噸生煤，始能煉三噸焦煤。合三噸焦煤，兩噸淨礦，半噸石灰，以成一噸生鐵鈑，加以薪工各項，約費本銀五十兩。而中國每上等生鐵一噸，不過值銀三十二三兩，如每日冶爐，化出生鐵一百噸，將虧本銀二十兩，是冶爐多煽一日，即多虧本一日。彼徒計出鐵之多寡，而不計成本之輕重者，皆洋匠以西法炫人誤之也。如此，則漢陽決無可開之冶爐，無冶爐即無生鐵，將何以煉生成熟，又何以煉鐵成鋼？則原費數百萬金，購置熟鐵廠、鋼軌廠、製造廠、貝色麻鋼廠、西門士馬丁精鋼廠，並各項機器，不將概歸無用乎？勢必興修鐵路，仍取資於洋鐵而後可。不與創開鐵政局本意相刺謬呼？無已，計惟有廣興礦務，聽民間遍開冶爐以濟之。

查湖北荆襄上游之鄖施等處，界連川陝；入湖南之衡寶辰沅等處，路通雲貴；其四川之夔綏忠酉等處，尤多山深林密，礦淨煤佳，土人視開礦作農工，商賈據鐵冶爲恒産。掌爐者曰，老客近來，仍用古法，以木炭入冶爐，不攙石灰，煉礦成鐵甚精，有以焦煤試入冶爐者，攙灰則化，不攙灰則滯，老客泥古而不敢用，廠商重本而不輕試，致木炭用多而貴，海運百斤到廠，值錢三四百文。焦煤無用而賤，每煉百斤在山，值錢不到一百文，而冶爐煽出生鐵，又復苦無銷路。該冶爐有上中下三等，與西法形式同而大小不同。每上等冶爐，一日夜給出生鐵七八千斤；每中等冶爐，一日夜約出生鐵四五千斤；每下等冶爐，一日夜約出生鐵二三千斤。每生鐵鈑一百斤，值銀不到二兩，每毛鐵一百斤，值銀僅一兩零。每熟鐵銅條一百斤，則值銀四五兩不等。緣生鐵鈑，係由冶爐自然流出，毛鐵則攙有冶爐所出之鐵鈔，故比洋來生鐵較賤。此外，則由人力千錘百煉而成，故比機器所成之熟鋼條較貴。即此可悟漢陽鐵政局，虧本祇在冶爐生鐵廠，獲利當在煉生成熟、煉鐵成鋼之各機器廠。若奏明派員設分局於上游各處，官督商辦，聽民開礦，因山就炭，近水開爐，刊示章程，漸仿西法，改用焦煤代木炭入冶爐，攙石灰以點化之，本習其事，徐會其通，既得其傳，終神其用，因勢利導，風氣大開，一轉移間，冶爐更多，成本更低，鐵價更賤。官爲採買，或先期而予錢，或後期而取值，多方相濟，委曲相通，化官爲商，脱盡宦場陋習。仍恐報銷尚多糜費，則選有家資聲望者爲局員，先發官本若干，議定鐵價若干，如式交盤，包運到局，陸續交鐵，再陸續領銀，始終祇欠官本若干，以資周轉。隨後結算，盈虧不與鐵政局相涉。在商賈各有可圖之利，而分局亦有自主之權。利所在則人自趨，權既專則事易辦。應奏明凡熟鐵鋼條出境，仍完釐税，其生鐵出境概免之。如此，則上游各處，冶爐貪運生鐵出水，循江漢沅湘順流而下。上游如此，下游如江西、安徽等省，亦可照辦酌加，運費交到漢陽，即再貴亦不過每墩生鐵，價銀三十二三兩而止。決不至如官局生鐵，底本至賤，亦每墩價銀五十兩之多。蓋官局向運燒煤三墩，鐵礦兩墩，石灰半墩，約共五六墩，送到漢冶爐煉化，始得一噸生鐵鈑者。此則就各出産處，開爐煉化，運作一噸生鐵鈑到局，鐵原無耗，即運道稍遠，而運一噸之與運五六噸，所省孰多，餘可類推。彼時鐵政局購買各路生鐵，以供各機器廠，煉生成熟，煉鐵成鋼，及鑄造各項之用。每年收得生鐵數十萬噸，即以之徐開鐵路而有餘。若鐵路開到河北，另開支路，運晉鐵下太行，而鐵更不可勝用矣。

大冶、興國、江夏各處之煤，雖不可入冶爐，仍可以供輪船火車機器廠之用，其有餘者，售作民間炊爨，煤利比鐵利更大，何必浪擲之於冶爐，徒費無益。蓋以冶爐因山就炭，煉礦成鐵歸之民，仍用中法；而以機器煉生成熟，煉鐵成鋼歸之官，參用西法。可因其利而不受其害，去其粗而但得其精。是以民廠濟官局之窮，又以機器濟人力之窮。庶不至徒托空言，而辦理稍有把握。凡成大事者，固不惜小費，而理大財，籌巨款者，必先通盤澈算，銖積寸累，而後可以有成。試辦或誤於闊疏，積久終歸於細密，因病求藥，得水窮源，自有藥到病除，源遠水長之日，礦務何獨不然。

湖北漢陽鐵政局，先開風氣，規模宏遠，原非爲逐錙銖起見，祇因焦煤價貴，冶爐無利，遂貽議者口實，甚欲改弦而更張之，不思設法而補救之，吁可惜已。昔曾文正創立湘軍規制，奉行久而多改，李忠武始終守之。嘗言立法者，但求大段完好，行法者當於小處彌縫，文正亟稱之，故湘軍終平天下。今鐵政局各項均完好，祇須於冶爐彌縫其闕，廣興礦務，杜塞漏巵，修造鐵路，根基其在是矣。

縱談至此，忽有識時務者，皆洋礦師，睨予而笑曰：「華鐵性脆質雜，中法煉本不佳，即用西法煉過，亦不合用，吾慣經手外洋，買機器已承辦鋼軌鐵硚久矣。子休矣，勿瑣瑣多言！」予聞之，悚然而退。

趙樹貴等《陳熾集・分建學堂説》 歐洲各國之人環歷地球，區天下人種類爲四：歐洲英、法、德、俄諸國，自命曰白人，以亞西亞洲之中國、日本、蒙古、朝鮮，越南，暹羅、緬甸諸國爲黃人，以阿美利駕南北兩洲之土番爲紅人，阿非利加洲、印度、南洋萬島巫來由種族爲黑人。歐人探地而西，通商於南北美洲，而紅人均爲所逐矣，今美利堅、巴西、秘魯等國皆歐人也，非美洲舊日之君長也。繼也航海而東，通商於南洋萬島，而黑人均爲所吞矣，如爪哇、渤尼、蘇門答臘諸國，見於有明朝貢典録者，今已無一存焉。繼也通商於亞相亞洲，英滅印度，法殄越南，英夷緬甸，今暹羅、朝鮮亦岌岌矣，僅存者中國、蒙古、日本耳。終也通商於阿非利加洲，五六年間將非洲國土十餘分割淨盡，無敢抗顔者。始之誘之也以商，繼之服之也則以兵，兵之所以必勝者，火器也，輪舟也，輪車也，電報也。

西人自謂其種實出於印度，而印度之婆羅門種實出於中華。黃帝暮年，巡狩崑崙，弓劍橋山，留此神明之胄，即《山海經》之「白民」是已。婆羅門者，白民之轉音也。則知黃種白種，中西本出一源，更無容同類相殘，強分軒輊矣。如日本三島，實即海外之三神山，秦始皇遣徐福率童男女三千人入海，遂據地而君之。倭者，徐福之切音也。今乃數典忘祖，自詫天生，抑知其始祖天皇皆在漢興以後乎？

彼西人亦入耳，非有牛首蛇身之異表也，非有補天縮地之奇能也，而所過拉朽摧枯，鯨吞蠶食，自中國、日本、土耳其、波斯、阿富汗數國尚能自立外，自餘苟非歐人種族，皆不能自守其宗社，自有其土地，自保其人民，麥秀禾油，家亡國破。嗚呼，慘矣！

西人之治兵與商也，如腹背之相倚，兵以護商，商亦爲兵，故其開疆拓土之初，大半由於商會。商會之所以能舉大事者，一曰財，二曰人。其財力之富，萃於公司，數千萬金，咄嗟立辦，每舉一事，闢一地，以必得爲期，不得不已。其人才之衆多則皆出於商學，滅印度之阿蘇飛，乃商學中一少年司筆札者，而探明大略，文武兼資，遂能萬衆一心，擒其王而滅其國，拓數萬里之土地，收八十兆之人民，談笑指揮，不逾數月，可不謂嵬偉絶特矣乎？而固無他謬巧也，亦非別有神奇也，一言以蔽之曰，學而已矣。西人於通商闢埠之區皆安家業，長子孫，設商學。其學之淺者，本國語言文字、外國語言文字、算數會計而已矣；其深者則天文地輿、測量繪畫、文事武備、光重化電諸學，無不循序漸進，深思力索，務底於成，略視其天資之高下以爲斷，此總學也。至日後專習何業，則又分設學堂，如輪船公司，則有管輪學堂也，駕駛學堂也，必由管輪學堂考驗給憑，而後汽機之利弊周知，始可以爲大副矣，必由駕駛學堂考驗給憑，而後海道之情形熟悉，始可以充船主矣。輪車則有鐵路學堂也，電報則有電報學堂也，絲業則有蠶桑學堂也，製茶、製糖、製磁、製酒、製一切食用各物，無不有學堂，開煤煉鋼則有煤鐵學堂也，紡紗織布則有織作學堂也。每創一業必立學堂，是以造詣宏深，人才輩出，凡一材一藝之微，萬事萬物之賾，無不考求整頓，精益求精，遂能創開大利之源，盡奪華民之業。而外國輪舟、輪車、電報、火器以及機器製作之屬，入中國者永須用西人管理，華人瞠目直視，束手而無可如何。輪船商局之開二十有餘載矣，各船船主大副仍用西人，歲費薪資六十餘萬，局中每歲贏利亦不過數十萬金，是名曰收回利權，而此項利權實永與西人共之，而無日可以收復者也。欲徑將西人辭退，改用華人，則全船數十萬之金資，數百人之性命，又誰敢操刀學制輕試波臣？西人駕之，固亦間有失事者，而華人之失事，則若早在意中而不必期之意外者也。日本通商後於中國，倣行西法僅三十年，今其國兵輪商輪皆自行管駕，遍歷五洲，無一西人羼雜，即此一事論之，其優劣巧拙之相去遠矣。無他，一學一不學故也。

今中國商業資本數十萬數百萬或數千萬金者，自宜各提公積倡立學堂，如絲業則宜設蠶桑學堂，茶業則宜設製茶學堂，輪船江海通行，關係尤巨，宜設管輪、駕駛兩學堂，自餘紡紗織布、煉鋼開煤以及鐵道電報，中西製造各事，每創一業，開一廠，設一局，均應附設一學堂，或獨立創興，或數家合辦，學成後入船入廠，習練有成。愚拙者爲工人，聰穎者爲總管。嗣後，無論擴充何事，推廣何業，分布何地，製造何工，需用何人，取之宫中而皆備，華人工價，一切皆廉，即使上等英資，不甘小就，工值與西人相等，而所赢之利終在中華，免致守候稽延，且所訂合同，動以十年五年相挾。天下事固未有不學而能者，亦即未有學而不能者。謂華人不若西人，妄也；謂華人不若倭人，則斷無是理。不過人皆學而我獨不學，因循頹廢，聽客所爲耳。噫，中國之受害也深矣！華民之受困也亦劇矣！

古之時，財不在上則在下，否則飽於中，今則不在於内，而流溢於外。爲節流之策者，徒欲以磨針削杵，搜括貪囊，實則血已騰，肉已飛，今亦僅存皮骨耳。無論散碎零星，無濟於事，彼官吏亦人耳。又誰能枵腹從公，概責以毁家紓難者。大吏之耳目見聞，有所不及，敲骨吸髓，其害仍中於民，農也，礦也，工也，商也，皆取我地上地下本有之物，製之售之，以收外泄之利源，而還之中國者也。其事似難而實易，其效似遲而實速，其功似遠而實近，其義似淺而實深，其法似雜取泰西，而皆我三古聖王因利而利，有德有人，有土有財之正道，而非舉通國之人，講求整頓，納之於學，不爲功夫，天下滔滔，大抵皆中人耳。惟有利而後能知義，亦惟有義而後可以獲利。聖人立身行義，舍生取義，而治國平天下之經，不諱言利，且日亟亟焉謀所以利之者，聖人之仁也，即聖人之義也。

蓋爲天下之中人計也，公其利於天下，薄其利於萬民，即以食其利於國家，享其利於百世。故天下之工於言利者，莫聖人若也。因益惡夫後世之賢人君子，不以中人望天下，而以上智責天下，使天下之人既不能爲上智，又不敢爲中人，乃日皇皇然趨利避害，狗苟蠅營，舉世政敝俗偷，甘溺於下流之歸而不自恤也。噫！世無聖人，斯言誰信？願仰而質諸好生無上至誠不息之天心。

趙樹貴等《陳熾集・維持礦政説》 治天下之道二：曰富，曰教。富天下之政二：曰食，曰貨。今天下之大患，非食不足也，貨不足耳。閉關以前，貨無所謂不足也；通商以後，始蹙蹙然日憂不足耳。此其故有三焉，不可不察也。

當日風俗勤儉，粟布交易，鄰境不相往來，囊無一文，不憂凍餒，日得百錢，羣相夸美矣。今人情浮動，政俗奢淫，生人日用之資，增至倍蓰什佰而未已，此不足之故一也。

西人自通商以來，獲利無算，常謂中國之大與海相若，無論運貨若干，至埠總可銷售，無論運金銀若干，出洋從無窘象，此四十年前之説也。然鄰之厚我之薄，彼之利我之害，川流海溢，其枯與涸可立而待，今已捉襟見肘矣，他日之窘，又將若何？此不足之故二也。

天下之金三品，金必貴於銀，銀必貴於銅。中國行用銅錢垂五千載，銀礦少而金、銅礦多，當時本國轉輸銅錢已足，金不貴而銀亦不賤也。今美國、墨西哥銀礦大開，運入中國，易我黄金，中國之民貴銀賤銅，雖有黄金不知寶惜，而外國通行以金爲準，於是中國之銅賤銀賤，而外國之金錢獨貴。欲購洋貨，非金不行，既不知自鑄金錢，又不能不用洋貨，此必困之道，所謂爲淵毆魚、爲叢毆爵者也。其不足之故三也。

守此而不變，再閲十載，彼之貨皆貴，我之貨皆賤；彼舉國皆富人，我舉國皆窮人。試思窮人聽命於富人乎？抑富人聽命於窮人乎？將使權勢舉無所施，愚智皆爲彼用，不蹈印度、緬甸、越南之覆轍，其事不止，他日中國四萬萬衆神明之胄，顛連困苦，奴虜終身，濟濟羣公，何以自解於天下萬世哉！

欲救此弊，必廣鑄錢文，欲廣鑄錢文，必大興礦務。然而開礦之説，既有年矣，或主官，或主商，其説亦至不一矣。開十礦而獲其一二，不得謂之無利也。官則止能得利，不能失利。假浪擲資本，再試無成，即日奏停，因噎廢食矣。商既集資，必得利乃已也，則商辦宜矣。滬上奸商，借礦爲名，集資以供浪費，大信既失，招股遂難，即股集矣，礦成矣，而工人麕集，動虞滋事，奸商壟斷，難服羣情，非臨以清正之員，不能息争止競，則商辦而官督宜矣。雖然，魏源嘗言之矣。

開礦一事，大吏欲之而小官不願也。督責雖嚴，而彼以無礦報，大吏無如何也。至於不肖官吏，藉查礦爲名，日縱虎狼，需索騷擾而流弊益不堪問矣。欲除此弊，其法有四：

一曰一視聽。滇銅歲採，圜法所關，各省礦産，一律封禁。今雖縱令開採，官民之意尚疑，疑擾民，疑受累，疑不能持久，疑無利可圖，疑他人入室，積疑生畏，事必無成，或授意愚民，横相撓阻，彼民也又安知大局者？宜請頒明詔，曉以利害，咸使聞知，則視聽專而趨向壹矣。

二曰明賞罰。小官之不願開礦者，慮受開礦之害也，慮開礦之利不敵其害也，慮受其害而因以失其本有之利也，慮開之未必有利而不開固亦無害也，皆私也。宜仿鹽務緝私之例，明定賞罰，境内一礦有效，予以昇階；多礦見功，擢以不次；棄礦不開者，撤；藉端擾累者，參。而後賢愚競勸也。

三曰減税課。泰西之礦税二十而取一，中國舊制十分取二，較之賦税，特示嚴苛，意亦藉以封禁耳。官吏不敢議開，半由於此。上等礦産尚可勉支，稍次之礦，商民無利則棄之耳。今既鋭意開採，宜改爲二十分而取一，而金銀銅三項必全數繳官，官照時價購之，以備鑄錢之用。此亦西法也。

四曰設官司。礦有大效，必仿鹽法，酌繁簡以設官。創辦之時，宜擇礦苗最盛，如雲南、四川、湖南、山西、東三省，各派大臣督辦，撥給官本，自辟僚屬，寬其銜勒，以責成功。以商爲主，以官輔之，示以大公，持以大信，歆以大利，御以大權，而後利源可以盡闢也。此維持礦政之法也。一或不慎，艱阻隨之矣。可不熟思而審處哉！

趙樹貴等《陳熾集・精究地學説》 滄海桑田之變易，高陵深谷之遷移。此其説，華人創之，西人引而申之，泰西於是乎有地學。彼人開礦專倚礦師，較華人望氣識苗，較有憑據。礦師之所學則地學耳。西人將地下土石各質，分爲十三重，繼改爲九重，後又統以三重。三重者，近古、中古、太古是也。

地球土質，漸積漸高，掘地驗之，確有層級。其所以積高之故，可分爲水成石、火成石兩門。蓋地心奇熱，乃燒化之流質，自古迄今未曾增減，掘地深十丈，以寒暑表驗之，熱增一度，愈深愈熱，以至不可向邇，則地心之藴火無疑也。考此火所從來，實出於日。日之體積，大於地球三百萬倍，一團純火，焚燒金鐵之精，蕩蕩罡風，陽輪自轉，爆出一星之火，游漾天空，則五星與地球也。月距地球最近，又地球之分體耳。地球甫成其熱，與日相等，天風振蕩，體質漸凉，則結薄膜一重，周於地面，此膜爲至堅之石，無隙可乘，常因地震地動，陵谷變遷，間有昇至地面者。各處火山之口，日噴流質，冷凝之後，皆鐵與礦。可知地心皆含此質。彼以火成石，分爲三類：曰熔結石、火化石、火山石。所謂太古一重者，其時尚未有物也。地球結膜，熱氣驟凉，乃化爲水，地面皆海，山阜無多，間有高出水面者，則生緑苔青草，其内則生螺蛳蚌蛤之屬，是爲地球有生物之始，純陽蒸鬱，盛大蕃昌，草皆成樹，高數十丈。海則有巨魚飛鼉，陸則有異禽大獸，今掘地得骨，皆不知名。久而低者忽昇，高者忽下，山原河海，屢經變遷，絶大樹林沉埋地下，壓而成煤，故能燃燒不息，海底所積珊瑚之樹，微蟲螺蚌之殼，由埤而高，延歷數十萬年，地氣漸凉，土質漸厚，海水漸少，山野漸多，而人始生焉。故地球中層石質，皆海水蕩潏而成。所稱中古一重者，其時尚未始有人也。人之初生，即饒智慧，維時怪禽惡獸，高大粗猛，磨牙食人，人乃巢居穴處以避之，合羣聚族以防之，斷木礪石作爲弓矢刀斧之器以殺之。故近古最下一重掘出器物，類皆堅石所製，西人名曰石期。生人閲歷益多，心思益巧，乃煉銅爲兵器，而鑄錫以焊之。銅兵既出，石兵不能敵，彼此攻奪，而殺運始開，掘出銅兵，即在石兵之上，知前人爲其所逐也，西人名曰銅期。最上一重，已近地面，則皆係鐵兵鐵器。掘出各物，知當時殯葬宴會之禮與今日大同，人獸之骨亦與生者無異，西人名曰鐵期，即所稱近古一重者也。

考地球各質，惟煤鐵爲最多，其效用於人者，亦以煤鐵爲最要。他日器用必皆用鐵，薪蒸必皆用煤，取之不窮，用之耐久。地上之物漸少，不得不取之地中耳。至於五金各質，本在太古火成石之内，爲地心流質熔結而成，其藴於地中，出於地上者，或因火山噴發，或因地震昇騰，故同一地也不能處處皆有，即有礦金之處，亦復多寡不齊，厚薄不一，每見有熔結石、火化石、火山石之地，即知其必有礦金，因而覓之，十不失一。又將土石各質，分爲金類、非金類兩端。又於金類之中，分爲輕金類、貴金類兩種，皆以白金爲小。釜用化學，入釜化分，凡金銀各礦，必有他質雜之，如是則本質分開，而雜質之有用者，亦絲毫不能耗費。珍奇入貢而巨細兼收，皆以地學一門括全體而成大用，而其端實自中國開之。

西人化學精深，亦仿於道家之爐鼎。黄芽白雪，彼徵諸實，我麗於虚，我以欺人，彼以富國。不龜手之藥一也，或以封，或不免於（絣）〔洴〕澼絖，則所用之異也。所論地體之生成，地質之層累，其理皆古人已言之，西人心力精專，因得考求其實象。既興礦務，當用礦師，欲識礦金，須明地學，慎毋強分軒輊，自窒利源，使寶氣靈光終埋土壤，致他人先我而爲之也。

趙樹貴等《陳熾集・分塥採煤説》 中國石煤之用，其在隋唐之間，肇始於西南各省（乎）；泰西各國用煤，後於中國約數百年。然中國至今以爲煤乃石之可燃者耳。西人專門立學，將各國白煤、紅煤、烟煤、泥煤之屬細意考求，始知煤皆木質。古有大林，閲歷滄桑，沉埋地下數千萬載，堅黑成煤，亦有黑而未堅如紅煤、烟煤之屬，與木炭相近，木心之紋理，木之枝葉花果，均可辨認。煤爲木化，確鑿無疑。泥煤則儼然黑泥，西人以爲水草所化。從地面至地下，煤多者九層，少者三層，向下一層，必較上層堅結，閱時之久暫爲之也。每一層塥厚者丈餘，薄者數尺；寬者千里或數百里，狹者數十丈或數丈不等。西人確知此理，故採煤之路，隨所向而覓之，百不失一。

嘗謂全球各國，文明日啓，生齒日蕃，樵牧薪蒸，地面之草木萬不敷生人之日用，幸地下蘊藏煤産，閱時數十萬年，多者九重，寬者千里，以供薪爨，永無匱竭之時。比來機器大興，用煤日廣，如白煤紅煤合煉鐵冶金之用，烟煤一項爲火輪舟車及各種機器之需，煤泥提煉煤油，以供燈火，行銷各國爲數尤多。英國蕞爾三島，富甲寰瀛，其未得印度以前，徒倚煤鐵二宗，縱橫四海。人知金銀之利，而不知煤之爲物，爲大地生人所必需者，其利益乃不可計算也。

西人之遊歷者，謂中國煤礦之富，地球萬國無與比倫，湖南、山西二省之煤，均可敵英國一國。英國煤利之富，每歲三萬萬金，以我偏隅，當彼全國，中國之富，詎可限量？惜乎！覓礦之法不精，採煤之法又拙，道途險遠，轉運艱難，以致奇寶瓌材，永棄於地，窖藏金玉而日嘆飢寒，中國之貧，天所賦耶？抑人謀之不盡臧也。

誠使雇募工師，修築鐵路，仿開平之法，參用中西，如京西南房山地方，比鄰晉省，煤産之富，煤質之佳，均中外所艷羨，祇須將津盧鐵路展長一段，既備輪車之用，復開大利之源，然後逐漸拓充，將山西合省之煤悉行開採，此一事也。鄂省創開鐵政，用煤日多，湘中懸隔洞庭，風潮稽阻，民舟往來不便，須以輪船拖駛，轉運始靈，亦宜遣礦師，按塥尋求，遍開美利，此又一事也。然特舉煤礦最多之省言之也。此外各省，何省無礦？何礦無煤？能籌轉運之方，即有非常之利，惟在上下一心，官民合力，以辟此不竭之源耳。

英國煤礦章程最爲美善，其防火、防病、防壓、防閉、防水、防爭諸法，皆各國所師。每一大煤礦，工人萬數，搬移運載又數千人，不設立督理之官，嚴定防維之法，何以保全民命，隱杜禍萌？而國家税課之征，即於是乎出，雖廿分取一，已大益於度支。至於贍養窮民，尤以數百萬計。居今日而言生財之道，惟求之於人，度之於地，幸勿因循苟且，諉之於天，則庶乎其可矣。

趙樹貴等《陳熾集·開山伐石説》 自共工氏頭觸不周，天柱折，地維缺，女媧氏煉五色石以補之。厥後神聖繼生，文明大啓，豐碑建績，疊礎承欒，螭陛雕闌，玉階瑶砌，亭亭翁仲，矻矻橋梁，攻石之工，精美冠天下，末世游經亂離，日趨簡陋，重以深山邃谷，採運艱難，近者既已空，遠者莫能致，惟以粗獷濫惡之質充數濫竽，事少堅貞，人懷苟且，識者慨然於以覘世運焉，而不知採石一事，西人列爲礦務之大宗，以其濟用於生民者爲尤巨也。

西人考火成之石，熔結一片，無隙可尋，不能採也。此外各石，約分三類：海底污泥細土與石灰摶合而成，所謂平好阿石，又曰泥石者，即中國之青石是也。海内有微蟲，其細如塵，白如粉，多如恒河沙，積厚至百丈，又有紅白珊瑚者，本爲化生微蟲之窠，既速且多，不可計算，南洋萬島大半皆珊瑚所成，日積月高，遂出水面，此等微蟲結而爲石，瑩白堅致，加以雕琢，精好殊常，彼之所謂花剛石，華人名曰漢白玉，即中國之白石是也。海中螺蚌之殼，堆積如山，得熱化分，參合鐵銹沙泥，變爲粗石，蓋螺蚌之殼即石灰耳，西人謂之僵石，即中國之紅石是也。此皆上古造化所成，供人採鑿。至於地中地上，泥土各質，内含石灰，得水得熱得光，均能化合堅凝，變而爲石。海陸造化無息無休，成石之多不可計極。

西人考耶穌降生前三百年，當中國秦漢之時，羅馬初興建一神廟，其神座之白石取之巴比倫。日神廟中記述，巴比倫建此廟時，迄羅馬已歷三千載。埃及之北境石碑、石闕、石墓、石塔尤多，所刻蟲鳥之文略同中國。西人工於琢石亦數千年於兹矣。歐洲之法國尤重石工，巨麗精堅，甲於諸國。自餘英、俄、德、美、奥、意、西、比各大國，亦無不磨礱椎鑿，人物花鳥，栩栩如生，雖復刻意求精，仍以堅樸耐久爲主，不徒侈觀美，夸後人也。蓋諸國之文物聲明，規模峻整，實於此見其大凡，而閥閲之崇閎，樓臺之高聳，堅墻峻宇，皆以美石爲基，歷劫難磨風霜不蝕，故禮拜堂之屬，有矻然久歷千年者。琢石既巨，用石益繁，其選石、採石、運石之方亦日加捷敏。西人考求作室之法，通風去濕，利益人生，他日全地球中皆將仿傚，石之爲用彌大彌長。

西人考中國石礦之多，石質之美，全球各國皆遜一籌，苟能精選佳材，設立巨廠，制以良工大匠，運以鐵路輪舟，如入山太深，則修木路以相聯接，專採花剛石之類，行銷各洋，獲利之豐，更僕難數，重巒大壑，皆化金銀矣。至寶石一類，如金剛鑽、碧霞犀、翡翠、白玉、水晶瑪瑙及紅緑藍紫各寶石，凡有色有光者，西人既善搜求，華人亦勤採擷，然彼能見石辨質，認礦尋苗，華人不能也，是彼於識寶之中，兼寓採金之法，尤應精求其理者也。

趙樹貴等《陳熾集·石油石鹽説》 石油即煤油，西人謂之柏油，出於泥煤之內，美俄兩國出產最多，狀如渾濁之泉，與油不類，而內含硫礦，便於燃燈。美人取之復加提煉，盛以洋鐵之匣，護以松木之箱，萬舳千艘，行銷海外。華人貪其價廉，爭相購買，每歲入口千餘萬金。俄國煤油礦在黑海之東岸，質稍清潔，礦質尤多，俄人以鐵管引之，盛以巨舶，運銷各國，不用箱匣，故取值更廉，頗奪美洲之利。販俄油者，多係德人。此近年各口所以廣設洋油池棧也。俄美兩國之油銷入中國，不脛而走，各埠風行，遂於洋藥洋布之外，多一無窮之罅漏，民貧矣，國困矣，何以堪之！

中國臺灣向出煤油之井，今則以川滇爲最多，聞金沙江兩岸，流泉滴瀝，半係煤油，華人不知取用。四川鹽井，熬鹽所用之火井，即油井也。中國自有煤油，不知開採，而甘以白金二千萬，歲畀諸異國之人，可謂智乎？

誠宜考求物産，糾集公司，測驗何處油礦最多最佳，即行開採，此等油礦沸涌如泉，祇有工資，並無成本。美油製造箱匣需洋一元，餘則舟車轉運之費而已。俄油載以巨舟，所費益寡，然自黑海運至中國，計程六萬里而遥，彼均可以價廉要我重利。中國自有油礦，工資既廉，運脚又省，油價之賤，更當如何！此不可不急行設法，以塞漏卮而收權利者也。

抑猶有説者，俄美之油運售各國，銷場蓋寡，惟中國獨多，豈各國皆自有煤油之礦哉？法國向用洋蠟，不喜煤油，自餘英、德、奥、意諸邦以及俄、美本國，皆屏煤油不用，代以煤氣電氣之燈，運油之舟，售油之肆，均設厲禁，不許多儲，因煤油内含硫礦，易肇回禄，害多利少，人皆惡之也。煤氣電燈，價較煤油更廉，且可永無火患。俄美出油之地，自猶不用，而獨以惡物蠹我中華，有是理乎？此時驟禁不用，則俄美必有閑言，且價較他油便宜一半，民間習用，何能強以所難？惟有廣行煤電之燈，乃能暗減煤油之害，此又釜底抽薪之法，各國行之而效者，不可不急思補救者也。

至鹽井一業，川人已辟利源，祇須保護維持，代籌轉運流通之法，則天地自然之利，仍能日出不窮。課税所關，良非細故，聞川省改行官運，財匱民貧，不急思所以整頓之，恐此項利源亦將閼塞，則鐵道火車之議不可更遲矣。鹽井之旁，必有火井，火井即油井，古所謂石油者也。鹽井即古所謂石鹽者也。陰陽變化，利益民生，上天愛人，至於此極。西人於二者皆稱爲礦，因其相類，故並論之如此。

趙樹貴等《陳熾集・披沙揀金説》 中國採金，托始黄帝，通地球萬國，無如中國之古者，合地球萬國金礦計之，亦無如中國之多者。故太古黄金，動以鎰計，或以斤計。自象佛教入中國，布施塑像之金箔，靡費如恒河沙，皆灰滅烟消，不堪復用，而中國地上之黄金盡矣。

然地下之黄金故在也。計金礦最多之地，如山東、奉天、吉林、黑龍江、蒙古、阿爾泰山、新疆南北路、青海、西藏、四川、雲南各省部，皆經中外詳探博訪，灼見真知，而漠河及阿爾泰山，西人所稱爲東西金山者也。西藏一隅，産金最旺，西人名曰金穴。俄英兩國，南窺北伺，皆思捷足先登，而中國方掩聰塞明，不以爲意。漠河甫經開採，每人每日可得坯金六元，因辦理非人，營私舞弊，大利所在，又將廢於半途。自餘各省金礦金沙，比比皆是，徒以官民隔膜，封禁綦嚴，税課太苛，無人顧問，天珍地寶，終聽沉埋，強敵生心，司農仰屋，吁可慨也。尤慮者，各國通用之錢，一切以金爲準，中國自有黄金，不以鑄幣，每年出口金磚金頁，值銀三千萬兩之多，國寶外流，真元内斫，奇贏貴賤，惟人所操，深患隱憂，未知何底矣。

宜通行天下，聽民自開，所得之金，官以平價採買，而薄收其税，其金匯解藩司，鑄錢行用。東西金山、西藏、四川、雲南各處，則宜專派清正大員，督開金礦，參酌中外，明定章程，延訂礦師，講求地學。部定金錢式樣，輕重與英鎊同。自購機輪，與銀錢一律開鑄。十年之後，金礦全開，萬萬金錢，通行天下，乃可以藏富於國，藏富於民。蓋今日之金頁金磚，雖有定價，猶之貨也，非富人不能藏度，時價略貴，則出而求售，西人因得低昂其間。廣爲收買，鑄成錢幣，則作工食力之輩，人可收藏一二文，中國之黄金始不致全流外國，而日後無窮之隱患亦得以逐漸消弭。即如國債一端，金鎊之低昂，爲他日絶大關係，必採金自鑄，則太阿之柄始不致永授他人。其補救於深微隱暗之中者，實非語言所罄也。

黄金之外，復有白金，較黄金貴至五倍，即古之所謂鏐耳。西人考全地球中，惟俄美兩國金礦有之，皆爲結成之純質，化學提煉，加熱至五百度，則金石皆流，惟白金須加熱至七百五十度，始成流質。故化學之釜，必以白金爲之。近日電燈廣行，燈頭引電之絲，非白金不能受電火之銷鑠，需用日廣，出産甚稀，價值所由日貴也。臺灣金礦内有黑砂，熔之不流，擊之不碎，華人以爲棄物，傾之海中，西人取而驗之，則白金是已。夫白金既爲純質，結成於金礦之中，則他省金礦情形與臺灣相類者亦必不少，且精鏐之名，流傳邃古，古人固已知之，且取而用之矣。亦宜設立專門，考求礦産，毋使非常美質浪擲東流，爲海外遠人所竊笑也。

趙樹貴等《陳熾集·開礦禁銅説》 圜法之行，必有禁令，此中外古今之通義也。蓋時勢遷變，貴賤低昂，國之強弱關焉，政之興衰係焉，民之貧富、治亂由之，其發端也甚微，其積重也難返，其究也，遂將一成而不可變。禁之者，防之也，所以防其微也。又持之也，所以持其變也。故用金則金有禁，用銀則銀有禁，用銅則銅有禁，三品俱用則三品俱禁。非厲民也，愚賤無知，有何遠識？過而不覺，習焉，若忘久，則上下四旁交受其弊。故錢法必有禁令者，所以持天下之平也。

中國用銅，請以銅論。乾嘉以前，滇礦極盛，而銅禁旋弛，始也富貴人用之，繼也貧賤人效之，而銅器遂遍天下矣。道咸以後，用銅日多，而礦産漸竭，始也購銅以制器，繼也毁錢以得銅，而私銷私鑄者又遍天下矣，未已也。雲南之銅礦，西人名曰銅銀礦，銅六而銀四，相連極緊，熔之不脱，錘之不開，如天生地成，經百煉而依然瑩白，惟以濕法分之，銀與銅始離而爲二。此其理，華人不知也，西人之精化學者知之，東洋中國人之學西法者知之。彼以洋一元，易中國銅錢千文，計六斤四兩，合重一百兩，提出鉛二成，泥沙雜質一成，淨存七十兩，按銀四銅六計之，可得淨銀廿八兩，所餘銅四十二兩，鉛廿兩，仍可按時價出售也。合天下萬國貿易校之，安有坐收五十倍之利如銷化銅錢者？彼工於牟利者也。有如此非常大利，而欲禁錢之不毁，禁人之不貪，雖黄金滿前，白刃在後，不可得已。所謂積重難返、一成而不可變者也。不有以講明切究，變通而補救之，恐再閲二十載，中國之銅錢盡矣。

變通補救之法奈何？曰：廣開銅礦，嚴申銅禁，合三品以兼權。今日滇銅礦苗將竭，新開各礦銅少砂多，而必欲責之於滇，是何異刻舟求劍也？聞四川會理州各屬，毗連滇省，廣有銀銅之礦，督辦唐炯，乃暗遣商人展轉採買，以供京運，是何異掩耳盜鈴也？湖南、江西兩省，銀銅之礦遍於地中，間有石裂山崩，銅礦涌出，土人因而挖取，地方官聞之，詫爲奇禍，立即派兵驅逐巡守，藉口有明礦税，封禁綦嚴，是何異因噎廢食也？去此三弊，而移唐炯於四川，另簡賢員督辦江西、湖南銅礦，則大利開矣。

外人購錢銷錢，必有奸商爲之主，而奸商所萃，必以銅鋪爲之媒。今宜嚴飭地方官，限期一月，銅鋪一律閉歇，銅器一律繳官，民間舊有之銅器，限期三月，亦一律繳官，官按時價收買，以供鼓鑄，官民不用銅器，無所妨也。銅鋪之人，收入錢局，以供執事，然後嚴挾銅之禁，清出口之源，則奸謀塞矣。

舊有之錢，不必論矣。此後所開之礦，自應用西法提出，紋銀別供鼓鑄，而以淨銅鑄錢，輕重以八分爲率，中無可欲，外有所懾，不再銷矣。然後用未分之銀銅礦，以機器鑄當五當十之錢，外有邊，中無孔，龍文國號，大小如兩角五角之銀錢，當五當十，准此折算。所鑄銀錢，大小、輕重、式樣、花紋均依鄂粤之式，每枚定價，制錢一千文當五銀，銅錢二百文當十銀，銅錢一百文，其五角二角一角五分之銀錢，准此折算。所鑄金錢，大小輕重略仿英鎊，而花紋式樣如銀錢，每一金錢值銀錢十枚、制錢十千，銀錢自五角以下，銀銅錢自當十以下，准此折算。輕重相制，上下通行，廓然大公，整齊劃一，不逐洋盤爲長落，不隨市價爲轉移，三品兼權，我行我法，則邦本固矣。

夫中國百産蕃昌，五行具備，無須仰給外人也。自通商以來，彼專以金鎊炫我，出其餘貨，易我黄金，致中國黄金貴至三倍，而金荒矣。以銀易錢，展轉販鬻，制錢日少，錢價日貴，而錢荒矣。金荒之弊國受之，錢荒之弊民受之。惟紋銀較前稍多，然不鑄銀錢，行使不便，價值高下，成色參差，民受其愚，國承其弊，所最便者，蠹吏奸胥之侵漁盤剥耳。三十年前，隱患雖深，禍端未見也。至今日而上下困窮，四海嗷嗷然患寡患貧，交受其病，或迂拘固執，侈談周孔之書，或震懾張皇，競進富強之術。而尋源探本，則圜法之弊，一言蔽之矣。對證用藥，則整頓圜法之弊，一方括之矣。起弱扶羸，批郤導窾，聖人復起，不易斯言也。

趙樹貴等《陳熾集·大興鐵政説》 西人之言天文者詳矣。天學之不足，輔以地學；地學之不足，明以化學；化學之不足，考以光學；光學之不足，證以重學；重學之不足，通以電學。其言曰，日爲純火，所謂衆陽之宗也。隨日之行星，凡一百二十有九，皆日中爆出之微點耳。其間金、木、水、火、土五星及地球、天王、海王三星，凡八星爲最大。水星最近日，而火星次之，金星次之，地球又次之，木星、土星、天王、海王又次之。水星、火星小於地球，金星之大與地球略等，而質體皆甚重。木星、土星、天王、海王，皆較地球大至數倍十數倍，而質體轉輕於地球。此以重學參驗而得之者。惟日體較地球大至三百萬倍，究爲何質，莫可名言。後以光學驗之，日體之光色熱度，與煅紅之猛鐵等，以他物擬之，皆不類也。因知太陽真火，焚燒鐵精，流汁飛旋，濺爲分體，此百二十九行星之所由來也。分體之後，仍爲日之電力所攝，旋轉天空，星之鐵質多者，體重而距日近，星之鐵質少者，體輕而距日遠。各星與地球，又自有電力互相抵制，故能各成軌道，繞日而旋，不致攝入日中，以供燒料。電力者，兩鐵相磨則生吸鐵力，即電氣是也。

至於月者，又地球之分體，距地僅七百萬里。西人窺以遠鏡，月中有火山三，噴吐不息，所含(琉)〔硫〕磺鐵汁甚多，故以附庸地球，長存萬古，緣距地太近，故電力益勁，而朝潮夕汐生焉。火星金星各有一月，木星則有四月。土星光環之外，另有八月，不爲奇也。

西人既知日月五星地球皆爲鐵質，而以地學、化學、植物諸學，遍考地球上下動植飛潛山海土石水火之質，幾無一物不具有鐵質，秉有鐵性，含有鐵精，而鐵之效用於人，萬類千名，未能悉罄，乃至人與萬物，凡有血氣者，中必含鐵，血氣不足，亦惟鐵能補之。可知體用同源，剛柔一貫。我明其理，彼識其名，昔麗於虛，今徵諸實矣。故西人以爲今日制器，所有草木諸物，質體不堅，時需更制，他日生齒蕃庶，需用日繁，地面所生，必將不給，惟地球既爲鐵質，凡宫室器用、生人必需之物，必皆將以鐵爲之，而後可以堅固長存，與天地同其悠久。而地上地下，無處無鐵，無質非鐵，亦足以供之矣。西士之言，雖多(億)〔臆〕度，而近日工商競利，機器盛行，鑄礮至數十萬斤，修路至數百萬里，鐵闌繞室，十層之樓閣高接雲霄；鐵甲鑲船，萬丈之風潮安如衽席。此外鐵箱、鐵篋、鐵椅、鐵床，盈天地之間，幾觸目而無非鐵器。鐵之爲用亦大矣哉！

今中國鐵礦之富甲於五洲，而採取未多，熔鑄又拙，惟湖北鐵政一局，規模宏遠，人顧玩而忽之，偶有所需，事事求之外國，天下安有事事求人者而可以自立乎哉？言礦政者，當憬然悟矣。

趙樹貴等《陳熾集・廣採羣金説》 泰西地學家，考金類之脈，皆熱變所成。有因地震地動，地心之真火上騰而變者；有因火山噴發，所噴之流汁經過地面而成者。故各種金脈，多在裂縫之中，分塥分層，較然可辨。惟大地震動，火山涌流，古險而今夷，古多而今少，形勢遷變，處處不同。然細意察之，遺迹宛存，自有一定之土石，先辨土石，以驗礦金，如象罔求珠，百不失一，此泰西礦學所以精於中國也。

地産之金，共有四十餘種，罕見者二十餘種，餘皆恒見而恒用之者。論其用，以銅錫爲最先；論其産，以鐵爲最富；論其結成之候，以黄金白金爲最遲。太古之人，礪石爲兵，以御毒蛇猛獸。有智者出，採用銅錫，鑄成利器，遂以稱雄地上垂二千年，所謂蚩尤作五兵，聖帝明王因而用之，弗能廢也。黄帝首山採銅制爲錢幣，太公九府廣鑄泉刀，嗣後五銖三銖、布貨莢錢之類，沿用至今。銀錢、鐵錢、錫錢、貝錢、盧卑、菊花、騎馬、王面之屬，通行海外，而其法皆自黄帝開之。允矣，中國萬邦之首，夐哉，黄帝百王之首，千秋萬古無異詞焉。

錫之爲器，雖亞銀銅，而利用宜民，雕文鏤採，陳之几席，亦堪媲美。敦槃則錫礦，宜開鉛以入藥和之鑄錢。今市中白銅皆參鉛，質體柔而韌，漲縮隨心，故槍礮之彈，皆有銅子、鋼子、鐵子之不同，而内必含鉛，剛柔相濟，始不致擠裂礮管，爆炸傷人。鉛固生人之物，亦殺人之具也，且其性柔善入，礦内常含貴金，而銀爲最富，則鉛礦宜開。自餘西人之所稱爲金類者，則汞也，鋅也，鉍也，銻也，鈷也，鎳也，錳也，鋁也，鈣也，鉀也，或爲照相之神方，或備醫宗之妙藥，或爲制器尚象生長植物之要需，必有專家，乃窺秘鑰。而鋁之用爲最廣，其物爲最奇，此物取之土中，大地之土，幾無處無鋁，美國化學家創得之，其色白，其質輕，華人呼爲洋白銅者是已。金類之質，一經(養)〔氧〕氣，剥蝕消磨，除金銀外，皆含毒性，如銅則有緑也，鐵則有銹也，鉛錫則有屑與皮也，惟鋁金不受消磨，不含毒質，飲食之器，鍍鋁一層，則積久收藏，毫無流弊，(醒)〔醇〕醲肥膩，入口如新。西人食器羹匙，大小輕重無不鍍者。並有人推廣此意，以鍍槍子礮彈，能令傷人入肉之後，不致潰爛成瘡，取出鉛丸，長合如故。其運售中國之馬口鐵皮，亦皆鍍鋁，故鐵銹甚稀也。雖贋作鍍銀，亦藉以售其欺詐，而養人利物，實有莫大之功。

蓋純土之精，作甘以濟世，於五金而外别擅全能，不可不知取用者也。至西人之所稱非金類，爲中國所知者，如磺也，硝也，砒也，雄黄也，硃砂也，石膏也，石灰也，硼砂也，石鍾乳也。此外中國不知其名而確有大用者，尚數十品，皆雜於各礦之中，華人視若泥沙，一律棄擲，西人熟精格致，審其質，辨其性，嘗其味，察其形，化而分之，提而煉之，取而裁之，配而合之，或用以入藥，延年却病，卓著奇功，或制爲滋培植物、長養動物之良方，遂能改變肥磽，增添種類。

每覓一新物，得一新法，必求其有利於物，有益於人，上養天地之和，下彌陰陽之憾，所謂朽腐化爲神奇者也。雖未知與古聖王仰觀俯察裁成輔相之心同異若何，大小若何，而盡屏虚無，歸諸實用，較諸釋氏末流之弊，致印度全國之人念佛談空，積貧積弱，甘以身飼毒蛇猛獸而不辭者，其智愚賢不肖何如也？西藏遍地金礦，土番佞佛齋僧昏然悍然，不肯開採，今又將爲印度續矣。可勝嘆哉！

趙樹貴等《陳熾集・攻金之工説》 鄉曲細人見泰西之機器，織者入毫髮，大者若邱山；絙鐵成梁，任重及千萬斤以上；揉銅作綫，通電至百萬里而遥；

鋼甲爲墻，金船渡海，百噸巨礮，地裂山崩；十仞高樓，花雕月鏤。入織布紡紗各廠，則九天之上、九地之下，神工鬼斧，變動靈奇，幾疑偃師幻人別有换日偷天之秘術矣。效其法而不能，求其故而不得，則概以奇技淫巧譏之斥之，而不知此皆古人所謂攻金之工耳。其用力少而見功多者，借水火二氣之力耳。夫奇淫之辨，辨之於物之有益無益，與用心之仁與不仁而已矣。

西人驗之天文，徵諸地學，因地面隕星皆爲鐵質，試測日輪光熱，與熔化之錳鐵相同。大地渾圓，實日中爆出之分體，地心奇熱，所燃燒者皆鐵精也。謂生人日用所需，他日皆將用鐵，而鐵之質性可熔爲象，可鑄爲刀，可抽爲絲，可軋爲片，淬水則剛，退火則柔，入藥爲補血之方，制礮即傷人之具，其用至廣而至神。此攻鐵之工，一也。

白金出産至少，而化學必需，電燈廣行，金絲尤貴，黄金性柔而質韌，不爲養氣侵蝕，堅貞耐久，宜於鑄錢，然練絲可抽千萬丈之長，制器可歷千百年之久，錘之成箔，每厚一寸，可薄至百萬分之一分。萬國通商，是爲奇寶。此攻金之工，二也。

銀不受蝕，與黄金同，惟質性過柔，必參之以銅始能錘煉。萬曆間，美國、墨西哥始開銀礦，多如恒河沙數，取之不窮，舉世之紋銀遂賤，故於鑄錢之外兼以制器，盤匜尊簋，厚薄隨心，他日用之，將與銅等。此攻銀之工，三也。

自黄帝採銅首山，鑄爲錢幣，蚩尤五兵之制，易石而銅，迄今五千餘年，刀改而錢不改，通商日久，笨重不靈，制器則養氣所侵，易生銅緑，内含毒性，日久傷人，故歐西雖亦鑄錢，僅行本國，若制飲食諸器，必以錫或鋁、金鍍之，使潔白如銀，以免緑氣化分之害，或以制粗重之物，與鐵同功。中國之人，知其利而未知其弊，於鑄錢鑄器二事，皆須參用他金，始能子母相權，變通盡利，未可拘泥古制，自窒生機。此攻銅之工，四也。

至西人化學家所考求之金類非金類兩種，名目繁多，金類惟鋁、汞、錫、鉛爲用最廣，非金類則硫磺、石英、石灰、石膏、砒霜之類，或熔造玻璃，或範成偶象，或煉爲堅石，或製作刀圭，各有專門，均收大利，切於民用，爲數綦多。西人謂金石二宗是二實一，因金孕於石，石必含金，未可截然分界也。此攻雜金之工，五也。

西人考金剛鑽石爲最古煤層之堅木所成，燒而化之，均爲炭質，中含五色，瑩浄光明，其堅爲天下第一，故磨琢最難，工費最巨，而獲利亦最豐。各國均設有專工，立有巨廠，大者以爲寶飾，價值連城，小者可劃玻璃，可鑽磁玉，可磨作顯微鏡，因其折光力大，且無毫差耳。此物中國西南各省均有之，因識者無人，棄同瓦礫。苟有專工採製，大利何可限量？此攻鑽石之工，六也。

白玉、翠玉、碧霞硒、瑪瑙、水晶及五色寶石之類，産於和闐、西藏、川、滇各省，循崑崙之四面皆有之。中國雖有玉工，然地學不精，搜採未廣，人工所制，磨琢仍粗，大谷深山，古多封禁，地不愛寶，人顧私之，滇南寶井一區，復不察而畀諸異國。他日光輝積久，風氣大開，寶氣神光，騰天照海，中國究心工作，大利乃在掌中矣。此攻寶石之工，七也。

歐西古時，埃及、羅馬等國多以花剛石制成梁柱，所刻字迹如古時蟲鳥之文，至今三四千年，尚有巍然獨存者，知太古良工傳於中國也。以作橋梁、墻壁、街道等用，縝密堅牢。又有所稱合子石者，入水益堅，歷年久遠。至於礪石、硯石、泥石、沙石、雲石、紋石、桃花石、大理石、磨石、碑石、象石、浮石之屬，亦復因宜施用，各有專工。鐵路既通，便於轉運，出我土石，易彼金銀，使百萬流民均有恒業，下全民命，上合天心。此攻石之工，八也。

以上八端，發凡起例，此外之可以考求物産，開闢行源，益民生而裨國計者，殆難悉數。自後儒兢兢以言利爲戒，閼塞耳目，付之不見不聞。夫財利之有無，實係斯人之生命，雖有神聖不能徒手而救餓夫。惟人競利則争，争則亂。義也者，所以劑天下之平也。非既有義焉，而天下遂可以無利也，其别公私而已矣。利而私之於一身，則小人之無忌憚矣；利而公之於天下，則君子之中庸矣。此上天賞罰之權，斯世斯民生死之關，而人禽之界也。

吾慮天下之口不言利者，其好利有甚於人也，且别有罔利之方，而舉世所不及覺也。若然，則禍淫降殃之訓，正爲斯人矣。藉曰不然，亦楊朱爲我之心，佛氏舍身之説，鄉黨自好者之所爲，而決不足以語於古聖人修己、親親、仁民、愛物之大道也。古聖人蓋日日言利，以公諸天下之人，而決不避言利之名，使天下有一夫稍失其利也。世無孔子，存其説以俟後之聖人。

趙樹貴等《陳熾集·勸工強國説》 今之因循守舊者，深閉固拒，動稱聖人，誠不解聖人之對哀公其勸百工一章，何以列於九經之内也。子夏曰：「百工居肆以成其事，君子學以致其道。」子曰：「工欲善其事，必先利其器。」君子之居是邦也，事其大夫之賢者，友其士之仁者。」孟子曰：「大匠不爲拙工改廢繩墨，羿不爲拙射變其彀率。」聖賢立言，諄諄以百工與士大夫相提並論，知古人藝進乎道，志凝於神，學者進德修業之心，與工師制器尚象之意，功分體用，義判精粗，本末稍殊，源流則一，此治國平天下之實功。故曰：「勸百工則財用足也。」司馬、孫子《兵法》，亦恒以節制與械用並舉，諄誡而叮嚀之。荀卿子之言兵曰：「械用不精，是以卒予敵也。」古聖王治軍治國，其視百工之重如此，故古器流傳今日，精堅渾樸，度越人寰。度，所謂月省月試，既稟，稱事所爲激揚而鼓舞之者，必有躬親目驗之方，而既稟所頒，略如俸糈，而決不如今日之夷諸賤隸，雖臧獲，亦得而訶責之也。

老子曰：「形而上者謂之道，形而下者謂之器。」莊子揚波助焰，遽欲裂冠毀冕，剖斗折衡，蓋因周末文勝之餘，激爲此說。秦倡君權，以愚黔首，焚書坑儒而外，銷鋒鑄鐻，化作金人，畏天下作爲堅甲利兵以與之敵也。度其時，百工亦歸禁錮，故陳涉等皆徒手執梃，並起而亡秦，天下之無工可知矣。漢興，復師黃老，以清淨爲廢弛，《西京賦》所艷稱工用高曾之規矩。夫工藝之事與學術同，不進則退，不良則楛，斷無中立。度《周禮・冬官》一册，《大學・格致》一篇，亦亡於秦漢之時，經傳語焉不詳，有其理無其法，而天下工師陋劣，器用朽窳，遷延頹廢，以至於今，遂將俯首降心，終爲外人所制。推原禍本，則工政之不修，工藝之失傳，工匠之不能自給，實階之厲也。

泰西諸國，百年以前亦與中國等耳。自法國王泰理曼創立一例，遍國中有能創一新法，得一新理，制一新器，實有益於國計民生者，准其進呈，考驗得實，則給以文據，獎以金牌，準其專利若干年，不許他人仿傚。於是蔀屋窮檐之士，日思夜作，心摹手追，倚此爲致富之媒，成名之券，一時才賢輩出，法國之工藝遂冠歐洲。英、美、德、奧諸國，慕而效之。法王拿波侖第一，以梟杰之資，倚其士卒選練，器械精良，遂以勝德挫俄，縱橫一世。各國知其不敵，故於勸工一事，盡力整頓，而歐洲之工藝驟興。其時，德國有銅工克虜伯者，戰後因事至法，見沙場伏屍，纍纍百萬，皆德人也，旋拾一舊法之火繩槍，泣然曰：「法人槍械，精利無敵，而我以此等窳鈍之器敵之，哀哉，血肉之軀輕試彈雨槍林之慘死者！有知應亦同聲稱屈矣。」奮然詣法，投效於礮廠主人。主人喜其敏慧，引以見拿波侖。拿波侖深加禮遇，命與廠主另出新意，制一後門入子之槍，百計精思，迄不能就。而拿波侖自俄敗還後，爲英所擒，流錮於三厄那海島矣。法國内亂，浩然而歸，感於轉蓬，豁然大悟，屢作屢毀，十載始成。於是入以後膛，十子連珠叠發，管内加來福之綫，遠度多至兩倍，擊力增至八分。獻之德君，德君狂喜，禮之爲上賓，錫以寶星，予以文憑，榮以子爵，撥給巨帑，招工廣制，命推此意以造礮，益推出裂石，所向無復堅城。蓄鋭十年，以與法戰，德軍百萬，皆用此槍，法人國破王擒，賠費至華銀十五萬萬兩，一蹶幾於不振。雖師武臣力，而取威定霸，勝敗存亡之券，則操之於區區一銅工，嗚呼偉矣！

今中國人士迂論高談，動欲以弓矢刀矛爲制勝殺敵之具，獨不思此時後膛來福礮，重至十數萬斤，擊力能至三四十里以外，目力尚未及見，而我軍百萬，屍山血海，已化蟲沙，排槍遠擊三里，連發不已，彈珠如雨，死者如麻，短箭長矛，如何抵敵？持此論者，以他人性命逞我意氣，恣我談鋒，其不仁亦甚矣。莫妙於執持其人，使之挾矢操刀，驅當前敵，則死而無怨，免致貽害他人。此實哀詞，非快論也。

西人自有給憑專利之制，非止兵械精工，而百廢俱興，遂以富甲寰瀛，方行海外，於是輪舟、輪車、電燈、電報，種種新法生焉。雖古法無傳，然舉通國之人，才力聰明之所萃，或無心暗合，或與古爲新，鬼斧神工，不可思議，而其原皆自給憑專利一法開之，所謂重賞之下必有勇夫耳。今通商諸國，無一國無此例，每年呈獻新法給予文憑者，每國以三四千人計，窮思極巧，未艾方興。而中國獨掩聰塞明，自安簡陋，即槍礮、輪機、電綫之類，不能不用，亦購之於泰西，安步徐行，坐受外人之盤剥，天下之財力幾何，恐雖周孔持籌，管商握算，亦斷無倖全之理矣。

然轉移而補救之，固亦匪難也，無他，勸工而已矣。勸工之法奈何？仿各國給憑專利而已矣。禍重於邱山，福成於反掌，天下之大，豈曰無人？一富一貧，一強一弱，一興一廢，一存一亡，而皆以勸工一言爲旋乾轉坤之樞紐，當國者於此宜何去而何從焉？

趙樹貴等《陳熾集・器用之工説》 自天清地黄，文明肇啓，智慧日辟，嗜慾日多，而凡民之需用者日繁矣。天地萬物之賾，五行百産之精，其芸芸焉，臻臻焉，總總焉，待用於人者，亦遂日以廣矣。先王於此有開其源之法焉，如礦人虞人之所掌是也；有節其流之法焉，如山林澤梁之禁、尊卑等威之辨，天澤冠履之章是也。二者相權，遂以永永不敝。而所以成物而制用者，則莫亟於工。

中國通商以來，六十年矣。西人嘗謂中國出口者皆係生貨。生貨者，材料土産是也。即以絲、茶、糖論之，絲則須重繅，茶則須加焙，糖則須改制，其他無論矣。西洋進口者皆係熟貨。熟貨者，貨物是也。皆經工作所成，佳美精良，便於行用，不止紗布鐘錶諸大宗而已。凡日用所需各物，皆投吾所好，避吾所惡，或取携最便，或製造最精，或價值最廉，或外觀最美，必使華人不能不用而後已。中國出口之生貨，皆以箱計，以石計，以包計，以百斤千斤萬斤計，取值至賤，獲利至微，盈舟溢屋，捆載而去。西人入口之貨則以件計，以匹計，以瓶計，以盒計，以尺寸銖兩數目多寡計，一物之值，貴至萬千，一船之載，總計至億兆金錢而未已。以賤敵貴，以粗敵精，以拙敵巧，能乎？不能。此時能絶市閉關如前日乎？曰不能。內地通商，耳熒目炫，能禁民之不用洋貨乎？曰不能。然則奈何？曰勸工而已矣。用物之名，盈千纍萬，略舉數事，以概其餘。

一曰玻璃。明之緑松爲玻璃之濫觴，今日精益求精，遂成絶詣，其堅者如鐵石，擲玻璃之盞，墮地無聲，其大者若邱山，入玻璃之房，游魚可數，中國人人喜用，行銷已遍於寰區。粤東仿之，精粗迥別，而不知即制磁之黝所推而變者耳。誠宜自行設廠，精製出售，收回利權，何翅千萬？此玻璃之工，一也。

二曰油蠟。俄美煤油廣行中國，歲亦千餘萬金，近則參入魚油制成洋蠟，價廉物美，光潔晶瑩，取我之利又數百萬，華人即不用蠟，亦皆用油，逐歲增多，有盈無絀。鹽之爲物，每人日食一錢，而積少成多，遂爲國家歲入之巨款者，因天下無人不用者。以此例之，可爲深慮。誠宜廣採煤油，購機制蠟，工廉費省，必能永杜來源。此油蠟之工，二也。

三曰自來火。民非水火不生活，古人鑽燧取火，隨四季而轉移，後人火石腰鐮，取其便者。西人配製磷磺，蘸以松木，隨時隨地，一觸即燃，每盒數文，便孰便於此者？日本初學西法，先造此物，販售中邦，竟奪西人之利，通國有自來火廠數十家，每歲獲利數百萬，養男女窮民數十萬人。今上海亦設廠數家，然所蘸磷磺仍須購之外國，雖經仿造，利息綦微，不知磺出土中，磷藏骨內，盈山遍壑，豈少松林？徒以化學不精，致使利權久踞，何如自行配制以收大利而養貧民？此自來火之工，三也。

四曰鐘錶。鐘錶爲中國貴人達官所用，每歲入口二千萬金。美國制以銅鐵，鍍以鋁金，鐘之賤者一元，表亦二三元而止，雖物窳易敗，然無賴者趨之。此外寒暑、風雨、地平諸表，名目綦多，銷行益廣，此物仿造，固非易易，然堂堂上國，乃以不能不用者長仰給於外人乎？況今日鐘錶，皆制以機輪，規矩準繩，較然可睹，自應派人分赴各國學習製造，以濟要需。此鐘錶之工，四也。

五曰胰皂。西人考物，含碱性惟水草爲最多，故以腐草之汁，入以制蠟之油，稍加香藥，制成洋皂，染以顔色，香艷無倫，萬匣千箱，銷售各省，中國舊日之胰皂幾無過而問者，所謂朽腐化爲神奇也。惟質性燥烈，皴剥皮膚，北省風高，尤非所便。中國皂角之樹，外國所無，刮垢磨光，别饒潤澤，宜參以水草之汁、皂莢之脂，如法制成，氣香色艷，必可行銷中外，自辟行源。牙粉爲花剛石碎腐而成，比來洋制日精，入口益多，亦宜購機設廠，自製自售。此胰皂之工，五也。

六曰刀針。物至於刀針亦微甚矣，德國制之尤稱精美。蘇人有奚姓者，貧人也，有德商喜其樸誠，與立約爲針，販針至中國，由彼分銷，來及五年，積貲六七十萬，知此人壟斷之豐，即知此物銷行之廣矣。至各種洋刀、鐵器、洋傘之類，悉數難終，入口販售，皆無厘税，涓涓不塞，遂成江河，皆宜設法造銷，以前民用。此刀針之工，六也。

七曰磁漆。中國爲磁器祖國，華磁應銷外洋，乃上下因循，不求精進，轉使英法日本之磁器運入海疆，席地設肆，纍纍者皆外國磁也。亂後西南各省漆樹戕伐無存，漆價大貴，英法於印度、越南、緬甸，而日本則於國中，歲歲添栽漆樹，採製有法，精美殊常，埋藏地中，三載用之，不燥不皴不裂，生人需用，二物實爲大宗，不自製之、自種之，此後之漏卮未知所底矣。此磁漆之工，七也。

八曰藥餌。西人考求醫學，所制藥水藥散之類，或敷或服，皆註明治驗，用藥少而取效神。近日各國大藥房風行內地，而中國藥肆亦竊取其藥，改用中國丸散名目，分運行銷。此項藥餌入口之時，西人謂之化學材料，照約免税，歲計亦不下千萬金。誠宜精究西醫，講求化學，自行制運，免以仁民之術行其罔利之謀。至香水花露之屬，蒸取百花之精，華人喜之，風行海內，彼國之花有香者少，中國地居温帶，無花不香，誠仿蒸中國之花，以行之外國，則利源之巨何可勝言，此藥餌之工，八也。

此八者，皆在洋藥、洋布各大宗之外，與西人飲食之品，概免税厘，每歲入口所銷，多至不可計算。苟能略征入口半税，所入何止千萬金！故謂税司之忠於中國者，謬也。各口情形不同，其類於此者何限！甚至戲衣玩具，舉用他人，西緑洋紅，皆成巨款，箋紙籤筒之文具，石印鉛字之汽機，麵粉、口脂、藤床、鋼榻，種種洋物，觸目皆然，中國雖强，安得不弱？中國雖富，安得不貧？天下有心人所爲蒿目而憂、攘腕而起也。

趙樹貴等《陳熾集・織作之工説》 嘗見西人紡紗纀絲織布之機而嘆觀止矣。天工人巧至此，而窮世以奇技淫巧目之者，皆與於不仁之甚者也。天下必有此機，而九州萬國之無衣者始得免號寒之慘也。噫，仁矣！當世惑於老莊之説，動曰有機事者必有機心。自黄帝垂裳，大啓文明之治，蠶桑麻紵，何一不出於織機？使天下而無機，至今日猶草衣卉服耳。惟中國之機運於人，而西國之機動於氣，以水火之力代手足之勞，出我之有餘，補人之不足，彼此交易而利生焉。此人之情也，亦天之理也。

歐西織機，創於英國，略與輪舟鐵路同時。英人秘之不傳，他國擅入織廠與私授他人者，均有厲禁，而英人遂獨擅利權。蓋英吉利區區三島地耳，其始也以煤鐵富，其繼也以洋藥富，其終也以洋布洋紗富，而黄金布地，利冠全球矣。惟本國棉花不敷織造，初購之於印度，續購之於美洲，卒也購之於中國。美國之巧匠暗竊其法，參以新意，亦爲紡織新機，其工巧與英等。嗣而法效之矣，德效之矣，俄、日、奥、意、比、瑞均效之矣。英人知秘之無可秘也，乃推之以繅絲，推之以織綢織緞，推之以織呢，推之以織絨，織羽毛，織氈，織毯，織各色細布、花布、苧布、麻布、蕉布、葛布、半絲半棉之布、半麻半氈之布，故其利不減而且日增，四海風行，執萬商之牛耳。惟運脚極賤，定價極廉，冀中國、日本、朝鮮、越緬諸邦，不能仿傚。又專用印度、美洲之木棉，絲長色白，謂必此花乃能受織機之力，華棉色黄絲短，不能爲布，不可成紗，以爲如此則利分於歐洲，猶可坐收亞洲之大利也。

日本自購織機，初亦購棉於美國，運費過貴，取值過昂，行銷不暢。其時上海亦購織機開布局，彼此以中國之棉花試紡試織，機力不合，更改再三，所成之紗布乃一律精美，其光匀細密雖遜洋産，而温暖厚重過之。於是中國自紡自織，自用自銷，而日本之布亦暢行於沿海各省。人工既賤，運脚無多，定價與彼同，而獲利至二三分以上，視西國五厘之息幾判天淵，彼乃悉華工之勤，華棉之美，欲自運機器至香港紡織行銷，而先廣購中國棉花運歸本國，此亦中國商務一大轉機矣。惟近日日本商約中有改造土貨之説，若不急行設法，維持保護，自辟利源，正恐收利於桑榆者，又將失利於東隅，拒虎進狼，依然故我，豈計之得者哉！

中國之大，豈無明哲？利之所在，人所必趨。如南方之繅絲織綢，北方之織呢織絨織氈織毯織麻布苧布葛布各業，亦應一律振興，借彼汽機，成吾文錦，不惟行銷本國，並可販運外洋，此水谷之真源，富強之上策，而衣被天下，覆幬蒼生，其功德亦永無涯量矣。若夫衣襦冠履，中西服色不同，未必能裁制精工，恰合遠人之用。然西人製造各物，皆考求體察，投我之所好而來。日本自開埠通商，講求工藝，皆能精置西物，以廉價售與西人，我亦何妨反其道而行之，迎其機而導之，以隱收其利。

蓋中國人工值廉費省，與西人同制一物，我之成本必賤，彼之成本必昂，此中國商務大興之根本也。況今日裁縫機器沿海盛行，運以手工，巧捷無比，一日能作五日之事，一人能任五人之工，均可採而行之，以免費時曠日。直東草帽邊一業，爲西人夏日戴用之需，每歲出洋合銀四百餘萬，天津、烟臺兩口，全恃此物稍抵洋貨之來源。夫物至於草賤矣，以草編之爲帽，其工亦至粗矣，徒以行銷外洋，西人喜用，遂能歲入巨萬，爲北方土貨出口之大宗，天下之草何限？天下之物類於草帽邊者又何限？有志之士當奮然興矣。

比聞區區微物，亦復作僞亂真，致招西人詬病。日本起而承其後，近年草帽出洋之數已與中國略同。滄海橫流，人心不古，貪利忘害，自窒利源，不有清公精敏之才主持商務，以整齊而教導之，則他日之深患隱憂，正渺然未知何底矣。

趙樹貴等《陳熾集・軍械之工説》 泰西機器之興，以軍械爲最後，而中國之仿而效之，又以軍械爲最先，其優劣難易之相懸也倜乎遠矣。蓋自英人華忒借水火二力創制新機，用以運煤，用以擊石，用以起重，用以駛船，用以造軌行車，用以煉鐵制器，而各種化學、重學、光學、熱學、電學、天學、地學、植物、動物諸學相緣而並起，考求體察，逾近逾精。迨新式槍礮、魚雷鐵艦之興，則物料充盈，一呼可集，汽機神捷，一擊而成，聚千百廠之名材，制千萬噸之利器。故自同治初元有南北花旗之戰，而後有鐵艦魚雷，同治八年有普法之戰，而後有後膛來福槍礮。而近日英國阿模士莊廠仍主前膛，譏克虜伯之後膛礮身太短，不能及遠。上年中倭之役，北洋短礮過多，我之彈未及人，人之彈先及我，其利鈍可見矣。

兵船之制，英人專主鐵甲，德國專主快船。快則不能過堅，堅則不能過快，其大較也。上年大東溝之戰，中國有鐵艦，日本多快船，彼船來往如飛，我船轉折太鈍，幸船身堅固，尚能却敵還師，然而不能勝也。故西人近議鐵艦如心，爲提督座船，主三軍之進退，必須堅定不摇，無鐵艦是無心也，嗚乎可？快船如手足，所以捍衛心膂，制服敵人，勝則追而敗則殿，無快船是無手足也，又嗚乎可？中倭之戰日本幸而不敗者，以中國快船太少耳。故定一軍之制，鐵艦一而足矣，多則二艦，而快船必須八號或十號，始能勝敵，始可自全。又因中國鐵艦礮彈已空，經倭船環攻二時，竟無大損，而威海夜泊之際，魚雷一發而定遠遂沉，自餘廣甲廣乙諸船，均以一雷轟碎，因廣制水雷船以爲鐵艦快船之輔，又廣制滅水雷船以保鐵艦，捉魚雷，增馬力，添速率，每鐘可行三十海里，合華里一百廿里，而鷸雲天馬行駛如風矣。故經一次戰事，則廣一番異聞，變一種新法。

而中國福建船政局所用者，法國之舊法也；江南製造局所用者，英國之舊法也；北洋船塢海軍機器各局所用者，英德兩國之舊法也。如法配鑲，絶無新得，每用一物一料，皆須購自外洋，西匠未必賢能，華工不求精進，見聞孤陋，材料不全，欲整頓而無方，欲考求而無地，不明各學之理，不知各器之源，安得不永落他人之後哉？

湖北槍廠爲比利時最新之式，上海製造局所制快利槍亦稱利用，即可廣籌經費，多募工匠，專造此兩種之槍，天下軍營統歸一律，免致槍彈不合，再蹈前日覆車。至如鐵艦、快船、電燈、雷艇，中國斷難遽造，仍須購自外洋，舊日局廠之工，大可無須再制。蓋西人於軍械一事，亦復得魚忘筌，見月忘指，每變一新法，則舊法棄若弁髦也。中國於西人工藝製造諸事，百無一能，乃欲成西國最難之工，希西人最精之詣，是猶行遠而不自邇，登高而不自卑也。多見其不知量矣。

十五年前，德相畢思馬克之言曰，華人之至德者，必詢何式之船最堅也，何項之槍礮最精利也。日本不然，專考化、重、光、電諸學及工藝商務之本原，回國之後，皆自能製造。夫軍械之變，日出不窮，未及十年已成棄物，否亦[illegible]朽不堪復用，中國其衰矣！日本之興其未艾乎？於中倭勝敗之原，十載以前洞若觀火，雖非聖者，亦明矣哉！雖然，天下之大局，理勢而已矣，中國孱弱如斯，無勢何以言理？海軍陸軍者，所以振國威而張國勢也。精槍利礮鐵艦快船，又海陸二軍之性命而制勝克敵之根原也。公法偶有戰争，局外義無偏助，購之不可則自造之。當日左李諸公創興船礮各局，亦不可謂非思深而慮遠矣，所病者，中西學術本末迥殊，工藝源流高深難罄，遂以中人下駟敵彼驊騮，重以議論難調，度支屢絀，未能選上等英奇之質，窺西師製造之源，一片苦心付之流水矣。

然械用之成敗利鈍，亦非試驗不明。海軍之船，德主快而英主堅，相持十年，迄無定論。至中倭戰後，乃悉堅之與快相倚而成，亦相因爲用，而水雷魚雷之猛烈，無烟火藥之精良，電燈之照夜逾明，長礮之及遠有凖，歐美各國既已確知其故，將各竭其心思才力以變通盡利，舍舊而圖新。

中國當此之時，誠宜借鑒前車，力圖後效，揀派清忠正直、熟習化學製造之員，遊歷各國，博訪良法，訂購新船。仍選學生之熟悉西文而通古今、識大體者，分赴各大學堂，分門學習，暇則遊歷各廠，考證見聞，博訪西國著名工師，籍而記之，期以五年，學成歸國。然後就鐵政已成之局，聘泰西上等之工，分設船廠、礮廠、魚雷電燈各廠，大興製造，中西合力，精益求精。漢陽居天下之中，有事時無虞侵掠，每開一廠，必設一學堂，選天下聰穎諸生，中西並教，各廠各學特派大臣總理，日省月試，歲課其成，有能自出新意成一新法者，旌賞給憑，加以奬擢。以此爲海陸諸軍之根本，製造各器之會歸，刻計十年，或當有濟，即未必争雄各國，亦可聊固吾圉矣。

否則，有七年之病而不求三年之艾，或因噎而廢食，或畏難而苟安，日月逝矣，時不我與，往者不諫，來者可追。夫謂華人之智不若西人，猶之可也，謂華人之明不如日本，豈理也哉！曷亦返其本矣。

趙樹貴等《陳熾集·制機之工説》 洋貨之來也，皆以機制，而後能奪我利權；則我之仿造洋貨也，亦必以機制，而後能收回利權。若制以手工，決不能精美，不能捷速，不能整齊，欲持此以與機器争利，是猶驅跛者、躄者竭蹶奔赴與駿馬争先，其不絶臏折足也幾希矣。惟物物皆須機制，而中國獨不能制機，生利收利之機關轉懸於他人之手，雖歐美兩洲各國均能製造，雖欲自私自秘而不能，然偶有損傷，則修理無人也，偶有殘缺，則添配無人也。即獲利豐盈，欲加推廣，又必函達外國先期製造，舟車七萬里運載來華，速則半年，遠須匝歲，此亦半年之利，固已爲他人所有矣。況貿易嬴絀，朝暮不同，萬一遲之又久，機器雖來而情形已變，向之必能獲利者，今已無利可圖，則亦不得不四顧躊躇，別思變計。毫厘千里，移步換形，是中國不能制機，中國之工商即永不能力争先着也。

西國大小機器，大抵以銅鑲配，以鐵制成，各廠制一新機，則銅皮鐵皮有作也，銅板鐵板有作也，銅絲鐵絲有作也，銅柱鐵柱有作也，銅座鐵座有作也，螺絲釘有作也，鍋爐有作也，大如梁棟、細如針芒之物無不有作也。尺寸衡量，咄嗟可集，何處價賤，何處物精，長短重輕，一無差失，而其本廠亦物料充創，堆疊如山，巨細何宜，精粗何適，既無窳物，亦無棄材，一錢不致虚糜，一物不教短缺。

中國各局廠既不能煉礦制物，一材一料皆須購自外洋，來貨有稽延，需用有緩急，於是盈箱纍捆，費千金萬金以購之，而零星分散以用之，稍有不足則又急急增添，必使充溢有餘而後已。此項銅鐵之材料均畏潮濕，西人所謂養氣者也，一爲養氣所蝕則銅生緑、鐵生銹，收貯既已不慎，防衛又無其方，霉爛銷亡，終成烏有。向也費千金萬金以購之，收其用者不能及半，制物之價安得不什倍蓰於外洋？此其故。由於中國本無製機之廠，而機之不能自製，又由於中國本無製料之機，則一針一縷皆須仰給外人。故一言製機之機，而中西工藝之相懸，直不可以道里計也。

漢陽之鐵政局其知之矣，自開礦，自運煤，自煉鐵，自製物料，自辟利源，可謂知其本矣。然而經費不敷採辦，則煤鐵無來源；各省製造所用，仍專購於外洋，則材料無去路；所成之鐵料，不就中國所急需之物鑲造配合，制成機器，則商民上下無銷場，雖費多金，終無大用，遷延日久，朽壞隨之，可奈何？

雖然，無難也。今上海之製造局，已能自製繅絲機器矣。祥生、發昌諸鐵廠，已能自製輪舟、輪車、機器及各種軋花、縫衣、造紙、印字之小機器矣。亦多有華人雇西人購機器，自設螺絲、銅皮、鐵皮諸作矣。耳目漸熟，風氣漸開，仿傚漸易。

近年德國、比國之工師入中國謀生者漸衆，其識礦、煉鋼、制機之技與英法略同，而工價較廉，性情頗合志願，不奢侈，苦服勞，事有終始。誠能由國家提款，以鐵政局爲根本，而於其旁附設各小廠，專制各種物料，造各種汽機，延德比諸國上等之工師，分投經理，長於何事即制何機，遍告海内工商，需用機器者均至局中購買，所定價值，務較外洋便宜十分之二，發給護照，沿途關卡一律蠲免税厘，並用西例，派人隨往各地裝配齊全，偶有損傷，代爲修理。中國自開煤鐵，自造機器，自行保險，自收運脚，雖復減價售賣，亦當必有贏餘，即使僅够開銷，祇敷成本，而制機配料，爲中國開闢利源之關鍵，振興工藝之權輿，國家亦何惜數百方金以成此利國利民之盛舉哉！況此數百萬金者，旋制旋售，旋收旋放。開礦運煤、煉鐵制機諸工作，爲天地養無算窮民，爲閭閻廣無窮生業，爲國家增無量税課，即爲薄海内外塞無限漏卮。似創實因，似難實易，有利無害，日起有功，求己不求人，無用化有用，在一轉移間而已矣。

趙樹貴等《陳熾集·工藝養民説》 今之論者，輒謂泰西各國土曠人稀，故以機器代人力，中國人稠地狹，民間技藝尚倚手工，若以機器爲之，必奪貧民生業。又謂西人以機器制物，既速且多，行銷中國，中國亦以機制物，何地可銷？物賤價廉，終歸無利。此井蛙夏蟲之見，淵魚叢爵之心，而貧中國，弱中國之大罪人也。持此論者，多士大夫，彼愚魯之工人有何知識，以至通商六十載，坐聽西人盤剥把持，工藝不興，利源不辟，民生日蹙，國計日虚，驅他日之中國傭奴於洋人，驅今日之貧民俛而就饑凍死亡之地，皆此種之謬論讕言，階之厲也。

竊嘗仰體上天好生之心、古聖賢親親仁民愛物之意，留中國將來之人種，保朝廷未失之利權，不可以不辨。英吉利區區三島地耳，大不及中國一省，户口三千五百萬有奇，英京倫敦，户口四百廿五萬有奇，通商流寓他國他埠者均不在内，每方里有居民百廿人，通國地畝，每畝值華銀二百兩以上。法國之大如中國省半，户口四千萬有奇。比利時之大如中國二府，居民二千六百萬有奇。果人稀乎？抑地曠乎？彼國機器初興，其手工之人亦欲竭手足之勞與之争利，心盡氣絶，無可爲生，乃改而入廠工作。其始也，月得工資三四元或五六元耳，入廠以後，技藝之高者，月得數十元、數百元，即至愚極鈍者，亦可得七八元或十數元，向以數十數百人作工者，加至數千數萬人而未止。驪之姬，艾封人之子也，晉國之始得之也，涕泣沾襟，及其與王同匡床，食芻豢，而後悔其泣也。以此例之，果失業乎？抑不失業乎？中國每年入口及免税之貨，並計不下一萬五千萬金，皆西人機器之所成而華人之所用也。我而購機自造，即僅銷中國，其利已不可勝窮。況中國工價既廉，費用又省，所成器物，價必倍賤於外洋。我之貨而精於彼也，彼將喜而購之；我貨之精與彼等也，彼亦必貪其價廉而購之。上海機器所繅之絲與法國里昂同價，貨物未出，銀款先來，專派人駐上海購之，惟恐不得。天下之貨物患我之不能製造耳，患我所制之不合人用、不速不精耳。我不能禁吾民之用洋貨，彼獨能禁其民之用華貨乎？以是言之，果有銷路乎？抑無銷路乎？若而人者深惡洋人，遂兼惡洋貨，惡其以機器奪吾利，遂並機器而惡之，自以爲中國之於城也，而不知倒行逆施，實暗保洋貨之來源，暗絶華民之生路，不啻爲泰西各國之人傅翼而使飛，揚湯而使沸也。噫！傎矣。

然往者不可諫，來者猶可追。中國之地大矣，其物博矣，無業之民多矣，苟一旦翻然變計，豁然大悟，以現在繅絲、煉鋼、紡紗、織布諸局廠爲之根，凡華詳所需各物，一律購機自製，或銷本國，或運外洋，有業者改圖，無業者有業。西國各鎮埠工作大廠多至百家或數十家，每廠工作萬人或數千人，少亦數百人。使中國各行省工廠大開，則千萬窮民立可飽食暖衣，安室家而養妻子。向日之手工糊口者，亦各免艱難困苦、戛凍啼饑，咸得享豫大豐亨之福也。天下之功德，孰有如是之不可思議、不可限量者乎？

蓋嘗上下古今而深思其故矣。自黄帝以來，聖作明述，制器尚象，百業俱興，以前民而利用亦越於今，蓋五千有餘歲矣。五百年而名世生，五千歲而大聖人出，然後六洲合一，萬國大通，一手一足之勞，豈足以濟四十萬萬衆生民之日用？天乃假手西人，以陰陽水火之功能，發借力生光之妙理。人之目所不能見者，以機器見之；人之耳所不能聞者，以機器聞之；人之手所不能舉者，以機器舉之；人之足所不能及者，以機器及之；人之心思智慧千力萬氣所不能成者，以機器成之。所謂六合之外，聖人存而不論，六合之内，聖人論而不議。天地之大，雖聖人亦有所不知不能者，皆窮高極深，因端竟委，厘然井然，皓皓然鑿鑿然，確知其所由。然前聖人知其理而不明其數，後聖人通其數而並觀其象，然後人與天地並立爲三，參贊位育之功，至是而始毫無遺憾也。

彼西人者，深思好學，各明一義，自附於老聃鄒子之倫，萬靈風雨，聚精會神，合而成一，大聖人之聖德神功，以膺此上下五千年之景運者也。故論聖之所以爲大也，則博厚配地，高明配天，悠久無疆，雖罄竹帛以書之，不能窮其萬一也。而要其實，則天道好生而已矣，地道養民而已矣，人道利用而已矣。

中國萬邦之首，而今日生齒四萬萬，爲開闢以來所未聞，天下之窮民以十分之一計之，已四千萬，雖堯舜亦窮於施濟矣。長此而不變，則惟有水火、瘟疫、刀兵、盜賊，草薙而擒獮之，成亘古傷心之浩劫已耳，而天不忍也，而天乃皇皇然思所以救之也。

救之之道二：曰居，曰行。非美澳三洲，東南洋萬島，曠古榛蕪，使行者墾以爲田，則萬寶既成而萬民不死矣。此啓尾閭以泄之之法也。天下窮民謀食之路，惟機器工作廠爲最豐，亦惟機器工作廠爲最易，使居者制以爲器，則外財可入而内患潛消矣。此開天庾以賑之之法也。然而海不可渡也，器不可成也，天復載以輪舟，教以工作，勤勤懇懇，保抱提携，父母愛子之心亦無所不至矣。今出洋謀生，共知其益，獨設廠工作一事，相率非之，是猶忤逆之兒不解父母顧復生成之意，而逞其小慧私智，攘臂以與之爭，可乎？不可乎？人所決不能知者，天知之；人所決不能救者，天救之。而若人獨不肯救人，哆口以與天敵，能乎？不能乎？

今日本已立約改造土貨矣。我終不開，人將開之，人即不開，天將命之，萬不能聽此數千萬窮民潦倒飢寒而死也。此天之心也，亦天之道也。知天之所以爲天，即知聖之所以爲聖也。

趙樹貴等《陳熾集·糾集公司説》 商人之秘術二：一曰估先，一曰歸總。所謂估先者，一埠焉，人未往我先往，一貨焉，人未運我先運，一物焉，人未售我先售，前知億中，合節同符，獨爭天下之先，不落他人之後，此泰西諸國所兢兢然心摹手追，而英人獨稱巨擘者也。歸總者，公司也，總則制人，散則制於人，所謂長袖善舞，多財善賈者。二百年來英商之所以横行四海、獨擅利權者也。西班牙、法蘭西、德意志諸國亦嘗出全力以與之爭，然而不能勝也。公司一也，而有行有不行，有勝有不勝者，無他焉，公與不公而已矣。寧失信於天下，而決不能失信於同人；寧受虧於一身，而決不能虧及於同事。此英國商會之所以恢宏光大，冠絶萬國之根原也。

中國道光以前，通商止粤東一口，茶葉之利已五千萬金，而絲、糖、磁器各物不與焉。西人伏處澳門一埠，降心俯首，帖帖然聽命於總商，所謂十三行者是已。厥後千金之堤潰於蟻穴，由是而五口而十三口，設關建埠，華商從散約解，勢孤而力分，而彼國之公司其約束堅明，協以謀我者如故也。中國之商既散，而軍興以後，厘金關税復節節而稽之，銖銖而校之，天下設官數千，增司事巡丁數萬貪狼猛虎，礪齒磨牙，皆敲商之骨而吸商之髓者也。外國之商，資本豐富，而除入口一正税、一子口税之外，任意暢行，三聯税單充斥内地，偶有西商過埠，則丁役圍護，官吏趨迎，即驗即行，惟恐稍拂其意。噫！叢爵淵魚不自知其身之爲鸇爲獺已。持平之道，必使洋貨一律征厘而後可，如無能爲役，則必中國盡撤厘金而後可。然而皆不能也，此後中國之商人豈尚有生機去路乎哉！無已則創設公司，猶可維持補救於萬一也。

請言内地公司之利。一物焉，運而售之於外，商之資本多者，除運脚食用外尚有贏餘也，資本少則獲利雖同，或所得不償所費，何如選立商董，創設公司，則既省川資，以廉價而可收大利，此益於商者也。零星商販，偷漏走私，故丁役多而設卡密。今合散爲總，貨物多則無從繞越，資本重則各顧身家，大可減卡裁丁，與民休息，而比較收數，視昔逾豐，此官之益也。

請言行銷外國公司之利。今日絲茶二業受弊深矣，多由小商跌價爭售，以致巨商受害，自有之貨不能定價，轉聽命於外人，每歲受虧動數百萬，我分而彼合，我散而彼整，我貧而彼富，我弱而彼强，雖他日工作遍地，物産塞途，仍將低首下心，默而聽他人之把持抑勒已耳。誠能糾集資本，凡土産、礦金、製造諸物，各立公司，由商人公舉明通公正之人主持其事，則貧者驟富，弱者驟强，不惟自擅利權，並可通行海國，華人之智力豈竟不若西人哉！

然而難矣，風氣未開，積習未變，各牟其利，各懷其私。夫公司者，秉至公而司其事之謂也，其心其事，皆與此義相背而馳，我無以自信，亦不求見信於人，而欲天下人之信我焉，得乎？天下人之愛財一也，其自私自利同也。我取天下人之公財，以供我一人之自私自利焉，可乎？當日礦務公司聚數百萬之金銀，而以虧閉一言付之流水。今日電報輪船商局，每歲入貲數百萬，股商僅收官息八厘，公積則虚有其名，餘利則不能過問，人人知有二三分之息而僅得八厘，是不啻取大衆之慳囊，以飽一二人之私橐也。此習不變，此弊不除，而欲糾股集資，冀中國商務之能興、公司之能立也，雖良馬生角，黄河再清，不可得矣。

即習變矣，弊除矣，而不立商部，譯商律，開商局，設商學，將英美各國公司章程擇要删繁，通行刊布，使商人傳誦揣摩，以明其理，官吏維持保護，以考其成，歲刊徵信録、帳目單以昭示天下，則猜嫌終不能泯，壅蔽終不能除，雖需之益殷，而去之彌遠。雖然，君子之德，風也，小人之德，草也，所願天下有清公諒直之人，或爲官而愛養商人，或爲商而總持局務，不營私，不嗜利，不欺人，不欺天，而惟懃懃焉以保全大局爲心，矻矻然以富庶中邦爲務，則一人善射，百夫決拾，轉移風會，如響應聲。然後出我最富之藏，取彼至精之法，合億萬人之財力，收六十載之利權，祇須發沿海數省之菁英，而已可以奔走諸洋，縱横一世矣，憂貧患寡胡爲哉！

趙樹貴等《陳熾集·多制兵船説》 今能禁外國之人此後不通中國乎？不能也。今能禁中國之人此後不通外洋乎？不能也。所以行之者，輪船也；所以護之者，兵船也。行者譬之足也，護之者譬之手也。今外洋人中國之船，每歲數千百艘，而中國公私上下無一船行駛外洋，是人有手足我無手足也。或解之曰：中國百物具備，無庸仰給外人，不通商固無礙也，彼欲通商則聽其來焉可矣，何必往？是大不然，彼欲通商，非必物物皆有所缺也，趨利而已矣。趨利則必争，以無手足者與有手足者争，彼勝乎？抑我勝乎？或又曰：我安坐而食之，固寬然有餘也，何必争？正惟安坐而食寬然有餘，而彼之争乃愈亟也，必將彼有餘我無餘，彼得食我不得食，而争仍未已也。况五六大國水陸沓至，皆以中國爲魚肉，羣起而争，而我徒以不争應之，彼之争遂可以已乎？不可也。

雖然，手足定於天者也，而輪船兵船成於人者也。泰西各國，百年以前皆用夾板船、帆船，行程一年，始達中國，雖有若無，付之荒忽，不足畏也。自機器行輪六七萬里之遥，刻期一月，而我本國江湖之險，民船往返動閲數旬，人之利便如彼，我之淹滯如此，詎可以當日之吴下阿蒙相待乎？彼嘉慶道光以前蠖伏澳門，帖帖聽命，自有輪舶兵船以後，其飛揚跋扈何如哉！且彼之手足亦非與生俱來者，由通國之人上下一心，講求格致，以臻兹巧捷者也。彼可成，我寧不可成？彼可有，我寧不可有？彼爲其創，我爲其因，彼之成之也難，我之成之也易。可購者不止一國，能造者不止一人，我之受累受虧者不止一事，而仍深閉固拒、盡人侵奪，轉以無手無足自豪，此何説也？

往者不可追矣。此後而果欲阜民財、豐國用、振商務、收利權，則輪船固須廣行，兵船亦必須多制也。今之論者，輒因中日交兵，海軍失事，借口於兵船之無用，中國之無人。謂中國無人固也，謂兵船無用則非也。上年大東溝之役，兩國調集兵輪，各出全力以相搏，雷轟電擊，破釜沉舟，西人謂自英法海戰以來，罕有如是之奮不顧身，將性命鴻毛輕於一擲者。若平日護商兵船散泊海中，借張聲勢，不常備戰，安有危機？不過按期會操，練習槍礮，以壯己民之膽氣，係外國之觀瞻而已，可以隱杜侵陵、潛消事變矣。前此中國海軍游駛新加坡，中國商民所由瞻望旌旗而歡聲雷動者也。

惟海中道路沉礁暗綫，艱險殊多，英國分駐各埠之兵輪自保護商民外，專以考察海圖爲要務，日省月試，歲課其成，皆以日記繪圖考其殿最，萬一有事，則全地球之海道，孰遠孰近，孰險孰夷，通國之人一覽瞭然，更無疑滯，實有益於行程之遲速、戰事之短長、兵機之利鈍。因商輪來往祇行常道，萬不能周回遍歷，盡悉其淺深曲折之所由然也。

中國南北洋海軍興復萬難再緩，内地通商各處，亦宜各駐兵輪，方免彼族動輒稱兵，要求無厭，一通一塞受制於人。至護商兵輪，應先以南洋爲主，每駐一領事，至少須駐一船，此項薪糧可由商人捐助。當日新加坡庇能各埠，本有捐置兵輪之説也，惟管輪駕駛必須得人，操演測量必有圖説，此則各國所同者。英法俄美各國之兵輪與商輪無大區别，恒有平日運貨載客，絡繹往來，有事時改作兵輪，即爲國家備戰者。因輪船久泊，銹澀苔粘，轉須修整，於暇時收取水脚，津帖弁兵，不惟熟悉海程，並可無須另給養船之費耳。中國事事隔膜，各省官輪或購或造，迨竣功以後，體制尊嚴，寄泊江海之間，除載送官紳，終歲不一開駛，而薪糧糜費動數千金，商輪則自擅利權，亦不上濟國家之急，官自官，商自商，無益而有損矣。

嗣後守口巡閲兵輪，大可仿照各國章程辦理，而國家稍加津貼，即可任意往來。聞南洋華商已自有輪船多艘，行駛各埠，惟慮華官需索，轉倚英人旗幟爲護符。誠能開誠布公，酌補公費，發給軍械，假以管帶裝弁各頭銜，無事則海夫轉運，儼然商部之章旗，有事則艦隊聯翩，高列海軍之位號，聲威遠震，與有榮施，必有願爲公家出力者。惟船非堅固，戰時仍充運船，如被敵艦擊沉，仍須查明，撫恤賠繳，此於濟用之中，仍寓恤商之意者也。

趙樹貴等《陳熾集・公司》 《貨殖傳》曰：「太上因之，其次利道之，其次教誨之，其次整齊之，最下者與之争。」今天下之民，紛紛然皆争利者也。争而不善用其争，以致大利之源，盡爲外人所奪，則上之所爲整齊、教誨而利道之者，未得其道耳。

泰西公司之法，托始於西班牙。四百載以前，其國人探索南北美洲，泛海西行，遠逾萬里，一人一家之力有所不足，君主資以兵力，助以帑金，通國之人亦各出私囊，同襄盛舉，嗣開闢新地，務農殖貨，利賴無窮。西班牙當日之富強，甲於天下。葡萄牙、英吉利踵之於後，乃遍開南洋萬島、非洲、澳洲，東達中華，西連印度。商途所及，兵船隨之，教會繼之，兼弱攻昧，取亂侮亡，兵餉所資，率倚公司之力，而通商、用兵、傳教三事，儼如環之無端。及印度並入於英，遂卓然爲歐西之首國。蓋疆界攸分，非通商不得入，道里過遠，非公司不能行，而用兵、傳教之余意，主於逆取而順守。履霜堅冰至，木必先腐，而後蟲生之。英之縱横四海也，非一朝一夕之故，其所由來者漸矣。風之積也不厚，則其負大翼也無力；水之積也不厚，則其負大舟也無力。長袖善舞，多財善賈，然則公司一事，乃富國強兵之實際，亦長駕遠馭之宏規也。

中國局守舊聞，兢兢以言利爲戒，沿海各埠，大權概授於西人。比來設立商輪、電報等公司，行之漸有成效，第規模狹小，未能遠達重洋。商部即開，利權漸復，然後將絲茶及大宗貨物，合官民之力，精心擘畫，糾集公司，南洋、西洋，寖推寖廣，出九州之物産，供萬國之取求，收已去之金錢，保將來之商局。夫南洋者，西人之外府也，所以儲材蓄勢，憑陵上國之權輿也。我之商力，兵鋒略及於南洋各島，彼海外諸國將惴惴然顧畏不遑，不必埽穴禽渠，而已足招携懷遠矣。苟因循頽廢，漠不關心，小民自利自私，安知大局？排擠傾軋，損己益人。西人之公司，今已壟斷於海疆，久且縱横於内地。彼之民日富，我之民日貧，彼之商益强，我之商益弱，恐不待兵刃既接，而勝負得失之數已有霄壤之相懸者。

通商以來，五十載矣。彼越南、緬甸、波斯、印度之民入中國者，皆役屬西人，無一富商大賈。利權一失，生計遂窮，既誤先機，徒貽後悔，國亡家破，犬馬終身，然後知商務盛衰之樞，即邦國興亡之券也。黍離麥秀，心折骨悲。彼中國乾隆以前，亦祇沿海通商一埠耳，諸國之君臣，方龐然自大，拘守成法，鄙薄外人，又安知未及百年，遽有今日哉！噫！傷已。

趙樹貴等《陳熾集・鐵政》 鐵之爲用大矣。伊古以來，釜鐺以爨，錢鎛以耕，深閨之刀翦無聲，絶塞之戈矛如雪，以至百工椎鑿，效伎程材，九陛鐘鏞，銘勛紀事，自公私上下，民生日用，無一不於鐵乎是資。明時海疆將帥，虜獲倭人，及奉詔放還，皆乞取鎖鐐，歡欣踴躍而去，以倭不産鐵故也。蓋鐵之爲用，實冠五金，中國鐵礦繁多，故如取如携，了無足異。使天下一日無鐵，斯民之不便何如？英吉利，海西三島耳，當未得印度之先，徒以煤鐵之富，販運歐洲，縱横海外。

近日西士之精於天文、化學者，考察太陽本體，其色、其光、其熱，與煅紅之錳鐵無殊，疑其質性相同，故光華相若。自書契至今五千歲，陽烏光熱，未減毫芒。地體小於日輪三百萬倍，日與地之吸力，如景隨形，如磁引鐵。同類則相感，同氣則相求，因疑地與衆行星，皆日中爆出之分體，故大地所産，惟鐵獨多，而外洋火山震裂之時，所涌出者，皆硫磺與鐵汁也。意地心奇熱，焚燒錳鐵之精，與日輪光熱俱同，故其氣可以互攝。今日講求格致，機器、鐵路，取多用宏，然以理揣之，日輪，鐵也，地球，亦鐵也，則鐵之效用於人者，今日尚其濫觴，而未得窮其究竟也。西士之言如此，雖六合之外，古聖人有所不言，然俯察仰觀，不得謂毫無所見矣。

通商而後，洋鐵盛行，大關乎製造海防，小極於尋常日用，中國非無鐵也，制煉不精，故大利盡爲所奪也。張之洞有見於此，在鄂奏開鐵政一局，購機煉鋼，以辟利源。或乃掎摭流言，阻撓至計，若惟恐西人失利而中國富强也者，井蛙夏蟲之見，淵魚叢雀之心，不自知其倒行逆施之至於此極也。惟局中工匠，舉用西人，費鉅工繁，難乎爲繼。

宜選聰俊子弟，隨節出洋，於克虜伯及著名各廠，專門學習，然後博考舊法，參用中西，棄短取長，持平核實，其必用西法者，提官款以助其成，其兼用中法者，借人力以省其費。他若枯煤受煅，引氣以燒鐙，鐵洛所遺，入灰而成石，務使礦無遺利，廠無棄材，乃能細大不捐，精粗悉當。

中國煤鐵之礦，十八行省無處無之。廣收利權，致精械用，權衡今古，便益公私，他日兵事偶開，則精槍快礮，鐵艦魚雷，取之宫中而皆備，何必皇皇然竊竊然憂局外之刁難恫喝哉！

趙樹貴等《陳熾集·圜法》　國家何以鑄錢？曰：「以爲民也，日用通行，非此不便也。」今日何以停鑄？曰：「以爲國也，銅價過昂，所得不償所費也。」然則有益無損，有利無弊，既可便民，又不病國者，莫自鑄金銀錢若矣。古之時，粟帛交易而止矣。自首山採鑄，九府通行，炎漢五銖，輕重適當，泉刀貨幣之用，綿歷四千餘年。唐宋以還，疆土益廣，至明而後，地丁税課，概用紋銀，良由人利輕賫，事趨簡便，三品之輕重，視九州之廣狹以爲差。然紋銀折算畸零，權衡輕重，出入高下之際，吏胥弄法，市儈操奇；銅錢則笨重煩難，不能及遠，運千緡以行萬里，所得者幾何矣！

今日萬國通商，外國銀錢遍行於東南各省，民情之所便，即天意之所開也。歐洲諸國，航海東來，因商旅暢通，道途日遠，銀錢猶有不便，乃一律行用金錢，自中國、印度外，貨幣交通，概以黄金爲準，因時制變，雖聖王不能禁之矣。其顯敝中國者，莫甚於洋債一宗，鎊價參差，隱虧巨萬。而民間貨物，一出一入，低昂輕重，均以金鎊爲衡，暗剥潛銷，利源外溢，國家所恃以宜民利用，奔走一世者，太阿之柄，甘授之於外人，薄海漏卮，永無底止，殆不得鋪張涂飾，視若緩圖矣。

謂宜統飭各省，設局購機，將三品之金一律鑄錢行用，其金錢、銀錢之輕重，及五分、一角四開諸式，略仿泰西，惟參酌情形，熟權子母，别定式樣，詳議章程，仍由户部侍郎主持其事。錢局薪俸及防弊諸端，均參仿中西，從其善者。礦政局開採所得，就近平價採買，以供鼓鑄之需，仍與鈔法局相爲表裏，互資挹注，外合内分，相繫相維，立於不敗。部庫藩司收解之款，亦將銀兩折合金錢、銀錢，三者並收，略照時價，年終奏定，由部頒行。各官廉俸既增，則火耗陋規均可酌量裁減。民生日厚，國用益饒，而天下吏胥衙蠹舞文骫法之端，已剷削根株，不去而自去矣。

夫三品厥貢，《夏書》兩著其文。天生五材，以利民用。今日之貧匱，非食之不足，實用之不充也。中國金礦、銅礦之多，遠非泰西所及，伐山開礦，就地鑄錢，免西人壟斷之虞，有四海流通之利。商務日振，工藝日興，再歷數十年，中國之豫大豐亨，有斷非海外小邦所能及者。此自有之利，自主之權，乃怠惰因循，守株待兔，補苴掇拾，剜肉補瘡，他日財盡民窮，偶有水旱偏灾，鋌而走險，其事尚忍言哉！

「追天之未陰雨，徹彼桑土，綢繆牖户，維此下民，孰敢侮予？」《鴟鴞》之詩，人所爲拊心而嘆也。

趙樹貴等《陳熾集·丱人》　古之人，仰法天，俯察地，觀象於天，取材於地。五金之産，三品之珍，天地之精英，所以濟萬民之日用也。故自首山採銅而後，開礦之政，歷唐虞三代以迄宋元，有其舉之莫敢廢也，有屢開焉無終禁也。廢之禁之，實自有明之中葉始矣。萬曆中，增設礦税，宦豎四出，不見臣工者垂二十年，礦税其名也，搜括其實也。豈無忠言讜論，冀回天聽而靖人心？而其私意别有所存，非口舌所能力挽，甫及再世，神器已移。後人借鑒覆車，因噎廢食，自滇銅照常採辦外，各省一律封禁，以至於今。

同治初元，通商伊始，當事建議開礦，糾集公司，然良莠雜糅，未久即相率避匿，致商民百萬資本盡付東流。今日偶及開礦一端，已幾幾乎望影驚心，談虎色變矣。守舊者膠執成見，謀新者任用非人，遂使古今以來良法美意，懸爲厲禁，視若畏途，而山川無盡之藏，終無由一見於世，日皇皇然憂貧患寡，懷金玉而啼饑乎？兹者鑒商辦之非策，於滇南設礦務大臣矣。經營屢年，反不若開平、漠河之卓著成效者，積重難返，成本過昂，所得之數，不敵所費，商辦非，官辦亦非也。

然則奈何？曰：「考之於古，則增設丱人，參之於今，則官督商辦，仿鹽法之制，量地設官而已矣。」扼要之圖，厥有四事：

一曰習礦師。開礦之法，識苗爲先，當日公司所延礦師，半係外洋無賴，夸張詭詐，愚弄華人，婪薪俸數萬金，事後則飄然竟去。滇南延諸日本，受弊亦同。必須令出洋學生專門學習，參以中法，精心考驗，明試以功，斯即丱人之選也。

二曰集商本。近日集股之事，聞者咸有戒心，必須妥議章程，由户部、商部主持其事，苟有虧蝕，查究著償。股票由商部印行，務使精美，不能作僞，乃能取信於民也。

三曰弭事端。衆逾千人，派兵彈壓，並礦丁團練，以防未然。秩之崇卑，視礦之大小，督撫兼轄，礦政如鹽政之例，以一事權。礦中危險頗多，仍參仿西國章程辦理。

四曰征税課。礦税不能定額，情形時有變遷，宜略仿泰西廿分抽一，信賞必罰，酌盈劑虚，因時制宜，隨地立法。事之濟否，首在得人矣。

夫大利之所存，必不能終閟於地，我終棄之，而能禁人之不取乎？英夷緬甸，法并越南，皆艷羡雲南之礦；日伺朝鮮，俄開鐵路，皆覬覦東省之金。及此時而自開之，得天之時，因地之利。天不愛道，地不愛寶，以固疆圉，則無形之甲兵也；以濟度支，則不竭之府庫也。此屢朝之成法，《周禮》之遺規，而今日切時之要策也。

趙樹貴等《陳熾集・商務》 古之財利，或上聚於國，屯膏者也；或下散於民，藏富者也；或中飽於官吏，剥民蠹國者也。今也不然，不在上，不在下，不在中，而流溢於外。故古人理財之法，不足以盡時勢之變遷。外強中幹，已成痼疾，則商務之不振爲之也。

善夫德相畢思馬克之言曰：「日本官民之至德者，曰講求工作商務，孳孳矻矻，學成而歸。華人一入德國，則詢何式之船最堅也，何廠之槍礮最精利也，考求訂購，不惜重資。夫此時各國強弱相均，莫敢先發，即情勢更改，亦須再閱數十年，所購船礮，不出十年，銹澀苔黏，半成棄物。況機器之制，日異月新，甫能擇善而從，已復後來居上矣。日人求其本，華人騖其末，日本意在富國，中國意主強兵。無論工作日精，他日可以自製也。即兵端將肇，購之他國，亦無異取之宫中也。日本之興，其未艾乎？」至哉斯言！於中國、日本得失之間，可云洞見癥結矣。

比年以來，日本出口之貨，歲增至一萬三千餘萬。而中國出口，向以絲茶爲大宗，今印度之茶，意大利、日本之絲，年盛一年，已奪華人之利，雖湖絲質地柔勒，華茶性味和平，天時土宜，非彼所及，然絲以機繅而色白，茶因税減而價廉。必須審受病之由，始得盡變通之利，此舊有之商務不可不保也。外洋入口之資，以洋藥、洋布爲大宗，今日土藥盛行，漏卮漸塞矣。惟洋紗洋布，歲溢六千萬金，必須設局購機，廣開製造。至外洋食物，照約免征，即以洋酒一宗，每歲入口，已及千萬，宜於十年换約，删去此條。洋貨之入華者，設法以收利權；土貨之出洋者，減税以輕成本，此將來之商務不可不開也。

蓋中國貴粟重農，情形迥異，而泰西制用之法，亦與中國不同。中國租賦，取之農民，而關市亦税；泰西度支，出於商賈，而畎畝無征。國用出於農，則重農，出於商，則重商，理之固然，無足怪者。中國租庸調已改銀錢，利害兼權，榷商爲便。此後舟車西達，光氣大開，非商何以捷往來，通轉運？自今伊始，制國用者，必出於商，而商務之盛衰，必係國家之輕重，雖百世可知矣。

商部既開，商局乃定，商情既順，商政乃興。滄海横流，今已捉襟見肘矣。安得深明大略之君子與之挽日下之江河也？

趙樹貴等《陳熾集・考工》 工者，商之本也，生人利用之源也。中國自《冬官》既逸，考工之政闕然不修，荏苒二千餘年，器用苦窳，規模簡陋，百工居肆，夷諸賤隸，無一聰明才智之人。彼泰西諸邦，轉得以奇技巧思，出而炫我。故外洋入口之貨，皆工作所成；中國出口之貨，皆土地所産，工拙相越，貴賤相懸，而中國之金銀山崩川竭矣。今之學者，輒謂巧不若拙，智不如愚，欲塞師曠之聰，而蔽離婁之目，則是燧人之火食，不如上世之飲血茹毛也，黄帝之垂裳，不如太古之草衣卉服也，中國之上棟下宇，不如土番之穴處岩居也。此老莊之餘瀋，憤激之讕言，信如是也，天亦何必好爲多事，篤生聖人，以開萬古文明之化哉！

今日者，五洲萬國，光氣大通，中國之人多，而他洲之土滿，尾閭之泄，消息盈虛，必使操一葉之舟，以浮滄海，竭一夫之力，以撼泰山，得毋傎與？適莽蒼者，三飡而反，腹猶果然。適百里者，宿舂糧，適千里者，三月聚糧。無舟楫，何以濟川？無車馬，何以行遠？天欲合九萬里爲一統，不假以精堅巧捷之器，何以宜民利用，使聲教大同？故知氣機工作之興，斷關天意，百年而後，新者皆舊，而變者皆常矣。中國五行百産，無假外求，當閉關絶市以前，我行我法焉，可也。通商而後，洋貨充斥，既不能禁民之不用，又不能禁彼之不來，而工作不興，商情日匱，坐待他日民貧國蹙，仰息他人，如秦人視越人之肥瘠，然者可謂忠乎？可謂智乎？

謂宜通飭疆臣，設立商政局，凡華民喜用之洋貨，一律糾股集資，購機仿造，以收利權。其中國所産，行銷外洋者，亦加意講求，務極精美。仍仿泰西規制，有能自出新意，制成一物有益民生者，準上之工商二部，賞給護照寶星，許其專利，以開風氣，以復古初。出洋諸生學成歸國，就其所習，分飾主持。

夫歐洲之英吉利，東瀛之日本，皆海中島國，物産無多，徒以工藝繁興，後先崛起。中國之壤地廣矣，物類蕃矣，取之不禁，用之不竭，上有所好，下必甚焉，行之二十年，而國勢不強，民生不富者，未之有也。否則如五印度者，亦海南之大國，君臣上下，蹈常襲故，弊不去而利不興，英人越五萬里之摇，蹊田奪牛，代爲經理，幅員萬里，拱手讓人，身辱國亡，哆然爲天下戮笑，悲夫！

趙樹貴等《陳熾集・洋務》 《傳》曰：「萬里之外，王者賓而不臣。」何則？威有所不加，力有所不及，勢有所不便，即令有所不行也。泰西各國，相距七萬里，叩關通市，攘攘者特爲利來，我以賓禮待之，以敵國視之，情也，亦義也。西人文章制度，整肅可觀，不若戎狄之顓蒙未啓也；陸師海軍，精強罕匹，不若苗猓之聚散無常也。伊古以來，諸夷猾夏，有如是之聲明文物、犁然井然者乎？無有也。而且懸隔數萬里之遥，溟海風潮，累月始達，即使戰必勝，攻必克，安能如漢武之犂庭掃穴，聚而殲之海中乎？有以知其必不能也。彼可以來，我不能往，我雖不往，仍不能禁彼之不來。

然則今日之講信修睦，通使聯交，叛則擊之，服則舍之，通商用兵，徐待其敝，理也，亦勢也。皆所謂建諸天地而不悖，質諸鬼神而無疑，百世以俟聖人而不惑者也。

歷觀屢朝，全盛之際，非無敵國外患也。然經猷宏遠，四海周知，如日月之代明，天下莫不見也。及乎叔季之朝，偶有邊防，務爲諱飾，我聞有命，不敢告人，因而內政不修，外訌益甚，朝野上下，相蒙相遁，以迄於亡。諺曰：「諱疾忌醫，不死必殆。」橫覽古今，有如蓍蔡矣。此皆踵亡秦之故習，欲盡愚黔首以取濟一時，而豈知欲蓋彌彰，積微成著，事多疑似，轉啓戎心，用出機權，愈開變詐。民無信不立，師之克在和。彼勾踐之嘗膽卧薪，生聚教訓，非舉國臣民一心一德，何由興越而沼吴哉！此言雖小，可以喻大。而況今日者，禮儀敦睦，聘問往還，雖有跋扈之形，尚少凌夷之漸，無叔侄表文之耻辱，無金繒歲幣之要求。在近今，爲創見之文，稽古昔，亦尋常之事。又況輪舟鐵路，天意所必通，海錯山珍，人情所樂用，重以電音飛達，日報暢行，朝發一言，暮周四海，乃猶聞雷掩耳，自以爲諱莫如深乎？識者笑之矣。

謂宜一切示以大公，持以大信，明諭中外，咸使聞知。無事則慎守約章，堅持和議，其或無端凌侮，則同心戮力，與天下共擊之。夫而後，是非衆著而下少離心，視聽不疑而事無掣肘也。至於操縱之方略，戰守之機宜，先發制人，自應秘密，又豈僅洋務一端而已？改權宜之制，成久遠之規，屏迂遠之談，定折衷之法，持平核實，力策富強，殖貨務農，招携懷遠，可使制梃以撻諸國之堅甲利兵矣。

趙樹貴等《陳熾集・育才》 天地之生才，而不能以自成也，必國家有以養之，而後人才不可勝用也。而惟今日之洋務，開古今之大變，爲耳目所未經，欲閉關絶市而不能，方合縱連横之是懼，而且船堅礮利，國富兵強，發五行百産之精，罄墨守輸攻之巧，即使窮年畢世，已苦於莫究莫殫矣。重以文字不同，語言不達，書須重譯，理未易通，守舊聞者，固執而不移；學新法者，淺嘗而自足，以故通商遣使，風氣漸開，雖能稍習其情形，終未悉通其肯綮。彼粤閩市儈，略解西文，納粟補官，列居津要，而若輩於中學西學，均屬茫然，折足覆餗之譏，其能免乎？而況乎其心未必可恃也，即使忠誠不貳，而已上辱國家也。矯其弊者，又深惡痛絶，欲一切屏而棄之，自以爲秉公持正矣。然性情各別，嗜慾不同，操縱失宜，猜嫌即啓，興戎召釁，厥罪均也。

曾國藩有鑒於此，當同治之初，創出洋學生之議，領以卿貳之任，置之莊岳之間，以爲事半功倍矣。然髫年稚齒，書數未諳，携以出洋，懵無知覺，雖涉西學，僅屬皮毛，而先已厭薄中朝，沾染異俗，此非立法之不善，由所遣之未得其人耳。宜由各省學政，揀選聰穎諸生，年在二十歲以內，通古今，識大體，而氣體充實，能任辛勞者，詢其父母及其本身，厚給資裝，咨送總署，使臣持節携帶出洋。期以十年，分類學習，仍以半日温經讀史。期滿回國，考驗有成，賞給官階，速其昇轉，分撥總署、海軍、商部及南北洋大臣，量材器使，予以事權，願就科舉或藝學科者，賞給舉人，一體會試，此一途也。

中國海疆各埠，英文法文之館，櫛比星羅，僅習語言，未嘗學問，以致習向汰侈，情性囂張，成者可備舌人，敗者流爲匪類，中西之游手無業者羼雜其間，作奸犯科，無所不至，人心之敝，風俗之憂也。宜於各埠一律增設書院，延聘中西宿儒主之，薪俸必極豐饒，規模必期閎壯，齋舍制度，參仿華洋，由海關道主持其事，所需經費，酌取之關税、房租，約捐百分之一，已能敷用。學業成後，咨送京師，考驗録用，補官次出洋學生一等，願應藝學科者，賞給生員，一體鄉試，此又一途也。

蓋今日萬國通商，千古非常之變也。既有非常之變，必生非常之才，不有非常之才，不足以待非常之變。養之於平日，選之於清門，博其才能，端其志業，以清流品，以肅觀瞻。辟此兩途，持以廿載，則奇才碩彦，應運而生。萬里中原，媲隆三古，我國家億萬載無疆之業肇於斯，即全球大一統無外之規亦開於是矣。

王先謙《葵園四種・工商論》 工與商之相需也，猶子母之相生而相養也。中國無工政，則不必有商政，然而商政可已而不得已，工政則不可已而已。

昔在成周之世，工商並任。而工之爲政，載籍特詳，事集衆長，故官府之董勸亟焉。惟技巧淫奇，則有禁，王道所以居正也。今之工，推泰西諸國。就其中析言之：輪船、鐵軌，地球一統之舟車，此萬古不廢者也。火器相競而益精，亦軍政所取資也。其無益而蠹中國之財者，莫如飲食、器用之屬。彼來而我購，在上者不能禁也，於是有南、北洋通商之官。海道四達，衢市闐溢，願者駭觀，侈者競美。輦去億萬，而官取其毛牦。蓋不數十年，中土之財，將盡入於外邦。雖欲不爲其奴僕牛馬，而不可得矣。夫吾民非甚愚也，公輸、王爾之徒，非絶迹於世也。貧賤無由集巨資，而秀異不願能鄙事。故非朝廷特辟一進身之途，又得悲天憫人之官長，相與扶助奬成之，無望有工善其事之一日也。

或曰：古聖之所禁，而今導之，無乃不可乎？曰：非常之變，蓋非常禮所能制馭。雖古聖處今日，其法不能不變也。果工政爭勝外人，則彼之貨自沮，而吾之財不流。行之一省，則保一省；行之天下，則保天下。富藏於民，然後上之取不窮，而事畢舉，日本其明驗已。然則朝廷所以進之，奈何？曰宜仿唐百工伎巧領於少府監，差其等以待能者，庶幾其相勸乎！雖然，吾之私議云爾。今之人言製造以火器爲先，而工政與軍政不辨；言變法以亂黨爲戒，而忠謀與邪謀不辨。視國計民生，如秦越肥瘠之不相涉焉。徒思快其口舌，而不悟患之已迫於肌膚也，可哀也夫！

孫應祥等《嚴復集補編·沈瑤慶奏稿批語》 十三

礦産一物於强國爲寶，於弱國未必不爲灾。中國礦産隨地皆有，然其所以閟而不開者，厥因甚衆，而莫大於官府之紊分；次則中國民不相任，難爲衆擎之舉；三則道路未通，往來不便；四則任事之人徒知歆利，於礦事毫無所知，而又用度豪奢，不惜物力。此礦之所以不開，而開之所以不久也。

夫擁礦不開，必有有力外人以議其後，此如南非特國之事可以鑒矣。説者謂，中國民情財力既不任辦礦，則莫若主大開門户之政策，聽外人出本經營，而我則國征其賦，民食其工，要爲中策。此説非全無當。然不知中國之與各國，與歐洲各國不同，乃條約通商之國有專口，口有專設領事。蓋民之所處不可爲，國法之所不及故也。今中國既萬萬不肯改律，則地律相及之權，則非中國所能享。如是而開内地礦功，使高準深眶之種遍布國中，此無異縱虎狼以入羊羣也。傳教一事已成中國不起之病根，再加以礦，吾真不知何以善其後矣。故欲大得礦利，第一事須求國家變律；其次則開通道途。而無如此二事者，皆今日言變法時賢所以爲不急之務者也，可奈何！

十四

工商二者，據泰西計學家言，其局皆成於自然，使上之人插手其間，必大害事。此正老子所謂：「爲者敗之。」利之所在，人所必趨。使必整頓而後有利，則業工商者自爲整頓久矣，何假上之代謀耶？須知除爲至盛之國，則其萃而居民上者，大抵皆最無知識、最無天良之人，於自己之職事，且絲毫不能振刷，何暇更爲工商謀哉？故泰西文明之國，事非至不得已，皆不求官，而由民之自致其力。若官之天職，則執一國之平，守其法律。有來告者，則以公無私之道行之而已。至於他事，不過問也。英民知此理最深。故絶大之國業，皆民所自爲，甚至其得五印度，其始何嘗勞國家一吏一兵乎？中國自三代以來，君民對待之誼與西人絶不相類。君若吏之視民也，上焉者，杜父吕母，其視百姓如子孫；次之則君爲主人，四海之内皆爲臣妾；最下其治民猶盜賊，故盜憎主人與民惡其上當並稱也。然此種種，皆非公理。中國今日之所以弱，黄種日後之所以亡，終坐此耳！

公上條陳於工商一節，祇可勸朝廷修明商律，去一切害商害工之沮力，萬不宜勸其越俎整頓。此曹何等物事，不爲害足矣，豈能整頓？民業必整頓之，則爲淵驅魚，民祇有豎起洋旗，稱英商、德商已耳！

李本方等《開縣李尚書政書》卷七《致李少荃中堂論挖煤書》 祠山挖煤一節，昨備文咨覆。冰案並將甯鎮兩屬紳士稟信鈔呈鈞覽，而區區之意，尚擬與公酌之。江南紳民，僉謂自漢以來二千餘年並無採煤之事，不免少見多怪。現在甯鎮考生雲集，聞有此舉，無不駭詫，大都爲祖墓風水攸關，並恐匪徒滋事起見。居是邦者，固不可爲浮議所摇，而輿情似不能不順，且挖煤有利而非大利，即如敝省中業此者甚多，宗羲知之最稔，謂此爲大利所在，不敢欺公，亦不敢諛公，若謂洋煤價昂，或就湖南、江西已成之局擴而充之，在官雖多一番運脚，而在民可少一番驚疑。若慮外人覬覦，我不開挖尚可據理以争，我挖而彼亦欲挖，轉覺無詞以拒。用再專函奉商，務乞酌示爲禱。

紀事

寶鋆《(咸豐朝)籌辦夷務始末》卷七五《奕訢桂良文祥奏接到俄使照會係譯俄和約送演槍礮察看東界摺》 欽命總理各國事務恭親王(奕訢)、大學士桂良、户部左侍郎文祥奏：

竊臣等於本月二十日，接到俄囉斯館喇嘛固理稟二件。一係派文士孟第者(爲)天津通商領事官；一係送到伊格那提業幅照會三封。内一封遞臣奕訢查收，餘二封係遞軍機處。並稱：遞臣等之文，其中如有難明須譯之處，希定期前來酌議，或遣員赴館各等語。臣等拆閱照會，再三推求，文義拉雜，殊難明晰。因令理藩院司員會同臣衙門行走之參將長善，持俄文前赴該館，面見固理詢問。據固理聲稱：内係前送槍礮等件，因中國未允收受，仍復運回，現在尚存恰克圖地方。惟事閲兩年，其中槍礮有損壞上鏽之處，須一律修補。恰克圖地方寒苦，該國教演兵丁及運送匠役，須於四月初十日左右，方可到恰克圖。此項匠役，均能察看山寶。又固理自稱：恰克圖地方較遠，須令該國之人，至張家口一帶教演。並稱：一月後，當有護送匠役之官員一名先期來京，請示教演地方。其礮位五十尊，擬於數月間運至天津海口交納各等語。至清文內所言：察(看)山寶匠役。該司員等詢問係屬何語？固理稱：即係能看金銀礦之人。

查俄國允送鳥槍萬桿，礮五十尊，臣等於上年據情具奏。欽奉諭旨，令運赴恰克圖地方。臣等即於奉旨後，照會伊格那提業幅，歷經奏明在案。茲伊格那提業幅以槍礮有應行修補之處，並該國教演兵丁及護送匠役於四月間方到，照覆前來。臣等查該國鳥槍是否合用？未能豫定，若多派兵丁前往學習，則該國派來教演之人必多。臣等擬先期酌挑熟悉火器之兵丁數十名前往，既可試其鳥槍是否迅利，並可使該國知中國兵丁亦能練習火器，不至爲所輕視。如鳥槍均屬可用，擬僅留恰克圖數十桿，令派往之兵丁與該國派出之人同演，以順其見好之心。其餘鳥槍，均由庫倫辦事大臣妥速運京。惟察看山寶一層，弊竇較多，未便允准。如該國護送匠役先來之員到京，即當面阻；若未來京之先，該國人在彼希冀開礦，亦不可不防。應請敕下庫倫辦事大臣，如該國之人未經提及開礦，自無庸先向説及，致啓貪利之心；儻或論及其事，即爲設法阻止，並於運送鳥槍時，派人偵探，格外防範。其礮位是否由津運送，亦當隨時探明辦理。

至俄國遞軍機處文二封，臣等前以各國照會等件，逕行軍機處，諸多窒礙。曾聲明：臣文祥辦理撫局，該國詢知係軍機大臣，尚以爲重，設有照會，應由臣文祥於總理處接收。於上年十二月間奏明在案。今將軍機處照會接收，如該各國或有他説，臣文祥既以軍機大臣兼辦此事，亦可據理駁斥。是以此次伊裕(格)那提業幅照會二封，臣文祥即遵照上年奏明成案，公同接收拆閲。內一封係稱：兩國互換和約，該國主甚爲欣喜，將和約繙譯俄字，呈送中國。並隨新繙俄字和約十分；另一封一係運送槍礮，與遞臣等之文相同。一係察看東邊地界，彼國已派出有人，請中國欽差大員帶有全權執照等語。臣等查執照一事，未便給與，祇能恭録上諭令其閲看。已知照成琦到彼時，將所奉諭旨宣布。其臣等所擬酌派兵丁數目，並仍在恰克圖地方教演之處，應俟奉旨後，再由臣等擬覆該國照會。

硃批：所擬均屬妥協。另有旨。

李瀚章《曾文正公全集》卷一四《覆陳購買外洋船礮摺咸豐十一年七月十八日》

奏爲遵旨籌議，恭摺覆陳，仰祈聖鑒事。竊臣承准軍機大臣字寄，咸豐十一年五月三十日奉上諭：前因恭親王奕訢等奏，法夷鎗礮現肯售賣，並肯派匠役教習製造，當諭令曾國藩、薛煥酌量辦理。本日復據奕訢等奏請購買外洋船礮一摺。據稱，大江上下游設有水師，中間並無堵截之船，非獨無以斷賊接濟，且恐由蘇、常進勦，則北路必受其衝。據赫德稱：若用小火輪船十餘號，益以精利鎗礮，不過數十萬兩。至駕駛之法，廣東、上海等處，可雇內地人隨時學習，亦可雇用外國人，令其司柁、司礮。其價值先領一半，俟購齊驗收後，再行全給。並稱洋藥一項，如照所遞之單，征收華洋各税四十五兩之外，於進口後，無論販至何處銷售，再由各該地方官給予印票，仿照牙行納帖之例，每帖輸銀若干，如辦理得宜，除華洋各税外，歲可增銀數十萬兩，此項留爲購買船礮，亦足裨益。現在赫德已回天津，令其將船礮、洋鎗價值分晰開單呈遞等語。東南賊氛蔓延，果能購買外國船礮，勦賊必能得力，惟各路軍餉不足，必須預籌銀款，以資購辦。奕訢等現擬於上海、廣東各關税內，先行籌款購買，俟將來洋藥印票税收有成數，再行歸款。並給赫德劄文，令其購買運到時，即交廣東、江蘇各督撫，雇內地人學習駕駛。著勞崇光、耆齡、薛煥，並傳諭毓清，即按照所奏，預爲籌計。其應酌配兵丁，并統帶大員，及陸路進攻各事宜，并著官文、曾國藩、胡林翼先行妥爲籌議，一俟船礮運到，即奏明辦理。內患既除，則外國不敢輕視中國，實於大局有益。該督撫等務當悉心妥議，期於必行，不得畏難苟安。奕訢等摺，著鈔給閲看等因。欽此。仰見皇上聖慮周詳，安內攘外之至意，臣查髮逆盤踞金陵，蔓延蘇、浙、皖、鄂、江西等省，所占傍江各城，爲我所必争者有三：曰金陵，曰安慶，曰蕪湖；不傍江各城，爲我所必争者有三：曰蘇州，曰廬州，曰甯國。不傍江之處，所用師船，不過舢板長龍之類。其或支流小港，岸峻橋多，即舢板小劃，尚無所施，其技斷不能容火輪船，想在聖明洞鑒之中。傍江三城，小火輪船儘可施展，然亦只可制水面之賊，不能勦岸上之賊。即欲阻其北渡，斷其接濟，亦恐地段太長，難於處處防遏。目下賊氛雖熾，然江面實鮮礮船，不能與我水師争衡。臣去冬覆奏一疏有云，金陵髮逆之横行，在陸而不在水，皖吴官軍之單薄，亦在陸而不在水，係屬實在情形。至恭親王奕訢等奏請購買外洋船礮，則爲今日救時之第一要務。凡恃己之所有，誇人以所無者，世之常情也，忽於所習見，震於所罕見者，亦世之常情也。輪船之速，洋礮之遠，在英法則誇其所獨有，在中華則震於所罕見，若能陸續購買，據爲己物，在中華則見慣而不驚，在英法亦漸失其所恃。康熙、雍正年間，雲南銅斤未曾解京之時，皆給照商人採買海外之洋銅，以資京局之鼓鑄，行之數十年，並無流弊，況今日和議既成，中外貿易，有無交通，購買外洋器物，尤屬名正言順。購成之後，訪募覃思之士、智巧之匠，始而演習，繼而試造，不過一二年，火輪船必爲中外官民通行之物，可以勦髮逆，可以勤遠略。

諭旨期於必行，不得畏難苟安，仰見聖主沈幾獨斷，開物成務，曷勝欽服。至於酌配兵丁及統帶大員，應俟輪船駛至安慶、漢口時，每船酌留外洋三四人，令其司柁司火，其餘即配用楚軍水師之勇丁，學習駕駛，礮位亦令楚勇司放，雖不能遽臻嫻熟，儘可漸次教習。其統帶大員，即於現在水師鎮將中遴選，臣與官文、胡林翼商定，屆時奏明辦理。惟期内地軍民，智者盡心，勇者盡力，無不能製之器，無不能演之技，庶幾漸摩奮興，仰副聖主深遠無窮之慮。所有遵旨籌議緣由，恭摺由驛覆陳，伏乞皇上聖鑒訓示。謹奏。

國家清史編纂委員會《李鴻章全集》第一册《京營弁兵到蘇學制外洋火器摺同治三年七月二十九日》　奏爲奉發京營弁兵到蘇分派各局學習製造外洋火器，遵旨酌定薪水等項，恭摺復陳，仰祈聖鑒事。竊臣於本年五月間奉寄諭：總理各國事務衙門奏請派京營弁兵學制火器一摺。據稱練兵之要，制器爲先。洋人所制炸砲、炸彈等項，尤爲行軍利器。現在李鴻章軍營製造此項火器已有成效，擬請飭火器營於曾經學制軍火弁兵内揀派武弁八名、兵丁四十名，發往江蘇一體學習等語。所奏自係爲思患豫防起見。本日業經諭令火器營照該衙門所請派撥矣。此起弁兵俟抵江蘇後，即交李鴻章差委，專令學習炸砲、炸彈及各種軍火機器。如能留心學習著有成效者，準該撫從優奏請奬勵。其有怠惰偷安不遵約束者，即照軍法治罪。該撫務當明定勸懲，俾該弁兵等盡心講求，以期備得西人之妙。該弁兵等到蘇後，該撫務須加意稽察，妥爲防閒，俾秘妙之傳不致稍有漏泄，方爲妥善。所有應給薪水等項，即由江蘇酌定支發，準其作正開銷等因。欽此。並先後接準總理各國事務衙門暨三口通商大臣崇厚咨會，此項弁兵已由津附搭輪船赴蘇，即經行知蘇松太道飭俟該弁兵等到滬時妥爲照料。隨據該署道丁日昌呈報，護軍參領薩勒哈春等官兵四十八員名，跟役十二名，於六月二十日抵滬，遵將自津來滬輪船價值在於船鈔項下發給，並備船送至蘇省。臣接見該參領等並將各兵丁逐名點驗，逐細教導，令其悉心講求。緣臣軍先後購覓西洋炸砲，每月操練攻剿需用炸彈甚多，不能不添設製造局分濟應用。計現開炸彈三局：一爲西洋機器局，派英國人馬格里雇洋匠數名照料鐵爐機器，又派直隸州知州劉佐禹選募中國各色工匠幫同工作；一爲副將韓殿甲之局；一爲蘇松太道丁日昌之局。皆不雇用洋人，但選中國工匠仿照外洋做法。當即酌令盡先參領薩勒哈春、候補副參領崇喜并護軍校常英、玉慶等四員帶京營兵二十名赴洋人馬格里等砲局，又令盡先副參領色布什新并護軍校達瓏阿等二員帶京營兵十名赴韓殿甲砲局，又令額外空花翎德俊并護軍校常慶等二員帶京營兵十名赴丁日昌所設砲局。該三局分配學習，參互考校，責成局員會督弁兵指引各項門徑，并隨同匠作，勞身苦思，究其精微。臣仍隨時查詢，試能否以定優劣，立賞罰以示勸懲。該弁兵等如學習有效，必當遵旨從優保奬，若怠惰偷安，或該管官約束不嚴，各局員未經細心教導，亦必分别懲處。俟製造略臻精熟，再酌選明白勇敢者派往砲隊營中，學習演放，步伍準頭，逐漸推求，以期稍得西法之妙。至該弁兵等應給薪水等項，奉旨由蘇省酌定支發，作正開銷。臣查此項薪糧無案可循，飭由報銷局查照軍需則例，開呈京營弁兵調往軍營應支鹽摺等項分别擬具支數，請示前來。惟蘇省兵燹之餘，食用較貴，各局工匠因係製造秘器，多方羈縻，其口糧較常例均加數倍。況該弁兵由京遠道來南學制火器要件，責令格外用心，薪糧應較軍營加厚，以示鼓勵。當即酌定職分較大之參領薩勒哈春，副參領崇喜、色布什新、空花翎德俊等四員，每員每月支給薪水庫平銀三十六兩，其幫帶之護軍校常英、玉慶、達瓏阿、常慶等四員，每員月支給庫平銀二十四兩，兵丁四十名，每名月支給庫平銀八兩，跟役十二名，每名月支給庫平銀三兩，書識、紙張、雜費每月共支給庫平銀十兩，均不計建，總共月支庫平實銀六百零六兩。自六月二十到滬之日起支，按月由海關道庫給發，作正開銷。除咨總理衙門暨户部備案外，所有京營弁兵奉發到蘇，分派各局學制外洋火器，酌定應支薪水等項各緣由，理合繕摺復陳，伏乞皇太后、皇上聖鑒訓示。謹奏。

中國第一歷史檔案館等《中國近代兵器工業檔案史料》第一輯《陳廷經奏海防亟宜籌畫等情摺同治三年十二月初四日》　巡視南城掌四川道監察御史臣陳廷經跪奏，爲緑營水師廢弛已久，亟宜變通舊章，力求善法，以防久遠，恭摺密奏，仰祈聖鑒事。

竊思敵國外患，正動心忍性之資；居安思危，乃制治保邦之要。方今粤逆雖就殄滅，而回匪尚擾於陜甘，苗匪猶踞於雲貴，西洋諸夷内則狎處輦轂之下，外則布滿江湖之間，通商傳教，目前雖稱恭順，蔓延日久，難保無奸民煽惑，勢極可危。則欲有以靖內患、御外侮，非講求兵制不可。夫祖宗成法，有必不可易者，有不得不易者，所謂因時制宜也。臣謹就管見所及，爲皇太后、皇上陳之。

【略】

一、海防亟宜籌畫也。古人撫馭四夷之法，未款之先，當有以杜其窺伺；既款之後，當有以絶其覬覦。英、法諸國，自换約以來相安無事；又見皇師豐殲巨寇，連復堅城，益有以寒其膽而懾其心，臣復何所過慮。惟念夷情叵測，反復靡常，利器精兵百倍中國，其所以逞其貪縱者，不過恃有長技耳。長技爲何？一在戰艦之精也，一在機器之利也。然彼有其戰具，我非不可以購求；彼有其機巧，我非不可以學習。查東、中二印度據於英夷，其南印度則大西洋各國市埠環之，每一埠地各廣數百里，此疆彼界，各不相謀，皆有造船之廠，有造火器之局。其船廠材料堆積如山，工匠如雲，二三旬可成一大戰艦，終年營造不息。是英國船砲在中國視爲絶技，在西洋各國視爲尋常。今請于廣東虎門外之沙角、大角二處，置造船廠一，置火器局一。行取西洋工匠司造夾板火輪之舟，并延西洋柁師司教行船、演砲之法，一二載後，即可自行改造，自行駕駛，不必仰賴於彼國，如內地鐘錶亦可以定時刻也。計英夷二桅中號兵船，每艘值銀二萬餘圓，三桅大兵船每艘值銀四萬餘圓（見澳門新聞紙中），凡侈言每艘需十萬金者，皆妄也。先制戰船，次造巨砲，而後配以精兵。其所配之兵，取諸沿海漁户者十之八，取諸水師舊營者十之二。將現在所設艇船、師船概行裁撤，凡水師之虚糧、冗糧盡行裁併，以爲募養精兵之費。必使中國水師可以使樓船於海外，可以戰夷船於海中，庶幾有備而無患。臣查洋艘所以堅固，皆由駛犯風濤，遄行萬里，無終歲停泊者。今請自造船後，於承平無事之時，歲護海運之米，往來天津。凡水師提、鎮大員入京陛見者，必乘海艘，不許由陸行走；其副將、參、游以下入京引見者亦然。此外水師省分，仍每年乘坐此船，循例會哨。則聲威所播，足以懾服群夷矣。又查西洋專以造船、駕舶、造火器、奇器取士掄官。上之所好，下必甚焉。今請于閩、粤二省武試增水師一科，有能造西洋戰艦、火輪舟，造飛砲、火箭、水雷、奇器者列爲上等；能駛長風巨浪，能熟風雲沙綫，能槍砲有準的者次之。皆由水師提督會同總督拔取，送京驗試，分發沿海水師教習技藝。使天下知朝廷所注意者在是，則人人爭奮於功名，必有奇材絶技出乎其中矣。昔指南制自周公，木牛輿於諸葛，羅針始創自中華，儀器不亞於西土。中國智慧，何所不有！今西洋器械，借風力、水力、火力，奪造化，通神明，無非竭耳目心思之力，以前民用。我師其所長而用之，則西洋之長技，皆可爲中國之長技，誠萬世之至計也。西史言，俄羅斯之比達王聰明絶業，因國中技藝不如西洋，微行游於他國船廠、火器局，學習工藝，反國傳授，所造器械反勝西洋，由是爲海外雄國。是知天下無不可學之事，無不可成之功，惟在深謀遠慮，不畏難不苟安而已。

夫整頓陸營則內患不作，整頓水師則外寇不興。皇太后、皇上軫念時艱，不遑旰食，封疆大吏中必有老成持重、憂國憂民與朝廷同此心者。事在專勤，不可間斷，功歸決斷，不可游移，防患于未然，制治于未亂。臣所深望于今日，不敢遽言而又不得不言者也。

以上二條，應請旨飭下曾國藩、駱秉章、左宗棠、李鴻章等密議具奏，再行通飭辦理。

臣爲整頓兵制起見，是否有當，伏乞皇太后、皇上聖鑒。謹密奏。

國家清史編纂委員會《李鴻章全集》第一册《京營官弁習制西洋火器漸有成效摺同治三年十二月二十七日》 奏爲京營官弁習制西洋火器漸有成效，仰懇天恩先行獎勵，恭摺奏祈聖鑒事。竊臣前奉寄諭：總理各國事務衙門奏請派京營弁兵學制火器等語，業經諭令火器營照所請派撥矣。此起弁兵俟抵江蘇後，即交李鴻章差委，專令學習炸砲炸彈及各種軍火機器，如能留心學習，著有成效者，準該撫從優奏請獎勵等因。欽此。仰見聖謨廣運，默寓機宜，莫名欽服。旋據盡先參領薩勒哈春等官兵四十八員名來蘇稟到，當經分派製造洋砲各局，督同該管各員盡心教習，將炸砲、炸彈各種機巧、火器製造運用諸法，逐細指授，嚴立課程，臣復隨時稽核勤惰。半載以來，該官弁等勤苦講求，協同中外工匠依式仿造，頗得門徑。雖開爐鑄砲，試演準頭，尚未遽臻精熟，而由此用心不懈，一半年後當能自出機杼，爲他處設局制器之先導。臣查西洋諸國以火器爲長技，欲求制馭之方，必須盡其所長，方足奪其所恃。臣設局仿製，原爲軍需緊急起見，亦欲中國官弁匠役互相傳習，久而愈精，但苦機器未能購全，巧匠不可多得，造成砲彈雖與外洋規模相等，其一切變化新奇之法，竊愧未逮。該參領等逐日究心於炸彈一項，已得要領，尚屬奮勉可嘉。理合繕具清單，仰懇天恩先行獎叙，俾已能者交相鼓舞，未能者益加策勵。俟習學有成，再遵旨破格請獎。臣仍督飭局員勤加訓練，多方研究，以期精益求精，仰副我國家搜討軍實之至意。所有派習火器官弁漸有成效，懇恩獎勵緣由，專摺具陳，伏乞皇太后、皇上聖鑒訓示。

謹奏。

同治四年正月初七日，議政王軍機大臣奉旨：知道了。薩勒哈春等均著暫行存記。俟續有成效，再行奏請獎勵。欽此。

〔附〕《清單同治三年十二月二十七日》

謹將擬保學習西洋火器官弁銜名繕列清單，恭呈御覽。

計開：

花翎盡先參領薩勒哈春，擬請賞加副都統銜。候補副參領崇喜、盡先即補副參領色布什新，該二員均擬請免補副參領以參領盡先補用。空花翎德俊，擬請免補委參領以副參領盡先補用。鳥槍護軍校達曨阿，擬請以委參領盡先即補，先換頂戴。正黃旗鳥槍護軍校玉慶，正白旗鳥槍護軍校常英，該二員均擬請免補空花翎以鳥槍護軍參領盡先即補，先換頂戴。正紅旗盡先護軍校額勒德恩圖，厢藍旗盡先護軍校永强阿，額外護軍校鳥槍藍翎長立祥，鳥槍護軍校常慶、額外護軍校瑞成，以上五員均擬請以空花翎盡先即補，先換頂戴。六品頂戴額外藍翎長鳥槍護軍常壽、松山、文英，六品頂戴額外藍翎長廣凌、希勒布，六品頂戴鳥槍護軍興泰、岳松武、富隆額、平福、烏里賀、額呼崇額、春禄、文連、立壽、松山、存岱，六品頂戴鳥槍藍翎長色呼崇額，以上十七名均擬請以護軍校盡先即補，先換頂戴。盡先藍翎長成英、海亮、德志多、克吉先、色勒崇額、玉奎，六品頂戴護軍連成、武秀、文惠、恩澍、湍多布、吉慶，六品頂戴高槍長兜清、額來福，七品頂戴高槍長吉崑，七品頂戴護軍來安，以上十六名均擬請免補藍翎長以鳥槍護軍校盡先即補，先換頂戴。襄辦局務六品頂戴候選從九品邵有源，擬請選缺後以縣丞升用。

議政王軍機大臣奉旨：覽。欽此。

中國第一歷史檔案館《穆宗毅皇帝實録》卷一五〇《同治四年六月》 署兩江總督李鴻章奏，遵籌御史陳廷經奏請整頓緑營製造軍火各節，現在置辦外國鐵廠機器，并同製造，并飭派京營弁兵學習，以修武備，下所司知之。

國家清史編纂委員會《李鴻章全集》第二册《置辦外國鐵廠機器摺同治四年八月初一日》 奏爲置辦外國鐵廠機器并局製造，并飭奉派京營弁兵分起到廠學習，恭摺具陳，仰祈聖鑒事。竊自同治元年臣軍到滬以來，隨時購買外洋槍砲、設局鑄造開花砲彈，以資攻剿，甚爲得力。上年春間，蒙總理各國事務衙門函詢學制各種火器成效何如，當即詳細具復，以短炸砲與各種炸彈均能製造，其長炸砲及洋火藥非得外國全副機器不能如法試造，現亦設法購求，以期一體學制。至於各項運用之妙，與洋人之貴重此器，暨日本視中國之强弱以爲向背各情形，亦推闡陳明，經總理衙門鈔函恭呈御覽，并以臣函中所言慮患防微。與該衙門所籌適相符合，宜趁南省軍威大振、洋人樂於見長之時，將外洋各種機器實力講求，期得盡窺其中之秘，有事可以禦侮，無事可以示威等語。于同治三年四月二十八日奏蒙諭旨，飭由火器營派撥護軍參領薩勒哈春等官兵四十八員名到蘇，經臣酌派在丁日昌、韓殿甲及洋人馬格里等三局分習製造，專摺復奏在案。查製造船砲軍火各種機器，有通用者，有專用者，若買制齊全須數十萬金。雇覓中外匠工，采購外洋銅鐵木炭等料，亦需費不貲。臣處所設西洋砲局，其機器僅值萬餘金，不全之器甚多，只可量力陸續添購，以求進益。前由曾國藩派人赴英、美各國探訪該處船廠機器實價，臣并議及此物若托洋商回國代購，路遠價重，既無把握；若請派弁兵徑赴外國機器廠講求學習，其功效遲速與利弊輕重，尤非一言可決。不若于就近海口訪有洋人出售鐵廠機器，確實查驗議價定買，可以立時興造。進退之權既得自操，尺寸之功均獲實濟。擬飭海關道丁日昌在滬訪購，如制器之器已可購得若干，仍應添補若干，或宜另擇妥口試辦，容通盤籌議，略有端倪，方可入告。以上各情均經節次函陳總理衙門，一面飭訪購辦。此臣處前此議辦鐵廠機器之原委也。又，去年十二月初九日欽奉寄諭：昨據御史陳廷經奏，緑營水師廢弛，請飭整頓營伍、製造軍火一摺，著曾國藩、李鴻章會同商酌奏明辦理，原摺著鈔給閱看等因。欽此。遵查原奏所議軍火一節，大意以夷情叵測，恃有戰艦機器之精利，逞其貪縱。然彼機巧之器，非不可以購求學習以成中國之長技，請於廣東等處海口設局，行取西洋工匠置造船砲，以期有備無患等語。雖語焉不詳，未得要領，而大致與總理衙門暨臣所籌議不謀而合，曾國藩平時亦持此論，自應遵旨商酌辦理。茲據丁日昌稟稱，上海虹口地方有洋人機器鐵廠一座，能修造大小輪船及開花砲、洋槍各件，實爲洋涇浜外國廠中機器之最大者。前曾問價，該洋商索值在十萬洋以外，是以未經議妥。茲有海關通事唐國華，歷游外國多年，熟習洋匠，本年因案革究，贖罪情急，與同案已革之扦手張燦、秦吉等願共集資四萬兩購成此座鐵廠以贖前愆。廠內一切機器俱精，所有匠目照舊發價，任憑遷移調度。其餘廠中必需之物如銅、鐵、木料等件另值銀二萬兩，由該關道籌借款項給發採買，以資興造，先行請示前來。當查唐國華一案既情有可原，報效軍需贖罪亦有成案可援。此項外國鐵廠機器覓購甚難，機會尤不可失，批飭速行定議稟候分別具奏，并飭該廠一經收買，即改爲江南製造總局，正名辨物，以絶洋人覬覦。其丁日昌及韓殿甲舊有兩局即歸并總局，一切事宜責成該關道丁日昌督察籌畫，會同總兵韓殿甲暨素習算造之分發補用同知馮焌光、候選知縣王德均，熟諳洋軍火之候選直隸州知州沈保靖一同到局總理。所有出入用款，收發器具，稽查工匠，分派委員數人各司其事，分飭遵照去後。旋據丁日昌等查造該廠機器物料件數清册，擬具開辦章程約有數端：一、核計局用房租、薪水及中外匠工等有定之款，月需銀四千五六百兩。其添購物料多寡不能預定，大約每月總在一萬兩以外。一、查原廠所用之洋匠計留八人，其匠目科而一名，技藝甚屬精到，所有輪船、槍砲、機器俱能如法制造。現擬於華匠中留心物色督令操習，如有技藝與洋人等者，即給以洋人工食，再能精通，則拔爲匠目，以示鼓勵。一、現造洋槍器具尚未全備，已令匠目趕制全副，約大小四十餘件，數月可以成功，如式仿製，即省功力。惟已制洋槍則必需銅帽，既得銅帽，又必需洋藥，皆係相因而至之物，不容偏廢。但聞制藥機器工料尤爲繁重，容再設法購求，俾可推行盡利。一、查鐵廠向以修造大小輪船爲長技。此事體大物博，毫厘千里，未易絜長較短，目前尚未輕議興辦，如有餘力試造一二，以考驗工匠之技藝。其鑄錢、織布、挖河、犁田諸器雖可仿製，但其法式同中有異，觸類引伸，尚須考究，尤當權其輕重緩急，庶不致凌躐無序。一、前奉議飭以天津拱衛京畿，宜就廠中機器仿造一分，以備運津，俾京營員弁就近學習，以固根本。現擬督飭匠目隨時仿製，一面由外購求添補。但器物繁重，非窮年累月不能成就，尚須寬以時日，庶免潦草塞責。一、查本廠現在虹口，每年房租價銀六七千兩，實爲過費。兼之洋涇浜習俗繁華，遊藝者易于失志。廠中工匠繁多，時有與洋人口角生事，均不相宜，應請擇地移局。其他所議如機器宜擇人指授，工匠不令隨意去留，費用宜實報實銷，賞罰宜明定章程。以上各條均屬切實。臣查此項鐵廠所有，係制器之器，無論何種機器，逐漸依法仿製，即用以製造何種之物，生生不窮，事事可通。目前未能兼及，仍以鑄造槍砲借充軍用爲主，月需經費容臣隨時于軍需項下通融籌撥。如將來各種軍器仿造洋式造成，取携甚便，即可省購買洋軍火之費。上海虹口地方設局於久遠之計殊不相宜，稍緩當籌款另建房屋，移至金陵沿江偏僻處所，以便就近督察。曾國藩采辦西洋機器，俟到滬後，應歸并臣處措置。至前次派在丁日昌、韓殿甲兩局之護軍校達嚨阿等四員、京營兵二十名，已飭入廠學習。其盡先參領薩勒哈春、副參領崇喜等所帶弁兵本在蘇州西洋砲局，該局機器與上海鐵廠亦自同源，仍可互相觀摩。惟此事形下不離形上，與規矩不能與巧，將來各弁兵所得之淺深，恐難以一例繩也。機器製造一事爲今日禦侮之資、自强之本，總理衙門原奏言之甚詳，已在聖明洞鑒之中。抑臣尤有所陳者，洋機器於耕織、刷印、陶埴諸器皆能製造，有裨民生日用，原不專爲軍火而設。妙在借水火之力以省人物之勞費，仍不外乎機括之牽引，輪齒之相推相壓，一動而全體俱動，其形象固顯然可見，其理與法亦確然可解。惟其先華洋隔絶，雖中土機巧之士，莫由鑿空而談；逮其久風氣漸開，凡人心智慧之同，且將自發其復。臣料數十年後，中國富農大賈必有仿造洋機器製作以自求利益者，官法無從爲之區處。不過銅錢、火器之類，仍照向例設禁。其善造槍砲在官人役，當隨時設法羈縻耳。天下至奇至異之事究必本于平常之理，如或不然，則推之必不能遠，行之亦不能久。陳廷經原奏以中國修造鐘錶推之於機器，雖有精粗大小之别，可謂談言微中。中國文物制度迥異外洋獉狉之俗。所以郅治保邦，固丕基於勿壞者，固自有在。必謂轉危爲安、轉弱爲强之道全由於仿習機器，臣亦不存此方隅之見。顧經國之略，有全體，有偏端，有本有末，如病方亟，不得不治標，非謂培補修養之方即在是也。如水大至，不得不繕防，非謂浚川澮、經田疇之策可不講也。事無巨細，樂成固難，而圖始尤不易。自來建一議，興一利，勞臣志士纏綿而經營之。及乎習之既久，相安于無事，或幾不察其所自來。而追溯創議之初，於此中難易得失之數，幾經審慎，曷敢鹵莽而一試哉。臣於軍火、機器注意數年，督飭丁日昌留心訪求又數月，今辦成此座鐵廠，當盡其心力所能及者而爲之。日省月試，不決效於旦夕；增高繼長，尤有望於方來。庶幾取外人之長技，以成中國之長技，不致見絀於相形，斯可有備而無患，此則臣區區愚誠之所覬幸者也。除唐國華贖罪一案另片附奏并咨總理衙門外，所有置辦外國鐵廠機器并局製造并京營弁兵分廠學習緣由，謹會同協辦大學士兩江總督臣曾國藩恭摺由驛具奏，伏乞皇太后、皇上聖鑒訓示。謹奏。

同治四年八月初十日，軍機大臣奉旨：總理各國事務衙門知道。欽此。

中國第一歷史檔案館等《中國近代兵器工業檔案史料》第一輯

《着官文等妥議自强事宜之上諭同治五年二月二十日**》**軍機大臣密寄欽差大臣大學士湖廣總督一等果威伯官、欽差大臣協辦大學士兩江總督一等毅勇侯曾、閩浙總督一等恪靖伯左、廣州將軍曾署兩廣總督瑞、暫署兩江總督江蘇巡撫一等肅毅伯李、江西巡撫劉、浙江巡撫馬、户部右侍郎前任湖北巡撫鄭、署廣東巡撫郭、三口通商大臣兵部左侍郎崇。

同治五年二月二十日奉上諭：總理各國事務衙門奏，據總稅務司呈遞《局外旁觀論》，英國使臣呈遞《新議論略》，於中外情形深有關係，請飭交沿海、沿江通商口岸地方各督撫大臣妥議一摺，并將總稅司及英國使臣所遞論議，照會各件一并進呈。披覽之餘，有不能不豫爲籌畫者。中國軍務未平，帑項未裕，洋人即因此以生覬覦。詳閱總稅司赫德所陳《局外旁觀論》，大旨有二：曰内情，曰外情。英國使臣威妥瑪所陳《新議論略》，大旨有二：曰借法自强，曰緩不濟急；其詞與《局外旁觀論》大意相同，而措詞更加激切。其所以挾制中國者，則以地方多故，不能保護洋商爲兢兢。現據總理各國事務衙門奏稱：窺洋人之立意，似目前無可尋釁，特先發此議論爲日後藉端生事地步。若不先事通籌，恐將來設有決裂，倉卒更難措置等語。因思外國之生事與否，總視中國之能否自强爲定準。該使臣等所論，如中國文治、武備、財用等事之利弊，并借用外國鑄錢、造船，軍火、兵法各條，亦間有談言微中之事。總在地方大吏，實力講求，隨時整頓，日有起色，俾不至爲外國人所輕視，方可消患未萌，杜其窺伺之漸。至所論外交各情，如中國遣使分駐各國，亦係應辦之事。此外所論各節，反覆申明，總以將來中國不能守信爲疑。所陳輪車、電機等事，雖多窒礙難行，然有爲各國處心積慮所必欲力争之事。尤恐將來以保護洋商爲詞，即由通商口岸而起。江蘇、江西、浙江、湖廣、閩、粤各省及三口通商地方均係沿江、沿海，與該洋人日相交涉，該督撫等俱應熟悉中外情形。應如何設法自强，使中國日後有備無患，并如何設法豫防，俾各國目前不致生疑之處。着官文、曾國藩、左宗棠、瑞麟、李鴻章、劉坤一、馬新貽、鄭敦謹、郭嵩燾、崇厚，各就該處情形亟早籌維，仍合通盤大局，或目前即可設施，或陸續斟酌辦理，或各處均屬阻滯斷不可行，務條分縷析，悉心妥議，專摺速行密奏。此事關係中外情形甚重，該督撫大臣等務當共體時艱，勿泥成見，知己知彼，保國保民，詳慎籌畫，不可稍涉疏略，是爲至要。外國論議及説帖、照會四件，均着抄給官文等閲看。將此由五百里各密諭知之。欽此。遵旨寄信前來。

李瀚章《曾文正公全集》卷二七《江蘇水師事宜十四條同治七年十一月初三日》

第七條，設廠修造戰船。

上年因船隻太少，海面屢有搶劫之案。本年雇廣艇八號、民船二十餘號巡緝，尚稱得力。又在廣東借艇船二號，在揚州買艇船一號，其在吴城船廠新造者，廣艇甫成一號，八團舢板已成十餘號，尚欠四十餘號，明年春夏乃可辦畢。現定於金陵之燕子磯設立船廠，若辦艇船十二號，則須吴城、燕子磯兩廠並造，又須至廣東購造以輔之。計三處經營二年，乃可辦畢，每成一號，即將現雇商人之艇船退去一號。至上海鐵廠修造輪船，本年造成者，尚非兵船，此後乃續造兵船，如造四號，亦須二年乃可辦畢。其裏河五營所用之舢板，即用李朝斌所部太湖水勇之船，目前暫可無須另造。然其中多有咸豐八九年以後所修造者，漸已朽壞，勢亦不能久待，即當陸續抽換。將來三年一小修，十二年一更换，均照長江之例，排定子丑寅卯年分，舢板在金陵船廠修造，輪船則在上海鐵廠興工。廣艇一項，則或在金陵船廠修造，或借上海船塢整理，或赴廣東購造，隨時斟酌妥辦。船廠所以設於金陵者，以木簰不宜入鎮江以内之裏河，不宜出江陰以下之内洋也。故在上游較爲穩便。

中國科學院歷史研究所《劉坤一遺集》書牘卷四《復朱修伯同治十年十月十八日》

來示謂富强之説，茫如捕風繫影。愚以爲用兵以來，人多習戰，民亦同仇，强尚不能驟致。至「富」之一字，昨接農部行文，庫款僅存四百餘萬，外省亦覺空虚，將何以待緩急？隴右、雲貴頓師日久，似應請旨嚴催，迅速蕆事，俾東南財賦，得以多輸京師，本省亦得留以自給。

又謂造礮、製船，亦都隔膜之事。愚以爲造礮，我尚得用；製船將與洋人争鋒海上，以我所短，敵彼所長，學孺子之射以射孺子，恐終爲所斃。且自古無常勝之技，金人之拐子馬，終爲岳家軍所破。楊幺之跳梁，更與今日相倣，將來有事，必有以制輪船之法，九年大沽之捷，其明驗也，何必多糜金錢，徒爲洋人所笑？

此外時事得失，辱承垂詢，謹就管見所及，目下情形，將來事勢，以私布之左右。

通商之弊小，傳教之弊大；救通商之弊易，救傳教之弊難。弟於五年間已尊旨覆陳。現在法人傳教已徧窮鄉，凡習教者，人雖清朝之人，心實法國之心。如上年羅酉一到江西，教民莫不争先恐後爲之奴隸，動曰：「我法國，我欽差。」平日亦以此與官民相抗，更有背逆之語，令人不敢出諸口者。江西於教堂從不稍涉遷就，其教民尚然如此，則他省可知，是天下隨處皆敵國矣。浸淫愈久，污染益寬，蔽錮益甚，一旦從中生變，何以禦之？必謂洋人無利我土地之心，誰能保其必然？且地方士民，於教民莫不憤怨，偶與爲難，則官以法繩之，由是士民憤怨教民之心，漸移之官吏，漸及於朝廷。夫蓄怨如蓄水，將來必有橫決之禍，倘有梟雄起而乘之，假借名義，而不逞之徒，附和響應，爲患豈可勝言！近年外間各匪萌動，頗有以驅除天主教爲詞者，忌諱太深，特不敢以上聞耳。嘗憶幼時聞鄉里言，京官好，外官不好。今則爲傳教之計，大張告示，一則曰奉上諭，二則曰奉文行。輿論怫然，安得不歸咎於政府、總署。咸豐十年，宮車北狩，髮逆旋陷蘇、杭，時局幾不可問，軍民帖然不動；今則人心轉覺解體，皆爲法人傳教之故。夫人心即國運所係，迨其既去，不可復留，不可不亟思所以固結之也。

就使教民永不生變，士民亦能相安，而使數千年冠裳禮樂之國，變爲魑魅魍魎天下，後世其謂我皇上爲何如主？大臣爲何如人？前明雖有洋人行教，康熙年間，亦曾開禁，然受我箝制，就我範圍，未至如今日之肆行無忌，靡然相從，烏可借前事以分謗而解嘲也。至以天主教等諸僧道，以示大度包荒，猶是分謗解嘲之說。

或又謂聖人之道，如日月經天，斷非邪教所能害；更是欺心之言。夫楊、墨之爲我、兼愛，尚未若天主教之荒誕背謬，而孟子亟亟闢之，直比猛獸洪水，然則孟子何其不達乎？此皆明公所洞燭。弟因時賢常作是論，故不能不爲之辯。

總之，今日之事，謂之不得不然則可，謂之當然則不可；久之不思所以變計，恐將來補救益難。

前由景介臣鈔寄文中堂所議教務八條，極中肯綮；洋人嘖有煩言，願力持之。法國現有內患，未必遽起釁端，各國恐礙通商，未必樂於助惡。即使和局決裂，合肥現在畿輔，神完氣足，所部兵力甚强，根本定可無慮。大沽一帶，本係險要之區，若乘冬月冰凍，及時經營，計足集事；詢之俊賢堂亦復云然。此外長江一線，險要亦多，但使江、楚同心，共固江南門户，自足以禦外侮。所慮江海孤懸之地，實難保其萬全，然視其可守則守之，否則姑棄之，但能嚴斷接濟，嚴杜漢奸，彼即據我偏隅，有何損益，行將復爲我有。國初，鄭氏負固臺灣，不時入寇，當將海濱之民，遷諸內地，任其所爲，鄭氏卒至坐困，似亦欲取姑與之術也。

夫人受病已深，非用克伐之劑，安望有瘳？苟能安我腹心，何妨移居支體，縱有癬疥之疾，將來自可全痊。愚以爲洋務若有變動，總宜保固京師，至於外省則責之疆吏，期以成功，毋以尺寸之得失，旦夕之利鈍，阻撓大計。始終與之決死，洋人必至力竭計窮。夫盈虛消長，直曲老壯，其理或不可憑；至於主客勞逸，彼我衆寡，則事理較然。洋人遠泛重洋，資械能有幾何？種類能來幾何？安能與我曠日持久？嚴刑峻罰，以斷接濟，以杜漢奸，而於中國民人爲彼用者，則臨時設法招徠之，免致以我攻我。弟在粤帶兵多年，潮、嘉等處之人，當勇及作賊者最多，以利啖之，立使反戈相向，其性然也。

又各國狼狽相倚，信義在所不顧，離間亦屬難行。一國有變，則各國宜暫停通商；一口有變，則各口宜暫停通商。否則洋人陽分陰合，挹彼注兹，我徒受其愚弄。上年曾以此議密陳，大拂當局之意，反覆思之，終覺無以易此。顧中國之於各國，終歸於和，我即勝，亦不能掃穴犁庭，彼即敗，亦未必高飛遠舉，惟待其厭兵求和，與之更始，祇准通商，不准傳教，祇准在各海口通商，不准入我內地，如道光年間故事，仍不失懷柔之道，而無陵侮之憂矣。

芻蕘之説，卓見以爲何如？尚祈別錫勝籌，以開茅塞。

至洋人在內城購買房屋地基甚多，城門出入不敢稽察，鬼蜮伎倆，似應加意。公能否爲當軸言之。惓惓愚忱，殊嫌好事，伏乞鑒諒。

國家清史編纂委員會《李鴻章全集》第五册《籌議製造輪船未可裁撤摺同治十一年五月十五日》　奏爲遵旨通盤籌畫製造輪船，未可裁撤，仍應妥籌善後經久事宜，恭摺密陳，仰祈聖鑒事。竊臣欽奉同治十一年二月三十日密諭：前因內閣學士宋晉奏製造輪船糜費太重，請暫行停止，當諭文煜、王凱泰斟酌情形，奏明辦理。兹據奏，閩省輪船原議製造十六號，定以鐵廠開工之日起立限五年，經費不逾三百萬兩，現計先後造成下水者六號，具報開工者三號，其撥解經費截至上年十二月止，已撥過正款銀三百十五萬兩，另解過養船經費銀二十五萬兩，用款已較原估有增，造成各號輪船雖均靈捷，較之外洋兵船尚多不及，其第七、八號船隻本年夏間方克蕆工，第九號出洋尚無准期，應否即將輪船局暫行停止，請旨遵行等語。左宗棠前議創造輪船，用意深遠，惟造未及半，用數已過原估，且禦侮仍無把握，其未成之船三號續需經費尚多。當此用款支絀之時，暫行停止固節省帑金之一道，惟天下事創始甚難，即裁撤亦不可草率從事，且當時設局意主自强，此時所造輪船既據奏稱較之外洋兵船尚多不及，自應力求制勝之法，若遽從節用起見，恐失當日經營締造之苦心。著李鴻章、左宗棠、沈葆楨通盤籌畫，現在究竟應否裁撤，或不能即時裁撤，并將局內浮費如何減省以節經費，輪船如何製造方可以禦外侮各節，悉心酌議具奏等因。欽此。仰見聖主力圖自强，規畫遠大，欽佩莫名。臣竊維歐洲諸國百十年來，由印度而南洋，由南洋而東北，闖入中國邊界腹地，凡前史之所未載，亘古之所未通，無不款關而求互市。

我皇上如天之度，概與立約通商以牢籠之，合地球東西南朔九萬里之遥，胥聚於中國，此三千餘年一大變局也。西人專恃其槍砲輪船之精利，故能横行於中土。中國嚮用之弓、矛、小槍、土砲，不敵彼後門進子來福槍砲；嚮用之帆篷舟楫、艇船砲劃，不敵彼輪機兵船，是以受制於西人。居今日而曰攘夷、曰驅逐出境，固虚妄之論，即欲保和局、守疆土，亦非無具而能保守之也。彼方日出其技與我爭雄競勝，挈長較短以相角而相凌，則我豈可一日無之哉。自强之道在乎師其所能，奪其所恃耳。況彼之有是槍砲輪船也，亦不過創制於百數十年間，而浸被于中國已如是之速，若我果深通其法，愈學愈精，愈推愈廣，安見百數十年後不能攘夷而自立耶。日本小國耳，近與西洋通商，添設鐵廠，多造輪船，變用西洋軍器，彼豈有圖西國之志，蓋爲自保計也。日本方欲自保而逼視我中國，中國可不自爲計乎。士大夫囿於章句之學，而昧於數千年來一大變局，狃於目前苟安而遂忘前二三十年之何以創巨而痛深，後千百年之何以安内而制外，此停止輪船之議所由起也。臣愚以爲國家諸費皆可省，惟養兵、設防、練習槍砲、製造兵輪船之費萬不可省，求省費則必屏除一切，國無與立，終不得强矣。左宗棠創造閩省輪船，曾國藩飭造滬局輪船，皆爲國家籌久遠之計，豈不知費巨而效遲哉。惟以有開必先，不敢惜目前之費，以貽日後之悔。該局至今已成不可棄置之勢，苟或停止則前功盡棄，後效難圖，而所費之項轉成虚糜，不獨貽笑外人，亦且漫長寇志。由是言之，其不應裁撤也明矣。至奉旨詢及經費如何減省一節。閩廠相距過遠，臣實不知其詳，但就滬津機器各局情形推之，凡西人制器，往往所制之器甚微，而所需以制器之器甚巨。機器重大，必先求安置穩固之地，培土釘樁，建廠添屋，不惜工本，積累歲月而後成。其需用器具缺一不備，則必各件齊全方能下手；而選料之精必擇其良而適用者，恰合尺寸，不肯略有遷就，其不中繩墨皆在屏棄之列；又經營構造時有變更，或甫造未成忽然變計，則全料已經拆改廢棄；且以洋匠工價之貴，輪機件數之繁，倘製造甚多，牽算尚爲合計，若制器無幾，逐物以求分晰工料之多寡，則造成一器其價有逾數倍者矣。凡造槍砲輪船等項，無事不然。閩廠創始係由法人日意格、德克碑定議立約，該二人素非製造輪船機器之匠，初不過約略估計，迨開辦後，逐漸增多，勢非得已，其造未及半而用數已過原估，或造更加多而用費轉就減省，似屬西人制器事理之常，實未便以工部則例尋常制法一律繩之。惟廠工既已粗備，以後不過工料薪費數大端，應如何設法節省之處，請敕下福建督撫臣會同船政大臣沈葆楨，隨時督飭撙節妥辦，省其所當省而非省其所必不可省，斯於事有濟矣。又奉旨詢及輪船如何製造方可以御外侮一節。臣查兵法，須知己知彼乃得制勝之要，訪聞英國兵船三百六十餘只，在諸國爲最多，内有鐵甲船四十餘只；法國先有兵船三百餘只，現減至二百四十只，内鐵甲船六十餘只；美國兵船二百餘只，内鐵甲船五十餘只；俄國兵船三百餘只，内鐵甲船二十餘只；布國兵船僅百餘只，内鐵甲船六只，現又續籌添造。此皆西洋數大强國，勢力相埒，其餘小弱諸邦或兵船數十只、百只不等。然而上年布法之戰，法兵敗於陸路。雖戰船多而堅，且數倍於布，尚無把握，兵事勝敗固難言已。大概西洋商船隻可運載兵糧輜重，其兵船則分數等，小者曰根駁，艙面置砲數尊，用以哨探巡防。今閩廠所制「萬年清」、「伏波」、「安瀾」等船，滬廠所造「恬吉」、「操江」、「測海」等船，大小尺寸雖稍異，總之不離乎根駁式樣。至外洋兵船，大者馬力或七八百匹，食水至二三十丈，置砲兩層至四五十尊，閩廠尚未試造。現滬局造成第五號船身長三十丈，機器馬力四百匹，鍋爐均在船腹水綫之下，艙面及兩旁兩層置砲二十六尊，確係仿照外國三枝桅兵船做法，英館新聞紙稱係中國第一號大船，信不虚也。然食水已十九尺，内江淺涸時便虞阻擱。又據滬局道員馮竣光稟稱，上年法國有鐵甲船至滬，該員登舟察看，船砲堅利異常。本年四月英國鐵甲船又至滬，俱泊吴淞江外不能進口。該道等往觀，水綫之上鐵甲厚十寸，内襯木板厚十八寸，船幫均係夾層，中可藏人，即轟破外層而裏鐵未穿，外水不能灌入，機器鍋爐及兩層巨砲均在厚鐵甲之中，其首尾鐵皮稍薄，水綫之下鐵皮不過五六分。船内砲位用電氣綫燃放，各砲一時同響。又用汽機輪轉起碇，較人力尤爲神速等語。此等製作，實堪奇詫。蓋根駁不若大兵船之堅猛，兵船又不若鐵甲船之堅猛，以鐵甲船御兵船，當之輒糜，況根駁乎。惟船愈堅大，則費愈多，今欲我數年創始之船遽敵彼百數十年精益求精之船，不待智者而知其不逮，然就已成者而益求精，未必其終不逮也。中國大勢陸多於水，練陸軍視練水軍尤亟，即使兵船造精，非專恃輪船可以禦侮，況如天津海口最淺，次則江南之吴淞口、福州、廣東進口均有淺處，外洋大兵船鐵甲船勢難深入，即長江金陵以上亦不能駛。我之造船，本無馳騁域外之意，不過以守疆土保和局而已。海外之險，有兵船巡防，而我與彼可共分之；長江及各海口之利，有輪船轉運，而我與彼亦共分之。或不讓洋人獨擅其利與險，而浸至反客爲主。臣嘗督同滬局委員籌議仿造兵船，以該局現造五號爲度，不宜更求加大，庶無事時揚威海上，有警時仍可收進海口，以守爲戰。該局員匠近由英國覓得小鐵甲船式樣，身短中寬底平，僅置巨砲數尊，其圓活砲臺在船中段，食水淺而不能出洋。聞西國用以守口最宜，曾國藩上年曾經奏明仿造，尚未開工。第爲禦侮之計，則不妨多爲之備。彼見我戰守之具既多，外侮自可不作，此不戰而屈人之上計。即一旦齟齬，彼亦陰懷疑懼而不敢遽爾發難。若慮制勝無甚把握而遂自隳成謀，平日必爲外人所輕，臨事只有拱手聽命，豈强國固本之道哉。惟是國家經費支絀，製造輪船既未可裁撤，必須妥籌善後經久之方。竊查閩廠用費專指閩海關洋税，每月五萬，滬廠用費專指江海關二成洋税，均係撥定專款，應請仍就原款節縮經營，暫無庸另請添撥。惟閩廠洋匠過多，需費較重，若有不足，再由船政大臣等隨時奏辦。至於養船之費，當分兵船、商船二端。閩廠兵船現議酌撥沿海各省巡防分養，嗣後添造兵船無可分撥，擬請裁撤各省内外洋紅單拖繒艇船，而配以自造兵輪船，即以艇船修造養兵之費抵給輪船月費，應請旨飭部，凡有議修各項艇船者，概予奏駁，令其改領官廠兵輪船，以裨實濟。緣紅單拖繒等船實不如輪船之迅利，雖費倍而功用亦倍之也。沿海沿江各省尤不準另行購雇西洋輪船，若有所需，令其自向閩滬兩廠商撥訂制，庶政令一而度支可節矣。至載貨輪船與兵船規制迥異，閩滬現造之船裝載無多，商船皆不合用，曾國藩前飭滬廠再造兵船四只外，另造商船四五只，閩廠似亦可間造商船，以資華商領雇。總理衙門去冬已函商及之，臣前與曾國藩籌議，中國殷商每不願與官交涉，且各口岸輪船生意已被洋商占盡，華商領官船另樹一幟，洋人勢必挾重資以傾奪，則須華商自立公司，自建行棧，自籌保險，本巨用繁，初辦恐無利可圖，若行之綿久，添造與租領稍多，乃有利益。然非有熟悉商情、公廉明干、爲衆商所深信之員，爲之領袖擔當，則商人必多顧慮。自有此議，聞華商願領者必準其兼運漕糧，方有專門生意，不至爲洋商排擠。惟運漕事體繁重，現又無船可雇，自應從緩酌議，將來各廠商船造有成數，再請敕下總理衙門商飭各省妥爲籌辦。抑臣更有進者，船砲機器之用，非鐵不成，非煤不濟，英國所以雄强於西土者，惟借此二端耳。閩滬各廠日需外洋煤鐵極夥，中土所産多不合用，即洋船來各口者亦須運用洋煤。設有閉關絶市之時，不但各鐵廠廢工坐困，即已成輪船無煤則寸步不行，可憂孰甚。南省如湖南、江西、鎮江、臺灣等處率多産煤，特無抽水機器，僅能挖取上層次等之煤，至下層佳煤爲水浸灌，無從汲净，不能施工。誠使遴派妥員，招覓商人，購買機器開採，價值必視洋煤輕減，通商各口皆可就近廣爲運售，而洋煤不阻自絶，船廠亦應用不窮。至楚粤鐵商，咸豐年前銷售甚旺，近則外洋鐵價較賤，中土鐵價較昂，又粗硬不適於用，以致内地鐵商十散其九。西洋煉鐵煉鋼及碾卷鐵板鐵條等項，無一不用機器，開辦之始，置買器具，用本雖多，而煉工極省，煉法極精，大小方圓色色俱備，以造船械軍器。土鐵貴而費工，洋鐵賤而得用，無怪洋鐵銷售日盛，土鐵營運漸稀也。近來西人屢以内地煤鐵爲請，謂中土自有之利而不能自取，深爲嘆惜。聞日本現用西法開煤鐵之礦以興大利，亦因與船器相爲表里。曾國藩初回江南，有試採煤窑之議而未果行。誠能設法勸導官督商辦，但借用洋器洋法而不準洋人代辦。此等日用必需之物，採煉得法，銷路必暢，利源自開，榷其餘利且可養船練兵，於富國强兵之計殊有關係。此因製造船械而推廣及之，其利又不僅在船械也。要之，法待人而後行，事因時爲變通。若徒墨守舊章，拘牽浮議，則爲之而必不成，成之而必不久，坐讓洋人專利於中土，後患將何所底止耶。所有遵旨悉心酌議緣由，謹繕摺由驛密陳，伏乞皇太后、皇上聖鑒訓示。謹奏。

同治十一年五月十七日奉上諭：總理各國事務衙門、李鴻章奏船政未可裁撤，與左宗棠等摺一并議奏。

〔附〕同治十一年二月三十日密諭　軍機大臣密寄協辦大學士直隸總督一等肅毅伯李鴻章、欽差大臣陝甘總督一等恪靖伯左宗棠、福州將軍兼署閩浙總督文煜、福建巡撫王凱泰、前江西巡撫沈葆楨，同治十一年二月三十日奉上諭：前因内閣學士宋晉奏製造輪船糜費太重，請暫行停止，當諭文煜、王凱泰斟酌情形，奏明辦理。兹據奏，閩省輪船原議製造十六號，定以鐵廠開工之日起立限五年，經費不逾三百萬兩，現計先後造成下水者六號，具報開工者三號，其撥解經費截至上年十二月止，已撥過正款銀三百十五萬兩，另解過養船經費銀二十五萬兩，用款已較原估有增，造成各號輪船雖均靈捷，較之外洋兵船尚多不及，其第七、八號船隻計本年夏間方克蕆工，第九號出洋尚無準期，應否即將輪船局暫行停止，請旨遵行等語。左宗棠前議創造輪船，用意深遠，惟造未及半，用數已過原估，且禦侮仍無把握，其未成之船三號續需經費尚多。當此用款支絀之時，暫行停止固節省帑金之一道，惟天下事創始甚難，即裁撤亦不可草率從事，且當時設局意主自强，此時所造輪船既據奏稱較之外洋兵船尚多不及，自應力求制勝之法，若遽從節用起見，恐失當日經營締造之苦心。著李鴻章、左宗棠、沈葆楨通盤籌畫，現在究竟應否裁撤，或不能即時裁撤，并將局内浮費如何減省以節經費，輪船如何製造方可御外侮各節，悉心酌議具奏。如船局暫可停止，左宗棠原議五年限内應給洋員、洋匠辛工并回國盤費、加奬銀兩及定買外洋物料，勢難退回，應給價值者，即著會商文煜、王凱泰酌量籌撥。該局除造輪船外，洋槍洋砲火藥等件是否尚須製造，及船廠裁撤後局中機器物料應如何安置存儲之處，并著妥籌辦理。已經造成船隻，文煜等以撥給股商駕駛殊爲可惜，擬將洋藥票税一款仍作爲養船經費，酌留兩號出洋訓練，即著照所議辦理。其餘各船俟各省咨調時分别派往。將此由五百里各密諭知之。欽此。遵旨寄信前來。

國家清史編纂委員會《李鴻章全集》第三一册《致總署論購辦西洋槍彈船砲同治十三年八月二十一日》 敬肅者：昨寄七十九號燕緘并附鈔各件，計塵鈞覽。頃奉八月十九日直字二百十號公函，以大久保仍將前兩條議復，并具公法鈔册，語多强飾，現辦給照復，據理駁斥，即使不致決裂，以後海防須極力講求，商購西洋火器等因。仰見慎固封守，勉圖自强之策，欽佩莫名。查西洋各國火器愈出愈精，愈精愈貴，如洋槍一節，同治初年敝軍與英、法兵將共事蘇、滬時，所見洋兵皆執前門槍，其槍膛有來福凹痕者，子路較遠，已算新樣，每杆價銀八九兩，少則四五兩，尚不甚昂。是以敝部淮軍前後制買十數萬杆，久經習用，江南各局亦能仿造。近年聞各國全換後門進子槍，放速而及遠較勝數倍，槍樣至此似已無可再變。其以前兵槍、來福槍概置勿用，遂盡發至日本及中國賤售，每杆價銀僅三兩餘。日本近亦全換後門槍，又將舊槍運至香港賤售。敝軍因近來無大征戰，餉源又缺，無力多購後門槍，僅買存二三千杆以備緩急，而舊槍已數年停辦。赫總税司所稱各處到香港購覓舊槍，實有其事。各省防軍及西北征兵採買之件，全是此種人棄我取之物，轉視爲難能可貴。將帥之不究心利器，中土之惜小費，好便易，均爲可嗤。至各省緑營仍襲用小槍、擡槍，牢不可破，又兵槍、來福槍之不若矣。欲以自强禦夷，豈不戛戛乎難之。近因日本興兵臺灣，始有議購後門槍者，皆限於經費不敢多購。幼丹請購里明敦槍六千杆，每杆價銀二十一元，已屬豪舉。槍價固貴，彈子、火藥、銅帽三項合一，做法既精，價值亦昂，且逐日操演，接濟尤難。鴻章迭飭津、滬機器局各先定買林明登槍造子機器全副，比已購到安設，要能仿造合膛子彈，應用不窮，然後可多購林明登槍也。聞現行後門新槍三種：一曰馬梯弋槍，英國所造，爲上等。手法最捷，即赫德所稱亨理麥提尼是也。每杆連子二百個，約價銀二十兩。此槍并無運到中國，亦尚無購者。一曰林明登即里明敦槍，美國所造，次之。手法尚靈，每杆約價銀十數兩。幼丹及敝處擬購是也。一曰士乃得槍，德國所造，又次之。手法稍多，間有運至中國者，每杆價十兩内外，敝處曾爲唐軍購數百杆赴臺，不及馬梯弋、林明登之精捷。兹赫總税司欲爲代買麥提尼即馬梯弋槍十萬枝，由各省分用，洵爲籌備利器急務。惟來示據總税司聲稱，約需銀二十餘萬兩，恐有舛誤，若十萬枝僅需二十餘萬兩，每枝僅值二兩餘，其價過賤，他處斷辦不來，盡可令其如數定購，多多益善。若一萬枝需銀二十餘萬，每枝帶子幾何并未聲明，如僅槍價每枝需二十餘兩，又嫌稍貴。前英國和里智砲局派匠頭德維生來津謁商，據稱馬梯弋槍每杆帶子二百個，要價銀十八兩七錢五分。鴻章因無錢，未與訂購。赫德經手，似不應較德維生尤貴，敢祈鈞處再與切實核議，倘係一萬枝需銀二十餘萬，或令稍減若干，或須每枝帶子三五百顆，先暫定一二萬枝，不過銀三四十萬兩，籌借洋款，分攤各關，尚不吃力，而各處海防可備緩急之需。其子彈用完，滬局林明登造子機器尚可通融兼造。謹查開此間訪辦馬梯弋、林明登兩項後門槍價銀簡明清單呈核，以備與總税司辨証。又，該總税司所稱英國新造破鐵甲船之巨砲，即係鐵砲船上所用，又名蚊子船，又名水砲臺，守海口最爲得力。砲彈聞有五六百磅之重，滬商謂購價每船砲須五六十萬元至百萬元不等，將來南、北洋必須訂購二三只，分佈要口，認真操練，庶各國兵船不敢覬覦。昨晤法國熱使，曾屬其致信伊國官廠，寄其鐵砲船圖樣，價值來看，再行商辦。有後門槍、後門小鋼砲，則陸路戰事可保；有鐵甲船、水砲臺，則水路防務可保。此强兵之要務，立國之根基，仍望大力主持，次第籌辦。提撕警覺，始終勿懈，以張國威而弭後患，實爲至幸。目下西洋各邦火器争强競勝，工力悉敵，已成戰國時勢。蕞爾日本略效西人皮毛，亦敢睥睨上國，實逼處此，所恃多幾件後門槍砲，兩個小鐵甲船耳。中國非竟力不能致，但大家因循膜視，疆吏武臣虚心講求者尤少，久必無以自存，可爲危悚。輒因下問而激切陳之，伏祈留意。專肅密復，祗叩中堂王爺大人鈞祺。李鴻章謹上。直字八十號。

國家清史編纂委員會《李鴻章全集》第三一册《復沈幼丹大臣同治十三年九月二十日》 威使允致信本國，照料購辦利器、鐵船，似又中變。日意格自請仿製，諒由外洋另覓熟手匠頭，有把握否。安瀾、大雅爲颶風所毁，殊出意外，能否撈起修整，亦事機不順之一端。内山開礦爲興利創舉，執事鋭意行之，良可欽企。此事工本甚巨，非雇洋人、購洋器、用洋法難得興旺。弟方擬於直屬磁州地方籌開鐵礦，機器、洋匠約明年可到，未知果有成否。臺地百産，菁英什倍内地，我公在彼開此風氣，善爲始基，其功更逾於掃盪倭奴十萬矣。手此肅復，順頌勛祺，摹壁晚謙。不具。年小弟李鴻章頓首。

中國第一歷史檔案館等《中國近代兵器工業檔案史料》第一輯《李鴻章奏陳槍砲水雷之種類及應量爲仿製摺同治十三年十一月初二日**》** 原奏簡器一條，西國水陸戰守利器，以槍、砲、水雷爲大宗。砲有前後門、生熟鐵、純鋼之分，槍有前後門、滑膛、來福之異，水雷有用觸物、磨物、電氣發火之别。竊嘗考究其圖與器而得其大略。洋槍一項，各國改用後門，以其手法靈捷，放速而及遠。其舊制前門槍賤價售於中國，每爲外人所輕。英、俄、德、法、美，泰西五大强國也，其後門槍名目，英之至精者曰亨利馬梯呢，其次曰士乃得，俄曰俾爾打呶，德曰呢而根，法曰沙士鉢，美曰林明登。以利鈍遲速較之，則英之亨利馬梯呢精於俄，俄之俾爾打呶精於美，美之林明登又精於英之士乃得及德、法諸槍也。林明登、士乃得二種，近年已運入中國，臣處及沈葆楨均購存林明登數千枝。上海機器局亦能仿造。惟兵勇粗疏者多，士乃得機簧較簡，購價較省，修改較便，現擬令各營酌換士乃得槍，而間以林明登，認真操習，由漸而精。并令津、滬各局先購林明登造子機器，仿制子藥、銅卷以便接濟。仍與總理衙門商購英國亨利馬梯呢槍若干枝，又與俄領事訂購俾爾打呶槍千枝，以備將士選鋒者操用。

至砲位一項，英、德兩國新式最精。德國克鹿卜後門鋼砲擊敗法兵，尤爲馳名。臣逐年購到克鹿卜大小砲五十餘尊，分置大沽砲臺、天津防營。其最大者兩尊口徑八寸，足抵前門砲口徑十一二寸之子力，然每尊價約二萬元，苦於無力多購。或謂鋼砲過大，藥力過猛，用久或致損裂，故英國多用前門熟鐵來福長彈大砲。曰烏理治，曰阿墨斯得郎，曰回德活特三家尤著。大者口徑十一寸至十五寸，身重至八萬斤以上，子彈重至六百磅，能打穿二十餘寸厚之鐵甲，惟起運維艱，價值尤貴，中國尚無購用者。陸路行仗小砲，則以德國克鹿卜四磅彈後門鋼砲，美國格林連珠砲爲精捷，臣又各定購數十尊，以備遊擊要需。目下滬、寧各局，只能仿造十二磅至六十八磅之圓彈銅鐵炸砲，淮軍習用已久，遠勝中國舊制，而不及西洋新式之精。仍擬仿照烏理治、阿墨斯得郎之式，鉗以熟鐵，而機器未備。外國每造槍砲，機器全副購價須數十萬金，再由洋購運鋼鐵等料，殊太昂貴，須俟中士能用洋法自開煤鐵等礦，再添購大爐汽錘、壓水櫃等機器，仿造可期有成。若克鹿卜之鋼砲、回德活特之熟鐵砲，係用生鋼、生鐵鑄成，該廠自有秘法，更未易學步矣。

至水雷一項，轟船破敵最猛。從前南北花旗之戰，南兵獲水雷力居多。德法之戰，法國兵艘十倍於德，而波羅的海法艘未敢深入，全仗水雷之功。其法分爲兩類：一爲定而不動之水雷，或連於木樁、木排之間，或用錨定其方位，使沉水中，或陸地城堡被攻時於缺口要路安置，此專爲自守而設。一爲能行動之水雷，或浮水面順風力飄動，或用機器自行，或於鐵船首伸出長竿置之，或專作拖帶水雷之船，此可爲攻敵之用。近來格致之學日精，水雷之法亦日精，多以强水、觸物、磨物及電綫發火；其觸而發火，磨而發火比用法點放者尤佳。用藥僅五六十磅，無論何種兵船，皆可轟破其底。聞各國皆講究此物，制存極多，其用時必於水中排列數行，每口安放數十具，使敵船疑畏不敢進。滬、津各局現只能仿造其粗者，而電機、銅絲、鐵繩、橡皮等件，仍購自外洋。須訪募各國造用水雷精藝之人來華教演，庶易精進。

至火器盡用洋式，砲子、火藥兩項亦係要需。津局有造藥機器四副，日出二千餘磅，已可敷用，惟槍砲多而子彈尚少。滬局僅造藥機器一副，日出無幾。宜添購機器，在蘇、寧推廣製造。各省防江、防海需用洋槍砲之子藥，均宜設局在内地仿造。否則事事購自洋商，殊無以備緩急。且閩、滬、津各機器局逼近海口，原因取材外洋就便起見，設有警變，先須重兵守護，實非穩着。嗣後各省籌添製造機器，必須設局於腹地通水之處，海口若有戰事，後路自製儲備，可源源運濟也。

中國第一歷史檔案館等《中國近代兵器工業檔案史料》第一輯《李瀚章奏覆籌議海防事宜摺同治十三年十一月初四日**》** 一曰簡器。各國槍砲，愈出愈精。津、滬、閩等處廠局，製造亦有成效，自不難益求精進。爲利用計，暫宜購之外洋；爲經久計，必須制自中土。此時水陸砲臺與水陸各軍所需洋槍、巨砲，應由各員訪求精品，配搭購辦。他如英國製造之後膛砲，能數里外攻破鐵甲船，又有電氣水雷，沉之水底，置之海口，可以轟擊鐵船；并應廣爲購辦，如式仿製。惟外洋槍砲等物，每有變換式樣，即稱創造，應飭各廠局將購到各項，逐一演試，擇其精利者，督飭工匠仿造。暫勿騖博夸奇，總期成一器即得一器之實用。從此推勘入微，日臻美備，庶可無待外求。

中國第一歷史檔案館等《中國近代兵器工業檔案史料》第一輯《李鴻章就英國馬梯尼後門槍及子藥做法致總理各國事務衙門函同治十三年十一月初四日**》** 英國馬梯尼後門槍，係一千八百六十六年英人馬梯尼所造。英人亨大理亦造後門槍，多一扳機手法，然槍筒工料來福勝於馬梯尼。至一千八百七十三年，英國擇用兩器之優劣，以亨大理鋼造之槍筒，合馬梯尼鋼造後門機器，裝成一槍，試之尤佳，是以兩家合成一器，又名曰亨大理馬梯尼，或曰馬梯尼亨大利，兩名互稱，無論先後。其自來火子，係烏理治官局監督製造子彈之陸軍統領博可斯愛兒之法，就士乃得槍子後殼改用長鉛子，外包薄銅皮，後粗前細式樣，其殼内火藥之上，有蠟片約一分許，使子出槍筒不致帶銹。後因銅皮太薄，銅殼前細處自起縐紋走樣，近二年，又用稍厚銅皮，加工一律光滑，無論搬運遠路及日久存放，銅殼均不變樣。是以定購此項槍子，應要新式，銅皮厚者爲佳，仿造亦然。瑞士、日耳曼等國皆能仿造馬梯尼槍。其槍筒以鐵爲之，并非純鋼佳品，且機簧松脆，不能經久。

國家清史編纂委員會《李鴻章全集》第三一册《致總署復議購辦槍砲鐵船同治十三年十一月初四日》 再，奉讀十月十九日二百二十一號公函，以赫總税司所呈洋槍大砲價單屬爲考核，斟酌購辦等因，仰見儲備利器，集思廣益之至意。遵與熟悉槍砲之委員、洋匠等細加考核，英國亨利馬梯尼槍實爲第一等好槍，每千杆一萬二千兩，是每杆僅需銀十二兩，較洋商索價十五六兩以上極爲便宜，赫税司既稱半年可做出五千杆，擬請鈞處飭令定造，或一萬杆或五千杆，每槍須帶子藥五百粒，皮帶内地仿造，可不必買。似宜令其先寄槍樣一二枝，届時照樣收貨，免有争競。昨據洋匠呈馬梯尼槍及子藥做法原委一紙，抄呈察核。赫德單内所稱師乃耳槍，即鴻章復奏簡器條内之士乃得槍也，本係英國來福前門槍機器改造，將原槍筒截去後兜，配以後門機器，其子力雖減於馬梯尼，而後膛發火究勝前門，機簧較簡，修改較易。聞英國駐印度之兵及日本兵皆用此物，現已向英商定購士乃得後門機關數千具，每具價四兩零，擬將各營前門槍照式改做操用，似尚省費經久，可不再買。尊處若定購亨利馬梯尼槍若干枝，以備發給將士選鋒之需，斯精粗咸備矣。至赫德單開新樣重砲連鐵船機器全副，約分三等：一爲八十噸重砲并載砲之船，共價銀二十八萬兩，須一年做成，一年半可到；一爲三十八噸重砲并船，共價銀十萬兩，九個月做成；一爲二十六噸半重砲并船，共價銀七萬兩，五個月做成，均一年外可到。以上似即係水砲臺船，又名蚊子船，與江海關道前送載生洋行所呈小鐵船圖説相似，鴻章因載生洋人畢德衛不甚可靠，未敢遽訂。兹閲赫德單開雖未一一明晰，核其船砲價值尚不甚昂。所雲八十噸之砲并一千三百噸之船，恐其喫水過深，應先與議購三十八噸砲，連船定做兩個來華演用，如可得力，或再續購或照式仿造。其砲子每尊須隨帶二三百個。運費、期限亦須議明，伏祈詳細核定，應否訂立合同爲憑。查西人論砲不計身重，先問口徑若干寸，若前門大砲口徑十一寸至十五寸者，皆可打穿鐵甲船。想其砲重三十八噸，當係口徑十一寸以上，并希便中詢明示知。英砲多以熟鐵著名，赫德既甚要好，當不至以贋物抵充也。又，梅輝立前月來津曾與面訂，嗣後派員赴英購造鐵甲船，務請威使移會該國總署及兵部幫同照料一切，渠欣然允諾。探詢英國官私各鐵廠厲禁綦嚴，非有本國兵部執照，不準議造鐵甲船，是以復奏中預爲陳及，將來必須遴派妥員，選帶學生、工匠前往妥辦，并學習駕駛、操練之法。幼丹前已奏派日意格，并令閩廠熟手偕往，似應再申前議，惟日意格利心稍重，須隨時設法操縱之耳，并求卓裁，統維垂照。鴻章謹再啓。

中國第一歷史檔案館等《中國近代兵器工業檔案史料》第一輯《李宗羲奏覆籌議海防事宜摺同治十三年》 原奏簡器一節，查西洋火器日新月異，迭出不窮，今日之所謂巧，即後日之所謂拙。論中國自强之策，決非專恃火器所能制勝。觀西人所著《防海新論》，備言南北花旗交戰之事，雖有極善之砲臺，極猛極多之大砲，只能擊壞一二敵船，并不能禁其來去自如，是火器之不足深恃，可爲明證。然而風會所趨，雖造化之奇，亦若聽命於智巧之數，其不能不相隨轉移者，時也勢也。近日各國之砲，其後開門者，争推德國之克鹿卜爲最，英國則首推烏理治，洋槍則以美國林明登爲最。本年夏間，臣已將各項槍砲陸續購買，迄未運到。夫欲自强而必倚西人以爲强，亦必不可恃矣。臣愚以爲其始宜由外洋購運，一面發營操演，一面飭局仿製，庶幾始因終創，不至倚人爲强。現在上海機器局仿造烏理治砲、林明登槍，已能如式製造。惟克鹿卜砲尚未得其秘法，然後膛不如前膛之穩，似亦無須仿製。水雷一項，另有機器，亦已設法購到製造。惟是各項火器不難於用，而難於不用。有事之時，日日試演，尚可經久；無事之時，一經閣置，立形銹壞。以後購造槍砲，應發交該管員弁，操演之後，時時磨洗，不許銹壞，違者罪之，是亦珍惜巨帑之要義。

至於鑄造之法，滬局機器工匠華洋兼用，華匠協同洋匠學習有年，亦漸窺其奥窔，但只能就洋匠成法，依樣仿造。若欲神明變化，推而廣之，必須有上等工匠及習算之學生親赴外洋，遍觀各廠，參互考校，方能自出心裁，智創巧述。現在出洋肄業之幼童，業已三年，其中聰穎之人，既習言語，即可兼通技藝。擬飭管帶之員，分别察看，如有能通製造之法者，由督撫優給廪餼，量保官職，令其竭慮殫心，精求絶技，他日藝成而歸，廣爲傳授，庶足辟途徑而勵人材。臣聞自古覘國勢者，在人材之盛衰，而不在財用之贏絀；在政事之得失，而不在兵力之强弱；未聞以器械爲重輕也。且西人之所以强者，其心志和而齊，其法制簡而嚴，其取人必課實用，其任事者無欺詐侵魚之習，其選兵甚精，故其臨陣皆勇敢而不畏死，然後加之以精器，所以强也。若不察其所以强者，而徒效其器械，豈足恃哉！曩者林則徐在粤，英人畏之如虎，僧格林沁敗英人於天津，皆未嘗有精器也。是火器不可不講求，而實未可專恃以制勝也。

國家清史編纂委員會《李鴻章全集》第三一册《復東撫丁稚璜宫保光緒元年正月二十日》 稚璜仁兄宫保年大人閣下：

昨奉正月十一日手教，敬審規畫周詳，蓋懷勞勩。濮、范、壽陽各屬境，在金堤以内，今南岸置堤，逼溜使北，以後涸復，恐不能速，吁懇仍築縷堤。濮、范既築，則開境必須接築。尊意因開、東民力不及敝處，無款可籌，慨然照東境津貼全數協撥，共銀十九萬數千兩，已飭恩道等照辦。公忠厚誼，銘感逾涯。至南北岸防守之處，擬留河南廂兵二百餘名，并工餘料物，分儲開、濮險要，以備伏秋搶護。責令地方官民助力，俟本年防護平穩，再奏設廳汛修守，以專責成，誠爲經久要計。前據恩道稟稱，尊示暫緩北堤。弟已函囑，進止事宜悉候大才酌定。查徐守本衡在永定河辦工多年，工程機勢均尚熟悉，辦事亦能核實，曾飭赴開、東，會同大名道府督籌妥辦，既經臺端允撥巨款，諒能勉承德意，力爲其難。該道府等不日勘估地基工段，稍有定局，當有稟報也。此事雖未必有十分把握，誠如尊示，若不趁勢一氣趕辦，以後恐難爲力。大勇血誠，豈勝欽仰。弟於本省應辦之工未能爲執事少分心力，而轉累閣下兼籌始終，徒自愧疚。惟須一手經理，目前督責成功，日後報銷工款不致兩撅，幸諸事就近主持，勿存客氣爲禱。至東省海防，向來未甚措意，擬擇要建築砲臺，并於萊州後路創設機器局，洵爲急務。大沽南北岸砲臺，多因僧邸舊基加築，未盡合式。惟周鎮盛傳所築新城砲臺，工費較巨，較可制敵，容俟到津後飭繪圖式，并將覓到布國砲臺小様，乘便寄呈。前閲龔藹人擬具《海防芻論八條》，語多可採，似於洋學新制尚有探討，尊處諒亦見過。或謂砲臺宜設於地險水曲，敵船必宛轉之字駛行之處，方能使敵船多受數砲，又可前後面通打，此形勢方向最要也。臺式必須橢圓，宜斜側而不宜平正，使砲子斜拂而過，不至正面受敵；放砲地步要寬，則可轉移趨避敵彈，此式様大略也。製造砲彈，修理槍砲，所需機器工費無多，仿造洋火藥，建廠置器，非數十萬金不備。萊、青郡縣山礦多煤鐵，若購洋器，雇匠自開，大可接濟機局、輪船要需，外人必不敢覬覦，否則事事須購自外洋，諸多掣肘。倘蒙留意經營，豈獨東省海防之賴耶。手肅，復頌勛祺，謹璧晚謙。不具。年愚弟鴻章頓首。

中國第一歷史檔案館等《中國近代兵器工業檔案史料》第一輯《左宗棠就籌議海防事覆總理各國事務衙門函光緒元年正月二十九日》 以簡器論，砲以布洛斯所制之後膛螺絲開花大砲爲最勝，槍以後膛七響爲最勝。從前西人舊式槍砲，本已精工，近改用螺絲内膛，後圓前鋭，注藥之子又極合用，較其舊式光膛圓子更爲精妙，故致遠取準勝於舊式也。近又改用後膛進子之法，進口大而出口翻小，如布國新制大砲及後膛七響洋槍，則極槍砲能事，無以復加。凡槍砲之用在致遠取準而已，其能致遠取準者，在砲子必合砲膛，槍子必合槍膛，子不離藥，藥力全注其子故也。布國新制大砲及後膛七響槍，不但子合藥膛，且大於膛口以數分計，而能不傷膛口者，由子之外面用鉛皮包裹，火着子出，鉛皮融脱，故出口不傷；子聚藥力，毫無外散，故能遠；子滿膛而出，毫無偏倚，故能準也。此間現設製造局，能自造銅引、銅冒、大小開花子，能仿造布國螺絲砲及後膛七響槍。近令改中國舊有之劈山砲、廣東無殼擡槍，用合膛開花子，劈山架改用鷄脚叉，無殼擡槍改用一人施放。選寧波及粤、閩工匠製造，以總兵賴長督之，飭中軍副將崇志教練本標將弁兵丁演習，俾制器之人知用器之法，用器之人通制器之意。向之劈山必用十三人，今只五人；向之無殼擡槍三人管放兩杆，今一人放一杆，且更捷便。蓋欲參中西之法而兼其長，爲行隊接仗營卡守具所必需，亦由西人每進益上、精益求精之意也。縱未能如西人之精到，而其用足與相當。如果能得地勢，用教練之將弁帶習練之兵丁，其制勝確有把握，非美觀不適用、空言無實用者比也。

中國第一歷史檔案館等《中國近代兵器工業檔案史料》第一輯《奕譞奏議籌辦海防事宜各摺件摺光緒元年二月二十七日》 臣奕譞謹奏，爲遵議海防事宜，恭摺覆奏，仰祈聖鑒事。

竊於本月二十日，神機營接到軍機處片交軍機大臣面奉懿旨，命臣奕譞與議海防務摺件，遵於二十二等日赴内閣，將總理各國事務衙門原奏及各疆臣覆奏，詳細閲看。

竊維夷務爲中原千古變局，海防爲軍旅非常創舉，今日立辦，固非先着，若再因循，將何所恃？誠如原奏所稱爲不可再緩之事，亦不容一誤之事。各疆臣覆奏及丁日昌條陳，僉以海防爲應辦，雖見識之高下不同，辦法之難易互異，而苦心思索，力求維持，固無遺策矣。

自來有治法無治人，與有地利無人和，同一無濟於事，恭親王等以用人、持久列諸條陳，李宗羲、王文韶、吴元炳亦以用人、持久爲要領，爲根本，爲制治之鴻圖。願皇太后先選能辦海防之勛臣宿將，或擇諸京官，或調自外省，令與恭親王等悉心密商，舉凡原奏六條及分洋分任練水軍、練陸軍、立局制械，購砲造船并招致海島華人諸議中，去冗删繁，擇一堅定不移、歷久無弊辦法，嚴密奏聞，立即開辦。

中國第一歷史檔案館等《中國近代兵器工業檔案史料》第一輯《世鐸等奏議籌辦海防事宜各摺件摺光緒元年二月二十七日》 竊思庚申以來，夷人恣意横行，實千古未有之變局，亦天下臣民所共憤，正宜卧薪嘗膽，精求武備，爲雪耻復仇之計。况上年倭人構釁，有事生番，雖暂就和局，難保必無後患，故籌辦海防一事，實爲今日不可再緩之舉。【略】

練兵之道，輪船必須添設，仍當輔以陸兵。李鴻章謂添練水師仍以陸兵爲本，李宗羲謂以水陸兼練爲上，丁日昌擬選練陸軍，與曾國藩同治十年正月籌備海防之意略同；蓋陸兵本當隨時操練，而現辦海防更當精益求精。李鴻章、王凱泰等擬請裁汰緑營額兵及疲弱勇營，李鴻章并請將各省紅單等項船隻分别裁并，專養輪船，均爲節餉練兵之計，應如所議辦理。

至於制器、造船，西人最精，自可參用西法。如洋槍、洋砲、水砲臺、水雷等項，亟須購辦，仍當講求製造之法。惟鐵甲船一項，船質笨重，不能入口收泊，且每只價值在百萬兩上下，爲費太巨。沈葆楨現購此船，應俟購到時，察看如實利於用，再行續買，此時不可多購，恐誤買舊船，徒費重資。

中國第一歷史檔案館等《中國近代兵器工業檔案史料》第一輯《于凌辰奏陳不可仿製外洋兵器摺光緒元年二月二十七日》 至布置一切防夷事宜，非不簡器，但修我陸戰之備，不必争利海中也。非不練兵，但固我士卒之心，結以忠義，不必洋人機巧也。至於籌餉更必使一錢有一錢之實用，不至上虧國體，下害民生，中飽官吏。復不可購買洋器、洋船，爲敵人所餌取。又不可仿照製造，暗銷我中國有數之帑項擲之汪洋也。

中國第一歷史檔案館等《中國近代兵器工業檔案史料》第一輯《薛福成奏陳海防密議十條片光緒元年四月十二日》 再，密陳者：自古邊塞之防，所備不過一隅，所患不過一國；今則西人於數萬里重洋之外，飆至中華，聯翩而通商者不下數十國。其輪船之捷，火器之精，爲亘古所未有。恃其詐力，要挾多端，違一言而瑕釁迭生，牽一髮而全神俱動。智勇有時而并困，剛柔有時而兩窮。彼又設館京師，分駐要口，廣傳西教，引誘愚民。此固天地適然之氣運，亦開闢以來之變局也。臣愚以爲欲御外侮，先圖自强，欲圖自强，先求自治。臣所擬治平六策，於中國自治之方，既略陳其要矣。兹復謹籌海防密議十條，冀於自强之道稍裨萬一。伏惟聖明鑒其愚誠，俯賜采擇焉。【略】

一、制器宜精也。西人器數之學日新月異，豈其智巧獨勝中國哉！彼國以制器爲要務，有能獨創新法者，即令世守其業，世食其利，由是人争自奮，往往有積數世之精能，創一藝而成名者。中國則不然，凡百工技藝，視爲鄙事，聰明之士不肯留意於其間，此所以少專家也。夫周官《考工》一册，自梓、匠、輪、輿以逮梟、栗，函，裘、陶、冶，莫不設爲專官，子孫世守勿替。他若奇肱氏之飛車，公輸般之攻具，諸葛亮之木牛、流馬，其精詣獨至之處，何嘗不逮西人哉！正以後世不崇斯學，故浸失其傳耳。今欲鼓舞人心，似宜訪中國之巧匠，給之虚銜以風勵之，隨時派員帶赴外洋，遍游各廠，以窺其奥窔，有能於洋人成法之外自出心裁者，優給獎叙，或仿西人之法，俾獲世享其利，庶巧工日出，足與西國争長矣。

中國第一歷史檔案館等《中國近代兵器工業檔案史料》第一輯《奕訢等奏議海防事宜摺光緒元年四月二十六日》 臣奕訢等跪奏，爲遵旨議奏事。

光緒元年二月二十七日，準軍機處交片，内開：本日軍機大臣面奉慈安端裕康慶皇太后、慈禧端佑康頤皇太后懿旨，本日醇親王奕譞奏遵議海防事宜，禮親王世鐸等奏會議籌辦海防，通政使司通政使於凌辰奏敬陳管見，大理寺少卿王家璧會議海防未獲盡言另行詳議具奏，并刑部左侍郎黄鈺前奏條陳海防事宜各摺片，着總理各國事務王大臣一并妥議具奏，欽此，相應傳知欽遵辦理等因。復於三月二十一日，據福建按察使郭嵩燾條議海防事宜鈔録奏呈御覽，奉旨着歸入會議海防各摺内一并妥議具奏，欽此。臣等遵將前後各摺片及各督撫摺片匯同詳閲，悉心擬議。

竊維海防一事，爲今日切不可緩之計，經各疆臣詳陳辦法，及醇親王專摺、禮親王世鐸等合議各覆奏，於臣等原奏六條，均以爲亟應籌辦，而於用人、持久尤力言之。用人、持久無事不應如是，此次既議海防，自當就事言事，爲海防用人，爲海防持久，詢謀業已僉同，艱巨即應共任。至於練兵、簡器、造船、籌餉四條，内外臣工所見間有不同之處，則當以三人占從二人爲斷。欽奉諭旨，由臣等妥議覆奏，必須揆時度勢，斟酌可否，求切實歸結所在。醇親王覆奏請皇太后先選能辦海防之勛臣、宿將，或擇諸京官，或調自外省，與臣等悉心密商，擇一堅定不移、歷久無弊辦法，嚴密奏聞，立即開辦。禮親王世鐸等奏以臣衙門原奏練兵、簡器、造船、籌餉、用人、持久各條，均係海防至計，而其要尤在用人，請簡派知兵、重望、熟悉洋情之大員，督辦海疆防務。并以現在財力未充，勢難大舉，只可盡我之力，擇要籌辦，不必過事鋪張等語。揆諸目前財力，欲照所議咄嗟立就，誠有未逮，自應量力而行。惟當擇要開辦之始，必先謀實在任事之人。分理恐其不專，則事權宜一；遥制難於得力，則稽核宜周。擬請按照王大臣所議，簡派分段督辦海防事宜大臣兩員，專理其事。照醇親王及禮親王世鐸等所奏，凡原奏六條及分洋分任練水軍、練陸軍、立局制械、購砲造船并招致海島華人諸議，統歸該大臣先其所急擇要籌辦，并如何巡歷各海口隨宜布置，及提拔餉需、整頓諸稅之處，均由該大臣等量力圖維，悉心經理，如應需幫辦大員，亦即由該大臣保奏，以期同心籌畫，共濟艱難。各省督撫有地方之責，應與該大臣等事事和衷，各固疆圉，仍不得稍分畛域。其籌餉諸事，應由户部及臣衙門共任者，均隨時籌辦，無稍諉卸。責成既有攸屬，經理尤貴得宜。臣等謹將原奏六條，參酌諸奏，摺中擬議，繕爲一單，其原奏所未及而爲王大臣及各督撫等奏陳請并飭議者，另爲一單，恭呈御覽。如蒙俞允，遵即分别咨行辦理。其有臣等此次所議未盡之端，或所議有與事未協之處，仍由該大臣詳細妥籌，隨時奏明辦理。

所有臣等遵旨議奏海防事宜，是否有當，伏乞皇太后、皇上訓示祇遵。謹奏。

謹將臣衙門原奏六條，參酌諸奏，摺衷擬議辦理，開單恭呈御覽。【略】

一、簡器、造船兩條。中國果自有利器，原不必置而不用，惟自軍興以來，各省無不購辦洋槍、洋砲，歷有成效，只因外國之器較利，不能不用其所長。醇親王摺於制械、購砲、造船等事，議以去冗删繁，立即開辦。禮親王世鐸等議準制器、造船西人最精，自可參用西法，如洋槍、洋砲、水砲臺、水雷等項，亟須購辦，仍當講求製造之法等因。所有新立外海水師，應用槍砲、水砲臺、水雷等項，現當開辦之始，亟於成軍，應由督辦海防大臣會商畫一，隨宜購辦。以後由各該大臣飭令船廠、機器局精心制習，期裨實用。至於添設機器局，兼設內地機器局，并派員分赴各國學習製造諸議，亦係防患要着，應由各該大臣隨時籌辦。沿海及內地所練陸軍，應逐漸改練洋槍洋砲，應用槍砲由各督撫商明督辦海防大臣分别購致，選練得力之兵，各練其技，各守其器，隨時整擦，務期得用，俾歷久弗壞。沿海各處砲臺，上年因臺事設防時，已由各省督撫派員安設，經費業已不少，是否足資捍衛，應由督辦海防大臣切實查驗。嗣後此項即由督辦海防大臣會同各督撫妥實辦理。至中國現立船廠，有商輪船，有兵輪船，既欲整頓海防，勢不能不用兵輪船，諸議大略相同。擬就中國現有之輪船，擇其可爲兵船者若干只，以後應如何陸續自行製造，均由督辦海防大臣等悉心籌辦。各省所有各項輪船，均諮報臣衙門，專檔存記，以資查覈。鐵甲船一項，經醇親王片奏以爲購既極難，費亦極巨，不可輕於一試，尤不可因噎廢食；禮親王世鐸等奏謂船質笨重，不能入口收泊，且每只價值在百萬兩上下，爲費大巨，俟購到察看，如實利於用，再行續買，此時不可多購等語，自係爲慎重始事起見。應由督辦海防大臣酌度情形，一面派明白大體、兼知兵事、善於領會製造駕駛之人，分赴英、法、美、德各國，將其製造、用法、價值、丈尺、船上所用砲位及一切機器，察看實利於用，然後稟明定於何國何廠先購鐵甲船一兩只，送至中國試用，果有實濟，再行陸續購辦，并由各局悉心仿造備用，以期餉不虚糜，器皆適用。

國家清史編纂委員會《李鴻章全集》第三一册《復山東撫臺丁光緒元年四月二十七日》 稚璜宫保仁兄年大人閣下：

頃奉四月十九日函牘，敬聆一一。就審綏疆懋績，勛祉益崇，至符臆頌。東省現議派員赴粤，招雇製造軍火工匠，并擬出洋購買機器，選覓洋匠。伏讀大疏，具徵慎固海防，綢繆先事，曷任欽佩。惟目前添設機局，以製造火藥子彈爲先。子彈之制，全在翻沙得法，所用機器尚少。至仿造外洋火藥，必須訂購提硝碾藥，各種機器購運需時，價值頗巨。若欲專造砲位，則層摺更多，西洋新制，一時尤難規仿。粤中工匠較他匠已稍練習，然或一知半解，未必即深諸做法。即選募洋匠，粗者易得，精者難求。尊議欲派員出洋，赴各廠看視槍砲新式，以爲仿造地步，洵是一定辦法。惟出洋委員，須略通洋語洋文，庶不迷於所往。製造船砲各法，亦須稍知門徑，則前赴洋廠，逐細探討，積久當有心得。西國制器之原，理大物博，非一覽而即可周知，一見而即可學到者。聞其官廠規矩嚴肅，禁人遊玩，如欲往何國，須由總署照會駐京公使，先行知會該國朝廷兵部，届時發給印照，始能遍赴各廠游觀，否則僅看一二商廠，恐得其粗而遺其精也。陳鎮由艇船水師出身，於泰西軍火或尚未窺奥窔，尊疏以出洋重任屬之，是以廷旨飭由敝處派員會商妥辦，自爲慎重軍儲起見。刻下各省籌布海防，需用船砲槍械爲數甚巨，必能由中國自行仿製，始可應用不窮，尤必須向外洋各廠苦心研究，設法訪求，始可漸臻精進。總署迭以此事函商，徒以出使外洋，一時難得妥人，尚未能即爲擬派。温子紹部郎弟亦素知，曾商調滬局未果。日前雨生中丞過津，述及該員頗有巧思，而於西洋機器涉歷未深。瑞相留辦數年，未聞造成何項利器，大約自出新意，未必恰合洋法，亦遂不能獨造絶詣，然較之尋常員匠當勝一籌。執事函商英帥，敦促赴東，如能遠來，無論留辦製造及出洋學習，亦妙選也。徐令建寅在滬局承辦製造譯算多年，甚爲得力。去秋檄調來津，數月即以水土不服假回。該令滬局經手事繁，且身體過弱，向有便血之症，於北方苦寒不甚相宜，東省水土，未知能否服習。業將尊函抄致滬局總辦，令與熟商，若可分身，當即遵調，以副劃諉。滬局本非鄙人專政，徐令又係熟手得力，實未敢擅便，以致顧此失彼也。至以後應辦各事，尚祈隨時函示，如有所見，當據實奉陳。一切章程，應飭擇要鈔録，以備甄採。大沽、新城砲臺各木樣，昨已交郭令春煦赴省之便，親賫面呈，計邀察覽。專泐布復，敬頌勛祺，摹璧晚謙。不具。年愚弟李鴻章。

國家清史編纂委員會《李鴻章全集》第三一册《復江海關道馮光緒元年四月二十九日》　卓儒仁弟大人閣下：

頃奉十八、十九等日手書，鈔件，敬聆一一。就稔籌榷宣勤，政猷益茂，至符臆頌。「福星」船案，英刑司連日訊問，斷係兩船均有錯誤，照英國律例，各應追賠一半。二十一日復訊，如何議結。日内船貨賑款，計已定案。人命撫恤，麥領事既未返滬，可由商局再赴刑司控追，若亦摺半追償，約可增收三萬餘金。案已問明，自無須拘定會審，倘刑司偏斷，應仍按約照會領事會訊，以成信讞。即恤銀或慮脱空，而人命懸而不結，亦可留爲他案抵制地步，尊見極是。杏蓀昨稟，亦言分案酌辦，較爲妥協也。磁州開採煤鐵，前因諸務未有把握，甫商從緩。兹奉寄諭，飭即試辦，義無可諉。中國自强之策，必須從此下手，鴻章所夙夜焦盼者，但苦同志太少，浮議太多。應需機器，望仍與翼甫等妥商定購。翼甫欲親赴東洋各廠確詢開採情形，仍往磁州查勘地勢，以何項機器最爲合宜，然後酌量訂購，由小而大，漸次開採，足見留心探討，治事甚有穩勁。所慮經費支絀，應再設法商籌。子敬入山必深，似難勸令出資。振軒、樂山皆以憂去，又無厚資；雨生興致亦頗頽唐。召民初莅任，尚未知籌畫如何。專恃官捐，亦虞不給。或仍招附商股，較可經久。惟事屬創始，必須確見有利可圖，商股始能踴躍，只能辦到幾分是幾分，風氣果開，商民見信，則無論官辦商辦，總可爲中國拓此利源也。李部郎精於輿圖，勤能耐苦，確是有用之材，俟由京回，商榷進止。威使昨在金陵，議及各省厘捐，頗有煩言，峴帥面爲摺辯。尊議欲酌減厘捐，使華商成本較輕，以杜假冒洋行影射之弊，亦整頓之一法。惟華商内地運貨，逢關納税，遇卡抽厘，洋商販運，則自完半税後沿途并無厘税，兩相比較，軒輊懸殊。即議減捐，而商人利摺毫茫，偷漏影射仍恐不免。各省情形不同，未知能一律改辦否耳。專泐布復，敬頌台祺。不具。鴻章頓首。

國家清史編纂委員會《李鴻章全集》第三一册《致總署論東省派員出洋光緒元年六月十六日》　敬肅者：昨奉六月十一日直字二百五十二號公函，以東省派員赴粵，出洋購買機器，是否會商妥協始令前往，并鈔致稚璜中丞函稿見示等因。循誦再三，仰見實事求是，集思廣益之盛懷，曷任欽感。查稚璜中丞四月間接奉寄諭後，曾專函牘以此事相商。鴻章閲其原奏，於仿造新式軍火，選覓精巧工匠，派委員弁出洋，一切言之太易。陳鎮擇輔素不相識，聞由艇船出身，於洋器少所諳練，各國情形尤非熟悉。稚璜所恃者，有粵人温子紹部郎與之會辦，而温部郎雖有巧思，亦未深諳機器，且恐不肯應召，當即據管見所及詳復一函，請其以後應辦各事隨時緘商，并允商調滬局委員徐令建寅隨後赴東。兹將四月杪來往函稿鈔呈鈞鑒，嗣後迄未接稚璜來函，不知其以鄙言爲可採否，抑别有卓見耶。旋據上海機器局總辦馮道等稟復，徐建寅病體未甚復原，所譯採煉鐵礦洋書約須兩月完竣，即起程赴東，又於五月間據稟咨復東省在案。竊維派員出洋之難，前函已迭陳犀照，若其人結實可靠而不深悉洋務，諳習制器，固不足以膺是選；即略知洋務、制器而心地不能篤實，身體不甚耐勞，亦未可輕相付託。東省擬派之陳擇輔年老而有嗜好，固未敢信。即如温子紹、徐建寅於洋務、制器稍有會心，尚慮其憚於遠行，即行矣，亦未見出洋之必可得力。若稚璜來函所云，開局先制火藥、砲彈，購辦機器，選覓中外工匠，則津、滬、寧各局皆有成式可循。即在上海、香港等處設法訪覓訂購，物價人工局員中尚有精核斯事者，可無須專派出洋，致添縻費。若仿製新式精利槍砲，即派員前往詳加省視，其中節目奧竅非一言可盡，亦非一時能成。稚璜視爲易事，似由閲歷太淺，但恐意氣過盛，成見未化，敝處即無由會商耳。既蒙鈞諭殷肫，以後稚璜如再函詢，必當竭誠相告。東省各庫存款聞將三百萬，財力大可有爲，其形勢尤扼北洋門户，海防布置得人得法，足爲輔車之助，亦鴻章所禱祀求之者也。專肅密復，敬叩中堂王爺大人鈞祺。李鴻章謹上。直字一百號。

中國科學院歷史研究所《劉坤一遺集》書牘卷五《復左中堂光緒元年十一月十七日》

海防雖不可不辦，然目前似當以守爲主，從容講求機器製造之法，以奪其所長。若糜費鉅款，購買彼之現在鐵甲兵輪及鐵礮臺，欲與彼角勝重洋，未必確有把握，適恐爲敵人之資以貽笑四鄰。矧南、北洋如此之寬，顧以李、沈兩公控制之，關稅釐金悉歸掌握，而合肥催徵不遺餘力，亦未審果能任其責否？遇見不無過慮，姑俟抵任後議之。

王彦威等《清季外交史料》卷一〇《滇督劉長佑等奏借款開礦購器鑄錢摺》

雲貴總督劉長佑、雲南巡撫潘鼎新奏，爲借款開礦，購器鑄錢，冀以舒民困而裕餉源事。竊維滇省遠居天末，山多田少，稼穡艱難，舟車不通，百物昂貴。論賦稅，則以滇地爲最輕，而山川含藴，地勢盤亘，五金並育，甲於中原。論物產，則以滇地爲最富，此天之所以酌盈劑虛，而補其缺乏也。承平之時，例貢京銅六百數十萬斤，各省採買鑄銅，亦准以餘銅通商，以及金鐵鉛錫之聽民間採者，尚不在此數內，以偏隅之物力，供各路之取携，其裨益於天下也，大矣。軍興二十餘年，人民凋敝，廠地荆榛，欲舉辦而無資，遂致生計日窘，野無五穀之繁殖，市鮮百貨之貿遷，村郭蕭條，人煙零落，甚至資生無路，迫而爲走險之謀，往往因微薄之資，遂蹈殺身之禍，法無可宥，情實可矜。臣等忝司民牧，坐令貨棄於地，而不能取，民困於野，而不知救，匡時乏策，内疚良深。況各屬糜爛既久，百廢待興，其所以爲民謀者，固不能同，而所以取於民者，尚不能緩。即如錢糧、鹽課、釐金三大宗，竭盡小民之力，歲僅獲銀五六十萬兩，其餘不敷之數尚多，專賴鄰封協濟，毋論山頭廷尉不勝求取之難，即或杯水車薪，亦非緩急可恃。似此官民交困，内外俱窮，勢將束手，邊垣事事，均難整頓矣。夫物極必反，固無盛而不衰，而窮則必通，亦無往而不復，居今日而爲滇計，惟有因地之利，開財之源，力興礦廠，兼籌鼓鑄，爲救時之急務也。第此次試辦京銅，僅於各省欠滇協餉内，提撥銀一百萬兩，工本未能裕如，採辦諸形棘手。今擬另籌鉅款，本省則臣鼎新促襟露肘，勢處萬難，外省則挹彼注兹，未遑兼顧，倘非别開生面，終致坐困一隅。竊見陝甘督臣左宗棠以軍饟支絀，曾由英商借銀五百萬兩，兩江督臣沈葆楨亦以置辦輪船，借銀三百萬兩，皆由各海關陸續撥抵。彼時臣鼎新在藩司任内，即與前撫臣岑毓英籌議，仿照該兩省現辦章程，挪借洋款，專備開礦之用，故於上年，迭經函囑直隸候補道盛宣懷、江蘇候補道李振玉、候選道魏綸先等，在滬探詢，以期收集思廣益之效，大利所在，益以杜他人覬覦之心。兹據盛宣懷覆稱，現與布國領事璧斯瑪面議，訂借現銀三百萬兩，援照陝甘福建前辦成案，歸銀行經手，仍以各省海關收稅相抵，歲計三四釐起息，分二十年歸還。第一年至十年，每年歸本銀十萬兩，第十一年至二十年，每年歸本銀二十萬兩，拔本帶利，本漸輕而利亦迭減。滇省即按各海關每歲撥還之數，將銅片照定價合計，如數運還户部，在海關，以應解户部正稅，撥還洋款，在户部，即以歲獲滇省之解銅，抵收關稅，既於銅政大有裨助，亦於稅務毫無所損，其所費於目前甚微，而收效於日後者爲甚大也。況閩省借款，將來皆以軍饟船械報銷，滇省採銅鑄錢，雖衰旺靡常，難保無虧摺之事，究係實在有着之款，情形固自不同耳。惟各廠開採，全恃人工遊民，藉以營生，不致流而爲匪，砂丁加以入伍，並可用以即戎。然斧鑿錘敲，攻取良非易易，且有經年搜採，而不能獲一礦者，今擬參用西洋採礦機器，以助人力之不足，並延僱熟習礦路之洋匠，以補中法之未備，如其獲礦豐旺，自以鼓鑄，爲銅鉛銷路。光緒二年，户部議奏，京畿道監察御史劉國光奏，直省制錢日少，請飭各省分，一律鼓鑄制錢，等語，滇省雖經開爐試籌，而銅少本微，究難遽期成效。兹並擬購用西洋機器，就廠鼓鑄制錢，銅愈多則錢愈廣，鑄愈廣則用愈足，此外更有金銀各廠，且銅錫内亦帶有金銀，苦不得其揀煉之法，有此機器，兼可採煎金銀，即照西法印鑄金銀各錢，以廣資利用，所以濟民生而通泉貨者，此其利，豈特滇南一省已耶。臣長佑於上年四月間奏，奉諭旨：雲南五金並産，據有礦山之利，自設法開採，隨時體察情形，奏明辦理，欽此。兹臣等博訪周諮，體察既久，未敢畏難，而稍涉因循，惟有竭誠，以力圖補救，如蒙俞允，候奉諭後，臣等即札飭盛宣懷等，就近稟商南北洋通商大臣，再與布領事遵照前議，妥籌定奪。至覓僱洋匠，購置機器，多與海關交涉，應請旨飭下兩江督臣，轉飭江海關道，隨時會商照料，俾利進行，謹奏。光緒三年四月十二日，奉旨：該衙門議奏，片併發。

國家清史編纂委員會《李鴻章全集》第三二册《復郭筠仙星使光緒三年六月初一日夜》

筠翁仁兄親家年大人閣下：

三月二十六、四月初二由滬局轉寄兩緘，未知何時能達。五月間連奉二月二十八，三月初九、十一，四月初八等日手書四件，敬承一一。西洋政教規模，弟雖未至其地，留心咨訪考究幾二十年，亦略聞其詳。自同治十三年海防議起，鴻章即瀝陳煤鐵礦必須開挖，電綫、鐵路必應仿設，各海口必應添洋學、格致書館，以造就人才。其時文相目笑存之，廷臣會議皆不置可否，王孝鳳、于蓮舫獨痛詆之。曾記是年冬底赴京叩謁梓宫，謁晤恭邸，極陳鐵路利益，請先試造清江至京，以便南北轉輸。邸意亦以爲然，謂無人敢主持。復請其乘間爲兩宫言之，渠謂兩宫亦不能定此大計，從此遂絶口不談矣。讀二月杪賜示名節，崇論閎議，洵足啓發愚蒙。禁鴉片之大疏，雖奉抄寄各省籌復，寥寥數語，毫不著力，外間習爲固然，尚未議及。此間黎、劉二道詳請先商英國禁止販運，不得不照咨也。度公之力，亦未能使英商回心向善耳。左帥新復吐魯番、托克遜等城，自謂南路摺簍可下，朝廷日盼捷書，催協餉如星火，更無以雅各刊投誠之説進者，然將來勢亦必出於此，不過鋪張揚厲以表功自己出，善後付之他人，恐仍旋得旋失。尊論崇尚一切虚誕以爲正義，此類是也。伊犁久據，内外置勿深論，俄人欲白佔便宜，繳價相贖，及黑龍江以東换地諸議，似皆不行。至開墾江浙荒土，言官、疆吏屢有條陳，仍是空言無補。停止各省厘捐，西征、海防及各處留防之軍日苦接濟不足，即明知其當停，亦無能停之理。惟雨生在臺灣建言，須就地試造鐵路、電綫，已奉廷僚議準，又以費絀中止。内地若果議及，必至群起相攻。尊諭欲令敝處開示朝廷，以使沛然不疑於其心，天下必有起而應者，何見推之甚耶。去冬招商局收買旗昌輪船，幼丹請撥各省官帑百萬，再招商股百廿萬，迄今半載，華商無一入股，可見民心之難齊。鐵路爲費更巨，民力自開，何能集事。鄙意鐵路須由開煤鐵做起，興此大役，而鐵尚需購自海外，絶難告成。目下雞籠煤礦已有成效，武穴、池州均甫開局，魏温雲亦在寶慶、衡州等處試採煤鐵，但官紳禁用洋法機器，終不得放手爲之。凡此皆鄙人一手提倡，其功效茫如捕風，而文人學士動以崇尚異端、光怪陸離見責，中國人心真有萬不可解者矣。鑄造洋錢一節，去夏赫德曾發是議，滬上洋商復慫恿各國公使力言於總署，請中國自鑄，抵交關税，爲各關平色不準，藉以畫一也。總署飭交南北洋核議，各關道多動色相争，恐洋税暗中摺耗，聞幼丹亦不謂然。頃劉芝田稟復，派員設局仿造，未知果有成否。其窒礙最大者，既經官鑄，必準抵餉，納錢糧、關税。洋圜平色定有準數，勢難格外浮收多算，一切官吏平餘陋規掃浄，將無以自立，又不能别籌津貼。此數百年積弊，未易一日更新者也。尊意先購置一套小機器開其端，每套不過三千鎊，日制五千元，專敵洋人，使不得制其輕重，以綱市利，似爲計之得者。俟英人得拿至華，當屬唐景星妥與籌議。李丹崖帶學生至英、法，弟與閩江各帥會奏定案，專指學習製造、駕駛，似未便遽改別圖。原疏本請總署行知執事就近照料，詎總署惜墨如金，并未轉達，兹補録原奏奉咨冰案，務乞隨事妥爲籌商。雨生注意鐵甲船，再四疏陳，勢難中輟。鄙人職在主兵，亦不得不考求兵法，明知西洋暫無構釁之事，然兵乃立國之要端，欲舍此别圖其大者遠者，亦斷不得一行其志，只有盡其力所能爲而已。俄土戰事，新報勝負互見，英若興師援土，望商令學生隨其兵船前往觀陣，以長閲歷。西班牙前因同治二年夾板船在臺灣遭風被搶索賠，聲稱調兵，實無其事，船案現將議結。古巴章程未定，荔秋尚無起程之期。馬格里粗率專擅，准予自新，心尚無他，或仍量材驅使。雲生改派德使，何時前往，瑕釁自可融釋。巴使議修約，頗與總署齟齬，鴻章屢爲排解，積不能平，望密屬雲生，至柏靈留意應對爲要。尊府争繼一案，湘撫業經批結，前已轉咨，可釋懸繫，近日未聞都中有何議論。拙狀粗平，匆匆叩復旅祺。不具。附致丹崖函，乞轉交。鴻章頓首。

王彦威等《清季外交史料》卷一二《粤督劉坤一奏捐資生息儲養洋務人才摺附上諭》 各國文字語言，與其史傳律例者，則斷事措辭，庶易得其旨竅。且各省設立機器局，製造輪船、鎗礮等項，則西洋之所謂格致，亦不可不得其門徑，而探其堂奧。總理衙門奏請於京外設立同文館，並遣幼童出洋學習，原爲儲人才計也。惟查同文館人員，及出洋幼童，於洋務均係初學，必數年始能得其淺近，必十數年乃漸得其精微，未可責以速效，更恐其半途而廢，不必皆底於成。此次侍郎郭嵩燾、寺卿陳蘭彬奉使出洋，曾貽臣書，竊有乏才之嘆也。以中國之大，且通商之久，除同文館外，豈别無熟習洋務之人，以備驅策。夫近山者多善獵，近水者多善漁，粤人與洋人相處有素，其營生外洋各埠者，幾百萬人，不獨文字語言通曉者衆，即西洋之法律，西人之藝能亦多所嫻習，如郭嵩燾所舉之總領事胡璇澤，美國之繙譯官余楨祥，英國之大律師伍秩庸，均係粤産。又如在籍候選員外郎温子紹，於各項機器頗能會通，則粤人之熟習洋務，於此可以概見。誠得此項人才，加以造就，猶拱把之木，因而灌溉滋長之，則取材更易，是於同文館外，别開一儲才之地也。第非廣爲搜羅，則其人無由自達，非厚其餼廩，則其身無以自謀。粤東經費維艱，無力及此，臣居官歲久，請以廉俸所餘，捐銀十五萬兩，解交藩庫，作爲公項，轉發招商局，按年取息，以爲儲養此項人才之用。或出示招考，或隨地訪求，以及如何優給薪資，使之盡心西學，容臣與撫臣熟商辦理。倘得一二俊彦，有裨時宜，而後咨送總理衙門及南北洋大臣，聽候録用。若洋務人才驟難多得，此項息銀有贏，則撥歸機器局以助工作，其本銀常存招商局，不准輕動，亦可以備地方緩急之需也。再，臣起自寒畯，絲毫皆出天恩，此項以公歸公，不敢仰邀議敘，合併陳明。謹奏。光緒三年十月二十五日，奉旨：劉坤一揭，輪鉅款爲儲養人才之用，實能公爾忘私，力顧大局，殊堪嘉尚，所捐銀兩，著該衙門覈給獎敘。

國家清史編纂委員會《李鴻章全集》第八冊《軍火畫一辦法并報銷口令事宜摺光緒四年七月初二日》

奏爲購制外洋軍火，遵議畫一辦法并議報銷、口令各事宜，恭摺復陳，仰祈聖鑒事。竊臣等承準軍機大臣字寄，光緒四年二月十四日奉上諭：總理各國事務衙門奏購制外洋軍火請飭妥議畫一辦法一摺。外洋槍砲名目甚多，必須擇其最精之品，一律核實購辦。現在各省所購多不一律，即一省亦不一律，無論良楛雜收，未必皆爲利器。而各省不能通用，設遇有事，誠恐受累。且委員每視爲利藪，以劣充良，不復認真挑選，虛耗巨款。著專派精明廉正之員總司其事，凡各省委購軍火，責成該專派委員核定。倘有不堪施用及浮冒開銷等弊，即將該員與承辦之員分別勒追治罪。其應如何遴員并各省如何統歸一律，著李鴻章、沈葆楨會商妥議，奏明辦理。至上海、天津設立機器局，應否於兩局內遴派得力專員，統令隨時酌核，畫一辦理，著該大臣等一并妥議籌辦。該局用款奏銷，嗣後并著將每年每款需費若干，逐細登明，每年成造各件暨撥用存留各數目亦即按件造報，以昭核實。另片奏，洋槍隊口號改用中國語言，著該大臣等選派精通洋語之人，將教練口號全用中國語言文字譯成一書，其教法爲語言所不能傳者，并繪圖輔之，頒發各軍營，俾將弁等隨時觀聽，人皆通曉，期於防務有裨等因。欽此。仰見朝廷慎重海防，實事求是至意，欽悚莫名。臣等公同籌議，竊謂槍砲爲制敵利器，必須精良畫一，各省各營皆能通用，庶免臨事窒礙。從前軍務孔亟，利在應急，隨購隨用，無暇通籌。迨同治四年間，始設機器局，仿造外洋軍火。近年直隸、江南籌辦海防所用槍砲，又定造於外國著名之廠，寬以時日，俾期堅精。兹奉諭旨飭籌畫一辦法，臣等謹將外洋槍炮製造之法施用之宜先陳其略。查砲位一項，德國全用後膛，英國全用前膛，俄、法則小砲多後膛，大砲多前膛，美國仍用老式滑膛。其中著名商廠，德曰克鹿卜，專造後膛全鋼之砲；英曰阿勿士莊，專造前膛熟鐵包鋼之砲。又有瓦瓦司廠兼造前膛後膛以鋼包鋼之砲。論攻堅致遠，前膛不若後膛。論穩固經久，後膛不若前膛。故行仗小砲，宜用後膛，取其輕而及遠。輪船砲臺所用大砲，究以前膛爲宜。此洋砲之大略也。洋槍一項，自有後門槍式，而前門之槍，洋人幾不過問。其最著名者，英曰馬梯呢，美曰林明敦，德曰茅塞，法曰沙賽卜。近有沙布一種，亦出美國，皆屬後門，并爲各國推重。究之命中致遠，後門雖倍勝於前門，而前門子藥可以取辦，臨時事易工省。後門槍子必須造以機器，工費既巨，猝辦尤難。子藥不繼，即成棄物。現就大勢而論，海防若有戰事，非後門最精之槍弗能制勝。若平時操練，除後門槍隊演習有年，應仍其舊。此外暫宜操以前門，俾習手法而期節省。此洋槍之大略也。目下中國力圖自强，軍火利器貴一貴精，洵爲確切不易之論。上海一隅，洋商彙萃，日趨巧猾，往往式樣雜出，以劣充良。各省采辦人員或受其欺，或中其餌，均所難保。兹欲遴派精明廉正之員，專任稽查采購，未始非執簡馭繁之一策。惟專派之員，身居中土，於外洋造法之新陳，時價之長落，未必纖悉周知。近日洋商每有徑赴各省議價攬購者，更屬無從節制。委員權力有限，辦理慮難經久。伏查上年候選道李鳳苞，帶領福州船政學徒赴英法兩國練習，臣鴻章曾令其訪求新出最精洋槍，擬與閩省酌量合購。去冬接該道函稱，法國水師於今春比試，各國後門槍式俟比試後，擇最精者寄回察看。兹擬并飭該道親歷各廠確查前後膛大小砲之最精者，擇尤開報，并將圖樣價單寄閲。俟核明定式，隨時分咨總理衙門暨各省。遇有購用，即令該道照式在洋議購，匯款定造，一手經理。上海地方只須派員設局，專司匯寄價銀、驗收轉運等事。如閩粤兩省無庸取道上海者，即自行匯價驗收。李鳳苞精細廉正，近於軍械一道刻意講求，其不時分赴各國照料學徒，以之兼辦軍火，勢固甚便。他日該道回華，另飭別員接辦，與從前無人出洋限於耳目者難易懸殊，倘或辦理貽誤，自可執法從事。此議購軍火之畫一辦法也。獨是軍火固貴一律，而目前所有者如何酌劑，異日續添者如何儲積，尤須全局通籌，始足備緩急而圖久遠。即以直隸、江南計之，除外洋老式槍砲外，近年所購新式前膛後膛大小洋砲，不下四百五六十尊，所購所制之新式後門洋槍，不下二萬數千杆，此皆得用利器，爲向來各省軍營所未有。費款數百萬，用心十餘年，始能積有成數。前項砲位業經分撥砲臺輪船及海防各營，果能加意珍惜，自堪久而不敝。前項槍枝各營領操者十之七，積存備撥者十之三，現擬已發之前後門洋槍，照舊留營操演，將來續購畫一新槍，只可存俟臨事應用。惟子彈一項，實槍砲之命脉，無子彈則槍砲虛設。後門子彈工繁費巨，遇有戰事，十年之蓄尚恐不敷數月之需。現查津滬兩機器局所制子彈數非不多，而以之應操則有餘，以之備戰則尚少。亟應及時設法添制，以防未然。兩局製造之事，向來互相考較，亦互相撥用，聲息素通。以後每成軍火，只宜抽送臣等查驗，嚴定等差，力求精進。似無庸另派專員監察，致涉紛擾。此外，江寧機器局係臣鴻章剏捻時添設，亦與津滬兩局通力合作，其山東、湖南、四川等省現既設局，所制之器并應彼此互証，以泯各師各式之偏，以聯各省各軍之氣。嗣後考定西洋最精槍砲，陸續酌購，必須兼購造子機器，豫籌造子經費。其前項已有之新式槍砲，多年積累，費款極巨。大約將來續購者，亦不出南北洋現有各種之内，自宜照舊兼用，庶幾緩急足恃。此議制軍火及豫籌全局之辦法也。至機器局歲銷用款一節，津局向制火藥、銅帽、水雷、士乃得後門槍及後門槍子、前膛後膛砲子，滬局向制輪船、火藥、前膛洋砲、後門洋槍及後門槍子、前膛後膛砲子，近因養船經費歲耗二成洋税之半，暫議停造輪船，增造熟鐵包鋼大砲。此兩局者，目下制器甚繁，而子藥爲軍火大宗，尤須全力辦理。蓋就現有之槍砲籌應用之子彈，核之外洋購價，已需數百萬金巨款，固難驟籌，亦斷無仰給外人之理。只得就已設之局，額領之款，分年趕造，免致另行請撥，貽誤要需。兩局向領洋税銀兩，皆擇妥員經理，毫無虚糜，實用實銷，開單奏報。仍分別軍火船隻機器等門，逐項開列。兹若將每年每款需費若干，逐細造册報部，有同一工料而前後時價不齊，有制一器件而彼此精粗互異，或先後成毁，幾經更易，工費多少不等，徒啓吏胥挑駁需索之端，他日非勉强牽凑分灑匀攤，變成例價不止，名似核實，轉滋流弊。似不若慎選精細廉正者，總司局務，由臣等隨時切實考較，仍照舊開單奏銷，以歸簡易。其每年成造各件，撥用若干，存留若干，自可按件詳晰聲明。至槍砲隊口令一節，前門槍砲與後門槍砲陣式口令大致相同，而槍砲用法彼此互異。其前門槍砲口令陣法已經前江蘇撫臣丁日昌於同治十年用漢文譯刻成書，有圖有説，上海機器局譯刻克鹿卜後膛砲法，天津軍械所譯刻克鹿卜小砲筒本操法，均已印發各營，令將弁兵勇日事講習。其已譯未刻之德國砲隊馬操法，及續譯各書，應飭令各營各局人員隨時擇要妥細辦理，俾將弁人等於外洋兵法用器一律通曉，以昭慎密而利軍行。以上各節臣等往返函商，意見相同。謹合詞恭摺由驛復陳，伏乞皇太后、皇上聖鑒訓示。謹奏。

光緒四年七月初四日，軍機大臣奉旨：該衙門知道。欽此。

〔附〕光緒四年二月十四日寄諭　軍機大臣字寄大學士直隸總督一等肅毅伯李鴻章、兩江總督沈葆楨，光緒四年二月十四日奉上諭：總理各國事務衙門奏，購制外洋軍火請飭妥議畫一辦法一摺。外洋槍砲名目甚多，必須擇其最精之品，一律核實購辦，方足以資利用而杜虚糜。現在各省所購多不一律，即一省亦不一律，無論良楛雜收，未必皆爲利器。而各省不能通用，各營亦不能合用，設遇有事之時，誠恐未得其利，轉受其累。且委辦之員每多視爲利藪，遂致以劣充良，不復認真挑選，虚耗巨款，莫此爲甚。事關防務大局，自應妥爲籌辦，力求實際。上海爲各商聚匯之區，著照所請，專派精明廉正之員總習其事。凡各省有委購軍火者，責成該專派委員核定，倘有不堪施用及浮冒開銷等弊，即將該員與承辦之員分别勒追，嚴行治罪。其應如何遴員并各省如何統歸一律之處，著李鴻章、沈葆楨會商妥議，奏明辦理。至外省仿製外洋軍火，上海、天津均經設立機器局。應否於兩局内會同遴派得力專員，統令隨時酌核，畫一辦理，著該大臣等一并妥議籌辦。該局用款奏銷，嗣後并著將每年每款需費若干，逐細登明，按年造報一次。其每年成造各件暨撥用存留各數目，亦即按件造報，以昭核實。山東、湖南各設局廠，用款最省。四川現亦設局，所奏應令一律詳細造報，著依議行。即由該衙門咨行該督撫查照辦理。另片奏，洋槍隊口號請飭改用中國語言等語。洋槍隊向以洋語爲口號，傳授不廣，且不足以昭慎密。著該大臣等選派精通洋語之人，將教練口號全用中國語言文字譯成一書。其有一切教法爲語言所不能傳者，并令繪圖輔之，頒發各軍營，俾將弁等隨時觀聽，人皆通曉，期於防務有裨。原摺片均著抄給閲看，將此由四百里各諭令知之。欽此。遵旨寄信前來。二月十五日奉到。

〔附〕《奕訢等奏購制外洋軍火關係防務大局摺光緒四年二月十四日》　奏爲購制外洋軍火，關係防務大局，擬請飭下南北洋大臣妥議畫一辦法，以專責成而杜虚糜，恭摺仰祈聖鑒事。竊臣衙門前陳海防事宜内簡器一條聲明，砲臺所需巨砲應如何購辦，各軍所用洋槍應如何一律購用，以後應如何自行鑄造，均切實詳議籌辦。嗣據各將軍、督撫復陳，有稱前門槍砲穩實者，有稱後門槍砲靈捷者，并有稱廣東綫槍勝於洋槍者。其購自外洋也，或稱發營操演時加磨洗，或稱勿過多購防更新法。其制之各局也，或稱通盤打算，孰宜槍砲，孰宜子藥，各專其任，以此贏濟彼絀，或稱宜遣赴外洋學習，或稱宜於内地添局，以防後患等因各在案。臣等查外洋槍砲，從前均用前門，近時改用後門，然名目最多，種類最繁，購不勝購，制不勝制，必須擇其最精之品，一律切實辦理，庶在彼不致售其欺，而在我得以適於用。聞德國前與法國交戰，舊樣之槍皆禁不用，因以獲勝。日本之攻薩峒馬島，用士乃得後門槍，子藥枘鑿，遂致大敗。一則所用者一律，一則所用者不一律也。現在各省所購後門槍砲多不一律，即一省亦不一律。無論良楛雜收，未必皆爲利器而用也。此省者，彼省不能通用；用之彼軍者，此軍不能合用。一旦有事，未得其利，反受其累。況委辦之員每多視爲利藪，光緒二年八月間，福州將軍文煜等以委員文紹榮等采購軍械虧蝕軍款，奏請嚴辦。奉上諭：均著斬監候，仍勒追完繳等因。欽此。臣衙門當通行各省，諄飭查辦在案。外洋軍械價值本無成案可考，委員一有染指，即洋商通事通同作弊，以劣充良，不敢挑剔。且一經定購，先立合同，當時既未駁換，事後斷難追求。各上司派委之後，又不能如文煜等之破除情面，認真追劾，巨款虛耗莫此爲甚。查上海爲各商聚匯之區，多在該處交易，擬請專派精明廉正之員總理其事。凡各省有委購軍火者，責成該專派委員核定，倘有不堪施用及浮冒開銷等弊，并將該員與承辦之員分別勒追，嚴行治罪。其應如何遴員及各省如何統歸一律之處，應請飭下南北洋大臣會商妥議，奏明辦理。至外省仿製外洋軍火，同治初年經李鴻章等先後奏在上海、天津設立機器局。近年丁寶楨、王文韶亦在山東、湖南兩省各設局廠，不用洋人，其費最省。丁寶楨現復於四川設局。以上三局均係設在內地。滬局製造槍藥，兼造小號輪船，動支江海關二成洋税，每年需銀四五十萬兩不等。津局製造槍藥，動支津海、東海兩關四成洋税，每年需銀十餘萬、二十餘萬兩不等。近據李鴻章、沈葆楨等奏報，津局造後膛砲，滬局前膛、後膛、洋槍并造，兩局各自製造，即各自撥用，既非通力而合作，未必易地而皆宜。應否於兩局內遴派得力專員，統令隨時酌核，畫一辦理，并請飭令南北洋大臣一并妥議籌辦。至津滬兩局前因事屬創始，迭準開具簡明清單奏銷。迄今十餘年來，該局日益擴充，所費日益浩繁，已與創始情形不同，未便仍前籠統開報，無所考核。應令該大臣等，嗣後將局內每年每款需費若干，逐細登明，按年造報一次。其每年成造各件撥用若干、存留若干，亦應一并按件造報，以昭核實。并令四川、山東、湖南各督撫一律查照辦理。臣等爲事關防務大局起見，理合恭摺具陳，伏乞皇太后、皇上聖鑒訓示。謹奏。

〔附〕《奕訢等奏請用中國語言教練軍隊片》　再，各省軍營近日添設洋槍隊，以資攻剿。其操練係雇洋人爲教習，坐作進退專用洋法。惟以洋語爲口號，不用中國語言，不特傳授不廣，且恐一旦有事，洋兵習知口號，戎機易泄。查神機營教習洋槍隊，通用清語，立法最爲妥善，擬請參照此法辦理，飭令南北洋大臣，選派精通洋語之人，將教練口號全用中國語言文字譯成一書。其有一切教法爲語言所不能傳者，并令繪圖輔之，頒發各軍營，俾將弁等隨時觀聽，人皆通曉。則我得其用而不至爲人所用，似於防務稍有裨益。理合附片陳明。謹奏。

國家清史編纂委員會《李鴻章全集》第三二册《復總署論各省購制槍砲光緒四年七月初四日》　敬復者：前奉二月二十三日直字四百十六號公函，以各省購制外洋槍砲未能畫一，請設專員經理，并槍隊口令、機器局報銷各節，屬即會商定議等因，具仰講求軍實，整頓海防至意，欽佩莫名。鴻章遵與幼丹制軍往返緘商，詳確籌議，昨已合詞繕摺復奏，諒蒙鑒悉。原摺所陳均係實在情形，無庸贅述。至來示風聞各省所造形制參差，用法不一，屢經赫總税司言之，謂爲中國辦理不能得法等語。查現用機器仿製船隻、軍火，以閩、滬、津三局爲大宗。閩廠專造輪船，先由左相專延日意格經辦，船式、機器皆法國舊樣，稍嫌笨拙。自丁雨生、吴春帆接辦後逐漸變通，近又遣員帶生徒出洋學習，購覓新式船樣、機器，但使經費應手，當可日臻精進。滬、津兩廠則專制軍火槍砲，自鴻章莅津後，常調滬局員匠歸津局遣用，其造法用法隨時互相考究，并無參差不一之處。赫總税司向未親至各局廠考較，似是道聽臆度之詞。或者他省新設機器局有形制參差之處，即如上年丁稚璜制軍晋京過晤，送來仿造馬梯尼後門槍，據稱僅用人工及手機器制成，自命爲無敵利器。迨飭營員演試，機簧不靈，彈子不一，準頭不遠，較英國所制大遜，津、滬各局實未造此劣槍也。大約此道非真正細心內行虛心博考者，但見皮毛不知底里耳。至各省派員赶上海、香港採買軍械，或非所素習而不加揀擇，或受奸商愚弄捏報染指，如前年閩省之案固所難免，今既議定統由駐洋之員經辦，當較核實。惟新式槍砲價值過昂，且必須自用機器仿制子藥，需費過繁，不但內地各省無此餉力，即沿海沿江設防各省，力量亦多不及敵處。前議另購英國馬梯尼槍一二萬枝，儲備要需，籌畫數年，尚未敢定，職是故也。竊謂內地僅備防剿土寇，前門槍尚可通用，子藥亦可取辦臨時，不似後門槍之費繁工巨。但西國前門槍久爲棄物，恐難在外洋覓購，海防若有戰事，則非最精之後門槍不足制勝，必須預爲購備。統籌各省軍械，似亦難過求一律矣。又，赫總税司謂兵船槍砲亦須一律，似甚有理而有不盡然者。鴻章屢看英、法、德各國兵船、鐵甲船操演，其船上大砲，或前膛或後膛，均多一律，其邊砲、小砲，式樣各殊；即如赫德代購之蚊船四只，除船首置前膛大砲一尊外，其小砲則用阿勿士莊後膛砲二尊、格林群子後門砲一尊，是則可以類推。至謂各項戰船應千百一轍，中國已造各船與後來新購新造勢難一律，造詣本深淺不同，亦未便將從前購制者全行棄毀，是在當局者隨時妥籌，擇宜調度耳！至機器局報銷一節，若必比照軍需常例逐細造報，流弊滋多；滬、津等局開辦以來，實無絲毫糜濫，似仍以任用得人爲主。愚暗之見，未知當否，伏乞鈞裁。專肅奉復，敬叩中堂、王爺、大人鈞祺。李鴻章謹上。直字一百八十四號。

王彦威等《清季外交史料》卷一三《總署奏議覆劉錫鴻奏德國修約可成及時制治保邦摺》 總理各國事務恭親王奕訢等奏，爲查明具奏事。出使德國大臣劉錫鴻奏德國修約可成及時制治保邦等因一摺，光緒四年七月初二日奉旨：該衙門知道。欽此。欽遵。據原奏内稱，三月二十一日，接據德國外務大臣來文，行令巴蘭德照現在商妥條款，趕立新約，其有數條未經中國允許者，無論如何要緊，均可從緩辦理，等語。是此條約立見有成，可無他慮，即來文以内地重徵釐金一節，仍謂與原約不符，將來尚須另酌，然其意亦衹在增加子口税銀，歸於總海口，整起完納，以免沿途徵收，迄無定數，想他時亦易定議。臣駐劄西洋，一載有餘，熟察各國互争嗜利之性，非據理争辦所能制，亦非曲意和好所能弭，惟政教修明，乃可化之。其次則武備爲治標之急務，數年以來，各省練兵造船製器，多已改用洋法，然有精有不精，有實有不實。中國操演，現照洋法隊伍，非不可觀，火器非不可共習，然營哨長素術講求，意不專注，無從督率又輒以侵剋兵餉爲事，衆心不服，號令安望能從。且目前已練新軍，而分防無事之老兵，依然募補，目前已尚鎗礮，而禦侮難資之弓箭，猶復並行。至於補缺補糧，循舊制以校射所用，在此所考，在彼殊非核實之道。當令内外臣工，妥議裁撤舊兵，別定爲新兵畫一之制，教練不易之法，俾各遵行。至中國船政局亦募洋工，彼第於船式粗有所知，非能深究奥妙，中國匠人既未諳其機竅，則各省置辦戰船，應統令西洋船廠代辦，由駐劄該國使臣督成之，俟出洋學生究得其法，然後自製。中國天津、上海、福州等局，所造鎗礮，現雖不如西洋，猶可望其日進而益上。他省則有名無實者居多應由天津等局，以鑄就鎗礮分給之，或擇税務司可靠之員，飭赴西洋代購，不必另行設局。其鎗礮之業有成數者，均令登記册檔，嚴其掌守之責，定爲交代之令者，皆實事求是之道也。西洋兵力之强，由富足基之。中國軍興以來，人皆意於生業，閭閻滋困，憂時者以民窮餉乏，歸咎於銀之出洋，不知人之貨足耗我財，我之貨亦足致人之財，倘能督課工商，發展實業，内地家給民足，則外洋之財，未有不流注内地者。夫整軍經武者，提鎮之事也，率屬以謀富教者，藩臬巡道之職也，三載考績，而無成效則廢黜，有功然後行賞，斯司道提鎮靡不勸矣。督撫身膺疆寄，司道提鎮不能稱職，而不糾劾，則罪及督撫。朝廷察督撫，督撫察司道提鎮，又各糾察其屬，嘉慶以前之故事本如此，苟恪遵成憲，並復司道提鎮專摺奏事之舊制，俾人人得効忱悃，以襄督撫之勤勞，不惟可致富强文德之修，亦即屬焉。今年德國之約，雖成不兩年，而他國之約，又當换，凌逼恫喝，互相效尤，其究有不堪設想者等語。臣等伏查德國修約一事，前經德國使臣巴蘭德開列條款，並牽引舊約，多方要求，臣衙門屢與往復辯論，迄無成議。上年劉錫鴻調駐德國後，臣等因將辯論各情形，隨時詳細知照。本年正月以後，疊據劉錫鴻電報，謂巴蘭德所列外部等語，皆非並謂條約一事，釐金要總納，口岸可不添。外部來文，已令巴蘭德於目前商妥各條，速立新約，未允者俱從緩，惟釐金目後仍要議辦。巴蘭德换約後，即調回國，無他慮等語。其時巴蘭德屢次到臣衙門議論條約各條，僅將大孤山開口，及洞庭湖北運河添置拖帶輪船各節删去，其餘中國未允之條，及允臣衙門開送之條，均執定必須查照彼意舉辦。議論不合，巴蘭德遂即出京，臣衙門亦由電報知照劉錫鴻後，又據劉錫鴻電報，謂巴蘭德竟自回國，外部謂俟其到時，詢明情形，秋冬間，仍須修約。嗣又將其外部單開修約各條，及與外部往來文件，鈔寄臣衙門。查其外部單開各條，與巴蘭德開送臣衙門者相同，惟單内所開中國已允未允字樣，則與巴蘭德在臣衙門議論情形，未盡符合。蓋德國外部據巴蘭德一面之詞，知照劉錫鴻，劉錫鴻據其外部一面之詞，知照臣衙門，未及將臣衙門先後寄去各件，逐條細檢也。其外部致劉錫鴻文函稱，中國未允各條，未能删去，仍望玉成其事云云。是德國修約，其外部與巴蘭德，本屬聯爲一氣，故於未允各條，議論一有不合，巴蘭德即出京回國，並未能如劉錫鴻電報所云，速立新約等語。辦理此事，現尚毫無端緒，而劉錫鴻信其外部之言，未加體察，便爲修約立見有成，可無他慮，未免言之太易。至釐金一節，尤爲各國所注意，現在德約既未修成，法約亦未議定，本年又值英國修約之期，臣等揣度情形，將來必有羣起力争之事，不知如何繁費筆舌，劉錫鴻亦謂易於定議，緣其更事淺，故視事輕，所言恐未可深恃。至所稱購辦船礮、督課農工各節，均爲實事求是起見。查前因議辦海防，各督撫請購辦鐵甲船，終以費鉅而止，現由李鴻章飭令總税務司，購到英國蚊子船四隻，均交閩廠，本年經李鴻章調赴天津勘驗，尚稱適用。臣衙門因與李鴻章函商，可否籌款添購，以資防守，究竟外洋購辦，不如自行製造之爲便。閩廠造船，係洋員日意格督同中國工匠製造，前派學生出洋，考究其法，原爲將來學成而歸，以期精進日上之意。製船一事，任大費重，未可輕易舉辦，若如劉錫鴻所議，各省置船，統令西洋船廠代辦，由駐劄該國使臣督成，不但中國一時未能籌此鉅款，且駐洋使臣定有年限，不能在彼久駐，督視船隻，良楛使臣素所未悉，尤恐購辦不適於用，反致虛糜。臣衙門前因各省購買鎗礮，多不一律，奏請在上海地方派員總理其事，並令津、滬兩局，亦遴派得力專員辦理，及局内每年需費，按年開報，成造各件，按件開報，以昭核實等因。現據李鴻章等覆奏，以上年候選道李鳳苞帶領閩廠學徒，赴英法兩國練習，曾令其訪求最精洋鎗，酌量合購。兹擬併飭該道親歷各廠，確查前後膛大小，礮之最精者，將圖樣價單寄覈。各省遇有購用，即令該道照式，在洋一手經理，上海地方衹須派員設局，專司匯寄價銀、驗收轉運等事。閩、粤兩省無庸取道上海者，即自行匯價驗收。李鳳苞精細廉正，以之兼辦軍火甚便，倘或辦理貽誤，自可執法從事。津、滬兩局製造，向來互相考較，以後每成軍火，衹宜抽送臣等查驗，無庸另派專員監察。機器局歲銷用款，向皆實用實銷，開單奏報，若每年逐細造册報部，徒啟吏胥挑駁需索之端，不若照舊，以歸簡易等因。李鴻章等於外洋購辦鎗礮，既議專派李鳳苞在洋一手經理，仍請飭下李鴻章、沈葆楨轉飭李鳳苞，實心任事，潔已奉公，並由該大臣等隨時隨事，加意訪察，如查有聲名平常，及所辦鎗砲等件，不堪適用，暨浮冒開銷等事，即將該員分別嚴行懲處，其選派不慎之上司，一併交部覈議。津、滬兩局製造各件，並令李鴻章等隨時認真校閱，每年成造之鎗礮，及各項經費，除照章開單報部外，仍令每年詳細知照臣衙門一次，以資考證。劉錫鴻所稱將鎗礮業有成數者，均令登記册檔等語，覈與臣衙門及李鴻章等所奏辦法，尚屬符合。至劉錫鴻奏請改練新軍，裁撤舊兵，及教練專尚鎗礮各節，我朝武備弓箭，與鎗礮並重，弓箭所以輔鎗礮之不足，以習弓箭者，兼習鎗礮，期於適用事，或可行，若竟廢而不用，殊與定制有違，與夫裁舊兵，改新軍，各省能否遵行，有無窒礙，並請飭下李鴻章、沈葆楨悉心會議，奏明辦理。臣衙門前據御史李璠奏請倡導商民，湊集公司，裝貨出洋，及購外國機器，並仿製洋布呢氈等物，以收中國利權等語，當經奏令李鴻章等妥議，在案。今劉錫鴻以强由於富，請益課蠶桑織繡等事，使海外之財，流注内地，所言是否確有把握，應由李鴻章等一併妥覈復奏。至各省督撫身膺疆寄，當此時事多艱，本應破除情面，糾察僚屬，以上副朝廷委任之意，但使司道提鎮以下，處處得人，自於民生軍務有所裨益。司道提鎮職分較大，如果確有所見，亦可隨時與督撫商榷辦理，似毋庸責令專摺奏事，徒尚空言，而無實濟，謹奏。光緒四年七月十八日，奉旨：依議。

朱壽朋《光緒朝東華録》卷二四《光緒四年十月》 諭軍機大臣等，御史曹秉哲奏請仿用西法開採以利器用一摺，據稱近來各省開設機器等局，需用煤鐵甚多，請由内地仿照西法用機器開採轉運，鼓鑄製造，既省買價，並濬財源等語，所稱招徠殷商聽其開辦，酌量徵收釐税，是否可行。著李鴻章體察情形，斟酌妥善，奏明辦理。原摺著鈔給閲看。

中國第一歷史檔案館等《中國近代兵器工業檔案史料》第一輯《李鴻章就新式槍砲之功能及調撥軍器事致醇親王函光緒六年十二月二十六日》 神機營爲保衛根本禁旅，關係緊要，殿下駕輕就熟，隨事整頓，洵足振武備而伐敵謀，欽佩無似。

後膛裝藥槍砲最爲近時利器。查格林砲一宗，不能及遠，僅可爲守營墻護大砲之用。惟德國克鹿卜四磅鋼砲，可以命中致遠，質堅體輕，用馬駄拉，行走如飛。現在俄、德、英、法各國，平地戰陣皆以此器爲最利，陸軍砲隊專用此種。所需子彈之價，略與砲價相等。鴻章在津，前後購辦至一百餘尊，分撥各營操練，有用至十餘年無弊者。至山路所用，則有過山砲一項。敝處金陵機器局近仿造兩磅熟鐵過山砲，較四磅者爲小，而式樣略同，亦能及遠四里半。謹將各項名色、斤重、尺寸、價目開摺呈覽。四磅鋼砲如須籌款購辦若干尊，鴻章當函屬出使德國大臣李鳳苞就近代訂，較之在粤、滬所購者器新而價稍廉，且可免洋商居奇。兩磅後膛過山砲如有需用之處，鴻章亦可轉飭金陵機器局酌量制撥。至粤海關監督俊啓報效貴營格林砲八尊，于封河前解到津局，因俊監督來信有自行解呈之説，是以暫緩起解。刻下應否先行委解，或待該監督回京自解之處，均候核示遵行。又伯邸前調恩費爾來福槍二千杆，適值會辦吉林軍務喜昌需用孔急，暫借撥一千杆，今亦購齊，如營内急須操演，本可克期趕解。惟查恩費爾槍係是前膛，子路大近，購價甚廉，剿内寇則有餘，禦外侮則不足。近來德國所用毛瑟後膛兵槍，機簧較簡，亦尚及遠，頗稱上品。敝處已先後定購萬餘杆，明春計可到津，如匀撥二千杆供貴營操防之用，較恩費爾槍更爲得力。

國家清史編纂委員會《李鴻章全集》第三三册《復醇親王論槍彈光緒七年正月初四日》 敬肅復者：昨奉客臘二十七日賜函，祗承訓誨，感佩無涯。恭惟王爺藎勤日懋，祜履春長。井鉞參旗，靖天上欃槍之焰；椒花柏葉，泛樽中醽醁之華。翹企崇階，莫名抃頌。承示恩費爾來福槍與後膛槍相較，頗覺其笨，而毛瑟槍連刀頭重逾十斤，恐兵携帶不利遠行，須求適用如毛瑟而質又較輕之槍，方於行軍有裨等因。查西洋後膛各槍與刀頭合計總須重八九斤以外，若改用三棱槍頭，可減輕十二兩。西兵無刀矛隊，故以刀頭爲貴；華兵則另有刀矛，即三棱槍頭亦可近戳也。兹查有美國哈乞開思兵槍，亦曰快槍，槍殼後尾能豫藏槍子五枚，臨陣時不待再裝，連出五子，其快速之功，較諸種尤爲精巧。若用三棱槍頭，每槍僅重八斤五兩零，輕便多矣。至其子力能及二里以外，稍遠於毛瑟槍。又，所用子彈與格林砲子同式，中國可自設法仿造，尤覺畫一。此項係美國近來新出之樣，敝軍甫購三千杆，發營操用，允推利器。該價雖比毛瑟稍貴，然每杆只多銀二兩有奇，以二千杆計之，亦不過多銀四五千兩。貴營若須購備，敝處俟一奉的信，即當與克鹿卜陸路砲八尊一并妥辦。蓋克鹿卜鋼砲質堅體輕，命中致遠，再合之粤海關報效之格林砲八尊，敝處復飭金陵機器局仿製兩磅後膛過山砲八尊，解京應用，將來似可練成一砲隊。俟快槍購到，槍隊亦更得力。有此槍、砲二隊相輔并行，獲蒙殿下提綱挈領，實事求是，按法操練，則根本之地聲威較壯，外人益不敢輕視。謹再將各國著名後膛槍四種名色、斤重、價目，及克鹿卜新式砲應配子彈開摺呈覽。每砲一尊，須配開花子、子母彈及群子三項，各有用處，不可偏廢。約略計算，暫宜以所開之數爲準，日後子彈用竣，或續購、或自造，再請酌度辦理。其應需款項：克鹿卜砲八尊及子彈、水脚等項，約計銀三萬八千餘兩；哈乞開思快槍二千杆及每槍配購銅殼子藥一百出、水脚、保險等項，約計銀將三萬兩，合共六萬八千餘兩。敝處無論用款如何支絀，謹當遵照鈞諭，不分畛域，隨時挪款墊發，仰副整軍經武之盛心。俄人既就範圍，誠如鈞示，時事猶亟，不可苟安目前，稍弛武備。球案誤於議者聯日拒俄之説，總署意在了事，成議太速，似稍失之輕率。鴻章因利害關係頗深，不敢不據實詳陳，過蒙獎借，倍增悚惕。現聞東使宍户璣悻悻返國，以彼國情勢度之，未必遽敢啓釁。況中國現辦外務必先存不憚用兵之心，而後兵不至於竟用。我既理直氣壯，進退固自綽然，似不宜過於遷就，致後來難於處置也。頃奉大咨，援案選派弁兵赴津學習各種軍火機器，洵屬當務之急，已飭機器製造各局妥爲籌辦。鴻章竊謂貴營所調槍砲如陸續到齊，弁兵習藝如漸著成效，似仍宜酌設一局，以開風氣而便取携。如後膛槍砲各項子彈、銅殼、銅帽、拉火、木引等項，只須小件機器逐漸仿製，需費無多而應用不窮，治軍要圖莫先於此。悠悠之議，鮮中窾要，自可置之不理。殿下軫念時艱，集思廣益，規模閎遠。鴻章久荷恩知，每有所見，亦欲建白一二，所冀鈞座詳加指示，隨事主持，俾有遵循耳。肅泐縷復，恭叩鈞福，虔賀春禧，伏惟垂鑒。李鴻章謹上。計鈔摺二件。

中國科學院歷史研究所《劉坤一遺集》書牘卷一七《復黎召民光緒七年正月二十一日》 承教以開西學館及合股出洋貿易兩事爲言，尚有不能不仰求指導者。如語言、文字，已有都中之同文館及各省之同文館并上海之廣方言館，固不必另開局面矣。尊意所謂開西學館，自不在外洋語言文字之末，以力求實濟爲是。

竊查外洋所學，以律例爲重，次則天文、兵法以及製造、駕駛并礦學、化學、汽學、重學之類。中國學西洋之學，似不以律例爲先，究竟應由何項入手？一也。福建藝學館中是何章程，有無應行變通之處，以及該藝學開辦多年，有無學成人員堪爲教習。又次，閩廠出洋學生，按准丹崖星使咨稱，某精於開採、烹煉，某精於駕駛、戰攻，某精於製造，某精於算計，究竟果否可靠，堪充各西學館教習，不至取材外洋？二也。張振帥奏開西學館，而指明先學製造。然温颭園所辦之局非製造而何？何以不就現在振頓，而必另開一館，是否别有深意？三也。此三者務望詳晰指教。大事必慎始，乃克善終。弟欲深得其中委曲，而後舉行。至所需之經費，尚不難於籌措。

合股出洋貿易，自是宏遠公司之先導。唯弟昨於覆奏梅曉巖條陳水師及王益吾參劾招商局摺内，均經聲明不必另設宏遠公司，另起爐竈，即可歸併招商局，逐漸擴充，較爲穩妥。並稱商之尊處，亦以爲次第可行，未便朝是暮非，自相矛盾。此事既係南、北洋與船政合辦，且往外洋通商，決無不奏明之理。而弟自上年回籍進京，兩役耗費近五萬金，宦囊盡行搜索，並無私財可爲佽助，不得不奏請動撥公帑也。似此不無格礙，尊指以爲然否？

楊書霖《左文襄公全集》奏稿卷五九《會商海防事宜摺光緒八年七月二十九日》

奏爲會商海防事宜，恭摺并陳，仰祈聖鑒事。竊臣等會同何璟、張樹聲、衛榮光，籌議海防事宜，正具摺間。臣玉麟適巡閱長江水師，馳抵江南省城，臣宗棠邀入署中，面商海防事宜，質以張樹聲、何璟、衛榮光之議，所見均同，除具奏外，謹將臣等思慮所及，冀有裨於海防者，一併陳明，以備聖明採擇。竊閩省設局製造輪船，臣宗棠於同治五年閩浙總督任内奏，奉諭旨允行。嗣請設船政大臣，總理局廠事務，交卸後，趕陝甘總督任，於船政事務，時復預聞。臣玉麟於長江海口，涉歷最久，所言防務情形，尚爲確鑿，兹就臣玉麟所見長江海口防務陳之。凡言長江海口者，多指吴淞，而吴淞實進黄浦江之口，爲蘇松扼要門户，於長江固不相涉也。外海入内海之輪船，左爲吴淞，其右有崇明縣一島，外洋輪船若不進黄浦江，即不必由吴淞入口，但由崇明北繞白茅沙，便可順抵狼、福山，徑趨長江。緣福山南岸，近年新長遠沙，梗礙洪路，輪船不能直行，須繞狼山北岸而入江陰，故吴淞設防，不能扼其來路。查吴淞口，南北寬不過十里，狼山、福山口南北寬百餘里，由此衝入長江，其勢甚順。此時防長江海口，應以狼、福山爲重，兼顧吴淞口，庶期周密。見查吴淞、江陰，及圌山、關焦山、象山、都天廟等處，沿江礮臺，均修整堅固，其守礮臺之記名提督吴宏洛、唐定奎、章其作、曾萬友等，均能認真操練，結實可靠。惟水面空虛，時切隱憂，長江長龍、舢板不能禁海上風游，其蚊子船礮大船小，頭重脚輕，萬難出洋對敵，祇可作水礮臺之用。其餘各省兵輪船，歸李朝斌每月調操，與臣玉麟每年巡閲一次者，亦不過於無事時虛壯海隅聲威而已。設一旦有事，該各省各有應防之海口，方且自顧不暇，何能舍己芸人，置本省不顧，而應長江海口之謂。縱以功合軍令督責之，而亦有所不行。至謂此時江防緩而海防急，宜先籌海，而後防江，亦非確論。長江各省，伏莽甚多，歷年竊發有案，倘海疆有警，則乘閒揭竿而起，勢所必然。腹地多虞，防勦之軍時被牽掣，適足啟盜賊之心，而張寇仇之燄。因思自强之道，宜求諸己，不可求諸人。求人者制於人，求己者操之己。張佩綸原奏，各海口可自爲一軍，是不必求於人，而求諸己也。與其購鐵甲重笨兵輪，争勝於茫茫大海之中，毫無把握，莫若造靈捷輪船，專防海口扼要之地，隨機應變，緩急可資爲愈。臣玉麟於六年冬，奏造小輪船十隻，專防海口，不争大洋，即是自成一軍，爲自强之意，奉旨准照辦在案。因南洋經費維艱，部議暫從緩籌，至今尚未開造。張佩綸原奏，請准揚瓜洲等水師，宜改西式江船。夫西式即火輪也，與其花費添造輪船，於淮揚瓜洲兩標營，紊亂長江營制，轉不得力，不如節此經費，趕造臣玉麟所奏小輪船十隻，派長江久於戰陣之員管帶，選習洋語、算法之學生幫辦駕駛，以熟海道，募海上各島漁户强壯者爲勇丁，既可收熟諳風水沙性勇敢之人才，爲將來推廣之用，又可免敵人招此等漁户作奸細，爲害内地，誠一舉而備三善也。該輪船歸提督統領，勤慎操練，使礮火技藝純熟，精益求精，不争大洋衝突，只專海口嚴防。無事則巡緝洋面，盡其力所能到，以靖海盜，有事則齊集海口堵禦，或誘敵擱淺，我船環而攻之，可以制勝，或伺敵船畏驅大進，我船跟蹤追擊，斷其後路，以便前途師船堵勦，斷不致坐視豨突狼奔，任意猖獗也。臣宗棠細繹臣玉麟所議，專就長江海口而言，力主有海防無海戰之説，據實之談，洵足見諸施行，徵其實效。與張佩綸原奏，江南可自爲一軍之説，適相符合。惟就長江江防海口而言，兩江總督爲固圉之謀，無以加此，若籌兼顧南洋，則遇有警報，各省同一洋面，自顧不連，何能爲兩江之助。江南海口宜守，亦難應各省之援，其於兼顧之議，終鮮實濟，自宜亟籌增製大輪船數隻，以資調度，而速戎機。前聞閩廠開造快船，馬力甚速，船亦合用，昨與李鴻章晤商，亦以爲宜。詢快船一隻，工料需價若干，據稱并槍礮計，約每隻需銀三十萬兩。臣宗棠默計，經費雖艱，亦宜竭力籌維，未可稍存順惜之見。計增製快船五隻，需籌銀一百五十萬兩，若求之南洋各省，恐等諸築室道謀，無以應手。合之臣玉麟擬造小輪船十隻，每隻需工料砲價，合銀八萬兩，共銀八十萬兩，兩項船價，共需二百三十萬兩。江南財力搜索已頻，本難籌措，惟事關海防大局，不容束手。而細察淮鹽加引一案，加意料理，猶可有爲。

竊計增置大小輪船，無論購自外洋與在閩滬各廠局製造，均須分年辦理，所需經費，亦可分年解濟，以應要需。見在淮鹽加引，試行之初，就票費一項劃撥支應，一年内外輪船經費計可有餘。此後銷路漸暢，雜款亦可奏請酌撥，俾能接續解濟要需，庶海口有備，南洋相芘以安，外海有船巡駛，更可常通聲息，似於防務較有把握。臣等與李鴻章所見亦同，謹合詞據實陳奏，伏乞皇太后、皇上聖鑒，訓示施行。謹奏。軍機大臣奉旨：該衙門知道，欽此。

中國第一歷史檔案館等《中國近代兵器工業檔案史料》第一輯《周聲澍奏請裁撤或暫停辦所有機器局以款拯災摺光緒八年九月十八日》 稽查舊太倉户科給事中臣周聲澍跪奏，爲籌款拯災，宜權緩急，以重帑項而恤窮黎，恭摺仰祈聖鑒事。

竊臣伏讀七月二十一日上諭：朕奉慈禧端佑康頤昭豫莊誠皇太后懿旨，兩月以來，疊據各省奏報水災，詳加披閲，時切廑懷，因思安徽、浙江、江西被災最重，漂没田廬、淹斃人口之處甚多，小民困苦情形尤爲可憫等因，欽此。仰見皇太后、皇上軫念民依、恫瘝在抱之至意，薄海臣民同深欽感。

臣竊維博施濟衆者，聖朝廣被之仁，量入爲出者，農部理財之道。自軍務大定以後，庫款仍形支絀，司農無計生財。假使力能有餘，則應發款項早已推廣皇仁規復舊額矣。而猶遲遲有待者，誠統籌夫内外出入之數未暇及此，非廩之屯，乃用之節也。今天下十八行省以水災告者半，聖恩汪濊，撥發内帑重金，仍命各省寬籌賑款。臣愚以爲捐維正之供以濟災區，不如停不急之務以充庫帑也。現在各省設立機器一局製造軍械，當此海疆無事，盍即以所費抵辦水災，似亦移緩就急之計。查機器局以直隸爲最大，江蘇及閩、廣等省次之。直隸局設天津，自同治六年開辦，截至光緒五年止，共奏銷銀二千三四百萬兩有奇；江蘇局設上海，自同治六年開辦，截至光緒三年止，共奏銷銀一千萬兩上下；他省之局大小不同，即奏銷之多寡不一。若荷睿謨獨斷，竟予一律裁撤，歲省億萬金錢，於國計民生似不無裨益。若謂慎重海防，必有備乃能無患，則請暫停數年，俟庫儲稍充，再行開辦。計此十餘年間，所日鼓鑄於爐錘者，因已兼收并蓄，待用無遺，而不慮虛此數年之製造矣。如此一轉移間，朝廷因天下之利，災民蒙特沛之恩，誠一舉而兩得焉耳。

抑臣更有請者，水災之後，繼以星變，非常災異，斷非無因。昨日又欽奉諭旨，拳拳以閭閻疾苦未盡上聞考察直省督撫。臣愚猶恐不肖州縣奉行不力，積案仍多，終無以仰副宸廑。擬請特諭內外問刑各衙門，嚴定功罪之條，重懲積壓之弊，務期庶獄全清，民冤早雪，不致鬱爲災祲，或亦感召天和之一端也。

臣爲重庫款，恤災民起見，是否有當，伏乞皇太后、皇上聖鑒。謹奏。

楊書霖《左文襄公全集》奏稿卷六〇《籌辦海防會商布置機宜摺光緒九年三月三十日》 二月初四日彭玉麟即至，相與審視，慨稱數年前即擬於白茅沙妥爲布置，因製船購礮經費無出，遂止。臣語以見在籌集儲存已有成數，并詳述見派製造者福建輪船局，江南上海、金陵兩局，而所需之洋鋼、洋鐵、稽木等項物料，上年飭委四品花翎德商福克，於回國監製兵輪大船之便一併採買，俟其解到，始能應手，計期當在七八月之交。製造既多，海程又遠，無法速之。而南洋兵輪，共祇六號，大者惟登瀛洲及澄慶兩船。澄慶見已調回南洋，其登瀛洲則經北洋大臣奏准，暫留天津，未能再調回南，祇得就見在所有船礮扼要設防，并催調福建船政局新成之「開濟」快碰船到金陵，覆驗後相機布置，聊事補苴。就見在辦法言之，設險白茅沙，扼其總要，會諸將領相度形勢，各行其心之所知，量其力所能及，集成全局，既協地利，又得人和，戰事當有可恃。延至深秋，則設備齊整，天時又合，自可得所藉手，以播天威。惟綜觀往事，竊有不能已於言者。海上用兵以來，文如林則徐，忠而有謀，以之制初起之寇，本有餘力，不幸爲忌者所閒，事極不屬，不克竟其設施，武如陳化成，力扼吳淞，苦戰不卻，不幸右路未戰先潰，致夷兵萃於左路，力遂不支，遂以身殉。是則議論不協，勇怯不齊，有任其咎者，遺憾至今四十餘年，不知伊於胡底，而所謂議時務者，仍以因循粉飾，苟且目前之安，此志節之士，所屬抱抑塞磊落之懷，扼腕嘆息者也。臣愚竊謂和局可暫不可常，其不得已而出於戰，乃意中必有之事。茲幸地利、人和兼而有之，而察諸將領又各思發憤爲雄，自可及鋒而試。因飭一面挑選奮勇弁丁，一面嚴明賞罰，訂立規程，俾互相激勸，以齊心力。遇有外國兵輪闖入海口，不服查禁者，開礮測準轟擊，得力獲效者，照軍功例從優給獎；其奪獲船隻者，副將以下至外額均加三級請保，提鎮請給世職，勇丁按名賞銀五十兩，仍錄功核保；所奪輪船，除軍械及應用器具概應充公不准藏匿外，其銀洋什物均報驗充賞，不准官弁扣留，以昭激勸。其督隊不嚴，臨陣退縮，甘心失律，以致誤事者，提鎮請旨正法，副、參、遊以下至外額，屆時由臣察實手刃以徇。提鎮氣力漸衰，身軀肥重，不能縱跳用力者，先期自陳，應核明具奏，免其嚴議。蓋職分既崇，所重者督率嚴謹，不必強以力所不能也。至總督親履行閒，所辦者轄疆江海防務，責無旁貸。遇有寇警，應親臨前敵督戰，防所即其汛地；如敵人輪船衝過白茅沙總要隘口，則防所即是死所，當即捐軀以殉。此外巡閱長江水師大員及長江提督，責在長江，未兼洋務，自當分別言之，未可概論。按長江轄境，起自江陰，而江陰距白茅沙二百數十里，實爲江防第二重總要門户。彭玉麟、李成謀於白茅沙會商布置後，仍當回駐江陰。萬一白茅沙之防，不幸而有失，江陰本從前設防之處，船礮頗多，兵力不乏，彭玉麟、李成謀忠義耿耿，聲威夙著，人望攸歸，從容鎮定，尚堪背城借一，事有可爲，亦其職分所當，盡謹預先陳明，俟有定議，再行具奏，臣固不敢妄圖一死塞責，置江防大局於不顧也。至臣經手海防經費，奏明在鹽票報效項下支銷，已飭隨員江南籌防局候補道陳鳴志隨時登記，惟款目繁雜，未便敍入，致煩省覽。所有此次悔防動用各款，容即條舉件繫，咨報軍機處、總理衙門、户部，以備考核，謹一併陳明。伏乞皇太后、皇上聖鑒，訓示施行，謹奏。軍機大臣奉旨：覽奏均悉。所陳籌辦海防情形，爲未雨綢繆之計，仍著該督隨時妥爲布置，以期有備無患。見派李鴻章前往廣東督辦越南事宜，必須厚集兵力，江南防軍何營，堪備調撥，著即遵前旨籌畫具奏。欽此。

國家清史編纂委員會《李鴻章全集》第三三册《復總署論購新式火器光緒九年十二月二十六日》 敬復者：前奉十二月十三日七百九十六號公函，屬多購精利火器，如克虜卜砲，哈乞開思、毛瑟各槍，限三月內來華，其款由津、滬各道設法騰挪，或借用出使經費，將來無論滇、粵、閩、浙何處需用，即由何處籌還等因。仰見備豫不虞，權衡至要，欽服莫名。查西洋火器愈出愈精，同治初年敝軍在蘇、滬與洋兵合力剿賊，其時洋人與我軍所用者皆係前門槍砲，尚無後膛名目。然淮軍平粵、捻，率借此項前門槍砲之力，而各省兵勇仍持擡槍、綫槍，自謂無敵也。中原肅清以後，兵事既少，講求利器更鮮過問。是以二三宿將沿襲制梃撻兵之舊説，執而不化；疆吏闒帥相與惜費因循，未遑考究。而西洋軍實日新月異，各國盡改用後膛新式槍砲，操練精熟，中國若爲弗知也者，殊可愧嘆。鴻章每與西將及出使諸君深訪討論，略知端倪，遂漸購置，近年所部各營一律操用克虜卜、阿摩士莊等砲，啞喏士得、哈乞開思、毛瑟等槍。振軒上年來署直督，見此精械，乃謂極美富之觀，自恨粤力不能猝辦。至黄桂蘭於同治末年即假旋離營，亦不深知此等利器如何操法、如何用法，蓋時地不同也。今得鈞署提倡宗風，隨時申儆，海防、邊防各省認真搜討，徐圖變制，其中國自强之機乎。鴻章遵即督飭軍械委員與素識洋商，酌議定購克虜卜七生脱半過山鋼砲一百尊，配齊器具子彈；又，毛瑟槍五千杆，連子彈銅殼，均據稱限七個月運交；哈乞開思槍五千杆，連子彈銅殼，據稱限五個月運交。蓋洋廠此等精貴之品不肯預製，必得定價趕造，其可隨便收買者，皆舊貨或各國已用復棄之物也。前三項槍砲，李丹崖及各洋商歷年代敝處採買，皆有定價，按籍而稽，毫無浮冒。據該商云，即使法國開釁，只要不封海口，必可如期運到，此較由官經購爲得宜。現飭委員與該商分訂合同，先將價目約數開摺呈核。應需價銀，津、滬各道均無款可挪，電詢江海關邵道，出使經費除借墊外，現存九十餘萬，自應遵示即由出使項下分批陸續借撥，好在先付一半定銀，餘俟交貨時補給，尚可騰挪周轉。俟槍砲到齊，當諮報尊處，無論何省需用，其款應由該省籌還，亦不致虚糜無着。目下防務孔亟，各處紛紛添募，誠如鈞示，與其多增無益之軍，不如多置有用之器，洵屬片言扼要。惟新式槍砲機具精緻，中國兵將向多粗疏，稍不細心，即不能盡其妙用。鄙見多置利器，更要講求操法，有器而不能用與無器同，且恐以其器予敵，是又在鈞處之發縱指示，嚴切提撕矣。除購辦定局再行恭摺具奏外，合肅奉復。敬頌中堂、王爺、大人鈞福。制李鴻章謹上。直字三百九十一號。計抄摺一件。

中國第一歷史檔案館等《中國近代兵器工業檔案史料》第一輯《朱一新奏請在腹地設置機器局摺光緒十年九月初七日》 一、腹地宜置機器局也。兵興而後，製造軍火日不暇給，出自各局者半，購自外國者半。然德素讎法而昵俄，萬一俄人蠢動，德必守局外之例，而外來之源絶。南、北洋局皆濱海，萬一敵兵闖入，閩廠即前車之鑒，而内造之源又絶。所可恃者獨金陵、皖、蜀諸小廠耳。聞蜀廠專用華人，其用意甚深，而製造尚未精美。距海遠則呼應不靈，可否於江西、湖北近水之處，添置一二廠，以備不虞。倘經費不敷，則仿外洋之例，準紳富暫開公司，如德之克鹿卜廠、英之亨利馬梯尼廠者，以資挹注。或疑私廠開則民多購用，恐滋事端。不知呈明開造，事與官廠一律，先爲厲禁，民間豈敢私售，寇平則已，何害之有？特須慎選清正鄉紳以資倡率，庶不致爲煤礦之續耳。

曾紀澤《曾惠敏公遺集》卷六《游觀英德兩國製造局廠緣由片同日》 再，臣於本年正月二十八日，承准總理各國事務衙門王大臣電稱，德國駐京公使欲臣於交卸回華之時，便道經過德都，閲看彼國海軍槍械等件，囑臣自酌便否等因。二月二十六日，有德國駐英公使伯爵哈子斐爾德，遣派參贊官伯爵美塔尼克前來使署，言德國皇帝暨德國首相畢斯馬爾克王，均望臣於回華之前得至該國，與其君相晤談，而德國駐英公使正在温則行宫謁見英國君主，是以未及自來傳述該國君相之意，特遣該參贊前來代達等語。伏查西洋各國水師之强以英爲最，陸軍之强以德爲最。游觀兩國之局廠，本屬微臣之志願，雖臣材駑鈍，未必能有心得，然或能稍購圖籍，以備朝廷之採擇，似亦不無微益。去秋即擬游歷英國有名各局廠，因緬甸之事未定，常與英外部有所辯難，不敢遠離倫敦。兹擬於劉瑞芬到英接印之後，臣即出游英廠，游畢，乃赴德國謁見其君相，游觀其製造，然後偕同劉瑞芬赴俄交卸使事。臣游觀兩國局廠，并於途間有謁見他國君相之事，不能不於業經銷差之駐英員弁中，選擇明白器械製造及能通語言文字之官弁數人，作爲幫辦海軍大臣之隨帶人員，俟擇定之後，再將銜名咨呈總理各國事務衙門王大臣查照。所有微臣於交卸駐英使事之後，未交駐俄使事之前，游觀英德兩國製造局廠緣由，理合附片陳明，伏乞聖鑒。謹奏。

曾紀澤《曾惠敏公遺集》卷六《游觀英德局廠情形片同日》 再，臣交卸駐英使事，游觀英德兩國製造廠局，曾經附片陳明在案。臣於四月初五日謁見英君辭行，初七以後即出游各郡廠局。然因禮節之事，亦屢次趕回倫敦：一次英外部尚書勞偲伯力設宴款臣，一次前任外部現任理藩院尚書格蘭斐爾茶會請臣，一次英君生辰外部宴各國公使。臣雖卸篆，該部仍請臣與劉瑞芬同往與宴，以示格外優待之意。至臣所游廠局，爲柏明邯城、舍斐爾德城之製造各廠，紐卡塞爾城之阿模士莊船礮局，蘇格蘭邦之依敦布拉都城格拉斯戈郡之製造各廠，坡爾斯茂次城之英國水師船埠查阿模士莊，即臣近遵電旨訂造鋼面穹甲快船二艘之局，坡爾斯茂次即英國海部設立船塢礮臺及陸續添製戰船之處。以上各處游畢，臣自覺奔馳太急，觸發怔忡舊疾，飲食鋭減，睡臥不安，遂從醫言，憩息半月，五月二十日始復。力疾出游里子城、曼吉士塔城、利法浦城之製造各廠，天時正暑，廠內火氣薰蒸，致臣所患各病，又有翻覆，添患咽喉腫痛。醫言喉痛甚危，勸臣靜養，乃於五月底馳至英國東南海濱依士本地方，調養二旬，始漸痊可。臣此次之病，來勢甚驟，若具摺請假，則祗奉恩旨，當在數月之後，而前准總理各國事務衙門知照，小事不准發電，是以未敢電奏乞假，理合陳明。六月二十以後，游倫敦附近之雅羅雷艇局、亨佛利機器局，此臣擇要游觀英國各郡廠局，及因病延緩之實在情形也。英國廠局游畢，臣於六月二十五夜渡海，二十六日過荷蘭境，往德國南境吉星根地方，會晤德相畢斯馬爾克王，二十八日馳赴柏鄰。維時德皇在嘎斯太音鄉養病，不能見客，命其太子克郎僕鄰士於七月初一日代君接見於坡子澹行宮，并設特宴。初二以後，臣出游士特低恩城之佛爾鏗船局，柏鄰都城之西門司電氣局、刷子科夫魚雷局，額爾并城之施哥雷艇局、汽鎄局。查佛爾鏗即出使德國大臣許景澄訂製立甲快船之局，刷子科夫即臣訂製水雷，以供英廠近製快船所用之局。德廠尚未游畢，臣亟欲到俄交卸篆務，遂與德外部言定，俟自俄旋德，再行續游，此臣經過德國見其君相，及游廠未畢之實在情形也。臣所游各廠，大半攜有圖說，將來帶呈海軍衙門，可命譯官摘要譯成漢文，以供采擇。所有微臣遊觀廠局情形，理合附片陳明，伏乞聖鑒。謹奏。

中國第一歷史檔案館等《中國近代兵器工業檔案史料》第一輯《左宗棠奏請拓增船砲大廠以圖久遠摺光緒十一年正月十五日》 欽差大臣督辦福建軍務太子太保軍機大臣大學士二等恪靖侯左宗棠跪奏，爲請旨敕議拓增船砲大廠，以圖久遠，恭摺仰祈聖鑒事。

竊維防海以船砲爲先，船砲以自製爲便，此一定不易之理也。臣於同治五年奏設船政於福建，仿造外國兵船，甫蒙俞允，即拜西征之命。一切製造，經歷任船政大臣斟酌辦理，不敢耗費財力，所制各船，多仿半兵半商舊式。近年雖造鐵脅快船，較舊式爲稍利，然方之外洋鐵甲，仍覺强弱懸殊。船中槍砲概係購配，較外洋兵船所用又有多寡、利鈍之分。所以夷釁一開，皆謂水戰不足恃也。夫中國之地，東南濱海，外有台、澎、金、厦、瓊州、定海、崇明各島嶼之散佈，內有長江、津、滬、閩、粵各港口之洪通，敵船一來，處處皆爲危地。戰固爲難，守亦不易。敵人縱橫海上，不加痛創，則彼逸我勞，彼省我費，難與持久；欲加痛創，則船砲不逮。況現今守口之砲，率皆購自外洋，子彈、火藥形式雜出，各砲、各彈南北洋雖能配補，而砲身、槍管久必損缺，各國既守公法，一概停賣，將來由雜而少，由少而無，誠有不堪設想者。臣去冬布置閩海防務，親歷長門、金牌察看砲臺，飭將馬江被敵擊沉之砲起出安配，粗足自固。然砲位少而海口多，陸師仍不能省。兵多餉巨，司庫難支，不得已而有商借洋款之舉。夫借款必還，且耗巨息，幸而軍務順手，尚不失爲權宜。倘夷焰日張，海防日棘，而徒剜肉醫瘡，勉强支拄，何以剸强寇而靖海疆？臣愚以爲攘夷之策，斷宜先戰後和，修戰之備，不可因陋就簡。彼挾所長以凌我，我必謀所以制之。因於船政局舊班出洋學生內，詢考制砲大略。據稱：泰西砲廠不一，當以法華士廠、克虜伯廠、安蒙士唐廠、好雨鶯廠四處爲最。法、克兩廠砲身、砲筒、砲箍皆煉成全鋼；安蒙士唐廠筒用精鋼，身用熟鐵；好雨鶯廠筒箍用精鋼，身用鑄鐵：皆擅專長。然半鋼半鐵制費雖減，終有用久裂縫之虞，不如純用全鋼，價雖貴而無弊。參觀比較，仍以德國克虜伯、英國法華士作法爲妙，故中外各國用該兩廠之砲爲最多。中國欲興砲政，必於此兩廠擇一取法，雇其上等工匠，定購制砲機器，就船政造船舊廠開拓加增，克日興工鑄造。雖經始之費需銀五六十萬兩，而從此不向外洋買砲，即以買砲經費津貼砲廠，當亦有贏無絀。惟制砲之鐵與常用鐵器煉法不同，必須另開大礦，添機煉冶，始免向外洋購鐵。查福州穆源礦苗極佳，閩中官民屢議開採，以銷路不旺而止，若用以制砲，取之甚便。如能籌得二三百萬金，礦、砲并舉，不惟砲可自製，推之鐵甲兵船與火車鐵路，一切大政，皆可次第開辦，較向外洋購買，終歲以銀易鐵，得失顯然。泰西各强國於此等工程，斷不貪購買之便而自省煩勞，良有以也，各等語。裏由船政局提調道員周懋琦轉稟前來。

臣查西洋各國二十年前尚無鐵艦，所有兵船與中國船政局現制相埒，即砲位、藥彈亦皆前膛笨重之物。論其昔年兵力、物力，本非能與我爲難，孰料該夷逐漸講求，日新月異，兵船鐵甲厚至一尺有餘，更以一二尺厚之陰丁魯泊如象皮膠者貼襯其裏，以故剛柔摩蕩，堅實異常。其後膛巨砲，全重能力突過從前。上誨製造局所譯《克虜伯砲準心法》及《兵船海岸砲位砲架圖說》，言之甚詳。《申報》所載英國新造巨砲，可受藥彈一千餘磅之重，能洞穿五尺餘厚之鐵甲，聞者莫不咋舌；而自泰西各國視之，亦尋常工作耳。該夷修明武備，不惜財力至於如此。此次法夷犯順，遊弈重洋，不過恃其船堅砲利；而我以船砲懸殊之故，匪獨不能海上交綏，即臺灣數百里水程，亦苦難於渡涉。及時開廠制辦，補牢顧犬，已覺其遲；若更畏難惜費，不思振作，何以謀自强而息外患耶？穆源鐵礦，臣接見閩省官紳，均謂便於開採，似應委員試辦，并拓馬江船廠興工鑄砲。臣又聞江南徐州鐵礦，礦苗之旺甲五大洲，若能籌款開辦，即於楚吴交界之處，擇要設立船政砲廠，專造鐵甲兵船，後膛巨砲，實國家武備第一要義。臣老矣，無深謀至計可分聖主憂勞，目睹時艱，不勝愧憤。惟念開鐵礦，制船砲各節，事雖重大，實係刻不容緩，理合請旨敕下内外臣工迅速妥議具奏，仍乞宸衷獨斷，期於必行，天下幸甚。至目前福建軍務，斷不敢因船砲未利，托詞延誤。

除分別咨商外，謹會同福州將軍臣穆圖善、閩浙總督臣楊昌浚恭摺陳奏，伏乞皇太后、皇上聖鑒，訓示施行。謹奏。

中國第一歷史檔案館等《中國近代兵器工業檔案史料》第一輯《張之洞奏陳海防要策摺光緒十一年五月二十五日》　兩廣總督臣張之洞跪奏，爲海防要策，首儲人材，次制器械，次開地利，亟宜設法籌辦，以規久遠，謹陳管見，仰祈聖鑒事。

竊維自强之本，以操權在我爲先，以取用不窮爲貴。夫欲善其事，先利其器。百工居肆，君子致道，經之明訓也。器械不利與空手同，不能及遠與短兵同，史之良規也。自法人啓釁以來，歷考各處戰事，非將帥之不力，兵勇之不多，亦非中國之力不能制勝外洋，其不免受制於敵者，實因水師之無人，槍砲之不具。故臣抵粤以來，首以購備軍火爲務，分向歐美各洲不惜重金廣求利器，遠募洋將以資教練，并訪求粤省究心雷械之員弁、工匠，凡稍有才藝心思者，皆令多方試造，以冀逐漸擴充，開兹風氣。往時華軍與洋人角逐，每苦不敵，近來滇、桂出關之師漸得各種後膛快槍，已能取勝。倘更有陸路車砲、地雷等具，加以主客之形，衆寡之勢，勝算實可自操。即臺北諸役，人自爲戰，尚能遏其内犯，如有利械，何敵不摧。兹雖款局已定，而痛定思痛，尤宜作卧薪嘗膽之思。及今不圖，更將何待？

臣夙夜籌思，當時急務，首曰儲人材。夫將帥之智略，戰士之武勇，堂堂中國自有干城腹心，豈待學步他人，别求新法？獨至船臺砲械，則雖一藝之微，即是專門之學。有船而無駕駛之人，有砲而無測放之人，有魚雷、水雷而無修造演習之人，有砲臺而不諳築造攻守之法，有槍砲隊而不知訓練修理之方，則有船械與無船械等，故戰人較戰具爲尤急。查泰西各國莫不各有水師、陸師學堂。粤省曩年設立實學館，近改名博學館，以教翻譯、算法，因經費未敷，規模未廣。臣擬就博學館基址，設水陸學堂一所，參考北洋福建水師學堂章程，慎選生徒，延聘外洋教習，并令陸續募到之通曉火器、水雷、輪機、駕駛、台壘工程之洋弁，皆集其中。講習水戰、陸戰之法外，如翻譯西國兵書，測繪地圖，并電學、化學、重學、氣學、光學等項有關於兵事者，以及製造火藥、電綫、强水、紅毛泥各種技藝，均可量能因性分門講求。并選有志氣、肯用心之將弁，亦入其中博習、討論，以備將材之用。此時儲育之經費無多，而異日備用之功效甚大。臣以爲宜急籌者一也。

次曰制器械。去年各省設防以來，所購軍火不下數百萬金，而良楛不齊，且損重費；甚至居奇抑勒，藉口宣戰，停運、截留種種爲難，令人氣沮；其運脚、保險、行用等費，扣至四五成不等。仰人鼻息，實非長策。查外洋所恃以爲戰者四：其争勝於外海者，恃鐵艦；其水陸攻守兼用者，恃快槍、巨砲；其設守於海口者，恃各種水雷。鐵艦之制，費鉅工遲，即穹甲冲快各船費雖稍減，然如所定濟遠之式，每艘已需銀六十萬，事體重大，機算精微，未便率爾施工。粤廠現雖試造淺水輪船，亦爲練習人材，漸求造法，而於快船、巨艦不易蹴幾，謹當另籌辦法，專疏上陳。惟各種槍砲，乃水陸所急需。查後膛、前膛利鈍迥别：一不避風雨，二迅速，三及遠，四輕捷，五穩便。輕捷者，克虜伯三千斤之砲，其力與英、法前膛萬斤者等而簡速靈活過之。穩便者，後膛砲可以蔽身，入彈不必探身出外裝洗。敵彈緊密之際，後膛槍可以卧放、滚進。洋兵笨整，彼不能學。此前敵將士屢次苦斗思索而得之者也。比年各軍將士漸已曉然後膛之利，不復偏執故説。是故船利、雷猛，則省砲臺；台堅、砲準，則省陸營。敵在海口，以一臺御之而有餘；及其登岸，以十營防之而不足。連年各省海防募勇數百營，耗費無算，良由臺砲俱無可恃，不得不多備陸勇，以爲平地搏戰之謀。然深入野戰，所傷已多，且勇散多則可憂，械久存而不敝。故節餉之道，自砲臺始。砲有臺砲、船砲、行營砲三種，其用各别：臺、船砲，皆以身長擊遠爲貴。船砲非輕則船不能勝，惟德之克虜伯廠爲宜。臺砲略重無妨，即英之亞吾士郎廠亦尚可用。克虜伯之砲，内管外箍，皆用純鋼，其制較難；亞吾士郎之砲，鋼管外加熟鐵箍，其制較易。近上海購有制十八噸砲之機器，用亞吾士郎之内鋼外鐵，用克虜伯之來福綫，後開門各法，如使所制能成，其重已及三萬斤，彈遠能至十六里，中國各海口砲臺似已足用。臣近閲大學士左宗棠疏請閩省船政兼鑄砲廠，心韙其論。蓋閩廠地基堅固，規模宏闊，工匠衆多，其中機廠皆足備用，若就原有之拉鐵、鑄鐵各廠增置機器，以制十八噸之砲，當所能爲。特是鑄巨砲最難，德國克虜伯廠中能主持爐冶、心知其意者，止有二人，故巨砲難於猝成，即成亦不能多，惟有一面購備，一面學制。若陸路行營車砲，其用尤廣，其制尚易。近來考求洋兵陸戰，專恃砲隊擅長，槍隊次之。以槍御砲，短長懸遠，勝負立形。若中國有砲隊，則彼之長技盡失，故行營砲尤不可緩。如克虜伯車砲之六生特、七生特半口徑者，南北皆宜之，八生特口徑者，北方平原以及守營攻壘宜之，其機器購之德國葛魯孫廠。又有烏拉秋司行營鋼銅砲，內用鋼管，外用銅套，雙層緊束，以水力壓擠，性純質輕，亦可參用其法，以期利便，其機器購之德國、澳國各廣。連珠砲，則糯登飛、哈乞開思兩種皆良，而哈乞開思新加爲二寸徑之砲彈，可穿雷艇，其用尤精，其機器購之德國力拂廠。又有分截行營鋼砲，分携合放，利於逾山行遠，德國克虜伯廠有之。又有田鷄砲，制樸價廉，利於憑城據嶺，夾岸擊船，英、德廠皆有之。此上數種，華廠足可仿造。至各國後膛槍，標新斗巧，而通國一律，從不參差。中國各軍亦宜畫一，以免彈馬混淆，手法錯亂。屢經校驗，大抵單響者，以德之毛瑟爲最，擊靶取準遠較遜於馬梯尼三十步，而機托堅樸過之。連響者，以美之五響黎意槍爲最，遠於毛瑟十步，近於六響哈乞開思十步，而穩定不摇，槍尾不坐，均過之，十槍中速於哈乞開思者三槍，而吐子無病，亦過之；其機器購之美國林明登廠。近毛瑟亦有八子連響之式，其機器亦購之德國力拂廠。如於單響、連響各擇定一種，雇匠、購器、設廠自造，尚不爲難。又如各種水雷，以魚雷最爲猛烈，一物而兼船、砲、雷三者之用。而布扼海口則有浮雷，沉雷、撞雷、伏雷、伺雷、射雷，專視港口淺深以別其用，其中機竅繁細，電機、雷括争之豪厘。臣近飭各員及所延西人悉心考校，雖內中膽管購自外洋，而模範、筒殼皆能自製。雷艇形模較小，機器尚簡，亦應隨雷自製。既有精槍砲，尤宜有精火藥，既求力猛，且防漲裂，德廠砲則宜用杜屯考甫廠之棕色藥，英廠砲則宜用一孔餅子藥。擬先制測驗漲力、速率之機器，再向各廠購法，雇匠仿造，并造炸藥、棉藥，則可以因應不窮矣。至洋師、洋匠，惟宜求之德國，其人性樸而學精，近年所制各種船械甲於歐洲各國。取法造槍或可用美匠，造雷或可用丹匠，此兩國人性和平，尚能盡力。此外他國夸詐不馴，平日則不盡其術，臨事則刁難變幻甚多，斷不可用。粤工多習洋藝，習見機器，於造槍、造彈、造藥、造雷，皆知門徑。香港素多鐵工，尤易招致。擬歸閩廠造砲，而砲彈及隨砲各件附焉，粤廠造槍、造雷、造藥，而槍彈、雷艇及隨槍各件附焉。槍廠行之有效，則漸可試造行砲。各省撥用者，繳價歸廠。兩廠既成，各省皆足。臣以爲宜急籌者二也。

次曰開地利。山澤之利，王政所重。外洋富强全資煤鐵，我中國煤鐵之富，遠駕四洲。如謀制船砲，取資重洋，以銀易鐵，何所底止。況中國之鐵質堅栗而性柔韌，以制砲槍實勝洋産。徒以考地不精，故鑿空而無得；不能深求，故得而旋棄；不知煉法，故不盡其用。玆擬訪求外國專門礦師三人，或搜求地塥，或化分礦質，或煎煉成器，各專其責。搜求得地，再考化分，化分有質，則歸煎煉。倘能煉鐵成鋼，其用尤大。至煉生鐵，宜用高爐、汽機、風具；煉熟鐵宜用砂爐、氣錘；煉鋼鐵宜用畢士買爐、西門馬丁爐。緣中國鐵質多夾磷、硫，皆須先煉出礦强水，再入爐冶，始成純質。倘非實得真授，貿然開採，徒耗巨資。考福建之穆源、古田、安溪等處，皆産善鐵，兼饒煤垔，即廣東之惠州、清遠等處，産鐵亦佳。粤商艷此利者頗多，集股亦易。臣近於省城設立礦務局，招商試辦，玆已略運礦砂到省開爐試煉。如有實效，再行分投勘辦。礦本所需，由商鳩股，而地勢便否，士民願否，則由官酌度，以免滋事。閩礦供閩，粤礦供粤。大抵商人自謀約有數弊：一不能延聘真師，二不能考尋善地，三不能烹煉得法，四不能得貨即售。如官爲聘師、尋地、授法、考工，所産之鐵收歸官用，則槍砲因有煤鐵而工易成，煤鐵因鑄槍砲而銷易廣，二者相輔，商得其利，官收其功。且購之內地，其價必廉於外洋，轉輸不竭，實爲藏富於民之道。異時鐵艦、火路資用尤繁。如使此事可成，人情騖利，踊躍争趨，集資益宏，取效益遠。臣以爲宜急籌者三也。

斯三者相濟爲用，有人材而後器械精，有煤鐵而後器械足，有煤鐵、器械而後人材得以盡其用。得之則權利操諸我，失之則取予仰於人。而粤省尤爲要策。大抵外洋入華，必以粤海爲首冲，粤防能固，彼即越疆遠襲，而軍火接濟，書報往來，皆須取道粤疆。如其兵精械足，守固財饒，水師、陸師俱成勁旅，大敵來則斂船依臺入口自防，小敵來則縱船出洋，横海邀截，彼斷不能深入狂駛，肆意侵陵。又況自廣而桂，而滇，沿邊二千餘里，以後三省邊防永無弛期，所需軍火槍砲之屬，委輸取求，皆於粤東是賴。若儲待充足，則不惟供支滇、桂，并可波及湖、湘。故欲辦東南海防、西南邊防，均不能不先立基於粤海。而立基之要，則以人材、器械、地利爲先。惟是百端并舉，一省難支，竊計閩與粤鄰，聲氣相通，臺、瓊孤懸海外，形勢又相類，既爲輔車唇齒之依，即宜爲率然首尾之應，兩省各盡其力，各專其任，成事則相資，用法則互考，務使智勇聰明日增月益，大開風氣，則南洋成一關鍵，實天下得一轉樞。倘再遷延歲月，不汲汲爲補牢求艾之謀，以後海防日亟，邊患日深，何從措手！臣愚以爲今日之務無急於此，惟念三者籌資甚巨，莫敢爲先。因思近蒙天恩允准定借洋款，內有定購美國氣砲一百萬兩，昨據出使美國參贊蔡國楨電稱，該砲蓄氣不足，其制未精，未與定購，擬請提動此款以爲粵省學堂、槍廠、雷廠之需。又查閩省新借洋款四百萬兩，一時當難用竣，當可亦提百萬以爲閩廠制砲之用。約計造槍、藥、雷艇機器，營建廠基，洋師、洋匠來華資費，開辦物料需費，在百萬内外。若造大砲、各種行砲，機器、洋匠、物料亦將百萬。幸閩無造廠之費，爲數約略相敵。籌辦之始，當可足敷。以後常年經費，除各省分用收回原價外，當再隨時核計，另籌專款。果能製造日精，人材日出，物産日增，則因機利導，鐵艦、火路次第舉行，可絶外人壟斷之謀，即建中國久大之業。天下幸甚！左宗棠、楊昌浚老成碩畫，度早已成算在胸。特以事本貫通，必須齊力協規，不能不連類而及。如蒙俞允，應請敕下左宗棠、楊昌浚等籌議奏辦。臣當咨商閩省并分致南北洋暨外洋出使大臣，詳考學堂章程及槍、砲、船、雷機器各種價值，設廠雇匠各項工程，及早開辦，隨時詳細奏報。

所有擬撥洋款、籌辦閩粵兩省開設學堂及槍砲各廠請旨開辦緣由，謹具摺陳奏。是否有當，伏祈皇太后、皇上聖鑒，訓示祗遵。謹奏。

中國第一歷史檔案館等《中國近代兵器工業檔案史料》第一輯《曾國荃奏陳海防事宜摺光緒十一年六月初二日》　太子少保兩江總督一等威毅伯臣曾國荃跪奏，爲遵旨確切籌議，恭摺覆陳，仰祈聖鑒事。

竊臣承準軍機大臣字寄，光緒十一年五月初九日奉上諭：現在和局雖定，海防不可稍弛，亟宜切實籌辦善後，爲久遠可恃之計。前據左宗棠奏請旨敕議拓增船砲大廠，昨據李鴻章奏仿照西法創設武備學堂各一摺，規畫周詳，均爲當務之急。自海上有事以來，法國恃其船堅砲利，横行無忌。我之籌畫備御，亦嘗開設船廠，創立水師，而造船不堅，制器不備，選將不精，籌費不廣。上年法人尋釁，疊次開仗，陸路各軍屢獲大勝，尚能張我軍威，如果水師得力，互相援應，何至處處牽掣。當此事定之時，懲前毖後，自以大治水師爲主。船廠應如何增拓，砲臺應如何安設，槍械應如何精造，均須破除常格，實力講求。至於遴選將才，籌畫經費，尤應謀之於豫，庶臨事確有把握。着李鴻章、左宗棠、彭玉麟、穆圖善、曾國荃、張之洞、楊昌浚各抒所見，確切籌議，迅速具奏。江蘇、廣東本有機器局，福建本有船廠，然當時僅就一隅創建，未合全局通籌，現應如何變通措置，或扼要設總匯之所，或擇地添設分局，以期互相策應，呼應靈通，并着李鴻章等妥議奏辦。總之，海防籌辦多年，糜費業已不貲，迄今尚無實濟。由於奉行不力，事過輒忘，幾成錮習。該督等俱爲朝廷倚任之人，務當廣籌方略，行之以漸，持之以久，毋得蹈常襲故，摭拾從前敷衍之詞，一奏塞責。李鴻章、左宗棠摺，着分別鈔給閲看。將此由六百里各諭令知之。欽此。仰見聖謨宏遠，安不忘危。跪誦再三，莫名欽佩。

伏查各省籌辦海防，多歷年所，雖於各海口設立砲臺，於西法尚多未合，而於水師更覺講求未精。即如福建、上海所制之船，木殼無論矣，此外亦僅有鐵脅、鋼板等式，而不能制鐵甲及新式之快船、雷船。臣於上年三月間莅任，適值防務戒嚴，明知南洋水師未臻美善，而倉卒從戎，補救無及，惟有堅忍鎮静，以定民志，日夜摩厲，以固軍心。厥後海口被封，應援各路俱爲之阻，誠如聖訓，如果水師得力，何至處處牽掣。每思事定後守懲前毖後之箴，作亡羊補牢之計，是欲張軍威，非練水師不可；欲練水師，非購鐵甲等船不可；欲購鐵甲等船，非廣籌經費不可；欲廣籌經費，非挹注五省之財通力合作不可。曾於五月初四日拜發南洋應增鐵甲、雷快等船，擬請由安徽、江西、湖南、湖北、四川分年協款一疏，竊幸與恭奉五月初九日諭旨以大治水師爲主，不相違背。而鐵甲等船之所以必先擬購者，非不知自造之與購買情形有別也。良以一器之成，必變通乃能盡利；一法之守，非造極不能翻新。非特福建、上海各船廠於鐵甲、雷快等船，限於機器、廠地，未能立時增拓，即趕募洋匠教而習之，收效至速亦在十年之後。而事變之來，飄忽無定。必待制成而用器，學成而用武，一兩三年後，海氛復熾，勢必仍前束手。即照臣所議先從購買入手，自定購而付銀，而開工，而工竣，而自重洋内駛，已非三年不能到防。此鐵甲、雷快等船不能不先擬購買之實在情形也。其經費取助於五省，而猶不能不借洋款者，非不知洋債難免耗息也。良以洋商首重信義，必須先付定銀而後能訂立合同，如期開制，五省之餉非分年限不能悉至，定購之船一成交易即須付銀。議者或請分作數次購買，即可無須再借洋債。殊不知分購則勢孤，勢孤則仍未能有備無患，必取式新價廉，全數定制，庶足收取精用宏之效。查洋債按年計息，凡年愈久，則息愈重。南洋僅借二百四十萬兩，完期以兩年爲斷，爲數尚少，爲期尚短，即使耗息，而計算得失亦足相償。此因付定銀不能不暫借洋款之實在情形也。臣深以籌辦海防毫無實濟爲耻，是以此次先從脚踏實地下手，費各省數百萬西凑東挪之餉，得外洋數十號至精極新之船。三年以後，與北洋所購之船勢成犄角。而廣東、福建亦從此推廣，聯爲一氣，自閩海以達津沽，首尾相應，呼吸相通。但願各口陸續添備，共有三四十號鐵甲、雷快等船縱横海上，可期勝於十萬陸師。以臣愚見，舍此別無良策。謹將前摺未盡之義，重言申明，以備聖朝采擇。水師既治，海防已得綱領。其中應辦之事條目甚繁，謹當恪遵諭旨，行之以漸，持之以久，次第奏明辦理，方爲有條不紊。

荷蒙敕發左宗棠、李鴻章兩摺，皆有鑒前事之失，力圖後效之成。南洋有已舉行者，有尚宜仿辦者。如金陵機器局現擬就勢擴充，約計添造廠屋，增購機器，共需銀十萬兩，每年工料約需添銀五萬兩，擬在洋藥加增稅厘項下動撥，業經臣於五月二十六日會同北洋大臣李鴻章合詞具奏。上海機器局較金陵擴充，容與李鴻章另行陳奏。至於廣東之機器局、福建之船廠應如何推廣盡利，左宗棠、穆圖善、彭玉麟、張之洞、楊昌浚等自必逐細妥籌奏明辦理。其尤要者，制造槍砲所用鋼、銅等件，必經西法熔煉始能適用，西人獨得其秘，我國無此良材，不得不向外洋購買，虧折不少。左宗棠疏内所稱，終歲以銀易鐵，得失顯然，必須開採煤鐵，礦砲并舉等語，洵屬久遠之謨。南洋機器局需用鋼、銅甚夥，若再長此購買，取携既多不便，利權終屬他人。現擬就平時交涉之洋廠，商明即由該局選派明白工匠，優給餼廩，馳赴外洋，常川駐廠，專學熔煉之法。一俟學藝有成，即行飭調回華，就中國現産之銅、鐵，或有新礦可以開採，均令仿照西法，妥爲熔煉，數年後當有成效可睹。從此添機煉冶，日漸擴充，所需鋼、銅免向外洋購買矣。

至將來鐵甲、雷快等船造齊以後，必需有善於管駕之人，方能折衝禦侮，誠如聖諭，遴選將才，尤應謀之於豫。查西法管駕，必由砲手、隊長、隊總逐漸洊升。幼而學，壯而行，故能盡其所長。今擬仿照在金陵下關設立水師學堂，購備儀器、圖籍，廣招粗通洋文之年少子弟，聘請英國水師解組半俸之大員，來華分科教授天算、地輿、測量、駕駛、布陣、攻堅、魚雷各法，每六閱月由教師帶同學生乘坐操練兵輪，放洋遊歷五大洲，操習風濤沙綫，一遇泰西海上有争戰之事，縱之使觀。每屆一年，由南洋大臣考試一次，分別賞罰。約計數年後，於駕駛各法自能通曉，拔其優者，派入各兵船充當管駕，庶水師足成勁旅。至江南陸營不乏精悍之勇，而於西法操練尚未熟諳，即於各種後膛槍砲亦未一律演習。今擬仿照德國規制，設立武備總學堂，分建學舍兩所：一講實學，專選粗通英國文字之敏干子弟，延請德國能通英文之陸路員弁，分别教授格致、勾股、測地、繪圖，建築營壘、砲臺，施放水雷、槍砲，行軍傳音，電學、光學、氣球各項根底之學；一講操練，擬照李鴻章所奏成法，由各營挑送精健聰穎、略通文義之弁，到堂學習泰西行軍、布陣、分合、攻守、槍砲、水雷各新法，學成仍回各營，因材器使。然後復挑二批，如前學習，庶幾更番迭進，材出無窮。查金陵本設有同文館，僅習中西翻譯，又設有水雷學堂，專習水雷、測繪，一俟設立武備總學堂，於翻譯、水雷無所不學，以上兩館即可歸并，以節經費。如此造就人材，學成後用於船廠、砲臺、槍械，罄無不宜。所需經費，容臣與撫臣督同司道隨時籌撥，奏明動用。固不敢喜事以涉鋪張之迹，尤不敢省事以蹈敷衍之愆。

所有遵旨確切籌議緣由，理合恭摺由驛密陳，伏乞皇太后、皇上聖鑒訓示。謹奏。

硃批：所奏海防各事，均爲未雨綢繆之計，着次第舉行。至借洋債以購兵輪，究非長策，着另籌辦法具奏。

中國第一歷史檔案館等《中國近代兵器工業檔案史料》第一輯《穆圖善奏覆籌議海防事宜摺光緒十一年六月十二日》 目今時局，自以急治海軍，堅築砲臺，精製槍砲爲先。江、閩爲目前計，各請購制鐵甲、雷快等船，李鴻章、左宗棠爲久遠圖，請設武備學堂、拓船砲大廠，均急務，應請敕沿海疆臣照辦。然各省經費奇絀，羅掘俱窮，宜由部臣統籌計劃，協濟巨款，以某省協某省若干，專辦某事，分期解交。嚴延欠處分，定各疆臣開辦成效期限。【略】

多制巨砲，護以蚊船，掎角守御；廣制電碰各水雷，各省添設水雷學堂，專精製造雷件，操演布放，庶固封守。外國槍砲愈出愈奇，前膛已概棄不用，陸戰多用車輪開花砲隊及九節砲。各省均宜自設砲廠，購機仿製極巨後膛鋼砲，精造各種後膛槍、連珠格林等砲及藥彈，并火箭各械。臺、瓊兩島宜各設廠，自製後膛槍砲、藥彈及巨砲彈，遇封口不待外濟，庶足自固。沿海口岸林立，應設巨砲極多，購自外國，不計藥彈，一砲亦須十數萬金，尚非甚巨，宜飭及早創制，勿稍諉延。

至選練將才，必須多設海陸武備書院。李鴻章請設武備學堂即爲權輿，宜飭各疆臣籌議創設。擬延師教育考校詳細條款，奏飭王大臣部院集議，妥定章程，覆請欽定，敕各省畫一舉辦，庶將才出而兵習戰事。

抑奴才更有請者，中西通商數十年，言語文字不通。京師有同文館，粵有同文、實學兩館，滬有廣方言館，津有水雷學堂，津、滬、閩、粵、江寧有機器廠，專習西學、製造。又先後遣幼童學生出洋肄業。除京師同文館譯刊《萬國公法》、《星軺指掌》兩書，滬刊兵書十三種，《西國近事類編》、《格致匯編》若干卷，餘不多見。即譯刊者亦未廣布，購買無從，有心人欲知西法，幾等望洋。查西國製造，雖微物亦有專書。師傳天文、地輿、算學，童而習之，兵、刑、機、汽、化學、開礦，分類習學。通是學方執是業，專精緻志，無旁（鶩）〔騖〕者。西人才智豈逾華人？西人執一業，畢生身心性命與之，名利貴賤隨之，故争奇擅勝，月異而歲不同。華人耳目自封，詬病西學；習西學者，稍有一得，又自秘居奇，染洋人驁狠惡習。應飭各省原有廠館，并添設譯館，專譯西國一切有用各書，以新法石印遍佈，速流傳而便肄習。前此有摺陳文武制科，所習非所用，請參用西國實學取士者，宜酌採行之。武科宜急變弓、刀、石，試槍炮製造、海陸行陣新法，使所習得所用，庶風氣開，積弱變自强有基矣。

中國第一歷史檔案館等《中國近代兵器工業檔案史料》第一輯《李元度奏陳外國槍砲之優點及鑄砲之法摺光緒十一年六月十七日》 一曰造火器。近日火攻利器，以德人克鹿卜砲爲最，其小鋼砲尤能制勝。蓋砲體輕，則易於運動；砲質堅，則經久如新；砲子合膛，則綫路有準；砲身長而有來復螺紋逼子出膛，則命中而及遠。所用開花彈皆煉雙層鐵體，外裹四銅箍，故他彈僅炸四十餘片，雙層彈可炸百數十片；用藥不過十磅，其力竟及數十里之遥。此陸軍利器也。又有氣球小砲，配用開花彈，其式與擡槍相仿，放平則擊敵騎，側上則擊氣球，故有是名。此水陸利器也。田鷄砲，可擊鐵艦，在叢林泥城之中測量遠近，向高放砲，則子落船中炸裂傷人。至非爾後膛砲，有螺絲可分兩節，臨用裝合，皆水陸專防之利器也。洋槍向皆用前膛，自美國後膛槍出，各國效之，未幾德之馬地尼、英之士乃大法之查市布，踵事而增。德又新出後膛茅塞槍，美新出七響至三十四響後膛槍，每鐘一分可放五子至二十二子，遠及三百六十丈至八百丈。總之槍必須後膛，而槍之機器又須件數少而製造精，乃易於修理。火藥則德國之六角七厘藥尤爲力猛而耐久。彈子亦以雙層銅箍爲最。

火器日出日精，幸彼無機心，肯出售於我。然各省采辦軍火之弊亦遂叢生；或委員勾通洋行加價報銷，或外洋製造不及即以舊貨裝飾混充，或先定者出物有期，後定者加價，遂以先定之貨騰與後定之人，貽誤不小。應請飭駐紮各國之使臣，親赴該國槍砲廠詳考精擇，按季將該國有無新出槍砲及現在槍、砲、子藥價值開單咨明總理衙門查覈。遇有應購之船、砲、槍、彈即照會該國，由駐國之使臣面議價值，隨時奏明。而該國亦將買賣軍械若干，價銀若干，咨明總理衙門，庶足以杜欺朦。

雖然，與其購自外洋，不若自能製造。如但仰給外洋，一旦有事，局外諸國或藉詞公法不肯出售，則失所恃矣。故宜立志講求，延師監製，務使在局者皆能製造，方爲脚踏實地。至鑄砲之法，凡五：曰煉鐵，鐵以粤産爲上，配以洋麻鐵；曰造模，近來皆用沙模，而以銅、錫爲模心；曰置爐，勿令稍有欹斜；曰鑽砲，須砲身自轉而鑽鐵不轉，乃能得力；曰驗藥，藥以選料爲先，而近日廣西之南寧、太平、潯州出有自然火藥，較洋藥尤烈，似宜加意經理，防其逗漏外洋，以資敵也。凡鑄砲宜於砲口或腰上正中之處，立準頭以憑目測，尺寸宜合算法，砲膛宜用螺絲紋，以破空氣阻力。皆有成書，宜細究者也。

再火器擱置日久，則朽銹隨之，更宜責成該管弁兵動息不離，時加磨洗，銹壞者重責，庶不至耗巨款，而可收實用也。

中國第一歷史檔案館等《中國近代兵器工業檔案史料》第一輯《左宗棠奏請設海防全政大臣統籌海防之政摺光緒十一年六月十八日》 欽差大臣督辦福建軍務臣左宗棠跪奏，爲遵旨覆陳海防應辦事宜，擬請專設海防全政大臣，以一事權而統全局，恭摺仰祈聖鑒事。

竊臣於光諸十一年五月二十五日承準軍機大臣字寄，五月初九日奉上諭：現在和局雖定，海防不可稍弛，亟宜切實籌辦善後，爲久遠可恃之計等因，欽此。仰見皇太后、皇上謀深慮遠，軫念海疆至意，欽服莫名。臣暮年多病，思慮不周，然苟有所見，敢不遵旨臚陳，上備聖明采擇。

伏查泰西各國經營船砲，閱讀十百年之久，遂得稱雄海上，爲所欲爲，或以中國二十年前之武備相提并論，直不可以一戰。近十餘年來，中國船政局、製造局、水師學堂次第興設，雖造詣未精，而規模亦已粗具，故上年法釁一開，亦即能與之接仗，鎮海一口有巨砲轟擊，彼即敗退，其明征也。就目前言之，中國水師誠不及外夷之整練，然華人耳目心思西人亦服其穎悟，但使在上者實力講求，師彼之長，行且制彼之命，豈僅足自固哉！恭繹諭旨，我之籌畫備禦亦嘗開設船廠，創立水師，而造船不堅，製造不備，選將不精，籌費不廣等因。臣維造船以鐵甲爲先，制器以鋼砲爲要。臣前此拓增船砲大廠之請，已將應辦情形切實言之。惟船砲購買終不如自造，福建船塢原難造大號鐵甲，則拓增大廠之舉刻不容緩。聞前署湖廣督臣卞寶第有請於江西鄱陽湖口設立機器局之議，長江自武漢以下兩岸港口，地險水深無逾此處，應請敕下江楚督撫臣派員測量，斟酌議行。其後膛大砲，一俟局廠設定，趕緊鑄造；或飭江南、廣東各機器局先行試造，以免曠誤。均應及早謀之。

第念海防無他，得人而已。中國水師不力，或歸咎於不自振作，其實内外臣工豈乏忠諒，所以處處牽掣，必有其由。臣曾督海疆，重參樞密，竊見内外政事，每因事權不一，辦理輒形棘手。蓋内臣之權，重在承旨會議，事無大小，多借疆臣所請，以爲設施；外臣之權各有疆界，雖南北洋大臣，於隔省之事究難越俎。誠如聖諭：僅就一隅創建，未合全局通籌。今欲免奉行不力之弊，莫外乎慎選賢能，總持大綱，名曰海防全政大臣，或名曰海部大臣，凡一切有關海防之政，悉由該大臣統籌全局，奏明辦理。畀以選將、練兵、籌餉、制船、造砲之全權，特建衙署，駐紮長江，南控閩粤，北衛畿輔。該大臣或駐署辦事，或周歷巡閲，因時制宜，不爲遥制。另擇副臣，居則贊襄庶務，出則留守督工。權有專屬，責無旁貸，庶成效可立睹矣。至一切措施不能概行預擬，轉以成見誤事。臣受恩深重，未報涓埃，懔聖人懲前毖後之謨，抒蒭蕘測管窺之見，謹將可以預定數大端，擬議七條，恭呈御覽，候旨敕議施行。

除李鴻章奏設武備學堂已蒙敕行毋庸另議外，所有遵旨覆陳海防應辦事宜各緣由，是否有當，伏乞皇太后、皇上聖鑒訓示施行。謹奏。

中國第一歷史檔案館等《中國近代兵器工業檔案史料》第一輯《李鴻章奏陳應設廠製造後門槍砲摺光緒十一年七月初二日》 上海、江寧、天津、廣東各有機器局，大都分造砲械、子藥，以供各路防軍操戰之需，萬不可少；尚未能仿造後膛大砲。滬局雖開造輪船，不適於用，仍以閩廠專造爲是。若夫三、四寸口徑後門小砲、後門連珠槍，爲水陸軍必需之利器，帑項稍充，應擇内地開煤鐵礦、近水之處，分設造槍、造砲專廠。克鹿卜鋼砲尚矣，德、奥、義各國復慮純鋼不能經久，均改鑄硬銅。後門小砲融煉别有新法。日本已雇洋匠仿製，中國亦當踵行。各國後門槍樣不一，新式改用連珠或六七響，精利無匹，日本已設廠自造，中國亦當專造，以應各省之用。約計造槍及小砲機器皆不過數十萬金耳。水師之魚雷、伏雷與砲并重，伏雷各種各機局多能自製，魚雷理法精奥，另有不傳秘決，只可向西國訂購。津局已購備試雷、修雷之器，仿造則未易言。

中國第一歷史檔案館等《中國近代兵器工業檔案史料》第一輯《彭玉麟奏覆籌議海防事宜摺光緒十一年七月初七日》 學習技藝，增造船砲，務求實效也。西夷挾其堅船利砲驛騷海上，而我不能制其死命者，徒以器械不及其堅利耳。然則欲求制勝之道，自非師其所長，去我所短不可。左宗(堂)〔棠〕請增拓船砲大廠，李鴻章請創設武備學堂，誠爲深慮遠謀。然同治初曾遣學徒出洋習藝，迄今二十年未聞學徒有西學卓絶、製造精妙者。閩中管帶兵輪之張成學，徒中之稍著者也，馬尾之戰，大帥誤信其言，遂至僨事。查船砲機器局，閩之馬尾，蘇之滬上，創立業已多年，所造船砲皆不堪爲重洋角逐戰陣之用，悉因西匠技藝不精，爲該國不用之人，而中國用之。西人議論，有謂閩局洋匠日意格督造苟簡，且故以火藥艙與機器艙相連，其用心實爲叵測。又有謂滬局所造之船率皆脆薄，所造之砲均不精結，不能禦敵出洋；歷年花費難免不爲局員中飽者。是學徒與船砲二事舉行不爲不久，糜餉至數百萬不爲不多，成效固茫乎無有也。今復踵事加增，其果能日起有功乎？抑猶不免因循而蹈故習乎？若以艱難羅掘之餉，仍供無益之一擲，甚無謂也。爲今善後自强之計，如臣光緒元年專摺所奏，各疆臣宜認真講究吏治、軍政、士氣、民情四大端，以立自强之基，已奉旨通飭照辦在案外，兹惟乞飭沿海疆臣，於閩、滬、廣東各機器局廠廣籌經費，拓增船砲，以大自强之勢爲急務。

臣賦性迂拙，深惡夷人，兼惡夷學，於外洋製造之精微，器物之良窳，從來留心講求，故於洋務毫無所解。竊見出使英國使臣曾紀澤，平昔究心洋務，致力頗深，近奉使西域，駐彼且及十年，閲歷既久，推究必益精詳。可否密諭該使臣細加考察西人之船砲，何者爲佳，何者爲不佳，製造之事若何則佳，若何則不佳，一一尋究其所以然之故，繪圖列説以發明其理，俾董理船政者有所資以考證；并密訪夷匠之極精於治船砲及水雷、魚雷、鐵浮標一切之事者，以重資雇倩數人，瓜代時携其來華，分置閩、粤、滬、津各船廠砲局，助其工作，共相講貫，精益求精，必能有益。

中國第一歷史檔案館《德宗景皇帝實録》卷二一五《光緒十一年九月上》

諭軍機大臣等，張之洞奏海防要策摺内開地利一條，據稱福建穆源等處皆産善鐵兼饒煤埊，廣東惠州等處産鐵亦佳，訪求礦師開採，以制槍砲，實勝洋産等語。煤鐵爲制器必需之物，如果礦苗暢旺，自應及時開採，以資利用。惟礦本所需甚鉅，亦應先事豫籌，能否招商集股，設法試辦，於地勢民情，兩無妨礙。著楊昌濬、張之洞、倪文蔚各就地方情形，詳加酌度，奏明辦理。張之洞原摺，著摘鈔給與楊昌濬、倪文蔚閲看，將此由五百里各諭令知之。

中國第一歷史檔案館等《中國近代兵器工業檔案史料》第一輯《左宗棠奏請於鄱陽湖口設廠造船制砲摺光緒十一年》 欽差大臣大學士左宗棠奏。

臣維造船以鐵甲爲先，制器以鋼砲爲要。臣前次拓增船砲大廠之請，已將應辦情形切實言之。惟船砲購買終不如自造，福建船塢固難造大號鐵甲，則拓增船廠之請刻不容緩。聞前署湖廣督臣卞寶弟，有請於江西鄱陽湖口設立機器局之議。長江自武漢以下兩岸港口，地險水深無逾此處，應請飭下江楚督撫臣派員測量，斟酌議覆。其後膛大砲，一俟局廠設定趕緊鑄造，或飭江南、廣東各機器局先行試造，以免曠誤。均應及早謀之。

國家清史編纂委員會《李鴻章全集》第三四册《復總署條復四事光緒十三年正月初十日》

一、用機器繅絲，精潔易售，較中土繅法尤善，洋人争購，獲利可豐。若令江浙督撫就産絲之地招商集股開辦，實係爲民興利，并非與民争利。若官自辦，恐有法無人，不可持久，甘肅織呢局其前鑒也。鴻章曩在上海親見旗昌、怡和各洋行皆設有機器繅絲局，募千百華人婦女於其中，工賤而絲極美。嘉、湖絲賈無人仿辦，利被彼奪而我絲滯銷，心竊惜之。津局曾借小樣呈閲，即旗昌之物。烟臺繅絲局係中外人伙辦，買山東野繭繅成純熟之絲，亦尚得利，乃以本錢未足，局用不節，致虧摺中止，至今局屋機器皆全，惜無挾重資者接辦。頃前廣東巡撫倪文蔚過保定，詢粤中是否有機器繅絲局。據稱粤紳温子紹曾購機器，并未開辦，足見興利有效之難。日本近多設機器繅絲，洋商暢銷，勝於湖絲十倍，中國愧弗如也。

國家清史編纂委員會《李鴻章全集》第三四册《致李瀚章光緒十五年七月十二日酉刻》

鈍叟左右：

自五月二十四日發信後，述兒六月初病夾脾傷寒，幾瀕於危，展轉床褥二十餘日，先服伊爾文金鷄臘丸退熱，嗣延華醫調理，近數日方食粥飯，諸症皆痊，仍日服洋醫開胃順氣補血藥水，可冀復元，以是倥傯，久未通書。迴避南闈一事，又被黄子壽無事生風攪擾一場，頃始經禮部奏定。漕督子侄無庸迴避，而我兄調補粤督之命即於是日下矣，欣忭莫可名言。先是五月杪，醇邸因蘆溝至漢口鐵路之議由香濤倡之，懿旨及樞邸大贊，即擬責成鄂人督辦，乃上書告稱才力不及，當分兩頭節節前進，直境我自任之，漢口而北須責鄂督。裕壽山等復疏既不謂然，楚督似須易人。邸謂解鈴繫鈴，應調香督楚，俾其言行相顧，共濟艱難。其時適香濤有委員王承恩在津側聞此議，驚詫失色。香急電調回，知有不豫色，然因循月餘，鐵路復疏（望後可□）至今未上，疑或中變，不料其終未變也。香濤治粤，雖百廢具舉，腹削□□，民怨沸騰，大者如鑄銅銀錢局，機器卅餘萬，廠屋又十餘萬，甫經開工，尚無頭緒。在德國訂購鑄後門連珠槍、小砲機器數十萬，甫定合同。閩廠造廣甲、廣乙至廣癸十船，甫成一二，均稱由外捐辦。海署工款，五年分解百萬，奏稱不動正款。此外如廣雅書院、書局、水陸武備學堂，聞皆粗創，并未入細，將來應如何斟酌捐益，必費藎籌。至洋務交涉，各使常在總署饒舌。署意久經討厭。去秋周玉山在京早有量移之説，其用人甚雜，薪水多優，淘汰亦正不易。聞九年至今，軍需報捐二三千萬，現始清釐，調德慶州楊文駿（前在津辦海防報銷好手）經辦，擬一起匯辦。洋債千餘萬，按年指定洋藥釐撥還，有款可抵，尚不爲難。此皆就所熟知者而言，其他瑣細節目，須抵任方知。外人皆議接手費事，我兄閲歷深穩，不激不隨，臨時自有主張，但不能如漕帥雍容揖讓耳。即赴新任之旨，體恤逾恒，省却許多煩費。明後日漕督當有明文，若放遠省人，傾須於謝恩摺内附請照案令徐文達護理，一面料理交卸，起程航海，自較妥速。或令招商局專船送往，眷屬即可同去。弟所慮者，粤東司道幫手頗少，遊子岱已七十四歲，有體無用，條理未清。王之春小有才，而操守難信。英運司兩耳重聽，香帥與清卿因此齟齬，大約各務須主帥一手操縱也。滇侄一試便售，聞天資甚敏，加意磨煉，可期遠到。家事須留楚侄經理否，未便盡室遠去，田廬皆荒。叙侄京城往還，舉止頗見老成。比想抵寧，子壽欲整頓場觀，望嚴諭諸子侄循規蹈矩，勿少縱軼爲幸。直境雨水甚足，秋禾豐茂。嗣後如有要事，可隨時用密碼電商（即總署私本）。匆匆。敬叩大喜，合署均吉。弟儀謹上。附黄齋函。

王樹枏《張文襄公全集》卷一三三《致海署天津李中堂光緒十五年十月十六日發》

北洋摘示黄通政停路疏已悉。查洞三月内，遵懿旨議奏一摺，本謂開路之利，首在利民。利民以出土貨、銷土貨爲大端，利國以通漕調兵爲大端，非如商賈之開鐵路公司，但計歲有運脚餘息幾釐，原疏可覆按也。黄奏用心極精細，惟所稱宜查出産税釐，運費采本，以鐵路所入，扣抵他處所短，及養路之費，再有盈餘，方爲實利，今分數未明，而逆臆其必得大利，未敢謂然等語。乍觀之似甚切實，其實不然。天下之物，自其有定者而觀之，則此盈彼絀，此消彼長，理所固然，而未可以概諸地利與人力也。地利不開闢，則千古猶是荒廢，人力不善用，則百世莫能振興。美洲居大地三分之一，當未開闢以前，其土人穴居野處，榛狉荒陋，百餘年來，西人以格致之術經營於其間，遂成天下至富之國。同此地利，同此人力，而今昔懸殊者，實人事有以勝之也。就中國而論，則財力有限，合中外而通籌之，則財力無限。通商以來，各國挾其製造物産，以圖中國之利，斷無禁阻之法。我而不自振作，以圖抵制，將財源日涸，民生日蹙，既不能富，其何以强。鐵路者，富民之一大端也。其利用之處，非沾沾於目前之土産稅釐所得，而綜覈也。英國某鐵路開辦之初，通盤細核，一年約估得利一萬鎊，及年終綜算獲利，竟至十萬一千八百二十九鎊，西人算無遺策，猶有此等懸殊，自謂始願所不及。中國現未開辦，從何按計。查西書備載鐵路之利，詳列有表，姑舉一二，以概其餘。美國某省産煤最富，五十年前，僅有鐵路數百里，年中出煤不過六萬餘頓。迨後鐵路增長，煤亦增多，五十年中，共出煤七萬三千零七十五萬九百二十五頓，以每頓值洋四元計之，合銀二十九萬二千三百零三萬七千零二十四元。其又某省産棉最富，四十年前，僅有鐵路數百里，迨後鐵路遞增，出棉亦漸多。其初每年出棉不過百餘萬包，今鐵路共長一萬五千餘里，每年出棉五百餘萬包。四十年中，此省築路之費，共銀七百八十六兆元，四十年中，共出棉花一百四十九兆餘包，每包價五十元計之，共值七千四百七十三兆有奇，較之築路之費，多至十倍。使無鐵路，則運載艱難，價值昂貴，銷流不廣，焉得有此厚利。其餘米麥牛羊，日用飲食之屬，無不因鐵路而出産加多，販之外國，可以獲利，此成效之歷歷可考者也。鐵路意在銷土貨，尤在多出土貨，使中國能精究格致之學，開煤鐵，廣種植，勤開采，善製造，鐵路之利自不可誣。若徒開一路，其餘開采製造，概不講求舉辦，則鐵路誠無用矣。洞第一疏即言煉晉鐵，鐵即土貨也，復言非講機器、化學，不能化無用爲有用。第二疏亦言急籌采鐵煉鐵，并令各省講求格致、化學、鑛學，開采製造。洞現在粤，已購設織布廠、煉鐵廠、槍礮廠，並新立電學、化學、鑛學等學堂，無非此意。若不思探本開源，但執目前土貨大數計之，是自安窘弱之見也。至洋貨多銷，亦在意中，我果實有利民强國之策，似未便因噎廢食。若利民之端，尤有賑災荒、省差徭兩大事，最爲明顯。不僅商務兩疏已詳，若謂目前工需甚鉅，自係實情，且各省水災蠲賑尤費，此事原可量力、可寬期，斷無國用一切不顧，專辦此一事之理。總之，修路一端，有鐵早辦，無鐵遲辦，開采、製造諸務，有款多辦，無款少辦。古人七年求艾，廿年沼吴，但貴立志堅定，早籌實辦，循序量力，鹵莽固不可，坐困亦不宜。管見如此，是否切當，伏候鈞裁酌示。咸。

傅洲成《傅雲龍日記·上合肥中堂議巴西招工書光緒十八年九月十一日》 昨聆鈞誨，以曾遊歷巴西垂詢招工情事，仰見籌畫植民不遺在遠，雲龍未盡欲言，深懼大負采葑至意，敢就目見心維，竭愚陳之。

竊以爲外虞曠土，中患遊民，而今日之急需華工莫巴西若，何也？自美利加禁止華工，傚尤踵起。墨西哥蕞爾國耳，雖曰需工，所需無幾，遠矚五大洲，惟巴西可容二三十萬，非臆度也。光緒十五年春二月，雲龍游至巴西，見其國君，後即有曾使中國立約喀各、前上海副領事彭思德與其大臣等來言招工事。雲龍語以「此來非爲招工也」，彼云「無其權不妨達其意」，於是暢所欲言。知其光緒之使名沿互市，實主招工，招工之議未定，是以通商之使未來，距雲龍遊歷時八年矣，一面即殷殷瀝膽。蓋其需華工之要有三：泰西語茶曰「梯」，厥音轉自福建，而巴西語茶曰「沙」，據言傳自湖北，時在嘉慶十七年。嗣是植茶彼土，而焙茶之工專資湖北之民，今則華工凋謝，三年以前焙茶僅八人矣。相需甚殷，一也。農礦諸工，西直輒昂於華，二也。華工不似西工之壟斷，三也。而許招工之議難可再緩，其要亦有三：不乘西工未獲專利之時而安置之，後縱兼收，恐滋排擠，美利加之禁工職此，此其難緩者一。聞彼已有潛招自新加坡之船，是未許而并無必不一許之權。與其肆虐而挽救於後，曷若立約而周密於前，秘魯、古巴前車可鑒，此其難緩者二。數十萬之衣食係於一時之轉移者猶顯也。此時就工之民未必非異日回華之工之選，多一諳練西工之華民，即可少一教習華工之洋匠，非惟巴西爲然，而寓意於創始，較易於挽積習於已頹，此其難緩者三。

中國科學院歷史研究所《劉坤一選集》書牘卷一〇《復王爵棠方伯光緒十九年二月二十五日》 毅帥重臨舊部，自可壁壘一新，似宜迅速赴機，不可遷延貽誤，萬一變生意外，將來經略益難。尊處何不貽書勸駕，並達鄙忱，擬派兵輪護送北上。

中國理財之術，亦已水盡山窮，欲圖富强，唯有開採煤鐵一策。香帥苦心孤詣，就地取材，於大冶等處，分設局廠辦理，將以保自有之利權，不使外溢。今工程已有八九，但願刻日告成。至於如何鍊鋼，另行隨宜措置。

織布一節，初以機具盈千，意非一二年所能就緒。乃收效如此之速，通盤籌畫，抱注堪資。關懷時局者，無不望鄂局之日新月盛也。

近來官場多自了漢，祇圖和平養禄，安知經國遠猷。香帥之才足以振舉一世，其所辦煤鐵獨具手眼，實爲時務所急需。若因其稍有糜費，而合力撓之、擠之，使其功虧一簣，以快外國人之心，謂我無能爲役，沮中國人之氣，以後不敢擔當，似非計之得也。現聞香帥於煤鐵局廠併事省官，力圖撙節，裁無益以濟有用，是在左右有以將順而維持之。

中國第一歷史檔案館等《中國近代兵器工業檔案史料》第一輯《薛福成奏火藥局應建於僻遠處摺光緒十九年九月初十日》 二品頂戴出使大臣都察院左副都御史臣薛福成跪奏，爲微臣考察近事，謹陳管見，以重民命而慎危機，恭摺仰祈聖鑒事。

竊惟數十年來，中外競修武備，莫不講求火器。火器借火藥以致其用，於是火藥隨火器而日精。其類有餅藥、炸藥、棉藥之名，未幾而争用栗色藥，又未幾而漸尚無烟藥，性愈變而愈猛，術愈研而愈酷。中國風氣初開，往往儲藏不慎，未收其用，先受其害。謹就臣聞見所及者，爲我皇上敬陳之。

溯查咸豐九年二月，長沙城中火藥局失慎，二三里内居民無得免者，溪河數處變爲平陸，有一巨窖幸未引動，否則其患更不可思議。是年秋，山東火藥局失慎，周圍震陷十餘里，撫臣奏稱死傷姓名可查者四千餘人，曾奉諭旨賑恤。同治六年十月，武昌城内有二局，中隔一湖，同時被焚，蓋因火藥局曬藥不檢，延及制藥局，轟動藥庫，焚去火藥及硝磺數十百萬斤，居民死者數千，平地百餘丈陷爲巨浸。光緒十年十一月，廣東佛山鎮火藥局焚去火藥數十萬斤，燒失工匠一百九十餘名，轟聲震動省城，居民死傷甚衆。十六年九月，安徽太平府城内火藥局訇然一震，駐局之營兵、工匠皆不知所往，縣署學宫摧毁無遺，知府吴潮被壓而殞，罹害者數百家，各處殘肢斷體令人目不忍睹。今年五月，廣東會城外三元里之火藥局不戒於火，附近鄉村均被其患，至今擇地營建，尚未勘定。凡此諸事，久爲習見之端，實非承平之福。然臣不過約舉梗概，此外府縣城鎮之局廠林立，變生意外者亦尚不可勝數。群黎何辜，遭此荼毒！臣嘗疑此雖係天時，亦由人事。奉使以來，留心考察，始知西洋各國火藥局必避城市稠密之地，多在空曠寥廓之區。其議以爲如此危險之物，難盡免危險之事，所以偶逢危險而不致多傷民命者，非審於度地不爲功。中國各省會城、府城皆官吏、軍民所駢集，倉庫、市廛所薈萃，萬無可置火藥之理。其始蓋因標營弁兵操練舊式火器，稍領火藥，擇地存儲。當時火藥質粗而力輕，數微而勢薄，尚不至爲大患。厥後踵事增華，研製日精，需用日繁，當事者習焉不察，方謂循舊章、藏舊地，并非無端創建，而不知藥力已十倍於前，藥數已百倍於前，戒備稍疏，輒釀巨厄。前歲松江紳民稟請文武各官，將火藥局移建城外曠地，卒以經費無出而罷。

夫狃取携之便者，未遑顧及生靈，昧久遠之圖者，鮮不安於玩愒，臣嘗思其事而怵然慮之。大抵斯民饑溺，非無急救之具，惟猝然震發，其患有不及防。勇士戰争，初無避險之心，惟無故罹兇，其事尤爲可憫。或謂時逢劫運，非人力所能挽回，臣則以爲消弭劫運者，惟在宸衷之惻怛。或謂事關大局，非仁術所能參用，臣則以爲保全大局者，尚待朝廷之轉移。伏惟皇上仁慈幬物，普護蒼生，可否明降諭旨，通飭各省督撫臣，自今以後，文武各員不得在城市添建火藥局，擇地築庫，務求僻遠，或在洲沚之上，或在山嶺之間。儻有商民願捐巨費，吁移舊局者，均聽酌辦，以順輿情。如一時未能驟移，不妨相機變通，將尤爲猛烈之物，分儲遠地，徐俟妥爲經理。其如何懲儆違玩之處，可否敕下吏、兵二部，嚴定處分章程，以昭畫一而垂永久。如是，則聖主尚好生之德，官吏存警惕之懷，蒸民免无妄之災，軍實鮮慢藏之咎，一舉而數善備焉。竊查各省設局，無不浚濠築墻，撥兵守護，然地居繁庶，則踪迹雜而竊盗時聞，地處寂寥，則心志一而防衛不懈。至於蓋藏宜密，晾曬宜慎，庫窖宜分，禁令宜嚴，凡承辦此事者罔不以是爲兢兢，自可無虞失事矣。

臣爲重民命、慎危機起見，所有考察近事緣由，理合恭摺馳陳，伏乞皇上聖鑒訓示。謹奏。

硃批：另有旨。

朱壽朋《光緒朝東華録》卷一一六《光緒十九年十一月》 上諭：薛福成奏各省建築火藥庫宜在空曠寥寂之區以昭慎重等語，火藥爲操防要需，儲藏宜格外慎密，著各該督撫酌核情形，相度地勢，擇空廓僻静之處妥爲存儲。至所稱承辦各員倘有經理不善請飭吏兵二部嚴定處分一摺，著該部妥核具奏。

王彦威等《清季外交史料》卷九三《李鴻章劉坤一奏上海浦東地方洋商試辦火油池議定防險章程摺》 直隸總督李鴻章、兩江總督劉坤一奏，爲上海浦東地方，洋商試辦火油池棧，現與議定設限防險章程事。竊臣等承准軍機大臣字寄，本年三月十八日，奉上諭：御史褚成博奏洋商違約築池存儲火油大拂民情請飭禁阻一摺。據稱，去冬有德國商人，在上海浦東陸家渡地方，購地築池，爲存儲火油之用，衆情疑駭，力求禁阻。南洋大臣曾委蘇松太道聶緝椝與該國領事再三辨論，今年二月，該洋商不候華官允准，擅將火油裝運抵滬。且聞另有洋人在漢口買地基，亦爲存儲火油而設。請飭速行阻止等語。洋商開地存油，是否有礙民居，着南北洋大臣詳細查明，設法阻止，妥籌辦理。原摺着鈔給閲看，將此各諭令知之，欽此。遵旨寄信前來，當經轉行欽遵去後。伏查此案，上年六月間，據蘇松太道聶緝椝以上海洋商在浦東地方設立火油地棧，事屬創辦，恐與地方居民有礙稟，經臣等飭與洋官商禁，一面咨經總理衙門，向各國駐京使臣駁阻。旋值津海關道盛宣懷，在上海清理織布局務，並經飭令會商籌辦，内外堅持，幾及一年。彼族總以歐洲各埠以及日本等處，均已設有油池，儲油於池，較之裝油於箱、於棧尤爲穩妥，再三辨論，堅求不停。蓋向來運銷洋油，皆係儲以馬口鐵桶，外套板箱，既費工本，又耗水脚，洋人工於謀利，精益求精，是以近來凡各國運銷洋油之處，大都船改統艙，棧設油池，以期便於輸運。上海所設池棧，經該道等督同員紳前往確勘，該棧基北臨浦岸南東西三面，均屬田疇，地極空曠，相距鎮市，亦尚遥遠，附近有居民二三十户，均非貼鄰，民情亦尚相安。該棧外築圍墻，内設圓桶三，其高約三丈有奇，圍圓二十丈有奇，悉用鋼板製成，即係儲油之具，名雖爲池，實則形類札桶。各桶之下，填築塞們泥，上以防滲漏，桶頂蓄水，桶旁豎桿，以避日照、電觸之虞，桶外設有鋼管機筒，備油船抵埠，用以吸油於桶。三桶之外，復設小桶一具，爲澄淨油渣之用。一切做法，均尚周密堅固，復經聶緝椝電詢出使英法義比大臣薛福成查覆倫敦油池十餘處，做法相同，出使日本大臣汪鳳藻亦謂東洋油池自設立以來，尚無危險之事。上海所設油池係俄産，英商資販，德商經售，三國商人，合力營運，所費資本甚鉅，在中國係屬創見，在外國已視爲故，常是以堅請試辦，情詞極爲迫切，再四體察籌商，事雖難以中止，不能不與議設防險之法，以示範圍，而杜流弊。當乘油船抵口之際，一面飭令禁止進口開艙，一面與之切實籌議，該商始允存匯號銀十萬兩，並將存單送道，以備不虞賠卹之需。又經聶緝椝等與地方紳董詳細討論，轉商領事，議定章程十條。惟第二條設限一節，美國使臣以事係英俄德三國合辦，又以美領事無管理别口之權，未肯允行。臣鴻章因校閲海軍，適在威海、煙臺，疊晤美參贊，令轉致美使臣，必須照辦。遂據交到節略，改爲上海浦東一處，暫行通融辦理，以後他處不得援此爲例。如欲仿辦，必須稟由本領事，照會關道，查明於地方居民有無險害，稟報總理衙門，照會飭知遵辦。既須稟官查覈，以後即可杜其私設，遂飭令蘇松太道聶緝椝，與各領事照議簽押。兹據會同津海關道盛宣懷照録章程、繪圖詳請具奏前來。臣等查池棧之設，必當觀察地方民情，既經勘明棧設曠地，並無貽害近鄰，所製桶式亦均穩固，油船必須出海洗滌，油池嚴防滲漏，亦已備列防險章程之内，似與民居汲飲，不致有妨。且又載明，儻有滲漏礙及汲飲，或有失慎殃及居民，確有明證，除賠償外，即由地方官會同領事，飭令將池拆毁，不得再行建造。該商等既費鉅資，營此貿易，苟其事稍有危險，似不肯議此章程爲嘗試。凡此皆爲日本章程所未及，所議尤爲嚴密，仍當飭令現任蘇松太道黄祖絡，留心查察，如有未盡事宜，務即隨時妥籌商辦，以期益昭詳慎。至漢口地方，飭據江漢關道惲祖翼查覆，尚無築池形迹，現已將所訂章程通行各口，一體遵照。除圖説章程，咨送總理衙門查檄外，謹恭摺覆陳，謹奏。光緒二十年六月十七日，奉硃批：該衙門知道。

中國第一歷史檔案館等《中國近代兵器工業檔案史料》第一輯《高燮曾奏請核審袁祖禮自言之行軍避砲之法片光緒二十年八月二十四日》 再，西洋各國工於製造，恃其船堅砲利横行海上，日本拾彼餘唾，亦敢藐視中華。我之不能不講求船砲者，勢也。年來重價購買，所費以億萬計，而臨敵仍歸無用，可爲太息。臣以爲購買不如自造，自造之中仿造又不如創造。中土人士聰明靈慧不讓西人，特無以鼓舞而玉成之，則其人致力不專，而長技無由自見。臣聞副將銜·湖北候補遊擊袁祖禮，前在神機營當差，曾蒙醇賢親王識拔，呈獻羅盤砲儀及新式水雷圖説，皆自出心裁，不襲成法。旋令製造小式，以觀其能，光緒十三年九月、十四年四月九月、十五年九月，均經神機營王大臣迭次演試，隨發隨中，睹者無不稱妙。臣未獲目擊，不敢謾爲譽詞。乞皇上召問桂祥、扎拉豐阿等該員是否實有巧思，所制砲儀、雷式是否曾經試驗。如其法較西法更準、更捷、更易學，宜令該員如式大爲製造。速以其法訓練一軍，并推行沿海各營，於攻守不無裨益。

臣又聞袁祖禮自言有行軍避砲之法，且能造新式御砲兵艦，尤爲今日要務。此事非可以大言欺人，但一演試，虛實立見。擬請飭令桂祥與扎拉豐阿會商妥辦，切詢該員如何造法？如何演法？需用工料若干？銀兩若干？先行試驗避砲之法，其言果無謬誕，即請旨破格奬勵，俾得盡展所長。俟製造齊全，再於募勇中挑練數千人，令統之以當前敵，而大軍繼之，兵艦輔之，斯亦制勝之一奇也。

附片具陳，伏乞聖鑒。謹奏。

中國第一歷史檔案館等《中國近代兵器工業檔案史料》第一輯《文廷式奏未設機器局廠各省應迅籌添造片光緒二十年十一月十七日》 再，兵興以來，購買槍械所費不貲，使各省皆有機器能自造槍砲，何至受制若此。近聞倭人將由川沙廳登岸攻我滬局，若然，則軍械更屬可慮。臣聞湖北槍砲廠能造快砲、快槍，皆屬新式利器，如能加意經理，足以接濟各軍，應請旨特派大員廣籌經費擴充辦理，以圖有效。軍務固未有已時，即將來防守事宜，亦必資精械，其各省未設機器局廠者，應請飭下該督撫等迅籌添造。武庫充實，國勢自强，非細故也。

愚昧之見，謹附片具陳，伏乞聖鑒。謹奏。

中國第一歷史檔案館等《中國近代兵器工業檔案史料》第一輯高燮曾奏請飭令各省速設舊式槍砲廠片光緒二十年十二月十七日 再，中國擡槍、劈山砲原係行軍利器，邇來一意購置外洋槍砲，中土舊式鑄造寥寥。自與倭交戰以來，各處洋槍、洋砲支發不繼，束手咨嗟，遂成坐困，此所謂學步邯鄲，失其故步者也。臣維勝敗之數在人不在器，平壤之潰，旅順之失，豈無洋械？委而去之，適借寇兵，何益於事。誠得勇敢之士，有進無退，以舊式槍砲與刀矛相間，練成能散能整之隊，我行我法，制勝有餘。請飭令京師及各行省速設舊式槍砲廠，趕造擡槍、劈山砲，先成者運送軍前備用，以補洋槍、洋砲之不足。外洋槍砲購買難，練習亦難，中國槍炮製造易，練習亦易。惟舊式發火之方不耐風雨，似宜參用西式機捩更爲完善。

是否有當，伏乞聖鑒。謹奏。

虞和平《經元善集·復某姻世兄書》 學西法者，當學其通商惠工、富國强兵之實學，不在學其飲食服御，靡麗紛華之末節。如彼洋行管事、舌人、西崽等，本非學人，豈足師法？吾輩當移俗，而不可爲俗移。晏嬰之御，擁蓋策駟，洋洋自得，其妻見之，遂欲下堂求去。自好婦女，猶以爲耻，而謂士君子可爲之乎？

中國第一歷史檔案館等《中國近代兵器工業檔案史料》第一輯《麟書等奏馮煦條陳自强四端摺光緒二十一年三月十七日**》** 一曰制器械。西洋火器日出日新，兩國有戰事每以器之利鈍決勝負，則制器其要務也。今船政有廠矣，械器有局矣，然鐵甲及槍砲之精者仍購之外洋，船之料物，砲之鋼鐵亦然。其內地所制之槍砲，一經施用，或子不合膛，或藥不得力，或數出即炸，則制猶未精也。間有快槍、快砲，而高升、平壤、旅順、威海潰敗相尋，三十年之積，委而棄之。所制者少，所棄者多，而顧曰軍火不繼耶！夫外洋之制器械也，自督辦之員下至匠役，皆深明算學與製造之理，互相講求，互相考驗，而後精益求精。我則一切委之於官，官督匠首，匠首督藝徒。官於製造之理既未必盡知，即匠首之精熟亦必不逮藝徒，何從而講求之，考驗之耶？且局中所用之工料，其報於上也，則多浮冒，其發於下也，則多侵蝕，又安望其工堅料實耶？一器既成，須不時操演，不時摩擦，不時修理。非操演，則槍砲所及之迅速、遠近不能有準；非摩擦修理，則日久銹蝕，一用不可再用。聞從前各局所制之器，皆什襲藏之，及其銹壞，更制新者，旋制旋銹，旋銹旋制，以有用之帑，制無用之物。而官之浮冒侵蝕者衆矣。應請飭下船政及製造各局，擇深明算學與製造之理者，管領其事。工則事事求堅，料則事事求實。每月所制器械若干，所用料物若干，工價若干，造册報部，并刊月報，使局中、局外共見共聞，則無容其浮冒侵蝕矣。既成之器，則責成收掌各員不得吝摩擦、修理之費，有銹壞者，罪之。庶一器得一器之用，愈制愈精，始因終創，不致依人爲强矣。又船廠、機器等局率在濱海郡縣，我全力所注，亦彼全力所爭，外警一來，首攖其毒，使我無可經營，法之於馬尾船廠，倭之於旅順船塢，其前事也。前兩江督臣沈葆楨、福建撫臣丁日昌皆有設局内地之議，不爲無見。應請飭下各直省督撫相度内地形勢，有煤、鐵、木植之處，便於製造者，酌量移置，庶各局不羅布海濱，至同孤注矣。

中國科學院歷史研究所《劉坤一遺集》奏疏卷二四《遵議廷臣條陳時務摺光緒二十一年八月初七日**》** 奏爲遵旨議覆，恭摺由驛馳陳，仰祈聖鑒事：

竊臣於光緒二十一年六月初四日，承准軍機大臣字寄：閏五月二十七日奉上諭：「自來求治之道，必當因時制宜，況當國事艱難，尤應上下一心，圖自强而弭隱患。朕宵旰憂勤，懲前毖後，惟以蠲除痼疾、力行實政爲先。疊據中外臣工條陳時務，詳加披覽，採擇施行，如修鐵路、鑄鈔幣、造機器、開礦産、摺南漕、減兵額、創郵政、練陸軍、整海軍、立學堂，大抵以籌餉練兵爲急務，以恤商惠工爲本源，皆應及時舉辦。至整頓釐金，嚴核關税，稽察荒田，汰除冗員各節，但能破除情面，實力講求，必於國計民生兩有裨益。著各直省將軍、督撫，將以上諸條，各就本省情形，與藩、臬兩司暨各地方官悉心籌畫，酌度辦法，限文到一月内分晰覆奏。當此創鉅痛深之日，正我君臣臥薪嘗膽之時，各將軍、督撫受恩深重，具有天良，諒不至畏難苟安，空言塞責。原摺均著鈔給閲看。將此由四百里各諭令知之。欽此。」跪誦之下，仰見我皇上廑記時艱，勵精圖治之至意，下懷莫名欽佩。

臣賦性迂疏，志存謹守；第際此事勢，默察中倭得失之由，深有契於窮變通久之道，誠如聖諭，不可不因時制宜以圖補救。合觀徐桐、胡燏棻、張百熙、陳熾、準良、信恪、康有爲等所奏，無非倣照西洋新法，整頓中國舊法，以起貧弱而致富强；急宜見諸施行者，以鐵路、礦務爲最緊要，臣已專摺馳呈矣。茲復彙覈各條，謹就管見所及，分別緩急，參酌異同，縷晰爲皇上陳之。

一，鐵路與礦務相需而成。夫修鐵路，原爲運兵運餉，目前則急在生財，百貨流通，其利猶小。惟各省礦産甚多，爲我自然之利，取之不盡，用之不竭，生財之道，無逾乎此；然非有鐵路，則礦務不能暢行。洋人知我鐵路必行，大利所在，莫不垂涎，競來包攬；若墮其計，將來難免把持，中國之利轉爲洋人所有。查關津鐵路、開平煤礦，均有成效。宜於鐵路人員中遴委熟手，准其設立公司，招商集股，或借洋款，或用洋人，皆聽其便，第須權自我操。飭令先修自北至南幹路，雖工鉅費繁，務爲一勞永逸之計。南北幹路既成，而後推及江、廣、黔、滇、山、陝。並准商民承修支路，以廣招徠，但須官爲保護。一面於礦務人員中遴委熟手，亦准設立公司，一切悉照鐵路辦法。似此兩事並舉，誠如準良所言，中國氣勢立振，可杜外人窺伺之漸。

一，槍礮子藥宜自行推廣製造。此次用兵，頗知購用外洋槍礮之弊，諸臣條奏中已略言之。臣與諸將悉心考究，守臺守口自以克虜伯礮爲佳；至於行陣之礮，惟克魯森爲輕重合同，其餘不及中國後膛劈山礮與後膛擡礮之利。各種洋槍，以老式馬梯尼、老式毛瑟爲最，上海製造局所造快利槍，能兼其長，歷試有效。查該製造局現在自行鍊鋼，能造後膛鋼大礮自二百五十磅子至八百磅子，後膛鋼快礮自五十磅子至百磅子，將來不難駕克虜伯礮而上之。槍子則能造毛瑟、馬梯尼、黎意快、哈乞克斯各種，洋藥則能造栗色藥、無煙藥各種，其精巧並不減於外洋。第經費無多，製造有限。臣擬請寬籌經費，推廣製造，即責成該局辦理，必能日起有功。並擬騰挪經費，專設一局，製造後膛劈山礮與後膛擡礮，以存中國制勝之具。若照徐桐所奏，如商民中自行籌費倣造，准其領牌開行，完納税釐；倘能另出新奇，准照外洋從優給獎。官局如需大批槍礮子藥，亦准商民分辦，以期日造日多，各軍改歸一律。目前祇就各軍所有槍礮而整齊之，或一軍一色，或一營一色，不可錯雜，以致臨陣貽誤。

一，練陸軍必須力除舊習。現在南、北洋及各省練軍，所習洋操皆皮毛耳。胡燏棻所奏訓官、選士、放餉、簡器四條，尚屬中肯。惟臣詢之廕昌，謂練陸軍必須循序漸進，不可涉於張皇。但於南洋等省，添設武備學堂，延請中外明帥訓課，以一教十，以十教百，由寡至衆，由精入精，俾營哨官皆知繪圖測量以及戰守之法，各勇丁皆知槍礮一定準則，服習之熟如衣履，自能得心應手，兩三年中皆成勁旅。若遽多雇上等洋人，鋪排門面，則初學未能領略，徒爲虚費薪貲。臣深韙之。臣復督同聶士成等酌定營制十條，如號衣、旗幟略改窄小，刀矛雜技悉改槍礮，廢帳房而各給瀝水氈，裁長夫而另立工作營，以期適用。至陳熾所奏分途防邊之説，將來察看情形別籌方略。目前照督辦處所議，除沿海礮臺守兵外，宋慶、魏光燾、聶士成各留勇三十營，分佈錦州、關、津一帶，已足以昭嚴密。

一，海軍宜從緩設復。現在東西兩洋競以鐵甲兵輪稱雄，動輒以此挾制；而我海疆綿延七千餘里，獨無海軍以資捍禦，誠不可以爲國。惟我海軍既覆，不惟一時鉅款難籌，將才尤屬難得。威海之陷，實由丁汝昌等之失機。今南、北洋無人堪爲水師提鎮，即使借款購製鐵甲等船，徒以資敵。臣愚以爲目前不必遽復海軍名目，不必遽辦鐵甲兵輪，暫就各海口修理礮臺，添造木殼兵輪，或購製碰快艇、魚雷艇，以資防守。即於水師學堂子弟之有成者，派入兵輪，出洋遊歷，送入西洋大書院中，學成而歸，以備考授。或於現在中國兵輪之管駕官，察看堪爲海軍提督、分統確有把握者存記。總期先有人而後有船，俟款項充盈，不難從容購辦。一面照張百熙等所請，令各使臣勸諭外洋各埠華商捐置鐵甲失輪與碰快船，許其派人管帶，授以武職官銜；並延訪洋人之堪爲海軍提督者，與該國外部訂立合同聘之來華。洋人亦有性情忠直，頗知食人食、死人事之義，前用戈登等尚稱得力，是在善於駕馭耳。

一，緑營與漕河各標宜分別裁留。各省設立營汛，棋布星羅，無事則操防，有事則征調，立法至爲妥善；日久弊生，至成積弱。今欲全裁而專用勇，恐操防難期嚴密。若於勇營外另設巡捕營，則糜費與緑營相等，亦難保不日久弊生。且裁兵即須裁官，則勇營將領出力圖補實缺者便無指望。臣愚以爲緑營未可全裁。惟各省既有練勇，則征調不須緑營，請照張百熙等所奏，敕下督、撫、提、鎮，凡兵多之營，無論水陸，酌裁一半，或裁三成。就臣服官省分，如廣東提標水師及江北、東海、洪湖水師，有兵無船，同於虚設。此外無論水陸，可以類推。其未撤之兵，則須汰弱留强，併餉歸練；並須撤塘回汛，改馬爲步，廢弓箭籐牌而用槍礮。蓋塘兵係土人充數，馬兵不成一隊而食雙糧，弓箭籐牌徒飾耳目，不可不求實濟。總之，兵勇可用與否，惟在練與不練，練則兵亦可用，不練則勇亦不可用，此次軍務未能得手，是勇非兵，明矣。至衛所等項冗員自應悉數裁撤。漕河事務既簡，則各標兵之應留應汰，在該督等察酌奏辦。

一，中學宜兼西學以育人才。中國書院專以八股、試帖、詞賦教人，吏天下士子趨於浮薄，人才安得不壞？然將各處書院盡改設西學，並置經義於不講，則中學偏廢矣。夫大學首重格致，禮經亦有考工，其餘星象、卜筮、樹藝、農桑何一不垂諸訓典爲儒者所應知？固不得謂中學盡屬虚文，亦不得視西學均是末技。

臣愚以爲，中學宜兼習西學。查西學惟兵法爲專門，應歸各省水師學堂、武備學堂辦理。此外西學諸書，應照陳熾所請，廣爲繙譯，頒發各省書院，掌教於諸生經義外，不令學習八股、試帖、詞賦，而令其各就資性所近，兼習西學。並由各地方官於每書院添聘西洋積學之士，及華人精於西學者爲教習，會同訓課。學生以西學有無進益爲取舍，教習以學生有無進益爲去留，以期日就月將，人才輩出。至由各學政取人送入譯署同文館，隨各使臣出洋，並於通商各埠設立學堂，延師教習，是亦廣收博取之道。如得變通科舉章程，不取文藝之末，而於士子之習西學能精通者，一體給予秀才、舉人，同於正途，則人情益形鼓舞矣。

至於行鈔票、鑄銀錢以收利權，設郵政、摺南漕以省糜費，胡燏棻等言極詳切，是在斷以不疑，行之勿懈，一轉移間，即能收效。若各省關税釐金多歸中飽，宂員坐耗薪資，荒田匿報開墾，官民分肥，均係實在情形，應責成各督撫關道，不避嫌怨，認真振頓，於經費不無裨補。

抑臣更有請者，諸臣條奏，練兵必先理財，爲開源節流起見。近來内外工程頗多，動輒數萬金、數十萬金，實爲耗財之大端。臣愚以爲時局艱難，一切不急之務，悉宜停罷；如係必不可少之舉，亦當核實勘估，毋任侵漁。臣見承辦工程人員，無不視爲利藪。至於購製外洋船礮等項，名目日新，虛浮更易，尤宜切實考察，嚴密句稽，否則肥私瘠公，此事理之所必至者。此外一切用度，並須崇儉黜奢，必先有撙節愛養之心，而後有豫大豐亨之象。易曰：「何以聚人，曰財。」自古未有不能富而能强者，聖主賢臣所宜加意也。

所有遵旨議覆各緣由，謹恭摺馳陳，伏乞皇上聖鑒訓示。

再，臣因病請假，是以議覆稍遲，合併陳明。謹奏。

中國科學院歷史研究所《劉坤一遺集》書牘卷一一《復榮中堂光緒二十一年八月》

弟此次督師無功，不唯進無以對朝廷，退亦無以對鄉里。憶自出駐榆關之後，遞經電囑前敵，毋輕進，毋攻堅，至十餘紙之多，曾經鈔呈尊處。如吴清帥肯受節度，亦不致敗於牛莊。迨至中、倭講和，兩次電奏請緩，蓋以關、津部署已定，儘可堅守，以挫其鋒。此議倘遲數月，待彼轉圜，即使稍予便宜，亦不至賠款割地，如是之甚。不料天助爲虐，致有四月初旬風潮，濱海各營，不免摧塌，疆吏飛章入告，又甚其詞，遂謂天意使然，汲汲講款。合觀事之始末，亦似有數存乎其間，非人力所能挽回，可勝扼腕！

現在善後之策，唯有亟修鐵路，廣開礦務。弟以此等舉動，必歸商辦，設立公司，方可期有成效。張燕謀雖官實商，且係熟手，用之當可勝任。公其援手以維時局乎？

中國第一歷史檔案館等《中國近代兵器工業檔案史料》第一輯《廖壽豐奏陳兵器不可招商設廠製造摺光緒二十一年十二月初八日》

頭品頂戴浙江巡撫臣廖壽豐跪奏，爲招商承辦局廠，流弊宜防，恭摺密陳，仰祈聖鑒事。竊於光緒二十一年十二月初一日準兩廣督臣譚鍾麟咨，奉寄諭，前因給事中褚成博奏請招商承買各省船械機器等局，當經諭令户部議奏。兹據奏稱：中國製造機器等局，歷年耗費不貲，未見明效，如能仿照西例改歸商辦，弊少利多等語。南洋各島及新舊金山等處，中國富商甚衆，着邊寶泉、譚鍾麟遴派廉干妥實之員，迅赴各該處宣佈朝廷意旨，勸諭首事紳董等設法招徠。該商人如果情願承辦，或將舊有局廠令其納資認充，或於官廠之外另集股本擇地建廠，一切仿照西例，商總其事，官爲保護等因，欽此。并準電奉諭旨，着即令道員延年前往新舊金山等處妥爲勸諭，欽此。

臣查鐵路一事，業奉明諭準令民間集股興辦，必可逐漸推廣。所有兵商各輪，自應一體開設民廠製造，聽赴外洋貿易，以收利權，且儲戒備。正擬電商南洋大臣具奏，準咨前因，仰見廟謨宏遠，於通商惠工之中，寓整軍經武之意，誠爲因時要務。第臣愚昧之見，以爲民廠宜設也，而官廠要不可盡廢。兵商各輪及一切羽呢洋貨，皆可令民間設廠製造也，獨槍砲、軍火、魚雷、水雷、快碰等船，不可令民廠製造。蓋兵輪雖與軍械同爲行軍利器，而兵輪價值極貴，聽民製造以之保護商旅，既可以資講求，增閱歷，且非有公司挾重資不能購置，尚覺易於防範，然管帶之員，猶必由官派委，槍砲軍火，猶必向官請領，而後可以杜絶流弊。若槍砲雷械等物一概任令製造，漫無限制，人心貪利，將何事之不可爲。方今各省會匪伏莽，遍地盜賊肆行，無不執持洋槍，戕役拒捕，幾於力不能制。禁防一弛，必至無從稽查，是朝廷禦侮之資，適啓奸民弄兵之計，借寇賫盜，隱患何窮。此臣區區過慮，竊以爲萬不可行者也。

溯查中國局廠之設，經始於前大學士臣曾國藩、前兩江督臣沈葆楨。當創建之初，非不深謀遠慮，志存軍國，特以經理不皆得人，良法幾如虛設，種種弊混，不可究詰，誠有如原奏所云者。惟是積弊固宜痛懲，大權不可旁落。如福建船廠，從前所造之平遠鋼甲等船，何嘗不堅利迅駛，一旦委之於敵，其咎固不盡在船。又聞江南製造局所造之快砲、快槍，制且巧於西洋，何嘗不可用以制勝。

無如制一新式之槍砲，并不知會各省，無從備價購買，及至臨時需用，一無所有，則軍營之冒領，局員之冒銷，均不敢謂其必無，其咎又不盡在器。大抵中華積習之深，由於情面太多，私心太重，局員、工匠半由夤緣請託而來，其有實心任事、工藝出色者，反擠之使必去，此則近時之通弊，不在治法而在治人也。目前救弊之策，只須就各局廠酌量歸并，責成該省督撫選派賢員，核實經理，自無前項情弊，似不宜因噎廢食，一概裁撤，以製造軍火之事，委之閭閻市井之中。擬懇皇上特發諭旨，宣示中外，除槍砲雷械各項行軍利器不準民間私造外，凡輪船、機器一切外洋經工貨物，悉準商民集股設廠仿造。一面電飭該督等轉行道員延年，仍遵前諭，招南洋各島華商，於官廠外另集股本擇地建廠，製造兵商各輪及羽呢等項貨物。倘舊有船廠業已承充有人，即應妥定章程，不準製造軍械，以杜流弊。其餘製造各局酌量裁并，認真整頓。如此一轉移間，中外華商富民知朝廷意向所在，必皆鼓舞奮興，爭相仿效，不獨軍政、商務兩受其益，而弭患無形，所以溥皇仁而培國脉者，實遠且大。至於洋行所售槍械，須憑督撫文照購買，究竟偷漏尚少，甘回之易於撲滅，梟會各匪之屏息斂迹，胥恃乎此。然不可不嚴防其漸，應請飭下總理衙門，分行各直省督撫關道，并照會各國，申明禁令，俾免積久玩生。此舉關係安危全局，倘蒙聖明鑒察，采擇施行，天下幸甚。

臣爲預防流弊起見，不揣冒昧，具摺密陳，伏乞皇上聖鑒訓示。謹奏。

硃批：該衙門議奏。

席裕福等《皇朝政典類纂》卷一三四《光緒二十一年廣西按察使胡燏棻奏》

中國煤鐵五金，遍地皆是，從前業經各處招商開辦，乃卒至股本耗折，成效毫無者，非礦之不可開，實辦之不得法耳。夫辦礦之要有四：第一在重聘礦師。西洋實有學問之礦師，其感中且延致不及，故往往不願來華，其願來者，不過外託行家，陰圖漁利，迨一悟其欺妄，而全局已壞，故欲開礦當先求師，欲求師當先重聘。第二在慎選礦地。夫貴州鐵質，非不佳也，乃轉運至千里已外，則成本重而其價昂矣。漠河金苗，非不旺也，乃地處極邊，百貨騰貴，則工作難而出數少矣。故開礦之地，必須擇其水陸交通，轉運便利之處，則人工往來，易於招集，物件輻輳，易於取求。第三在細考礦質。同一礦也，而質有良楛，即價分貴賤，故往往集本同，而獲利不等。假使當日者，以開平礦務之規模資本，而開齊魯淄、濰之佳礦，則今日獲利，當倍蓰於此矣。第四在厚集礦本。夫資本出於富家，則原有置產業貽子孫之心，資本出於市儈，則無非借股票低昂，爲買辦空盤之計，收效稍遲，即棄如敝屣。從前公司，爲股票牽掣，一傾百倒，皆由於此。故招散股不如招大股，招商股不如招官股，而其大要，尤在辦理之得人，必須正大光明，赤心爲國，絶無一毫私見，否則礦不成，則害在公家；礦既成，則利歸私室。初次選擇，斷不可瞻徇情面，果能於此四者，講求盡善，而謂礦務不能辦，礦利不可求，必無是理。況將來欲廣造鐵路，則處處需鐵需煤，欲自鑄錢幣，則各局需金、需銀、需銅，欲自開民廠鑄槍礮、機器，則各需五金及硝礦、鉛汞等質，是招股開礦，實今日之最大利源也。

席裕福等《皇朝政典類纂》卷一三四《光緒二十二年御史陳其璋奏》 竊以周官理財，列卝人之職，漢史志地，詳銅鐵之官，誠以有國利賴農桑之外，厥惟礦利爲大。近年已屢經各督撫奏請開採，奉旨允准者，如漠河之金礦、開平之煤礦、平泉之銅礦早經興辦，他如嶧縣、新疆、湖北尚有數十處，每苦於運售不易，故風氣未能大開。茲鐵路公司已奉特旨准辦，數年之内必可觀成，則各省有礦之處皆可陸續辦理，轉運既便，開採尤有把握。今將有礦處所及利益情形，敬爲我皇上陳之。中國五金煤鐵之富，甲於地球，久爲西人所豔羡。癸酉年，西報稱德人遊歷中國，曾遵直隸、山東、湖南、湖北等省，探悉礦產極富，煤礦尤多，復聞山東、山西、雲南亦然。奥國博物院謂，中國煤產，以江西樂平、山東萊州、浙江江山及湖南等處爲最，而莫多於山西。比利時議院謂，中華土厚人稠，金、銀、鐵、錫四金之礦，所在多有，通國謀產，十倍於英。李提摩太《時事新論》謂，山西礦產，曾經德人遊歷，稱該省煤鐵之礦品居上，多至三十萬餘英方里。礦産之見於西人稱述者如此。其見於臣工奏摺者，如前兩江總督沈葆楨覆陳洋務事宜疏謂，福建古田等處產鐵甚旺，洋人用之，皆以爲鐵質勝於西洋。前福建巡撫丁日昌海防條議稱，磁縣、平陸、大同、太原、米脂等處皆煤多而佳，濰縣、萊蕪等處皆有煤而塊亦大，鎮江之東南山、煤鐵五金似皆可採，浙江之金華、福建之平定則有煤井。各省產鐵尤多，廣東之芝蔴鐵，尤有堅力。近日出使大臣許景澄所譯俄國稱，新疆和闐至羅布淖爾一帶，共有金礦十七處，皆經俄人測繪可憑。礦產之見於臣工奏報者又如此。富蘊含積，既若是之多，外洋測探又如斯之確，擬懇皇上飭下各督撫將軍，遴派熟悉礦務之員，相度地脈，擇要開採，既可以固邊防，并可以裕餉項。查光緒六年西報稱，西伯利亞與中國接壤，每座界石相距三百里界，間有二水，直注俄境，而發源則在中國境內，近得金礦之總脈，亦在江水發源處，如界線作弓背形，則江水之源應歸俄國。又英人卡卜登議云，中俄之隔僅界一線，提封迤邐而南漸入佳境，五金之礦偏於地中，俄茍有意并吞，何必舍近求遠。前出洋大臣薛福成日記稱，東三省、内外蒙古地方，産金最多，土謝圖部與俄人接壤，東西數百里，到處産金，恰克圖迤西之切貴河分流諸水，金沙尤多，俄人在切貴河挖金，往往侵入華疆，尤爲邊圉之急患。況近者法人議約，即以雲南礦務爲言，與其漫藏而資以盜糧，何如先事而絶其窺伺。此礦務之有益於邊防也。又查列國歲計政要載礦税一項，計布國礦利二千三十萬九千六百八十大拉，合跟八百九十三萬六千餘兩。俄國金礦，餘銀二兆六十九萬八百四十二磅，合銀一千七十六萬三千餘兩。比利時礦捐六十二萬八千福蘭格，合銀十一萬九千餘兩。英美兩國，礦産至旺。又四國日記稱，俄人設礦學礦律，以經理其事，税入之數，例取什一。各國徵收礦税之法，皆可仿行。此礦務之有利於餉項也。大約辦理之法，邊塞要地，采籌洋努議之言，就近調集兵營，以資開採，至腹地繁區，可仿照西洋公司之例，集股興辦，商股如不足，以官款濟之，十年之後，美利無窮，居今日而策富强計，無便於此者。臣備員臺諫，竊見時局之難，庫儲之絀，不敢安於緘默，謹臚列具陳，是否有當，伏乞聖鑒。

中國第一歷史檔案館《光緒宣統兩朝上諭檔》第二二冊《光緒二十二年二月初九日》 軍機大臣字寄直隸總督王、兩江總督劉、閩浙總督邊、江蘇巡撫趙、江西巡撫德、浙江巡撫廖、山西巡撫胡，傳諭護理陝西巡撫布政使張汝梅，光緒二十二年二月初九日奉上諭，開礦爲方今最要之圖，疊經諭令，各直省督撫等設法開辦。兹據御史陳其璋奏，奥國博物院謂中國煤産以江西樂平、浙江江山等處爲最，而莫多於山西。比利時議院謂中華金、銀、銅、錫四金之礦所在多有，外洋《時事新編》謂山西煤鐵之礦品居上上多至十三萬餘英方里，見於西人稱述者如此。其見諸臣工奏報者，如前兩江總督沈葆楨覆陳洋務事宜疏内，謂福建古田等處産鐵甚旺，前福建巡撫丁日昌海防條議内，稱磁州、平陸、大同、太原、米脂等處皆煤多而佳，鎮江之東南山煤鐵五金皆有可採，浙江之金華、福建之永定皆有煤井各等語。覽該御史所奏，或採自西歐各國紀聞，或考自從前疆臣奏疏，所指有礦處，所歷歷可數，斷不至一無影響，著王文韶、劉坤一、邊寶泉、趙舒翹、德壽、廖壽豐、胡聘之、張汝梅揀派熟悉礦務、辦事實心之員，按照所指各地名，逐一認真履勘，擬定辦法，據實具奏。至該御史另片所稱，官辦不如商辦，凡各省産礦之處，准由本地人民自行呈請開採，地方官專事監管彈壓，其一切資本多寡、生計盈虧官不與聞，俾商民無所疑沮等語。所奏亦頗中竅要，並著各該督撫酌度情形辦理。又據翰林院侍讀學士文廷式奏，各省開辦礦務疆臣任意遷延，或藉端阻撓，推原其故，皆由畏難等語。當此國用匱乏，非大興礦務，别無開源良策，疊寄諭旨，業已剴切詳明，各該督撫身膺重寄，與國家休戚相關，儻狃於故見，仍以空言搪塞，捫心自問，其何以仰對朝廷耶。將此由四百里諭知王文韶、劉坤一、邊寶泉、趙舒翹、德壽、廖壽豐、胡聘之，並傳諭張汝梅知之，欽此。遵旨，寄信前來。

盛宣懷《愚齋存稿》卷三《謹擬商務事宜詳細開具清單恭呈御覽》 一，注重商務，以分交涉界限。國家籌餉之多寡，皆視一國商務之盛衰爲斷。攷之各國，皆有商務衙門與户部相爲表裏，而與外部分清界限，故於有約之國，向本國議涉商務，外部莫不諉諸商務衙門。即如中國與英國籌議加税，彼謂須詢商會，不似中國，抵到總理衙門，便無可推宕矣。至如各處出産貨物，應如何整頓運銷，皆得與各處商會聯通消息。凡有中外商人，皆可隨時函稟，亦可便服接見，下情莫不上達。現今中國商務，衹因自己未能興起，而外人恣意要求，一入總理衙門，輒歸交涉，無可挽回，喧賓奪主，日甚一日，將來商利商權，盡歸洋人，恐軍餉更無可籌。擬請先在各省會各商埠，選舉華商紳董，仿照西人商會之意，設立華商公所，以求利病之所在。西人所到之處，雖僅數十人，亦有公會，不似中國，商務局派一候補官員，與商民全屬隔閡，有其名無其實也。

一，酌定商務律例，以衛華商。士農工商，而以商爲四民之末，故中國視商務爲至輕至賤，凡有職者，一親商務，莫不詆毁之甚，或挫折之，故智者莫不隱藏其財，秘之惟恐不深，故財之源流塞而不通，適與外國重商務之道相背。通商口岸，華商與洋商不能無交涉，而華商喫虧殊甚，逼而使之依附洋商，或假冒洋商，官府乃不能過問。且華商見小欲速，絶無遠大之圖，趨巧懷私，不顧公中之利，一則無商學也，再則無商律也。無商學則識見不能及遠，無商律則辦事無所依據，如果得人提倡，先於各省各埠設立華商公所，即以商人之正派殷實者，爲之董，其中利弊，准其呈訴，商情可直達，而官爲扶護，不爲羈勒。並應准其自己集資，開設商務學堂，專教商家子弟，以信義爲體，以核算爲用，講求理財之道。數年後，商務人才輩出，則税務司銀行、鐵路、礦務，皆不患無筦算之人矣。並請酌定商務律例，務使華商有途可循，不致受衙門胥吏之舞弄，即不致依附洋商，流爲叢爵淵魚之弊。

一，統籌進出口貨物銀數，以定考成。足國之道，總宜進口貨少，出口貨多。

向來全賴絲、茶兩項，抵制洋藥、洋布，近年茶利日壞，而錫蘭、日本考究種製，青出於藍，我則聽其敗壞，而莫知補救。竊見近來府庫空虛，而商賈亦復匱乏，豈資財流溢於外洋歟。臣前承乏登萊青道，見柘樹有天生繭，不待飼養，而蠶食樹葉，自成爲繭。乃設局收買，以機器繅絲，歲得出口銀數十萬。見山嶺多種葡萄，味甚甜美，乃舉商董立公司，廣種洋葡萄，請酒師仿釀洋酒已成，明年以後，歲得出口銀數十萬以至百萬，均有把握。婦女以麥穗造草帽邊，不及日本之精，乃覓其細樣，廣爲勸教，精益求精，每歲增至出口銀三百萬。青州年年水災，乃濬小清河，仿江南種水田。此河由壽光海口直至濟南四百里，使內地土貨，得以運至海口，常行一大火輪船，不敷裝儎。蓋爲民牧者，當於本地求出產，即爲吾民求生計，多出一分貨物，即可多進一分銀錢也。可否請飭下各省將軍督撫，凡道府州縣，有能爲地方興地利，增添出口貨物，及通濬河道，以廣商貨銷路者，准其開具事實奏聞，優加獎勵。

一，釐定進項捐，以杜華商疑慮。華商眼光如豆，衹知有己，不知有人，所以有貲財者，皆好圖一人一家之私利，即所謂朋充者，不過數人合開一店而已。如泰西之股分公司，總不能暢行於中土，而權利極大之舉，不得不讓外國人爲之，甚可慨也。所冀已成之公司，獲利稍豐，或可激勵商情，漸開風氣，但自漠河報効輪船電線，開平煤礦報効，深恐後來集股公司，又將畏縮不前，皆謂股票公司，官府得而勒之，不及一人一家之營謀也。查泰西有進項捐，而無公司捐，似不如參用其法，釐定章程，凡有公司藉官力以成者，如辦有成效，官利之外，得有餘利，酌提十分之二，即名之曰進項捐，以伸報効。此外別無捐項。其餘華商自立公司，並無借領官本，即與獨開號鋪相同，決不因其合股公司，另有報効，著爲定章，以免華商疑慮。

一，設立礦務總公司，以杜紛爭。礦產爲天地自然之利，中國各省多礦，鬱積數千年，蓄而未發，各國注目垂涎已久，華人不自知辦理，洋人遂得起而攘之。至今日，而東三省、晉、豫、齊、魯、滇黔、蜀、粤皆已有屬，或訂合同，或註條約，或列照會，寬至一省，少亦幾府幾州縣，聽其開採，並不指定一地，限定一礦，雖有准華人合股之説，終屬有名無實，不足以防微杜漸也。且開礦一事，地方疑沮，紳民齟齬，事理之常，勢所必有，全屬洋人，則小有枝節，便起大波。近者，路礦總局已續訂章程，防閑稍密，然難免各國再赴總署，援例要求，似應仿照通商銀行，速立礦務總公司，選舉商董，招集商股，附搭官本，延聘著名地學、化學之礦師二人，遴派專員，分赴三江兩湖，以及各省，凡未爲洋人所得者，周歷查勘，將各種礦地，逐一勘明，繪圖貼説，分別等差，先行買歸總公司執業，酌定地租數目，造册呈送統轄總局存案。一面布告周知，凡有紳商欲承辦某省某礦，無論集借華洋股款，但與總局章程相符，均准其按圖指明，承領查照等，次照繳礦地租銀，由總公司呈請總局發給憑照，前往開採。其要旨在一處一礦，必有中國公正紳商，爲公司之主，而開礦之地，皆爲公司之産。附各國之洋股，借各國之洋債，聘各國之礦師，皆可寬其羈勒，以要其成功，但不可以一國洋人，而括一省一郡一州縣之地産也。及今而欲以中國之地利，公諸中國之商民，可以息奸謀，止需索，杜隱患，保土地，於籌餉商務兩義有益，亦惟設立總公司，以與路礦總局相爲表裏而已，可否請飭下路礦總局大臣，核議施行。

一，推廣鋼鐵廠，以資製造。泰西各國，以鋼鐵廠爲富强根基。金、銀各礦衹能富國，而鋼鐵可造鐵路、造兵船、造槍礮，兼能强兵，日本近亦議開鐵廠矣。湖北漢陽鐵廠，基礎已立，盧漢鋼軌皆係自造，槍礮所需，精鋼亦能自鍊。惟鍛鍊以煤炭爲命根，借資開平，路遠運艱，賠累甚重，現已奏請集股借款，開辦萍鄉煤礦。以萍鄉煤鍊大冶鐵，工力悉敵，數百年不窮，洵乎天之所以裨我國家以富强之業也。查各國之鋼鐵廠資本，皆以數千萬計，化鐵鑪、煉鋼鑪皆以數十座計。鄂廠化鐵，僅有兩鑪，而一鑪尚須拆改，現止有一鑪可用。每日出鐵不及一百噸，貨出愈少，則合價愈貴，故鋼鐵精美一如洋産，而資本尚較重於外來。蓋煤礦不成，雖管子再生，無能爲力。擬俟萍鄉鐵路告成，煤炭可以暢運，臣當設法借籌資本，添置化鐵鑪、鍊鋼鑪，每日能出數百噸，方足供用，方能獲利，届時臣再當據實奏明辦理。

中國科學院歷史研究所《劉坤一遺集》書牘卷一二《復馮莘垞光緒二十二年十二月初十日》

弟前函「驚人之鳴」云云，因在唐山時左右有言，俟回院當作一二篇文字，以了職守，故論及之，並非以此相責望也。夫言官固在盡言，亦須言而可行，言之有據，否則非徒無益而又害之。來書謂：「不敢以風聞淆耳目，不忍以難事責朝廷。」是何等學識，何等性情，讀之莫名欽佩。至於不肯附和多借洋款之説，適與鄙見相符。新正回任，論時務者競進是策，並謂將來欲借不能，何如及早多借。是以無聊之想，爲此無賴之尤，市井駔儈打濫算盤，似尚不至於如此。

張、王兩帥奏派盛京卿爲鐵路總公司，可謂知人善任。先蘆漢後蘇滬者，以蘇滬存款挪爲蘆漢之用，均係正辦。或疑弟有所靳，盛京卿初亦不免此心，亦視弟太淺矣。甚至有爲激怒之詞，將牽率老夫與之爭奪，彼得於中規利，更爲不值一噱。

陸司成夙負清名，乃以商務自溷，屢勸其邀錢典兩商之公正者入局辦事，藉明心跡，將來亦可以卸仔肩，無柰其落落難合也。

朱竹石理財精核，爲商務與鹽務決不可少之人，不得不始終保全。瑞茀侯咎無可辭，而弟失於察覺，楊侍郎之劾，無怪其然。江南官場浮言，固知有人播弄，彼因撤差頗驟，銜恨甚深；現在仍居膏腴，猶不滿意，聽之而已。

威靖輪船並無換委管帶之事，承囑自當留意。

陳右帥開辦湘礦已有規模，若得大力助之，不難收效。

聞於明年轉科，似可另圖事業。

中國第一歷史檔案館等《中國近代兵器工業檔案史料》第一輯《榮禄奏請在内地省份建立製造廠局并將上海製造局内遷片光緒二十三年十月》再，戰艦凋零，海權全失，沿海之地易啓彼族窺伺之心，現雖與英德伏爾鏗廠、阿姆士莊廠訂造魚雷快船，克日包送來華，以資駕駛，徒以餉項難籌，不能購定多只鐵甲巨艦，是海防仍一無可恃。況製造廠局多在濱海之區，設有疏虞，于軍事極有關係。查各省煤鐵礦産，以山西、河南、四川、湖南爲最，又皆内地，與海疆情形不同。應請飭下各該省督撫，設法籌款，設立製造廠局；其已經設有廠局省分，規模未備，尤宜漸次擴充，自煉鋼以迄造快槍、快砲、造無烟藥彈各項機器，均須購辦，實力講求，從速開辦，以重軍需。至上海制造局購有煉鋼機器，因其地不産煤鐵，採買煉制所費不貲，以致開爐日少，似宜設法移赴湖南近礦之區，以便廣爲製造。如蒙俞允，并請飭下各該省督撫刻日興辦，庶武備日增而國威自振。

謹附片縣陳，伏乞聖鑒。謹奏。

中國第一歷史檔案館等《中國近代兵器工業檔案史料》第一輯《着劉坤一等在内地煤鐵産區建立或擴充製造局廠之上諭光緒二十四年正月初三日》河南巡撫劉於光緒二十四年正月初三日承準兵部加封遞到軍機大臣字寄南洋大臣兩江總督劉、四川總督裕、署四川總督恭、河南巡撫劉、湖廣總督張、山西巡撫胡、湖南巡撫陳。

光緒二十三年十二月十五日奉上諭：近來中國戰艦未備，沿海各地易啓他族覬覦，從前制造廠局多在江海要衝，亟應未雨綢繆，移設堂奥之區，庶幾緩急可恃。茲據榮禄奏稱，各省煤鐵礦産，以山西、河南、四川、湖南爲最，請飭籌款設立製造廠局，漸次擴充，從速開辦，以重軍需；至上海製造局似宜設法移赴湖南近礦之區等語，自係爲因地制宜起見。着劉坤一、裕禄、恭壽、張之洞、胡聘之、劉樹堂、陳寶箴各就地方情形認真籌辦，總期有備無患，足以倉卒應變，是爲至要。原片均着抄給閲看，將此各諭令知之。欽此。遵旨寄信前來。

王樹枏《張文襄公全集》卷一五四《致上海盛京堂天津王制台光緒二十四年正月十九日戌刻發》看此時勢，中國危矣。各國急欲吞裂分噬，不我待矣。要政甚多，俱恐趕辦不及，惟有練兵、修鐵路兩事是救死急著，須刻定程限，必以四年内辦成，或可稍支危局，可以作到「弱而不亡」四字。而練兵尤以鐵路爲要，無鐵路則二十萬兵亦不敷用。據神尾云，俄路必須五年始抵海參崴。中國諸要事，若於五年之内辦成，尚有支持之計。若俄路已成，再謀抵禦，亦無及矣。閣下此時在滬，正好將湘粤、甯滬兩路借款議定，似乎六十年本利兼還之法尚妥。並將由甯至鄂一路，趁此一氣呵成。蓋滬路接通鄂路，則氣勢全活，利源尤旺，洋商借款，必更樂從。總之，蘆漢一路、粤漢一路、甯滬一路、甯漢一路，此四路分頭興修，而每一路又分段趕造，期以四年必成。而尤以多添爐趕造軌，先用外洋焦炭爲第一義，赴東洋自煉焦炭爲第二義。華軌不敷，暫且搭用洋軌，雖洋焦炭每墩多費七八金，軌多銷暢，路廣利早，實爲勝算，較之一爐撑持坐待不可知之煤鑛緩造，有大利之路者，損益利害，相去懸絶。當此危急存亡之秋，惟有放膽大舉，拚命相爭，或可於死中求生，亡中求存。若再安步徐行，慮周藻密，恐一路未成，而土地已非我有矣。焦憤萬分，請速裁酌示復，并呈夔帥鑒裁，以爲何如。效。

王彦威等《清季外交史料》卷一三二《總署奏遵議河南礦務辦法改訂合同摺》總理各國事務慶親王奕劻等奏，爲遵議河南礦務辦法，改訂合同，請旨遵行事。竊光緒二十四年二月十六日，准軍機處鈔交河南巡撫劉樹堂奏豫省礦務請飭商人自借洋款承辦一摺，奉硃批：着總理衙門會同户部議奏，單併發，欽此。查原奏内稱，現據翰林院檢討吴式訓等呈請與義商羅沙第立定合同借款一千萬兩，訂立合同，請辦豫省礦務，名曰豫豐公司。聲明所借之款，商借商還，如有虧折，飭該公司自理，所得礦利，以百之三十五分報効朝廷。開辦六十年以後，所置辦礦産業，全數報効，照給該商等，議定合同，呈請聖裁，如蒙俞允，再行加蓋關防，分別存發，指派地方，以便開辦等語。復准軍機處鈔交鄭思賀奏河南礦務請飭禁借洋款一摺，奉旨：該衙門知道，欽此。臣等將原立合同逐款查覈，内惟第二款，所獲餘利，以百分之三十五分報効中國，數雖較少，而礦利多得百分之十，而其餘各款，於應徵地賦，及礦産落地税，出口税等項，均未開載，周息八釐，亦嫌過重。鄭思賀請飭禁借洋債，與御史何乃瑩條奏山西路礦停借洋款，同一用意，劉樹堂原奏，以華商資本難集，成效茫然，必須借資外人，亦不爲無見。臣等公同商酌，山西礦務既經臣等將合同章程，逐加添改，奏准開辦，豫省事同一律，義、英駐京使臣，同來催詢，自應照案辦理。當即暫飭義國商人羅沙弟，仿照山西辦法，另擬合同章程二十條，與前定山西合同，均屬相符。惟劉樹堂原擬第一款，准該商開採懷慶左右、黄河以南、西南諸山各礦，地段過廣，應改爲懷慶左右、黄河以北，以示限制，謹將改訂豫豐公司合同章程呈覽。現准劉樹堂電稱，已派商董吴式訓、程恩培來京備問，擬俟命下之日，即令該商董與義商，在臣衙門畫押，以憑開辦，伏請訓示，謹奏。光緒二十四年五月初二日，奉硃批：依議。

謹將改訂河南礦務合同章程繕單，恭呈御覽。

豫豐公司與福公司議訂河南開礦製鐵以及轉運各色礦産章程，條列於左：

一、豫豐公司稟奉河南巡撫批准，專辦懷慶左右、黄河以北諸山各礦。今將批准各事，轉請福公司辦理，限六十年爲期，應先由礦師勘定何鄉何山何種礦産，繪圖貼説，稟請河南巡撫查明。果與地方情形無礙，即咨明總理衙門備案，一面發給憑單，准其開採。如係民産，向業主議明，或租或買，公平給價。如係官産，應照該處田則，加倍徵賦。

二、豫豐公司稟奉河南巡撫批准，再借洋債，不得過一千萬兩之數。如所派勘礦師，以此數不敷用，豫豐公司仍專向福公司續借。

三、凡調度礦務與開採工程，用人理財各事，由福公司總董經理，豫豐公司總辦會同辦理，其出入數簿，請由河南巡撫派員稽查。

四、各處礦廠應用華洋董事各一人，洋董管工程，華董理交涉。一切賬目，皆用洋式，銀錢出入，洋董經理，華董稽核，各礦廠總以多用華人爲是，所有薪水，皆由福公司發給。

五、勘驗礦地或應打鑽掘井、探視礦苗，應先與地主商明，踏損田禾，酌量賠償。至開礦以後，或因礦場塌陷，損傷人命房産，應歸福公司撫卹賠償。若定辦一礦，有佔民地，必須會同地方官，或向地主租用，或備價購買，務使兩不受虧。遇有墳墓，必須繞越，世得發掘。

六、所辦礦務，每年所有礦産，按照出井之價，值百抽五，作爲落地税，報効中國國家。每年結賬盈餘，先按用本，付官利六釐，再提公積一分，逐年還本，仍隨本減息，俟用本還清，公積即行停止。此外所餘淨利，提二十五分，歸中國國家，餘歸福公司，自行分給。以後中國他處，有用洋款開採煤鐵礦者，應請一概仿照此章，將所有礦産直百抽五納税，以歸劃一。再，此係商人籌借開辦礦務，如有虧摺，與國家無涉。

七、公司所開之礦不止一處，然各礦出入，與所有盈餘，各歸各礦清理。如或彼虧此盈，不得以此礦之盈，補彼礦之虧，致使國家應得餘利，因之少減。

八、開礦所需料件，機器等物，進口照開平各礦現行章程，完納海關正半税項，内地釐金，概不重徵。至開出礦産運出口時，仍照章納税。

九、福公司所開之礦以六十年爲限，一經期滿，福公司所辦各礦，無論新舊，不問盈虧如何，即以全礦機器，及該礦所有料件，並房産基地，河橋鐵路，凡係在該礦成本項下置辦之業，全行報効中國國家，不求給價，届時由豫豐公司稟請河南巡撫派員驗收。

十、每處礦廠總以聯絡官民、預息紛争爲要，應由豫豐公司稟請巡撫，酌派照料委員一人，又設照料紳士一員，由福公司聘請。該員紳薪水，均由福公司籌備。

十一、礦師工頭，辦理之始，自應選用洋人。儻日後華人中，有精礦學，諳習工程者，豫豐公司會同福公司派充此項要職。至其餘員司照料等職，無關重大責任者，皆用華人，尤宜多用河南人，以開風氣。

十二、礦工亦宜多用豫人，其工價應從公酌定。至礦工受傷，應如何撫卹，與使用數十年後，應如何酌給養老之費，又平日作工，每日若干時刻，各節統俟開礦後，再由豫豐公司會同福公司，采擇歐美各礦妥善章程，商請巡撫定奪。

十三、福公司於各礦開辦之始，即於礦山就近開設礦務鐵路學堂，由地方官紳，選取青年穎悟學生二三十名，延請洋師教授，以備路礦因材選用，此項經費，由福公司籌備。

十四、豫豐公司所借福公司銀一千萬兩，係約估之數，將來每開一礦，實需資本若干，由福公司撥用後，准福公司按照所用之數，造印借款股分票，刊刻章程，定期發賣，如有華商於期内願買此種股票者，則無論多寡，聽其購買。

十五、華商收買此項礦務股票，應由豫豐公司按照時價漲落，照章代爲收買，或自行買賣，均聽其便。如華紳富商，六十年限内，將某礦股票，收至四分之三，即將該礦先期收回，由豫豐公司查報，飭交該華商自行辦理。

十六，凡有所准礦地，遇有民人先經開採者，不得侵佔，如原主自願租賣，應由豫豐公司會同福公司，秉公給價，但不得稍有抑勒。

十七，各礦遇有修路造橋，開濬河港，或須添造分支鐵道，接至幹路或河口，以爲轉運該省煤鐵，與各種礦産出境者，均准福公司稟明河南巡撫，自備款項修理，不請公款，其支路應訂章程，届時另議。凡有以上所准各事，其須用民地之處，亦照各局已定章程租買，不得少佔民地，仍求地方官代爲保護。

十八，每至年終，或盈或虧，各分礦造具清册，應各請華洋公正人一名，覈算無訛，然後刊刻報單，送至豫豐公司察覈。各礦盈虧，會造總册，呈請巡撫，以憑分咨總理衙門、户部查覈，並將報効國家各項，一併呈繳。

十九，凡該礦爲中國自主之産，將來中國有與别國戰争之事，福公司應聽中國號令，不得接濟敵國。

二十，兹章程華洋文繕具兩分，各執爲憑。

國家檔案局明清檔案館《戊戌變法檔案史料・江南道監察御史曾宗彦片光緒二十四年五月初二日》再，礦利爲當今急務，人人共知，而歷辦殊少成效者，其故安在？查西法惟礦學最爲深邃，彼國精此者，亦屬寥寥，中國所聘之外洋礦師，率皆下材，即中選亦不可得，礦利何自而興。蓋中選以上之礦師，在彼國已獲利不貲，斷不肯捨近就遠，其勢然也。然則中國礦學不興，礦利斷不可得，所當反求其本矣。急宜於天津福州廣東各學堂中，精選聰穎學生，已通西國語言文字者數十人，馳赴歐美各國精習礦學，學成之日，予以優奬，回國效力。一面飭下南北洋大臣，設立礦學學堂，由總理衙門咨飭出使各國使臣，搜求海外礦學各書，咨送學堂，亦選已通西國語言文字者數十人，聚習其中，上選教習，固不易得，聘一中選者，足矣。習之既久，其中必有出類拔萃之才出而供國家之用。大抵微渺之學，即善教者亦但能示以程途，及其精微之處，神而明之，存乎其人，所謂大匠能與人規矩，不能與人巧也。甚未可以教習難求，因噎廢食，若猶以爲緩，及今圖之，固失之緩，及今不圖，豈止於緩。伏乞飭下總理衙門，迅速妥議，請旨施行，於礦務實有裨益。附片具陳，伏乞聖鑒。謹奏。

國家檔案局明清檔案館《戊戌變法檔案史料・總理各國事務奕劻等摺光緒二十四年五月十六日》臣奕劻等跪奏，爲遵旨議奏事，光緒二十四年五月初五日，准軍機處鈔交：御史曾宗彦奏農工二務亟宜振興一摺，本日奉旨：著總理衙門議奏。欽此。查原奏稱：歐西鐵路之興，所以便商旅利行兵也。然必其國之利源已開，土貨之銷足敵外貨之暢，故民利而國與俱利。中國人工物産，事事辦無成效，所出只有此數，雖有鐵路，無所利之。洋人自通商以來，竭澤而漁，中國精華朘削殆盡。且新增條約，又准改土貨爲洋貨，販運愈捷，成本愈輕，銷路愈廣。今又佐以鐵路，將以開中國之利源，適以竭中原之膏血，急籌抵制之術，厥有二端：一曰勵農學以盡地力。中國地屬温帶，土宜最廣，可耕之地，若以西法農學經營之，利可六倍。西人常謂盡地所受日之熱力，每一英里可養一萬六千人，計一英里僅中國三里三。又西人推算中國之地，若用西國農學新法，每年可增款六十九萬萬兩有奇，今縱不必盡如其數，但能得半，而中國已歲增三十餘萬萬。惟責之官辦，則文告係屬空談，聽之民辦，則愚賤殫於謀始，其勢非紳辦不可。查江浙紳士，邀集同志於上海，創設農學會兼採中西各法，以樹藝畜牧，倡導海内，在興利之中，最爲實際，行之二年，尚稍稍有應之者惟以一二人士主持其間，功力有限。伏乞明降諭旨將上海農學會，亟予激勵，或飭地方官力爲保護，或恩賞銀兩，以示特施，使天下聞風盡奪美天之利，計日可收，此興農學之足籌抵制也。一曰准專利以勸百工。歐洲凡出新意製器者，皆准呈官考驗，予以專利年限，限滿之日，方准他人仿造。中國未有專利明文，出奇者煞費苦心，效尤者立攘其利，以故人人自廢。西人挾彼之功，乘我之虚，閭閻日用，半資洋貨，民生安得不困，國用安得不虚。伏乞明降諭旨，飭下各直省督撫將軍，凡民間能出新意製造器物者，准呈所在地方官考驗，以適用之大小，定專利之年限。其能製造新式軍械，有關大計者，可在督撫將軍摺奏，破格奬勵，此興百工之足籌抵制也。二者皆興，則鐵路之通以富以强，二者有一不興，則鐵路之通以貧以弱。各等語。

臣等查鐵路爲自强要務，中國不能不時修造，亦事會使然。惟土貨之銷不敵洋貨之暢，自屬實在情形，該御史擬籌抵制之法，係爲開拓利源起見。其勵農學以盡地力一節，查泰西農學泐有專書，中國拘守舊習，於西人種植畜牧之法，未及考求，實農政之未修，非地力之已盡。近日京師奏設大學堂，各省學堂次第設立，正宜廣譯外洋農學諸書，兼資肄習，以爲試辦之地。該御史謂官辦民辦諸多窒礙，不如責成紳辦，洵屬扼要之論。所稱上海農學會，由江浙紳士創設，行之有效，是風氣業已漸開，惟該學會何人經理，一切章程未經呈報，無案可稽。

應請旨飭下南洋大臣，查明該紳等姓名及該會章程，咨送臣衙門備覈。仍由南洋大臣就近考察，如果確著成效，請旨嘉奬，爲直省農學之倡。其如何妥爲保護，並應否籌給經費，以垂久遠之處，統由該大臣酌覈奏明辦理。

至准專利以勸百工一節，查光緒八年，上海創設機器織布局，定限十年，只准華人附股，不准另行設局。光緒二十一年，烟台設立酒廠採買葡萄釀酒，定限十五年，不准他人仿造，俾專執業均經奏准有案。又本年四月，總税務司申送福州人陳紫綬所製紡織機器，經臣衙門查驗，學有心得，援案准其專利十五年，亦在案。今該御史請定製器專利年限，事屬可行，擬請飭下各直省督撫將軍，嗣後民間自出新意製造貨物，准其呈請考驗。其適用之小者，仿照上海織布局成案，予以專利十年，其適用之大者，仿照烟台釀酒成案，予以專利十五年，各給印照，以爲憑據。其有製造新式軍械，不在利限之例，呈由該管官詳加試驗，如果裨益大計，隨時奏請優奬，以資鼓勵。

竊維播穀重虞廷之命，考工補周禮之書，當此時艱孔棘，即不參用西法，亦應整飭內治，於厚生利用諸要政，詳加考究，力圖自强。況鐵路之通，既足以擴利源，西法之善，復足以資印證，誠能加意講求，使地無曠土，工有良師，富國之道，孰大於是。又不僅抵制洋貨，暢銷土貨之一端也。

所有議覆御史條奏農工二務亟宜振興緣由，謹恭摺具陳。是否有當？伏乞

皇上聖鑒訓示。謹奏。

光緒二十四年五月十六日奉硃批：另有旨。欽此。

虞和平《經元善集·上楚督南皮張制府書》 竊元善電局襄事廿載於兹，雖保舉至府道之職，而無絲毫富貴利達之念。以歷辦民捐義賑，得蒙傳旨嘉奬十一次。平居尚論古人，繫懷時局，願得胡文忠、曾文正其人，追隨鞭鐙。顧數十年市隱海濱，所交遊者，不出鄉里好善之士，公卿大夫之賢者，未有能知元善者也。自庚寅歲，蒙憲臺電傳赴鄂，兩次進見，不愆約期。倒屣之雅，度越尋常，較司道之在官廳守候者，相距甚遠。元善何人，蒙兹禮遇。嗣奉憲諭，擬紡織辦法，因即繕陳八事。旋又奉傳諭，委充織布局提調。駑馬而逢伯樂之顧，自應感激馳驅，然元善終不敢奉札者，非高蠱上之節也。憲臺抱匡時之略，禮賢下士，天下賢才，宜無不奔走恐後，而深察左右，軼群超倫之人，不概見何歟？及議織布購花，元善以爲不拘何地採購，但求合用。而憲臺則謂身爲楚督，須爲楚民興利，即使楚花遜於江南，不過織出之布，稍粗已耳，於是嘆憲衷有畛域之見存。往者胡文忠、曾文正削平大難，皆以天下爲己任，豈拘拘於一方。則與元善所學，以公普爲量者異矣。進見之次日，有人傳諭，謂沈守嵩齡，係知府班委提調，元善直牧亦委提調，宜以爲榮，於是嘆憲衷又有階級之見存。彼在官言官，所謂今之從政者，原不足異，豈謂憲臺亦計較及此。入資數千，即可與監司爲伍。時至今日，尚計官階，則兩湖官廳聽鼓者，何可勝用，宜賢才之不樂景附也。布局開創，收回利權，求臻富强，事何如大。假如一蹶不振，前覆後鑒，風氣遂爲之窒，其所關係，豈曰戔戔。竊觀鄂中織布、鐵政兩局基地，皆不合宜。讀光緒乙未總署議復御史王鵬運奏請講求商務一摺，奏者議者，皆於商務，隔十重簾幕。耕問奴，織問婢，豈有非身爲商者，而可言商務。此孔子所以自謂不如老農老圃也。武漢爲古今用兵之地，布局貼近城垣，一遇風鶴，豈能瓦全。至於煉鐵一舉，煤鐵相連，方能便利。是故泰西辦法，或以鐵就煤，或以煤就鐵。今兩礦與煉鐵爐廠，隔省搬運，越國鄙遠。吾知其難，是其虧摺可以豫料。因小失大，全局皆輸。與其身入局中，自問收效莫必，曷若潔身而去，讓於能者爲之。元善所以於進退之際，審慎躊躇，而不欲輕於奉命者，此皆其原因也。惟是感恩知己，别無圖報，不敢不一進忠告。雖有阻之者，謂元善新進，且委差而不奉札，必非憲意所喜，何復嘵嘵。然區區之心，終不敢目憲臺爲不能受藎言，是以雖決然舍去，而仍不能釋然於懷。追溯前因，不覺傾筐倒篋而出之，絕無隱諱也。

國家檔案局明清檔案館《戊戌變法檔案史料·總理各國事務大臣王文韶等片光緒二十四年六月二十四日》 再：遵設礦務鐵路總局，所有局中經費，亦應預爲籌撥，以資辦公。此時度支日絀，酌劑綦難。查光緒二十二年，總理衙門議定於出使經費，每月提撥官書局銀一千兩備用，奏明在案。現在官書局歸併大學堂，由户部歲撥巨款，應由部撥大學堂經費項下撥用。擬請將總理衙門原撥官書局每月經費銀一千兩，自光緒二十四年七月初一日起，改充礦務鐵路總局公用，如蒙俞允，即由臣等咨行總理衙門及管理大學堂大臣，欽遵辦理。至將來建造局舍，延訂路礦工師採礦查路，需費尚繁，應由臣等另籌專款，隨時奏辦。謹附片陳請，伏乞聖鑒。謹奏。

光緒二十四年六月二十四日，奉硃批：依議。欽此。

國家檔案局明清檔案館《戊戌變法檔案史料·總理各國事務大臣王文韶等摺光緒二十四年六月二十四日》 臣王文韶、臣張蔭桓跪奏，爲遵旨設立礦務鐵路總局，謹將路礦大略開局日期，並派定司員，恭摺仰祈聖鑒事。本年六月十五

日，恭奉上諭：鐵路礦務爲時政最要關鍵，現在津榆津蘆鐵路早已工竣，由山海關至大凌河一帶，亦籌款接辦，大段已具。礦務以開平、漠河兩處，辦理最爲得法，成效已著，現在一律推廣。惟路礦事務繁重，誠恐各省辦法未能畫一，或致章程歧出，動多窒礙，亟應設一總匯之地，以一事權。著於京師專設礦務鐵路總局，特派總理各國事務大臣王文韶、張蔭桓專理其事，所有開礦築路一切公司事宜，俱歸統轄，以專責成。欽此。

臣等竊維中國疆圉之廣，民物之饒，甲於諸州，指日鐵路星羅，礦工雲集，若漫無歸宿，則利未濬，而害已潛滋。欽奉諭旨，京師專設總局，所以保國權，而息紛擾，略如各國鐵路礦務設部之例，經權妙用，深佩聖明。此中籌辦之道，或官辦，或商辦，或官督商辦，宜有區别，即中西商合股，亦屬商辦，與他國國家無涉。又鐵路公法，凡車載脚價，均由政府覈定，從無公司自定者，現在津榆津蘆鐵路車行漸暢，而每噸貨物收數幾何，上等中等下等客位收數幾何，户部與總理衙門均無案可稽。即車路起訖，工程分數，開車次數，車行時刻，車上條規，車棧處所，車路所占地畝，爲官地爲民地，並車路車棧車頭車内，所用工匠華洋人各幾名，客車貨車各幾軸，亦均無可考。將來蘆漢、粤漢、甯滬、津保四路，推而及之他處，亦復如是。國家予公司以莫大利益，而公司視國家漠不相關，所謂開鐵路以拓富强者安在也？及今整理，尚不致叢脞日積，不可收拾，此鐵路之大略也。

至各省礦務，開平成效已著，漠河歲解户部銀二十萬兩，幾經駁查而得。而其礦山界址，採礦章程，與沙丁畫分四六成生金，猶是藏頭露尾，黑龍江將軍開礦，又尤而效之，無非以距京遥遠，驟難稽核，自非合盤托出，不足以拓商務，而垂久遠。又開平煤礦，初辦甚疲累，近年經理如法，出煤日多，時或運銷南洋，煤質之佳，遠勝日本。果能推行盡利，足爲國家生財。現在商款若干，官款若干，從前兼辦塞門德土，能否不致虧本；每日每年出煤數目，局廠處各用華洋人幾名，應令據實具覆，此礦務之大略也。

本年山西河南礦務章程，經總理衙門核議具奏，其第六款礦質出井，值百抽五，仍完出口税各節，于國帑不無裨益，他省煤鐵礦，可援照辦理。至五金之礦，則值百抽五，不足以盡之，自應另行抽收之法，以重公帑。

現在遵旨設立京師總局，臣等先就户部總理衙門，調查檔案，分行各省各公司查取現辦章程，詳爲核訂，請旨遵行。未經奉旨設局以前，無論官商擬辦未確之事，均不得坐爲定案。緣此數年間，謀辦路礦者，紛至沓來，大都欲得一准辦之據，以自爲謀，其於國計民生無與也，于路礦成敗利鈍無與也。其所臚舉，甚至松竹齋一紙舖，亦可擔認八十萬銀資本。浙江鐵路，貨有借銀行期粟作保，驗訖發還，僅與該行訂認一次月息，空中樓閣，百出不窮。駁之則叢謗，准之則誤公。臣等仰維朝廷設局之意，惟當實事求是，何敢委曲遷就。然此中情形，臣等既有見聞，不能不豫爲防範，以免魚珠淆混，貽笑外人。設局伊始端緒甚繁，另覓公所，恐曠時日，現擬就總理衙門西院，權爲總局，選派提調管股章京，先將路礦檔案，分别清釐以憑核辦。即於七月初一日開局，一切應辦事宜，容臣等隨時商議具奏。

所有遵旨設立礦務鐵路總局各緣由，謹繕摺具陳，伏乞皇上聖鑒，訓示。再臣蔭相現在假内，是以未經呈遞膳牌，合併陳明。謹奏。

光緒二十四年六月二十四日奉硃批：知道了。欽此。

國家檔案局明清檔案館《戊戌變法檔案史料・江西巡撫德壽摺光緒二十四年七月十八日》 頭品頂戴調補江蘇巡撫江西巡撫臣德壽跪奏。爲遵旨查明通商口岸路礦事宜，據實覆陳，恭摺仰祈聖鑒事。竊臣接准總理各國事務衙門咨：會奏議覆中允黃思永所請通商口岸路礦事宜一摺，又附奏路礦關繫緊要，應切實保薦一片，光緒二十四年四月十八日奉硃批：依議。欽此。欽遵咨行到臣。

伏查路礦兩項爲今日要務，亟宜認真講求，趕緊開辦，以拓利源，而杜覬覦，未便置諸緩圖，坐失機宜。惟江西地處腹裏，濱臨長江，與湖北粤東壤地相連，若由漢口建造鐵路，直達粤東，商賈販運便捷，公私獲利無涯。前經臣飭司委派候補知縣張曾詒等，詳細復勘，其中山河重隔，應如何鑿石建橋，江西省現無熟悉此項工程之員，亦無承任集股建造之紳商。擬請稍緩，俟蘆漢幹路告成，再議舉辦支路，以通脈絡。

至江西省礦産，歷經飭屬招商集款，廣爲開採，五金皆未得的苗。惟萍鄉宜春樂平等縣，産煤之礦爲多。現經湖北礦政局派員帶同洋礦師勘驗，會同地方官開辦採運，煤質尚屬佳旺。此外各州縣凡有可開之礦，一經紳商呈請試辦，無不立即批准。並飭地方官開導居民，毋惑於風水積習，阻撓生事，以期開闢利源，辦有成效，即行奏報，斷不敢意圖苟安，稍涉怠忽。現在礦務一切，已飭藩司翁曾桂，會同善後局司道，悉心經理。仍詳加考察，如確有通曉礦務之員，即由局詳候保奏，派令專司其事，以盡地利，而一辦法。

其開辦通商口岸一節，原奏内稱，不俟請立租界，先行照會各國，一律准其通商，有利均沾，有患共禦，照上海租界辦法，與各國明定條約，勿任一國專擅於其間，係爲廣拓利益，以杜覬覦起見。查江西一省，除九江府西門，久已開通商口岸外，其餘各處，察看形勢，未有地處扼要商賈輻輳，可以添開口岸之區，其鄱湖濱臨大江之湖口地方，雖長江及内河船隻必由此經過，惟地面窄狹，左右兩山巉巖夾峙，波濤洶湧，衝激異常。港口又不容多船，每遇江風陡作，商船無可灣泊，撞岸觸石時蹈不測。國朝康熙年間，曾將九江關移駐湖口，尋以湖口不便立關，復移歸九江。現在該處設有釐卡因風波險惡船難穩泊須視水之漲落，將該卡東移西遷，是其不便之明徵，如開作通商口岸，似不甚相宜。據布政司翁曾桂，會同善後總局司道，查明詳請覆奏前來，臣覆查無異。

所有查明通商口岸路礦事宜緣由，謹恭摺具奏，伏乞皇上聖鑒訓示。謹奏。

光緒二十四年八月初六日奉硃批：該衙門知道。欽此。

國家檔案局明清檔案館《戊戌變法檔案史料·委散秩大臣銘勛摺光緒二十四年七月十九日》 委散秩大臣公奴才銘勛謹跪奏，爲敬陳管見，試辦官礦局以資報效，恭摺仰祈聖鑒事。竊奴才迭次恭讀上諭，欲振興商務必以官商聯絡爲先。又查總理各國事務衙門議准奏定章程十二款内，首款重在槍砲，果能自出新法製造者，臨時酌量情形，奏明請頒特賞，並准其專利年限。仰見我皇上振興商務不惜名器之至意。奴才拜讀之下，欽佩曷勝。在大小臣工，更宜如何激發天良，各抒所見。凡興利除弊之事，如有見聞，理應即時自效。

自洋人通商以來，奴才與日本商人島田豐吉素識，每晤面必以臺礦一年私販數十萬斤，何不稟官設局，上裕國課，下收利源。奴才因事有禁例，又無成本，故未敢爲。適當振興商務之際，因查光緒十四年經前臺灣巡撫臣劉銘傳奏明弛禁有案，曾經商人尤中履自行設局報税。自臺島改歸外洋，礦局始行裁撤。現與日本商人島田豐吉議定，以十年爲期，將礦盡行運抵津埠，仍歸官局銷售。凡華商承賣者，應取運往何處切實甘結鋪保，以備稽查。即臺礦抵岸，發給執照進口，如無局照，即係私販，伊國情干認罰。奴才世受皇恩，愧無報稱，當此開辦商務之際，理應即時舉辦。至局用，奴才極力籌措，斷不敢使用洋款。再查總理各國事務衙門奏定章程第九款，有開闢地利製造鎗砲等，如五萬兩以上者，優給特賞等語。

今設礦局，不請官款，更不敢仰邀獎敘。或謂礦乃禁物，然宜嚴禁於當年，即應弛禁於今日。溯查八旗子弟畋獵，購買火藥，誠爲不易。自通商以來，皆用洋鎗，土藥斷不合用。況後膛槍砲，子藥相連，俗呼曰碼子，更可不用火藥。伏查私造火藥者，必擇幽僻之處，否則恐聲音顯露，如失慎竟有性命之憂，何如買洋火藥爲愈乎。十七年，鎮江有洋人接濟軍火之案，是爲明證。此宜弛禁之故也。今查硝礦用項，仍不爲少。每年機器局約用三十萬斤，花爆一項，本屬不少；加之草辮蓆片棉花布疋，俱用其薰灼，方能適用。此係民間必用之物，如不設局盤查，則徒飽私跋矣。奴才擬請試辦，俟一年期滿，將所獲餘利，以三成報効。雖九牛之一毛，亦集腋成裘之一道。

今爲興利除弊起見，是否有當，奴才不敢擅專，相應請旨以便遵行。如蒙俞允，奴才刻即赴津與洋商定立批約，俟合同議定，再將開辦一切情形隨時奏明請旨。伏乞皇上聖鑒訓示。謹奏。

國家檔案局明清檔案館《戊戌變法檔案史料·督理農工商總局大臣端方等摺光緒二十四年七月二十四日》 三品卿銜督理農工商總局大臣臣端方、臣吳懋鼎跪奏，爲遵議給事中龐鴻書條陳農工商務，詳細覆陳，仰祈聖鑒事。本年七月十八日准軍機處片交軍機大臣面奉諭旨：給事中龐鴻書奏振興庶務宜審利弊摺内，振興農務，勸課種植，推廣工藝商務設局各條，著端方、徐建寅、吳懋鼎酌覈具奏，原摺著摘鈔給予閱看。欽此。臣等遵將給事中龐鴻書摺内事理逐條酌覈。如原奏所稱振興農務一節，農田以水利爲根本，自屬扼要之論，開渠鑿井，亦興水利之要法，皆當由局設法推廣，以盡地力。至所云西洋種田機器決難收效，則未盡然。查外洋農器，美國最精，日本最廉，每具約一二千金，足墾數頃之田，較之(顧)[僱]農受佃，一年計之似絀，數年計之則優。且所云農夫蠢拙者，以其無學也。今既擬開辦農學、農報廣爲勸導，數年之後，農智大開，則襏襫之婦子，皆識字之耕夫，又何虞其難用。

又原奏所稱勸課種植一節，查植物之學，西國著有專書，荷蘭、德、法諸邦，至設樹林部以統之。良以土壤有剛柔，華實有宜忌。若以一端限之，誠有如湖北、江西種桑毫無成效者。所請分別土宜，設法勸導，照總理衙門開闢地利給獎之例，予以匾額頂戴，事屬可行，應請照准。將來勸課樹株，如有成效，擬由臣局酌定章程，分別獎勵。

又原奏所稱推廣工藝一節，近年以來，上海之繅絲織布，貴州之製造火柴，山東之釀葡萄酒，直東之織草帽辮，大利所在，民爭趨之。他如吉林之紅酒，口外之毛絨皮張，爲外人所稱許，皆當設法鼓舞，以盡其用。杜外洋之漏卮，即以阜内地之物力。苟有獨設機廠，自製貨物，尤當優予獎勸，力爲保護，使與臣局相爲維繫，相爲佐助。至云機器製造，直百抽十之令，當時税務司議定報税存棧章程，業經停辦。惟通商各口岸，雖有華商自立關棧及保險公司，而權力尚輕。將來國家設立官銀行接濟諸商，不受洋人挾制，工藝自可振興。

又原奏所稱設商局宜用富商一節，前者各省設立商務局，紳爲經理，未能著效，誠有如該給事中所云者。現在臣局議辦大要，即擬延訂各省富商專任各省興商事務。果能自籌股本或糾集公司，查明款項屬實，應即批准，給以文劄，議章興辦；並由京外總分局與地方官吏公同保護，不使掣肘。正與所奏大意吻合。

以上各條，綜覈原奏之意，在興利而防弊，杜競而勸工，思慮至爲周密，相應請旨飭下各省將軍督撫轉飭農工商分局一體遵照辦理。再臣等設局伊始，百計經營，多未就緒。造端宏大，必如何而始臻妥善，永無流弊，俟議定章程後隨時請旨辦理。

所有酌覈農工商務條陳，詳議覆陳，伏乞皇上聖鑒。現在臣徐建寅尚未來京，是以未經列銜，合併聲明。謹奏。

國家檔案局明清檔案館《戊戌變法檔案史料・刑部候補主事蕭文昭呈光緒二十四年七月二十四日》 刑部候補主事蕭文昭謹呈，爲中國茶絲遞年減耗，宜圖補救，以固利源，而阜民生，呈請代奏事。竊以絲茶二項，爲出口貨之大宗，通商五十年，洋貨日增，惟此二項，相爲抵制，稍補漏卮。乃自近十年以來，茶則印度、錫蘭、亞三，産植日增，絲則義大利、法蘭西年盛一年。日本崛起東隅，上下講求，紅茶緑茶出口歲增。絲之爲利十倍於茶，比較近三年，歐西銷絲之數，日本佔十成之六，華絲僅十成之一，不急圖補救，將必愈趨愈下，自有之利，必至爲外人所奪。職目擊時艱，謹就管見所及，博考中國諸書，及近年試驗成效，爲我皇上分析言之。茶之宜整頓者凡四端：

一曰立茶務學堂。華茶日替，其故有二：始則培植失宜，繼則焙製不善，其實本質濃厚，遠過印、錫，但以人工未至，缺於講求，故出産日劣。聞福州商人至印度學習，歸用機器製焙，去年出口共有四萬餘箱，温州茶葉甚鈍，近用機器烘焙，亦得善價。爲今之計，似應於産茶適中之所，每省酌立學堂數處，開通風氣，教以培壅芟刈，採摘疏通之法，人工之勤惰，即利源贏絀所關。此爲茶務之本原，所費無多，收效甚鉅。

一曰講求種植。東南各省土性均與茶宜，從前山户獲利甚厚，實因勤於培溉之故。自茶市虧摺以來，貶跌山價，於是偷工減料，紅茶則攙雜失真，緑茶則有陰光名目，市面之衰以此。應請明發諭旨，電諭各省督撫，通飭州縣，及茶釐局，於今歲秋分節後，先期出示曉諭山户，咸令將土鋤鬆，用乾泥密覆，以壤地之瘠肥，酌糞壅之多少。蓋茶之爲物，施肥不可過度，過度則轉使精味離開，印度茶書言之甚詳。其腴壤則茶株行列之中，應雜種菜蔬豆麥等物，庶加地面淡氣，並汲出地心淡氣，尤能汲取空中養氣，西人格致之理，於植物極有效驗。如果培植得法，茶葉自佳，能用機器固爲精益求精。即但用舊法，色味仍登上品。此亦茶務中之本原。而今之論者動云減釐税，不知我減出口，彼即加重進口。是徒增洋人税入，無補商人。何如求精進於茶事，居奇待價，收自有之利權哉。

一曰盡地力。茶性畏寒，周年宜得熱至六十一度爲中數，又畏旱，故夏令必得溼氣滋潤。中國地居温帶，東南各省尤與茶宜。應由督撫督飭地方官，悉心勸導，凡土性宜茶者，皆一律種植。其有老枝苦莽，均令芟刈，舍舊圖新，若新開茶山，其分行可用弧線。大約直綫可種一百株之地，弧綫則可種一百十五株。且茶株多植山嶺，用弧綫則山水不至直洩，泥水亦難衝決，近聞俄人於柯恰薩士設種茶學堂，植茶日盛，又爲黑茶增一勁敵矣。查批澳尼西報，廿二年春夏二季，印茶運入中國者，已增至廿五萬七百零五磅，是反有内灌之勢。美澳、南洋新嘉坡亦仿而講求茶事，然土宜均皆不及中國。歐美人口歲增，日長炎炎，如果我茶果佳，則銷場自暢，西人極重品茶，斷無有舍美而飲惡者。故但求茶葉之良，而不其患其貨多棄地也。

一曰用機器。印、錫茶味本不濃厚，而能壓倒華産者，實以機器製造之故。查中國現行機器有二宗，一爲台惟生廠新法焙茶機器，計價一百零五磅，加裝箱銀十磅，漢口茶商曾經試用，雖已經雨漬之茶，亦能使色味俱佳。惜僅烘焙，若採捲皆用機器，則更臻美善。近聞湖廣總督張之洞，在湖北集款八萬金，置機製茶，已肇端倪。一爲碾壓機器，聞兩江總督劉坤一，曾飭皖南茶局，向公信洋行購置四具，每架九百金，但均係一隅試辦，無裨全局。且無茶師口傳指授，辦理安有把握。似應由督撫體察情形，於産茶極盛之區，墊款購置機器數十具，官督民辦，延聘西人爲教習，每月薪水二百金，訂定三年，所費無幾。將來轉相傳授，凡産茶之區，人人知用機器，則閭閻歲增數千萬進款，阜民財裕國用，計無善於此者。此事應於今秋預先籌畫，庶明春茶市可收厚利，不致臨渴掘井。

總之宜整頓者凡三端：一曰立蠶桑公院。絲出於蠶，蠶之佳以種，昔時中國之絲與義國之絲相敵，今則遠遜於前。至歐美諸國縱絲皆用法、意，横絲乃取中國。前數年法國理昂考察絲院格致家云：中國所收之蠶，一次不如一次，日本則一年佳似一年。似應選聰穎子弟，素知蠶事，年在二十以内者，分往法國、日本公院學習。蓋中國蠶病雖深，蠶力本大，較之日、法、印度等處蠶瘟，設法尚易。現聞浙江已開學堂，應推行有蠶各省，按照巴斯陡選擇無病蠶母之法，蓄留其子，由公院發子，令民間領買布種，中國蠶子每重八兩收絲廿五斤，若用新法則可至百斤，是一歲而多三倍之獲也。

一曰嚴種桑考成。桑如五穀，無土不宜，《禹貢》言蠶者六州，然三代之時未有木棉，章身暖體均賴於蠶，足見無處不有。今則惟存揚荆二州之域耳。西人蠶種滅絶之説，細思之亦極有理，然人事補救，正聖主開物成務之功，必先有桑樹，乃可言蠶利。應請明發諭旨，凡有隙地，皆令樹桑，即以勸課之多少，爲州縣之殿最。職昔在湖南原籍，曾請巡撫吴大澂置辦湖桑，布種四鄉，陳寶箴抵任後，益加擴充。馬廠沅江等處，今已蔚然成林，足見收效之捷。

一曰頒蠶桑書籍。元司農司農桑輯要載：養蠶之法，亦以别蠶母之病爲先。西人極奥窮微，更爲精到。查伯撇靈病，必用六百倍顯微鏡，方能照出，價值甚昂，民間豈易購辦。近日人著有微粒子病肉眼鑒定法，簡明淺近，按圖考究，辨别甚易。杭州蠶學館已有刻本，税務司康發遠清摺體貼甚細。又湖北所刊《蠶桑輯要》，切實易行，均講頒行各直省，令其翻板，發佈民間。至蠶事之衰旺全憑天時，若用寒暑表定烘暖之度，則適劑其平，此物市價甚廉，其有偏僻之區，應由官司採買。令民間備價領取，以資長青。

以上各節，均係因事補救，所費無多，收效甚速，挽已失之利源，裕民生之本計。愚昧之見，是否有當，謹繕摺呈請代奏，伏乞皇上聖鑒。謹奏。

國家檔案局明清檔案館《戊戌變法檔案史料・户部四川司郎中謝啓華呈光緒二十四年七月二十六日》 户部四川司郎中臣謝啓華謹呈，爲舉行新政，宜先裕度支，恭摺遵請代奏，仰祈聖鑒事。竊維自强之道，致富爲先，未有國不富而遽能自强者。方今文場改用策論，武科改試槍砲，京外設立大小學堂並譯書各局。凡朝廷振興庶務，恢宏新政，無非急圖自强。顧自强之效，遠或十年，近或數年。而目前經費之所需，户部已艱於應付。以後行之久遠，用費愈繁，當必有不匱之利源，始足供無窮之利用。疊經欽奉諭旨，行令各省，講求商務，並詔設農工商會，是殷殷以富國爲本，早在聖明擘畫之中。無如未致之富，雖可豫期，而已成之局，久無過問。

查中國振興商務，亦已有年。如津滬各口輪船招商局，各省電報局、郵政局，福建船政局，天津、上海、漢口、廣東製造局，湖北槍砲廠、鍊鐵廠，廣東、湖北銀圓局，上海、廣東、湖北、浙江織布、紡紗、繅絲各局，直隸開平煤廠、漠河金廠，各省礦務、機器等局，京城、上海華俄銀行及盧漢、津榆、蘇滬鐵路公司等處，皆握至鉅之美利，足備不時之急需。除新設銀行按年計本認息報部有案外，鐵路尚未一律蕆事，或開辦未久，猶得藉口無溢利可圖。其餘各項局廠，通行已非一年，獲利自當數倍，卒未聞有裨於公家。究竟某省某局收用官本及招集商股若干，製造槍礮、船隻、鋼鐵、銀圓、絲紗、布疋及開採金廠煤廠每年出進貨物若干，銷售抵價若干，輪船招商電報、郵政，每年通行各省口岸，搭客載貨及往來信函什物收費，各進款若干，各局開支局費薪工並歸還官本攤付股分外，收支兩抵實在贏餘若干，自開辦以來，歷年均無清單細數，俾衆周知，户部亦無奏咨銷案。其中不實不盡，無怪人言嘖嘖，虚糜官本，徒飽私囊。

此外，河南省開採硝礦，江西省仿造洋瓷，山東省葡萄製酒，是否設局辦有成效，部中亦無案據可稽。

當此時局艱難，度支告匱，應辦之事，原不惜多費帑金，而羅掘已窮，亦何忍多方搜括。幸逢聖明在上，凡百執事，尤當革面洗心。各局員爲國理財，豈容自便身家，稍有弊混。應請嚴旨飭下各省督撫，查明各局每年實在確數。截至光緒二十三年止，寬其既往，姑免追究。至本年出入貨物銀錢各數，即應逐一覈實，於年終奏明咨部。餘利聽候撥用，不准藉端隱匿，違者嚴懲。嗣後務須各就所管局廠，一律詳列處所及承辦官紳銜名，仿照西法及海關貿易册式，將出入款目，按季結算，編印成書，恭呈御覽。並咨行總理各國事務衙門及户部衙門，各存一分，以備考查人功物力盈虚消長之機。仍按季將編印管收除在四柱清單，於通衢張貼宣佈，俾凡官民商賈，無不一目瞭然。中飽之弊實既除，斯外溢之利權可挽。

經商之道，所貴有公而無私也。以至公無私之心，致國於富，而後可以至足無窮之利，進國於强。總署、户部有各局印册可憑，歲計其所贏餘，即撥充各項經費，並以興辦庶務，庶幾可久可大，永立富强不拔之基。

臣爲力圖自新，破除當局積習，以裕度支，而輔新政起見，理合恭摺呈請代奏，伏乞皇上聖鑒。謹呈。

國家檔案局明清檔案館《戊戌變法檔案史料・户部四川司郎中謝啓華片 光緒二十四年七月二十六日》 再：疊奉諭旨，京師設立鐵路礦務局及農工商局，並通行各省，一律遵辦，仰見我皇上勵精圖治，振興庶務，實握富强久遠之圖。第恐各省編氓，於辦法事宜，未必周知，必待採輯西書，頒發民間，恐爲日過遲，殊失急於求治之意。臣查前户部郎中陳熾，著有續富國策四卷，該員在官書局時刊訂成書，第一卷爲農書，第二卷爲礦書，第三卷爲工書，第四卷爲商書，各綴論説十數條，詳審中國土宜，參附泰西成效，語質易解，法簡易行，可否飭令管理官書局事務大臣進呈御覽。如有可採之處，即由該書局刷印若干部，先行頒發各省分局，以備參考，而擴見聞。是否有當，理合附請代奏，伏乞聖鑒。謹呈。

國家檔案局明清檔案館《戊戌變法檔案史料・翰林院檢討閻志廉呈 光緒二十四年七月二十九日》 三曰設公司。凡阜通之業，合則力厚，分則力薄。臣按丁韙良所箸富國策，發明此意，反覆詳盡。奈中國人情懷私挾詐，無信義以相聯，故坐商無公司之名，行商少出洋之客，明知利之外溢，甘任其銷耗而不恤，誠堪痛也。近來上海有各項公司，而外洋所銷之貨，頓爲減數，此亦其明效大驗矣。如欲倡行公司，莫若先設商會。令商之入會者，官爲照護；其不入會者，一有窒難之處，由地方自行申理，官局概不與聞。則人知公利勝於私圖；而集股既多，公司可廣。南洋諸島之華商，亦必回首面内而有歸附之誠，然後徧置領事，以聯其勢，以結其心，此馭外之上策也。

四曰弛禁。國家舊例，官置賣買，有罰，誠恐其奪小民之利也。以今日時勢而論，有與昔大不相同者。何則？中國之利日溢於外，而民間財力綿薄，不足抵禦。如令公司銀行之内，準令官紳入股，則其利上歸於公，下歸於民，非有侵奪之害也。如必懸爲厲禁，貪官污吏之所得，盡行寄頓於洋行，不且助外而攻内乎？夫設官固欲其廉，而官高禄厚，其分所應有者，亦不須自爲藏匿。臣願皇上特降諭旨，凡公家銀行，準官紳入股；各項公司，亦準官紳創立，惟不準將金銀寄頓洋行。如此，則貨幣流通，均霑其益，奚取於欺蒙掩飾，無其名而有其實乎？

五曰行賞。中國重本抑末，故商有富貴，亦有賤名。外洋賦出於商，兵出於商，故議院之中，以富爲上。夫外洋重商而中國賤商，則其理不足以相抵矣。今奉明詔，令裁撤大小官員，胥於礦務局鐵路局農工商局安置，是亦重商矣。可令各局於接待商人之處，優以禮貌，則向來官商隔絶之習，可以漸除。又京師冠蓋之場，九州人物所萃，官商往來，與有桑梓之誼者，尤易深信。如令各省商民公舉一官紳爲董事，則情誼相通，而商務之振作將賴乎此矣。

國家檔案局明清檔案館《戊戌變法檔案史料・兵部候補主事梁旭培摺 光緒二十四年七月二十九日》 兵部候補主事臣梁旭培跪奏，爲臚列礦地，詳擬章程，請旨派員查勘，迅速開辦，恭摺具陳，仰祈聖鑒事。竊臣伏讀七月二十五日上諭：四川礦務商務，業已漸有頭緒；惟該省産礦處所甚多，商務亦極繁盛，非大加興辦，不足以拓利源等因，欽此。仰見我皇上和衆豐財，整頓庶務之至意。臣思五金之産，爲器用所必需；其藏於土石之中者，曰礦。謹按會典内載廣西、雲南、貴州産黄金、白金、赤金、錫、鉛鐵、水銀、丹砂、雄黄，山西、四川、廣東産赤金、錫、鉛鐵，湖南産赤金、錫、鉛、鐵、水銀、丹砂、雄黄，是中國礦産所在多有，不獨西人言之，即士大夫亦類能識之。除開平煤礦、漠河金礦、雲南銅礦著有成效不計外，其業已試辦者，則有雲南永北廳之東昇廠，東川府之碁山廠，新平縣之白達母廠，均已抽收課税，惟東昇廠出銀較多；又有山東甯海州金斗山之金礦，貴州青溪之鐵礦，徐州利國之鐵礦。開辦稍有把握；其曾經礦師試驗者，則揚子江甯國府各處煤礦，暨江西廣信府銅塘山五金礦，玉山縣廣平山銀鉛礦，奉天錦州之甯遠一帶並北西湖等處煤鐵金礦。此外，如川、藏、湖南之金礦、銅礦，山西、河南之煤、鐵礦，山東之臨淄、濰縣等銀、煤礦，亦復不少。

臣本粤人，籍隸開建，世居廣東之邊邑，於兩粤各礦頗爲詳悉。光緒二十一年至二十三年，臣丁艱在籍，久聞本邑金山大玉山等處均有舊日金硐可尋，曾親淘金沙，礦質極爲精良，甲於粤省。查廣東通志，更班班可考。且日見無業土人私自挖採者，足以瞻養一家，實能獲利。使參用機器，出金必多。開建與潯州毘連，聞潯州府貴縣天平寨山銀礦甚旺，前土人私開礳口，已有一百零三處之多。其爲土人所識別而未經礦師試勘者，廣東則東莞、清遠、海陽有銀礦。高要、封川，陽春有鐵礦，英德、河源、歸善有錫礦，廉州一府，地鄰越南，近又復得一煤礦；廣西則臨桂縣撈江暨義甯縣銅礦，平樂府馬江金礦，賀縣、富川縣煤礦、錫礦，慶遠府思恩縣銀礦、錫鐵礦、硃砂礦，横州博白縣等處金銀礦，百色奉議州等處硝磺礦。查金礦惟赤金爲上，標金次之；銀礦爲炸礦爲上，大花銀礦、細花銀礦次之。以言礦師，泰西稱首有名柯克者，有名巴爾者；若比國，則有阿魯士威及車利梯羅；又有頭等礦師名白乃富者，頭等礦師子爵名撤端者；近日東洋亦有著名礦師，實難悉數，特舉其梗概耳。

謹擬章程二十四條，另將各礦繕寫清單，恭呈御覽，採擇施行。至礦質高低，彼此不一，礦地土名，大小不同。粵省情形與四川迥異，若何辦理？始臻妥協，尤貴周詳。臣擬請旨特派京官一二員先往廣東、廣西，會同該省督撫妥定查驗事宜，迅速督率委員，帶同礦師，分往各縣，逐一勘試。果屬不虛，或官督商辦，或官商合辦，妥議具奏。即在廣東省城設立礦務局，請旨派員會辦，似較爲迅速。

臣爲興利起見，是否有當，理合陳明，伏乞皇上聖鑒。謹奏。

國家檔案局明清檔案館《戊戌變法檔案史料·分發浙江試用知縣馮秉鉞摺光緒二十四年七月》 分發浙江試用知縣臣馮秉鉞跪奏，爲請旨飭各省富紳大賈集股以興商部商兵而圖自强事。臣近誦邸鈔，内外臣工所呈等摺，興學堂，改武備，講農學，設商局，皆變通要道，當世急務也。第生財之道，通商爲先；商務之原，集股最重。泰西諸國，其各致富强者，莫非以商務爲大宗。蓋彼國商務，君民一體，其勢萃而集股易；我國商務，散處民間，其勢涣而集股難。中華集股，若委之官辦，斷乎難行。一則官籍别省，遷調無常，出股者恐無着落；一則勢分懸殊，不惟恐已出之股無着，尤慮將來之累實深。莫若就本地之富紳大賈集本地人之股，每股以五十金爲限，多寡聽其自便。以本地人集本地股，其勢均，其信素，似覺易行。臣常見鄉里借貸，赤手者百文莫得，素豐者百千可致；彼則慮其貧而無措，此則信其富而能償，人情類然，於兹可見。請上諭飭各省督撫，各省督撫飭各省府廳州縣，選擇各地之富紳大賈，將姓名籍貫家貲註册稟咨總理衙門，合一地比較，必有一地之巨富；合一省比較，必有一省之巨富；合天下比較，必有天下之巨富。商務之股，即令各地巨富勸集。其中不無次於巨富者，即委之爲巨富副辦。中華地大物博，富户甚多，合而計之，集數百兆，亦猶反手。復請於六部外添設商部。商尚書商侍郎，即以天下之巨富次富當之。於各省添設商撫商道，即以各省之巨富次富當之。於各省府廳州縣添設商知府商同知商知州商知縣，即以各省府廳州縣之巨富次富正副當之。然後於各省通都大邑商賈雲集之處，設立商局。每省一總局，數分局。局有大小，即官有尊卑。司其事者，即以各省各府廳州縣集股之富紳大賈就近入局，分受其職。商官薪俸，即由商局自籌。蓋富紳大賈善於經營，尤素諳會計。股爲所集，即事爲所任。此即因材器使，因勢利導之方也。然後於各局添設商兵。其兵額之多少，視商局所設之鎮大小而斟酌之。大者設商兵一千五百人，次者一千人，又次者五百人。商兵口食，亦由商局自籌，無事則保衛商務，有事則徵調禦侮。此又一舉兩得，寓兵於商之法也。商務既興，惟於年終時由商部綜核一次，除各局商務商官商兵經費薪俸口食而外，若有贏餘，十成計算，以二成歸户部，以八成交各省各府廳州縣集股之商官，分别交出股之家，以取信於人，庶將來之有股多寡者，皆踴躍輸忱，争先恐後，而商政乃歷久不敝矣。如此，則大學堂之俊秀，可以爲商部之哲匠良工；武備科之人材，可以爲商兵之將帥伍長。由是商本既裕，度支不竭。凡造輪船，建鐵路，興礦務，講農學，精技藝，廣製造，亦能次第舉行。百廢具興，行之五年，可覩成效；行之十年，有不自强者，無是理也。

或曰集股責重，富商大賈未必樂從。此特不知大局，不識大體，無深謀遠慮者之見也。夫百姓身家與國運相維繫。值此時事多艱，萬一變起倉皇，患生莫測，試問富紳大賈身家猶得無恙耶？彼亦知其不能也。請皇上明降諭旨，示以集股之由，曉以自强之故，富紳大賈有不激發天良者，非人情也。

或曰商務有賺有摺。夫多財善賈，勝算乃操，常見市井貿易，本錢虧短者，恒於一物也，或明知有息而無錢以購之，即使勉强挪移以購之，或因勢難久屯，售之時未逢善價，摺本之由，實緣於此。若夫合天下之財，生天下之利，屯貴居奇，操縱自我，雖賺錢之多寡不能預料，而有賺無摺之理，夫固不待智者而知也。

或曰商局既設，萬貨俱歸局中，似嫌壟斷獨登，與小民争利。不知此舉正一中華之利權而利於中華之民也。萬貨之來局中，照市價以購之，俾販貨者有易銷之樂，無淹留之苦，其利一；華人中有善貨殖而苦於無本者，可向局中借貸，不至受制於外人，其利二。是商局不惟利己，兼可利人也。

或曰商官商兵所費不貲。此又少見多怪，合盤而計及也。試以一省論，一省集股，多可三千萬，少亦二千萬，即以二千萬二分生息，每年可餘息四百萬。一省商官不過百餘員，一省商兵不過五千人，以百萬作商官商兵薪俸口食經費等項，綽乎有餘；並除户部歸二成，尚餘二百四十萬爲出股者之息，況乎猶不止此也。彼富紳大賈亦何憚而不爲哉？要之天下事有治法，尤貴有治人；不難於圖成，而難於創始。是又在我皇上有志竟成，奉行者實事求是耳。

臣罔識忌諱，敬獻芻蕘，不勝悚惶之至，是否有當，伏乞皇上聖鑒。謹奏。

國家檔案局明清檔案館《戊戌變法檔案史料・户部候補主事楊祖蘭摺光緒二十四年八月初五日》　户部候補主事臣楊祖蘭跪奏，爲釐捐積弊太深，亟宜變法，改歸商局商會籌辦，俾此商局商會振興商務，事無掣肘，聿觀厥成，恭摺仰祈聖鑒事。竊維泰西重商，搜拓全球之利，以爲侵佔各土之階。中國大小利權皆爲彼族所奪，論時事者必獻商戰之策，是振興商務爲當今第一要義。本年以來，皇上軫念時艱，開創百度，於商務一端尤汲汲焉。既講求製造，獎勵工藝，以厚經商之資，猶恐官商未能一氣，辦事不克實心，爲之創商局，設商會，以聯絡之。聖訓煌煌，籌兹商政，不遺餘力矣。中外臣民，莫名欽感。臣愚以爲振興商務，固不容緩，而商有大害，不爲清除，欲振興之不可得也。臣籍隸江西，請就習見習聞者言之：

道咸以前，江西商業散在各省者，無處不稱盛焉；今則各城市鎮集，交易情狀日見雕零。叩其由來，厥在釐捐。且衆口一辭曰：釐局不停，商務斷無起色。夫貨釐之設，兵餉所資，實爲國家萬不得已之舉。現當庫儲匱乏，需款孔多，一切度支，恃釐金爲大宗。臣雖至愚，供職户部有年，亦深知貨釐萬不可裁。惟聞各省歲收釐捐，督撫外銷數多，報部不及其半，而額外之侵漁者更無算。部中無憑稽查，立法比較，於是疆吏益得取巧；局卡林立，節節抽收，於是局員益敢横征。假公濟私，層層剥削，蓋自洋貨盛土貨衰，應征之數一絀。完納多則貨本重，商人無利不前，應征之數再絀。司巡不給工食，枵腹萬難從公；而大頭小尾暗號買放索取酒錢諸弊俱出；不遂其欲，則誣指偷漏，罰數十倍，即有利可圖者，商人畏禍，亦不敢前，應征之數更絀。至近年，實不及早年十之三四，而局員不慮也，籍口比較正項之徵每加三四倍。又有紅錢名目，其數多與正項相埒，不至有盈無絀不止。近則商亦多奸，或冒洋牌，或捐洋監，恃洋商教士爲護符，故爲局卡抵牾，不繳釐捐，且圖責償此項虧空，又無非於他商取足。商人豈無天良，每黯然神傷曰：欲不洋牌洋監，何以爲生？當此奸弊多端，計莫先於整頓。乃歷來整頓之餘，弊端愈甚。幸各省於和盤托出之議，皆不實力奉行，尚少開一弊竇。不然，弊竇益多，商艱益重，淵魚叢爵，更切杞憂。比者，外人訕笑，迭著報章，我即不畏人言而盡力抽征，公家未得其半，徒啓官商詭詐之心，積成貿易衰微之勢，爲商大害，莫甚於此。不爲變法，其可已乎！

考泰西各國，凡法律税則於商務有窒礙者，商人呈明，其國家無不立爲之補救。況我皇上維新之治日有進步，大小弊政諸多改革，豈肯容此釐局致礙商務耶？查甘督陶模自强大計一摺，内稱：商民由富而貧，以至赤貧，皆由釐金累之，良民孰不畏官，但無留難需索，本自樂輸。商人各業皆有首領；市廛每歲出納貨物，成本若干，應税若干，人所共知。或令公舉正人，在會館包繳釐金，一切局卡委員浮費叢弊，似可悉除。惟各處情形不同，應由地方官斟酌辦理等語。是欲改爲包釐也。又查山陰湯壽潛危言中包釐一則，曰：斟酌於停與不停之間，莫如包辦。遇貿易繁盛之地，設局置委員捐之坐賈，由坐賈捐之行商。城鄉鎮集出産貨物，必有行棧爲之存儲發運。向章甲貨歲捐若干，乙貨歲捐若干，釐局有底簿可查。集各行棧令之認定捐數，稽查抽取，若燭照數計，無從朦混，官總其成。是言包釐之善也。陶模疆寄重臣，所言斷不敢欺；湯壽潛通達時務，必無妄言也。包釐之法可行，自無疑義。惟陶模於上之稽徵，下之歸宿，尚未詳言；壽潛言之甚詳，而局員需索，行棧侵漁之弊，恐仍不免。不如採取此二説，酌以今之新政，稍變通而行之。今者各省商局商會奉旨次第舉行，即可將現有釐金局卡一律裁撤浄盡；其應征之釐金歸商局督同商會包抽。商局以振興商務爲心，則剥削商人之事萬不肯爲，以視釐局委員，其供職祇在征收，其用心專在比較者，固已不同；使之兼辦釐金，必能先將有妨商務之弊除之務盡，督同商會持平抽取。商會中董事無非其地之巨商大賈，即所謂各業之首領，不啻公舉之正人也；責成包抽，視行棧尤有歸宿。應如何分類征收，歸總完納，許其因地制宜，斟酌辦理，藩司總其成焉。浮費既已全删，正額何致太減。縱法網未必無遺，而大宗必無幸免。彼商人亦原視釐金爲固有，今既無詐索無留難，即此寬免之貲已爲利賴不少，尚復何心，不遵輸納。況光緒元年有廣東布政使招商黄巨源包抽通省洋藥捐釐之案，七年又有粤督奏定新商李玉衡接辦包抽之案，兩案具在。壽潛謂：洋藥可包，百貨何不可包？廣東可包，各省何不可包？實爲定論。至蘇州、松滬、九江、浙東四處貨釐，已經抵借英、德商款，情形稍有不同，似亦可改爲商會包釐，商局稽徵，而仍歸總税務司赫德代總其成，以符前立合同，於抵借無關，出入當無阻格。即該四處仍照舊章，其餘改爲包釐，商局商會儘可認商認貨，分別抽征，兩無妨礙。

抑臣竊有慮者，釐局全裁，便於商不便於官。陶模一摺而外，未見督撫極陳釐局叢弊。此事若交各督撫籌議，知必有詞奏駁。不則亦必言商局商會一時猝難創立，故爲緩之，即以沮之，其法必不能變。擬請皇上宸衷獨斷，令出維行，或交京師商務總局督理大員酌議辦理，俾商除大病，新政克成。即有欲效前英使威妥瑪、德使巴蘭德覬覦洋貨抽釐之尤者，亦無可託詞要挾，則大局更可無虧，而釐金且可長恃也。

臣幸值我皇上廣開言路，力除忌諱之時，略有所知，不敢緘默，是否有當，謹繕摺具陳，伏乞皇上聖鑒。謹奏。

國家檔案局明清檔案館《戊戌變法檔案史料·翰林院侍讀學士李殿林摺光緒二十四年八月初六日》 日講起居注官翰林院侍讀學士臣李殿林跪奏，爲機器紡織以絲棉爲大宗，懇飭各省地方官，勸民廣植桑秧，普種棉花，以開利源而充機器，恭摺仰祈聖鑒事。竊臣恭讀七月二十三日上諭：户部奏代遞主事甯遹俞條陳一摺，廣興機器爲製造貨物之權輿，現在開辦農工商總局，並飭各省概設分局，振拓庶務，應用各項機器至多，著各督撫極力裁節冗費，籌備的款，妥議迅設局所，分別製造，以擴利源而資民用。欽此。仰見我皇上講求新政興利惠民，莫名欽感。

臣維機器之設，不祇紡織一項，而紡織要務，全賴絲棉充足，機器始能運用不竭，貨物暢行。誠恐所產不敷所用，即無以副諭旨，廣興機器之至意。近年來外洋互市，購買絲棉價值昂貴，推原其故，固由外洋販運之多，亦因中國出產之少。蓋欲收絲必先飼蠶，欲飼蠶必多栽桑，古者五畝之宅，樹牆下以桑，豳風紀蠶月條桑，誠以樹桑，爲農務攸關，所樹之地，所採之時，不妨田功，實爲閭閻大利。月令又紀命野虞毋伐桑柘。野虞農官也。爲民牧者，果能巡行阡陌，令民徧植桑秧，連鄉比户，蠶繭蕃昌，何患織造所需不能供機器之用。

棉花舊名吉貝，遠近流傳，種者居多，而未種地方亦復不少。近來鴉片流毒，小民舍本逐末，貪利目前，競種罌粟，反視種棉爲迂計。往往州縣設紡織局，置機試辦，乃本地素不產棉，購自遠方，工本反多賠累。故民間粗布轉不如洋布之賤。皆因產棉無多，是以女不務織，則雖欲廣興機器，其如棉不足用何。懇請皇上飭下各省督撫，嚴催州縣，勸民各處樹桑種棉，並令地方官每年將絲棉所產優劣，呈報上司驗明，果係實力奉行，著有成效者擇尤保薦。若其無效者黜之。如此則絲棉充足，俾機器織造無窮，農工商務局貨物互相流通，而利源日闢矣。

臣以愚昧之忱，願獻蒭蕘之議，謹據實直陳，是否有當，伏乞皇上聖鑒。謹奏。

國家檔案局明清檔案館《戊戌變法檔案史料·總理各國事務奕劻等摺光緒二十四年九月初十日》 總理各國事務和碩慶親王臣奕劻等跪奏，爲遵旨酌覈具奏，仰祈聖鑒事。光緒二十四年七月二十六日准軍機處鈔交軍機大臣面奉諭旨：胡燏棻奏各省開辦路礦，訂借洋款，須由鐵路礦務總局覈定，方能允准等語，著總理各國事務衙門酌覈辦理。欽此。查原奏内稱鐵路通脈絡而便轉輸，礦務闢地利而裕國課，均屬萬不可緩之舉。自劉鶚、方孝傑勾結洋商，謀攬山西路礦，以致華人之桀黠者，咸思串合一二洋人步其後塵，以圖一逞。此輩伎倆，儼同客販，祇冀准辦以後，先得厚酬，或逐年坐分餘利，而國家之地土物產，即入外人掌握。應請飭下路礦總局明定畫一章程，嗣後各省開辦路礦，訂借洋款，必須身家確係殷實，令將資本呈驗，方准承辦；並請飭下總理衙門知照各國駐京使臣，遇有造路開礦等事，借用洋款，非奉國家允准明文，其所立合同章程一概作廢等語。臣等維礦務鐵路，關係富强要政，果能自集資本次第開辦，自可恢拓商務，開濬利源。無如中國商情涣散，集股爲難，連儲支絀，又未敢輕易指撥，不得不借資洋商，以期集事。而一二奸商，遂得因禄爲利，與洋商私立合同，希圖分潤。流弊所至，誠有如胡燏棻所陳者。現欽奉諭旨，設立總理礦務總局，自應明定畫一章程，俾資遵守。惟既准借用洋款，則章程一項，須統籌兼顧，保華商之利權，通洋商之情款。造端伊始，條理紬密，容臣文韶、臣舒翹博訪華洋成式，悉心覈定，另行具奏。至胡燏棻所請礦路借用洋款非奉國家允准明文，所立合同章程一概作廢一節，臣等已詳敍情僞，由總理衙門照會各國駐京使臣查照立案，以防流弊而免轇轕。

所有臣等遵旨酌核辦理緣由，理合恭摺覆陳，伏乞皇太后、皇上聖鑒訓示。再此摺係總理各國事務衙門主稿，會同礦務總局辦理，合併聲明。謹奏。

光緒二十四年九月初十日奉旨：依議。欽此。

國家檔案局明清檔案館《戊戌變法檔案史料·總理各國事務奕劻等摺光緒二十四年十月初六日》 總理各國事務和碩慶親王臣奕劻等跪奏，爲明定礦務鐵路章程，請旨通行飭遵，恭摺仰祈聖鑒事。本年六月二十四日遵旨開設礦務鐵路總局摺内，聲明應辦事宜，隨時具奏；九月初十日議覆胡燏棻條陳礦路事宜摺内，聲明另行核定章程各在案。臣等查礦務鐵路，誠能辦理得宜，可以益國計、裕民生。然天下事利與弊恒相因，況此事至爲繁重，設辦法稍有參差，將使奸商劣紳串通影射，壟斷把持，而公正妥實之紳商，反退縮向隅，無以自效。且既辦以後，利益稍有端倪，不肖官吏又或從而覬覦，百端魚肉。利源未擴，弊竇叢生，斷無可以持久之理。今欲興利剔弊，自非慎始圖終不可。如遴派公司，嚴核股本，示洋股之限制，保華商之利權，及用人、購地、選匠、鳩工、徵收税課、稽查出入等事，亟應明定畫一章程，以資遵守而垂久遠。臣等博訪周諮，就華洋成式中斟酌採擇，謹擬礦務鐵路公共章程二十二條，恭候欽定。如蒙俞允，即由臣局通行飭遵。此後因時制宜，有應行增減之處，再由臣等體察情形，隨時奏明辦理。

所有明定礦務鐵路章程緣由，理合恭摺具陳，伏乞皇太后皇上聖鑒，訓示。再此摺係礦務鐵路總局主稿，會同總理各國事務衙門辦理，合併聲明。謹奏。

光緒二十四年十月初六日奉硃批：依議，欽此。

〔附〕《清單》

謹將擬定礦務鐵路公共章程二十二條，恭呈御覽：

一，礦路分三種辦法：官辦、商辦、官商合辦，而總不如商辦。除未設總局以前業經開辦者不計外，此後總以多得商辦爲主，官爲設法招徠，盡力保護，仍不准干預該公司事權。

一，總局奏准未經奉旨設局以前，無論官商擬辦未確之事，均應報明聽候分別准駁，不得作爲定案。所有設局以後各省開辦礦路，無論官商華洋，均應按照本總局奏定章程辦理。其有援引設局以前各省礦路章程請辦者，既不准行。

一，東三省、山東、龍州三處礦路事務，均與交涉相關。此後無論華洋股分，概不得援案辦理。

一，礦路本係兩事，准分辦不准合辦。凡鐵路公司所有沿路開礦章程，不得援案請辦。即礦山准造支路到水口，以便載運礦産，亦祇准造至最近水口，併不得搭客載貨，暗占鐵路利益。其有應造支路運礦之處，並須先行繪圖報明本總局查覈。

一，凡承辦礦路，俱須設立學堂，以爲儲材之地，業已奏明通行，自應一律照辦。

一，各省紳商有遞呈該省地方官請辦礦路事宜者，該地方官先察其人，如果公正可靠，家貲殷實，其所請辦無背奏定章程，即咨報總局覈奪辦理，不得率行批准。其有在總局遞呈者，亦必咨查該紳原籍地方官，確實無疑，然後批准，以杜朦混招摇等弊。

一，礦路公司勘定某處必經之地，應由地方官先行曉諭，俾衆周知。不得故意抗玩。至公司買地，遇有廬墓所在，務當設法繞越，以順民情而免爭執，不得勉强抑勒。

一，凡經總局批准承辦礦路者，自批准之日起，無論華股洋股至多不得過六個月，一准開工。儻遷延未據呈報開辦日期者，所有批准之案作廢；如實有意外之事，不在此列，亦須預行報明。

一，集款以多得華股爲主。無論如何興辦，統估全工用款若干，必須先有已資及已集華股十分之三以爲基礎，方准招集洋股或借用洋款。如一無已資及華股，專集洋股與借洋款者，概不准行。

一，借用洋款，必須先稟明總局，由局覈定，給予准照，該商方能有議借之權。仍聲明商借商還，中國國家概不擔保。其未得准照私與洋商議借者，雖稱已經畫押，總局概不作據。

一，公司借用洋款議訂草合同後，先送總局覆覈。如與總局奏定章程不符，仍不能以草合同作據，應飭令再議。如再議始終意見不同，可與他國商人另議。如洋商私相借貸，設有虧累，不得向總理衙門及總局控追。

一，設立公司，有准借洋款者，應照成案由本總局咨明總理衙門照會該國駐京大臣照覆後，方爲定准。即洋商有情願借款與該公司者，亦須稟明該國駐京大臣照會總署，由總署諮詢本總局是否准該公司訂借洋款照覆後，方能作據。否則，作爲私借辦理。

一，凡辦礦路，無論洋股洋款，其辦理一切權柄，總應操自華商，以歸自主。惟該公司所有帳目，應聽與股洋商查覈以示公平。

一，有人興辦礦路聲稱已集資本及股分若干者，應先將銀款呈明驗實，以杜冒混。

一，各省凡有礦路地方，必有借重地方官之處。如有地主阻撓工役聚衆等事，一經公司呈報該地方官，即妥爲曉諭彈壓，毋得推諉，尤應嚴禁胥役訛索情弊。如不切實保護，准公司呈訴總局，查實奏參。

一，凡公司彼此争利，或他事有礙公司利權者，應就近由地方官持平判斷，免致兩傷；或因判斷不公，准稟由總局詳細覈辦，以示保護。如係華洋商彼此争執，應由兩造各請公正人理論判斷。倘實因判斷不服，准其另邀局外人秉公調處。兩國國家，不必干預。

一，凡礦路所用洋人前往各處勘驗，應責成地方官切實保護，不得推諉。倘遭意外之虞，惟該地方官是問。

一，華人承辦礦路，獨力資本至五十萬兩以上，查明實已到工，辦有成效；或出力勸辦，實係華股居半者，應照勸辦賑捐之例，請給予優獎，以廣招徠。

一，無論獨辦集股，均准專利。至年限長短，俟臨時察看資本輕重，獲利難易，再行酌定。

一，鐵路經過地方，應設關征税，及礦産出井出口各税，應由總局會同户部另定專章，奏明辦理。至盈餘歸公之款，鐵路應按十成之四，礦務應按十成之二五，提出繳部。

一，各公司一切情形及帳目等事，應聽總局隨時調查，或派人前往閲看。

一，各處礦路所有現行一切細章，統應彙送總局覈定，局中另繕表譜格式分行各省。所有各公司辦理礦路情形，應於每年年終如式填寫，送總局查覈。

硃批：覽。

朱壽朋《光緒朝東華録》卷一五〇《光緒二十四年十月》 榮禄奏，行軍之道，器械爲先。各軍鎗礮多購自外洋，設遇決裂開釁，各國守局外之例，必至束手受困。現時南北洋暨湖北各省多設有機器製造等局，擬請飭下各督撫就地速籌鉅款，移緩就急，督飭局員趕造新式後膛快礮小口徑毛瑟鎗，務期一律，以濟各軍之用。軍火庫藏不宜設於沿海地面，當於腹地建置子藥局庫，以備存儲，庶不至有意外之虞。至於地圖形勢，尤兵家所必究，各營將領於海口既不能處處親歷，圖説斯爲至要，擬飭北洋武備學堂選派精於測繪學生，將舊有北洋輿圖分投重加考較，凡海口淺深，礮臺布置，以及山川道里遠近，均繪圖貼説，確悉不遺。然後分頒各將領隨時熟看，詳細考察，於行軍有所把握，庶免進退失據矣。欽奉慈禧端佑康頤昭豫莊誠壽恭欽獻崇熙皇太后懿旨，榮禄另片奏請飭南北洋及湖北各省趕造鎗礮並請精考北洋沿海輿圖各節，行軍利器，以後膛快礮小口徑毛瑟鎗爲最，現時南北洋及湖北各省均設有機器製造等局，著該督撫就地籌款，移緩就急，督飭局員認真考求，迅即製造，至地圖爲用兵所必究，著北洋大臣督飭武備學堂將沿海輿圖考較精確，繪具總分各圖，通頒各營以資練習。

中國第一歷史檔案館等《中國近代兵器工業檔案史料》第一輯《趙炳麟奏請製造中國舊式槍砲摺光緒二十六年七月初七日》 一、器械宜速製造也。欲善其事者，先利其器。我國近數十年，一切槍砲購之外洋。槍則以哈吃開司、毛瑟爲精；砲則以克虜伯、格倫爲善。天津、江南、湖北等局，仿西法制造，似不及彼國之精，是以軍營所用，多購自外國。今兵端已啓，我子藥稀少，最爲可慮。擬請速飭製造各局，擇其所造之合用者，加緊多造，以便要需。炳麟觀我國之擡搶、劈山砲，子多而能擊遠，體輕而便行營，雖發響稍緩，然能多給各軍，以後隊繼前隊，蟬聯不絶，定能制勝；且子藥皆我能自造，不能受制於人。宜速諭天下工匠，能加工精造者，朝廷不惜重價購之。此最急要之事，不可少緩。又戚繼光之無敵大將軍，造法載在《練兵實紀》甚詳，能照法制造，置守要隘能退大敵，彈多、力猛、機活、易帶，擬請多造。《易》曰：除戎器，以戒不虞。此之謂也。

中國科學院歷史研究所《劉坤一選集》書牘卷一三《復奎樂峯光緒二十六年十二月二十六日》 現在款議甫就，大綱十二，已奉恩俞，而呶呶者，猶復顛倒是非，變亂黑白。朝廷廣開言路，示之以寬，而外人遂疑爲意在依違，固不識中國大體也。所望和局早定，大駕速回，氣象更新，徐圖振作，則宗社之福矣。

目前難在鐵路、礦務諸大端，鄙意與公不謀而合。蓋中國惟地利未盡，舍此别無可以生財；然非設法變通，恐亦莫收成效。

舍姪渥荷成全，擬開正即飭回省當差，以圖報稱。此子有母，年近七旬，本應留家侍養。惟是老年舐犢之私，不無野鶩作鷸之望，勉策駑駘，仰供驅遣。伏祈俯賜訓誨，俾知歷練，以成尺寸之才。

蔡和甫經坤一力保，簡授滬道，實屬人地相宜；乃被排擠，竟至蹉跌。若仍由敝處瀆請，人必以爲護前，無益有損。昨囑勝亭奏調，出具切實考語，再得中堂就中一言，蜚騰當在指顧間矣。

中國科學院歷史研究所《劉坤一選集》書牘卷一三《復奎樂峯光緒二十七年十月二十六日》 上年北方拳匪之變，實爲千古罕見罕聞；東南幸得保全，借重明公與合肥、南皮之力。當時中立有人，異議有人，自非懾於聲威，江南斷難支拄，全局若壞，無從轉圜矣。現在朝政清明，勵精圖治，每下詔旨，莫不克當天心，允孚民望，中外欣欣，争先傳頌，所謂「殷憂啓聖，多難興邦」，其在是歟！唯坤一年力衰憊，此次大病，體氣益不如前，際此時艱，未敢求退，苟且敷衍，隕越滋虞，莫能贊襄新政於萬一，徒抱愧憤而已。

中國礦産實爲莫大財源，乃我既無高明礦師，又無辦礦貲本，勢不能不合洋股，借洋債，用洋人，往往未見利而先受害，是以躊躇審顧，迄無妥善章程。李鐵船回籍辦理此事，未知有無成效，能否擴充，尚祈指示大略爲禱！

俄垂涎東三省，復將前約改輕，意在誘我畫諾，彼得借塞各國之口，謂出我之樂從。察其詭計陰謀，仍是奪我主權，盡占該處利益。坤一與張香帥一再電奏，並電全權不可輕許，並不必與之多談，一俟兩宮回鑾日，約英、美詰俄還地退兵，責以大義；俄人前言在耳，似亦不能不從。細察情形，稍有把握。惟以後應如何力圖振作，或照日本近衛公之策設法開通，公之各國，以杜俄人覬覦，是在乾斷施行也。

席裕福等《皇朝政典類纂》卷二三五《外務部奏》　光緒二十七年十二月二十五日，政務處具奏開辦礦務一摺，奉旨：依議，欽此。欽遵抄摺，知照前來。臣等當即按照原奏内所稱，延聘礦師，查勘礦山，及預購機器，廣招商股各節，詳加籌議。復於本年正月十六日，欽奉諭旨：派張翼總辦路礦事宜。臣文韶、臣鴻禨□奉命督同辦理，自應仰體朝廷振興之意，悉心籌畫，以濬利源。臣等竊維中國礦產之富，甲於五洲，特以地質素昧，講求開採，未能如法，鳩貲試辦，成效茫然。近來風氣漸開，始知西國礦學之精良，機器之利便，然必有能識礦師之人，而後不爲下等礦師所惑，有自製機器之廠，而後不以廣購機器爲難。際此庫款空虛，經費萬難籌措，自不得不借資商力，廣爲招徠。顧華商見小欲速，勢散力微，集累萬之鉅貲，收効在數年以後，勢必遷延觀望，裹足不前。而奸詐嗜利之徒，又往往以一紙呈詞，希圖攬辦，斥之則有所藉口，准之則益啟效尤，甚且勾結外人，輾轉售賣，其弊必至於利權盡失。爲今之計，惟有明定畫一章程，使人人曉然於厚生利用，但能上下交益，國家固無所私，無論華洋各商，皆可照章承辦。其有違背定章，任意要索者，仍應堅持駁阻，杜絶弊混，即所以鼓舞商情。臣等博訪周諮，公同商酌，謹擬礦務章程十九條，恭候欽定，如蒙俞允，即由臣部通行飭遵，其有未盡事宜，應由礦路總局隨時體察情形，奏明辦理。二月初八日，奉硃批：依議。

中國第一歷史檔案館《光緒宣統兩朝上諭檔》第二八册《光緒二十八年二月初二日》　軍機大臣字寄外務部、直隸總督袁、兩江總督劉、兩湖總督張。光緒二十八年二月初二日奉上諭，中國律例自漢唐以來，代有增改，我朝大清律例一書折衷至當，備極精詳。惟是爲治之道，尤貴因時制宜，今昔情勢不同，非參酌適中，不能推行盡善。況近來地利日興，商務日廣，如礦律路律商律等類，皆應妥議專條，著各出使大臣查取各國通行律例，咨送外務部，並著責成、袁世凱、劉坤一、張之洞慎選熟悉中西律例者，保送數員來京聽候簡派，開館編纂，請旨審定頒發，總期切實平允，中外通行，用示通變宜民之至意，將此各諭令知之。欽此，遵旨，寄信前來。

桐聲《光緒政要》卷二八《九月派訂各國商約》　欽奉上諭：直隸總督袁世凱著派充督辦商務大臣，與張之洞會同辦理，並會議各國商約事宜，欽此。又奉上諭：候補四品京堂伍廷芳，著派充會辦商務大臣，並會議各國商約事宜，欽此。此次所訂英國商約，共十六款。第一款云，向來發給存票，曾有延擱，推原其故，係由此等存票，由監督經理，而監督又與海關相隔遥遠。現議定從今以後，所有存票，悉歸海關發給。自商人稟請之日起，如查係應領者，於二十一日之内發給。此等存票，可用以抵入口貨税，惟不得用以抵納子口半税。至洋貨出口後，三年之内，再運出外洋，其存票可由該貨入口納税之海關銀號領取現銀，不得減扣。倘請發存票之人，欲圖混騙，一經海關查出，須罰銀照其所圖騙之數，不得逾五倍，或將其貨入官。第二款云，中國允願設法立定國家一律之國幣，即以此定爲合例之國幣，將來中英兩國人民，應在中國境内遵用，以完納各項税課，及付一切用款。第三款云，中國允許凡民船載貨，由香港往來廣東省内各通商口岸，所納之税，連釐金合算，不得少於海關徵收輪船所載相同貨物之税數。第四款云，中國人民，曾已出資鉅數，購買他國公司之股票，雖衆人悉知，究竟華民如此購買股票，是否合例之處，尚未明定。故中國現將華民或已購買，或將來購買諸國公司股票，均須認爲合例。凡同一公司，願入股購票者，各有本分當守，自宜彼此一律，不得岐異。中國又允遇有華民購買公司股票者，應將該人民購買股分之舉，即作爲已允遵守，該公司訂定章程，並願按英國公堂解釋該章程辦法之據。倘不遵辦，致被公司控告，中國公堂，應即飭令買股分之華民遵守該章程，當與英國公堂飭令買股分之英民，相等無異，不得另有苛求。英國允英民如購中國公司股票，其當守本分，與華民之有股分者相同，並訂明以上所開各節，凡曾經呈控公堂，而已經不予准理之案，與是款無涉。第五款云，中國允於兩年内，除去廣東珠江人力所造阻礙行船之件。又允准將廣州口岸泊船處整頓，以便船隻裝載貨物。既整頓之後，允爲設法隨時保持，其工程歸海關辦理，而經費由華英兩國商人照卸裝貨物抽捐充用。至應抽若干，歸該商等與海關議定。又中國本知宜昌至重慶一帶水道宜加整頓，以便輪船行駛，又深知整頓之費浩大，且關係四川兩湖地方百姓，所以彼此訂定，未能整頓以前，應准輪船業主，聽候海關核准後，自行出資安設拖拉過灘利便之件。其能安設利便之件，無論民船輪船，任便聽用，仍須遵照海關議定章程辦理。但所設之件，不得阻礙水道，或阻礙民船暢行。其標示記號之臺塔，及指示水槽之標記，由海關酌奪，何時何地，相宜備設。將來如有可行，條陳整頓水道，及利於行船，而無害於地方百姓，不費國家之款，中國應和平核酌。第六款云，中國允准在通商口岸，多設關棧，以便屯積洋貨，及拆包改裝等事。俟出棧時，始完税課。凡英國官員，請將英人之棧改爲關棧，應由該口海關查明，實係謹慎堅固，保無偷漏税項之虞，始准所請。該棧須遵海關訂定關棧專章，輸納規費，至此項規費應納若干，按棧離關遠近，屯何貨物，并工作早晚，酌情核定。惟所定之章，應實與税務商情，兩有裨益。第七款云，英國本有保護華商貿易牌號，以防英國人民違犯，跡近假冒之弊中國亦應保護英商貿易牌號，以防中國人民違犯，跡近假冒之弊。由南北洋大臣，在各管轄境内，設立牌號註册局所一處，派歸海關管理其事。各商到局輸納秉公規費後，飭即將貿易牌號呈註册，不得藉給他人使用，致生假冒等弊。第八款云，中國認悉在出産處於轉運時，及在運到處，紛紛征抽貨釐，以及别項貨捐，難免阻礙，塲物不能流通，勢必傷害貿易之利，是以允願除第八節所載之銷塲税外，盡裁此項籌餉之法。英國允許英商運進之洋貨，及運出之土貨，除照税則應納正税外，加完一税，以爲補償。中英兩國，彼此訂明，所有釐卡及征抽行貨他捐，各關卡局所裁撤棧，不得改名，或藉辭將此項關卡復行設立。進口洋貨所加抽之税，不得過於中國與各國光緒二十七年七月二十七日，即西曆一千零九百零一年九月七號，簽押之議和條約所定之進口正税一倍半之數，即值百抽十二五。此項進口正税，及添加之税，一經完清，其洋貨無論在華人之手，或在洋人之手，亦無論原件，或分裝，均得全免重征各項税捐，以及查驗，或留難情事。至出口貨之所納税總數，不得逾百抽七五之數。中英兩國心存以上所言之宗旨，故允願辦法如下。第一節，中國允將十八省及東三省陸路鐵路及水道向設各釐卡及抽類似釐捐之關卡，概予裁撤，於約款施行之時，不得復設。惟在沿江沿海通商口岸，并内地之水道陸路或邊界現有各常關，不在此列。第二節，英國允願洋貨於進口時，除按光緒二十七年所訂和約内載進口貨税，增至切實值百抽五外，照和約所定之税，再加一額外税，照切實值百抽五加一倍半之數，以抵裁撤釐金子口税，及洋貨各項税捐，并酬此款所載各項整頓之事，惟不得有礙第三節常關，第五節土藥，第六節鹽斤，第八節各項土貨抽銷塲税之權。凡經陸路邊界，運入中國十八省及東三省之貨，與從海路運入中國之貨，一律征收此項加税。第三節，現在所有之常關，無論在通商口岸沿海沿江，及内地水道陸路與邊界，凡載在户部工部則例、大清會典者，均可仍舊存留，惟須開列清單，註明地址，照送英國國家存案。其有海關而無常關，及沿海沿邊，非通商口岸之各處，均可添設常關。將來如新開通商口岸，應設海關者，常關亦可一併安設。至内地舊有各常關地址，或有應由某處移至某處，以合貿易情形，可隨時酌改，照會英國國家更正清單，但不得逾舊有額數。凡帆各船出入通商口岸裝載之貨，所納税項，不得少於輪船裝載之貨，所納進口正税，以及加税之總數土貨，在於内地，由此處運彼處，自産處起運經内地第一常關，應照海關税則征收。第七節，所載之出口加税（即值百抽二五），給予憑單，載明貨色件數觔兩，及指運之處，并所征税數，自完納加税之日，限期至少一年。持此單據，無論經内地何關，均不得再征税項，及查驗留難阻滯。該土貨若運至通商口岸租界以外之處銷售，即應納第八款所載之銷塲税，如運至通商口岸轉販出口，該口税關，應將單據驗明，准抵應加之出口税。又凡民船民艇及車輛，除應抽公道輕輸，定爲每年若干，按時征税外，不可再另有抽捐，惟現在所抽船鈔船料，不在此列。第四節，洋藥現在併征之税釐，仍照現行約章所載辦理，以後應將該釐金作爲加税，係因裁釐，是以易去釐金之名。第五節，英國本無意干預中國徵抽土藥税項之權，惟須聲明徵抽此項土藥税項之辦法，不得於他項貨物稍有耽延留難，亦不得藉詞徵收别項捐費。中國可在各省水陸邊界要隘，仍留舊設之土藥税所，凡所有應繳各種税捐，在於該所作一次交納，即算在該省之内，應納各項税捐，均已清完，且每塊黏貼印花，以爲完税之據。各該局所覓用巡勇警察，以防偷漏，惟不得設有卡欄，或别項阻礙之具，至此項土藥局所警察巡勇，不得於他項貨物有所耽延留難，亦不得藉詞徵收别項税貨。惟所留各局所地址，即應開單照送英國國家存案。第六節，鹽釐名目，須改爲鹽税，可按現徵之釐金數目，及别項徵捐，加入課税之内。此項税課，或在産鹽地方抽收，或在銷鹽省分進境第一局抽收，并可任便設立各鹽報驗公所。凡船艘按照鹽引運載者，須該公所停船候驗，蓋戳放行，但不得徵收釐金，或别項徵捐，亦不得建築各項卡欄阻礙之具。第七節，中國可以將現在出口税則，從新修改，以估價值百抽五之例爲準，凡能改者，即當定爲各該貨按色應完税銀幾何，惟如欲加抽，須先六個月預行通知方可。現行税則，有逾估價值百抽五之數者，亦須裁減無逾。又因裁徹釐金及各項貨捐之故，所有土貨販運出洋，或通商此口，或轉運彼口，除出口正税外，可於出口時加抽正税之一半，以爲抵補。至於絲斤一項，無論手繅，及機器繅，所徵出口正税之總數，不得逾估價切實值百抽五之數。此税并可在絲斤所過之第一内地常關，徵抽一半，惟須按照第三節所載辦法，給以單據，該單據即可抵納正稅一半之數。若蠶繭經過常關，則須免抽各項之稅。其在中國內銷不出洋之絲斤，仍照第八節，須納銷場稅。又因裁釐金之故，所有土貨出洋，或此口運彼口之出口稅，除上款值百抽足五外，再照加收半稅，以抵裁釐所失。第八節，中國即裁撤釐捐，以及向有內地徵抽洋貨，及出洋土貨別項貨捐，實於進款大有所失。今進口洋貨，出洋土貨，及由此口至彼口往來土貨所加之稅，冀可酌補，惟內地土貨釐金進款之所失，仍須籌補，是以彼此訂明，中國可任便向不出洋之土貨，徵抽一銷場稅，但止可於銷售之處，不得於貨物轉運之時徵抽。中國承認徵抽此項銷場稅之辦法，不得稍於運來之洋貨，或運往外國之土貨，有所妨礙。凡貨物即屬洋貨，經海關驗放之後，須免一切稅課，及留難阻滯之事。凡洋貨與土貨相類者，完納進口正稅，及所加之稅後，該口海關若據貨主請領，即應逐包發給。該貨已經完清者，無論貨主是何國之人，只應報明常關，以便徵抽銷場稅。此項銷場稅數之多寡，可任由中國自定，視貨物種類斟酌。即視該貨，如係民生日用所必需者，則可減抽，若非民生日用所必需，及僅止富貴家所用貴重之物，則可加抽。惟同類無論是民船帆船，或輪船裝載者，均須一律徵收。但此項銷場稅，應按照第三節所載，不得在租界徵收。第九節，凡洋商在中國通商口岸，或華商在中國各處，用機器紡成之棉紗，及製成之棉布，須完一出廠稅，其數係倍於光緒二十八年議和條約之進口稅，即值百抽十。惟各該機器廠所用之棉花，若係外洋運來者，應將已完進口正稅全數，及進口加稅三分之二發還，即按所收進口正加各稅，值百抽十二分五，退還值百之十分。所用者係土產棉花，須將已徵之各稅，及銷場稅，全數一併發還。凡以上所指華商在中國用機器紡織之棉布，即完出廠稅後，所有出口正稅，出口加稅，復進口半稅，以及銷場稅，概行豁免。此項出廠稅，須由海關徵收。凡別項貨物，與洋貨相同者，若洋商在通商口岸，或華商在中國各處用機器造成者，亦須按照以上章程辦法。惟湖北漢陽大冶鐵廠，及中國國家現有免稅各廠，以及嗣後設立之製造局船澳等廠，所出之物件，不在此款所言出廠稅之列。第十節，由各省督撫自行在海關人員中選定一人，或數人，商明總稅務司，派駐每省，監察常關銷場稅，鹽務土藥各事宜。該員等須實力監察，如有不合例之需索留難，一經監察之員稟報中國政府，即行將弊端除去。第十一節，凡照此款，有不合例之需索，及留難情事，一經商人告發，即由中國派員一名，會同英國官員一名，及海關人員一名，彼此職位相等，查辦其事。如經查出，實由留難受虧確情，即由最近通商口岸海關，在加稅項下撥款賠還。舞弊之員，由該省大吏從嚴參辦，開去其缺。倘查出實係被誣，原告商人，應罰查辦一切費用。如英國駐京大臣得有憑據，致信有不合例之需索，或留難情事，應得中國查禁。第十二節，中國允願將下列各地開爲通商口岸，與江甯、天津各條約所開之口岸無異，即湖南之長沙，四川之萬縣，安徽之安慶，廣東之惠州及江門。各國人民在該通商口岸居住者，須遵守該處工部局及巡捕章程，與居住各該處等之華民無異。非得華官允准，不得在該通商口岸之界內，自設工部及巡捕。此第八款若不施行，則不得索開。以上所言之通商口岸，惟江門一處，另載於第十款內，不在此例。第十三節，按下列第十四節所載明者，若能照辦，則此款辦法，應自西曆一千九百零四年正月初一日舉行，屆時將所釐卡須盡行裁撤，凡徵收約內禁止稅項之人，亦均須辭差。第十四節，凡在中國應享優待均沾之款，亦須一律允立此約。又各國不得要求中國，或暗要求中國，給以政治利權，或給以獨佔之商務利權，以爲允願此條之基址，英國方能允照此條所載各節辦理。第十五節，倘各國與中國立定條約內，有利益均沾之款者，若在西曆一千九百零四年正月初一日以前，尚未允按英國在於此款所許各節辦理，須俟各國允許照辦，始可將此款舉行。第十六節，此款所載裁撤釐金，以及內地各項貨捐，一經議定批准，即應明降諭旨，用謄黃布告於衆，言明向有釐金盡撤，向有釐卡全裁去。至常關及內地各他項貨捐貨稅，除此款所載抽收外，餘盡行裁除。所降上諭，亦須載明，如有背此約文違章之員，即責成該省大吏，從嚴參辦，開去其缺。第九款云，中國因知振興礦務，於國有益，且應招徠華洋資本，興辦礦業，故允自簽押此約之日起，於一年內，自行將英國印度他國現行礦務章程，迅速認真考究採擇。其中所有與中國相宜者，將中國現行之礦務章程，從新修改妥定，以期一面於中國主權毫無妨礙，而於中國利權有益無損，一面於招致外洋資財無礙，且比較他國通行章，於礦亦不致有虧。凡於此項礦務新章頒行後，始准開礦者，均須照新章辦理。第十款云，茲因光緒二十四年所訂中國內港行輪章程，特准在通商口岸註册之華洋各項輪船行駛貿易，又因是年六月八號，先後所訂此項章程，間有未便，是以彼此訂明，應將此章從新修改，附載此約。惟此章程應案照遵行，直至日後，彼此允願更正爲止。又，彼此議定將江門開爲通商口岸。除光緒二十三年正月初三中英兩國畫押緬甸條約之專款，所准英輪前往西江之停泊處所外，茲將廣東省內之白土口、羅定口、都城，作爲暫行停泊上下客貨之處。按照長江停泊處所章程，並將容奇、馬甯、九江、古勞、永安、後瀝、禄步、悦城六都、封川十處，作爲上下搭客之處。第十一款云，英國茲允莫啡鴉任便販運來華，中國亦須應允。凡英國領有執照之醫生，如運莫啡鴉進口，應在本國領事署内，具立切結，聲明非有西國醫生藥單，不得出售，並云即有此項藥單，亦僅以些須小數出售。至該醫生等，如運莫啡鴉進口，應照税則納税後，請領海關專單，方准起岸放行。倘不遵照所具切結辦理，一經本國領事查出以後，不准再運。凡英人販運莫啡雅進口，有禾領專單者，應將其貨充公。此款惟須由有約各國，應允照行，乃可舉辦。以前遇有莫啡鴉業已落船者，不在此例。中國亦允禁止中國鋪户製煉莫啡鴉，以杜其患。第十二款云，中國深欲整頓本國律例，以期與各西國律例改同一律，英國允願盡力協助，以成此舉。一俟查悉中國律例情形，及其審斷辦法，及一切相關事宜，皆臻妥善，英國即允棄其治外法權。第十三款，中國之意，教事必須詳細商酌，以免從前嫌釁滋事，將來復萌。倘中國與各國派員會查此舉，盡力妥籌辦法，英國允願派員會同查議，盡力籌策，以期民教永遠自安。第十四款云，咸豐八年，商定條約通商章程五款内載，凡米穀等糧，英商欲運往中國通商别口，則照銅鐵一律辦理，出口時照依税則納税等因。彼此應允，若在某處，無論因何事故，如有饑荒之虞，中國若先於二十一日前出示禁止米穀等糧，由該處出口，各商自當遵辦。倘船隻爲專租載運米穀而來，若在奉禁之前到埠，及届禁期内，尚未裝完，其前已買完之穀米者，仍准其於七日内一律裝完出口，不得攔阻。惟既禁之後，如准無論何項米穀裝運出口，則應視該禁業已廢弛，倘欲再行禁止，則須另行出示。自示之後，以四十二日爲限，方可照辦。惟出示禁止米穀等糧出口時，該示應載明中國有無漕米軍米，欲在禁止限内運出口，如有漕米軍米，欲運出口者，必須載明數目輕重若干。此項漕米軍米，雖不出禁止之内，亦應由海關開簿，逐日記明出口若干。中國聲明禁止限内，除漕米軍米兩項外，他項米穀，一概不准轉運出口。第十五款云，此次新定税則之後，彼此兩國，若欲修改，以十年爲限，期滿，須於六個月之内，先行知照，酌量更改。若彼此未曾先聲明修改，則税課仍照前章完納，復俟十年，再行修改。以後均照此限辦理，嗣後中國若於他國所産，或所造貨物，如有給以税則利益之處，則英國所産，或所造，相同貨物，無論由何人運來進口者，亦一律均沾。此項利益，彼此兩國向定條約，若未有現定條約，或廢或改，則仍應遵守第十六款。此次商定條款，漢英各文，詳細校對，惟嗣後如有文詞辨論之處，應以英文爲正義。本約立定，由兩國特派大臣，在中國江蘇省之上海，將約之漢文英文各二分，先行畫押蓋印，恭候兩國御筆批准，在於中國京城，一年限内，會晤互换，以昭信守。按此約，係欽派辦理商約大臣工部尚書吕海寰，太子少保工部左侍郎盛宣懷，與英國全權使臣馬凱，分别修改商定，而以兩督總其成云。

中國第一歷史檔案館等《中國近代兵器工業檔案史料》第一輯《徐堉奏請招商設廠製造軍械摺光緒二十九年十一月十三日》

江南道監察御史臣徐堉跪奏，爲機器製造軍械，亟宜招商設局，以資講習而儲武備，恭摺仰祈聖鑒事。

竊以方今中外多事，各國槍砲機巧百出，愈造愈奇，内地工藝未興，槍彈子藥均仰給於外洋。欲平時多購，則巨款難籌，且日久槍銹，子霉，不復堪用；而倉猝置備，則又訂購需時，緩不濟急；兼以各廠新式形模不同，用法亦異，器非素嫻，難期應手；其所習用之舊式，又每以原配藥彈用完，續購不複合式，以致槍彈皆成廢物。種種滯礙，實難枚舉。儻一旦海道不通，約章停購，來源立竭，束手坐困，其弊更何堪設想。比年來每遇軍興，必先計有砲若干，有槍若干，槍若干響，砲若干響，此外能否接濟，有無把握，方敢言戰。是以每念及此，談者氣餒，聞者心寒。軍威之不振，士氣之不揚，半由於此。

伏查湖北、福建、江蘇等省，皆設有機器局，而規模狹小，製造無多，倉猝之間，僅堪自給。京師爲根本重地，防營林立，竟無一廠製造軍械。況現已欽派王大臣練兵，而所需軍械尚未設立專廠，實非制勝自强之道。惟思廠費浩繁，若由國家自辦，恐未易籌此巨款，非招商認辦，不能克期集事。擬請飭下商部、外務部通行曉諭，明白宣示，無論中外官紳、商民，如願於京城及省會開機器製造局，赴該衙門呈報，準其購地建廠，地方官切實保護。至所造槍、砲、藥、彈，先將名目、款式，工料價值，照外洋互相比較，實係貨精價廉，報明該衙門存案。有公文照會方準賣給，不得零售私運。其創辦商人，亦比照外洋專利辦法。凡戰守所需，皆赴該廠訂造，不得復購之外洋。如此表里相維，則銷路暢旺，在該廠既可精益求精，於國家實大有利益。且在内地製造，各營兵弁皆可輪流入局學習，安插機械，配算藥力，如有澀銹損壞，即可隨時修理，遠近高下測量準頭，亦有把握，於講求戰陣之法，獲益良非淺鮮。至開局之後，凡我國紳商、士民，皆可隨時練習。見聞既熟，久之則通曉製造者當不乏人。不俟勉强而各自得師，較之遣員出洋學習，尤能收速效而獲近功。臣爲製造不精，深恐緩急難恃，用敢摅陳管見。請飭下商部、外務部出示招商，必有起而應者；儻蒙諭旨明宣，則聞風興起者更不少矣。

是否有當，謹繕摺具陳，伏乞皇太后、皇上聖鑒。謹奏。

《東方雜誌》第一年第二期《商部勸辦商會諭帖》　爲剴切勸諭事。方今朝廷重視商政，特設專官，本部職司其事，懼不克稱，敬爲衆商開誠一言。今日我國商人，亦甚可憫，土貨貴則成本重，洋貨行則銷路狹，經營之苦，求利之難，大異昔時。推其致病之由：一由於商情之不聚，一由於商力之不厚，一由於商智之不開。不特官與商隔膜，即商與商，亦不相聞；不特版業與此業隔膜，即同業之中，亦不相聞，甚且冒充牌號，私抛空盤，僞造低貨，只争一己之私，而不顧大局，卒至買客挑剔，牙儈把持，拖累同行，敗壞市面，言之可爲痛心。況自通商以來，各國群集，買賣交易，相形見絀，無論本小力微者，更益不支，即巨商大賈，資本充足，而商務日敗，市情日竭，恐亦未能獨享厚利。本部職在保商，仰體朝廷子惠商民之至意，思所以聚商情厚商力，開商智，入手之方，莫如各業分設商會一事。各舉總董，按期會議，凡一業中，何貨易售，何貨擱銷，何貨成本較重，何貨利息較厚，何貨當思仿造，何貨當思改良，舉一切物産衰旺，工藝優劣，市情漲落，銷場暢滯，合同業商人，時加考察，互陳利弊，互究得失，聯絡一氣，務思所以補救之法，而且該業之中，某利當興，某弊當革，某鋪有虧摺，某人有屈抑，某人制新器，應予專利，某人造僞貨，應予禁止，更可由各業會董，隨時隨事，徑呈本部查覈，事屬公允，立予辦理。商會一設，不特可以去商與商隔膜之弊，且可以去官與商隔膜之弊，爲益商務，良非淺鮮，泰西商務之盛大，率由此。本爵部堂奉命以來，日夜兢兢，保護維持，責無旁貸，特以願力無窮，文告有限，市廛間隔，勢不能家喻户曉，所望各業商人，共體此意，公舉業董，速訂會章，集有成議，克日具報。或有思慮未周之處，該商董等盡可各抒所見，匡其不逮，本部曲體商情，概不責以文貌。總期上下一心，官商一氣，實力整頓，廣辟利源，凡我商人同享大利，實有厚望焉。幸勿視爲具文，遲延自誤，有負本爵部堂殷殷勸喻苦心，是爲至要。

《東方雜誌》第二年第五期《河南布按兩司商務局會呈表册振興實業詳文并批》　案，查商部所以咨取土性表之意，原爲專備考核起見，而職局振興農工商三事，亦即憑各州縣之所稟報，以爲辦事之根本。本司職道等，綜核參觀，竊以爲豫省風氣初開，商業尚未發達，注重要點，專在農工。查各州縣農産各品，以麥豆爲大宗，次爲棉花，又次爲麻、靛、烟葉、藥材等類，果木所出不少，然除棗干、柿餅外，别無製品，不能行銷及遠。林業以榆、柳、椿、楊爲多，他項樹木，概屬僅見。土桑雖間有種植，然以之飼蠶，絲率粗勁，而乏光澤，其汝州南陽一帶，全恃槲蠶，桑蠶之利尚未普興。至沿河二十餘州縣，沙壓荒地，一望無際，其沙層之厚者，每至丈餘，未易遽施種植。腹地平原，雖皆土脉腴沃，然水利未興，施肥化土之術不講，以致歲率歉收，一畝之田，未獲得半之效。至畜牧，則僅供食用，惟懷慶一帶，土制羊皮，行銷本省，此外毛羽骨角等項，販運漢口，并未成莊，此農業大概現情也。工産各品，以綢緞、紗縐、棉布爲大宗，其餘如禹州鈞磁、南陽綫罽、浚縣錫器、葉縣銅器、永寧河内之竹器、鹿邑滎澤之草帽辮，皆係著名之品，惟絲質不佳，織品難與南省争勝，洋紗輸入，土布之銷路漸微其磁器等類，大率舊式相循，若不設法改良，實無以辟利源而籌抵制，惟草帽辮一項，銷售洋莊，爲數頗鉅。然據滎澤縣報告，歷查銷數，年減一年，是非選料加工，力求進步，亦不免有滯銷之虞。此工業之大概現情也。農工如此，商何以興。職局自設立以來，仰蒙憲臺，藎畫周詳，疊飭各州縣廣種樹木，興辦水利，而又遠購桑秧，頒發各處，既於河北建立農務實業學堂，又於省會設立工藝官局、蠶桑局，通飭各屬籌設工藝廠，習藝所，凡所以提倡而振興之早者，已定遠大之方針，建富强之基礎。本司職道等，遵循憲意，隨時規畫，務期地利日辟，製造日精，土貨日多，銷場日暢，既於各州縣稟服時，各因就地之情形，本有之物産，批飭整頓倡導，至如紡紗、磨面、卷烟、紡麻、陶器、開礦、煉鹹各貿易，非設立公司不能，集事者俱已分别勸辦。半載以來，雖未遽收成效，而民智漸開，商情鼓舞，深知此等公司，皆有實在利益，徒以資本未充，旋議旋輟，將來觀感既久，必有起而達其目的者。至各州縣奉文以後，雖有辦理因循，然實能考究一切，認真籌辦者，亦已不少，近經職局詳蒙批准，設立勸工陳列所，調取各屬已成製品，其陸續運到之件，似已式樣漸新，稍祛粗拙之病，似此董勸謙施，次第推行，必當有成效可睹。以豫省幅員之廣，户口之繁，物産之多，礦質之富，轉瞬蘆漢幹路，南北接軌，枝路分佈，東西又有周口、道口兩鎮，爲水運之要埠，轉輸利便，商業日趨繁盛可知。本司職道等，惟有加意講求，切實督飭，以副憲臺振興實業之至意。除再分飭各州縣，將土性表按季造報，以資比較外，理合將匯呈第一次表圖説緣由，及河南全省農工商三事大略情形，詳請鑒核轉咨，伏乞照詳施行。

豫撫陳批，據詳已悉。呈到表圖説兩分，候分别咨存，仰仍督飭隨時加意講求，認真提倡，務期地利日辟，製造日精，土貨日多，銷場日暢，以興實業，而拓利源，本部院有厚望焉。繳。

《東方雜誌》第二年第九期《商部奏候補京堂陳呈請於川省廣興各項實業摺》 竊臣部差委章京候補四五品京堂陳時利呈稱，竊維川省據西陲之上腴，民殷物阜，上通藏印，下達江海，左抱滇黔，右帶陝湘，固四通商戰之地，而外人所亟欲馳逐爭競者也。然自成都創設商局以來，洋燭烟卷，或甫辦而旋停，强水火柴，雖專利而未廣，製造不精，轉運不靈，既難以開風氣而增公益，推原其故，實由於商情涣散，民智閉塞，整頓之未得其術，操縱之未妙其權也。時利以爲求新不如振舊，慮始斯可圖成，施之以漸，乃克有爲。四川土産，除鹽歸官運外，其流溢於外洋外省者，曰絲茶，曰白蠟、藥材、糖、麻爲大宗。絲産於保寧嘉定，而聚於成都，以供蜀錦綢緞綉貨之用，餘則達於上海而出洋。川絲繅法多不善，必入上海機器廠，然後合用，即以川中綢緞論，亦遠遜江浙，蓋植桑辨種，育蠶繅絲諸法，夙未講求也。蜀雖多山，然各州縣皆有平原腴壤，宜桑之地，僅僅嘉定保寧一隅，不足以推廣利源，擬請旨飭下四川督臣，札飭各州縣，設立蠶桑局，官爲購置桑秧，租地插布，大縣約四五十畝，小縣約二三十畝，每地一畝，約布桑秧五萬株，大中小匀計每縣約得三十畝，歲可種桑秧一百五十萬株，以此遞增遞補，其效甚捷，須嚴訂科條，地方官不認真者，有黜。凡民間田畔墻陰，皆可插桑，由官督飭裏保，勸諭農民，按户之大小，地之廣狹，赴局委領官種，不取種資，勤植者賞，怠惰者罰，其插而未活者，令其赴局買补，以培原領之數，每株訂制綫三四文，不得多取，地方官隨時稽查，不得奉行故事，總期數年後，桑株遍於全蜀。并將插桑擇種飼蠶繅絲諸新法，取其善美簡切而易行者，刊刻成書，由地方官遍散農民，復再三開諭，留心考察，務欲民知其利，踴躍從事。省城則由商局創一繅絲廠，重慶設分廠，凡出口絲及赴各機房者，皆入廠，公司則聽各商自設，若川絲成貨出省者，不過欄杆花樣不新，爲東洋所抵制，綢縐練絲不熟，又視浙湘爲減色，急宜考新法，制新機，覓新樣，創新式。制法花樣，以愈新而愈妙，隨時改良，勿令陳陳相因，是當在省城設一大勸工場，比較廠，以絲爲首務。茶産雅州，藏番所嗜，爲川貨出藏之大宗，亦爲川省扼藏之要領。近二十年來，商人詐僞，以樹葉攙雜其中，藏番深惡，莫可如何。英人始以印茶誘之，遂成互市之局，迨印茶盛，而川茶日益衰，諸商漸多歇業。川省産茶，不一地，雅州外，尚有馬邊灌縣等處，要皆内銷，未能遠販。蜀地多山，宜茶之地不少，宜令開放例禁，聽民得以自種，官爲頒佈茶種，設局收買，成都重慶，宜仿漢口，設立制茶廠，實可廣辟利源。白蠟爲出口鉅貨，自洋燭改易新法，而蠟價日跌，蠟之爲用至廣，須派人至滬考查外洋製造何者，相宜預備擴充，以維商業。藥材惟大黄、五倍子、巴豆、姜黄，出洋所銷亦微，餘只供給各省而已。查西人每食，必飲咖啡，今宜添置咖啡之種，設法種植，制成此茶，以投西人之嗜。官爲試辦，一得其法，即令民間廣種，以收利益。川糖之品三：曰白糖、桔糖、紅糖，皆出於蔗，資州瀘州一帶，蔗林翳鬱，沿山皆是，然惟桔糖可達漢口，而白糖、紅糖，只行本省。糖之用，至廣者莫如白糖，華洋咸嗜，川白糖色暗，而味過濃厚，成本極重，其價逾於台糖洋糖，而潔白不如遠甚。今宜仿台糖，用機器製造，出貨多，而價極廉，精益求精，務駕台糖洋糖之上，使東西争購，抵制外人。麻與絲并重，而麻用尤溥。考古無木棉，惟老者可以衣帛，仰給於絲，其少壯，取辦於麻而已。自木棉盛行，而以麻織布，只施之於夏，而視爲可有可無之數。近經西人考察斯理，以爲麻之適體，不但勝於棉，而且勝於絲。四川惟隆昌麻布最著名，然拘守舊法，不足暢銷，前年曾欲設麻布公司，未成遽止。今宜博採西術，考究麻理，配以新機，制以新法，務合西人適體之用。并宜通飭各州縣，勸諭民間，種桑之外，繼以種麻，庶地無棄材，而人有恒産矣。以上六端，皆川産可以出省，出口之大宗，其餘如骨角、羽毛諸類，可以新法推廣者，正復不少。竊惟天下大利，本於農桑。漢臣司馬遷傳貨殖，悉就民生日用之源，以扼其綱領。西人馳逐東亞，皆伺察中民意向之所在，以中其隱，而秉其樞，故英法商業，雄競東來，爲全球冠，近日本仿傚，亦操勝權。然察其灌輸角馳之要，實以紗布、絲茶、銅鐵爲巨擘，機器奇巧，不過輔之以行，而要非正宗。蜀地重慶，早辟商埸，將來軌路大通，成都將列爲巨埠，昔之險塞，今類康莊，若不早爲圖謀，誠恐門户一開，漏卮轉甚。況蜀民人口，甲於二十一省，生齒日繁，遊民日衆，尤宜廣興各項實業，以彌隱患，而裕民生，時利家世，蜀人聞見較確，謹貢刍蕘，以冀采擇。現在朝廷設立商部，百度維新，蜀中商人，咸知奮勉，呈請代奏，懇恩飭下四川督臣，設法極力整頓，以蘇民因而浚利源等情前來，理合恭摺具陳代奏，謹奏。

徐世昌《退耕堂政書》卷一〇《核覆候補四品京堂鄭孝胥奏請限年趕造軍械片》 再，前准軍機處鈔交候補四品京堂鄭孝胥奏請限年趕造軍械一摺，光緒三十一年十月十八日奉硃批：練兵處知道，欽此。查軍械爲練兵要需，自應精製廣造，以資利用。前因上海製造局有移建之議，當蒙簡派臣鐵良前往江南等省周歷查勘，旋將應否移建情形詳細覆奏，經臣處會同政務處遵旨議覆，擬於湖北舊廠外添設南北兩廠，分別撥款籌辦等因，奏蒙俞允在案。今該京堂所陳各節，覈其辦法，大抵前奏中均經議及，如原奏内稱全國軍械責成練兵處，特舉勤能大員督辦一節，查前奏以南北兩廠全在總辦得人，非精諳槍學礮學、體用兼備之員不足勝任，請飭下直隸、兩江、湖廣總督，各舉所知二三員，開列銜名，出具考語，由練兵處彙覈請簡。俟奉旨後，即責成總辦之員將建廠各事宜詳細規畫，稟承練兵處王大臣及該管總督剋期興辦，是製造各局用人行政等項事宜，業經聲明統歸臣處辦理。該京堂所請特舉大員督辦之處，應毋庸置議。又原奏内稱籌款練才擇地各事，限半年内妥議具奏一節，查前奏擬以滬廠每年節存之七十萬兩撥作北廠開辦經費，不敷之款估定後，責成直隸、山東、河南、山西、陝西、奉天、吉林等省，限五年内分別攤籌，南廠則以江、皖、贛三省協濟之三十萬兩，及銅圓一半，餘利提作開辦經費，估有不敷，責成江蘇、浙江、四川、兩湖、兩廣等省，亦按五年分成攤解。是兩廠應需款項，業經分別籌定，現在雖銅圓餘利已不可恃，然當此庫儲支絀之際，實無他款可以提撥，應仍遵前議，設法辦理。至製造各學，理極精微，選練人才至爲要務。前奏擬請俟南北兩廠開辦時，隨廠各設學堂，招集生徒，延師教練，應請屆時切實舉行。惟選擇廠地一事，除南廠設於湘東，業經勘定基址外，北廠擬設於直豫等省，前經行知該督撫等各於境内選擇地址，現准河南巡撫咨稱，衛輝府道口鎮地方堪備建廠之用，第地勢是否高廣，土性是否堅實，運道是否靈通，必須事事合宜，方能適用。容由臣處派員覆勘詳確，再行奏請欽定。又原奏内稱限三年内將廠屋造成開工興辦一節，查建廠爲一勞永逸之舉，固不容因循以廢事，尤未可草率以圖成，上年湖廣督臣張之洞奏請移建新廠摺内，擬以五年爲期，委係估計工程之大小，衡量財力之盈虚，而因以定歲月之遲速。惟現在建廠勢難再緩，而所籌經費尚未齊全，臣等惟有俟廠地一經擇定，即就目前財力先其所急，陸續開辦，以期早日工竣，不致虚耗歲時。又原奏内稱每年造出之槍礮必須足供全國海軍陸軍百餘萬人之用一節，查出械之多寡視乎機器之大小，此時海軍既未興辦，即編成陸軍鎮數亦尚無多，惟現當上緊編練之際，自必日增月盛。臣等擬俟兩廠開辦，即按照各省應需軍械數目，購置相當機器，源源製造，寬爲儲備，俾資應付。如果將來餉力充裕，所練海陸各軍能如該京堂所稱百餘萬人之數，自當隨時增置機器，逐漸擴充。至此項槍礮爲殺敵致果之用，關係甚重，應如何實力考驗，博采衆長之處，容由臣等督飭承辦各員悉心研究，去弊改良，務期盡美盡善，一律精純，以仰副朝廷慎重軍儲之至意。所有覆核該京堂奏請限年造械緣由，謹附片具陳，伏乞聖鑒。

《商務官報》光緒三十二年四月二十五日第六期《商部奏參保護回籍華商不力官員摺》

謹奏，爲閩省回籍華商屢經被劫，呈控纍纍，地方官保護不力，擬請飭下閩浙總督查明嚴參，恭摺仰祈聖鑒事。竊維閩粵出洋華商，積資殷實者甚多，欲事招徠，端在保護。不特回籍時，沿途關卡留難需索等弊，亟宜祛除，而回籍後，各該商身家財産，地方官尤宜切實保護，俾得安居，庶已歸者毋興適彼樂土之思，未歸者益深眷懷宗國之念。伏查光緒二十九年二月二十三日，奉上諭：各埠華商人等，凡有因事回華者，其身家財産，均責成各省督撫，嚴飭地方官切實保護等因，欽此。仰見朝廷保惠僑氓，鼓舞招徠之至意，乃近來閩省出洋華商回籍後，屢被搶劫，迭據漳州府詔安縣華商吴世奇、葉慶濟，泉州府南安縣華商陳道德、林雲龍，安溪縣華商林省等，先後郵電稟控到部。該商等或旅居外洋，家屬被劫，或甫經回里，身遭擄贖。各該處地方官，事前既毫無防範，事後復任意延縱。其間如詔安縣知縣王國瑞、典史王錫圭，遇地方糾衆持械搶劫巨案，輒批示，似屬内賊勾通，顯係有心袒護，遊擊侯培光捏報兵丁捕盜受傷，希圖掩飾，並有藉案索詐情事。南安縣知縣譚子俊，任用會匪同黨爲爪牙，遇有搶劫各案，從未嚴懲。前署安溪縣知縣袁英騏，地方盜案稟報累月，並不派差拿緝。臣等查覈該商等呈控各案，吴世奇、林雲龍被劫情節最重，且據稟，詔安縣門丁黄子珍，收用匪類，甚有賣放等弊。南安縣在籍侍衛黄德，遇本地劫擄重案，竟有與地方官通賄關税情事，業經臣部分别電達閩浙總督查辦，先後接准電復，各案均尚未結。似此盜匪縱横，商民被累，地方官保護不力，實屬咎無可辭。相應請旨飭下閩浙總督，迅飭確查，將詔安縣知縣王國瑞、典史王錫圭、遊擊侯培光，南安縣知縣譚子俊，前署安溪縣知縣袁英騏，分别案情輕重，從嚴參辦，仍勒令按限緝匪追贓。其詔安縣門丁黄子珍，南安縣在籍侍衛黄德，應一併歸案澈究。此外如有未經告發之案，尤應嚴密訪查，勿稍徇縱，以清盜源而弭隱患。所有回籍華商累經被劫，地方保護不力，擬請飭查參辦緣由，理合恭摺具陳，伏乞皇太后、皇上聖鑒訓示。謹奏。

《商務官報》光緒三十二年五月十五日第八期《查驗麪粉之公文》 中國各麪粉公司所出之麵粉，當經過各關卡時，應如何查驗放行，尚未有一定規則。江督近以此事咨詢商部，部議華商麵粉經過各關局，只須查驗放行，不用憑單。當將此意咨覆江督，請即照此辦理。

《商務官報》光緒三十二年五月二十五日第九期《日本畢業生吴劍豐條陳》

一，請倣造石油也。石油銷路之廣，幾與食鹽同，無論窮鄉僻壤，無處不用此項，漏卮何可算計。日本自開辦石油會社以來，已減美貨之半，尚苦油井無多，僅有北海道一隅，已著成效。中國石油已經發現者，如四川甘肅兩處，然各省未經查勘，未必止此。查在日本石油會社，有鑿井熬油已經畢業者兩人，一張鴻藻，一葛崑。雖所學未必邃精，然以資購辦機器，開辦局廠，聘用工人，當能勝任。該學生等已撰有石油功業課本，因無經費，未及刊刻。此事不辦，坐失利權，深爲可惜。擬請於四川富順縣油井地方開辦，以資逐漸推廣，次及甘肅油井，請飭四川督臣，就近設法籌辦，以塞漏卮。

一，請改良税則，專設税關學堂也。税關爲交通大事，利權機關，使不講明條約，諳熟各國語言商情，精研國際公法私法，則必事事讓人，着着落後。若請外人代辦，則尤以柄授人，何能改良税則。至各國税則，考求最精，暗寓奬勸商人之意。如本國人民必用之物，則進口税則減輕，若無益玩品及妨害民生之物，則税則加重，此爲對外凡煙酒玩好，非人民必用之品，則行銷内地税重，出口税輕，所以使商人利於銷外，而不銷内也。凡研究財政之學説，以自已造作之物供自已玩用者，爲銷費而非生産。凡以重大資本造作貨物，專售外人者，則爲生産而非銷費。如係養命衛生之物，雖日有消費，亦謂之生産，以爲非此不能營業也。當此地球交通，使不深究税關之學，欲塞漏卮，從何下手。此税關所以急宜專設學堂，以冀改良税則也。

一，請統查荒地，講求殖民政策，以蘇民困也。中國地大物博，人所共知，然有人煙稠密，本地所産，不足供本地食用，亦有人跡稀少，如廣西兵災之後，而荒地甚多者。至於各處童山，無一草無一木者，所在皆有。凡有土地，皆可生財，棄而不用，深爲可惜。惟地方官不能清查勸導，愚民安知推廣擴張。所以地不盡墾，而民苦困窮，故曰，無曠土，無遊民，有相因而成者。應請飭地方官詳細查明，將地方人口、地土出産及有無荒地，繪圖帖説，由度支部合爲統計表量，爲移殖各辨土宜，以廣種植。嚴查游盪編集成伍，分派開墾，則地無棄財，民無菜色，游盪安業，而盗賊匪類清其本源。世無有不治者，孔子言治，先曰足食，必衣食足而後禮義興，地方自治之策，無先於此者。

一，請振興實業，創設大工廠於上海，兼招學生，精研各種製造也。如各種强水、電學、鐘表、紙叢、鉛筆、皮叢、外國呢、玻璃及各種藥水也，强水爲化學必用之物，如提鍊石油、製造火藥、鍍金漂白，無不需用，若不自行製造，則涓滴皆無購自外洋。電學爲用尤宏，無綫電則爲陸海軍必備之物，全軍性命所係，非細事也，其餘應用無窮，此急宜發明者。鐘表爲人人必用之具，當鐘表初入中國，聖祖仁皇帝首先發明，使宫中人人備用，仰見先聖之心無微不至，現在下至庶民賤隸，無不購用鐘表，因其價廉，亦足見銷路之廣。如日本人則多用本國之表，中國則通用東西洋表，無一自製者，積微成鉅，此無形漏卮也。紙業一項，日本最精價廉而紙良，如紙幣、文憑兩種，消用日廣，而且可作靴鞋皮箱，其利甚大。若聽學生自學，則自費不能久留，所學必不精，而且資本必薄，勢難擴張。鉛筆雖小，而學堂日增，銷用日廣。皮業則尤爲大利，中國牛皮多而價賤，如製造靴鞋皮箱，足以收回漏卮。外國呢現在銷路最廣，因陸軍警察及各學堂皆用。以賤價購中國羽毛，轉售於中國，故急宜倣造者。玻璃爲化學必用之具，日本玻璃甚爲發達，銷用最廣，宜研究而資進化。各種藥水，有爲製造用者，有爲醫藥用者，本爲化學專門，施用最宏。以上各種，皆必需應用之物，凡物不在價貴，而在暢銷，不在遽獲大利，而在事經久遠。如能設一總廠，内分門類，招考學生，廣聘教習，一面學習，一面製造，不數年而利益必宏遠矣。

一，定度量衡，以歸劃一也。書曰：同律度量衡。禮曰：頒度量而天下大服。古先王治世之經，莫先於此。中國尺寸長短，既無一定，而憑碼斤兩斗秤，尤不一律。如銀一兩，則有庫平、京平、曹平、市平、規平、湖平、漢平，各種名色，不勝枚舉。而洋圓銀價，又復時有增減，各處不一，不僅此省與彼省不合，即此縣與彼縣亦異。而且一城之中，一家有一家之價，而洋圓各省鑄造，先分省界，行使皆不靈通，如江南則不用廣西，而用湖北，如湖南廣西則用者，必加斧戳不能，行及他省，出入異形，滯塞非常。究非成色優劣，確有考證，無非任聽商賈意爲輕重。一國之畛域不化，猶一身之血脈不靈，身則必病，國則必亡。故不先將度量衡劃一，而欲商業發達，銀行通行，不能也。商業既不發達，銀行復不通行，則財必不活動，而欲諸事振興，其道安由。如施網者不提其綱，導流者不清其源，此決不可行之勢。現在稍知銀行之利，而辦理究未暢行，無非信用不立，銀價不一，平色不一，省界各分，又無商業銀行，以資周轉，故不能推行盡利。如日本，則通國無二價，此財政機關所以靈通。應請飭度支部，將度量衡酌擬劃一定制，通國一律，由部用機器製造精良，頒發各省各州縣，定一適當價值，諭令民間購買。其各省請倣照製造度量衡者，准由商部註册，悉照頒發格式定製，不得稍有增減。凡購買者，需酌定印花税章程，無印花税者，作爲僞造。此項利益，爲數甚鉅，亦可聊濟目前之急。自新制頒行後，准其六個月爲限，所有舊制，一概設局收繳銷燬。由警察檢查，凡於度量衡，有意爲長短輕重大小者，即科以永遠監禁之罪，并由部分派廉正之員，按各省地方調查，其有不合者，按律治罪，決無寬貸。如是，則一國之内無不一律，而銀行紙幣自可周轉利便。其原先債務債權，應照新定價值摺扣，撰定民法，頒行各省。自發行新制之後，無論何種貿易，其新行交涉者，無得摺扣。合金銀銅三項，當以銀爲本位，如銀每兩作銀一千五百文，作洋圓一圓五角，洋錢每圓作錢一千文小角，每角作錢一百文，銅角每角作錢十文，不及十文者，用平常小錢。日本無小錢，僅有五厘小錢，此較日本更便。無論現洋紙幣，不准零奇摺扣，又請倣造日本白銅小洋，作錢五十文，所有從前一元現洋，皆一體收回，改鑄大清銀元，必與墨西哥洋分量大小齊一，甯稍加重，不可稍輕，以冀通行。各國爲預備歸還國債，購買原料之用，其散銀皆鑄造成塊，由官銀行監造，即以精細花紋，通作一兩一件，凡有零奇尾數，皆用洋錢找補，并發行銀票，如五兩、十兩、五十兩、百兩之類，倣照紙幣，印刷精緻。如現在實紋，則有五十兩有餘者，亦有不足者，既無定法，自有種種流弊，故宜改爲劃一。又添鑄金錢，如日本金錢有十圓、二十圓、五十圓、百圓之類，皆不摺不扣。合計以上五種，皆彼此兑換一律，如以金錢换銀圓同價，以銅塊换洋圓及紙幣同價，以銀圓换銅圓小錢，無不同價，凡收厘、收捐、地丁錢糧及發餉給俸，上下出入，無不一律，則金銀銅與紙幣，自然周轉活動，則銀行可以暢辦，而一切解銀解餉之繁，均可免矣。務宜酌定章程，一體大張，曉諭并刊布度量衡及金銀錢用法，地方官發給各鄉民，俾通國無不周知，無不一律。並密派多員查訪，其有市價從中取巧作弊者，按律治罪。或謂金銀錢既有定則，錢店營業者，無利可圖，此乃縱商作僞，聽民受欺之説。蓋商業以信用爲主，以劃一爲利便，信用既虧，商安能暢。惟需嚴定章程，凡銀行錢店，兑换出入，每千錢取錢四文爲用錢，日本爲乎數料，此乃彰明較著，彼此無詐無虞，則一舉而上下利賴無窮矣。

一，請賽千年大會也。各國賽會之舉美國，則爲大利所在，日本近亦講求，以令商業競争，而資進化。如中國初次倣行，必獲大利。擇上海交通地方爲會場，先年通飭各省，並照會各國，預備明年賽會，飭地方官，曉諭商民，凡熟貨生貨，奇巧精良，許其入場發行，惟酌定印花税章程。凡各國各省游客，准其購買入場券，場中應分別種類，有條不紊。如日本今年賽會，自三月至九月止，竭力經營，可謂善營利者。我亦國也，何獨不然。論發達商人争競之心，莫急於此。

以上八項，粗言大畧，不及詳盡明知。一人之所見有限，一時之思想難足，然財政大旨，當不外此。如能實力舉辦，自然民富國强，不讓東西諸大國矣。

光緒三十三年都察院代遞，奉旨：該部知道。欽此。

《東方雜誌》第三年第八期《政財處户部會奏籌辦官紙并分建造紙印刷局廠摺》竊維圜法爲立國之原，其權固宜操之於上，紙幣爲便民之計，其制尤宜慎之於先。臣部前因銀行業經開辦，當即奏明派員前往日本，考查紙幣印刷事宜，誠以紙幣之行，全恃信用，一經作僞，其害不可勝言。唐之飛錢、宋之交會實爲中國紙幣之始，當時議者僉謂以輕代重，以虚代實，深慮僞造日多，勢不可久。要知紙幣原冀商民利便，實爲財政之機關，果其立法之初，詳審周密，先求盡善，必能全收其利，而不受其害。東西各國，於發行紙幣，以及一切簿籍契券，各項官紙，凡有價值者，皆由政府主其權，嚴防民間之私制。其有私造者，從重科罪，而尤恐人心徇利，甚於畏法，故於造紙印刷之事，特意注重精益求精，務使民間無從仿傚。其造紙也，選料程功，必得質地匀潔堅韌，與尋常束楮迥異，更加以水印暗花，爲特別之記認，是未經印刷之先，已隱寓防弊之法。其印刷也，以機器精鐫銅版，極求工細，煉制印色，備極鮮明，又益以電胎銅版，鍍出分印，雖累萬億，而毫厘不爽，務使製作精工，人人能辨真僞，是皆預求立於不敗之地，而後無作僞之虞。惟造紙之與印刷，其體雖合而爲一，其事則分而爲二，必各設一局，以求精進。造紙必擇原料最富，水性相宜之地，建廠製造。印刷一事，其工作均從事於機器，而電胎、制色二種，尤係專門科學，非得有專精此藝之技師教習，不易措手，則其建設，自以購運機器，延聘技師，於適中便利之地爲合宜，而尤必與臣部及發行紙幣之總銀行相近，庶便稽查。以上二局設立之地，應務求其宜，不必定合於一處，考之各國，莫不皆然。臣處臣部現值整頓財政之時，亟宜參酌采取，妥爲籌辦，以立基礎，統俟考查之員回京，再將局廠建設之外，暨派員經理一切事宜，妥議章程，奏明辦理，謹奏。奉旨：依議，欽此。

《商務官報》光緒三十二年八月初五日第一六期《批湖北候補知府程頌萬等稟》據稟已悉。該員等創設廣藝興公司，業經本部批准立案，兹復開具章程，遵章呈請註册前來。查無限公司應負無限責任，如遇虧蝕，除將公司産業變售償還外，倘有不足，應向附股人另行追補，律章具有明文。乃查閲該公司聲叙呈内稱係無限，而成立章程第十八條内有本公司雖云無限公司，然僅指股額而言，若股金仍然有限等語，是於無限二字，顯屬誤會。本部礙難註册，應著該公司明白聲覆到日，再行核辦，公費銀兩暫存。此批。七月十三日。

《商務官報》光緒三十二年十月十五日第二三期《批留學生顧琅稟》來稟並志、圖閱悉。查志中所列導言四章，於中國地質源流，言之綦詳，足備參考。其臚列各直省礦產各節，雖皆譯取東西人著録而成，然與中國現辦情形，互有詳細要畧，亦足以資調查。礦圖繪畫亦頗精審，具見該生留心礦學，殊堪嘉尚。除已據稟通飭各省礦務議員、商務議員暨各商會酌量購閲外，相應批飭遵照，可也。此批。九月二十九日。

故宫博物院明清檔案部《清末籌備立憲檔案史料》第一編《候選道吴劍豐條陳改良財政言路吏治學務陸海軍警察等六事呈光緒三十三年三月十三日》一曰改良財政。論中國土地之廣，人民之衆，物産之豐饒，當爲地球之冠，而現在國勢危弱，事事落人後著，竟爲地球劣等之國。如日本同洲同種，而國小於我者十數倍，居然駕我之上，苟有人心，誰不思憤。推原其故，疇不曰陸海軍之不振興也，學校教育之不普及也，農工商業之不發達也。而究其所以不振興、不普及、不發達之故，豈謀國者故欲貽誤耶？無非出一策則以籌款無著而中止，辦一事則以經費過鉅而縮小，因陋就簡，挖肉補瘡，但以敷衍目前而已。如議改官制，湖廣督臣張之洞議覆一電，一則曰財力竭蹶，再則曰經費太鉅，三則曰安有餘力籌款等語。是雖有良策美意，不過以無錢二字即可搪塞一切，以張之洞老臣謀國，辦事局面尚爲宏廓，其言且如此，遑問其他。故日日言變法，而不振興如故，日日言改良，而其腐敗又如故，枝枝節節，莫知所謂。每讀諭旨催辦各事，明知事所當辦，督撫則傳司道會議，謂經費如何籌，司道則答以籌款無策奈何，百方設計，遂以一摺陳奏聊藉敷衍逃其責備已耳。興言及此，不勝悲慟。中國徧地皆官，其深究生財之道者，殊乏其人，然又人人以爲未嘗不言財也。其不肖肥身者無論矣，即自詡深謀遠算，不過以搜括爲開源，而(民)不聊生，以裁併爲節流，而事益廢弛，此即行之十年、二十年，仍無補於毫末，而國已不可爲矣。各國財政經濟皆爲科學，商業則有高等專門，故各國學者論爲商戰之世。中國無財政學，亦無商學，凡商業者，必資質魯劣不能讀書者爲之，國家既無重視之心，商人更少擴張之智，業商者營箇人之利，且虞不足，遑問國家。而政治之家又從而剥奪之，商既不暢，利於何有，欲不上下交困得乎？國家惟無財政，故事事不能開辦，生齒日繁，人無執業，民益坐困，盜賊匪類勢所必至，遽以殺戮止之可乎？蓋國必富而後强，中國之不强，皆無財政階之厲也。夫財不患寡，而患不均，不患散於民，患流於外，不患財之多用，患用之不足以發達生産之力。凡欲推廣國家財政，當自推廣民間財政始，故曰：百姓足，君孰與不足。百姓不足，君孰與足。二語足以盡之。約言財政之要有八：一、定度量衡以歸劃一也。書曰：同律度量衡。禮曰：頒度量而天下大服。古先王治世之經，莫先於此。中國尺寸長短，既無一定，而平碼斤兩斗秤，尤不一律，如銀一兩，則有庫平、京平、曹平、市平、規平、湘平、漢平各種名色，不勝枚舉。而洋圓銀價又復時有增減，各處不一，不僅此省與彼省不合，即此縣與彼縣亦異，而且一城之中，一家有一家之價。而洋元各省鑄造，先分省界，行使皆不靈通，如江南則不用廣西而用湖北，如湖南、廣西則用者必加斧戳，不能行及他省，出入異形，滯塞非常，究非成色優劣確有考證，無非任聽商賈意爲輕重。一國之畛域不化，猶一身之血脈不靈，身則必病，國則必亡，故不先將度量衡劃一，而欲商業發達，銀行通行不能也。商業既不發達，銀行復不通行，則財政必不活動，而欲諸事振興，其道安由？如施網者不提其綱，導流者不清其源，此決不可行之勢。現在稍知銀行之利，而辦理究未暢行，無非信用不立，銀價不一，平色不一，省界各分，又無商業銀行以資周轉，故不能推行盡利。如日本則通國無二價，此財政機關所以靈通。應請飭度支部將度量衡酌擬劃一定制，通國一律，由部用機器製造精良頒發各省，各州縣定一適當價值，諭令民間購買。其各省請倣照製造度量衡者，准由商部註册，悉照頒發格式定制，不得稍有增減。凡購買者需酌定印花税章程，無印花者作爲僞造，此項利益爲數甚鉅，亦可聊濟目前之急。自新制頒行後，准以六箇月爲限，所有舊制一概設局收繳銷燬，由警察檢查，凡於度量衡有意爲長短輕重大小者，即科以永遠監禁，并由部分派廉正之員，按各省地方調查其有不合者，按律治罪，決無寛貸。此則一國之内無不一律，而銀行紙幣自可周轉利便，其原先債務債權應照新定價值摺扣，撰定民法頒行各省。自發行新制之後，無論何種貿易，其新行交涉者，無得摺扣。合金、銀、銅三項，當以銀爲本位，如銀每兩一千五百文，作洋元一元五角，洋錢每元作錢一千文，小角每角作錢一百文，銅角每角作錢十文，不及十文者用平常小錢，日本無小錢，僅有五釐錢，此較日本更便。無論現洋、紙幣，不准零奇摺扣。又請倣造日本白銅小洋作錢五十文。所有從前一元現洋，皆一體收回，改鑄大清銀元，必與墨西哥鳥洋分量大小齊一，寧稍加重，不可稍輕，以冀通行各國，爲預備歸還國債購買原料之用。其散銀皆鑄造成塊，由官銀行監造，印以精細花紋，通作一兩一件，凡有零奇尾數，皆用洋錢找補。并發行銀票，如五兩、十兩、五十兩、百兩之類，倣照紙幣印刷精緻，如現在寶紋則有五十兩有餘者，亦有不足者，既無定法，自有種種流弊，故宜改爲劃一。又添鑄金錢，如日本金錢有十元、二十元、五十元、百元之類，皆無折無扣。合計以上五種，皆彼此兑换一律，如以金錢换銀元同價，以銀塊换洋元及紙幣同價，以銀元换銅元小錢無不同價。凡收釐、收捐、地丁錢糧及發餉、給俸，上下出入，無不一律，則金、銀、銅與紙幣自然周轉活動，則銀行可以暢辦，而一切解銀、解餉之繁難可免矣。務宜酌定章程，一體大張曉諭，并刊佈度量衡及金銀錢用法，由地方官發給各鄉民，使通國無不周知，無不一律，並密派多員查訪，其有市儈從中取巧作弊者，按律治罪。或謂金銀錢既有定價，則錢店營業者無利可圖。此乃縱商作僞，聽民受欺之説。蓋商業以信用爲主，以劃一爲利便，信用既虧，商安能暢。惟需嚴定章程，凡銀行、錢店兑换出入，每千錢取錢四文爲用錢，日本名爲手數料，此乃彰明較著，彼此無詐無虞，則一舉而上下利賴無窮矣。一、推廣銀行，所有户部銀行，宜各省各設支店也。以上海爲本店，此外各商埠如漢口、湘潭、煙台、鎮江、天津、沙市、香港等處，外國如各國都城及新加坡等處，其資本以部庫及各省地丁錢糧、鹽課、釐金，合全國之財皆列爲統計表。凡宫中、府中之財，皆可存歸銀行生息。又廣招商股以厚資本，合計正貨幣若干，發行紙幣可加一倍。各督撫凡有應請撥款之事，即發行紙幣，准其實銷實報。各商民有創立公司，開辦農工商實業各事，准其以擔保品及擔保人息借。其商人有照開銀行者，一體保護，并定獎勵之法。蓋銀行利益，全在貨出之數多，然風氣未開，商人所見甚小，故宜别定章程，凡各種公司有息借銀行資本者，准負債人報明商務局，如銀行有貸出十萬金者，准照捐章以萬金請獎虚銜封典。以此類推，以資鼓勵，冀以發達商民借貸之心，以擴張營業之力。如日本鐵道、電車、郵船、水道、石油，皆係社會所辦，故能日臻强盛。至銀行之性質、利害、辦法，又與各商不同。請言性質也。兼中國之匯號、錢店、當店而成，有其長而無其短。平日匯號專主匯兑銀錢，不及行用紙幣，銀行則發行銀票，到處可匯兑，而且匯費極輕，更有不取費者。平日錢店則專駐一地，而無遠近兑换之法，銀行則有本店、支店，到處可以通行。平日當店則僅抵押零星貨物，不受田産、屋宇重大之件，銀行則凡動産、不動産，皆可抵押。所謂動産者如公債證據、有價貨物、鐵路股票、公司股票是也，不動産者如田地、屋宇是也。既兼三者性質而利益之宏遠過之。請言銀行之利有六：其機關活動，可應國家鉅大之用，如日本日俄之戰甚資接濟，緩急可以應用，凡興辦海陸軍，振興學堂，擴充農工商實業，推廣礦産、鐵路、電綫、輪船、槍礮製造，種種要務，皆可同時並舉。其利一。以府庫之財及民間之財皆流通周轉，生生無窮，平日中國府庫之財，外人笑我爲死藏金銀，如銀行發達，則無用之財，皆變爲有用。其利二。平日商人僅營箇人之業，斷難及於社會，銀行設凡有遠大營業，但有抵押之物及信用擔當之人，皆可借貸絶大資本，便可推廣生産之力。其利三。平日民間之財，凡零星金銀，每苦無處可存，存之每苦難於收回，若儲蓄銀行，則自一角以上皆可存儲，不拘遠近可以取本取利，此可聚散爲整，并獎勵小販商人厚積資本。其利四。各國紙幣通行，浸我利權，如英之匯豐，德之德華，日本之正金，比之華比，美之花旗，及麥加利、匯理、寶興各銀行，皆有紙幣行我内地，彼以一紙换我現銀，人何其巧，我何其拙。若自己銀行發達，紙幣通行，亦可行於各國，彼此兑换，則從前國債皆可籌還改爲民債，使利益不至外流。其利五。中國餉銀各省起解驚擾多而轉運遲，銀行設則一電可達，商賈行人往來取攜甚便，人皆樂用紙幣不用現銀。其利六。其餘利益之無關大要者，不必枚舉，即此數項，已立國家永久無窮之業，何事不可辦，何利不可興，尚何貧之足憂。故日本國雖小，而銀行多至二千三百餘家，資本共五億二千數百萬元，而利息年增，此國所以强也。請言銀行之患有四：銀行以互相流通爲主，如中央銀行壟斷其利，則商業銀行必不發達，而銀行已成單獨，不僅利益不能宏遠，而且阻礙甚多，信用不大。其患一。銀行本以紙幣代用現金，若收釐收捐，不能利用商家銀票，則商家利益不長，即金銀之機關不靈，不能擴張商業，仍無補於窮窘。其患二。凡銀行不能全無恐慌，若中央銀行與商家銀行無共同救濟之法，則一家摇動，衆商受傷，銀行之信用不可復振。其患三。凡銀行以擇選人才爲第一義，故各國銀行有大吏退職爲銀行監督者，或以入股多數者爲之，又分有限責任、無限責任，故必養成人員以資應用，若濫用人才，則信用不立，將來斷難發達。其患四。然世之言紙幣之害者，每舉閩省初行鈔票，垂爲殷鑒。究之彼係一省單獨，不能共同救濟，一遇恐荒，遂至傾庫兑鈔，此可知單獨之爲害也。必嚴防以上四患，則六利可以並興，謂國不立强其誰之信。然發行紙幣之法有二：一爲中央集權，一爲地方分權。現在户部銀行擬專紙幣之利，是爲中央集權。然銀行全未發達，風氣未開，商人無利可圖，何足以資鼓勵，則以地方分權爲是。又需略有限制，惟統由中央銀行代造紙幣，註明某銀行字樣，酌收税銀。如各銀行請商部註册資本金三十萬，則代造紙幣以三十萬爲度，此三十萬則國家許爲保護，酌收税銀，其餘祇准發行期票、兑票。又宜仿日本另設兑换店，在日本名爲兩替。凡紙幣在銀行，但可以整兑散，以散兑整。其取現銀皆由兑换店，每元另出用錢四文爲手數料，而有無兑换，該店不負責任，皆係各商店帶辦，在銀行亦免恐慌之一端，既有整散紙幣互用，信用既立，所需現銀行亦復無幾。現在銀行既已開辦，應請變其壟斷之計，而加以獎勵、保護、救濟之法，廣爲曉諭，激發商人，去其弊而利可立興。至日本銀行簿記之學，其法甚繁，然好處在入付清楚，辦事人不能舞弊。如日記表、月記表、傳票，分貸出、借入等法，多可采用。至各種公司之性質，如合名、合資株式會社及各種手形、切手、預金，割引，爲替各名詞，在師其法，不必襲其名可矣。此推廣銀行之大略辦法也。一、請倣造石油也。石油銷路之廣，幾與食鹽同，無論窮鄉僻壤無處不用，此項漏卮何可算計。日本自開辦石油會社以來，已減美貨之半，尚苦油井無多，僅有北海道一隅，已著成效。中國石油已經發現者，如四川、甘肅兩處，然各省未經查勘，未必止此。查在日本石油會社於鑿井、熬油已經畢業者兩人，一張鴻藻、一葛崑，雖所學未必遽精，然以資購辦機械，開辦局廠，聘用工人，當能勝任。該學生等已撰有石油工業課本，因無經費，未及刊刻，此事不辦，坐失利權，深爲可惜。擬請於四川富順縣油井地方開辦，以資逐漸推廣，次及甘肅油井，請飭四川督臣就近設法籌辦，以塞漏卮。一、請改良税則，專設税關學堂也。税關爲交通大事利權機關，使不講明條約，諳熟各國語言商情，精研國際公法私法，則必事事讓人，著著落後，若請外人代辦，則尤以柄授人，何能改良税則。至各國税則，考求最精，暗寓獎勵商人之意，如本國人民必用之物，則進口税則減輕，若無益玩品及妨害民生之物，則税則加重，此爲對外。凡煙酒玩好非人民必用之品，則行銷内地税重，出口税輕，所以使商人利於銷外，而不銷内也。凡研究財政之學説，以自己造作之物供自己玩用者，爲銷費而非生産，凡以重大資本造作貨物專售外人者，則爲生産而非銷費。如係養命衛生之物，雖日有銷費，亦謂之生産，以爲非此不能營業也。當此地球交通，使不深究税關之學，欲塞漏卮，從何下手。此税關所以急宜專設學堂，以冀改良税則也。一、請統查荒地，講求殖民政策，以蘇民困也。中國地大物博，人所共知，然有人煙稠密，本地所産不足供本地食用，亦有人迹稀少，如廣西兵災之後，而荒地甚多者，至於各處童山無一草一木者，所在皆有。凡有土地皆可生財，棄而不用，深爲可惜，惟地方官不能清查勸導，愚民安知推廣擴張，所以地不盡墾，而民苦困窮，故曰無曠土無遊民有相因而成者。應請飭地方官詳細查明，將地方人口地土出産及有無荒地繪圖帖説，由度支部合爲統計表，量爲移植，各辦土宜，以廣種植。嚴查遊蕩，編集成伍，分派開墾，則地無棄財，民無菜色，游盪安業，而盜賊匪類清其本源，世無有不治者。孔子言治先曰足食，必衣食足而後禮義興。地方自治之策，無先於此者。一、請振興實業，創設大工廠於上海，兼招學生精研各種製造也。如各種强水、電學、鐘表、紙業、銅筆、皮業、外國呢、玻璃及各種藥水也。强水爲化學必用之物，如提鍊石油，製造火藥，鍍金漂白，無不需用，若不自己製造，則涓滴皆需購自外洋。電學爲用尤宏，無綫電則爲陸海軍必備之物，全軍性命所係，非細事也，其餘應用無窮，此急宜發明者。鐘表爲人人必用之具，當鐘表初入中國，聖祖仁皇帝首先發明，故使宫中人人有用，仰見先聖之心，無微不至，現在下至庶民賤隸，無不購用鐘表，固其價廉，足見銷路之廣。如日本人則多用本國之表，中國則通用東西洋表，無一自製者，積微成鉅，此無形漏卮也。紙業一項，日本最精，價廉而紙良，如紙幣、文憑兩種銷用日廣，而且可作靴鞋、皮箱，其利甚大。若聽學生自學，則自費者不能久留，所學必不精，而且資本必薄，勢難擴張。鉛筆雖小，而學堂日增，銷用日廣。皮業則尤爲大利，中國牛皮多而價賤，如製造靴鞋、皮箱，足以收回漏卮。外國呢現在銷路最廣，因陸軍、警察及各學堂皆用，以賤價購中國羽毛，轉售於中國，故急宜倣造者。玻璃爲化學必用之具，日本玻璃甚爲發達，銷用最廣，宜研究而資進化。各種藥水有爲製造用者，有爲醫藥用者，本爲化學專門，施用最宏。以上各種，皆必需應用之物，凡物不在價貴而在銷暢，不在遽獲大利而在事經久遠，如能設一總廠，内分門類招考學生，廣聘教習，一面學習，一面製造，不數年而利益宏遠矣。一、開日本航路，添造招商輪船，減輕長江船價也。凡本國之船宜較各國船價稍廉，現在招商船價較各國獨貴，人有坐候各國船者。若將船價酌減，添造商船數號，以冀收回利權，凡上下往來客貨，中國不止十之九，各國不及十之一，而我以船少價昂，逼之使坐外國商船，其所用心可謂至愚極陋。凡爲國家謀利，當通盤合算，毋以多取於民爲得計也。現雖開通蘆漢鐵路，然行李不便，長江往來未必遽減，如日本往來歐美及中國皆自己郵船、商船，中國往日本則無一船，堂堂大國，殊難自解。此急宜通開航路，添造商船也。一、請賽千年大會也。各國賽會之舉，美國則爲大利所在，日本近亦講求，以令商業競爭而資進化，如中國初次倣行，必獲大利。擇上海交通地方爲會場，先年通飭各省，并照會各國預備明年賽會，飭地方官曉諭商民，凡熟貨生貨奇巧精良，許其入場發行，惟酌定印花稅章程，凡各國各省遊客，准其購買入場券，場中應分别種類，有條不紊，如日本今年賽會自三月至九月止，極力經營，可謂善營利者。我亦國也，何獨不然。論發達商人競争之心，莫急如此。以上八項粗言大略，不及詳盡，明知一人之所見有限，一時之思想難周，然財政大旨，當不外此，如能實力舉辦，自然民富國强，不讓東西諸大國矣。

《商務官報》光緒三十三年三月二十五日第七期《商部議覆御史顧瑗請自造機器摺》 謹奏，爲遵旨議奏，恭摺仰祈聖鑒事。光緒三十二年四月二十八日，准軍機處片交御史顧瑗奏請廣設工藝廠自造機器摺，奉旨：商部議奏，欽此。欽遵鈔交到部。查原奏内稱，自上海製造之局立，繼而各省仿行，鑄幣、鍊鐵、紡紗、織布、造紙等廠賡續興辦。然器非我自造，其用率不靈，術非我素知，其事必不善。況中國各局廠，每購一大機器，動(糜)〔靡〕數十萬金，洋匠指揮工資尤鉅，是我國獲機器之用尚遠待於異時，而洋人售機器之利已收效於俄頃。日本於三十年前貨物半取給於歐美，邇來製機自造，入口日少，尤能行銷各邦。中國工匠，亦有獨出心裁，自製各種機器者，力薄不昌，良用惜之。今請飭下各省將軍督撫，略仿日本礮兵工廠成例，於製造軍火之暇，兼各種機器。一面設廠，一面招工，凡泰西所有機器，擇其便於中國者，每購一具，以爲模範，輾轉傳習，民智自開，挽回利權，莫先於此。亦知各省款項難籌，然事不爲則不成，法不備則不舉，此又全在各疆臣竭力提倡，不可畏難等語。臣等伏查振興工藝，推廣製造，首以自造機器，廣爲傳習，爲入手不易之方。中國工業萌芽，端資提倡，而欲規一時之美利，必先復已失之利權。該御史奏請仿日本礮兵工廠成例，請飭下各直省於製造軍火之暇，兼造各種機器，招工設廠，輾轉傳習，不但廣開民智，兼可預杜漏卮，洵爲目前急務。查各省所設機器局，以上海之製造局、漢陽之鐵廠規製較爲完備，此外福州船廠，經歷任將軍總督規畫，日久成效較著，北洋德州機器局，亦經督臣袁世凱締造經營，力求完備，於各省爲最。能否如該御史所奏，於製造之暇，兼造各種機器，應請旨飭下該將軍總督等，通盤籌畫，竭力推廣。該將軍總督等公忠素著，諒不至藉詞諉卸，置爲緩圖。此外各省已設機器局廠之處，亦應各就地方情形，勉力籌維，以期逐漸擴充，仍隨時奏明辦理。其中國工匠及出洋畢業學生，果有能獨出心裁，製造機器，限於財力，未能獨自任辦者，在京准報明臣部，在外准報明各省督撫，考驗真確，有裨實用，准其酌借官款，俾助其成，或由各廠隨時訂用，庶工業可興，而利源亦不致外溢矣。所有議覆御史顧瑗奏請廣設工廠自造機器緣由，謹恭摺具陳，伏乞皇太后、皇上聖鑒。謹奏。

光緒三十二年閏四月二十三日，奉旨：依議，欽此。

《東方雜誌》第四年第七期《農工商部奏議覆出使義國大臣黄奏請飭各省廣設機器學堂摺》 光緒三十二年十二月十二日，准軍機處片交出使義國大臣黄誥奏請旨飭各省將軍督撫廣設機器學堂片奏，奉朱批：農工商部議奏，欽此。欽遵到部。查原奏内稱，此次會場所賽物品，迭經考察，就其最精者言之，有鐵路所需各物品，有戰船所用各物品，有農務漁業蠶絲應用各物品，有機器製造各物品。之數者，各國或設學堂，或立公會，研究甚精。各國之所由富强，在於振興實業，而實業中，則以機器爲尤要。會場中曾開機器會，評議優劣，實行改良，誠以機器之爲用，累世窮年不能盡其巧妙，各國於此，甚爲注意，莫不廣設學堂，藉以造就人才。我中國地大物博，近來製造，頗用機器，各省所設機器局，僅造軍火等類，所有工匠，不過仿照規模，罕有專門之學，殊難取勝。請旨飭下各省督撫，廣設機器學堂，俾於此項得有人材，所造機器日新月異，庶於實業大有裨益各等語。臣等伏查機器一項，誠爲製造百物之權輿，尤屬中國目前之要務。該大臣所請設立學堂，以宏造就而儲專門人才，自是富强之本，臣等固已早鑒及此，曾於光緒三十年間，就京城奏設高等實業學堂招生，先習普通，以期漸進。上年冬季普通畢業，本年即當續習專門，擬分設四科，曰機器學，曰礦學，曰電學，曰化學，皆實業根本之謀。三年畢業，諸生中當不乏可用之材。惟臣部經費有限，只能就京師高等實業學堂切實辦理，以爲各省之倡，其各省能否酌量籌款，廣設此項學堂之處，臣部未能懸擬。應請旨飭下各直省將軍督撫，實力籌辦，以儲專才而廣實業。如蒙俞允，即由臣部咨行各省，妥籌辦理，謹奏。奉旨：依議，欽此。

中國第一歷史檔案館等《中國近代兵器工業檔案史料》第一輯《陸汝成爲進呈槍説砲説水雷略説等事呈外務部之稟文光緒三十三年八月》 五品頂戴指分福建試用縣丞陸汝成謹稟王爺、中堂大人爵前。

敬稟者：竊恭讀學部咨行各省延訪專門學成復有經驗者，准將履歷限於十月以前咨送到部，匯案核辦等因。汝成前在福建船政，呈驗畢業文憑，創制新式水雷，經前船政大臣裴蔭森會同閩浙總督楊昌濬，由驛馳奏内開：陸汝成向從英人哈倫授學有年，心思靈敏，通曉化學、電學，自造各種油藥、白藥及水雷、火箭、洋槍諸法，尤能自造電引，板爲靈捷。繪算圖式，制成新式子母水雷，可以洞穿鐵艦，曾在烏龍江口演放，以巨木扎成九層方排，貫以數百鐵條，厚及八尺，該雷礫力能擊起木排離水數十丈，裂爲五段，較德國雷尤爲猛烈，可備總理衙門咨取考驗等因。十二年正月初二日，軍機大臣奉旨：該衙門知道，欽此。

二十一年閏五月，由奉天行營請假回籍，路經牛莊，是時日本未退兵，中國未接管地方，被馬賊槍去行李、衣箱、文憑、護照等件。經將前情稟廣東提學司，蒙批所謂專門學成復有經驗者，實屬無憑考察，所請詳請咨學部之處，應無庸議，履歷發還等因。伏思前船政大臣裴蔭森奏摺，經總理衙門有案，實可稽查。在外省無憑考察，可否伏乞王爺恩準，飭查明十二年奏案，將履歷一扣，槍説、砲説、水雷略説三摺，咨送學部匯案核辦。出自恩施逾格，伏乞鈞裁施行。

謹呈履歷一扣，槍説、砲説、水雷略説三摺。

肅稟。敬叩福安。伏乞垂鑒。

槍説

嘗思槍能致遠，雖賴火藥發漲之力，尤貴螺絲旋轉來復之紋。曠觀舊制之槍，皆由前門入藥，考其火藥，未及全燃，漲力未盡猛烈，而彈已出槍口，是以用藥雖多，彈亦不能及遠。故槍無論長短，須要堅固，彈無論巨細，惟在逼緊也。試於極堅之鐵筒，置火藥三分之二，留空三分之一，閉密而燒，其漲力每方寸有十五萬磅；添滿而不留空，每方寸有七十五萬磅。所以後膛之槍，取其彈子大於槍口，須待火藥全燃，漲力盡猛，乃能發動。其彈須循螺絲紋旋轉而出，則受風氣之阻力少，故力能及遠也。惟製造必須煉鋼，然後槍乃堅固。彈可逼緊，雖用藥等分，其漲力更猛也。槍膛須滑澤，則彈出無滯機也。螺絲紋旋轉得宜，則彈出鑽破風氣而拋物綫不甚曲也。若夫機關快捷，由人心運用，其妙難言。然機關則以無互相磨擦爲貴，藥彈則以輕少爲佳。蓋機關無互相磨擦則變壞少，臨敵無貽誤事端；藥彈輕則攜帶便，宜於山路遠征。常覽西國所謂至快兵槍者，如奧國之滿理黑、德國之毛瑟、英國之亨利馬蹄尼、美國之云者士得者，日出精巧，角勝争奇。以之搗營臨敵，近接環攻，火槍之收功非細也。

砲説

且自范蠡以機法飛石三百步，砲之名實始於此。宋朝有霹靂砲，金人有震天雷，斯爲前膛砲之端。厥後有明嘉靖八年造佛郎機，即子母砲也，始自法國，由砲後納進藥彈，即今後膛砲之初階。迨於普勝法以來，後膛砲於今爲盛，如德國有克虜伯，奧國有格魯森，英國有安蒙士當，近時名砲者，不勝枚舉。緣制砲之法，精煉鋼鐵，一定之理。機關靈巧，各國不同。但其砲管體無論厚若干，巨砲燃火藥時，内膛漲力每方寸二十一噸至二十二噸，若漲力大於管體横剖面每方寸之牽力斷界，其管必炸裂。好生鐵横剖面每方寸其牽力斷界自八噸至十噸，熟鐵十五噸至二十八噸，好鋼自四十五噸至五十五噸。如以好鋼作管，而用油焠火，則牽力更大。設有内徑十寸之砲，其内面距中綫五寸之處所受爲全力，則距中綫七寸之處受力爲半有餘；距中綫十寸之處，即外面身厚五寸，受力爲四分之一；如砲外面身厚十二寸，則外面距中綫爲十七寸，其受力只得十二分之一；再加厚而過此數，則所加者之受力甚少：故内面之受力比諸外層爲甚多。按火藥熱至六百度則燒，砲内之火藥其通火之速每秒約燃三十八尺，是以外洋巨砲用六角藥餅，取其緩燃。愈出愈燃，其漲力愈猛，砲管全身受力。如用幼粒火藥速燃，彈未發動，漲力驟猛，砲管一處受力，其必炸裂。火藥發足漲力時，横身力大，退後力少，故此安蒙士當砲身厚大，其尾後鋼塞用凹凸槽即能抵制，拿騰飛路四門排砲，其尾後用圓身小鋼門即能抵制，可知退後力小矣。後膛砲彈子之速率日異，不同前時，彈至砲口時每秒能行一千六百尺，自點火至出口歷時才二百分之一耳。若彈子逼緊及藥膛加長，則能增其速率與射距之力也。然常有用一砲連發數響，其藥彈與砲表同，而彈落之方位不同，何也？或因風力壓則彈有左右之差，空氣阻則彈有遠近之别。是雖禦敵者砲，而用砲者豈不視乎其人也哉。

水雷略説

嘗觀海道防禦，水雷爲烈，可以焚敵船，更能保砲臺也。然砲臺與水雷猶輔車相依，無砲臺不能保護水雷不爲敵人毁壞，無水雷不能守禦砲臺，阻止敵船闖進。況水雷轟中敵船，傾刻立沉，非同砲彈打破尚可彌補，倘敵人前船被轟沉，阻住後船不得由此路，又令後船不敢由此路也。惟水雷有用電氣發火，有用銅管簧挺發火，有用藥水發火者。通商船必經由之路，須用電氣水雷。用電氣，有沉在海底水雷，待敵船到，發電轟焚；或浮在海中水雷，不發電，别國船碰着不轟焚，待敵船到，發電，碰着即轟焚。其造法有用白金絲信子，有用火星信子，電氣即到即生火也。尚通商船不必經由之路，可用銅管碰雷，爲銅管内有機關簧挺，敵船偶磁機關，約力二十餘磅，其簧挺打落紅火藥，即生火。用藥水碰雷最佳，因藥水日久碰着亦轟焚。每顆碰雷身有鉛管五枚或十枚，内載紅火藥，鉛管心中藏玻璃藥水管。其造法以玻璃通心管内載硫磺强水後，焊密玻璃管口，雖日久不變壞。待敵船碰着鉛管，約力二十餘兩，其玻璃管破裂，則紅火藥遇着硫磺强水即生火耳。若地雷與電氣沉雷造法同。惟銅管及藥水碰雷最危險，稍不謹慎，碰着即轟焚。而各等水雷用黄炸藥最烈，其次棉花火藥，又次槍火藥。查黄炸藥一倍有槍火藥十倍之力，棉花藥一倍有槍火藥四倍之力。總之火藥在水下愈深，其上攻力愈猛。考槍火藥用堅厚鐵筒裝滿而不留空封密而燒，每方寸有五十六萬二千五百斤力，古今來火攻最烈，何敵不摧耶！

《商務官報》光緒三十四年二月初五日第二期《留學日本高等商業學校學生談荔生等上本部書》 敬肅者，生等留學異邦，繫心祖國，凡可取法，莫不揣摩。日本自維新以來，其工業之精良，商業之發達，日新月盛，駸駸乎與歐美並駕齊驅。而政府猶孜孜不倦，注意工商，定於明治四十五年，即光緒三十八年，開萬國博覽會於東京之青山會場。房屋業已庀材，估工興築有期，其培植富强之基，鼓勵工商之法，至矣備矣，蔑以加矣。泰西諸國，咸有豫備賽會之意，而美且下詔於議院矣。以彼交通之便利，工商之發達，而猶未雨綢繆如是亟亟，我國内地交通機關未備，工商出品未良，爲將來賽會計，其勢更不得不預爲之圖。我大部智珠在握，成竹在胸，固無庸生等妄參末議，第聖路易之役，洋員嗜利妄爲，不顧國體，以致貽笑列邦，殊堪痛恨。諺曰，前車覆後車戒。務望力爲改良，一洗前恥。況此次博覽會之設，尤與我國工商界有密切之關係，使我國乘此機會，慎選出品，與之競争，而幸占優勝，則内可以培國民植産之精神，外足以動世界各國之視聽，是不啻間接以興吾工商也。如事先則毫無準備事，至則函電交馳，草率敷衍，詎能優勝。其必蹈前次之覆轍無疑，而我國工商皆將長此沉淪，無見信於世界之一日，是不啻直接以滅吾工商也。或滅或興，在此一舉，關係顧不重乎。故生等抱愚者，一得之旨，望大部有詢及芻蕘之心，雖無位而謀，古人引以爲戒，而學成不用，大部豈以爲然。生等學習商科，商業興衰，與有其責，而出品賽會，爲振興工商之良法，用是不避忌諱，謹就管見所及，爲鈞座縷晰陳之。

一，定出品方畧，以昭慎重。查從前我國於歐美賽會，皆因商人智識淺陋，不肯應募出品，故臨時由政府匆促採辦，大抵競尚虚文，不思考求實際，且或零星參錯，粗劣雜陳，徒貽外人訕笑。夫以商品最烈之世界，集一國之物産，以與諸國觀摩，其關係之重，有識咸知。一或粗疏，有傷國體，故不可以不慎重出之。昔日本與我同病，故失敗亦如之，迨聖路易開大會之時，懲其前愆，力圖補救，政府諭人民商界聯合同業，其普通物産，均由民間採備，惟關於教育等品，及風俗模型，則由政府自理。蓋政府指揮於上，商人經營於下，經費既省，耳日又周，法至良，意至美也。我國地廣人衆，尤以官督商辦爲宜，生等已函致上海商務總會，豫爲綢繆惟賽會之事，絶無近利可圖，恐商人裹足不前，乞大部明定方畧，札飭各省商會，示以機宜，予以補助，庶幾搜羅既廣，而收果自良。

一，設出品協會，以期統一。方略既定出品，商民苟無以統一，則漫無紀律，爲患更甚。再請大部另扎上海商務總會，聯合各省，設立出品協會，置調查、評議各科，派員詳查内地名産，及外人嗜好之品，造成標本，評定甲乙，標示全國。凡品質優美，製造未精者，示以改良之法，其自願出品者，亦必經協會認定而後可。其有妨風俗國體者，概行禁止。及會期將至，則移協會本部於東京，以專事運輸陳列，庶幾品無粗劣，事有秩序，不致貽譏於鄰封。惟我國工商各學尚未發達，調查評議各員，甚難其選，應由政府切實監督，協會慎行選擇。蓋協會之目的，總在統一出品，而尤以改良商品，擴充銷路爲要義，故非夙有經驗者，萬不可以委任。

一，設臨時事務局，以專責成。物品既由於協會集其大成，然若何而監督之，若何而指導之，其責在於大部。惟大部事務殷繁，非另設專局，斷難措手。夫日本近年以來，懷抱野心，思東闢商場於美洲，西張商權於我國，既乘聖路易之舉，而略露端倪，其此次所開之會，雖未敢侈然，以東亞商市主人自詡，而影響所及，將來直當其衝者，必爲我國工商界也。以商業政策言，苟鄰市有可歆之利，庶已國有可沾之益。我國地大物博，出産之富，奚啻十倍於日本，用物之宏，奚啻百倍於日本。而適爲日本之鄰市，以商戰大勢言，非敵人有可敗之原因，不能擴充其勢力。我國近年以來，棉茶則遜於印度，羊毛則遜於澳洲，生絲亦漸遜於日本，由前之説，則宜培養將來之利源，由後之説，則宜恢復已往之利權，是我國不可不集合全力，慎選出品，以與此會，明矣。夫欲慎選出品，則非設立專局以司理之不可。惟手續繁多，而大要有四：調查物産，一也。改良商品，二也。揀定出賽之品，三也。研究出賽之法，四也。至局制之編定，事務之分配，容後詳稟。

一，開内國博覽會，以資實驗。按博覽會之設，始於西曆千七百九十八年，其時以拿破崙戰勝之餘威，思以實業迫英國，屢集全力，以經畫之。其後至千八百三十九年，凡四十餘年之間，開於法國者，多至九次，是爲内國博覽會之起源。至於萬國博覽會，則始千八百五十年英國之倫敦，繼而各國踵行，北美聖路易之舉，其最近也。究其宗旨，要以資觀摩，圖進取，培養國家富厚之基。然内國博覽會，爲外國賽會之豫備，尤爲亟圖。日本以三島之國，自明治維新以來，其開内國博覽會者，前後已數次，他如勸業共進等會，幾乎無歲無之。取其内國商品，比較精粗，評定高下，給以賞牌，以示鼓舞，庶於外國賽會之時，不致局促張皇，而能戰勝他國。我國工業不振，商業日頹，先疇之畎畝，高曾之矩規，民間既故步自封，而國家又少勸誘之方，如是而欲與工商素所發達之諸國相頡頏，何異以未練之兵卒，而與强敵對壘。勝敗之間，不待智者而決也。故内國博覽會之設，實爲今日急要之圖，況當國家振興實業之際，無日本賽會之舉，亦必視爲重務，無待言也。【略】

以上僅就管見所及，略陳梗概，所有詳細辦法，容再竭愚忱，隨時上陳。惟此舉關係重大，近之足以挽回利權，以紓國家之急，遠之足以擴充貿易，以增生民之福。伏維大部不棄芻蕘，採擇施行，則工商幸甚，中國幸甚。

《東方雜誌》第五年第五期《農工商部奏陳歷年辦理棉業情形并擬現在辦法摺》 竊臣部於本年正月十一日接準軍機大臣字寄，奉上諭：近年紗布進口日多，民間紡織，漸至失業，着農工商部考察各國棉花種類，種植成法，編集圖説，并優定奬勵種植章程，頒行各省，認真提倡。未頒章以前，着各督撫先行勸辦，如有成效，應令將所産棉花，送部查驗，準其奏請優奬等因。欽此。欽遵寄信前來。臣等伏查棉業一項，向爲土貨大宗，自各國棉貨日益精良，未免相形見絀。此年關册所載進口各種棉紗、布匹、絨貨等項，歲值銀至一千萬千餘萬兩，漏卮之鉅，深可駭嘆。臣部開辦以來，首以整頓土貨爲要義，棉業一端，尤深致意。於三十年四月間，通咨各出使大臣，調查各國商務暨棉業情形，於三十一年二月間，札飭上海等處商會，傳知各商，整頓棉業，清厘積弊，於三十二年二月間，通咨各省，調查全國棉産種類暨歲收總額，以備稽核，各在案。查各省産棉之區，以江蘇之通州、海門、崇明、太倉、寶山等處爲最盛，通海歲産約一百三十餘萬石，崇明、太倉、寶山等處歲産約八九百萬石。此外如順天之涿州、薊州、武清、良鄉各屬，山西之蒲州、解州、絳州各屬，河南之安陽、洛陽、靈寶、鄧州各屬，湖北之德安、黄州、漢陽各屬，安徽之懷寧、潛山、太湖、宿松各屬，雖産額多寡不一，而於種棉制棉之法，大都因仍舊習，未能力求精進，迭經臣部通飭整頓，并採譯美利堅種棉法，日本紡績規約，札行各商會統籌改良辦法。一面提倡工業奬勵織品，於紡紗織布各公司呈部註册立案者，罔不優加保護，擇尤匯奬，以期風氣漸開，爲自保利權之計。此臣部歷年辦理棉業之情形也。此次欽奉諭旨，通飭整頓，亟應欽遵辦理，臣等通盤籌畫，提綱挈領，擬分調查、提倡、保護三期辦法，刻先從調查入手。除通咨各出使大臣，轉飭商務隨員，詳查該國棉花種類，種植成法，并選購種子，繪圖貼説，迅寄臣部匯核外，一面由臣部擬訂表式，通咨各省，將全境棉業情形，再行詳晰調查，遵式列表，各省所屬地方，土性宜棉者若干處，業經産棉者若干畝，歲收平均之數畝，得若干量，以何屬爲最多，以何區爲最良，以何種爲最嘉，以及歷年穰歉分數，衰旺原由，及所出紗布歲額若干，行銷能否暢旺，比較洋紗洋布，良楛優劣，差別若何，即由各商務議員、商務總分務會，分别考核匯報。臣部續行遴派農科專門人員，分往各省，測驗天度之寒燠，審察土性之燥濕，辨别種類之良窳，采用泰西農學家選子交種，培肥料，去害蟲諸法，集訊鄉農，實行試驗，務令人人知棉業爲大利所在。其業經産棉地方，固當研究改良，競求進步，即未經種棉之區，亦諭令相土之宜，量爲試種，以興地利。西北諸行省，土性高燥，地本宜棉，尤宜加意提倡，廣辟利源。一俟辦有頭緒，再由臣部通咨各省，招商設立紡織工廠，訪購新式機器，改良織品，務求精美，期與各國紗布棉花相埒。其出棉産地，以及行銷處所，并通飭地方官妥爲保護，以資奬勸。謹奏。奉旨：知道了，欽此。

《東方雜誌》第五年第五期《論今日宜急開内國賽會以興工商》 西人工商之進步，出於格致之精益求精，實出於賽會之有加靡已，格致内也，賽會外也。賽會者，所以提全歐之精神，而使之一振，所謂登高一呼，衆山皆應是也。中國之工商疲甚矣，一人精，衆人妒之，且衆人毁之，毁之不已，并假其牌號，以壞其名，此中國工藝不精之大本也。然謂西人無嫉妒之心，則又不然，但西人之境地，與我不同，一人精，人人效之，并人人欲駕而上之，争奇炫異，各獻其聰明才力，以夸耀於五洲。原其爲妒之心，未始不與吾國同，而用其爲妒之心，則又與吾國大相反者，其故何哉？此即有賽與無賽之别也。

無賽則一人之精，一里一巷知之也，一廠之精，一城一鎮知之也，推之於各省通行，猶之俟河之清也。不寧惟是，一里巷知之，一里巷之人，即可以毁之，一城鎮知之，一城鎮之人，即可以毁之，何也？源未長，流未遠，正一人不勝衆人之傾軋，一廠不勝衆廠之擠排也。凡天下是非顛倒之境，大抵如斯，豈獨工藝乎哉？一旦合五大洲而賽矣，天下不患無物色者，而獨患無真才，天下不患有美於我者，而獨患無以取法於天下，天下不患有今日之賽而敗，獨患他日之終不能賽而勝，天下不患我物之賽而敗，獨患吾國之人之均不能賽而勝。人之物精矣，猶未精也，我之物精矣，猶未精也，人人之心思如此，人人之精神，由此而奮而强，人人之聰明材力，由此而争而長。私者不能秘之，公者不能忌之，是非有定，毁譽有憑，天下之求進者由此進，天下之求改者由此改。此誠實業上日新月異之真公益，此誠財政上旋乾轉坤之大公益哉。

惟是列邦之賽，陳陳相因，吾國之賽，特陰生面，特開生面者，恐不足與人對待也。宜先訂一賽法章程，招集各省之物，設一賽場，作爲豫備會，品題其質，權衡其材，激揚其藝，獎勵其人。列之奏，登之報，筆之書，何者優，何者劣，何者最，何者殿，劣而殿者慚，優而最者奮，精神躍然，心智豁然。則其中争奇之效，有改良者，有新制者，有翻舊者。摩厲以須，待以三年，然後再訂一統章程，招集五洲之物，大賽於吾國，絜長較短，萬國來同，逞海外之奇觀，壯寰中之氣概，豈不雄哉。

且我有豫備，其物既足以對待於人，其人又足以取法於人。一則鬥全國之心思，二則興商場之市面，三則固天下之根本，四則合上下之心志，無不趨入於農工商三者之間，不言富而富有基，不言强而强有路，豈不快哉。

惟是合王會之圖，博物之院，萃於一區，必先築絶後空前之會所，四通八達之市場，蕩心駭目，巍然焕然，乃足以容受中外與會之人與物，及中外觀會之人與觀會應用之物，非細故也，興之者斷非一地之官民所能成，宜合天下之全力爲之第。一，責成各省之關，與輪電路礦諸公司，籌款爲之基。其次，責成上海、廣東、漢口之總商會，及外洋流寓商民之大者爲之輔。其三，責成各省商會與各省紳富之名譽人爲之殿。敦興會所，孰辟市場，或歸公司，或作公私業産，宜隨時訂章辦理。夫如是，一年之後，可舉行本國豫備會，三年之後，可舉行全球大賽會。極世界之大觀，極世界之大公益也。

《商務官報》光緒三十四年九月十五日第二四期《批本部章京魏震呈》 據呈及章程均悉。現今東西各國，皆以工藝爲致富之源，女工一興，尤可補男工之不逮。京師首善重地，女子工廠尚付闕如。該章京籌款創設，足徵請求實業，力圖振興，殊堪嘉許。詳閲所擬章程，均屬妥協，自應准予立案。每月由藝徒學堂經費項下，撥助銀三百兩，一年分作兩期，俟届期時，仰該章京自具墨領，來部承領，可也。此批。九月初五日。

《商務官報》宣統元年五月初五日第一四期《批石城分會柳龍章稟》 稟及說帖均悉。該邑物産素饒，民風樸厚，祇因僻處偏隅，民智未開，遂致地多遺利，商務日衰。該總理現擬就原有之蔗糖、烟葉、磁器，改良推廣，尚未舉辦之銀行、棉業、礦務，設法興辦。所陳具有見地，惟須持以毅力，矢以實心，庶可漸收實效，不至徒托空言，本部有厚望焉。此批。四月十八日。

中國第一歷史檔案館等《中國近代兵器工業檔案史料》第一輯《錫良奏東三省阽危亟宜練兵制械藉以圖存摺宣統二年九月十四日》 奏爲東省阽危，恐牽全局，亟宜練兵制械及時準備，藉以圖存，恭摺密陳，仰祈聖鑒事。竊東三省危迫情形，臣於上月入覲時略陳大概。回奉以後，痛時局之日棘，晝夜徬徨，憂憤交集，復有不能已於言者。日、俄之視我東三省爲殖民地，環球皆知。近自協約告成，繼以日、韓合邦，吞噬之心益熾，沿安奉、南滿路綫所至，其鐵路警察及車站人員，多係陸軍軍隊，安東、遼陽、海城、鐵嶺、長春且均有聯隊駐紮，吉林則延吉一帶，亦駸駸逼處矣。其所以未遽實行侵略主義者，因近甫并韓，困於財力，故未能大肆野心。稍緩須臾，朝鮮全境布置粗完，勢必席卷而西，踞吉、奉以窺順、直。俄則進規蒙古，如在掌握。近於西伯利亞沿路車站，增建營房，添扎軍隊，其用意可知。況自伊犁以達吉、江，沿邊萬餘里，處處毗連，隨地可以侵擾。敵但一舉足，我便當拱手以授之耳，庸有幸耶？

查甲辰日俄之戰，日兵數逾五十萬，俄且過之。今者門户洞開，輪軌畢達，一旦有事，日人調全國之軍隊、兵艦，二三日可達，俄人調沿海州及西伯利亞一帶駐紮十數萬之兵，亦二三日可達。東省并客軍計之，僅止二鎮兩協。豈能一攖其鋒？明知强弱多寡之數懸殊，即再練一二鎮，亦不足以言戰守。然我既着着退讓，安知其不得寸取寸、得尺取尺，若能傾全國之力，以謀東三省，即以保固全國。將近畿陸軍勤加訓練，再罷可緩之舉，節可省之費，添練數鎮，以爲後勁，人人有同仇之愾，日日存決死之心，建威銷萌，敵或有所憚而不敢輕發。我再及時修明内政，固結民心，籌辦移殖路礦等事以爲補牢之計。否則揖讓救火，以危機四伏之東省，一旦禍發，以待朝鮮者待滿州，試問此萬餘里之版圖，千百萬之人民，將委而去之耶？抑何所恃以抵御之使不得逞耶？陪都如不能守，京師豈能宴然？土崩瓦解，即在目前，思之能勿心痛！

都中王公、大臣，與國同休戚，無不力矢公忠，而多以練兵爲妄費者，毋亦鑒於庚子之役，有兵不能一戰，且反滋擾害，故慨乎其言之。然此當深究夫勝敗優劣之所由分，急起直追，刻求進步，庶乎有并駕抗衡之日。若因噎以廢食，諱病而忌醫，東省設有兵端，其能空拳奮擊乎！抑將袖手旁觀乎！禍懸眉睫，優遊暇豫，以爲尚未及身，迨至及身，悔之晚矣！是舍練兵而無以圖存者也。然使槍砲，子藥仍須購自外洋，平時操演不足支配，徒有形式上之訓練，及兵事既起，無製造廠接濟軍火，各國復禁止購運，則有兵與無兵等，亦立斃矣。查滬、鄂有廠能造槍而不適於用，德州有廠能制彈而不應所需，川、粤道遠不能救急，自非於北省特設大工廠，兼聘各國名匠，極力講求，趕速製造，不足以顧東陲。

若武備不修，欲借筆舌之争，以固吾圉，不出三稔，恐關以東，將爲朝鮮之續耳。南宋士大夫議論未定，金人兵已渡河。以今方昔，實有同慨。應懇聖明大奮乾斷，俯鑒愚誠，采納施行，大局幸甚。

謹恭摺密陳，伏乞皇上聖鑒。謹奏。

硃批：該衙門知道。片并發。

王先謙《葵園四種·與陳佩蘅》 憶自光緒丙申，有官商合辦寶善成機器製造局之舉，先謙等時皆在事。自陳右帥任内奉文開辦之日起，至俞廙帥接任飭停之日止，經營四年，廢於一旦。致尊款五千金，化爲烏有，撫衷扼腕，愧疚實深！此後閣下過從往來，不我遐棄，方以爲先謙硁硁之性，不欺友朋。又實已自擲萬金，或者原始要終，尚蒙曲諒。是以敝族翊卿，商以餘存機器，設法擴充，開設大經綸辮公司，尚迭次奉邀入伙，未荷允從。

數年以來，不復謀面，閣下所深致不然者，先謙皆備聞之。竊謂他人譏問之言，不免太過。若責先謙經理不善，自當俯首引咎，而其時亦有萬難措置者：

工師曾昭吉，係陳右帥所信任，以爲深明製造。然其志惟在多得錢，一經委派，挾上憲以自重，不復受紳士商量，此其一也。

開局之初，刊發關防，本以機器製造公司、時務學堂爲名，欲令教授學徒，俾通製造。時先謙外尚有熊秉三、蔣少牧、張雨珊、陳程初一同受事，熊秉三始終未到，蔣少牧、陳程初到一二三次，惟雨珊共事年餘。其先以商股難招，商之唐子明觀察，在部議東征籌餉，鹽斤加價二文，鹽行餘厘項内，每百斤補收二分，歲可得數千金。稟已繕就，適蔣少牧赴滬，自請帶往。不料與熊秉三改竄稟詞，專以時務學堂爲言。劉忠誠批準之後，少牧杳無消息，飄然入都。熊秉三邀梁啓超來湘，開辦時務學堂，即用此款爲經費。迨先謙查詢得實，向右帥理論。右帥總以皆係我事，必扶持到底，不令缺費，函胡排解。先謙爲勢所壓，不便多言。厥後因學堂事，與右帥迭相齟齬。右帥亦不復注意製造，然尚委裕蓉坪接辦者，職此之故，惟先謙失所倚恃，遂至無法支持，此又其一也。

雨珊當開辦時，意甚踊躍，天成豐、謙益兩錢店往來，皆其引薦。天成豐摺結在前，謙益往來萬數千金，并無虧欠。及曾昭吉赴滬，購取電燈、機器而歸，雨珊忽潛往謙益止帳，次日赴鄉，自此數月不至，又其一也。

裕蓉坪接辦之後，電燈兩廠，每夜開至八百餘盞。蓉坪籌畫支拄，以爲總有轉機，而廙帥飭停，蓉坪屢請不允。數日間，一掃刮絶，又其一也。

官之主持者既如彼，紳之共事者又如此，雖以它人處之，鮮有不敗？況無足比數若先謙者乎！

蓉坪停工之稟，請以大宗機器抵償公款，已在善後局抄出，謹以呈電局中。總、散各帳簿記，係雨珊族人張春皋茂才一手經理。閣下之五千金，先謙之一萬金，見帳目者，書不一書，瀏覽可悉。餘存物件，皆蓉坪一手區畫。電罩電綫，擇尤歸公。其次收在舍間，年久擱置，恐不中用。小鍋爐馬力一具，寄賢良祠，歲給房租四元。鉋床、車床、鑽床各一件，存大經公司。惟車床，公司借用。屢次覓售，未得主顧。餘剩銅鐵，大經收用，總計約二百餘元。辮機稟稱十部，實止圓辮機六部，其二未成。扁辮機二部。圓辮機不甚行銷，一年停辦；扁辮機，則昔與閣下商酌擴充者也。今先謙獨力支持，推廣至三十餘部。數年前迭換做手，贏絀不常。然先謙於商務一道，實屬隔膜，此事又極細微，兩年來覓人出頂，總無成局。此公司大概情形也。

總之，先謙智慮疏淺，信人太過，是一生受病處。而負友騙財，不獨無此事，未嘗敢萌此想。業已愧對良朋，還望曲原前過，何感如之！稍閑，仍擬趨謁，希復賜見。或邀請隨時同閲機器，一豁疑懷，尤爲至幸。臨穎不盡慺慺。

計開：

光緒二十二年冬臘兩月，草簿一本；

又二十三年正月至二十五年六月，各項總簿四本；

又機器總簿一本；

又文件存稿一本；

又月報摺底三本；

又日用簿（二十二年冬月起，草簿一本，二十五年八月止，油簿六本）共七本。

共簿一十七本。

王先謙《葵園四種・致俞中丞》 前日函上呈詞，諒蒙電察。自應静候鈞裁，惟慺慺愚忱，感懷時局，撫膺萬目，無可發攄。雖以我公之藎抱虚衷，不耻下問，平日不常通謁見，亦未敢多言。兹因涉及公司，振觸素念，有不能不一傾吐者，謹再爲我公陳之。

竊維中華立國，士農本務，工商末圖。亘古同符，理居最正。至今日之局，前代所無。當雄邦環伺之秋，爲經久自立之策。孰籌通變，時勢使然。從來富强二字，儒先弗言，近年朝旨屢及之。想見因時制宜，聖意至爲深遠。問何以强？曰先富。問何以富？曰經商。然今日之商務，非爲國計也，銷洋貨而已。番舶市奇，我不能遏民情喜新，官不能禁財外流而不還，國日窮而莫悟，骨髓枯盡，肢體坐僵，外人取之如風掃籜。危亡之兆，豈待智者而知哉！及兹不圖，雖使關埠羅立於衢逵，鐵軌通行於陬澨，只自朘削，何益毫毛？是故奇技巧工，從前所應屏除，今日斷宜倡導。民開其智，而後國藏其富。我之物可達於遠，而後彼之貨自阻於行也。昔奇肱氏獻飛車，周公毁之，慮民趨末巧也。假令成周之世，奇肱偪處於邊疆，飛車流行於中土，周公不惟不毁之，且仿爲之矣。故今之要務，在朝以明政刑爲亟，在野以講工藝爲先。政刑舉，而民不偷；工藝興，而國可活。堯舜疇咨於上，孔孟坐論於旁，不能易斯言也。

湖南製造公司，發端於長、善諸生。右帥面屬先謙等出而任事，復使熊希齡要約，期以必成。故於諸生稟中，有「現在諸紳士正議舉行」之批。稟商既定，諸紳乃有公舉先謙等五人經理之請。其先，先謙等及具稟諸紳，與熊希齡并無往來也。開局之後，蔣君德鈞復議請開設學堂，推廣工藝，故右帥頒發鈐記，公司、學堂，歸并辦理。先謙等因有稟商峴帥，於鹽斤加價一文項下，收足厘數，以裕局用之舉。情事始末如此。

先謙等方謂幸逢同志，可冀成功。不料熊希齡忽有别圖，致右帥不免偏向。然自先謙等經理彌年，裕太守奉委接替，至今官商兩款，費共六萬餘金，所存機器價值，五萬有奇。教習薪資、工匠局用，三年約計萬金。未敢濫費分文，一切尚堪復案。所以不能大拓規模者，股分無多，經營非易。外洋機器，動需巨資。任舉一端，皆無驟效。此時所能共見者，惟電燈、辮機兩宗，旁觀已覺張皇，當局實形寒儉。但令常年經費仍予歸還，股分息銀，不至停擱。撙節用度，逐漸推行，并非不可支持。尚望積小高大，庶不負右帥最初之美意，抑亦先謙等籌畫之苦心也。

本年皇太后飭查各省工商局務，聖謨廣運，無遠弗周。湖南製造公司，迭經香帥於請從緩加税疏、右帥請仿西法煉鋼疏上達天聽。此時維持保護，仰仗我公。倘蒙如請允行，俾得有所藉手。不獨公款商股，悉荷成全，將來國計民生，非無裨益。其爲感戴，詎有際涯！覼縷瀆陳，乞垂鑒納。

王先謙《葵園四種・復萬伯任》 承垂詢學堂章程，仰見振起人才盛意，曷勝欽服！竊謂中國人士，懾西國之富强，而歸求之學校，可謂知本務矣，然其中要有區别。

西國强，源於富，富源於商，商源於工，工源於學。故西學無論巨細，止當以工藝統之，特設工藝學堂，以專科專官，登進尤異。然後人知趨向，風氣大開，工精器良，拓利源而塞漏卮，莫要如此，於中國學校制科無涉，於中國名教綱常更無涉也。

康梁諸逆，既借西學爲摇惑人心之具；無識之流，知西之有學，而不能辨其爲何學。盈廷交口，請立學堂，直以爲西學當興，中學可廢。詔旨一下，疆吏從風行者不必知，知者又不敢言。如此，雖學堂遍天下，謂之無學可也。名不正，則言不順，非今日學堂之謂哉！

先謙去歲，即與同志諸君子議立工藝學堂，而費無所出。嗣以房、畝諸捐并舉，恐擾民激變，請於蔡伯浩觀察爲言於中丞止之。因商就淮鹽，劃辦口捐，更請以其餘創立工藝學堂。蒙中丞批允試辦。刻下奉旨，與農務學堂并舉，殆無中輟之理。惟費止萬金，成效恐難速睹，自非擴充經費不可。

至求實書院改大學堂，仍不離中學局面。院中原有西文、西學教習，不過章程較密，都與實在西學無預。即首邑議立學堂，亦止能多購中學、西學諸書，使多士有書可讀，得以考求通習。至於觀摩之具，仍非遊覽工藝學堂不足開廣耳目，啓發性靈也。我兄以爲民興學、興利爲心，知必早有卓見。芻蕘之獻，未審有當萬一否。

王先謙《葵園四種・復黄性田舍人》 昨示敬悉。拙稿辱承推獎，慚恧萬分。弟意中外之學，當逐節推究言之。外人以工藝致富强，製造日新，能奪吾民之耳目，而吸其膏血。我不能强禁吾民令不購外來之物，則必於製造求精，然後可資抵制。中國風氣未開，才能未顯，故外人聲、光、化、電之學，皆宜加意講求。此非朝廷設專官，行省立專學，難期實效。所謂當師法外洋者，决在於此。不可一切抹殺，坐視淪亡，而不求挽救也。

就外人科學析言之：修身倫理，乃中國人所强附以張彼幟者，可以不論。五洲既通，其文字語言，自應有人通習。歷史輿地，皆吾儒所有事，此當視爲中學。天算，西學極精，而亦中學所有。體操，如中國八段錦、五禽戲之類，不必立爲專門。此外關涉工藝各科，以中國人材之多，果得在上者切實提倡，何患不能精求猛進，駕乎其上？而欲以士人兼通，此必不可得之數也。況奸宄竄穴其中，以致學非所學，更無一能通者乎？外洋諸邦，立國自有根本，不可輕視。亦有開物成務之聖人，却非摩西、耶穌之謂。特無如中國所稱數大聖人者，以故文字人倫不如中國。

竊嘗取中外諸學比而論之：外國尋常小學，意在盡人讀書識字，略如中國義塾。其立法普及，用心甚善。教人有各種淺近教科書；而中國初等小學，本有《四書五經》可讀，無須旁及，則不必用教科書。外人由小學入中學，則有較深之各種教科書；而中國中學有群經以資誦覽，有諸子史以供涉獵，則又不必用教科書。外人由中學入高等學，則有各種專門；而中國士人，就平日所誦習之書，已自經學分科，子史分科，義理學、詞章學又分科，優遊饜飫，深造自得，終身由之而不盡，豈尚有餘力它求？則又不能用教科書。常有歆羨科學，以爲教育得法、中國必應仿傚者，未嘗通籌之言也。然則教科書，不行於中國乎？曰：中國仿爲之。教科書文義疏淺，止以供教員粉飾之需，不足當學人涉獵之用。若學子兼通他業者，必其年長以後，因性所近，黽勉自求，不假程督。且中人敏慧，過絶西士，但令鼓舞得法，極深研幾，豈曰無人！何必概責之儒士哉！

夫工藝之學，形而下者也，與中學之形而上者，古今殊途，本非治世之要務。然而處交通之世局，挽既倒之狂瀾，欲不從事於此，其勢不能。鄙人常謂奇技淫巧，聖世所禁，故奇肱氏獻飛車，周公毁之。假令成周之世，奇肱逼處，飛車流行，則周公不惟不毁之，且仿爲之，以時政異宜故也。今崇奉外人者，不啻揚之升天；而鄙夷外人者，必欲抑之入地。於外人無毫髮加損，似皆未爲適中之論。

閣下澄觀世務，慨念時艱。來書殷勤之意，溢於詞表。故輒一吐下忱，以答盛旨，幸更有以教之。

王先謙《葵園四種·再與蔡觀察》 前因復陳書院事宜，公懇臺端及但方伯諸公，以及時開辦工藝爲請，未審於中丞鈞意何如。聞臺端及諸公因收集遊民，曾擬設立勸工所，詳達中丞。因無的款指撥，遲未開辦。刻下口捐一事，雖樞廷戶部照允，而外省議論猶紛。鄂有鹽加十文太多之疑，江有償款已減三成之説。鄙意果係通籌有餘，劃提口捐開辦工藝，則以取之民者，仍還之民。既足慰滿衆望，即函答江、鄂，亦必心悦誠服，更無後言。方今工藝不興，則海外漏卮不塞，華民生機將絶。有識共見，無待覼縷。

近見報館所載，各省工藝局廠雖規模大小不同，無不争先競舉。即多倫諾爾同知，亦有懸賞訪求牛馬工藝之示。獨湘省士民喁望，未見舉行。此固仰仗中丞主持，亦不能無望於我公之贊助者也。查上海袁觀察，有上蘇撫稟設勸工所章程，於諸公收集遊民之意，尤爲切近。謹將原稟及報館附跋，録呈臺鑒。

聞前此局議，費少不敷開辦。若就口捐四文內劃撥一文，爲勸工的款，則償款減成之數，仍留有餘，而工藝創舉，得所借手，不至以左支右絀，終歸廢置。似於國計民生，大有裨益。江、鄂會奏摺有云：「今若竭海內之力，百計搜括，但供賠款，以冀無事，則外國視我，皆苟安無志之人。士無奮心，民無固志。各國之輕我侮我，更將得步進步。」實至當不易之論。

臺端以愛民活國爲心，可否以此事稟商中丞之處，伏乞卓裁。某等伏處鄉閭，何敢越俎言事？惟見民窮財盡，蒿目扼腕，用是不辭煩瀆，披瀝直陳。伏求鑒恕，臨穎皇悚。

王先謙《葵園四種·與俞中丞》 竊某等前請將口捐款內，酌提一二成爲興工經費。仰蒙允准，頌佩同聲。

今合衆公議，欲振興工藝，莫急於先設工藝學堂。良以强鄰環伺，時變孔殷。泰西各國，恃其船堅砲利，以相欺凌。尤恃其聲、光、化、電之學，以相夸耀。然究其所學，皆工藝之學也。蓋形而上者謂之道，形而下者謂之器。中國之學，期明道而習爲空談；西人之學，尚制器而事歸實用。是故浮慕西法，建立學堂，苟不得其統宗，鮮不爲所瞀惑。正其名曰工藝，而學堂之命脉精神出矣。

夫工藝之學，初非西有而中無。太古之時，巢窟上下，網罟佃漁，即工藝之托始，是工藝尚在文學之先。中古聖人，如黄帝、堯、舜，神明工政，操製作之權，以御天下，故曰「備物致用」，立成器以爲天下利，莫大乎聖人。三代盛時，工與士、農、商并列四民，未嘗軒輊。周世工政特詳，官府董勸尤亟。奇技淫巧，例有明禁。然倕、般、翟、爾之流，固代有其人也。自漢以來，視爲賤役，於是中國闕焉弗講。而西人竭其智能，開闢途徑，遂以横絶地球。今之時局，蓋天將使中國聖教行於西土，西土藝術還之中國，亦宇宙自然之氣運也！無如談西學者，專課語言文字，爲裝點門面之具。考其成就，精者僅供西人傭役，於中國實無絲毫之益。又其甚者，離經畔道，醉心西人之境地，而忘自有之綱常。此無他，皆不知西人之學專在工藝。故舍工藝而談西學，猶斷航而求至海，南轅而北其轍也。

近疊奉諭旨，振興學校。各直省若不先將中西學界劃清，雖延請教習，諄諄訓誨，入學肄業者，忽而經史辭章，忽而洋文西語。不特程課紛繁，茫無頭緒，而其間聰穎之士，終心涉兩歧，無所專注。即號通西學，亦不過獵取西書，著爲論説，以爲仕進階梯。似此而求精西學，恐長夜漫漫，終無旦期耳。今特將西學劃開，請專設工藝學堂，以宏教育。謹擬章程十二條，恭請鈞核，伏乞訓示施行。

一，籌經費。學堂用度紛繁，不能不指的款爲常年經費。口捐一項，以淮、粤鹽爲大宗，擬請將川鹽口捐項下日後收數，不論盈絀，全數撥充工藝學堂專款。如不敷用，再求鈞裁籌撥。

一，建學堂。事方創始，不必另造房宇。即借省垣現有之遷善所，改爲工藝學堂，以速開辦。

一，擇教習。西洋人遠涉重洋，非經費擴充，不能延聘。日本同文同洲，近來製造，幾欲抗衡西洋各國。聘其國人教習，每人每年薪水不至過費。其次則用中國人在外洋精通工藝者。能有經費，聘請西人，尤爲取法乎上。其聘約章程，隨時酌議。

一，招學徒。額定二百名爲止。初時不取盈數，陸續增招。凡年十二歲以上，三十歲以下，不必取之士人。亦不論土著、客民，取具市行客棧居民可根查者，爲之保結，即准報名，來堂學習。士人願學者聽之。學堂不留餐宿，每日辰集申散，自帶飯包，以供午膳。不率教者，隨時剔退，以免敗群。半年後，有資性靈敏、學業奮勤者，由學堂供飯。藝業有成，願留學堂製造者，酌給工資，以示鼓勵。

一，設管領。堂内總辦二、三員，會辦三、四員。總辦請以司道大員兼管，會辦舉殷實正紳爲之，均不給領薪水。餘設坐辦、幫辦委員，及以下應用人等，月給薪資，歸入後議。

一，附建制造所。凡織布、紡紗，成衣、制襪，剪銅、搓鐵，各種大小機器，及凡製造所必需者，購置開辦，以便學生隨時觀玩，悉其製作運動之法。蓋學堂無觀摩之具，則講貫止係空談，無以啓學生之會悟。惟購買各項機器，一時難籌巨款。此製造所應請招股開辦，不論官紳商民，皆可入股。公推一衆所信服之人提挈綱領，管理一切。務令規模宏大，物力充盈。學堂目前基址及他日進步，胥根於此。但使主持得人，經理得法。俟商務穩順之後，公家局款，皆請隨時存放，以資擴充，而收利益。

一，區分學目。西國學堂，類別群分，有條不紊。仿照辦理，分爲十門：一曰格致。先由算學入手，學八綫、勾股等法，以立工藝之基；次研求汽機運動及汽機化分之理，并考核各項阻力、壓力、扯力、熱力、速率力及傳聲、回聲、生電、取電等法。各就性之所近，極力講習，以求精通。二曰圖畫。圖畫爲工藝之本，圖畫不精，則所造之物，不中規矩。當令學者精心練習，欲造一器，先令繪圖，庶無差謬。三曰化煉。西國技藝，視化煉爲要圖。凡工作有關化煉者，須令學者講求物質之本原，物體之精澀，務令洞悉化機，庶能自出心裁，以造新器。四曰製作。木藝則先究彎木、合木、鉋木、鋸木等法，金藝則先講鍛煉之法，石藝則先習制磚、合泥、刻石諸法。餘若造繩纜，制鐘錶，印書畫，以及針鈕擺式等物，聽學者擇習一藝，精益求精。五曰工程。工程所包者廣，上可富國强兵，鐵路、輪船是也，下可厚生利用，各項營造是也。習工程之初，與製作互相表裏。如造石，造瓦，造灰，造管、造火泥、造鐵料等法，皆所當求。否則不明突奧，不知精粗，工程必不鞏固。餘若營屋舍，架橋梁，造水閘，浚河港，開井塘，均須一一貫通，以資利用。六曰測量。西國格物致用，半由測量。測風雨、燥濕、寒暑，則有表；測遠近、大小、高低、平斜，則有鏡。苟非習之有素，安能用之得宜？他若量光力法，量熱力法，量氣之多寡法，量電之强弱法，量聲之遲速法，量力之輕重法，皆工藝所必需，務令學者逐一研求，方能洞徹。七曰種植。種植亦技藝之一端，西國莫不講求，故新法日出。如枯瘠之地，轉爲肥饒；高亢之田，變爲濕潤。宜令學者專心考求。凡木性枯榮，地質美惡，穀種宜忌，如何令繁而再穫，如何令豐而多收；水旱偏災，宜如何綢繆於事先，補救於事後。他若茶則講烘制之法，桑則講培護之法，蠶則講擇種免役之法；種竹以造紙，種蔗以造糖，種橡以造膠，種樟以熬腦，種葡萄以制酒。事事講求，則利源日辟，財不勝用。八曰開採。專習采取五金及開石挖煤之法，學分數類：首金質，如金、銀、銅、鐵、錫、鉛等類；次土質，如水晶等三十四種；次燒質，如硫磺等五種；次玉質，如寶石、金剛鑽各項。而採法、勘法、分優劣法，尤宜輔以格致之功。如辦別礦質，必以强水吹筒，此化學事也。水土結成晶類之理，石質之顔色氣味，皆須考求，此格物事也。苗之衰旺，何以能詳？採之淺深，何以得法？當令學者一一研究。湖南礦産殷繁，日後學有把握，即爲開礦之用，興利豈有涯涘？九曰書式。各國技藝書籍，珍奇物件，儲存院中，學者功課餘閑，令其互相討論，并由教習指授，俾易明曉。十曰機器。西人之於工藝，雖一絲一縷，皆借機器之功，所由物美價廉，商務日旺。除製造所機器可備參觀外，堂中亦須購公用機器數種，俾學者反復考察，更爲親切。學有成效，不特可自用機器造各種物件，并可造成大小汽機，運往各處銷售，以擅利權。開辦之初，不能廣購機器，止須先有鍋爐、汽機、車床、刨床、鏇床及鑽機、鉗、銼、錘、刀等件，便可因物成物，自爲推廣。省城尚存有大小馬力機器，以之刮磨應用，可免抛棄物力。又機器一開，每日煤油之需，數亦不菲。若將本省應制軍裝，酌量指令製造，驗物核價，於公無損，而學堂有所藉手，公家得以供用。煤油之費，亦有所出，一舉實兼數善。此因竊慮學堂費絀，故一并籌議及之。以上各事，皆西學之至精。中國不乏靈敏之才，分門講習，一旦風氣大開，且不難駕西人而上之矣。

一，遊歷外國。西人最重遊歷，用意深遠，宜仿照辦理。西洋路遠費艱，遊歷不易。東洋最近，必須親歷其境，方得真詮。惟前此中人，不深知藝學甘苦，望洋興嘆，奔走徒勞。今擬於一、二年後，擇學生資性靈敏、學業成就者十人，交委員携往東洋，遊歷一次。採其極新之法，購其極新之器。并訪其嗜好風尚，以便購辦貨物運往該地銷售，資斧由官籌給，但不可有名無實，以免糜用。

一，設勸工場。江、鄂合奏云：「西國賽會之舉，聚本國、他國之貨物，萃於其中。人見己國貨精工巧，則來購者多；我見他國貨精工巧，價貴銷多，則力求進步。」此歐洲賽會本意也。日本效之，設勸工場，亦名貨物陳列所。宜於沿江、沿海及内地各省大城巨鎮，各設勸工場一區，備列本省出産貨物、工作器具，縱人入觀，外國人尤要。一以察各國好惡，一以考工藝優絀，使工人自相勉勵。此事最宜趕辦。今擬俟工藝漸著成效，即於岳州每年八月設勸工場，賽會一次，先期由洋務局電咨各國領事，各帶珍奇器具來會互觀，以資工藝之助。

一，獎勵學生。凡學業成就者，準專利優獎，方足以資觀感，而迴風氣。光緒戊午年，總理衙門議復振興工藝摺，第一款云：「如有自出新法，製造船械、槍砲等器，能駕出各國舊時所用各械之上，如美人孚禄成輪船，美人餘禄士奇海底輪船，炸藥氣砲，德人克魯伯煉鋼制砲，德人刷可甫魚雷，英人亨利馬蹄尼快槍之類。或出新法，興大工程，爲國計民生所利賴，如法人利涉鑿蘇彝士河，建紐約鐵綫橋，英人奇路渾大西洋電綫，美人遏疊鐙德律風之類。應如何破格優獎，俟臨時酌量情形，奏請特賞。并許其集資設立公司，開辦專利五十年。」第二款云：「如有能造新器切於人生日用之需，其法爲西人舊時所無者，請賞給工部郎中實職，準其專利三十年。」第三款云：「或西人舊有各器，而其製造之法，尚未流傳中土，如有能仿造其式、成就可用者，請賞給工部主事銜，許其專利十年。」嗣後如有此類，懇援案奏請給獎。

一，獎勵捐輸。紳民人等，如有樂善好施、願捐巨款爲學堂用者，亦請從優議叙。查戊戌年總理衙門議復摺第七款云：「如有獨捐巨款，興辦藏書樓、博古院，其款至三十萬兩以外者，請特賞世職；十萬兩以外者，請賞給世職，或郎中實職；五萬兩以外者，請賞主事實職，并給匾額。」第八款云：「如有捐集款項，奏辦學堂、藏書樓、博古院等事，僅及萬金以上者，亦請賞小京官虚銜。」日後如有此類，懇援案奏請給獎。其有捐數千金及千金以上，奏請賞給樂善好施字樣，以收集腋之功。

一，此舉有十便：開利源一也；塞漏卮二也；養窮民三也；收遊民四也；開民智五也；紓民困六也；培邦本七也；工藝大興，百貨填溢，厘税日增，可足國用八也；富國即以强兵，一切造船制械，無須仰給外人，可張國威九也；將學界劃清，取西學之精微，於中學無毫厘之損，可保名教十也。有此十便，切實舉行，由一縣至各州縣，由一省至各行省，不特爲美利湖南之始基，并爲振興中國之嚆矢。惟諸事草創，章程尚未詳盡，應如何增改，俾臻美善之處，當隨時稟請鈞示，以垂久遠。

趙鐵寒《文芸閣先生全集》奏議 再開礦之事，上裨國用，下益民生，滿漢臣工屢經陳請，乃既蒙皇上採納。復有部臣主持而行之，各疆臣或任意遲延，或藉端撓沮，卒使良法美意廢遏不行。時事艱難至於此極，推原其故，厥有八端。中國伊古以來，居官者以言利爲戒，有明礦税之禍尤爲婦孺所知，鑒古慮今，則疑於招謗，一也。循例援案之事，疆臣不須思索，可見施行，開礦則無例可循，無案可引，則苦於用心，二也。一言開礦，即須集貲官辦，則無款可提，且虞異日之虧短，商辦則無人可信，更防成效之難期，則艱於措施，三也。人情安常習故，因循觀望，苟且惰怠，又惑于風水之説，開辦之始，難保不稍有争端，官吏因之遂生疑阻，則嫌於多事，四也。開礦見功以後，利之所在，人所必趨，工人累萬盈千，彈壓匪易，則憚於聚衆，五也。定例商人開礦十分取二，較泰西各國二十分而税一，本屬太苛，又慮及洞老山空，工人星散，此項礦税無出，部中駁詰大費周章，則畏於受累，六也。各疆臣名位已高，惟欲保全，別無希冀，開礦見功，未必遽加褒賞，開礦有過，或將貽累子孫，屬員望風，更相附和，則慊於無賞，七也。疆臣年皆近耄，開礦之事曠日始成，安能勞精費神爲此分外不可知之事，則難於持久，八也。有公有私，而其斷斷不欲開礦之心，則一而已矣。方今天下大勢，民窮財罄，識者寒心，而中國礦産之豐盈復甲於地球各國，如人有重寶窖藏於地，而日日不免飢寒，愚莫甚焉。故欲富則必開礦，而以責之疆臣決無能開之一日，不過遷延時日，卒以無礦可采，一奏塞責耳。欲破群疑，別無奇策，臣請爲我皇上陳之。礦藴於山、藏於地，非可携而懷也。志乘有記載，土人有傳聞，西人之遊歷者有撰述，礦師識苗望氣，一目了然。今中外所豔稱者，川滇、二藏、東三省及齊晉、江皖、湖南北、新疆等處，應請飭下出使大臣訪訂泰西各國著名礦師數人，議定薪水，咨送來華，聽候録用。特派查礦大臣數員，携帶礦師周歷各省，每省現開之礦若干，未開之礦若干，開採是否有利，轉運是否得宜，一律繪圖貼説，詳悉查覆，然後明降諭旨，准民集貲開辦，官爲保護，商力不足，酌提官款助之，減輕礦税二十分而取一。地方官吏稽查督責，統照鹽法之例，有成效者優加獎勵，敢阻撓者予以嚴懲，持以十年而各省礦産不開，國計民生不富者，未之有也。否則上下相蒙，內外相循，行查駁詰，徒託空言，即開礦一端，而天下官吏之泄沓因循，已可概見矣。仍惟聖明迅斷施行，天下幸甚，謹附片密陳，伏乞聖鑒。謹奏。

趙鐵寒《文芸閣先生全集》奏議 再，兵興以來，購買槍械所費不貲，使各省皆有機器局，皆能自造槍礮，何至受制若此。近聞倭人將由川河廳登岸攻我滬局，若然，則軍械更屬可慮。臣聞湖北槍礮局，能造小口徑毛瑟槍及快砲等件，如能加意經理，足以接濟各軍，擬請旨特派大員廣籌經費，擴充辦理，以圖有效。軍務固未有已時，即將來防守事宜，亦必資精械，其各省未有機器廠局者，應請飭下該督撫速籌添造武庫，森立國勢，自强非細故也。愚昧之見，伏乞聖鑒。謹奏。

羅文彬《丁文誠公遺集》首卷《四川總督奏疏》 頭品頂戴四川總督奴才奎俊跪奏，爲已故督臣功德在民，紳士公懇捐建專祠以隆報享，據情代奏，恭摺仰祈聖鑒事。竊據四川在籍紳士、翰林院編修伍肇齡、羅光烈、胡峻等呈稱，竊維崇德報功，乃朝廷之鉅典，明禋肆祀，爲閭里之微忱，考案牘於魯黔，久矣祠堂翬固，溯典型於巴蜀，允宜俎豆馨香。伏查原任四川總督丁寶楨，自光緒三年，由山東巡撫升任來川，查明川省吏治刓敝，民力竭蹶，於興利除弊諸大端，靡不悉心整頓。如川省武備廢弛，經該故督臣申明紀律，勤加訓練，營務大爲改觀。並於城東設立機器局，遴選中國工匠，仿照西法，製造槍礮、火藥，堪備臨敵利用。同治初年，蜀亂未靖，始創設夫馬局，供應兵差。迨後軍務肅清，而各廳州縣，積習相沿，仍藉支應兵差名目，任意苛派，有較正供浮加至數倍者。該故督臣到任，立即奏請裁撤，以紓民困。川省山多田少，户鮮蓋藏，一遇水旱偏災，時虞艱食。該故督臣目擊情形，深爲顧慮，釐定妥章，飭屬勸辦積穀，共儲一百三十餘萬石，嗣值荒年，藉資振濟，賴以全活者甚衆。初川省鹽務，積弊最深，滯引至一百一十萬餘張之多，欠解羨截銀，亦積至一百三十六萬餘兩。該故督臣奏請改爲官運商銷，設局辦理，至今積引暢行，歲增帑銀百數十萬。成都一帶，嘓匪充斥，搶劫横行，該故督臣飭屬認真緝捕，一有弋獲，立正典刑，使萑苻斂迹，良善得安。凡爲國爲民之事，無不次第舉行，艱險不辭，怨勞獨任，力疾銷假，遂以身殉，迄今川民思之，輒爲隕涕。該故督臣前在山東巡撫任內，歷辦諸大政，遺愛在民，又以翰林在黔省捐資募勇，保衛鄉邦，均經紳民合詞籲請。前山東巡撫臣陳士杰、前貴州巡撫臣潘霨，奏請建立專祠，先後奉旨允准在案。公懇據情奏請，准於四川省城，建立專祠，列入祀典，春秋致祭，以彰藎績，而慰士民，感戴私忱。其建祠經費，當照黔魯章程，統由官紳募捐，不敢動用公款等情，呈請具奏前來。奴才查該故督臣丁寶楨，在蜀十年，民夷安堵，其實政允爲後來所矜式。首裁撤各州縣夫馬，以恤民而固根本，繼革除各衙門規費，以恤吏而杜貪婪，又裁減各處釐金，清釐虧挪，以裕庫儲而供支撥。至其設立官運局，創辦滇黔邊計鹽務，爲數省啟無窮之利益，而開國家大宗之鑲源，厥功尤偉。

席裕福等《皇朝政典類纂》卷一三四《湖廣總督張之洞呈進勸學篇》 其礦學曰，礦學者，兼地學、化學、工程學三者而有之，其利甚博，而其事甚難。夫以渾渾土石，略見苗引，而欲測其鑛質之優劣，鑛層之厚薄，鑛脈之横斜，施工之難易，是何異見垣一方人之神術矣。西國鑛師之精者，聲價極重，不肯來華，其來者，中下駟而已。方今興利之法，誠無急於此者，然華商既無數百萬之鉅貲（鑛之易開者，一鑛亦須數十萬）又無數十年之鑛學，但憑西師一言，豈能驟集巨股。且無論何鑛，非深不佳，水源不止一孔，石隔不止一層，資費耗盡，亦必中作而輟。若略備微資，姑用土法，遇水遇石，即已廢然而返，是鑛利終不可興也，是惟有先講實學，緩求速效之一法。今山東之鑛，已爲他人所籠；山西之鑛，亦爲西商所覬。若東三省之金，湖南、四川、雲南以及川滇邊界夷地、番地之五金煤炭，最爲豐饒，他省亦尚不少。有鑛之省，宜由紳商公議，立一鑛學會，籌集資斧，公舉數人出洋，赴鑛學堂學習，數年學成回華，再議開采。察鑛之質性，而後購機，水有開通運道之法，陸有接通大小鐵路之法，而後采鑛，能不用西師固善，即仍用西師，我亦可辨其是非，而不爲所欺，如是，則得尺得寸，不等於象罔求珠矣。竊謂今日萬事根本，惟在於煤，故煤鑛較他鑛尤急，而開煤尤非鑿井深入不爲功。凡近地面之煤，其灰質必較多，其礦氣必較重，其煤質必不甚堅結。土法之病，斜穿而不能深入，遇水而不能急抽，或積水淹，或架木圮，或煤氣閉，或地火發，是四者，皆足以壞井。即使淺嘗可得佳煤，而所得無多，其井已廢，數月必棄一井，一年必易一山，人力已竭，而佳煤未動，雖鑿徧九州之山，而斷不能得一可用之煤鑛（鍋爐氣機，止用煙煤白煤，若煉鐵煉銅，必須焦炭，非佳煤不能煉，焦炭非西爐西法所煉，亦不能精，此又煤鑛之相因遞及者）。嘗考英國之富，以煤鑛興，故西人謂煤鑛之利國利民，實在五金以上，五金若乏，可以他物代之，煤則孰能代之。煤源一斷，機器立停，百舉俱廢，雖有富强之策，安所措手哉。大抵西法諸事，皆以先學藝後舉事爲要義，學將而後練兵，學水師而後購艦，學工師而後製造，學鑛師而後開鑛，其始似遲，其後轉速，其費亦必省。或曰必待學成而後開鑛，如時迫效遠，何無已則有一變通之策焉。就本省内擇取一鑛，募西人之曾辦礦廠確有閱歷者，與議包辦一切，用人購器，聽其主持，不掣其肘，約定出鑛後，優給餘利，限滿而不得鑛，有罰，即於局内設鑛學堂，鑛成獲利以後，我之學生，及委員工匠，皆已學成，此藉鑛山爲鑛學堂之法也（但須嚴定限制，止開此處，若全省包辦，則其害甚大，不可行）。記曰：地不愛其寶，人不愛其情。若人無湛深之思，專壹之志，而欲乞靈富媪，安坐指揮，以徼大利，蓋不可得之數矣。更有一策，與西人合本開采，本息按股勻分，但西本止可十之三四，不得過半，尤爲簡易無弊，較之全爲西人所據，及閟佳鑛而不能開者，不遠勝乎。此策在前三年，則必梗於時議，此時或可行矣。（《勸學篇》）

席裕福等《皇朝政典類纂》卷一三四《謹奏邸鈔》 御史王鵬運奏，中國五金各礦，藏地下者，不可勝數，徒以封禁，大利不開。比年西士考察，及中國士人所知者，如川藏之金礦、銅礦，江西、湖南之銅礦、金礦、煤礦，雲南、兩廣之五金各礦，奉吉之金礦，山西、河南之煤鐵礦，皆以官吏貪圖省事，不願開採，小民本小力微，無由上達，藏金銀於地下，而懷寶啼饑，甚無謂也。應請特諭天下，凡有礦之地，一律准民招商集股，呈請開採，地方官吏認真保護，不得阻撓。俟礦利既豐，然後按十分取一，酌抽稅課，一切贏絀，官不與聞，如礦產微，即行裁撤，認真辦理，則把持壅遏諸弊，一掃而空，期以十年，礦產全開，民生自富，而國用猶有不足，國勢猶有不强者，未之有也。

席裕福等《皇朝政典類纂》卷一三四《湖南巡撫陳寶箴奏》 竊維湖南山多田少，物產不豐，而山勢層疊奥衍，多砂石之質，類不宜於樹藝，惟五金之礦多出其中，煤鐵所在多有，小民之無田可耕者，每賴此以謀衣食。近年洋鐵盛行，利源漸涸，惟煤尚可通行，然純用土法開採，工鉅利微，未幾即畏難中止。其鑛產素盛，久經封禁之區，遂時有人潛往盜採，獲利稍厚，則羣起相爭，鬥訟紛起，地方牧令封禁，因之愈嚴，貧民恐自塞其衣食之途，常有鬥殺，致斃多命，而隱忍不敢舉報者，重利輕生，其情極爲可憫。光緒二年，臣寶箴卸署辰永沅靖道事回省，曾備言其狀，謂宜及時經理，不可使天地自然之利，所以養人者，轉以害人。前撫臣王文韶，正擬試辦，旋奉命内用事，遂中輟。上年五月，兼護督臣譚繼洵，遴委通曉鑛事員，弁查勘湖南諸鑛，周歷衡永各府，所得鉛、銅、煤鑛已十餘處於民田廬墓一無妨礙。臣到任後，適值農田歉收，每縣乏食，飢民多者，至四五十萬口。近省瀏陽、醴陵兩屬，私掘鑛砂者，日常數千人，地方官賑撫彈壓，岌岌可虞，由省迭派營勇，分投防範。因思荒政通山澤之利，古稱禹湯有水旱之災，於是鑄金爲幣，以救民困，是開鑛之舉，行之歉歲，尤爲急務。而近年内外臣工，疏陳開鑛事宜，俱蒙聖恩俯允，立見施行。如開平煤鑛、大冶鐵鑛尤有成效可睹，誠以今日公私匱竭，非廣開利源，漸塞漏卮，無以爲自强之本計。臣仰蒙聖恩，俾守兹土，當此時局艱難，度支日絀，凡有可以稍裨國計民生者，分應殫竭愚忱，盡其力之所能及。況值湘省旱災，截漕備賑，仰煩聖廑。鑛產爲自然之利，正宜設法經理，少佐賑需，且行之目前，既可以工代賑，如漸辦有成效，尤可次第推廣，以爲練兵製械之資，冀補庫藏之所不逮。擬於省城設立鑛務總局，委候補道吴錦章總理其事，仿前湖北巡撫臣胡林翼創辦釐金，取劉晏採用士人之法，擇湘士之有志節識度，不爲利疚者，量才委用，南北洋及各處熟諳鑛務機器之人，亦即隨時商調，以資指臂。先擇鉛、煤、銅、磺等鑛較有把握之處，試行開採，目前需費無多，可毋庸預爲籌備。應用機器如湖北鐵政等局有可借用者，暫爲通融，俟稍有成效，再行酌議集資抽稅章程，奏明請旨。總期行之以漸，持之以恒，先程尺寸之功，徐圖擴充之效，庶期杜争競而息覬覦，盡其分之所當爲而已。所有擬辦湘省鑛務，設局試行開採，冀蘇民困而濬利源緣由，理合會同兼護湖廣督臣譚繼洵，恭摺具陳，伏乞聖鑒。謹奏。奉硃批：所奏甚善，該撫宜悉心妥辦，以觀厥成。（邸鈔）

席裕福等《皇朝政典類纂》卷一三四《開採事例》 又，礦屯議今天下日趨於貧之故，大端有二：一則商務不盛，利輸於外，猶水之漸洩，而人不知也。一則礦政未修，貨棄於地，猶水之漸涸，而人不知也。蓋天地生人養人之具，火化之用，莫大乎煤；轉移之用，器械之用，莫大乎五金，此中外不易之勢也。中國於取煤之法，雖研之未精，而民間猶或務之，其取五金之法，則廢而不講久矣。周禮丱人一官，掌金玉錫石之地，若以時取之，則物其地圖而授之，知古聖人經緯天下，所以爲斯民利用厚生者，籌之蓋詳。《漢書·地理志》州郡有銅官鐵官者，凡數十處。迄於唐宋，未嘗不採取五金，其事時見於史傳。自明之晚季，以礦稅爲厚斂之端，宦豎四出，徵求無藝，有司因之苛派百姓，海內騷然。當時既受其弊，後世遂相戒，不敢復議，此礦政所以不修也。近數百年來，天地菁英之氣，鬱而不發，鄉曲土豪與無業遊民，遂敢糾黨開礦，作奸犯科，抗拒官吏，幸而逐之。當事者慮其易聚難散，不得不封閉礦硐，垂爲厲禁，而礦政益以不修矣。由前之說，弊在所任非人，藉其名以漁利，而並無其實，固不當因噎而廢食也。由後之說，弊在委棄寶藏，故玩法者欲起而攘之，將防玩法之民，先收自然之利。苟上有治之之法，而民白難遁於法之外也，然而猶有狃於故見，而或疑爲多事者，亦可謂不審於時與勢之宜者矣。夫民於五金之用，一日不可缺，一人不可無。今以天下之大，而所用銅鐵，皆仰給外洋。至於金銀，如英美所屬之新舊金山，每歲出於礦者數千萬，奚啻取之如泥沙。中國無生之之道，僅以古昔所有，互相轉輸，又已用之盡錙銖。通商以來，僅三十年，而外國日富，中國日貧，復數十年，則益不可支矣，是可不籌所以振之哉。且中國礦產之饒，甲於地球諸國，苟善取而善用之，固大可爲之資也。而論採取之道，則官商分辦之外，惟礦屯一法爲最善，何以言之？今天下額設綠營之外，每省各有防營，無事坐食，既糜巨餉，去之又不足以建威銷萌，益示弱於鄰敵，是以新疆之豫軍、畿輔之淮軍莫不經理屯田，以裨軍食，其他如河防水利、礮臺城垣諸工亦往往借助於各營，此誠撙節財用，酌劑盈虛之要道也。竊聞西南滇、黔、楚、粵、隴、蜀諸省，五金並產，寶氣充積，誠擇礦苗最旺之山，每省先撥一二營試行採鍊，於以創開風氣，逐漸推廣，有六利焉。向聞傭工開礦，一人所獲，每敷一人之食，如得佳礦，即有贏餘。營勇開礦，計每丁終歲所獲，即不能抵所支之餉，如或僅抵十之五六，亦可省營餉之半也。若礦屯漸多，即所節甚鉅，其利一。勇丁游閒無事，浸至習成驕惰，騷動閭閻，今於操練之餘，課以礦務，使之勤動於山谷之間，猶得葆其樸勇之氣，其利二。礦產皆在窮巖絶嶠遼廓之區，於此分屯各營，則苗蠻有懾服之心，客匪絶佔踞之望，其利三。官商開礦，籌本最艱，本之難籌，尤以工費爲大宗，營勇有額支之餉，經始之初，祇須講求機器，延訂礦師，成本既輕，事乃易集，其利四。礦務既興，則運送必有舟車，淘鍊必有工匠，未始非小民謀食之資，其利五。無論金銀銅鐵，中國之所出漸多，則外洋之來者漸少，一年計之而不足，數十年計之而有餘，其利六。有此六利，則礦屯之舉，尤勝於官商之經營也，審矣。若夫選將領，擇官吏，聯民情，定規制，則恃乎各省大吏之體察情勢，訪求人材，視其意之輕重，而效之大小判焉。昔宋蘇軾治徐州，以利國監爲鐵官，商賈所聚，凡三十六冶，冶各百餘人，採礦伐炭，多强力鷙忍之民。欲使冶户各出十人，藉其名於官，授以刀槊，教之擊刺，每月庭集，而閱試之，以待大盜，此寓强於富之術也，而礦屯之說，則足以寓富於强。推而行之，富一方，可富天下，亦可譬猶導水者之引其原將滾滾而不竭也，而豈有消涸之患也哉。（庸庵集）

席裕福等《皇朝政典類纂》卷一三五《薛福成書》 周官丱人後，數百年來，中國礦政之大厄有二：一則明季萬曆年間之征礦稅也，當時並未嘗察礦苗，集礦丁，興礦利，不過宦官四出，迫協官吏，搜括民財，俾若輩盡肥囊槖，而上僅霑其餘潤，是科斂也，非開礦也。一則光緒初年華商之集礦股也，西洋諸國，興辦一事，有立公司招商股之法，當時風氣初行於上海，凡稍通聲氣之商人及無業游民，動輒禀請通商衙門，允其開礦，遂藉爲集股之徽幟，數十萬金一朝可致，彼方恣其揮霍，飲博聲伎，窮極奢豪，或僅聘一礦師，入山探視，或遠購機器，未及半途，而商本早罄矣，是售詐也，非開礦也。中國之礦，閲此兩大厄，於是上之有權者，不能不禁開礦，以邀時譽，而慰輿情；下之有財者，相率視開礦爲畏塗，不敢稍出其餘資，以博後效，而中國礦政，從此無振興之日矣。夫言中國之大利者，攘臂抵掌，高談礦務，惟開平之煤、漠河之金稍著微效，其餘則皆已覆轍相循，是何也。彼但知視開礦知掘窖，而不知視開礦如耕田也。今即有一最旺之金礦於此，如欲設立公司，則購地有費，開銅有費，鎔鍊有費，運兑有費，製機器有費，聘礦師有費，造室廬有費，雇夫役有費，必須一一詳審，措注合宜，終歲勤劬，通校出入，始獲稍有贏餘。羣商糾集貲本，所獲不逮什一之利，偶不節用，而摺閲且隨之。夫礦産雖豐，視如良田可也，視如金穴不可也。良田一歲不耕，則不能得穀；良礦一日不挖，則不能得金。江源之沙，燦然多金，貧民淘沙者，竭終日之力，所得之金，往往與爲耕農、爲工藝者相等，甚且稍不逮焉，此亦造化自然之理，不明斯道，則敗矣。或謂耕田之利最微，若開礦僅如耕田，亦奚以開礦爲哉。應之曰，此乃所以爲天地之美利，國家之大利也。夫開一礦，仰食者不下數萬人，或數千人果能養數萬人，是不啻得十萬畝良田也。能養數千人，是不啻得一萬畝良田也。當此人多田少，民窮財盡之時，安得廣開諸礦，爲天下多擴良田乎。必能如此，然後窮民有衣食之源，而禍亂於是乎不生，境内之財，不流溢於海外，而國家於是乎不貧。

席裕福等《皇朝政典類纂》卷一三八《湖廣總督張之洞奏》 臣查各國自强之道，不外鐵路、輪船、槍砲數大端，皆以鐵廠爲根基，而煉鐵煉鋼，尤以得佳煤，煉焦炭爲先務。湖北前經奏開鐵廠，徧覓煤礦，不得佳質，後經臣訪獲，江西萍鄉煤礦，最合煉焦炭之用，歷年臣飭鐵廠購用不少，實爲鐵廠化鐵、煉鋼、造軌之根本。因路僻運艱，故未能儘量採購，多開爐座。上年三月間，經督辦鐵路大理寺少卿臣盛宣懷，會同臣奏明購用機器，築路設綫，派員總辦，力籌大舉，并援照開平，禁止商人別立公司，及多開小窿，擡價收買，以濟廠用，而杜流弊，仰蒙俞允，欽遵在案。蓋開礦不用機器，不能深入得佳煤煉焦炭，不用洋爐，不能去燐成佳鋼，運道不用鐵路輪剥，不能濟急用而輕成本。日前造軌，將來行車，需用煤焦，皆屬極巨，路廠與萍煤，互相聯絡，皆爲杜塞中國漏卮要舉。至輪船招商局每年用煤，爲出款大宗，上年因開平煤不及接濟，多購洋煤，虚糜二十萬金，以故竭力籌辦萍鄉煤，至今已用銀五十萬兩左右，係由湖北鐵廠認股二十萬，鐵路總公司、輪船招商局各認股十五萬，均以其相需甚殷也。現在日出煤二三百噸，運道節節艱阻，所運不敷所用，必須先由礦山造鐵路一條，至萍鄉河口，由湘潭至漢口，置造輪剥各船，使每日可運數千墩，足供鐵路、輪船、鐵廠之用，然後路廠可相持不敝，招商局亦受其益，而萍鄉礦得可恃之銷路，即操獲利之左券。但購辦機器，營造鐵路輪剥，需款至繁，事當未成，利尚有待，華商之股，未易立時招集，臣盛宣懷當因機器各件，多由德商禮和洋行墊購，爲數已巨，故與該行訂借四百萬馬克，分二年攤還，統由萍鄉煤礦公司商借商還。惟向來借用洋款，必須給以辦礦事權，并須分得礦中餘利，此次盛宣懷議明，萍鄉礦仍歸自辦，僅給借息七釐，彼既無辦礦之權，又無盈餘之利，不得不照商例，切實保借，因將招商局産業，以爲作保之據，當經議定借款合同，分別咨呈總理衙門、路礦總局，核准存案，此盛宣懷以招商局保借禮和洋款，擴充萍鄉煤礦辦法之實在情形也。臣此次欽奉寄諭，當將此項借款，每年還款，本利共須若干，是否以招商全局各項産業抵押，抑止將上海洋涇浜一處棧房産業作保，現在全局各項産業共值銀若干，洋涇浜一處産業值銀若干，抵押與作保有何區別，設將來借款，本利萬一無著，洋商能否將全局佔踞管理，有礙大局各節，向盛宣懷詳細咨查，旋准咨覆，并詳考案。據查，借款合同載明，招商局允保禮和墊款四百萬馬克，其息本未還以前，不得將上海洋涇浜南北地皮、棧房産業出售，或抵押與人等語，實係招商局僅止作保，並未將産業抵押，且止將上海洋涇浜一處棧房産業作保，並未將全局各礦頭及輪船作保。查光緒十一年，向旗昌洋行贖回招商局之時，因無款可籌，曾將全局各碼頭輪船，按照商例，抵押與匯豐銀行，其時經律師將各項地契船照，均繕押契，赴英領事衙門，過立匯豐銀行户名。至光緒二十一年，還本清楚，始收回各契，遽仍易招商局户名，係屬洋商抵押之一定辦法。現借禮和之款，止有合同載明「作保」字樣，並未將地契交給，亦未在領事處過户，是招商局産業不作抵押之明證也。又，光緒二十四年，招商局結帳載明全局碼頭、輪船、棧房各項資本，六百八十六萬兩，其中上海洋涇浜南北棧房産業值本一百六十八萬八千兩，以保禮和借款，係專指此項洋浜涇棧房産業，是並未將全局資本作保之明證也。至於抵押與作保區別之處，查抵押則産業已屬於人，作保則産業現仍在我，現在不過由招商局作保，設將來借款，本利無著，應先將所借禮和四百萬馬克，購辦之煤礦、機器、鐵路等物，以及該煤礦公司自己股本五十萬，所辦之礦産各物，儘其所有，以歸借款，必不致將招商局保産作抵。如煤礦公司各物不敷還款，再由保人如數補足，賠還了事，如保人不能將欠款賠補，始將合同内所指作保之産業，變價補足，此作保不能遽抵之明證也。兹查禮和借款，前三年不還本，後十二年每年攤還四十萬馬克，約合銀十三萬兩左右。預計此礦三年後，每日至少出煤一千噸，一年出煤三十萬墩，提銀五錢，已足敷歸還本利；就使意外之變，出煤無多，該煤礦尚有股分及借款所置鐵路、機器各項産業，不難作第二次借款，爲借債還債之計；就使該煤礦及鐵路機器各項産業，不足抵償，而所短之數已屬有限，鐵廠、鐵路公司，輪船公司，應照商例，按股攤賠，至多不過數十萬兩，斷不致將作保之洋涇浜産業，爲彼所佔，更不能將全局佔踞管理，此又臣查明盛宣懷保借洋款，不准籌還，與招商局無礙之情形也。查該少卿盛宣懷，此次以招商局保借禮和洋款，實因商股一時難集，而萍鄉煤礦所關於鐵政甚巨，不得不力圖其成。核計借款，本息每年止攤還十餘萬兩，爲數不巨，必能清還。盛宣懷綜核素稱精細，必無將成本數倍借款之商局送與外人之理。恭繹此次諭旨，原止戒其勿得輕許作抵，致礙大局，然則此事之有無流弊、應否阻止，自以與招商局是否有礙爲斷。體察合同辦法情形，實與招商局並無妨礙，且此事既經咨明總署及礦路總局，均經核准有案，而洋行久經訂立合同，既與招商全局無礙，似不必另起波瀾，致外人别滋口舌。合無仰懇天恩，仍准以此款擴充萍鄉煤礦，不獨於鐵廠有益，而地産工作日盛一日，於萍鄉小民之生計裨益尤宏。現仍一面招集商股辦理，擬有章程，并當多留礦股，專待江西富商附入，以示公享美利之意。計股票擬定一百萬兩，鐵廠及鐵路公司并輪船招商局入股五十萬兩，其餘五十萬兩由盛宣懷將章程股票咨送江西撫、藩司就地招股，如有不敷，再向他省招集，其所認股分，限六個月繳足，以免觀望貽悞。如此辦法，盛宣懷肩借款之難，任開鑿、洗煉、修路、轉運之勞，而江西富商享入股獲利之逸，有盈則江西富商分一半之利，無效則盛宣懷一人還全數之款，似亦極爲平允。所有遵旨查明招商局保借洋款，辦理萍鄉煤礦，並未輕許抵押，不致有礙大局，且實有益萍民生計各情形，理合恭摺，據實覆陳。（邸鈔）

王爾敏《盛宣懷實業朋僚函稿》上册《陳允頤致盛宣懷函九》　大人閣下，敬稟者：王訓導交到是月初一日諭函，訓誨周詳，知荷曲加調護，感激莫名。初八、九兩次報底及平蕘覆碼先後互呈憲覽。頤非有心諉過，亦非不肯認過，徒以報底具在，聯條可憑，漢局原發，本無「開仗」字樣，平、義、鳳亦均無此字樣，而津、滬各局所收，明明有此字樣，收發不符，其中必有致訛之故。若不澈底清查，將來相率效尤，流弊伊於胡底。前飭平局放報，而徐倅不肯，又知其於往來官公要報，無不繙閲（詢之葛啟卿等均知）。故疑其或致添改，今據許紹猷電稱，已查紙條，與漢原發字數相符，且有義、鳳覆碼爲憑，則其誤又不在平。前此乃頤過疑，兹將許紹猷及平局學生兩電呈鑒。頤俟明春會試，本擬請假，既欲辭差，即使認一失誓處分，明知無妨，然實未誤報而無故自行招承，頤即甘心隱忍，學生等亦未免大冤。務乞憲恩設法查究，究從何局始見「開仗」字樣，其弊即在始見之上一局，此理至易明也。如謂此實漢局所發，何以平、義、鳳無此字樣？疑竇灼然，諒蒙燭照。袁守襟期磊落，與頤頗覺水乳。傳相或防微杜漸，豫作叮嚀。其實各辦各事，頤既無久留此間之意，更無所容其齟齬。即徐倅前與頤戾，初亦極意優容，及其劣跡太多，横行無忌，不得已而稟請撤委。實則八月下旬，澄甫即有函屬早去徐倅，頤若立從其説，不致遲遲至今。至許紹猷雖非端人正士，卻從未言人短，頤亦素不輕聽人言。前擬以周縣丞暫代平局，而周畏徐凶鋒，適有感冒，故改委許，當時實有一刻難容之勢，急何能擇而出此。督率無方，咎奚可諉，雖荷憲恩，不加譴責，返躬自問，悚歉萬分。前請早委賢員前來接辦，自揣才力實不勝總辦四局之任，明年若再添設釜線，則局面愈大，照料愈難，非精明幹練之員，豈能膺此？釜線期以一年，來春當由韓廷移咨北洋，請籌款派人，歸并漢城總局一手經理。前奉電詢，頤時適在袁處，先由袁覆乙電，嗣又將此情形，具電稟覆，當邀垂詧。兹將釜議四條抄呈憲覽，惠（慰）廷屬先請安致意，隨後另有函商。漢仁應繳大北公司報費，已由滬局代付，可否作爲卑局領款？免其匯寄，以省周摺。韓款五千，覆文已來，唯其意欲待報費收多，逐漸議減，論理殊謬。然爲藩屬起見，似未便較及錙銖。究應若何，不敢擅決。敬請勛安。卑府允頤手稟。十二月二十日。

王爾敏《盛宣懷實業朋僚函稿》上册《陳允頤致盛宣懷函十一》　杏翁大哥方伯大人台席，敬肅者：客臘拜奉賜緘，周詳曲至，感泐靡涯，久擬逐條陳覆，適迫歲闌，案件疊出，酬應紛紜，幾無握管暇晷。又不欲以漫衍膚詞，藉手文案，遂至稽遲肅命，中散疎嬾，罪無可辭。開正元宵後五日，又承垂教，并得祗悉廓充電線章程，合前金州礦務各條參觀，互核當世富强大策，合肥公以一身總其成，執事實以隻手握其要，如水火之既濟，如笙磬之克諧。異日文中門下房杜翹英，武鄉帳前費蔣連軫，斯固蒼生之福，匪徒吾黨之光也。弟自捧檄瀛壖，眴逾匝載，自維智慮短淺，才力闒踈，深恐措施一不當，上損國靈，下辜知己，無事不以調護維持爲念，無日不在戰兢惕厲之中。一歲以來，會有天幸，商務較前似旺，主客尚覺相安，人數多於往日，漸知畏法尊官。至於東西各署，雖有辯論駁詰之案，尚無齟齬掣肘之端。立秋廨署落成，曾製一聯懸諸堂座，句云：「爲政不在多言，宣上德，通下情，竭材力，圖報稱；交鄰非無善策，開誠心，報公道，據義理，作權衡。」不敢自謂能此，庶幾願學焉耳。承詢日東煤礦，半在長崎、神户之間，此處絶無情形，既不詳悉，未敢强作解人。電線股分，容與各董事及股實商户謀之，倭奴財力孱薄，心膽本虛，近緣越事掣動環案，慮我將以兵戎相見。簡練水師，購製船礮，一若亟亟不可終日。道路傳聞之説，固不足憑，然環案一日不結，中東大局，刻刻可虞。不如先發制人，庶可戢其狡逞。弟曾屢以此議陳諸傅相，純帥則意氣日頹，遇事遷就依回，但求一日之無事。客歲日高構難之際，非弟極力慫恿，幾將置不發電，發電未久，忽又抽身爲日光避暑之行。日廷適於此時簡派公使，弟復不待稟白，代發電音，逮後北洋總署來電，舉由弟意擅覆，幸無貽誤。節使歸時，頗許其當機之能斷，且感其臨變之彌縫。而其原則根於俄使言旋之際，獲奉教於執事之一言。弟近始覺得處世做人之道，尋常細故，不妨圓融，臨大事，決大疑，則必先將榮辱毁譽，一切置之度外，專論事理之是非，與情勢之可否，謀定而後動，一發而莫禦，至其利鈍，則天也。執事以爲然乎？弟近日流覽載籍，專以有用爲主，心氣較前略沈，頗復有所得力，閒暇間爲詩文，則徇東士之請，不能致工也。許錫珍誠實不足，洵如來札所云，雖其嚮往執事七、八年於此矣，屢屬弟爲曹丘，率見尊處人滿，無可進去而止。兹既已識荆州，且有雅故，務希量材而用之可也。專此手覆，敬叩新祺，百維融詧不盡。如弟陳允頤頓首。正月廿一日。

王爾敏《盛宣懷實業朋僚函稿》上册《朱福清致盛宣懷函十》 補樓主人閣下：許久未通尺素，實以時局多艱，而公又軍書旁午，日昃不遑，未敢以無謂之虛文上干聰聽。每侍老伯大人杖履，起居動静，息息相關，雖萬里如一室也。東事齏平，只要大家提起精神，引前車爲深戒，補苴彌縫，改頭换面，把心地洗刷乾净，一切恭維、逢迎、揣摩、凌壓、欺侮之習，悉數屏除，如能相見以天，私心袪而後公道昭。自天子至於庶人，莫不刻刻以此番之恥辱爲大戒，時時備省悔恨，將從前之虛文門面，痛加删削，務在實事求是。凡有應對便捷，進退玲瓏，周旋狐媚，以及衣服綺麗，飲饌排場之輩，驅之四夷。營官惟取樸實耐勞，來自田野，文官惟取心性和平，不妨狀皃椎魯，而又考之於暗室陰影之地，必確乎真實不欺，不同兩截，而後專任不疑，推心置腹，即小有忽略，教誡而曲恕之，以天下本無全才也。如此卧薪嘗膽，悉一年自有人才輩出，興一事必考核一事之實際，無論輪船、鐵路，徒襲其皮毛，而未窺其竅要，僅以粉飾爲工，於旅順威海之所由僨事也。曩者常因公赴滬，適值北洋水師南來，十里洋場盡是令威，甚盼市面爲之生色，車塵馬跡之所經，無不極金谷豪華之盛。識者蚤知其無此艷福也。聞其到扶桑時，亦復如此舉動，能勿啟他人輕蔑之心。然事已至此，不必深論。第經此一番懲創，或者即天心啟牖之機。若仍此泄沓視爲長治久安之策，難得息肩，即萌故態。燕巢危幕而不知，厝火積薪而不問，將何以上對君父，下示子孫。下走無寸尺之柄，又犯暮氣，然與閣下當年商量出處，共奮投筆從戎之志，三十年如一日也。一腔熱血不能不向知己一傾吐之，況公之精神才力，絶地通天，慧眼一顧，即智慮泉湧，超越尋常萬萬。近時如慎思强恕各公皆非倫，此下走雖與之游，第羡其運而不服其才，以遇事必躊躇至再，自以爲萬全，庸詎知事變之來頃刻萬變，是即機也，一經遲笨，即毫釐千里矣。公以爲如何？目今時事方棘，朝廷深知此才不易，行將大展其彌綸宇宙之手段，萬不可灰心思退，如下走之老而可棄，猶覥然思一展其愚黠，王孝稍盡寸長，斯不愧爲公之夙昔交游，而況實挽回時局之大法力、大經濟也。平生風義兼友，定不河漢斯言，且椿庭老福無量，飫食寢興，高出我輩萬萬，每歎爲不可及，則公更可放膽做去，從未辦大事者不屑小毁，即合肥公負天下重望，以身係安危，方事之殷，搏擊幾無完膚。迨今觀之重整社稷，再造河山，舍此袞袞諸公，能乎不能，公亦當涣然冰釋矣。前敵諸軍，下走惟佩服太邱公老謀勝算，胸有智珠，頗有撼山不動氣象，實中興名宿也。摩天嶺之屹然重鎮，遼瀋安堵，未始非此公之力也。公以爲如何？手此布頌勛安，便希詳示不盡。雙清拜上。四月十六日。

王爾敏《盛宣懷實業朋僚函稿》上册《鍾天緯致盛宣懷函二》 夫子大人鈞鑒：敬稟者，承詢日本開井章程法。以格致理法言之，必有水源，在高山與地底相通，有壓力使之噴溢，若平地斷不能激射，故一試於上海，再試於京都，三試於臺灣，群言不得法。其實在濟南府則試之必效，因濟南居泰山之陰，滿城皆泉源，即如趵突泉，即天生之水井也。但開挖一井，工費不貲，爲荒政，則緩不濟急。天緯愚見，調嵩武軍營勇百人，試開一井，借洋行水龍皮帶抽水出井，然如南方車田之法，盈科進，則百擔之水不足灌一畝。廣東新出水槍一種，以一人手執水槍，居於田中，四面激射，則一擔水即足灌一畝。且水經噴散，得空中之養氣，其功效與天雨一般。想煙台各洋行亦有出售者。在粤東大號原價不過二元六角也，以五十人開井，以五十人噴水，一日能澆灌百畝。如官府倡之，令民間自辦自效，似亦救急之一法也。專肅稟復，敬請鈞安。受業鍾天緯謹稟。二十六日燈下。

王爾敏《盛宣懷實業朋僚函稿》下册《黎庶昌致盛宣懷函三》 杏蓀仁兄大人閣下：六年不見，企想維勞，去歲嘉平接展華牋，過承藻飾，愧弗敢勝。辰維楓陛承恩，芝罘紀績，引詹吉曜，指顧遷除。庶昌東海重臨，冰淵愈惕，差幸彼中人事不齊，遠志稍斂，交涉之件或不至遽形棘手耳。委購板銅二百擔，當即詢明價值，由電奏聞。旋得復電銅貴暫緩，想遂作罷論矣。此時日本各行俱乏現貨，無論賤價不能購得，即高與價值亦是缺如。頃復姚彦嘉一函，抄呈台覽，便知此中消息。中國百政不修，有急耑求助於人，豈祇礦務一事。尊指擬先設學堂，講求地化等學，誠屬要圖。惟日本煤銅兩廠多係舊法，欲研求其成效，亦非派人在廠學習，難有心得。若僅僅鈔覓章程，所謂能知其當然而不知其所以然也。執事留心時務，倘欲得人，此間尚有略習東文之學生可以派往，不知其果有意於斯否。日銅如此之絀，中國圜法如此之窮，必須量爲變通，始可周轉。弟有上譯署北洋一策，並録奉閲，希教之。手復敬頌新禧不一。愚弟黎庶昌頓首。正月初八日。

〔附〕《黎庶昌復姚彦嘉函》 屬查日本産銅各節，當將原函寄至神户交領事細查。兹據該領事稟稱：接函後即於次日馳抵大阪，廣爲採訪。查此間産銅二處：一爲別子山，近神户；一名北村，近大阪。別子山産數處，惟住友廠最旺，每年可出銅三百萬斤，英商預訂七百墩，非八月不能交清。北村出銅已稍遜別子，旺者祇太和一廠，每年可出銅六七十萬斤，半爲廣商所訂，此銅價所以日增。是間如必需採買，只能購二三百擔，價總在二十二元加以每百擔水脚三元，則與滬上近日之價相等，仍不如買上海者之爲省便也。又令繙譯至東京古河屋查詢，據稱有銅山三處：一足尾，在日光山之傍，距東京兩日程，其山每年可産銅五百萬斤；一草倉在新潟之北，距東京五日程，其山每年可産銅一百三四十萬斤；一阿仁在箱根之北，距東京六日程，其山每年可産銅五十萬斤。目前價值每百斤約在十八元左右，出口税每百元抽五元，水脚則不知。若欲立約定價，現在無銅，不敢承認立約，須在七月内方可。因三、四、五、六等月之銅均爲人預買也。等語。觀此，則日本現時無銅可知，雖重價亦購不出，況欲賤價乎。然則中國於圜法一事，宜當知所變通矣。

〔附〕《黎庶昌上總署北洋策》 再查日本紙幣與洋元並行，而紙幣之多實較洋元十倍。從前紙幣一圓極貴時，抵洋元九角有零，極賤時抵洋元五、六角或六、七角不等。其價大有漲落。近年大藏省陸續將舊票收回，改用新票，每紙幣一元務令與現洋一元相準，不使有畸重畸輕之幣，業已内外通行，國用增益不少。今中國帑項奇絀，京師需錢甚急，全賴各省鼓鑄，源源批解，以資接濟。而各省鑄錢又專恃東洋紅銅爲大宗，日本産銅本屬不多，自上年採辦以來，絡繹不絶，以致銅觔短絀，價亦日增。銅磚每擔約需洋十八元，銅板每擔約需洋二十二元。各行皆無現貨，均須預定約期，又當在本年六月以後，始有貨交。頃接烟台盛道、福州楊制軍來電，皆查詢銅價，而廣東購買之銅尚短二十餘萬斤，銅觔無出則各省必至停工。成本太高，鼓鑄亦不合算。庶昌愚見，以爲莫如仿照日本大藏省辦法，由户部製造極精票錢一千萬張，定一不可增減之價，陸續發出，作爲現錢通用，京師市面得此自足以資周轉。定例：凡户部上兑崇文門納税均須此項錢票交納，即不患其不行，仍定每年户部新鑄之錢，各省批解之錢，以一百萬千爲額，於年底彙齊，即將錢票照收一百萬千，對衆銷毁。期以十年，則此項錢票一律收回銷净，仍係現錢流通。在部庫無慮蹈空，在小民不至失信，各省認數較少，期限亦寛，鼓鑄之法自可從容圖維。即外洋銅産有餘，亦不至居奇過甚。計似無善於此者。

王爾敏《盛宣懷實業朋僚函稿》下册《劉樹屏致盛宣懷函十二》 尚書宫保鈞鑒：謹稟者，承命赴東查考商務，於中秋行抵東京，即託楊星使電詢起居。旋奉覆電，政體漸次元復，不勝欣慰。此時日本造煙草、造紙幣均歸國家，不令外人閲看。其餘東京各廠略閲一二，閲竟須赴大阪一遊，方能開拓眼界也。宫保前曾語及路政鑛政，此時應否考察，專俟電斥遵行。樹屏現寓東京神田區三崎町一ケ目一番地森田館，如蒙賜諭及文牘等件，請寄楊星使處轉交可也。尊痾甫痊，秋風正厲，伏惟爲國自重。職道樹屏謹稟。八月廿四日。

謹再稟者，樹屏抵東甫十日，不敢妄談時政，惟自馬關沿内海至神户，又自神户坐汽車至東京，風景之佳，固令人應接不暇，而樹屏所心摺者，尤在農政。觀其田禾之茂美，林木之鬱葱，幾於地無遺利，人無遺力，此邦之盛亦有由也。至烟草則銷行尤暢，中國決可仿而行之。樹屏曾遇一西人譚商務者，謂廿年後中國水旱烟筒必然絶跡，此言頗似有見。樹屏聞三井洋行尚有機器出鋏，不日當能撿閲也。樹屏又稟。

王爾敏等《盛宣懷實業函電稿》上册《盛宣懷上李鴻章稟》 宫太保中堂爵前：職道於正月初三日抵閩，十八日稟辭，二十一日旋滬。伏奉十二月十四日、二十九日、正月十三日鈞函，叩聆種切，恭讅慈躬萬福，慰愜孺私。職道到閩三日，沈幼帥適接到保陽臘月初三日所發一函，幼帥處顧全大局，並深悉招商局題目極佳，而文章不易。所有半月在閩往復籌議各層，除會稟外，幼帥密信一函，節略八扣，其有未罄之意，其尚有未盡之言，敢再爲憲臺縷晰陳之。幼帥以兵船爲自强張本，似不以專造商船爲是，若因養費難籌，必不得已，亦當兵商兼造。初議每年每式出一號，嗣聞年各成其二。兵船養費，總不離乎裁撤外洋營師，商船養費，總不離乎運漕運鹽，則二十年之内足敷布置也。請定領船隻數一層，既能造新式商船，佈置較易，閏年限領兩號，期限較寬。目前惟運漕，若必俟沙船裝足一百萬石之外，畀之輪船，有此成案在先，沙船執此爲辭，地方官即爲商局出力，亦難於措辭。本年若非振帥許由商局採辦，石帥得以援照辦理，則撥裝正漕，不及十萬之數，商局決裂可立而待也。幼帥所議，先儘輪船裝足之後再俾沙船，持論極大，措詞亦不患其苛，或准輪船沙船各半認運，似當趁此會奏，明定章程，免得年年煞費唇舌。凡事上苛而下恕，則苛亦使人感恩；上恕而下苛，則恕亦必招人怨。運鹽之議，仰蒙俯准函商雨帥，職道當即赴寧面稟。天下事不敢決其事之必成，而後措之於議，幸蒙憲臺不責其妄謬，以事之成敗利鈍，誠有不在人而在天者。江西採辦，雲甫録抄接藩、糧回信，以本省議尚未定，囑彼暫緩前去，想是峴帥與糧道不甚謂然。則此必須再從裏面著議。而我處再將官話私話徹底面告，仲良方伯擬酌提十萬搭運，自無阻當。湘中來函云：籌出運費，即可酌爲採辦，江西省開其先，兩楚必有以繼其後。招商局如能有此開拓，則承領輪船二十號亦不患其累。官不能助以貲本，惟竭力開拓運漕運鹽，是官所以順商情也。商不能捐其利息，惟竭力謀算養費、修費，是商所以籌國計也。請改造新式商船一層，幼帥初以閩廠所學僅有此一種機器，即日意格所帶洋匠亦僅知此種機器。洋匠到中國已久，故近數年新樣不之知也。職道初謁一二面，總以甫撤洋匠，另招洋匠，爲礙難著筆。職道以此樣機器，只可仍作兵船，或隨時撥交招商局代爲運漕裝貨，以運脚抵養費，盈絀仍在官而不在商。幼帥以此議爲周旋閩廠之説。職旋又面稟，如向西國廠購買康邦機器，較之自造價必減省倍許，可與該西廠訂定，買其機器兩三副，邀其洋匠一二人，親自送至閩廠，拆卸合攏，指授華徒，總以教導能造爲止，即以買價減省之項，酬其教導之功，不一二年，而華匠又學一種本事。此種辦理，並毋庸再奏，不致與裁撤洋匠自相矛盾。職道並謂：此項機器，我處當可代辦。其總監工葉道遂極力贊成其説，以爲此項辦法，渠亦能行。幼帥即允如所請。閩廠現有造成兵船機器兩副，職道請其先裝兵船兩號，來年俟新機器來，再造商船未遲。緣商局已領海鏡、琛航、大雅三艦，連永澄、福星、利運、伊敦、和衆，並擬添買長江舊輪船一隻，共成十隻，目前且當布置妥貼，隔年再領，氣脈方不致竭蹶。幼帥亦已允行矣。請官保險及華洋人駕駛一層，幼帥私議亦允船廠認保一半，惟意在全用華人駕駛。此次領回海鏡大鐵、二鐵、船主、上副，仍用洋人，稟請閩廠酌派上副、三鐵兩人，奉諭華洋人斷不能合處，一般所持論甚決。旋議仍由閩廠派人駕駛，則並可援照兵船，一律毋庸保險，只將管駕官參處，便可説得去。如由商局雇用洋人，則仔肩不能不在商，不保險説不去。即由船廠商局，各自保險一半，亦説不去。祇有減價一法。憲臺致總署函謂：商局租約，須向洋行保險，洋人照泰西船價核估，必不及原造之數。如此措詞圓轉，然總不如用閩局人駕駛，其船仍爲官家之船，無事以運漕裝貨爲修養之費，有事仍供徵兵饋餉之用，外不失政體，内不擔鄭重。誠如手諭，免起爐竈，亦有責成。惟船既不用洋人，不經保險而商貨向由洋行保險者，恐洋行作難，威逼我客商。職道之意，局中必須自立招商保險局。凡客貨裝我船者，自行保險。蓋客商但問彼貨之能否保險，不問我船之已否保險也。職道商之仲復、卓儒、雲甫、雨之諸君，俱以爲是。景星獨云：必不能不用洋人，或謂其習處之久，故信任專。然不用洋人，未知究竟有無窒礙？應請憲示，方敢定議。如仍令兼用洋人，則保險必請減價，方可支持。職道議一百五十四馬力以上者，罰賠銀十萬兩，一百五十四馬力者，罰賠銀八萬兩，八十四馬力者，罰賠銀六萬兩。幼師亦並不言其少，但求與報銷無礙而已。請以租價抵脩理一層，幼帥謂不如免租認脩，實因租價定輕，必不敷其脩理。火爐兩三年必一換，輪器亦易壞，若一更換，動必萬金，其他意外碰損等脩，尚不在其列。故免租認脩，名爲便宜，實則喫虧也。然大脩歸廠，幼帥所未允者，亦在情理。查歷來奏咨函牘，總有租領二字，竟云免租。不知者必誤以招商局爲受益非淺，應請仍酌定每年租價若干存抵脩費，雖不敷亦難索諸船廠，究竟不曉租領名目，並使衆人咸知以租價抵修理，並無便宜也。幼帥亦以爲照此次海鏡船赴天津，暫向洋行保險五萬兩，一月爲期，專候憲示，再定章程。以上所議領船之大略情形也。至自强之計，仍在兵船，即一年兩號，尚慮其遲。查閩省師船，每年養費三十餘萬，已可養船十隻，職道現向廣東、浙江、江蘇各省密查外洋師船養費，俟有回信即行呈閲。約計南北洋七省修養添船之費，每年不下二百萬。將來漸撤漸補，可養輪船六、七十隻。長江太湖水師，倘亦以小兵輪漸造漸添，内地有事，可備捍禦，外洋不寧，可資守口。若於長江水師之外，另籌餉項，勢必不能，若於長江水師之中，配用輪船，似尚易爲。至造船之法，似不應立此自畫。西人謂華人聰明勝於彼，惟淺嘗輒止，不求精進。閩徒出洋之議，即是迫其精進之心。幼帥籌出洋經費於製造經費之内，所恃裁撤師船，可省養船之款，將來造船，總以鐵甲船爲兵船進步，公司船爲商船進步。隨在需用煤鐵兩項，閩省古田縣所産之鐵，洋匠謂勝於洋鐵。閩廠拉鐵廠之設，實有深意。但拉鐵離産鐵之區尚遠，脚力過昂，如他處有可採鐵者，應在本山之下，置造拉鐵一廠。此事亦應破除成見，奏明招商辦理，實富强之策也。出洋學礮之議，幼帥深切言之，初甚震悚洋人之吝，不肯發其所知，今則德人甚欲露其所長。蓋係民間礮廠，但知牟利。據德人云：俄國向彼定六百萬銀之礮。轉詢其俄國，既有六百萬銀，何不自開礮廠？則又云：俄人自亦有礮廠，不能如我之精，是以不吝重資定買。其言似確。併當我國家出洋學習，勝於定買多多矣。然趨之使學，誘之使學，倘能於文武兩途之外，另開弁學等項各一途，於武考弓石之外，另立鎗礮一格，則十年後，人才不患其竭，用處極多，亦不患其閒散也。至鍊兵之費，尚無計可籌。議在各省提辦餉鹽，以充鍊費。幼帥以事權他屬，亦欲求憲臺主持。此所議自强之大略情形也。幼帥此次會議，或會奏？或分奏？幼帥云請憲臺主稿，挈銜會奏，如是並有函交職道面呈雨帥説明會奏之意。左帥處亦已函告，如有作意，請其徑覆憲臺處。向來船政與左帥會銜之件，亦並不函商，並令職道即赴保陽面稟核辦。職道今日擬回籍一行，趕五日内回滬，即由滬搭輪船赴江寧。即使趕緊赴北，恐已屆陵差。

王爾敏等《盛宣懷實業函電稿》上册《盛宣懷上醇親王稟》　王爺鈞座：敬稟者，竊道員於夏間在津連肅兩稟，交文全、張緒等轉呈。九月間在滬又肅一稟，交「怡和」轉呈，度邀慈鑒。道員遵奉明諭，收回商局，頭緒甚繁。現惟認真督率，一以清釐唐廷樞等經手舊款，一以劃清「旗昌」買還界限，一以整飭接辦以後章程。三月以來，竭力經畫。局中碼頭、棧房、輪船已向「旗昌」全數收回，唐廷樞等舊帳嚴切提追，以庚年餘利彌補，勉可結束。惟華商兩年摺利，意甚摇摇。職道奉檄督辦後，與各口岸商人約法籠絡，已收輪船水脚六十餘萬，除各客棧開銷外，頗見盈餘。商情頓爲踴躍，而本局辦事之人一經激勵，莫不鼓舞。此後上蒙國家留意扶持，下與商人謹慎籌辦，三年爲期，必當擴積餘利，還清洋債，務使天下皆知輪船電報兩局有利無弊，而後開礦、鐵路、銀行、郵政皆可次第興辦。蓋今日之天下，做官人收名利而人盡趨之，辦事人受譏謗而人盡戒之。國家任艱難而不必於名利。惟道員以吴人在淮軍二十年，悉當苦差，虧累頗重，頻年所辦賑務、商務，破家捐助，不染絲毫。差能取信於中外商人者在此，而遭忌受累亦在此。前蒙殿下以吐握之勤，作葑菲之採，栽培下士，噓拂當途，此後事有寸進，必當矢慎矢勤，力圖報效，以仰副恩慈於萬一。再，道員從事簿書，以致不能作楷，尚乞鑒原格外，是所感禱。修此寸稟，恭叩鈞安，伏祈垂鑒。職道□□□謹稟。

敬再稟者，兹派直隸候補知縣董恩慶赴京，面呈京紋一千兩，伏乞飭存，以備年賞。再叩鈞安。道員謹又稟。

王爾敏等《盛宣懷實業函電稿》下册《盛宣懷上張之洞》　鄂督署：銑電謹悉。德、英先後赴署索辦蘇甯，而署謂英未便峻拒，准令「怡和」就近商辦，以德有東路也。德華謂蘇甯不成，將往辦東路。德總領事謂，如他家條款與德同，請先儘德。大約德使、德領、德行自知得隴望蜀，故不力争，所力争者錫樂巴耳。鈞座前駁三事，豈得謂允准？且德華續呈十七條皆相反，今見英款不爲難，始有遷就意。然署既允英，英豈肯讓？徒使英效俄、德、法跳出公司，給入交涉，其害立見。英雖有長江不准予人之約，英決不利土地爲戎首，苟欲得而甘心，亦決不繫乎蘇甯鐵路之有無。喪我國者俄也，附俄爲虐者德、法也，鈞旨聯英日，似不可改易初心，鄙見正欲藉商務聯英、日，兼及美。況此次借英款，十年即准我還清，誠能自强，何畏之有？議鐵路久矣，若處處牽制，不急急下劫着，必路路落後着。若能自粤至京，京至山陝悉歸美，自滬至甯，甯至豫悉歸英，自蘇至杭、杭至甬或歸比，統限三年告成，鍊沿路民兵，開沿路礦，興沿路農工商，十年或可改觀。至海靖前復，注重東路，無暇爲銀行計，真情畢露。錫樂巴宜羈縻之，免其作祟。餘面罄。宣叩諫。一等，密新，十六。

藝文

顧炳權《上海洋場竹枝詞・佚名〈上海竹枝詞〉》　人人發樣最難全，或仿東洋或仿西。還有一般朝後刷，自夸我不落恒蹊。

顧炳權《上海洋場竹枝詞・頤安主人〈滬江商業市景詞〉卷二〈股份掮客〉》　公司股份價無常，市有風波莫測量。掮客勸人頻賣買，從中取利往來忙。

顧炳權《上海洋場竹枝詞・楊勛〈別琴竹枝詞〉》　信紙常作挐脱卑，書完考必抄也，水印也唤西斷。須知緊要公司信，切勿輕言襪四基不妨。

顧炳權《上海洋場竹枝詞・洛如花館主人〈春申浦竹枝詞〉》　洋涇南界法蘭邦，塔樣高鐘按刻樅。借問火輪機器磨，路人遥指大烟囱。

洋涇浜南岸係法蘭西租界。大自鳴鐘在法捕房前，四面輪盤，高矗雲漢。火輪磨坊舊在法租界大馬路，今圮。

顧炳權《上海洋場竹枝詞・洛如花館主人〈春申浦竹枝詞〉》 爵相宏謀遠慮長，出洋開局選兒郎。欲披海外精奇藝，不顧風波一葦杭。

出洋局挑選幼童載往花旗肄業，始於曾文正公奏請，繼於李爵相接辦。

顧炳權《上海洋場竹枝詞・頤安主人〈滬江商業市景詞〉陳桐珪序》 近世士大夫，爲國家謀富强，大興商務。不知商以貨爲根本，貨以農爲原料，以工爲製造，以士爲提創。若國無新通化學之士，則農無新生品，工無新成器，商亦無新利益，四者互相爲用，古人所以序士農工商也。夫商以廣營運，以通有無，所勝者閲歷而知風土所宜耳。然其業無大小，以人群之離合爲大小。不論何業，凡離群獨立者爲小業，合群公司者爲大業。如有肩挑貿易，雖貨珍貴之品而利小，不得謂大業也；集股開廠，雖貨微末之品而利大，不得謂小業也。自斯密氏《原富》書成，士皆知商務之源流矣。姚江頤安主人居滬多年，性好吟咏，因仿竹枝詞體摹寫滬上各業，雖小不遺，而興到揮毫，不求典博，不尚精深，惟取乎意淺語顯，老嫗都解，俾初學商務者略知梗概，即未睹滬景者，亦可作消閒醒睡觀也。集既成，郵示請序。余不敏，披閲之餘，見爲商業指示本原，洞中肯綮，雖題多粗俗，語欠雅馴，而詞達理明，如繪如話，又何必論其工拙哉。遂援筆而爲之序。

時在光緒三十二年歲次丙午閏四月下浣，遊學歐西陳桐珪拜敘。

顧炳權《上海洋場竹枝詞・頤安主人〈滬江商業市景詞〉自序》 我朝向不重商，自互市以來，見泰西首重商政，國日以富，於是朝立商部，市立商會，殷殷仿傚，無微不至。近又擬立商標註册局，凡有能創新業者，皆予以專利，限以年歲，我國商務遂蒸蒸有日上之勢。輕視商業者如宦家，如儒家，今亦聞風生慕。然不諳商務，不達商情，雖艷其利益，終苦於無從下手。諺云：「三百六十行生意，行行出富貴。」自經各國通商，而化學之新法日出不窮，約略計之，何止三百六十行已哉。余幼歲游庠，中年學賈。見商業之浩繁，嘆專精之非易，每於燈下餘閑，取各行各業，綴以俚詞，雖遺漏尚多，而大略粗備。有買地建棧房局廠者，有租屋開店鋪莊號者，有備船隻轉運各貨者，有雇車具裝載各件者，有肩挑手挈呼賣各物者。其中智者得利，愚者傷財，紛紛擾擾，不幾成一商業大戰場哉。夫人各自有業，無業則不能養身。彼宦家、儒家英年子弟，艷商業之利益，見此各行之布置，不獨可得其梗概，且運其才智，出其資財，更可争勝於各商之上也。特日用尋常之物，措詞粗俗，未免爲大雅所譏爾。

光緒三十二年歲次丙午四月，餘姚頤安主人識。

近代工業生産技術部

論説

華蘅芳《金石識别》卷一《論各物凝結而成形》 凝結者何，自流而定皆是。然欲知者，物自已凝結之形，作之甚難。如觀花蕊石及冰糖，雖凝結成塊，亦不能知其爲何形也。此有二故，一因其成之之地太小，一因其成之之時太速。蓋造物之變化，亦與人功無異。地步不寬展，則不能挪移補凑。時候不從容，即不能仔細配搭。故須令緩緩而結，則初時結成極小之形，由漸積疊結成大形。試以海水或鹽水置器中，下以火徐徐熱之，則水面上漸結鹽粒。初時甚細，後來漸大，見每粒皆爲方形後，則重而沈下。若用火太猛，亦能凝結於水底，惟雜亂無章，不能成四方形矣。鹽之結成者，曾有人於礦中得徑尺大顆，此不知幾千萬年凝結所成也。凡鹽結成之顆，剖析之，至極細仍爲四方形。又如以糖水置冷處，則水底有結成之粒。若於糖水中浮一物，則物下亦有顆粒附之。故兒童戲嬉，每以小花籃懸於糖水或礬水中，則籃上結滿顆粒，如珠如花。如以硫磺熱之令鎔，則冷時面上先凝於面心。鑿一孔，將中間未凝之汁傾出，冷定後，破而觀之，見内面凝結之粒如花，其外面平而無顆粒者，因冷而速凝故也。鉛及别斯末斯，亦如之。若以愛阿靛熱而昇之於瓶，置冷處，則瓶中凝結顆粒，鋒稜甚多，其光爛然，如極光亮之鋼。冬時雲氣作雪，亦是結成，故雪花六出。水之結冰，初時亦成花形，後則成片，蓋萬物凝結之序，從微點以成顆粒，從顆粒以成花形，從花形以成堅實。其式雖異，其理則同。所以金石家不但專講顆粒，亦須講自流質以成定質之諸變化。

凡萬物凝結成形之法有三：

一，物於水中融化，其各點自能流動，及水漸乾，則各點漸相凑合凝結成形。

一，物遇熱鎔爲汁，其各點自能流動，及熱漸去，則各點漸相凑合凝結成形。

一，物遇熱化爲氣，其各點自能流動，及熱漸去，則各點漸相凑合凝結成形。

此三法之外，又有不必流動，而亦能凝結者，如鋼鐵打碎，見碎口中俱有顆粒，或細或粗。其粗者何意，蓋皆細者凑合結成也。故鋼鐵以火漸熱之至紅，則其中細粒合成之粗顆，遇熱而離，若驟淬之冷水中，則各點乍相凑合，不及結成粗顆，質已堅定，故粗顆之鐵淬水，可變細花。

由此可見各物結成之理，若加其熱度，則各點自相離距。減其熱度，則各點漸相凑合。以冷之之緩急，爲顆粒之距細。顆粒細而匀者，其物堅固。顆粒粗而不匀者，其物不堅固，故一切任重之物，均宜擇顆粒細，而匀者爲之。

結成顆粒亦有不因冷熱者，此另有一理，或因其物時常震動，或因其物有重力擠壓，或因其物循環輪轉，則其中各點感微動，而互相凑合，日久結成粗顆。故火輪車之鐵軌，火輪船之鉅軸，汽機之力輪，往往有用之。歲久漠不經心，而忽然碎折者，觀其顆粒，則已變成粗矣。凡磨刀石之易碎，亦以此故。

華蘅芳《金石識别》卷一《論金石結成之形各有根本》 人之所以能識草木者，記其枝葉而已。人之所以能識動物者，記其狀貌而已。望而知其爲某木，以某木之枝葉，恒如是也。望而知其爲某物，以某物之狀貌恒如是也。金石之結成形式，其理亦然。每金每石各有一定之本相，惟人之所見，皆其變式，故覺形類甚多。然以角度核之，則無不一。例如科子之角度，遍地球攷之皆同。而面則時有多少或大小，稜亦時有多少或長短，此例後當明之。

金石結成之形，其角度既有一定，所以每遇結成之形，不過量其角度，即知其爲某物。如科子及炭酸灰，其結成之形，均爲六角類，而其角度各異。愛度刻來斯與錫礦，其結成之形，均爲柱形，而其角度亦異。

如丐而刻斯罷，其結成之形甚多，任取其二而剖析之，皆可成同式形，所以知結成之形，各自有一。一定之形以爲本，謂之元式。

金石之元式只有十三種。

或爲柱體，或爲八面體，或爲十二面體。

柱體，或直或斜。柱之旁面，或四或六。柱之上下二面，謂之頂底。

八面體如對合兩方，錐其合處爲底。上下之尖處，爲頂。

十二面體，其式略如球形。其面十二。

元式之面，或爲四邊形，或爲三邊形，其邊或四相等，或兩相等，其角或等或兩相等，有鈍有鋭，以圖明之。

此爲正方面形，其四邊皆相等，其角皆方。

此爲長方面形，其邊兩兩相等，其角皆方。

此爲斜方面形，其四邊皆相等，其角兩鋭兩鈍，兩兩相等。

此爲長斜方面形，其邊兩兩相等，其角兩鈍兩鋭，兩兩相等。

此爲正三角面形，其邊三相等，其角皆六十度。

此爲等腰三角面形，其兩腰之邊相等。旁之兩角亦相等。

凡角九十度爲方角，大於九十度爲鈍角，小於九十度爲鋭角。

元式雖有十三種，今於式中作繼横樞線，以樞線之長短，及樞交角之斜直，分別其形，爲六類。

凡式之縱樞，只有一，其横樞或二或三。

樞線之兩端，或在相對之面心，或在相對邊稜之中點，或在相對之實角，此例後當明之。

元式第一類，正方底柱，正三角八面形，斜方十二面形。

此類有一直樞，二横樞，其三樞線皆相等，交角皆方。

正方柱形，六面皆正方，其十二稜皆相等。其實角皆方，樞線之端皆在面心。

正三角八面形，八面皆正三角形，面角皆六十度，面交角一百○九度二十八分。

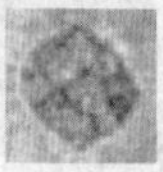
斜方十二面形，十二面皆斜方形，面之邊皆相等，面之鈍角一百○九度二十八分，面之鋭角七十度三十二分，面交角一百二十度。

元式第二類，正方底直柱，正方底八面形。

此類兩横樞相等，直樞或短或長，三樞線交角皆方。

正方底直柱形，頂底二面皆正方，四旁之面皆長方，樞線之端皆在面心。

正方底八面形，其底在體中正方形，其面均爲兩等邊三角形，三樞之端皆在實角。

元式第三類，長方底直柱，斜方底直柱，斜方底八面形。

此類一直樞二横樞，長短皆不等，交角皆方。

長方底直柱形，頂底及四旁之面皆長方形，其面兩兩相等，三樞之端皆在面心。

斜方底直柱形，頂底二面皆斜方形，四旁之面皆長方形，二横樞之端在稜，直樞之端在面心。

斜方底八面形，其底爲斜方形，其面皆兩等邊三角形，三樞之端皆在實角。

元式第四類，長斜方底直柱，斜方底斜柱。

此類兩樞直交，一樞斜交。

長斜方底直柱形，以長斜方爲底則直，若以旁面爲底則斜，三樞之端皆在面心。

斜方底斜柱，不拘以何面爲底，其形恒斜，兩横樞之端在稜，直樞之端在面心。

元式第五類，長斜方底斜柱。

此類三樞相交皆非方角。

長斜方底斜柱形，其面皆長斜方形，兩兩相對，兩兩相等，横樞之端在稜，直樞之端在面心。

元式第六類，長斜方六面形，六角柱。

此類三横樞相等，交角皆六十度，直樞與横樞交角皆九十度。

長斜方六面形，其面皆長斜方形，其形或鈍或鋭，三横樞之端在稜，直樞之端在實角。此式若從頂俯瞰之，其頂角之旁三面，宛如三斜方形合成一六角面，頂旁三稜宛如半徑，其交角宛如皆一百六十度，其六箇要稜宛如六等邊，故與六角柱爲一類，觀圖自明。

六角柱形，其上下二面均爲等邊六角形，旁之六面皆長方形。

以上六類共十三式，皆金石根本之形。如學者觀圖未能明悉，可用堅木或嫩石爲之，則某形某類，可以一目瞭然。

凡元式皆有循環互變之理。

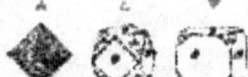

如以正方柱形，從每角平行漸削去之，則成甲形，又削之漸成乙形，又削之漸成丙形，則正方柱形變爲正三角八面形，其三樞之端，本在面心者變爲在實角，由此可見樞線之端，在面心與在實角，無異理也。

削時見原角變爲面而漸大，其原面漸小，而變爲角。

如以正方柱形，從每稜平行漸削去之，則成戊形，又削之漸成己形，又削之漸成庚形，則正方柱形變爲斜方十二面形，其三樞之端本在面心者，後皆變爲在角。

削時見原稜變爲面而漸大，其原面漸小而變爲角，而原角不變，惟變其稜。

如反之，以正三角八面形，從每角平行漸削去之，仍可變爲正方柱。以斜方十二面形，從上下四旁之角平行漸削去之，亦仍可變爲正方柱。

又如以正三角八面形，從每稜平行漸削去之，始變爲辛，後變爲壬，漸成斜方十二面形。

如反之，以斜方十二面形，削其頂底二實角之八稜，則仍可變爲正方柱形。由此可見正方柱形，與正三角八面形，及斜方十二面形，皆能循環相生，互爲表裏，故爲一類。往往有一物結成之式，具此三形者，知其本原一也。如硫鉛礦，及夫羅而林酸灰，每有此形。

如以正方底直柱形，從每角削去之，始如甲，後成乙，則正方底直柱形，變爲正方底八面形，所以此二形爲一類。

如以斜方底直柱形，削其上下面之横稜，始如丙，後成丁，則斜方底直柱形，變爲斜方底八面形，觀此可明，樞線之端在稜在角，亦歸一例。

又以斜方底直柱形，削其直稜，則變爲長方底直柱形。以長方底直柱形，削其直稜，則變爲斜方底直柱形。所以長方底直柱形，斜方底直柱形，斜方底八面形，爲一類。如硫酸息脱浪西，及硫酸貝，而以每有此形。

若斜柱如甲，則削之可得丙形，觀圖自明。

如十二面長短六角柱形，若從頂俯瞰之，其面稜停勻者，均可削成第六類。

如圖甲爲短形，乙爲長形，若從夕面平行削之，皆成長斜方六面形。

又如丙丁二形，亦可從夕面平行削之，成長斜方六面形，觀丁圖內形自明。

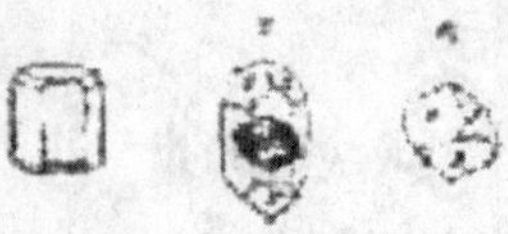

六角柱形若間削其上下之橫稜，亦可變成長斜方六面形，所以與長斜方六面形爲一類。

如科子及炭酸灰，每有此形。

以上各形，各類學者以灰粉蔬果等物，按圖試削，自能明悉。如遇金石結成之形，亦如是剖析之，其生成之紋理，亦如此也。

元式六類，今更立簡易之名，以便後用。

第一類爲一律，謂三樞線相等也。

第二類爲二律，謂直樞與橫樞異也。

第三類爲三律，謂三樞俱不等也。

第四類爲一斜，謂有一樞斜交也。

第五類爲三斜，謂三樞俱斜交也。

第六類爲六角，謂與六角相似也。

論剖析結成之形，必循其紋理。

前篇已明各形各類剖析之法，其元式十三種，皆從金石結成之形剖析而得。如炭酸灰之結成，按法剖析，可得長斜方六面形。夫羅而林酸灰之結成，按法剖析，可得正方柱，及正方底八面形。硫酸鉛之結成，按法剖析，可得正方柱形。如不按法剖析，則剖碎而不得元式，此皆其生成之紋理，如此故循其紋理則得本形甚易，然亦間有紋理隱匿，不易搜剔者，則有法可使之現露，如以火燒熱之，淬於冷水，則紋理裂開可以剖析。

凡同類之金石，其紋理亦同。

凡紋理，或與元式之面平行，或對元式之稜，或對元式之角。紋理若皆與元式之面平行，則頂底之紋理，與四旁之紋理必異。然每見結成之形，其紋理與頂底之面平行者多，與旁面平行者少，偶有反是者，此不多見也。

又有奇異紋理，與常例不合者，博物者得之可資考證，今姑勿論。

華蘅芳《金石識別》卷一《論結成之式有次形》 金石結成之形，如能常爲元式，則辨之，豈不極易。無如化工造物之巧，千奇萬狀，時能變易。其面目令人不易識別，人視之覺整齊縝密，幾疑玉工琢成。嘗有結成之顆，有二百箇面甚分明，每稜每角端正之至，其面之光平，用顯微鏡視之，亦不能見其疵纇。有時石洞中結成顆粒，日光照之，如開一百寶篋，但見寶藍色、紺碧色、嫩黃色互相映射，光彩活動，此皆其面形角勢，回光閃光之故也。

此等形式從何而來，蓋緣微質加疊，於元式之面，而成次形。如圖一式，若從夕而平行加疊，則成二式三式。

凡此等次形之面，不拘多少，要非無法之形。

金石家以結成之次形，與元式相考，驟尋得兩例：

一，元形諸面同時加疊，各生次面，則爲正次形。

一，元形幾面生次面，其幾面不變，則爲偏次形。

正次形者，微質積結，於元式之面而成。次形從元式之稜，各生新面，從元形之角，各起新稜。而新面新稜之所湊，又成新稜新角，所以少面能變爲多面。面多則稜多，稜多則角亦多矣。其次面次稜次角，皆同時各自長成，故次形整齊有法。

一律之正次形

如圖，諸次形上式漸變，則成下式。

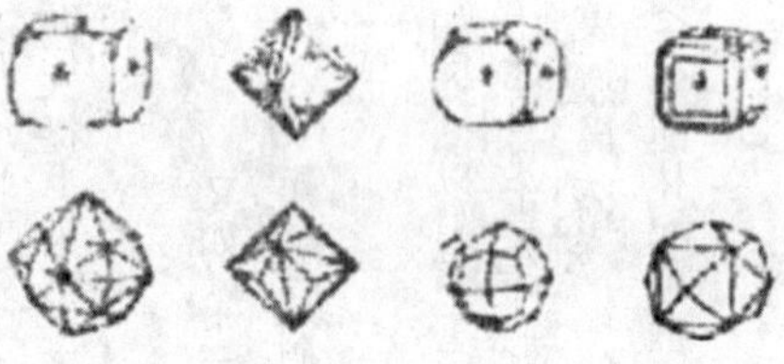

一律之偏次形

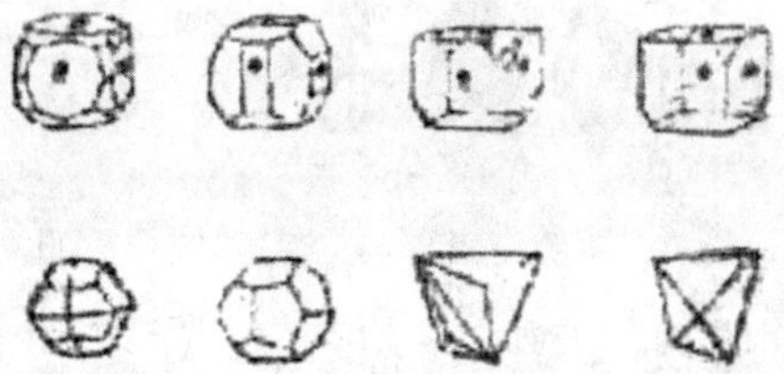

如圖，諸次形上式漸變，則成下式。

二律之偏次形

三律之偏次形

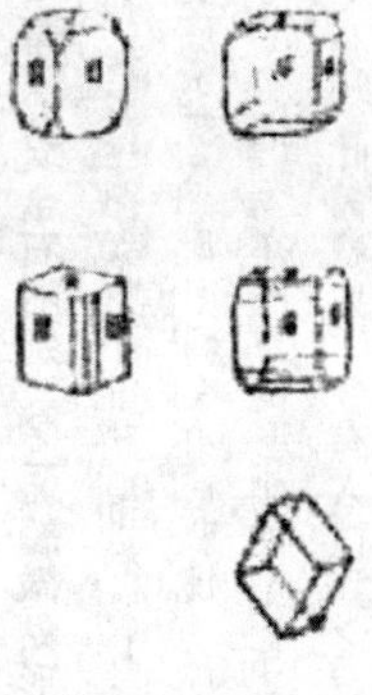

一斜之偏次形

二斜之偏次形

六角之次形

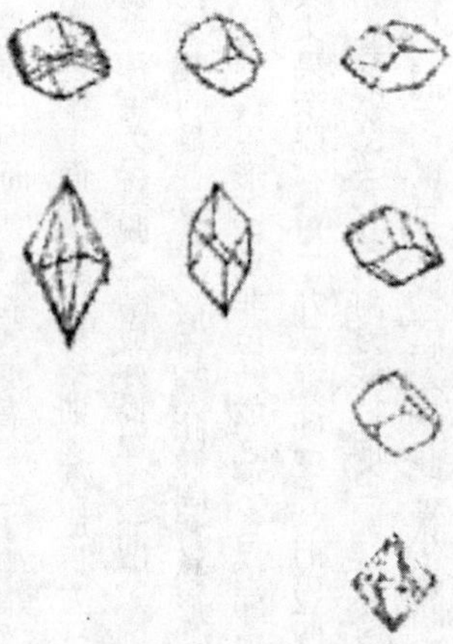

觀上諸次形之變化，其面形稜角，與元式之大小、長短均有比例。由此可見，結成之形，或面式時有不等，稜角時有缺削，亦非無法之形。

如以正方、長方二形，其邊同分爲若干分，則甲戊、戊庚、庚乙與甲己、己辛、辛壬比例必同。所以其削角，如戊己或己庚，及戊辛與甲乙、申壬二邊之比例，恒有一定。故其形雖任何變化，皆不出

此例之外，是化工造物，自有度數存焉。不然，博物者亦何從推測之耶。

華蘅芳《金石識別》卷一《論微點形式》 凡物皆爲無數細點合成，其細點甚微，雖極大顯微鏡亦不能辨，而觀顆粒之形狀，即可想像細點之式。假如元式長比寬廣大二倍，則其細點亦應長比寬廣大二倍。準此例，則物之細點，必與元式同方形之細點，亦爲方長形之細點，亦爲長斜形之細點，亦爲斜六角形之細點，亦爲六角，此舊說也。今有人核算之，以斜形湊合，尚多窒礙不通處，故新説以爲細點，皆是渾體一律之細點，爲圓球二律之細點，爲橢圓球三律之細點，爲扁橢圓球。其横直徑之大小，仍與元式爲同式比例。

如圖甲爲一律點式，乙爲二律點式，其要徑相等如子，丙爲三律點式，其要徑不等如丑。

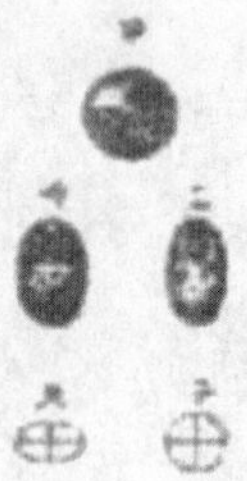

細點如爲渾體，則正累之，則形正，斜累之，則形斜，其間必有空隙如圖。

所以可壓之使扁，引之使長，惟不能使兩點同在一處。

凡物熱之，則各點離遠而形大。冷之，則各點湊近而形小。

論雙形合形

有時遇結成之式，有兩形合并爲一者，有數形合并爲一者，此孿胎駢果之例也。

如圖爲雪花形，其形如六體輻輳，亦如三本交加，從本生枝，從大枝又生小枝。

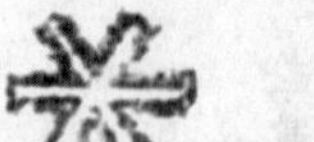

如圖爲多羅得愛脱結成之形，其形如十字架，此四形合成者也。

如圖爲石膏之雙形，如從合縫處劈開翻轉，其一湊之可成單形如丁。

如圖戊爲斯背納兒愛脱結成之雙形，已爲其單形，如依虛線剖開，更湊之雙形，可爲單形，而單形亦可爲雙形。蓋其面形角勢，兩兩相反，故可湊成又形也。

此外又有屈曲形如圖，一形爲底，兩形爲耳，其耳之寬窄厚薄，及斜度兩邊相等，此蓋從中點生出也。

華蘅芳《金石識別》卷一《論同質異形》 昔人以爲一物之結成，只有一箇元式，其他形皆元式之次形也。今考之知其不然，如硫磺結成八面形，有一律者，有三律者。炭酸灰有結成六角形者，丐而刻斯罷間有結成斜方底柱形者。哀來果奈脱及硫酸鐵之結成有正方底、斜方底二種柱形。此等同質異形，有時因結成時之熱度而異，或因別故而變，亦未可知。

此種一物而有二形者，西語謂之臺莫非。臺，兩意也，莫非，貌也。又茄納之結成爲十二面形，愛度刻來斯之結成爲方柱形，而二物之質同。台愛脱之結成爲二律，愛台雖脱之結成亦爲二律，而大小則異。白羅蓋脱之結成爲三律，而三物之質同爲養氣替脱尼恩。此種同質異形，西名卜立莫非，猶言多貌也。

凡同質異形之物，非但結成之形各異，即情性、光色、輭硬、輕重，亦各不同。如哀來果奈脱，其重二九二，其硬三五，而丐而刻斯罷，其重二七，其硬三。硫酸白鉛，其結成之元式爲斜方底柱而色明，若熱之一百二十六度，則其上起白暗小點，自少而多，以至全成白暗色。此種小白暗點，其形亦爲斜方底柱形，試以硫酸白鉛，化於水中，使熱度大於一百二十六度，則亦得小白暗之結成。

華蘅芳《金石識別》卷一《論奇式》 結成之形，有出於元式次形之外者，則爲奇式。如科子之結成，其面或大或小，其形或短或長。如圖甲爲常見之式，乙之面大小不等，丙形甚短，丁形甚長，皆爲奇式。然其稜角之總數恒同。

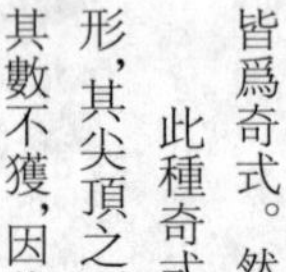

此種奇式甚多，不能知其何者爲元形。如戊亦爲科子結成之形，其尖頂之面數，亦與他式同。蓋式雖任何奇異，而頂旁之角，其數不獲，因此可知其微點之形，必爲同式。

如金剛石之結成，其面有凸者，又有其稜，略如弧背者，如圖爲二十四面形之金剛石。

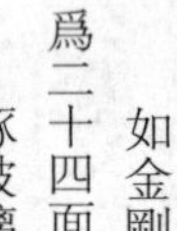

琢玻璃人，覺玻璃之面，時有凹凸之勢。又炭酸鐵，及炭酸灰美合尼西，亦有此形如圖。

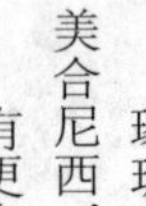

有更奇之式，於花旗之肯脱口大石洞中，炭酸灰在泉水中滴下，結成藤蔓枝葉之形，如葡萄。

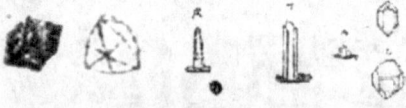

冬時，窗上玻璃外面結成冰花，亦有枝葉之形。

北方嚴寒之地，樹枝之上結成冰環，此皆式之至奇者，不可以常理論也。冰環之式如圖。

量角度之器

結成之形，既有常式，則辨其其形某類，即可知其爲某物。惟元式之面形稜角，目力能辨之其小者，顯微鏡亦能辨之。至於角度之多少，則非量之不能知，故有量角之器。其器西名俄尼阿彌塔，猶言比量稜角之物也。

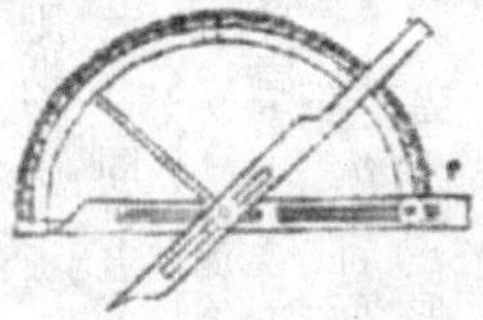

器式如圖，半圈均分一百八十度，甲乙爲二尺，一定一活，以螺旋定於中心。量物時，甲不動，乙可翕張，以又口銜物，向明視之，須令光縫如一，視乙柄所對即得度數。尺中有槽孔者，取其可見弧之徑線，以便校準，且可以細物置孔中量之也。

此器亦可以明角或硬紙爲之，如圖。

此式最簡便，亦粗可應用。若欲角度極準極細，則非精器不可。

凡量角須先明三事：

一，須知此兩面之交角爲鋭，則此面與他面之交角必爲鈍。此兩面之交角爲鈍，則此面與他面之交角必爲鋭（此專指四邊形而言）。

二，須知兩鈍角、兩鋭角各自相等，鋭鈍相并，必一百八十度。如圖，甲甲、乙乙自相等，所以甲角加乙角必得一百八十度。

假如先量得鈍角乙爲一百十度，後量得甲鋭角六十度，合之得一百七十度，是必量錯十度也。

三，須知任何柱形柱之旁面之交角，其總數必等於柱之旁面數去二，又以二乘之之直角數。

假如柱之旁爲六面，則去二得四，又以二乘之得八，即爲八箇直角，即知柱旁之六面，其交角之總數，亦必爲八箇直角。如量得之數，與此不合，或是量錯也。

回光量角器

西人胡立思登創造回光量角器，任顆粒極細，只要其面平而能回光者，皆可用此器量之，先言其理。

如圖，甲、乙、丙爲欲量之角，光從寅點射至乙丙面上之已點，回光至目，人視之，如光在卯，設旋轉其物，使光射甲乙面，目視之，仍如在卯，則未旋轉時之乙丙面，與既旋轉之甲乙面，必在一箇平面，而旋轉之度，爲丁乙丙角，即甲乙丙角之外角也。準此理，造回光量角之器。

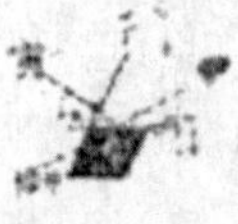

回光量角器，如圖甲爲大盤，盤周分三百六十度，乙爲盤之軸，其中空心，丙爲佛逆，丁爲旋輪，連於空心軸，手轉之，可使大盤運轉，戊爲内軸，容於空心軸之中，而兩端長出，其一端安一小旋輪，如已，以便手旋，一端連庚辛二活節，壬亦爲旋輪，癸爲含其軸之管，子爲粘物之板，佛逆定於架不動，而輪盤及軸，均可轉旋，亦可令大盤定，而丙軸轉旋。

用此測器之法，先於室中離窗六尺至十二尺處，置一堅固不動之小桌，桌面之高，須適便於擱肘，然後置此器於桌上，令器之軸與窗檻平行，又於窗檻間牆面距地不遠處，作一黑線，與檻平行，或不作此線，而於桌上用一黑板，畫一白線，置於測器之前亦可。次將所測之顆粒，用蠟粘於子板之上，務令所欲測顆粒之稜，與器之軸心在一直線上。其較準之法，或屈伸庚辛二活節，或旋轉壬輪使子板轉側，或移動所粘之物，以挪移遷就之，無一定之法，準訖，則以目切近，而視顆粒之面，必能照見，向明窗户之一處。如顆粒安置已準，則所照見窗户之横格，必與所畫之線平行，乃用手旋轉其輪軸，至顆粒中所見之窗櫺横格，與窗下或板上所畫之線，合爲一線而止。如不能合爲一線，則必是所置之顆粒，尚未正也。必再較準之，務令合爲一線而止。既合之後，再轉已輪至顆粒之第二面中，能見窗櫺之本格，再旋之，則見横格，與所畫之横線，亦合爲一線。如不合，則顆粒之第一面雖準，而第二面尚未準也。必再挪移遷就，以較準之。若手法靈敏者，則移置二三次，即能各面俱準。顆粒既準之後，乃旋轉丁輪，使度分圈之一百八十度，與佛逆之度相合，再轉已輪使所照見窗之横格，與所畫横線，亦相合。再轉丁輪，使物與度分圈同轉，至見顆粒之又一面，所照窗之横格，與所畫之線相合而止。乃視佛逆之度所切度分圈之何度，即爲所求之度。惟度分圈上之線，若不能適切佛逆之度，則是度下尚有分數，須逐視佛逆上之某分，必有與度分圈上之線相合者，即其分數也。此器能量一秒之角，故爲極精。近有於器之下面增一回光鏡者，則對光更易，且更明亮。

華蘅芳《金石識别》卷一《論未結成之形》　凡金石，或夾於他石之縫中，或附於他石面上，因其凝結之時太速，故未能結成顆，大約分三類：一，紋理有緑縷者爲筋類，一，薄層層疊如紙者爲片類，一，摶結如砂粉碎之無定形者爲屑類。

筋類紋理直者，其紋絲絲有光，謂之絲光，如石膏、陽起石等類是也。紋理縱横交錯者，謂之網羅。紋理從一點四出者，謂之星光，紋理雜亂者，謂之亂針。

片類有厚薄，及易分難分之别，易分如雲母者，謂之頁。厚者如科子，及合肥斯罷謂之板。凡片類彎之，或能自直，或不能自直，謂之有凹凸力，無凹凸力。若彎之即折者，謂之脆，如枚格是也。

屑類有粗細之分，粗者謂之粒，細者謂之細屑，極細者謂之玉屑，能隨手粉碎者謂之粉。

考究其理而已。

有略如蒜形者，其紋爲直絲或亂絲，有獨成一團者，有寄生於他石之上者，有畧如蛋形者，其紋大約從中心西出。

有如乳形者，有如懸針者，有如束線者，此等形式大約鍾乳居多，别種石金亦間有之。

又有無數細結成，附於他石，或合爲塊形者。

華蘅芳《金石識别》卷一《論假結成》　假結成者，其結成之形，與其質不顯也，其質或因他物及水而變。如八面形斯比偶兒變爲斯底哀得愛脱，其形仍爲八面形。八面形硫磺礦變爲鐵礦，仍爲八面形，其色或紅或紫。方面罷變爲科子，因科子入方面罷孔中，即成方面形。又有木變爲石者，或有石孔中本物化去，而他物流入而凝，如金在型。

究假結成之故，大約有四。

一因變化，二因合并，三因滴漏，四因皮殼。

凡假結成，其性情、光色、輕重、輭硬，皆與真者不類，故易識别。

又此種假結成，在在多有。

華蘅芳《金石識别》卷二《論金石之形色性情》

光

顆粒之面，各物不同，故光亦異焉，大約分爲六種：金光、玻璃光、松香光、珠光、絲光、鋼光。

玻璃光，如科子，其次者，如丐而劑斯罷。凡玻璃光之物，若内有碎裂之縫，則耀成紅藍五彩，無定色。松香光，如硫磺之白鉛礦，其色黄。珠光如雲母，其次者，如美合尼西養。絲光每在筋紋，如炭酸灰及石膏等物，或本體味光，而筋紋絲光。鋼光，有時與金光相似，則爲金剛光，如白鉛礦，每有此光。

回光

凡回光分爲四等：光如明鏡能照鬚眉者爲第一，能照見形而不甚分明者爲第二，不能照見形而能回光射光者爲第三，視其面如有光而不能回光者爲第四。

如其面如泥，如粉，如灰，呆而無光者，謂之暗色。

辨金石之色，不但視其皮面而已，亦須劃之，而視其粉或爲金色，或爲非金色。

金色

紅者爲紅銅色，黄者爲黄金色、黄銅色、古銅色。

褐者爲銅色、鐵色、鉛色。

非金色有白、褐、黑、藍、緑、黄、紅、紫八色。

白色五種：雪白、紅白、緑白、乳白、黄白。

褐色五種：藍褐、煙褐、緑褐、珠褐、灰褐。

黑色三種：緞黑、緑黑、藍黑。

藍色四種：寶藍、葉藍、天藍、靛藍。

緑色七種：翠緑、橄緑、油緑、草緑、果緑、墨緑、黄緑。

黄色六種：硫黄、草黄、蠟黄、栢黄、蜜黄、橘黄。

紅色七種：硃紅、血紅、肉紅、土紅、瑪瑙紅、玫瑰紅、櫻桃紅。

紫色六種：髮紫、紅紫、栗紫、黄紫、木紫、赤紫。

奇色

色有一閃即變者，如金剛石最甚，貓睛石次之，西人謂之戲色。又有色雖能變而不甚靈活者，如來不來度愛脱，有因里面有裂縫而色變者，如科子。有外皮之色與内異者，此見天空氣而變也。有色如虹霓者，有此處視之此色，他處視之他色，其色移步换形者，西人謂之滿色（猶言多色也），如哀育來脱及枚格，每有之。

凡各種奇色，皆因樞綫有長短之故，若樞線一律者，其色必一律，屢次遇各異之色，皆於各異之樞，故知之。

明

物之透明者，因光能出入於物體也，分爲四等：透形如不隔者爲第一，能透形而不甚分明者爲第二，明而不透形僅見光亮者爲第三，其邊角薄處微明、厚處不明者爲第四。如一點不明者，謂之暗。

折光

凡光線出入於厚薄二質之間，其行必折。

如圖光從甲射至乙，若直行應至丙，今乃至丁或至戊，是甲、乙、丁及甲、乙、戊皆非直線，而爲折線也。其折線之角度，各物不同。今以已側定之光差，列爲表，如左：

天空氣	一 〇 〇 〇
台倍西爾	一 二 一 一
冰	一 三 〇 八
開育來脱	一 三 四 九
水	一 三 三 五
夫羅而斯罷	一 四 三 四
石鹽	一 三 三 七
科子	一 五 四 八
丐而刻斯罷	一 六 五 四
斯比偶兒	一 七 六 四
撒發	一 七 九 四
茄納	一 八 一 五
入而果尼	一 九 六 一
硫白鉛礦	二 二 六 〇
金剛石	二 四 三 九
緑金鉛	二 九 七 四

岐光

透明之質，映視他物，有能分爲二形者，此光有岐折故也。如於紙上畫一直線，以丐而刻斯罷置紙上，映而視之，則見兩線。如旋轉之，則見兩線，或漸離或漸近，近極則并爲一線，而比原線稍長。若於紙上作一點，如前映視之，則見兩點。如旋轉之，則見兩點，或漸離或漸近，近極復漸離，終不能相并，但覺兩點互相旋轉，有最遠最近之時而已。如以冰地斯罷映視之亦然。所分二形：一爲常折，一爲岐折（常折即前表折光之數）。

岐折之故，由於樞線有長短。若樞線一律者，只有常折，無岐折。如一樞有長短，則有一岐折。如三樞俱不等。則有二岐折。蓋樞線有一異，則視物多一岐也。

岐折之大小，因人目與樞線之交角而殊。假如磨平其物，使兩面均與樞線直交，則人目視物與樞線交角爲〇，其岐折最小。若交角爲九十度，其岐折最大。其最小最大之數，亦各物不同，因各物之樞線不同故也。如丐而刻斯罷，其常折一六五四，岐折一四八三。如科子之常折一五四八四，岐折一五五二。

光之岐折，蓋因光線走入物時，分二路而行，及出物面時，不能復并，故成二形。

如圖子丑爲樞線，甲乙爲光，乙丙爲常折，乙丁爲岐折。

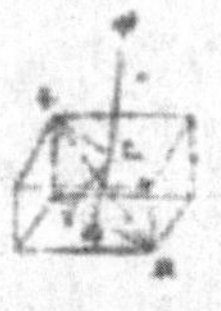

如丐而刻斯罷，其結成之式，爲第六類長斜方六面形，故岐折最大。如適當其頂底磨平之，則視物無岐。

如圖甲乙爲直樞，甲爲頂，乙爲底。

如玻璃本無岐折，若一邊偏熱之，或一邊重壓之，則視物亦有岐折，蓋因質點改易其位故也。

光極

凡事之最相反者，皆謂之極。如羅針之南北二極、電氣之增減二極是也。今論光之出入於物，亦有極。適當極時，其光特異，蓋光之透物，有方向最易，有方向最難，故亦謂之二極。此理六十年前，有武弁偶見窗上所嵌夫羅而斯罷，照映日光，窗漸開轉，其光有時與尋常之光迥易，始知光亦有極。

試以圓玻璃一片，中作樞，令可轉旋，使日光透過玻璃，映射紙上，而轉其玻璃，則紙上之光不變。如再以一回光鏡，先使日光射於鏡，令回光透過玻璃而射於紙，則光與玻璃交角五十四度時，其玻璃轉時，紙上之光有時多，有時少，有處有光，有處無光。因此而知返照之光，與直射之光，其情性各異也。此五十四度，即爲玻璃之光極。

試以普墨林二片，順置之，如上圖甲乙及丙丁，則回光能透過之，如戊己。

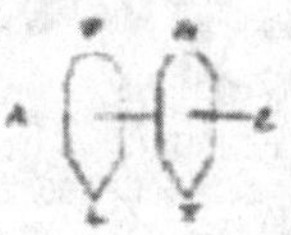

若轉其片過一象限，如下圖，則不能透過矣。蓋回光進物，只有一箇方向能透過，所以兩片相順，則

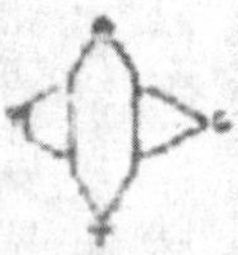

兩片之樞線平行，而能透。稍不順，則有處透，有處不透，而生暈相逆，則全不能透矣。此亦歧折之理也。

如以一歧折之物兩片疊之，使回光透過之，射於紙上，則其暈如甲。若一片旋轉一象限，則其暈如乙。

如以有兩歧折之物兩片疊之，使回光透過之射於紙上，則其暈如丙。若一片旋轉一象限，則其暈如丁。

觀此可知，其物有一歧折，則其暈有一箇極。其物有兩歧折，則其暈有兩箇極。

間遇樞線一律之物，亦有時有暈。如鴨捺兒西姆結成之顆，其光亦有暈，暈內黑線交錯成文。如圖。

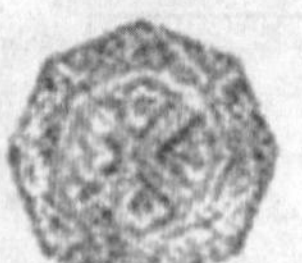

法蘭西天文士徐拉果，攷知各金鶩而生光。其光各有極，極之度數各不同。所以測其光可知其質，又測知煤氣火之光無極，與日光同。所以知日之光，由氣而生，非流質、定質也。按此光極之理，可測知某行星是某質所成。

燐光

凡金石，有摩擦之、熱之能有火光者，此燐光也。

如以白洋糖塊暗處研磨之，能有光。兩瑪瑙暗中相磨擊，亦有光。硫酸白鉛用雞毛抹之有光。客羅而斯麗碎之爲粉，置熱鐵上，則生光。其光或綠色，或青紫色，或玫瑰色。有時灰石、雲母石研粉置鐵上熱之，亦有黃光。熱過之後，其燐即去。若經電氣，其光能再見。

電氣

電器之氣有二極，在鉛之一邊者，名是極。在銅之一邊者，爲非極。

石金有摩擦之能生電氣，噓吸棉花片紙者，或爲是電，或爲非電。

如金剛石無論結成之式，及磨成之式，其電恒爲是電。

玉之未經磨琢者，有非電。若已經磨琢，則爲是電。有數種白鉛之礦，以毛摩之，能得電氣。

石金之電，有能積留經久者，有不能經久歷時即隱者。

凡石金，有燒熱之能得電氣者，謂之火電氣之物。如普墨林燒熱之，以近指南針，則或引或距。如以其結成之顆，未經磨琢者燒熱之，則每角皆爲電極角相對，則其電之是非亦相對。

攝鐵

有數種養氣鐵礦，其性能攝鐵，即磁石也，其攝力與人功用電氣造成者無異。有多處鐵礦，遇之其攝力有大至數斤者，此種大攝鐵力，惟磁石有之。除磁石之外，亦有別種金石，微有攝鐵性能。噓吸指南針者，如臬客爾苦抱爾孟葛尼斯鈀留底恩哈思彌恩白金等礦，亦有些微攝鐵性，又有本不攝鐵，及燒熱之便成攝鐵者，因其中有養氣鐵，經熱則靈故也。

辨輕重法

兩重相比，必先以一重爲本，所以定質流質，均以水爲本。水以蒸氣所成者爲純，故定蒸水之重爲一。如某物重於水一倍，則其重率爲二，所以必使物體與水同大，方能得其等體重之比例率。法以其物於空氣中權之，後復垂於水中權之，以水中物重減空中物重，爲等體水重，則有比例。

一率，等體水重。

二率，空中物重。

三率，一。

四率，物之重率。

物之寒暑漲縮，各有不同。而天空氣，亦時有輕重。水於英寒暑表三十九度一分，天空氣表水銀昇至三十寸時，水之體質最密，故此時權物最準。

凡物有蜂窩細孔者，則前法不能用，故另有法。先以瓶滿盛水，以塞蓋蓋之，拭乾其外而權之，爲瓶水共重，乃碎其物爲小粒(不可研粉)，於空中權之，爲空中物重。乃開水瓶之塞蓋，以物放入水中，則水必溢出，仍以塞蓋蓋之，拭乾其外而權之，爲瓶水物共重，然後以瓶水共重，加空中物重，以瓶水物共重減之，得等體水重，如前比例之，即得物之重率。

辨輭硬法

金石之輭硬，不難知也。兩物相磨，則輭者先缺，兩堅相當，則格格不入。所以或用刀銼之，或以石磨之，皆可比較輭硬而得其率。今以台而客爲最輭，金剛石爲最硬，定爲十等如左。

一	台而客
二	石鹽
三	丐而刻斯罷
四	夫羅而斯罷
五	鴨不對愛脱
六	非而斯罷
七	科子
八	土不爾斯
九	薩非阿
十	金剛石

假如有物，以刀銼之，與夫羅而斯罷相等，則硬率爲四。若與非而斯罷相等，則硬率爲六。如比鴨不對愛脱硬，比非而斯罷輭，則其硬率在五六之間，或定爲五五。惟銼磨時，須知其面之大小、角之鋭鈍，及銼刀齒間嵌灰，則皆易不準，不可不知。

辨脆韌法

凡物之脆韌，與輭硬有别。有硬而脆者，有輭而韌者，故不可不辨也，分爲五等：一、切之不能成片而碎；二、能成片而敲之能碎；三、敲之不能碎而扁；四、彎之不能自直；五、彎之能自直。

辨斷口法

敲碎其物，而視其斷裂之口，其共有四種：一、蚌殼口（言其大凹大凸也，如火石），二、磚瓦口（面平），三、鋸齒口（其面有尖鋒相錯），四、細粒口（其面有無數細粒）。

辨味法

凡能消化於水中者，皆可辨其味。味有七種：一、澀（如膽礬），二、甜澀（如白礬），三、鹹（如鹽），四、辣（如蘇特），五、冷（如硝），六、苦（如硫礦孟葛斯），七、酸（如硫礦酸）。

辨氣味法

凡金石，有摩之、噓之、酸之、熱之能有氣出，可辨其臭味者，其氣有五種：一、葱蒜氣（如信石），二、草根氣（如西里尼恩），三、硫磺氣，四、敗蛋氣（如科子及灰石），五、泥土氣（如孟葛尼斯）。

酸試法

用酸水以試金石，其常用者有三種：一、硫磺酸（硫璜與養氣相連所成，又名磺强水），二、硝酸（硝氣與養氣相連所成，又名硝强水），三、緑輕酸（輕氣、緑氣相連於水中，亦名鹽酸，又名鹽强水）。

凡炭酸灰入三種酸水中，皆能發熱、出氣、消化。有不能冷化者，須用火助。

有金石入酸，雖能發熱、出氣，而不消化者，此因物内有酸，不能化之質故也。亦有入極濃無水之酸，火助之，能消化成膏者，因酸能分開其夕里西恩也，如齊河來脱是也。

熱試法

凡金石，須先試其有水與氣否，法用玻璃試筩，大如筆管，置金石碎屑其中，於筩之近口處，置草色試紙，筩底以酒燈炙之。如有水，則昇出可見，如有氣味，則試紙能變色。

以火燒熱金石，而試其能鎔鍊否。其最簡便者，莫如用吹火管，管之式有三，如圖。

此式作之甚易，惟有一弊，口中氣水往往隨氣吹出管外，以致物不能熱，故不如下二式。

此式管之中腰有空盒，兩頭之管螺旋可折卸，則氣水積於盒内，不致吹出。

此式之意，亦與上同。惟多一節，則便於縮短安放耳。

其餘各節，或以銀鋼爲之，第三式中間一節用玻璃，取其不傳熱也。用法以大端銜口中，小端置火中吹之，氣由小孔出，吹火斜射於物。吹之之法，須使氣從鼻入，由口而達於管以出，毋許間斷，能令兩頤常飽，而鼻能吸氣，則得之矣。火用油燈火，橄欖油最佳，蠟燭火亦可。其燈心須大而闊，不可直竪，宜稍斜向所吹之物。吹時其火分二色，外層色黄，内層色藍，内外交界之尖處最熱，外火之黄，因有天空養氣，故謂之養氣火，金石有鎔化時，須得養氣者，則用此火。其内火因無養氣，故藍，名曰銷鎔火，凡金石鎔化時，有不可見養氣者，則用此火。

凡試金石，取小塊，如綠豆大，置堅好之木炭上，以吹火管吹火，射燒之，不過要其熱耳。或不用炭，以劼拈而吹之，劼拈之式，如圖，甲爲釘，可令開合，乙爲拈物處，須鑲白金。

或用白金作小杯，形如半粒鈕扣大，或用枚格，或用台兒客均可。

吹火試煉金石，有多物可點化之，使易銷鎔。其常用者，如硼砂、燐鹽、炭酸素特，以此點化金石，則熱之易銷，且能明淨。凡難銷之物，則研細，與點化之品和水作一丸，吹之能銷。

吹火點試金石時，其中各質互相分合，故顔色屢變，須一一記之，即知某物點化成某形色，其中定有某金，所以能知石中之金。如銅礦用硼砂點而吹化之，能鍊得一粒細銅珠。錫礦以素特點而吹化之，能見一點細錫。

養氣替脱尼恩，外火燒之，硼砂點之，無色或乳白色。燐鹽點之，無色，透明如玻璃。素特點之，深黄色，冷則白色，或白灰色。

養氣鐵，外火燒之，硼砂點之，紅色，冷則黄白色，或無色。燐鹽點之，紅色，冷則微白，或無色。

内火燒之，硼砂點之，綠色，或綠藍色。

養氣昔而以恩，外火燒之，硼砂點之，其火焰紅色，微冷則黄色，鍊成白色料。燐鹽點之，微紅色，冷則無色。内火燒之，硼砂點之，無色，或鍊成白料。

養氣孟葛尼斯，外火燒之，硼砂點之，藍紫色。燐鹽點之，亦藍紫色。素特點之，有綠料，如發藍，粘於劼拈之白金上，冷則色稍深。

養氣苦抱脱，外火燒之，硼砂點之，明藍色。燐鹽點之，亦明藍色。素特點之，有淡紅料，冷則灰色。

養氣綠金，外火燒之，硼砂點之，綠色，冷時淡綠色。

燐鹽點之，綠色，素特點之，有呆橘黄色料，冷則黄色或無色。

内火燒之，硼砂點之，冷則翠綠色。燐鹽點之，綠色。

養氣銅，外火燒之，硼砂點之，綠色。燐鹽點之，亦綠色。素特點之，有綠料，冷則呆色。

内火燒之，硼砂點之，無色，冷則或昏色，或紅色。燐鹽點之，無色，凝時紅色。

此尋常點化之法也，又有偶用之點化，如以硝酸苦抱脱，先與水消化，以點試土石。如其物有阿盧彌那者，則燒鍊成藍色。如其物有美合尼西者，則煉成淡紅色。

如硼砂、燐鹽和水，一作小丸，以鐵絲穿之，火中燒過，則其處之鐵脆，此可見硼砂燐酸入鐵中，能使鐵脆也。

鐵中若本有硫酸、砒酸在内，其鐵亦脆，蓋任何養氣金與鐵相連，皆能使鐵脆。

任何養氣金之石，内火燒之，以錫箔點之，皆能見一些細金。蓋内火無養氣，故錫與金之養氣連，而其金賸出，故能見其質。

物内如有孟葛尼斯者，以硝點之，火色明紫，雖物内孟葛尼斯極少，亦可知之。

如物内無素特者，用卜帶斯之物點之，其火紫褐色。

素特能使火色深黄，劣非地恩鹽能使火色紅。

夕里西恩，以夫羅而斯罷同二股硫酸之鹻點之，則白金劼拈上，有紫紅料，素特點之亦然。

如其料爲夕里西恩及素特所成，有硫磺則紅，或橘黄色。

置試筩中，加素特水熱之，即有硫輕氣升出，以白鉛酸紙試之，色變黑。

凡有硫磺之金石，置筩内熱之，其臭有硫酸氣，草藍紙試之，色變紅。

西里尼恩與他金連熱之，有西里尼恩氣，其臭如腐爛之羊蹄根（草名也）。

砒霜與他金相連者，内火燒之，有氣出，如葱蒜。若以素特點之，其氣愈甚。

物内有夫羅而林者，以入熱化之燐鹽水熱之，其氣能消蝕玻璃，因夫羅而林與玻璃中之夕里西恩相連故也。以蘇木紅紙試之，色變黄。

凡試夫羅而林，其燐鹽中不可有一點綠氣，有則試不準，因綠氣亦能微蝕玻璃故也。

凡物内有硝氣酸者，火燒時有細細爆裂之聲，其聲如拉斷數根頭髮。

華蘅芳《金石識别》卷二《論金石之質》 金石之質，如黄金、水銀、銀、銅、金剛石之類，地中間有生成純質者，其餘諸金石，皆爲數元質合成。如養氣鐵、硫磺鐵、養氣炭等類是也。又如灰石之質，有丐而西恩養氣及炭酸。水之本質，有輕氣、養氣。

凡各物之質，或純或雜，化學家皆以元質命之，所以能知其物爲某某質合成。

元質六十餘種，其四十七種是金，其餘除孛羅名尋常熱度是流質外，如硫磺及炭等物，皆是定質。

元質之數，雖有六十餘種，然不恒見者多，其恒見之原質，不過十三種，其内四種，是氣着氣、輕氣、硝氣、緑氣是也。其三種，化學家謂之非金類，硫磺、炭、夕里西恩是也。其六種是金，如丐而西恩爲石灰之金，素地恩爲素特之金，卜對斯恩爲鹻之金，美合尼西恩、哀盧彌尼恩及鐵爲土石之金。

夕里西恩與養氣合爲夕里開，又名科子，此石中最多之品也，鎔結石中有之，砂石中有之，海砂、山砂砂土中均有之，嫩石中亦有之，或與灰鹻素特、美合尼西、哀盧彌那等物相連，亦有與鐵相連者。查夕里開之於各金石中，幾於無物内不有，其性能使石堅硬。蓋元質中除養氣之外，無有比夕里西恩再多者，是石中通用之物也。

夕里西恩之外，灰與炭爲多，因炭與養氣合爲炭酸，炭酸與灰連爲灰石。凡石之可煅作石灰者，皆灰石也。

硫磺與養氣合爲硫酸，硫酸與灰合爲硫酸灰，凡石膏之類皆是。

鐵各處都有，夕里開中亦有之，有與硫磺及養氣合而爲藏脈者。

養氣石中有之，土中有之，水中有之，天空中亦有之，不拘何處，皆有之。與輕氣合則爲水，與硝氣和則爲天空氣。

緑氣與素地恩養氣合則爲鹽，海中有之，井中有之，地中有生成之石鹽。

觀以上各物，可知地面諸物，恒見之元質。惟此十餘種爲最多，亦惟此十餘種爲最不可少，如屋宇之有棟樑也。

其餘各種金石，不能處處皆有，故其質不恒見，惟其爲用則甚大，而其品類亦甚多。其已經攷得者，約有六百餘種。人所常見者，不過百餘種。其四百餘種，惟地理家、金石家、化學家能辨别之。

化學之法，能分别金石之質，及其分合之法，今先論其命名之例，以知合質。

如養氣鐵，緑氣鐵，即知鐵與某氣相連之物也。

如硫磺鐵，即知鐵與硫磺合質也。

如一股養氣鐵、多股養氣鐵，言鐵與多少養氣相連也。

如炭酸灰、硫酸灰，言養氣與某質連而爲酸，又與他質相連也。

如夕里西酸素特，言夕里西恩先與養氣相連爲酸，而又與素特相連。即素地恩與養氣連，又與夕里開相連也。

總之，雜質之物，皆一酸與一底相連，如素特爲底，夕里開爲酸是也。

論質體互易之理

凡結成之物，元式相同，則其物微體之形式亦相同。故此物之微點，與彼物之微點，能交換迭代，雖在多質合成之中亦能之。此理西人謂之哀蘇摩法司，哀蘇，同也，摩法司，形式也，今謂之同式形。

凡異質同式之物，共分六類，學者須一一記之。

一，養氣哀盧彌尼恩，多股養氣鐵，多股養氣孟葛尼斯。

二，養氣丐而西恩，養氣美合尼西恩，養氣鐵，養氣孟葛尼斯，養氣白鉛。

三，養氣貝而以恩，養氣息脱浪西恩，養氣鉛。

四，硫磺，西里尼恩，脱羅里恩。

五，東思天，目力别敵能。

六，燐酸，砒酸。

如石内有養氣哀盧彌尼恩，則多養氣之鐵，或多養氣之孟葛尼斯，皆能與之互易。

如其物爲養氣美合尼西恩，則養氣孟葛尼斯，或養氣鐵或石灰，皆能彼此互易。所以茄納及灰石内，每有養氣鐵，及養氣美合尼西，養氣孟葛尼斯。

又如六角類之炭酸灰，炭酸鐵，炭酸美合尼西恩。

其式之角度相同，所以亦能互易。

凡同式互易之理，乃諸微點各自彼此遞換，一點走出，則一點走入，所以其質有全變者，有半變者，有變易其幾分者，此同式變易之説。發明金石之理，幾及一半。

華蘅芳《金石識别》卷二《論金石分部之法》 凡區分類别之法，金石家與化學家互有異同。化學家以元質連合之法，相同者爲一屬。金石家以結成之形式相同，或積學之法相同者，爲一屬。

如夕里西恩酸與養氣美合尼西恩相連，夕里西恩酸與鐵相連，其結成之形式同，故金石家以爲一屬。

又金石分類各書，亦時有異同，此書則分爲七類：

一、氣類，二、水類，三、炭類，四、硫磺類，五、鏽金類，六、土金類，七、石金類。

華蘅芳《金石識别》卷三《氣類》

天空氣

天空氣　即空中之氣，人物所賴以呼吸者也。其質爲硝氣，與養氣和合而成，内微有一些炭酸氣。每百分中，養氣二十一，硝氣七十九，無味無色無臭，能養生物及火，因其中有養氣故也。動物吸天空氣而取其養氣，以滌血中之炭質，變爲炭酸氣吐出。植物吸天空氣，而取炭酸氣，日光照之，炭質變木，而養氣吐出。如是循環不息，所以天空氣中之養氣，不加多亦不減少。天空氣之重，比水輕八百一十五倍，較水銀輕一萬一千〇六十五倍。

硝氣

硝氣　不能生養動植之物，無味無色無臭，天空氣中之一質也。泉水中見有泡自下而出，即此氣也。此因地中有物腐化，而他物與其養氣連合，而賸出硝氣，故升上地面，因經過泉水中而作泡，故人能見之。其自土中升出者，目不能見，故不知也。如英吉利排脱地方有一泉，每分時有硝氣二百六十七立方寸升出，其氣每百分中只有二分至三分養氣，又有一些炭酸甚微。

炭輕氣

炭輕氣　其色黃，能養火，可作氣燈之用。其氣每百分中炭七十五，輕氣二十五，煤礦中有之，石油中有之，嫩石中有之。每有自石孔中發出者，西洋有一處，計十五點鐘，發出炭輕氣二百二十五尺之立方，適供一村點燈之用。

又有一種炭輕氣，生火微藍，乃草木腐爛，於水底化出之氣也。

燐輕氣

燐輕氣，生於腐爛之動物中，其氣不點自能有光生火，即俗所謂鬼火也。每百分中燐九一・二九，輕氣八・七一。

硫輕氣

硫輕氣，其臭如敗腐之蛋，燃之其火藍色，銀遇其氣則色變黑，泉水從硫磺礦中經過則有此氣，近火山處亦有之。

鹽酸氣

鹽酸氣　其臭刺喉棘鼻，又名水緑氣酸，能爛皮肉，見水能隱入水中。每百分中輕氣二・七四，緑氣七七・二六。凡銀質消化於硝酸水中，以鹽酸氣加入，其銀即沈降於底，色白，見光即變黑。火山出火時，每有此氣。

炭酸氣

炭質與養氣連合，則爲炭酸氣。動物呼吸時，吐出之象，即炭酸氣也。詳見炭類。

硫酸氣

硫磺與養氣連合，則爲硫酸氣，其味酸，能消化金石，詳見硫磺類。

華蘅芳《金石識别》卷三《水類》

純水

水以蒸氣所成者爲最浄，如雨水、露水、蒸水是也。其質以重計之，養氣八，輕氣一。寒暑表三十二度，則凝結成冰，其結成之元式如圖。其結成之次形甚多，然總不離乎元式之意。其枝枝節節交角，皆六十度。當寒暑表三十九度一分時，體最小最密，從此至三十二度，又漸大，因其將結時，各點離合併湊之故。熱之至二百一十二度，則沸而化

氣。當風雨表（即天空氣表）水銀昇至三十寸，寒暑表六十度時，西尺每立方寸重二百五十二粒（粒，西人分釐之名，言如一粒麥重也）又千分粒之四百五十八。

凡水中總有天空氣和合，如無天空氣，則水味不佳。

又總有些微純養氣，所以能使水中之動植物生活也。

井泉水

凡泉水内有些微石灰與硫酸，或緑氣，或炭酸相連。又有些微食鹽，及炭酸美合尼西、哀盧彌那、養鐵、夕里開、燐酸、炭酸、草木酸等物之迹，總計不及萬分之十。如花旗婆師登之水，萬分中有半分雜質。非里台而非之水，萬分中有一分雜質。牛約之水，萬分中有一分至一分半雜質，此皆有名之泉水也。

海水

海水每千分内，有三十二至三十七分是定質，赤道之下距淡水最遠處，其水中定質最多。若洲島相望處黑水洋中，定質最少，於巴而的海及黑水洋太平洋各水比較，其定質約差三分之一。其定質内，十分之五六爲鹽，其餘爲緑氣美合尼西養、硫酸美合尼西養。又有各種雜質之形迹，如硫酸灰、炭酸灰、孛羅名、愛阿靛、夫羅而林、燐火等類。

死海水重，因其水内定質多。海水之味苦，因其中有美合尼西養故也。

金水

金水者，水源從各金礦中經過，故水中有消化之金。如白鉛水、砒石水、鉛水、銅水、安的摩尼水、錫水等類是也。任何能消化之金，有水經過之，則水中有其迹。有化學所不能消化之物，水中亦有其物之形迹者。

華蘅芳《金石識别》卷三《炭類》　炭之純質結成者，爲金剛石。炭與他質連

合者，爲煤，爲石墨，爲石油，爲琥珀等物。

金剛石

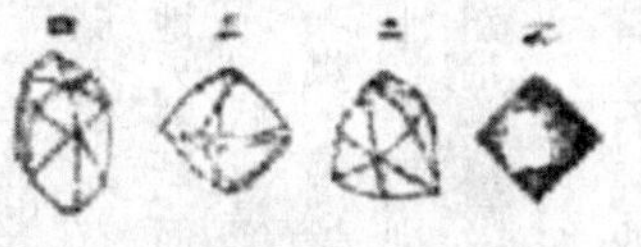

金剛石，西名臺門的，純炭質結成。其元爲一律式，結成者次形甚多。如一圖爲元式，二三四圖均爲次形。析之皆可成八面形，甚端正，其色無一定，各色皆有，有透明如水而無色者，有白者，黄者，紅者，緑者，紫者，褐色者，其光爲金剛光，其明透光亦有昏暗者，其硬燒燒則生炭酸氣，摩擦之則有木膠電氣，日中曬之置暗處能發光，以之爲鏡其光折最大，其射光亦最大，識別之法，因其質最硬而堅，其光爲金剛光，其電爲木膠電，出於天竺國、文萊島、比離些里、普魯斯、俄羅斯等處，亞非利加、米利堅均不出。

金剛石生於科子之中，此種科子名愛台果拉毋愛脱，或别種科子石中，亦間有之。

金剛爲純炭所成，有人以爲其炭，亦從草木而來，如煤炭。然有時遇未結之形，似煤而色亦黑。

凡金剛石，大抵砂礫中淘得者居多，未有從石中開得者，比離些里於江砂、溪砂中淘之，一人管十黑奴，恐其得而吞匿也。如淘得十七合拉（合拉，豆名，其重四粒）重一顆，免其爲奴，其貴重如此。

天竺有一顆，大如半箇雞卵。俄羅斯有一顆，大如鴿卵，得自天竺。英吉利向天竺購得一顆，其光最明，價六十五萬元。又於天竺新得一顆，重七百四十四粒，磨琢去三分之一，此顆名可意奴兒，言其光如山也。

金剛石之價，以光色之明浄不明浄，及形式之端正不端正而議價。如明浄而磨琢端正者，每顆重一合拉作八磅，若重四合拉作一百二十八磅，若重十合拉作八百磅，如是加算，每磅價五元。或微有疵病，則貴賤懸殊。其未經磨琢者，一合拉作二磅，二合拉作八磅，此其大約也。各國好尚不同，故價亦時有軒輊。大紅色者，比白者更貴，因其色好而物罕也。緑者亦因色好故貴，藍者亦貴，非因其色，因其少。黑者最少，惟好奇者寶之，故價亦昂。褐色及黄色不甚寶貴。金剛石之用處，其極細如砂者謂之剛砂，可用以磨琢大顆者，初時以鋼片蘸剛砂，帶水鋸之，再以鋼輪蘸剛砂碾磨之，功夫極大。其稍大者，可用以裁割玻璃，然惟生成之角可用，若磨成之角，不堪用也。又凸面所成之角，比平面所成之角更佳，可以作鑽，鑽磁器晶玉等眼。大而明浄者，可磨作顯微鏡，因其折光最大，且無暈，又最硬而韌，不致爲他物磨損故也。

煤炭

煤炭之質爲輕氣與炭質和合而成，其色或褐或黑，照之不明，性脆易碎，硬自一至二・五，重一・二至一・七五，百分中有一分至二分夕里開及養鐵。其中時有石油，火色明亮者，内有油氣。火色昏暗者，因其中有水，水與炭養合爲養炭酸故也。其屬有有石油者，有無石油者，故有多名。

安得里斯愛脱，無石油之煤也。其面平而光，其質堅硬，重一・三至一・七五，百分中有八十至九十分爲炭質，四分至七分爲水，其餘爲泥土，有時亦有些微石油。

别區門那斯可兒，石油煤也。其質比安得里雖愛脱稍輭，其面之光色亦稍次，重一・五。

開克可兒，譯言餅煤也。

别溪可兒，譯言松香煤也。其色灰黑如絨，一見火即爆開，碎爲細屑，後復粘結成餅，故名餅煤。火色明黄，燃之易旺，因其易并，故須時時挑之。

七里可兒，譯言櫻桃煤也，形色與餅煤相似，性脆，最易碎，故挖取時耗折甚多，見火碎而不并，火色明黄。

恰逆兒可兒，燭煤也，其質堅硬，其面無油光，碎之其口如火石形，最易發火，燭火上點之即能燃。火光明亮如燭，無油氣。古時以之代燭，故有是名。因其硬，故可雕琢作玩器，如瓶盒之類。

白勞而可兒，褐色煤也。

獲的可兒，木煤也。

里合兒奈脱，樹炭也。

此三種皆次等之煤，其色帶褐，燒之有枯焦氣，其紋理亦如木形，蓋煤之尚未變成者，西人謂之新煤。

雀脱，煤之極硬者也。希臘人於新地得之，其色深黑，其性甚堅，磨之能光，故可琢爲鈕帶扣及珮飾等物。

煤之總名，西人謂之明兒納兒可兒，猶言石炭也。地中有煤之處，謂之可兒美什，即煤層也。煤生於泥石疊層中，其比連之石，或爲嫩黑泥石，或爲粗粒砂石，或爲灰石。煤與石層間疊積，無一定次序，假如一層煤其上有一層砂石，其上又有一層煤，其上爲一層灰石，其上又有一層煤。與煤貼近之嫩泥石，其面往往印有樹木枝葉形迹。其泥石有輭如泥者，有硬如磚者，砂石有灰色者、青色者，紅色者。

地中煤層之形，或平或斜，斜度亦不等。煤之全形，或平或彎，或厚薄，或斷折，所以總無一定之法可得地中之煤。因地中無煤之處，其泥石、砂石、灰石亦相間積疊故也。如見泥石上有草木形迹，則差有可憑，故地學家考究殭石之種類（殭石者，生物入地變成之石），别其古今，如見太古殭石，則知掘地已深，其下必無煤矣；如見可兒美什殭石，則爲煤層，其中或可有煤，然亦未能必得也。

除煤層之外，其餘各層亦有可用之新煤，惟不甚多，故取之易竭，且新煤内每有硫磺，故不佳。

（附）花旗國所出各煤

品而凡業地方所出安得里斯愛脱煤：炭質八七·四五，氣三·八四，水一·三四，渣滓七·三七。

梅里爾地方所出石油煤：炭質七三·〇一，氣一五·八〇，水一·二五，渣滓九·九四。

品而凡業地方所出石油煤：炭質六八·八二，氣一七·〇一，水〇·八二，渣滓一三·三五。

維棄尼阿地方所出石油煤：炭質五〇·九九，氣三六·六三，水一·六四，渣滓一〇·七四。

印約鴨捺地方所出石油煤：炭質五八·四四，氣三三·九九，水二·二〇，渣滓四·九七。

安得里斯愛脱煤礦中，石層甚亂，此因地中之火衝突而出之故。因此知其煤内，本亦有石油，緣地火熱甚，故石油化氣而去也。又知硬而難燒之煤，亦因地火熱甚，而煤與夕里開連合，故化爲石。

枯塊煤，又名燋煤，西名可克，乃煤之煅過者也。煅鍊之法，作爐如窑，以二噸煤入爐，燒四十八點鐘。初燒時，爐門開後，則漸漸塞閉之，使外氣不入，悶閉十二點鐘，則煤内能化氣之物，盡行并去，即成枯塊，質脆體鬆，金光灰色，用以鎔冶生鐵最佳。

石墨

石墨，西名開府愛脱，又名白倫倍果。屑類搏結者居多，有時亦遇片類，有片片積疊成六角柱形者，鐵黑色或暗鋼灰色，金光。其片彎之則脆碎，硬一至二，重二·〇九，畫於紙上可作黑字如墨，染手則如油污。其質炭九十至九十六，鐵四至十。故又呼之爲炭鐵，然其炭與鐵乃是和合，非化合也。

吹火試之，不能銷鎔，點之亦不化，入酸水不消。識别之法：因熱之不變，酸之不化，遇之於合拉尼脱石中、粗砂石中、嫩黑石中，緑石中亦有之，或在尼斯及枚格疊層間。用法：鋸之成細條，裝木中可作筆，故俗謂之筆鉛，實非鉛也。其屑研細之，可代油，以膏機器之轉軸，則滑利而不消磨。以之作罐，可鎔金鐵。和泥一半，可作火磚火泥，因其入火不變也。以磨擦鐵器，可不鏽，其光黝然。

炭酸

炭酸氣，金水中有之，入水能使水生煙霧（西人所飲荷蘭水，即此氣所作），味酸而微辣，能滅火，不能生養動物。其質炭二七·六五，養氣七二·三五。近火山處，每有此氣。以大里京，有一石洞發此氣，以狗驅向洞口，俄頃如死，移置他處，即得天空氣而蘇，故附近居民多畜狗，以待游人來戲嬉以獲利。

炭酸氣與石灰相連，則爲炭酸灰。如大理石、花石、灰石、青石，凡可燒作石灰者，皆炭酸灰也。詳見灰類。

炭酸氣與鐵相連，則爲炭酸鐵，如斯罷底鐵礦是也。

與養氣白鉛相連，則爲炭養酸鉛，即最好之白鉛礦開來鑾尼是也。亦有與别種石金相連爲礦者，詳見礦金類。

琥珀

琥珀，西名安拔，又名開拔尾刻愛脱。團結無常形，色微黄，亦有褐色白色者，光如松香，半透明。硬二至二·五，重一·一八。摩擦之能生電氣，可以拾芥，其合質炭七九·〇，輕氣一〇·五，養氣一〇·五。試以火點之能燃，火色黄，有松香氣，生於泥土之中，海邊砂土内每有之。初生時甚小，後漸長大。普魯斯金石院中有一塊，重一十八磅。北帶海出者最多，得於石油煤礦中。法蘭西出者，得於土中，疑爲松香所化。有時其内有小蟲，或蟲之一翅一足，似是粘結於中者，然往往有僞造者，與真無異，不能識别也。希臘人謂琥珀爲以拉脱能，故呼電氣爲以拉脱力思愛脱。

琥珀磨之能光，易於雕琢，因作僞亦甚易，故不甚珍貴。熬鍊之和煙煤，可作最好之黑漆。蒸之可得油，升之可得酸。

輭石油，又名金抹紙膠，色褐黑，照視之橘紅色。重〇·九至一·二五，其合質炭八五·五，輕氣一三·三。以火點之能燃，火色黄，氣味如石油，得於近石油之灰石中。

臘的奈脱，摶結如塊，色褐或淡黄，亦有紅色緑色者，面光如泥土，碎之如松香，照之半明。初出土時，輭而有凹凸力，久在天空氣中，則漸堅硬一至二·五，重一·一三五。其合質，松香五五，石油四二，土三。燒之光明而香，入火酒中消化如脂，得之於石油煤礦中。

石油

石油，西名别區門，有硬如松香者，有輭如脂者，有流如油者。其氣味爲石油之本味，無他物相似，故不能形容之。硬者碎之，松香光，色褐，或黑，或帶紅，流者無色而透明。硬○至二，重○·八至一·二。鴨西發而登，石油之硬者也，碎之面光而平，其中雜有土質。

皮脱羅里恩，石油之輭者也。從石孔中流出，如脂，見天空氣則凝，其色昏暗。

捺潑雖，又名金油，混濁流質，色黄，重○·七至○·八四，見天空氣能凝。

凡石油有地中生成者，有從皮脱羅里恩蒸得者，其合質炭八二·二，輕氣一四·八，其性見火易燃。西海邊有一島，名替尼奪愛台，島中有一湖，周圍三里，其水皆是石油。近湖邊之油冷而凝，近湖中之油温而輭，湖心之油熱而沸。其湖邊之硬者，亦非平面，似是佛而忽凝之狀，湖距海二里，其路上之土，均是石油，亦生草木。

石油有生於地中者，則穿井以取之。數十年前，西人尚未知石油之用處，今則花旗所得者最多，幾供遍地球之用，貿易人名之爲刻羅斯。可以熬作油漆以油房屋，煎之和石灰可泥飾地面，粘固船縫，與泥灰和以燒火代煤，入膏藥能滋潤皮膚，殮尸可不腐朽，可使漆易燥，蒸鍊之可使清明如水以點燈，化學家用以收藏卜對斯恩素地恩，因其内無養氣故也。

石油之類，名色甚多，附記於後。

密陀脱奈脱、還猶是愛脱、罷由而土愛脱，此三種入火酒不消化。

開哀及兒愛脱、皮文其兒愛脱，此二種入火酒能消化，從美里哥南來。

希勿兒愛脱、合日氏台素揚兒、哈對愛脱、愛蘇奈脱、阿素色兒愛脱，非得兒愛脱、殼兒愛脱、辦刻愛脱，此諸種皆從褐色泥石中尋得，其形或如蠟，或如脂。

哀台兒愛脱，灰黑色，硬而光，得之於西班牙之水銀礦中。

華蘅芳《金石識别》卷三《硫磺類》

硫磺

西名索而發，其元爲三律式，地中結成者爲八面形，其式如圖。析之不能分

明，亦有摶結如土者，其色嫩黄，松香光，照之不透明，性脆易碎，硬一·五至二·五，重二·○七，與西里尼恩形似。識别之法，以火點之，火色藍，其氣爲硫磺氣，無他氣相類。遇之於泥土石中，或近石油煤礦，或近石膏，火山處多有之。有與息脱浪西養相連者，有與丐而刻斯罷相連者。又地中時有硫酸氣，其養氣若與他物化合，則硫磺降而凝結，泉水過之，則有硫磺氣。又有硫磺鐵礦，其鐵化去而賸硫磺。

凡硫磺，有直與他金相連爲礦者，有先與養氣相連爲硫酸，而再與他金連合者。其直相連者，如硫鐵、硫銅等矿，燒鍊時，皆可分出其硫磺。法以礦入爐燒之，時時轉側活動之，使硫磺化氣升出，入一空室中，冷則降而爲粉，又鎔之，傾於長管中，凝而割去其底則浄。凡硫磺熱之至二百二十六度，則鎔爲流質。熱至二百三十二度，則反厚。若熱之至三百度，傾於水中，則輭如蠟，印物可得花紋，見天空氣漸堅如故。可作漂白粉，可作硫酸，可入藥材，可作火藥。鎗礮火藥每百分中硫磺九分至十分，轟發火藥每百分中硫磺一十五分至二十分。

硫磺酸

硫磺酸有二種，其一種出於火山之硫磺泉，其味最酸。其合質，硫磺四○·一四，養氣五九·八六。

又一種乃硫磺燒時，與天空氣中之養氣相連所成，嗅之有酸味刺鼻者是也。火山發火時每有此氣，性能殺生燬物。其合質，硫磺五○，養氣四九。

西里尼恩

西里尼恩，元質之一也。生於硫磺礦中，其形甚似硫磺，惟其臭似腐爛之羊蹄根，與硫磺之氣不同，故可識别。尋常熱度（謂天時寒暖之度也），質硬而脆，黄褐色，銼之磨之，其光色似金類，嘗之無味，研之則粘，故不能成粉，其色變爲深紅。熱之至沸水度，即成流質。若微熱之，則柔輭如鉛，彎之不斷，打之不碎，而扁抽之可作絲。其絲照明視之，則紅色，平視之則灰色。熱之至六百度，則化氣，冷則降成點滴，其色昏闇，積多則成花形色，如硃砂。化氣時，其氣深黄色，其臭如腐羊蹄（草名）根。初得此物時，以爲金，後因其傳熱甚遲，且不通電氣，故化學家列之於非金類。此物希有，不但常人不曾見，即化學家得此者，不過數人。有終身研究化學，而未得西里尼恩者。

華蘅芳《金石識别》卷四《鏞金類》 金類在水土之中，有常鏞者，則不能遇其金，而常遇其鏞，鏞之中有金在焉，故謂之鏞金。此類西人謂之鹽類，非爲其

狀貌如鹽，爲其與他質化合之法，與鹽相類也。如辛味之物，泥内之物，與硫酸、硝酸、炭酸及水相連，再與緑氣或夫羅而林相連是也，共分八種。一，阿摩尼阿之鏞，二，卜對斯之鏞，三，素特之鏞，四，貝而以之鏞，五，息脱浪西之鏞，六，灰之鏞，七，美合尼西之鏞，八，哀盧彌那之鏞。

鏞金之總名，西人謂之海落愛脱，又名密勒爾愛兒。

華蘅芳《金石識別》卷四《阿摩尼阿之鏞》 磠砂，西名密羅彌愛脱阿摩尼阿，俗名撒兒阿摩尼阿克。其元爲一律式，結成者爲八面形如圖。

其未結成者，附於他石之上，如苔衣毛蘚形，色白，亦有黃及灰色者，或透明，或昏暗，其味鹹而帶辣，入水全清融，見火全化氣。其合質，阿摩尼阿三三·七，緑氣六六·三。識別之法，以其臭味如鹿茸，若以硝砂與石灰同研，則有此氣出。火山中有之，煤礦内有之，血肉之物内亦有之。埃及出最多，因民間燒駱駝糞，故升得之。法蘭西燒骨爲灰升得之。英吉利於作煤氣燈之煤氣雜質内分得之。可作藥材，銲錫時用以代松香，與鐵屑同研，可粘固鐵器。

硫酸阿摩尼阿，亦結於他石之上，如皮如粉。黃灰色，透明，味苦而辣。其合質，硫酸五三·三，阿摩尼阿二二·八，水二三·九，入水易消融，火山處有之，硬煤内亦有之。

燐酸阿摩尼阿，二股炭酸阿摩尼阿，皆遇之於開愛奴。開愛奴，鳥糞之山也。

燐酸美合尼西養阿摩尼阿，百分中有水十三分，其色明黃，硬一，重一·七，入水微消化，於牛糞中昇得之。

卜對斯之鏞

卜對斯恩與養相連則爲鹻，見火不銷，色反白浄，其味辝辣。其氣能使草藍之色變緑，初於木炭灰水中熬得之，如膏，色黑，入例焰爐燒之，則白而浄，其養氣與卜對斯恩相連甚緊，故燒之不去。最喜天空氣，故空中之水，及炭酸氣每被收入變爲炭酸水鹻，燒之則水及炭酸氣去，而仍爲浄鹻。若以鹻與鐵同燒，使養氣與鐵相連，能得卜對斯恩元質，一見天空氣，還復成鹻。

硝　西名奈得里脱卜對斯，又名奈脱，化學謂之硝酸鹻。其元爲三律式，斜方底柱形，目目面交角一十八度五十分，常有薄片如衣，白而微透明，或如針如毛，生於舊牆之陰處，或石洞之中，味鹻而冷。其合質，卜對斯養四六五六，硝酸氣五三四四。投諸炭火中能燃燒，其火白色，與硝酸素特形似。其識別之法，嘗之味冷，見火能燃，見天空氣不溼。

凡雨後天熱，地上及牆壁上生出白毛衣如霉，此即硝也，掃之入水，熬乾即得。灰石洞中亦生之，木灰、灰泥、舊石灰皆能生硝，灰石下之泥内恒有硝，動植之物，亦有有硝者。

凡不產硝之處，可以用法種之。法於泥地上掘坎，深尺許，寬廣五六尺，以腐爛動植之物，及牆壁上舊石灰燒爐之木草灰，及地面之泥灰塵土、一切活穢雜物，置於坎中，堆高之爲灰堆，上作屋遮之，須蔽雨而透風，時常反覆挑動之，使與天空氣化合，時溲溺其中，因小便内有硝氣故也。如是者一兩年，則其中之硝氣，與養氣相連爲硝酸，而又與雜物内之卜對斯養相連，而成硝。以沸湯澆之，濾其汁，混濁而黑，其中有硝酸卜對斯、硝酸灰、硝酸美合尼西、鹽等物。加木草灰熱之，則硝酸盡與木草灰内之卜對斯相連，而灰及美合尼西與木草灰内之炭酸相連，而沈於底，濾而熬之，則鹽浮結於上，硝在水中，冷則結成，計每方尺可得硝四兩。

凡硝與鹽同在水中熱之，則硝消化速，鹽消化遲。冷之則硝凝結速，鹽凝結遲，因此得提硝之法。用毛硝三十斤入熱水六斤，則硝消化，有不消化而沈於底者，鹽也。去其鹽，俟硝凝結，再添水熱之，如前至底無鹽沈，則加膠及水熱之，傾淺盆中，以木棒攪之，使速冷，則結小粒，以冷水洗之，晾乾爲浄硝。

又法以毛硝水熱而沸之，面上有鹽滓浮結則去之，至無渣滓浮出，則加八分之一冷水（加冷者，不使鹽凝結也）傾淺盆中攪之，則硝結成小粒，冷水洗過，又入水熬之，將乾傾成餅。此瑞典國化學士倍四里耶斯鍊硝法也。其硝凝結如磚，質堅而體小，便於搬運，且易看成色。碎之，其筋紋如星光四射者佳。如八十分内有一分鹽，則筋紋短，若四十分内有一分鹽，則只有粒粒，不起鎗矣。惟熬鍊時熱度若太大，則堅結如石斫之難碎。

凡硝，入火酒中不消化，見天空氣不變溼，每一磅硝能得養氣一千二百方寸，可以作硝酸，可以作藥材，可以作火藥。火藥每百分中硝七十五至七十八，用硝一兩研細入五兩水中，能使水減熱十五度。

附

昔而非能，緑氣與卜對斯相連之物也，生成者少。

華蘅芳《金石識別》卷四《素特之鏞》 素地恩與養氣相連，則爲素特。

硫酸素特，生於石上，如硝，黃白色，偶有在他金礦中結成者，其元爲一斜式，入水能消化，硬二至三，重二·九，味冷，微苦而鹻。其合質，素特一九·三，硫酸二四·八，水五五·九，入火能燒，火色黃，與硫酸美合尼西養形似。識別之法，此顆粒較粗，火色黃，遇之於灰石洞中，海水内亦有之，可以入藥材，可用以取硫酸。

硝酸素特，其元爲六角式，結成者爲長斜方六面形，夕夕面交角一百〇六度三十三分，或爲片形，或爲花形，色白或灰褐色，味冷，入水易消化，見天空氣易變溼。其合質，硝酸六三・五，素特三六・五。投諸火中能燒，火色明黃，其形與硝相似。識別之法，因其見天空氣變溼，及火色黃也。每遇地中有一層，數百里寬廣，中有硝酸素特，在石膏石鹽硫酸素特及螺蚌殼中，此古之海底也，可用以取硝酸。

炭酸素特，亦生於石上，如皮如花，色白或黃，或灰，味辣，遇天空氣則變成白粉。其合質爲炭酸與素特及水，入硝酸發氣如沸，其形與土捺相似。識別之法，因其見天空氣能變白粉，埃及有素特湖，湖中之水可得炭酸素特。炭酸素特，可作肥皂，可入藥材，可作荷蘭水，可點化金石，點緑氣銀礦，非此不可。

又有半炭酸素特，遇之於阿非里加地上，每年出數百噸。

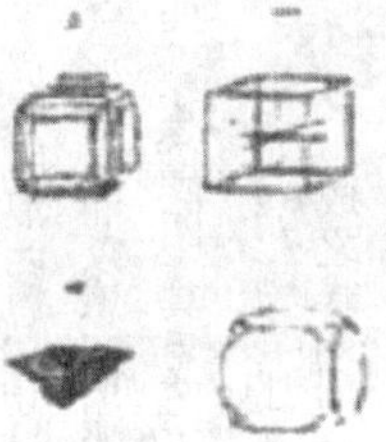

食鹽，乃素地恩與緑氣相連所成，西名索而特，其元爲一律式，結成之式如一二三四圖。第四圖之式似奇，蓋因結時浮出水面，上不長而下面積結，故成此形也。色白或灰，或有紅黃緑筋，其硬二，其重二・二五七，味咸。其合質，緑氣六〇・七，素地恩三九・三。燒之有細裂聲，識別之法，以其味鹹，吹火燒之，色變黃。

地中有生成之石鹽，遇之於泥石、砂石中，每與石膏相近。西班牙有鹽礦厚三四百尺，波斯國石鹽礦最大，已開取二千餘年，尚未盡，地中有數層有之，湖水、井水、海水中皆有鹽。

有一種鹽，西名馬的奈脱。其合質，鹽九十一分，硫酸美合尼西養九分。

以下言素特與布而倫酸相連之物。

布而倫，元質之一也，其色橄緑，無味無臭，入水、入油、入酒俱不消化，不通電氣，重二。見天空氣不變，熱之至六百度，忽發火，與天空中養氣相連，爲布而倫酸，以布而倫入硝酸，亦可作布而倫酸。

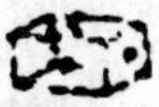

布而倫酸素特，西名布而來刻素特，即硼砂也。其元爲一斜式，結成之式爲長斜方底直柱形，如圖。日石面交角一百〇六度三十五分，色白而明，玻璃光，硬二至二・五，重一・七一六，味甜而帶咸辣。其合質，素特一六・二五，布而倫酸三六・五八，水四七・一七，熱之發大數倍，色變呆白，再加熱則鎔，冷之成料珠。西藏有一湖，其湖中之砂石盡是硼砂，花旗有一湖，湖中之水熬乾可得硼砂，硼砂可以點化各金石，可作假玉。

硼砂酸，生於石上如魚鱗，摩之滑如油，白黃色，味酸微鹹苦，重一・四八。其合質，硼酸五六・三八，水四三・六二，燒之火色緑，火山處有之。近火山之沸泉中亦有之，其水重於常水，熬乾之得結成，可作硼砂。

替奈特愛脱，乃無水之硼砂，出於西班牙。

開路斯愛脱，乃水炭酸灰素特，出於美里哥南。

合羅白兒愛脱，其形微尖，幾透明，灰黃色，味微鹹。其合質，硫酸灰四九，硫酸素特五一，石鹽中有之。

華蘅芳《金石識別》卷四《貝而以之鏞》

貝而以恩，元質之一也。其光比生鐵稍次，重比水稍大。遇天空中養氣即鏽而變土，見水則收水中養氣，而輕氣騰出，故如沸。取之之法，以炭酸貝而以養研粉，和水如膏，置白金杯中，於中心作一凹坎，坎中置水銀少許，以是電線，置石粉膏，以非電線。置水銀，則以而以恩與水銀相連，於無養氣之器内升出水銀，即得貝而以恩之元質。若見空中養氣，頃刻鏽而變土，其與養氣相連，有一股養氣者，有多股養氣者。

貝而以養，其形如泥，味猝，重三五至四八，與息脱浪西養相似，識別之法，無臭，不能燒，其硬四。

硫酸貝而以養，西名合肥斯罷（西語謂重爲合肥）。其結成之元爲三律式，斜方底直柱，如一圖，其次形如二圖，目目面交角一百〇一度四十分，女午面交角一百四十一度十分，女未面交角一百四十七度一十八分，有搏屑者，有厚片者，有生成如石筍者，色白，間亦有微兼紅黃藍色者，玻璃光，透明或半透明，硬二・五至三・五，重四・三至四・八，有摩擦之有臭氣者。其合質，硫酸三四，貝而以養六六。吹火燒之，有細細爆裂之聲，難銷鍊，入酸不消化，與勒斯底及哀來果奈脱炭酸貝而以養形似。識別之法，因其重且入酸不化，入火不鎔，遇之於各金礦中，鉛礦、鐵礦中均有之，研細入漆作白色，可代鉛粉，久不變色。

炭酸貝而以養，西名維底兒愛脱，結成之元爲三律，或斜方底直柱形如一圖，其玄形如二圖，目目面交角一百十八度三十分，目子面交角一百四十九度十五分。又有六面尖頂柱形，析之不能分明，有搏結如球或半球形者，其中或有筋紋，或爲屑粒，其結成者色白而透明，硬三至三·七五，重四·二九至四·三五，性脆。其合質，貝而以養七七·六，炭酸二二·四，吹火試之，有細細爆裂聲，易鎔成珠，冷則色呆，入硝酸發泡如沸。與丐而刻斯罷哀來果奈脱之别，因輕重各異。與他金石之無炭酸者易别，因其入硝酸發泡之故。與鉛礦之别，因吹火試之無鉛形。與息脱浪西礦之别，因火色不變紅。此物有毒，能殺鼠，可作硝酸貝而以養，其色黄，可當顔料，和火藥作黄火。

貝而多開來愛脱，形如前圖，目目面交角一百〇六度五十四分，其硬四，其重三·六至三·七，其合質爲炭酸灰與炭酸貝而以養相連。

薄姆愛脱，第兒愛脱，乃硫酸貝而以養與灰相連，小小白色結成。

迭里來脱，乃硫酸、炭酸之貝而以養。

息脱浪西之鏞

息脱浪西恩，元質之一也，取得之法，亦用電氣，與取貝而以恩之法同。其金形似貝而以恩，惟艱燒鍊熱之不升，見水則茹養而吐輕，見空氣則鏞爲息脱浪西養，其硬四，其重三·六至四。

硫酸息脱浪西養，西名勒斯底，言色如天青也。其元爲三律式，結成之式如圖，目目面交角一百〇四度至一百〇四度三十分，子子面交角一百〇三度五十八分，析之與目面平行能分明，有片類者，有生成如石筍者，色微藍，亦有白者，玻璃光，析面珠光，明或半明，硬三至三·五，重三·九至四，性極脆。其合質，硫酸四三·六，息脱浪西養五六·四。吹火試之，有細細爆裂聲，易銷鎔成白色珠，味辣，燒時火色微紅，熱之有光如燐，與合肥斯罷之别，以其結成之粒細而體較輕。與他種斯罷之别，以火色紅。與有炭酸諸物之别，以入硝酸不發泡。出於硫礦礦中，可以作硝酸息脱浪西養，入火藥作紅火，熱之於木炭火，點以硝酸，可作硫礦息脱浪西恩。

炭酸息脱浪西養，又名息脱浪西養愛脱，其元爲三律式，結成之式，目目面交角一百十七度十九分，析之平行能完全，亦有筋類、粒類者。摶結如球者，其筋四出如星，色淡緑，或白或灰或黄褐，玻璃光，或微帶松香光，明或半明，硬三·五至四，重三·六至三·七二，性脆易碎。其合質，息脱浪西養七〇·一，炭酸二九·八。吹火試之，邊角薄處微銷，火色深紅，極熱則愛爲辞味。與非炭酸諸物之别，以入酸發泡。與炭酸貝而以養之别，以火色深紅。與丐而刻斯罷之别，因火色深紅。其邊微鍊，可用以作硝酸息脱浪西養。

華蘅芳《金石識别》卷四《灰金之鏞》 丐而西恩，元質之一也，其金從丐而西養中，用電氣分出，法如貝而以恩息脱浪西恩。其色白如銀，遇養氣則發熱而鏞爲丐而西養，即石灰也，於水中微能消化。其消化於水中者，見一股炭酸則沈而爲炭酸灰，再見一股炭酸復消化於水，所以水中每有二股炭酸之灰。若其一股炭酸化氣而去，則炭酸灰沈於水底，結爲灰石。

石膏，西名絶不斯恩，其元爲一斜式，如一圖，結成之形如二圖。其戈石面交角一百十一度十四分，子子面交角一百四十三度四十二分，午午面交角一百十一度四十二分，有結成雙合形者如三圖。其紋理易剖析，有片類者，彎之無凸力，有筋類者，星紋絲光，有摶屑類者。遇其結成之澤者，透明如玻璃珠光，其不明浄者灰黑色，或紅或黄，其色呆暗。硬一·五至二，亦有輭者，其重二·三至二·三三，彎之有一面輭，一面硬者。其合質，灰三二·六，硫酸四六·五，水二〇·九。吹火燒之，變爲呆白而鬆，極熱亦不能銷鎔，入酸不消化。片類之明者，名雖利能愛脱，筋類者有星光、絲光之分，屑類之粒細而潔白者，名阿拉罷斯登，又謂雪花石膏、片形石膏，形似朽蘭台愛脱。斯底兒倍脱、台而客、枚格，筋形之石膏，形似撒項斯罷齊河來脱。識别之法，以質較輭，熱之變呆白而不銷鎔，入酸不消化。

石膏煆過研細，可用粉飾屋壁，乾則潔白而堅，可以糞田，其阿拉罷思登可以雕刻作偶像。

安海奪來脱，無水之石膏也，其元爲三律式，其紋理易分析，結成之形如圖。目未面交角一百二十四度十分，目丑面交角一百五十三度五十分，目子面交角一百三十五度三十五分，硬二·五至三·五，重二·九至三。其合質，灰四一·二，硫酸五八·八，與石膏之異，惟無水耳。吹火試之變白，鎔鍊成珠，入酸不化。有筋類者、片類者、屑類粗粒細粒者，色白，或微灰及紅藍，珠光或稍暗，有透明如玻璃者，有昏暗者，有其中微有夕里開者，與齊河來脱形似，因其結成之式異，故易識别。

炭酸灰，西名丐而刻斯罷，即灰石也。其元爲六角式，長斜方六面形，如一

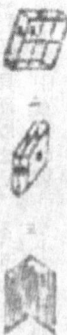

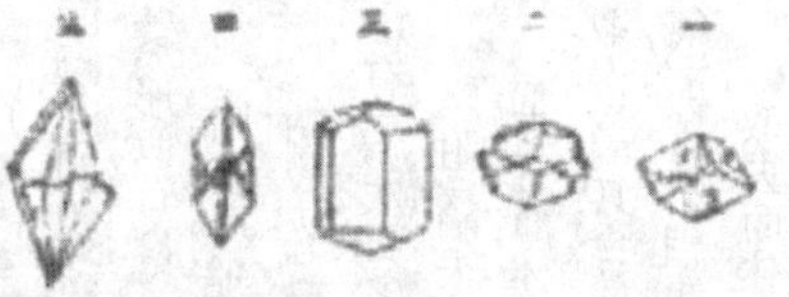

圖。夕夕面交角一百〇五度〇五分，其結成之式，次形甚多，其頂尖，或鈍或鋭，其面或多或少，或爲三邊形，或爲四邊形，或爲五邊形，析之皆能完全，皆成六角類，如二三四五圖是也。亦有筋類絲光者、片類者、屑類粗粒細粒者，其結成形者透明如玻璃，其未結成形者呆色，或白或灰或黄及紫，紅者不常見，其硬第三，其重二·五至二·八。其合質，灰五六，炭酸四四，有其內或有鐵及夕里開與土者。吹火試之，不能銷鎔，而能光明，冷則呆暗而白，變爲石灰，入酸能發泡消化，有熱之有光如燐者，其種類甚多，形色各異，故有多名。

愛而倫刻斯罷，冰地之丐而刻斯罷也，透明無色如玻璃，其光有歧折。

撒項斯罷，筋類，絲光，磨之而甚光，生於石縫如筋脈。

茶而刻，白色之土，呆而無光，可於板上畫作字，有一山全是此土者。

石乳，乳形，其色如白土，比茶而刻更嫩，泉水中有二股炭酸之灰，其一股炭酸化氣而去，故凝爲石乳。

灰拓發，形如蜂房，或如海棉而硬，其中有無數細孔，亦泉水中炭酸灰所成，生於石洞之底。

絲帶石，泉水滴溜其水中炭酸灰所成，其形如帶鳥來脱，粒形如魚子。

倍蘇來脱，粒大如豆。

阿纏丁，片類，色白而光，其面不平如波浪紋。其質內微有夕里開。

方點白羅愛脱，結成如暗第四圖，其內微有雜砂，粒灰石，地學家謂之第一灰石，磨之可作桌面、方磚等用，細粒者可雕作玩器。

堅灰石，地學家謂之第二灰石，碎之無細粒，面光如火石形，或有數色成花紋。

臭味灰石，或生成如石筍，碎之有臭味。

盆婆丐而斯愛脱，謂微有鉛也，其內有鉛，每百分中有二分至三分鉛。

以上各種皆丐而刻斯罷之類也，識別之法，入酸發泡，以刀可刻，燒之不鎔。與哀來果奈脱之別，此較輭而析之爲六角類。

炭酸灰結成之顆最大者，曾有一顆重一百六十五磅。

凡灰石，以漆漆之，劃成字畫，浸以酸水，則劃去漆處消化如刻，可作印板。

哀來果奈脱，其元爲三律式，結成之式如圖。目目面交角一百十六度十分，

析之與目面平行，亦有六面柱形者，其面有波浪形，其筋有縱横交錯者，有摶屑者，有於他石之間爲筋脈者，色白或灰及黄青緑，玻璃光。其明第三，其硬三·五至四，重二·九三一。其合質與丐而刻斯罷同，有時微有一點炭酸息脱浪西養，入酸發泡消化，熱之有光如燐，燒之即散爲粉。與丐而刻斯罷之別，因其結成之形異，其硬異，其成灰之形異。遇之於石膏中或鐵礦中，有一種名鐵花，生於鐵礦之中如筋。於西班牙之哀來果地方，初得之故以爲名。

駄羅美脱，乃美合尼西養炭酸灰也。其元爲六角式，長斜方六面形，夕夕面交角一百〇六度十五分，結成之形，其面有凹凸如瓦者，如圖。析之與面平行能完全，有摶屑類者，其藏極大，色白或帶紅緑褐黑，玻璃光微帶珠光，其明第三，性脆易碎，硬三·五至四，重二·八至二·九。其合質，炭酸灰四五·六，炭酸美合尼西養五四·四，吹火試之不銷鎔，入酸發泡小於丐而刻斯罷。此屬有多種，故有多名。

駄羅美脱，色白，其形與粒灰石無異，惟脆而易碎，故可識別。

珠斯罷，其式有凹有凸面如上圖，珠光。

褐斯罷，見天空氣色變褐，因其中有數分養氣鐵，或數分養氣孟葛尼斯故也。

美以每脱，黄褐色，筋類。

合而苛府愛脱，色白如磁，其中微有夕里開。

以上皆駄羅美脱之類也，與丐而刻斯罷形似，惟其硬異，其結成之角度異，入酸發氣遲，故可識別。

其石可作牆垣，可燒作最好之塊灰，可作硫酸美合尼西養，有人謂其灰内因有孟葛尼斯，不宜糞田。

〔附〕安已兒愛脱，形似珠斯罷，惟其面不凹凸，夕夕面交角一百六十度十二分。其合質，炭酸灰、鐵、孟葛尼斯、美合尼西養。

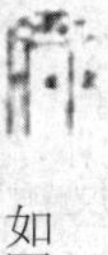

鴨不對愛脱，燐酸灰也，結成六角柱形，析之易碎，不能分明，其式如圖。摶結者如乳形，中有筋紋，結成之小者間有無色而透明。其常色緑，偶有微兼青黄灰等色，亦間有黄藍紅黑色，松香光，其硬第五，其重三至三·二五。有熱之有燐光者，有摩擦之有電氣者。其合質，燐酸灰九

二・一，夫羅而林丐而西恩七，綠氣丐而西恩○・九。吹火試之，邊角稍損而不鎔，入硝酸不甚發泡，消化甚遲。

哀斯罷里刻斯，色黄，其明第三。

發斯福而愛脱，摩羅斯愛脱，色綠。

牛罷刻而愛脱，乳白色，内有筋形。

此皆鴨不對愛脱之類也，與倍里爾之别，因無其硬。與炭酸灰諸物之别，因入酸不甚發泡。與他種燐酸金石之别，因火不能鎔，遇之於疊紋石、尼斯枚格粒灰石、古火山石中。鴨不對，誑識也，因昔人屢識認此石，故有是名。

夫羅而斯羅，乃夫羅而林與次相連之石也。其元爲一律式如一圖，其結成之次形如二三四圖，結成者甚牢固，顆粒有粗有細，色白綠紫黄均有，紅藍色者罕見，其搏結者有數色相間，其面光滑，其明第三，其硬第四，其重三・一四至三・一八，性脆。其合質，夫羅而林四八・七，灰五一・三，熱之有燐光，其光有綠紫藍紅黄各色者，吹火燒之有細細爆裂聲，能銷鎔，研碎入硫酸，則有氣出，其氣爲夫羅而林酸，能蝕玻璃。其形甚似玉，因嫩於玉，且有燐光，又其氣能蝕玻璃，故可識别。遇之於尼斯枚格泥石中，煤層中絶少，其結成之最大者徑尺。

凡動物之齒牙及骨，皆有夫羅而林酸灰，草木中亦有之，蓋腐化入地，凝聚蘊結而成石也。可以碾磨作器具，可用以作花玻璃，可用以刻印章。凡石内有夕里開者，皆可用其氣蝕之。可用以點化各金礦海星，生於石膏明礬之間，如白絲交錯，其合質爲水布而倫酸灰，又有水布而倫酸灰美合尼西養，形似石膏之絲紋者。

阿克斯來脱，遇有小小結成，附於丐而刻斯罷之面上。

硝酸灰，白細如花，生於他石之上，見天空氣化水。泉水中偶有之，灰石洞中有之，灰石之土中有之，可錬出硝。

〔附〕論夫羅而林

夫羅而林，元質之一也，因夫羅而斯罷中有之，故名夫羅而林。其元質未能取得，因其合於他質，而知其性情，其電爲非極，其性甚似養氣及綠氣，最喜輕氣，與輕氣相連，則爲水夫而林酸。

取夫而林酸之法，以夫羅而斯罷研碎，加濃硫酸，兩倍其重，置銀鉛曲頭礶中漸漸熱之，一端以鉛器接之，外用雪鹽以冷之，則能升得夫羅而林酸，而夫羅而林之元質，終不能得。

夫羅而林酸，寒暑表三十二度至五十九度時，爲流質，其重一・○六，加水和之，則反厚，而重至一・一五五。其理與他物相反，其性專能化他酸，所不能化之物，如可拉姆皮恩、入爾果尼恩、夕里西恩等類是也。能消蝕玻璃，因玻璃中有夕里開故也，能爛皮肉爲瘡。若與辝味之物合，則爲鏽類，與卜對斯思連合時，則有聲如裂帛，因輕氣去故也。見天空氣，則化氣，如白雲。

華蘅芳《金石識别》卷四《美合尼西之鏞》 美合尼西恩，元質之一也，色白如銀，輭而可打。若銼其屑燒之，能燃，燃於養氣内，其光奪目，比白鉛熱度稍多，能化氣，亦能升降，如白鉛。尋常熱度時，水中不化，若大熱則與養氣相連，而爲美合尼西養。

凡硫酸美合尼西養，硝酸美合尼西養，在水中皆能消化。味微苦，其别種美合尼西養，入水不消。

凡有美合尼西養之土石，吹火燒熱，以硝酸苦抱脱溼之，再吹火燒之，其色變紅，然若有他種養氣金在内，則恐不準。

硫酸美合尼西養，西名曷不斯姆索而脱，其元爲三律式，斜方底

直柱形如一圖，目目面交角九十度三十四分，其結成之形，析之紋理與底面成直角，亦有搏結者，每於他金石之浮面遇之。味苦，色白，玻璃光，其合質，美合尼西養一六・三，硫酸三二・五，水五○・二，熱之有水氣，入硝酸不發泡而消化甚速，其形與素特相似而顆粒較細，故易識别，生於灰石洞中如毛。凡海水取過鹽，其中能得硫酸美合尼西養，或以美合尼西養炭酸灰入硫酸中，則炭酸化氣而去，而硫酸灰降沈於底，其水中有硫酸美合尼西養。

炭酸美合尼西養，又名美合尼西愛脱，其元爲六角式，長斜方六面形，夕夕面交角一百○七度二十九分，析之分明，有筋類者，片類者，搏屑類者。色白或黄灰褐色，玻璃光，其筋絲光，明暗皆有。硬三至四・五，重二・八至三，其合質，炭酸五二・四，美合尼西養四七・六，吹火試之不錬，入硝酸、硫酸皆能消化微發氣，與數種炭酸灰及馱羅美脱之别，因入酸發氣微，而燒之不成灰，及火色不如他物之明。其筋類者，與曖昧安得斯及他物之筋類有相似者，因硬而玻璃光，故可識别。與夕里開金石之别，因入酸全消化，不成膏形，以此入硫酸中，可作硫酸美合尼西養。

白羅斯愛脱，片類，其頁薄而易分析，有片片積疊成六角柱形者。其頁彎之

不能自伸，色白，亦有灰色綠色者，珠光，透明，硬一·五，重二·三五。其合質，美合尼西養六九·九，水三一。吹火試之，不能銷鎔，色呆而變脆，研之易成粉，入酸全消化，不發泡。與台而客及石膏片類之别，因入酸全消化，與朽蘭台愛脱及斯底兒倍脱之别，因熱之不銷鎔。

泥美兒愛脱，筋類，絲光。其筋易分析，性脆，色白或灰，亦有青色者，生成者透明，遇天空氣則暗而自碎爲粉，其硬二，重二·三五至二·四。其合質，美合尼西養六二，養鐵四六，水二·八四，炭酸水四一。燭火上燒之，其色變黑，研磨之，有光如燐，與哀斯倍斯得斯嗳昧安得斯之别，因熱之變黑而脆。

海得羅美合尼西愛脱，結成者呆珠光，色白，易成粉，其合質爲水灰酸、美合尼西養。

二

布而倫斯愛脱，其元爲一律式，結成之式，其角一缺一完相間，如一圖二圖。析之易碎，半透明，其硬第七，重二·九七，熱之有電氣，其角即爲電極。其合質，布而倫酸七〇，美合尼西養三〇。吹火燒之，光明如玻璃，冷則呆暗。識别之法，因其結成缺角，燒之有電，其硬第七。

硝酸美合尼西養，生於陰溼之處，如白花，味苦。每與硝酸灰同生於灰石洞中，可鍊出硝。

博里海兒愛脱，土紅色，鹽形，微苦，搏結者內有筋紋。其合質，硫酸灰、素特、美合尼西養，百分中有六分水。

爲納兒愛脱，結成斜形，黄灰色，入水不消，硬五至五·五，重三·一。

羅提斯愛脱，與布而倫斯愛脱相類，遇之於紅普墨林中。

華蘅芳《金石識别》卷四《哀盧彌那之鏞》 哀盧彌尼恩，元質之一也，其形如灰色之粉，碎磨之其光如錫，熱之比生鐵難化，不通電氣，然不能以爲非金，因他金若碎爲細粉，電亦難通故也。熱而紅之，見天空氣則發火自焚，其光明亮，其爐白而硬，即哀盧彌尼養也，又名哀盧彌那。若以哀盧彌尼恩入純養氣內燒之，其光如日，目不能正視之。其爐亦爲哀盧彌那，其硬與他法所成者異，可劃玻璃。哀那彌尼恩入水不化，若水中先有卜對斯，或阿摩尼阿，則能消化。入硫酸，熱之能化，其元質從綠氣哀盧彌那中得之，法以綠氣哀盧彌那置磁器或白金器中，須加卜帶斯恩，外用火微熱之，則自生出大熱，器爲之紅，冷之以水則氣去，而粉留日中，細視可見結成之顆粒，以水洗净，即爲純哀盧彌尼恩。近已有法，可使并爲塊，與他金無異矣。

凡有哀盧彌那之物，吹火燒之，以硝酸苦抱脱溼之，再吹之，將鎔時，其色藍綠。其與美合尼西養之别，以此惟若有别種養氣金在內，則此法不準，若有硫酸、夫羅而林酸、燐酸等物與哀盧彌那相連，則入酸消化有難易。有硫酸之哀盧彌那，入水易消，入酸消化不發氣，亦不似齊河來脱之成膏形，其重三·一，其硬六。

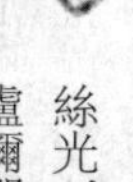

明礬，西名阿拉姆，其元爲一律式，結成之式如圖。其常見者筋類，絲光，亦有結如花形者，其色白，其味澀而帶甜。其合質，水二四，硫酸哀盧彌那一股，硫酸之物一股，其硫酸之物變换無一定，故有多種。

卜對斯礬，其硫酸之物爲硫酸，卜對斯即常用之明礬是也。

素特礬，其硫酸之物爲硫酸素特。

美合尼西礬，其硫酸之物爲硫酸美合尼西養。

阿摩尼阿礬，其硫酸之物爲硫酸阿摩尼阿。

鐵礬，其硫酸之物爲硫酸鐵。

孟葛尼斯礬，其硫酸之物爲硫酸孟葛尼斯。

又有水硫酸礬，謂之毛礬，與真礬同類。

夫礬從何而來。乃硫酸離他物，而與泥內之哀盧彌那相連所成。其中一股硫酸之物，乃硫酸不能與之離而攜帶以來，故此股硫酸之物總要在礬中，不能分開，分開則不成礬矣。如硫磺鐵礦，其硫磺與水中之養氣相連，則爲硫酸鐵礦。若硫酸鐵礦，其鐵又與他物相連，則硫酸化氣而去，出與泥內之哀盧彌那相連而成礬，此礬之由來也。

泥石之內，每有卜對斯礬，亦每有鐵礬，間有水硫酸礬，所以此種泥石皆謂之礬石。

凡開得礬石，先以火煨過，疊於空地多日，待其內之硫酸離雜物漸與其中之哀盧彌那相連，則可多得礬。法於池中淘之，以其水加鹼水熬之，即成礬。如欲其净，再熬之，俟其結成，則白而明净。

以大里有生成之素特礬。

以上論礬，以下論有礬之石。

阿拉奈脱，其元爲六角式，長斜方六面形，結成之式如圖。夕夕面交角八十九度十分，搏結者多色灰白或紅，玻璃光，次面珠光，明第二，硬第四，重二·五八至二·七五。其合質，硫酸三八·五，哀盧彌那三七·一，卜對斯一一·四，水一三。吹火試之有細細爆裂聲，不銷鎔，素特點之亦不鎔，研碎入硫酸，能全消化。識別之法，以入火不銷，入酸全化，火山石中有之，可以取出。礬可以磨刀。

哀盧彌那愛脱，石形如腰子塊，其中有硫酸礬爲勿兒愛脱，其形畧如半球，其徑約半寸，寄生於化石之上，破之中有筋紋，皆從心出，如圖。

有時結成三律形，色白黑黄，間有綠色、褐色者，珠光或松香光。明第三，硬三·五至四，重二·二三至二·三七。其合質，哀盧彌那三三·八，燐三四·九，水二六·六，哀盧彌尼恩及夫羅而林四六，吹火試之，色變白，不銷鎔，入酸全消化，熱之有燐光。與齊河來脱之別，以其有燐，入酸全消化，不爲膏形。與可開信之別，因火色不變。

肺式兒愛脱，亦水燐酸礬也，呆綠色，照之微明，重二四六，有時結成六角柱形，其合質中燐酸較少。

推而廓，玉類也，結如腰子塊，亦於石中作脈，不能剖析。其色藍綠，光如蠟，其硬第六，重二·六至三。其合質，燐酸三〇·九，哀盧彌那四四·五，養氣銅三七，養鐵一·八，水一九·〇。吹火試之，不銷，火尖色綠，火根色褐，入綠輕酸水，則其綠色去。與藍綠色之夫羅而斯罷相似，因火試各異，且有燐，故可識別。此物易作假者，目不能辨，惟化學能辨之。

結別斯愛脱，生於他石之上如乳，白色或灰綠色，面平無光，析之其紋平行。結成爲六角柱者不多見，硬三至三·五，重二·三至二·四。其合質，哀盧彌那六五·六，水三四·四，其內有時微有燐及夕里開。吹火試之，白而不銷，比開而西馱能輭，遇之於褐色鐵礦中。

來時愛脱，結成尖形者少，其色藍，幾透明，玻璃光，硬五至六，重三·〇五七，性脆。其合質，燐酸四二·八，哀盧彌那三五·七，美合尼西養九·三，夕里開二·一，養鐵二·六，水六·一。吹火試之，變大而不銷，於泥石中作脈。

蜜來脱，結成方底八面形，色如蜜。其輭用刀可割，其合質，蜜酸、哀盧彌那。

哀育來脱，白塊如雪，燭火上點之能燃如蠟，硬二·二五至二·五，重二·九五。其合質，夫羅而林、哀盧彌尼恩、素地恩。

氣奴兒愛脱，其合質與哀育來脱畧同，硬三·五，重二·六至二·九。

夫羅曷兒愛脱，小結成八面形，色白，內有夫羅而林、哀盧彌尼恩。

七兒代兒愛脱，小結成，黄褐色，內有燐酸、哀盧彌那、劣非養。

台哀斯普兒，結成者如筍如乳，析之其面甚光亮，色綠及灰，硬六至七，重三·四三，吹火試之，爆裂之聲大而繁，遇之於粒灰石中。

華蘅芳《金石識別》卷五《夕里開》

夕里西恩與養氣相連，則爲夕里開。其中或有水，或無水。無水者爲科子，有水者爲阿背爾。

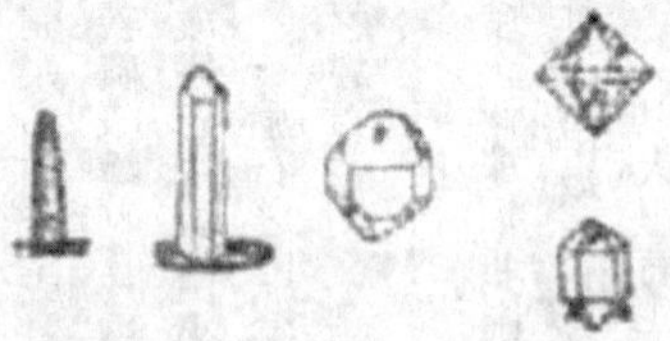

科子之結成者，形式甚多。其元均爲六角式，如一二三四五圖，夕夕面交角均爲九十四度一十五分。紋理縝密，不能剖析。若燒熱而淬之冷水中，則能開裂。筋類者，其紋四出如星。屑類者粒有粗細，其形如卵如乳如筍，玻璃光，無色或黄色血紅色煙灰色，明暗皆有，有雜色排列如帶者，有如雲頭者。

其硬七，其重二·六至二·七，透明者其質爲純夕里開，其不甚明及暗者，或有養鐵泥土及綠氣金等物在內。吹火試之不能銷鎔，若以素特點之則能鎔。凡卵石、砂石、砂土中，皆有科子，故科子之形色甚多，他種石不能如此之多也。識別之法，一因其硬能劃玻璃。二因火不能銷，素特點之能鎔，三因入硫酸、硝酸、綠輕酸均不能消化，四因紋理不能剖析，而結成之式可別，或有生成之形式異，及內有雜質者，則爲夕里開之屬。

此類又分爲三，碎口鋒利、明如玻璃者，爲晶屬，明而不透形碎口如蠟者，爲開而西馱能之屬，邊角薄處微明者，爲嚼斯不爾之屬。

晶屬。

陸刻刻里斯多羅，即水晶也，此科子之透明者，可作各種透光鏡。

阿彌地斯脱，譯言不醉也，西俗古時以爲佩此則不不醉，故名。其內有些微美合尼西養，故紫色。

紅晶，結成明净者少，破碎有棉者多，不透明，出土時色紅，久見日光，其色漸淡，置之陰溼處，能復紅，不甚珍重。

假土不爾斯，即茶晶也，淡黄色，形如土不爾斯，惟不能剖析，故可別。

煙科子，即墨晶也，其色黑，有淺有深，透明，可作眼鏡、印章。

海育兒愛脱，又名乳科子，其色乳白，面有油光，又謂之油科子，幾不透明，遇之甚多。

胏斯，其色草綠，形如倍里爾，惟不能剖析及燒之不銷，故易識別，意其內必微有鐵，故色緑。

阿墳邱陵科子，色灰褐或紅褐，其中有星星點點黃金色枚格，其明第三，人能作假者，比真者更佳。

鐵科子，其色赭褐，暗而不明。因其内有養氣鐵，故謂之鐵科子。其結成之式甚完整，不似他種科子之歪斜缺損也，有時小結成顆顆凑合，如榴子。

以上皆水晶之屬，以下爲開而西駄能。

開而西駄能之屬。

開而西駄能，淡青灰藍色，其明第三，面光如蠟，遇之於哀彌奪羅愛脱中，因石中有空處，故水夕里開沁入而結成，其外有璞，有大至盈尺者。

開蘇倍斯，果緑色，因内有臬客爾故也。

蓋尼里恩，明紅色，寶石也，可磨琢作首飾及鑲作印章，久見日光，其色愈深。

撒而奪，褐紅色，照之大紅色。

鴨呆脱，黑白紋，其紋如雲、如線、如帶，宛轉曲折，乃生成時重疊之痕也。又有莫斯鴨呆脱，本色黑，内有苔形，黃褐色，即養氣鐵也，可作珮飾，不甚珍奇。若置沸油中點以硫酸，色能加黑。

阿尼刻斯，明褐暗黑相間，可爲珮飾，雕琢人物花草形，因其色層疊，可凑作巧色也。如内有紅色相間者，名撒而駄能刻斯。

貓睛石，灰緑色，明第三，内有閃光活動如睛，因其内有哀斯倍斯得斯故也，此物可作寶飾。

弗林脱，即火石也，黑色或煙褐灰色。明三至四，碎之其口凸凹如蚌殼，鋒利處如刀，敲之可取火，鎗礮上亦曾用之。

霍恒斯駄能，亦火石之類，其性脆，故不宜於取火，與弗林脱皆生於茶而刻之中，故外有白灰石皮。

倍斯馬，本質色緑，内有黃白點，其明第三，形如嚼斯不爾。

以上開而西駄能之屬，以下爲嚼斯不爾。

嚼斯不爾之屬。

嚼斯不爾，土紅色微帶赭色，内有土或黃褐養氣鐵，其黃色熱之能變紅，因其中之鐵與水相連故也，亦偶有緑色者。

帶嚼斯不爾，黃灰紅黑相間，排列如帶。

哀及嚼斯不爾，其色層層相包，如向一心。

瓦嚼斯不爾，土遇大熱所成，吹火燒之能鎔。

路恒嚼斯不爾，其色層累曲折如壞牆。

紅巴弗里，形如紅嚼斯不爾，吹火燒之能銷鎔，其質爲夫羅而斯罷。

凡嚼斯不爾，磨之能光，可嵌鑲器具，不甚貴重。

血石，蒼緑色，内有血紅色細點，其明第三，内有養氣鐵和合於夕里開，故有紅點。

皮雖奈脱，又名力田西駄能，色如黑絨，堅硬，可磨試黃金之色，故又名試金石。

浮石，中有無數細孔形，如海棉而硬。

登科子，其形塊塊縱横架疊，中有空隙。

粒科子，堅硬砂石也，色白或灰或肉紅，亦有黃紅、褐色者，其質每有純夕里開，無他物相雜者。

夕里開木，屢有科子之形，紋理如木，或爲開而西駄能，或爲鴨呆脱，磨平之，有木之花紋。

凡科子中每有他金石走入，如盧對爾、哀斯倍斯得斯、阿克低摩兒愛脱、土不爾斯、普墨林、客羅愛脱、安得里斯愛脱之類是也。盧對而在科子中，狀如人髮，又科子每有中空，内有石油及水，或有别金石在内者。

以下水夕里開。

阿背爾，堅結無定形，或如腰子塊，或如倒垂冰淩，形有數種。其光色隨手活動，成白黃紅褐緑灰等奇色，亦有不明净者，呆暗如蠟。硬五・五至五・六，重二・二一，其質爲水夕里開，每百分中有五分至十二分水。

寶阿背爾，外面乳色，内有戲色。其合質，夕里開九〇，水一〇。

火阿背爾，有紅黃光，故名。

常阿背爾，硬如阿背爾，科子能割之，乳色，松香光，無戲色，間有白灰黃藍緑及灰緑色者，明第三至暗，百分中有八分水。

海得羅非能，白黃色，平常不明，置之水中，其明第三。

開果倫，白色或淡青色，與開而西駄能相似，有時認錯。其内偶微有哀盧彌那，故置之舌上微粘吸。海亦兒愛脱，明如玻璃，有小塊疊累者，有結如冰淩者。其合質，夕里開九二，水六・三三。

覓納兒愛脱，褐色不明，結如腰子塊，亦有疊片者。其合質，夕里開八五・五，水一一〇。

樹阿背爾，色灰褐，形似夕里開木，乃水夕里開走入木中所成，較夕里開木稍嫩，其重二。

阿背爾嚼斯不爾，形如嚼斯不爾而較嫩，因内有水故也，其中有幾分鐵。

夕里開新搭，其質或無水，或有水，灰色，滿小孔，乃冰地火山沸泉中水夕里開凝結而成。

珠新搭，遇之於火山石中，圓如球，珠光。

台白西亞，形似海亦兒愛脱。

以上皆水夕里開、阿背爾之屬也。凡阿背爾之屬，吹火燒之，不能銷鍊，其紋理不能剖析，結成之式無定形，與科子之别，惟較嫩耳。

華蘅芳《金石識别》卷五《灰》 丐而西恩與養氣相連，則爲灰。灰與硫酸、硝酸、炭酸相連所成之物，前卷中已詳言之，此專論灰與夕里西酸或布而倫酸相連所成之物。

夕里西酸，乃夕里西恩與養氣相連所成，即夕里開也。化學所得者，爲極白之粉，無臭無味，以指研之，澀而不滑，如有砂，然非粗也。除夫而林酸水外，他酸皆不能消化之，吹火燒之，最不能銷鎔。如以輕養二氣火燒之，又比灰及美合尼西養易銷。新做成者，研細能與辝味之土相連，所以謂之酸。若與炭酸卜對斯同置爐中，猛火燒之，則成玻璃。若與多股炭酸卜對斯相連，則又非玻璃，而爲夕里西酸水，又名火石水。

布而倫與養氣相連，則爲布而倫酸，其形小薄片，如魚鱗，色白無臭，亦無甚味，入水微消化，能使草藍紙變紅，故謂之酸。然試以姜黄紙，亦變紅。其味又似辝，於火酒消化，以火燃之，火色明緑。吹火燒之能鎔，鎔則其中之水（四十三至四十四）化氣而去，冷則硬而無色，透明如玻璃，爲無水之布而倫酸。凡生成之布而倫酸内，有二股有水，一股無水。火山沸泉中有之，台土而愛脱，及硼砂中亦有之，做成者，以硼砂於熱水中消化冷之，加硫酸，以藍紙變紅爲度，則硫酸與硼砂内之素特連，而布而倫酸降，濾出洗去其硫酸，又於熱水消化之，冷則結成細片，換水再熱化之，再結成，如是數次，則硫酸之味去，而布而倫酸净。

凡夕里西酸灰、布而倫酸灰，硬不過六，重不至三。吹火燒之，銷鎔有難易，無金之形狀，若入緑輕酸水，則皆能成膏。

胡拉斯得奈脱，又名桌子罷，其元爲一斜式，大約博結者居多，易剖析，玻璃光，珠光，有結成長柱如筍，色白，間亦有紅黄褐色者。明二至三，性脆易碎，硬四至五，重二·七五至二·九〇。其合質，夕里開五二，灰四八。吹火試之，不易銷鎔，成呆玻璃色。若以硼砂點之，則鍊成明玻璃珠。入酸消化如膏形，與台土兒愛脱及迭斯刻來斯之别，以析之有筋紋，吹火燒之不易鎔。與非而斯罷之别亦如之，遇之於合拉尼脱中、粒灰石中、火山石中。

台土兒愛脱，其元爲三律式，結成之式甚小，析之不甚分明，其目目交角一百十五度二十六分，面微凸，碎之中有直紋。其色白，亦有灰緑紅黄者，其明第四，硬五至五·五，重二·九至三。其合質，夕里開三七·四，灰三五·七，布而倫酸二一·三，水五·七〇（有一種名布胎兒愛脱，其合質水多一倍），於燭火上燒之能碎，吹火試之，不明而微大，結如玻璃，吹時火色變緑。入硝酸易成膏，除儕排是愛脱之外，無他物相似，因火色變緑，而質硬，故易識别。遇之於哀彌奪羅愛脱及尼斯石中，可用以取布而倫酸，及點化礦銅。

阿寇能愛脱，於他石之中，爲細筋如髮，鑿之韌，色白或黄及藍，硬四·五，重二·二八至二·三六。其合質，夕里開五七，灰二六·六，水一六·六。吹火試之，其邊微銷，入緑輕酸水易成膏。

迭斯刻來愛脱，略同。

别土兒愛脱，亦他石之筋也，其形一頭聚，一頭散，如彗，形似迭斯刻來愛脱，而微有珠光。硬四·五，重二·六九。其合質，夕里開五二·五，哀盧彌那三六·一，灰八·〇，水三·四。吹火鍊之，色白，而明如玻璃。

彈布兒愛脱，黄白色，硬七，重二·九六，其合質，夕里開、布而倫酸及灰。

華蘅芳《金石識别》卷五《美合尼西養》 凡有美合尼西養之物，如無别種養氣金在内，則吹火燒熱之，以硝酸苦抱脱水溼之，再吹火燒之，色變紅，猛火鎔之，冷則色變深紅。凡美合尼西養與夕里開相連，則入酸俱不爲膏。

凡美合尼西養在土石之中，則一股養氣鐵、一股養氣孟葛尼斯、一股養氣之灰及夕里開皆能與之交易迭代，故各物時有多少。今分爲二大類，一，水夕里開與美合尼西養相連之物，一爲燥夕里開與美合尼西養相連之物。水夕里開與美合尼西養之物，台而客，客羅愛脱，色而并台能，尼夫兒愛脱，彌思恩，失勒斯罷。

台而客，其元爲三律式，目目交角一百二十度，大約片類居多，其頁薄而易分，珠光，又有頁從中心四出如蕈背者，亦有搏屑者，其中亦有細片如魚鱗，其細片亦珠光。其中又有極細之結成，亦爲珠光，碎爲細粉，以指研之，滑而細膩如油，其色白而微緑，亦有光色如銀者，有灰緑色者。硬一至一·五，鑽之易作孔，彎之不能自伸，重二·五至二·九，其類有數種。

頁台而客，台而客中之最净者也，色白微帶緑，其粉滑如油。其合質，夕里開六二・八，美合尼西養三二・四，一養鐵一六，哀盧彌那一，水二・三至四。

斯底哀得愛脱，言滑如肥皂也，灰色或緑灰色。其形如土塊，爲無數極細之結成所合，亦有紅黄色者。有一種乳色珠光者，其粉最滑。其合質，夕里開六二・二，美合尼西養三〇・五，養鐵二・五，水五。吹火燒之，不變不銷鎔，可以作器具，可以作火爐之門，可以作水管，可以作鍋，可以作磁器。其磁半透明，惟驟冷熱之，則易碎。其粉可磨玻璃，可洗衣服油污，可使機器之轉軸滑。

北斯駄能，不净之台而客也，色灰緑、黑緑，頁類其粉滑。

硬台而客，其質硬於他種，因有雜物和合，故硬而粒粗，研摩之微覺滑。

倫雖來愛脱，白黄灰黑均有，其粉滑如油，微明，硬三至四，可作水盂等物。

以上皆台而客之類也，凡台而客之類識别之法，摩研之滑，其頁有珠光。與枚格之别，因彎之不自伸。與客羅愛脱、色而并台能及雖巴奈脱之别，以熱之無水氣，而色非橄緑。

客羅愛脱，橄緑色，塊形屑類，間有結成六面柱。亦有片類，其頁輻輳一心如蕈背，微珠光，半明至暗，彎之不能自伸，硬一・五，重二・六五至二・八五。其粉微滑，其合質，夕里開三〇・四，哀盧彌那一七，美合尼西養三四・〇，養鐵四・四，水一二・六。熱之有水氣，吹火試之，其邊微銷難鍊。與色而并台能、北斯駄能之别，因色橄緑，塊形屑類。與台而客類之别，因熱之有水氣。與緑色鐵土之别，因吹火不能鎔鍊。屢遇客羅愛脱之藏甚大，每於其中得磁鐵及霍恒白倫、普墨林。

離披度兒愛脱，與上同類。

雖巴奈脱，亦客羅愛脱之類，輭如脂，燥則脆，色白，有微兼紅黄藍色者。其合質，夕里開四五・〇，美合尼西養二四・七，哀盧彌那九・三，養鐵一・〇，卜對斯〇・七，水一八・〇。

色而并台能，結成者少，析之不能分明，摶結如土塊者多，藍色或墨緑色，有筋類及片類者。片之薄頁有時能分開，性脆，色白橄緑或墨緑，松香光，其粉微滑，亦有屑類者，半明至暗，硬二・五至四，重二・五至二・六，遇天空氣變黄灰色。

色而并台能之貴者俏，油緑色，明三，碎之斷口如折木形，磨之能光。其合質，夕里開四二・三，美合尼西養四四・二，養鐵〇・二，炭酸〇・九，水一二・四，熱之有水氣。吹火試之，色變褐紅，其邊微銷。尋常之色而并台能暗而不明，黑緑色。

倍果而愛脱，橄緑色，於色而并台能中作筋，筋有粗有細，較哀斯倍斯得斯稍硬。

馬摩兒愛脱，片類，頁薄易分，緑白藍色，珠光，性脆，故與台而客婆雖愛脱有别。其合質，夕里開四〇・一，美合尼西養四一・四，養鐵二・七，水一五・七。

幾何兒愛脱，形如馬摩兒，惟其頁難分，與色而并台能及他種緑石之别，以其暗松香光。輭而可割，體輕。

以上皆色而并台能之屬也，凡色而并台能，是一種緑石，其屬或是石，或是他石之筋。有時色而并合能與粒灰石連，能使灰石亦緑。其内或有客羅彌恩酸，故有數色，可用以得美合尼西養。

尼夫兒愛脱，結成縝密，不能剖析，色自藍緑至白，玻璃光，明三至四，硬六・五至七・五，重二・九至三・〇三。其合質，夕里開、美合尼西養及水，其哀盧彌那養鐵及灰或有或無，有人云此即低摩兒愛脱之類，吹火燒之不能銷鍊。與倍里爾之别，因不能剖析。與科子之别，因碎口不似玻璃，可作珮玉。

彌思恩，白而不净不明，其色如泥如灰，硬二，重二・六至三・四，海沫入地所成。其合質，夕里開六〇・九，美合尼西養二七・八，水一一・三，養鐵與哀盧彌那〇・一。吹火試之，有水氣及臭味，變硬而白。初出地時輭而滑膩，見水有泡沫，如肥皂，可以浣衣。西人煙筩頭皆此物所做，其屬名金斯愛脱，紅色。

失勒斯罷，結成者其元爲三斜式，剖之祇有二面可析。片類者脆而能分，其片打之能碎，色藍緑而帶黑，析開之面金珠光，他面玻璃光，硬三・五至四，重二・五至二・七。其合質，夕里開四三・九，美合尼西養二五・九，養鐵客羅彌恩一三・〇，水一二・四，哀盧彌那一・三，灰二・六，養孟葛尼斯〇・五。熱之有水氣，色變黑，變成吸鐵石，吹火試之，其片之薄邊能銷，與待約來其之别，因熱之有水氣。與馬摩兒愛脱之别，無其硬。與台而客及枚格之别，因頁脆不能彎。客林脱能愛脱，其結成者爲尖形，常見者皆片類，頁薄而脆，微金光，紅銅色及古銅色，其粉黄灰色。其合質，夕里開一七・〇，哀盧彌那三七・六，美合尼西養二四・三，灰一〇・七，養鐵五・〇，水三・六。吹火試之成珠，如硼砂研細入酸能發泡。

雖皮得愛脱，略同。

删土非兒愛脱，同。

鼻奈脱，形如客羅愛脱，遇其結成之式，爲六角，類面交角一百十八度。

倍客羅自民，綠色微帶白，結成者爲三律式，或爲筋，硬二·五至三，重二·五九至二·七，熱之有水氣，嘘之有土氣，其合質與色而并台能略同。

自呍來得愛脱，能分析，色黄，質與倍客羅自民略同。

來底奈兒愛脱，搏結，松香光，得於色而并台能中。

馱兒美台能，搏結如腰子塊。色緑，松香光，其粉滑，嘘之有泥土氣，於色而并台能作皮。

維拉斯愛脱，結成者爲二律，色黄，質與色而并台能略同。

安得果兒愛脱，頁形，薙綠色，形似失勒斯罷。

斯背台愛脱，肉紅色，似失勒斯罷。

倍來盧兒愛脱，綠白色，可分析，無光或微有松香光。吹火燒之，先變黑，後成白，其變成之形似鴨呆脱而稍異。

倍落斯客里兒愛脱，輭如泥，亦每有成片頁者，淡綠灰色。其合質，水夕里開、美合尼西養、哀盧彌那。

開每每兒愛脱，略同。

倍落非來脱，頁從中心四出如蕈背，最輭，色白而綠，吹火燒之，頁張如扇。

微晃求兒愛脱，與倍落非來脱相類，視之摸之似斯底哀得愛脱，吹火燒之，如有小蟲自内而出，此因水於薄頁中化氣而出故也。

皮來客里斯，結成八面形，小而明，出於火山石中。其質純美合尼西養，更無他物，硬如非而斯罷，重三·七五。

假斯底哀得愛脱，輭而可劃。其合質，夕里開三四·七，哀盧彌那二五·三，灰五·一，美合尼西養二五·二，水九·一，有人云此霍恒白倫所變也。

以上皆水夕里開與美合尼西養所成之物也。

燥夕里開與美合尼西養之物，倍落客西能，霍恒白倫，斯普陀民，客里蘇兒來脱，康奪羅台脱。

落客西能，其元爲一斜式，結成之式如圖，力力面交角八十七度○五分，丁丁面交角一百二十度三十二分，力未面交角一百三十三度三十三分，力未面交角一百三十六度二十七分。常有結成大塊者，其形式不一，兹舉一式而言之。亦有搏結者或爲厚片，或筋類，或屑類。屑類之粒齒齒而有鋒，有搏如球者，有細結成合成大塊者，性脆，有數種綠色，亦有一面白而他面藍褐者，玻璃光或松香光，筋類者珠光，明暗皆有。硬五至六，重三·二至三·五。其合質，夕里開、美合尼西養、灰，或養鐵，或養孟葛尼斯，互有多少，因其同式形能互易迭代故也，所以其屬有多種。今分爲三類。光明者，呆暗者，薄頁者。

明者

白美里哥兒愛脱，亦名白鴉呆脱，内有白色或灰色結成之塊。

台惡不斯愛脱，白綠色，灰綠色，結成析之面光，雖未脱，其光色稍次。

非雖愛脱，結成者明綠色，面平而光。

哀來來脱，同。

顆顆來脱，結成粒形。

以上諸種，皆倍落客西能之光明者也，重三·二五至三·三。其合質，夕里開五五·三，灰二七，美合尼西養一七，養孟葛尼斯一·六，養鐵二·二。吹火鍊之，成無色暗料。若以硼砂或素特點之，則成明料，如玻璃。

哀斯倍斯得斯，乃倍落客西能及霍恒白倫中之筋也，詳見霍恒白倫。

呆暗者

鴉呆脱，結成之形如前圖，其重三·三至三·四。

希得白兒斯愛脱，綠黑色，可剖析，析開之面綠褐色，重三·五。

婆里來脱，合蘇奈脱，才非朔兒奈脱。

以上諸種，皆倍落客西能之呆暗者也，如鴉呆脱之類，中有鐵及孟葛尼斯多。其合質，夕里開五四·一，灰二三·五，美合尼西養一一·五，養鐵一○，養孟葛尼斯○·六。吹火燒之，鍊成無色料。若以硼砂或素特點之，則成鐵色料。

薄頁者

待約來其，薄頁，明綠色，性脆，遇之於色而并台能中。

白狼是愛脱，亦於色而并台能中，其頁如待約來其，惟暗綠黑色或古銅色，金珠光，重三·二五。

海不思低能，頁稍薄，易分析，色灰綠黑，金珠光，重三·三九。

里皮度兒霍恒白倫，略同。

金待約來其，略同。

以上諸種，皆待約來其之類，倍落客西能之片類者也。其合質，夕里開五四·二五，灰一·五，美合尼西養一四·○，養鐵二四·五，養孟葛尼斯哀盧彌那二·二五，水一·○，吹火燒之，其邊鍊成半明料，亦有能全鎔鍊者，其質中有時鐵少則灰多，因同式迭代故也。與霍恒白倫頁類之別，因薄而析之分明，其筋類者則難別。然如哀斯倍斯得斯在倍落客西能中，則如待約來其。若在霍恒白倫中，則如霍恒白倫。惟斯蓋波來脱之結成與此相似，然其角度各不同，故亦可別。與曷碑度地之別，此綠色不帶黄。與失勒斯罷色而并台能之別，前已詳。

諸石中，惟倍落客西能之種類最多，因其與他石比連者多也。合拉尼脱中有之，粒灰石中有之，色而并台能中有之，火山石中有之。在火山石中者，其結成小而色黑，或帶綠。於他石中則有數色，其結成有極大者。

霍恒白倫，其元爲三律式，結成者剖析之能完全。其次形之面常對元形之稜，如圖。目目面交角一百二十四度三十分，未未面交角一百四十八度三十分，每有結成如三圖者，亦有結成四面、六面、八面長柱形者。又每有筋類，其筋有粗者，有細如麻者，珠光，絲光。亦有片類者、屑類者，其粒有粗有細。其性皆韌而牢固，色自黑藍綠而淡至白，玻璃光，次面珠光，明自半明至不明，硬五至六，重二·九至三·四。其屬有與倍落客西能相似者，此因異質同式之故，故結成相似也。有時其内哀盧彌那多，霍恒白倫之屬，分明暗二類。

明類

低摩兒愛脱，白灰色，明綠色，結成者如柱而長。若走入他石之中則爲筋，有時幾透明，重二·九三。

鴨克低摩兒愛脱，結成者明如綠玻璃，其形如前第三圖。

星鴨克低摩兒愛脱，橄綠色，粗筋從一點四出，如星之射光。

哀斯倍斯得斯鴨克低摩兒，亦如前，惟其筋細。

塊鴨克低摩兒，細粒結爲塊形，其粒齒尖，重三〇·二至三·〇三。

哀斯倍斯得斯，於他石中爲筋，其筋易析，如麻皮，色白或綠。

曖昧安得斯，亦於他石中爲筋，其筋絲光。

木哀斯倍斯得斯，黑黄色，韌而堅，如木所變。

山皮，其輭如木，摸之如皮，其筋交錯如織，於石縫中作夾層，色或白或灰。

以上霍恒白倫之明者也，其質中鐵及哀盧彌那或無，即有亦甚微，如明鴨克低摩兒愛脱。其合質，夕里開五九·七五，美合尼西養二一·一，灰一四·二五，養鐵三·九，養孟葛尼斯〇·三，水夫羅而林酸〇·八。

暗類

八呆斯愛脱，結成之形如前第一圖，色綠面光，暗而不明，重三·一一。其合質，夕里開四六·三，美合尼西養一九，灰一四，哀盧彌那一一·五，養鐵三·五，養孟葛尼斯〇·四，水夫羅而林酸二·二。

霍恒白倫，遇有結成長柱如前第三圖，亦有結成短篇柱如前第一、第三圖，惟如二圖者多。其中養鐵多，故暗。其合質，夕里開四八·八，美合尼西養一三·六，灰一〇·二，哀盧彌那七·五，養鐵一八·七五，養孟葛尼斯一·一五，水夫羅而林酸〇·九。凡霍恒白倫之屬，除哀斯倍斯得斯之外，吹火燒之，有泡如沸，易銷鎔，明者鍊成無色料，暗者鍊成鐵色料。與倍落客西能之別，因角度各異。與黑普墨林之別，以能剖析，且結成之式各異。其筋類與倍客羅自民之別，因熱之無水氣。與尼美兒愛脱之別，因無燐光。與胡拉斯得奈脱及齊河類脱之別，以入酸不成膏。如在灰石及色而并台能石中，則爲呆吒，故霍恒白倫爲石中最緊要之物。如雖約奈脱石中，每有霍恒白倫片類。阿克低摩兒愛脱，常遇之於美合尼西養石中，或台而客斯底哀得愛脱色而并台能中。低摩兒愛脱，遇之於粒灰石中，或馱羅美脱中。哀斯倍斯得斯，遇之於粒灰石馱羅美脱或色而并台能中。

哀斯倍斯得斯，其筋如絲，可作布，火不能燒，即火浣布也。亦可作燈心，曖昧安得斯亦然。

附

安土非兒愛脱，其元爲一斜式，結成之式細而長如針，灰色，綠色，褐色，在枚格疊紋中或走入枚格中，性脆，其尖鋒利如針，重二·九至三·一六。孔名登愛脱，其筋從一點出如彗，灰色，微有絲光，遇之於枚格疊層中。

鴨克每脱，其形長細如針，暗黑色，其尖甚利，能走入合拉尼脱中，旁面交角八十六度五十六分，形如倍落客西能之屬，吹火燒之易鍊。拔平得奈脱，墨綠色最光明，遇之於科子中。

斯普陀民，其元爲一斜式，結成之式與倍落客西能同，明三至四，硬六·五至七，重三·一至三·一九。其合質，夕里開六四·五，哀盧彌那二九·三，劣非養六二。吹火燒之發大，鍊成明料，研碎，同二股硫酸卜對斯以白金箔裹而吹之，火色大紅，因内有劣非養故也。與非而斯罷及斯蓋波來脱之別，因重而明，且結成之式異，遇之於合拉尼脱中，俗名台非能，可用以得劣非養。

客里蘇兒來脱，又名屋劣維恒，其元爲三律式，結成者析之與稜平行，能完全，常有結成顆粒在他石之中間，橄綠色或帶黃，玻璃光，明一至三，硬六·五至七，重三·三至三·五，碎口如玻璃。其合質，夕里開三八·五，美合尼西養四八·四，養鐵一一·二，養孟葛尼斯〇·三，哀盧彌那〇·二。吹火燒之，點以硼砂，鍊成綠料。與綠科子之別，因遇於倍素石中，且紋理可剖析，因只爲倍素石中之呆⿰口五，所以與倍里爾亦易別。與屋不洗台恩（火山明石也）之別，因不點不能鍊，每在倍素拉芝石中。

蒲待奈脱，客里蘇兒之類也，遇之於灰石中，可作玉，因嫩故，不甚珍重。

康奪羅台脱，其形爲扁圓小顆，在灰石之中，其顆爲細粒合成，不能剖析，色褐或黃褐，亦有紅色、白色者，小時褐色，玻璃光，微有松香光，劃而視其粉無色。明三至四，碎之口不平，硬六至六·五，重三·一至三·二。其合質，夕里開三三·一，美合尼西養五五·五，養鐵三·六，夫羅而林酸七·六。吹火燒之，其邊微鍊，難銷鎔，若點以硼砂，易鍊成綠料。因其只於灰石中爲呆⿰口五，所以與他物易別。與黃色之普墨林茄納之別，以重而無結成，磨之不能光。

華蘅芳《金石識別》卷五《哀盧彌那》 哀盧彌尼恩與養氣相連，則爲哀盧彌那，哀盧彌那有不再與別物連合者，有再與別種養氣金連合者，有與水夕里開連合者，有與燥夕里開連合者，有與夕里開及夫羅而林連合者，有與夕里開及硫酸連合者，有與夕里開及綠氣連合者，故種類甚多。

哀盧彌那不再與別物連合者。

可倫奪姆，其元爲六角式，結成之式析之與底平行，常有六面柱，其面不平，其形無一定。如圖，夕夕面交角八十六度四分，亦有粒類，色藍或灰藍，亦有紅黃褐黑者。

其面光明，磨之見內有紋四射如星，透明至半透明，硬九，比金剛石次一等，性韌而堅，重三·九至四·一六。其質淨哀盧彌那，吹火燒之，素特點不變，硼砂點之，能銷鎔而甚難。其明淨者名薩非阿，不明淨者爲可倫奪姆，粒者名哀牟利。

薩非阿，專指藍色者而言，若他色另有名，紅者爲東露佩，黃者爲東土不爾斯，綠者爲東美彌來兒，紫者爲東阿彌昔斯脱，淡紫者爲阿得鑾淡斯罷，中有星紋者爲星薩非阿。易識別，因其硬，可刻科子之結成，常遇塊形於砂礫中，或尼斯枚格疊層及台而客粒灰石中，其貴重不亞於金剛石，以紅色者爲最貴，結成三合拉半抵一合拉重之金剛石，紅者其結成最大不過半寸徑，藍色有稍大者。

哀牟利，細粒藍灰黑色，不貴重，用以碾磨鐵器。

以上淨哀盧彌那。

哀盧彌那與別種養氣金連合之物。

斯比偶兒，其元爲一律式，結成者有八面、十二面及雙形者。如一圖爲八面次形，二圖爲十二面形，三圖亦爲八面之次形，四圖爲雙合形。

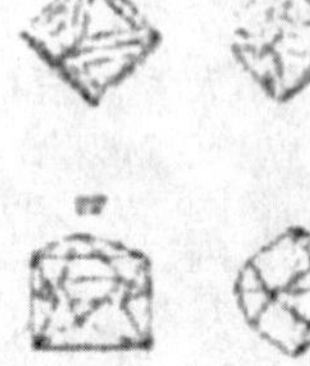

其色紅藍黃綠褐黑均有，紅色者最明，他色次之，玻璃光，硬第八，重三·五至三·六。紅色者，其合質哀盧彌那六九，美合尼西養二六·二，養鐵〇·七，夕里開二·〇，客羅彌養一·一。其合質之大要，爲哀盧彌那及美合尼西養，其餘他物偶在其中，或有或無，可多可少。吹火試之，點以硼砂難銷鍊。其屬最紅者名斯比偶兒露佩，稍淡者名倍拉斯露佩，紫紅者名阿拉鑾的露佩，綠者名客羅羅斯比偶兒，黑者名不留奈斯脱，其黑因養鐵，百分中有養鐵八至二〇。識別之法，以其結成及硬。與茄納之別，因不能鍊。與磁石之別，因不能攝鐵。與入爾康之別，因硬。遇之於粒灰石及尼斯石中，其質有時變壞，則與斯底哀得愛脱相類，而其形式仍不變，所以有假式，色佳者可作寶石，結成重四合拉半抵一合拉重之金剛石。

哇吐摩愛脱，中有二至三十五分養白鉛，其色墨綠或黑，硬七·五至八，重四至四·六，吹火燒之，點以素特成料，再加素特吹之，則四面走開成一圈，硼砂點之不銷鍊。遇之於合拉尼脱中，每與倍里爾茄納同在一處，又台而客石層中亦有之。

迭士盧愛脱，中有養鐵養白鉛，色黃及灰褐，硬七·五至八，重四·五五。其合質，哀盧彌那三〇·五，養白鉛一六·八，多養鐵四一·九，養孟葛尼斯七·六，夕里開三，滓物〇·四。吹火燒之，能紅不能銷鎔，點以硼砂，成半明深紅色料。

黑爾信奈脱，其合質，哀盧彌那、一養鐵及多養鐵、美合尼西養。

哀盧彌那與水夕里開連合之物。

哀盧雖脱，結如泥土塊，如斯底哀得愛脱，其輭以指甲能剥之，色白或藍，置舌上微粘吸，以小塊置水中，視之透明，重一·八至二·一。其合質，夕里開三九·五，哀盧彌那三四·〇，水二六·五，入硫酸則成膏，吹火試之不銷鍊，其色變白，其屬有數小種，與齊河來脱相類，如富利來脱、酷利來脱、惜摩來脱蒲貳、弗的蒲貳、石肥皂、盧雖脱、合落倍脱每兒的斯愛脱、斯偶兒愛脱等類，皆輭如泥。

凡哀盧雖脱與有美合尼西養之土，吹火試之易別。又有名斯帶兒拉底愛脱者，遇之於火山石中及冰海之島，結別斯愛脱亦有此形，此類如有辝味之物在內，則歸齊河來脱。

哀盧非能，結如朋子塊，間有結成者，其搏屑者爲粉形，其色淡藍，或緑褐，或黄，玻璃光，松香光，碎之面如蠟，劃視其粉色白，硬三，重一・八五至一・九〇。其合質，哀盧彌那二九・二，夕里開二一・九，水四四・二，雜土四七。吹火試之微發泡，變爲無色粉，吹時火色微緑，入酸能消成膏。

阿背爾哀盧非能，形如哀盧非能。其合質，夕里開一二・〇，哀盧彌那四六・三，水三六・二，又有些微鐵及銅與灰。

發勒奈脱，頁類疊成六面、十二面柱形，析之與底平行，其頁彎之則脆碎。色灰緑至橄緑，珠光，重二・七。其合質，夕里開四四・九，哀盧彌那三〇・七，多養鐵七・二二，卜對斯一・三八，美合尼西養六・〇四，水八・六五，養孟葛尼斯一・九，灰〇・九五。

客羅落非來脱，頁類，色緑。其合質，夕里開四五・二，哀盧彌那二七・六，美合尼西養九・六，養鐵八・二，養孟葛尼斯四・一，水三・六。熱之有水氣，吹火試之，其邊微銷鍊成藍灰色。與他種緑色頁類之别，因熱之有水氣。與哀育來脱之别，以結成六面柱而頁脆。遇之於合拉尼脱中，與哀育來脱在一處。

哀斯抹蓋脱，與上同類。

倍奈脱，乃哀育來脱經辛味而變爲此，其頁析之不分明，色自灰至灰緑，遇之於非而斯罷巴弗里之變壞處，其結成亦六面柱。

才强多來脱，緑灰色，重二・八五至二・八八。

哀皮來脱，才强多之類，色淡灰緑，重二・八九。

水哀育來脱，其合質與客羅落非來脱同，惟水只有一分多。

哀斯倍斯育來脱，遇之於哀育來脱中，色淡緑，亦有結成六面柱。

華蘅芳《金石識别》卷五《齊河來脱》 希臘古語，謂沸爲齊河，因火試之其物發泡如沸形，故有是名。其質之大要，爲夕里開、哀盧彌那及辞味之物與水，此類中有大半入酸成膏形，因其夕里開分開故也。或在他石中爲筋，或於他石而作皮，其結成者少，從未見其在地石之中結成如普墨林茄納等形，常遇於哀彌奪羅愛脱，或合拉尼脱及尼斯石。其朽蘭台愛脱、羅木奈脱、哀剥非來脱、斯底兒倍脱四種，其柱形析之分明，不爲細筋，亦有可分爲片者。此四種除羅木奈脱之外，入酸消化，皆不作膏形。其奈脱羅來脱、斯果利斯愛脱、湯姆斯奈脱，結爲筋形，皆細而長。其哈摩多姆哀捺兒，西姆拉不斯來如來悔尼，素待來脱指白斯愛脱，其形皆如灰類之迭斯刻來愛脱，别土而愛脱，其絲光比奈脱羅來脱更明。

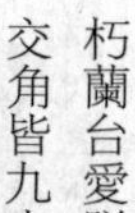

朽蘭台愛脱，其元爲一斜式，結成之式如圖。日戈面交角、石日面交角皆九十度，戈石面交角一百二十九度四十分，析之與日面平行能分明，析面珠光，他面玻璃光，色白或紅灰褐，明一至四，頁脆易碎，硬三・五至四，重二・二。其合質，夕里開五九・三，哀盧彌那一六・八，灰九・二，水一四・七，吹火試之發泡能鍊，熱之有光如燐，入酸消化不爲膏形。與石膏之别，因硬及火試發泡。與哀剥非來脱斯底兒倍脱之别，以結成異。遇之於哀彌奪羅愛脱尼斯石中，及各金礦脈中，林科奈脱，同。

白羅希得兒愛脱，結成之式如前圖。其戈石面交角九十三度四十分，硬四・五至五，重二・一至二・五，此朽蘭台愛脱之屬也。

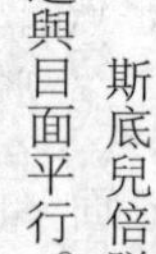

斯底兒倍脱，其元爲三律式，結成斜方底直柱，其頂尖削如圖，析之與目面平行。子子面交角一百十九度，色白或黄褐紅，析面珠光，他面玻璃光，明二至四，硬三・五至四，重二・一三至二・一五。其合質，夕里開五七・六，哀盧彌那一六・三，灰八・九，水一六・三。吹火試之，發泡，鍊成無色料，入硝酸火助，久沸成膏。與石膏之别，因硬而火試發泡。與朽蘭台愛脱之别，因結成之式方扁長而尖。遇之於哀彌奪羅愛脱、尼斯合拉尼脱中。

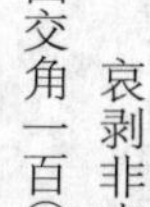

哀剥非來脱，其元爲二律式，結成之式恒長而尖，如圖。子子面交角一百〇四度二分，又一百二十一度，析之與底平行能完全，或厚片，或薄頁。色白或灰，微有紅黄緑閃色，析面珠光，他面玻璃光，明一至四，硬四・五至五，重二・三至二・四。其合質，夕里開五一・九，灰二五・二，卜對斯五・一，水一六・〇。吹火燒之，其頁自開，銷鍊成料，滿細孔，形如海棉而硬。入硝酸化開成小薄片，如雪花，半透明。與斯底兒倍脱之别，以尖頂之角度各異，且頁與底平行，遇之於哀彌奪羅愛脱及脱拉潑石中。

羅木奈脱，其元爲一斜式，結成斜方底斜柱，力方面交角八十六度一十五分，交力面交角六十八度四十分，析之與鋭角平行。其筋類如星紋四出，色白至黄灰色，析面珠光，他面玻璃光，明一至三，硬三・五至四，重二・三，見天空氣則色呆而脆。其合質，夕里開五一・一，哀盧彌那二二・八，灰一一・九，水一五・二。吹火試之發泡，鍊成白色，如浮石形。入硝酸或緑輕酸化如膏，入硫酸，非火助不化。識别以其見天空氣變色而脆，如欲其不變，以合姆阿拉比克膠(即粘信之樹膠)護之。遇之於哀彌奪羅愛脱、尼斯巴弗里石中，泥疊石層中亦有。蓮哈待脱，形如羅木奈脱。其合質，夕里開五五，哀盧彌那二四・一，灰一五・〇，水一二・三。

奈脱羅來脱，其元式爲三律式，結成長柱，其尖頂爲鈍角，如圖。

目目面交角九十一度十分，子子面交角一百四十三度十四分，子目面交角一百十六度三十七分，析之能完全，析面與目平行。有結如球形者，其筋四出，尖長如針，其尖三稜，色白至黄灰紅，玻璃光，明一至三，硬四·五至五·五，性脆，重二·四至二·二三。其合質，夕里開四七·四，哀盧彌那二六·九，素特一六·二，水九·五。吹火試之變呆，錬成呆暗料，入酸無論冷熱，成厚膏。與斯果利斯愛脱之别，因火試各異。遇之於哀彌奪羅愛脱拉潑倍素火山石中。

斯果利斯愛脱，玻璃光，微帶珠光。其合質如羅木奈脱，而代素特以灰，他物相同。吹火試之，發而立起，如蟲欲行之狀，故謂之蟲石。

布内兒愛脱，形如前圖，其目面交角九十一度四十九分。

彌蘇兒，或球形，或扁球形，析之内有柱形，珠絲光，重二·三五至二·四。吹火試之易銷，入酸易成膏，海林得奈脱，自里肥斯愛脱，略同。

湯姆斯奈脱，其元式爲三律，摶塊中有結成之筋如針，亦有無結成者。色白如雪，玻璃光至珠光，明一至三，硬五至五·五，性脆，重二·三至二·四。其合質，夕里開三七·四，哀盧彌那三一·八，灰一三·○，素特四·八，水一三·○。吹火試之，發泡變呆，極熱僅能銷其邊，研粉入硝酸或緑輕酸能成膏。與奈脱羅來脱及齊河來脱中他種之别，因火試難錬。遇之於哀彌奪羅愛脱、巴弗里火山石、礬石、脱拉潑石中。康白脱奈脱，阿柴蓋脱，略同。

哈摩多姆，其元爲三律式，長方底柱，屢有結成雙合形者如圖。

色白或灰黄或褐，明二至三，玻璃光，硬四至四·五，性脆，重二·三九至二·五。其合質，夕里開四四·○，哀盧彌那一六·六，貝而養二四·八，水一四·六。吹火試之不發泡，錬成明料，熱之有黄光如燐，入酸不熱之則不化。識别之法，如有雙形，則除非利不斯愛脱之外無相似者。與非而斯罷及斯蓋波來脱之别，因易錬成明料。與湯姆斯奈脱之别，以入冷酸不成膏。遇之於哀彌奪羅愛脱尼斯石及礦金之脈。

非利不斯愛脱，結成有雙形如前圖，或扁長而直，其尖如刀頭，或星紋。其合質如哈摩多姆，而以灰代貝而養，他物相同，入酸成膏，吹火試之發泡。

齊哀果奈脱，略同。

鴨捺兒西姆，其元式爲一律式，結成之形如一圖二圖，析之不能全，明暗皆有。其色乳白，或灰白，紅白，其光有暈如三圖，熱之微有電氣，硬五至五·五，

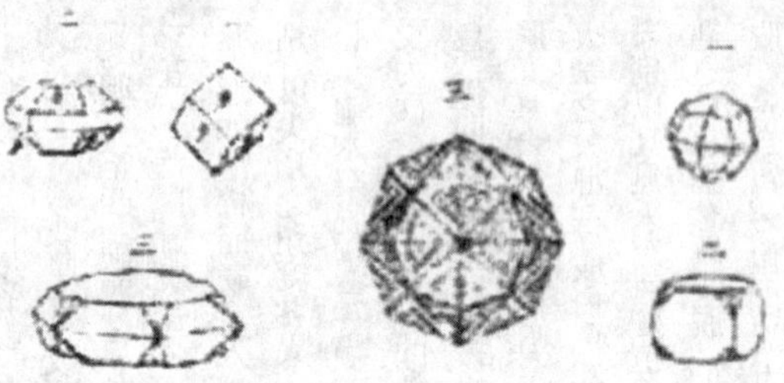

重二·○七至二·二八。其合質，夕里開五四·六，哀盧彌那二三·二，素特一四，水八·一。吹火試之不發泡，能鎔錬成明料，入緑輕酸水難成膏。識别之法，因其結成難剖析。與科子及羅雖脱之别，因其硬。與丐而剢斯罷之别，因能鎔錬，及入酸不發泡。與揩白斯愛脱之别，因火試不發泡，而能錬成料。遇之於哀彌奪羅愛脱及火山石、尼斯石。

揩白斯愛脱，其元式爲六角式，長斜方六面形，如一圖。結成之式矮扁而團，略如鼓磴，如二三圖。析之與元式之面平行，夕夕面交角九十四度四十六分，從未遇有結爲筋類、屑類者，色白或紅或黄，玻璃光，明一至三，硬四至四·五，重二·○六至二·一七。其合質，夕里開四八·四，哀盧彌那一九·三，灰八·七，小對斯二·五，水二一·一。

米利奈脱，揩白斯愛脱之屬也，小結成如前第二圖，明如玻璃，入酸消化成膏。

鼇凡，結成者爲合形，如前第三圖。

鼇頭里愛脱，形如米利奈脱，其水少三分之一。

非果來脱，小結成十二面柱形，明如玻璃。

哀開台青來脱，色紅。

合式來脱，結成六面扁柱形。

海岱奈脱，亦揩白斯愛脱之屬。

凡揩白斯愛脱之屬，吹火試之發泡，色變白，識别因其結成。與鴨捺兒西姆之别，因火試發泡，不能錬成料。與丐而剢斯罷之别，因硬而入酸不發泡。與夫羅而斯罷之别，因結成及無燐。遇之於脱拉潑尼斯及雖約奈脱。

自朽蘭台愛脱至此，皆歸齊河來脱一類。

潑里奈脱，其元式爲一斜式，結成之形如圖，力力面交角九十九度五十六分，析之與底平行，常有六面柱形，析之厚如板，有摶結如腰子塊者，其塊摶結極緊，塊塊纍纍如葡萄，色自淡緑至無色，玻璃光，析面珠光，明二至四，硬六至六·五，重二·八至二·九六。其合質，夕里開四三·○，哀

盧彌那二三・二五，灰二六・〇，養氣鐵及養氣孟葛尼斯二二・五，水四・〇。吹火試之，發泡能銷，其燼淡緑色。入緑輕酸水徐消化，不爲膏，有細片如雪花沈於底。與倍里爾、緑科子、開而西馱能之别，因火試異。與齊河來脱之别，因硬而結成各異。遇之於脱拉潑尼斯合拉尼脱中，磨平之，可作木器之嵌飾及桌面。以别斯底兒倍脱，其結成者析之易爲薄頁，色白，硬三・五至四，重二・二五，吹火試之，發泡，鍊成滿小眼，如海棉而硬，入酸不爲膏，形似斯底兒倍脱。其合質爲夕里開、哀盧彌那、灰，其中無水。

安脱來摩兒愛脱，結如石乳形。

易定登奈脱，結成小柱形，析之與旁面平行，無色，玻璃光，硬四至四・五，重二・七至二・七五。遇之與湯姆斯奈脱在一處。

茄孚兒來脱，結成細長柱，四出如星，色如麥黄，絲光，遇之於錫礦。

客羅辣四多愛脱，淡青緑色，結如星紋，硬五・五五六，重三・一八。

富嚼斯愛脱，結成斜方底八面形，火火面交角一百十一度三十分，又一百〇五度三十分，其硬能刻劃玻璃。其合質，水夕里開、哀盧彌那、灰、素特。遇之與鴨呆脱在一處。

金落台兒愛脱，結成斜方八面形，硬三・五，重二・一八，色白，玻璃光，明第三。其合質，水、夕里開、哀盧弼那。

馬呆兒愛脱，形如珠枚格，微能彎。

油非來脱，愛侔來脱，待愛非奈脱，略同。

待摩兒愛脱，薄頁疊成柱，比白而客硬，重二・七至二・八二。其合質，水、夕里開、哀盧彌那、卜對斯，疑即有水之枚格也。

客羅利多愛脱，厚頁疊成柱，彎之不能自伸，若再使之直，則碎。墨緑色，硬五・五，重三・五五，吹火試之不鎔鍊，而色變黑成攝鐵。

斯門定，與上略同。

梅雖奈脱，厚頁疊成短柱，暗灰色，微有珠光。其頁脆，硬六，重三・四五。

燥夕里開，與哀盧彌那相連之物。

夕里鑾愛脱，長細如針而扁，屢走入呆呫。其底爲斜方形，目目面交角一百十度至九十八度，析之與長平行，易分析，析面光亮。亦有摶結成塊者，其中有結成或筋，色白或灰，玻璃光至珠光，明第三，性脆，硬六至七・五，重三・二至三・三。其合質，夕里開三七，哀盧彌那六三，與開也奈脱同。吹火試之不鍊，硼砂點亦不鍊，與低摩兒愛脱及霍恒白倫之别，因易分析，火試不鍊。與開也奈脱之别，因析面光亮，及結成爲斜方底，遇之於尼斯。

薄哥兒自愛脱，其合質，夕里開四六・四，哀盧彌那五二・九，或夕里開四〇・一，哀盧彌那五八・九，微有一點養氣孟葛尼斯，其合質之數雖與夕里鑾不同，亦歸一類。

非白羅來脱，亦夕里鑾之屬。

開也奈脱，言色如天藍也，其元爲三斜式，結成長薄如刃，屢走入呆呫。其

形如圖，亦有結成短而厚者，析之與扁面平行，有時爲細筋，色明藍或白，或厚處藍，薄處白，間有灰緑褐色者，玻璃光，扁面微有珠光，硬五・七，脆不如夕里鑾，重三・六至三・七。其合質，夕里開三七，哀盧彌那六三，其數與夕里鑾同，吹火試之不變色，點以硼砂，久吹之成無色明料。與霍恒白倫之屬之别，因不易鍊，其短結成。與斯多羅得愛脱之别，因其尖及刃不鈍，析之面光。遇之於尼斯枚格疊紋中，每與茄納及斯多羅得愛脱在一處。

勒的自愛脱，開也奈脱之白色者也，可作玉，形如薩非阿。

渥的愛脱，與上略同惟熱之有水氣。

安奪羅斯愛脱，其元式爲三律式，目目面交角九十度四十四分，

結成之形如圖，析之與旁面平行，有摶結如大柱者，從未見其作細筋。灰色及肉紅色，玻璃光，微兼珠光，明三至暗，性韌，硬七・五，重三・一至三・三二。其合質，夕里開三七，哀盧彌那六三，吹火試之不鍊，硼砂點之亦難鍊。

才哀斯多兒愛脱，麥葛里，形質皆與安奪羅愛脱同，惟斷而磨平之，其

面光，有紋如圖，此因外面呆呫，內有他物走入此中而成，有時硬不及三。

凡安奪羅斯愛脱之類，與倍落客西能、斯蓋波來脱、斯普陀民、非而斯罷之别，因吹火試之不變色，及其形式各異，遇之於合拉尼脱及尼斯。

斯多羅得愛脱，其元式爲三律式，結成之形如圖，每有結成雙

一

二

合形如二圖者，析之不能分明，目目面交角一百二十九度二十分，女未面交角一百二十四度三十八分，目子面交角一百十五度二十分，從未遇有未結成者。色褐或黑，玻璃光，帶松香光，或光亮，或昏暗，明三至暗，硬七至七・五，重三・六五至三・七三。其合質，夕里開二九・三，哀盧彌那五三・五，多養鐵一七・二。吹火試之，色呆不

錬，與普墨林及茄納之别，因不能錬及結成之式異，遇之於枚格尼斯之面。

羅雖脫，其元式爲一律式，結成之形如圖，析之不能分明，灰色及透明之白色，明三至暗，性脆，硬五・五至六，重二・四八至二・四九。其合質，夕里開五五・一，哀盧彌那二三・四，卜對斯二一・五。吹火試之，非以硼砂、炭酸灰二物點之不錬，錬成明色料。與苦抱爾同消化於酸，作藍色。與鴨捺兒西姆之别，因硬及不點不錬。遇之於火山石，以大里火山石中最多，結成之大者徑寸。

撒蓋兒愛脫，形似非而斯罷，惟此爲粒類，色白或帶綠。其合質同羅雖脫，吹火試之不錬，素特點之亦難錬。

哇蘇刻里斯，又名非而斯罷，其元式爲一斜式，結成之形如一圖，亦屢有如二圖者，力力面交角一百十八度四十九分，女力面交角六十七度十五分，力子面交角一百二十度四十分。析之能完全，析面與子平行，亦有與女平行者。有粗粒摶結者，色白或灰，或肉紅，亦偶有綠藍及淡綠色，玻璃光，析面微珠光，明一至四，硬第六，重二・三九至二・六二。其合質，夕里開六四・二，哀盧彌那一八・四，卜對斯一六・九五。吹火試之，其邊微錬，硼砂點之，久吹燒之成明料，入酸不化。

常非而斯罷，無色或白色，其明第四。

愛度琉璃耶，玻璃非而斯罷，冰斯罷，此三種皆透明如玻璃，遇之於火山石。

來愛哥兒愛脫，陸刻蘇刻來斯。

月光石，形如阿背爾，磨之光如珠。

日光石，與月光石相類，微有頁。

阿墳邱陵非而斯罷，色如虹霓，此因中有小結成（希美台脫，來脈奈脫，伊爾美奈脫）故也。

凡哇蘇刻里斯之屬，與斯蓋波來脫之别，因硬而能錬，其形微有筋，及析之各異，且有摶結者。與斯普陀民之别，因火試異。非而斯罷，在合拉尼脫尼斯枚格疊紋色弗里倍素諸石中最多，亦爲最要，屢遇有結成者。常非而斯罷可作磁器，日光石、月光石可作寶石，磨圓之光如貓睛。

高陵泥，乃非而斯罷沕而變形所成，因其內辞味之物，如卜對斯及夕里開化去，而水代之，故成。其合質，夕里開四三・六，哀盧彌那三七・七，多養鐵一・五，水一二・六。恒遇大藏在合拉尼脫中，因合拉尼脫沕爛而成，合拉尼脫中有台而客者，屢有變作高陵泥，案此即做磁器之砂。

鴨兒倍脫，其元爲三斜式，結成之形如圖，夕力面交角一百二十二度十五分，戈力面交角一百十五度〇五分，戈夕面交角一百十度五十一分。有薄屑類者，片類者，頁脆，色白或帶藍灰紅綠，玻璃光至珠光，有時形似藍阿背爾。明一至四，硬第六，重二・六至二・七。其合質，夕里開六八・五，哀盧彌那一九・三，養鐵及養孟葛尼斯〇・三，灰〇・七，素特九・一。吹火試之，如非而斯罷，惟火色微黃。與非而期罷之别，因其素特多，故火色黃，又結成之角銳，次形不一例，而其塊大。鴨兒倍脫之於石中，與非而斯罷之作用同。有時遇合拉尼脫之色白者，其中有鴨兒倍脫或非而斯罷。

安地西能，其元式爲二斜式。其硬六，重二・六五至二・七四，色白或灰綠黃肉紅。其合質，夕里開五九・六，哀盧彌那二四・二，多養鐵一・六，灰五・八，美合尼西養一・一，卜對斯一・一，素特六・五。

愛奴雖脫，形如鴨而倍脫，其戈力面交角一百十度五十七分，夕力面交角一百二十度三十分。明如玻璃，硬第六，重二・六至二・八。與鴨兒倍脫之别，因火色不黃，素特點之，不成明料。

倍當奈脫，結成綠白色，硬六至六・五，重二・七至二・八。

客里勿闌待脫，片類，合成斧劈形。

辣白里駄來脫，其元爲三斜式，結成之形如圖，戈夕面交角九十三度二十八分，戈力面交角一百十四度四十八分，夕力面交角一百十九度十六分，析之與戈面平行，能完全。其戈面光明，結成者碎之，皆依形式，暗灰色或褐色、綠褐色，內常有藍綠筋紋，四出如星，其筋或紅黃珠灰色，明三至四，析面珠光，他面玻璃光，硬第六，重二・六九至二・七六。其合質，夕里開五三・一，哀盧彌那三〇・一，灰一二・三，素特四・五，水〇・五。吹火試之，如非而斯罷，易錬成無色料，入綠輕酸水全消化。與非而斯罷及鴨兒倍脫之别，因其質中灰多，故入綠輕酸全化，及內有星紋。遇之於合拉尼脫中，因其中有星紋，磨之可作玩器。

合落苦來脫，質與上同，磁藍色至綠。

阿里哥刻來斯，形如非而斯罷，析之分明，色微白，面有油光，其硬六，重二・五八至二・六七。其合質，夕里開六三・五，哀盧彌那二三・一，灰二・四，卜對斯二・二，秦特九・四，美合尼西養〇・八。吹火試之難錬，入酸不化。遇之於合拉尼脫、粒灰石。

苦澤兒安愛脱，灰色，緑灰色，質與辣白駄來脱同。來脱羅倍脱，形如紅斯蓋波來脱，惟結成三斜柱形。或云此與愛奴雖脱同類，亦有結如塊形，可分析，硬第六，重二·七至二·八。其合質，夕里開四一·八，哀盧彌那三二·八，灰九·八，美合尼西養五·八，卜對斯六·六，水二。吹火試之微發泡，能鍊，遇之於合拉尼脱。

安富馱兒愛脱，遇之與愛奴雖脱在一處。

尼肺蘭，結成六面柱形如圖。其色白灰黄藍緑，油玻璃光，明一至暗，硬五·五至六，重二·四至二·六五。其結成之明如玻璃者，從火山石中得之，入硝酸，其色變如雲。

伊里阿來脱，光如油，明三至四，塊形可剖析。

其率蓋脱，其合質，夕里開四三·四，哀慮彌那三三·五，多養鐵一·五，灰〇·九，素特一·三四，卜對斯七·一，水一·四。吹火試之，其角偎而不鍊，間亦有易鍊者，細塊入硝酸，色先變呆，能消化成膏形。與斯蓋波來脱、非而斯罷之別，因有油光，入酸成膏。與鴨不對愛脱之別亦然，且較硬。

自哇蘇刻來斯至此，皆爲非而斯罷之屬。

斯蓋波來脱，其元爲二律式，結成之形如圖，子子面交角一百三十六度〇七分，析之與未日面平行，不甚分明，搏屑類者，其中微有筋及片，亦不甚分明。色白或淡藍，或紅或緑，劃而視其粉無色，明一至四，微珠光，硬五至六，重二·六至二·七五。其合質，夕里開四九·三，哀盧彌那二七·九，灰二二·八。吹火試之徐發泡，點以硼砂，能鍊成明料，識別因其結成柱形及角度。與非而斯罷之別，因其面微有筋形，鍊之亦較易，又較重。與斯普陀民之別，因較輕，火試各異。與胡拉斯得奈脱之別，因筋不如其分明，此較硬而無燐光，入酸不爲膏。遇之於古石及火山石中。

彌育奈脱，小結成。

衲得來脱，完納兒愛脱，落果來脱，略同。

迭配兒，結成八面柱形，形色與斯蓋波來脱同。

惟其合質，夕里開五五·五，哀盧彌那二四·八，灰九·六，素特九·四，亦似非而斯罷之類。其重二·六五，遇之與合而客客羅愛脱相近。

埋育奈脱，其元爲二律式，小結成，其端尖，形如前圖，子子面交角一百三十六度十一分，析之與日面平行能分明，無色或白色，明一至三，硬五·五至六，重二·五至二·七五。其合質，夕里開四二·一，哀盧彌那三一·九，灰二六，吹火試之，鍊成無色料。與斯蓋波來脱之別，因尖頂之角度異，合質亦異。與齊河來脱之別，因熱之無水氣。遇之於火山石中，結如細核。

密坐奈脱，形式略同，其子子面交角一百三十五度五十六分。

沙果來脱，結成者其元爲二律式，形如鴨捺兒西姆，肉紅至淡紅色，性極脆，入酸成膏，此物最少。

其勒奈脱，結成之形如埋育奈脱，色如灰，不明，硬五·五至六，重二·九至三·一。其合質，夕里開二九·六，哀盧彌那二四·八，灰三五·三，養鐵六·六，水三·三。吹火試之不鍊，硼砂點亦難鍊，入緑輕酸水能成膏。

恒婆得愛脱，結成同前，析之與底平行，能分明，色褐或黄褐，玻璃光。其硬五，重二·九至三·二。其合質，夕里開四四·〇，哀盧彌那一一·二，灰三二·〇，美合尼西養六·一，養鐵二·三，素特四·三，卜對斯〇·四，入硝酸成膏，遇之於火山石中。

色末非兒愛脱，每里得愛脱，略同。

別堆愛脱，其塊析之不甚分明，大約爲二律式，其旁面交角一百四十二度，色白或灰，微有紅緑暈，玻璃光至次珠光，透明，硬六至六·五，重二·四至二·四五。其合質，夕里開七七·九，哀盧彌那一七·七，劣非地養三·一，素特一·三，熱之有光如燐。吹火試之，其邊微鍊，火色微紅，因内有劣非地養故也。與斯普陀民之別，因火色異，其重亦異。

卡斯得兒，略同。

才呆台脱，其中亦有劣非地養，結成有雙形。

肥阿蘭，暗藍色，形如合羅哥非。

合羅哥非，塊形，可剖析，暗藍色，扁柱形，其明第三，硬五·五，重一·〇八，吹火試之易鍊。其合質，夕里開五六·五，哀羅彌那一二·二，養鐵一〇·九，養孟葛尼斯〇·五，美合尼西養八，灰二·二，素特九·三。

月溪台能，黑色，其石只有兩面可析。其合質，夕里開五六·三，哀盧彌那一·三三，養鐵一三，多養鐵四，素特三·五，美合尼西養三。

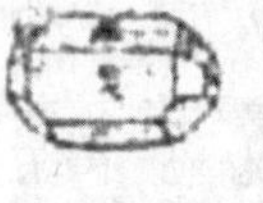

曷碑度地，其元爲一斜式，結成之形有六面柱如圖。戈石面交角一百十五度二十四分，石未面交角一百二十八度十九分，子子面交角一百〇九度四十七分，未子面交角一百二十五度十六分。析之與戈面平行，與石面平行亦可析，惟不甚分明，搏屑者居多，或生成如石筍，色黄緑或灰褐，劃視其粉，無色，明三至暗，玻璃光，戈面微珠光，結成之面甚光亮，性脆，硬六至七，重三・二五至三・四六。

坐愛雖脱，灰褐色。

孟葛尼斯曷碑度地，暗紅色，百分内有十四分孟葛尼斯。

土來脱，淡紅色。

別斯得蓋脱，黄緑色。

薄客蘭台脱，其中有鐵，故又名鐵曷碑度地。

曷碑度地之屬緑色者。其合質，夕里開三七，哀盧彌那二六・六，灰二〇，養鐵一三，養孟葛尼斯〇・六，水一・八。坐愛雖脱，其合質，夕里開四〇・二，哀盧彌那三〇・三，灰二二・五，多養鐵四・五，水二・〇。吹火試之，其邊微發泡，不鍊，惟孟葛尼斯曷碑度地易鍊成黑色料。識别之法，其黄緑色者，與他物異。坐愛雖脱，其柱有横波紋，因此與低摩兒愛脱亦異。遇之於古石及疊層石之近火山者。

愛度客來斯，其元爲二律式，結成之形如圖，并火面交角一百四十二度五十三分，火火面交角一百二十九度二十九分，火子面交角一百二十七度〇七分。析之與日面平行，不甚分明，有搏屑者，其中半粒半結成，色褐，有時變緑，有頂底之面油緑色，他面黄緑色。劃視其粉無色，明四至暗，硬六・五，重三・二五至三・四。其合質，夕里開三七・四，哀盧彌那二三・五，養鐵四，灰二九・七，美合尼西養孟葛尼斯養五・二。吹火試之發泡，鍊成黄色半明料。與茄納、普墨林、曷碑度地之别，因結成之式異，且此易鍊。遇之於維蘇維耶斯之火山石中。

伊其蘭，褐色。

雖潑林脱，藍色結成，其中微有銅，可作玉茄納。其元爲一律式，結成者屢有多面形如圖，亦有結成未能全備及面形不平者，析之皆成八面或十二面形，甚分明，亦有搏屑者、粗粒及片者。色深紅，或褐黑緑白，明一至暗，玻璃光。性脆，硬六・五至七・五，重三・五至四・三。其合質，夕里開，哀盧彌那，夕里酸灰，夕里酸鐵，夕里酸孟葛尼斯。其色因質互有多少而變，有時其中有養氣客羅米恩，則其色明而翠緑。

寶茄納，又名鴨兒蠻定，深紅色。其合質，夕里開四二・五，哀盧彌那一九・一五，養鐵三三・六，養孟葛尼斯五・五。

常茄納，褐紅色，明三至暗。

肉桂石，又名以色奈脱，色如肉桂，最光明，與寶茄納之異，因其中只有五分至六分鐵，而有三十分至三十三分灰。

土不爾斯來脱，色黄，形如土不爾斯，故名，結成如上第三圖。

彌勒奈脱，色黑，内有十五分至二十五分養鐵及孟葛尼斯。

倍勒奈脱，亦黑色。

孟葛尼斯茄納，其合質，夕里開三五・八，哀盧彌那一八・一，養鐵一四・九，養孟葛尼斯三二・〇。

合拉朽來脱，色緑，結成如上第二圖，内有三十至三十四分灰，只有些微養鐵。

古來羅無愛脱，最好之緑茄納也，内有二二・五養氣客羅彌恩。

果羅無奈脱，粒類，常有虹霓之色，松香光。

鴨不盧彌，褐色或橘黄色，結成如上第四圖，析之與面之鈍角平行。

以上諸種，吹火試之，其銷鍊有難易，能鍊成暗料。識别之法，碎之如玻璃，其内絶無一點筋形及柱形，其結成恒爲十二面形。與斯多羅得愛脱之别，因能鍊。與普墨林之别，因較重。與哀度刻來斯之别，因鍊較難。遇之每於枚格疊層，霍恒白倫疊層及尼斯合拉尼脱，粒灰石，色而并台能，火山石。净而明紅者爲寶石，其尋常者碎之爲粉，可代哀牟利，以磨銅鐵，使光。

胚來皮，亦茄納之類，遇有圓如珠者，色如寶茄納。其元式想是方形，不能剖析，硬七・五，重三・六九至三・八。其合質，夕里開四三，哀盧彌那二二・三，養客羅彌恩一・八，美合尼西養一八・五，養鐵八・七，灰五・七，或云其内有三分以特里養。遇之於脱拉潑拓發。

一

二

三

海兒文，蠟黄色之茄納也，結成三角尖錐形。普墨林，其元式爲六角式，結成鈍尖柱如圖，夕夕面交角一百三十四度〇三分，夕子面交角一百十二度五十九分，夕未面交角一百四十一度三十分，子子面交角一百五十四度五十九分。結成之形有頂底各異者，如三圖，常見者結成長柱如一圖。其旁面非平面，而爲瓦面，亦有搏結者，其中有筋，或平行，或自心四出。色黑或藍黑暗褐色明紅淡紅草緑茶褐，亦有黄白灰色者，内紅外緑者，頂底異色者。明三至暗，玻璃光，碎之松香光，劃視其粉，無色，性脆，結成之柱屢有碎裂横紋，硬七・八，重三至三・一，熱之其角各爲電極，其名因色而異。

露佩來脱，色紅。

陰奪科來脱，藍色或藍黑色。

黑色者，其合質，夕里開三三・〇，哀盧彌那三八・二，灰〇・八，養鐵二三・八，素特三・二，硼砂酸一・九。紅色者，其合質，夕里開三九・四，哀盧彌那四・四，卜對斯一・三，布而倫酸四・二，劣非養二・五，多養孟葛尼斯五。其質中以硼砂酸及劣非養爲最要。有緑色者，其中有四分劣非養。吹火試之，暗色者能發泡，鍊之極難。紅色及淡緑色者，吹之變爲乳白色，不能鍊，其面微起皮。黑色者最易識別，因其光色及不能剖析，且難鍊，碎之松香光。褐色者形似坐愛雖脱，淡褐色者似茄納及哀度客來斯，別之以難鍊。黄紅緑者與他物之別，以結成。

凡普墨林結成之式，常有三面、六面、九面、十二面之柱形，其數以三爲根，遇之於合拉尼脱、尼斯枚格疊層，客羅愛脱之片類，斯底哀得愛脱，粒灰石中，常走入呆吼，黑色者最光亮，結成有大如指而長一尺者，有時遇之於近倍素脱拉潑之砂石中。紅而明者最貴，黄者如土不爾斯，屢有以土不爾斯假充者，緑者亦爲寶石。

鴨克雖奈脱，其元爲三斜式，結成之形如圖，戈夕面交角一百三十四度四十分，戈力面交角一百十五度〇五分，夕力面交角一百三十五度十一分。析之不甚分明，偶有搏屑及片類者，色如丁香，各面顔色微有不同，玻璃光，明一至四，性脆，硬六・五至七，重三・二七，熱之有電氣。其合質，夕里開四五，哀盧彌那一九，灰二一・五，多養鐵一二・五，多養孟葛尼斯九，硼砂酸二・〇，美合尼西養〇・二，或有五分至六分硼砂酸者。吹火試之發泡，易鍊成暗緑料，外火燒之則變黑。易識別者，以其結成之邊鋒鋭如刀，玻璃光，及不能剖析。又其結成於他石祇有一面着實，如植於石上者然。而火試易鍊發泡，因此與替脱尼恩礦易別。

哀育來脱，又名台客羅愛脱，其元爲三律式，常有六面、十二面柱形或塊形，析之不能分明。結成者析之與底平行，色有數種藍，屢有頂底面深藍，旁面黄灰色者，劃視其粉無色，玻璃光，明一至三，性脆，硬七至七・五，重二・六至二・七。其合質，夕里開四八・三，哀盧彌那三二・五，美合尼西養一〇，養鐵六，養孟葛尼斯〇・一，水三・一。吹火試之，其邊微鍊，成藍料，不能鎔，仍爲原形，識別以其鍊後仍如本物，所以與他物易別。與藍科子之別，因其邊微鍊。

水哀育來脱及哀育來脱，因見天空氣及溼氣能變成片形，如台兒客而脆，摸之亦不甚滑，或云發勒奈脱、才强多來脱，亦哀育來脱之變形。

枚格，其元式爲三律斜方底直柱，結成之形如圖。其角度大約一百二十度與六十度，析之與女面平行，易成薄頁，其頁彎之能自直，常遇搏塊中有細片如魚鱗。其頁亦有輻輳於一心者，色自白緑黄褐至黑，珠光至微珠光，明一至三，硬二至二・五，重二・八至三。其合質，夕里開四六・三，哀盧彌那三六・八，卜對斯九・二，多養鐵四・五，夫羅而林酸〇・七，水一・八。吹火試之，變爲暗白色，不鎔鍊。

羽枚格，其頁湊合之角如毛羽。

柱枚格，其頁直析。

枚格與台而客之別，因頁薄，又彎之能自伸，摸之不滑。與石膏之別亦然，且火燒不變灰。遇之於合拉尼脱尼斯枚格疊紋粒灰石中，其塊有二三尺，大者其頁薄輭而明，可代玻璃，船窗上用之。又可作火爐之門，吹火試物，可用以代礶。

利碑度來脱，又名劣非雅枚格，遇其結成或片形，亦有搏塊，爲極細小片合成，如鱗，色紫。其合質，夕里開四七・七，哀盧彌那二〇・三，灰六一，養孟葛尼斯四七，卜對斯一一，劣非養二・八，素特二・二，夫羅而林一〇・二，客羅而林一・二。

富奢脱，枚格之屬，内有四分養氣客羅彌恩。

倍阿對脱，形如常枚格，惟其結成之角幾成六等角，祇差一兩度，不比常枚格之角差至五十六至七十五度也，所以其元爲六角式，色暗緑至黑，間有白者，硬二・五至三，重二・七至三・一。其合質如茄納，夕里開三九・九，哀盧彌那一五，多養鐵七・七，美合尼西養二三・七，素特一・二，卜對斯九・一，水一・三，夫羅而林〇・九，客羅而林〇・四，此爲美合尼西養之枚格，大約緑黑色之枚格，皆此類也。

弗羅戈倍脱，形近倍阿對脱，惟其角之較度五至二十度，故爲三律式，色褐或黄褐，亦有白者。其合質，夕里開四〇・一五，哀盧彌那一七・三六，美合尼西養二八・一，卜對斯一〇・五六，素特〇・六三，夫羅而林四・二。遇之於粒灰石，爲粒灰石中之要物。

珠枚格，又名馬呆來脱，亦六面柱形，其頁交加如織。珠光，質似合而客，惟以哀盧彌那代美合尼西養，色白或灰，吹火試之，發泡，能鍊。

哀牟利愛脱，台非奈脱，略同。

雨非來脱，新得之物，性脆。

馬呆羅台脱，與常枚格略同，惟内有四分至五分水。

利碑度彌倫，色黑如鐵，其合質，夕里開三七・四，哀盧彌那一一・六，多養鐵二七・七，養鐵一三・四，美合尼西養及灰〇・三，卜對斯九・二，水〇・六。

阿得里來脱，同。

哀盧彌那與夕里開、夫羅而林相連之物。

土不爾斯，其元爲三律式，結成之式面形無一定，如圖，目目面

交角一百二十四度十九分，析之與底平行能分明。色淡黄，亦有緑藍紅色者，劃視其粉白色，玻璃光，明一至四，碎之微有火石形。其合質，夕里開三四·二，哀盧彌那五七·五，夫羅而林一五。熱之有電氣，吹火試之不鍊，其屬有見火變赤黄色如酒者。與普墨林及他金石之相似者識别，因析之與底平行，析面極光亮。

别刻奈脱，前亦爲土不爾斯之屬，今爲他屬。其質似土不爾斯，因其結成之形不類，故歸科子。

非雖來脱，粗而不光，黄白色。其結成有極大者，燒之能發大，土不爾斯之類也。遇之於科子中，與普墨林、倍里爾同在一處，有時與鳴不對愛脱、夫羅而斯罷在一處。

土不爾斯，熱之能變色，有一種與露佩形似，識别之法，因摩擦之有電氣，白日中與金剛石幾難辨，粗者可代哀牟利。凡土不爾斯，碾之用鉛輪，磨光之用銅輪，均以夕里西恩粉代砂，白色及血紅色者爲寶石。

哀盧彌那與夕里開、硫酸相連之物。

拉必斯來如來，又名阿兒克兒牟林，其元式爲三律式，結成十二面形如圖，析之不能完全，亦有摶結者，深天藍色，玻璃光，明三至暗，硬五·五，重二·三至二·五。其合質，夕里開四五·五，哀盧彌那三一·八，素特九·一，灰三·五，鐵〇·八，硫酸五·九，硫礦〇·九，緑氣〇·四，水〇·一。吹火試之，鍊成白色半明料或暗料，熱而碎之入酸，其色去，其藍色因有硫礦素地恩故也。與藍色銅礦之别，因硬，及吹火試無銅形。與來樹來脱之别，因硬而能鍊，燐酸點之不變。遇之於合拉尼脱粒灰石中，此屬屢有中有枚格細片及硫鐵細塊，可用作嵌飾。其粉可作藍色，惟研之甚難，故化學家作假者代之，與真者同。其合質，夕里開四五·六，哀盧彌那二三·三，素特二一·五，卜對斯一·七，灰些微，硫酸三·八，硫礦一·七，鐵一·一，緑氣些微。

悔尼，結成亦爲十二面形，明藍色，亦有緑色者。明一至三，硬第六，重二·二八至二·五。其合質，夕里開三五，哀盧彌那二七·四，素特九·一，灰一二·六，硫酸一二·六，又有些微緑氣、硫礦及水。那西俺，其合質，夕里開三五·四，哀盧彌那三一·七五，素特一七·六，硫酸六·五，有時其內有美合尼西養。

斯比尼倫，同。

哀盧彌那與緑氣及夕里開相連之物。

素待來脱，亦十二面形，色褐灰或藍，硬六，重二·二五至二·三。其合質，夕里開三七·二，哀盧彌那三一·七，素特一九·一，素地恩四·七，客羅而林七·三。

華蘅芳《金石識别》卷五《谷羅西那》

有谷羅西那之物，重二·七至三·七五，除羅戈非之外，皆比科子硬，皆難鍊，或有不能鍊者，其分三類。

倍里爾，結成六角柱形如圖，其柱之頂底未必一定同式，析之與底平行不分明，結成者少，色自黄緑至藍有深淺，惟曷密兒愛兒緑色最濃，其餘皆淡，劃視其粉無色，玻璃松香光，明一至三，性脆，硬七·五至八，重二·六五至二·七五。

曷密兒愛兒，濃緑色，因其內有養氣客羅彌恩，故緑。倍里爾之色淡，因其內有養鐵。

鳴桂枚林，緑如海水之色，或淡藍緑。

倍里爾之合質，夕里開六六·九，哀盧彌那一·九，谷羅西那一四·一，養客羅彌恩不及一分，吹火試之，其色變如雲，其邊微銷，難鍊。與鳴不對愛脱之别，因硬。與緑普墨林之别，因硬而結成異。與由客來新土不爾斯之别，因析之不能全。最好者遇之於馱羅美脱中。

由客來新，其元爲一斜式，力力面交角一百十五度，結成之式析之只有一箇方向能分明，淡緑色，玻璃光，明第一，極脆，硬七·五，重二·九至三·一，熱之有電氣。其合質，夕里開四三·二，哀盧彌那三二·六，谷羅西那二四·二。吹火試之，極熱能發泡，再熱則鍊成料。與土不爾斯、普墨林、倍里爾之别，因析之能全，及結成之式異，從美里哥南來。

客里素倍里爾，其元爲三律式，結成之形如圖，子子面交角一百十九度四十六分，力未面交角一百二十五度二十分，析之與力平行不甚分明，亦有結成合形如二圖。屢有結成鼓磴塊者，色明緑，從極淡至極深皆有。其小者照之微紅，劃視其粉無色，玻璃光，明一至三，硬八·五，重三·五至三·八。其合質，哀盧彌那八〇·二，谷羅西那一九·八，有微有鐵者，吹火試之不變形，亦不變色。

哀來刻殘奪來脱，深緑色，因內有客羅彌恩故也。與倍里爾之别，因結成方塊，火試不變。

雖莫非奴，言面有浪紋也。

肺奈斯愛脱，無色或酒黃色至紅，玻璃光，明第一至暗，結成一斜類，硬八，重二·九七。其合質，夕里開五四·三，谷羅西那四五·七，或微有一些美合尼西養及哀盧彌那。吹火試之不變，遇之於曷密兒愛兒。

羅戈非能，淡緑如鴨不對愛脱之色，硬三·五，重二·九七，研之有燐，熱之有電。其合質，夕里開四七·八，谷羅西那一一·五，灰二一·五，養孟葛尼斯一·〇一，卜對斯恩〇·三，素地恩七·六，夫羅而林六·二。遇之於雖約奈脱中，與鴨兒倍脱伊里阿來脱同在一處。

海兒文，遇其結成爲三角尖針形，蠟黃色或褐色，硬六至六·五，重三·一至三·三，玻璃光。其合質，養鐵，養孟葛尼斯，硫磺孟葛尼斯，谷羅西那，哀羅彌那。

華蘅芳《金石識別》卷五《入爾果尼》 入爾康，其元爲二律式，結成八面柱形如圖。

日午面交角一百三十二度十分，午午面交角一百二十三度十九分，析之與日平行，不能極分明。常遇其結成，亦間有粒者，色褐紅黃灰白，劃視其粉無色，剛光，明至不明，碎之磚口而光明，硬七·五，重四至四·八，明紅色者名海也新得。與斯比偶兒之別，因結成柱形及重而剛光，又色不如斯比偶兒之紅。與普墨林、哀度刻來斯、斯多羅得愛脱之別，因硬而難鑲，及結成之式異。遇之於火山石、粒灰石。

海也新得，遇之於粒灰石，明者作寶石，熱之於石灰之中，則紅色去而成淡草黃色，可冒充金剛石，表中鑽眼，恒用入爾康爲之。

此外又有稀奇難得之物，其中有入爾果尼者。

由台也來脱，胡納兒愛脱，博里民愛脱，曷斯間奈脱，曷斯底台脱，非蓋雖奈脱。

由台也來脱，元形鋭六角式，夕夕面交角七十三度三十分，析之與底平行，玻璃光，色紅，明或微明。其合質，夕里開，入爾果尼，灰，素特鐵。入酸能成膏，遇之於白非而斯罷中。

胡納兒愛脱，方塊，淡黃色褐色，有明者。其合質多大約夕里開，可倫倍脱酸，灰，素特，其入爾果尼十五分。

曷斯間奈脱，色黑，微金光帶松香光，硬五至六，重四·九至五·二。其合質，替脱尼酸，入爾果尼，昔而以養，灰，養鐵。

曷斯底台愛脱，色褐，結成透明，硬五·五，重三·六二九。其合質，替脱尼酸，夕里開，入爾果尼慢來鋤，色藍白褐紅，劃視其粉無色，形如入爾康，硬六，重三·九。其合質，夕里開三一·三，入爾果尼六三·四，水三，即有水之入爾康也。

華蘅芳《金石識別》卷五《土里耶》 土里恩最難得，所以土石中有此金者，即名土奈脱。

土奈脱，色黑，松香光，劃視其粉橘皮色或褐色，重四·六至五·三。其合質，夕里開，土里養。

華蘅芳《金石識別》卷六《替脱尼恩》 替脱尼恩與養氣相連，爲替脱尼酸，亦能與他物相連，尚未遇其生成自然者。其礦重三至四·五，吹火試之不鍊，若吹以內火，點以燐鹽，能鍊而甚難，鍊成者紫藍色。

其礦若有夕里開與替脱尼酸相連，則替脱尼酸爲底，故謂之夕里西酸替脱尼酸。

替脱尼恩與鐵及相近之養金爲同式形，能交互迭代。

盧代爾，其元爲二律，結成八面、十二面，或多面，柱形，柱之頂底尖削，屢有結成曲形如圖。

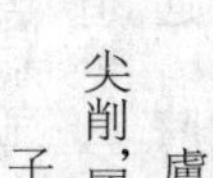

子子交角一百二十三度〇八分，亦屢有結成如針形走入科子中。析之與旁面平行，亦有搏結者，紅褐色及紅色，劃視其粉褐色，次金剛光，明暗皆有，性脆，硬六至六·五，重四·一五至四·二五。其合質，替尼恩六一，養氣三九，有時內有鐵，則其色黑。吹火試之不變，點以硼砂成瑪瑙紅色料。與錫礦之別，識別以其光及色，與普墨林愛度刻來斯鴉呆脱之別，因火試不變。與錫礦之別，因素特點之不成錫。與斯肺尼之別，因結成之式異。遇之於合拉尼脱尼斯枚格疊屑及雖約奈脱粒灰石中，有時與希美台脱鐵礦相近，明科子中有盧代爾走入，即髮晶也，盧代爾可作磁器之色。

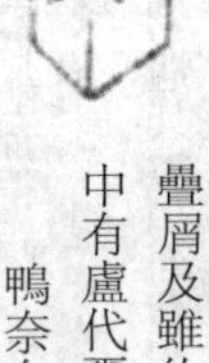

鴨奈台斯，其合質如盧代爾，結成細長八面形。火火面交角九十七度五十六分，褐色，透明，硬五·五至六，重三·八至三·九。

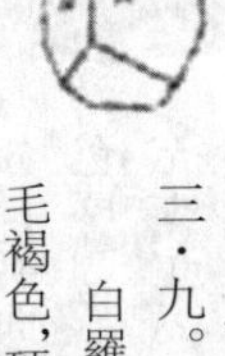

白羅客愛脱，其合質亦如盧代爾，結成爲長斜方底形而薄，毛褐色，硬五·五至六。

斯肺尼，其元爲一斜式，結成之式如圖。

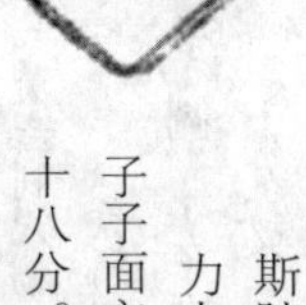

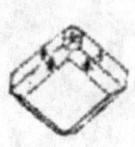

力力面交角或七十六度〇一分，或一百十三度四十八分，子子面交角一百三十六度〇四分，未未面交角一百三十三度四十八分。其結成常薄而尖，其稜角鋒利，析之只有一方向，有時亦全備，亦有搏結者，色灰褐黑，亦有黃綠色。劃視其粉無色，鋼光至松香光。明暗皆有，硬五至五·五，重三·二至三·六。其合質，夕里開三〇·五，替脱尼酸四一·三，灰二八·二。吹火試之，黄色者不變，他色者俱變爲黄。其邊微發泡，錬成暗料，暗者往時本名替脱奈脱，明者名斯肺尼，因其形尖扁如楔劈，故以爲名。識别以其結成惟次形合形甚多，與茄納、普墨林、愛度刻來斯之别，因火試難錬，遇之於合拉尼脱尼斯、枚格疊層雖約奈脱或粒灰石中，爲撒開形，常與倍落客西能斯蓋波來脱白倫倍果相近，火山石中亦有之。其結成之大者半寸，或四分寸之一，長一寸至二寸。

合里奴無愛脱，斯肺尼之有孟葛尼斯者也。

皮落夫蓋脱，此替脱尼酸灰也，遇其結成扁小方面形，色自灰至鐵黑色，硬五·五，重四·〇一七。

潑兒海脱，小結成八面形，色黄，透明，玻璃光，硬第六，其中有替脱尼酸。

開而好愛脱，又名以特里替脱奈脱，與斯肺尼相近，褐黑色，劃視其粉灰褐色，硬六·五，重三·六九，吹火試之易錬。其合質，夕里開三〇，替脱尼酸二九，以特里養九·六，灰一八·九，多養鐵六·四，哀盧彌那六·一。

渥里克愛脱，結成三稜形，褐色至鐵灰色。其變色處爲紅銅色，金珠光微帶玻璃松香光，硬五至六，重三至三·三。吹火試之不錬，遇之於美合尼西養灰石，與斯比偶兒伊爾美奈脱在一處。或云其質中有二十分硼砂酸。

娑羅美脱，黑色，細視之有紅緑光，劃視其粉黑色。硬七至七·五，重三·八，吹火試之易錬，入酸易成膏，其合質與呆度來奈脱略同。

凡替脱尼恩之石，以伊爾美奈脱爲最要，入爾果尼及以特里恩礦，如曷斯間奈脱、曷斯底台脱、卞里密曷奈脱，有時在倍路客羅及難得之石中。

替脱尼恩得者最少，未有大用處。

華蘅芳《金石識别》卷六《錫》　錫礦有兩種，一爲養氣錫礦，一爲硫磺錫礦，有時與可倫皮恩合爲礦，有人云曾遇生成自然之錫。

硫磺錫礦重在四·三及四·四之間，養氣錫礦重六·五至七·一，燒之於木炭之上，用炭酸素特點之，能得一錫珠。如錫在有鐵之石中，雖其錫甚少，用硼砂與之同錬，亦能得之。

錫之生成自然者，金沙中遇之，細粒，灰色，純錫。結成其形或方或二律，因其元式有二故也。

錫倍勒底斯，硫磺錫礦也，結成正方形，亦有搏屑者，銅灰色或古銅色，劃視其粉黑色，性脆，硬第四，重四·三至四·六。其合質，硫磺三〇，錫二七，銅三〇，鐵一三，英吉利錫礦之數也。

養氣錫礦，其元爲二律式，結成扁柱或八面形，屢有合形如圖。

子子面交角一百二十一度四十分，午午面交角一百一十二度十分，又一百三十三度三十一分，日子面交角一百三十三度三十四分，日未面交角一百三十五度。析之不分明，亦有搏結粒形者，褐色或黑色，結成者金剛光，劃視其粉淡灰至褐色，微明至暗，硬六至七，重六·五至七·一。其净者合質，錫七八·三八，養氣二一·六二，其中屢微有養鐵，有時有可倫皮養，吹火試之不錬，點以炭酸素特能錬得錫。

澗錫，石屑大如豆，從澗水中流出。

木錫，遇其粒如葡萄，或如腰子塊。

蟾眼錫，如木錫而粒小，破之其紋理層相包，或筋紋四出。

此皆養氣錫也，養錫之形色略如暗色之茄納，又如黑色之白鉛礦，又如普墨林之屬，因火試不錬，素特點能錬得錫，故可識别。與白鉛礦之别，因錫礦硬燒之無煙，遇其脈於結成之石如合拉尼脱、尼斯、枚格疊層之中，每與胡而夫蘭、硫磺銅、硫磺鐵、土不爾斯、普墨林、枚格或台而客、鴨兒倍脱相近，英吉利出最多地，名各恒葵兒。

各恒葵兒之錫礦，其脈自東向西，稍斜向下，又有脈自北向南，與東西之脈交錯相遇，有時其脈自闊漸狹至無，有時其脈分支而彎。其脈有三寸寬者，可取之，其呆呫大約是科子，有時爲客羅愛脱，其錫礦之塊爲澗錫。

錬法，先磨碎其礦，於流水中淘汰之，去其輕者，以重者入倒焰爐中熱之，升去其中之砒與礦，再淘之，和煤炭屑及石灰少許，置倒焰爐中，用大火燒之八點鐘，流出於鐵槽中凝成塊。其内仍有未净之雜物，再文火鎔之，以溼木炭屑入其内拌攪之，則雜物化爲渣滓而得净錫。

試錫礦法，研碎水洗之，火烘之，權其輕重，與木炭屑或煙煤拌匀置礶中，猛火燒之至白色，則礶底有一滴錫，以錫重與礦重比，即知其礦有幾分錫。如其礦内有雜質者，則以素特及硼砂與木炭屑拌而燒之。

凡錫以打之不脆碎者爲佳，如脆碎者，必錫中尚有雜質未净也。如欲得净錫，以微火熱之，俟其半鎔半凝之時，逼出之，其雜質均在未鎔之中。

最好之礦，有六十五至七十分錫。

鋪錫於他金之面，如鐵片上鋪錫，先以淡酸水洗其鐵片，再以細涇砂磨之，使其面光亮，片片直立，於猪油中以大鐵器鎔錫，乃於油中取出鐵片，立於鎔化之錫中，一點半鐘取出，則鐵片上鋪滿錫，如錫太厚，則以未鍊之錫礦粉燒熱，以鋪錫之片入其内，則錫可薄，以輭藁糠擦之，即白而光亮。

錫上作花紋法，先洗净烘熱之，以海棉蘸硝酸綠輕酸水擦之，急於清水中洗之晾乾，則錫面起細粒花紋，可見結成之形。

錫可作箔，可作器皿，可與銅相攙，礮銅可攙七至十，刀銅響銅可攙二十，鐘銅之錫二十至三十，鏡銅之錫三十至四十。

用化學法作養氣錫，其粉硬而細，可和涇物作膏以磨刀，綠氣錫可作大紅染色，二股硫礦錫其光色如黄金，可作描金之用，俗名可肯粉。

針上鍍錫法，葡萄酸粉一股，明礬二股，食鹽二股，水十股或十二股，以錫屑粉及鐵針入内熱之數分時，則針上有錫如銀。

錫器作古銅色，先洗净之，乃以一股硫酸銅與一股硫酸鐵和二十股水，以錫器浸其中，則成灰色，以銅綠醋塗之，以刷蘸紅養鐵粉刷之，即成古銅色。

華蘅芳《金石識别》卷六《目力别迭能》 目力别迭能有生成自然者，有與硫礦相連者，亦有養氣目力别迭能，惟甚少，又有目力别迭能酸，於鉛礦中有之。

目力别迭奈脱，硫礦目力别迭能也，結成六面柱形，或搏屑，或薄頁，形如白倫倍果，净鉛灰色，劃視其粉微帶綠色。其頁最輭，彎之不能自伸如鉛，硬一至一·五，重四·五至四·七五。其合質，目力别迭能五九，硫礦四一，吹火試之不鍊，置炭上吹燒之，則硫礦化煙降於炭，入硝酸消化，有粉沈於底，與白倫倍果之别，因劃視其色，硫吹火試有硫煙，入硝酸能消化。遇之於合拉尼脱、尼斯、枚格疊層及粒灰石中。

目力别迭阿克，即養氣目力别迭能也。土黄色或白。目力别迭能酸，於他石之皮面，又謂之目力别迭能酸鉛，詳見鉛。

華蘅芳《金石識别》卷六《東斯天》 東斯天與鐵相連，則爲胡兒夫爾，與鉛相連則爲東斯天酸鉛，與灰相連則爲東斯天酸灰。

胡兒夫蘭，詳見鐵，東斯天酸鉛，詳見鉛。

可倫皮恩礦中亦有東斯天，如倍路羅與可倫倍脱及以特里可倫倍脱是也，又有附於他石之面如粉者，其粉即東斯天酸。

東斯天，屢次遇其與錫同在一礦中。

東斯天之金能與他金相連。

東斯天酸，其色明黄，比客羅彌恩礦之色更佳，惟見日光則色變綠，故不能作顔料。東斯天，重也，因其粉最重，故名。

東斯天酸灰，結成方底八面形，面交角一百度〇八分及一百三十度二十分，析之八面全備，色黄白或褐，性脆，硬四至四·五，重六·〇七五。其合質，東斯天酸七八，灰一九·〇六，吹火試之不鍊，或極薄之片其邊亦能微鍊，遇之於胡兒夫蘭。

華蘅芳《金石識别》卷六《凡奈地恩》 凡奈地恩，其物最少，遇之於鉛礦，爲凡奈地酸鉛，凡奈地酸銅，其與灰相連者，上紅色，頁類光明。

凡奈地酸鉛，凡奈地酸銅，詳見銅鉛礦。

華蘅芳《金石識别》卷六《脱羅里恩》 脱羅里恩礦遇有生成自然者，有與金及銀或鉛相連爲礦者。

脱羅里恩之金與砒，及西里尼恩之别，因熱之無氣味。

與安的摩尼之别，因熱度比玻璃鎔化之度稍小，即化氣。若熱之於木炭火中，則其氣化，因於炭上有黄色，如别斯末斯。與别斯末斯之别，因吹以西火，火色變綠。識别脱羅里恩礦，亦以此法。

生成自然脱羅里恩，遇其結成爲六面柱形，色白如錫，亦有搏屑者，性脆，硬二至二·五，重六·一至六·三。其質純脱羅里恩，其内有些微黄金。

脱羅里土，遇之與生成脱羅里恩在一處，搏結小塊，破之中有筋紋四出，亦有在他石之皮面者，色白或黄，其質爲脱羅里恩酸。

華蘅芳《金石識别》卷六《别斯末斯》 别斯末斯有生成自然者，有與硫礦、脱羅里恩、養氣、炭酸、夕里開相連爲礦者。

凡别斯末斯之礦，熱之易鍊，養氣别斯末斯於炭上爲黄色，不生煙，重四·三至九·五。

生成自然别斯末斯，其元爲六角式，結成長斜六面形，其形略近正方，夕夕面交角八十七度四十分。析之與面平行能完全，大約搏結者多碎之，中有粒色，白如銀，劃視其粉，亦如銀，微帶紅光，見天空氣，其光易失。冷則脆，熱則輭，硬二至二·五，重九·七至九·八，熱至四百七十六度則鎔。其質純别斯末斯，有微有砒者，木炭火燒之，炭上微有黄色。砒屢遇之於銀礦及苦抱爾礦，間遇之於東斯天礦、鉛礦、硫礦、鐵礦中。

凡現今所用之别斯末斯，皆出於生成自然者，其從他礦中鍊得者少。

硫磺別斯末斯礦，結如針形，或搏結，鉛灰色，硬二至二・五，重六・五五。其合質，別斯末斯八一，硫磺一八・七，於燭上燒之能鎔。

針別斯末斯，其合質硫磺，別斯末斯，鉛，銅，內微有一點黃金之迹，結成如針，暗鉛灰色，次光則變淡紅銅色，重六・一，易鍊，有硫煙。

銅別斯末斯，淡鉛灰色，內有銅三四七。

低脫羅代每脫，其合質脫羅里恩，別斯末斯，頁類，淡銅灰色，染手如目力別迭能，白倫倍果，重七・五。

別斯母得愛脫，結成如針，有搏結者，色綠及黃，硬四至四五，重六・八至七・七，其合質爲炭酸別斯末斯。

別斯末斯土，不淨之養氣別斯末斯也，搏結如土塊，色綠黃或灰白色。

別斯白倫，夕里開別斯末斯也，暗毛褐色或黃色，硬三・五至四・五，重五・九至六，結成十二面形，或搏結。

別斯末斯，西人俗名謂之錫玻璃。

鍊法，以生成自然之礦磨碎，熱之即與渣滓離而流出，即得純別斯末斯。

別斯末斯可作印板活字，因其在模中能處處走足，凝時不作偎角形故也。

別斯末斯與錫及水銀等分攙合，色白如銀，可作刀柄中嵌飾等用。

別斯末斯一，鉛五，錫三，可作銲。

別斯末斯八，鉛五，錫三，或別斯末斯八，錫三，或別斯末斯一・五，鉛五，錫三，則入熱水中能鎔，若加水銀更易鎔，可作戲器。

錫與別斯末斯等分，熱二百八十度則鎔，若別斯末斯少，則硬。

鑾葛師低能別斯末斯，白色，即水養別斯末斯也，以硝酸別斯末斯消化於水再加水，則降沈於底，其內微有一點硝酸，可作脂粉抹面。

珠粉，乃硝酸別斯末斯與綠氣別斯末斯相連，遇礣濁之氣色能變黑。

華蘅芳《金石識別》卷六《安的摩尼》　安的摩尼有生成自然者，常遇者與硫磺或硫橫鉛相連，亦與砒或養灰相連，亦與臬客爾銀銅相連。其金熱之，易成白煙，無臭氣，因此與他種易升之金有別。其礦易鍊，熱之有硫磺煙升出，重不及七。

自然安的摩尼，其元爲六角式，結成長斜方六面形，常搏結爲厚片，色白如錫，劃視其粉亦如錫。性脆，硬三至三・五，重六・六至六・七五。其質爲純安的摩尼，或微有鉛及鐵，吹火試之易鍊，有白煙，遇之於銀脈及他礦中。

灰色安的摩尼，即硫磺安的摩尼，其元爲三律式。結成之形如圖，目目面交角九十度四十五分，目子面交角一百四十五度二十九分，子子面交角一百〇九度十六分。其旁面有筋紋如波浪紋，析之與鈍直稜平行，常有柱形、筋形、星形者，亦有搏結者其中爲粒，鉛灰色錫光，劃視其粉亦鉛灰色，性脆，切爲片微能彎，硬二，重四・五至四・六二。其合質，安的摩尼七三，硫磺二七，燭火上燒之能鎔，於木炭火熱之，則硫磺成白煙升出。與他礦之別，因其最易鎔，且有煙。遇之於銀礦、白鉛礦、鉛礦、鐵礦之脈中，其呆呧爲合肥斯罷或科子。

凡近時所用安的摩尼，皆從此礦鍊得，其他種安的摩尼礦不常取鍊。

硫鉛安的摩尼有數種，皆易鍊，熱之有硫煙，燒之於木炭火中，則炭上有黃色之養鉛，其礦色在鉛灰、鋼灰之間，劃視之亦然。

全生愛脫，結成三律式，有柱形及筋形，目目面交角一百〇一度二十分，鋼灰色，劃視之亦鋼灰色，硬二至二・五，重五・五至五・八。其合質，安的摩尼三六，鉛四四，硫磺二〇。

毛安的摩尼礦，結成如蛛絲，暗鉛灰色。其合質，安的摩尼三一，鉛五〇，硫磺一九。

蒲蘭其兒愛脫，結成如鷄毛，藍鉛灰毛，硬二・五，重五・九七。其合質，安的摩尼二四・一，鉛五八，硫磺一八。

潑來茄奈脫，其元爲一斜式，力力面交角一百二十度四十九分，黑鉛灰色，性脆，硬二・五，重五・四。其合質，安的摩尼三八，鉛四一，硫磺二一。

尋克奈脫，結成六面柱或筋形，有搏結者，鋼灰色，硬三至三・五，重五・三。其合質，安的摩尼四四，鉛三五，硫磺二二。

奇阿克奈脫，搏結，析之不明，有粒，淡灰色。硬二至二・五，重六・四至六・六。其合質，安的摩尼一六・七（有時有砒代之），鉛六七，硫磺一六・五。

可白來脫，筋形四出，形如灰安的摩尼，重六・三。其合質，硫磺別斯末斯三三，硫磺鉛四六，硫磺安的摩尼一三。

斯對每奈脫，結成方形，碎之其小塊亦方形，亦有搏結者，鉛灰色，硬二・五，重六・八三。吹火試之，其硫磺及安的摩尼升去，得鉛，其鉛之中有銀。

白兒茄來脫，形如灰安的摩尼。惟中有二十七分或十五分硫磺鐵，其餘爲硫磺安的摩尼。

砒安的摩尼，粒形，色白如錫或褐灰色，硬二至四，重二一・六。其中有安的摩尼三六・四，砒三・六。

白安的摩尼礦，其元爲三律式，結成之形目目面交角一百三十六度五十八分，析之能完全，有塊形、柱形、粒形，白灰色或紅色，鋼光至珠光，硬二・五至三，重五・五七。其中養氣及安的摩尼八四・三，養氣安的摩尼，多養氣安的摩尼，其形如白粉。

斯底白來脱，其合質爲養安的摩尼與安的摩尼酸，所以化學家謂之安的摩尼酸安的摩尼。

紅安的摩尼，其合質爲養安的摩尼及硫磺安的摩尼，結成如毛，亦如雪花，色櫻桃紅，劃視其粉褐紅色，鋼光，硬一至一・五，重四・四至四・六。

羅昧合安的摩尼酸灰，結成方八面形及摶結，密黄色，其硬能劃玻璃。

安的摩尼酸鉛，不恒遇，摶結無常形，色黄灰緑黑，松香光，重四・六至四・七六。其合質，安的摩尼酸三一・七，養鉛六一・八，水六・五。

生乃莫對脱，形如白安的摩尼，重五・二至五・三。

凡安的摩尼，大抵皆得自硫磺安的摩尼，遇之於銀礦、銅礦、鉛礦、白鉛礦、孟葛尼斯礦、黄金礦中。

錬得之法，以安的摩尼礦置爐中，其下有孔，其上有火，鎔則自孔流出，再置倒焰爐中錬之，得灰養安的摩尼。每十磅和葡萄酸醋入風箱火爐中，錬之得安的摩尼，其内尚微有鐵，每四分和一分養氣安的摩尼，再鎔之則鐵爲渣滓，而得純安的摩尼，色如銀，性脆，碎口粗粒，熱八百度而鎔。

有硫磺之安的摩尼礦，同鐵屑和而錬之，則硫磺與鐵連。

安的摩尼一至四，鉛十二，可作印板活字，或微加鉛及別斯末斯，因其將凝時能漲大，故於模中稜角周到。

錫一〇〇，安的摩尼八，白銅二・五。

錫一〇〇，安的摩尼八，白銅二，別斯末斯二。

此二劑可作器皿，用錫一、鉛三十作銲。

刻字呆印板，用錫與安的摩尼。

養氣安的摩尼，又名玻璃安的摩尼，取法用硫磺安的摩尼燒去其硫磺即得。

華蘅芳《金石識别》卷六《砒》 砒石，西名阿斯納克，有生成自然者，有與養氣硫磺相連者，有與鐵苦抱爾臬客爾銅銀孟葛尼斯安的摩尼相連者，亦有與養苦抱爾養臬客爾養銅養鐵養灰合爲酸者，其礦易識别，因熱之有葱蒜氣故也。

生砒，其元爲六角式，夕夕面交角一百八十五度四十一分，析之與底平行不分明，有摶結者中有筋及粒，色錫白，見天空氣變暗灰色，性脆，硬三・五，重五・六五至五・九五。熱之先有氣出而後鎔，氣如葱蒜臭，吹火試之，將紅時火色淡藍，遇之於錫礦、鉛礦、校格疊層。

白砒霜，即少養砒，其細筋如毛，摶結如葡萄如鍾乳，色白，水中能消化，味辞，硬一・五，重三・七。其合質，砒七五・八，養氣二四・二，遇之於銀礦、鉛礦及生砒礦中，性毒，可入藥，可使皮物不爛。

福美戈兒來脱，即多養砒灰，遇其結成白灰色。硬二至二・五，重二・六至二・八。

海定其兒愛脱，略同。

黄硫磺砒，色黄，塊形可分爲片，有時爲三稜柱形，析之能完全，其形如圖。

劃視其粉，亦黄色，其面光明，珠光或析面金珠光，明三至四，切之能成片，打之則碎，硬一・五至二，重三・四至三・五。其合質，硫磺三九，砒六一，熱之全化氣。其氣如葱蒜臭，於木炭上燒之，火色藍，有時遇其礦如黄粉，乃砒鐵礦，其礦化去而成。

紅硫磺砒，結成斜柱形，有摶結者。析之不甚分明，霞紅色至橘紅色，松香光，明一至三，硬一・五至二，重三・三五至三・六五。其合質，硫磺三〇，砒七〇，熱之全升，其臭如葱蒜。

凡現今所用之砒霜，皆少養砒，從砒苦抱爾礦或砒鐵礦升得之，苦抱爾礦之砒因錬取苦抱爾時有煙升出，使其煙入横煙通内，即結成白砒霜，尚未浄，用卜對斯提之。其性極毒，業此者其壽不過三十五歲。砒霜除用其毒之外，可以點化玻璃，可使玻璃成玉色如磁，惟不可多用，恐玻璃内之砒遇酸而化食之有毒也。

硫磺砒之用，可作漆色，其黄色者與阿摩尼阿消化，可作染色，惟見肥皂則色去，紅色者可作煙火。硝二四，硫磺七，硫砒二，成白火。

凡硫磺砒、硫磺鐵，皆可升出其硫磺而得砒，用白砒和硫磺亦可作硫砒。

用養砒與卜對斯及硫酸銅能作養砒養銅，爲最好之緑顔色。

作鉛珠法，鎔鉛於一百五十尺之高樓，其鉛内加砒不及百分之一，自無數細孔中漏下於池水中，則成珠，加砒者，以其能使珠細而圓也。珠之大小用篩分之，珠之圓否於斜面板上走之，滯而遲者去之。

華蘅芳《金石識别》卷六《由日尼恩》 由日尼恩，其礦重不過七，硬不過六，暗淡緑色或黄色，或暗褐黑色，半金光，磨之無金形，吹火試之，以炭酸素特點之，不能得其金，褐色者其邊微錬。

別溪白倫，即養氣由日尼恩也，搏結如葡萄形，灰褐色或絨黑色，次金光，劃視其粉黑色，不明，硬五·五，重六·四七。其合質，由日尼養七九至八七，餘爲夕里開，鉛，鐵等雜物，吹火試之不鍊，砒霜點之燒成硬灰，研碎入硝酸徐消化，遇其脈於銀礦、鉛礦、錫礦。

由日尼恩土，形如土塊，淡黃色，熱之變爲橘黃色。其中有多養由日尼恩，有時有炭酸，遇之於別溪白倫及非而斯罷中，每與可倫倍脱由日奈脱在一處。凡養氣由日尼恩，可作磁器之色，其本色黃，熱之則變黑。

可利雖脱，形如別溪白倫，遇之於脱拉潑與雖約奈脱之夾縫中爲脈。以累哀雖脱，形亦同，其中有十分半水。

由日奈脱，其元爲二律式，結成短方柱，或薄頁，析之與底平行。其頁形幾如枚格，惟脆而不能彎，明黃色或綠色，劃視之色稍淡。其頁珠光，明一至四，硬二至二·五，重三至三·六，黃色者其合質燐酸一六，由日尼養六三，灰六，水一五。

綠色者其合質中以養銅代灰，吹火試之鍊成黑色硬灰。其綠色者火色變綠，識別以其頁及色，與枚格之別，因頁脆，遇之於銀礦、錫礦中。

雖媽斯蓋脱，暗褐色，次金光，硬五·五，重五·四至五·七。其合質由日尼養，可倫皮酸，東恩天酸約輸愛脱，即硫酸由日尼恩，俏綠色，味苦。

華蘅芳《金石識別》卷六《鐵》　鐵之生成自然及與臬客爾相連者，惟於隕星石遇之。

鐵之最多者養氣鐵礦及硫磺鐵礦，亦有與夕里開或炭酸等物相連者。

凡泥土之本色，即是鐵因有他石雜之，故或紅或黃，或暗綠，或褐黑。

凡鐵礦重不過八，常用以得鐵之礦重不過五，鐵礦不能鍊者多，熱之有吸鐵性者亦多。

如鐵礦無他種金在內，吹以內火，點以硼砂，鍊成綠料如粗玻璃瓶之色，其有金光者與銀礦、銅礦之別，因鍊之難，而與硼砂能成料。

自然鐵，其元爲一律式，結成八面形，析之與面平行，屢有搏結者，其粒或粗或細，鐵灰色，劃視亦鐵灰色，碎之爲細粒口，打之輭，引之能長，硬四·五，重七·三至七·八，以攝鐵引之能動，遇之於隕星石中，常有與臬客爾或他金相連者。

凡隕星石中大抵皆有鐵，其鐵皆多，大約鐵九〇至九二，臬客爾八至一〇。

隕星石磨平之，以硝酸溼之，則可見其結成之紋理或直或旋，或曲折，其顆粒或粗或細。

隕星石之最大者，得之美里哥南，重三萬磅，有一千六百磅者，其中有客里蘇兒來脱，百分中有二十分臬客爾，又有苦抱爾錫銅孟葛尼斯及塊粒之磁鐵，又有客羅而林。

又遇隕星石中有燐，與臬客爾相連之粒，或塊或片，其石爲鋼灰色。其合質，燐一三·九，鐵五七·二，臬客爾二五·八，苦抱爾〇·三，夕里開一·六，哀盧彌那一·六，客羅而林〇·一。又有銅之迹，灰之迹。因本地球之物祇有燐酸與金連，無燐與金直相連者，所以此爲外來之星。又此中養氣少，亦是外來之據。

隕星石中之鐵，熱之可打，因中有臬客爾，故不甚脱皮。

一　二　三　四

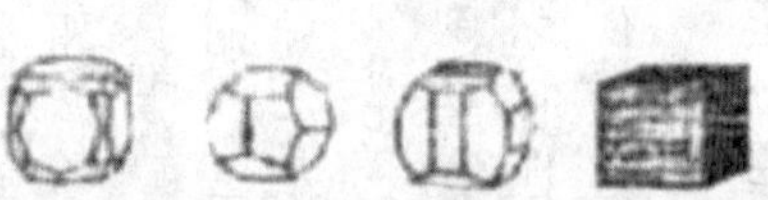

鐵倍來底斯，即二股硫磺鐵，其元爲一律式，結成常有方面者如一圖，或爲次形如二三四圖。其面常有横紋如一圖，亦有搏結者，古銅色，劃視之黑色，結成者金光，性脆，硬六至六·五，重四·八至五·一，與鋼相擊有火星。其合質，鐵四六·七，硫磺五三·三，吹火試之有硫煙，鍊成之物吸鐵能引之。此礦中有些微黃金者，謂之金倍來底斯，與銅倍來底斯之別，因刀不能刻，而色較淡。與銀礦之別，因銀礦非古銅色及鋼灰色，劃之亦非黑色，且銀礦刀能刻，鍊之易，故異。與黃金礦之別，因金礦用刀刻之能成片，火試無硫磺煙。遇之於古疊層石、火山石，此礦最多，其鐵亦最多，惟其中之硫磺不能十分去得浄，故鐵不甚佳，而作硫酸鐵用之最廣。

凡硫酸鐵礦，皆此礦變化而成，他金之有硫酸者，其硫酸亦從此礦變化而成，如硫酸哀盧彌那是也。

作硫酸鐵法，以鐵倍來底斯碎之，置礶中熱而升之，可得硫磺十七分。其已取過硫磺者，堆空地使見天空氣，待其發蒸，則其內未升盡之硫磺變爲硫酸，而鐵變爲養鐵，入水熱之，俟水乾至一半，傾於盆則結爲硫酸鐵。

或不升去磺，以此礦碎之堆空地時溼之，待其發熱，日久亦變硫酸鐵，亦有用柴火燒之以助其熱者。

以硫酸養鐵置礶中，猛火燒之，則硫酸升去而得紅色養氣鐵，名渴兒可撒，可磨鋼鐵使光。

凡二股硫磺鐵，皆能自變爲硫酸鐵，金石院中之鐵倍來底斯，每有見天空溼氣日久變爲硫酸鐵者，因其內之硫磺有一股化去，而空中之養氣換入也。

倍來底斯之名，其意謂硬如火石也。

白鐵倍來底斯，其合質與前同，惟結成之形井井面交角一百三十六度，色淡於常倍來底斯，硬同，重四・六至四・八五，分鍊之更易。

星倍來底斯，其筋紋如星光四出。

肝倍來底斯，因色如肝。

鷄冠倍來底斯，因形如鷄冠。

吸鐵倍來底斯，即一股硫磺鐵，結成六面短柱，搏結者多，色在古銅、紅銅之間，劃視之暗灰黑色。性脆，硬三・五至四・五，重四・四至四・六五，吹以外火成紅養鐵，吹以内火則鍊而光明，冷則色黑，能吸鐵，破而視之色黄。與尋常之鐵倍來底斯之别，因稍輭而吸鐵能引之。與銅倍來底斯之别，因色淡。與苦抱爾磺、臬客爾磺之别，因鍊之能成吸鐵。

密斯別葛爾，即砒鐵倍來底斯，其元爲三律式，結成之形如圖，目目面交角一百十一度四十分至一百十二度。析之與目平行，其結成有横扁者，目目面交角一百度，亦有搏結者，色白如銀，劃視之暗灰黑色，面光，性脆，硬五・五至六，重六・二。其合質，鐵三四・四，砒四六，硫磺一九・六，其屬有四分至九分苦抱爾代鐵者。

代奈愛脱，其合質鐵三二・九，砒四一・四，硫磺一七・八，苦抱爾六・五。

凡砒鐵倍來底斯，與鋼相擊有火星，且有葱蒜氣，吹火試之有砒煙，鍊成硫磺鐵，吸鐵能引之。與砒苦抱脱之别因硬，以鋼擊之有火星，又鍊得之物非深藍色料而吸鐵能引之。遇之於最深之石層，每與銀銅鉛礦相近。

羅戈倍來脱，砒鐵之無磺者，即有亦甚微，結成如前圖。目目面交角一百二十二度二十六分，色與密斯別葛爾同，而硬或稍遜，重則過之，硬五至五・五，重七・二至七・四。其合質，鐵三二・四，砒六五・九，硫磺些微。

每格密得愛脱，即磁石礦，其元爲一律式，常遇其結成八面形或十二面形如圖，析之均成八面形有時能分明。有搏結粒形者，色鐵黑，劃視之亦黑，性脆，硬五・五至六・五，重五至五・一。以吸鐵引之，其來甚速，有時其自己亦有吸鐵，極能吸他鐵。其合質，多養鐵六九，養鐵三一，或鐵七二・四，養氣二七・六。吹火試之，不鍊。吹以内火，點以硼砂，鍊成粗緑料。與希美台脱之别，因劃視之黑，而吸鐵引之速，遇其藏或撒星形於合拉尼脱、尼斯、枚格疊層、泥石層，雖約奈脱、霍恒白倫客、羅兒愛脱中，灰石中亦有之。其礦有吸鐵極者，謂之自然吸鐵，與做成之吸鐵無異。

此礦最多，得鐵亦多，其鐵亦最好。

分其呆呫之法，碎其礦爲細塊，以吸鐵引之，其不引者棄之，用吸鐵分此礦，另有機器。

希美台脱，其名取光紅血色之意，其元爲六角式。結成之形有如鼓磴者，有扁而大者如圖，析之不能分明。其夕夕面交角約八十五度五十八分，常遇搏結有粒者，有片形如枚格者，有粉形如土者，暗鋼灰色或鐵黑色，結成者面有光，劃視之櫻桃色或紅褐色，硬五・五至六・五，重四・五至五・三。有吸鐵微能引之者，有一種名斯必葛爾，其面甚光明，故謂之金光鐵。

金光鐵石，又名斯必葛爾，其面光明，惟其變色處則爲土紅色，而絶無一點結成之狀貌，若研爲粉，則其色深紅，與結成處之色無異。

枚格鐵石，頁如枚格。

血紅鐵石，次金光或無光，其色褐紅。

鴉葛爾，色紅，輭如土，其中屢有雜土。

紅茶兒刻，搏結比鴉葛爾緊，其粉細膩。

嚼斯不爾泥鐵，硬而不浄，其中夾雜褐紅色泥，形如嚼斯不爾，故名。

土鐵石，形亦如嚼斯不爾，而不及泥鐵之似。

泥豆石，色紅，其粒扁小如豆。

阿來及斯鐵石，合蘭斯，六角鐵礦。

以上皆希美台脱之屬也，其光浄者有七十分鐵，三十分養氣，其不浄而無光者屢有雜質，吹火試之不鍊，硼砂點之，吹以内火成緑料，吹以外火成黄料。與磁鐵石之别，因劃視其粉色紅。與銀礦銅礦之别，因硬而不能自鍊。遇之於結成之石中及泥疊石，新舊各層皆有之。其大礦之浄者，遇之於第一迹層，形如土者，遇之於煤層泥疊石，其結成者，遇之於火山石。

花旗有二鐵山，其山全是希美台脱，其塊之小者大如鴿卵，其塊之最大者高七十丈，此山之希美台脱有結成者，有搏結者，有頁類者，有如土者。

又一處於堅砂石中遇希美台脱礦，厚十二尺至二十尺，其塊爲泥豆石，其合質，養鐵五〇，炭酸二五，其餘爲美合尼西養。

此礦雖分之不如磁鐵礦之易，而亦爲最好之鐵礦，研碎爲粉，可磨金鐵使光，其紅茶而刻可作紅色鉛筆。

來脈奈脱，又名褐鐵礦，常摶結如葡萄鍾乳形，碎之中有筋及土，暗褐色至土黄色，劃視之黄褐色或不浄之黄色，次金光或無光，有碎之有絲光者，硬五至五・五，重三・六至四，褐鐵土，黄鐵土，色褐或黄。

褐黄泥鐵石，硬而摶結，不浄之來脈奈脱也。

澤鐵土，如土而鬆，褐黑色，遇之於低溼之處。

此皆來脈奈脱之屬也，其浄者合質多養鐵八五・六，水一四・四，故又名爲水多養鐵。其中浄鐵約有三分之二，吹火試之色變黑成吸鐵，硼砂點之，吹以内火成緑料。與希美台脱之别，因輭而熱之有水氣。遇之於地中，各層皆有之，蓋因硫磺鐵礦變化而成，此亦得鐵之好礦也。研碎亦可磨金鐵使光，黄鐵土可作漆色。

合奪愛脱，水多養鐵也。其水比前少一半，結成者褐色，照之血紅色，半透明，劃視之褐黄至土黄色，硬五，重四至四・二。遇之於希美台脱弗蘭葛林奈脱，其元爲一律式，結成八面形如圖，亦有結成十二面形者。

有粗粒摶結者，鐵黑色，劃視之紅褐色，性脆，硬五・五至六・五，重四・八五至五・一，吸鐵能引之。其合質，多養鐵六・六，一股半養氣之孟葛尼斯一六，養白鉛一七，吹火試之不錬，極熱則升出降於木炭上。研細和硼砂，吹以内火，於白金劼拈上作紫色。若置木炭上，吹以内火，於炭上有緑色之鐵。與磁鐵礦之别，因面色較黑，劃視不黑，火試各異。有人欲得其白鉛，尚未有法。

伊爾美奈脱，又名替脱尼鐵，結成略如希美台脱。夕夕面交角八十五度五十九分，屢有片及扁帶形在科子中，有粒者，有結成大塊者，鐵黑色，劃之如金類，次金光，硬五至六，重四・五至五，能微引指南針。其合質養鐵與替脱尼恩，或養鐵與替脱尼酸，吹火試之不錬。

克里脱奈脱，覓捺克奈脱，海斯低得愛脱。

愛斯林，此皆替脱尼鐵也。遇之於替脱尼恩砂中，結成八面或正方形，與希美台脱之别，因面光稍次，劃視異，此礦尚未有用處。

客羅彌恩鐵礦，即客羅彌酸鐵，其元爲一律式，結成八面形，析之不分明，碎之面糙，色鐵黑或褐黑，劃視之暗灰色，微金光幾無光，硬五・五，重四・三至四・五。其細塊吸鐵能引之，其合質爲緑色之養客羅彌恩六〇，養鐵二〇・一，哀盧彌那一一・八，美合尼西養七・五。其中之哀盧彌那、美合尼西養數無一定，吹火試之不錬，硼砂點而久吹之，徐錬成明緑料，遇之於色而并台能中，或爲塊，或爲脈。客羅，緑色也，因客羅彌恩能以其色傳與他物，故客羅彌爲一種緑顔色之名。從客羅彌恩鐵可取得客羅彌酸，客羅彌酸與他物相連，或爲紅，或爲黄，或爲緑，或爲紫，可作漆色、油色、染色、磁器色等用。

可倫倍脱，其元爲三律式，結成之形如圖。析之與旁面平行，大略分明，亦有摶結者，常撒開於呆吒中，色鐵黑或褐黑。碎之面光有變色如虹霓，劃視之暗褐色，半金光，不明，性脆，硬五至六，重五・三至六・四。其合質，可倫皮酸七九・六，養鐵一六・四，養孟葛尼斯四・四，養錫〇・五，養銅養鉛〇・一。吹火試之不錬，研粉和硼砂吹之，徐錬成暗緑料，其緑色因鐵。與他種礦之别，因其色及碎面之光色與他礦異，而碎口之齒粒尖。遇之於合拉尼脱及非而斯麗、鴨兒倍脱中，於此石中得新金名可倫皮恩，又名奈阿皮恩。

談台來脱，遇之與可倫倍脱相近，其合質爲談台來脱酸鐵，硬五至六，重七・二至八，有一塊其内有一分養錫、六分東斯天酸，重六・五。

胡兒夫蘭，即東斯天酸孟葛尼斯鐵也。其元爲三律式，結成者均爲次形，有時有假式八面形，爲東斯天酸灰，暗灰黑色，劃視之紅褐色，半金光，明暗俱有，硬五至五・五，重七・一至七・九。其合質，東斯天酸七五・八九，養鐵一九・二四，養孟葛尼斯四・九七，吹火試之難錬，硼砂點之成緑料，燐鹽點之成深紅料，屢遇之於錫礦，有時在金礦。

夕里西恩鐵，有數種石，爲夕里西恩養鐵，惟皆無用，如希頓白而其蓋脱、鵶呆脱之屬是也。

鐵客里蘇兒來脱，與尋常之客里蘇兒來脱異，因養鐵代其美合尼西養故也。

哀蘇倍耶，摶結無常形，形如黑玻璃，硬六至六・五，重二・九至三。其合質，夕里開四七・一，哀盧彌那一三・九，多養鐵二〇・一，灰一五・四，養銅一・九。

力無愛脱，結成斜方底柱形。析之高低如浪，黑色或褐黑色，次金光，劃視之黑或緑及褐色。硬五・五至六，重三・八至四・一，内有五十至五十五分養鐵，十四分灰，二十九分夕里開，吹火試之錬成黑料，遇之於科子中。

以下水夕里開鐵石。

囊脱羅奈脱，平求奈脱，形如泥塊，黄緑色。

客羅羅倍爾，土塊形，有硬者其硬三至四。其色緑而兼黄，或黄而兼緑。

合倫其自愛脱，素令蓋脱，納皮來脱。

克爾孛來脱，皆大略相同。

緑土有數種，在哀彌奪羅愛脱中者，其形略近客羅愛脱。其合質，夕里開，多養鐵，卜對斯，美合尼西養，水及雜物。

緑砂，其合質夕里開五一・五，哀盧彌那六・四，養鐵二四・三，卜對斯九・九六，水七・七。

翕信其來愛脱，克郎斯底台脱，安素須提來脱，卜里海奪愛脱，雖地落斯蓋蘇來脱，奢莫尼斯愛脱，斯底兒奴彌綸才來脱，此皆暗黑色之水夕里開鐵石也。

客羅雖馱來脱，視之有筋如哀斯倍斯得斯，亦謂之藍哀斯倍斯得斯，色藍或緑，其硬四，重三・二至三・三。

倍落素牟來脱，結成六面柱，析之與底平行能完全，褐黑色或灰或緑，珠光，硬四至四・五，重三・八，内有十四分客羅而林鐵，吹火試之，有輕緑酸煙。

鐵齊河來脱，於他石爲皮，其合質水夕里開，養鐵，孟葛尼斯。

各別累斯，即硫酸鐵，其元爲一斜式，結成斜方底斜柱形，力力面交角八十二度二十一分，女力面交角八十度三十七分。析之與底平行能全備，摶結如粉者多，色緑至白，玻璃光，明二至三，味澀甜，性脆，硬二，重一・六三。其合質，養鐵二五・四二，硫酸二九・〇一，水四五・五七。熱之能成吸鐵，吹火試之鍊成緑料，與五倍子成黑色，遇天空氣變黄粉，此粉爲多養鐵，此礦因鐵倍來底斯見天空氣變溼而成，凡有鐵倍來底斯處皆有之。可用以染黑色布及皮，因其見五倍子能黑故也，亦可作寫字黑水，與硝酸炭酸卜對斯可作靛藍。

渴兒可撒，褐紅色養鐵也，以硫酸鐵燒之即成。可緊倍來脱，又名白別來斯，及黄各別來斯，此與渴兒可撒皆硫酸多養鐵。

必底自愛脱，非白羅肺兒愛脱，此二者與可緊倍來脱相近。

哀白底來脱，質同，惟内只有四分水。

伏兒對愛脱，結成八面如明礬，其合質爲二股硫磺之鐵，哀盧彌那，卜對斯，水。

斯罷鐵礦，即炭酸鐵也，又名開倍脱，結成長斜方六面形，夕夕面交角一百〇七度。其面屢有凹凸者如圖，摶結者多，析之可成片，其片亦彎如瓦，有時其中有圓粒如珠者，色自淡灰至褐，常遇者暗褐紅色。見天空氣略變黑，劃視之無色，珠光至玻璃光，明三至四，硬三至四・五，重三・七至三・八五。其淨者合質，養鐵六二・〇七，炭酸三七・九三，内屢有孟葛尼斯及美合尼西養代其幾分養鐵者，吹火試之變黑，成吸鐵，不鍊，硼砂點之色變緑，入硝酸消化而不生氣，若研細入硝酸，亦生氣。其結成及頁者，名斯罷鐵，以其形似斯罷也，摶結者遇之於哀彌奪羅愛脱或火山石中，名爲維那雖地來脱，其塊如泥者，名泥鐵石，遇之於煤層，頁者與丐而刻斯罷之別，因重及熱之能成吸鐵。

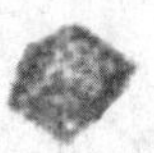

凡斯罷鐵，新舊諸石層中皆有之，常與數種鐵礦相連，最多之藏遇之於尼斯及煤層，此礦得鐵多。

多每愛脱，炭酸鐵也，結成斜方柱，重三一。

密雖頂斯罷，炭酸鐵孟葛尼斯，色黄，結成長斜方六面形，夕夕面交角一百〇七度十四分，硬四，重三・三至三・六。

阿利康斯罷，亦炭酸鐵孟葛尼斯，夕夕面交角一百〇七度〇三分，色黄或紅褐，重三・七五。

肥浮哀奈脱，其元爲一斜式，結成扁斜柱，析之其向一順能全備，亦有結如腰子塊而筋紋四出者。有如球者，亦於他石爲皮，色青藍至緑。其結成視其旁面色緑，對頂底視之色藍，劃視之色藍，珠光至玻璃光，明一至三，見天空氣變暗，切之能成片，其片能彎，硬一・五至二，重二・六六。其合質，養鐵四二・四，燐酸二八・七，水二八・九。熱之有水氣，吹火試之，色失而變呆，研碎吹之，鍊成硬灰能吸鐵，入硝酸能消化。識別之，以其色及輭，與火試諸異，遇之於鐵銅錫等礦及鐵礦。

藍鐵土，内有三十分燐酸。

安葛利兒愛脱，形如藍鐵土，而燐酸微少。

鐵弗林，摶結而能剖析，緑灰色或藍，硬五，重三・六。其合質無水之燐酸，養鐵，孟葛尼斯，内微有劣非養。

鐵潑來脱，燐酸鐵孟葛尼斯，褐色或褐黑色。

緑鐵石，哀盧哀得愛脱，枚闌客羅，皮羅肥脱，此數種皆燐酸多養鐵。

緑鐵石及哀盧哀得愛脱皆暗緑色，視之有筋紋，絲光。

枚闌客羅，色黑。

皮羅肥脱，玫瑰紅，其色遇電氣即暗。

科開信，摶結中有筋如毛，黄色或黄褐色，硬三至四，重三・三八。其合質燐酸，哀盧彌那，鐵。與爲勿耳愛脱之別，因色黄，火試之有鐵之迹。與茄孚兒來脱之別，因色深，遇之於褐鐵礦。

茄孚昔地來脱，亦黄色之燐酸鐵也。

砒酸鐵，結成四方塊，色自暗緑至褐及紅，次鋼光，劃視之緑褐色，硬二・五，重三。其合質，水，砒酸，多養鐵，又有三十八分多養砒。

斯果羅台脱，結成斜方底柱，目目面交角一百二十度，色淡緑或黑，明一至四，硬三·五至四，重三·一至三·三，其合質水砒酸，多養鐵，又有五十分多養砒，吹火試之有葱蒜氣。

鐵新搭，形如海棉而不輭，色黄或褐。其合質水砒酸，多養鐵，又有三十分多養砒。

砒息地來脱，筋類，内有三十四分多養砒。

新潑里雖脱，藍緑色，結成長斜方底直柱，析之完全，硬二·五，重二·六九，亦砒酸多養鐵。

馬莧酸鐵，輭如泥，土黄色，燭火上燒之變黑，乃馬齒莧腐爛入土，其酸遇鐵所成。

論五種鐵礦

鐵礦之可以得鐵者，大約只有五種：

一，炭酸鐵礦，如斯罷鐵之類。

二，養氣鐵礦，如磁石礦之類。

三，光紅鐵礦，如希美台脱之類。

四，褐色鐵礦，如來脈奈脱之類。

五，有水鐵礦，如肥浮哀奈脱之類。

凡各國所出之鐵，皆從此五種鐵礦中鍊出。

英吉利所出之鐵，得之於泥鐵石，其礦爲炭酸鐵，在煤層中其泥石絶無一點鐵形，所可據者惟重耳，其中能得二十至三十分净鐵。褐色鐵礦英吉利亦有之，瑞典之但尼摩兒，拿威之哀冷台兒，此二出鐵之處，其礦爲磁石鐵礦，其中能得五十至六十分净鐵。俄羅斯所出鐵，亦得之於磁石鐵礦，普魯斯有炭酸鐵礦及水鐵礦，花旗五種礦皆有之。

五種礦所出之鐵，各有精粗多寡之不同，大約除水鐵礦以外，其鐵皆佳，惟因各處分鍊之法有異，故所出之鐵亦不同。

水鐵礦因有腐爛之生物在内，其中每有燐，故其鐵脆，田因分鍊之甚易，而價亦便宜，故粗用之生鐵器具不任重力者，均用此鐵爲之。

論試礦之法

試鐵礦之法，每礦各異，其意不過分去其雜物，而知鐵之多少而已。

假如養氣鐵礦及炭酸鐵礦，其雜物少而净者，不過碎之置礶中燒之，即可得鐵。若用炭酸灰或石灰，與泥或玻璃或硼砂，相和作弗拉克斯更佳，一以助其變化，使雜物與弗拉克斯相連成料油，一以防鐵燒去，使鎔化時作蓋面也。

光紅鐵礦每礦粉十分，用炭酸灰或石灰十分，碎玻璃六分至八分，加木炭粉二十分之一或十分之一作弗拉克斯。

磁石鐵礦每礦粉十分，加碎玻璃十二分，茶而刻十二分，木炭粉一分作弗拉克斯，或用三分石灰，三分煅過之泥，二分半木炭粉相和作弗拉克斯。

褐色鐵礦，用十分石灰、十分泥灰、三分木炭粉作弗拉克斯。

凡作弗拉克斯之劑，其各物之分數原無十分一定，大約不離乎此率而已，總以得鐵之多少及所成料油之形色而增減其劑。

假如其料油明而無色，則其劑適得其平，如暗色，則是其中尚有未分出之鐵，或因泥及玻璃太多；若暗如磁瓦形，則因石灰太多。

如泥石鐵礦，應估量其礦中本自有多少灰、多少泥，應再加若干灰、若干玻璃以配合之，使成料油。

凡試礦，先於礶之内面塗木炭粉一層，以礦打作細屑，其弗拉克斯亦作細屑，與礦拌匀置礶中，礶口用火泥封蓋之，徐用慢火熱之，三刻以後，始用風箱燒至其礶白色後一刻，取出即得。

論鍊鐵各法

古時鍊鐵之法最簡易，以礦烘熱打細，同木炭入爐燒之，即鎔鍊成生鐵。

新法以礦入猛風爐中鍊之，用木炭，或焦煤，或硬塊煤及弗拉克斯，尋常養鐵礦、炭酸鐵礦用石灰作弗拉克斯，其用石灰者，使石灰與礦内之夕里開化合，而成玻璃料油也。

其用炭者，因礦中有養氣，故以炭與之相連，使其化合爲炭養氣而去，又使炭稍與鐵相連，使易成生鐵而鎔。

今先解作猛風爐之法及其形式。

猛風爐中所用之煤，爲安得里雖愛脱，故此爐亦名安得里雖愛脱爐。

爐用磚石爲之，其外形爲截頂圓錐形。

二

三

如一圖，除右半邊回火、進風之法另行解釋外，其左半邊即爐之外形。圖以二十分寸之一爲真爐之一尺，如一圖爲爐之總形，二圖爲爐直剖之内形。

三圖爲爐横剖之内形，須兼此三圖統觀之，方能明悉，如戊爲爐門之口，丙處方，庚處漏斗形，上圓下漸方，辛以皆上圓，高三十尺，底用磨石砌之，壬爲火磚，其外爲一層砂，再外爲磚(其用砂者，因中間熱而漲，大不致撑裂爐身也，又火磚燒壞重换，可不動外磚)，底旁有三管進風如丁，爐口有火磚作唇如已，爐之四面均有空處如癸，外均有半亭護之，其一門爲作工處如癸。子爲風管舌門之柄，丑爲柄桿防管口阻塞，可伸縮通之，癸爲空處，丙戊爲爐底，丁爲三風管，寅爲彎管相連。風從卯來，虛圈爲爐腹大處，辰爲壖，防鐵汁流出，於戊處用泥築塞之，鍊數點鐘一開之，使料油從辰漫出至午。

其進風之法，使風熱五六百度，然後入爐，如二圖未處有路，引餘火流出，如一圖之箭形，使其火穿過一汽爐如申，再入一房如酉，而出於煙通。申汽爐可動一機以進風，風管入酉房，曲折如盤腸，風從内過，火從外過，風得火之熱，以至卯而出於丁，如汽爐不連於旁，則餘火可一徑引之入房中。

凡風不可過多，多則養氣與鐵相連而純鐵少，風不可太少，少則火力不足而得鐵亦少，須使恰敷用而已。

凡礦須先烘之，一使礦中易升之物去，一使礦稍鬆，則碎之容易也。烘礦不必用爐，於空地上一層柴，一層礦相間堆高，用土封蓋而燒之，則其内之水氣、硫磺、炭酸等物升去，而礦亦燒鬆。

凡鍊礦之爐，須先以火烘十日或十二日，而後可鍊礦，鍊時爐内滿加煤，再加礦及弗拉克斯，如是漸漸加之，燒至兩日，爐底漸有鐵及料油，數點鐘一開其爐門所塞土，即有料油漫出，取去之，待其鐵滿，則流出於槽。

鍊時料油不可取盡，常使可遮蔽鐵面以防風，又料油須時看之，如色暗而重，則鐵未分清，或因炭不足，或因鎔太速。

如料油爲暗玻璃及有緑痕，則因夕里開與養鐵相連，應加灰。如料油色淡而明，則佳。

英吉利鍊鐵處之料油，其中有夕里開四〇・四，灰三八・四，美合尼西養五・二，衰盧彌那一一・二，養鐵三・八，硫磺些微。

凡弗拉克斯之劑，視礦而異，不能一定，須隨時試知礦内雜質之多少而配合之。尋常泥鐵礦用灰約四分之一，或三分之一，或六分之一，如内無夕里開者，灰與礦等分。

褐色鐵礦最易鍊，只要炭多而鍊慢，以八分至十二分灰石作弗拉克斯，如不依此法，鍊得之鐵口白而性脆，鐵之好者暗灰色，粒口，鎔之活而易流。其不好者淡白色，平口，鎔之厚而難流。

最好生鐵因其中有炭，故易鎔，若其内有數分夕里開，亦無礙於鐵之好。數十年前，瑞典化學士白兒瑞斯利耶考知，瑞典最好之熟鐵中，尚有夕里西恩一二。鐵中有硫磺及燐者，最不好而粗笨不任力之物如稱錘之類每用之，取其易鍊而價賤也。

變生鐵作熟鐵，西名謂之利番，不過分去其中之炭及雜質也。生鐵分去其炭，即成熟鐵，亦不必好生鐵方可成熟鐵，即次等生鐵亦可鍊之。

鍊生作熟，舊法燒之打之三四次即成，其意燒之以去其炭，打之以去其雜也。新法鎔而多調之，使炭與養氣相連而易去，此法謂之撥代令。

作撥代令法，以生鐵三百五十磅，入倒焰爐中，燒鎔鐵面有浮火撩繞，則用棍調攪之，又以水灑之。如是半點鐘有炭養氣出，火色藍，又二十分時，則鐵分開如砂，火光紅，仍調攪之，鐵又漸凝并如膏，分之爲數塊。取出於大砧上打之，淬於水使脆，又打碎之，另入爐燒之，至將鎔能并，再於大砧上打之成大塊。

鍊礦爐中所出之氣，其内有二十四分炭養氣，其爐中之氣全是炭養氣，所以可引出其氣，用其火以鍊熟鐵。

凡熟鐵冷之易斷者，謂之冷脆，因内有夕里西恩。熱之易斷者，謂紅脆。

鍊生作熟又法，以生鐵一塊，用希美台脱粉塗之，燒至將鎔未鎔，則其中之炭出與養氣相連，可取出打之。此法如不用希美台脱粉，或用别種養鐵塗之，亦可即如打鐵時脱下之鐵皮，亦是養鐵，用之亦佳。

用恰踏蘭爐，可徑以礦鍊熟鐵。

恰踏蘭爐之底寬十八寸，長二十一寸，深十七寸，風管比底高九寸半，其管可活動，底中先以木炭粉和泥周塗之，其炭用木炭堆高，火在爐之上，用烘過之礦打細，篩過其粗者，堆於火旁再烘之，以細者漸漸添入火中。其底旁有洞，可取出料油，鐵滿亦可取出，其形如膏，打之即成。此法五六點鐘可得一塊，西班牙恰踏蘭地方用此法鍊熟鐵，故名其爐爲恰踏蘭爐。

此法若使風管斜向上，多加炭，少加礦粉，久鍊之其鐵幾成鋼。

恰踏蘭爐惟浄而易鍊之礦能用之，然工費及耗棄多而得鐵少，故不能通行。若以泥鐵礦入此爐，不過燒得料油成鐵玻璃耳，不能得鐵也。

又法，用粗礦粉與炭照其股劑入倒焰爐中鍊之，則炭與礦之養氣連，亦可得熟鐵。

此法或不用浄炭，而用有炭之物亦可，其意不過移去礦中之養氣耳。

鍊熟鐵成鋼法

用最好熟鐵作片，同木炭粉熱之，則炭走入鐵，其鐵面起泡，皮中作細粒而易鎔，謂之泡鋼。

以泡鋼作小塊打之，謂之脆鋼。

以脆鋼紅而并之礌成條，謂之剪子鋼。

以泡鋼同一弗拉克斯鍊之，輕輕打之，或卷之成。生鋼礦有可徑鍊得鋼者。如斯罷鐵礦，其中有炭酸曼葛尼斯者，可以徑作鋼。其意不過因孟葛尼斯中之養氣能引去鐵中之幾分炭，故能成鋼。此鋼中有一分至二分孟葛尼斯，故爲下品之鋼，普魯斯之鋼用此法鍊出。

天竺所出之鋼，其中有夕里西恩、哀盧彌恩，故亦爲次等之鋼。

華蘅芳《金石識别》卷七《孟葛尼斯》 凡孟葛尼斯之礦，重不過五·二，同硼砂或燐鹽在外火有紫藍色，養氣孟葛尼斯入緑輕酸熱之，有緑氣出。

羅駄奈脱，又名孟葛尼斯罷，其元似爲一斜式，結成斜方底斜柱如倍落客西能，常遇摶結者多，析之不明，或疑爲三斜類，色紅及肉紅，亦有褐緑黄雜色者，劃視之無色，玻璃光，明暗皆有，見天空氣變黑。硬五·五至六·五，重三·四至三·七。其合質，養孟葛尼斯五二·六，夕里開三九·六，養鐵四·六，灰美合尼西養一·五，水二·七。

婆斯得美脱，富對才脱，鴨拉呆脱，此皆不浄之羅駄奈脱也。其中有無定脱之炭酸鐵與炭孟葛尼斯及哀盧彌那，熱之暗褐色，點以硼砂，吹以外火，成玫瑰紅色。與肉紅色之非而斯罷之别，因重而見空氣能變黑，與硼砂能成料。其外面見天空氣而黑者，爲水養氣孟葛尼斯，或以爲可作紫玻璃。與食鹽和可作磁器之色，厚則黑，薄則紫藍色。其石磨光，可嵌飾木器。

低弗羅愛脱，夕里開孟葛尼斯也。摶結，能分析，煤灰色，硬五·五，重四。其合質，夕里開二九·八，養孟葛尼斯七〇·二，吹火試之易鍊成黑料。

付勒兒愛脱，又名别斯不爾戒脱，形如羅駄奈脱，結成三斜形。

倍路路雖脱，即二股養氣孟葛尼斯。其元爲三律式，結成小長方底柱之次形如圖，目目面交角九十三度四十分，目子面交角一百三十六度五十分。有時有筋紋或星紋四出者，常遇其摶結於他石之面如腰子塊，鐵黑色，劃視之亦黑。

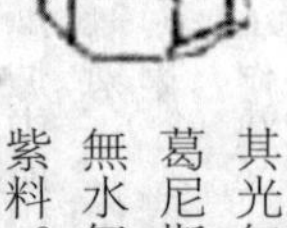

其光無金形，硬二至二·五，重四·八至五。其合質，養氣三七，孟葛尼斯六三。吹火試之，與硼砂鍊成料，色如紫晶，置小碗中熱之無水氣。與雖路彌來之别，因此稍輭。與鐵礦之别，因與硼砂能成紫料。遇之於希美台脱中最多，其名取火浄之意，因作玻璃用之，能使他玻璃之黄緑污色去，而變爲白浄故也。除用以浄玻璃之外，作漂白粉須用之。化學家用以取得養氣。

雖路彌來，摶結如葡萄，色黑或緑黑，劃視之紅色或褐黑色，光明，硬五至六，重四至四·四。其合質，二股養氣孟葛尼斯，有一分水，或卜對斯，或貝而以養，無一定，有時有養氣苦抱爾。吹火試之，如倍路路雖脱，惟有水氣。此礦多常與倍路路雖脱層間疊積，有人以爲即不浄之倍路路雖脱，用處亦同，其名取平黑之意。

希低路客林，馬西林，形如雖路彌來，惟内有十六分夕里開。

漫曼葛尼斯，摶結如腰子塊，成土形，亦於他石之皮面作草木花葉之形。色黑或褐黑，劃視之亦然。光如土，硬一，重三·七，染手如污。其合質，多養孟葛尼斯三十至七十，水二十至二十五。又有多養鐵，養苦抱爾，養銅。又有生物之酸及他雜質，此因他礦中之孟葛尼斯消化於水，流至低處而成。熱之水氣甚多，同硼砂燒成紫料，可以之提浄玻璃。不能以之得養氣，可使漆光稍暗。

絶不來脱，鐵燐酸孟葛尼斯也，摶結有三方向可析，色褐黑，劃視之黄灰色，松香光，微明或暗。硬五至五·五，重三·四至三·八。其合質，養孟葛尼斯三三·二，燐酸三三·二，養鐵三三·六，又有些微燐酸灰。吹火試之易鍊成黑料，入硝酸消化，同硼砂燒成紫料。

希太羅斯愛脱，此又一種燐酸養鐵孟葛尼斯也。色灰緑或藍，中有燐酸四一·七七。

朽路來脱，斜結成，透明，紅黄色，内有水十八分，燐酸三十八分，此二種有人以爲是鐵弗林或絶不來脱所變。

華斯鑾愛脱，半養氣孟葛尼斯也。搏結，亦有方八面結成，褐黑色，次金光，硬五至五·五，重四·七，浄者中有七十二分曼葛尼斯。

白勞奈脱，一養孟葛尼斯也。結成方八面形，色褐黑，劃視之亦褐黑色，次金光，硬六至六·五，重四·八，浄者有六十九分孟葛尼斯。

曼呆奈脱，水半養孟葛尼斯也，結成斜方底柱，鋼黑色至鐵黑，硬四至四·五，重四·三至四·四。

披蘿過奈脱，鐵孟葛尼斯也。藍黑色，劃視之猪肝色，微有玻璃光。

曼呆白倫，硫礦孟葛尼斯也。結成正八面形，鐵黑色，劃視之緑色，半金光。硬三·五至四，重三·九至四。

和愛來脱，二股硫礦孟葛尼斯也。形如尋克白倫，色紅褐或褐黑，硬四，重三·四六。

砒曼葛尼斯，灰白色，金光，葱蒜氣，重五·五五。待愛羅其愛脱，炭酸孟葛尼斯也，結成長斜方六面形，色自紫紅至褐，劃視之無色，玻璃光帶珠光，明三至四，硬三·五，重三·五九。吹火試之不鍊，遇之與絶不來脱在一處。

凡孟葛尼斯之純質，無甚大用處，其與養氣相連者用處多，此用其養氣，非用孟葛尼斯也。因孟葛尼斯與養氣連合不甚緊，故其養氣易於分開，又因其礦中常有雜質，故須有法以知其浄否。

法以孟葛尼斯礦研碎，入緑輕酸熱之，則緑氣放出。查其放出多少緑氣，即知有多少養氣孟葛尼斯。欲知緑氣之多少，使緑氣走入乳灰中，作緑氣灰，照化學常法，可知緑氣灰中之緑氣多少。

如二股養氣孟葛尼斯礦，浄者以輕重計之，二十二分養曼葛尼斯可换出十八分緑氣，即二十三寸半緑氣抵二十二粒養孟葛尼斯。

最浄之養氣孟葛尼斯四分，應抵緑氣三分，計每磅養孟葛尼斯入緑輕酸中，可换出七千方寸緑氣。作緑氣灰又法，用孟葛尼斯礦四分，食鹽五分，極濃硫酸九分，作漂白粉常用此法。孟葛尼斯之用除作紫玻璃外，其硫酸孟葛尼斯及緑氣孟葛尼斯，皆可作染色。

華蘅芳《金石識别》卷七《客羅彌恩》 客羅彌恩之礦，其客羅彌酸鐵詳見鐵礦，客羅彌酸鉛詳見鉛礦。

生客羅彌少酸土，其合質夕里開，少酸客羅彌恩，哀盧彌那，鐵。

胡兒康恒斯果愛脱，與上相近。

美路斯金，又名色而皮央，客羅彌恩土也。

華蘅芳《金石識别》卷七《臬客爾》 凡臬客爾之礦，除一兩種外，皆有金光，重三至八，硬五至六，惟有一種硬三。

臬客爾之礦，形如苦抱爾之礦，惟與硼砂不成深藍色，所以有分别。

砒酸臬客爾，又名銅臬客爾，結成者六面形。常搏結，淡紅銅色，劃視之淡褐紅色，金光，性脆。硬五至五·五，重七·三至七·七。其合質，臬客爾四四，砒酸五六，有時有安的摩尼代其砒。吹火試之，氣如葱蒜臭，鍊成淡白珠，見天空氣變暗。入硝酸其皮變緑，於硝緑輕酸能消化。與鐵倍來底斯之别，因淡紅色。與苦抱倍來底斯之别，因同硼砂無藍色。與銀礦之别，因有金光。遇之於苦抱爾礦、銀礦、銅礦中，又遇之於尼斯，與白臬客爾礦在一處。

白臬客爾，又名客羅安得愛脱，其元爲一律式，結成方形，色白如錫，劃視之灰黑色。硬五·五至六，重六·四至六·七。其合質，臬客爾二八·四，砒七〇·二四。其中每有苦抱爾，能變爲斯馬兒底能，有時中有鐵，則名撒弗羅來脱，又名轄的每脱。

轄的每脱，其中有十至十二分臬客爾，一至三分苦抱爾養，十二至十八分鐵，遇之與斯馬兒底能在一處。

光臬客爾，亦砒臬客爾也。遇其結成方形，亦有搏結者，色自銀白至鋼灰，硬五·五，重六·一。其中有二十八分至三十分臬客爾，餘爲硫礦砒合爾獨府愛脱，内有三十八分臬客爾，重六·六至六·九。

臬客爾斯對平，即安的摩尼硫礦臬客爾，結成方形，亦有搏結者，鋼灰色至銀白色，硬五至五·五，重六·四五，其中有二十五至二十八分臬客爾。

安的摩尼臬客爾，結成六面形，淡銅紅色帶紫。硬五·五至六，重七·五，其中有二十九分臬客爾，而無硫礦。

臬客爾倍來底斯，或名毛倍來底斯，常遇結成細如毛，亦有結成長斜方六面形者，黄銅色，重五·二八，此爲硫礦臬客爾，其中有臬客爾六·四三。

硫鐵臬客爾，淡古銅色，重四·六，其中二十二分臬客爾。

合拉牛愛脱，亦硫礦臬客爾，又名别斯末斯臬客爾，淡鋼灰色至銀白，失光則黄，硬四·五，重五·一三。其中有臬客爾四〇·七，别斯末斯一·〇至一·四。

緑臬客爾，砒酸臬客爾也，果緑色，其中有養氣臬客爾三七·六，遇之於臬客爾礦及銅臬客爾礦中。

曷密來兒臬客爾，結爲細圓粒及鍾乳形於他石之面，明緑色，玻璃光，明或幾透明。硬三至三·二五，重二·五至二·七，此爲炭酸臬客爾，内有水二八·六，吹火試之，不鍊而失其色。遇之與客羅彌恩鐵及炭酸美合尼西養於色而并台能中。

土養臬客爾，中有硫磺，遇之於黑色苦抱爾礦。

皮牟來脱，形如泥，色緑，因中有養氣臬客爾故也。其中有臬客爾一五·六，凡科子之緑色亦爲此。

開路弗里斯，此本開而西馱能之類，其色亦因臬客爾。

凡現今所用之臬客爾，大抵皆從白臬客爾及銅臬客爾取得，或以不浄之砒臬客爾分得之，其法名斯比斯。

凡臬客爾之礦，遇之皆不多，隕星石中皆有臬客爾及鐵，其最多者有二十分臬客爾。

臬客爾之純者，皆得之以斯比斯。其法，以一分砒臬客爾與三分浄炭酸卜對斯、三分硫磺煉之，則砒與卜對斯硫磺入水能消，而硫磺臬客爾入水而不消，故以水洗之，得硫磺臬客爾。入硝酸消化之，恐其内有銅及鉛或别斯末斯，以硫輕氣放入，則銅鉛别斯末斯能降，濾過之，加炭酸卜對斯或炭酸素特，則臬客爾降於底，去其上面之水，换水洗浄之，加入多莧酸。如其中有鐵，則成二物，一爲莧酸多養鐵，一爲莧酸臬客爾，而莧酸多養鐵水中能消，莧酸臬客爾水中不消，故得莧酸臬客爾。如内有苦抱爾，則仍在莧酸臬客爾中，入多阿摩尼阿滿其量，使見天空氣，其臬客爾漸降，而苦抱爾不降，而得二倍莧酸臬客爾。熱之以升去其莧酸，得養氣臬客爾，以養氣臬客爾與木炭熱之，則養氣與炭連而得純臬客爾。或以養氣臬客爾入硝酸消化，再加莧酸，又爲莧酸臬客爾，成果緑色粉。洗浄燥之，置礶中紅之，則莧酸去而得純臬客爾。

臬客爾之純質色白，在銀、錫之間，平常不與養氣及溼氣相連，故不易鏽。

臬客爾可作攙金，其白如銀。法用銅八分，臬客爾三分，白鉛三分半，或銅八分，臬客爾二分，白鉛三分半。

凡有臬客爾攙金之器，與銀器之别，因摸之微比銀滑。銅八八，臬客爾八·七五，硫磺安的摩尼〇·七五，夕里開與泥及鐵一·七五，攙之色如白銅。

有人以中國之白銅分之，銅六五·二四，白鉛一九·五二，臬客爾一三，銀二·五。又有些微苦抱爾及鐵之迹，又有八分得銅四〇·四，臬客爾三一·六，白鉛二五·四，鐵二·六。

凡鐵中若有臬客爾，則不易鏽，若銅中有臬客爾反易鏽。

凡銅鐵器之面，皆可用電氣鋪一層臬客爾，則色白而不易鏽。

華蘅芳《金石識别》卷七《苦抱爾》 苦抱爾之金無生成自然者，苦抱爾之礦，其有金光者，重六·二至七·二，色白如錫，或鋼灰色帶銅紅色，其無金者重約三，明紅色。識别之法，凡石中有些微苦抱爾者，與硼砂同鍊，即能成深藍色料。

斯馬兒低能，又名錫色苦抱爾，其元爲一律，結成方八面、十二面形或次形。次形之變有多有少，析之成八面形，常有搏結者，有筋交錯如網羅，色錫白或帶鋼灰，劃視之灰黑色，碎之粒口。硬五·三，重六·四至七·二。其合質，養苦抱爾十八至二十三，砒六十九至七十九。其屬名星白苦抱爾，其中有九至十四分苦抱爾，燭火上燒之有砒煙，與硼砂同鍊成藍料，入硝酸成淡紅色。與密斯别葛爾及白鐵倍來底斯之别，因與硼砂鍊成藍料，又結成之式及重各異。遇其脈與苦抱爾礦、銀礦、銅礦在尼斯中。

苦抱爾低能，砒硫苦抱爾也。色銀白而向紅，其中有三十三至四十七分苦抱爾，遇其結成之形如圖。

苦抱爾倍來底斯，即硫磺苦抱爾，結成方形，淡紅或鋼灰色，硬五·五，重六·三至六·四，别名力能愛脱。

雖布來脱，鋼灰色微帶黄，其硫磺比力能愛脱少。

養氣苦抱爾，土形搏結，色黑或藍黑，入緑輕酸消化，放出緑氣。遇之如土與養孟葛尼斯合，有人誤以爲養銅，有時遇之與硫磺苦抱爾在一處。其合質是和合，故無定，有一處礦，其中養苦抱爾二四，養孟葛尼斯七六，或養苦抱爾四十，其餘爲養臬客爾，養孟葛尼斯，養銅，養鐵，有時在希美台脱遇之。

伊來率林，多砒酸苦抱爾也。其元爲一斜形，結成之形析之最全備，有片類者，其頁只有一面可彎。亦附於他石之面，如栗如星，桃紅色或殷紅色，間有灰色、緑色者，劃視之比本色稍淡，頁者珠光，土形者無光，明一至三，硬一五至二，重二九五。其合質，養苦抱爾三七六，砒酸三八四，水二四。熱之有砒煙，與硼砂同鍊成藍料。其土形者亦名桃花礦，因其色似桃花也，亦名紅苦抱爾土。與安的摩尼礦之别，因吹火試之不能全升。與紅銅礦之别，因與硼砂同鍊能成藍料，且銅礦色稍暗。遇之與鉛礦、銀礦及他種苦抱爾礦在一處，此爲苦抱爾之好礦。

羅士來脱，形略如伊來率林。

少砒酸苦抱爾，其合質爲少砒酸及養苦抱爾，此爲別種苦抱爾礦所變。
硫酸苦抱爾，其合質硫酸與養苦抱爾及水，肉紅色或股紅色，其味澀。
凡苦抱爾，大約皆得之於二種砒苦抱爾礦。
苦抱爾之純質無甚用處，因其與他金攙合，俱變爲脆故也。
養氣苦抱爾或夕里開養苦抱爾，可作磁色。
法以不浄之苦抱爾礦入倒焰爐中熱之，以升出其砒及硫磺，得未浄之養氣苦抱爾。每一分和火石粉二分，研細即可作磁色。
又法以礦磨碎燒過，入重硫酸熱之半點鐘，得硫酸苦抱爾，入水能消，先以炭酸卜對斯消化於水，加入消化之硫酸苦抱爾水，其中若有鐵則能降，濾清之，加夕里酸卜對斯，則夕里開與苦抱爾連而降。
附作夕里酸卜對斯法，用浄卜對斯十分，科子細粉十五分，木炭粉一分，研和置礶中燒之即成，入水能消化。
作深藍色料法，以未浄之養氣苦抱爾與玻璃同鍊即成，或以養苦抱爾礦與卜對斯及玻璃粉等分研和，即可作磁色。
凡鍊取養氣苦抱爾時，其砒升出，可使入一空房，結成砒霜。
苦抱爾礦若多，則堆之空地，使見天空氣，日久其中雜質與養氣化合而去，能變爲浄養苦抱爾。

華蘅芳《金石識別》卷七《白鉛》 白鉛無生成自然者，遇其礦每與硫磺、養氣、炭酸、硫酸、夕里開等物相連，亦有與哀盧彌那相連者，則爲斯比偶兒之屬。凡白鉛之礦，吹火試之不鍊，即鍊亦甚難，惟吹之於木炭上，則有養氣白鉛，如白煙升出，其礦重不過四·五。

白倫脱，硫磺白鉛也。其元爲一律式，結成之形爲十二面如圖。

析之亦爲十二面，有搏結者，亦爲筋蠟黄色，或褐黄至黑，間有紅綠色者。劃視之，白色至紅褐色，松香光及蠟光。析面光明，有時有次金光，明一至四，性脆，硬三·五至四，重四至四·一。有摩擦之有電氣者，有以毛摩之有黄光如燐者。其合質，白鉛六六·七二，硫磺三三·二八。其暗色者内有硫磺鐵，又其内屢遇有數分硫磺開特彌恩，紅色者開特彌恩多。吹火試之不鍊，硼砂點之亦不鍊。入硝酸能消化，有磺輕氣出。若用猛火燒之，則白鉛化煙而出。識別之法，因其蠟光，及結成之式析之分明，又火試之不鍊，皆與他礦異，故易辨。其暗色者與錫礦之別，因不如錫礦硬。其結成明紅色者與茄納之别，因可剖析及無茄納之硬，而火試異。遇之於新舊各石層中，大約與鉛礦、銅礦、鐵礦、錫礦、銀礦相近。

此白鉛之好礦也，雖鍊之不如開來鐵之易，而可如鐵倍來底斯之法，作硫白鉛。

尋克愛脱，又名紅養白鉛。其元爲三律式，結成塊形，或撒開在石中，析之如枚格。其頁脆，分之不甚易，深明紅色，劃視之橘黄色。其薄頁照視之深黄色，半剛光，明三至四，硬四至四·五，重五·四至五·五六。其合質，白鉛八○·三，養氣一九·七，吹火試之不能自鍊，同硼砂成明黄料，入硝酸消化不生氣。與紅斯底兒倍脱之別，因不能獨鍊及所在之處異。

此爲白鉛之好礦，如多，可用以取得白鉛，亦可用以作硫酸白鉛。

服爾斯愛脱，硫養白鉛也。遇其結成圓粒不浄之紅色，碎面珠光。

硫酸白鉛，其元爲三律式，結成斜方底形，目目面交角九十度四十一分。析之平行全備，色白，玻璃光，入水易消，味澀有鉛腥，令人吐。性脆，硬二至二·五，重一·九至二·一。其合質，養白鉛二一·八○九，硫酸二七·九七，水四三·九四，熱之木炭火中，有白煙降於炭。遇之於白倫脱，爲白倫脱所變成，可作藥材及染色。生成者不多，故有以白倫脱作之者，惟不能浄，不如以硫酸作之，法以水硫酸消化白鉛時，調之使結成碎形，其名白微得利來脱。

炭酸白鉛，其元爲六角式，夕夕面交角一百○七度四十分，析之全備，有搏結者，或於石面爲皮，或爲腰子塊及鍾乳形。其色白而不浄，或綠褐，劃視之無色，玻璃光或珠光，明二至三，性脆。硬五，重四·三至四·四五。其合質，養白鉛六四·五四，内有五分之四浄白鉛，炭酸三五·四六，屢微有開特彌養，吹火試之不鍊而能升，入硝酸發泡消化。摩擦之有非極電。與他種礦之別，因入酸發氣，與炭酸鉛及他種炭酸金之別，因較硬且難鍊而能升。遇之與鉛礦及白倫脱在灰石中。

白鉛花，土形之炭酸白鉛也，内有六十九分養白鉛，十五分水。

開來巒，夕里開白鉛也。其元爲三律，結成斜方底柱，柱之頂底次面不同。目目面交角一百○三度五十四分，析之與目面平行能完全，有搏結者，亦於他石之上結爲乳形帶形，色微白至白，或藍綠褐色，劃視之無色，明一至三，玻璃光半珠光，性脆，硬四·五至五，重三·三五至三·四九，熱之有電氣。其合質，夕里開二五·一，養白鉛六七·四，水七·五。吹火試之，徐起泡有綠色，燐光不能自鍊。與硼砂能成明料，入硫酸熱之消化，冷則成膏形，與炭酸灰哀來果奈脱之別，因其酸試異。與齊河來脱之別，因不能獨鍊，與開而西馱能之別，因此較輭而入酸作膏，遇之於鉛礦中。

此礦大有用，可以得白鉛。

月里每脱，無水之夕里開白鉛也。遇其結成之頂底爲六角類，色黄或褐，硬五至五・五，重四至四・一。其合質，夕里開二七・一五，養白鉛七二・八五。

阿白愛脱，此石最少，灰白色結成，亦有摶結者，遇之於開來鑾，想是燐酸白鉛。

弗蘭葛林奈脱，已詳鐵類，其中有白鉛。

星來刻而斯愛脱，小結成如針，礬緑色，其合質水，炭酸，白鉛，銅。

白鉛，西人俗名斯背而脱，西國古時，不知用此，有從中國去者，始知其用。

現今所有之白鉛，大約皆從炭酸白鉛礦，夕里開白鉛礦得之。

硫礦白鉛礦，往時不能得其白鉛，今英吉利已有新法，可以取出其白鉛。

花旗白鉛礦，有開來鑾及炭酸白鉛。

鍊法，先以礦打碎，揀去雜石，入倒焰平底爐，烘之炒之五點六點鐘，升去其水及炭酸取出。每七分烘過之礦，和一分木炭粉，再入鍊鉛爐中鍊之。

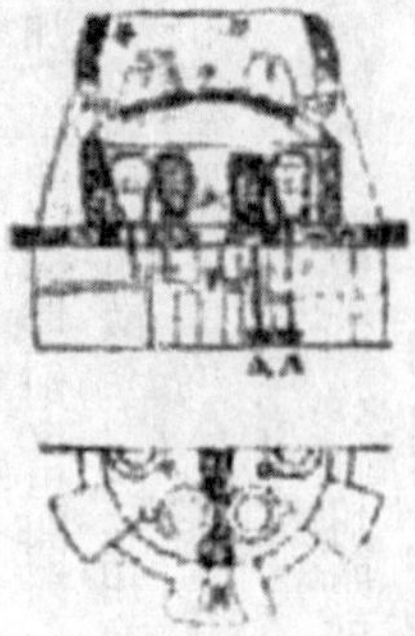

英吉利鍊白鉛之爐，其式如圖，上爲側形，下爲平形，爐頂圓如甲，中容六箇礶如乙，其礶置於爐之底面丙，礶底各有一鐵管如丁，其下至一水碗如戊，鐵管下半節可拆換，以防其塞。爐頂當礶處有洞如己，庚爲爐門，辛爲出灰之門，壬爲爐柵，癸爲煙通，煙自已出，歸於煙通，煙通當已處有門如子。爐頂之旁，另有門可容礶出入，既安好礶，即堵塞之，故圖中不見。礶底之眼先以木塞之，而後安礦，安礦即從子門已孔内安之，礶各有蓋，初時開之，燒至礶上有藍火，即是白鉛升出，急蓋之，其白鉛先化氣而升至蓋，從礶内旁流至底，底之木塞燒去，則礶底自通白鉛，從鐵管中點滴而下，至水碗而凝。鐵管如塞，可用紅鐵條通之，大約一爐須鍊三日，鍊好一爐，其礶不必換，再可添礦鍊之，其礶約可用三箇月方換，每礦百斤可得白鉛二十五至四十斤不等，此英吉利鍊白鉛之法也。

法蘭西鍊白鉛之法，其礶如筩，長三尺，徑四寸或六寸，横置爐中，四面俱有火。

取白倫脱中之白鉛法，先以白倫脱入倒焰爐中烘炒之，爐底寬八尺，廣十

尺，鋪礦厚數寸，一面燒，一面炒，毋停手，十點至十二點鐘取出。每烘好之白倫脱一分，和烘好之開來鑾一分，再加木炭粉二分，如前法入礶鍊之，此英吉利新得之法。

以銅及白鉛礦同鍊，可徑得黄銅。法用銅及烘好之開來鑾和木炭，入礶鍊之，計四十磅銅，六十磅開來鑾，得六十磅黄銅。

以銅及烘過之白倫脱，亦可徑鍊得黄銅，惟不甚浄。有人云以銅倍來底斯與白倫脱烘而鍊之，亦能得黄銅，惟其黄銅亦不甚佳。

花旗之黄銅，非徑由礦鍊得，乃以白鉛與銅攙合而成，其股劑之數詳見銅。

白鉛之性，平常熱度時性脆，熱之至二百十二度則輭，可碾成薄片及條。

白鉛之片可作屋，比鉛不易蝕，而硬而輕，故用之勝於鉛，惟不可經火，故人煙稍密處，不恒用以作屋，而空曠處恒用之。

天竺國有一攙金，用銅十六，錫二相握，每三分再攙白鉛十六分，名曰别奪利。

養氣白鉛可作漆色，與鉛粉無二。

有一種不浄之養氣白鉛，名開特彌耶，得於鍊鐵火爐之横煙通中，因鐵礦中有白鉛升出而結成也。有一處於收拾煙通時，取得一塊，重六百磅。

華蘅芳《金石識别》卷七《開特彌恩》 開特彌恩，其金甚少，其礦只有一種。

合里那格愛脱，結成六面柱，柱頂尖削，色黄。其面光明，幾透明，硬三至三・五，重四・八至四・九。

開特彌恩，屢次遇其在白鉛礦、白倫脱及開來鑾中，有人於黑筋之白倫脱中，分得開特彌恩一分半至一分八。

開特彌恩之純質，色白如錫，硬而不脆，可作箔及絲，磨之能光。重八・六〇四，打之重八・六九四。鎔度近錫，升度近水銀，其氣無臭，降成細粒，有金光。

取法，以其礦入硫酸或緑輕酸消化，再加本酸滿之，以硫輕氣放入，則硫礦與開特彌恩隆得硫礦開特彌恩，入硝酸消化，見天空氣漸乾，得燥硝酸開特彌恩，入水消化，加炭酸阿摩尼阿，則炭酸與開特彌恩降爲粗粉，熱之至紅，則得養氣開特彌恩，以養氣開特彌恩和木炭粉燒之，得純開特彌恩。

華蘅芳《金石識别》卷七《鉛》 鉛之生成自然者少，與硫礦相連爲礦者多，有與砒及脱羅里恩、西里尼恩相連者，亦有與幾種酸合爲礦者。其礦重五・五至八・二，硬不過四，有金光者，除松香鉛礦之外，皆易鍊。同炭酸，素特燒於木炭火，能得鉛，即不用素特，亦能得鉛。吹以外火有黄煙，燒之於木炭火中，炭上有黄色。

生鉛，最少，結成薄片或珠，重一一·一三五。遇之於火山石中及呆里那，泥石中亦有之。

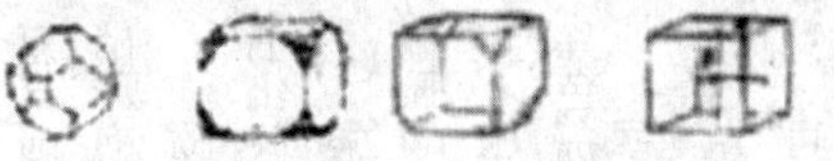

呆里那，硫磺鉛也，其元爲一律式，結成如圖。析之易成方形，能分明，亦有粗粒細粒者，筋類甚少，鉛灰色，劃視之亦鉛灰色，明金光，性脆，硬二·五，重七·五至七·七。其净者合質，鉛八六·五五，硫磺一三·四五。其中屢有硫磺銀，則謂之銀呆里那，有時中有硫横白鉛，吹火試之有細細裂聲，先出硫磺煙，後得鉛珠。與銀銅礦之別，因剖析之成方及粒形，又因火試有硫煙，能得鉛。遇之於合拉尼脱、尼斯、灰石、泥石、砂石中，屢與白鉛礦、銀礦、銅礦在一處，科子、重斯罷、炭酸灰爲其呆匹，有時其呆匹爲夭羅而斯罷。

有處取呆里那，因欲得其中之銀，非專爲取鉛也。

花旗之呆里那鉛礦，遇之與泥鐵、石鐵、倍來底斯、開來蠻、白倫脱、炭酸鉛、硫酸鉛、銅、苦抱爾礦在一處，花旗看鉛礦之法，其地見丐而刻斯罷少，其下當有鉛礦。如丐而刻斯罷多，其下鉛脈小，或但有灰石而無鉛。若見紅色鐵土，其中亦當有呆里那。若見美合尼西灰石中或微有鉛，其下亦應有鉛脈。若於石面見青黑花形，及平地有一條隱隱隆起如山，或有一條凹下，或見其地有一種獨異之草木，自成一路，此皆有鉛之據，掘深三四十尺尋之。現今花旗所出之鉛，皆於呆里那得之，呆里那研碎和泥水，可作粗磁油色。

銅鉛石，呆里那之屬也，內有二十四分硫磺銅，凡砒鉛及西里尼恩鉛與脱羅里恩鉛，此三種吹火試之有煙，能鍊得鉛珠，詳之如下。

苦抱爾鉛礦，亦砒鉛也，內微有一些苦抱爾，吹火試之有砒臭，重八·四四。

土弗里奴斯愛脱，砒硫磺鉛也，結成十二面形，暗鋼灰色，重五·五五。

客羅斯對來脱，亦名西里尼恩鉛，鉛灰色，碎之粒口，重七·一九，吹火試之，有西里尼恩氣。

西里尼恩銅鉛石，共有三種。一種重五·六，一種重七，一種重七·四。吹火試之，皆有西里尼恩臭，又有銅之迹、鉛之迹。

西里尼恩水銀鉛，結成圓粒，析之可成片，亦有搏結者，色自鉛灰鐵黑至藍。

脱羅里恩鉛，錫白，可剖析，重八·一六。

頁脱羅里恩鉛，頁形如白倫倍果，黑鉛灰色，劃視之亦黑鉛灰色，硬一至一·五，重七·〇八五。其合質，脱羅里恩三二·二，鉛五四，黃金九，其中屢有銀銅礦。

養氣鉛，又名密尼恩，粉形，明紅色，重四·六。其合質，養氣一股半，鉛一股。吹以輕養火，能鍊得鉛。遇之常與呆里那在一處，有時炭酸鉛礦中亦有之，可作漆色，生成者不多，現今所用大抵是做成者。法以鉛入倒焰爐中燒之，調之得黃色養鉛，以黃色養鉛置鐵礶中，再入爐微烘之，即成紅色養鉛，以炭酸鉛作之更佳。

鉛土，粉形，色黃，一股養氣鉛也。置礶中熱之，冷則結緊而硬，有一半玻璃形，名立雖而其。

做成之黃色養鉛，更有一種名麥西各，法以鉛鎔之，掠其上面之灰熱之，見天空氣則變黃。

安合利雖脱，硫酸鉛也。其元爲一斜形，析之不能分明，力力面交角一百〇三度三十八分，屢有結成細長線形，一頭牢於石如植者，亦有搏結乳形、粒形者。色白或微灰，或微綠，剛光或帶松香、玻璃光，明或不甚明，性脆，硬二·七五至三，重六·二五至六·三。其合質爲硫酸及鉛，其净者約有七十三分養鉛，與炭酸素特同鍊成料油及鉛。與齊河來脱，哀來果奈脱及他種土金類之別，因重而火試可得鉛。與炭酸鉛之別，因入硝酸不消化，不發泡。遇之常與呆里那連，即呆里那變成。

銅安合利雖脱，最少，析之只有兩方向，其交角一百〇二度四十五分。天藍色，重五·三至五·五。其合質水，硫酸，銅，鉛。

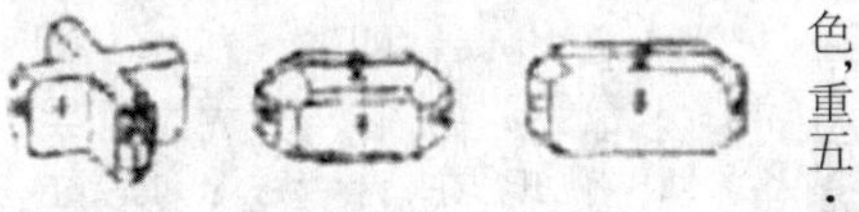

西路雖脱，炭酸鉛也。其元爲三律，結成横柱如圖，目目面交角一百十七度十三分，目子面交角一百二十一度二十四分，未未面交角一百四十度十五分。屢有合形，或有六面柱形，如哀來果奈脱。其合形有如十字者如圖，亦有六出者，亦有搏結者，其筋類少。白灰色，明暗皆有，剛光，性脆，硬三至三·五，重六·四六至六·四八。其合質，養鉛八三·四六，炭酸一六·五四。吹火試之有細裂聲，鍊得細鉛珠，入淡硝酸發泡。與安得里斯愛脱之別，因重而自能鍊得鉛，又入酸發泡，其玻璃光不甚明。遇之與呆里那及生銀礦、燐酸鉛在一處。此礦若大，可以取得鉛，其好者內有七十五分净鉛。入酸鉛，可作漆中之白色，現今所用大半是做成者。法以葡萄酸或醋置器中，懸鉛片於其上，則鉛面起白粉，即炭酸鉛也。

作炭酸鉛又法，以立雖而其於醋中消化，即成醋酸鉛，以醋酸鉛消化於水，放炭酸氣過之，則炭酸與鉛連而隆，而醋酸在水中。

炭酸鉛與硫礦具而以養，作漆中白色。

待屋克西來脱，硫炭酸鉛也，結成者析之與底平行，白灰色，重六・二至六・五，内有七十一分炭酸鉛。

勒地來脱，硫礦多炭酸鉛也。白灰色，形如石膏，重六・八至七，内有四十七分炭酸鉛。

御里駄奈脱，結成藍緑色，重六・四，其合質爲銅硫、炭酸鉛。

倍路莫非脱，燐酸鉛也。結成六角柱形如圖，析之與旁面平行不分明，常搏結，或附於他石之面，如珠如星。色明緑或褐，有時與客羅彌恩酸相連，則橘黄色，劃視之白色。松香光，明一至四，性脆，硬三・五至四，重六・五至七・一。褐色者其合質養鉛七八・五八，緑輕酸一・六五，燐酸一九・七三。吹火試之，於木炭上能鍊，冷則結成，仍有稜角。吹以内火有鉛煙。同硼砂酸及鐵鍊之，得燐酸鐵及鉛。與倍里爾鴨不對愛脱之别，因重而火試異，遇之於鉛礦處。其名取火形之意。埋密低能，砒酸鉛也，形如倍路莫非脱，色淡黄至褐，硬二・七五至三・五，重六・四一，吹火試之有砒臭。

喝地非恒，砒燐酸灰鉛也。内有二分緑氣，搏結無常形，色白，剛光，硬三・五至四，重四・五至五・五。

客羅科雖脱，客羅彌酸鉛也。結成斜柱形，亦搏結，明紅色，劃視之橘黄色，明第三，硬二・五至三，重六。其合質，客羅彌酸三一・八五，養鉛六八・一五。入硝酸消化成黄色，吹火試之變黑，鍊成黑色料油，碎之中有細細鉛珠，遇之於尼斯。

做成之客羅彌酸鉛法，以客羅彌，卜對斯消化於水，又以醋酸鉛或硝酸鉛亦消化於水并之，則客羅彌酸與鉛相連，可作漆畫之色。

彌蘭客羅愛脱，結成合形如網，暗紅色，劃視之土紅色，重五・七五，内有客羅彌酸二三・六四。

服客利奴愛脱，遇其小小結成，有搏結塊形者，亦附於他石，如乳如粉，暗緑黑色，硬二・五至三，重五・五至五・八，内有客羅彌酸銅鉛。

免迭倍脱，色白黄紅，幾不明，珠光，重七至七・一。其合質，緑氣鉛三八・四，養鉛六一・六。

可多每脱，亦緑氣鉛也，色白，結成如針。在火山石中，内有七十四五分鉛。

角鉛，客羅彌酸炭酸鉛也。結成者白色，剛光，重六至六・一，遇之於他鉛礦中。

目力别迭酸鉛，結成八面形，亦有搏結者，昏黄色，松香光。其合質，目力别迭酸三四・二五，養鉛六四・四二，遇之於鉛礦中。

西里尼酸鉛，結成細粒，硫黄色，吹火試之有西里尼恩氣，鍊得鉛珠。

凡奈弟奈脱，即凡奈弟酸鉛，結成六面柱形，如倍路莫非脱，立於他石如植，黄色至紅褐色，硬二・七五，重六・六至七・三。

東斯天酸鉛，結成方八面柱形，色緑灰紅黑，松香光，硬二・五至三，重七・九至八・一。其合質，東斯天酸五一，鉛四九。

松香鉛，結成塊粒形，色黄紅褐，松香光，硬四至四・五，重六・三至六・四。其合質，養鉛四〇・一四，哀盧彌那三七，水一八・八。遇之於鉛礦中，與苦抱脱在一處。

凡現今所有之鉛，大約皆從呆里那取出，取得之法甚易，不過先揀去其呆呫之大塊者，乃磨碎而淘之。

焰爐烘之，使見天空氣，則礦化氣去，燒成未浄之養鉛，形如渣滓，取出和石灰，再入木炭火中鍊之四點鐘，初兩點鐘不用猛火，且要天空氣，後則蓋之而用猛火，即鍊得鉛，此英吉利之法也。

花旗新法，用熱風猛火爐鍊之，價廉而速。

普魯斯法，以礦入倒焰爐鍊之，加鐵屑二十八分，以收其硫礦，速而省力，惟鐵則從此無用矣。

鉛中分銀之法，詳見銀。

華蘅芳《金石識别》卷七《水銀》 有自然純質者，有與銀和合者，有與硫礦緑氣愛阿靛化合者，其礦除内有銀者，皆易升。

自然水銀，西名美客而林。其元爲一律式，結成八面形，流者如珠，散開於呆呫中，色錫白，重一三・六。冷至負三十九度成定質，打之輭，吹火試之全升，入硝酸易消化，遇之者不多，不過於他種水銀礦中，時有些微可用，以分鍊金銀，作鏡，作表，作藥。

銀汞礦，結成十二面形，色銀白，硬二至二・五，重一〇・五至一四。内有六十四至七十二分水銀，二十八至三十六分銀。

阿已來脱，亦銀與水銀和合，内只有十三分半銀，其外皆水銀。

惜納拔，硫礦水銀也。其元爲六角類，夕夕面交角七十一度四十七分。析之與底平行能全備，屢有鼓磴塊及六面柱，亦搏結，有土形者。其光無金形，結成者剛光，昏暗者多，色自明紅至褐紅及褐黑，劃視之紅色，明二至四，硬二至二·五，刀能劃之，重六·七至八·二。其凈者合質，水銀八六·二九，硫礦一三·七一。其中屢有雜質，若劃視之色如肝者，内有泥炭雜質，凈者吹火試之全升，與紅養鐵及客羅彌酸鉛之别，因火試升得水銀。與硫砒之别，因火試無葱臭。遇之於台而客泥石層，新舊各層皆有之，因水銀及硫礦見熱皆易升，故火山石中少，然合拉尼脱中亦偶有之。

凡水銀，大抵得於此礦者居多。花旗金山之水銀礦，在近山頂處高一千二百尺，在緑色之台而客中有一層黄土，厚四十二尺，其中有惜納拔，計一年可得二百萬磅，此礦除取其水銀之外，研細可作顔料。

角水銀，緑氣水銀也，結成方面或次形。其韌如角，淡黄灰色，剛光，明三至四，硬一至二，重六·四八，内有水銀八十五分。

愛阿靛水銀，紅褐色，此礦最少。

西里尼水銀，暗鋼灰色，吹火試之有西里尼恩臭，全升。

凡取水銀礦，衹能作小洞僅容人，不能作大洞，因其石必脆故也。

惜納拔中，每有石油及自然水銀，取礦時每有水銀點滴落下，可承取之。

去呆[口五]之法，舊時作一圓窑，徑四十尺，高六十尺，周圍有小屋附於窑旁，有洞相通。其小屋方十二尺，有門可出入。以礦打碎置土罐中，堆於窑中燒之，則水銀化氣而出至小屋中，遇冷而降，此舊法也。惟其窑及小屋總不能一點不走氣，所以水銀每有漏洩。

新法以礦粉和石灰，置鐵筒中燒之，使其氣入水，冷則結而沈下。

有一處惜納拔水銀礦，在黑色泥石中視之，絶不見有水銀之形，而鍊之所得甚多。

華蘅芳《金石識别》卷七《銅》　銅之生成自然者多，有與硫礦及西里尼恩相連者，亦有與數種酸相連者。

凡銅礦重三·五至八·五，硬過於四者少，同硼砂在外火色變緑者多，内火吹之火色昏紅，同素特燒於木炭火能鍊得銅珠。有時銅礦生有别種金在内，則其鍊得銅珠爲他金所包，不見銅，須用硼砂及錫箔點之，則銅見。其礦入硝酸能消者，以磨净之鐵入内試之，鐵上有銅色，入阿摩尼阿消化水變藍色。

自然純銅，其元爲一律式，結成八面形，不能剖析。大如盃，其細筋如毛如花，紅銅色，打之能扁，引之能長，硬二·五至三，重八至五·八。其中微有銀，吹火試之易鍊，冷則外面遇天空氣而黑，入硝酸消化，入阿摩尼阿水消化成藍色。遇之每與銅礦相近，恒在石層之近結成石突。出之處有時遇大塊重數百噸，數年前花旗遇一山，全是銅，因擊之甚難，不如他礦之易取，故取之者少。有時其脈走入脱拉潑内之鴨捺而西姆及潑里奈脱中，作結成。其中有銀者，磨平之可見，其形或如線，或如點，與巴弗里内之有非而斯罷之形相似，此種攙合之形，非人工所能爲，因人所攙者，皆點點相和，不能成紋理也。意其初時，必銅與銀俱鎔，因其減熱極遲，二物之凝度不同，必有一物先凝，一物後凝，故成此形，蓋脱拉潑面上有火山石蓋之，故熱大而不易冷也。

玻璃銅礦，其元爲三律式，目目面交角一百十九度三十五分，析之與旁面平行不分明，亦有結成合形者，常摶結，黑鉛灰色，劃視之亦黑鉛灰色。有時有金光，屢有失光成藍緑色者，硬二·五至三，重五·五至五·八。其合質，硫礦二〇·六，銅七七·二，鐵一·五。吹火試之，有硫礦煙在外火，發泡，易鍊得銅珠。入硝酸熱之能消化，其硫礦沈於下。與玻璃銀礦之别，因碎之其面不如銀礦明，而火試亦異，又銅礦消化於硝酸。以鐵試之，鐵上有銅色，若銀礦消化於硝酸。以銅試之，銅上有銀色，故易辨。遇其礦於藏或脈。藍銅礦，又名可弗林，摶結，昏藍黑色，重三八，内有六十五分銅。

海里雖脱，亦玻璃銅礦也，惟其形爲八面形，想是從呆里那之形借來，是假式也。

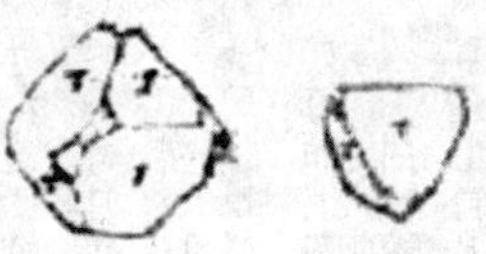

銅倍來底斯，硫鐵銅礦也。其元爲二律式，結成四面形或八面形如圖，丁丁面交角一百〇九度五十三分，又一百〇八度四十分，析之分明。亦有假式數種，銅黄色，失光則爲深黄色，或青紅紫緑變色。劃視之無金形，緑黑色，微明，硬三·五至四，重四·一三至四·三五。其合質，硫礦三四·九，銅四四·六，鐵三〇·五。吹火試之，鍊成之物能吸鐵，因中有鐵故也。吹於木炭上有硫礦煙，同硼砂鍊之能得銅，入硝酸熱之能消化。與生金之别，因切之不能成片。與鐵倍來底斯之别，因黄色深而刀能列之。遇其脈於合拉尼脱，合里滑克等結成石中，大約每與鐵倍來底斯、呆里那、白倫脱、炭酸銅在一處，其礦亦有在尼斯内之色而并台能石中者。

辨此礦之法，色細黄而輭者，其中銅多。若色淡而硬者，鐵多銅少。此礦除得銅之外，每用以作硫酸銅，其法與以鐵倍來底斯作硫酸鐵之法同。

久倍能，其合質硫礦三九，鐵三八，銅一九·八，夕里開二·三。

以盧倍雖脱，亦名紋倍來底斯，其元爲一律式，結成者析之爲八面形不能全，有結成方形及八面形者，亦有搏結者。色自銅紅至褐色，劃視之淡灰黑色，其面微有光，遇電氣則失光，性脆，硬第三，重五。其合質，硫磺二五・七，銅六二・八，鐵一一・六。吹火試之，鍊成之物吸鐵能引之。吹試於木炭上有硫磺煙，入硝酸消化。與銅倍來底斯之別，因淡紅黃色。遇之與他種銅礦同在合拉尼脱等結成石中，疊層中亦有之。

替脱來希奪來脱，結成鼈臑形及其次形如圖，析之似有八面形。色在鋼灰、鐵黑之間，劃視之亦然，性脆，硬三至四，重四・七五至五・一。其合質，硫磺二六・三，銅三八・六，安的摩尼一六・五，砒七・二，銀、鐵、白鉛一・五。有時有三十分銀代其銅者，謂之銀灰銅礦，砒自無至十，有一種内有十分白金，又一種有水銀二・七。吹火試之，有砒安的摩尼煙，鍊得銅珠，研粉入硝酸消化，褐緑色。與灰銀礦之別，因火試、酸試各異。此礦取之者因得銅，或因欲得其銀。

婆兒奴愛脱，結成扁方形，輳合如輪輻。鋼灰色，劃視之亦鋼灰色，硬二五至三，重五・七六六。其合質，硫磺二〇・三，安的摩尼二六・三，鉛四〇・八，銅一二・七。

安的摩尼銅，結成之紋理如線，暗鉛灰色，内有二十七分安的摩尼，又有内有砒者。

台難得愛脱，結成十二面形，暗鉛灰色，劃視之灰紅色，面光，内有銅、鐵、硫、砒。

馱彌蓋脱，砒銅。

西里尼恩銅，光色白如銀，内有六十四分銅，吹火試之有西里尼恩氣味。

紅色銅礦，養氣銅也。其元爲一律式，結成常爲八面之次形及十二面形如圖，析之成八面形，有搏結及土形者，深紅色，劃視之褐紅色，剛光及次金光或土光，明二至四，性脆，硬三・五至四，重六。其合質，銅八八・八，養氣一一・二。吹火試之於木炭上，能得銅珠，入硝酸消化。與惜納拔之別，因火試不升。與紅色鐵礦之別，因火試酸試，有銅形。遇之與他種銅礦在一處，其八面形者在麥來蓋脱中，所以其面每有緑色。

黑銅礦，亦名低奴來脱，亦養氣銅也。粉形土塊如葡萄，暗黑色，内有六十至七十分銅。遇之於他銅礦之脈，因硫磺銅礦變化而成，可以得銅。凡養氣銅最易鍊，只要木炭而已，此礦入硫酸，可徑作硫酸銅。

硫酸銅，其元爲三斜式，結成柱形，亦有附於他石之上者。深明藍色，劃視之無色，明二至三，玻璃光，入水能消化。嘗之有金味，令人吐，硬二至二・五，重二・二一。其合質，硫酸三二・一，銅三一・八，水三六・一。消化於水者，以鐵試之有銅色。遇之於硫磺銅礦相近，是硫磺銅變化所成也。水自石隙中來，水中屢有消化之硫酸銅。

凡硫酸銅，可用以染色印花，可使木不朽，可使肉不爛。

現今所用之硫酸銅，大抵皆做成者居多，法以銅屑入淡硫酸水熬之，則消化，冷而凝結即成。或以銅溼之，以淡硫酸置之熱處，乾則再溼之，久則消化，以水熬之，凝成塊。

水中若有硫酸銅多者，亦可熬得之。

流水中有硫酸銅，可以鐵換得之。其法，於水之經過處，掘地作坎，坎中置鐵五百噸，一年之久，其鐵盡消化，變爲紅色之土，每噸鐵能得土一噸半或二噸，其每噸土内有一千六百磅浄銅。有一處用鐵二十四萬磅，換得銅十八萬磅。

白羅蓋得愛脱，亦硫酸銅，結成長斜方底形，鼓磴塊，色緑如曷密來兒。水中不能消化，内有十七分半硫酸，吹火試之變黑，不鍊。

客里蘇肥蓋脱，可泥蓋脱，亦硫酸銅之屬。

麥來蓋脱，炭酸銅也。其元爲一斜式，常附於石面，亦有搏結如葡萄、鍾乳形。直破之無筋，横破之有筋，其筋絲光，亦有形如土者。色淡緑，劃視之緑色更淡，搏結者不明，結成者明第三，剛光微帶玻璃光，土形者無光，硬三・五至四，重四。其合質，炭酸二〇，養銅七一・九，水八・一。入硝酸消化如沸，吹火試之有細細爆裂聲，變黑成硬灰，同硼砂鍊成深緑色料油及細銅珠。識別以其銅緑色及遇於銅礦中，與客里蘇各落之別，因入硝酸全消化，生氣連而色不帶藍。常遇之於銅礦之面爲皮，如厚者其色佳，惟結成完全者甚少。

夕里西炭酸銅，藍色，重三・六九至三・八七。其合質，銅三・五七，炭酸一〇，水一〇，鐵一五・七，養氣七，硫磺八，夕里西恩一三。

凡麥來蓋脱之礦不恒，以之分得銅，因其銅易與炭酸升去故也。磨光之可作器中鑲嵌，亦作桌面花瓶之類，作僞者以之假推而廓，惟不如推而廓之硬，故易别。

愛如來脱，藍色之炭酸銅也。其元爲一斜式，結成之形如圖，析之與邊平行，亦有搏結如土者，深天藍色，劃視之亦藍。明或微明，玻璃光微帶剛光，性脆，硬二・五至四・五，重三・五至三・八五。其合質，炭酸二五·六，養銅六九·二，水五·二。火試、酸試皆如麥來蓋脱，遇之於銅礦中，結成者其色最佳，可作顔色，此石若多，是好礦也。

客里蘇各落，夕里開銅也。常於他礦爲皮，有摶結如土塊、粒形者，亦有在石中如帶及點者，無結成，無金形。其面光平，明緑色及藍緑色，亦有土光者，明三至暗，硬二至三，重二至二·三。其合質，養銅四〇，夕里開三六·五，水二〇·二，炭酸二·一，養鐵一。其質係是和合，故各物有無多少無一定。吹火試之變黑，不鍊，硼砂點之微鍊，入硝酸不生氣，不能全消化。與麥來蓋脱之別，因入硝酸不生氣。遇之於銅礦中，其净者内有三十分銅，不净者十分銅，此石若多，亦爲好礦。

此礦用石灰作弗拉克斯，易鍊。

台屋不對斯，亦夕里開銅也，結成六面形，夕夕面交角一百二十度二十四分，明緑色，玻璃光，劃視之亦緑，明或微明，硬五，重三·二八。

以上各種皆有大礦，以下均爲小屬。

油客羅愛脱，砒酸銅也，色如曷密來兒緑。内有多養砒三十三分，養銅四十八分，結成斜方底柱，硬三·七五，重三·四。

厄非尼雖脱，色自暗緑至暗藍，硬二·五至三，重四·一九。内有多養砒三十分，養銅五十四分。以勒奈脱，結於他石之面如乳，色如曷密來兒緑，硬四五至五，重四·〇四。其中有多養砒三三·八，養銅五九·四。

來客羅奈脱，結成如油客羅愛脱，有一寸大者，色自天藍至礬緑，硬二·五，重二·八至二·九。其中有多養砒一四，養銅四九。

屋劣物奈脱，結成三稜形，絨皮，橄緑色，硬三，重四·二。其中有多養砒三六·七，養銅五六·四。

銅枚格，頁形如枚格，色如曷密來兒緑或草緑，硬二，重二·五五。其中有多養砒二一，養銅五八，水二一。

銅沫，淡果緑色或礬緑色，析之能全。其合質，多養砒二五，養銅四三·九，水一七·五，炭酸灰一三·六。

康駄來脱，色褐黑或藍。

以上皆砒酸銅之類，吹火試之於木炭上，皆有砒臭。

燐酸銅，又名假麥來蓋脱，結成之角最鋭，亦附於他石之面。色如曷密來兒緑或黑緑，硬四·五至五，重四·二，其中有養銅六十八分。

來別非奈脱，結成鋭三稜形，亦摶結，暗橄緑色，硬四，重三·六至三·八，其中有養銅六十四分。

弗倫蒲來脱，結成緑色。其中有養銅三十九分。

以上皆燐酸銅之類，吹火試之無煙，熱之有燐酸之形迹。

緑氣銅，又名阿台開每脱。結成斜方底柱及八面形，有摶結者，色緑或黑緑，劃視之果緑色，剛光至玻璃光，明三至四。其合質，養銅七六·六，緑氣酸一〇·六，水一二·八。吹火試之有緑氣煙，能鍊得銅珠。

硫緑酸銅，結成如針，微有六面之像。

凡奈弟酸鉛銅，暗褐色或褐黑色，形如鐵土，遇之於銅鉛礦。

凡奈弟酸銅，結成有頁，其頁佛手黄，珠光，亦有粉形者。

掊利推脱，結成如亂針，色藍，其質爲水、炭酸銅、白鉛，想似屋來刻而斯愛脱。

絨銅礦，結於他石之面，細毛如絨，色藍，

以上皆銅礦之小屬也。

凡現今所有之銅，大抵皆得之於銅倍來底斯與灰色硫礦銅礦，及炭酸銅礦者居多，亦有從黑養銅及硫酸銅水取得者。

凡試銅礦，有火試、酸試二法。

火試之法，先以小塊置試箭中，熱之辨其氣味，知其中或有礦，或有砒，或砒礦均有。如有砒及礦者，每礦粉一磅和木屑半磅，以油涇之置筒中，熱之以出其砒煙，研碎之置淺罐中燒紅，而調攪之，則礦及炭燒去矣。研碎之，每一磅加半磅煆過之硼砂，或半磅炭酸素特，又加十二分之一烟煤或研細之炭粉亦可，和而涇之作團，按實於確中，蓋而封固之，人有風箱之爐燒之，至確通明七分至二十分時，取出冷之，碎其確得銅。此銅尚未净，再置確中，與硼砂同鍊之，至輭而能打則净。此法第一次去砒，第二次去礦，若礦内本無砒礦者，一二次功夫可省。

如有礦而無砒者，可省一次。

凡銅礦中有硫礦養氣炭酸者，均可用酸試之。

酸試之法，以礦入重硝酸中，則硫礦、硫酸、銅鐵、臬客爾、苦抱爾、鉛、銀皆能消化。若其中本有緑輕氣銀，則降於底，如乳皮色。若中無緑輕氣而有銀者，則微加緑輕酸，其銀能降。如不降者，其中無銀也。如其中無鉛及安的摩尼，及砒與他金之遇礦輕氣能降者在内，則以礦輕氣放入，其銅變爲硫礦銅而降，其色黑。濾出洗過，再入硝緑輕酸水消化之，以輕酸卜帶斯降之，得黑養銅，濾出燥之，仔細稱其輕重，即可算得礦中有銅若干分。

如已用吹火法，試得只有鐵及銅和者，則以硝酸消化之，而用阿摩尼阿降其鐵，爲水多養鐵，知其有若干鐵，即知其有若干銅。或如前法，再以輕酸卜帶斯降其銅。

煤礦之法，凡礦中有硫磺鐵者，皆可使之自煨自烘。法於空地以碎礦堆高之，上蓋以土，中心作煙通，堆上作凹坎，以收其鎔化之磺。此法要燒六箇月方畢，礦之烘過者，其形如粉，其色黑。

英吉利之銅礦，因其中之硫磺鐵少，不能使之自燃，故用倒焰爐烘之，費多而可連。

英吉利分礦之法，烘鍊相間，烘一次則鍊一次，鍊一次則烘一次。其意烘之使易升之物去，又使銅得養氣，鍊之使養氣去，而銅得漸净也。其烘鍊之法如左。法以礦於倒焰大爐烘過，另入一倒焰爐中鍊之，其爐比烘礦之爐小，其底可容一百磅礦，猛火燒之，時時調攪之，使其渣滓浮出，成料油則去之。任其鎔化之銅汁在底，再加一百磅礦粉，仍如前鍊之，如爐深者可加三次。如銅汁滿，則使其自下流出至水中，成細粒如砂，其中有三分之一銅，其餘爲硫磺銅鐵，再入烘爐烘之，屢調之，使鐵得養氣。二十四點鐘取出，再入爐鍊之，仍以前次所取出料油中尚有未分出之銅加入其中，仍如前法，彌則流入水，其内有六十分銅，謂之細銅。再烘之，再鍊之，仍如前流入水，謂之粗銅，内有八十至九十分銅。再烘之，此次烘即於鍊爐内烘之，兼烘帶鍊，進風氣以引出其養氣。十二至二十四點鐘，流出於砂中凝成塊，其銅硬而色紫，面有泡皮，中多蜂窩。再入爐緩緩鍊之，使養氣與雜質化料油時，取一滴觀之，如深紅色向紫，碎之粒口粗者，謂之燥銅。以木炭末加入汁内調之，如沸，屢加炭屢調，亦屢取一滴試之，至輭而無粒，面有絲紋，色淡紅，則净矣。流入模中，每塊長十八寸，寬十二寸。又有鍊時須加鉛使易得養氣者，此英吉利鍊銅之法也。其爐每三層相連如級，一面烘，一面鍊。

歐羅巴各國，有以猛風爐代倒焰爐者，其費較省，花旗亦用猛風爐。

新法，凡硫磺銅烘之，使見天空氣，變爲硫酸銅。以硫酸銅消化於水，用電氣降之，得净銅。

花旗銅礦之脈，大約在脱拉潑之突過砂石層處，先遇客里蘇各落，即可得黑養銅。

銅古時已知，用之大約與錫相攙爲兵器。有得一千年前古器者，分之知其用五分銅，一分錫，此爲最硬之劑。亦有古刀，其刀口用鐵，刀背用銅者，知古時之鐵貴於銅也。

黃銅之劑，二分銅、一分白鉛爲最好，亦有四分銅、一分白鉛者。

五分銅，一分白鉛，色如金。五分與鉛木分，黃銅色如白金，可作扭扣。九分白鉛，三十二分黃銅，名罷孚金。礟銅攙錫七分至十分，養銅之錫八分，鐘銅用錫三之一至五之一，鏡銅用錫三十至三十三，回光大遠鏡用銅一百二十六分、錫五十七分半。

華蘅芳《金石識別》卷八《白金》 撥拉低能，遇其生成自然者，扁粒有棱，摶結無常形，結成爲方面者最少。淡灰色或暗鋼灰色，劃視之色同，金光。打之能扁，硬四至四・五，重一・六一九。常與衣日地恩、日和地恩、無留底恩、哈恩彌恩、銅、鐵等金相和合，多少無一定，所以其色暗，而質比純者硬。俄羅斯出者，其合質白金七八・九，衣日地恩五，哈思彌恩一・九，日和地恩〇・九，鈀留底恩〇・三，銅〇・七，鐵一一。入硝緑輕酸消化，吹火試之最不能鍊，惟有些微吸鐵性，中有鐵者，吸力更多。識別之法，因其可打而不可鎔。

白金初得時，遇之於砂中，以爲銀。後又於土中及結成石中得之，約三千七百磅砂得三磅白金。其粒小者居多，曾有大塊重一千〇八十八粒。與水重之比，若一八・九四與一。又有一塊大二寸，計重一萬一千六百四十一粒。又俄羅斯曾得大塊者，一重十一磅半，一重二十一磅。俄羅斯每年所得白金約八千磅，比各處所出多十倍。花旗金礦中，亦有些微白金。白金之性不鏽蝕，不易消鎔，故化學之器多用之，可作鍋以熬鍊硫酸，又可作礶作盃，爲火試、酸試等用。可作水電器，可作箔以包各金器，可與金、鐵及鉛等金相攙，惟忌見輕酸卜對斯及燐酸及炭，見之則剥蝕，所以用白金器，須小心此三物。可畫磁器之邊，燒成色如鋼，可作極細之絲，細至二千分寸之一，俄羅斯以白金作貨幣。

白金初得時，以爲無用之物，因其粒甚細，不能鎔成大塊，雖燒紅打之亦可并。惟其甚細，所以難，且尚有他質在内，不能净。嗣後英吉利化學士以硝緑輕酸消化之，以緑氣酸阿摩尼阿降之，成橘黃色粉，爲二倍緑氣白金。阿摩尼阿熱之至紅，即得細粉，黑色，謂之海棉撥拉低能。又紅熱之，以鋼鐵重壓之，則并成餅，再燒而打之成塊。後又有花旗化學士以輕養火燒之，易鎔，可以小粒鎔成大塊，曾鎔得二十八兩重一塊，與水重之比，若一九・八與一。此法所鎔成白金，與上法所得同，亦可打。凡百分中有九十分白金，已可打作器皿，惟其光色不如純金之明耳。

華衡芳《金石識别》卷八《衣日地恩，日和地恩》　白金衣日地恩，粒形。其合質，日和地恩七六・八，白金一九・六四，又微有鈀留底恩及銅，緬甸近中國處有此礦。

又有一種，其合質，衣日地恩二七・八，白金五五・五，日和地恩六・九。

衣日地恩哈恩彌思礦，結成六面柱形，淡鋼灰色，常遇結成扁粒，硬六・七，重一九・五至二一・一，能打難扁。其合質無一定，有衣日地恩四六・八，哈思彌恩四九・三，日和地恩三・一，鐵〇・七。又有衣日地恩二五・一，哈思彌恩七四・九，亦有衣日地恩二〇，哈思彌恩八〇。識别之法，因其粒硬於白金，入硝酸熱之，有哈思彌恩氣。遇其粒於花旗金礦中，金中有此者，則金色不佳，久鎔之，待其沈下，可去之。

衣日地恩之純質重二一・八，最硬。

日和地恩之純質，重大於十一，硬不亞於衣日地恩。鋼内若有日和地恩，則更堅。

華衡芳《金石識别》卷八《鈀留底恩》　鈀留底恩，常遇者結成八面形，亦有六面塊形者。結成細粒者多，其粒之紋四出如星光。色自鋼灰至銀白，打之能扁，引之能長，硬大於四・五，重一一・八至一二・二。其質鈀留底恩，又微有白金及衣日地恩。吹火試之，不能自鍊，同硫磺能鍊。遇之於美里哥南金礦中，與白金之别，因其粒有星紋。磨之其光如鋼，久不暗，可作器皿。其硬如最好之銅，可作刀，不生鏽。可與黄金攙，黄金六分、鈀留底恩一分攙和，色白如銀，最精儀器之度分圈每用之。有時於金砂中得其大塊，現今所有之鈀留底恩，皆於鍊金銀時分得之。

金礦中本有四種金，和合黄金、銀、鈀留底恩、銅是也。分取之法，鎔而傾於水中，成細粒。入硝酸中，則銀與鈀留底恩及銅均消化，而黄金不消，故得黄金。以食鹽入内，降其銀爲緑氣銀。又以白鉛片入内，則白鉛消而銅及鈀留底恩降。濾出再消化之於硝酸，加多阿摩尼阿及緑輕酸，滿其量，則鈀留底恩與二倍緑氣阿摩尼阿合而降爲黄粉，燒之即得鈀留底恩之純質。

華衡芳《金石識别》卷八《黄金》　黄金生成自然者居多，或爲純質，或與銀及他金和合，亦有與脱羅里恩相連者。

生金，其元爲一律式，結成正方形，不能剖析，亦有頁及塊，有時如毛。黄色有淺深，若銀多則色白，最軟最韌，打之最能薄，引之最能長。硬二・五至三，重一二至二〇。其質常與銀和合，故金之多少無一定。最浄之生金出於俄羅斯，其合質，金九八・九六，銀〇・一六，銅〇・三五，鐵〇・〇五，其重一九・〇九九。有一處所出金礦，其合質，金七三・四，銀二六・四八，其重一二・六六六。凡金礦中之金與銀和合之數，其比例或三與一，或三・五與一，或五與一，六與一，八與一。八與一者最多，亦屢有十二與一者。

金有與銅及鈀留底恩、日和地恩和合者，有日和地恩金，重一五至一六・八，内有三十四至四十三分日和地恩。

生金礦與鐵倍來底斯、銅倍來庭斯之别，因用刀切之能成片，打之能扁，不碎爲粉。又倍來底斯熱之有硫磺氣，此無硫磺氣，且能鍊。

生金大約於半結成之疊層石中遇之，凡半結成石中科子脈多者，其科子中每有金。

半結成石，如客羅愛脱及台而客，其中出金最多。

如全結成石，合拉尼脱、尼斯、枚格泥石，此三種結成石，其脈常爲非而斯罷，或合拉尼脱，而科子脈少。

凡合拉尼脱脈，其中不恒有金。

科子脈之透過石層，其形忽大忽小，亦有平鋪爲面，與石層平行者。其科子常有中空，而内有結成之科子者。又科子中每有倍來底斯及呆里那，其倍來底斯或化去，則科子中空，或有硫磺及鐵鏽，凡見如此形狀之科子，皆易得金。

倍來底斯，其硬如科子，其中亦每有金，惟其金須磨碎其石爲粉，以水銀收之，方能得金，其法甚難。不如師造化之法，待其自變。法以倍來底斯堆爲小山，見空氣日久，則變爲硫酸鐵，再取其金。

如有金之處，有呆里那者，其呆里那中亦有金。

有時疊層石之近科子者，其石亦有金，惟不如科子中金多耳。

金在科子中，其甚細之粒，目不能見。

産金之石，其中大約有白金衣日地恩、哈思彌恩、磁鐵、鐵倍來底斯、銅倍來底斯、呆里那、白倫脱低脱、來代每脱、入爾康、盧代爾，重斯罷，亦有白羅蓋脱、莫奈是愛脱及炭剛。

金礦大約遍地球各國都有之，惟所得皆不多。約計之，一年中遍地球共得金一百九十五噸。

俄羅斯、美里哥南、新金山、花旗金山，此四處每年約出一百七十五噸。

金之最多者俄羅斯，産金之處，計四千磅沙泥中，可得六十五粒金，至多得一百二十一粒金。其沙泥中鐵多者，金亦多。

俄羅斯金礦，其山石是半變壞之合拉尼脱，其石名比里雖脱，其中有科子脈，金在科子中。其比里雖脱與台而客、客羅愛脱相近，其洞直深二十五丈，再開横路，至遇科子脈，每年約得金五十至七十五磅。

普魯斯於一萬萬粒砂中，得金五十六粒，即金再少一半，尚有人取之。

新金山每年得礦二十五萬磅。

花旗金山每年得礦二百萬磅。

花旗金山之礦在山半，其山有臯，凡澗水有石當其流者，其處往往得金。其金大約薄片及小粒，間有成塊者。其大塊有十五磅至二十磅者，與科子連，亦有結成在石中，如毛如花者，有結成之式如圖。

凡砂中之金，大抵皆從石中來，因其石久經雨淋冰凍而泐爲砂金，比砂重七倍，故其砂隨水流出，近處金多，遠處金少。

普天下大塊之金，無過於花旗金礦中所得之塊，其塊重一百三十四磅，計得純金一百〇九磅十一兩，買得銀二萬六千元。

又新荷蘭金山得一塊，計重二十七磅半，長十一寸，最濶處五寸，其式如圖。

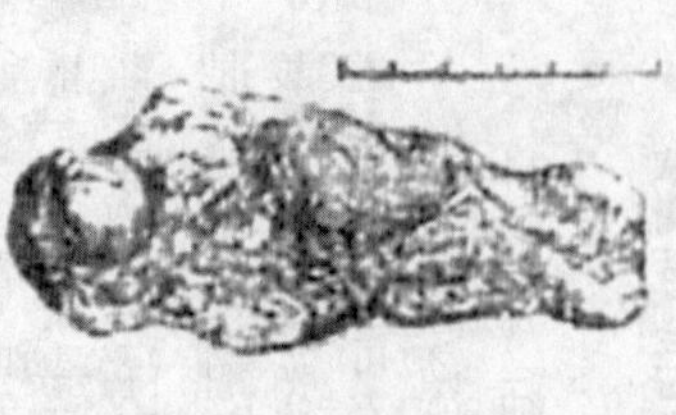

金脈及金之來源，人尚未能知其所以然，不過臆度之而已。

凡石之有金脈者，每在半結成石中。夫石之結成，由於熱，如金亦因熱而成，何以全結成石如尼斯、枚格層中，其金少，而台而客泥壘石中，其金多。又科子之脈有在石中者，有在石縫者，其石層有斷裂凹突者，意當時之熱，亦非極猛，所以其石不能全結成，而爲半結成，因結成而石中有空處。又科子脈非皆從下突起，有自旁平鋪者，有從上掛下者，意當時半結成石，必爲海底，海中有火山沸水，水中有消化之夕里開，走入石之空隙及夾縫中，結而滿其空，故或薄或厚。其金意亦與夕里開同來，故結於中。又地氣中或有金自下而上，遇夕里開而結於中，亦未可知，此皆臆度。如此，其究竟如何，尚俟考究，將來當能明之。

倍來底斯之於科子脈中，大約有金，因其結成之法，與金相同故也。

有人謂金在科子脈中，上面金少，下面金多，然未有確據，此説不足信。

查金脈結成之時，大有早晚，如花旗金山之金脈，其結成時在煤炭之後，以其淺於煤層也。

欲知石中有金銀與否，碎其石爲細粉，重羅篩過，置馬口鐵箕中，入水淘汰之，揚去其輕者，其重者沈於箕角，傾出置水銀中調攪之，使水銀與金相連，名曰呵馬兒合姆水。洗去其泥沙，水銀多則用紙絞出之，其阿馬兒合姆如銀泥，置礶中，升去水銀，即得金。有時淘汰之，即可得金，有不必用水銀者。

如金與銀銅和合者，欲分去其銅，用礶鍊。欲分去其銀，用硝酸。礶以骨灰爲之，其式如圖，或於骨灰上作一坎，坎中置礦粉亦同。爐中置一磁籠，籠式如圖，其孔取其透風，礶安於籠中。

凡金礦内有銅者，則加鉛鍊之，使鉛得養氣，成養鉛，能助銅易得養氣，成養銅。其養銅、養鉛能走入礶之骨灰中，而金與銀成流質，在礶内鍊至其面光明，候冷取出，得一塊金銀。打之爲薄片，入濃硝酸沸之，又換濃硝酸沸之，如是兩三次，則銀消化於硝酸，而金得純。

試淘淨礦砂中之金，用量水表量準二十至二十一分重之硝酸四兩又四分兩之一，以五合拉鉛包半合拉礦砂，入其内沸之二十分時，又換重硝酸二兩，沸十分時又換硝酸，又沸之如前。如是數次，濾出洗浄，即得金，可吹鎔而打之。

金之用處，人人知之，亦無不以爲貴重。因其韌而易打，見天空氣，其光不損，雖其値貴而作器甚美觀。又能極薄，故可作箔，以包裹各金之器。其箔計一粒重能作五十六寸四分寸之三之平方，其薄二十八萬分寸之一。極純之金，西名謂之二十四開來脱，亦謂之細金。如内有二十二分金、二分銀，或一分銀、一分銅，謂之二十二開來脱。如内只有二十分純金者，謂之二十開來脱。欲仔細考究金之成色，每開來脱分作四分之一、八分之一、十六分之一、三十二分之。

花旗律例，金九百、銀銅一百作金錢，每箇内有二百三十二粒細金。

金脱羅里恩，灰色或銀白色。

華蘅芳《金石識别》卷八《銀》 銀之生成自然者，每與數種金和合。其變形者，或與硫礦，或與西里尼恩，或與砒或與緑氣，並與孛羅名，或與愛阿靛，或與數種酸相連。

銀礦吹火試之易鍊，易得銀，或能自鍊得銀。或與素特同鍊得銀，其鍊得之珠，打之輭，刀能割之。

銀礦之重五·五至一〇·五。

生銀，其元爲一律式，結成者八面形，不能剖析。屢遇筋絲紋結成如毛如木，亦有成片頁者。色銀白而光，劃視之亦然。刀能割之，打之可扁，硬二·五至三，重一〇·三至一〇·五。其合質銀與銅，其銅多至十分，亦有與金和合者，已詳見金礦類。有一處銀礦，內有十六分別斯末斯，吹火試之，易鍊得珠，其珠有稜角，入硝酸消化，以浄銅入其水，銅上有銀色。識别以輭而可打。與别斯末斯及他種白色生金之别，因吹火試之無煙，又入緑輕酸消化，見天空氣變黑。遇其生成之塊及條，或如針如線，走入結成石及疊層石中，每在相近脱拉潑巴弗里處。花旗銀礦，其銀有走入銅礦中者，其銀不與銅合，仍爲純銀。呆里那內每有三分銀質。

生銀之大塊，曾有四百磅者，五百磅者，八百磅者。銀之用處，可作貨幣及器皿。花旗銀餅，銀一百銅七。製成後，沸之於萄萄酸及食鹽水中，或以阿摩尼阿水摩之，則外面之銅化去，而面爲純銀。若打之，仍比銀稍硬。銀亦可作箔，其箔不能薄於十六萬分寸之一。

銀之最純者，西人謂之十二潑尼威脱。若攙他金十二分之一，謂之十一潑尼威脱，攙十二分之二謂之十箇潑尼威脱，此言其成色也。

硫磺銀礦，亦謂之光銀礦。其元爲一律式，結成十二面形如圖。其次形之變有多有少，如二圖、三圖，析之有時能與十二面平行，亦有結成合形，交結如網羅者，亦有搏結者。金光，黑鉛灰色，劃視之亦黑鉛灰色而光，性脆，硬二至二·五，重七·一九至七·四。其浄者合質，銀八七·〇四，硫磺一二·九六。吹火試之，先發泡，出硫磺氣，後鍊得銀珠，入淡硝酸能消化。與銅礦、鉛礦及他種銀礦之别，因火試有磺臭，及自鍊能得銀，又比諸銅礦重而刀能刻之。

一　二　三

此礦最多，其銀亦最多，除此礦之外，又有硫鐵銀礦及硫銅銀礦。昔脱盧彌愛脱，硫銅銀礦也。銅灰色，重六·二六，內有五十二分銀，吹火試之有硫磺氣，能鍊而不能得銀。欲得其銀，須置礶中與鉛同鍊之，方能得其銀。入硝酸消化，以鐵試之，鐵面有銅色。以銅試之，銅面有銀色。

昔脱倫白而其愛脱，硫鐵銀礦也。其片頁析之分明，形如白倫倍果，劃於紙有黑色。其頁輭，以指甲研之能光，金光，色褐如假金，劃視之黑。內有三十三分銀，吹火試之，有硫磺臭，鍊得之珠，其外面爲銀，與硼砂同鍊能得純銀。

脆銀礦，亦謂之黑銀礦，硫磺安的摩尼銀也。其元爲三律式，結成斜方底柱，目目面交角一百十五度三十九分，析之不甚分明，屢有合形及搏結者。金光，色鐵黑，劃視之亦鐵黑色，硬二至二·五，重六·二七。其合質，硫磺一六·四，安的摩尼一四·七，銀六八·五，銅〇·六。吹火試之，有硫磺臭，有安的摩尼煙，鍊成暗色珠，與素特同鍊得銀。入淡硝酸消化，以銅試之，有銀色。

此礦得銀多，除此礦之外，另有安的摩尼銀、砒銀、西里尼恩銀。安的摩尼銀，别名迭斯克里雖脱。色白如錫，重九·四至九·八。其合質，銀七七，安的摩尼二三。吹火試之，有灰色安的摩尼煙，鍊得銀珠。

拍里倍斯愛脱，其色、其重、其形俱與脆銀礦相似，惟其合質內有砒及銅。其中有銀七五·二，結成六面鼓礎塊。

每阿其兒愛脱，鐵黑色，劃視之，櫻桃紅色。其合質硫磺，安的摩尼，銀。其銀三六·五，吹火試之，有安的摩尼煙、硫磺臭，與素特同鍊得銀。

紅銀礦，其元爲三律式，結或長方底柱，其色有明暗二種，暗者其中有五十九分銀，其餘爲硫磺安的摩尼，色自黑至鮮紅，金剛光，劃視之亦紅，硬二·五，重五·七至五·九。

明者有六十五分四銀，其餘爲砒硫磺，色鮮紅，劃視之色亦鮮紅。硬二至二·五，重五·四至五·六。吹火試之皆易鍊，有安的摩尼煙或砒煙，能鍊得銀。此礦又謂之露佩銀礦，因其色似露佩也。

又有西里尼恩銀礦，結成方形，其合質西里尼恩，銀，鉛。油開來脱，西里尼銅銀礦也，黑色，金光，面有緊膜。吹火試之，有西里尼恩臭。脱羅里恩銀，銅灰色，重八·三至八·八。其合質，銀六二·八，脱羅里恩三七·二，有一種內有金十八分，與素特同鍊得銀。

殘安可呧，色自暗紅至丁香褐，內有銀六六·一，其餘硫磺砒。

角銀礦，緑氣銀也。其元爲一律式，結成方形，析之不分明，亦搏結，結成如柱形者少，恒爲他石之皮。灰色至緑藍色，視之如角亦如蠟，切之刻之，亦如蠟如角，松香光至剛光，劃之光明三至四。其浄者合質，銀七五·三，緑氣二四·七。燭火能鍊之，其氣刺喉棘鼻。吹之於木炭上，易得銀。磨於鐵上有銀色。屢遇之與生銀在一處。

此礦可得銀。

愛阿靛銀，孛羅名銀，遇之甚少，其合質銀與愛阿靛或孛羅名。

安蒲來脱，緑氣孛羅名銀也。形如角銀礦，色橄緑，内有緑氣銀五一，孛羅名銀四九。

凡現今所有之銀，大抵皆得之於生銀礦及光銀礦、黑銀礦、紅銀礦、角銀礦。除此之外，又有得之於呆里那及數種銅礦，呆里那中若銀多，則專取其銀，去其鉛。銀礦每遇之於尼斯及尼斯比連之石，如巴弗里脱拉潑、砂石、灰石、泥石。銀每與鉛及白鉛、銅、苦抱爾、安的摩尼合。

銀之呆呧，常爲丐而刻斯罷及科子，亦有夫羅而斯罷、珠斯罷或重斯罷爲銀之呆呧者。

美里哥南所出之銀，大約從角銀礦、脆銀礦、光銀礦、生銀礦得之。除此之外，又有石泐爲砂，砂土中有銀者。

又，硫磺鉛、硫磺鐵、硫磺銅煉之，中每有銀。

墨息哥産銀之處，北極出地十八度至二十四度，其山名可地里來山，其銀脈在泥石、緑石、巴弗里石中，或在合里滑克，或在灰石。每年得銀二百萬元，有處有安的摩尼硫磺銀礦，半年得銀四十萬磅。

歐羅巴各國皆有出銀之處，惟不甚多。

統地球各國，每年約出銀五千萬元。英吉利出七萬磅，法蘭西出五千磅，奥地里出九萬〇五百磅，瑞典、拿威出二萬磅，西班牙出十三萬磅，普魯斯出十二萬磅，以大里、瑞西、俄羅斯出五萬八千磅，比里些出四百四十磅，共約出五十萬磅。

凡得銀於礦，有二法。一用水銀引之，一用鉛同鍊之，因水銀及鉛最喜與銀相連故也。

用水銀引者，先磨礦爲細粉，加食鹽十分，或火助之令熱。若於熱地，則不必加熱，待其自發熱數日後，變爲緑氣銀。加水銀及硫磺鐵或鐵砂，使水銀與銀相連爲阿馬兒合姆。水銀須六倍或八倍於銀，時調攪之，使易與銀合。調攪之法，普魯斯置圓筒中轉摇之，數點鐘即化。墨息哥用牛馬踐踏之，須十餘日方化。其水銀與銀相連如污泥，使流水過之，洗去其泥，又濾去其水銀之多者，得銀泥，置礶中升出其水銀，即得銀。此法水銀耗費甚多。

硫磺銀、砒銀、緑氣銀等礦，先打碎揀之，分爲上中下三等，以下等者先同一弗拉克斯鍊之，又烘之使硫、砒去，再加入中等者鍊之，又烘之，再加入上等者鍊之，又烘之，再以鉛鎔而加入調之，使十分和合，則銀與鉛成汁，而渣滓爲籽油。

如呆里那中有銀者，則用倒焰爐鍊之，其鍊法與取鉛之法相同。

倒焰爐之式如圖，甲爲爐柵，火至戊出於煙通。丁爲爐底，凹如盆，乙爲限，丙爲頂。火自甲至丁彎而倒，故謂之倒焰爐。天空氣從爐柵内隨火入爐中，其火與吹箭之外火無異，故其礦能得養氣。尋常猛風爐及弗拉克斯爐除進風吹火之外，更無天空氣走入，所以其火似吹箭之内火，可移去養氣。此倒焰爐若令其所進之風僅足生火，則亦可移去礦中養氣，此圖不過解其理耳。若欲知其詳細，别書另有專圖。其甲之上，有門可進煤薪，爐頂或旁面亦有門以進礦。其爐旁近底處亦有門，可用桿入内調攪及取去渣滓。底之下有塞門，可開而放出其汁，爐旁又有管，可使升出之物通出於别處而降。其爐底不過使汁聚於一處耳，有深而平者，有淺而窪者，有一邊高一邊低而斜傾者，各視其用之所宜，數爐可共一煙通。

分銀、鉛之法，用倒焰爐，爐底先以木炭灰和泥塗之，置礦於爐中燒之，風從爐柵之邊入，而過鉛汁之面，鉛得養氣變爲立雖而其，即養氣鉛。時時取去之，至無渣滓而光明，即爲浄銀，其養鉛内仍有微銀，再可入倒焰爐鍊之。

英吉利分銀、鉛之法，有人新刱一器，於鉛汁將凝之時，濾過其器之鐵層，其濾不去者純是鉛，與用紙濾溼物無異。惟其濾下者仍非浄銀，而仍有鉛，再鎔而濾之，如如是多次，其鉛漸少。再入骨灰礶，鍊去餘鉛，得浄銀。此法甚奇，現是新出，故未能仿造，據云雖一噸鉛中有三兩銀，皆可分得之，較用倒焰爐所省甚多。

凡銀礦中有銅，及灰銅礦中有銀者，先以礦燒過碎之，或與鉛、或與鉛礦同鍊之，傾成塊置爐燒之紅熱，其熱度僅能鎔鉛，不能鎔銅，則鉛與銀如汗流出，兩三日流盡，得鉛、銀，再如常法入礶鍊之。此法其銅中仍有銀、鉛，再可鎔而鍊之。

凡分銀、鉛，先稱其若干重，置骨灰礶中，礶置磁籠中，籠置火爐中鍊之，鉛得養氣，走入礶中，而得浄銀。稱其重，即可核算銀之多少。此法雖鉛中之銀極少，亦可得之。又花旗有一法，雖極細之銀，皆可量而知其輕重。有法從礦得銀，不必用水銀，其法以礦粉與食鹽和而燒之，變爲緑氣銀，置鹽水中沸之，則銀消化於水，以銅入水，降之得銀。

硫磺銀礦烘之於倒焰爐，使變硫酸銀，置水中沸之，能消化於水，以銅降之得銀。此法須礦中硫磺多者方能，若少不甚便。若銅鐵倍來底斯中有銀者，用此法最佳。

銅銀攙雜者消化於硝酸，用食鹽降之，得緑氣銀，每緑氣銀百分内，有純銀七五·三三。

附琢玉法

琢玉共有三法，鋸而去之，一也；碾之使合式，二也；磨之使光滑，三也。

琢金剛之法，前已言之，茲言琢薩非阿、土不爾斯等堅硬之玉。法用銅輪蘸橄欖油及剛砂碾之，後蘸鐵玻璃粉磨之則光。鐵玻璃乃水中極細小蟲之皮，其質爲水夕里開。

玉之稍嫩者，用鉛輪蘸哀牟利粉帶水碾之，後用錫輪或白鉛輪蘸夕里西恩粉水磨光之。

玉之形狀，某玉琢成某式略有一定，如圖。

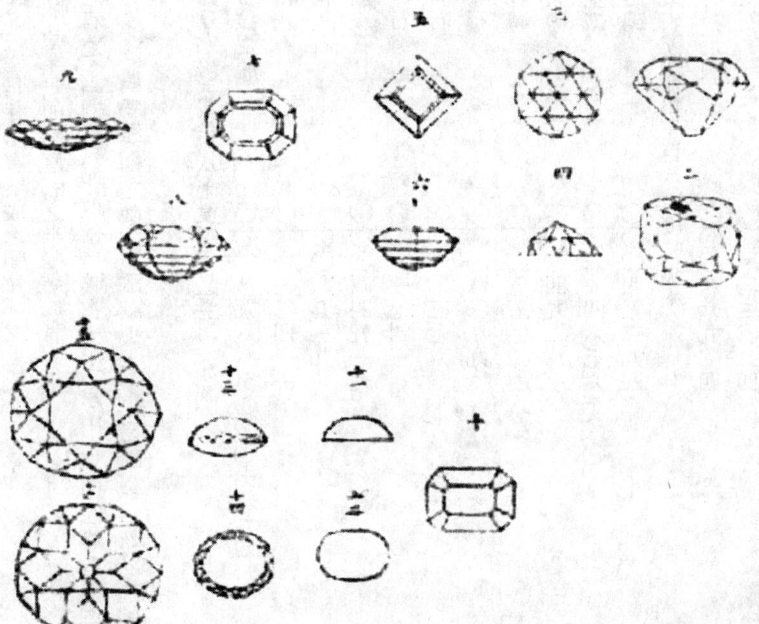

一、二兩圖爲金剛石之式。

三、四兩圖爲曷密來兒綠玉之式。

五、六兩圖爲紅寶石之式，有琢成級形者。

七圖爲薩非阿之式，其邊畧如第六圖，其底畧如第八圖。

八圖爲東土不爾斯之式，其面如一、二圖。

九圖爲茄納之式，因其色深，故宜於薄。常土不爾斯琢成如八圖，亦有如九圖而稍厚者，其面之旁，有作兩三層次面者。

十圖爲尋常之桌磴形。

十一圖、十二圖爲阿背爾之式。

十三圖、十四圖爲客里蘇倍里爾之式。

又金剛石亦有琢成此兩形者。

華蘅芳《金石識別》卷九《論石之層累形狀》 土石層累之厚薄，自一寸至數十丈不等，有時遇灰石、砂石、泥石，其層累之形甚多。有處數層平鋪數百里，有處忽多一層，有處忽少一層，又有此處此層厚，彼處此層薄。

如花旗有一處，寬廣數百里，有砂石層、灰石層及煤層。其比連之省，有另外砂石層、灰石層，而無煤層。地學家察地能知其地中有無煤層，蓋每種石層各有殭石，其殭石各不同，故察其殭石，可知其爲某層也。

石之有層累者，謂之疊層石。其石皆在水中澄積而成，或爲古時海底，或爲江湖之底。此有三據：一其層累有次序；一其中石子無稜角，有磨圓之形，不比結成石之有稜角；一因其中有殭石。

除疊層石之外，有石自下突起，如火山石透過疊層充滿石層之斷裂空隙處，亦能於疊層之間平鋪横亘數百里，此石謂之夾膜石。其石之質，大約脱拉潑居多，亦有巴弗里。凡夾膜石有直如峯者，有横如牆者，有平如砥者，恒有數百里之大藏。

疊層石有二種：一，其中之粒無稜角，而中有殭石，此由水中積累結疊而成。一，其石稍硬，其中有結成之粒，此因遇熱所變而成。故往往有同此一石層，有處非結成，有處半變結成者，謂之半結成石，亦謂之熱變石。

熱變石如枚格、泥石、尼斯，亦有數種，是合拉尼脱之屬變成者。

凡石分爲五大類：一、澄積石，如砂石、灰石、泥石、合子石。

二、鎔結石，或藏，或夾膜，或脈絡。

三、和合石，如砂石、果仁石、質絞石。

四、結成石，其中有結成之顆粒。

五、熱變石，即疊層石之半變結成者。

凡石之牢固與否，非但當考其在土中、水中、氣中能悠久不蝕爛而已，亦須考其遇冷遇熱漲縮之數，因漲縮大者，每易斷裂。茲以已測定諸數列爲表。

此爲寒暑表一百八十度時，各金石之漲率。

合拉尼脱	〇〇〇八九六八至〇〇〇七八九四
白灰石	〇〇一一〇四一一
花灰石	〇〇〇六五三九
黑灰石	〇〇〇四四五一九
砂石	〇〇一一七四三
泥石	〇〇一〇三七六
綠石	〇〇〇八〇八九
好磚	〇〇〇五五〇二
火磚	〇〇〇四九二八
生鐵	〇〇一一四六七六至〇〇一一〇二二
磁磚	〇〇〇四五二九四

又表，此亦熱一百八十度時漲率。

合拉尼脱	〇〇〇八六九〇四
灰石	〇〇一〇二〇二四
砂石	〇〇一七一五九六
銅	〇〇一六九九

每熱一度之漲率

合拉尼脱	〇〇〇〇〇四八二五
灰石	〇〇〇〇〇五六六八
砂石	〇〇〇〇〇九五三二
銅	〇〇〇〇〇〇九四四〇

華蘅芳《金石識別》卷九《合拉尼脱石》 合拉尼脱爲三種金石相合而成，一科子，二非而斯罷，三枚格。其中有結成之顆粒，其常色爲灰白色，或灰色，或肉紅色，其色因三種石之多少而變。有其中無枚格而有霍恒白倫代之者，此種石謂之雖約奈脱。雖約奈脱中之霍恒白倫，其形甚似枚格，惟其頁難分而脆，故有分別。

合拉尼脱有數種，枚格多者，即名枚格合拉尼脱。非而斯罷多者，即名非而斯罷合拉尼脱。科子多者，即名科子合拉尼脱。又有巴弗里合拉尼脱，其中之非而斯罷結成大塊，其結成之面平而光，屢有長方形者。

文合拉尼脱，其科子在非而斯罷中，或非而斯罷在科子中，曲折有稜角如字畫，故謂之文，其形如圖。

如合拉尼脱中無枚格者，名粒合拉尼脱，因科子及非而斯罷皆成粒故也，亦名合拉尼來脱。

如合拉尼脱中無非而斯罷，而有鴨兒倍脱代之，謂之鴨兒倍合拉尼脱。其形甚似有非而斯罷之合拉尼脱，惟其色較白。

如中無非而斯罷，而有台而客代之，謂之撥羅多其能。其石碎之，可作磁器。

待阿來脱，合拉尼脱之屬也。其合質霍恒白倫及非而斯罷，暗綠色，其中有結成之粒，甚分明。

合拉尼脱常爲錫矿之脈，亦有倍來底斯、玻璃銅礦、灰銅礦、呆里那，或鉛礦、白鉛、白倫脱、希美台脱、磁石鐵脈，亦間有安的摩尼、苦抱爾、臯客爾、由日尼恩、替脱尼恩、別斯末斯、東思天、銀等礦。又微有一點水銀之迹，又中有最稀逢難得之金，如以特里恩及昔而以恩，於鴨兒倍合拉尼脱中遇之。其中又有曷密來兒、土不爾斯、可倫奪姆、入爾康、夫羅而斯罷、茄納、普墨林、倍落客西能、霍恒白倫、曷碑度地各種金石。

合拉尼脱石可作橋梁、牆壁、街路等用，須擇其粒細而勻者爲佳。若粗粒者，不甚堅固，又須防其中有倍來底斯及別種鐵石，如有鐵石在內，則見天空氣及水日久，必鏽蝕而泐。凡用石作房屋等類，須至開石處揀好開之，若惟憑遠來之石樣，恐不足準也。又有一種好合拉尼脱，每易壞爛，尚未考知其故。

合拉尼脱中非而斯罷多，不如科子多者之牢固。其科子多者，尚不如雖約奈脱之更牢固。好合拉尼脱初出山時不甚硬，久見天空氣則愈硬。古時羅馬國多以合拉尼脱作柱，至今三千餘年，尚有嵬然獨存者，絕無一點剥蝕痕迹，可知其石之經久矣。

華蘅芳《金石識別》卷一〇《應用器具》 學者入山查考金石，出門時所當攜帶備用之物，共有二十六件：

一、三稜小銅銼一把，試輭硬用。

二、小刀一柄，刀上須有攝鐵氣，可當攝鐵，亦便於剖析金石之結成也。

三、台而客至金剛石十件金石輭硬比子，比輭硬用。如十種不全，則首末二件必不可少。

四、緑輕酸、硫酸、硝酸，此三種酸水，各用小玻璃瓶裝之，瓶口須玻璃塞，以爲消化金石之用。

五、吹火管一箇。

六、尋常之弗拉克斯，即硼砂、燐鹽素特是也，此爲點試金石之用。

七、木炭數塊及枚格，爲鍊試金石之用。

八、蠟燭數條，或油燈一盞。

九、小劫拈一箇，其尖須包白金箔者。

十、鋼劫拈一箇，須有釘可開合者。

十一、玻璃曲管一箇，玻璃試筩三箇，徑六分寸之一，爲熱試、酸試之用。

十二、夾剪二把，一粗一細，爲夾碎石塊之用。

十三、量角器一件。

十四、結成諸式之木樣。

十五、戥平一件，稱輕重用。

十六、小鐵椎一箇，一頭方，一頭扁。

十七、中鐵椎，須有平面，重一磅半。

十八、銀匠小鐵椎，可打金鐵使扁。

十九、鋼砧一箇，半寸厚，二寸寬，三寸長。旁有凹坎如臼，此連小鐵椎用之。如欲作石粉，用紙包而打之。

二十、鋼鑿兩箇，一長三寸，一長六寸，以鑿石。

二十一、骨灰一包，以便作小礶，或於木炭上作凹坎，以骨灰和素特溼而按之坎中，爲吹試金石用。

二十二、小顯微鏡一箇，須身邊可攜帶者。

二十三、鴨呆脱小臼一箇。

二十四、吸鐵針數枚。

二十五、小剪刀一把。

二十六、自來火一盒。

以上各件，乃金石家尋常出門時必攜之件，不過能小試而已。若欲鑿取大塊金石，更有七物：

一、大鋼鑿鑽三箇，一長十八寸，一長二十四寸，一長三十六寸，徑一寸，其桿方，其刃扁。

二、大鐵椎一箇，重六磅。

三、中鐵椎一箇，重二磅，以打碎石塊。

四、圓管鐵瓢一箇，上可係繩以出鑿孔中之灰。

五、鐵棒、鐵鋤、鐵鍬，以開挖土石。

六、火藥包數箇，爲轟發堅石之用。凡孔中裝火藥，三分深之一，上用砂土或石膏塞之，其火藥勿築緊。

七、引線，以燃發火藥。

華蘅芳《金石識別》卷一〇《分光化學》 化學新法能分别各物之光色，以知其質，今詳論其理。凡以吹火筩試鍊金石，其火有時變色，因其火色之變，而知中有某質，此固久已知之。如素地恩之物，能使火色變爲深黄，卜對斯之物，能使火變爲紫色是也。

設數質各能使火變色，若合爲一物，則其火色混而難辨。如素特之火黄色極濃，而卜對斯之火，其紫色淡，所以卜對斯雖多，若其中微有一點素特，則紫色不見。

光學家用三角玻璃分白光爲七色，此亦舊法，夫人而知之。

今有普魯斯人合此二法，得一新法，可分各物之光色，以知其中之質。

凡白光過三稜鏡而分爲紅黄藍各色者，因每色之光折各異故也。所以即燭火之白光透過三稜鏡，其色亦能分開，其諸色所成之光帶，名曰斯必得倫。

斯必得倫之色，紅色之光折最少，次黄，次緑，次青，次藍，次紫。即虹霓之光色亦是如此。

如有色之火，其光從細縫透過三稜鏡，則與白火之光所成斯必得倫異，因其光帶中有數條明線故也。

如素特之火黄，其斯必得倫光帶中，只有二條細明黄線。卜對斯之火紫，其斯必得倫光帶中,於紅藍二處,各有二條細明線。

蓋某物之光,其所成光帶中有幾條明線及其寬窄疏密,自有一定界限,不相混亂。

如以素特與卜對斯相和燒之,其火光所成之斯必得倫光帶在素特之明黄線處,仍見素特之明黄線,如不知有卜對斯。在卜對斯明線之處,仍有卜對斯之明紅、明紫線,如不知有素特。

夫各物之光,其斯必得倫既各有明线,其明線各不同。故有此物即有此色,有彼物即有彼色,可視明線而知之。如劣非地恩、貝而以恩、息脱浪西恩、卡而西恩,其光之斯必得倫各異。

用此法以别各質,其便有二:一能辨之極細,一能知之極易。

如物内有素特一萬八千萬分粒之一,其斯必得倫即顯其明線,所以天空氣中,若有一點素特,視火光之斯必得倫,即可知之。

因此,從前所視爲最少之質,今知其無處不有。

如先時只知劣非地恩之金石,只有四種,今用此法識别之。凡物中有劣非地恩六千萬分粒之一,即可知之。即如水中、茶中、煙中、乳中、血中,皆知有劣非地恩在内,因斯必得倫能顯其光線故也。

自有此法,已以此法尋得四箇元質,其二元質爲鏞金,一名盧倍代恩,一名西雖恩。又二元質爲礦金,一名剎利恩,一名音代恩。

盧倍代恩與西雖恩在金水中尋得之,其鏞與卜對斯之形無異,故常法不能辨,惟於斯必得倫各有其自己之明色線,與卜對斯之明色線迥易,故知其定非一物。剎利恩因試鐵倍來底斯時,見其斯必得倫中忽有一緑光線,與别物之光線不同,故得之。

音代恩因試白鉛礦,見其斯必得倫中有一條細藍光線,故得之。

無論金類及非金類,其質或爲定,或爲流,或爲氣,只要熱之至發氣,則其氣在火中,各有其本光於斯必得倫,必有其本光之明色線,所以無一物不可試其光線。

如金類有極熱而始能發氣者,則用電火發之。

凡氣類亦可使過電火,如電火過輕氣,其光明紅,而其斯必得倫中則有三條明線,一紅、一緑、一藍。電火過硝氣,其光紫,而斯必得倫中明線不止一色。

測斯必得倫之器,名曰斯必得倫鏡。

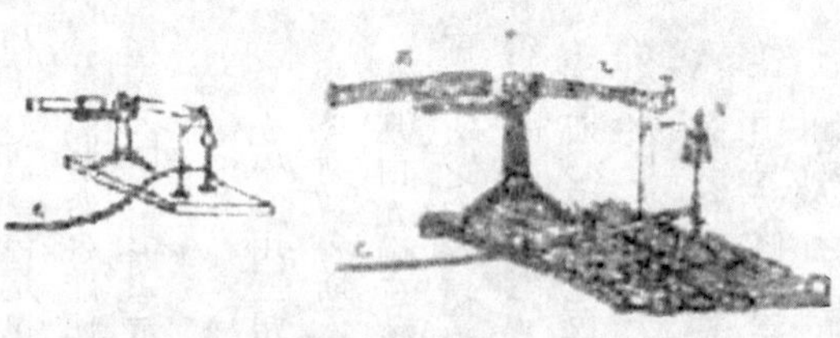

如圖甲爲三稜柱玻璃鏡,置於三足鐵柱架上。丁爲縫板,其縫可寬窄。乙爲筒,筒中有鏡,火光從戊來,穿過板縫,透此鏡,則光平行至三稜鏡。丙爲鏡筒,其作法與遠鏡無異,其聚光點處有分微尺,光過三稜鏡至鏡筒之聚光點,即顯其斯必得倫。如欲視之極清,只須目鏡之力加大,已爲一皮管以進風,所以代吹火管也。

用此鏡以觀九種金類之斯必得倫,可見每金之明線各有自已界限,無一線相同。雖以此九種物合之,其光線不相掩覆,仍可識别。

惟日光之斯必得倫,與他物之斯必得倫相反。因各物之斯必得倫皆暗,光中有細明色線,而日光之斯必得倫則明,光中有細黑暗線也,其暗線之界限及寬窄疏密,恒爲一定。

日光之斯必得倫,其暗線既有一定,即是日光之可認識處,因此能知日光之質。

如月及行星之光,其斯必得倫與日相同,而恒星光之斯必得倫與日不同。因此而知從日借光者,其光同,不從日借光而自能發光者,其光必異也。

昔時但知日光之斯必得倫,其暗線必因光所不到,而不解其故,今新法能知之。

有人用新法,專攷日星中化學之事,謂之日星化學。

如日光斯必得倫之暗線,以大力鏡察其分釐,與各金斯必得倫之明線相較,如素地恩、鐵、美合尼西,能見其明線,與日之暗線相對,且寬窄顔色適可相補。如使日光與此數種金之光同入一鏡,令其斯必得倫相切而并之,則當金之明線處,日之暗線消盡不見。

金類中惟黄金、安的摩尼、劣非地恩,其斯必得倫之明線不當日之暗線處。其餘各金,其明線皆與日之暗線對,意金之明線與日之暗線,必有連屬之理,必非偶然也。

設日中有鐵,故鐵之明線與日之暗線對,此論是否?其論若是,除非使鐵之明線能變爲暗線,則此理方明。如素地恩之明黄線,已有法可使之變爲暗線,法以最有力之白火即輕養火燒之,則其明黄二線變成黑暗二線,因其黄色之光已被其自己之氣蝕去故也。

已試過許多物，其自己發出之氣能蝕其自己所發之光。日光之斯必得倫中有暗線，因日之白光中其金氣自蝕去一種光，所以成暗線。查日之暗線與金之明線相對者，即知日之光氣中亦有此金，此理無可疑者。

用此法，已測得日之光氣中，有金九種，氣一種。

其九種金爲鐵、素地恩、美合尼西恩、丐而西恩、客羅彌恩、臬客爾、貝而以恩、銅、白鉛，其一種氣爲輕氣。

用此法，亦可測恒星光氣中之質，惟測之愈難，而所得亦愈少。

恒星光之斯必得倫，亦俱有暗線，與日之暗線各有異同，因此知恒星光氣與日之光氣有别，而各恒星之光氣亦各别。

英化學士測知，阿兒地倍倫畢宿大星中有輕氣、素地恩、美合尼西恩、卡而西恩、鐵、脱羅里恩、水銀、安的摩尼、别斯末斯。

又測知昔而以斯天狼星中只有素地恩、美合尼西恩、輕氣。

以斯必得倫鏡察星氣之光，見其斯必得倫與恒星之斯必得倫異。

恒星之斯必得倫與日之斯必得倫一例，因均是明光帶中有暗線也。星氣之斯必得倫，則暗光帶中有明線，與輕氣、硝氣及各金類之斯必得倫一例。

所以知星氣之光是光氣，非如日之有實質也。

日星化學，現在不過胚胎，將來更大更精，必有妙用。

華蘅芳《金石識别》卷一二《論各物相合之法》 凡各物相合之法，共有三種：

一、無限和合。其相合之數無限，此物任多，彼物任少，此物任少，彼物任多，皆相合。

如水與硫磺酸，則一盃酸與一滴水，或一缸水與一滴酸，皆能和合是也。水與酒亦然。

二、有限和合。其相合之數有限，而無一定之率。

如鹽入水消化，滿其量，則不再消，此即限也。若在限以内，不拘多少，皆可消化。

以上兩法，其質相合不甚緊，容易分開之，因其本物各不變，不過與他物和合極匀而已。其水仍爲水，酒仍爲酒，鹽仍爲鹽，而硫磺酸仍爲硫磺酸也。此説雖是，然不過概而言之，如是者居多。若細論之，水與酸合，雖不論多少，有時兩性相合，亦能爲極緊不易分開之物，不可不知。

三、某物與某物相合，各有一定比例，或祇有一數，或有多數。

如緑氣與輕氣相連，只能爲一種緑輕酸。炭與養氣相連能成二物，一爲炭養氣，一爲炭酸。養氣與硝氣相連能成五物之類是也。已試知兩質相連所成之物，至多六種。

華蘅芳《金石識别》卷一一《合質之例》 化學家測知合質之公例，共有五條：

一例，凡合質之物，其各質之比例恒有一定之率，其率恒不變。

如緑輕酸之質，恒爲緑氣三五・四五，輕氣一・〇〇，非此二質不能成此酸，即此二質，亦更無他數可成此酸。

又如水之質恒爲輕氣一，養氣八。若他數相合，則所成非水。

以此例考合質之物，無論天地所生成，及人功所做成，皆與例合。

如硫酸貝而以養，其生成者與做成者，恒爲硫磺四〇，貝而以養七六・七是也。

此例爲化學之根砥，如無此例，則化學家何從推究其所以分合之理？

二例，合質之物，其各質之重數，可用算法核之。

如八兩養氣與一兩輕氣，或與一六兩硫磺，或與三五四五緑氣，或與四〇兩西里尼恩，或與一〇八兩銀，皆能相合，因此五質之各數，皆肯與養氣相合故也。

凡相合之率，均照此數，或照此數之倍數。

如硫輕氣之質，爲一輕與一六硫磺。而硫二輕氣之質，爲一輕，與三二硫磺是也。

又如三五四五緑氣能與一輕氣連，亦能與一六硫磺連，亦能與一〇八銀連。

又西里尼恩四〇能與輕氣一連，亦能與硫磺一六連是也。

觀此可明，各質互相連合，均照其一定之數，因此有各質之率。

一・〇〇	八・〇〇	一六・〇〇	三五・四五	四〇・〇〇	一〇八・〇〇
輕	養	硫	緑	西	銀

此例非止爲元質相合，即雜質之物相合亦然。如水爲一輕八養所成，所以其率爲九。如硫磺酸爲十六磺、二十四養所成，所以其率爲四十。

若兩合質再相合，即以兩合質之率相并，爲其物之率。

三例，甲乙二元質之率，甲與乙相合或爲一式，或爲二式。

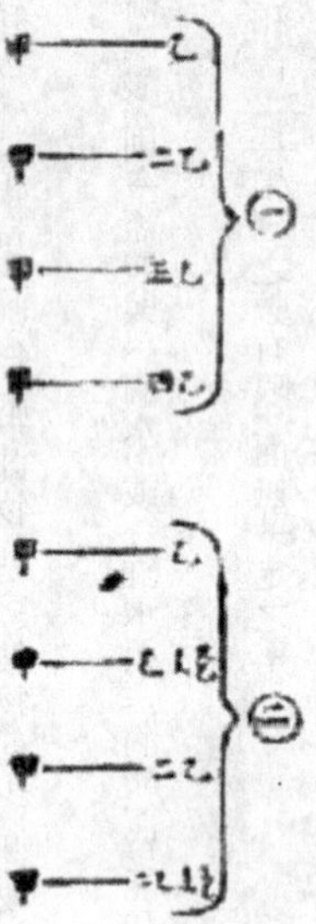

一式之證

如

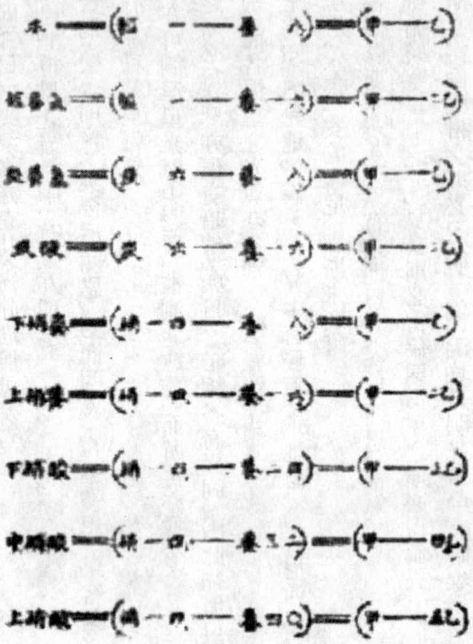

如

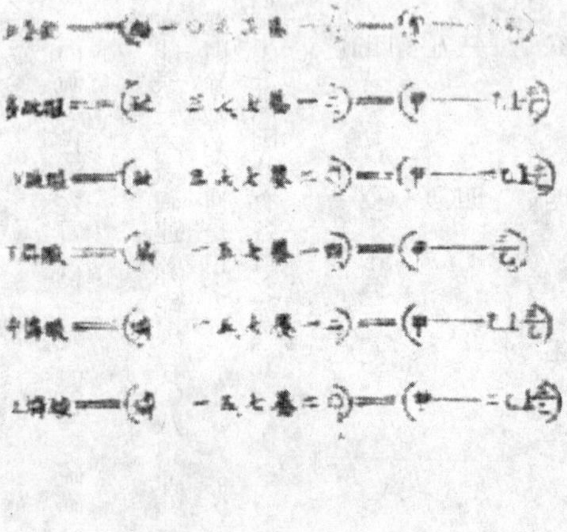

式中均以乙代養氣，甲代與養相合之質，一式乙皆爲整數，因一二三四五股養氣，與他質之一股相連，理自明。二式乙或爲整數，或帶分數，其分數皆爲$\frac{一}{二}$人必以爲  不知 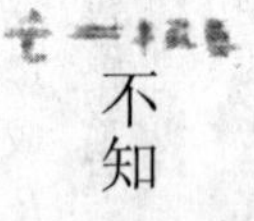 即 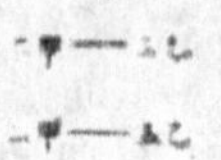 也

所以知多養鐵爲二股鐵與三股養氣相合，養鉛爲二股鉛與三股養氣相合，多砒酸爲二股砒與三股養氣相合，少砒酸爲二股砒與五股養氣相合，下燐酸爲二股燐與一股養氣相合，中燐酸爲二股燐與三股養氣相合，上燐酸爲二股燐與五股養氣相合。

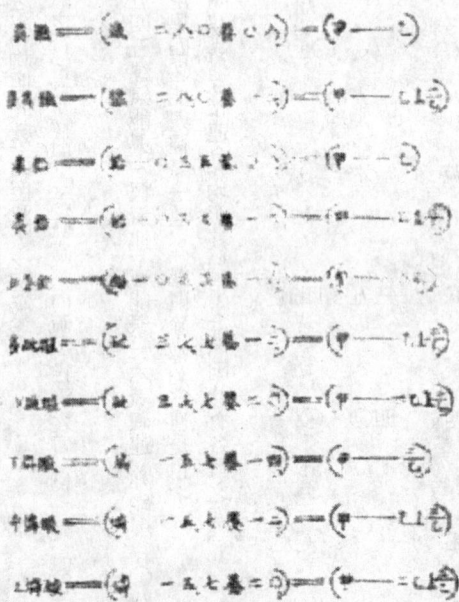

四例，氣與氣相合，可以體積之倍數論之，其體積之數與輕重之數不合比例。

體積之倍數，如一方寸與二方寸、三方寸之類是也。如一方尺養氣與二方尺輕氣，二方尺阿摩尼阿氣與一方尺炭酸氣，二方尺阿摩尼阿與二方尺炭酸氣，十方尺硝氣與五方尺養氣、十五方尺養氣、二十方尺養氣、二十五方尺養氣，皆能相合。所以氣之相合，可以體積之大小算之。如此氣之體積，比他氣之體積或等，或一倍、二倍、三倍，以至多倍，則能相合也。

其輕重與大小不合比例者，謂此氣一方尺，與彼氣二方尺相合，其二氣之輕重，非如一與二之比也。又兩氣相合，其體積恒小，於兩氣體積之并，其大小亦有一定。

如三方尺輕氣與一方尺硝氣相合，爲阿摩尼阿氣。其體非四方尺，而只有二方尺。

硝養氣之體積少於原積三分之一，硫輕氣之體積少於原積二分之一。

五例，辣味之物或土金類，其滿酸之量，有一定比例之率。

滿酸之量，謂以底入酸，則底與酸相合，其底爲酸所消，其酸因與底合而漸淡，如是，淡至極淡，則不能再消其底，謂之滿量，即滿其限也。

如用卜對斯與素特爲底，用硫酸爲酸試知，二兩素特入一盃硫酸，與三兩卜對斯入一盃硫酸，皆能滿酸之量，則素特與卜對斯之比如二與三。設於别種酸用四兩素特能滿其量，則用六兩卜對斯代素特，亦能滿其量，所以二兩素特恒等於三兩卜對斯。如有一百種底、五十種酸，只須以每底與一種酸試之，又以一底與餘四十九種酸試之，即可盡知某底與某酸其滿量之率若干。若一一試之，須五千次方試遍，今有此例，則試一百四十九次已知之，亦簡便極矣。

此例所括不獨酸及辣，各質皆可用之，爲化學中最便之事。

以上化學律例五條，凡各物分合，皆照此例。

華蘅芳《金石識别》卷一—《論質點之意》 凡物分之至極細不能再分者，謂之點。物者，點之積而成也。

如硝氣與養氣相合之物，共有五種。其硝氣之重與養氣之重，如十四與八則爲下硝養，如十四與十六則爲上硝養，如十四與二十四則爲下硝酸，如十四與三十二則爲中硝酸，如十四與四十則爲上硝酸，意其下硝養爲一點硝氣與一點養氣相合而成。因點不能再分，故不能謂其一點與半點相合，而以爲一點與一點相合也。如是計之，則上硝養爲一點硝氣與二點養氣相合，下硝酸爲一點硝氣與三點養氣相合，中硝酸爲一點硝氣與四點養氣相合，上硝酸爲一點硝氣與五點養氣相合，則養氣之點比硝氣之點，爲一二三四五。

任何兩質，此一股與彼一股相合，即此一點與彼一點合，所以能定各質點之重率。

如綠氣與輕氣相合，只有一種綠輕酸，意其綠氣之點與輕氣之點，其點數必同，而點之輕重不同，綠氣之點重率爲三五·四五，輕氣之點重率爲一，綠氣點重與輕氣點重之比，如三五·四五與一之比。

以此法推之，能得各質之點重率，如一點炭六倍於輕氣之點重，一點硫磺十六倍於輕氣之點重，故炭之點重率爲六，硫磺之點重率爲十六也。

質點之説，原是化學家心中設想，並非真能見其點。惟以點之理，即可推各物分合之數，即信其理爲真可也。

有人謂質點不可再分之説，不確。因物有一股與一股半相合者，若準一股與一股相合，即一點與一點相合，則物之一股與一股半相合者，豈非一點與一點半相合乎？此説非是，蓋股者隱入所命，並非有一定，不可多少之，意不過其率如此耳。一股與一股半之比，如二股與三股之比，則安知其一股與一股半相合者，非二點與三點相合乎？作如是想，則點不可再分之説非，不通也。

質點之大小，各質不同，如其物能化爲氣，以氣入空器中量之，則能知其點體大小之率。

如水爲一點輕氣與一點養氣相合，又試知水之輕氣體積大於其養氣體積一倍，則知輕氣之點體，亦大於養氣之點體一倍，所以以輕重言之，則養氣之點重於輕氣之點七倍。以大小言之，則輕氣之點體大於養氣之點體一倍，其輕重與大小不通比例。

亦有人謂各質之點，大小相同，以水爲一點養氣與二點輕氣相合，此説不通。

華蘅芳《金石識别》卷一—《論質點相合之理》 已試知各物相合，或照某方，或照某重，其所以如此之故，不可不知。如人知某質能與某質相合，須知其相合之數，又須知其相合之理，其理非試之所能知，不過人以意度之而已。

一、凡物之合小而成大，皆其點之所積，其點與點不相貼，其間俱有空隙。如其物輕者，點之相距大。其物重者，點之相距小。冷之壓之，則點距近，所以能硬而重。熱之則點距大，所以能大而輭。點與點相距極大則爲氣，如水汽之點距大於水之點距一千七百倍。

二、凡元質之物，有元質之點。合質之物，有元質相合之點。

如圖甲爲炭質之點，乙爲養氣之點，丙爲丐而西恩之點，甲乙爲炭養氣之點，其餘類推。

三、凡物之細極不能再細者，其細粒即謂之點，凡點不可再分。

四、凡點之體甚小，非目力所能見，雖極大之顯微鏡亦不能見點之形，不過意想之如是耳。

五、凡物從流質至定質，若徐徐凝結，則爲正結成，若驟然凝結，則爲無法形之細粒如粉。

六、凡點與點相合，其垜法有多種，所以一物之結成能爲數形。

如四點可作；可作；可作□；可作；可作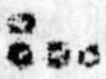之類是也。

如硫磺於尋常熱度自結成者，爲正八面形，若熱而鎔之，冷則結成長八面形。

七、各質之點，其大小或同或異。

如以四豆凑成方，則如。若換一顆櫻桃代之，則如。若換一粒米代之，則如，不成方矣。若以一與豆同大之鉛子代之，則如形，雖仍爲方，而輕重、軟硬、顏色、性情異矣，此解合點之理。

如已知礬類之物，其中之卜對斯能以素特代之，亦能以阿摩尼阿代之，而其哀盧彌那可以養氣客羅彌恩代之，亦可以養鐵代之，其結成之式均不變。所以人思之，以爲卜對斯與素特及阿摩尼阿，其點之大小形式同，而哀盧彌那與養氣客羅彌恩及養氣鐵，其點之大小形式亦同，因其結成不變式故也。

因此而知，以一物代一物而結成之式忽變者，以其點之大小形式不同也。

八、凡合質之物，有質同而物異者，以點理能解之。如以棊子十六枚，黑白各半，列成方形，可作甲乙丙丁四式。

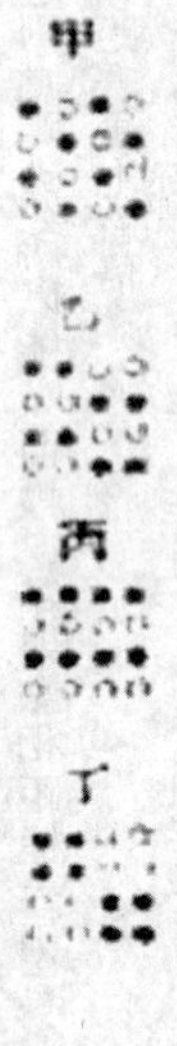

雖每式仍爲八枚白，八枚黑，其數未變，而位置之法各異，甲爲一白一黑相間，乙爲二黑二白相間，丙與丁雖俱爲四黑四白相間，而丙則黑白各成行，丁則黑白各成方。如此棊爲質點，則此圖爲物，觀此而知，物有質同而形性各異者，皆此故也。

如像皮樹膠所爲與石油及煤氣，其物各異，而其質均爲炭輕二氣，數亦相同。

九、凡質點必有重，其各質之重各異。

如一小塊灰石，不知幾百萬萬箇炭酸灰點合成，雖碎之爲極細之粉，其粉之一粒亦有重。所以知點亦有重，因物爲點之所積而成，故物有重，則點亦有重。點若無重，則合無數無重之點不能有重也。

又如灰石之合質，常爲三百五十灰及二百七十五炭酸，極大一塊亦如此，極小一塊亦如此。雖研至細極之粉，其粉之一粒亦如此。設此粉之一粒，細至不能再細，則其一點灰石爲一點灰與一點炭酸所成。其一點灰之重若算三百五十，則其一點炭酸之重必爲二百七十五。又三百五十灰內，常爲二百五十丐而西恩、一百養氣，此數亦可算作點重，所以一點丐而西恩之重，可算二百五十，而一點養氣之重，可算一百。其二百七十五炭酸之內，常爲七十五炭、二百養氣，所以一點炭之重，可算七十五，而二百可算二點養氣之重。因此，化學家名此數爲點重率。

華蘅芳《金石識別》卷一《點重率表》 各質點之實在輕重數不能知，不過能得其比例之率耳。凡同比例之率數，隨人命之，故其數可大可小。而金石家用之最便者，以養氣點重率爲一百，因各質皆與養氣相合，故加減乘除以整數爲最便也。

此表上層爲元質之名，第二層爲元質之點重率，第三層爲元質與養氣相合之物，第四層爲元質與養氣合質之點重率，第五層爲百分中有養氣若干重。

又合質之物，其字右旁角下註一數目小字者，即指其點數。如哀(二)養(三)即言兩點哀盧彌尼恩與三點養氣相合也，不註小字者即一點也。

哀盧彌尼恩	一七一・二五	哀二養三	六四二五	四六・七
安的摩尼	一六一二・五			
砒	九三七・五			
貝而以恩	八五六・二五	貝養	九五六・二五	二〇・四五
別斯末斯	二六〇〇			
布而倫	一三六・二	布養三酸	四三六・二	六八八
孛羅名	一〇〇〇・〇			
開特彌恩	六九六八			
丐而西恩	二五〇・〇	丐養	三五〇・〇	二八・五七
炭	七五・〇	炭養酸	二七五・〇	
昔而以恩	五八七・五	昔養	六八七・五	一四・五五
緑氣	四四三・三	緑輕酸	四五五・八	
客羅彌恩	三三三・七五	客二養三	九六七・五	三一
		客養三酸	六三三・七五	四七・三
苦抱爾	三六八・六五			
可倫皮恩	二三〇〇・〇	可養三酸	二六〇〇・〇	一一・五

銅	三九六・二五	銅二養	八九二・五	一一・二	銅養	四九六・二五	二〇・一五			
地提彌恩	六〇〇・〇									
耳皮恩	未定									
哀盧彌尼恩	一七一・二五	哀二養三	六四二・五	四六・七						
夫羅而林	二三七・五	夫輕	二五〇・〇							
谷羅西恩	五八・七五	谷三養三	四七六・二五	六三						
黃金	一二三一・二五									
輕氣	一二・五	水	一一二・五	八八八九						
愛阿靛	一五八・七五									
衣日地恩	一二三七・五									
鐵	三五〇・〇	養鐵	四五〇・〇	二二・二二	養三鐵二	一〇〇〇・〇	三〇			
浪替尼恩	五八七・五	養浪	六八七・五	一四・五						
鉛	一二九四・六	養鉛	一三九四・六	七・一七						
劣非地恩	八一六	劣養	一八一・六	五五						

美合尼西恩	一五〇・〇	美養	二五〇・〇	四〇			
孟葛尼斯	三四四・七	養孟	四四四・七	二二・五	養三孟二	九八九・四	三〇・三
目力別迭能	五七五・〇	目養三酸	八七五・〇				
臬客爾	三六九・三	養臬	四六九・三	二一・三			
硝氣	一七五・〇	硝養五酸	七四				
哈思彌恩	一二四三・六						
養氣	一〇〇・〇						
鈀留底恩	六六五・六						
燐	三八七・五	燐養五酸	八八七・五	五六・三四			
白金	一二三七・五						
卜對斯恩	四八八・九	卜養	五八八・九	一六九八			
水銀	一二五〇・〇						
日和地恩	六五二・五						
貳烏地恩	六五二・五						
西里尼恩	四九三・七五						
夕里西恩	二六六・二五	養三夕	五六六・二五	五二・九八			

銀	一三五〇・〇						
素地恩	二八七・五	素養	三八七・五	二五			
息脱浪西恩	五四七・五	息養	六四七・五	一五・四四			
硫磺	二〇〇・〇	硫養二	四〇〇・〇		硫養三	五〇〇・〇	
談台里恩	二三〇〇・〇	談養三酸	二六〇〇・〇				
脱羅里恩	八〇・一八						
忒而比恩	未定						
土里恩	七四三・九						

六〇

錫	七二五・〇	養二錫	九二五・〇	二一・六			
替脱尼恩	三一二五	養三替二	九二五〇	三二四	替養二酸	五一二・五	三九
東斯天	一一五〇・〇	東養酸	一四五〇・〇				
由日尼恩	七五〇・〇	養由	八五〇・〇		由二養三	一八〇〇・〇	
凡奈地恩	八五六・九						
以特里恩	四〇二・五	以養	五〇二・五	一九・九			
白鉛	四〇六・六	養白鉛	五〇六・六	一九七四			
入爾果尼恩	四一九・七	入養三	一一三・七四	二六三			

華蘅芳《金石識別》卷一一《金石算法》

金石算法者，專以化學之法，推算金石各質之數也。

如已知一股養氣鐵，即一點養氣與一點鐵相合，則以鐵之點重率三五〇與養氣之點重率一〇〇相并，得四五〇，爲一股養氣鐵之點重率。

如已知多養鐵爲二點鐵與三點養氣相合，則二乘鐵之點重率三五〇，得七〇〇，三乘養氣之點重率一〇〇，得三〇〇，并之，得一〇〇〇，爲多養鐵之點重率。欲知物内養氣爲百分之幾，則以某物之點重率爲一率，物内養氣之點重率爲二率，一百爲三率，二率與三率相乘，以一率除之，得四率，即百分内養氣之數。

如多養鐵之點重率爲一千，其養氣點重爲三百，則以一千爲一率，三百爲二率，一百爲三率，求得四率三十，即一百分内有三十分養氣也。譬如有多養鐵十斤，即知其中有養氣三斤，鐵七斤。反求之，有物之點重率，及百分内養氣之數，求物内養氣點重率，則以一百爲一率，百分内養氣之數爲二率，物之點重率爲三率，求得四率，即物内養氣點重率。

如哀盧彌那之養氣，爲百分内之四六・七。其點重率爲六四二・五，則以一百爲一率，四六・七爲二率，六四二・五爲三率，求得四率三〇〇，即哀盧彌那内之養氣點重率。

化學之數由金石測得，故金石之數，可以化學之數推之，其推之有數法。

例，先分得各質之重爲百分之幾。

如暗紅銀礦爲銀與安的摩尼及硫磺所合成，今欲知其各質之點數，法先分得其百分内銀重五九・〇二，安的摩尼重二三・四九，硫磺重一七・四九，各以點重率除之。如以銀之點重率一三五〇除銀重五九，得〇・〇四三五之類是也，所以得銀〇・〇四三五，安〇・〇一四六，硫〇・〇八七五，爲各質之點率。約其數，爲銀三，安一，硫六，爲相合之點數。所以知紅銀礦之點，爲三點銀，一點安的摩尼，六點硫磺合成。

其金石以化學之算法核之，彼此互證，可得其相合之法及數。

如已知紅銀礦爲三點銀，一點安的摩尼，六點硫磺合成，又知一種硫磺銀爲一點銀與一點硫磺所合成，又知一種硫磺安的摩尼爲三點硫磺與一點安的摩尼合成，則知此紅銀礦之銀三，安一，硫六。其三點銀應與三點硫磺合，其又三點硫磺應與一點安的摩尼合，所以紅銀礦之寫法，爲銀磺加安磺。此合質中無養氣之算法也，如合質中有養氣者，亦有法推之。

如非而斯罷，其百分内有夕里開六四・七八，哀盧彌那一八・三八，卜對斯一六・八四，又知夕里開每百分内有五二・九八養氣哀盧彌那，百分内有四六・七養氣卜對斯，百分内有一六・九八養氣，則可比例得百分非而斯内，其夕里開之養氣三四・三二，其哀盧彌那之養氣八・五八，其卜對斯之養氣二・八六，約之得夕里開之養氣一二，哀盧彌那之養氣三，卜對斯之養氣一，則知非而斯罷中，養氣之於夕里開有十二點，於哀盧彌那有三點，於卜對斯有一點。又於尋常夕里開，知夕里開之點爲一點夕里西恩與三點養氣合。於尋常哀盧彌那，知哀盧彌那之點爲一點哀盧彌尼恩與三點養氣合。於尋常卜對斯，知卜對斯之點爲一點卜對斯恩與一點養氣合。所以知非而斯罷之點爲四點夕里，一點哀盧彌那，一點卜對斯所合而成。

進一步，再究其幾點夕里開與哀盧彌那相連，幾點夕里開與卜對斯相連，或有他物比例，或用意度之，有一例。

例，養氣之點於某酸或某底，其平常相連之數，有一定之比例率。

夕里開之與卜對斯相連，其養氣點之比例如三與一，所以一點夕里開應與一點卜對斯相連，其三點夕里開與一點哀盧彌那相連，則是人意料其如此也。

有合質之點數，求其每物於百分内有幾分。

如非而斯罷之點，而四點夕里開，一點哀盧彌那，一點卜對斯所合，於點重率，夕里開爲五六六・二五，哀盧彌那爲六四二・五，卜對斯爲五八八・九。各以點數乘之，得夕里開二二六五，哀盧彌那六四二・五，卜對斯五八八・九，爲各物之點重。并之得三四九六・四，爲非而斯罷之點重。已知非而斯罷之點重三四九六・四，又知其中有夕里開之點重二二六五，即可比例得百分内之夕里開重，其他亦如是推，即推得非而斯罷百分内，有夕里開六四・七八，哀盧彌那一八・三八，卜對斯一六・八四。

凡合質之物，有他质代其一质，或代其一质之几分，其點重及養氣之點數不變。

如茄納之合質，爲三點灰，一點哀盧彌那，二點夕里開，其養氣之點數爲三：三：六，約之爲比例數，得一：一：二，愛度刻來斯及雖約奈脱亦然。於非而斯罷，其一股養氣不止與卜對斯恩連，或有數分素特，或灰代之。

於茄納，其一股養氣不止與丙而西恩連，有時有美合尼西恩或鐵，代其幾分丙而西恩。然雖如此，其養氣之數不變，如不知有二物者然。又哀盧彌那中之養氣不止與哀盧彌尼恩連，有時有鐵代其哀盧彌尼恩，然其鐵之點重，與所少之哀盧彌尼恩之點重，其數必相等。

如前已言，茄納中之養氣，其比例如一：一：二，則無論何幾物合成之茄納，其養氣之比例恒爲一：一：二。設有一茄納，其合質爲夕里開三九・六，哀盧彌那二二・五，灰三二・六，養鐵五・三，求得其夕里開之養氣二〇・九，哀盧彌那之養氣一〇・五，灰之養氣九・三，養鐵之養氣一・一七，則鐵與灰之養氣等於哀盧彌那之養氣，而鐵灰哀盧彌那之養氣等於夕里開之養氣。

徐建寅《汽機必以》卷首《真空功用》 真空之義五節

清虚無物謂之空，一切氣質俱無者，即謂真空。真空之力，與空氣壓力相較而生，非真空自能有力也。空氣能壓氣内之物，即如水能壓水内之物，設鞴鞴之二面皆有水，則上面之水不能壓鞴鞴向下，因上下抵力相等。如天平之兩端等重也，取去此端之重，則彼端之重立顯其力而下墜，同於去鞴鞴下面之水，而上面之水始顯抵力也。故鞴鞴之一面進汽，而一面去其汽，則抵力亦顯。去其汽，即真空也。真空所顯之力，並非自有之力，乃因彼面有實力，此面無有對力所生也，所以真空不能自動汽機。

空氣入真空之速六節

空氣衝入真空之中，其行之速，正與重物自空氣盡界墜至地面之末速等。然空氣有厚薄，此墜物之全路，設以上下等厚者言之，設水箱底旁作孔，使水流出，出口之速亦與重物墜於箱外自水面至箱孔之末速等。蓋水之各點各有重力，層層相壓而下壓，即如重物在空中下墜同，空氣衝入真空，亦即此理。空氣衝入真空之速，亦依上層空氣之高數。故有一立方寸之重數，並在地面之壓力。可設將空氣重十五磅，作一平方寸底之空氣柱，所應得之高，此高必爲二萬七千八百十八尺，重物墜過此高，其末速每秒必得一千三百二十八尺，空氣衝入真空之速同此數。

凝水汽機得真空七節

汽筩内程功以後之汽，放入凝水櫃内。冷水噴射，汽凝爲水落於櫃底，即得真空。其噴射之水，乃恒升車所取出，所有空氣隨水而入，亦隨水而出也。水雖積於櫃底，而真空則在水面之上，不論水之多少，無害於真空。蓋聚於櫃底，即與櫃體相同。

凝水櫃内稍不真空八節

凝水櫃内水面上之空处，稍有不真。因噴進之冷水，爲汽傳熱而生微汽，是謂對力，約得水銀高三寸。設風雨表三十寸時，以真空之端通櫃内，而水銀衹高二十七寸也。空之不真，非特水生微汽，尚有空氣少許。蓋水内常含空氣，噴入櫃内，而無壓力，此氣之力即現。若無恒升車以抽出之，則漸漸積多，其對力必至與天空氣等，故恒升車雖爲起水而設，更能兼吸此氣也。

測驗諸器九節

測真空者名縮表，能顯縮力之數，通於凝水櫃者也。測漲力者名漲表，能顯漲力之數，通於鍋爐者也。看鍋爐内水之高低，其法有二。一用數塞門上下，勻列於鍋爐之面。一用玻璃管直立兩端，各鑲銅管，與塞門俱通鍋爐之内，玻璃管内之水面，即鍋爐内之水面也。兼用二法，則更妙。

凝水機以小於空氣壓力之汽行動十節

汽機起動以後，雖汽之漲力小於空氣之壓力，亦能運動。而初動之時如此，則甚難。因將動之前，必用汽吹去縮櫃内之空氣，如汽漲力甚小，則不能吹通也。惟起動以後，不欲汽機生全力，則可漸減至小於空氣壓力。然亦終非善法，試開看水塞門，非但不能噴水，反致空氣竄入，兼有漸積之質，亦不能吹出也。此事每以二小時開放大塞門一次，藉汽之漲力吹出櫃外。或因鍋爐之力不足，而汽漲力有小於空氣壓力者，即應稍關汽管扇門，以減進汽筒之汽而增鍋爐内之漲力，汽機之速率，亦不致甚減也。

徐建寅《汽機必以》卷首《重物墜行之速與行動之重力》 物墜之速十一節

重物不墜而無空氣阻力，其行之速恒等。試將金羽二物，置於真空之玻璃罩，而使同時下墜，必同時至底也。惟逐秒下墜之速，則依定率漸增。若知墜過之全路，即可推其末速，將墜路尺數之平方根，以八・〇四一乘之，爲以末速而行一秒時所應得之尺數也。物因地攝力而下墜，第一秒得十六尺又十二分尺之一。第二秒得六十四尺又十二分尺之四。第三秒得一百四十四尺又十二分尺之九。第四秒得二百五十七尺又十二分尺之六，餘可類推。設第一秒所墜之路爲一，列表如左。

秒	一	二	三	四	五	六
路	一	四	九	十六	二十五	三十六

準此表知物墜所過之路，與所歷時之平方有比。

物之下墜因地攝力十二節

地心之攝力爲平加力，故物墜第一秒中所受之攝力，與以後諸秒中所受之攝力並同。然而行速漸增者，因歷時之漸多也。

逐秒增速之故十三節

第一秒中下墜十六尺又十二分尺之一，尚爲中速而非末速，以第一秒之末速計之，已不止十六尺又十二分尺之一，應得三十二尺又六分尺之一。至第二秒之末時，乃加三十二尺又六分尺之一，所以第二秒末時，全速得六十四尺又六分尺之二。第三秒末時，全速得九十六尺又六分尺之三。第四秒末時，全速得一百二十八尺又六分尺之四，餘亦類推。凡此各數之排列爲一二三四等，即下墜所得之各速，與所歷之時有比，亦即與物受地攝力之時有比也。各末速皆與歷時有比，全路與歷時之平方有比，故動力與行速之平方有比。物墜之力與所墜之路有比，則全路必與末速之平方有比也。如有等重二球，第一球之行速倍於第二球之行速，則第一球之力較第二球之力，必爲四倍。所以飛輪之速二倍，其力則四倍也。此動力必依物墜所得此速之路度之。

重力之義十四節

重力者，重速積力也。兩力相抵而定者，名之曰力。力而生動，名曰重力。定者不可以度動者，故力不可以度重力也。欲度重力之數，必以力與其行路相乘之數。

重力已成永不泯没十五節

力而未動者，尚可以減。若已動而成重力，則永不泯没矣。如二物相擊，而物質有凹凸力者，相擊之時，雖暫停後，必仍以原速相離。若無凹凸力者，則變其形而停，重力則化爲熱，或爲電氣，而熱與電氣之力，必與原重力等也。

重力之源在日十六節

重力之源在日，日曬地面，使水發氣，氣凝成雨，雨集成河而急流轉輪，水力也。日曬空氣，使各處厚薄不同，而成風，推送船帆風力也。植物受日之光熱，即能暢茂，動物食之而生力，人畜之力也。太古之植物，無有動物戕害，故能積久而成煤。今用以爇火，使水化汽，而動機實乃千萬年前所收太陽之熱力也。

飛輪重力十七節

飛輪牙應有之重力，必能消鞴鞴一往所生不平之力，汽機以常速運動者，飛輪牙所積之重力，應與鞴鞴一往之能力，爲二・五至四與一之比，大小不一者，依汽機所運之機能積之力也。然此僅可用於常事，若欲運動極平者，必加大至六與一之比。

陸汽機飛輪生鐵牙之積數十八節

常法以輪牙之中，徑與每分時之轉數相乘，再以得數自乘爲法。次置汽機之實馬力，以鞴鞴每分時往復次數約之，再以二百七十六萬乘之爲實。以法約實，即得飛輪生鐵牙之立方尺數。

蒲頓華德定飛輪生鐵牙之横剖面十九節

先以推機路之尺數，與四萬四千相乘，再以汽筩徑之寸數自乘，而乘之得數爲實。次以每分時之轉數自乘，而以飛輪徑之尺數自乘，再乘而乘之，得數爲法。以法約實，即得飛輪牙横剖面方寸數。

徐建寅《汽機必以》卷首《諸心力》

離心向心二力二十節

離心力者，重物繞行，恒欲離所繞之心，變直行而向外之力也。向心力者，使繞行之物漸近所繞之心之力也。正與離心力爲相對，如汽制之二重球懸於竪柱，柱轉而二球相離，轉停而二球相近，即離心、向心之别也。然向心力實爲地心之攝力，於柱無關。

離心力與轉速相比二十一節

繞行之速均平者，離心力與繞軌之徑有比。設二飛輪之重數等，每分時之轉數等，而此輪之徑與彼輪之徑有二與一之比，則大輪之離心力，與小輪之離心力，亦爲二與一之比。又設一輪而轉速不等，則離心力與轉速之平方有比，即轉動加速至二，而離心力必至四也。

有物重數、繞行圓軌徑數、繞行速數求離心力二十二節

已知物重并繞行圓軌之徑與速，由此可推離心力。置每秒時遶路之尺數，以四〇一約之，得數自乘，即得物墜至等於繞行之速，其所墜過路尺數之四倍，再以繞行圓軌之徑約此數，即得離心力與物重之倍數，而以物之重數乘之，即得離心力之數。又法將每分時之轉數自乘，以圓軌徑之尺數乘之，而以五八七約之，再以物之重數乘之，亦得離心力之數。

有離心力數、物重數、繞行圓軌徑求繞行速數二十三節

已知物重並繞行圓軌之徑與離心力，可求繞行之速，置離心力之數，以物之重數約之，而以圓軌徑之尺數乘之，得數開平方，再以四〇一乘之，即得每秒繞行之尺數。

離心力牽斷生鐵條求繞行之速二十四節

生鐵條之橫剖面一方寸，牽力斷界一萬五千磅。今用生鐵條橫剖面有二方寸，自可任牽力三萬磅而斷。設有二球連於十尺之條，即以中點爲定心而使飛轉極速，至條爲牽斷，則一球與半條之離心力，必得三萬磅。若一球與半條，其重四十九磅四八，即將此數約三萬磅，得六百〇六・二，爲離心力與重之倍數。依前法，將此數以十乘之，得六千〇六十三，開平方得七十八，再以四・〇一乘之，得三百十二・七八，即臨斷之時球體每秒繞行之尺數。

生鐵飛輪轉速之穩界二十五節

生鐵橫剖面一方寸，其久任牽力之穩界爲二千磅。設飛輪徑十尺，牙之橫剖面共二方寸，其半重亦爲四十九磅四八，則如前法，置四千磅，以四十九・四八約之，得八十〇八，以十乘之，得八百〇八，開平方得二十八・四，再以四・〇一乘之，得一百十三・八八四，爲輪牙每秒轉行之尺數，即轉速之穩界。惟因離心力乃四圍向外，故以此速而行，輪牙之任力尚少於二千磅。若半周與徑之比，即一・五七〇八與一之比。

熟鐵汽車輪轉行之穩界二十六節

熟鐵條橫剖面一方寸之穩界，爲四千磅。設輪牙之橫剖面一方寸，輪徑七尺，則以其周二十一尺九九一，乘熟鐵十二立方寸之重三磅四，得七十四磅七六，半之得三十七磅四。依法置熟鐵橫剖面二平方寸之牽力八千磅，以三十七・四約之，得二百十三・九，即離心力與重之倍數。再加徑與半周之比，即以畧數一・五乘之，即二百十三・九乘一・五，再以輪徑七尺乘之，得二千五百九十五・九五，開平方得五十一，以四・〇一乘之，得二百二十四尺，即汽車之熟鐵輪牙每秒行速之尺數，即一小時行一百五十英里也。熟鐵任牽力之穩界，橫剖面一方寸在汽機內，以四千磅爲極限，則汽車之輪一小時行一百五十里尚嫌太速。必多減此速，方在穩界之內，或有將輻裝入鐵箍內作輪者，殊不堅固，必與輻相連者爲善。又有厚大其輪牙，以敵離心力者，亦非善法，蓋牙體加重，離心力亦加多也。

重心之義二十七節

重心者，物體內全重所聚之心也。此心恒欲往最低之處，試在物體之重心繫之，則任何方向皆可相定。

繞行重心二十八節

繞行重心者，物體繞行而重力所聚之心也。設汽制之球爲行直線，則繞行重心與本體重心相合。今球繞柱而行，其遠柱質點之行，必比近柱質點之行較速。所以繞行重心不與本體重心相合，而遠於本體重心之距柱也。

擺動重心二十九節

擺動重心者，物體擺動而重力所聚之心也。設物體之重盡聚此點，則擺動次數亦毫不改變，此心必在懸點與本體重心之直線外。

徐建寅《汽機必以》卷首《擺與汽制球》　擺動次數三十節

擺動次數，依懸梗或線之長。其重心所行弧迹雖有長短，而次數終無改變。如弧迹或得圓周百分之四，或百分之二十五，而次數畧等也。若擺能行真擺線，則次數毫無異矣。所以時辰鐘之擺，常使行短弧，取其與真擺線不甚差也。

有擺長求動數三十一節

擺動一次之時，等於物墜過擺長乘周率平方之半之時，所有擺梗之長各不等者，則同時中擺動之次數，與各擺長之平方根有比。

有秒擺之長求一分動幾次之擺長三十二節

先以秒擺長數之平方根，與六十相乘，再以每分之次數約之，得數自乘，即擺長之數。設作一擺，在英國京都之緯度，每分動七十次，則依法得

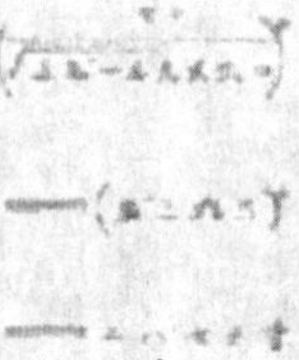

，即擺長之寸數。

擺動次數因擺長之理三十三節

擺之長數，所以定擺行弧迹之彎直。凡物溜下大角斜面比小角斜面必更速，此乃地攝力之故。而擺之往復，全因地攝力，蓋重物下墜其漸積之力，與所墜之路有比，而物墜所生之速，散於長線必遲。其迟數，又與線之長有比，所以擺之長數可定弧迹之彎直，亦可定若干時中擺動之次數。

一秒時物墜之路與秒擺之長爲比三十四節

擺動次數全依物墜之速，故一秒時物墜之路，則與秒擺長數爲比。如英國京都之緯度，而高等於海面，則擺長三十九寸一三九三，恰得一秒動一次，有此數，即可求物墜一秒所過之路矣。因擺動一次之時，等於重物墜過擺長，乘周率平方之半之時。所以物在擺動一次時，中所墜之路，等擺長乘周率平方之半周

率平方，即九・八六九六・半之得四・九三四八，即一與四・九三四八之比。若三十九寸一三九三，與重物在擺動一次時中所墜之路之比，即三十九寸一三九三，與四・九三四八相乘，得十六尺又十二分尺之一，爲重物以地攝力下墜一秒中所過之路也。

汽制圓球帶動於汽機三十六節

汽制圓球帶動於汽機，故其轉速與汽機轉速爲比。二球旋轉相離，即帶動扇門，漸阻氣進汽，使汽機不致太速。

圓錐形高之平方根與轉之時有比三十七節

汽制圓球二桿之角不改，則轉一周之時，與桿長有比。惟轉愈速，則二球愈離開二桿，所成圓錐形之高，必愈短。圓錐形之高，恒與每轉之時動二次之擺長等。故已定二球之距，與二桿之長，以及圓錐形之高，則汽制球每分時中轉數之半，必等於與圓錐形高等長之擺每分時之動數。故以圓錐形高寸數之平方根，與常數〇・三一九八六相乘，而得每轉之秒數。若轉數與懸桿之長數已定，而欲求二球心之相距，置常數一百八十七・五八，以每分時之轉數約之，得數自乘，即圓錐形高之寸數自乘，而與桿長自乘數相減，開平方二乘之，而得二球心之相距。

球體輕重與轉速無涉三十九節

球體之輕重，與前論各事無涉。蓋球體爲無數質點相合而成，各質點各顯其重力，故球體雖重，其向心力自加，而離心力亦同例而加，所以球體無□甚重也，惟過輕則不能勝扇門與各處之滯力。

徐建寅《汽機必以》卷首《助力器》

助力器之義四十節

助力器者，能將長路之小力變爲短路之大力也。重學諸書，常以助力器分爲若干種，各種各具一理，實乃諸法皆歸一理，可以不必强分也。蓋以速行之小力可變爲遲行之大力，計其重速積數毫無增損，故凡助力諸器，不過爲變力之用，非能增力也。

增力謬法四十一節

未明助力器之理者，偶見起重轆轤與壓水櫃俱能以小力起極大之重，即欲以小汽機動此器，而使動大船。不知力雖增大，速則減小，二事適相當也。設能使汲水輪轉動之力加十倍，歷時相同。其所行之路，必爲十分之一。總之，無論何法，力與速不能同增也。更謬者，竟有欲用桿輪曲拐等無自動力之物，作永動器也。

變力總理四十二節

變力之理無論何器，俱各相同。設有大桶滿盛以水，在底作分徑之孔以洩之，或作寸徑或尺徑之孔以洩之。洩水雖有遲速，而於桶之容積無關。惟孔愈大，則放出之水多，而自初放至將盡，其時自短。用槓桿之理，亦不過如是，力更大路必更短也。起重一磅至百尺之高，所用之能力，與起百磅至一尺之高無異也。所以汽筩之制，無論平小而長與大而短，其所出之力恒相等。惟長者能運小重至長路，而短者能起大重於短路耳。

曲拐無有縻力四十三節

人常謂曲拐有縻力者，以其行至直線二點之處無力也。此因誤混往復之速，與環繞之速而然也。不知在此二處，固亦未嘗費汽，既不費汽，自無縻力。設以若干平行距等線，横分拐軸心所行之圓軌，則拐軸心任自何一線與圓軌相交之點，至次線與圓軌相交之點，所費之汽，並所生之能力恒皆同。因此線所分之圓軌，雖長短不勻，而所分之徑，則勻也。曲拐過直線二點環繞之路雖長，而所費之汽不加多，所增之路恰合所減之力，故任行平行線所分圓軌之何分，所現之重速積力必等也。

徐建寅《汽機必以》卷首《面阻力》

面阻力之理四十四節

面阻力即滯力，又名磨力，係二物之面相磨而生也。此力之生或因物質之攝力，或因二面質點之凹凸相錯，所以相磨之時，二面之質內生動，由動生熱。所生之熱，必等於生此滯力之能力。測得滯力所生之熱，令水一磅，加熱一度，所用之力能起一磅之重高至七百七十二尺，此名熱力率。若二物之面爲異質，滯力自能減小。或謂同質者，其質點之排列相同，故相錯密合而滯力大也。

磨面加大滯力不增四十五節

相磨之面加大，而抵力不加，則滯力亦不增。相磨之時，不多發熱，不多消磨，則抵力與滯力畧有比。所以相磨之面，無論何質，愈大愈佳，不但滯力不增，且可久磨不消也。

滯力與磨速比例四十六節

滯力與相磨速率之比例，以路而計之。相磨雖速，滯力不加。以時而計之，則滯力與相磨之速爲比例。設鞲鞴一分時往復二十次，或四十次，其每次之滯力必等。統而計之，一分時四十次者，其滯力比二十次者得二倍。雖一往復之滯力不改，而一分時之總滯力必得二倍矣。故以時論之，其滯力與速恒有比例。惟每轉之滯力，則無論行之遲速，必恒相等。然此不過以平常之速而言，未知速之極者，亦同法否也。

滯力與抵力比例四十七節

滯力之大小，因面質之不同，稍擦以油，而又揩浄，二面皆鐵者，其滯力爲抵力十分之一。一銅一鐵者，其滯力爲抵力十一分之一。然機器内相磨之處，常用滑質一層，所以滯力必減小，而得前數三分之一，即爲抵力三十三分之一也。此中數也，尚有小於此者。色頓曾測輪磨石之滯力，爲壓力四十分之一。烏德曾測汽車之軸多用滑質者，其滯力僅爲壓力六十分之一。理尼曾測大軸壓力一擔至五擔，用牛羊油爲滑質，其滯力爲壓力三十九分之一。用軟肥皂水爲滑質，其滯力爲壓力三十四分之一。蓋滯力之率，專依所用之滑質，故有用甚稠之滑質，而滯力反大於不用滑質者。凡最精之器，如鐘錶等，其軸頸必須甚小，而所用之油，必極稀。因軸頸雖小，然合大機器之比例已大矣。

滑質稀稠四十八節

汽機之軸頸軸枕，當考任受之壓力量用滑質之稠稀。壓力大者，宜用稠質。用滑質之理，即以免二面緊切而消磨也。然或太稠，則雖能免消磨，而粘力甚大，故滯力亦加大。所以必依磨面之方寸數，及壓力之大小，配以何等滑質。若爲流質油，則每平方寸受壓力九十磅，其滯力爲最小。惟相磨之面過小，而壓力過大，則滯力增多，而易於消磨。

法國摩蘭測得滯力四十九節

摩蘭所測各數，與前測各數無大異。其法二面相磨，一用生鐵，一用黄銅，微潤以油，用布揩浄，測得滯力〇・一〇七，即畧爲壓力十分之一。又一用生鐵，一用堅木，得數同前。若多留油質於二面，則無論木在上，金在下，金在上，木在下，或上下皆木，或上下皆金，其滯力皆依滑質之性。如猪油與橄欖油相和，則滯力爲壓力十二分之一至十四分之一，亦有二十分之一者。

磨面甚大水作滑質五十節

磨面甚大，而壓力甚小，水亦可作滑質。如螺輪軸在船尾長管之内相磨，必作孔使水流入管内，則軸恒溼，而不必用別種滑質矣。

相磨生熱受壓力之限五十一節

相磨生熱，雖因遲速而異。然軸頸若用流質，油爲滑質，則直剖面每方寸受力過八百磅，轉雖甚遲，油必壓出而生熱矣。

以轉速定壓力之限以壓力定轉速之限五十二節

此率屢經實測大小各種軸遲轉速轉而得之。法以軸頸磨面每分時轉速之尺數約七萬，即軸頸直剖面一方寸受力最宜之磅數，以軸頸直剖面一方寸受力之磅數約七萬，即軸頸磨面每分時轉速最宜之尺數。所謂軸頸直剖面者，以軸頸之長與徑相乘，非與周相乘也。與周相乘，即爲軸頸磨面。

沙泥水内二面相磨之滯力五十三節

色磨士曾測二面皆用黄銅，在鹽水内相磨之滯力。其事爲海口之閘啟閉之力所作，銅面刨平而未磋光者，得數如左。

磨面之方寸數	磨面壓力磅數	沙泥鹽水内之滯力磅數
八	五六	二一・五
八	一一二	四四
八	一六八	六五五
八	二二四	八八五
八	三三六	一四〇・五
八	四四八	一四〇・七五

所試之磨面，如第一圖，爲平視面。第二圖，爲横剖面。不動之面式相配，而長三四倍。表内各數乃歷測八次所得之中數，每次在沙泥之鹽水内相試，器雖不甚精，而所得之數畧合各事之用矣。得此各數，知粗面之滯力，與光面之滯力有比例。蓋二者之滯力，皆與壓力同增也。

第一圖

第二圖

徐建寅《汽機必以》卷首《材料之結力並機件任受各力》汽機任力之理五十四節

堅固得宜，必以任受之力，與材料之結力相稱。汽機之任之力，分言之，爲牽力、擠力、扭力、折力、剪力。合言之，爲擠力、牽力。材料之結力，以任此二力之界度之。

生鐵熟鐵之斷屈界五十五節

牽力與擠力之斷界，各物不同。最精之熟鐵條，每横剖面一方寸，牽力斷界爲六萬磅。生鐵每横剖面一方寸，牽力斷界爲一萬五千磅。生鐵擠力屈界每横剖面一方寸，約得十萬磅。熟鐵擠力屈界每横剖面一方寸，僅得二萬七千磅，尚或不及此數。兩事相較，熟鐵之牽力斷界，比生鐵爲四倍。而生鐵之擠力屈界，比熟鐵爲三倍有餘。熟鐵之牽力斷界，比擠力屈界爲二倍。生鐵之牽力斷界，得擠力屈界六分之一。

鋼銅牽力斷界五十六節

上等鑄鋼與泡面鋼之牽力斷界，每横剖面一方寸，得十三萬磅。密鐵與此畧同，比諸熟鐵爲二倍餘。汽機軸襯之礮銅，每横剖面一方寸，牽力斷界爲三萬六千磅。搥打之紅銅，每横剖面一方寸，牽力斷界爲三萬三千磅。模鑄之紅銅，每横剖面一方寸，牽力斷界爲一萬九千磅。

鋼之牽擠二力五十七節

鋼之擠力，二倍於牽力。如堅鋼作搥，恰能搥穿熟鐵，板厚等於搥徑。蓋剪力界，與牽力界相等。若所穿孔周皮積，與牽斷熟鐵條之積剖面等，則所用之力亦必等。凡搥穿一寸厚之鐵板，孔周皮積等於三寸一四一六，與板厚一寸相乘，得三平方寸一四一六，即剪斷之面積。而搥端面積，爲平方寸七八五四，則擠屈鋼條之力，比牽斷熟鐵條之力爲四倍。而擠屈鋼條之力，比牽斷鋼條之力爲二倍也。此各等數，皆以實測而得。

熟鐵凹凸力界五十八節

熟鐵條受牽擠二力，而變長變短，同於極勁之螺絲簧。其長短與所受之牽擠二力有比，加力不過定界，而即去之，必復原形。若過定界，質已受傷，雖去其力，不復原形，即如簧之受力過大也。此定界名凹凸力界，凡熟鐵之凹凸力界，每横剖面一方寸，可受牽力一萬七千八百磅，尚不受傷。鐵之精者，竟可受十頓。其受牽力而加長，則横剖面一方寸，受力一頓，長約萬分之一。

生鐵凹凸力界五十九節

常用之數，每横剖面一方寸，牽力得一萬五千三百磅。然嫌過大，中等熟鐵恒不及此，況生鐵乎。若與熟鐵條同受擠力若干，其縮短之數，比熟鐵縮短之數爲二倍。然熟鐵條每横剖面一方寸，受擠力過十二頓，則短漸多而屈。生鐵條每横剖面一方寸，長十尺者，受擠力一萬磅。縮短十分寸之一，熟鐵條與之等徑等長，而使縮短十分寸之一，必加擠力二萬磅，而二鐵條各受擠力，至十二頓。其縮短之數畧等，過此則熟鐵條之縮短反增矣。生鐵條加牽力至將斷之界，長六百分之一，加相等之擠力，則短八百分之一。

汽機各件受力之穩界六十節

金類所作汽機之動件，大半用熟鐵。常以横剖面一方寸，不過四千磅爲穩界。生鐵則不可過此數之半。然汽車鍋爐每横剖面一方寸，間有過六千磅者，已入險道矣。

槓桿任受折力六十一節

任受折力之桿，莫如大槓桿。其上下二邊，爲全力所聚之處。無論輔輔抵力大小，桿之受力必依桿體長與闊之比。桿之二邊，一因牽力而斷，一因擠力而屈。故上下二邊可設爲二柱，一受牽力，一受擠力。如桿之長闊相等者，其二柱之受力，與三邊形桿之邊同理。蓋三邊形桿之邊，以定點至力重二點爲二柱也。若受力之邊，往復之路，等於推機路，則所受之力必等於輔輔之抵力。如往復之路爲推機路之半，則所受之力必倍於輔輔之抵力。故無論何等機件，其所受之力與速之比，若原動之力與速之反比。如動速比輔輔之速小，則受力必比輔輔之抵力大。動速比輔輔之速大，則受力必比輔輔之抵力小。凡受力與行速恒有反比例也，故其邊必能任牽擠二力，而薄處不過連屬二邊，使不變形而已。

急力與常力相等器體所任受者倍重六十二節

驟加之力與移動之力，其數雖等於常定之力，而器之任受之者，已覺倍重。任受常定力之器，堅固宜比斷界多三倍。故任受移動之力，如鐵路鐵橋等，其堅固必比斷界多六倍。

急力增重六十三節

長細之桿，定其二端，中點之下有柱托之，上加重物，而忽去其柱，則所成之彎，必大於原重。緩緩而加之彎，此因物重與桿重相并下墜，而增重速積力也。繼而桿力有餘，則爲桿所彈上，且必數次上下而止，即定於本重所應彎之點。桿若僅能任物重，而不能任所增之重速積力，則必斷矣。汽機内即以汽之抵力爲物重，而桿任抵力必并任桿重所增之重速積力。若桿成彎甚大而速，則所增之重速積力亦甚大。如起水機汽筩之蓋，汽若突然而入，則成彎甚大於原抵力所成之彎。可見倏忽成彎者，不惟其彎之多，而力亦增多也。其加急力使桿成彎，所增物動之重速積力之比，若物重與其速之平方爲比，故若干時中因彎而受增多之力，亦與所彎之數爲比。

永静性減少成彎永動性增多成彎六十四節

成彎之減少增多，實測而知，不甚以所加重之大小與桿之牢固，而以桿體之重，與所加重之緩急久暫也。設將甚重之桿，忽加重於其上，而忽去之，則有之永静性，必能敵此重力，而減少成彎。即如二物相擊畧同。若所加之重久留，足至本重所應彎之點，則桿之永静性，且彎爲永動性。不但不減少成彎，更能增多成彎矣。

生熟二鐵受折力成彎六十五節

鐵桿之受力，或以對面迭更之力，而二邊成彎，或以一面迭更之力，而一邊成彎。其成彎而斷，比一次使彎而斷之力甚小。曾試生鐵條，以凸輪使彎，至恰斷之彎之半，未過九百次即斷。又以凸輪使彎，至恰斷之彎三分之一，能至十萬次而未斷。汽機各件，常受突然振動及水入汽筩而受大力等事。故生鐵各件之牢固，必須大於斷界六倍也。惟熟鐵條而使彎，至不能還原之彎之半，雖一萬萬次，尚無傷損。

長細之柱受擠力六十六節

桿或柱任受擠力之數，與徑之立方，以長之平方約之之數有比。曾測生鐵空柱，將内徑之三・五五方，與外徑之三・五五方相減，餘數以長數之一・七方約之，即任受擠力之數。熟鐵空柱，將内徑之三・五九方，與外徑之三・五九方相減，餘數以長之平方約之，即任受擠力之數。此在横剖面一方寸，受八頓至九頓以内。若受十二頓至十三頓，則不合矣。或有空柱，每横剖面一方寸，受擠力十五頓至十六頓者，究非穩事也。

空柱受擠力六十七節

極薄之金類，如金箔錫箔作管，不惟不能任力，且不能自立。曾試厚寸五二五之熟鐵管，每横剖面一方寸，任受擠力十九頓一七。厚寸二七二者，任受擠力十四頓四七。厚寸一二四者，任受擠力七頓四七。任受擠力在横剖面一方寸，受九頓至十二頓以内，則擠力畧與厚數之立方有比。詳言之，即與厚數之二八七八方有比，過此，則受力二倍，其厚必加二倍至三倍矣。

帽釘搭連之管受急力六十八節

搭釘之管受急力，極易損傷。所加急力，雖止恒加力五分之一，而接處已壞矣。然器之大者，如鐵船鐵橋等，俱以搭釘而成，因本體之永静性，能勝急力，故亦不受傷也。

生鐵難任急力六十九節

生鐵堅而甚脆者，緩力雖大，亦能任受。若加急力，雖小亦斷。鎔過多次之生鐵，即有此性。模鑄甚小之物亦然。曾試生鐵横剖面一方寸，任受擠力四十二頓者，能受急力七百零六。鎔過十二次後，任受擠力七十頓，能受急力一百五十三。鎔至十八次，則任受擠力八十三頓，而受急力僅得一百四十九。

楨桿兼用生熟兩鐵七十節

生熟兩鐵堅韌相濟，故以兼用爲佳。即生鐵爲内骨，熟鐵爲外邊也。其式宜闊，而薄處作鏤空，闊能任力，空則體輕，外邊以熟鐵爲箍，緊束全體。若用熟鐵作横樑，上下二邊之横剖面可相等。鋼者，則下邊横剖面大於上邊二倍。生鐵者，則下邊横剖面大於上邊六倍。

徐建寅《汽機必以》卷一《鍋爐》 陸機外火鍋爐七十一節

汽機皆有鍋爐，故言汽機者，必自鍋爐始。蒲頓華德初造汽機之時，其鍋爐之式，名曰外火鍋爐。雖爲舊式，今時單行汽機，亦常用之。且欲明新制，尤當先知舊法。其式頂圓而底平，爇火在爐下，四圍用磚砌成曲路，使火環繞各處，而爐内並不通火，如第三圖。剖去磚所砌火路之一角，并磚所砌之鍋架，及鍋之上半，皆以見内形也。甲爲火門，即進煤之門。乙爲風門，即出灰之門。丙爲爐櫃，向後斜下約二十五度，使煤易推向後。丁爲灰膛，其大小足使空氣通入。戊爲火壩，火遇此壩，即自鍋爐之底，至後端折而向前，由辛過壬，至子再折，而至鍋爐之又一邊，往後而入煙通，此名環包之法，因火環包鍋爐之四圍也。間有加空筩於鍋爐之内，使火至鍋之後，折進空筩至子，而分繞鍋爐之二邊，向後而入煙通，此名分火路之法。

鍋爐相連各件七十二節

鍋爐之頂前端爲桶形者，即容汽之所，亦名汽櫃。上面有蓋，用螺釘旋緊，洗滌鍋爐之内，開此而人可進出。此蓋之上，又有内開之門，名曰空氣萍門。若鍋内成空，而外受壓力，此門即能自開。後有曲管名曰進汽管，汽即由此進汽筩。此管之後，爲餘汽管。萍門所放之汽，由此而出放汽。萍門藏於箱内，箱在鍋爐之上，萍門必以鉛鐵重物壓之，而有定限漲力。過限門即自開，而汽得放出。

第三圖

節制水火之法七十三節

水面有浮物，連直桿，直桿又連橫桿，橫桿連高直管，管之上端有箱，能容多水。浮物下，則桿抵開塞門，水即由管流入鍋爐。又其管內水之高，與汽漲力有比。管內亦有浮物，用鍊連煙通閘門，汽漲力大，則浮物上，而閘門下，火即小。

果臬書鍋爐七十四節

陸鍋爐有作圓形者，如第四圖、第五圖，乃英國西南果奴瓦地所用。內有空筩，筩內前端置爐柵。火壩之後有圓管，直通至鍋爐後端。在火壩之後有管，通此管於空筩之底，在鍋爐後端有管，通此管於空筩之上，火自空筩內繞至鍋爐之旁與底，而後入煙通，外用磚砌，不使熱散。

第四圖

第五圖

船機鍋爐七十五節

船鍋爐有二種，一爲曲管鍋爐，一爲煙管鍋爐。曲管鍋爐者，其火分路曲繞鍋爐內之曲管，最後各路相會，而至煙通。第六圖是前視形，見各火門與灰膛。第七圖是第九圖過甲乙線之橫剖面，第九圖是過第八圖庚辛線之直剖面，可旁視鍋爐內形。曲管內之火，先自下層向後折，至上層，再折向上，而至煙通。

第六圖

第七圖

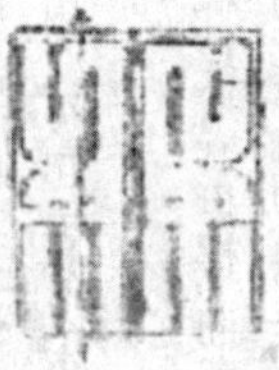
第八圖

第九圖

煙管鍋爐七十六節

煙管鍋爐者，火爐之火直透多小管而至煙通。煙管以銅或鐵爲之，長約六七尺，徑約三寸。第十圖是直剖面，第十一圖是前端，左半爲外形，右半爲內形，上突者爲汽櫃，容汽以備汽筩之用。若汽水共出能在此畧停，而水不上矣。汽櫃之制，船鍋爐大半有之，甲爲火爐，乙爲汽櫃，丙爲煙櫃，上通煙通，櫃前有門名煙門，煙管內炱已積多，可開此門掃出之。

第十圖

第十一圖

徐建寅《汽機必以》卷一《汽機》 汽機分類七十七節

汽機分爲四大類，其一單行陸機，爲起水所用。其二轉行陸機，爲磨器及機器所用。其三轉行船機，爲駛船所用。其四轉行車機，爲鐵路引重所用。惟車機用大抵力，餘者多用凝水法，轉行陸機亦有用大抵力者。

單行汽機七十八節

單行陸機常作大槓桿，中點爲定樞，桿之前端連鞴鞴，後端連起水柱，柱體甚重，自能下墜，與鞴鞴迭更上下，而成往復也。

雙行汽機七十九節

雙行陸機，乃瓦特所初造。其立視形如第十二圖，丙爲汽筩，已爲鞴鞴兩面，皆有出入之汽推動，而成往復。鞴鞴中心樹挺桿，上端連於大槓桿。癸辛之前端，辰爲搖桿，上端連於大槓桿之後端，下端連於曲拐。庚巳爲飛輪，鞴鞴一往復，飛轉一周，汽機全力恒積於飛輪，其鍋爐之汽，由進汽管申而經扇門酉，以至汽筩扇門之柄，與汽制球午相連。其制視圖即知，二球之中柱，與飛輪同轉。其速與飛輪之轉速有比，汽進過多，飛輪之轉必過速，球即相離而開，亦與其速有比。所連之桿，即使扇門稍闔，以減所進之汽，而飛輪之速自減。若進汽不足，球轉必遲而相近，則所連之桿，使扇門稍開，以增所進之汽，而飛輪之速自加。

第十二圖

凝水櫃八十節

凝水櫃在冷水池内，櫃旁之噴水管辰，噴進冷水以凝汽，有門以制噴水之多少。櫃底與恒升車相通，有底舌門寅，恒升車亦在冷水池内，恒升車之升挺桿，連於槓桿。起水盤内又有門，使水不下洩，恒升車之上端，與熱井子相通。添水箭丑，即取熱井之水入鍋爐。又有起水箭卯，吸起泉井之水，入冷水池。

平門汽罨動法八十一節

亥戊咳戚四平門，同連一桿寅，此桿連於升挺桿，而與之同上下。寅桿下時，即開上出汽門戊，與下進汽門咳，並闔上進汽門亥，與下出汽門戚，寅桿上時反此。

雙行汽機動法八十二節

鞴鞲上行至路端，槓桿將升挺桿提上，則亥戚二汽孔開，而咳戊二汽孔闔。汽進於鞴鞲之上面，鞴鞲下面之汽即放入凝水櫃，遇噴進之冷水而立凝爲水。所噴冷水之多少，以塞門制之。所以鞴鞲之下面得真空，而鞴鞲上面之汽，因無力對之，故能抵。鞴鞲下行至路端，升挺桿又將汽罨帶上，則各汽孔之開闔與前相反，而成往復。

縮櫃内水出之處八十三節

汽箭出汽至縮櫃噴進水，收其熱而變爲熱水，即爲恒升車所取出。起水盤上時，下面成真空，所變之熱水即由底舌門流過恒升車。起水盤下時，水爲底舌門所隔，即透至起水盤之上，遂將此水提上送至熱井，添水箭即取熱井之水，添入鍋爐。

鞴鞲往復不洩汽法八十四節

鞴鞲轉邊之外徑，等於汽箭之内徑。轉邊以上，則徑稍小，四圍有空處，用麻實滿，麻外護鐵環，以蓋壓緊，密合汽箭之内，而分汽箭爲二處，毫不洩汽。如第十二圖，乙爲上汽罨匣，内有二平門，分之爲三，上孔亥通進汽管中，乙爲下汽罨匣，内有亦二平門分之爲三，下孔戊通出汽管。

挺桿往復不洩汽法八十五節

挺桿進出汽箭蓋之孔，如臼形，口外作闊環，臼内墊塞軟物，故名軟墊臼。孔徑比挺桿畧大，軟物用麻瓣之類，臼上有蓋，蓋亦有闊環與臼口之環等，名曰壓蓋。用螺釘旋合而壓緊之，軟墊密切於挺桿與蓋孔之空隙。挺桿雖往復而汽不洩，其與槓桿相連，不能直接因槓桿之端行弧線。若以挺桿直接槓桿，必致拗彎，故必另用摇桿承接其間而可摇動。

挺桿往復不偏倚法八十六節

扶正挺桿有二法，一用鍵輔，一用平行動。

平行動八十七節

平行動者，用數桿以活節相連，挺桿無論行至何處，各桿動之方向，能將槓桿所行之弧相消，而使挺桿端恒行直線。挺桿端有楗如庚，連挺摇桿庚癸，在挺桿兩邊，另有小横擔，連二挺摇桿之下端，小横擔之中有孔，以容挺桿。而升挺桿亦有摇桿乙丁連於槓桿，另有二桿丁庚，連乙丁與癸庚二桿，此各桿無論運動如何，常得平行，故名平行桿。另有二桿丙丁，連前二桿於丁點。其丙端連於丁點，其丁端順乙丁桿之下端行動，此二桿名半徑桿。丁點繞丙心所成弧，與庚點繞丁心所成弧相對，故丁庚桿被丁點所成弧平，引向後之矢線，等於庚點所成弧之矢線。故庚點必行直線矣。

升挺桿往復不偏倚法八十八節

升挺桿連於升横擔之中心，而升横擔之二端，連於升摇桿之中點。大槓桿中樞至乙點之長，等於丙丁桿之長。所以升摇桿上端之乙點行弧迹，而下端丁點行相等之弧迹，則升摇桿之中心，必行直線矣。

曲拐變挺桿之直行爲轉行八十九節

鞴鞲將近路端，曲拐能漸緩其行速，以槓桿機而論，曲拐將至低點之時，鞴鞲行近汽箭之上端，拐軸幾若横行。故循環之路雖多，而鞴鞲之行甚少，因拐軸之循環依平速。故鞴鞲行近路端，必甚緩而無擊撞之患。

曲拐轉行平速九十節

曲拐所受抵力雖不平，賴有轉動各件之重以均之，故轉行幾若平速也。蓋飛輪轉速之時，不能驟緩驟急，曲拐自頂點至横線，其力自小而漸大，恰至横線之時爲最大，過此而至低點，其力由大漸小，恰至低點之時爲最小。飛輪之重，所以容大力而助小力，曲拐藉此行平速。

瓦特汽機與近時汽機之别九十一節

瓦特之制，與近時者大致相同。惟近時轉行陸汽機，作兩心輪以推引汽罨。又有不用槓桿之法，各種機件昔用生鐵爲多，今則多用熟鐵，此不過工作之改變，而運動之原總歸一理。能明瓦特汽機之動法，今時各汽機之動法亦易明矣。

徐建寅《汽機必以》卷一《船汽機》 船機總説九十二節

行船汽機有二類，一用明輪，一用螺輪。明輪者，翼用多平板，且輪有二，一在船之左，一在船之右，大軸與船正交。螺輪者，其翼或二，或三四，皆合螺絲，而在船尾之下，螺軸與船平行，此爲二大類。其分支又有數種，運動之力凝水機爲多，間有用大抵力機者。

明輪汽機要式九十三節

明輪之類，以邊桿汽機、搖筩汽機爲最要。此外如空挺機、環形機、果懸機、塔形機，雖有其制而不多用。夫明輪汽機，無論何種，必以熟鐵爲大軸，横卧船面，二端各連一輪，輪翼俱用螺鈎定，於各輻共輳於轂盤，如尋常之水力輪。又有活翼之法，每翼之背有一小軸，連於輻而活動，使出水入水之時，畧合垂線，此二種常以二汽筩運動。二曲拐之相交成正角，運動之時，輪翼激水向後，而軸向前行，與蕩槳同理。明輪之運動，大概如是。

邊桿汽機九十四節

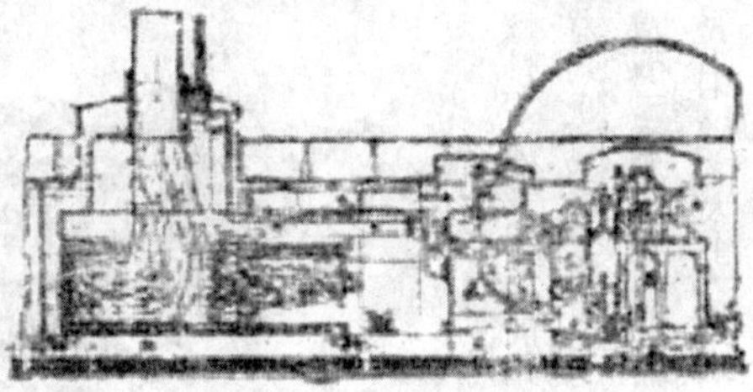

第十三圖

邊桿汽機，即變陸機大槓桿之式，使與船内合宜。故於汽機之左右，作二桿，名邊桿，置於極低之處。挺桿上端戴以横擔，稍長於汽筩之徑，横擔之二端各接挺搖桿，而下端連於邊桿之後端，二邊桿之前端，各連大搖桿下端之横尾，大搖桿之上端搖曲拐以轉輪。蒲頓華德所造耒得路發與細底奥幹答比里二船之汽機，甚爲精緻。如第十三圖，即鍋爐與汽機之對中直剖形，天天爲安置鍋爐與汽機之木樑，汽機以大螺釘直穿船底，而旋緊之，鍋爐則以本重定於其上，申爲進汽管通汽，櫃内之汽而進於罨匣丙，再進上下二汽孔，而迭更出入。乙爲凝水櫃，戊爲恒升車，以升横擔與升搖桿，連於二邊桿而帶動。子爲邊桿之中樞，横穿凝水櫃，而二端外出，己爲熱井，以添水筩，吸取其水，自進水管壬壬添入鍋爐之内。丑爲挺桿，以横擔與挺搖桿連於二邊桿辛辛。虚線爲邊桿之一，寅爲大搖桿，任受邊桿之力，以搖曲拐而轉大軸。辰未爲大軸之架，甲甲爲平行動桿，推引汽罨之兩心輪函於大軸。外有兩心環圍之，環旁連推引桿，能往復而動，汽罨即與曲拐同理也。囗與戍爲鍋爐内之曲管，地爲萍門，辛辛爲鹹水塞門，因船行大海，必恒放鹹水，恐水漸積漸鹹，而損鍋爐也。

搖筩汽機九十五節

搖筩汽機之大軸明輪，並與前同，惟邊桿、搖桿、横擔皆不用。其汽筩在大軸之下，挺桿直接曲拐，汽筩中腰有兩耳，即爲搖動之樞，而代搖桿之用。兩樞中空，汽自此樞入汽筩，程功之後，即自彼樞放出也，帶動恒升車之曲拐。在大軸之正中，立尼所造比得哈夫輪船之汽機，如第十四圖，即汽機之立視形，第十五圖是旁視形。用單恒升車斜置於二汽筩之間，另以曲拐帶動，甲甲爲汽筩，乙乙爲二挺桿，丙丙爲二曲拐，丁爲帶動恒升車之曲拐，己己爲汽罨，庚庚爲帶動汽罨之兩心輪，辛爲進退柄，扭之可使汽機或進或退或止。壬壬爲進汽管，子爲進汽之空樞，寅爲出汽之空樞，卯爲添水筩，連於汽筩，汽筩搖動之時，即帶動而添水。辰爲出水管，恒升車取出之水，由此推出船外。

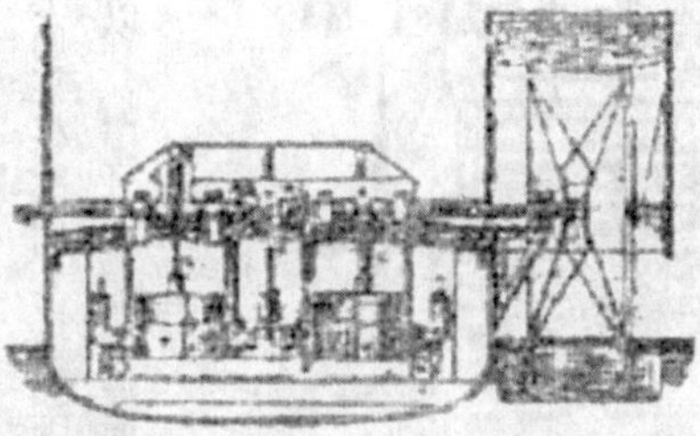

第十四圖

活翼明輪九十六節

活翼之法，能使輪翼出水入水之時，皆可畧合垂線，如第十五圖。翼背有樞連於輻端，能活動，樞後有柄，柄連於桿，各桿俱向輪内連兩心輪之合環，其兩心輪定於船舷，故輪轉之時，各桿迭更伸縮也。

第十五圖

螺輪汽機要式九十七節

螺輪汽機有二大類，一爲接輪汽機，一爲直接汽機，每類又有數種。凡螺輪之螺軸，其轉甚速於明輪之大軸，若曲拐之轉率相同者，必以齒輪相接，始能使螺軸之轉加速也。曲拐之轉率甚速者，亦可不接齒輪矣。

接輪螺輪汽機九十八節

接齒輪之機，大半與明輪陸汽機畧同，以摇桿摇曲拐，曲拐轉大齒輪而接以小齒輪，螺軸之轉，即小齒輪之轉也。大輪之齒用木，小輪之齒用鐵，大小二輪，皆如多輪累疊。而齒乃前後參差，其意分齒爲多分，輪轉得以均匀也。其式有用槓桿動摇桿者，有汽筩横卧者，有直立空挺者，有直立摇筩者。

第十六圖

直立摇筩汽機九十九節

菴氏所造者，如第十六圖。其船名大英，其機與司非英司明輪戰船者畧同。所不同者，惟用齒輪以接螺軸，各件之名詳前圖。汽筩徑八十二寸半，推機路六尺，號馬力五百。一號馬力鍋爐內之火切面十七方尺有半，船之容積三千五百噸，入水深十六尺時，入水體積二千七百九十噸，螺徑十五尺半，螺長三十二寸，螺距十九尺。螺輪係三翼，相接之大小二齒輪爲一與三之比。故鞴鞴一往復，而螺輪得三轉。螺輪之式，即長螺絲截下之一節，此節既短，不能全見一絲。螺距者，即第一絲至第二絲之相距也。雖不全見一絲，而必仍以二絲之相距爲準。至於螺輪之翼數，有二翼、三翼、四翼之不同，即二絲、三絲、四絲之螺絲也。而螺距之數，仍以一絲爲準，故其全形盡合一絲之角度。

直接螺輪汽機一百一節

此機之制，昔有用四汽筩，兩兩相對而横卧者。近時以爲繁，用二汽筩横卧一邊，有摇筩者，有空挺者，有返摺摇桿者，有二汽筩相對而斜置者，均不用齒輪，而曲拐直連螺軸。

横置空挺汽機一百二節

如第十七圖，汽筩横卧而用空挺。空挺者，汽筩

第十七圖

內有大圓管，通過汽筩之底。蓋空挺外腰連鞴鞴，摇桿後端接於空挺內之短軸。前端即摇曲拐，恒升車藏於凝水櫃內，而吸水盤兩面取水，名雙行恒車。升挺桿直接汽筩之鞴鞴，吸水盤不用舌門，而恒升筩之二端，各有進出二門，一通凝水櫃，一通熱井。

徐建寅《汽機必以》卷一《車汽機》 汽車總説一百三節

汽機車之用，所以牽引重車行於鐵路。其鍋爐爲圓柱形，而横置煙管，以銅爲之，二汽筩横卧，以挺桿接摇桿，而摇行輪之二曲拐。二曲拐正角相交，一曲拐在直線，一曲拐適能横受全力，車之前行，皆賴行輪牙與鐵路緊切之阻力。運動之汽力不用凝水，而用大抵力，因車上不能多載冷水也。程功後之汽引放於煙通之內，以其噴出甚速，能助煙通吸風之力，爐栅面因可減小，而鍋爐化汽之力亦增大。

第十八圖

常式汽車一百四節

司底分孫所造六輪汽車，如第十八圖，雖非極新之式，亦不爲過舊。甲爲汽筩，乙爲摇桿，丙爲曲拐，丁爲兩心輪，戊戊戊爲通汽管，此管在火爐之後端有門，又有曲柄通至火爐之前，可開可闔，以制進汽之多少。巳巳爲放汽萍門，有簧壓之。庚庚爲出汽管，程功後之汽，由此至煙通辛，虛線爲鍋爐內水面之高。各件皆繪一邊，又一邊可想而知。汽筩徑十二寸，推機路十八寸，行輪徑五尺，若行遠路，車後另牽一車，以載枯煤與水。

近時汽車一百五節

近時汽車形式，畧如第十八圖。英國顧知所造，行走極速，用於闊鐵路者，如第十九圖。格蘭布頓所造，行走極速，用於狹鐵路者，如第二十圖。顧氏者汽筩徑十八寸，推機路二十四寸，行輪徑八尺，火櫃內之火切面一百五十三平方尺，煙管徑二寸，共三百零五箇。管內火切面一千七百九十九平方尺，共得火切面一千九百五十二平方尺。一小時能化水三

百至三百六十立方尺，引重二百三十六噸，一小時行四十里。若引重一百八十一噸，則一小時能行六十里。汽車本體共重二十一噸，煤水車本體重八噸半，載滿之時共重五十噸。格氏之汽車名立法舖者，汽筩徑二十四寸，推機路十八寸，行輪徑八尺，爐柵面二十一平方尺半，火櫃內之火切面一百五十四平方尺，煙管外徑二寸又十六分寸之三，共三百箇。管內火切面二千一百三十六平方尺，共得火切面二千二百九十平方尺。鍋爐內滿水時，與車體共重三十五噸。前十九年，二汽車俱在英國博物院比試，當時以此二車之力爲最大。然其體太重，常致壓損鐵軌，或思新法，欲用多輪分任其重，可免壓損之弊。然重既分任，行輪之滯力亦減，必致游滑不能引重。此外尚有一難，英國鐵路大半窄狹，兩條相距僅四十八寸半，所以鍋爐之徑，不能過大，煙管亦不能過多。欲行速者，必大力。欲力大者，必多火切面。欲多火切面者，必多小煙管，且必徑小而長。既小而長，風力必大，否則火力不能至管末。前八年英國博物院，與前三年法國博物院，皆有汽車更重於前者，力亦更大，然恐不能適用。若欲用之，必用鋼條作路，行輪亦必用銅，又須整塊製成爲佳。若欲鍋爐能任受大力者，必須粘桿而成，或整塊打成，比諸搭釘者甚固，每平方寸能任漲力一百六十餘磅。近時汽車有燒煙煤者，又美國有用煤油作滑質，而自添至各相磨處及汽筩內者，人可不必經意。

第十九圖

第二十圖

徐建寅《汽機必以》卷二《熱》 隱熱之義一百六節

隱熱者，隱於物內而不顯之熱也。寒暑表所不能測，然能使物質變形。如冰鎔爲水，水化爲汽，所收外熱甚多，而以寒暑表測之，並不增熱，故曰隱熱。如言水能隱熱若干，即三十二度之冰若干，盡化爲三十二度之水所用之熱若干也。汽能隱熱若干，即二百十二度之水若干，盡化爲二百十二度之汽所用之熱若干也。豈非不顯熱度，而能變形耶。

汽之隱熱一百七節

汽之隱熱，即使二百十二度之水若干，盡化爲二百十二度之汽所用之熱，與使等重之水加熱幾度所用之熱，兩事相比。如汽之隱熱，略爲一千度。即若干重之汽所隱之熱，能使與汽等重之水，設不化汽，加熱一千度，亦即一千倍汽重之水加熱一度。水之沸界二百十二度，氷界三十二度，相較得一百八十度。故使三十二度之水一磅，盡化爲汽所用之熱，多於使水一磅加熱一度所用之熱一千一百八十倍。即沸水一磅，盡化爲汽所用之熱，等於三十二度之水五磅半熱至沸界所用之熱。因五・五乘一百八十，得九百九十，略言之爲一千也。

汽之隱熱在各熱度不等一百八節

汽之隱熱，在各熱度其數不等，而容熱之在各熱度，其數亦不等。西人來開細測汽之性，知汽之容熱，與全抵力同增，而隱熱則遞減，列表如左：

一平方寸之全抵力	熱度	容熱	隱熱
十五磅	二百十三・一	一千一百七十八・九	九百六十五・八
五十磅	二百八十一	一千一百九十九	九百十八
一百磅	三百二十七八	一千二百十三・九	八百八十六・二

將一百磅全抵力之汽，而使自漲，至其力減至十五磅，則所容之熱，比使水即化爲十五磅全抵力之汽，所用之熱，多三十五度，所謂餘熱也。

容熱率一百九節

容熱之率，乃物質若干加熱若干度，所用之熱數也，此事如各物以水較重同理。物質若干能容熱若干，即如若干立方尺內，能容物重若干也。水銀之與水體積若等，其重必不等。熱度若等，其所容之熱數亦不等。故各物之容熱，必以一物相比，而得其率。

以水爲主定各物之容熱率一百十節

定各物之容熱率，以水爲主，而命爲一。各物容熱率之或大或小，皆可與水相比。將任物與水各一磅，同加熱至若干度，若此物所用之熱數，得水所用熱數之半，即此物容熱率之數，得水容熱率數之半。水之容熱率爲一，空氣之容熱率爲〇・一二三七七，即水之容熱率，大於空氣容熱率四倍二〇七。故將水一磅加熱一度，所用之熱，能使空氣一磅加熱四度二〇七。

徐建寅《汽機必以》卷二《燒》 燒之義一百十一節

燒者，物質化合之猛烈也。即二相反電氣相減而成，如煤得大熱度，即與養氣有大愛力，而能化合極猛。所生之熱，不特能存原有之熱度，且能驟加至極大，以適於用。

空氣之原質一百十二節

空氣乃養氣與淡氣相和而成。每養氣一磅，有淡氣三磅二九，每煤一磅燒盡，需用養氣二磅六六。所以燒煤一磅，必有淡氣八磅七五經過火中，然燒時所過之養氣，不能盡與煤化合。餘剩之數，約三分之二。故必用空氣十六磅至十八磅，空氣十八磅得三百四十立方尺。

煤之原質一百十三節

煤内大半是炭，尚有數種别質，而又各煤不同。英國之煤，每一百分含炭八十分至九十分，餘爲土質與能化散之質，如輕氣、淡氣、養氣、硫磺之類。而硬煤與煙煤又各不同，硬煤百分含炭九十一分，又七分爲能化散之質，二分爲土質，即灰也。上等煙煤百分含炭八十三分，又十四分爲能化散之質，三分爲土質。

燒煤需用空氣之數一百十四節

硬煤一百磅，含炭九十一磅四四，含輕氣三磅四六。使炭一磅盡成炭養氣，必用養氣二磅又三分磅之二。故九十一磅四四，計用養氣二百四十三磅八四。使輕氣一磅成水，必用養氣八磅。故三磅四六計，養氣二十七磅六八，兩數相并，得二百七十一磅五二，始得燒盡硬煤一百磅，而空氣百分，養氣居二十三分三二。欲得養氣二百七十一磅五二，必需空氣一千一百六十四磅。不冷不熱之空氣，每一百立方尺計重七磅五，所以燒煤一百磅，必有空氣一萬五千五百二十四立方尺，此乃養氣盡與煤化合之數。然養氣之不盡化合者，常有三分之二，故需用之空氣多至二萬四千二百立方尺也，間有多至三萬二千立方尺者。其多少之數，依火爐之式。

燒煤化汽之水數一百十五節

測得燒炭質一磅，使所生之熱全容於水内，能使一萬四千磅之水，加熱一度，亦即十四磅之水，加熱一千度。如將六十度之水，化爲十五磅全抵力之汽，必容熱一千一百十八度九，以一千一百十八．九約一萬四千磅，得十二磅五一二。即炭質一磅，能化六十度之水爲十五磅全抵力汽之水數，然而實有之數，恒不及此。因各種煤之火力不同，而與所含之炭畧有比。煙煤之力不及硬煤好，硬煤一磅能使沸水九磅半至十磅盡化爲汽。好煙煤一磅，能使沸水八磅半盡化爲汽。次煙煤一磅，能使沸水六磅半盡化爲汽。美國人曾測好煤一磅之力，等於松木二磅半至三磅，則松木一磅，能使沸水二磅半盡化爲汽。若極節省，則松木一磅，能使沸水四磅半盡化爲汽。别有未成之煤，比松木之力稍多者，枯煤之力與最好之硬煤相等，或有更勝者。化水之多少，不但在煤之美惡，尤在鍋爐之形式。中等之鍋爐燒煤一磅，化水六磅至八磅。瓦特所造中等陸地鍋爐，每燒上等煙煤八十四磅，化水十立方尺〇八爲汽。即一磅煤化水七磅半爲汽也。果臬書鍋爐燒煤一磅，能化沸水十一磅爲汽，即一擔能化沸水二十一立方尺爲汽。

鍋爐燒煤節省之法一百十六節

煤須打成小塊，以少許頻頻添入煤膛，鋪於爐栅，宜匀滿。其厚薄之度，依吸風之大小。凡中等陸機鍋爐或船鍋爐，吸風之力小者，鋪層宜薄。汽車鍋爐有汽噴入煙通，吸風之力甚大，鋪層宜厚。若風力小而煤層厚，則炭養氣至上面，再與煤内之炭化合。成炭養氣，費熱必致甚多。若風力大，而煤層薄，則冷風過煤，衝入爐内而減熱。無論鋪層厚薄，總宜極匀。若有空處，必致冷風竄入。燒木柴者，宜比燒煤加厚六寸。又有一種未成之煤，宜比木柴加厚三寸至四寸。設用此物，須低其爐栅，使遠距鍋爐之頂。

煤宜緩燒一百十七節

緩燒爲省煤之法，乃實測而得。因養氣與炭化合，歷時愈久，化合愈全也。然中等鍋爐常不能緩燒，若能緩燒，不特省煤，且能盡皆化合，而不成煙炱。果臬書鍋爐燒煤甚緩，煙炱極少，且用威勒士煤，此煤發煙更少。如製造大廠，雖燒煙煤，而鍋爐之火切面甚大，鋪層合宜，故亦可以不生煙也。又如船機鍋爐火路内之火切面亦大，雖緩燒而火爐内熱不甚大，亦能多收其熱。非若車機鍋爐火路内，須有極大之熱，方能多收熱也。蓋一小時化水一立方尺，爲汽車鍋爐之火切面，不過五六平方尺，而船鍋爐之火切面有十平方尺至十二平方尺，故船鍋爐之吙火可緩也。

燒煙刱始一百十八節

英國曼知司塔數十里之地，盡係紡織棉布之所。其器俱用汽機運動，煤煙蔽空，人蓄受害，故將火爐改作甚大，使煤緩燒，而能燒盡，不生煙炱。法將煤堆於近火門處，少頃即成枯煤而甚熱，乃推後，使近火爐，煙經此處，即燒盡而不結炱。

空氣燒煙一百十九節

添進空氣於火路之内以燒煙，殊非善法。因煙常忽有忽無，爐内忽遇冷氣，忽遇熱煙，不久生鏽而滲漏。漲力大者，每致礫裂，且放入空氣之數，又不能適配生煙之數。煙少而空氣過多，必費熱而費煤也。如放入之空氣，果能適配生煙之數，始可省煤百分之十至百分之十二。

燒煙各法一百二十節

燒煙之法雖多，然大半爲添進空氣入火路之内，而使煙再過火内，或使過極熱之燒料，又有燒去煤内能燒之氣，不使與不能燒而成炱之質相合者。然此各法，究無大益，弊竇多端。即如衛廉士所造空心火爐，亦非善法。蓋恒進空氣於火爐，而火爐不恒發煙，故無用也。惟普里度之制，咸稱有益。因添進之空氣，配準所生之煙。不生煙時，不添空氣也。如第二十一圖，爲火爐之門闗時之式。如第二十二圖，爲開時之式，以鐵作百頁窗，共連横桿，提起即開，放下即闗。添煤之時，横桿爲火門帶上，添煤之後，百頁窗盡開，空氣過多層百頁片而至火路，其氣已熱，能燒煙内所有能燒之質，而不能傷鍋爐之體。後煙漸少，空氣亦能少進。旁置小筩内有鞴鞴，漸漸落下，而横桿亦漸下，以闗百頁窗。鞴鞴落下之遲速，即百頁窗闗之遲速。筩旁有塞門消息之，開大則速，闗小則遲。又有瓦特燒煙之多法，皆爲添煤近火門，使所生之煙經過熱火而燒盡，俟已成枯煤，而不發煙，乃推後而再添新煤於前，如煤緩燒，而能漸成枯煤，則甚善於另添空氣之法也。近人倣用瓦特之法，作爐柵並定板，向内斜下甚多，使煤易推向後。如蒲頓華德所作三十馬力之陸汽機鍋爐，爐柵與定板共長四十寸，斜置三十度，此法常常用之，間有用轉動之爐柵，以燒煙而不用定板者，有時用自添煤者。

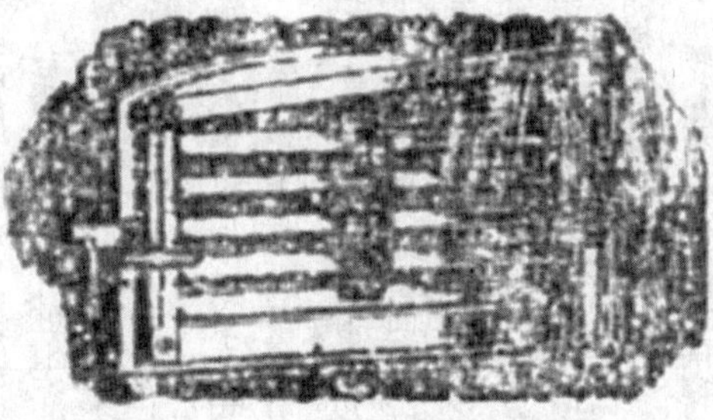

第二十一圖

第二十二圖

用自添煤法兼能燒煙一百二十一節

爐柵作平輪之式，煤箱内之煤，漸落於輪上之一方，煤漸燒而輪漸轉，漸帶已燒之煤轉入，幾及一周，盡成灰而落於灰膛。初落於輪上之煤，燒時所生之煙，經過已爐之煤上而燒盡，此陸機之鍋爐也。若用於船機，更有大益。因大風時及天氣炎熱時，添煤平鋪爐柵之上，甚爲難事。若以汽機運動使自添，不特不畏炎熱簸盪，且可省人工之費。惟平輪爐柵之外，尚有别法，皆有利有弊。一法爐柵作螺絲形漸轉，而煤漸循螺紋以入。一法爐柵在火門之端相間迭更上下，煤自溜入。一法乃久客司所造，如第二十三圖。爲爐柵之立視形，節節相連，如連環繞於火爐前後之輪，輪轉甚慢，恒帶爐柵向内而行，將火門口之煤，漸漸移進，至過後輪之時，即傾入灰膛。一法乃磨特色利所造，爐柵爲空管而横置爐内，每根之端有小齒輪，在旁共接一長螺旋帶轉，各齒輪盡轉，而空管爐柵即將煤滚進。以上諸法，未必盡善，備述於此，以俟采擇而能變通者。

第二十三圖

二層爐柵一百二十二節

有自添煤法，或可將燒料先在火爐燒成炭養氣，以炭養氣再燒，亦屬有益。而近時鍊金類之煤，氣火爐法或亦可變通用於船内，則可用二層爐柵。且船内窄狹，爐柵恒不能大，用二層爐柵固是甚善，但恐下層爐柵之火所生之汽，被上層灰膛内所進之冷風傳冷而費熱。若用煤氣燒火之法，則火爐在可加長。

燒煙廣法一百二十三節

諸法之外，尚有何而、古步蘭、各得生、羅由生、司低分孫、哈色丁、因治、步里司多、阿脱胡特各人，俱作重燒煙之法。又有爐柵作空管，兩端皆通鍋爐之内而斜置，使火過各管間而向下，管内通水，火愈大，水在管内流愈速，此法或善。前三年，法國京都博物院内，有替而里所造之鍋爐，將汽燒至極熱，有管斜置火門之上，使汽斜噴於火中。總之燒煙諸法，皆不若燒枯煤之善也。

徐建寅《汽機必以》卷二《汽》 水化爲汽體積漲大之數一百二十六節

水一立方寸，能化爲等空氣之汽一立方尺，若化爲全抵力大於空氣壓力之汽，則體積與全抵力有反比例。蓋凡氣質，其體積與全抵力皆有反比例也。水一立方寸，化爲汽一立方尺，其全抵力等於空氣壓力。若擠爲半立方尺，則全抵力爲空氣壓力之二倍。再擠至三分之一，則全抵力爲三倍。所謂大抵力汽者，即束小汽之體積也。體積束小之比，即全抵力加大之比。

全抵力有大小汽重相等容熱數亦畧等一百二十七節

汽之全抵力有大小，其顯熱之度雖隨之大小，而容熱之數所差無多。若汽與水面相離，而再加以熱，名爲重加熱汽，不在此例。蓋可增其全抵力而不增其重也。尋常汽機，重加之熱不甚大，故汽之全抵力無論幾何，其重若等，則容熱亦畧等。蓋顯熱度雖與漲力同增，而隱熱度則畧以同比而減。顯熱與隱熱相并之容熱，其數畧不改也。顯熱之度雖極大，而容熱之度僅稍增也。

汽之全抵力大小而顯熱度亦大小之故一百二十八節

容熱不甚增大，而顯熱增大之故，如微濕之海絨，放鬆之時不甚濕，擠之極緊則甚濕，汽亦與此相似，鬆則熱度不甚大，緊則熱度甚大也。海絨或鬆或緊，所容之水不異，而汽或鬆或緊，所容之熱亦不異。故將空氣擠之極緊，即生大熱，能使煙炱燒燃。

物質之容熱與顯熱同變一百二十九節

加熱於物質，而不改變其形，則顯熱之度，加容熱之數，亦同比而加重加熱汽，即同此例。

重加熱汽漲大之例一百三十節

漲大之例同於空氣，即體積之漲大，與熱度之加大有比。每加熱一度，其體積漲大爲三十二度時之體積四百五十九分之一。設三十二度之空氣一百立方尺，加熱至二百十二度，則體積之漲大共得一百三十六方尺七三。不切水面之汽，已有熱度若干，重加熱度若干，漲力不加，而求體積漲大之數，則將二熱度各加常數四百五十九，而以小數約大數，再以小熱度之體積數乘之，即得體積漲大之數，空氣並同。

有用汽之體積求用水之體積一百三十一節

鍋爐内每化等於空氣壓力之汽一立方尺，必添水一立方寸。若汽之全抵力或大或小於空氣壓力，則將汽熱度加常數四百五十九，而以三七·三乘之，再以每平方寸汽全抵力之磅數約之，即得化汽一立方尺，用水之立方寸數。

添水筩之容積一百三十二節

添水筩之添水，必須甚多於前數，因有鍋爐洩漏，並水隨汽共入汽筩，故所添之水應比當得之數加多二倍有半。如凝水機汽筩雙行，而添水筩單行者，則添水筩之容積，得汽筩之容積二百四十分之一，庶爲合用，稍大則更好。

大抵力機添水筩之容積一百三十三節

大抵力機之添水筩，非前數可定。因同一汽筩容滿大抵力汽所用之水，甚多於容滿小抵力汽所用之水也。故添水筩之容積，必與汽之全抵力爲比。且添水筩之各萍門，恒有洩漏而費水，或運動甚速，萍門不及速關，水又竄出。若爲船鍋爐，則行海之時，又須放出鹹水，又或添水甚熱，則不能起水甚高，枉費必多。所以添水筩，必當更大也。尺寸詳後卷。

徐建寅《汽機必以》卷三《自漲力》 用自漲力運動汽機之義一百三十四節

配合進汽之門，使鞴鞴未至路端，汽路閉絶，其已進汽筩之汽，再行自漲，而推鞴鞴至路端，名曰用自漲力運動汽機，此能省汽而增汽之功力。然功力雖增，而汽機之能力則稍減，因自漲力必遞小於原抵力也。故同程若干功，汽筩之容積必加大，而所用之煤，則可減少。設鞴鞴至半路，而閉絶汽路，則用汽惟半，而其功力必多於半，因已在汽筩内之汽，而再現自漲力。此力未費鍋爐之汽，則亦未費燒料也。

自漲力推鞴鞴至路端時汽之全抵力一百三十五節

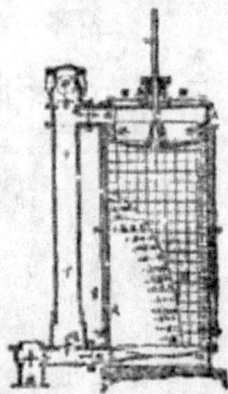

鞴鞴至半路而閉絶汽路，則至路端時汽之全抵力，爲閉絶以前全抵力之半。若鞴鞴至四分路之一而閉絶汽路，則至路端時，汽之全抵力爲閉絶以前之全抵力四分之一，此因凡有漲力之氣質，其漲力與體積有反比例也。

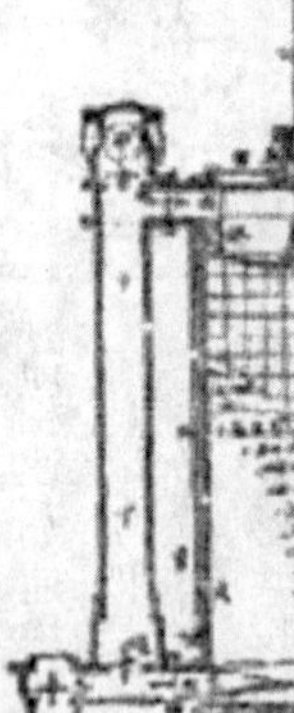
第二十四圖

如空氣一立方尺，壓至半立方尺，其抵力必二倍，而一平方寸得三十磅。若鬆至二立方尺，其抵力必減半，而一平方寸得七磅半。無論何等氣質，熱度相同，皆同此例。

鞴鞴至各處之全抵力並一往之全功力一百三十六節

如第二十四圖，戊爲汽筩，癸爲鞴鞴，甲爲進汽管，丙爲上汽路，已爲下汽路，丁爲進汽管，戌爲平門汽罨，庚爲出汽罨，寅爲汽筩殼，卯爲汽筩蓋，辰爲軟墊曰，乙爲挺桿，吧爲汽筩底。任將汽筩之長平分爲二十分，即將推機路分爲二十平分也。又將徑平分爲十分，即以顯鞴鞴面所受之全抵力，分爲十平分也。

各作縱橫直線，若鞴鞴至第五分而閉絶汽路，則汽箭內之汽，以自漲力推鞴鞴向下，經過各分，使所過各分之自漲力數，等於各橫線之長，恰合諸分級數。設未絶汽路之全抵力爲一〇〇，則鞴鞴行至第十分之全抵力數爲〇．五〇行。至第二十分之全抵力數爲〇．二五。在各橫線依此數作諸點，再作一線聯諸點，即成對數雙曲線線外之面積，即鞴鞴一往之全功力數。線內之面積爲鞴鞴至四分路之一，閉絶汽路，而用自漲力，推鞴鞴至路端，與不絶汽路，統用全抵力，推鞴鞴至路端之較力，核計未絶汽路之方格，得五十，即汽滿汽箭四分之一之總力。已絶汽路之方格，得六十九，即四分之一之汽自漲之總力，并之即全功力數。

用自漲力增汽之功力減汽機之能力一百三十七節

汽之功力增大，而機之能力減小者，設汽在汽箭內漲大四倍，其全功力得二倍有餘，而鞴鞴一推之能力，則比同一汽箭用汽四倍，而不用自漲者幾減半。故汽機欲用自漲力者，汽箭之容積必加大，或使鞴鞴之行加速，加大加速之數，必與欲用若干自漲力有比。若知未絶汽路時之全抵力數，及鞴鞴行幾分路之一，而閉絶汽路，則可求鞴鞴行至路端之全抵力數。又可求初絶距路端中間各全抵力數。將諸全抵力數列表，而取其中數，即鞴鞴至幾分路之一閉絶汽路，所得均抵力數，此各數俱自真空起算，非與空氣壓力較餘之數也。

自漲力所增功力之數一百三十八節

置閉絶汽路以後，鞴鞴行路之數，以閉絶汽路以前，鞴鞴行路之數約之得數。檢其雙曲線對數，即得所增功力之數。設汽若干重，不用自漲力，而充滿汽箭，其功力爲一〇〇。若將此汽放入倍大之汽箭，則推鞴鞴至半路，功力同前。閉絶汽路，而再以自漲力推鞴鞴至路端，其功力加至一六九。若將此汽放入三倍大之汽箭，則功力加至二一〇。放入四倍大之汽箭，則功力加至二三九。放入五倍大之汽箭，則功力加至二七九。放入七倍大之汽箭，則功力加至二九五。放入八倍大之汽箭，則功力加至三〇八。然至八倍，已無甚大益。蓋汽箭之容積已過大，鞴鞴之行率已過速，行率既速，磨力必多，而縮櫃內之對力亦多。若鍋爐內汽之漲力，果能極大，或可得益也。然平常汽機，恒不能得自漲力之全益。若欲全得，必用汽箭殼等法，使熱不外散。設有散熱之弊，則燒煤相等，而用自漲力所程之功，反有不及。不用自漲力所程之功者，因汽箭加大散熱之面，亦加大散熱之損，多於自漲力之益也。如車機之汽箭外露者，螺輪機之四汽箭者，散熱之面既甚大，自漲力之益必甚少。

徐建寅《汽機必以》卷三《汽罨》

汽罨之義一百三十九節

汽罨者，所以制汽之進出於汽箭也。成式頗多，長半圓罨，如第二十五圖。空腹罨，如第二十六圖。以銅或鐵爲之，密蓋於二汽孔，腹內空虛，通汽外出，或入縮櫃。其腹內之長，恒能蓋一進汽孔與出汽孔，以兩心輪推引往復，使汽更番進出汽箭。程功以後之汽自出汽孔放出，而鍋爐內之汽同時放進，由進汽孔至鞴鞴之彼面，如此更番進出，鞴鞴往復程功矣。又有鞴鞴未至路端，兩心輪之方向已能使汽罨行過中點，出汽因此而早，鞴鞴返回之時，自無對力，名曰出引汽。

第二十五圖

第二十六圖

汽罨動法一百四十節

汽罨與鞴鞴之往復，有若相反，亦若相隨。鞴鞴自此端一往至彼端，汽罨則自中點往而復於中點，兩心輪與曲拐正交而稍成鈍角，畧同共連一軸之二曲拐，相交成正角也。船汽機有籍彼汽箭之機帶動者，亦有即於此汽箭之搖桿帶動者。車汽機之汽罨，亦有籍彼汽箭之機帶動者。

引汽一百四十一節

鞴鞴在路端起行之時，先開進汽孔之闊數，爲引汽之數，即鞴鞴未至路端，已開對面之進汽孔也。此孔先開之大小，以兩心輪與曲拐相交鈍角之大小制也。

汽罨餘面一百四十二節

汽罨之平面在進汽邊加闊，以早掩汽孔，使鞴鞴未至路端，閉絶進汽。而已在汽箭之汽即現自漲力。若引汽過大，則在出汽邊，亦作餘面，不使汽出過早。惟出汽邊之餘面，恒少於進汽邊之餘面，而出汽邊無餘面者居大半。且有出汽邊，反作虧面者，則汽罨在中點，出汽邊不能掩滿二汽孔。

定汽罨往復路之長一百四十三節

汽罨往復之路，其長應作二倍於汽孔之闊。此乃進出兩邊，皆無餘面，而平面之闊，等於汽孔之闊者也。若餘面有若干，即平面加闊若干，而汽罨往復之路比二倍於汽孔之闊，亦加若干配之。

已定自漲力數求作餘面數一百四十四節

汽罨往復路之長，其數先知，然後置推機路之長，減去閉絶進汽以前輴輴行路之長，而以推機路之長約之，得數開平方，再以汽罨往復之半長乘之，得數減去引汽數之半，即餘面之闊數。

求出汽孔臨關時輴輴距路端之數一百四十五節

置進餘面之闊，加引汽之闊，而以汽罨往復路之半長，約之得數，檢正弦之度爲甲，再置出餘面之闊，而以汽罨往復路之半長約之，得數檢正弦之度爲乙。甲乙相并，檢餘弦之數，即以此數減一，而以推機路之半長乘之，即得汽罨適開出汽孔時，輴輴距路端之數。

求出汽孔臨開時輴輴距路端之數一百四十六節

置進餘面之闊，加引汽之闊，而以汽罨往復路之半長約之，得數檢正弦之度爲甲，再置出餘面之闊，而以汽罨往復路之半長約之，得數檢正弦之度爲乙。以乙減甲，檢其餘弦之數，即以此數減一，而以推機路之半長乘之，即得汽罨適開出汽孔時，輴輴距路端之數。以上三法，皆以寸計，所得者，亦是寸數。

出引汽之益一百四十七節

汽機行速者，如車汽機等，以輴輴未至路端，先開出汽孔，爲最要，因可免對力也。昔時作者，不知此理，故縻力甚多。近時將汽罨作餘面，使汽自漲，因知輴輴未至路端，而先開出汽孔，亦有大益也。未用此法之時，汽車每行一里，燒枯煤四十磅者，用此後每行一里，僅燒枯煤十五磅。

汽罨作餘面以得自漲力之限一百四十八節

汽罨作餘面，以得自漲力，以三分推機路之一爲限，即輴輴行三分路之二，而進餘面閉絶進汽也。再欲多得自漲力，必減小其進汽之路，使汽推輴輴至速處，而漲力已減小。

漲力減小自漲力多得之故一百四十九節

設半關汽管扇門，使輴輴行至三分路之二，而閉絶進汽，則輴輴初動之時，纔得漲力之全。後則行動漸速，因汽路小而進汽不多，故漲力漸減。至將近路端，行已緩，而進汽仍如前，漲力反將增大。然此時汽罨餘面已掩進汽孔，汽不能再進，而漲力不能加矣。所以餘面雖同，而自漲力可得二倍，餘面雖亦以輴輴至三分路之二，而閉絶進汽所用之汽，與輴輴至三分路之一，而閉絶進汽者同。

漲門之用一百五十節

早絶進汽，以得自漲力之法，有另作漲門，以凸輪帶動之者。如果梟書汽機，有欲輴輴行十二分路之一，而閉絶進汽者，必用此法平常轉行，汽機則不必用。若有進退弧者，將弧移過幾分，即能減短汽罨往復之路幾分，減短往復之路同於增多，餘面亦能多得自漲力，故亦不必另作漲門也。若欲自漲力甚多者，則又以漲門爲要器。因半關汽管扇門，而減小進汽，必稍縻汽之功力，蓋進汽遲慢，總不如忽進多汽而忽絶之善也。惟不欲自漲力甚多，而餘面本是不多，則以減小進汽爲善，而漲門爲可有可無者矣。

各式漲門一百五十一節

運動汽罨不用進退弧者，其自漲力之多少，不能任意加減，故必另作漲門，而以凸輪動之。有用轉行扇門者，此門能轉動而不切外殼。又有一種，用於緩行汽機及果梟書汽，如第二十七圖。外殼之內，作短圈，圈内有平板，平板定而短圈可上下，平板有架扶之，使不偏倚。短圈放下，則上端之内邊與平板相切，而下端之外邊與殼相切，俱不洩汽。提上則開通汽路，因平板定，而短圈動，故不爲漲力所抵，而易開有用。閘門在汽罨□之，或背或旁，或在汽罨之背者，則用兩心輪運動。

凸輪動漲門之法一百五十二節

第二十七圖

凸輪常爲二半，緊合於大軸。用螺釘扁栓，使固定不移，另用曲桿聯屬一端，切於凸輪之外，一端連於漲門之柄，凸輪之高界與桿端相遇，則漲門自開高界轉過，而漲門自關，桿端必掛重權，使與凸輪緊切。若速行之汽機，又須用簧代重凸輪之高界，可定輴輴行幾分路之一，而閉絶進汽，即高界之長有若干，漲門能開若干時也。凸輪常作數層，每層之高界各有長短之級，而惟起處相齊，另有柄可移。曲桿之端，使切於何級之輪，即得何級自漲力。惟汽機轉行甚速者，曲桿之端必與凸輪相擊而驟離。故必用簧，以代重權或用象皮相疊，或用真空小筩，皆簧意也。簧之妙處，其質阻力甚少於重權。又有以凸輪之高界合準抛物線者，則桿端自內向外，同於重物下墜，自可減小其相擊。

車汽機得自漲力之法一百五十三節

車汽機用司底分與賈百利之法，俱是減短汽罨往復之路，而得各級自漲力，不用凸輪。

司底分孫雙兩心輪進退弧法一百五十四節

司氏以兩心輪二箇，一主汽機順轉，一主汽機退轉。各作餘面，與引汽之角度，另有進退弧二端，各與推引桿相接，弧中有長槽，活含罨桿之楗，而可移動。將弧移至順轉之推引桿，正對罨桿，則汽機順轉，反此則退轉。移至中節而機停，如第二十八圖。戊爲汽罨桿，桿端之楗含於弧槽，其弧以曲桿巳巳移動之，罨桿專主往復而不偏倚。庚爲曲桿之軸，丁丁爲推引桿，是即順轉之式。辛辛虛線爲進退弧，又一端正對罨桿，即退轉之式。丑丑虛線爲進退弧，正對罨桿，即停機之式。

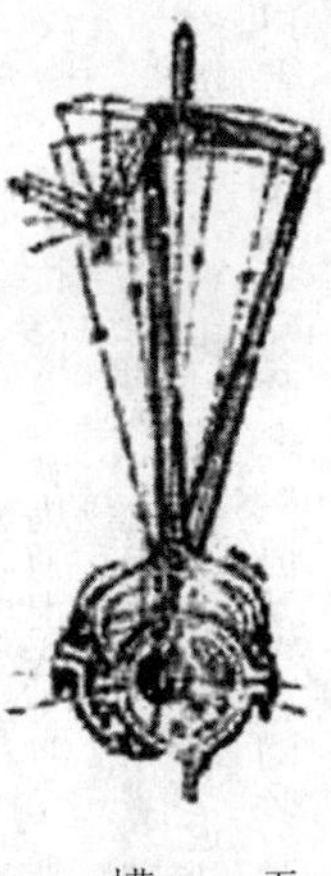

第二十八圖

賈百利單兩心輪直槽法一百五十五節

賈氏則以推引桿端之機，移於直槽之內。其直槽之一端爲定點，而又一端接於罨桿，將推引桿端移近定點，則汽罨往復之路長，移遠定點，則反是，故可任得自漲力之何級，此法用單兩心輪，而活含於大軸者。

新式汽機得自漲力之法一百五十六節

新式汽機得自漲力之法，無論船機與車機有進退弧者，即得自漲力。任可多少，視指力器所畫之均力圖可顯其數，故不必用凸輪與自漲門也。又稍□汽扇門之法，近時亦用之。

徐建寅《汽機必以》卷四《馬力》

馬力之義一百五十七節

馬力者，一馬力能於一分時，起重三萬三千磅，高至一尺也。此數爲瓦特所定，乃英國京都大馬之力。有此定率，各汽機之能力，皆可籍此度之。其義因昔時多用馬以程功，後易以汽機，故汽機之力，仍與馬力相比也。

馬力沿爲號馬力一百五十八節

在瓦特之時，所言某汽機有二百馬力，即二百馬之每馬力能於一分時，起重三萬三千磅，高至一尺也。而今則不然矣。乃近人改汽機之制，而汽之漲力加大也。故言二百馬力之汽機，其能力大於瓦特時二百馬力之汽機，而所稱馬力，變爲號馬力，僅以言汽機之大小，而不能計其能力也。

號馬力之能力甚大於實馬力一百五十九節

今時汽機一號馬力，於一分時起重，至一尺之高，常多於三萬三千磅。有能起五萬二千磅，至一尺高者，有起六萬磅者，有起六萬六千磅者，竟有比號馬力大至八倍者，故欲比較二汽機之能力，必求其實馬力也。

求實馬力法一百六十節

求實馬力，必用指力器（指力器與均力圖詳後）測汽筩內，每方寸之均力，而後將均力之磅數，減去運動全機之滯力，及恒升車之縻力，共一磅半，得淨均力數。以此數與鞴鞴面積方寸數相乘，再與鞴鞴每分時總行之尺數相乘，得數是爲能力之數，以三萬三千除之，即得實馬力之數。又法將汽筩全徑自乘之方寸數，與淨均力數相乘，再與每分時鞴鞴總行之尺數相乘，得數以四萬二千零十七除之，得數與前同。

定號馬力法一百六十一節

定號馬力，可以任意設法。若依瓦特之法，定凝水機，則將汽筩全徑自乘之方寸數，以鞴鞴每分時總行之尺數乘之，以六千除之，即得號馬力數。蓋瓦特之法，以每方寸均力爲七磅，故不必再以七乘，而徑用六千除之也。然必用瓦特所定推機路之數，與鞴鞴速率之數，列表如下。

推機器（即鞴鞴一往之數）	鞴鞴速率（即一分時總行尺數）
二尺	一百六十尺
二尺半	一百七十尺
三尺	一百八十尺
三尺半	一百八十九尺
四尺	二百尺
五尺	二百十五尺
六尺	二百二十八尺
七尺	二百五十六尺

表內鞴鞴速率之數，依推機路之數而遞加。其遞加之法，約與推機路之立方根爲比，所以推算號馬力時，徑可將推機路之立方根數，當鞴鞴之速率。何者。推機路之數與鞴鞴速率之數，繁而難記，不若此法之簡而易明也。設欲算凝水機之號馬力，則將汽筩全極自乘之寸數，與推機路之立方根數相乘，以四十七除之，即得號馬力之數矣。但此法常以鞴鞴面每方寸有均力七磅入算，昔瓦特測得四馬力之汽機，鞴鞴面之均力六磅八。汽機愈大，均力稍加。若一百馬

力之汽機，可至六磅九四。故大小各機，總以七磅入算，爲最便。惟小機與大機縮力之比例，小者更小，若小機之鍋爐內漲力加大，則可相補。蓋小鍋爐受汽漲力稍大，無妨也。

求大抵力機實馬力一百六十二節

大抵力機之實馬力，與凝水機相同，亦視指力器所繪之圖。汽車不引重時，在鐵路上之縻力，每鞲鞴面一方寸有一磅。另有汽機之滯力磅一四，無恒升車之縻力。然入算之時，亦減一磅半，爲較便。其法亦以汽筩全徑自乘方寸數，與淨均力數相乘，又與鞲鞴速率之尺數相乘，以四萬二千零十七除之，得數即實馬力之數。

定大抵力機號馬力一百六十三節

定大抵力機馬力之法，從未有人言及。今以凝水機之實馬力，與號馬力相比，而推至大抵力機之實馬力與號馬力，亦使有相比也。則凡汽機有若干號馬力，可以無論，大抵力機、凝水機，其程功俱同矣。將汽筩全徑自乘之方寸數，與推機路之立方根數相乘，以一五六除之，即得大抵機之號馬力。準此法，則號馬力爲等體凝水機之三倍。蓋大抵力機之號，均力常爲二十一磅，而凝水機之號，均力爲七磅也。又鞲鞴速率之號尺數，與凝水機亦同，俱用推機路之立方根數，以一百二十八乘之（此可不必推算，檢汽機信度之表即知）。

速行汽機定號馬力別法一百六十四節

推機路立方根乘一百二十八，不過平常汽機鞲鞴每分時總行之尺數，而車汽機鞲鞴之行，則甚速於平常汽機。又近來輪船凝水機，有每分時鞲鞴行七百尺者，鞲鞴行至如此之速，恒升車各門必有擊□之弊。故用厚象皮作門，再作擋以制之，且行動既速，必須加大汽孔、汽路及稱重之重力汽之小半。又在恒升車內凝水，則真空雖足，而門之撞擊可減，有能速至四倍者，此能加速，則汽筩可減小，而占處亦得減小。若用此等速行之機，以運動轉行起水器，及轉行扇風器，亦爲最便。□飛輪反可減輕，因轉既速，每次所積之力雖少，而加力之次數則密，幾同長加也。凡汽機加速四倍，而汽若恒足，則能力亦必四倍。其號馬力必視鞲鞴總行之實尺數而求之。英國戰船汽機推算號馬力，即用此法。

英國戰船部定號馬力法一百六十五節

將汽筩全徑自乘之方寸數，與鞲鞴速率之尺數相乘，以六千除之，即得號馬力數。設汽筩全徑四十二寸，推機路三尺半，每分時往復八十五次，求其號馬力若干，即以往復一次七尺，乘八十五，得五百九十五，又以四十二自乘，得一千七百六十四，與五百九十五相乘，得一百零四萬九千五百八十，以六千除之，得一百七十五，即號馬力之數。

號馬力與實馬力之別一百六十六節

實馬力爲推算汽機能力之數，號馬力爲度量汽筩容積之數，二事本不相涉。故雖先知其號馬力，不能算得其實馬力，猶之先知實馬力，亦不能算得其號馬力也。此事須知號馬力爲造機時之量數（買賣汽機俱用此數）同於度量之法，不能以實測之法考究，須有權者定之。如定度量相同，實馬力乃實測之數，如重學之理，以某重致某遠須某時，故必先知均力之數，與鞲鞴速率之實數，始可推算。既得實馬力，即可考汽機之功率。

測實馬力之別法一百六十七節

一分時起重三萬三千磅，高至一尺，爲一實馬力。雖有別法可測，而其總功必同。如一立方尺水，在一小時內，盡化爲汽，或一分時，用等空氣之汽三十三立方尺，或一分時起水五百二十八立方尺，高至一尺，皆是一實馬力也。

鍋爐與汽機之功率

功率之義並求功率之法一百六十八節

功率者，即燒煤若干，與程功若干之相比。欲知其數，必先知程功之數。如平時磨汽機或船汽機，不可預定，必視指力器，方能計所程之功，因其用力常不均也。惟有起水汽機所起之重常均，故視挺桿每分時往復若干次，與所起水之數，即可計所程之功。次以燒煤若干，得程功若干，定其功率。其燒煤之數，常以一籃煤爲率。計燒煤一籃，能起若干重高一尺，即爲汽機功率之數。然英國南陲哥奴瓦，以燒硬煤一籃，重九十四磅，定功率之數。而北陲牛卡司里，則以燒烟煤一籃，重八十四磅，定功率之數。故欲比較諸汽機之功率，必以言明何處之籃。

以實馬力求功率一百六十九節

確知每小時內，一實馬力燒煤若干，亦可求其功率。以每實馬力一小時內燒煤之磅數，除一萬六千六百三十六二萬（此載係六十乘三萬三千再乘八十四而得），即得功率之磅數。設已知功率之磅數，欲求每實馬力一小時內燒煤之數，則將功率之磅數，除一萬六千六百三十二萬，亦得每實馬力一小時燒煤之磅數。若算汽車之功率，則以鐵路上引一噸重至一里，用枯煤若干，但此法不甚□，因同燒枯煤一磅，同引若干重，汽車之行走愈速，而功率愈小。其遲速與功率之比，尚未考定。

精汽機之功率一百七十節

汽機之功率，各類不同。即同類者，亦有不同轉行之凝水機（即平常船汽機）。每號馬力一小時燒煤十磅，此種汽機之實馬力，比號馬力約二倍。故一實馬力一小時，衹燒煤五磅至六磅。若用多自漲力者，燒煤更省。如英國南陲果臬書起水樓，平日程功用硬煤九十四磅，能起六千萬磅，高至一尺，則每實馬力一小時，僅用煤三磅一矣。又有數種汽機，每實馬力一小時，止用煤一磅七四，則用煤九十四磅，而功率之數，爲一萬萬磅，高一尺矣。車汽機化立方一尺之水爲汽，需燒枯煤八磅至十磅，凡一小時化水一立方尺，即爲車汽機之一實馬力。若不用自漲力者，此數亦爲凝水機之一實馬力。車汽機而多用自漲力，則每一馬力引一噸重，至一里之遠，其用煤與水，自必更少。故今時車汽機多作餘面，以得自漲力。

車汽機化水爲汽全籍鍋爐合法一百七十一節

鍋爐合法，各類汽機皆然。惟車上之鍋爐，則以尺寸爲尤要也。爐柵之面積宜小，則煤膛內之熱度自能增大，而煤亦可省。車鍋爐爐柵面每一方尺，應須德火切面八十方尺。每一小時應燒枯煤一百十二磅，煤膛之熱度增大，其熱自能速傳於水。蓋熱體傳熱與冷體，其速爲冷與熱相較之平方數，所以煤膛之熱度能甚大。其熱在煤膛之時，大分已傳於水內，賸下無幾，乃自煙管分傳。熱度若小，則熱之大分須至煙管而傳，故必加多煙管之火切面，方能盡收其熱也。一方尺之爐柵面，每小時應化水十六立方尺，而每小時化水一立方尺，應火切面五方尺，此數比諸船鍋爐與陸鍋爐之火切面減少一半。車鍋爐之火切面可減少者，因煤膛之熱度甚大，而傳熱甚速也，乃與多加火切面相同。

徐建寅《汽機必以》卷四《測驗諸器》

漲表量汽縮表量空一百七十二節

縮表以玻璃管爲之，管內盛水銀，與凝水櫃相通，櫃內成空，水銀縮上。漲表則用小鐵管爲之，一端通鍋爐而下垂，再變而上通空氣，亦盛水銀。鍋爐內之汽現，漲力必將水銀壓下，此端壓下彼端，必上升二端，水銀面高低之較數，即漲力之數。一端上升一寸，則二端相較得二寸，而水銀二寸等於每方寸之漲力一磅也。鐵管不能見水銀，故用小木浮於水銀之面，再加竹絲爲表，水銀升時將表浮上，指明寸數，此外尚有數式。今所多用者，係蒲頓所刱之法，其外面如時辰表，內用扁鐵管彎作塊形，或加抵力於內，或加抵力於外。加力有大小，其開□隨之而多少。一端固定於通汽之處，爲定端。又一端以開□，而指其所受之力。近人又加度面，而在動端用象限，齒輪接遊針，使針轉動以指面上之度分，取其視之易明也。又有尚克所作之式，如寒暑表，而泡爲扁形，汽抵扁泡之內，水銀自能上升。

指力器圖說一百七十三節

前言汽機之實馬力，用指力器考知，即以刱此器人之名，命之曰麥拏德。如第二十九圖爲中心直剖形，旁有立柱。甲環包以紙，外用薄銅片，如义形，夾紙之兩端下有樞，活裝於架。乙可旋轉，樞下用發條舒卷，所以引柱退轉，柱周用小繩回繞，所以引柱進轉。此繩繫於汽機行動之處，汽機每轉，則引繩而使立柱進退旋轉，立柱進退旋轉，自可知汽機之均力。如圖戊爲螺簧，丁爲挺表，有孔安鉛筆，連有活節，不用可收之，用則張之，使筆尖著於立柱之紙。丙爲小鞲鞴，在筩內密切，而能上下，筩之上端通空氣。已爲塞門，下與汽筩相通，鍋爐之汽進汽筩，則抵小鞲鞴。上行汽進凝水櫃而得真空，則空氣壓小鞲鞴下行。設不開塞門，則汽機帶動立柱，左右旋轉，而筆不上下。所畫者，止爲橫線，名曰空氣線，即界線也。設爲凝水機，則所綴之形約半在上，而半在下。大抵力機則全形在上。故即以空氣線爲底線，又設挺表上下，而立柱不轉，則所畫止一直線，屢次不改，在空氣線上之長，等汽之漲力在空氣線下之長，等於空氣壓力。惟汽機往復一次，而帶動立柱，亦旋轉一次，挺表亦上下一次，故能畫成方形曲線，名爲均力圖，視圖即知汽機所有之均力。

第二十九圖

均力圖各形一百七十四節

作均力圖時，若挺表忽然上行，極速上則停而不動，待立柱進轉一周，忽然下行，又停於下而不動，待立柱退轉一周，則所成之圖，必爲平行四邊形。其形之高，即漲與縮之全力，亦即推鞲鞴之全抵力也。然今時汽機，概用自漲力，其挺表必非忽而上，又雖已上鉛筆，亦不久停。柱端汽路通時，鉛筆上行，因漲力均平，故能略停，繼則汽路忽絶，漲力漸小，而鉛筆漸漸下降，所以繪成之圖，不爲直線正四邊形，而爲曲線斜四邊形矣。若此形與正四邊形愈相近，則均力愈大，而用汽亦多，故何次所畫之圖，即顯何次之均力，皆以形內之面積計之。

以形內面積求均力之法一百七十五節

平分均力圖旁之直線等於全抵力之磅數。自分點作諸横線，皆與界線平行。又平分界線，等於推機路分數自分點作諸縱線，皆與直線平行而成諸方格，即可將形內面積截長補短，更爲同底之長方形。其更形之高，即汽機之均力也。是以先知均力之磅數，與韛韛面積之方寸數，並每分時總行之尺數，即以求汽機之實能力，而知實馬力。

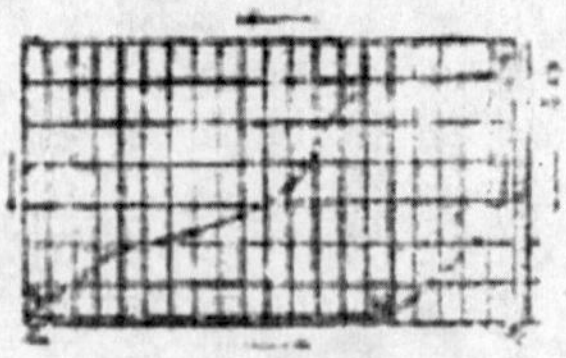
第三十圖

均力圖説一百七十六節

如第三十圖，甲乙丙即大抵力機所繪之曲線形，呷叱爲空氣線開通塞門，筆升至甲，大抵力機既無縮力，故全在空氣線之上，旁有磅力尺呷，以識汽之漲力。此圖之機其漲力有六十餘磅，韛韛行四分之一而閉絶汽路，漲力漸小，筆漸向下，至與空氣相等而筆停於乙點。待立柱轉行至丙，而筆再向上，乃指韛韛之對力矣。此對力即韛韛將至路端，汽未盡出，汽路已絶，被壓而緊也。

車汽機指力器一百七十七節

顧志刱造新式指力器，專爲汽車之用，比前法更妙。如第三十一圖，辛爲小筩，係横置。甲爲小韛，韛壓以二弓簧。壬乙即通連大汽筩之管，内爲掩門，當前法塞門之用。丁爲管，可吹出所凝之水，挺表之端接一横桿，桿有定點，在大分小分之間，大分上端，安一鉛筆，筆之行路，比挺表之行路，必長數倍。但其界不作直線，而爲弧線也。表有二柱，一爲鉛筆所畫之用，一爲捲紙之用。故可連畫數圖，不必需人每次换紙，所以更妙也。此圖雖屬弧形，然可改爲方形。如第三十二圖爲弧線形，第三十三圖即前圖更爲方形之法。然以弧線作直線，觀理亦易明，殊可不必更改也。

第三十一圖

第三十二圖

第三十三圖

記數表一百七十八節

記數表可記挺桿往復之次數，式與時辰鐘內之機略同。挺桿往復一次，表面之針指過一數，汽機每分時若干轉，一望即知。此器之末輪作順逆齒，有活闢連於汽機往復之處，汽機一往帶動活闢，□進一齒。汽機退時，有定閘使順逆輪不退，順逆輪□接數輪，各輪之齒數配針所指之位數。若末輪以螺絲連於轉動之處更好。因在往復之處，有時不及推進一齒也。又有愛死所作之表，用螺絲動二輪，而二輪同穿一軸，首輪比次輪多一齒，視二輪轉之較，即如汽機之轉數。

稱力器一百七十九節

稱力器可稱汽車引重之力及船行之力。汽車所用者，有二平簧，二端相連。引重之時，其簧相離若干，即知用力若干。簧中接針指面上之度分，視之更爲顯明。二簧之間作小筩，如汽筩之式，旁有小孔，筩內滿盛以油，簧已相離，而力忽減小，筩中之油自小孔噴出，始得相近，可免二簧相擊。欲知明輪行走之力，將稱力器繫於大狀，在船尾曳繩以引之，視其度分，即知其力若干。稱螺輪推船之力，如平常之稱相似，稱簧之力不甚大，可稱螺輪推船甚大之力。有鉛筆連其上，另有器將紙推過，筆畫其上，可見每轉之力，而取其中數所指之數。若爲明輪，則將推力與輪徑之大小定之，因小輪之推力，大於大輪也。若爲螺輪，則將推力與螺距之大小定之，因螺距小則推力大，與螺絲入定質同理。

看水玻璃管一百八十節

看水管與看水塞門與浮表，俱可知鍋爐內水之高低。看水管者，以玻璃長管爲之，二端俱通鍋爐之內，望之即知水面高低，因水面恒平也。管之上下各有塞門，可使吹通，不致積穢模糊，其制宜易於裝折，玻璃管或破碎，隨可更换。上端用管通至極上汽內，下端用管通至極下水內。水沸之時，不致混亂。鍋內之水面，應在玻璃管之上半。

看水塞門一百八十一節

看水塞門者，在鍋爐之面作數塞門，而高低不一處，任開一門，視其或水或汽，即知水面所在，此因玻璃管或有穢積不通，故預備此製。但鍋內汽漲力若甚小，則用玻璃管便，因開塞門，反有空氣入鍋內也。蓋開此門，其最低者應必有水流出，最高者應必有汽吹出。

浮表一百八十二節

浮表者，用於陸地汽機，有細桿出鍋爐之上，視其桿之升降，即知水之高低。

細桿下端連沈物在水面之下，以鐵或石爲之。另有物對其重，而不使離水面，與舊法之浮木同理。或將其桿接連於進水門，水高則桿升而閉，低則降而開。陸汽機所用之水，由水箱添來，有管通至鍋爐之內，管内水之長短，以對汽之漲力。

凝水機之噴水門一百八十三節

噴水門者，能制起水機之遲速，即噴水器之塞門也。有一小鞴鞴在筩中，可上下置於大水箱内，一面有掩門向内開，故水可自大水箱入筩。對面有塞門，小鞴鞴墜下，則水自塞門噴出，起水大桿即帶小鞴鞴相連之提桿同上，水即自掩門流入。提桿上足，即與大桿相離，自有重力墜下，壓水噴出塞門，而入縮櫃之内，汽機生力而動。此門若閉，則小鞴鞴不下墜，水亦不噴，而汽機亦停。若少開則下墜遲遲，水亦漸漸噴入汽機，亦遲遲而動矣。所以開塞門之大小，汽機運動之遲速隨之，故噴水門能制凝水機之遲速也。

測鍋爐之能力一百八十四節

鍋爐之能力，以化水爲汽而知之。有量水器，鍋内所用之水，全由此器流入，觀器可知流過水之數，因知化汽若干。又有量凝水櫃所用之水，亦可知化汽若干。

徐建寅《汽機必以》卷五《鍋爐空體尺寸總説》　製造鍋爐要事一百八十五節

鍋爐之尺寸，有要事數端。其一，爐柵面必依化若干水所燒之煤當用之風氣，得以暢通。其二，火切面必能盡收所有之熱，不致外散。其三，火路及煙通之容積，必能使火足得其當有之風力。其四，鍋内必能多容水與汽，以防忽然多用而不足，且免汽水共出。其五，鍋爐之重與體俱不可過大，且宜作易開之門，人可進内收拾。其六，最要在堅固，足任大抵力。

鍋爐尺寸綱領一百八十六節

設造一鍋爐，使船或車行若干速，或使機器程若干功，欲求其尺寸，必先知所當動之阻力，並知欲動此阻力以何速，即可定若干時内，需用若干漲力之汽若干立方尺。再定火切面、爐柵面，使在若干時内能化水若干立方尺，而得若干漲力之汽若干立方尺。

鍋爐生力之度一百八十七節

鍋爐之力，以化水爲汽而定之，推號馬力本無一定之數，不能爲用汽之比例，故已有汽機而欲配鍋爐尺寸之數，當用欲得實馬力之數爲率。

以化水爲汽定鍋爐生力之度一百八十八節

欲定鍋爐生力之度，先依號馬力求汽筩之容積，次定鞴鞴行幾分路之一，而用自漲力，即知一小時内用汽之體積。再依欲得實馬力之數，而求當用若干全抵力之汽，即可知一小時内，當化水之體積。故但依汽機之號馬力，不能配用汽之數也。尋常船汽機之實馬力，恒配多於號馬力三倍，可以加大火切面三倍，或用自漲力，而得汽之功力三倍。又或合此二事，以得三倍，一小時内，化水一立方尺爲汽，配火切面九方尺，即爲一實馬力。若不用自漲力，而欲三倍之能力，必有火切面二十七方尺。若用自漲力而得三倍之能力，必以鞴鞴行七分路之一，閉絶進汽，則火切面又可不加。設定鞴鞴行三分路之一，而閉絶進汽，則用火切面十三方尺，亦能三倍之能力，此即二事合用之理也。其理以自漲力可用若干，即用若干，而尚不足三倍者，再加火切面以補之。

以程功定鍋爐生力之度一百八十九節

固志汽車在泰西鐵路，實測汽車、煤、水車、客車共重一百噸，一小時行五十里，阻力得三千磅，每噸得三十磅。即行輪之周現滯力須三千磅，而汽機之力必更大，方能勝此而動，故鞴鞴面之力與輪周力之比必如倍。推機路與行輪周之比，行輪徑五尺半，其周十七尺二七八，推機路十八寸，倍之得三尺，鞴鞴面之力，必大於行輪周之力，爲三與十七二七八之比，計一萬七千七百二十八磅。以鞴鞴面之方寸數除之，即得一方寸之均抵力磅數，再定鞴鞴行幾分路之一，而用自漲力，即可推用汽之立方尺，並鍋爐内當得漲力之磅數，再推一小時用水之立方尺數，由用水之立方尺數，即可用後各數定鍋爐之尺寸。至船鍋爐之理法，與此盡同，必先知船行之速數，並水阻力之數，並磨力之數，以推用汽之數，再定鍋爐之尺寸。

一小時化水一立方尺等於一實馬力之據一百九十節

起重三萬三千磅，能於一分時内高至一尺，等一實馬力，係瓦特所定。嘗測所造四十實馬力之汽機，不用自漲力時，計一實馬力鍋爐内，一分時化水立方尺六四七四，恰得一小時内，一實馬力化水一立方尺，此汽機之汽筩徑三十一寸半，推機路七尺，一分時往復十七次半略得，用汽一千三百二十立方尺九二，計一實馬力一分時，用汽三十三立方尺。又法置三萬三千，以六九二爲法約之，得四千七百六十八，即一實馬力一分時，起高一尺所當配鞴鞴面之平方寸數，以高十二寸乘之，得五萬七千二百十六立方寸，即三十三立方尺，亦爲一實馬力一分時所用之汽數。然一分時用汽三十三立方尺，即一小時用汽一千九百八十五立方尺，多於一立方尺水所化之汽。凡水一立方尺，能化等空氣之一千六百六十九立方尺，其所差者爲三百十一立方尺，因汽筩内上下有汽隙，須減縻汽十分之一，所用得力之汽爲一千八百七十二立方尺。故汽機不用自漲力，則一小時内化水一立方尺，與一實馬力不甚差也。凡外火曲管二鍋爐，化水一立方尺，必用煤八磅，而配火切面九方尺。又阿比恩地磨汽機，不用自漲力之時，化水一磅爲汽能起重二萬八千四百八十九磅高一尺，故水六十二磅半(即一立方尺)在一小時内化汽，即能起重一百七十八萬〇五百六十二磅半高一尺，以一分時計，則起重二萬九千六百七十二磅高一尺，再加汽筩二端之縻汽十分之一，(近時汽□不必此數)得汽之實能力爲一分時内起重三萬二千六百四十三磅高一尺，略等一實馬力。間有汽機一小時内，化水一立方尺爲汽所生之能力，更大於一實馬力。

徐建寅《汽機必以》卷五《火切面與爐柵面》 化水一立方尺之火切面一百九十一節

果臬書鍋爐一小時化水一立方尺爲汽，配火切面七十方尺，外火鍋爐與船鍋爐配八方尺至十方尺，車鍋爐配五方尺至六方尺。

爐柵面一方尺之火切面一百九十二節

果臬書鍋爐爐柵面一方尺，配火切面四十方尺，外火鍋爐配十三方尺至十五方尺，車鍋爐配五十方尺至九十方尺，然常以八十方尺爲得宜。

一馬力之火切面一百九十三節

外火鍋爐每一馬力，配總火切面(火爐與火路各處)九方尺，此爲大鍋爐各面俱能收熱者用之。若小鍋爐之火切面，必宜加大，如蒲頓華德所造二馬力之外火鍋爐，火切面共三十方尺(即每馬力十五方尺)。又造四十五馬力之外火鍋爐，火切面共四百三十八方尺。凡船汽機之鍋爐，火切面之數，與此略同。磨得色利所造泰西輪船之原鍋爐，每號馬力之總火切面十方尺，此以能切火之面而計之，又造勒得利布身輪船之鍋爐，其體大於泰西之鍋爐，而火切面則反小。蒲頓華德所造之船鍋爐，一小時化水一立方尺爲汽，配總火切面九方尺，同於陸鍋爐火切面之數。近時之船汽機，號馬力之能力甚大於實馬力之能力，所以蒲頓華德造鍋爐，每號馬力常作火切面多於前數，且止以曲管或煙管之上與兩旁爲火切面，而下不爲火切面。故陸汽機外火鍋爐，仍用瓦特原定之數，即不分實馬力與號馬力也，其數以鍋爐一實馬力一小時能化水一立方尺爲率。

一馬力之爐柵面一百九十四節

蒲頓華德之鍋爐一號馬力，配爐柵面一方尺六四，然而船鍋爐之爐柵面，或不便大至此數。如泰西輪船之原鍋爐一號馬力，爐柵面僅半方尺，漲力不欲甚大，且用自漲力者，此數爲最宜，已用此數造過多汽機矣(此各尺寸，近時不甚用。近時所用之尺寸見附卷)。

爐柵面一方尺燒煤之數一百九十五節

爐柵面一方尺燒煤之數，各鍋爐不同。外火鍋爐爐柵面一方尺，一小時燒煤十磅至十三磅，果臬書鍋爐燒煤三磅半至四磅，車鍋爐燒煤八十磅至一百五十磅，然常以一百十二磅爲最宜。

徐建寅《汽機必以》卷五《量熱率與放熱率》 一馬力之曲管横剖面一百九十六節

蒲頓華德之船鍋爐一號馬力，火壩上孔之面積有十九方寸，曲管横剖面有十八方寸。一號馬力曲管之横剖面，名量熱率。置此爲實，以曲管之長數爲法約之，即得放熱率。以放熱率爲法約之，亦得曲管之長數。曲管船鍋爐之最精者，其放熱率以二十爲小鍋爐之數，以二十五爲大鍋爐之數，而曲管横剖面向煙通漸小。蒲頓華德常以此法製造，而别廠所造者，一號馬力配爐柵面十分方尺之六，曲管近煤膛端之横剖面，爲爐柵面七分之一。近煙通端之横剖面，爲爐柵面十一分之一，配曲管内之火切面十四方尺至十六方尺。造煙管鍋爐，亦皆用此法。

曲管煙管外火三種鍋爐相比一百九十七節

蒲頓華德所定船汽機之曲管、煙管二鍋爐，與外火鍋爐火路之尺寸不同，而其理則無不同。外火鍋爐火路之周，所能傳熱之處，與全周如一與三，或一與二・五之比，所以火路有横剖面若干，其長必比全周能傳熱者，爲二倍半或三倍，否則傳熱不足。而此放熱率與前放熱率，必爲一與二・五或三之比，即得外火鍋爐之放熱率，爲八至十一也。煙管鍋爐之量熱率半於曲管鍋爐，即諸煙管共横剖面一號馬力，得八方寸至九方寸，然大於此數而稍□風門，使風得盡過各管，最善。

外火鍋爐火路横剖面一百九十八節

蒲頓華德所造四十五馬力外火鍋爐，火路之横剖面每馬力得十八方寸。若鍋爐減小，則横剖面必增多。如二馬力之外火鍋爐，每馬力得八十方寸，而配火切面三十方尺，火路高十八寸，闊九寸。十二馬力之外火鍋爐，配火切面一百十八方尺，火路高三十六寸，闊十三寸。設二馬力者與此同比，其闊止可六寸半。若此，則二鍋爐每方尺火切面所配之火路橫剖面相同，而二馬力者火路應長十九尺半，十二馬力者火路應長三十九尺，即火路之長數與高數，以同比而增也。

曲管船鍋爐善式二百九十九節

蒲頓華德所造奈利船之汽機，爲一百十號馬力。用鍋爐二座，每鍋爐有五十五馬力，曲管高六十寸，中闊十六寸半，橫剖面九百九十方寸，即每馬力得十八方寸，長三十九尺，放熱率二十一．六。鍋爐大者，以此數爲最宜。蘇加得所造知的輪船之鍋爐，宣苦留所造蘇而韋輪船之鍋爐，每馬力之量熱率九方寸七二。蓋而得所造以固輪船之鍋爐，每馬力之量熱率十一方寸九。磨得色利所造德密司與密德韋二輪船之鍋爐，每馬力之量熱率十一方寸四。又有諸種鍋爐，每馬力之量熱率皆不過十三方寸。船汽機大半用自漲力，故鍋爐化水之力可小。

蒲頓華德之鍋爐與汽機相比恒大二百節

蒲頓華德與別廠之制，稍有異同。大概蒲頓華德所造之鍋爐，同配一汽機，其力恒大於別廠所造者，而鍋爐各處之比例，則與別廠者亦略同，惟與汽機之比例則有不同。如知的與蘇而韋二船之鍋爐，曲管橫剖面有一千二百九十六方寸，德密司之鍋爐，曲管橫剖面一千一百三十四方寸，曲管長五十七尺，放熱率二十二．五。又如有以固船之鍋爐，曲管橫剖面有一千五百四十八方寸，曲管長六十尺，放熱率二十五。又如密得□船之鍋爐，曲管橫剖面亦有一千一百三十四方寸，曲管長五十二尺，放熱率二十一。以固船與奈利船鍋爐之放熱率相等，而各尺寸之比例亦略等，即九百九十與一千五百四十八之比，略如三十九與六十之比。然若蒲頓華德造以固船之鍋爐，則必加大也。

鍋爐化水之力與火切面有比二百一節

曲管或煙管之長，與徑同比而增減，則化水之力與其橫剖面積有比，若長數同而徑有增減，則化水之力，與其橫剖面積之平方根有比。凡化水之力，全依火切面之數，故曲管火切面之數，皆與其長數及橫剖面積之平方根數，及各式之常數三者相乘有比。又煙管之長數，與橫剖面積平方根（即雙管徑）有比，故煙管火切面之數，與橫剖面積亦有比。設風力恒等，則經過之熱氣依曲管或煙管之橫剖面積，故經過熱氣之數與火切面之數亦必有比。若欲化水之力大四倍，則火切面與火路橫剖面俱應大四倍。火路作同式者，則徑與長各加二倍。曲管橫剖面爲長方形者，則長高闊三者皆加二倍，火路之徑數與長數以比例增減者，則以徑數或橫剖面積之平方根爲實，長數爲法約之，得數皆應相同。若不相同，即火路之式不依比例。如外火鍋爐，則火路不在鍋爐之內，故以火路高之寸數爲實，而以火路長之尺數爲法約之，得數略爲一。其火路橫剖面積之平方根，可用火路周能傳熱與水之一分代之。火路若同式而同風力者，則無論大小，以能傳熱於水周之一分之數爲實，而以長數爲法約之，得數亦應相同。

火路之式不同火切面當依定率二百二節

火路之橫剖面積相等，若改變其式而加多其周，則其長數可減。若減少其周，則其長數必加，否則火切面不能相配。玆列蒲頓華德所造船鍋爐火路橫剖面積比例之數，俱以火切面一方尺爲率。二馬力者火路橫剖面五方寸四，三馬力者火路橫剖面四方寸七四，四馬力者火路橫剖面四方寸三，五、六馬力者，火路橫剖面三方寸七五，八馬力者火路橫剖面四方寸一三，十馬力者火路橫剖面三方寸九六，十二馬力者火路橫剖面三方寸六三，十八馬力者火路橫剖面三方寸一七，三十馬力者火路橫剖面二方寸五二一，四十五馬力者火路橫剖面二方寸〇五。若四十五馬力之鍋爐，每馬力以火切面九方尺計之，則得火路橫剖面十八方寸。

火路之周加則長可減二百三節

火路之周加多，則長數可減，故曲管變爲煙管，周必甚多，管亦可甚短。如奈利船鍋爐之曲管，設改爲圓形，其徑得三十五寸半，而長四十七尺又四分尺之三，則火切面已可足用。若能收盡火熱，而風力不改，則雖分作多小管，其徑與長之比例，亦與此同。

煙管長與徑之比二百四節

煙管長與徑之比，可依曲管推之，其理相同。如奈利船有五十五馬力之鍋爐二座，各有火切面四百九十七方尺。以火切面全能傳熱而計，則每馬力得火切面九方尺。其曲管爲方形，橫剖面九百九十方寸，若改作圓管，而橫剖面積相等，則得徑三十五寸，所長五十三尺四，即六百四十寸八，亦得火切面四百九十七方尺，而管之長與徑爲十八與一之比。如風力不改而分作多小管，無論管徑之大小，其長與徑之比例恒同，如每馬力火路之橫剖面爲十八方寸，而煙管徑三寸，則長不可過四尺半，因量熱率與管徑依此數，則火在管內行過四尺半，其熱已盡傳於水内也。

船鍋爐煙管之長二百五節

船鍋爐煙管，恒長於四尺半，則量熱率當小於十，八方寸而得此數三分之二煙管之量熱率，減小有二。益因量熱率過大，火不能全經各管，或風力減小，管内必多結煙炱也。以上所言者，俱爲號馬力，號馬力與用汽原無一定之數，而用之定鍋爐尺寸，固是不足取法，然爲俗所常用，故仍之也。

徐建寅《汽機必以》卷五《近時船鍋爐車鍋爐善式》 新式船鍋爐二百六節

新式船鍋之爐柵，小於瓦特之制。瓦特鍋爐，每火切面九方尺，配爐柵面一方尺。新式者，火爐内之熱度甚大，一小時化水一立方尺，配火切面比諸舊者可減少。如蒲頓華德新造之式，化水一立方尺，配以火切面八分尺，爐柵面七十方寸，曲管横剖面十三方寸，煙通横剖面六方寸，火壩上横剖面十四方寸，曲管横剖面積與爐柵面積如一與五之比。煙管鍋爐化水一立方尺，配以火切面九方尺，爐柵面七十方寸，火壩上横剖面十二方寸，煙通横剖面十方寸，煙管共横剖面十方寸，煙通横剖面七方寸，煙管徑與長之比如一與二十八至一與三十。容水處之容積六立方尺有半，容汽處之容積一立方尺有半。

新式車鍋爐二百七節

車鍋爐之制，因有餘汽噴入煙通，故風力大而燒煤速。若陸地鍋爐之煙通甚高而甚熱者，亦與車鍋爐略同。左表爲新造車鍋爐之各尺寸。

機件之名	英國	巴拉士	蛇	司底分司
汽筩徑	十八寸	十五寸	十四寸四一	十八寸
推幾路	二十四寸	二十寸	二十一寸	二十四寸
行輪徑	八尺	六尺	六尺半	五尺
火櫃内長	五十三寸	五十五寸	四十一寸半	四十四寸
火櫃内闊	六十三寸	四十二寸	四十□寸四二	三十九寸半
爐□□火爐頂	六十三寸	五十二寸	四十八寸半	五十五寸半
爐柵根數	二十九		二十三	十六
爐柵厚	四分寸之三	一寸又四三	八分寸之五	二寸
煙管根數	二百〇五	一百三十四	一百八十一	一百四十二
煙管外徑	二寸	二寸	一寸八一七	二寸八二
煙管長	十一尺三寸	十尺一寸	十尺三寸半	十四尺三寸四一
煙管間相距	半寸	四分寸之三	半寸	
煙管機□内徑	一寸六一九	一寸半	一寸六一五	一寸六一
煙通徑	十七寸	十五寸	十三寸	十五寸半
風門孔高	五寸半	四寸八五	四寸半	四寸四三
爐柵面積	二十一平方尺	十六平方尺〇四	十二平方尺四	十平方尺五六
爐柵孔面積	十一平方尺四	四平方尺〇八	五平方尺五四	五平方尺
煙管共横剖面	五平方尺四六	二平方尺四	二平方尺八	二平方尺九六
□□共面積	四平方尺	一平方尺六四	二平方尺	二平方尺〇四
煙通面積	一平方尺七七	一平方尺二三	一平方尺九二一	一平方尺三一
風門孔面積	二三平方尺七六	七平方尺八	十四平方尺一八	十七平方尺七
煙管内火切面	一平方□□平方	六□□平方尺	□□□平方尺	□□平方尺八

徐建寅《汽機必以》卷五《鍋爐吸風之力》 車鍋爐風力與別種鍋爐相比二百八節

車鍋爐之風力，與別種鍋爐不同。如陸鍋爐之最好者，煙通之吸力，等於水柱高一寸半至二寸半。車鍋爐之煙通，其吸力大者，等於水柱高十二寸至十三寸，平常者亦等於水柱高三寸至六寸。

餘汽吹力與吸風力相比二百九節

吸風力之數，各汽機不同，依煙管之横剖面等事而異。如車汽機之餘汽，有水銀高一寸之抵力，即煙櫃有水柱高一□之吸力爲中數。無論吸力大小，而此比例不改，故煙櫃内有水柱高六寸之吸力，必得餘汽等於水銀高六寸之抵力，即等餘汽管口一平方寸，有抵力三磅。

配吸風力大小之法二百十節

吸風力之大小，以餘汽管口徑之大小定之，吸風力欲大，必減小管口之徑。但減小管口，□□反面之對力必加大，故風力若已能足用，則管口不必多減，二汽筩之餘汽管通入煙櫃，而向上会爲一管，相會處宜近煙通，使在煙通内有單管十二寸至十八寸。若單管太短，則二管之汽迭更斜噴，而風力減小，且煙通易壞。□管不可向上漸小，宜上下同徑，至近口截然而弃。

車鍋爐加煙通之高與吸□風力不加二百十一節

煙通之高與徑恒爲五與一之比，□再加長，所得之風力仍同。嘗測汽筩徑十七寸者，其煙通徑原爲十七寸半，後改爲十五寸又四分寸之一，所得風力反大。所以煙通横剖面積應得煙管口襯圈内總横剖面積之半，餘汽管横剖面積應得煙通横剖面積十分之一。煙管口襯圈内横剖面積宜大，不用襯圈者，所過之風氣能多四分之一。煙極一端有襯圈者，比二端皆有者所通之風氣多十分之一。

車鍋爐火櫃與煙櫃兩吸力之較二百十二節

實測得中等汽車火櫃内之吸力，得煙櫃内吸力之半，然依煙管横剖面之大小而異。又實測煙管四十七根，外徑一寸又四分寸之三，長十三尺十寸，爐栅面九方尺半，而車行無論遲速，煙櫃之吸力與火櫃之吸力，恒爲三與一之比。煙櫃之吸力等於水柱高十二寸，火櫃之吸力等於水柱高四寸，可見吸風使過爐栅之間，須水柱高四寸之抵力，使過煙管之内，須水柱高八寸之抵力。

鍋爐吸風力與化水之比二百十三節

車鍋爐及别種鍋爐化水之數，必與所進鍋爐内風氣之數有比。所進風氣之數與吸力之平方根有比。吸力數四倍，而得化水數二倍，實測所得之數略同。

鍋爐不同吸風力與化水不能有比二百十四節

設鍋爐之爐栅面及煙管横剖面太小者，則煙通之吸力與所進風氣之數不能有比。故必加大煙通之吸力，而所進風氣，始得足用也。若以一鍋爐而論，則煙通吸力所進風氣及化水之數，俱如前言之比例。

制吸風力大小之各法二百十五節

稍關煙通扇門，即可減小煙通之吸力。減小餘汽管口之徑，即可加大煙通之吸力。減餘汽管口徑之法，有多人剏設，而以司低分孫者爲最妙用。□形短管在餘汽管口之内，推引上下，而餘汽管口之内外作尖圈，配合短管之外。其徑小於短管之大端，而大於小端。短管推上，則大端密切尖圈之口，而汽自短管之小口噴出，其力自大。短管引下，則汽過短管之内外而自餘汽管尖圈之口噴出，其力自小。

車鍋爐煙管之徑二百十六節

柏利所造之汽車，其汽筩徑十四寸，煙管九十二根，外徑二寸又八分寸之一，長十尺六寸。司低分孫所造者，汽筩徑十五寸，煙管一百五十根，外徑一寸又八分寸之五，長十三尺六寸。煙管既長，故吸風之力必甚大，否則近煙通之端不能得熱，而糜熱必多。然加長若此，吸風之力雖加大，而所加火切面之數，仍不能配所加化水之數。管徑小者，常有煤屑阻塞之病，幸吸力甚大，尚屬可用。

車鍋爐煙管與船鍋爐曲管相較二百十七節

車鍋爐因吸力大，而火爐經過速，若其熱傳過管體與曲管同速，則車鍋爐之煙管必甚長，否則不能全收其熱。如柰利輪船之汽機，有二百十號馬力鍋爐二座，各有一曲管而不相通，故一曲管之火切面等於五十五號馬力，而其實馬力與號馬力，爲二百六十二與一百之比。若不用自漲力，則一曲管所化之水，必等八十九實馬力。惟此汽機恒用自漲力，故一曲管所化之水，等於八十實馬力。其曲管横剖面，有九百九十平方寸，即一實馬力得十二平方寸三。司低分孫所造車鍋爐，用煙管一百五十根，外徑一寸又八分寸之五，一小時化水二百立方尺(此爲極大之數)，即等二百實馬力，而一實馬力得煙管横剖面一平方寸一一三六，則車鍋爐之量熱率，爲曲管鍋爐一千一百十一分之一百。所以吸風之力，亦必大至十一倍一一，而煙管長與徑之比，亦必爲十一倍一一。此以曲管之質，與煙管之質傳熱同速而論也。設柰利船鍋爐之曲管作圓形，即得徑三十五寸半，而長四十七尺又四分尺之三。若車鍋爐吸風之力與曲管鍋爐同，而煙管之長與徑，與此同比。則徑一寸又八分之三，長得二十二寸一九，惟車鍋爐吸風之力，大於曲管鍋爐十一倍一一，所以煙管宜長二百四十六寸五五，即約二十尺半。平常車鍋爐煙管之長，常比此數減短三分之一，而一實馬力之火切面，自十平方尺減至九平方尺。然依此數而減短，尚不便用，故製造者稍增其量熱率，而減吸風之力，必更好。

陸鍋爐煙通尺寸二百十八節

煙通内吸力之數，即風氣行動之速數，而煙通之横剖面必使風氣依此速行動。而一小時所過者，足燒若干煤，如燒煤一磅，用空氣二百立方尺(二百五十立方尺更□)，以一號馬力一小時燒煤十磅計之，則必用空氣二千立方尺。又必加因熱而漲大之數，平常陸地鍋爐，煙通之吸力等於水柱高半寸，凡厚流質流入薄流質之速，等於重物墜過二流質。依其抵力所成之二柱相較之高之末速，若已知煙通内之抵力，與空氣抵力之較數，即知其二氣柱相較之高數(法將置抵力較數，以空氣重率約之即得)，即可知空氣入煙通之速。其煙通之横剖面，即足容以此速行動之空氣二千餘立方尺經過也。然由此理所求之尺寸不足恃，因求得之數，與有名工師已造之煙通而合用者，相去甚多，故知有謬誤也。

蒲頓華德之法二百十九節

蒲頓華德定陸地鍋爐煙通之法，□鍋爐内一小時燒煤之磅數與十二相乘，以煙通高之平方根約之，得數爲煙通最小處横剖面方寸數。尋常二十號馬力之鍋爐，煙通高八十尺，一號馬力配煙通橫剖面二十平方寸，一號馬力一小時合燒煤十五磅，而二十號馬力之鍋爐一小時共燒三百磅，依法將三百與十二相乘，得三千六百，再以高數之平方根九約之，得四百，即煙通最小處之横剖面積。若增其高，而不增其横剖面積，或增其横剖面積，而不增其高，俱非法也。又將一小時燒煤磅數與五相乘，以煙通高之平方根約之，得爐栅間空處之面積。

船鍋爐煙通尺寸二百二十節

蒲頓華德所造者，一實馬力記横剖面八方寸半，今制一實馬力配六方寸至七方寸，亦有用汽吹入煙通，而較少於車鍋爐，可助風力之不足。但爲凝水汽機，則又柱費多汽。況船上用此發聲甚大，又帶火星噴出，落於船面焚燒。

徐建寅《汽機必以》卷五《鍋爐容汽積數並論汽水共出》 陸鍋爐容汽容水積數二百二十一節

蒲頓華德所造二號馬力之陸機外火鍋爐，一馬力得容汽積數八立方尺又四分尺之三，容水積數十八立方尺半。二十號馬力之陸機外火鍋爐，一馬力得容汽積數五立方尺又四分尺之三，容水積數十五立方尺。再加大至三十、四十、五十號馬力者，其容汽積數反加至略近六立方尺。

船鍋爐容汽積數二百二十三節

蒲頓華德初時所造者，其容汽積數大於汽筩容積十六倍。若用二汽筩者，則大於二汽筩之共容積八倍。此數與前言陸鍋爐每號馬力有五立方尺略同。設有汽筩徑二十三寸，推機路四尺，即得十八號馬力四，而汽筩横剖面爲四百十五方寸四七六，以推機路寸數四十八乘之，得汽筩容積一萬九千九百四十二立方寸八四八，再以八乘之，得十五萬九千五百四十二立方寸七八四，即九十二立方尺三，以號馬力數十八四約之，得一號馬力五立方尺。惟鞴鞴一往自始至末，鍋爐生汽微有不勻。蓋生汽之數，依鍋爐内漲力之數而變。鞴鞴初動用汽多，而鍋爐内之漲力減小。其時生汽必多，鞴鞴行近路端，汽路已絶，不須用汽，鍋爐内之漲力增大，生汽必少。凡汽出鍋爐甚平勻者，則容汽積數可小，如二汽筩之汽機（其二曲拐相交成直角者）及速行之車汽機等。又如汽櫃高而水不隨汽至進汽管者，進汽管之端入鍋爐内甚長，而有多小孔者，用大抵力汽，而兼用自漲力者，有此三法，□汽積數，皆可減小。近時船内煙管鍋爐備，有諸事故，以一小時化水一立方尺，配容汽積數一立方尺至二立方尺。

車鍋爐容汽積數二百二十三節

車鍋爐一小時化水一立方尺，配容汽積數五分立方尺之一。因汽櫃之頂高於水面數尺，而進汽管在鍋爐内之端有多孔，汽櫃又居鍋爐之中段，故容汽處雖小，而汽水共出之弊亦不多。

汽水共出之病二百二十四節

鍋爐内之水，沸騰之極，而發多泡，噴濺水點，隨汽而出，乃汽機之大病，必減汽機之功力，且使汽筩鍋爐生危險。蓋熱水至凝水櫃，則櫃内難得真空，致恒升車之麽力加多，汽機之速自減。或水入汽筩，而無放水平門者，鞴鞴必遇水而忽停。因未至路端，汽罨之餘面已閉出汽之路，水不能出。忽停之時，汽機必有受傷之處，水既隨汽而出，鍋爐之水必虧少，添水筩不及補足，曲管與煙管之上面必致燒壞。

汽水共出之故二百二十五節

汽水共出之故多端，一因容汽積數太小，汽體忽緊忽鬆。二因水面太小，汽泡叢聚。三因管間相距太小，汽之上升不暢，水之下降不速。四因鍋爐内，污濁水質稠膩。凡鍋爐新者，其弊更多於舊者，船自海内入江，其弊亦更多於常用海水與常用江水者，或因淡水沸界小於海水沸界也。又有忽開放汽萍門，亦見此弊。萍門若近進汽管口者，水點亦隨汽而入汽筩，所以車鍋爐之放汽萍門，與進汽管口宜極遠，雖稍開而水點不入汽筩。

補救汽水共出二百二十六節

司機者，見有入水汽筩可稍關扇門，使汽少進。汽筩閉絶，噴水門使水不入縮櫃，開火門，而使汽慢生，減少水點。若因容汽處太小者，可使鍋爐内漲力加大，而多用自漲力，在鍋爐與汽距之間，作多孔鐵板，水點上至此板，自能回下，或另作一汽櫃，在原汽櫃之上，而作多小孔相通。若因鍋内污濁者，水沸之時，污濁必浮於水面，可用器撈去，或在水面放出之。若因水太淺，或煙管間相距太近者，可加管於鍋爐之外，上端通水面，下端通水底，使水由此下降，而煙管間止有上升之汽，與水自得暢通，同於管間放大也。凡火切面之位置，宜使添水，進於最低之處，漸升漸熱，至水面而化爲汽，其進汽管，必通鍋爐最高之處。

徐建寅《汽機必以》卷五《鍋爐實體尺寸》 鍋爐任力之限二百二十七節

鍋爐鐵質之任力，與別種鐵器同理。横剖面每方寸任受牽力五萬磅至六萬磅，爲其斷界。然至此數三分之一，鐵質已傷，故鍋爐之任牽力，每横剖面一方寸，不得過四千磅，又常有生鏽等事，其數更當減少。

銅鐵冷熱牽力斷界二百二十八節

前數年，美國有公會詳測鍋爐，在受牽力斷界之數，知熱度愈大，鐵質之任力亦可愈大，至五百五十度爲限。熱再大，而任力又必減小。以横剖面一方寸任牽力至斷界爲率，在三十二度，任力五萬六千磅。熱至五百七十度，任力六萬六千五百磅。熱至七百二十度，任力五萬五千磅。熱至一千零五十度，任力三萬二千磅。熱至一千二百四十度，任力二萬二千磅。熱至一千三百零十七度，止任九千磅。有人誤致鍋爐過熱，覺任四萬五千磅，已至斷界。又測銅質任受牽力，熱度愈大，任力愈小。其熱度加大之立方，與任力減小之平方有比。熱在三十二度，横剖面一方寸，能任牽力三萬二千八百磅，熱大而力小，依比例推之。又測鐵板順紋剪開之條，任受牽力大於横紋剪開之條一百分之一。鐵質屢次摺疊，燒紅捶打使黏合，則堅固亦加大。若用數種并合，則不合法鐵板搭釘者，其任力比整塊者減三分之一。以上各數，與英國非而奋所測之數略同。

非而奋所測鍋爐鐵板牽力斷界之數二百二十九節

非而奋測得鍋爐之鐵板整塊者，横剖面一方寸，任受牽力二十三噸爲斷界。若用二行搭釘者，横剖面一方寸任受牽力十六噸爲斷界。若用一行搭釘者，横剖面一方寸任受牽力十三噸爲斷界（即約三萬磅）。故作圓筩鍋爐，必用二行搭釘，使可多任牽力，然欲恒任力而不傷，當在一萬二千磅以内。

圓筩鍋爐任力之數二百三十節

車鍋爐每平方寸，恒受漲力八十磅，鐵板厚十六分寸之五，鍋爐徑三十九寸，每長三寸二，得鐵板横剖面一方寸，而所任牽力之數，爲長三寸二乘徑三十九寸，再乘每平方寸之漲力八十磅，得九千九百八十四磅，而圓筩二邊各有横剖面一方寸，所以二邊各任四千九百九十二磅。若過此數，則不穩，此數未計二端平底所增之固，與搭釘孔所減之固。嘗有車鍋爐徑四尺，鐵板厚八分寸之三，每方寸受漲力二百磅，此乃取禍之道，不可爲法。

圓筩鍋爐鐵板之厚數二百三十一節

圓筩鍋爐之熟鐵板，定其厚數，將鍋爐内徑寸數與二・五五四相乘，再以鍋爐内每圓寸所受最大漲力之磅數乘之，再以一萬七千八百約之，得鐵板厚之寸數。設用此法核算前節車鍋爐鐵板厚數，則以三十九乘二・五五四，再乘六八・八三二，得六千二百二十四・一三七九，再以一萬七千八百約之，得〇・三四九，即鐵板厚寸數。惟前之厚爲十六分寸之五，即寸三一二五，尚嫌太薄。若用每平方寸漲力磅數立算，其法甚簡，將鍋爐内徑寸數，與鍋爐内每平方寸漲力磅數相乘，再以八千九百約之，亦得鐵板厚之寸數。此法所得之數，爲鐵板任牽力之凹凸力界四分之一，即横剖面一方寸，得四千四百磅。若陸機圓筩鍋爐，則以六千代八千九百爲法，得鐵板每横剖面一方寸，任受牽力三千磅。

平面鍋爐任力之法二百三十二節

船鍋爐平面之處較多，故全恃牽條以爲固，牽條横剖面一方寸，任力不可過三千磅，因常與水相遇，生鏽而減小也。凡船鍋爐所任之力，宜甚小於車鍋爐所任之力，因内外面皆易生鏽也。所用牽條宜小而多，大則兩端難免漏洩，漏洩則鍋爐外面易鏽。凡鍋爐製成，須用壓水器試之，使任抵力大於後日常任之抵力二三倍，用至日久，亦宜再試。恐有生鉛已傷，猝然遇患也。

船鍋爐牽條二百三十三節

煙管鍋爐每平方寸常任漲力二十磅，即每平方尺得二千八百八十磅。準牽條横剖面一方寸任力不可過三千磅，則鍋爐平面無論上下四旁，每方尺内必有牽條横剖面一方寸，不及此數，往往不固。火爐内之牽條徑須一寸又四分寸之三，外端螺蓋旋緊，各條之端排列之位置，如鍋爐栅之斜勢，俱在爐栅之下，不致爲火燒壞爐栅。以上者能愈高而愈遠火爲佳，距火能遠，亦免燒壞也。火爐頂之上面，或用横樑，而再加短條，牽固火爐頂於横樑，如車鍋爐之式。或用長條，牽固火爐頂於鍋爐之頂，而用螺蓋旋於火爐之内，此條專爲牽固火爐頂之用，若鍋爐之頂不可恃此爲固，尚須另加牽條也。間有牽條，不用螺蓋，而將條端打成冒者，其法不善。因鐵多受捶打質變，顆粒甚脆，其冒每致脱落，故有當時即脱者，亦有完功後而脱者。若遇此事，不能在外面修理，必將鍋爐内拆卸大空，甚爲費事也。

牽條相距之度二百三十四節

鍋爐内漲力，每平方寸有二十磅至三十磅，則平面之處，牽條相距可一尺或十八寸。煙管之間，不能用圓條横過以連兩旁，可用角鐵釘於兩旁之内，面如鐵船内肋條之狀，再用極固之扁條，横過煙管之間，兩端釘連於角鐵。凡長牽條宜固定於鍋爐，如與鍋爐整塊者相若。有用長劈穿連者，恐易鏽壞而致脱落，必有危險。圓筩鍋爐有孔之處，亦必用條横過牽連，使其堅與□孔相同，煙喉内二面鐵板不平行者，可用短條，順其方向，以代長條。

徐建寅《汽機必以》卷五《鍋爐磔裂》 鍋爐磔裂之故二百三十五節

漲力過大，鐵板過薄，爲礫裂之首事。又有曲管或煙管外無水，而燒熱至紅，或放汽萍門不□或牽條鏽壞。若水淺而致曲管燒紅，則爲漲力，抵進而成小礫，最可畏者外體之大裂。然有時小礫亦爲危事。因司機者，常以此受傷也。有時外體大裂，而曲管或煙管同時小礫，危險之極。此二事所以同時者，因煙管燒紅之際，添水筩忽添多水，漫至管上驟生多汽，萍門不及放出鍋爐外體，因此亦裂。又有曲管不合式，汽不得上，水不得下，汽積於下，致鐵板甚熱。大曲管之下面，因火衝撞，每有此病，鐵板受熱而軟，漲力抵之而上盎，則汽易積聚也。又有水内鹽類結皮於曲管之面，不能傳熱，致鐵板紅熱，而皮忽離，亦成小礫。

水切紅熱金類不能速化汽二百三十六節

水切於紅熱之金類，不能忽然化汽，必先成小球，在金類之面滾動而相離。金類之熱雖大，小球之熱不過二百零五度，化汽甚遲。若金類之熱漸減，則小球漸合，而與金類相切，化汽甚速。試將銅瓶燒至紅熱，以水傾入而塞之，並不發汽。俟瓶漸冷至四百度以下，化汽極多，塞必彈出。

預防鍋爐礫裂二百三十七節

各鍋爐各作放汽萍門與漲表，所以免漲力過大之病。不全恃萍門者，恐門或生鏽，或門桿彎曲，或漲力過大，而鍋爐頂之形式改變，以致萍門阻滯，不能自開，故必以漲表相輔，自可一望而知漲力幾何也。設有過大之事，速開鍋爐外通之各門，並遏熄其火，以減漲力。凡置放汽萍門，宜直通鍋爐，不可通於汽扇門之外，恐汽扇門偶或阻滯，而汽不得放。間有在放汽管之内置錐形管，以收汽所帶出之水，然錐形管偶然脱落，塞於放汽管之口，汽亦不得暢放。

預防礫裂別法二百三十八節

預在鍋爐作孔，用易鎔之金類密塞之，漲力既大，熱度亦大，此金即鎔，而仍爲孔，汽得放出。然此法雖巧，尚不合用，因易鎔之質以水銀爲主，難得匀和，日久而水銀爲汽抵出，所留者仍然難鎔，必致誤事。又有車鍋爐在火爐之頂作鉛塞，頂若露出水面，鉛鎔，即報危險。

汽水共出亦致礫裂二百三十九節

設見水隨汽而出，多於添水筩所添入者，鍋内之水必漸淺。而曲管或煙管將致甚熱，離患不遠。司機者見水已淺，而知尚未紅熱，若不及將火取出，可速開火門，澆潑冷水數筩於火爐。雖不能滅火，而亦不再熱，人宜躲於門旁，免致汽噴受傷。若火爐之頂已紅熱，切不可添水進鍋，尤不可取出爐内之火，宜速開各處放水塞門或各處出沙孔，以放盡其汽與水，使漲力甚小□，雖已紅熱，不致抵進。

鍋爐結鹽亦致礫裂二百四十節

船鍋爐内，常有此事，司機者刻刻留意，方能免患。水已過鹹，則所有火切面之内，必結鹽一層，隔水不能傳熱。而鐵板漸漸紅熱，漲力雖不甚大，鐵板自能彎凸。

鍋爐内面結皮生鏽二百四十一節

船鍋爐常用含泥合鹽之水，以致内面結皮一層，與煮水器内結皮同理。若用海水，則其結皮之質，大半爲食鹽。因水化汽而鹽留下，留者甚多，水不能消化，則結而沈下，愈熱愈硬，與海濱煮海爲鹽同理。

結成之質淡水不全消二百四十二節

結成之皮置諸淡水之内，不能全爲消化。因水化汽時，各質依次結成，多有鈣養硫養鈣養炭養二質，而此二質已結，則不能消化於水也。故鍋爐内有遺留棉花布木者，久後取出必變成石結，皮若厚，其層累亦如石。

結皮之病二百四十三節

昔時船行大海，常因鍋爐内結成厚皮，致不能行遠。故有以爲輪船，必有數處之海不能行者。後有人測知各海水含鹽之率不甚差，且無論含鹽多少，如小抵力機俱用吹換鹹水之法，即可免結皮之病。故火切面上之皮雖結，亦甚薄也，若結鈣質之皮過厚而壞者，則爲司機之過。

鹹水沸界二百四十四節

海水含鹽三十三分之一，而受空氣壓力，沸界得二百十三度二，含鹽三十三分之二。沸界得二百十四度四，含鹽三十三分之三。沸界得二百十五度五，含鹽三十三分之四。沸界得二百十六度七，含鹽三十三分之五。沸界得二百十七度，含鹽三十三分之六。拂界得二百十九度，含鹽三十三分之七。沸界得二百二十度二，含鹽三十三分之八。沸界得二百二十一度四，含鹽三十三分之九。沸界得二百二十二度五，含鹽三十三分之十。沸界得二百二十三度七，含鹽三十三分之十一。沸界得二百二十四度九，含鹽三十三分之十二。沸界得二百二十六度，若過三十三分之十二，鹽必分出，而結漲力大於空氣壓力，沸界之熱度亦增。淡水而受空氣壓力，漲界爲二百十二度。設用淡水，而漲力大於空氣壓力十五磅，則沸界得二百五十度。若用鹹水，而含鹽爲三十三分之四，則沸界必加四度七，而得二百五十四度七，尋常鍋爐內之沸界，即爲此數。

鍋爐內水含鹽合用之限二百四十五節

鍋爐內之水，含鹽之率不可過合用之限。有人測得含鹽不過三十三分之二，則永不結皮。海水含鹽三十三分之一，半化爲汽，即得含鹽三十三分之二。故鍋爐吹出之鹹水，得添進海水之半，則含鹽不能過三十三分之二，即約十磅水內，含鹽半磅也。

海水重率二百四十六節

海水之重率，各處不同。即以準含鹽之多少，今以二百七十七立方寸二七四計之。淡水重十磅，波羅的海水重十磅一五，阿爾蘭海水重十磅二八，地中海水重十磅二九，而以重十磅二五爲海水之中數。若含鹽二倍，必重十磅五，而含鹽三十三分之二者，必重十磅六二五。因海水十磅，含鹽有八分磅之五也。所以鍋爐內，水每十磅，含鹽不過半磅，至八分磅之五，則不結皮，因此而知以鹽消化於水，其體積毫不加大，推加重而已。

吹出鹹水費熱不多二百四十七節

吹出鹹水費熱不多，蓋鍋爐內之水，含鹽三十三分之四，尚屬可用。而淡水化汽之容熱爲一千二百十二度，添入鍋爐之水，熱已一百度，其實容之熱爲一千一百十二度。若含鹽三十三分之四，則加二度二三，故水化爲汽。所用之熱，爲一千一百十四度二三，若去〇・二三，而以三乘之(因水四分之三化爲汽，而四分之一吹出也)，得三千三百四十二度。其吹出鹹水之一分容熱爲一百五十四度，以鹹水之容熱率〇・八五乘之，得容熱一百三十四度九五，以此數爲法，約三千三百四十二，得二十六，即吹出鹹水之含鹽爲三十三分之四，而費熱不過二十六分之一。若吝費而不將鹹水吹出，則結皮而熱難傳，所費之熱反不止二十六分之一矣，況多危險乎。惟三十三分之四，即每水十磅含鹽一磅，已屬太多，稍不謹慎，將過此數，而有危險，故必以三十三分之二爲限也。

收回費熱二百四十八節

有人刱法，使熱鹹水吹出之時，經過多小管之內，而使添入鍋爐之水，先經此小管之外，以收其熱。然小管往往阻塞，且用此法，常以起水筩吸出，鹹水管已阻塞，而起水筩仍似吸水，司機者每爲所誤，而致失事。

鹹水定吹恒吹二百四十九節

常法使鍋爐內之水在一二小時內稍高，後開吹水塞門，使鹹水吹出，至水面低下數寸，即開塞門，此爲定吹。或用小塞門，使鹹水恒吹，或起鹹水筩恒吸出。無論何法，必用量鹹水表連於鍋爐。若含鹽過多，一望而知，即可補救。測驗含鹽之法甚多，大半以浮□爲主。又有用小器盛淡水，置鍋爐內，亦有漲表，以此漲表之磅數，與鍋爐漲表之磅數相較，即知含鹽之數。

鹹水必自水面吹出二百五十節

沸水內若有定質，熱必稍小於沸界，而已能化汽。細察之，見汽似在定質內發出者。定質之粒若甚小，則所發之汽泡能托小粒上浮至水面，汽則散去，粒乃下沈。故在鍋爐之內，即結於火切面之上。若小粒浮至水面，而即放出之，則不沈下而結矣。

放出上浮定質二百五十一節

有西人名藍刱法，用輕物浮於水面，而使與吹水門相連，水面高則門大開，吹水自多出，不致過高而溢入汽筩。若不用浮物，入宜留意水面之高低，以開塞門之大小。又法用漏斗置鍋爐之內，收成所結之定質，其底之管通出鍋爐而至船外。漏斗之口稍高於水面，周圍多作三角形孔，使水能通入水內所結之定質，爲汽托至水面，因漏斗中不甚沸，故能隨水聚入其內，而由底管吹出矣。凡在水面吹出者，吹水可少，而費熱亦少，若混濁者，則浮於水面之水泡，亦俱吹出，而不入於汽筩。

船鍋爐外面生鏽二百五十二節

船鍋爐外面生鏽之故，有數端。近汽櫃處之生鏽，因船面滴下之水。庇之生鏽，因船內積水漫上。灰膛口之生鏽，因用海水澆潑退出之火灰，此三事皆可預防。鍋爐頂鋪氊一層，氊外蓋鉛皮一層，銲連接縫，第一事可免。安置鍋爐底用油膏，第二事可免。以鐵板一層蓋於灰膛之口，螺釘旋定，鏽則重易，第三事亦免。

船鍋爐內面生鏽二百五十三節

船鍋爐內面生鏽，常在汽櫃之內，其故極難明曉。若言鐵遇海水而鏽，則火爐之上面及切海水諸處，俱不甚鏽。用汽凝之淡水添入鍋爐，而汽櫃內仍生鏽，鍋爐用至五六年，已覺鏽傷。即用此種鐵造作同大陸地鍋爐，可用十八年至二十年之久。若陸地鍋爐恒用鹹水，其所用之年數與用淡水亦同。船鍋爐在水內之面不生鏽，用之既久，折出細視之，鐵面椎痕尚在，蓋因所結之皮護之也。然鍋爐各處之生鏽，不能預定。有二鍋爐同在此處，一已鏽壞，而一者毫不傷損。

又有一鍋爐之内，汽櫃之此邊鏽壞，而彼邊毫無損。又或生黑鏽，可以層層剥下如樹葉，或有似浸於强水内之鏽。若在鍋爐外包氈一層，則内面生鏽更速。内面結厚皮，比結薄皮者生鏽亦更速。煙通經過汽櫃中者，汽櫃内面之生鏽亦更速。鑒此各事而細思其理，知内面生鏽各事，皆因重得熱之汽所致，其理足可破疑。鍋爐外包氈，熱不易散，汽必重得熱。結厚皮者，必因水甚鹹，鹹則沸界大，汽能重得熱。煙通經過汽櫃之中，汽亦重得熱，俱致内面生鏽。要之，凡能省煤之法，即是鍋爐内連生鏽之法，乃其據也。

重得熱汽侵鐵之微二百五十四節

重得熱汽與鐵相切，其養氣易與鐵化合，取輕氣之法，即其微也。試將鐵管盛鐵屑，燒至紅熱，以汽自管端噴入，經過紅熱之處，而輕氣散出，此即汽重得熱，而養氣與鐵化合也。養氣合鐵，即鐵鏽也。鍋爐内汽之重得熱，雖不及紅鐵之大，而此性必有矣。有此性而時日積久，雖少亦多矣。所以火切面甚大，及曲管將至煙通，先過鍋爐底之冷水者，生鏽必少。若有多熱自煙通散出者，生鏽必多。又如曲管在汽内之一段内，砌火磚一層，不使熱傳於汽，生鏽亦少。故煙喉不可過汽櫃之中，必自水面下旁出外。若使添入鍋爐之水噴其外，更好（煙喉經過汽櫃中者，近時多不用矣）。

各鍋爐相通之管二百五十五節

輪船大者，必用鍋爐數座，皆於汽櫃之處，以大管相通，管内有門，又可阻絶而不通。門上連桿出管外，亦用輭墊使汽不洩桿外，再連桿掛重物，以稱其重。汽出能自動此桿，遇至機艙而連一柄，以便司機者時扭其柄，使活動。若久不動，則生鏽，而欲關不得矣。

放汽萍門二百五十六節

諸鍋爐必各有放汽萍門，相通之門阻塞而不得開，可以各放其汽，不致生禍。有時鍋爐受大抵力而改形，萍門不得自開，若各有門，則不改形者，仍可開也。

限制添水二百五十七節

添水之多少，用塞門或螺絲□□之平門制之。然用塞門爲便，因螺絲之平門，易壞且不準也。無論何法，各鍋爐必各作一門，又有依水面高低，而自能限制者，常法用浮物，但船鍋爐水常摇動而不準，故用□球，上連一桿，置於管内，管通於鍋爐，水雖摇動，管内仍静。桿端與限制塞門之柄相連。

添水管通鍋爐之處二百五十八節

添水管宜通鍋爐旁之近底處，則添入之冷水，先遇曲管與火爐之底，而傳其熱，且不遇化出之汽，致復凝水，可以省煤。或使冷水洗經煙通之外，收其熱，而入鍋爐。法作水箱圍煙通之外，添水入此，下有管通至鍋爐，另有管放出餘水，凡火切面不足，而煙通内熱過大者，宜用此法。

餘水萍門二百五十九節

添水管近筩之端作支管，内有活平門，汽機行動之時，限制添水之門忘開，管亦不致礫裂，因水抵力過大，活門即自開，水由支管放出。進水之管，亦必有塞門，可以限制進水之多少。

副添水筩二百六十節

汽機不動之時，另有添水筩，以人力連動，或以附汽機運動。因停船稍久，餘汽放出，必有此器以補水之不足。筩外通連數管與塞門，以取海水入鍋爐，或噴水冲洗船面，或救火，或取出積水。

徐建寅《汽機必以》卷六《汽機空體尺寸》 放汽萍門面積二百六十一節

放汽萍門面積，以平圓寸八配一號馬力，即平圓一寸配一號馬力又四分之一。漲力無論大小，此數皆合用。推算之法，將汽筩徑寸數自乘，再以鞴鞴每分時總行尺數乘之爲實，另將每平方寸漲力磅數與三百五十七相乘爲法，以法約實，即得萍門孔面積之方寸數。鍋爐化水之力與汽機用汽之數相配者，可用此法，車汽機及各種大抵力機皆可用之。但今俗此門之制，尚未一定，有大於此數者，有小於此數者，因製造者各存已見也。如柏利所造汽車，不論鍋爐之大小，萍門徑皆作二寸半，門上加以稱桿，桿末用螺簧壓之。其桿之定□至倚點，倚點至重點，若五與一之比。因門之面積爲五方寸，□螺簧之磅數，即知每平方寸漲力之磅數。萍門有一箇者，有四箇者，然用二箇者爲多，車鍋爐則常用二箇。

萍門漲權二百六十二節

車鍋爐萍門之權，不用重物□□，而用螺簧之稱。若用重物，車體振動而跳躍，汽即放出。陸鍋爐與船鍋爐之□權，皆以重物爲之。然行海之船，或遇大浪，萍門每有自開者。

車鍋爐放汽萍門面積二百六十三節

門徑有四寸者，得面積十二方寸。有一寸又十六分寸之三者，得面積一方寸。漲權之制，多用螺簧與稱桿。稱桿長短二端之比，常爲門孔面積與一之比。

如門孔面積十二方寸，則螺簧至倚點之長，比倚點至定點，爲十二倍。故視簧稱之磅數，即知每平方寸漲力之磅數。惟稱桿既爲十二與一之比，而螺簧之伸縮不多。萍門難得大開，故有作弓形簧，多層相疊，即壓萍門之上，或二萍門兼用兩式，爲更好。

進汽管横剖面積二百六十四節

緩行汽機進汽管之横剖面積，常爲汽筩横剖面積二十五分之一，即徑爲汽筩五分之一。汽筩之長與徑略等者，一號馬力得進汽管横剖面積一方寸。鞴鞴每分時行二百二十尺者，用此數爲合宜。出汽管之面積宜稍大，若漲力大，而再用自漲者，宜更大。尋常凝水汽機漲力大於空氣壓力四磅至八磅者，進汽管横剖面每號馬力不可小於一平圓寸。將號馬力數以〇・八約之，得數開平方，即得此種汽機進汽管内徑之寸數。

進汽管横剖面積之理二百六十五節

進汽管之面積，必使汽筩内之抵力與鍋爐内之漲力無甚差出，汽管之面積亦以此爲則。若已知汽筩之徑及鞴鞴速率，即可知汽管内汽行之速率，因汽筩横剖面積若大於汽管横剖面積二十五倍，即汽管内汽之行速大於鞴鞴之行速二十五倍，而汽行之速，即汽管二端抵力之較所生也。欲知二端抵力較數，先□成此行速需配汽柱之高數，而與汽之重率相乘，即得抵力之較。然尋常汽機進汽管内稍有凝水，故必稍過此數。

鞴鞴速率與汽孔面積同增減二百六十六節

汽孔之面積，必依鞴鞴之速率，車汽機汽孔面積，常爲汽筩面積十分之一至八分之一，間有六分之一者。凡甚速之汽機，汽孔面積宜加大，而汽罨之往復宜加長，汽孔之開得更速。推算新式汽機，將汽筩面積方寸數，與鞴鞴一分時總行尺數相乘，以四千約之，即得汽孔面積方寸數。行動不緩不速之凝水汽機，依此法，一號馬力得汽孔面積一方寸稍餘，然以多餘爲更好。行動甚速者，一號馬力汽孔面積必大於一方寸甚多。車汽機之出汽管口，籍以吹汽而增煙通吸風之力，故口作甚小，使汽之吹力更大，其面積爲汽筩二十二分之一，此爲極小之數，稍大爲佳。

速行汽機必用出引汽二百六十七節

汽機行動甚速者，必於鞴鞴未至路端，汽已放出，謂之出引汽，否則鞴鞴返行，對面之汽不及盡放，而生對力。蓋鞴鞴將至路端，行動已慢，汽雖先放，而推機之力不甚減也。迨鞴鞴返行，出汽孔大開，汽得放盡，自無對力矣。昔時車汽機不用此法，更兼煙管之共横剖面甚小，出汽管之吹力必甚大，因此二事枉費汽機能力之半。新式車汽機，煙管共横剖面積與出汽管口皆加大，又鞴鞴行至路端，出汽孔早已全開，故糜力甚少。

出引汽加大得益之據二百六十八節

初造之時，出引汽尚甚少，略同當時之陸汽機。前五十八年，蒲頓華德已言餘面之理。前三十八年，各處造陸汽機者，俱明此理而用之。前三十七年，嘗有人製造輪船，名曼治司塔，仿用其法，而得大益。嗣後諸輪船以次仿用，再後車汽機亦用之。因用餘面，則兩心輪必與曲拐成鈍角，鞴鞴未至路端，出汽孔已開，即成出引汽，而免鞴鞴彼面之對力，其益更大，於用餘面而得自漲力之益也。前三十年，立發鋪鐵路之汽車，改爲進汽邊，餘面得一寸出汽邊，虧面亦一寸，汽罨復往路一寸又四分寸之一。未改之時，每行一英里，燒枯煤三十六磅三。已改之後，每行一英里，燒枯煤二十八磅六，計省四分之一。後又將煙管共横剖面加大，爐柵排列加密，故所需吸風之力可小。而出汽管之口，亦得改大，每行一英里，燒枯煤不過十五磅，可謂曲盡其妙矣。

恒升車凝水櫃容積二百六十九節

瓦特汽機恒升車之徑，與起水盤行路，俱得汽筩之半，而容積爲汽筩八分之一。凝水櫃之容積等於恒升車，新式汽機漲力加大，故恒升車之容積亦必加大，宜作恒升車，徑爲汽筩徑十分之六，而往復路仍爲推機路之半。凝水櫃之容積，亦與恒升車相等，如能加大更善。至於雙行恒升車之容積，可爲單行恒升車之半而稍餘，蓋單行恒升車惟起水盤提上時吸水與空氣，雙行恒升車則往復皆吸水與空氣也。雙行者，筩之二端皆有進水出水之門，而起水盤内無門。單行者，筩之下端有進水門，上端有出水門，而盤内亦有門。新式直接螺輪機多用雙行者，别種汽機俱未多用。

恒升車進出二門二百七十節

門孔之面積，宜得筩體横剖面積四分之一，出水管徑宜得汽筩徑四分之一，而横剖面積稍小於門孔之面積，此爲緩行汽機所用。若速行汽機而起水盤與鞴鞴同速者，則門孔面積與出水管横剖面積必等於恒升車横剖面積，且筩之容積亦必加大。因行動甚速，功用必有幾分糜去，如直接螺輪汽機是也。

縮櫃噴水之數二百七十一節

瓦特測得熱井内水之熱，以一百度爲最宜。設汽之熱度爲二百十二度，隱熱爲一千度，則容熱爲一千二百十二度，減熱井之熱一百度，得一千一百十二度。若噴水之熱五十度，則自此五十度至一百度，必能收熱五十度。惟所欲減之容熱，能使等於汽重之水加熱一千一百十二度，即能使一千一百十二倍汽重之水加熱一度，亦能使此水五十分之一，即二十二倍二四汽重之水，加熱五十度。所以一立方寸之水化爲汽，必用五十度熱之水二十二立方寸二四噴之，方能使盡凝，而得一百度熱之水二十三立方寸二四。瓦特之法，鍋爐内化水一立方寸，凝水櫃噴水二十八立方寸九。

縮櫃吸力二百七十二節

縮櫃内之熱度減小，則吸力加大，而汽機之能力亦大。然瓦特常使熱井之熱不小於一百度者，因欲減小熱度，必須多噴冷水，而此冷水必以勝過空氣壓力之力取出之，恒升車之費力必多。故減小熱度，而加大之吸力不能補恒升車之費力，惟噴水之熱，果能小於五十度，而使櫃内之熱不及一百度，則爲兩得。

噴水孔面積二百七十三節

推算噴水孔之面積，必先知凝汽當用之水數，並水噴入縮櫃抵力數。縮櫃内之吸力，恒等水銀高二十六寸，即等水柱高二十九尺四。將二十九四開平方，再以八・〇二一乘之，得四十三尺一五，即重物自二十九尺高墜下近地之時，一秒時内之速數，亦即水入縮櫃每秒所行之尺數。惟一小時内化水一立方尺爲汽，等於一實馬力，而此汽復凝爲水，必用噴水二十八立方尺九，即一秒時噴水十三立方寸九五也。噴水孔之面積，必能容此水在一秒時以四十三尺一五之速經過（即一秒行五百十七寸八），故置一秒噴水之立方寸數十三九五，以一秒行之寸數五百十七八約之，得噴水孔面積之方寸〇二六八五。又有人測得水過薄板孔而壅擠其速，爲依理推得之數，十分之六噴水孔之面積，必依此比例而加得平方寸〇四四七五，略爲一實馬力配二十二分平方寸之一，又必加噴水管内之面阻力。故一小時化水一立方尺，配噴水孔之面積十五分平方寸之一，爲合用之數。

外冷凝水法二百七十四節

此法用甚大甚薄之銅板，作凝水之器。汽入其内，而外面以冷水流過，汽遇冷面即凝爲水，而不與冷水相和，謂之外冷之法。瓦特曾用此法，後因其器過大，且冷水混濁，結皮一層，以致不能傳熱，所以改用噴水之法，即縮櫃也。瓦特用此法之前，乃用冷水噴入汽筩以凝汽。瓦特以後，有何而者期外冷器，使汽噴入小管之内，而外用冷水流過，至今已不多用。惟漲力甚大之汽機，必用此法。

添水筩之容積二百七十五節

小抵力機鍋爐内之漲力多於空氣之壓力五磅者（即得全抵力二十磅）則添水筩之容積爲汽筩容積二百四十分之一，惟將此汽擠之更密，即爲大抵力汽。故添水筩之容積，雖與汽筩容積相比，亦必與漲力爲比，全抵力若得四十磅，則容積必爲汽筩容積一百二十分之一。推算之法，將汽筩容積之立方寸數，以一平方寸全抵力之磅數乘之。（即放汽萍門每平方寸抵力加十五磅）再以四千八百約之，即得雙行汽機單行添水筩容積之立方寸數。若俱爲雙行，或俱爲單行者，祇用此數之半，此數核計靡費在内，故雖行動甚速，亦已足用。

起水筩之靡力二百七十六節

起水筩實起之水，甚不及筩之容積與次數相乘所當得之水。中等者靡去一半，下等者靡去五分之四。其所以靡費之故，因起水柱上升甚速，水有□静之性，而不及同上，故柱之下面成真空，起水柱下降亦甚速，則門外之水遇擊而卻退，起水柱復上，水尚不及返回，而成空更多，由是起上之水甚少於容積當得之數。□□法地有人實測此事，用轉動塞門，上連一管，管上通大小箱，塞門旋轉，水乃斷續放出。水柱高十七尺，每分時塞門八十轉，放水九十四磅半，一百四十轉放水五十四磅二。後在近塞門處作氣泡，每分時八十轉放水一百二十九磅，一百二十轉放水一百八十二磅八。故速行起水筩，亦宜在進水之處作氣泡，進水管尤宜極短。

陸地汽機冷水筩二百七十七節

一立方寸之水化汽，必用冷水二十八立方寸九，始可復凝爲水。冷水筩之靡力，同於添水筩，則必加大二十八倍九。惟添水筩格外加大，以補鍋爐之洩漏，及萍門之放汽。故冷水筩之容積二十四倍於添水筩，爲合用。推算之法，將汽筩容積立方寸數，以一平方寸之全抵力磅數乘之（即萍門上一平方寸抵力加十五），以二百約之，即得雙行汽簡單行冷水筩容積立方寸數。

徐建寅《汽機必以》卷六《汽機實體尺寸》 汽筩二百七十八節

凝水汽機不甚大者，汽筩之厚宜爲筩徑四十分之一。漲力大於空氣二十磅，則筩體之質每横剖面一方寸，任受牽力四百磅。摇汽筩空樞之厚，宜爲筩徑三十二分之一，其長宜爲樞徑之半。大抵力機汽筩之厚，宜爲筩徑十六分之一。大漲力大於空氣八十磅，則筩體之質每横剖面一方寸，任受牽力六百四十磅。大抵力揺汽筩空樞之厚，宜爲筩徑十三分之一，其長亦宜爲樞徑之半。蓋汽筩之厚，不特任受漲力，並欲任用時振動之力，且欲製造時車鉋，而不致變形。凡汽筩徑愈大，其厚與徑之比可稍減小。筩徑四十寸者，厚爲一寸，而徑八十寸者，厚可少於二寸也。徑若不及四十寸者，其厚依此比而稍加。如畚氏所造十二馬力汽機，筩徑二十一寸半，厚十六分寸之九，徑四十寸之汽筩厚一寸。里本與布點甲與煙都司三輪船，其揺汽筩機筩徑七十六寸，厚一寸又十六分寸之十三。

挺桿二百七十九節

挺桿之徑，常得汽筩徑十分之一，即横剖面爲汽筩横剖面一百分之一。車汽機及速行之船汽機，此數不合用。車汽機挺桿之徑，爲筩徑七分之一。凡鞴鞴上抵力甚大者，挺桿必加大。

陸地槓桿汽機之挺揺桿二百八十節

挺揺桿之横剖面，爲汽筩横剖面一百十三分之一。其長爲推機路之半。

陸地槓桿汽機之生鐵大揺桿二百八十一節

生鐵大揺桿之横剖面，常爲十字形，每象限之通弦爲桿長二十分之一。中節之横剖面積，爲汽筩面積二十八分之一。二端之横剖面積，爲汽筩横剖面積三十五分之一，長爲推機路三倍半。然此大揺桿用熟鐵者爲佳，其各尺寸可與船汽機相同。

瓦特汽機之大揺桿二百八十二節

有用鐵者，有用木者，木桿之尺寸，將汽筩寸數自乘，以推機路尺數乘之，以二十四約之，得數開三乘方，即得厚之寸數。鐵桿則以五十七六代二十四，餘法俱同。

陸地汽機大槓桿二端之軸二百八十三節

小抵力機大槓桿二端之軸用生鐵者，其徑爲汽筩徑九分之一。熟鐵者，其徑爲汽筩徑十分之一。依此數，每横剖面一平圓寸任力五百磅，尚屬太小，宜再加大，則銅襯不易消磨，彎擔亦不因銅襯變形而斷。以上各數，及下節之數，俱以鞴鞴面一平圓寸，受力十八磅。

大槓桿之生鐵中軸二百八十四節

任受本體之重，與汽機全力之磅數相并，以長與徑之相比數乘之，以五百約之，得數開平方，即得徑之寸數。

瓦特大槓桿之中軸二百八十五節

軸之中節爲方形，推算其徑，將所任重力之和，以二枕相距之寸數乘之，以三百三十三約之，得數開立方，即得徑之寸數。

陸汽機之大槓桿二百八十六節

鞴鞴面一平圓寸，受全抵力十八磅，則槓桿中節，必合鞴鞴面每平圓寸受力三十六磅。推算中節尺寸之法，將中節合鞴鞴面一平圓寸受力磅數，以二百五十約之，以槓桿半長之尺數乘之，爲泛數。若厚數已定，則將厚之寸數爲法約之，得數開平方，即得闊之寸數。二端之闊，爲中節之闊三分之一。其長爲推機路之三倍，厚之中數爲長一百零八分之六，而邊之厚爲薄處三倍，因任力全在此處也。新式汽機鞴鞴面每平圓寸，全抵力多於十八磅。

瓦特汽機之大槓桿二百八十七節

大槓桿用木所作，而横剖面爲長圓形者，則厚與周爲一與五八之比，闊與周爲一與二五之比。若爲正方形，則將汽筩徑與推機路相乘，得數開立方，即槓桿闊之寸數。依此法，十六尺長之槓桿，任力時成彎八分寸之一三十二尺，長者任力時成彎四分寸之一。若用熟鐵所作，將汽筩徑自乘，再以槓桿之半長乘之，得數即闊之平方與厚相乘之數。

桿軸任力之數二百八十八節

桿體任折力，而物質之堅固同者，則其任力與厚乘闊之平方有比。軸體任扭力而物質之堅固同者，則其任力與徑之立方有比。

生鐵軸徑二百八十九節

實測而得加扭力於生鐵軸，其加力之半徑爲六寸，則將軸徑寸數之立方，以八百八十乘之，即爲扭斷之磅數。故將汽筩徑之寸數，以曲拐二心相距之寸數乘之，得數開立方，以〇·三〇二五乘之，即得生鐵軸最小處徑之寸數。

瓦特所定軸徑二百九十節

鞴鞴面任受全抵力十二磅，而加力之半徑，以一尺爲定率，故無論汽機大小，將鞴鞴而□受之全抵力磅數，依曲拐之二心距改就一尺半徑之磅數，將此數以三十一四約之開立方，即得軸頸徑之寸數。又法將鞴鞴一往復用汽之立方尺數，以十三七乘之，得數開立方，亦得軸頸徑之寸數。

輪齒二百九十一節

推算生鐵輪齒之尺寸，置齒心界徑之寸數，以一分時之轉數乘之爲實，將輪所傳之實馬力，與二百四十相乘爲法，以法約實爲泛積。若已知齒心距，而欲求齒闊，則以齒心距寸數之平方爲法，約泛積即得齒闊之寸數。若已知齒闊，則以齒闊寸數約泛積，得數開平方，即得齒心距之寸數。以齒心距數八分之五，爲齒之長數，齒心界之行速一分時至二百二十尺者，大輪必用木齒。尺寸如常，可耐消磨。最小之輪齒數，至少以三十。

飛輪二百九十二節

先知汽機一推之能力，及使飛輪得常速所須之推數，即可定輪體之尺寸（以全力推飛輪而不□用者）。尋常飛輪所容之重力，爲一推之力二倍半至六倍，即二推半至六推，能得常速也。若輪體之重等於鞴鞴面之抵力，則輪轉之速必等於重物自二倍半至六倍推機路之高下墜之末速。若欲轉動極勻，必作輪體更重，或轉更遠。

蒲頓華德作飛輪二百九十三節

生鐵輪牙之横剖面，將汽箭徑寸數自乘，再以四萬四千乘之，又以推機路尺數乘之爲實，將飛輪每分時轉數之平方，與輪徑尺數之立方相乘爲法，以法約實，即得飛輪生鐵牙横剖面方寸數。

徐建寅《汽機必以》卷六《船汽機車汽機實體尺寸》 汽機各件實體尺寸依全抵力之大小二百九十四節

陸汽機鞴鞴面，每方寸任受全抵力恒得十二磅至十三磅，而船汽機與車汽機，則有數倍於此者。設每方寸之全抵力加二倍，則各件實體之尺寸必合二倍大之汽機。故可設公法，依全抵力之大小，而定汽機各件實體之度。鍋爐内一方寸之漲力，與縮櫃内一方寸之縮力相并，即鞴鞴面一方寸之全抵力，縮力一方寸略得十五磅。

挺程二百九十五節

置鞴鞴面每方寸全抵力之磅數開平方，以汽箭徑之寸數乘之，以五十約之，即得挺桿徑之寸數。其任力得凹凸力界七分之一。

大摇桿二百九十六節

置鞴鞴面每方寸全抵力之磅數開平方，以〇・〇一九乘之，再以汽箭徑之寸數乘之，即得大摇桿二端徑之寸數。將大摇桿長之寸數，以〇・〇〇三五乘之，加一，再以鞴鞴面每方寸全抵力之平方根乘之，再以汽箭徑之寸數乘之，即得大摇桿中節徑之寸數。其任力得凹凸力界六分之一。

挺摇桿二百九十七節

置鞴鞴面每方寸全抵力之磅數開平方，以〇・〇一二九乘之，再以汽箭徑之寸數乘之，即得挺摇桿二端徑之寸數。將挺摇桿長之寸數，以〇・〇〇三五乘之，加一，再以鞴鞴面每方寸全抵力磅數平方根乘之，再以汽箭徑之寸數乘之，即得挺摇桿中節徑之寸數。其任力得凹凸力界六分之一。

熟鐵曲拐二百九十八節

置鞴鞴面每方寸全抵力之磅數，以一・五六一乘之，再以曲拐長之寸數（以兩心距爲度）乘之寄左。另將汽箭徑寸數之平方以〇・〇〇四九四乘之，再以鞴鞴面每方寸全抵力磅數之平方乘之，兩數相并，開平方爲實，將曲拐長之寸數開平方，與七五・五九相乘爲法，以法約實得數，以汽箭徑之寸數乘之，得數自乘，而再開立方，再加大軸端徑之寸數，即得熟鐵曲拐大端外徑之寸數。將鞴鞴面每方寸全抵力之磅數開平方，以〇・〇二五二一乘之，再以汽箭徑之寸數乘之，加拐軸程之寸數，即得曲拐小端外徑寸數。

熟鐵曲拐薄處二百九十九節

置汽箭徑之寸數自乘，以〇・〇〇四九四乘之，再以鞴鞴面每方寸全抵力之磅數乘之寄左，另以曲拐長之寸數自乘，以一・五六一乘之，兩數相并，開立方，以汽箭徑之寸數自乘而乘之，再以鞴鞴面每方寸全抵力之磅數乘之，以九千約之，開立方，即得熟鐵曲拐薄處引至大軸中心厚之寸數。將鞴鞴面每方寸全抵力之磅數開平方，以〇・〇二三乘之，再以汽箭徑之寸數乘之，即得曲拐薄處引至拐軸中心厚之寸數。曲拐薄處引至大軸中心之闊，與厚爲二與一之比，引至拐軸中心之闊，與厚爲三與二之比。將鞴鞴面每方寸全抵力之磅數開平方，以〇・〇三七五乘之，再以汽箭徑之寸數乘之，即得曲拐小端厚之寸數。大端之厚，等於大軸之徑。

熟鐵大軸三百節

置鞴鞴面每方寸全抵力之磅數，以汽箭徑之寸數自乘，而乘之，又以曲拐長之寸數自乘，而乘之，得數開立方，再以〇・〇八二六四乘之，即得明輪熟鐵大軸頸徑之寸數。軸頸之長，與徑爲五與四之比，裝入曲拐大端之徑，等於頸觀之外徑。熟鐵螺軸之各尺寸，宜與前數爲三與二之比。此節與前節之任力，得凹凸力界六分之五，以鐵質横剖面每方寸任受牽力一萬七千八百磅。

拐軸三百一節

置鞴鞴面每方寸全抵力之磅數，開平方，以〇・〇二八三六乘之，再以汽箭徑之寸數乘之，即得拐軸徑之寸數。長與徑爲九與八之比，常任之力得凹凸力界三分之一，任極大之力，等於凹凸力界。

橫擔三百二節

橫擔之長，與汽筩徑爲一·四與一之比。置鞴鞴面每方寸全抵力之磅數，開平方，以〇·〇二八二七乘之，加中節孔徑之寸數，再以汽筩徑之寸數乘之，即得橫擔中節外徑之寸數。置鞴鞴面每方寸全抵力之磅數，開平方，以〇·〇九七九乘之，再以汽筩徑之寸數乘之，即得橫擔中節闊之寸數。置鞴鞴面每方寸全抵力之磅數，開平方，以〇·〇一七一六乘之，再以汽筩徑之寸數乘之，即得二端樞徑之寸數。樞長與徑爲九與八之比，置鞴鞴面每方寸全抵力之磅數，開平方，以〇·〇二四五乘之，再以汽筩徑之寸數乘之，即得薄處引至中心厚之寸數。置鞴鞴面每方寸全抵力之磅數，開平方，以〇九七八乘之，再以汽筩徑之寸數乘之，即得薄處引至中心闊之寸數。置鞴鞴面每方寸全抵力之磅數，開平方，以〇·〇一二二乘之，再以汽筩徑之寸數乘之，即得薄處引至樞端厚之寸數。置鞴鞴面每方寸全抵力之磅數，開平方，以〇·〇二〇三乘之，再以汽筩徑之寸數乘之，即得薄處引至樞端闊之寸數。薄處任力與凹凸力界，爲一·〇〇與二·二五之比。樞之任力，與凹凸力界爲一·〇〇與二·三三之比。若任力全在樞之外端，則與凹凸力界爲一·〇〇與一·六五之比。

邊桿中軸三百三節

置鞴鞴面每方寸全抵力之磅數，開平方，以〇·〇三六七乘之，再以汽筩徑之寸數乘之，即邊桿熟鐵中軸頸徑之寸數。頸之長與徑爲三與二之比，任力得凹凸力界二分之一。

長膀與扁栓三百四節

置鞴鞴面每方寸全抵力之磅數，開平方，以〇·〇三五八乘之，再以汽筩徑之寸數乘之，即得橫擔上長膀扁栓共闊之寸數。置鞴鞴面每方寸全抵力之磅數，開平方，以〇·〇〇七乘之，再以汽筩徑之寸數乘之，即得厚之寸數。置鞴鞴面每方寸全抵力之磅數，開平方，以〇·〇一七乘之，再以汽筩徑之寸數乘之，即得鞴鞴上長膀扁栓共闊之寸數。置鞴鞴面每方寸全抵力之磅數，開平方，以〇·〇〇七乘之，再以汽筩徑之寸數乘之，即得厚之寸數。

汽機實體尺寸總論三百五節

以上推算各件尺寸之法，乃著名工師所定，屢經實用，洵可爲法。然各件任力之數，與凹凸力界之比，尚有不同，不無少有過不及之差。故常有要處忽然自斷者，是必體制之太小，抑或材質之不佳。若能選擇最佳之料，而準前法爲之，可保永無誤事。且造汽機者，當知易消磨易生熱之病，制度有準，而得佳料，不特不易消磨，亦可不易生熱也。如拐軸宜大，而長任力得散於大面，而熱自不生。橫擔兩端之樞亦然，其轉動雖不大，而滑質難進，磨面常受擊撞之力，雖進又易擠出力，散於大面，此病可免也。

徐建寅《汽機必以》卷七《起水汽機》 縮櫃用水三百六節

近處無通水之道，即在地面□池深三四尺，甎石築砌，使不漏洩。縮櫃內吸出之水積於池內，冷而再用。或使吸出之水向上噴散而速冷，亦可再用。然噴散之時，多收空氣，再入縮櫃，難得真空。

汽機起動三百八節

進汽管內已得漲力三磅，汽筩□已熱，試開放水塞門，見有多汽噴出，即開進汽罨，使汽吹出。汽筩縮櫃內之空氣，與水歷時數，分而關之，縮櫃內之汽爲櫃外之冷水所凝，而稍成真空。汽筩內之汽與空氣即入縮櫃，亦凝爲水。再吹再□，如此數次，至縮力等於水銀三寸，即稍開噴水門，而隨關之，數次之後，同時開進汽、出汽、噴水三門。如汽機不動，必再如前吹汽一次，至自能起動。若起水筩內無水，則汽扇門與進出二汽罨俱不可多開，恐鞴鞴有擊撞之弊，起水已多，而汽筩內之抵力尚小，亦不可大開進汽。俟往復三四次後，果覺太遲，方可多開。初動之時，必使鞴鞴每次行足。暫停之時，宜關噴水塞門，又宜置鞴鞴於極上，使汽筩內積水自能流出，因上面積水，再起動而多費汽也。單行汽機必須遲速皆宜，十分時往復一次可，一分時往復十次亦可，始爲無病，不能如此，即須修理。

瓦特以後之制三百九節

果臬書汽機漲力大，而用自漲，有時用大小二汽筩，使汽先入小汽筩，推鞴鞴至路端，再放入大汽筩，即用自漲力推大鞴鞴至路端，放入縮櫃。然亦無甚大益，且事件甚繁，又用生鐵柱任橫桿，而不用甎砌之牆橫桿，在汽筩之端，長於起水筩之端，起水盤可以緩行，而不致消磨。汽筩則收小，而使速行，雖用大抵力，各件亦不必甚大也。

深井起水三百十節

推水之法，用之最宜。設起水盤洩漏，雖行動時，亦可修理。惟進水管仍用吸水之法，井若再添，可以接長，水或漲高，起水筩尚不致淹入水中，仍可收拾進水出水之門。井甚深者，此門易壞，因水高則壓力大，而每次擊撞也。補救此弊，厥有數法，以哈皮回可得者爲佳。其法略如第二十七圖之相定汽門式，似小筩二端，皆通中心，有桿連一圓板，圓板定，而小筩可上下。放下則筩內切於圓板之邊，而阻塞壓力，爲圓板所當，而筩易上下。筩之上端密切於平板之孔內，平板連於外殼，相切之處，管作圓錐形。哈氏筩內之門，即仿此法，故水之壓力雖大，而門不擊撞。又作下端稍大於上端，使能自開，下端□水一層，亦以減小擊力。此門雖不甚擊撞，惟使開關必用大力。井若甚深者，其水抵上之力恒不大，故仍未盡善。近又用鉛錫鎔和，墊於門下，覺有益。或用象皮平板爲門，擊撞可減，然亦易壞。近時之法，進水出水兩處，俱作容氣之泡，□水之管亦減短，因長則水有上衝之力也。

轉行起水車三百十一節

轉行起水車，以阿布得所造者爲最好，以多翼湊於軸，藏於外殼內，而旋轉激水，使由管內而上，向來僅爲灌田之事與起水不高之用，起深井之水不多用。若用此法，必廢單行汽機矣。

單行機與轉行機之相比三百十二節

單行汽機是初刱之式，原不靈便。至今尚有用之者，因人之習慣也。果桌書汽機，即單行汽機，形體甚大，而製作不精，工料多而程功少，故不如轉行者之體小而製精，價亦不甚大也。或以爲果桌書汽機行動緩，可省煤，殊不知省煤者，以多得自漲力，而非動之緩也。轉行機體小，而動速者，亦可多得自漲力，而省煤也。

徐建寅《汽機必以》卷七《船汽機》 明輪汽機首式三百十三節

明輪船內，以搖筩汽機爲最好，乃畬氏所刱，因佔處小而事件不繁，易於修理，體輕而牢固。惟聯軸上運動恒升車之曲拐，欲其牢固甚難，必用曲形之鐵板三塊相疊，鎔粘打成，庶得牢固。板面宜凸，打時滓易擠出，而能粘合，燒煅之時熱不可過大，恐鐵之外面燒壞，而內層之熱尚不足，難以粘合也。或用兩心輪運動更好，但必甚厚使，磨力散於大面，方免生熱。

搖筩汽機之益三百十四節

搖筩汽機初造之時，人皆不信，或言汽筩必變橢圓，空樞必生大熱，轉節必易洩漏。空樞既任大力，筩體之兩旁必凹凸，大軸忽轉忽停，汽筩必裂，挺桿必彎。惟深知汽機者，則以爲未必。然已有搖筩機用過多年，其汽筩與軟□臼內所變橢圓極微，較諸邊桿機所用年數相同者，所變之橢圓甚少，此因樞頸之滯力小，而筩體搖動甚易也。邊桿汽機平行諸件，稍有不準，鞴鞴必偏於汽筩之一邊，易致消磨。此機空樞之內，汽常經過，故能不生大熱。空樞與汽管相接，襯麻合法，不得洩汽。設有洩漏而在出汽邊者，則在軟墊臼口接空筩，其長爲軟墊臼三分之一或四分之一。筩內盛水，則水入而空氣不入縮櫃之內，吸力不致減小，汽筩體尺寸合法，亦可無凹邊凸出之病。拐軸與曲拐相連，自有活動之法。船體雖振，動不傳至聯軸。汽機各件，不受强拗之力。

明輪汽機次式三百十五節

明輪船內稍次之式，爲空挺桿，汽機乃立尼所刱，其式之精巧與用之便益略同。搖筩機挺桿爲大圓管通過鞴鞴之內，而相連牢固。圓管進出於汽筩二端之蓋而不洩，汽搖桿連於圓管之中而搖動，故名空挺桿。惟桿周皮積甚大，每進出一次，遇空氣而稍冷，必凝汽爲水。內空亦大，常常散熱，凝水更多，故費汽不少，惟此遜於搖筩者耳。若直立者，空挺內可盛以油，能免內面散熱之病。

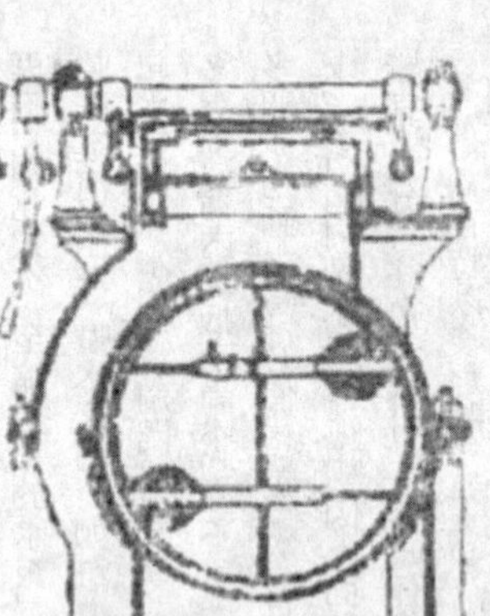

第三十四圖

螺輪汽機首式三百十六節

螺輪船內，以返折搖桿汽機爲最好。英國戰船始用此種汽筩，橫臥於船旁，一鞴鞴有二挺桿，甚長，直通至對面，共連一挺鍵，行於鍵輔之內。挺鍵爲兩曲，中連搖桿，返折至船之中心，以搖曲拐。二挺桿連於鞴鞴，如第三十四圖，一在大軸之上，一在大軸之下。挺鍵正對汽筩心而平置，二端有曲臂，以接二挺桿之端，升挺桿添水筩桿戽筩，俱連此曲臂。

直接螺輪三百十七節

製作合法，行動雖甚速，亦能無弊。但比緩行者，更須堅緻。相磨之面，亦須加大，尤必有重權，連於大軸，與曲拐成對面相稱，以平往復各件之重力。簡法將生鐵鑄成圓盤，固抱於大軸之端，一邊偏重，而在輕邊置拐軸以代曲拐，則偏重者適與鞴鞴各件之重相稱。凡用單汽筩者，體制簡易，散熱少而可省煤，然惟橫臥者爲宜。

徐建寅《汽機必以》卷七《汽筩鞴鞴汽罨》 汽筩三百十九節

汽筩不與罨匣鑄連者，其合□之處宜鉋磋甚平，以金類密切，不可用生鏽之法，使不漏洩。大汽機用長汽罨而罨匣長者，則罨匣與汽筩合切之處，宜用活節之法。否則汽入匣内，將匣抵開，或致拗裂汽筩也。汽筩非摇動者，吹氣門之殼可鑄連於罨匣，汽筩二端作放水平門，螺簧壓定，汽筩有水，爲鞴鞴所擠，則能抵門便開，而水放出，用管引之，不使噴射傷人。軟墊難於加緊者，須作甚深，亦可不漏。有用銅圈切挺桿，再在圈外塞麻緶者，平行動不差，則耐用而省油。蓋用銅作圈，能使挺桿得光滑，遠勝於麻緶也。邊桿船汽機汽筩連固處之面積常太小，而摺邊亦太厚，摺邊太厚反不固。因筩體薄而邊厚者，鐵質漲縮不勻而易裂，故連斜牽條之面，宜薄而大。螺釘帽切邊之處，宜鏇刨極平。若難於鑽平，可用鋼螺，釘不用帽，而根作倒尖。摺邊厚而可用方釘者，其方段必同穿二孔，俱用熟鐵箍固束汽筩口，以防開裂。

鞴鞴三百二十節

大汽機之鞴鞴，外襯金類圈，謂之護環。環之接處，作方筍相錯，或另用金類長塊，順環鑲入環端。或環端斜而相錯，外面皆光平，俱使汽筩内面不消磨，而留高脊。環内用簧抵環，貼切汽筩。摇汽筩則不用簧，而用麻緶塞緊環邊之内角，稍圓小汽筩之鞴鞴，用二環並列，而兩端亦斜錯。其斜之方向，二環相反，則不致消磨，筩體爲橢圓。

護環三百二十一節

先作整圈，大於汽筩之徑，車刨圓平，而截去一段，强入汽筩之内，用小椎於環内多打，以增其簧力。取出夾於鞴鞴之内，再車刨之，使更圓而光滑。環之側邊，用磋刮之法，密切鞴鞴之槽内。若二環者，則二環相切，亦磋刮密切。環之側邊作數釘，與鞴鞴穿連，使不轉移，孔須稍長，以備環體消磨，仍可抵出。環内之簧抵力不可過小，其式如弓，須用多根，周圍勻抵，各簧中段，皆用螺釘連於鞴鞴。簧式甚多，無論何式，而護環或單或多，俱宜用桿稱準簧環二者向外之共抵力。

畚氏鞴鞴三百二十二節

畚氏摇汽筩用單護環，環端作方□相錯，環内用麻緶塞緊，上邊襯以黄銅皮之狹圈，則麻緶可高於環，而得壓緊環之下邊，密切鞴鞴之邊，内作圓角鞴鞴之壓蓋壓緊。環内之麻緶，又切環之上邊。

挺桿連於鞴鞴三百二十三節

鞴鞴中心之孔，恒作尖錐形，其二面口徑之相較宜大，則能當挺桿拔出之力，鞴鞴不致破裂。挺桿之端，車成圓槽數圈，以緊繞麻緶，而入鞴鞴之孔，内用長劈穿固，有在挺桿作螺絲，用螺蓋壓緊者，螺蓋作六角形。有半作圓形而嵌入鞴鞴内者，鏽則往往不能拆開。辣分希作此螺絲，一面直一面斜，如鋸齒之式，任力之面加大，又無劈開螺蓋之力。邊桿汽機挺桿連於横□□用長劈與螺蓋。今以定式爲例，挺桿徑七寸，螺絲徑五寸，入横擔孔之圓枘長一尺五寸半，其徑自五寸半漸大至六寸，又十六分寸之十三，此爲極合宜之式，小端之徑若更大，折卸甚難。

相定汽罨三百二十四節

大汽機之汽罨，以畚氏相定之式爲最好，背上鑄成凸圈，另用一圈，車刨圓正，圍於凸圈之外，上切罨匣之蓋，内而不洩汽，圈内面積等於汽罨之平面。圈下有槽圈托之，槽圈自四耳用螺釘抵於汽罨之背，槽内襯以麻緶。將螺釘退出，則抵圈切匣蓋，圈内有管，通凝水櫃，可放出漏入圈内之汽。匣蓋有四孔，正對槽圈之螺釘，以螺絲塞之。槽圈之螺釘作閘輪，用匙入背内旋退之，可知同過幾齒，而四邊高低等。此種汽罨汽筩之放水門必甚大，因汽罨不能離汽筩平面也，車汽機亦多用此式。

汽罨加挺簧三百二十五節

相定汽罨再加挺簧，用之有效。阿速夫螺輪船之汽罨，其背圈在八角板，而罨背有八角孔容之，板下有彎，平簧水或偶入汽筩，汽罨能離汽筩之平面，水得自放汽管而出。

新或相定圈三百二十六節

第三十五圖

第三十六圖

前一十三年，蒲而捺初作相定圈運匣，蓋之内面。後立尼常仿用之，勝於舊法。汽機行動之時，在罨匣之外，可旋緊抵圈之螺釘。如第三十五圖，螺釘即抵襯圈。如第三十六圖，另有簧在螺釘之下。若汽筩內有水汽罨，自能離開汽孔之平面。此二式俱爲□□汽罨，其汽孔分爲數窄孔，各孔能同時開闔，故汽罨之往復無多，而汽孔之面積已大開。新式直接螺輪大汽機，多用此節之法。

兩心輪三百二十七節

船汽機無論螺輪明輪，若緩行者，恒作單兩心輪，活含於大軸，而可轉動，用權以稱其偏重。輪用生鐵鑄成，二半相合之處有槽筍，再以倒尖根之螺釘穿固，釘根與輪周相平。若用方帽之釘，可無劈開輪體之病，勝於倒尖根者。或另作摺邊，而用螺絲穿固者，兩心輪之擋在第一釘處，恒易折斷。故在擋面之前，亦必作釘，或作擋。連於整圈者，未上曲拐，先套此圈。或作擋連於二半圈，而合於軸上。陸汽機之兩心環，多用礟銅。所□環上□連油杯，下有受盆，以受滴下之污油。推引桿鈎接罨，□□之凹內，宜鑲以鋼，始免消磨。若有消磨，汽罨之動法必差且致凹，與釘難於脱離。或用礟銅代鋼，亦不消磨，且可更換。直接螺輪之汽機，則用雙兩心輪，而固定於軸上。

徐建寅《汽機必以》卷七《恒升車凝水櫃》 恒升車三百二十八節

新式船汽機，恒升车之起水盤與門俱用銅，車筩之内亦襯銅。先將外筩車圓，而以銅皮作筩置其內，在內多打使緊，再車圓之。亦有用銅鑄成整筩者，升桿用黃銅，或礟銅，或鐵，而外包黃銅。在韝韝孔內之枘恒鏽壞，故包銅須直至枘端，而入韝韝孔內。長劈亦宜用銅孔，下有銅蓋。若桿端所包之銅有小孔，水必滲入，使鐵桿生鏽。用礟銅者勝於黃銅，若用黃銅，枘之角度宜鈍，否則難於摺脱。入升橫担之枘，用長劈穿固，兼用螺蓋更好。

起水盤護環三百二十九節

銅作護環，非爲善法，今不多用。惟用麻緶密繞盤周，槽內亦用壓蓋，以螺絲旋緊，亦有用木爲護環者。又有即將盤周車至光圓，而密切筩體者，盤之外周，再車深槽數道，使槽內積水，自可不洩。

恒升車各門三百三十節

汽機緩行者，起水盤上或用柱形門，或用萍門，或用蝴蝶門，而底門與出水門常用鉸鏈。惟此各式運動時，必有擊撞之病。相里所刱者，其式如扇門，惟中心之軸稍偏，使能自開。仿此式而爲底門與出水門，較好於今時常用之式。出水門有置於恒升車之外者，有置於升筩之上口者，難於收拾。起水盤可用磨得

第三十七圖

色利之法，將上口加厚，而車成槽，以門架嵌入，門架中心連小筩，其上口有摺邊，接軟墊，臼即爲其底。在升筩之上面，用螺釘通入旋固之，軟墊即著於小筩之摺邊。開升筩之蓋，門架亦可取出。門用數銅環同心安置，謂之環形門。惟此環常有斷折之病，乃製之不良。非法之不善也。連行汽機多用象皮作門，緩行汽機亦有用象皮圓板或圓環爲門者。如第三十七圖，即常用之式，進水出水二門在升筩之二端，與起水盤上之門，俱有檽栅爲架。象皮門蓋此架上，不用直輔，而用空提桿。

雙行恒升車各門三百三十一節

升筩二端，各有進出之門，如第十七圖，俱用象皮作圓板門，蓋於栅□之上。各門之上，有□以限門開過大，如第三十八圖是横剖面。如第三十九圖，是平視形，係畚氏之式。如第四十圖，亦是横剖面，係磨得色利之式。象皮圓板徑八寸者，至少厚一寸。上與擋下與架中心用螺釘穿固，二端皆用銀蓋螺釘。在栅架內之節稍小，拆去上端螺蓋，而釘不致落下。其下端螺蓋旋上後，將釘頭打成帽，使不自退出。上端螺蓋用小釘楗之，亦使不自退出。栅架之孔亦作螺絲，螺釘偶爾斷拆，即在上另用螺釘旋入，以爲暫時之用。門擋宜大而低，象皮不致反包，且得速闢，而水不回。下有一架，分作數門者，無論各式，栅架孔之共面積必等於升筩內之横剖面積。各孔下面俱作斜，侈水得易入，栅架所任之抵力頗大，舊製太薄易壞，不足取法。今則加厚堅固，中心之螺釘亦宜加大，且用開尾釘楗定螺蓋。所有螺釘蓋、開尾釘，盡用銅者。

第三十八圖

第三十九圖

第四十圖

拆卸柵架三百三十二節

熱井作一孔，比柵架之徑稍大，可自此孔取出，以生鐵作蓋，下連足八箇或六箇，蓋於孔上，密切不洩，其足即壓住柵架。出水進水之架，皆有足使力得分任於蓋，柵架宜斜置，則水先衝低處，而至高處，亦是分力之意。

恒升車之吸力三百三十三節

直接螺輪汽機之雙行恒升車，或明輪汽機之單行恒升車，製作合法，吸力相同，但雙行者每有弊病，因有時抽水忽多，有時抽水忽少，以致吸力不能常足，且各件受急力而易壞。曾測糖坊內所用之汽機，其緩行之時，比諸速行之時，鍋內真空反足，汽機之恒升車與此相同。因各柵架下多積空氣，水盤往時，空氣擠小，水所推出者減少，復時則空氣又自漲大，仍占空處，水所入者亦減少，縮櫃內積水漸多，而對力漸大。爰能推出所積之空氣，則恒升車忽抽多水，而吸力漸大，噴進之水亦多，至成真空之後，柵架下再横，空氣如前。又有空氣自軟墊洩入者，則一端能抽水，而一端不能抽水。要之，用象皮門而横卧之雙行者，雖二端俱不洩氣，尚不及單行者也。

吸力實數三百三十四節

煮糖鍋內稍添冷水，使恰能不沸，即縮櫃內噴冷水，使恰能凝水。其吸力若等水銀高二十九寸，則其熱必在一百二十二度。用新式横卧雙行恒升車，欲得此數，每一分時之往復不可過十二次。昔時糖坊用舊製吸汽筩，煮鍋內之吸力常得水銀高二十九寸半，而熱在一百十四度。後换新式，每一分時往復七十五次，吸力止等水銀高二十八寸半，而熱至一百三十度。再用熱氣在銅外加熱，而使水沸，一分時仍往復七十五次，熱又至一百三十四度，一分時往復四十次。熱在一百三十二度，一分時往復二十次。熱在一百三十一度，吸力等水銀高二十八寸又四分寸之一。速行而吸力減小者，略因起水盤二面之空處過大而積空氣也。故將木塊連於水盤之二面，以占空虛，則空氣與水盡能推出。又在恒升筩二端上面作向外開之門，則空氣易出。由是，新式者之吸力能與舊式相同，且能行動平匀。凡船内恒升車之二端，有向外開之門，最爲有益。又横卧者，必使起水盤盡能推出二端之水。

徐建寅《汽機必以》卷七《起水筩塞門通水管》

添水筩三百三十五節

船鍋爐之添水筩，或銅或生鐵，添水韝鞴常用銅。添水韝鞴與筩底宜相距略遠，恐有堅物入筩，必將筩底打去。船內積水，間有即用此筩取出者。積水內常有煤或雜物也，筩體下旁連腮壺，內置萍門三箇，外連三管，下者通熱井，中者通鍋爐，上者亦通熱井。與添水筩相通之處，在中門、下門之間。添水韝鞴提上，吸取熱井之水，進下門而至筩內。添水韝鞴推下，逼送筩內之水，由中門而入鍋爐。若稍關添水塞門，則添水少進而即抵開腮壺之上門，仍回至熱井。上門用簧壓定，簧力大於鍋爐內之汽漲力。此法比諸用活門連於添水管，而另用管引水之船外者，更便。

各種塞門三百三十六節

汽機各塞門之外殼，皆宜有底及甚深軟墊，用銅螺釘四箇壓之。若連於鍋爐者，壓止塞門不可用單螺釘過外殼。底之式因漲力甚大，塞若甚尖，螺釘受大力而或斷，或脱塞即彈出，每致傷人。塞門俱用銅鑄，若甚大者，外殼之底宜鑄就，有用錫銲連者，久遇□水錫□去而洩漏，或即脱下。塞門之斜度極爲要事，斜度過多，自必離出，難於壓緊，沙泥易積其間，而致消磨。斜度過少，必阻滯而難轉，亦易消磨，久致内外之孔不對。定法以每長一寸，斜度八分寸之一，即大端與小端兩徑之較爲四分寸之一。若作三分寸之一者，亦可用塞底，與殼底直相離有空，孔之上下相切之面宜長。

鍋爐塞門三百三十七節

放水門宜貼近鍋爐，其間若接以管，則或斷或破，汽水噴出，不能補救。故各塞門鑄連一起，曲管而接鍋爐之底，其殼距鍋爐前面約一寸，以便將塞取出修理也。每鍋爐宜各有放水門，可以各自放水，而各鍋爐不必相通。常法在機艙地板下，横置總放水管，二端俱通船外，外口用大塞門。近時用景敦之式，其塞推出□開外，與船體相齊，内管或塞門傷損，提上此門，即可拆下修理。

噴水門與餘水門三百三十八節

船汽機縮櫃上噴水門之式，常用閘門，然欲易開且不致自關者，無如塞門也。吹鹹水門同此式，而尺寸或稍大，明輪船之噴水管，必通於輪前蓋，輪後之水多藏空氣，不便於縮櫃也。餘水管自熱井通至船外，必以滿載之時，其口尚出水面，則船停泊時，外水不致由管入船內。餘水門在管口近船旁之處，有用萍門者，有用平門者。若用平門，汽機已動，而忘開熱井與管，必致礫裂（受抵力而能自開者，謂之萍門；不能自開者，謂之平門）。

看水塞門與看水玻璃管三百三十九節

看水諸塞門共連一管，管之二端皆通鍋爐。另用長漏斗受放出之水，引至船底。或用諸塞門平列，各有管通入鍋爐，而高低不等。看水玻璃管之上下二端，連於鍋爐之節，俱作塞門。玻璃管偶然破裂，即可關閉下端，另有塞門，所以放出管內之污濁。凡此諸塞門，俱宜有底及軟墊。若水自塞底放出者，可以不用。舊時皆不用底與軟墊，然用之不久，即有滲洩，又無漏斗受水而噴於鍋爐外面，或流至灰膛而生鏽。

各管三百四十節

船汽機各管之料，多用紅銅，進水管可用生鐵而加厚。餘汽管、添水管，必用紅銅，惟餘汽管或可用鋅皮鐵。吹鹹水管有用生鐵者，但易破裂，不如紅銅爲佳。凡通船外之管及二端皆定之管，若忽冷忽熱者，必有伸縮。恬節套接之處，車刨圓正。惟用恬節者，必防二端抵開或旋轉也。

船體通管三百四十一節

木船通管之處，先將船體鑿孔，孔內塗以油膏，以尖鉛管一段，自內插入，即在管之內面多□，使漲緊於孔內，再在船外加侈口鉛管，而與內尖鉛管□□。侈口管外與船孔之間，打入油膏，極緊用釘，釘管口於船體，自可滴水不洩入船體夾層之內。然後將所通之管，入鉛管孔內，用白鉛粉與橄欖油調成膏，漬透麻綆，在船外打入兩管之間。因鉛孔侈口其間外大內小，故能愈打愈緊，再用環蓋之釘固於船體，壓住麻綆。若管口在水面下者，蓋環必用黃銅，餘水管蓋環可用生鐵。鐵船通管之處，先於船體內面釘連短鐵管，再將所通之管入□內而塞緊之。在水面下者，亦用此法。若銅管直接船體之鐵板，船體易致鏽壞。

徐建寅《汽機必以》卷七《螺輪與螺軸》 輪軸相連三百四十二節

軸上作二方槽，長與螺輪之轂等。轂內對翼之處，亦作二方槽，與軸槽相配。先用有頭方楗，嵌入軸槽，楗長爲轂長之半，楗端貼切槽端，隨將螺輪套於螺軸。二者之槽相合而成方孔，另用方楗打入，略與前楗相遇，即於孔口鑿出少許，蓋住其楗，使不活動。再用螺釘旋入軸端，螺釘之墊壓於轂端，螺輪永無脫離之病。

螺軸套管三百四十三節

船尾螺軸套管外面，鑄連凸環數道，車至圓正。船尾之柱作大孔，孔前置木架，架上鑲生鐵大方塊，中亦有孔，與柱孔直對。將套管安此孔內，則分任螺軸之重，而不全壓於尾柱。套管外端齊尾柱用大螺蓋旋於管外壓住，或用闊環，以螺釘旋於管外之耳，壓住套管之內，通體車圓，而襯極堅之木，相磨之面宜大，不致消磨。

容螺輪之孔三百四十四節

尾柱後容螺輪之孔，用熟鐵作環，其大小與孔相等，置於孔內，必極牢固。上角打就鐵掌，抱在船尾之下，所以分任螺輪之力，不使全任於□，環之釘船外銅皮引至孔邊，釘連於環。

接連螺軸三百四十五節

螺軸甚長者，必用數節相連，各節之兩端打就圓盤，用螺稍六根穿固，盤面稍凸，可稍彎曲遷就。

任受螺輪推力三百四十六節

舊法如第四十一圖，用圓板數塊疊置極牢固之箱內，螺軸抵於此板，以任推力，油宜多加，一板停滯，餘板仍轉。新法如第四十二圖、第四十三圖，螺軸外連凸圈數道，軸襯內連凹圈數道，凹凸相錯，分任推力。（按此直接者用之）。軸枕之座必甚長，而極定任力而不搖動，搖動則生大熱。

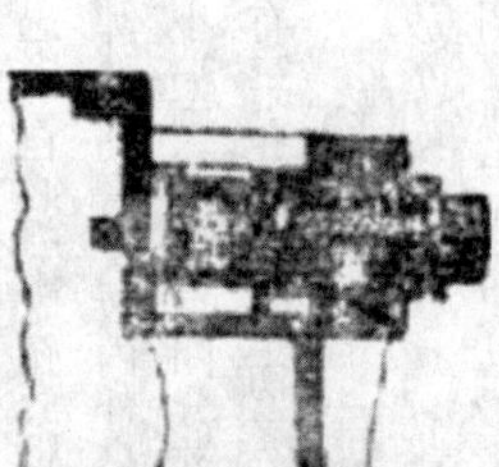
第四十一圖

第四十二圖

第四十三圖

提起螺輪三百四十七節

螺輪須另連於短軸，如第四十四圖，置於活架內，其架可以上下，將長軸抽入少許，架可提起。架上用長螺絲二根，上端各有斜齒輪，再以斜齒輪旋轉之，或用麻索，或用鐵鏈，繞於轆轤，俱可提起。架柱之槽內，必用齒閘索鏈，或偶斷不致墜落。

第四十四圖

徐建寅《汽機必以》卷七《明輪與明輪軸》 明輪三百四十八節

近時有活翼之法，詳見摇筩汽機中，兹特言定翼之製。明輪善法，轂作方孔，而大軸亦作方枘，相入甚寬，用大方楗八根，打入其間，使之緊固，再將孔口鑿出，蓋住楗端，不使自出。楗之斜度不差，雖舊而鏽，鑿去所作之蓋，反打之，方楗即能退出。磨特色利作輪，轂之孔車鑽圓，正大軸亦作圓枘，與孔密合，可用單楗固定。然新時難免活動，日久難於拆開，未爲善法。輪輻連於轂盤，倫頓各坊，盤面鑄就凸條，輻端嵌於條間，再用螺釘穿固。固來得江邊各坊，轂盤邊作長方深孔，而以輻端裝入，用方釘楗之。每輻之端對面有小孔，拆去大軸，以銅捶入其内，一打而輻退出，勝於倫頓之法。

牙輻相連三百四十九節

輻端必作丁字式，用小釘釘連外層牙。環輻之中段作十字式釘，連内層牙，環釘不可過大，恐牙環不固。有用圓釘者，造時若不相配，必漸鬆而轉動，相磨易壞。有在牙環作方孔，將輻裝入者，然甚難，造而有弊病，因裝入時，雖打之極緊，而將輻端打出，帽頭不久仍欲鬆動也。

輪翼之料三百五十節

明輪之翼，常用榆木，或松木。行海大船用榆木者，厚二寸半，用松木者，厚三寸。著輻之處，二面各襯鐵板一條，則輻不陷入翼内而鏽壞。翼新裝後，必數次旋緊螺蓋，緊後鑿一痕於螺梢、螺蓋之際，則行海時不漸鬆而爲浪擊去。螺梢易鏽而宜大，螺蓋須大而方，雖□亦可旋緊。數板拼成一翼者，可用圓梢在側邊穿固之，翼板切不可作口，鑲出牙環之外，牙外無輻抵托，必致□去，且口靠牙環，又易鋏斷。

保護軸枕三百五十一節

船在浪中摇動偏側，軸枕易致受傷。有在輪轂之内鑲鍋板，以挡大軸之端，未爲盡善。磨得色利於大軸頸之二肩，連有甚大之圈，切於軸枕二旁，或於軸頸上造就凸圈數道，而襯内亦作數道凹圈，相□如螺軸推枕之法，汽機各頸皆用，此法更妙也。拐軸與曲拐活接之端，不作圓柱，而作圓球。拐孔内鑲成空球受之，大軸雖有彎曲□動，拐軸不致拗傷。船舷之軸枕襯以軟□大軸雖有振動，可以稍讓，枕下作小水箱以蓄漏入之水，有管引出船外。

外枕添油三百五十二節

明輪軸輪轂之外枕，或作油杯，然行海日久者，必有油杯在輪轂之上，用管通至枕中，行時亦可添油。

連固汽機於船體三百五十三節

連固汽機於船體，用黄銅螺梢爲佳，若用鐵梢，雖鍍以鋅，仍易生鏽。有不通船底外而用螺蓋嵌入副脊内者，生鏽亦同。邊桿汽機之座在大摇桿處與汽筩之處，俱用黄銅螺梢四根，中段亦用黄銅螺梢四根，共計十二根，俱通出船底之外，一端俱用螺蓋。日後進澳修理，螺梢可自船内拔出重换，而船底距澳底不必甚高也。餘梢俱可用熟鐵。各梢必有方頸嵌入木内，旋緊螺蓋，而梢不自轉。又有作木螺釘旋入船體，而上端用螺蓋，亦以連座於船體也。連汽筩於座之螺釘，與連蓋於汽筩之螺釘，根數大小相同。易换之處，可用鐵者，餘用黄銅者。

底板連於船體三百五十四節

底板連於副脊之螺梢，宜小而多，否則用之日久，板下必致不平而摇動。又宜用木螺釘多根，旋固底板於副脊，以助通船底之大螺梢，連汽機於底板亦然。若鐵船，則底板之螺梢不通船底之外，而連於副脊之摺邊。

螺梢尺寸三百五十五節

螺紋之深，以十二分徑之一爲合法，則内徑得外徑六分之五也。任力之限用熟鐵牽力之穩界，恒爲斷界十五分之一，即横剖面一方寸，得四千磅。故螺梢外徑一寸，當任牽力二千一百八十磅。已知鞲鞴之推力，可求螺梢當任之牽力，然須比算得之數加大爲妙，因欲受螺蓋之壓力，且有鏽傷等故也。

徐建寅《汽機必以》卷七《車汽機》 引重之力三百五十六節

車與鐵路俱合法者，則緩行之車共重一噸，須用引力七磅半，即引力爲所引之重三百分之一。車之極精者，其引力爲五百分重之一。蓋緩行之車引力略勝阻力，即能行走，而阻力大半在軸頸(即阻力)，小半在輪周。鐵路甚平者，輪周之阻力不過千分重之一，極平之馬路，引力爲所引重三十六分之一，各數俱是實測而得。

軸頸滯力與引車全力之比三百五十七節

引車之力定爲三百分重之一，在輪周者既爲千分重之一，在軸頸者必爲四百二十九分重之一。軸頸與輪徑爲三寸與三十六寸之比，即軸頸之實滯力爲十二，乘四百二十九分之一，得四百二十九分之十二，即爲三十五分之一。前言一鐵一銅，夾油相□滯力爲重三十三分之一，與此略等。

鐵路之滯力三百五十八節

鐵路潔净而全溼或全乾，則滯力爲五分重之一。半乾半溼，或稍有油，則滯力爲十分重之一，或十二分重之一。有此滯力，始能引重。近時汽車之重，常得二十噸，或二十五噸，故引力甚大。

汽車之價三百五十九節

窄鐵路者中等汽車一輛之價，金錢一千九百圓至二千二百圓。上等汽車一平方寸之漲力，有一百四十磅至一百六十磅。引重而行一小時能五十里者，金錢二千八百圓至三千圓。此車約重三十噸，而半任於二行輪，嘗有前端置於四輪小車上者，重可分任而爲，最善。

速行緩行之別三百六十節

同行若干路，速行者之能力，必甚大於緩行者。其故多因空氣阻力與擊撞阻力，次因行速而使鐵路震動成微浪，如車行於浪上者之阻力。若一小時引客車而行三十里者，每引一噸，有空氣阻力十二磅。設鍋爐內一小時化水二百立方尺，即有實馬力二百匹，引重一百一十噸，而一小時行三十里，一噸重所用之引力七磅半，則一百一十噸爲八百二十五磅。輪徑六十六寸，推機器十八寸，先以輪軸周與徑爲比，再以輪徑與推機路爲比，得轉轄須推力四千七百五十七磅。放汽管口一平方寸，得六磅，設汽車不引重之滯力，以轉轄一平方寸爲一磅，轉轄徑十二寸，合計一千五百八十二磅，又引重所加之滯力，爲引力七分之一（實測之數較小於此），計六百七十九磅四，共得七千零十八磅四。一小時行三十里，則一分時轉轄行四百五十七尺八，將此數與前數相乘，得三百二十一萬三千零二十三磅五，即一分時能起此重高一尺也，以三萬三千約之，得九十七馬力三，再加空氣阻力每噸十二磅，一百十噸得一千三百二十磅，等於一百〇五馬力八。兩馬力數相加，得二百〇三馬力，與二百馬力稍差，空氣阻力常無此之大，此以路之曲彎不平，俱歸空氣阻力計之也。

汽車重車行動之力不同三百六十一節

汽車重車雖等重，其行動汽車之力必大於重車，因汽機自有滯力也。顧志用稱力器實測之數，汽車與重車共重一百噸，一小時行十三里，一者汽車與煤水車每噸全阻力十二磅三八，重車每噸全阻力七磅五六，中數每噸得九磅〇四，一小時行二十里。二者汽車與煤水車每噸得全阻力十九磅，重車每噸得全阻力八磅一九，中數每噸得十二磅二，一小時行四十四里。一者汽車與煤水車每噸得全阻力三十四磅，重車每噸得全阻力二十一磅一，中數每噸得二十五磅五，一小時行五十七里。四者汽車與煤水車每噸得全阻力三十五磅五，重車每噸得全阻力十七磅八一，中數每噸得二十三磅八。

氣阻力與行速之比三百六十二節

空氣阻力與行速之平方有比，若同行若干，則所用之能力必與行速之立方有比。行動緩者，稍加速而空氣阻力不甚加，凡行甚速而鐵路不平者，則全阻力略與速之平方有比，鐵路甚平者，則全阻力略與速有比。如汽車、煤水車與重車一小時行十五里，每噸全阻力九磅三。一小時行三十里，每噸全阻力十三磅二。一小時行六十里，每噸全阻力二十九磅二。一小時行一百二十里，每噸全阻力九十二磅二。一小時行二百四十里，每噸全阻力三百四十四磅八。其速自六十里增至一百二十里，爲二倍，而全阻力自二十九磅二增至九十二磅二略，得四倍。再自一百二十里增至二百四十里，亦爲二倍，而阻力自九十二磅二增至三百四十四磅八，亦略得四倍也。尋常鐵路不甚彎曲，已知汽車引煤水車重車時行速之數，求全阻力之磅數，將一小時所行里數，自乘以一百七十一，約之得數，加八即每噸全阻力之磅數，爲鐵路不甚彎而略平者。若路極平滑，全阻力更小。

流質阻力與行速之比三百六十三節

定質擊流質，或流質擊定質，其行速與行力等於重物下墜之行速與行力，即力與速之平方有比也。此因凡流質，柱下之抵力與柱高有比，抵力即柱高之重所生。流質柱下所生抵出之速，同於重物自流質柱等高下□之末速，而物墜之速爲二倍，則墜路之高必四倍，即流質柱下抵出之速二倍，而柱高必四倍，即抵力亦四倍也。故知抵出之力，必與抵出之速之平方有比，但以時而計，或流質或空氣所程之功，必與速之立方有比。因流質之速二倍，則抵力四倍，而行路又二倍也。故風車轉磨所程之功，與風速之立方有比。若以行過空氣之數而論，則所程之功與速之平方有比。

能力與行速之比三百六十四節

能力之勝阻力，車行速之平方有比，此以行過同路而計也。若以行過同時而計，則勝阻力之能力，與速之立方有比。故汽車受空氣阻力而向前，一小時行六十里者，每行一里之能力，比諸一小時行三十里者，每行一里之能力，必四倍也。又同行一分時，則所行之路二倍，而能力須八倍也，此以空氣阻力言之。然行車之總能力，略半用於軸頸等之滯力，因軸頸之□力不與速之平方爲比，故所加之比例不及如此之大。惟行船之總能力，幾盡用於水阻力，因水阻力與速之平方爲比，故使車速行之能力，其比例小於使船速行之能力。

汽車形式三百六十五節

鍋爐與汽機同置輿上，輿又置於輪軸之上，即名汽車。車後另拖一車，載煤與水，用鐵條牽連，二車之間護軟墊，以免相撞。

汽車之輿三百六十六節

新式輿制，皆在輪之内面。舊式者，皆在輪之外面，今已廢棄。凡窄鐵路之汽車，輿在輪内，若汽筩再欲在輿之内，則安置甚難。二汽筩若能鑄連爲一，自可佔處小，而加大筩徑，即能多得自漲力，而功率亦大矣。輿用熟鐵，兩端用横桿相連，挂於輪軸之簧。舊式之輿，兩旁用堅木二條，外包鐵板，兩端用横桿相連，中段亦有横桿，則摇桿或推引桿斷折，亦不落下。至地輪轂，用鐵板與輿等長，當輪處向上成半圓形，輪轂内有生鐵塊連於軸枕。

輪簧三百六十七節

汽車之輪簧略同馬車之輪簧，用鐵板數層相叠，中段連於軸枕，而上板之二端各有一孔，用短節連於輿旁，或置簧於輪轂之間。又有一種，上層之簧稍彎於下層，二端皆不切，而各層之間襯銅板，至加重之時，逐層相切，任重雖小，亦有簧力。

内汽筩與外汽筩三百六十八節

外汽筩者，汽筩在輿之外，拐軸連於行輪。内汽筩者，汽筩在輿之内，大軸曲成拐軸，若以二者相較，各有利弊。外汽筩者，車體必左右摇動，致有不軌之病。其摇動之故，因鞲鞴推足，而有停歇之意也。此力雖中心愈遠愈大，然可在拐軸對面，連重物於輪上以稱之，若二汽筩俱在輿之中心，而以直角方向置之，共連一曲拐，則毫不摇動，或置一汽筩於中心，而置二汽筩於二邊，同時往復，然甚繁而無益。

輪數三百六十九節

昔人言四輪汽車，極是不穩，一輪若壞，車必傾倒，然與煤水車相連牢固者，雖壞一輪，亦可行走。但今時車體甚重，若四輪而欲速行，必損鐵路。又言六輪者，不合汽車之理，較諸四輪者，更是不穩。因鐵路有水或油而滑，司機者不免將行輪簧之螺絲旋緊，使重多任於行輪，則更損鐵路，且有震動。故新式者於各輪輪上各作拐軸，用桿連各輪同轉，以得各輪牙與鐵路之滯力。牽引甚重之車，有用八輪者，亦用此法。

汽筩三百七十節

汽筩内長，能容鞲鞴之往復，更宜二端各有空處半寸，車體或震動，而簧上下，鞲鞴不撞汽筩之底。蓋二汽筩之位置皆與行輪軸在平面，摇桿連於行輪輻之拐軸，或連大軸之曲拐。汽筩底蓋之厚，比汽筩加三分之一，皆可拆下。汽孔平面與汽罨相磨處宜凸出，因水内有沙，而水入汽筩，則與汽罨平面相擦而致消磨，凸出則易於修整，而泥沙又能推於低處。汽罨匣鑄連於汽筩匣，背有平蓋可開，亦有不鑄連者，易致斷折。汽筩二端各作塞門，以放積水，其四塞門之柄相連，爲一扭一柄，而四門俱開。外汽筩之式，汽筩或有不與大軸俱在平面者。

鞲鞴三百七十一節

鞲鞴之式甚多，常法用熟鐵，而與挺桿整塊打成。在鞲鞴外周車成數槽，可各用鋼圈，嵌於其内，或用雙圈，共嵌一槽，比數塊湊成更好。

挺桿三百七十二節

挺桿多用熟鐵，而使外皮成鋼，或全用泡面鋼打成，徑得汽筩徑七分之一。舊制挺桿入鞲鞴内之端，作倒圓錐形，用長劈或螺蓋使牢固，與陸汽機相同。前端有挺鍵，用長劈穿固，摇桿後端含此挺鍵，挺鍵之二端行於鍵輔之内，添水筩之桿亦連於挺鍵之旁。

鍵輔三百七十三節

鍵輔之式，用鐵板連於輿架上挺□之兩端，有銅襯夾於鍵輔之内面。鍵輔用鋼者更好，前端連於横桿，後端連於汽筩蓋之耳，中段比二端更宜牢固。凡有活動之處，宜作外殼封密，不通空氣，使塵埃不入。又宜作各管，而用地油通至各活節，仍由管匯入箱内，可循環用之。用地油者，因價廉也。

摇桿三百七十四節

摇桿之式，爲厚板而兩邊去□□能長短不變爲最要。因汽筩二端之空處無多，摇桿若有長短之變，必致鞲鞴擊壞汽筩之底蓋，故前端於拐軸者，用彎擔以方楔定於其端，而在銅襯後，以長劈緊之，日久向外消磨而變長，即在後端補救之。後端接於挺鍵者，亦用彎擔銅襯，而以扁栓長劈穿固，向内消磨，可將長劈打進，自能減短也。兩端之長劈俱用小螺釘定之，兩端作油杯，杯内有管高於油面，用棉紗吸油自管入襯内。

行輪軸三百七十五節

行輪軸用鋼，其二曲拐即相連打就，恰合二汽箱相距之數。軸端加大，所以裝入輪内，又作二頸，在枕襯内轉動，以任車輿。打法用鑄鋼大條彎作曲拐粗形後，再車鉋而成。若外汽筩者，則行輪用直軸，而拐軸定於輪輻，摇桿前端之襯抱於拐軸之頸，使不偏倚。摇桿若有偏倚之病，必致車體摇動。各頸皆作圓球形，更無偏倚。

軸枕三百七十六節

軸枕用銅，其任力全在上半，下半不過以遮隔沙土。枕上有油杯，用棉紗引油添入。司底分孫用生鐵作枕，而内襯以銅杯，内用定質油。相磨生熱，油即鎔而由孔流入襯内。有外枕者，亦必有内枕，定於輿之横桿，枕與軸頸或稍離，軸若傷折，此枕任力鍵輔亦定於此横桿。

兩心輪三百七十七節

舊制兩心輪用生鐵，如内汽筩者，兩心輪在二曲拐之間，必作大小兩塊合於軸，以螺梢穿固，用螺釘定於軸。傾鑄之時預留一孔，孔内嵌銅，銅内入螺絲。如外汽筩者，則兩心輪鑄成全圓，以方楗定於軸。司底分孫與何拖捺之法，於兩心直線剖爲二半，而於中輻作孔，孔内入螺絲穿合，然不牢固，有時鬆而移動。近時打連於軸上，爲最善之法。

兩心環三百七十八節

兩心環必用熟鐵，若用黄銅，易於斷折。後半環與推引桿打連，而前半環合上，穿合之螺釘用雙螺蓋，始不退出。用熟鐵者，内必鑲銅，如軸襯若全用黄銅爲二環，則推引桿作叉形，連於環耳，兩邊俱用螺蓋，可以遷就桿之長短，然不若將桿端之肩切環耳。環若消磨，可另加一圈墊之，罨桿通過，其鍵亦有用二螺蓋者，可以較準其長短。

推引桿與汽罨桿三百七十九節

未用進退弧連環運動之時，推引桿用銅爲之，其長即大軸心至汽罨軸心相距之數，前端作叉形。近時已用進退弧之法，汽罨軸連汽罨桿之桿長於連推引桿之桿，使汽罨後往之路加長，然不用罨軸，而進退弧即連於罨桿，爲更善。罨桿之楗極易消磨，故司底分孫在楗外套一銅圈，消磨易换，且雖稍鬆，其汽罨之動不甚差。

進退柄三百八十節

進退柄夾於象限弧内，柄下又有小柄，小柄連有牙，納於象限弧之齒凹。將小柄近大柄，則牙出齒凹，而大柄可移，反此即定。

進退柄起動汽機三百八十一節

進退柄或提上，或放下，則進退弧之一端接罨桿，若置中處，則中段接罨桿，汽罨不能動，而汽機即停。以進退弧之一端接罨桿，汽機即起動，而或進或退。

較準兩心輪汽罨三百八十二節

在平板之上作直線，取一點爲大軸心而作圓線，其徑等於汽罨往復之路。即以同心再作一圓線，其徑等於大軸之徑。即以同心又作一圓線，其徑等於拐軸心繞行之徑。在圓心作線，與前直線正交。又作一平行線，使相距等於汽罨之餘面加引汽而與汽罨往復路爲徑之圓線相交。次置曲拐在路端，即使兩心輪之心對此交點，如推引桿直接罨桿，則兩心輪之徑線與曲拐成鈍角。若不直接而中間用罨軸者，則罨桿之動與推引桿之動相反，兩心輪之徑線必與曲拐成鋭角。總之，直接者輪心必先曲拐四分周之一有餘，間接者輪心必後於曲拐四分周之一不足。汽罨無餘面與引汽者，輪心必適在曲拐之或前或後四分周之一。兩心輪已定後，將汽罨置其位，對準當有之引汽數，即可較定推引桿與汽罨桿之長。

修理兩心輪三百八十三節

兩心輪在軸上活動而不準，必隨時修理。將汽罨置其位，對準當有之引汽數，即以曲拐轉至路端，再轉兩心輪，使推引桿之孔與汽罨桿之鍵相對，即可緊而定之矣。有時難於拆開汽罨匣以見汽罨者，則已知餘面及引汽之數，並兩心輪之兩心距，亦可，不必拆開，而仍用前法定之。

添水筩三百八十四節

添水筩必以銅爲之，而推水柱或可用鐵，常與挺鍵相連，而用桿連於兩心環。其與水車相通之管内，作球門一箇，近鍋爐之管内，有球門二箇。切近鍋爐有塞門若球，門有罩，可闢此門，使水不回出。球門有罩，罩之用，所以使球之起落不過高也。罩頂之内爲半空球，而旁作孔。嘗有頂内作平面者，七日後而球已壞，此罩之制有數法，二管相接之處另作腮壺，二管口作□邊以接之，球與罩俱在腮壺之内，罩必作螺絲旋緊。球内須空，擊力可小。推水柱連於挺鍵者，行動時添水管阻塞，若無載水平門，挺桿必致彎曲，添水管内有不用球門，而用平蓋門者，但甚易生差。此門若能使闢時蓄水於罩内，則可免擊撞之弊。凡平蓋門而開闢甚速者，下面宜作圓錐形，以減衝激之力。門開不可過高，恐不及闢而水多返回。格法德所刱噴水器，可代添水筩之用，詳見附卷。

添水管三百八十五節

添水管通於鍋爐之中段，而近□有通於煙櫃端而稍低於水面者。煙內之熱，可多傳於水内。若汽櫃與通汽管俱近煙櫃者，此法不可用，因汽遇所入之冷水而凝水也。

通水管三百八十六節

水車與汽車通水之管，宜便於裝拆。球門兩車間相接之處，必可彎曲離合，而仍不洩漏，其節作球形。如節□則左右上下皆活動，又作套節，而用軟墊相接，自能伸縮長短。凡兩車間吹煤管，其各節俱用此二法。

新式煤水車三百八十七節

近時有將水存於鍋爐之或上或下或旁者，此名水櫃汽車。此種汽車若無噴水器，必有添水附汽機。附汽機可添沸水入鍋爐，而噴水器則不能也。噴水器添入鍋爐之水，必在九十度以下。如用附汽機添水，則用餘汽加熱於水，故添入之時已沸也。噴水之法，亦有用餘汽入噴水器內者。

車輪三百八十八節

英國所作車輪，用熟鐵或銅牽引客車者，行輪徑恒大於別輪。行能速而平穩牽引貨車者，行輪徑與別輪相同，用桿連接三輪同轉。舊法用生鐵爲轂，用熟鐵爲輻與牙。今則全用熟鐵爲之，將各輻作大頭，相湊粘打成轂。若以生鐵作轂者，用鐵條打成輻，外端作丁字形，而内端相湊，置於模內，將已鎔之生鐵傾入模內，再將丁字形各端打粘成内牙。如丁字太短，則加劈形之鐵接長之，或用熟鐵爲輻，而内空如管，其牙亦熟鐵，而轂爲生鐵，將輻端車圓裝入轂外。又有輻端不作丁字形打成内牙，而作叉形釘連於外牙者，今時外牙多用銅，將銅鑄成圓塊，以圓錐在中心搥作大孔，將孔屢次打大至□軸間軋之，再打再軋而成。又或用鋼鑄成整輪，而不用輻□，薄其輻處，而曲摺成同心圈形。法國博物館有此式者二十二箇。又有鋼鑄之汽□。

打造外牙三百八十九節

已知環徑求所需鐵條之長，將鐵條之厚數加環之内徑，檢周徑表而得周，即是鐵條之長。如鐵條側者，則用其闊數相加。若鐵條之半邊有凸槽者，則加厚數於内徑，而必再加凸槽之三分之二。惟外牙之條打成時，正面預將半邊爲圓凸，而半邊爲圓凹，背面爲平面，則不必另加凸槽三分之二，蓋雖度凹槽外之□，而已得凹凸之中數也。新式外牙，多用整塊打成者。

外牙緊束内牙三百九十節

外牙之内徑，稍小於内牙之外徑。先置輪於平面，壓使不動，將外牙加熱至紅，速即箍上，用釘釘固，用起重車提起，速投水深五尺之池，遂又提出再投，再提至冷而止，後再不必加熱，釘帽嵌入牙内，無有凸出。

外牙舊制三百九十一節

外牙舊制，不全用鋼，常於凹邊再作倒凹，而鐵銅條或用數節打入，若有壞者，可以修補。但須釘之極固，否則轉速之時，每致飛出。

車輪新式三百九十二節

車輪以無輻者爲最好。有輻者轉速之時，必有扇動塵土上飛之病。何謂無輻，即整塊圓板也。其制有二種，一用木輻密輳而成，相切無間，外有鋼牙圍之。一爲整鋼打成，薄處作同心圓摺紋，使有簧力，轉動平穩。又有一種，牙之内面有槽，槽内有簧，亦能平穩。要之，輪與鐵路能久用不壞，全車之重宜勻任於諸輪。各輪與鐵路俱作摺紋，則簧力更大，各輪之輻俱連球形之拐軸，而用桿連之，使各輪同轉。惟欲使汽車能行於極曲之路，尚未有善法。

清道軷三百九十三節

車首之兩邊作牛角形桿，其端稍離鐵路，路上或有阻碍之物，輪未至而已先撥去矣。又有停車之器，今爾多太緩，此器應連於汽機，且能止客車之諸輪，使少頃即停爲好。

徐建寅《汽機必以》卷八《水阻力》

船體行水受阻力之例三百九十四節

船受水阻力，略與速之平方有比，所以欲船加速，其所需之能力，略與速之立方有比。設令船行速二倍，必用力四倍，即平方之比也。惟行速二倍，則同行若干時，行過之路亦二倍。故必用能力八倍，即立方之比也。

平板正交動路受水阻力之率三百九十五節

平面之板在水内行而成正角者，其阻力等於水柱之重。此水柱以平板面積爲底，以重物下墜之末速等於平板之行速所墜過路爲高。恒在水內行而不成正角者，阻力必減小，其斜而阻力減小之數，未有定法可求。

船體行水阻力小於平板三百九十六節

船體行水之阻力，甚小於入水橫剖面等積之平板。故明輪入水翼或螺輪徑之圓面積，甚小於船體入水橫剖面積，而能使船前行，即此理也。用力相等，而行有遲速者，悉依船之形式。

船首尖鋭阻力減小三百九十七節

首作鋭角，則推水可甚遲於首作鈍角者，因船首鋭角者，前行之路已甚多，而在同時中劈水橫開，可以不必甚遠，即船行之速，能大於水行之速。因阻力既與水行速之平方有比，故尖首之船，用力小而行能速也。

行船之力三百九十八節

船式巧妙者，祇以力之小半，用於劈水橫開，而以力之大半，消去水與船體之磨力。所以船體行水之法，減小磨力，亦爲最要也。

水切面磨力比例三百九十九節

水切面磨力，與船速之平方略有比。一小時行二海里，則磨力與速之一·八二三方有比。一小時行八海里，則與速之一·七三方有比。所謂磨力，非真爲磨擦之力，乃爲水粘滯船體之力也。

船行極速磨力減小四百節

船行極速者，磨力略減小，因速極而勝水之粘滯也。水有不及粘滯之意也，然亦有定率，其磨力或言與定質之磨力同理，亦無定據，未會實測。

海水淡水阻力之別四百一節

船體同式，入水同深，行於海水之阻力，比行於淡水稍大，因海水重於淡水也。然海水浮物之力，大於淡水，所以船體同式，全重相等者，阻力亦相等。

船體之形四百二節

船體之形，若欲其首尾之阻力最小，而不計磨力，必將水漸漸劈開。初慢漸速，繼而漸慢，至中腰則停，過此而返回，亦初慢漸速，繼亦漸慢，至尾而停，有如鐘擺之行迹。試用筆相連於擺，將紙側立平勻，動過就之，筆繪於紙所成之線，即爲船之平水線。依此法所造之船，除磨力之外，水之阻力極微，然比常式合法之船，益處亦不甚大。蓋船首推水成浪，與船尾吸水成空，所費之力，不若前人所言之大也。可見船受阻力，大半因粘力。

實測船受水阻力四百三節

近人實測各船阻力之相比，亦有實測阻力之磅數，如蒲頓華德等。而所測者，以能率爲要事。能率者，即船行若干速，與用力之相比也。將一小時所行里數之立方，以船體入水中橫剖面積乘之，又以號馬力約之，即得能率之數。

明輪船各種之能率四百四節

明輪船歷測五種，每種並測數隻。所測第一種中，橫剖面處爲方底角平底板，共得六隻，式俱相同。其能率爲九百二十五。第二種爲圓底角平底板，共得十二隻，其能率一千一百六十。第三種爲圓底角斜底板，共得十二隻，其能率一千四百三十。第四種七隻，其能率一千五百八十。第五種四隻，其能率二千五百五十。

有能率以求速率之法四百五節

既得能率以求速率，將號馬力與能率相乘，以入水中橫剖面方尺數約之，得數開立方，即得一小時所行海里數。

有速率以求號馬力之法四百六節

有能率與速率，求應配之號馬力數，將一小時行海里數之立方，與入水中橫剖面之方尺數相乘，以能率約之，即得應配之號馬力數。其以號馬力定行船之力，而不用實馬力者，因前諸船除末一二種外，鍋爐內之漲力，每平方寸得二磅又四分磅之三至四磅，韝韛面之浄均力，每平方寸得十一磅至十二磅。有此各數，可由號馬力而計實馬力，然獨用號馬力，不如兼用實馬力推算者更確。

號馬力相配之實馬力四百七節

前測第一種內，有一船名以格利不司，號馬力七十六，實馬力一百四十四·四。第二種內，有一船名阿路，號馬力六十，實馬力一百十九·五。又一船名司比得法而號，馬力四十，實馬力六十四。又一船名夫利，號馬力四十，實馬力六十五·六。又一船名阿比恩，號馬力八十，實馬力一百三十五·四。又一船名大得號馬力一百，實馬力一百五十二·四。又一船名好克，號馬力四十，實馬力七十三。又一船名希羅，號馬力一百，實馬力一百七十一·四。第三種內有一船名密低拉，號馬力一百，實馬力一百六十。又一船名立末司華得，號馬力一百二十，實馬力二百〇五。又一船名華得司不來特，號馬力七十六，實馬力一百五十七·六。又一船名多分，號馬力一百四十，實馬力二百三十八。又一船名得臘根，號馬力八十，實馬力一百三十一。第四種內有一船名馬格內得，號馬力一百四十，實馬力二百三十八。又一船名大得，號馬力一百二十，實馬力二百三十七。又一船名弗來馬，號馬力一百二十，實馬力二百三十四。又一船名非而弗來，號馬力五十二，實馬力八十六·六。又一船名弗立得，號馬力五十二，實馬力八十八。又一船名來闊客，號馬力二百，實馬力三百七十八。第五種爲近來所造最速之船，名來得路法、息低拉干脱白利、黑而捺、圭恩曰令司威勒士，能率有二千五百五十，大至如此者，因鍋爐內之漲力甚大，故實馬力甚大於號馬力，且船之形式合法也。此種内有三船，即來得路法、黑而捺、息低拉干脱曰利，號馬力俱一百二十。其來得路法之實馬力爲二百九十四，黑而捺爲三百五十四，息低揠干脱白利爲三百〇六。此種常有數船，其實馬力大於號馬力更多者。所以求此種船之能率，必以實馬力，而不可以號馬力。

用實馬力求能率之數四百八節

如前言，第一種船之實馬力，與號馬力爲一六與一〇之比。第二種船之實馬力，與號馬力爲一六七與一〇〇之比。第三種爲一七與一〇之比。第四種爲一九六與一〇〇之比。惟第五種爲二六五與一〇〇之比。依此比例之數，變前法號馬力所得能率之數，則第一種爲五百五十四，第二種爲六百九十四，第三種爲八百三十六，第四種爲八百〇六，第五種爲九百六十二。第四種能率之數少於第三種者，因其實馬力更大於號馬力也。故以實馬力者，比號馬力更確。

螺輪船之能率四百九節

實測螺輪船而得能率之數，如費利船之能率四百六十四·八，臯得拉六百七十六·八，佛浪客福而七百九十二·三。但此三數以海里而計，如以陸里而計，則一爲七百〇三，又一爲一千〇三十三，又一爲一千二百十二，可見螺輪船之能率，略同於明輪船（此各螺輪船體大於前測之明輪船，船體相等者之數見後章）。

船體有大小速率不相同四百十節

行船之力，與船體合比例，則速率不能相同，所以行大船與行小船，其力雖準大小之比，而大船之行，必速於小船，如較駛帆船，大者必讓小者先行若干路也。大船與小船之形式，並風帆面積之比例相等，其速率之比若船尺寸平方根之比。以數船證明此理，如□利螺輪船改造，依原尺寸大三倍，則入水體積大二十七倍，入水中横剖面積大九倍，行，船能力亦用九倍，船體之長得四百三十七尺，闊八十三尺四寸半，入水深十三尺半，入水中横剖面積七百二十九方尺，號馬力一千〇八十。固原船與此船尺寸之比，爲一與三之比，則二船行速之比，必爲一之平方根與三之平方根之比，即一與一·三之比。英國所造極大之輪船，名大東，入水横剖面積二千方尺，實馬力八千，一小時行十四海里，能率爲六百八十六。與費利之能率四百六十四·八相較，未至其比例，故平方根比例之法，尚非密率也。但依前考能率之法，入水中横剖面七百二十九方尺之船，一小時行二十二海里半，實馬力三千二百七十九，則能率應得二千四百七十二。然大東輪船若用全力於螺輪，而不兼用明輪，且螺輪更伸向後，則能速甚多。

徐建寅《汽機必以》卷八《明輪之制》 形式四百十一節

明輪有二種，一定翼，一活翼，俱爲常用之式。定翼者，縻力甚多，因出水入水恒斜迤也。活翼者，無此縻力，因出水入水恒直立也。無論何式，推水之時，水必向後而行，因水非定質受力，必退讓也。輪牙之速，必大於船行之速，即是此故。汽機所用之汽，與輪速爲比，而汽之功力，則與船速爲比。

輪翼任力心四百十二節

活翼在水内時，其内外邊之速相等，故任力心正在翼之中心，定翼之外邊速於内邊，任力亦外邊大於内邊，故任力心必在内外重力相平之點。力既聚於此點，故同於活翼中心之功用，又因流質之阻力與速之平方爲比，設令各翼盡入水内，輪轉而船不動，因翼之外邊所行之周大於内邊，故翼面無論何處，其任力與距輪心之平方有比。若僅數翼入水，則惟有一翼全在水内，而餘翼則否。所以翼之無論何處，其任力之比，較距輪心平方之比稍大也。故入水出水翼之任力心，常自翼之外邊向内而移，惟定翼者，不能移至翼之中心。

輪轉而船行之理四百十三節

車行陸地，輪周任何點所行之迹，爲正擺線周内任何點所行之迹，爲鋭擺線周外任何點所行之迹，爲鈍擺線。鋭擺線近於直線，鈍擺線近於圓線。船輪行水之理，略同車輪之行陸。輪周之内，無論何點，其輪行之速等於船之行速者，其所成之圓界名爲輥圈，猶之車輪行地之周也。此周任何點所行之迹，爲正擺線，以内以外之鋭鈍兩線亦與車輪同理。輥圈點之行速與翼而任力心行速之較，即動船之力所由生，所以翼面無論何點之任力，與距輥圈之平方有比。此論全在水内之翼也。又因外邊所現之力，比内邊更大，而任力亦更大，故入水不深者，則無論何點之任力，與距輥圈之立方有比。入水深者，則與二·五方有比。

推算任力心四百十四節

依前節之理，將輪之半徑減輥圈之半徑，加輪翼之闊數，求其四次方，而以翼闊數之四倍約之，得數開立方，減輪半徑，加輥圈半徑，即任力心距輥而上邊之數。

推算輥圈徑四百十五節

置每小時船行之陸里數，以五千二百八十乘之（即變里數爲尺數也）爲實，另將一分時輪之轉數，以六十乘之（即變爲一小時之轉數也）爲法，實如法而一，即輥圈周之尺數，以周求徑即得。又法將一小時船行之陸里數，以八十八乘之爲實，再將每分時之轉數，以三·一四一六乘之爲法，實如法而一，即得輥圓徑之尺數，用前法求任力心圓界之徑，既有此二者，則輪之轉速與船之行速，可得相較之數矣。

用前法求已定之數四百十六節

設有常式之船汽機二百馬力，一分時二十二轉，一小時行十里六二，求輥圈之徑。將十〇·六二以八十八乘之，得九百三十四·六六爲實，再將二十二以三·一四一六乘之，得六十九·一一五二爲法，除得十三·一五二，爲輥圈徑之尺數。因輪徑爲十九尺四寸，所以輥圈徑爲輪徑三分之二，此爲尋常所得之數。翼之闊爲二尺，輪徑與輥圈徑之較，爲五尺八一三三，半徑之較爲二尺九〇六七，將此數與翼之闊數相加，得四·九〇六七，而求其四次方，即得五百七十九·六四。再以翼之闊數四倍約之，得七十二·四五五，開立方得四·一六八九，減輪半徑，加輥圈半徑，得一·二六二二，爲入水淺者任力心距翼面上邊之尺數。因輪半徑爲九尺六六七，又輪心距翼之上邊爲七尺六六七，將此數加一·二六二二，得八尺九二九九，倍之得十七尺八五九八，爲任力心圓界之徑。如一分時轉二十二次，則任力心之速一秒時得二十尺五七二，一小時能行十里六二，則輥圈之速一秒得十五尺五七六，相較得四尺九九七，即水退後之速，乃輪翼之力所生也。因一秒時中重物下墜，能得四尺九九七之速，必自尺三八九之高。將此高數以一立方尺水重磅數六十二·五乘之，即得二十四磅三一，爲輪翼直立時一平方尺任力之數。其每翼之面積有二十方尺，因二邊皆有直立之翼，則全任之力得九百七十二磅四。

有任力之數與速求均抵力數四百十七節

設有任力之數，即可求轆轤面每方寸均抵力之數。二百馬力之船，必有二汽筩，每汽筩徑約五十寸，推機路約五尺，轆轤之徑五十寸，則面積約一千九百六十三方寸五，兩轆轤之共面積爲三千九百二十七方寸，轆轤一往復共得十尺，一分時往復二十二次，得二百二十尺，等於一秒時三尺六六。如任力心之速與轆轤之速等，則直立之翼全任力九百七十二磅四，而轆轤面必有相等之力對之，計每方寸得磅二一。因任力心之速一秒時四尺九九七，轆轤之速一秒時三尺六六，則轆轤面之均抵力必爲三六六與四九九七之比，故每方寸得磅四一。由此可見，定翼之輪汽機之力，大半縻於斜翼。

能力多縻於斜翼之理四百十八節

能力多縻於斜翼者，因斜翼之任力大於直翼也。直翼所任之力，不過船與輪二速之較，非若斜翼之初入水者，平擊水面所任之力即輪軸之速也。無論船行與否，此力恒同，故輪上任何翼之任力，與距直翼有比。即愈速直翼而愈大，惟動船之力則反是，即愈近直翼而愈大也。故入水不深者，直翼前後相近之斜翼動船之力亦頗大，若活翼之輪，則入水之翼，皆直立而任力，必與各翼橫動速之平方有比，故橫動之速最大之翼，即動船之力最大之翼也。

活翼方向四百十九節

活翼之輪，其諸翼俱爲輪心之曲拐或兩心輪制之，所以入水出水時之方向爲斜直之中。

輪翼尺寸四百二十節

輪徑每一尺，輪周配一翼。船行甚速者，翼距宜爲二尺半，或再近亦好，因愈近而震動愈小也，然太近則水留其間而難出，太遠則震動甚而縻力多矣。推算輪翼面積，將汽機之實馬力，以輪徑之尺數約之，得數爲行海輪船每翼面積之方尺數，開平方得數，以〇·六乘之，即得翼闊之尺數。船形尖銳者，翼之面積可依此數減四分之一，開平方得數，而以〇·七乘之，得闊數。但行海之船同時有四翼在水內，而行江之船，不過二翼或一翼在水內。行江之船，水之讓輪(即縻力)多於行海之船，惟動船之力則反大，因汽機之轉動，得以更速也。

輪翼要說四百二十一節

欲汽機轉速，而減小翼之面積，船亦不能加速。惟減小輪徑，而使汽機速轉，則船能加速，且作活翼，以免斜推水之縻力，爲更得之。凡輪之輥圈，切不可在水面之下，恐出水入水之時，必帶多水衝激。輪之尺寸合法，則水讓之速，等於任力心之速四分之一。若各件合法，水讓能愈少。已知汽機之轉速，並船之行速，即可知輥圈之徑。將輥圈徑加水讓數之徑，即得輪翼任力心繞行圓界之徑。

徐建寅《汽機必以》卷八《螺輪之制》

形式四百二十二節

螺輪之式，如第四十五圖，甲乙爲二翼者之平斜二形，丙丁爲三翼者之平立二形，而四翼至六翼者亦有之。轉動之時，其翼所行之路爲螺絲形，如螺釘旋入木内相同，但加旋轉之力，而自能進退。惟螺釘長而螺輪短，試將螺釘截至甚短，再將絲截去數處，亦左右旋轉，而自能進退也。螺

第四十五圖

輪在水内旋轉，與此無異。初作螺輪，其翼在軸繞數周，迨後漸減，而作一周，至今減至六分周之一。其安置之法，在船尾最窄之處居舵之前，此處甚窄，本不能載貨也。如第四十六圖，爲常置螺輪之式。其翼彎向後者，所以阻水之離心動也。

第四十六圖

螺距四百二十三節

螺距爲一絲前後之相距，將一線繞於短柱，而各圈之相距等，成爲匀螺旋。各圈之相距由密漸疏，成爲疏密螺旋。又可同繞二三四五六線於柱，即爲多絲螺旋。柱甚小，而繞以側立之帶甚闊，在外割去一小行，則各絲俱斷。若割去一大行，使其斷處多而存者少，即同螺翼之式。螺輪之一翼，即所繞之一絲，二翼即所繞之二絲也，餘仿此。

螺輪推水之力四百二十四節

螺輪推水之力，不在螺翼面積，而在螺徑之平圓面積，辣得辣輪船螺徑十尺，面積得七十八方尺五，推力八千七百二十二磅。則每方尺爲一百〇八磅半，入水中橫剖面三百八十方尺，即横剖面一方尺，得推力二十三磅，一小時推船行九里二也。

船體同式大小不同推力不相比四百二十五節

船體同式者，小船入水中横剖面一方尺之推力，大於大船一方尺之推力。如彼里根輪船，入水中横剖面一百〇九方尺又四分方尺之三，入水中横剖面每方尺得推力三十磅，而一小時行九里七。明□司輪船入水中，横剖面八十二方尺，螺徑四尺半，面積十五方尺九。其每方尺之推水力二百十四磅，入水中横剖面每方尺得推力四十・一磅，一小時行八里半。徒火法輪船入水中，横剖面六十方尺，螺徑五尺八寸，面積二十五方尺二二，其每方尺之推水力一百〇九磅半，入水中横剖面每方尺得推力四十六磅，一小時行九里，比諸辣得辣，適爲二倍。可見小船所受阻力，不依比例而減，故螺輪亦應依比例而加大也。

求螺輪推水之力四百二十六節

置鞲鞴面之共凈均力，以鞲鞴之速率乘之，再以螺輪當行之速除之，得數減翼面滯力與螺縻四分之一，則略爲推水之力。

水讓螺輪退行之速四百二十七節

螺距乘轉數，與船行速率相較，即得水讓之速（即，螺縻也）。螺距乘轉數，爲螺絲行於定質之速，即螺輪當行之數也。精巧之輪與船首之阻力相配者，螺縻不至十分之一，形式不精而螺縻至十分之三者有之，且更多者亦有之。嘗有最精之船，並無螺縻，不特無之，反有速於當行之數者，亦未□風力也，此奇事也，然有妙理存焉。因螺距甚小於螺徑者，旋轉必甚速，故螺輪推水之離心力，衝於翼面之後邊，而成劈形，同於加大螺距，故輪轉相同，而實行之路自加。又因船行甚速，近船之水必隨而前進，輪既轉於前進之水内，船行必加速矣。所加之速，籍汽機已現之力，並未另費能力也。

以重學之理求水退讓之速四百二十八節

已知螺輪之徑及推水之力，即可求得水讓螺輪退行之速數。如明克司輪船一小時行八海里四四五，螺輪一分時二百三十一轉三二，螺徑面積每方尺之推水力二百十四磅，一海里爲六千〇八十五尺六，則輪每一轉，船行三尺七。其歷時得秒二六，設重物以地攝力，在此時内下墜之路，必爲一尺〇八七。又二百十四磅重所受地攝力，等於螺輪面積每方尺受二百十四磅之推水力，即螺輪一轉時内，使重物行動得一尺〇八七之路也。今所動之重物，即水三立方尺七，爲螺輪面積一方尺所推也。此水之重約二百三十一磅五，可見二百十四磅推水之力，稍小於水之重，故水動之速，亦必小於每轉一尺〇八七，約每轉爲一尺。將此數加船前行之數，則得螺輪一轉當行之數，爲四尺七，與螺距數相較，得一尺一三，即翼面横推水所生也。但此數尚有小變，螺輪入水加深者，抵力加多，因船在深處推動之水柱，必帶動面上之水，又加此水永静性之力也。明克司船輪上之水不多，汽機能力每百分所縻去之力三十五分六三，如以此數之半，爲水退後之縻力，半爲翼横推之縻力，則不甚差。

船尾尖狹能增速率四百二十九節

雷富們輪船，入水積四百八十六噸，汽機原有二百馬力，一小時能行八海里。又地率輪船入水積二百九十六噸，汽機原有一百馬力，一小時能行六海里半。後地率汽機移於雷富們船，而地率换用四十馬力之汽機，將二船之尾，俱改尖狹，雷富們船之速率仍如前。惟地率則一小時行七里半，地率之原汽機移至雷們船内，比前多行一里半，而船之入水積反略爲二倍。地率船新汽機之馬力減少六十，而行反多一里，此爲造螺輪船者，不可不究之事。

徐建寅《汽機必以》卷八《螺輪尺寸》　螺徑之數四百三十節

先求船行水内之阻力數，則能知船與螺輪阻力之相比數。螺輪之徑愈大愈好，因輪徑大，則汽機所現之功力亦大，螺距與螺徑之比亦大，而螺長可小。此數事俱有大益，今以成式爲例。如法國戰船名卑利根，初作四翼之輪，螺徑九十寸四二，後換一小螺輪，亦有四翼，螺徑五十四寸，命大輪之功力爲一，則小輪之功力〇·八二三。初作者每小時能使船行十里，後換者每小時能使船行八里餘，螺距與螺徑之比，在大輪得二二，在小輪得一·三八四。大輪之各翼，其螺長爲螺距之〇·二八一，小輪之各翼，其螺長爲螺距之〇·四五。

四翼輪與二翼輪相較四百三十一節

實測而得四翼者之螺縻，固小於二翼者，然亦無益。因螺縻雖小，而翼面磨水之滯力更大也。若二翼者之螺距小於四翼者，螺縻亦可相等。

用卑利根螺輪尺寸爲例四百三十二節

螺輪之推力與船入水體之阻力相比，等於卑利根。則螺輪之各尺寸，亦必等於卑利根也。以螺徑面積方尺數，約入水横剖面積方尺數，即得螺輪推力與船入水體阻力相比之數。辣得辣船爲百分之三百八十分，即三·八。

徐建寅《汽機必以》卷八《各式螺輪相比》

螺輪要言四百三十四節

船尾能容大徑螺輪，則尋常二翼者，功用同於別式，且易於製造。若不容大徑者，或欲拖別船，或欲走大逆風，則用螺距漸大之輪爲善。

減小螺縻四百三十五節

近人有減小螺縻各法，蓋水之讓輪而退行，多因水之離心動甚速也。試觀船泊而轉螺輪將水四面扇開，船不前行，水既成離心之動，必往抵力最小之處，即水面也。輪體入水深者，水雖離心，難於四散，亦難上浮，故螺縻可減矣。所以螺輪入水愈深，螺縻愈少。惟入水過深常不便，故又創思新法數種。如船體甚長者，船行之力以十分之九，帶水向前，螺輪行此向前之水内，而螺縻亦減。船恒遇大逆風者，欲螺縻減小，則宜置螺輪於船尾向前之處。設輪翼不作螺絲形，而置於船尾向前之處，或在船底之下，轉動之時，船亦前行，因水切於船尾尖殺之處，輪在此攪擾使動，能成相擠之力，推船向前也。故螺輪而置於此處，螺縻自可不大。又有螺翼之式，能使水自生向心力，以敵離心力者，故輪所推之水不作圓錐形，而作圓柱形。如第四十七圖，爲頓多捺得（此人係英國侯爵）於二十七年前所創，其二翼直而向後斜。又如第四十八圖，爲哈治生於二十六年前所創，其翼向後，彎成抛物線。輪轉之時，使水向内聚於心，如抛物線，鏡能聚光於中心也。此翼之式，即如直翼輪之螺距，在翼之中段改變也，然比直翼者，不甚有益。

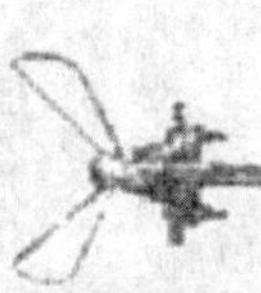
第四十七圖

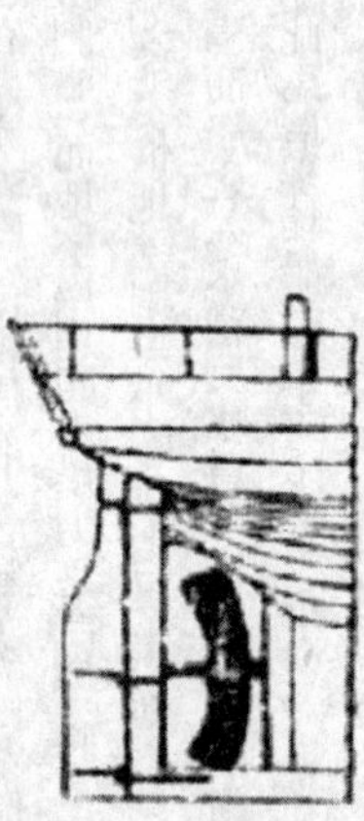
第四十八圖

螺距改變四百三十六節

螺距改變有二法，其一螺距由前向後漸大，如螺絲梯之每級加高是也。其二螺距由心向周漸大，如螺絲梯每級之外邊稍厚於心是也。由前向後漸大者，翼之前邊無擊水之力，因先遇水之邊，其速不大於船行之速也。由心向周漸大者，翼根之速等於船行之速，而不使水生離心動。蓋動船之力，全在翼之外邊也。然此二種亦無大益，因輪之推水向後，水必自輪前而入也，所以顧里非書之制反向前彎。又有摺紋翼者，翼作摺紋，亦能阻水，不生離心動。顧里非書之式，在輪心作大球，翼端彎向前，使所動之水柱加大。何密士之式，前有數船用之，今已不用。又有曼經之式，爲叠輪，以二箇窄翼螺輪，同穿一軸，前後置之。

何密士之式四百三十七節

螺距之數，由前至後忽然加大□□軸平行，翼之外邊彎向後，彎處圓而不方，如汁勺之式。軸輪之時，先遇水之邊，毫不擊水，能將水直推向後，故輪之當行，能等於船之實行。又因邊彎如鉤，水亦不生離心動，亦不能自輪周之外流入輪心。

比阿蒂之式四百三十八節

輪置於舵後，船尾不震動，舵中作長圓孔，螺軸由此通過，如第四十九圖。

明輪螺輪相比

各輪之用四百三十九節

船體入水深者，螺輪勝於定翼明輪。入水稍淺者，不及活翼明輪。船體不甚長而入水淺者，亦不及定翼明輪。故行江之船入水不深，水面之下不容螺輪

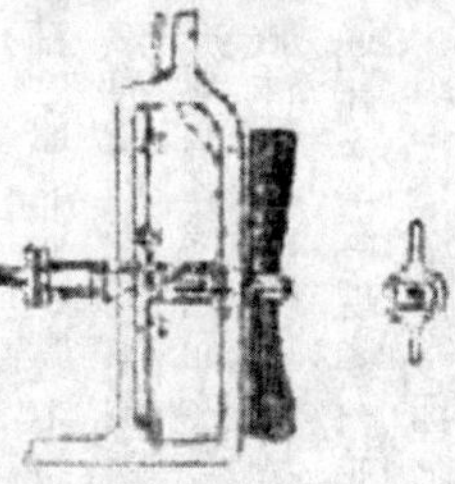
第四十九圖

者，宜用明輪也。

行海大船當用螺輪四百四十節

行海之船不甚大，入水不甚深，恒得順風旁風。定翼明輪與常式螺輪，皆宜船體大而載貨多，入水甚深，行路甚遠，積煤甚多，壓船甚重，螺輪爲宜。蓋螺輪入水深而力大，明輪入水淺而力大也。

比較用煤四百四十一節

同式同力之船，一用明輪，一用螺輪，俱對逆風而行，則明輪爲勝，所勝者不在速，而在省煤。因明輪船遇逆風，則行必慢，汽機之轉亦慢，燒煤亦由此而省。所省之煤，與船之減速略有比。螺輪船遇逆風，其行亦慢，惟汽機之轉不甚慢，轉數雖不甚減，而行亦不加速。故尋常之逆風，二船之速略相等，若遇逆風極大，而二船略至不能前進，則螺輪又勝於明輪。然此爲不常有之事，總以尋常而論，螺輪船燒煤多而行速，與明輪略同。蓋定螺長之時，原與小逆風相配，若遇最大之逆風，則阻船之力過大，而螺長不足以勝之。輪在水内旋轉，不能合螺絲之路，必推水奔向兩旁，前行之數自減。此與停泊之船使輪□轉，而推水向兩旁者相同。明輪則無推水向兩旁之矣。

比較牽力四百四十二節

二種船前行之力，業經實測。辣得辣螺輪船與阿力多明輪船，二船同式同力，其容積俱八百噸，汽機二百馬力。奈遮螺輪船與巴西里司明輪船，二船亦同式同力，其容積俱一千噸，汽機四百馬力，各於潮平風静之時，在大海用長索連二船之尾，相背而行，螺輪船能引明輪船退行。其所以然者，並非螺輪之力大於明輪，因螺輪轉甚速之時，水勢泛成大浪，衝激船尾，而助推船之力也。蓋螺輪船有物阻之，而仍前行，其翼面推水，能成離心之力極大，泛起之浪甚猛。船之前行，大半爲輪之推力，小半爲浪之激力。反其事以證之，仍用前二船，以船首相對，用索連之，而退轉汽機，使得退行，則二船乃相定。又以稱力器測驗二船之能力，果屬相等，因知螺輪之引退明輪，並非力之大也，試詳論之，凡輪船前行之力，等於水阻力與粘力，並等於輪翼任力心之力。明輪船已知輪之尺寸，又知水退速率，即知其力數。水退速率加船行速率，乘此力數，等於鞲鞴其能力，螺輪船亦同此理。所以鞲鞴有若干抵力，而水退有何速率，則二船同式同力者，或快行，或慢行，鞲鞴之抵力既同，而水之阻力與粘力並同，二船前行之力亦無不同。故無風之時，同式之船前行同速者，則前行之力必同，所以二船連尾背行，其向前之力，亦必同也。

詳較行速四百四十三節

辣得辣螺輪船，長一百七十六尺六寸，闊三十二尺八寸半，容積得八百八十八噸，汽機二百號馬力，入水深十一尺五寸半時，入水中橫剖面三百八十方尺。阿力多明輪船，各尺寸俱同，惟容積僅得八百噸。辣得辣容積多八十八噸者，因船尾放長十五尺而置螺輪也。辣得辣船有稱力器，能測螺輪之推力，以求船行之力，並螺縻之數。二船俱有指力器，能知汽機實能力，二船同測四次。

第一次無風無浪，同於早晨四點鐘五十分開，行至二點鐘三十分半，辣得辣到停泊之處，阿力多遲二十分半始到。阿力多之速率每小時八里八，實馬力二百八十一·二。辣得辣之速率每小時九里二，螺輪之縻力爲百分之十〇二。指力器所題之實馬力三百三十四六，稱力器所顯螺軸之推力三噸十七擔九十八磅。以螺軸推力之磅數，與一分時所行之尺數相乘，以三萬三千約之，得推船之馬力二百四十七·八，與實馬力相比，如一與一·三五，即命汽機之力爲百分而實用之力七十四分七。

第二次順風，不挂風帆，收去橫桅，阿力多之實馬力二百九十一·七，辣得辣一小時行十里，螺縻每百分十一·二，實馬力三百六十八·八，螺軸之推力四噸四擔二十九磅，推船馬力二百九十〇·二。與實馬力相比，爲一與一·二七，即命汽機之力爲百分，而實用之力七十八分七。

第三次辣得辣減少所用之汽，一分時鞲鞴往復十七次，而得實馬力一百二十六·七，螺軸推力二噸二擔九十八磅，螺軸推船馬力八十八·四。與實馬力相比，爲一與一·四四。螺縻每百分得十八七，汽機之力百分，實用之力六十九分四四。

第四次逆風逆浪甚大，二船同行七小時，辣得辣一小時行四里二，每分時鞲鞴往復二十次。因指力器有病，不能用約爲實馬力三百，螺軸之推力四噸七擔十六磅，螺軸推船馬力一百二十五九，螺縻爲百分之五十六。汽機之力百分，實用之力四十二分。阿力多一小時行四里二七一，故前於辣得辣半里，其每分時鞲鞴往復十二次，比前爲減半。而辣得辣往復次數，止減十二分之二。

辣得辣螺輪尺寸四百四十四節

螺徑十尺，螺長一尺三寸，螺距十一尺，輪若更大，實力必更大，稍得順風，船行功率亦更大，此與減小船身，即加大螺輪之意相同也。

徐建寅《汽機必以》卷八《風帆汽機相比》 汽機專用兼用四百四十五節

船不甚大，常遇逆風，自必專用汽力，則以明輪爲善。若可以兼用風力者，則以螺輪爲善。船體甚長者，螺輪可得水已動之力，亦勝於明輪。

螺輪兼風帆四百四十六節

螺輪兼用風帆，便於明輪兼用風帆，蓋螺輪深藏水中，船雖欹側無妨，行走帆索亦無阻礙，且風帆能減船入水體之阻力，同於加大螺輪之徑。有螺輪之助風帆，故風帆更能得力，因風遇已動之帆，而不返回，力必增大也。若遇旁風，而螺輪助其前行，則同行若干時，其得風力之路必能加多。可見風帆能加螺輪之益，而螺輪又助風帆之利，兩相濟也。

專用明輪專用風帆螺輪兼用風帆四百四十七節

三事相較，在於用處之適當。船行大洋常得貿易風者，專用帆，費用節省。風無定向或水道彎曲者，螺輪兼風帆，費用更省，惟專用明輪者，費用較大。明輪船不用風帆，而容積有一千噸者，汽機必三百五十馬力，可載貨物四百噸，並載所用之煤足行五百海里，歷四十五小時半，核計煤與工食及用壞船之分數，共費約金錢二百九十圓。若風帆兼螺輪之船汽機，一百馬力亦可載貨四百噸，並行五百海里，足用之煤亦四十五小時半，所行之里數與前同，各費共金錢六十圓。可見螺輪並帆比專用明輪者，費約三分之一。螺輪兼帆與專用帆者相較，如不行大洋，則同行若干路，螺輪兼風帆者，其費得帆船三分之二。螺輪汽機之費雖大，而歷時則少，能省人工之費也。

明輪螺輪兼用四百四十八節

明輪加螺輪之益，同於螺輪之兼風帆，蓋明輪而得螺輪之助，其所現之力能相濟而俱加大。故二輪之縻力，俱小於單用一輪者。若單用明輪或螺輪，而作推水之面甚大，則益處亦同於兼用也。步倫捺所造大東輪船，容積一萬八千九百十五噸，兼用二種輪，又有兵船名皮亦兼有二種，而未嘗同用。

兼用二輪行率加速四百四十九節

鍋爐已壞而欲重易，則另加大抵力機動螺輪，將所用過之汽，再入大汽筩，用其凝水之力。此法可得二倍之力，故燒煤不多，而行能加速也。其加力二倍，而得加速之數，必如一之立方根與二之立方根之比，即行速一·二五倍。若一小時原行十里者，用此法而一小時能行十二里半。行路若等，則所燒之煤與各費均減四分之一。

大抵力汽無危險四百五十節

司機者果能謹慎，可保無虞，蓋車汽機恒用大抵力汽機，船內亦已有用之者，惟汽漲力不可過四十磅，而吹換鹹水更宜加慎。所進之海水不可偶缺，吹出鹹水之管通於鍋爐近水面之處，又應作浮物接連門柄，以制開門之大小。浮物以銅作空球，合縫之時球內盛水少許，使內外抵力相平，而不致洩漏。或用石而另以重對之，功用同而易造。

商船獲利省煤爲要四百五十一節

汽機商船能獲利者，最要在節省燒煤，然至今尚未得最善之法，故汽機船宜設規條，以燒煤之多少，定司機之優劣，煤必甚省。前者果臬書鍋爐用此規條，燒煤省至減半，但船鍋爐而用大抵力汽，必用外冷凝水之法。或另用法將水加熱，至四十磅漲力之熱度，而後添入，則所含之石膏已結成而澄去。

新陽趙元益校字

上海曹鍾秀摹圖

徐建寅《汽機必以》卷九《摇筩明輪汽機》　畚氏之制四百五十二節

摇筩汽機雙汽筩者，汽筩徑二十一寸半，推機路二十二寸，每汽筩十二號馬力。汽筩置於曲拐之下，挺桿上端相連挺鈕，以含拐軸。恒升車在二汽筩之間，置於凝水櫃之內，聯軸之上，另作曲拐運動之。此曲拐與聯軸整塊打成，鍋爐之汽自汽筩外邊之空樞入汽筩後，自內邊之空樞放入凝水櫃。汽筩之前面，有三汽孔，與汽罨以制汽之進出，後面加稱重以對之。今時多在二邊，各作一汽罨而不用稱重矣。汽機之架有上下二層，上曰架樑，下曰架座，用熟鐵柱八根相連之。全機置此二筩之間，汽筩有二耳，即名空樞，置於架座之上面，而架座置於船之横樑大軸之內，外枕置於架樑之上面。

機架四百五十三節

架座之薄處，厚四分寸之三，中作兩大孔，足容汽筩之摇動。孔之四圍作摺邊，架樑之體內空如空□，竪闊六寸，横厚三寸半，二旁有小孔，所以取出内模。體厚十六分寸之十三，上下兩架俱整鑄，惟架樑兩旁伸出，而托外枕之架另鑄裝配。架樑之中有長孔，闊三寸，其長能容動恒升車之曲拐摇過，孔口有摺邊，邊有肋條，引至聯軸枕之横高脊。連架座與架樑之熟鐵柱，徑各一寸半，下端裝入架座之孔，有肩切定孔口之摺邊，摺邊高六寸，可容長方楗，孔之内膛稍大，惟二口緊抱柱端，上端連於架樑，亦如之，用螺蓋旋緊。架座亦如空樑，竪闊七寸，在凝水櫃之處，其式不同容柱之摺邊，高約七寸。

凝水櫃四百五十四節

凝水櫃鑄連於架座，形爲橢圓，闊二十二寸半，長二尺四寸又四分寸之一，上面高於座面九寸，共高一尺十寸半。底在座面之下，二旁凸出架外。

恒升車四百五十五節

恒升車在凝水櫃之內，徑十五寸又四分寸之一，復往路十一寸，底門在恒升車之內，其架爲圓板，上有長方舌門，向上開近筩體處，作圓形。其門之重，有銅權平之，使易開合，與門體鑄相連。此權遇恒升車底處，有空凹容之，適準門開之限。車筩以銅爲之，以生鐵接口，有孔接管，通水至熱井。其與凝水櫃相接之面，俱爲銅，而車鉋甚平，故擦鉛粉油而旋緊螺釘，即不洩漏。起水盤亦以銅爲之，盤內之門托形如碗，冷水噴入凝水櫃所過之塞門，在筩外之前面。升挺桿有直輔，使不偏倚，直輔之下端固接車筩之口，上端連於架樑長孔之邊，即升櫃桿通過之孔。升摇桿不必甚長，上連曲拐，而下接升挺桿。恒升車凝水櫃在架座前邊，近於後邊二寸半，因架座後於架機二寸半也。

汽筩四百五十六節

汽筩體厚十六分寸之九，空環之闊九寸半，最厚處之外面高於筩體約二寸半，旁面下距筩底十一寸半，上距筩口之邊九寸，空樞頸徑七寸又四分寸之一，長三寸半，厚十六分寸之十一，連壓蓋之闊□厚一寸半，凸出八分寸之七。容軟墊之空處八分寸之五，通入樞內之管，徑四寸又八分寸之五。筩體外空樞之上下，各有高脊，自空環至汽筩之兩端，使牢固。汽筩大者，通空環之内連有十字形側板，使更牢固。空樞之内肩高於筩，體約二寸半，筩口之摺邊厚四分寸之三，闊一寸又八分寸之三。軟墊臼高於筩蓋四寸又八分寸之一，外徑四寸又八分寸之三，挺桿徑二寸又八分寸之一，墊臼摺邊之厚一寸又八分寸之一。

出汽管四百五十七節

凝水櫃通汽筩之管，即出汽管在凝水櫃之端，侈口如鐘。此端須侈口者，使進櫃之汽，不爲恒升車體所阻也。軟墊壓蓋之内徑宜大，惟近口處稍小，甚圓而切管，始能壓緊軟墊，且易退出，不礙管外之大節。此壓蓋用四塊合成，内加壓環兩半合成，壓環向外斜削，而藏於空樞之内。壓蓋向内斜削，螺釘能壓緊軟墊，並連其兩半。樞孔内段收小，其徑等於出汽管之外徑，則輭墊不致入空環之内。但出汽管與此處相接，下面密切，上面須留空處三十二分寸之一。樞外稍有消磨，恰至上面相切，管亦不致拘傷。與凝水櫃相接之端，外周有闊環，螺釘之孔向上，下爲長圓樞，外消磨管可移下。尋常摇筩汽機，樞頸之消磨極微。

汽罨匣四百五十八節

汽罨匣長十六寸半，高於筩體，在上端三寸半中處四寸又四分寸之一，下端二寸，故外面彎而不直。闊九寸，空環之末加闊一寸，使易通。汽罨匣與筩體相切之摺邊，闊一寸又四分寸之一，厚半寸。筩體與匣相切之邊，厚八分寸之五。汽路高於筩體二寸又四分寸之一，外闊八寸又八分寸之五，汽罨用三孔之式，汽筩與汽罨之平面，俱爲生鐵。

鞲鞴四百五十九節

鞲鞴以麻爲軟墊，壓環必用熟鐵，恐生鐵者易斷也。汽筩蓋有四孔，以螺絲旋密，開之可用，匙旋緊壓環之螺蓋，其螺蓋之周作順逆齒，與簧閘能進而不能退，且可聽其聲，而知各螺蓋同緊幾齒。近時畚氏作大汽機，用金類作墊，名墊環，内塞麻緶以壓環壓緊，與不用墊環各同。

挺鈕四百六十節

體制如第五十圖，全以銅爲之。上若伏兔而下，若軸枕中含拐軸。下作□銎，與挺桿相接，外徑三寸又十六分寸之五，拐軸徑三寸，長三寸又八分寸之七。孔口之厚一寸，長三寸又八分寸之七。上半與下半有耳相連，其共長七寸，耳闊二寸。下半厚等於闊，上半厚二寸半，穿固之螺釘徑一寸又四分寸之一。以下半節作螺絲，旋入下半之耳孔，上半節須甚圓，鈕蓋緊套其上，使不移動。兩螺釘之心根距五寸，蓋上有油杯，徑一寸又八分寸之五，高一寸又八分寸之一。杯内有吸油之管，圓銎正中有長劈之孔，闊一寸又四分寸之一，厚八分寸之三。

第五十圖

升摇桿四百六十一節

制與挺鈕相同，如第五十一圖，錐拐軸頸之徑五寸，而長三寸。孔口之厚四分寸之三，中厚一寸又八分寸之一。圓凸如龜背，耳闊一寸又八分寸之五。上下俱厚二寸，穿固之螺釘徑一寸，下半節作螺絲，如前法。升摇桿之下端，作兩岐如乂，以夾升挺桿。其楗之兩端引長，而行於直輔之内，但可往來而不偏倚。楗在摇桿孔内，有小方楗定之，使不轉動。升挺桿之上端與此鈕同式，如第五十二圖。銎之外徑二寸又八分寸之一，内徑一寸半。銎口距楗心長四寸，升挺桿之徑一寸半，長劈闊一寸，厚十六分寸之五，耳闊一寸又八分寸之三，厚一寸又四分寸之一，兩半共厚二寸。半螺釘之徑八分寸之七，楗之中段徑二寸，兩端厚一寸，闊十六分寸之九。

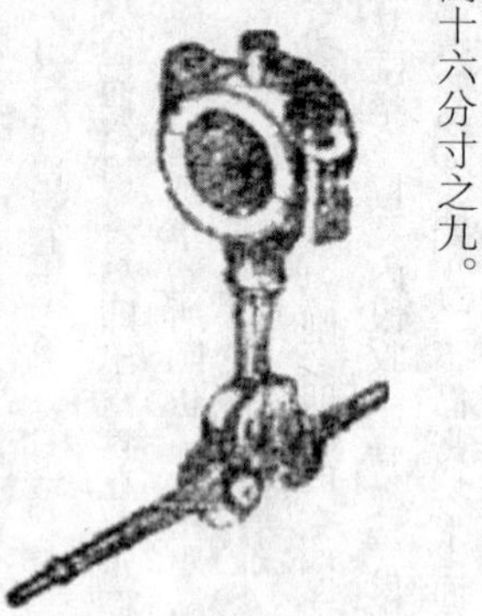
第五十一圖

第五十二圖

曲拐聯軸四百六十二節

聯軸頸之徑四寸又十六分寸之三，輪軸頸之徑四寸又八分寸之三，長俱五寸。曲拐大端外徑七寸，孔徑四寸又八分寸之三，小端外徑五寸又四分寸之一，孔徑三寸，大端之厚四寸又四分寸之一，小端之厚三寸又四分寸之三。薄處在大端中心闊四寸，在小端中心闊三寸，其厚皆爲二寸又八分寸之五。聯軸之兩曲拐，其間闊三寸半，曲拐體厚三寸又十六分寸之十五。拐之曲處，内外俱作圓角，在拐軸之端，用螺蓋以連固兩拐。

兩心輪推引桿四百六十三節

兩心輪與推引桿，如第五十三圖。輪以兩半合於大軸，用螺釘穿固。後權係另鑄，厚八分寸之五，用二螺釘連於輪後，又藉以連固。輪之兩半，兩心環厚半寸，闊一寸又四分寸之一。輪之摺邊厚八分寸

第五十三圖

之三。推引桿連於兩心環，以螺釘穿過桿端之耳。旋入環上之方面，又用鐵片襯墊□，就桿之長短。鉤接之處，用小横桿連直簧，使不離其位。鉤接之法，如平常者同。

弧架四百六十四節

弧架有尾向上，另有孔扶使上下直行。推引桿鉤接之楗，其徑一寸，如第五十四圖。甲爲弧架，乙爲罨提，丙爲罨桿，丁爲罨桿之中軸。弧架用熟鐵所作，而外面變鋼，中闊二寸又四分寸之三，二端闊二寸又八分寸之三。厚一寸，弧槽

闊一寸又十六分寸之五。活襯用銅，在此槽内移動，長二寸，中心有孔，以含罨提後端之楗。弧架之尾徑四分寸之三，向下漸大，俱作八稜。中段厚一寸又四分寸之一，闊一寸又四分寸之三。罨提前端闊一寸，中段闊二寸，後端闊一寸又四分寸之一，厚俱四分寸之三。罨桿中段有孔，含罨提前端之枘，其枘入孔内者，闊十六分寸之五，在孔外者，闊一寸四分寸之三。孔外肉之厚八分寸之三，孔深一寸又八分寸之一。罨桿之徑四分寸之三，有二節，用套管相連。其套管之長一寸，徑一寸又

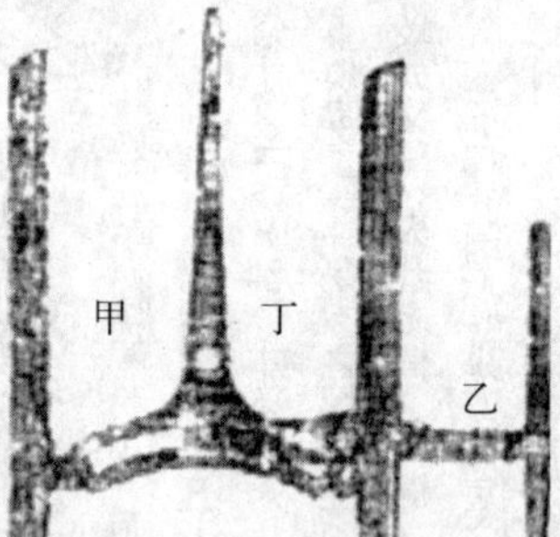

第五十四圖

八分寸之一，用長劈固定於汽罨桿，在節上引長其徑十六分寸之十一，入孔内而使直行弧架之兩端，各有半圓銅，以螺釘相連，而合於直柱。螺釘之徑八分寸之三，穿連弧架與半圓銅之耳，此耳厚八分寸之三，弧架弧度之半徑，等於空樞中心至活襯楗心之距，而以汽罨在半路時爲準。弧架之用，所以消去汽筩摇動之差。嘗有弧架以二彎條合成，兩端墊以方塊，日久消磨，可將方塊磋去一層，仍還原度。

軸枕四百六十五節

軸枕全用銅，略如挺鈕。惟底作平面，置於架上。二耳之間，不使移動。上蓋易於消磨，穿固之螺釘，初時雖緊，日久必鬆，所以釘作甚大，而孔作甚深，或上蓋與下枕凹凸相合。

空樞之枕四百六十六節

空樞之枕，與大軸之枕同穿合之□□，須用不自退出之法。螺蓋下墊一平圈，此枕不可與架座鑄連，因汽筩爲汽所抵，又爲真空所吸。空樞日久消磨，而二汽筩漸相近。若鑄連於架者，不能還就使準也。空樞外端之摺邊，切於襯旁宜甚緊，而内肩切於襯旁宜稍鬆，汽筩熱而漲大，枕襯不致抵開。

明輪四百六十七節

輪用活翼，徑九尺八寸，自翼之外邊計之，每翼長四尺六寸，闊十六寸半。兩輪各作十翼，輻有二層，而用熟鐵，轂以生鐵爲短管，兩端作轂盤，轂管内徑四寸半，外徑八寸，轂盤徑二十寸，厚一寸又四分寸之一。兩盤外邊相距十二寸，

向外斜如車輪之式，輻闊二寸又四分寸之一，厚半寸，內端作尖殺，每輻用三螺釘連於轂盤。內牙徑七尺，以固各輻，輻之外端彎向後，彎度合翼背柄之長。輻與牙相連之處，作二耳，用四釘釘固。輪轂內有一短軸，在大軸前三寸，與軸同在平線上。短軸套生鐵環，環外一定桿使環轉動，又連接牽桿，如翼數。桿徑一寸又八分寸之三，牽桿外端俱連翼背之柄，柄長七寸，與翼背成直角。其短軸與大軸之兩心差不足，使翼恒依垂線，而在斜與垂線之間。翼柄楗之徑一寸又八分寸之三，兩輻之間有橫檔，在輻端與內圈之中，所以使輻不撓屈，則輻端不致礙翼柄而阻翼之動。內轂盤與外輻，外轂盤與內輻，更作斜交之牽條，所以使輻不搖動。翼用鐵板，翼背各耳與各楗，俱用鋼，或用鐵，而外面變鋼。若行海之船，楗必用銅，而楗孔之內，嵌以木圈圈內，內磨面宜大，以耐消磨。

搖筩汽機又式四百六十八節

沓氏所造五十馬力者，汽筩徑三十四寸，推機路三尺，筩體厚一寸，底厚一寸又四分寸之三。外有肋條數道，使堅固。空樞頸之徑一尺二寸，長五寸半。又造更大者，空樞頸之徑連汽者與出汽者，爲三十與三十二之比。出汽者之內徑，依出汽管之內徑，出汽管之內徑，爲汽筩徑五分之一，然恐太小。立尼所造者，出汽管之横剖面積，爲汽筩横剖面積三十二分之一。如亞比倫船，汽筩徑六十一寸，空環之上下筩體厚一寸半，空環處厚一寸又四分寸之一，空環亦厚一寸又四分寸之一。空環之內闊二尺六寸，外高四寸，挺桿徑六寸又四分寸之三，筩蓋軟墊臼共深二尺四寸。壓蓋銅管居十八寸，可免汽筩與墊臼消磨成長圓之弊。又如不丁立本印度司三船，汽筩徑七十六寸，推機路七尺，筩體厚一寸又十六分寸之十一，挺桿徑八寸又四分寸之三，軟墊臼共深三尺，油杯深四寸。壓蓋有甚深之管內，亦襯銅管，進汽管內徑十三寸，進汽空樞頸之徑二十五寸，出汽空樞頸之徑二十五寸，厚二寸又四分寸之一，長十一寸。汽筩殼高出八寸。空樞內軟墊臼深十寸，厚一寸半，拐軸徑十寸又四分寸之一，長十五寸半。各船俱有煙管鍋爐六座，鍋爐長十尺六寸，闊八尺，各鍋爐有煙管六十二根，徑三寸，長六尺六寸。每鍋爐有二火爐，長六尺四寸半，闊三尺一寸半。

挺鈕四百六十九節

挺鈕用熟鐵，而中襯礮鍋，上下兩半，亦用螺釘牢固。

鞲鞴四百七十節

鞲鞴上下二面，俱作摺邊。汽筩之底與蓋，俱作槽圈以容之，則鞲鞴牢固，又耐消磨。

空樞輭墊四百七十一節

麻絲打作極緊方緶，兩端切齊，其長足圈一周，置於牛羊油內煮沸，片刻取出，用模壓擠，模式中爲短柱，外有短管，其間適合緶厚之度。上有壓蓋置緶，其間用螺絲壓緊，然後置於空樞之墊臼內，汽自不洩。若樞頸在襯或微鬆，輭墊必洩汽。

大抵力搖筩機空樞軟墊四百七十二節

用大抵力汽者，空樞軟墊但爲麻緶，久後亦必洩汽。宜以黄銅作螺絲之圈，抱於汽管之外圈，內再墊以麻。

徐建寅《汽機必以》卷九《返摺搖桿螺輪機》 蒲而捺之制四百七十三節

蒲而捺所造阿勒馬螺輪船，容積五百噸，單汽筩横卧，其徑四十二寸，推機路四十二寸，船之速率一小時十四海里，曲拐有稱重，用兩鐵盤相對，固含拐軸，以代曲拐。含處緊固，大軸之磨力亦得分任。拐軸對面作甚重，以稱鞲鞴挺桿之重。因汽筩横卧，故鞲鞴挺桿無下墜之力，汽機已停，其對重能令拐軸停在上面，再欲轉動，自然靈便。

機件位置四百七十四節

汽筩之位置，偏在船之一邊，有二挺桿直伸至對面，共連一挺鍵，行於鍵輔之內。而搖桿連於挺鍵之中，返折以搖拐軸，大軸前端出於枕外，以套兩心輪。全機之架座，一邊置汽筩，對面置鍵輔，挺鍵行於鍵輔槽內。

機件尺寸四百七十五節

汽筩之座，高於架座之面二尺，架座居中置軸枕。其心與鍵輔相平，俱高於汽筩座十寸，全□架座與下面之摺邊，俱厚一寸又四分寸之一。汽筩之下，兩旁俱有摺邊安於座。而筩體小半藏座內，汽筩心與大軸心之高相等。鍵輔槽內有長方塊，寬六寸，長十一寸，名爲鍵襯。鍵輔蓋條中段闊八寸，二端闊四寸，兼作二孔，各置油杯。大軸銅襯分爲四塊，上有枕蓋壓緊左右，另用劈形之板，置銅襯之背，以螺釘旋入，抵此劈板，則旁二塊夾緊，而任往復之力。劈板之後又有平板，取出平板，即可取出劈板。大軸可以移動，凝水櫃鑄就於架座，恒升車用螺釘旋於架座之旁，即於座體鑄成一路。自凝水櫃通恒升車，此路之內，有進出二門，上有蓋以便開出。修理其出水之路，與出水管相連，水由此出於船外。

汽筩與鞲鞴四百七十六節

汽筩以生鐵鑄成，體厚一寸又八分寸一，底蓋之厚相等，外有高脊六道。鞲鞲體厚八分寸之五，內有肋條六道，厚四分寸之三，穿二挺桿之孔係□成，其外肉厚二寸，連二孔亦有肋條，厚一寸又四分之一。鞲鞲之壓蓋厚八分寸之五，用螺釘十五，壓緊□環墊，環用生鐵，環一道闊三寸半，厚半寸。環內實麻，二端斜相接，又鑲小塊。鞲鞲共厚五寸半，二挺桿之枘皆作倒錐形，入鞲鞲之孔用螺蓋壓緊，外作順逆齒與簧閘，自不鬆退。

汽罨四百七十七節

汽罨用三孔之式，置於汽筩之上，進汽孔闊四寸半。長二十四寸。平面之面積既大，滯力亦大，故另用平板，置其背以對其力，平板向上之力，略等汽罨向下之力。得此相消，一手即能推引。平板徑二十一寸，初作平板，有二病。其一，縮櫃與板背所通之路太窄。其二，汽罨與平板相連之楗太小。因此二事，每推引之初，平板必舉汽罨離平面，此乃出汽管之汽，入於縮櫃而緊減真空。通至板背之路既太窄，則板背之真空不能同時相憾，所以平板之力勝，而提起汽罨也。今已改作，而無此病矣。其楗既太小，消磨必甚速，磨面又難添油，更在熱汽之中，故必以大，而長者爲佳。平板周圍須有軟墊，與汽筩之鞲鞲相同，移動於數寸長之筩內，此筩在汽罨匣之中心，板背有空，挺桿板面有連桿，連桿應得之長，在空挺桿內消息之。

第五十五圖

挺桿摇桿四百七十八節

挺桿有二，其徑各三寸，長十二尺十寸，徑尚太小。若仿造者，宜加半寸。摇桿亦有二，徑各二寸又四分寸之三，其連屬之式，如第五十五圖。

挺鍵四百七十九節

挺鍵之式，爲短軸。如第五十六圖，有二臂套其外，用方楗固定長臂，乙□動恒升車。短臂內帶動添水筩。二挺桿連於臂之甲甲二孔，與摇桿相接之處如戊，徑八寸，穿入臂內之處徑七寸，二端丁丁之徑三寸，長各十二寸，以生鐵爲鍵襯，往來於鍵輔之槽內，高六寸，闊十一寸，長十四寸，內面有摺邊一寸。乙臂之小端彎五寸又四分寸之三，以接升摇桿，其孔心與鍵心距一尺九寸，鍵孔外肉之厚二寸，高六寸，挺桿穿過之處

第五十六圖

高六寸，闊八寸，再外高三寸，再外高二寸。其闊從八寸漸減，至升挺桿孔之處，得四寸。丙臂小端之闊三寸，孔心與鍵心距九寸，鍵孔外肉之厚與前同。挺桿穿於臂孔，二面各用螺蓋旋緊，可以遷就挺桿之長短。

恒升車四百八十節

恒升車以銅爲筩，徑十二寸半，往復路四十二寸，厚十分寸之九。起水鞲鞲爲銅，圓板邊厚六寸半，中孔厚七寸。外周作槽三道，容水以代輭墊。進水出水二處以銅爲板形，厚半寸，背有高脊每板六孔。另用象皮圓板爲門徑，各七寸。六孔之共面積，等於筩內之横剖面。升挺桿亦以銅爲之，徑二寸半。

曲拐四百八十一節

曲拐以生鐵鑄成圓盤，徑六十四寸。薄處厚二寸半，邊厚五寸，中心合軸之孔徑八寸半，孔周之厚十寸，外肉厚三寸，拐軸對面之半圓厚十寸。有此偏重，汽機停後，能令拐軸停於上面，而鞲鞲適在半路。摇桿與挺桿可以不成直線，拐軸徑八寸半，頸長六寸，頸徑四寸半。頸外連方體之圈，徑十八寸，厚二寸，鑲入圓盤之厚處，用螺釘六箇旋緊。螺釘之徑二寸，帽在外面，嵌入圓盤之內，而於拐軸之肩作螺眼。拐軸兩端入圓盤孔內者，徑亦四寸半。裝入之後，在外面椎打成帽，拐軸中心作一孔，通至兩端，孔徑四分寸之三，頸內再作半徑。孔三與中孔相通，中孔兩端俱連小管，附於圓盤，而向軸心口，有小漏斗大。軸枕之油杯，內有棉紗吸油，軸每一轉，漏斗口刮棉紗之端而得油，以離心力由小管至拐軸頸之外，故添油不必停機。

螺軸四百八十二節

螺軸徑七寸半，頸徑八寸半，頸長十六寸，圓盤距頸四寸又四分寸之三。軸在圓盤與頸之間，周有圓槽，以讓挺桿。挺桿一在此節之上，一在此節之下，如第五十七圖。

推枕四百八十三節

任受螺軸推力者，名爲推枕，軸周作平行方圈七道，與枕襯內之圈相錯，各圈厚一寸，高於軸面一寸，如第五十八圖。螺軸拆卸之節，如第五十九圖。用帆而欲不用汽機，可旋脱楗內之螺絲，聽輪自轉，而汽機不動。

第五十七圖

第五十八圖

第五十九圖

汽罨各件四百八十四節

圓盤前面之軸，出於軸枕之外徑四寸，長四寸半，其端另置一輪，厚三寸半。輪面置一短軸，徑三寸半，其心距大軸心五寸。此軸連一曲拐，過大軸之心，拐之小端距大軸心二寸。再作短軸徑二寸半，兩短軸距大軸之心一遠一近，皆連推引桿而動進退弧。推引桿闊二寸半，厚一寸，進退弧亦厚一寸。如第六十圖，可以上下。二十五寸弧槽之內，以銅作活襯，弧若上下，活襯在槽內移動，襯中有孔，孔中容楗連於汽罨軸柄之端，所以活襯移在進退弧之一端，則能動，而汽罨亦動。活襯停於進退弧之中點，則汽罨不動，而汽孔不開，汽機即停。將弧按下，輪自進轉，弧若提上，輪即退轉。兩短軸與兩心輪同意，惟汽罨往復，路有長短，退行之路爲前行之半，因船退不必甚速也。汽箭前端，横安汽罨軸，二柄直立，共連一桿，以動汽罨桿。又一柄在軸之下，連弧槽內之活襯，有進退柄使弧上下。進退柄有象限弧制之，作簧釘使任定於何處。

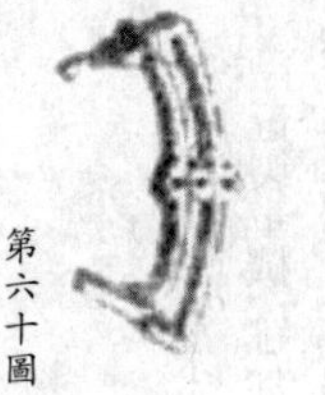
第六十圖

螺徑螺距四百八十五節

螺徑七尺，螺距十四尺，爲化曼之式。因船體入水不深，故徑不能大也。一分時汽機往復一百次，轉轉速率七百尺，因曲拐用圓盤，雖速而毫不震動。

徐建寅《汽機必以》卷九《車气機》

近時新式四百八十六節

顧志所造行於狹鐵路者，名司尼克與，長十二尺八寸半，汽箭有二，置於輿外，徑十四寸又四分寸之一，推機路二十一寸，車體共重十九噸，前二輪任八噸，後二輪任五噸，中二輪任六噸，汽箭上下稍斜，以讓前輪。

鍋爐四百八十七節

火櫃內闊三尺七寸又四分寸之一，長三尺五寸半，爐栅面積十二方尺四。近火門處，比煙管處稍低。爐栅距火櫃頂三尺十寸，火門之上邊距火櫃頂七寸。火櫃內有鐵板，所作之空墻，横分火櫃爲二，中有水相通，厚三寸半。中高爲爐栅與火櫃頂之距三分之一，兩旁連火櫃處之高，爲爐栅與火櫃頂之距三分之二。火櫃內層之四旁向下外斜，使汽易升，上小於下二寸，火櫃內外二層之間，下寬二寸，上寬三寸。

火櫃四百八十八節

火櫃外層用鐵板，厚八分寸之三。內層用銅板，厚半寸。內外二層，用鐵牽條連固，徑四分寸之三，各條之心相距四寸。內層之上，用横樑六條，自前至後，多用牽條，使火櫃頂與横樑相連甚固，不爲漲力抵下，煙管鑲板厚四分寸之三，爐栅面爲長方形。

鍋爐圓箭四百八十九節

圓箭之鐵板厚八分寸之三，徑三尺七寸半，長十尺，用帽釘搭釘，釘徑四分寸之三，釘心相距一寸半。煙管用銅，徑一寸又八分寸之七，長十尺，共一百八十一根。二端俱用襯圈，使緊切鑲板孔内。煙櫃之端鑲板，厚八分寸之五，有鐵牽條八根，徑八分之七，牽連前後二鑲板。煙管之厚，在火櫃端如十三號鐵絲之徑，在煙櫃端如十四號鐵絲之徑。灰膛鐵板之厚十六分寸之五，煙櫃鐵板之厚十六分寸之三。

輿架四百九十節

輿架用熟鐵板，爲長方形之匡，下邊有高出之耳，以安輪軸之伏兔。兩旁長邊有雙層，一層接行輪軸，一層接前後輪之軸。內外二層相連之角，用角鐵，中間用牽條。內層鐵板厚四分寸之三，闊九寸，外層前半厚與闊並同，內層後半之厚半寸。前輪轂鐵板之厚四分寸之三，用角鐵連於輿旁。後輪轂鐵板之厚半寸，用生鐵柱連於輿旁。輿架前端之横檔，用鐵板厚四分寸之三，又加堅木横檔，厚四寸半，闊十五寸。牽鉤連於横檔，鉤徑二寸。鍋爐圓箭，以二牽條連於輿架之内層。煙櫃兩旁，各用一角鐵連固。

車輪四百九十一節

輻與轂俱用熟鐵，外牙用鋼，行輪徑六尺六寸半，拐軸連於輪輻，徑三寸半。前後輪徑俱四十八寸半，轂內襯銅，前輪軸有墊簧四層，用銅板長三尺，闊四寸，厚半寸。行輪軸打就兩心輪二箇，以動添水箭。

汽箭四百九十二節

汽箭徑十四寸半，上面鑄就汽罨匣。進汽孔長十三寸，闊一寸又八分寸之五，出汽孔闊二寸半，汽罨往復路四寸又八分寸之一，進餘面闊一寸，引汽闊四分寸之一。鞲鞴用銅，厚四寸。壓環用生鐵，挺桿後端不作倒錐形，而作小圓盤。鞲鞴之力傳於挺桿，而能勝任。挺桿用熟鐵，徑二寸又八分寸之一。鍵輔用鋼，闊四寸。鍵襯之中鑲堅木，厚四分寸之一。摇桿長六尺，以白銅作襯。兩心輪用熟鐵，兩心距二寸又十六分寸之一。進退弧用熟鐵，有定釘挂於架上，不可上下，與第六十一圖不同。另有罨摇桿，與弧槽內之活襯相連，活襯可移動上下，其理同於弧之上下，各依汽機之便而用之。汽罨平面用銅，總汽門用平面閘，門之式，在通汽管內作多孔，徑俱十二分寸之一。出汽管用銅，口徑四寸又四分寸之一。煙管口有掛門，如百頁窗之式。

放汽萍門四百九十三節

萍門有二箇，形如鞲鞴，徑一寸又十六分寸之三，用螺簧壓於上面，如第六十一圖。

第六十一圖

添水筩四百九十四節

添水筩以銅爲之，推水柱之徑四寸，往復路三寸又四分寸之一，添水管亦用銅，內徑二寸。凡汽車之添水筩，常有弊端，或因氣洩至筩內，而水不得上，或因門起太高，而推水柱退時，不及關水，仍返回。常法有小塞門與筩相通，開之則漏入之氣能放出，且可使筩內冷而易吸水。腮壺內用球門，如第六十二圖，球門所開之路，比昔時甚小。

第六十二圖

汽車精求省煤四百九十五節

近製車機，雖甚精於昔，然再得精求，當更能省煤。已有成效者，用餘汽加熱於添水，使至將沸而進鍋爐，汽孔加大而多用自漲力。外汽筩者用餘汽，環繞筩體之外而放出。鍋爐亦創不散熱之法，所有重件加以稱重，行時不致摇動，鍋爐每平方寸必能受汽漲力二百至二百五十磅，機件必任極大之力而不傷損。各處新造者，必比較功率，以燒煤少而功用大爲首。農事汽機，業已比較精究用煤之多少，故得甚精，下卷詳之。

傅蘭雅等《電氣鍍金》卷一《第一法即一金質一流質》 銻緑消化於水，則鉍鋅錫鉛黃銅白銅浸此水中，皆受鍍。銻鐵鎳紅銅銀金白金，皆不受鍍。

鉍緑水內，浸鋅錫鉛鐵，皆受鍍。銻鉍銅黃銅白銅金白金，皆不受鍍。

鋅養硫養水，或鋅緑水，或鋅養淡養水，或鋅養醋酸水，則銻鉍鋅鉛鐵鎳銅黃銅白銅銀金白金，皆不受鍍。

錫緑水內，浸鋅鉛，皆受鍍。銻鉍鐵錫鎳銅黃銅白銅銀金白金，皆不受鍍。

二鉛養淡養水，或鉛養淡養水，或鉛養醋酸水，鋅則受鍍。銻鉍錫鉛鐵銅黃銅白銅銀金白金，皆不受鍍。

□養硫養水，盛於瓶內，口用於□□水內，浸鋅則受鍍。銻鉍錫鉛鐵鎳銅黃銅白銅銀金白金，皆不受鍍。

銅養硫養水內浸鋅錫鉛金，皆受鍍。銻鉍鎳銅銀金白金，皆不受鍍。

銅緑水內浸鉍鋅錫鉛鐵，皆受鍍。銻鎳銅銀金白金，皆不受鍍。

銅養消化於淡輕養水，或銅養消化於淡輕緑水，鋅則受鍍。銻鉍錫鉛鐵鎳銅銀金白金，皆不受鍍。

銅養淡養水內浸鋅錫鉛鐵，皆受鍍。銻鉍鎳銅銀金白金，皆不受鍍。

汞鹽類水內鉮銻鉍□□錫鉛鐵銅黃銅或銀鋅銀錫銀鉛銀銅相和之質，皆受鍍。

汞養淡養水內浸鉍鋅錫鉛鐵銅，皆受鍍。水內再加硝强水，則又可鍍在鋅上，但金銀白金，皆不受鍍。若用汞養醋酸水內浸鐵，則可鍍汞。

純銀消化之水內浸錳鉮銻鉍鋅□錫鉛鐵銅汞，皆受鍍。銀養淡養水浸錳鉮銻鉍鋅錫鉛鐵鎳銅黃銅白銅，皆受鍍。金銀白金，皆不受鍍。鉛與錫受鍍更速，後依各質受鍍之難易，而論其次序。如鎘鋅銅鉍銻鉮汞等，銀養淡養消化於酒□，則鉮銻鉍鋅錫，皆受鍍，惟鐵不受鍍。銀養硫養消化於水內，銻鐵皆受鍍，錫則受鍍更速，惟鉍不受鍍。銀養淡養消化於□，或銀養硫養消化於水，黃銅或銀鋅銀錫銀鉛相合之質，皆受鍍。銀衰與鉀衰消化於水，鋅鉛銅皆受鍍。黃銅白銅受鍍而稍慢。銻鉍錫鐵鎳銀金白金，皆不受鍍。金緑消化於酒□，平常之金類皆受鍍。銀汞白金鈀銻碲鉍鋅鎘鉛鐵鈷，亦受鍍，鉮則受鍍更速。□鎢鉬鉻，皆不受鍍。金衰並鉀衰消化於水，鋅之受鍍甚速，銅黃銅白銅受鍍稍慢，銻鉍錫鉛鎳銀金白金，皆不受鍍。

鉑緑水鉮銻碲鉍鋅鎘錫鉛鐵鈷鎳銅黃銅白銅汞銀，皆受鍍。金與白金不受鍍。

傅蘭雅等《電氣鍍金》卷一《申明第一法》 一，用平常之熱度浸金質在流質中，有時鍍，有時不鍍。二，浸同類之金質在流質内，不能受鍍。如以鋅浸於鋅養硫養水，銅浸於銅養硫養水，則鋅不受鋅，而銅不受銅，或以金浸於金綠水，亦不受鍍。三，賤金如鋅鎘錫鉛鐵之面，受鍍易。若貴金，如金與鉑之面，受鍍難。四，賤金如鋅與鐵消化於水，受鍍，其質多。五，歷考以上各事，即知極大鍍金之力爲鋅。六，又可知一切受鍍之金質俱是甚薄。七，間有所鍍之金質，不似金，而爲黑色□，此係鍍時太□之故。

銅器鍍錫即用前第一法，如第七圖浸於錫鹽類水，並鉀養二□酸水，而在火上沸之。銅釘或銅鈕小件欲鍍□銀，可用銀水擦勻，薄金亦用此法，俱不甚牢固。

第七圖

第八圖

傅蘭雅等《電氣鍍金》卷一《第二法即兩金質一流質》 兩金質在上端相遇，或在下端相遇，或用銅絲相連，銻綠水。如第八圖，甲爲□，乙爲鋅，丙爲銻綠水，即在鋅上鍍銻，或將鉑□鋅相連，浸於銻綠水，中則鉑上亦鍍銻。若將鉍與白金相連，浸於水中，即不受鍍，或將白金與銀相連，浸於水中，亦不鍍銻。用鉍綠水浸，以鋅與黃銅相連，或銅錫相連，或白銅與鐵相連，則銅上亦鍍鉍。若將黃銅與金相連，或金銀相連，或白銅與白金相連，皆不鍍鉍。

鋅養硫養，或鋅綠，或鋅養□養任一種水浸以銻鉍鋅錫鉛鐵鎳銅汞銀金鉑□此數質内任以何兩質相連，皆不鍍鋅。

錫綠水内浸銻錫銅，或與鋅相連，或與鉛相連，皆可鍍錫。若銻錫，或錫銀，或銅錫，或金銅，或鉑銅相連，皆不鍍錫。

二鉛養淡養水浸以與鋅相連之錫，或與鋅相連之銅，或與鋅相連之黃銅，皆可鍍鉛。

鐵硫水内浸以與鋅相連之鉑，可以鍍鐵。若將鉑與銅連，不能鍍鐵。

鎳綠水二分，淡輕養一分，相和，浸以與錫相連之銅，則可鍍鎳。若與銀相連，不能鍍鎳。

銅養硫養水浸以與鋅相連之黃銅，與鐵相連之錫，或與鐵連之白銅，或與鐵相連之銀，或與鐵相連之鉑，皆可鍍銅。若將銀與銻相連，或鉑與黃銅相連，皆不受鍍。

銅養在淡輕養内消化，浸以與鋅相連之鉑，可鍍銅。若銀與鐵相連，不能鍍銅。

汞養淡養水浸以與鋅，或鐵相連之銀，可鍍汞。或鉑與銅連，亦可鍍汞。若鉑與銀連，則不受鍍。

銀養淡養水浸以與鋅相連之金，可鍍銀。若金與鉑相連，不能鍍銀。

鉑綠水内浸以鉑與鋅相連，則受鍍。若與金連，則不受鍍。

傅蘭雅等《電氣鍍金》卷一《申明第二法》 一，有時能鍍，有時不能鍍。二，若將任一金類質，浸於任一流質中，不能受鍍。雖加相連之質，亦不能鍍。如將鋅置鋅水中，則鋅不受鋅。在此水中，將别金與鋅相連，别金亦不受鋅。如銅與鋅相連，置鋅養硫養水中，銅不能受鋅，或在錫綠水中，浸以銅與錫□，銅亦不能受錫，或銅與錫，或與金，或與别金相連，浸於前兩種水内，皆不能鍍。三，兩金質相連，則一箇金能受鍍，此因與别金質相連之故。若不相連，則不受鍍。四，任何金質浸於任何流質，以此金與别金相連，可鍍别種金質。若别金獨在流質中，而無相連，則不能鍍。如鋅，或錫，或鐵浸於銅養硫養水中，則鋅錫鐵皆能鍍銅。若以鉑與金與銀任一質，浸在此水中，則不鍍銅。再以鋅，或銀，或鐵任一質，與金，銀，鉑任一質相連，而浸此水中，則可鍍銅。五，鍍金可用此法，使别種金質鍍於别金。惟鋅有極大之力，若以貴金，如金鉑等爲相助，則不及鋅之能。六，貴金水中所鍍之金質，數常能甚多，賤金水則不能多鍍。七，用此法而欲厚鍍，必須多歷時刻，又須多添水内之料。

傅蘭雅等《電氣鍍金》卷一《第三法即銅流質一金質》 第九圖，丁，戊爲兩流質，已爲分隔之物，有微孔相通，甲，乙爲金質相連，以銅絲一浸在丁，一浸在戊，若不用分隔，可用第十圖之法，已詳前第一節，以丁爲淡硝强水，戊爲銻綠水，其金質爲銻，硝强水中之銻消化，銻綠水中之銻受鍍，且能甚厚。

第九圖

第十圖

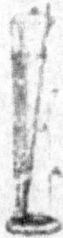

鉍綠水與輕綠水分隔左右，則輕綠水中所浸之銻消化，而鉍綠中所浸之銻鍍鉍。

銅養硫養水與輕綠水分隔左右，則相連之兩銻，在銅水中者鍍銅。

鉍綠與輕綠分隔左右，則鉍上鍍鉍。

不含□類之鋅綠，與淡鹽强水分隔左右，將鋅條彎作半圓，而浸於左右兩水中，歷十二小時，則鋅上鍍鋅。

用鋅養醋酸水，與淡硫强水左右分隔，則相連之鋅，在强水中消化，在鋅養醋酸中鍍鋅。

銻綠水在左，淡硫强水在右，而浸以鐵，則銻水中受鍍，强水中消化。

鋅養硫養水在一邊，淡硫强水在一邊，而浸以鐵，俟十二小時，亦不能鍍，或一邊用淡硫强水，一邊用銻養硫養水，而浸以銻十二小時，亦不鍍鐵。

錫綠水在一邊，淡鹽强水在一邊，浸以錫，則鍍錫。

鋅養硫養水在一邊，淡硫强水在一邊，浸以錫歷十二小時，而鍍錫。

鉍養淡養在一邊，淡硝强水在一邊，浸以鉍，俟十二小時，即鍍鉍。

鋅養硫養在一邊，淡硝强水在一邊，浸以銅，俟十二小時，尚不受鍍。

銅養硫養水在一邊，淡硫强水在一邊，浸以黄銅，或紅銅，即可鍍銅。或一邊用銅綠水，一邊用淡鹽强水，浸以紅銅，亦可鍍銅。

一邊用淡硫强水，或淡硝强水，一邊用銅養硫養水，浸以銀，歷十二小時，不受鍍。若一邊用鉀衰水，一邊用鉀衰與銀衰相合之水，亦浸以銀，即能受鍍。

銅養淡養在一邊，淡養與輕綠相合之水（即合强水）在一邊，浸以白金，不能鍍銅。或一邊用合强水，一邊用金□水，浸以白金，亦不鍍金。或一邊用合强水，一邊用鉑綠水，浸以白金，亦不鍍鉑。

傅蘭雅等《電氣鍍金》卷一《申明第三法》 一，有時鍍，有時不鍍。二，此與上二時，稍有不同，此可用同類質鍍之。如鋅上鍍鋅，銀上鍍銀，銅上鍍銅是也。三，可用貴金鍍於賤金，惟□□質合宜，否則不受。如用金，或銀，一端浸於濃鉀衰水，一端浸於銅養硫養水，或銻綠水，則鉀衰内者消化，而銅水或□水内者鍍銅，或鍍銻。四，所鍍之一端，俱藉別一端之水。五，賤金用此法，其鍍力大於貴金。六，水内所含之金質貴者，鍍得多。賤者，鍍得少。七，能厚鍍，並能粘合甚固。

傅蘭雅等《電氣鍍金》卷一《第四法即兩金質兩流質》 第十一圖，甲，乙爲兩金質，丁，戊爲兩流質，丙爲相連之金質，絲已爲分隔之鬆物。

第十一圖

甲爲鐵浸在丁流質，即鐵綠水。乙爲鋅浸在戊流質，即淡硫强水。丙爲相連之絲，歷十二小時，則銻上鍍銻。

淡鹽强水内浸錫，鋅養硫養水内浸鋅，則鋅上鍍鋅。

淡鹽强水内浸鐵，銻綠水内浸銻，十二小時之後，鍍銻甚厚。

淡硫强水浸銅，鋅養硫養水浸鋅，則鋅上鍍鋅。

淡硫强水浸鋅，銅養硫養水浸黄銅，則黄銅上鍍銅。

淡鹽强水浸鉍，銻綠水浸銻，歷二十四小時，亦不受鍍。

淡鹽强水浸鐵，錫綠水浸錫，歷十八小時，亦不受鍍。

淡鹽强水浸銅，銻綠水浸銻，不能受鍍。淡鹽强水浸銅，錫綠水浸錫，亦不受鍍。

傅蘭雅等《電氣鍍金》卷一《申明第四法》 一，有時鍍，有時不鍍。二，金質與流質合宜，則受鍍，比前各法更快。三，受鍍之金質，因與助鍍者相連，故能受鍍。四，濃强水内助鍍之賤金質，其助鍍之力，大於貴金。五，貴金鍍物，易於賤金。六，此法能粘合，而甚厚。

前法亦可用分隔之盃，只須一□硫質，盛於漏筒，一種流質，盛於盃中漏筒，即置此盃中，如十三圖之式。

傅蘭雅等《電氣鍍金》卷一《第五法即另用一流質》 除第一法之外，有合用者三法。其一，用一流質，兩金質。如第十二圖，甲爲盃，盛以淡硫强水，或銅養硫養水，乙爲鋅條，丙爲銅條，丙有戊銅絲相連，乙有丁銅絲相連，或即用此兩銅絲，或另用兩銅條，戊丁與此兩銅絲相連，浸在銅養硫養水内，巳盃内之戊銅條即消化，而丁銅條因與鋅條相連，故能鍍銅。其二，用一金質，兩流質。如第十三圖，甲爲盃，内置乙漏筒，甲盃内有中立性之鋅養硫養水，乙漏筒有淡硫强水，此二水内，各浸一鋅條，每條相連，有庚辛銅絲，此銅絲之端，浸於別盃内，此盃盛銅養硫養水，辛銅絲即消化，庚銅絲即鍍銅。其三，用兩金質，兩硫質，亦如前圖。若乙爲銅條，丙爲銅養硫養水，其別事與前同，則壬盃内之鍍銅，比前更快。若改變之，而鋅養硫養水内，加以鹽强水，盛於壬盃内，再以鉑絲代銅絲，則鉑絲不消，亦不鍍。

第十二圖

第十三圖

傅蘭雅等《電氣鍍金》卷一《申明第五法》 此與前第一、第二、第四法不同者，因兩銅絲令金質相連，而仍分開，且其不連之兩端，浸在另一流質內，而兩銅絲一消化，一受□□。其本體並無能力，皆藉別盃内之金質與流質。

傅蘭雅等《電氣鍍金》卷一《第六法》 用彎吸鐵，如第十四圖，乙爲軟鐵條，用長銅絲繞其中間，此銅絲先用不傳電之物包之，銅絲之丙丁二端，浸於銅養硫養水中，如戊其大力彎吸鐵如已若令吸鐵二極，與鐵條之端，幾次相遇，每遇一次，在將離之先，取出一銅絲，及第二次，將遇之時，即以浸下，如此，則一消化，一受鍍。

傅蘭雅等《電氣鍍金》卷一《第七法》 除第一法之外，各法相連，皆可用。如十五圖，甲爲盃，丙爲銅條，乙爲鋅條，盃内有淡硫强水，再有丁爲分隔之盃，戊浸在淡硫强水，已浸在銅養硫養水，再有庚爲長箱，内盛不相通之流質，爲銅養硫養水，將彎銅條兩端，左右分浸，其銅條一端與已相連，又一端與乙相連，各有銅絲，則銅條相間鍍銅，惟甲盃内之銅條，不受鍍。

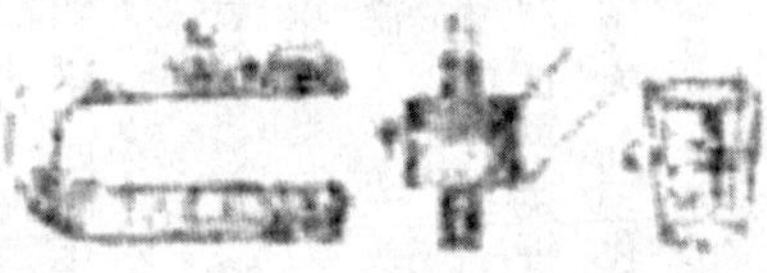

第十四圖

第十五圖

傅蘭雅等《電氣鍍金》卷一《七法之總論》 一，七法中俱有或鍍，或不鍍。二，平常之金類，或貴，或賤，用前各法，大抵皆可鍍。三，鍍，不鍍，與强水，並金質相關。金類與强水相配之法，亦相關，與連接之法，亦相關。四，器具之大小，流質之深淺，金質之厚薄，與鍍不鍍無相關。五，以上各法之中，必有不同類之事，或金質不同類，或流質不同類，或金質與流質兩種，皆不同類。六，且受鍍之事，必有一個金質，在流質中消化。如第一法，用鐵條浸於銅養硫養水中，則鍍銅之時，能消鐵幾分。又如第二法，用鐵銅兩金質浸於銅養硫養水，則鐵消化，而銅鍍銅。又如第三法，用淡硫强水浸銅□銅硫養水，亦浸銅，强水内之銅消化，銅水内之銅受鍍。又如第四法，淡硫强水浸鋅，銅養硫養水浸銅，則鋅消化，銅受鍍。又如第五、第六法，另用之水内，金質消化，其又一金質受鍍。第七法，並同。七，第一、第二法中，受鍍之金質亦消化。第三、四、五、六、七各法中，受鍍者不消化。八，除□屬金，並金衰水之外，鋅之鍍力最大，鉑則最小。九，鋅之鍍力，速於別□，但鍍得者，有黑色。十，各種平常金鹽類水，貴金最易鍍，賤金慢於貴金，極難者，爲鋅鹽類水，此外更有五事。一，若用數種金質，必應相遇，或用金線相連。二，若用數種流質，又必相通，或用鬆質分隔，或一種在下面，一種在上面。三，用數種金質，並流質，不但各物相連，又必連成一周，且相連之各點，不可有别物阻礙。四，另用流質，自本無鍍力，所有之鍍力，俱藉金絲相連之事。五，相連之金絲，其長短與鍍金，無相關。

傅蘭雅等《電氣鍍金》卷一《七理條目》 一，爲化學之理，如以净鐵絲浸於汞養淡養水内，則能鍍汞。若浸於汞内，則不受鍍。此受鍍之事，則在化學之中。二，爲電學之理，若將鐵與銅，以金類絲相連，而浸於銅養硫養水内，則銅上鍍銅。若以樹膠類相連，則不受鍍。因金類傳電，而膠類不傳電也。三，爲熱學之理，尚未攷明。四，爲重學之理，鐵浸於銅養硫養水内，則鐵上鍍銅。若浸白金於此水，則不受鍍。其故因鐵消化，而受鍍。其銅鐵之質點，一推一吸使然。白金則無有推吸之理，故不受鍍。五，爲數學之理，錫緑水内浸以炭兩塊，兩炭相連，用電器，則炭上鍍錫。若浸銅物於錫緑水，亦與電器相連，則不受鍍。此因一質點緑，一質點錫相配，所以鍍。若一質點鍍，二質點緑相配，所以不鍍，□□□待所攷之理。相配者，有兩原質合成一物，其各質以一相配，則可徑令兩原質分開。若一質點對兩質點，則必用□□之法分開。兹言大略，後將各理，分言之。

傅蘭雅等《電氣鍍金》卷一《申明化學之理》 受銀之事，其金水内，應有鹽類，即酸質與本質合成之物。其酸質消化一金質，而本質□在别金質，此爲最要簡易之變化，詳論如後。

一，用一金質，一流質，如將鐵浸在汞養淡養水中，鐵上鍍汞，因有酸質與本質，所以受鍍。若浸在汞內，但有本質，而無酸質，故不能鍍。二，用二金質，一流質，如鋅與鉑相連，而浸於汞養淡養水，則鉑上鍍汞。若二金質浸於水銀內，則不受鍍，亦即前理。三，用一金質，二流質，如鬆質分隔之器，一邊有濃鉀養水，一邊有汞養淡養水，用□白金條，將兩端浸於兩邊，則汞養淡養之一端受鍍。若一邊用汞，則不受鍍，亦同前理。四，兩金質，兩流質，亦用分隔之器，一有淡硫强水，一有汞養淡養水，强水內浸鋅，汞水內浸鉑，相連以金絲，則鉑上鍍汞。若代汞養淡養以汞，則不受鍍，亦同前理。五，另用一流質，而以兩金質相連，如第十三圖之法，或如第十四圖電氣之法，若浸白金之兩端於汞養淡養水，則白金線上鍍汞。若代以水銀，亦不受鍍。

傅蘭雅等《電氣鍍金》卷一《金質與流質受攝力之大小》 一，將鉀一塊，浸於任何流質內，即現化合之大力。若浸於土類之酸流質，或木類之酸流質，其化合之力尤大。若浸於淡水內，或在生物質之水內，則化合之力稍小。如將鉀一小塊，净於水面，立即化合。其水之輕養二氣，分離生熱生氣，而發火。鉀在水面，滚蕩不定，而消化養氣，與鉀合成鉀養。二，土類之酸質，如硫養輕緑輕弗淡養等，若浸以鋅，亦發氣，而現化合之大力，其養氣與鋅化合，而消化。木類之酸質，如草酸葡萄酸甯蒙酸螞蟻酸醋酸等，若浸以鋅，則化合之力較小。鋅若浸於水中，並不發氣，亦不化合，因是知鉀與流質之愛力，甚於鋅與流質之愛力。又知鉀鋅兩質與酸質之愛力，大於與水之愛力，鉀鋅二質與土類酸質之愛力，大於與木類酸質之愛力。三，鋅浸於淡酸質內，或土類，或木類酸質內，即能消化，而發輕氣。若爲銅，惟有淡養酸質能消化，因是知鋅與酸質之愛力，大於銅與酸質之愛力。四，金或鉑浸於土類，木類之酸質內，不能化合。銅若浸於淡養內，即有極快之化合。若浸銅於别種强水中，雖化合，而不甚快，因是知銅與酸質之愛力，大於金鉑與酸質之愛力。按金質與酸質所有之愛力，其大小之次序，爲鉀鋅銅金鉑。又有輕衰與衰兩質，與貴金化合之愛力，大於與賤金化合之愛力，惟養氣緑氣，並尋常强水，則與賤金之愛力，大於與貴金之愛力，所以鍍金之事，多用衰類質。

鉀爲鹼金，鋅鎘錫鉛鐵鈷□銅爲賤金，水銀銀金鉑鈀爲貴金，此三類金質，鹼金與酸養之愛力最大，賤金次之，貴金質爲最小。故鉀浸於金水中，則任何金質，俱能鍍於鉀上。鋅等賤金浸於此水中，不及鉀之大力，貴金則更小。因知金質與酸質之愛力最大者，其鍍力亦最大。愛力小者，鍍力亦最小。

傅蘭雅等《電氣鍍金》卷一《愛力最宜不同》 消化之面，並受鍍之面，並流質內，本質之愛力，宜不同。消化之面，與酸質之愛力，宜大於受鍍之面與酸質之愛力或水內金質與酸質之愛力。一，用一金質一流質，如鐵浸於銅養硫養水，則鐵上鍍銅。鉑浸於此水，則不受鍍。因鐵與硫養水之愛力，大於銅與硫養之愛力，故硫養消鐵，而放銅鐵，即鍍銅。若白金與流養之愛力，不及銅與硫養之愛力，故不放銅，而鉑不受鍍。二，用兩金質一流質，如鐵與銅相連，而浸在銅養硫養水，則鐵銅兩質，俱鍍銅。若銅與鉑相連，而浸此水內，不能鍍銅。蓋鐵與硫養之愛力，大於銅與硫養之愛力，故硫養與鐵化合，而放銅，於是有移動之力，自鐵遇水而至銅，又自銅轉回，所以水內之銅鍍於銅。白金不鍍者，因白金與銅鹽類之酸質，其愛力小於鹽類內銅與酸質之愛力，故無旋動，而受鍍之事。三，用一金質二流質，若以彎銅一端，浸在銅養硫養水內，一端浸在硫養水內，此二流質用鬆質分隔，銅水之一端受鍍，强水之一端，與强水化合而消化，因銅與强水之愛力，大於銅與鹽類水之愛力，故銅與强水化合，能成移動之力，而旋轉。若將彎形之鉑，或金，代銅，即不受鍍，因與硫强水之愛力，小於鹽類水内銅與酸質之愛力，故不能使分離。四，用兩金質兩流質，如銀浸在濃鉀衰水內，銅浸在銅鉀衰水內，兩金以金質絲相連，兩流質以鬆質分隔，銀即消化，而銅受鍍。因鉀衰與銀之愛力，大於銅與銅鉀衰之愛力，故銀消化而成旋轉之路，銅即鍍銅。若代銀以鐵，則不鍍，蓋鉀衰與鐵之愛力，亦小也，所以不消化，不旋轉，不受鍍。五，另用一流質，並□連之鍍力，如銀兩塊，與電氣之力相連，浸在銀衰並鉀衰水內，則一塊消化，而一塊受鍍。若代銀以鐵，亦不消化，亦不受鍍。

凡另用鍍金之流質內，浸兩金質，而有别法相連，則其愛力不同。若金質與流質之愛力大，則其大小不同之差數亦大。若愛力小，則大小不同之差數亦小。第五事中流質與銀之愛力大，故大小之差數亦大，所以一銀消化，一銀受銀。若代以鐵，則流質與鐵之愛力小，而差數亦小，故一不消化，一不受鍍，固是知受鍍之面，與消化之面，其愛力應有差數，且消化之面，必與酸質有大愛力，否亦不能受鍍。

凡兩金質與配質之愛力差數益大，則其鍍力亦益大。一，用一金質一流質，如銀浸在金緑水內，則銀漸受鍍。若將鋅浸此水中，受鍍更快。其銀之受鍍慢，而鋅快者，因銀並水所含之金，與配質之愛力差數小，鋅並水所含之金，與配質之愛力差數大。二，用二金質一流質，如鉑銅相連，而浸於銀養淡養水，則鉑上鍍銀甚慢。若以鐵或鋅代銅，則鉑之受鍍甚快。因白金並□鋅與配質之愛力，其差數大於銅，並白金與配之愛力也。又如鋅與鉑，共浸於淡硫强水，再與兩銅條相連，其銅條浸於銅養硫養水，則銅條上鍍銅甚快，因鋅並鉑與硫强水之愛力差數大。若改鋅而用鋅銅，則鍍得甚慢，因銅並鋅與硫强水之愛力差小。若用鐵與銅入此水中，則受鍍更慢，因鐵銅與硫强水之愛力差數更小也。三，用兩金質兩流質，如鋅浸於淡硫强水，銅浸於銅養硫養水，兩流質有鬆質分隔，兩金質再與銅養硫養水內之兩銅條相連，銅即鍍。若將分隔器內之銅養硫養，換用濃硝强水，其銅換以鉑銅，亦鍍銅，而稍慢，因前法兩金質之差數大，後法兩金質之差數小。

傅蘭雅等《電氣鍍金》卷一《配質愛力本質愛力》 愛力有大小不同，亦有種類不同。凡本質如各金質，並鹼土金，並鹼金，皆與配質有大愛力，其各配質，如養硫綠燐弗等，並土類，木類酸質，亦與本質有大愛力，此即不同之類也。惟消化與受鍍之面愛力不同，亦有類之不同。凡另用流質，有一金質消化，此金質因與別法相連，故得配質之愛力。受鍍之面，亦與別法相連，即得本質之愛力。如第十六圖，甲爲鉑，乙爲鋅，丙爲淡硫强水，兩金質浸在內，丁爲汞，在另用流質盃之底，另用之鍍質，戊爲鐵養硫養，已爲鐵條，浸在此水之內，有金質絲與鉑相連，其鋅有金絲，或鉑絲庚，與汞相連，此庚金絲，套以皮管，或樹膏管，通至汞，而不與鐵養硫養水相遇，浸在鐵養硫養水內之鐵條，有配

第十六圖

質之愛力，故化合而成鐵養硫養，其汞有本質之愛力，而合成鐵汞。若鐵養硫養水，代以銅養硫養水，鐵條亦代以銅條，則成銅養硫養，而又成銅汞。觀此即知，消化之面，有配質之愛力，受鍍之面，有本質之愛力。除汞之外，尚未攷得別金質，亦有此□之愛力，因平熱度之水銀，已爲流質，而別金類，則爲定質。假如別金類若能鎔化，而與消化之鹽類質相連，大約亦有此事，配質愛力與本質愛力，其旋動，有兩相反之面。一金質，一流質，其流質爲銀鉀衰，而浸以銅，即受鍍銀。若浸以鐵，則不受鍍。其銅受鍍之故，因銅與衰化合之愛力，大於銀與衰化合之愛力，故衰與銅化合，而放銀至銅面。其化合之時，銅點離開，而旋轉之力向進，流質不□□，又退至銅面，惟離去之點，與還來之點，不是一點，且其離與還之各點甚多，而密不能計數，所以愛力旋轉在同時中，又化合，又消化，又受鍍，此爲質點旋轉之路也。故其離去銅面之點，即配質愛力。還至銅面之點，即本質愛力。若用鐵代銅，即無此愛力旋轉，故不能在離點消化，在還點受鍍。若用二金質，一流質，如鐵並銅相連，而浸於銅養硫養水內，則鐵與銅並能鍍銅。若用金代鐵，即不受鍍。其受鍍之故，因鐵有離去還來之事，與前同理。另有流質內，亦有旋轉之路，且銅鐵因相連之故，令配質與鐵化合，而銅受鍍。若代鐵以金，則無旋轉之事，故不能鍍。若用一金質，二流質，將金絲連銀兩塊，一浸於鉀衰水，一浸於銀鉀衰水，此兩流質在漏筒之微孔相遇，則亦有遇銀質金絲並流質，而旋轉之路故銀消化而銀受鍍若以兩鐵代兩銀，則無旋轉，亦不受鍍。若另用一流質，如第十七圖，丙丁與戊已與庚辛之三對銅絲，浸於銅養硫養水內，又有乙銅絲，與亥鋅條相連，鋅條浸於淡硫强水內，壬銅絲與甲銅條相連，銅條浸於銅養硫養水內，子爲漏質之隔板，隔開銅養硫養與淡硫强水，則其旋轉之路內，一箇間一箇，有配質之愛力而消化。如亥壬庚戊丙，再有一箇間一箇，有本質之愛力而受鍍。如甲乙丁巳辛設斷其路，或將銅取出，或剪斷其銅絲，則不受鍍。若將剪餘之物，再浸於銅養硫養水內，則又有旋轉，受鍍之事。

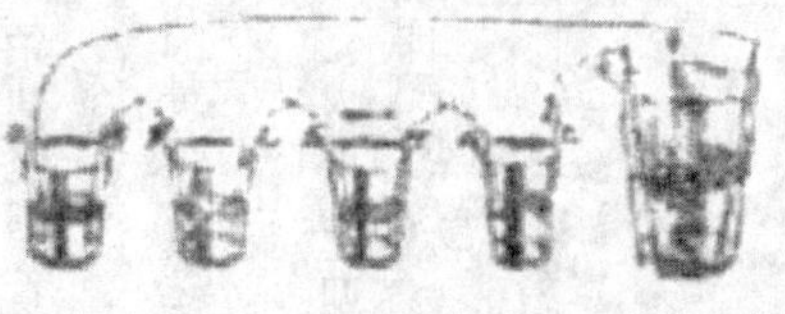

第十七圖

考驗前事，則明一箇間一箇，有配質愛力，而消化。又一箇間一箇，有本質愛力，而受鍍。此愛力旋轉之路相反，可名爲旋愛力。

或可用雙數器具，內有流質與金質，即有鍍力，可用一相連之法，而令不旋轉，故無旋愛力，且不能鍍。如第十八圖，甲乙爲兩器，每一器內有淡硫强水，每一器內有一鋅，如壬，每一器內有銀，如申，相連，如鋅銀鋅其丙丙兩銅絲浸在銅養硫養水內，如丁，則不受鍍。若用第十九圖之法相連，爲鋅銀鋅銀，其丙丙兩銅絲同前，則旋轉而能鍍。第十八圖不鍍之故，因甲器內愛力旋轉之路，與乙器內愛力旋轉之路相反，而甲乙器內之力同，故愛力彼此相減，而無旋轉也。第十九圖能鍍之故，因甲乙二器內，旋愛之力相同也。所以金質之器多箇內，有數箇相連錯誤，而減其力，則其餘器之力，尚有用。如本有十二器，而內有三器錯誤，則三箇減去三箇，其餘六箇亦可用，不過力量減小耳。

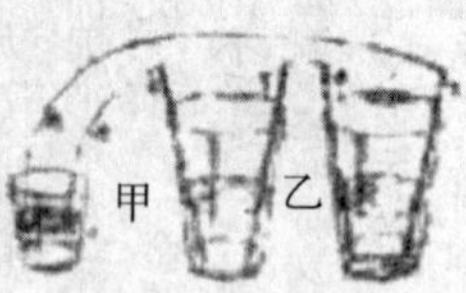

第十八圖

第十九圖

臨鍍之時，其流質内之配質與消化之金質化合而成一鹽類質，此鹽類質□即消化於流質内，而同時中受鍍之面，所鍍之本質，放出配質，再令與消化之面化合，詳之如後。

一、用一金質一流質。如鐵浸於汞養淡養水，則鐵與流質内之淡養化合而成鐵養淡養。同時，中汞敏於鐵，而放出配質。二、用二金質一流質。如鐵銅相連，而浸於銅養硫養水，則鐵面上成鐵養硫養。同時，中銅鍍於銅，而放出配質。三、用一金質二流質。如□銅條一端，浸於淡硫强水，一端浸於銅養硫養水，用分隔之器，則淡硫强水内之銅面成銅養硫養。同時中在銅養硫養水之一端，其鹽類質之本質鍍於銅，而故出其配質硫養。四、銀浸於銀鉀衰之水，或浸以别金質而鍍銀。此應令别金質與鋅相連，而鋅浸於淡硫强水，兩流質在隔板之微孔相遇，所以鋅面上成鋅養硫養銀，則放衰而鍍銀。五、另用一流質。如銀兩片浸於銀鉀衰之水，别器内有鋅片、銅片與兩銀相連，鋅銅浸於淡硫强水，則一銀片之面，與衰化合而成銀衰。又一銀片之面鍍銀，其衰與輕氣合成輕衰，而放散。

傅蘭雅等《電氣鍍金》卷一《流質内和合之配質忌過多》 流質内，和合之配質過多，或致不能上鍍。如鋅養硫養中立性之水，浸以鋅兩片，再與别器之鋅銀相連，此鋅與銀在淡硫强水中，其鋅兩片，即一消，而一鍍。若於鋅養硫養水内，添以硫强水，則消者仍消，而鍍者不鍍。又如銀兩片，浸於濃鉀衰水，再與别器淡硫强水内之鋅銀相連，則銀之一片與衰合成銀衰，而在有餘之衰内消化，銀之又一片亦不鍍，銀須至鉀衰減少然後受鍍。又如鍍金之流質内，未有放去之質，則受鍍甚慢，或不受鍍，此因消化之面，成一不能消化之鹽類質。又如有銀二片，浸於銀衰鉀衰相和之水，再與助鐵之器相連，則一片受鍍，而一片結滿不能消化之銀，衰成白色之皮，不能消化，其鍍力漸停。

傅蘭雅等《電氣鍍金》卷一《水之濃淡有定事》 鍍銀之鹽類質太少，而水太多，則鍍力甚慢。若水太少而濃，則消化之面結成鹽類之顆粒，而漸減其鍍力。如有銅二塊，浸於銅養硫養水内，又有和合之强水，此二銅與别器淡硫强水内之鋅銀相連，則一受鍍，而一消化，漸成銅養硫養之鹽類質，而結於銅，而先結下端而延至上端，漸減鍍力。

傅蘭雅等《電氣鍍金》卷一《申明電學之理》 電氣常具正負之性，故受鍍之事，其流質内必有正電質與負電質。如鹼屬金，並各種金質，皆爲正電質。如養氣綠氣硫碘溴，並各種配鹽與衰，皆爲負電質。一、用一金質一流質。如銅浸於汞養淡養水，銅即鍍汞。若浸於汞内，則不受鍍。其鍍者，因流質内，有正電質，即汞，有負電質，即淡養。其不鍍者，因有正而無負也。二、用二金一流。如鋅與鉑相連，而浸於汞養淡養水内，鉑即鍍汞。若浸在汞内，則不受鍍，其理同前。三、用一金二流。如鉀衰水，並汞養淡養水，用分隔之器，以白金線彎之，而二端各浸於二水，則汞水内之一端受鍍。若改用汞，則不鍍。四、用二金二流。將淡硫强水内，浸鋅板，汞養淡養水，浸鉑片，二金類相接，二流質用分隔法，則鉑面鍍汞。若用汞代汞養淡養，則不能鍍。五、另用一流質。如白金絲二條，浸於汞養淡養水，而與鍍力器相連，則白金絲之一條受鍍。若浸於汞，則不鍍，因是知流質之内，必備正負二性之質。

消化受鍍之二金質，其南北二極，具正負之性。

消化之面爲正電氣之性，受鍍之面爲負電氣之性，所以消化之面吸負電質，即配質，受鍍之面吸正電質，即本質。一、用一金一流。如鐵條浸於銅養硫養水，則吸銅，即鐵爲正，銅爲負，其鐵吸配質之力，過於銅吸配質之力，故能吸取配質，與之化合，而放銅，隨又吸銅，故即鍍銅。若改用鋅養硫養，則鐵變爲鋅之負質，而鋅爲正質，且鋅吸配質之力，過於鐵吸配質之力，故不能放鋅，而鐵面亦不鍍鋅。二、用二金二流。如鐵並銅浸於銅養硫養水，而合兩金質，與測電器（此器能測電氣相連最小之力），如第二十圖，銅即鍍銅，且其上下二□之偏動，向正方向，故知鐵爲正電質，銅爲

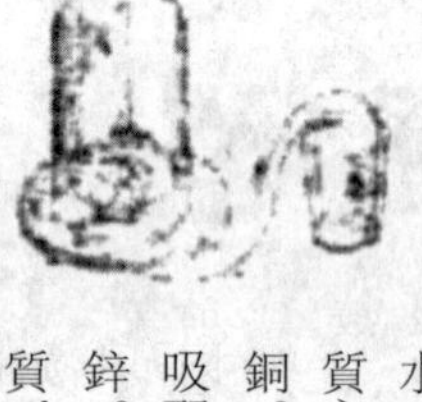
第二十圖

負電質。若鐵與鋅流質，則用鋅養硫養，亦與測電器相連，即不受鍍，針亦不動。三、用一金質。二硫養如銅二條彼此相連，以金絲一絲浸在淡硫强水，一絲浸在中立性之銅養硫養水，兩流質盛以分隔之器，再將銅條與測電器相連，則消化之銅爲正電質，受鍍之銅爲負電質。若代二銅，以二鉑，即不鍍銅，且測電器之針□不能動。四、用二金二流。如鋅浸於淡硫强水，銅浸於銅養硫養水，兩流質盛於分隔之器，兩金質亦與測電器相連，針即偏動，而知鋅爲大力正電質，銅爲負電質。若代鋅以鉑，即不鍍而針不偏。五、另用一流質。如銀鉀兩衰相和之水，浸銀二條，而與鍍力之器相連，再在旋轉之路内，用測電器針而偏動，因知消化之銀爲正質，而受鍍之銀爲負質。若代銀以二鐵，則針偏少，而受鍍亦少，因是知消化之金質有正電性，受鍍之金質有負電性，所以消化之面，吸流質内有負電性之質，即配質，受鍍之面，吸流質内有正電性之質，即本質，此爲電氣之公理，正者推正面吸負，負者推負而吸正。

傅蘭雅等《電氣鍍金》卷一《電氣推吸有旋轉之路》 一、用一金一流。如鐵浸於銅養硫養水，則鐵自生電氣，而入流質，其正電氣從鐵面上密切之點透出，令鐵消化而過流質，其負電氣在密切之點，回進鐵質而受鍍。若將金浸於銅養硫養水，則無電氣，金不消化，亦不受鍍。二、用二金一流。如鋅並銀各一片相並，而浸於銀養淡養水，則鋅消化，而銀受鍍，因有電氣過金流二質。若用測電器測之，即知鋅爲正，而銀爲負。三、用一金二流。如銅二片，一浸於淡硫强水，一浸於銅養硫養水，兩流質在鬆質板之孔相遇，銅片與測電器相連，即知强水内之銅爲正，而消化鍍水内之銅爲負，而受鍍。四、用二金二流。如鋅浸於淡硫强水内，銀浸於銀鉀衰水内，二流質在鬆質板之孔相遇，二金質與測器相連，即知鋅爲正，故消化，銀爲負，故受鍍。五、另用一鍍質。如銻緑水浸銻二塊，令通電氣，其一塊爲正，而消化，又一塊爲負，而受鍍。六、用數箇流質。如第十五、十七兩圖之法，丙有銅養硫養水，並銅條多根，其左右兩根，與鋅並銅兩板相連，其兩板浸於銅養硫養水内，若用此法，則一銅間一銅爲正電性，一塊間一塊爲負電性，正者消化，負者受鍍，電氣通過一切銅條，而旋轉。

傅蘭雅等《電氣鍍金》卷一《電氣不可有隔斷之處》 凡鍍金通電之路，不可有難傳電之質在内。如鐵絲甚長，或流質甚少，雖能傳引電氣，能甚慢，而不及銅絲之快，故受鍍亦甚慢。或用不傳電氣之質，如玻璃條相隔，或用空氣相隔，則電氣斷，而不能鍍。

傅蘭雅等《電氣鍍金》卷一《電氣通路之理》 凡金類與流質相遇，而生電氣，或有電氣行過，金質與流質，則正電氣必從消化之金類，即正電金類行過流質，而至負電金類受鍍之面，若言正金質，即消化之面，若言正極，即正電氣離開負金質，而入金質絲之起點。如有鋅一塊並銀一塊，浸在淡硫銀水内，鋅爲負極，正電質，銀爲正極，負電質。

另用鍍金質者，其消化之金質爲正，受鍍之金質爲負，或言此兩金質爲正負二極，已涉謬誤。

傅蘭雅等《電氣鍍金》卷一《流質因電氣之故令所含之質分離》 分離之處，在流質與金質相遇之面。流質内之負電氣質，在正金質之面化合，其正電氣質在負金質之面離流質，而受鍍。設有銀與銅浸於銅養硫養水内，再有鋅與鉑浸於淡硫强水内，後用金質絲將銀鋅相連，遂又將銅鉑相連，則銅養硫養水内之負質(即配質)與銅(即本質)相離，隨與上路之正金質化合(即銅)，而在水内消化，故流質内之正金質(即銅)鍍於負金質之面。若用鉑代銅，用汞代銀，如第十六圖，則有相反之事，因流質内之配質，爲鉑所吸也。若鉑爲正，故吸負流質，而不能與流質化合。惟本質(即銅)與負金質(即汞)，始能化合也。故將鹽類質消化，而用電力化分其本質配質，則所得之質，與平常在水内消化者同。

傅蘭雅等《電氣鍍金》卷一《電器釋名》 鍍金有數事，並數物，其名目易混，故將法拉待所立之名列之。電氣化分之鍍料，名鍍金水。通電氣而有放出之金類，名電氣化分。電氣通入金類質之二端，曰電路。通正電路之端，名上路。通負電路之端，曰下路。鍍金水所放之質，名電放質。上路化合，或放之質，曰上路質。下路化合，或放之質，曰下路質。

傅蘭雅等《電氣鍍金》卷一《鍍流質與熱度有相關》 電箱内流質之本質，其彼此之愛力有大小，因流質之熱度不同。若流質之熱度愈大，則愛力愈小，所以加其熱度，則加大放電質引電之力，而減少金類片引電之力。若熱度不多，而比金質減少引電之力，與流質加大引電之力，即知加者多，而減者少，故加鍍金流質之熱，即加受鍍之速力。

下路質浸於平熱度之流質内，後加其熱至大熱度，則不能受鍍，或將受鍍之金質取出，而在冷水内，洗净後，再浸於鍍流質内，亦不能鍍。若先加流質之熱，然後將下路金質之冷者，浸入則受鍍甚好，且此熱流質，雖漸漸減熱幾度，而鍍力亦不息。

鐵面鍍錫，則將鐵器浸於含錫之流質，此若加熱至法倫表一百五十度，即不能鍍。如先加流質之熱，而後將鐵浸入令流質之熱，漸減至一百度，即能受鍍不息。

傅蘭雅等《電氣鍍金》卷一《光學之相關》 光與鍍金之事，亦有相關。蓋鍍金本質記質之愛力甚小，光即能令分開，遂不受鍍。設有銀養硫養消化於鈉養硫養水內，光照於其上，則所有之本質化分，此理尚未攷知。

傅蘭雅等《電氣鍍金》卷一《申明重學之理》 流質爲電氣化分之時，必有無數極細之質點，彼此相吸相推，遂成移動之事。如將鋅一塊，浸在銅養硫養水，而水底有汞，後將鋅與汞相連，此用白金絲外包樹膠，或套玻璃管，令不與銅養硫養水相連，則鋅面之質點，有正電性，故彼此相推，切於鋅面之流質。其質點爲負電性，亦彼此相推，但流質內之配質點，因是負電性，故吸鋅面之正電質點，遂化合而成鋅，鹽質同時中汞面上之流質點，有正電性，其□彼此相推，但或與流質之汞質點有負電性，彼此相推，所以負電性之□□點，與流質內之正電性通，銅質點，而相吸化合，用此法，鋅上鍍銅爲□故，與現在無相關。前理可如第二十一圖，而詳言之，圖內銅銅銅銅爲銅養硫養水內之銅電上路，再有汞汞汞汞爲流質內之汞電下路，用鉑絲將上下二路與流質器相連，上下路中間之流質點爲銅銅銅，以及硫養硫養硫養，所以上路各銅皆正電性，皆彼此相推，銅硫養質點皆負電性，皆彼此相推。但銅電上路爲正電性，故吸切近之硫養質點，而成鹽類質。同時，中切近汞電下路之銅硫養質點，置爲正電性，故彼此相推，其下路爲負電性，則鹽類質內之汞銅相吸，故當二箇質點吸動之時，銅上路消化，下路化合，汞必將水內所含之銅吸來，而化合當是時上路之銅補其缺前言之吸路，與推路甚密，而不能測量，然亦有形可察。如上路所成之鹽類質，在流質之內消化後，爲微管吸力，而慢慢透過流質，或不能消化，而重於流質，即慢慢沉下。其下路所放之配質，亦爲微管吸力，而慢慢透過流質，或輕於流質，而上升。此種移動，有色能見，因知流質內之本質與配質，不能連，即往來，必是緩緩移動，且在緊密之流質內，透過更慢，故必常用器攪和，則不致流質之上半配質多，而下半金質多也，且受鍍之處，更宜掉動，否則鍍上之質甚脆。

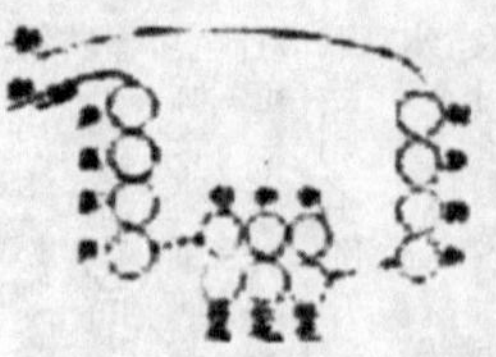

第二十一圖

傅蘭雅等《電氣鍍金》卷一《上下電路在流質內之形像與鍍金有相關》 一，鍍金流質內之兩電路，俱爲平置。電上路在上，電下路在下，則上路所成之鹽類質，重於流質，必向下沉。下路所放之配質，輕於流質，必向上升，故上路近處常有和合之配質，下路近處常有含金質之鹽類，實因此能成鍍金之事。二，兩電路俱直立，則流質內之鹽類質重，而配質輕，故鹽類質下沉，而配質上升，因此而電氣從上路之上半，斜過流質，至於下路之下半，所以上路之上半消化較快，下半消化較慢，其下路之下半受鍍較快，上半受鍍較慢。若有此事，則下路鍍成之質，必有多紋，此因配質上升之時所成也。若流質滿含鹽類質，而不攪和之，則上路之下半結成鹽類質之顆粒，其顆粒合於流質之面消化。若有此事，而流質或深，則成彼此不相干之電氣，上下路各自有路，因上路俱有配質，下路俱有本質，所以每一路之上半，與下半不同，則電氣在上半離開，金質在下半進去。

傅蘭雅等《電氣鍍金》卷一《電路之形狀》 上路或下路之形，□亂而不能平正，或有凹凸之形，則高凸最近之處，上路消化甚快，下路受鍍甚厚。低凹最遠之處，則反是。若下路不光，而粗□，易結成顆粒。

傅蘭雅等《電氣鍍金》卷一《化分化合之理》 原質與雜質化合，其輕重有一定之比例，其數或爲正數，或爲倍數，即化學所論之分□數，茲列各質，如後。

輕	一	鈷	四七	庚	六〇	鋰	六五
養	八	硴	〇九	鎂	一二·二	鋁	一三·七
淡	一四	硫	一六	弗	一八·九	鈣	二〇
矽	二一·三	鋯	二二·四	□	二三	□	二五
鉻	二六·七	錳	二七·六	□	二八·〇	鈷	二九·五
鎳	二九·六	銅	三一·七	燐	三二	鋅	三二·六
緑	三五·五	鉀	三九·二	硒	三九·五	鎳	四〇·八
鉬	四六	□	四七·〇	□	四七·〇	鎬	五〇·〇
□	五二·二	釪	五二·二	鈀	五三·三	鎘	五六
錫	五九	釷	五九·六	鈾	六〇·〇	碲	六四·二
鋇	六八·五	釩	六八·六	鉮	七五	溴	八〇
鎢	九五	鉑	九八·七	銥	九九	錸	九九·六
汞	一〇〇	鉛	一〇三·七	銀	一〇八·一	碘	三七·一
銻	一二九	鉭	一八四·〇	金	一九七·〇	鉍	二〇一·三

鍍金常用之質，如硫强水鉀衰等物，應知其原質與分劑數。水即爲輕養，其

分劑數爲九。硫强水以水較重一八四八者，其原質爲硫養輕養，分劑數爲四十九。鹽强水以水較重一二一者，其原質爲輕綠加六輕養，分劑數爲九〇五。硝强水以水較重一五者，其原質爲淡養二輕養，分劑數爲七十二，二淡輕加三炭養加二水，即爲一百十八，淡輕綠爲五十三·五，鉀養輕養五十六，二成顆粒之鉀養淡養，即鉀養淡養輕養爲五十一·二，鈉養炭養十輕養爲一百四十三·二，鈉綠爲五十八·五，鈣養二十八，鎂養二十二，鎂養炭養輕養五十一·二，鋅養四〇·六，鋅養硫養七，輕養一百四十三·二，鐵養八十，鐵養硫養十一，輕養一百三十八，銅養三十九·七，銀養一百十六·一，銅養硫養五輕養一百二十五，銀綠一百四十三·六，銀養淡養一百七十·一，金養二百〇五，金綠三百〇三·五，鉑綠一百六十九·七，衰二十六，鉀衰六十五·二，鋅衰五十八·六，銅衰一百四十八，汞衰一百二十六，銀衰一百三十四·一，金衰二百二十三。

消化與化合，亦有一定之分劑。

一、用一金一流。如將淨鐵一塊浸在銅養硫養水内，鐵消化，而銅上鍍。消化之鐵二十八分，鍍上之銅三十一分七。又有硫强水四十九分□銅，而與鐵化合變成鐵養硫養。二、用二金一流。如將鋅一塊與銀相連，而浸銀養淡養水内，鋅消化，而銀鍍銀，每鍍銀一百〇八分一，即消化鋅三十二分六。三、用一金二流。如銅浸在銅養硫養水内，又一銅浸在淡硫强水内相連，用銅絲二流，以鬆質相隔，則淡硫强水内之銅消化三十一分七，而銅養硫養水内之銅受鍍三十一分七，又有硫强水四十九分，在下路放出，漸通至上路，而相與化合。四、用二金二流。淡硫强水内浸鋅一塊，銀鉀衰水内浸銀一塊，二金用銅絲相連，二流以鬆質相隔，則鋅消化三十二分六，而與硫强水化合，銀即受鍍一百〇八分一，而放出衰二十六分。五、另用一流質。並溼電器以銅絲連，金兩片浸在金鉀衰水内，則每鍍金一百九十七分，而放衰二十六分，即有金一分劑消化，而與衰化合。其溼電器内，有鋅一分劑消化，而與硫强水化合，並放輕氣一分劑。六、用多箇器，如第十五，第十七圖之式，其器内用銅養硫養，而浸以銅，又有鋅浸在淡硫强水内，二流質以鬆質相隔，其消化受鍍化合等事，皆從前言分劑之理。

傅蘭雅等《電氣鍍金》卷一《電氣化分二質》 前言電氣變化物質，俱依化學分合之定理。然几雜質，只含二種原質，而每種只有一分劑，則電氣能一逕化分之。如輕氣，或金類一分劑合養氣，或碘或溴，或綠，或衰一分劑是也。至於硃養與硫養，硫養與燐綠，燐綠與硫綠，與炭綠，與錫綠，與鉀綠，與銻綠等質，不能通傳電氣，故不能爲電氣化分。又有數種雜質，雖爲多於二種原質，所成亦能爲電氣化分。惟其化分之事，必須繞道而成，如鈉養二硃養雖不能爲電氣，一逕化分，而仍能在上路放養，而在下路放硃，此因電氣化分鈉養，而其鈉則令硃養放其硃。又如淡輕輕養水，通電之時，上路放淡氣，下路放輕氣，則電氣所化分者，爲輕養，而上路所放之養氣，與淡輕之輕氣化合，而再成水，如此有淡氣，在下路放出。

傅蘭雅等《電氣鍍金》卷一《電化分與算學相關》 前二節論電氣變化之定理，並電氣化之分質之理，所以顯明電力與算學有相關，即有相等之力，在相對之方向顯出。如正電性之質點，向彼方向而行，負電性之質點，即向此方向而行。其各質無不服從此電力，故其質點之分劑，與算學相關，而生電氣顯□電氣，又與化學相關，俱各有一定之理。若算學理合法，而化學理不合法，或化學理合法，而算學理不合法，則變化物質，必不能成。

傅蘭雅等《電氣鍍金》卷一《上下二路之大小並流質與金質絲》 上下二路面積之大小，並二路間流質之多少，並金質絲之粗細，俱與鍍金之快慢有相關。上下二路之面積益大，二路間之流質益少，□不甚佳。然流質少，而相距近，亦屬無妨，惟須兩邊寬大，而相連之金質絲愈短愈粗，則鍍力愈大也。至於上路甚大，而浸在流質之下半，下路甚小，而掛近上路之面，則消化之金質，多於鍍上之金質。下路且欲發氣，故鍍力不多。

傅蘭雅等《電氣鍍金》卷一《受鍍快慢》 金質之性與快慢有相關，若甚快者，受鍍之金質黑色，而脆粘力不固。若能稍慢，則得本色之金，至於極慢，又有顆粒之形，因原質點有成顆粒之工夫。

傅蘭雅等《電氣鍍金》卷二《器具》 前卷論理其受鍍與否，概已詳悉。兹論用法，以申明之，欲作此事者，庶幾於臨鍍之時，能免其弊，而樂其成，故將應備之器具，以及一切材料器具，要而詳言之。

電鍍金類端緒甚繁，器物皆當預備，理法俱必詳明，今略舉其綱領，列於首。

空房一所，流質數種，電器數種，揩擦之物，模質數種以備外鍍金質，至於工藝則有電器之造法，電器之用法，辨别金質之理，用模之法，平常鍍金鍍銀之法，流質之用法。

房屋内之位置，如鍍金則在樓上，牕户宜透明而通風，常能換易新氣。鍍鎘之房，宜安置器於别處，因有毒氣發出，必有换氣之法。欲鍍一切金類質，須有房屋三間，一在樓上，可鍍金，二在樓下，可鍍銀，又一在樓下，可鍍銅等粗物。

此外須有天井，以便洗浄□器，又應有一披屋，可安電器，另須明浄之小屋，不置別種器具。

傅蘭雅等《電氣鍍金》卷二《鍋爐並零器》 平常鍍金之事，應備鐵鍋與鐵爐鍋與爐，或置鍍銅之房，或近鍍銀之房，鍋內有鉀養輕養水，可將受鍍之物，先在此水洗浄。又備一小爐並鐵板，可將鍍成之物，置於鐵板烘乾，鍍銅房內亦備一小爐，可將鍍銅之水加熱。又有常流水之管，並鉛桶可洗小物，又有大桶，可洗大物。又有大瓷盆，形爲橢圓，或正圓，可將欲鍍之物，先浸於内。又有大鐵盤，内盛木屑，可置鍍成之物，每房之内，應有一刷車，可用足踏，而刷浄鍍物，鍍金房内，亦備小爐，可將金水加熱。

傅蘭雅等《電氣鍍金》卷二《電器》 鍍金所用之電器，或宜乾，或宜溼。乾者價貴，且必有運動之機件。溼者價廉，用亦較便，然有時乾溼二種，俱宜用者，後詳言之。

傅蘭雅等《電氣鍍金》卷二《乾電氣器》 乾電器之制用彎吸鐵與銅件，已見前十四圖，然用以鍍金，則應如第二十二圖，甲爲堅木架，乙乙乙乙爲大力彎吸鐵四箇，定於架上，丙爲軸，用汽機之力旋轉甚速，軸上有環形黃銅四塊，並有軟鐵四條，中在環銅，如第二十三圖，乙丙丁戊，其長□於彎，吸鐵二極相距之數，每一□鐵條繞以銅絲，絲外包以不傳電之物，不令電氣相混，銅絲之端，與丙軸上四塊環形黃銅相切。如第二十四圖，彼此分隔，用硬木，或象皮等鐵條□轉而過彎吸鐵之各極，則銅絲内成附電氣，其漸近彎吸鐵時，附電有正方向，其漸離之時，有反方向，若欲收各電氣，而令各從一方向，而動即用二十四圖之丁戊二簧，壓在環形銅面，則每改附電方向之時，其二簧可與銅環别節相遇，而電之方向改爲相反，則成一箇方向之電氣。如二十三圖，北南北南爲吸鐵電氣極，此圖式爲平視形，與二十二圖同。二十三圖，甲即是二十二圖之丙軸，乙丙丁戊即四條軟鐵，上繞銅絲，凡軟鐵條，轉至吸鐵極，則外銅絲有一箇方向之電氣，即爲加電氣。若軟鐵條離極之時，則内銅絲有相反方向之電氣，即爲減電氣加減二電氣。若改其極即，又改兩箇加減之方向，故軟鐵轉動，而近南極時之方向，□□北極時之方向相同。設乙鐵上之銅絲，從南向北之時，其電氣方向，如圖爲自右而左，

第二十二圖

形如乙□丁鐵上之銅絲，其電氣亦爲此方向，惟丙戊二鐵上銅絲之電氣方向，自左而右，因丙戊從北至南也，□圖自明。一個軟鐵每過吸鐵電極中界之時，則一切銅絲内，改其方向，所以每轉一周，必改四次。若用每轉四分之一，而改四個銅絲，俱爲一個方向，應將乙丁兩銅絲之端，連於環銅之法，與丙戊二銅絲之端連，於環銅之法。相反，軟鐵每過極中界之時，即收銅絲内電氣之方向，故每遇此時二挺簧，即改相切之處，同時中電氣，即改方向，如此可將各不同之方向，令之爲一個方向，得了一個方向，即可令電氣到鍍金之桶内。

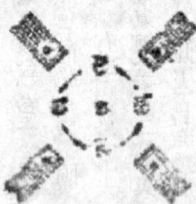

第二十三圖

第二十四圖

如第二十五圖，甲爲軸，一二三四爲四個環形黃銅，與軸分隔之黑圈，即樹膠所作一二環銅，有短銅絲相連，圖上不能見，而三四亦同法相連，甲甲甲甲銅絲之端，與一二環銅之銅絲相連，而銲牢乙乙乙乙與三四相連之法亦同。若用此法，轉動四分之一，則一切電氣皆爲同方向。在二十五圖内，軟鐵將到極之中界一環銅，將與丙挺簧相離，四環銅將與丙挺簧相遇，三環銅將與丁挺簧相離，一環銅將與丁挺簧相遇，圖内易見現在之形一切，銅絲之甲端，並一二環銅，並丙挺簧，俱爲正電氣，如箭之方向。其乙端，並三四環銅，並丁挺簧俱爲負電氣。若軟鐵已過極之中界，即改其方向。一切乙端，並三四環銅俱變正電氣，其甲端並一二環銅，俱變負電氣，故已過中界，一環銅與丁挺簧相遇，四環銅與丙挺簧相遇，同時之中，丙挺簧仍有正電氣，與未過中界之前同，在别一中界，亦同。不論何快慢，皆同。

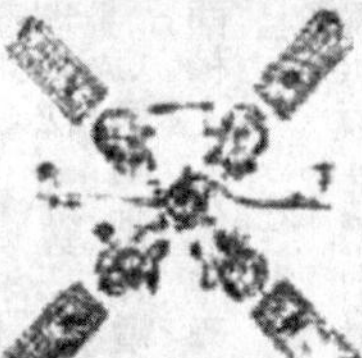
第二十五圖

軟鐵將近吸鐵極而未過，則有最大之力。若欲減少其力，則將彎吸鐵上之□鐵塊，移近極，或遠極，其二十二圖内與挺簧相連之銅絲，一端與消化之金質

相連，一端與受鍍之金質相連，此器又可作八個彎吸鐵，與八個軟鐵，其力更大。

傅蘭雅等《電氣鍍金》卷二《溼電氣器》 前卷所論七事，即溼電氣之理。茲論製造電器，或爲一流二金，或爲二流二金，因此二法能生電力極大，惟其位置與相距，及金質與銅絲，俱有一定之法。溼電器原有三種可用。一，爲舊式鋅銅電器。如第二十六圖，玻璃筒上有木横，擔中插一鋅板，左右各有銅板，自相連，銅板之銅絲通至消化之上路，鋅板之銅絲通至受鍍之下路。二，爲司米電器，用鋅板與鍍鉑之銀片，其形與前相同，惟代銅以銀。三，爲旦尼電器，如第二十七圖，鋅作圓柱形，浸於淡硫强水，銅爲多孔之圓套，浸於銅養硫養水，分隔兩流質，以鬆質之漏箭。又有玻璃，或瓷爲外箭。又法鋅置於漏箭，而加淡硫强水，漏箭置於銅箭，而加銅養硫養水，銅箭之上口有多孔之銅圓片，銅養硫養之顆粒置片上，如銅養硫養水化分而淡，則顆粒消化而補足，此外又有電力更大者，用鋅與生鐵之電器。

第二十六圖

第二十七八兩圖

電器之箭，或圓或方，皆可。舊式者，司米電器約用六箭。旦尼電器若欲大力，則用圓箭，或爲瓷，或爲玻璃，或硬象皮，若作大電器，用瓦爲好，因玻璃大箭甚貴，惟能透光，而審視變化之事，則爲便。處現在造玻璃之肆，專造大器，特爲電鍍金類之用，其硬象皮箭價亦貴，雖牢固而不透明，且鋅鹽類質我結於其面。

傅蘭雅等《電氣鍍金》卷二《鬆質之器即漏箭》 旦尼之器，或別種二流質之器，必用鬆質分隔，則兩流質能在微孔内相遇。此漏箭有三種，一爲無釉之瓷，一爲木，一爲膀胱，然以瓷爲好，凡不用之時，應浸於浄水，消去其體内之鹽類質，若乾而結成顆粒，必有裂縫之病。

傅蘭雅等《電氣鍍金》卷二《鋅板》 鋅板宜用日耳曼鋅，又名木□曼鋅，其厚薄與電器之大小有相關。最小者，不可薄於八分寸之一。最大者，四分寸之一，或八分寸之三，且尼里所用之鋅柱，可將舊鋅板鎔化，而用模鑄成。

傅蘭雅等《電氣鍍金》卷二《鋅板鍍汞》 鋅板或鋅柱，與汞相合，先備硫强水一分，水十分，相和後，將鋅板浸片刻而取出，將汞傾於鋅面，用舊布擦匀。如有不合之處，則用硬刷刷之，即在水内洗浄，而將板斜立，令水流下，所有多餘之汞，亦流下。

傅蘭雅等《電氣鍍金》卷二《銀片鍍鉑》 銀片鍍鉑，將漏箭盛淡硫强水，而浸一鋅條，漏箭又置於外箱，此箱盛鉑緑水，和以蒸水，令成淡棕色，再加硫强水數滴，遂將銀片浸，此水中用銅絲與鋅相連，銀面發氣，而漸爲黑色，即是受鍍，取出，以水洗之，而待乾，此須留心，不可擦去其鉑，作鉑緑水，將硝强水一分，鹽强水二分半相和，以鉑之小塊，漸漸加入，使水内不發氣，即不再加，其水變爲深紅。

溼電器内用銀片，□遇於鍍鉑之銀片，因所發之輕氣，粘在銀面，則銀與流質相切之面少，而傳電較難。惟用鍍鉑之銀片，其鉑本成粉形，有傳電之大力，故輕氣之散甚快。銅片以純銅爲之，然遜於不鍍鉑之銀片，因强水與銅有愛力，易成銅鹽類質，於强水内，而令鋅板消化甚速，故不用電器之時，不可留銅於强水内，然取起之時，又因空氣之故，而銅面即生銅養之質，後再用之，減少電力。

傅蘭雅等《電氣鍍金》卷二《水箱》 所鍍之物不多，可用玻璃器盛之，或用瓷器盛之。若件數甚多，必能盛水數千觔之器，故用木箱，而内襯鉛皮。若欲將人像等大件，鍍以金類，則用磚坑，而内塗石膏，再敷樹膠一層。若用鉀衰水，即不能用，因鉀衰能消化樹膠也。平常鍍銀之木箱，深約三十寸，濶約三尺，長約二十尺，各廠之制大小不同，且有用熟鐵板爲箱者，但鐵箱上常有鹽類質所結之顆粒。

傅蘭雅等《電氣鍍金》卷二《鍍箱内安置之法》 羹杓刀叉茶壺碗鍱等物鍍銀，將消化之金質，掛於箱旁，須稍高，而略近於水面。箱上有木架，相距約二尺。如第二十九圖，架上即掛消化之金質，彼此相連，其受鍍之物，掛以銅絲，而繫於紅銅桿，此桿又靠於二横桿，有大銅絲與電器之負電極相連，其消化之金質，亦有大銅絲與正電極相連，如此安置，則受鍍之物周圍，俱有消化之金質，故鍍成甚快。其木架能活動，若大物入箱，可將木架拆卸，銅片爲正極，鋅片爲負極。鍍箱内，若用熱流質，如□，或銅，或黄銅之流質，其箱可用生鐵，或熟鐵爲之，内面加以瓷釉。

第二十九圖

第三十圖

傅蘭雅等《電氣鍍金》卷二《刷車八十節》 鍍金類之房内，應有刷車，以便刷净各物。其器如第三十圖，乙爲鉗，傍有黄銅細絲刷四箇，丙爲壺内有淡皮酒，從塞門滴下，如丁至刷上，戊戊爲兩板遮住酒之飛散，己爲盆，可受滴下之皮酒，庚爲管，令用過之酒漏出，人以脚踏之，將鍍成之物，近向銅絲刷之，此帚粗細不等，與物之形式相配。

傅蘭雅等《電氣鍍金》卷二《通電銅絲》 銅絲宜備大小數種，如白明巷十八號，或二十號者，每一條約十五寸至二十寸，爲掛小物之用。若大而重者，應换粗絲通電之絲，紅銅爲好□引電氣最易，且軟而易彎，其次則黄銅極好，惟銀□價貴耳。

傅蘭雅等《電氣鍍金》卷二《浸洗物件之水》 受鍍之物，先宜洗净。如洗鐵物，須用大瓦盆，盛以硫强水一分，水二十分。别種金質，可用更淡之强水。磨光之熟鐵，强水宜更少。若洗紅銅黄銅白銅等物，宜用瓦盆數箇，一盆内盛濃硝强水，一盆内盛消污水，此用水二十四分，硫强水二十四分，硝强水三十二分，鹽强水一分。一盆内盛力已用盡之流質，或爲淡養，或爲消污水。此外，宜備擦玻璃之細砂，並刷帚並舊布，令難净之處擦净。又有磋刀與□，以備刮垢之用。又有輕弗水，或藏鉛瓶内，或藏硬象皮瓶内，生鐵物上有玻璃粘合之處，用此水擦去。（八十二節）

傅蘭雅等《電氣鍍金》卷二《電器内强水》 鍍金類之電器内，舊用硫强水一種。若用旦尼電器者，應備銅養硫養。本生電器，須備硝强水。

傅蘭雅等《電氣鍍金》卷二《金質粘合之流質》 紅銅黄銅白銅等質鍍銀，而令粘合，須用汞養淡養水，或汞衰水，擦於銅面，作汞養淡養之方，汞一兩在硝强水内消化，俟飽足之後，再加蒸水一斗，令淡作汞衰之方，將汞養淡養一兩，置於鉀衰水内，俟其盡結成□，取其質，加以濃鉀衰水，令盡消化，再加鉀衰少許，而並加蒸水，共得一斗盛於大瓷瓶内，近瓶之處，備消污水之盆，又備一清水盆，此三器在鍍銀房内，刷車之傍，逼近於鍍銀之箱。（八十四節）

傅蘭雅等《電氣鍍金》卷二《作模之料八十五節》 常用之料，或硬象皮，或白蠟，或塗白蠟，或鯨脑油，最好爲硬象皮與質勿立海膠切成小條，在鐵杓内鎔之，不可過熱，先鎔海膠，後漸添硬象皮，攪令和勻，此料比全用硬象皮者更好。一，因熱時能更軟，以模印之，能貼合。二，因冷後縮小更多，涇模内易於取出。三，因面上易粘筆鉛。

傅蘭雅等《電氣鍍金》卷二《筆鉛燐漆傳電之料八十七節》 硬象皮蜜蠟海膠等物，俱不傳電氣，故於面上須加傳電之料。一，蠟模之面，用筆鉛，但各種筆鉛質傳電氣之力不同，最合用之質，爲的克司所造者。二，凹凸力模料所用之各流質，一爲燐流質，□合□流質三兩，宜將蜜蠟，或羊油六十四釐，加熱鎔化，次將生象皮八釐切碎，在炭硫一百六十釐内消化，□加鎔化之蜜蠟，而攪和之蜜蠟添時宜慎，恐易於生火，後將□六十四釐在炭硫九百六十釐内消化，再加松香油八十釐，□穌發而細粉六十四釐，俟全消化，與前象皮流質相和，攪動之。三，爲銀漆，其作法以二十兩爲度，將紋銀十八或十九釐，置於二十或二十五釐極濃之硝强水内，後將蒸得之水，添滿，至二十兩。三，爲金漆，如欲作二十兩，則以金五釐，或六釐，再將硝强水一分，鹽强水二分，或三分相和，共重二十，或二十五釐，加熱而將金消化後，添蒸水二十兩。

又法，作燐模料，可免浸以燐流質之工，因其模質内已含燐質，作此料一磅，可將蜜蠟半磅，並鹿油半磅鎔化，次將燐十九或二十釐在炭硫三百釐内消化，其油與蠟加熱，不可過大，視其初鎔之時，即將消化之燐添入，法將燐流質盛於壺内，壺有長口，插入油與蠟之底，而漸添入，始免生火之虞，此燐料傾在木，或紙或布上，最易發火，用時宜慎之。

傅蘭雅等《電氣鍍金》卷二《各物受鍍厚薄不同》 物甚小，而多如針，與鈕扣等□，須薄鍍，則用浸鍍之法。若是鍍銅，只用一流質爲便，比電鍍更快，而費亦較省。惟鍍金銀，必用電器爲妙，因能加厚，且流質力不要加本質。

傅蘭雅等《電氣鍍金》卷二《合製鍍水》 鍍水之製，有二法：一、用化合。

一、用電氣。若作銅養硫養水，則將銅養硫養在水内消化，後再另加和合之硫强水。若作銀鉀衰水，則將銀在□硝强水内消化，即得銀養淡養水，後加鉀衰水，而結成白□之銀衰，用清水漂浄，再以鉀衰水消化，後再另加和合之鉀衰少許。若用電氣作鍍水，則將酸質，或鹽類質消化於水内，次將金質大片置流質之底爲上電路，再將金質小片浮在上面爲下電路，或須加熱，或不加熱，依各金質之性，後將上下二路與發電器相連，若下路受鍍，即如上路消化，而流質内已多含金質。若作鍍金水，則將下路置於小漏筩内，此筩再置於外筩，而筩内用大金片爲上路，兩筩俱盛鉀衰水，兩水之面略平，後將下路移在外筩面，受鍍，即卸外筩流質所含之金質已足用，小漏筩内之流質，可並於外筩之内。若作銅養硫養水，則銅爲□質□□，如此必欲試之，可將清水量加硫强水，用銅大片爲上路，銅小片爲下路，置於流質内，兩路與電器相連，銅即消化而成銅養硫養水，銀鉀衰水亦可用電氣成之法，時水若干，消化鉀衰與前同。意後用銀大片爲上路，銀小片爲下路，與電器相連，銀即消化，而至足用。

傅蘭雅等《電氣鍍金》卷二《鍍水宜忌》 電器鍍金□知下六事，而定鍍水之用。一，鍍水應與電上路有大愛力，且□含□多金質。二，鍍水應有引電之大力。三，鍍水應易放金質與下路，受鍍者，須如其本色，不可有顆粒。四，鍍水不可與賤金質有大愛力，因賤金受鍍，而有大力，則不粘合。五，鍍水遇空氣，不可自化分，又遇光，不可塗其質，而難鍍。六，鍍水不可在受鍍之面上發氣，如有之，則電氣之力太大，而鍍水内，又加養氣。（九十節）

傅蘭雅等《電氣鍍金》卷二《試驗鍍水》 試驗之法，可用二對司米電器，將浄上路浸在流質内，其下路用浄鐵，或銅與上路之面積等，細察電器内發氣之多少，並鍍之快慢色之明暗，或色不似其本色，又察粘力能牢固，否下路之電氣如何，上路消化之難易，消化時，發氣與否以受鍍之物取出，而再浸於内，能再鍍否，空氣與流質之面相遇，或見光否傳電之力，減少與否，流質下面有沉下之質否，上路成不消化之黑皮否，如有此物，或另加之配質太少，或金質不繞。

電器内發氣不多，即是流質傳電不得法。或爲流質之熱度，不能消化金質。若不受鍍，或爲熱度不合，或另加之酸質太少，或消化之鹽類質太少。若受鍍之色不好，或電氣之力太大，或受鍍之物太小，或流質内不能放出好金質。若所浸之物隨浸隨鍍，而不用電器者，則所浸之物應令鍍上之金質粘合。若流質遇空氣，或見光，則有結成之點。若傳電之力，因遇空氣，或見光而減少，即是流質原質化合之數有改變，或□點相合之形像有改變。若受鍍之面發氣，或爲電氣之力太大，或爲流質内消化之金質太少，或爲另加之酸質太多，或流質不好，此因電氣一分，令鍍一分令發氣，而添養氣於流質内。

傅蘭雅等《電氣鍍金》卷二《試驗數種金質相合之流質》 此種流質之要事，流質内所含之金質不可一金爲正，一金爲負。若欲驗之，須用金質絲，一端浸在流質内，一端與量電力之器相連。若一金爲正，一金爲負，則器之針，必偏視。其方向即知何金爲正，何金爲負。又看偏度而知流質内金質有正負之較數若干。若無此器，則用下法，亦可試驗，即將每金質之同類金絲，浸於流質内，不必相連，過一小時，察有鍍别金質，其鍍者爲正。若六小時之後，而不受鍍，即知無有正負之鍍。

以後六則，皆所以明試驗之事。如將所合之流質，以同類金絲浸在内，觀其一受鍍，一不受鍍，則知二質在此流質内，彼此正負。又知含兩金質之流質，只有正者能鍍，而不能兩質皆鍍。若兩質並無彼此正負，則俱能鍍。一，用濃錫綠水一分，□綠水一分相合，内浸一電上路，或爲錫，或爲銻（用銻爲宜），電下路用銅，□以小力司米電器，即鍍銻，而不能鍍錫。若將錫浸流質内，則不用電器，而已能鍍銻，用此浸於流質内之錫，與量電器相連，即知錫爲正，而銻爲負，其較數甚大。二，用錫綠水一分，鉍綠水一分，電上路用鉍，或用錫（鉍爲宜），電下路用黄銅，連以小力司米電器，則上鍍者爲鉍，而不爲銀。若將錫浸於流質内，則錫受鍍鉍，而試以量電器，知錫爲正，而鉍爲負。三，用銻綠水一分，鉍綠水一分，内浸銻上路，並銅下路，與小力司米電器相連，即知流質内，不肯放鉍，而祇放銻。若將鉍浸於流質内，則能鍍銻，試以量電器，知鉍爲正，而銻爲負。四，用錫綠一百釐，鋅綠一百釐，消化於蒸水一兩，後以錫電上路，銅電下路，接以小力司米電器，即知流質放錫，而不放鋅。試用量電器，即知錫爲負，而鋅爲正。若浸鋅於流質内，亦受鍍錫。五，用鋅養淡養濃水一分，鉍養三，淡養一分，再加和合之淡養少許，電上路用鉍，電下路用銅，連以小力電器，流質能放鉍，而不能放鋅。若與量電器相連，則知鋅正，鉍負。以鋅浸於流質内，而受鍍鉍。六，用鋅養硫養與銅養硫養其消化於水，以銅爲上下路，用小力電器，即放銅，而不放鋅。用量電器，知鋅正，銅負，較數亦大。若鋅浸於流質，則受鍍銅。

蒸水消化鉀養輕養，用鉑爲上下路，則下路放輕氣，因鉀爲正，而輕爲負。若加硫强水少許於流質内，則成鉀養硫養。若加鋅養硫養少許，而用小力電氣，則在下路鍍鋅，而無輕氣，亦無鉀。此内不能用量電器，定其孰正孰負，或鋅爲正，或輕爲正，俱不能知，大約輕正，而鋅負，因將鋅浸於流質，則不發輕氣，此不用電器者，若加銅養硫養，而用電器之法，則流質不放鉀，不放鋅，不放輕，只放銅。後用量電器測之，則知鋅正，銅負。將鋅浸在内，不必用電器，而受鍍銅，因知正電氣最少力之□，爲流質所放，故可定以下之理。凡流質内含數種金質，或别種正電氣質，以小力電氣傳過，此流質則正，電氣力最少之質，爲流質所放。（九十四節）流質含銅並數種金質，而用小力電氣傳過，則正電力最少之質能放而鍍。若加大電力，則正電力更多之質又放幾分而止鍍，但此所放之二金質，不相粘連，因正力更大之質，應用之電器，所以正力更小，所放之質變爲粉形，且兩質應用之電器，其大小之較益多，則不相粘合，亦益多觀以下三則，更明如將銅養硫養少許，鋅養硫養少許，兩質等分，而以多水消化，令甚□，次用小力電氣傳過，其流質則放銅。若多加電氣，則放銅失其本形，而又放鋅。若再加電力，則鍍上之金質，又發□氣。二，若用甚少銅養硫養，甚多鋅養硫養，在多水消化，令大力電氣傳過，則電下路又放銅，又放鋅，又放輕。三，將鉀養硫養加浄水，令□用白金電路，令小力電氣傳過，則下路放輕氣，而不放别質。若多加電力，則又放鉀，觀此三則，理自明曉。若電氣爲小力，則祇放正力最少之質，加其電力，則正力更少之質不鍍，而正力最大之質能鍍，即放正力更大之質。（九十五節）

傳蘭雅等《電氣鍍金》卷三《銻緑與淡輕緑相和》 此質可用電氣造之，先將淡輕緑消化，飽足之水一分，鹽强水一分相和，用銻之大片爲上路，而與電器相連。或用化合法造之，用淡輕緑消化，飽足之水一分，銻緑一分相和，此質引電之力極大，易於放銻，且爲好形，此流質不及銻緑。易消化賤金類，此事之外，其力與形，俱與銻緑同。銻緑與錳緑相和，或銻緑與鋊緑相和，所放之銻亦好，惟再無别種好處。

鉀養銻養果酸在水甚難消化，已消化於水者，傳電之力亦不大。故不如銻緑，且試驗多次，所鍍之銻形，如黑粉然，將鉀養銻養果酸在鹽强水内，則甚易消化，即爲最好鍍銻之流質。其傳電甚佳，常用之亦不盡。遇空氣與光，亦不妨□，已用過數月，其力仍不盡。電氣之力，不論大小，俱能鍍。好形而不爲粉形，所鍍成者快，而且厚。不拘何物，不必先浸於鹽强水内，造此流質，用水兩磅，鹽强水四磅，鉀養銻養果酸八磅相和。

黑色與紅色之銻硫養，皆可在淡輕硫水内消化。鍍時，用銻上路，並司米電器一雙，即傳電甚佳，或用鉀養輕養水，或用鉀養果酸水，或鉀養草酸水，内有一箇銻電上路，並一雙或二雙電器，則傳電之力甚小。或云應用銻衰在鉀衰水内消化，始爲最好之鍍銻流質。熱已試過，細察鉀衰水内之銻上路，傳電不甚佳。

傳蘭雅等《電氣鍍金》卷三《銻質最易鍍成本色》 銻緑爲鍍水甚佳，若令□□鍍成，則如□光之銅，惟受鍍之事，有數種奇異。□□受鍍之時，取出而稍稍擊之，或用硬物，如金質，如鍍□擦之，則有聲音發出，並見白□之形，有時發聲發光。若不發光，亦必發熱，人指近之，覺有微痛，或近以紙，即能燃火，或近以松木，即枯成黄色，受鍍更厚。前各事更甚，若有此事，則鍍成之銻質，自能圻裂，鍍半停後，或鍍成之金質，不能通體均匀，則裂深八分寸之一。又見幾次將玻璃筒稍稍製□，而筒内之物，已發□。又有一次鍍物，已從流質取出，已用淡輕緑水洗浄而乾之，歷數小時，仍能發□。又有一次鍍成之銻，已洗，已乾，已□流質，數小時，適有友人來見，偶取此物在手，忽發一聲，如劃自來火，而燃痛其手。又有一次，已鍍數分時取出看驗，並添電器内之强水，令□再將鍍物浸下，過數小時，而再取看，即有鍍質圻裂，而未聞其聲。法國化學家云，此因銻與輕氣相合而成，即此質也。銻鍍快之時，常有此病。又與九十四節，九十五節之言吻合。因電力太大，則輕氣不發出，而與金質化合，以成自然之質。又有一事，可明此理。蓋鍍成之金質，其各質點自漲自縮，而力甚不平，猶之未烘過之玻璃碎裂之後，必有緊密之質點，發光發熱。

鉀養銻養果酸水甚□，其受鍍之工夫甚多，亦有一奇事。下路受鍍之質，在流質面上成銻一薄片，幾接於上路，嘗取得此種銻片，靠一竪銅絲，其徑一寸又八分寸之五，流質近底鍍厚半寸，成此銻片，歷十八日，用一雙小力司米電器，此流質鍍物，惟樹膠皮上之黑鉛，不受鍍。又有黄銅，或鐵，亦不甚粘合。

傳蘭雅等《電氣鍍金》卷三《鉍鹽類》 鉍鹽類質，惟鉍緑與鉍養淡養與鉍養三淡養，取鉍緑之法，用鉍之小塊，在鹽强水内消化，須稍加熱，取鉍養淡養，則用淡硝强水，亦須加小熱消化，飽足之後，加水五十倍，或一百倍，若令結成□，得鉍養淡養鹽類質，取鉍養三淡養，則用淡硝强水，亦加小熱，次將流質化氣，待冷結成顆粒。

傳蘭雅等《電氣鍍金》卷三《鉍流質》 鍍物之流質，可用鉍養淡養，或鉍養三淡養，在淡硝强水内消化，鍍時，用小力電器，則能鍍成鉍之本色，其色白而稍帶玫瑰花色，其光有如絲□，此流質不能令，樹膠皮上之黑鉛受鍍焉。鉀衰水内，不能消化，鉍電上路。

傅蘭雅等《電氣鍍金》卷三《鎘流質》 淡養一分，添水五分，或六分，加熱至法倫表八十度，或一百度，以鎘在水内消化後，漸加淡硝强水，俟盡消化而止。另用鈉養炭養一磅，在水一斗消化，漸傾於鎘流質内，俟盡結成而止，□取其質，用温水洗浄，加以鉀衰水消化之，亦須漸加至消盡，即止，再加和合之鉀衰水，視體積十分之一。此流質之或濃或淡隨便，最好有鎘質六兩，應有流質一斗爲率，加熱至法倫表一百度，上路用鎘，即可鍍鎘。

傅蘭雅等《電氣鍍金》卷三《錫鹽類》 常用之質，爲錫養與錫緑與錫緑，並錫養鉀養輕養取錫養用淡鹽强水消化，□錫次加淡輕水，或加鉀養炭養，俟盡結成，即得□養用水洗浄，待乾。若作錫緑，將錫在鹽强水内消化，須加熱一百五十度，或二百度，後再化氣，使乾。若□含水，錫緑可用錫在合强水内消化，又可用淡輕緑，並淡養相和消錫，或用淡養與食鹽相和消錫。若作錫養鉀養輕養，可用初結成之□□一分劑，即爲七十五分，並鉀養輕養一分劑，即五十六分二，或代以鉀養炭養一分劑，即爲八十七分二，加熱鎔化，即得。

傅蘭雅等《電氣鍍金》卷三《錫流質》 錫流質有三種，一二爲□□□電鍍。○一，用淡輕養□十七兩半，在沸水二十二□内消化後，加錫緑一兩，將器物先洗浄，而浸入此水，常□動之。○二，鉛鐵銅銅黄銅等物鍍錫，用鉀養二，果酸十兩半，在水十七升有半消化後，加錫緑四分兩之三，加熱令□數分時，欲鍍之物，與錫相連，而浸入此水中。○三，鋅鐵謂□等物鍍錫，用鈉養燐養十一兩，在水十七磅半内消化□，加錫緑四兩半，用錫爲上路，此法可厚鍍，而甚佳。若作□養燐養，可用鈉養二，燐養加熱至紅。

又法，用錫緑消化於水，再加鹽强水少許，而去水内之白色。又法，用電器作錫緑水，即□淡鹽强水浸一錫上路，此錫板須大，後令電氣傳過，俟□消化，但此流質不甚佳，因所鍍之錫，有顆粒，粗毛，知□□成此毛形，則可用鹽强水一兩，水十一兩，錫緑八十□消化，前事最□。大凡被錫易見此病，故欲其停勻，而白色□連極牢者，甚□。

錫養鉀養輕養水，將錫養鉀養輕養顆粒，在水内消化即成。或用新結成之錫養不甚乾者，在鉀養輕養沸水内消化亦成。又可用電器成之，將濃鉀養輕養水，加熱令沸，浸一大錫板爲上路，令電器傳過，俟下路鍍成白殼，此流質鍍物時，應加熱至一百五十度，受鍍甚佳。若流質遇空氣，則所含之錫皆沉下，而成錫養。或曰應用錫在鉀衰水内消化，然其錫上路引電不好，雖加熱，亦無益，又不易於消化其錫。

或將鋅□銅銅黄銅等物鍍錫，其流質用鈉養炭養六十磅，並粗鉀養輕養十五磅，浄鉀養輕養五磅，並鉀衰二兩，在七十五度熱之水七十五斗内消化，以紙濾清後，加鋅養醋酸二兩，並錫養十六磅，掉動而俟全消化，爲度電上路，用鋅或錫皆可。其加熱總以七十五度爲妙。

傅蘭雅等《電氣鍍金》卷三《錫鐵二質與電氣相關》 錫與鐵浸於蒸水之内，熱在六十二度，與二百○三度之間，則錫比鐵稍有負電性。若熱至二百十二度，則錫爲正電性，鐵爲負電性。□養消化飽足之水，浸錫與鐵，熱在六十二度，與二百十二度之間，錫正而鐵負。燐養濃水熱在六十二度，與二百十二度之間，錫正鐵負。硫强水一分，蒸水九分相和，或硫强水一分，蒸水九十六分相和，錫正鐵負。硫强水一分，蒸水一百九十二分相和，熱在七十三度，與一百五十八度之間，錫正養負。若熱化一百五十八，與二百十二度之間，則錫負鐵正。硫强水一分，蒸水九分，熱在七十度，與七十七度之間，鐵正錫負。七十七度，至二百十二度，則錫正鐵負。□□水一分，蒸水九十分，熱在七十度，與二百十二度之間，錫負鐵正。輕弗水一分，蒸水九分，熱在六十八度，至二百十二度，錫正鐵負。硝强水一分，蒸水九分，熱在七十度，至一百十一度，錫正鐵負。一百十一度，至二百十二度，則錫負鐵正。硝强水一分，蒸水九十六分，熱在八十二度，與二百十二度之間，錫正鐵負。

傅蘭雅等《電氣鍍金》卷三《鉛鹽類》 鉛鹽類質，爲鉛養淡養，並鉛□醋酸淡硝强水内，以鉛漸漸添入，至不消化而止，濾取其水而令化氣，即得白色之□質，水内能消化。若作□養醋酸，可將鉛養在醋酸内消化，而濾消化氣，令成顆粒水内能消化。

傅蘭雅等《電氣鍍金》卷三《鉛流質》 用前鹽類質在水消化，或用鉀養鉛養。其取法用鉛養在沸鉀養水内消化，此流質可用鋅，或錫等器，浸於内受鍍。惟鐵器不能厚鍍，並不能鍍成本色。

傅蘭雅等《電氣鍍金》卷三《鐵鹽類》 鐵鹽類爲鐵養硫養，或爲鐵□，或鐵養淡養用。鐵在淡硫强水内，或鹽强水内，或硝强水内消化，然後化氣，令□□於不多，遇空氣之處，結成顆粒。

傅蘭雅等《電氣鍍金》卷三《鐵流質》 鐵養硫養顆粒在水内消化，然更佳者，爲鐵緑消化之流質。若浸鐵電上路於淡輕緑飽足之水内，用十五副，或二十副大力電器通過，此流質，即鍍白鐵，其色略似新折斷之生鐵。或用淡輕養炭養飽足之水，或淡輕養醋酸之水，或鉀養醋酸之水，浸一鐵上路，亦用大力電器，亦能鍍鐵。又用鐵養硫養二分，淡輕緑一分，同消化於水，則鍍成之鐵有本色。鉀養鐵養飽足之水，亦可鍍鐵。欲造此質，將硝與鉀養輕養，並鐵養三物，共燒之，即得燒時，歷數分，火宜大。又法，將鉀養輕養之□水浸鐵，或銅之大板爲上路，用銅或鉑之小片爲下路，後加十五副或二十副司米電器，視有紫色，則下路受鍍成鐵殼。電力過大，殼如黑粉。若不甚大，能成本色。此流質連分離其内質，其故未詳，所有紫色之質，漸能變爲無色，所有内質皆變爲鐵養，而沉於器底。若用鐵養硫養爲流質，俟消化之後，再加和合之硫强水少許，用司米電器一副，令鐵鍍於銅，或黄銅，此鍍成之鐵甚光明，有似錐形。

鉀衰水内，用鐵上路，傳電不佳，色亦不佳。

傅蘭雅等《電氣鍍金》卷三《鈷流質》 鈷緑水爲鹽色，多加以水，又以棕色。其製法將鈷養，或鈷養，或鈷養，在熱鹽强水内消化，俟漸冷，即得紅色顆粒，此質尚未試用。

傅蘭雅等《電氣鍍金》卷三《鎳流質》 鎳養淡養，用鎳在硝强水内消化，此硝强水添水，不必多，消化之後，再可加水，但此流質不易鍍鎳。昔嘗用鎳緑一分，與淡輕養一分相和，用電上路浸於淡輕緑飽足之水内，令大力電氣傳過，幾小時後，視流質有淡青色，即是鍍鎳，得本色。又有鍍鎳之流質，將純鎳在硝强水内消化後，再加水，而將鉀養炭養水傾入，令有結成之質，鉀衰亦可令結成，須用消化洗净在鉀衰水内消化，幾及飽足，用鎳上路，即可鍍鎳，其色似銀。

傅蘭雅等《電氣鍍金》卷三《銅鹽類》 銅鹽類質，爲銅養與銅養，硫養與銅緑，與銅養，淡養與銅養，醋酸與銅養。其銅養之取法，將銅養炭養，或銅養淡養加熱至指紅，或將銅養硫養加熱至尤紅，即得取銅養硫養。將銅一分，則即三十一分七，硫强水二分劑，即九十八分，合而加熱消化，再化氣至乾，以水消化，而濾清，再漸化氣成顆粒，取銅緑，將銅在□强水内消化，或將銅養消化於鹽强水，化氣結成顆粒，取銅養淡養，將銅在硝强水内消化，如法成顆粒。取銅養醋酸，以醋酸消銅養，别名爲銅□顆粒。取銅衰，將鉀衰水添於銅養硫養水内，俟盡結成濾，取其養，以水洗净，色爲淡緑，質爲細粉。凡作此事，常發輕衰氣，因此其實□□銅衰，而非銅衰在鉀衰水内易消化。又在淡輕水，或淡輕養炭養水，亦消化，□作此物，用鉀衰六十五分劑，銅養一百二十五分劑，令其結成。

傅蘭雅等《電氣鍍金》卷三《銅流質一百二十節》 鍍銅或用一金質一流質，或用電器。如將鐵器鍍銅，可任何厚，而耐磨擦，用鹽强水一分劑，和以水三分劑，再添銅養硫養水少許，鐵而擦净，而浸入，取出洗净，再用銅養硫養水擦之，再浸入銅養硫養水，如是，至鍍厚而止。此不用電器，即浸鍍之法，其流質内，不必多含銅養硫養。若用電器，則將銅養硫養顆粒四分劑，研爲細粉，用硫强水一分劑，添以水十八分劑消化，而濾清，此□能鍍鐵銅鋅，而不甚黏合，因鐵銅鋅能令流質化分甚速，故鐵器鍍銅，欲黏合以鉀衰水内，消化之銅衰爲佳。用水一斗消化，鉀衰兩磅，添入銅衰，俟飽足，再添鉀衰四分磅之一，爲和合之質，加熱至一百五十度，自能黏合。

此下各種流質，其熱在法，輪流□六十度之時，則銅爲正電性，鐵爲負電性。在淡輕硫水内，正負較大。在淡輕養飽足之水内，正負較小。或銅養在淡輕養消化之水内，或在鉀衰鐵飽足之水，此各流質初時，令銅有正電性，後變爲負電性。又在鉀養二鉻養飽足之水内，或在鉀硫淡水内，則加熱大，而銅正鐵負之性亦大。黄銅在鉀硫水，亦有同性。

傅蘭雅等《電氣鍍金》卷三《黄銅流質》 昔用二金質合成之流質，鍍成黄銅，將鋅衰與銅衰二質，在鉀衰水内消化，即可用。又法，紅銅器鍍黄銅，用鉀養二果酸，並鋅汞膏，加熱至沸，以紅銅器浸入，則外面變爲黄銅。或用淡鹽强水並鉀養二果酸，並鋅汞膏之水，加熱至沸，將紅銅浸入，亦變爲黄銅。

銅養醋酸十磅，鋅養醋酸一磅，鉀養醋酸十磅，熱水五斗，消化之後，添入鉀衰，令黏成，再俟消化後，加和合之鉀衰水，約爲流質十分之一，此流質内，用黄銅爲上路，或用二上路，一爲紅銅，一爲鋅。

美國鉀養二磅又四分磅之一，在熱水六斗内消化而濾清，另將銅養醋酸二兩，□在淡輕養極濃之内消化後，加鋅養硫養四兩，或五兩，拌動流質，令盡消化，再加鉀衰二兩，而再濾清，加熱至一百度，用黄銅爲上路。若欲深色，稍加銅養醋酸。若欲硫色，多加鋅養硫養。

一千八百四十七年九月三十日，有□□得官，憑其流質用水五千分，先將其一百二十分消化鉀衰十二分，再在餘水内添入二鉀養炭養六百一十分，鋅養硫養四十八分，再加銅緑二十五分，加熱在一百四十四度，至一百七十二度之間，待二十小時，各鹽類質消化和匀之後，再加淡輕養淡養三百〇五分，再待二十小時，添入前所消化之鉀衰水，澄清之後，將清者傾在别器，即爲鍍黄銅之流質，應用電器，並黄銅大片爲上路。

又有一流質，亦可鍍黄銅。用水五千分二，鉀養炭養五百分，鋅養硫養三十五分，銅緑十五分，鉀衰五十分。又有一流質，可鍍暗色黄銅，用鋅緑二十五分，代前鋅養硫養四十八分。又有一鍍暗黄銅之流質，用鋅緑十二分，代前鋅養硫養三十五分，此流質宜加熱至七十七度，與九十七度之間，方可用。

鉀養炭養五十分，銅緑二分，鋅養硫養四分，淡輕養淡養二十五分，共在冷水内消化，用銅板爲電上路，並大力電器。

鉀衰一磅，淡輕養炭養一磅，銅衰二兩，鋅衰一兩，在水一斗内消化，加熱至法倫表一百五十度，用銅板爲上路，並大力電器。

鉀衰一磅，淡輕養炭養一磅，在水一斗内消化，加熱至一百五十度，用黄銅大板爲上路，小片爲下路，俟下路能鍍黄銅，則流質可用。若流質内，銅器多而鋅欲少，或加鉀衰或，令熱度更大。若欲鋅多而銅少，或多加淡輕養炭養，或減小熱度。

以上鍍黄銅之法，惟最後者爲佳，且能鍍厚，而得本色，色亦均匀，其深淡可隨時酌定，又易消化。電上路於流質内過能足用傳電，亦合法。電力稍有多少，亦不妨。若浸銅鐵在内，不爲水所消化，鋅上亦可受鍍。流質或遇空氣，或見光，或加熱，昔不變廢，其鍍亦□有小病。一因必加熱，而後可。二因宜用大電力，否則上路消化甚慢，鍍亦不連。三因□鍍之時，或冷或熱，在下路□□，以致電力幾分空養，而令水内之輕養分開。此外之路黄銅法，則無此病。又有鍍白銅之法，將鉀衰一磅，淡輕養炭養二磅，在水一斗内消化，加熱至一百五十度，用白□大板爲上路，小片爲下路，與大力電器相連，俟下路□□本色之白銅，則流質可用。

傅蘭雅等《電氣鍍金》卷三《汞流質》 汞鹽類質，爲汞養，與汞硫，與汞緑，與汞養淡養，與汞衰。若作汞養淡養，將硝强水一分，添水三分，以汞在内消化，飽足而止，再宜添水令淡，用汞沉於盃底作上路，而以鉑絲與電器相連，此鉑絲套以玻璃管，或象皮管。汞衰之取法，將普魯士藍八分，汞養十六分研細粉，在水三十分内消化後，加熱至沸，約一刻，濾取其流質，化氣成顆粒，鍍汞之時，應在鉀衰水内消化，亦用汞爲上路。

傅蘭雅等《電氣鍍金》卷三《銀鹽類》 銀鹽類質，爲銀養，與銀緑，與銀養淡養，與銀衰。取銀養之法，將銀養淡養水，加以鈉養輕養，俟盡結棕色之質，用水洗净而乾之，取銀緑，可用鹽强水，添入銀養淡養水，或添食鹽水，俟盡結白色之質，以水洗净，令乾，宜置於暗室之中。取銀養淡養用蒸水一分，濃硝强水四分，相和而加小熱，漸添以純銀。若流質太熱，或添銀太多，恐壞流質，宜添吟蒸水，視流質已不消銀，隨令化氣成顆粒，或不必用顆粒，則藏在暗室備用，既有此鹽類質，則一切銀鹽類質，皆由此推之。取銀養醋酸，將鉀養醋酸，或鈉養醋酸，添於銀養淡養水，俟盡結成而止。或將銀養在加熱之濃醋内變化，或用銀養炭養在加熱之濃醋内變化，此質在鉀衰水内，易消化。取銀衰用鉀衰水，添於銀養淡養水内，俟盡結成銀衰，在水不能消化，在輕衰則能消化。鉀衰並鈉衰並鈉養硫養，俱易消化。或云，此銀衰在淡輕水，並淡輕養炭養水，並淡輕緑水，並鉀□衰水，亦可消化。

鍍銀之水，以銀衰爲最佳。惟輕衰之價不甚廉，且宜速用，因空氣與光，能令化分。如輕衰已造成十五日者，添於銀養淡養水成銀衰，則帶黄色，且發淡□氣，並輕衰氣。若用鉀衰水濾清，而消化，銀衰少□流質變混，而兼黑色，其臭即淡輕淡，與輕衰氣器底，目□炭質，約因鉀衰稍化分也。□將純銀在濃硝强水消化，化□至略干，再在蒸水内消化，而令輕衰氣行過，取輕衰氣之法，將鉀鐵衰打碎爲粉，添入硫强水一分，水二分之内，和發輕衰氣，此氣行過銀水，俟盡結成洗净，而存在水底藏於暗室，此法結成之銀衰，能作無色之流質。

鉀鐵衰十分，盛於玻璃瓶中，以硫强水六分，事三十，或四十分相和，而傾入瓶中，用酒□加熱。如第三十一圖，其氣用細管通入，銀養淡養水内，觀圖自□□此比前節作銀衰之法稍好。

第三十一圖

銀可用浸鍍之法，或用電器之法，其浸鍍之法，宜於小物如針鈕等，但不能厚鍍。□各□類質以水消化成□質，用玻璃箸掉和抹於器，而此法有四，〇一，銀緑一分，鉀養二果酸一分。〇二，銀緑一分，白礬二分，食鹽八分，果酸八分。〇三，銀緑一分，潔净白石粉一分，食鹽一分二五，鉀養炭養三分。〇四，鈉養硫養一百分，銀鹽類質十五分，舊鍍之器脱落者，塗於缺處，補滿之。

傅蘭雅等《電氣鍍金》卷三《銀用浸鍍》 器物與鋅相連，而浸在流質内，將純銀四兩消化於硝强水二十兩，另用水一斗半消化食鹽一磅半，將此兩流質相和，而待其澄清，傾出上面之水，沉底之質爲銀緑，後將鉀衰二十四兩，鉀養炭養十二兩相和，鎔化待冷片刻，將此質與銀緑，共添於水一斗半之内，加熱令沸，濾清備用。

傅蘭雅等《電氣鍍金》卷三《銀用電鍍》 電器鍍銀之流質甚多，然最好莫如銀鉀衰。其流質可濃可淡，每水一斗，用銀一兩，爲中數。如銀衰一分，鉀衰十分，在水一百分内消化，此流質或濃或淡，皆可隨時定之。

傅蘭雅等《電氣鍍金》卷三《電器消化銀流質》 銀鉀衰之質，又可用電器成之。其法雖佳，亦有小病，然流質不必甚多，則用電器爲便，因可省得工夫數層，即是佳處。惟流質内變成許多鉀養輕養，因衰與銀化合爲銀衰。故放鉀，而鉀即與水内之養氣合成鉀養輕養，所以水化分之輕氣，必在下路發出，此後鉀養又吸空氣内之炭養，而變鉀養炭養，即是其病。幸此二質，尚小於鉀緑之病，蓋鉀緑更能壞流質也。

將銀一兩，結成銀養。其法如下，銀消化於硝强水内，添以鉀養輕養，令消化之質，結成銀養，將此銀養添入鉀衰十六兩，水二斗之内消化。

傅蘭雅等《電氣鍍金》卷三《光明銀流質》 鍍銀能得光明，可免磨擦之功，昔人習用模鍍銀。其模内有炭硫受鍍之時，偶見有光明之處，即試加炭硫於流質之内，用之甚佳。因在平常銀鉀衰之内，加以炭硫或炭緑，或炭緑或硫緑，或鉀衰硫養，或鈉養硫養。若用炭硫可與硫以□相和，或用炭硫，與前言之別質相和，或用炭硫六兩，盛於有塞之瓶内，添以平常銀鉀衰水一斗，摇動之，停二十四小時，將此流質二兩，添入尋常之銀流質二十斗，而攪和之，每日須添二兩，因能化氣散去也。用已多次，亦可少添。若用炭輕質代炭硫，則應多於二兩。用此比例，能得發光之銀面。若用更多，又不發光然能稍好，於平常者，又有別質可鍍光明，即硫或哥路弟恩。又有用碘典格搭伯查，在克路羅福密内消化，比炭硫更佳。

傅蘭雅等《電氣鍍金》卷三《試驗鉀衰之法》 鉀衰欲考其純質之數，應作兩流質，一用鉀衰一兩，在蒸水六兩内消化，一用銀養淡養一百七十五釐，在蒸水二兩。或三兩内消化將，鉀衰流質，緩緩傾入銀養，淡養流質内初，時結成再漸傾入，消盡即止。如銀養淡養一百七十五釐，令銀結成，而再消化，必用純鉀衰一百三十五釐，故計流質之數，即知一兩内純鉀衰之數。準此盡結盡消之法，可知流質内之純鉀衰與銀化合之數。若別種異質，在流質内，任有若干，不能與銀化合而消化。

傅蘭雅等《電氣鍍金》卷三《金緑》 常用之質爲金緑，其取法將鹽强水二三分，硝强水一分，相和加熱，漸添純金於内，俟不消化而止，隨將流質化氣留下之質，有深紅色，間有黄色，此爲金緑，内有金一分劑（即一百九十七分），緑三分劑（即一百零六分五）。若化散之氣太多，即發緑氣而金乃分離，置於水内消化，其鹽類質金，即沉下。若作黄色之金緑，可用硝强水一分，鹽强水三分，金粉一分，加水一分，而共盛於瓷鍋，以玻璃片蓋之，稍加以熱，俟紅氣發盡而止。金或消化未盡，可稍添流質，而再加熱紅氣，既盡去其玻璃片，而換蓋輕紙，化散其氣，而冷之，即成黄色之質。其紅色者之作法，亦同。惟用硝强水一分，鹽强水二分，此種合强水四兩，能消金一兩，如法幹之，即成紅色之質，得重一兩一百六十五釐。

傅蘭雅等《電氣鍍金》卷三《金衰》 金衰之製法，將鉀衰一分，在水六分内消化，金緑一分在水五分内消化，隨將二水相和，即有黄色之質結成。若多加鉀衰，則結成之質，變赭黄色更宜。鍍金之用，若用鉀衰更多，又變棕黄色此結成之質，爲細粉空氣内，不能化氣。若加以熱，即化分爲金，與衰氣金衰。若非新結成者，則三種强水，俱不化分，合强水，亦不化。分設能化分，亦甚慢，輕硫亦不能令化分。若用淡輕硫，則可慢慢消化，而成無色之流質。若加以酸質，則結成金硫金衰在水内，醋内以脱内，俱不能消化。若用淡輕水，並鈉養硫養，並含衰之鹼類質，即能消化。

金緑之流質内，添以淡養硫養，即結金粉。添以鉀衰水，而加熱令沸，即消化。其金粉鉀衰水内，又可消化金養，或淡輕養金養消化之質，爲金鉀衰。若欲消化金衰一分，應有鉀衰二十三分，先在水内消化。若用電器消化，金質一分，既先消化鉀衰六分，鉀衰一分，用水四分消化。如照此法，即用金爲上下路，凡金鉀衰一分，能在冷水七分内消化，或用熱水半分消化，□亦能消化金鉀衰幾分。若將金鉀衰在水内消化，可將銅或銀用浸鍍之法，加熱則更易鍍，惟流質内，或銅或銀，亦欲消化。

傅蘭雅等《電氣鍍金》卷三《金用浸鍍》 先將金小粒五兩添入市，□和强水五十二兩，加熱至不發，霧而止待冷之後，將流質□出，而添蒸水四斗，再加鉀養二，炭養二十磅，加熱令沸二小時，所浸之物，歷時或幾秒，或一分。按物受鍍之難易，或按流質之冷熱，熱則易鍍。新作之流質，比舊者更合法，又有一種流質，可鍍銀物。即將汞緑一分，淡輕養炭養一分，其在硝强水内消化，隨以純金添入，令化氣至半□□，而擦於銀物，即能鍍金一層。鹽强水四兩，硝强水八兩，消化純金一兩，而令化氣。將鉀衰銕二十四兩，鉀養炭養十三兩，相和鎔化畧冷，而置於清水二三斗内，加熱令沸消化之。待冷之後，用紙濾清，遂將前化氣將乾之金緑，添入加熱，令沸十五分時，將欲鍍之物，與鋅相連，而同浸於内。此流質之熱，應有法倫表八十度，或八十五度。

傅蘭雅等《電氣鍍金》卷三《金用電鍍》 流質原有多種，而好者不甚多。其一，金並鈉養硫養，法將金緑在鈉養硫養水内消化，此法未盡善。其二，金硫並鉀養，先將鉀養硫養加入水内，即將此水六分之五，消化金養至足爲度，將所餘六分之一，添入前水。其三，在水内消化之金緑，此法亦不佳。因賤金欲令流質化分。其四，金溴，將溴一分醋一分，作流質，即將此流質一分，醋一分並含數滴硫强水之水，四分相和，此内以金作上下二路，而與電器相連。俟滿含金質，再加水三倍，亦添硫强水數滴。

電器鍍金極佳之流質，係金鉀衰水。若欲製此流質，可將金粉在鉀衰水内消化，或任用一種金鹽類質。又可用電器消化，純金成流質，即用鉀衰水加熱，至法倫表一百度，與一百五十度之間，用金作上下二路，而接以小電器，俟其下路受鍍，則此流質可用。

傅蘭雅等《電氣鍍金》卷三《化合金養》 金鉀衰原有鍍金常用之質。先作金緑，如前法，將此金緑在水消化，再將鉀養輕養水添入。俟不再結而止，濾取其質用蒸水洗净即得。又法，將金緑水添以鎂養，稍加熱濾，取結成之質，先用淡硝强水洗之，次用蒸水洗之。又法，將金緑水，加以淡輕養淡養。□不再結成，而濾取其質，以水洗净前所用鉀養，輕養或□養添於，金緑水内，所結之質爲金養。若用淡輕養□養者，爲淡輕養金養。此質洗净，而再换清水數次，乘混之時，可添入鉀衰水内消化。此鉀衰水每水一斗，消化鉀衰一磅。俟其質盡消化之後，再加和合之鉀衰。如前水五分之一，或用金一兩，鉀衰一磅，水一斗。前所言洗净結成之質，其水不可輕□，恐尚含金。試將光明之鋅片，浸在其内，鋅面若有黄色之物，即是金質。可用□□硫養水，添入自有碧色之質，結成若銕養，硫養水，不能盡結，水内之金質，即將光明之鋅片。久浸水中，其金自能□粘於片上，後將鋅片浸在水内，而添硫强水數滴，用硬刷刷下。其金質原來所有之金緑水，其和合之配質，並所加之鉀養輕養或淡輕養炭養愈多，則洗水之内所含之金亦愈多，所以配質不宜多用。若將金緑在水内消化，而器底見有黄色之粉，即知鹽類質内，並無和合之配質，可將合强水令重消化，但須加熱。

傅蘭雅等《電氣鍍金》卷三《電器消化流質》 鉀衰在熱蒸水内消化，水用一斗，鉀衰用一磅，將此傾入外筩，略□而將内漏筩置於外筩之内，後將大金片爲上路，而浸在外筩，再用光明之小紅銅片爲下路，而浸在漏筩之内，其二通線與發電器相連，金電上路連於鍍鉑之銀片，銅電下路連於鍍汞之鋅板，待若干時，可將下路浸在外筩試之。若能受鍍，其事即成，此時之流質，宜熱至一百五十度後，可將漏筩内之流質，並入外筩之流質内。凡流質内含金之數，不論多少，總須浸下之物鍍得合法，大略流質一斗，含金在半兩與四兩之間。

傅蘭雅等《電氣鍍金》卷三《何兩與處金水》 鉀衰十分，蒸水一百分消化，用紙濾清，加以金衰一分，此金衰須擇極净之質，且須乾燥，而常藏暗室之中者。其流質盛於有塞之玻璃瓶内，常熟六十度至七十七度，藏在無光之處二三日，屢次掉動之。

傅蘭雅等《電氣鍍金》卷三《匹克耳金水》 水一百分，先消化鉀鐵衰十分，次消化金緑一分，以紙濾清，而去其鐵衰，後加鉀鐵衰飽足之水一百分，而將流質衝淡至三倍，因流質愈淡，則受鍍之金愈明。又含鐵愈少，則金色愈佳。若鍍成之後，不□光明，可將受鍍之物，在微含硫强水之水内洗净，用軟布擦之使明。

傅蘭雅等《電氣鍍金》卷三《非助金水》 一，用乾金緑一分，在蒸水一百六十分内消化。另將蒸水消化鉀養炭養，而漸加入金緑水中，視水變混，即能合用。二，用立里蒲耳法，金緑一格，鈉養硫養四格，在蒸水一里脱内消化。

傅蘭雅等《電氣鍍金》卷三《立里蘭耳金水》 中立性之金緑，在蒸水内消化，次加鉀硫衰水，俟結成而重消化流質，稍有幾分，鍍成之金重消化。若無此性，亦須添以鹽强水數滴，使能消化。

傅蘭雅等《電氣鍍金》卷三《得布里耶金水》 金三十四格，以合强水消化，而令流質化氣，結成中立性之金緑，遂將金緑在温水四千格内消化。再加以鎂養炭養粉二百格。此鎂養先用□□之，流質内有金並鎂養結成，可用紙濾出，而用清水淋净，將此質在硝强水三分，水四十分内加熱消化，則其鎂養全消化，將所餘之金養，以水洗之，至所洗之水無酸性而止，後用鉀衰鐵四百格，鉀養輕養一百格，在四里脱水内消化，添以金養，而加熱令沸約二十分時，金養消化之□□産，必有沉下之鐵質，以紙濾清。此流質有金黄色，任何熱度，俱可用以鍍金。

傅蘭雅等《電氣鍍金》卷三《愛墨愛耳鍍金肆之金水》 一，金養三十一格又四分格之一，再用鉀衰五百格，水四里脱，沸至半小時，此流質臨用，須熱，可鍍紅銅，黄銅與銀。二，用鉀鐵衰十分，乾金緑一分，在水一百分内消化，即有鐵養結成。將此流質在瓷或玻璃器内沸二小時，俟結成者沉下，即得淡黄色透明之流質，以紙濾清，加水三倍。近有法，用格搭伯查等質作模鍍金或銀，如表面或鐘面，其模或刻深花紋，可將金鍍出如鼻烟盒等繁花紋之物。用鍍金法甚能省工，將純金一兩在合强水内消化，再化氣至乾，和水二斗，並加鉀衰十六兩，加熱至一百二十或一百三十度，即可□物。

傅蘭雅等《電氣鍍金》卷三《鉑鹽類質》 白金只有 種鹽類質，即鉑緑。用鉑箔在合强水内，加熱消化，至不發氣，而得紅色之流質，再化氣至略乾。

傅蘭雅等《電氣鍍金》卷三《鉑流質》 銀面鍍鉑，可用水三體積，硝强水一體積相和，以鉑緑消化於内，以銀浸入，則受鍍，或用鉑緑在水内消化，加熱後，浸銀於内，亦能受鍍。凡一切金質，皆可浸在鉑緑水内，鍍鉑。若用電器當用鉑碘，或鉑溴，或鉑緑，或鉑鈉緑，此質之作法，將鉑緑一分劑（即一百六十九分七），食鹽一分劑（即五十八分五），在水内消化。另用小面積之鉑上路，並微力電器所鍍之鉑甚好。又法用鉑緑，並食鹽在鉀養輕養水内消化，所鍍之鉑更好。

傅蘭雅等《電氣鍍金》卷三《鈀流質》 鍍鈀用鈀鉀衰，爲流質。如用化合之法，可將鈀在淡養水内消化，而添以鉀衰水，結成用水洗浄，而再在鉀衰水内消化，以飽足爲度，後添和合之鉀衰水少許。若用電器之法，作此流質，即鉀衰水内用鈀作上下路，俟受鍍而止。此爲好流質，易消化電上路，且易引電能厚鍍，而成本色，在流質内，受鍍之薄者，可作□□之用。

傅蘭雅等《匠誨與規》卷二《執刀之工》 是書從淺至深，從粗至細，故先論最簡之器，並執刀之工，因此等手藝，無論用何種車牀，作何種器具，必須預習手中執刀之工。因刀架自行之車牀，常有必用執刀之處，且欲明自行刀之刻法，尤必預知執刀之刻法。蓋執刀之時，有錯立能覺之，自行刀，則雖錯而□□，祇能全在目力審察也。

車刻花紋，更欲明執刀之法，而□至極熟。因刀法稍差，則垂成之物立壞。初學者，宜用粗車牀，與粗刀習練。如有錯處，亦屬無妨。蓋執刀之事無難，只要存心謹慎，自無錯誤。如初用精細之器學習，難免危險之事，以致損壞車牀，而難修理。所以初學者，必須熟練之人指教，蓋有細□曲折之處，書亦不能盡言也。

第二圖爲簡車牀，其各件要器，前已言之。尚有塔輪之動，傳於所車之體之器，名曰車盤。此盤用螺絲，連於塔輪軸之端，其盤面能固定，所車之體而同轉，用刀刻削，體亦不動。然所車之體之尺寸，材料各不同，又必依其形質，而爲位置。如輭木，硬木，象牙骨角，並金類等，各有相配之器。如第十二圖之式，名爲套節，或黄銅，或生鐵，或熟鐵爲之。圖内之虚線，即陰螺絲之處，旋在塔輪軸之端。其中心作方孔，或圓錐形孔，可裝鑽頭，或花心。又如第十三圖，與十四圖，其十三圖者，爲軟木之用。十四圖，爲硬木牙角，並金類小件所用，以銅爲之。用此二器之時，體之别端，用挺心定之。第十五圖，爲錐形。螺絲套節，亦旋於塔輪軸之端。其錐形螺絲，以銅爲之，即旋於套節之中心，而可更换專車軟木與不甚堅之木，紅木與象牙，亦勉强可用。若車金類，定致損傷。所車之木，其徑以半寸，至六寸徑，若更小，必爲螺絲所漲開。如木之長過於其徑，則必用挺心之法。中心若欲剜空，而木體又長，亦用挺心定之，而先車其外面，後用扶架木枕之法抱定，去其挺心架，而换置刀架，以剜空，再用木塞滿其空，求得其心挺緊，而細車其外面。如所剜之空不甚深，即可用挺心，逕挺於底，而不必用木塞。

有數種器物，剜空之後，必調轉而□其底，則將薄木板一塊，以螺絲連於車盤，而車圓至門，大於前剜之空，即以前空套於其上，而加挺心於其底，則□動甚能平勻。

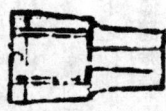

第十二圖

第十三圖

第十四圖

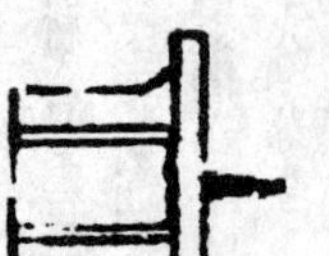
第十五圖

第十六圖之套節，亦用金類爲之。其形制，與前器相同。不用錐形螺絲，而用五箇鋼螺釘，故其而上有五孔，此器爲固定薄體之軟木。

錐形管之套節，以金類爲之。如第十七圖，中心有螺絲心甲，以鋼爲之。又有螺蓋乙，錐形管内，以金類爲之，或用硬木爲之，套於螺絲心上移動。此器之用處，爲車大徑之木，而中心有孔者，藉其心孔，以螺蓋壓緊。第十八圖爲套管之心桿，與前器之用同理。心桿甲，以鋼爲之。兩端焠火，而中作心孔，可安於車牀兩定心之間，有螺蓋乙，□□□丙，丙如所車之體內，有大孔，而無有等此孔徑之心桿，可將硬木鑽孔，稍小於心桿之螺絲，而旋緊於心桿□，其外徑合於前體之孔徑，即套管也。所車之體安上此套管之後，將螺蓋乙轉緊，令兩箇襯圈夾住，但此套管，必稍徑長外體，否則兩襯夾在套管，而不能緊其外體。

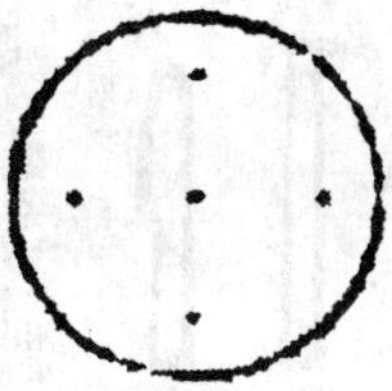
第十六圖

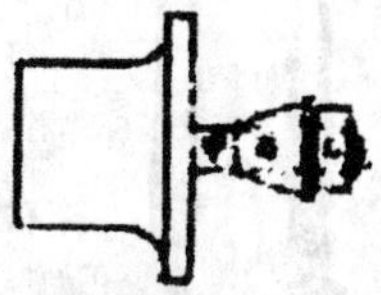
第十七圖

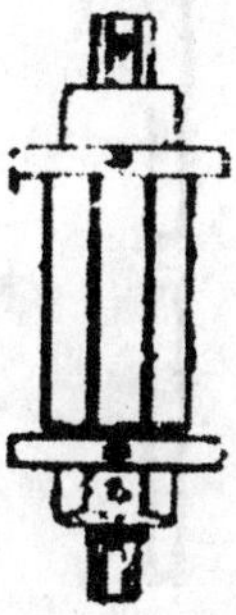
第十八圖

第十九圖爲壓蓋套節，甲爲陽螺絲，乙爲陰螺絲，即壓蓋其陽螺絲，可以單用，可車硬木與象牙，並金類。第二十圖爲同類之更小者，其用法並同。

第二十一圖爲平面大車盤，以金類爲之。其背面之轂，有陰螺絲，能旋於塔輪。軸端滿盤作多孔，以固定各體，或裝別車盤，另有螺釘四五箇，可在各孔公用。

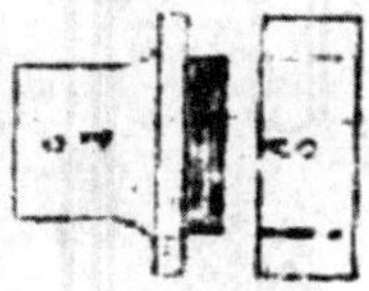
第十九圖

第二十圖

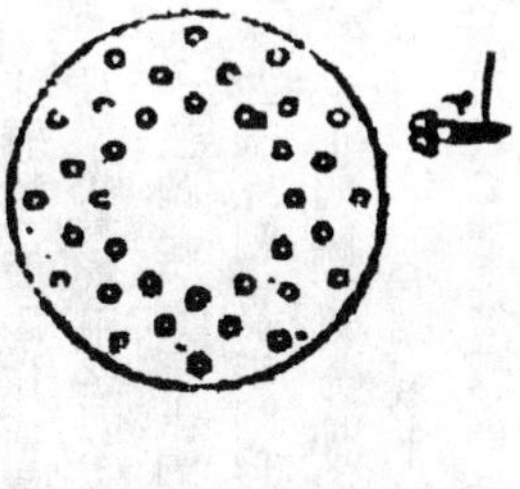
第二十一圖

凡粗木欲連於盤上，將木之平面切於盤面，隨便鑽數孔，即以螺釘旋牢，惟旋螺釘之處，不可在碍刃之處，因盤上之孔甚多，易於揀擇。

副車盤常爲凹形，與凸形兩種。凹形者，可安凸形之物，或反用之。又如體之一端，已車成，可裝此副車盤，而車其又一端。

副車盤無論硬木軟木象牙等，皆可用。但不能車金類之物。有時用硬木副盤，以車黄銅□刀，雖遇之，亦不壞。但有一病，其木或漲或縮，而改形，即不能用。所以公用之副盤，必以金類爲之，如偶欲車不常見之物，宜配其物，而特作木副盤。

簧桶夾，即副盤之用，以黄楊木爲之，或以金類爲之。用螺絲旋緊於平面車盤，其形制畧如木板所作之桶，脱下其箍，則張開。所車之物裝於其内，套上其箍，而夾緊，或在箍之内面，作螺絲旋轉，而配其鬆緊。惟其能張開之數甚少，故不能爲公用之器。若將木塊剜空，而連於平面車盤，其用亦同。此間合之器，用以作硬木象牙，或金類之物，形式畧同，而欲多造者，乃爲便用。

硬木與象牙所需用之車盤，尚有數種式樣，而以上所論者爲最好，而常用之器，然好事者，往往預備多種奇異之式，大半不甚合用，只能作陳設之意。凡買車牀者，其車盤不必先買至甚多。但買公用者，數□日後欲作何事，再買合式者。

現在製造車牀之家，常用一定之尺寸，而其各螺絲，以回得活特之法配合，所以買得車牀，多年之後，再欲添買車盤，其螺絲必能相配。

車盤常以金類爲之。大者用熟鐵，小者用生鐵。有人俱用黄銅爲之者，然黄銅除不生銹之外，比鐵無甚好處，而反有數弊，即價大質輭，並乾浄手遇之，而手即污，手既污，所車之物亦污。

車盤常用手旋上，而不可使過緊，恐致難於退旋。常法揩刷塔輪軸與車盤，以右手執車盤，而左手扯皮帶，令塔輪緩緩退旋。但用過一次之後，果非車輕小之體，其相連之螺絲，必甚緊手，力不能旋開，所以必用一桿轉開。如前所言車盤之轂上，有一小孔，能用鈎形桿。如第二十二圖，此法最便，其鈎上之釘，不可作錐形，常有粗工，將方鐵梗，或鑽頭，插在孔内，扳旋久，而孔口漸侈，以致鈎桿，亦不能用。

第二十二圖

車削軟木所用之刀，其式無多。業此工者，只用六把，能做多種器物。如車紡紗之轆轤，只用一種刀，或爲圓口，或爲平口，一日能成轆轤一百四十四箇，尚無急忙之意。如欲常常換刀，即不能得此數，此事原屬粗工，所用之刀亦粗，所用之牀亦粗，惟其用刀之手法，則甚熟。

車削硬木與骨角，其刀之式必多。故亦永不能全備各種之工，必用各種之刀，添做一新式，必添一新式相配之刀。茲但論其常用者，因常用之刀既熟，自能觸類，而添作新式之刀。軟木常用之刀，從二十三圖起，至三十圖止。二十三圖，爲半圓形刀。二十四圖，爲方梗斜口刀。二十五圖，爲平口刮刀。二十六圖，爲圭頭刀。二十七圖，爲平矩刀。二十八圖，爲尖矩刀。二十九圖，爲圓矩刀。三十圖，爲截刀。常用者，惟二十三，四兩圖之式。

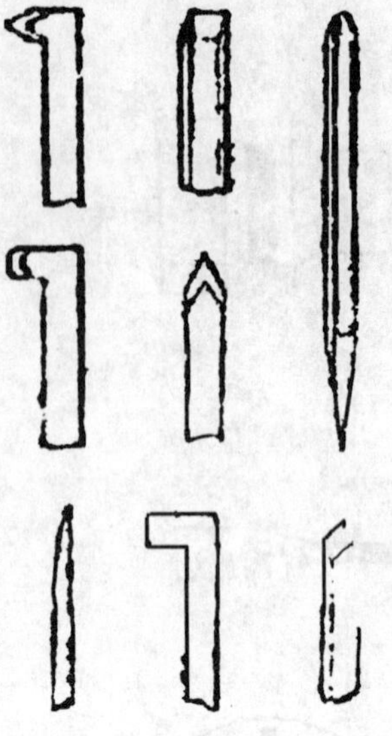
第二十三圖至三十圖

此各刀之式，與車硬木並象牙者不同。其不同之處，大半在磨刀之工。

硬木與象牙常用之刀，自三十一圖起，至五十圖止。此各刀之用處詳後。初學者，以爲此刀軟硬之物，俱可公用。其實，斷無此理。如車軟質之刀，而用於硬質，其口不但易鈍，且欲缺折，須大費磨刀之工。反之，而用車硬質之刀，於軟質，其刀雖不壞，而所車之物，粗毛不平。

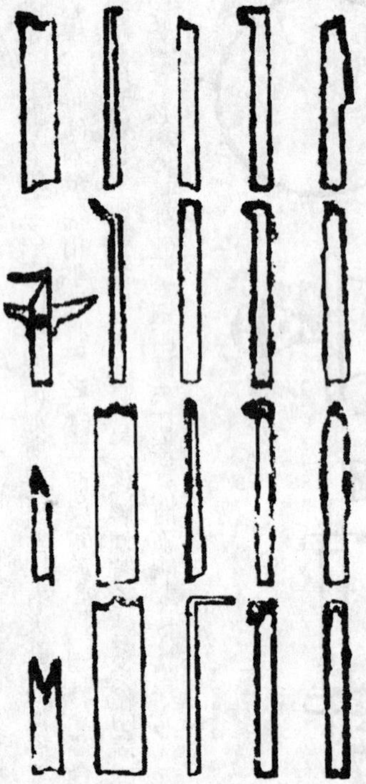
第三十一圖至五十圖

硬木與軟木用刀之別，其磨礪之角度，有一定角度少差，其工亦差，用久而鈍，必再磨，而磨時，亦必極留意於角度。常見業此者，輒言刀不甚好，而常加磨礪。其實，磨時不甚合法，以致磨面不直不勻，而成各種曲線形。刻削之時，永不得手。如磨刀之人，看不準角度之數，須用鐵皮，預作各種角度之定式，則磨時可以相比。

軟木刀口之角度，從二十五度起，至四十度止。硬木者，從六十度起，至八十度止。其刀口之式，並車時安刀之方位，如第五十一，五十二，五十三圖。細辨其圖，則易明其理。圖內只舉一種刀爲例，而各種刀，俱有大小者，並向右刻者，向左刻者，其理畧同。車盤與刀之外，尚有零器數件，其大小與其車牀必相配。如第五十四圖，爲托刀架，又名工字架，安此架之方位，如第二圖，如專用執刀之工，則一箇丁字架，已足應用。如用壓刀架，而兼用執刀之工，則可撤去壓刀架，而安此丁字架。如其壓刀架，以長螺絲桿行動，□可暫移至挺心架之外，以讓出托刀架之位，此種刀架，如第一圖內丁之式，能任意移置遠近，又可任意高低斜直，俱依其事而定之，安此托刀架於牀面，必須極緊，而丁字托，亦須極緊，否則工作之時，其刀或移，必致傷手，或傷所車之體。

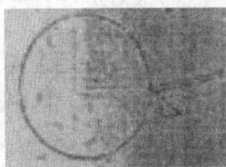

第五十一圖

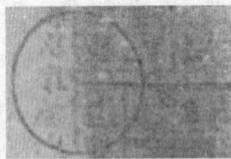

第五十二圖

第五十三圖

第五十四圖

車工內，應有比徑規幾件，如第五十五圖，可比內徑之用。反展之，如第五十六圖，可比外徑之用。又如第五十七圖者，原爲比較金類，如爲軟木，不甚合用，其一股上有一簧，如所車之體太大，其簧自能張開，自能合至應當之徑。

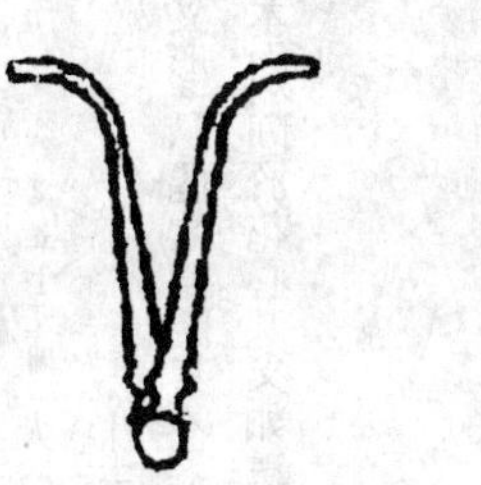

第五十五圖

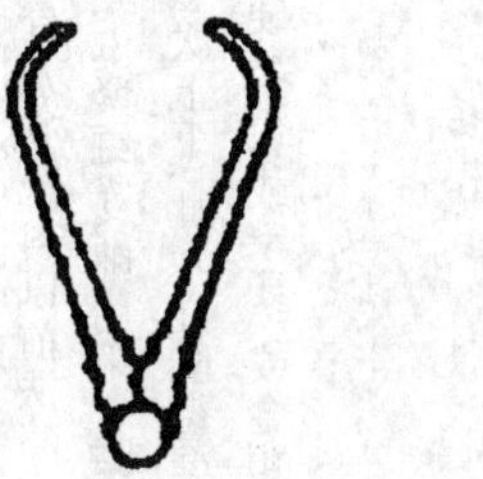

第五十六圖

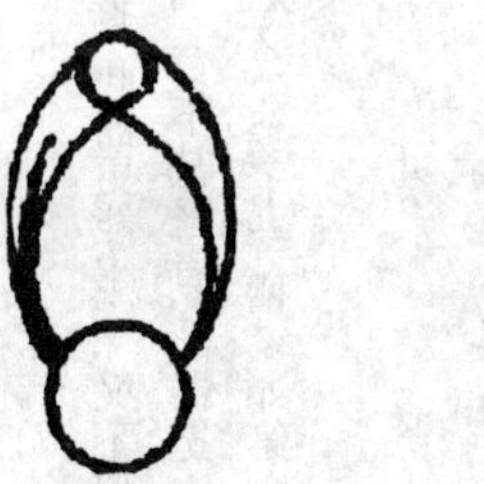

第五十七圖

此規有簧之股，有一作識之釘，張開之時，其釘即能移上，釘移若干相距，即所比之徑，大於所需之徑之數。此規爲英國畚鐵廠刱用之器，其法不甚傳佈。比規之便用者，莫過於此。

又有比深尺，以黄銅爲横檔，其刻分寸之直尺，以銅爲之。又有副刀架，此架以銅爲之。其端彎上略半寸，能連於常用之刀架上，而暫藉以托刀，可免全刀架，移動之煩。

製器常用之木，爲阿辣達木，蘋果木，黄楊木，樺木，老蟲栗木，鐵梨木，洋紅木，松木等，另有數種木，大略爲要器。但取其花紋與顔色，若論其質，不能好於前數種。其最好看之木，有阿井利加黑木，並烏木，並緑色之烏木，並卡末木，日司班耶之油木，並皇木等，此各種木，外國木行内，俱可零買，特備以爲車物之用。但此種木大半價貴，初學者不可即用爲習練。如工夫已熟，始用貴木（老蟲栗爲俗名，疑即本草綱目之枸骨）。木料應伏而乾透者，如爲新料，外面雖乾，其内必濕，既費多工，車成一物，數日之後，四面自裂。如疑其料不甚伏，可先車半工，置於煖爐處數日，待其乾透，而後畢工。

木之軟硬，各種不同。若論其理，則刀口之角度，應與相配。但車工不能如此細分，只可分爲軟硬二類。軟木類，如阿辣達木，蘋果木，松木，洋紅木，樺木等，俱可以軟木刀車之。硬木之類，如鐵梨等，應用硬木刀車之。黄楊木，與老蟲栗木，在二類之間，軟硬二木之刀，可隨宜用之。象牙，則用硬木刀車之。

木料之外，尚有數種别質。如黑琥珀，千尼里煤，骨角，玻璃，針弗礦，椰子殻，古苟辣核，象牙核，硬象皮等，俱可以車。金類與硬木之刀車之，但其各料之手工不同，各種料，不但以不同之刀車之，另有要事，亦須分别。如轉動之運速是也，宜視各料之軟硬，而以轉速配之。或謂軟木之轉速，每分時應數百尺，或謂應數千尺，或謂其速無甚界限，愈速愈好。但過速，又有一病，因磨力大，而刀口生熱，猝變爲藍色，而頓失其鋒利，凡見此病，知爲過速，或減其速，或將刀暫時相離。

車工同用此轉速，而有不壞刀者，而宛有壞刀者，此因手工之得巧否也。必須精熟之至，則手中自能覺其分别，可見轉動之速，原無一定，然初學者，宜知一應當之率，則每分時以二千尺爲中數，如爲硬木，以八百尺爲中數，象牙則以四百尺爲中數。

所言每分時尺數之意，即體之外周遇刀鋒，而行過之數。如體周爲一尺，則軟木一分時，應使二千轉。硬木與象牙，則八百與四百轉周，或大於一尺，可依比例，減其轉數周，或小於一尺，亦依比例，而加其轉數。

以上略述尋常車物之器，茲將用器車物之法詳言之。故擇數種要體，而各體又大不相同者，俱可表明工藝之法，而列爲程式，使讀是書者，雖未親見工作，亦可依書之説，而試習其事。

第一式，爲車工内之最簡者，以軟木車作圓柱形，長十二寸，徑四寸，先擇合式之木，稍大於所需之尺寸，將其多角，或凸處，以斧斫去，或在木之兩端，求其心，以規作一圈，其徑稍大於預定之徑，用斧斫去圈外之餘木。此斧斫之工，雖不是不可少之事，然能省車工，而免餘木打刀之病。

安上車牀之法，將第十二圖之套節，旋於塔輪軸，再將第十三圖之花心，又裝於套節，其柱胚一端之心，對準又心，而左手扶定，右手將挺心架移近，壓緊於牀面，而旋螺絲挺緊其叉，亦深入木中，而車時能受刀之大力。如又太淺，則遇重刀，而又即鑽木成孔，以致心孔不準，而徒費前工。如已配好之後，須將挺心稍鬆，而點油一滴於心孔，再將塔輪緩轉數次，以便配準刀架之高低遠近。初學者，往往將刀架置得太近，而即踏輪速轉，則木之凸處，凝於刀架之邊，或令皮帶脱下，或木胚離定心而飛出。

第五十五圖之比徑規，用尺對準四寸，令輪轉動得所需之速，遂將第二十三圖之半圓刀，車得尺寸之大略，以比徑規試之，如削去之木甚多，則刀架必移近。再將二十四圖之刀，或二十五圖之刀，車平至比徑規各處，得準爲度。比徑規所得之徑，必與心線爲正角。如稍斜，則所車之物，必先於小，因勾股之弦，必大於股也。

各刀必有合式之柄，如第五十八圖之式，爲最好，可兩手執之。左手執於近刀口之處，右手執於柄之外端，即將刀靠在架，而向上稍斜。略

第五十八圖

如第五十一圖之式，左手壓住其刀，使不離開刀架，右手或進或退，以視刻削之多少，其刀之移向左右，以左手主之。刀之俯仰進退，以右手主之。

凡刀無論或削或刮，皆應照前法執之，惟刮刀必平置。如五十二圖之式，其二十四圖之刀，不可作刮刀之用，應用二十五圖者，其口須極快極平，刀架必稍低，即得刀口與心線等高爲度。如用二十四圖之刀，必斜置，而得其口與心線成斜度。

刮平之後，必配準。其長法，將第二十三圖之半圓形刀，以側邊靠於架上，其凸面對於欲車之處，斜出其口，而比心線稍高，右手執柄，甚固以車柱□之右端，如車左端，必左手執柄，此是横切木紋，俱宜漸漸起刀向心，愈近於心，而刀口愈放下，此手工爲最難。如有小差，其刀必插入木内，而生危險之事，又必慎刀口□□心，或車盤之心。

木之兩端，欲極平。可用二十六圖之圭頭刀車之，其刀必平置於架上。如五十二圖之式，木之一端已車平，則必最準，十二寸作識而車短，如前法，刀架不可離木太遠，因太遠，則刀難熱，而易致插入木内。

執刀而欲極定極固，爲學者最難之事。因所車之木，爲亂形，而刀能不稍進退，甚非易易，惟精熟之後，則無論木之亂形，其刀竟能與壓刀架相同，然執刀而能若此，亦可爲能手，而不可爲妙手。因有時刀鋒，亦須稍讓其木者，如不稍讓，則刀鋒受傷，而人力亦竭。如有二人各車一物，其成藝者，與初學者之分别，一望而知。

□木車畢，而更欲其光，可使轉動甚速，而以砂紙擦之，或極細之木柿擦之。凡凹凸之面，可用半圓形之刀研之，其刀必緊執，而幾近削木之式，即能研光，此種光比别法耐久。如其體徑欲極準，則以此法研之，必稍減其徑，然比徑規，亦不能覺。

其餘車軟木之刀法，與車硬木相同。兹將硬木之法，特舉一事爲式。如第五十九圖，爲竹節形之物，其長六寸，其大徑一寸，先將木料以前法略成圓柱形，可用花心□，如第十三圖，挺緊更好，則用第十四圖者，此器更能牢固，又不似叉形者，偶欲劈開其木，如多次上下，其木亦能得準木。質不甚堅者，此器挺入木内，同於花心。又如爲極硬之木，或象牙，或金類，則必先鑿十字槽。如第六十圖，其前端之心孔，應用捶爲之，安上車牀，而配準中心，並同前法，即使輪轉動試之，如本體之徑，每分時應轉二千次，則將第三十四圖之圓頭刀，車至略得所需之徑，再用三十一，或三十二，或三十三圖之刀，車平兩端，而得所需之長，用比徑規比準，最大徑之處，而將全木略車至此徑，再用比徑規配準，第二徑之處，而量准此節，與前節之相距，再車小，得所需之徑，其餘各節，以同法爲之，必多用比徑規，以免小差。其所有凸處，或線紋，可用四十五，四十六，四十七各圖之刀車之，此各刀，俱有現成者可買。如車工未備，此刀須隨時打造，凡車硬木，執刀之方向，略如第五十三圖。硬木欲光，用極細之砂紙擦之，或將本體之木柿擦之，木柿稍加以油，更能發光，而木色亦更好。

第五十九圖

第六十圖

以上二物成後，即可試車一小盒。如第六十一圖，以硬木爲之，先擇合式之料，車平其一端，其長適足爲盒體之高，其徑稍大，周圍之餘木，宜斫去，即將合式之簧桶夾木，並而車平其端，再剜孔，至所需之内徑，其深用比深尺度之，其内徑用比内徑規度之。如第五十五圖，次車盒口，而得口之深。如第六十二圖，甲並盒體之高，乙俱以規比準之，遂刻一深槽如丙，則餘木可爲盒蓋之用，將其餘木丁剜空，足容口邊，甲其鬆緊，可用手力開合，套上之後，即車平其底，調過而車平蓋之外面。

第六十一圖

第六十二圖

欲車盒口，必先將盒内剜空，然後車其口邊，甲因剜去丙木，則餘下之口圈，必縮小，所以先車口邊，而後剜内空，則蓋必大鬆。如木質粗賤者，可盡作木柿而出，即用其柿磨擦盒體，如爲貴木，或爲象牙，則必剜出其中之料，可另作小者，或别器。

盒内之料，欲剜出，須另備刀一副。如第四十二，四十三兩圖，先車一槽，與盒邊平行，如第六十二圖之虚線，車至所需之深，則將短矩形刀安進，剜之後，再換用長者，以至剜出其内料。如盒體甚大，則無有此種長矩刀，必在中心鑽一孔，其刀可在裏外剜之。

再設一器，爲第四式，即象牙球，或硬木球，將合式之料，車至略得所需之徑，預將銅片一塊，作一半圓之凹，其徑與所作之球徑等。惟其凹，欲合正圓，是爲最難，須車得全圓，而後□開，始得準形。此圓凹之用，爲比其外周，即將前體安於簧桶夾内，必有稍多於半徑露於外，而車至夾口相近處，略得所需之徑，取出而正交方向安之，使半圈在内，而半圈在外，將球在外之全面，依比周之凹車準，再調過而以同法車其半，則球體自然圓正，但車工能作正圓球者甚少，必多次换安方向，而車之仍不能得極準之形，然學者果能盡心於此，雖不能極準，亦可爲粗用之物。

第六十三圖

第五式爲木豆，即有足之盆。如第六十三圖，將合式之木一塊，斫去四角，刨平一面，將十五圖之套節，旋於塔輪軸上，木心鑽一小孔，即旋於螺絲甚緊，撤去挺心架，令體轉動，車其外周，略得所需之徑，再剜去内料，又車其外形，略同成器之分寸，再將内外兩面細車，然後取下，另將粗木一塊，比盆口稍大，其厚一寸，車成一槽適容盆口，其内外硬，必甚準。用白石細粉，敷於槽内，而將盆口嵌入，再將小木條，以螺釘壓緊其邊，此法嵌緊盆口，則車時不致脱出，然或刀入甚深，亦須防其活動，故宜輕刀薄削，設有偶然活動者，可再加白石粉澀之。

盆體如作甚薄，則難於嵌緊，宜用挺心架挺住，而車其足。車成之後，可用油灰填滿中心之小孔，或將木塞補平之。第六式，即套層之球，西俗名中國球，此球必用整塊象牙爲之。先如第四式，車其外面，然後車其内層，所用之刀，如第四十四圖，一副内必有大小數等，先在球面鑽多孔，將最小之刀，插入孔内，車成内層之槽，將球换安方向，再從别孔車之周圍，如此即成内層。其刀若用擋，如第四十八圖，更能有準，但無論何法，工則甚繁，故學者連做若干次，而有不成者，嘗見中國所做牙球，不但車得整齊，且能鎸刻花紋甚細。雖其有十二層，而全球之徑不過二三寸，故各層必甚薄，而其各層之間，亦甚密，不能想其用何種刀爲之。此類之物，其式甚多。内層不但有尖刺之物，並可任作多面形。如第六十四、六十五、六十六各圖，雖各物所用之刀有不同，其理略與前相同，故不必贅言。

第六十四圖

第六十五圖

第六十六圖

凡車此等形式，不易見其内層，須畫剖面形之圖，預定所用何刀，並各刀所作之工，並各工之次第。

傅蘭雅等《匠誨與規》卷二《執刀之工車金類》 前所言之各料，俱爲不甚堅者，故車法亦不難，如金類，則甚堅，故刀不同，而車法亦不同。

金類之質，有軟者，硬者，脆者，韌者，鬆者，密者，與木之分别略相同。不但各等金類有不同，而一種金類，亦不能全體相同。因有軟如木者，間有極硬之處者，常用之。金類爲熟鐵生鐵，與能打之生鐵，與鋼與黄銅，再有紅銅與鉛與鋅等，偶亦車之，而非常用者，故其刀與車，則料者略同。

熟鐵有數種，如羅暮而鐵爲易車。其車下之鐵，能成長條，有一面爲最光車時，簌簌發□結□者，俱知之此種熟鐵雖易車，而其刀鋒則易鈍，惟口則不易缺。故欲常車此鐵，其刀之焠火，宜稍硬。又有别種熟鐵□車者，其刀口常易缺，而不易鈍。又有數種鐵，内含鐵養，與别質相合之紋，車時刀鋒立鈍，如不勤换，則口裂爲細片而飛散，最難磨至原式。但此硬紋，並非鐵類木質之病，乃鍊工之病。又常見數種鐵内，有變銅之小點，其質最硬，同於木内之節，此種鐵爲車工之最忌者。

如遇此種鐵質，則其轉動須慢。然無論用何法，其刀口必致忽然磨鈍，既鈍而勉强挺緊其刀，則又生熱，而變藍色。凡鐵内有此硬質，可加熱，而淬於水内或油内，二三次後，再退火。

銅亦同用此刀車之，而車法亦同熟鐵。其刀不甚磨鈍，或缺鋼之退火，更宜加工。

等常之車工，無論專業，無論玩耍鋼之退火，俱不甚留意，故或有不退火者，或插在熱灰内，而持冷者，或不待冷，而浸於水内者，此等謬法，俱不可用。凡鋼未曾合法退火，切不可車，蓋退火之工雖大，而車時之省工省刀，則更多，且能車得甚準。

生鐵用手工粗車外面，其刀同於粗車銅與熟鐵。惟細車所用之刀不同，因生鐵有甚軟，與硬木略同者，有別種最硬者，其刀口之角度，必比車熟鐵者稍鈍。

生鐵之外皮甚硬，刀鋒難入，故宜鏨去其皮，或磨去其皮，則刀初遇鐵之處已在皮之内層，而易入。如所車之料不圓，刀必有忽遇忽不遇之處，其口難任此不匀之力，所車之物，亦不準。

鑄成之生鐵，其稜角之處，必更硬，不但外皮，而内質亦硬。雖用退火之法，終不能軟，果有何法，能使變質，尚未試得，故不如用舊磋，或砂石磨去之。但此磨法，甚是費工，磨好之後，究能車準，亦難憑信。

韌生鐵，即能打之生鐵，略在生鐵與熟鐵之間。如鎔鍊時合法，即同於熟鐵之易車，但其刀則稍易鈍。

黄銅與礮銅，軟硬之性各不同。製造各器，常用軟硬適中而易車者。刀之角度，與車生鐵者相同。轉率可比生鐵更快，車時宜避太陽直射之光，因其面極有回光，能傷人目，不便於工作久，久而目必壞。

金類之屑，爲刀迫射而出，黄銅爲最多屑之，熱度甚大者，於皮膚必痛，間有限入之苦，最鹼者，惟目曾見鋼屑，限入目而瞎者。

金類在車牀上轉動，與木類相同，然令金類轉動之法，則與木類不同。長木用車盤，並一惟心。金類長條，則用兩個定心，而另有小車盤帶動。其車盤上之車心，與木類略同。惟角度不同，視第六十七、六十八兩圖自明。六十七圖，爲木類，或極小之金類，所用其角爲六十度。六十八圖之角，爲八十度，尋常之金類最爲合式。此二種車心，俱用鋼爲之。其尖必焠火，令硬旋上，此車心與取下之器，如第二十二圖。又有陰車心，如第六十九圖，亦以鋼爲之，但不作錐形之尖，而作錐形之孔。如圖内之虚線等，常帶轉鐵桿之轉□。如第七十圖，以鐵爲之，而螺絲以鋼爲之，方梗之轉擔，如第七十一圖。車刻螺絲，所用之轉擔，如第七十二圖，或鐵或銅爲之，其孔有螺絲，車工必備此器，大小數種。

第六十七圖

第六十八圖

第六十九圖

第七十圖

第七十一圖

第七十二圖

第七十三圖，爲作心孔之銅捶。其尖甲之角度，與挺心之角度同。其乙之尖，比甲更鋭。第七十四圖，爲作心孔之套。分爲二件，甲爲套，乙爲捶，其套或鐵或黄銅爲之，其捶以鋼爲之，而能在套孔内進退，視圖自明其用法。

第七十三圖

第七十四圖

第七十五圖，帶動小車盤，以生鐵爲之。其戕或熟鐵，或銅爲之，盤面有孔容此，戕背面有螺蓋旋緊，此盤之轂，有陰螺絲，可套於塔輪軸上。第七十六圖，爲螺絲母帶動盤，以生鐵爲之，其螺絲以鋼爲之，亦可旋於塔輪軸。

第七十五圖

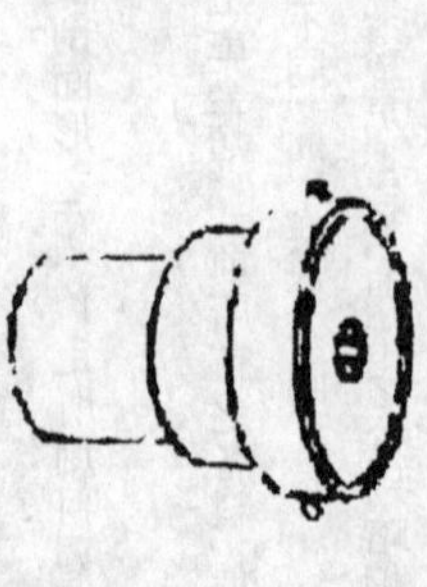
第七十六圖

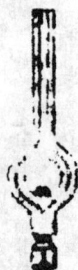

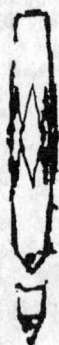

第七十七圖，爲圓心桿，以鋼爲之。其兩端有心孔，可套於挺心。其二端之形，如第七十八圖，桿徑或二端相等，或稍有大小，此種器必備大小各種。第七十九圖，爲螺絲心桿，其紋或右旋，或左旋，或半左半右。如圖式，其二端，與前圖之法相同，亦必備大小各種，並螺距大小各種。第八十一圖爲刀架，以熟鐵爲

之，又有別種式樣，因所車之物而特設者。第八十圖，爲粗車熟鐵生鐵鋼，與能打之生鐵之鈎形刀。甲爲柄，乙爲刀，其刀能在柄內進退。刀若磨壞，即可漸漸伸出，此刀通一孔內，將丙柄右轉，刀亦壓緊，反之則鬆。此刀有二種，其一作圓口，如乙。其一作尖口，如甲。圓口之刀，爲粗車者。尖口之刀，爲用於金類小器，或車齊各物之端，又能車凸圈之邊，此兩種刀，以同法執之。如第八十二圖，爲用時之式，甲爲所車之體，乙爲刀，此刀所用之架，即八十一圖。

第七十七圖

第七十八圖

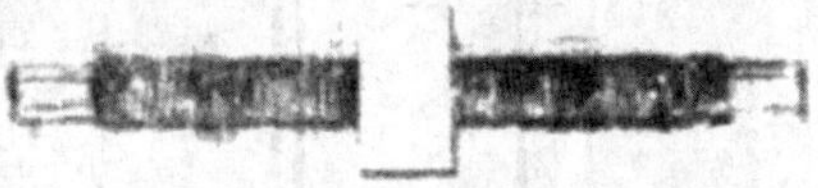
第七十九圖

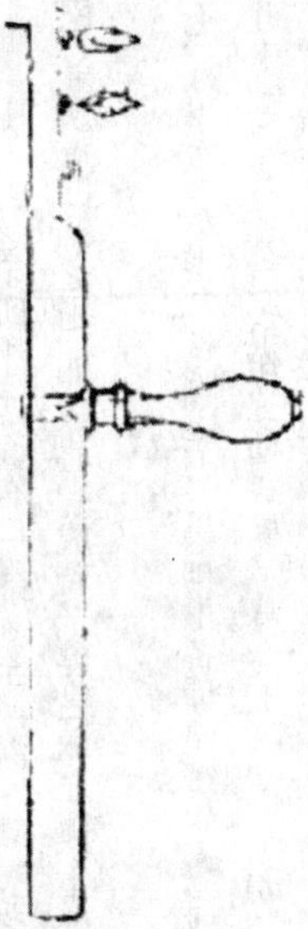
第八十圖

第八十一圖

第八十二圖

執此刀之法，用右手執柄，即八十圖丙，其刀之後端，靠於肩，左手執處，在柄與肩之中間，刀之口略與所車之體等高。

此刀大有用處，惟玩耍者不甚用，初學者難制其刀，不深入，如偶然深入，則所車之物，或所用之刀，或車牀，俱必受傷，或車工之身，亦跳起。若已熟此刀之用法，始無此病，雖二指亦能壓住，能刻出金類之大條，用刀之人，能左右換，爲更好。

此種刀之式，應配車工之身高，視第八十二圖，自明其理。刀口之角度愈大，則執持之工愈難。用此刀爲桿理，其靠架之處，爲定點，而重點在口，力點在肩，所以刀口愈近於定點上之垂線，則所加之力必小，此因定點自能阻其重。此種刀又有別式，其作刀口之法，合於將柄夾於腋下，用法與前相同。其手宜用相引之力，則刻鐵之力，俱爲刀架所任。嘗見車工用此刀，往往過出大力，其實俱是空費之力。

粗車生熟鐵，所用之刀有數種。如第八十三圖，爲方梗斜口刀。第八十四圖，爲三角梗斜口刀。第八十五圖，爲冒頭圓口刀。八十六圖，爲彎頭刀。此外，尚有數種，俱不及此四種之佳。其方梗者，最爲公用之器，造鐘表尤爲適用。作法，將方鋼條磨其端成斜方形，其尖與兩邊成刀口。

第八十三圖

第八十四圖

第八十五圖

第八十六圖

三角梗者，用三角鋼條所做，磨法視圖自明。其尖與三角形之二邊作刀口，可車凸圈之邊，或柱形之端，無論左右，俱可用。

冒頭刀，惟爲出大力之工所用，四面有口，能刻至極深。其彎頭刀，有二口，可車凸圈之□，並所有凹凸之處，即與心線成若干度之角之處，車此種體，比別刀更準。

第八十七、八十八、八十九各圖之刀，爲軸車各種熟鐵生鐵，或鋼，各刀必有柄。如第九十圖之式，其口常作三種式樣。八十七圖，爲平頭。八十八圖，爲尖頭。八十九圖，爲圓頭。各刀之本身，俱相同。其分別在磨工靠於架上之處，作鋸齒，可使不滑。如第九十一圖，爲靠在架上之方向。第九十二圖，爲車光熟鐵與鋼之刀，靠於架上，其口與心線等高。如第九十三圖，漸漸移向左右，每次車去之料甚少，刀口常潤以油或水，又須慎其深入，合法用之，能得極平極光之面。

第八十七圖

第八十八圖

第八十九圖

第九十圖

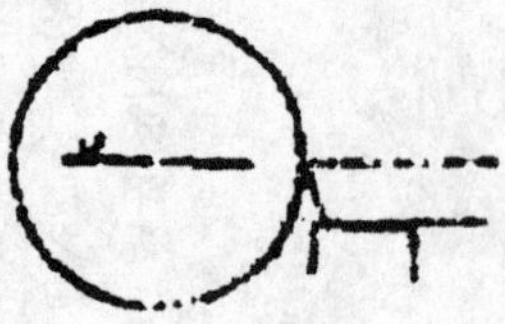
第九十一圖

第九十二圖

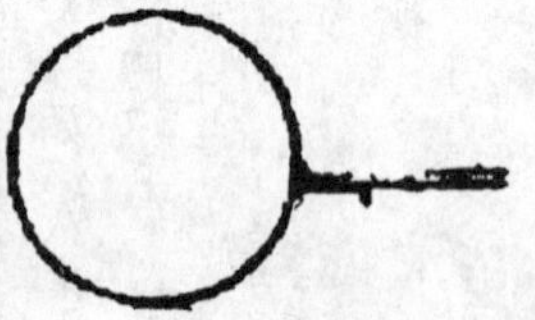
第九十三圖

生鐵刮光之法，用第九十四至一百零二圖之各刀，其剖面俱如一百零三圖各式，與各□工相配。其刀口俱磨成正□，故兩面俱可用，此各刀平□於架上，其口略與車心等高。如第一百零四圖，其車生鐵熟鐵與鋼之刀口，其角度爲六十度至八十度，刮光生鐵與黄銅者，爲九十度。

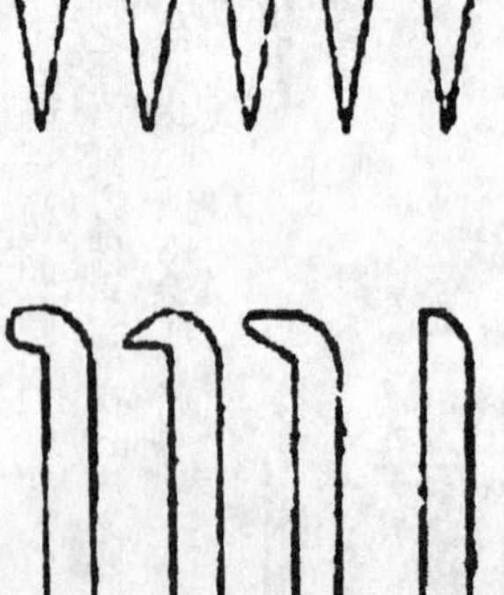
第九十四圖至九十八圖

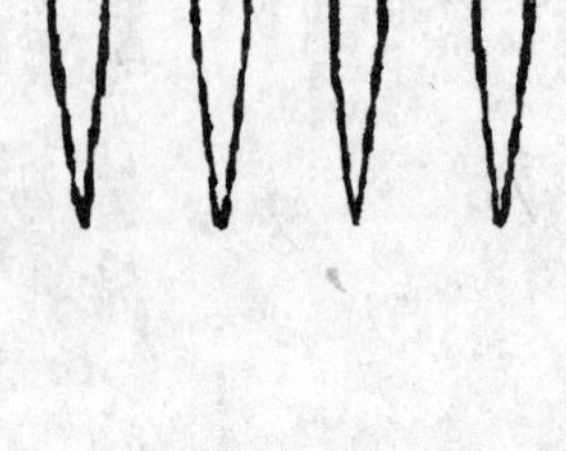
第九十九圖至一百二圖

第一百三圖

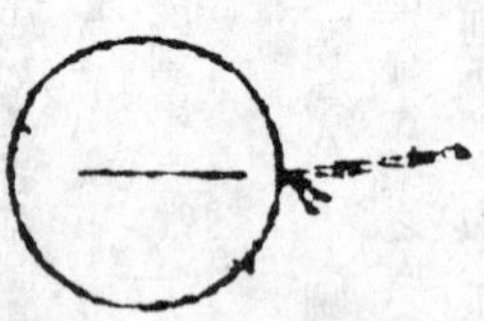
第一百四圖

第一百五圖

第一百六圖

第一百零五圖，爲木夾，一百零六圖，爲木桿，俱爲磨光生鐵熟鐵與銅，其夾之孔內，以鉛爲襯。

刮光黄銅與礮銅之刀，各人之意不同，或云用尋常鈎形之刀，磨成鈍角，或云用圓鋼條之刀，可輥於刀架上，或云用方鋼條之刀，一面用鈍，可換一面，且鈍則易磨。

余作此工多年，已車過黄銅與礮銅獨多。所用各種刀，惟鈎形刀，常有深入之病。圓條刀易離刀架而脫去，必出大力制之。方條刀只能平直之體上用之。惟圓鑿如八十九圖，各種黄銅俱相宜，且無論直面彎面，俱可用，亦不致深入，又不必多出力，而可淺可深，又不易鈍，已鈍又易磨，其口應磨成八十度，其靠在架上，如一百零七圖，如刮光黄銅與礮銅，可用同式之刀，與生鐵通用，或喜用粗大之刀，靠於尋常刀架上，或喜用薄刀，而在架上墊以皮，但最好之刮刀，宜作薄口，漸漸向後作厚，則靠於架上，不致顫動。此種刀可用車木之刀架，不應離所車之體太遠，必配準。其高得刀口與心線等高。

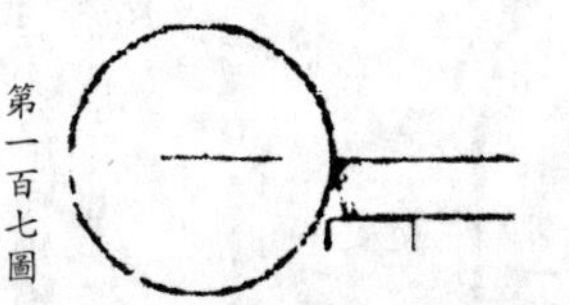

第一百七圖

各種金類所應得之轉率，宜慢於木類，因其質硬之故。

熟鐵每分時之速十八尺至二十二尺，如鐵内有夾雜之硬質，轉宜稍慢。

鋼質退火之工合法，則每分時之速十八尺至二十尺，如退火不合法者，其速不可大於十四尺至十五尺，若欲更速，刀必受傷。

尋常之黄銅，每分之速，應略爲一百尺，如爲極硬者，則每分時應爲四十尺，甚軟者一百五十尺。

鉛每分之速，爲二百尺。

以上所言之速，爲執刀之工，其所車之體徑，必大如其徑。小於二寸者，則轉率宜減少，因刀與金類相切，所歷之時，每轉一周，其熱不及散出也。凡車時之刀，將鈍刀口變爲黄色或藍色。當知轉動太速，必須再磨其刀，而減其轉速，惟刮光金類轉，宜加速，熟鐵與鋼車畢之後，常用細磋平之，然若多磋，必致不準。

欲得最準之物，斷不可用磋，惟粗物粗用，細磋一二次無妨，凡磋不可用新者，故用半舊之磋，副浄齒内之硬層體上加油，輕輕移過，其體之轉□，應比車時加倍，磋畢後，以常法磨光。

如用九十二圖之刮刀，則不必用磋，又不必用别種磨法，因刮好之後，其面已甚光。如熟鐵與鋼，其車後之面不平，則不能用刮刀，或已磋過，即可用砂布磨之。常法加以油，生鐵與黄銅，只可乾磨，如鐵，或□有凹凸之面，必用一百零六圖之木桿，此□有二種，其形相同，俱以軟木爲之，一端譙以膠，再譙於釉，寶砂内待乾用之，此種多用於生鐵，又用寶砂，與油調成膠，將此加於桿上而濕用，宜於熟鐵與鋼。

第一百零五圖之夾，最便於磨光熟鐵桿與鋼桿。將寶砂與油，添在鉛襯内，緊執其柄，而夾於桿上磨之，移動左右，以光爲度，油宜常添。如黄銅用過刮刀，固已平滑，然欲格外光亮，可用舊砂布乾磨，如鐵或鋼或黄銅，欲得鏡光，必用鐵養細粉，或爛石粉等料，加於磨皮上，乾磨之體之轉動，必極速。

茲設數物之車法，以明執刀之車工，先作一圓柱形，長六寸徑一寸，以熟鐵爲之。

□取鐵桿，徑一寸又八分寸之一，長六寸又八分寸之一，如兩端不平者，可用粗磋或磨輪平之。

心孔，以第七十三圖之器揰之。初學者，宜用第七十四圖之器，將鐵桿鉗緊，安套於上端，如圖式，打其中心之揰，即得心孔。

以此法，作成二心孔之後，即可安上車牀，將挺心架移進挺緊，以手轉其桿之或準或否。如不準，即將石粉一塊，靠於架上，而轉其桿，視何處遇石粉，取下其桿，向有石粉之面，移過心孔，再安上而再試之，以準爲度。但此不必過於費工，如不甚差，亦可車準，或有離刀太多之處，以致車虧所需之徑，則不可用。

再將心孔揰更深，而以桿之一端，用相配之轉擔。如第七十圖，旋緊於桿之一端，而安上車牀，挺緊於二心之間，令轉擔切於牀上，再將油一滴，加於心孔。

心孔必常加油，乾則相磨，而轉動不準，以致挺心之尖磨鈍。故欲轉動多時者，必用鈍揰尖揰二次，則心孔之底有空處，而能存油。

凡用轉擔，不可用過大之式，動小桿因有偏重之力，而轉動不能平匀，以致車成之物，亦不準。

再將第八十一圖之刀架，安在牀面，而配準之。使圓口鈎刀之口，與車心等高。刀之後端，必與肩配合，刀架必極牢簧比規。如第五十七圖，或别種比□規配準，所需之徑一寸，即將鈎刀，或八十四圖之刀車，其一端或平，或凸圓，或凹圓，依所需之式，再將桿調過一端，以同法車之，浄得桿長六寸，再將圓口鈎刀車至略得所需之徑。最便之法，可於近端一寸之處，先車各槽，比準其徑即，一直車去，不必多用比徑規，車好其能車之處，即調過車其彼端，再將平口刀，如第八十七圖細車數處，略得所需之分寸後，再車其全面至分寸不差，凡欲得光平之物，必慎轉擔之螺絲傷其面，須用銅皮作襯。其執刀之方向，須與各種料相配，視九十一、九十三、一百零四、一百零七各圖自明。若欲磨光，悉如前法。

鐵桿既能如法，可試作第二物，即物圈徑一寸半，寬一寸，中空之徑四分寸之三，其料如翻沙鑄成，已得粗形。若用圓板爲之，可用後法開孔，再將四分寸之三之心桿，如第七十七圖，套圈於上。

凡圈環之物，在心桿套上脱下之工，俱必用襯，又或襯圈架空，其心桿而以木椎打之。如用銅椎，切不可即打於心桿之端，以致心桿之端變形，而兩心不對，故必用鉛或銅襯而打之。

器體重者，則不用搥打，亦可套上脱下，將心桿舉起，而舂於木上，或鉛上，惟套上之時，小端必向上，脱下，則反是。或以鋼捶襯於心孔內，而搥打，此法斷不可用其錯，與銅椎打於桿端相同。

輪或滑輪套於心桿，及取下之工，不可打於輪邊，宜在近心孔之轂上，如輪邊凸出者，可用襯圈於轂下。

銅圈既套於心桿，遂將轉擔旋緊於心桿之端，加油一滴於心孔，安於二定心間，而挺緊，但不可過緊，過鬆以手轉動，稍有滯力爲度。

刀架配好合用，第八十九圖之圓口刀，粗車一次，略得所需之分寸，取去而換用第五十四圖之丁字刀架，使用刮刀，再用第八十四圖之刀，車平兩端，而後磨光，其刮刀不可稍鈍，磨快之後，再用油石磨至極光，因刮刀鋒利，則黃銅能得極光之面。

凡面俱以同法車之，其刀架必對所車之體，必用一直尺試之。其直尺，以銅片爲之。

傅蘭雅等《匠誨與規》卷二《車螺絲》 車牀上，又可手中執器，刻成螺絲，此法亦能在別種車牀用之，特因行螺桿之車牀，適已安配別器，全欲改換，則費工，即可用此種器，於別牀暫刻螺絲。

手工所用之刀，俗名螺絲梳，又名螺牙，皆象形也。

第一百八圖

第一百九圖

如第一百零八圖，爲外梳。一百零九圖，爲內梳。此二器之螺距相配，各種螺絲，必有此相配之器。所作之螺絲，專論螺距，而不論體徑之大小，故可用一梳，而刻成螺徑二倍大，或四倍大者，然能作此事者甚少。

凡作左旋螺絲，其梳必相反，然□熟者，亦能以一梳刻成左右二種。

用此器之法，亦不甚難。惟學者須習練其工，兹將其法略言之。

先將欲刻螺絲之桿，車至比螺絲之徑稍大，而安在車牀，同於常法。用車鐵之刀架，如用車木之刀架，更爲合式。無論何種刀架，其上邊必極平滑，必與心線平行，梳之口與所車之物等高，又必近於所車之物。

此器有柄，與尋常之刀相同。其用法，亦與尋常車金類之刀相同。如刻大螺絲，其柄必靠於肩，然此器如恒定於一處，而不動，則得平行之槽，而各槽之距，與梳齒相同。故必壓住於所車之體，而在刀架上，漸漸移過，其移過之速，必合車牀轉動之速，與螺距之大小□，此法移動梳之數，初以爲甚易，至試做時，始知其難。因車牀每一轉，其梳必動若干路。如轉速與螺距不配，則成亂螺距，而無用。

學者最好之法，將八十三圖之刀，先刻一線在所車之體上，大略與螺絲之斜度相配，則以梳靠之移動，不致有大錯。

如鐵質不好，則無論車工之精粗，總不能得好螺絲，因其梳至軟處必深入，至硬處則淺。材料若好，則此工能與別法所作之螺絲同好。

黃銅作螺絲，其器可稍薄，如刻鐵螺絲之梳，已磨至太薄，即可用以刻黃銅者。

凡刻熟鐵或銅，應用肥皂水，或油，或鈉養水，常加於上，令不乾。黃銅與生鐵，不必用此料。陰螺絲爲，前工之反面，所用之梳，如第一百零九圖，其刀架相同，惟與心線爲正角，並與心線等高。所車之體，令轉動之後，其梳壓在內面，即成螺絲。其所車體之內徑，應比車成後稍小，則梳移動之時，所有之小病，盡能做去，此二種刀常磨側邊，所以螺距常不改形，其刀多磨，漸漸而薄，可將刀架稍高就之。

傅蘭雅等《匠誨與規》卷二《鑽孔之工》 凡欲鑽孔，尋常之車刀不合用，應預備專器。蓋手執之刀，難作深孔。

鑽工有兩種，其一，以體轉動而□挺進。其二，以鑽轉動而體不動。無論所鑽何料，其轉動之工略同，惟其鑽頭，則有別木鑽，如第一百十圖，至一百十二圖。一百十圖，爲圓口鑽。一百十一圖，爲花心鑽。一百十二圖，爲螺絲鑽鑽金類之鑽，如第一百十三圖，至一百十九圖。其一百十三圖，爲常用之鑽。一百十四圖，爲螺絲鑽。一百十五圖，爲平頭冒鑽。一百十六圖，爲刀鑽。一百十七圖，爲冒頭鑽。一百十八圖，一百十九圖，爲絞鑽。此各鑽之根，俱方形，以便裝於方孔。其螺絲鑽有成副者，俗名花旗鑽，因花旗所多用也。雖稱爲花旗鑽，並非花旗所創，其螺絲有漸大之距，其餘各鑽造車牀之家，俱可購賣，有數種，亦可自造。

第一百十圖

第一百十一圖

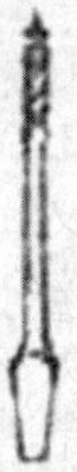
第一百十二圖

第一百十三圖

第一百十四圖

第一百十五圖

第一百十六圖

第一百十七圖

第一百十八圖

第一百十九圖

車工必備鑽一副，各鑽之徑，必一定。每鑽之根上，刻明次第之識，並孔徑之數，又宜備比鑽之孔，以銅爲之，各鑽必用此孔比之，斷不可用比徑規比之。所鑽之孔欲極深，則從二面各鑽半深。藝之精者，必能相遇成直孔，如孔内欲安轉動之軸，則其鑽宜比所需之孔稍小，再從二面，用準徑之鑽通之。或不用準徑鑽之工，可用第一百十八圖絞孔之鑽，此事須緩進，而多加以油。如絞生鐵，亦必加油，惟黄銅可不用油。如磨力太大，亦可用油。惟鑽頭不可沾油，此種絞鑽作孔，總能直而平滑，惟尋常之孔上面，必比下面稍大，所以通過之方向，同於安軸之方向。

第一百十五圖，爲平頭冒鑽，用此鑽□平螺絲之冒，先作一孔，再以此鑽作□孔，兩孔自能同心，此冒頭爲平肩者。第一百十六圖，爲刀鑽，裝此鑽頭在桿上，作長方孔，其刀能在孔内伸縮，以劈打緊，故大小各孔俱可鑽。所用之刀有數種，以合各事之用。

第一百十七圖，爲錐形冒鑽，其用處爲多，其孔口便於藏錐形螺絲冒，此各種鑽俱鑽轉，而體不轉。

以上各工，爲常用之事。又有令體轉動，而鑽頭不動，因體安於車盤之上，其孔更進，又便於拔其鑽，而去其屑。

第一百二十圖，爲平面車盤。一百二十一圖，爲車筒周圍有八箇螺絲，俱有大用，最便於安置所鑽之體，俱可連於塔輪軸，視圖自明其用法。

欲鑽孔之體，先作一心孔，與車相同，將鑽裝於塔輪軸上，令轉動甚速，將一心點，對鑽頭之尖。又一心點，對於挺心，而挺心架，必緊於牀面轉。其手輪而挺進，其體體不可令轉動。

孔徑爲中等者，其體可用手執持，而不令轉動，即可知鑽頭之力，如覺其力太大，則挺進可稍緩，否則鑽頭必斷。

鑽木類之孔，其力本小，不致扭斷鑽頭。金類則必細審，何鑽能受何力，方能不斷也。如偶有鑽頭，斷於孔内，而難於取出，必將其體加熱，令鑽變軟，而换鑽。

鑽之螺絲鑽，能自推出其屑，别種鑽則無論木與金類，必常倒出其屑。

熟鐵與鋼，必加滑料，或鈉養水，或油之類令濕。

螺絲鑽有一病，令油不能至孔底，所以只便於黄銅與生鐵。如鑽小孔，則用螺鑽爲最好。如爲深孔，更合於用，因屑能自出也。所鑽之體甚薄，螺鑽無甚好處。

學者欲習細工，可將一銅鍼，用細鑽作孔，而成小管，全體不偏，或可將小洋錢周圍鑽多孔，各孔一直過心打通，連作多孔，則内質全出，始爲心細，而手精矣。

凡孔欲作陰螺絲，則鑽頭之徑，必爲陽螺絲底之徑，故必常用兩種鑽頭，一爲作螺絲之孔，一爲不作螺絲之處。

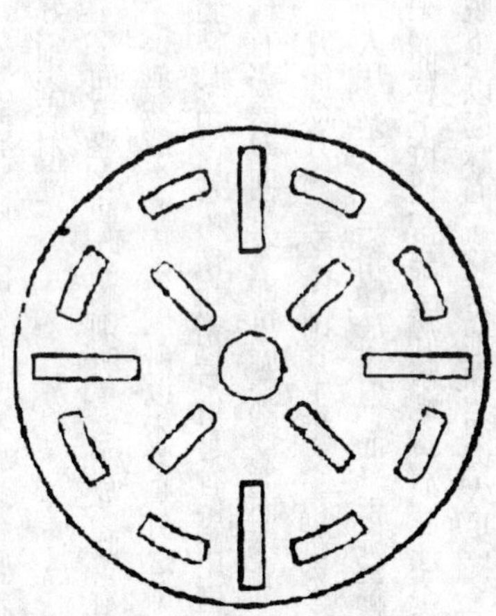
第一百二十圖

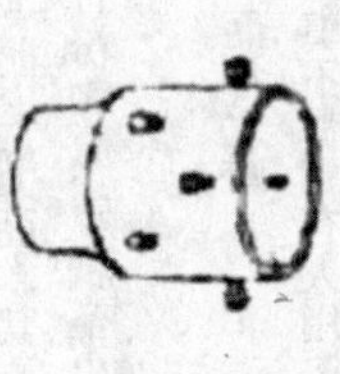
第一百二十一圖

令體轉動所用之鑽，其理與前各刀略同。惟其式不同，如第一百二十二圖，爲小者，乃常用之鑽，須有兩箇爲副。一爲作螺絲之孔，一爲不作螺絲之處。其更大者，如第一百二十三圖，此種各徑，亦必備兩箇爲一副，一爲粗鑽，一爲鑽光。第一百二十四圖，爲半圓鑽，能鑽深孔，其孔不甚大者，此鑽最合用。

第一百二十二圖

第一百二十三圖

第一百二十四圖

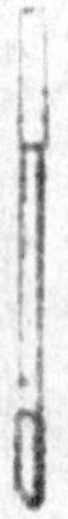

以上各鑽之外，尚有別種，其理與前各種相同。內有自能伸縮之刀，但此種不甚適用，因常易壞，或其刀易於脱去。第一百二十五圖，爲鑽架，其柄可插於刀架上，安好之後，其二方孔，與心線等高第一百二十六圖，名爲扶架，可連於車牀，所以夾住木模或枕，此枕可起高，以對心線。

第一百二十五圖

第一百二十六圖

第一百二十七圖，爲拉鉤，以鐵彎之，如圖式。第一百二十八圖，爲包銅，或包鉛之心桿，乃紅銅管，或鉛管鑄在方鐵條上，而車準其徑，比所需之徑稍小。

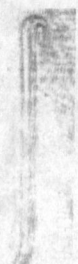

第一百二十七圖

第一百二十八圖

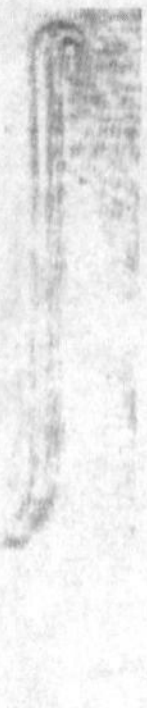

平面之體，最便於平面盤動之長柱體，可用車筒動之，連體於平面盤之法，必視體之形式，車工當以意爲之，大約不傷所車之體，而轉動之時，不礙車牀，又不礙用刀之處，則可矣。

又應備數種丁字頭之螺絲，並如第二十九圖之壓板，以大小四箇，爲一副，其用法將體靠於平面盤，以大螺釘穿於最便之孔，其小螺釘連於壓板，略配體之厚薄，將大螺蓋旋緊，凡鑽之孔應在體之中心，而其器爲齒輪，或滑輪，其孔心必與輪周同心，則套在心桿上，而車其周，仍非得準。

第一百二十九圖

如其器有數處不欲車者，則不車之各處，應先配準，而連於盤上。所車之處既好，則全體俱準。

平面車盤之面既準，則所車之體靠，此平盤者必準。鑽孔而套於心桿上，亦準。俱無法能令體周盡準，所以未緊螺釘之前，必配準體之周，而求其心。其法令體轉動，用白石粉作識，視石粉之有無，用椎打於有粉之處，屢試至白石粉周圍皆有；或對面皆有，即可旋緊螺蓋，而鑽孔。

凡體欲其內邊配準，則其工相反，視石粉之所在，而打之離心。

人用二手，一手箱體於車盤，而一手旋緊螺蓋，其事不易。有人用鑽連於挺心架，而移上挺住，可兩手旋緊螺蓋，但此法不好，因鑽鋒易傷，而體與鑽或致一同脱下，以傷牀面，或落至地面，而傷人足。

重大之體，欲牢於車盤之上，可在體下置一木墊配準，其所需之高，或可將車盤取下安好，其體亦甚便。

如體依法安好，則令轉動，所欲鑽孔之處，必先車平，再將鑽架配好，留心不可太緊。

鑽架之上有二孔，其大者爲裝大鑽之用，小者爲裝小鑽之用，故將欲用之孔，對心而鑽之，後端有心孔，對於挺心架之心，轉其挺心架之手輪，而進鑽。

鑽架之長方孔，所以令鑽不轉動，惟起鑽之時，須留心其走偏。如孔不大，則用鉤鉤住，如爲大孔，則此鉤之力不足，必用大桿重物掛在其端，其鑽將通之時，亦不可取去。

鑽孔之□熟鐵，或銅則鐵時，必用配合水，如黄銅或生鐵，則不必用。

實心之體鑽大孔，不能用一種鑽，必先用小鑽鑽之後，再逐次用大鑽，至得所需之徑，但其末一鑽，不可如前之重。孔欲甚深，而爲生鐵或鋼，則有磨力生大熱，所以用末一鑽之前，必待其體自冷，如果鑽後而冷，則末一鑽不能再通過縮小故也。

或其鑽比所需之徑稍大，則可乘熱之時鑽通，或末鑽之前，用鈍鑽，故使生熱，再用末一鑽連鑽通，則冷時之孔徑稍小，而適準此各事，本是無關緊要，但知其理者，遇此事，亦有益處。

凡鑽金類，其體不可生過大之熱，恐鑽有退火之病。

長柱形之體，欲鑽通深孔，不便□於平盤之上，則可用一百二十一圖之車筒，將筒套於塔輪軸上體，即安在其內，旋緊螺絲，但初學者，最難配準，各螺絲，須先配準內四箇後，配外四箇。

此種螺絲應甚緊，而不使體轉動。如鑽孔之時，其所餘之外體甚薄，又必留心螺絲過緊，而致內孔不圓。如所鑽之體過長，但用此器尚不能，則可用一百二十六圖之器，泆之其枕，或木，或銅，其孔同於所鑽之外徑。

鑽深孔最好之鑽，須用一百二十四圖之半圓者，此鑽大有用處。尋常之車工，不知其妙，安好鑽架，先將尋常之鑽，與此鑽等徑者，鑽深四分寸之一，次換半圓鑽，後端靠於挺心，轉手輪使進其孔，甚是光直，此鑽必用鈉養水或油，又必勤去其屑。如孔深一尺有餘，須從兩端鑽之。如欲其極準，須用大小二鑽之法。深孔內最難添入滑料，可用水箭噴入，屑能隨水而出，一事兩得。

此種鑽與別種鑽相比，其刮口爲孔之半徑，故堅固而能當扭力。平常之鑽，其口略等孔徑一有半，故軟而不能當扭力，即此一事，亦好於別鑽，精於鑽孔，而用熟此種者，能將鐵桿長四十尺，以此鑽作徑寸之孔，一直通過。

所鑽之孔欲甚光平，或稍欲放大，可用包銅或鉛之心桿。如第一百二十八圖，又凡焠火之物，或外面變銅之物，其孔必稍改變，有時稍彎，有時面上生小泡，總有不平滑之處，故必用心桿磨之。

用此心桿之法，照常安於兩心，以帶動器令轉，先將心桿之面，敷以細寶沙與油，再用椎周圍輕打，令沙嵌入鉛內，執其外體，而令心桿轉甚速，將體左右移動，屢添寶沙與油，如不添而乾，則二面相切太緊，彼此相磨而反毛。

所磨之體甚重，則必屢次轉移，否則偏重一面，而孔不圓。

又須常添寶沙與油，又須慎近口處磨大。

添寶沙與油須使在中間，又必□過心桿之方向，此恐外體吃緊於心桿，手不能執住，倘有此事，宜立停轉動，乘熱將本椎打脫，或反轉動之方向。如不過緊者，即能活動。若油已甚乾，而已甚緊，則打脫甚難。

傅蘭雅等《匠誨與規》卷二《車牀零工》 尋常之車牀，有相配之輪鋸，能做多種事。其鋸套於軸上，安於二心之間，此軸有一凸圈輪，□□此圈而用螺蓋轉緊，輪鋸之下，有一平板，平板之根，可連於刀架之上。又有移動之□邊，可配準鋸物之長短。此種鋸徑不可過大，亦不可鋸過重大之料，因足踏之力，不能加大也。如鋸極薄之木片，或牙片等輕小之物，此鋸甚合用。

薄木片薄牙片，亦可用車牀刨平。其法用圓柱形之刀，轉動甚速，下襯一平板，將木片置於板上推進。其板之高低，以配木片之厚薄（此與後卷之飛刀同意）。

又以同法，可安各種式之刀，刨成各種花線之木。如第一百二十六圖，扶架內之木枕，可以此法□其槽，惟其刀之厚薄，必與架之凸脊相配。

車牀亦用甚小之厚輪鋸，如刻螺絲冒之槽，或作齒凹，或鋸小塊之鐵，此等事應多用滑料，否則易鈍。

凡做淺齒法，將極小之鋼輪，靠於極細之陽螺絲。此螺絲在車牀上轉動，其轉時亦令鋼輪同轉，自能刻成輪周之紋。工畢之後，必焠火，用以作別種輪上之凸齒，用時必加以油。

螺絲梳等器，亦以同法爲之，與車螺絲之工略同。其加力應平勻，滑料應多，手執宜直。

車牀亦可配用小磨石，以磨各種車刀。此石用時，必常添以水，所磨之刀，必靠於架上，否則其磨石有消磨之多少而不平。故其刀應向左右移動，以免磨輪之面凹凸。

又可備更小之石，其轉可極速，以磨光鐵器之面。用石磨後，再用木輪面上粘皮，皮上用膠，而敷以寶沙粉，一箇軸上可安數輪。第一用粗沙，第二稍細，其餘逐輪遞細，末後用軟細麂皮，加鐵養於上，用木輪之法，俱宜乾磨，自能極光極亮。

傅蘭雅等《匠誨與規》卷三《車牀雜工》 刻輪齒之器，不但專作齒輪，又能作相類之工，如長槽之輥軸，或長齒之軸等件，刻法與平齒輪相同。所用之輪磋與所刻之槽形相配，又如平行線尺兩端之輥輪，其面有淺槽，其槽爲角形，亦可以同法爲之。

軸上之方槽，或公螺模之槽，或方形，或六面形，或多面形之體，無論爲平行，爲斜行，俱可用輪磋爲之，其動法令刀架緩緩移於牀面，將分度板撥過相當之度，得槽之數，或令挺心架偏於車心線，得其斜度。

大螺距之螺紋槽，或螺紋鑽，或方紋捩形，或多而絞捩形，俱可用輪磋爲之，其塔輪軸與行螺桿，必以合比例之換輪相接，其比例必得所需之螺距，定槽數之法，將塔輪軸與換輪移過若干分周之一。

螺紋之槽，其輪磋所安之角度，必同於螺角。若螺距甚大，則塔輪軸不可如常法帶轉，行螺桿與所刻之體，必以手轉行螺桿而轉，宜甚慢甚勻，其相接換輪之架有定心，如欲令行螺桿獨，轉可令換輪不相接。

第一百六十一圖爲鑽器，外作方形之套管，中有活轉之桿。作方形者，可壓住於尋常之刀架。前端之外有螺絲，中有直孔，能裝各種鑽頭。後端有滑輪，用繩牽轉，其鑽頭之形，如第一百六十二、一百六十三兩圖。

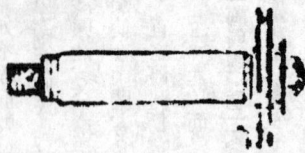

第一百六十一圖

第一百六十二圖

第一百六十三圖

平頭鑽用以作方槽，將欲作之件，安於兩挺心之間，而鉗住不動。其鑽壓在刀架之上，鑽心等高於車心。鑽桿與牀面成正角，牽鑽之時，頭上常□□料。刀架推進，令槽得所需之深，刀架前行，令槽得所需之長。凡鑽通之長孔，如搖桿鑽桿等，必先鑽半深，調過而鑽通，初鑽之孔宜小於所需之數，再用準式之鑽直通之。

此法作方槽與孔，甚簡於舊法。蓋舊法用鑽，而更用椎鑿，其工大費。平槽或通過之孔，亦可作彎曲之形，只將塔輪軸與行螺桿配準所需之轉率。若將鑽桿與牀面平行，則連於車盤之體上，能鑽從内向外之槽，此必令體不動，而令刀架進退。如鑽同心者，或弧形者，則令刀架不動，而令體轉動。若鑽向内繞之螺紋槽或孔，即漸伸線形，其體與鑽必俱動，塔輪軸與刀架之螺絲，以換輪連之。又雜形之器，如長圓橢圓，並凸輪形之槽，俱可用同法爲之。

傅蘭雅等《匠誨與規》卷三《刨架》 凡格致家，最喜自製機器，以作小件之用。故購得車牀，即可配成一小刨，置於車牀之面。此刨之式多端，俱依大刨之意，然終不如另購專器之佳。連於牀面之小刨，尋常以刀架之底板，爲推移之平面，而將所刨之物連此面上。此器之體宜輕巧，否則安置費力，更須有滑輪引繩之繁。又有一種用輪磋者，亦不甚善。

第一百六十四圖，爲便用之刨器，可置於一百三十圖車牀之面。

此器用空心之生鐵架，刨平其底，與車牀面相配，用螺釘連固。架之前端有圓摺邊，外連以圓平面，其螺釘有鷹尾之形，合於背後之圓槽，而通過摺邊，配上螺蓋，則外平面可任意轉動至適宜之方向，而螺釘之鷹尾，自在弧槽内移過，壓刀之法，與大刨牀略同。

凡欲刨之小件，可用螺絲鉗連於底板之上，如體稍大，必用螺絲釘，以隨體之宜。

此器可用尋常之刀，以刨常器，只將刀架往來行動，刨路之深與刀起落之路，以刨架上之柄配準。橫動之路，用刀架上之柄配準，若刨三角形槽與稜角之處，必轉動其圓平面，而合相當之角度。

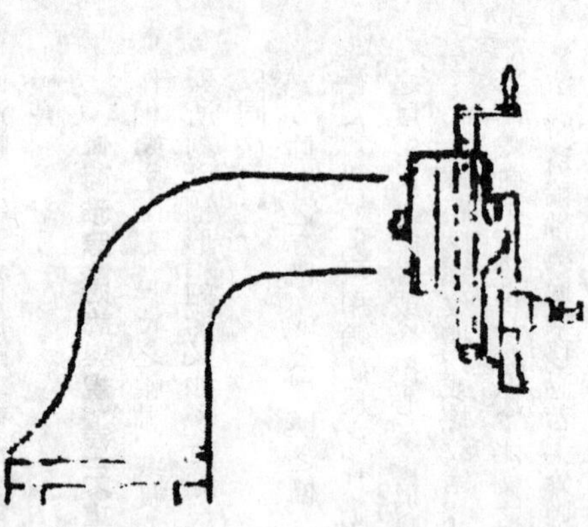
第一百六十四圖

移過所刨之體，其刀之回路，必在進時之原路。如在刨完之時，而即移，則刀之回行必□下次所刻之路，即是大病。刨之速率應稍小於車之速率，熟鐵與銅所加之滑料，同於車工。

以上所言，體在刀下往來，如用行螺桿，亦可行動，而甚慢。應另作機件，用拐軸裝於十二寸徑之大輪，此輪平安於車牀之面，以小齒輪動之。小齒輪作二十齒，而連於軸上，軸有小滑輪，從上架之皮帶輪牽動之，拐軸與刀架底板連接，用堅固之搖桿。用此器最便之法，將刨架安在近塔輪之處，由拐輪安在挺心架之處，所刨之體往來行動，其路等於拐軸二心距之倍，配準此二心距之倍，必等於體行之長。

刨架與往來之機，原合爲一器，然以分開用之，又可作別事。如取去刨架，而但用往來之機，則將一百六十五圖之刀壓在刀架之上，即能在連於車盤面之體，或刻槽，或削邊。又因車盤能圓轉，而刀架能直行，故所作之工有多種，而可省椎鑿之煩。如輪心之孔作方槽，並圓桿上，如圖甲或乙外周之面，此事本不便於車工，然巧思者竟能以不便車之物，設法於車牀爲之。

第一百六十五圖

第一百六十六圖

傅蘭雅等《匠誨與規》卷三《整理器具》 車牀與刀木免消磨，然必令其消磨極小。凡有用久而已消磨者，宜勤加修整。

移動之平面，必加上等淨油，令滑澤。設有塵土細沙着於夾縫，急宜拆開揩拭，加以新油。所有添油之孔，常宜蓋密，以免塵土竄入。用鰷水爲滑料，熟鐵不致生銹，如遇未加油之生鐵，不久而銹，生銹不甚多者，可用油布揩去。

各處相切之平面，如漸鬆而振動，必須旋緊。凡上等之器，俱有螺釘與襯條，可配緊。

塔輪軸之頸，常宜留意螺釘之過鬆，以免搖動之病。然車牀所有配準之各件，亦不可無故而亂動，以致改變其原形。

挺心應備二三副，或鈍或斷，隨即更換。將其舊者退火重車，而其角度不可少差。應備一□□之樣，量準而後焠火，焠火之時，須直入於水，而令尖不彎。否則所車之體，有二心之差。

挺心桿不準，尚無大害，能使其夫在準心之點，已屬可用。如不在心點，而在一箇垂線內，其□雖稍高低，亦無大差。若偏於垂線，則車成之體，此勢必大於彼端。

刀鑽等器加熱一次，即可淬水而兼退火，將其器加熱至紅，而紅處稍長，淬於水內，則□處之熱尚能退火。取出之時，急急磨光，以辨其色，立將全器再淬於水，如器甚細，則全淬於水，而另將大塊鐵燒熱□之色，已合宜，急淬於水。輪磋淬水，水面須平而不動，磋體亦平入於水，而在水中急上急下，鉗用鋼絲，作三义之簧穿入孔內，自可不阻其冷。如用别法，則鉗處漲縮不匀，□□或翹或裂。其退火之工，或煽於熱鐵之上，或浸於滾油之內。

寶砂磨輪已用舊，洗去餘下之砂，加以新牛皮膠，而輥在寶砂之内，待乾即同新者。

傅蘭雅等《匠誨與規》卷三《母輪磋》 凡刻小齒輪如鐘表所用者，其輪磋以小塊鋼爲之。先如常法車準，而於全周磋去若干分，以合齒空之式。此法亦可作更大之體，並别事所用之輪磋，但此尚非正法。所有大輪磋，無論刻齒與别用，應在專器之上造成，大能省工，而更耐用，所作之工亦更精。

第一百五十六圖，爲輪磋。第一百五十八圖，即造此輪磋之器。此各種，乃專器上所造成者。□□□藝公局存此各式。又一千八百六十二年，英國博物院内，有里子地方非而本公司所造之各式。

第一百五十八圖

第一百五十九、一百六十兩圖之器，比尋常所用者更簡。此器有底板甲連於刀架之底，使用二箇鷹尾乙，用螺蓋藏在孔內，甲板之底有一摺邊，合於刀架底板之槽，能令甲板更堅定，而不離應當之處，常有一邊與車心線平行，又一邊爲正角。

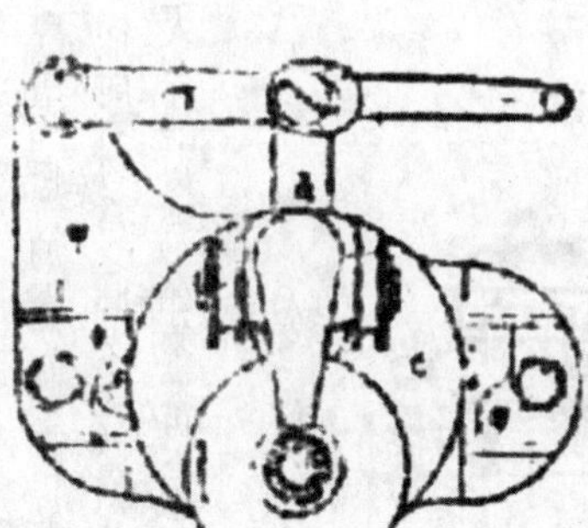

第一百五十九圖

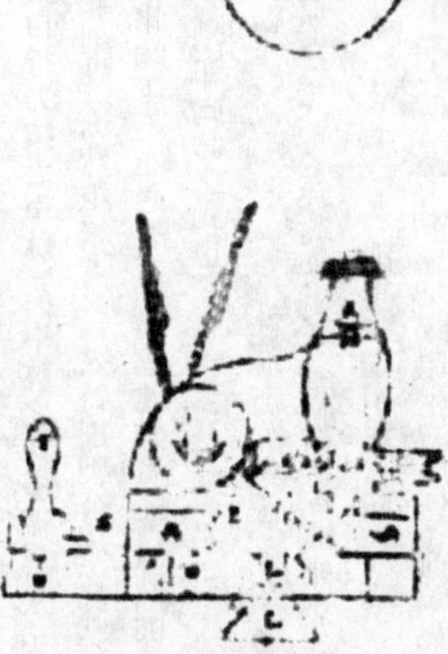

第一百六十圖

甲板之上，有二箇平面板，如丙，如己。其相切之處，各有制條，以成移動之路。此二路安準正角，又有丁柄與戊連桿，能使丙平板進退。丙平板之動路，與車心線爲正角，而已平板之動路，與車心線爲平行。

移動平面乃生鐵鑄成，其上層即作立軸庚之基趾，此軸以硬鋼爲之，而在架之頸内轉動，如圖内之虛線。

母輪磋爲截圓錐形，鋼爲之，周琢細齒如圖。安於軸端者，即是其底，與車心等高，此爲造器之器，與刻齒之磋體異而用同，故以母名之。安此磋不能全藉陽螺絲，必先用套節連於軸端，其套節之式各不同，必依各磋之大小。所有極小者，難作心孔，必在磋底作陽螺絲，而套節有陰螺孔，受之牽動。立軸之滑輪安在軸之下端，用螺蓋旋緊。

兩旁小滑輪之用，所以令牽繩改變方向，此繩繞過上架之大滑輪，而下繞於立軸之滑輪。

圓柱形之面欲刻直齒，則用尋常輪磋之架，置於刀架之上，以行螺桿動之，而不必用前言之移動平面。惟欲刻在各種曲線形之面，則必用移動之平面，而配相當之母輪磋。

輪磋刻齒之工，必將樣板辛安在底板凸出之面，使二平面縱横移動，配準其行率，而合於輪磋所需之曲線。

樣板連於甲板之法，用螺絲與墊圈，如圖，其樣板内之孔稍長，可配相當之距，以鋼爲之而焠火。其曲邊磨至極光，各樣板應記明其各數與各事，如爲刻齒輪之磋，必記齒心距，其直扶壬爲鑄鋼條所作，連於平面己之底。

輪磋之胚，宜如法煨火使軟，套於心桿上車圓，得所需之形。將前器壓於刀架之底板，各件配好，令母磋轉動，而欲刻齒之磋不動，亦用分度板配其齒距。母磋進退之法，用刀架之底板螺絲配好之後，方向不可改變，須刻好一面而止，後反其樣板，以同法刻其又一面，磋面應常加滑料，一切與刻齒輪之工略同。

母輪磋之分寸並樣板之形，尚有當知之事，如輪徑不可大於所欲刻之曲線所成之圓，加齒深倍之。

直扶壬或可圓，或可尖，如爲尖者，而樣板之曲線不同所刻之曲線。此曲線之形既不同，則難求合式。樣板之形，必特作器具以爲造樣板之用，故樣板之曲線能與所刻之輪相同爲便。如用此法，則直扶之端壬必爲半圓，而其徑必等於母輪磋之徑與齒深之倍之較。

母輪磋之速率，每分時應行二十五尺至六十尺，依輪磋之硬軟爲度。

刻螺紋輪磋之母輪磋，與尋常者略同，惟將行螺桿與塔輪軸用换輪承接，其齒數配準所需之螺距，齒心距仍用分度板配之，但分度板每移一分，不但令其所刻之磋過一齒之相距，又能令母輪磋前行路，等於螺紋前行之相距。

飛刀亦可用前器爲之，其刀裝於刀桿，而刀桿安在挺心之間，刀口須平置而分毫不動，母輪磋以前法用之，其樣板亦必與前刻輪之法相同，而不用分度板。

傅蘭雅等《匠誨與規》卷三《自行刀架之車牀》 車牀之式多端，有公用者，有專用者，自行刀架之牀，固可兼刻螺絲，然粗笨者多，兹特創製公用之牀，衆妙畢備，所有尋常之牀，不能做者，此牀無不能之故，無論專此業者能得利，即玩耍之人，亦能得趣。如第一百三十圖，即此牀之式也。

此牀所作之工，初學者似難盡知，然能明其各機件之結構，則其一切用法自然通曉。

牀用生鐵所鑄，前圖爲剖面形，塔輪架安於牀面，即照尋常之法，塔輪軸之頸，爲錐形。其軸孔或爲木架之料，或另加鋼襯，或熟鐵。襯此法雖費工，而器則加精。塔輪軸之前頸，即是軸體，而其後頸，用一領圈，以二箇螺蓋配準。

塔輪軸所受之推力，有二箇螺蓋任之。又有活動之襯圈二箇，一爲黄銅，一爲鋼架。外再用雙螺蓋，其换輪裝於塔輪軸之端，而輪内又有一螺蓋，即爲輪轂所靠之肩。

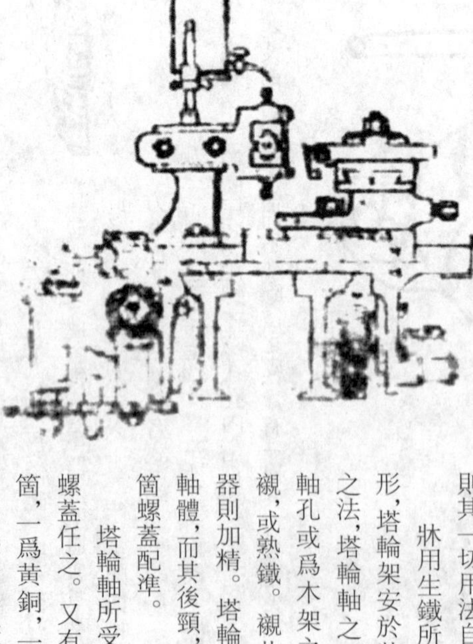

第一百三十圖

塔輪軸上之大齒輪有一釘，連於軸上，不使向頸移動。小齒輪以熟鐵爲之，而作長轂，塔輪即套於此轂，而此轂又套於塔輪之軸。其小齒輪後有一螺蓋，可將塔輪壓緊於軸。此爲速轉之時，所用如欲慢轉，則旋鬆螺蓋，而塔輪即在軸上轉動，可不與大齒輪同轉，再扳兩心輪之柄，以慢樣板需用之形，無甚難求，但其形未必與欲車之體相同，如無現成者，則有法，能用略同之式車其體，亦可不差。

又有數體本不能用相同之樣板，須推求各件之轉率而成之。

如用原樣板，而令其心與圓面□不同心，則將體連於車盤，而刀在其面，所成之形，藉刀尖之方位，並藉與車心之相距，並在車心之或上或下。從此得四款如後。

一，尋常車刻，其刀尖必與車心等高。

二，樣板與所車之體轉率相等，而刀尖所成之形小於長圓樣板，則其形略等於動物心之形，每轉一次，其形愈真。至甚小之時，其線必交而成連環形。

三，所車之體之尺寸，與樣板之尺寸相等，則所成之形必相同，而必爲長

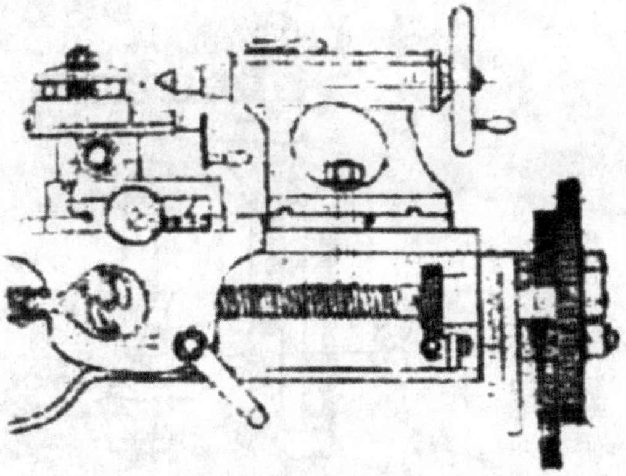

第一百三十一圖

圓形無論，同形之樣板可類推。

四，所成之體大於樣板，其形仍與樣板同，而長圓之二心相距不加大，因刀尖之動仍相同。

刀尖着體成長圓，而以行螺桿動其刀，則成長圓柱體，此體之長，可等於車心與挺心之相距，則與尋常車工同。

欲車橢圓形，其樣板亦必爲橢圓，而其轉率必與塔輪軸相等，或可用長圓樣板，轉兩次，而令體轉一次。無論何法，所成橢圓之形，大半藉刀之方位，如改其刀之方位，則各種形之橢圓，可用一箇樣板成之。

刀以常法，藉行螺桿而動，則長圓柱體與橢圓柱體俱可車。

長圓柱體而錐形者，橢圓柱體而錐形者，其工與常法之圓柱體相同，即令挺心架偏於車心線。

長圓柱體之絞□者，或橢圓柱體之絞□者，其工令樣板之轉率或快或慢於體轉之率，長圓柱或橢圓柱每轉一次，其大徑必常變其方位，如體之轉率與樣板之轉率，其較爲百分轉之一，則後一轉之大徑變其方位，而在前一轉之大徑百分轉之或前或後，二十五轉之後，大徑移過四分周之一，五十轉則移過半周，至一百轉而移過一周。此體之形甚奇，有似雙線螺紋之意，而刀則向前慢行，如樣板之轉，快於體之轉，則螺紋左旋，慢則爲右旋。

大徑捩過一周之距，在體與樣板並行螺桿三者之轉率。如體每百轉而大徑捩過一周，則體轉一百之內，刀所行之路，爲兩大徑同方向之相距。若令挺心架偏於心線，而令車盤之轉或快或慢，則車成之體，爲錐形橢圓柱體等之絞捩者。行螺桿以常法，用換輪動之，則可成繞轉數周之絞捩紋，如行螺桿與後軸不相接，而以手動之，令進若干轉，則成逐段有大小徑之體，即竹節形。

以上各體車成，而再刻一次螺紋於面上，亦無難事，或用刻輪齒之輪磋，或尋常之刀，或後圖之方套管鑽。

各體無論木類或金類，可用車刻尋常柱體之刀，或刻輪齒之輪磋。

各法車成之各形，略可推廣至無窮，下卷論花線之體詳之，但以上所言之形，已可明各種變法之理。（論事花線之書未詳）

樣板等器，轉率不可甚速，常以愈慢愈好，如用輪鋸，轉須甚慢，不可以尋常之皮帶，宜用行螺桿上之螺絲，與相切之齒輪動之。凡樣板之轉速於塔輪軸，或等於塔輪軸，則用此法爲最便。

凡作凸輪，用以上所設車刻雜體之器爲最便，其刀或用尋常刀架上之刀，或用輪磋，必依凸輪之形式與尺寸爲主，此法好於用平面樣切去之舊法。

剜刻彎曲之槽，或彎曲之孔，亦可用前各器爲之，並將後圖之方套管鑽壓在架上，用樣板作成之。

所車之體，其横剖面爲雜形，而直剖面爲直線，則與樣板之轉率必相等。如所車之體與樣板欲不同，則其轉率亦不同。

樣板慢輕而所車之體快轉，則其横剖面不作雜形，而作圓形。惟其直剖面爲雜形，如錐形軸與同類之各體，作此工之樣板，必爲漸伸線之形。而漸伸線之兩徑，較能定大小徑之比例數，其行螺桿與樣板轉率之比，能定錐形底徑之實數，如兩徑較爲四分寸之一，則大徑大於小徑半寸，而錐形底徑必等於樣板一轉之時內，刀所行之路。

長圓爲樣板，而令慢轉於所車之體，則車成之體横剖面爲圓形，而其直剖面有迭更內外之曲形。大徑小徑之較，等於樣板二心距之倍，直線之長等於樣板一轉之時內刀所行之路，此雜形可作任何長，或可在數處令成平面錐形，此體之外面，又能作或粗或細之螺紋，同於圓柱形面之工。

以上各工，樣板之轉必甚慢，故無論所車爲金類，或木類，其轉率如尋常車工之速，可用尋常移動架之刀。

車工宜備數種長圓之樣板，其二心之距各不同，以爲常事之用，且於一板又可作一長孔，用螺絲釘連於圓面盤，有此長孔，即能改變樣板之二心距，最爲便法。明其理者，又能於長圓樣板想出多種用法，如汽機搖桿中節必加大，其直剖面兩界之曲線，略合弧形，而半徑甚大，即用長圓爲樣板，自可配其轉率，而得其弦之長。又如塔輪與皮帶相切之面，必爲曲形，作此曲形，亦可用長圓爲樣板。

直桿之上作凸圈，或平之線尺□□，或圓冒之螺釘等，其工即與車柱體者同。車工不必常立於旁，惟換刀之時必慎，所換之刀尖準，在原刀之面處。又法，樣板可自移其刀，令不刻此於？刻螺絲等爲甚便。

輪齒

製造之工，刻齒輪之事爲最要，如用車器，則價值較貴，故作小□器，連於車牀之面，其價既□而用之亦便，又能另做別工，殊屬更便。

第一百五十五圖之器，可連於□當車□，而刻輪齒等事。呷爲架，其底刨平，有一長孔，上有兩層平面板，彼此成正角，用甲乙二螺桿移動，若與牀面欲置任何角度，則將螺蓋內放鬆，令甲板高低，而整其螺□丙。

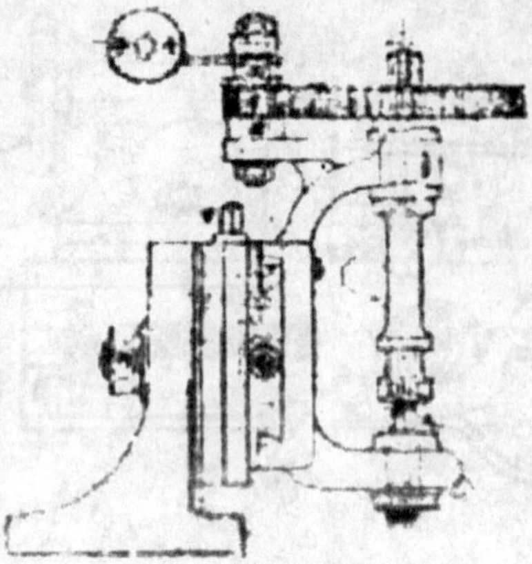

第一百五十五圖

□架之底板，用螺釘連於刀架之底板，亦可置任何方向，其平面往來之路，即與車心線成角度。

兩層平面板移動之處，俱有襯條，雖至消磨，而□即可旋緊。乙平板之上下，俱有伸出之臂，上臂有孔，可受輪磋軸，叱之□下臂之孔成，中含螺鍵，以受軸尖。此螺鍵上下，俱有螺蓋，可消息叱軸之鬆緊，輪磋如第一百五十六圖，套□乙軸，而在凸領與螺蓋己之間，其不活動之法，軸上有方釘，輪磋之孔有方相，使相錯而不杌。軸之上端有齒輪庚，亦用方釘制之，此輪與小齒輪辛相切，小齒輪上更有滑輪壬，同裝於丑軸，子爲側滑輪。

第一百五十六圖

第一百五十七圖之軸，所以裝刻木之刀，此刀宜在礪石用油磨，快軸之上端有滑輪，用繩牽轉，比齒輪更速，因刻木本宜加速也，此軸配於架上之法，同於一百五十五圖。

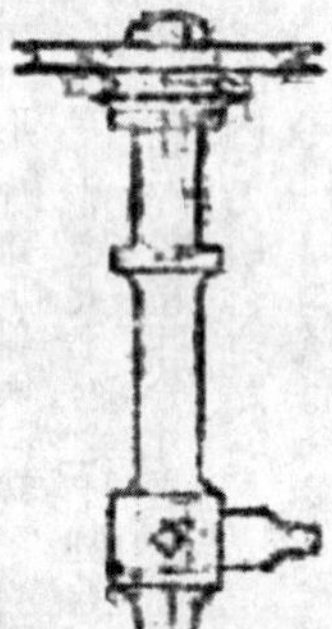

第一百五十七圖

輪磋所作常用之齒輪，分爲六種。其一平輪，其二錐形輪，其三螺紋平輪，其四螺齒凹輪，其五胡客斜齒輪，其六齒條。

平輪者，其齒在外周，而與輪面成正角，如一百五十五圖之庚辛，其軸彼此平行。

錐形輪者，其齒盡合尖錐線，而與輪面作斜角，其軸必在一箇平面內，而彼此成正角。斜齒錐形輪與前輪同，其軸不在一箇平面內。

螺紋平輪者，其齒與輪面作斜角，乃多線螺絲之一段，而其螺距甚大，其軸不同平面，而成若干度之角，不欲多減速者用之。

螺齒凹輪者，齒面作凹形，而合螺紋，故以螺桿動之，其軸不同平面，而成若干度之角，欲減速者用之。

胡客斜齒輪者，與螺紋平輪略同，一輪爲多螺絲右旋之一段，又一輪爲多螺絲左旋之一段，此輪之用，同於平輪，而轉動則極勻，英國不多用此機，而別國則常用，如法國京都博物院內，有數種機器，用此輪甚巧。

齒條者，其齒如平輪之式，乃無窮大徑之輪之一段，常與平輪相切，螺紋齒條其用並同。

現在所造小齒輪，多用威力司之法，從前造機器者，各人自出新裁，所以今之齒式甚多，但無論何種，其磋刻之理並同。

齒心距之大小，必與相切之輪同數。如將兩輪之齒心界徑作反比例，或將兩輪之齒數作反比例，即得轉率之比例。齒心距者，即兩齒之心，在圓周上相距之數。

小齒輪之齒心距，常以齒心界徑每一寸配齒之數，如言十心距，即徑每寸作十齒，故徑有五寸，而爲十心距者，必作五十齒，此種命名甚便，所以用之者多。

齒輪之料，俱用整塊，先將料胚鑽中孔車平，外面而刻齒，尋常用一箇輪磋作齒空，或有先作粗空，而後作準式，輪齒無論何式，其輪磋之式必與齒空相準。試畫一百齒之輪圖，與二十齒之輪圖相比。其分別輪愈大，而齒空愈小，雖兩輪多少一齒，而兩輪之齒空必不同，惟此不同之形極小，目力之所難辨，以同器作之可也。如較數多者，必不可用同器，此輪磋之價值雖貴，毋因貴而不換，肆中俱有準式可購，或竟自製如後法。

欲刻之輪，先以常法車好，如用前器治之，則塔輪之皮帶取去，因塔輪不必轉也。將指表移上，指於塔輪之前面，如第一百三十一圖之式，塔輪前面所有之分度，能分輪周成若干齒，如用換輪，可將手轉動行螺桿一轉，或多轉，則能令塔輪軸轉過若干分轉之一，如尋常之分度板不合所需之數，則另備一板，而面上另作所需之分，以連於塔輪軸之端，其塔輪軸之小齒輪必先取去，再將刻齒輪之器安於刀架之底板，必與欲刻之面平行，而其相距配準，隨轉螺桿甲，令輪磋之心與車心線等高後，以牽繩繞在平滑輪壬之槽內，而兜過側滑輪子之下，則小輪轉而輪磋之軸亦轉，輪磋之轉率必大於車同料之速，其滑料與常法之車工同。

刻平輪之齒宜直，動則以手動其刀架，或動乙平板之螺桿刻成一槽，即二齒中間之空處速合，刀架離開，將分度板移過一分而再刻之。

刻錐形輪之齒，其齒向錐尖漸小，不能一刻而成齒空，其應配輪磋之厚，合於齒空小端之洞，其平□乙必與齒底平行，輪磋之面向下稍斜，先刻□之一□，即移分度板而刻第二齒之一邊，如此全初各齒之□□，而再刻各齒之對邊，斜齒錐形輪亦以同法爲之，其輪磋之面更斜，依齒之斜度爲準。

刻螺紋平輪之齒，將平板乙與車心線平行，輪磋面之斜度依齒之螺角，令磋直行之法，必旋乙螺桿，作此種齒輪，須特造一種輪磋刻之，其式與動□紋輪之螺絲相準，先用别種輪磋，薄於欲刻之空，此直行衹將刀架進退而刻曲形槽，然後換上螺絲形之磋，而將心桿上之帶動器取去，任輪與心桿自轉，再將磋配至所應當之高，又配輪厚之當中處，遂令慢轉而入前刻之槽中，則所刻之輪，自隨螺絲形之輪磋轉動，再旋刀深之螺桿，令磋緩進，則所成之螺槽匀而且準。

刻螺齒輪與斜齒輪，以同法爲之，此種輪可在尋常之車牀，用一尖之刀刻之，與刻螺絲同，然不及用輪磋之善，法用尋常刻平輪之輪磋，安置機器，與刻螺紋平輪相同，輪磋直行之法，將塔輪與行螺桿用換輪承接，而令刀架在牀面移動轉，此行螺桿即在接輪之上，用搖柄，故又能令塔輪稍轉過，如欲輪磋退離，則旋刀架底板之螺桿，同於尋常刻螺絲之法，分□不用分度板，而配準一齒輪，其齒數與所刻之輪或同或倍，每刻一齒，則移前一齒，或二齒，刻齒條之齒，將候平置在車牀之面，以輪磋之軸平卧，而使輪磋直立，其牽繩不兜於子滑輪，而只繞於滑輪壬之上。令磋前行之法，則旋螺桿乙。分準齒心距之法，必動刀架之螺絲。

平齒輪大半爲正圓，間有橢形者，凡雜形之齒輪，可用前法與前器爲之，又可用刻齒輪之器爲之，則必用樣板，其齒心距必以手分之，因其分度板不能用也。

以上刻齒之器，只能作小徑之輪，如欲作大徑者，須變通其法，則另配一軸，横置於車牀之面，此軸之後端加以分度板，而前端套上所欲作之大輪，此輪伸出於牀邊之外，所用機器以前法安置，其刻工亦同此法，能作輪徑六尺至八尺者，惟其曲心距不能過大。

傅蘭雅等《匠誨與規》卷三《自行車螺絲》 前言執刀車刻螺絲之法，只須知螺絲之形，即能仿造。若用自行之器，其理較深，必先明曉幾何之理。

古里各里算學總書云螺絲者，即直線絲於圓柱之蹟，其角度各處相等，故將柱面之線蹟舒作平面，則螺絲線變成斜面。其長與高之比，若圓柱周與螺距之比，如螺絲繞一周，則所進之路，爲螺絲之相距。

二線之相距，謂之螺距，即螺絲行一周之平相距。凡螺絲可任作多絲，惟其相距必俱等。

線繞之蹟舒作平面，則圓柱之周，與螺絲之距，與螺線合成正角三角形。其垂線爲圓周，其底線爲螺距，其斜邊爲螺線。

昔時之車工，因無專作螺絲之車牀，故藉前理爲之，先將硬紙，或極薄之銅皮，剪成三角形，而包於桿上，依其斜度畫線，作識依線鏨，成細痕，而再磋深，此法雖甚粗，而造成之後，亦能甚準，且費工亦不多。今雖刱設專器，舊法仍不盡廢。

自行刀架所作圓柱之事，俱是車刻螺絲之工。因刀鋒移過，而遇柱面，必成螺紋之蹟，故每寸六十轉，而設以柱面離開，亦成平面，而爲三角形。其底線爲六十分寸之一，如將長鐵桿以一端，用四夾車盤夾住。又一端含於扶架之木枕，則枕孔之内面，自成陰螺絲之淺痕，所以尋常車削之桿，其螺距甚密，而紋甚淺。若作螺絲之用，只須疎而深螺距之疎密，與螺紋之深淺，必□螺絲之用，並本體之徑相配。如欲螺絲牢固，則桿徑之小者，其紋不可過疎而過深，所以徑之與紋應合比例。

英國製造家名㖞德活特，歷試多年，以定常用之螺絲，而得其分寸之比例。此種分寸謂之㖞德活特準螺絲，今之製造者，大半遵用，而受其大益。㖞德活特當時所試之各事，此不贅言，衹將其所得之各數列表。

凡方紋螺絲，疎於同徑之尖紋者一倍。㖞德活特螺絲，其陰陽紋剖面形之角，定爲五十五度，其陽尖與陰底稍作圓形。

尖紋之絲最易造，而最便用□，有數式以配合用。如第一百五十圖，其鈍紋者，如甲爲尋常器，兵所用方紋者，如乙爲常欲進退者所用。又有爲丙或庚之形者，丁爲深絲之用，小螺絲常作此形，其圓絲戊爲大徑之切線螺絲所用。

其形同於齒輪之齒，尋常切線螺絲，亦用尖紋爲之。巳爲鋭角紋，常爲木螺絲之用。

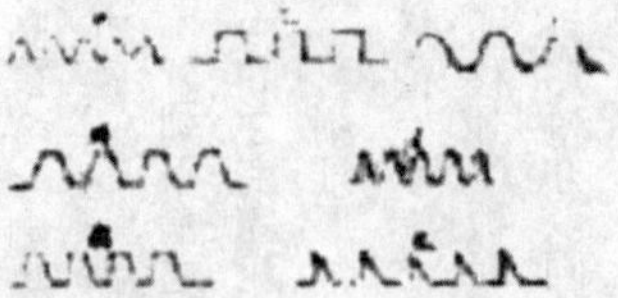

第一百五十圖

前列之表，不必盡照其尺寸爲之。然常用之器具，其絲之任力，必與內體相等。故其力必平分相任，則前表爲適宜之數。所以各種桿上刻螺絲，依表內之數，不宜更粗，如大徑之桿，又宜更密。

行螺桿之螺距，不必與桿徑合比例。如桿徑一寸或一尺，而刀架之行相同，則每寸之絲數必同。刀架移過一寸，而塔輪軸所轉之數亦同。故欲作若干螺距之螺桿，只須推算若干齒之輪轉動若干周，不必問螺桿之徑。

以上所言之車牀，共換輪在牀之右端，即呷軸傳動，於行螺桿之處，其別件不必改動。

尋常車柱體，不改塔輪軸與呷軸之轉率，而在右端用換輪。如密於一寸九十轉半，或疏於五寸爲一轉，則其換輪必在兩端並用，則一寸內，能刻一千三百絲之密，或能得七尺爲一絲之疏。茲將各種絲數，所需用之齒輪立表，此表應刻於銅板，而綴於車牀便當之處，則換輪時，可省推算之工。

更換齒輪俱在牀之右端，如欲一寸得一百，或二百或五百轉，則在甲軸左端換大輪，令其轉連於塔輪軸二分之一，或四分之一，或十分之一，反之而□螺距極疏，可用大輪裝於塔輪軸，令甲軸之轉，比塔輪軸更速。

以上各輪，專作右螺絲，其刀必從右移至左，如欲作左旋者，亦可用同比例之輪，但必再加一接輪，連於接輪架之槽內，加此接輪共轉率不改，而但改轉之方向。

表內所設之各螺距，俱是常用者，此外尚有數種暫用之螺距，則可臨時推算。以下特設簡便之法，足爲各種更換接輪之用。

將所車螺絲之螺距，以行螺桿之螺距約之，即得行螺桿之若干轉，相配塔輪軸之若干轉，如欲車每寸七轉之螺距，則塔輪軸之轉數，原爲七行螺桿之轉數，原爲四是已知所車之體，與行螺桿轉率之比，即易推算各輪之齒數，每寸有若干整數之絲數，固易推算。如有小分數，則推算稍難，然小分數與整數之推算略相同。只將分數螺距與消去分數之任一數相乘，再將行螺桿之絲數，以此數乘之，即得相當之轉數。如求作一螺絲，其螺距爲十寸有十三絲，即一寸內作一絲又十分絲之三，則將一又十之三，以十乘之，得十三，爲塔輪軸之轉數。再將四以十乘之，得四十，爲行螺桿之轉數。又如二十二寸有三絲，即一寸內作二十二分絲之三，則以二十二之三，乘二十二，等於三，爲塔輪軸之轉數，以四乘二十二，等於八十八，爲行螺桿之轉數。

螺距之數大於二寸至三寸，則行螺桿之轉甚速於塔輪軸之轉，故轉動之時必需大力，而皮帶常欲滑過，或皮帶加潤而加緊。又恐接輪脱落及輪齒斷缺之病，故必另有法助之，即可大至一尺一距，或數尺一距。

車刻木螺絲之刀，如第一百五十一、一百五十二兩圖，其一爲刻外螺絲，其一爲刻內螺絲，無論硬木軟木俱可用。

第一百五十一圖

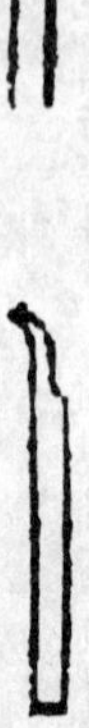

第一百五十二圖

車刻金類螺絲之刀，與一百四十一圖者略同。其口必與陰紋之角度，並螺角之斜度相配。所以各種螺絲之形，必配各式之刀，否則刀之側邊必磨所成陰紋之邊，惟甚小之距並甚細之紋，亦可以尋常之刀爲之，製造大廠常備各種刀式。而人家玩要者，究屬多事，故設新法，可以一器車成各種螺絲，即用刀頭安在柄內，任作何等角度，如第一百五十三圖，此乃新創之器，甚是便用，視圖即知。其做法之簡，用圓鋼條與柄端之孔相配，其刀口依螺紋之角度磨成，其裝於孔內，依螺角之斜度，故無論螺角幾何，可轉刀而得螺角

第一百五十三圖

之斜度，易於求知。最簡之法，預定其所需之角度，而試刻淺痕，即依所刻之痕，而扭轉刀頭，配其角度。

車刻母螺絲之刀，與一百四十八圖略同，但其口亦必與螺絲之形相配，如孔徑甚大者，可用一百四十九圖之刀柄，而配準其刀頭，但此圖之式有一□，因柄之前端伸出，不能直刻至孔底。

有柄之刀壓於架上，同於尋常之刀，此種刀式，不但專刻螺絲，所有别種形體，以及硬木與别料，俱能合用。

尋常螺絲，用一箇刀刻至略得粗形，再用螺絲梳成之，或用手執，或壓於刀架，如在刀架，其器應有簧力，有數種不常用之螺絲，必用同式之刀刻成，而不可更换别式。第一次所用之刀，比刻成時之刀稍小，後用準形者成之。

螺絲細密者，無論或外或内，不欲全做絲紋，則先車一平行槽在螺絲欲住之處，刀可至此而止，刀架退縮之時，可免傷刀。方絲或大螺距之絲，可於螺絲欲住之處鑽一孔，如有數絲者，則每絲必鑽一孔，螺絲起頭之處，宜先車成一二絲，則刀至此已知其合形。

刀架尚有數事，大半爲車螺絲與同類之工所用。兹將螺絲之工詳論作式。

螺絲以鋼爲之，每寸十距，欲爲母模之用，則檢前表，此螺距合於四分寸之三之孔徑，如作公模，必依此數，爲内體之徑，而其外徑則加大絲深之倍，故鋼模之胚，必依此内外徑車成大小兩節，其小處即爲絲底。

欲車之桿，依法安好，將刀磨成相配之角度，而壓於刀架，略與心線成正角，配準换輪而扭上開合螺蓋，左手轉動塔輪，而右手進刀，視刀鋒與體正相切，然後放鬆相連辛柄之小螺絲，令指簧靠於分度板之分數，將辛柄向左移上，刀即離開所車之體，遂令塔輪左轉，俟刀行至體之右端，將刀架螺絲轉動分板一分，或二分，將乙柄移至尋常之處，則刀必稍進。再令塔輪右轉，刀即刻成螺紋，至左邊則起乙柄，而再左轉塔輪，乘此退行之時。其刀可進一分或二分，俟刀至右端，而再右轉塔輪，刀又循前紋而再刻，如此爲之，成而後止。

螺絲欲精，刀必鋒利，而合應當之式，刀頭之側面，不可在陰紋内相磨，滑料亦必足用。

塔輪將欲左轉之時，其刀必先退離，刀架行至右端，刀尖不可遇右端之挺心。

尋常之螺絲可用螺釘轉擠，旋於所車之桿。若欲换刀，必合於已刻之陰紋。

初學車工者，必以爲柱形之□刻成螺紋，則左轉之時，其刀必仍合於前紋，然刀架退行，塔輪軸必左轉幾分，始能起動，此因輪齒與螺絲皆有鬆隙，故刀口與陰紋必稍抵梧也。此事已見前論。

車剜内空

前言各種剜孔之工，俱可用自行刀架爲之，所以刀架各種動法，能代執刀所不能作之工。常法將體壓緊於刀架之上，其刀□安於二定心之間，刀架移向左右，刀桿轉而不移。如第一百五十四圖爲刀桿，以鋼或鐵爲之，兩端有心孔，中間有數箇長方孔。刀安於孔内，與前一百十六圖之式相同，此圖之刀式有數種，以配各工之用，如車大孔，宜用更大之桿，而刀亦更多，或四，或六，或八，依孔之大小，而配其數。刀桿上另有套管或套盤，各刀安於其上。安刀之法，亦用劈打緊，其動法與前相同，或在套管周圍之槽内，鑲以硬木，則硬木靠緊體孔之内面，而刀桿不振動，此法比周圍多用刀者更準。

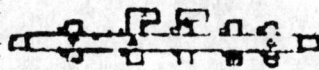

第一百五十四圖

此種車剜之事，其孔或是鑄成，或是粗鑽而成。必令孔之中心，與車心正對。擇用何等刀桿，而將刀配準應刻之深塔輪，轉動之時，將乙柄推下，則行螺桿漸移其體，而遇轉動之刀。凡剜孔之工，其刀應接連旋轉而不停，至於細車更宜不停，因其體既冷，而後再車，必致孔之兩端不等徑。凡用小桿，必用甲刀或乙刀，其甲刀爲車平孔之兩端，即同於第一百十五圖，自鑽之用，如孔之邊或凹處，必用丙刀。如刻螺絲，必用丁刀或戊刀，然此二刀不常用，因刀桿之左轉與體之退出，甚是不便。惟習熟之人，而慎用其刀，則刻成之螺絲，亦能精細。

刀口所受之力或甚大，則其桿必摇顫，故宜用一百二十六圖之扶架托之，愈近於刀爲愈好。

傅蘭雅等《匠誨與規》卷三《雜體》 第一百三十圖力架上戊，螺絲後端之器，前尚未言。此器之用，專車雜形之體，此器與蒲蘭架特並魯斯之車牀俱不同，而其用處則更多。

如有一箇不動之點，令遇轉動之體，則其點引長，而成平圓線。如其點邊更向轉動之體進退，則不能成平圓，其所成之形，在轉動之運速與進退之多小相關。此事之消息，即刀架後之器能令刀尖□更進退，而成所需之形。

甲軸上有熟鐵之錐形小輪，此輪之心孔有方鍵，能在軸上隨底板而移動，常與同式之□形輪相切，此輪連於直立之短軸。短軸之下端有齒輪，後又有直立之軸，而長於前軸，下端亦有齒輪，即受動於前軸之輪。中間之接輪或單或雙，定於接架之上，旋緊此架之螺蓋，應作左螺絲，接架有一槽，以定接輪之戕。

後軸頂上有圓底盤，其上更有圓面盤，配連之後，不少摇動，即同於整者，此用螺釘兩箇，俱有丁字形之頭，安於面盤之弧槽，而通過底盤面。盤之邊刻度，分底盤之邊，有指表，面盤可轉若干度分，而用底盤下之螺蓋旋緊，如將面盤之邊變爲切線輪，則更易配準。

面盤之上有數孔，孔内作陰螺絲，以受同徑之螺釘，中有一大孔，亦有螺絲，其陰螺孔之用，以連凸輪與面盤，其中孔之用，令凸輪定在其處。只有一釘使牢，此釘與凸輪上之孔相配。

刀架之戊螺絲向後伸出，後端有一相配之枕，其移動之直輔安於枕上。用螺蓋連在戊螺絲之外端，直輔有三孔，内孔爲螺絲之枕，外孔與直輔桿相配，而移動直輔，别有數孔，所以連數種磨器，磨器之形必與樣板之形相配，磨器或爲圓桿，或爲小軸上之輥輪，或爲一點。

塔輪轉動之時，則呷軸上之錐形輪亦轉，而歷傳其動至凸輪，此輪轉時，壓住連於移動直輔之磨器，而直輔桿必帶動刀架，故其戊螺絲亦往來移動，而其架面之刀即進退。

凡用此器，宜在塔輪未轉之前，先去其戊螺絲包住之螺蓋，所有進退之路，必够戊螺絲之來往，否則機件必有斷折之患。

戊螺絲進退之速，必與樣板之形有比例，而其形自能限制所車之體，而成所需之形，其磨器切於樣板之法，用繩挂錘而經過滑輪，令刀架在底板上移動，而不改變樣板之壓力，刀架離心愈遠，重物舉起愈高。

磨器應以鋼爲之，全體極光，而焠火樣板亦應以鋼爲之，生鐵或熟鐵雖可用，而稍遜。

刀架之底板，應時時添油令滑澤，則磨器之錘，可以不甚重，錘體固不可過重，應試準其若干爲度。

應祖錫《銀礦指南》第一章《論試礦分銀法》 第一節 論産銀礦之土石

銀礦於何種土石内生成，並以何法能分别土石内何處應有銀礦，皆有成書可考。然余以爲不必深究成書者，其故有三焉。礦學之書不一，而足論説紛紜考不勝考，一也。即或於成書中專心致志，深明其□與法，亦未必即使於用。蓋人初臨礦地，其土石應在何□，應産何類固不能一望而知，故礦學未精之人，每以所到之處，不必盡産金類，遂廢然舍去，殊不知此種地方，亦或有多産五金者。若深於礦學之人，自能一一分别，此書之不必究，二也。又況金類之書，不盡可憑，自來求礦之人，類能各抒己見，原未嘗專賴看書，故有由本人查驗而知之者，亦有因師友傳授而得之者，此書之不必究，三也。

余以爲凡查銀礦之人，所經山谷及平地，倘遇有銀礦之處，無論其實見爲銀礦，與□□其爲銀礦，皆須實力試驗，務究其實在爲銀礦與否。

余撰是書時，業已幾經游覽，重費貲財，而急於求礦，是以專求簡便之法，不暇論格致家微細工夫，亦不暇論其成顆粒之形象，與夫所含之原質，與夫剖面之情形，與夫劃於石上之痕迹，與夫重率，與夫何種銀礦含銀之多，何種含銀之少，此等工夫，在余不但不甚理會，且輕視之以爲空談無當也。蓋余所考究者，不過欲求本礦含銀與否之一事。其事亦簡便易行，試詳其法如下。

第二節 論試礦含銀便法

先取本礦數兩，用平面石二塊，於中間夾磨之，令成細粉。每粉十分中加食鹽一分，皁礬半分，三料合匀放小鐵鍋内，或鐵罐亦可。其鍋鍾之内面，必先用韌泥或路上爛泥塗過，使乾，然後入以合料，於爐火上煆之，煆時用粗鐵絲一條，調料須加熱至不聞硫黄臭爲度，其所加之熱，又以能見礦料有暗紅色爲限。至硫黄氣不發之後，必更加熱，以礦料有明紅色爲度，又不可過熱，至鎔化其料，其鐵絲必連連□之，不可停止。此時所發之臭或如緑氣臭，少帶辣氣，間有發新成乾草香者，皆與硫黄氣易於分别，此後其料必發脹，現出膠粘之性，或如羊毛形，加熱數分時後，其料煆成，可倒於平面石上，待冷再加鹽少許，又澆以水，使足成膏，乃以乾净紅銅皮條插入膏内，待十分時後，將銅皮條取出，用净水洗去條上所粘之膏，不可用手，須以器擦條上有膏處，如礦内含銀者，則銅皮條上必生白衣一層，是爲含銀之證，此外不論含何種金類，俱不能成此白衣，所以一見此白衣，便知其礦内含銀，而其白衣愈厚，則礦含銀愈多，衣愈薄，則礦含銀愈少，如見其衣帶灰色而皮面粗毛者，則可知其礦含銀必多。

用此便法於山中試鍊銀礦，所帶之物，止需五件，兹特開列如左。

一食鹽，二皁礬，三小鐵鍋或小鐵罐，四粗鐵絲一條，五紅銅皮一條，長六寸。

以上五件内，其鹽本須携帶若干，以便食用，原不必另備，且隨處可以購取。其小鐵鍋亦可作炊□用，至鐵鏟又可爲開礦之具，是此五者既不費財，又輕便易於携帶，其簡便實無過此者。

照以上之法，試驗含銀之礦，行之數次，自有把握，以後更無貽誤。

惟本礦含硫黄之雜質者，可以不用皁礬，但恐誤認其礦爲含硫黄，而其實未嘗有硫黄也。故試驗銀礦，每以用皁礬爲妥。

第三節　論試礦含銀更便法

又有比前更便之法，亦能分別。凡礦之含銀與否，其法將礦料約重一兩者，磨成細粉，加食鹽青礬各少許，和勻入茶杯内，沖以沸水少許，令成膏，乃用磨光紅銅條插入膏内，其茶杯下必用火使熱，令其膏能得水之沸度，如紅銅條作白色者，即爲礦含銀之據，此法比前法尤便，故可先用此法，而後以第二節之法試之，凡産銀礦之處，必不産含水銀之礦，倘疑其或含水銀，可將紅銅條放入爐内加熱，如條上白衣飛散，則知爲水銀礦，若白衣不變，則其爲含銀礦必矣。故凡開銀礦之人，只要以手摸其銅條，便能分别其白衣爲銀礦所成，或爲水銀礦所成，更不必於爐内驗之也。

以上便法，其應備之物料止有四種，開列如左：

一、食鹽，二、青礬，三、紅銅條，四、茶杯。

或以茶杯置鍋内，而鍋内盛以沸水，使茶杯内之料能熱，則不必另用火，此法較便，余嘗屢試不誤，但恐不及第一法之妥耳。

第四節　論用熱與水試礦含銀法

又有銀礦師用更便之法，取礦一小塊，加熱至紅，趁熱時將礦浸入冷水内，則易鎔化之金類，能於礦面上現成小圓滴之形。但此法不甚可靠，以鉛等金類亦能現此形，故無銀之礦可疑爲有銀，有銀之礦可疑爲無銀也。竊謂此法未免太略。

第五節　論用硝强水試礦含銀法

礦師常用之法，每將礦少許磨成細粉，置玻璃試管内，加以硝强水銷化之，再將所銷化之明水和以淨鹽少許，如其礦含銀，必於水内現出白色，如白雲之浮天際。然或礦含銀極少，則其明水但稍帶白色，如含乳汁少許者。此法雖亦靈便，然其中却有二弊。一因有數種含銀最多之礦，一遇硝强水，即不變化，若加以鹽，使毫不現出白色。二因以此法試之鉛礦，亦能得其白色，含水銀之礦亦然，其所現白色在老礦師見之，或能略識其爲銀與否，而更以細法求其確據。若尋常礦師，尚未考究化學精細工夫者，遂覺此法不便於用矣，且硝强水之爲物最險，易從瓶内流出，倘遇食物或衣服，或鋪蓋，必皆被其毁壞，若於曠野及山中用之，尤爲不便。

第六節　論用吹火筩分礦法

化學家最講究之人，每於化學房内，用吹火筩逐漸練習，馴至手腕靈便時，此法最爲可靠。惟尋常礦師長在山中開銀礦者，其人稍覺粗鈍，開礦時必以手操作，故手指粗大，骨節亦不靈動，每不喜用吹火筩之細法。凡分别含銀之乾法，亦必預備鑪鍋等全副器具，於山中搬運，甚屬不便，山中所得之礦最要者，須知其實含銀與否，其次須知其礦之含銀多少，每礦一百分，或一千分含銀若干分數，可於化學房内漸漸試驗。倘於山中遇有銀礦，以吹火筩試之，亦能别其含銀分數之大概，此爲開礦家可常用之便法，亦可知開錬此礦之能合算與否。余曾用吹火筩法，於山上礦洞内，代工人分礦，每次止須一刻，至二十分時，取其工資洋半元，此事業已行過數年，故知其法爲甚便也。

應祖錫《銀礦指南》第二章《論試驗銀礦以何法爲便》

第七節　論礦之多寡並含銀之多寡

凡用前法，已探知其實有銀礦，則必前往該處查其情形，務知其礦究有多寡，可取其礦若干塊，送至化學家詳細化分，以求其銀之分數，如礦果含銀較多，則搬運之費，尚可合算，惟搬運銀礦之弊甚多，除去途中失耗，及經手人剋扣之數，其售出應得之價，已屬無幾，是以開礦者每不肯送礦至遠處出售，相隔愈遠則愈不欲送矣。且上等銀礦不可多得，所開礦每百分内，能得淨礦少許，即爲上礦，至於劣礦，必於礦地相近處開錬，或能獲利，然亦必開礦者，自能經理，方爲妥善。

其間大廠錬銀者，必其銀礦極多，則錬銀之費可省。若無甚資本而自立一廠，則其廠既小，而錬銀之費反大，是以中等銀礦於小本之廠錬之，尚可得利，若下等礦，非大廠斷難獲利。然無論其欲立之廠爲大爲小，必先知其礦應用何法施錬。蓋銀礦之質不同，有徑以生礦錬成者，有必先煅過，或鎔化過，而後能錬出銀者。故必預定其錬法，乃能建造房屋，置辦器具。

第八節　論鎔化銀礦法

如燒料極多，其價又廉，而礦含鉛之分數亦多，則當用鎔化其礦之法，如礦每百分含鉛三十分者，則當先煅過。若其礦不必先煅者，又當預酌其應煅與否，此事亦有靈便之法，不必求化學精理，自能明曉也，其法見下節。

第九節　論揀礦塊以爲樣法

將其礦先看成色，而後揀出數塊，可置於最好最劣之中，開磨成極細之粉，以篩篩之，其餘必以金類絲織成之片爲之，其孔疏密照每寸四十孔之式，備所試礦塊尚大而多，必先軋成粗粉，於平地上調勻，取其半，又軋成稍細之粉，再鋪平地上調勻，而取其半。如此類推，得所餘之礦，約重六磅，更用極細之篩篩之，內分出五磅，用以試驗，其餘可留爲將來之用。

第十節　論試驗礦樣法

將上節所備之礦樣細粉入鐵罐內，其罐須有磁裏者，即常用盛水銀之罐是也。加水足成薄漿，又加鹽二兩或稍多，將罐置爐上，加熱令沸，用木條連調之不止，須令其礦粉不落罐底，致壞罐裏之磁。漿熱時，再用濃青礬水少許，又約五寸方紅銅皮一塊或數小塊，亦可又水銀約四兩，俱添入漿內，久加熱，其漿必漸熬漸濃，故須頻添沸水，又以木條頻頻調之也。

過五分至十分時，用磨光鐵條，或長刀刃插入漿內，經數秒時，取出於净水內洗之，不可以器磨擦。其鐵面上應現出紅銅色一層，否則可再添青礬水少許，照前法重試之，必至鐵面生紅銅皮一層而止。此際若知所加之青礬水已足，必更加熱，用木條時時調漿，令罐底之紅銅皮常在漿內翻動。

其漿內所需含紅銅之鹽類，水必使足用，蓋恐礦內有數種質，皆能壞所用之青礬，故必用刀刃法試之一二次，或多次，更妙，務使漿內能現出含紅銅變化之據。但調漿之器，必用木條，斷不可用鐵器，並各金類器。法中用鐵刀者，不過欲知其漿之合法與否，若以鐵調之，必致誤事。

過若干時，其紅銅皮上必鍍水銀一層，而帶粗毛形，蓋有水銀合銀粘於其上而，醫入紅銅皮內，久之則能見其礦粉粘於紅銅皮與水銀料之面上，至此可知其試驗之法爲不誤。若停止不現此情形，即知其變化已成矣。

照以上之法做去，至用磨光紅銅條浸入熱漿內，待數分時後取出，以毫不生白色爲止，此中工夫須三點鐘至十二點鐘不等。

第十一節　論用紅銅試驗之法

前節所言用紅銅皮試驗之法，必先加沸水，令其漿稍薄，以便水銀沈落罐底，又須留心，使紅銅皮與水銀兩不相遇，倘紅銅皮面上忽現出水銀點之痕迹，則必將銅皮置火內加熱，用細砂磨光，再照前法試之，又可於同時試以磨光刀刃之法，自能知其漿內所含之青礬水足用與否，間有用此法，初時其鐵面發黑色，而不現紅銅衣者，如此必停若干時，不加青礬水面，後以刀刃試之，便能得紅銅衣一層以爲據。

第十二節　論用青礬即銅養硫養試法

以上工夫內，須先知其所用青礬之數，其始將青礬二兩裝入玻璃瓶內，加水令全銷化，再□鹽一兩，將瓶水加滿。如試驗畢，其瓶內之水尚餘一半，即知所用青礬爲一兩，從此推之，無論餘水若干，皆可因其水數，以知其所用青礬之數。此事最爲緊要，蓋鍊礦之法，全憑所用青礬之數爲準也。至鍊礦應用青礬若干，亦最易推算。假如前各節內用礦粉五磅，即八十兩，需用青礬半兩，則礦一頓，即二千磅（英國以二千二百四十磅爲一頓，英國以二千磅爲一頓）。其需用青礬之數，若以八十兩與半兩之例推之，可得二千磅與十二磅半之比。然有數種礦，其需用青礬較多此數。又有數種礦，如剛司托克地方所産者，每礦一頓須配青礬四磅方能足用。其所用鹽，每礦一頓須配五十磅至百磅，爲大概之數，而需用青礬約在鹽數之半。

第十三節　論試驗銀礦需用器具材料

照以上之法，將漿加熱令沸，少頃後見其紅銅條出入一無改變，乃用刀刃法，可知漿內所含青礬，尚在足用，則可知其水銀已經分出，可將紅銅皮取出，以兩手指刮去所粘之漿，又用杓取出鍋內之漿，將鍋底之水銀膏倒於麂皮上，或□斜紋布，亦可提其四角，而絞出水銀，至所得餘料一塊，其色白而脆者，另用布裹之，置鎔化金類鍋內，或能耐熱之器內，漸漸加熱至紅，則所含之餘水銀必全行飛散，其鍋中所存之料即爲鬆銀質，狀如絨，此爲礦粉五磅內所含之銀質。但銀中亦有異質，故必詳細化分，求其精銀若干，將此數以四百乘之，可知礦每頓含銀之兩數。如所得爲精銀，則其價值亦可照當日之行市推算之。

試驗以上之事與□□□開列如左。

杵臼一口（用平面石及大□石各一塊代之亦可），

金類絲篩一箇（每寸以四十孔爲最大之□），

鐵鍋一口，須以磁爲□者，

銅皮一條，並零銅皮數塊，或一大塊亦可（約五寸方），

刀一把（即隨身常用之小刀），

水銀、鹽、青礬各若干，

木條一支，須合於調漿之用者，

除預備以上各器外，從事者尤當堅耐其心，不可躁急，是爲至要。

慣用以上之法者，能將礦一千釐如法試之，不必用前所言五磅之料，其用一千釐者，將礦磨成細粉，置磁罐内或玻璃罐内，加以青礬水，並鹽，紅銅，水銀各若干，加熱，照前法爲之。其所得之水銀膏，亦加熱分出水銀，將其餘銀絨細秤其分兩推算之，可知每礦一頓含銀若干。又或以所餘礦粉，於鍋内用乾法試之，將所得之數與前濕法所得之數相比，則兩數相加，以二約之，得其中數爲更妥。

第十四節　論煅礦之法

各種銀礦以前法試之，大半已能分出其銀，如有出銀多者，可用余所言大做之法，亦有用□鎮之法者，或有用尋常簡法於鍋内分銀者。倘此數法尚不能分出其銀，則當另設一法，先取其礦煅之。現阿美里加鍊銀處，無論何種礦料，務先煅過，若能做照行之，將來自然獲利。

若第小做則用煅法，恐不甚可恃，蓋小做原不必先煅，用煅法必大做，方能獲利，至須鎔化之礦，則更不必先煅矣。

應祖錫《銀礦指南》第三章《論礦中分銀新法》　第十五節　論余所用之法

余法與前章所言試驗者畧同，此法爲余於一千八百六十七年所查得者。余前慣用伯提阿法，每試鍊時必細觀各種變化，而從其變化中，漸漸想出此法，業已行之多年，其中迭加更改，至今始信可用，初試時，止用極小磁杯内置礦約重一釐，所需紅銅料每以釘皮帶之小銅帽釘代用，繼則用礦五磅，於磁裏之鐵罐内試之。其後又用礦一頓，於大木桶内試之，漸推漸廣，所鍊礦不下數萬頓，分出之銀價約合洋一百萬元。此法行之不久，即知與墨西哥國所用番墩法大畧相同，但墨西哥人狃於成法，不能推陳出新，故行之無甚益處，而於美國現在行之，亦大不相宜，以其用水銀太費故也。凡礦含銀綠質，或銀溴質，或銀碘質者，皆不必用青礬，可於紅銅罐或鐵罐内鍊之，止用鹽與水銀，而不用青礬，則能節其糜費。余新法中所用水，且余法中所用化學及手工，皆與墨西哥番墩之老法迥別。

第十六節　續論余所用之法

將礦或用乾法，或用溼法軋成細粉，以能透過每寸四十孔金類絲之篩爲度，置於特設木桶内，添入紅銅若干，鹽五十磅至百磅，再加水足成濃漿，又添銅綠若干，而關閉其桶，須令旋轉，蓋此桶旁有二耳中空，能通重熱汽也。待其漿熱至沸時，用磁裏小鐵杓往桶内舀漿若干，用刀刃照前法試其含銷化之銅與否，如不含銷化之銅，可再添銅綠若干，令其木桶更旋轉，片□仍以前法試之。

第十七節　續論余所用之法

若刀刃上現出銅衣之形，而不現黑色如第十一節所言者，則知其料必更添水銀，而添入水銀後，必令木桶旋轉六點鐘至十二點鐘，此時可不必再進汽。如司事者疑其料已成，可令桶停止，用鐵杓於桶内取出少許，沖以沸水令薄，再加鹽少許，杓外加熱，令常沸，乃以紅銅皮條入杓内，如前法試之。若銅條不現出銀之痕迹，可將桶内料另倒分銀器内，再以新料照前法入試之。

第十八節　論用重熱汽法

汽必凝而爲水，汞多則漿必致過薄。若用重熱汽，不但不致過薄，且能使薄者加濃，如用乾法軋礦，可另存礦粉若干，遇有木桶等器内之料已熱，而尚嫌其薄者，即將所存料加入令濃。至於過濃，則以水沖之易易耳。

第十九節　論造銅綠法

法以青礬二十二磅，鹽十磅於水内消化之，傾於木桶内，或別樣桶内，另加鐵屑五磅，乃令其桶旋轉進汽，待若干時後，其鐵與銅當鎔化而爲淡色粉，此粉即銅綠也。又法將青礬十一磅，鹽五磅合以零塊紅銅若干，加水令沸，至水不現綠色爲度。其所成銅綠之數，當與前法所得者相等。倘其鹽不淨，當更加若干，即過以上所用鹽數亦無妨礙。其所餘之水不可輕棄，其中尚含銅若干，故其水與所積成之銅綠，皆可留爲後用。至所得銅綠，不可使遇空氣，如多遇空氣，必致變壞也。

第二十節　論銅綠

以銅綠代銅綠亦可試驗銀礦，其造法以青礬二分，合鹽一分，於水内鎔化之，惟所成之銅綠，易與水銀相化合，故用此粉必須謹慎，且其法亦與前法不同。必將礦漿預先加熱，合以零銅塊或銅球，置木桶内，令旋轉數點鐘，必待銅綠之力量已散，然後可添入水銀。又倒出漿時當留心，使木桶内及紅銅塊上不可粘有水銀，恐下次進銅漿時遇此水銀，易致敗事，蓋每銀礦□銀之數，以配水銀一倍重爲最多之限，即每銀料合洋一百元者，其配水銀約三磅爲限。至木桶漿已化出，銀質爲水銀所受之後，漿内能見粗灰色粉或小粒，其分出此質之法，將漿倒於木盆内，另加水銀若干，以水沖薄調勻，又出倒出其漿，盆底應留有細粒水銀膏，再將其餘料倒於分銀器内，分出其紅銅與水銀，其分法於下數節詳之。

第二十一節　論用含銅養炭養之礦

凡銀礦内含銅養炭養者，不必照前法備銅緑，只須用皁礬即鐵養硫養代之。若以皁礬徑置木桶内，與銀礦並鹽調和之，自能使礦内之銅養炭養硫爲銅緑與銅緑，但用皁礬其費較大，蓋其能成銅緑者，全賴皁礬内所含之硫養，然其硫養亦必變爲硫養，若徑用硫養，不但其價較廉，且別有許多益處。如硫黄一磅，燒成硫養氣，能抵皁礬十磅之用。造硫養氣之法，可將硫黄燒起而壓其氣，使透入漿内，或先引其氣入水，則水能受之，成爲硫養水，乃以此水成礦漿。以上之法，皆余創造，已曾奏報國家，準歸一人獨用云。

第二十二節　論用銅鐵各料之數

嘗有人問余曰，木桶内之礦所含銅已不少，何必又用銅塊或銅球耶。余答之曰，此法需於水内銷化之銅，與未銷化之銅，其礦内之銅本無金類形狀，又與炭養氣已相化合，所以不得爲銅皆之。鐵銹雖爲鐵所成，而其實非鐵，固不能以鐵銹爲刀鎗也。即以銅論，如此法内所用銅球或銅塊，其能以他料代之耶，然此種礦所含之銅質，亦有法用之者。若於木桶内，進礦粉及鹽皁礬之外，另添鐵屑若干，則各料互相變化，便可省銅球所化之銅料，而以礦内所含之銅代之，其漿内應含之銅質，亦不致缺少。但此種變化之理，不必於書中詳言之，蓋其説甚長也。至法中所用鐵屑，當就礦之情形配之，如每礦一頓所配鐵屑，至少以二磅爲限，極多以五十磅爲限，其礦含銀多者，則所配鐵屑又當加多，然必視礦含銀之成色，以定其數。蓋鐵屑過多，則所成之膏含紅銅亦必過多，其有用銅屑者，不過爲節省起見，即不用亦無礙也。又除含銅養炭養之銀礦外，俱不必用鐵屑。惟造銅緑，則不得不用。凡用鐵屑，必能斟酌其數，不使過限方妥，法内不用鐵鍋，而必用木桶者，亦恐用鐵鍋，則不免鎔化鍋體，致混淆其鐵之數耳。

第二十三節　論用藥料之數

無論何種銀礦，其分銀所得藥料並鐵等之數，甚屬易知。若將礦粉入木桶内，照前法分銀兩次，其各料應配多寡之數，便有把握，不必逐次求之也。如奔墩地方鍊銀之廠，每礦一頓所配皁礬，以二十二磅爲中數。

第二十四節　論鈣養炭養即灰石

鈣養炭養與鉛養炭養，其數過多則藥料必費，而其價亦甚昂，若求節省之法，必用硫養，蓋以此質鍊含銅之礦，比用鐵養硫養更有利益。

第二十五節　論用余法相宜之礦

用余新法，其益有二。一，無論其礦爲何等劣質，若合法鍊之，必得浄銀料。二，因其分出之水銀極浄，不必再提，用此法最相宜之礦，即如巴仔哀得黑斯底非勒台得，與光色銀礦，與銀養炭養礦，與紅銀礦等皆是也。又有耗費稍大之礦，如鉛硫礦鋅硫礦銅硫礦之類，此種礦如内含銀，則其銀必多耗費。

第二十六節　論含緑氣之礦

美國常見之礦，大半爲雜礦□，遽定其所含之銀爲何形狀，並與何質化合，其應用何法施鍊，亦不能一見即決，必預先試驗，方能定計。有數種礦不能生鍊，必先於露天作堆煅之，或於窑内亦可，煅後乃能鍊出其銀，試驗法將礦成一小堆煅之，復從已煅礦内分出五磅，揀其中等者試之，若其礦爲含緑氣者，則不必先煅，可於桶内或盆内，徑以鹽與水銀照前法分出其銀。然美國開礦人所稱爲含緑氣之礦，半皆錯誤，蓋百種内難得一種含緑氣者尋常之礦類皆劣金類合於各色之土耳其有銀無銀，尚未可必也。

第二十七節　論水銀膏

法中所需之分銀器爲鐵罐，或鐵桶，或鐵底之木桶並木杵，其杵底當稍闊，作靴形，可省水銀之糜費。余前慣用之器，下節中有言及者，其法從旋轉木桶内，傾煖漿於分銀器内，其時漿内含銷化之銅若干，不添水，而以木杵研之，則器之鐵底上當成銅，合水銀之膏，如此則水銀可得回十之八九，故其水銀合水銀膏，不可令留分銀器内，如留器内，必與銅合水銀所成之膏相并，而糜費必多，但當留其膏於槽内，引入凹處，用海絨洗浄，即以鐵管引入篩器中。

分銀器中所得之劣水銀膏，有三種用法。其一，將膏仍置於旋轉木桶内，可作紅銅料用，亦可免銷化，其紅銅球第不可多用，多則有礙於所成之銀。其二，將膏於甑内蒸之，則能分開其紅銅與尚含之銀若干，再碎其所成銅，合銀之絨分爲二三等，將其含銀多者鎔化出售，而所得之近乎浄銅者，可留爲將來造銅緑因。其三，可將蒸得之金類鎔化之，鑄成條或球，以備於旋轉木桶内用之。

照此法則，旋轉木桶内並銅緑□□所費之紅銅，皆能得回，但分銀器之鐵底，必爲鎔去若干，如礦含銅養炭養者，能分出紅銅極多，故以此法分含銅之礦，亦能獲利。若能用亨得與都固拉司之法，則獲利當更厚矣。

縻奴府内所産銀礦，若用木器分之，其水銀每多變爲紅色粉，即刻散去，粉内亦不能辨水銀之滴，亦有便法，能於此粉内分出水銀，蓋用鐵底之器，則其鐵自能化分其紅粉，令不散，但漿内必須含銷化之銅質若干，否則其粉仍不能化分。若其漿於旋轉桶内合法爲之，則倒出時必已含銷化之銅質在内，待漿在分銀器内若干時後，另沖水令滿，然後可開塞門放出之。此法另有特設之合水銀器，説見下數節。

第二十八節　論霸鎮法

余前所用之法，每以伯提阿之法爲母，番墩之法爲姊，霸鎮之法爲妹，而霸鎮法亦經奏和國家準其一人獨用，故書中不復詳言，第節其畧以備參考。法將磨粉之礦合以銅緑，不用水銀，置銅裏之器内，用噴汽法加熱後，復置鐵盆内，合以水銀，匆爾吉尼阿邦人最喜用此法，因此邦之銀礦廠皆有現成鐵盆也。然用余法，其分出銀數，亦能與霸鎮法相等，而二者又不能通用。以此觀之，似霸鎮之法較難，且所得之銀亦不净，因從鐵盆分出之銀，尚有銅鉛混其内也。

應祖錫《銀礦指南》第四章《論鍊已煅之礦並煅礦法》　第二十九節　論鍊已煅之礦

已煅之礦可置旋轉木桶内，合以零鐵塊或紅銅球，令其旋轉，間有於鐵盆内鍊之者，惟礦内多含紅銅及鉛等金類者，則用鐵盆法不能得足色之銀，如將礦煅過，置木桶内和以淡强水，先銷化其所存之鹽，並劣金類含緑氣所成之質，以其中有數種質不能在淡水内銷化，必如此方能得足色之銀，又或於旋轉木桶内加以零鐵塊，則此種礦所得銀之成色，比用鐵盆法當更佳，但無論何種礦，如合法煅過，於旋轉木桶内合以紅銅球，法皆能得足色之銀，或用下節所言之機器，亦無不可。惟用此種機器及旋轉木桶，務將礦粉篩過，因在爐中煅時，其粉每有結而成塊者，欲去此塊，必於盆内磨細，或用别法碎之。以故，鍊銀者每喜用鐵盆法，然用鐵盆，亦不能無弊，若礦含劣金類者，其弊尤甚。余嘗用旋轉木桶法，而不飾其煅過之礦，每含銀百分，止能得九十分。或因煅礦時，其所用之鹽已全化分或化散，故桶内之漿能加鹽少許，大爲有益，以其能銷化銀緑，而令銀緑易分出銀也。如將下等銀礦煅後，用鐵盆法，而盆内加以石灰或木灰若干，則所得之銀成色必更足，但不可多用耳。

第三十節　論礦含劣金類

常人皆言煅礦之意，不過欲煅去其劣金類而已。其説雖極背謬，而化學家與礦師人等，亦有佩服其言者。故人常謂無論何種礦，若能先煅，其所得銀之成色必佳，然其所以用銀礦合鹽煅之之故，實欲使各種銀質之難化者，皆變爲一種易化之質耳，此質即銀緑是也。若能於此時，使劣金類不變化，便能得上等成色之銀，因其劣金類不能於鐵盆内分出故也。但煅礦時，不特令銀之雜者變爲銀緑，尤必令其劣金類之質，亦與緑氣化合，其所成之質，在煅時不必即能飛散，若能改變其法，使劣金類之與緑氣化合者，更不能與水銀化合，其法乃穩，特恐此改變工夫縻費既多，用度又大，未必皆能得法耳。且鐵盆内所有變化，初則令劣金類與緑氣化合，□復令所成之質再化分，則必仍與水銀相遇而化合矣。即或於鐵盆内，加以鉀養或鈣養，亦不能全免此弊，蓋用鉀養鈣養之數既足，亦能礙銀與水銀之相合也。

第三十一節　論煅礦時令礦受緑氣

煅礦時使礦受緑氣，本非奇異難成之事，乃有謂其法甚巧而難於奏功者，妄也。向用此法之人，既非格致名家，又非才識卓絶，皆能屢用屢效，可見欲講求此法者，亦惟耐心爲不可少耳。用法者如初次不效，當再試之，數次後自能漸漸得法。凡建立一廠，專爲人代鍊銀礦者，所用之法必求其最可靠者，務使百發百中，即料理鍊礦之人，亦非識見精明熟於礦務者不可。若粗有見識之人，自煅已礦，雖一二次未能成功，亦無人責備，其後故不妨漸漸試驗，久之亦能得法也。若大廠可用煅礦機器，如斯底底非勒得與懷得與布兒克那等之機器，皆可購用。至小廠每日鍊礦不過二頓，其資本亦係開礦人自出，則不如用倒焰爐爲便，此種爐下節另有論説。如資本較多，可購一布兒克那之機器，每六日能用一二日，餘時停止不做，用此爐亦有便宜。

第三十二節　論煅礦法

欲求煅礦合法，則必逐時練習，此下所載之法，不過畧見一斑，仍須閲者自抒識見，方能洞達底藴。其專以礦務爲業者，不但欲知其事之所當然，且必求其理之所以然。若尋常開礦之人所求者，不過取礦分銀，銀愈多即心愈愜。至其所以然之理，則無暇多求矣。

第三十三節　論煅礦要務

凡煅礦令受緑氣，其所必需者有四，曰熱，曰空氣，曰硫黄，曰鹽。得熱之法在用火，得空氣之法，在爐柵或在爐邊之孔進風，得鹽之法，在鍊礦者自加，得硫黄之法，或本礦原含有硫黄，或用法添入，惟礦内含灰石者，其所需硫黄，當比有石英者較多。

第三十四節　論學煅礦最合宜之時

考究煅礦之事，於夜中行之最爲合宜，因夜中能見其礦所受之熱，或爲暗紅，或爲明紅，或爲白熱也。若於日間看爐，最好在光少處，此下所言熱之顔色，俱以夜中所見，及火不發焰之時爲準。

第三十五節　論煅礦各套工夫

將煅礦爐先加熱至暗紅，乃進礦於爐底鋪平，每若干時用鋤或耙調撥之，每爐進礦百分□鹽五分至十分，爲初試之數。若漸知此數，尚可稍減，不妨減若干試之，逐次遞減，以能知其所用最少之數爲止。調礦時，如見硫黄燒成藍色之火焰，則可減其火類，頻調之至硫黄不燒成藍焰爲度。閒有最難煅之礦，必遇數□□其火幾熄時，方能見硫黄不成藍焰之狀，此後漸漸加熱至櫻桃紅色，仍須連調不止，可用鐵杓從爐中取礦若干。若毫不聞硫黄臭，則可漸漸加熱至明紅，幾近白色之熱，又必小心，令其礦不鎔化成餅形。此時礦必發鬆如海絨，如羊毛，如雞毛，而多作膨脹之形，又初時礦每流走如水，待少帶粘性，而不甚流走之時，則調礦不妨稍緩，可趁此從爐脚耙出所餘之礦料，加於爐底中閒成堆，繼則漸漸鋪上，待礦全數受熱，四脚不見黑暗之處，則可稍稍減熱，將礦從爐墻上耙出，令其不受過熱而致鎔化，其爐內減熱後，可令礦於爐中作堆，以便取出再進新礦。

第三十六節　論爐中調礦法

將已煅之礦少許，置茶墊盤內，以水漂之，則不應有生鐵緑等礦現出，但其礦不免有大小塊，其塊內不可有鎔化成餅之料，即偶有礦與爐內輒相切，致稍有鎔化者，亦當刮去，倘已煅礦內偶遇此種鎔化之料，亦事之無可如何也。至爐內調礦之法，不可將所用之鋤或耙一直衝入爐內，致礦推向爐邊，其鋤距爐邊輒一尺許，必先按下其柄，令鋤擡起，乃於礦上跨過，然後再將鋤放下，於對面調動之，照此可免其礦與爐邊輒相切，亦省事之一法也。

第三十七節　論加熱法

煤礦最險者，是加熱過度，致□礦料，如含硫黄少許之礦，其所加之熱可比含硫黄多者較□有數種礦內含鈣養等料者，煅之能放出硫黄約百分之九十分，而不多發硫黄臭及緑氣臭。其所煅礦料之顔色，亦各不同，必視其原質並所受之熱，並或在爐內，或取出後所遇空氣之法，皆與顔色相關係。凡料理煅爐之人，必先胸有成竹，酌定爐中之礦何時可以取出，此在老手者，自能知之不誤也。如欲考究其理，則必深明化學工夫，詳細化分其礦一塊，方能知其煅成與否。但此法臨時恐不及用，不若照前節所言，將紅熱之礦少許，於某墊盤内漂之，便可知其礦煅成若干分。此外另有一法，將紅熱之礦少許，浸入盤中冷水内，其水内必現出白雲形。如尚未煅成者，則所成之形必帶黄色，若黄色愈深，則其礦亦愈生。

第三十八節　論硫黄不足之弊

如礦含硫黄過少，而致不能煅成者，則每礦百分當添鐵硫貳分至叁分，或鐵養硫養，或磨成粉之硫黄俱可。

應祖錫《銀礦指南》第五章《論銷化各法》　第三十九節　論銷化法分類

銷化礦中所含之金類，其法約有數種，或有將金銀銅逐樣銷化者，或有用二樣合銷者，亦有用三樣合銷者。分銷合銷，皆無不可，用此法者，必先煅其礦，或合以鹽，或不合以鹽不等，煅過將礦置大桶内，而以銷化之流質淋之，則其金類必爲流質所銷化，再於流質内加以別料，令其金類凝結下沈，即爲浄金類粉。其或爲不能銷化之質者，必再用法分出其浄金類，此各法皆極靈巧，閒有比用水銀法更覺便宜者，各法中所不便之處，惟用銷化金類之水淋礦，往往嫌於過遲。余曾創造機器兩種，皆能免此病弊，下節中有言之者。

第四十節　論鎔化法

前言有數種礦，在數處地方見之，皆可用鎔化法分出其銀，然余尚未用過此法，如欲縷晰言之，必從他書中抄出，不若待講求此法之人，自取各家所著之書觀之。此種書中議論雖多，恐閱後仍嫌淺率，必再加考究，方能洞悉也。

第四十一節　論墨西哥國之便法

凡墨西哥人見有含銀頗多之礦，又能於就近處，覓得鉛硫礦，則用石灰或泥築成小爐，取鉛礦與銀礦，一並鎔化，將所得含銀之鉛料，於另備小爐内，提浄出售，可得現錢，以便購辦日用之物。此法最爲簡便，竊怪獨於墨西哥國行之，而美國開銀礦者，竟不能仿照此法，殊屬可惜。美國人查得銀礦，必遲遲籌措資本，創立大廠，方能錬銀圖利，苟資本不足，必又半途中止，盡棄前功。若能效墨西哥人小做之法，則隨錬隨售，工本既輕，獲利又速，礦務便可振興矣。

第四十二節　論墨西哥國之別法

將礦磨成細粉，合以青礬等料，於研盆中研至若干時後，再加水銀若干研勻，至銀質全與水銀化合爲止。如礦内含銀緑或銀碘者，則不能用此法，凡緑氣之質，亦不可配入料内。研礦必用石研盆，斷不可用鐵。其所配青礬等料，亦不可過限，否則大有害於所成之水銀，膏造青礬料之法，將銅養合於硫養各等分和匀，則所成之料，爲銅養硫養與紅銅極細之點。此法係舊金山試驗礦學家名司各得者告余，亦不知其果好與否，且其料價值極貴，余想若用紅銅合青礬等料成膏，亦當同功，其價可比前法較廉。

第四十三節　論克倫克所言之法

智利國各比亞波地方，多用克倫克之法，此法曾於美國化學新聞紙内明晰言之，兹特節録原文，備載於下。

智國之礦内，有銀綠銀碘銀溴，並數種含硫黄之銀礦，常於胙拉灰石，與□而拉石，與合阿巴司石，與拍弗里石内見之，各石中亦有别種石脈，即如丐勒賽得與重光石，與石膏，與阿迷安士司石高陵泥之類，皆是其在地勢稍高之處，又有含鐵之韌泥，凡含銀綠銀碘銀溴之礦，用水銀法皆易分出銀質，惟銀含硫黄之礦，則糜費往往極大，因其余質内尚含有銀也。克倫克創造此法，原欲分此餘質之銀，其後漸漸推廣，又能於淨銀硫及銀鉀銀銻各礦内，分出其銀，曾有人用此法逐細試驗，考得數事如下。

一，將紅色銀礦磨成細粉，合以極熱而濃之銅綠與鈉綠水，頃刻開，其粉變爲黑色。再將此粉化分之，即爲銀綠與銅綠，其水内又有銻綠，其變化之式爲三銀硫銻硫，┴三銅綠┴鈉綠＝三銀，硫┴銻綠┴三（銅硫）┴鈉綠。

二，將所得之銀硫，再合熱銅綠與鈉綠水，而添以鋅，當即刻變成精銀，質變化式爲銀硫┴銅綠┴鈉綠鋅＝銀┴銅硫┴納綠┴鋅綠。其鋅必爲正電氣金類，令其銀硫與銅綠彼此互换，故能成銅硫與銀綠，而其銀綠變成時，當即爲鋅所化分，成爲鋅綠與銀，如第一次試法所得極細之銀綠粉，再以本法試之，其變化即刻可見。倘將銀硫與鋅各一小塊，彼此相硫，則銀切之面上，必成暗白色之衣，即銀硫，入與鋅相切，則能變成銀質之色。

三，照上第二法另加水銀，則分銀時當速成銀合水銀之膏，如用鉛代□，則其成水銀膏之變化尤速，其法中另有最要四事如下，用者切宜留心。

一，所用之熱濃銅綠與鈉綠水，其鈉綠水尤爲緊要，蓋此水能令銅綠易於水内銷化，且能免其變成爲本之銅鹽類。

二，當用全乾礦磨成極細之粉，令其易與水合而成變化，若用溼礦，則必成爲本之鹽類，致有銅綠之糜費，且材料亦不能調和。

三，用銅綠與鉛或鋅合於水銀成膏，而其各料之數務必配匀，令其於礦料中全行變化，不至使鉛鋅與水銀或有過多之數，所用銅綠亦不得過限，過限必爲鉛與鋅所化分而成爲紅銅，此紅銅若與水銀相合，成膏極難，分出其數愈多，分之亦愈難。克倫克之法，有將含銅過限之水銀膏先軋而磨之，更合以熱銅綠水，即能分出其紅銅者，其式爲銅綠┴銅＝銅綠。

四，如能常得同類之礦，使可如法試鍊，否則必須逐礦試驗，就其性情，以變通其所用之法，蓋礦之質既有不同，即鍊之之法亦不能不因之而異。加礦内稍含鋅硫，或有微質者，則此法所費必大，爲數若多，其法愈不能用，以其銅綠水頃刻即爲鋅硫所化分也。

第四十四節　論智利國所用之法

一千八百七十四年正月初十，礦務新聞紙所載智利國之法，亦與余新法畧同，無甚擅長之處。至其别有分銀諸法，亦皆各有專書，是編不必備載。

應祖錫《銀礦指南》第六章《論磨礦機器》

第四十五節　論小機器

此書原爲小本之人而作，是以所言機器，俱配小做之用。若美國各大廠所用者，皆係全副大臼，蓋其資本極大，故所用機器亦甚精巧。如欲考究其款式與所用之法，必查專門之書，即如寶藏興焉皆是也。

第四十六節　論研盆

研盆亦小本人所用之機器，其造法先鋪平面石於地，作圓面形，於當中處□一柱，而以長木横貫之，使能旋動。用大塊石，以鐵鍊繫横木上，然後用馬力或水輪力或汽力，令其旋轉，其圓面石之週圍，有短木墻圍之，或用短石墻亦可。其墻有孔，可以進水放水，並放出研成之漿。墨西哥人開有將研盆與水輪聯爲一氣者，於圓盆上造一圓式平輪，其横木之兩端令與輪輻相接，乃引上流之水傾瀉輪上，令其旋轉，則横木上所繫之石塊自能隨機研礦。

第四十七節　論用研盆法

用研盆磨礦，原係粗工，其造法亦無須精緻，石面上所有裂縫，亦不必用灰等鑲平，只要用□塊石於沙上砌畧平，又不可與外墻及中柱接實。兩邊須相離各六寸許，空處另裝以粗沙或韌泥，使與石平。研盆初成時不可徑磨銀礦，須先用尋常石塊及泥磨之，令裂縫處磨平，可免銀礦填塞之耗。如研盆徑十尺，而研石能爲二馬力之水輪所能牽動者，或用四十寸面之流水，或用三十尺徑之上水輪，則二十四點鐘内，能磨礦一頓半至二頓，每次能磨一千磅至一千五百磅。其礦粉必合水成漿，使能流入合水銀分銀之器，但盆内之漿又不可過薄。

第四十八節　論進出礦料之辦法

如於研盆之圍墻内，嵌以細金類，□結成之片，則盆内磨成之漿可由金絲片中流出，每半點鐘可以進料一次，其漿既流入大盆内，乃用木起水當或用亞基米德螺絲管起之，或先引入大池内，待其所含之定質下沈，而後起之。如十尺徑之研盆，每分時應轉入□至十週，其所用之大石塊愈重愈好，必令與盆面石合磨，能得平力。研石上鑲有鐵眼，其繫横木之鐵練下端，有□鈎入鐵眼内。其鑲鐵眼法，先用鉛鎔化，倒入石孔内，待冷鉛凝縮，用銃與錘打緊石之前端，用鐵練稍稍弔起，使無傾側震動之弊，石之後面亦有練約住，使不得稍離本位。

第四十九節　論用乾法研礦

用研盆不加水亦可研礦，惟從盆内取出其粉，比起漿較難，或於機器運動時，用鏟一把，起礦粉倒入摇動之篩上，此篩必先以法排好，能令篩上粗料仍歸盆中，而其過篩之細粉，即出盆外，然此究非盡善之法，不若用極細金類絲片爲盆之外墻，而於渾桿上繫以鏟如耒形，能將礦粉撥近外墻，令細者即從金絲片中透出，不必另用人工起料。若用此法，其研盆每分時可轉十五週至二十週，盆面須用一輕蓋，盆底不可平，做須作凹形中深邊，幾可免粗礦粒與金類絲片相遇，致有碰壞等弊，其運動研盆須用皮帶法，以防弊研石之鐵線摺斷，或鐵眼脱落，免致盆石受傷。

第五十節　論用杵臼法

以四個杵臼爲一副，其杵重四百磅者，比用二箇爲一副，而杵各重八百磅者，較爲妥便，以其器易於料理，而其機亦運動極勻也。若用進水法舂礦，不可任其水流散，應用起水筩或起水之螺絲管，從池内再起水，引入臼内，如水面加足食鹽，則所含之定質，勢並沈下，且寒天可免結冰，或不用水而乾舂之，其工力遲□亦不甚懸殊，但舂成細粉後，必另用法取出臼内之料。

第五十一節　論舂坊用篩法

凡設舂坊，必用細金類絲之篩，篩其礦料，惟不用水舂者，可以粗篩代之。其篩每長一寸，凡八孔至十孔，其料過此篩後，又有斜挂極細之篩篩之。此細篩週圍有框，用□與眼繫杵臼架上，又配以鐵桿及螺絲，令其篩自能攲斜摇動圓轉如意，其篩一面闊五尺至六尺，一面闊與臼齊，過篩之細粉即落入篩下箱内，其篩上之粗粒另傾一箱，其粗料中如含銀極少，而全爲石之異質者，不必再用法取銀。若含銀尚多，又能分去其劣質者，仍可入臼内舂之。大廠内俱有特設機器，自能取出粗細各粉，小廠則靠手工者居多，其篩不必另用法摇動，以其與杵臼相連，杵臼動則其篩亦能動也。如欲令礦易舂成粉，必先將礦烘乾。至内含泥或石指之礦，尤不能不先烘過，蓋尋常之礦，看似全乾，實則每百分中，可含水七分，其舂時礦料發熱，尚能化出其水，至過篩時，礦料已冷，必復疑而爲水，其細粉必致粘塞篩面小孔也。烘礦或用窑，或用爐，可趁礦熱時，即置臼内舂之，如能將礦作堆先煅，則舂碎尤易。

第五十二節　論克樂卡所言舂礦之碓

以碓舂礦，其法最佳，已有人詳細試過，舂礦亦極便捷。其出售告白，言每點鐘能舂礦六百磅，止須一馬力，即能運動。其所用輕杵，運動最速，比用重杵而運動稍緩者，更能獲利。譬如修理馬路所用之石，用大鎚敲成小塊，其不及用長柄輕錘者遠甚，其器於杵桿之底下用一木簧，能令其杵捷於起落，惟告白所載止須一馬力之言，恐不甚可信。試取大概機器之理，與其皮帶運動之速推算之，應有三馬力方能足用。若第以皮帶之鬆緊，材料之精粗，並其杵之重輕，每分時起落之次數，約畧推算，似半馬力已可足用。然加以磨阻力若干，又杵之長邊短邊輕重不等，必另加力若干，則所需馬力，應在半馬力與三馬力之間，但用三馬力，已比平常杵臼較爲省力，蓋其尺寸既小，重亦不過一千五百磅，且不必用泥水匠裝立，運到時止須一人便能拆開裝立，即刻可用，其價又極便宜，所以開礦家用此機器，每能獲利，而在小本人用之，尤爲合式。

用此機器時，其凸輪不能一直壓到各簧上，若凸輪旋轉過遲，即不能與簧相壓。其所以能靈動者，以凸輪轉動極快，而杵上升時，能令其桿伸出凸輪之外，故其桿之短端能與簧相接，而得受簧力以上升，落下亦極快捷。此種機器所在多有，從未聞有言其易致毁壞者。

第五十三節　論實羅成礦粉之鐵桶圖列第一

實羅所言成礦粉之鐵桶，其法甚巧，而其益處人尚未能深知。如礦先用杵臼舂碎，已能□每寸三十孔之篩者，再用實羅成粉桶，其利益甚大。且無諸已煅未煅之礦，皆可於此桶内，試用水銀之法。蓋此桶内以礦磨礦，其所銷磨之鐵料，比别種鐵器較少，故所用之法，若靠含銅之水者，則不銷磨其鐵料，大爲有益。如礦内本含銅者，則銷磨其鐵桶，少得鐵質於礦内，亦有益處。熱亦有人嫌此桶成礦粉過遲者，余獨不以爲然，嘗有此桶内，能裝已過三十孔篩之礦料十頓，用四馬力，於二十四點鐘内，即可成能過二百二十孔篩之細粉，此種大工，此桶已能磨粉不誤。若用稍粗之篩，自然成粉更速，但實羅每喜成極細之粉，因以此法磨金礦愈細，則金質愈多。若銀礦固不必成此細粉，必預爲試驗，知其磨至何等粗細，能多得銀質，然後再定其粉。

寶羅成粉之法，所可取者，不過鐵桶而已，其乾用水銀法，則未必可靠，蓋其法宜於金礦，而不宜於銀礦，以金銀之在礦内者，其情形大有不同也。

第五十四節　論成礦粉之木桶

成礦粉之桶，亦可以木爲之，且不必如寶羅之鐵桶，必另用法，按時進出礦料。其造法與合水銀之桶畧同，其桶里亦與合水銀桶同式，可將礦先舂成粗粉，置木桶内，另加小鐵球或硬石塊，彼此相磨，亦不致十分銷磨其桶板。此桶有門，可以進出礦料，門内嵌有粗篩，能放出礦粉，而約住鐵球石塊，不能從篩中漏出。桶中又通以木軸，軸之兩端釘鐵皮，成桶樞下可用磨阻力之□輪，或又以合水銀之木桶法排列之，則不必用空心之樞，即内有鐵者，亦無不可。

第五十五節　論坑大拉之杵臼法

此係新法，而合於小廠所用者，蓋運至廠中，頃刻可用，但其力不用簧力。凡小做者用此機器，最爲合宜，閱第二圖，便知其妙。

第五十六節　論乃斯之成粉器

此器形模稍覺奇異，蓋能合智利國之滚桶，與墨西哥國之研桶製成一器者，其法極簡，而必以礦合水銀用之。其初意原欲用水銀法磨碎金礦，然磨未煅之銀礦，亦一樣可用此器。余嘗從乃斯法中，改製一極便宜之成礦粉機器，説見下節。

第五十七節　論成礦粉廉價之器

如第三圖甲爲斜面，即以石一塊或數塊爲之，外用石或木塊成墻，其斜面上有大石一塊乙，與鐵桿丙及曲拐丁相連，再有鐵桿戊，連於乙石，而連過柱己之槽内。其用法將礦鋪斜面石上，則曲拐運動時，其乙石全在礦上行動，故曲拐所加之力，並石本身之重，能於礦面上磨碎之。其磨出之料，自能落於斜面石之下，即於此處，起八成粉，桶内或復用篩篩之，將粗粉仍放斜面石上重磨，此法雖粗，然其理亦無錯誤，如欲别求精巧之法，則在聰明人自能變通矣。

應祖錫《銀礦指南》第七章《論合水銀器》　第五十八節　論廉價之合水銀器

開礦人不必全靠資本，只要其礦多含銀質，又能用心想出便宜靈巧之法，自然可以獲得。若資本不敷，可用盛麥酒之木桶爲合水銀器，其桶能盛酒五十磅者，亦可進礦五十磅，令礦合於水銀。如礦每頓值價洋五百元，其所成銀與剛司托克礦一頓，值洋十二元半者相等。如桶能盛酒百磅者，亦可進礦百磅，此礦每頓值洋二百五十元者，其能分出之銀質，亦與前相等。然無論其桶能容礦五十磅，或百磅，或猶不止，皆可照第四圖法配架試用。

於桶兩邊對中處各鑿孔，小號之桶孔約三寸方，大號者照此類推，用木桿配準，兩孔通過之桿兩外端成樞，其軸之一端裝一摇桿，而於其他端中心，鑽孔徑四分寸之三，通入桶内，又於軸内鑿成横孔，令桶内與外相通。木桶之門方圓俱可，但須各配一塞，以便閉塞其門，將桶放兩柱上，照本圖再備一馬口鐵罐，其蓋銲實，罐上蓋上鑿一寸徑之孔，可用漏斗進水。另備半寸徑之鐵管，與通煤氣所用之管同，其中須塞實，管之一端作一凸領或摺邊，離端畧二寸處銲連之，其他端則於罐近頂處捍連之。其罐亦有二小塞門，一離罐底畧六寸，一則稍高，以便探罐内所含之水多寡。罐頂孔不用塞，必用鐵或鉛之壓錘蓋之。如孔徑一寸者，壓錘可重一磅至二磅，成爲萍門。其罐必靠爐上，鐵管必通入桶軸孔内，至摺邊而止。再備紅銅球，每球徑半寸至一寸，其重五磅至二十磅，如無銅球，可用零銅塊，但塊不可過，若所需無多，可用紅銅皮厚八分寸之一者，分爲小塊代之。木桶裝礦後，加水少許，開鐵管當中塞門，放汽入木桶，逐出桶内空氣，仍復塞緊。塞外用繩繫桶上，令塞不得脱，然後以手摇其摇桿，或設法以足摇之，或用本地女人，或中國小工，或馬力狗力水力汽力，俱就資本多寡，酌量爲之，以此法成合水銀器，最便於用，且能以此器用余之新法。

第五十九節　論成礦粉便法

凡磨銀礦，每用前節所言機器者居多。其有多含銀之礦，可用大杵臼，而以手工舂之。若能得極大杵臼，則臼上立小柱，如竹木等料之有簧力者，皆可用其杵柄，用繩繫柱頂上，以手起落其杵，自能得簧力之助。又用平常浣衣及洗浴之盆，另備調漿木條一根，便可作分水銀膏之器用，其餘各事，俱照前節法爲之，可用青礬代銅緑，若用磁裏鐵罐自造銅緑，亦可照前法爲之。

第六十節　論造木桶備用大做法

前節所言，俱以所得銀礦藥經試驗，探知所含銀數，儘可獲利。若不用鍋爐，單用木桶，亦可合生礦與水銀化合，惟不可用紅銅球並紅銅塊，當以零鐵塊代之，其重十磅以上，可照木桶容積配之。若要先煅之礦，可用石並泥築一小爐，其式與下節所言之大爐同，可做其意作一小巧者，蓋每爐底一平方尺面積，能容礦十磅。若爐底爲四尺方者，已能容礦畧百磅也。余所造木桶受礦一頓半者，長五尺半，内徑四尺半，或藉樞旋轉，或藉輥輪旋轉，均極合用。即德國福來勃葛地方所用木桶，亦可倣用，惟其樞必鑿空心，以便進汽。如欲用未煅之礦□推算桶之尺寸，每礦一頓配二十至二十五立方尺容積，又其汽必從中段進去，以桶内礦不能裝到一半滿，故木桶容積一百立方尺者，只能裝礦二頓至二頓半。

此桶以木塊爲裹，木塊厚三寸，許用木板横裁，故木紋與桶軸有正角方向，此木塊從輪鋸廠裁出，兩邊用鉋刨成斜面，配木桶内之圓面。其背面不必做圓，工料宜粗不宜細，兩邊斜度宜大不宜小，平常木匠做此等桶里，每不得法，以其手工太細，木料太重也。若遇粗毛斜歪之木料，而其邊或凹或凸，各能相配者，尤爲合用。蓋此種木料發脹時，可不拆裂，且不至有許多水銀膏聚於夾裏内。曾有久用木桶，爲上等木匠所造者，後從其裹子内，取出水銀膏，值洋三千元，且桶中積有水銀膏，旋轉時每不能停勻。凡裝木桶裹子，必先用釘逐塊釘連成圜，則其後遇溼發脹，自能堅固。若久用裹子破壞，必當重換，其換裹子法，必於木桶頭上造一進人孔，有門可以啓閉，其式與機器鍋爐上所有之進人孔同，但此以木爲之。

造木桶之板厚三寸，闊四寸，内外俱不作圓形桶，兩端配以三寸厚極堅之松木，所用鐵箍，以三寸闊鐵皮八分寸之三厚者爲之，又有耳，耳中有銷，裝連極緊。其裹子厚二寸，未裝入桶時，先用柏油或炭黑油約二十磅，倒入桶内進汽，令桶旋轉，則油罯入木料内，可不洩汽。然後將裹子□□□木桶有門長六寸，料進出其門塞，當與裹子相平，以鐵鈎連緊桶之一端。另有平塞門，以備取桶内漿查驗。

第六十一節　論用紅銅

需用之紅銅，或爲球形，或爲小條，重不出一磅，其球係鑄成者，其條從長圓形之銅裁出者，或用紅銅皮，厚四分寸之一，而成捲者亦可，此銅捲比球條更好，以銅球條所露之面積更大，久用之，其銅必漸漸變小，難從水銀膏内分出，必先於甑内加熱，分出所含水銀，再入鍋内鎔之，仍鑄成球或條，若軋成之銅皮不過，外面能受水銀，不致如鑄成紅銅，易爲水銀所罯也。所需紅銅料，必視礦所含之銀數配之，紅銅太多，恐所得銀成色不佳，以其中所銷磨之銅料，比變化所應需者更多。如木棍裝礦一頓半，則用紅銅之面積，約以五十平方尺爲限。

第六十二節　論使紅銅不銷磨法

今有一法，能使紅銅不致銷磨，蓋即少用水銀，足成硬膏，令此膏與紅銅面相粘也。此法奔墩廠中常用之，俱謂大能節省水銀，然余尚未敢深信，不特其法不甚合理，余親試驗時，亦不甚得法。且每次分銀若干，應用紅銅料若干，鍊礦家從未有能預定其數者。

第六十三節　論用水銀各法

以上法内，其言用水銀者有三。一，每木桶内裝銀，值洋一百元，配以水銀一瓶，則所成之膏不含砂子，其紅銅亦止外面鍍水銀一層。二，所用水銀足成硬膏，既與紅銅粘連，不得不將銅球入水銀内，去其硬膏，則所得膏必含砂若干爲病。三，用水銀既少，則銅球與水銀及水銀膏，皆不相合，而其膏可於漿内，浮成灰色之片及小粒。

諸法中以第三法爲最佳，蓋能令紅銅面不改變，其礦全與紅銅相切，其水銀又可與漿一并出桶，第此法必另備一木器，於木桶與分銀器之間用之，可於此器内另加水銀，使受所浮之水銀膏，因法中分水銀器之鐵底，能令紅銅與水銀相合也。

第六十四節　論用紅銅條法

余嘗於木桶内裝紅銅條二十條，每條方一寸，長與桶等，其銅條與桶之木條，須相離半寸許，至水銀膏與銅條相粘與否，仍在用水銀之損益得中也。此種木桶，不必另裝裹子，因其紅銅條釘連桶内，自不致銷磨。惟木桶用舊後，如欲入内修理，頗不容易，必欲更換裹子，或釘連銅條，或取出所粘之水銀膏，務待木桶冷時，然後開進入孔，令匠人入内工作。余欲除去此弊，並各樣不便之處，業已創立一種新機器，於下節詳之。

第六十五節　論福來勃葛之木桶

美國納發達邦巴拉美陀地方，每用福來勃葛木桶進已煅銀礦，其式如第五圖，桶之樞鑽孔或鑄成空心，桶内照前法以木塊爲裹子，可進未煅礦，令與水銀相合，桶之容積畧配容礦一頓，其裹子不在數内。圖中甲爲鐵箍，乙爲鐵樞，丙爲鐵摺邊，丁爲螺釘。

第六十六節　論造廉價木桶法

法用三寸方鐵條，兩端車圓成樞，各長約六寸，兩端鑽空，與前言鑽通麥酒桶之木軸法同。此鐵軸通過桶中，用生鐵摺邊，並螺絲釘連桶之兩邊，其摺邊須分兩半鑄成，又有極堅固之輪轂，將鐵軸通過此轂，則合摺邊之兩半，用凸條托縫處，以螺絲釘釘連之極緊。轂之方孔稍小於軸，其裝法必令摺邊分半處配對角徑，又於兩摺邊應在軸上相連處，先作記號，再用熟鐵□加熱，套於轂上，令冷後可以罨入桶之兩邊，用螺釘連摺邊上，釘尖在内螺蓋，在外又用三寸闊之墊圈，鑲桶之兩頭，爲托其墊圈，面以油灰或鉛白粉膏，或胡麻子油合土塗上，又用一木蓋先於熱黑油内浸過，而後蓋上，桶□之裏面，亦擦黑油一層，鐵軸照法用柱托之，軸外包以木殼，此轂亦先用黑油浸過，殼上之孔應與鐵軸相配，又有小鐵管鑲入軸内，令汽與木相隔，各孔上另有平開木帽，用銷連孔上，以免漿落孔中。其成桶之木板，兩邊俱有筍頭節逐塊釘連，再約以鐵箍，用鐵箍螺絲轉緊，照前法入熱黑油二十磅有奇，進汽令木桶旋轉若干時，然後裝入裏子，亦有於汽管與軸端相連處，用輭墊曰者，然於鐵管上單用摺邊，亦已可用。但桶内不可有鐵料漏出，因一遇藥料，其鐵必朽壞也。

第六十七節　論引漿槽

欲將木桶之漿移入分銀器内，必用木槽引之，其槽之合用者，以福來勃葛之法爲最。如第七圖槽底配以實心木料，其邊用木板爲之，槽之長短不拘，只要合於木桶多寡之用，其木桶須魚貫排列，又當於木桶與分銀器之間，掘地作凹形，或另用大壺，使水銀有所注蓄。

第六十八節　論大木桶靠輥輪法

如欲造大木桶，可照第八九兩圖所載靠兩輥輪者放大，裝礦至五十磅，爲此本圖甲爲成木桶之板，乙爲桶裏，丙爲鐵軸，丁爲生鐵摺邊，戊爲熟鐵箍，已爲進人孔，庚爲進汽孔之蓋套，其輥輪與桶外圓摺邊之鐵條相切，一氣旋轉。有礦師名地脱坑者，業經製造此桶，常用銅鹽類水之法，其桶長十二尺，徑八尺，用螺絲輪與桶外齒圈相接，故能轉動此桶，一面轉動，一面並可進料，以一端有圓孔，一端能進汽也。

第六十九節　論余慣用之合水銀器

第十圖爲余所設合水銀器之視法，圖第十一其横立圖也，甲爲圓柱形之盆，其下半釘連，其上半活動如蓋，乙爲輪，輪邊有葉，斜列如丙。丙丙兩端有孔，如丁丁輪邊轉動，與甲盆之底相近，是以轉動時，必通過其漿，並入以所底水銀，此盆須作橢圓形，其長徑必在平面内，故輪之前後俱有空處，其頂與底亦能與輪相近，造輪葉不拘何料，用木料加紅銅皮者，最爲合式。其輪連軸戊上，而軸之左右俱靠架己之兩邊，此架與盆當以鉸鏈連之一端，能竪起令輪離開盆之下半，其盆之上半有蓋甲，亦用鉸鏈連己架上，能一並竪起，或分而竪起，甲盆與蓋可用鐵爲之，如鐵不合用，當於鐵面上加鐵料或釉一層，或用木及各種合式材料爲之，亦無不可。

欲令乙輪轉動，須用皮帶與皮帶輪，然必與己架有一氣轉動之妙，庶輪與架竪起時，亦不至礙其運動。

甲器内，其蓋有孔辛，其底有□壬，以便進出合水銀之礦。

第七十節　論分銀器

凡分銀之器，用木桶法每不相宜，若用余法分未煅之礦，則木桶尤不合宜此。第十二圖爲最合用之分銀器，其進法用木桶徑六尺，深四尺，離桶底半寸許，有圓鐵圈，鐵圈下又有木圈托之，鐵圈伸出木圈外二寸許，其内輪以水條爲之，如第十三圖，輪輻之端離桶邊六寸許，輪木上配以螺絲，使能夾緊方木軸，木軸下端靠一圓椎形之木樞上，此樞用極堅木料爲心，從桶底高數寸處，通過圓鐵圈，其方木軸之上端，連一短鐵軸上，此鐵軸通入架上之枕，而皮帶輪或齒輪亦與此鐵軸相連，其方木軸能在鐵軸上起落，故輪亦能隨銷磨而落下也。倘遇危險時，可用一桿竪起，令機器停止，其輪輻愈短，則轉動愈捷，又其輪應令砂與水銀滴常能調和，必至水銀漸聚成塊，落於鐵圈外之空處，凝結不動爲止。其水内之砂，可開桶邊塞放出之。偶有石塊，或紅銅塊落入機器内，聚於鐵圈伸出之邊下，亦宜設法取出。

漿從合水銀木桶放出時尚暖，必含銅緑銷化其中，若置分銀器内過一二點鐘，又能成紅銅合水銀料，然其分銀器必有鐵底並木輪，方可免水銀之耗費，而合水銀桶所成之細膏，亦不可落入分銀器内，因其必與粗膏相合，而有耗費也。

應祖錫《銀礦指南》第八章《論甑》　第七十一節　論便用之甑

將水銀瓶削去其頸，再用一瓶截取其上半段，爲前瓶之蓋，蓋上連以四尺長之鐵管，其管插入蓋處作彎形，庶用甑時其管能斜向下垂，其蓋必於鐵砧上打過，令其邊稍稍放寬，能套甑外。其套縫外約以鐵箍，箍外用灰合水成膏塗之，令不洩汽。又將此膏墊甑裏面成一薄層，然後將前法所得之水銀膏入甑内，用粗麻布包其鐵管，管之上設一水桶，令桶内水滴滴落包管之麻布上，管之端不可通入受水銀器之水内。因此水易爲管所吸，若吸入其甑必暴裂也。甑内所能裝之細膏，約滿三分之二，粗膏則滿一半爲度。若能於管内，用粗鐵絲一條通入甑内，則其管閉塞時，可即以鐵絲通之。諸事皆備，乃先於甑上熾火，令漸漸熱透甑之全身，其水銀大半蒸出之後，可加熱至暗紅，直至不見水銀爲止。此後甑内所成之銀，極鬆如絨，可徑送鑄錢廠中，不必先鑄成銀條與銀錠也。凡用甑而有坼裂之弊者，必其人過於疏忽，毫不加察，以致誤事。若疑其鐵管已塞，必因其膏發脹，或甑内裝膏過多，至所用生鐵甑已經見有裂縫，並有水銀溢出，更當立刻撤去其火，否則司事者不能遠避，必致受害矣。

水銀膏用二百磅以内者，可用生鐵鍋形之甑，若過二百磅，又當用半圓柱形之甑，於竈上蒸之，又必於鐵管外加一套殼，以便通水，令管不熱。

第七十二節　論煅礦爐並爐中所用之器見第十四圖

爐中調礦之鋤，長畧十六尺，爐之門口有鐵輥輪，其輪軸之枕靠爐墻之磚上，此輥輪比爐底之平面稍高，其鋤柄用平常通煤氣之鐵管爲之，惟近鋤處畧五尺長，當作實心，其鋤鐵或生或熟不拘，但須多備數把，以便添用，且此器隨用隨熱，易致燙手，不得不隨時更換也。又須備一調火之鐵鈎，亦有用長柄鐵叉者，能將爐中礦彼此翻掉，令其受熱停匀，平常工匠祗於初學時用叉，做慣後亦能用鋤。又有廠中用生鐵頭之耙者，因此耙能通過礦料，比鋤更易，然即用耙，亦須與鋤並用，且平常廠中，往往用鋤不用耙。

爐之添料門在煅礦時，大半開通，如欲關閉，則有鍋爐鐵板一塊，可當門用，板上有二小孔，相距畧四寸，能容鐵叉之兩股通入調礦，其門靠鐵彎擔如子鑲入門口而成節，又有火門並後門，亦以鍋爐鐵板爲之，但此兩門俱靠鐵樞鑲入磚内，其灰膛在火門之對面，令熱格外停匀。塵膛愈大愈妙，或將火路通過前面烘礦房之底下，作一塵膛，則能用爐之餘熱，烘乾已軋之礦，此法更佳，其爐所進之風不可過大，只要恰好能令礦霧不出所開之門。又必備一風門，專司所進空氣，此門有裝於煙通内者，其造法不過用鐵皮塊於當中上下作樞，則能啟閉與平常煙通内所備之風門或扃門同。

第七十三節　論造爐法

爐之大段皆以石和土爲之，惟爐底與墻弓必須用磚，底磚下襯砂一層，爲爐之基址。造弓法先用溼砂作弓形，然後用磚就砂面砌成弓，而後去砂，令乾時其弓自能恃本重，而極堅固，初造時畧爲□形，去砂後自能成鈍。且縱彎中必稍帶横彎，其造墻之磚，當横竪相間，又用鐵牽條插入地内，其上端以鐵桿連繫，而於爐頂上横貫之，如此則其爐方能堅固。爐之兩端爲弓托，尤須十分堅固，照本圖式，則不必另用縱牽條，如以灰合土成，磚亦可當火泥磚用，但不及火泥磚之耐久耳。其爐中之橋時受爐火酷熱，又爲各器磨擊，易致毀壞，務須用耐火石一塊或二塊爲之，或可用造火磚料，趁溼時打入模内，如式製用，即用平常之磚亦無不可也。

第七十四節　論造小爐法

築小爐法，以小石合泥爲墻，而以灰合泥之料爲弓，其造弓法，先用溼砂作弓形，蓋以紙將料鋪紙上成弓，若慮其乾時破裂，可先鋪一層，厚二寸許，用鋪灰刀劃成方塊形，待其未全乾時，再鋪一層，以同法爲之，如此增至弓所應需之厚，乃去其砂，其弓自能竪立。

前數節所論造爐之法，最爲省便，凡小本之人初開礦時，斷不能購用貴價之大爐，必於礦内業經獲利，乃能添備資本，購用旋轉之桶，至小廠中合用之桶，則以葡魯克那所言者爲最。

應祖錫《銀礦指南》第九章《論鍊銀瑣事》　第七十五節　論余所用銷化器之一

第十五圖甲爲銷化銀礦之桶，乙爲木料所造之真空膛内，丁爲管，或以木或以象皮爲之，管内有塞門，戊爲結成盆，已爲佛蘭絨袋，庚爲進汽管。與鍋爐相連法，將礦先置甲桶内，合以銷化藥水，關丙塞門而於乙膛進汽，繼又開丙塞門放出空氣，而關丁塞門以斷其汽，則乙腔内之汽凝而爲水，乃成真空。此後甲桶内之流質面受空氣壓力，必行過礦料，通入乙膛，乃關丙塞門，而開丁塞門，令汽再通入乙膛，則其流質受汽壓力，自能通入戊盆，於此盆内遇藥水結成後，可放出其明水，令歸甲桶内，然必令行遇佛蘭絨袋已，方可分出其定質。至戊盆内所存結成之質，亦可取出照法爲之。

第七十六節　論余所用銷化器之二

上節之器已屬簡便，言銷化處亦已瞭然，茲另有一器，如第十六圖，尤爲靈巧。圖中甲爲真空膛，一二三四號爲銷化礦之盆，第一號裝礦料，加以銷化藥水，第二號亦裝礦，將第一號藥水吸入真空膛，通過第二號盆内，其第一號再用前次結成盆所存之藥水，□入一服，此結成盆因在甲上，故本圖不見。又以同法，令第二號之水過真空膛，通至第三號，由第一號通第二號，由第三號通第四號，皆可類推。其第四號之藥水，必通至結成盆内，如此各號所裝之礦已漸漸銷化。其第一號已進過藥水四次，所有銀質必已全行銷化，則可取出魯料，換裝新料，使第四號之水直通到第一號，而從第一號通入結成盆，是第一號可作第四號，第二號可作第一號，各號亦可類推。惟换裝新料之盆，往往在第四號，其水亦即由第四號通到結成盆，凡此法所通到結成盆之藥水合金類最濃，若將銷化之水，從此盆通至彼盆，時常更换，則銷化必速，即礦内所留之藥水亦易分出。

第七十七節　論銷化法大做之器

照前法，用立隔板將真空膛隔分爲四，其隔板不通至頂上，則四礦盆内之藥水，自能同時分出，蓋其水時常流動，故銀等金類銷化極速。譬如以糖或鹽入水内不動，則銷化甚遲，若能以法調動之，其銷化自速。又如將糖鹽置濾紙上，連澆浄水，必能頃刻銷化，從此推之，則礦粉在第一號盆内，常有新藥水行過，其銷化必速。惟行過數次後，其水已淡，須令淡水行過别號盆内，使其漸漸變濃，及行至末一盆，其内爲新礦，則水自然濃厚，故其成質必多。有數種礦，必屢次用藥水銷化，或銷化以前先用浄水洗之，凡立一廠，至少必用銷化盆二三副造鐵路，以便用車運動此器，又必造真空膛二三處，能多更妙。必如此大做，方能大獲利益，其銷化盆内銷化已成，可用車載盆至堆廢料處卸舊裝新，仍載回列入第一號。又可裝極大之銷化盆或池，其濾器作斜面形，將銷化礦之餘料噴以冷水再洗之，其洗出之水仍可爲銷化藥料用，若已煅銀礦可令先過淡之强水，而後以法銷化之。造强水法，令煅礦爐所放之氣行過水内，則水受其硫黄等質，自變爲淡之强水。或特設一膛，内用隔板，板上堆石塊或枯煤，令水行過，足令枯煤等料全數受溼，則所得之水可爲淡之强水，或另用吹風器並卡你亞合拉所製之凝器亦可。

第七十八節　論第二號銷化之器

余曾創製一銷化器，業經奏報國家準保一人專用，此器全靠離心力，能令藥水連□□□□料，或用一盆，或用數盆爲一副，可於此中用緑氣水之法分出黄金，或用含緑氣之鹽水分出金銀。觀第十七圖，便知其造法與用法。

第七十九節　論第二號銷化器之零件

本圖有旋轉之鐵檯甲，其銷化盆即用螺絲連檯上，其礦在乙處爲圈形之膛，其膛在隔板内與蓋丁之中，其隔板即用木板鑽多孔，而以布蓋之者，法將銷化礦之藥水傾入盆中，其盆旋轉極捷，故其水能因離心力，通過礦乙，而由庚槽通到銷化盆辛之前面，則漸漸上升，通入壬槽，此槽□銷化盆外，而有鏇與管子通入槽内，其已行過礦乙之藥水，自能由此管内行過象皮管癸，通入第二機器，如法行過。或通到左近之盆，或仍回到本機器，再於礦上行過之，至圖内之寅爲圓錐形木塊，可以鋪器具内之空處，令藥水不至耗費，若運動此器之法，又有立軸，軸上有圓錐形之皮帶輪已。

第八十節　論换料法

以上器具内所裝之礦，有藥水經過數次，金銀等料已全行銷化，其水既因離心力與礦相離而出，則機器務須停止，又必揭去蓋丁，再令其盆旋轉，而用活動鏇使能鏇出盆中之料，此鏇不見本圖。至其盆底轉遲速之數，可用圓錐形之皮帶輪隨意配之。

第八十一節　論成礦粉之小機器

第十八圖係成礦粉機器，小巧靈便，用之最能獲利，每日能成上等銀礦粉二百磅至三百磅。其夫輪或用水輪，或用踏脚輪，圓内甲爲成粉木桶，乙爲合水銀木桶，此兩桶可用舊麥酒桶，或葡萄酒桶爲之。己爲洗衣或浴身之大盆，亦可作分水銀器，用其成粉。桶之底有篩丙，能受桶内倒出之紅銅球及石塊，而篩下礦粉，即落入槽丁内，其合水銀桶之下有槽戊，能引所成漿，通入分水銀器内。其合水銀桶有皮帶連甲桶上，能隨甲桶運動，而分水銀器亦有皮帶輪，與半紐皮帶連乙桶軸上運動之。本圖内惟不列鍋爐，若大廠中，可用一小研盆，代甲成粉木桶。

倘所用工力不能多備，可將各套工夫分時爲之。先軋礦數日，而後專合水銀，按日經營，方不致左支右絀，即所用機器，每日内亦須多備礦料。若礦料不足，可將機器暫停，如一日止用礦二三頓者，必照此法，方能得烘礦器之益處。

有數處開礦家僱二中國小工，輪班工作一日，能成礦一百磅至三百磅。或用馬二匹，每日能成四百磅至五百磅。或又用流水六十寸，每分時一百立方尺，而運以三十尺徑之上水輪，又用杵臼一小副或一研盆，則二十四點鐘内，能成礦二頓至三頓。

第八十二節　論試驗餘料

初立一銀礦廠，其工人尚未熟悉礦務，一見所用水銀甚多，而所得水銀膏甚少，必茫然莫辨其所以糜費之故，殊不知其各器内俱積有水銀甚多，故連做數日或數十日後，必修理各器一次，將盆底竪起，並或出木桶裏子，則所積水銀皆可取回，便知所得之銀究竟合算與否。又廢礦内亦必含有水銀，試驗之自能知其多寡，且化分時亦有糜費，往往有成顆粒之形者，此種料極難澄清，若於所存廢料内見有白色或棕色之粉，亦必詳細查驗，究其實在糜費之數。若取廢料，加詳化分，將所得銀數，與本礦含銀之數相比，則易知礦內分銀之二合法與否。另有一簡便法，從各器內出料時，各取漿少許合於一處，內取若干作中料置盆水內，而令水銀膏流入□墊盤，待澄清後，去水留土烘乾，詳細化分之，便能知其成數。惟此中所含銀數不甚過多，因其漿尚未過分水銀器，若過分水銀器後，其含銀當更多也。然所查即有錯誤，其錯處亦在穩當一邊，蓋管廠人初查之數，已覺合算，若鍊成後，更能加多，亦屬幸事，又何至咎前此之誤耶。

第八十三節　論澄清池

余曾製一以水舂礦之機器，其澄水池用此新法，可免兩次搬礦，蓋舊法必先於池內搬移，而後將礦入盆內也。此新法能留所有之漿與灰，與漿內之沙等質，即鍊礦人亦易能明曉此中益處，又可於此器中預備礦料，用藥水化出其銀。

第十九圖甲爲池內，有調礦輪乙，又有假底丙，可作濾器，用其臼內放出之漿，必由丁槽通入甲池，因其乙輪轉動，池水即不能澄清也。又有水從丙底淋過，通入管戊，此管下端通入含水盆庚，若開己塞門，則其內因水之重，必有吸力，故漿內餘水自能即刻吸出，其臼中所放之漿，亦須酌時通入同類機器，待甲池內漿已得所需之濃，則關己塞門，而開辛塞門，放出池內流質，令入壬盆，如欲用藥水噴汽，預備合水銀者當於未放甲池漿之前爲之，此機器無論從上從下，俱可用齒輪運動。

大廠中所用之池，其規模可以照常倣造，惟池內須用二調礦輪，能多更妙。如第二十圖，甲爲杵臼四副，每副有槽通至乙乙兩池，此池各有三調礦輪，如丙丙丙，其各池底除輪樞基地外，俱爲濾器，每池所容之漿，儘□裝滿各盆。另有法排列其濾器，使能向上濾礦，其式如第二十一圖，圖中所標甲乙丙丁各字樣，俱□第十九圖式。

用此法者，如濾器丙或有開□等□，可用戊管於池旁轉動之，使濾器反其方位，自然能通。亦有於池之周圍排列濾器者，若池內用一調輪或數調輪，其濾器可用可不用，如不用濾器，則調輪當作鈍圓錐形，其尖向下，使能鑽入池底之料內。其調輪亦必以法排列，使能任意起落，漿在池內澄清後，可開門或塞，放出其餘水，與平常礦池相同。又池內進礦已足，則當斷其所進之漿，如池內水既以塞孔配足，應需之數可令調輪旋轉，漸漸落下，能將池底渣滓調和成漿，然後由槽辛通入合水銀盆。或將甲池另設所需之器，則礦在池內能成粉，又能合水銀，此池遂爲各項公用之器。

第八十四節　論用銅綠並非一人專用法

欲用銅綠之法者，因聞此法曾由國家準保一人專用，無論在木桶內或盆內試用，必先以重價向其人購出，此法方準仿用等語，用法者遂有規避之意。然此言並無實在根據，蓋先時已有人設立此法，曾登時務新聞紙內，令人倣照公用。今國家又保一人專用，亦屬無益，以此法業有前人創行禀報者，斷難獨收其利也。其新聞紙一節，係格致家名郎次非而得所著，今特録其原文如下。

凡從礦內分銀，用福來勃葛地方之法，斷不可有不化合之銅綠，因銅綠所放綠氣，半爲水銀所變，則其變化內必有水銀之大糜費，若有此弊，必另加石灰化分其過多之銅綠，而令水銀不致受害。

一年工程內，其糜費亦頗不少，如欲免此糜費，而令銀硫各質即能化分，當取□舒地方礦鍊之，務求一最妥之法。若能長住該處試用銅綠，必更能得法，但此事並非小試所能見效，必將□舒地方數處之礦，各化五頓至五百頓，就各廠中詳細試驗，視礦之成色以合所得之數。其所得全銀質，以每百分得八十分至九十五分爲中數。

所用銅綠之數，俱視化分礦所得數，並礦所含銀綠數配之，如礦每頓驗得所含銀質值洋一百圓，照化分得數，應得銀綠六十二兩，配淨銀五十四兩，每兩值洋一圓二角九分，即值洋七十圓，另得淨銀質值洋三十圓，共值洋一百圓。

如用伯提阿法，化分以上所言銀綠之數，須用銅養硫養一百二十五兩，鹽五百九十兩，水銀一百兩，其水銀化分後成爲汞綠，即藥材店所售之輕水銀粉也。如用銅綠法，須用銅綠四十七兩，鹽四百兩，水銀一百兩，其水銀可無糜費。

以上所言之法雖極精良，其益處亦顯然可見，而愚昧豎執之流，仍必多方阻流，使新法不能興起，蓋各處管廠之人，向來拘守成法，一旦更用新法，必以爲適彰從前迂拙，或又偏執己見，其胸中既有佩服之一法，則他人之法皆不復信，故即所立各廠公司，用新法每年可省數千洋之糜費，亦情願自用舊法，其新法必遲之又久，始能風行。

用銅綠之法極便，而亦極易，乃試用此料之廠工竣後，每有錯誤，以所成之料，含銅綠甚少，而銅綠甚多也，此因配料未能合法，則試驗亦不甚見效，而用法者遂謂其法不善，余前在□舒地方，用此法大獲利益，而他人每言此法不靈，殊不知其咎，固不在法也，亦在人之未能細心耳。

傅蘭雅等《汽機新制》卷一《大抵力汽機》　大抵力汽機之類，以事件之位置，分爲諸種。如直立汽筩，斜迤汽筩，倒置汽筩，摇動汽筩，平卧汽筩等是也。

平卧汽筩者，造之簡便，用之尤便，是以多用之者。然其體制亦各人所造者不同，若泛論諸式，殊覺繁累且無益處，是以專擇最善之式而詳之焉。其式以生鐵鑄成架座，鑄時備有相連各件之位，汽筩連固於架座之上，汽罨切於汽筩旁之平面，挺桿端作丁字形之鍵襯，行動於架面鍵輔之内，使挺桿之端不致偏倚。鍵輔蓋條用螺釘螺蓋連於架座。摇桿後端，與挺鍵之楗相接，其前端接拐軸，以摇轉曲拐，曲拐與大軸整塊打成，大軸之枕鑄連於架座上面之或左或右。兩心輪套於大軸在軸枕之外，以方楗固定。其兩心距與汽罨及添水筩往復之路相配，添水筩連於軸枕之對面，汽罨稱軸轉動於枕内。其枕鑄成於鍵輔之下，其桿用活節連於汽罨桿與添水筩桿，易於或裝或拆。

圓球汽制居轉柱之頂，轉柱邊於架座，而對汽罨匣之前，以斜齒相接，用皮帶連於大軸，而轉動有桿。與汽門相接，而制其開闔。此式汽機體制，樸實而易準，各件牢固而耐用，簡便而易於收拾，造價小而用費亦省。

樣圖要説

凡造汽機，必先作樣圖。圖内各件必皆整齊，行動之處，手所當到者，必能易到，不可有一件混亂。任受大力之件，如架座，大軸，曲拐，摇桿，螺釘，螺蓋等，其堅固與任受之力必相配而有餘體，又不可過重。各摺邊之釘孔間，必皆有連脊，摺邊受大力時，有所相助，不致折斷。鑄成之孔，内膛宜大於兩端，鑽光之時，易於圓正。兩件相切而固定之處，宜鑄就凸面，可以易於鉋鑿相配。

定號馬力之法

常言之號馬力，其數無有一定，推算之式，各人所用者不同，故汽機有號馬力相同，而其實馬力大不同者。兹書之法，乃會萃多人用過之尺寸與比例之最善者而折中焉。用以定汽機之各數，可無謬誤也。

每號馬力配汽筩横剖面積七方寸至九方寸，推機路與徑爲二與一之比。

欲造汽機之號馬力已有定數，則將其數與前定横剖面積之方寸數相乘，得數爲所造汽筩當有之横剖面積方寸數，由此求得其徑之寸數，以二乘之，爲推機路之寸數。汽機大者，此數可稍減也。各件之尺寸，俱宜用整數。如帶零數者，可或損或益，以得之若干圓面積則益善於損也。

式

四馬力等於四乘九，等於三六，等於徑六寸又十六分寸之三，推機路十二寸。

六馬力等於六乘九，等於五四，等於徑八寸又十六分寸之五，推機路十六寸。

八馬力等於八乘八・七五，等於七〇，等於徑九寸又二分寸之一，推機路十八寸。

十馬力等於一〇乘八五，等於八五，等於徑十寸又十六分寸之七，推機路二十一寸。

十二馬力等於一二乘八・二五，等於九九，等於徑十一寸又四分寸之一，推機路二十二寸。

十五馬力等於一五乘八，等於一二〇，等於徑十二寸又八分寸之三，推機路二十四寸。

二十馬力等於二〇乘八，等於一六〇，等於徑十四寸又十六分寸之五，推機路二十八寸。

二十五馬力等於二五乘七八，等於一九五，等於徑十五寸又十六分寸之十三，推機路三十寸。

三十馬力等於三〇乘七七八，等於二三三，等於徑十七寸又四分寸之一，推機路三十四寸。

三十五馬力等於三五乘七七五，等於三七二，等於徑十八寸又八分寸之五，推機路三十六寸。

四十馬力等於四〇乘七五，等於三〇〇，等於徑十九寸又十六分寸之九，推機路四十寸。

五十馬力等於五〇乘七，等於三五〇，等於徑二十一寸又八分寸之一，推機路四十二寸。

求實馬力之法

求汽機之實馬力，必先測得鞲鞴面之均抵力，與每分時鞲鞴行動之路。故能力相同，速大者所有抵力可小，速小者所有抵力必大也。如六分時起十頓之重高一尺，則一小時必起高十尺而爲能力一百頓，或三分時起五頓之重高一尺，則一小時必起高二十尺亦爲能力一百頓也。汽機之實馬力依鞲鞴現出之能力，其能力全賴汽之抵力。常以一分時起重三萬三千磅高至一尺爲一實馬力，將鞲鞴横剖面積方寸數，與鞲鞴面每方寸之均抵力磅數相乘，再以每分時鞲鞴總行尺數乘之，爲能力之尺磅數，以三萬三千約之得實馬力之數（此數未計各件之需力）。今以轆轤面每方寸均抵力爲三十磅，每分時轆轤總行爲二百尺，得各式如左：

四號馬力等於三六乘三〇乘二〇〇，以三萬三千約之，等於六實馬力五。

六號馬力等於四五乘三〇乘二〇〇，以三萬三千約之，等於八實馬力。

八號馬力等於七〇乘三〇乘二〇〇，以三萬三千約之，等於十二實馬力七。

十號馬力等於八五乘三〇乘二〇〇，以三萬三千約之，等於十五實馬力四。

十二號馬力等於九九乘三〇乘二〇〇，以三萬三千約之，等於十八實馬力。

十五號馬力等於一二〇乘三〇乘二〇〇，以三萬三千約之，等於二十一實馬力八。

二十號馬力等於一六〇乘三〇乘二〇〇，以三萬三千約之，等於二十九實馬力。

二十五號馬力等於一九五乘三〇乘二〇〇，以三萬三千約之，等於三十五實馬力四五。

三十號馬力等於二三三乘三〇乘二〇〇，以三萬三千約之，等於四十二實馬力三。

三十五號馬力等於二七二乘三〇乘二〇〇，以三萬三千約之，等於四十九實馬力。

四十號馬力等於三〇〇乘三〇乘二〇〇，以三萬三千約之，等於五十四實馬力五四。

五十號馬力等於三五〇乘三〇乘二〇〇，以三萬三千約之，等於六十三實馬力六三。

汽筩

汽筩橫剖面積，等於號馬力數乘九至七。

汽筩內徑，等於橫剖面積之平方根乘一·一二八三。

轆轤全厚，等於汽筩內徑四分之一。

推機路，等於汽筩內徑乘二。

汽筩內兩端空隙，等於三十分汽筩內徑之一。

汽筩口接蓋處之內徑，等於汽筩內徑加八分寸之一至十六分寸之三。

汽筩內長，等於推機路加轆轤全厚加兩端空隙。

挺桿之徑，等於汽筩內徑六分之一至七分之一。

汽筩體厚，無有公法可定。如汽筩內徑六寸者，其厚至少有八分寸之五，即徑與厚爲九十六與十之比。內徑二十四寸，其厚有一寸又二分寸之一，即徑與厚爲十六與一之比。可知無有一定也，故必依已造之善式，而定之。列表於左，以便擇用。【略】

以上各數不必另加車鉋之數。若轆轤行速每分時大於三百尺者，每加速一百尺，必加厚十六分寸之一。

汽筩外脊圈之厚，等於汽筩體厚五分之一。

汽筩外脊圈之闊，等於汽筩體厚乘二。

汽路體厚，等於汽筩體厚乘〇·八至〇·六。

汽筩後蓋之厚，等於汽筩體厚乘〇·八至〇·六。

汽筩蓋嵌入汽筩內之深，等於汽筩體厚。

汽筩蓋摺邊之厚，等於汽筩體厚乘一至〇·八。

汽筩蓋高脊之厚，等於汽筩體厚乘〇·五至〇·四。

汽筩蓋容挺桿螺蓋凹之內徑，等於挺桿螺絲處之徑乘二。

相連汽筩蓋螺釘之徑，等於汽筩體厚爲徑一寸以內者。諸螺釘心圓界之徑，等於汽筩容蓋處之內徑加汽筩體厚乘二，再加螺釘之徑。

螺釘孔外體厚，等於螺釘之徑乘〇·七五。

螺蓋底盤之徑，等於螺蓋對角之徑乘一·一。

螺蓋底盤之厚，等於八分寸之一。

汽筩前端平底之厚，等於汽筩體厚乘〇·八至〇·六。

汽筩前端平底高脊之厚，等於前端平底之厚乘〇·八至〇·六。

汽筩中線高於架座面，等於汽筩半徑加四分寸之一至四分寸之三。

汽筩連於架座摺邊之厚，等於汽筩體厚乘一至一·二。

摺邊連脊之厚，等於摺邊之厚乘〇·八至〇·六。

摺邊連脊相距，等於相連螺蓋對角之徑乘三至二。

相連汽筩於架座螺釘之徑，等於挺桿之徑乘〇·七至〇·六。

相連汽筩於架座螺釘心之橫相距，等於汽筩內徑。

軟墊臼壓蓋

挺桿軟墊臼內徑，等於挺桿之徑乘一·七五。

挺桿軟墊臼內深，等於挺桿之徑乘一・五。

軟墊臼底銅襯管之厚，等於挺桿之徑六分之一至八分之一。

壓蓋之深，等於軟墊臼深乘〇・八至〇・八七。

軟墊臼體厚，等於壓蓋體厚。

相連壓蓋螺釘之徑，等於挺桿之徑乘〇・三至〇・二五。

螺釘孔外體厚，等於螺釘徑乘〇・七五。

壓蓋油膛之深，等於挺桿徑二分之一。

壓蓋摺邊之厚，等於相連壓蓋螺釘之徑。

汽罨

進汽孔進汽時之面積，等於汽筩面積十五分之一至二十分之一，等於一號馬力約二分方寸之一。

進汽孔之長，等於汽筩之徑乘〇・六至〇・七。

進汽孔進汽時之闊，等於面積以長約之。

汽路之闊，等於汽孔全闊加八分寸之一。

汽路之長，等於汽孔之長加八分寸之一。

進汽孔全闊，等於進汽孔進汽時之闊乘二。

進汽孔出汽時之闊，等於進汽孔進汽時之闊乘一・五。

汽罨外餘面之闊，等於進汽孔進汽時之闊，至以一・一五約之。

汽罨內餘面之闊，等於十六分寸之一。

汽罨旁餘面之闊，等於進汽孔全闊乘〇・六至〇・五。

汽筩平面橫條之闊，等於八分寸之五至一寸，或等於汽路體厚加八分寸之一。

汽罨平面與汽筩中線之相距，等於平面體厚乘一・三至一・四，加汽路之闊，加汽筩外半徑。

汽罨往復路，等於進汽孔進汽時之闊，加外餘面，乘二。

汽罨桿徑，等於挺桿之徑乘〇・六至〇・七。

汽罨桿軟墊臼內徑，等於汽罨桿徑乘一・八。

汽罨桿軟墊臼內深，等於汽罨桿徑乘一・六。

汽罨桿軟墊臼底襯管之厚，等於八分寸之一至十六分寸之三。

軟墊臼壓蓋之深，等於軟墊之深乘〇・七五。

軟墊臼體厚，等於壓蓋之厚。

相連壓蓋螺釘（共二箇）之徑，等於汽罨桿之徑，乘〇・四至〇・五。

汽罨匣內往復之空隙，等於往復路七分之一至九分之一。

汽罨空腹內深，等於進汽孔出汽時之闊。

汽罨體厚，等於八分寸之三至八分寸之五。闊過於九寸者，必作高脊。

汽罨摺邊之厚，等於二分寸之一至四分寸之三。

汽罨桿心與平面相距，等於汽罨桿徑加摺邊之厚。

汽罨匣

汽罨匣體厚，等於汽路體厚。

汽罨匣摺邊之厚，等於汽罨匣體厚乘一・一二五。

汽罨匣摺邊之闊，等於相連摺邊於汽筩螺釘之徑乘二・五，加汽罨匣體厚。

汽罨匣蓋體厚，等於汽匣體厚乘〇・八至〇・七。

相連汽罨匣螺釘之徑，等於匣蓋體厚。

汽罨匣蓋高脊之厚，等於匣蓋體厚乘〇・六至〇・五。

鞲鞴

鞲鞴體厚，等於汽筩體厚乘〇・七至〇・五。

鞲鞴內脊之厚，等於鞲鞴體厚乘〇・七至〇・六。

每兩脊間面積，等於鞲鞴面積八分之一至十二分之一。

相連壓環螺釘之徑，等於鞲鞴體厚。

鞲鞴外周與汽筩內面相切，移動而不洩汽之法，在外周作槽鑲，以生鐵護環，中段厚於兩端，兩端作斜角，合四十五度，以免消磨。汽筩內面留高雜，在兩端之間，鑲以礟銅橫塊，使其接縫不洩，汽環邊平準與鞲鞴摺邊，並壓環密切，而可移動，使環可開闔。環內有軟墊或多小簧，使護環緊切汽筩內面。另用礟銅塊自外嵌入，鞲鞴體內與鞲鞴槽底相平相連，壓環之螺釘旋入此塊之中。

礟銅嵌塊之厚，等於相連壓蓋螺釘之徑乘一・一二至一・七。

礟銅嵌塊之邊，等於螺釘之徑乘一・八至一・七。

護環中段之厚，等於每徑一尺配二分寸之一。

護環兩端之厚，等於中段之厚乘〇・七至〇・八。

挺桿

挺桿連於挺扭之法甚多，常法以挺桿之端裝入單支或雙支挺扭之銎內，用長劈横穿固定。最善之法，挺桿之端作丁字形，用螺釘二箇相連鍵襯，以夾挺楗。

挺桿裝入鞲鞴端之尖，等於每長一尺配半徑八分寸之三。

挺桿内端大螺蓋之厚，等於挺桿之徑乘〇・八至〇・七。

相連丁字形螺釘之共横剖面積，等於挺桿横剖面積。

挺桿外端丁字形之厚，等於相連螺釘之徑。

挺桿外端丁字形之闊，等於相連螺釘之徑乘二。

挺揵頸徑，等於挺桿之徑乘一・四至一・三。

鍵輔移襯

此爲常式，鍵輔移襯宜於行動甚速之用。其楗襯分爲二半，中夾挺楗，而轉動最善之法。鍵輔襯之後半與挺桿相連，而前半能活動，用蓋夾之，以螺釘連固。

鍵輔移襯底與鍵輔相切之面積，等於汽筩内横剖面積，以摇桿長與推機路之相比約之。

鍵輔移襯底與鍵輔相切面積之長，等於推機路乘〇・四五至〇・四。

鍵輔移襯底與鍵輔相切面積之闊，等於面積以長約之。

鍵輔移襯底體厚，等於圓乘〇・三至〇・二五。

底殼之厚，等於底體之厚二分之一。

底殼相配之斜度，等於每尺爲四分寸之一。

相連底殼螺釘之徑，等底殼之厚。

挺楗頸長，等於挺楗頸徑乘一・五。

挺楗襯旁體厚，等於挺楗頸徑四分之一至五分之一。

挺楗襯後邊體厚，等於挺楗頸徑乘〇・四。

挺楗襯前邊體厚，等於後邊體厚乘〇・五。

襯内軟金類凹之深，等於八分寸之一至十六分寸之三。

挺扭蓋厚，等於相連螺釘之徑。

挺扭蓋闊，等於挺扭蓋之厚乘二。

摇桿

摇桿之長，等於推機路乘二，爲最短之數。

乂支之長（自孔心計之），等於挺楗頸徑乘二・五。

乂支之闊，等於挺楗頸徑。

乂支之厚，等於乂支之闊乘〇・五。

乂支端圈體闊，等於挺楗之徑乘〇・四至〇・三六。

乂支端圈體厚，等於乂支之厚乘一・二五。

摇桿在乂端之徑，等於挺桿之徑乘一・一二五。

摇桿在曲拐端之徑，等於挺桿之徑乘一・二五。

摇桿在中段之徑，等於曲拐端之徑加每長一尺配十六分寸之一。

摇桿前端之式甚多，惟船汽機所用丁字形之式，最易裝折與配準。其襯用平面之銅，以蓋夾之銅襯之中，有凸領爲圓形，或六面形。

拐軸頸徑，等於挺桿之徑乘一・五。

拐軸頸長，等於拐軸頸徑。

銅襯前後體厚，等於拐軸頸徑四分之一至六分之一。

銅襯兩邊體厚，等於前後體厚乘〇・五。

相連螺釘之徑，等於相連挺楗襯蓋螺釘之徑。

銅襯内面與螺釘面相距，等於相連螺釘之徑六分之一至八分之一。

外端與螺釘面相距，等於相連螺釘之徑五分之一至七分之一。

銅襯凸領體厚，等於銅襯前後之厚。

銅襯凸領之徑，等於銅襯對角之徑加體一邊之厚。

摇桿丁字形之厚，等於拐軸頸徑乘〇・五。

用平面銅襯與平面蓋者，其銅襯與螺釘之尺寸，俱等於彎蓋之尺寸。

平面銅襯内面與螺釘面相距，等於八分寸之一至十六分之一。

平蓋或彎蓋之厚，等於相連螺釘之徑。

平蓋或彎蓋與丁字形之闊，等於相連螺釘之徑乘二。

兩心輪

兩心距之倍，等於汽罨往復路與汽罨軸桿長之相比。

輪轂之厚，等於大軸之徑四分之一至六分之一。

輪輻之厚，等於轂厚乘〇・四至〇・五。

輪輻體斜，等於每長一尺配二分寸之一。

輪牙之厚，等於輪轂之厚乘〇・八至〇・七。

輪牙外槽之深，等於八分寸之一至十分寸之一。

槽邊體厚，等於槽深。

兩心輪直動汽罨者，則兩心距之倍，等於汽罨往復路。

輪轂之厚，等於大軸之徑五分之一至七分之一，餘各尺寸同前。

兩心環推引桿螺釘

推引桿前端之徑，等於汽罨桿徑乘一·五。

推引桿長，等於摇桿之長。

推引桿在汽罨端之徑，等於前端之徑乘〇·九至〇·八。

推引桿中段之徑，等於前端之徑加每長一尺配三十二分之一。

相連螺釘之共横剖面積，等於汽罨桿横剖面積。

丁字形之厚，等於相連螺釘之徑。

兩心環之厚，等於相連螺釘之徑乘〇·五至〇·四。

兩心環耳之厚，等於環厚乘一·五。

兩心環之闊，等於螺蓋對角之徑乘一·一。

兩心輪獨動汽罨者，則推引桿前端之徑，等於汽罨桿徑乘一·二五。

推引桿在汽罨端之徑，等於汽罨桿之徑。

相連螺釘之共横剖面積，等於汽罨桿横剖面積乘〇·八。

汽罨與添水筩共軸之徑，等於汽罨桿之徑乘二。

汽罨軸之徑，等於汽罨桿之徑乘一·三。

架座

汽機之架座任受汽筩所現之各力，必須極其堅固，有分二塊或多塊鑄成而凑合者。相連之螺釘，若稍有鬆動，各件必受過限之大力。速行汽機，此病更甚，不可爲法也。爰是精心考究生鐵架座各處當得之尺寸，如左。

架座體厚，等於汽筩體厚乘〇·八至〇·七。

架座兩股之間，等於汽筩之徑二分之一。

架座兩股之高，等於架股之闊乘〇·五。

架座兩股中心之相距，等於汽筩之徑。

架座凸面之高，等於八分寸之一至四分寸之一。

相連螺釘孔領之徑，等於螺釘之徑乘二。

鍵輔槽長，等於推機路加四分鍵襯長之一。

鍵輔蓋條之厚，等於鍵輔體厚乘一至〇·八七五。

相連蓋條螺釘之徑，等於摺邊之厚乘一至〇·七五。

相連蓋條螺釘心相距，等於螺釘之徑乘八。

螺釘孔外肉之厚，等於螺釘之徑乘〇·七五。

鍵輔底體之厚，等於鍵輔之厚。

相連架座於底座螺釘之徑（共六箇），等於相連汽筩於架座螺釘之徑。

汽罨軸桿端圈之徑，等於汽罨軸乘二。

汽罨軸頸銅襯管體厚，等於八分寸之一至四分寸之一。

大軸頸徑，等於挺桿之徑乘二（爲最大之數）。

大軸頸長，等於大軸頸徑乘一·五。

大軸頸心與架座中線相距，等於大軸頸徑乘二（爲最小之數）。

大軸枕銅襯體厚，等於大軸頸徑六分之一至七分之一。

相連枕蓋螺釘之共横剖面積，等於挺桿横剖面積乘〇·七至〇·六。

大軸枕蓋之厚，等於大軸頸徑乘〇·六至〇·五。

大軸枕銅襯内面與螺釘面相距，等於螺釘之徑四分之一。

大軸枕螺釘孔外邊之體厚，等於螺釘之徑乘〇·五至〇·四。

夾體之厚，等於螺釘孔外邊體厚乘〇·五。

曲拐大軸

曲拐横剖面積，等於大軸頸横剖面積。

曲拐之厚，等於大軸頸徑乘〇·七至〇·八。

大軸外徑，等於大軸頸徑乘一·二至一·一。

拐軸領徑，等於拐軸頸徑乘一·二至一·一。

飛輪

輪牙重之擔數，等於汽機號馬力數乘二至一·五。

輪牙心界之徑，等於推機路乘三至二。

輪牙體積方寸數，等於重之磅數以〇·二六三約之。

輪牙横剖面積方寸數，等於體積方寸數，以輪牙心界寸數約之。

輪牙之厚，等於輪牙心界之徑九分之一至七分之一。

輪牙之闊，等於横剖面積以厚約之。

輪轂之徑，等於大軸外徑乘二·五至二。

輪轂之長，等於大軸外徑乘二。

輪輻六條

輪輻橫剖面積，等於輪牙橫剖面積，以輻數約之。

輪輻速於牙處之厚，等於輪牙之闊二分之一。

輪輻體向內漸大，等於每長一尺配二分寸之一。

輪牙連條之橫剖面積，等於輪牙橫剖面積三分之二至四分之一。

輪牙內連條之厚，等於輻牙之厚三分之一至四分之一。

連條長膀之闊，等於連條之厚。

連條長膀之厚，等於等長膀之闊乘○·三至○·二。

輪轂熟鐵箍之闊，等於輪轂之長四分之一至五分之一。

輪轂熟鐵箍之厚，等於箍□乘○·六至○·五。

添水筩

求添水筩尺寸之常法不足取則，雖有甚深之算理，無益於實用。或言其尺寸可自汽筩之尺寸而得，亦非全法，因無論何種機器，諸件之尺寸均必依原動力之數，而汽機之原動力，爲汽之漲力。故添水筩之容積，必依汽之漲力，並汽筩之容積也。茲述用過之□法，如左。

添水筩容積方寸數，等於汽筩容積方寸數，加一汽路容積方寸數，乘化汽一立方尺用水之立方寸數乘四雜。

添水柱帶動於汽罨之兩心輪者，添水筩之往復路自汽罨之往復路與二桿長之相比而得之。

添水門(常用象皮爲之)孔之面積，等於推水柱橫剖面積乘○·七至○·六。

推水柱體厚，等於鍋爐內每方寸汽漲力。每二十磅推水柱，每徑一寸配三十二分寸之一至十六分寸之一。

推水柱底厚，等於體厚乘二至一·五。

推水柱楗橫剖面積，等於推引桿後端橫剖面積乘○·八。

添水筩軟墊臼內徑，等於推水柱徑乘一·六至一·四。

添水筩軟墊臼之深，等於軟墊臼內徑乘○·五至○·四。

軟墊臼壓蓋之深，等於軟墊臼□乘○·七至○·八。

相連壓蓋螺釘之徑(其二箇)，等於推水柱徑乘○·三至○·二，不可過一寸又四分寸之一。

添水筩口摺邊之厚，等於相連壓蓋螺釘之徑。

添水筩體厚，等於推水柱體厚乘一·五至一·三。

添水筩體厚(生鐵者)，等於推水柱體厚乘一·八至一·六。

添水餘流門

餘流門在出水門與鍋爐之間，添水管或塞門阻絕，餘流門能自開，俾水流去，添水管不致碎裂。此門最便之處，在添水筩出水門之上。

餘流門之徑，等於添水管之徑。

餘流門用簧壓之簧體之大小，極難相配。因銅之性簧之圈，數圈之相距，俱與壓力有相關也。左法僅可得其畧數，必用螺釘一箇，配準其壓力。

簧圈之徑，等於添水管徑。

簧圈之數，等於六至八。

簧體之徑，等於圈徑每二寸配○·二五寸。

□間之距，等於簧體之徑乘二至一·五。

門心挺桿之徑，等於門徑四分之一至六分之一。

門體之厚，等於門心挺桿徑二分之一。

汽制圓球

平面線距挂點之高，等於推機路乘○·五至○·四。

汽制圓球，每分時之轉數，等於一百八十七·五，以平面線距挂點高之平方根約之。

斜齒輪徑，等於平面線距挂點之高乘○·四至○·三。

齒心距，等於輪徑每一寸配八分寸之一至三十二分寸之三。

斜齒輪軸之徑，等於齒心距乘二。

大軸轉數，等於每分時轉轆總行尺數，以推機路乘二約之。

轉柱之徑，等於每長一尺配二分寸之一至八分寸之三。

連桿接於球桿之點與挂點相距，等於三分挂點距圓球之二。

球桿之徑，等於轉柱之徑乘○·六至○·五。

連桿之徑，等於球桿之徑乘一至○·八。

各楗之徑，等於連桿之徑。

弧輔之厚，等於八分寸之一至四分寸之一。

上體厚，等於轉柱之徑乘○·三至○·二。

汽制座體厚，等於每轉柱高一尺配二分寸之一。

汽制門軸與桿之徑，等於連桿之徑乘〇・七至〇・六。

汽制球之徑生鐵者，等於平面線距挂點之高乘〇・五至〇・四。

求球桿長短之法，先定挂點距平面線之高，次作兩球桿之中線成六十度之角，此爲汽機以常速轉行應當之數。其中線與平面相交之點與挂點之相距，即球桿自球心至掛點之長。汽機轉行極速之時，兩球桿之中線所成之角，必不可大於九十度。汽機合法者，恒不至此數也。球桿之定心，必與挂心相合。否則轉動圓錐變爲截圓錐，而不合圓錐形擺之理矣。

傅蘭雅等《汽機新制》卷二《槓桿汽機》 槓桿汽機常用瓦特所剏平行動之法，使挺桿恒行直線。近有用鍵輔與空挺等法，以代之者。雖亦可無差，但欲得汽機之正式，必依瓦特之法也。其進汽出汽之門，二十號馬力之小汽機者，用平移空腹汽罨之法，多用此種汽機之處，如英國哥奴瓦地等，俱用相定平門之法，汽之抵力能不阻其開闢之動用。平移空腹汽罨者，常以兩心輪運動之用。相定平門者，常以凸輪運動之。將此二法之汽機相比，知凸輪之法爲善。因凸輪之形式，能使其門有漸改之動也。凸輪連於汽筩之前，另有一軸之上，用扁栓固定，此軸用斜齒輪相接於大軸而同轉，其轉數與大軸相等，相定平門置於生鐵殼內，生鐵殼有二，各連於汽筩一端之摺邊，每殼之內，有進汽門與出汽門，此法門近於汽筩，故汽入能急動轄轄。瓦特原法用生鐵殼一，內有進汽門與出汽門，各通汽筩之一端，□行汽機，汽自上門殼至下門殼，自下門殼再至凝水櫃，凝水櫃常在汽筩之前，用恒升車得真空。如常法，其門用象皮圓板或方板。舊法起水槓桿汽機不用飛輪，近時多用飛輪，欲其轉動平勻也。

汽筩

號馬力數（每號馬力汽筩橫剖面積方寸數）。

二十至二十，等於三十至二十二。

二十至三十，等於二十二至二十一。

三十至五十，等於二十一至二十。

五十至一百，等於二十至十九。

一百至一百五十，等於十九至十七。

推機路，等於汽筩徑乘二・二五至二。

進汽孔面積，等於汽筩橫剖面積十九分之一至二十分之一。

進汽路橫剖面積，等於進汽孔面積乘一・五。

出汽路橫剖面積，等於進汽孔面積乘二。

進汽路之長，等於汽筩徑乘〇・六至〇・七。

進汽路之闊，等於橫剖面積以長約之。

挺桿之徑，等於汽筩徑十分之一。

軟墊臼內徑，等於挺桿徑乘二至一・七五。

軟墊臼內深，等於挺桿徑乘四。

壓蓋之深，等於挺桿徑乘二。

軟墊臼內襯黄銅管作多孔，以木管自汽門殼通汽入內，使空氣不洩入汽筩。

相連壓蓋螺釘（三箇至四箇）之徑，等於挺桿徑乘〇・四至〇・三。

汽筩體厚，等於徑一十寸厚四分寸之三，徑二十寸厚八分寸之七，徑三十寸厚一寸，徑四十寸厚一寸又四分寸之一，徑五十寸厚一寸又十六分寸之五，徑六十寸厚一寸又八分寸之三，徑七十寸厚一寸又二分寸之一，

右諸數車鑚內膛之數在內。

汽筩蓋厚，等於汽筩體厚乘〇・八至〇・七。

相連汽筩蓋螺釘之徑，等於汽筩蓋厚乘一・二五。

汽筩蓋高脊之厚，等於汽筩蓋厚乘〇・八至〇・七。

相連汽筩於架座螺釘之徑，等於挺桿徑乘〇・五。

汽筩口底各摺邊之厚，等於汽筩體厚。

相定平門殼體厚，等於汽筩體厚乘〇・七至〇・八。

門殼摺邊之厚，等於門殼體厚。

相連門殼螺釘之徑，等於門殼摺邊之厚。

相定進汽平門（其邊作圓錐形）之面積，等於汽筩橫剖面積十九分之一至二十分之一。

相定出汽平門面積，等於進汽平門面積乘一・五。

平門邊所開之面積，等於汽門面積二分之一。

平門邊之斜四十五度十分之一。

平門邊與門座相切之闊，等於門徑十二分之一至十五分之一。

門座間各汽路之深，等於汽路之闊。

平門體厚，等於八分寸之一至八分寸之三。

相連門座於殼螺釘之徑，等於二分寸之一至四分寸之三。

平門中心挺桿之徑，等於平門之徑七分之一至九分之一。

平門中心挺桿軟墊臼之徑，等於桿徑乘二·九。

平門中心挺桿軟墊臼之深，等於桿徑乘二十。

平門中心挺桿軟墊臼壓蓋之深，等於桿徑乘一·五。

相連壓蓋螺釘(共二箇)之徑，等於桿徑乘〇·五二。

凸輪軸之徑，等於桿徑乘三。

平行動桿

汽機所平行動之法，多與舊式相似，而相連挺桿於槓桿之挺摇桿，益與舊式無少異。挺摇桿之常式，用熟鐵長箍，中合銅襯，銅襯之間有挺塊，用爲栓與長劈穿固，挺塊用生鐵爲之，其式原自斜交之栅條而得也。亦有用熟鐵車圓之桿，爲挺塊者，槓桿若用生鐵熟鐵相合而成，其端作實心者，則挺摇桿上端作雙支，如又下端爲單支與挺桿之雙支相接。

半徑桿宜連固於軸，而軸在枝内轉動，可用螺釘或長劈遷就，其長短不可軸定，而半徑桿在其外轉動，平行桿亦同法爲之，此爲平行動最要之事也。

槓桿之長，等於推機路乘三·五至四。

挺摇桿之長，等於推機路二分之一。

長撑桿之長，等於槓桿半長乘〇·四八。

半徑桿之長，等於槓桿半長減平行桿長乘餘數之平方，以長撑桿長約之。

挺摇桿徑，等於挺桿之徑。

長撑摇桿徑，等於挺桿之徑乘〇·五至〇·四五。

長撑桿與半徑桿之徑，等於挺桿之徑乘〇·五至〇·四五。

長撑桿與半徑桿連軸之徑，等於挺桿徑乘〇·七至〇·六。

熟鐵挺鈕圓銎之徑，等於挺桿之徑乘一·五至一·六。

銅襯，彎擔，扁栓，長劈各尺寸，見雜件。

挺楗之徑，等於挺桿之徑乘一·二。

槓桿端楗頸徑，等於挺桿徑乘一·二。

槓桿中段之闊，等於槓桿長六分之一至七分之一，或推機路二分之一。

槓桿兩端之闊(或徑)，等於中段之闊乘〇·四至〇·三。

槓桿之兩邊作弧線。

槓桿邊厚，等於一寸，爲長十五尺者之最小數，每加長十尺，再加厚四分寸之一。

槓桿高脊之厚，等於厚邊之厚乘一·二五。

高脊與厚邊之闊，等於厚邊之厚乘二至三。

槓桿中樞頸徑，等於挺桿徑乘二·二至二。

實心槓桿

實心槓桿體厚，等於一寸又四分寸之一，爲長十尺者之最小數，每加長五尺至六尺，加厚二分寸之一。

厚邊與高脊之厚，大桿者，等於體厚。小桿者，等於體厚稍加。

槓桿端球圈之徑，等於中段之闊乘〇·三至〇·二。

槓桿端圓柱形徑，等於端楗徑乘二·五。

槓桿端圓柱形長，等於端楗徑乘一·五。

中樞轂徑，等於中樞徑乘二(另作高脊與摺邊加其堅固)。

中樞轂外高脊之厚，等於體厚乘〇·五。

生鐵槓桿必各處相配厚邊高脊，與本體交際處，俱作花線。

熟鐵槓桿

近時，造機與用機之人咸知生鐵槓桿之不穩當，多致傷人，是以廢棄而用熟鐵代之右生鐵者之尺寸，雖極合法，然究不宜用，因生鐵鑄成大件，而冷時其體質内外漲縮不匀也。熟鐵者，可打成多塊而湊合，以冒釘相連。如中樞之轂與端楗之轂，俱另外打成，而與桿體釘連也。

槓桿中段之闊與兩端之闊，俱與生鐵者同，亦宜各處相配。

槓桿板體之厚，等於二分寸之一，爲長十五尺者之最小數，每加長八尺，加厚八分寸之一。

角鐵之闊，等於三寸至二寸。

兩板間之相距，等於中段之間乘〇·二。

摇桿

摇桿亦宜用熟鐵，其尺寸同於螺輪汽機之返摺。摇桿如用生鐵者，其中段之横剖面作十字形，又支須鑄連尺寸，如左。

大摇桿之長，等於推機路乘三。

大摇桿中段横剖面積，等於汽筩内横剖面積十八分之一至二十分之一。

十字形徑，等於十二寸，爲長十二尺者之最小數，十二尺以外者，等於摇桿長十二分之一至十五分之一。

拐軸頸徑，等於挺桿乘一・四。

拐軸頸長，等於拐軸頸徑乘一・五。

大摇桿接曲拐端長方段之長，等於推機路加曲拐兩心距加小餘。

長方段之横剖面積，等於中段十字形横剖面積三分之一。

長方段之闊，等於拐軸頸徑乘〇・八至〇・七，向十字形加闊，爲每長一尺配八分寸之一。

十字形末圓段(在曲拐端)之徑，等於十字形中段之徑乘〇・八至〇・七。

十字形末圓段(在槓桿端)之徑，等於在曲拐端圓段之徑乘〇・八七五。

接槓桿叉支之横剖面積，等於在槓桿端圓段之横剖面積乘〇・六。

銅襯，彎擔，扁栓，長劈之尺寸，見雜件。

大軸

大軸頸徑，等於挺桿徑乘二・五。

曲拐

槓桿汽機多用生鐵，曲拐其病與生鐵槓桿相同，恐不牢固，必作甚大，而粗笨甚不及熟鐵者也。惟因造機者，恒泥於舊法，多不肯用熟鐵，所以兼列生鐵熟鐵二者之尺寸，如左。

生鐵曲拐拐軸端圈徑，等於拐軸頸徑乘二。

生鐵曲拐大軸端圈徑，等於大軸頸徑乘一・七五。

生鐵曲拐拐軸端圈厚，等於拐軸頸徑。

生鐵曲拐大軸端圈厚，等於大軸頸徑。

生鐵曲拐薄處之厚，等於曲拐在大軸端圈厚乘〇・三。

生鐵曲拐中脊之厚，等於薄處之厚乘〇・六。

生鐵曲拐薄處之闊，等於薄處之厚。

熟鐵曲拐大軸端圈之徑，等於大軸頸徑乘一・八。

熟鐵曲拐拐軸端圈之徑，等於拐軸頸徑乘一・七五。

熟鐵曲拐中段横剖面積，等於大軸頸徑横剖面積。

熟鐵曲拐須加熱而縮緊於大軸，再加方楗固定之。

平移汽罨

平移汽罨，槓桿汽機之小者，可用之，亦列尺寸，以備一式。

運動之法，用兩心輪套於大軸之外，以方楗固定，用兩心環推，引桿稱軸，傳其動於汽罨。

汽罨外餘面之闊，等於進汽孔之闊乘〇・五至〇・六。

汽罨内餘面之闊，等於外餘面之闊六分之一。

汽箭平面横條之闊，等於外餘面之闊加内餘面之闊加進汽孔之闊。

汽罨桿徑，等於挺桿徑乘〇・四至〇・五。

兩心輪之兩心距，等於内餘面之闊加進汽孔之闊(此數以稱軸多桿爲等長者)。

相連推引桿於兩心環螺釘之徑，等於汽罨桿徑乘〇・八。

兩心環闊，等於相連螺釘之徑乘二・一。

兩心環厚，等於相連螺釘之徑乘〇・八。

兩心輪轂之厚，等於大軸頸徑五分之一至六分之一。

兩心輪牙之厚，等於轂厚乘〇・七五至〇・六。

推引桿

推引桿甚長而易彎，汽機不甚大者，推引桿俱直接汽罨桿，依其比例計之，爲更長汽罨之動，每因推引桿之彎而有差，故常作甚大而甚固。用扁方之鐵二條，每條之横剖面積，等於汽罨桿之横剖面積。在二條之間，再加甚大之横牽條，與對角牽條，粗笨與橋樑相捋，能任之力十倍於兩心輪所現之力。因其粗重，而滯力甚大，不足取法，故茲考定善式，用圓桿以扁栓，或螺釘連於兩心環，同於船汽機及大抵力汽機之式，其兩心環耳之螺釘，引長爲牽條，連於圓桿之中段，用螺釘或冒釘固定之。

推引桿在兩心環端之横剖面積，等於汽罨桿横剖面積乘一・二。

推引桿在汽罨端之横剖面積，等於汽罨桿横剖面積。

推引桿在中段之徑，等在兩心環端之徑加每長一尺配三十二分寸之一。

兩心環之螺釘引長爲牽條其中段之徑，等於汽罨桿之徑。

用大小抵力二箇汽箭而用二箇汽罨者，必依二汽罨之其横剖面積計之。

用凸輪運動汽罨者，則用斜齒輪壓於大軸，以方楗固定之。其凸輪連於接軸，另連斜齒輪，俱用方楗固定，與前斜齒輪相接。

接軸之徑，等於凸輪徑乘〇・三至〇・二。

斜齒輪之齒心距，等於齒心圓脊徑，每尺配四分寸之一。

大軸上之斜齒輪，常以兩半合成，其徑依相連之法定之。凸輪軸之斜齒輪宜小，因欲藏於匣内也。

飛輪

槓桿汽機之飛輪，宜作甚大而甚重，欲其轉動平匀也。其牙與輻與轂，俱分開鑄成，而用螺蓋螺釘長劈相連，欲其便於作模傾鑄也。另用熟鐵箍固束轂端。

飛輪牙中線之徑，等於推機路乘三至二・五。

飛輪牙體重，等於鞲鞴全力乘二至三。

輪牙體闊，等於飛輪半徑八分之一至十分之一。

輪輻之數，等於六至八。

輪輻横剖面積，等於輪牙横剖面積四分之一。

輪輻接牙處之闊，等於牙闊乘〇・七至〇・八。

輪輻之尖，等於每長一尺加二分寸之一至八分寸之三。

輪轂之徑，等於輪徑五分之一。

相連輪輻螺釘之徑，等於輪徑每尺配三十二分寸之一。

長劈之厚，等於相連輪輻螺釘之徑乘〇・四。

輪轂之厚，等於大軸徑乘〇・四。

輪轂之長，等於大軸徑乘一・七。

轂外輻間連脊之厚，等於輪轂之厚三分之一。

輻旁連脊之厚，等於中體之厚乘〇・七五。

轂端熟鐵箍之厚，等於輪轂厚三分之一。

轂端熟鐵箍之闊，等於厚乘二。

凝水櫃恒升車

凝水櫃容積，等於汽筩容積六分之一至七分之一。

單行恒升筩容積，等於汽筩容積六分之一至七分之一。

添水筩容積，等於大抵力機者。

升挺桿徑，等於恒升筩徑六分之一至八分之一。

推水柱桿徑，等於推水柱徑二分之一至三分之一。

傅蘭雅等《汽機新制》卷三《螺輪汽機》 船汽機之式，逐年愈改而愈精，或謂雖有改變，而加益不甚多，謬説也。嘗考英吉利蘇格蘭等處所造船汽機，甲於天下，而推倫頓爲首。倫頓諸家以畚氏爲首，而磨得色利等次之。

畚氏所造雙汽筩空挺汽機，尺寸形式，咸極精巧，然習見别家者，而偶見此，必謂其諸件大小，其實諸件之當小者，固小當大者，則未嘗小也。宜其諸式汽機，足爲天下各處取則也。

磨得色利所造雙挺桿返摺摇桿汽機，汽筩有殼，每汽筩有二汽罨，其諸式汽機，皆無訾議。惟有數件，覺其過於重大而已。近又造新式者，用三汽筩而行動，更是平匀。

辣分希所造汽機，近時亦甚有名，雙挺桿返摺摇桿汽機，原其所初刱也。

亨弗利於同治元年送單挺桿直接螺輪汽機至博物院，精妙絶倫，其諸汽機，亦皆不亞於此。

立尼所造之空挺汽機，另有曲拐連摇桿運動空挺恒升車，此法占處甚小，其餘諸汽機，亦皆精良。

白而格刱造無阻力空挺桿汽機占處甚小，造之省工省料，用之經久不壞。

船汽機之尺寸，臚列如左。惟欲造若干號馬力之汽機所當配汽筩之横剖面積，各人之法不同。英國戰船部之法，依鞲鞴之速率定之，故號馬力數相等，鞲鞴之速數大，則汽筩之徑必小。今選擇各名人，暨白爾格所常用之數，列號馬力與汽筩面積之表，如左。

左表諸數，每平方寸之汽漲力，爲三十磅。别書之數有與此不同者，因汽漲力或大或小，而用自漲力或多或少也。

一汽筩號馬力數	每號馬力汽筩横剖面積方寸之數
二〇至四〇	二〇至一八・五
五〇至一〇〇	一八至一七
一〇〇至二〇〇	一六・六至一六
二五〇至三〇〇	一五七至一五三
三五〇至四〇〇	一四八至一四・二五
四五〇至五〇〇	一四〇至一三・七五
六〇〇至七〇〇	一三〇至一二・五

汽孔

汽孔面積之大小，各種汽罨不同。單孔汽罨，凡進汽筩之汽，盡由一孔而過。雙孔汽罨，則分由二孔而過。三孔以上類推，所以諸汽孔内，每汽孔之面積，必依汽孔之數而定之。近時汽罨之制，能使進汽孔面積在出汽時，大於進汽時。其法使汽罨至端路時，所開進汽孔之面積，小於進汽孔之全面積。

汽罨往復路之半，等於進汽孔進汽時之闊加外餘面之闊。

進汽孔進汽時之面積，等於每號馬力配一平方寸至四分平方寸之三。

進汽孔全面積，等於進汽時面積乘二。

出汽孔面積，等於進汽孔全面積乘一·三。

汽筩平面內條之闊，等於汽路體厚加八分寸之一至四分寸之一。

汽罨外餘面之闊，等於進汽孔進汽時之闊乘一至一·五。

汽罨內餘面之闊，等於十六分寸之一至八分寸之一。

常式汽罨

汽罨之制，能使進汽孔在進汽時，大於出汽時。

汽罨外餘面之闊，等於進汽孔進汽時之闊乘一至一·五。

進汽孔進汽時之面積，等於每號馬力配一平方寸至四分平方寸之三。

汽罨內空腹之闊，等於進汽孔全闊乘一·五，加汽罨往復之半，加汽筩平面內條之闊，減內餘面之闊。

出汽孔之闊，等於空腹之闊，減汽筩平面二內條之闊，加二內餘面之闊。

相定雙孔汽罨

雙孔汽罨大汽機用之一，能使往復路小而省阻力，二可免汽罨，爲汽所抵緊，而移動艱澀。其制度進孔雙，而出汽孔單。汽筩平面之孔，與汽罨平面之孔相配。

汽罨外餘面之闊，等於進汽孔進汽時之闊乘一至一·五。

汽罨內空腹之闊，等於二進汽孔之全闊乘一·五，加汽罨往復路之半，加汽筩平面小條之闊，減內餘面之闊。

汽筩平面小條之闊，等於汽路體厚加八分寸之一。

出汽孔之闊，等於空腹之闊，減二小條之闊，加二內餘面之闊。

汽筩平面大條之闊，等於內餘面之闊，加汽罨大孔之闊，加小條之闊，加汽罨往復路之半。

汽罨往復路之半，等於進汽孔進汽時之闊，加外餘面之闊。

進汽孔外汽筩平面之闊，等於外餘面之闊。

汽罨體厚，等於八分寸之五至八分寸之七。汽罨長過十寸者，背內必鑄連高脊。

高脊相距極大之數，等於十二寸。

高脊相距極小之數，等於六寸。

高脊之厚，等於汽罨體厚乘〇·八至〇·七。

汽罨摺邊之厚，等於汽罨體厚乘一·二五至一。

汽罨桿徑，等於挺桿徑乘〇·四。

汽罨桿，宜連於汽罨之中。

汽罨匣內直輔之闊，等於四分寸之三至四分寸之五。

使汽罨平面不離汽筩平面之法，五十馬力之汽機用簧三條至四條，勻列於汽罨背，以螺釘或一或二，在簧中段連之。釘徑八分寸之五至四分寸之五，五十馬力以上之汽機，汽罨背鑄連方圈或圓圈，車刨平正，另以生鐵或礟銅作襯圈，圍抱汽罨之圈，再有襯圈，以托襯圈。襯圈之下與槽圈底之間，襯以麻緶。槽圈有數耳，耳下各有螺釘。汽罨之背，鑲礟銅方塊，其螺絲旋入，此塊之內，螺絲退出，其肩能抵槽圈。槽圈托襯圈，緊切罨徑背內所襯之礟銅，其各螺釘，皆有順逆輪與簧閘，可聽其同退幾齒，而抵圈之力相等。罨匣之背在襯圈內，有管退凝水櫃汽，雖洩入圈內，仍可無抵力。

襯圈之闊，等於汽罨桿徑乘〇·七至〇·六。

襯圈之厚，等於闊乘〇·八至〇·七。

槽托圈底厚，等於襯圈之闊二分之一或三分之一。

托圈槽深，等於襯圈之闊。

配準螺釘之徑，等於襯圈之闊乘〇·六。

方襯圈者，宜兩端各有螺釘二，兩邊各有螺釘二至四。其與方角之相距，俱宜相等。圓襯圈者，可平分用螺釘六至八。常式汽罨各螺釘心之相距，等於釘徑乘十四至十八。

白爾格法，用汽之抵力，使汽罨平面不離汽筩平面，而相壓之力不甚大。其式用平面礟銅二塊，嵌入汽罨匣蓋內。汽罨之背鑄連凸塊，與前塊相對。匣蓋容礟銅之二孔相通，有塞門，放汽入上孔，而下孔有塞門，可放出所凝之水。汽機初行動時，俱開此二塞門。動後，關下塞門，則壓使相切之力，甚平勻。

汽罨匣

汽罨匣體厚，等於汽筩體厚乘〇·七五至〇·六。

相連罨匣於汽筩螺釘之徑，等於八分寸之五至八分寸之七。

螺釘心相距

摺邊之厚，等於體厚乘一・二三。

匣蓋之厚，等於體厚。

罨匣摺邊在各螺釘間，直有連脊。

匣蓋之面，宜有縱横高脊。

鞲鞴面一方寸，汽漲力二十磅者，每高脊間之面積，不可大於一方尺。

摺邊連脊之厚，等於匣體之厚。

匣蓋高脊之厚，等於匣體之厚乘〇・八至〇・七。

匣蓋高脊之闊，等於三寸至五寸。

相連匣蓋螺釘之徑，等於匣蓋之厚。

鞲鞴挺桿

鞲鞴在汽筩内不洩汽之善法，於相切處襯生鐵環，名護環。環之外徑，等汽筩之内徑。環之厚薄不同，在最薄處分斷，其接縫作四十五度，接端□礟銅一塊，使汽不漏過縫間。環内墊以麻緶，上用壓環壓緊之，或用劈圈代麻緶，用螺釘抵圈向下，將護環劈向外。螺釘宜有順逆，齒輪與簧閘不使退松，或用短簧抵護環向外。

鞲鞴全厚，等於汽筩徑九分之一至十分之一。

鞲鞴體厚，等於汽筩體厚乘〇・八至〇・七。

容挺桿心管體厚，等於鞲鞴體厚乘二。

護環中段之厚，等於鞲鞴體厚。

護環兩端之厚，等於鞲鞴體厚乘〇・六至〇・七。

護環向内之斜，等於每尺配二寸。

劈圈之闊，等於護環端厚乘二。

配準劈圈螺釘之徑，等於八分寸之五至八分寸之七。

相連壓環螺釘之徑，等於四分寸之三至一寸。

壓環之闊，等於螺釘之徑乘五・五。

壓環之厚，等於鞲鞴體厚（此環有孔，以接劈圈螺釘之頸）。

鞲鞴内容相連壓環螺釘凸塊之厚，等於螺釘之徑。

鞲鞴内容相連壓環螺釘凸塊之闊，等於螺釘之徑乘一・八。

汽罨桿軟墊臼之式，同於挺桿軟墊臼之式。其螺釘徑，等於桿徑乘〇・三八至〇・三。

挺桿徑（用雙挺桿者），等於汽筩徑九分之一至十一分之一。

軟墊臼徑，等於挺桿徑乘一・五。

軟墊臼深，等於軟墊臼徑乘〇・六至〇・五。

壓蓋内相磨處之深，等於軟墊臼深乘〇・七五至〇・六，壓蓋外有油膛。

油膛之徑，等於壓蓋之徑。

油膛之深，等於挺桿之徑乘〇・二五至〇・三。

油膛體厚，等於八分寸之一至八分寸之三。

油膛之口，另有軟墊臼，其深等於一寸至二寸。

油膛口壓蓋之徑，等於油膛之徑。

相連挺桿壓蓋螺釘之徑（用三箇至四箇），等於挺桿徑四分之一至六分之一。

凝水櫃（又名縮櫃）

一汽筩縮櫃之容積，等於汽筩容積六分之一至七分之一。

二汽筩縮櫃之容積，等於一汽筩容積六分之一至七分之一乘一・五。

縮櫃體厚，等於四分寸之三至一寸又八分寸之三。

外面，皆必有高脊大者。在内，有牽條。

摺邊之厚，等於體厚乘一・二五。

孔蓋之厚，等於體厚乘〇・八至〇・七。

相連螺釘之徑，等於孔蓋之厚。

恒升車

雙行恒升筩之容積，等於汽筩容積十分之一至十二分之一（此容積以往復路乘横剖面積計之）。

單行恒升筩之容積，等於汽筩容積六分之一至七分之一。

往復路，等於汽筩推機路。

門之面積，等於恒升筩之横剖面積乘〇・七五至〇・八。

恒升之門用硫黄象皮圓板徑六寸至七寸，不可過九寸。

象皮圓板之厚，等於二分寸之一至四分寸之三。

門餘面之闊，等於厚乘〇・五。

門開之高，等於徑四分之一。

門架

門架摺邊之厚，等於門厚乘〇・八至〇・七五。

相連螺釘之徑，等於門厚。

螺釘心相距，等於螺釘徑乘八至七。

門架內每小孔之面積，不可大於二平方寸。

門架高脊之厚，等於全孔面積，每平方寸配八分寸之一。

門架高脊之闊，等於全孔總徑八分之一。

相連門擋中心螺釘之徑，等於門徑十六分之三至八分之一。

門架中心容螺釘轂之徑，等於螺釘之徑加門餘面之二倍。

門擋彎曲圓線之半徑，等於門徑乘〇・六至〇・五，有時作圓錐形。

門擋體厚，等於八分寸之一至四分寸之一。

每門內諸小孔之共面積，畧等於依門徑得之外面積乘〇・五至〇・六，其乘六者，爲五寸至七寸徑之門。

依門徑得之外面積，等於諸小孔之共面積，以〇・六至〇・五約之。

門架位置

門架整塊，而安多門者，不及每門分有一架之善也。門架之連於座，或另用螺釘定之，或借門擋之螺釘，以横擔在縮櫃之對面壓定之，螺釘之徑，等於獨連門擋者，螺釘之徑乘一・五。每門用一架者，造之簡便，相切處易於不漏。其進出二門之方向，各汽機不同。近時之式，進門倒安於縮櫃底，使水易入出門，正安於同一平面，各門勻列於縮櫃底，自此端至彼端，二三門作一行，出門之徑，同於進門者。出門，宜加多一二，使面積稍大。

白爾格捌造恒升車進出二門，俱倒安進門在恒升車之上，出門在恒升車之下，又在兩端之上，各有空氣門一制，與别門同，而俱正安升鞲鞴往時，空氣門向上開筩內空氣，由此出出水門向下，開筩內之水，由此出升。鞲鞴復時，門之動法相反，筩內即能成真空。其縮櫃與恒升車所占之處，可減小。

二汽筩共出汽管横剖面積，等於一汽筩之出汽孔面積，乘一・五至一・二五。

二汽筩共噴海水管面積，等於一汽筩容積立方尺數，乘一・五至二，乘每平方寸汽漲力磅數百分之一。

二汽筩取船底漏水管之徑，等於噴水管之徑八分之七。

取船底漏水管，所以救船之沈溺，其水不可入縮櫃，僅可入恒升車。

恒升車筩用礟銅鑄成，連筩於凝水櫃，或用摺邊與螺釘，或在凝水櫃鑄連大軟墊臼，或用礟銅作螺釘，其徑半寸，穿過筩內之孔，旋固於縮櫃體，則不必用摺邊與軟墊臼恒升筩體厚，等於四分寸之一至二分寸之一，另加車刨之數。

升鞲鞴護環壓環螺釘，全用礟銅，皆同於汽筩之鞲鞴。

升鞲鞴全厚，等於徑乘〇・三至〇・二。

升鞲鞴體厚，等於八分寸之三至二分寸之一。

升鞲鞴內脊(用四條至六條)之厚，等於體厚乘〇・七至〇・六。

升挺桿徑，等於升鞲鞴徑六分之一至七分之一。

軟墊臼壓蓋，等於汽筩挺桿之比例。

二恒升車共餘水管横剖面積，等於一恒升車出門全面積乘一・五。

尾舌門孔面積，等縮櫃容積一立方尺配一方寸至一方寸又四分方寸之一。

噴水門

噴水門之用，制海水，或船內漏水之入縮櫃其門，其門架俱似栅形，與其殼皆用礟銅，其孔有三條至四條。

噴水門孔長，等於噴水管徑。

每孔之闊，等於一孔之面積，以長約之。

噴水門體厚，等於四分寸之一至八分寸之三。

噴水門摺邊之厚，等於體厚乘一・一二五。

噴水門桿之徑，等於管徑三十二分之三至八分之一。

楗徑，等於二分寸之一至四分寸之三。

添水筩

汽機用大抵力汽者，添水筩之尺寸，甚爲要事。正行汽機，空挺桿汽機，返摺摇桿汽機，其推路，俱同於汽筩推路。

添水筩容積方寸數，等於汽筩容積方寸數，加一汽路容積方寸數，乘化汽一立方尺用水立方寸數，乘三。

推水柱横剖面積，等於添水筩容積，以往復路約之。

推水柱體厚，等於推水柱徑八分之一至九分之一。

推水柱挺桿横剖面積，等於推水柱横剖面積乘〇・一二五。

添水筩門孔面積，等於推水柱橫剖面積乘〇·八。

添水筩門之式，同於恒升車者，進水出水，各用一門。

鍵輔襯

鍵輔襯之式甚多，兹擇最善者詳之。

一式，摇桿作單端，而挺桿之端連橫擔，橫擔中段連礟銅，挺鈕夾於摇桿之兩邊，鍵輔蓋條用生鐵爲之，在摇桿與挺桿之間，夾於橫擔之上下兩螺釘螺蓋定之（此法同於昔時，大抵力機亦有□橫擔□彼用雙端摇桿耳）。

二式，橫擔與前同，而中段連生鐵鍵輔襯，小汽機亦用礟銅，或熟鐵下面作塹堵形行，於縮櫃之外，鍵輔架相配之。槽内或另用生鐵鑄成，鍵輔架再連於縮櫃之外（此爲返摺摇桿之用）。

三式，摇桿作叉形，而挺楗兩端在叉支圈，打成冒鍵輔襯，作丁字形，用螺釘螺蓋連於橫擔，挺桿以常法連於橫擔，其鍵輔襯，或分爲兩半，後半定，而前半活。丁字形之塊，與上塊鑄連。惟其襯底，則另鑄襯底，與丁字有斜凹相連，故易□□。

常式鍵輔襯

鍵輔襯切面之長，等於推機路二分之一。

鍵輔襯切面之闊，等於長二分之一至二·二五分之一。

襯擔上下體厚，等於橫擔之徑或闊四分之一至五分之一。

鍵輔蓋條體厚，等於四分寸之三至一寸又四分寸之一。

高脊之厚，等於體厚乘〇·八至〇·七。

兩端螺釘之徑，等於體厚。

丁字形鍵輔襯

鍵輔襯相切面積，等於汽筩面積平方寸數，乘韡鞴每方寸受全抵力之磅數百分之一，再以摇桿長與推機路之比例數約之。

鍵輔襯切面之長，等於推機路乘〇·六。

鍵輔襯切面之闊，等於鍵輔襯切面積，以長約之。

鍵輔襯體厚，等於闊四分之一至六分之一，惟不可少於寸又四分寸之一。

鍵輔襯頂闊，等於切面之闊四分之一至三分之一。

相連挺桿螺釘之橫剖面積，等於摇桿橫剖面積二分之一。

螺釘孔外體厚，等於螺釘徑八分之一。

螺釘冒徑，等於螺釘徑乘一·五。

螺釘冒厚，等於螺釘徑二分之一。

挺楗外徑，等於挺桿徑乘一·二五。

挺楗頸徑，等於挺楗之徑。

挺楗頸長，等於挺楗頸徑乘一·二五。

挺楗後體之厚，等於頸徑三分之一。

挺楗前體之厚，等於後體之厚乘〇·六。

相連鍵襯底螺釘之徑，等於鍵襯切面闊十分之一。

螺釘冒厚，等於螺釘徑二分之一。

螺釘冒徑，等於螺蓋之徑乘一·一。

橫擔橫剖面積，等於挺桿橫剖面積乘一·五。

橫擔之闊，等於螺釘冒徑。

螺釘冒摺邊厚，等於螺釘徑四分之一。

鍵輔架

返摺摇桿汽機鍵輔架，或鑄連於縮櫃，或另鑄，而用螺釘螺旋於縮櫃單挺桿。正行汽機鍵輔架在汽筩之前，連於架座鍵輔之，蓋條常另鑄，用螺釘與螺蓋旋連於鍵輔架底。

蓋條之厚，等於槽深乘〇·八至〇·七。

槽底體厚，等於蓋條之厚。

相連蓋條螺釘之徑，等於蓋條之厚乘〇·八至〇·七。

螺釘心相距，等於螺釘之徑乘十。

架體與連脊之厚，等於四分寸之三至一寸又分寸之一。

連脊之闊，等於厚乘〇·七至〇·六。

架體摺邊之厚，等於連脊之厚乘一·二五。

相連鍵輔架螺釘之徑，等於摺邊之厚。

添鍋水筩與起漏水筩鑄，連於鍵輔架者，尺寸如左。

筩之内徑，等於起水柱徑，加四分寸之三至一寸。

筩圓處體厚，等於二分寸之一。（此時筩徑一寸半以内者，一寸半以外，每加内徑一寸，加厚四分寸之一）。

軟墊臼深，等於起水柱徑。

壓蓋深，等於軟墊臼深乘○・七五。
軟墊臼徑，等於起水柱徑乘一・三七五至一・三。
軟墊臼體厚，等於壓蓋體厚。
相連壓蓋螺釘之徑，等於起水柱徑四分之一。
壓蓋摺邊之厚，等於螺釘之徑。
筩之挺桿軟墊，與恒升車挺桿軟墊，相爲比例。

搖桿

搖桿有二種。其一，在挺楗端作叉形，在曲拐端，作實心頭，而分兩半。銅襯亦分兩半，合成六□邊形，用螺釘螺蓋相連。其二，兩端俱作丁字形，銅襯分兩半，俱有平面，用螺釘螺蓋相連。

叉形搖桿

搖桿之長，等於推機路乘二・五至三（自兩箍之心計之）。
搖桿在挺楗端之徑，等於挺桿之徑。
搖桿在曲拐端之徑，等於挺桿徑乘一・二五。
搖桿中段之徑，等於在曲拐端之徑，加每長一尺配八分寸之一。
挺楗之徑，等於挺桿之徑乘一・二五。
每叉支橫剖面積，等於挺桿橫剖面積乘○・七五。
叉支之闊，等於挺桿之徑乘一・二五。
叉支之厚，等於橫剖面積以闊約之。
兩叉支之間相距，等於挺楗徑乘一・二五。
叉支端圈之徑，等於挺楗頸徑三分之二，加挺楗頸徑。
叉支端圈之厚，等於叉支之厚乘一・五。
叉支之長（自楗心計之），等於挺楗頸徑乘二。
挺楗襯厚，等於挺楗頸徑八分之一。
拐軸襯厚，等於挺楗頸徑三分之一。
相連襯蓋螺釘橫剖面積，等於挺桿橫剖面積二分之一。
相連鐵蓋螺釘冒徑，等於螺釘匣乘一・五。
相連襯蓋螺釘冒厚，等於螺釘冒徑二分之一。

單端搖桿

挺楗頸徑，等於挺桿之徑乘一・四。

銅襯內面與螺釘面相距，等於六分寸之一至四分寸之一，餘同前。

汽罨進退弧

進退弧常作空槽，如車汽機之式，其最要者，在弧度合宜。
進退弧每條橫剖面積，等於汽罨桿橫剖面積乘二。
活襯楗橫剖面積，等於汽罨桿橫剖面積乘一・二五。
活襯在楗外體厚，等於楗徑五分之一至七分之一。
活襯摺邊之厚，等於楗徑七分之一至九分之一。
活襯之長，等於楗徑乘二・五。
推引桿兩端楗心相距，等於汽罨往復路乘二・五至三。
推引桿楗之橫剖面積，等於汽罨桿橫剖面積乘一至○・八七五。
推引桿在楗心橫剖面積，等於汽罨桿橫剖面積。
推引桿在楗心之闊，等於楗徑乘一・二五。
推引桿之尖數，等於每長一尺配四分寸之一至八分寸之三。
兩心環螺釘之橫剖面積，等於汽罨桿橫剖面積乘○・七至○・八。
兩心環耳厚，等於相連螺釘之徑。

實心進退弧

實心進退弧甚是牢固，橫剖面積可小，勝於空槽者。
實弧橫剖面積，等於汽罨桿橫剖面積乘二・七至二・五。
實弧之厚，等於汽罨桿之徑乘一・二五。
實心進退弧與空活襯，白爾格所刱，推引桿楗之心，能與汽罨桿楗之心相合，弧之兩端有方口。如又推引桿之端圈，在此口之內，有楗相連，而可活動。楗之冒藏平於體內，礮銅爲空活襯，抱於弧外，移至兩端，無有阻礙。活襯兩面，各有耳樞，汽罨桿端亦爲叉形，夾於活襯兩面，而接耳樞，可以轉動。叉之一支，可以折開，使活襯可裝折（詳白爾格所著汽機大圖）。
活襯之長，等於弧闊乘一・五。
活襯體厚在前後與兩旁，俱等於弧闊乘○・三至○・二。
兩面耳樞之徑，等於汽罨桿徑。
兩面耳樞之長，等於徑乘○・七至○・六。
切於汽罨桿叉支肩之徑，等於旁樞之徑乘二。
相連汽罨桿叉支螺釘之徑（用三箇），等於汽罨桿徑二分之一或三分之一。

兩心輪兩心環推引桿

汽罨桿徑，等於挺桿徑乘〇・四。

實弧楗橫剖面積，等於汽罨桿橫剖面積乘〇・七至〇・八。

相連兩心環螺釘橫剖面積，等於實弧楗橫剖面積，乘〇・七五。

兩心環之闊，等於螺蓋對角徑乘一・〇三。

兩心輪轂體厚，等於大軸徑六分之一至八分之一。

兩心輪牙與輻之厚，等於轂厚乘〇・七五。

輪牙外周槽深，等於牙厚四分之一至五分之一。

兩心輪全厚，等於槽深乘二加兩心環之闊。

熟鐵兩心環體厚，等於相連螺釘徑乘〇・六。

礮銅兩心環體厚，等於相連螺釘徑乘〇・七五。

兩心環內襯銅環厚，等於外環厚乘〇・三。

銅環凸處之闊，等於環闊乘〇・四。

推引桿端圈之徑，等於楗徑乘二。

推引桿端圈之厚，等於實弧之厚乘〇・五。

推引桿在楗心之橫剖面積，等於汽罨桿橫剖面積乘〇・八。

推引桿在楗心之闊，等於楗徑乘一・八。

推引桿之尖，等於每長一尺□□□。

推引桿在楗心之厚，等於橫剖面積，以闊約之。

推引桿在兩心環處之厚，等於在楗心之厚，乘一・五。

推引桿楗斜冒之厚，等於楗徑。

曲拐大軸

大軸頸徑，等於挺桿徑乘二。

大軸外徑，等於頸徑乘一・二五至一・一。

大軸頸長，等於頸徑乘二。

拐軸頸徑，等於大軸頸徑。

拐軸頸長，等於大軸頸徑乘〇・七五。

曲拐之闊，等於大軸頸外之徑。

曲拐之厚，等於大軸頸徑乘一至〇・七五。

曲拐兩旁體尖，等於每長一尺配四分寸之三至一寸。

架座

架座連合大軸與汽筩，使之前後左右，俱極穩固，全用生鐵鑄成。常式如人字形而橫卧，雙端接汽筩，單端接大軸之枕。或單作下股，而上用熟鐵牽條，連軸枕與汽筩，用螺蓋旋固，此法更善。其尺寸如左。

大軸銅襯體厚，等於大軸頸徑八分之一至十分之一。

大軸銅襯在枕內之長，等於銅襯全長乘〇・七五至〇・八。

銅襯摺邊之厚，等於銅襯體厚乘〇・七至〇・八。

銅襯兩端之厚，等於軸枕摺邊之厚。

相連枕蓋螺釘之徑（用二箇），等於相連搖桿曲拐端襯蓋螺釘之徑。

銅襯內面與螺釘面相距，等於八分寸之一至四分寸之一。

螺釘長方孔之闊，等於螺釘之徑。

螺釘長方孔之厚，等於螺釘徑四分之一至六分之一。

上螺釘即牽條之徑，等於螺釘之徑。

上螺釘丁字形之厚，等於螺釘徑乘〇・五。

相連丁字形於汽筩每螺釘橫剖面積，等於上螺釘橫剖面積，以螺釘數約之。

生鐵枕蓋之厚，等於大軸頸徑乘〇・五。

熟鐵枕蓋之厚，等於大軸頸徑乘〇・四。

軸枕體厚，等於大軸頸徑乘〇・五。

相連枕蓋螺釘孔外體厚，等於螺釘徑乘〇・五。

架座體厚，等於汽筩體厚。

高脊之闊，等於高脊之厚乘三至四。

底面摺邊之厚，等於高脊之厚乘一・五至一・三。

底面摺邊之闊，等於大軸頸徑乘一・二五。

相連底面摺邊螺釘之徑，等於相連枕蓋螺釘之徑，乘〇・五。

螺釘心相距，等於螺釘徑乘九。

螺軸推枕

螺軸之外，打連平行凸圈數道，車刮圓正，推枕襯內，亦車平行，凹圈數道，與軸圈相錯，使各圈分任推力，磨面得以加大，然首圈受力或大於次圈，所以首圈宜加闊，或襯內之圈加堅。

螺軸之徑，等於大軸頸徑乘〇・九。

軸外凸圈之數，等於六至八。
每圈之闊軸徑四寸以内者，等於二分寸之一軸徑四寸至十八寸，等於軸徑六分之一至九分之一。
各圈相距畧，等於圈闊乘一至〇・八。
凸圈之高，等於圈闊乘〇・七五。
推枕銅襯體厚，等於圈高。襯外有高脊入枕之槽内，使不移動。
襯外高脊之數，等於二至四畧，等於内圈數之半。
相連枕蓋螺釘數，等於軸徑三寸至五寸者，兩邊各一軸，徑再大者，兩邊各二。軸徑十八寸至二十四寸者，兩邊各三。
枕蓋螺釘横剖面積，雖依螺軸之横剖面積，然二者之受力不同。枕蓋螺釘受者，爲牽力與剪力。大軸受者，爲擠力與扭力也。
相連枕蓋螺釘共横剖面積，等於螺軸横剖面積九分之一至十一分之一。
枕體枕蓋之厚，等於螺軸徑七分之二至四分之一。
枕蓋枕體容螺釘耳之徑，等於螺釘之徑乘三至二・五。
螺釘孔外之厚，等於螺釘徑乘〇・六。
連枕於底板螺釘之徑，等於枕蓋螺釘之徑。
連枕於底板螺釘之數，等於四至六此螺釘直連船體之架。
底板與連脊之厚，等於枕體之厚。
底板向汽機端之餘長，等於螺軸徑。
底板向螺輪端之餘長，等於螺軸徑乘三至四。
餘枕之長，等於螺軸徑乘一・五至二・三。
相連餘枕蓋螺釘之徑，等於推枕蓋螺釘之徑，乘〇・七五。
銅襯體厚，等於推枕蓋螺釘之徑，乘〇・七五。
餘枕蓋枕底之厚，等於螺軸徑五分之一至六分之一。

人力轉輪諸件

無汽之時，用此諸件，可使螺軸轉動，以便提起螺輪，常用齒輪套於軸外，而用螺絲動齒輪。
齒輪之徑，等於推機路乘一・五至一・八。乘一・八者，三百馬力以上之汽機用之，或等於推機路九分之一至十分之一。
螺絲之徑（此爲常用之數），等於齒輪之徑七分之一至九分之一。
螺絲之長，等於齒心距乘四。
齒心距，等於二寸至三寸。
螺絲軸徑，等於齒心距。
齒輪轂徑，等於螺軸徑乘。
輪牙與輻之厚，等於齒厚（齒尺寸見雜件）。
輪轂之長，等於螺軸徑。
黄閘柄長，等於推機路乘三至二・五。
相連螺軸之節，每節各螺釘之共横剖面積，等於螺軸頸横剖面積，乘〇・七至〇・九。
相連螺軸之節螺釘之徑，等於螺軸徑三分之一至五分之一。
螺軸各節相連之生鐵圓板，在螺釘孔外之厚，等於螺軸徑乘〇・四至〇・三。
螺釘孔處之厚，等於螺釘徑乘〇・七五。
近時，螺軸各節，在軸端打連圓盤。
熟鐵圓盤之厚，等於螺軸徑三分之一至五分之一。
每節各螺釘之共横剖面積與生鐵者相同。

船尾螺軸套管與軟墊臼

螺軸之能轉動，而海水不漏入船内，全賴此法於螺軸之外，作數槽，而鑄連銅管。有將軸外車圓，另作銅管内面，亦車圓而套上者，必用釘釘連，不及前之簡易也。將所包銅管之外，近兩端，各車圓若干長，而船尾管内，亦車圓若干，長與軸管外相配，或在船尾管内襯堅木，以減相磨之滯力。軸轉速者，用堅木更佳。惟屢須重易而不便，故軸管之外，與船尾管之内，相磨之處，或鑄連軟銅軸管外者，或軟或硬，可以換易。
船尾管後相磨處之長，等於螺軸徑乘二。
軸管體厚，等於四分寸之一至一寸。一寸者，配二十寸徑之軸，或等於軸徑二十分之一。
軟墊臼深，等於螺軸徑乘二至一・五。
壓蓋之深，等於軟墊臼之深乘〇・二至〇・三。
壓蓋體厚，等於三分寸之一至一寸又三分寸之一。
相連壓蓋螺釘之徑，等於壓蓋之厚。

相連壓蓋螺釘之數，等於四至六。

相連船尾管於尾柱螺釘徑，等於四分寸之三至一寸又二分寸之一。

螺釘心之相距，等於徑乘八。

船尾管摺邊之厚，等於螺釘之徑。

螺輪

螺輪之在水内旋轉，與螺絲之在定質内旋轉相同。若使螺絲不能前進後退，則所旋入之物，必前進後退也。其餘螺輪行水之奥理，兹不詳論，而專論螺輪之尺寸，如左。

螺輪之徑，必依船尾入水之深。螺翼之端，應在水面下十分輪徑之一。惟行海而遇大浪之時，輪在水面下之數，不能定也。

螺徑，等於推機路乘六至五。

螺距，等於螺徑乘一·五至一·二五。

前頸之徑，等於大軸徑乘一·二五。

轂徑，等於大軸徑乘一·五。

丁字形相連處之闊，等於軸徑乘〇·七五。

丁字形相連處之徑，等於螺徑五分之一至六分之一。

各翼其螺長(此與軸平行而度之)，等於螺徑五分之一至六分之一。

螺翼根之厚，等於二寸，此爲螺徑四尺之數。大於四尺者，每加徑一尺，配八分寸之一。

螺翼在外端之厚，等於翼根之厚三分之二至四分之一。

螺距(由船之行速而定之)等於船速加螺縻，以轉數約之。

螺絲在定質内，轉一周前行之路，等於螺距。惟螺輪行於水内，有二事減其前行之路。一、水之□輪。一、水之磨翼面也。螺縻與螺輪當行之速相比，時時不相等。因船底或生海草海蟲，與風浪大小及船速時時不同也。欲詳推之，必合此三事：

每分時螺輪向前當行之速，等於螺距乘螺輪每分時之轉數。

每小時船當行海里之數，等於每小時螺輪當行尺數，以六千〇八十約之。

船行減速之數(即螺縻數)，等於每小時當行海里之數減實行海里數。

近時所造螺輪與號馬力相配表

功馬力數	螺徑	螺距	螺徑每一只□□之號馬力
六十	六尺	七尺半	九至十
一百	八尺	十尺	十二至十二·三
一百五十	十尺	十三尺	十三至十五
二百	十一尺	十四尺半	十五至十八·一八
三百	十四尺	十七尺半	十三至十十四·二
四百	十六尺	二十尺	二十四至二十五
五百	十八尺	二十尺半	二十至二十七·七七
六百	十八尺半	二十一尺	二十五至三十二·四三
八百	十九尺	二十二尺半	二十七·五至四十二·一
九百	二十尺	二十三尺	三十至四十三
一千	二十一尺	二十四尺	三十三至四十七·六一

每小時實行海里之數，等於當行海里數減輪縻數。

螺距尺數，等於每小時船實行之尺數，以每小時螺輪之轉數約之，再以螺縻數〇·九至〇·七五約之。

顧里非書所刱螺輪

此種螺輪，其螺距漸變，故已知螺距之數，可求極大之速。此速與船之入水體積數，及船之形式，有比例。螺輪之轂爲圓球，各翼有根盤，另連於轂外。

轂徑，等於螺徑三分之一至四分之一。

轂長，等於螺翼根盤之徑加翼在轂之半闊，或等於轂徑螺翼根盤之徑，等於轂徑乘〇·五。

根盤邊厚，等於徑二十分之一。

根盤外翼在轂上之餘面，等於螺徑一尺配四分寸之三。

螺翼最闊處之闊，等於螺徑三分之一。

螺翼外端之闊，等於螺徑七分之一。

螺翼根厚，等於每徑一尺配三分寸之一。

螺翼端厚，等於根厚一·八分之一。

螺翼脚徑，等於轂徑乘〇·二五。

轂内圍抱翼脚體厚，等於轂徑二十三至二十四分之一。

摺邊與扁栓外體之厚，等於扁栓之闊十二分之七。

大扁栓之闊，等於翼脚徑二分之一。

大扁栓之厚，等於翼脚徑六分之一。

轂内連脊之厚，等於轂徑四十分之一。

小扁栓之闊，等於轂徑二十分之一。

小扁栓之厚，等於闊二分之一。

扁栓箱之角度，等於七度半。

扁栓孔體厚，等於轂徑四十分之一。

扁栓上板之厚，等轂徑四十八分之一。

螺翼自中段起向前彎，每徑一尺，配二分寸之一。

輪翼之式，如雪梨割去兩端，大端鑄連一脚，入球轂内，用扁栓穿固之，另用小栓打入，以定翼之角度。螺釘與螺蓋相連。翼根盤於轂外轂内相連之孔，爲長方形，其長依翼所欲變之角度。

琵琶形螺輪架

此架全用黄銅鑄成，有兩枕接含螺輪，枕上有蓋，蓋有柄，連於上横擔。又有順逆齒，與簧閘，與阻輪翼桿。提起之時，繩索偶斷，有簧閘阻之，不致落下。又可兼直輔之用，阻輪翼桿，可使提起之時，二翼在垂線。不用螺輪之時，亦可使不轉動。二百馬力以下之小汽機枕蓋連於横擔之法，每蓋上鑄連一短管，將柄裝入此管内，用方栓穿固横擔，有高脊用楗連圈於架上，以繫鏈或索，二百馬力以上之大汽機，蓋與柄整塊鑄成，中作空心，在對簧閘處，用螺釘與横擔相連，横擔中有二孔，容二滑輪，其滑輪楗，或圈楗之處，俱宜較準。提上之時，架可直立。

小汽機螺輪架（二百馬力以下者）

提圈楗徑，等於一寸又四分寸之一（此爲螺徑四尺以下者）。螺徑每加一尺，楗徑加十六分之三。

横擔兩邊與頂體厚（其底空），等於八分寸之三至二分寸之一。

横擔兩端之闊，等於螺輪丁字形相連處之闊。

提圈體横剖面積，等於提圈楗之横剖面積乘〇·五。

蓋柄之徑，等於提圈楗之徑。

横擔兩端之深，等於闊乘二。

横擔中段之深，等於端深乘一·七五至一·五。

枕蓋上面接柄管之徑，等於柄徑乘一·六。

方栓之闊，等於柄徑。

方栓之厚，等於柄徑四分之一。

枕蓋與枕底之厚，等於頸徑五分之一至七分之一。

枕蓋之螺釘（共四箇），共横剖面積，等於提圈楗之横剖面積乘一·五至一·三。

容螺釘領圈之深，等於螺釘之徑乘一·五。

輪殼頸長，等於徑乘一至〇·八。

大汽機螺輪架

滑輪提楗之徑，等於三寸（此爲螺徑十四尺以下者）。螺徑每加一尺，楗徑加八分寸之三。

架體之厚，等於二分寸之一至八分寸之七。

架兩邊之闊，等於螺輪丁字形相連處之闊。

横擔中段與兩端間之闊，等於兩邊之闊乘二·二五。

横擔中段之闊，等於兩邊之闊乘三。

滑輪槽底之徑，等於每螺徑一尺配一寸。

滑輪體厚，等於四分寸之一至八分寸之五。

滑輪轂徑，等於楗徑乘一·五。

滑輪周槽之闊，等於楗徑。

阻翼桿螺釘徑，等於滑輪楗徑乘〇·六至〇·五。

準阻翼桿螺釘之徑，等於滑輪楗徑乘〇·七至〇·六。

阻翼桿中段之闊，等於滑輪楗徑乘二至一·七五。

阻翼桿之厚，等於中段之闊乘〇·五至〇·四。

阻翼桿兩端之闊，等於中段之闊乘〇・五。
簧閘楗徑，等於滑輪楗徑乘〇・七至〇・六。
簧閘楗圈徑，等於楗徑乘二。
簧閘柄之尖，等於每長一尺配二寸。
簧閘尖端之厚，等於闊。
枕蓋體厚，等於頸徑四分之一至五分之一。
枕內欲鑲堅木條者，須另襯礮銅□，分爲兩半，將堅木條鑲固於此管內。
襯管之厚，等於四分寸之一至二分寸之一。
堅木襯條厚，等於小者二分寸之一，大者一寸至一寸又四分寸之一。
堅木襯條闊，等於厚乘三至二・五。
襯條間之相距，等於管厚乘一・六至一・五。
相連枕托與枕蓋螺釘共横剖面積（共四箇），等於滑輪楗横剖面積乘二・三五至一・二。
架座體厚，等於輪架體厚乘一・二五。
相連螺釘之徑，等於體厚乘一・二五。
堅木襯條同前。
簧閘齒尖相距，等於二寸又二分寸之一至四寸。
提螺輪架之器用轆轤，與起重桿，安於船面，以鏈或索下繫螺輪架。螺輪架放下之後，用五寸至十寸徑之方木桿下端，裝入架上之凹内抵架，使不動。上端用螺絲，或長劈定之，用螺絲，更妙。

傅蘭雅等《汽機新制》卷四《摇筩汽機》 摇筩汽機雖宜用於明輪船，然挺桿與空樞，俱因汽筩之摇動，而受大磨力，故挺桿與大軸之尺寸，其比例必大於螺輪汽機者。又欲汽筩兩邊之重相等，故作二汽罨匣，分在汽筩之兩邊，另有横桿在其中心，以楗活連於汽筩，以動汽罨横桿之一端，接汽罨桿，一端接括襯在弧架內，能移動弧架，接兩心輪之推引桿，而往復運動。如此，則汽筩雖摇動，而汽罨之動，仍不致有差也。運動汽罨，有用單兩心輪，而活含於大軸者，大軸上有擋，而輪亦有擋，輪在大軸上能轉動，可以一輪而爲汽機進轉退轉之二用。輪後連稱重，以平其偏重。有用雙兩心輪，而以進退弧相連。如車汽機之式，其起動緩於單兩心輪，且退轉之時，其動益準，甚妙也。

摇筩汽機安於船底之內，宜極近船脊，挺桿摇動之角，不可大於七十度。茲列今時，常用之尺寸，如左。

號馬力

汽筩横剖面積表

每汽筩之號馬力數	每號馬力汽筩横剖面積方寸之數
二〇至八〇等於	三三至二四
九〇至一五〇等於	二三八至二二
一八〇至三〇〇等於	二一・八七至二〇
三五〇至五〇〇等於	一九・八七至一九

右爲推機路，等於汽筩徑之數。若推機路之數有加減，則汽筩横剖面積之大小，必與推機路有反比。

推機路

推機路，等於汽筩之徑乘一至〇・八，必與船之深並入水積數相配。
進汽孔全面積方寸數，等於號馬力數乘一至〇・七五。
進汽孔之長，等於汽筩之徑乘〇・六至〇・四。
汽罨横桿中楗之徑，等於汽罨桿徑乘二。
其餘出汽孔汽罨餘面汽罨匣汽罨桿兩心輪進退弧推引桿並其各楗之尺寸，皆與螺輪汽機相同。

挺桿

挺桿長之略數，等於推機路乘一・七五。
挺桿之徑，等於汽筩徑八分之一至十分之一。十分之一，爲汽筩徑大，而推機路小者，用之。
相連挺鈕蓋二螺釘共横剖面積，等於挺桿横剖面積。
挺鈕丁字頭與挺鈕蓋之厚，等於相連螺釘之徑。
挺鈕丁字頭鋈之徑，等於挺桿徑乘一・五。
挺鈕銅襯之厚，等於拐軸徑六分之一至八分之一。
挺鈕長劈之闊，等於挺桿徑乘一至〇・七五。
挺鈕長劈之厚，等於挺桿徑四分之一。

軟墊臼之徑，等於挺桿徑乘一・五。

軟墊臼之深，等於挺桿之徑。

軟墊臼銅圈襯之深，等於挺桿徑乘二・五至二。

軟墊臼銅圈襯之厚，等四分寸之一，爲最小之數。挺桿徑每加三寸，加厚十六分寸之一。

軟墊臼壓蓋之深，等於軟墊深乘〇・四至〇・五。

軟墊臼體厚，等於壓蓋體厚。

油膛之徑，等於壓蓋之徑。

油膛之深，等於壓蓋體厚乘二。

入孔蓋鞲鞴連釘螺釘之尺寸，與螺輪汽機相同。

空樞汽路

汽路横剖面積，等於一箇出汽孔面積。

汽路之闊，等於一箇出汽孔之闊。

汽路横長，等於横剖面積，以闊約之。

汽路體厚，等於汽筩體厚。

空樞内汽管横剖面積，等於一箇出汽孔面積乘二，爲最小之數。

空樞内汽管體厚，等於八分寸之一至八分寸之三。

空樞頸長，等於汽管内徑乘〇・五。

空樞壓蓋體厚，等於二分寸之一，爲汽管内徑六寸者最小之數。每汽管内徑加六寸，另加厚二分寸之一。

空樞連於汽筩處體厚，等於汽筩體厚乘三至二・五。

空樞軟墊臼體厚，等於連於汽筩處體厚乘〇・七至〇・五。

空樞摺邊之厚，等於空樞軟墊臼體厚乘一至〇・七五。

空樞軟墊臼之深，等於汽管内徑乘〇・六至〇・四。

空樞壓蓋之深，等於軟墊臼深三分之一。

相連壓蓋螺釘之徑，等四分寸之三至一寸又四分寸之一。

相連壓蓋螺釘心相距，等於螺釘徑乘七至十。

空樞頸銅襯之厚，等於軟墊臼體厚乘〇・八至〇・六。

生鐵枕蓋之厚，等於空樞頸徑三分之一至五分之一。

熟鐵枕蓋之厚，等於空樞頸徑六分之一至八分之一。

相連枕蓋螺釘（每枕二箇）其横剖面積，等於挺桿横剖面積乘〇・六至〇・五。

相連樞枕於架座螺釘之徑，等於枕蓋螺釘之徑。

樞枕底體之厚，等於生鐵枕蓋之厚。

凝水櫃

凝水櫃容積（二箇汽筩合用者）等於一箇汽筩之容積六分之一至七分之一，再以一・五乘之。

恒升車（單行而直立者）

恒升車筩容積用一箇者，等於凝水櫃容積。用二箇者，每箇等於一箇汽筩容積六分之一至七分之一。

起水盤往復路，等於汽筩推機路乘〇・五至〇・四。

起水盤内門孔面積，等於恒升筩内横剖面積乘〇・三至〇・五，如能加大更好。

升摇桿徑，等於恒升筩内徑七分之一至九分之一。

升空挺楗之徑，等於升摇桿徑。

升空挺接起水盤處體厚，等於四分寸之一至八分寸之一，向端稍薄。

升空挺軟墊臼深，等於升空挺徑四分之一至五分之一。

軟墊臼壓蓋之深，等於軟墊臼深乘〇・六至〇・七。

軟墊臼壓蓋體厚，等於升空挺徑八分之一至十分之一。

相連升摇桿鈕蓋，每螺釘之横剖面積，等於升摇桿横剖面積乘〇・二五。

升摇桿鈕鋈體厚，等於升摇桿徑三分之一。

大軸

大軸頸徑，等於挺桿之徑乘一・八至一・六。

大軸頸長，等於頸徑乘二。

拐軸

拐軸頸横剖面積，等於挺桿横剖面積乘一・五至一・四。

拐軸頸長，等頸徑乘一・五。

曲拐

大軸端圈之厚，等於大軸頸徑。

拐軸端圈之厚，等於拐軸頸徑。

大軸拐軸端圈之徑，等於內孔之徑乘一·六六，爲極大之數。

中段横剖面積，等於大軸頸横剖面積乘〇·七五。

拆卸輪軸

常用之法，使汽機與大軸脱離，而不相連。在大軸端，有圓盤外，抱以圈圈，連拐軸內，以方楗定於圓盤。但其式粗重，且外圈受方楗之力，恒致漲大，而不相合拐軸。因此，大受拗折之力，宜用彎擒與長劈，以連拐軸於大軸，同於摇桿之式爲蓋。因大軸之力，傳於拐軸，更能平匀也。

架座

架座之上面作空樞之枕，而用螺釘相連凝水櫃，又植熟鐵柱，與架樑相連。

架座體厚，等於一寸至一寸又二分寸之一。

架座全深，等於挺桿之徑乘二。

相連架座於船體螺釘之徑，等於架座體厚。

架樑

相連大軸枕蓋二螺釘之全横剖面積，等於挺桿横剖面積乘〇·七五至〇·六。

大軸熟鐵枕蓋之厚，等於相連螺釘之徑。

大軸生鐵枕蓋之厚，等於相連螺釘之徑乘一·五。

大軸枕銅襯之厚，等於大軸頸徑八分之一至十分之一。

架樑體厚，等於四分寸之一至一寸又二分寸之一。

架樑實心邊之厚，等於架樑體厚乘二。

相連摺邊螺釘之徑，等於一寸又四分寸之一至二寸。

架樑摺邊之厚，等於架樑體厚乘一·三。

架樑實心邊之深，等於大軸頸徑乘一·二五。

架樑枕下全深，等於大軸頸徑乘一·五。

架樑枕下體厚，等於實心邊厚乘二至一·五。

架柱横剖面積，等於挺桿横剖面積乘〇·四至〇·三。此柱每大軸枕用二根。

架柱與架樑用螺蓋或長劈相連配準，如用生鐵架柱，横剖面積，宜加大。

摇箒汽機餘各件之尺，與螺輪汽機相同。

明輪

明輪動船與槳之划船同理，輪翼之尺寸，必與船之壓分水數相配。兹列業經久用之尺寸，可以不致有差誤也。

翼心入水之深，等於船體入水之深二分之一至三分之一。船入水淺者，用二分之一。船入水深者，用三分之一。依此數行江之船，當有二翼至二翼半。在水內行得之船，當有四翼至五翼在水內。

輪徑(自翼心引之)，等於翼心入水深乘五至七。乘五者，入水深之船用之。乘七者，運行入水淺之船用之。

輪翼之闊，等於翼心入水深乘一至〇·七五。乘〇·七五者，行江入水淺之船用之。

輪翼相距，等於輪翼之闊乘二至一·五。依入水之翼數定之，爲善法。

每輪配之號馬力數，等於入水翼面積方尺數乘一·三三至二。乘二者，行海之船用之。

每翼之面積，等於輪入水線至翼心圓線內之直剖面積。乘〇·七至〇·八。乘〇·八者，入水深之船用之。

輪翼之長，等於輪翼面積，以輪翼之闊約之。

活翼明輪

轂盤之徑，等於翼心圓線之徑三·五分之一至四分之一。

輪轂體厚，等於大軸徑四分之一至五分之一。

輪轂之長，等於大軸徑乘二。

兩心軸之徑，等於大軸之徑乘〇·六至〇·四。

兩心軸銅管襯體厚，等於八分寸之一至四分寸之一。

翼耳中楗之横剖面積，等於每輪翼面積五方尺至七方尺配一方寸。七方尺配一方寸者，狹翼用之。

半徑桿楗之横剖面積，等於翼耳楗之横剖面積乘〇·七至〇·八。

半徑桿之徑，等於柄釘之徑。

兩心軸外環體厚，等於柄釘之徑二分之一。

兩心軸外環之徑，等於兩心軸徑乘二。

明輪牙環之闊，等於翼柄楗徑，爲最小之數。

明輪牙環之厚，等於闊乘〇·三。

輪翼背托與翼端相距，等於翼闊四分之一。

傅蘭雅等《汽機新制》卷五《螺輪明輪汽機進退器》 進退器之制度與位置，

造船汽機者之意，各不相同。常法，在進退輪之牙外，勻列向心之柄，或六或八，以便人手扳動。輪心連於進退軸之端，方楗固定。進退軸外，作粗方螺絲，與齒弧相接。齒弧連於齒弧軸，又用直條連於稱桿。稱桿用方楗固定於稱軸，並接直條，以連於進退弧，此法樸實而牢固，各處多用之。進退軸之外，有不作粗方螺絲，而作小齒輪，與齒弧相接者，汽機行動之時，齒弧等必皆自活動，須另加一器，以阻之，以上二法，大小各種汽機用之。

新法在進退軸端連斜齒輪，另接一斜。齒輪中心，作方紋陰螺絲，套於相配之螺絲軸外，其輪之轂含於枕内，令斜齒輪轉動時，其螺絲軸即進退，而動稱桿如常法，帶動進退弧。斜齒輪之中心，又有不作方紋陰螺絲，而用方楗固定於螺絲軸，在螺絲軸外，另套大螺蓋，用直條連此螺蓋，餘同前法。以上二法，大於三百號馬力之汽機用之。

進退器之方位

進退輪多置於凝水櫃之頂，相接之稱軸，連於架座或汽筩，此式用於戰船，敵彈透船，易致傷損，而不能動，失其制船進退之用，大有關係，故亨弗利法，將進退輪，安於凝水櫃之旁也。總之，無論明輪螺輪，其進退各件，愈近船底，愈好。

進退輪牙之徑，等於二尺六寸至三尺六寸。

進退輪心距司機所立處之高，等於三尺六寸。

輪柄之長，等於四寸又二分之一至六寸。

輪柄根徑，等於一寸。

輪柄頭徑，等於一寸又四分寸之一至一寸又八分寸之三。

輪牙接柄處柱形之徑，等於輪柄根徑乘二。

輪牙之闊，等於柱形之徑。

輪牙之厚，等於闊乘〇・七五。

輪輻連於牙處之厚，等於輪牙之厚。

輪輻漸大，等於每長一尺加四分寸之一。

進退軸徑，等於汽罨桿徑。

進退輪轂之徑，等於進退軸徑乘二。

齒弧軸之徑，等於進退軸徑乘一・二五。

用二箇進退輪者，各軸之横剖面積，等於用一箇進退輪者之横剖面積乘〇・七五。

小齒輪或螺絲半徑與齒弧半徑之比，等於一與四至六之比。

齒心距，等於汽罨桿徑乘〇・八至〇・五。乘〇・五者，爲二半徑之比例大者用之。

斜齒輪(用礮銅者)齒心距，等於汽罨桿徑乘〇・四至〇・三。

螺絲軸徑，等於汽罨桿徑乘一・三至一・二五。

移動螺蓋之闊，等於螺絲軸徑乘一・五。

移動螺蓋之長，等於螺絲軸徑乘二。

螺絲軸螺距，等於螺絲之徑。

連於進退弧直條横剖面積，等於汽罨桿横剖面積。方圓皆可。

稱軸之徑，等於汽罨桿徑乘一・五至二。

轉動明輪之器，常用熟鐵齒環套於大軸之外，而近船邊另用小齒輪，與此輪相接，在中層艙面摇轉小輪軸之柄。

齒心距，等於一寸至二寸又二分寸之一。

小齒輪軸徑，等於齒心距。

景敦通海水塞門

進海水之各管，如凝水櫃噴水管鍋爐添水管等，用此門於管端船邊之内。

門徑，等於二寸又二分寸之一至九寸。四寸至六寸者，最易不漏水相連於船邊，亦最牢固。

門深，等於門徑二分之一至三分之一。

門體之厚，等於門徑十六分之一至八分之一。

門心轉桿在門檔心孔内段之徑，等於門徑五分之一至七分之一。

門殼切於船邊處錐形，等於長與半徑爲二至三之比。

門檔座距門殼之口，等於門殼錐形處之長乘〇・五。

門檔座之深，等於門深。

門心轉桿在門檔心孔内段之長，等於能使門開出四分門徑之一。

門檔體厚，等於八分寸之一。爲門徑三寸者，最小之數。門徑每加二寸，另加厚八分寸之一。

門心轉桿之徑，等於門徑四分之一至十六分之三。

門殼體厚，等於門徑二寸。又二分寸之一者，配最小之數。門徑每加一寸，另加八分寸之一至十六分寸之一。

架擔連桿之徑，等於門心轉桿之徑乘〇·七五。

架擔之厚，等於門心轉桿徑乘一至〇·七五。

轉桿柄長，等於六寸至十寸。

轉桿柄徑，等於一寸至一寸又四分寸之一。

軟墊臼壓蓋摺邊相連之螺釘，其比例俱與汽箭者相同。

汽箭放水門

汽箭内汽凝之水，與鍋爐内噴來之水，必有此門以放出之。其式爲平門汽箭，兩端各有一箇，蓋於汽箭之外，用螺絲簧壓之，其壓力稍大於汽之漲力，力不過限，汽不外洩。箭内有水而力過限，水即放出也。將簧放鬆，則外内相通，力不過限，汽與水亦俱可放出。簧若不能放鬆者，則另作塞門，使外内相通，更便而多用。今有新法，不必有塞門，不必將簧放鬆，仍可外内相通，且可不致空氣竄入，其制仍用平門與螺絲簧，同於舊式。惟平門之中，作多孔，而内面另作一稍小之平門，可以蓋塞此多孔，有桿連於外，人可制其開闔。開之，則内外相通。闔之，則必内力勝簧，力而能相通也。其多孔之外面，有象皮圓銅翼門擋，同於恒升車之門。汽箭内空，而外面空氣欲竄入，即能自闔。式見汽機大圖。

放水門面積，等於汽箭横剖面積。每方尺配一方寸。

簧圈之徑，等於門殼。恰能相容，此爲門徑四寸者之數。大於此者，等於門徑乘〇·八至〇·七五。

簧體横剖面積，等於每圈徑三寸配〇·二五方寸，此爲汽漲力二十磅者。若漲力有大小此數，亦必加減。

簧之圈數，等於四至六。

圈間相距，等於簧體之徑，或方邊乘一·三至一。

門厚，等於門徑六分之一至八分之一。

門桿之徑，等於門徑五分之一至七分之一。

得自漲力之法

用汽罨與進汽門制轄輨行幾分路之一，而阻絶進汽，以得汽之自漲力。所用之器，造船汽機者，惟有三人器立意與動法相同，餘各不相同也。法之要者，如左。

第一種，用舊式凸輪運動平門，或閘門爲汽罨，其動理皆無差誤。

第二種，用兩心輪運動□栅多孔汽罨，或常式單孔汽罨，或單層與雙層汽罨，或移動圓柱汽罨，或作槽之配準桿與釘等。

第三種，用平齒輪，或斜齒輪運動方汽罨，或圓汽罨，或橢圓汽罨，或轉動圓柱汽罨。

用汽罨以得自漲力，滯力極小，爲要事，故行動之件，愈簡愈妙。

平齒輪斜齒輪者，動法雖直捷，而滯力則大。兩心輪者，因汽罨在往復路内，有不動之時，故動法有一定，觀大圖自明。凸輪者，最宜運動閘門汽罨，或平門汽罨，或雙層汽罨閘門，汽罨之餘面，未有最宜之定數，常作十六分寸之一至十六分寸之三。十六分寸之三者，速行汽機用之，阻絶進汽，當在轄輨行路幾分之一，無有一定。因汽漲力愈大，則用自漲力必愈大，阻絶進汽自宜愈早也。汽箭外有殼，而進汽先入殼内，則汽箭之熱不減，而汽之自漲力益大。又有使出汽，亦入殼内，而後至凝水櫃者，用此諸法，理雖無差，但汽漲力不甚大者，用自漲力增汽之功力，所省之燒料不甚多，可以不計必汽漲力甚大，得每平方寸四十五磅，至六十磅用自漲力者，庶可大省燒料也。

外冷凝水法

外冷凝水法，用金類板分隔其熱汽與冷水，其板或爲平面，或爲曲面。曲面之法，用多小管安於櫃内，管外有熱汽，管内恒以多冷水流過，使外汽遇冷，而凝水。其管宜用紅銅，或黄銅，或礟銅，惟使水流動之法，與各管之位置，其式甚多，有各管平列，而成多層，使冷水先過下層，而漸向上層者，體制可小。有各管直立者，其水用常式雙行，或單行，恒升車吸取流過管間，有用雙行恒升車，箭之一端吸管外汽凝之水，一端吸管内之冷水。又有用雙行車吸取管外汽凝之水，另用轉行車吸取管内冷水，其轉行車必另用小汽機運動之，以便得大速也。茲列恒升車容積，出水門進水門面積，凝水面積，久用而最善之數。

小管□□面積方尺數，等於號馬力數乘十二至十六，乘□□者爲一百號馬力之最小數，乘十六者爲一千號馬力之最大數。

單行恒升車容積，等於汽箭容積十二分之一至十五分之一。

出水門面積，等於恒升箭横剖面積乘一至一·二五。

進水門面積，等於出水門面積乘〇·六至〇·五。有相等者，管之外徑，等於一寸。

管體之厚，等於八分寸之一。

管長，等於十尺，以爲最大之數。

管端鑲板之厚，等於管徑。

鑲板每塊之管數，等於一千，以爲最多之數。

鑲板每方尺之內，當有牽條一根，管端鑲於板內，欲其易於裝拆而不洩，其法亦多平列之管。最便之法，板孔外面作槽圈，管端伸出板面四分寸之三至一寸又四分寸之一，以象皮圈套於管外，而嵌於槽圈之內，管外真空象皮圈，壓至甚緊而不洩。因管端出於板面之外，故管有漲縮長短，可以移動。直立之管，兩端用螺蓋墊以象皮圈，以受其漲縮長短也。

餘水萍門

餘水萍門連於船旁，或在載重水線之上，或在載重水線之下。其門用礮銅鑄成圓板在下面，鑄連合半徑線之三高脊，或中心作桿爲直輔。提起而開之法，或用齒輪與齒條，或用螺絲，或用滑車連於輪面，以繩繫於門桿，此法開闢可速勝於螺絲之法也。門殼下端與餘水管相接處，作軟墊臼爲漲縮活節，以容管之漲縮長短。

門殼内横剖面積，等於門之□大面積乘二。

礮銅門殼體厚，等於門徑十二寸者配八分寸之三，門徑每加六寸，另加四分寸之一。

生鐵門殼體厚，等於礮銅門殼體厚乘二至一·七五。

門體之厚，等於門徑十分之一至十五分之一。

門心提桿之徑，等於門徑八分之一至十分之一。

軟墊臼壓蓋摺邊相連之螺釘，俱與汽筩者比例相同。

附汽機

司機者用附汽機，與將兵者用餘兵同理。非極要之事，不可輕用也。其制用單汽筩直立，與添水筩相對，挺桿與添水柱之端，各以螺絲或長劈接横擔，成丁字形，兩横擔相對，而兩端夾方塊，以成横槽，有拐軸在此槽内移動，摇轉軸而動飛輪，所以運動汽罨，且使鞲鞴不擊撞也。其汽筩之汽，自大鍋爐通來，用過即放入凝水櫃，或煙通之内。

附機添水筩容積，等於大汽機一汽筩之添水筩容積乘一·五。

附機添水柱往復路，等於添水筩徑乘一·二五。

附機添水筩各門之尺寸，等大機添水筩。

附機汽筩横剖面積，等於附機添水筩横剖面積乘一·五。

其餘各尺寸，等於大抵力汽機。

傅蘭雅等《汽機新制》卷六《陸地鍋爐》 陸地鍋爐以果泉書之式爲最佳，又名空筩鍋爐，其久用而最宜之，各數如左。

鍋爐之長，等於全火切面，以左表之分數約之。

鍋爐之徑，等於鍋爐之長四分之一至九分之二。

單空筩之徑，等於鍋爐徑二分之一。

水面與鍋爐頂相距，等於鍋爐徑三分之一。

水面與空筩頂相距，等於鍋爐徑十二分之一。

鍋爐内用雙空筩者，其與鍋爐頂之相距，等於用單空筩者。

旁火路之高，等於空筩之徑。

空筩火切面，等於空筩全面積乘〇·五。

下火路火切面，等於火路内鍋爐體遇火之全面積。

旁火路火切面，等於火路内鍋爐體遇火之全面積乘〇·五。

爐柵面積，等於每號馬力配一方尺至一方尺又四分方尺之三。

旁火路横剖面積，等於爐柵面積四分之一。

下火路横剖而積，等於旁火路横剖面積。

下火路闊，等於空筩之徑。

旁火路闊，等於横剖面積，以高約之。

爐柵面之長，等於爐柵面積，以空筩徑約之。

火壩之高，等於空筩徑三分之二。

放汽萍門面積，等於鍋爐每號馬力配一方寸至〇·七五方寸。

稱桿之長，等於鍋爐徑三分之一。

漲權重之磅數，等於萍門漲力共磅數乘萍門心至定點之相距，再以定點至權心之相距約之。

萍門壓力其磅數，等於漲權重之磅數乘定點至權心相距，再以萍門心至定點相距約之。

稱桿定點與萍門心相距，等於稱桿之長九分之一至十分之一。

萍門每平方寸漲力磅數，等於萍門壓力共磅數，以萍門面積方寸數約之。

萍門壓力共磅數，等於每平方寸漲力磅數乘萍門面積方寸數。

船鍋爐

船鍋爐之妙法，多用小煙管使鍋爐體積可減小，而火切面仍足用。煙管在火爐之上，而與火爐平行。船之入水已淺，又欲鍋爐頂在水面之下者，煙管必與火爐在一箇平面，或與火爐平行，或與火爐正交。

煙管全火切面方尺數，等於號馬力數乘十二至十。爲二百馬力以上者，乘十四至十六。爲一百五十馬力以下者，

煙管外徑，等於二寸至三寸。

煙管之長，等於五尺至七尺。

煙管根數，等於全火切面，以一管之火切面約之。

煙管位置斜勢，等於一尺配八分寸之五至四分寸之三。

鍋爐内容水處之厚，等於四寸至六寸。

牽條之徑，等於一寸至一寸又四分寸之一。

火爐頂牽條相距，等於十四寸至十六寸。

火爐旁與底牽條相距，等十二寸至十四寸，此數爲每平方寸汽漲力二十磅者。

每火爐之煙管，不可多於一百二十五根。

火櫃鑲煙管處之闊，等於煙管心相距乘煙管横行根數。

爐栅面方尺數，等於號馬力數。乘〇・七五，爲一百五十馬力以下者。乘〇・五，爲一百五十號馬力以上者。

爐栅面之長，等於五尺至六尺，不可多於七尺。

火爐在爐栅處之闊，等於爐栅面積，以爐栅之長約之。

火爐頂底二弧彎之半徑，等於火爐之闊。

火爐四角小弧彎之半徑，等於火爐闊四分之一至五分之一。

火門孔之闊，等於十八寸，爲最小之數。大於此者，等於火爐之闊乘〇・八七五。

火爐共横剖面積，等於爐栅面積二分之一。

火墻上空處之面積，等於爐栅面積四分之一。

鍋爐容汽立方尺數，等於號馬力數乘二至四。

水面高於火櫃並煙管之數，等於六寸至八寸。

火櫃全厚，等於十八寸。此數重换煙管，易於打緊其口。

煙櫃底闊，等於十四寸，爲最小之數。

煙喉横剖面積，等於煙管共横剖面積乘一至一・二五。

煙通横剖面積，等於爐栅全面積八分之一至十一分之一。

戰船鍋爐要事，鍋爐之頂必在船載重平水線之下，至少得一尺，煙通必可伸縮如□，□箭在煙通兩邊作轆轤，以繞二鐵鍊，用方楗定於軸，用螺絲軸轉齒輪，使煙通高低。

齒輪軸徑，等於二寸至三寸又二分寸之一。

齒輪徑，等於十八寸至三十二寸。

齒心距，等於一寸又二分寸之一至二寸。

螺絲之徑，等於齒輪徑四分之一。

摇拐之長，等於十四寸。

火艙内通空氣之法，有殼二層圍抱，煙通之下端二層，相距四寸至六寸，自上層艙面起至下層艙面，又用大管自火艙内，引至船面之上，以通空氣。管之上端有侈口，可以旋轉對風。

萍門

鍋爐每座用萍門兩箇，共在一箱之内。船因海浪而揺動，不能用稱桿，必將漲權直壓於萍門之上，或挂於萍門之下。

萍門面積方寸數，等於爐栅全面積方尺數三分之一。

門心挺桿之徑，等於門徑四分之一。

漲權之徑，等於門徑乘二。

萍門其壓力磅數，等於每平方寸汽漲力磅數乘萍門面積方寸數。

漲權門心挺桿與門之共體積，等於萍門共壓力磅數乘〇・二六三。

漲權之長，等於體積，以横剖面積約之。

萍門箱體厚，等於二分寸之一至四分分寸之三。

萍門直輔高脊之闊，等於門徑乘〇・五。

驗桿軸徑，等於門心挺桿之徑。

驗桿之長，等於漲權徑加二分寸之一，爲漲權間之餘地。

萍門起高之數，等於門徑四分之一。

水面放水管之内徑，等於二寸至四寸。

水底放水管之内徑，等於三寸至五寸。

各火爐之上下，皆宜有孔，以便收拾修理火爐火櫃並鍋爐之底。其孔以門蓋密門，用螺釘連固。

重加熱汽器

重加熱汽器，用多管置於鍋爐之頂。煙管内所出之火煙與熱氣，俱經過此管之内，而至煙通。汽在管外，重得熱而乾，自漲力更大。其式之最好者，用多管直立，而鑲於煙喉之板有門，可使火煙直至煙通，而不經過管内。又有門與管，可使汽直至汽筩，而不經過管外管，若有病可免危險。

重加熱全面積方尺數，等於號馬力數乘一至三。

管之内徑，等於一寸又四分寸之三至四寸，此數爲火經過速者，用之且易於收拾。

管厚，等於四分寸之一。

管長以其位置定之。

鍋爐每座必有看水塞門，看水玻璃管，水面放水管，與塞門水底放水管，與塞門添海水管，與塞門添水管，與塞門灰膛入孔灰膛門，管理進空氣門之桿直與簧閘，或別便法，以上各件一不可缺。

雙螺輪

雙螺輪者，在船尾之左右各安一螺輪，以便入水甚淺之船，且船可易於行走彎曲之水路，□其汽機鍋爐螺輪之尺寸，與單螺輪同，因螺輪雖減小，船體大小相同。螺輪無論或單或雙，所當有之力，必同也。

傅蘭雅等《汽機新制》卷七《論雜件》 兩心輪與曲拐成之角並進退弧之半徑

求兩心輪與曲拐成之角，以汽鞲往復路爲徑，作圓線於紙。其心爲大軸之心，作直線過之爲曲拐，在路端之中線，將進汽孔進汽時之闊，減引汽之闊爲度，自圓線與徑線之交點，度徑線作點，自此點作直線與徑線正交。兩端與圓線相遇，再自中心作半徑至相遇之點，半徑與中線之交角，即兩心輪與曲拐之交角，或進或退相同。進退弧之半徑，等於汽鞲在半路時，活襯楗心與大軸心之相距。

摇筩汽機弧架與進退弧之半徑

弧架半徑，等於汽鞲在半路時，汽鞲横桿楗心與空樞心相距。架内槽長與挺桿在半路時，所成之角有比例。其進退弧之半徑，等於架在半路時，弧架楗心與大軸心之相距。其推引桿之長，亦等於此數。

活翼明輪

先定輪之徑，取翼背楗心與大軸心相距爲半徑，以大軸心爲心作圓線，將此圓線依翼數分爲若干分，其各分點即爲各翼背楗心，其翼數以翼，便於旋轉爲度。其兩心軸之心，與大軸心之相距，常爲輪徑十六分之一。將此兩心距向前度平線，得兩心軸之心，取前翼背楗心圓線之半徑爲半徑，以兩心軸之心爲心作圓線，另取翼柄之長爲度，自各翼背楗心，度此圓線作諸交點爲半徑，桿與翼柄相接之楗之心翼，柄與翼面，或正交，或斜交，皆可自兩心軸環半徑桿各楗之心各作線，至前諸交點，即爲半徑桿中線。

用彎擔之摇桿

銅襯之長，等於襯孔之徑乘一・五至一・二五。

銅襯前後之厚，等於襯孔之徑五分之一至六分之一。

銅襯旁厚，等於前後之厚乘○・五至○・四。

摺邊之厚，等於旁厚。

摺邊之闊，等於摺邊之厚乘一至○・七五。

彎擔彎處之横剖面積，等於襯孔横剖面積三分之一至四分之一。

彎擔旁横剖面積，等於彎處横剖面積乘○・七至○・六。

彎擔之闊，等於銅襯内長。

彎擔彎處與旁之厚，等於横剖面積，以闊約之。

長螃與扁栓之厚，等於襯孔之徑乘○・二五至○・二。

長螃加扁栓中闊，等於襯孔之徑乘一至○・八七五。

長螃中闊，等於全闊乘○・四。

長螃之尖，等於一尺配半寸。

長螃出扁栓外後端之長，等於長螃中闊乘四至三。

長螃出扁栓外前端之長，等於中闊乘一・二五至一。

彎擔在長螃處之厚，等於彎擔旁厚乘一・二五。

熟鐵摇桿頭長螃孔前之長，等於襯孔之徑乘○・六至○・五。

生鐵摇桿頭長螃孔前之長，等於熟鐵者乘一・二五。

彎擔出長螃孔外之長，等於摇桿□長螃孔前之長。

扁栓鉤之深，等於扁栓之厚。

扁栓鉤之闊，等於扁栓之厚乘○・八七五。

槓桿

中轂體厚，等於孔徑三分之一。
中轂體長，等於孔徑。
槓桿之長，等於桿端往復路，此爲最短之數。
橫桿中段之厚，等於孔徑加轂一邊之厚。
橫桿兩端之厚，等於孔徑四分之一。
桿端往復路之正矢，必平分之，其動方能平勻。

方釘長膀

方釘之闊，等於孔徑四分之一。
方釘之尖，等於一尺配四分寸之一。
方釘之厚，等於闊乘〇・七五。
軸内容方釘槽之深，等於方釘厚三分之一。
方釘或有鈎端，等於扁栓之鈎端。
長膀之尖，等於一尺配四分寸之一。
長膀之闊，等於螺釘之徑。
長膀之厚，等於螺釘之徑四分之一。
長膀孔外螺釘之長，等於螺釘之徑乘一至乘〇・七五。
螺釘孔之長，等於螺釘之徑。
兩心輪方釘之闊，等於大軸徑四分之一至六分之一。
軸徑二十四寸者，方釘之厚，等於闊二分之一。

軸枕

軸枕之長，等於頸後乘一・五。
銅襯上下之厚軸徑一寸半以内者，等於八分寸之三。寸半以外者，等於頸徑四分之一至六分之一。
銅襯兩旁之厚，等於軸徑八分之一至十二分之一。
銅襯摺邊之厚，等於兩旁之厚。
銅襯相配條之長，等於襯外之厚。每銅摺邊内，當有一條枕蓋。用二螺釘者，其徑，等於頸徑乘〇・三，襯孔徑十寸以外者，乘〇・二五。用四螺釘者，其徑，等於前徑乘〇・六。
枕蓋之闊，等於頸徑。
銅襯下枕體厚，等於頸徑乘〇・五。
螺釘孔外内之厚，等於螺釘徑乘一至〇・八七五。
枕蓋油杯外徑，等於頸徑乘〇・五至〇・四。
枕蓋油杯之深，等於油杯之徑乘〇・七五。
枕蓋油杯口體厚，等於八分寸之一至八分寸之三。
枕蓋油杯口之斜，等於深一寸配八分寸之一。
推枕自中心至底板之高，等於頸徑乘二至乘一・五。
底板之厚，等於枕蓋之厚乘〇・五。
底板下板之厚，等於底板之厚乘一・一二五。
底板螺釘之共横剖面積，等於枕蓋螺釘之共横剖面積乘一・一二五。
枕體容螺釘凸圈之徑，等於螺蓋□角之徑乘一・一。
高脊之闊，等於二分寸之一至一寸又四分寸之一，
高脊在底板之端中，有横脊。

齒輪

齒闊，等於齒心距乘二・五。
齒厚，等於齒心距減齒隙乘〇・五。
齒隙，等於齒心距三十二分之一。
齒長，等於齒心距乘〇・七五。
輪牙輪輻之厚，等於齒闊。
輪輻按輪牙處之闊，等於齒心距乘二至三。
輪輻之尖，等於每長一尺配四分寸之一至八分寸之三。
輪軸徑之畧數，等於齒心相距乘三至乘二，或輪徑一尺配軸徑一寸。
輪轂之徑與長各，等於齒闊乘一・二五。
輻薄處之厚，等於輻薄處之闊。
輪齒之根並齒凹，宜兩輪相等，定斜齒輪齒心界作一線，與其輪之軸正交，可得齒心界之半徑。

爐柵

爐柵之長，不可過三尺六寸。
船鍋爐爐柵位置之斜度一尺配二寸。
陸鍋爐爐柵位置之斜度一尺配一寸。

爐栅體中段之闊，等於每長一尺配一寸又二分寸之一至一寸又八分寸之三。

爐栅體兩端之闊，等於每長一尺配四分寸之三。

爐栅體兩端之厚，等於四分寸之三至一寸。

爐栅體旁之尖，等於一寸配八分寸之二。

爐栅間之空，等於四分寸之一至八分寸之三。

中架樑體闊，等於爐栅體中段之闊。

中架樑體厚，等於爐栅體兩端之闊乘二。

兩端架樑體闊，等於爐栅體兩端之闊。

船内煤艙

煤艙頂鐵板厚，等於八分寸之一。

煤艙底鐵板厚，等於十六分寸之三。

各角圓線半徑，等於六寸至十二寸。

艙角之角鐵，等於二邊各闊一寸又二分寸之五厚四分寸之一。

牽條角鐵，等於二邊各闊二寸厚十六分寸之五。

牽條相距，等於三尺。

煤艙裝煤二百噸以上者，每裝煤三十噸，有熱度管一。

裝煤一噸之容積，等於四十六立方尺。

煤艙距鍋爐（即添煤處），等於九尺至十尺。

煤艙距螺軸推枕外殼及汽筩，等於十二寸至十八寸。

各軸頸添水管之徑，等於一寸至三寸，每枕各有塞門，枕頸生熱時，開之。

【略】

管厚，進汽管進水管四分寸之一，放水管十六分寸之三，出汽管八分寸之一。

開尾釘徑，等於螺釘徑八分之一。

阻螺蓋小螺釘之徑，等於八分寸之一至八分寸之五，即大螺絲徑五寸以内者，等於八分寸之一。

螺蓋嵌入別體凸圈之厚，等於小螺釘徑乘二凸圈之徑與闊，必與螺蓋相配。

摺邊内各螺釘心相距，等於螺釘徑乘八。

螺釘旋入體内之深，等於螺釘徑乘一·五。

螺釘孔下所留之體厚，等螺釘徑乘〇·七五。

摺邊之闊（自體至邊計之），等於螺釘徑乘二·五。

生鐵管摺邊之厚，等於管徑五分之一至九分之一。

生鐵管摺邊螺釘之徑，等於二分寸之一至一寸又四分寸之一，此爲管徑十二寸以外者，用之。

螺釘領與冒之厚，等於螺釘徑二分之一至三分之一。

螺釘領與冒之徑，等於螺釘徑乘一·五。

螺蓋之厚，等於螺蓋徑乘〇·七至〇·五。

傅蘭雅等《汽機新制》卷八《論汽機成式》　二十號馬力大抵力汽機

汽筩徑十四寸又十六分寸之五，

推機路二十八寸，

轉輔全厚三寸又二分寸之一，

汽筩内兩端空隙各二分寸之一，

汽筩口接蓋處之内徑十四寸又十六分寸之九（車去者在内），

挺桿之徑二寸又四分寸之一，

汽筩體厚一寸，

汽筩外脊圈之厚四分寸之一，

汽筩外脊圈之闊二寸，

汽路體厚四分寸之三，

汽筩後蓋厚四分寸之三，

汽筩蓋嵌入汽筩内之深一寸，

汽筩蓋摺邊之厚一寸，

汽筩蓋高脊之厚二分寸之一，

汽筩蓋容挺桿螺蓋凹之内徑四寸又四分寸之一，

相連汽筩蓋螺釘之徑一寸，

諸螺釘心圓界之徑十七寸又八分寸之五，

螺釘孔外體厚四分寸之三，

螺蓋底盤之徑二寸又八分寸之一，

螺蓋底盤之厚八分寸之一，

汽筩前端平底之厚四分寸之三，

汽筩前端平底之高脊四條，
汽筩前端平底高脊之厚二分寸之一，
汽筩下足之外相距十寸，
汽筩連於架座摺邊之厚一寸又八分寸之一，
摺邊連脊之厚四分寸之三，
摺邊連脊相距六寸又二分寸之一，
相連汽筩於架座螺釘之徑一寸又八分寸之三，
相連汽筩於架座之螺釘四箇，
相連汽筩於架座螺釘心之横相距十四寸又十六分寸之五。

軟墊臼壓蓋

挺桿軟墊臼内徑四寸，
挺桿軟墊臼内深三寸又八分寸之三，
軟墊臼底銅襯管之厚十六分寸之五，
壓蓋之深二寸又八分寸之七，
軟墊臼體厚八分寸之七，
相連壓蓋螺釘之徑四分寸之三，
螺釘孔外體厚二分寸之一，
壓蓋油膛之深三寸又四分寸之一，
壓蓋摺邊之厚八分寸之五。

汽罨

進汽孔進汽時之面積十方寸，
進汽孔之長九寸又十六分寸之五，
進汽孔進汽時之闊一寸又八分寸之一，
汽路之闊一寸又四分寸之一，
汽路之長九寸又十六分寸之五，
進汽孔出汽時闊一寸又八寸之五，
進汽孔出汽時之面積十五方寸，
汽罨外餘面闊四分寸之三，
汽罨内餘面闊十六分寸之一，
汽罨旁餘面闊八分寸之五，
汽筩平面横條之闊一寸又十六分寸之五，
汽筩平面與汽筩中線相距十寸又四分寸之三，
汽罨往復路三寸又四分寸之三，
汽罨桿徑一寸又八分寸之一，
軟墊臼内徑二寸又四分寸之一，
軟墊臼内深二寸，
軟墊臼底襯管之厚八分寸之一，
軟墊臼壓蓋之深一寸又二分寸之一，
軟墊臼體厚二分寸之一，
相連壓蓋螺釘之徑二分寸之一，
相連壓蓋螺釘之數二箇，
汽罨匣内往復之空隙共十六分寸之七，
汽罨空腹内深一寸又八分寸之五，
汽罨體厚二分寸之一，
汽罨平面摺邊之厚八分寸之五，
汽罨桿心與平面相距一寸又八分寸之七。

汽罨匣

汽罨匣體厚四分寸之三，
汽罨匣摺邊之厚八分寸之七，
汽罨匣摺邊之闊二寸又八分寸之三，
相連汽罨匣螺釘之徑四分寸之三，
汽罨匣蓋體厚八分寸之五，
相連汽罨蓋螺釘之徑八分寸之五，
汽罨匣蓋高脊之厚八分寸之三。

鞲鞴

鞲鞴體厚八分寸之五，
鞲鞴内脊之厚二分寸之一，
相連壓環螺釘之徑八分寸之五，
鞲鞴内容相連壓環螺釘嵌塊之厚十六分寸之十一，
鞲鞴内容相連壓環螺釘嵌塊之邊一寸又八分寸之一，

護環中段之厚八分寸之五，
護環兩端之厚十六寸之七。

挺桿

挺桿裝入鞲鞴内尖段半徑減小之數八分寸之一，
挺桿内端大螺蓋之厚一寸又八寸之五，
挺桿内端螺旋之徑二寸又八分寸之一，
相連螺釘之徑一寸又八分寸之五，
挺桿外端丁字形之厚一寸又八分寸之五，
挺桿外端丁字形之闊三寸又四分寸之一，
挺楗頸徑三寸又八分寸之一。

鍵輔移襯

鍵輔移襯底面積八十四方寸，
鍵輔移襯底長十二寸，
鍵輔移襯底闊七寸，
鍵輔移襯底體厚一寸又四分寸之三，
底殼之厚八分寸之一，
底殼相配之斜四分寸之一，
相連底殼螺釘之徑四分寸之三，
挺楗頸長四寸又二分寸之一，
挺楗襯後半之厚一寸又四分寸之一，
挺楗襯前半之厚八分寸之五，
嵌軟金類凹之深八分寸之一，
挺鈕蓋厚一寸又八分寸之一，
挺鈕蓋闊三寸又四分寸之一，
相連螺釘之徑一寸又八分寸之五。

搖桿

搖桿長四尺八寸（以兩端心之相距計之），
叉支之長七寸又二分寸之一（自孔心計之），
叉支之闊三寸，
叉支之厚一寸又二分寸之一，
叉支端圈體闊一寸又八分寸之一，
叉支端圈體厚一寸又十六寸之十五，
搖桿後端即在叉支之端之徑二寸又八分寸之五，
搖桿前端即在曲拐之端之徑二寸又八分寸之七，
搖桿中段之徑三寸又十六分寸之三，
拐軸頸徑三寸又八分寸之三，
拐軸頸長五寸又八分寸之一，
銅襯前後體厚四分寸之三，
銅襯兩邊體厚八分寸之三，
相連螺釘之徑一寸又八分寸之五，
銅襯内面與螺釘面相距四分寸之一，
銅襯外端與螺釘面相距十六分寸之九，
銅襯凸領體厚八分寸之三，
搖桿丁字體厚一寸又四分寸之三。

兩心輪

兩心距一寸又八分寸之七，
輪轂之厚一寸又八分寸之七，
輪輻之厚十六分寸之九，
輪輻之數三條，
輪牙之厚八分寸之七，
牙外槽深十六分寸之三，
槽邊體厚十六分寸之三，

兩心環推引桿相連螺釘

推引桿前端之徑一寸又八分寸之七，
推引桿長四尺八寸，
推引桿中段之徑二寸，
推引桿在汽罨端之徑一寸又八分寸之五，
相連兩心環與相連丁字形螺釘之徑一寸又四分寸之一，
丁字形之厚一寸又四分寸之一，
兩心環之厚八分寸之五，

兩心環耳之厚十六分寸之十五，
兩心環之闊二寸又八分寸之一，
汽罨軸徑二寸又二分寸之一。

架座

架座體厚四分寸之三，
架座兩股之闊七寸又十六分寸之五，
架座兩股之高二寸又十六分寸之九，
架座兩股中線之相距十四寸又十六分寸之五，
架座凸面之高十六分寸之三，
相連螺釘孔凸領之徑二寸又四分寸之三，
鍵輔槽長二尺七寸，
鍵輔蓋條之厚一寸又二分寸之一，
相連鍵輔蓋條螺釘之徑一寸又四分寸之一，
相連鍵輔蓋條螺釘心之橫相距十寸，
螺釘孔外體厚八分寸之七，
鍵輔底體厚一寸又四分寸之三，
相連架座於底座螺釘之徑一寸又八分寸之三，
汽罨軸桿端圈之徑五寸，
汽罨軸頸銅襯管體厚十六分寸之三，
大軸頸徑四寸又二分寸之一，
大軸頸長六寸又四分寸之三，
大軸頸心與架座中線相距十寸，
大軸枕銅襯體厚四分寸之三，
相連枕蓋螺釘之徑一寸又八分寸之七，
大軸枕蓋之厚二寸又二分寸之一，
大軸枕螺釘面與銅襯内面相距二分寸之一，
大軸枕螺釘孔外邊體厚八分寸之七，
夾板之厚十六分寸之七。

曲拐大軸

曲拐橫剖面積十六方寸九一，
曲拐之厚三寸又八分寸之三，
曲拐之闊五寸又八分寸之一，
大軸外徑五寸又八分寸之三。

飛輪

飛輪牙重二頓又二分頓之一，
輪牙心界徑八尺三寸，
輪牙體積二萬一千二百一十九立方寸，
輪牙之厚十一寸，
輪牙之闊六寸又四分寸之一，
輪轂之徑十二寸，
輪轂之長十一寸又四分寸之三，
輪輻六條，
每輻橫剖面積十一方寸，
輪輻連於牙處之厚五寸又二分寸之一，
輪輻體向内大一寸又二分寸之一，
輪牙内連條之橫剖面積十五方寸，
輪牙内連條之厚三寸，
輪牙内連條之闊五寸，
固定連條長劈之闊三寸，
固定連條長劈之厚四分寸之三，
轂端熟鐵箍之闊二寸又二分寸之一，
轂端熟鐵箍之厚一寸又八分寸之一。

添水筩

添水容積四十五立方寸五，
推水柱往復路六寸又二分寸之一，
推水柱徑三寸，
推水柱體厚八分寸之三，
推水柱底之厚二分寸之一，
推水柱楗之徑一寸又八分寸之三，
添水筩軟墊臼内徑四寸又三分寸之一，

添水筩軟墊之深二寸又八分寸之一，
軟墊臼壓蓋之深一寸又八分寸之五，
相連壓蓋螺釘之徑四分寸之三，
筩口摺邊之厚四分寸之三，
生鐵添水筩體厚八分寸之五，
進水出水門面積四方寸五九。

添水餘流門

餘流門之徑二寸又二分寸之一，
簧圈之徑二寸又二分寸之一，
簧體之徑四分寸之一，
簧之圈數七圈，
圈間相距八分寸之三，
門心挺桿之徑二分寸之一，
門體之厚四分寸之一。

□製圓球

平面線距挂點之高十二寸又四分寸之一，
每分時轉數五十二轉，
斜齒輪徑五寸又四分寸之三，
齒心距四分寸之三，
斜齒輪軸之徑一寸又二分寸之一，
大軸每分時轉數六十四轉，
轉柱之徑一寸又四分寸之一，
球桿之徑十六分寸之十一，
連桿之徑八分寸之五，
各楗之徑八分寸之五，
弧輔之厚十六分寸之十三，
上體之厚十六寸之五，
汽制座體厚八分寸之五，
汽制門軸與桿徑二分寸之一，
汽制球之徑五寸又四分寸之一，

一百五十號馬力積桿汽機

汽筩徑五十七寸，
推機路七尺，
相定平門汽路横剖面積一百七十二方寸，
相定平門汽路之長四十寸，
相定平門汽路之闊四寸又八分寸之三，
挺桿之徑五寸又八分寸之三，
軟墊臼内徑十寸，
軟墊臼内深一尺十一寸，
壓蓋之深十一寸又二分寸之一，
相連壓蓋螺釘之徑一寸又四分寸之三，
相連壓蓋之螺釘四箇，
汽筩體厚一寸又八分寸之三，
汽筩蓋厚一寸，
相連汽筩蓋螺釘之徑一寸又四分寸之三，
汽筩蓋高脊之厚四分寸之三，
相連汽筩於架座螺釘之徑三寸又四分之一，
汽筩口底各摺邊之厚一寸又二分寸之一，
相定平門殼體之厚一寸，
相定平門殼摺邊之厚一寸，
相連門殼螺釘之徑一寸，
相定進汽平門面積一百十五方寸，
相定出汽平門面積一百七十二方寸，
相定進汽平門之徑十二寸又八分寸之一，
相定出汽平門之徑十四寸又八分寸之七，
平門邊之斜四十五度，
平門邊與門座切面之闊八分寸之七，
門座間各汽路之深四寸又八分寸之三，
平門體厚八分寸之三，
相連門座於殼螺釘之徑四分寸之三，

平門中心挺桿之徑一寸又二分寸之一，
軟墊臼徑三寸，
軟墊臼深三寸，
軟墊臼壓蓋之深二寸又四分寸之一，
相連壓蓋螺釘之徑四分寸之三，
相連壓蓋螺釘二箇，
凸輪軸之徑四寸又二分寸之一，
生鐵槓桿長三十六尺，
挺搖桿長四尺六寸，
長撑桿長八尺八寸，
半徑桿長十尺，
挺搖桿徑五寸又四分寸之三，
長撑搖桿徑二寸又四分寸之三，
長撑桿與半徑桿徑二寸又四分寸之三，
長撑桿與半徑桿連軸之徑三寸又二分寸之一，
挺楗之徑七寸，
槓桿端楗之徑七寸，
槓桿中段之闊五尺，
槓桿兩端之闊二尺，
槓桿邊厚一寸又二分寸之一，
槓桿高脊之厚一寸又八分寸之二，
高脊與邊之闊四寸又二分寸之一，
槓桿中樞頸徑十一寸又二分寸之一，
槓桿端圓柱形徑一尺五寸又二分寸之一，
槓桿端圓柱形長九寸，
中樞轂徑一尺十一寸，
中樞轂外高脊之厚一寸。

搖桿

大搖桿長二十七尺，
大搖桿中段橫剖面積一百二十七方寸，
十字形徑二十寸，
拐軸頸徑八寸，
拐軸頸長十二寸，
大搖桿接曲拐長方段之長十尺，
大搖桿接曲拐長方段之橫剖面積四十二方寸，
十字形末圓段（在曲拐端）之徑十五寸，
十字形末圓段（在槓桿端）之徑十三寸又八分寸之一。

大軸

大軸頸徑十四寸又八分寸之三。

熟鐵曲拐

曲拐在大軸端圈體厚五寸又四分寸之一，
曲拐在拐軸端圈體厚二寸又四分寸之三，
曲拐中段橫剖面積一百二十六方寸，
曲拐在大軸端圈之深十四寸又八分寸之三，
曲拐在拐軸端圈之深八寸。

運動汽鼈諸件

接軸徑五寸又八分寸之七，
斜齒輪徑一尺十寸，
斜齒輪齒心距一寸又八分寸之三。

飛輪

輪牙心界徑二十五尺，
輪牙體重十五頓，
輪牙橫剖面積一百三十五方寸，
輪牙體闊十五寸，
輪牙體厚九寸，
輪輻六條，
每輻橫剖面積四十四方寸，
輪輻接牙處之闊一尺，
輪轂之徑五尺，
相連輪輻螺釘之徑一寸又四分寸之三，

長劈之厚四分寸之三，
輪轂之厚五寸又四分寸之一，
輪轂之長二十三寸，
轂外輻間連脊之厚一寸又八分寸之七，
輻旁連脊之厚一寸又二分寸之一，
轂端熟鐵箍之厚一寸又四分寸之三，
轂端熟鐵箍之闊三寸又二分寸之一。

恒升車

單行恒升筩容積二十二方尺，
凝水櫃容積二十三方尺，
恒升起水盤往復路三尺，
恒升筩徑三尺一寸，
汽筩容積一百五十九方尺，
添水筩容積一千五百三十七方寸，
推水柱往復路三尺，
推水柱徑七寸又八分寸之三，
恒升起水盤提桿之徑四寸又二分寸之一，
添水筩推水柱桿之徑一寸又四分寸之三。

二百號馬力雙汽筩螺輪汽機

汽筩共二箇徑四十六寸又八分寸之五，
汽筩橫剖面積一千七百零五方寸五四，
推機路二尺六寸，
汽筩體厚一寸又八分寸之一，
汽路體厚四分寸之三，
汽筩口摺邊之厚一寸又八分寸之一，
相連汽筩蓋螺釘之徑一寸又八分寸之一，
螺釘心相距九寸，
汽筩蓋厚四分寸之三，
汽筩蓋高脊之厚八分寸之五，
汽筩底心圓孔之徑十寸。

汽孔汽罨

進汽孔進汽時之面積九十三方寸又四分方寸之三，
進汽孔全面積一百四十二方寸又八分方寸之三，
進汽孔進汽時之闊二寸又八分寸之七，
進汽孔之長三十三寸又二分寸之一，
進汽孔之全闊四寸又四分寸之一，
出汽孔之長三十三寸又二分寸之一，
出汽孔之闊九寸又八分寸之七，
汽筩平面內條之闊一寸又二分寸之一，
汽罨外餘面之闊一寸又四分寸之三，
汽罨內餘面之闊十六分寸之五，
汽罨空腹之闊十二寸又四分寸之一，
汽罨桿徑一寸又八分寸之七，
汽罨背襯圈之闊一寸又四分寸之一，
汽罨背襯圈之厚一寸，
托圈槽底厚一寸，
托圈槽之深一寸又四分寸之一，
配準螺釘之徑四分寸之三，
配準螺釘心相距十寸又二分寸之一。

汽罨匣

汽罨匣體厚四分寸之三，
相連汽罨匣螺釘之徑四分寸之三，
匣蓋之厚四分寸之三，
摺邊之厚八分寸之七，
摺邊連脊之厚四分寸之三，
匣蓋高脊之厚十六分寸之九，
匣蓋高脊之闊四寸，
相連匣蓋螺釘之徑四分寸之三。

鞲鞴

鞲鞴全厚五寸，

鞲鞴體厚一寸，
容挺桿心管體厚二寸，
護環中段之厚一寸，
護環兩端之厚八分寸之五，
劈圈之厚一寸又四分寸之一，
配準劈圈螺釘之徑四分寸之三，
相連壓環螺釘之徑八分寸之七，
壓環之闊四寸又八分寸之六，
壓環之厚一寸，
鞲鞴内容相連壓環螺釘凸塊之厚八分寸之七，
鞲鞴内容相連壓環螺釘凸塊之闊一寸又八分寸之五，
挺桿徑共二根四寸又二分寸之一，
軟墊臼徑六寸又四分寸之三，
軟墊臼深四寸，
壓蓋内相磨處之深三寸，
相連壓蓋螺釘共三箇之徑一寸又四分寸之一，
油膛之徑六寸又四分寸之三，
油膛體厚十六分寸之三，
油膛口軟墊臼之深一寸又二分寸之一，
油膛口壓蓋之深八分寸之七。

凝水櫃

凝水櫃容積二汽筩共用一櫃九方尺，
凝水櫃體厚一寸，
摺邊之厚一寸又四分寸之一，
孔蓋之厚四分寸之三，
相連螺釘之徑四分寸之三。

恒升車

雙行恒升筩容積二立方尺九，
恒升鞲鞴往復路二尺六寸，
恒升鞲鞴之徑十四寸又四分寸之三，
每門座内各門孔全面積一百二十八方寸，
每門内各孔全面積十六方寸，
每座内之門數八箇，
每門之徑六寸又二分寸之一，
門體之厚八分寸之五，
門餘面之闊十六分寸之五，
門開之高一寸又二分寸之一，
門架摺邊之厚十六分寸之七，
相連門架螺釘之徑四分寸之三，
門架高脊之厚十六分寸之三，
門架高脊之闊八分寸之五，
相連門擋中心螺釘之徑四分寸之三，
門架中心容螺釘之轂徑一寸又二分寸之一，
門擋彎曲圓線之半徑三寸又二分寸之一，
門擋體厚十六分寸之三，
出汽管徑十九寸，
噴海水孔面積十一方寸，
噴水管徑三寸又四分寸之三，
恒升筩體厚八分寸之三，
升鞲鞴全厚四寸，
升鞲鞴體厚十六分寸之七，
升鞲鞴内脊之厚十六分寸之五，
升挺桿徑二寸又八分寸之三，
軟墊臼壓蓋等於汽筩之比例，
餘水管橫剖面積一百八十八方寸六九，
餘水管徑十五寸，
尾舌門孔面積七方寸，
尾舌門徑三寸，
噴水門孔長三寸又二分寸之一，
噴水門每孔之闊八分寸之七，

噴水門之孔數三條，
噴水門體厚十六分寸之五，
噴水門摺邊之厚八分寸之三，
噴水門桿之徑八分寸之五。

添水筩

推水柱往復路二尺六寸，
添水筩容積二百二十九方寸八，
推水柱横剖面積七方寸六六，
推水柱徑三寸又八分寸之一，
推水柱體厚八分寸之三，
推水柱挺桿之徑一寸又二分寸之一，
添水筩門孔面積七方寸，
添水筩門徑四寸又四分寸之一。

鍵輔襯

鍵輔襯相切之面積一百三十五方寸，
鍵輔襯切面之長一尺六寸，
鍵輔襯切面之闊七寸又二分寸之一，
鍵輔襯頂闊二寸，
鍵輔襯體厚一寸又四分寸之三，
相連挺桿螺釘之徑三寸又四分寸之一，
螺釘孔外體厚二分寸之一，
螺釘冒徑四寸又八分寸之七，
螺釘冒厚一寸又八分寸之五，
挺楗外徑五寸又八分寸之五，
挺楗頸徑五寸又八分寸之五，
挺楗頸長七寸又八分寸之一，
挺楗後銅襯厚一寸又八分寸之七，
挺楗前銅襯厚一寸又八分寸之一，
凸領之厚一寸，
鍵輔體厚八分寸之七，
相連鍵襯底螺釘之徑四分寸之三，
螺釘冒厚八分寸之三，
横擔横剖面積二十四方寸，
横擔之闊五寸又二分寸之一，
挺楗蓋厚二寸又八分寸之七。

鍵輔架

鍵輔蓋條之厚一寸又二分寸之一，
槽底體厚一寸又二分寸之一，
相連蓋條螺釘之徑一寸又八分寸之一，
螺釘心相距十寸又二分寸之一，
架體與連脊之厚一寸，
連脊之闊六寸，
架體摺邊之厚一寸又四分寸之一，
相連鍵輔架螺釘之徑一寸又四分寸之一。

摇桿

摇桿之長六尺三寸，
摇桿在挺楗端之徑四寸又二分寸之一，
摇桿在拐軸端之徑五寸又八分寸之一，
摇桿中段之徑五寸又八分寸之七，
叉支之闊五寸又八分寸之五，
叉支之厚二寸又八分寸之一，
兩叉支間之相距七寸又八分寸之一，
叉支端圈之徑九寸又八分寸之三，
叉支端圈之厚三寸又八分寸之三，
叉支之長（自鍵心計之）十一寸又四分寸之一，
拐軸頸徑九寸，
拐軸襯厚一寸又八分寸之一，
拐軸銅襯外蓋厚三寸，
相連襯蓋螺釘之徑三寸又四分寸之一，
相連襯蓋螺釘冒之徑四寸又八分寸之七，

相連襯蓋螺釘冒之厚一寸又八分寸之五。

實心進退弧

實弧横剖面積六方寸一八七，
實弧之闊二寸又四分寸之三，
實弧之厚二寸又四分寸之一，
活襯之長四寸，
活襯體厚八分寸之五，
兩面耳樞之徑一寸又八分寸之七，
兩面耳樞之長一寸又八分寸之一，
汽罨桿端叉支之闊三寸又四分寸之三，
相連汽罨桿叉支螺釘之徑用三箇八分寸之五。

兩心輪兩心環推引桿

兩心輪之往復路四寸又八分寸之五，
進退弧楗横剖面積二方寸〇七三，
進退弧楗之徑一寸又八分寸之五，
相連兩心環螺釘横剖面積一方寸一六七，
相連兩心環螺釘之徑一寸又二分寸之一，
兩心環之闊三寸，
兩心輪轂體厚一寸又二分寸之一，
兩心輪牙與輻之厚一寸又四分寸之一，
輪牙外槽深十六分寸之三，
兩心輪全厚三寸又二分寸之一，
兩心環體厚一寸，
兩心環内銅襯環厚四分寸之一，
銅環凸處之闊一寸又四分寸之一，
推引桿端圈之徑三寸又四分寸之一，
推引桿端圈之厚一寸，
推引桿在楗心横剖面積二方寸二五，
推引桿在楗心之闊三寸，
推引桿在楗心之厚八分寸之七，
推引桿在兩心環處之厚一寸又二分寸之一。

曲拐大軸

曲拐兩心距一尺三寸，
大軸頸徑九寸，
大軸外徑十寸又八分寸之一，
大軸頸長十八寸，
拐軸頸徑九寸，
拐軸頸長六寸又四分寸之三，
曲拐横剖面積四十六方寸八二八，
曲拐之闊十寸又八分寸之一，
曲拐之厚四寸又八分寸之五，
曲拐兩旁體尖一寸又四分寸之一。

架座

大軸銅襯體厚一寸，
大軸銅襯在枕内之長十二寸，
銅襯摺邊之厚四分寸之三，
銅襯兩端之厚四分寸之三，
相連枕蓋螺釘用二箇之徑三寸又四分寸之一，
螺釘面與銅襯内面相距十六分寸之三，
螺釘長方孔之闊三寸又四分寸之一，
螺釘長方孔之厚八分寸之七，
上螺釘之徑三寸又四分寸之一，
上螺釘丁字形之厚一寸又八分寸之七，
相連丁字形於汽筩所用螺釘之横剖面積共四箇二方寸〇七三，
相連丁字形於汽筩所用螺釘之徑一寸又八分寸之五，
熟鐵枕蓋之厚三寸又八分寸之五，
軸枕體厚四寸又二分寸之一，
相連枕蓋螺釘孔外體厚一寸又八分寸之五，
架座體厚一寸又八分寸之一，
高脊之闊三寸又八分寸之一，

底面摺邊之厚一寸又四分寸之三，
底面摺邊之闊九寸，
相連底面摺邊螺釘之徑一寸又八分寸之三，
螺釘心相距十四寸又二分寸之一。

螺軸推枕

平行凸圈七道，
凸圈之闊一寸又四分寸之一，
凸圈間之相距一寸又四分寸之一，
凸圈之高一寸，
推枕銅襯體厚一寸，
銅襯外高脊三條，
相連枕蓋螺釘之徑（共四箇）二寸又二分寸之一，
枕蓋枕體之厚二寸又二分寸之一，
枕蓋枕體容螺釘耳之徑四寸又八分寸之一，
容螺釘孔外肉之厚一寸，
連枕與底板螺釘之徑一寸又二分寸之一，
連枕與底板並底座螺釘之徑（共六箇）一寸又二分寸之一，
底板與連脊之厚二寸又二分寸之一，
底板向汽機端在推枕外之長九寸，
底板向螺輪端在推枕外之長二尺二寸，
餘枕之長十二寸又八分寸之五，
相連餘枕蓋螺釘之徑一寸又八分寸之一，
銅襯體厚四分寸之三，
餘枕蓋與餘枕底之厚一寸又四分寸之三。

人力轉輪諸件

齒輪之徑四尺，
螺絲之徑六寸，
齒心相距二寸又二分寸之一，
螺絲之長十寸，
螺絲軸徑二寸又二分寸之一，
齒輪轂徑一尺六寸，
輪牙與輻之厚一寸又四分寸之一，
輪轂長九寸，
相連齒輪於大軸之螺釘共横剖面積（共七箇）四十九方寸五七六，
相連齒輪於大軸螺釘之徑三寸，
螺釘孔處之厚四寸，
螺釘孔外體之厚二寸又四分寸之一，
簧閘柄長七尺六寸。

螺軸端熟鐵圓盤

圓盤之厚三寸，
相連螺釘之共横剖面積（共七箇）四十九方寸六七六，
相連螺釘之徑三寸。

船尾螺軸套管與軟墊臼

套管内後端相磨處木襯之長十六寸，
套管體厚二分寸之一，
軟墊臼深二十二寸又二分寸之一，
壓蓋之深五寸又二分寸之一，
壓蓋體厚一寸，
相連壓蓋螺釘之徑（共五箇）一寸，
相連套管於尾柱螺釘之徑一寸，
螺釘心之相距八寸，
套管摺邊之厚一寸。

螺輪

螺徑十一尺，
螺距十六尺六寸，
前頸之徑十一寸又四分寸之一，
轂徑十三寸又二分寸之一。

琵琶形螺輪架

滑輪楗徑三寸，
架體之厚二分寸之一，

架體兩邊之闊六寸又四分寸之三，
橫擔中段與兩端間之闊十三寸又二分寸之一，
橫擔中段之闊二十寸又四分寸之一，
滑輪槽底之徑一尺，
滑輪體厚四分寸之一，
滑輪轂徑四寸又二分寸之一，
滑輪周槽之闊三寸，
阻翼桿螺釘徑一寸又八分寸之三，
阻翼桿轂徑二寸又四分寸之三，
阻翼桿轂長二寸又四分寸之三，
準阻翼桿螺釘之徑一寸又八分寸之七，
阻翼桿中段之闊五寸，
阻翼桿之厚三寸，
阻翼桿兩端之闊三寸，
梢楗在節之厚一寸又四分寸之三，
枕蓋體厚二寸又八分寸之七，
枕內管襯之厚八分寸之三，
堅木襯條厚二分寸之一，
堅木襯條闊一寸又二分寸之一，
襯條間之相距十六分寸之七，
相連枕托與蓋螺釘之徑一寸又四分寸之三。

螺輪架座此連於尾柱

架座體厚八分寸之三，
相連螺釘之徑一寸，
堅木襯條同前，
簧間齒心相距二寸又二分寸之一。

四百號馬力搖筩汽機

汽筩（共二箇）徑七十四寸又四分寸之一，
推機路六尺，
汽筩體厚一寸又八分寸之三，
雙進汽孔共面積二百方寸，
進汽孔長三十七寸，
出汽孔闊六寸又十六分寸之三，
外餘面闊一寸又四分寸之一，
內餘面闊四分寸之一，
每進汽孔之全闊二寸又四分寸之三，
雙進汽孔進孔時共闊四寸又八分寸之一，
汽筩平面條之闊四寸又四分寸之一，
汽罨摺邊之闊四寸又四分寸之一，
挺桿之長十尺六寸，
挺桿之徑九寸，
相連挺鈕蓋螺釘之徑（共二箇）四寸又二分寸之一，
挺鈕蓋與丁字形頭之厚四寸又二分寸之一，
挺鈕銅襯之厚一寸又八分寸之三，
挺鈕長劈之闊九寸，
挺鈕長劈之厚二寸又四分寸之一，
軟墊臼之徑十三寸又二分寸之一，
軟墊臼之深九寸，
軟墊臼底銅圈襯之深一尺八寸，
軟墊臼底銅圈襯體厚十六分寸之九，
壓蓋之深四寸又二分寸之一，
軟墊臼體厚二寸又四分寸之一，
油膛之徑十三寸又二分寸之一，
油膛之深四寸又二分寸之一。

空樞與汽路

汽路橫剖面積二百二十九方寸，
汽路之闊六寸又十六分寸之三，
汽路橫長三十七寸，
空樞內汽管橫剖面積四百五十八方寸，
空樞內汽管體厚八分寸之三，

空樞内汽管之徑二十四寸又四分寸之一，
空樞頸長十二寸，
空樞壓蓋體厚二寸，
空樞連於汽筩處體厚四寸又八分寸之一，
空樞軟墊臼體厚三寸，
空樞軟墊臼之深十四寸又二分寸之一，
空樞壓蓋之深五寸又八分寸之七，
相連壓蓋螺釘之徑一寸又四分寸之一，
相連壓蓋螺釘心相距十寸，
空樞頸銅襯之厚二寸又二分寸之一，
生鐵枕蓋之厚八寸又二分寸之一，
空樞頸徑二尺十寸又二分寸之一，
相連枕蓋螺釘之徑（每枕二箇）四寸又八分寸之五，
相連樞枕於架座螺釘之徑四寸又八分寸之五，
空樞枕座體厚八寸又二分寸之一。

恒升車凝水樞

每汽筩之容積一百八十立方尺，
凝水櫃之容積四十五立方尺，
恒升筩（共二箇）之容積二十二立方尺五，
恒升車往復路三尺，
恒升筩徑三尺一寸又四分寸之一，
門孔面積二百七十二方寸，
升摇桿徑四寸又四分寸之三，
升空挺楗之徑四寸又四分寸之三，
升空挺接起水盤處體厚十六分寸之七，
相連升摇桿鈕蓋螺釘（共四箇）横剖面積四方寸四三，
相連升摇桿鈕蓋螺釘之徑二寸又八分寸之三。

大軸

大軸頸徑十五寸又八分寸之三，
大軸頸長二尺六寸又四分寸之三。

拐軸

拐軸頸徑十寸又二分寸之一，
拐軸頸長一尺三寸又四分寸之三。

曲拐

大軸端圈之厚十五寸又八分寸之三，
拐軸端圈之厚十寸又二分寸之一，
大軸端圈之外徑二十五寸又八分寸之五，
拐軸端圈之外徑十九寸又二分寸之一，
中段横剖面積一百四十五方寸。

架座

架座體厚一寸又二分寸之一，
架座全深二尺六寸，
相連架座於船體螺釘之徑一寸又二分寸之一。

架樑

相連大軸枕蓋螺釘（每枕二箇）之徑五寸又四分寸之一，
大軸生鐵枕蓋之厚七寸又八分寸之七，
大軸枕銅襯之厚一寸又四分寸之三，
架樑體厚一寸又八分寸之三，
架樑實心邊之厚二寸又四分寸之三，
相連摺邊螺釘之徑一寸又八分寸之五，
架樑摺邊之厚一寸又二分寸之一，
架樑實心邊之深十九寸，
架樑枕下全深二十三寸，
架樑枕下體厚四寸，
架柱（每枕二柱）之徑五寸又四分寸之一，
餘各尺寸與螺輪汽機相同。

活翼明輪

船體入水之深十尺，
輪翼入水之深五尺，
同時入水翼數四翼，

輪徑(自翼之中心度之)三十尺，
翼長九尺，
翼闊四尺，
每輪翼數十四翼，
每翼之面積三十六方尺，
轂盤之徑八尺，
輪轂體厚三寸又二分寸之一，
輪轂之長二尺六寸又四分寸之三，
兩心軸徑六寸又四分寸之三，
兩心軸銅管襯體厚八分寸之三，
翼耳中楗横剖面積六方寸四九一八，
翼耳中楗之徑二寸又八分寸之七，
半徑桿楗之徑二寸又八分寸之三，
半徑桿徑二寸又八分寸之三，
兩心軸外環體厚一寸又八分寸之一，
兩心軸外環之徑十三寸又二分寸之一，
明輪牙環之闊三寸又二分寸之一，
明輪牙環之厚一寸又二分寸之一，
輪翼背托與翼外端相距二尺三寸。

二十號馬力陸鍋爐

火切面二百二十六方尺，
鍋爐之長二十三尺六寸，
鍋爐之徑五尺六寸，
空箭之徑二尺九寸，
水面與鍋爐頂相距一尺十寸，
水面與空箭頂相距六寸又二分寸之一，
旁火路之高三尺，
空箭火切面九十八方尺，
下火路火切面三十六方尺，
旁火路火切面六十六方尺，
爐柵面積十八方尺，
旁火路横剖面積四方尺五，
下火路横剖面積四方尺五，
下火路闊二十九寸，
旁火路闊十寸，
爐柵而長六尺六寸，
放汽萍門面積十八方寸，
稱桿之長一尺十寸，
漲權之重八十一磅，
漲權之徑八寸，
漲權之高六寸又八分寸之一，
萍門共壓力七百二十磅，
稱桿定點與門心相距二寸又二分寸之一，
萍門每平方寸漲力四十磅。

二百號馬力船鍋爐

煙管全火切面二千五百方尺，
煙管外徑二寸又二分寸之一，
煙管之長六尺六寸，
煙管五百根，
煙管内徑二寸又四分寸之一，
煙管斜勢四寸又二分寸之一，
鍋爐内容水處之厚五寸，
牽條之徑一寸又四分寸之一，
火爐頂牽條相距十五寸，
火爐旁與底牽條相距十三寸，
每座鍋爐火爐之數五箇，
火櫃鑲煙管處之闊二尺十寸，
每火爐之爐柵面積二十方尺，
爐柵面之長六尺八寸，
爐柵面之闊三尺，

火爐頂底二弧彎之半徑三尺，
火爐共横剖面積十方尺，
火爐高三尺六寸，
火爐四角弧彎之半徑八寸，
火爐孔之闊二尺八寸，
容汽積數六百立方尺，
水面與火櫃並煙管之相距七寸，
火櫃全厚十八寸，
煙櫃底闊十六寸，
煙櫃横剖面積十五方尺，
水面放水管之内徑三寸，
水底放水管之内徑四寸，
煙通横剖面積，四十方尺，
煙通之徑七尺二寸，
船外水面高於鍋爐頂十四寸。

伸縮煙通之器

齒輪軸徑三寸，
齒輪徑二十二寸，
齒心距二寸，
螺絲之徑五寸又二分寸之一，
摇拐之長十四寸。

萍門

萍門面積三十三方寸，
萍門之徑六寸又二分寸之一，
萍門心挺桿之徑一寸又八分寸之五，
漲櫂之徑十三寸，
萍門共壓力六百六十磅，
萍門箱體之厚八分寸之五，
萍門直輔高脊之闊三寸又四分寸之一，
驗桿之徑一寸又八分寸之五，
驗桿之長六寸又四分寸之三，
萍門能起之高一寸又八分寸之五。

重加熱器

重加熱管長三尺，
重加熱全面積八百方尺，
管之内徑三寸又二分寸之一，
管厚四分寸之一，
管二百五十六根。

鄭昌棪《煉石編》卷一《第一章帕得蘭西們脱緣起》 一千七百五十七年，施彌登試驗加沙泥，靈光獨照，不啻長夜燈明。英法交界海道，有三道礁石甚險，施彌登欲於愛兑斯登島，造大燈塔，以照行船。而□高時，礁石没入深際，施力殊難，欲究合用沙泥，能禁鹹水消蝕，並禦風浪衝刷，用功極深，而終能有志竟成。溯施彌登所造燈塔，迄今三百餘年，而仍巋然無恙，足見其識之精，與工之巧矣。觀其築基之艱險，層累之堅固，施彌登用心良苦，今考其采用何等灰沙，兼提撕此項工人仿求成法，庶不没施彌登之功，並以彰工藝格致之益。一千八百六十九年，布圖來潑雪克地方，有貫克律斯者論既水西們脱。百年前，施彌登造成燈塔，非獨行船，水手感其勞，即工藝衆人，皆得其益。格致家謂此燈塔，實二千年來格物驟明之效，當羅馬盛時傳下造作之法，及格物□留□意見，自施彌登益出此新法，不啻起羅馬諸名家，而光明之也。愛兑斯登於一千六百初年，在礁之高處造一燈塔，不數時爲潮衝倒，嗣造木塔，爲火燒去。一千七百五十七年，又欲造一塔，施彌登於築基時，用石與帕得蘭西們脱上架，用鐵頂置燈房，用十二盞阿根燈，光可照十一英海里（合中國里三十三）。塔高九丈餘，然風浪高時，竟高過塔頂，間有激破厚玻璃罩，往來接濟物件，極不容易，是以塔内常儲油五百軋倫，有三人常川住宿看管。自有此燈塔，造福於行海者無量矣。愛兑斯登燈塔告成，便知西們脱禦水之妙用。施彌登以石灰石非最純浄最堅硬者，不足以禦水力，莫妙於用泥土調和，令細膩，不留罅隙，水不能漱便成佳料。一千八百三十八年，派斯留所著書序内，連及施彌登事，謂自來考究灰沙泥，惟施彌登爲有大功。欲將泥土與鈣養炭養相並，即用化分法，查驗天生各種石。所以能在水中經久不壞，總不外帶有泥土。蓋石不含泥土，遇空氣潮濕，便不堅久。既查得此法，不啻掀翻數千年老世界，以羅馬至今，皆以爲灰石之妙，在於堅與白色。然論其堅，或有膠粘結力，論其色則色白，必不合用。近來歐洲製造家，咸服施彌登之論。伯靈都城格物師喬呧法國肥楷，皆秉其意製或禦水西們脱。派斯留又云，予於一千八百二十六年，在雀坍姆地方，循照施彌登法，製成禦水西們脱，彼時尚未知布法有人製造也。以上二人論施彌登創造西們脱之功，裨益於後人不淺。於願製造家益肆力於此，因其已知，而復究所未知。如矽即細沙，又鋁即銅泥，此二質在鈣養炭養内甚少，或日後造禦水西們脱，當大得其用。施彌登次第試驗之法，最爲繁瑣，兹不多述。施彌登以前工作，以爲用石灰與泰來斯（大山泥），或沙石泥或□灰沙在水内可以經久，又以爲石灰，須以堅石燒成，或以爲鹹水，不可用海灘泥，亦有潮濕之弊。然愛兑斯登碑石處，本無淡水，近處石灰石，亦不十分純浄。施彌登云，予試取料作泥丸約二寸徑，俟其堅定，置於扁匣，加以清水試之。當初次試時，用石灰兩分，泰來斯一分，浸於水中，頗堅硬。其時已知，堅硬石之石灰不合用。即潑里麥脱之雲母石，不適於用。又查得鹹水淡水無甚分别，前此疑難，可涣然釋矣。倫敦聖保羅大禮拜堂石灰帶瓦楞子殼粉，施彌登取以試驗知，其料質不用泰來斯，與沙泥亦粘合堅硬。然浸於水中，漸漸烊化。嗣知倫敦闌姆斯垢碼頭基址，用此料砌成，因遇海水消蝕後，即改造。□□水根運來之愛孛叨石灰，與泰來斯調合，較他質更佳。浸於水中，漸漸堅硬。初試時，曾用石膏粉而變堅不甚速，惟接縫處及外面用石膏粉抹之，似足經久，並不礙灰沙凝結工夫。裴力潑斯（化學師）化分愛孛叨石灰各分數如下。鈣養炭養八六・二，泥一一・二，水質等二・六共百份，各種灰沙泥體質變堅，歷時不同，其中必有異，應亟查其致此之由。施彌登之友人，能化分灰石，先將灰石五丕納韋克，搗成□粉，加以硝强酸不過多，不令氣騰，璃盃外再加硝强酸，候初加之氣騰，盡續加硝强酸，候至不沸，片晌流質略有透光色，渣滓絶少，知此石灰最純浄。試白石粉，亦如是。倘渣滓有爛泥，便知含有雜質。若既澄清，去其流質，再加清水，調令澄定，候酸味全無，將渣滓傾入他器。如盃底有砂子，或硬物質，便知灰石内有數種物質，將他器之渾濁渣滓澄定，去其浮面清水，俟下面渾泥乾結，搓成泥丸，再爲試驗。施彌登簡便試法，即他處新物質，不妨照法試之。施彌登用化學法試驗，謂白石粉與雲母石粉在硝强酸内，盡行消化。愛孛叨灰石有砂泥渣滓，中有顆粒，餘皆穢物渣滓，老而凝結似青泥一般，以之作泥丸，燒之變紅色，與磚同堅硬，計其渣滓有八分之一。孛里斯託石照法試驗有一證據，其石從英國特文省來距潑里麥脱，約三十五英里。查石灰與泰來斯合並久置水中，必漬出質點，形似石乳一般。施彌登在裴留道灰沙書，查得意國近西肥塔肥妻亞所有泥名，推而拉批屬藍那甚合於製禦水。西們脱當時造韋斯明瑟橋，公司不知此物之美，而施彌登得而試之，較泰來斯更佳。製丸久置水中，漸漸變硬，與商人運售之帕，得□石同一堅固。施彌登各項試驗，即指明含石灰之石，可作禦水西們脱之用。又考其内含何質，黏韌可禦水力，向來禦灰沙泥之人，皆勉强拼合，未經考究禦水之質。自施彌登試驗周至，得成帕得闌西們脱。孛梯也，以化學法化分泰來斯，與批屬藍那。【略】

查此二物質相髣髴，施彌登謂批屬藍那爲最佳。火山處泥土，與愛孛叨石灰相並成合用之灰沙泥，然在半流質時之性，尚未考究。築基址之石，鑲於礁石内，祇能鑲連石之三面，以鑲入凹空内三面，擠緊裝法，只能自上落下，石邊所搽灰沙，必至擠入石底，石旁反有空隙，不能黏連成全塊也。試流質灰砂，將瓦罐兩個盛滿灰沙泥流質，調以水成極□流質傾入罐内，候月餘乾結，將罐敲碎，而流質成定質，如石之堅。施彌登喜曰，今而後知築基之料，皆可用此法製就，□□大塊堅石也。英國王家格物會首座麥克里斯裴爾特，函致施爾登，論一種灰沙泥，彼時水作謂此料質，無論乾濕，皆較勝於泰來斯。

灰沙泥製法，用新石灰二薄，息兒植物灰三薄，息兒以植物灰作一大圈，而以石灰置其間，加水調令和候，冷再攪調四五遍。生麥色駭之滑啜脱地方，查得石灰與愛孛叨同，彼處近邊有小石灰窑，窑中人語謂此石灰不合田用，以天雨即變爲堅石云。

英國各種石灰石試驗如下。

一號	克倫處石灰	自瑟色克斯之羅衣斯來
二號	灰色礦石	自飾留之陶扣來
三號	黎也斯石灰	自林慳駭由之郎盆林吞來
四號	愛孛叨石灰	自搿來莫根駭由來
五號	礦粉石灰	自飾留之垢爾福特來
六號	排洛石灰	自來斯脱駭由來
七號	瑟吞石灰	自藍呧開駭由來
八號	滑啜脱石灰	自生麥色駭由來
九號	暗留吞石灰	近批特斯裴爾之喊子

施彌登將以上各石灰石用硝强酸試驗，將浮面石灰流質傾去，所餘沈下黏

韌物質各分如下。

一號得十六分之三　　二號得十七分之一
三號得二十二分之三　　四號得二十三分之三
五號得十九分之二　　六號得十四分之二
七號得十六分之三　　八號得二十五分之一
九號得十二分之一

施彌登又以石膏與灰沙調和，試之石膏，先自失其性，反令變堅之工夫延緩。又其結力更堅，是石膏與石灰相併，與石膏與泰來斯調，或與批屬藍那調，均不合用。一千八百二十六年，英國王家工程匠目派斯留，奉令考究灰沙。初次試驗未成，以用磚泥與礦□調和也。嗣於二年後，偶用枚特威藍色泥試驗合法，於是決意自製灰沙，較羅馬灰砂更佳，以後各建築人皆用之。一千八百二十四年，黎以蚩水作匠愛斯定得官牙帖□，其獨製灰砂泥牙帖記載云，新製灰沙泥或製新石，爲水陸建築用，名曰帕得蘭西們脱，其法如下。用灰石或砌衝石，取以碾細。又泥土皆有限數，加水攪和，以手指捻之不覺有麤粒，然後置於袋内令風吹乾，或曬或烘敲碎成合式之塊，置於窑爐令逐出炭養氣，磨細成極細粉以之製灰沙泥，或製石細粉加水成稠質，隨所用而可以□製之。愛斯定初法，今稱爲雙窑法，石如堅硬，或由石路掃下沙灰，均碾極細，與爛泥並合。磨碾之法，今已不用，用有機器能令極堅硬石研爲極細粉，與矽養及鋁養並和，便成佳製。一千八百十年，燥脱活克地方有陶皮斯者，製灰沙泥得有官牙帖可獨售，載有新查物質如下。

一石灰或鈣養炭養，與以下各物質拼和，或擇一物質拼和。一燥泥　二黄泥　三爛泥　四字板泥　五石路泥灰　六土　七含鐵養之土　八雜質金類鏽　九礦質泥　十鐵硫礦質　十一鋅硫礦質　十二沙　十三石　十四煤渣

以上十四物質，須碾極細粉，以經火不變，成璃質爲佳。然後與石灰及水調和，次則逐去其所餘之水。又次俟堅定時，以火燒之。又次碾成細粉。此細粉即配製禦水灰沙泥，且合於屋宇平頂邊角裝飾之用。鈣養炭養即礦粉，爲尋常石灰之石。又爲雲母石，蛤蜊殼並蚌類之殼。又各種泥土，經火燒之能飛散，以遇天氣潮濕，或水蝕之故。灰爲煤或植物類燒餘之物。製法先將生石灰或鈣養炭養碾成細粉，若生石灰以水化之鈣養炭養，則磨細之猶碾礦粉，白鉛粉，火石粉，然碾磨必令極細，至能在水面浮朵。其沈下之顆粒，可分別去之，將相配之他物質，亦碾成細粉。若堅硬之物，或帶水磨之，或乾磨極細。如料質輭而不能磨，則以水攪成薄漿，以相配之生石灰，或鈣養炭養粉闘令極和，或將兩物質合並，水磨令勻細成稠質，候澄定而撇去清水略烘，或略曬，用刀切塊，置窑或爐火燒之，其火候是以燒去其雜質，逐出其炭氣，而不令成玻璃質爲度。然後磨細之，而乃可用也。一千八百十八年，孫婁極得宮牙帖云，用礦石粉或含石灰之石，磨爲細粉，用尋常爛泥，或含鋁養與含矽養之料質，配泥分數。視石灰料之等差，以爲增減。總之，每百份礦粉，或石灰加泥質二十二份，然後加水，令成稠質，取一塊烘乾，置窑内燒之，火力緩急，視稠質體積大小定之。候燒罷冷後，一捻即碎，則火候得其準矣。彼時試驗大意，照尋常燒石灰火候爲度，若多燒變成璃質，則堅硬塊不合用，即分別去之。嗣愛斯定查窑内熱度加高，則灰沙泥重性加大，不獨專爲禦水之物也。自來歐洲以灰沙泥爲建築大用之物，古蹟所留可驗其效，屢經查其所用質料。土耳其屬地中海之賽潑勒斯島，有辣那卡廟，古蹟尚存。廟爲古時斐里辛人造成，其灰砂用石灰。埃及圓奈爾江兩旁，造有大石墖，已四五千年，所用灰沙泥，或以爲用江中爛泥，與燒成石膏調和。阿昔里亞造大石塔房屋等，用阿蘇弗辣脱爲□粘之料。此料猶太國死海有之。又攸弗安梯斯江泰□里斯江兩旁地窑泉穴，皆出此料。然從古以來灰沙膠物等，雖云堅牢，總是勉强拼合，並未深究其所以然。今則化學昌明，即灰沙泥一物，亦用化學查考，故帕得蘭西們脱爲化學家化合之一物。先將鈣養炭養，與矽養并鋁養調和，經數層化合法，自成一新物，循化學名稱爲鈣養鋁養二矽養。天生成之西們脱凝結甚速，而堅其最好之帕得蘭西們脱，凝結較緩。若論建築之料，自以緩緩結成爲佳。英國帕得蘭西們脱，不獨英國消售暢旺，即他國亦然。法德二國製造廠最大消售亦大，顧法德二國有大建築，多用英國所製，是以英國出口甚多，或因英船多水脚較便宜耳。美國紐約等處海塘，均用灰砂泥製成之石，英國推姆斯江底下之往來隧道，亦用灰砂泥造成。各路大礮臺碉堡地基，以及自來水囤水處，無不用之。

鄭昌桂《煉石編》卷一《第二章論地學産石》 産粗料處，欲製帕得蘭西們脱最要物料，爲鈣養炭養砂養鋁養。然此三物所産原處，每不能質盡純浄，須用化學法化分之。其所含之雜質，爲鐵養錳養鎂養等，爲數有限，尚屬無礙。於西們脱愛斯定於製西們脱處，所用之料，明知含有雜質，不爲化分。嗣因其地出産無多，遷至倫敦城内，倫敦商工雲集，製造各廠一用此物，附近地方所産粗料，亦用不盡。推姆斯江枚□成江邊礦粉甚多，河口浜底爛泥，又不少此，皆合用之料，

取價甚廉。又自來火廠燒餘輕煤，儘可作燒料。倫敦船隻趣多，進售尤便，因此倫敦近邊設立大廠多處，專製禦水灰沙泥料，是以製造帕得蘭西們脱，以倫敦爲最。各廠製造工人經手料質，須明曉金石地學，便有趣味。彼開礦餘物等格致工夫，猶之一册秘書，發造化之奥竅，今製造工人全無理會，豈不大謬。非必欲工人學問能辨地産，一筆即知。如美國兑那或化學精通，如布國黎弼格具，此大學問，天下有幾人。惟做繁難工夫，而一無樂塊，勞苦無所得，久必頹廢。矧工人亦有美質，用之得當，何嘗不可製勝。如斯考得蘭掘煤之人，能辨煤層斷處，煤或在上數層，或在下數層，視經火燒化之脱賴潑石在某處，便知其斷脈或上或下。法國有掘礦石人，掘著名開盈石，用□□得其音而辨其良楛。其音有三一匹敷，一批乎敷一坡數，匹敷音知其堅結，坡敷音知其鬆散。以上各等人見識，雖有合乎事理，而不過□於當然，不若格致□能達其所以然。【略】

格物入門固易明曉，即格致之深者，工人亦能自得之。昔地學有兩名人，一曰許密勒，一曰梅里愛你。許密勒爲天下著名用心考究之人，梅里愛你地學家最著名，能掘出洪水以前全副獸骨。許則聰穎過人，能表明斯考得蘭地産之學。梅里愛你本木匠女，十一齡父母早世，零丁無依，在海灘拾取異物，售錢以活命。初次拾得一物，售於一婦人，得銀半磅，因留心搜求，不多時於地下之來約斯層内，瞥見獸骨出露，喚人幫掘，得獸骨全副，售銀二十二磅。此骨現儲英國大博物院地學所，名乙的□索勒斯。掘得後十年，有法國地學師區肥愛爲之裝配成形，便知其在地層某處覓得，由是梅里愛你名聲顯著。時與地學家函札往還，地學家感其尋覓之功，得地層物類，憑遽可見微賤之人，能解事曉格致者，足與有學問人相頡頏。薩克遜内國王亦常稱之，梅里愛你足豪千古矣。許密勒紅砂石書有云，一日黎明，出門赴工，胸中覺不爽，以無地學家相與討論，無異暗中模索。嗣至克洛瑪推海灣礦地工作，忽得一藍灰石，碎之，内含雕刻物。又取一塊碎之，有魚鱗形，並細蠣殼，紋理極細。又一塊内含爛木，詢之同伴，則云，距此六里許，有奇石甚夥，石立有尖形，土人號爲電鋒。往果遇奇石，若出意計之外於此，可見留心搜索，必得大益。

鈣養炭養金石中，往往有之，而純净者獨少。其質之净者，在二物内，一爲開而克斯拍，一爲愛來狂那克，化學名爲鈣金類。鈣養炭養之純者，化分得鈣養五六·三，炭養二氣四三·七。凡地層内多鈣養炭養，與鈣養硫養。英吉利阿爾蘭灰石地，面居四之三斯考得蘭略少。即有建造，每以煤易之，阿爾蘭灰石地面甚廣，有一處長一百二十英里，闊一百英里，高於海面不及二百五十尺。鈣養炭養不能消化於清水，須得法侖海六十熱度，以七百七十八厘水，方能消化一釐石灰。凡屬透光石灰質之物中，含水氣易於消化。白色成顆粒雲母石，含雜質甚少，一號從卡拉拉來，二號從梯格兒來，三號從梯洛兒來，顆粒堅緊。

顆粒有三種。一爲完全顆粒，如開而克斯拍是也。一爲細顆粒，如細膩雲母石是也。一爲不完之顆粒，如島來脱，或礦粉。地面叠層堅久，火山陵發衝，令鈣養炭養改性，即如卡拉拉雲母石，先爲鳥來脱石，後遇火山之火，變爲值價之雕，像雲母石。阿爾蘭海岸有礦粉，爲鎔化之摸索兒石衝出改變其性。北邊兑皮駭，由所有炭灰石，爲火山石衝，變爲雲母石。各石變形，皆因衝出之物，熱度甚高，爲所改變。蓋高熱度衝力大，而行迅故也。否則炭養分出，止留石灰質矣。因此之故，鈣養炭養多而且廣，令人取之不竭。天文家自有光色分原鐃，格致家以爲，地球起初爲氣質，初時鈣炭並養氣，皆因極高熱度，散而不並。嗣熱度漸低，炭養酸並結炭與養氣合，成石灰。其時熱度仍高，水尚爲氣質。化學家試驗炭養酸，無水不能與石灰相並，所以炭養酸與石灰雖在一處，仍不能並結也。然其時石灰已與矽養相遇，成爲鈣養矽養，以矽在高熱度時，其勢力較炭養酸更大，所以地球熱度漸凉，便令炭養酸及他酸質，與鈣養矽養相並。火燒之，又與他物相並。製石之，料不可少者有三，一石灰，一沙，一泥。今將鈣養炭養出産之所，天下所著名最值錢者，獨推英國鈣養炭養，即白石粉。凝結堅硬成石（或爲雲母石，中國大理石亦即此物），爲鈣養炭養之最净者。敲克即細顆粒之鈣養炭養，地學層内分三層，一爲敲克瑪兒，（敲克内含沙與泥）一爲下層敲克，一爲上層敲克，上層夾有火石。英國若揭去地皮淺土，則敲克一層甚爲廣遠。倫敦敲克接連巴黎都城，北則直過丹麥，並中歐洲，至北阿非利加，東至克拉彌亞，並昔里亞至中亞細亞之阿拉勒海。敲克較重於水爲二·〇三三，論韋熱將孛來吞，來之□□敲克，化分得以下份數。

鈣養炭養	九八·五七	鈣養錢養	〇·三八
鈣養燐養	〇·一一	鐵養	〇·〇八
錳養	〇·〇六	鋁養	〇·一六
矽養	〇·六四		

化分得如是分劑，可謂净質，甚屬難得，近上面一層，尤爲難得。測度其由當初遷流時，或冰□石時，沈下石與砂泥，均未可知。韋姓博物師於北邊□□地

方，采取敲克。查其夾雜物質尚匀，與上化分各質不相上下，以下化分各種爲耕種肥田而設：一爲下層敲克，二爲下層含火石之敲克，三爲上層輭白或鬆質敲克，四爲二號上層敲克。

此廣闊之敲克層，地學家以爲海物所成，以海物在深水下不計年，漸漸積成。論其確實積成憑據，因得奇確證驗，今人不復疑惑。近時有人在深海搜求，表明大西洋及他洋皆如是漸漸積累成層，誰不計年耳。當安置大西洋水電纜時，已查究阿爾闌至紐芳特闌特之間，有一千七百英海里，海底皆爲混濁淤泥，漸漸沈下，水電纜安置海底，必求相合之處，於極深海底取出奇異物類，知海底更有微細活物，成此地層，因思地學家所論地層，無非漸漸積累。而此證據，實足供地學家精顯微鏡者討論之用。

顯微鏡名家有二人，一曰索陪，一曰愛命孛。詳究海底微細動物性情形狀，向以爲深海下水之壓力甚重，必無動物。今製弔取海底淤泥活物之器具，得見幾種海螯類微細星芒形之物，此種物不特動活，且能收水内之鈣養炭養，以成其骨，殭死後即埋於淤泥，與舊有殭物並和物極微細，每取一塊視之，皆堅硬。微細顆粒每一立方寸内，有水族數十萬之多，此微細水族，西國書名猗洛皮琪里那。敲克原非盡皆猗洛皮琪里那，間亦有息力卡，本是下等植物類。又有動物，此兩物生則浮動於海面，殭則沈於海底。蓋此息力卡微活物，比灰塵更輕，殭後欲沈至海底，不知經多少時日也。似此動物□□灰石所有炭養氣，氣就與今日□，已足從成敲克地層況，確知從前炭養氣較今多數倍乎。格物師皮肖甫云，現在海中所有炭養氣，可令海内鈣養炭養消化盡後，尚多六倍。是則鈣養炭養物爲所消化，斷不能沈下，因有海中活物吸取鈣養炭養，以成骨節□，殭後即沈入海底。以是知今地面敲克，即爲古時海洋底無數活物做成，現今海洋將母同海底活物，動變不息，情形如下。近澳大利亞之帕脱達温地方，由水電纜撩起一珊瑚，長約五寸，頂有六寸，直徑底徑二寸，且完全無缺面，有水電纜痕跡，有幾條包紮電纜櫻絲繩膠住其上。此電纜放下不過四年，則此珊瑚必於四年内結成，是即表明珊瑚生長年月，比格物家計料尤速。地面幾克難得，如今海底將成敲克之清潔，是以製西們脱之人，必留意試驗然後用。來約斯爲薄層之石灰石，在高來脱(魚子形灰石層)之下，計有四份：一上來約斯泥，二瑪兒斯通(灰泥砂石)三下來約斯泥(亦名幾兒)，四來約斯石。此雖不及敲克之廣闊，然英國地層内，尚屬闊大，從南海疆至梯以斯江，又西省名韋爾斯，亦有此物。若斯考得闌阿爾闌，則茲少矣。此不獨製西們脱甚有用，且有格物關繫，以其有極大殭石，如乙的獲索勒斯，並潑留西也索勒斯(見《地學淺説》二十一卷)。又他類殭石多藍色，而色之深淺各處不同，亦有淡灰色，或白色，有稱爲白來約斯。至於色白質變堅硬，製造裝飾尤用之。此地層形色混一無顆粒形，地學家以爲與敲克層，及別種鈣養炭養，成就情形不同。石灰石與駭兒石之分劑亦各異，石灰石難得百分内得八十分之鈣養炭養，尋常多含泥土，以是石灰窑地方，亦有做磚廠，方爲兩得其便。來約斯層内，有完好殭石類，足見此層成就甚速。又其中有未經用盡之食物類，其殭石奇形各不同，想此一層結成時，必在安静水内結成，以殭石有微細紋理，整齊而未改樣。海底來約斯淤泥柔輭，是以安静沈埋。極微烹塔克里奈脱(五帶魚)，並極大索鱗，皆稱其輕重，以别沈埋之快慢。年湮世遠，傅吾輩搜求，如翻閲千百年前地藏紀録。化學家皮肖甫，論生物踪跡存亡，有云大凡砂石内，無動物蹤跡者，因石鬆而漏水，石既浸足海水，及海底升高，又爲雨水滲漏石内，動物蹤跡鈣養鹽類，皆爲水刷去，此易曉也。海内動物殭後存於沙灘，有浪處沙可圍繞之，以海底沙泥，只能爲水衝上，不能令沙掩蓋。殭物既無新沙掩埋，必遇海水，肉即爛去，而海内炭養氣，又消其骨節。即或有新沙掩没，膠結成石，而石有滲漏，則其内之動物骨，亦不免爲海水融化也。凡物浮漂於海水，往往有之。然無風浪激動，物即漸漸沈下，已煙之海物，即爲此種物遮護。如海底所遮之物，爲鈣養炭養質，則可保全。此鈣養炭養來路，或從鈣養炭養分出，或於天氣分出，或動物變成。字板石或泥，或灰石，皆不能全無滲水之處，然較砂石略勝，水即滲入，灰石水既飽，受鈣養炭養，即不濡到殭物，且水既含鈣養炭養，亦不爲害也。由是各國來約斯層灰石，或帶硬石油之息斯石，又查得幾多魚類，並索鱗殭石，此息斯石用顯微鏡照之，見無數魚類牙齒鱗介等碎物。且含有動物油，可以燃火，其碎和形迹，似索鱗等類咬碎也。多少奇異微驗，而每於微細事見之，愛猗西論瑞士國徂立鼠湖之文體名，猗來脱一日水驟冷十五度，有數千脾孛兒魚殭死。有時淡水河忽有鹹水灌入，亦有此患，火山亦多變患。一千七百九十七年，南亞美利加洲之□邱□國近器託都城之山脚下，忽然迸裂，水與臭泥上衝或數千尺闊之山谷水没有六百尺各河港，皆有爛泥衝□□氣四散，牛羊嗅之，亦立斃。俄國克闌彌亞島有噴濕泥之火山，近處有一火山，於一千七百九十四年噴出濕泥，約有二十七兆立方尺，噴力甚大，想水氣熱漲所迫。而然既有此出路，可免異常之地震。法國巴黎都城一帶，近亦有奇異天雨。二十九日計雨水數，有四兆五千噸之水，化分之，有九噸阿摩尼阿，內有硝氣，足以籠罩巴黎都城。又有八十八噸金石類物，間有流星鐵。施彌登所選用愛孛叨石灰，由來約斯層內取出，與意大利之批屬藍那相調，建築愛兑斯登燈塔。

英國更產灰砂，足以禦水，爲緊要工程。所用如藍姆黎夕斯所出灰砂，爲造船塢用。立佛坡船塢所用禦水灰砂泥，由韋爾斯之哮留韋爾來。

華味克來約斯層石灰石甚佳，兑化分份數如下：

鈣養炭養	六八・二五	
矽養	一七・九〇	
鋁養	三・七〇	
鐵養	二・〇一	共結一〇〇・〇〇
鎂養	一・四四	
錳養	〇・一四	
生物質	〇・五〇	
水並缺數	六・〇六	

哮直斯化分阿爾闌辣呧地方來約斯石份數如下：

鈣養炭養	七一・六六	
鎂養炭養	二・六七	
鐵養並鋁養	九・四二	共結一〇〇・〇〇
矽養並不消化之泥	一四・六一	

來約斯層各處不同，所以各種石灰石駭兒石之化分份數，亦各不同。綜而計之，此石內鈣養炭養有百分內之六十分至八十分，駭兒石內之鈣養炭養，多不過百分內之三十分，少至十分。又有新礦石，與駭兒石無甚辨別。惟露宿不多時，駭兒石易於鬆散，此駭兒從來約斯層出來。又他處駭兒，皆有鐵硫礦質。若以之製西們脱，則有大弊病，是以製西們脱廠，必細細揀剔。彼處所製西們脱，均不見佳，以取料者不及詳究，致他雜質夾襍在內也。考驗來約斯層地學家不一，其人許密勒，謂斯考得闌伊梯地方來約斯一層，結成甚難，此層薄如硬紙，即指明當時澄下之物甚少，物沈下後，又停多時，乃復有沈下者，雖爲輭於泥，而不常停有活物，然舍批留蛤蜊瘠來以法以脱（充蛤蜊類），推留孛留區乎漏，每攀住於毛勒斯脱（大螺類），哀木奈脱（亦螺類）之介類，而任其遊行，此種介物不常換。其處推留孛留區乎漏等生長，亦甚緩，是以成就地層較難。然則來約斯層成就之期，亦不盡迅速也。烏來脱層雖不及敲克來約斯，而在英國亦甚多。其石有魚子形，其間隙處皆爲敲克所圍繞，此烏來脱層有下中上之別。每層取石，爲製造材料，並燒作石灰。商販家之帕得闌石排脱石，潑孛克雲母石，染匠泥並火磚石，皆從其中出。然製帕得闌西們脱，及他西們脱，均不用此。石外形狀不一定，有不成顆粒，又有顆粒不全之形，其色或白或黃，視所含之金類多寡也。惟其夾層內有泥色深藍，且皆清潔，頗合於製西們脱之用。烏來脱石化分份數，就各地方以爲别。

一號，由陶色脱之帕得闌來。二號，由令鏗之雁泰斯推來。三號，由生麥色之喊姆吸兒來。四號，由撓坦姆吞之牌捺脱來。五號，由韋爾脱之瑟侖色斯脱來。六號，同上。

敲克、來約斯、烏來脱三項地層，英國製帕得闌西們脱用之甚多。其最得用者，首敲克，次來約斯，次烏來脱。煤層之石灰石，有謂之山灰石，以其體積尖彎也。山灰石必在高山處，而敲克、來約斯、烏來脱在平地，不甚高於海面，其上常有山谷或小山，可種五穀。若山灰石則不然，其質過硬，能久歷寒暑風雨而不變，是以與農事不相宜。山灰石層甚深，有與煤層相接，兑皮滕皮匆令脱等處山灰石潔淨，有潔白之色，難得含有鐵養，化學製造家以是貴重而用之。

煤層山灰石化分份數如下，價值高下照所列次序。

英吉利　一兑皮　二揺克　三匆令脱

四懷兑爾　五兑闌□　六鏗孛闌呧

斯考得闌　一愛定孛陸

二斯留脱勞克

三阿特戇呧

四阿戳爾

五黎立瘠　英皐納斯

八發愛敷施駭

地學家於山灰石層，查得一山洞，洞內得古有今無之獸骨，並人骨，可見彼時已有人類，此人骨保護至今。如是之久，因山洞頂含鈣養炭養，水常常滴下，以包裹之，是以歷久不壞。石灰石最下一層，爲鎂養石灰石，或名陶洛埋脱灰石。在英國甚多□，以之製西們脱，則不甚值價。英國揺克大禮拜堂議政院大廳，則以此雜灰石爲之，其化分各份數如下：

炭養氣　四七・〇〇　石灰　三三・二四
鎂養　一九・三六　鐵並泥　〇・四〇

德法二國製西們脱，以埋尼賽脱石爲之。將石敲碎如拳，置於悶甑燒之，燒後用輪磨碾細之，又用篩去其粗粒，與有限數之息力卡粉調和。有天生帕得蘭西們脱料，法國蒲郎地方土中，有烏鯽魚骨類，蓋爛泥帶蛤蜊殼者，掘起一燒即成，化分之份數如下：

石灰　六五・一三　鎂養　〇・五六
矽養　二〇・四二　鋁養並微有鐵養・八七
鈣養硫養極微　此料雖天生，待乾甚緩，且收縮體積不及自製之妙。

矽養　前所論鈣養炭養出處，可謂廣矣。然不及矽養出處之多，矽養式樣不一，所貴重者寶石之形，所賤者爲造星石料。瑪瑙翡翠等皆矽養質，天下所珍，水晶眼鏡等亦矽養質。推而至於各處海灘之沙，皆是息力卡。有數種火泥合製西們脱之用，斯泰福和斯脱所産所著名，以彼造火磚並他用，計火泥有六種，化分之份數如下：

一號坦活脱地方白色火泥
二號坦活脱黑泥
三號和斯脱火泥
四號聽吞愛陪泥
五號鴈孛兒苛脱泥
六號坦活脱上等玻璃泥

意大利國常發火之火山，曰佛數肥由斯，曰愛得那。所發出各質，多矽養鋁養，或與石灰並和，均可作禦水西們脱之用。其金石類份數如下：

一號近羅馬城
二號佛數肥由斯來
三號芒替孥服火山口來
四號肥佛拉島來
五號一千八百六十八年十月佛數肥由斯火山噴出之質

鄭昌桂《煉石編》卷二《第三章製西們脱之料□由各製□□廢物取出》　鐵渣

天生西們脱之料，業已取之不竭。又有合用材料，由各處製造廠得來，其最要者爲造鐵件之廢物如鐵渣，次則石灰窑之廢物，自來火廠肥皂廠之廢物，並製鹻類廠明礬廠之廢物。各廠廢物之多，置而不用，料想生意旺甚，是以無人計及，而抑知屏棄不用，既少利又傷料。今有用廠中廢物，鋪填鐵路，又調和灰砂，頗稱合用。産鐵處所不同，鐵渣質地亦異。【略】

英國與比利斯國鎔鐵廠，用焦煤所得鐵渣，化分中數如下：

矽養　五〇・〇〇　鋁養　二三・〇〇
石灰　二七・〇〇

美國紐約省孛弗洛城内用白煤鎔化紅色鐵礦而得鐵。其渣化分份數如下：

鐵養　〇・五五　矽養　三九・三五
鋁養　一三・八六　石灰　三七・六三
鎂養硫養　三・六五　錳養硫養　二・四〇
硫黄　二・四二　燐　極微

美國將鐵渣製磚造屋，頗爲合用。其大汽機、大機器之地基，即以此物攪和生石灰細碎石子，並火磚所製之石，與帕得蘭西們脱媲美。顧揀選鐵渣，須擇其含硫黄硫養類，或硫養類之最微者。凡含硫鐵渣填築地基在高燥處，不受空氣潮濕，尚屬無礙。若以之建造房屋等含硫多者，一受空氣，易於鬆散。德國奥斯内孛里克地方，喬住埋黎鐵廠，所得鐵渣，即自製大小石磚鐵渣，從火爐流出時，即噴衝以冷水，令成碎粒，以百分之十五分，或二十分石灰攪和之，移至灰砂磨，磨成細粉。此物無黏韌力，不能在尋常製磚機器内製之，別有器具，用一横臥鐵箱，兩旁有轆轤可擠向中間。而上有漏斗以納□，如料已到限數，左右轆轤同時擠緊，俟凝定後，先將一轆轤拔去，即以一轆轤送出石磚，箱與轆轤之體積，隨所用而製之可也。製磚所需壓力，祇須用壓逐空氣之力足矣。顧空氣斷難盡逐，欲令堅結，須矽養炭養與鈣養相化合，而後堅凝也。此廠有擠具五副，每日製石磚三萬塊，每日工夫用一百噸鐵渣。一千八百七十三年，製有七兆塊售價每千塊值二十七喜林，每塊重七磅半。更有數種鐵渣，無須多加石灰，亦不必用貴價物製造成塊，便於建築，鐵渣須於火爐流出時，用冷水噴碎之，似較便捷而利亦較多。製造鐵廠鐵渣甚多，可無憂。其缺乏石灰器廢物，校特威江沿邊各廠製帕得蘭西們脱，灰窑廢物漸少，若他處仍日見其多。灰窑廢物化分份數各不同，内含駭兒石，亦有含煤與煤渣，諸多不净，其中數如下。

砂子	九·三〇	硫黃	一·一一
矽養	四·〇〇	炭養酸	三·三三
石灰	五二·四三	鎂養	〇·五五
鋁養並鐵養	三·一九	水	二六·二四

此爲水石灰，以其含潮濕過多，欲以之製西們脱，須用熱氣烘乾，以機器磨細之所含炭養酸，因其攤在地面，多愛天氣故也。其份數多寡，視攤時之久暫。若其堅凝乾燥，須用錘敲，有時開路遇此物堆積，不能爬散，每用藥以轟之也。燒石灰之煤用下等，以是窑内廢物含駭兒石，此駭兒石要令細碎，凡製禦水西們脱，料質愈細愈妙，有以此廢物築爲倉廪地皮，用地下石灰泥與石屑調和，以鎚敲平面類光滑，此地皮即永不裂縫。總之，有石灰廢物地方，必有駭兒石與泥，其價廉，甚可用以製西們脱。

鹻類廢物。此物甚多，皆在製鹻類廠近處，前所説石灰窑無毒氣害人，惟有損植物類而已。若鹻類廢物處附近天氣有毒，稍遠之植物類亦受其累，即加高烟通近處略好，遠處仍不免。今國家禁令甚嚴，想製造鹻類之人，必設法取一原質，以化合之，俾成一物，可以免害，兼能得利。

製西們脱家以鹻類廢物内含硫黃，因屏而不用，以鈣養硫養不能禦水，反在水内消化也。若能將硫黃提出，雖不能浄，但能提餘不盡之硫質，無礙於西們脱，則亦可用矣

明礬廠廢物。英國斯考得闌製造明礬，爲一椿大生意，於鋁養駭兒石取出。

【略】

肥皂作石灰廢物。此廢物製西們脱恰合，祇須加泥，惟出産甚少，不敷所用耳。

自來火廠石灰廢物。自來火廠用石灰以提浄煤氣，換出石灰，業已吸滿雜氣，以化學論價，視其燒煤之高下，即如硫黃，爲製西們脱之讎敵，煤質低者，必多硫黃。

鄭昌桂《煉石編》卷二《第四章隨地擇宜》 製西們脱廠地，視久暫以爲别。廠如久設，必擇料質出産最多之處。若暫時造橋築塔，則不以此論。凡地方有大水造泊船處，例得有西們脱廠，有可靠之生料作，則取料便宜，莫妙於鈣養炭養出處。以鈣養炭養爲製西們脱大用之料，廠須近鐵路，或水道有暢，售市廛較更利便。各處所産料質不同，製造機器因亦不同，即産礦粉處，製法不合於來約斯鈣養炭養之用是也。英國製西們脱廠，每在江畔海濱，是以質易倍廣。數特威江推姆斯江廠地最大，以料質就地所産，運費亦便易也。

鄭昌桂《煉石編》卷二《第五章選料》 製造工匠未詳化學，可延請化學家一二人襄助爲理，化分料質原不必十分周到，然製造所需之料，須識其性情用法最要。如鈣養炭養矽養鋁養，他質可以次及之。又硫黃性質，務令辨認，實不可緩。有物質須濕用，或乾用，或乾濕兼用，即如礦粉尋常不結顆粒。金石類易於消化於水，其所夾雜物質，於西們脱無所礙，是以礦粉不必詳加化分。有簡便試法，取礦粉一撮，化於水内，澄定後傾去水，視沈下之質，可辨高下。顯礦粉爲最合之料，須擇其光滑易於捻細爲佳，用礦粉須用河底爛泥，或乾燥細泥，此乾泥須認真化分之。乾泥照濕泥用法，泥中不可有百分内之五分砂子夾雜也。石灰石駭兒石爲次要，各地所出不同，照乾用法製西們脱，所有夾雜之質不能辨認，須於未經調和之前，先爲考驗。此料内每多鐵硫礦質，若夾雜不浄，即製成石不能久禦水也。駭兒石由礦新取出有紋者，見風即裂，顯出鐵硫礦質明亮顆粒。然各礦不同，亦有竟無鐵硫質。來約斯層内駭兒石最多，要取石灰石，先將駭兒石揭去。有好駭兒石，最光滑者，内含各質均匀調用時，或不致有累。駭兒石照乾濕法試之，先經水一洗，令洗去鐵硫，以鐵硫夾雜在内，非如化合者之難以分離也。且洗下之鐵硫亦可售價，鐵硫質重，一經水即沈下，將浮面含駭兒石質水傾入他器，可與鈣養炭養相並以製西們脱也。無論用何法製配，總須令料質並合，後經過窑爐，便能化合。其應用若干分劑，各質各有限數，不能過羸過絀。顧分劑雖合，而物料不碾成極細之粉，則凝結亦不能周浹也。料成細粉，手捻之不覺有粗糙爲佳。物料既不産一處，製造者不能安坐而得現成，須有學問者詳加查驗，往往有製西們脱不成者，非其料不合，以各料所含物質分劑不同，無本領以化分，而又未能照化學增減分劑耳。製西們脱就地有料，而工夫各有擅場。倫敦用礦粉河泥，製成極好西們脱。近時工匠能將各質製配，照化學分劑也。料質配成，即交燒窑者，而窑中工匠又明曉火候，已查得各質並和燒有一定火候也。

鄭昌桂《煉石編》卷二《第六章查驗料質》 以上論金石類出産及揀選法，現有新法，查驗化分化合之性，有器具可查泥土形狀。泥形經布國化學師愛侖查驗，云浄泥係細圓顆粒，其顆粒較夾雜細金石顆粒更細，可用緩流水以分清之。各泥之鬆結並韌性各不同，若細心用水洗之，其顆粒皆一樣大小，即表明各泥有

一定形狀，以顯微鏡窺之，顆顆皆圓也。泥之韌性多少，視顆粒多少爲別，所結體積鬆緊之異也。尋常製石考驗，自無須若是周到，但須查其含沙子多少，並沙子若何大小。莫妙用綏內器具，如第一圖，此具頗精，此試具最要者，爲一玻璃尖底瓶，式如圖辛壬。上段圓柱形與下尖底一殼相接，其相通之水由甲處機捩啓閉。水來緩急可於己表牌視之，水來多則速升高，水來少則低下，泥即於瓶口丙處納入，用輭木塞以塞之。閉甲機捩以進水，所有帶微細顆粒泥之水上至丙彎處，經過璃管至戊盃。水急湧上，則己表牌之水升高，所滴下泥顆粒較麤。庚處須置鐵紗，庶免沙子在璃瓶尖底細管淤塞之患。凡泥須先料理，然後納入瓶內，泥須先用清水煮，倘泥含鈣養炭養者，用淡鹽强水煮之。有麤顆粒，用鐵紗篩以篩之。總之，泥內沙子少者，方合於西們脫之用。泥內有微細沙子，而又多鱗類即屬無礙，惟用微細沙泥窑之火候較多，若泥內含沙子百分內多過五分者，手捻之覺有麤粒，須先洗去之爲要。當初製西們脫，擇用最輭最韌之泥，嗣得乾用法，即駭兒石字板石，巴得而得石，亦可用之。所忌者沙子以外，更有硫黃或含他質。至時化成矽養並鋁養，即鐵硫石膏亦有之，石膏則易辨認，因其顆粒明亮，每在夾層內。鐵硫有時散布泥內，甚爲細密，惟精於化學者能辨之。如含鐵硫多者，取此泥置於酒醇火燒之，覺有硫黃臭味。若所含之數百分內有二分硫强酸，即不合用。須先提清，方無有礙，泥中常有鈣養炭養，地之新層最多，有偏多偏少，可設法令其調勻。各泥土內含有鐵養鐵養多，則色愈深，然斷無鐵養多而至於累西們脫者。泥土內多鋁養，致西們脫不能堅硬，鈣養鋁養能禦水力，顧欲燒成鈣養鋁養，較之燒成鈣養矽養，熱度加高，是以泥中多鋁養。欲燒鋁養至相合火候，則其中之鈣養矽養已燒過其限矣。泥內本不多生物料質，燒生物料質必多臭氣，而密在人多處，每多□礙。若焦煤氣味與燒西們脫氣味有異，即淨泥在大曲□□燒至高熱度，亦有氣味，礦粉亦有生物之跡，有數種石灰石亦然。凡帶煤之地層並來約斯層，不免有硬石油，查得斜質時，可將試驗器具隨手一試，知含若干鈣養炭養並各質，以知其料質之美惡。此試具爲布國伯靈卸孛勒所製，係查提糖之活物，骨炭內含石灰多少，而設此可稱。爲測量炭養氣分量之具，石灰祇與炭養相並者，於□時可查其發出炭養氣分量，便知石灰分量，蓋炭養與鈣養相合，均有一定分劑。欲得炭養氣，祇須加鹽强酸，以鹽强酸力大，能與鈣養迅爲化合，以放出炭養氣。鈣養炭養所合分劑，即百分內之五十六分爲石灰，四十四分爲炭養氣。如石灰石內百分內有三十六分之炭，養氣應有石灰四十五・八，此三十六與四十五・八，猶之四十四與五十六之比。若然，四十五・八爲石灰，三十六爲炭養氣，合得八十一・八之鈣養炭養。其餘十八・二，即爲石灰石內之雜質。含鈣養炭養之質，須磨極細，夾水熯乾候涼以秤稱之，取半格闌姆料質細末如無化學砝碼，須得有能稱半格闌姆之秤，可於尋常藥舖稱之。試具如第二圖，將稱過之物置甲瓶內，瓶須清潔乾燥，用有底璃管如申灌滿鹽强酸，管可容十立方桑的米脫鹽强酸，較重於水一・一二〇，願此十立方桑的米脫鹽强酸，欲收進四立方桑的米脫之炭養氣，所以每試驗後，欲其合原數，必另加四立方桑的米脫之炭養氣。丁丙璃管灌水滿至卯處止，丁管上口用鬆棉花塞之，以免灰塵而通空氣。灌水必開庚處扇門，令水齊卯處，即將甲瓶口之塞物塞住，乃令申璃管鹽强酸與瓶內之石灰石末相遇，即照圖形以手將瓶欹側，則申璃管可側翻，而强酸可出管也。其所放之炭養氣，經由未管而至乙瓶，復從戊璃管，而至丙管，丙管之水即爲炭養氣壓下。其壓下之力，視炭養氣之多寡爲準。丙管之水既壓下，丁管之水即升上，若使丁管水較丙管水高，而久延其時，則炭養氣所受壓力較周圍空氣壓力更大，以是丁管之水略洩，令與丙管水面平法，將己閘放鬆，令水洩下，使丙丁兩管水面均平，則炭養氣不復受水之壓力矣。萬一己閘既鬆，丁管水去過多，則口銜之亥吹管，即吹氣入內，瓶內氣漲，送水上丁管，令水與丙管平。嗣後如再試驗，又用亥管吹氣，令水皆齊夘處。照上法料理合度，候□養氣並水之寒暑度，與外面空氣之寒暑度相等，然後查視炭上分度，以手握甲瓶令熱，使瓶內强酸得以化行。既得炭爲養氣分度，而知其體積數，可照下式而得其重數，即假如五格闌姆之石灰石，放出十五立方桑的米脫炭養氣，其時桑則犽雷特寒暑表適十二度，此炭養氣體積之重數照上式，即即〇・〇三一〇七六。犽闌姆以百犽闌姆之山灰石算之，內含有六・二一炭養氣，則其化合之石灰數，定是七・八九。所以百犽闌姆之料，有一四・一之鈣養炭養。

鄭昌桂《煉石編》卷二《第七章料理料質□》 欲料理鈣養炭養矽養鋁養，用施彌登試驗法。施彌登查出雜質多寡，而得其禦水力之物性，而我法適相反。我之作用，祇欲將鈣養炭□調合□質之，故其法有三：一濕用，一乾用，一乾濕兼用。顧三法雖異，而調合之法仍同。此工去皆勉强合並，及置窑燒之，則依化學法而成之矣。濕用之法最簡易，礦粉並泥易於融化，當淘洗時含有三四倍水，惟礦粉與泥重率各不同，淘洗後浮沈，各質不一定。是以製西們脫者，先將含矽養鋁養用化學法碾令極細，庶各質凝結融洽。然化學法碾工昂貴，因將鈣養炭養變爲石灰，令矽在水内融化，所得徵驗，更覺微細周洽，而西們脱廠往往嫌其貴而難之也。礦粉與泥，以水調和，當初製灰砂時，已用此法，惟製造器具隨時變易耳。製造廠淘具加用劍頭（見後十七八圖）濕干兼用法。昔法國廠將調合之半濕礦粉泥，在輪磨内碾細，即攤於乾熱氣之屋内，烘去水汽。凡製灰砂泥，總須不令潮濕，即彼濕用法，亦須炙乾而後用，則是濕用法未免多一番轉摺。況礦粉百分内常帶有二三十分濕氣，船隻搬運亦有濕氣，製西們脱家但能設法逐去此濕氣，即合用矣。何又加水令濕重，令煤燥多轉摺乎。干用法用相合機器，令成極細之粉，倘或碾時不令潔浄，呆笨爲之，亦徒勞耳。總之乾用之料，寧過於細，不可略麤。

鄭昌桂《煉石編》卷二《第九章用藍色來約斯層料製法》 向來製造不得法，致土産物質反受惡名，購用西們脱者，不過利其價廉，而消售甚不廣。嗣余接管其廠，將舊章改易，始有佳製西們脱出售。法將尋常石駭兒石按照化學分劑配料，經過棍式齒輪，再經過平卧石磨，即於磨唇刷下，裝桶縋上樓傾於變活姆螺道。落於噴水器具，以成稠質納入磚式模内，又用模心推送至盤，盤置熱汽管間，候略乾硬，送至無蓋窑内燒之。此窑舊式長方形高十尺，或十二尺，石磚排作數堵，即於磚堵夾道内，置焦煤以燒之。此製法甚合製西們脱者，可隨所欲體積大小而用之可也。由是人皆知來約斯層藍色料製西們脱爲美質，可與英國著名最好之西們脱相埒。此廠在獲韋克駭，可供英國北路消場。帕得蘭西們脱用此料製造，較他料更佳，以其決無裂縫。鈣養炭養極爲微細，與矽養鋁養相調和，皆各有確實分劑，是以永無滲漏之患。來約斯料製西們脱，堅凝甚速，售處頗廣，不謂消售過大，而貨有不真，致有二十章内所論之弊。總之，來約斯層之料，較他種更佳，製西們脱成功迅速，不論天氣燥濕何若，計自礦内取出，製配合用，只七日足矣。

鄭昌桂《煉石編》卷二《第十章煤屑石及灰石》 灰石種類甚多，較礦粉無顆粒之料，更難料理，因灰石所成顆粒太硬，欲令匀細，須有相配機器碾之。製造西們脱所費較大，於是設法免其煩費。用雙燒窑法以減去其硬顆粒石，即變爲石灰，令含水成韌質，與細泥調和，最好於將入模時調之，調具用兩副輪葉，裝兩軸平行以轉之，如是調能匀遍，又省柴火。然初時欲去其炭氣，不能不多添費用，亦必視其製造所在，能就近取便宜之燒料否。孛留克軋石具配軋各盛料最合用，再用郭特□軋具軋之，然後於磨内碾細。兑皮地方有並製之法，料用灰窑之廢料。駭兒石煤層灰石，先將灰窑廢料燒令乾燥，碾成細末，易與他料並和。駭兒石常有鐵硫，先燒去硫煤層，灰石用孛留克軋具軋成顆粒，將三種並和，置平卧磨内磨之，磨成微細末送至製磚機器上校成塊，入烘盤令乾，不數小時排叠於窑内，用上等焦煤燒之。此石灰含有水汽，免再加水，致多一層柴燒工夫。又有時磨銜過緊，致顆粒不相調和，或加水不得法，致乾濕不匀。當預備粗料，時料之堅鬆輕重各異，須將各料碾細，然後攪和，置於輪葉調具調之。層次地步須實在細到，否則終有弊患。生料細末先於二十四小時前預備，以侵於水内，工夫有與製西們脱工夫有相關，似此工費稍加。然西們脱製成後，其佳處亦足償也。乾用之法，現在不過初次發端，因各廠工人不明化學，又不肯就教熟悉之人。或□相合機器，致料不碾細，以滋弊患，然曩時用礦粉與泥之輩，製法實不及今也。

鄭昌桂《煉石編》卷二《第十一章軋石模器》 濕用法用洗磨，預備日後烘燒，乾用法用軋石具碾具，然後經烘與燒。最著名軋石機器，爲孛留克式，目下用者極衆，各軋具有二要義，一軸用兩心輪法，一軋具下有牙牀，行動法較之用錘敲者，勞苦既甚，粗細不匀。又震力過大，機器反壞，覺此具勢力均匀，不致猝然一激也。昔紐約克公家花園鋪石子，有此軋石機器，如第三圖是也。呷呷爲生鐵架，架上裝各動具，架爲兩片平行鐵輔，輔之兩端用鐵檔牽連，如甲甲叱虚線爲架之兩邊飛輪，輪貫於架之横軸，軸之中段成曲楞式，如戌曲處有輪，如呐配套汽機來之皮帶，飛輪與輪軸及皮帶輪並曲楞所行地步，皆有虚線表之，吧爲一垂下鐵桿，立於咦横槓之一端。啐爲槓枕，吒爲聳桿，立於横槓之彼端，聳桿兩肩上有拓臂兩條，如睽睽吁爲不動之下牙牀。石即於此擠碎，吁鐵塊背有白鉛片，襯於呷檔，令更熨貼。吁鐵塊左右兩端有吅閘板，閘住閘板，銜於鐵輔槽内，以閘吁鐵塊嗔爲活動之下牙牀，貫於咖鐵軸作磨心，用哌爲像皮簧，嗔軋牀擠向前，則像皮簧收緊，聳桿跌下，哌像皮簧復原放鬆，即將嗔軋牀拖回。曲楞軸每一轉，則活動牙牀擠向不動之牙牀，約距四分寸之一即退回。每塊石在兩牀間遇活動牙牀，續次擠來，無不碎落，碎石即從空隙漸漸而下。活牀再擠再碎，至末乃落去，兩牀下邊所距之數，即限定碎石落下體積之數，且其相距數可隨意限定之，當限四分寸之一。如欲放鬆，可移後八分寸之五，□將旋螺套如吧旋，令咔準塊或下或上。如令準推塊移上，即將味準塊推，令拓臂向前。□準塊若旋下，則味準塊與拓臂退後矣。睽拓臂有長有短，各式俱備，可隨意換用之。此機器轉行，每分時行二百轉。紐約克軋石具，用曲拐軸，不用兩心輪，法較現今新式者零件略多，然其□勢較輕。今之軋石具，法不外此，不過略改式樣耳。兹論英國踵行各種新式器具，軋具欲減震勢，並免鐵件消蝕之弊。孛留克具大致不差，所以日後踵行改製，必宗其意以爲之。孛留克軋石具於一千八百六十二年，始由美國到英，有瑪斯登奉有牙帖，准至一千八百七十五年爲限，獨造獨售。各機器由瑪斯登自行監造，英人無有爲之更改，以是各具造就不甚精到。迨牙帖期滿，英國各廠得改令周妥，然尚未試驗。第四圖即孛留克具，大意從丁橫軸兩心輪法，發出勢力橫軸，由飛輪皮帶而轉飛輪如□。乙在橫軸兩端各一副，每分時轉二百五十次，橫軸有垂下鐵桿如戊，垂桿下段前後裝兩拓臂如圖。庚庚橫軸兩心輪行時，垂桿不免搖動，其勢力由拓臂以至軋牀，軋牀下端有鐵錐骨鈎住像皮簧條。每一軋罷，軋牀即爲像皮簧拉開，其行法甚簡便，用之合法，則此具不甚費力。如欲軋各種大小石塊，祇將相配拓臂調換用之可也。呆定不動之牙牀與活動自行之牙牀，所成角度宜鈍不宜鋭，因是活動牙牀之斜度略大，不可陟直，免上面各石塊迅落之弊。石如含尋常潮濕之氣，軋較便易(凡碎石有顆粒形，即含尋常潮氣)。石軋碎時有石屑灰，頗合製西們脱之用。孛留克具軋成碎石，體積不過四立方寸，再用中號軋具軋細，然後送入磨以碾之。孛留克具不能研細，凡礦石經過此具，不小於三立方寸，並不可大於四立方寸，其再經過别項軋具，説見於後。哮爾新式軋具，名曰多行具，如第五第六第七圖式，與前式髣髴。哮爾謂其震力較前式更少，且不用像皮簧條，而用自行鐵牽條。第五圖只表明此意，牽條如圖地地穿過橫條，如人用螺旋定之，令活動牙牀退行整飭。此具之最要者，在軋牀分作兩段。如第六圖，橫軸如叮有兩箇兩心輪，法如丁丁，各歸各份。兩軋牀行動參差，一份向前，一份退後。如癸癸，實則兩副軋牀合並而成，其妙處在乎牀上石塊不得一氣擠住，石若擠緊不下，恐工人將用力敲下，反致損傷機器。又其震動勢力足令石塊陸續而下，不致梗塞。其有梗塞者，必添石塊有不合法耳。哮爾軋具修理較便(見第七圖)，尋常活動牙牀最易損壞處每在下，一份欲更換，必全份換去。而此則費較省，第七圖癸牙牀中段，有橫銜條如癸，上銜癸硬質鐵檽條下脚下銜癸硬質，鐵檽條上端上檽條之上端，有癸鐵準下檽條之下脚，有癸鐵準(見第五圖側面便知)其呆定之牙牀，亦附有硬質鐵上下兩片，如有軋損處，可翻轉一面用之。哮爾具有三益處，一，軋牀進退分兩份，一其下牽條於軋牀軋罷後，隨即牽令還原。一軋牀面各份有損，便於換新件，由是以觀，其二其三固爲省費起見，惟其一亦有弊。石屑擠碳，其間互相磨擦，亦易受損。用孛留克具軋半顆粒之灰石時，有許多微細石屑灰，所以軋具磨損，皆由是而來，哮爾應設法改令免之。孛勞特朋脱改製孛留克軋具，特設一新式牽條，如第八圖。因像皮牽條有不足恃，稍有寬弛，則軋具勢力即差，而不合度矣。自有此新式鐵牽條，則活動一份，軋牀開闔如法，而石無梗阻之患。孛留克具之動力，由軸之曲拐而來。軋牀退回，恃牽條上之像皮簧凹凸力(見第五圖地)。現在改製如法，實有益於公家。其橫軸格外廢固，機器造法更周到，轉行勢力更大。以曲拐頭裝得恰好，地步不差分毫，曲拐與軸之空隙處澆有白鉛，令更熨帖。他式軋石具，其不同處由於動力發端之法有異，如第九第十第十一圖是也。第九圖爲軋具之立形，第十圖爲軋具之直剖面形，第十一圖爲軋具之俯視平面。視第十圖剖面形，即見橫軸曲拐之勢力，由所接連之曲拐柄，通至琵琶式黎佛，下至拓臂，到軋牀。此具震力極勻，當初製爲鋪街石子，用今製更加工，以爲西們脱之用。第十二圖爲阿雀所製，即軋石磨石兼用之具。敦斯呑廠本孛留克具，而改製者可名爲變黎佛法，不用拓臂等件，而兩黎佛之磨心處，俱在一條垂線内，是以磨擦力甚少。黎佛送軋牀向前，隨拉軋牀退後，可無須簧條與牽條也。又一軋石具，係哥得們所造，其力由橫軸兩心輪法而來，此即中號軋具，其用在孛留克具與磨之間，橫軸一轉，其力徑到軋牀，如第十三圖。當時造以軋金類礦石，是以右邊之磨有灌水之管，以澄分金屑與石屑也。製西們脱祇用軋石一份，若在敲克地方製稠質，濕用法頗相宜。此機器造法頗簡便，孛留克具軋出三立方寸，四立方寸或更小之石塊，可於此具再軋之。其位置應裝於孛留克具與漏斗磨之間，能軋石塊如龍眼核大，或更小些。軋出之石屑灰，須分別去之，祇由上而下經過槽具中段有漏篩，即可漏去所留小石塊，即可入磨。哥得們具每分時轉二百五十次，其機軸亦須小心審視，不可有石屑灰□入，否則兩心輪法不整齊，勢力不勻，轉多磨擦，反減工力矣。哥得們具裝有堅固生鐵架，有橫軸各端裝有飛輪軸上，兩心輪相接之柄，外端有錘以磨心貫住，使錘下面攙擠更緊(見十三圖)。橫軸兩端，有皮帶輪旋行橫軸一轉，錘即進退。錘之上面先著力，錘之下面亦隨即著力，每軋得兩次，擠力不若孛留克具直撞也。裝配各件及修理均極簡便，惟此具錘頭甚重，而下無襯托之法，以是兩心輪發來之力略有消耗，此亦一弊。第十四圖爲哥得們雙行軋石具法，亦簡便。活動牙牀開闔之，用上下行，所以兩心輪軸轉動，則左右兩活動牙牀互行遞動，此機器用鐵準螺釘旋定於中間。呆定之牙牀，其位置正在平卧磨之漏斗上，其軋成小石塊，由槽或盤曲筒墜下漏斗。

其裝配取携甚便，價亦甚廉。第十五圖哥得們具改製新式，其妙處在活動牙牀之下，脚用磨心定住，而是兩心輪法軸轉時，將牙端開闔，軋具初與兩心軸勢力由牙牀下段通去。嗣後改製，由中段通去（見第十三圖），而此則由上段著力，活動牙牀之磨心，與呆定牙牀磨心整對，是以力更整飭，且零件較少，粗工用之不致弄壞。第十六圖亦是哥得們改新軋具，似十四圖式，雙行法軋牀開闔，在於一升一降行之。

鄭昌桂《煉石編》卷二《第十二章淘沙具》 淘沙具惟濕用法有之，其具甚簡便。凡用礦粉製西們脱，則淘具斷不可少，工料之良楛，全視淘法之精粗。礦粉與細泥調和，須多加水以淘之，水愈加多，則淘愈周到。其具有數種，初起如第十七圖，用齒爬以淘和。新近改用劍爬，兩具皆佳，有數廠淘兩次，候第二次淘後，送至澄定處所。更有廠將各料分具磨細，而後並入淘具，淘法不一，惟視其料，而斟酌出之耳。第十八圖爲劍爬淘具，淘池形圓，自中心至邊之半直徑七尺。池中心砌成圓柱形，磨心座於中，有磨心板等件，裝磨心竪軸，軸上端有截錐形輪，銜有扎甯輪，扎甯輪裝於横軸一端，彼端裝有皮帶輪以旋之。此淘池基址，亦以西們脱爲之，庶令堅固。其木樑等須堅實，可敵機器旋動之震力，每分時旋二十次，其緩急視物料與水之多寡定之。淘池放出之料，須俟匀調，而後放。若有濃淡厚薄不匀，切不可放。其放法用泛溢法，淘池旁有洞，一面進水，則洞口泥水上溢矣。洞口近處置一篩，令礦粉顆粒及泥之穢物俱留於篩。内另有澄定之具，淘池所出灰泥稠質，由水槽送至澄具，而水槽須常常洗刷爲要。製造廠耗費生料，誠所難免，如礦粉與泥各歸各器研細，然後合並爲流質，固宜匀和。若一並同碾，必有顆粒不匀，迨至第二具内重性顆粒，必沈滯於經行水槽内，而輕浮者乃入澄具，故當淘具流出時，料固匀和。及至澄具，每不能如前之和匀也。流質甚薄，此弊較少，然十分過薄，則費加大，而澄候亦太緩。此弊雖尚小，究與生意出息相關，是以濕用之法，有三弊，一淘具内有不匀遍，一經過水槽有留滯之弊，一澄具内上下不匀。此等弊誠難免，而哥倫欲設法免之，其法如下。礦粉與泥先淘令匀，所需之水照常例用四分之一，或更減少，嗣即送至平卧磨内，磨面嵌有法國石稜齒，以帕得圖西們脱銲牢，流質漸漸流入磨内，其由磨出者，流至盤内令乾。此法料質容易乾結，可早預備生料，無須用澄定之具，大半工夫全恃淘具，而平磨不過令顆粒更匀耳。又料在平卧磨内，不能留久，恐難匀遍，有先磨後淘者，彼時料有不同，致多傷費。有名爲乾用，而磨細後仍多用水，令顆粒分外緊結，所以補磨之不足，水浸時所有成顆粒之灰石，駭兒石，拔索兒石，花剛石，不致變料，且能緊結而省費也。

鄭昌桂《煉石編》卷二《第十三章磨石》 製西們脱具不可少者，磨石是也。磨之爲磨，無異剪刀之剪物。其下磨鑿有細槽，上磨亦有細稜相配磨，而稜槽紋理向有定式，須照磨何等料而鑿之。此磨合用石塊有數種，各地層内皆有之，其最合用者，莫如法國孛石，英國西們脱廠用之爲。而藍江近處安特那地方火山融變之石孛石者，製磨工人皆以爲法人所名，而其實孛石由來更古，所謂孛者，以石上有麤糙紋理，且能經久不爲消蝕而得名也。凡磨五穀可不必講求，獨製西們脱磨石粉，必揀堅韌麤糙之石，製必精到，不肯隨便，而致多耗摺。

此石從法國地第三層内取出，色有淡藍及黄與淡紅，惟淡藍色最合製西們脱之用。石内大半矽養，略含石灰料，且有虻孔，而外觀似鬆，有火石形，甚似碎火石合成之雜質石。亦有外貌佳，而内實空者，惟石匠訪求爲較真。磨石拼合法，一，將石鑲於大磨面，如第十九圖是也。一，將石鑲於各邊。製造西們脱之磨，須用磨邊鑲合之法，磨心洞周一圈，須大塊鑲連。拼合之處，無一缺隙，縫盡整齊，内外一律，其縫隙用鉛或他金類澆，令彌縫拼成後，須補重數。即於其磨背，用石屑與西們脱調合塗上，加鐵箍令堅固，候月餘始可用。石匠祗能拼合平整，嗣面上修飾工夫，則須製西們脱工人爲之。近數年磨石綾線紋理各不同，因石塊經過各種中號機器，然後到磨，磨面紋理視經過何具而製之。如細石如龍眼核大，則磨心處略有低凹，由是以至邊稜線面積不因此而短狹，斯可矣。磨轉緩急有定限，若過快，則麤顆粒與細者同出矣。過慢則石屑留滯，反阻磨之功用。□□分出細末，不令黏滯，曾經數法，總未見有合式者。上下磨裝配合法，如第二十圖，先將兩軸裝於磨心，確無偏而只將下座撬柄一撳，則上層磨石匀轉，與下層磨石毫無參差，斯得之矣。吧爲下磨石裝架，令極平，軸既易於轉旋，而軸領間無空隙，不令石屑滲下。裝時令軸與磨面作正交成直角，務令不爽毫釐。上磨石如哦裝與下磨面平行，不令轉時有不匀整。竪軸頂上之帽蓋，常例以鋼爲之，鋼帽蓋須小，確配上磨啐，横檔中凹襯臼，務細心審之。舊有大廠汽機，轉軸用通長式，裝截錐形輪軸，力即達於磨石軸之扎甯輪，以轉磨心竪軸。此須在堅實地基，與貴重磨架，庶震動可免不測。二十圖之具，可以移動，架下脚裝有横軸，軸端有大小皮帶輪。欲令迅轉，皮帶推上大輪，令緊切而迅行。若欲令寬而緩行，皮帶移上小輪可也。兩軸行法全恃截錐形輪軸，下端裝於鐵座，有横軸貫座，座内有撬柄，可令上磨石升降，以定磨石粉麤細之準。叱爲下磨石，叱爲磨桶，呷爲漏斗，竪軸在吧磨心洞□轉，磨心洞有生鐵套箱，襯以像皮等物，免致石屑粉滲入竪軸，由像皮穿上，無磨擦擠軋之弊。竪軸銅帽頂上，更有生鐵襯臼，此襯臼即鑲於啐横檔中心凹處，襯臼之上，漏斗之下，有機捩如圖辛，由漏斗傾下之小石塊，即以此機捩分撥四散。此機捩有銅簧，能限石塊若干數陸續入磨，不致梗阻。凡磨有一定工夫，不可欲速，令多加石塊，致損器具。磨新者，稜角峭厲，可以多見功，而舊者未免模稜也。由是觀之，全磨勢力祇恃竪軸頂帽與襯臼相遇處，以至於竪軸下端銅座撬柄，此處不可大意，此種機器緊要所在，凡熟諳工人皆能諗知。然爲總辦者，亦宜明曉，佈置之法，不可全委之於工人，致工人不仔細耗料□工並損器具。機器不論大小，務須移動，凡汽機過大，遂力太遠，則磨擦處必多，致有損壞。若一處有損，則各處機器皆停候矣。以故，汽機宜小不宜大，宜分不宜統。製西們脱用小汽機分做，爲極合之務，以各項工夫恰是零星分設，即如五十匹馬力。汽機不若分作兩座，每座汽機得二十五匹馬力足矣。鑿磨之鑿，常例以極佳生鋼爲之，一種有柄劍頭鑿，一種平頭鑿。其大小不同，視槽之闊狹用之耳。磨石旋動緩急，照磨直徑大小，小者行迅，每妙時約行二十五尺許。孛石磨常爲修理，可做到極細工夫，廠有篩，能分出石屑粉，可不必候至極細。然吾以爲，不若在磨内細碾爲佳。向用平卧磨，謂上磨更加重爲妙。美國史得勞孛廠新製側磨，如第二十二圖，可代孛石磨之用，其件數如下。側立呆定磨石一塊，有生鐵托，中心貫有軸，軸又穿貫旋動磨石。此旋磨石與軸鑲牢，軸既貫於生鐵托，是以整居中心，無所偏倚左右。又有軸座，其桶亦側形，桶内面與磨石外周相距二寸半許，石屑粉即由桶□下。定磨石四周有鐵箍，與生鐵托相連，其旋動磨石之鐵箍，以三螺釘旋牢。軸座闊七寸，有瓦形蓋，此蓋襯有排，則雜質銅令更堅久。軸與旋磨石以白鉛銲連軸上。□法並兩心法及皮帶輪，皆鑲連於軸。軸之彼端，有管來電緊之螺，皮帶輪一邊有轂，一邊軸匣鑲入有半，以是皮帶益覺得力。此磨下有四脚，可旋定於地板，無須再築地基。磨桶分兩截，先裝下截，候磨裝入後，可將上截裝合。用螺旋半彌縫，用蔴絲嵌滿，不令石屑粉外滲。桶之一端，有添石塊之方管，可引石塊入磨心。漏斗下之□石塊槽，有竪桿牽連於横軸之偏出處，俾横軸旋轉，槽隨升降漏斗下，有扇門可限定石塊墜下之數。磨石大小直徑，有十二寸至三十寸。旋之緩急，每分時二百轉至八百轉。馬力有六匹至三十四，其馬力與轉數，視工夫之麤細爲之耳。此種機器價甚廉，若果碾磨合法，則製西們脱家又增一有益之具，惟大廠則以爲不甚合。若小廠用之，設其不佔地步，可隨□□多，較爲合用。

鄭昌桂《煉石編》卷二《第十五章烘爐》 製西們脱家常思改用善法，則此烘法終必改去。顧小廠省儉爲事，不能常用新法，而烘法在所不廢。今特略舉其説，以明相合之烘法。焦煤爲烘爐要需，果能常得價廉者，最爲妙事。烘盤無須過精，祇須□條火炕足矣，或間用煤亦可。盤距地平四五尺，其地基以西們脱爲之，免漏熱氣。盤不可過小，須能受各澄具應烘之料。燒西們脱預備若干焦煤，每二十四小時内能燒成焦煤二十擔或三十擔，爐之煙通有扇門，可開可合，便空氣進出，由人作主。顧燒焦煤之煤不一律，應用有滋膏之煤燒之。造爐者視用何等煤，而後定大小式樣。倫敦近處海疆所用好煤，均從紐開色爾來。焦煤火力最大，生鐵廠鑄鐵焦煤，欲其堅實，有明亮顆粒，特造一種堅固之爐。燒焦煤所廢者，即爲煤所出之氣，與煤重數比較，百分内有四十至五十分之數。製西們脱所用焦煤廢去之氣，百分内祇四十分，而其發出熱氣非盡失去，以烘盤可用此廢熱氣也。尋常製焦煤爲時略促，不足盡去煤内廢物。如煤内含有鐵硫，西們脱遇之反受其累，况生料内亦不免含有硫質乎。以故，價廉之煤用之，反不省儉，且烘盤亦不合用也。烘爐之式之佳者，長十尺，闊五尺，高四尺，門爲半環形，闊狹高低均合式。一排有六門所築地基以高燥爲貴，地平面用西們脱，地平下有透風半環形洞。烘爐兩旁及，底皆有火磚鑲襯，而環門口又以火磚砌成，兩環門之交界處及環門上邊，皆有二寸半徑孔眼，任熱氣流通。熱氣管有十尺許，用火瓦，餘用生鐵瓦。所用烘盤長須五六十尺，其由熱氣管洩出廢熱。氣通至總熱氣路，由煙通而出也。小熱氣管與總熱氣路作正交，皆平卧形，總熱氣路與煙通相接處有一扇門，可任意啓閉，蓋扇門開則氣通而火熾，扇門閉則氣空而火熄也。製焦煤者，於初生火時，須細心扇門所進空氣，欲令適合燒煤之數，而不可過度也。迨煤燒至輕時，即將扇門關閉，令阻塞空氣而不復燒也。熱氣管有出煙煤處，可隨時放去，俾各管暢通。烘盤烘爐最易損壞，是以各廠修費惟此款獨大，以物料入時冷濕，出時滾熱，漲縮不一故也。

鄭昌桂《煉石編》卷三《第十六章窑燒法》 近十年内製西們脱家，於燒窑一層，尚未全究。當初愛斯定創造燒窑，嗣經屢改，終不及愛斯定舊式之佳。煙通與蓋極高，似玻璃廠火爐，其煙通改高，不獨合於製西們脱之用，而其洩出混濁廢氣，亦可愈高而遠去，使無妨礙之嫌。第二十二圖爲帕得闌西們脱尋常窑式，近來設法所廢熱氣，並減濁氣爲害之勢，從未有用格物道理以改，令全美者窑於生火後，即蓋緊，令熱氣濁氣由鐵管通至烘料之地板下，此烘料即由澄池而來。予以爲此法不甚便，益以阻遏炭養氣並他濁氣速去之路，所成西們脱品地不一律，而所用煤炭特質也。凡用熱氣於中者，欲調和生料令勻遍，法有三。一，所成磚或干用，生料所含之水盡行逐去。一，令鈣養炭養分劑内分出炭養氣。一，令石灰與矽養鋁養及鐵養並各鹻類鎔化均勻，以成化合之質。此三法，欲其精到，須按次序爲之。始用緩火逐濕氣，而後逐炭養氣之火始加力，候炭養氣逐□，然後再加大熱氣，令各料鎔化。各熱度各有徵驗□至鎔化工夫，須仔細扇門爲要，鎔化之熱度爲白熱，又審慎火候，不可過久，又不可過熾，慮燒成玻璃也。且窑所鑲襯火磚各屑，易與各料並融，融則取料將損窑也。各項工夫如法，在於造窑時先有把握，新式窑如哮敷們者，如第二十三圖，二十三圖爲窑之火道煙通氣蓋直剖面形。二十四圖爲窑之火櫃火門等平面形。哮敷們窑與衆窑異者，高煙通居中，四圍環列火櫃，火即由火道上達煙通，並有幅蓋形之扇門，可管火勢之緩急。其燒法，初令煤變各種氣，並令燒盡各氣，以逐四圍濕氣，而後逐盡炭養氣，以鎔結其料，令勻遍化合，皆有一定次序。更有要者，磚或生料坏子欲排列整齊，即作爐用而爲燒變成氣之具也。各火櫃與外空敢氣通，並與總煙通相通，且各火櫃可自相通，以左右間隔之閘墻可提起也。左右各櫃自相通，令勻火力，各櫃環速而成圓窑也。煤由窑上洞傾入，以便熱度可隨意管理。凡進料取料，必候櫃涼。新窑所以異者，以廢熱氣可通往旁處，不令熱氣空廢也。燒窑火不暫熄，未免耗煤，惟此窑妙在易於管束，以燒料之美惡多寡，可以定生料之進數。其火候徵驗，逐步可以決其分限，非若舊式窑用煤，聽憑天氣，而人祇能配齊物料，生火閘蓋直燒，至期候冷，啓視取以磨細，不能預爲推測。故新窑之妙，能逐步爲之，可決其徵驗之不爽也。新窑之得法，在乎生料磚塊排列空鬆，令處處有空氣與熱氣來往。惟頂上有數排，略覺火候不足。總之窑式不論何若，須燒成後得以下分劑爲佳。

每百分西們脱所得各質分劑如下

石灰　六〇·〇
矽養　一五·〇
鋁養並□養　一二·〇
鎂養　一·〇
□□　一·〇
雜質類　一·〇

有暴克者，思得一法，凡燒磚塊、燒石灰、燒西們脱等窑，如第二十五六七圖，窑爲平卧長形，火道闊一米脱，高一米脱又十之三，用火磚並尋常磚造之，有堅固鐵條圍遶，並有容積空氣處，即煙通亦然，高二十米脱。二十五圖爲窑之長形，表明火櫃煙通並火門如丙，火道如吶，長烘盤輪路如叮。二十六圖表明烘盤輪軸，並指明烘盤兩旁不通空氣。二十七圖即窑之横剖面形。生料磚塊置於盤上，盤之輪銜軌道送入火道，至火門，所在火門在火道中段烘盤兩邊垂下，鐵板適銜於沙泥槽内，令盤上面之熱氣不漏至盤下，致礙輪軸。配燒磚用者，火道横剖面方形，配燒石灰與西們脱者上窄下寬，上成□形更覺堅固，可禦高熱度。欲令盤堅固，盤面鋪襯兩層火磚，並於兩旁隙處以硬質泥彌縫之。由是，盤上之熱氣不下漏，而盤下爲冷空氣透入之路。煙通在進盤之處如圖呷，盤既裝滿生料磚塊，即由是處送入各烘盤，魚貫相連。輪軌有一定限處，分隔火道亦有一定限數，火道烘盤安置確合，然後生火。否則烘盤下所進空氣上洩過多，反致火燄不勻。如烘料裝就後，窑之兩端均有夾層鐵門，闢令彌縫。煤由火門送入，與圓窑同。所有空氣進口處如呷，通入烘盤輪軌間，令輪軸生涼空氣，由吃處轉上回行，經過烘盤上火道，而送熱氣通行煙通。下脚有扇門呷處，空氣進口處，亦有門可隨意啓閉，以管束其中熱氣。丙火門可窺見烘盤燒料何若，火門亦有蓋，每烘盤可裝叠生料磚五百塊，即石灰或西們脱裝置體積亦如之。舊式送烘盤法，用大螺柱旋送，自呷處入皆生料，吃處出者已燒過矣。嗣因螺柱力有不足，以壓水櫃代之，又以火門在上爲不妥，即於窑旁開火門，生鐵烘盤改用熟鐵輪軸，所需油以黑鉛調牛油，俾禦高熱度。火道改用斜度，以便於盛行，約百分内斜差一分之數，惟盤之兩旁沙泥槽每有煤屑，與煤渣阻滯，未有妙法以去之。德國造此種窑出售，其價值如下。

燒磚
每日六千塊者　需英銀五百二十五磅
每日十二千塊者　需英銀六百七十五磅
每日廿四千塊者　需英銀一千一百二十五磅

造窑磚數
燒六千塊者磚用一百二十千塊
燒十二千塊者磚用一百五十千塊
燒二十四千塊者磚用二百千塊

哱敷們窑每日燒八千塊磚者，□磚四百五十千塊。各窑料量合法，須循格致道理，生料皆乾燥，西們脱内石灰一項必有含潮濕氣，即不能全得窑之利益。焦煤百分内含有二三分潮濕，應將此潮濕化去，然後得力。故窑内先有烘燥焦煤之法，若圓窑則無此，將以圓窑餘熱氣通至生料間以烘之。所製磚塊初出模不可驟送入窑，而窑之爲用，專化分鈣養炭養，並將各濁氣燒盡。若生料有潮濕，則必有汽發出，即帶熱氣飛散圓窑，燒料須盡得其用，而廢熱氣至煙通，不可多過一百二十度。地基多潮濕，不可用，而火櫃與火道皆包裹極周匝，不令熱氣漏洩窑内。燒料各有定額，不得空耗。疆巽帕得蘭西們脱窑與老式略異，以其能用廢熱氣，□池爬調之料，用轆轆撳到窑上之囤處，候澄定幾許，拔去其閘，令消至烘處，烘即用窑之廢熱氣也。凡窑燒成西們脱磚塊，須有以下之情形。一，欲其形狀如火山噴出流質所變之石。一，欲其多蜂窠鬆質，其鬆緊視其料與燒法何若耳。一，欲其有緑色或古銅色，不可有深藍色。深藍色質地過緊，即日後磨細，亦必矗硬，而無韌黏之性也。次則磨極細時，應令收若干水，乃能匀遍凝結，且有一定時候，不可過急與過緩也。凝結既堅，乃能禦水。其較重於水，不少於二・八，不多於三・二。

鄭昌桂《煉石編》卷三《第十七章西們脱成磚塊機器》 乾料用水少許，調成厚稠質，調時視缺化學若干料，即照分劑加足，然後入模成磚頭等。帕得節西們脱，總須調各分劑，合於化學之理。若缺少黏類西們脱，磚内多碎屑，易鬆散，而無黏性，當加水時細心，不令各料質點彼此離散，不相調和。其業已調和者，不可衝散質點。凡加水令潮潤者，不過略令黏韌，燒時停聚一處，以禦周圍壓力，而燒後仍令水變汽騰去也。做磚塊器具甚多，其整飭工夫不必十分精細，器具無須貴重，第二十八圖器具甚簡便可用，大小可隨意造之。生料由漏斗上傾下，漏斗上有噴水具，生料即含水氣儘足，調令黏韌。此具有竪軸，軸兩旁有刀軸，旋時令生料下行匀遍壓緊，從甲處擠出成一長條。如丙至叱處，爲閘刀切成磚塊，如甲處之對面開洞，亦可兩邊同擠成條。欲磚條易乾，則具之周圍用熱氣套，熱氣套之丁處有洞，可噴熱氣，或灌熱水於夾層内，由戊處瀉出乙，即磚式亦不拘定也。然加水令料黏韌，當擠出長條時，不免含水，燒水成汽飛散，則磚内即有空氣孔，雖造作不以爲礙，而亦有嫌，其不合矣。番字可兩汽壓櫃，可令生料細末全行調和合法，此汽壓櫃無須借他機器，而挺桿進退，即直達以壓緊磚料也。如第二十九圖，抽氣筩兩端皆有轆轆，左衝右突皆能做工。漏斗接受生料，下繞於機器，漏斗下有測量匣量匣下即磚模，量匣所以限定生料數。匣滿而漏斗底有閘門住匣底，即開料，即入模爲挺桿所擠也。此具開闔，皆由汽機挺桿進退而成，挺桿退時，生料已入模，挺桿進即滾生料成磚矣。爲挺桿所擠，則所成之磚隨擠，由彼洞出也。製大小磚塊機器内，應用鐵板模子，或長方形，或改爲圓形皆可，圓覺較便。乾燥後，即可由槽滾入窑内，此種汽機至少每方寸有五十磅抵力，力加重，則製更快，便照上汽力數，製成圓球每重五磅，每日可製成五十噸之數，抽氣筩直徑二十寸，每球得八噸重之汽抵力，如加重更得全美。第三十圖爲顧脱律西們脱老式機器，第三十一圖、三十二圖爲改新機器。三十一圖者直剖面形，三十二圖者横剖面形。生料送入𠺕漏斗，下至叱量匣，有横閘片以限製生料數，漏斗辛處空隙可於機器退後時，視生料漏下形狀，叱量匣一邊板活動鑲連□模，是以量匣與模同移。叮爲模所抵住之處，吧爲挺桿端，抵生料而著力於叮處。挺桿激勢，賴叮處後之簧以抵當之。機器不啓全震動，挺桿彼端接連曲拐柄並大齒輪等。磚塊壓成後即落下，由吱皮帶運出。挺桿中節裝有橢圓形零件，可隨意令其緩急，此機器又有法令生料前後著力。乾用之法，務令逐去料内空氣一法，生料到量匣時，噴以熱汽，入模後挺桿漸漸逼緊。如是令空氣潮濕，先行飛散，而加大抵力一法，叮處後簧方有數噸重，能著力於磚塊之上下四旁，以逐空氣，而磚塊亦不致有鬆孔。磚塊製成後，每方寸，可抵當九百磅直徑數之壓力。磚塊甚堅，雖由高處落下，而鋒稜尖角毫不損缺。有數種磨細西們脱料，餘曾親見試驗，乾料細末所需水祇一百分内用十五分。叱量匣容積之極大數，可容一百七十七又四面積寸，製出九十八又八・六面積寸磚塊，機器尚未盡其汽力，磚塊濕時秤七磅又八七，乾燥後重七磅。

鄭昌桂《煉石編》卷三《第十八章試驗機器》 試法甚多，今略舉數種言之。一費喀法，如第三十三圖，試驗架子之料，合計體積中數不過寸許，架闊十寸，高下二十一寸半。架中間之竪桿，如圖甲乙，自甲至丁六寸，自丙至丁，即穿過鉛圈一・六九寸，自丁至乙至己針處五寸半，直徑約四分寸之一，提高有三・九三七寸。用時將架竪起甲乙棒，整如垂線試驗之西們脱，置於棒之針下。針頭適切西們脱之面，戊處有分度表，可視桿升降分數，將桿上己線提起。桿升至限處毫一・九六八五寸，猝然放下如打木樁，然視針頭插入西們脱若干數，查戊表得之，桿與針共重二磅三兩二錢十五厘。各料試驗須調研令成韌質，如配置水下用者，試時置於深盃内，以清水加滿。於是計其浸入水内，共有若干時，候用一條九寸長鋼針，針之直徑·〇四七寸，（即百分寸之四十七）針頭磨平，針之上端加有十兩九錢重之鉛錘，令猝然落下，視西們脱有針痕否。如無針痕，則料已堅凝矣。試西們脱磚器具如第三十四、三十五圖，三十四爲對面形，三十五爲側面形。此具能驗磚塊鬆堅之確實分限，法將磚塊置於水架上小鐵框内，小鐵框下有鈎勾住板箱，候漏斗細沙泥由斜槽入箱，箱既重墜，則小鐵框緊壓磚塊，至其度重數磚塊始碎，即指明磚塊每方寸能抵當若干壓力數。第三十六圖試具即三十三圖具略改，其式英美兩國廠已用多年。第三十七圖試西們脱膠黏力最法，將磚三塊，搽以西們脱令膠牢，上塊懸於架，下塊鈎連秤盤，盤内置一長板，用砝碼逐漸加上，視重墜至某度，磚始分離。余謂此法有不足處，以加砝碼時，不免有激動，致膠黏性情有不匀也。第三十八圖爲鋼秤試驗法，此具所以試西們脱之率力，做較精緻。然試驗時移錘，亦不免激動。法將磚塊置秤頭，用鐵鈎勾住，並以鍵貫於架，然後將摇柄旋動，令線環轉，拖令錘向秤尾，視至某度而磚始碎。第三十九圖與三十八圖相似，圓内兩份，一爲側面，一爲對面，此具咸以爲佳。凡官局工匠他適，必帶一副而行。第四十圖具輕便而價廉，英與各國匠人均用之。其銜西們脱磚之鉗，下鉗連於彎齒條，齒條銜於横軸上之牝甯輪，但轉曲枴柄，則齒條向内移。將鉗拉下而錘桿即翹上至一定分度（有指針指之），視至某度磚碎，錘桿起，有横針所以擡舉指針，迨磚斷而錘桿下墜，指針仍指某度，此雖亦不免激動，然其牽力限已可得其概矣。美國脱斯登造一具，依格致法以試五金，並各著力數，均計算在内，可謂精矣。試既精確，並能自行記録各性，如金類之堅凝力、凹凸力並凹凸力限數，牽長成線力並體質結成之匀稱否。英國曼尺斯得地方博物院首座劉拏爾蚩云，試西們脱者，試其能禦壓力之數乎，抑試其能禦牽力之數乎。此言實唤醒多人，在尋常西們脱家，欲其能禦壓力固然。然泥作磚墻之壞，未必盡由於壓力，則是拉緊不散，又在於能禦牽力。美國試西們脱用絞法，絞轉得十六分寸之一，即可減其韌力四分之一，正合於禦牽力之用也。律佛坡試用錨練法，能試驗調合之質，又云石縫内嵌細石，以西們脱□之，即堅牢可久，不必用之過多也。第四十一圖爲脱斯登試具，簡便而又價廉，小廠極應用之。德國製西們脱，頗用心設法造各試具，能試牽力與壓力，如第四十二、四十三、四十四圖。此係伯林都城所製，惟嫌其粗笨耳。四十二圖爲側面形，四十三圖爲對面形，四十二圖之甲即裝□塊處，乙爲秤桿，丙爲重錘之筒。甲丙相平時，欲試磚之，牽力則灌水於筒，水滿至某度，而磚斷，視筒表即知四十四圖之甲爲置磚塊模開時形狀，丙爲模闔時形狀，乙爲磚塊裝入兩鉗間形狀，丁爲西們脱入模量具，戊爲試磚壓力，之具。既將磚置兩鐵塊間，旋令螺柱下切於磚面，復□已摇柄旋令下鐵塊上升，擠壓磚塊至某度而碎。具邊有表，可一按即知。第四十五、四十六圖，爲一試牽力與水櫃壓力之具。英國裴婁公司所造式甚簡便，餘曾試過果佳。此二具價廉而精巧，且無激動之弊。一千百七十年，曾在韌犽裴西們脱廠試用，機器係德國斯塔汀地方所造，如第四十七圖，可試其禦牽力之量，又能試一立方寸磚禦壓力之量，祗一調换間，而兩法俱備。此具秤桿前段居其一，後段居其五，此用以試牽力。如用以試壓力時，後段加長居其十，前段居其一。西們脱磚既裝於鉗如子子，欲令鉗相銜合度，上有螺柱，用球形活節與鉗相連，令甲秤桿於加砝碼時，不致偏動。其下鉗與騎跨秤桿之叉如丑，用鉸鏈法相連。又下端用鋼銷貫連，秤桿與鋼銷間又襯以鋼片。叉跨處距秤桿頭約五分之一，秤桿有申螺柱托之。西們脱磚裝入鉗後，用寅螺套旋令螺柱上升，復將中螺柱移去，則秤桿重數與砝碼盤重數，皆注力於磚塊。若磚料爲浄西們脱，成未數日，凝結未堅者，不數小時即不能擔當此重數。是以用丙黎佛托起秤桿之尾，庶免桿與盤之重墜，直至加砝碼令磚牽斷，便可得牽力之數。欲試立方磚之禦壓力數，將磚置於戊鐵塊上，鐵塊有邊下垂，適騎跨於秤板（視辛處可見之），彼邊與此邊相距〇·一三〇七五米脱（即百米分脱之十三節米脱，合英尺三十九寸三分者釐），將子子兩鉗與丑叉除去，秤桿裝平，將乙鐵物與夘撬柄止定，其處以一鋼板倒跨於甲秤桿旁，槽内鋼板作垂線形，與戊鐵塊正交。以上所論試具，牽壓兼用，在工匠之精巧者，誠爲得用。今春伯林城製西們脱家集衆公議，出有章程數條，兹録之如下。

一，帕得蘭西們脱桶袋裝送至市，容積皆須一律。製造各廠裝桶，每桶祗準重一百八十吉録犽蘭姆，計浄西們脱重一百七十吉録犽蘭姆。若半桶重九十吉録犽蘭姆，計浄西們脱八十三吉録犽蘭姆，每袋重六十吉録犽蘭姆。倘有□結不同，漏耗少數，只准百分内差二分，若過此限，即爲缺數，應補桶與袋須有製造廠號碼。二，照各用處定購西們脱，須講明結性，有緩結者，有急結者。尋常用處皆用緩性，因其便於料理，且其結力較大。西們脱緩結性者，不過半小時外即行結成。三，帕得蘭西們脱體積，不得過於收縮，試者先將西們脱調成薄片，置於玻璃上，浸水中數時，查其有無變形，其邊有無裂紋。四，帕得蘭西們脱須磨極細，所用之篩，每方桑的米脱有九百篩眼。五，西們脱之韌性，須於西們脱逐漸加沙泥以試之，試牽力用一式器具，磚塊大，小厚薄亦須一律。解開面積有五方桑的米脱，用伯林之劉犽愛郎之□及機器製者。六，帕得蘭西們脱之佳者，以三分浄沙泥與一分西們脱調和，於二十四小時後，置於水内浸之，俟二十七日後取出，試其每方桑的米脱能禦八吉録瑺闌姆壓力與否。所試沙泥之顆粒，須一律大小，法將尋常沙泥在篩内篩過，其篩眼每方桑的米脱有六十孔眼，以分去□顆粒，將篩出之沙泥再用每方桑的米脱有一百二十孔眼之篩篩之，以分去極細沙泥。磚塊由水取出，必亟爲試驗，勿任其乾。急性西們脱照上法，二十八日工夫，尚覺日淺，恐每方桑的米脱難抵當八吉録瑺闌姆之壓力也。第四十八圖之具即爲以上章程而設，其具須照圖裝配。甲秤桿以乙小錘整飭其位置，令三處尖峰（一在秤頭，一在秤桿處，一在秤尾）皆在一條平線，乃爲整飭也。秤桿既整飭，則此具有號碼，表明錘桶如丙，懸於丑砝碼盤下之鈎，乃以西們脱磚銜於丁戊兩鉗間，上下鉗口須整對，不任參差。將己和柄旋，令磚塊位置整飭，令甲桿仍在極平位置也。庚漏斗桶近於丙錘桶，漏用小鉛珠，漏斗底門用銅絲扯開，令鉛珠緩緩魚貫而下。若錘桶重墜，磚一碎斷，則銅絲即不扣於漏斗桶之鋭邊，而漏斗門即閟矣。磚以某重數而斷，此具自有表明，欲知其若干重數，將錘桶移掛於甲秤頭之子鈎，而加砝碼於醜盤，即可查明也。假如砝碼盤分兩爲甲。以十乘之，即得錘桶鉛珠重數，又以五十乘之，所得之數即爲西們脱磚斷限。上秤桿（即甲秤桿）由中尖蜂分前後兩份，前份居其一，後份居其十。下秤桿亦分兩份，前居其一，後居其五，所以磚斷限數以五十乘十甲，即爲五百甲，磚裂斷處面積有五方桑的米脱，是以每方桑的米脱居五分之一（爲一百甲），即每方桑的米脱斷限爲一百甲瑺闌姆重數，以吉録瑺闌姆論之，即居十分之一。設砝碼盤之甲爲一百〇五瑺闌姆重數，則以五十乘十，又乘一百〇五，共五萬二千五百，以五分之，即每方桑的米脱斷限爲一萬〇五百瑺闌姆，即一〇·五吉録瑺闌姆。

鄭昌桂《煉石編》卷三《第十九章試驗西們脱》　用西們脱者，何以必再三試驗而後購。論理製造家應逐步試驗，彼購用者不能備貴價試具，即費心力而爲之，亦尚有做不到處。何則西們脱難免不一律，即專向一廠購用，前後亦不免參差，不獨生料照化學配造有不齊，即製造家向來配造如法者，亦有不足恃。以是知西們脱欲查驗周到，實不容易。首要西們脱露宿數時，然後用化學法化分之，而必得一佳製。西們脱作□□，取以化分，以爲準則。有不同處或分數多寡差，有若干定以爲限。若化分所得份數，在限内者，即爲佳製，然此非明化學者不辦。從前試驗家取磚置模内，候數時□削其邊，以合於鉗而裝於試具，此法不免耗費。今有一具，如第四十九圖，不拘何式，可以一撳而就。第五十圖、五十一圖爲試西們脱重性器具，以玻璃爲之，試時用流質加滿至甲處。五十一圖之具有長璃管，有表度，並有放水閘門。灌流質滿至乙處，兩具流質體積皆同，而於五十一圖器具上口，漸納西們脱至一千釐。下旋螺捻開扇閘，以放流質，合千釐西們脱所逐之數。流質如派辣非，或松節油，或酒醇，或與西們脱不相礙之流質，顧最妙莫如用派辣非灌滿至一處，將一千釐西脱們加於五十圖試具内，即以此試具裝於五十一圖試具之下，然後將五十一圖試具扇門旋開，令派辣非流入五十圖試具，滿至甲處爲止。當未灌滿時，將五十圖試具之日用木塞塞住而搖之，令西們脱空隙處之空氣逐出，然後再灌，視五十一圖試具所餘派辣非在某度，即知某重數。如是試驗，凡物料越堅實，則體積越小，所以五十一圖具流下之派辣非灌滿至甲處，其數越多，則本瓶所餘流質越少，反是則否。五十一圖管上分度，每度分作十分之數，如欲更細，每度可分作百份，衹換更細璃管可也。無論何定質重性，如可灌入此具，亦可試得其重數。以此試具，凡流質重性與熱度均可不拘一試，即知並無難算之處，法甚簡約。欲查此具果確與否，將一塊花鋼石研爲末，以此具試其重性，又取一不敲碎之花鋼石，照常法試其重性，又將一塊石灰石照法試之。

花鋼石（照新法試得重性爲二·六二）（照常法試得重性爲二·六二）

石灰石（照新法試得重性爲二·七〇）（照常法試得重性爲二·七一）

以上各種西們脱由各處製造廠來，其體積重數如下。

每西們脱立方尺重數磅

較重於水

此試驗西們脱於各榜樣内，得其中數每立方尺重八十四磅，即照英斗，而論，每斗容積有一·二八立方尺，重一百〇七磅半，其最輕一種西們脱，每立方尺重七十二磅半，即每斗有九十六磅半。其最重一種西們脱，每立方尺重八十九磅，即每斗有一百十四磅。以是可見，尋常重數與結實數互有參差不齊之處，約有五十種西們脱，試驗後知較重於水，有自二·七七至三·〇三之參差。其中數爲二·九一，即表明西們脱較尋常山石更重。有數種細篩過西們脱，較重於水中數爲二·九。若麤顆粒較重於水，中數爲二·九三。有一種不磨細之雜質石渣，較重於水爲二·五。渣内有無數空氣洞眼，所以較磨細者更輕。黎別克有簡法，試砂泥重率如下。用一璃管鎸明分度，所以指明每立方寸至某度。

每立方寸分作百份,先將璃管灌水至半,再鈉若干砂泥,水由低漸高數,即指明每百份立方寸之容積數。如以之查西們脫重率,則以派辣非代水。第五十二圖爲一可攜帶之舊式浮表,此表爲一馬口鐵瓶,兩端尖錐形,如甲乙上尖頂有一條細銅梗如甲丙,此梗上端有小馬口鐵盃如丁,下尖底又題一盃如戊,下有錐形鉛墜物。以此具置水中,有幾份浮於水面,則於丁盃内加砝碼,候此具沉至銅梗己字處,設此砝碼有六百釐重,即以爲浮表之砝碼。如欲查五金重率,先將金置丁盃内,加小砝碼,候水面與銅梗己字處相平,設此金有二百十釐重,則於六百釐砝碼内除去此數,所餘三百九十釐即爲空氣内所秤五金確實重數。再將此金置於戊盃内,在水内秤之,較空氣内秤更輕,所以銅梗己字處反升高。即於上丁盃再加砝碼,候銅梗己處與水平,設所加砝碼爲八十釐,則此八十釐即水爲金所擠出之體積重數。若然,有以下比例八十與三百九十比,猶之一·〇〇與某數比(此某數即金類較重於水類)照上試法算之,金之較重於水爲四·八七五。查西們脫之重率,先將不透水之料於西們脫磚面薄抹一層以試之,他如五金類亦可以是法試驗。如其爲物易於透水,則在戊盃秤過,記録其分兩。復置於丁盃秤之,較不透水時加重若干,便可知其結力之大小。向來製試驗小磚塊,在雜質銅模内製之,次日置於水中,候六日後,秤之製磚時須細心,否則試時仍有參差。德國罕拏佛浄西們脫磚塊,置於水内三個月取出,復於空氣内露之,其徵驗如下。

每方桑的米脫露	能禦重數吉録㻫蘭姆
一日	三十
二日	十七·一
四日	三十三
五日	四十·二
六日	四十·八
七日	四十四·四

若從水内取出,亟爲試驗,能禦四十三·一吉録㻫蘭姆重數,過此即斷矣。以上試得之數□確,則製西們脫者,又增一難處。試驗西們脫,磚内用此種西們脫一份,加砂泥一份,無參差之弊,露於空氣日久,其牽力更增。西們脫儲於棧房,久與空氣相遇,凡新製之佳者,化分時炭養氣極微,然各種西們脫不獨内有□石灰,能收空中炭養氣,即其内無石灰,亦不免收□養氣,以是知物不可日久儲待也。有一種西們脫之料,爲矽養二三·七,鋁養並鐵養九·〇,浄石灰六五·〇,炭養〇〇,鋪在棧房有三桑的米脫厚薄,候八個月後化分,得以下數:

矽養	二三·二	鋁養□□	八·八
浄石灰	六三·五	炭養	二·二

若候五個月後化分,得以下數:

矽養	二三·三	鋁養鐵養	八·八
浄石灰	六三·八	炭養	一·八

石灰可用化學法細查其分劑,其餘他質相差甚微,難以查察西們脫收炭養氣即爲養。種情迹須浸於水,以查驗之。總之,西們脫略露於空氣中則漸佳,然多收炭養氣,則反減其力。新製西們脫較重於水,有大重率。試驗西們脫之新者,重率有三·二,收炭養氣百份内之一·八,則其重率即減爲三·〇〇。收炭養氣有百份内之二·二,則其重率即減爲二·〇九六。又一種著名英國極佳西們脫,新製時重率有三·〇九。若儲棧房攤有十桑的米脫厚薄,候十二個月後,重率減爲二·八五。彼時收進炭養氣百份内之二·一。試西們脫自加熱度,新近燒成西們脫與水杞調能自加熱度,查熱度法用馬口鐵具,高六桑的米脫,闊四桑的米脫,以六十㻫蘭姆重之西們脫,與二十立方桑的米脫水調和,用寒暑表插入試之,較未試之前熱度加若干,六十㻫蘭姆西們脫可置於四十立方桑的米脫器具,水之體積與西們脫體積適及其半,比較各西們脫熱度所用水數,與西們脫重數各須一律。又加水逾少,則熱度亦逾多也。

西們脫磨研愈細,則熱度愈大。□□三種試法:一種西們脫試,磚由水内取出,試其良楛;一種試磚露於空氣,有久暫之别;一種西們脫調水多寡以試之。凡製西們脫,要知其禦牽力、壓力數固難精到。然余謂循照試法爲之,非做不到之事也。西們脫之結性,緩急誠難測量。第五十三圖即爲測量之具,丙爲西們脫,試時欲其中腰壓斷其中間,重數在一百五十磅以内,不應碎斷,即於甲盤内加一百五十磅重之磚或他重物。甲盤□下時,將乙桿起拖下,然不能將鐵鏈箍一直拖下,因乙桿□於架之凸處,須俟架上凸處漸漸釋放下來,則乙桿挺直而盤甲重數,斯全在磚腰,磚只能抵禦幾分時即行碎斷,如此試驗,乃爲合法。

一種西們脫,麤細並和,每英斗重一百十六磅。若用每方桑的米脫有一千二百九十六眼之篩以篩之,減去麤粒百分之二十,每英斗重一百二磅,再將每方桑的米脫有二千五百眼之篩以篩之,減去百分之三十,每英斗重九十九磅。以此三號西們脫水浸三個月後,試其牽力,有以下數。一號每方寸能禦五百磅,二號每方寸能禦四百五十七磅,三號每方寸能禦四百四十九磅。如以一份西們脫與一份砂泥對和，則一號每方寸能禦二百八十磅，二號每方寸能禦三百二十四磅，三號每方寸能禦三百七十七磅。若加兩份砂泥，則一號每方寸能禦一百十七磅，二號每方寸能禦二百十二磅，三號每方寸能禦二百五十磅。若加三份砂泥，則一號每方寸能禦一百零三磅，二號每方寸能禦一百四十三磅，三號每方寸能禦一百七十三磅。又若浄西們脱水浸六個月，而不加砂泥，則一號方寸能禦五百二十七磅，二號每方寸能禦四百九十二磅，三號每方寸能禦四百八十六磅。若加一份砂泥，則一號每方寸能禦三百五十磅，二號每方寸能禦四百二十四磅，三號每方寸能禦四百三十九磅。若加兩份砂泥，則一號每方寸能禦二百二十九磅，二號每方寸能禦二百八十一磅，三號方寸能禦三百二十三磅。若加三倍砂泥，則一號每方寸能禦一百五十磅，二號每方寸能禦一百七十三磅，三號每方寸能禦二百二十八磅。用推姆斯江清潔砂泥三份，與西們脱一份相和，水浸三個月後，每方寸能禦牽力六十磅二，水浸六個月後，每方寸能禦一百三磅・三，可見水浸愈久愈妙，且純用浄西們脱，不若兼用清潔粗砂並和而成之較省也。

鄭昌桂《煉石編》卷三《第二十章論西們脱用不合□》 工程用料往往無深識，而於化學情形不加詳察。當初帕得蘭西們脱乍興時，不甚考究，固無足怪，近時建造工程用西們脱者漸多，應留心者，萬不可妄信公司招牌，致滋弊患。如第五十四圖表明，誤用楛料致數排房屋忽然坍倒。彼造作時何嘗無熱諳工作，只購料一不小心而罹此厄。嗣向公司索償價值，而公司不允，致兩造涉訟。余奉命前往試驗，知其内炭養氣甚多，又雜質有百份之十四，並三份未經燒盡之焦煤，用顯微鏡查窺餘質，有與石灰並燒之駭兒石或石板石。照常法試，其牽力每方寸只能禦一百磅，過限即斷。【略】

鄭昌桂《煉石編》卷三《第二十一章帕得蘭西們脱用處》 地學、金類學、化學三者合而爲一。苦無化學，則上二種學問無從探討，製造西們脱家全恃此三種學問。地學所以選石料，金類學所以辨外貌，化學所以别内性。以故，製造西們脱不獨足補天生物料之缺，且能查其緣由與徵驗所在。大凡石内膠黏物質，如石灰之類，或泥之類，或砂之類，何以能黏結顆粒，可以測驗，既明曉其性情，可以知某處空氣之合否與干濕若何也。石料品質在其顔色並結成紋理，易於查看。如顔色匀浄，紋理顆粒微細平匀，即爲堅石。帕得蘭西們脱用處甚廣，初不過建造房屋，作爲灰沙之用，尚未顯其功用。後來製造家知建築用處頗廣，且甚足恃，因而充先推廣，且增日益，幾於應給不遑。英國暨他國泊船處與船塢及他緊要工程，非此不可。推姆斯江塘岸均用西們脱爲之，以用花剛石價貴故也。推姆斯江上活脱盧橋用花剛石建造，竟不能成，以倫敦天氣與此花剛石不合。此即指點造築之人，不可少化學工夫，既曉化學，乃能曉彼處天氣與此料質相合與否。英國各處造築，用西們脱，功用甚爲明顯。律否江岸用大塊西們脱石，直當波猗之衝，數十年來仍屹然不動，此江有大潮，且多潮濕，又輪舶帆船來往如織，乃能歷久不壞，可以見帕得蘭西們脱之功用矣。英國西邊愛呃海島泊船處，塘岸亦用大塊西們脱石，足爲榜樣。此塘岸正當極大風浪中，造已多年，一無變動。□佛海口塘工，又以西們脱石爲之，今後又須造更大之西們脱石，以捍衛危險工程。西們脱製成大石板，英國來斯脱之花鋼石出礦時，已定其式，大如黄豈，淘去其泥並不合之雜質，如第五十五圖。淘洗後顆粒潔浄堅硬，運至石板□子廠，如第五十六圖，將石子與西們脱調和，此即名爲康克利脱西們脱，應調入若干，則視用處若何。模以水爲之，□以鐵皮石板製成，兩面一式，以備日後翻而用之。石板出模候七日，然後浸於矽養水中，如第五十七圖。常例浸八日或十日，取出候月餘，即可用矣。然此化學法言之，越儲久，則其質地越堅，第五十八圖即爲露儲之廠製石板，常例所用物質如下：

一、帕得蘭西們脱，二、來斯脱花剛石或備呃賽花剛石。三、法能矽養。

【略】

製大石所用西們脱，須擇其極佳者，每英斗不可少於一百十六磅，不得以重不足數，而加以雜料煤渣等。水浸七日後，每方寸能禦牽力，不可少於三百磅，麤細之數於每方寸有二千五百眼之篩篩之，百分内不得有十分留於篩面。一千八百八十九年八月試驗所成之石，有以下徵驗，禦壓力面積五・五七方寸。

帕得蘭西們脱於築溝隧等大有功用，德法美各國用築溝隧，法國以之作隧道管，按長有數千里之遠。美之孛洛林城有六百里隧道管，較他處更佳。第五十九圖爲推姆斯江上隧道管廠，有美國牙帖，其機器亦美國來，所成隧道管甚佳。其隧管節節相連接處，有凹凸簨。第六十圖、第六十一圖，爲製隧管之機器。六十圖爲調和各料之具，所用火石或他種相配之石，在孛留克軋石具軋碎之，揀去其泥土，其調具以手輪轉中間排佛爾輪，排佛爾輪轉竪軸，軸轉則刀轉，候料質攪後匀稱，即開其底門，而料即外出矣。六十一圖爲配模之鐵器，方采下有圓桶，桶中置一磨心，西們脱粉即傾入其夾縫中，而有一杵於四周，搗令堅實，乃用一領圈式模子於其上壓之，便成凹凸簨。如製彎管枝管，皆可以模爲之，如

第六十二圖是也。管既製成，即浸於矽養水中，令西們脱分外堅硬。西們脱管較缸甏更好，如内外簨合縫，水可不漏兩管相接之縫，竟能泯然無迹。倘日後碎裂在縫直處，而不在接處，兩管接縫既久，極難分離。第六十三圖兩管膠結，至加以一噸又四分噸之一之重墜，而仍不稍離，此西們脱管能禦水之壓力，將所接之管竪立高三十尺，灌足以水，而管之接縫及管體一無滲漏。又西們脱經過矽養水後，能禦地下各氣質之弊。何以知經過矽養水能禦各氣質，製造廠所用鹻類大筩，以康克利脱製成前數年用一塊西們脱康克利脱浸於□□内十四日之久，而不碎裂，闌開肖製鹻廠分槅以章爾斯石板爲之，而石板不多，欲用康克利脱石板代之。自來水等管子用西們脱康克利脱，能禦壓力，激力較勝於缸甏料管。如管已埋定，或須添接分枝，鑽洞時不致損壞，亦不爲震動。萬一有損，修理亦易。彼各缸甏料管，不論加釉與否，遇陰溝之氣或他質相害，久必損壞。若以帕得闌西們脱做成者，經久堅固，愈久愈堅。彼窑燒之料既費工夫，一損即全廢，獨陰溝所用康克利脱遇潮濕，反令顆粒凝結周遍。各式彎管與分枝管接處，可用各式模製甚精，缸甏管所不能及，缸甏料做成管後，即有多少危險，運費更大，若以西們脱製康克利脱管，隨處可做。第六十四圖康克利脱各式管俱全，有兩個十二寸徑管，能抵二十塊之二寸厚三尺長二尺闊康克利脱石板上，又加枝管，共重三十英擔。若他料爲之，斷不能當此重壓也。造碼頭駁岸用西們脱作柱，以代鐵柱，頗稱合用。斯彎得闌瘠來斯谷塘岸用磚作柱模，以西們脱膠住，彼時磚價尚廉，嗣以磚貴，又用康克利脱作掛柱以百計，排成一條，有四百碼長柱管外徑十二尺，厚二尺四寸，内徑七尺四寸。柱與柱交接，有凹凸簨相銜，柱排成墻，墻内堤岸不爲潮浪衝刷。廠内預備木臺、木架並汽機等，即於木臺上砌磚成圓圈，有木模，模用一寸厚木板，並成四塊模，以鐵銷牽住，外有三竪木條管之。模之一旁有凹，一旁有凸，俾磚圈彼此相銜。模内有二尺四寸闊之圓形板，置於臺上，以□定模板。圓形板内徑即合磚圈内徑，而磚圈即於此□形板上砌成，板四角有四寸半徑方洞四個，可插以方木柱，候磚圈叠高，即於此四方洞内，灌以西們脱，以成長銷磚。圈外塗抹以西們脱，令光平，每圈用磚二千塊，磚係常式，不及用扇面形磚。若用扇面形磚，則西們脱更省，磚圈成五日後，結已堅凝，除去木架，可運送碼頭。每磚圈高二尺六寸，重九噸或十噸，照此法造成一千二百圈，約有三十尺之磚柱，其面積有八千立方碼。用一萬一千噸磚模架只十四副，迄今尚無恙。用轆轤、起重架並木臺送上矮車，運至碼頭，再用大起重架，提磚圈送入水底。近時建築用康克利脱，勝於熟鐵，不特各處推廣，用之且康克利脱之妙，有意計所不及者。以是建築工夫益精，十數半來建造之用康克利脱，指不勝屈。德國斯妥脱茄脱廠用西們脱康克利脱造煙通，高有三十六米脱。房屋地基填平，亦用此烟通分枝相接甚圓，其模外用木板，内襯鐵皮，以螺銷鍵連，每模高一米，□日易一模。此烟通造成，計價只二百四十磅銀。烟通接處並大烟盛通下半截均用火磚。

鄭昌桂《煉石編》卷三《第二十二章便用之益》 康克利脱用處甚多，如海塘、河工、船塢、灣泊處、碼頭、陰溝、池沼、屋基、墻垣、街道，亦俱用之。日後製造益精，用處更大。英國島嶼四處□海田廬俱受風濤之患，自康克利脱造築塘圩，足禦風浪，且其新漲沙地，築以外圍，潮不内灌，亦可耕種。又海邊用以築壩，留住淡水，亦屬緊要。否則山水奔往衝刷，地面肥質流入海洋，亦足爲農家之患。或於低窪處開濬成池，以康克利脱塗砌其底，並圬其四圍，而復成一大蓄，留一洞以汲水，供民間食飲之需，無不稱便。鋪砌街道現試用者，有四種：一、石類，如麥克特法、花剛石、拔索兒石。二、膏油類，如硬石油並松節油、黑柏油和質。三、植物類，如挪威柏樹板。四、金類，如生熟鐵。麥克特之法尚已餘三種，築填街道不能不用西們脱料，以爲膠黏牽連之用。彼麥克特法實即康克利脱，惟不用西們脱之黏質耳。不用黏質，是以石子不免移動，易於鬆散。若麥克特再加以西們脱，豈不精美。以西們脱鋪砌其面，日後即有消蝕，亦易於修補。用植物硬石油以做路，人馬往來過衆，究嫌其有不足處，此即指明有凹凸力之不合於用也。若其下填以康克利脱，則其路即堅，然硬石油面子不可有一處消蝕，一有消蝕，遇風雨即足助其壞裂。木植之立方塊，紋理亦因之鬆散也。就地造西們脱便法，帕得闌西們脱，近時各製造中視爲要物，其就地製法尤爲便益。南亞美利加升之皮和諾斯愛爾意斯都城，特設一廠，專造西們脱，其機器即在英國購辦，其件數如下。可搬移之汽機兩副，(各三十四馬力)四尺六寸徑磨石三對，製西們脱磚塊器具一副，孛留克軋石具一副，哥得們軋石兼磨具二副(見前十三圖)鐵窑一座，鋅包鐵皮房屋。運往彼國，製成西們脱甚佳，即用以造溝隧。美國西邊業伐□省□西們脱、康克利脱，造礦内環洞以爲通水之用，康克利脱製石於熱帶天氣甚爲合用，秘魯等國天氣炎熱，英人曾於彼處考察，凡以石造者，外塗以西們脱，乃可禦熱帶天氣。

鄭昌桂《煉石編》卷三《鍊石補編美國□爾牧著》 麤料如大小石子，或介類或碎瓦碎磚等，皆可與西們脱調和，即名爲康克利脱，法入謂爲孛湯。孛湯者置於水內，凝結甚堅。康克利脱與孛湯之膠黏力，全恃乎西們脱，猶之水泥膠黏力全恃石灰。所用西們脱分劑不特填麤料空隙，而且有餘於面積。康克利脱於潮濕輭地，或地下溝隧，或水下建築，及意想所至而合宜者，皆可推廣用之。康克利脱較磚造更堅久，而又價廉。水下建築用康克利脱最爲便益，以安置時無庸車涸其水與泳氣鐘及郃水衣。康克利脱造法，將大小砂石置木板上，厚八寸或十二寸，小顆粒在下，大顆粒在上，即以西們脱匀鋪其上，兩人從旁鏟，令向內，兩人用鋤爬，令向外。復調换擾之，令西們脱與麤料匀和周徧，便成康克利脱，可運往用處，此須監工者督率爲之。如用機器調者，有箭長十三尺，徑四尺，箭兩端皆通而平卧。一端距地平斜有六度或八度，以手車運石子並西們脱，由漏斗送入箭，有輪軸轉箭十五次或二十次，則康克利脱由箭之低一端而出。光滑襯有鐵皮，其分劑有常例，於漏斗送入箭時，可以主特轉皮帶輪軸之汽機，即用西們脱本廠汽機可也。此機器每十小時可調和一百零五至一百三十立方碼之料，以之造墻垣，用夾板爲模，而式樣任乎巧匠。以之築地基，作襯墻或造地窟，用無底蓋之箱或夾板，以逐層爲之可也。造墻垣之夾板模，如第六十五圖，夾板隨築隨升，令層層累而上。水底置康克利脱，非高處落下，亦不令西們脱爲水衝散。康克利脱之需西們脱，較陸用加多，常例用無底蓋之木箱，能容積九立方尺或十二立方尺之數，或用水管，美國尺昔陂海灣礮臺地基，以康克利脱爲之。其置法，用爐鐵管，管下端如覆漏斗上，截分四節，可移换其下第五節，鑲連於覆漏斗，如第六十六圖。此具懸於起重架，架立於鐵軌條，康克利脱用桶由管送下。其每分劑即以管之覆漏斗爲限，候水底康克利脱築填一排，即層累而上。管方上數節，可逐層移去也。其懸於架者，欲隨時提其具，令加結實。此具只以二人管之，礮臺地基分段填築，每段有八尺方，十四尺高，即八百九十六立方尺。每填滿一段，約十小時工夫，監工暨小工只二十九人。其填築法，用提桶由管送至水底，但扯其繩，令桶分兩半，則康克利脱落下，如第六十七圖矣。康克利脱高出水面，乃用畚箕以傾之，桶係兩半柱形，其辰甲中線即其相合處。辰處有鉸鏈，甲處有鐵銷，令桶之兩份相闔，只將甲銷一拔，則桶之兩份遂開。桶有兩蓋，如申甲，康克利脱裝桶滿後，即將申蓋關閉，俾不爲水所浸灌。康克利脱不可於水下搗敲，如欲其結實，只將爬具爬平，而層累加上，自能壓緊。康克利脱築海塘碼頭，向用長石牽住，或以石砌出露處，常例石鋪外層，駁横條間，以縱條令彼此相銜。內層用康克利脱填築，在水深處須用鐵房，置水底抽出水後，及抽空氣入房，庶工人可以填築，每一小時换班。康克利脱置水底，而水面必浮出一種混流質，如米泔然，此即由各種西們脱內滲出之鈣養。如是西們脱必失其力，即康克利脱失其膠黏之力，若康克利脱置海中，鹹水內漬出之混流質更多。地中海水內，每立方碼有三磅鎂養康克利脱，浸於海中即漬出鈣養甚多，顆粒極微，與鎂養相和。以是康克利脱莫妙於置定水內，或西們脱用結性之急者，庶不致散去鈣養。

綜述

華蘅芳《金石識別》卷首《序》 金石識別十二卷，西士瑪高温所譯也。瑪君於金石之品，知之最詳。因以醫爲業，不能延之至局。故余僦屋於外，每日至其家，俟其爲醫之暇，則與對譯此書。書中所論之物，有中土有名者，有中上無名者，有中土雖有名而余不知其名一時不易訪究者。每譯一物，必辨論數四。其有名者，則用中土之名。其無名及不知其名者，則將西國之名，譯其意義。又有以地爲名，以人爲名，並無意義可譯，或其名鄙俚，不可譯其意義者，則用中土之字，以寫西國之音。故其名佶屈聱牙，不能以文意相貫，多至五六字七八字者，時時有之，而書之體例。又條分縷析，每將各物之名，彼此互舉，以作比較。又有連舉數名，連記數事，不能辨其句讀者，則必用虛字以問之，或空格別行以清眉目。此皆出於不得已，非欲徒侈卷帙也。瑪君於中土語言文字，雖勉强可通，然有時辭不能達其意，則遁而易以他辭，故譯之甚難，校之甚繁，幾及一年始克蕆事。今已刊板印行，居然成書矣。追憶當時挾書卷袖紙筆，徒步往來，寒暑無問，風雨不輟，汗不得解衣，咳不得涕吐，病困疲乏，猶隱忍而不肯休息者，爲此書也。惟是日獲數篇，奉如珍寶，夕歸自視，訛舛百出，塗改字句模糊，至不可辨，則一再易紙以書之，不知手腕之幾脱也。每至更深燭跋，目倦神昏，掩卷就牀，嗒焉如喪。而某金某石之名，猶往來糾擾於夢魂之際，而驅之不去。此中之况味，豈他人之所能喻哉。觀察馮公以爲不可無以誌之也，故余爲略述曩事如此。至於試驗之方，鎔鍊之術，書中論之至詳，且有目録可檢，不必再挈其綱領矣。惟此書之大意，專爲識別金石而作，蓋識別之法愈多，則物無遁情可不爲貌似者所淆，而其真者乃不至於埋没，於是可取其有用者，棄其不適於用者，取其寶貴者，棄其無處不有者，則此書之成，亦未始非民生利用之一助也。或謂五金之礦藏，往往與强兵富國之事，大有相關焉。然耶，否耶。同治十一年八月二十五日，金匱華蘅芳序於江南製造局中。

華蘅芳《金石識别》卷一《總論》 遍地球諸物，飛潛動植，謂之生物。氣水土石，謂之非生物。金類恒隱匿於非生物中，目不易辨，人視之，或如鹽，或如脂，或如灰。又有無用之土石，與有用之金類，貌甚相似者。因此，須仔細考究而識别之。

金石有可以作顏色者，有可以作藥餌者，有可以作宫室器用者，有可以糞美土疆者，故論造化之理，非生物與生物相類無甚差别。

或問何物爲金類。曰難言也。除生物以外，皆可歸金類。曰土石非生物，可謂之金類乎。曰土石中每有金，則金與土石恒相麗也。如任取一塊土，以化學之法分之，其内皆有金，或一種，或數種，相連石亦如之。故金石家之專門能識别土石之種類，知某石與某金相連。先尋得各金石之純者，以知其雜者，則土石皆金類也。曰水爲流質，無一定之形狀，應不可謂之金類。曰鉛熱至六百一十二度，而爲流質。硫磺熱至二百二十六度，而爲流質。冰熱至三十二度，而爲流質。水銀負三十九度以上，爲流質。則流質，亦不得謂非金類。水之堅而爲冰，其形甚似灰石。假使地面常冷，冰堅不融，則水亦與石無異。如是推之，即天空之氣，亦不能決其爲非金類。因已有數種氣，以化學之法，可使變爲流質，變爲定質故也。蓋氣類冷之，皆可爲流質，流質冷之，皆可成定質。其不能變者，冷度未至耳。如無此例，則水銀亦不能入金類矣。所以除生物以外，其能獨成定質者，皆謂之金類。其出於礦藏之中而鍊得者，謂之金。

有人因金石亦能長大，疑其與生物無殊。然細考之，其理有别，蓋生物之長，因其有筋絡精液，能吸取他質，以自培養。若金石之物，觀其碎者與整者無異，觀其塊者與大山亦無異。即使能繼長增高，亦不過附麗積累而成，非自能發榮滋長也。如海中之鹽，有沈積水底結爲石鹽者。水中鐵砂，因水從鐵礦中來，故水中有鐵重而下沈，漸積而多。又如灰石洞中，及江湖之底，有時因水中有二股炭酸之灰，其一股炭酸化氣而去，而炭酸灰沈積於底，漸結而厚，以成灰石者。山中石洞有泉水下滴，其水中炭酸灰，凝爲鐘乳，久則漸大而長。觀此諸物，則知金石之能長大，乃有物自外面附益之，並非自能滋長也。故其消磨剥落，亦是蝕去其外皮，非能自内腐爛也。則金石之與生物異也，亦明矣。

金石之外貌，如顏色也，輕重也，軟硬也，光彩也，明暗也，臭味也，此外貌之易識别者也。

欲識别金石之内形，則必剖析之，如於鎔結石中，見一點絶小枚格石，用小刀雕出剖析之，皆可分爲數薄片。即知凡可分爲薄片者，皆此類也。如見一點非而斯罷，用小刀雕出剖析之，見其面皆光，如玻璃，則凡遇光如玻璃者，皆其類也。辨鋼鐵亦如之，辨玉石亦如之。按此剖析之法，可以知各物之本形，可以知數物合成之形。因各物各有自己之本來形像，其排比積疊而成多式，比人工所作者更爲整齊，更爲精巧。

金石之性情，可以他物交感之，以觀其變。如熱之，酸之之類是也。金石有遇熱而升爲氣者，有遇熱而鎔爲汁者，有遇熱不變不能銷鎔者，用此等法試驗，亦是化學之根柢，所以金石家識别金石之法有三：

一，識别其如何積疊而成，其結成之式如何。

二，識别其顏色、光彩、明暗、軟硬、輕重如何。

三，識别其遇熱遇酸，與他物交感，變化之狀如何。

以下詳論此三事。

華蘅芳《金石識别》卷六《總論》 金有生成自然者，有與他物相連者，尋常之礦，金每與養氣合，或與硫磺合，或與砒合，或與炭酸合，或與夕里開合。假如養氣鐵礦、炭酸鐵礦，此兩種礦可鍊得鐵，硫磺鉛礦可鍊得鉛，砒酸苦抱爾礦可鍊得苦抱爾及砒霜。

只有幾種金在石中遇其有生成自然者，其自然者或爲純金，或爲數金和合。假如黄金與銀和合爲一礦，則金銀皆爲自然，有時金與他物化合，不算自然，如砒或脱羅里恩與别金合，則不能謂之自然，因金已變形故也。然則所謂生成自然之金，無論一金或多金合，必仍爲金形，不改其情性狀貌者，方得謂之自然。

金之生成自然者，如黄金、白金、鈀留底恩、衣日地恩、日和地恩，此五種金常遇其自然者，不恒見其變形者。尋常所用之别斯末斯，亦從生成自然之别斯末斯礦取得。

又如銀礦、水銀礦、銅礦，有時亦常遇其生成自然者，然取之不必專在自然之礦，因其非自然之礦，亦可鍊得故也。有别種金常見其變形，而罕見自然者，如白鉛是也。鐵礦除隕星石之外，亦罕遇其生成自然者，凡石中有自然之鐵者，其石皆非本地球之物。

礦金屢有變形者，或本金與他金化合，或金與土石化合。假如鐵每與土相連，或與夕里開相連，人不看慣，不知其是鐵礦。有時礦内有燐或砒，或硫礦與鐵相連，則分鍊之難浄，有不屑取者。

有時礦中有數種礦，未曾十分相連，則於石中各成塊。取時可分别之，如曰鉛礦與鉛礦，每每如此。又苦抱爾與臬客爾，鐵與孟葛尼斯，銀與鉛與銅，苦抱爾與安的摩尼，白金與衣日地恩、鈀留底恩、日和地恩亦然。

凡礦金之形有四種：

一，藏及疊層恒在兩石層之夾縫間，如數種鐵礦。

二，撒星形，或細粒，或粗顆，或結成大塊，散開在石中，不相連屬，如硫礦鐵礦、硃砂水銀礦及數種泥鐵礦。

三，筋脈交錯，如錫鉛銅礦，及各金之礦，皆有此形。

四，賽真脈於他石之相近巴弗里脱拉潑處，如花旗之銅礦是也。

火山石中屢見，其有自然之金，其金爲撒星形。

凡有金之石，其石西名謂之呆吒。呆吒者，專指石言之，亦專指有金之石言之。譬之於玉，則金爲玉，而呆吒爲其璞。譬之於瓜，則金爲子，而呆吒爲其瓤。譬之於身，則金爲血脈精液，而呆吒爲毛骨皮肉。故有有呆吒而無金之處，未有有金而無呆吒者也。

凡金在呆吒中分出之，其呆吒多過於金。

金在呆吒中或斷或續，如於呆吒中得金，踪迹之，忽無金而祇有呆吒，則過一段可又有金。

石之爲呆吒者，如科子、丐而刻斯罷、合肥斯罷，此數種石常爲礦金之呆吒。如夫羅而所罷，亦間爲礦金之呆吒。

如丐而刻斯罷爲花旗鉛礦之呆吒，又合肥斯罷亦爲鉛礦之呆吒。英吉利鉛礦之呆吒，爲夫羅而斯罷。

得礦而分鍊之，以得純金，其法有三：

一除其呆吒，二除其連合之物，三除其連合之金。呆吒之大塊者，開取時可揀擇而去之，其細者打碎而淘汰之。

易鎔鍊之金，其金如生成自然，未與他物化合者，則以其礦研碎入爐燒之，其金即能流出，如别斯末斯是也，又灰安的摩尼亦然。

黄金恒爲撒星形，則以其礦研碎淘汰之，取其重者以水銀灌之，則黄金從呆吒中出，與水銀相連，如水化鹽，熱之升去水銀，即得純金。

鐵礦除開取時揀去呆吒之外，再無除汰呆吒之法。

除雜物之法，有時但用熱，如硫礦水銀礦及硫礦鉛礦熱之，以升去其硫礦是也。

有用他物以引去其雜物者，如養氣鐵以木炭屑和而熱之，則養氣與炭相連爲炭養氣，升去而鐵得純。

有時兩三種金和合在一礦，則須分開其連合之金，其法或與之養氣，或燒去一物。如鉛中有銀，則用火熱之，以風吹之，使養氣與鉛連爲渣滓，而銀得純。或於罐中用骨灰收得養鉛，此法名曰克白來身。

英吉利之銅礦中每雜鐵，亦熱之使見天空氣，變渣滓而得純銅。

礦中有雜質及呆吒與金相連者，則分鍊時，更用他物以配合之，使變化爲渣滓，此法謂之弗拉克斯。

大約鐵每與科子及土連，其科子爲浄夕里開，其土内有七十五分夕里開，因尋常石灰與科子易鍊成料，所以用石灰照其應用之股數，作弗拉克斯，或用炭酸素特，或用硝，亦能之，因其與夕里開相連，亦能成料故也。其料即爲渣滓，如沸而浮，俗名謂之黝，今謂之料油。

昔而以恩　以特里恩　浪替尼恩

昔而以恩，以特里恩，此二種金未有大用處。吹火試之，非極薄之片不能鎔鍊。

以特羅色兒愛脱，搏結，紫藍色，形如紅紫色之夫羅而斯罷，有時紅褐色，不透明，其面光，硬四至五，重三·四至三·五。其合質夫羅而林酸二五·一，灰四七·六，昔而以養一八·二，以特里養九·一，吹火試之不鍊，遇之與鴨兒信脱及土不爾斯同在科子中。

夫羅率林，倍雖克夫羅率林。其中皆有夫羅而林昔而以恩，明黄色或黄紅色，吹火試之不鍊。

倍來雖脱，結成之式如圖，紅褐色或褐黄色。碎之玻璃光，析之與底平行，重四·三五。吹火試之不鍊，其合質炭酸二三·五，昔而以養浪替尼恩地弟彌恩五九四，灰三·二，夫羅而林丐而西恩一一·五，水二·四。浪雖奈脱，結成三律，細薄如魚鱗，白色或黄色，硬二·五至三，其合質炭酸浪替尼恩七七·四八，水二四·〇九。

莫奈是愛脱，其元爲一斜式，結成之形如圖。

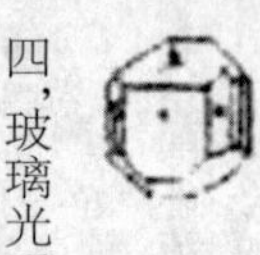

力力面交角九十三度十分，午未面交角一百四十度四十分，力午面交角一百三十六度三十五分。析之與底平行，光明全備，遇之者不過在他石之中，見其細細結成無大塊者，色褐黑或黑紅，明二至四，玻璃光至松香光，性脆，硬第五，重四·八至五·一。其合質昔而以養二六，浪替尼養二三·四，土里養一七·九五，燐酸二八·五，養錫二一，養孟葛尼斯一·九，灰一·七，吹火試之難鍊。入緑輕酸消化，緑氣放出。與斯肺尼之別，因析之面光，而與底平行。

客里特台來脱，即燐酸昔而以養，小結成六面柱形，色淡酒黃，重四·六，遇之於鴨不對愛脱。

俺蘭奈脱，其元爲一斜式，結成六面柱形如曷碑度地，有結如針形長至一尺者，色褐黑，劃視其粉緑色或褐灰色，松香光微有金光，明四至暗，性脆，硬五五至六，重三·三至四·二。

鴨拉奈脱，昔而林，惡對脱，同。

其合質夕里開，哀盧彌那，養鐵，昔而以養，浪替尼養，灰，吹火試之鍊成黑料。鴨拉奈脱與茄納之別，因硬異，劃視其粉亦異。與呆度來奈脱之別，因易鍊而光亮，入酸不爲膏。

倍路雖脱，不浄之惡對脱也，內有炭質，熱之能燒。摩山倍脱，略同。

西來脱，水夕里開昔而以恩也，色如丁香或褐色至櫻桃紅，剛光，結成六面形。

蒲奪奈脱，昔而以恩之礦，形如惡對脱。

倍路客羅，其元爲一律式，結成八面形如圖，析之與面平行，黃褐色，明二至暗，玻璃光至松香光，硬第五，重三·八至四·三。其合質之大要可倫皮克酸，昔而以養，土里養，灰。其餘替脱尼酸，有時代其幾分可倫皮克酸。吹火試之最難鍊。與他物之八面形者，識別因其色及難鍊。與斯比偶兒之別，因較輭。遇之於雖約奈脱及鴨兒倍脱中。以下之屬，其中有昔而以恩，以特里恩爲要緊之物。

齊奴台能，燐酸以特里恩也，色黃褐，劃視其粉淡褐色，不明，松香光。結成方柱形，析之全備，硬四至五，重四六，吹火試之不鍊，入酸不消化。

呆度來奈脱，緑黑色，松香光半玻璃光，劃視其粉緑色，結成長斜形不分明，硬六·五至七。重四·一至四·四。其合質夕里開，以特里養，谷羅西那，多養鐵，浪替尼養。

弗爾古雖奈脱，可倫皮克酸以特里恩也，結成之次形其元爲正方式，色褐黑，碎之玻璃光，吹火試之變色而不鍊。

以特路談台奈脱，即談台奈脱酸以特里養，形如弗爾古雖奈脱，內有一半以特里養，其屬有黑黃褐三色，吹火試之不鍊。

油層奈脱，可倫皮克酸以特里養及替脱尼酸由日尼養，搏結，色褐，劃視其粉紅褐色，吹火試之不鍊。

切夫間奈脱，形如呆度來奈脱，絨黑色。玻璃光，劃視其粉暗褐色，硬五至五·五，重四·五至四·六。其合質夕里開，替脱尼酸，昔而以恩，入緑輕酸熱之易成膏。

卜里密曷奈脱，黑色，次金光，劃視其粉褐色。碎之磚口，遇其結成細長如筋，其底爲長方形，硬六·五，重四·七至四·九。其合質替脱尼酸，入爾果尼養，以特里養，鐵，昔而以恩。

卜里刻來斯，與卜里密曷奈脱相近，搏結爲長薄條，面光，色黑，劃視其粉灰褐色，硬五·五，重五·一，遇之與惡對脱相近。

才馬斯蓋脱，絨黑色，硬五·五至六，重五·四至五七。其質可倫皮克酸，由日尼養，以特里養鐵。

曷斯間奈脱，結成，黑色至褐黃色，松香光至次金光。劃視其粉灰黃褐黑，硬五至六，重四·九至五·一。其合質替脱尼酸，入爾果尼養，昔而以恩，遇之於非而斯罷中，與枚格入爾康相近。

羅雖福而台脱，褐黑色，碎之半玻璃半松香光。不能剖析，劃視其粉灰黃褐色，其台質內有替脱尼酸五八·五，灰一〇·一。其餘爲昔而以恩，以特里恩，遇之與盧代爾、白羅客愛脱、入爾康、莫奈是愛脱在一處。

華蘅芳《金石識別》卷九《總論》 遍地球土石，皆爲金類，或爲一種金石，或爲數種金石合成。

如灰石，其質爲炭酸灰，無別種金石在內，故灰石爲單金之石。

如合拉尼脱爲三種金石合成之石，一爲科子，一爲非而斯罷，一爲枚格。

砂石爲海邊之砂所成，有時有純是科子粒者，亦每有雜非而斯罷及枚格者。

泥石爲科子與非而斯罷或沉所合，有時中有枚格，凡泥石之粒極細，故目不能見其粒。

合子石其石中包有各種卵石，其卵石或爲科子，或爲灰石，或爲合拉尼脱。其其包結卵石之石，爲夕里開，或養鐵，或炭酸灰。

石有結成者，有非結成而爲摶結者。

如合拉尼脱及雖也奈脱，其石爲結成石，其中結成之顆，各有面形稜角，或多或少，皆可剖析，此因其成石之時結成故也。

如白灰石及花石，其中之顆粒，亦有稜角，故亦爲結成。合子石，其石非結成，不過有石子從他處來，又有物膠粘包結之爲一塊耳。其膠粘包結之物不多，有時僅見石子。

砂石亦非結成，其形宛似以砂屑摶緊而成。

泥石亦如以泥築堅而成，故非結成。

所以以石言之，有結成者，有非結成者，然須知每石自有極細之粒，其粒自已亦是結成，因萬物自流而定，皆結成故也。惟結成之石，其細粒復相湊合成顆，不如摶結者之無次序也。又結成之石，每不能辨其粒，因其粒可以極細，而極緊之故。

華蘅芳《金石識別》卷十《各國權度考》 權度之法各國不同，其數亦互有參差，今論英吉利、法蘭西、普魯斯、俄羅斯四國之權度，及比較覈算之法。花旗之權度，與英吉利同，故不論。

英吉利法，稱貴重之物用托羅威磅，稱粗重之物用阿物度布威磅。

托羅威磅，二十四合倫爲一撥尼威脱，二十撥尼威脱爲一盎斯，十二盎斯爲一磅。

阿物度布威磅，十六特拉姆爲一盎斯，十六盎斯爲一磅，一百十二磅爲一狠特威脱，二十狠特威脱爲一噸。現在以一百磅爲一狠特威脱。

托羅威磅之一磅，爲五千七百六十合倫，等於阿物度布威磅之十三盎斯，又二六五一四三特拉姆。

阿物度布威磅之一磅，等於托羅威磅之七千合倫，亦等於托羅威之一磅又二盎斯一撥尼威脱十六合倫。

托羅威磅與阿物度布威磅之比，如一與〇·八二二八五七之比。

阿物度布威磅與托羅威磅之比，如一與一·二一五之比。

法蘭西法，以一千合拉爲一結羅合拉姆，其結羅合拉姆等於阿物度布威磅之二磅，又百分磅之二十一，亦畧等於托羅威磅之二磅又百分磅之六十八。

一合拉，等於托羅威磅之十五合倫又四三三一五九。

結羅合拉姆與阿物度布威磅之比，如一與二·二〇五五之比。

阿物特布威磅與結羅合拉姆之比，如一與〇·四五三四二四之比。

普魯斯之磅大於英磅，又以一百十磅爲一先脱納兒。

普磅與英磅之比，若一與一·〇三一一四之比。

狠特威脱與先脱納兒之比，若一與〇·九八七五之比。

先脱納兒與狠特威脱之比，若一與一·〇一二七之比。

俄羅斯之磅小於英磅，又以四十磅爲一普特，其一普特等於阿物度布威之三十六磅。

度量之法，英吉利以八分爲一因持，十二因特爲一夫特，三夫特爲一研兒，五研兒爲一落爾特。

四十落爾特爲一非郎，八非郎爲一每兒，三每兒爲一釐克，其一每兒約中國三里。

量水深以六夫特爲一發特。

分地面之一度爲六十分，謂之地球每兒，六十箇地球每兒等於六十九箇半律每兒。

法蘭西一枚特彌，如英之三夫特又三因特三七一，或三九三七〇七九因特。

一結羅彌特，如英之三千二百八十〇九夫特。

普魯斯之地球每兒，比英之每兒如一與四，亦等於法之枚特爾七千四百〇七四。

英吉利量流質之器，八箇倍脱爲一呆倫，二箇倍脱爲一夸子，即一百二十八箇水盎斯（與燥盎斯不同），即一千〇二十四箇特拉姆，即六萬一千四百四十箇密尼姆（即滴也），或二百三十一方因特。

華蘅芳《金石識別》卷十一《化學説》 按此説採自他書，故與上下文意義每有重複，惟亦有互相發明之處，是以録之。

凡合質之物，大約分三類：

第一類，此質與彼質相合，或爲酸或爲底。

第二類，一酸與一底相合，謂之鹽類。

第三類，此鹽類與彼鹽類相合，謂之雙鹽類。

各質相合常有一定不可移之數，其數覈之可知。

如水之爲物，無論海水之鹹、河水之淡，遇熱爲氣，遇冷成冰，其質常爲一二・五輕氣與一〇〇養氣。如以一三輕氣與一〇〇養氣用法使成水，必賸出〇・五輕氣，如以一〇〇養氣與一二・五輕氣用法使成水，亦必賸出一養氣。

又如石灰之質，無論從好灰石做成者，及用蚌蛤殼燒成者，常爲二五〇丐而西恩，一〇〇養氣。

硫磺酸無論從緑礬中取得者，及從硫磺做成者，其質常爲二〇〇硫磺，與三〇〇養氣。

各質皆能與養氣相連，故以養氣之重爲一百，可測得相連各質之重數。

養氣	一〇〇・〇
輕氣	一二・五
硝氣	一七五・〇
炭	七五・〇
硫磺	二〇〇・〇
燐	四〇〇・〇
緑氣	四四三・〇
孛羅名	一〇〇〇・〇
愛阿靛	一五八六・〇
布而倫	一三六・〇
夕裏西恩	二七八・〇
白鉛	四〇七・〇
錫	七三五・〇
鉛	二九四・〇
別斯末斯	一三三〇・〇
銅	三九六・〇
水銀	一二五・〇
卜對斯恩	四八九・〇
素地恩	二九〇・〇
丐而西恩	二五〇・〇
見而以恩	八五五・〇
美合尼西恩	一五八・〇
哀盧彌恩	一七一・〇
鐵	三五〇・〇
孟葛尼斯	三四五・〇
苦抱爾	三六八・〇
臬客爾	三六九・〇
銀	一三五〇・〇
白金	一二三二・〇
黄金	二四五八・〇
客羅彌恩	三二八・〇
砒	九三七・〇
安的摩尼	一六一三・〇
炭硝氣	三二五・〇
阿摩尼阿	二二五・〇

上表爲測得各物，能與一百養氣重相合之重數。

如欲知卜對斯之重數，查表中卜對斯恩之重數爲四百八十九，加養氣重數一百，得五百八十九，即卜對斯之重數。

如欲知養氣水銀之重數，查表中水銀之重數爲一千二百五十，加養氣之重數一百，得一千三百五十，即養氣水銀之重數。

觀各質之重數，可以知各質與養氣相合之能力，其數小者，其能力大，其數大者，其能力小。

如卜對斯恩四百八十九，已能與養氣一百相合，而水銀須一千二百五十方能與一百養氣相合。是卜對斯恩與養氣相合之能力，比水銀與養氣相合之能力大二・五也。

觀各質與養氣相合之重數，亦可知各質互相連合之重數。〇如一二・五輕氣，與一〇〇養氣相合爲水，與二〇〇硫磺相合爲硫輕氣，與四四三緑氣相合爲緑輕酸。

又如二〇〇硫磺與三〇〇養氣相合爲硫酸，與四八九卜對斯恩相合爲硫磺卜對斯，與三五〇鐵相合爲硫磺鐵，與一二五〇水銀相合爲硫磺水銀。如鐵及水銀多一分，則亦能賸出。

例，任何合質物中，有他質代其一質，其重數常有一定。譬如一百洋錢能買六兩金，亦能買十二兩白金，亦能買一百千錢，亦能買一千五百兩水銀，則貿易人視六兩金如十二兩白金，亦如一千五百兩水銀，以其所值之錢同也。化學之理亦然。

如三百五十兩鐵，四百八十九兩卜對斯，一千二百五十兩水銀，皆能與一百兩養氣相合，所以三百五十兩鐵，如四百八十九兩卜對斯，亦如一千二百五十兩水銀，所以此數亦謂之等重數。

此例亦通於化學之第二第三類。

凡以底令酸淡，其相合之重數亦然。

如以一百兩硫酸加一百十八兩卜對斯，或加七十兩灰，或加九十兩養鐵，或加二百七十八兩養鉛，則皆能令酸淡。最奇者，其各物之重雖各異，而各物中之養氣重數無不相同。如卜對斯一百十八，其中之養氣二十，灰七十，其中之養氣亦二十，養鐵九十，其中之養氣亦二十，養鉛二百七十八，其中之養氣亦二十。

所以有一例，二十養氣之物能淡一百硫磺酸，此數謂之硫酸淡率。

無論何物之酸，皆有酸淡率，均照前例，惟其率數各異。

如硝酸淡率爲十四又量，炭酸淡率三十六又量。

即物内有養氣十四又量，能淡一百硝酸。物内有養氣三十六又量，能淡一百炭酸也。

準上數，又以物内養氣比酸内養氣試之。

一百兩硫酸丙有六十兩養氣，物内有二十兩養氣能淡之。

一百兩硝酸内有養氣七十三兩又四分兩之三，物内有十四兩又四分兩之三養氣能淡之。

一百兩炭酸内有七十二兩半養氣，物内有養氣三十六兩又四分兩之一能淡之。

所以酸内之養氣，與底内之養氣比。

於硫酸之淡爲六十與二十，即三與一。

於硝酸之淡爲七三・七五與一四・七五，即五與一。

於炭酸之淡爲七二・五與三六・二五，即二與一。

此比例之法，亦通於化學之第二第三類等物。

底與酸化合，各改其本性，變爲他物，其數即酸底二數之合。

如灰石之質爲炭酸灰，其灰之質爲丐而西恩二五〇與養氣一〇〇相合爲底，所以底之數爲三百五十，其炭酸之質爲炭七五與養氣二〇〇相合爲酸，所以炭酸之數爲二百七十五，所以灰石之數即酸底二數之合六百二十五。

假如欲用硫酸與灰石化合，使變爲石膏。

先查硫酸之數，平常一股燥硫酸與一股水相合爲水硫酸，其燥硫酸爲二〇〇硫磺與三〇〇養氣相合，所以其數爲五〇〇水，爲一二五輕氣與一〇〇養氣相合，所以其數爲一一二・五。所以水硫酸之數爲六一二・五。

則知六一二五水硫酸可變六二五灰石爲石膏，其炭酸二七五化氣而去。

石膏中常有二股水，所以灰之數三五〇，硫酸之數五〇〇，水之數二〇〇，並之得一〇七五，爲石膏之數。如熱之使燥，則水去而其數爲八五〇。

此例得之不過五十年，未尋得此例之時，欲以諸物分化，須一一試其數，故甚難，今有此例，可算而知之。

有多物能與一二三四五多倍養氣相合者。

如硫磺與養氣，緑氣與養氣是也。

驟觀之，似與前例不合。細考之，則知其不是不合其數，亦非無法之數。

譬如人行平地，其步或多或少，或長或短，若升梯上階，則其步數必相同，因有級限之故也。其重數之倍數，亦有級，故合質之物，雖兩質有幾箇數，可合成數物而其淡率常爲一五，二〇，二五，三〇，三五等數，必無一量，一量，一量等數，如走梯階，不能作半步也。

如炭七五與養氣一〇〇爲炭養氣，與養氣一五〇爲莧酸，與養氣二〇〇爲炭酸。

如硝氣七五與養氣一〇〇爲下硝養，與養氣二〇〇爲上硝養，與養氣三〇〇爲下硝酸，與養氣四〇〇爲中硝酸，與養氣五百爲上硝酸。

如孟葛尼斯爲養氣二〇〇爲養孟，與養氣三〇〇爲下孟酸，與養氣三五〇爲上孟酸。以上諸數，於炭養之合，其養氣之級爲一〇，一五，二〇。

於硝養之合，其養氣之級爲，一，二，三，四，五。

於孟養之合，其養氣之級爲，一〇，一五，二〇，三〇，三五。

因此可見其數之大者，皆數之倍也，此例謂之乘數。凡氣之相合，其大小亦有級，合氣之體積常小於原體積之和，其數亦有級。

如一方緑氣與一方輕氣爲二方緑輕氣。二方輕氣與一方養氣爲二方水氣，三方輕氣與一方硝氣爲二方阿摩尼阿氣，六方輕氣與一方硫磺氣爲六方硫輕氣，則可知其大小亦有級，如物能令變氣者，皆可以方數覈之。

徐建寅《汽機必以》卷首《汽機分類》 凝水機分類二節

凝水機，有直行者，有轉行者，有圓面者。直行之制，不用曲拐，而但使上下起水機是也。轉行之制，以曲拐轉大軸，船汽機磨汽機是也。此乃難往復爲循環也。圓面之制，或即以汽生轉動，或亦以□輔生轉動，亦不用曲拐，然此法未嘗得大利，故以直行轉行二類爲適用之器也。其餘如吹空氣入冶爐者，用雙行而不用曲拐，亦非常用之器，不足爲一類。總之，不用曲拐者，謂之直行類可也。

單行汽機雙行汽機之別三節

單行汽機，乃一面受汽漲力，而往以對面之重力使復也。雙行汽機，則二面互受漲力，而往復也。間有雙行，而不用曲拐者，則以運動上下二面，皆能起水之器，有數處起，引礦内之水用之，但不用曲拐者，單行爲多，久已習用成式也。所以不用曲拐之機，即謂之單行者矣。

曲拐受力不平轉動能勻四節

轉行之機常有飛輪，消息其動，或用二汽筩運動一軸，而二曲拐配成直角，雖有不平之處，亦已畧自相消，故不用飛輪，如船汽機車汽機是也。惟紡織之機，必得轉動極勻。昔以飛輪爲要器，近設精法，亦可不用飛輪矣。

傅蘭雅等《電氣鍍金》卷一《電鍍理法》 七法

其一，用一種金質與一種流質。其二，用兩種金質與一種流質。其三，用一種金質與兩種流質。其四，用兩種金質兩種流質。其五，用第二三四各法相合，並另用一種流質。其六，用別法與一種流質。其七，將上各法相合。

傅蘭雅等《電氣鍍金》卷一《七理》 其一，與化學相關。其二，與電學相關。其三，與熱學相關。其四，與重學相關。其五，與幾何之學相關。其六，事之次序。其七，質之本性。

學者須將以上七事試驗之，細察鍍成之物，與鍍不成之物，而以七理□之，則自能明，鍍成之物，必有其理，即鍍不成之物，亦必有理也。

此事之用，各有成法，兹詳列之。各種水合於各金類，每一流質如何用法，電氣之源應用何種，電氣如何造法，或用大力電器，或用小力電器，如何作法可鍍厚鍍薄，金類之質粘連與否，用數質借別種式樣造一物而鍍此金，受鍍之物不傳電氣設法令傳，用相合之金類，或銻或鉍或鋅或鎘或錫或鉛或鉀或鈉或銅或黄銅或日耳曼銀或金銀鉑等質鍍於別質，鉀衰之造法，流質變壞用法，令其金質分出。

傅蘭雅等《電氣鍍金》卷一《七法條目》 一，用一種流質，一種金質。如第一圖，將一種金浸在流質中，此水已消，欲鍍之金質在内，如其熱度合宜，則水中之金類，能鍍於浸在水中之金質。設將浄鐵條，浸在銅養硫養水中，則水中之銅鍍於鐵條之上者，將銀條浸此水中，即不鍍銅。二，用二種金質，一種流質。如第二圖，兩金相連，甲爲銀，乙爲鐵，同浸於銅養硫養水中，丙爲玻璃盃，則鐵與銀俱可鍍銅。若以銀條與金條，或與白金條相連，而浸於水中，即不鍍銅，此與但用銀條者同。三，用一種金質，兩種流質。如第三圖，第四圖，丁，戊爲兩流質。但不可相和，宜如第三圖分隔之法。如已其分隔，或用薄木板，或用□軸之瓦器，其意欲令兩種流質雖隔，而仍有細孔相通。其一種金質或曲之，而插於兩種水中，或各插一條，而在兩條之上端相連。如第三圖，感如第四圖，用一深窄之□，以重流質，先盛於底，次將輕流質傾於上面，而不令相合。如先盛銅養硫養水，次將淡硫强水傾入，還將銅條浸其中，則下端在銅養硫養水中者，必鍍銅。上端在淡礦□水中者，必消銅。若以白金條浸入，則不受鍍，亦不能消。四，□□□質，兩流質。如第五圖，甲，乙爲兩金質之條，丁，戊爲兩流質，分隔如前法。其一種金質，在一種□丙，又一金則在別種水内。相連之法，有一種，如一面用淡硫强水内浸銅條，一面需銅養硫養水内浸銀條，上端用銅條相連，則銅條消化，而銀上鍍銅。若以鉑條代銅條，則不能消化，而銀條亦不鍍銅。五，可用前任一法，將兩種金，與又一種同類之金相連，其相連之金，在別種流質内。如第六圖，乙爲鐵，丙爲銅，甲爲銅養硫養水，或乙爲鋅，丙爲銀，甲爲淡硫强水。若以丁，戊兩銅條，浸在銅養硫養水内，如已相連，在丁戊兩銅絲，則戊銅條，與丙銀條相連者，銅即消化。丁銅條，與乙鋅條相連者，銅即受鍍。若用鋅養硫養水，與硫强水相合，而盛於已盃之中，以代銅養硫養，其兩銅條，以兩鉑條代之，則白金不消化，而銅上不鍍銅。六，用可鍍之流質，與別種力如電器等相連，鍍金之事，無外乎此，復將此逐節論之。

第一圖

第二圖

第三圖

第四圖

第五圖

第六圖

傅蘭雅等《匠誨與規》卷一《車工總説》 輾削而成圓形之體，原屬車工。令體轉動而受刀者，則在車牀車牀之妙用。因有兩箇定□，名爲車心，自可將欲車之體，懸架於兩點之間，而以刀鑿□器，安在合宜之處，則轉動之時，雖遇稜皴之體，亦能漸□圓平矣，此爲最簡之制。至於繁器，又能作多種工夫，此書特將簡繁二器，詳論其用法。

車牀之制甚古，大略剏製之初，衹有二箇定點，欲車之體架於中間，用小繩繞體數轉，而以弓牽之，則體迭更，左右轉動，即同於牽鑽之意，或一手牽弓，而一手執刀入，則坐於地，而以足指扶刀。如東方各國，與日司班牙，葡萄牙等西國，仍用此法。至於添設飛輪，與曲拐等件，其制未遠也。近來又設新法，令所車之體不動，刀則繞體而轉。然無論體轉刀定，或體定刀轉，俱可謂之車工。且如體外削成圓柱，或體內剜成圓空，亦謂車工。惟車工之內，令體轉動者，多如壓住其體而轉動。其鑽以作孔，則謂之鑽工。

車牀之各件，當知其用，以命其名。全器之架厥，名曰牀，沿俗稱也，最爲重大。其餘各件，連綴其上塔輪者，初受力而轉動之根，此輪常在人之左邊。挺心架者，在人之右邊，所以挺住所車之體。托刀架者，所以托住車刀。壓刀架者，所以壓定車刀，托刀架定於一處而不動，又可名定架。壓刀架能藉螺桿，以自行，又可名行架。其車心離牀面之高，名爲心高。凡車牀之大小，以此心高命之。如車心，高於牀面六寸，謂之六寸心牀。車牀能車之徑，爲心高之倍，但車心甚高之牀，常不能車甚長之體。

車牀之用處大而且多，筆難盡述。凡製造之工，不藉輪機者少。如無車牀，則輪機難造，然車牀又能改其形式，而變其用處，以至於無窮。故各種工藝，須特設合用之器，如玉石之牀，骨角之牀，洋鎗木柄之牀，火箭尾桿之牀，鞋楦之牀，並各種樣模之牀。

又有鑽孔者，造輪機之軸者，造汽機車之軸者，造汽機車之輪者，造軋鐵之輥輪者，代做各木工者，專刻螺絲者，以及象牙之□，花紋之面，種種巧工，言之難盡。惟專刻螺絲者，爲製造家常用之器。能作各種尋常之工者，又爲公用之器。果能運用此常用公用之器，則亦易用特設之車牀。是書先論尋常車牀之大略，後論特設之車牀。昔時舊法，衹有一種，即人手執刀，而靠於托刀之定架者，自設新樣車牀以來，其執刀之制幾廢。惟□工間有用之，或小兒戲玩亦用之。此種牀之輕小者，如第一圖，甲爲牀，乙爲帶動輪，丙爲挺心，丁爲托刀架，戊爲踏板，此牀之價甚廉，金錢兩圓至二十圓，但所能做之事亦甚少，惟便於初學者之習練。

第一圖

第二圖，爲以司脱布路格廠內，所□之車牀。比第一圖者更好，甲爲牀，以金類爲之。乙爲皮帶輪，亦以金類爲之，有鋼軸與礟銅之枕襯。丙爲挺心，後端有小輪。丁爲托刀架，戊爲踏板，己爲連於曲拐。辛之鐵□，庚爲牛筋之繩，繞過塔□乙□輪，壬子子爲螺蓋之□，能連挺心架，與刀架丑丑爲牀脚，實爲外面之木盤，可置刀□□器。此種車牀無論用足踏動，或汽機帶動，不能□出大力，因皮帶或筋繩之滯力有限，又不能變其快慢也。所以欲車之體徑，不能甚大甚小，因此各故必用齒□之法，始能傳大力，而車大機也，爲□用之器。齒輪之妙，以能減速而加力。其位置之法，各牀不同，尋常安於車牀之後。如書內較圖之式，最爲整齊。抱在塔輪之上，然此尚不能用大力，不及安在外端之便。此種車牀，可加一自行之壓刀架，則以此架，與托刀架之牀，有分類。

第二圖

第三圖，爲壓刀架，可藉螺絲，縱横移動，乃最簡之法。甲爲底板，置於牀面。乙爲摇柄，轉此柄，則其架丙能在甲面移動。丁連於丙上，中心有一釘，能繞此釘而轉動。戊爲螺絲，能令定於何處，成任何度之角。如摇其己柄，則庚能在丙面移動。其刀安在庚上，以螺絲壓定，螺絲必有兩箇，轉至甚緊，令刀不動用。此壓刀架能車平面，或平行桿，或錐形體，或直線體，比手執刀者更準，而能更速。惟有數種工夫，其定架反便於行架者。

第三圖

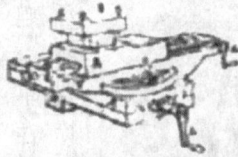

用此種行架之工，在配好之後，只轉一小柄，而刀能左右移動。此事雖已省工，然又有法，並免此工，即令車牀轉動之時，帶動其柄，令刀自動。其法有數種，將壓刀架移到所車之體，正對之處，體上連一小桿，伸出如手指，而其架之螺絲有齒輪，則體每一轉，其指遇齒輪而撥過一齒，其刀漸能移過。但此法甚粗，而不多用。其最便之法，在塔輪上有兩心輪，用一鐵絲，或繩從上連一□，與一相連之閘輪，此閘輪連於刀架之上。又有一法，比前法整齊，而不甚便，即在車牀前面，用二心輪，並小搖桿，連於牀上。此桿爲二心輪所搖動，有一小閘輪，與鈎，即能移動刀架。

手執刀之車牀等，常用木爲之，或棒木，或紅木。甚大之牀面上，鋪以鐵。然此器用木，木屬大□；且有燥縮，而濕漲之病，工作不準，故最好之料爲鐵，不但附用，亦不變形。

又有一種托刀架者，名爲三角桿牀。固挺心架與刀架連於三角形鐵桿之上，即以爲牀，此乃造鐘表者所用。

凡車鐵軸等件，大略全用自行之法，此牀所用之刀架，不用托架，不定於牀面，惟其左右移動之法，用齒條與齒輪。其齒輪連於架上，而有一長軸動之，其軸爲塔輪所帶動。其齒桿連於牀上，此法能車長軸，而工匠甚是閒暇，只須配好其刀，能刻所需之深，齒輪轉動之時，則刀架以自行至彼端，所以工匠兼可做別事。

第四圖，爲費而貝捺所造自行刀架之車牀。塔輪軸外，另有小塔輪能動，自行刀架之各件。此牀之刀架，左右前後，俱能自動。心高之數，常在十二寸以內，牀身甚長，可車極長之桿。

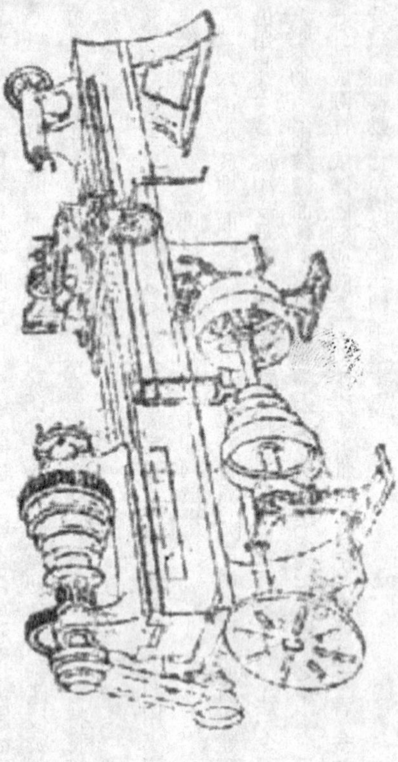

第四圖

自行刀架之車平面者，其牀常作重大而堅固，牀闊而短，車心甚高，能車大徑之體，其刀架不多向左右來往，而多在架板上面平行橫過。如車甚大之面，難配其轉動之速，故須設法能得轉動之速，與刀離心之遠近相配，則刀之所刻，恒得平勻之速率。

有數種牀能車平面，而兼能車柱體，此爲公用之器。牀體不過長，而車心不過高，所車之柱體，不能甚長，而盤徑亦不能甚大。如第五圖，爲心高二十一寸，亦是費而貝捺公司所造此種牀，亦大廠內所用。

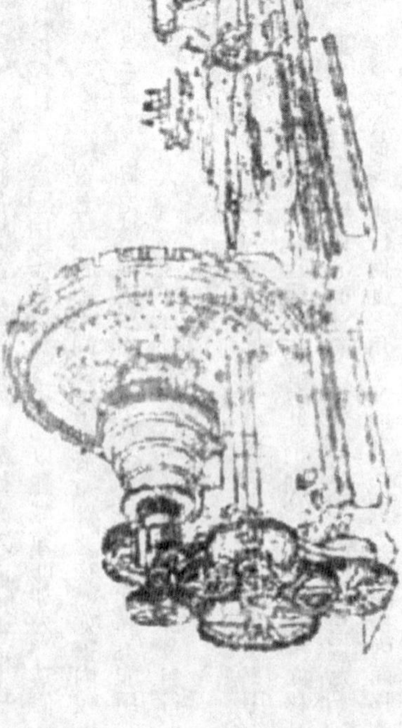

第五圖

車牀之最適用者，爲自行刀架之能刻螺絲者。此牀能作以前各車牀之工，另能作各種大小螺絲其動刀之法。但用一螺絲桿，令刀架左右移動，此桿名爲行螺桿。其螺絲桿轉動之遲速，以所配齒輪定之，名爲換輪。如將塔輪，與行螺桿之齒輪更換，則其速之比例，可任改變。尋常所車柱體，其塔輪之轉，必甚速於行螺桿之轉。如刻細螺絲，必令行螺桿之速甚小，於塔輪軸之速。如螺絲不大不小，或同於行螺桿之螺距，則所配之齒輪，可令兩物以同速轉動。如所刻之螺距大，於行螺桿，則塔輪之轉速，必小於行螺桿尋常車牀之行，螺桿其螺距半寸，則行螺桿，必轉二次，而得刀架動過一寸，此爲公用最便之數。如用別數，亦須雙數，或四分寸之一，或八分寸之一，或大至一寸，俱可用。

欲刻極準之螺絲，則行螺桿之螺距，亦須極準。常見之行螺桿極準者，甚少。因新時，雖準不久，而消磨漸差有數處，速消有數處，緩消尋常之工作，大約在車盤前一二尺之處。而其行螺桿，祇欲轉動數寸，則此數寸之内，必多消磨。其餘仍如新者，所以刻成螺絲，其距不能甚準，此病難於全治。惟有另配一齒桿，與小齒輪，以爲各種車工，其行螺桿，則專作螺絲，始可用久，而不甚差。

車牀之行螺桿不準者，不能作螺絲之準者，此理自明。然行螺桿之甚準者，所作之螺絲尚未能甚準，所以此工不可全靠行螺桿爲準，而又須別求病之所在。行螺桿甚準，換輪亦準，則可成略準之螺絲。故換輪亦須考究，但行螺桿甚準，換輪亦準所成之螺絲。如甚長未必全準，惟英國陸以德鐵廠所造，換輪其法最好，無有準於此者。

刻螺絲之時，日光曬於行螺桿，則必漲長，而螺距變大，所刻之螺絲，即有差。如所刻之螺距大，於行螺桿其差，必更大螺距，更小甚差，亦更小。

車牀雖以行螺桿爲專刻螺耕之用，然多刻小螺絲，則行螺桿，亦必有數寸之長消磨，但比較作別工者之較好耳。所有大而重之刻螺絲牀，俱是大廠内所用。其式有數種最新而巧者，爲回得活特廠内雙刀架牀，如第六圖。

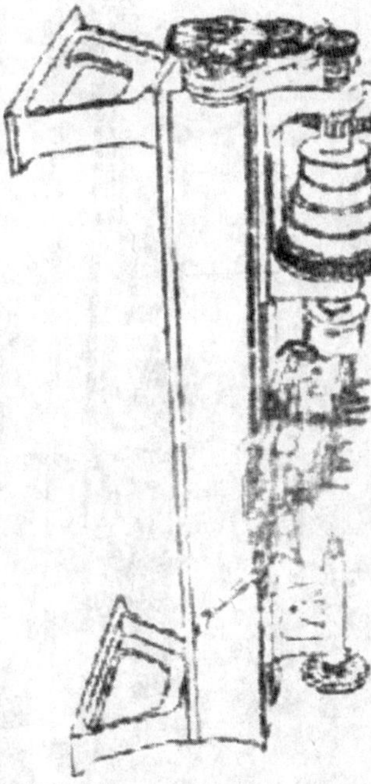

第六圖

回得活特廠，又有一種雙刀架車牀，如第七圖。此牀與前牀之别，能車大而短之體。其牀有一空處，以加其心高，另有副刀架，在其旁。若工作之家，或富家所用之刻螺絲牀，則更輕而更小。如第八圖，爲此種牀之最便用者。

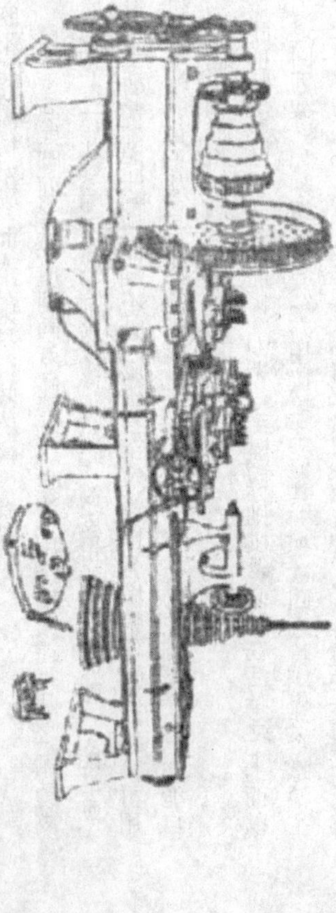

第七圖

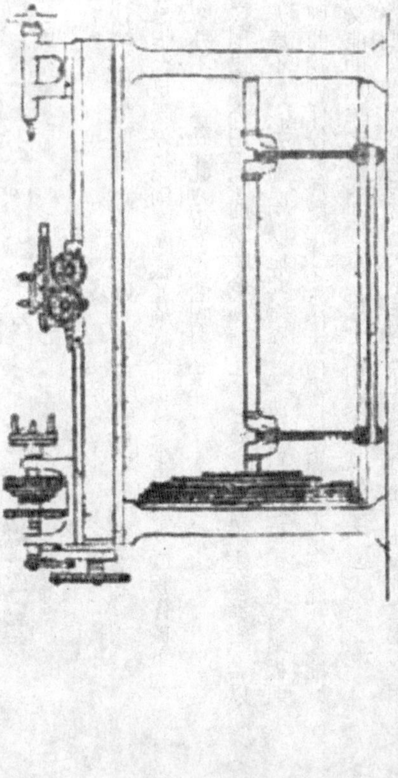

第八圖

刻螺絲之刀架，並各種工作之刀架，俱有數種。又有能移動車心之架，甚爲便用。其挺心架，以常法連於牀面。英國茂而鐵廠所造之式，其刀架能得移過之益處，牀面上有平行槽兩條，分其牀面爲三凸條，其中條大於外二條，挺心架靠於外一條，與中條之半刀架，則靠中條之半，與其餘一條，此法最爲整齊。

富家所用之車牀，大半刻畫花紋，所車之體，比刻螺絲牀所車之體更小而精，其花紋亦繁，不但富家之男子，以此爲玩耍，而女人亦有喜之者，此工俱藉手巧與心靈，故常見戲玩者，所做之工更好，於專工之人，此種牀甚精而準，其花紋大半以另器爲之。其牀亦必預備數件，以便用此各種另器。

以上各牀之外，又有特設專工之牀。如第九圖，爲造汽車軸之牀，其軸之二端，同時輾削，此牀固得活特廠内所造，第十圖之牀爲費而貝捺廠内所造，專造汽車之輪，兩輪同時輾削，各輪同時用二刀。

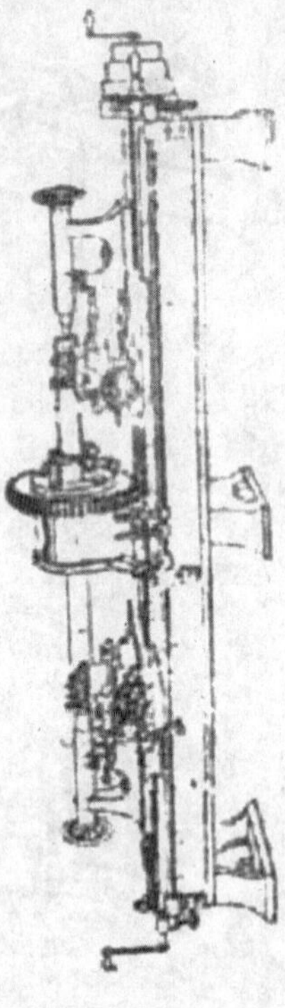

第九圖

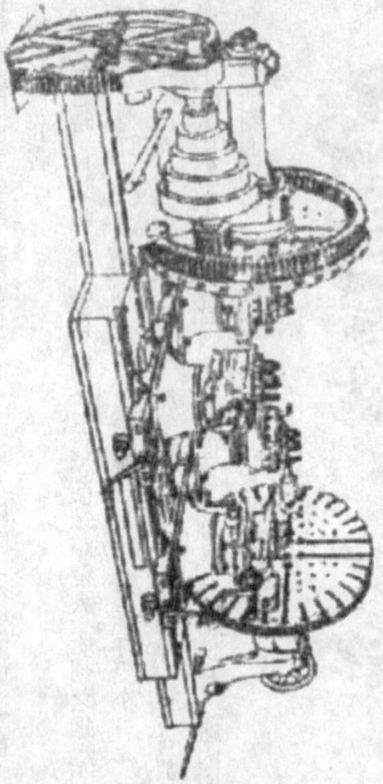

第十圖

第十一圖，亦爲前廠所造。專車圖釘與短體之用，並置二挺心架，二壓刀架，移動之法，甚簡便。

輕小之牀，常用人足踏轉。此工手足皆動，乃多出力之事。如未習慣，所執之刀不能定，故不及壓刀架之靈便也。

車刻花紋之人，喜用足踏，因可快慢自主也。用足動車之法有數種，而各法俱用踏板與曲拐。其踏板與曲拐之相連，有用摇桿者，有用平面鏈與滑輪者。用鏈之法，磨阻力最小。如用摇桿，必鈎於曲拐之上，踏板下偶有阻礙之物，其

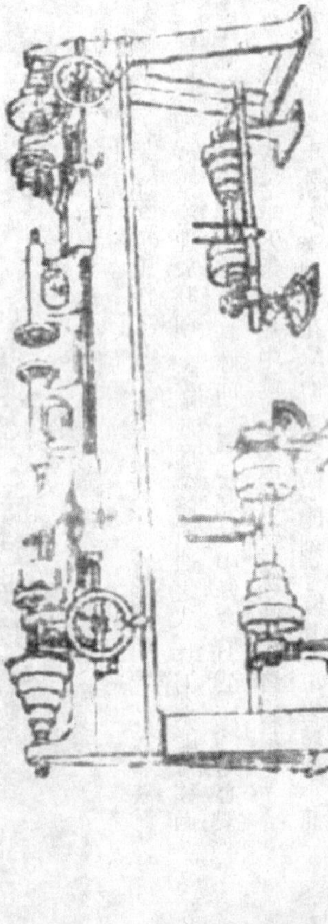

第十一圖

鈎必自脱。如不用鈎，而用□□連，則因飛勢，而不肯立定，其弊更多。

尋常之踏板，足既停後，則有踏板並絶，與曲拐之本重，能令曲拐停於下，無論再加多力，亦不能轉動，此方位名爲曲拐對心。

如欲令輪再轉，必用手移曲拐離心，然車花紋之體。常有兩手執器者，若以一手動輪，大爲不便，必有簡法，以免此難處。其法用對面之重相，消其踏板與曲拐之重，則曲拐可任停於何處，停之方位可便在最便起動之處。此法又能減去其振動，又能助飛輪之力，簡法至妙，世不多用，不知其故。

踏板無論何種，所出之力常不大。英國茂而廠内設一法，在一牀之上，多用踏板，可用多人踏之，雖大力車牀，亦能轉動。如船汽機，偶斷機件，必須趕緊修理，既不能藉汽機帶動，而人力則易得此法，爲最要矣。

車準平面與圓面之牀，恒用同方向轉動。其法，用接輪架在車牀之上，繞皮帶於總軸，令轉此接輪架，或起動，或停止，用二箇皮帶輪，一定於軸，一能活動，皮帶移至活輪，則活輪轉而軸不動，皮帶移至定輪，則軸與輪俱轉，此接輪再用皮帶動塔輪。如刀架自行之牀，轉動之方向，必恒同。惟刀架行至盡處，必能自行，回至原處，而再起動牀上之輪，可不必停。

此種牀，常以一箇方向而轉，刀架行至盡處，則皮帶必移在活輪之上，而以人力退回刀架。如刻螺絲之牀，亦用接輪架，但其刀架欲回之時，常法令螺輪空轉，其左轉之法，必反。其接輪之方向，常用二條皮帶，一帶直繞，一帶交繞，其

總軸皮帶輪之闊，能受二皮帶推移之度。接輪有三箇，惟中間者，定於軸上，其餘二箇，則活動。接軸欲停，將二皮帶各移至活輪之上，因一皮帶交繞，故二皮帶，以對面方向而轉，軸上有一叉形之器，又有一直桿下垂，能推移其皮帶。

接軸之輪，欲令右轉，推動其柄，令直繞皮帶移至定輪上，則此皮帶輪之轉，必同於總輪之方回，其交繞皮帶在活輪上自轉，而不關接軸之轉。如將其柄，移至原處，則直繞皮帶，亦歸原輪，而接軸即停。如將柄移至對面方向，則交繞皮帶移至定輪，而即左轉。車牀之轉傳自接軸，故移換皮帶，而轉之方向亦換。

刻螺絲之牀，常用此反轉之法。因其刀只能以一箇方向而刻，則刀架退回，全是空費之時，故其繞軸之輪，宜作一大一小，追回則用大輪，始免費時之□。

移動皮帶之叉，所行之路，長則動之，之桿所行之路更長。因此不便，如皮帶之繞力過大，則牽長而易斷。惟其起動，與停止之時，不振動，不發□，仍是益處。

反方向之桿，能減移動之路。過長之□，瓦塔輪之，或停或動，或反動，但便於用此法。用二條皮帶，與二箇活輪與前回，而活輪之寬可減半，皮帶恒在輪之一處而不動，而中間之定輪亦不用。其定輪之位，換以套管，能在軸上移向左右。皮帶輪之轂而有凹處，套管之兩端有凸處，移就輪轂，則相錯而同轉。所以一桿移之，切於何輪，即得何轉。若移在中間，而兩不相切，軸即不動。用此法，則桿之移路，只須前法三之一，或四之一。

初學車工之人，須知各家所造之車牀，式樣不同，工夫亦不同。然各家必自稱其器爲極佳，故欲買一車牀，有兩事不可不究。一爲式樣，因其便用與否，全在乎此。一爲精緻，其車成之物之能準與否，全在乎此。至於磋細磨光，或刻花紋等，無用之事，俱是空費工價。若能費工於緊要之處，而得其極準，乃爲善費工之人。

車牀加以花紋，或磨光以飾觀，大不及機件□接處之精緻爲適用。況内美既足，無有不合於外觀者，其製造之工費，亦不因而此加大，而有裨於實用，則甚多。故講究之作家，專以此事爲要務，而浮泛者，則有無數粉飾之事。如圓星密點凹凸線紋磨平研光緑油紅漆鑲金噴銀包銅擺錫白，有識者觀之，不但無益，反覺有弊。蓋花紋之處，易致塵埃之堆積，鏤空之處，減少本體之堅固，故疑造者之意。欲眩人目，以掩其内美之不足耳。

車牀之式樣，原無一定，因各人之意不同。有人用慣一式者，雖有小病，自能補救，即不肯挨用更好之式，茲將分別車牀優劣之十事列後。

一，車牀宜全用金類爲之，或謂内有數件，可用堅木代之，以免振動，與響聲，但此病因人不善運用，非關金類。

二，車牀之各件，宜堅固，故以愈大愈好，够不致有蠢笨之形爲度。

三，車牀宜安置平穩，雖以大力准之，分毫不動。

四，塔輪不可過小，兩枕不可過近。

五，軸枕孔内，襯以淬火之銅爲最好，最能耐用，如不加油，或轉至太緊，或材料受螺絲之力而□，則軸頸發熱生銹而難用。

六，車牀起動，或左轉，其推移皮帶之□，宜近於人立之處，以便用。

七，刀架在尋常移動螺絲之外，應另有法，令刀或刻或否，造螺絲者，此爲最要。

八，壓刀之器，應能令刀在任一角度刻其體。

九，消磨之各面，宜有孔，便於添油。凡孔易爲壓埃所積者，宜有蓋。

十，直移之平面，宜刮至極平，而不宜磨礪。

用車牀者，有數種名目爲學者所當知，但各處之名目不同，茲因摘録其公用者。

曰左右車工，即刀架順牀之長移動，所車之體爲柱形，而其刀鋒與心線平行，此左右以人之左右爲準。如牀體之前後，則以人立之面爲前，而對面爲後。

曰平面車工，即刀鋒之行，與心線成正角，所車之體爲平面。

曰出稜，即車成兩箇面而彼此成正角，或小於正角，其稜甚利，工作者宜防傷手。金類之體剜空而成内稜，亦然。

曰準面之工，即或鑄，或打之物，配上車牀，除去所有不平之處。

曰準度之工，即前所車之物，所有不平之處，車去之後，其尺寸適符所定之數。如車至所定之數，而面尚未平，則爲虧尺寸。

曰準形之工，即面得真平，而柱形得正圓。

曰準心之工，即面繞中點，而轉柱形，繞心線而轉。

曰振響，即轉動之體，或發怪聲，既有此聲，成後往往不準。

曰螺絲凸線，即螺絲高於柱形之凸紋，螺絲有一線，或多線之不等。

曰螺距，即螺絲轉一周，所進之路，乃兩絲相距之數。

曰醉螺絲，即螺距疏密不勻，俗名絲醉。

曰心孔，即所車之體，兩端之小孔，以受軸心，與挺心者。

曰亂刀，即忽然刻至極深，或致物體跳出，或致刀鋒斷折，此爲初學者之弊。

曰緩退，即刀架行至盡處，不能立刻移回，須稍停，而後反行。如爲齒輪，其齒必退擊，而返回。如爲行螺絲，其柄必反轉若干分之一，而返回。此因齒鎼稍大，並螺紋消磨之故。如尋常車工，則無妨。至車刻螺絲，則不便刻畫花紋，更不便。其不便，而用補救之法詳後。

徐壽《機動圖說》卷一《原序》 是書彙集機器運動之法，共有五百零七圖，各系以說，丙有力學，水學，氣學，汽機學，並磨器壓器，與鐘表等，並一切零器之合於尋常日用者，略依類而列次第，以便製造家新裁，以製成奇器，自當無施不宜。嚮來未有此種全書，行與學生及工師匠，目所檢閱，留心斯道者，擇取應用獨出世，兹故博採羣書，旁詢各家，裒聚精粹而成此圖說。先在美國工藝新聞紙上，絡繹印出，散見在五年所印之內，閱者俱信服之，故即重加編，次而特印是書。

是書所列各種圖說，不唯採取本國之書，並將別國同類之書，詳細考究。但此各法之內，略有四分之一，從未見于別書，而爲美國所刱製者，其數雖多，亦不敢以無益之法，濫入而誇張其數，所以但能作一事之用，而不能爲公用者，一概不取。

書中各說俱爲暇時擇取而得，所有各圖亦爲隨時刻成，而隨印於新聞紙，故其列次，雖分大類，而亦稍有出入之處，讀者諒之。美國工藝新聞紙館，主序於牛約。

應祖錫《銀礦指南》卷一《序》 西歷一千八百六十九年，餘曾撰就一書，專論用水銀分銀礦之法。其法類皆便捷摘要，凡□□分銀之礦，尋常鍊礦家棄置不問者，皆可不用□法，而能分出所含銀質一百分之九十分。余在摩奴府奔墩地方，用此法亦大獲利。後於該處建立二廠，一廠中備有杵臼五副，一則多至十副云。

余用此法多歷年所，所備機器亦極簡便，如石研盆與合水銀木桶，及分水銀桶。其運動止用一水輪，價值既極便宜，而功力却復不小。凡小本鍊礦之人分自己所採之礦，最能獲利。惟欲代人分礦者，此法尚嫌太畧耳。

前書每本售洋二角五分。近有脱而拏其人者，在奔丹拏地方，將余書少加竄改，翻印出售，其命名之意爲試驗銀礦並各種製造工程，每本售洋十圓，書中所言儼然據爲己出，而竄改處又不免多所舛誤。觀其所定價目，想脱君亦重視此書也。

脱君書中所增議論數則，亦爲余曩時所撰，曾登入礦務新聞紙內者。今又代余刊入，亦足見脱君之佩服余法與余之書者甚深。至每本售洋十圓，其獲利比余更厚。脱君智計之巧，余又竊愧弗如矣。

余自刊前書後，重將此法精詳研究，五易寒暑，蓋余之孜孜於此者，並非專爲圖利起見，亦謂從此講求，庶可擴充見識耳。兹將數年内所身體力行者，另撰爲一書，較脱君翻印者更加詳盡。書中另增別法數則，俱與礦務大有關係。

是書並非因格致家而設，亦並非自炫學問，寔恐羅列衆說，必使閱者目眩，幾不辨其爲作書人之本意，與從他書中得來，故他書所有之法，是書俱置弗論。第增入簡便有益者數則，以備開礦家參考。至此數則中，果於礦務有益與否，則閱是編者當有卓見，而非余之所敢知矣。

是編内所用字樣，俱極淺易，即尋常礦師及查礦人，亦能通曉。至所載各法，俱從已意想出，或由平日體驗得來，與各書院論鍊金類礦書所載者有別。

凡銀礦在山中時，其情形各處不同，或有成小脈形者。墨西哥人謂之線形，閑有成捆形囊形，及結成之小層形者，其在資本充裕之人，必以爲此種銀礦鍊之不甚合算，然無本錢反小本錢之礦家，如能得簡便之法，分出其銀，亦可獲利，常有建立礦廠專代問礦人分銀者，而開礦人每疑廠中分出之銀必有侵蝕，不能盡數繳交，且所有良礦之地，其礦既不甚多，距廠又連，因此不能合算，故廠中生意亦不甚起色。

凡墨西哥國中產銀礦處，其開礦工人皆能通曉礦務，故於山中遇有銀礦一小處，其中可得上等銀礦若干者，必能設法開出，以期獲利。此小做之易於集事也。若夫大做必須多備資本，多集工人，則墨西哥人又不及美國之人遠矣。然美國人之開礦查礦者，往往飢餓而死，墨西哥人則不但能資溫飽，而且可得盈餘，此其故不大可思耶。

是編雖爲開礦處之貧户，及無礦書人，地方而作，然亦不得謂，此法只能小做得利，大做即恐虧折。蓋資本愈大，其得利亦愈厚也。如將舊番燉法用是編所載者，變通而增益之，招股集資，往則司托克地方，開鍊銀礦，則有股分之人，必能使囊中漸漸多錢，即服分之價，亦可長保昂貴，而卡而孫何内自不致有廢礦含銀色，致數百萬之多，日在浪沙中衝湧矣。然究不能謂有余一人，用余一法，即能除去積弊，與此大利，而别人别法，皆無成功。余故止就一人所知者，筆之於書。至他人短長，不敢深論，亦不必深論，以他人之事，他人自能言之也。

常有人駁余曰，君之法，固已善矣，然君往年曾在勿爾吉尼阿邦辦理銀礦務，何不就將新法試用，即以傳授於人乎。余答之曰，余法本欲傳人，並無閟而不宣之意，奈各廠主人每皆執定己見，拘泥舊法，雖有良法，亦如瞽者之熟視，無覩焉子，因此而疑余法之不善，誤矣。

余以爲閲是編者，必稍諳礦務内所需機器，並各器試用工夫。故凡杵臼木桶或盆進出料之法，與夫修理各器具，並壓水銀膏蒸水銀膏諸法，編中概不論及，以集隘不能備載也。且以上各事，開礦工人多有知之者，即或不知，亦可往各廠中查驗，一見自能明曉。總之，余之刊是編者，不過欲素有識見，而又畧諳礦務之人，從此請求，以期大獲利益而已。至於資本充裕格致精深者，亦能取是編參觀而討論焉，是又私心所竊幸者矣。

鄭昌桂《煉石編》卷一《序》 鍊石者，合灰沙泥三種，以製石之謂也。西國製石佳料，莫如帕得蘭西們脱（或混稱爲水泥）。近十年格致工藝推求漸廣，而西們脱用處甚多。凡泊船所在及船塢等，幾不可缺此。一千八百六十八年，曾著論製西們脱之事。倫敦採買日衆，製造日益加工。有布國人采取絡物家最新最佳之法，以精其造作。又製者與用者，以格物法試驗，彼此互證，務期盡美，或英人亦如是同心互證，則於此可得大益。于於此編，從最好源頭采取其法，或疑帕得蘭西們脱，以白石粉與河泥調成。予則謂取料不拘一處，惟物料有難合併，是以所需提浄料質機器與衆不同，此編論之極詳，並附圖表明之。

鎔燒西們脱之法，聯備格物一□，並無甚用處。各種窑内考驗，又試驗所需機器，此編亦詳及之。或有嫌其過詳盡者，倫敦工部局循我論著辦理，蓋亦確有所見，是以不能不深切著明，並以謝不深考者之訾議也。

用法之最新者，鋪路及作□□是見從前用法之未廣，此編詳究西們脱料質，不及推求用處。

此編詳製造所需料質，非出自于一人之見，予實感各家代爲試驗，俾集其成，而得其要内。有由他書摘録者，必附著其姓氏，蓋非集思廣益，則一人之見究有限也。

一千八百七十七年，英國亨利黎特序。

近代工業政策部

論説

薛福成《庸菴文編》卷四《書工商覈給憑單之例癸巳》 西洋製造之精，以汽學、重學、化學、電學爲本原，人人用力格致，實事求是，斯其體也。國家定例，凡創一器者，得報官覈給憑單，專享其利，斯其用也。夫開物成務之功，如火輪舟車，暨傳電鍊鋼諸大端，非一時一人智力所驟致，必有集衆能，研絶學，窮年累世，始獲變通盡利者，其用費，則雖斥私財貸巨債而不惜也；其用力，則雖積祖孫父子之創述而不倦也。國家既給憑單之後，凡購物之費，大較讎製器價者什八，讎創法價者什二；故或有以窶人崛起，或家財素裕，因攻新藝而致貧困，俄復富儗王侯者，其君若相必從而賓異之，旌以顯爵，如是，則雖積數世之耗財竭智，有所不憚矣。中國則不然，此興一藝而彼效之，此營一業而彼奪之，往往有締造者大受折閲，摹襲者轉獲便利者矣。而一二千年以來，亦竟無一人研精闡微，爲斯民闢妙用，爲天下擴美利者，此無他，政權不足以鼓舞之也。一鏡於彼之所以得，則知此之所以失矣。西俗又有創一良法，鬻與他人者，則必先報其法於官，官爲覈定其價，賣者獲價後，概不訾省，買者鳩貲經營，專享其息。余於初抵倫敦時，見一美國之士，潭思得然燈妙法，因本國售價不高，特赴英工部獻其術。工部爲之覈價英金三萬五千鎊，未及五旬，挈金如數以歸，評之者有定程，購之者無疑志。吁，此其所以能率數十百萬人之心思才力，以闞造化之靈機，而尚無窮期也。

朱淇《論山東籌款事》 嘗謂籌款之道，務爲民生財，而不在設法斂取民財。生財之術，亦多矣。古人之法，吾不欲爲今日言之，恐人謂宜於古者，未必宜於今也。西國之法，可採者甚多，吾姑俟他日言之，恐人謂宜於西者，未必宜於中土也。則請擇其法之最易行者，及今日已有人行之而著有功效者，以爲當軸告可乎。富民之道，不外農、工、商，然農、工又爲商之本，無農、工則無出産，商賈之懋遷者，亦祇能爲外國輸轉貨物而已，非計之得也。農爲邦本，然十年樹木，其見效遲，今日籌款孔急，不能待也。孔子曰：來百工，則財用足。足民之術，其莫捷於工耶。乃者袁中丞在濟南設工藝所，收養流丐，已著小效矣，豈此法可以養流丐，獨不可以養良民乎。我知良民之勤於赴工，必勝於流丐之惰棄也。近日黃慎之學士，創工藝學堂於京師，聘有東洋教習五人，機器師一人，其所教之工藝，若織布、織氈、刺繡、造景泰藍陶器、木器，凡十餘種，獲利甚厚，收養貧民無算，亦著有成效矣。豈此法可行之於京師者，獨不可行之於山東乎。我知其無是理也。今宜先擇山東濱水之區，試立工藝養民局數處，凡貧民無可覓食者，皆准其報名入局作工。濱水之區，如濱黃河、運河、小清河及濱海諸處，皆是立局，必濱水者，取其貨物易於轉運也。其工藝局章程，可即取黃慎之學士京師工藝學堂章程而增損之。黃學士之章程既著成效，則鄙人不必另議也。法宜先用山東之土産，以製貨物，將來規模拓廣，土産材料不足供製造，然後輸入外來之料可也。考山東羊毛甚豐，可製絨製毡，則請外洋織絨毡之工師教之，山東有草帽邊，可教之製成草帽，售諸外洋，此法極易，一學即能者也。山東多猪，可教之編製爲帚，如衣帚、帽帚、鞋帚、油帚、洗地帚之類，此間外洋運來之帚，每一枚之值，常有至京錢一二千文者，若在本處製造，則工本不過百餘文耳，其利之厚可知。且工作極粗，仿造亦不難也。山東飼馬之草及高粱梗，製紙甚佳，可購機器，聘工師，教民造紙。山東沿海沿河之區，碎沙之美者極多，可用以製玻璃。山東葡萄極佳，可聘工師，教民釀酒。以上姑舉一二，皆就山東現有之物，簡便易行者言之，然就此各種，已可設立工藝局數處，每局可養貧民數萬矣。若考求西域工藝之可傚仿者，學習製造，增設工藝局，至百數十處，其利之溥，又豈有限量耶。立局之法，宜分五所，一爲工學堂，擇聰慧之人教之，以備工師之選。二爲上工所，民之勤慧者入此，教以精工。三爲中工所，民之資質稍次者入此，教以中等工作。四爲粗工所，民之愚下者入此，教以粗淺之工。五爲惰工所，凡工之不率，教而怠惰，不肯作工者入此，以法令約束之。凡民入局，學工藝既成，則酌收其學藝工師之費，此款可在工值中抽取，則國家不過開辦之時，稍有所費而已，其餘即可就教成之工，收回教習之費。如每工一日之内所成之貨，精巧者可得數百文，粗工亦可得一百餘文，此從其最廉者言之耳。大抵以上中下之工勻計，若每人每日得工值二錢，則十萬工人所積，每日可二萬兩矣。以一年三百日計之，則工貲積六百萬兩矣。凡工藝所成之物，運售別處，則有出口税焉，准值百抽五計之，則六百萬兩之貨，可歲增三十萬兩之税矣。若全省濱水之區，遍立工藝局百數十處，作工之人數至百萬，則山東歲餉所入，豈非陡增數百萬兩乎。

既利於民，即利於國，不言利，而大利自至，何必如籌款局之羅掘不遺乎。凡設法抽取民財者，目前必有小效，蓋多一項税餉，即國家多一入款也，然日後必受大害。蓋征税繁，則農工困，農工困，則出産製造之物少，物既少，則雖重征之，亦所得無幾，是取民之法益密，而國用益不足者，此也。爲民生財，則民財厚，民財厚，則農工商業貲本豐，而百事皆舉，出産製造之物日益增，貨物增，則税餉亦增，即使輕税薄賦，而積少成多，國家已享大利矣。此中消息，隱伏於無形，而實勢所必至。抑今日更有一隱害，而人不之覺者，洋關之税，年年增益，爲國理財之臣，皆以爲喜，而不知此乃大憂也。蓋洋關之溢額者，入口税非出口税也，因入口貨多而税增，此大害也。內地民窮財匱，農工皆困，出産製造之物日益少，故外國將貨運入以補之，而內地之農工，於是困者愈困，吾恐民財極匱之時，外國即有多貨運入，民亦無錢買之。今若不設法爲民生財，吾恐此弊必見於二三十年之後，至是我既無貲本興農工，而外來之貨，亦力不能買，則出口税既寡，而入口税亦絀，國與民皆貧，而全局瓦解矣。外國見及於此，故甚望中國維新致富，蓋中國富，而後有財以買洋貨也。彼欲爲己謀利，而先欲爲我謀利，此等識見，可謂遠大矣。惜乎中國理財之臣，皆見不及此也。有子曰，百姓足，君孰與不足，百姓不足，君孰與足。嗚呼，此真千古理財之名言哉。

甘厚慈《北洋公牘類纂》卷二二《度支部造幣北洋總廠員司工匠藝徒長夫職守簡要章程》 員司職守。營私舞弊者撤參。任事不力者撤换。取巧誤公者記大過。任性曠時者記過。記過一次，罰扣月支薪水十分之一；二次，五分之一；三次，三分之一。記大過一次，罰扣月支薪水五分之一；二次，二分之一。記過已至三次，大過已至二次，再有違誤，即行撤差。員司中有實心任事，勤慎不懈者，除届期遵章請奬外，年終應請優給花紅，抑或擇尤酌加津貼，以昭奬勵。工匠藝徒長夫職守：一，匠徒人等在廠工作，果見勤奮，循守廠規，人亦純謹，確係得力工匠，准由該管員司秉公擇尤，禀請酌加工貲，以示奬勵。年終賞給花紅，並即列入優等。藝徒，先須學習，應俟到工一年期滿，詳加考察，分别等第，加給工食，惟到工先後不一，每年酌定五月、十月，分作兩期考察，庶昭公允。該徒等果能認真練習，學藝逐漸有成，難有專長，三年後，即當拔升工匠、副工匠，以資得力。惟改升工匠之後，再行酌加工食，十年以内，不得輕離本廠，另投他處，違者照本廠定章懲辦。一，匠徒人等在廠工作，時見懈惰，或造言生事，實不安分，准隨時禀請，分别輕重，酌覈革辦，以除惡習而肅廠規。一，匠徒人等在廠倘有偷竊情弊，查出審實嚴懲，或送習藝所，酌定限期，或永遠監禁，罰作苦力。一，匠徒人等在廠持器争打，有犯廠規，即送發審委員，訊明重辦。一，匠徒人等進廠之在廠工作，如有不遵約束，查明情節，輕者記過，重者革辦。一，匠徒人等進廠之後，遇有奉公或患病及受傷出廠，須領籤爲憑，方准放行。如有私自出廠者，查明記大過一次。一，匠徒人等在廠工作，無事不許到他所接談，違者查出記過。一，匠徒人等在廠工作，不許吃烟、偷睡、喧嘩、口角，違者記過。一，匠徒人等各爐留火，須格外小心，用灰煨好，勿使餘燄外射，違者記過。一，匠徒人等任意告假，不先禀明，有誤廠工，着原保人催促來廠，否則即將原保人傳問。一，匠徒人等偶因患病及有要事請假者，應由總副匠目回明本所員司酌准，大所每日祇准二三名，小所祇准一二名，逾額者，不能給假。如因患病，應請查工委員驗明，如有要事，應邀原保人來廠爲証，非此不准。倘未准而不到工者，當即倍罰，未告假不到工者，一日不到，除照例扣工食，多罰半工，告假查明無病無要事者，一日不到，多罰一工，因病告假，不請驗明者，多罰半工，告假遲至十日者，應查名另辦。惟因公受傷，或藝熟工勤各色人等，另應賞假，不拘十日之限，以示優異。一，匠徒人等在廠工作，所管機器，無自損傷之理，倘不小心使用，致有傷損，足見平日漫不加查，小者記過，大者革辦。一，匠徒人等均宜循循守分，無論在廠在外，遇見本廠員司，應知避讓，行立正之禮，藝徒長夫之於匠目各匠亦然，同類偕行，亦不得争先狂走，並嬉笑怒駡各情，此節非尚虚文，由是即可化其性質，在此固爲良工，到處總不爲敗類，亦工廠之光也。一，匠徒人等如記過一次，罰扣工貲三日；記過二次，罰扣工貲五日；記過三次，罰扣工貲十日；記大過一次，罰扣工貲五日；記大過二次，罰扣工貲十日；記過已至三次，記大過已至二次，再犯即行革除。工廠員司，各有督率之責，總制匠目並各所首領工匠，亦各有管理指授之責，如衆匠、藝徒、長夫人等，有功並歸美於上，有過亦咎無可辭，所有在事員司及匠目人等，務須認真經理，各盡各職，一賞一罰，即以衆匠、藝徒、長夫人等之功過判之，訂有勸懲條規一，惟按照覈辦。附匠徒記過專條。工匠。上功較遲，歇工太早，工作草率，藉端推延，防範不嚴，督率不力，以上皆記過。鑄造不合定式，機器無故損傷，以上皆記大過。藝徒擅自出入，不聽調度，輕毁器具，浪費料件，嬉笑喧嘩，狂走擁擠，倚壁欲睡，離所閒談，以上皆記過。造言生事，取巧誤工，任氣争毆，輕毁機器，交收不清，檢拾不净，逞私自便，怙過不悛，以上皆記大過。記過一次，罰扣辛工三天；二次，五天；三次，十天。記大過一次，罰扣辛工五天；二次，十天。如有作弊妄爲及犯偷竊，情節較重者，另行查明，從嚴懲辦。

甘厚慈《北洋公牘類纂》卷一八《天津廣仁堂女工廠章程》 一，本廠專以致授女工爲宗旨，但每日輪班，在講堂兼學書算，一點鐘畢，仍歸工廠習藝。一，女學徒分甲班乙班兩等。甲班年歲限自十二歲以上至二十歲以下，乙班年歲限自二十歲以上四十歲以下。在家全未習過手藝者，可入甲班，至乙班學徒，必須畧習手藝，已知大概者，方可收録。此指學徒而言，其當藝師者，只論技藝，不論年歲。一，女學徒應開具年歲、籍貫、姓氏、住址，及家長姓名、作何營業，報明註册，以憑查考。至入廠名牌及衣衿牌號，均只用第一、第二等號數編列，以代名字，易於識别。一，婦女中有手工精巧者，不拘何項，均准隨時報明本廠，考驗收録，量材酌定工食，按其所長，分派各廠，充當藝師。每届半年一考，如所教學徒進步甚速，除工食外，另給優獎，倘所教無效，隨時剔退，以杜濫竽。一，本廠内分南北二場。北場可容三百人，即以三百名爲額，南場可容二百人，即以二百人爲額。如報名人數逾於定額，應候隨時傳補。現在規模初具，先將北場開辦，如果人數衆多，再開南場。一，本廠先行教授玲瓏西式花瓣、機器縫紉、刺繡、草帽辮、毛巾、織布、編絨等七科手藝，此外如繪畫、裱褙、印刷等事，隨時酌量添設。一，女學徒初入廠時，願學何藝，准其自行呈明，然亦須視其才質，是否相宜。試教數日後，如懵然無知，即由女監工禀知女監督，令其改習别藝，以期因材造就，免至徒勞無益。一，女學徒每早八點鐘上工，十二點鐘下工，仍在廠午飯，至一點鐘上工，晚五點鐘下工，早來晚歸，不得住廠。凡入廠時，須在女稽查處，各自領取名牌，出廠時，將名牌仍繳原處。一，本廠内一概不准閒雜婦女入觀，所有廠内女執事人等，以及藝師學徒，概不得在廠内接見親友。倘該家屬實有急迫要事，可報由坐辦，發給憑單，傳知稽查處，轉告該本人，出廠在外接晤。一，女學徒每早自帶乾糧鹹菜來廠，至午十二點鐘，由本廠散給稀飯湯，使各自食乾糧，不另給飯食，以杜圖吃飯，不圖學藝之弊。至作工時限茶水，由本廠隨時供給。一，藝師工食及學徒獎賞，每半月一發，上半月截至初十日，下半月截至二十五日，由女監工將各師徒功過情形，及應得工食獎賞，開單知照稽查處，彙總造册，呈由女監督蓋戳後，再送呈坐辦，覆覈後批交男收支處，按名預備于十四月底兩日，請女監督點名發放。一，女學徒每十名應派一領班，每百名應派一班長，所有本廠一切條規命令，均着班長分付領班，轉諭各學徒知悉，如有違犯，除將本徒記過議罰外，該管領班、班長，亦並記過。一，女藝師及學徒在廠或在講堂，均不准接談言笑，不准吸食水旱洋烟紙烟，此事即女監工在廠内，及女教習在講堂，亦應一律禁止。凡赴厠所，必須結伴三兩人同往，不准一人獨行。凡在作工時限，非有監工之命令，不准擅出廠門。凡上下工，均須挨次魚貫而行，不准凌亂擁擠。倘有不循禮法，不遵教導者，初犯由女監工告知監督，訓斥記過，酌罰獎賞，再犯逐出。一，女學徒衣衿上應綴本廠學徒牌章，早來晚歸，應結伴同行，不准單身獨行。沿途巡警兵，見有本廠學徒牌章，應加意保護。倘有匪徒調笑欺凌搶奪等事，立即拿交本廠究辦。一，廠内應用材料應由各科藝師禀知監工，開具聯單，送至女監督處蓋戳，再交女稽查處，傳至外庫房照發，截留一聯，將另一聯並該件送至女稽查處點清，在原單蓋戳，傳送女監工處點收蓋戳，將原單繳回女稽查處存查。一，廠内成貨應繳存外庫，應由女監工開聯單，連該貨送至女監督，驗過蓋戳，交女稽查處，傳至外庫點收後，截留一聯，將一聯繳回女稽查處蓋戳，仍交女監工存查。一，以上領材料、交成貨兩事，每届半月，外庫房與女稽查處女監工，各將憑單帳册，結數呈坐辦閲過，發外稽覈所覈對一次，如有錯誤，惟該管人是問。一，女學徒在未經畢業期内，每日所習工藝，由女監工認真察看勤惰，於五點鐘放工時，復查驗其所領之料，實能如數完全，並無偷減躧蹋情形，逐日登記查工簿内，凡做足八點鐘功夫，爲一工，准給獎賞津錢八十文，逐日按鐘點計數，候届半月一結。如查有偷減料物，或工作草率，不用心學習者，亦逐日記入查工簿，應記過罰扣獎賞，倘學至一個月，毫不用心，全無長進，即行斥退，傳補他人。一，女學徒畢業以後，發給文憑，可充各府州縣女工廠教習，抑或酌留本廠，充當藝師，給予工食，每届年終，覈其做成之件，計算售價，除本廠料價工食外，所獲餘利，酌量提賞，以示鼓勵。一，廠外設庫房，分生料、熟貨兩所，派男司事專司照料經理，每日由生料所發入工廠各項料物若干，每日由工廠交回成貨若干，逐細將斤重丈尺，分别登簿，以備稽考。凡發料收貨，均以女監工聯單，有女監督戳記爲憑，出入均由女稽查處承接。一，本廠選派女監督一人，遵照定章，總管全廠一切事務，有督察女司事，並師徒及女僕之責，至逐日應習何種工作，習何等功課，並應用何項料物，雇募何項藝師，均隨時體察情形，預先禀知坐辦，酌定示行。又設女稽查一人，專司出入記簿，看視領牌繳牌，及查覈告假記過，並覈對領料繳貨等事。又設女巡查一人，專司梭巡廠内各處，糾察一切犯規之事，並照料講堂、茶爐、飯廳、厠所等處，約束女僕，以輔稽查之所不及。又設女監工二人，分南廠、北廠各一人，專司監視各科工作，照管收發材料成貨數目，並考察藝師是否用心教導，學徒是否用心學習，應逐日檢驗成貨，細覈師徒所做之工，填注分數勤惰於名册上。又設女教習二人，分南講堂、北講堂各一人，專司教授學徒書算、識字、圖畫等課，另有功課表。又雇用女僕八九人，分派監督處、稽查處、巡查處、南北講堂、南北工廠茶爐，專供燒茶、灑掃，承接料物。以上諸項人等，有不能盡職者，均由女監督禀請坐辦，察覈辭退。一，本廠於每年正月初十日開廠，十二月二十日停工，每逢朔望、午節、秋節、萬壽、千秋、孔子誕辰，均放假一天。一，遇有官紳婦女欲入廠參觀者，由門丁回明坐辦，發給憑單，傳諭敲梆啓栅，將憑單交由女稽查，帶至女監督處，延接待茶，即由女監督導觀，觀畢由女監督將憑單蓋戳，交稽查處存查，並立簿登記。一，本廠栅門終日關鎖，鎖鑰歸女稽查掌管，栅門以内，除總辦、會辦、坐辦外，一切男子不准擅入一步，違即拿究。如栅門内有所傳呼，當敲梆喚聽差人役至栅外，聽候分付照辦，不得入栅。凡總辦、會辦、坐辦因公進廠，應著公服，由女監督導引，一概不携男僕，以昭慎重而杜嫌疑。以上係試辦章程二十四條，嗣後如有未盡完善之處，應隨時增改。

清憲政編查館等《清末民初憲政史料輯刊·安徽憲政調查局民事習慣問題答案》 第十九問：如有以營利爲目的之團體，請詳述其名目與組織，及管理之情形。答：多數習慣，内地生産事業，尚在幼稚時代，其以營利目的而組織團體者，向有合夥營業之事，如商店等類，實與外國之組合相同。皖南北大都皆然。少數習慣，各屬漸有模倣外國株式會社之制度，皖南則有潛山之砂鐵公司，歙縣之煤炭公司，涇銅之鑛務公司，蕪湖之電燈公司，當塗之漁業公司，休甯、建平之農業公司。皖北則有亳州之織布公司、肥皂公司，皆以股東組織而成。

趙樹貴等《陳熾集·庸書外篇卷上〈税則〉》 税則者，國家自主之權也，非他國所得把持而攙越者也。泰西諸國，雖弱小如瑞士、丹馬、比利時，至弱至小如塞爾維亞、門的内哥之類，苟能守其社稷，則税則之或輕或重，無不由國君自主之，何項應增，何項應減，只須先須一年知照各國。各國之商于其地者，帖帖然無異辭也，各國使臣之駐其國都者，亦唯唯然無異議也。即或賦斂繁重，商旅裹足不前，惟有婉與商量，諷其更改，從無用兵相挾、下旗竟去之事。蓋西例然也。既已商于其國，受其保護，分其利權，自應静候稽征，輸納税課，此人情天理，非可憑恃勢力，强人以所難也。

中國當道光之間，勉强行成，情形隔膜，誤將税則載入約章。夫條約所載者，兩國之公權也。太阿倒持，授人以柄，九州之鐵，鑄錯竟成，非惟中國所未聞，抑亦西人所不及料矣。日本與泰西立約，受弊略同。十五年春，日本换約，日使密商中國共議變更。曾紀澤聞而欣然，亟欲乘機改定，而總署昧于操縱，畏難苟安，拒而不納，故《日英和約》僅增一則，曰：「日本如有急需，可酌增進口税，惟不得逾值百抽三十之數。」彼改，而我仍不改也。

夫泰西各國，上下一心，保護商民，無微不至。而税則一事，隱操輕重之大權，其出口税必輕，輕則成本不貴，本國商人之獲利者多也；其入口税必重，重則物價過昂，本國諸民人之愛異物者少也。至如印度之茶，花旗之布，税均免抽，以廣銷路。湖絲入美，值百兩者，微税六十兩，保富恤商，用意深遠。中國不爾也，出口税重，此外猶百計誅求，進口税輕，他物仍百端規避，以致華商假人牌號，三聯税票，充斥江河，國計民生，兩受其弊。而猶因循顧畏，侈語懷柔，不至爲淵(毆)〔驅〕魚，爲叢(毆)〔驅〕雀，盡(毆)〔驅〕華人爲洋人，其事不止。或曰：「欲改税則，其如各國不從何？」而無足慮也。定議十年换約，本處彼此有不便之端，今之三聯單，入口税，不便于中國也深矣。既有换約之權，即有改章之力，此公理之可持者也。

中國商務，英人十居其七，各國共得其三，則至要者，英也。俄人窺伺朝鮮，禍機浸亟。英人聯絡中國，和好日敦，宜與密約相援，而顯商改税。英從，而各國安有不從者？此私情之可浼者也。

善夫庖丁之解牛也，以無厚入有間，批郤導窾，如土委地，而刀刃若新發于硎，其所以爲之，必有其道矣。掩聰塞明，箝口結舌，而待他人之發其端焉，彼固大利之所存也，而肯自貽伊戚哉！

綜述

《東方雜誌》第一年第四期《英人承辦礦務》 聞英人約翰至京，謁其公使，意欲承辦某省礦務，外務部拒之甚力，該英人即往謁慶邸。按外部新定礦務章程，權限至爲分明，即華洋各股，亦有重輕多少之别，又明言洋人願合股者，即爲承認此項章程。今某英人何得公然要挾，稍有權衡者，不難力拒其請，何所猶豫。按，外人垂涎我國礦產，必有不肖者，甘爲其走狗，引虎入室，喪心賣國而不悔。外人不知我國内情，一經此輩勾結，無不樂爲之出面。其實内地民風，保守特甚，即中國人自往開採，猶百方阻格，必不能行。外人設教堂于内地，佐以慈善事業，於民若無害矣，然且教案叠起，每至不可收拾。何況貿然入窮鄉僻壤，奪其宗祖產業。其間雖一二奸民，希圖私利，自命爲外人之引導，然衆怒難犯，必致釀成大禍，則外人既擲其經營之資本，而礦利終于絲毫不得，又何樂蹈此危險。吾願正告外人，慎勿爲奸民所賣也。

朱壽朋《光緒朝東華録》卷一八七《光緒三十年五月》 辛巳，孫家鼐等奏，商務爲富國之基，礦務尤生財之要，然中國辦礦，多未奏效。而賠累者輒行畏縮，奸巧者動且轉售，非盡關礦學之不講也。蓋一在難於籌款，一在難於得人。臣等生長皖邦，習知本省礦産，外人覬覦已久。前撫臣王之春、聶緝槼在任時，與外人立約定章，嗣後紛紛勘驗，居民震動。經臣潘慶瀾奏交皖撫誠勳查辦，旋據覆奏，以皖境銅官山，業被英商凱約翰訂定，係因前定章程，原有無論華洋字樣，是以難杜外人之干預。然查現在商部訂定新章，無論華洋會辦，必須該省地方督撫查明，於地方情形有無窒礙，並有無違背定章，由部酌覈准駁，是前項合同，按部章應行作廢。但當此奸商林立，若不自行集款開辦，先佔地步，深恐羣起垂涎，句引無業外人，巧取豪奪，事權一屬，壓制萬分，墳墓田廬，無所顧忌，必致民心不服，釀成交涉巨案，而外人更藉以發端，逞其所欲，隱患因而無窮。惟有預行自謀興辦，則利權有屬，疆圉自安，誠爲今日之急務。查礦務爲專門之學，其大端有二：曰金類，曰非金類。無論淺嘗者無功，耳食者乏效，即博覽羣書，未嘗躬親一試，究無把握，必得熟悉情形，著有成效之員，先赴各處採探，方能立定基礎。臣等查有二品銜福建興泉永道袁大化，安徽渦陽縣人，才識宏通，經猷卓越，素爲同鄉所推重，尤爲原任大學士李鴻章所倚任，薦保道員，辦理黑龍江漠河金礦，歲增課款，幾至百萬。該地毗連俄境，幅員數千里，皆由礦局籌備防務，不糜國帑一錢，當時各股東坐享利益，咸敬服不置，是從前辦礦成效，昭然可見者也。若以辦安徽全省礦務，誼關桑梓，信從者衆，必能聯絡商民，籌集鉅款，無事借資洋股，收效可期。惟袁大化係實缺道員，未敢擅便，查從前候補道李徵庸，蒙恩賞給三品卿銜，督辦四川全省礦務，直隸長蘆鹽運使楊宗濂，蒙恩賞給三品京堂，督辦直隸織布局。今臣等陳請飭派袁大化辦理安徽全省礦務，事同一律，可否請旨援照李徵庸、楊宗濂成案，開去袁大化福建興泉永道底缺，賞給四五品京堂候補，庶幾呼應較靈，而事有可濟。出自聖裁，非臣等所敢擅擬，如蒙俞允，俟奉旨後，應遵照商部所訂礦章，設立公司，妥籌辦法，呈明商部立案，並由商部咨照兩江督臣、安徽撫臣妥爲照料。上諭：軍機大臣等，本日大學士孫家鼐等奏，皖省礦務自行籌款興辦請派熟悉礦務大員辦理一摺，福建興泉永道袁大化，著發往安徽辦理全省礦務。

《商務官報》光緒三十二年四月初五日第一期《調查秋冬季農工商諸政問題》 第二類　工政調查

問：已設工藝局廠，或工藝學堂各處，本年秋冬季辦理情形，比較春夏季，其推廣者何事，其進步者何在。局廠中所製貨品，何項成貨若干，何項行銷最暢。通計一年成本若干，銷數若干，能否獲有餘利，藉爲擴充地步。

問：未設工藝局廠，及工藝學堂各處，春夏季調查書中，或報正在籌辦，或報已有端倪。爲時又閱半年，當能一律設立，其一切辦法章程，如何因地制宜。

問：各處習藝所已皆設立，本年秋冬季，製造何項貨物，每項共製若干，通計一年總貨若干、銷售若干、餘利若干，在所習藝，現有幾人。

問：民間暨近之製造，有新奇可行用者否。

《商務官報》光緒三十二年五月初五日第七期《商部之責任》 觀其國政令之繁簡，可知其國文化之程度，觀其國權限之分明，可知其國治術之隆替。未有文化漸進，而昔日額定之官，可以治今日之事者，亦未有權限不分，而一官應盡之職，可以求實副其名者。夫至於名實不符，則有官與無官等，且不如不設此官，而猶得少一争權之門矣。東西各國知其然也，故不問其爲英、爲德、爲美、爲日本，試取視其官制，靡不界限分明，各有專責，無曠官亦無争權。而後在位者，乃得各竭其心思材力，以盡其所當盡之責，而一國之庶政，遂於以咸舉。嗚呼，東西各國之政事修明，治化日美，誠有由也。

吾國未立商部以前，官與商不親，或從而斥之曰奸商，士與商殊途，且從而賤之曰市儈。夫以泰西各國所全力保護，旦夕研究，幾以爲富國之道，舍此末由者，而我獨以奸商市儈目之，商業之不能發達，固其所也。商部既立，積弊斯除，商人有以爲不便者，則惟商部是訴，商部有以爲當行者，則惟商人是勸。官商之情親，而商政漸有可觀。國家之設立斯部，其成效不可謂不著矣。雖然，商智愈開，則商業之範圍愈廣，商業之範圍愈廣，則商部之責任亦愈重。吾國此後商業之進步，其責固商界任之，而鼓舞提倡之事，實惟商部是屬。其能不負天下之屬望與否，全視乎所負之責任如何。吾今請列舉商部之責任，以告天下：

第一，補助民辦事業。今試與人論各國鐵道，不曰某國有二萬餘英里（如俄法等國是），即曰某國有三萬餘英里（如德國是），而吾中國不與焉。又試與人論各國航業，不曰某國之商艦有六七百萬噸（如俄德等是），即曰某國之商艦有千餘萬噸（如英美是），而吾中國不與焉。又試與人論各國之工商等業，不曰某國以製造供給全球，即曰某國以貿易雄視世界，而吾中國不與焉。夫以中國幅幀之廣，航路之長，物産之富，宜若可爲宇內冠，乃一爲之絜短度長，即至退居人後，或並不得列於比較表中，噫，甚矣，其可恥也。吾聞泰西之於民業也，用全力以維持焉，出國帑以補助焉，危而必持，顛而必扶，上下之關係，蓋如是其密切也。日本步武泰西，篤守其法，故農商務省之於商人也，待之如子弟，見其所不知，則必委專門之員以教之，憫其所不能，則必施國家之力以助之。其所備海內外之實業報，與所派各地之視察員，皆求詳察其實情，而貢諸商民者也。而其商民之於農商務省也，亦視之如師保，朝受改良製造之命，夕已聚衆而謀矣。今日聞擴張貿易之策，明日已行之如弗及矣。官商一體，發憤爲雄，故雖以地小民窮之三島，而亦能於經濟競爭場中，自樹一幟也。吾國人才缺乏，財政困難，各國宏大之規模，或有未能悉仿者，然其意可師也。且又安知傚法數年，而補助政策之始終不能推行也。此商部責任之當盡者，一也。

第二，提倡應辦事業。以先知覺後知，以先覺覺後覺，此教育家之事也，即商部之責任，亦何莫不然。夫今日商界中，請辦銀行者有人，請造鐵路者有人，請設織布廠者亦有人，吾於中國實業之前途，誠不禁禱之祝之，而望其有與歐美抗衡之一日也。雖然，商業中之亟當興辦者，豈僅銀行鐵路爲之，而利鉅功大者，亦豈僅此數者而已也。苟其謀百貨之流通，則運輸機關不可不備，苟其謀交易之圓滑，則取引所不可不設。他如倉庫會社也，産業公會也，亦皆於振興實業上有重要關係者也，莫或倡之，莫或行之，斯泰西之良法美意，遂相率視之而不見，指示而鼓舞之，不於商部將誰賴焉。故商部之事業，應與商民之程度，若合符節，商民之智識日增，即商部提倡之事業日多。此商部責任之當盡者，二也。

第三，統一全國實業制度。泰西言實業者有兩大主義：一曰干涉主義，一曰放任主義。其主干涉之説者，謂個人能力薄弱，且各有自私自利之心，若非國家干涉其事業，則行之而不成，或行之而徒滋紛議者多矣。其主放任之説者，謂趨利而避害，人人能之，他人之代謀，必不如自謀之周密，且心思材力，因競爭而愈出，競爭愈烈，改良愈速，若是者，非放任不爲功。自此兩主義出現於歐洲政界，於是各國之振興實業，莫不視此兩主義之勝負，以爲其政策之標鵠。今中國不興實業則已，苟興實業，則必於二者之間，酌取其一可知也。吾以爲政府之政策，當視吾民之習慣與程度而定。中國之商人，向以見利疾趨冠各國，近年以來，又復智識日增，咸知以維持國權爲己任。今若欲迎機利導，以用其方新之氣，則放任爲急務矣。雖然，有限制之放任，事業日宏，功效日著，無限制之放任，則必至於相忌相奪，而千古之美舉，遂敗於一二挾私自利者之手，毫釐千里，此實不可不辨者。限制之法如何，曰有實業制度，在鐵道如何而方准布設，鑛山如何而方准開採，公司如何而始許設立，創造如何而始許專利，必先有整齊畫一之規，乃克收殖産興業之效。此則所謂統一也，固與純然放任者迥不相同也。此商部責任之當盡者，三也。

第四，實行保護政策。歐洲商業之何以能發達，曰因有保護故。中國商業之何以不發達，曰無保護故。雖然，此特就昔日言之耳，自癸卯設立商部以後，即日以保護告天下，天下亦知今之所謂保護者，絶非以空言欺我也。故凡有妨害實業之發達者，輒曰吾將訴諸商部，有足資工商之進步者，輒曰吾將請諸商部。然商部不能一一自辦也，則必達於各省疆臣，疆臣亦不能一一自辦也，則必委諸各地方官，地方官中之能深知保商至計，以恤商富國爲務者，吾不敢謂無其人也，然庸懦溺職者流，則方倖上官檢察之偶疏，商民懦弱之可欺，而於病商之事，付諸不聞不見。如閩省詔安縣等處之於搶劫或擄贖重案，久不辦結，其明證也。夫待賢能之吏，以寬爲尚，待不肖之吏，以嚴爲尚。商部今之嚴劾，固爲懲一儆百之計也。此商部責任之當盡者，四也。

以上四端，吾非謂商部之責任盡於是也，然果循是而行之，並擴而充之，則官得一官之用，而國家設立商部之用意，亦庶幾爲不虛矣。

《商務官報》光緒三十二年十月十五日第二三期《鄂省之實業教育》 湖北農工兩學堂成立最早，商學繼之，又於省城置勸業場一所，漢口置勸工院一所，以開商智。現又籌設初等農工商學堂三所，授以普通應用之知識、技能。漢口商業學堂工竣在即，亦將開辦。商務議員孫泰圻更擬籌設初等商業學堂一所，俾少年子弟可歷練成材，聞現正籌措經營，以求集事云。

《商務官報》光緒三十三年七月初五日第一七期《本部劄各省商務議員文爲各處當商註册應與錢業一律用無限字樣事》爲劄知事。案查本部公司註册章程第一條内開，無論局廠、行號、鋪店，一經註册，即可享一體保護之利益等語。故無論何業，凡係公司，均准照章註册。繼查現在各處錢鋪，貿易存款開票，難于稽察，應負無限責任。故于三十二年六月，於江蘇松江府青浦縣保裕錢莊案内批飭，不得以有限註册，並札飭該處，如有互保等例，應將保結抄呈，方准註册等因，各在案。兹又查得當業一項，按照大清律例户部則例，於該商限制綦嚴，且户律錢債門費用受寄産條下所載，當商失慎賠償各節，自行失火者，照原典值十當五計算。鄰火延燒，酌減十分之二，按月扣除利息，照數賠償。被竊者，無論衣服、書畫、珠玉各貨，概照當本加倍。被劫者，照當本銀一兩再賠五錢，各等語。覈與本部公司律有限公司第九條、第二十九條，有限公司倒閉，將合資或股分銀兩繳足，變售公司産業還償，不另向合資人或股東追補等辦法，殊屬不符。且當商多係與貧民交易，一號所存無數民家衣物，設有不慎，援引有限公司辦法，則小民衣物等件，均屬無著。在民間既受其虧累，在當商亦失其信用，不便莫大於是。現議定，嗣後凡有當商呈請註册者，除鈔録當帖原文備覈外，仍與錢業一律，以無限字樣註册，其業經以有限註册者，一併將原執照繳部換照，並無分毫公費。爲此劄飭劄到即便遵照辦理可也。切切此劄。

故宮博物院明清檔案部《清末籌備立憲檔案史料》第一編《分省補用道程淯條陳開民智興實業裕財政等項呈光緒三十三年九月二十二日》 花翎分省補用道程淯，爲應詔陳言，懇請代奏事。【略】

一、宜專派學生出洋學習鍊鋼以立製造基礎也。合地球各國，鍊鋼廠之大，首推英之阿模士莊，而德之克虜伯次之。阿模士莊之工廠凡十所，克虜伯之工廠凡四所，廠中自各種戰鬭艦、砲彈及各工廠機械，靡不製造。日本海軍之各戰鬭巡洋艦，皆由阿模士莊代造，以其鍊鋼獨擅勝場也。其廠内之西門斯馬汀鍊鋼鑪，星羅棊布，不勝枚舉，大抵每一西門斯馬汀鑪可鍊鋼六七十噸，每星期可鍊一千二百噸，所鍊厚七寸之鋼甲，每一方尺可禦壓力一萬二千六百七十二噸，厚十二寸之鋼甲，每一方尺可禦壓力五萬零六十六噸。英吉利之以海軍稱雄，賴有阿模士莊也。立國之要，在使人人有國家思想，尚武精神，顧有此思想，有此精神，而無堅利可用之器，必不能占優勝于槍林彈雨之中。今我國疆吏咸注意於設廠製械，顧製械必從鍊鋼入手，既設專廠乃向外國購所鍊之鋼以應用非計也。鍊鋼原料曰煤，曰鐵，似宜亟由陸軍部提倡，酌撥官款，或招商承辦，就山西通鐵路而兼産煤鐵之平定州設鍊鋼大廠，爲製造一切之基本。而招考英、德文語嫻熟及化學、繪圖、算術均有程度之學生，或出洋華商之子弟，分别派往阿模士莊、克虜伯等廠實地練習，所見所聞，無事無時，均以筆記，學成歸國，予以高官厚禄，畀以全權，俾可專力壹心，勇猛將事。日本人云，東亞尚無鍊鋼好手，西人亦不傳此法，日本有工學博士悟得新法，不令外人觀看。然則且恐無我國學生留學之處，是在學生之好學明敏，因應適宜耳。製造之本，武庫之充，胥將於此舉期之。

一、宜大招出洋華商開辦晉礦以救全國之貧也。中國財政困難，年須付賠款二千餘萬、公債二千餘萬，國用不敷尚三千餘萬。各項新政率因款絀無力舉辦，其萬不得已者，非事搜括爲竭澤之漁，即貸洋債而飲鴆止渴，至天産地利隨處皆有，則獨未能盡力采取。西人言中國富源首在開礦，辦理得法，日可增銀一百兆兩，山西礦産，尤爲一國之寶藏，富甲全球，西報至豔稱爲可供全球一千五百年之用。曠觀各國大率有煤處所未必有鐵，有鐵處所未必有煤，山西煤鐵兼饒，蘊蓄至厚，有此天産地利，顧日患貧，何異紅朽在倉，乃呼庚癸。是故裕國匪難，礦開自富，開礦匪難，衆擎自舉。惟晉省風氣錮塞，才力薄弱，土著斷無大舉集股自行開采之能力，坐棄大利，妨阻實多，且晉礦國富所關，應請仿照各國辦法，由官商集股爲全國經營之財政，酌給英商費用，務將前約取銷。際此工商競勝之世，各國罔不以競争外利爲至計，我國縱不能競争外利，即此絶無僅有磅礴鬱積之富源，猶不能盡力圖維，屢爲外人覬覦之媒介，天與不取，何以圖存。應請大招出洋華商厚集資本，妥定章程，與晉省土著合股開采，並撥庫帑作爲官股，以資提倡。自古晉饑不能不乞糴外省，誠能大興礦務，微第礦産運銷外省，可移粟於山西，而招本省無業之窮民充當礦工，亦藉裕小民生計。西人學説以兼併野蠻半化之人開其富源，使無曠土無游民爲天職，我置自然之利而不興，適啓外人垂涎，惟大合官商財力從事開采，既興大利，又絶覬覦，富國上策，殆無逾此。

一、宜就産煤鐵處所設立北廠以製造軍械也。自强莫亟於練兵，鎗械實練兵所必需，購之外國，價值昂貴，設局自造，策殊不易。自兩湖督臣建言移局内地，上年練兵處遂會同南北洋大臣定分建兩廠之議，並奏撥江南製造局每年節省經費七十萬兩，計五年共三百五十萬兩以爲開辦之費。現在北廠迄未勘定，外間傳説，或云道口，或云彰德。竊思道口雖屬通衢，不産煤鐵，彰德雖有煤礦，並無鐵礦，因地制宜，莫如就山西平定州擇其山勢蜿蜒高堅平廣之地，以爲北廠基址。此處有鐵道可通，有煤鐵可就，造成鎗械，北濟滿蒙，西餉秦隴，東與京津聯絡貫注，實較道口、彰德尤爲便利，似宜援英阿模士莊船砲廠例，招股實商人承辦，而輔以官本，監以官司，辦事悉遵公司規則。聞上海製造局機械，近有購自德國絢赫絢脱廠者，新穎堅利至可寶。北廠開辦首宜派員赴各廠悉心調查，凡廠地建築，購機用人，治事考工，一切均諮詢於西國製造專門技師，一面派人分赴阿模士莊、克虜伯等廠實地練習。此後廠中用人當以學生爲貴，廠匠次之，員司爲輕。非學生不得爲廠匠，非廠匠不得爲員司。全廠以兵法部勒，號令裝束，一遵兵工隊規則，而蠲去總辦、提調諸名色，動以厚禄，繩以峻法，製作之品，務與各西廠所造不讓秒忽，陳列比較，力研其深，如是實力辦理，收效必有令人可驚者。

一、宜大招商人承辦各項工廠以免徒糜官款也。中國地大物博，生貨産額，遠邁歐洲，乃日用所需，大率取資外國，洋貨輸入歲益增加，漏卮不塞，長此曷極？查日本維新，每舉一事，必有官辦工廠附屬之，以製造應用各物。如内閣所屬則有印刷局，大藏省所屬則有造幣局及造幣支局、煙草製造所，陸軍省所屬則有製械所，海軍省所屬則有海軍造兵廠、火藥製造所、海軍工廠，農商務省所屬則有製鐵所，遞信省所屬則有電信、燈台用品製造所、鐵道作業局，所以防利源外溢。我國則興學堂而學校用品一切購之外國，修武備而軍裝、兵艦一切購之外國，築鐵路而機械、車輛一切購之外國，通電信而電機、電線一切購之外國。多一新政即多一利源外溢，國安得不窮？似宜速援此例，將一切官家應辦工廠悉招商人承辦，或由國家補助，或全行招商辦理，官任稽察、保護之責，商民祇須貨可暢銷，靡不踴躍從事。自來中國官辦各廠，如湖北之鐵政局，絲麻紗布各局，福州之船政局，江南之製造局，及其他各省官辦各局廠，大抵糜費重，習氣深，而獲利綦難，商辦則覈實而無弊，如此一轉移間，保全庫帑每年實不在少數。又中國目前尚無發明新製物品之程度，除通商大埠之外，内地商人有能仿造洋貨，改良土貨，興辦實業各廠者，專利之許，必宜從濫，俟工廠大興，然後嚴定章程，不稍假借。其勸工場陳列所，尤宜實力辦理，每一星期用各國實業工廠之幻燈影片演放演説，務令人人有實業思想，一切能自製造，以馴致不用洋貨爲目的。今中國各省通商場市廛林立，無一非外來之物。日本東京、大坂等處百貨充物，無一非自製之物。然則我國輸出之資烏可數計。古語有之：倉廩實而知禮節，衣食足而知榮辱。實業興則游手好閒之人少，盜賊之風自熄，不第塞漏卮而開富源也。

一、宜酌派出洋學習工藝學生以求實效也。各省現均派有出洋學習工藝學生，惟所派皆毫無閲歷之書生或紈袴之子弟，不耐勞苦。某省所派學習製紙之學生，有併硫酸二字亦不識者，則與我國不識字之工人何異。所習工藝，又類非該生梓鄉所固有，事非素習，則情形隔膜。欲收事半功倍之效，除各種專門學業應派程度較高之學生留學外，其餘莫如改派素營是業之工人，如素業製瓷者，使出洋留學製瓷，素業造紙者，使出洋留學造紙，素業染織者，使出洋留學染織。此外如木工、金工、漆工、冶工，各以所素習者出洋留學，爲高因邱，爲下因澤，領悟之速，必有神於學生者。應請飭下各省挑選工人之年少聰穎者，先習普通中文、東文各一二年，派往日本工廠專門學業，一俟學成回國，即令就所素習者切實改良，力求進步，著有成效，優予獎勵，自費者尤特别優奬，風聲所樹，推廣必速。中國各省所辦新政，大率有名無實，似此則款不虚糜，可收實效。

一、各省宜合力開内國博覽會於上海以促全國工商之進步也。考之於古，則禹貢八州之方物，絲、漆、鹽、絺、璆鐵、銀鏤、織貝、纖縞、元纁、璣組，精粗俱備，徵之於今，則無論東西洋各國，其視我國之尊彝器缶，類皆珍同拱璧，以此知日省月試，餼廩勸工，自昔講求已臻盛軌。獨至晚近，而物品趨於窳陋，人情亦日即於惰偷，豪奢僭侈，惟知以外物相争耀，膄脂削膏，何以自立于工商競勝時代，況各國之陳列所及博覽會等，皆臚列我國粗劣物品，高下相形，辱國尤甚。今北洋之勸工場、工商演説會等，逐漸舉辦，仿造洋貨改良土貨之物，亦漸加多。南省本爲物産薈萃之地，雖驟未能一一改良，而今夏上海所辦之萬國賽珍會，其中所列之中國物品，不及數日銷售至八萬餘元之多，即以爲淮海水災賑款。當時西人之來會購求者争先恐後，綜計每日赴會之人不下萬餘。惟學藝以切磋而愈進，知識以比擬而益增，馳域外之大觀，擴拘墟之陋識，尤今日不可緩之急務。擬請飭下農工商部覈議咨商各省合力創設第一回内國博覽會，即就上海商務最盛之地設法開辦，選舉極有名譽之紳商主持其事。按照各國博覽會章程，總裁以親藩充之，副總裁以農工商部大臣充之，酌設會長、事務長、事務員、技師、書記、技手、評議員等各若干員，懸商勳奬牌，以爲董勸。札飭各省商務議員將製造物品送會陳列，並派明敏殷實之紳商到會參觀，責以改良進步之事，一切款項即由各省會合力籌措，節無益之糜費，促實業之競爭，裨益實非淺鮮。中國工藝之不發達，由於民智之未開，豈可聽其固陋自安，長此終古。雖風氣稍開之地，人人有改良進取之心，奈輒苦無則效以爲從事之資，鼓舞而振興之，俾一新耳目，不及數年，成效必能大見。

一、宜統籌全局整頓全國租税以清償賠款也。以羨補不足，多取之而不爲虐，自昔聖賢恒以爲言，惟在酌盈劑虚，權其輕重而已。且世運日進，需用益繁，故各國國民負擔納税義務，每年每人平均之額英二十七元，俄二十五元，日本十七元，而中國僅約四元。西人言中國税則甚輕，而籌款則屢致暴動，一由人民無愛國心，一由辦理不得其法，官司吏役侵蝕浮冒，積弊太深故也。我國庚子賠款四百五十兆，以不能一次清償，延三十餘年之久，而本利應償九百九十餘兆，此賠出之款，何莫非我國人民之脂膏，若以此款興辦全國農、工、商、礦及各種新政之用，獲利且什百千倍，今則損失烏可以計。欲籌從速清償賠款之策，莫如破格録用辦理實業成效大見聲望卓著之人才，整頓全國農、工、商、礦爲民興利，將見期月已可，三年有成。一面將全國郵政及地租，所得、消費，印花、營業等税，實力整頓。查我國地租合納銀、納穀二者，總計每年不過二千九百餘萬兩，然民猶苦税重者，則以中飽者多，小民實納之正供，固數倍於此而未已。是宜將每年所賦表示人民，庶官吏不敢浮收，而即此地租之折色、火耗諸名，悉化虚爲實，涓滴歸公，則租税已可驟入數倍，一轉移間上下交受其益矣。至所得税，凡東西各國無國無之，甚且有不納他税，而專行唯一所得税之國，限於每年每人所得三百元以上者課之，蓋地租之範圍尚狹，而所得之範圍則愈廣也。至消費税項，尤爲各國歲入鉅款，於服御奢侈者，科以重税，既無所傷，而因税重之故，並可藉以養節儉之風，於政教兼有裨益。其他若營業、登録、印花等税，凡在保護之小，即宜有納税之義務。至病民之税，均宜一律革除。如日用之米、鹽，各國向無科税之例，蓋貧民日入幾何，此而有税，則業此者仍以此取之於民，民何以堪？是在將應增各税覈實加徵，而米、鹽税不必徵而自有所出。要之國家之賦其民，非爲私也，將以取之於民者，還爲其民而已。故賦無厚薄，惟視民力之如何，力而能勝，雖厚猶薄，力而不勝，雖薄猶厚。今日而言整理税項，亦惟在取其有餘而已，取其有餘則既不病民，且能裕國，何患賠款巨額延久不能清償哉。夫以今日商戰之劇烈，各國師不出境，兵不血刃，已可捉我國之瘡羸而有餘。故爲救貧計，賠款不可以不無償，爲興利計，賠款尤不可以不先去。否則元氣已衰，脂膏既竭，舊債未清，新債踵至，雖有賢者，無以善其後也。

《商務官報》光緒三十四年二月十五日第三期《本部具奏議覆副都統李國杰奏敬陳管見摺》 謹奏。爲遵旨議覆，恭摺具陳，仰祈聖鑒事。光緒三十三年十二月二十四日，准軍機處片交本日副都統李國杰奏敬陳管見摺，又奏請飭廣東實力振興鑛務片，均奉旨：農工商部議奏。欽此。欽遵傳知到部。查原奏内稱，富國善策，莫如振興礦務。我國人民勤儉耐勞，於開礦性質尤爲相近，英人經營南洋礦務，利用華僑，先以寬大，廣爲招來，礦業既興，乃逐漸修改章程，以爲限制，是以民樂其利，而不覺其弊，征税雖多，而民不以爲苦。若中國仿而行之，合二十餘省之礦地，歲入當可想見。擬懇宣布明詔，准各省人民不拘何項礦質，無論官山民業，聽報地方官給照開採，不許佔地不辦。領照半年尚未開辦者，將照註銷，另准他人承辦。一面招勸股商，開築道路，並勸設提化公司，收薹礦質行棧，遇有爭執，官爲裁判曲直，不必干涉商權。農工商部奏定中國礦務正章七十四款，附章七十三條，限制防閑，條理周密，將來礦務盛興，可杜一切之流弊。現今風氣尚未大開，商人或不免疑慮，統籌大局，不敢苟安緘默等語。查礦産爲天地自然之大利，中國山川雄厚，藴蓄尤多，徒以風氣未開，遂至棄利於地。臣部設立以後，首先釐訂辦礦暫行簡章，奏定頒行，商民尚稱利便。又奏設各省礦政調查局，遴派議員，調查本省礦産，列表報告，董勸商民分投開採，各省礦地，按籍可稽，商民試辦，頗形踴躍。向來南洋各處華僑多以採礦致富，近因感服朝廷德意，漸知携資内嚮，興辦實業。前經臣部招致礦業起家之前檳榔嶼領事梁廷芳，辦理廣東儋州等處錫礦，上年臣楊士琦奉命考察南洋商務，復經招致著名辦礦之鉅商胡國廉，辦理閩粤等處礦地，業經發給執照，並咨行地方官妥爲保護，聞風興起，當不乏人。至英人在南洋屬地興辦礦務章程條例，初從寬簡，繼漸詳密，蓋以開闢荒土，利用僑民，不能不尚智任術，駕馭羈縻。中國更始圖新，情形與南洋迥異，所有一切法制，自宜繁簡適中，用垂永久。升任湖廣總督臣張之洞，遵旨擬訂礦務正章七十四款，附章七十三條，均係採取各國礦章，折中損益，視各國屬地所行之法則較密，視其本來所行之法則較寬，復經臣部會同外務部遵旨覈議，奏准頒行在案。該副都統所請准各省人民不拘何項鑛質，無論官山民業，聽報地方官給照開採，不許佔地不辦，領照半年尚未開辦者，另准他人承辦各節，均與礦章各條款所載，互相發明，惟定章請領執照，須稟明各省礦局辦理，勘礦以一年爲期，展限以六月爲斷，限滿不開，可由他人承辦，應請均仍照定章辦理。提化公司及收蔓礦質行棧，誠於礦業大有裨助，可由地方官體察情形，招商擇地設立，或籌集官本，以爲倡導。其僻遠之礦，開通運道，尤爲要圖，或以路就礦，或因礦修路，應如何妥定章程，擬由臣部咨行郵傳部籌劃辦理。總之提倡礦業，鼓舞商情，在乎勸導之有方，行政之不擾，至於立法之寬嚴繁簡，要賴行法者實力奉行，隨時酌量，以收盡利盡神之效。臣部前于梁廷芳、胡國廉等辦理各礦，亦未嘗拘以行查限制之常例，俾得迅速圖功。但臣部爲礦政總匯之地，而執行之權，仍惟各省疆臣是賴，應請飭下各將軍各都統督撫，飭令經理礦務各員，周歷調查，認真提倡，將奏頒礦章各條，擇要曉諭商民，人人知其簡而易行，不至視爲畏途。凡有稟請採礦者，立予覈辦，其海外華商返國辦礦，更宜相孚以誠信，勿得苛責以繁文，庶足以資提倡而示招懷。至附片所稱，廣東籌款，以賭餉爲大宗，請飭下該省督臣，實力振興礦務，一俟稍有規模，即將鑛税所入，比較賭餉，逐漸禁賭等語。查廣東賭風素盛，徒以鉅餉攸出，一時難籌相當的款，未能驟行禁止，而流弊甚大，不得不早圖良策，設法挽回，故凡以該省闈姓彩票等公司稟明，臣部立案註册者，皆予駁斥。今該副都統所奏，以興辦礦務爲禁賭之法，礦廠用人愈衆，則無業者不必藉賭博爲餬口之資，礦税入款愈充，則爲政者不必藉賭餉爲籌款之策，一轉移間，補救甚大。該副都統情形熟習，所言自切實可行，礦務正章第六款載，凡礦商呈繳之礦界年租，及礦産出井税，並租地與礦商合股應得之紅利，以一半解司庫，充本省餉需等語，將來粵省礦業大興，礦税所入，不難與賭餉相抵，應請飭下該省督臣，一俟礦務稍有規模，即將礦税賭餉互相比較，酌劑盈虚，次第禁止，總期絶净根株，以爲正本清源之計。所有臣部議覆各緣由，理合恭摺具陳，伏乞皇太后、皇上聖鑒訓示。謹奏。

光緒三十四年正月二十七日具奏，奉旨：依議，欽此。

《商務官報》光緒三十四年二月二十五日第四期《本部具奏整頓棉業辦理情形並擬具大概辦法摺》 謹奏。爲遵旨整頓棉業，謹陳歷年辦理情形，並擬具大概辦法，恭摺仰祈聖鑒事。竊臣部於本年正月十一日，接准軍機大臣字寄奉上諭：近年紗布進口日多，民間紡織漸至失業，着農工商部考察各國棉花種類種植成法，編集圖説，並優定獎勵種植章程，頒行各省，認真提倡。未頒章以前，著各督撫先行勸辦，如有成效，應令將所産棉花送部查驗，准其奏請優獎等因，欽此。欽遵寄信前來。臣等伏查棉業一項，向爲土貨大宗，自各國棉貨日益精良，未免相形見絀。比年關册所載進口各種棉紗、布疋、絨貨等項，歲值銀至一萬五千餘萬兩，漏巵之鉅，深可駭歎。臣部開辦以來，首以整頓土貨爲要義，棉業一端，尤深致意。於三十年四月間，通咨各出使大臣調查各國商務暨棉業情形。於三十一年二月間，札飭上海等處商會傳知各商，整頓棉業，清釐積弊。於三十二年二月間，通咨各省，調查全國棉産種類暨歲收總額，以備稽覈，各在案。查各省産棉之區，以江蘇之通州、海門、崇明、太倉、寶山等處爲最盛，通、海歲産約一百三十餘萬石，崇明、太倉、寶山等處，歲産約八九百萬石。此外如順天之涿州、薊州、武清、良鄉各屬，山西之蒲州、解州、絳州各屬，河南之安陽、洛陽、靈寶、鄴州各屬，湖北之德安、黄州、漢陽各屬，安徽之懷甯、潛山、太湖、宿松各屬，雖産額多寡不一，而於種棉製棉之法，大都因仍舊習，未能力求精進。迭經臣部通飭整頓，並采譯美利堅種棉法，日本紡績規約，札行各商會統籌改良辦法，一面提倡工業，獎勵織品，於紡紗織布各公司呈部註册立案者，罔不優加保護，擇尤彙奬，以期風氣漸開，爲自保利權之計，此臣部歷年辦理棉業之情形也。此次欽奉諭旨，通飭整頓，亟應欽遵辦理，臣等通盤籌畫，提綱挈領，擬分調查、提倡、保護三期辦法，刻先從調查入手。除通咨各出使大臣，轉飭商務隨員，詳查該國棉花種類種植成法，並選購種子，繪圖貼説，迅寄臣部彙覈外，一面由臣部擬訂表式，通咨各省，將全境棉業情形再行詳晰調查，遵式列表。各省所屬地方土性宜棉者若干處，業經産棉者若干畝，歲收平均之數畝得若干量，以何屬爲最多，以何區爲最良，以何種爲最嘉，以及歷年穰歉分數衰旺原由，及所出紗布歲額若干，行銷能否暢旺，比較洋紗洋布，良楛優劣，差别若何，即由各商務議員，商務總分各會，分别考覈彙報。臣部續行遴派農科專門人員，分往各省，測驗天度之寒燠，審察土性之燥濕，辨别種類之良窳，采用泰西農學家選子交種培肥料去害蟲諸法，集訊鄉農，實行試驗，務令人人知棉業爲大利所在。其業經産棉地方，固當研究改良，競求進步，即未經種棉之區，亦諭令相土之宜，量爲試種，以興地利。西北諸行省，土性高燥，地本宜棉，尤宜加意提倡，廣闢利源。一俟辦有頭緒，再由臣部通咨各省，招商設立紡織工廠，訪購新式機器，改良織品，務求精美，期與各國紗布棉花相埒。其出棉産地以及行銷處所，並通飭地方官妥爲保護，以資獎勸。俟編集圖説，擬訂章程，再行奏明辦理外，所有臣部歷年辦理棉業情形，並現在擬具大概辦法緣由，謹恭摺具陳，伏乞皇太后、皇上聖鑒訓示。謹奏。

光緒三十四年二月初七日具奏。奉旨：知道了。欽此。

《商務官報》光緒三十四年五月初五日第一一期《湖廣總督奏推廣農業種棉織布情形摺》 奏，爲遵旨推廣農業，試行種棉及織布大概情形，恭摺具陳，仰祈聖鑒事。竊查光緒三十四年正月二十三日，承准軍機大臣字寄正月十一日奉上諭：近年來紗布進口日益增多，民間紡織漸至失業，固由工作之未精，尤因種植之不善，利原外溢，何所底止。中國棉花，質性較遜於外國，種植又不講求，着各省督撫體察情形，勸諭商民，實力興辦，或選擇官地試種，或集股設立公司，多方鼓舞等因，欽此。欽遵寄信前來，仰見聖慮周詳，莫名欽服。竊維中國自通商以來，輸入貨品，紗布實居大宗，且爲民間日用所必需，苟非改良種植，講求紡織，殊無抵制之法。升任督臣張之洞，十餘年前卽見及此，故於湖北省城建立紗布兩廠，規模宏大，收養工民，千數百名，所出貨物，價廉物美，銷行川楚云貴等省，實長江上游紡織工廠之先河，嗣後上海、通州相繼增設。然中國地大人衆，供不抵求，紡織事業，終爲外貨所侵占，民間土布日見其稀。近年以來，英國農工各學日益發達，能於紡織一端精求進步，其價更廉，其工更巧，皆以東亞各國爲銷場。況有禁煙令下，印度既減種鶯粟，勢必改植木棉，運售內地，仍爲我國無量之漏卮，提倡改良，萬不容緩。奴才詳加訪察，擬定辦法兩端，請爲我皇太后、皇上一一陳之。一，由農校先行試種，以爲民間模範也。湖北全省州縣所產棉花，以黃岡、孝感、漢川、沔陽、武昌各屬爲多，而黃岡縣屬之新洲，尤稱上品，織成土布，行銷及於川滇等省，現在紡織兩廠，亦均取給於是。惟性質尚欠柔韌，若織上等紗布，仍須採購外國棉花雜用之，方能合法，此皆由於農學之不精也。考東西各國，實業教育最重植物一科，而植物發達，專在選種改良，故其國家既設農業學校以求精理，又立農業試驗場以資實習，採集各處土質，各種棉花，加以化析之用，擇其土地之宜，收成佳種，售之民間。有持土質及棉花來求化驗者，校長教員並爲考究優劣，繪圖貼說，登報示衆，使全國農民知所適從，其精詳至於如此。蓋農民資本缺乏，胼手胝足，以冀有秋安，有餘貲延聘高等技師，消耗化學藥品，以爲試驗之資，故必由國家籌款興學，合羣策羣力以謀之，而後能使新法普及於全國也。湖北自光緒二十九年，由升任督臣張之洞建立高等農業學堂一所，撥給官地二千畝爲試驗場，講求種植，屢著成效。奴才奉旨之後，卽飭該堂監督等商酌辦法，擬先由試驗場購種栽植，以外國棉種及各省棉種、本省棉種分爲三區，加以灌溉，施以肥料，各立表册登記。秋成結實，取其佳者報告民間，俾令來購，並編成白話，示以種植之法，土地之宜，將來民間見新種所出之絨，所抽之綫，優於舊種，則利之所在，人盡趨之，必不勸而風行矣。此推廣農校，先行試種之辦法也。一，由國家酌定地宜，以便勸辦公司也。查東西各國工廠，設立於原料出産之區，則運費省，工價廉，而得利亦厚。長江上下一帶紡織公司，以湖北紗廠、通州紗廠爲得地利，上海雖有數廠，而原料、工資、運脚三者皆重，故其得利較薄。近年湖南濱湖州縣淤洲日漲，民間種棉花者亦日加多，若於常德府設一紗廠，其利不減通州，而雲貴各省所需紗布可取給焉。次則漢口紗市，尚堪添設紡織公司，以與武昌一廠相頡頏，既得交通之便，又近出産之區，實操天然優勝。而民間以各廠需用日繁，則種植棉花亦必日多一日，所可慮者，商民趨利若鶩，往往見一工廠獲利，則相率效之。如上海麪粉公司初本一家，贏利甚厚，迨陸續添至七廠，原料以競買而昂，出貨以過多而賤，近年虧累停工，日有所聞。從前東西各國工藝初興，亦有此弊，故其國家既設專利一條，而又於人民稟請設立公司時，察其市面供求之需，以定地方工廠多少之數，甚至對於國際貿易，勸令本國商人集合各公司爲一大公司，以與各國商戰相持，遠見深謀，可借鑒矣。奴才奉旨後，每接見武漢商會各員，諄勸於常德等處地方，籌設紡織公司，以副朝廷振興實業之至意。又以乘機争利，亦所宜防，復諭飭勸業道商務局，於民人請求設立公司者，酌盈劑虛，覈定准駁，鼓舞之中，仍示限制，以免商人搶價争售之弊。此勸辦公司，酌定地段之辦法也。以上兩端，於民人生計，商務盛衰，關係非淺，奴才愚庸之見，是否有當，伏候聖明採擇。所有遵旨體察情形，謹先將農校試種及勸辦公司等緣由，恭摺具陳，伏乞皇太后、皇上聖鑒訓示。謹奏。

中國第一歷史檔案館《宣統政紀》卷一〇《宣統元年閏二月下》 農工商部奏，遵奉限期，將本管事宜，應辦各要政，詳加釐訂，略分四類：曰調查，曰籌議，曰興辦，曰編制。約一百二十八條，分年列表。第一年，調查中外棉業，籌議各省設立農務總分會，籌辦自來水，籌辦京師工業試驗所，開辦京師農事試驗場，重建京師勸工陳列所，推廣內地及海外各埠商會，推廣各處船會，招致華僑創辦大宗實業，頒佈農會章程，頒佈劃一度量權衡制度，修訂商標章程。第二年，通飭清釐全國礦山區域，通飭各省照章檢留最通用之度量權衡舊器各一種，查明覈定報部，調查各國賽會章程辦法，通飭各省調查商品出入大概數目，商務衰旺大概情形，編成報告，籌議開墾事宜，林業事宜，通飭各省籌設漁業公司、水產學校，籌設化分礦質局，舉辦各省農務總會，設立蠶業講習所、茶務講習所，開辦京師工業試驗所，勸工陳列所，設立度量權衡官廠，制造新器，編輯棉業圖説，厘訂獎勵棉業章程，修訂礦務新章，編訂劃一度量權衡各種細章。第三年，調查內地絲業茶業情形，調查各省出産商品，飭各省調查商品出入詳細數目，商務衰旺實在原因，編成報告，通咨出使大臣，將各埠華商人數商業册報，通飭各省籌設農林學堂、農事試驗場，推廣保險辦法，舉辦各省農務分會，推廣蠶業、茶務講習所，開辦化分礦質局，施行劃一度量權衡各種細章，頒行度量權衡新器，劃一京外官衙局所，各省城、各商埠度量權衡，商務總會以次設齊，頒佈棉業圖説，獎勵棉業章程，礦務新章、保險規則、運輸規則，編訂工會規則。第四年，調查絲市茶市情形，全國礦物品類産額銷場編制統計，全國工藝及制造原料編制統計，調查全國著名工藝品，通飭各省設立專門學堂工廠，研究改良，各州縣籌設習藝所，各省會、各商埠籌設工藝局、勸工陳列所，各省籌設礦務學堂，組織各種工會，研究工業改良法，籌設各省商品陳列館，籌議獎勵海外貿易，通飭商民出洋貿易，海外大埠華商商會以次設齊，商船總會以次設齊，編定各處酌留度量權衡一種舊器與新器比較表，統計各省歷年商品出入、商務衰旺，分別列表，籌議改良辦法，頒佈商業登記章程，監督交易行規則，整頓貨棧規則。第五年，通飭農會編輯農務統計，列表報部，調查森林區域，籌議改良棉業、絲業、茶業事宜，通飭籌議農事半日學堂、農事演説會場，籌設各省勸業會爲賽會之練習，劃一各府城度量權衡，各省會及通商口岸商品陳列館以次成立，彙齊各省商務報告，逐年比較，列表統計，釐定改良辦法，頒示商民。第六年，通飭各勸業道編輯畜牧統計、漁業統計，列表報部，籌議整理漁界，繪具圖説，籌設獸醫學堂，籌辦農林礦務警察，籌辦商團，籌辦國内賽會，通飭農會改良農具，開拓農業，增殖農産，實行開墾辦法，商務分會、商船分會、各省勸業會，以次成立，厘訂振興絲業茶業辦法。第七年，通飭各勸業道查明水利事宜，繪具圖説報部，通飭各省籌設美術學堂，實行改良棉業，振興絲業、茶業辦法，外埠商會、各府及大埠商品陳列館以次成立，編制歷年航業推廣比較表。第八年，考查農會、商會、船會辦理成績，籌議萬國賽會，設立商律講明所，開辦國内賽會，編制實業公司局廠逐年增進比較表，編制歷年海外貿易比較表。第九年，通飭報告歷年籌辦森林情形，列表統計，調查改良棉業、絲業、茶業、商業後，逐年進步，列表統計，劃一各廳縣度量權衡，各州縣商品陳列館以次成立，開辦萬國賽會，編制全國農産品、水利、森林、畜牧、漁業、礦産圖志，編訂全國工藝商業志，下憲政編查館知之。

中國第一歷史檔案館等《中國近代兵器工業檔案史料》第一輯《軍實司擬朱恩紱考察各省製造軍械局廠之考察大綱宣統元年八月》 軍實司呈。

竊職司以籌畫軍械爲最關重要之件，此次奏請簡派大員前往考察，爲將來籌畫各廠設立之基礎，即爲各軍訓練之命脈。有關考察事件，不厭求詳，謹擬應行考察事件大綱及細目各條，伏希鈞鑒釐定。並懇交由朱京卿酌議，俾臻完善。所有謹擬各條開列如左：

設廠之歷史：

初建年月（如滬、鄂各廠創建之原始等類）；

擴充次第（如滬廠由造船而制槍，以及接辦各廠等類）；

興廢原因（如鄂初制砲，而後已停造等類）。

地點之位置：

國防關係（如滬廠不宜于戰時等類）；

交通關係（如川廠之艱于運輸等類）；

土質關係（如鄂係由湖基填築，土質嫌于鬆脆等類）；

拓展關係（如鄂廠濱江枕山，難再事擴充等類）。

機件之部分：

普通機器部數，專門機器部數（普通、專門內務分新、舊二種，各舊機內分能修配與應廢棄二種，各新機內分最新與稍舊二種）；

位置各機是否合宜（如鄂廠主動機房與被動各機房有距離太遠者，多(廢)〔費〕煤力等類）；

按現時機器能力日造軍械件數。

制造之種類：

槍（舊存、新制各種槍之全部在內）；

砲（停制以前各件能否改制，及現在仿制各件存有若干。砲之全部在內）；

子（舊制各種能否通用，新制各種日出若干）；

彈（與子同）；

藥（黑、白、栗色各種藥自制者能否適用，購買者能否化驗）；

鋼（舊存、新煉各種能否適用，能否加煉）；

材料（如油、煤、水、木及存儲一切有關製造各品物）；

附造各種屬品並馬、工、輜各隊應用器具。

廠内行政機關：

與現時内外各衙之統系並交通辦法；

總辦以下各員司、匠徒等之配置；

廠内各項分局、分廠及學堂之組織。

現在收支款項：

入款係由某項指撥，一年總計若干；

出款每月額支約若干，常年活支約若干；

存款除滬廠外，其餘各廠有無別項存儲；

按現時已造槍、砲、子、彈等項，每枝、每尊、每顆、每件實在價值估計足得售價若干。

以上各條係約舉應行考察大綱，其中細目自應視各廠情形增減。

本司擬應行調查各製造局事宜條陳，于八月初三日繕摺呈堂。

《商務官報》宣統元年十月十五日第三〇期《廣西巡撫奏籌辦農林要政情形摺》 奏，爲遵旨籌辦農林要政，謹將辦理情形恭摺詳陳，仰祈聖鑒事。竊臣欽奉宣統元年正月十六日上諭，前奉先朝諭旨，農林要政，著各省督撫，飭屬詳查所管地方官民各荒並氣候土宜，限一年内繪圖造册報部，並迭次飭令各省照辦工藝實業。原以農工均爲富民要圖，辦理刻不容緩，現在時閱兩年，奏報尚屬無幾，著農工商部再行嚴催各省督撫，將以上應辦農林工藝各項事宜，迅速分別舉辦，毋再因循悠忽，用副朝廷振興實業，念切民生之至意，欽此。仰見朝廷利用厚生之至意，欽服莫名。廣西兵燹頻仍，凋敝已甚，各項實業尤宜迅速籌辦，以爲及時補救之圖。臣自抵桂以來，舉凡鑛墾工藝各項要政，即以首先注意汲汲講求，迄今數年，雖已略植初基，仍難遽覩成效，於初心所希望者，未能達其什一。論者鮮不以民貧地瘠難資籍手以相寬恕，而臣則未敢以此自諉者，良以天下無可棄之地，亦即無不可教之民，各處之情形不同，則所以治之者，亦當隨之而異。廣西民貧地瘠，固已自昔而然，抑思民何以貧，實因惰而始貧。地何以瘠，實因貧而愈瘠。誠能權其先後緩急之序，以爲倡導鼓舞之方，則瘠者不難變爲膏腴，而惰者固可使之勤動也。謹將歷年以來辦理已有端緒，與現在正當籌辦，及將來方能籌辦各情形，爲皇上分別陳之。桂省地廣人稀，荒曠彌望，移民墾荒，其最要矣。顧欲實行墾荒，必應先之以查荒。前准部咨飭查，經已飭屬查明，分別荒田、荒土、荒地、荒山，填列表册，咨部查覈在案，綜計一千六百三十五丈，計放十六萬六千五百七十八畝。現在行政機關概未全備，僅據地方官所查，遺漏原不能免，然即此查得之數，已覺棄利甚多。至近年以來，遵照本省奏定墾荒章程，具報成立公司，承墾官民荒地者，桂林府屬，則有富民墾牧公司、駿業公司、公益公司、寶豐公司、廣益分公司、集成公司、時和利公司、大興公司。平樂府屬，則有農業公司、開先公司。梧州府屬，則有培植公司。柳州府屬，則有西成、阜成、恒泰、長茂、同志、南治等六公司。潯州府屬，則有廣豐、廣益、廣美、振華等四公司。南甯府屬，則有長益公司。太平府屬，則有廣益公司。歸順州屬，則有保富、集益兩公司。就中尤以貴縣之廣益、廣豐兩公司，及臨桂之廣益分公司，集股較鉅，均在二十萬元以上。廣美公司股本十萬，均係旅美華僑所集，合振華公司股本，已集得二百餘萬。該公司以辦鑛爲主，辦墾特其餘事。其餘各廳州縣士民，以一人一家領照墾荒，未立公司者，亦陸續時有具報。但使現在各公司均能獲利，則漸推漸廣，聞風興起者，自可日多。顧招徠墾荒，所以闢未有之利源，若已有之利源，尤不可以不濬。濬已有之利源維何，則興修水利是已。桂省氣煥土腴，稻每再熟，農業之利，論理宜優。乃著名貧瘠者，則以地多砂質，田少平原，三日爲霖則潦，十日不雨則旱，宣洩灌溉，不甚講求，人事太疏，故天災迭見也。前經飭屬查明，轄境水利，孰爲原有，孰可增開。農隙之暇，勸督紳民，修廢開新，以備旱潦。修費或撥地方公款，或向用水之户按畝征收。其工艱費鉅，利賴較大，確有把握者，並准領用官款。現據各屬陸續報到，新開水利共二百九十處，修舊者共三百六十餘處，雖陂塘渠堰，大小不一，可收一溉之功。蠶桑一事，爲農業大端，自梧州開設蠶業學堂以來，容縣、貴縣、隆安縣、左州、鬱林直隸州、那馬通判、馬平縣等處，次第設所，講習研究，日起有功。龍州現亦撥款開辦蠶業學堂，以開邊地風氣。各屬出口絲繭，據梧州關稅務司呈到光緒三十四年貿易册，謂爲歲月增加。桂本宜蠶，提倡果能認真，將來此事當可成爲大利。至於各屬鑛産，經臣一再派員查勘，現已查得可開之鑛共三百餘處，鐵鑛最居多數，銻、煤、錫鑛次之，金、銀、銅、晶石各鑛又次之。現時成立公司，禀開辦者，貴縣則有寶興公司，辦三義山銀鑛。又有振華公司，辦天平山銀鑛。河池縣則有慶雲公司，辦南丹土州錫鑛。賀縣則有天腴公司，辦養牛沖等處錫鑛。振華資本較鉅，鑛師尤爲得人，二三年間當可大著成效。官辦之富賀煤鑛，亦屬可興美利。該鑛煤質，前經寄往德國名廠化驗，據稱灰輕油足，可煉上等焦炭，現正從事開井，俟明年井工告竣，産額方可大增。賓州錫鑛，蘊蓄亦宏，臣前經奏明，附入富賀官鑛局兼辦。因煤鑛工程喫緊，尚未克極力兼營，當俟煤鑛井工告成，再行推廣采掘。此辦理之已有端緒者也。桂民貧困，坐於游惰，欲化游惰之習慣，非注重教育不爲功。臣前於光緒三十三年秋間，奏派專員前赴日本調查農林畜牧各事，是年冬間回桂，開辦農林試驗場，並附設農林講習所。嗣於去年秋間，奏明將講習所改爲中等農業學堂，並派員赴歐洲訪聘農業技師，以期取法乎上。講求工藝所關於實業者尤要，雖現在省城設立藝徒學堂、簡易工藝教員講習所，梧州籌設繅絲廠，各屬遍設習藝所、模範工廠，然以全省之大，工廠僅止此數，固不免萬室一陶。以全省之大，工廠皆由官辦，更不免博施猶病。顧不養成多數教員技手，以待商民之聘用，則商民雖欲從事於工藝，亦將無所取材。臣現正督飭提學司籌設實業教員講習所，儲多數完美之教材，樹實業前途之模範，俟該司擬定章程，當再分別奏咨辦理。此現在正當籌辦者也。土地、勞力、資本爲生産力之三要端，桂省兵燹頻年，民間資本最爲缺乏，今欲助其生産力，必賴有資本以接濟之。年來雖迭經提撥官款，借貸民間，作爲牛具耕種，而受其利者，終屬有限，非賴農業銀行漸次設立，無以普及於鄉民。然非民間各種組合漸次完成，則雖有農業銀行，仍不能貿然貸與。欲農業銀行之設立，欲各種組合之完成，必待地方自治辦理粗具規模，方可推行無阻，此又廣西亟所當行，而不能不待之異日者也。抑關於桂省實業前途，尤爲切要，以視擴充資本，圖謀教育，更不可緩者，則爲興築鐵路一事。桂本山國，險奥阻深，雖有河流，難行巨艦，荒不能闢，鑛不能開，工藝之難於改良，土貨之不能輸出，皆由交通不便之故。現在桂邕鐵路，已蒙飭部派員勘測，仰見朝廷眷顧南服，欽感莫名。惟此路費鉅工艱，將來勘畢之時，不能不望朝廷力予主持，俾得刻期興築，不但爲振興實業探源之計，亦即鞏固國防最要之圖，此尤微臣慺慺愚忱，不敢不披瀝上陳者也。除將已墾荒田荒地表已修水利表、鑛山區域表、鑛質化驗表及各種鑛質咨部查照，並遵依年限，將應辦事宜悉心籌辦外，所有遵旨籌辦農工要政，謹將歷年辦理情形恭摺具奏，伏乞皇上聖鑒訓示。謹奏。

《商務官報》宣統元年十月二十五日第三一期《四川總督奏遵旨籌辦農工要政摺》　奏爲遵旨籌辦農工要政，並陳現在情形，恭摺仰祈聖鑒事。竊宣統元年六月二十三日准農工商部咨，宣統元年五月十六日内閣奉上諭，前奉先朝諭旨，農林要政，著各督撫飭屬詳查所管官民各荒並氣候土宜，限一年内繪圖造册報部，並迭次飭令各省興辦工藝實業。原以農工均爲富民要圖，辦理刻不容緩，現在時閱兩年，奏報尚屬無幾。著農工商部再行嚴催各省督撫，將以上應辦農林工藝各項事宜，迅速分別舉辦，毋再因循悠忽，用副朝廷振興實業，念切民生之至意，欽此。仰見聖謨繼述，欽服莫名。伏查推廣農林，興辦工藝事宜，川省前經迭奉諭旨，欽遵通行各屬一律籌辦，並將所有官民各荒暨農林工藝，彙造表册，送部察覈在案。唯查川省雖號奥區，然以山川險阻，風氣閉塞，工藝進步甚遲，農業拘守舊法，事事迭經籌辦，要不能與沿江沿海各省相頡頏。奴才自到任後，奏設勸業道，專官督飭，極力設法倡導，規模逐漸改舊。茲將川省現有農工業情形，謹爲我皇上縷晰陳之。一曰農業。川省土壤沃美，地本宜農，第農智未開，學理素少研究。前經查照部章，設立農務總會，復爲覈訂各屬分會暫行章程，飭令籌設分會，現已陸續稟報成立。農業中小學堂，經各前任督飭籌辦，奴才復行擴充，先後設有二十餘堂。農業試驗場，省城東門外原有一處，因地勢濱江，且嫌狹小，又於南門外添設一處，各屬已設場試驗者，亦有二十餘區，皆廣植五穀桑棉及有用樹木蔬果。復經咨購各省各國佳種，頒發各該場分畦布種，以期改良，本年收穫尚稱美好。絲茶爲川省出産大宗，民間素食其利，上年通飭籌設蠶桑傳習所，今夏成立者七十餘處，曾經奏明，而近日續報開所者又十一處。呈驗春夏蠶絲，成績頗佳。而保甯、彭縣、合江等處，飼放山蠶，收繭尤豐，均飭繅作細絲，期合洋莊銷路。各屬凡有柞樹之處，皆令勸導傳辦，以輔家蠶之不足。通省蠶桑師範講習所業已開班授課，絲業品評會、農業品評會現均籌撥開辦，絲業發達，似可預期。川省産茶頗良，向來行銷邊藏，祇以焙製未精，恐難永保權利。屢督官商籌議組織邊茶公司，研求種植焙製之法，期合羣力，以成一大公司，得以運銷藏衛。已於雅州府設立公司，籌辦處集股本五十萬，現在已有成數，大約明年可以成立。繼絲茶之利者爲棉，川省除潼川府屬之射洪、遂甯等處外，所産甚微，需用棉花，向資於江鄂，綿紗則來自外洋。本年煙畝一律禁止下種，前於江南通州及美國購來棉子，均已分發各屬試種，將來出棉日多，再行籌設紗廠。至於林墾畜牧，亦經盡力提倡，各商民尚能聞風興起，稟請開辦者，已有樂山、汶川、印州、雷波等處。而種棉之地，惜本年雨多受傷，收棉不豐，明年再擬於山澤未墾之處一律開闢，以冀廣種多收。此川省籌辦農業之大概情形也。一曰工業。查川省工業，分官辦、民辦兩種。官辦者，有省内外各屬之勸工局，共計七十餘處，各就土産，分科製作，雖未能盡求精美，要爲民間日用所需，因原料大宗，謀漏巵之塞，前由官籌集資本，特設專廠。則如製革、肥皂、火柴、印刷等項，現皆一一籌款擴充，所製品物，銷行甚暢。兵工一廠，規畫頗大，經前督臣錫良創始，現在建築已竣，機料將次運齊，年内可望開工。而勸業公所試造之川瓷，又爲最近之發明品，近因試驗有成，招令商人仿辦，中等工業學堂已將染織、陶瓷列爲專科工業。化學試驗所亦經派員選購器械，趕緊籌辦。至於紳商招集股分設立工廠者，則有造紙公司、火柴公司、川瓷公司、電鐙公司、罐業公司、甎瓦公司、織布公司、電鍍廠、玻璃廠、繅絲廠、機器工廠等。資本少者數千元，多者十餘萬、二三十萬不等，類皆改良土産，以擴行銷，仿製洋貨，以杜外溢，是爲民辦已成之工業。惟是川省各屬原料雖多，而困於交通塞於風氣，購機則經年莫達，招股則智計俱窮，以故年來急起直追，而爲效祇此。嗣後民智漸開，自當力圖精進，以興實業而挽利權，此川省籌辦工業之情形也。除督飭各屬認真勸辦再行，陸續奏報外，所有川省籌辦農林工藝情形各緣由，謹恭摺具陳，伏乞皇上聖鑒。謹奏。

《商務官報》宣統二年二月初五日第二期《本部具奏遵章預籌次年農工商政實行辦法摺》　奏，爲遵章預籌次年農工商政實行辦法，恭摺仰祈聖鑒事。宣統元年八月十四日，欽奉諭旨：憲政編查館會奏，覆覈各部院九年籌備未盡事宜分别繕單呈覽一摺，着依議，欽此。欽遵，由憲政編查館咨行到部。原奏内開，擬請嗣後每年冬間，由該管衙門按本年原奏清單，再將擬定次年實行辦法，及預算用款數目，量財政之盈絀，爲規模之大小，先期切實奏明辦理等因，自係爲實籌辦法，期利推行起見。臣部於本年閏二月間，業經釐訂分年籌備事宜，繕單列表，奏明在案。伏查原單所開，第三年應行籌備農工商各項事宜，計二十二條。臣等通盤籌畫，詳加復覈，謹將預籌次年實行辦法，爲我皇上縷晰陳之。農政籌備事宜，其應行整頓者，曰絲茶棉；其應行興辦者，曰農會學堂試驗場。絲茶爲出口土貨之大宗，非調查現情，則整理亦無從著手，非專科講習，則改良或未盡合宜。原單所列，如調查内地絲茶情形，推廣蠶業茶務講習所，均屬切要之圖。提倡棉業，爲抵制洋紗進口之計，編纂圖説，冀采西以益中，頒佈獎章，庶風行而草偃，亦應如原單所列辦理。至於農務分會、農林學堂、農事試驗場，均爲研究農業，開通智識之基礎，業由臣部釐訂專章，通飭舉辦。現在農務分會成立者，有六十餘處，農林學堂、農事試驗場報部者，有二十餘處，自應由各直省酌量地方情形，隨時推廣，務期普及。此預籌農政項下之實行辦法也。工政籌備事宜，一礦務，一工會，一度量權衡。礦務項下，臣部與各督撫合辦之件，爲開辦化分質局。臣部與外務部合辦之件，爲頒佈礦務新章。化分礦質，爲分析原質，實習試驗起見。臣部既首先籌設，各直省自應隨時仿辦，俾資參考。礦章一層，既須開拓利源，尤在嚴杜流弊，亟應早爲頒佈，俾華商洋商均有遵守。現在正由臣部會同外務部，妥慎釐訂，俟修改完竣，應即奏明辦理。工會爲講求工藝，廣興製造之權輿，應由臣部按照原單，編訂規則，通飭籌辦。至於度量權衡，現已購機設廠，分别製造，一俟新器製成，應即訂定各種細章，一律頒行。其劃一辦法，臣部奏定推行章程第十三條内開，官物限二年内改從新器等語。所有京外官衙局所，暨各省城各商埠，自應飭令遵照定章，如期改定。此預籌工政項下之實行辦法也。商政籌備事宜，以振興國内貿易，保護海外貿易爲兩大端。振興國内貿易，則以調查商品産額，艱告商務情形，爲入手辦法。保護海外貿易，則以調查外埠僑商，報告華僑商業，爲入手辦法。必先統計盈虚，而後對於内可徐施整齊利導之方，對於外可漸收聯合擴張之益。而保險運輸，均與商業有直接之關係，臣部自當按照原單所列，切實籌辦。惟運輸一項，往往於鐵路、輪船隨時附麗，有相輔而行之勢，此項規則，應由臣部會同郵傳部，妥籌擬訂，總以交通便利，俯順商情爲主。其商務總會，現由臣部奏准設立者，各省城各商埠地方計有四十餘處。應再於商務扼要處所，量加推廣，務令一律設齊，庶幾互爲維持，彼此收指臂相聯之益。此預籌商政項下之實行辦法也。以上各條，臣等就原單所列，一再覈議，均屬應辦事宜，自應分途趕辦，以符年限。至於預算用款一節，除化分礦質局由臣部籌款開辦，京師蠶業講習所由臣部撥款補助外，其各直省應設之農林學堂、農事試驗場、蠶業茶務講習所、化分礦質局等，有業經設立者，有尚待籌畫者，應由各督撫察覈地方財力，分别籌辦，總以事歸實在，款不虚糜爲宗旨。抑臣等更有請者，農工商諸政爲全國實業所繫，彙總於臣部，而分寄於各直省，端緒至爲紛繁，必須内外合力，庶可收因地制宜之效。擬請飭下各直省將軍督撫，按照臣部原奏清單，暨此次預籌辦法，於第三年應行籌備農工商政各項事宜，督飭勸業道切實籌辦，務使尅期成立，實事求是，無誤奏定年限。即使百廢具舉，籌款維艱，亦當據實奏明，徐圖擴充，爲得寸得尺之計，庶因勢利導，上可爲補助憲政之機關，責實循名，下可爲擴充利源之先路。所有遵章預籌次年農工商政實行辦法緣由，謹恭摺具陳，伏乞皇上聖鑒訓示。謹奏。

《商務官報》宣統二年七月十五日第一八期《本部奏臚陳第三年第一届農工商籌備事宜摺》　奏，爲遵章臚陳第三年第一届農工商籌備事宜，恭摺仰祈聖鑒事。光緒三十四年八月初一日，奉上諭，欽奉懿旨，逐年應行籌備事宜，責成內外臣工依限舉辦，每屆六個月將籌辦成績臚列奏聞，並咨報憲政編查館查覈等因，欽此。旋准憲政編查館奏定考覈專章，行知到部，遵於上年八月間，本年三月間，將第二年籌備成績，先後奏陳在案。現值第三年第一屆奏報之期，謹將續行籌備事宜，爲我皇上縷晰陳之。伏查原單所開第三年農工商籌備事宜，計二十二條，農政項下，其調查內地絲茶事件，業於本年五月間厘訂表式，通飭各直省勸業道暨農務商務各總會，將各該境內絲茶情形，切實調查，妥議辦法報部。農務總分各會，各直省以次舉辦，總計農務總會奏准設立者十五處，農務分會覈准設立者一百三十六處，安徽則設有柞蠶傳習所、蠶業講習所，福建則設有茶業講習所，江西義甯州則設有茶業改良公司，仍當通飭各省一律推廣。此本年籌備農政事宜之情形也。工政項下，設化分礦質局，暫附設於臣部高等實業學堂內，已於本年四月開辦，一俟經費充裕，再行設局擴充。礦務新章業已修改完竣，計正章十四章八十一款，附章九章四十六條，於本年八月間，會同外務部奏准在案。度量權衡，臣部工廠業於本年七月間開工製造，惟各省需用浩繁，現正咨商各督撫，酌設分廠，以資推廣，一俟籌定辦法，再行陸續奏陳，並將各種細章一律推行，以收劃一整齊之效。工會規則，亦經督飭司員分別編訂。此本年籌備工政事宜之情形也。商政項下，其調查商品一事，於上年閏二月間奏明籌辦，八月十月先後通飭趕辦，旋據奉天、吉林、山東、河南、陝西、甘肅、湖北、湖南、四川等省陸續造册報部，其餘各省仍當一律飭催，限期報齊。其調查僑商一事，業經通咨各出使大臣，並札飭各僑商總會，列册報部。至保險規則、運輸規則兩種，臣部業經編訂，於本年八月間奏明，請旨飭交資政院，照章覈議在案。各直省商務總會，除黑龍江、新疆尚未成立外，餘均以次設齊。此本年籌備商政事宜之情形也。以上數端，均屬本年業經籌備之件，臣等仍當陸續規畫，督促進行，以仰副朝廷力圖憲政之至意。所有遵章臚陳第三年第一屆農工商籌備事宜緣由，謹恭摺具陳，伏乞皇上聖鑒。謹奏。宣統二年九月二十二日，奉旨：已録。

《兩廣官報》第一八期《農工商部考覈各省府廳州縣辦理實業勸懲章程》

第一條，凡府廳州縣關於實業之行政，由農工商部考覈。

第二條，前條之考覈，每年舉行一次。

第三條，各府廳州縣，每年須將所辦實業事宜及所屬實業之狀況，遵式填造表册，詳由該省督撫加具切實考語，於次年三月以前，咨報到部。前項之表式，由農工商部定之。

第四條，各府廳州縣，自接奉此次章程後，應先將該管地方實業一一調查，分别已辦未辦，列具表册，專呈各該勸業道，申報該省督撫，咨送農工商部備案。

第五條，各府廳州縣，蒞任久暫不等，前後任所辦實業，應分別填具表册，列爲交代。

第六條，農工商部接據前項之表册，切實考覈，列爲最優等、優等、平等、次等。

第七條，各府廳州縣所辦及所屬實業，改良發達者爲最優等，成效昭著者爲優等，稍著成效者爲平等，毫無進步者爲次等。

第八條，各府廳州縣於所屬應辦之實業，確有窒礙情形時，得據實詳由各該勸業道隨時申報該省督撫咨部。

第九條，各府廳州縣列入最優等者，奏請傳旨嘉獎，列入優等者，由督撫記功一次，列入平等者，照舊供職，列入次等者，暫准留任，連經三考，皆列次等者，實缺者開缺，候補者扣補。

第十條，各府廳州縣，如考覈時，列入最優等，適因另案撤參，應由該督撫將原參情節，咨報農工商部。

第十一條，農工商部隨時派員，按照視查州縣規程，赴各地方抽查，或咨行該省督撫，派員抽查，如發見所報不實，將造送表册之府廳州縣嚴參，並將失察之勸業道議處。

第十二條，本章程自宣統四年正月初一日起施行。

第十三條，本章程如有未盡未妥事宜，得隨時奏明修改。

《督院張批東勸業道稟廣州總商會選員赴日本實業會報聘請酌助公款緣由文附件》 稟悉。此事既經廣州總商會舉定許協理炳榛、沈議董道生前往赴會，另由港商再舉紳商一員，屆時同往，應即由道逕行照會日本領事，知照並候分咨外務、農工商部暨出使日本大臣查照。至赴會經費，由該總會撥銀二千元，所稱不敷，雖屬實情，惟現當庫儲奇絀，收支各項絲毫均關預算，公款實無可提撥，應仍由道照會該總會，另行設法籌足，以資應用，仰即遵辦。繳。（八月十一日發）

《原稟》 敬稟者。宣統三年七月二十日奉憲台札行，准農工商部轉，准外務部咨，以日本伊集院使函稱，日本實業家決議招待中國實業家來東游歷，準備招待五十名來賓，決定中歷九月初三日，由上海乘日本郵船會社春日丸東渡，各商會如願派人加入渡日實業團内，必須慎選於商業富有經驗之人方有裨益等因。咨院行道，飭即照會各總商會，遵照酌覈情形，妥慎辦理，仍將辦理情形具報等因。奉此，當查此事先准日本領事以上海商埠組織實業團前往彼國調查報聘，特詢粤省商會選派何人。經即函准廣州總商會，答復以亂後謡言未息，各須維持商務，一時實難其選，擬俟張總理振勳回粤，再行商酌。嗣復准日領事面稱，實業團須於八月前，往上海會齊，粤省商務素稱繁盛，不可無人赴會。因查總商會協理許道炳榛，才具閎通，且曾屢遊彼國，擬請赴會，並請加派二人同往等語，並奉憲台面諭，亦以總商會協理許道前往爲然，飭即轉商，從速酌定等因。又經函商，並以所請加派二人聞會内議董沈道生明練開通，可以應選，其餘一人擬請函達香港商團，舉定偕同前往，一併函商覈議去後，茲奉前因，復經文催暨照會汕頭總商會，一體遵辦。現准廣州總商會函復此事，經於七月二十二日當衆提議，遵舉許協理、沈議董赴會，惟應需經費，爲數繁多，公議由會内撥銀二千元俾資應用，尚恐不敷甚鉅，衆議仍懇撥助公款，以壯行色。除函致香港東華醫院，再舉紳商一員，自行籌費，屆時同往，一面函復上海總商會知照外，擬請轉禀督憲，轉復日本領事官，暨咨報農工商部察照等由。伏查此舉原爲考察商務，藉聯歡誼起見，廣州總商會現既如議公舉許協理、沈議董前往，由會酌撥經費，所稱不敷尚鉅，擬請撥助公款。如果公帑寬裕，自可酌籌，現在庫儲支絀萬分，且各項收支均關預算，思維再四，實難挪撥。但所稱不敷支用，亦係實情，應如何酌予提支，俾資補助之處，合將本案廣州總商會遵飭選員赴會及請酌助公款緣由，禀請憲臺察覈批示祇遵，並請咨復外務部、農工商部查照，暨轉復日領事知照，實爲公便。

紀事

寶鋆《（咸豐朝）籌辦夷務始末》卷七二《廷寄》 諭軍機大臣等：恭親王奕訢等奏，遵議藉夷勦賊，並代運南漕各情一摺。前據曾國藩、薛焕、袁甲三並瑞昌、王有齡等馳奏，遵議藉夷勦賊，及帶運南漕各摺片，諭令恭親王奕訢等悉心酌議。茲據奏稱：將曾國藩等原奏悉心參覈，江南官軍現尚未能進勦金陵，即令夷船駛往，非特不能收夾擊之效，並恐與賊相持，如薛焕所慮，句結生變，尤宜豫防。該撫所擬令夷兵由陸進勦，非獨經過地方驚擾，即支應一切，諸多窒礙。夷性貪婪，一經允許借兵勦賊，必至索請多端，經費任其開銷，地方被其蹂躪等語。並於唊酋喊唲嗎來見，與之談論終日，該酋已吐實語，謂勦賊本中國應辦之事，若借助他人，不占地方，於彼何益？非獨俄、咈克復城池不肯讓出，即唊國得之，亦不敢謂必不據爲己有，因舉該夷攻奪印度之事爲證。

藉夷勦賊，流弊滋多，自不可貪目前之利，而貽無窮之患。惟此時初與換約，拒絶過甚，又恐夷性猜疑，轉生叵測。惟有告以中國兵力足敷勦辦，將來如有相資之日，再當借助，以示羈縻。並設法牢籠，誘以小利，咈夷貪利最甚，或籌款購買槍砲船隻，使有利可圖，即可冀其親暱，以爲我用。儻上海夷人諄請助兵勦賊，著曾國藩、薛焕量爲獎勉。儻有兵船駛入内地，即按照條約攔阻。並著該大臣等就現有兵力，設法攻勦逆匪，勿再覬望。至咈夷槍砲既肯售賣，並肯派匠役教習製造，著曾國藩、薛焕酌量辦理。即外洋師船現雖不暇添製，或仿夷船製造，或將彼船雇用，誘之以利以結其心，而我得收實濟。若肯受雇助勦，祇可令華夷兩商自行經理，於大局或可有利無弊。並著該督撫斟酌試行，將來於通商各口關税内酌提税餉，仍濟軍需。

其代運南漕一節，亦照恭親王等所議，由薛焕出示，招商運津。無論華商夷商一體販運，按照税則完納税餉。官爲收買，按照時價公同估斷，無須與該夷豫行會商。咪夷質性較醇，與唊、咈情形不同，其應如何羈縻使爲我用，俾其感順，以杜俄夷市德於彼之心，亦著曾國藩、薛焕隨時酌量情形，妥爲辦理。

另片奏：上海通商各小國，見唊、咈、咪三國換約，未免覬覦。前經桂良在上海時嚴行拒絶，薛焕曾隨桂良在彼，深知其事。並著該撫務照前年辦理情形，豫爲杜絶，勿令逕駛天津，又費脣舌。並曉諭唊、咈、咪三國，各小國小弱之邦，不得與三國平列一體換約，令其幫同阻止，方爲妥善。如各小國不遵理諭，逕赴天津，惟薛焕是問。

寶鋆《（咸豐朝）籌辦夷務始末》卷七九《廷寄二》 又諭：前因恭親王奕訢等奏：咈夷槍砲現肯售賣，並肯派〔匠〕役教習製造。當諭令曾國藩、薛焕酌量辦理。本日復據奕訢等奏，請購買外洋船砲一摺。據稱：大江上下游設有水師，中間並無堵截之船。非獨無以斷賊接濟，且恐由蘇、常進勦，北路必受其衝。據赫德稱：若用小火輪船十餘號，益以精利槍砲，其費不過數十萬兩。至駕駛之法，廣東、上海等處，可雇内地人隨時學習，亦可雇用外國人令司舵司砲。其價值先領一半，俟購齊驗收後再行全給。並稱：洋藥一項，如照所遞之單，徵收華洋各税四十五兩之外，於進口後，無論販至何處銷售，再由各該地方官給與印票，仿照牙行納帖之例，每帖輸銀若干。如辦理得宜，除華洋各税外，歲可增銀若干萬兩，此項留爲購買船砲，亦足裨益。現在赫德已回天津，令其將船砲洋槍價值，分晰開單呈遞等語。

東南賊勢蔓延，果能購買外洋船砲，勦賊必能得力。惟各路軍餉不足，必須豫籌銀款以資購辦。奕訢等現擬於上海、廣東各關税内，先行籌款購買，俟將來洋藥印票税收有成數，再行歸款。並給赫德札文，令其購買，運到時，即交廣東、江蘇各督撫，雇内地人學習駕駛。著勞崇光、耆齡、薛焕並傳諭毓清，即按照所奏，豫爲籌計。其應酌配兵丁並統帶大員，及陸路進攻各事宜，並著官文、曾國藩、胡林翼先行妥爲籌議，一俟船砲運到，即奏明辦理。内患既除，則外國不敢輕視中國，實於大局有益。該督撫等務當悉心妥議，期於必行，不得畏難苟安。奕訢等摺，著鈔給閲看。

中國第一歷史檔案館等《中國近代兵器工業檔案史料》第一輯《曾國藩等奏請選派子弟出洋學藝並呈章程摺同治十年七月初三日》

大學士兩江總督一等侯臣曾國藩、協辦大學士直隸總督一等伯臣李鴻章跪奏，爲擬選聰穎子弟前赴泰西各國肄習技藝，以培人材，恭摺仰祈聖鑒事。

竊臣國藩上年在天津辦理洋務，前任江蘇巡撫丁日昌奉旨來津會辦，屢與臣商榷，擬選聰穎幼童，送赴泰西各國書院，學習軍政、船政、步算、製造諸學，約計十餘年，業成而歸，使西人擅長之技，中國皆能諳悉，然後可以漸圖自强。且謂携帶幼童前赴外國者，如四品銜刑部主事陳蘭彬、江蘇候補同知容閎，皆可勝任等語。臣國藩深韙其言，曾於上年九月、本年正月，兩次附奏在案。臣鴻章復往返函商。竊謂自斌椿及志剛、孫家谷兩次奉命遊歷各國，於海外情形亦已窺其要領。如輿圖、算法、步天、測海、造船、製器等事，無一不與用兵相表裏，凡遊學他國得有長技者，歸即延入書院，分科傳授，精益求精。其於軍政、船政，直視爲身心性命之學。今中國欲仿傚其意而精通其法，當此風氣既開，似宜亟選聰穎子弟，携往外國肄業，實力講求，以仰副我皇上徐國自强之至意。

查美國新立和約第七條内載：嗣後中國人欲入美國大小官學學習各等文藝，須照相待最優國人民一體優待；又美國可以在中國指準外國人居住地方設立學堂，中國人亦可在美國一體照辦等語。本年春間，美國公使過天津時，臣鴻章面與商及，允俟知照到日，即轉致本國妥爲照料。三月間，英國公使來津接見，亦以此事有無相詢。臣鴻章當以實告，意頗欣許。亦謂先赴美國學習，英國大書院極多，將來亦可隨便派往。此固外國人所深願，似于和好大局有益無損。臣等伏思外國所長，既肯聽人共習，志剛、孫家谷又已導之先路，計由太平洋乘輪船徑達美國，月餘可致，當非甚難之事。

或謂天津、上海、福州等處已設局仿造輪船、槍砲軍火，京師設同文館選滿漢子弟延西人教授，又上海開廣方言館選文童肄業，似中國已有基緒，無須遠涉重洋。不知設局製造、開館教習，所以圖振奮之基也，遠適肄業，集思廣益，所以收遠大之效也，西人學求實濟，無論爲士、爲工、爲兵，無不入塾讀書，共明其理，習見其器，躬親其事，各致其心思巧力，遞相師授，期於月異而歲不同。中國欲取其長，一旦遽圖盡購其器，不惟力有不逮，且此中奥窔，苟非遍覽久習，則本原無由洞澈，而曲折無以自明。古人謂學齊語者，須引而置之莊岳之間。又曰百聞不如一見。比物此志也。況誠得其法，歸而觸類引伸，視今日所爲孜孜以求者，不更擴充於無窮耶！

惟是試辦之難有二：一曰選材，一曰籌費。蓋聰穎子弟不可多得，必其志趣遠大，品質樸實，不牽於家累，不役於紛華者，方能遠游異國，安心學習，則選材難。國家帑項歲有常額，增此派人出洋肄習之款，更須措辦，則籌費又難。凡此二者，臣等亦深知其難，第以成山始於一簣，蓄艾期以三年，及今以圖，庶他日繼長增高，稍易爲力。

爰飭陳蘭彬、容閎等悉心酌議，加以覆覈。擬派員在滬設局，訪選沿海各省聰穎幼童，每年以三十名爲率，四年計一百二十名，分年搭船赴洋，在外國肄習十五年後，按年分起挨次回華。計回華之日，各幼童不過三十歲上下，年力方强，正可及時報效。聞前閩、粤、寧波子弟，亦時有赴洋學習者，但止圖識粗淺洋文、洋話，以便與洋人交易爲衣食計。此則入選之初，慎之又慎。至帶赴外國，悉歸委員管束，分門别類，務求學術精到。又有翻譯、教習隨時課以中國文義，俾識立身大節，可冀成有用之材。雖未必皆爲偉器，而人材既衆，當有瑰異者出乎其中，此拔十得五之説也。至於通計費用，首尾二十年，需銀百二十萬兩。誠屬巨款，然此款不必一時湊撥。分析計之，每年接濟六萬，尚不覺其過難。除初年盤川發給委員携帶外，其餘指有定款，按年預撥，交與銀號陸續匯寄，事亦易辦。總之，圖事之始，固不能予之甚吝，而遽望之甚賒。況遠適異國，儲才備用，更不可以經費偶乏，淺嘗中輟。近年來設局製造，開館教習，凡西人擅長之技，中國頗知究心，所須經費，均蒙諭旨准撥。亦以志在必成，雖難不憚，雖費不惜，日積月累，成效漸有可觀。茲擬選帶聰穎子弟赴外國肄業，事雖稍異，意實相同。

謹將章程十二條，恭呈御覽。合無仰懇天恩飭下江海關於洋稅項下按年指撥，勿使缺乏。恭候命下，臣等即飭設局，挑選聰穎子弟，妥慎辦理。如有章程中未盡事宜，並請敕下總理衙門酌覈更改，臣等亦可隨時奏請更正。所有擬選聰穎子弟前赴泰西各國肄習技藝緣由，謹合詞恭摺具奏，伏乞皇太后、皇上聖鑒訓示。謹奏。軍機大臣奉旨：該衙門議奏。單並發。欽此。

謹將挑選幼童前赴泰西肄業酌議章程，恭呈御覽。

一、商知美國公使，照會大伯爾士頓。將中國派員每年選送幼童三十名，至彼中書院肄業緣由，與之言明；其束修、膏火一切均中國自備；並請俟學識明通，量材拔入軍政、船政兩院肄習；至赴院規條，悉照美國向章辦理。

一、上海設局經理挑選幼童派送出洋等事。擬派大小委員三員，由通商大臣札飭在於上海、寧波、福建、廣東等處，挑選聰慧幼童（年十三四歲至二十歲爲止），曾經讀中國書數年，其親屬情願送往西國肄業者，即會同地方官，取其親屬甘結，並開明年貌、籍貫在案，携至上海公局考試。如姿性聰穎，并稍通中國文理者，即在公局暫住，聽候齊集出洋；否即撤退，以節糜費。

一、選送幼童每年以三十名爲率，四年計一百二十名，駐洋肄業十五年後，每年回華三十名。由駐洋委員臚列各人所長，聽候派用，分別奏賞頂戴、官階、差事。此係官生，不准在外洋入籍逗留，及私自先回，遽謀別業。

一、赴洋幼童學習一年，如氣性頑劣，或不服水土，將來難望成就，應由駐洋委員隨時撤回。如訪有金山地方華人，年在十五歲内外，西學已有幾分工夫者，應由駐洋委員隨時募補，以收得人之效，臨時斟酌辦理。

一、赴洋學習幼童入學之初，所習何書，所肄何業，應由駐洋委員列册登注。四月考驗一次，年終注明等第，詳載細册，賫送上海道轉報。

一、駐洋派正副委員二員，每員每月薪水銀四百五十兩。翻譯一員，每月薪水銀二百五十兩。教習二員，每員每月薪水銀一百六十兩。

一、每年駐洋公費銀共約六百兩，以備醫藥、信資、文册、紙筆各項雜用。

一、正副委員、翻譯、教習來回川費，每員銀七百五十兩。

一、幼童來回川費及衣物等件，每名銀七百九十兩。

一、幼童駐洋束修、膏火、屋租、衣服、食用等項，每名每年計銀四百兩。

一、每年駐洋委員將一年使費開單，知照上海道轉報。倘正款有餘仍涓滴歸公；若正款實有不足之處，由委員隨時知照上海道稟請補給。

一、每年駐洋薪水、膏火等費，約計庫平銀六萬兩，以二十年計之，約需庫平銀一百二十萬兩。

中國科學院歷史研究所《劉坤一遺集》奏疏卷之七《採辦軍器火藥片同治十年十一月二十八日》 再，臣前准軍機大臣字寄，同治九年十一月十六日奉上諭：「著各直省督撫將所管各營設法整頓，限奉旨後六箇月，將如何汰弱募强，如何分日操練，及各省可得有精鋭士卒若干之處，詳悉奏聞。直隸、天津、江蘇、上海及劉銘傳軍營，均練習槍隊、砲隊，著各該省自行咨取章程照辦」等因，欽此。業經臣將咨取直隸、江蘇教演槍砲陣圖口號章程刊發各營講求練習情形，於覆奏整頓緑營摺内陳明在案。

嗣因按圖操練究恐未能合式，復於江蘇雇募諳練弁勇五名到江充當教習。並因江省舊存洋槍僅有二百桿合用，餘因槍無錨頭，操練不能如法，應須派員前赴上海購買洋槍、洋砲、火藥、自來火及炸砲子等件，方可按照章程訓練。現經飭據總局司道於釐金項下籌撥銀兩，委員赴滬先行採辦洋槍五百桿，施放炸子大砲十位，洋火藥三千斤，自來火二千盒，炸砲子一千箇，趕緊解江應用。所需價值、運脚，統歸軍需項下覈實報銷。並令在滬雇熟悉配製洋火藥並炸砲子之内地工匠來江，就近製造，俾資接濟，既免遠道購辦之煩，並可節省運費。

所有委員赴滬採買洋槍等件緣由，除咨兩江督臣、江蘇撫臣外，理合附片陳明，伏乞聖鑒。謹奏。

中國第一歷史檔案館等《中國近代兵器工業檔案史料》第一輯《總理衙門奏擬准選派子弟出洋學藝摺同治十年》 臣等查西人長技，全在製器。大而軍火、舟車，小而耕織、陶埴，無不各極巧妙，其大旨皆本於算法。現欲取彼之所長，以補我之所短，自非選材前往學習，未易得其要領。數年以來，雖將設局製造、開館教習諸務，次第試行，然僅得偏端，未窺全體。今該督等請擬選聰穎子弟，前往泰西書院學習技藝，係爲實事求是起見，應如所奏辦理。

該督等所議章程各條，均屬妥協可行。惟第二條内開：由通商大臣札飭在上海、寧波、福建、廣東等處，挑選聰慧幼童等語。查從前上海、廣東開設同文館，係於滿漢八旗向習清書、翻譯子弟及漢人世家子弟内揀選送館學習等因奏准在案。此次該督等選送泰西書院學習子弟，應請飭下兩江總督曾國藩等查照成案，如有願往泰西各國之人，不分滿漢弟子，擇其質地端謹、文理優長者一律送往，以廣人材。

至薪水、膏火等項，每年需銀六萬兩，准其由江海關洋税項下指撥。此外如尚有未盡事宜，應由該督隨時奏明辦理。

中國第一歷史檔案館等《中國近代兵器工業檔案史料》第一輯《曾國藩等奏請飭派陳蘭彬容閎帶子弟出洋學藝摺同治十一年正月十九日》 欽差大臣大學士兩江總督一等侯臣曾國藩、欽差大臣協辦大學士直隸總督一等伯臣李鴻章跪奏，爲遴派委員，携帶幼童出洋肄業，兼陳應辦事宜，恭折仰祈聖鑒事。

竊臣等擬選聰穎子弟，前赴泰西各國肄習技藝，以培人材，業於十年七月初三日專折會奏在案。旋准總理衙門覆奏，不分滿漢子弟，擇其質地端謹、文理優長，一律送往。每年所需薪水、膏火，准於江海關洋税項下指撥等因，知照前來。

伏查挑選幼童出洋肄業，固屬中華創始之舉，抑亦古來未有之事。所有携帶幼童委員，聯絡中外，事體重大，擬之古人出使絶域，雖時地不同，而以數萬里之遥，需之二十年之久，非堅忍耐勞、志趣卓越者，不足以膺是選。查有奏調來江之四品銜刑部候補主事陳蘭彬，夙抱偉志，以用世自命，挹其容貌，則粥粥若無能，絶不矜才使氣，與之討論時事，皆能洞燭幾微，蓋有遠略而具内心者。又運同銜江蘇候補同知容閎，前在花旗居處最久，而志趣深遠，不爲習俗所囿，同治二年，曾派令出洋購買機器，該員練習外洋風土人情，美國尤熟游之地，足以聯外交而窺秘鑰。以上二員上次摺内業經奏明，均堪勝任，相應請旨飭派陳蘭彬爲正委員，容閎爲副委員，常川駐紮美國，經理一切事宜。此時不敢遽請獎敘，將來辦有成效，再由臣等從優酌保。至挑選幼童，應在上海先行設局，頭批出洋後，即挑選次年之第二批，又挑選第三、第四年各批，與出洋之員呼吸相通。查有鹽運使銜分發候補知府劉翰清，淵雅純篤，熟悉洋務，業經檄令總理滬局事宜。所有駐洋及在滬兩局中外大小事件，由陳蘭彬等互相商辦，各專責成。

兹將臣等前奏所未及者，酌擬應辦事宜，開列清單，恭呈御覽。仰懇天恩飭下總理衙門覈覆施行。

所有遴派委員携帶幼童出洋肄業並陳應辦事宜緣由，理合恭摺會陳，伏乞皇太后、皇上聖鑒訓示。謹奏。

同治十一年正月二十二日軍機大臣奉旨：該衙門議奏。單並發。欽此。

請單

謹將挑選幼童及駐洋應辦事宜，分條開列，恭呈御覽。

一、挑選幼童不分滿漢子弟，俱以年十二歲至二十歲爲率。收録入局，由滬局委員查考，中學、西學分别教導。將來出洋後肄習西學，仍兼講中學課，以孝經、小學、五經及國朝律例等書，隨資高下，循序漸進。每遇房、虚、昴、星等日，正副二委員傳集各童宣講聖諭、廣訓，示以尊君、親上之義，庶不至囿於異學。一切幼童選定後，取具年貌、籍貫暨親屬甘結，收局注册。在滬局肄習以六個月爲率，察看可以造就，方准資送出洋。仍由滬局造册，報明通商大臣轉咨總理衙門查考。至洋局課程，以四個月考驗一次，年終分别等第報查。其成功則以十五年爲率，中間藝成後遊歷兩年，以驗所學，然後回至内地，聽候總理衙門酌量器使，奏明委用。此係選定官生，不准半途而廢，亦不准入籍外洋，學成後不准在華、洋自謀别業。

一、出洋委員及駐滬辦事，所有内外往來文件，應刊給關防，洋局之文曰：奏派選帶幼童出洋肄業事宜關防。滬局之文曰：總理幼童出洋肄業滬局事宜關防。均經臣刊刻飭發，以資信守。

一、每年八月頒發時憲書，由江海關道轉交税務司遞至洋局。恭逢三大節以及朔、望等日，由駐洋之員率同在事各員以及諸幼童，望闕行禮，俾嫻儀節而昭誠敬。

一、出洋辦事除正副二委員外，擬用翻譯一員，教習一員。查有五品銜監生曾恒忠，究心算學，兼曉沿海各省土音，堪充翻譯事宜；光禄寺典簿附監生葉源濬，文筆暢達，留心時秀，堪充出洋教習事宜；業由臣檄飭遵照届時同正副委員一併前往。

一、每年需用經費，查照奏定章程，於江海關洋税項下指撥。洋局用款，下年應用之項，於上年六月前由上海道籌撥銀兩，眼同税務司匯寄外洋，交駐洋之員驗收；其滬局用款，即交滬局總辦支銷。惟原奏係二十年内共用一百二十萬金，約訓每年須六萬兩，而細加推算，分年應用之款參差不齊，不能適符六萬之數。如首數年，滬上設局，幼童齊往，用款較巨，第四年竟至八萬九千六百餘兩；末數年幼童已歸，用款較減，第十九年僅需二萬三千四百餘兩；此外各年遞推，亦皆多寡懸殊。茲由陳蘭彬等覈開清單，某年應用銀若干，交江海關道署存照，按年寄洋。仍由該道分析造報，以昭覈實。

軍機大臣奉旨：覽。欽此。

中國第一歷史檔案館等《中國近代兵器工業檔案史料》第一輯《總理衙門奏擬准派陳蘭彬容閎帶子弟出洋學藝摺同治十一年》 據原奏内稱：挑選學生出洋肄業，固屬中國創始之舉，所有携帶學生委員，非堅忍耐勞、志趣卓越者，不足以膺是選。查有奏調四品銜刑部主事陳蘭彬、運同銜江蘇候補同知容閎等，上次摺内業經奏明均堪勝任，應請飭派陳蘭彬爲正委員，容閎爲副委員，常川駐紮美國，經理一切事宜。至挑選學生應在上海設局，分批出洋，與出洋之員呼吸相通，查有鹽運使銜分發候補知府劉翰清，熟悉洋務，擬令總理滬局事宜各等語。臣等查西人長技在於幣皆，而其大要皆本於算法，現欲取彼所長，輔我所短，自非選出前往學習，未易得其要領。所選學生年皆幼稚，自須委員常川約束，在滬挑選分批送往外洋，亦須有人經理，所有請洋委員陳蘭彬、容閎、劉翰清等分別常駐美國及在滬設局，官相商辦，各專責成，應如所議辦理。

惟前開列應辦理事宜清單第一條内開，挑選學生以十二歲至二十歲爲率，第二條内開，在洋肄業以十五爲率，中間藝成後遊歷兩年，以驗所學，然後回至内地各等語。臣等查所選學生以十二歲計算，至十五年藝成後回至中國時已二十七八歲，若以二十歲計算，則肄業十五年回至中國時已及三十六七歲，其家中父母難保必無事故，且年近二十再行出洋肄業，未免時過後學，難望有成，應請酌定自十二歲至十六歲爲率。並剔除親老、丁單之學生毋庸挑選外，其挑選出洋者，亦應隨時考驗所學，或有不及十五年而已有成效，及遇有事故者，準其報明，由該委員確實查覈，酌准送回。且學生一百二十名之多，在洋十五年之久，亦難保無因病出缺等事，應如何辦理之處，亦須議及。其挑選出洋各學生姓名、籍貫、三代履歷，應飭該委員造具清册，申報該督等轉咨臣衙門存案，以備查覈。又第四條内開，恭逢三大節及朔望等日，由駐洋委員率同在事各員以及諸學生等望闕行禮等語，所議甚是。臣等並擬令在洋局恭設至聖先師神位，駐洋委員率同在事各員以及諸學生一體行禮。其餘各條應如所議辦理。

奉旨：依議。

中國第一歷史檔案館《德宗景皇帝實録》卷七《光緒元年四月》 諭軍機大臣等：丁寶楨奏，籌辦東省海防，擬派總兵陳擇輔，由輪船馳赴廣東，雇覓製造軍火之精巧工匠，並由粵出洋購買機器，由外洋選覓洋匠等語。該總兵於外洋情形，恐尚未能熟悉，儻爲洋人所賺，轉致虛糜餉項，貽誤事機。著李鴻章、丁寶楨悉心會商，並由直隸選派熟悉洋務之員，會同陳擇輔前往，將一切事宜，妥爲辦理。將此各諭令知之。現月檔。

《申報》光緒元年五月二十一日《減收煤税》 字林報云：本埠美總領事得駐厦門美領事信内云，中國現將臺灣煤出口税減收，計向來每墩收銀一元者，今已減至一錢，此減收章程，大約自沈幼丹制軍所定等語。查中國煤税一項，本館曾經論及，以外國煤出口之税，本不甚大，到中國進口，按照和約所載，每墩止收五分之數，而中國所産之煤，自雞籠□除臺地出口大税外，進口税至收每墩四錢，而貨又遠遜外國所産，宜乎外來者年多一年，而中産者日少一日也。今既減税，則於中煤之銷售與礦務之廢興，未始不大有關係耳。

中國第一歷史檔案館《德宗景皇帝實録》卷六十八《光緒四年二月下》 至招商開礦等事，有無流弊，亦宜詳慎籌辦，方不致虛糜帑項。屬吏賢否，尤應秉公考察，分別勸懲，不得稍有瞻徇。該督當仰體朝廷宵旰焦勞之意，力戒因循，用副委任。原摺著鈔給閲看，將此諭令知之。

中國第一歷史檔案館《光緒宣統兩朝上諭檔》第四册《光緒四年三月初三日》 軍機大臣字寄大學士直隸總督一等肅毅伯李、兩江總督沈、暫署兩江總督江蘇巡撫吳，光緒四年三月初三日，奉上諭：前據庶子黄體芳奏，請將海防經費製造機器各項，酌充京餉，昨復據編修吳觀禮奏，請將海防經費移作賑款，均經諭令李鴻章等籌商辦理。茲又據給事中李宏謨奏，晉豫兩省飢民待賑孔急，用款難籌，請飭南北洋大臣，將各省協解輪船機器各局用款，暫提十分之五分，解晉豫辦賑，仍留五成，爲各局委員工匠一切用項，俟賑務稍鬆，仍照常辦理等語。所奏是否可行，著李鴻章、沈葆楨、吳元炳，歸入黄體芳等前奏，一併妥籌。其各省局用，並著通盤籌畫，迅速奏明。將此各諭令知之。欽此。遵旨寄信前來。

中國第一歷史檔案館等《中國近代兵器工業檔案史料》第一輯《奕訢等奏請將出洋肄業幼童一律撤回摺光緒七年五月十二日》 總理各國事務大臣臣奕等跪奏，爲查明出洋肄業局務漸弛，難期整頓，擬請撤令回華，量材器使，專摺仰祈聖鑒事。

竊維肄業局之設，原以辦理洋務須熟悉彼中情形，方免隔閡。自同治十年由南北洋大臣奏定章程，挑選幼童中之資質較優者，派員管帶出洋，前往就學，以備異日材成之用。及在哈富設局後，凡有水土不服過重及不遵約束者，先後分起撤回。其留局肄業諸生，雖未必盡屬成材，但使教導有方，尚可收拔十得五之效。詎料日久弊生，有名無實。上年劉坤一來京，代該局前任總辦區諤良轉遞節略一紙，條陳局中利弊頗爲詳盡。臣等當即函致陳蘭彬，囑其確切查明。旋據復稱，該局利少弊多，難資得力。臣等又與李鴻章往返函商，李鴻章亦有半撤半留之議。去年十一月十六日奉上諭，有人奏洋局廢弛，請飭嚴加整頓一折，着李鴻章、劉坤一、陳蘭彬查明洋局劣員，分別參撤，將該學生嚴加約束，如有私自入教者，即行撤回，仍妥定章程，免滋流弊等因，欽此。欽遵恭録行知遵照去後。嗣據陳蘭彬奏稱：外洋風俗，流弊多端，各學生腹少儒書，德性未堅，尚未究彼技能，先已沾其惡習。即使竭力整頓，亦覺防範難周，亟應將該局裁撤等語。奉旨，該衙門知道，欽此。

臣等查該學生以童稚之年，遠適異國，路歧絲染，未免見異思遷，惟恃管帶者督率有方，始能去其所短，取其所長，爲陶鑄人材之地。若如陳蘭彬所稱，是外洋之長技尚未周知，彼族之澆風早經習染，已大失該局之初心。四月二十六日，准李鴻章來咨，現調出洋學生二十名赴滬聽候分派，是亦不撤而撤之意。臣等以爲與其逐漸撤還，莫若概行停止，較爲直截。相應飭下南北洋大臣，趁各局用人之際，將出洋幼童一律調回。一面妥訂章程，責成該局員親自管帶各童回華，庶免任意逗留，別生枝節。至諸生肄業既久，於原定章程九門當亦漸通門徑，回華後察其造詣淺深，分配各處，庶無失材器使之意。局中一切經費，即自裁撤之日，逐款劃清，不准再有虛糜，並咨極臣衙門備案，以重帑項。

所有擬請裁撤出洋肄業局各緣由，理合專摺具陳，伏乞皇太后、皇上聖鑒，訓示遵行。謹奏。

光緒七年五月十二日軍機大臣奉旨：依議。欽此。

「中央研究院」近代史研究所《礦務檔》第一册《都察院御史錫珍等奏開礦事光緒十年十一月十八日》 光緒十年十一月十八日，户部文稱，准北檔房傳付内稱，本部會議具奏都察院左都御史錫等奏，開礦一事宜令商任其事而官考其成一摺，光緒十年十一月初十日具奏，本日奉旨：依議。欽此。傳付江南等司鈔録原奏，應行各處欽遵等因前來，相應鈔録原奏，恭録諭旨，行文四川總督欽遵辦理，並知照貴衙門查照可也。

照録鈔摺，户部等衙門謹奏，爲遵旨會議具奏事。都察院左都御史錫珍等奏，開礦一事宜令商任其事而官考其成一片，光緒十年七月初一日，軍機大臣奉旨：該衙門議奏。欽此。欽遵由軍機處交出到部。查原奏内稱，我朝五金之礦，聽民開採，官征其税，載在會典。近年行駛輪船，設製造局廠，煤鐵之需益夥，顧歷年試辦開礦，率無成效，蓋事經官辦，積習難除，繁費既多，虧挪不免，或兼攝他務，不能專一，派員經理，漫不經心，何能持久。至於公款難籌，招商入股，流弊滋多，甚且買空賣空，專視票價漲落，以罔市利。似宜變通其法，擇礦苗旺處，招商承領，一人能具數萬貲本者，爲之總管，官給印單，不先征課，以本地殷商爲之佐。或湊集附本，俾分餘息，以本地公正熟練者爲之夥，分勤其事，酬以勞膳。除延礦師礦匠外，概傭土人爲工，地方官隨時彈壓。或委首領佐襍一員，督察照料，而不掣其肘，由商總月致薪水，倘有藉官挾制者，立予參處。開得鐵煤，以十分之一充税，就煤煉鐵者，税亦如之。税入煤鐵，彙報司局指撥應用，商人聽其轉運，不限所之。然銷售總以中國爲斷，試辦得效，方准逐漸擴充，招商集股，發票收銀，官不過問，蓋向來統歸商辦，而官不助其經理，則勢弱而力微。近時名爲商辦，而官獨專其事權，則弊多而利少，故不如令商任其事，而官考其成，以期有利無弊等語。户部謹查會典内載，凡礦政即山置廠，辨五金之産而採之，一曰銅廠，二曰鉛廠，三曰銀廠，四曰金廠，五曰鐵廠，皆因其産之衰旺，而征課焉，固以天地自然之利，生民日用之資，必無棄貨于地，乃能藏富於民，裕國通商，利至溥也。中外通商以來，各省船局機器局，需用尤多，而煤礦鐵礦，更爲急務。屢經言官條奏，近年各省頗有用西法開採者，有無成效，未據咨報，臣部無案可稽。惟查光緒七年四月間，據直隸總督李鴻章奏直境招商購器仿用洋法開辦礦務一摺，内稱，光緒三年八月，檄派前任天津道丁壽昌、津海關道黎兆棠，會同候補道唐廷樞，熟籌妥辦，旋據酌擬設局招商章程十二條，刊刻施行。查初定章程，擬招商股銀八十萬兩，開採煤鐵，並建生熟鐵鑪機廠，就近鎔化。繼因招股驟難足額，鎔鐵鑪廠成本過鉅，非精於鐵工者，不能位置合宜，遂先專辦煤礦。唐廷樞奉檄設局後，勘得灤州所屬距開平西十八里之唐山，山南舊煤穴多，經理數年，規模粗備，轉瞬運煤銷售，實足與輪船招商機器製造各局，相爲表裏。開煤既旺，則鍊鐵可以漸圖，開平局務振興，則他省人材，亦必聞風興起等語。迄今三年有餘，究竟所採幾處，每年共用商本若干，可得煤鐵若干，併其所定設局招商章程十二條，均未據咨部有案，户部無從知其利弊如何。至各省礦苗，衰旺不一，採辦情形，亦有不同，臣等謹就從前舊案而申論之。查坑冶一事，在前代實爲秕政，《續通考》載明臣姚思仁八可慮之奏，論之最詳。順治初年，鑒於明代流弊，礦禁最嚴，康熙十四年，始定開採銅鉛之例，其後時行時止，大抵官税其十分之二，其四分則發價官收，其四分則聽其流通販運。雍正乾隆以後，或以成收課，其餘盡數官買，或以三成抽課，其餘任商自賣，或曾官發工本，招商承辦，或曾竟由官辦，並不經商。以湖南、雲、貴、川、廣等省，最爲經久，佗如奉天、浙閩諸省，或偶一舉辦，旋即罷停。尤以開採銅鉛，最爲得宜，佗如金銀煤廠，或間開採，卒無大利。然今昔情事迥異，道光年間，臣部籌備庫款，已有廣行開採條奏，奉旨飭下宗人府大學士軍機大臣，會同妥議，旋議令各省督撫熟商妥議舉行。維時以雲貴總督林則徐覆奏，最爲明備，其議以減浮費，嚴法令，杜詐僞爲大端，而其論商辦官辦之損益爲尤明。其曰官辦雖靈，而在任久暫無常，恐交代葛藤滋甚，倘或因之虧空，參辦則有所藉口，籌補則益啓效尤。况地方官經管事多，安能親駐廠中，胼胝手足，勢必假手募丁胥役，弊竇孔多，似宜招集商民，聽其集資夥辦，成則加獎，歇亦不追，似可常行無弊。其要尤在經理得人，斂從徒其薄，弊多利少，亦雖停止爲最中肯棨。復查咸豐三年，臣部議覆御史慧城開礦章程，曾議令各商於認礦廠之始，先行呈驗資本，試採礦硐之地，如係官地，則報官開採，若係民地，則每開一硐，酌給民人地價銀兩，一月無效，即行封閉，地歸本主。如礦苗大旺，令商人報官，再行驗資給照，承認開採，再議加地價，居民不得抑勒，商人亦不許藉端擾害。如廠旺人多，則令其五人十人連環互結，尤必本地籍貫，審音查明，方准入廠，不得招留外省無籍游民。倘有不法，許管廠商人，送官究治，若容隱或另生他弊，惟該管廠商人是問，立法亦屬詳明。是皆從前開辦礦務，可以參改見諸施行者。今據左都御史錫珍等奏稱，令商任其事，而官考其成，以期有利無弊，各直省是否可以通行，相應請旨飭下各直省督撫，各就本省情形，參酌成規，悉心妥議。其有業已舉辦開採，即將開採成效如何，一併詳細奏報，並將一切章程，咨部備考。至所稱延覓礦匠，併銷售以中國爲斷，試辦得效，方准逐漸擴充等語。總理衙門查外洋各國於開礦事宜，講求不遺餘力，雖採挖之機器，愈出愈精，亦由所用之人，竭慮殫思，各有心得。是以中國近年辦公務者，必以聘雇洋人爲先路之導，惟洋人薪工，爲費甚鉅，其稱爲礦師者，身價尤昂。然聞其所測算挖掘深淺若干，應獲地産多寡之數若干，往往仍有不驗，以致工本徒虧。故延覓礦師，必須訪求切實可靠之人，或先立合同聲明，如測驗不符，並無成效，如何議罰，庶可懲騙冒而節虛糜。此外一切工作，自宜多用土著之人，較易鈐束。又西人記述之書，外洋諸國産煤漸竭，其價日增，貧民無力置買，間或斷炊，即織布造器之工，有因煤乏而歇業者，其議院籌畫，每思將中國之煤運往，以濟要需。他如五金之礦，惟鐵需用最廣，一切舟車器械，各國逐年有增無減，出産亦虞匱乏。中國地大物博，名山奧區，蘊儲深厚，果經理得人，自可菁英畢獻。但所有出産，務先儘中國官民收買供用，勿貪利私售外人。宜於開辦之初，妥立章程，責成商人遵守，俟出産較多，可以擴充銷售，亦須覈定成數，以示限制。應請飭下各直省督撫，妥議辦理。又原奏内稱，税課滿萬以上，其商總委員，似宜量予獎敘一節。吏部查定例雲南報開新廠，督辦之地方各官，有每年獲銅二十萬斤以上者，准其紀録一次；三十萬斤以上者，准其紀録二次；四十萬斤以上者，准其紀録三次；五十萬斤以上者，准其加一級，均於歲底查明，分別議敘，如能獲銅八十萬斤以上者，該撫專摺奏請陞用。如報開之廠，迄無成效，視年月之久近，查明廠員若有玩忽，即隨時查參議處等語。是銅斤事關鼓鑄，亦祇准地方官議敘，此外開辦礦務，即地方官並無獎敘明文，亦無請獎成案。至商人集資開採，原爲牟利，其身家是否清白，亦須細加考察，未可漫邀獎敘。如原奏税課滿萬以上，亦屬爲數無多，遽予獎敘，未免過優，應俟辦有成效，由該督撫分別奏請酌量給獎，再行覈辦。所有臣等會議緣由，恭摺具陳。再，此摺係户部主稿，會同總理衙門、吏部辦理。臣錫珍、臣廖壽恒係原奏之人，是以未經列銜，合併陳明。是否有當，伏乞皇太后、皇上聖鑒。謹奏。

中國第一歷史檔案館《德宗景皇帝實録》卷一九八《光緒十年十一月下》

諭軍機大臣等：都察院代奏教職陳麟圖條陳，船廠宜用武職，請令海疆各帥，慎選武將，協辦船政，兼操海軍等語，所陳是否可行，著左宗棠、穆圖善、楊昌浚酌議具奏。原摺均著摘鈔給閲看，將此諭令知之。尋奏，武員讀書太少，洋務或未嘗問途，似不如仍用器識閎通之文員總理船政，尚可收效。並請調留辦天津水師學堂道員吴仲翔赴船政局差遣，以資熟手，從之。

中國第一歷史檔案館等《中國近代兵器工業檔案史料》第一輯《李鴻章奏請獎勵出洋肄業回華學生等員摺光緒十一年三月初三日》

欽差北洋大臣大學士直隸總督一等伯臣李鴻章跪奏，爲出洋肄業暨天津招募學生，學業有成，及中西教習出力人員，照章請獎，繕單恭摺，仰祈聖鑒事。

竊查同治十年七月内，前大學士兩江督臣曾國藩會同臣奏請挑選聰穎幼童，赴美國書院學習軍政、船政、步算、製造諸學，使西人擅長之技，中國皆能諳悉，以培人材而圖自强。奏定章程，自同治十一年起至光緒元年止，四批選送學生一百二十名出洋肄業，俟學成回華，聽候派用，分別奏賞頂戴官階等因。經總理衙門覈准覆奏，奉旨依議，欽此。該學生等先後赴美國肄業，除因事故撤回及在洋病故二十六名外，其餘九十四名，均於光緒七年分作三批回華。頭批學生二十一名均送電局學傳電報，二、三批學生内，有由船政局、上海機器局留用二十三名，其餘五十名，經臣札飭津海關道周馥會同機器、電報各局，逐加考驗，分撥天津水師、機器、魚雷、水雷、電報、醫館等處學習當差。迄今又逾四年，迭經月課、季課，並由臣屢次親臨考校，試以所習各藝，均能融會貫通，各有心得。據津海關道周馥查明各該學生當差年分、學業淺深，詳請照章給獎前來。

臣查選募學生出洋肄業西學，培養人材，實爲中國自强根本。惟事屬創辦，風氣初開。該學生等童年應募，遠涉重洋，學成回華，分派各處當差，均能始終勤奮，日進有功。迭經面加校試，考其所學：其習水師者，内如水雷一種理法最爲精奥，洋師每有不傳之秘，該學生等講習有年，苦心研究，於拆合、演放、修整諸事，皆能得法，此外水雷、旱雷施放靈捷，駕駛、測量講求精細；其分赴各營教習者，於外洋操法、陣法、口令均臻嫻熟，所教弁勇頗有成效；其派值電報者，傳遞緊要軍報，昕夕從公，密速無誤；他如步算、製造、醫學諸大端，均能深明竅要。質諸西洋教習及泰西各國水師兵官，咸謂該生等造詣有得，足供任使。該學生等現有派充營哨各官，及管駕、教習、官醫各項差使者，亟應量其技能，酌保官階，給予頂戴，以式戎行而資策勵。

中國第一歷史檔案館《光緒宣統兩朝上諭檔》第一一册《光緒十一年八月二十九日》 軍機大臣字寄兩廣總督張、廣東巡撫倪，傳諭護理廣西巡撫布政使李秉衡、粤海關監督海緒，光緒十一年八月二十九日，奉上諭：兵部代遞主事謝光綺條陳試辦開礦，安撫土司各節，據稱廣西貴縣天平寨，銀苗最著，礦徒聚衆私挖，易釀事端，尤恐凶徒煽誘貽患。擬爲官商合辦之法，以輯匿徒而充餉項。此外如臨桂、義寧、平樂各府州縣金、銀、銅、鐵等礦，請一併開採等語。各該處礦苗果旺，自可妥爲開採，以資利用，況聚衆私開，肇釁滋事，尤當設法嚴禁，著張之洞、李秉衡逐一詳查，奏明辦理。至土田州岑氏，前因分黨仇殺，土民流離轉徙，日不聊生。經劉長佑奏交部議，改土歸流。今據聲稱該州土民土目，飲恨含悲等情，其改流未盡事宜，有無辦理不善，應否量爲變通，著該督撫體察情形，妥籌具奏。又奏廣東地方如運米石、寬牙捐，緝走私、禁賭博，亟應整飭等語，米糧不敷，應在内地招徠商販，牙捐助餉，本非得已，現在軍務告竣，自應量加裁減，剔除弊端。若緝私不力，甚至賣放，武員收受賭規，均應大加懲儆。著張之洞、倪文蔚、海緒認真整頓，毋稍寬縱。原奏著分別鈔給閲看，將此諭知張之洞、倪文蔚，並傳諭李秉衡、海緒知之。欽此。遵旨寄信前來。

中國第一歷史檔案館等《中國近代兵器工業檔案史料》第一輯《着曾國荃等嚴飭經手各員據實開報以杜弊端之上諭光緒十一年九月十二日》 字寄曾、楊、張、衛、倪，傳諭譚鈞培。

奉上諭：據李元度條奏内稱，上海、閩、粤機器局三所上年共支銀八十四萬有奇，各營所需槍械仍須別購。究竟各局所造若干，是否可用，請責成經手各員覈實報銷等語。各省設立機器局製造砲械等項，原以籌備軍需，力圖自强之計，若平時借作開銷，臨事未能應用，虚糜帑項，殊不足以昭覈實。着曾國荃、楊昌浚、張之洞、衛榮光、倪文蔚、譚鈞培隨時認真稽查，嚴飭經手各員據實開報，不得稍有浮冒，以杜弊端。將此諭知曾國荃、楊昌浚、張之洞、衛榮光、倪文蔚，並傳諭譚鈞培知之。欽此。

王樹枏《張文襄公全集》卷一一五《批礦政局詳酌議開辦章程光緒十二年四月初七日》 所議章程，均尚周妥，仰即如詳辦理。惟近年各省開辦礦務，皆未能延請真正鑛師，遂致坐耗巨資，毫無起色。現在應飭商人延聘精於化學之鑛師，尋求善地，考驗分質，庶免虧耗。如果能詳細講求，實力辦理，本部堂自當逾格獎勵，以資鼓舞，尚有未盡事宜，亦即由局詳加酌度，隨時申請覈奪。一面出示曉諭，招商承辦，頒發章程，以廣招徠而資遵守，一俟開辦有效，本部堂即當奏咨立案。

中國第一歷史檔案館《光緒宣統兩朝上諭檔》第一二册《光緒十二年六月十四日》 和碩醇親王臣奕譞等謹奏，爲遵旨會議整頓錢法，恭摺仰祈聖鑒事。六月十四日，軍機處交出欽奉慈禧端佑康頤昭豫莊誠皇太后懿旨：現在錢法亟應整頓，如何籌辦銅斤，加鑪鼓鑄，以期漸復舊制之處，著軍機大臣會同户部、工部堂官，妥議具奏。醇親王奕譞著一併與議。欽此。臣等竊維京師自咸豐三年改鑄當十大錢，本係暫時權宜之計。年來疊奉諭旨，整頓雲南礦務，節經户部咨行該省督撫，認真開採，將解京銅斤，加倍辦運，並於上年五月間，奏請採買日本洋銅解京，原冀多方儲積銅斤，漸可籌復舊制。乃雲南礦務自辦理招商集股以來，尚無成效，每歲運京之銅，不過一批五十萬斤，較之從前歲辦滇銅六百數十萬斤，不及十分之一。以現在滇銅之數，而欲規復制錢，其勢不能。且京師行用當十大錢，已三十餘年，一旦規復舊制，則大錢將廢格不行，非有良法美意，維持於未議規復之先，閭閻必譁然生事。夫所謂良法美意者，不外籌資本、購銅鉛、儲制錢、收大錢數大端，然約計所需，非數百萬兩鉅款，不能籌辦此事。往歲邊防有警，用項浩繁，今年部庫新增之款，如加俸餉還洋款，東三省練兵，及雲南、廣西防邊餉銀等項，復不下七八百萬兩，艱窘情形，萬難騰展，是以户部於規復制錢一事，時時欲行，而又未能議行者，職此故也。現在欽奉懿旨，飭令籌議整頓錢法，以期漸復舊制，臣等公同商酌，若必待滇銅充足，始行議復制錢，恐十數年間，尚難如願。天下事窮則變，變則通，值茲時事艱難，宸謨堅切，敢不勉籌變通之策，仰副慈懷。查上年奏購日本洋銅，成色尚好，價脚覈實，又查外洋行用銀錢，皆用機器製造，式精而工省。刻下直隸、江蘇等省俱設有機器局，擬請飭下出使日本大臣，查詢東洋現在銅價，如仍照上年每百斤十二兩內外數目，或尚能節省若干，即行訂購三四百萬斤，由户部籌款撥給。並請飭下直隸、江蘇督撫，查明於機器局內，添購機器，製造制錢，宜如何詳定章程，暫行試辦，各令悉心妥籌，詳晰具奏。如議有端倪，即將購辦東洋銅斤，分運天津、上海兩處，發交機器局試製制錢，製成妥爲存儲，暫勿運京，俟更換制錢時，再行咨令運解。其應行搭配黑白鉛斤，亦擬籌款覈定需用數目，行令貴州等省採辦應用。以上銅鉛等項需款，約計六七十萬兩，已費籌畫，而製成制錢，較之從前户局一年鼓鑄七十二卯，共錢八十九萬九千八百餘串之數，尚屬不敷。臣等詳加酌度，欲儲足制錢，騰挪款項，應請以三年爲期，三年內，京局仍舊鼓鑄當十大錢，支付各項放款；三年後，由户部察看情形，奏請規復。一面咨行直隸、江蘇督撫，將製成制錢分運京局，先期寬籌搭放，一面將當十大錢或出示搭放，或令與制錢相輔而行，務使市間知規復制錢時，當十大錢不至廢棄無用，則臨時可免擾攘矣。至採買洋銅，不過聊濟一時之用，究非長策。雲南銅礦乃國家自然之利，日後如出銅暢旺，何必取之外洋。應請飭下該省督撫，加意籌辦，或規復舊制，或招商集股，總期開採漸廣，俾運京之銅，日益加增，方爲久遠之計。現在各省欠解銅本，尚有二十二萬餘兩，已由户部飛催速解，其應籌歷年銅本，亦由户部設法統籌，另行奏明辦理。至現在各省制錢，均極短絀，雖經户部催令開鑪，迄未興辦。當此整頓錢法之際，理宜通力合作，疏濬利源，相應請旨飭下例應鼓鑄制錢各省督撫，一體趕緊籌款，採購銅斤，開鑪鼓鑄。如果一二年間，制錢稍裕，亦可酌籌儲積，解運京師，以佐規復制錢之用。總而計之，京師之當十大錢不改，則物價終不能平，法令終不能一，欲改當十大錢，而不豫儲制錢，詳定辦法，則未收整頓之益，先有滋擾之虞，是以臣等以爲欲辦此事，必以三年爲期也。此三年間，如何妥籌布置，行之以漸，持之以靜，應由户部隨時察奪情形，詳慎辦理。除更改制錢章程，臨時再行詳籌具奏外，謹先酌擬六條，繕具清單，恭呈慈覽，伏乞皇太后聖鑒訓示。再，此摺係户部主稿，合併聲明。謹奏。

光緒十二年七月十四日，和碩醇親王臣奕譞，軍機大臣和碩禮親王臣世鐸，軍機大臣大學士臣額勒和布。

中國第一歷史檔案館《光緒宣統兩朝上諭檔》第一三册《光緒十三年正月二十七日》

臣奕譞等謹奏，爲欽遵懿旨會議覆陳，恭摺仰祈慈鑒事。竊臣等面奉慈禧端佑康頤昭豫莊誠皇太后懿旨：户部奏遵議開鑪鼓鑄各事宜摺，御史文海奏規復制錢預定期限摺並整頓錢法章程片，著一併會議具奏。欽此。竊上年七月間，臣等會同户部、工部籌議整頓錢法，並預擬規復制錢時辦理章程六條摺內，詳陳規復舊制，本以廣籌鼓鑄爲最要，欽奉懿旨，照所請行，此次户部奏請，於各省運解制錢，意在輔京局鼓鑄之不足，惟未將開鑪鼓鑄各事宜，分晰陳明，致煩聖慈訓飭。現經該部臚陳鼓鑄事宜四條，臣等□閱，並將御史文海條陳摺片，參酌妥籌，□復制錢一事，趕緊籌辦而變通，務期盡□國，尤在便民。目前辦法，仍不外籌工本、購銅鉛、儲制錢、收大錢數大端，謹將節目次第，分條臚陳，伏求聖慈採擇。

一，户工兩局，現存鑪座，應先行鼓鑄制錢也。上年原奏，聲明三年內，京局仍舊鼓鑄當十大錢，係爲支付各項放款起見。現據户部奏稱，統計現存銅觔，户工兩局一年內，尚可按卯鼓鑄，現存鉛觔雖屬不敷，業已催辦，自應就現有鑪座先行鼓鑄制錢備用，再將應添鑪座陸續興辦，以期規復舊額。其應用銅鉛，應如户部所議，趕緊採購。至鑄錢銅鉛搭用成數，查咸豐三年以前，所用制錢以銅五成四分、鉛四成六分配鑄，現於滇銅之外，添購洋銅，係屬創舉，應如何分成之處，由户部考察銅質，均勻配用，務使銖兩悉稱，錢質堅好。

一，機器鑄錢，仍應令直隸、江蘇等省，覈實舉辦也。查李鴻章、曾國荃、崧駿咨覆户部文內，縷陳機器製錢，工本過虧，種種爲難等情。從來創辦一事，難於圖始，若購外洋機器鑄錢，誠不免多費資本，然如閩浙督臣楊昌濬所奏，機器局鑄錢各節，工本尚無虧折，應請飭下李鴻章等，仿照福建章程，再行切實籌議，不得畏難推卸。至福建既已著有成效，擬由户部籌銀二十萬兩，撥給該省，作爲工本，加卯鼓鑄，即以鑄成之錢，抵餉解京。應如何覈算銀兩，由部酌定，仍令閩省將輪機辦法，詳晰具奏。其餘四川等省，本設有機器局者，亦令推廣籌議，酌量試辦。查閩省機器局所鑄新錢，銅質細膩，打磨光净，較尋常局鑄爲精，雖分量稍輕，而私鑄無從仿造，民間必知寶貴。設與局鑄錢分兩相等，轉恐啓私銷之弊，且康熙年間制錢，亦有兼鑄八分九分者，擬請嗣後各省制錢，如由機器局鑄造，每錢一文，均照福建定章，以八分五釐爲率。其京局各例，應鼓鑄制錢各省每錢一文，仍以重一錢爲率，不得參差。

一，銅本務須籌撥的款也。雲南辦銅，向有銅本，業由户部先後籌撥銀二百萬兩，各省未能一律解清，本月據岑毓英奏催欠款，已有旨令户部速議具奏。查銅礦爲鑄錢之根本，如果内地銅苗暢旺，辦理得法，何須購自外洋。雲南銅礦，籌辦多年，近來運京之銅，不及從前十分之一，推原其故，一由籌辦之不力，一由銅本之不足。嗣後擬由户部籌撥的款，嚴催認真興辦，該省督撫不得以經費不足，有所藉口。至鉛觔爲貴州、湖南出産，應由户部覈定需用數目，籌款多購。至雲南、四川等省，採銅較便，應令多加卯數，認真鼓鑄。

一，各省制錢應令酌量搭解，無須多提也。查沿江沿海各省釐金局，均有抽收制錢，易銀解餉之事，若將制錢運京備用，亦屬權宜之一策。户部前奏，擬令湖北等省，於應解京餉銀内，共酌易制錢一百二十萬串。臣等查民間揺惑之情，與商人趨利之私，到處皆然，若提錢過多，必致錢價驟長，亦非市廛不擾之意。擬令江蘇、湖北、江西、浙江、安徽等省，各該督撫酌量該省情形，能提若干，即解若干，一面奏報，一面分批解至天津，聽候户部提用。此係轉輸錢文，以羨補不足之意，各該督撫不得藉詞推諉，户部尤不得因有外省解錢之舉，致鼓鑄事宜稍涉觀望。

一，當十大錢擬籌款設局收買，並於税捐兩項搭收也。京城行用當十大錢，業已三十餘年，自無遽廢之理。上年臣等所擬章程六條，於折抵籌收搭交各節，已陳大概。惟均就官鑄大錢言之，至於私鑄攙雜，不知凡幾，若論整頓圜法，自應一概棄置。惟市肆貿易，通用已久，小販營生，行使尤多，若一旦盡歸無用，頓絶生機，是私鑄奸民獲其利，窮簷小民受其害。聖慈體恤民隱，必在矜憫之列，此次文海摺内，於收買大錢一節，兼及私鑄，不爲無見，即使將來改鑄，折耗甚多，而損上益下，恩逮閭閻，實足固國本而培民命。似應將現行當十錢文，一律設局收買，仍須嚴立期限，酌定觔數，應如何杜絶流弊之處，由户部悉心籌議。至崇文門兩翼等處税項，部庫收捐等項，准其按成搭收各節，擬請仍照上年奏定章程，由户部臨時奏辦。

以上五條，臣等參酌時勢，悉心覈議，是否有當，恭候命下行知該部遵照辦理。至文海所請豫定期限，特降懿旨等語，恭查本月十三日欽奉懿旨，飭部臣於一年内辦理就緒，天下臣民已可家喻户曉，似無須重複，明降懿旨。該御史所請，應毋庸議。所有臣等會議緣由，理合恭摺具陳，伏乞皇太后聖鑒訓示。謹奏。

朱壽朋《光緒朝東華録》卷八二《光緒十三年四月》　李鴻章奏，醇親王等會議整頓錢法一摺，欽奉本年正月二十七日懿旨：規復制錢，必應廣籌鼓鑄，著李鴻章先行購置機器一分，就天津機器局趕緊鼓鑄，運京備用。嗣後每錢一文，均以重一錢爲率，京局及各省一律照辦等因。欽此。遵飭天津機器局前福建藩司沈保靖、候補道潘駿德，會同天津道海關道，詳細訪詢外洋鑄錢機器樣件價目，據查各洋行開呈清單，器具多寡不一，價目懸殊，每分自三萬餘兩至七萬餘兩不等。機器造法本與中國模鑄不同，其自鎔銅捲片，以至成胚、鑿孔、印字、光胚，挨次相連，又非多建廠座，不敷分設。事體本極繁重，工本必多虧折，惟既欽奉懿旨，飭先購機器一分試鑄，亟應設法妥籌。該局前曾將中國制錢，寄至英國格林活錢廠詢購機器，據該廠開呈，需英銀八千餘磅，因飭往復討論，並就局中廠屋器具歸併，凡可通融匀用者，概無庸購買，俾從節省。即向格林活鐵廠擇要訂購機器，議明購價減去三千磅，實需英銀五千三百八十三磅，合中國銀二萬二千餘兩。據洋廠云，夏秋日永，每日造十點鐘，可成制錢二十四萬枚，冬春晷短，造八點鐘，究竟每日能造若干，須俟器到由局覈實試造，方能有準。當已電致該廠迅速配製，先付半價二千六百九十一磅十喜林，又水脚保險約五百五十磅，共合中國銀一萬四千餘兩，飭由該局司道暫行挪款墊付，俟機器運到，連後半價覈明若干，一併奏請撥給。惟此項機器，屢次電商，至速須八月間造成，由英國裝船起運，計運到天津，已在十月以後，又須按照機器式樣，修蓋廠屋，安軸置器，約至來春方可開鑄，誠恐緩不濟急，有誤京中要需，自應先用土法鼓鑄，並行不悖。查直隸省城，本有寶直局，仿鑄制錢，從前按月由部發給銅鉛，由藩庫開支經費，軍興後，久已停鑄。臣於上年九月間，飭天津道胡燏棻即在津郡創辦，名爲寶津局，業據挪借款項，購買外洋銅鉛，建廠置器，募匠開爐，自冬徂春，考覈造法錢樣工本，漸已就緒。其鑄出新錢，共成八千餘串，較福建所鑄者，加重五釐，每文計重九分，頗稱堅潔，商民皆甚樂用。臣於二月間入都時，已將機器局用洋法試造錢樣及土法錢樣二種，面交醇親王轉呈慈覽，仰蒙嘉許，臣並將錢樣面交户部錢法堂查閲。現飭天津機器局一體暫照土法，採購銅鉛，就局中隙地，建廠開爐，與天津道分投承辦，俾可多鑄，早日濟用，均遵懿旨，每錢一文，以重一錢爲率，勿稍參差。據沈葆靖、胡燏棻等詳稱，該局道擬各設五爐，共合十爐，每爐一座，計置備廠屋爐具，約需銀二百二十兩。又該局該道每月各約需員役、薪工、紙張、雜費銀二百兩，再三考校，銅鉛火耗須及二成，每鑄制錢一千文，計用銅鉛七斤十三兩，以銅五成四、鉛四成六配搭，所需銅鉛、柴炭價及各項器具、匠夫工食，約合銀七錢六分九釐七毫一絲，其建廠設爐及員役薪工等費在外。臣復督同該司道逐細覈算，刻值開辦之始，事事皆係創置，且錢質加重，工本勢難減少，計虧折尚不甚多，採購銅鉛，係按目前時價，儻日後增減，隨時覈報。現飭天津道機器局司道趕緊分辦，仍力求撙節。自本年閏四月起，計一年内，應令各認造新制錢五萬串，共十萬串，專備運京之用。至於天津市面行用制錢，常有缺乏之時，除天津道已造者業經發給外，另由該道等籌款，酌量另鑄。藩司松椿，亦經籌款購買銅鉛，在保定建廠置器，募匠開爐，以濟省城商民之用。仍各於發商時收回成本，轆轤周轉，隨時另行覈實開報，不與運京之錢工本相混。伏查福建鼓鑄運京制錢，已由户部查照醇親王等原奏，撥給工本銀二十萬兩，即在該省本年應解地丁京餉内，截留抵用。其湖北等省運京制錢，亦均於京餉内劃抵。誠以規復京師制錢，事關重要，必須款項有著，乃能迅速集成。直隸欽奉懿旨，鑄錢運京，事同一律，且係瘠苦災歉之區，實在無款可籌，所有責成天津道機器局先照土法，共認造制錢十萬串，係專備運京之用，約需銅鉛各項工本銀七萬六千九百餘兩，連建廠設爐及每月員役薪工等費，擬懇天恩俯准，撥給銀八萬兩，即在本年長蘆鹽課應解京餉内，就近截留，如蒙俞允，仰祈特旨飭撥以濟要需，事竣據實咨部覈銷。至外洋機器鑄錢，銅多鉛少，質樣最精，虧折亦較重，每制錢一千，實需銅鉛各項工本若干，應俟機器運到開爐後，覈明確數，再行專案奏辦。

得旨：如所請行。

中國第一歷史檔案館《光緒朝硃批奏摺》第一〇二輯《光緒十三年四川總督劉秉璋片》 再，查光緒八年十一月初七日，准户部咨，議覆軍需善後報銷章程内開，各省設立機器局，如有採購機器，事前報部立案，事後方准覈銷等語，奏奉諭旨：依議。欽此。等因。謹即欽遵，行司移局，辦理在案。兹據機器局委員署成綿龍茂道黄沛翹、候補道黄錫燾詳稱，局中製造洋火藥，歷年購買牙硝，均先行詳請奏咨在案。需用硫磺，向由籌餉局提撥應用，兹因黔商販運硫磺三萬一千九百四十餘斤來川，奉札飭令該商等，將硫磺運局價買，以資製造，自應遵章，開具名目清單，先行詳請奏咨立案，以符部章，等情前來。臣覆查無異，除飭令照章覈實，彙案報銷，並將清單咨部備查外，所有此次機器局購買硫磺緣由，理合附片具陳，伏乞聖鑒。謹奏。該部知道。

王樹枏《張文襄公全集》卷一一九《開除鐵禁暫免税釐示光緒十四年三月初三日》 照得粤省鐵質之美，甲於天下，鑄造鐵器最爲精良，向例因恐接濟盜匪，不准下海，禁令極嚴。自通商以來，外洋鋼鐵每年入口不下數千萬斤，而中國土産之鐵反以舊章束縛，銷路日滯。光緒十二年十二月，經本部堂援照山西成案，奏開廣東廣西鐵器出洋之禁，奉旨准行在案。查粤省向章，凡有鉎鐵鐵器，在本境市鎮發賣，亦須赴運司衙門告運，給以本部堂旗票，依限繳銷。原慮其私行越境，今既准其出海，則内地行銷，更無關於弊竇。若仍令拘守旗程，商販必多不便，蓋出洋之貨轉相售運者多，逕行告運者少，一經限制，將於旗程之外跬步難行。查各屬鑪座既經完納鑪餉，立法已極周密，至於展轉販運，自宜從寬，現在奉旨，大開海禁，則轉賣各口，通行外洋，任其所之，有何畛域可限。且販運各國，所領旗票更從何處繳銷。是出洋之鐵礙難一一告運，即無所用其旗票，現經本部堂會同廣東撫部院吳、前護廣西撫部院李奏請，一併弛禁，俾内地、外洋均得任便暢行。至於旗票之設，向有軍監牙加斤弔等税，現當開禁之初，所有此項鐵税及各卡釐金，亦經奏明，自光緒十四年正月起三年内，暫行寬免，惟須考究數目，以便周知衰旺。應於出鑪起運之時報明，所過第一道釐廠填給運票，以從各廠查驗放行，如無釐廠之處，即由府税廠；若又無府税廠，即由海關委員照章查驗，均無分毫規費，並嚴禁留難需索，每月將驗過鐵斤數目，並掣過運票，彙齊具報，俾有稽覈，統俟出洋暢旺，再從輕酌定抽收等情，奏奉硃批：著照所請等因，欽此。除咨行欽遵外，合行出示曉諭廣東廣西兩省商民知悉，嗣後爾等鐵器，除開設大鑪土鑪，仍照舊章分别完納鑪餉外，如有販運鐵斤鐵器在於内地行銷，或出外洋售賣，均可自聽其便，毋庸再行告運，亦毋庸請領旗票。所有販運鉎鐵及鐵器各色税項釐金，一併暫行寬免，其有向來派累鑪商之處，一切規費亦即概行裁禁，不准各衙門吏胥差役私立名目，藉端勒索，統俟出洋流通暢旺，再將應完稅釐酌定章程，輕減併征，以便民生而廣利源。至鑪商完納稅餉，止係准其開設鑪座，並非准其壟斷專利，把持埠頭。從前限以旗程，有此疆彼界之分，此貨既不他往，自不能不杜彼貨之來。今既無須旗程，且又暫免稅釐，並裁禁派累，鑪商更屬無可藉口，則彼此之貨均可擇便往來，所有鉎鐵鐵器亦與尋常貨物無異，尚何庸禁其入境。況外洋鋼鐵竟來内地，商民争購，均無異言，則本境自有之鐵，更不得予以限制，致令難以暢行。自示之後，如有關吏留難，廠員需索，及各處奸商土豪藉稱餉地不准外來充銷，欲圖阻撓開禁情事，准即稟明，本部堂嚴行究辦不貸。

中國第一歷史檔案館《光緒朝硃批奏摺》第一〇二輯《光緒十四年十一月初六日福建臺灣巡撫劉銘傳片》 再，查機器局需用料件，經臣奏咨在案，因有商務局快船，自英回國之便，當經辦理機器局委員東河候補知府丁達意，開單交押，船委員候選知縣洪熙順便購買，及至船抵臺灣，查收物料，洪熙將發貨行單藏匿不交，經臣追出，竟敢裁碎，挖去花押。據洋匠畢第蘭查覈，單内有收回用七分三分不等，顯係舞弊侵吞。現飭該洋匠至外洋調取行帳，另查捏報商務領船經費二萬餘兩，皆有帳可稽。該委員抗不繳還，貪鄙無恥，行同搶奪，若不嚴行參辦，不足以儆貪邪。候選知縣洪熙請旨革職，永不敘用，交淡水縣監追，俟侵吞公私款項繳清，方准釋放，謹附片具陳，伏乞聖鑒訓示。謹奏。洪熙著革職，永不敘用，餘依議。該部知道。

中國第一歷史檔案館《光緒朝硃批奏摺》第一〇二輯《光緒十四年四川總督劉秉璋片》 再，查光緒八年十一月初七日，准户部咨，議覆軍需善後報銷章程内開，各省設立機器局，如有採購機器，事前報部立案，事後方准覈銷等語，奏奉諭旨：依議。欽此。等因。謹即欽遵，行司移局，辦理在案。玆據機器局委員成綿龍茂道承厚、候補道鍾肇立詳稱，局中製造機器銅帽、彈殼、鉛子，並添修等件，需用鋼鐵銅鉛甚多，必須委員預爲採辦，方免停工待料之虞。現查局中上年購存鋼鐵等件，將次用罄，亟應委員採買蘇土鋼四千斤、毛條鐵七萬斤、上色精銅一萬五千斤、净鉛二萬斤購運回局，以資製造等情前來。除飭慎選妥員迅速採買，俟購辦齊全，覈實彙案報銷，並開具名目清單，先行咨部備查外，所有此次委員採買鋼鐵銅鉛緣由，理合附片具陳，伏乞聖鑒。謹奏。户部知道。

中國第一歷史檔案館《光緒朝硃批奏摺》第一〇二輯《光緒十四年四川總督劉秉璋片》 再，查光緒八年十一月初七日，准户部咨，議覆軍需善後報銷章程内開，各省設立機器局，如有採購機器等項，事前報部立案，事後方准覈銷等語，奏奉諭旨：依議。欽此。等因。欽遵，行司移局，遵辦在案。玆據機器局委員成綿龍茂道承厚、候補道鍾肇立、候選道徐春榮詳稱，局中製造銅帽、彈殼、鉛子、拉火等件，需用銅、鉛、鋼、鐵，必須委員陸續採辦，方免停工待料之虞。請仍照前案，在成綿道庫土貨釐金項下，提撥銀兩，飭令委員在省城就近地方，採買上色精銅一萬斤、净鉛一萬五千斤、蘇土鋼一千斤、毛條鐵一萬斤，均經購辦齊全，陸續運局，以資製造等情前來。除飭覈實彙案報銷，並照章開具名目清單，先行咨部備查外，所有機器局委員採買銅鉛鋼鐵緣由，理合附片陳明，伏乞聖鑒。謹奏。户部知道。

中國第一歷史檔案館《光緒朝硃批奏摺》第一〇二輯《光緒十四年四川總督劉秉璋片》 再，查光緒八年十一月初七日，准户部咨，議覆軍需善後報銷章程内開，各省設立機器局，如有採購機器等項，事前報部立案，事後方准覈銷等語，奏奉諭旨：依議。欽此。等因。謹即欽遵，行司移局，辦理在案。玆據機器局委員成綿龍茂道承厚詳稱，據製造委員稟報，局中製造白藥、銅火帽、後門槍子、開花砲彈等件，所有上年在於上海洋行購到礟水、洋鉎、鋼鐵，及一切應用物料，將次用罄，必須預爲採辦，方免停工待料之虞。擬請在於上海採買洋銅，並礟水、洋鋼、洋鉎、紫口洋鐵，及一切應用物料，開列清單，估計價值，約需庫平銀九千兩零，計所購各項，足敷局中一年之用。應即委員攜帶銀兩，帶同司事、親兵人等前赴上海，按照單開各項，如數購買，以資製造。一俟採買齊全，領運回川，再將運費盤川，歸併覈實，彙案報銷等情前來。臣覆查無異，除飭慎選妥員，迅速前往採買，俟購辦齊全，覈實彙案報銷，並開具名目清單，先行咨部備查外，所有此次委員赴上海採買洋銅、礟水、洋鋼、洋鉎等項，及一切應用物料緣由，理合附片具陳，伏乞聖鑒。謹奏。該部知道。

中國第一歷史檔案館《光緒朝硃批奏摺》第一〇二輯《光緒十五年二月二十六日山東巡撫張曜片》 再，據總辦機器局務按察使福潤、候補道姚濟動會詳稱，上年製造軍火，需用各項物料，經東海關監督代購外洋黄銅鋼鐵等件，由藩庫撥用銀三千七百五十七兩六錢四分九釐，又續購洋硫磺、黄銅皮、花旗釘及各種鋼鐵雜料，所需價脚銀兩，係在月領經費内動支，爲數無多，均係委員赴上海、天津兩處向洋商就近購買，無從咨請出使大臣驗收，遵照新章，呈請奏咨立案前來。臣覆查無異，除咨總理各國事務衙門並户、工等部查照外，理合附片陳明，伏乞聖鑒。謹奏。該衙門知道。

中國第一歷史檔案館《光緒朝硃批奏摺》第一〇二輯《光緒十五年六月初四日福建臺灣巡撫劉銘傳片》 再，前准部咨，各省購買外洋槍砲軍火等項，應將數目物件價銀，先行奏咨立案，方准造銷，自應遵照辦理。臺北設立機器局，應需製造槍砲子彈，及伐木各項機器，業經先後奏咨，奉准由外洋分購在案。惟查外洋製作日新，由大及小，無一不可改用機器，現當工匠雲集之際，酌量添補小件機器，工作自可擴充。當由總辦局務道員丁達意分投查訪，在上海各洋商已運中國之機器内，覈其可用之件，按價給值，共用庫平銀六千三百八十二兩零，又在香港添購各種手用器具，共用庫平銀四千五十九兩零。以上三項，均係在中國零星添配，與整批赴外洋定購不同，價銀不能不隨時先行覈給。將分次添配物件，及用過價銀，開摺送由臺灣善後局司道覈詳，呈請奏咨，准予彙銷等情前來。臣覆覈無異，合無仰懇天恩，俯賜飭部准予彙銷，以符定案。除將清摺分送海軍衙門並户部覈辦外，理合附片具奏，伏乞聖鑒訓示。謹奏。該衙門知道。

中國第一歷史檔案館《光緒宣統兩朝上諭檔》第一五册《光緒十五年十月十五日》 軍機大臣字寄兩廣總督調補湖廣總督張，光緒十五年十月十五日，奉上諭：各省添購機器等項，照章應於事前奏明立案。乃近閲張之洞疊次奏報，於添購機器等事未經奏明，輒先向洋商訂立合同，如前購織布鑄錢機器及沙路鐵椿，本日具奏購買煉鐵機器，動需鉅款，皆於已經議辦之後，始行入奏，殊屬非是。國家經費有常，豈容任意開支。除將所奏交該衙門覈議外，嗣後如有建議創辦之事，及購買機器軍火各項物料，均著先行陳請，候旨遵行，不得於未經奏准之先，率行舉辦。將此諭令知之。欽此。遵旨寄信前來。

中國第一歷史檔案館《德宗景皇帝實録》卷二七五《光緒十五年十月》 又諭：詹事志鋭奏，請飭各省試行小火輪船，並甘肅舉辦電綫等語，著該衙門議奏。尋總理各國事務衙門奏，各省試行小火輪船，應請旨飭下南北洋大臣、沿江沿海各督撫，察看情形，通盤籌畫，請旨遵行。至甘肅興辦電綫，查由保定至嘉峪關官商分辦，業經陝甘總督楊昌濬會同北洋大臣李鴻章，先後奏准開辦，並聲明關外應如何展拓，已與署新疆巡撫魏光燾等設法興修，另行奏明辦理。該詹事所陳各節，應毋庸議。從之。

中國第一歷史檔案館《光緒朝硃批奏摺》第一〇二輯《光緒十五年十二月十六日山東巡撫張曜片》 再，據總辦機器局務按察使福潤、候補道姚濟勳會詳稱，本年製造軍火，需用各項物料，經東海關監督代購外洋硫磺、硝、漒水、紫銅塊、黄銅板等項，由藩庫撥用銀七千七百五十兩七錢九毫，所需運脚及該局自行採購各種洋鋼、鉛鐵、雜料價脚銀兩，均在月領經費内動支，並未另行籌撥，遵照向章，詳請奏咨立案，並稱前項物料，係在上海等處，向洋商購買，無從咨請出使大臣驗收等情。臣覆查無異，除咨總理各國事務衙門並户、工等部查照外，理合附片具奏，伏乞聖鑒。謹奏。該衙門知道。

中國第一歷史檔案館《光緒朝硃批奏摺》第一〇二輯《光緒十六年九月十六日雲貴總督王文韶等片》 再，前准户部咨，具奏各省機器局立定章程一摺，於光緒十年三月十三日，奉旨：依議。欽此。鈔録原奏，飛咨轉飭遵照。計原奏内稱，各省設立機器局，購買機器、外洋鎗砲、電綫等件，日新月異，名目不一，耗費尤多，既無定例可循，部中無憑稽覈。總計常年經費若干，如有添購機器經費若干，雖不能限以定數，亦當立有範圍，將局中各廠各庫員弁司事匠役人數、薪水口糧章程，常年供役若干，隨時短雇者何年月日起止，添裁人數若干，增減口糧若干，添裁增減者何年月日起止，均隨時報部立案，以爲報銷根據等因，咨滇轉行去後。兹據雲南善後局司道會同署布政使湯聘珍等詳稱，查滇省僻在邊荒，向來軍營所用機器，只有擡鎗、小鎗、劈山砲等項，同治年間，始有洋鎗，然皆採自兩廣，銅帽、火藥，一切無不遠道採運而來，因其價重運艱，撙節配用，故每練軍一營，所用洋鎗不過四十門。迨光緒八年，越南事起，邊備日嚴，始於上海、廣東購辦後膛鎗砲，爲數既多，需用銅帽筆碼，時虞不濟，因於光緒九年，飭委候選知府卓維芳，由廣東、上海、福州等處，雇募工匠，來滇試辦製造。器具既多不足，物料尤屬不齊，加以滇南水土異宜，並無可遵之成法，工匠雖雇自他處，雜役仍兼用土人，工作倍難，於尋常薪工，須示以優異，而諸事創始，屢試屢更。自光緒十年三月開辦以來，歷數年之久，講求稍識門徑，製造粗具規模，因於省城承華圃後，起蓋機器局，委員監督分廠，派司執事，覈定薪水工食，每月共計開支銀七百三十四兩六錢，皆係現在開支有定之款，遇有隨時短雇及起止月日，均難預定，自應遵照部議，隨時詳請咨報。至採買機器，需用物料，造辦什物，及應用煤鐵等項，時值高低不一，數目多寡不齊，應俟隨時覈實造銷。又前經檄委總辦江南製造局候補道聶緝槼，向瑞生洋行定購製造七種彈子機器，全副滾銅皮機器，全副皮帶，及機上應有各物俱全，共議明價銀四萬五千七百十兩，三次付給，立定合同，知會前來。當經詳委候補知州林禧前往迎提，現已入口，尚未到滇，其購辦前項機器，價值細數，及沿途棧租，保險運費，委員盤費等項，並到滇應行按圖起蓋廠房，添募工匠，及廠內應增一切費用，統俟提解到滇後，再行逐款覈明，據實造報。理合將滇省初設機器局，現在月支有定，薪工銀兩數目，先行造册，及購辦機器緣由，詳請奏咨立案等情前來。除清册咨部查照外，謹合詞附片具陳，伏乞聖鑒。謹奏。該部知道。

中國第一歷史檔案館等《中國近代兵器工業檔案史料》第一輯《張之洞奏請獎勵捐助巨款人劉維楨之子摺光緒十六年十二月初十日》 湖廣總督臣張之洞跪奏，爲在籍提督捐繳巨款，備充槍砲廠開辦經費，吁懇天恩獎勵，恭摺具陳，仰祈聖鑒事。

光緒十六年閏二月十八日，承准總理海軍事務衙門咨：光緒十六年二月二十九日會同户部具奏議覆廣東槍砲廠改移鄂省一摺，黏鈔原奏内稱，查鑄造槍砲，儲鐵爲先。鄂省爲南北適中，若此處就煤鐵之便多鑄精械，分濟各省，處處皆便。臣等詳加酌度，自以移廠就鄂，庶收事半功倍之效。所有機器後半價值，仍應由粵省先行墊付。總之，訂購鑄造槍砲機器及建造廠屋等費，既經通盤籌定，即應照原議以捐足八十餘萬爲度，以成是舉，斷不可以必需之專款留作該省别項使用。至開廠後常年經費，應由湖廣總督張之洞豫爲妥籌奏明辦理等因，本日奉旨依議，欽此。咨行到鄂。並准户部咨同前因。當經恭録咨行欽遵辦理。

臣查槍砲廠常年經費需款甚巨，而開辦之始尚須付給前訂機器運脚、保險等費，及應添造彈卷銅各機器一一完備，方能開辦。鄂省物力艱窘，庫帑支絀，無可籌措。惟念海軍衙門原議移廠就鐵，多鑄精械，期緩急之足恃，實自强之要圖。本年正月承准海軍衙門正月初三日電開，總以將來軍旅之事無一仰給於人爲斷，雖不必即有其效，萬不可竟無其志等語。臣惟有力任其難，悉心經畫，博采周諮。訪知黄岡縣在籍記名提督劉維楨，輕財樂施，急公慕義，前於光緒十年曾捐助海防餉需及創設機器局經費銀二十萬兩。當經派員婉切勸捐，該提督慨允捐銀二十萬兩充槍砲廠經費，仍照前案，三年繳足。洵爲深明大義，人所難能。

查本年八月，准出使大臣洪鈞來電，槍砲機器四批到滬，運脚、保險約銀三萬數千兩等語。計由滬運鄂，外洋船價與由英運滬約略相等，約共運保銀六七萬兩，所需甚巨，不便再向粵索。又查臣前在粵訂購槍砲機器，因粵省製造局能造砲彈，嗣復經臣奏設槍彈局。造彈之機器俱齊，始議設廠，雖與新訂槍砲各式微有不同，尚可隨時添改。今移鄂省，有械無彈，且槍砲各彈均須隨槍隨砲製造，方能吻合，斷不能分設兩地，亟應設法添置濟用，乃萬不可少之需。此項購機造廠等費，約需銀八九萬兩。以上兩項，共需銀十五六萬兩。此外，卷銅料件及添購雜項機器，猝難詳盡。擬即以此項捐款，撥充槍砲機器運保暨購造槍砲彈機器廠各費，有餘即留充開廠以後經費。至常年經費，每年共需若干，容俟臨時估計，再行設法籌畫，奏明辦理。

查提督劉維楨光緒十年捐助軍餉及機器局銀二十萬兩，分三年交清，經前督臣裕禄將該提督之子劉國柱、劉國棟給予獎勵，奉旨：劉維楨報效銀二十萬兩，深明大義，殊堪嘉尚！俟呈繳過半，該督撫速行奏請，候旨施恩等因，欽此。嗣於十一年十二月捐繳銀十二萬兩，復經前督臣奏明捐繳過半，奉旨劉國柱、劉國棟，均着賞給舉人，准其一體會試，該部知道，欽此。欽遵咨行遵照各在案。恭閱邸鈔，本年九月直隸督臣李鴻章片奏浙江烏程縣紳士廪貢生龐元濟，因近畿水灾報捐銀三萬兩，已蒙聖恩賞給舉人。仰見朝廷鼓勵急公至優至渥。兹該提督劉維楨，情殷報國，因設廠製造槍砲關係自强要圖，慷慨激發，罄家輸助，距前報效巨款之時未及六年，又捐繳銀二十萬兩，有裨武備要需，較之龐元濟捐銀多至五倍有餘，似此竭誠報效，實屬不遺餘力。現在已繳銀十一萬兩，捐數業已過半。該提督之第五子劉國梁、第七子劉國標，讀書向學，均堪造就，由善後局司道詳請奏懇恩施從優獎勵前來。可否照案給予獎勵之處，出自逾格鴻慈。

除咨呈海軍衙門及咨明户部外，理合恭摺具陳，伏祈皇上聖鑒訓示。謹奏。

光緒十六年十二月二十五日奉硃批：劉國梁、劉國標均着賞給舉人，准其一體會試。該部知道。欽此。

中國第一歷史檔案館《光緒朝硃批奏摺》第一〇二輯《光緒十六年十二月四川總督劉秉璋片》 再，查光緒八年十一月初七日，准户部咨，議覆軍需善後報銷章程内開，各省設立機器局，如有採購機器等項，事前報部立案，事後方准覈銷等語，奏奉諭旨：依議。欽此。等因欽遵，行司移局，遵辦在案。茲據辦理機器局成綿龍茂道承厚、候選道徐春榮詳稱，局中製造洋火藥，需硝甚多，必須委員速爲採辦，方免停工待料之虞。現查藥局所存牙硝，將次用罄，擬在成綿龍茂道庫土貨釐金項下，提撥銀兩，飭令委員帶銀，前赴茂州一帶地方，購買頂上牙硝八萬六千斤，運解回局，以資製造等情前來。除飭慎選妥員，速往採買，俟購辦齊全，覈實彙案報銷，並照章開具名目清單，先行咨部備查外，所有機器局委員採買牙硝緣由，理合附片陳明，伏乞聖鑒。謹奏。該部知道。

中國第一歷史檔案館《光緒朝硃批奏摺》第一〇二輯《光緒十八年正月至四月四川總督劉秉璋片》 再，查光緒八年十一月初七日，准户部咨，議覆軍需善後報銷章程内開，各省設立機器局，如有採購機器等項，事前報部立案，事後方准覈銷等語，奏奉諭旨：依議。欽此。等因欽遵，行司移局，遵辦在案。茲據成綿龍茂道承厚、記名候選道徐春榮詳稱，查本年局中製造銅帽、彈殼、鉛子、機器等項，需用銅鉛鋼鐵，必須委員陸續採購，方免停工待料之虞。請仍照前案，在成綿道庫土貨釐金項下，提撥銀兩，飭令委員在於省城就近地方，採買上色精銅一萬三千斤、净鉛一萬六千斤、蘇土鋼一千斤、毛條鐵一萬斤，均經購辦齊全，陸續運局製造等情前來。臣覆查無異，除飭覈實彙案報銷，並照章開具名目清單，先行咨部備查外，所有機器局委員採買銅鉛、鋼鐵緣由，理合附片陳明，伏乞聖鑒。謹奏。户部知道。

中國第一歷史檔案館《光緒朝硃批奏摺》第一〇二輯《光緒十八年五月至十二月四川總督劉秉璋片》 再，查光緒八年十一月初七日，准户部咨，議覆軍需善後報銷章程内開，各省設立機器局，如有採購機器等項，事前報部立案，事後方准覈銷等語，奏奉諭旨：依議。欽此。當即欽遵，行司移局，遵辦在案。茲據辦理機器局署成綿龍茂道王季寅、記名候選道徐春榮詳稱，局中製造洋火藥，需硝甚多，必須委員速爲採辦，方免停工待料之虞。現查藥局所存牙硝，將次用罄，擬在成綿道庫土貨釐金項下提撥銀兩，飭令委員帶銀前赴茂州一帶地方，購買頂上牙硝八萬六千斤，運解回局，以資製造等情前來。除飭慎選妥員，速往採買，俟購辦齊全，覈實彙案報銷，並照章開具名目清單，先行咨部備查外，所有機器局委員採買牙硝緣由，理合附片陳明，伏乞聖鑒。謹奏。該部知道。

北京大學館藏稿本叢書編纂委員會《光緒軍機處事由檔録要》光緒二十年二月二十一日 二十一日寄總理海軍事務衙門，御史鍾德祥奏，船政關繫至重，廢弛已久，請飭議實力整頓一摺，海軍衙門咨商南北洋大臣，按照該御史所陳各節，妥議具奏，原摺抄給閲看。

王樹枏《張文襄公全集》卷一二八《致總署光緒二十年四月二十日亥刻發》 諫電計達。近日密與税務司商，據云，該税司自當阻其機器登岸，然公使必仍向鈞署瀆擾，終難阻止。昨日德副領事照復，詞甚堅愎，略言條約在通商口岸例得置産造廠，無可阻止等語。其意在必辦，斷非外省口舌所能禁止。此事上海既准，自然各處援例。竊思或有一策，擬仿照當年上海買回鐵路拆毁之法，上海造池及置辦器具，所費不過數萬金。鈞署來函云，現與南洋妥商防險限制之法，是此事尚未十分定局，惟有迅速與商籌款，將該行造池製器各費，照數認償。已來火油照市價全行收買變價，上海家家點火油，數月即可銷售净盡，不致虚糜。此事滬民既深以爲患，則償款官籌兼以民捐，似尚可籌。此舉雖有所費，而有礙民生，中國不允之事，終能阻止，則各國必佩服中國之堅忍有力，於商務亦有裨益。管見如此，是否可行，敢懇酌奪，速與南洋商辦。號。

中國第一歷史檔案館《光緒宣統兩朝上諭檔》第二〇册《光緒二十年六月初三日》 軍機大臣字寄北洋大臣李、南洋大臣劉，光緒二十年六月初三日，奉上諭：前據御史易俊奏，錢法日壞，請添鑄銀錢，當令户部妥議具奏。茲據該部奏稱，銅鉛來源日絀，該御史請鑄銀錢，於商賈輻輳之區，招集股分，官督商辦，係爲維持錢法起見，如果集有成本，購置機器，官督商辦，與廣東所鑄分兩成色，不減分毫，將來收放章程，再由户部酌議，請飭南北洋大臣各就地方情形，悉心斟酌，並將現鑄之小銀元，一併妥辦等語。現在廣東、湖北等省，均已次第開鑄銀錢，南北洋沿海繁庶地方，如能招商集股，官督試辦，實可以濟圜法之窮。著李鴻章、劉坤一體察情形，妥籌具奏。户部摺均著鈔給閲看，將此各諭令知之。欽此。遵旨寄信前來。

中國第一歷史檔案館《光緒朝硃批奏摺》第一〇二輯《光緒二十年四川總督劉秉璋片》 再，查光緒八年十一月初七日，准户部咨，議覆軍需善後報銷章程内開，各省設立機器局，如有採購機器等項，事前報部立案，事後方准覈銷等語，奏奉諭旨：依議。欽此。等因。欽遵，行司移局，遵辦在案。茲據辦理機器局委員署成綿龍茂道張華奎、候補道江希曾詳稱，本局製造洋火藥，需硝甚多，茲查局中所存牙硝，將次用罄，必須委員速爲採購，方免停工待料之虞。請仍照前案，在成綿道庫土貨釐金項下提撥銀兩，飭令委員帶銀前赴茂州一帶地方，採買頂上牙硝八萬六千斤，運解回局，以資製造等情前來。臣覆查無異，除飭俟採購齊全，覈實彙案報銷，並照章開具名目清單，先行咨部備查外，所有機器局委員採買牙硝緣由，理合附片陳明，伏乞聖鑒。謹奏。户部知道。

「中央研究院」近代史研究所《海防檔》丙機器局《光緒二十一年一月十日總署收津海關道盛宣懷稟怡和洋行購辦紗機運滬設廠除遵章禁阻外懇向英使交涉》　正月初十日，津海關道盛宣懷稟稱，竊職道於正月初二日，接上海劉道來電，述英商怡和洋行，裝儎花機來滬。據税務司云，一經暫准，恐各國傚尤，難與力争，已經該道遵章阻止。而英領事謂，必得上岸，且欲大開廠房等語。初五日，又據上海、寧波各紡織廠紳商等公電稟稱，劉道稟蒙南洋江電，怡和花機務須禁其進口，以杜外人奪利之漸。望先飭税司查明已到紗布機各若干錠，電復，以便酌辦云。查怡和花機，現到者值銀六千餘兩，後尚有大批機器續來。此事關係華民大局，非徒干礙紡織，除公稟外，請速轉稟，據理禁阻等語。職道伏查光緒十九年十二月憲定新章，以外洋機器日新月異，其關華民生命，有礙華民生計之物，不准進口，照會各國大臣，並飭税務司曉諭各洋商有案。又光緒二十年二月十七日，奉北洋大臣札開，接准鈞署電開，怡和擬運紡紗機器，美查已將造棉子油機器進口，設廠開工，此即改造土貨，通商以來，向不准行。本署與各使摺駁，及華商與洋商争訟各事，滬關案牘具在，應查察與領事辯阻。本署現已照會英使，並札赫德詰滬税司機器進口情形。此種機器，實礙華民生計，萬難遷就，祈電滬關，切實辦理等因，仰見藎慮周詳，防微杜漸之至意。職道前年奉飭，前赴上海，與衆華商議設機廠十餘處，如果辦有成效，每年可塞漏卮二三千萬。曾由職道及衆商稟請北洋大臣奏咨，嚴禁洋商影射，以保中國利權在案。現在華商購定機器，鳩工造屋者，已有七廠，其事本爲西商所忌。此次該洋商不遵定章，光運紡紗機器數十箱，一爲嘗試，倘不堅持禁止，則連翩而至，我國所設之廠，資本艱難，必被傾軋，恐已成者虧折停工，未成者裹足中止，而本國大利，獨爲他國所擅。聞之日本，近年大興紡織，皆係本商自辦，並無西商攙越，則我中國自有之權利，尤應力爲固守，未可稍予通融。西國用兵，衆商供貸，故能餉源不絶，無事外求。近來風氣漸開，倭事平定之後，自應於商務加意整頓，竭力保護，庶幾緩急可爲挹注之計。職道顧念此次怡和洋行，運來機器，僅有三十五箱，彼亦慮我堅拒，初次故不多來，但一經通融，便成鐵案，以後大批續至，廠房造成，更無從阻止。不得已肅稟懇請鈞署，俯念通商大局，關係匪輕，可否即據衆商公稟，函致英國駐京公使，持定洋商販運機器入中國口岸，改造土貨，本非條約所准，且有違光緒十九年照會畫一章程，切實辯論。仍電飭上海道，此種機器，實礙華民生計，萬難遷就。並札總税務司，飭令滬關税司，查案禁止。在英使，勢必偏袒英商，乘機要挾，但中英交誼尚好，不過稍費唇舌，不致因此齟齬。去年正月，怡和洋行，即有函請江海關税務司覈准紡紗機器三萬錠子進口之事，適值職道在滬，當與聶升道力持鈞署新定畫一章程禁止，並稟咨在案。其時英之官商，並無異説，現在情勢略有不同。所有運到機器，如果不能載回，或由紡織公所給價買存，不令該商向隅，亦足以敦友誼。是否有當，伏乞鈞裁。除由衆商另具公稟懇求，並稟南北洋大臣外，肅稟，恭請勛安，伏祈垂鑒。

「中央研究院」近代史研究所《海防檔》丙機器局《光緒二十一年一月十一日總署收北洋大臣李鴻章文怡和洋行載運紗機希圖進口設廠滬商懇向英使交涉請予覈辦》　正月十一日，北洋大臣李鴻章文稱，據上海機器紡織公所，華商陳家善、衛静成、嚴富春、周廷弼、黄晉荃、吴熾昌、楊廷杲、趙毓鋆、嚴瀠、朱疇、周樹蓮、嚴作霖、沈國棟、唐德熙、陳猷、湯紹賜、張履泰、王熙福、姜錫蕃、孫承陶、張錫慶、湯承陶、戴清波、朱雅安、萬瑞禧、熊樹齋、郁懷智、唐榮晉、鄭繼昌、陸樹藩、楊福謙、楊兆鏊、張振棨、楊奎傳、詹思聖、奚平安、邵韻記、郕昌、邵壽記、穀芬華公稟稱：竊查近年西商以洋紗及粗洋布售於中國者，每年計值幾及三千萬兩。上年十一月，蒙中堂奏派津海關盛道來滬，規復紡織機廠，招股興辦，以冀塞此漏卮。其時衆華商以爲設立機器，籌辦匪易，各商資本不厚，何必作此曠日持久之事。當經盛道會同聶升道，諄諄傳諭，謂此舉係爲中國收回利權，非爲牟利起見。且於總廠之外，准設分廠，約以紗機四十萬錠子，布機五千張爲率，稟定十年之内，不准再有加增，嚴定限制，斷不忍令中國商民有限之血本，置之傾軋虧折之地。商等共仰中堂廑此保商裕國之心，咸皆踴躍從事。隨蒙盛道與衆商等，在滬面訂章程，並議定衆商分設十廠，各自斜股入本，次第興辦，嗣蒙盛道行知。三月二十八日，蒙北南洋大臣會奏，凡洋商販運機器，在中國口岸改造土貨，本係條款所無。前准總理衙門咨行，洋商販運機器，有關華民生命，有礙華民生計之物，又爲税則不載者，不准進口等因。紡織機器，既經限定額數，如果洋商販運軋花、紡紗、織布及棉子榨油機器進口，自行製造，實有礙華民生計。已咨明總理衙門，飭令關道税務司查明禁止。近來日本廣開紗廠，皆係日本商人自設，並無洋商在内，中國生齒尤繁，自保利權，斷不容外人稍生覬覦等因。奉上諭：該衙門知道。欽此。仰見各大憲思患預防之至計，商等不勝感激。不意十二月間，英商怡和洋行載來紡織機器三十五箱，欲在上海進口，希圖乘機嘗試。經上海道查照向章禁阻，而英領事袒護洋商，必欲進口，並稱進口之後，必欲大開花廠。商等並聞尚有大批機器，可容十萬人工作者，隨後續來，是直顯違我國成憲，以攘奪中國自有之權利。此次載來機器，若不嚴行禁止，一洋商倡之，衆洋商隨之，一國倡之，各國隨之。外洋利息甚輕，必致竭力傾軋，使我華商虧本停辦，而紗布之利，悉爲所奪。一年數千萬，十年數萬萬，皆屬民脂民膏，實於華民生計生命，大有關礙。且以後類乎此者，有關華民生命，有礙華民生計之物，亦必接踵而來，有例可援，勢必更難阻止。現商等分設之廠已有七處，華盛、華新兩廠業已出紗。裕源、大純、肇興三廠機器已到，尚未出紗。通久源、裕晉兩廠機器已定而未到，其餘亦必陸續遵辦。值鎊價倍長，市面甚緊，洋行購買機器，索價刻不容緩。壓本已重，後入之股尚未繳齊，設因此波折，裹足不前，則垂成之局，將廢半途，已入之本，將歸虛擲，以後商務，亦將不能復振。爲此合詞稟懇中堂，咨會總理衙門，即與英國駐京大臣相商，電飭上海英領事，遵照定章，勿以此項機器、違例進口，以保商務，實爲德便等情到本閣爵大臣。據此相應咨會，爲此合咨貴衙門，請煩查照覈辦，須至咨者。

「中央研究院」近代史研究所《海防檔》丙機器局《光緒二十一年二月二十六日

總署收江海關道劉麟祥函附與英領税務司等往來文函十件怡和洋行遽運紗機至滬英領强詞争辯請與英使妥籌辦法禁阻怡和洋行紗機運滬事》 二月二十六日，江海關道劉麟祥函稱，竊查洋商販運機器一事，蒙鈞署思深慮遠，特定畫一章程，所以顧民生而保權利者，法至善也。定章後，雖各國内外紛辯，頗費筆舌，然如德商瑞記運鷄鴨毛機器，德興運馬口鐵局機器，皆具結聲明，如作别用，聽憑罰辦。美商運鐵手摇機兩具，係存行作樣，亦出具後不奉文不再辦之結，是各該國雖未明允，業已隱然就範。英商間有報運軋花、繅絲、磨刀、吸水、做肥皂等項機具，雖未具結，數均無多，或爲舊廠修補之用，或查非關礙民生之物，分别稟蒙北洋大臣，及照定章，暫予照准。惟怡和擬購紡紗錠針三萬枝，以謂照新章文意，此項機器將來開廠招工，實與華民有益，稟經税司函道，當經前道切實駁阻，亦遂無詞。不意該商值我多事之際，又以前事函詢税司。雖經告以新章，仍於十月間，將前項錠針三萬枝遽行運滬。迨經照案函復税司駁阻，又復慫恿領事出場，謂鈞署定章，公使均不承認，且執善後條款，未載之貨值百抽五之條，强詞瀆辨，並云：除夕不給准單，以後按日索償。先後來文，嘵嘵不休。麒祥察覈情勢，彼既意在要挾，我若操之過急，必致枝節横生，不得不於堅持定章之中，與之從容商理，並許以轉請憲，遂由督辦機器紡織事宜正任津關盛道與麒祥先後稟由南北洋大臣，咨電鈞署，覈辦在案。伏查近年進口洋貨，以紗布爲大宗，每年計值幾及三千萬兩，以致業布華民，生計日蹙。南北洋商憲有鑒於此，奏派盛道招集華商，自創機器紡織局廠，以敵洋産而塞漏卮。又慮華商資本不充，一有傾軋，必致虧折，酌定限制，以保商本，庶風氣可以漸開，利源可以漸廣。惟機器造貨，以紡織一事獲利稍厚，本爲西商所垂涎，怡和故特於此時爲乘隙嘗試之計。進口之件，現雖無多，若暫予通融，以後各國援請協争，即難禁阻，前商税司，亦復以此爲慮。是此端一開，定章必成虛設，不特華商所設之紡局爲所傾折，中國商務振興愈難，即中國一切土貨，此後洋商皆可用機器改造，中國商民利源，勢必盡爲所奪，在目前其事甚微，關繫於後來者，利害誠非淺鮮。中國自保商民生計，本有自主之權，即如日本紡織，不使西商攙越，可以印证。華商自立前項機廠，尚須定以限制，不准多設，豈有專容西人創設之理。況洋商用機器在口岸改造土貨，更非條約所准，亦豈能援税則估價抽税之條，以爲藉口之地。且該條誠如鈞署前駁英使，係指貨物而言，洋商自運機器改造土貨，與尋常販賣貨物，迥不相同，不能牽引其理，最爲明顯。英使即難置辯，動以意氣相争，幾至無理可喻。此項新章，彼既抱定公使不見，自非仰仗鈞署力賜主持，並與英使妥籌辦法，領事必更争辯不已。即盛道所擬，將前項機器收買一節，本屬使爲轉圜之法，亦恐非至其時，未能遽允也。現在領事又復函催前來，除再辦復外，合將各案録呈，伏祈轉回堂憲，俯賜覈辦諭遵爲叩。再請勛安。

照録清摺謹將英商怡和洋行運滬紡紗機器禁阻一案，往來文函，録摺呈送察覈。

計開：

滬關税務司法來格來函

啓者，兹據英商怡和行函稱，本行現擬向外洋定購紡紗機器等件，内有紡紗錠針三萬枝，裝運來滬，設廠作工。商意按照海關新章第二節文意，於此項機器，似在准運進口之列，且不但於華民生命生計，無關無害，而將來廠内須招華工甚多，實與華民反有益處，請爲覈辦等情。本税務司查該行擬運紡紗機器錠針等件，及所稱情形，不知究竟華民有無關害，應否准其進口。合行函致貴道，請煩查覈見復，以憑辦理爲荷，此頌日祉。

光緒二十年正月二十八日到。

函復司税

啓者，昨展來函，以怡和行向外洋定購紡紗機器等件，内有紡紗錠針三萬枝，運滬設廠作工。按照海關新章，不但於華民生計無關，將來廠内須招華工，反有益處，應否准其進口覈復等因。查棉紗一項，中國華民之業此者，實繁有徒，若由洋商購置外洋機器，在滬開廠製造，是佔奪華民固有之利，照章應在不准進口之列。至承工華民，隨在可以營趁，不必因怡和購辦機器，設廠紡紗，始有益於生計也。相應函復，即祈貴税司查照禁止爲荷。此頌日祉。

正月二十九日發。

税務司賀璧理來函

啓者，查本年六月之初，曾據英商怡和洋行聲稱，現在外洋購辦機器若干件，以備運華設廠織布之用，約八月間到滬。緣查條約並無不准，是以先行聲明，請覈届時放行等情。當經復以機器一項，中國訂有新章，非奉有華官所給合例護照，不准起岸，該貨到口，亦應照辦等語。一面即於六月初五日，備將前情，函請黄前升道覈辦在案。兹據該行續稱，前項機器，現有一起，約值銀三千餘兩，已由外洋起運在途，不日即可抵滬等情到關。查該行所報機器，到滬之時，究應作何辦法，似以先行覈定飭知爲是。合就函知，即祈貴道查照覈辦見復爲荷。此頌日祉。

八月二十八日到。

函復賀税務司

啓者，昨展來函，前怡和洋行聲稱購辦機器運華設廠織布，兹據續稱，有機器一起，不日抵滬，作何辦法覈復等因。查洋商在中國口岸，用機器改造土貨爲約章所無，歷經前道奉飭會商禁阻，今怡和如將外洋機器運滬，用中國棉花軋紡，織成布疋出售，即係改造土貨，照案應禁。況奉總署新章，洋商販運機器，有礙華民生計之物，又爲税則所不載者，不准進口。曾經照會各國大臣，並行總税務司，轉飭各口税務司，曉諭洋商在案。所自織布一業，中國民人之賴此營生者，實繁有徒，若由洋行用機器紡織，華人之利，爲洋商所奪，從此生計日絀，易滋事端。自應遵照奉行定章，不准進口。用特奉復貴税務司查照飭知爲荷。此頌日祉。

八月二十九日發。

賀税務司來函

啓者，案查英商怡和洋行，在外洋購辦機器，以備運至本口，設廠織布一案，本年八月杪，曾據報有機器一起，值銀三千餘兩，不日運滬，請覈等情。當經致准復稱，洋商在中國口岸，用機器改造土貨，爲約章所無，歷經奉飭會商禁阻，今怡和將機器運滬，用中國棉花軋紡織布，即係改造土貨，照章應禁。況奉總署新章，洋商販運機器，有礙華民生計之物，又爲税則所不載者，不准進口，用特奉復查照飭知等因在案。兹又據該行稱，有前項機器一起，已由外洋運滬，請給准單起岸等情。業經本税務司，復以本關監督以此項織布機器，係有礙華民生計之件，應照奉行機器新章第三條辦理，不准進口，礙難照給准單等語。惟恐不日必有該商禀由英總領照會貴署之事，合先函致，即祈查照覈辦爲荷。此頌日祉。

十月二十三日到。

英領事哲美森來文

爲照會事。據怡和行禀，現有運進口棉花機器報關，税務司不允起岸，今將應完税項，計關平一百八十二兩，呈請轉繳。並稱税銀已經照納，自應准其驗起，不許起岸，實屬違例等情前來。當將不允起岸緣由，函詢去後，兹准税務司復稱，總署頒給機器進口章程第三款，有關礙華民生計等項機器，不准進口等語。該行所運棉花機器，監督以爲與民間生計有礙，是以不允進口等因。本總領事查此項機器，貴道以爲與華民生計有礙，似屬錯誤。且尚有確據可指者，如今年允准進口機器内，與此項相同者甚多。聞有現任大員在内，果爾，則前之允准，係屬何意。再者，前奉駐京大臣札開，總署所頒機器章程，各國駐京大臣均不承認。查和約内，英商除特指違禁各貨外，無論何貨，均准進口，機器並不在違禁之内。通商善後條款内，凡未載之貨，照值百抽五例完税。今該行所運棉花機器，即可按照此例，完税進口，無論總署頒出何項章程，若非英廷允行，決不能將和約款減廢。今貴道不允此項機器進口，本總領事自應力駁，特請再斟酌而行。如果堅不允行，將來因此恐有索償之處，相應照會。爲此照會貴道，請煩查照施行。

十一月初五日到。

照復英總領事

爲照復事。前准來文，述及怡和洋行運進棉花機器一事，當以前項棉花機器，有礙華民生計，曾奉總署定章，係在不准進口之列，中國定例，屬員應遵照憲飭辦事，不能將奉定章程稍有違背，致未辦復。頃承傑縉譯官惠顧，又復談及前事，本道檢查成案，前因仁記行購運軋花機器進口，曾經聲明係屬抵換之件，當即電稟南北洋大臣覈准。此次怡和所辦棉花機，是否老廠運備抵換之用，未荷示及，無從覈辦。究竟前項棉花機，係何廠所用，是否開辦業已有年，相應備文照詢貴總領事，請煩查照見復，以便酌辦。再，二十三日催函已收悉矣，合併致明施行。

十二月二十四日發。

哲總領事來文

爲照復事。二十四日，准來文內開，怡和行運進口棉花機器，是否老廠運備抵換之用等由。查此項機器，全係新製，並非抵換之件。前經切實聲明，此項機器照約應運進口，毫無可疑，諒貴道必請上憲覈示而行。現已延及兩月，未准照復，惟有再由貴道電請上憲迅速覈准。倘逾中國除夕，尚未照給准單，應自正月初一日，按日照索償款。似此辦法，早蒙駐京大臣許可，竭力相助，相應照復。爲此照復貴道，請煩查照，迅行覈復，以免轇轕，而省文牘，是爲至要。須至照復者。

十二月二十六日到。

哲總領事來文

爲照會事。業查怡和行運紡紗機器進口一案，今據該行呈稱，覈算因海關不給准單，迄今所受虧損，計銀二萬七百二十三兩。按，此數係從上年十月二十七日報關納稅起，至正月十一日，計七十三天，每一禮拜計銀一千九百八十七兩，以後均照此數遞加，以奉到海關准單之日爲止等情前來。本總領事查前經備文照會，如正月初一以前，不給准單，定有索償之舉，茲既遲逾至今，不得不照此辦法矣。英商照約運貨，除特載例禁之物外，均可轉運進口。即駐京大臣來扎，亦以英商應享權利，自當竭力相助等因在案，姑不再述，相應照會。爲此照會貴道，請煩查照，悉心斟酌施行，須至照會者。

光緒二十一年正月十二日到。

照復英總領事哲

爲照會事。照得光緒二十年十二月二十六日，暨本年正月十二日兩准來文，爲怡和洋行運滬機器一案，當時本道業將來文詳叙，電稟上憲請示。一俟接奉憲示，即行知會，現請無庸往返行文爲荷。須至照會者。

正月十五日發。

王樹枏《張文襄公全集》卷一四四《盛道來電光緒二十一年四月十八日丑刻到》

劉道來電，怡和機事，領事不肯休，且按日索費。迭與辯阻，並挽担文商購，意稍動。因聞中倭約內有製造之條，遂又堅執謂已允倭，不應阻英，爭論不已。如倭約有此條，勢難再阻，且慮後言，乞回中堂示遵，云當即轉呈。奉中堂諭，倭原請入內地用機器製造，鴻與力駁，嗣署電此條可通融，乃將內地改爲通商口岸，准運機製造，此蓋各國力爭多年未允者，英尤覬覦，故俄、法、德出爲調處，英不預焉。怡和雖在定約之先，似亦不能辯阻，按日索費，應駁斥云。從此藩籬盡破，華商民利盡失，挽回乏術，徒切杞憂，乞憲臺鈞裁，即飭滬道商結。宣，叩。霰。

北京大學館藏稿本叢書編纂委員會《光緒軍機處事由檔録要》光緒二十一年七月　二十七日電各直省將軍督撫，迭據中外臣工條陳時務，如修鐵路、鑄鈔幣、造機器、開礦産、拆南漕、減兵額、創郵政、練陸軍、整海軍、立學堂、整頓厘金、嚴覈關稅、稽察荒田、汰除冗員各節，著分晰覆奏等。

「中央研究院」近代史研究所《海防檔》丙機器局《光緒二十一年一月八日總署收署南洋大臣張之洞電英商怡和洋行購辦紗機運滬擬設廠製造請嚴加禁阻以維利權》　正月初八日，收南洋大臣電，怡和洋行購到紡紗機二萬錠，約銀五千兩，當以有違鈞署定章，飭滬關禁阻進口。茲據上海、寧波紡織廠紳商公電稟稱，此項機器有礙華民生計，洋商改造土貨，顯有違約章，稟請嚴禁。查條約祇准洋商來華通商貿易，並未准有購機來華製造。華商購機設廠，尚且須先行票准，方能開辦，洋商豈能擅便。近年中國製紡風氣漸開，從此漸塞漏卮，實爲自強之第一要著。今該行購機，若不嚴禁於始，以後各國紛紛開廠製造，改造土貨，將至利權盡失，無可補救。總之，洋商爲中國國家商販運機器則可，若自行購辦設廠，則萬不可行。此次怡和所購紗機，只二萬錠，僅值銀五千兩，顯係自知理屈，不敢多辦，多辦恐不放行，致多虧折，故小試其端耳。至此項機器，如禁阻後，該紡紗紳商願出價購之，或謂海防有事之時，無妨稍與通融，不知此乃商務所關，條約分明，與兵事決不相涉，萬萬無慮，務懇鈞署鼎力堅持。倘英使來瀆，務求嚴行駁斥。並飭總司轉稅司嚴行禁阻，以收利權而杜覬覦，之洞不勝禱切之至。曷。

王樹枏《張文襄公全集》卷一四九《致上海黃道臺津海關盛道臺上海縣黃令委員葉丞招商局沈道臺電報局經守光緒二十一年十一月十九日申刻發》 本月初二日，致上海道黃道電云，息借商款，前議轉撥商務局借用。查蘇商還款，係移歸商務局，改作原借，各商股本，自行籌辦，並非另借與他人。滬商還款，似可照辦。該道速即傳集原借各商，剴切勸諭，即以借本之多寡，爲股分之等差，各就所還本銀，全數彙齊，自行議辦一廠。如機器製造各貨，凡可以敵洋產，塞漏卮者，皆可，亦不必拘定紗布、繅絲兩項，如洋蠟、洋針、洋氈、洋糖、洋瓷器之類，皆極有益。總以成本較輕者，多造數種爲佳，以期漸開風氣。不入官本，不雜他商，定議以後由商自辦，官不過問，商務局但經理將還款轉付，絶不參預其設廠貿易等事，此係欽遵電旨，振興商務，意在衆擎易舉，早得觀成。多開一製造廠，即多塞一漏卮，逐漸擴充，以保華民生計，於官絶無所利。如有需官力護持者，准其禀聞，必爲設法體恤保護。此項遵旨新設之廠，税釐可酌量減輕，還款期近，速議電覆至要。沃。初八日致上海道黃道電云，息借商款，留爲製造等廠之用，此爲助商，並非利官，總由中國商人見小無遠慮，氣散不同心之故。洋商致富之由，全憑合衆力以成一大公司，無論如何，至少亦須留數萬，爲開各小廠之用。商中如有實在爲難，必須收回現銀者，查確可免其入股，其餘務須剴切勸導，勿任其游移瞻顧至要。凡有移此項官還息借款開廠者，係屬遵旨振興商務，無論製造何項洋貨，及仿洋式販運出洋之土貨，如洋式瓷器之類，當奏明第一年准將税釐全免，第二年後，即照紗布廠章程，只完一正税，通行各省，以示鼓勵，望傳諭各商知之，即復。庚。各等語。此本部堂代謀華商生計之苦心，即以體朝廷振興商務之德意，故不憚諄諄勸導，期於有成。凡屬商民，應知感奮，即使自有爲難情形，情願收回，不願開廠，原可聽其自然，乃無知之徒造謡妄議，詆爲不還商本，强令入股，變亂是非，淆惑衆聽，殊堪痛恨。查屢次電飭勸令各商自辦一廠，聲明不必拘定絲、布兩項，與紡織局何涉，應期還款，以示信勸。辦商務以利民，兩事並行，本不相悖，誠恐各商輕信謡傳，以致懷疑誤會，亟宜宣播於衆，俾令周知。至願辦與否，聽各該商自行籌酌，可也。黃道迅速照録此次去電全文，出示曉諭，俾衆周知，不可減少一字，至要。即電復並轉示招商電報各局同閲。效。

中國第一歷史檔案館《德宗景皇帝實録》卷三八〇《光緒二十一年十一月下》 又諭：本日已有旨，令張之洞回湖廣總督本任矣。湖廣地方緊要，鐵廠、槍砲廠甫經告成，現當開辦鐵路、整頓陸軍之際，需用甚繁，煉鋼軌、制快槍實爲當務之急。銀圓鑄成後，能否流通各省，該督回任後，均當加意舉辦，以立富强之本。現在關內外散勇，絡繹回籍，尤慮滋生事端，并著通飭所屬，豫籌防範，銷患未萌。江南防營太多，前經諭令，酌量裁減，該督務於未經交卸以前，妥爲遣撤，以節餉需。將此諭令知之。

中國第一歷史檔案館《德宗景皇帝實録》卷三八一《光緒二十一年十二月上》 浙江巡撫廖壽豐奏，密陳招商承辦局廠，宜防流弊，下所司議。尋總理各國事務衙門奏，遵議，厘定商廠不准私造軍械，凡商輪機器，及一切貨物，悉准集股建造，應請飭行，以拓商利而杜隱患。至各省機器製造官局，惟應力求撙節，未便遽籌歸并。又洋行所售槍械，應由各直省督撫。嚴飭各關監督税司，隨時稽查，以免疏虞。至護商兵輪聽民自製一節，請毋庸議。從之。

王樹枏《張文襄公全集》卷一五〇《致總署光緒二十一年十二月二十三日未刻發》 通商公理，原以利民，非以害民。新約任便製造一語，須不背公理而後可。中國小民，多恃手作謀生，若漫無限制，盡有機器，以代手作，則小民生計頓絶，豈能束手待斃。請與訂明，外國向有是物進口，爲中國所無者，准其任便製造。或中國商民已用機製造者，日本人亦准其任便製造。此外凡有奪小民手作，致害其生計者，皆不准製造，庶近情理。各省官紳商民，爲此事紛紛呼籲，現正議通商詳約，務請力與辯論。亦知彼族貪妄，不肯遽許，然事關民生，總必稍留界限，能争回一分，則爲億萬小民多留一分生計，彼斷不至因此決裂。用敢不避煩瀆，謹合詞電達，懇請鑒察裁酌之。洞、寶泉、傳霖、繼洵、舒翹、壽豐同肅。漾。

中國第一歷史檔案館《光緒朝硃批奏摺》第一〇二輯《光緒二十一年十二月四川總督片》 再，查光緒八年十一月初七日，准户部咨，議覆軍需善後報銷章程内開，各省設立機器局，如有採購機器等項，事前報部立案，事後方准覈銷等語，奏奉諭旨：依議。欽此。等因。欽遵，行司移局，遵辦在案。兹據辦理機器局委員成綿龍茂道長春、遇缺題奏道周振瓊詳稱，本局製造洋火藥，需硝甚多，必須委員速爲採辦，方免停工待料之虞。兹查局中所存牙硝，將次用罄，擬請仍照前案，在成綿道庫土貨釐金項下提撥銀兩，飭令委員帶銀前赴茂州一帶地方，購買頂上牙硝八萬六千斤，運解回局，以資製造等情前來。臣覆查無異，除飭俟採買齊全，覈實彙案報銷，並照章開具名目清單，先行咨部立案備查外，所有機器局委員採買牙硝緣由，理合附片陳明，伏乞聖鑒。謹奏。該部知道。

中國第一歷史檔案館《光緒宣統兩朝上諭檔》第二二册《光緒二十二年正月三十日》 軍機大臣字寄各直省將軍都統督撫，光緒二十二年正月三十日奉上諭：自上年與日本訂約以來，内外臣工，條陳時務摺内，多以廣開礦産，爲方今濟急要圖，當通諭各直省將軍督撫，體察各省情形，酌度辦法具奏。嗣據陸續覆奏，安徽太湖之大石等各保莊煤礦，業已准商試辦。江西袁州、吉安、廣信、饒州等處均有煤礦，萍鄉煤質尤佳，亦已集款勸辦。湖南永順、永州二府屬，礦苗甚旺。新疆和闐舊有金礦，均已派員往勘。至四川雅州各屬礦産，疊據給事中吴光奎奏請招商開採，業經諭令鹿傳霖設法舉辦。山東寧海礦務，亦經諭令李秉衡未可停止，即派道員李興鋭擇要興辦。以上各該省有礦處所，均係確鑿可指，即著責成各該督撫，認真督辦，務臻實效，毋得輒行中止。他若雲南向産五金，貴州出苗素旺，山西所出之鐵，夙稱精良，現雖未據覆奏，均宜及時攻採，以期逐漸推廣。吉林、黑龍江、江蘇，現亦未據奏到，著即將籌辦情形，據實迅速覆奏。此外各省覆奏摺件，謂礦不宜開，固屬拘泥之見，謂礦無可開，亦屬臆斷之詞。又或謂先宜講求礦學，慎擇礦師，及悉聽民間自採，招商承辦，恐無成效等詞，一奏塞責，並未將該省如何擬辦情形，詳細聲敘，甚非朝廷實事求是之意。

中國第一歷史檔案館《光緒宣統兩朝上諭檔》第二二冊《光緒二十二年二月初九日》

軍機大臣字寄直隸總督王、兩江總督劉、閩浙總督邊、江蘇巡撫趙、江西巡撫德、浙江巡撫廖、山西巡撫胡，傳諭護理陝西巡撫布政使張汝梅，光緒二十二年二月初九日，奉上諭：開礦爲方今最要之圖，疊經諭令各直省督撫等，設法開辦，兹據御史陳其璋奏，奥國博物院謂中國煤産，以江西樂平、浙江江山等處爲最，而莫多於山西。比利時議院謂中華金銀銅錫四金之礦，所在多有。外洋時事新編謂山西煤鐵之礦品居上上，多至十三萬餘英方里。見於西人稱述者如此。其見諸臣工奏報者，如前兩江總督沈葆楨覆陳洋務事宜疏内，謂福建古田等處，産鐵甚旺。前福建巡撫丁日昌海防條議内稱，磁州、平陸、大同、太原、米脂等處皆煤多而佳，鎮江之東南山，煤鐵五金皆有可採，浙江之金華、福建之永定皆有煤井各等語。覽該御史所奏，或採自西歐各國紀聞，或考自從前疆臣奏疏，所指有礦處所，歷歷可數，斷不至一無影響。著王文韶、劉坤一、邊寶泉、趙舒翹、德壽、廖壽豐、胡聘之、張汝梅揀派熟悉礦務，辦事實心之員，按照所指各地名，逐一認真履勘，擬定辦法，據實具奏。至該御史另片所稱，官辦不如商辦，凡各省産礦之處，准由本地人民自行呈請開採，地方官專事監管彈壓，其一切資本多寡，生計盈虧，官不與聞，俾商民無所疑沮等語，所奏亦頗中窾要，並著各該督撫酌度情形辦理。又據翰林院侍讀學士文廷式奏，各省開辦礦務，疆臣任意遷延，或藉端阻撓，推原其故，皆由畏難等語。當此國用匱乏，非大興礦務，別無開源良策，疊寄諭旨，業已剴切詳明，各該督撫身膺重寄，與國家休慼相關，儻狃於故見，仍以空言搪塞，捫心自問，其何以仰對朝廷耶。將此由四百里諭知王文韶、劉坤一、邊寶泉、趙舒翹、德壽、廖壽豐、胡聘之，並傳諭張汝梅知之。欽此。遵旨寄信前來。

中國第一歷史檔案館等《中國近代兵器工業檔案史料》第一輯《潘慶瀾奏請飭各將軍督撫每年將各局廠實存軍火數目報軍機處備查片光緒二十二年五月初六日》

再，各省設立機器局，每年購買機器製造槍砲子藥需款甚巨，自經逐年報部覈銷。惟所購製槍砲子藥，除每年發給常操備用外，自應積有餘存。如二十年用兵，各處皆言火器缺乏，臨時發款購買，緩不濟急，殊非慎重防務之道。擬請飭下各省將軍、督撫，所有機器局每年用款，仍照章報部覈銷，其所購製各種槍砲子藥，每屆年終，除發給常操備用外，將實在在局槍砲子藥數目，造具簡明清册，由將軍、督撫呈報軍機處，以備查覈而重存儲。

謹附片具陳，伏乞聖鑒。謹奏。

中國第一歷史檔案館等《中國近代兵器工業檔案史料》第一輯《着兵部咨行各將軍督撫將局存槍砲子藥實數年終造册報部之上諭光緒二十二年五月初六日》

軍機大臣字寄。

光緒二十二年五月初六日奉上諭：御史潘慶瀾奏，各省機器局製造槍砲子藥用款照章報部，並請將存數造册呈報軍機處等語。除各局用款應報部覈銷外，着兵部咨行各直省將軍、督撫將局存槍砲子藥實數年終造册咨報該部，以備查覈。原片着抄給閲看。將此諭令知之。

許同莘等《光緒條約》卷三六《張大臣覆日本公使説帖光緒二十二年五月十四日》

四月二十六日，貴大臣送來説帖，並續改約稿，閲悉一切。貴大臣謂商約自去冬十二月二十九號，即中歷十一月十四日，由李中堂開議，將閲半載。惟本大臣奉命接辦始於本年正月二十八日，與貴大臣會議。本大臣日行公事，本極繁重，早荷貴大臣涵鑒。此次約稿，又最緊要，條目紛如，既不敢輕率從事，自難倉卒告成。疊次會議，逐款詳論，煩徵博引，筆舌並勞，固非託故延宕，當亦貴大臣所鑒諒也。兹幸彼此相讓，再三酌改，僅逾三月，大致已具，亦不得謂之遲緩矣。至在中國機器製造貨物徵收税項一節，本大臣屢次與貴大臣面晤，和衷商議，以期妥籌善法。今閲臺牘，貴國仍執前議，必欲剔開另商意者，本大臣歷次面談，尚有未能詳盡者乎。查《馬關條約》祇言内地運送税、内地税鈔課雜派，以及在内地沾及寄存棧房之益耳。至製造貨離廠等税應否豁免，一字未提。如果可以免徵，斷無不提明之理。既不提及其爲應徵，自無疑義。且中國係自主之國，原可任便，妥定公平章程，徵收税項。若慮中國將製造貨税加重苛徵，使製造之權利化爲烏有，無乃以不公平相待乎。中國應徵製造貨之離廠税，不過以之抵所失洋貨之進口税，於就貨抽税之間，仍寓恤商惠工之意。貴大臣擬將此款於新約内不提，又以《馬關條約》字句詞意遲早總當商議辨解，於中國無礙。若區區以抽税一層，與此約合辦，則商約恐難成議，具紉貴大臣和平忠亮之雅。惟是事關國課義重，國權條約中既未讓去，然則中國分内所應爲之事，貴國政府當不見怪也。各國商情所繫，有以徵税爲損者，亦有以不徵税爲損者，統俟晤教縷言之。詳閲此次改稿，已較前稿通融，此中仍有數款尚須面商，方能定議。擬請貴大臣於本月十五日以後，何日得暇，酌定准期，以便會議，可也。

中國第一歷史檔案館等《中國近代兵器工業檔案史料》第一輯《奕訢等奏請飭南洋大臣湖廣總督將新製槍式畫一辦理摺光緒二十二年七月十三日》 臣奕訢、臣奕劻等跪奏，爲請旨遵行，恭摺具陳，仰祈聖鑒事。

查行軍之要，利器爲先，而利器之中，尤以整齊畫一爲主。古者戰陣，矢則同的，馬則齊足，即刀、劍、戈、矛亦有一定尺寸。近來講求西法，西人於槍、砲等件，每得新制通行國中，必使演習精專，倚若性命，臨陣得力，職此之由。中國土鑄槍砲，本不一律。其購自外洋者，各目尤繁，參差雜出，即如洋槍一項，曰來福，曰林明燈，曰馬梯尼，曰雲者士得，其餘更僕難數。近則專以小口毛瑟爲最，前年海疆有事，購置此槍，每枝需銀二十餘兩，而隨帶子藥則兩倍其價，統計一槍須銀七十餘兩。加以洋行之把持，經手之侵冒，購時既未試驗，用時多不合膛。以不練之兵，試不習之器，甚者炸裂損壞，否亦機括不靈，是有槍直與無槍等耳。臣等深知此弊，思有以力矯之。

查南洋機器局造有快利槍一種，上年道員劉麒祥帶來數枝，經臣等試驗，與外洋之小口毛瑟槍遠近、遲速不相上下。又湖北槍砲廠亦有一種快槍解送督辦軍務處，亦經驗過與小口毛瑟無異。以上兩項，若能添購機器，廣爲製造，足供各省新立洋隊之用。其合膛子彈令北洋及各省機器局如式鑄造，源源接濟。如此則中國新制之槍改成一律，不論何營、何隊，入手輒即合宜，較之購自遠方臨時學演者，其得失何啻天壤。相應請旨飭下南洋大臣、湖廣總督，將新制槍式彼此較准，畫一辦理，所用子彈輕重、大小亦需分毫不爽。再由臣等隨時調取，細加比較，儻有參差不如式者，惟承辦之員是問。庶幾利器可以常充，而錢糧不至虚擲。

是否有當，伏候聖裁。謹奏。

王彦威等《清季外交史料》卷一二三《鄂督張之洞奏華商用機器製造貨物請從緩加税並改存儲關棧章程摺》 湖廣總督張之洞奏，爲兩湖商務風氣初開，華商用機器製造貨物，懇請從緩加税，並請改定存儲關棧章程，以勸商業而裕民生事。竊照光緒二十二年五月總理衙門具奏機器製造貨物酌定規則，奉旨：允准。續據總税務司酌擬章程九條，經總署覈定，由南北洋大臣通行各國，在案。伏查光緒八年，北洋大臣奏，准上海織布局只完正税一道，概免沿途税釐，此後各省機器紡織，皆援此例。此聖主愛養民生之深仁，而即古來興國者通商惠工，以致富强之至計，天地覆庇，感頌同聲，從此中華商務，駸駸漸有生機矣。此次加税之舉，在總署原意，謂洋商得在中國設廠造貨，人工運費，種種省便，利益甚優，故議酌加税。則洋商既加，則凡華商用機器造貨，亦應一律照加，以免洋商藉口。此總署謀國裕課，統籌中外之深心，臣雖至愚，亦能領解。特是詳察商情，知機造各貨加税一層，不免有損多益少之病，有不敢不爲我皇上陳之者。湖自《馬關定約》以後，臣在署南洋通商大臣任内，欽奉閏五月十三日電旨，飭令招商，多設織布織綢等局，廣爲製造。臣當即宣佈德意，廣爲勸諭招徠。中國商民，知外人得來内地設廠造貨，莫不感慨奮發，思有以防内蠹外漏之患，而又深悉朝廷恤商輕税之章。其議集股分圖佔先着者，頗不乏人。凡各處稟請購器造貨者，臣多從允准，且爲之籌備廠地，歸併釐税，計畫銷路，曲意維持。江南、湖北紗絲各廠，更屢奏明助給官本鉅款之舉，總冀厚集商力，以挽此外溢之利源。計數年以來，江、浙、湖北等省，陸續添設紡紗、繅絲、烘繭各廠約三十餘家。又此外機造之貨，蘇滬、江寧等處有購機製造洋酒、洋臘、火柴、碾米、自來水者。江西亦有用西法養蠶繅絲之請。陝西現已集股開設機器紡織局，已遣人來鄂，考求工作之法。四川已購機創設煤油，並議立洋燭公司。山西亦集股興辦煤鐵，開設商務公司。至於廣東海邦，十年以前，即有土絲洋紙等機器製造之貨，近年新增必更不少。天津、煙臺更可類推。湖北、湖南兩省已均有購機造火柴及榨棉油者。湖北現已考得機器製茶、機器造塞門德土之法，正在督飭税務司，勸諭華商興辦。湖南諸紳現已設立寶善公司，集有多股，籌議各種機器製造土貨之法，規模頗盛。似此各省氣象日新，必且愈推愈廣，彼洋商雖亦聲稱集鉅資，設大廠，而迄今造就者，只上海二三家，他處未有之也。無如華商智慮初開，行銷未廣，已成之廠獲利無多，未成之廠集資非易。洋商見我工商競用新法，深中其忌，百計阻抑，勒價停市。上年江、浙、湖北等省繅絲紡紗各廠，無不虧折，有歇業者，有推押與洋商者，以後華商有束手之危，洋商成獨攬之勢，商民延頸舉踵，正以寬恤保護之法望之朝廷。兩湖風氣初開，商力甚薄，尤爲惴惴，此近年來商務之實在情形也。臣愚以爲洋商在内地，改造土貨，本於華商生計有妨，是以舊約懸爲厲禁。今迫於事勢，不得已而允之，則又當就已成之局，而熟權利弊，庶免我華商民有累上加累之虞。竊謂今日各洋廠設否聽之，而華商機器製造之税如故。洋商開一廠，則華工習一法；洋商創一貨，則華民曉一用。大抵華商情形憚於精思創物，而樂於摹仿爭利。華商用度較儉，上産較熟，可與之相勝。果使華商本輕利穩，愈開愈多，洋商見華廠已經充牣，利息愈分愈薄，則續開者自少。即如湖北織布局一開，而江海關進口之洋布，已歲少十餘萬匹，可爲明徵。目前華廠已將十倍於洋廠，是機器製造之利，洋商得其二，華商得其八。且就華洋各廠合計，出貨自多，税額雖輕，税數必溢，此有益於民生，而仍有益於國計者也。即使洋廠因税輕而爭開不已，然洋廠所獲之優利，亦華廠之所同沾，其出貨之數，分利之勢，自足相敵。且洋廠所在，其一切物料必取之中國，工匠必取之中國，轉移閭民必資之中國。彼洋商所得者，商本盈餘之利，而其本中之利，留存於中國者，仍復不少。是華商之利，雖去其半，而中國農工畋漁之利仍得其全。華民霑其利，又曉其工，則華商購機製造之廠，必不能絶，從古未有農工盛而商獨衰者。此目前不求有益於國計，而必無損於國計，且尚不盡有損於民生者也。至於華商鼓舞方見萌芽之時，遽行加税，則華商困阻於内，洋商抑勒於外，數年之間，已成者歇業，未開者絶響，是九洲之地産物力，萬國之巧法厚利，盡爲洋商壟斷之資。如謂明文則一體加税，暗中則曲予維持，目前中華局勢、外洋情形，竊恐未能辦到。且洋商之究竟肯加税與否，亦尚不知何時，而華商則已先敝矣。即使洋商於華造者遵加，而其來自外洋者，仍不能加，明知華商不能再聞機廠，則不造於中華，而專運之於本國，銷流日廣，貨價日增，徒存内地製造加税之虚名，而受華商阻塞利源之實害，此有損於民生而仍無益於國計者也。從來華民最樸，不曉物直，華工最絀，不諳機器，華商最散，不籌鉅本，是以拘守舊法，坐棄萬物之菁華，不究阜財之大用。今幸而鑒於鉅創，怵於强鄰，一旦幡然損棄故智，爭購機器暢土貨，集公司之法，正是中華自振之基，若再從而柅之，以後更復何望。私憂過計，不勝悚懼。近日與江蘇巡撫趙舒翹、浙江巡撫廖壽豐往返電商，均以暫緩加税爲保護華商之生計，合無仰懇天恩，飭下總理衙門將機器造貨值百抽十之新章，暫行緩辦，一俟商務大盛，而各國又一體允加進口税之時，再行舉辦。彼時洋貨價漲，華貨即使加税，尚且相抵，而目前不致無自立之患，大局幸甚。又總税務司所擬章程二條，凡有製造之貨，均須一律存儲關棧俟撥等語。在總税務司之意，只爲杜絶偷漏，然商民成貨，待價而沽，瞬息變易，有失之須臾而盈虧迥判者。又如機器造甎，機器碾米，機器造水泥、火泥，此等笨重之物，如何搬運，如何封存。又如機器造煤油，機器造火柴，此等危險之物，同棧之貨孰不畏其延累。設有損失，恐洋關賠不勝賠矣。大抵商情樂簡而惡煩，喜活便而畏膠滯，若一概存儲關棧，交貨看貨，動須報關，即使不至留難，而貨主既嫌經官之周折，又不如本廠自存之放心，種種窒礙，必致紛紛歇業。至洋商則仍出納自如，此明明力窒華商之生機，而暗暢洋商之銷路矣。竊謂宜在運貨出口時，切實查驗，不在貨成後，概予封藏。應請一併飭税務司，重改章程，方爲妥善。此乃農工商民公共之利害，中外貧富强弱之樞機，臣爲自强大局，力固根本起見，反覆焦思，不敢不言，謹奏。光緒二十二年九月十三日。

中國第一歷史檔案館等《中國近代兵器工業檔案史料》第一輯

《工部奏各省報銷逐年加增擬請明定章程摺光緒二十二年十月初四日**》**

謹奏爲各省報銷逐年加增，請明定章程以示限制，恭摺仰祈聖鑒事。

竊臣部辦理各省報銷，應准、應駁原有例章可循。自中外交涉以來，各省製造軍火器械暨各項兵房、砲臺工程，動以物料購自外洋無例可循爲辭，臣部亦以其奏明立案在先，照章准銷。乃年復一年，奏銷之數盈千累萬，有增無減，即臣部加以駁詰，亦必再三申請，期於照數准銷而後已。究竟所購之軍火器械若干，所造之砲臺、房屋若何，臣部無從懸揣，亦惟憑該省案册互相比較，但使大致不差，即爲照案准銷而已。乃本日奏銷上海機器局一案，用銀八十四萬九千五百十兩之多，其中製造軍火等項合銀六十四萬七千一百二十八兩零。查上案只銷銀五十五萬六百七十五兩零，則較上案多銷銀九萬六千四百五十三兩矣；其中添建房屋等項合銀十六萬八千九百三十六兩零，查上案銷銀七萬六千二百八十五兩零，則較上案多銷銀九萬二千六百五十一兩矣；其中修理船塢等項合銀三萬三千四百四十五兩零，查上案銷銀二萬六千七百十三兩零，則較上案多銷銀六千七百三十二兩矣。統計本届銷案較上届加多銀十九萬五千八百三十六兩，臣部將駁不准銷款。查其來册所開購買物料、添建房屋皆較上届加增，逐細比較，價值雖互有增減，仍不相上下，就紙面文字而論，則亦無能指駁，惟有照案准銷，然銀數則多出十餘萬兩矣。且此届銷案係十八、十九兩年，其時軍務未興，海疆無事，增費已如此之多，若年復一年有加無已，勢將何所底止？且上海一處如此，他省亦恐不免。現在帑餉支絀，需用浩繁，中外臣工事事應求實際，豈可再事虚靡。臣等於此次奏銷後，擬請立定章數條，以資考察。謹另單開呈御覽，伏乞皇上聖鑒訓示。謹奏。

謹將各省報銷逐年加增，擬請明定章程數條，恭呈御覽。

計開：

一、軍火器械宜令總覈現存數目，出具甘結，逐年報部查覈也。各省自某年購買軍火，結至本年共買洋砲、洋槍各項軍火若干件，逐件開列，造具清册，隨摺聲明，并註明存諸某處。每年年終由該督撫派員會同點驗，取具看守人員並無短少損壞印結，點驗之員亦具數目相符甘結，咨部存案。

一、每年機器局購買機器若干，製造槍砲子藥若干，亦應按年奏明也。各省創建機器局，原爲仿照外洋製造槍砲子藥而設，每年購買機器、物料、薪工開銷甚巨。究竟每局購買機器若干，製造槍砲子藥若干，應令年終奏明。亦須由督撫派員查驗，取具該局員切結，咨部存案。

一、機器各局應用旁屋若干，並在某地建造，是何地名，應於創建之始，覈定間數，報部立案也。查各省立局，均須建造房屋，以備棲止、工作之用。創辦之始，房間不敷，陸續添建，亦所時有。乃查歷辦成案，如上海機器局，自光緒四年以來，建造局房已有千餘間之多，其房之高大若何，寬深若何，何者爲安置機器之房，何者爲工人住宿之房，何者爲堆積器物之房，則皆無從知悉，又安能知其價值之多少。嗣後應令於創建之始，即統籌全局需房若干，並勘明地基丈尺可造若干，繪圖報部立案。初創之年，經費不足，勢難一律造齊，以後逐年添造，不得過於立案間數。且既據聲明，仿造洋式開銷錢糧較多，則保固年限亦應加增，或十年，或二十年，應由該督撫奏明辦理。取具承修之員保固印結，咨部存查。

一、購製修理洋式船隻物料、修建船塢各工，應詳細依限奏明立案也。查近年以來，各省機器製造、船政各局，購製修理各項船工事宜，遵照奏定章程，事前奏明立案，事後方准覈銷。查購制輪船所需物料，每多動用洋式鐵斤、木植等項，以圖堅固經久，今乃動輒按年請修，其中銅、鐵、木植各件，似不得年年更换。擬令以後各省如有應修輪船，務當飭令承修委員認真監造，並將該船隻指明何處應修，以及應用各項料物，如鋼鐵斤兩、木植圍徑之類，均專册分晰造報，勿得匯入他項款内並册請銷。並責令該承辦委員，出具工堅料實，並無草率偷減切結，隨案送部。至修建船塢及溝、壩、河道等工，應令該督撫遵照奏定章程，酌定修理保固年限，及需用銀數若干，詳細聲明，並繪圖貼説，補行奏咨報部立案，以資考覈。並令各省一體遵照辦理。

一、凡各省局報銷案件，應於創辦之始，即籌定每年需款若干，奏明立案。部中覈銷，即以初立之案爲憑。其每年立案銀數，隨時增減原無一定，但不得於初立之案相懸殊。查各省銷案定章，凡本年用款皆應先期立案，若所銷之數與立案相符，無不照准。當定章之始，各省立案尚能覈實，無如近年以來，此等銷案以成故套，其逐年自立之案，與自銷之案安有不符之理？於是每年立案銀數任意加增，部中即據爲覈銷准的，是名爲報部覈銷，不啻自用自銷也，其弊實不可勝言。擬令嗣後務以初立之第一案爲綱，而以每年所立之案爲目，以便稽覈。其早經創立各(局)，於此次奏定章程奉旨後補行立案，用資查考。

奉硃批：依議。欽此。

中國第一歷史檔案館《光緒宣統兩朝上諭檔》第二二册《光緒二十二年十一月初二日》 軍機大臣字寄户部、各直省將軍督撫，光緒二十二年十一月初二日，奉上諭：前據盛宣懷奏條陳自强大計，並請開設銀行、設立達成館各摺片，當經諭令軍機大臣、總理各國事務衙門、户部妥議具奏。兹據該王大臣等悉心覈議，逐條具奏，朕詳加披閲，除指駁各節，應毋庸置議，或應暫行緩議外，其練兵一條爲各省將軍督撫專責，不論勇營、緑營，當此餉項支絀，均應大加裁汰。現在各省仿照西法，新練各軍，暨上海、湖北製造槍砲兩局廠，務須督飭該管將領承辦局員，認真講求，操練則毋襲皮毛，器械則務求畫一，並按照此次所擬辦法，若者宜減定成數，若者宜增創新章，體察情形，斟酌辦理。理財一事，户部實任其難，釐金既未能遽停，印花税亦驟難仿辦，加税之説，迄今各國尚無成議，惟有開設銀行，或亦收回利權之一法。現已諭令盛宣懷招商集股，合力興辦銀行，辦成後，並准其附鑄一兩重銀元十萬元，試行南省，如無窒礙，再由户部議訂章程。辦理育才，爲當今急務，節經諭令各直省，添設學堂，實力舉辦，其武備學堂，能否於各省省會中一律添設，並著該將軍督撫等妥籌具奏。京師、上海兩處，既准設立大學堂，則是國家陶冶人材之重地，與各省集捐設立之書院不同，著由户部籌定的款，按年撥給，毋庸由盛宣懷所管招商電報兩局集款解濟，以崇體制。以上三條，經該王大臣等逐條覈議，均屬切實可行，著户部暨各該將軍督撫等查照議准各節，實力舉辦。其有前奉諭旨，未經覆奏者，即著迅速覆奏。總之辦事須求實際，徒法不能自行，該將軍督撫等奉到此旨，務須足踏實地，見諸施行，毋得粉飾因循，一奏塞責。原摺著鈔給閲看，將此各諭令知之。欽此。遵旨寄信前來。

王樹枏《張文襄公全集》卷一一七《批峽路經費局委員侯昌錦稟呈賑荒條陳光緒二十三年正月初十日》 所擬施屬賑荒條陳，具見關心民瘼，其首、二、三各條，應即由該令會商地方官，查照妥辦，總期實事求是，澤及於民，毋稍滋弊爲要。除札飭北藩臬兩司轉飭施南各屬實力辦理賑糶，妥爲安輯窮民，如有不肖之徒有藉荒劫奪滋事等情，即行嚴拏審辦，不得姑寬。並將該令第四條所論築塘修路造渡修橋以工代賑一節，由司轉飭各縣察看情形，勸諭紳富捐資，擇地舉辦。其第五條所稱施屬處處皆有鑛產，其銅鐵鉛硝磺等物，擬請責成地方官勸諭富民設局收買各情，亦甚是救荒之策。其銅、鐵、鉛三項應即准其開采，並暫准其自行售賣，勿庸官收。惟硝、磺兩種有關例禁，必須立有妥善章程，方免流弊。惟開采他項鑛產則甚難，若采取硝、磺則甚易，當此救災緊迫之時，窮山僻遠之地，自不能不稍事變通。考之古來荒政，本有弛禁之條，所有采辦硝、磺一節，應如何設法稽查，俾可以拯災黎而防滋弊之處，亦由司即日會同，迅速覈議簡明章程詳覆，以憑飛飭遵辦。

中國第一歷史檔案館《光緒朝硃批奏摺》第一〇二輯《光緒二十三年八月初一日四川總督鹿傳霖片》 再，查前准户部咨，各省設立機器局，如有採購機器等項，事前報部立案，事後方准覈銷等語，奏奉諭旨：依議。欽此。等因。欽遵，行司移局，遵辦在案。茲據機器局員成綿龍茂道長春、題奏道安成等詳稱，本局製造洋火藥，需硝甚多，必須委員速爲採辦，方免停工待料之虞。茲查局中所存牙硝，將次用罄，擬請仍照前案，在成綿道庫土貨釐金項下提撥銀兩，飭令委員，帶銀前赴茂州一帶地方，購買頂上牙硝八萬六千觔，運解回局，以資製造等情前來。臣覆查無異，除飭俟採買齊全，覈實彙案報銷，並照章開具名目清單，先行咨部立案備查外，所有機器局委員採買牙硝緣由，理合附片陳明，伏乞聖鑒。謹奏。該部知道。

中國第一歷史檔案館《清代軍機處電報檔彙編》第三六册《收上海道電爲近日各省在滬採購銀條鑄造銀元事光緒二十三年十一月初三日》 近日各省紛紛在滬採購銀條，鑄造銀元，銀條一空，復運寶紋，以致銀根驟緊，市面震動。銀行各西商僉請暫禁出口，以兩禮拜爲度，商之稅司，以須奉總稅司電飭，方能遵辦。乞迅賜飭赫轉電滬稅司遵行，俟銀根稍寬，再行弛禁，仍候電示。鈞。江。

中國第一歷史檔案館《清代軍機處電報檔彙編》第三五册《收出使德國大臣呂海寰電爲德以議定鐵路礦務爲究案之結案事光緒二十四年正月初六日》 「有豔均到否？」頃詢外部云：海使來電，並無懟語，德廷願速了，前電已授意。海靖復告以諭旨貴簡要，不同照會，既奉旨難反汗，彼云重降諭，有究案可查。鐵路礦務，須議定方算結，辯論再三。彼又云：德廷決不藉端爲難，候商再告。海使續議如何，乞電示。海。豪。

中國第一歷史檔案館《清代軍機處電報檔彙編》第三六册《收出使日本大臣裕庚電爲日外部力薦礦師並請中國政府妥立礦章事光緒二十四年正月十四日》 奉文電，遵赴外部詳述。據稱，矢野電尚未到，此事關係頗重，俟電到，如何情節，政府必當妥商，能盡一分力必盡力云。伊藤前日相晤，以中國礦務亟須整頓，而礦師未得其人，力薦學士崛田連太郎，請中國政府妥立礦章，收權於上，以開大利，並請延此人案看經理，伊又切保面交節略，其説甚長，意甚切，囑爲諄陳。查崛田上年曾受華商聘，改裝看礦數月，其才實爲東礦師之首，大畏與最熟，亦曾力薦，令既有交款事相託，彼諄託者亦當留意。已詳，另函候示。庚。元。

中國第一歷史檔案館《清代軍機處電報檔彙編》第三五册《收出使德國大臣呂海寰電爲德以拓路開礦抵換索加兵費似應允准事光緒二十四年正月二十八日》 二電敬悉。有電計已達覽，海迭晤外部，密探情形，外雖和睦，內實叵測。海使作硬，諉爲訓條，亦非無因，膠澳肇釁，德君主持，各邦忌之，議院亦訾之。海使初議多佔地方，德相及外部只求有地修船屯煤，不願多佔。外部願王弟未到以前結案，或恐其干預國政，隱有嫉心，王弟濡滯，或亦洞悉其情。察其形勢，王弟到華，不至別有要挾。海靖所言，明係恫喝，惟外部言本擬加索兵費，嗣知中國支絀，故以拓鋏路、開礦務抵之，若路礦興旺，德費錢而華收利益，於中國無損等語，審時度勢，似應從速允准，伏乞鈞裁。海。宥。

中國第一歷史檔案館《清代軍機處電報檔彙編》第一九册《收出使大臣許景澄楊儒電爲築路開礦繞避陵寢事光緒二十四年五月初四日》　收許、楊大臣電，五月初四日。頃商公司合司稿四款，鐵路經過地方，准開煤礦，應一律繞避陵寢，先行聲明。應距若干里，將來再議，免晝押捽停待，彼謂如就現議里數爲限，可以遵辦，候速校示。澄。儒。匯。

中國第一歷史檔案館等《中國近代兵器工業檔案史料》第一輯《總理各國事務衙門奏訂振興工藝給獎章程摺光緒二十四年五月二十四日》　總理各國事務衙門奏。

本月十七日奉上諭：自古致治之道，必以開物成務爲先，至應如何詳定章程之處，着總理各國事務衙門即行妥議具奏。欽此。

臣等竊考泰西各國，當二百年前，一切新學、新法皆未開闢，自英有刑部尚書培根者，始定一例，凡有能製新器、著新書之人，國家給以優獎，保其專利。自此各國效之。其獎之優者，乃至賞給五等之爵，專利百數十年。此例既行，舉歐洲、美洲之人皆爭自濯磨，講求新法，故每年每國新出之器多至二千餘項，新著多至三萬餘種，智慧以相摩而開，才能以相競而出。論者謂泰西富强之原全在於是。又，前此一切善政，專賴國家興辦，民間鮮倡義舉者。自明末時，俄有富人名忒亞者，捐二十萬盧布開辦學堂，俄皇獎以大藏卿之職。各國效之，懸格以勸，於是富而好禮之徒爭相捐輸，有捐集數百萬鎊爲學堂、書樓之費者。美國大學堂七所，而民間捐辦者四。此所謂重賞之下必有勇夫。西國學術人才蒸蒸日上，已然之成效也。中土之人，聰明才力不讓歐美，而人才日乏，國勢日蹙者，殆由提倡激勸之未得其道也。臣等恭繹諭旨按照軍功授以實職，示以殊榮，仰見聖明天錫，洞見本原，明詔一宣，將天下之士靡然從風，不數年而新器、新學倍出，人才不可勝用矣。臣等謹仰體聖謨，擬定詳細章程十二款，或予世職，或予實官，或加虛銜，或請許其專售，或請頒之匾額，無非所以奉宣德意，鼓舞群才。

所擬或疑過優。然製新器、著新書之人，其切實致用，視尋常科甲所試帖括端楷，虛實難易相去萬倍，何獨於此而薄之？捐集款項興辦學堂之人，爲國家分勞，其所報效視捐納郎中、道、府爲數尤巨，何獨於此而吝之。臣等竊維鼓勵人才，必高示其的，始足以動觀聽；必廣開其途，始足以厲風氣。或疑此例既開，恐多冒濫。然書器既由臣衙門詳覈，捐款復由地方官行查，則與有司考試無異，真才則獲殊榮，贗鼎則蒙厚罰，魚目之混正自易防，此皆無庸鰓鰓過慮。

謹將遵擬各款另繕清單，恭呈御覽。如蒙俞允，擬請明降諭旨飭下地方官將章程出示曉諭，以風動天下。

上諭：前經降旨，各省士民著書、製器及捐辦學堂等事給予獎勵，諭令總理各國事務衙門妥議具奏。茲據該王大臣等議定詳細章程開單呈覽。所擬給予世職、實官、虛銜及許令專利、頒賞匾額各節，量能示獎，尚屬妥協，着依議行。即由各衙門咨行各直省將軍、督撫通行所屬，將章程出示曉諭，以動觀聽而開風氣。朝廷鼓勵人材，不靳破格之賞，仍應嚴防冒濫。所有著書，製器各事，該衙門務當認真考驗，嚴定罰懲，以期無負振興庶務實事求是之至意。

振興工藝給獎章程

第一款　如有自出新法製造船械、槍砲等器，能駕出各國舊時所用各械之上，如美人孚禄成輪船，美人佘林士奇海底輪船炸藥氣砲，德人克魯伯煉鋼砲，德人刷可甫魚雷，英人亨利馬蹄泥快槍之類，或出新法興大工程，爲國計民生所利賴，如法人利涉鑿蘇彝士河、建紐約鐵綫橋，英人奇路渾大西洋電綫，美人遏疊燈德律風之類，應如何破格優獎，俟臨時酌量情形奏明請頒特賞，並許其集資設立公司開辦，專利五十年。

第二款　如有能造新器，切於人生日用之需，其法爲西人舊時所無者，請給工部郎中實職，許其專利三十年。

第三款　或西人舊有各器而其製造之法尚未流傳中土，如有人能仿造其式成就可用者，請給工部主事職銜，許其專利十年。

第四款　如有著新書貫通中外學政，深明治體，綱舉目張，切實可用於今日者，或能博征時務，發明經義，原原本本有功聖教者，請特恩賞給翰林院編檢實職，或派往各省學堂爲總教習。

第五款　或著新書發明專門之學，如公法、律例、農學、商學、兵法、算學、格致之類，確有心得，請賞給庶吉士主事中書實職，發交總署及出使各國大臣、各洋務省分因才器使，或派往京師及各省大學堂專門分教習。凡每一人所著書必在二十萬言以上，乃得請獎，以杜冒濫。既得獎後，其書亦准自刻，專售二十年。

第六款　如有獨捐巨款興辦學堂，能養學生百人以上者，請特恩賞給世職或給卿銜；能養學生五十人以上及募集巨款能養學生百人以上者，請賞給世職或郎中實銜；募捐能養學生五十人以上者，請賞給主事中書實職。其學堂請頒御書匾額，以示鼓勵。

第七款　如有獨捐巨款興辦藏書樓、博物院，其款至二十萬兩以外者，請特恩賞給世職；十萬兩以外者，請賞給世職或郎中實職；五萬兩以外者，請賞給主事實職。並給匾額如學堂之例。

第八款　其捐集款項湊辦藏書樓、博物院、學堂等事僅及萬金以上者，亦請加恩獎以小京官虛銜。

第九款　如有獨捐及募集巨款，開闢地利若干，設建槍、砲廠，每日能制槍、砲若干，視功用之大小、款項之多寡，爲獎給之等差，一如第七款之例。

第十款　以上各款分別請獎之例，皆就未得官之人而言，若已經授職人員，則遵奉上諭照軍功例，請就原官超擢。惟款中所有特恩字樣，則已仕、未仕皆同一律。

第十一款　凡請獎之例，或由本人將所製之器、所著之書、所辦之事，呈明總理衙門查覈，奏請辦理；或由京外大員將所製之器、所著之書、所辦之事，奏請交總理衙門查覈辦理。

第十二款　凡著書、製器各事，必由總理衙門認真考驗，實屬新書、新器，乃得給獎。捐辦各事，必行查地方官所辦屬實，乃得給獎。若有剿襲陳言冒認新書，私販洋貨自稱新器，及興辦各事捏報不實等情，自應從嚴駁斥，顯暴於衆以愧耻之。若竟僥幸售欺得獎，一經查出，除撤銷獎案外，仍當嚴示懲創，已得官者革職治罪，未得官者另行酌罰重款，禁錮終身，原保大臣分別議處。

中國第一歷史檔案館《德宗景皇帝實録》卷四二〇《光緒二十四年五月下》

諭內閣：自古致治之道，必以開物成務爲先。近來各國通商，工藝繁興，風氣日辟。中國地大物博，聰明才力，不乏杰出之英，祇以囿於舊習，未能自出新奇。現在振興庶務，富强至計首在鼓勵人才。各省士民，著有新書，及創行新法，製成新器，果係堪資實用者，允宜懸賞以爲之勸。或量其材能，試以實職，或錫之章服，表以殊榮。所製之器，頒給執照，酌定年限，准其專利售賣。其有能獨力創建學堂，開闢地利，興造槍礮各廠，有裨於經國遠猷、殖民大計，並著照軍功之例給予特賞，以昭激勵。其如何詳定章程之處，著總理各國事務衙門，即行妥議具奏。

中國第一歷史檔案館《光緒宣統兩朝上諭檔》第二四册《光緒二十四年六月初十日》　軍機大臣字寄各將軍督撫，光緒二十四年六月初十日奉上諭：國家講求武備，非添設海軍，籌造兵輪，無以爲自强之計。兹經召見裕禄，詢以福州船廠情形。據奏，工匠機器，一切均足以資興造，惟所需款項較鉅，必須於原撥常年經費外，另籌的款按年撥解，庶足備製造船砲之用。著各該將軍督撫，遵照單開指撥數目，妥籌辦理。方今時勢艱難，朕宵旰焦勞，力求振作，思禦外侮，則整軍經武，難再視爲緩圖。各該督撫受恩深重，蒿目時艱，亦當仰體朕懷，協力同心，急其所急。當此度支匱乏，艱於挹注，惟於無可設法之中，力籌撥濟，如釐金之剔除中飽，局務之酌量歸併，皆當破除情面，實力籌維。儻指款實有不敷，除應解各項京餉暨應還洋款不准擅動外，其餘無論何款，准其移緩就急，如數撥解，不准託詞延宕，國計安危所繫，我君臣宜相感以誠，同維大局，用副朕殷殷訓誥之至意。仍將遵辦緣由，於接奉此旨十日內，先行電奏，以慰廑係，原單著鈔給閱看，將此各諭令知之，欽此。遵旨寄信前來。

中國第一歷史檔案館等《中國近代兵器工業檔案史料》第一輯《江南製造局爲遵議槍砲一律及擬添配砲鋼兩廠機器事之詳文並南洋大臣劉坤一之批文光緒二十四年六月十八日》　爲詳覆事。

竊於光緒二十四年五月初九日准兵部火票遞到軍機大臣字寄各直省將軍、督撫，光緒二十四年五月初一日奉上諭：户部、兵部會奏遵議御史曾宗彦奏請精練陸軍改爲洋操，並將各省兵數、餉數開單呈覽一摺。今日時勢，練兵爲第一大政，練洋操尤爲練兵第一要着。惟須選教習以勤訓課，覈餉力以籌軍實。現在天津新建陸軍、江南自强軍，均係學習洋操。北省勇隊，着由新建陸軍酌撥營哨之學成者分往教習，南省則由自强軍酌撥。營規、口號均須一律。各直省將軍、督撫統限六個月內，將並餉練隊及分扎處所妥議覆奏。至軍械槍砲，應飭各省機器局酌定快槍、快砲格式，槍子、砲彈分量、造法，互相討論，折衷一是，如式製造，精益求精，以期利用。並着一體妥速籌辦，毋得宕延。餘依議。原摺均着抄給閱看。將此由四百里各諭令知之。欽此。遵旨寄信前來等因，到本部堂。承准此，查江南各軍業經一律領用毛瑟十響後膛槍，驟難概令更换。惟是快槍、快砲爲行軍要需，現在陸軍改練洋操，軍械一切自應講求製造新法，務期槍砲一律精利。前準督辦軍務處來咨，行令一律改製小口徑毛瑟槍，當經札局遵照在案。並經該局試造數枝，與鄂局所造互相比較，究竟口徑、格式以及子彈分量是否一律匀稱。前據林道來轅禀稱：前擬定購快槍機器，款巨難籌，擬就舊用之機酌量添配機器，改造小口徑毛瑟槍。究竟曾否考覈詳細，改配之後是否合用，每日能出槍若干枝，實需價銀若干，應即妥速覈定，趕即設法訂購。該局自造砲位爲數無幾，不敷撥用，亦經札飭趕造，以備緩急。鄂局現已訂購機器，仿造十二生的快砲，聞陸軍以此最爲合用。其餘車砲、過山砲以及守臺各砲，皆應分別趕造，存備提撥。該局自當通盤籌畫，裁汰不急之務，騰出有着之款，每年計可節省若干，約有定數，即應將槍機、砲機妥爲購定，分別仿造，以儲軍實，而資利用。欽奉前因，合行恭録抄單札飭。札到，該局即便欽遵辦理，限一個月内分條議復，並將購訂槍砲機器價值切實探明，詳候覈辦，毋稍違延。切切等因，並抄單下局。奉此，仰見朝廷慎重軍實，精求利用之至意。復蒙憲臺諄諄訓誨，指示周詳。凡在事各員，敢不盡心籌畫，斟酌損益，以期裨補於萬一。職道等遵即督同提調及各廠委員、洋匠等互相討論，悉心考校，折衷一是。

伏查職局所製槍砲，歷年推陳出新，一切舊式久經停造。近復以後膛快利槍式微異，擬請就原有機器酌量添配，改造小口徑毛瑟槍，以期一律，約計需銀十八萬九千餘兩；添購毛瑟子彈機器，約需銀三萬餘兩。業經詳蒙憲臺批飭趕速籌辦在案。現已遵飭與洋行訂立合同，限八個月到滬。俟槍機購到，逐件裝齊，悉仿小口徑毛瑟製造。以每日出槍十枝計之，統年約可成槍三千餘杆。此種槍式，現在外洋推爲第一，鄂局所造之槍，即係仿照此式，彼此取法既同，不致有參差之弊。此遵議快槍一律之情形也。

若製造砲位，職局係專仿英國阿姆斯脱郎廠式，自光緒四年起至二十四年五月止，統計造成大小前後膛砲五百餘尊，其前膛砲位，光緒十一年已經停造。即如八百磅、三百八十磅、二百五十磅子後膛大砲，工料過巨，且需時日，前曾面奉憲諭飭即停造。現擬專造一百磅子、四十磅子、十二磅、六磅、三磅等子後膛快砲。其一百磅子及四十磅子兩種，置之輪船、砲臺，攻守皆宜。六磅子快砲一種，砲身稍長，極能命中擊遠，可爲大砲之輔。十二磅子、三磅子車砲兩種，砲身輕靈，便於運動，若逢山路險阻，可以拆卸分運，洵爲南北陸軍最利之器。據洋匠柯尼施聲稱：現在外洋快砲，堅精迅利，無逾此數種者。至鄂局購辦德廠仿造之十二桑的砲機，覈與職局所造四十磅子後膛快砲名異而實同。德稱若干桑的，或云生特，或云生的，或云生，係就口徑而言，英稱若干磅，就子彈而言。即如職局三磅子快砲，英寸口徑一寸八分五厘，合德尺四桑的七。其六磅快砲，英寸口徑二寸二分四厘，合德尺五桑的七。其十二磅子快砲，英寸口徑三寸，合德尺七桑的六。其四十磅子快砲，英寸口徑四寸七分二厘四，合德尺十二桑的。一百磅子快砲，英寸口徑六寸，合德尺十五桑的。英、德砲式或有不同，而彈徑、藥膛大致相似。查職局創造最先，已歷二十餘年之久，規(規)[模]大備，南洋各砲臺、輪船，滬局奉撥砲位爲數已多。嗣後無論何省，如有購辦砲機，或至滬局會同考覈尺寸、口徑，製造可期彼此一律。至應否就中國尺寸，口徑定一名式，以歸劃一之處，伏候憲裁。此遵議快砲一律之情形也。

至於槍子、砲彈，均視現在各防營、船臺操防所用及廠内所造各槍砲名目，分別配造。槍子則如老毛瑟、小口徑新毛瑟、新快利等類，砲彈則如八百磅至三磅重硬質、開花等類，新式之急需者，趕緊加工；舊式之缺乏者，酌量帶造。將來既改造小口徑毛瑟，則槍子一項，自當以專造小口徑毛瑟子爲大宗。而製造各種砲彈，亦當以一百磅至三磅子等大小快砲彈爲最要。查現在軍火處存備撥發各船臺大砲彈爲數尚多，擬即飭令緩造，以後專造一百磅至三磅子大小砲彈。此遵議製造槍砲子彈之情形也。

若夫騰出款項，購定機器一節。查職局添購槍機，業經詳蒙覈准。其砲位一項，除分撥外，統計成數僅存四十餘尊，誠如憲諭，緩急之間尚慮不敷撥用。查從前製造八百磅子後膛大砲，訂購洋料在外，每尊約工價銀七萬五千餘兩。三百八十磅子及二百五十磅子大砲，每尊約銀五萬三百餘兩。且動輒經年累月而後成一二尊。現既停造此項，專造臺船及陸軍快砲，當經詳詢砲廠洋匠柯尼施商酌擴充之法。據稱：擬酌量添配砲機三十餘具，合原有機器加工製造，約計每年一百磅子快砲可成四五尊，合砲、鋼兩廠工料覈計，每尊約銀二萬二千餘兩；四十磅子快砲可成七八尊，每尊約銀八千三四百兩；十二磅、六磅、三磅各快砲約可成八九十尊，每尊約銀千餘兩至三四百兩不等。並據禀：添配此項砲機價值約需銀十二三萬餘兩。查砲料從前購自外洋，職局創辦煉鋼，近來成效彰著，凡屬槍砲以及各項鋼料皆取給於己，無俟外求。據該廠洋匠彭脱禀稱：多造砲料，亦擬添購機爐數具，約需銀四五萬兩。連同前請購槍機及造子機器價值，總共約需銀三十七八萬兩。值此整頓武備，鋭意講求，在朝廷原不惜此巨款，惟時局艱窘，司農告匱，而憲臺公忠體國，旰夕焦勞，何敢以局款支絀，一再瑣瀆上勞藎慮。第念近年製造日繁，工匠日增，撥解日廣，較之從前固難同年而語。且物料翔貴，中外皆然，亦非意料之所及。職局所領二成洋税，尚不敷用；每年加撥三廠常款二十萬兩，又未能隨時撥濟。局内工藝如煉鋼，造槍，造砲，造子彈，造無煙、栗色火藥等事，本係相輔而行，一氣呵成，均屬緊要之圖，無可裁汰，亦無可騰挪，此不待煩言而解者。即停造一二尊大砲及大砲彈等件，所省無幾，而添造之數殆有過之。昨蒙憲臺批飭江海關，將應解部撥本年三廠常費二十萬兩及二十三年短解之十四萬兩迅速補解，非特添購槍機藉資挹注，即砲、鋼兩廠機具亦可陸續添辦，酌付定銀。嗣後果能洋税逐漸盈收，常費源源接濟，加以考工、購料事事精覈，日計不足，月計有餘，但能撙節於無形，即可收擴充之實效。此又遵議通盤籌辦之情形也。

所有遵議槍砲一律及擬添配鋼、砲兩廠機器各緣由，理合具文詳覆。是否有當，伏候憲臺察覈訓示祇遵，實爲公便。爲此備由呈乞照詳施行。

須至詳者。

敬稟者：前奉憲臺批飭籌防局訂購克虜卜六生特駄砲，並發二尊飭局仿造等因，現在此項砲位尚未准籌防局解到。查六生特，即六桑的，其口徑合英尺二寸三分六厘，食彈子約五磅，即五磅快砲是也。又電據湖北槍砲局提調汪守洪霆復稱：鄂局現造三生七快砲，口徑合英尺一寸四分，身長三十倍，每倍照砲口徑遞加覈算，合英尺三尺七寸半，食彈子兩磅，即二磅子小快砲是也。職局均擬陸續仿造，合併陳明，仰祈大帥察覈。

專肅寸稟，恭叩鈞安。伏乞垂鑒。

光緒二十四年六月十八日詳南洋大臣。本年六月二十八日奉南洋大臣劉批：據詳已悉。查覈所議各節，詳明切實，一目了然，本大臣深堪倚賴。總期該局事事節慎，色色精能，力求覈實，不滋浮糜，用款必須省嗇，方可收擴充之實效。至毛瑟槍口徑，請就中國尺寸擬立名式，俾各省歸於畫一，應由該局員擬定，詳請飭遵。仰即遵照。此批。

中國第一歷史檔案館《光緒宣統兩朝上諭檔》第二四册《光緒二十四年七月二十四日》　交總理各國事務衙門，軍機大臣面奉諭旨：端方等奏請用機器鑄造銅錢銀元等語，著總理各國事務王大臣，歸入劉慶汾條陳內，一併議奏。欽此。相應傳知貴衙門，欽遵辦理可也。此交。

中國第一歷史檔案館《清代軍機處電報檔彙編》第二册《奉旨陳寶箴被人脅制著堅持定見實力舉行新政事光緒二十四年七月三十日》　奉上諭：有人奏湖南巡撫陳寶箴，被人脅制，聞已將學堂及諸要舉全行停止，僅存保衛一局等語。新政關繫自强要圖，凡一切應辦事宜，該撫務當堅持定見，實力舉行，慎勿爲浮言所動，稍涉游移。欽此。

中國第一歷史檔案館《德宗景皇帝實録》卷四二五《光緒二十四年七月下》

又諭：督理農工商總局事務端方等奏，遵議中書王景沂條陳農工商務事宜，主事程式谷條陳推廣農會農報事宜，並端方等籌辦絲茶情形各摺。農務爲中國大利根本，業經諭令各行省開設分局，實力勸辦，惟種植一切，必須參用西法，購買機器，聘訂西師，非重資不能猝辦。至多設支會，廣刊農表，亦講求農學之要端，應於省會地方籌款試辦，逐漸推行，廣爲開導，或藉官款倡始，或勸富民集資，總期地無餘利，方足以收實效。著各直省督撫飭屬各就地方情形，妥籌興辦，毋得視爲迂圖，以重農政。至絲茶爲商務大宗，近來中國利權多爲外人所奪，而絲茶衰旺，總以種植、製造、行銷三者爲要領，並宜分設分司，仿用西法，廣置機器，推廣種植製造，以利行銷。並著產茶產絲各省督撫，妥定章程，實力籌辦，以保利源，並將開辦情形，隨時具奏。端方等三摺，均著鈔給閲看，將此諭令知之。

中國第一歷史檔案館等《中國近代兵器工業檔案史料》第一輯《江南製造局爲遵議江蘇湖北直隸三省合力籌辦槍砲一律事之詳文並南洋大臣劉坤一之批文光緒二十四年八月初四日》　爲詳覆事。

竊於光緒二十四年七月二十四日奉憲臺札開：光緒二十四年七月十八日准北洋通商大臣榮咨，據天津軍械局、淮軍製造局、北洋機器局會詳議復軍械槍砲一節，砲以五十七密里格魯森過山砲爲最利，槍則以小口徑套筒毛瑟爲最利。以槍砲利弊而論，曾將克鹿卜舊式七生的半陸路輕砲、格魯森五生的七陸路快砲及過山快砲三項比較，均不若克鹿卜新造七生的半陸路快砲、七生的過山快砲兩種爲最勝。就現操前三種砲位比校，似仍以格魯森五生的七過山快砲爲得力。至於槍種甚多，曼立夏槍雖快，而機簧易損，又無套筒，槍杆易熱，不若小口徑毛瑟槍爲利於戰陣；操則以單響毛瑟槍爲合用，各等語。現在大沽船塢購存仿造三十七密里至五十七密里快砲機器全副，奉飭撥歸職機器局辦理，應俟交到即行開造。其克鹿卜新造之七生的半、七生的兩種快砲，擬請先由該廠各購一尊，如果遠勝於格魯森五十七密里快砲，再行設法籌辦。至槍，則南洋有快利槍，湖北有小口徑毛瑟槍，北洋暫可緩辦，只須添購仿造前項克鹿卜新式快砲及單響毛瑟槍機器各一副。即與南洋、湖北合力通籌，並請酌協常年經費，將來造成槍砲即專供此三省之用，他省仍按價歸款，似尚輕而易舉。至如何分別成造，以及五十七密里應造子彈，俟定議後再行詳辦等情。據此，除批據詳會議陸軍改練洋操應用槍砲以格魯森五十七密里快砲爲合用，尤以七生的半及七生的快砲爲更勝，槍以小口徑毛瑟暨單響毛瑟爲合宜，擬與南洋、湖北合力籌辦，將來造成槍砲，專供三省之用，並備他省購拔，以期一律，所議不爲無見，候咨覈覆，再行會商具奏，繳，掛發外，相應咨商查照，迅速酌覈辦理見覆，以憑覆奏等因，到本大臣。准此，查此案前奉寄論，業經恭録札飭該局欽遵籌議在案。茲准前因，合行札飭。札到，該局立即遵照，限半月内趕緊籌議，應如何三省合力籌辦之處，妥速議定，刻日稟覆覈咨等因。

奉此，職道等遵即會同商榷。竊謂整頓武備之時，所造槍砲自當講求新法，以精堅利用爲第一要義。北洋機器局詳稱：不獨一省宜歸一律，合天下亦宜歸一律，遇戰雖數十百萬衆可以一帥統之等語，誠爲篤論。查南洋自强軍現用之小口徑毛瑟槍，各營現用之大口徑毛瑟槍，已與北洋一律。職局前奉憲飭改造小口徑毛瑟槍，業經稟准添配槍機在案，一俟新機運到，即可仿造，將來製成，是合南北洋、湖北爲快槍一律矣。職局現造之二十磅子快砲，覈與北洋聽稱七生的半快砲口徑，子彈相同；現造之六磅子快砲，覈與五十七密里即五生七快砲口徑，子彈相同。惟北洋所稱之七生的快砲，南洋定購之六生的快砲，湖北現造之三生七即一磅子快砲，職局正擬舊有之槍機酌量添配，陸續仿造，將來製成，是合南北洋、湖北快砲爲一律矣。但南北之地勢不同，而砲架之輕重宜别：北道平坦，拖運用馬，架宜從重；南路崎嶇，裝卸需人，架宜從輕。總之口徑、子彈一律，而砲架不必强同，庶因地制宜，各適其用。職局製造本爲南北創設，況北洋爲畿輔重鎮，操練尤關緊要，歷奉飭撥軍械，均隨時造解。惟近年製造日繁，撥解日廣，一成洋税已屬不敷，三廠常費無異虛懸，已定之槍機極費經營，未訂之砲機猶待躊躇，其爲難情形早邀憲鑒。至三省合籌另購機器，酌協常費，應否俟庫帑充裕，再行合力籌辦之處，伏候鈞裁。

所有遵飭籌議三省合力籌辦緣由，是否有當，理合備文詳覆，伏乞憲臺察覈咨覆。爲此備由呈乞照詳施行。

須至詳者。

光緒二十四年八月初四日詳南洋大臣。本(月)〔年〕八月十四日奉南洋大臣劉批：據詳已悉。查整頓武備，首重槍砲製造，稍有參差，各處難期合用，遇有戰事接濟爲難，殊非國家慎重軍需之至意。茲覈來詳，該局現造十二磅、六磅子快砲，既覈與北洋七生的半及五十七密里快砲口徑、子彈相同，則北洋七生的、南洋六生的、湖北三生七快砲，名雖殊而實無異，自應就現有槍機酌量添配仿造。三省仍當互相討論，精益求精，俾尺寸歸於畫一，格式免致參差，仰即遵照。仍趕將應添砲機妥實探訪，應需經費若干切實查明，稟復覈辦。當飭滬關設法騰挪，且該關應攤税司經費已奉部准由各關攤派，諒可匀撥，以應急需。一面督飭工匠人等，俟毛瑟槍機運到，上緊仿造，勿稍疏懈，有誤要工。切切。繳。

中國第一歷史檔案館《光緒宣統兩朝上諭檔》第二四册《光緒二十四年十一月初七日》 軍機大臣字寄北洋大臣裕、南洋大臣劉、湖廣總督張，光緒二十四年十一月初七日，奉上諭：有人奏天津、上海、江寧、湖北製造槍械，較有規模等語。國家講求製造，原期精益求精，若非嚴定課程，難收實效。著裕禄、劉坤一、張之洞確查各該局廠現有機器若干，每年實能造成何項槍砲藥彈若干，估定確數，通盤籌算，嚴定課程，按季奏報，儻有虛縻廢弛情弊，即著嚴參懲辦，毋稍寬縱。至北洋兼造銀元，是否可以停止，並著裕禄酌覈情形，奏明辦理。原片均著鈔給閲看，將此各諭令知之。欽此。遵旨寄信前來。

中國第一歷史檔案館《光緒宣統兩朝上諭檔》第二四册《光緒二十四年十二月初一日》 軍機大臣字寄直隷總督裕、兩江總督劉、湖廣總督張，光緒二十四年十二月初一日，奉上諭：前因天津、上海、江寧、湖北等處，均有製造槍械局廠，諭令裕禄、劉坤一、張之洞，確查各該局廠現有機器若干，每年實能造成何項槍砲藥彈若干，估定確數，按季奏報。此項槍械，爲現在要需，製造固須求精，經費尤當覈實。著裕禄、劉坤一、張之洞切實會商，飭令各該局廠製造槍砲，務須統歸一律。仍遵前旨，將每年槍砲藥彈各若干，並支銷經費若干，據實奏報外，並按季咨報户部、神機營查覈。仍嚴飭承辦各員，認真經理，如有虛糜廢弛情弊，即行從嚴參辦。將此各諭令知之。欽此。遵旨寄信前來。

王樹枏《張文襄公全集》卷一〇二《札北藩司飭議建始磺務章程光緒二十五年正月十七日》 案照前委湖北試用道李道宗棠確查黄守邦俊所辦宜施磺鹽利弊，並建始縣所辦銅鑛情形。茲據查覆，將宜施硝磺銷數支款籌繳捐費，並試辦巴東賑鹽情形，及遵籌建始銅磺辦法，分别開具清摺，請示前來。查前定硝磺辦法，係屬民采，官爲出資收買，由官主辦，鹽則由商出資辦理。現查磺産甚旺，銷數亦廣，至巴鹽現因煤缺，未能添竈多熬，且遠處皆川鹽引地，勢難旺行暢銷，自應分爲兩事，各委一員專辦，以免藉磺款之盈餘補鹽款之虧耗，徒致兩受其累，亟應劃清界限，不容牽混。此後官應專辦磺務，其巴東鹽廠，應另定章程，聽商民自辦，以濟本地窮黎，但由官勸導保護，考覈其款目，毋庸由官經理。至建始銅鑛，應歸施南府督縣勸諭紳商自行辦理，不與宜昌屬磺鹽相涉。該道所擬就建始銅鑛鑄錢一節，事多窒礙，應毋庸議。惟查黄守現辦磺務，開支經費未免太多，以後斷不准照前開支。現應如何在省設立總局認真稽察，將經費撙節開支，官捐應如何酌定數目分期繳納，並應如何妥定一切章程，應飭北布政司會同善後局體察情形，妥議詳覆覈奪。至建始磺産既旺，逐漸推廣開采，自應分運外省行銷。惟不先行咨准，必致阻遏，此後應行銷何省，必須先行酌定，由總局稟請，咨商各省覆准，再行運往，以免阻滯。除分行外，合亟札飭該司，即便遵照，會同善後局按照摺開查覆硝磺各節，悉心詳覈，妥議詳覆覈奪，勿稍疏略延緩。

朱壽朋《光緒朝東華録》卷二五《光緒二十五年正月》 己巳，劉坤一奏，臣疊奉上諭：飭令各機器局酌定快鎗快砲新式鎗子砲彈分量，互相討論，如式製造，並飭就原有局廠，切實擴充各等因。欽此。嗣又欽奉懿旨：行軍利器，以後膛快砲小口徑毛瑟鎗爲最，現時南北洋及湖北各省，均設機器製造等局，著該督撫就地籌款，移緩就急，督飭局員認真考求，迅即製造等因。欽此。仰見皇太后、皇上修明武備，於以建威銷萌，莫名欽服。方今强鄰環伺，伏莽潛滋，非整飭戎行，無以立自强之本；非講求利器，無以操制勝之權。現值各軍改練洋操，是製造鎗砲子彈俱應一律如式，縱分途仿製，工作可泯參差，即衆軍合操，心志亦能專壹。疊經臣恪遵聖諭，分飭金陵、上海兩機器局欽遵辦理。惟查各省設局自行製造，初皆博收約取，近益推陳出新，舊式軍械均已停造，如金陵局造之後膛擡鎗，上海局造之快利新鎗，各軍均稱利用，大小砲位亦皆合宜。第金陵一局，本專供南北洋各軍之用，機器無多，經費有限，凡轉輸京畿，饋運鄰省，及南北常年操防大批軍火，胥由上海機器局製造供用。近來奉撥之軍械益夥，所用之工料倍增，嗣後添設鍊鋼、栗藥、無煙藥三廠，規模粗備，講求漸精，前辦局員請撥專款六十萬兩，購辦鎗砲等機，原爲擴充製造地步，只因款巨難籌，議而未購。茲以快利鎗機簧略異，已就原有鎗機酌量配換，添購各項器機，改造小口徑毛瑟鎗，及製造彈機一部。又該局之十二磅子、六磅子兩項快砲，與北洋之七生的半快砲、五十七密里快砲，覈其口徑子彈相同，本係常川自造，惟查北洋之七生的快砲，湖北之三生七快砲，與南洋所購之六生的快砲，犀利便捷，爲陸軍所必需，均應鑄備，亦就舊有之機酌量配換，並添購鍊鋼機鑪等件，共計價銀三十八萬餘兩。由此專精仿造，則鎗砲子彈與津局鄂廠，均係一律，自免叢雜之弊。特是製造經費，以二成洋税爲大宗，復因鍊鋼造藥事屬創辦，所費不敷勻撥。仰蒙飭部覈准，在於江海關税釐項下，每年撥銀二十萬兩，作爲三廠常費，第税收盈絀無恒，常費欠解甚巨，若非另請指撥的款，恐致機價兩懸。疊據該局詳請奏咨前來，臣查製造鎗砲以歸一律，實屬自强要圖，勢難延緩。該局僅就原撥之二成洋税三廠常費騰挪估計，添造鎗砲等機，辦理尚屬撙節，惟江海關撥款浩繁，收不敷放，此項三廠常費，關局均請改撥，已經據詳咨部有案，税釐俱屬正項，製造亦關要需，既難抱彼注茲，惟有仰懇天恩飭部另籌的款，如數撥補，俾資製造而厚儲胥，下户部妥議具奏。

中國第一歷史檔案館等《中國近代兵器工業檔案史料》第一輯《着劉坤一等查覆江南湖北製造之槍砲名稱及月産量並口徑務須一律之上諭光緒二十五年三月初三日》 諭電寄劉坤一等。

江南、湖北現均設廠製造槍砲，俱係何項名目？砲彈、槍子首重合膛，少有參差，便同廢物，臨時最足誤事。各該廠曾否按照名目互相較准，每月能出槍枝若干，子彈若干，是否兼造快砲，着劉坤一、張之洞詳細查明電覆。仍隨時確切考訂，彼此知照，務須一律，不得任意更改，以致歧異。並督飭局員加意講求，趕緊製造，用備緩急，毋任延曠。

中國第一歷史檔案館《清代軍機處電報檔彙編》第二册《奉旨各省官辦工廠商務等局著查明現辦情形電奏事光緒二十五年三月十六日》 奉旨：近年各省多有創設機器，製造槍砲彈藥，並紡紗織布各項工廠、商務等局，由官開辦者，著各督撫查明該省各局所共有幾處，即將現辦情形詳晰電奏。欽此。

中國第一歷史檔案館《光緒宣統兩朝上諭檔》第二五册《光緒二十五年四月二十五日》 軍機大臣字寄直隸總督裕、兩江總督劉、湖廣總督張，光緒二十五年四月二十五日奉上諭：前因天津、上海、江寧、湖北等處，均有製造槍械局廠，諭令該督等切實會商，務將所製槍砲膛口子彈，各局統歸一律，以期通用，並將每年所造槍件子藥若干，據實奏報，並按季咨報户部神機營查覈。現在爲時已久，並未據報有案，槍砲爲行軍要需，豈容因循延玩。著裕禄、劉坤一、張之洞，詳悉查明各該局廠所造械砲，究係何項名目，是否業已會商造成一律，迅即切實奏覆。嗣後仍遵前旨，按年奏報，並按季分別咨報，毋得延宕。該督等務當凛遵迭次諭旨，督率承辦各員，認真經理，精益求精，並將膛口子彈，彼此比較畫一，務令不差累黍，庶各省互相接濟，臨時不至缺誤。倘該管局員草率從事，虚糜經費，或演放時有炸裂等項情弊，定即治以重罪，决不稍從寬貸。將此各諭令知之。欽此。遵旨寄信前來。

中國第一歷史檔案館《德宗景皇帝實録》卷四四三《光緒二十五年四月下》

諭内閣：前因總理各國事務衙門章京劉慶汾呈請印造銅錢，並通用大小銀圓，當經兩次交總理各國事務衙門議奏。兹據該衙門奏稱，叠向該員考察，仍稱改用銅錢，使用銀圓，有利無弊等語。現在圜法未能整飭，亟應變通利用，著派慶親王奕劻、軍機大臣會同户部試辦，以機器製造銀圓銅錢，應如何酌定章程，以期推行盡利之處，次第妥籌具奏。

中國第一歷史檔案館《德宗景皇帝實録》卷四四五《光緒二十五年五月下》

又諭：御史熙麟奏歲虧鉅款部議含混請飭再行覈議一摺，著户部查覆具奏。尋奏，遵查興修鐵路，目前縱未能擴充，亦斷難遽行停罷。至礦務、織務、電綫等項，商辦居多，出入盈虧，與公家無涉，其官辦者，既非每年發給成本，薪水亦有章程，是以臣部但以酌提餘利充公，未便另議裁制。其郵政之專歸總税務司經理者，更無論矣。至學堂一節，除由南北洋大臣及各督撫查覆外，現據管理大學堂大臣孫家鼐奏稱，未便裁撤，是該御史議裁大學堂，自應毋庸置議。至軍餉一項，練勇不能仿照額兵，臣部前摺業已陳明，勇餉固不宜議減，官弁薪費，尤不敢輕易議減。總之，論事易而辦事難，臣部綜覈度支，值此時艱，敢謂籌畫悉臻妥善，惟交議之件，實不敢稍有含混。

中國第一歷史檔案館等《中國近代兵器工業檔案史料》第一輯《于蔭霖奏請擇舊洋槍式同數多者設專廠製造配用子藥摺光緒二十五年六月初三日》 湖北巡撫臣于蔭霖跪奏，爲時勢日亟，宜速籌省便應敵之方，請飭下各省各營查明舊有洋槍，擇其式樣相同，爲數最多者一二種，設廠專造子藥，以備急需，恭摺仰祈聖鑒事。

竊謂練兵爲今日第一要務，而制械尤爲練兵第一要務。然器械雖具，苟無子藥，仍與無器同。近十數年來，每有戰事，多因平時儲備不足，事急始向外洋購辦，時日既促，價值又昂。每槍所帶之子藥，只有此數，種式參差，口徑不一，往往此營所用之槍，不能用彼營所帶之子藥；甚至一營中槍式竟有一二種、三四種者，雖同營子藥亦不能公用。臨陣之際，子藥放盡，則槍爲廢物，兵皆徒手矣！此必敗之道也。近年屢奉諭旨，飭令各省各營所用軍械務求一律。誠以一律則子藥可以豫儲，臨時可以通用。聖謨明遠，允宜恪遵。

臣聞外洋各國，凡本國所用軍械，統歸一廠製造，口徑既同，子藥自同，故一槍得一槍之用。中國今日匱乏至此，既無建製器總廠之力，即不能有全國一律之槍。其能製造新式小口徑者，惟有上海、湖北兩處。上海一廠，建造久，經費多，辦理較易；湖北一廠，係督臣張之洞所創辦，苦心遠識，所出之槍比較上海爲精，但經費不足，即欲竭力推廣，一時尚不足供天下之用。當此外患緊急，戰事之來不可測度，臣日夜焦思，勉籌一救急之法：擬請電旨飭下各省各營，速行查明現有洋槍共計若干種，每種各有若干，何種係何口徑，所用子藥大小、輕重若何，分别限期開單分析具報，然後擇爲數最多者一二種，或就舊廠添設機器，或建新廠另設機器，專造此項槍數最多之藥彈，務使足用，以備急需。計某種槍可得若干，足供幾省之用，即互撥某幾省，以歸一律。口徑同，則平時易練，人人可以精專；子藥足，則臨陣不憂，人人可以通用，似於今日備戰之事既便且省。

溯自海疆有事以來，各省多設有製造槍彈之廠，但未能明定一式，則所造不專，所撥不廣，僅足供操練之用，不足贍禦敵之需。今若限定某省某廠專做某種槍、藥、彈，專供某幾省之用，責成有定，臨時取發綽有餘裕。雖舊有之器不及新出之槍，然一器至數萬支之多，又能子藥充足，倉卒有警，必可禦敵，較之有槍無子藥束手待斃，不遠勝乎！況同是洋式，雖間有快慢、新舊之殊，然臨敵勝負，仍在將品之貪廉，軍令之嚴縱，士氣之勇怯，不盡在器械所差之毫厘也。且子藥既能源源接濟，上海、湖北兩廠所造之新式快槍日出日多，足以應用，此項舊槍或用之守兵，或用之民團，爲益仍復不少。再抬槍一項，係中國自有利器，亦甚有用，近則往往聽其朽壞，殊覺可惜。近年添造後膛獨子抬槍一種，頗稱精利，然工精價巨，一彈所擊仍只一人，必須敵人重叠而立，方能擊穿兩三人，然則前膛抬槍群子之長，終不可掩。現在各省所存當不下十數萬杆，並請飭下各省各營將所有前膛抬槍一律擦摩，勿令銹損，並報明共有若干。且抬槍所用土藥、鉛丸，工省價廉，製造尤便，亦應豫爲儲備。

今者四裔環伺，德兵在山東凶暴肆虐，薄海同憤，正朝廷卧薪嘗膽，將士枕戈待旦之時，苟有所見，敢不敬陳。臣爲速籌設廠專造子藥，以應急需起見，是否有當，伏祈皇太后、皇上聖鑒訓示。

再，鄂省現存新舊式前膛抬槍數千杆，均經擦摩收儲，合併陳明。謹奏。

硃批：覽奏已悉。槍砲子彈必應合膛，必應一律，已迭諭各該省遵照辦理，並酌提各廠槍枝解京考驗矣。

中國第一歷史檔案館《德宗景皇帝實録》卷四四六《光緒二十五年六月上》

諭軍機大臣等：裕禄奏，直隸試鑄銀圓，民間行使流通，已著成效，未便遽議停辦等語。前因各省鑄造銀圓，設局太多，徒糜經費，是以諭令歸併湖北、廣東兩省代鑄，其餘一律停辦。既據該督奏稱，津局所鑄銀圓，行使已久，民間稱便，著准其照舊鑄造，以利民用。此外江寧、吉林兩處鑄造銀圓，聞亦一律通行，著有成效，該兩省所設銀圓局，亦著仍舊鑄造。其餘各省，均仍遵前旨，毋庸另行設局。將此各諭令知之。

中國第一歷史檔案館《德宗景皇帝實録》卷四四七《光緒二十五年六月下》

總理各國事務衙門奏，申明增定礦務章程。一，限制礦地，只准指定某縣一處，不得兼指數處，及混指全府全縣，以杜壟斷。一，華洋股本，均令各居其半，以免偏畸，並須由華商出名領辦。一，請辦礦務，必須查無窒礙，業經批允，始准招集洋股，訂立合同。一，批准後以十個月爲期，即須呈報開工，逾限准案作廢，其議開在先各礦，仍照舊覈辦，以免紛擾。從之。

中國第一歷史檔案館《德宗景皇帝實録》卷四四八《光緒二十五年七月上》

諭軍機大臣等：前因農工商各項事務，亟應認真講求，疊經諭令各直省設局興辦，不憚至再至三。嗣據陸續覆奏，不過就各該省向設各局所內，附入農工商局名目，總未得有切實辦法。各省官紳亦無首先創辦之人，似此意存敷衍，無怪乎風氣不開，各項利源益形窒塞也。該將軍督撫身任地方，於此等分內應辦之事，何得相率觀望。著即懍遵疊次諭旨，物色人材，無論官紳，如能有詳訂章程，確中事理，或籌集鉅資，購置一切應用器具者，即行奏明，在省設局試辦，以爲各省之倡，毋得徒托空談，致負朝廷率作興事，諄諄訓誡之至意。將此各諭令知之。

中國第一歷史檔案館等《中國近代兵器工業檔案史料》第一輯《劉坤一奏江南製造局待小口徑毛瑟槍造成後再送驗片光緒二十五年七月十二日》 再，臣欽奉寄諭，飭令江寧、上海、湖北各廠，將仿造之小口徑毛瑟槍各提二十枝，配齊子彈藥碼，一切零件，派員解送來京，以備考驗等因，欽此。欽遵分飭遵辦在案。

惟江寧機器局常年製造南北洋操防軍火，修整各營、臺槍械零件，兼造兩磅快砲，後膛抬槍，委無大宗款項可購新式機器，以仿造小口徑毛瑟槍，當蒙聖慈垂鑒。至上海機器局所造快利槍，係就原有之林明敦舊槍機添改零件，參以人工，創造新式，尚稱便利，二十三年解交神機營、練兵處三千二百杆在案。上年奉飭各軍改練洋操，通用小口徑毛瑟槍，以歸一律。本擬另置專門槍機，借此擴充製造，無如費逾百萬，期以三年，倉猝無此財力，只得仍就原有之林明敦舊槍機，督同洋匠詳細講求，更易機簧，改配車座，並添購零星機件，仿造七美里九口徑毛瑟槍。當經繪圖貼説，件繁條分，交洋行代爲訂購，聲明本年秋季運齊到局，每日約出槍十餘枝。並由該局員匠先就舊機另用手藝造成樣槍兩枝，携赴湖北槍砲廠互相比較，與該廠所造七美里九口徑毛瑟槍一律合膛，子彈分量適均，並無歧異。其兼造各項快砲，亦與津局、鄂廠隨時會商，切實考究，均經迭次奏明在案。現在添配槍機已經分批運到，尚有車床、爐座准九月内一律到齊，便可督飭工匠漏夜安裝，趕即仿造槍枝、槍彈，於槍上鐫勒廠名及製造年月，遵當揀選二十枝配齊子彈藥碼、零件，聽候委員賫解呈請考驗。據詳請奏前來。

臣查上海機器局仿造小口徑毛瑟槍，係以林明敦舊機更改添配，一俟機器全到，即可分配造成。當飭飛電洋廠趲程起運，限九月内到齊。一面妥速安裝，精心製造，膛口、子彈統歸一律，務須精益求精，以副朝廷慎重軍實之意。

除江寧機器局並未仿造小口徑毛瑟槍，應請免其提解外，謹附片具奏，伏乞聖鑒。謹奏。

硃批：知道了。

中國第一歷史檔案館《德宗景皇帝實録》卷四四八《光緒二十五年七月》

四川總督奎俊奏，集股開辦礦務章程，下所司議。尋總理各國事務衙門奏，原章程第一、第二條，覈與奏定章程不府，今並第七、第九條，一律改正，餘均無弊，自可照准。依議行。

朱壽朋《光緒朝朱華録》卷一五五《光緒二十五年七月》 庚戌，劉坤一奏，臣承准軍機大臣字寄，光緒二十五年四月二十五日奉上諭：前因天津、上海、江寧、湖北等處均有製造鎗械局廠，諭令該督等切實會商，務將所製鎗砲、膛口、子彈，各局統歸一律，以期通用，並將每年所造鎗件子藥若干，據實奏報，並按季咨報户部、神機營查覈。現在爲時已久，並未據報有案，鎗砲爲行軍需要，豈容因循延玩。著裕祿、劉坤一、張之洞，詳晰查明，各該局廠所造鎗砲，究係何項名目，是否業已會商，造成一律，迅即切實奏覆。嗣後仍遵前旨，按年奏報，並按季分別咨報，毋得延宕。該督等務當懍遵迭次諭旨，督率承辦各員，認真經理，精益求精，互相接濟，臨時不致缺誤。倘該管局員草率從事，虛糜經費，或演放時有炸裂等項情弊，定即治以重罪，決不稍從寬貸。將此諭令知之。欽此。遵旨寄信前來等因。承准此遵，即恭録咨行會商查議在案。伏念時局艱鉅，自以練兵製械爲當務之急，設局製造鎗砲，允宜進來精利，力戒因循，疊次欽奉懿旨諭旨，飭令就地籌款，擴充製造，並鎗砲子彈，均須一律合膛各等因，仰見宫廷宵旰憂勤，謨謀深遠，臣忝膺疆寄，蒿目時艱，倚馬枕戈，聽夕敢忘儆戒。節經督飭各該局員，將出入款項，覈實句稽，製造軍械，詳細考究，並令與天津機器局、湖北鎗砲廠隨時知照，互相講求。復由上海局員馳赴湖北，比較數次，兩局所造鎗砲子彈，格式分量、口徑大小，現均一律合膛，並無歧異。已將製造鎗砲數目大概情形，由電奏陳，當蒙慈鑒。查江寧製造局所造後膛擡鎗，係屬新創，各處均無此式，其兩磅子、一磅子後膛快砲，亦與滬製一律，此外砲架、砲彈，各種鎗子拉火等件，歷經解由南北洋分撥各軍應用。祇以經費有常，款項奇絀，未能加撥，以期擴充，惟該局設在江寧城外，歷經締造，粗具規模，且居腹地形勝之區，一旦海疆有事，尚須在此製造，接濟軍需，庶幾緩急足恃。至上海製造局所造各項快砲，除砲臺需用之大砲外，其四十一磅一種，即北洋之十二生的快砲；十二磅一種，即北洋之七生的半快砲；六磅一種，即北洋之五十七米里快砲；兩磅子一種，即北洋之七生的半，亦即湖北之三生七快砲。洋廠名稱雖殊，尺寸則不差累黍，今由該局與天津、湖北兩局逐一比試，均無參差。其快利新鎗，係就舊機參用人工所造，亦頗便利，究嫌費繁工多，出鎗甚少。去年遵飭，各軍改用小口徑毛瑟鎗，本擬訂購此項鎗枝鎗彈機器，專壹仿造，以歸一律。訪之滬上各洋行，需款百萬，爲期三年，一時無此財力，遂仍用舊機，更易機簧，添配車座，訂購改造七美里九口徑毛瑟鎗枝鎗彈機器等件，按照合同，每日出鎗十枝，現將到齊，安裝告竣，當飭董率員司興工監造，嚴定課程，如有廢弛虛糜，據實參辦。並按年按季，將製造軍械數目，分飭造册奏報，以昭覈實。惟值朝廷整軍經武之秋，疊飭天津、湖北、上海、江寧各局廠，迅速擴充製造鎗砲，以供各省各軍之用，備豫不虞，允操自强之勝算。臣查各局兼造各項快砲，均係新式，尚敷應用，至仿造小口徑毛瑟鎗，僅祇湖北、上海兩廠，其機器一係新購專門，一係舊式更改，能力所限，造鎗之數目，多少懸殊，各處通用，恐難徧給。前與直隸督臣裕禄、湖廣督臣張之洞往返籌商，添購造鎗新機，無論津、鄂、寧、滬何廠承造，節據電覆，咸以款絀爲詞，惟製造能否擴充，軍火不至減少，胥視經費之盈絀以爲衡。江寧製造之需，向由南北洋照額匀撥，歲有常經，上海則專恃二成洋税，以資工作，但冀税收暢旺，撥款加增，各司道局分認改撤，三廠常費依期籌解。除備常年操防軍火而外，擬令極力撙節，另款存儲，以備添購仿造小口徑毛瑟鎗機器一部，並一面與洋行照式議購，所立合同分期交款，要以數年内機器購齊，其有不敷，另再設法辦理，俾與湖北鎗砲廠分途仿造，可期儲備日裕，器械日精，藉以仰副聖主建威銷萌之至意。下所司知之。

王樹枏《張文襄公全集》卷一五六《致京盛京堂光緒二十五年十月初八日酉刻發》

美使康貝來晤，勸其早定正約，勿過争鑛務，免爲他國所奪。康言總照草合同立約，草合同有鑛務語，不知確否，恐係勉强影射之詞。並云法約只言廣東、廣西邊界鑛務，先儘法人，並未言全省歸法。又云此路美國家必辦，斷不能讓他人等語。日來在京議若何，總署能主持否，祈示。總之，閣下萬不可推，至盼。庚。

中國第一歷史檔案館等《中國近代兵器工業檔案史料》第一輯《榮禄奏遵旨考驗江南湖北兩省所造快槍情形摺光緒二十五年十二月二十五日》

奴才榮禄跪奏，爲遵旨考驗江南、湖北兩省快槍，恭摺具陳，仰祈聖鑒事。

竊本年六月間，欽奉上諭，飭令江寧、上海、湖北各廠將仿造之小口徑毛瑟槍各提二十枝，註明某廠、某年月製造，配齊子彈藥碼、一切零件，委員解送來京，以備考驗等因，欽此。嗣於十一月間，據該兩省欽遵委解前來。當經奴才飭令全軍翼長提督張俊、札調副都統永隆，分往認真考驗。並將武衛中軍現存之外洋小口徑毛瑟槍，分別比較。

茲據該員等禀覆，查驗兩者所造槍質、工料尚屬堅實，互試子彈，亦均合膛，並無鑿枘。惟演放致遠，外洋之槍計三里，其力有餘；湖北、江南之槍三里，其力已足。至於打准，外洋之槍，在五百四十丈，計程三裏；而湖北所造者，在五百零四丈，計程二里八分，江南所造者，則二百七十丈，計程一里半地。等語。

奴才覆查該兩省解到槍枝，式樣雖屬如法，互試子彈亦皆合膛，惟致遠之力量、取准之里數，不及外洋，究屬未能精密。當此整軍經武之時，非器械精良，不足以資利用。朝廷不惜巨帑經營武備，江、鄂各局廠創辦有年，若内地製造不求遠及泰西，匪特巨款虛糜，亦殊非該督等公忠體國、實事求是之本意。相應請旨飭下兩江、湖廣督臣，嚴飭製造局員，潔已奉公，督率工匠於致遠、取准諸法認真講求，務使精益求精，與外洋所造工力悉敵，方爲有用。至該兩省所造之槍，工料價值，出槍一枝覈銀若干，較之外洋所購之槍省費何如，即應詳細覈算造報。儻所造之槍如實不能及洋槍精良、致遠，盡可專製子彈、藥碼未嘗不可。緣所購外洋之槍，價值尚不十分離奇，而所貴者每槍一枝應隨彈藥千出，故非數十金不獲。今若能自造子彈、藥碼，亦未始非計。總之切須詳細考覈，實事求是，勿專聽局員貪功之粉飾，勿徒好争勝自强之虛名，於軍事則大有裨益也。

所有遵旨考驗江南、湖北兩省快槍緣由，謹據實上陳，伏乞皇太后、皇上聖鑒。謹奏。

中國第一歷史檔案館等《中國近代兵器工業檔案史料》第一輯《督辦軍務處爲存儲軍械處所應嚴密防守事致河南巡撫裕長之札文光緒二十六年六月二十四日》 河南巡撫裕於光緒二十六年六月二十四日准督辦軍務處行知：

現方宣戰，子藥、槍械乃行軍要需，且爲敵所覬覦，必多方圖我，即如天津之東局武庫，迭被竄夷毁踞，總由先事未經佈置，遂至損軍實而資寇兵。相應通行各直省督撫、將軍、都統，凡有存儲槍械、火藥、鉛丸、硝磺等處所，刻即預爲籌度，嚴兵扼守。其地方空闊，防範難周者，酌量情形移儲他處。務使敵人無可乘之隙，我軍有可恃之資。並揀派妥實文員管理，以昭慎重。爲此札行查照辦理，毋稍疏虞可也。

中國第一歷史檔案館《光緒朝硃批奏摺》第一〇二輯《光緒二十六年六月四川總督奎俊片》 再，准户部咨，各省設立機器局，如有採購，事前報部立案，事後方准覈銷等因，歷經遵辦在案。兹據辦理機器局成綿龍茂道長春、補用道賀綸夔會詳，光緒二十六年川省機器局製造銅帽、彈殻、鉛子、機件，及後膛擡槍、馬梯呢槍、前膛槍等項，需用銅鉛鋼鐵，必須陸續採購，照案在於成綿道庫土貨釐金項下提撥銀兩，派員就近採買上色精銅六萬六千觔、净鉛一十五萬觔、蘇土鋼八千觔、毛條鐵一十八萬觔以資製造等情，詳請奏咨前來。奴才覆查無異，除飭趕緊採辦，覆實報銷，並分咨户、兵、工各部查照外，謹附片具陳，伏乞聖鑒。謹奏。該部知道。

中國第一歷史檔案館《光緒朝硃批奏摺》第一〇二輯《光緒二十七年正月廿四日調補湖北巡撫河南巡撫于蔭霖片》 再，據機器製造局詳稱，該局開辦之初，籌定局用經費，每年銀二萬兩，如以後添購材料等件，需用銀兩仍由司庫籌撥，均經奏明有案。現在舊存材料無多，亟應添購槍子砲彈，暨製造擡槍各項料物以及各廠應用等件，擇要採辦，共計需銀二萬二千兩，請由司庫照案籌發，派員前赴上海設法採買等語。臣伏查河南創辦機器製造，本屬因陋就簡，各項材料，儲備無多，今設局已歷四年，前存之料，早已用罄。上年籌備防務所需槍砲子彈，待用尤多，是以前撫臣裕長奏請於海防經費項下協撥銀二十萬兩，以資推廣，迄今未奉部覆，海防經費，計已蕩然無存，無從指撥。而軍火一項，實爲切要之圖，現既將舊存物料動用殆盡，幾有停工待料之虞，非撥用巨款，廣爲儲備，誠恐難乎爲繼。惟豫省庫款奇絀，用項尤繁，止可擇其最關緊要者略爲添補，以顧目前急需。工料之用，所請撥銀二萬二千兩，委實無可再減，當經飭司籌撥去後。兹據該藩司延祉詳稱，暫在各州縣歷年解存漕折加復項下，借動銀二萬二千兩，於光緒二十六年十二月二十三日，移解機器局，委員前往上海擇要採辦等情，請奏前來。臣覆覈無異，除飭局開呈應購材料清單咨部外，理合附片具陳，伏乞聖鑒，敕部立案施行，謹奏。該部知道。

中國第一歷史檔案館《光緒朝硃批奏摺》第一〇二輯《光緒二十七年二月至四月河南巡撫于蔭霖片》 再，據機器製造局詳稱，該局製造槍砲子彈，需用鋼鐵各材料，前於光緒二十六年，由司庫籌撥銀二萬二千兩，派員赴上海採購，曾經奏辦在案。現材料存者無多，亟應添購，各廠應需各物，並擬製造毛瑟快槍及無煙子藥等類，須酌添機器及應用物料，共計需銀二萬兩，請由司庫照案籌發，以便派員採辦等語。臣伏查河南機器局製造軍械，本屬因陋就簡，各項材料儲備無多，前存之項已將用罄，而軍火器械實爲切要之圖，非撥用鉅款，廣爲添製，不足以資利用。惟豫省庫款奇絀，一切正雜各項，均已收不敷支，祇可設法挪移，暫顧目前之急。當經飭司籌撥去後，兹據該藩司延祉，由新章減平銀兩款内，撥銀二萬兩，爲採購前項物料之需等情，詳請具奏前來。臣覆覈無異，除飭局開呈所購材料清單咨部外，理合附片具奏，伏乞

中國第一歷史檔案館《清代軍機處電報檔彙編》第二册《爲抵制各國礦務之處望熟籌電知事光緒二十七年五月初七日》 魚電悉。礦務一節，所關甚鉅，誠如尊論，亟宜以開爲守。各國合式律例，希即擇要見示，其應如何抵制之處，亦望熟籌電知，以便覈議，請旨辦理。樞。陽。

中國第一歷史檔案館《德宗景皇帝實録》卷四八六《光緒二十七年八月中》 又諭：江南銀圓局創設多年，行銷甚廣，已著成效，仍應照舊辦理。著劉坤一會商張之洞、陶模等，將江、鄂、粤三局並造章程，切實通籌，妥議具奏。

王樹枏《張文襄公全集》卷一七六《致成都奎制臺光緒二十七年十一月初五日丑刻發》 頃英領事函云，聞四川現准法人專鑛利，此種專利，一爲他國所知，必向中國取償。請轉告川省，果有其事，徒自累耳。我英人只求公道，且志在必得，況四川專利，東三省及他省亦可援引爲例等語。聞之不勝懸繫，中國鑛利，各國環伺，一處開端，處處傚尤，大利即爲大害。務祈詳酌，並速示復，至禱。支。

王樹枏《張文襄公全集》卷一七六《劉制臺來電光緒二十七年十一月初十日申刻到》 魚電深佩卓識，覺電本擬俟杏翁見復再商，今略抒管見。此次議約，聞外

注意，在免釐加税並鑛路製造各利，到處行輪，議設商律，内地雜居等事。而釐捐尤爲深惡，必欲概裁。而後加税，照商會所議，祇肯加至值百抽十。若欲仍抽内地之釐，非但洋税難於望加，且必如公言，不明免亦必盡歸，洋旗勢必多方箝制、隱爲阻撓，雖有如無，轉受大虧。蓋洋商領單辦運土貨，照約本祇完半税，不完釐金。然沿途過卡，呈單候驗，即不免延時索費，是以情願多加洋税，冀圖裁釐，便於運貨。釐不全裁，留難仍不能免，彼何樂爲此。若領單之貨過卡不驗，則隱射夾帶，弊將百出。與其不全免隱受牽制，不如加税免釐，彼此交涉，可省無數葛藤。明知加二十必不能允，第不能不預進一步，留爲磋磨之地。然釐金全免，税即加至十五，仍得不償失。不能不將土貨出口之税酌加，照現約正半共抽七五，加至抽十，僅增二五。若出洋大宗之絲茶，不但不加，且必須計值覈減，統盤籌計，當無所損。西國於貧寒日用所需之物，概免抽税，富商巨室所用必重征之用意，至爲深遠。中國年來，百物昂貴，貧民食用維艱，多爲釐金重累。釐若全免，物價必平，不獨食力之民，易於温飽，工料之價，亦必減廉。出口之税，雖加無多，然非此不能補免釐之缺。全釐盡免，民生物產，獲益甚大，出口之貨，必可暢旺，此即公十一條註所云各義。至免釐後，地方所需，仍可酌量收捐。西人所謂鄉約巡捕等捐，外人當不能阻，惟須酌定限制。印花税本屬西法，賀阻甚謬，自宜議約時先行聲明。至洋商内地辦貨，必須假手華人，斷無一塵不染之理，資本雖鉅，費用必繁，斷不能如華商自行辦貨之覈實省費，似不致因免釐，華商運貨之利，盡爲所奪。釐不免，華人託洋商出名領單，包庇之弊，萬不能免，不特礙事權，漏釐金，生枝節，且洋商轉得坐收費用之利。惟製造之事，華商萬不敵洋商考覈之精，資本之厚，現正仿行西法，内地華廠，必日漸增設，洋商所不能與華商争者，内地製造之利。即如滬上製造，華廠不敵洋廠，内地通州錫金之廠，即勝於洋廠。假使通州等處，亦准洋商設廠，則大生等華廠必受傾軋之虞。杏翁前將山西退還軋花榨椎機器，擬與滬上各洋廠合股，在海門設廠，謂係照馬關約通廠，深慮受累。經敝處辯明，馬關約並無准内地製造之利事，爲國計民生所繫，竭力商阻。杏翁遂改與通廠合辦，已由季直派人與商。此廠明證是内地製造，萬不可允，廠税亦不可輕減。慮其洋貨在華製造，暗減進口之税，若以日本文憑載明，華洋一律，儘可查照。譯署前議，按其歲輸，量予津貼，此爲國家護持商務。西國通例所論農部赫德各節，皆確有見地，惟事關各國會商，不能由我擇便而行，但得大致無礙。本國可自主之事，惟有另籌補救。此事關繫重大，正宜各就所見，互相討論，幸公再賜指示爲禱。坤。青。

王樹枏《張文襄公全集》卷一七六《盛大臣來電並致外務部劉制臺　光緒二十七年十二月初五日午刻到》　英馬使交來詳目三端，第六款，英國民人，應能在中國無論何處，買地租地，買房租房，以便居住、貿易、製造連安設機器，以備一切之用。該英民及其妥派代理，無論華洋之人，均可任便在各處僑居貿易，不得阻撓，並不得與華人區別，收取畸重畸輕之捐。第十五款，中國政府應加進口貨，及復出口土貨，改包整飾，在要緊通商口岸。現在關棧雖方便，仍不敷貿易之用。中國政府須允將關棧利益推廣各棧房，惟該棧房須由中國海關有權者，驗明合式妥穩，即可作關棧之用。第一款，中國政府應在上海、廣州兩口岸，設立貨物牌號註册所，將英國貨物牌號妥當註册，歸中國海關經理，自此次通商條約簽字後一年内舉辦。中國政府必須再示保護，以免違犯假冒等弊，有礙妥當註册之牌號，等語。初一日會晤，已將第六款内地僑居事，切實駁以最不能行。該使仍請再議第十五款關棧事，海關本有章程，其意僅在推廣，當派賀、戴兩税司，與彼幫辦德貞妥商再覈。第一款保護外洋貨物牌號事，各省已有給示保護成案，擬添中國貿易牌號，英國政府亦應一律保護，並添牌號。註册時，應照各國收註册費，該使允爲再議。以上三端，鈞意如何，乞電示。宣懷。支。

中國第一歷史檔案館《德宗景皇帝實録》卷四九二《光緒二十七年十二月下》　政務處奏，各省礦山擬請飭外務部會同礦務大臣，延聘礦師，迅速開采。至招集股本，不妨兼及洋股，應詳細參酌，俾無流弊。外洋各埠殷實華商，准其集股開辦，以保利權，下部議。尋奏，酌定礦務章程十九條，無論華洋各商，皆可照章承辦，其有違背定章，任意要索者，仍應堅持駁阻，杜絶弊混，由部通飭遵行。從之。

中國第一歷史檔案館《光緒朝硃批奏摺》第一〇二輯《光緒二十七年兼署成都將軍四川總督奎俊片》　再，前准户部咨，各省設立機器局，如有採購，事前報部立案，事後方准覈銷等因，歷經遵辦在案。兹據辦理機器局兼署成綿龍茂道賀綸夔、候選道林怡游會詳，光緒二十七年川省機器局製造銅帽、彈殼、鉛子、機件、蜀利後膛擡鎗、馬梯呢鎗、前膛擡鎗、前膛手鎗，並改造毛瑟擡鎗、毛瑟手鎗等項，需用銅鉛鋼鐵，必須陸續採購，照案在於成綿道庫土貨釐金項下提撥銀兩，派員就近採買上色精銅八萬觔、净鉛一十八萬觔、蘇土鋼八千觔、毛條鐵二十二萬觔以資製造等情，詳請奏咨前來。奴才覆查無異，除飭趕緊採辦，覈實報銷，並分咨户、兵、工各部查照外，理合附片具陳，伏乞聖鑒。謹奏。該部知道。

天津市檔案館《袁世凱天津檔案史料選編·唐紹儀爲奉袁世凱札委潘竣德赴滬購運書局用印字機器進出口免税驗放事函津海關税務司光緒二十八年正月十五日》 敬啓者，現蒙署理直隸總督部堂袁札開：案據保定善後局司道詳請撥發官款，招商開設書局，採購各種有用圖籍及中外報章，以備士子購閲，惟坊間新出之書與各埠日出之報，或俗而不雅，或駁而不純，須於購到後復加揀擇，再用活字鉛板、或用機器石板刷印，行銷遠近，以開風氣而廣見聞，應先由善後局酌撥銀數千兩，派員赴滬購買，俾資應用，第此項鉛字印書機器並石印機器何者最良，須配何種零件？石印機器須用何種物料？非素未經見之員所能購辦，又因書工匠上海如有好手亦應選雇來直，以期迅速舉辦。查有前清河道潘駿德久辦天津機器局，熟悉鑄字事宜，堪以派委赴滬親加採買選雇，並飭津海關道、江海關道於印字機器進口出口時查驗免税以利遄行，合行札飭。札到該道即便遵照辦理，毋違，特札等因。蒙此，相應函致，即希貴税司查照，俟前項印字機器進口時即行免税驗放爲荷。順頌昇祺。唐紹儀敬啓。

中國第一歷史檔案館《清代軍機處電報檔彙編》第三七册《收商約大臣吕海寰盛宣懷電爲興辦礦務鐵路款事光緒二十八年四月初十日》 今日馬凱面交英廷電來，新改第五款如下：一，中國意欲興辦礦務鐵路，以便開闢利源，並知悉如能招集華洋資本，則可冀望大爲推廣。故允願派專員，在北京商訂章程，英國所應派之員數，必須公平。按所定之章程，得以利便探查礦産及煤油，並開挖興辦礦峒、油井及築造鐵路。云告以前奉部電礦路章程，應由中國自行整頓，且礦路總局現有專章，未便列入商約，馬云前章已撤回，堅請將此條轉電貴部，揣其意在藉入商約，干預此事。中國路礦關繫最重，苦無極好辦法，總以不入約章爲是，應如何駁拒之處，乞速電示。海寰、宣懷。佳。

中國第一歷史檔案館《清代軍機處電報檔彙編》第三七册《收南洋大臣劉坤一電爲興辦礦務鐵路款事光緒二十八年四月初十日》 滬佳電悉。礦章必須速改頒行，此爲内政，祇能由我自定章程。若入約，准其查勘興辦，一國照允，各國均霑，非特礦路之利盡爲所奪，抑且太阿倒持，各國洋人必均以查勘礦路，遍佈内地，紛擾爲難，則内地雜居貿易，更復有詞可藉。滬電以不入約爲是，實一定不易辦法。此時應以事屬内政，應自定章，且局章本准華洋合股，洋人願辦，儘可自合華商，遵章辦理請酌。坤。卦。

中國第一歷史檔案館《清代軍機處電報檔彙編》第二五册《發商約大臣吕海寰盛宣懷電爲路礦不應入商約章程事光緒二十八年四月二十六日》 漾電悉。路礦係中國内政，不應入商約。章程由我自行改定，無須派人在京商議，仍希堅持駁阻爲要。外務部。宥。

邢玉林《光緒朝黑龍江將軍奏稿·薩保奏爲敬舉洋務人材摺光緒二十八年四月二十七日》 奏，爲敬舉洋務人材，以備任用，恭摺仰祈聖鑒事。竊維時事艱難，需才孔亟，裕經國安民之策，不外史書，求睦鄰禦侮之才，尤覘品學。近三十年來，設館儲材，出洋就傅，其略知泰西語言文字，徒沾洋氣者無論矣，即或兼綜經史，洞悉外情，而言行未必交孚爲守，或難兼盡求。其才學識俱優，而立心行事，實能顧全大局，造福地方，爲中外所欽敬者，甚非易覯。奴才查有花翎四品銜候選直隸州知州劉鏡人，由上海廣方言館法文學生，咨送總理衙門同文館肄業，考列優等，補充八品繙譯官。光緒十九年間，經前出使英國大臣龔照瑗調赴外洋；二十二年，經前督辦東清鐵路大臣許景澄劄派，隨同鐵路工程處勘路，並照料差使，五載於兹，勤慎廉明之譽，中外同聲，遇有交涉棘手事件，無不極力維持。常以上顧國體，下衛民生，係分内應爲之事，時與總監工等明白昌言之，該公司因亦愈加敬服。如二十六年匪亂方起，總監工茹格維志屢次電報該國以東三省輯睦如常，力阻添兵，實賴該員從中調護之力。迨釁端開，俄兵雲集，總副監工令鐵路辦事華人左袖綴以俄旂，該員力闢斯議，且言公司不應歧視兩國人民，至迫以利害，而不爲屈。所以停戰以來，惟哈爾濱中俄雜處，不聞欺淩束縛等情，而各段工程聚集之區，亦較俄兵駐紮地方爲安靖。至本年法國主教藍禄業來江議結教案，奴才派該員會同前湖南候補道周冕，妥爲商辦。該主教索賠各款至四十餘萬兩，該員等磋磨至再，竟以十二萬分期歸款定議。且江省貨幣，仰給南方，上年商賈不通，民情岌岌，該員刱議設便民會，由上海採辦衣布等急需之物，仿照平糶良法，發商散之民間。其借集鉅款，並商允鐵路公司捐備專車，均藉該員之力。而會中節餘僦運等費，共銀二萬餘兩，先經聲明留備善舉之用，兹因賠教籌款無著，即請權借該項，作第一批償款以爲信，此亦俾益江省之一端也。查二十六年吉林停兵草約，亦惟該員之力居多，經吉林將軍長順奏獎在案。奴才自蒙恩簡任以來，五載於兹，於鐵路時有交涉，故於該員之品學才識，知之甚詳，求諸道府大員中，亦屬不易之選。近年叠次欽奉諭旨，飭舉人才，奴才謹盡以人事君之義，據實保薦，可否仰懇天恩，飭將該員劉鏡人送部引見，破格録用之處，出自聖裁。所有奴才敬舉洋務人才，以備任用緣由，理合恭摺具陳，伏乞皇太后、皇上聖鑒訓示。謹奏。同日奉到硃批：劉鏡人著送部引見，欽此。

王樹枏《張文襄公全集》卷一八一《劉制臺來電光緒二十八年六月初十日未刻到》 佳辰電悉。馬開廿四條，祇有内地僑居貿易，即暗藏製造，洋商所不能與華商争者，即在此，我保華商生計者，亦在此。允内地製造而僑居，即寓其内，亦與全國開通無異。地方有教堂治權，已爲所撓，保護已屬爲難。然傳教尚無與民争利之事，其爲難已復如是。若再准洋商在内地製造，直無異自戕華民生計，亦恐地方益復多事，是洋商製造，祇能照馬關約在口岸，斷不能允其在内地。坤萬不敢允，祈公一律堅拒。惟草約稿内，雖未言明准在内地，亦無聲明祇准在於口岸，並請兩星使於約内，務須聲明口岸字樣爲要。至廠税，無日本文憑，不得比中國臣民所納加多，或有殊異。在我通盤籌計，亦萬不可輕緣。加税如成，開辦後，進口洋貨必以價昂銷滯，進口税必漸見短絀，中國地方製造，必日見增多。土貨雖釐免價輕，而洋貨既多在中國製造，土貨就近多供廠用，出口亦未必再能增旺，此皆一定不易之理。如准在内地製造，且無出口税可收，不僅廠税輕減，將來於財源受虧已也。兩星使所擬草約，廠税定七五，曾與言及過輕，其意加增抽十，並非難事。光緒廿二年，譯署函論廠税，謂赫言，英商在華製造，獲利誠厚，然衹利於寓華之英商，其本國辦貨運華者，無預焉，故英國斷不因此計較云云。廠税在我既不宜輕擬增，在彼亦尚可允自應商增，能照進口税最妥，應請裁酌。華商宜優恤一節，廿二年，譯署函曾謂，華商果因成本稍重，實有受虧。不難會商户部，就歲收量予津貼，似可俟定約後，援此密陳酌劑之法。製造用進口貨須還進口税一節，論事理，貨已改造，本不應退還原税。即如洋貨原件退回外洋，必須原包原貨，毫不拆動，方准給還原税。今改造轉可退還原税事，非平允，苟能執此與争，亦係暢銷土貨，保護華商之策。蓋税不還，彼用洋貨製造，成本較重，自必盡用土貨矣。如其萬難堅持，苟廠税已議加增，原貨改製，必有折耗，互相牽算，似尚不致倒貼。惟照草約所開十款第二節所云，亦照以上所擬章程辦理，係指免完復進口半税，出口正税而言，其第四節所云，還進口税者，專指外洋棉花而言，自應聲明。其餘製造所用洋料及一切土貨，均不得援還進出口税，以示限制。彼族議約，每有相類甚多之事，恐用包括語，因受損較大不允，特指一二列約，俟將來再行援照，使之無詞可阻。今彼既僅云花税，我即就此列明限制之語，以杜後來藉口之端。又有非廠用之花，保無朦報，隱射圖還，進口之税則定章，不能不嚴，能於約内先列數語，將來議章稽察，較有根據。總之馬此來其意，實在鹽土卡，今允其留卡改名，並不查貨，已如願而償，又向索内地製造，顯係得步進步，難逃燭照。無論如何要求，總祈我公堅拒勿允，俾數萬萬華商生計，不致爲人侵奪，大局幸甚。坤。佳戌。

中國第一歷史檔案館《清代軍機處電報檔彙編》第三七册《收湖廣總督張之洞等電爲礦務章程事光緒二十八年六月十六日》 真電悉。鑛務一款，馬使抵鄂，即以爲言，洞照滬議力駁，以此事不應列入商約，且路鑛設有專官章程，亦已照會各駐使，即有應行修改，須向大部商辦。馬使堅以鑛事本關商務，修改係屬兩益，此次加税，本非英商所願，故必須列入商約，以慰英商之望，俾英議院不致有所扞格，若不議鑛務，則一切罷議。相持許久，洞等再四密商馬使交來之款，係欲中國允照英國指出之意，修改章程，如此自然不可與議。莫若由我自出一辦法，與之商訂，須由我採取各國通行章程，酌量仿照，修改改定後，令各國開鑛洋商，一律照辦，則於我主權利權，必無所損，且不致爲一國獨擅其利。蓋西國與中國立約，不免恃强攘利，若西國與西國通行之約，必是公平，斷不肯令本國自損權利。是照各國通行章程，已將馬使照英國之意一語，全行化去，蓋照外國指出之款修改，則爲人政矣，我采各國章程改定後，令洋商照辦，則我爲政矣，幸彼無詞可駁，居然照允。且將來法必争川滇鑛，德必争山東鑛，若藉英約，議有限制，以後即可爲駁阻法德之根，此乃將彼所索有益於彼之款，變爲我所索有益於我之款，似於中國有利無害。馬使又請議立期限，恐我允而不行，因與訂款如下。其文曰：中國國家因知振興商務於國有益，應招徠中國及外洋資本，興辦礦業，是以由簽立此約之日起，允於一年内，自行將現行章程修改妥定。中國應即認真迅速考究礦務，採擇英國、印度及各國通行礦務章程中之於中國情形相宜者，將現在之礦務章程，從新修改。以期一面於中國主權毫無妨礙，於中國利權有益無損，一面於招致外國資財無礙，比較外國通行章程，於礦商亦不致有虧。俟中國所定之礦務新章一經頒行，凡承辦礦務者，即須照新章辦理等語。應請迅賜覈定電示，再行告知馬使，作爲應允，以明權操自部也。洞、海、宣。寒。

中國第一歷史檔案館《清代軍機處電報檔彙編》第三七册《發湖廣總督張之洞商約大臣吕海寰盛宣懷電爲礦務事光緒二十八年六月十七日》 寒電悉。礦務采取各國章程，由我改定，庶不失自主之權，惟能另議，不入商約更妥。希詳覈辦理，並轉江督。外務部。洽。

中國第一歷史檔案館《清代軍機處電報檔彙編》第三七册《收湖廣總督張之洞電爲免厘加税事光緒二十八年六月十七日》 收湖廣總督致外務部 軍機處、户部請代奏電，六月十七日。咸電旨奉到，已於銑電詳籌覆奏，因恐電長到遲，謹再撮要電陳。加進出口税數，再加議留議添常關改章，必可相抵，銷場税即是坐厘，爲數甚鉅，多少由我自抽，若需用不敷，可於銷場税湊足，最爲穩著，尤爲活著。若照洞所議各條，而抵補不敷，洞敢任其咎。英議院數日即散，仰懇聖裁定斷速行，大局幸甚。請代奏。之洞叩。葉。

「中央研究院」近代史研究所《海防檔》丙機器局《光緒二十八年六月二十一日外務部收河南巡撫錫良文呈豫省創設機器局歷次奉准咨部各原案》 六月二十一日，收河南巡撫錫文稱，據機器局司道呈，蒙撫部院札，光緒二十七年三月二十四日，准户部咨海疆股案呈。查本部歷辦奏咨各案，及外省報部文册，自上年七月遭兵燹以後，均被焚燬，即間有之案，亦殘缺不齊。現擬整理公事，自應由各省查明已經報部未接部覆，及應行造報各案文册，一併補行造報。其從前報部，並本部奏咨各項章程，以及初辦成案，亦應一律補行造報。並將近三年內，無論奏咨及本部存查各案，即照該省原報，及本部覆文，全行鈔録，分案送部，以便接辦。所有本部應辦北洋等處機器局，天津支應局，辦理習練洋操各款，除山西、陝西、河南三省機器局係屬初創，僅據該督撫奏咨，其一切詳細各款尚未造報，應令該督撫轉飭將以前奏咨各全案，補録送部。其詳細情形、支用各數目，應照章先行報部立案。至北洋、江南、山東、四川等省機器局及天津支應局，歷經辦理有年。所有已報部立案，及奉部覈銷各案，並現在辦理情形，以及應辦未報各案，應令該督撫轉飭承辦之員，遵照本部所咨分別查明，應補録者，即行補録送部；應造報者，分年接續造報。其應辦部報銷飯銀，亦應按年趕緊報解，以資辦公。相應飛咨河南巡撫，查照辦理可也。

又於光緒二十七年十二月二十七日，准户部咨，同前由各等因，先後咨院行局，蒙此遵將豫省創設機器廠局，自光緒二十三年正月起，至二十七年底止，歷次奉准奏咨部文各原案，逐一檢齊，照造清册，呈請咨送兵、外務、户、工部查照等情到本部院。據此，除分咨外，相應咨呈，爲此咨呈貴部，謹請查照施行。

王樹枏《張文襄公全集》卷八四《致軍機處外務部户部江寧劉制臺光緒二十八年六月二十一日申刻發》 前接外務部真電，以馬使必欲在鄂議鑛務。查鑛務一款，馬使抵鄂，即以爲言。洞照滬議力駁，以此事不應列入商約，且路鑛設有專管章程，已照會各駐使，即有應行修改，須向部商辦。馬使堅以鑛事有關商務，修改係屬兩益，此次加税本非英商所願，故必須列入商約，以慰英商之望，俾英議院不致有所扞格。若不議鑛務，則一切罷議。相持許久，洞等再四密商馬使交來之款，係欲中國允照英國指出之意修改章程，如此自然不可與議。莫若由我自出一辦法，與之商訂，須由我采取各國通行章程，酌量仿照修改，改定後，令各國開鑛洋商一律照辦，則於我主權、利權必無所損，且不致爲一國獨擅其利。蓋西國與中國立約，不免恃强攘利，若西國與西國通行之約，必是公平，斷不肯令本國自損權利。是照各國通行章程，已將馬使照英國之意一語全行化去，蓋照外國指出之款修改，則人爲政而利在人矣。我采各國章程改定後，令洋商照辦，則我爲政而利在我矣。幸彼無詞可駁，居然照允。此次美國開來應議條款，有美國人應得在中國無論何處購租鑛地開辦各鑛一條，漫無限制，必應駁阻。且將來法必争川滇鑛，德必争山東鑛，若藉英約議有限制，以後即可爲駁阻美法德之根，且可將從前鑛章未經想到、防到者，補訂周密，此乃將彼所索有益於彼之款，變爲我所索有益於我之款，實於中國有利無害。事機可謂湊巧，嗣接外務部洽電：章由我改，不失自主之權，惟另議不入商約更妥，希詳覈辦理。洞等公同商酌，此舉既於中國有益無損，莫若入約爲妙。恐狡黠洋商不願受我範圍，甘守公道，挑播馬使，將有翻悔，他國更難繩削。馬使又請議立期限，慮我允而不行。因與訂爲第九款，其文曰：中國國家因知振興鑛務於國有益，應招徠中國及外洋資本，興辦鑛業，是以由簽立此約之日起，允於一年内自行將現行章程修改妥定，中國應即認真迅速考究鑛務，采擇英國、印度及各國通行鑛務章程中之於中國情形相宜者，將現在之鑛務章程從新修改，以期一面於中國主權毫無妨礙，於中國利權有益無損，一面於招致外國資財無礙，比較外國通行章程，於鑛商亦不致有虧，俟中國所定之鑛務新章一經頒行，凡承辦鑛務者，即須照新章辦理等語。查印度開鑛章程，乃英國自爲印度主人，定此鑛章，以待各國來開，是印度之鑛即英鑛也。其章程已經譯出，地主之權甚重，限制甚多，分利甚優。並聞他國鑛章各有佳處，儘可由我博采，當即分投訪尋。曾與馬使切實聲明，須采用各國通行章程，不能專采一國。馬已應允，請代奏之。洞、海寰、宣懷同叩。箇。再，此電十九日洞已與吕盛兩大臣面商定稿，因洞連日患病，至今未愈，是以今日始發，合併聲明。

中國第一歷史檔案館《清代軍機處電報檔彙編》第三七册《發兩江總督劉坤一湖廣總督張之洞電爲英約礦務款等事光緒二十八年七月初二日》 英約礦務一款，訂明采擇英國及各國礦章，由我自行改定，令華洋商一律遵辦，於主權利權，均無損礙，似尚可行。米穀、小輪、口岸各款，應由尊處詳慎酌妥，擬定後會電覆，奏請旨定奪。外務部。冬。

王樹枏《張文襄公全集》卷一八二《致軍機處外務部户部江寧劉制臺上海吕大臣盛大臣光緒二十八年七月十五日巳刻發》 滬元四電論合股事悉。華合洋股，洋合華股，一律守章，尚屬公允。內有英人附股中國公司者，亦當一體，遵有益共享，有害共承之例云云，語甚分明，似無流弊。但查各國公司，所有帳簿、股票等據皆抽收印花税，今華洋公司在中國貿易製造，既不納中國税項，亦不報明，地方官毫無稽查。一但涉訟，中國官須爲之審斷追帳，未免略欠平允。擬於此條內載明，無論從前、現在、將來，華附洋股，洋附華股，必須先行將章程報明地方官批准。如中國將來仿照各國章程，舉行印花税，所有一切字據股票須遵照章程，粘貼印花，則中國當視爲合例，照該公司章程判斷。如不報明官府有案，一概不得視爲合例等語。如此則於中國大有裨益，而從前惠通等類之案，自不能援引翻異矣。此乃將彼所索之利益，轉爲我所索之利益，機不可失。不僅如滬電所云，雖不能取益，亦無所損也。萬望切商，添入至禱。咸。

王樹枏《張文襄公全集》卷八五《致軍機處外務部江寧劉制臺上海吕大臣盛大臣光緒二十八年八月初六日巳刻發》 樞東電悉。俄使所言約內只許口岸製造，乃日本約所許，此次並無許內地製造之事，出廠税力争，始允抽十，似不爲輕。口岸設洋廠，利歸洋東者二，利歸土貨華工者八。較之洋貨全自外來，尚可稍塞漏卮。洋員監察常關，鹽土税議定由督撫選派，不過杜絶苛擾重征百貨諸弊，以釋英商之疑。洋員僅止查弊，抽收增減之權仍在華官，所言似均無足慮。惟用洋員慮失自主權一節，若專指監察之洋員，則未確，若統論各海關税司，則不爲無見。俄人既言及此，我正可藉此與赫德商，即以俄人挑剔爲詞，蓋海關税司及幫辦，各國人皆用，獨不用中國人，華人只充書手及賤役耳，總税司此舉太不公平，自當訂明兼用中國人，應令總税司選中國上等人至海關，學習數年，即可勝任，以便將來參用。若我國勢漸强，則海關洋人可漸減，蓋俄最忌英，此乃絶好機會。趁俄人此次挑駮，望即速與赫商，漸漸收回關税自主之權，實有大益。事雖不能驟辦，必須趁此安根。東三省郵政，俄不應阻我用外國人，江督劉所言，真灼見俄人肺腑。管見則謂亦宜趁此與赫德議定，東三省及各省皆中國、外國人兼用，惟內地各省或暫由税司試辦，將來仍歸中國官辦，則郵權不致旁落，而俄人亦無詞矣。去年遼約藉英以阻俄，此次海關、郵政正可藉俄以馭赫，鷸蚌相持，中國之利，機不可失，遵旨通籌覆陳，請代奏。麻。

中國第一歷史檔案館《光緒朝硃批奏摺》第一〇二輯《光緒二十八年九月十六日兼署四川總督廣東巡撫岑春煊片》 再，查前准户部咨，議覆軍需善後報銷章程內開，各省設立機器局，如有採購，事前報部立案，事後方准覈銷等因，歷經遵辦在案。茲據總辦機器局成綿龍茂道長春，補用道賀綸夔、趙鴻猷詳稱，局中現在推廣機器，加工趕造軍火，前在上海購回洋鋼鐵銼，及一切應用物料，將次用罄，必須速爲採辦，方免停工待料之虞。擬請派員前赴上海，採購洋鋼鐵銼及一切應用物料等件，估計約需庫平銀五萬餘兩，所購各項，足敷廠中四年之用。俟採辦齊全，押運回川，再將價值運費及委員薪水等項，歸併覈實，彙案報銷等情，詳請奏咨立案前來。臣覆查無異，除清單咨部外，理合附片具陳，伏乞聖鑒。謹奏。該部知道。

中國第一歷史檔案館《德宗景皇帝實録》卷五〇五《光緒二十八年九月中》

又奏：請將義賑存款十萬兩，撥作勘礦總公司第一次官股，下部議。尋奏，該大臣籌設勘礦總公司，集股一百萬兩，官商各半，又分五次撥付，輕而易舉，自屬可行。所請挪撥陝西義賑存款十萬兩，作爲官股，應行照准。從之。

盛宣懷《愚齋存稿》卷八《請設勘礦總公司摺光緒二十八年九月》 奏，爲礦地亟宜自守，擬請設立勘礦總公司，藉保主權而收礦利，恭摺密陳仰祈聖鑒事。竊維强國之道，必先富國。歐洲多以開礦致富，而中國礦産尤爲繁盛，歷來成見拘泥，或官禁，或民禁，精華閟而未發，此天之留以畀我聖清，蔚成中興之業，實不可假手於人者也。近今風氣始開，知礦務不可以終遏，但迫於時局，礦權礦利幾不能由我自操，於是海內寶藏之區，輒爲他人攘而有之。或因案交涉，一入條款，而某省之礦柄，暗授彼國矣。或被人勾引，一給字據，而某府某州縣之礦産，多屬他商矣。外務部鑒於前弊，重訂章程，無論華洋商，皆可承辦礦務，均須先稟外務部，俟批准後，方可爲准行之據。原欲於推廣之中，竭力設法限制，聞外國頗以准其購用地畝，自行舉辦爲喜，而猶以抽税過重爲憾。臣於去年五月，曾接准軍機大臣電，告礦務所關甚鉅，誠如所論，亟宜以開爲守。各國合式律例，望即擇要採取，其應如何抵制之處，亦望熟籌電知，以便覈議，請旨辦理，等因。嗣因英使馬凱來議商約，内有礦務一條，臣等以事關内政，拒不入約。到鄂後，馬凱猶堅持礦事有關商務，必欲列入商約，以慰英商之望。臣思要在保我地權，方能以開爲守。督臣張之洞頗以爲然，當與臣等會商，允於一年内，自行將英國、印度，連他國現行礦務章程，迅速認真考究，採擇其中所有與中國相宜者，將現行章程改修妥定，以期主權無礙，利權無損，並於招致外洋資財無礙，於礦商亦不致有虧等語。美國雖甚和平，亦索礦務條款，並密告臣曰，中國地産之精華，將悉爲各國有矣，吾美國亦當分沾其益。蓋歐洲覬覦中華礦利，極想一網打盡，按照英約，一年内自行修改，若不預爲商籌，猶恐臨時周章，或藉端要挾，仍不免墮其術中。臣既奉軍機務諮詢在前，又身在議約大臣之列，晝夜焦思，悉心討論。中國既無辦礦之人才，又無開礦之資本，自李鴻章等議辦礦務以來，合南北計之，集中國資本，師西法開採，以見成效者，僅有開平、大冶、萍鄉三礦而已。開平以李鴻章北洋大臣之魄力、唐廷樞一生之苦心孤詣，越二十年而始成之，然一經變亂，已爲外人乘機攫取。大冶、萍鄉一鐵一煤，互相濟用，臣與張之洞先後持堅忍之力經營締造，勉力圖成。萬里版圖，祇此兩礦，良可慨已。其他無窮無盡之地寶，若不早爲設法保全，一聽外人明取暗索，數年之後，盡屬他人，將來中土人才輩出，能自舉辦，而産礦美地，已非我有，徵諸五洲大邦，斷無如此辦法。然默究其所以不能自辦之故，以辦礦之人才，非十餘年不能造就，開礦之資本，非數百萬不能動手。若必欲强華商自辦，誠如外務部所言，暗中必仍是勾結外人，輾轉售賣矣。臣年來訪察中外情形，終欲思一補救之法，斷非空言大言所能濟事，而必先量我權力、財力。所能辦到惟有將民間産礦之地，由公中籌款自購，力争先著而已。然欲得知何地産礦，必先有人代爲選礦，而後可行。三十年前，德國有一地學師勒妥芬，徧查中國礦地，著爲圖説。近來各國謀辦礦者，游歷内地，或以教士出名，或以華人出名，購得各省礦地，已屬不少，甚有一洋人而購數十礦者。近日上海、武昌均有洋人設立驗礦廠，凡内地覓到各礦，均歸化驗。彼已佈置齊備，而我仍漠然置之，真可爲天下後世所痛惜。今當掃除空言，力求實事，提綱挈領，自保地權，亟宜設立勘礦局，遴選地學師，勘明何地實在産礦，自行購買，以歸中國公司。事機已迫，萬難再遲。臣不揣鄙陋，一面諄勸各省紳商，先籌華股，本銀一百萬兩，擬在上海設立勘礦總公司。於去年函商出使大臣羅豐禄，訪求頭等地學礦師，一年之久，始得一人，名瓦理士布魯特，每年薪水英金二千鎊，一切用費在外。羅豐禄交卸後，即由張德彝代訂合同，已於八月内到滬。臣親與考究其礦學，確係諳練地學，在歐洲專門勘驗礦地，與尋常祇知開礦之學者不同。臣已飭令先往湖南省勘查各礦，先經電商，撫臣俞廉三深以此舉爲保礦善法。一面函商各督撫，派員赴各省，預查産礦處所。再行陸續派往勘驗，無論出産煤鐵五金之地，可資開採者，即與地方官妥定公平之價，由局購買。再令該礦師府所勘之礦，擇尤繪圖立説。某礦應如何開辦，約需資本若干，能獲餘利若干，分作等差，編立字號。再行次第招商認辦，俟外務部路礦總局議訂新章，務令遵照欽定礦例辦理。所有勘礦公司購到礦地，編號之後，如有合例商人承辦，即當會同該省督撫，咨明外務部路礦總局，請給牌照，方准開辦。臣愚以爲中國所有者，産礦之基地也，外國所有者，開礦之資本也。我能守我之地，不爲他人所奪，將來以我礦地，或作資本，或採租息，皆當權自我操。總之礦商之利，外人不妨共之，而地主之權，中國當自守之。亡羊補牢，尚未爲晚，曲突徙薪，豈容再誤。所有擬設勘礦總公司，藉保主權而收礦利各緣由，理合據實密陳，是否有當，伏乞皇太后、皇上聖鑒訓示。謹奏。本月二十五日，奉硃批：外務部、户部知道，欽此。

王樹枏《張文襄公全集》卷一八七《致上海吕大臣盛大臣伍大臣天津袁宫保光緒二十九年閏五月二十七日寅刻發》

滬巧一、二，箇，敬，徑五電均悉。鹽、土兩層均用照會，作爲附件，亦無不可。但須於文内聲明，鹽、土與百貨不同，販運土藥、鹽斤，均非洋商應辦之事。能於文内載明，將來查出洋商販運鹽、土，從重罰辦，以免洋商夾帶影射，華商掛旗等弊，尤爲周妥。然後聲明，所有抽收鹽税土税，既與洋商無涉，一切由中國自主，美國不得干預，但須於百貨轉運無礙云云，似尚可允。惟第十款，創製專利，關繫中國全國製造，一經允其保護專利，禁我仿造，爲害無窮。雖聲明俟設衙門定專律後，始行保護，似可藉爲延宕之計。然上文既以美國業已保護華人專利爲詞，將來此約互换後，彼即持此約，以報施公理，促我設衙門定專律，焉能久延。豈非自絶華民生計利源乎。無論此時中國尚無通曉製造專律之人，即能訂定專律，亦無人能分別何項機器爲合例之件，孰准仿，孰不准仿，斷難剖析毫芒，勢必至各國洋人紛紛掛號，指控某廠佔其專利，中國局廠不知所措，無一事可辦者，即爲之辦理交涉詞訟，亦不勝煩擾棘手矣。

至中國所欲仿造之機器，多在農工商各項實業，有利益於民生國計之件，豈僅爲軍火一事哉。敝處屢次論美約，各電皆謂此條萬不可允，非此時始行挑剔，失信於彼也。務望切告美使，中國以後仿造機件，斷非專仿美國專利之機，各國現皆無異言，美國又何必堅索此條，害我中國。此款不删，各省官商工匠聞之，定必譁然，歸咎議約諸人，鄙人斷不敢會奏也，祈爲見諒。至鑛務一款，照英約聲敘，較爲簡浄於洋商，亦無不便之處。若添「鑛務内所應辦之事」一句，將來索造鐵路，亦藉口運鑛所必需，便難阻止。如山西某公司，先僅訂明開鑛後，遂添索造路以運鑛，失權最甚，前車可鑒。能否勸美使照英約，不再增添枝葉，以免議約他國傚尤，愈增愈繁，將來擬議鑛章，致滋窒礙，並希裁酌。此電已呈外務部察閲。宥。

中國第一歷史檔案館《德宗景皇帝實録》卷五二〇《光緒二十九年八月中》

又諭：前有旨派王文韶、瞿鴻禨、張翼辦理路礦事宜，現在設立商部，所有路礦事務，應歸併商部，以專責成。路礦總局著即裁撤。

王樹枏《張文襄公全集》卷一〇五《咨呈外務部譯送各國鑛務章程光緒二十九年十月二十四日在京寓發》 案准貴部咨開，光緒二十九年七月初九日，准英國薩使照稱，查商約批准之據已經互換，其中第九款内允自簽押此約之日起，於一年内，自將中國現行鑛務章程從新改修妥訂等語，此事總盼一簣功成爲幸，合行照會，並希玉復，以便轉咨本國等因。查上年七月初九日奉上諭：鑛務爲今之要政，昨經劉坤一、張之洞電奏，應采取各國鑛章，詳加參酌，妥議章程等語，所見甚是，即著該督等將各國辦理鑛務情形，悉心采擇，會同妥議章程，奏明請旨，務期通行無弊，以保利權而昭慎重，欽此。欽遵在案。中英續議條約係上年西九月五號簽押，扣至本年七月十四日，已一年届滿。兹英使照稱前由相應咨行查照，即將現在辦理情形聲復，以便照復英使等因，准此當於七月十五日函復，内開日昨承准大咨以英約内所允修改鑛章一款，現准英國薩使照詢屬將現在辦理情形聲覆，以便照復英使等因。查此事係洞在鄂時電奏請辦，前奉上諭，飭洞會同江督劉，采擇各國鑛章，妥議具奏，正在會商辦法。旋值劉忠誠開缺，洞調署兩江，當即派員在滬設局，延聘譯員，采購各國鑛章，詳慎譯輯。惟各國鑛章購寄需時，又經劉忠誠之變，中間不無轉折。現接滬電，已於一年限内將各國鑛章繙譯完竣，適洞述職來京，因公久住，致所譯章程尚未寓目。昨已電催滬局從速鈔寄，一俟寄到，即當詳細參酌，擬再與熟諳西律之伍星使互商審訂，繕呈鑒定後，即可具奏請旨，爲期當不甚遠，請先照復英使在案。兹據該洋員等將泰西各國鑛務章程擇要譯録成書，郵寄前來，本大臣詳加披閲，采輯尚爲賅備。惟中國參酌各國辦法，自行改訂鑛務章程，必須將從前貴衙門原定章程及所訂各省華洋鑛務公司合同，統加校覈，應如何斟酌損益，再爲詳細考求，始能得其竅要相機。立法處處爲取益防損之計，即從前章程或有未盡周密，合同或有不免受虧之處，亦可趁此補救，挽回利害，所關甚鉅。查此項鑛務章程，係本大臣奉旨采擇議奏之件，當經派員設局，將泰西各國章程擇要譯録成書，本應即行悉心采擇，會同妥議，無如貴衙門原定章程及各省鑛務公司合同，本大臣行次並無案牘可稽，因思商部左侍郎伍大臣熟諳泰西各國法律，此項鑛務章程擬請由貴部咨交伍侍郎先行詳加審擇，妥爲酌定，寄由本大臣復加校覈，送請貴部鑒定後，再行會同伍侍郎具奏請旨，合將現譯各國鑛務章程十二本咨呈貴部，謹請察照施行。

中國第一歷史檔案館等《中國近代兵器工業檔案史料》第一輯《奕劻等奏訂練兵處辦事簡要章程摺光緒二十九年十一月初六日》 總理練兵事務和碩慶親王臣奕劻、會辦練兵大臣直隸總督臣袁世凱、襄辦練兵事務户部右侍郎臣鐵良跪奏，爲擬訂練兵處辦事簡要章程，繕單恭摺瀝陳，仰祈聖鑒事。

竊臣等仰承簡命委以練兵事務，並勉之以任勞任怨，期之以認真籌辦。聞命之下，惶恐感奮。伏念從來創舉一事，必須由刷除積習入手，方可釐剔宿弊，日起有功。而當積重難返之秋，欲爲切實整頓之計，恒不便於自私自利之徒。且言事者甚易，任事者甚難；知時艱者常多，慮時艱者常少。矜己忌人者，逞私心之好惡，不顧公家之是非；遇事見好者，博一身之名譽，罔恤大局之利害。相師成風，牢不可破。坐使賢者但求免過，不肖者詭遇逢時。以此望治，戛乎其難。我皇太后、皇上諄諄責成，殷殷誥誡，物情世態，已早在聖明洞燭之中。臣等受恩深重，莫能報稱，雖使捐糜頂踵，亦復何惜。但求有利於國，稍補於時，何敢拘牽顧忌，畏避嫌怨。自當破除情面，勉竭公忠，實事求是，仰酬高厚。至於成敗利鈍，非所逆睹。兹謹將擬定練兵處辦事簡要章程，另繕清單，祗呈御覽。

是否有當，理合恭摺瀝陳，伏乞皇太后皇上聖鑒訓示。謹奏。

光緒二十九年十一月初六日奉硃批：依議。欽此。

謹將擬訂練兵處辦事簡要章程，繕具清單，恭呈御覽。

【略】

一、各省原設製造軍械各局廠，本係專供軍實，爲各軍命脈所關，應統由臣處督飭妥辦，隨時委員考查、整頓，並明定賞罰，分別奏請懲勸。

中國第一歷史檔案館《光緒朝硃批奏摺》第一〇二輯《光緒二十九年十一月十五日調署四川總督閩浙總督錫良摺》 再，前准户部咨，各省設立機器局，如有采購物料，動用款項，須令事前報部立案，事後方准覈銷等因，歷經遵辦在案。兹據辦理機器局署成綿龍茂道趙爾豐、調川委用河南候補道章世恩會詳稱，現在川省機器局製造銅釘、小火彈殼、鉛子機件、毛瑟擡槍、毛瑟手槍、前膛手槍等項，需用銅、鉛、鋼、鐵，必須陸續采購，照案在於成綿道庫土貨釐金項下提撥銀兩，派員就近采買上色精銅八萬斤、净鉛十一萬斤、蘇土鋼二千斤、毛條鐵一十八萬五千斤以資製造等情，詳請奏咨立案前來。奴才覆查無異，除分咨户、兵、工各部查照，並飭趕緊採辦，覈實報銷外，理合附片具陳，伏乞聖鑒。謹奏。該部知道。

甘厚慈《北洋公牘類纂續編》卷一四《商部咨南北洋申明商律内洋商附股字義文》 爲咨行事。光緒三十年二月十二日，准貴督咨稱，近年洋商得與華商合股，在中國内地營業者，惟路鑛、兩事，其設廠製造之利，久爲洋商垂涎所未得，亦即爲保護華商生計之要。前年會議英約，英使馬凱即以此再三要求，經劉前大臣等堅持力拒，始克於英約第八款第九節載明，洋商用機器製造，衹能在通商口岸。然約内載有明條，洋商尚有勾串華商，妄圖内地設廠，或藉借資本，意圖虧蝕管業者。今查公司商律五十七條所載，原係按照英約第四款購買股票辦法，惟該約第八款内，既載有洋商用機器製造，衹能在通商口岸，則兩事同載一約，前後參觀，内地華商所設公司，不應附股，其義自見。今商律内僅論附股，深慮洋商朦串，各省一時不及領會，一經開端，即難堅拒，不可不杜其漸。可否由貴部覈明條約，申明商律五十七條意義，咨行各省，一體備查，以免誤會。除將商律照刊分發外，相應咨復，希即酌覈施行等因。查公司律第五十七條一則曰：中國人設立公司，則凡洋商勾串華商，妄圖内地設廠，藉詞借款等弊，各該地方官即應詳查呈報，不容稍涉含混，致蹈覆轍。再則曰：外國人有附股者，此無論英約第四款意義相合，即歷稽各約款，華商公司無不准洋商附股之專條，則公司律不得不顧計及此，而著爲此條。三則曰：即作爲允許遵守中國商律及公司條例，是於不能禁止洋股之中，爲挽回主權之計，律意顯然，本部實深切致意。現在訂章定律，莫不力求審慎，按奏定路鑛章程内，均載有華洋合股，洋股不得過於華股之數，又不准以土地抵借洋款各條，蓋深恐權因股重而倒持，地以借款而削弱，特明定界限以範之。至英約第八款第九節，於機器製造一層，隱以口岸二字爲内地之對鏡，當時議約，既難明著内地不得製造數字，則目前定律，豈能顯言内地公司不能附股。況此節下文，專注在廠税，而公司律五十七條專注在中國人公司，以力保主權，則與英約所載不相干涉，即合觀詞意，亦兩無觸背。律取槩括，體例所限，礙難如約文之可著邊際。嗣後如有洋商希圖内地設廠，自應據約章以爲斷，若華公司附搭洋股，自應執定律以爲衡，即在洋商，亦斷不能援律文所載，以爲准其在内地設廠之據，是在各將軍督撫達權濟變，操縱有方，就約文律意而會其通，庶幾主權可保。相應咨明貴督，希即分別查照辦理，須至咨者。

中國第一歷史檔案館《德宗景皇帝實録》卷五二八《光緒三十年三月》 諭内閣：商部奏，江蘇在籍紳士創設商業公司，卓著成效，請破格獎勵，作爲商部顧問官一摺。翰林院修撰張謇著賞加三品銜，作爲商部頭等顧問官。

天津市檔案館《袁世凱天津檔案史料選編·袁世凱爲商部奏訂公司註册試辦章程事札津商務公所光緒三十年六月十九日》 爲通飭事。五月十三日准商部咨開：光緒三十年五月初二日本部具奏擬訂公司註册試辦章程，刊刻通行一摺，本日奉旨：依議。欽此。由軍機處傳知欽遵等因。相應恭録諭旨，並刷印原奏章程咨行查照，欽遵辦理，並飭各屬出示曉諭商民，一體遵照可也等因，到本大臣。准此，合行通飭。札到仰即遵照。此札。計原奏、章程2本【略】

〔附〕《商部奏》

謹奏。爲擬訂公司註册試辦章程，謹繕清單，恭摺仰祈聖鑒事。竊臣部於光緒二十九年十二月初五日具奏商律公司一門，擬請刊刻頒行等因。奉旨：依議。欽此。欽遵在案。查公司律第二十二條載，凡現已設立與嗣後設立之公司及局廠行號鋪店等，均可向商部註册，以享一體保護之利益等語。臣部編輯商律，首重公司一門，凡有公司局廠赴部註册者，即予以應得之利益，意在力袪曩日涣散之弊，與夫隔閡之情，俾商務得以日臻起色。現公司律雖頒行未久，已有華洋商人陸續到部呈請註册者，則此項章程亟應先爲訂妥，以資開辦。在商人以承領部照爲憑，藉獲遵循之准，在臣部以各商報名爲斷，實施保護之方，譬如振裘必提其綱。庶此後商務之盈虛消息，以及各公司局廠是否遵守商律，臣部得以隨時查覈，遇事維持。臣等謹督飭司員參酌中外情形，擬定公司註册章程一十八條，繕具清單恭呈御覽，如蒙愈允，即由臣部刊刻，通行各省遵照，並咨明外務部照會各國駐京大臣備案。一面遴選司員經理其事，俾專責成。至此項章程擬請先行試辦，倘有應行增補更改之處，仍當隨時酌訂，以期周妥。所有擬訂公司註册試辦章程緣由，理合恭摺具陳，伏乞皇太后皇上聖鑒訓示。謹奏。

光緒三十年五月初二日具奏，本日奉旨：依議。欽此。

中國第一歷史檔案館《光緒宣統兩朝上諭檔》第三〇册《光緒三十年六月二十三日》 交商部。本日貴部奏擬訂商標註册試辦章程，繕單呈覽一摺，奉旨：依議。欽此。相應傳知貴部，欽遵可也。此交。

朱壽朋《光緒朝東華録》卷一八八《光緒三十年七月》 李興鋭奏，光緒二十九年八月初六日，欽奉上諭：商部奏，擬設立路礦農務工藝各項公司，著各省將軍、督撫會同籌畫，悉心經理等因，欽此。臣因閩省礦産甚富，辦理尚無成規，致爲外人覬覦，必須招商集股，設立公司，方足以自保利權。擬將通省礦務，均歸商政局統轄，督飭商會紳董，糾合殷富，仿照湖南辦法，先行設立總公司，分廠承辦，業經奏明在案。伏查閩省連山千里，礦産頗饒，外人豔稱，已非一日，徒以籌本不易，礦學未興，初則創始維艱，不免貨棄於地，繼則句串百出，終至利屬於人，若不早自爲計，攘奪紛來，流弊胡底。近年湘、鄂各省，經營礦務，大都先行派員查勘，擇地圈購，即一時無款興辦，亦可留俟後圖，而以湖南所設總公司章程，較爲妥善，亟應變通仿照，期總全綱。現擬就省城設立福建全省礦務總公司，即派總辦商政局前福建按察使楊文鼎、現任鹽法道鹿學良爲監督，分派委員，馳赴各屬，會同地方官確切查明，境内共有礦産若干，分别官地民地，已採未採，詳細報明註明。除先經奏定暫歸華裕公司限内覓地之建、汀、邵三府礦産，另行覈辦外，其餘通省産礦山場，統歸總公司主持管理，不准他人包攬。總公司辦礦區域，分爲兩路，以寧福、延建二道所屬爲北路，興泉汀、漳龍二道所屬爲南路。南北兩路，各派總理一人，分任其責，兼司本路購地錬礦各事。查有在籍候補道羅忠堯，堪以派爲南路總理，丁憂在籍前江西撫州府知府何剛德，堪以派爲北路總理，均受成於總公司，由官刊發關防，俾資信守。應需本銀，即歸官商合力籌集，仍先酌撥公款，陸續收購股票，以爲提倡補助之需。總公司開辦之初，應先延聘礦師，分途勘驗，酌設錬廠，就地收砂，遇有將來或招商承辦分設公司，或酌派員紳自籌開採，視集股之多寡，次第舉行。所有本省外省紳商人等，有願籌集資本，請辦各路礦務者，祇准指定一礦，作爲總公司之分公司，按照總公司所定章程，切實遵守，無論何人，概不准徑自請辦，以一事權。此外民間資本無多，用土法就礦自行開採者，悉聽其便，惟所出五金礦砂，概歸總公司作價收買。應抽礦税，即就礦砂價内照數扣解，以重國課。似此變通推廣，庶足以隱杜侵越，開闢利源。據福建商政局擬定章程，請奏咨前來，臣覆加查覈，所擬章程，均尚周妥，亟應照辦，下所司知之。

中國第一歷史檔案館《光緒朝硃批奏摺》第一〇二輯《光緒三十年八月廿一日調補四川總督閩浙總督錫良片》 再，查前准户部咨，各省機器局，如有採購等項，事前報部立案，事後方准覈銷等語，歷經遵辦在案。兹據辦理機器局布政使許涵度等詳稱，局中製造火藥，應用牙硝，將次用罄，援案委員採辦牙硝八萬六千斤，以資配造，遵照部定價值，計需庫平銀一萬二百七十七兩，請仍於常年經費外，在成綿龍茂道庫土貨釐金項下另行提撥，俟購辦齊全，覈實彙案報銷，詳請奏咨立案前來。奴才覆覈無異，除咨部查照外，理合附片具陳，伏乞聖鑒。謹奏。該部知道。

吉林大學歷史系等《吉林檔案史料選編》上諭奏摺《盛吉黑三省將軍會奏利源外溢請派宋春鰲督辦商務以期收回利權摺光緒三十年十月二十六日》 增富達跪奏：爲東三省商情涣散，利源外溢，擬請遴派洞悉情弊之員，假以重柄，聯絡衆志，保護抵制，以期收回利權，恭摺具陳，仰祈聖鑒事。

竊維近日論財政者，專重商務，誠以財者民之所由生，而商者財之所由出，亦財之所由通也。財不通，則不出。是通之一字，又理財之精旨要義矣。周官立泉府一職，專以流通貨賄，太公席表海之雄，通魚鹽之利，管子通輕重之權，微山海之業。自古經營商務，其道全在於通，泰西諸國商勢之盛，雄絶地球。其始也，無非以公司擴其利益，以商會精其比較。其既也，凡所未通之國，無不以商通之，此其法在通力合作，而其事，乃變通盡利。

方今朝廷重視商政，迭奉諭旨，飭令各督撫實力振興。而商部又奏定，將各省總辦商務之人，由部劄充議員，以資聯絡，是中國商務已有日趨於通之機。雖中華地大物博，經商之人，各隨其所處之地，自爲風氣，但有商部挈其綱領，各省自不難一其步趨。而等獨於東三省猶有進者，奉天爲陪都重地，營阜係通商口岸，商業稍盛，然衰旺不時。數十年來，絶無振興氣象，以三省偏處東隅，非四通八達之地故也。若吉江兩省地廣人稀，昔年經營商販，多係畿輔左右及齊魯之人，挾微資而來，獲厚利而去，斤斤自守，初無長駕遠馭之謀，故商務終無起色。且(也)〔此〕商人不講信義，爾詐我虞，互相攻擠，彼此不相救，有無不相通，情形涣散，三省如出一轍。即以錢法論，各省有各省錢法，各城有各城錢法，甚至各集鎮有各集鎮之錢法，蓋現錢現銀並缺，不得不以紙幣相周轉。於是省帖城帖以外，集鎮則另有屯帖，不出百里，即難行用。銀錢爲商之血脈，而壅滯若是！以物産論，人參、貂皮、金砂爲貴重物，初不多出。煙、麻、油、豆、皮張，本爲大宗，近亦漸少。燒酒則以本地所出，僅供本地所需；木植則阻於山深，未能伐運，近水之山，未嘗護養。物産爲商之源流，而短絀若是。以工藝論，民多遊手好閒之人，工無審曲面勢之學。製造既未精美，組織亦未講求。欲購一利用之器，美觀之物，絶不可得。工藝爲商之根本，而笨拙若是。兼之礦産極多，煤石以外，五金俱備。時有開採之舉，成效卒鮮。墾務未講，吉黑以東千里沃壤，現無種植之民，棄田可惜。於此而欲振起商業，擴充商利，夫豈易言！今日者，三省鐵軌已通，俄商充斥，我之銀錢壅滯，羌帖得以灌注之；我之物産短絀，洋貨得以填充之；我之工藝笨拙，而外來機器之物，皆得以流佈之。甚至俄人開採礦山，侵墾邊地，到處皆是。於此而不思所以抵制，將來三省之利源，其勢非盡爲外人攘奪不止。

抵制之法無他，立銀行以疏通錢法；立公司以保護物産；立商會以考求工藝。俾商民成團結之體，與外人存争競之心，如是而已。第三省各力以相抵制，其勢(仍)〔乃〕寬，三省合群以相抵制，其力斯厚。故等謂各省各派總辦之員，行之東三省，猶未盡宜者，此也。今等彼此函商，擬於各派總辦外，另選賢能，並熟悉三省利弊者一員，派令督理三省商務，各省總辦歸其節制，使之聯爲一氣，庶幾官商免隔閡之病，而邊地無畛域之分。

查有花翎二品銜記名海關道宋春鰲，器識閎深，綜理精密，平日研求機器，考究礦學，心思才力，迥異恒流，其於東土貿易盛衰之故，物産出入盈虚消息之原，無不洞若觀火。等俱與之共事有年，其學其識其才，夙所深悉，若使之經營商務，所有銀行、公司、商會，不難次第舉行，其成效必有可覩，即開採礦産，亦可責成兼理。相應請旨，即派宋春鰲督理東三省商務，以期收回利權。但以一道員管理三省商務，交涉之事必繁，職微任重，呼應恐未靈通。可否吁懇天恩，加以優異，以崇體制之處，出自鴻慈逾格。如蒙俞允，再飭該員親赴商部禀承一切。等爲因地變通商政以杜利源外溢起見，除咨明商部外，是否有當，謹合詞恭摺具陳，伏乞皇太后、皇上聖鑒。訓示。再，此摺係富主稿，合併陳明。謹奏。

中國第一歷史檔案館《光緒朝硃批奏摺》第一〇二輯《光緒三十年十二月初四日調署四川總督閩浙總督錫良片》 再，前准户部咨，各省機器局採購物料，動用款項，須事前報部立案，方准覈銷等語，歷經遵辦在案。兹據辦理機器局布政使許涵度、成綿龍茂道沈秉堃等詳稱，現在製造毛瑟槍、藥彈、銅釘、小火鉛子、機件等項，需用銅鉛鋼鐵，必須陸續採購，照案在於成綿道庫土貨釐金項下提撥銀兩，派員就近採買上色精銅八萬斤、净鉛十萬斤、蘇土鋼四千斤、毛條鐵十八萬斤以資製造等情，詳請奏咨立案前來。奴才覆查無異，除咨部查照，並飭趕緊採辦，覈實報銷外，理合附片陳明，伏乞聖鑒。謹奏。該部知道。

中國第一歷史檔案館《德宗景皇帝實録》卷五三九《光緒三十年十二月上》

商部奏，安徽貴池縣紳士劉世珩設立公司，籌辦墾務郎中李厚祐創辦奉錦墾務公司，同知葉璋設漢口火柴公司，均集厚股，請予獎勵，從之。

朱壽朋《光緒朝東華録》卷一九一《光緒三十一年正月》 魏光燾奏，閩省當南洋之衝，各國人民，遊歷經商，絡繹不絶，交涉之事，日益繁多，而洋人傳教内地，更幾於無處蔑有。漳、泉等府出洋謀生者，不下數十萬人，僑寓既久，輒入外籍。籍民、教民既多，動易滋事。臣蒞任後，即經通飭各屬，凡遇一應詞訟，一體持平審理，數月以來，訪查各屬地方，民教尚稱安謐。至日本僧侶，向無准在中國傳教之約，乃漳州、泉州一帶内地，比來竟有日僧收徒布教，賃屋設堂，藉口中日通商行船條約第二十五款一體均霑之語，朦混牽引，迭經臣照會駐廈門日本領事，按約駁阻，並電准外務部覈覆，亦以該約第二十五款與傳教無涉，不能强爲牽引，照會日使駁論，内外堅持，冀可稍伸補救。此臣到任後辦理教案之大略情形也。又查閩省礦産，經前督臣許應騤設立礦務局，將汀州、建寧、邵武三府屬地方，與華商華裕及法商大東兩公司訂立合同，限三年内，在於指定地方，覓地開採。嗣由大東公司派來礦師法人顧爾變，勘定邵武金礦，請照開採，前署督臣李興鋭遵照部章，飭繳照費，該公司抗不遵辦，實屬自取躭延。乃竟請彼駐使向外務部索償鉅款，經臣照會駐福州法領事，據理剖説，旋准領事照覆，已能稍就範圍，正在派員與商，適該領事請假回國，以致尚未成議。又前督臣許應騤任内，設立官腦局，用日本人愛久澤直哉爲製腦技師，由該技師保借日商三五公司洋銀二十萬元，作爲官局存本。乃開辦以後，該技師不遵合同，糜費鉅款，又復擅派日人往内地各處緝私，致將英商領單採辦之腦，肆行攔截多起，英使屢向外務部索賠商虧。前署督臣李興鋭飭將英商扣腦發還，內地日人撤退，該技師均不遵辦，始終任意妄爲。李興鋭即飭辭退技師，停辦官局，該技師悍然不顧，仍前把持，更肆要索，疊經外務部與日使辨論，迄無端倪。臣蒞任後，細覈檔卷，訪察情形，因即電知外務部轉商日使，彼此另議辦法，總以無礙中國主權，不背各國條約爲宗旨。現准外務部電覆，業已認允派駐廈日本領事上野專一前來會議，刻該領事尚未到省，揣度情形，將來當可和平了結，下外務部知之。

《申報》光緒三十一年二月十八日第四版《移請免税比賽物江西》 護撫周中丞以直隸工藝局採辦各省物産，陳列比賽，由陳大令公度採購江西瓷、布、紙等類，並考查窑業情形，飭令江西税務總局移行各關卡，查驗放行，並具報所購貨物如何稽查以杜混冒。總局奉札後，已令陳大令將所購貨物名目件數開單，持赴各局口查驗，單貨相符，方准免税放行等因，移行上海道查照矣。

《申報》光緒三十一年二月二十一日第三版《改良製造軍械藥彈京師》 日前軍機大臣奏准，通飭各省督撫改良製造軍械彈藥等物，以資實用。其文略謂，兵器彈藥，改良製造，俾歸實用，爲整頓軍事之要圖。各督撫務當督飭製造局廠，認真製造，切實改良，並宜擇雇海外良師，講求新法。如何改良之處，及新式圖樣，隨時呈驗，以便察覈。

《申報》光緒三十一年二月二十五日第九版《晉撫張批外務部主事渠本翹稟》 來牘閱悉。查晉省礦産宏富，五金具備，本吾晉民自有之利，即平孟潞澤煤鑛雖與福公司訂有合同，然載明遇有民人先經開採者，不得侵佔等語。果能力争先著，劃清權限，未始不能補救。現在抵制之法，首在本地紳商籌款自辦，其次即在限止鐵路，蓋有礦無路，不能運銷，則礦亦坐廢，惟自辦亦須造路，故祇能作第二層抵制。以上兩節，迭經本部院與外務部、商部，暨鐵路大臣盛宫保電商籌辦，並飭各屬一體勸諭辦理在案。又查福公司合同內載，潞安澤州並無屬字，與平陽府不同，平定所屬提明孟縣，尤爲潞澤不連屬縣之證。復經電請盛宫保查明，設法辨論，冀限一分之界，即保一分之利。然無論如何辦理，總須歸到集股自辦之一着，此則全賴闔省紳商，同心同力，切實振興，方不致託空言而無實效。據牘，擬以晉人之資，辦晉省之礦，具見熱心桑梓，保全利源之意。本部院詳加商權，按人抽本一節，衆擎易舉，本是集股第一善法，惟中國之病，在渙而不聚。從前蘆漢鐵路開辦之始，即有招集零股之議，迄未見諸施行。晉自丁戊大祲之後，户口尚未復原，西人所查千七百萬之數，恐不足信。況欲使出每名二錢之股本，亦非先有鉅紳殷商，先自認集大股，以爲基礎，未易信從響應。各屬自開一節，本部院早經通飭州縣，邀集紳商，勸諭興塾，聲明宫任保護，提倡一切，本利盈絀，概不與聞，頗與所見相同。嗣後各屬禀報，祇能辦到設立公會一層，各該官紳非必盡存推諉，仍是集股爲難。至借債先辦一節，債之所在，權利隨之，流弊不可勝言。福公司合同既是借債辦法，股票亦准華商購買，而不能自實其言，我果有還債之款，自不如徑自辦，理之爲愈矣。辦礦必須及路，誠爲見到之論，集股之鉅，辦事之難，胥在於此。本部院忝膺疆寄，所欲與闔省紳商，各盡心力，各盡責任，以爲晉民保此利源，爲國家守此土地，已飭商務局會同兩司，切實籌議，妥善辦法矣。此復。

朱壽朋《光緒朝東華録》卷一九二《光緒三十一年二月》 己酉，袁世凱奏，上年夏間，准商部咨開，本部具奏津埠銀根較緊請多鑄銅元一摺，奉旨：依議。欽此。欽遵。經臣於五月二十日奏覆，推廣鼓鑄情形在案。伏查商部原奏內稱，多購銅斤，加工鼓鑄，既可流通市面，所得贏餘，以之推廣津埠工藝局廠，收養貧民，尤於地方大有裨益等因。臣默揣各國致富之源，胥由商務，而非講求工藝，無以爲商務之先驅，況迭奉諭旨，殷殷以整頓工藝爲急，朝廷於厚生利用，軫念至深，但此事非可空言，貴有實力。各省帑項支絀，籌措爲難，惟銅元餘利一端，尚堪挹注，以公家固有之利權，開小民無窮之生計，於事至便，於利至公。臣自收回天津，即創設工藝總局，選派員司，提倡工業，調查本省及各省物産，兼及進出口貨情形，歲撥銀一萬二千兩爲經費。三年以來，由該局經營建立者四事：一曰工業學堂，以培養工業人才爲宗旨。額設學生一百二十名，分爲四科，曰應用化學科，曰機器學科，曰製造化學科，曰意匠圖繪科，分延英、日各教員授課，計開辦經費，房舍、書籍、儀器用銀，四萬六千兩，常年經費需銀二萬四千兩，續購各項機器需銀三萬五千兩。一曰考工廠，以啓發工商智識爲宗旨。蒐採本省外省外國各貨品，依類陳列，縱人觀覽，分設會計庶務及考察圖繪各司主其事，每月演説工商各要理，試驗理化各用法，以廣人見聞。每年則訪求各處工業製品，比賽優劣，以爲鼓舞奬勵之計。開辦經費，樓房貨品各項，用銀二萬八千兩，常年經費需銀二萬四千兩，派員調查及續購品物，需銀一萬兩，尚須添建房舍，增置圖書，需銀三萬兩。一曰教育品陳列館，以濬發學識，教育實驗爲宗旨。羅列中外各種教科書籍儀器標本模型圖表，分科陳設，標籤貼説，以備各學校管理者考覽諮詢。其應用教育品，節令漸次仿製，並派員分駐外洋，查考最新品物，隨時購運。館中附設藏書室及講堂，俾各學堂教員學生休息其内，來館講習。計開辦經費用銀二萬兩，常年經費需銀八千兩，此後每年添購品物，增廣房舍，需銀五千兩。一曰實習工場，以傳習手藝，提倡各項公司爲宗旨。備高等工業學生之試驗場，兼參仿藝徒學堂章程，爲各公司取才之地。額設工徒二百名，分染色織布木金縫紉及化學製造各科，每一種藝成，即勸諭紳商集股設立公司。現天津織染縫紉公司，業經集股開辦，外屬各州縣，領機試辦，並送徒來津學習，以後公司愈多，商力日厚，當有成效可觀。計開辦經費用銀一萬五千兩，常年經費需銀三萬六千兩，此後續增廠舍，添置機器，需銀三萬兩。以上各事，均附屬於工藝總局，統由候補道周學熙分設籌辦，日起有功，共計開辦經費用銀十萬九千兩，常年經費需銀十一萬九千兩，預備擴充經費需銀九萬五千兩，皆經臣飭由銅元局餘利項下籌撥。伏思國家根本大計，端在民生，邇歲以來，工商之利，見攘外人，吾民失業耗財者，何可勝計。外國收我生貨，製成熟貨，轉售而來，尚獲厚利，況中土民數衆多，工價低賤，若竭力提倡，推行各屬，必能興實業而塞漏卮。此次北洋興辦工藝各事，不過歲費十萬餘金，且出自銅元餘利，並未動支正款，而化遊惰爲精良，勵紳民使聯合，此後逐漸擴充，添助資本，不獨惠及貧民，實亦隱裨國計，庶上以慰聖主恤民之至意，下以盡微臣守土之職司。得旨：著即認真辦理，務收實效。

中國第一歷史檔案館《清代軍機處電報檔彙編》第二六册《發湖廣總督張之洞電爲商約礦章事光緒三十一年三月十五日》 准英使函稱，商約第九款内載，中國礦章，自行從新修改，兹奉本國政府電詢此事，現在辦到如何地步，請明晰見復等語。查礦章前經伍侍郎擬稿郵寄，現在曾否酌定，希即電復。外務部。删。

《申報》光緒三十一年四月二十八日第九版《外部與税司議行運煤章程京師》 駐北京日本公使内田君近告外部云，俄人收買輪船裝煤，接濟彼艦，請除長江各口外，一律不准出口。外部因此事關係商務，且出於中立章程之外，因與税司商定，凡運煤者，須由領事具保，於四十日内，須接到所報口岸進口之電，否則照五倍議罰，暫時緩令煤船開行，已由外部照商各使矣。

中國第一歷史檔案館《德宗景皇帝實録》卷五四四《光緒三十一年四月下》 諭内閣：商部奏，請整頓商務一摺，據稱路礦農工等項，均爲近今要政，各省往往視爲具文，至奸商倒欠之案，經該部行查，各該地方官遲延不覆，華商回籍，仍復任意需索等語。現當振興商務，亟宜加意整頓，著各該督撫等嚴飭地方官，遇有奸商倒欠訟案，克期訊結，各項商政，一律實力興辦。出洋華商回籍，懔遵疊次諭旨，切實保護，不准刁難需索，如有前項情弊，著該部照例參處，以挽頽風而肅商政。

《申報》光緒三十一年六月初二日第四版《商部奏商民私賣礦産請飭嚴密查禁摺》 奏，爲商民不明約章，私賣礦産，流弊滋多，請飭嚴密查禁，以維權限，恭摺仰祈聖鑒事。竊維路礦農工諸政，泰西各國皆以此爲開通商務之基，故其通國人民，靡不殫精竭，思合力營辦。然其於轄制之權限，境土之尺寸，則必兢兢焉自保主權，他國人民萬不能侵損其毫末，可見權限所在，不容須臾忽也。中國商民不知此義，往往貪圖目前之小利，不顧後日之隱憂，近年以來，各省私售礦地礦山之案，層見疊出，至各處租界之外，民間農田房産，亦浸假而售諸外人，若不設法查禁，流弊何可勝言。各國通商條約，外國商民只准在通商口岸租地建置，又從則總理衙門成案，傳教士買地建堂，其賣契内只可載明賣作本處教堂公産字樣，若係洋人在内置買私産，與條約不合，仍應禁止，是洋人在内地置買産業，原非條約所准行。又總理衙門通咨各省文稱，嗣後各教堂買賣産業，不必先行報明地方官等因，可見若非教堂置買産業，均應先報地方官查覈。且教堂置買産業，雖不必先報地方官，而買妥之後，則仍由地方官蓋印税契。其是否教堂置買，原不難確切稽查，臣等參考約章，界限本極分明，徒以奸民貪圖重價，私自售賣，而地方州縣不加深察，或吏役人等私受賄託朦准税契。迨至事成之後，商令退讓，洋人亦不無虧累，返復相持，往往釀成交涉。臣等詳加籌度，與其事後争論，轇轕繁多，何如先事防維，爲拔本清源之計。擬請飭下順天府府尹、各省將軍督撫等，嚴飭各該地方州縣，於商民税契事件，務令澈底查明，勿稍含混。倘有商民將地産私售外人，未經查出，輒予税契者，即將該州縣照例參處，地主及吏役人等如查有串通朦混情事，一併治以應得之罪，以儆傚尤。現在修訂法律之際，應否訂定專條，另由臣等咨行法律大臣，酌覈辦理。臣等爲申明約章，慎重權制起見，是否有當，謹恭摺具陳，伏乞皇太后、皇上聖鑒訓示。謹奏。光緒三十一年五月二十二日，奉旨：依議。欽此。

《申報》光緒三十一年六月十七日第三版《外商兩部互商湖南礦務公司在倫敦註册辦法京師》 湖南長沙礦務公司，本有洋股在内，該公司洋商忽在本國倫敦註册，經湘撫查明，覈與中國礦章殊多窒礙，因咨行商部覈辦。日昨外務部接到商部來文，略謂該公司在倫敦註册一節，究應如何辦法，希即見復，以憑覈奪。

中國第一歷史檔案館等《中國近代兵器工業檔案史料》第一輯《岑春煊奏請確定新槍口徑片光緒三十一年六月》 再，粵省移設製造局廠，添購機器，改造六米里五口徑快槍各情形，業經具摺奏報在案。

粵廠擬造新槍，口徑係按照魏光燾、張之洞等奏設江南機器新廠所定槍支口徑擬定，冀歸一律。查魏光燾等所定口徑，係仿造日本明治三十年所造新槍式。此項新槍之利在逼碼較小，分量較輕，軍人隨身可以多帶，射擊時彈路較直，易於命中。臣之初意，亦以此項新槍口徑爲然。乃觀此次日俄戰事，西人多謂日槍口徑太小，其逼碼能傷人而不能死人，故敵軍有身中數十彈猶能戰鬥者，亦有負傷雖重不久即愈復能從軍者。夫戰陣不求多殺，固是文明之極軌，但兩軍相見之頃，一國之存亡榮辱係之軍械，稍有未宜，誤事即已不小。各國軍械雖極精利，每經世界一次戰事，無不大加改良。現在中國正當講求製造畫一軍械，新槍口徑究應如何酌定，亟宜遍考各國，詳審利弊，再行從事。擬請旨飭下政務處、練兵處詳細會議，通行現有製造局各省，一律遵照製造，以歸一律。

再，查德國現用新槍係七米里九口徑，法國現用新槍係八米里口徑，英國現用新槍係十米里零口徑，合併陳明。

謹附片具奏，伏乞聖鑒訓示。謹奏。

硃批：練兵處議奏。

中國第一歷史檔案館《光緒朝硃批奏摺》第一〇二輯《光緒三十一年七月十五日署理兩江總督山東巡撫周馥片》 再，光緒三十一年十一月初四日，承准軍機大臣字寄，光緒三十一年八月十七日，奉上諭：商部奏請飭清釐礦產，以保利權一摺。據稱，周馥所陳各節，有裨要政，請飭各省一律援照辦理等語，著各直省將軍督撫即行派員，酌帶工師，周歷採勘，按照商部所發表式，將已開未開各礦，詳晰註明，隨時咨報，並按照兩江辦法，迅即籌辦，毋稍延緩。其各省所派專員，均准作爲商部礦務議員，並由該部悉心稽察，嚴定考成，隨時請旨辦理。原摺著鈔給閱看，將此各諭令知之等因，欽此。遵旨寄信前來。竊思礦產乃天地自然之利，現當振興商政之際，尤不可不亟意講求。商部原奏所請設立礦政調查局，洵足以提綱挈領。黑龍江土脈雄厚，並多大山，地氣所鍾，豈乏佳礦。除漠河觀音山兩處金礦，前被俄人借躧苗爲名，私行佔據，尚未收回。其都魯河、發畢拉河舊有之金礦，自庚子亂後，多被俄人私採，奴才已先後派員前往勘辦，祇以俄兵未退，動多牽掣，已飭派出之員設法先佔地步，並創辦金牛山、懷獾洞、馬鞍山、朝陽山煤礦四處，現均辦理粗有規模。此外有無礦苗顯露之區，應由奴才檄委辦理煤礦委員，補用協領，擬正佐領純德先赴北洋，考求煤礦辦法，然後按照商部原奏情形，周歷各處，詳勘五金各礦，一俟躧勘明確，再將礦地坐落官民界址，礦質苗綫之隱顯長短，照式填表送部，俾資考察。除咨明商部查照外，謹附片先行具陳，伏乞聖鑒。謹奏。商部知道。

《申報》光緒三十一年八月十四日第三版《派查湖北局廠之先聲漢口》 據聞，漢口官場接盛杏蓀宫保來電，知京中將派某貝子來漢，調查武漢各局廠情形，大約下月初間，當可蒞鄂，傳言如是，未知確否。

《申報》光緒三十一年九月二十三日第九版《商部奏清釐礦産請飭各省選派專員設立礦政調查局以保利權摺》 奏，爲清釐礦產，請飭各省選派專員，設立礦政調查局，援照兩江督臣奏案辦法，以保利權，恭摺仰祈聖鑒事。竊臣部於光緒三十一年七月二十七日，准軍機處抄交兩江總督周馥奏，查明三江礦產所在，擬招商試辦，並出示禁止私售一片，奉硃批：商部知道。欽此。欽遵抄出到部。查原奏內稱，前准商部咨，商民私賣礦產，流弊滋多，請嚴密查禁，奏奉諭旨：依議。欽此。咨行欽遵在案。茲據查勘三江礦務補用道陳際唐稟稱，奉委查勘礦務，經委員帶同礦師，歷抵各處，詳細詣勘，現將江皖贛三省著名礦產，逐一開呈，計所產銀銅煤鐵各礦，苗質甚旺，且係官山居多，現擬招商集股試辦，飭地方官查照前案，欽遵諭旨，出示諭禁私賣，明定限制，庶幾弊源可清，免滋後來糾葛等語。臣等查丱人之利，載在古經，徒以研究無人，以致千百年來，精華未洩，若不早爲整理，則富藏於地，而不自知，殊爲可惜。今兩江督臣首先遵旨，派令專員將江寧、江蘇、江西、安徽等省產礦之區，一一勘明，以期招商試辦，洵屬挈領提綱，有裨要政。除由臣部咨行該督臣，將詳細辦理章程，送部覈定通行，並派員再加勘探詳細里數外，其餘各省，不乏著名礦產，自應一律援照辦理。相應請旨通飭各直省將軍督撫，迅即籌設礦政調查局，專選諳練廉正之員，咨由臣部加札，作爲礦務議員，令其酌帶熟識礦產之工師，周歷各府廳州縣，詳爲探勘。凡礦地坐落官民界址，礦質苗綫隱顯，短長均一一記載明晰，隨時報部，並由臣部擬刊各省礦產表，令按表填送，與臣部前飭各省填送已開各礦之礦務總表，相輔而行，庶各省寶藏瞭然心目之間，而每歲辦礦情形，有無起色，臣部即可藉以稽覈。夫辦事之要，在專其責任，尤必嚴其考成，否則各省多設一局，多委一差，循名而未嘗覈實，其於商政仍無裨補。擬請自此次奉飭辦理後，由臣部咨行各將軍督撫，嚴飭所屬，除將已開各礦，照前給之表式填送外，其未開之礦，即按照兩江總督所奏辦法，迅速籌辦。統計三年之内，如查有切實探勘，力事提倡，確著成效之員，由臣部擇尤奬勵，其敷衍塞責，探勘未能確鑿，致民間仍私相售賣者，應請與該管地方州縣，一併懲處。如此懲勸兼施，或於整頓礦務，不無裨益。所有清釐礦産，請飭各省專行遴員辦理緣由，是否有當，謹恭摺具陳，伏乞皇太后、皇上聖鑒訓示。謹奏。

朱壽朋《光緒朝東華録》卷一九六《光緒三十一年九月》 商部、户部奏，光緒三十一年八月十二日，軍機處鈔交兩江總督周馥等奏，三省查礦事宜擬請特簡大員督查招商試採一摺，奉硃批：該部議奏。欽此。欽遵鈔交到部。查原奏内稱，中國礦産之富，甲於五洲，歷年華商辦理，未見明效，亦因查礦未確，地方官紳未能切實辦理。各國辦礦，首重查礦，次重探礦，查礦之權，操之國家，其費出自公款，或准商人墊用，皆由採礦公司歸還，未有不先行查實而貿然下手者。擬仿照各國辦法，先延礦師，將江蘇、安徽、江西三省，逐一查驗，凡有礦處，先勘地面礦苗如何，如果苗旺質佳，再行鑽穴，探驗地下礦産如何，礦産如厚，再驗來脈遠近，鋪地寛狹，運道難易，一一詳查估算，分别上中下三等，列表繕册，通報户部、商部等衙門存案。凡官山自應申禁，不准私賣，如係民産，彼此轉售，亦應稟官查明買主確是土著，方准過割，並曉諭地方官紳，先將近礦山場田地，設法購買若干，以爲基礎。此項查礦經費，現經臣馥飭由寧、蘇、西、皖四藩司，各於銅元餘利項下，暫撥銀二萬五千兩，擬於三年之内，將三省有名礦産，查辦就緒，惟兹事體大，擬按照從前三品京堂李徵庸辦理四川礦務成案，請欽派大員，督辦三省查礦事宜，遇有要事，會同督撫商辦。至三年查礦期内，必有陸續試辦者，無論官股商股，概照公司章程辦理，華商風氣未開，招股不易，議者皆謂宜提銅元餘利二三成，早開銅礦，以固根本，惟現在各省銅元局提款太多，殊難多撥，應俟隨後體察會商，酌提餘利，附充股本等語。臣等伏查中國固有之利源，要在振興礦政，各省急起自辦，自以首先設局調查爲權輿。商部准覆兩江督臣來咨，擬合江、皖、贛三省之財力，派員查礦，並設三省查礦公所等語。當於本年八月間具奏，擬仿照兩江督臣等所擬辦法，請旨通飭各直省將軍督撫，迅即籌設礦政調查局，專選諳練廉正之員，咨由商部加札，作爲礦務議員，令其酌帶礦師，詳加探勘，除已開之礦，仍按前頒礦務總表填註外，未開之礦，即遵此次刊定表式，隨時填明具報。如有切實探勘，確著成效者，准由商部擇尤奬勵等因。業奉諭旨允准，通飭各省，一律欽遵辦理在案。此項礦務議員，甄選之始，既由各省督撫覈其才能，委用之時，又由商部課其殿最，所有該省礦政，自不難責成經理，以竟厥功。茲兩江總督周馥請照四川辦礦前案，督以大員，轉慮體制較崇，未必躬親履勘，仍須派員前往，稟覆覈轉，會同奏咨，徒增耗費，轉多周折，擬請仍照商部前奏各節，妥籌辦理。該督等前設查礦公司，即改礦政調查局，並將該省派往查礦之員，開具履歷，咨由商部酌量加札，作爲礦務議員，以符奏案。所請特簡大員督查之處，應毋庸議。原奏又稱，三年内陸續試辦，無論官股商股，概照公司章程辦理，自屬可行，仍應查照商部奏定礦務章程，隨時咨報，以憑查覈。原奏又稱，議提銅元餘利，早開銅礦一節，户部查現在整頓圜法，需銅孔亟，故洋銅進口，日益加多。若能早開銅礦，自開利源，誠屬扼要之論。該省擬提銅元餘利，附充股本，亦係正辦，惟各局所認練兵經費，及部撥各款，均關緊要，務先照數解足，所餘餘利，自應由該省酌量提用，以充股本。其餘嚴究私賣礦産，先飭官紳購買近礦山場田地各節，均與商部迭次奏咨各案相符，至稱詳細章程，届時察看情形，再行會奏一節，查此項章程，自應由商部訂定奏明，咨行遵照，並通行各省照辦，以歸畫一。如蒙俞允，即由臣等咨行該省督撫，欽遵辦理。得旨：如所議行。

《申報》光緒三十一年十月初五日第三版《飭編全國路礦表册京師**》** 日昨政務處王大臣議及各省開辦路礦，日見其多，究竟共若干處，並未彙總查覈，應請飭商部，即將全國各省已未開辦路礦，及某地出産某礦、開礦何人、礦苗衰旺、支幹鐵路方向遠近，一併編輯表册，繪具圖説，送交本處，以資考證，而便稽察。

《申報》光緒三十一年十月十五日第三版《商部電覆公司註册定章廣州**》** 廣州總商會因商號註册事，於初三日電稟商部，請示辦法。隨奉電覆云，各省公司行店，均須由部註册，商會只應將原呈加蓋圖記，並所繳公費代寄本部覈辦，所請在商會逕行註册，與定章不合，應毋庸議，商部支。印。

中國第一歷史檔案館《光緒朝硃批奏摺》第一〇二輯《光緒三十一年十一月初五日四川總督錫良片》 再，前准户部咨，各省機器局，採購物料，動用款項，須事前報部立案，方准覈銷等語，歷經遵辦在案。茲據辦理機器局布政使許涵度等詳稱，現在製造毛瑟槍、藥彈、銅釘、小火鉛子、機件等項，需用銅鉛鋼鐵，必須陸續採購，照案在於成綿道庫土貨釐金項下提撥銀兩，派員就近採買上色精銅八萬斤、净鉛十萬斤、蘇土鋼四千斤、毛條鐵十七萬斤以資製造等情，詳請奏咨立案前來。奴才覆查無異，除咨部查照，並飭趕緊採辦，覈實報銷外，理合附片陳明，伏乞聖鑒。謹奏。該部知道。

中國第一歷史檔案館《光緒朝硃批奏摺》第一〇二輯《光緒三十一年十一月初五日四川總督錫良片》 再，查前准户部咨，各省機器局如有採購等項，事前報部立案，事後方准覈銷等語，歷經遵辦在案。茲據辦理機器局布政使許涵度等詳稱，局中製造火藥，應用牙硝，將次用罄，援案委員採辦牙硝八萬六千斤，以資配造，遵照部定價值，計需庫平銀一萬二百七十七兩，仍請於常年經費外在成綿龍茂道庫土貨釐金項下另行提撥，俟購辦齊全，覈實彙案報銷，詳請奏咨立案前來。奴才覆覈無異，除咨部查照外，理合附片具陳，伏乞聖鑒。謹奏。該部知道。

中國第一歷史檔案館《光緒宣統兩朝上諭檔》第三一冊《光緒三十一年十二月初二日》 光緒三十一年十二月初二日，內閣奉上諭：商部奏參領瑞徵辦事朦混藉端招搖請旨懲辦一摺。現在振興商務，招商集股，端在誠信相孚，豈容不肖官員，影射朦混，任意妄爲。乃該參領竟在吉林擅稱商務議員，並有冒支款項情事，實屬荒謬。記名副都統即補參領瑞徵，著即行革職，並著該旗嚴拏押解回吉，歸案究辦，以示懲儆。欽此。

中國第一歷史檔案館《光緒宣統兩朝上諭檔》第三一冊《光緒三十一年十二月初四日》 交商部。本日給事中劉學謙奏洋貨進口日增，請多設局廠仿造機器推廣紡織以挽利權摺，奉旨：商部知道，欽此。相應傳知貴部，欽遵可也。此交。

《申報》光緒三十一年十二月初五日第三版《商部奏釐定煤礦收税章程京師》 上月二十一日，商部奏各省煤礦收税不一，請飭釐定章程，以昭劃一。

《申報》光緒三十一年十二月初二日第四版《請定鐵冶公司税章》 張季直殿撰擬集資創辦資生鐵冶公司，已於日前稟呈商部立案，並請酌定税章，以便遵行，未識能奉准否。

中國第一歷史檔案館等《中國近代兵器工業檔案史料》第一輯《練兵處奏議鄭孝胥請限年趕造軍械一事片光緒三十一年十二月二十六日》 再，前准軍機處鈔交候補四品京堂鄭孝胥奏請限年趕造軍械一摺，光緒三十一年十月十八日奉硃批，練兵處知道，欽此。

查軍械爲練兵要需，自應精製廣造，以資利用。前因上海製造局有移建之議，當蒙簡派臣鐵前往江南等省周歷查勘，旋將應否移建情形詳細覆奏，經臣處會同政務處遵旨議覆，擬於湖北舊廠外，添設南、北兩廠，分別撥款籌辦等因，奏蒙俞允在案。今該京堂所陳各節，覈其辦法大抵前奏中均經議及。如原奏内稱，全國軍械責成練兵處特舉勤能大員督辦一節。查前奏以南、北兩廠全在總辦得人，非精諳槍學、砲學，體用兼備之員，不足勝任，請飭下直隸、兩江、湖廣總督各舉所知一二三員，開列銜名，出具考語，由練兵處匯覈請簡，俟奉旨後，即責成總辦之員，將建廠各事宜詳細規畫，稟承練兵處王大臣及該管總督，克期興辦。是製造各事，前經聲明歸臣處派員總辦，仍由臣等隨時督率，該京堂所請特舉大員督辦之處，應毋庸置議。

又原奏内稱，籌款、練才、擇地各事限半年内妥議具奏一節。查前奏擬以滬廠節存之每年七十萬兩撥作北廠開辦經費，不敷之款估定後，責成直隸、山東、河南、山西、陝西、奉天、吉林等省，限五年内分別攤籌；南廠則以江、皖、贛三省協濟之三十萬兩，及銅元一半餘利，提作開辦經費，估有不敷，責成江蘇、浙江、四川、兩湖、兩廣等省，亦按五年分成攤解。是兩廠應需款項業經分別籌定。現在雖銅元餘利已不可恃，然當此庫儲支絀之際，實無他款可以提撥，應仍遵前議，設法辦理。至製造各學，理極精微，選練人才，至爲要務，前奏擬請俟南、北兩廠開辦時，隨廠各設學堂，招集生徒，延師教練。應俟兩廠開辦時，即行切實舉行。惟選擇廠地一事，除南廠設於湘東業經勘定基址外，北廠擬設於直豫等省，前經行知該督撫等各於境内選擇去後，現准河南巡撫咨稱，衛輝府道口鎮地方堪備建廠之用。第地勢是否高廣，土性是否堅實，運道是否靈通，必須事事合宜方能適用，容由臣處派員復勘詳確，再行奏請欽定。

又原奏内稱，限三年内將廠屋造成開工興辦一節。查建廠爲一勞永逸之舉，固不容因循以廢事，尤未可草率以圖成。前經湖廣督臣張之洞奏請移建新廠摺内，擬以五年爲期，委係估計工程之大小，衡量財力之盈虛，而因以定歲月之遲速。惟現在建廠勢難再緩，而所籌經費尚未齊全，臣等惟有俟廠地一經擇定，即就目前財力先其所急，陸續開辦，以期早日工竣，不致虛耗歲時。

又原奏内稱，每年造出之槍砲必須足供全國内海軍、陸軍百餘萬人之用一節。查出械之多寡，視乎機器之大小。此時海軍既未興辦，即編成陸軍鎮數亦尚無多，惟現當上緊編練之際，自必日增月盛。臣等擬俟兩廠開辦時，即按照各省應需軍械數目，購置相當機器，源源製造，寬爲儲備，俾資應付。如果將來餉力充裕，所練海陸各軍能如該京堂所稱百餘萬人之數，自當隨時增置機器，逐漸擴充。至此項槍砲爲殺敵致果之用，關係甚重，應如何實力考驗，博采衆長之處，容由臣等督飭承辦各員悉心研究，去弊改良，務期盡美盡善，一律精純，以仰副朝廷慎重軍儲之至意。

所有覆覈該京堂奏請限年造械緣由，謹附片具陳，伏乞聖鑒。謹奏。

光緒三十二年正月二十五日具奏，本日奉旨：依議。欽此。

中國第一歷史檔案館《光緒朝硃批奏摺》第一〇二輯《光緒三十二年正月廿六日署理黑龍江將軍程德全片》 再，振興商務，當先以招工藝爲基礎。近來泰西諸邦，藉製造以進增其理想，廣實業以横絶其懋遷者，工藝而已。江省處荒瘠之地，又經兵亂，百姓之生計，日益艱窘，亟應設立工藝廠一所，以牖民智而導利源。查有花翎候選道孫錫三，心細才長，辦事誠實，堪以派充該廠總辦。由善後局籌備官股銀十萬兩，並飭該道赴京招集商股銀十萬兩，合爲試辦之貲，遴選各省靈巧藝匠，及本地之習工者，悉心研究，以加精江省已有之工藝，擴充江省未有之工藝，爲設廠興利宗旨。一俟辦有成效，再行集貲推廣，兼收本地外來兩項窮民，教以淺近粗賤之藝，使之能自存活。其宗旨並在濟貧，如有終年游蕩無所事事之人，教以一藝，俾免饑寒，不致流入匪類。其宗旨並在遷善，舉此一事，而利民養民化民之道，胥寓於中，似於新政不無裨益。除咨商部查照外，所有黑龍江派員招股試辦工藝緣由，是否有當，理合附片陳明，伏乞聖鑒訓示。謹奏。商部知道。

中國第一歷史檔案館《德宗景皇帝實録》卷五五七《光緒三十二年三月》

工部左侍郎盛宣懷奏，各省礦務，現經自辦，應將前設之勘礦總公司裁撤，所有前撥未動勘礦總公司銀十萬兩，並由北洋籌銀十萬兩、山西籌銀十萬兩，合三十萬，撥歸晉省同濟礦務公司，以之購買礦地，救山西一省之礦務，即所以挽天下之利權。請飭商部隨時會商北洋大臣、山西巡撫查照，督飭該公司紳董，認真辦理，以免中輟。下外務部商部知之。

《商務官報》光緒三十二年四月十五日第二期《嚴禁以鹽醃繭之弊》 江南通海等處繅絲車户，往往以鹽醃繭，藉圖漁利，因由商部咨達江督，請電飭江皖産繭各屬剋日示禁。近聞江督擬通飭蘇屬改用烘繭新法，電請商部轉諭通海蠶桑公司知照。

《商務官報》光緒三十二年四月十五日第二期《考查各國工藝》 候選道吴熙恩近擬自備資斧，遊歷英、德、法、美、日本等國，考查工藝，以便回國擇善仿辦。商部嘉其留心實業，深合本部提倡工商之旨，因於日前批准，並即給予委札，以示獎勵。

《商務官報》光緒三十二年四月二十五日第三期《預防擾累》 職商韓雲標請於津漢沿路灰煤各廠，照烟酒鹽課辦法，設局籌款。商部以國家征收税課，自有定章，即有應行變通之處，亦應由國家體察情形，酌量辦理，豈能由商人率請更張，致滋擾累，因特批斥不准。

《東方雜誌》第三年第四期《户部財政處會奏請限制各省鑄造銅圓摺》 竊查各國鑄造金銀銅各種幣數，無不隨時酌定限制，不敷則增鑄，有餘則暫停，故能價值整齊，流通無弊。臣等前於奏請整頓圜法酌定章程摺内聲明，各省鑄幣，必須隨時斟酌損益，俟所鑄足敷應用，由臣部體察情形，飭令暫停各等語，奉旨：依議，欽此。欽遵，通行遵照在案。現查各省鑄造銅圓，毫無限制，雖經户部奏定，業經開辦之局不准增機，未經設局之處，不准添設，惟各省銅圓局已設多處，且有一省數局者，在各省督撫無非以籌款維艱，而銅圓餘利甚饒，亟思推廣運銷，藉資挹注。故現在鑄數日增，此省競運出口，彼省嚴禁入口，是銅圓充斥，民用足敷情形，已可概見。若徒以籌款之故，圖目前之利，必欲於此取盈，勢必至紛紛趕鑄，減價發行，銅鉛愈多購，而價愈增，銅圓愈多鑄，而價愈落。户工兩部所鑄當十大錢，僅抵制錢二文，可爲前鑒。更恐將來餘利漸少，不特鑄局成本虧折堪虞，且錢價愈賤，物價倍增，小民生計維艱，地方收款，亦暗受虧折。竊恐圜法紊亂，市面動摇，公家賠累於上，商民交困於下，貽患後來，關係匪淺。查近與各國新定商約，曾有立定一律國幣之條，若不於此時亟圖補救，迨至不堪收拾，貽笑外人，更將何以自解。臣等公同商酌，現在各省銅圓均已不虞缺乏，非趕爲酌定限制，未易施補救之方。擬令江蘇、湖北、廣東等大省，每月造數不得逾百萬，直隸、四川兩省，每月造數不得逾六十萬，其餘各省，每月造數不得逾三十萬，成色分兩，均須遵照財政處户部奏定章程，不得稍有歧異，並由臣等隨時派員稽查，如不遵照奏章，將承辦人員嚴行參辦。現未設廠省分，應照前奏，無庸另設。如山西、陝西等省，可由户部總廠撥給，貴州等省，尚未開鑄，如有需用，可由四川等省協撥。至名省鑄局，購買外洋銅餅，前經臣等奏明禁止進口，現查有在奏定章程之先，已向洋商訂購者，自應查明訂立合同日期，如係訂購在先，自應仍准其購運。惟此項銅餅係由各國分購，成色分兩斷不能一律，且購來數目極多，若仍即印花行使，殊慮攙雜日甚。應令運收後，重行照章配合鎔鑄，鑄出之錢，如查成色分兩不合定章，即照章一律嚴參。即購置銅斤，亦須電知財政處户部覈准，轉行飭知海關，方准進口。各省現有之廠，不得沿用舊名，應統名户部造幣分廠，冠以某省字樣，以資識別。至各該局所用鑄模，參差不一，前已奏定，均須由户部頒領祖模，所有現用各種舊模，應一律即行停廢。擬令各省局於未經頒到祖模之先，一律暫行停鑄，趕將各該省歷年鑄造銅圓數目查明，自開鑄起，共鑄出若干，現積若干，民間需用數目約計若干，並已經行銷州縣若干處，其購定物料銅斤，未經鑄造者，尚存若干，限三個月内，先行據實報知財政處户部，以憑考察多寡盈虚之數。即由户部造幣總廠迅速刊造祖模，分別頒發，應俟領到新模，再行開鑄。如此酌盈劑虚酌定限制，再按照臣等奏定章程，令各省設立官錢公估等局，與户部銀行聯絡一氣，將銀銅各幣定准價值，一律行用，庶銅圓無充斥之患，價值亦無漲落之虞。臣等綜覈財政，利害相權，不得不如此辦理，各疆臣當公忠體國，協力維持，以重圜法而顧大局。如蒙俞允，即由臣等通行遵照辦理。再，各省銅圓，現雖酌定限制，仍准鑄造，究係暫時辦法，他日充斥過甚，終不免有停鑄之時，此項餘利，萬不可恃，應並請飭下各該省，預籌他項的款抵補，免誤練兵新政等項要需，謹奏。奉旨：依議，欽此。

吉林大學歷史系等《吉林檔案史料選編》上諭奏摺《左都御史陸宗輿奏東三省各項要政請飭迅速舉行摺光緒三十二年四月》 三、采掘撫順炭礦。按該礦之位置，中臨楊金堡，西至千金塞，東延老虎堡，三處之苗最爲旺盛。炭層之厚，自五十尺乃至百尺，以視日本之炭層自六尺至三十尺者，相去霄壤。炭質之優，日本農商務省已數次分（折）［析］，言其最劣之部分，視日本上等炭爲尤良。故該礦之價值，自七十億乃至一百億，嘖嘖於歐美礦學家者久矣。臣竊以爲，宜早設撫順炭礦公司，以杜窺伺。據日本專門家之調查言，開辦此礦，有二百五十萬元之資本，已足敷用。預算每年採掘所得，至少須七十萬噸。每噸採掘費計一元五角，合以資本金之利息，即以五分利算，每噸約一角七分有奇，是則每噸凈費不過一元八角之數。而准以今日炭價，每噸至少售四元，是每年除費用外，可得贏餘一百四十五萬，資本不多，獲利甚巨。方今籌款維艱，得此可資挹注。至此項礦産要以獨辦爲上策，與日本合辦尤不失爲下策。東三省礦藏固多，而先其大者宜急，自撫順始。

《商務官報》光緒三十二年閏四月初五日第四期《開礦須知》 職商楊國餘請開獨石口廳屬桃樹底下村銀礦，業已遞禀商部。查奏定礦章第四條第三則載，禀内須將所指礦地四至、遠近大小、若干方里，合計若干畝，繪圖貼説，以備查覈，等語。現在該商並未按照部章，詳晰聲復，故商部批令遵章補呈，並粘呈股實行號保單，擔承銀五千兩到部，再行覈奪。

《商務官報》光緒三十二年閏四月初五日第四期《試辦章程立案》 内河小輪傾棄煤渣等事，亟宜明定章程，藉資遵守。現由江督據滬道所擬試辦章程，及承辦蘇杭滬各小輪船起卸煤灰合同，咨達商部，即由商部覈准咨覆通行。

《商務官報》光緒三十二年閏四月二十五日第六期《並無裁撤商務局之説》 近日外間有商部擬裁撤商務局，歸併商會之謡，某省商會且以此事發電詢問，當由商部以本部並無此議，勿得輕信謡言覆之。

《商務官報》光緒三十二年閏四月二十五日第六期《准給探礦執照》 職商閔國勳前請備資探勘昌平州仙人洞金礦，續又禀請採辦勾勾崖銀鉛鑛，當由商部片行順天府，飭屬詳查見復。現據覆稱，派員查明，該職商家道人品均尚殷實公正，兩處礦地亦尚無窒礙云云。商部因即併案批准，並飭該商速將兩礦保單照費，遵章呈繳，以便填發探礦執照。

《商務官報》光緒三十二年閏四月二十五日第六期《批職商韓樹滋等呈》 據呈已悉。前據該職商等呈稱，請設立益華公司免征税厘等情，當經本部將免征税厘一節批駁，准將設立公司立案。兹復據，該商等照章呈請註册，所擬各款，覈與公司註册章程，尚屬相符。惟所擬試辦章程第一章第一條所云，本公司凡能挽回利權而爲力所能達者，皆在應辦之列等語，未免漫無界限。該公司設立本旨，既先就織布一項試辦，其營業界限自應在織布範圍之内。應將原章程更正呈報，俟開辦前遵章繳納註册公費銀兩，赴部註册，可也。此批。閏四月初八日。

王樹枏《張文襄公全集》卷一九六《致財政處户部天津袁宫保江寧周制臺開封張撫臺長沙龐撫臺光緒三十二年五月初二日寅刻發》 號、漾、先三電悉。承示以銅元充斥各省，鑄廠過多，擬酌量歸併，調劑盈虚，令統籌電復等因。查沿江各省，銅元過多，錢價日低，物價日貴，利少害多，實非嚴立限制不可。去冬貴部處分，定各省限制，不過欲本省隨時體察情形而已，並非以任意多鑄爲然也。然減數而不減局，則工火費用甚不合算，故貴處歸併之説，亦是良策。姑就湖北省言之，最近者，南則湘省，北則豫省，尚可歸併。

如鄂省部額，日鑄百萬，湘豫部額，各鑄三十萬，合計每日共鑄一百六十萬，所得餘利，照十六分勻攤，鄂得十分，湘豫各得三分，似屬公允。湘豫兩省，准其派人至鄂省稽察，以昭覈實。惟行銷地界，必應劃定，斷不宜任意浸灌。假如鄂湘豫併爲一局，則鄂局所鑄，不能大批運銷出此三省以外他省，應如何歸併，聽候部處裁定。凡設局之省，有三數省可以流通，已稍有調劑挹注之益。一年以後，錢價當可漸長，物價當可漸平。各局餘利，雖斷不能如舊日之豐，尚不至於全失，此爲最穩最實之策。若不限鑄數，則爲害無所底止，尚有何利之可言。不限省界，則以鄰爲壑，必至因一省而累及各省，似乎不可。至欲定銀幣爲本位，而但以銅元爲找零之用，夫找零能用幾何，是幾於廢此鑄成之數千萬串銅元不用矣，於民情既多不便，於庫款尤受巨傷。且北五省，無論大小貿易出入皆以錢計，湖北省商賈交易亦大半以錢計。一旦廢錢用銀，窒礙太多。又若定銀銅畫一價一節固善，惟地廣情殊，事須慎重，一時斷難强同，似可待鑄造銅元章程定後再議。但湘豫兩省，願如此辦否，應請詢商湘豫。鄂省不過抒其統籌挽救之管見而已，可否均聽部處與湘豫裁酌。柬。

《商務官報》光緒三十二年五月初五日第七期《火柴公司納稅之覆文》　前北京丹鳳火柴公司總理温祖筠等，禀請援照燮昌公司成案，減輕鐵路運費，並將原料等費一併量減各節，早由商部咨商各管路大臣查覈見覆。現據京漢鐵路大臣覆到，以輕減火柴運費價，應准援案辦理，至材料一項，不能再從輕減云。商部當據覆札飭公司知照。

《商務官報》光緒三十二年五月初五日第七期《請保專利權》　湖北燮昌火柴公司經理人宋煒臣，因近有吳得厚等勾結日商，在該商廠專利限内，續開火柴公司，故特遞禀商部，請咨行湖廣總督查明禁阻。當由商部據請咨達鄂督，擬俟覆到後，再行批示。

《商務官報》光緒三十二年五月初五日第七期《批顧問官周廷弼禀》　前據禀稱，無錫裕昌繅絲廠内地繭捐太重，及請加給一成爛繭護照各節，業經據情咨行蘇撫，並加函籌商去後。頃准覆稱，無錫裕昌繅絲廠一事，已轉飭牙釐局，遵照覈議。兹據該局詳送原案前來，查此案該局初次批示，以三百餘斤繅絲一擔，係屬尚未定案約計之詞。迨該商請完繭捐，該局查悉蘇滬各廠繅絲，一擔約須乾繭五百斤，除去包皮折耗，以八七折收捐，亦須四百三十五斤。批令照此覈算，該商即經遵辦，復禀請援照蘇廠，將下脚次繭剔除二成，給照免捐。該局當以蘇經係屬官廠，故准通融辦理，此外吳興及延昌永絲廠，均未給護照，批駁去後，旋以一再禀請，從寬准免一成。是名雖以四百三十五斤乾繭抵絲一擔，實則除去一成，僅三百九十一斤半，與前批亦正脗合。此事係由税局酌定，華洋一律等語到部，爲此批示，該道知悉。此批。閏四月二十日。

《商務官報》光緒三十二年五月初五日第七期《批職商惲毓昌等請麪粉弛禁並免麥釐禀》　據電及禀均悉。此案前經本部兩次切電南洋大臣，並詳咨外務部覈辦嗣准。南洋大臣以恐致他國援引，牽動全局爲言，外務部則歷叙駁阻各國迭請弛禁之案，稱爲祇可暫緩置議等語。本部已於三月初九日札行職商許鼎霖等，及上海商務總會遵照，並令傳知雙合成等號商知悉在案。現在各廠困難情形，本部莫不周知，正在力籌辦法，又值東南數省米價驟漲，各督撫重申前議，復有禁米出口之奏，實於此案又添一層阻力。查米禁出口，係指海口而言，内地仍准流通，米麥事同一律。況湖南水災，民食孔亟，止可趁此廣籌銷路，故有魚電，飭商務總會轉行知照，究竟通流與否，其辦法仍在督撫。本部復於十一日咨行南洋大臣，飭將上海各廠存積麪粉，如何量予變通，極力妥籌，以紓商困等因，亦在案。仰該職商等知照，可也。此批。閏四月十六日。

《商務官報》光緒三十二年五月初五日第七期《慎重棉紗税額之更張》　税務司請改常關棉紗税項照新關税則一案，前已由商部商詢上海商會，近復電催速覆，以便覈議。

中國第一歷史檔案館等《中國近代兵器工業檔案史料》第一輯《練兵處奏訂陸軍槍砲口徑等項程式摺光緒三十二年五月初七日》　練兵處奏。

查各國近十年來所出新槍，其口徑大小自六密里五以至七密里九五不等。論其得失，大概口徑過大者，其飛路必寬，恐取准較難，且子重則多携不便；口徑太小者，其擊力固猛，惟彈過細，倘非中致命之處，則斃敵難期。參考各國諸制，以酌中定議，其口徑擬用六密里八。至砲位種類名目尤繁，撮其大綱，約分野戰、城隘、海岸、海軍四項。當兹編練陸軍之際，應先就行營所需之野戰砲分別制備，以資利用。其砲位擬用陸路、過山兩種。陸路砲爲駛行平地而設，過山砲爲跋涉險阻便於拆卸馱載而設，此二項口徑均擬用七生的五。他如子彈之速率、快放之速數，與夫砲身之輕重、砲架之高低、輪轍之寬窄，其應行釐訂者，亦經多方考較，期於因應適宜。至城隘、海岸、海軍三項砲位，造法至爲精密，非急切所敢率定，擬姑從緩。

謹將此次所訂槍砲口徑等項程式，繕單呈覽。俟命下後，臣處即分飭各局廠，遵照此次新定式樣，購機遵制。其舊造各式，悉令停止。並飭各該局承辦諸員，遴選工匠，精煉鋼料，研究造法，以期一律精利，緩急堪資。

陸軍槍砲口徑等項程式

一、快槍。槍枝口徑擬用六密里八，槍筒長一百十五倍口徑。子彈初出槍口速率須六百五十密達以上，用無煙藥，其燒化之速，以子彈將出槍口藥始化盡爲度。

一、陸路砲。砲口徑擬用七生的五，身長二十八倍口徑，砲身連閂三百六十啓羅。砲架高一密達，兩輪相距一密達三，架重（連護甲）共六百啓羅。子彈用開花、子母、葡萄三種。子彈、引火共重七啓羅。砲身、砲架、前車、子彈、零件配齊，共重以一千七百啓羅爲率。子彈初速率須五百密達以上，擊遠須五千密達以上。砲昂度以十六度爲限，俯度以六度爲限。快放速數每分鐘須十五出以上。

一、過山砲。砲口徑擬用七生的五，身長十五倍口徑，砲身連閂重一百一十啓羅。砲架高六十四生的，兩輪相距八十生的，架重（連護甲）共三百啓羅，砲架最重之件不得過一百一十啓羅。子彈用開花、子母、葡萄三種。子彈、引火共重六啓羅。子彈初速率須三百密達以上，擊遠須三千五百密達以上。砲昂度以二十度爲限，俯度以十度爲限。快放速數每分鐘須十五出以上。

以上砲位二種，其砲身均擬用鋼質，砲閂擬用螺形，砲藥均擬用無煙藥，其重量應按所造之藥力試定。

《商務官報》光緒三十二年五月十五日第八期《麵粉不准出洋》 商部前以上海麵粉滯銷，於經營斯業者大有關係，因以能否設法疏銷之事，電詢江督。近江督察奪情形，擬准其出洋銷售，以保商本。當即電告商部，由商部咨請外務部覈覆外部，以麪粉出洋一案，恐爲他國藉口，實難通融覆之。

《商務官報》光緒三十二年五月十五日第八期《批王化南等禀》 據禀已悉。案查財政處於整頓圜法章程内聲明，各省所鑄銅幣，應令先儘本省發行，不得大宗販運出省等因，奏准通行在案。該商等所請向鄰局定購銅元，礙難照准。至請由官局酌撥，或由本縣官向外境通挪各節，應就近禀請地方官體察情形，酌覈辦理。此批。閏四月二十八日。

《商務官報》光緒三十二年五月十五日第八期《批職商沈壽康禀》 據禀，並探礦執照一張，均悉。該職商擅以禀准之礦私相授受，顯違部章，迭據飾詞瀆禀，業經本部一再斥駁。兹復據禀稱另招股款請開礦執照該職商承辦礦務，既無的實貲本，所稱招集股款前後異詞，所請斷難照准。除將繳回探礦執照註銷外，嗣後毋再嘵瀆。此批。閏四月二十九日。

《商務官報》光緒三十二年五月十五日第八期《上海商會議覆紗税額》 税務司請改常關棉紗税項照新關税則一案，前由商部詢上海商務總會。近已有覆電到部，略謂紗税征收，仍應照常關税則，小輪裝運出口，似應照新關征税云云。

《商務官報》光緒三十二年五月十五日第八期《批監生董文田呈》 前據該監生呈稱創製衛生麥礳懇請查驗給予專利等情，業經本部查驗，尚屬適用，所請專利一節，即准先予立案。其專利文憑暨年限各節，應俟專利章程訂定後，再行覈示，仍從批准立案之日起，查照定章辦理。現應迅將此項麥礳另製雛形式樣呈部備案，嗣後如有改良之處，仰即隨時呈報察覈爲要。此批。閏四月二十四日。

《商務官報》光緒三十二年五月二十五日第九期《注意吉江兩省實業》 商部以吉林與黑龍江兩省礦産富饒，森林蓊鬱，亟應詳細調查，以闢利源而籌抵制。日前已將此意咨行吉林將軍，請從速籌辦。

《商務官報》宣統元年五月二十五日第十六期《批廣益紡紗公司禀》 據呈已悉。該公司前請暫免税釐一節，當經本部據咨税務大臣覈復批示在案。兹據一再呈懇，情詞迫切，本部爲提倡實業起見，仰候據情再咨税務大臣統籌覈議，覆到再行示遵。此批。五月十四日。

天津市檔案館《袁世凱天津檔案史料選編·袁世凱爲獨出商業資本註册事札津商會光緒三十二年六月初八日**》** 爲札飭事。五月二十九日准商部咨開：查本部所擬公司註册試辦章程，前已奏准通行，歷經辦理在案。此項章程係指公司注册而言，乃商人往往以獨出資本，所開之局廠、行號、鋪店，按照公司呈式填寫到部，呈請註册，殊屬誤會。兹特定出商業註册呈式，嗣後商人獨出資本，所開之局廠、行號、鋪店不得稱爲公司，仍以局廠、行號、鋪店名稱。照後開呈式報部，歸入獨資商業註册，不得用「有限」、「無限」字樣。繳納公費銀兩悉按公司註册章程第九、第十、第十一各條辦理，覈准後即行文該省地方官，飭屬保護。其商業資本在銀500兩以下者毋庸註册。相應咨行查照，轉飭所屬，曉諭各商遵照辦理可也。等因到本大臣。准此，合行札飭。札到該總會，即便遵照辦理。此札。計抄呈式。

獨資商業註册呈式

具呈　　省　　府　　縣　　地方爲呈請註册事。

竊　　所應聲明各款呈請註册，伏乞商部註册局查覈施行。須至呈者。

計開

名號

作何貿易

開張年月日

營業有無期限

總號設立地方，如有分號一併列入

資本數目

出資人姓名住址（該局廠行號鋪店如係祖遺産業爲兄弟或伯叔所公有者註册時，宜由居長者出名具呈，其餘産主可在呈内以次列入，如係婦人産業即用門氏呈請）

總經理人姓名住址（總經理人如有更换應隨時赴該處商會報明，由商會呈部備案）

辦事章程

《商務官報》光緒三十二年六月十五日第十五期《批職商陳蔚秋等稟》 據稟已悉。該商等集股設立振益公司，並未先行報部有案，且同益稟辦原案，事隔六七年之久，牌號經理均與原稟不符，自亦無從牽合。至所請官商各辦之處，既經粤督奏明官辦在案，礙難照准。此批。七月初四日。

《商務官報》光緒三十二年六月二十五日第十二期《又批》 據稟，開辦總會及開用圖記各日期，又議董清單，均悉。該總會既經開經，必須事事認真辦理，以固初基。各議董等亦當羣策羣力，共資襄助，毋負衆望。又，另單據該員朱馮壽稟陳，該公會定妥後，即行稟退等語。查此事本由該員發起，旋經查覈章程，不無可採，因即奏准通行各省辦理在案。鎮江一埠，即責成該員經理者，以該員素辦内河小輪事宜，自必熟悉航務，既因成秉璋分争權限，又經本部嚴切示諭，分晰界線，各辦各事，蓋本部事事一秉至公，並不預存左右袒之見。現該總會甫經創設，有無成效，方欲籍該員之坐談者，以驗諸起行，若遽萌退志，反至迹近諉卸。該員既具熱心，肩任斯事，毋旁貸，毋中輟，惟該員其勉之。此繳。六月初五日。

《商務官報》光緒三十二年六月二十五日第十二期《批陳宜禧等稟》 據稟，寧路需用鋼軌，前電商鄂廠不能如期應付，是以轉向德國定購，已立合同，不能反悔各節，自係實情，應即照准。惟嗣後寧路如須展造，自應先儘鄂廠所出之鋼軌，以保權利而杜外溢，仰即遵照。此批。六月初一日。

《商務官報》光緒三十二年七月初五日第十三期《批監生董文田呈》 據呈及鏴礤式樣均閱悉。本部前據該監生所呈，既經批准立案，即係禁止仿造之據，所請給予專利文憑，暨定期年限，仍俟專利章程定妥後，再行酌覈辦理。除咨行巡警部飭屬保護外，仰即遵照。此批。六月十三日。

中國第一歷史檔案館《德宗景皇帝實録》卷五六二《光緒三十二年七月上》 署兩江總督周馥奏，機製棉紗出口常税，擬請改照洋關則徵收，華洋一律辦理。下户部、税務處議。尋奏，所請係爲整頓税務起見，應即照准。從之。

《商務官報》光緒三十二年七月十五日第一四期《批户部主事吕祖翼等稟》 據稟並章程清摺均悉。前因該會所舉總理，並簡章内經費一條，未臻妥協，當經飭令照章再行切實公舉，並將詳細章程送部覈奪在案。兹據稟稱，前情所舉總理李紳榘，協理巫紳祖楷，既係衆望素孚，熟悉商情，公同切實選舉，應即准予札委。所擬詳細會章，本部詳加覈閲，條理秩然，尚爲完備。惟第十二條内開，凡不歸各幫之商人，如營業稍小者，能捐常年會費，自二十四兩以上者，均得爲本會會友一節，查上海商會章程第十九條，常年捐費十二兩以上者，得爲本會會友。蕪湖商務既較上海爲簡，則此項會費自應仿照覈減，方爲平允，仰再詳細酌定，報部定奪。又第五十四條内開，在會會友，彼此交易文契兩造願用本會蓋用圖記代作中證者，應收中證費一節，查上海商會第六十八條，本有此辦法，惟不另行收費。該會經費既由各幫酌量籌措，其不歸各幫之商入會者，並須擔任常年會費，則商會蓋用圖記，代作中證，實爲會友應享之利益，所另收中證費一節，應即删除，以昭公允。其餘各條，應准如擬辦理，除由本年札派總協理，並俟奏給關防外，爲此批示，仰即遵照辦理，迅速稟覆本部覈奪。此批。六月二十二日。

中國第一歷史檔案館《清代軍機處電報檔彙編》第二九册《收湖廣總督張之洞電爲請覈奏頒發新礦章事光緒三十二年七月二十四日》 六月儉電，採試鑛章一事，約何時可奏覆頒行，未蒙示復。近各領事及華洋各商，又屢來催問，亟盼新章早日通行，得資遵守。兩湖鑛案轇轕滋多，尤待新章裁斷，以定辦法。務請迅賜覈奏頒發，以慰中外鑛商渴望，祈先電復。洞。漾。

《商務官報》光緒三十二年七月二十五日第十五期《批職商楊國銓等稟》

據稟已悉。查礦章第五條載，請辦之礦地，不得逾三十方里等語。該職商所稱勘得礦地，東至楊樹底下村界六里半，西至上桃樹底下村界五里，南至山頂高五里，北至乾河邊三里半，合計面積九十七方里有奇。覈與定章不符，仰再遵照定章，重定界限，呈報覈奪。此批。七月初四日。

《商務官報》光緒三十二年八月二十五日第十八期《批章京劉世珩等呈》

呈及清單均悉。該章京等所擬勸工陳列所通行規條，並庋設、考驗、調查、收支四處辦事規條，共四十三則。綱舉目張，尚爲精密，仰即悉心經理，尅期開辦，以副本部提倡工藝，開通風氣之意，是所厚望。此批。八月初三日。

《商務官報》光緒三十二年八月二十五日第十八期《批章京劉世珩等呈》

據稟已悉。勸工陳列所工程將次告竣，所設代售分庋各處，在在均關緊要，亟應揀派得力人員，隨同辦事。內務府員外郎文彝等十人，既據呈請加札委用，應即准如所請，除由本部分別給札外，仰該總理等按照單開各員，量材器使，分派職事，以專責成，毋任曠誤。至司事人等既經遴派有人，亦當一律隨時由該總理等稽查勤惰，甄別去留，以昭慎重，本爵部堂有厚望焉。此批。八月初九日。

中國第一歷史檔案館《清代軍機處電報檔彙編》第二九册《收湖廣總督張之洞電爲請迅賜電復礦章事光緒三十二年八月二十七日》 六月儉電、七月漾電，奉詢礦章何日覈奏，均未蒙電示，惟出奏已久，中外商人皆恃部議未定，枝節橫生。現在義國商約，又欲我採擇非洲紅海義國屬地之鑛章，議論愈出愈奇。此後每有一國議約，皆有干預鑛務條款，應付之策將窮，義國更有特款索鑛一條。權利所關，非早定大局，必多摇撼，務請迅賜電復，至爲盼禱。洞。宥。

中國第一歷史檔案館《光緒朝硃批奏摺》第一〇二輯《光緒三十二年十月初四日四川總督錫良片》 再，查前准户部咨，議覆軍需善後報銷章程內開，各省設立機器局，如有採購，事前報部立案，事後方准覈銷等因，歷經遵辦在案。茲據總辦機器局布政使許涵度、署成綿龍茂道賀綸夔等詳稱，局中製造軍火，前在上海購回洋鋼鐵銼等件，及一切應用物料，將次用罄，必須速爲採辦，方免停工待料之虞。擬請仍赴上海採購槍筒洋鋼及一切應用物料等件，查照前案，估計約需銀二萬二千餘兩，足敷廠中兩年之用。一俟採辦齊全，押運回川，再將價值運費及委員薪水等項，歸併覈實，彙案報銷，等情詳請奏咨立案前來。奴才覆查無異，除清單咨部外，理合附片具陳，伏乞聖鑒。謹奏。該部知道。

《商務官報》光緒三十二年十月初五日第二十二期《批熊希齡稟》 稟及章程均悉。該道等創設學堂，改良磁器，有裨實業，深堪嘉尚。所請加收萍潭鐵路乘客票價，爲學堂常年經費，已據情咨行盛大臣酌覈聲復。至學生成蹟品六件，業交本部京師勸工陳列所點收陳列矣。此批。九月十六日。

《商務官報》光緒三十二年十月十五日第二十三期《批楊貴芳稟》 據稟已悉。該商擬將轎車改良，以圖輕便，尚屬留心製造。惟查轎車一項，需用甚廣，若照舊式稍加改變，即請設廠專利，不惟跡近壟斷，亦難敷多數之用，所請專利之處，應毋庸議。此批。九月十四日。

《商務官報》光緒三十二年十月十五日第二十三期《批職商陳澤先等稟》

據稟均悉。本部公司註册章程內開，凡公司設立之處，業經舉行商會者，須先將註册之呈，由商會蓋用圖記，呈部覈辦等語。查閲該職商原呈，雖稟本省商會，而未蓋有商會圖記，覈與部章不符。現已由本部札飭湖南商務總會就近查覆，到日再行覈辦。此批。九月二十七日。

中國第一歷史檔案館等《中國近代兵器工業檔案史料》第一輯《陸軍部爲飭陸汝成將保中快槍送部考驗事致外務部之咨呈光緒三十二年十月十九日》 爲咨呈事。

案准練兵處移交，本年八月十八日准貴部咨稱：據福建試用縣丞陸汝成呈稱，在籍竭心考究，繪算圖式，製成新式小口徑保中快槍一杆，一排可裝無煙彈子十粒，兩度手法，即能發放，快捷駕於近時外洋一切兵槍。現欲將保中快槍一杆恭呈，懇蒙恩准考驗，如果合用，即令各省仿製等因，並將快槍圖式呈送前來。查考驗軍器應由貴處主政，該員所製快槍可否准其隨帶試驗，相應鈔録原稟及原送圖式，咨行貴處酌覈見復等因。

准此，查軍械一項，日異月新，果能於外洋諸式外自出新意，造成利器，於戎備殊屬有裨。惟該員所呈圖形，凡槍之口徑、速率、射距以及子藥重量等，均未列表詳陳，其槍果否合用，無憑考覈。

相應咨呈貴部，希即飭令該員將所製保中快槍親身携帶來部，以憑覈驗。

須至咨呈者。

右咨呈外務部。

中國第一歷史檔案館等《中國近代兵器工業檔案史料》第一輯《外務部爲准保中快槍送部覈驗事致陸汝成之札文光緒三十二年十月二十三日》 考工司呈，爲札行事。

前據呈稱，外洋通議，守口莫猛於雷，攻剿莫捷於快槍。今汝成服闋在籍，竭心考究，繪算圖式，製成新式小口徑保中快槍一杆，一排可裝無煙彈子十粒，兩度手法，即能發放，快捷駕於近時外洋一切兵槍。現欲將保中快槍一杆恭呈，倘蒙恩准考驗，如果合用，即令各省仿製，並將快槍圖式呈送等語。當經本部據呈咨行練兵處去後。

茲准陸軍部復稱，查軍械一項，日異月新，果能於外洋諸式外，自出新意，造成利器，於戎備殊屬有裨。惟該員所呈圖形，凡槍之口徑、速率、射距以及子藥重量等，均未列表詳陳。其槍果否合用，無憑考覈。應即飭令該員，將所製保中快槍親身携帶來部，以憑覈驗等因。

相應札行指分福建試用縣丞陸汝成遵照可也。

須至札者。

右札福建試用縣丞陸汝成准此。

《商務官報》光緒三十二年十一月十五日第二十六期《（農工商部）又奏通飭各省研精工藝並先酌予獎勵摺》 謹奏，爲遵旨通飭各省，研精工藝，並先酌予獎勵，以資鼓舞，恭摺仰祈聖鑒事。竊臣部於本年十月十八日具奏進呈陳列所貨品，臣文治、臣肇新蒙恩召見，而奉懿旨：應令各省將製造各品，精益求精，力求進步等因，欽此。跪聆之下，仰見聖慈提倡工藝之至意，欽佩莫名。伏查工藝一事，爲商務之基礎，是以史遷有言，虞而成之，工而出之，商而通之，工商二者，實有互相維持之益。臣部自設立以來，迭經先後咨行各省，調查各處工藝局章程，力爲勸導。本年四月間，復經通咨各省，就商會處所，籌設勸工廠，各在案。誠以中國工業正當幼稚之時，非示以模型，無由收振興之明效茲者仰荷聖明，在上加意提倡，臣等謹當恪遵諭旨，通飭各省地方官及各商會，將已有之工藝，極力改良，未有之工藝，殫精仿造，每年作爲課程，編成工業進步表，彙送臣部備覈，以期廣興美利，漸杜漏卮，惟是進步之方，端資觀感。查本屆各省咨送臣部陳列所各品，除廣東、浙江兩省尚未解到外，其中如直隸、山東、湖南各省繡貨等件，及各省工藝局所製布疋等件，均係官廠製品。京師砂器、福建漆器、江蘇燙畫等件，均係該工匠自製精品。現在亟求進步，自應酌予獎勵，臣等公同商酌，擬請將各省官廠製品，由臣部給予匾額；工匠製品，由臣部參照功牌式樣，酌給獎牌，藉示觀感。如果將來各省所製商品日益精美，銷路暢旺，卓著成效，再由臣部按照奏定商勳章程，分別給獎，用以示等差而表寵榮。如蒙俞允，臣等謹當欽遵辦理。所有遵旨通飭各省研精工藝並先請酌予獎勵緣由，理合恭摺具奏，伏乞皇太后、皇上聖鑒。謹奏。

光緒三十二年十月二十八日具奏。奉旨：依議，欽此。

《商務官報》光緒三十二年十一月十五日第二十六期《批織錦科王懋欽稟》

據稟，用機器仿造洋式綢緞、絨布等項，援案請納正稅一道，概免重征一節，當經據情咨行稅務處覈辦去後，茲於光緒三十二年十一月初四日，准稅務處咨稱，各廠機器製造貨物，若係仿造洋貨，運銷出口，按值百抽五完一正稅，沿途概免重征，歷經覈准有案。今工藝官局織錦科所製綢緞、絨布、棹毯等項，既准咨稱，該商係用火油發動織機織成，自應准照機器製造貨物於運出第一子口按值百抽五完納正稅一道，此外沿途關卡，驗明確係該局織錦科機造貨品，曾經完過正稅，並無影射漏稅情事，即予放行，不再征收稅厘。此係現在辦法，將來中英新約第八款施行，仍應照第九節完一出廠稅章程辦理，以歸一律等因前來。合行批示，仰即遵照辦理，可也。此批。十一月初七日。

王樹枏《張文襄公全集》卷二二七《致農工商部》 頃承電索敝處所譯各國鑛章稿本，查各國鑛章前經委派洋員購取，洋文分派譯員摘譯，計譯成《英國煤鑛定律》一册、《英國鑛務册記》一册、《英屬圭備格鑛務章程》一册、《法國鑛務章程》一册、《美國鑛務章程》一册、《德國鑛務章程譯略》一册、《奥國鑛務章程譯略》一册、《比國鑛務章程譯略》一册、《日斯巴尼亞鑛務章程譯略》一册；又英使馬凱交來《中國鑛務章程草議》一册，又《印度鑛例》一册，共十一册，彙裝一函，茲特固封，交郵局寄呈臺覽。其中所黏各籤，乃初次發交委員閱勘所黏者，頗爲簡略。嗣經删改，鈔寫成册，復另派委員細勘一次，又經洞親自覆勘，將總綱大例及字句文義，細加推求，另行編訂繕清，復屢加斟酌修改，共已四易其稿，始敢作爲定本。此册内各籤已是筌蹄，無關要指，不過姑存卷内，以存最初之面目耳。查鑛務爲今日理財要政，近來中外商人亟盼中國鑛務新章及早頒行，俾可遵章禀辦，務望貴部從速參考覈定，早日奏覆，請旨施行，曷勝翹盼。再，敝處奏進鑛務章程摺内，有兼采日本鑛章一語，係當時詢據日本法政員稱述，並派譯員就日本法規大全内所載鑛務條例詳加參校而得者，並未譯有專書併以附陳。光緒三十二年十一月十九日。

《東方雜誌》第三年第一二期《商部奏酌擬獎給商勛章程摺》 竊維近百年來，環球各國，藝術競興，新法機器月異而歲不同。綜其要端，舉凡農業、工藝、機器、製造等事，靡不進步甚速，收效甚鉅。中國地大物博，聰明才力不難杰出，乃通商垂數十年，雖經次第仿辦，惟咸拘守成法，莫能改良標異，推陳出新。而每辦一事，需用機器原料，類須取給外洋，故進口洋貨日增，而出口者僅恃生貨。一經製造，販運來華，遂獲鉅贏，坐使利源外溢，漸成漏卮。推原其故，豈皆辦理之未力，殆亦提倡之未盡其道也。查歐美當二百年前，所有新法新器絶少發明，自英國首定創新法，製新器者，國家優予獎勵之例，自是各國踵行其獎勵，最優者乃至錫爵。此例既頒，人人争自濯磨購求藝術，每年所出新器，多至千數百種。論者謂歐美實業興盛，其本原皆在於是。現在臣部工藝局日漸擴充，勸工陳列所將次開辦，亟宜因勢利導，設法提倡。其有創制新法機器，以及仿造各項工藝，確能挽回利權，足資民用者，自應分別酌予獎勵。臣等公同商酌，謹就現在亟須提倡各端，擬訂獎給商勛章程八條，各按等級給予頂戴，由臣部奏請賞給，現在中國工藝尚在幼稚之時，如章程所載製造輪船、鐵路、橋梁，以及電機鋼鐵等項，一時尚難，其人不得不稍從優異，以資鼓舞振興。臣等自當隨時嚴覈，必所造之品果係精心自造，確能及格，方予奏請頒賞，以昭慎重。夫講求實業，必有器具可驗，非等空談，似尚無虞冗濫，謹繕清單，恭呈御覽。如蒙俞允，即請作爲專章，由臣部分咨各直省將軍督撫，通飭出示曉諭，以新觀聽，似於振興實業，不無裨益。謹奏。奉旨：依議，欽此。

謹將擬訂獎給商勛章程繕具清單，恭呈御覽。一，凡製造輪船，能與外洋新式輪船相埒者，能造火車汽機，及造鐵路長橋在數十丈以上者，能出新法，造生電機及電機器者，擬均獎給一等商勛，並請賞加二品頂戴。一，凡能於西人製造舊式外，別出新法，創造各種汽機器具，暢銷外洋，著有成效者，能察識礦苗，試有成效，所出礦産足供各項製造之用者，擬均獎給二等商勛，並請賞加三品頂戴。一，能創作新式機器，製造土貨，格外便捷者，能出新法，製煉鋼鐵，價廉工省者，能造新式便利農器，或農家需用機器，及能辨別土性，用新法栽植各項谷種，獲利富厚，著有成效者，獨力種樹五千株以上，成材利用者，獨力種葡萄蘋果等樹，能造酒約估成本在一萬圓以上者，能出新法製新器，開墾水利，著有成效者，均擬獎給三等商勛，並請賞加四品頂戴。一，凡能就中國原有工藝美術，翻新花樣，精工製造，暢銷外埠，著有成效者，能仿造外洋各項工藝，一切物件，翻新花樣，暢銷外埠，著有成效者，擬均獎給四等商勛，並請賞加五品頂戴。一，凡能仿照西式工藝，各項日用必需之物，暢銷中國內地，著有成效者，擬均獎給五等商勛，並請賞加六品頂戴。一，凡上開列應獎各款，僅舉大端，其有未盡事宜，應均比附此項章程，由本部酌覈辦理。其有所製之器，所辦之事，成效卓著，實屬特異者，應由本部專摺奏請恩施，量加優異，以新觀聽。至尋常工藝，製作精良者，未便概給此項商勛，應由本部參照功牌式樣，另造商牌，以備隨時給發。一，凡請獎者，可將所製之器，所辦之事，呈明本部查覈辦理，或由各省管理商務官員暨各處商會代報，由本部切實考驗，分別給獎，以昭鄭重。一，凡此項商勛，應由本部隨時奏請，並即參照寶星獎牌式樣，由本部酌量仿製，以備應用。並擬定執照一紙，將所製之器，所辦之事，一一詳列照内，隨同此項商勛，發給本人收執，以昭信守。奉硃批：覽，欽此。

中國第一歷史檔案館等《中國近代兵器工業檔案史料》第一輯《陸汝成爲又研究出威遠定遠兩種快槍事呈外務部之禀文》光緒三十二年十二月十六日 五品頂戴指分福建試用縣丞陸汝成謹禀王爺、中堂、大人爵前。

敬禀者：竊十一月十五日，恭奉十月二十四日鈞札，仰見憲臺俯念下情，片長薄藝無不録用，曷勝感激之至，汝成自應竭力以圖犬馬報稱。

現再研究出威遠、定遠兩種快槍，較保中快槍更快捷。經繪算成圖，明春親帶前來，並將口徑、速率、射距、子藥重量，列表詳陳，恭呈憲臺派員考覈，務求妥善。庶各省按圖仿製，以爲公益戎備利用。

肅禀。敬叩福安。伏乞垂鑒。

《東方雜誌》第三年第一三期《財政處户部奏續擬歸併各省銅幣局廠辦法摺》 竊臣處臣部前經奏請欽派大臣，前往各省，歸併銅幣局廠，並酌擬辦法十四條，欽奉諭旨：着派陳璧前往考查辦理，欽此。欽遵在案。臣璧奉命之下，遵將奏定歸併事宜，與臣等悉心規畫，所有酌留裁併各局廠，一切部署，承接事体，極爲繁重，自宜逐細預籌周妥，以便次第施行。查原奏辦法第十四條内聲明，如有未盡事宜，及應行更改之處，由欽派大臣會同臣等商定，奏明辦理等因。現經詳加審酌，謹就原奏所陳，細爲推闡，續擬辦法四條，會同商定，恭呈御覽。一，酌留局廠。原有之總會辦等，經此次查考，會同督撫加札委用後，廠中一切事宜，均責成該總辦等妥慎經理。其由部派充各該廠會辦司員，專司監查，遇有廠内應行呈報事件，仍會銜辦理。一，裁併局廠。派司員一人前往接收，除廠屋機器能否改作他用，應由該省自行酌辦外，其銅鉛物料，令該廠查明，開列清單，會同該司員點驗後，即由該廠派員，運交歸併之廠。所有料價運費，均准作爲裁併省分之成本。至該廠如有挪借公私款項，裁併以後，亦應由該省自行清理。一，結算餘利。應以一年爲一届，每三個月總結一次，按照鑄成銷售數目，應得餘利若干，覈明，照章分撥，不得預行提用溢支，致有虧累。其廠中應分花紅，仍存俟年終，再行分派。一，近來各省局廠購買銅鉛，均係報明臣處臣部，由各省自行購買。惟價值漲落無常，有時各省争購，商人遂可擡價居奇，成色價值參差不一，應由臣等札飭津海江海等關道，會同該處商會，隨時與商人考查市價，按月電知臣部。俟各省購用時，即由臣處臣部代爲電購，並由該局派員會辦，以期周妥。以上各條，如蒙俞允，即咨行各該督撫遵照。此外所有未盡事宜，應由臣璧至各省時，體察情形，再行奏明辦理。又，此次歸併局廠，係整齊幣制，統籌兼顧之辦法。前經電商鑄幣省分各督撫，意見大致相同。現雖由臣處臣部居中調度，仍賴各疆臣協力維持。是以臣等前奏已經聲明，總辦各員會同督撫札委，嗣後廠内事宜，由總辦等分報臣處臣部及該管督撫，批示辦理各等因。將來歸併接收以後，仍應由各省督撫就近督飭稽查，以資整頓。並請旨飭下各督撫一併遵照辦理，謹奏。奉旨：依議，欽此。

中國第一歷史檔案館等《中國近代兵器工業檔案史料》第一輯《陸軍部奏厘訂陸軍部官制並現行辦法摺光緒三十二年》 奏爲覈議陸軍部官制，並酌擬辦法，恭摺會陳，仰祈聖鑒事。

光緒三十二年九月二十日内閣奉上諭，欽奉懿旨：兵部着改爲陸軍部，以練兵處、太僕寺併入，應行設立之海軍部，軍諮府未設以前，均暫歸陸軍部辦理。原議各部院等衙門職掌事宜及員司各缺，仍着各堂官自行覈議，悉心妥籌，會同軍機大臣奏明辦理等因，欽此。仰見朝廷執兩用中，權衡至當，欽服莫名。

伏維國朝兵制震古爍今，茂矩崇規載在方册，謹案欽定中樞政考各書，凡兵制、營制、儀制、銓政、軍政、馬政、關禁、海禁、郵禁、驛遞等要政，皆兵部所職掌，原設四司，條理秩然。即太僕寺本周官校人之職，所司牧廠、孳生、均齊等事，於馬政要務亦屬提綱挈領，巨細靡遺，苟守法者能實力奉行，原自範圍不過。此皆舊制之不容輕廢者也。至世事推移，器械日新，則編制、訓練亦因以遞變。自光緒二十九年十月遵旨設立練兵處以來，參考東西各國兵制，酌用新法編練陸軍。凡學堂之教育，兵隊之訓練，步、馬、砲、工程、輜重之分門編配，衣、糧、器械之籌備運輸，關塞、臺壘之測繪圖維，軍隊之衛生、療治及一切應辦事項，歷經各設專員悉心經畫，以求精進。此皆新法之日見擴張者也。現經遵旨將練兵處、太僕寺歸併臣部，自應酌定次第，分司治事，以重職守而備規模。臣等再四籌商，擬首設軍衡、軍乘、軍計、軍實四司，分掌兵部原設武選、車駕、職方、武庫四司舊管例行等事，而將練兵處原設考功、器械兩科，並由工部劃撥臣部之應辦事宜，分别併入，以歸劃一。此外則以練兵處所掌新軍應辦各項，分晰門類，設立軍制、軍需、軍學、軍醫、軍法五司。其太僕寺應管事務，及新軍馬政，擬並設軍牧一司。共設十司。或率由舊章，或參訂新制，所期立法周詳，無稍偏重。而用人之道，則務廣其途。所有兵部練兵處、太僕寺舊有諸員，均由臣等審其材能，分别任用。總之，諳悉例案人員，則於軍衡等四司爲宜；通曉軍事及練習專門人員，則於軍制等五司爲宜；習知馬政人員，則於軍牧一司爲宜。而以上各項人員，又於各司中參錯互用，俾舊者得擴新知，新者與聞舊案，習同而化，浹洽日臻。此臣等所擬分司用人之大概也。惟臣部設官，有不能與各部盡同者。臣部遵旨統轄新軍各鎮，自應與軍隊一氣貫通，以免隔閡。查光緒三十一年八月由練兵處奏定陸軍補官任職章程，係以三等九級之官，任鎮、協、標、營各等之職，臣部現訂官制，擬即略仿其意。所有兵部向設郎中、員外郎、主事等官，並練兵處奏設之三等九級等官，是皆爲應設之官。此次臣部擬設各司，均各設司長一員；其各司之中分設各科，均各設科長一員；又於司、科中分設科員、譯員、司法官、繪圖員、藝師、承發官、藝士、録事等員。是皆爲應分之職。以官任職，第其等差，則取材之途無虞或隘。竊惟古者官有公卿，大夫，上、中、下士之殊，職有三百六十屬之别。臣等遠稽古制，近察時宜，所爲現擬官制官與職分者此也。又兵部原設之郎中、員外郎、主事等官，向係分屬各司，現在每司既各設司長，官與職殊，則所有郎中以下等官自難再係以司，只可統屬以部，即稱爲陸軍部郎中、員外郎、主事。其原有各缺，則悉仍舊額，以存階級。此於舊制之中所應量爲變通者也。至三等九級等官，自應與文員一體訂設額缺，俾歸一律。特現自正軍校以上，尚未經授補有人，而自司長以下諸職，一經奏定即須陸續派充。除文員内應以郎中等員遴委外，其需用武秩各員勢難懸缺以待，擬暫就前充練兵處差缺得力之員，視其才具資格酌量録用，其中應補三等九級官階者，先予任職，然後次第補官。此又於新章之中不得不權宜辦理者也。各司既定，責成自有所歸，惟職掌各分，仍不能無總匯之區以統諸務。擬參仿厘定官制大臣所定各部官制通則，設承政、參議兩廳。承政廳設左右丞各一員，總司合署事宜，原設之司務廳等處即歸併其中。參議廳設左右參議各一員，總司本署及各軍隊、學堂、局所等處應行覈議並稽察各事宜，以爲指偏之司。耳目之寄，則所有十司，乃無散而無紀之慮，而臣部亦得所贊助。此臣等公同擬訂衙門職掌員司各缺之大綱辦法也。

至應行設立之軍諮府、海軍部，遵旨暫歸臣部辦理，擬將軍諮府暫名曰軍諮處，設五司以掌要務。海軍部暫名曰海軍處，設六司以理庶政。而此兩處之中，均設正、副使各一員，以比陸軍部丞參管理全處事務。又於軍諮處五司内暫先設三司，兼攝其餘二司事宜；海軍處六司内暫先設三司，俟各該處事務日增，再照原擬司、科分別次第添設。此則臣等爲軍諮、海軍姑立始基，而徐圖將來府部之推行盡利者也。

至陸軍部及軍諮、海軍兩處員司，自丞參正、副使以次下至録事所有人員，數逾各部，蓋以兵部、練兵處、太僕寺三衙門合併而成，實綜軍政、馬政、軍謀、軍學四大端，事類殷繁，百端待理，勢不得過從簡略。至臣部原有一應實缺、候補人員，並由臣等慎選詳察，如有庸惰不職者，亦即隨時奏明撤退，以資整飭。其餘未盡事宜，容臣等陸續議擬具奏。

謹將陸軍部章制辦法，及軍諮、海軍兩處章制，分繕清單，恭呈御覽。如蒙俞允，俟奉旨後即由臣部欽遵辦理。

抑臣等更有進者，臣部以新舊三署合而爲一，論舊制則統須整頓，論新法則亟待擴充，而綜厥指歸，胥以有裨軍事爲准。惟其間辦法迥異，歸併伊始，融洽實難。且各署人員，或籌計新軍，或職司部務，平日辦事既兩不相謀，遽令合參，亦多鑿枘。臣等所爲遲回審顧、議久未定者職是之。由此次所擬廳司章制，新舊統籌，寓合於分，以期融會，然究係權宜之計，未敢謂久遠之圖。嗣後軍備恢張，編練日盛，學堂遍設，成材日多，則事務無分新舊，條目無論洪纖，均得相時制宜，酌籌更變。正可以章制修改之次第，爲軍隊進境之明征，臣等斷不敢以經始之人膠執成見。應俟試行以後，切實體驗，如有應行損益之處，或二三年而一變，或五六年而再改，謹當隨時奏請遵行。總期戎政修明，顜若畫一，以仰副朝廷經武圖强，變通久大之至意。

所有厘訂陸軍部官制並現行辦法各緣由，謹恭摺會陳，是否有當，伏乞皇太后、皇上聖鑒，訓示遵行。謹奏。

謹將擬訂陸軍部章制敬繕清單，恭呈御覽。

部務總綱

一、欽遵諭旨兵部改爲陸軍部，以練兵處、太僕寺併入，總理全國陸軍事務。

一、陸軍部統轄京外陸軍，及旗緑各營軍人、軍事，並關涉軍事之各項學堂，及軍械製造局廠。【略】

一、參議廳掌規畫軍事考訂章制、研究訪查詳議決議等項事宜。凡一應飭議、提議、調查、審查之件皆屬焉。左參議專司覈議本部及軍隊、學堂、局廠章制並應辦各事項。右參議專司稽察本部及軍隊、學堂、局廠章制並應辦各事項。該廳擬不設科，分設諮議、檢察等官，分理廳務。【略】

一、軍實司掌器械、彈藥一應軍裝製造、存儲、銷用各項事宜。凡兵部武庫司所掌，除將俸餉、遣配等事劃出外，其餘各項及工部劃歸各項並練兵處器械科事務皆屬焉。區爲製造、保儲二科，分理司務。【略】

一、軍需司掌陸軍軍隊及各學堂、局廠薪資，餉項、軍裝、建造，並經理人員教育各項事宜。以練兵處糧餉科改設。區爲統計、糧服、建造三科，分理司務。

中國第一歷史檔案館《光緒朝硃批奏摺》第一〇二輯《光緒三十二年署理兩廣總督廣東巡撫岑春煊片》 再，查士敏泥即塞們德土一項，爲建築必須之品，近年進口日多，亦最大漏卮之一。光緒二十六年間，前督臣李鴻章任内，曾據商人稟請，擬集公司，購機試辦，嗣因該商集股日久無成，迄未開辦。按照光緒二十八年外務部奏定鑛務章程，此案應行作廢。臣爰於上年派員前往粤省各屬查勘，查有數處，所産石質深合製煉此泥之用。經與司道詳加籌商，與其招商辦理，成效終屬難期，不若由官設廠製煉，尚可挽回大利。經即酌撥官款，訂購機器，度地建廠，一俟機器運到，即可開辦。惟查此項石質，粤産無多，現既由官辦理，自應專歸官廠採用，未便再准商人仿製，致礙公家之利。除咨明商部立案外，謹附片具陳，伏乞聖鑒。謹奏。商部知道。

中國第一歷史檔案館《光緒朝硃批奏摺》第一〇二輯《光緒三十二年四川總督錫良片》 再，前准户部咨，各省機器局採購物料，動用款項，須事前報部立案，方准覈銷等語，歷經遵辦在案。兹據辦理機器局布政使許涵度等詳稱，現在製造毛瑟槍藥彈、銅釘、小火鉛子機件等項，需用銅鉛鋼鐵，必須陸續採購，照案在於成綿道庫土貨釐金項下提撥銀兩，派員就近採買上色精銅八萬斤、净鉛一十萬斤、蘇土鋼四千斤，毛條鐵一十七萬五千斤以資製造等情，詳請奏咨立案前來。奴才覆查無異，除清單咨部查照，並飭趕緊採辦，覈實報銷外，理合附片陳明，伏乞聖鑒。謹奏。該部知道。

中國第一歷史檔案館《光緒朝硃批奏摺》第一〇二輯《光緒三十二年四川總督錫良片》 再，查前准户部咨，各省機器局，如有採購等項，事前報部立案，事後方准覈銷等語，歷經遵辦在案。兹據辦理機器局布政使許涵度等詳稱，局中製造火藥，應用牙硝，將次用罄，援案委員採辦牙硝八萬六千斤，以資配造，遵照部定價值，計需庫平銀一萬二百七十七兩，仍請於常年經費外，在成綿龍茂道庫土貨釐金項下另行提撥，俟購辦齊全，覈實彙案報銷，詳請奏咨立案前來。奴才覆覈無異，除咨部查照外，理合附片陳明，伏乞聖鑒。謹奏。該部知道。

《商務官報》光緒三十三年二月初五日第二期《批上海商會總理曾鑄等禀》 前據該總理等禀稱，布商許養之被石港厘卡扣票索費等情，當經本部電咨南洋大臣飭查在案。兹准電覆，據釐捐總局禀稱，上年布釐改釐捐時，係歸董事收捐彙繳，沿途釐局僅司查驗，而布董概欲免驗，釐局未允，故布董於各卡查驗之章，恒思設法抵制。此案據委員李宣龔禀稱，遵往密查。許養之布船，於二月二十二日到石港釐卡。本商來函内，有董事宋敬侯代爲呈票，未候查驗，旋即他往。而船户以宋敬侯未到，不到不肯請驗，相持至月杪，宋卒未來，該卡强遣扞驗放行。至宋敬侯何以呈票遽去，通局疑其故意安排，有心誣陷，欲借此抵制，廢去查驗之章，以便後日私圖。宋董已去，無從察其實否，而並非該卡有心留難，亦未需索，則不特附近各鋪號，衆論僉同，即通州殷實各布莊，亦稱此次客商與捐卡互有意見，必不便索費，亦不敢索費，是該卡實非留難需索，確有可信，等語。查該處所有布釐，已改統捐，非官商互相稽察，不能杜弊，故沿途查驗，斷不能廢。此案奉電飭查，早已放行在先，實無情弊，應毋庸議。至宋董是否有心抵制，若必欲考實，轉恐擾累，亦可不必深究隨嚴。飭釐卡隨到隨驗，如有夾帶，秉公照章辦理外，並飭局嚴戒，商董勿與釐局爲難，以期上副大部裕國保商之至意，等因前來。查此項布船，既准南洋大臣查明早已放行，該釐局實無需索，自應毋庸置議。此批。三月三十日。

《商務官報》光緒三十三年二月十五日第三期《本部奏移交工部案卷款項摺》 謹奏，爲移交工部案卷款項，暨劃撥衙署，繳銷印信關防，一律竣事，恭摺奏聞，仰祈聖鑒事。竊臣部於上年十二月初九日具奏，酌擬歸併工部辦法，並繕具清單，恭呈御覽，業經奉旨允准在案。查原奏内稱，土木工程現由民政部設立專司管理，擬以工部所掌京外土木工程一切營繕報銷事宜，專歸民政部辦理。此外如木税、船捐事屬財政，宜劃歸度支部。軍械兵艦事屬武備，宜劃歸陸軍部。至典禮一門尤關重要，擬請以内廷典禮事宜併入内務府恭辦，外廷典禮事宜併入禮部恭辦各等語。臣部當即行知歸併各衙門，訂期派員接收，並酌派司員，會同工部各司員，飭令將應行歸併各事宜，遵照原奏，逐件清理，彙候移交。旋於上年十二月十五日起，按日將案卷册籍及庫儲物件，分別點交各該管衙門完竣。其河工海塘、水利船政、度量權衡等案件圖册，應行隸屬臣部者，亦於上年十二月二十八日，悉數移歸臣署，分歸各司辦理。又原奏内稱，工部現存款項，除正款撥還度支部接收外，其另款各項，應歸臣部接收，以備添設員缺之用等語。查正款一項，除續發各項工價外，實存銀五萬三千九百八十六兩七錢，零錢一萬零四十六千七百餘文，應續撥還度支部。又屯田司恭辦吉妃要差銀七千四百六十八兩二錢，應歸内務府。均經先後分別劃交，以清款項。其另款一項，實存銀二萬零七百四十六兩六錢，零錢三千七百零七千四百文，應歸臣部存儲備用。至工部衙署及海淀公所，前經法部奏明撥歸備用，奉旨允准，並由臣部咨行，派員接收，業於本月移交完竣。其工部原用之印信關防，除製造庫關防，由内務府咨取備用外，所有堂司印信七顆，節慎庫、琉璃窑、木倉關防三顆，自應派員賫送禮部查銷，以昭慎重。所有移交工部案卷款項，暨劃撥衙署，繳銷印信關防各緣由，理合恭摺具陳，伏乞皇太后、皇上聖鑒訓示。謹奏。

光緒三十三年正月二十七日具奏。奉旨：知道了，欽此。

《商務官報》光緒三十三年二月十五日第三期《批職商沈壽康等禀》 據禀已悉。該職商擅以禀准之礦私相授受，殊屬顯違部章，業經本部於三月間嚴切批斥在案，兹復飾詞嘵瀆，率行嘗試，尤屬不合。查此案原禀承辦之人，係沈壽康、濟英、藴宣、白繼賢等四人，乃於本部覈准給照後，突將全福之名列入。而此次禀内竟有全福獨出鉅資，用人必須聽其調度，並令全福將所用之款如數補足各等情。是該職商明明將禀准之礦私授全福，證據顯然，不啻親遞供狀，欲蓋彌彰。雖據禀稱辭退股本，繳銷合同，而該職商承辦礦務要政，前後歧異，既無的實貲本，又復閃爍支離，飾詞聳聽，情節諸多不合，翻覆不一，其誰信之。著將原案撤銷，所禀應毋庸議。仰該識商仍遵前批，將原領探礦執照迅速繳銷，以肅礦政。此批。四月初五日。

《商務官報》光緒三十三年二月二十五日第四期《批莊克庸稟》 據稟已悉。該員所稱設立全國布機公司，購置機器，改良布疋，擬陳辦法毫無頭緒，所請據情轉奏，設局開辦之處，着毋庸議。此批。二月初三日。

《商務官報》光緒三十三年二月十五日第三期《批蔣唐祐稟》 據稟已悉。此案已經本部查核，以林泰來虧欠磚價，自應照例辦理，咨覆民政部在案，應静候民政部核辦批示。惟該員稟稱前行文外城豫審聽，只以北京玻璃公司列銜，並未冠以商部字樣，殊與民政部來文不符。嗣後該員務宜遇事循謹，毋得稍涉鋪張，切切。此批。正月二十二日。

《商務官報》光緒三十三年三月初五日第五期《批補用鹽提舉陳灼稟》 稟悉。該員擬自備資斧，往遊西南洋英美羣島，考查商務礦務，用意深堪嘉許。查游歷外洋，惟入美境始須護照，向係由經歷之海關請領，不由本部頒發，仰該員自行赴海關道衙門稟請可也。此批。二月二十日。

《商務官報》光緒三十三年三月二十五日第七期《本部奏請賜卹回籍華商陳紹康等片》 再，臣部於上年七月間，接據考察外埠商務大臣張振勳電稱，外洋華商陳紹康等集成鉅款，回籍開辦工藝礦植實業，乞咨保護等情，當經臣部以該職商等熱心實業，准予保護電復在案。嗣於本年二月初八日，據新加坡領事官申報，據吉隆職商葉占芳等稟稱，商等因念切桑梓，發起實業公司，不料總辦陳紹康、司事葉世卿由省往港購辦機器，適所乘輪船失火同時，投海溺斃。該總辦等爲創辦公司、熱心公益之人，此次慘遭鉅災，應請轉達部憲，懇請恩卹等情，備文申報前來。臣等竊維朝廷眷念華僑，保護招徠，屢頒明詔。該職商陳紹康等首先回國集貲創辦惠州實業公司，其惓惓宗國之忱，洵足風示海表。乃因赴港購機，致遭溺斃，深堪憫惻。既據吉隆華商稟，請臣部代求恩卹，自未便壅於上聞，可否仰祈恩施，准將已故織商陳紹康、葉世卿，從優賜卹，俾海外華僑聞風興起，知已逝者猶邀逾格之恩，則未歸者益切宗邦之慕，似於實業前途不無裨益。謹附片具陳，伏乞聖鑒。謹奏。

光緒三十三年三月初八日具奏。奉旨：依議，欽此。

《商務官報》光緒三十三年四月二十五日第十期《本部奏請奬給余兆熊沈正恂商勳頂戴摺》 謹奏，爲商人改良工藝，照章奬給商勳，並請賞加頂戴，以資鼓勵事。竊臣部上年八月間具奏，酌擬奬給商勳章程一摺，奉旨：依議，欽此。欽遵。查原奏章程内載，凡能就原有工藝美術翻新花樣，精工製造，暢銷外埠，著有成效者，擬奬給四等商勳，並請賞加五品頂戴等語。茲查有浙江舉人余兆熊，於光緒三十年十月間，恭繡古佛圍屏八幅，經臣部代爲呈進，仰邀懿賞，頒給福壽字二方，並給予四等商勳在案。嗣經臣部委令，來京開辦繡工科，改良刺繡之法，一年以來，實能推陳出新，爲洋商所推許。又查有福建商人沈正恂，精製漆器，馳譽五洲，前在美國聖路易斯賽會得賞飛鷹奬牌，復經臣部勸工陳列所將所製漆器進呈御覽，洵屬質美工良，成效卓著，核與臣部奬給四等商勳成案相符，擬請援照奏定章程，懇恩賞加該舉人余兆熊五品頂戴，商人沈正恂四等商勳並五品頂戴，以符奏案而勸來兹。是否有當，伏乞皇太后、皇上聖鑒訓示。謹奏。

光緒三十三年四月初九日具奏。奉旨：依議，欽此。

中國第一歷史檔案館《德宗景皇帝實録》卷五七三《光緒三十三年五月上》

又奏，南洋華商來奉開礦，請免出井各税，以示招來，下部知之。

王樹枏《張文襄公全集》卷六八《請早定鑛務章程摺光緒三十三年五月二十一日》 竊查鑛務章程經臣遵旨悉心妥擬，於光緒三十一年十二月具奏，十二月二十六日奉硃批：外務部、商部議奏，書併發，欽此。嗣因外、商兩部久未議覆，經臣於上年六、七、八等月三次電咨催詢。至八月杪，始接外、商兩部覆電，大致謂鑛章有關交涉各條，由外部酌核，餘由商部核定，必俟詳細核明，方能奏定等語。本年三月臣復經電詢，准農工商部覆稱，本部應核各條已定，惟有關交涉各節，應由外部酌核改定，如外人遵守中國法律等類，儻不能辦到，似與定章本旨相違。除咨催外務部外，先此電覆等語。查比年以來，鄂湘鑛務之案甚多，臣因鑛章未定，無從批示，於是商民有未奉批不敢開鑛者，有土客争開致成鬭訟者，亦有恃鑛章未定私自挖運致多中外轇轕者，或洋商冒稱華商，或華商假託洋商辦理，甚形棘手。新章若再不速定，鑛務交涉必致愈久愈難辦理，且外人涎我鑛利者，皆恃部議未定，枝節横生。現在義國商約又欲我采擇非洲紅海義國屬地之鑛章，議論愈出愈奇，此後每有一國議約，皆有干預鑛務條款。應付之策將窮，義國更有特款索鑛一條，權利所關，非早定大局，必多意外要挾瀆擾。現在惟有關交涉各條專待外務部核定，想外務部不乏學識通博，諳悉外情之員，微臣所擬可采者，采；可改者，改；可删者，删，儘可分別准駁。至鑛務有關交涉者，固須審慎周詳，然大率不外乎嚴防於將來，而稍寬於既往，或略展年限，再照新章，或權衡輕重，酌與抵補，總以無礙中國鑛務全局爲主。若外人志在隴斷横行，必欲破壞中國法律，則我自當堅持慎守，静以待之，斷不受其欺愚，地寶廳其暫閟，並無妨礙。俟華人學識漸開，資力漸裕，從容開采，成效漸彰，則外人圖得鑛商一半之利，亦必就我範圍。儻使定章稍疏，則主權一失而難收，利權一棄而難復，大計所關，不可不慎。在部臣自能審度機宜，似不難早日定議，若僅懸宕不定，實非長策相應，請旨敕下外務部及農工商部，將此項鑛章迅即妥爲核議覆奏，請旨裁定頒行，俾中外商民早資遵守，且免多生枝節，愈難補救。

硃批：該部議奏，欽此。

《商務官報》光緒三十三年五月二十五日第一三期《批艾知政稟》 據呈暨保單照費均悉。所請發給探礦執照，本部業已填齊，仰該職商等即日赴部承領。至所呈圖記式樣，請准印用一節，該職商等現領探礦執照，係屬呈請試辦，並非承辦官礦，所擬承辦字樣殊屬不合。應准按照商家通用圖記，另行刊刻，删去承辦二字，並不得摹擬關防式樣，此次所呈圖記應即作廢。此批。五月十五日。

《商務官報》光緒三十三年六月初五日第一四期《批高鳳德稟》 閱稟已悉。所請辭退總理，自備資斧，出洋遊歷等情，志甚可嘉，自應准其交卸會務，俾遂壯志。除另文劄委吳恩元接充總理外，爲此批示遵照。仍將交卸出洋日期，並調查情形，隨時稟報本部，是所切望。繳札存，此批。五月二十三日。

《商務官報》光緒三十三年六月初五日第十四期《批王全榮稟》 據稟已悉。該商擬設局抽收油税各節，查税項爲國課所關，該商稟請辦理，顯係藉端牟利，所請碍難准行。此批。

《商務官報》光緒三十三年六月二十五日第一六期《批南洋華商代表稟》 據稟，應招前赴東三省查勘實業，懇請奏簡大員督辦，明定保護之法各節，該職商籌興實業，資本攸關，自應出以審慎。惟東省應興應革，事關地方，朝廷以根本重要，特簡欽差大臣綜持一切事宜。該職商志切振興，該管地方督撫無不樂與觀成。所請奏派耑員之處，應毋庸議。至保護維持，本部自有專責，仰即擬具章程，呈部核奪，可也。此批。六月初六日。

中國第一歷史檔案館等《中國近代兵器工業檔案史料》第一輯《陸汝成爲陳保中等三種快槍設計依據事呈外務部之稟文光緒三十三年七月十四日》 五品頂戴指分福建試用具丞陸汝成謹稟王爺、中堂、大人爵前。

敬稟者：五月初二日將保中、威遠、定遠三種快槍尺寸全圖三幅，並圖説三折，恭呈鈞覽。竊按外洋核算槍砲法，火藥燃時，巨砲管内膛漲力每方寸二十一噸至二十二噸，若漲力大於管體橫剖面每方寸其牽力斷界，其管必炸裂。好鋼橫剖面，每方寸其牽力斷界自四十五噸至五十五噸。藥膛内徑十寸，外身厚五寸，受力爲四分之一。又云：槍砲火藥發足漲力時，橫身力大，退後力小。是以英國安蒙士當砲身厚大，其尾後鋼塞用凹凸槽即能抵制，美國十三響雲者士得槍，其尾後用活動機鉸即能抵制，可知其退後力小矣。今保中、威遠、定遠三種槍，口徑六個半密利； 口厚本應三個二五密利，今加厚四個密利； 藥膛内徑約十二個半密利； 外身厚本應六個二五密利，今加厚七個半密利。況遵張香帥議定小口徑無煙彈子，即奥國一排裝五粒子之滿理黑槍彈也。既配用現成彈子，必須配用現成槍身，則槍身之鋼質能受容，並人之臂力能相抵，與外洋之槍及湖北之槍等同。雖機膛較比外洋彎曲長大，此處不過抵擋火藥發漲退後力耳，機膛旁邊厚七個密利已能抵擋，而保中、威遠機膛旁邊厚十一個密利，定遠旁邊厚九個密利，較比外洋馬的力、雲者士得等槍，機膛旁邊則厚逾之。該槍因厚似乎稍重，亦可減薄，以得從輕。今初創制，但求加厚堅固。凡槍各機件，無互相磨擦始能經久不壞。如奥國滿理黑槍初出世，用直攀開、直推埋之法，有磨擦之患，故此英國稍改良。今保中、威遠、定遠各機件，無互相磨擦之患，可保經久使用。然而外洋槍砲亦有炸裂：因膛内生銹，其彈不能逼出必炸裂。巨砲用六角餅藥，取其緩燃，愈出愈燃，其漲力愈猛，砲管全身受力。如用幼粒，火藥速燃，彈未發動，其漲力驟猛，砲管一處受力必炸裂。此非製之不良，實用之未善。按外洋創制新式器，多方改良，始臻美備。汝成自忖才庸識淺，初創新式，恐見有未真。願乞多人磨勘考較，務期精良，裨益戎備利用。幸甚！

肅稟。敬叩福安。伏乞垂鑒。

朱壽朋《光緒朝東華録》卷二〇八《光緒三十三年七月》 甲寅，度支部奏，考查銅幣大臣郵傳部尚書陳璧奏籌議開採銅礦一片，光緒三十三年五月初八日奉旨：該部議奏。欽此。欽遵由軍機處鈔交前來。據原奏内稱，各省鑄造銅幣，購用洋銅，實爲絶大漏卮，近年銅價奇昂，大利尤多外溢。查中國各省礦産甚饒，即如江西、雲南所産之銅，前經度支部總廠鎔化試驗，頗合造幣之用。銅質提鍊未浄，鎔鑄工耗稍多，若能廣行開採，精加提鍊，嗣後造幣需用，即無須取給外洋。臣此次奉命考查銅幣，贛滇兩省，均經奏明派員前往，即飭順道採訪銅礦。茲據赴贛考查司員呈稱，贛礦苗旺質佳，又據赴滇考查司員電稱，東川等處銅礦尚旺，各等語。贛滇礦産豐富，銅質亦佳，足供鑄造，擬請飭部切實調查，籌議開採。此外如有佳礦，亦宜推廣籌辦，實於幣制礦務，均有裨益等語。臣等伏查中國銅礦，滇省最富，歷經分批辦運，以供京師鼓鑄之需。臣部近設總廠，亦經提取滇銅，鎔化試驗，但能提鍊加精，即可用以鑄幣，徒以銅本艱窘，該省歲辦京運，時虞竭蹶，而各廠造幣，轉須購買洋銅，以致利權外溢。臣部爲收回利權起見，亟思振興礦務，以塞漏卮。近聞贛省發見銅礦，苗旺質佳。又經電提二千斤交總廠試驗，頗合造幣之用。贛省既有此佳礦，尤宜亟籌開採，冀於滇礦而外，增一利源。業於上年十二月間，議覆御史徐定超奏請興復滇礦摺內，奏請飭下雲貴總督體察籌辦，俟得切實辦法，由臣部寬籌資本，力與維持，並聲明江西礦產甚佳，乞飭切實調查，迅圖興舉，以挽利權而恢銅政等因，奏准行知在案。嗣於本年五月，據兩江督臣端方、江西撫臣瑞良奏報，江西贛縣隴下及長排嶺銅礦，苗脈豐厚，銅質甚良，實爲上等佳礦，採法宜用機器，兼築小枝鐵路輸運，經營試辦，約需經費四十萬兩，甯贛各認銀二十萬兩，核撥開辦等語。該督撫等合兩省之力，開濬利源，一俟辦有成效，則各廠鑄造銅幣，均可赴贛訂購，毋庸仰給外洋，漏卮杜塞，利莫大焉。至雲南銅礦，本年四月間，因臣部所派丁憂主事余晉芳至滇考查造幣分廠事宜，該廠尚未開辦，電飭就近調查礦務，並電知雲貴總督派員會同往勘。嗣准雲貴督臣錫良電稱，派道員劉孝祚偕往東川，據報礦旺民貧，恃官接濟。查滇銅每百斤給價銀二十兩，用以造幣，雖須改鍊，小有折耗，現在洋銅日貴，以四十餘兩之重價，購之外人，不若加價興辦滇礦，免致利權外溢。擬照官價，每百斤酌加價銀，較用洋銅仍屬合算，且能保我廠利，冀圖擴充。該員等現赴昭通等處查勘，容再籌酌電聞等語。臣部當以滇銅困於例價，出產日衰，至爲可惜。現各省鑄幣，用銅甚多，如提鍊純淨，足合造幣之用，自當酌加價值，惟礦產是否豐旺，仍令轉飭詳細調查。如果確有把握，集資之事，自當內外合力通籌，闢此利源，飭籌議覆等因，電覆去後，現尚未據聲覆，應俟該督續報到日，察核情形，應如何內外協力，籌集資本，從事開採之處，再由臣部奏明辦理。農工商部查銅礦事關幣政，自應及時開採，以塞漏卮。至一切辦事章程，應仍按照臣部奏定礦章辦理，以歸劃一。得旨：如所議行。

《商務官報》光緒三十三年八月初五日第二〇期《本部具奏華商設立公司製造鐵路材料請予立案並援案暫請免稅摺》 謹奏，爲華商設立公司製造鐵路材料，請予立案，並援案暫請免稅，以勸工業而挽利權，恭摺仰祈聖鑒事。竊臣部接據漢陽鐵廠、浙江鐵路公司及職商宋煒臣、顧潤章、顧溶、鄭清濂、許蓋等稟稱，各省鐵路均籌自辦鋼鐵之用，至繁漢陽鐵廠，現徑改良煉鋼，擴充化鐵以後，鋼鐵各科，多而且精，毋俟外求。然該廠係以生鐵煉成熟料，尚非製器之場，除拉造鋼軌及附屬零件外，凡鐵路所需橋梁車輛，仍須取辦外洋，厚利外溢，殊爲可惜。職商等現已聯合同志，集得股分銀三十五萬兩，名曰揚子機器製造有限公司，即購漢廠鋼鐵各科，以造鐵路橋梁車輛叉軌三宗爲本，務逐漸推廣，以日後能辦至製造母機爲止。業經派人出洋購辦機器，並聘雇著名造橋工師造車匠。目一面相度地勢，修建廠屋，一俟機到匠齊，即行開辦。惟念製造車橋，係屬裨益路政，與別項商業不同，懇請先予奏明立案，並請援照漢陽鐵廠成案，建廠機器及一切物料進口，遵則完稅，惟廠中所出貨物，暫免出口稅釐五年，以輕成本而勸工業，等因。並擬定集股開辦章程十五條，呈核前來。臣等查各省籌辦鐵路，原爲收挽利權起見，而一切材料，均須購自外洋，漏卮仍鉅。近歲漢陽鐵廠自造鋼軌，尚屬精良，前輕臣部通飭各省鐵路公司，一律訂購，惟橋梁車輛雖有原料，而無翦裁配合之機，不能成器，誠能另設專廠製造，與該鐵廠相輔而行，既可裨益路工，兼可維持鐵政。茲據該職商等擬集合股本，設立機器製造有限公司，自製鐵路材料，洵足以收挽利權。漢口工商最盛，軌線四通，且與漢陽鐵廠相鄰，就地取材，灌輸自便。查該所定章程，係遵照公司律辦理，尚屬妥洽，應請 先予立案，藉資提倡。至所請援照漢陽鐵廠成案，暫免出口稅釐一節，查本年三月間，臣部會同郵傳部，奏請各省商辦鐵路所用材料，擬照官辦之路，暫行免稅，仰蒙恩准在案。該公司製造車橋等物，本在鐵路材料之中，擬請援案，暫准一體免稅，毋庸另援漢陽鐵廠成案，轉涉兩歧。此外建廠購機，及一切物料，仍令遵章完稅，以示限制，如蒙俞允，即由臣部咨行稅務大臣度支部郵傳部湖廣總督欽遵，分別辦理。所有華商設立公司，製造鐵路材料，並援案暫行免稅緣由，理合恭摺具陳，伏乞皇太后、皇上聖鑒訓示。謹奏。

光緒三十三年七月初三日具奏。奉旨：依議。欽此。

《商務官報》光緒三十三年八月初五日第二〇期《江西巡撫咨本部文》 詳咨立案事。據農工商礦總局詳稱，竊維振興實業，爲地方致富之基，開濬利源，爲士民治生之本，足民所以足國，有財斯以有用。值今利權外溢，計學競爭，尤應力籌抵制之方，而免漏卮之患。顧生財之道，農與工商，而販運資乎商品，商品根乎土產，農業不講，而欲振勵工商，是製造、運輸皆無基礎可憑，實業又安有發達之日。江西土質膏腴，氣候温和，水利交通，民質勤苦，惟伏處內地，風氣未開，老農故步自封，罔識新法，地利多遺，殊可深惜。本局前於光緒二十九年，於省城進賢門外，設立農業試驗場，實地研求，已逾兩載，試驗之新理新法，均具於該場農事實驗報告諸書，札發各屬，請求倣辦在案。伏惟創辦試驗場之本旨，原欲將農事實驗所得之新理法，普輸全省士民，非僅爲一隅而設。惟江西幅幘遼闊，人民散處，而該場僅設會垣，雖極力研求，然既不能盡人告知，影響全省，更驟難分場驗習，遍及窮鄉。百計思維，惟有就該場按月編輯農報，分爲論説、公牘、學術、報告、編譯等門，將該場試驗所得之新理法，各屬農業情形，並向來老農歷驗成法，及東西洋新發明之農學書報，悉精詳採擇，刊刷布告。但該報既爲改良本省農業而設，若非於本省土宜、氣候、出産、耕稼諸事，先行調查，奚能就地規畫，示以辦法。現擬於該場附設農業研究總會，廣集熱心農學之士，相與討論本省農業利弊得失之所在。復由各屬地方官選舉公正明達之紳一人，作爲總會分註該屬會員，由該會員創設支會，按月將該屬農業情形填表，報告總會一次。所有派銷農報，並選舉支會員等事，即由本局通飭各府廳州縣，一體照辦，似此設報以廣見聞，立會以資討究，既可爲全省農業改良之資，復可符該場試驗普及之旨，其於開通風氣，生利致富之道，不無稗補。所有本局農業試驗場創辦江西農報並農業研究會緣由，理合附録。緣起凡例簡章共二册，詳請咨明農工商部立案，等情到本部院，據此相應將送到緣起凡例各册照録咨送，爲此合咨貴部，請煩查照立案施行。須至咨者。

《商務官報》光緒三十三年八月初五日第二〇期《直隸總督咨本部文》 咨覆事。據工藝總局呈稱，竊照職局於本年六月十五日奉督院札開，光緒三十三年六月初四日准農工商部咨開，光緒三十三年五月二十九日准軍機處片交本日御史成昌奏請飭各省疆臣推廣實業學堂摺，奉旨：著農工商部分行各省督撫。欽此。傳知抄交前來，相應恭録諭旨，抄録原奏，咨行貴督欽遵辦理，並希將籌辦情形隨時咨部備案，可也，等因。准此除分行外，札到即便遵照辦理，並將籌辦情形隨時詳咨，計黏抄單等因。奉此遵查，成侍御原奏所稱，游民可慮，工藝宜興深謀遠慮，實爲至論，惟我憲台早念及此，視爲急不可緩之圖，故於收回天津之後，即飭興辦工藝。彼時本司學熙奉札設立工藝總局，以提倡全省工藝，並開辦高等工業學堂、考工廠、教育品陳列館、實習工場，凡所舉辦皆有宗旨、章程，所立高等工業學堂，分化學、機器、製造、圖繪四科，係備師範之選。嗣又添化學機器各速成科，並添預備科，現在各科學生有送往日本工場藉資練習者，有已經畢業給憑派赴各處充當教習者。考工場係購求各省及外國常用、稀用品物標簽陳列，任人參觀，俾資取法改良。並由該廠附設工商研究所，勸導各工商，研究新法，仿製洋貨。又附設工商演説會，每月兩次演説，以開工商知識。又附設工業售品所，以擴充銷路。近日該廠遵照農工商部定章，改爲天津勸工陳列所，以符名稱。教育品陳列館係羅列大中小學堂各項教育用品及各種學科成績書籍，以備參觀購取，有所師承。初開辦時，各物品多購自外洋，自前年又附設教育品製造所，竭力研究仿造，出品多而且進步之速，異乎尋常。上年曾將所製物品選擇多種，咨送京師勸工陳列所，交納陳列。旋奉農工商部咨覆，以所送各物均係料實工堅，適於人用，而製造所出教育軍用各品，精美尤甲於他省，成效卓著，咨由憲台行知到局。現擬專注意製造，已將教育品陳列館名目改併教育品製造所，以定趨向。實習工場係爲培養工匠之才，以興實業起見。開辦之初，工徒二百名，祇設織染木金縫紉製造六科。年來體驗增減，現已設有十二科，官費自費工徒，常約六七百名。場内附設講堂二處，凡在場各工徒均課以修身、漢文、歷史、地理、算學、體操等項淺近課程，俾得略具普通知識，歸於馴良。現已陸續畢業五百餘人，授以文憑，分投各屬傳習，並由職局派委勸工員，前往各屬演説勸導，風氣爲之大開。該工場所出物品，亦曾選取送京陳列，蒙農工商部行文，以查得所製繡竹巧思獨運，花樣翻新，頒發匾額一方，轉飭刊刻縣掛，以示鼓勵。後又接奉行知，蒙將該場所製繡鷹進呈御覽，上意甚爲嘉悦，飭再補送一分陳列，各在案。此外尚有創設北洋官立造紙廠、勸業鐵工廠及大沽鐵工分廠，並在北京設有北洋第一、二工廠，兼小學堂，又有天津紳士集資，由局補助，設立初等工業學堂，及造胰公司、織染縫紉公司。以上各廠所工場學堂公司，皆爲男子生計而設。其女子工業，於三十一年冬間，就天津廣仁堂創設女工廠，延訂女工師，教授貧寒婦女，學習製玲瓏西式花緶，並機器縫紉描花刺繡等項手藝，兼授修身書算等課，俾其普通知識，有自贍身家之資格。現在製品頗有可觀，西人每爭購之。惟是各工業皆以原料爲本，苟不圖其本，則我多興一工業，即不啻爲外人多增一銷原料之場。故於上年五月間，詳明憲台設立北洋種植園一區，調查各項製造所需之原料，搜求布種，以爲小民先式，此職局數年以來稟承籌辦工業之情形也。至於職局勸導各屬工藝自開辦至今，天津已有民立工場十一處，藝徒學堂三處。其順直各屬，計三十一二兩年，已有六十餘廳州縣稟設工藝局所，均曾將辦理情形填寫調查表册，詳咨有案。本年各州縣中，尚有續稟開辦者，並有外屬紳商，在本籍開辦工場，稟由職局指授保護者，可見直隸民智大開，上下一心，力求實業，已有基礎，將來工場遍立，製造日精，自然户鮮游閑，民多樂利，不特隱患可消，且以立富强之根本矣。茲奉前因，除分飭尚未開辦工藝各屬，迅速籌設開辦，並仍俟年終，再由職局查明續辦工藝處所，照章填表詳咨外，所有查明天津本埠並全省各屬已辦官立民立各工業學堂及廠場局所大概情形，理合具文詳請察核，咨覆農工商部查照備案等情到本督部堂。據此相應咨覆，爲此合咨貴部，請煩查照施行。須至咨者。

《商務官報》光緒三十三年八月十五日第二一期《度支部會同本部具奏籌議開採銅鑛摺》 謹奏，爲遵旨會議具陳，恭摺仰祈聖鑒事。考查銅幣大臣郵傳部尚書陳璧奏籌議開採銅鑛一片，光緒三十三年五月初八日，奉旨：該部議奏。欽此。欽遵。由軍機處鈔交前來。據原奏内稱，各省鑄造銅幣，購用洋銅，實爲絶大漏卮。近年銅價奇昂，大利尤多外溢，查中國各省礦産甚饒，即如江西、雲南所産之銅，前經度支部總廠鎔化試驗，頗合造幣之用。惟銅質提鍊未净，鎔鑄工耗稍多，若能廣行開採，精加提鍊，嗣後造幣需用，即無須取給外洋。臣此次奉命考查銅幣，贛、滇兩省均經奏明派員前往，即飭順道採訪銅鑛。茲據赴贛考查司員呈稱，贛鑛苗旺質佳，又據赴滇考查司員電稱，東川等處銅鑛尚旺各等語。贛、滇鑛産豐富，銅質亦佳，足供鑄造，擬請飭部切實調查，籌議開採。此外，如有佳礦，亦宜推廣籌辦，實於幣制礦務均有裨益等語。臣等伏查中國銅礦，滇省最富，歷經分批辦運，以供京師鼓鑄之需。臣部近設總廠，亦經提取滇銅，鎔化試驗，但能提鍊加精，即可用以鑄幣。徒以銅本艱窘，該省歲辦京運，時虞竭蹶，而各廠造幣，轉須購買洋銅，以致利權外溢。臣部爲收回利權起見，亟思振興礦務，以塞漏卮。近聞贛省發見銅礦，苗旺質佳，又經電調二千斤，交總廠試驗，頗合造幣之用。贛省既有此佳鑛，尤宜亟籌開採，冀於滇礦而外增一利源。業於上年十二月間議覆御史徐定超奏請興復滇鑛摺内，奏請飭下雲貴總督，體察籌辦，俟得切實辦法，由臣部寬籌銅本，力與維持，並聲明江西礦産甚佳，乞飭切實調查，迅圖興舉，以挽利權而恢銅政等因，奏准行知在案。嗣於本年五月，據兩江督臣端方、江西撫臣瑞良奏報，江西贛縣隴下及長排嶺銅礦，苗脈豐厚，銅質精良，實爲上等佳礦，採法宜用機器，兼築小枝鐵路輸運，經營試辦，約需經費四十萬兩，甯贛各認銀二十萬兩，核撥開辦等語。該督等合兩省之力，開濬利源，一俟辦有成效，則各廠鑄造銅幣，均可赴贛訂購，毋庸仰給外洋，漏卮杜塞，利莫大焉。至雲南銅礦，本年四月間，因臣部所派丁憂主事余晉芳至滇考查造幣分廠事宜，該廠尚未開辦，電飭就近調查礦務，並電知雲貴總督派員會同往勘。嗣准雲貴督臣錫良電稱，派道員劉孝祚偕往東川，據報礦旺民貧，恃官家接濟。查滇銅每百斤給價銀二十兩，用以造幣，雖須改鍊，小有折耗，現在洋銅日貴，以四十餘兩之重價購之外人，不若加價興辦滇礦，免致利權外溢。擬照官價，每百斤酌加價銀，較用洋銅，仍屬合算，且能保我廠利，冀圖擴充。該員等現赴昭通等處查勘，容再籌酌電聞等語。臣當以滇銅困於例價，出産日衰，至爲可惜。現各省鑄幣，用銅甚多，如提鍊純净，足合造幣之用，自當酌加價值，惟礦産是否豐旺，仍令轉飭詳細調查。如果確有把握，集資之事，自當内外合力通籌，闢此利源，飭籌議見復等因，電復去後，現尚未據聲復，應俟該督續報到日，察核情形，應如何内外協力，籌集資本，從事開採之處，再由臣部奏明辦理。農工商部查銅礦事關幣政，自應及時開採，以塞漏卮，至一切辦事章程，應仍按照臣部奏定礦章辦理，以歸劃一。所有遵議緣由，理合恭摺具陳，伏乞皇太后、皇上聖鑒訓示。再，此摺係度支部主稿，會同農工商部辦理，合併聲明。謹奏。

《商務官報》光緒三十三年八月十五日第二一期《批趙式增稟》 據稟已悉。查設立公司，招股集款，應由該職商自行籌劃，所請酌定章程，派招股款，本部無此辦法，礙難照准。前所呈機器木樣，仰即領還。此批。七月二十五日。

《商務官報》光緒三十三年九月初五日第二三期《本部奏援照軍功外奬成例酌擬商業奬牌摺》 謹奏，爲援照軍功外奬成例，酌擬商業外奬，以鼓商情，恭摺仰祈聖鑒事。竊臣部於本年七月十三日，遵旨議奏華商辦理實業爵賞章程，又片奏改訂奬勵華商公司章程，均奉旨：依議。欽此。欽遵通行在案。臣等伏查五洲列國，其國本之强弱，大抵視實業之盛衰以爲衡。朝廷註念商途，特飭訂定奬章，所以激勸而提倡之者，無微不至。惟是四方殷富，能以萬億資本創興實業者，雖聞風興起，未必乏人，而當此商力薄弱之時，大抵以中人之資，規一時之利。散之，若尋常之營業；聚之，亦莫大之利源。既均爲廛市之編氓，即同在朝廷之涵覆，亟應區分等次，以朝沾溉恩榮。臣等公同商酌，擬援照軍功外奬酌給功牌成例，别爲三等，曰七品奬牌、八品奬牌、九品奬牌，以備隨時給發。凡商人出資營業，自一萬圓以至八萬圓以上，著有實效者，由臣部查核無異，擬即分別酌給此項獎牌頂戴，用昭激勸。查臣部上年八月間奏奉允准之商勳章程內載明，尋常工藝，製作精良者，未便概給此項，商勳應由臣部參照功牌式樣，另造商牌等語。臣等竊以爲工商兩途，相爲表裏，則獎勵之方，自應一律辦理，均作爲臣部獎牌，隨時酌給，以示平允，而免向隅。如蒙俞允，即由臣部分咨各直省將軍督撫，暨各出使大臣，通飭所屬，曉諭各商，俾知奮勉。所有援照軍功外獎成例，酌擬商業外獎緣由，理合恭摺具陳，伏乞皇太后皇上，聖鑒訓示。謹奏。

光緒三十三年八月十三日具奏，奉旨：依議，欽此。

《商務官報》光緒三十三年九月初五日第二三期《四川商務議員周善培申本部文》 言乎中國今日之商務，原處於至艱極危之時，言乎四川則尤有特別之難三事。四川雖號地大物博，然率蘊藏未經開發，其出產大宗爲鹽、絲、糖、蠟、藥材、煙土，此數物者，或純爲天產，或僅加人力，不特工事未加深求，即所謂天產者，亦惟沿襲數千百年相承種植之舊，農工既交有未盡，商業自難乎其言，人力大絀，其難一也。然在沿江海各省，風氣早開，人智漸進，則前此未盡之力，猶可循序以求擴充。四川不幸獨居上游，在陸則有重關閉塞，山道崎嶇之難，在水則有急浪凶灘，十舟五覆之險，交通沮塞，川商既難於出，而見聞因之遂隘，外商又難於入，則文明撫自而輸，以是之故，凡江海各省習見習聞之事，四川皆咤爲未見未聞，而凡爲江海商人所聞而鼓舞歆動者，以告川商，皆以滋其恐怖懷疑之念，智識所限，其難二也。商業之盛衰，一視其能力之厚薄，智識亦能力之一端，而與之並要者，實惟貲本。彼川商者，不特絕跡於外洋，幾不數見於遠省，若是固緣交通之難，亦由財力之絀。蓋合四川紳商而論，不特無闊廣數十百萬之大賈，蓋即十萬二十萬之巨室，通省亦不數姓。財力既窮，雖有善賈冒險之人，念周轉之艱，自然裹足，或者勇於進取，往往蹶於中途。彼四川之號爲沃省，蓋其民無巨富而多小康，此小康之人，率業農而不習商，安土而難遠賈，以之分任租稅，則易於集事，以之創爲營業，則難與圖成，非由性殊，實因力薄，其難三也。具此三難，故欲振興四川之商務，非於聯絡商情，考究商業之外，更爲規畫本務，備置機關，於凡商界所必需，而商力所不及者，皆由官代之經營，爲之倡導，則發達進化，將永無可望，即聯絡考究，皆等於空言。四川之有商務局已十餘年，有商會者亦既二年，雖於商界多所維持，而於所謂商業之本務及其機關，蓋猶闕如，未及深計，此非任商局者皆不加之意，實由行省通例局所皆爲差使，總辦更迭，不常久者不能及期，暫者或僅旬月，傳舍之勢既成，雖任事者亦以不能竟功，轉恐近於多事而止。使不恒其事之人，任至難爲謀之事，其日言振興，而日即於退敗者，理勢必然，未爲深異也。職道自本年三月初一日，奉護理四川總督部堂趙調委商務局總辦，當於四月間詳請開辦實業學堂，已奉批准，分別奏咨在案。又於五月間詳請籌辦重慶萬縣間火輪拖帶，亦奉批准，現方續議辦理省城商事裁判，及開設商品陳列館。此數事者，學堂以教成人材，固爲本務之尤；拖輪以便利運輸，亦扼要機關之要；立商事裁判，所以增長商格，保全商累；設商品陳列，則爲激發商智，誘進人工。雖商務之範圍至廣，端緒至繁，此數事者，第其一部，而就四川情勢，與職道知力之所能及，竊欲以此數事植其始基，果能寬假時日，循序漸進，極此數事擴張之功，未始不爲四川商務毫髮之助。除仍隨時盡心整飭，極力實行，並隨時調查報告外，所有職道奉劄委充四川商務議員，祗領任事，並略陳四川商務及現在籌辦各情形。

《商務官報》光緒三十三年九月二十五日第二五期《批吳至德稟》 據稟已悉。查本部礦務章程第二條，內載凡稟請辦礦，應由本部發給執照爲憑，未經發照以前，不得舉辦。今將執照分爲二等，一爲探礦執照，一爲開礦執照。又第七條，凡請探礦執照，領照後非遽准其開採，但須在照內所指之地，就其浮面探驗，不得過於深邃，亦不得過於廣闊。又第十三條，如欲請領開礦執照，必須將探礦執照繳銷等語。該商等籌資開辦金礦，自應遵照部章辦理，以歸劃一。至所呈機器合同，仰俟領執照後，再行核辦。此批。九月初三日。

《商務官報》光緒三十三年九月二十五日第二五期《批候補知府李映庚稟》 稟悉。農爲本富，原係吾華三代足民之道。漢唐以降，凡國計充裕者，無不導源於此。近世東西列强，其立國本原，固不外工戰、商戰兩途，要其本計，亦先注重于農。蓋自亞丹斯密學說風行，謀國富者，殆又一變矣。該守所陳古今中外之故，頗能洞悉，諭列各省省格及直隸農事要義，亦復具有見地，非託空談。仰再條上興舉農業一切事宜，以備採擇。此批。八月二十六日。

《東方雜誌》第四年第九期《度支部奏擬定印刷造紙局廠大概辦法摺》 竊發行紙幣，宜分建造紙印刷局廠，前經財政處會同臣部奏准在案，並由臣部派員前往日本調查完竣，所有一切規畫亟宜參酌仿行，遴員綜理，妥籌開辦。查設局建廠首宜擇地。中國內地紙業，向來盛於安徽、江西、湖南等省，所產原料如麻、竹、楮皮、稻草最爲富饒，水性相宜，工值亦賤。然其地皆僻在一處，若開公家造紙之廠，尚覺不甚相宜。今議建紙廠，自應在京師附近轉運便利之處。臣等一再籌思，行機渡紙所需以水爲最要。距京師最近，而水源足用之處，首推通州。其地運河下達天津，素爲漕運通衢。近來鐵路亦已開通，運煤運料，以及運交造就紙張，水陸通行，極爲便利，所有建設造紙廠，惟此最宜。至印刷一局，其鐫刻版，精製印泥，均須極求美備，嚴防作僞，建築之處尤當審慎。竊經紙幣一物，其功用全恃印刷，花紋同異，即真僞之所由分，防弊之法，尤宜格外嚴密。且其發行之權，必歸一於臣部之總銀行，自以設立京師與發行之地相近，始爲適當。查京北清河地方，舊有廢倉基址，係屬官地，再將左右民地，略加購買，即足敷建築局廠之用。該地密邇京畿，近傍河流，京張鐵路經過其處，運輸物料，招雇工人，亦形便利，即擬將印刷局建設該處。惟事屬創始，端緒至繁，責任綦重，自非廉勤幹練之員，不足以資辦理而臻妥善。現如察勘地址，調查原料，考核機器建築局廠，聘用華洋技師工手，亟宜遴選總辦等員，以資經理。查有臣部員外郎曾習經堪以派充印刷局總辦，分省試用道法政科進士陳錦濤堪以派充幫辦，前財政處提調江蘇候補道劉世珩堪以派充造紙廠總辦，候選知府李經滇堪以派充幫辦。至應需開辦一切經費，必須有着的款，始能辦理應手。查臣部前提滬存四百萬兩，交上海分行備還匯豐借款，除還清五十萬鎊外，尚餘規平銀一百十八萬餘兩，擬並息計算，合足一百二十萬兩，即撥作印刷造紙之需，由該員等陸續具領撙節動用。以上各端，如蒙俞允，即由臣等飭令各該員，妥慎經理，次第妥籌，並將大概情形，謹擬辦法各六條，另繕清單，恭呈御覽。至一切詳細章程，應俟該員等妥議，由臣等覆核，再行奏明辦理。謹奏。奉旨：依議，欽此。

謹將創辦印刷局籌議辦法六條繕單，恭呈御覽。一，預定章程。查印刷局既屬官辦，其所最注重者，曰紙幣，曰郵票，曰印花，及一切有價證券，必須力求精巧，以杜假冒，而昭信用。仍兼辦各種書畫報章，藉以保全成本，貼補開支。責成該總辦等酌用員司，聘用華洋技師教習，以教工徒。責有專歸，寧缺勿濫。至用人辦事，應令參用商家辦法，以收實效而杜虛糜。一，籌撥經費。查印刷局應用經費，名目雖繁，然不外開辦與常年兩項。定購機器，建築房屋，收買地基，置備傢具等項，爲開辦經費。其他應用物料，如煤炭、顔料、紙張、機油、機布、機革、機件等類，以及薪工局用，皆爲常年經費。擬先行撥銀五十萬兩，作爲開辦經費，設有不敷，再行續籌發給。所有用款，應令按月呈報，每届年終，由臣等核明，開單報銷，以昭核實。一，履勘地基。查印刷局議在京北清河建築，舉凡雕板、電板、凸板、凹板、石印、鉛印、制色一切機器物料，安放屯積，以及辦公寄宿各所，占地甚寬，尤須預爲擴充地步。除舊有倉基外，仍應加用若干，一俟勘定，繪具圖樣，送臣等閲定後，即令將所占民地畝數，會同清丈，核定地價，照數發給。一，建築房屋。查印刷局約分九大端：一爲雕刻繪畫，一爲電鍍板片，一爲凸板印刷，一爲凹板印刷，一爲石板印刷，一爲鉛板印刷，一爲配製顔料，一爲綜核各項印刷，一爲調查各項印刷。應俟地基定妥，機器購齊，照承辦洋商送來因式，招雇工程師，詳細繪圖，如式建造。一，訂購機器。查印刷機器種類甚多，如凸板、凹板、縮刻、畫綫、施放、配色、生濕、烘干、穿眼、敷膠、打號、砑光各項機器，應令該總辦等按照開單，招商承攬，擇其價廉物美者，批定包運包安，免除規費，訂立合同，分期交款，責成承辦之行，如有不符，嚴行議罰。一，慎選技匠。查印刷局所用技匠，有雕板、電板、凸印、凹印、石印、鉛印、寫真、制色、管機等類。此時初經開辦，中國尚無熟手，必須延用洋人。應責成該總辦等，慎加選擇，嚴定合同，免滋流弊。至上海天津等處，素有印刷商廠，如石印、鉛板之工，尚易招募。應令廣爲搜羅，令其學習雕鐫印刷諸藝，久之旨能精熟，即無須假手外人矣。

謹將創辦造紙廠籌議辦法六條繕單，恭呈御覽。一，妥慎用人。查造紙廠爲國家特設，其重要在紙幣與郵票、印花、註册照、公債票，及一切有價值之證券等項。所用紙張，多係手漉，總須精益求精，以防假冒。所費工料不貲，應令兼造通用紙張，招商售運，藉以保全成本，補助局用。所有辦事之人，除總辦幫辦外，其餘員司，應責成該總辦等遴派，並須聘用洋教習，以教學徒。大致定額宜少，選用宜嚴，薪資宜厚。局章廠規參用商例，應令妥擬章程，並將所用員司，造册報明臣部，以備查核。一，預籌經典。造紙廠所需款項大綱有二，曰開辦經費，曰常年經費。開辦經費爲購買廠基，建造房屋，及訂購機爐器具等項，當類甚繁最鉅者，爲生熟物料機料，及薪水工食機油煤炭等項。且手漉機造，兩者並行，尤並寬籌的款不可。擬先撥銀七十萬兩，以資應用，設有不敷，再行續籌。所有用款，應令按月呈報，每届年終，由臣等核明，開單報銷，以昭核實。一，履勘基址。查造紙廠既擬設在通州，局廠地址亟須前往踏勘，所有安設機器，屯積物料，存放紙張，以及辦公住宿等所，共占地段若干，應令預爲勘定，繪具圖樣，由臣等閲定之後，即行會同地方官，定價購買，俾得早日開工興造。一，訂購機器。查造紙機器與他項機器不同，何項機器造何種紙張，固有一定。第其間自劑合原料，以迄漉汁、調漿、碾光，諸機名目，至爲繁賾。且引擎、鍋爐，馬力之大小，又視裝設機具之多少以爲衡。應令該總辦等博訪周諮，於妥實各洋行詳探價值，剔除一切規費，何行價廉貨美，即歸何行承辦。一面由工程師先行建造廠屋，並與該行議定包運包裝，庶無零整不全，以梏充良之患。一，建築廠屋。查造紙廠房屋約分四項：一爲裝設機器浚池蓄水，一爲存諸物料廠處，一爲收放紙張庫所，一爲辦公住宿房屋，俱須籌備。現在開辦，先於就近民房酌量租借，俾便辦公。俟地址購成後，分別佈置，次第興修，尤須多留餘地，以爲推廣之計。一，調查原料。查中國向來産紙最富之地，如安徽之涇縣，江西之饒州，湖南之瀏陽、新化等處，均擬派員分赴調查，某處出何種紙張，係何種原料，如何製造，配料若干，某種工值若干，料價若干，每年出産銷數各若干，均須逐一查明，詳細列表。至麻棉、楮草、竹紙、蘆花各種原料，除近地所産外，並查明他省之紙料種類若干，價值若干，以爲統計預算之地。至於工匠技師，有當延用東西洋人者，須察應造之紙張，再行分別酌定。其手漉造法爲中國所固有，應令於各處原有業紙地方分別查考，擇其技藝精良之工人，招雇多名，俾以熟手練習，則改良較易，自可收事半功倍之效。

《東方雜誌》第四年第九期《度支部奏擬請先鑄通用銀幣摺》 竊查前財政處會同臣部，奏酌擬鑄造銀幣分兩成色並行用章程請先行試辦一摺，當經奉旨允准在案。年來籌畫鑄本，添設機器，先經臣部奏明，由歸還洋款積存項下提銀四百萬兩，續又奏請由部庫提銀二百萬兩，又財政處移交專辦財政一款銀一百八十萬兩，現擬再由積存鎊餘提銀二百二十萬兩，凑足千萬，作爲先行鼓鑄之用。江蘇銅元局廠業經裁停，所有機器，亦經一面移置天津總廠備用。惟原擬一兩銀幣，與各省舊鑄龍元重量不同，奏定以來，外間多以爲不便行用，貨幣關係重要，遲回審慎，遂延至今。近臣部侍郎臣陳璧奉命考察各省銅幣，在鄂來函，稱鄂廠銀幣前照一兩分量試鑄，未甚行用，旋即收回鎔毁，現在專候部頒祖模，暫行停鑄等語。臣等一再籌思，竊以圜法主於流通，似此情形，自未敢堅持成議。近日詳悉籌議，僉以爲立法固貴乎因時，便民即所以立國，查美、墨、日本及南洋諸島所用銀元，皆約合庫平七錢二分上下，從前各省鑄造龍元，其重量即與之相仿，沿江沿海各處，習用已久，若新幣照此鼓鑄，自可無滯礙之虞。即用以折合銅幣制錢，如大銀幣一元折合七分二釐之小銀幣十角，小銀幣一角折合十文之銅幣十枚，銅幣一枚折合制錢十文，均以十進位，亦易於操縱。東西各國通用銀幣，其形式、重量大半相類，蓋過小則價值太輕，過大則難於攜帶。因民所利，則下令如流水之原，似不如改從七錢二分之制，以便推行。且查墨國新幣值當美幣一託臘之半，今中國銀幣重適相等，將來改定金本位制，與各國金銀比例固易於折算，即現在作爲通用銀幣以及籌畫金本位辦法，亦似無窒礙。臣等權衡再三，自不得不及時酌定，前年奏定銀幣，各省銀元即行停鑄，自銅元通行各處，以無銀幣相權，需用正亟，此次酌定銀幣分量，係爲便於推行起見。如蒙俞允，即由臣部飭令總廠先行試鑄，以備應用，謹奏。奉旨：依議，欽此。

《商務官報》光緒三十三年十月初五日第二六期《批職商尹克昌稟》 前據該職稟，商請註册，繳到公費五十四元。本部查核定章，凡資本十萬元，應繳公費壹百零四元，除已繳外，尚欠繳五十元，當經先行註册給照，飭令該職商補交到部備案在案。此次稟同前因，補交公費五十元，核與定章相符，除一面飭屬補給收單外，合行批示，仰該公司遵照可也。此批。九月十三日。

中國第一歷史檔案館《光緒朝硃批奏摺》第一〇二輯《光緒三十三年十月初五日川滇邊務大臣護理四川總督趙爾豐片》 再，查前准户部咨，各省機器局如有採購等項，事前報部立案，事後方准覈銷等語，歷經遵辦在案。兹據辦理機器局布政使許涵度等詳稱，局中製造火藥，應用牙硝，將次用罄，援案委員採辦牙硝八萬六千斤，以資配造，遵照部定價值，計需庫平銀一萬二百七十七兩，仍請於常年經費外，在成綿龍茂道庫土貨釐金項下另行提撥，俟購辦齊全，覈實彙案報銷，詳請奏咨立案前來。奴才覆覈無異，除咨部查照外，理合附片陳明，伏乞聖鑒。謹奏。

該部知道。

《商務官報》光緒三十三年十月十五日第二十七期《批黄良弼稟》 據稟已悉。所擬採取鹽滷鍊製洋鹽，呈請作爲官營商業等情，事關鹽政，仰該畢業生自行稟明度支部核辦可也。此批。九月二十二日。

中國第一歷史檔案館《清代軍機處電報檔彙編》第三四册《收上海通電爲洋商機器製造麪粉等出口及收税事光緒三十三年十月十五日》 奉庚電，遵詢税司。據復，本口洋商機製麪粉，除與米糧一律不准出洋外，凡報運通商各埠，令按照指運之口，各具結免税，若運入内地，則亦免税，而内地釐金，應由沿途局卡照章辦理，不涉本關之事等語。職道伏查前年海豐公司麪粉奉准暫免税釐案内，商部電諭聲明，此外機器製造，不得援例等因，致洋税司有案。何以竟將洋商機製麪粉，一併照免。詳查舊卷，始悉此事曾於廿七年冬，奉南洋大臣飭查，税司即以善後舊約一款載明。此次新則，凡僅載進口，未載出口者，遇有出口，應照進口税則納税。又二款米麪雜物進出口，皆准免税，且於廿三年四月，奉總税司札令，將機器麪粉，由此通商口運彼通商口，概暫免税，備函聲請轉復，是以歷辦至今，華洋一律，均未收税。現在土貨税則未改，應如何辦理，伏候核飭遵行，職道變禀。鹽。

《商務官報》光緒三十三年十月二十五日第二八期《本部具奏工藝局購運物料請照章分别免税片》

再，臣部工藝局製造各種物品，所需材料，大都運自各處，所經關卡，向免完納税釐。上年税務處奏明，官運物料，分别徵税，原摺内稱，官用各物料，凡係來自外洋者，於進口及運入内地，一律徵税，通飭各省新關，一體遵辦。其附設之常關及内地常關，並官運土貨，由此口往彼口，應否免税，會同户部查明，另行分别核辦等語。是原奏所稱，官運物料，應行完税者，僅指洋貨經過新關一項而言。臣部工藝局造成各種貨品，原期推廣行銷，藉資提倡，必須減輕成本，始易周轉維持。以後該局應用物料，除係來自外洋，經過新關，一律照章完税外，其土貨經過新關，以及洋貨土貨經過常關釐卡，並京師崇文門税局，應請概免徵收釐税，由臣部填發護照，查驗放行，以符新章而資稽核。所有工藝局購運物料，遵章分别免税緣由，謹附片具陳，伏乞聖鑒。謹奏。

光緒三十三年十月初四日具奏。奉旨：依議，欽此。

《商務官報》光緒三十三年十一月十五日第三〇期《批職商余志誠稟》

稟悉。該商既稱汪守所擬係屬持平辦法，款項自向公司清理，亦屬正辦。乃又慮所墊鉅款無人償還，謬執己見，再三瀆請，實屬有意纏訟。該公司是否有人接辦，是公司以内之事，本部未便准理，仰仍遵照前批，自行清理，毋再嘵瀆。此批。十月二十九日。

吉林大學歷史系等《吉林檔案史料選編》上諭奏摺《東三省總督徐世昌奏敬陳吉省現辦邊務情形折光緒三十三年十一月二十四日》

至該廳所屬之天寶山一帶，礦産森林，最爲豐美。該處曾經前將軍派委程光第開辦銀礦，嗣以資本虧折，將該員參革查追，有案可稽。是該員早已離差，與此礦毫不相涉，乃該員因辦過此礦，知其有利可圖，竟爾私訂合同，招工開採，經陳昭常等到彼查出實據，特將該礦封禁。現該員業已畏罪潛逃，正在飭拿懲辦。臣等伏念吉省沿邊礦山林立，徒以官家辦理不甚經意，遂致若輩從而生心，如不及早自圖，必有指爲放棄權利者，實不啻授人以柄。惟有一面嚴行禁止，一面設法經營，此又因與邊務重有關係，而不得不預爲防範者也。

吉林大學歷史系等《吉林檔案史料選編》上諭奏摺《東三省總督徐世昌奏吉省應行要政逐漸措施情形折光緒三十三年十一月二十四日》

一曰振興實業。查吉省物産豐饒，而財政不能加裕者，則以實業不興之故。即如天(實)〔寶〕山、夾皮溝、三姓、東溝、黑背各礦産，蜂蜜山、濛江各荒地，皆爲利源所在，無如辦理不得其法，歷久卒鮮成功。至於他種地利，亦復聽其湮塞，貨充於地，智者惜之。臣等詳查博訪，謹擇其確有利益者，先行試辦。此間風氣不開，狃於北地無桑之説，謂其不宜蠶織，不知奉天海蓋等城，飼蠶即用橡葉，賓州、三姓、寧古塔、琿春等處，遍山橡槲，正可(籍)〔藉〕以育蠶，特氣候稍寒，必以五月至八月爲蠶忙之候耳。而居民竟相率砍伐，以爲爨材，實覺可惜。臣等因候選訓導許鵬翊，試飼山蠶，著有成效，特設立蠶業局，令其雇覓工師，購求蠶種，勸諭居民，入局學習，一體試辦，將來倡興織業，實爲北地新辟之利源。若林業，在吉省爲商品大宗，長白山東南一帶，叢崖絶巘，古木陰森，衹以樵採罕通，遂爲萑苻藏匿之藪。本地木商資本微薄，不能辦此巨業，而外人雖覬覦其間，非設局選擇砍伐，是坐棄自然之利，而反殆邊地之憂也。臣等特派記名道宋春鰲，由官帖局提款二百萬串，創辦林業局，用火鋸機器入山砍伐，選成料片，運省銷售，日久人迹漸多，盜踪自絶，興利除害，計無逾此。又查，日本近年盛獎印刷之業，所以新書報紙，舉國風行。吉省向無完備之書肆，以致文化不開。臣等以爲非提倡印刷，不能有效。特就官書局内兼辦印刷，以爲倡導。凡購運機器，改築房間，現已規模略備，而造紙一業，並可相輔而行。臣等前派農工商局局長主事胡宗瀛，赴日本考查實業，曾令其購機一具，用木質或麻料試辦造紙，將來不特刷印官書取材甚便，即通省公牘紙張，亦可由局刷印，以歸一律。而民間所用之洋紙，並可少遏其來源，費款無多，用途極廣，此尤輕而易舉。

中國第一歷史檔案館《清代軍機處電報檔彙編》第三册《奉旨議制主幣足色與減成二説就是著遵前旨並案議復事光緒三十三年十二月初二日》

奉旨：前經降旨，飭議幣制。近日諸臣條議，有謂若鑄十成一兩五錢兩種之銀元，其雜質工耗，虧賠甚鉅，宜照減成鑄造，以免虧折。又有謂既以一兩五錢兩種銀元爲主幣，必須十成足色，官民出納，方能簡易無弊，於交涉款項，亦免折算受虧，儘可搭鑄九成之一錢五分兩種小元，以其所餘，補主幣工耗之虧，不患不敷彌補。果能主幣流通，中外信用，自可暢行紙幣，以資周轉，統計有盈無絀。且國家財政計畫，要在便商便民，貴在收永久無形之利，不宜圖目前有形之利等語。二説孰是，著即遵照前旨，速即併案議覆。欽此。

中國第一歷史檔案館《光緒朝硃批奏摺》第一〇二輯《光緒三十三年十二月初四日川滇邊務大臣護理四川總督趙爾豐片》 再，前准户部咨，各省機器局採購物料，動用款項，須事前報部立案，方准覈銷等語，歷經遵辦在案。茲據辦理機器局布政使許涵度等詳稱，現在製造毛瑟槍、藥彈、銅釘、小火鉛子、機件等項，需用銅鉛、鋼鐵，必須陸續採購，照案在於成綿道庫土貨釐金項下提撥銀兩，派員就近採買上色精銅八萬斤、淨鉛十萬斤、蘇土鋼四千斤、毛條鐵一十七萬斤以資製造等情，詳請奏咨立案前來。奴才覆查無異，除清單咨部查照，並飭趕緊採辦，覈實報銷外，理合附片陳明，伏乞聖鑒。謹奏。

該部知道。

《商務官報》光緒三十三年十二月十五日第三三期《批王豐玉等禀》 前據該商等禀請停免供布津貼，經本部咨行江蘇巡撫查明核辦。茲准復稱，據蘇藩司會同蘇、滬二釐局詳稱，此項津貼捐諸□商，並非取諸織户，向由上海布捐局收徵，道署轉解司庫抵支，供布水脚不敷之用，商民從無間言。況上海布業類皆富商大賈，與内地情形不同，所銷布疋，花色甚多，而所捐祇布套兩種，每疋收錢二文，爲數極微。處此庫款支絀之時，該商董等當勉力照繳，免誤要差，所請未便照准，爲此咨部查照，等因前來，合行批示，該商董等遵照可也。此批。十二月初四日。

中國第一歷史檔案館《德宗景皇帝實録》卷五八五《光緒三十三年十二月下》 以創辦公司，暨興辦實業，賞度支部右參議劉世珩等正二品封典，道銜祝大椿二品頂戴。

中國第一歷史檔案館等《中國近代兵器工業檔案史料》第一輯《陸軍部各廳司處應辦事宜光緒三十三年》 奉堂諭，本部各廳司處應辦事宜，前經派員會同酌擬呈候核定。茲據分別釐訂呈核前來，本部堂詳細閲核，所擬尚屬妥協，着即鈔交該廳司處一體遵照辦理。如實行後有應行修改及增入者，准即隨時移知參議廳匯核，呈候飭改。此諭。

計開：

【略】

軍實司：

掌器械、彈藥、一應軍裝製造、存儲、銷用各項事宜（遵奏定廳司職掌載入）。

製造科應辦事宜：

一、各省改練陸軍，置購一應軍裝、軍火等項核銷；
一、各省善後防軍水陸各營製造軍裝、軍火核銷；
一、各省善後防軍各營採買外洋槍砲、子彈等項核銷；
一、各省機器製造局採買外洋暨内地硝磺、鋼鐵物料等項核銷；
一、各省駐防旗兵按年操演槍砲，領用藥、鉛數目核銷；
一、各省緑營官兵制造軍裝、旗幟等項核銷；
一、各省緑營官兵按年操演槍砲，用過藥、鉛核銷；
一、廣州籌備軍裝，動用經費銀兩核銷；
一、各省學堂購買軍裝、儀器等項核銷（會同軍學司、軍需司辦理）；
一、發給京外旗營操演槍砲，應領硝、磺、鉛子；
一、恭遇陵差，照章奏請發給在京各衙門請領隨扈帳棚、椿橛等項；
一、承勘製造廠地址事宜；
一、承核槍砲口徑及式様事宜；
一、承辦考查各製造廠所造各種槍、砲及配用各項子彈事宜；
一、經理各製造廠建設試驗槍砲地址事宜；
一、核訂子彈專廠事宜；
一、經畫軍械畫一事宜；
一、承核製造軍用皮革器具材料事宜；
一、經畫製造海陸軍用火藥事宜；
一、經理各省火藥局整頓製造事宜；
一、調查各國現時最新槍砲並仿照事宜；
一、考驗各種槍砲利弊並研究改良事宜；
一、管理奬勵創造新式軍械工業事宜；
一、稽核各省殘損舊式軍械並經管修整事宜；
一、槍炮製造廠未成立以前，承管各省選擇購買事宜；
一、核訂購買軍械合同事宜；
一、核檢各製造廠隨時改良宜事；

一、審查各製造廠應用一切鋼鐵、煤炭材料良楛事宜；
一、調查各省所出鋼鐵、煤炭材料性質及其價值事宜；
一、考核各製造廠、火藥局按季申報事宜；
一、查核各製造廠代造各項軍械物品事宜；
一、稽查各製造廠辦事章程事宜；
一、考核各製造廠款目（會同軍需司核辦）事宜；
一、稽察各製造廠局辦事人員成績，並會同軍計司查取各該局員司銜名、履歷、出身事宜；
一、經理各廠附設兵工學堂章程、學額並課程、教育人員名册事宜；
一、承辦派送兵工學生出洋學習製造事宜；
一、調查各國兵工學堂章程事宜；
一、承辦兵工學堂考驗畢業並發給執照事宜。

保儲科應辦事宜：
一、各省武職交代軍裝送部查核；
一、各省機器製造局造成槍、砲、藥、彈數目，年終送部查核；
一、各省旗、綠各營年終盤查保題軍器，咨部查核；
一、各省盤查新式槍、砲數目，年終咨部查核匯奏；
一、各省防練各軍兵勇數目，按季造册咨部查核；
一、年終累奏各省綠營兵丁數目；
一、度支部行查各省兵丁數目核復；
一、承勘各省存儲軍械、火藥等庫地址事宜；
一、承辦各省保存各項軍械、火藥及建造武庫程式事宜；
一、經理各省平時應用軍械並收發交換等事宜；
一、經理戰時收發交換軍械事宜；
一、承辦各軍隊及各項陸軍學堂軍械點驗事宜（會同軍制、軍學兩司辦理）；
一、稽核陸軍各鎮及各要塞每年應用子彈、火藥事宜；
一、會計野戰砲隊及要塞砲隊歲用兵器、彈藥費並知照軍需司事宜；
一、核訂步、砲、輜重各隊應用器具事宜；
一、核訂馬工隊應用器具及一切材料事宜；
一、稽核各鎮及要塞應用器具材料消耗分數，並知照軍需司事宜；
一、經管清潔軍器事宜；
一、核訂驗收各製造廠軍械章程事宜；
一、核訂各鎮軍械所辦事章程事宜；
一、核訂戰時應用軍械計劃及調查補充事宜；
一、考查各要塞口岸應用砲位及安設事宜，並會同軍制、軍學兩司及軍諮處所司辦理；
一、經理運輸軍械一切事宜（會同軍制司並軍諮處所司辦理）；
一、考核運輸軍械價目（會同軍需司核辦）事宜；
一、調查各省軍隊學堂現用軍械之種類、數目事宜；
一、調查各省存儲一切軍械之種類、數目及保存法事宜；
一、擬訂新見軍械名稱（會同軍制、軍學等司核議）事宜；
一、承辦隨時檢查各省軍械庫及各鎮軍械所事宜（會同軍制及軍諮處所司辦理）。

中國第一歷史檔案館《光緒宣統兩朝上諭檔》第三四册《光緒三十四年正月十一日》 軍機大臣字寄農工商部、税務處、各省督撫，光緒三十四年正月十一日，奉上諭：近年來紗布進口，日益增多，實爲漏卮之第一大宗。民間紡織漸至失業，固由工作之未精，尤因種植之不善，利源外溢，何所底止。查美洲等處棉花，種類精良，莖葉高大，花實肥碩，所出之絨，細韌而長，織成之布，滑澤柔軟，故勝於內地所產數倍，皆由外國農業家，於辨别種類，審度土性燥濕，考驗精詳，故能地產日精，商利日厚。中國棉花，質性較遜於外國，種植人不講求，南北各省間有數處所產較勝，而培植仍多鹵莽，是必須博求外國嘉種，采取培養良法，料美工精，自能廣行各省，保全利權。著農工商部詳細考查各國棉花種類，種植成法，分别采擇，編集圖説，並優定獎勵種植章程，頒行各省，由該省督撫等督率，認真提倡，設法改良。其果能改良之棉花紗布，經過各關卡，應如何優加體恤，並著税務處妥籌辦理，以資暢銷。該部未經頒章以前，著各省督撫先行體察該省情形。

《商務官報》光緒三十四年一月二十五日第一期《本部具奏華商集股創辦公司彙案請獎摺》 奏爲華商集股創辦公司振興實業照章彙案，懇恩給獎，以資鼓勵，恭摺仰祈聖鑒事。竊臣部於本年七月十三日具奏改訂獎勵華商公司章程一片，奉旨：依議，欽此。欽遵。查原奏章程內載，集股一百萬圓以上者，擬准作爲臣部頭等議員，加五品銜。八十萬圓以上者，擬准作爲臣部二等議員，加五品頂戴。六十萬圓以上者，擬准作爲臣部三等議員，加六品銜。四十萬圓以上者，擬准作爲臣部四等議員，加六品頂戴。二十萬圓以上者，擬准作爲臣部五等議員，加七品頂戴。如商人原有職銜在所定等第之上，准其遞加一等。又，自頭等議員以下，應由臣部分別給獎，每届年終彙奏一次各等語。茲查有三品銜臣部頭等顧問官翰林院脩撰張謇創辦江蘇耀徐玻璃公司、上海輪步公司，係集股一百萬圓以上。三品銜直隸候補道嚴義彬創辦浙江通久源軋花紡織廠，係集股在八十萬圓以上。二品銜軍機處存記安徽候補道許鼎霖創辦江蘇海豐麵粉公司、贛豐餅油公司，係集股在六十萬元以上。四品銜候選州同樓景暉創辦浙江通惠公紡織公司，三品銜中書科中書顧釗創辦浙江和豐紡織公司，三品銜兵部郎中蕭永華創辦廣東汕頭自來水公司，候選道馬吉森創辦河南六河溝煤礦公司，分部郎中蔣汝坊創辦江蘇齊泰公紡織公司，均集股在四十萬元以上。二品銜度支部右參議劉世珩創辦安徽貴池墾務公司，御史史履晉創辦京師華商電燈公司，二品頂戴浙江候補道程恩培創辦安徽裕興榨油公司，候選道曾鑄創辦鎮江機器造紙公司，二品頂戴福建補用道程祖福創辦河南清華實業公司，候選道顧思遠創辦山東博山玻璃公司，顧潤章創辦湖北揚子機器製造公司，黄蘭生創辦北漢豐麵粉公司，均集股在二十萬元以上。該員等或提倡農工，力籌本富，或講求製造，謀挽利權，皆能艱苦經營，卓著成效，先後呈由臣部註册保護在案。核其所集股本，實與臣部獎勵章程相符，兹届年終彙奏之期，除股分未齊，成效未見，各公司及合資公司未經分别呈報自出資本若干者，應另行彙案核辦外，合無仰懇天恩俯准，將該員等按照臣部奏定章程給獎，其原有職銜在所定等第之上者，均准遞加一等。惟許鼎霖、劉世珩均已得有二品銜，程恩培、程祖福均已得有二品頂戴，遞加一等，體制較崇，臣部未敢擅請，應如何給獎藉資鼓勵之處，出自逾格鴻慈，伏候命下施行。所有華商集股創辦公司，振興實業，彙案請奬緣由，理合恭摺具陳，伏乞皇太后、皇上聖鑒訓示。謹奏。

光緒三十三年十二月二十三日，奉旨：許鼎霖、劉世珩、程恩培、程祖福，均著賞給正二品封典，餘均著照章給奬。欽此。

《商務官報》光緒三十四年一月二十五日第一期《本部具奏獨力出資興辦實業照章獎勵摺》

奏爲獨力出資興辦實業，著有成效，懇請照章獎勵，以資觀感，恭摺仰祈聖鑒事。竊臣部於光緒三十三年七月間，遵旨擬訂華商辦理農工商實業爵賞章程，奏奉諭旨，允准通行在案。兹據上海商務總理四等議員分部郎中李厚祐等稟稱，職會議董錫金、商務分會總理花翎道銜祝大椿，在滬經商有年，獨資合資，興辦實業，機器各廠、公司計源昌機器碾米廠資本銀四十萬元，源昌機器繅絲廠資本銀五十萬元，源昌機器五金廠資本銀十萬元，此皆獨出資本，自行經理，並無他商附股。又，華興機器製造麵粉公司自出資本銀二十萬元，招集二十萬元；公益機器紡織公司自出資本銀六十七萬元，招集六十七萬元；怡和源機器皮毛打包公司自出資本銀十四萬元，招集十四萬元，此係合資公司，而該議董祝大椿資本實居其半。統計獨立機廠三處，合資公司三處，先後成立，均開設於上海，資本一律繳足，共數二百一萬元，男女傭工共數四千餘人。並經周歷各廠、各公司，詳加考察，洵皆布置妥洽，工作精良，確著成效。現據呈請稟部註册，照章保護，並稱不敢仰邀奬敘開具章程，稟請核辦到部。臣等伏查奏定爵賞章程第一條，載凡商人無論獨資合資，附股營業，應得爵賞，即以個人資本之大小，所用工人之多寡爲差。第二條，載所辦實業，能開闢利源，製造貨品爲合格。第三條第十節，載資本一百萬元者，擬請特賞四品卿銜，逾二百萬元者，並賞加二品頂戴各等語。今該議董祝大椿所出資本，綜計獨資合資，已逾二百萬元，雖據聲稱不敢邀奬，惟念中國各項實業，正資提倡，朝廷特下明詔，不惜爵賞，懸格旁求，具見勤業興商之至意。查上海爲商業較盛之區，商人觀聽所繫，各該議董資本之鉅，核與爵賞定章相符者，尚無其人，自應照章奏請，特賞四品卿銜，並賞加二品頂戴，以示優異而勵將來。是否有當，伏候命下施行。除照章准予註册立案外，所有獨力出資興辦實業，照章懇請獎勵緣由，謹恭摺具陳，伏乞皇太后、皇上聖鑒訓示。謹奏。

《商務官報》光緒三十四年一月二十五日第一期《批楊秉信等稟》

據稟已悉。所呈泥質水壺暨謄寫板等項，本部詳加查核，製品雖未臻精細，而該商究心工藝頗有可觀，殊堪嘉許。姑准給予奬牌，以示鼓勵，後仍應加意研究，更求精美，是所厚望。至該商楊秉信等擬開設陶器製造廠，招生專習此藝，並請准予專利各節，查製泥壺石板，據稱係由商人楊占田、楊占儒二人製造，並非由該商創辦，且又非新穎精細之品，礙難照准辦理，仰即遵照可也。此批。十二月二十六日。

中國第一歷史檔案館《清代軍機處電報檔彙編》第三四册《收山東巡撫吴廷斌電爲德領稱礦產仍歸德商開挖事光緒三十四年正月二十九日》

頃據鐵路礦政

局蕭道應椿面稟，據駐濟德領事麥令豪來局聲稱，查曹州教案條約第二端第四款載，所開各道鐵路附近，相距三十里内，允准德商開挖煤斤。現津浦路約簽字，路權已還中國，而礦産請仍歸德商開挖等語。廷斌細繹曹州條約語義，本係礦隨路有，路權既交還中國，而礦産亦應歸我。將來鈞部與德使會議一切支路辦法，想礦産一端，我宫保自有權衡定議，謹先密陳，伏乞鈞察。廷斌叩。感。

《商務官報》光緒三十四年二月十五日第三期《本部咨各出使大臣文》　爲咨行事，准軍機大臣字寄：光緒三十四年正月十一日，奉上諭，近年來紗布進口，日益增多，實爲漏卮之第一大宗。民間紡織漸至失業，固由工作之未精，尤因種植之不善，利源外溢，何所底止。查美洲等處棉花，種類精良，莖葉高大，花實肥碩，所出之絨細韌而長，織成之布滑澤柔輭，勝於内地所産數倍，皆由外國農業家於辨別種類，審度土性燥濕，考驗精詳，故能地産日精，商利日厚。中國棉花，質性較遜於外國，種植又不講求，南北各省洵有數處所産較勝，而培植仍多鹵莽，是必須博求外國嘉種，采取培養良法，料美工精，自能廣行各省，保全利權。着農工商部詳細考查各國棉花種類，種植成法，分別采擇，編集圖説，並優定奬勵種植章程，頒行各省，由各督撫等督率，認真提倡，設法改良，其果能改良之棉花紗布，經過各關卡應如何優加體恤，並着税務處妥籌辦理，以資暢銷。該部未經頒章以前，着各省督撫先行體察該省情形，勸諭商民實力籌辦，或選擇官地試種，或集股設立公司，多方鼓舞。所屬地方官及紳商，如有切實創辦，早著成效，應令將所産棉花送部查驗，准其奏請優奬，此乃興利急務，勿得視爲具文，致負朝廷振興農務，惠利民生之至意，欽此。遵旨寄信前來。查紗布爲民生服用所必需，各國製造日精，其輸入我國者，歲以億萬計。其如何研究精良，日漸暢銷，務即迅飭商務隨員悉心查考，繪圖貼説，詳細報部。一面將該國所出棉花子種，選擇採購，並註明種類，種植諸方法，迅速寄部，以資試驗而備採擇。除電咨外，應咨行貴大臣查照欽遵辦理，並即見復可也。須至咨者。

中國第一歷史檔案館《德宗景皇帝實録》卷五八七《光緒三十四年二月中》

兩江總督端方奏，裁撤兩江礦政調查局，改設江南礦政總局，應設法另行籌款，以濟要需。又奏，實華公司領地並入阜甯煤礦，開採礦地，均係官荒，擬暫用土法人力開採，並擬章程圖説，懇恩立案。均下部知之。

中國第一歷史檔案館《光緒宣統兩朝上諭檔》第三四册《光緒三十四年二月二十七日》　光緒三十四年二月二十七日内閣奉上諭：度支部奏請令各廠暫行停鑄銅元一摺，現在京外銅元日益加多，民間減折行使，銀價愈貴，物價愈昂。前經發款減價收買，銅元仍是充斥，未收實效。著照所請，京外各廠暫行停鑄銅元數月，俟銅元價值稍平，察看市面情形，再行復鑄，餘著照所議辦理。欽此。

朱壽朋《光緒朝東華録》卷二一四《光緒三十四年二月》　諭軍機大臣等：西藏爲川蜀藩籬，地方廣莫，番民蒙昧，舉凡練兵、興學、務農、開礦，講求實業，利便交通，以及添置官吏，整飭庶政諸大端，均應及時規畫，期於治理日益修明。現經降旨，派趙爾豐爲駐藏辦事大臣，特加崇銜，以重事權，並調趙爾巽爲四川總督，以免扞格而便聯絡。應即責成趙爾豐會同聯豫察度情形，將藏中應辦各事，通盤籌畫，詳擬章程，次第奏請施行。需用人員，准由四川省慎選調派，厚給薪資，優定奬勵，均准其攜帶眷屬，各令久於所事。應需款項，著度支部按年籌撥的款銀五六十萬兩，俾濟要需，並由四川總督無分畛域，隨時接濟。尋度支部議覆，自本年起，於四川應解俄、法款内截留二十萬兩，英、德款内截留三十萬兩，其四川應解俄、法、英、德款銀，即由江海關於洋藥税釐項下，如數墊解。報聞。

《商務官報》光緒三十四年五月初五日第一一期《請設中央蠶絲會條議》

竊維國無大小，其能獨立於世界，受萬國尊崇敬畏，互相親愛之情，必有一國之元素足以培植其人民，增長其國力，使人不敢存覬覦之心，而後能卓然立於不拔之地。我國自古以農爲國本，晚近各國，雖兼重工商，而要其不可動之真理，仍以農業爲最主要之地位。故英吉利者，世界以工商立國者也，然英倫三島幅員狹小，地利既闢，其不敵於工商界者，勢也，非不務農也。德意志者，聯合各邦，研究農學而闢地利，驟躋於世界之强國。即日本區區三島，戰勝强俄，亦以工商政策效英吉利，農務政策效德意志而實行之，遂一躍而列於世界一等國位。我國氣候良好，土壤膏沃，版圖壯廓，民族繁盛，勞銀價廉，世界列强罕有其匹。乃不惟不能雄長於列强，轉以積弱招攻，每形其可静不可動之勢而忍垢含辱者，實由農工商政策之不能實行，國力不充，民生疲弊耳。然則揆時度勢，欲務農業而兼有工商之性質，使厚國力而濟時艱者，其惟蠶絲業乎。考世界各國産蠶絲者，除伊大利、法蘭西外，惟我國與日本。然伊、法二國，所出無幾，不足以供其本國之用。日本絲業稱盛，已達極點，其國人著爲論説，每欲連合我國，共圖改良，謂世界伴於文明進步，求堅韌光澤美麗之物，以應用於美術上、衛生上觀念事實，除蠶絲外，無他物可以寶貴，而需此爲工場原料者，因之日益告急。又其農學士吉池慶正著《中國蠶絲業起原及現今狀況論》，謂前德國某氏充中國海關稅司，勸告中政府，於各省設立中央蠶業傳習所，招集各州縣子弟，教以世界新學理，改良養蠶製絲法，卒業後，分發各州縣教授，以圖普及。其能實行與否，雖未可知，要之一旦破覺改良之迷夢，以實行其策，而挾其雄飛實力，誠足以蹂躪今世界各國之社會。夫彼爲是言者，蓋有所諛於我，抑有所忌於我，明眼人自能知之。今朝廷既設農工商部，實力振興，爲天下倡，誠國民之厚幸，國脈之張本也。然竊謂僅恃功令而責成地方官之勸課，欲期發達各種實業，以收偉大之效果，已敻乎不可企及，況蠶絲業具農務之性質、工藝之製造、商業之販輸，非得社會法之組織，而又有最高之總機關運用於中央，以舉其綱而張其目，則不能結合團體，萃國人之心思才力，以謀公益之計畫、公害之驅除，即國家保護獎勵勸誘之機關亦無所憑藉，以施其實行之效果。故今日不欲振興蠶業則已，如欲振興蠶業，惟設大清蠶絲會於京師，就各省在京人員，先仿日本蠶絲會章程，組織斯會，凡贊成本會宗旨，遵守本會規則，而納會費者，不問何人，皆可出爲會員，而有選舉議事之權，公推一親王爲總裁，設會員及理事員、監事員、委員、評議員等以司會務。凡關於本會事業上、學問上之消息，及世界各國有關於本會之重要，無不撰録登載，發行會報，以資參考，務使略尊卑之分，結親愛之情，俾利害易以周知，情形不至隔閡以爲斷。而各省由本會認爲必要之時，得於其地方設立支會，上下相承，舉國一心，雖官力有所未逮，而社會法組織鞏固之力，亦足以日增進步。竊嘗推而論之，約有六利。自西江盜刦英輪，英人出而干涉，幾損國權，賴政府嚴拒，得以挽救。而浙之梟匪、松江之刦輪者再見，豈吾民之盜賊性成，甘冒國法，而不知有身首異地之條。乃生齒日繁，失業游民，迫於饑寒，死於困餓，死於刑戮，等死耳，則挺而走險，或有生機之可延，此萑苻不靖之故，盡非出於無因。苟能擴充蠶業，使農、工、商三者各得所謀，以助生活，則江、浙、廣東之支會普及於貧民，而收目前之效果者，莫此爲最。此關於國民之生活者，其利一。

日本自改良蠶絲業，至去年即明治四十年，輸出絲額遂達一億一千六百十餘萬圓，合全國輸出各額，實占三分之一。我國版圖，十五倍於日本，果能改良發達，以日本輸出額爲比例，歲增一十七億四千一百五十餘萬之新富源，以現在二十二行省平均配算，每省歲得九千二百餘萬圓，民益日富，舉凡教育、學藝、機械，電氣工業，無不因之而發達。即輸出貨物值百抽五，以所增之額而徵所得之稅，歲至八千七百餘萬圓，亦不至司農仰屋，度支告匱，徒訢於外債與捐納釐稅而病國也。此關於國帑之充盈者，其利二。

日本蠶家言曰，日本山林原野及耕地之總面積，合計八百餘萬町步，今其桑園不過三十萬町步，只當面積百分之六，今後更增二十萬町步桑園以養蠶，則輸出額不難達二三億萬圓以上，即所負國債二十億元，不期年償却而有餘，於是全國叫絶，爲日俄戰後經營之第一急務，而恃爲戰捷於世界之平和武器。其政府今年預算案，更將當年獎勵補助金外，加八萬圓爲培植桑園之補助費，加十萬圓爲蠶病預防所之補助費。處此農工商界競爭劇烈之秋，鄰有勁敵，誠不能不自爲之謀。我若急設蠶業會，以圖振興，舉凡保護獎勵勸誘之策，逐日進步，則國債易償，其收效不啻十倍於日本，其利三。

中國魯桑世界無匹。現日本因夏秋蠶未甚發達，乃培植魯桑，爲全國桑園之目的，兼可以作春蠶之早生桑，僅一年種苗，二年移植，至三年即可供春夏秋三季養蠶之用，成效之速，可謂無比。考日本桑園，一反步當我國一畝半，每年所得繭價約值六七十元，今再改良，更未可量。我國上田一畝，歲產數金，即種罌粟，獲最多利者歲不過一二十元，較諸日本桑園獲利，僅三分之一。況政府嚴禁鴉片，內地各省素產罌粟之區，清查地畝，逐年減種，苟能以社會之法組織蠶業總會，而分配於支會，則舉種罌粟之區，或易而爲桑園，否則無論何種，其所發生足以助工藝而供人之衛生者，較諸鴉片之害，其利十倍。即以所短收煙稅鉅款，取償於桑園之孳生，或其他之足以培元氣者，當超至數十倍，其利四。

日本北海道氣候嚴寒，初開墾時，無願往者，嗣後設農科學校，以教導之，其夏秋蠶轉爲全國之冠，札幌農科大學之名（即北海道農科學校，近年升爲大學）轟轟在人耳目，日本九州四國之民，亦趨之若鶩矣。我國內地各省之產蠶業者，姑勿具論，即東三省、蒙古、新疆、伊犁、青海、西藏及四川之打箭鑪等處，據各國旅行家言，地皆肥沃，宜於農業，且其緯度有與北海道同者，氣候有勝於北海道者，徒以地廣人稀，荒蕪不治，强鄰眈逐，可爲寒心。擬仿日本開墾北海道之制，先設農業學校，再舉德國某氏設中央蠶業傳習所之議，以教各屬之民，而兼以他種殖民實業，不數年後，教育漸普，地利漸闢，不特旗丁皆願歸農，即東南人滿之患，奔走海外，受人欺凌而爲人之驅逐者，亦無不趨之若鶩，固疆圉以殖吾民，亦未有便於此者矣，其利五。

上下同力，猛勇臻進，約七八年，一千十七億四千一百五十餘萬元之新富源年年取之於列國，即年年進步而增加，雖今後國民擔負，因文明進步，益益加重，以及舊累之賠款，工商界競爭之大漏卮，已隱隱取償於蠶業總會之餘蔭而有餘，不待兵戎相見，而我已占優勝，所謂戰捷於世界之平和武器者，非我國，更將誰屬，其利六。

失此不舉，視爲緩圖，其害反是。居念世紀人文進化競争劇烈之時期，各固其團體，合羣策羣力，擴張己國之勢力以爲務。設一國焉，不能猛勇臻進，則立見退化而爲衆矢之的，非自退也，他人之進者日鋭，吾不能並駕齊驅，即陷於不平等之境，立於恐懼擾亂之地，隳壞國勢，其勢然也。

今日本自明治十六年改良絲業，輸出絲額已踰十倍，近復設大日本蠶絲總會於東京，改良組織，以堅固其基礎，擴充其規模而啓進運。其總會規則，平實易行，其堅忍務進之心，日益其亟，則吾國絲業頽敗之因，日益其甚。再查法國里昂蠶絲商會之報告云，我國輸出絲價，每百斤平均不過六百元，日本絲價每百斤平均至一千二百元，雖其間不無生熟之分，益以製造之工價。如日本之熟絲手絹，銷場於美洲者，不可勝計。然據日、法二國之品評，我國絲質雖優於世界，而製法粗濫，價遂貶抑，即此一端，國與民之交困者，何莫非憚於改良之所至乎。況英、美、德、法、日、伊及其他憲政進步各國，莫不各有農會，即日本經營韓國，亦設韓國中央農會，以便系統而求改良。又近閲各報，美國人爾賓氏説意大利皇帝創萬國農業協會，以圖各國國民農業之進步，加盟者已四十餘國，俟設備完全，即開第一回總會於羅馬府，想必通告我國，加盟入會，有所準備矣。然我國已無農會之組織，又無大蠶絲會，以爲之基礎，竊恐對於内不足以慰薄海國民之希望，對於外亦不足以免萬國之輕侮矣。

朱壽朋《光緒朝東華録》卷二一六《光緒三十四年五月》 農工商部奏，光緒三十四年二月初十日，准軍機處鈔交，副都統李國杰奏振興礦務宜設法招徠以泯商人疑慮一摺，奉旨：該部知道。欽此。查原奏内稱，農工商部奏定礦務正章七十四款，附章七十三條，條理精密，將來礦務興盛，當可實行無弊，惟現在有不能不稍予通融，以去商人疑慮者。興辦礦務，當先招勸股商，華僑之經營於南洋羣島者，大半以開礦爲業，閲歷已深，觀摩益善，外人服其精敏，不惜優給利益，以羈縻之。近聞華僑眷念桑梓，亦頗有思展所長，爲祖國濬利源者，祇以適彼樂土，久安於章程寬簡之習，今欲遷地爲良，自不得不格外慎詳，期保將來之名譽。礦業苟能開辦，事權無所掣肘，則鳩集鉅款，勝算原有可操，所慮者，按照現章，商人承辦之後，或不免與官吏多所交涉，若措施偶有窒礙，不惟難與人争衡，且將無以保血本，此中關係實啓商人疑慮。擬懇飭下農工商部，會同外務部，將現定礦章，再行詳細查核，通盤籌畫，如有現時須行變通之處，應即斟酌損益，請旨施行等語。臣等伏查興辦礦務，誠宜招勸股商，推廣開採，而華僑挾資内嚮，尤賴維持保護，俾得一意經營。上年奏定礦務章程，條理周密，防閑限制，實較精嚴，若果礦務繁興，未始非殷實商民之所利賴。原奏以華僑習安寬簡，若照新章嚴定範圍，恐商人之疑慮滋多，臣等體察情形，華僑歸辦礦務，苦文法之束縛，畏官吏之苛擾，原屬實情。即各省商民辦礦，現在風氣尚未大開，雖經竭力提倡，或猶不免觀望疑阻。既據該副都統奏稱礦章宜酌予變通，擬請將新定礦章詳加查核，如有可以變通，與商民多資利益，於公家並無妨損，亦不至别滋弊端之處，即斟酌損益，量予通融，以順商情而資鼓舞。其有關涉外交之處，外務部查新章於洋商辦礦各事，均屬周密，惟與從前洋商承辦礦務奏定各章程，間有歧異之處，若不量予通融，恐不能一律推行，未免轉多轇轕，所有關係交涉各節，亦應酌量變通，以期融洽而免争論。臣等公同商酌，意見相同，如蒙俞允，當由臣等會同詳細查核，重加釐定，再行奏明請旨辦理。得旨：如所議行。

《商務官報》光緒三十四年六月初五日第一四期《批江西商務總會稟》 前據該總理等申稱，整頓棉紗，請將花税紗税酌免，以資提倡等情，當經本部據咨税務大臣核辦，並批示在案。兹准復稱，體恤棉業一事，業已分咨各督撫調查情形，並札總税務司查復，以便統籌辦法，奏明辦理。該商會所陳前情，應暫存案，俟各處情形調查齊備，再行併案核辦等因到部，仰即遵照。至遞該會文案朱家駿預算紡紗節畧，調查周密，考察精詳，頗留心實業，足資參考，應由該會集議辦法，俟有端倪，再行禀部核奪。此批。五月十四日。

《商務官報》光緒三十四年六月初五日第一四期《批寶應分會申》 據申已悉。查閲所報光緒三十二三兩年，理結各業糾葛訟案，均尚平允，應准備案。嗣後該分會仍遵章按期彙報，以備查考。此批。五月十七日。

《商務官報》光緒三十四年六月二十五日第一六期《本部札各省商務議員文》 農工商部爲劄飭事案，准駐義黄大臣函開，近日義國擬開一機器種植葡萄會，訂於西八月間舉行，該會由農部督率經理。昨來照會，請將中國緊要農報告知，以便登入報册。當將部刊之官報備文答覆，惟農事繁碎，欲明發達之速，在於兼收博採，多設農報，以擴見聞。且歐美各國無不注重農報，請飭各省設立農務官報，殊於實業有裨等因前來。查中國農務尚未發達，各省農會現正次第籌設，其已經刊發農報者，現有江西農工商礦局一處，實於開濬農智之道，大有關繫。合行劄飭劄到，該議員即便遵照籌辦，仍將嗣後辦理情形，隨時報部備核可也。此札。

《商務官報》光緒三十四年八月二十五日第二二期《批汕頭宏記公司稟》

前據該公司稟，控潮海關税司强勒苛罰等情，經本部咨行税務大臣查辦。茲復據署總税務司申稱，本年正月間，宏記公司所運紙張，報係他類，經該關查明，實係過磨印字紙，因係少報估值，定爲罰銀一百四十五兩。嗣遞英文申訴並來謁，當照市價減估，復將罰款發還。二月間該公司又報他類紙，查驗仍係過磨印字紙，今照上次辦法，該公司不肯遵服，税司不能再行減估。查他商運此類紙張，向遵本關辦法，估值毫無異議，足見無不公允之處。況該公司所運紙張，係代香港德商捷成行報，曾由德領事到關探詢，當將案情答復德領，並無異言，似可無庸置議等因，合行批示該商人遵照可也。此批。八月初五日。

《商務官報》光緒三十四年九月十五日第二四期《批王永順稟》 據稟，遵斷劃定礦界，懇請頒發開礦執照等情。查該商與楊商礦界既經劃清，遵斷具結，應准頒發開礦執照。仰該商將前次本部所發王永成探礦執照繳銷，併按所具結内劃定四至里數，開明清單及保單照費，一併呈部，以憑核辦。再，該商稟由所開姓名前作王永順，後作永興，是否筆誤，應併聲明。此批。八月二十七日。

章開沅等《蘇州商會檔案叢編（1905—1911年）》第一輯《農工商部轉發周鳳崗條陳札光緒三十四年九月十六日》 農工商部爲札行事。光緒三十四年八月二十八日，接准駐英李大臣咨稱：試署本館商務委員周鳳崗條陳中國絲、茶運英減銷情形，及請招商設立機器紡織公司一節，不爲無見。除將呈到報告册咨呈外務部外，合備文咨送察核施行等因到部。查該員周鳳崗所陳各節，於法國絲織業情形尚有見地，足資參考。除咨覆李大臣外，合行抄録原件札飭。札到，該商務總會即便查照，傳知各商民存備參考，並行知各分會一體知照可也。此札。

附刷件。

右札蘇州商務總會准此

（附）《周鳳崗關於改良絲茶稟》

照録駐英使臣文。

爲咨送事。據試署本館商務委員周鳳崗稟稱：竊查商業之盛衰，必以輸出貨物之多寡爲斷。英國在中國商務，甲於全球，則中國貨物之運入英國者，亦必日益加增，方足以資平均而期永久。乃查本年西四、五、六月英國進口各貨屬於中國者，除絲、茶兩種以外，零星物品幾於不能舉其名。夫以中國地土之廣大，物産之殷繁，豈無他物足供外人之用？徒以工藝素不講求，遂致商業不能發達。

即以絲、茶兩者而論，茶則焙制未精，色香遠遜，其利遂爲印度、錫蘭所奪，而銷場遂不無日減之虞。鳳崗前曾將調查印、錫種茶情形，具册報告，業蒙據情咨送在案。至於絲爲中國土産出口、抵制洋貨入口之大宗，亦未能力求進步。查出口僅恃生貨，實難制勝於貿易之場。歐西法、義等國皆産絲，原質雖同，而法國絲織各品，獨爲環球所稱許。考其物品，但求美觀，不必經久。蓋歐西風氣，男子官服、便服全用呢，鮮着絲綢者。獨女子尚服綢緞，朝覲、婚嫁之服，宴會跳舞之衣，長曳於地者數尺，費之巨者值銀數萬兩，往往一衣制成，僅服一二次即廢置不用，以數月後花樣、顔色即非時尚，遂舍而另購其他。法人知其本國之生絲未必能與全球争勝，獨於紡織一道苦心經營。染料發明於化學，故顔色新鮮；圖繪皆具有章法，故花樣靈巧。衣服裝式又復月異而歲不同。歐西各國女子一冠一服，全視巴黎爲指歸，争相摹仿。其綢緞光滑、精美，而其薄如紙。制綢者取其薄，則用絲少而成本輕，用綢者但取其輕柔稱體，本皆不作耐久計也。中國養蠶、繅絲仍用古法，不知揀選蠶種之法則蠶種弱；不知飼養之法則多病蠶；不用機器繅抽，則絲不能細潔。原料已欠講求，雖所織綢料堅厚耐久，而染色既多滯暗，圖式又無規則，且織機皆用手工，綢料能長而不能寬，不合外洋衣服尺寸，故聞有販賣中國綢料來英者，大半不能行銷，只山東本色繭綢尚可銷售，英人非愛其堅樸，不過以其價廉，而富厚之家亦鮮購用者。

夫中國絲實天生美質，若能大加改良，先從養蠶入手，再用機器繅絲，考求紡織，使顔色、花樣一與法國相同，安見不能與之争勝於商戰之場耶。惟鳳崗愚見，凡事衆擎易舉，於此時爲亡羊補牢之計，似宜飭令江、浙兩省素來業絲富商，招集股本，擇出絲最多地方創設機器紡織公司，一面遴選智巧機匠一、二十人，赴法、義、日本三國學習此項工藝。三五年後，規範粗立，逐漸推廣，以吾國物料工價之廉，未有不能獲利者也。謹將所查得西四、五、六三個月，中國絲、茶運英數目，及上兩年比較表，繕册附呈，伏乞據情轉咨。等語。

本大臣據此，查該員所陳絲茶情形，及請招商設立機器紡織公司一節，不爲無見。除將呈到報告册咨呈外務部外,合備文咨送貴部,希煩察核施行。須至咨者。

光緒三十四年(即西曆1908年)夏季中國各項貨物運進英國數目及比較表

英國商務之盛,雄視歐洲,其逐月進口貨物,價以兆計。茲查得其本年四、五、六三個月(西曆)進口貨值並比較上兩年數目如左:

一千九百〇八年四月份進口物值英金總數47,099,912鎊。較一千九百〇七年四月份減9,683,793鎊;較一千九百〇六年四月增40,620鎊。

一千九百〇八年五月份進口物值英金總數44,271,217鎊。較一千九百〇七年五月減8,344,418鎊;較一千九百〇六年五月減7,146,514鎊。

一千九百〇八年六月份進口物值英金總數46,136,282鎊。較一千九百〇七年六月減1,669,263鎊,較一千九百〇六年六月減1,745,371鎊。

按其商部報告,凡進口貨分四類:

一　飲食品。英人不事農業,食物多來自外方。

二　原材料。物産之未經人工者,如棉花、絲觔之類。

三　貨物類。凡物件之經人工製成者。

四　雜物類。如郵局所寄包裹等類。

以上四類中,除第四類無從查悉外,其餘三類内列中國名目者甚少(凡有大宗貨入口者,必標其國名。中國或有零件銷售英倫,然皆爲數極少,均列零星項下,故無從調查)。其第一類中,中國貨有茶葉一項;然查其官册所載茶葉進口數目,中國茶僅占小分,近雖略有起色,較之印度、錫蘭等茶,則瞠乎遠矣。茲查得本年夏季三個月及前兩年夏季比較數目如左:

時間	進口茶總數(磅)	價值(鎊)	中國茶進口數(磅)	價值(鎊)
1908.4	11,570,586	375,789	349,794	6,495
1907.4	14,486,326	481,974	597,952	19,909
1906.4	14,036,616	405,575	38,634	1,059
1908.5	13,962,211	454,723	291,096	5,410
1907.5	14,540,364	499,665	95,053	33,015

(續表)

時間	進口茶總數(磅)	價值(鎊)	中國茶進口數(磅)	價值(鎊)
1906.5	13,534,029	391,193	37,157	1,173
1908.6	15,678,481	492,876	113,840	19,909
1907.6	15,768,731	512,858	297,693	9,191
1906.6	14,673,451	431,594	79,323	2,535

其第二類中,原材料亦只有絲一項,而非織成綢匹。惟比較數目,中國絲尚不爲少。查英國進口絲數,以中、法兩國爲大宗,印度次之。茲查得本年夏季及比較前兩年夏季,中國絲入英國數目並其價值,列表如下,表中並列他國以資比較。

時間	進口絲總數(磅)	中國		法國(磅)	日本(磅)	英屬印度(磅)	香港(磅)	其餘各國(磅)
		數量(磅)	價值(鎊)					
1908.4	86,771	7,852	4,063	44,424	2,240	27,695		4,506
1907.4	62,449	6,810	5,083	28,043	20	23,121		54,455
1906.4	78,962	29,230	18,760	26,764	1,500	17,227		4,240
1908.5	91,936	32,995	16,605	26,586	15,500	18,575	80	200
1907.5	65,863	1,047	1,254	33,733		24,602		6,454
1906.5	71,736	24,940	17,062	23,810	190	18,441	200	4,155
1908.6	139,637	10,515	52,310	13,383	3,780	17,190	100	34
1907.6	40,516	1,320	1,174	19,370		10,766		9,060
1906.6	40,458	2,310		15,020		22,154		1,074

據右表觀之,與中國絲競市於英倫者,以法國爲大宗,印度次之,而中國絲

數目獨佔大分。雖去年（西曆一千九百〇七年）夏季中國絲進口數目驟減，反落他人之後，然本年（西曆一千九百〇八年）數即復舊。（西曆六月初一日起），此六月一月内數目尤突進，較西曆一千九百〇七年數逾十倍，較西曆一千九百〇六年數亦增五倍。然法國銷數並不甚退，印義絲且有增無減，可知中國絲在英銷數之多寡，或由國内絲收之豐歉，不關市場之競争。且法國絲之銷英者，不恃絲斤，而在織成之絲匹。查本年西曆六月，英國進口純絲緞匹，值英金五十二萬四千〇十五鎊，而來自法國者占四十萬〇四千九百八十一鎊，他年他月亦稱是。蓋英、法風尚相同，法人尤精於織絲，能投英人所好。工藝有良楛，嗜好有同異，中國貨欲與争售，尚須假以歲月，悉心考求，庶能有效。目前中國絲匹之銷英者，實屬有限，故其商務册中以中國、日本、香港、印度四處貨作一項統計，雖考其逐月銷數額有出入，然不知其所增所減之數究屬何國，故無從比較。僅知其近二年中此項進口數有增無減，而本年西曆六月所增尤巨，似適與中國進口絲料加增之故相應。然彼中官册不詳，未敢決也。

總之，中國産物之來英者，只有絲、茶兩項，然僅占其小分。若絲一項，驟觀之，雖能與他國争衡，然他國運英之絲貨皆以織就之品爲大宗，原料絲觔特其緒餘。而中國僅市原料絲觔，於工藝未嘗考求，故綢緞之來英者，每難銷售。夫有工而後通商得實益，工不興，則商務雖盛，而原料輸出愈多，國人享用愈少，林乏工閑，游手滋多，有關國計非細故也。

《商務官報》三十四年九月二十五日第二五期《本部咨各省督撫文爲致遠公司購得遂竹里氏提練礦質秘法及機器專利權通行立案事》 爲咨行事，准出使法、日、葡國大臣劉咨開，據留學美國礦學畢業生王寵佑、留學英國鑛學生梁焕彝禀稱，生等留學歐美有年，專攻礦業。近查我國極旺開採有效之處，亦已不少，惟提煉之術，素不講求，專以生貨出售，常受各國煉廠把持。生等現組織一致遠公司，專學提煉五金礦質，特與巴黎赫侖士米會社遂竹里氏商議，將其所發明之提鍊純銻、水銀、白鉛、雄黄各種礦質之秘法，及其機器之專利權，購歸本公司享有。所議合同各條，彼此遵守。合同載自簽字之日起，赫侖士米會社不得將其所發明之提煉純銻、白鉛、水銀、雄黄各種鑛質秘法之專利權，再與在中國境内之他人及他國之人等語。此項權利，即自合同簽字之日起，永遠爲致遠公司所專享。現在業於千九百零八年西八月底，在巴黎地方將所議合同彼此簽字，所有合同條文抄呈鑒核。無論中國及外商人，除由本公司售與專利權一種或數種外，不得在中國境内仿造及冒用本公司所購得之煉法及機器，爲此禀懇咨明外務部、農工商部查照，並轉咨各省督撫立案，以維公業而保利權，實爲公便等情。本大臣查致遠公司所購鍊礦專利之權，係爲礦業發達起見，相應據情咨報貴部查照，並轉咨各省督撫立案，等因前來。查中國礦産富饒，衹以提鍊未盡合宜，故開采每難獲利。或以生貨售之洋商，利權外溢，尤爲非計。該致遠公司購得遂竹里氏提鍊秘法及其機器之專利權，尚知當務之急，除咨駐法大臣將公司所訂合同送部備查外，相應咨行貴督撫查照立案，並轉行遵照可也。須至咨者。

中國第一歷史檔案館《光緒朝硃批奏摺》第一〇二輯《光緒三十四年九月廿六日四川總督趙爾巽片》 再，查前准户部咨，各省機器局如有採購等項，事前報部立案，事後方准覈銷等語，歷經遵辦在案。兹據辦理機器局署布政使和爾賡額等詳稱，局中製造火藥，應用牙硝，將次用罄，援案委員採辦牙硝八萬六千斤，以資配造，遵照部定價值，計需庫平銀一萬二百七十七兩，仍請於常年經費外，在成綿龍茂道庫土貨釐金項下另行提撥，俟購辦齊全，覈實彙案報銷，詳請奏咨立案前來。奴才覆覈無異，除咨部查照外，理合附片陳明，伏乞聖鑒。謹奏。

度支部知道。

《商務官報》光緒三十四年十月二十五日第二八期《本部具奏議復御史謝遠涵振興實業摺》 謹奏，爲遵旨議覆，恭摺仰祈聖鑒事。竊本年八月二十九日，准軍機處片交本日御史謝遠涵奏整頓實業片，奉旨：農工商部議奏。欽此。欽遵傳知到部。查原奏内稱，泰東西國本之强，在國民之富，其教育成效，在識字者多，而尤在謀生素裕。就通國而論，其間工科之學士少，而學徒多，工廠之技師寡，而技手衆，既有教育以研其理，又有職業以習其事，盡人皆學子，斯遍地皆工場。今我國於京都省會中，設一二高等工校，萃文墨聰穎之士而肄習之，其工業之進步者幾希。謂宜亟選工商子弟稍能知書識字者，補習算學、圖畫、格致、東語一年，略具初等小學程度，派往日本工廠學習手工，以實驗爲學。卒業回國，遍地可設小廠，遍地可造藝徒，然後令各地設立專校，大約饒磁、蜀錦、湖蠶、蘇繡，凡著名物産，略仿日本静岡漆工、西京織染學校辦法，漸次擴充，庶工業日盛，可與列强並軌等語。竊維東西各國，殫精工藝，智巧日新，其工科教授之法，約分兩種：上者覃研格致，道器兼通，所造就者多博士通人，程度最高，而成材較少。次者辨器飭材，專門實習，所造就者多藝師技手，致功較易，而需用最繁，兩者相資，不能偏廢。臣部設立以來，師本此義，以爲提倡，既設京師高等實業學堂，造就通才，復設藝徒學堂、工藝局勸工陳列所、綉工科、銀器科以資實驗。頻年之中，各省之蠶織工藝學堂、局廠傳習所、陳列所，及繅絲、紡紗、織布、製革、綉工、染料、榨油、釀酒、磨麵、造紙、髹漆、陶甆、火柴、燭皁、罐詰各項公司，皆接踵而起，風氣日漸開通。以我國原料之富，傭值之廉，誠能廣設工場，化生爲熟，使人人皆有謀生之術，勞力之資，富强之基，即寓於是。該御史請選學生，派往日本，專習手工，洵屬目前要務。惟查近年北洋工藝局曾選派學生，赴日本工廠學藝，入廠以後，但令專供操作，製造之法，矜秘不宣，獲益殊淺。今欲於事實有裨，似應變通辦法。本年九月二十一日，學部會同臣部、郵傳部議復御史俾壽請派子弟分送各國學習工藝摺内稱，嗣後京師及各省，中學堂以上畢業生，擇其普通學完備外國語，能直接聽講者，酌送出洋學習實業等語。謹擬參照前奏，凡此項學生，在工校畢業者，必須各就學科所近，再入工廠實行，研習學理，既經貫澈，再令專攻一藝，庶幾窺尋祕奥，能自得師，在國家毋庸另派學徒，而該生等復可兼精藝事。回國以後，再行多設專校，廣造藝徒，必可收事半功倍之效。如蒙俞允，即由臣部通行京外各衙門欽遵辦理。所有遵議御史謝遠涵整頓實業緣由，理合恭摺覆陳，伏乞皇太后、皇上聖鑒訓示。謹奏。

光緒三十四年十月初四日具奏。奉旨：依議。欽此。

《商務官報》光緒三十四年十一月初五日第二九期《本部咨直督文》 爲咨行事。光緒三十四年九月二十日，接准咨開，據礦政調查局詳稱，奉憲台札，准農工商部咨開，據候選縣丞閻魯卿等稟稱，職商稟辦完縣康各莊南邊三里煤山一座，已蒙發給探礦執照，兹屆限滿之期，實係未獲真煤，但苗線大旺，請予展限等情。查該商所稟，是否確實，希即查覆等因。准此合行札飭，札到該局即便查覆等因，奉此遵即札飭完縣，確查具覆去後。兹據該縣詳稱，卑縣前往該處，督同該職商閻魯卿等查驗，煤線發旺，實係未獲真煤等情前來。職道等覆查屬實，理合詳請咨部等情，相應咨請查照核辦等因前來。查該職商閻魯卿等，勘探完縣康各莊煤礦，稟請展限一案，既據礦政調查局查明，實係未獲真煤，自應准予展限六個月，俾得詳細勘探。相應咨行貴督查照，轉飭該職商等遵照，從速勘探，勿再遲延可也。

《商務官報》光緒三十四年十一月十五日第三〇期《湖廣總督奏請將氈呢廠機器材料准免税三年片》 再，氈呢一項利用極多。升任督臣張之洞，於上年秋間定議設立氈呢廠，委員與造紙、針釘各廠同時開辦，旋即交卸入都，前督臣趙爾巽未及奏報。臣復任後，即一體飭催議辦，因委辦該廠之員尚未籌定辦法，曾於奏報辦理造、紙針釘廠摺内，聲明現經改委湖北試用道嚴開第，會同官錢局候補道高松如妥商，飭令查照張之洞原議，該廠應需款項，一半由官撥給，在於息借商款項下動支，一半招集華股，按照商律股分有限公司條例辦理。兹據稟稱，廠基業經勘定，與德商信義禮和洋行訂立合同，購定新式織造氈呢機器，電燈各項機件，均全官本，業經照撥。一半招收商股，陸續募集，尚稱踴躍，儘十月内可以建廠興工。惟機器進口，以及購辦材料，懇予奏請免納税釐，將來製成，分銷他埠，並請在江漢關完納正税一道，沿途概免重征等情前來。臣查中國向用氈呢，大率購之外洋，内地生料轉爲洋商低價收買而去，製成熟貨，還復輸入，坐失利源，殊爲可惜。鄂省居南北之衝，設廠自製，轉輸既便，銷路必寬，藉以杜塞漏卮，擴張實業，不無裨益。開辦以後，容由臣隨時督飭，切實經營，妥善興辦，並令議定詳細章程，咨部查核。惟目前購機建廠用項，計已不貲，而將來原料所需，或且求之隔省，費多本重，官款既難於加撥，商情將不免猶疑，非設法維持，恐不足以立收鉅效。近來如京師自來水、呢革公司，機器材料均准免税三年，唐山洋灰公司、大冶水泥廠，亦經部議准，無論運銷何處，完納正税一道，皆所以念創辦之艱難，示多方之保護。該廠事同一律，自應奏請援案辦理，合無仰懇天恩，俯准將湖北氈呢廠所購機器材料，免税三年，成貨銷售，祇完正税，概免重征，以輕成本而利行銷，出自逾格鴻施，除分咨查照外，謹附片具陳，伏祈聖鑒敕部立案施行。謹奏。

《商務官報》光緒三十四年十一月十五日第三三期《批職商馬清華稟》 前據稟送各種磁器暨價目單均悉。當經本部將電瓶咨送郵傳部，考驗在案。咨准復稱，據正太路局稟稱，此項電瓶，先後共購三千個，價值甚昂，料資尚好，惟外面白磁稍薄，每遇大風、烈雨，傳報不甚分明。又據北京電局稟稱，瓶内螺絲稍欠抵力，若用手採小機器製作，成本無多，便可適用。至價值一項，單開每個洋三角二分及二角二分不等，核與外洋所購每個一角，相差甚距，應請飭令核實價目呈報，以便酌量購用等因前來。查該商呈送磁器，以電瓶爲銷項大宗，既准郵傳部查明價值太昂，又不適用，仰即設法改良，核實價目，以廣銷路。此批。十一月十七日。

中國第一歷史檔案館《宣統政紀》卷三《光緒三十四年十一月下》 税務處奏，湖北氈呢廠請將所購機器材料，免税三年，核與現行税章不符，不得引京師自來水、呢革公司爲例，礙難照准。至成貨銷售，應完應免各項稅釐，准其援照唐山洋灰公司、上海日輝氈呢廠成案辦理。又奏，上海日輝廠機製氈呢，應完應徵各稅釐，准援照湖北、上海織布局成案辦理。均依議行。

中國第一歷史檔案館《光緒朝硃批奏摺》第一〇二輯《光緒三十四年十二月初二日四川總督趙爾巽片》再，前准户部咨，各省機器局採購物料，動用款項，須事前報部立案，方准覈銷等語，歷經遵辦在案。茲據辦理機器局布政使王人文等詳稱，現在製造毛瑟槍、藥彈、銅釘、小火鉛子、機件等項，需用銅鉛鋼鐵，必須陸續採購，照案在於土貨釐金項下提撥銀兩，派員就近採買上色精銅八萬斤、淨鉛十萬斤、蘇土鋼四千斤、毛條鐵一十六萬斤以資製造等情，詳請奏咨立案前來。奴才覆查無異，除清單咨部查照，並飭趕緊採辦，覈实報銷外，理合附片陳明，伏乞聖鑒。謹奏。

該部知道。

《申報》光緒三十四年十二月二十六日第四版《批獎縣令振興實業南京》

江督端批署江西義甯州杜璘光稟云，據稟各節雖不免憤時嫉俗之談，然亦多正本清源之論。農業原爲工商之本，各國所以致富强者，胥因於此。該令到任未久，即集股創辦種植實業總公司及農林研究所，實爲知所先務，所擬示稿，即將該令前任金谿□任内勸民種植糖蔗、烏柏，獲利□因，詳加宣佈，以歆動農民，使之樂於樹藝，具見苦心孤詣。此等實心任事之員，近今實不多覯，且調查該令到任履歷，年近七十，又曾因公詿議，乃尚能侃侃而談，力陳時弊，所謂經挫折而不損，至暮年而不衰，更見志趣不凡，洵堪嘉尚。仰江西藩學臬三司迅飭各屬，以勵其餘，仍飭將應辦事宜，隨時認真舉辦，毋負厚望。

《申報》光緒三十四年十二月十九日第二版《江督通飭速造財政表册南京》

江甯調查總局近詳江督，略謂奉憲台札開，承准憲政編查館咨，擬議憲法大綱，並諮議局逐年籌備事宜清單内開，光緒三十五年調查各省歲出入總數，光緒三十六年覆查各省歲出入總數，試辦各省預算決算各等語，必先有預算，方有決算，自應按照清單，於三十五年先將各省歲出入總數，由督撫責成調查局詳細調查，咨行查照等因，轉行到局。奉此查財政一項，本爲職局統計内最關緊要之事，所有各司道局所、各學堂、各府廳州縣、各鹽場出入款目，業經職道等於開局後，分別移咨札行調查，並奉憲札設立清查處，各按司關道局各庫清釐預算，並於接准度支部咨議，覆御史趙炳麟奏，定預算決算總表，整理財政，暨設立統計處，清查出入款目案内，通飭將本省光緒三十三年一切出入各款，無論正項外銷，一律造具詳細表册，限三個月，州縣由藩司，學堂由提學司，鹽務衙門局卡由運司，善堂由知府，新軍緑營由兵備、參謀、教練三處，釐捐各局由總局，各自彙送，以一分送調查局，以二分送清查處覆核彙咨等因。續又奉札於接准内閣會議政務處辦奏案内，通飭嚴催各在案。查各項行政，無一不與財政相關涉，則調查財政每歲出入之數，實爲各項行政基礎，案經憲台催辦，且迭札催具復，奉准各部先令咨行，不獨財政一端，各事均責成調查局查覆，是職局爲各部目的所注。現在職局接到各處呈送出入之款，甚屬寥寥，已到者或略而不全，未到者絶無可稽。現擬編纂，非無從入手，即挂一漏萬，殊費躊躇。職局亦知各局款目繁多，其間外銷内銷，以及地方稅國家稅之別，清查綦難，造報匪易。惟現值擬行憲法，諮議籌備事宜，既已顯立章程，明定期限，此後日延一日，即日迫一日，若各處遲覆，職局採輯已有日不暇給之勢，倘竟遲遲仍不復，局更屬無從纂録。將來憲檄部文，迭行頻催，遲延不復，咎將誰歸。再四思維，不得不預先詳明，相應詳請查核，行催分飭，遵照前檄，將出入各項，造具表册，以二分呈送憲轅，以一分送交職局，以憑編輯而免延誤云云。奉批，候通飭各司道局所廠卡及府廳州縣，遵照迅速造送，仰即知照。

《申報》光緒三十四年十二月二十日第四版《江督飭議補救綢業辦法南京》

江督端午帥札商務局、甯學司、實業學堂文云，據留學日本高等工業學校機織科畢業生工科舉人許炳堃稟稱，江南綢業已極凋敝，非急爲補救，難與歐美争衡，敬擬救急植基兩法，以爲挽救之策。救急之法，擬將工藝局擴充，每日抽二三點鐘，授織工以粗近算術及織法，俟工人熟練後，綜計資本若干，可購機若干、每年共出綢若干、須工費若干、有利益若干登諸日報，俾綢業者知所取法，利之所在，衆所必趨。如商家新立工場，無相當之技術者，則可由工藝局派熟練之工人，往爲指導。植基之法，擬在實業學堂添設染織一科，招中學堂畢業生，授以棉麻毛絲各種紡織染法，兼習普通機械學爲本科生，招高等小學畢業生，授以一種專門之學（江南現在情形，以振興綢業爲急，則專授綢之織法或染法）爲選科生。□陳兩節辦法，皆就江南固有者，稍事變通增益，經費得較減，效果可甚大。如工藝局本有房屋及織機工匠，只須稍添機械，添雇數技術者，實業學堂本有普通學科，添設染織科，可與他科合班，不必添設講堂及教員。惟專門工場，必須添設，而開辦之始，學生數少，程度低，機械可分年訂購，僅添設專門教員及少數之機械，便可開課等情，到本部堂。據陳各節，是否可行，應由甯學司會同商務局王道、實業學堂黎道，妥速籌議，詳候核奪。

《申報》光緒三十四年十二月二十三日第四版《籌議闢商場開套河之計畫武昌》　鄂督陳小帥前據候補道馮嘉錫條陳，擬將省城南金沙、白沙二洲及漢陽鸚鵡洲等處，闢爲商場，將省城城外上游老關嘴迤北，開挖一口，引江水入夾套至下游武泰閘小河以通長江，於漢陽洲頭嘴，疏濬舊河至河北，並在鸚鵡新洲西北，沿堤開河至拈花寺以通長江，俾民船得避襄河流水颶風之險。當經批飭藩司、勸業道、商場局、善後局核議，現已會同議復，略云請闢商場一節，目下粵漢、川漢鐵路接踵開築，商務必日漸發達，預闢商場，自是挽回利權，應即早爲規畫。惟查鐵路停車地位，武昌現已在金、白二洲，測定車站基址，至漢陽鸚鵡洲地方，因爲湖南木幫所佔，屢次磋商收回該地，建作川漢碼頭車站，迄未議定，是漢陽車站，至今未定基址，應俟川漢鐵路測勘定奪後，如能將該地收回再議。至別闢良港，俾民船得避風濤之險，且獲轉輸之便，實與商場相維繫，馮道所陳，委係確論。惟長江至大軍山下直趨向南，水勢湍悍，如廿家河老關嘴一帶，首當衝要，設於長堤開挖一口，兩傍修築石岸，以防氾濫，此事所關甚巨，工程稍不堅固，即恐有潰決之虞。應先飭熟悉堤工水利之員，將該地勢詳細履勘，河道究竟能否開通，地方有無別項窒礙，查明稟復核奪，方有把握，實不敢輕於從事。至疏河之法，馮道既稱已與熟悉工程辦有成效者反覆商榷，費不甚巨，而工可經久，究竟此項工程約估需若干費，能保固若干年，須俟馮道將詳細勘估工摺，呈候核發，再行置議。總之鐵路交通，商賈輻輳，市面必日臻繁盛，佈置商場，自是及時要務。惟造端宏闊，工程固不易經營，款項尤難於籌劃，即如武勝門外通商場地段，光緒二十六年經升督張中堂飭購基址，並於二十八年奏准，乃武昌自開口岸迄今已逾八九年，尚無款籌辦已闢之商場，更何能闢未開之商場。目前粵漢鐵路北段碼頭車站，測定商場兩段，一旦鐵路開工，即須興築商埠，經費尚未易籌，若再規畫金沙、白沙、鸚鵡洲等處，預爲佈置，先購地址，開河道，築石岸，工程浩大，需費亦屬不貲，此項巨款，公家從何籌給。應請暫從緩議，俟粵漢鐵路大工告成，商務真屬繁盛，彼時僅開一堤口，工程尚不難辦，夾套之中上下有水流通，民船即可灣泊，日後武昌商務日興，再議開挖良港，如馮道所議者，今非其時也。

中國第一歷史檔案館等《中國近代兵器工業檔案史料》第一輯《陸軍部軍實司爲光緒三十二年奏訂槍砲口徑等項程式欠確未便列入法規事之呈文光緒三十三年至三十四年》　軍實司謹呈。

竊此次內閣奏准各部編輯法規，職司近年各案，查有光緒三十二年奏訂槍砲口徑等項程式一折，堪以列入法規；惟原奏槍枝口徑係六米里八，其各項關係僅有初速暨火藥燃燒二層，掛漏太多，又陸、山二種砲式，所定口徑、身長、重量、輪距、護甲板、子彈種類、重量暨初速等，按諸製造原理，均欠精確明瞭，是此項原奏未便提出列入法規。惟槍枝口徑爲軍事重要之計，且爲製造標準，亟應酌定辦法，擬請於此次籌畫局廠時，一併迅速決議，以便定爲法規。謹呈。

中國第一歷史檔案館等《中國近代兵器工業檔案史料》第一輯《度支部奏各省舊案擬請截清年份勒限開單報銷折宣統元年正月十四日》　度支部謹奏，爲各省舊案擬請截清年分，勒限開單報銷，恭折仰祈聖鑒事。

竊以清理財政，自以考核現款爲要圖，而尤必先以銷結舊案爲入手。臣部奏定清理章程第一條，即以截清舊案、編訂新章爲言。第五條內載，各省出入款項，截至光緒三十三年年底止，概作爲舊案，各省舊案歷年未經報部者，分年開列清單，並案銷結等語。誠以舊案不截清，則款目易於混淆，不銷結則各項無從稽考，此一定之理也。查各省報部核銷之案，往往任意玩延，有遲至數年者，有遲至十餘年者。壓閣益久，造報愈難。即從前業經報銷之案，或行查而未據聲覆，或駁減而未經遵刪，年復一年，案復一案，上屆未聲覆則下屆仍須行查，前案已駁刪則後案無憑遽准，塵牘山積，紛如亂絲。故現在欲清理財政，非先將舊案勒限銷結，終無着手之方。惟查向來報部册式倍極繁細，其册籍或至百餘本及數十本之多，今欲將陳年積壓之案立限掃數報銷，若仍令其分造細册，則時日既迫，亦恐趕辦不及，未免强以所難。臣等公同商酌，款項固須核實，辦法無妨變通。相應請旨飭下各省將軍、督撫等，遵照臣部奏定清理財政章程第五條，各飭將光緒三十三年以前未經報部之案，分案據實開造詳細清單，限於宣統元年十二月以前，陸續送部核銷，勿庸開造細册，以期速蕆。其歷年奉部駁查未經完結各案，將何項必須變通，何項漏未立案，何項尚可酌量核減，何項礙難遵照刪除各情由，限文到三個月內，一律查明報部。由臣部酌量情形，奏明分別銷結，俾天下曉然於朝廷鋭意更新，破除隔閡欺隱之積習，而相見以誠，庶足以立清理之始基，而爲憲政之大本。如再遲延不報，致逾期限，則是有意延宕，臣部定行指名嚴參，以爲玩視奏章者戒。

抑臣等更有請者，立法固貴乎寬，用款必期於實。此項舊案既經准其開單報銷，寬其既往，而各將軍、督撫等受國厚恩，亦當念時會之艱難，款項之不易，實用實銷，毋得稍涉浮冒。其歷任經手人員如有侵蝕等弊，即須破除情面，參追完繳。倘扶同徇隱，蒙混銷結，或別經發覺，或臣部派出監理各員訪查得實，定將朦銷之員奏明加等治罪，以儆官邪而重庫款。

所有各省舊案准其開單報銷各緣由，恭折具陳，是否有當，伏乞皇上聖鑒訓示遵行。謹奏請旨。

宣統元年正月十四日具奏，奉旨：依議。欽此。

《申報》宣統元年正月十五日第二版《江督提倡實業》 江甯陸軍一鎮，每歲額辦皮件十餘萬，江督端午帥此次蒞滬，詳詢犖華廠嚴守良沛製革情形，並向該廠購取箱包多種，反覆察閱，極爲贊賞。尤准代籌銷路，通飭蘇皖贛江北各陸軍酌量認銷，並允回省後即飭定案，以後甯軍用件統歸該廠認辦，一面給咨，令該守赴陸軍部、農工商部呈請入奏。午帥熱心實業於此，可見一斑。

《申報》宣統元年正月二十日第四版《嘉獎熱心公益之監督長沙》 湘省私立中等工業學堂監督胡兆麟去臘具稟勸業道，請予發給部頒表式，以便填造呈賚。旋奉唐觀察批云，該監督創辦私立中等工業學堂，附設藝徒學堂，階級課程均尚完善，所有開辦及常年經費，皆該監督一人擔任，不假公款，不收學費，不集股金，並能造就年長寒儒，孤寒子弟，具見急公好義，勞費不辭，洵堪嘉尚。既據迭稟提學司衙門核准有案，務須力求進步，始終不渝，以期工業擴充，教育普及，是尤本道所厚望也。至部頒表式，業經移會提學司查取，俟移送前來，即行發給填造。

《商務官報》宣統元年一月二十五日第一期《本部具奏華商集股創辦公司振興實業照章請獎摺》 奏爲華商集股創辦公司振興實業照章彙案，懇恩給獎，以資鼓勵，恭摺仰祈聖鑒事。竊臣部於上年七月十三日具奏改訂獎勵華商公司章程一片，奉旨：依議，欽此。欽遵。並於上年十一月二十三日彙案奏奉俞允，准予獎勵在案。查原奏章程內載，集股一百萬元以上者，擬准作爲臣部頭等議員，加五品銜；二十萬元以上者，擬准作爲臣部五等議員，加七品頂戴。自頭等議員以下，應由臣部分別給獎，每届年終彙奏一次等語。茲查有二品頂戴候補五品京堂林爾嘉，集股一百二十五萬元，創辦福建信用銀行。直隸候補道孫多森，集股一百萬元，創辦上海阜豐機器麪粉公司。候選同知馮恕，續招股銀十五萬兩，計合二十萬元，擴充京師電燈公司。以上各該員等，或流通商家之貨財，或改良農產之製造，或力求市面之振興，均能籌集鉅款，挽回利權，先後由臣部註册保護在案。核其所集股分，實與臣部獎勵章程相符，茲届年終彙奏之期，除股分尚未招齊，及甫經開辦，成效尚未昭著者，應從緩獎勵外，應將候補五品京堂林爾嘉、直隸候補道孫多森均作爲臣部頭等議員，候選同知馮恕作爲臣部五等議員。又，查臣部奏定章程內載，如商人原有職銜在所定等第之上，准其遞加一等。該京堂林爾嘉原有二品頂戴，職銜較崇，應即無庸遞加；其道員孫多森應照章遞加三品銜；候選同知馮恕應照章遞加四品頂戴，以資鼓勵。所有華商集股創辦公司，振興實業，照章年終彙案請獎緣由，理合恭摺具陳，伏乞皇上聖鑒訓示。謹奏。

光緒三十四年十二月二十二日，奉旨：依議，欽此。

中國第一歷史檔案館等《中國近代兵器工業檔案史料》第一輯《陸軍部官制清單宣統元年正月》 謹擬陸軍部官制，繕具清單，恭呈御覽。

陸軍部以現設之練兵處軍政、軍學兩司及兵部各司、館、廳與太僕寺裁併改設。除兵部原管之官制、職制、營制、舉劾、恩恤、軍械等事仍隸陸軍部外，以兵部原管之關於驛站者劃隸郵傳部，以關於臺員遣犯者劃隸法部。【略】

第九條 陸軍部監督貴胄學堂及各省製造局廠與關涉軍事之各項學堂、局所。【略】

第十二條 陸軍部分設十二司，每司丞一人，掌管本司事務。

一、軍樞司（以練兵處文案及兵部之司務廳、滿檔房收支處合併改設）管理本署開補官缺、考績及收發文牘、編輯檔案併收支事項。

二、軍制司（以練兵處軍政司之搜討科及兵部之武庫司合併改設）管理制度、軍禮、旗制、旗務及步隊、馬隊、砲隊、工隊、輜重隊事項。

三、軍計司（以練兵處軍政司之考功科及兵部武選、職方、武庫三司及收支處改設）管理武職官兵黜陟、賞罰事項。

四、軍需司（以練兵處軍政司之糧餉科及兵部武庫、車駕二司摘併改設）管理糧餉、軍裝、建造事項。

五、軍防司管理營屯、要塞事項。

六、軍械司（以練兵處軍政司之器械科及兵部之武庫司摘併改設）管理製造、存儲事項。

七、軍醫司（以練兵處軍政司之醫務科改設）管理衛生、醫務事項。

八、軍牧司（以兵部之馬館、車駕司與太僕寺合併改設）管理一切馬政事項。

九、軍法司（以練兵處軍政司之法律科改設）管理法律事項。

十、軍書司（以練兵處軍學司之編譯科改設）管理編譯兵法、戰史事項。

十一、軍訓司（以練兵處軍學司之訓練科改設）管理訓練兵隊操法事項。

十二、軍課司（以練兵處軍學司之教育科改設）管理軍學課程事項。

《商務官報》宣統元年二月初五日第二期《批安徽勸業道稟》　稟及清摺二扣均悉。查此案，孫得林行使假銀本干例禁，惟既經該縣責令認賠，該分會總理吴兆鼎重行議罰，以致互控不休，亦屬不合。應由該道飭令六安州，迅將此案訊結，不准孫得林再行纏訟。並飭該總理懔遵部章，安分經理，仍將該州訊結情形稟部備案可也。此批。正月二十五日。

《申報》宣統元年二月初十日第三版《明定華人將產業押與洋人辦法廣東》

粤督札行藩司云：照得華人將產業抵押洋人款項一事，應以擔保單呈請地方官立案，不得以契典交易，以示與洋商在口岸永租地段、教會在內地置買房産有別。查現在華人將產業向洋商抵押銀兩，仍有以典契交易，查約章並無准華洋人典質地段房産明文，自非明定限制，誠恐横生枝節。光緒二十四年十二月二十二日，以英商的見洋行與梁慎思堂典受省城沙基大街鋪屋一案，業經照知英領事官，應改作擔保單，由縣立案，並聲明凡華人將産業抵押英商銀兩，如果押期已滿，華人無銀取贖，應由洋商請官將所押之鋪變價歸還押款，惟所押之鋪，洋商祇能照舊收租抵息，不得有管業易租之權，亦不能由洋商自行變賣。該鋪押與洋商之後，業主亦不得再行典與別人，如有抵欠別家款項，亦不准復將該鋪作押，以免有重押重賣轇轕等弊。如該鋪押後犯有違例，應封及一切不法情事，仍應照例充公，倘因别人控追欠債被封，則將來變價銀兩，自可先儘歸還抵押擔保單，洋商之款餘數仍發原主給領，俾昭公允等語。嗣後凡有此項華人以地段房産鋪屋向洋商抵押銀款，自應一律照辦，以免分歧而杜糾葛，其擔保單並須酌定款式，刊刻通行各屬，俾資遵守。

《申報》宣統元年二月十四日第三版《移請核減洋貨捐數蘇州》　蘇省商務總會據洋貨業恒裕號等呈稱，商業凋敝，認捐力竭，暫請核減，以復舊額等情，特備文移請六門牙釐兩局。略謂：查洋貨認捐，由八千四百兩漸增至一萬五百兩，前年鄒令壽祺□略陳，又加至一萬三千六百五十兩，較之光緒十四年分增至三成，較之向章增至六成有餘。捐款日形起色，商力實難勝任，近年該業因認捐太鉅，不能支持，紛紛閉歇，加以鐵路通行，生計日絀，均屬實在情形。向日認捐少而業此者多，尚易勉力奉公，今該業僅止十三家，而令其負一萬三千六百五十兩之鉅捐，毋乃有所不逮乎。貴局洞悉商情，宜增宜減，自當以商業盛衰爲衡，相應據情連同原稟移請貴局查照施行。

《申報》宣統元年二月二十六日第三版《華商不允加繳帖税之原因》　松滬釐捐總局曾於光緒三十二年奉蘇撫札文飭加牙帖税銀，遵即照辦。惟南市各花行，迄仍抗不加繳，目前由本縣李大令移請南市商務分會勸導去後，兹接復文，據各花行聲稱，華商花業，本應遵章納繳釐金，是以同業認繳貨捐局每年落地捐銀，自光緒九年迄今，陸續加至二萬二千餘兩。惟洋商所開花行，非但不領部帖，且其應納帖税亦不照繳，華商未免向隅。刻下如須加繳帖税，應令洋商花行先行領帖繳税，以歸一律而昭平允等語。李大令以該花業等不允加繳帖税，皆因洋商違章，以致藉口，且查約章載明，内地本不准洋商開設行棧，現在十六鋪橋南首既有洋商花行，自應禁止。爰於昨日稟請滬道，照會該管領事，迅即飭令遷往租界，以符定章。

《商務官報》宣統元年閏二月二十五日第七期《本部具奏華商創用新法試鍊純銻擬請暫准酌減税項並給予專辦年限摺》　謹奏，爲華商創用新法，試鍊純銻，擬請暫准酌減税項，並給予專辦年限，以資提倡而示維持，恭摺具陳，仰祈聖鑒事。竊據湖南華昌鍊礦公司總理候補四品京堂楊度呈稱，中國銻礦以湖南所産爲最多，歷來皆以土法提鍊，僅成生銻，終不合製器之用，致遭洋商把持，虧耗甚鉅，銻商坐此破産者十而八九。度與鄉人籌議，亟思用西法改鍊純銻，以維礦業。歷年調查考察，所費不資，始以重價，從法國赫倫士米會社，購得提鍊純銻祕法，及其機器專用權，集股本銀三十萬兩，創設華昌鍊礦公司，開爐試鍊，確較土法爲佳，亟宜運往外洋，試尋銷路。查生銻向有出口税，值百抽五，近又收取出井税，值百抽三，今既鍊生成純，應請比較生純成色，特定税則。惟試辦之初，尚無把握，若即徵以重税，實爲力所不勝，擬懇奏請將純銻出口、出井兩税，於五年之内，姑照生銻完納，藉紓商力。至純銻一項，專售外洋，銷路甚狹，萬一他人設廠爭鍊，跌價相傾，洋商乘機把持，非至兩敗俱傷不止。擬請援照湖北變昌火柴公司成案，准在湖南境内專辦二十五年，並請援照中興煤礦公司、龍章造紙公司成案，由部發給關防，以資信守，呈請核示等情前來。伏查湖南礦務，以銻産爲大宗，華商於冶金之學，素未講求，雖地寶豐饒，祇以供外人之利用。今該公司購用新法，試錬純銻，在中國實爲創辦，經營研究，殊具苦心，自應量予維持，藉資提倡。所有純銻出口税，亦由臣部咨商税務處覆准，自本年起，以五年爲限，暫照生銻完納。其純銻出井税，擬由臣部核准，自開辦之日起，以兩年爲限，暫照生銻完納，限滿時，再另定純銻税則，飭令遵行。至援案專辦一節，查漢口燮昌火柴公司開辦之初，先稟請專利十年，嗣因續添資本，擴充製造，復請展限十五年，均經湖廣總督批准在案。今該公司甫經設立，所請專辦年限，似屬太寬，擬准其自開辦之日起，在湖南境内專辦十年，在此年限内，無論中外官商，不得於湖南境内再設純銻錬廠，俟限滿後，再察看情形，酌核辦理。所請援案發給關防，擬由臣部刊刻關防一顆，文曰奏辦湖南華昌錬礦股分有限公司關防，發交該公司鈐用。恭候命下，即由臣部分別欽遵辦理。所有華商創用新法，試錬純銻，暫准酌減税項，並給予專辦年限緣由，理合恭摺具陳，伏乞皇上聖鑒訓示。謹奏。

宣統元年閏二月初八日具奏。奉旨：依議。欽此。

《商務官報》宣統元年閏二月二十五日第七期《批王作霖等稟》 前據稟稱黄土坡局員收税各節，當經咨行崇文門商税衙門查核去後，兹准復稱，該卡之設，係爲杜絶漏赴馬廠之貨，隨時補徵。該商號所稱已在津關税過，即子口單所運百貨，亦祇能免沿途税關重徵，而不能免本衙門之落地税，應照該分局定章，貨到隨時報税，勿再誤會等因前來。合行批示，仰該商即便遵照。此批。 閏二月初十日。

《申報》宣統元年三月初十日第四版《江督補救上海商業之遠謀》 江督端午帥札行滬道略云：南洋第一次勸業會，事屬創辦，搜羅不易，必須各省各埠就地組織，先具規模，明年開會時，始易藉手。現經定議，於南洋所屬各府治徵集各府屬物産，組織物産會，於全國各省會及各大商埠徵集各省及商埠物産組織出品協會，先期陳賽展覽，以爲南洋勸業會之預備。此次勸業會既以南洋爲名，所有南洋各地方一切組織，自應力求完備。惟是各屬風氣開塞互殊，上海商賈雲屯，人知愛國，將來會場能否生色，以上海官商能否踴躍從事爲斷。且上海一埠，商業殷闐，雖爲全國之冠，而外貨充溢，民力日殫；名爲商務繁盛之區，實即生計日衰之所，非亟加補救，何以挽回利權。□者上海紳商有中國品物陳列所、金石圖書賽珍會之設，紳商之熱心公益，與該道之提倡有方，均可想見，惟事屬草創，範圍或局於一偏，規制未臻乎宏大。兹當南洋勸業會籌備進行之際，亟宜組織上海出品協會爲各商埠倡，上海紳民有衿式全國之義務，該道又有率先紳民之責任。除照會李紳鍾珏爲上海協贊會總理，並經知照會同該道另行組織上海出品協會外，合亟札飭。札到該道務即籌撥的款，會同該紳商等遵照章程從速辦理。

《申報》宣統元年三月二十五日第四版《勸業會徵求商品南京》 南洋勸業會致遠省各督撫電云，南洋籌辦勸業會已由官商集合資本五十萬元，勘定會場於城内公園附近地方，訂期宣統二年四月朔開會，九月晦閉會，迭經奏准咨明在案。兹事體大，爲日又促，辦理種種，均須切速。現已派奏留江蘇差委陳道琪爲坐辦，專任籌備執行一切，於本月五日設立該會事務所，於城内花牌樓地方，爲會務全體機關。惟是會場雖在南洋，而商品陳賽會務組織，非得各省同力合作，相助爲理，未易集事。刻下籌備伊始，擬仿各國賽會成例，先由本省各屬設立物産會，外省各埠設立出品協會入手，以立基礎。其餘應備諸事，統飭擬訂分期進行表案，以期按月呈功，不致遲誤。貴省工藝物産暨實業各界，所承倡持，日益展達，尊處對於此舉，定荷贊成，尚乞不分畛域。至該會各種詳細章則，除飭分别擬呈，再由敝處隨時咨送查照外，特此先電奉聞。

《申報》宣統元年三月二十五日第三版《請撥習藝所款不准南京》 如皋縣擬將提撥賠款練餉税契内撥錢五文，專作罪犯習藝所之用，通稟各憲核示。兹經甯藩樊方伯批云，查甯屬整頓田房税契，新定章程，除正税三分另收賠款，及抵補練餉錢一百文内，酌提錢二十文，以十文留作州縣辦公紙飯等用，以十文抵補學堂善舉等款。原係飭由各州縣擇要匀撥濟用，惟該縣學堂善舉需費甚殷，舊有契尾帶捐錢文，新章一體免收，祇恃此款分撥，藉爲挹注。今請將十文内撥錢五文，專作習藝所經費，下餘另行分撥，不免顧此失彼，似宜通盤籌劃，另議辦理，以昭平允。

《申報》宣統元年四月初一日第四版《派員調查實業安慶》 安省勸業道童觀察前奉部飭，凡有關於農工商礦實業以及輪船郵電等事，均須隨時切實調查，以便次第妥籌興辦。兹特派州同于芝壽調查安慶六屬及廬州之合、舒、廬三縣，府經陸紹明調查池州府六屬及廬州府之無爲、巢兩州縣，鹽知事朱嘉樂調查太平府三屬並滁、和兩州屬，國子監助教姜汝模調查徽州府六屬，府經陶厚培調查寧國府及廣德州各屬，知縣魏業範調查潁州府屬，知縣沈保衡調查六安州屬及鳳陽、鳳台、壽州、懷遠四州縣，縣丞譚啓桂調查泗州屬及宿州、靈璧、定遠三縣。

《申報》宣統元年四月初十日第四版《錫督興辦東省實業之計畫北京》 新東督錫清帥於未出京時籌畫到任之辦法，頗注意實業，曾上封奏，略云東省外交危迫，由於我無實力抵禦，現惟有開辦實業，爲入手辦法，如開銀行、築鐵路、放墾務、開商埠等事，開辦經費至少亦須千萬，斷非東三省財力所能辦，應請飭下度支、陸軍、郵傳等部各撥的款，以期從早開辦，而挽危局。若長此因循日久，各項主權以及領土主權將盡握於外人之手，即嚴治奴才之罪，亦無濟於事云云。當日奉旨，着度支部等速議酌撥。聞各部擬先合撥銀五百萬，俾資藉手。

日前錫督又有附片奏稱東省財政艱窘，一由於利權外溢，一由於實業不興。若不迅籌挽救之方，必至財匱民窮，不能生存而後已。爲大局計，亟須請撥巨款廣設銀行，擴充幣政，籌辦一切墾礦森林，方足以資流通而謀抵制。然籌款固屬不易，而得人尤爲極艱。查有郵傳部參議上行走山西候補道周克昌才長守潔，經郵傳部調充交通銀行協理，復經崇文門監督委司稅務，是該員於財政實有經驗，仰懇聖恩敕下郵傳部迅飭該員迅速來奉，照舊有官銀號先行清理，以備擴充。四月初五日奉硃批：着照所請，該部知道。

《申報》宣統元年四月十四日第三版《郵部奏覆運煤減價辦法北京》 御史徐定超請減運煤車費暨山西巡撫寶棻奏晉省煤礦運費請援案核減一摺一片，已由郵傳部奏覆，略云：查外洋鐵路運載煤斤礦質，本與運貨不同，百貨產銷靡常，且需刻期運到，而機開礦井出數既可約計，運至口岸銷數亦可預定，往往與汽車公使訂定合同，或按季或按月代輸若干噸、用車若干輛，鐵路即以其餘力閑時，爲之搭掛專放，爲期不迫，亦不迂滯，視行車之便利，爲分配之多寡，故養路所需之薪工煤價，攤計於此項運載之成本，爲數甚微，所謂多中取利，實爲營業最要關鍵。倘將來六河溝山西各煤礦出產漸豐，銷路暢旺，自應仿照西法，准與訂立合同，按期包運，庶養路之費以積少而成多，即開礦諸商亦本輕而易展，維持路礦，非此無由。抑臣等更有進者，華商開採煤礦，虧折者多，遠不及洋商經營之善，推原其故，蓋有數因，資本缺乏，遇工艱之礦，未及獲利，先已停工，一也。機械不完，工作遲緩，虛糜利息，加重成本，二也。愛惜小費，不知於各埠多設行棧，廣事招徠，小有挫失，輒行退縮，三也。消息遲滯，不能迅赴事機，知識短淺，無以支持艱鉅，四也。此四者爲致敗之總因，即華商之通病，苟非速圖遷變，即使運價銳減，而出井之成本已重，市場之銷路又疲，不足於競争，即難免乎劣敗。則今日振興礦務，尤須於運費之外，更謀改良之策，應由農工商部隨時曉諭維持藉資興起。總之礦政爲今日要圖，臣部總司交通，自應就力所能爲，勉求協助，且車價減則銷路暢，轉運多則進款增，相爲循環，理至明顯，大利所在，何假代謀。今爲有裨各礦之故，業將各路運價切實核減，至售與鐵路煤價，並不強令按照唐山、臨城辦理，以恤商艱。如蒙俞允，臣部當即欽遵轉飭各路遵照辦理。三月二十九日。奉旨：已録。

《商務官報》宣統元年四月十五日第一二期《郵傳部奏議覆晉撫寶棻御史徐定超等奏運煤減價辦法摺》 奏爲議覆運煤減價辦法，恭摺仰祈聖鑒事。本年二月十一日軍機處片交，欽奏諭旨：御史徐定超奏請減運煤車費一片，著郵傳部知道。欽此。閏二月初七日，內閣抄出山西巡撫寶棻奏晉省煤礦運費請援案核減一摺，奉硃批：郵傳部議奏。欽此。欽遵到部，自應併案議覆。查徐定超原奏內稱，河南彰德、直隸磁州一帶，產煤極旺，以火車運費極鉅，行銷不暢。火車每輛運煤二十五噸，由磁州、彰德至漢至京，運費約在百元左右，以運價之重，致內地礦產不能暢達，應請核實删減此項運價，依照臨城、唐山煤礦運費，均減五成之例等語。寶棻原奏內稱，晉礦各路，運費過鉅，正太爲尤甚。平定煤礦，由礦井運至屯棧，每噸所費不及三元。自陽泉由火車運至石家莊，再運天津，統計運費需二百元上下，每噸核計成本十二元有零。津地行售之唐山煤，僅售洋九元上下。若因運費過鉅，致售價昂貴，與唐山等煤相形見絀，晉礦恐無發達之機。仰懇敕下郵傳部核議，准將各路運費，照唐山、臨城減收五成之例，一律核減等語。臣部詳加考察，彰德、磁州之間，向有安陽六河溝一礦，係礦商編修顧瑶等所辦。前曾據該商等呈請減價，徐定超所稱，當即指此。按照原奏，其意在運銷漢口、北京。寶棻原奏，泛指晉煤，其意則在運銷天津。臣部詳悉通籌，凡屬經商類，皆欲減輕成本。煤炭一項關係新興實業，尤應特與維持。惟路礦相輔而行，欲求兩利之方，宜有兼全之道，況鐵路所得運價，即是國家帑項，屢奉詔旨，認真稽核，臣部何敢輕率從事。茲謹彙集向來成例，參合彼已情形，分別酌擬辦法，敢爲我皇上縷晰陳之。查鐵路係子母商業，其訂定運價，均按各國通例，以本路每年支出經費及拔本還息之數爲比例，並非意爲增減，否則暗中虧折，從何取償。京漢一路，前據稟稱，去年支出行車修養還息及比公司二成酬費，每噸每法里攤費銀元一分四釐二七。京奉一路，前據稟稱，去年支出行車修養還息，每噸每英里攤費銀元一分二釐五。正太一路，玆據稟稱，路峻則所拖車輛減半，路短則所攤總費不輕，去年支出行車修養還息，每噸每法里攤費銀元四分二釐五。按照經商規則，京漢每噸每法里最少收銀元一分四釐二七，京奉每噸每英里最少收銀元一分二釐五，正太每噸每法里最少收銀元四分二釐五，方敷支銷，而應還借本尚不與焉，此鐵路以支款比較，核定運價之通例也。至京漢向定運煤價章，每噸每法里，短運者收銀元一分三釐，長運者收銀元六釐，另每車公費六元。京奉每噸每英里收銀元一分七釐五。正太每噸每法里，煙煤收銀元三分，硬煤收銀元三分二釐，另每車公費分別六元、五元、四元。計山西硬煤由陽泉運津，每二十噸運公費約一百七十三元，煙煤運津，每二十噸運公費約一百六十八元，尚不及山西撫臣原奏二百元之數。因各路以支款比較，核定運價，各有不同，故運費亦有差別，要以保全成本爲主，此向來三路所收運費實數也。光緒三十一年，北洋大臣與比公司議定華洋合辦臨城煤礦合同，煙煤專車運價，每噸每英里銀元一分，每車公費銀元三元。臨城售煤與京漢，照原價七五拆算給，嗣臨城與京漢另訂整車運價，在七十五法里以內計每噸每法里銀元一分二釐五，在七十六法里至一百五十法里則銀元九釐，在一百五十一法里至三百法里則銀元七釐五毫，在三百一法里至五百五十法里則銀元六釐，在五百五十一法里至九百法里則銀元五釐，在九百法里以外則銀元四釐五毫，係分遠近逐節算價，均每車公費四元，售煤與京漢，亦照原價七五折算給。光緒三十一年，京奉局與唐山煤訂立合同，煙煤運費，在五十英里以內每噸每英里銀元一分五釐，在一百五十英里以內則銀元一分二釐，在一百五十英里以外則銀元一分一釐。唐山售煤與京奉，則唐山高塊每噸煤價六元，林西高塊每噸五元，唐山煤末每噸三元二角五分，林西煤末每噸三元，較之市間，唐山煤價高塊每噸十一元一角五分，煤末六元九角，約計僅得五折，是減少唐山臨城煤價之故，實由煤斤爲鐵路養命之源。向須與各大礦預行訂購，以便按期供給，每年爲數至鉅。今唐山臨城既減售價，則鐵路省費實屬不資，故允酌減兩礦運費，以昭平允。綜計鐵路因減售價所得之益，尚遠過於唐山臨城因減運價所得之益，其非損路益礦可知。且唐山臨城運費，亦並未減至五成之多，兩奏所稱，自均係傳聞之誤，此唐山臨城運價，並非減收五成，及路礦交換利益之情形也。惟是鐵路係營業性質，各路自應悉心算度，爲保全成本之謀。礦政乃裕國良圖，臣部亦應全局統籌，爲濬發利源之計。上年臣部曾經迭次商之直隸、山西、河南督撫臣，減免煤斤釐税，並嚴飭各路，禁止員役需索，復爲各煤商廣開岔道，租設棧房，又因京漢、正太軌道寬窄不同，運煤換車，商人既有起卸之費，又多耗失之虞，因飭正太另造新式活軸煤車二十輛，可由窄軌駛入寬軌，計費十六萬佛郎，凡此無非利商起見，欽奉前因。當飭據鐵路總局長，妥商各路，擬議減價辦法前來。臣部覆加察核，原奏欲令六河溝之煤暢銷北京、漢口，晉煤暢銷天津，皆係距産地較遠之區，是必運愈遠者，減愈多，然後行銷愈廣，礦利愈深，因參酌臨城唐山運價，而捐益之，一擬六河溝煙煤由京漢裝運者，其運費比臨城整車價略減，不論裝車多少，七十五法里以內每噸每法里收銀元一分二釐五，自七十六法里至一百五十法里每噸每法里收銀元九釐，自一百五十一法里至三百法里每噸每法里收銀元六釐六毫五，自三百一法里至五百五十法里每噸每法里收銀元六釐，自五百五十一法里至九百法里每噸每法里收銀元五釐，至九百法里以外每噸每法里收銀元四釐五毫，係分遠近逐節算價，均每車公費六元。年終照臨城例，不給回費，遇五、六、七、八等月，京漢輸運稀少之時，如以專車煤末運漢，另行議減。至交換利益一節，六河溝售煤與京漢，前經商定，煤塊照原價，每噸減一元，煤末每噸減七角，不過合八三八折，不及臨城唐山售價之賤，交換利益之深也。一擬山西煙煤，由正太運到石家莊，再裝京漢車往他處，每日裝十六車者，正太路照尋常價目，每銀元百元減二十一元，硬煤由正太運到石家莊，再裝京漢車往他處者，不論裝車多少，正太路照尋常價目，每銀元百元減十五元，公費照舊，分別六元、五元、四元。其餘在正太沿途及抵石家莊後，不轉入京漢者，運費仍舊，每車公費分別五元、四元、三元。俟正太進款稍增，支款攤輕，再行議減運費。一擬京漢路所收山西煙煤、硬煤，運價公費與六河溝煤一律。一擬京奉路所收山西煙煤、硬煤，運價與唐山煤一律，均由正太代收，以免他處影射。以上各節，大致係照唐山臨城辦理，於煤商一面，所益已多，體察情形，實已減無可減。惟是臨城售與鐵路之煤價祇七五折，唐山價祇五折，而六河溝售價則八三八折。山西煙煤雖出井不多，售價向無折扣，硬煤本不合汽車機廠之用，祇爲烘煖炊爨所需。各路所用硬煤，不及煙煤百分之一，其售價能否減折，應由礦商與各路酌議，此時尚難强定。是鐵路給各煤商之益，與唐山臨城大致略同，而各煤給鐵路之益，較唐山臨城相去尚遠，雖未至損上益下，究未能挹彼注兹，特苟爲各路力所能勝，即亦無庸錙銖計較，此酌擬運煤減價之大綱也。以上各節，係屬路礦兼權，爲目前權宜之辦法。查外洋鐵路，運儎煤斤，礦質本與運貨不同，百貨產銷靡常，且需刻期運到，而機開礦井，出數既可約計，運至口岸，銷數亦可預定，往往與汽車公司訂定合同，或按季或按月，代輸若干噸，用車若干輛，鐵路即以其餘力閑時，爲之搭掛專放，爲期不迫，亦不迂滯，視行車之便利，爲分配之多寡。故養路所需之薪工煤價，攤計於此項，運儎之成本爲數甚微，所謂多中取利，實爲營業最要關鍵。倘將來六河溝山西各煤礦山產漸豐，銷路暢旺，自應仿照西法，准與訂立合同，按期包運，庶養路之費，以積少而成多，即開礦諸商，亦本輕而易展，維持路礦，非此無由。抑臣等更有進者，華商開採煤礦，虧折者多，遠不及洋商經營之善，推原其故，蓋有數因。資本缺乏，遇工艱之礦，未及獲利，先已停工，一也。機械不完，工作遲緩，虛糜利息，加重成本，二也。愛惜小費，不知於各埠多設行棧，廣事招徠，小有挫失，輒行退縮，三也。消息遲滯，不能迅赴事機，知識短淺，無以支持艱鉅，四也。此四者，爲致敗之總因，即華商之通病，苟非速圖遷變，即使運價銳減，而出井之成本已重，市場之銷路又疲，不足與於競爭，即難免乎劣敗，則今日振興礦務，尤須於運費之外，更謀改良之策。應由農工商部隨時曉諭維持，藉資興起，總之礦政爲今日要圖，臣部總司交通，自應就力所能爲，勉求協助。且車價減則銷路暢，轉運多則進款增，相爲循環，理至明顯，大利所在，何假代謀。今爲有裨各礦之故，業將各路運價，切實核減，至售與鐵路煤價，並不强令按照唐山臨城辦理，以恤商艱。如蒙俞允，臣部當即欽遵，轉飭各路遵照辦理。所有議覆運煤減價各緣由，理合恭摺具陳，伏乞皇上聖鑒訓示。謹奏。

又奏各處煤斤稅釐重叠阻礙運輸請飭各督撫切實裁減片

再，開礦成本，以釐稅運價，及出井各項費用爲大宗，欲圖礦產暢銷，自應設法減輕各費，鐵路減收運價。臣部已於本日議覆山西撫臣寶棻御史徐定超前減運費摺内，詳晰奏陳。至釐稅重叠，阻礙運輸，實較之運價加增，爲害尤甚。此次徐定超原奏，即以煤斤釐稅過重爲言，内稱有出井稅，有學堂捐，又有沿途稅關，剥削滋多，等語。查山西巡撫寶棻奏請免出井出口煤稅一摺，欽奉硃批：著照所請，該部知道。欽此。皇恩廣大，薄海同欽。夫鐵路行車有費，修養有費，拔本還息有費，尚不惜切實議減，而各處稅釐重叠，阻礙運輸。上年十一月，據山西巡撫電稱，將外運之出井稅，併入出境捐，並收照章出井出境捐稅，每車應抽錢三千六百文，因減收三千文等語。此次奏請免出井口煤稅，未知是否指此三千文而言。又晉煤由晉運津獲鹿縣，每車收捐銀圓四圓，直豫貨捐、天津關稅釐金每車可收銀圓九圓。又本年二月，直隸新增琉璃河貨捐局，西山硬煤因此停運數日。捐稅愈繁，於振興煤礦之本意愈形鑿枘，應請敕下沿路各督撫，分別切實裁減，以維商務，實與路礦均有裨益。謹附片具陳，伏乞聖鑒訓示。謹奏。

《申報》宣統元年五月初二日第三版《商部札飭調查物産浙江》 農工商部札杭州商會文云：本部前奏九年籌備事宜表内開第二年調查各國賽會章程等語，查賽會之設，一在比較製造，以爲改良工業之資；一在考查原料，以爲周知產地，擴充銷路之助。中國物產豐富，如絲、茶、棉、麻、瓷、漆、竹、木、牲畜皮革、羊毛、礦石、米穀、海產等類，各行省大宗貿易，率皆指定處所，定期集會，略具賽會之意。惟專重暢銷，不重比較，且往往局於一方，全國未能周悉。亟應先行調查，設法聯絡，以爲他日舉行内國賽會之預備，爲此札飭札到該處總會，即便將該處集市廟會情形，詳查報部。至物產之種類，產額產地，及一切行規，可備參考者，均限於文到三個月內，一併造册送部查核。

《申報》宣統元年五月初五日第四版《某御史奏路礦交涉須經官紳協議北京》 某御史奏近年來民智日開，漸知寶守利權，於路礦實業均已次第集股興辦，如經外人干涉者，並思磋商收回，此誠國民之進步，亦國家之幸福也。無如民力無幾，非恃官力，難期達其目的。如安徽、河南礦事正在交涉，並請飭下外務部暨各該省疆臣，據理力争，不得但顧邦交，以息事爲心，致阻抑民志，如河南交涉局員楊敬宸與福公司所訂續約，不無弊竇，利令智昏者流，何地蔑有。及至事成，即使争回，實已曠時耗費，應請□飭各省，嗣後遇有交涉，無論巨細，有無權利，須由部臣、疆臣邀集各該省有識官紳互相討論，意見相同，再由部臣奏明俞允方准立約。

《申報》宣統元年五月初五日第四版《學部奏改實業學堂辦法北京》 學部片奏定章，實業學堂分高等、中等、初等三級，中等、初等所以裕謀生之知識，以多設爲宜，高等所以造專門之人才，以完備爲貴。各省現已設立之高等實業學堂，其由豫科畢業升入本科之學生，所習功課均應遵照定章，切實教授，以符名實，不得因學生係由豫科升入，意爲遷就。若學生程度實有不及，應即改照定章中等實業學堂功課教授，不得託名高等，致嫌速化而少成效。其高等實業學堂招遷在戊申六月以前之豫科學生，未經臣部核准升入本科者，均應改照中等實業學堂功課，按年教授，畢業後再行升入高等本科，以免躐進。至中等實業學堂獎勵章程所載，考列最優等能爲拔貢，升入高等實業學堂肄業；不願升入者，以州判分省補用，即不(者)[能]作爲拔貢。考列優等者作爲優貢，升入高等實業學堂肄業；不願升入，實以府經分省補用，即不能作爲優貢。考列中等者作爲歲貢，升入高等作業學堂肄業；不願升入者，以主簿分省補用，即不能作爲歲貢等語，歷經臣部遵辦在案。惟近查各歲中等實業學堂畢業學生，率皆改就官職，不願升學，若一律允許，深恐高等實業學堂因無升入學生，不能成立，似應略示限制，凡年在二十五歲以下者，均應就升學獎勵，不准改就官職，應有以資深造而興實業。四月二十七日。奉旨：依議。

《商務官報》宣統元年五月初五日第一四期《批廣東石城商會稟》　前據稟，請准予華僑一律照章選舉議員，懇咨核議等情，當經抄稟咨行憲政編查館核辦去後。兹准復稱，各埠華僑，按照人數多寡，酌量公推公正紳商若干名，作爲各該本局省分諮議員、參議員。遇有應行條議事件，臚陳所見，呈由使館，咨該省督撫飭局提議等因。除札飭外埠各該商會遵照選舉外，合行批示。此批。四月二十七日。

中國第一歷史檔案館《宣統政紀》卷一三《宣統元年五月上》　湖廣總督陳夔龍奏，湖北礦政調查局經派司道充當總會辦，按之礦章，凡人民稟請探礦開礦一切事宜，均須督同地方官察度辦理。勸業道係實缺監司大員，事有專屬，監督較易，自當遵章歸併，一切文卷移交勸業道管理，該局即日裁撤，前發關防呈銷。又奏，鄂省官辦硝磺，先由善後局招商，發給執照採選，往往遲延，或運不足數。近年兵工鋼藥廠製煉鏹水，需礦尤夥，自設礦政調查局後，即歸該局兼辦，察度需用數目，先期濟運，並委員圈山開採，稽察私販。此次裁局，歸勸業道管理，應將硝磺劃出專辦，名曰硝磺總局，刊刻關防，派專員辦理，以供兵工鋼藥廠之用。均下部知之。

《商務官報》宣統元年五月十五日第一五期《又奏請將赴賽物品概免沿途稅釐片》　再，准度支部咨，江甯設立南洋勸業會，自係振興實業起見。查章程内開，各省赴賽物品，先由出産處運至南京，請南洋大臣奏定概免釐稅一節，當經行查稅務處據覆，赴賽物品，彼此售賣，核與尋常商貨趁赴市場無異，該會場所擬報運各省赴賽物品，沿途概免之處，礙難照准等語。既經稅務處核駁，未便准予照辦，等因在部。臣就事論事，專意慎重稅課，固屬一秉至公，惟查各國通則，無論大小賽會，從未有招人赴賽而轉征賽品稅之例。中國既仿行賽會，似此緊要關鍵，若首先與各國辦法顯有不同，固足貽人口實。且即以中國現勢論，各處實業，既未見振興，商情孤離，又久成積習。今日即明言概免稅釐，尚恐赴賽者未必踴躍，猶必得廣籌招徠倡導之法，若復限之以稅釐，勸引稽征，同時並舉，商民將聞風裹足，卻顧不前。蓋商人經營生計，無不惟利是圖，凡各項赴賽物品，半係由遠道運送，費用已屬不少，再加以沿途稅釐，一經通盤籌算，受虧過甚，存願惜資本之心，易阻其增益見聞之志，理有必然，勢有必至。況現設南洋第一次勸業會，本係特別創辦，迥與他處勸工陳列等所運集貨品者不同，而運賽貨物，又全爲特别賽會而來，亦與本地日用要需應銷之貨有異，即予概免稅釐，既與尋常征額仍不相妨。一至賽會期竣，實業漸興，銷路加增，此後征額亦將與之俱進，此所謂因民之利而利之也。將來賽會之功效何若，全視稅釐之征免以爲轉移，若因此一事阻礙，必使全局解散。羣情觀望，且恐已集之會款，難與收齊，未來之實業，無由發達。功廢半途，深爲可惜，此奴才所慄慄危懼，而尤不敢不據實上陳者也。合無仰懇天恩，俯念賽會關係極爲重要，准將赴賽物品，概免沿途稅釐，以示提倡，而資興感出自鴻慈逾格。除督飭妥擬免完稅釐專章，及運貨聯單辦法，另行咨部查照外，理合會同江蘇巡撫臣陳啓泰，附片具陳，伏祈聖鑒訓示。謹奏。

中國第一歷史檔案館等《中國近代兵器工業檔案史料》第一輯《奕劻等奏籌議軍械製造現時辦法折宣統元年五月二十八日》　管理陸軍部事務和碩慶親王臣奕劻等跪奏，爲軍械製造各省紛歧，謹籌議現時辦法，以符憲政而實軍用，恭折仰祈聖鑒事。

竊臣部前經遵旨籌議九年立憲期内軍事上應行預備各事宜，業經開單奏明於宣統元年籌畫製造軍械事件，以爲次年開辦各局廠張本，自應及時妥議，免致有誤限明。惟是立憲各國，軍事取獨立主義，故於軍械製造，無論本廠、支廠及各項分廠，凡屬國家建立者，均直隸於陸軍大臣；即商辦各廠，亦受陸軍大臣之委任，不與地方行政官相係屬。我國現在情形與各國迥異，故局廠辦法難猝以各同形式相繩。光緒三十一年五月，練兵處、政務處會議，擬於江西萍鄉縣境湘東地方建設南廠，於直、豫等省擇其與山西煤鐵近便者建設北廠，而以鄂廠貫乎其中，原屬通盤籌畫之正計，業經奏准遵行。特以南北並舉，一時財力實有未逮，而南北不能並舉，軍用所需又無可恃，審慎躊躇，迄難成立。

現在憲政分期籌備，即宜計日程功，不容少待。臣等再四籌商，與其捨舊謀新，恐三廠緩難濟急，何如因勢利導，俾各廠焕然改觀。緣查從前各省設局製械，權輿於滬，振興於鄂，其餘除天津、吉林兩局毁於兵燹，及山東、山西、河南、陝西、新疆、雲南、貴州各局僅造子彈，規模較小，暫時不計外，若直隸之於德州、兩江之於金陵、四川之於成都、廣東之於廣州，皆各自設局，竭力經營。惟廠内只總辦等員，其權力均限於一省，廠地復相距甚遠，輒千數百里而遥，既無交通機關，自難組織團體，是以章制不同，機械各異，先後均無統系，彼此不復相師，遂致新舊錯雜，製造不精，難適軍用。今欲猝謀畫一，由精而多，恐各省風氣自力久成習慣，亦有積重難返之虞。且各局廠經費不充，新機無由購置，舊機即難更换，欲置新械，終託空言。況各省局廠即能置械日精，而北廠不能同時並建，萬一道途阻梗，西北各省仍鮮軍儲，尤爲可慮。欲救其弊，必先另有妥員，統籌兼顧，並須資望較深、品秩較崇，以資督率。擬請以二三品大員，奏請簡派以爲督辦，並予以專摺奏事之權，舉現有各局廠總辦以次各員均歸節制。先周歷滬、鄂、川、廣、金陵、德州，以次遞及各局廠，詳加研究。凡有關製造一切，如某廠應造何項器械，某廠應用何項機件，均由督辦妥商各總辦詳加斟酌，分配得宜，擬定章程，由臣部會商各該省督撫辦理。俾權限可以分明，規制仍無歧異，庶軍械可以由精而及多。

夫督辦固須有人，機器尤須有定。查各局廠機器，除續購各小部尚屬新式外，其餘大宗機件均屬舊式。各國製造日精，機件亦新奇日甚，各省屢擬購買，均苦於無款可籌，遂令陳陳相因，製造窳敗，即有良工哲匠，亦無能爲。今擬俟簡派督辦後，周歷各局廠，謀議既定，如某局廠有須添購新機之處，再由臣部詳議，妥籌指撥的款，請旨遵行。迨至新械日多，由督辦履勘近畿各處，擇定地方建立武庫一座，在東南各局廠内運存新械若干，以備西北各省有事時充補接濟之用。庶北廠未經成立以前，而晉陝以西，直豫以北，併遼沈以東，軍儲亦有備無患矣。

以上所擬，臣等係按現時情勢籌議辦法以爲憲政之預備起見。至於經久規模，仍應由臣等隨時妥議，分別奏明辦理，以臻完善。如蒙俞允，即由臣部咨明各省，次第遵行。

除督辦大員另行附片請簡外，所有籌擬現時製造軍械辦法緣由，謹繕摺具陳，伏乞皇上聖鑒。謹奏。

硃批：朱恩紱着賞給三品卿銜，前往各省製造軍械各局廠切實考察，籌擬辦法詳細覆奏。

《申報》宣統元年六月初三日第三版《勸業道提倡實業之計劃杭州》　勸業道通飭各府州縣札云：查東西各邦國勢隆盛，民生充裕，類皆於實業、交通諸政，切實振興，籌畫完善，用能日新月異，駟至富强。實業之大端，曰農務，曰工藝，曰商務，曰礦産。交通之要旨，曰電政，曰郵遞，曰輪船，曰路政。事繁體大，浙省於斯數者，次第籌辦，或粗具規模，或亟待推廣。即如農務，範圍甚廣，各地方農會及農事試驗場，雖間有報告成立，而尚未籌備仍居多數。其關於墾務者，若地，若山場，若沙塗，若湖蕩，荒廢淤漲，亟應開闢，以盡地利。森林畜牧爲大宗利源，未甚發達，蠶桑之利，浙地獨擅，近以拙于飼養，其利權幾爲外洋所奪。又如工藝，杭嘉湖三府紡織之業，誠冠他處，維於工藝製造、機器專利，改良土貨、仿造洋貨等事項，未能切實研求。至於濱海諸郡，島嶼星羅，漁業尤當注意。又如商務，全省各府水手工、釀造、美術、陶冶等業，率多沿用舊法，獲利尚微。又如商務，全省各府水陸交通，生意繁夥，貿易較盛，各市鎮、墟集或爲商賈輻輳之區，或爲貨物出産之地，所在而有。現查各屬商務分會，已多告成，其經理是否得人，章程是否完密，關係尤重。又如礦産，浙省藴蓄尤厚，仙居鉛礦、淳安銻礦、桐廬煤礦迭經稟請開辦，然測勘礦苗，試驗礦質，查察礦産，延聘礦師，與夫獨創集股之基本、購地開採之條規，頭緒紛繁，均應慎重將事。以上所舉，均關於實業之大端也。至交通要旨，涉於電政者，有電報、電話、電燈之擴張。涉於郵政者，有文報通行之籌畫，僻處郵便之增加。涉於輪船者，有航業之籌議，沙綫之測量，碼頭之營繕。涉於路政者，有鐵路、馬路、通行路之展闢，通運行車之業規畫，交通責無旁貸□。兹受事伊始，自應實力預籌，次第整理，現經遵照定章，設立勸業公所，分科任事。總務科掌管機要訂章及實業、交通、學堂諸事項，農務、工藝、商務、礦務四科掌管實業諸事項，郵傳一科掌管交通諸事項，各守令皆有辦理該管境内實業交通事務之任。嗣後應如何提倡，如何整頓，如何擴充，均應會督紳董及商務總分會，切實研究，稟陳察核，並應遵章，每屆年終將所辦實業及本境交通情形，分門别類，製成統計，申報本衙門查考。該府州縣有地方之責，務當認真辦理，毋任遲延，本道仍隨時遴員，分别派往各屬，逐細調查。如有辦理妥速，確著成跡者，無不轉詳優與獎勵，其或因循延怠，玩視要政，毫無實際者，亦必照章詳請懲處，弗稍寬徇。本道爲實事求是起見，不能不先申誥誡也。

《申報》宣統元年六月初七日第二版《農工商部奏籌議農林工藝要政歷年辦理情形並擬大概辦法摺》　奏爲遵旨籌議農林工藝要政謹陳歷年辦理情形，並擬具大概辦法，恭摺仰祈聖鑒事。宣統元年五月十六日，內閣奉上諭，前奉先朝諭旨，農林要政着各督撫飭屬詳查所管地方官民各荒並氣候土宜，限一年內繪圖造册報部，並迭次飭令各省興辦工藝實業。原以農工均爲富民要圖，辦理刻不容緩，現在時閱兩年，奏報尚屬無幾，着農工商部再行嚴催各省督撫，將以上應辦農林工藝各項事宜，迅速分別舉辦，毋再因循悠忽，用副朝廷振興實業念切民生之至意，欽此。聖謨廣遠，欽服莫名。伏查推廣農林事宜，臣部於光緒三十二年十一月間奉到諭旨，遵即通咨各省一律籌辦，嗣於三十三年九月間通行咨催，十一月間又專摺奏催。旋據奉天、吉林、黑龍江、河南、廣西、甘肅等省陸續造送圖册，臣部詳加考核，先行擬訂推廣農林簡明章程二十二條，於本年三月間奏請飭下各省一律興辦。又另訂振興森林辦法，先後奏奉，諭旨允准，通行各將軍督撫都統大臣一體欽遵，辦理在案。臣部開辦以來，首以整頓農業、廣闢利源爲要義，光緒二十九年十月間即有請旨通飭各省振興農務之奏，嗣後迭經區別土性，調查物産，遴員分往各省考察土貨，履勘林業，並令各直省商務議員統籌辦法，先後奏辦農事試驗場以資研究，奏訂農會章程以示標準，而於各省紳商之稟辦農業公司者，莫不優加奬勸，量予維持。比年以來，風氣漸開，其各省所辦農林事宜，業經報部有案者，奉天則有農事試驗場、農業講習所、天一墾務公司、森林學堂，吉林、黑龍江則有農事試驗場、實業學堂、瑞豐農務公司，直隸則有高等農業學堂、農事試驗場、營田墾務所、正定林業公所，熱河則有喀喇沁林業公司，山東、山西則有農林學堂、農事試驗場、林業試驗場，江蘇則有實業學堂、農事試驗場、海贛、通海、溧陽各墾牧公司，茅麓、茂達、吉金各樹藝公司，安徽則有墾牧樹藝局、貴池墾牧公司，江西則有農事試驗場、實業學堂、樹德墾牧公司，浙江則有高等農業學堂、永裕墾務公司，福建則有農事試驗場、順昌墾務公司，河南則有農事試驗場、實業社會，陝西、甘肅有農業學堂、農事試驗場，湖北則有高等農業學堂，廣東、廣西則有農業學堂、瓊崖墾礦公司、普生農牧公司、振華墾務公司，四川則有農業學堂，貴州則有農林學堂，或培植通才以資任使，或扶持商力以廣招徠，通力合籌，漸有起色。而直隸、甘肅、江西、河南等省均經臣部奏設農務總會，直隸之長垣、懷安、高陽，江蘇之泰州、實應、甘泉、揚州、無錫、通州，安徽之雀山、盱眙、天長，福建之建寧、漳州、福安等處，均經臣部核准設立農務分會，俾農民知共圖公益，即爲地方立自治初基，此臣部歷年辦理農林之情形也。至於工藝一項，爲廣興製造、改良土貨之要圖，臣部亦歷經悉心規畫，先後奏辦工藝局、高等實業學堂、藝徒學堂、勸工陳列所、女子工繡工科，經營締資，樹之風聲，建首善於京師，示通國之模範。旋於光緒三十一年二月間，訂定工藝調查表式，通行各省，飭屬如式填報。三十二年四月間議准，請旨飭下各省廣設工廠，仿造機器。三十三年五月間通行各省，推廣實業學堂。三十四年七月間議准，選派滿漢子弟出洋學習工藝。均經通行各省，一律興辦在案。其各省所辦工藝事宜，業經報部有案者，直隸、吉林、四川、河南等處均設有工業學堂，京師、奉天、甘肅、熱河、察哈爾、新疆、荆州、廣州等處均設有工藝廠，京師、天津、荆州等處均設有女工廠。而紡紗織布各公司之報部立案者四十餘家，織呢、製革、造紙、製磁、璃玻、磚瓦、洋灰、火柴、水呢各公司之報部立案者，共三十餘家，類能廣設專科，整理實業，杜漏卮之外溢，擴土貨之行銷，此臣部歷年辦理工藝之情形也。現在欽奉明諭，以農工要政責成臣部嚴催各督撫迅速舉辦，亟應欽遵辦理，擬即通行各省轉飭所屬地方官，按照臣部奏定農林章程，切實籌辦，繪圖列表，擬定辦法，限期申報該管上司，咨部核奪，仍按年將所管境內墾荒事務彙報該管上司，列入者成，分別優劣等差，咨部備案。每屆三年，由部擇尤奏奬，以示鼓勵，一面通飭廣設工藝局廠，集合工業研究會工藝傳習所，廣爲傳授，務期普及，仍按照部頒工藝調查表式，隨時填報備案。其有各省紳商籌集資本，興辦農林工藝各項公司者，臣部即咨行各省督撫飭屬妥爲保護，力與維持，辦有成效者，按照奏定奬勵公司章程，隨時分等奏奬，以示優異。除俟各省造報到部再行陸續奏陳外，所有臣部歷年辦理農工情形，並擬具大概辦法緣由，謹恭摺具陳，伏乞皇上聖鑒訓示，謹奏。宣統元年五月二十日奉旨：已録。

《申報》宣統元年六月初七日第二版《查報民商習慣之踴躍廣東》 修訂法律館前派侯世藩調查粵省民商習慣，經將各問題分發省中總商會，及地方自治研究社，並各府州縣商會各地方團體等，詳加採訪，現省中各行商均已陸續答覆。其中尤以藥材行、杉行、米埠炭行、酒米行、玉器行、茶行、銀行等爲最詳細，各商務分會如沙頭、梅□、新塘、深圳、開平、惠州、維源等，先後各將答案寄列，亦甚完備。至各州縣調查情形，則如增城、清遠、陽江及惠州、瓊州、萬州、肇屬之開平、鶴山，廣屬之順德、東莞、新寧，韶屬之樂昌、翁源等，調查均極切實，而樂昌縣屬則更由邑中撥出公款，延請士紳，廣爲調查，殊形踴躍。該調查員近復由勸業道陳觀察貽書介紹，親到各行會館及鐵路、自來水、墾礦各公司與夫保險業、倉庫業、銀行業、大小製造業、大小客棧、大清銀行、百川、通義、善源各銀行，查取營業習慣，備極詳盡，已將調查所得分次報告該館，以備修訂法律大臣編纂民商法典之用。

《申報》宣統元年六月初十日第四版《札飭調查商業註册杭州》 浙撫准農工商部咨開，以浙江爲東南大省，近年風氣漸開，商業日見發達，而赴部註册，稟請保護者，尚屬寥寥。本部職在保商，凡係資本商業一經註册，即享有同等保護之利益，希飭勸業道詳晰調查，已經註册者若干，未經註册資本在萬元以上者若干，並遵照本部現行章程，剴切勸導，隨時赴部註册，以維商業各等情，增中亟當即札飭勸業道移會總商會，確切調查，詳候咨復。

中國第一歷史檔案館《宣統政紀》卷十五《宣統元年六月上》 農工商部奏，湖南醴陵瓷業學堂，業已漸著成效，所擬章程及豫算表，均無不合應，即准予立案。其常年經費，向由兩江、湖廣、四川、湖南四省協助，以三年爲限，今既著有成效，應請飭四省仍照原允協款，接續遞解，並請飭湖南巡撫慎選監督，以專責成。從之。

中國第一歷史檔案館等《中國近代兵器工業檔案史料》第一輯《陸軍部奏議製造諸工量予實職辦法摺宣統元年六月十九日》 謹奏，爲遵旨議奏事。

本年閏二月二十六日軍機大臣欽奉諭旨，御史石長信奏請製造諸工量予實職一摺，着該部議奏，欽此。欽遵，並將該御史原奏鈔交到部。查原奏内稱：中國創設船廠、機器局以來，分造兵輪、槍砲等件，其初類雇洋人指授，未嘗不欲内地工匠學其器而通其意，久之自能運用，庶幾一二傑出者足以强國而贍軍。迄今三十餘午，傳習不廣，國工終未一覯，良由習尚使然，所以勸百工之道有未盡。因擬請仿《周禮・冬官》之意，酌古准今變通辦理，凡陸軍、郵傳、農工商等部，各設小京官十數缺，即咨行各省督撫，於船廠、機器局等項内，擇中國員匠技藝優嫻、文理明白、兼通東西洋語言者，酌保數員，榮以京秩，其能配製火藥、精通槍砲機關者，即隸陸軍部各等語。

臣部查自古勸工令典，惟有日省月試。既廩稱事之文，故論秀書昇，皆爲士族。而設彼百工，執技事上。不貳事，不移官，出鄉不與士齒。《周禮・考工記》所列造作兵器之函人、矢人、廬人、弓人及冶氏、桃氏，凡在三十工之屬，制無可考，揆其文義，半皆董理工作之官。與虞廷工、虞、水、火、禮、樂、兵、農，各司一職，世守其官相類。並非舉審曲、面執諸工，概予名器。惟是古時爲貴士時代，故德成者爲上，藝或者爲下；今日爲尚實世代，故士不得獨貴，工不得獨賤。且古時之丁簡，今日之工繁，古時之工樸，今日之工精，往往製成一器，有關係天下國家之重，士大夫均賴其器以程功，予以實職不惟足資鼓勵，實屬情理之平。西洋各國軍械製造局廠内，首領以次各官多與我國副協都統、參領軍校諸秩相埒。東瀛規仿泰西，其兵工、兵器各廠，自廠長以次，亦均以將、佐、尉充之，其騎、砲、輜重各兵工長以外，又有技師、技手，並準士官、下士、判任文官等各分階級，按次遞昇。是前日之工，即異日之官，前日之微曹，即異日之顯秩，與我國尚技賤車則民興藝之説亦相吻合。而要皆本自兵工學堂或别項陸軍學堂出身，始從末有僅屬工人徑授諸職。我國製造軍械設立學堂較少，尚鮮成材，將來造就有成，自應仿照各國成規，於各局廠内分設工官，以供驅策。且上年臣部奏定陸軍各學堂學生畢業考試出身授官摺内業經聲明，凡軍醫、馬醫、經理測繪及各級學堂考試辦法，容由臣部隨時詳擬，陸續具奏。是此後兵工學堂學生考試授官等項亦賅括在内，應即查照原奏接次辦理，並非該御史所稱小京官一項所能包舉。至未設學堂以前，各局廠取用本國各工匠，雖不能科學完全，亦未必無專精一藝並能通曉各國語言及文理明白者，原亟應精擬其尤，俾授一職，得與士齒，以示招賢自隗之意。惟從前各局廠情勢涣散，最難總核，工匠中即有長才，亦未必真知灼見。現在業經奏請簡派大員前往各省局廠考察，擬俟該員周歷完竣，考察明確，如實有工藝最優者，即商明臣部暫行參仿日本技師、技手名目，或各兵工長及准士官、下士、判任文官各等級，量予實職，由臣等酌核分别具奏，請旨遵行，庶於鼓舞人才之中，仍寓澄叙官方之意。

再，此摺因調查各局廠現辦情形須費時日，是以覆奏稍遲。至郵傳及農工商等部所管各工，與軍事無涉，應由各該部自行擬奏，合併聲明。

所有臣部遵旨議奏緣由，謹繕摺具陳，伏乞皇上聖鑒。謹奏。

《商務官報》宣統元年六月二十五日第一九期《批江寗緞業代表郎中銜顧希會稟》 前據稟，請咨撥寗商存浙滬捐一節，歷經咨行浙撫飭局妥議，持平辦法，迅速核復在案。茲准復稱，嗣後寗商購運浙絲，仍由寗釐局收留護照，每絲一包，除照案撥洋兩元外，自宣統元年正月分起，准於留浙充餉兩元之内，再撥一元。每届寗省派員來浙提款時，即如數發交搭解，俾資轉給領用。行用一項，仍須照章核扣等因。除由本部咨行江督並咨復浙撫外，仰即傳知緞業各商號等遵照，可也。此批。六月初七日。

《申報》宣統元年六月二十九日第一版《機器麵粉出口免税問題》 農工商

部札商會文云：宣統元年六月案准稅務大臣咨開查機器製造麵粉，前於光緒三十一年間，經外務部核准，暫免稅釐，又經本處酌定，自三十三年八月起，定限免征五年，均係專爲華商勸業起見。嗣後應由各關監督按照後黏單式，刊定運單，除由通商此口運彼口者，照章收具保結無庸發單外，其運入內地者，無論華洋廠所製，均由轉運之華商赴各關卡報明填給運單，經過沿途關卡仍認真查驗，如無夾帶影射，一律免征放行。若未領官給運單，則仍照征釐稅。各該公司以後概不得擅自出單，以免漫無稽核，咨行查照等因前來，合行札飭札到，仰該商會迅即傳知機器麵粉各公司，一體遵照辦理。

《申報》宣統元年七月初三日第二版《上海縣示諭印花稅辦法》 上海縣田大令出示略云，奉藩憲排單札奉督憲札開案准度支部電，印花票業已裝箱，希派員赴部承領等因，准經委員前往請領，並分別咨行在案。查部定章程第三條內開，各直省藩署，或相當局所，附設管理印花稅處，責成遴派妥員，專司本省發售印花事宜。又第四條內開，每一州縣應招總發賣若干人，承辦發售印花，由總發賣人發賣與各分售人，由分售人發賣與需用者。又第五條內開，總發賣人須殷實商家，取具地方紳士或地方商會保結，由地方官查明，稟請藩司核准，發給承售印花執照。又第十二條內開，各省地方以地方官奉到部發印花後三個月爲施行之期，未施行以前，應先由地方官將印花稅辦法稅則，及種類式樣，開辦日期，於各府州縣之城鎮村市，詳細出示曉諭各等語，均應飭由該司通飭所屬各廳州縣一體遵照辦理，並將開辦一切事宜籌備，務以領票到甯三個月後爲一律施行之期，不得遷延。至度支部兩次原奏內稱，現擬印花稅辦法，應先從寬簡入手，不得假手胥吏，苛縱擾累等因，立法至爲周密，並應即由該司等，嚴飭各廳州縣，務各凜遵，等因奉此。查此案，節經通飭遵辦，玆奉前因，合亟札縣，趕緊妥慎籌辦，切勿假公病民，致干詳參，並即察酌境內城鄉，應招總發賣人若干、分售人若干，如何分配區城迅速核定，限文到半月內，明晰稟復，以憑彙核。一面即將印花稅辦法稅則，及種類式樣，詳細曉示，偏貼城鄉，承售印花之人，各給章程一本，等因到縣。查此案前奉憲飭，當經前縣照會紳董籌辦在案，奉札前因，合行抄章，出示曉諭。

《申報》宣統元年七月初四日第四版《陸軍部議覆製造諸工量予實職北京》 陸軍部議奏云，本年閏二月二十六日軍機大臣欽奉諭旨，御史石長信奏請製造諸工量予實職一摺，著該部議奏，欽此。查西洋各國軍械製造局，廠內首領以次各官，多與我國副、協、都統、參領、軍校諸秩相埒。東瀛規仿泰西，其兵工器各廠，自廠長以次，亦均以將佐尉充之。其騎砲輜重各兵工長以外，又有技師、技手並准士官、下士判任文官等。各分階級，按次遞升。是前日之工即異日之官，前日之徽曹，即異日之顯秩，與我國尚技賤車則民興藝之說亦相脗合。而要皆本自兵工學堂或別項陸軍學堂出身始，從未有僅屬工人徑授諸職。我國製造軍械，設立學堂較少，尚鮮成材，將來造就有成，自應仿照各國成規，於各局廠內分設工官，以供驅策。且上年臣部奏定陸軍各學堂學生畢業考試出身授官摺內業經聲明，凡屬軍醫馬醫經理測繪及各級學堂考試辦法，容由臣部隨時詳擬，陸續具奏。是此後兵工學堂學生考試授官等項，亦賅括在內，應即查照原奏，接次辦理，並非該御史所稱小京官一項所能包舉。至未設學堂以前，各局廠取用本國各工匠，雖不能科學完全，亦未必無專精一藝並能通曉各國語言及本理明白者，原亟應精拔其尤，俾授一職，得與士齒，以示招賢自隗之意。惟從前各局廠情勢渙散，最難總核，工匠中即有長才，亦未必真知灼見。現在業經奏請簡派大員前往各省局廠考察，擬俟該員周歷完竣，考察明確，如實有工藝最優者，即商明臣部，暫行參仿日本技師、技手名目，或各兵工長及准士官、下士判任文官各等級，量予實職，由臣等酌□，分別具奏，請旨遵行。六月十九日奉旨：依議。

《申報》宣統元年七月十三日第三版《分飭籌辦礦務警察浙江》 杭桓督練公所兵備處移行勸業道謂，竊照敝處會同貴道詳奉撫憲飭議，淳安縣稟職商華肇裕等開辦銻礦，請兵保護辦法，請示遵行，當奉批據詳已悉。淳安鑫泰銻礦公司需兵保護，現在兵力不敷，分佈抽調爲難。擬按照礦章，飭由該公司速設礦務警察，務於兩月內招齊，所需餉械由公司自行籌備。警兵未招以前，請飭衢防督帶，先於就近隊內抽撥兩棚，馳往暫駐，藉資鎮攝，應准照行，仰候分飭淳安縣暨衢防督帶遵照辦理等因。奉此除轉行外，移請巡警勸業二道查照辦理。

《申報》宣統元年七月十四日第三版《通飭各屬造送工藝表格式浙江》 浙江勸業道奉撫憲札，准農工商部咨各省屬造送各種調查表式，往往任意搪塞，草率從事，請通飭嗣後造報，須一律遵照奏定章程填報等因。現董觀察將工藝種類表一項另加說明，表格七條呈候憲示核准，通頒各府廳州縣詳晰，按限填送。玆將擬呈說明七條如下：一，奏定章程第一條重在詳細調查，分晰註載，不得以男耕女織、棉米幾成等語支吾搪塞。一，工藝指手工技藝與機器製造等事而言，不得以罪犯習藝所誤爲工藝。又尋常地方物產，無關於種植者，不得濫行開列。

一，工藝局所應填幾處種植之場所同，若該境内實無一局所，無一場所，即應填一無字，不必以四鄉各處等字籠統填寫。一，表内物名開每年月出産數目等字，乃係屬某局某場之言。若無局所、場所，則物名開辦出産，自應一律填無。一，局所與局所，場所與場所，均須分别填名。至物名後，宜詳註出産地方與價值。一，知縣銜名下，須將三十四年内正月至十二月各任知縣來去填明，俾知某種實係某任所提倡，不致牽混。一，表内不列直格，局所場所，各縣多寡不一，須挨次填寫，如一頁不足，可填第二頁。

中國第一歷史檔案館等《中國近代兵器工業檔案史料》第一輯《鐵良奏請改訂陸路快砲式樣並訂購該式砲供練習與仿製摺宣統元年七月十五日》 經筵講官陸軍部尚書臣鐵良等跪奏，爲改訂陸路快砲式樣，並先行購買，俾近畿各鎮練習，以資模範而實軍儲，恭摺仰祈聖鑒事。

竊維軍中利器，視槍枝爲主體，視砲位爲生命。槍力不及之地，無砲力以濟其窮，則平時之練如未練。戰時兩軍對壘，砲力不及敵人，全營尤將束手。惟是砲之爲用，匪惟是攻堅擊遠遂足以畢乃事也，於平時軍馬之配置，戰時道路之轉輸，施放時運用之靈便，皆於戰力有密切關係。故凡口徑、身長、重量及車輪相距之廣狹，子彈裝載之多寡，均須按照本國情形，詳加研究，期於適用而後已。前練兵處具奏擬訂陸軍槍砲口徑等項程式一摺，内載陸軍所用陸路快砲一種，口徑擬用七生的五各等語，並將身長等項一併開單，奏清欽定遵行在案。

嗣經臣部洋加研究，七生的五口徑頗堪適用，惟身長、重量及車輪相距之廣狹，子彈裝載之多寡，尚有應行酌核之處。因於上年經臣部派員向德、法兩廠各訂最新式三十一倍、三十倍、二十九倍、二十八倍口徑陸路樣砲各四尊，彼此互相考較，並擇地實行試驗。覺從前擬定之二十八倍口徑，砲身稍短，其命中致遠之力因之遞減，與殺敵致果之義尚有未合；三十倍、三十一倍口徑砲身愈長，效力愈大，但全體既已加增分量，即嫌稍重，我國馬匹體力素形單弱，平時既難配置，戰時尤不便轉輸，斯運用即難期靈便；惟德廠所製之二十九倍口徑，輕重較爲適宜，使用能收實效。擬將前定之二十八倍口徑爲陸路快砲程式，改爲二十九倍口徑，以便通行。

夫程式既經酌定，練習即貴求精。查各國軍隊中所用砲位，一經製定新式，則通國砲標嚮用，舊砲應即全體統籌撤換，斯訓練操防方征齊一。臣部職司籌備，砲械爲行軍命脈所繫，即未能强同各國辦法遽將現練各鎮用砲概予圖新，似近畿各鎮砲標應全換此項試定新砲，以免參差，方足樹聲威而資拱衛。惟軍政之配備，須視財政之盈絀以爲衡，並顧兼權，方臻妥洽。臣等再四籌議，惟有商明度支部籌定經費，再定從違，因函商姑購兩鎮應用砲位，以開其先。無如限於物力，旋准覆稱，砲位一項關係重要，惟購價至巨，無從籌措，應暫行先購一鎮砲數五十四尊，及備各廠仿造之砲六尊，其款項擬於土藥統税項下按數支撥各等語。此在度支部於無可設法之中，已作力任其難之計。臣部擬即按照度支部允購一鎮砲數，向德廠暫購此次試定二十九倍口徑新式陸路快砲五十四尊，以符一鎮九隊應需數目。每隊帶鋼子母彈、大炸力彈、生鐵開花彈共二萬一千六百顆，並瞄準機器、砲架、砲車、子彈車、引火器具、看敵鋼梯及備分零件俱全。俟該廠運送來華，即交近畿各鎮分配練習，以爲各鎮模範之資，即爲日後擴充地步。又另購六尊，以爲發交各局廠仿傚之預備，其隨帶子彈等項，亦均完全。估計價值共需德金三百八十三萬七千八百四十四馬克三十九分。並與該廠聲明分作五批交價，每批從訂立合同之日起扣足華歷一年。第一批先付全價三分之一，其餘三分之二分作四批平均交付，均不計息，惟馬克須按時價扣算。似此砲位可以總購，價費可以見相同，臣部擬即如數籌備。如蒙俞允，即由臣部派員與該廠妥定合同，將口徑、身長、重量及車輪相距之廣狹，子彈裝載之多寡，分晰釐定，不稍遷就。一面咨明度支部按款存儲，以便分批應付。

所有臣部改擬陸路快砲式樣，並商明度支部擬購砲位緣由，謹繕摺具陳，伏乞皇上聖鑒。謹奏。

硃批：依議。

《申報》宣統元年七月二十四日第三版《札行華洋商人交涉辦法蘇州》 蘇州商務總會日昨奉農工商部札云，據奉天商務總會稟稱，准奉天勸業道函開，接交涉司函准德領事函稱，本省商務總會暨分會章程，本領事苦未周晰，凡與洋商交易，該商會有代各商家定貨訂立合約之權否？代各商立約時，或須總協理簽字，或議董等員簽字，或全體簽字，或只蓋用商會鈐記？倘有背約欠款等事，曾經商會代立合約者，當向總協理索款，抑向受貨各家索款？迨至涉訟，當控何人？均乞詳示等因，准此。查來函所稱各情，本司無案可稽，應請貴道查明詳細見復，並希移行商會，將該會章程送司覆核等因。查德領事所詢各節，未審貴總會曾否有代商定貨訂立合約之事，即請查明賜復，以憑核辦等因前來。當以商會責在保商，有代商紳訴冤抑之權，並無代商受訴賠償之理。如德領事所詢各節，不特與商會性質不符，且與部章相背，況定貨受貨係屬個人與個人擔負，即令轇轕涉訟，商會亦與領事同立第三人地位。茲准前因，敝會不但無代人定貨立約之情事，亦並無代人簽字立約之章程等情，移請轉移在卷。但職會猶有慮者，各省商會林立，其在通商口岸者，尤多華洋雜處，定貨受貨之事時所恒有。萬一因立約之故，應付稍涉疏虞，即啓外人以要求之漸。事關大局，擬請核定專章，通飭各省商務總分會一律遵守，等情前來。查商會爲商人公共團體，各商與洋商定貨受貨，誠如該商會所稱，係屬個人關係，商會概不負責。嗣後各商若有與洋商定貨受貨交涉，商會應遵照定章，不得代爲簽字立約。至該商會所請核定專章一節，查商人定貨受貨，係契約問題，自應歸入普通商法規定，無庸特設專章。合行札飭該商會，傳知各分會一體遵照。

《申報》宣統元年七月二十六日第三版《調查揚屬專門出品揚州》　揚州府嵩太守近奉江督札，據南洋勸業會事務所重定專門出品章程，通飭各府將官立、公立之勸工習藝等所，以及專門實業公司、學堂、機器、礦政、製造局，並郵電、輪船、鐵路、礦山等項，按章逐一查明，仿照各國賽會例則，一體預備出品陳列觀摩。嵩太守奉札後，當即轉行各屬商會實業等會一體照辦。

《申報》宣統元年七月二十八日第二版《查禁銅胚機器進口》　度支部近以官鐵銅幣雖已停鑄，而貪利姦商仍由外洋私運銅胚進口，以手搖機器壓成字模，行銷於市，致與圜法大有妨害，因特咨由江督札飭滬道，嗣後凡有姦商偷運銅胚及手搖機器等件進口，則由新關税司查拿充公。

《申報》宣統元年七月二十八日第四版《振興琿春商務之計畫吉林》　海參崴華商自該埠改爲軍港後，所有營業大受影響，現時各華商派人四出尋覓商業可以發達之地點。東南兵備道郭觀察聞之，即飭商會將琿春地勢，實爲統綰吉省東南各埠以及北韓各道之總樞紐，並交通便利貨物暢銷各原因，繕具説帖，備文咨送海參崴華僑商會，請各華商開設分店，或移住於琿春，一律認真保護，以興本國商業，而免華僑受外人之苛遇。

《申報》宣統元年八月初五日第四版《鄂督致軍機處電》　北京軍機處王大臣鈞鑒：洪。武漢近來輪軌交通營業，日益發達，而工商聞見囿於一隅，竊嫌不廣，多方研究，不能進而與世界相競争。本年春間飭勸業道等，於武昌省城籌設武漢勸業獎進會，示之提倡，爲將來賽會之練習。定期九月内開會，同時知兩鄰省，酌備商品，赴會陳列比較。續准農工商部咨行，分作籌備事宜表，按之年限，鄂省實爲提前辦理，南洋出品協會亦即附於獎進會内同辦，有交相爲用之益，屆時再往列會。迭據勸業道轉據商會聲稱及各省文移，均以免税便商爲言，時因南洋請免，部議未准，未便瀆請。昨讀諭旨，已蒙逾格鴻施，准其豁免税釐，鄂省事同一律，合無仰懇天恩，俯准勅下度支部、税務處立案，凡關乎武漢勸業獎進會，本省、外省一切與賽商品概免税釐，以勵商品而振實業。其關乎南洋協會之品，已荷恩施，自當遵辦，謹請代奏。夔龍叩。巧。

〔附〕《復電》

武昌陳制臺鑒：本日奉旨，陳夔龍電奏武漢勸業獎進會請將本省、外省一切與賽商品概免税釐等語，着該衙門議奏，欽此。

《申報》宣統元年八月初五日第二版《給予版權之慎重》　日商齋藤三郎所著《華英對譯讀本》二册，因恐有人翻印，曾請滬道給予版權。現聞蔡觀察查得該日商前因英文正則教科書，與至誠書局涉訟有案，此次所出之書是否自譯、有無翻板情事，自應查明，再給版權，因特行文書業商會，查復核辦。

《申報》宣統元年八月初七日第三版《紳董對於印花税之淡漠》　同仁輔元堂前日接總工程局函云，奉縣尊照會，案奉憲諭云，印花税領票將到，開辦在即，勿再觀望遲延，除出示曉諭外，爲此照，請察酌境内城鄉各處，應招總發賣人若干、分售人若干、如何分配區域迅速核議遵辦，克日復候核奪等因，囑即轉致邀集四鄉局董到堂，會議辦法等語。聞前日開議，各董到者寥寥，因此尚未定議。

《商務官報》宣統元年八月十五日第二四期《本部會奏議覆御史石長信奏請製造諸工量予實職摺》　奏，爲遵旨會議具奏事。本年閏二月二十六日，軍機大臣欽奉諭旨：御史石長信奏請製造諸工量予實職一摺，著該部議奏。欽此。欽遵並將該御史原奏抄交到部。查原奏内稱，中國創設船廠機器局以來，分造兵輪、槍砲等件，其初類僱洋人指授，未嘗不欲内地工匠學其器而通其意，久之自能運用，庶幾一二傑出者，足以强國而贍軍。迄今傳習不廣，國工終未一覯，良由習尚使然，所以勸工之道有未盡，擬請仿周禮冬官之意，酌古準今，變通辦理，凡陸軍、郵傳、農工商等部，各設小京官十數缺，咨行各省督撫，於船廠機器局等項内，擇中國員匠技藝優嫻、文理明白、兼通東西洋語言者，酌保數員，榮以京秩。其能配製火藥、精通槍砲機關者即隸陸軍部，其能深悉電學、礦學或熟諳輪軌、橋梁機括者即隸郵傳部，其能造汽器種田、刈穀、抽繭、紡紗凡有利於民生日用者即隸農工商部各等語。農工商部查現在各國藝術競興、新法新器月異而歳不同，近年中國講求實業，雖已風氣漸開，而實能發明新理、創製新器、改良標異足挽利權者，猶不多覯。誠宜因勢利導，設法提倡，獎勵優加，俾資鼓舞。臣部職重考工，早經籌策及此，是以先後奏定華商辦理農工商爵賞章程十條、獎勵華商公司章程二十條、獎給商勳章程八條，並尋常工藝外獎辦法，或錫以爵賞，或榮以卿銜，或作爲臣部顧問官議員，並加獎虛銜頂戴，均分別等差，以定獎格，是臣部於振興農工商業，已多有獎勵之方。今該御史所請於部中各設小京官十數員，咨行各省督撫，凡員匠技藝優嫻、文理明白、兼通東西洋語言者酌保數員，榮以京秩各節，查臣部奏定官缺，原設有藝師、藝士等職，均以得有專科畢業文憑者，由部差委試用有效，分別奏留。此項官缺，本無定額，一等藝師秩正六品，二等藝師秩正七品，一等藝士秩正八品，二等藝士秩正九品，核與該御史請設之小京官情事正復相同。惟此項藝師、藝士定章係用專科畢業之人，本有一定資格，今原奏所請凡技藝優嫻、文理明白、兼通洋語者即予以京秩，範圍似屬稍寬。且既爲良匠，用之於機局工廠，或可優給薪水，廣資傳習，若均招納於部曹，轉不易盡其所長。擬請將藝師、藝士等官量爲推廣，除專門畢業人員仍照章辦理外，凡有員匠技藝精嫻，實在某局廠公司任事有年、著有成績，並文理明白兼通洋語者，應由各省督撫考驗屬實，咨報臣部核明，分別奏請給予藝師、藝士等職，均無庸到部當差，亦不必支給薪俸，仍由各省在於各項機局工廠內，酌量任用，俾收實效。其有材能傑出者，並參照獎給商勳章程核辦，或原有職銜准其遞加一等，給予獎勵，似此變通推廣，庶羣工獲邀登進之榮，名器亦無濫用之弊，而因材器使，觀感奮興，更於實業前途，多有裨益，此隸於農工商部之各工籌擬獎給實職之辦法也。郵傳部查船、電、路、郵四政，學有專科，不獨技術一門，含理深邃，即管理規則，亦無不有特別專條，斷非一粗淺工人所能通曉。中國交通機關，事屬創辦，各局機廠，正待擴充，其留學四政者，亦至近年始行遣派，是以內地工匠閱歷無多，海外諸生成材亦尠，偶有畢業回國者，無不隨時調用，其卓有成效者，如候選道詹天佑等，亦經奏請獎勵在案。查臣部奏定官制清單第十六條內開，設一二等藝師、藝士，均以得有專科文憑者，由臣部考選，分別奏補委用等語。原爲提倡藝術，鼓勵真材起見，與該御史用意大致相同。惟臣部官制係專用學生，該御史所陳係擇保員匠，竊維量能授官所以待士，餼廩稱事所以勸工，臣部所轄各廠匠役祇有按年加薪之條，並無奏保官制之事。惟現在交通要政，需材正殷，專科學生畢業尚少，招賢自隗，事有權宜，不得不變通辦理。除郵政一門事屬管理，無工匠之可言，此外如輪電、鐵路各局，擬請由臣部詳晰飭查，凡在事員匠，船政則熟諳駕駛管輪，電政則精研電氣製造，路政則嫻習機械建築，卓著成績者，由臣部考察屬實，再行奏獎，以藝師、藝士分別補用，此項人員仍在各局廠辦事，以資熟手，免至用學兩歧，此隸於郵傳部各工獎勵之辦法也。吏部查三代而後，中國有治事之官，無共工之官，惟欽天監、太醫院各專一業，猶師周官遺意。至於器數之學，門類繁多，則辟置類從闕略。今該御史請於陸軍等部各設小京官十餘缺，以爲員匠登庸之途，誠足以廣樹風聲，力挽窳惰，顧既統名爲小京官，則異時循資序進，不能不一踵成規，勢必所治非所習，仍於公私兩無裨益，不獨銓補之法日益增冗而已。臣等一再咨商，既據農工商部、郵傳部議，就原設之藝師、藝士變通推廣，並先據陸軍部奏明，擬暫仿日本技師、技手以上等級量予職秩，自應即由各該部各照專章，分別辦理，以期核實。該御史原請將此項員匠與各科學一體録用之處，似與廷試録用分部人員無所區別，應毋庸議。除隸於陸軍部之各項兵工已於六月十九日由該部自行議覆外，所有議覆製造諸工，量予實職各緣由，謹會同恭摺具陳，伏乞皇上聖鑒，訓示遵行。再，此摺係農工商部主稿，會同吏部、郵傳部辦理，因往復咨商，是以覆奏稍遲，合併聲明。謹奏。

宣統元年七月二十一日，奉旨：依議，欽此。

《申報》宣統元年八月二十日第三版《針釘廠貨物概免重征漢口》 漢陽針釘官廠所出貨物，前經陳小帥奏明照機器仿製洋貨之例在第一關按值百抽五完正税一道，此後無論運赴何處，概免重征，奉旨允准在案。昨該廠總辦黄觀察厚成，以針釘除在鄂境批發外，並在長沙、蕪湖、鎮江等埠分銷，遠近之間，有無分別，其在本埠銷行者，可否免税等情，咨詢漢關道當由齊觀察，咨復以無論何處，均歸一律辦理。

《申報》宣統元年八月二十四日第三版《重申棉花攙水之禁令》 上海縣田大令出示云，奉關道憲蔡札開，准租界領袖比總領事薛照會，接商務總會來函，據怡和、老公茂、三井、瑞記、日信、鴻源、隆茂、怡德等大宗花行稟，棉花攙水一事，每有將許多之水攙入棉花內，藉以騙人，頗爲惡習，以前曾經作此，現在更甚。茲查得攙水，斤量竟有百分之八，攙入本有之蓄水棉花內，並有時攙至百分之十二，貽害商業，不但運花行家受損匪淺，即本地紗商亦大受其害，且將潮濕之棉花，放在棧房內及船上，勢必易於引火，頗爲危險。今歲新花行將收進，當速請中國官長，禁絶此種弊端等由，事頗緊要，望即妥籌辦法，禁止此弊，並轉致所屬種棉之區，一體設法照辦等因到道。准此，查各屬鄉民，販運棉花，來滬求售，往往攙水，圖得多價，因而滬上花業華洋商人，太受虧累。前准各國總領事文函，經袁升道出示諭禁，並分行各屬，一體查禁，併准花業公所之請，在滬南設立驗水局，舉用洋司事，會同查驗。嗣因攙水之弊仍難杜絶，議定嚴查鄉販，派員專訊，查出濕花，按價判罰。又於光緒三十四年二月間，接英國、日本國總領事來函，生棉攙水之弊幾及百分之七八，所慮濕花存久，其氣生霉，勢必自燃，傷及棧房，請保全禁止，免生險害。函道出示，指明此弊之險設法禁止等因，又經梁前道剴切示諭，指明此弊險害，設法禁除，並分行各屬，一體示諭鄉販，切勿再將棉花攙水混售，致干嚴究各在案。茲准前因，除札驗水局員設法查禁，妥爲整頓，復候核辦，並分行各屬示禁外，札縣分飭地保，勸誡各鄉販，一面示禁，勿將棉花攙水運滬，夾雜混售，致干究辦，事關商務交涉，務須認真辦理，毋稍延忽等因到縣。奉此，查棉花攙水，花行紗廠均受其害，業經前道憲札飭出示諭禁在案，奉札前因，合行出示嚴禁，爲此示仰鄉民販户人等一體知悉，自示之後，毋得再將棉花攙水混售，自絶生機，如敢故違，定提嚴究不貸。

《商務官報》宣統元年八月二十五日第二十五期《本部札各省勸業道商務總會文爲將商品出入商務衰旺遵限報部事》 爲通行札催事。宣統元年閏二月十八日，本部具奏分年籌備事宜一摺，奉旨：依議，欽此。當經刷奏連同清單通行，欽遵在案。查單開第二年通飭各省，調查商品出入大概數目，商務衰旺大概情形編成報告等語，良以貨物貴賤之徵，原於需求供給之故，明乎盈虚消長之理，乃有整齊利導之規，此中消息甚微，而關繫至鉅。本部前定商會章程第八款，凡商務盛衰之故，進出口多寡之理，應按年列表彙報，以備考核。又奏定勸業道官制細則，亦有統計報告，及各廳州縣每屬年終將所辦實業製成表册申報等因。現在各海關道，仍援舊例，每年編成貿易册，於進出口洋土貨價目及税鈔，比較載明刊行，其餘各省土貨，亦有造册報部者。惟體例容有參差，而期限未能畫一，茲因憲政之籌備，力求實業之振興，此項報告，本年須將大概數目情形，由地方官暨商務總分會，各就所在商埠，調查進出口洋土貨總價目，比照上年，較衰較旺各商品及其理由彙呈，由勸業道或辦理商政人員編成報告。限此次文到三個月内，一律呈送到部。其詳細數目，仍按照分年籌備，接續辦理，合行札飭札到，該道等務即遵限呈部，勿得延誤。切切，此札。

《申報》宣統元年八月二十六日第四版《咨覆限制銅塊入口辦法北京》 度支部前曾咨行各省，限制購運外洋銅塊一事，聞某省已咨复該部，略謂官局鼓鑄，已遵將現在銅斤鑄完爲止，目下銅幣頗患充斥，暫停鼓鑄，事在可行。惟運入銅塊一層，其私運不盡，在本國之姦商，既承大部與日使迭商，能在彼邦嚴禁出口，則弊不除而自絶。至將來新幣定制後，應開送數目，候大部核明，通知該國購辦，不得與姦民交易，違禁輸入，則弊尤可永除。倘能提前通知，俾早禁銅塊輸入，則利□爲尤大云。

《申報》宣統元年八月二十八日第三版《部咨嚴追商欠辦法安慶》 皖撫接准農工商部咨稱，商業行號因虧欠倒閉，先行逃避，希圖不償債款，實於商務大有阻礙。嗣後如有商業倒欠，避匿不清欠款，若經商會移請地方官差傳訊，斷不得任縱差役受賄，拘傳不到，並將訊斷辦結情形，訊即移知總會彙報，如有稽遲不報者，即由商會移請該管上司衙門，提訊追繳，以重商政。

《申報》宣統元年八月二十九日第三版《洋人保衛鎗枝進口之通融廣東》 粵督現准税務大臣咨開，進口軍火限制章程，續經本處改定，通咨遵照在案。惟現據總税司面呈，准各國領袖荷蘭希使交來節略。據稱，新章辦理以來，於獵鎗子彈限制一層，既窒礙難行，而於中國境内各洋人租界保衛鎗枝，作何辦法，亦未提及，呈請核議照覆等因。當查限制一層，既經擬定，未便再改，至保衛鎗枝一節，准由領袖使臣知照通融辦理，各省一體照辦等因。粵督准咨後，當即札飭司處，查照遵辦。

《申報》宣統元年九月初二日第三版《蘇商對於開辦印花税之意見蘇州》 蘇垣商務總會因迭奉各憲照會，以印花税即須實行請爲預備辦法各情。日昨該會召集各業代表，計到會者三十餘人，開會研究。各代表以印花税則極爲繁瑣，現在各業生意日益艱難，已達極點，如果再加此税，力實難堪於是，皆主稟請大憲，體恤商情，咨請嚴辦。當經張倪總協理，以今日到會者不及過半之數，一時却難議決，爰再函知各業，各書意見，定於初六日以前交送商會，以便續行開會，詳細議復。

《申報》宣統元年九月初四日第三版《北貨業反對新定捐章》 南市貸捐局總辦金太守，查得捐務不能起色，由於司巡等舞弊，具禀淞滬釐捐督辦朱觀察批准，將向有之捐印，改黏查驗單，按貨驗明黏貼在案。乃有北貨業等，以貨物抵埠，先送局内驗捐，未免周折，是以昨日起，邀衆集議抵抗之法，並知會同業，先行暫停交易，俟赴捐局調查捐章，議妥之後，擬聯名赴商會具稟，請轉稟釐捐局及督撫憲，争回前章，隨時驗印，且謂司巡舞弊，固宜整頓，惟不能波及衆商，致滋留難云。

《商務官報》宣統元年九月初五日第二六期《本部具奏遵章臚陳第二年農工商籌備事宜摺》 奏，爲遵章臚陳第二年農工商籌備事宜，恭摺仰祈聖鑒事。光緒三十四年八月初一日，奉上諭：欽奉懿旨，逐年應行籌備事宜，責成内外臣工依限舉辦，每届六箇月，將籌辦成績臚列奏聞，並咨報憲政編查館查核等因，欽此。旋准憲政編查館奏定考核專章，每年分作兩届，限於二月内及八月内，各奏報一次等語，行知到部。遵於本年閏二月間，釐訂分年籌備事宜，繕單列表，奏明在案。伏查原單所開，第二年臣部應備農工商各項事宜，計分一十八條，謹將業經籌辦情形，爲我皇上縷晰陳之。農政項下，應行籌備者，開墾、林業爲兩大端，蠶業、棉業次之，而以推廣農會爲入手辦法。臣部於本年三月間奏定推廣農林章程二十二條，酌定官辦、民辦、官民合辦三等辦法，責成各該地方官劃定荒區，測驗氣候土性，繪圖列表，報部核奪。業已奏奉諭旨，允准通行，欽遵籌辦在案。應由各督撫飭屬，按照部章，切實辦理林業事宜，亦經奏請飭下各直省將軍督撫，詳查造林區域與天産森林，並分咨各出使大臣，調取各國森林專章。現准咨送到部者，有英國林業專書、俄國森林專章、德國森林章程、義國森林法規、奥國森林律森林學各書，由臣等遴派司員分别編譯，再行釐訂專章，陸續上陳。其蠶業講習所，順直官紳於京師地方首先籌設，業由臣部奏明立案，並按年撥給經費，俾資補助。一面咨行各將軍督撫，體察地方情形，酌量仿辦。至棉業圖説章程，亦經臣等調取各國種棉成法，督飭司員詳細編訂。農會一項，爲振興實業，規畫自治之基礎。前經臣部於光緒三十三年九月間奏定農會章程，通飭遵辦，現如直隸之保定、甘肅之蘭州、河南之開封、江西之南昌、山東之濟南，均經設立農務總會，由臣部先後奏明在案。而各省之請設農務分會者，直隸四處、奉天一處、江蘇七處、安徽三處、山東廿處、福建四處、浙江三處、廣東三處迭經核准設立。嗣後仍當接續推廣，務期普及。在臣部握提綱挈領之樞，於各農會收脈貫絡通之效，此本年籌備農政事宜之實在情形也。工政項下，應行籌備者，臣部專辦之件，爲設立度量權衡廠，開辦勸工陳列所。臣部與各督撫合辦之件，爲清釐全國礦山區域，度量權衡。本年應辦事宜，爲檢留舊器、製造新器兩項辦法。檢留舊器一事，前經通行遵辦，先後准民政部復稱，京師檢留部頒度量權衡舊器爲通用品，貴州巡撫復稱黔省檢留公議尺、官斛十六兩平、公估砝碼爲通用品，山東巡撫復稱東省檢留濟平爲通用品，雲貴總督復稱滇省檢留庫市平、營造尺爲通用品，熱河都統復稱熱河檢留庫平、砝碼爲通用品，河南巡撫復稱豫省檢留裁尺、市斗、庫平爲通用品，餘如直隸、吉林、廣東、廣西、新疆、江西等，則均復稱正在派員調查，次第施行。此外未經聲復各省，應即咨催趕辦，以符年限。一面由臣部在西直門内翊教寺胡同相度地勢，建築工廠，並在法廠定造原器，英廠定購機件，預爲製造新器之用。至勸工陳列所，前由臣部奏辦，嗣於光緒三十四年二月間猝被延毁，旋經籌擬擇地重建，移設廣安門内，調取各省工藝製造品暨天産原料物件，分類陳列，以資博覽。業將開辦情形，於本月十二日奏明在案。清理礦山區域一事，臣部於光緒三十一年八月間，奏設各省礦政調查局，遴派礦務議員，編訂礦務總表，爲清釐礦區之預備。兹復通飭趕辦，按照前定表格，詳查填報。現據各省礦政調查局先後報告到部者，現開之礦四百十處，未開之礦三百八處，已停之礦二百廿處。嗣後仍當隨時履勘，接續調查，期隱杜夫流弊，擴日闢之利源，此本年籌備工政事宜之實在情形也。商政項下，應行籌備者：一調查各國賽會章程，一調查各省商品數目、商務衰旺情形。各國賽會以改良工藝、比較物産爲宗旨，章程辦法互有不同，亟應詳晰調查，藉資參考。業經臣等通咨各出使大臣，將各種賽會專書以及歷辦成案，詳查譯送。旋准咨送到者，英則有賽會辦法章程，法則有賽會章程報告書，俄則有喀簪省森彼得堡博覽會章程，奥無專書。於各書中擇要譯録兹，由臣等督飭司員分别編譯。所有提倡組織之法，以及陳列比較奬勵運輸各項規則，即當參酌情形，釐訂妥章，爲他日舉行國内賽會之預備，而樹籌辦萬國賽會之先聲。至商品數目、商務衰旺情形，前經通飭各勸業道商務議員，迅將本年大概數目情形，由地方官暨商務總分各會，就所在商埠，調查進出口洋土各貨總數，比照上年衰旺情形，叙明理由，呈由勸業道商務議員彙總，編成報告，限期呈部，於盈虚消息之中籌利導整齊之計，此本年籌備商政事宜之實在情形也。以上數端，均屬本年業經籌備之件，或振興地利，或統一法程，或調查現情，藉求進步，或參訂西法，量予改良。臣等惟有淬厲精神，文相鞭策，冀收得寸得尺之效，以爲漸推漸廣之基。除將未盡事宜接續籌備歸入下届奏報外，所有第二年農工商籌備事宜，謹恭摺具陳，伏乞皇上聖鑒訓示。謹奏。

宣統元年八月二十二具奏。奉旨：憲政編查館知道，欽此。

《商務官報》宣統元年九月初五日第二六期《批工藝局織錦科稟》 前據呈

稱，該科織造各貨未能暢銷，擬援工藝局成案開彩，當經批令改訂章程，再行呈核。茲復據呈稱，遵將章程改訂，呈核前來。查改訂各條，尚屬妥協，自可准予立案。此批。八月二十四日。

《商務官報》宣統元年九月初五日第二六期《批蕭祖瑀稟》 據稟，醴陵土磁公司矇混抽稅，懇咨湘撫札勸業道，飭令撤銷私卡各節，已據情咨行湖南巡撫查明辦理，俟查復到日，再行核示。此批。八月二十三日。

《申報》宣統元年九月初六日第五版《議事會籲請緩行印花稅紀詳天津》

上月二十七日午後三時，天津議事會集議印花稅事，原遞説帖，各紳商亦均到會，當時議定本會正副議長，既不能會同商會總協理，晉謁督憲，只得由兩議長自行往見。四時，兩議長衣冠上院，不意端午帥已先期出門，赴孫家花園，請于式枚欽使宴會，兩議長遂悵然而歸。此時各紳商尚在議事會候信，隨即議定二十八日再行上院。

二十八日午後三時，議事會正副議長又携帶稟件上院謁見，適午帥因從早間會客，尚未進膳，當即傳諭，先將稟件留閲，請兩議長明日再來會晤，兩議長又索然而返。聞午帥得稟即閲，頗慮民力不逮，思維持之法。二十九日午前九時，議長趙君承恩、副議長劉孟楊同赴督署，蒙午帥延入接見，先由午帥發言，云昨日所遞之稟，我已閲過，但印花稅非一省之事，辦理很難著手。且現在我國籌備立憲，立憲國之國民，均有當兵、納稅之義務，而我國之捐，與各國相較，實不爲多云云。議長趙君答稱，印花稅爲國家要政，紳民等決不敢違抗，我國之捐，較各國爲少，議員等亦非不知，但我國正當貧弱之時，而津埠自庚子以後，又虧累萬分，若再徵此稅，民力更難擔負。據各紳民云，聞大帥擬將印花票交商會收存，暫不實行，此固督憲體恤民情之厚意，惟此不過敷衍目前，似屬掩耳盜鈴之計，不知大帥果將如此辦理否？午帥云，此事無論如何，必須想一辦法。副議長劉君云，辦法固必須籌想，惟九月初三日，瞬息即屆，印花稅能否緩辦，迄未定議，紳民均甚疑慮。二十六日，紳民等約集十人到敝會，要求開會，公議辦法，觀紳民等之情形，似非但以敷衍辦理所能了事。午帥云，此事我必想一辦法。言至此，即起立送客，兩議長乃與辭而退。聞午帥對於議事會稟陳之意見，未加駁斥，足見午帥之能兼顧國計民力云。

二十八日，端督亦傳集司道府縣及商會總協理，到署會議印花稅事，惟商會總理王竹林觀察因事進京，僅有該會協理及坐辦到署與議。所議各節，仍係磋商推緩，而辦法迄未議定。至午後一鐘，始行罷議。

《申報》宣統元年九月初九日第二版《南北貨業集議貨捐局阻礙商務》 本邑南市南北貨業，因貨捐局改驗印爲紙印，窒礙甚多，羣起抵抗，已紀前報。茲悉又於前日假商務分會開會，由南北各業派代表到會，宣佈貨捐局議改捐章，礙朝廷興商之至意。其所礙有五端：一廢時，二勞力，三糜費，四受屈，五流弊現擬公請商會諸董，轉達商部，飭知貨捐局收回成命，以維商政。

《申報》宣統元年九月二十日第三版《促進華僑出品之計畫南京》 南洋勸業事務所坐辦陳觀察，以南洋華僑頗能熱心祖國，且於工商各品，多能並駕歐洲，故于會場内特設華僑出品陳列所，藉資表章，前已呈請札委王運判樹柟前往調查，聯絡一切。復以本省與各島通信機關，頗形遲滯，深慮有誤會期，無以慰僑民之望，因查悉省垣暨南學堂學生均係該處前來，肄業者類多，巨商縉紳子弟家庭音問，自較靈通，特派遣調查科員袁君康侯，前往該堂演説一切，並立賫各項通告章程，託該生等轉寄，以期鼓舞。

《申報》宣統元年九月二十五日第四版《山陰縣保舉勸業員杭州》 日前山陰縣江令具詳勸業道，略稱，邑紳太常博士杜子柟，學問淵博，平日研究實業，孜孜不倦。前奉頒發橡子下縣，係給該職分銷試種，旋據分别考求橡質，逐細解釋，具有説帖送縣，并且勸導農民，實力提倡，洵爲該職究心農學之明證。至其辦事廉能，律身端正，參諸輿論，尤無間言。現經知縣面商，請其擔任勸業員之責令，用敢詳請，憲核俯准給札，派充以振農業。

《商務官報》宣統元年九月二十五日第二八期《批宋煒臣稟》 稟悉。該職商所稟四川重慶公司阻止燮昌公司火柴運川，勒歸統銷，加抽重費，阻抑益甚各節，業經本部咨行四川總督，轉飭迅即併案查明辦理，仰仍候查復到日，再行核示。此批。九月十五日。

《商務官報》宣統元年九月二十五日第二八期《批伍廷蘭稟》 稟悉。查商標註册，均由商人自製商標，請部核奪。該商所請獎給商標，向來無此辦法，且本部商標註册章程現在尚未改定，所請註册之處，俟章程改訂頒行後，再行遵章呈請核辦。此批。九月十五日。

《申報》宣統元年十月初五日第三版《擬請宣佈推緩印花稅辦法天津》 津埠紳商，以印花稅雖經督憲允准從緩，惟據各報近載，此事政府勢在必行，擬日內再遞説帖於諮議局，特詢前次所上之陳請建議説帖，該局如何辦理，應從速宣佈，以慰衆望。

《申報》宣統元年十月初五日第四版《反對印花税之研究》 各省之反對印花税，非不知印花税爲文明國量輕税則，施行又無中飽之弊，第以中國一切苛細病民之惡税則未除，而徒增此以加重人民之擔負也。苟在上者有實心整理税法之意，欲以良税則代從前之惡税則，而先有以取信於民，則人民將歡迎此印花税於不暇，又何反對之有。今惡税則之如何裁併、如何袪除、如何整理，未聞當事者有所提議，而第欲實施此印花税，以爲抵補洋土藥税之計，何怪人民之駭且走也。余故曰，朝廷果欲以此良税則爲易去種種惡税則地步，則宜先以裁去一切惡税則之意見手續公表於世，而定期實行之，則印花税之施行，自無窒礙。

《商務官報》宣統元年十月初五日第二九期《批戴焕章禀》 禀悉。查吴金印前辦籐草帽行，因係創製，故准專辦，現届期滿，已准商民仿造運售。乃該商復請黏貼印花，抽收費用，由該商等集股試辦，顯係意存壟斷，所請着不准行。此批。九月十九日。

《申報》宣統元年十月十一日第四版《對付違犯獎進會規則辦法武昌》 勸業獎進會所定章程，每逢三、六、九日爲女賓參觀期，雖跟丁僕役亦不得隨入。自開會迄今，奉之肅然，頗爲輿論所稱許。不料本月初三，張虎臣統制之東床，攜帶眷屬，同入遊覽，招待員屈於勢力，不敢方命，以致輿論大嘩。該會總辦黄、高、卞三觀察，已定初六日在該會開特別會議，對付辦法，並停止參觀一日。

《申報》宣統元年十月二十七日第四版《集議農工商出品事宜蘇州》 蘇垣官紳以農工商出品，亟須預爲籌備，爰特組織協會，於二十五日在商務總會開議。是日商局總辦張叔儼觀察、李提調宣龔、何肖雅太守、長元吴三縣暨商會總協理均蒞會開議，各業代表到會者約數十人。當時議定，請各代表分別擔任徵集各項出品，明年運賽南京，如紗緞各物在三件以外，一律免税，餘均類推，現擬訂定章程後，分別辦理。

《申報》宣統元年十月二十九日第三版《通飭勸業會賽品免税新章鎮江》 鎮關道劉襄孫觀察，現奉江督札開，略謂，南洋勸業會賽品，前經税務處嚴定，獨免税釐辦法，飭商由經過關卡，覔保具結，然後給發護照，本爲防範夾帶影射、箝制偷漏等事，俾有稽考。嗣本部堂據上海商會總董等禀，以爲保具結，大爲不便商情，緣各縣設一出品所即以知縣爲監督，各府設一出品所即以知府爲監督，各海關設一出品所即以關道爲監督，既各有擔任之人即可無須覔保具結，以順商情。業經本部堂咨商税務處核覆，照准通行，各關道暨各府州縣及商務總局，知照所有前訂覔保具結一層，即行取消等因。觀察奉文後，當即轉行所屬各州縣，一體遵照。

《申報》宣統元年十一月初一日第三版《群定赴賽商品名税照式杭州》 浙省杭甬出品協會，早報成立，一俟州縣協贊會設齊，即須勸導商民，轉運天産製造工商品物，運赴各埠陳賽，經過關卡，照案免税。昨日由出品協會監督勸業道董道擬具賽品免税護照圖式，具詳撫憲，請即札發杭、甬、温三關，並照會税務司查照辦理。其護照内略稱，浙省設立杭甬出品協會，各屬賽品裝載輪船，運至杭州、寗波出品協會展覽者，經過新關，自應遵照南洋大臣奏案，一體免税。茲由本道查明貨色件數，填寫護照，發交協贊會，轉給賽會運商收執。該運商於起運時，呈請海關道衙門，换給護照，轉送税務司簽字盜印，凡遇賽品持照到關，驗照放行，不稍留滯。業經詳奉巡撫部院，批飭議准有案，尚有照貨不符及中途折卸私售等弊，應聽税關，照章罰辦。

《申報》宣統元年十一月初二日第四版《獎給獎進會諸商賞牌武昌》 武漢勸業獎進會，定於上月底閉會，業經審查員連日審查得工精質良暨價廉物美諸品，逐一標注，於二十五日在會場間壁老砲隊營房操場内，舉行給獎式。調任直督陳制軍、楊護院暨三司各道、闔城文武，均蒞會場，照審察之等第，獎賞金銀紀念牌，並請各界到場參觀，以資研究。聞其獎賞之分數，得九十分以上者，獎金牌，七十分以上者，獎銀牌，五十分以上者，獎銅牌，二十分以上不及三十分者，即時令其出會。

《申報》宣統元年十一月初七日第三版《移請士紳協助勸業揚州》 揚州府嵩太宗准南洋勸業會事務所移略謂，南洋奏辦勸業會定章，本省各府州縣於本年先開物産會，以爲明年運寗赴賽之基礎，通行在案。惟時間孔迫，慮或草率從事，徵集寥寥，非有熱心公益之士紳，羣策羣力，共襄盛舉，不足以策進行。現在本所相應情形，該府屬地遼闊，物産殷繁，年内復爲日無多，亟應加請士紳實力協助，庶幾早日觀成云。

《申報》宣統元年十一月初十日第三版《飭關免税度量衡機器材料鎮江》 鎮道劉襄孫觀察頃奉江督張制軍札開，准農工商部咨稱，以現在製造度量權用器工廠將次落成，一俟法國原器、英國機器購送到京，即可開工製造，所有用之銅、鐵、竹、木各材料，自應先爲儲備。惟所製各器，皆民間日用所需，若減輕成本，不足以便行銷。擬請運自各處之機器材料，一律免納稅釐，刻已奏准行知，應通飭沿江海各關道遵照辦理。觀察奉札後，當即照會鎮江關稅務司戴君查照。

《申報》宣統元年十一月十二日第四版《規定出口繭絲免納統稅辦法廣西》

日前左江紀道電稟桂撫云，桂署撫憲鈞鑒，據南寗卡定直牧函稟，准隆安文稱，縣屬振興公司自出繭絲等貨，運東發賣，請給免稅執照。該員以祇奉有同和公司免稅執照，礙難移給，請示前來。查左江蠶桑向少講求，今隆安振興公司既有繭絲出口，事與同和公司無異，似可准照前案辦理。再此外各屬現正倡辦蠶桑，如有繭絲出口，但在前准免稅限內，請准不拘公司名目，一律援免，以示推廣提倡之意，是否有當，伏候飭由統稅總局迅核飭遵。職道堪謹稟。養。印。當奉撫憲覆電云，南寗紀道台、定直牧鑒：養電悉。左江蠶業向少講求，此後凡南寗以上各屬出口繭絲，經過南寗稅局，均應一律免稅，以資提倡，並仍照原定年限，定直牧應即遵照辦理，並候札飭統稅總局更換執照，發給填用。撫。敬。印。

《商務官報》宣統元年十一月二十五日第三四期《度支部奏遵議都察院奏舉人張毓英等條陳銅元充斥請設法挽救摺》 奏，爲遵旨議奏，恭摺覆陳，仰祈聖鑒事。本年九月十七日，軍機大臣欽奉諭旨：都察院奏，代遞舉人張毓英等條陳銅元充斥請設法挽救呈一件，著度支部議奏，欽此。欽遵抄交到部。原奏內稱，銅元充斥，病國病民，敬陳八害：一曰，勞働工人束縛之害。二曰，商業虧折之害。三曰，農業耗損之害。四曰，非農非工非商普受之害。五曰，債權損失之害。六曰，地方公款闇蝕之害。七曰，庫款短絀之害。八曰，國財外溢之害。皆根據學理，體驗實情，洵爲扼要之論，所擬辦法，標本兼治，亦多可採。惟其中有爲臣部規畫，早已見之實行者，有礙於事實，而不能不量爲變通者，謹逐條詳議，期臻妥善，爲我皇上縷晰陳之。一，原奏所稱停鑄銅元，將各廠機器改撥別用，以絶後來續鑄地步一節。上年二月，臣部奏令各省停鑄銅元，嗣各督撫奏請，俟餘銅鑄完，即行停鑄，現據津廠、江廠、鄂廠、湘廠、汴廠、閩廠陸續申報停鑄在案。此外粵廠、川廠餘銅將次鑄罄，前擬購銅續鑄，均經臣部咨駁。滇廠開籌伊始，本省尚不敷用，交通不便，亦難運銷外省，因未遽令停鑄。此後各廠，應裁應留，所有機件物料，如何量爲歸併之處，即由臣部妥慎籌畫，專案奏明辦理。一，原奏所稱禁止私鑄，尤宜重懸賞格，緝獲外私一節。前年臣部議覆直隸總督奏京津銅元紛雜遵章查禁摺內，請飭下各省督撫實行嚴禁，並設法查拿私[illegible]咨行稅務處，飭各海關認真嚴緝各在案。惟巡緝雖已甚嚴，而根株尚難[illegible]如原奏所云，來踪去跡，詭秘難防。擬如所請，由臣部咨明各督撫，廣設巡[illegible]懸賞格，如有人拿解原贓者，分別給賞，並按照光緒三十一年前刊部遵議私[illegible]銅元治罪專條，切實懲辦，庶賞罰兼施，較易收效。一，原奏所稱收回錢票，令各[illegible]省準備真貨，限期兑換一節。本年五月間，臣部奏定限制鈔票章程第十三條內開，將來新幣發行，地方凡有礙輔幣之制錢銅元銀角等票，由部臨時專案飭遵等語。錢票宜收，臣部早已見及，惟現在市廛交易，半係用錢，若遽令收回此項票紙，恐小民聞風爭先兑換，真貨既未準備，一時苦無應付之資，市面擾亂，危險何堪言狀。應俟新幣發行，供求足以相劑，再行由臣部妥訂詳章，逐漸辦理。一，原奏所稱勻銷邊省，由度支部通查多寡，酌中撥運一節。查邊遠各省風氣迴殊，新疆習用紅錢，甘肅習用制錢，奉天則習用銀毫。近據奉省清理財政局盤查司庫報告，該廠尚存銅元三四十萬枚，未能通用，誠以錢幣價格宜與生活程度相合，過高固難使用，過低亦不能流通。今欲以腹地習用之銅元，投之邊境，非惟交通未便，運費維艱，而既與習慣相懸，市面必不樂於使用。一，原奏所稱發給庫款，定期收買，以一銀元祇換百枚爲限一節。查抬高價格，以十進位，誠爲要著。惟行之苟近操切，匪特損失國家財力，而銅元一時踴貴，或爲狡商居奇，預蓄銅元，以俟貴售，或因銅元愈貴，獲利既厚，僞造愈多，不爲拔本塞源之計，但求削趾適屨之謀，恐滋流弊。一，原奏所稱官爲通用錢糧釐稅，均准暫收銅元一節。光緒三十二年四月間，前財政處具奏整頓圜法以防流弊摺內第四條，凡公家收受錢糧銅元，與制錢一律行用，不得挑剔，違者參處等語。銅元可以納賦，早爲國家所許，惟必如原奏所云，地方官吏，省中司庫，一律收納銅元，恐於事理多有窒礙。誠以各處丁漕釐稅，徵銀徵錢，至爲不一，且公家放款，向係銀兩，今若悉徵銅元，何以支放。至所稱丁漕三七搭用，而洋價抑短百數十文，或至二百餘文，釐金房捐不收銅元，洋價强作一千，竟抑短三百餘文，自係官吏舞弊，應由各督撫嚴飭所屬，徵收稅項，無論銀銅各元，須照市價折收，不得抑勒。至其治本方法，以速定幣制爲歸宿一節，自屬要論，所陳官庫出納，商民交易，均以銀元爲主，銅元爲輔，使舊時銀兩錢串名目一掃而空。及千文以下始用銅元，百文以下始用制錢各項辦法，均不爲無見。本年二月間，臣部奏設幣制調查局，所請試鑄通用銀幣，暫濟民用各節，其用意與原奏大致相合，應即詳細研究，逐漸推行。要之銅元固亟宜補救，幣制尤力當籌維，臣等再四商酌，除飭總廠遵照本年臣部所奏，速鑄銀幣，以廣流通外，仍督飭幣制調查局將國幣制度詳慎妥擬，博稽各國往事，參合中國情形，務求完善見諸實行，庶國幣既定，銅元之害，不禁自絶。所有臣等遵議緣由，理合恭摺具陳，伏乞皇上聖鑒。謹奏。

《商務官報》宣統元年十一月二十五日第三四期《批六河溝煤礦公司稟》

前據稟，請援案免征煤斤運河釐捐，以符定例等情，當經本部據情咨行直隸總督查核去後。兹准復稱，查臨城、井陘兩礦合同内載，倘别項煤斤在直隸省有納税較低者，亦當援照，以歸一律等語。今若將六河溝煤斤援照鄂豫成案，概免重征釐捐，恐洋商有所藉口，不無窒礙。嗣後擬將該煤礦公司由運河水路行銷直境煤斤，沿途雜捐概免征收，俟運抵天津後，仍照章完納舊有税釐。將臨城、井陘兩礦合辦期滿贖回後，再行酌量免釐，以符定章，等因前來，爲此示仰即遵照。此批。十一月初九日。

《商務官報》宣統元年十二月初五日第三五期《批馬存齡等稟》 據稟悉。將宛平、房山所屬各山村柴煤小礦豁免出境税等情，查本部奏定礦章，並無柴煤小礦免納出境税之條，各省統歸一律。此次地方官及礦政局出示令其納税，自係遵章辦理，何得藉口增税，妄行瀆稟，所請應毋庸議，仰即懔遵。此批。十一月二十四日。

《商務官報》宣統元年十二月初五日第三五期《批高陽商務分會稟》 前據稟，請土布憑照以防假冒，當經據咨税務大臣核復，並批示在案。兹准復稱，各省運銷土貨，向無發給憑照辦法，前項土布自未便辦理獨異。如實在慮有混淆，似可將所蓋印之圖記式樣，自行稟報各關，俟土布運銷到關時，由該關認准圖記，以憑稽征等因，仰該商務分會總理即便遵照，可也。此批。十一月十八日。

《商務官報》宣統元年十二月十五日第三六期《護理雲貴總督奏請暫免銻鑛出井税項等摺》 奏爲滇省籌辦銻鑛，擬請援案分别暫免出井税項，以紓商力，恭摺仰祈聖鑒事。竊雲南山多田少，地瘠民貧，鑛産素饒，隨地藴藏，尤以銻鑛爲最夥。而銻砂一種，外洋稱爲安的摩尼，採煉以供製造，其用甚廣，其利甚溥，久爲外人所艷羨。未雨綢繆，誠屬目前急務，況值鴉片盡絶，生計日絀，亟宜設法速圖興辦。造端伊始，資力匪易，計惟招商集股，設立公司，尤非官力維持，暫免税則文法，略予特别利權，不足以資提倡而濬地利。當飭紳董集資妥籌去後。兹據雲南勸業道劉孝祚詳，據寶華銻鑛股分有限公司發起人，在籍前署貴州提學使陳榮昌、翰林院編修顧視高等呈稱，開廣一帶，出産銻鑛，土著客民，開採作輟不當，大抵成本過重，行銷爲難。産銻處所又皆深山窮谷，交通不便，運費浩大，往往虧折資本，以故旋開旋閉，棄利於地，至爲可惜。今紳商集股組織，公司成立，擬訂辦法章程，曾經詳准刊給木質關防，舉派總理協理，先於開廣二府屬，開辦採購銻鑛，運往梧州、香港分銷，概用石印護照，鈐蓋勸業道關防，編號填運，每張護照，運銻一噸，並援湘省銻砂之案聲明，滇銻創辦試行，遠不逮湘。復詳經電准税務處核覆，准以滇省生銻每噸作成本銀六十兩，銻砂每噸作成本銀三十兩。由經過第一關報運出洋，按值百抽五，完納正税一道，其餘各關卡，驗明照貨相符，准予免征放行。自該公司第一批滇銻經過納税之日起，試辦一年爲限等因，遵辦。該公司以興闢鑛利爲宗旨，自經倡辦購運，風氣漸開，邊民知利，開採日形踴躍，特集股採銻，運銷外埠，係爲全省鑛産萌芽。而運艱費鉅，股本無多，商力薄弱，且投資邊區，曠日持久，成效尚難期必，若不稍免税則，恐因本重滯銷，勢必全局解體。查前經廣西巡撫臣張鳴岐奏，該省鑛務艱於籌辦，奏請暫免出口、出井兩税，並免提官股紅利各五年，欽奉諭旨允准有案。兹滇省辦鑛情形，與桂省相同，不得不援案辦理，稍予體恤，俾期鑛務振興等情，詳請具奏前來。臣覆核無異，合無仰懇天恩，俯念邊瘠，籌辦維難，准將滇省銻鑛，查照廣西省成案，暫免出井税及官股紅利五年，以恤商艱而維鑛業，將來期滿之後，再行照章輸納，届時鑛利大興，税收自旺，似於國計民生，兩有裨益。至滇銻出口正税届限，仍照税務處覆准原案接續，完納正税一道，其餘各關卡驗照放行，概予免征。合併聲明，除將辦法章程，分咨農工商部、税務處查照外，所有請援廣西省成案，暫免銻鑛出井税及官股紅利五年緣由，理合恭摺具陳，伏乞皇上聖鑒訓示。謹奏。

宣統元年十一月二十一日，奉旨：邊省籌辦維艱，著均允如所請，該衙門知道。欽此。

《商務官報》宣統元年十二月十五日第三六期《批王體元稟》 稟悉。據稱，捐資創設農務工務等學堂，並製各項機器物件，呈請獎勵專利各節，仰候札飭川勸業道查明稟復到部，再行核辦。此批。十二月初七日。

《商務官報》宣統二年二月初五日第二期《農工商部第三年籌備事宜

工政項下，開辦化分礦質局。施行畫一度量權衡各種細章。頒行度量器。劃一京外官衙局所度量權衡。劃一各省城各商埠度量權衡。頒佈章。編訂工會規則。

中國第一歷史檔案館等《中國近代兵器工業檔案史料》第一輯《趙爾巽爲四川兵工廠擬暫製六毫米五口徑槍事致陸軍部電宣統二年二月十一日》　北京。陸軍部鑒：展。川廠機料到齊，即須開工。惟當日新購各機樣板，係造六（米）〔釐〕五口徑，本擬照改，據該廠總辦前聞朱京堂云六八口徑大部尚須另定。果爾，則一改再改，不惟誤工，且恐機板損壞，擬暫製六五應急，俟大部頒定，即由廠改照一律。特電商，祈核覆。巽。真。

中國第一歷史檔案館等《中國近代兵器工業檔案史料》第一輯《陸軍部爲四川兵工廠造槍口徑應爲六毫米八事致趙爾巽電宣統二年二月十三日》　制台鑒：洪。真電悉。槍枝口徑關係戰鬥甚巨，惟學理粹密，又須實驗，方有把握。前有擬改之説，尚係研究學理，未能率定。六八原係奏案，且滬、鄂、粤各廠近均照改，川廠仍以原議改造爲宜，俾與滬等一律。陸軍部。元。

《商務官報》宣統二年二月十五日第三期《批法政畢業生拔貢劉家桂等稟》示，前據稟，請將郵傳部所購井陘礦地照價購回一節，當經本部批據情咨行直督查核辦理去後。茲准復稱，前據洪道述祖稟明，購回郵傳部所購礦地，當經批飭將該礦地契券各件移交津海關道查收，其合同圖界以內，准由井陘礦務總局備價請領，圖界以外，作爲井陘礦務總局產業，並批示各在案等因前來。本部查此案既據查明井陘礦務總局與礦務局顯有區別，郵傳部所購礦地，雖賣與礦務局，既有合同圖界可憑，是圖界以外之地仍爲礦務總局所有。直督既明白批示，仰即遵照可也。此批。四月二十二日。

《商務官報》宣統二年二月二十五日第四期《批復昌公司伍漢墀等稟》　據稟已悉。所稱大沙頭地爲勸業道朦詳督憲批由官辦，衆情不服等情，已據情咨行粤督，酌核情形，持平辦理矣。此批。五月十六日。

《商務官報》宣統二年三月二十五日第七期《湖南巡撫咨本部文》　爲咨送事。據湖南勸業道唐步瀛詳稱，案查接管卷内，光緒三十四年二月内，奉農工商部劄開，案查上年十月間，本部欽遵懿旨，設立統計處，業經按照職掌事宜，擬定總分各表格式，咨送憲政編查館核覆在案。刻正檢查檔册卷宗，陸續編填所有應行編訂之件，如農田、林業、絲業、棉業、茶業、畜牧、漁業、工藝各事宜，未准各省咨報完備，亟應詳晰調查，以便彙編統計各表現。在各省次第設立調查局，本爲舉辦統計起見，希即按照本部所訂表式，分別填報到部，以憑核辦。除分行外，相應刷印表式，劄飭該商務議員遵照辦理，可也。此劄附表式八件，等因奉此，當經藩司會同農工商務局，札發各屬遵照查填，賚候彙詳在案。職道到任後，檢查此案表册，僅據晃州、東安、桂陽、瀏陽、零陵、保靖、慈利、龍山、桑植、沅江等廳縣依限填賚，此外各屬均未賚到。當以前項表册，均有關於實業，職道爲勸業專官，凡應行興辦之各項實業，均應詳細調查，深爲研究，庶幾整頓倡興，有所措手。況係大部飭查之件，萬難再事遲延，隨經札催各屬，遵照前發表式，詳細查明，分門別類，勒限填賚。去後祇以事屬創辦，頭緒紛繁，輾轉調查，殊多周折，各屬依限賚到者，仍不多得。又經不次嚴札類催，函電加緊，雖據陸續呈送，而填註又多舛漏之處，往返駁查，現始一律賚覆，連日督飭統計科員，詳加查核，彙造表册，理合具文詳請核咨等情到本部院，據此所有表册相應咨送，爲此合咨貴部，請煩查核施行。須至咨者。

《商務官報》宣統二年三月二十五日第七期《陝西巡撫咨本部文》　爲咨送事。據試署陝西勸業道光昭詳稱，竊查接管農工商局卷内，光緒叁拾肆年貳月拾陸日奉札開，本年貳月拾叁日准農工商部咨開，案查上年拾月間，本部欽遵懿旨，設立統計處，業經按照職掌事宜，擬定總分各表格式，咨送憲政編查館核復在案。刻正檢查檔册卷宗，陸續填編所有應行編訂之件，如農田、林業、絲業、棉業、茶業、畜牧、漁業、工藝各事宜，未准各省咨報完備，亟應詳晰調查，以便彙編統計各表現。在各省次第設立調查局，本爲舉辦統計起見，希即按照本部所訂表式，分別填報到部，以憑核辦。除分行外，相應刷印表式，咨行貴撫查照，飭屬辦理，可也，等因，並附表式捌件前來。查調查實業，爲新政切要之圖，前因振興工藝，必先考察土貨，當經本部院查照部咨，札飭通行按表填送在案。未據造送齊備，茲准前因，合亟札行爲此札，仰該局即便查照，准咨事理，迅將各項統計表式刷印，通飭各屬遵照，分別速即造送，以憑彙核覆部，並附表式八件，等因奉此，當經該局刷印原頒表式，分發各屬，通飭填造去後。嗣因各州縣造報遲早不一，致該局彙總核辦未及完竣，即已奉文裁撤職署道接管後，查悉此案係奉部飭要件，理宜賡續，以竟其功。當飭公所各員，分理舊緒，審覈參稽，率循已具之規模，補綴未成之條款，俾全案及早告竣，作前功之結束而爲後事之提綱。竊維陝省地據秦雍，古稱天府，條桑播穀之風沿爲邠俗，灌栵堇荼諸物布滿周原，且其時織皮璆琳備貢王廷，駟驖嘉漁著爲篇什，足見秦中物產豐富，不讓東南。乃自歷代遞經兵燹，上腴蕪廢，陸海就荒，近經庚辛大祲以來，元氣益難驟復，故地利藏而未闢，人事缺而未脩。至今民俗雕殘，各業均無起色者，職此之由。茲專就各屬調查叁拾肆年實業現象，分類分條編輯成帙，明知表内簡單敝陋，毫無成績之可觀，然善養生者不諱疾，惟洞見癥結，乃能實施療治之方，使稍涉舖張粉飾，致失本真，豈大部實事求是之本意。職署道涖任後，目擊衰頹現狀，焦灼萬分，然而職守攸關，責無旁貸，雖百端待舉，何敢辭勞瘁而畏艱難。半歲以來，殫竭愚誠，已辦者亟事擴充，未辦者力圖開創，雖未敢遽言進步，而因勢利導，各業已漸啓新機。又復嚴督屬吏以責成功，廣諭商民以開風氣。一面察酌地方情形，擬定調查農、工、商、礦、郵傳伍項表式，分配子目，詳經批准，分飭各屬，逐項查明填報，以謀改良方法。但各州縣疆域寥廓，山深路阻，此次力求詳備，勢不能剋日竣工。除俟查報齊全，另案詳咨外，所有接辦農工商局所造捌項表，現已編成緣由理合詳請鑒核，咨部查照批示祇遵，實爲公便等情，到本部院，據此相應咨送，爲此合咨貴部，請煩查照施行。須至咨者。

中國第一歷史檔案館《光緒宣統兩朝上諭檔》第三六册《宣統二年三月二十八日》 軍機大臣欽奉諭旨：農工商部奏華商集股創辦公司彙案請獎一摺，著依議。又奏派王清穆、劉世珩仍以原官作爲頭等顧問官並請奬給頂戴一片，王清穆、劉世珩著准其充該部頭等顧問官，毋庸加給頂戴。欽此。

軍機大臣署名：

臣奕，臣世，臣鹿假，臣那，臣吴。

《商務官報》宣統二年四月二十五日第一〇期《批職商陳漢川等稟》 據稟已悉。查該商等前稟控楊源懋等糾痞燒燬廠爐各節，已據情咨行湖南巡撫查復在案。茲據該商等與楊源懋等互相稟控，除咨湖南巡撫轉飭勸業道確查訊辦外，仰即前往投案，聽候訊斷。此批。七月初五日。

《商務官報》宣統二年五月初五日第一一期《批香港華僑韋廷俊電稟》 電稟已悉。此案叠准粤督電稱，開埠本政治上問題，勢不能由商操縱。且自張前任創議，至今迄未批准商辦，案牘具在，何所據而謂之先信。該商等未奉批准辦，又何所據而成立公司，招集股款。該沙坦地本係册金局抵產，經官家輾轉磋議，先後簽名者四百七十餘人。鑒以外間串賣之謡，故聲請官購。官築不得，轉售於商，以杜藉口。如鄧紳、華熙等亦以改歸商辦，徒啓風潮，請持公論。況韋商原籍廣東香山，早入英籍，香港生理先經倒盤，並非殷實，等因到部，合行批示，祇遵可也。此批。六月二十三日。

《商務官報》宣統二年五月十五日第一二期《本部奏歷年紳商領照辦礦請飭各省詳查現辦情形摺》 奏爲歷年紳商領照辦礦，請飭各省詳查現辦情形，以觀成效而資整頓，恭摺仰祈聖鑒事。竊查臣部前奏礦章，各省紳商辦礦，均須請領執照。辦礦商人自開辦起，每月應將所辦工程，所用人工，所獲功效，具册呈報礦務局查核。礦務總局應按季將官民各礦所出礦質數目，詳咨農工商部，以備核算。通國每年礦產總數，均經行知各省，遵辦在案。查臣部歷年核發探礦、開礦各執照，共計三百六十五處，礦商領照後，是否遵章切實興辦，並開礦產應徵礦税，各數目多未據各省詳細咨報。迭經臣部分別咨查，亦未能一律詳覆，殊屬無憑綜核。竊維各省礦產富饒，官辦提倡，每虞款絀，全賴紳商廣集股本擴充開採，冀可大濬利源。現奉諭旨飭令各省設法興辦，勸導鼓舞，無使利棄於地，是各省商礦情形已早在聖明洞鑒之中，所有未辦各礦固宜亟圖開採，而已辦各礦尤須實力清查。現各省均設有勸業道或礦政局，調查整頓，責有攸歸。擬請旨飭下各省督撫、察哈爾都統、熱河都統飭屬清查商辦各礦，凡領有探礦執照者，如已勘竣開挖，即飭遵章换領開礦執照，倘不能遵限勘辦，應即追繳礦照，報部註銷。其領有開礦執照者，如已開採有效，應查明礦產衰旺及運銷暢滯出入盈虧大概情形，先行報部備查，仍飭各該礦商將開挖礦質，應納礦税各數目，按月呈報，勸業道或礦政局彙總核明，遵章按季詳請咨部查核。如領有執照並不能興工開辦，須查勘實在情形。果係認真籌辦，或因資本不敷，或因辦法未善，或因礦地爭執，轇轕未清，或有特別事故，以致不能興辦者，應由官代爲籌畫清理，設法維持，並即限期飭令開工，以觀後效，仍先將現在情形報部備查。倘於領照後並不切實籌辦，延不開工，或更有藉端招摇撞騙情事，除將礦照立即追繳咨銷外，仍須查究，分別懲辦，以儆效尤，並將所領礦地，另行招商接辦。至從前商辦舊礦，暨各處零星小礦，照章本應一律補領礦照，現各省多以商力薄弱，或作輟無常，請予通融辦理。惟各該商等所占礦地、所採礦質各數目，亦應清查彙報，既可杜絶私挖，且藉以週知全國礦山區域暨各省每年礦產總數，以備編訂統計之需。如此實力整頓，庶於礦政不無裨補。如蒙俞允，即由臣部分別開單，咨行各省，遵照辦理。所有籌擬清查各省商礦緣由，謹恭摺具陳，伏乞皇上聖鑒訓示。謹奏。宣統二年七月二十一日奉旨已録。

中國第一歷史檔案館《宣統政紀》卷三八《宣統二年七月上》 諭軍機大臣

等：朕維貨藏於地，富國之道，礦政爲先。我國地大物博，礦産富饒，近年各省漸有開採，而成效總未昭著者，或以財力未充，或以軍運售不易，甚有欺詐之徒，藉集股以圖誆騙，遂至股實紳商虧折於前，不復踴躍於後，有利不興，殊爲可惜。現在百事待舉，總以開濬利源爲第一要義，凡有産礦之區，該都統督撫等當於平日派員查勘，設法興辦，無使利棄於地。其風氣未開者，多方以勸導之，貲本富有者，竭力以鼓舞之，動以歆羡，破其疑慮。果能盡集華股，固屬甚善，設力有不足，亦可附入外股，惟須妥擬條款，慎防流弊，隨時咨送外務部洋核，方准實行。凡兹興利大端，亟應設法提倡，著農工商部會同各都統督撫等，調查詳悉，熟籌辦法，將來有關於集股籌款等事，並著咨商外務部度支部會同辦理。將此通諭知之。

《商務官報》宣統二年七月十五日第一八期《批商人杜耀庭稟》 稟及附件均悉。查該商製造注墨毫筆，前經本部批准，在上海專辦三年在案。兹據稟稱，將形式力求改良，並請准在江蘇一省專辦增加年限各節，該商爲保護商本起見，應准在江蘇一省專辦。至所請增加年限，應毋庸議，仰仍遵照前批，可也。此批。九月二十五日。

《商務官報》宣統二年七月二十五日第一九期《批留學日本卒業生陳保黄稟》 據呈已悉。該生呈繳文憑，請示期考驗等情，查留學外國卒業生回華後，向由學部考試，該生應逕赴學部，呈請考驗，文憑發還，仰即來部具領，可也。此批。十月初一日。

《商務官報》宣統二年七月二十五日第一九期《批度支部郎中李煜瀛呈》 據呈稱，集資本五萬元在巴黎創設豆腐公司，製造豆類食品三十餘種，現擬推廣支店，擴充資本一百二十萬元，繕具註册呈式，並繳册費二百五十九元，附呈《大豆》一書，懇飭局註册給照，咨行駐法大臣保護。公司前在歐美各國註册，均給有專利憑照，中國自應一律辦理，應請批准立案等情。查該職商留學巴黎，厚集資本，創設豆腐公司，並能研求物理，製豆類食品至三十餘種之多，所呈《大豆》説明書，剖晰精微，具徵心得；章程三十四條，大致均甚周妥，册費核與定章亦(苻)〔符〕，應即准予註册，並一面咨行駐法大臣妥爲保護。至專利一節，該職商以化學發明新理，自與尋常商業不同，本部職在提倡，一併照准先予立案，俟訂定專利章程，再行頒給憑照。除將原書留備參考外，合行發給收單執照，仰該職商遵照辦理，可也。此批。十月初二日。

中國第一歷史檔案館《宣統政紀》卷三九《宣統二年七月下》 又奏，請旨飭下各省督撫，察哈爾、熱河、都統，飭屬清查商辦各礦，凡領有探礦執照者，如已勘穵，即换領開礦執照，儻不遵限勘辦，應繳照註銷其領。有開礦執照者，如已開採，應查明礦産衰旺，運銷暢滯、出入盈虧，先行報部，仍飭礦商將礦質、礦税按月呈報勸業道或礦政局，匯核詳部。如領有執照，並不興工，須查勘情形，果係認真籌辦，或資本不敷，或辦法未善，或礦地争執，或特别事故，應由官代爲清理維持，並即限令開工，仍先將現在情形報部。儻於領照後並不切實籌辦，延不開工，更有招摇撞騙情事，除將礦照繳銷外，仍究辦，並將礦地另招商。至從前商辦舊礦，暨各處小礦，本應一律補領礦照，現各省多以商力薄弱，或作輟無常，請予通融，惟各商所占礦地，所採礦質各數目，亦應清查匯報，既可杜絶私穵，且藉以周知全國。礦山區域，暨各省每年礦産總數，以備編訂統計之需。均從之。

中國第一歷史檔案館等《中國近代兵器工業檔案史料》第一輯《蔭昌等奏請將宣統三年軍械製造局所需經費按臨時撥款立案摺宣統二年八月十九日》 署陸軍部尚書臣蔭昌等跪奏，爲宣統三年應辦軍械製造局所需經費，礙難遽行預算，擬請臨時奏請撥款，先期聲明立案，恭摺具陳，仰祈聖鑒事。

查軍諮處議覆臣部具奏籌備陸軍憲政應辦事宜案内，各省軍械製造局應於宣統二年籌畫節次開辦，至宣統七年全國軍械畫一，奉旨允准，欽遵在案。良以軍械爲軍事命脈，有軍無械與無軍等，械不自製與無械等，自製而不求精善與不製等。是以前經臣部奏明，擬將滬、鄂、川、廣、北洋、金陵等處舊有局廠，先行整頓擴充，並經奏請簡派三品卿銜道員朱恩紱，前往各該局廠切實考察，俟考察完竣後，統籌全局，妥商辦法，亦在案。是此項籌辦經費，自應於本年預算案内妥實核定，以便臨時撥發。惟需款若干，必先有一定辦法，逐項預算，始有把握。而現在道員朱恩紱周歷五省，事務紛繁，尚未考察完竣，各局廠情形未能洞悉。究應如何開辦尚難預定，需款多寡即屬無憑預算。前經臣部按照奏定三十六鎮應於宣統七年軍器畫一辦法，先就槍枝一項核計，應需六米里八口徑新式快槍約二十八萬餘杆，自宣統三年製造起，除北洋一廠仍令專造子彈外，其滬、鄂、川、粤四廠，應令每日共出槍二百五十枝，比至七年，始能敷用。而該四廠現出槍數，每日只共有六七十枝，尚少四分之三，且多係七九口徑，亟應添機建廠，從事擴充。約計此項經費，宣統三年應需八百餘萬兩，其原有經費僅三百餘萬兩，必待增加五百萬兩左右。至添製砲彈、加造鋼藥等項經費，尚不在此數內。然究屬憑虛懸揣，難臻確實。而各省現報宣統三年預算，僅係按照元年出入各款比較，至多不過四百餘萬兩，並未將擴充整頓經費加算在內。在各該省庫款支絀，量入爲出，自係萬不得已。倘即據此以爲預算定額，則明年一切籌畫均將束手。臣等慎重國防，經營軍實責無旁貸。且經奏准有案。斷難因噎廢食，不求推廣。現時財政未清，預算期迫，數難遽定。欲將此項籌辦經費，歸入追加項下，而追加限於八月辦竣，約計道員朱恩紱爾時未能回京，各該局廠確切辦法仍難決定；且追加爲意外事件，此項實在意中，與預算理法亦多不合。欲歸入預備金項下，而現在各省經費支絀，原款且慮不給，此款尤屬虛擬，是徒有預備之名，並無預備之實。欲俟決算時取事後承諾，而先無實據，承諾亦難。臣等再四圖維，惟有援照度支部奏定清理財政章程第二十二條，遇有臨時特別重要支款，未經列入預算册者，由該省督撫會同度支部隨時奏明酌量籌撥辦法，擬俟道員朱恩紱考察完竣，由臣等擬定辦法後，於宣統三年內應需各款若干，妥商各該省督撫，會同度支部隨時奏明酌量籌撥。務從多數，即勢處萬難，亦應將原有經費約三百餘萬兩專作各局廠製造之資，不能移作他用外，其餘尚須五百萬兩左右，必須由度支部如數籌足，撥交臣部。庶使開辦有需，不致遺誤國防，於軍實尤多裨益。

以上所擬，經臣部與軍諮處往復協商，意見相同。如蒙俞允，懇即飭下度支部立案，以便需款時遵照辦理。

所有籌辦局廠礙難遽行預算緣由，理合恭摺具陳，伏乞皇上聖鑒，訓示遵行。謹奏。

硃批：該衙門知道。

章開沅等《蘇州商會檔案叢編（1905—1911年）》第一輯《農工商部爲趙宗壇調查美國銷場情形札宣統二年八月二十日》 農工商部爲札行事。宣統二年八月初二日接准駐美張大臣咨，據美館商務委員趙宗壇呈稱：委員調查美國風俗習尚，有關於中國貨物之銷路者，則莫如絲綉衣服一類。華盛頓京城春，冬兩季國會開院，士女雲集，其婦女每著中國命婦蟒袍、霞帔，並尋常綉花裙服、寬袖短襟類，皆爲我國十餘年前不合時宜之舊裝束，而美人尚未之知也。又西人於茶會、跳舞會及戲場，爲炫耀衣服之地，其餘如耶蘇教之國家大慶，以及小茶餅會，賓主均好穿我國絲綢衣服。在家中作各種雜劇，而以五彩絨綫、刺綉翎毛、花卉，與五色小絨綫打小圈粒砌成者，其值尤貴，即舊者每套可售金三、四十元。蓋西人手工精者每日需工金四、五元，故對於此項刺綉能高給價值也。若只以金銀綫組成之蟒袍補服，在我國以爲貴重，而西人謂非精緻，不給重值。近日如金山、紐約各鎮，有用我國職官用過之舊補子，聯合成一手囊，亦以五彩絨綫打小圈粒，砌成翎毛、花卉者爲貴，每囊可售金十餘元。我國商人只販舊衣服來美，已爲西國婦女所喜好，使有大資本商人，來美考察西衣形式，而以綢緞，絹帛、綾羅仿製之，益以五彩絨綫之刺綉，其獲利正未可量。爲此繕呈報告，懇賜察核等情。轉咨前來。

查該商務委員所陳，自是爲推廣商務，挽回利權起見，如有綉業行商赴美考查，精心仿製，當可暢銷獲利。爲此札飭該總會，仰即傳知綉業各商遵照可也。此札。

右札蘇州商務總會准此

《商務官報》宣統二年八月二十五日第二二期《批職商魏世義等稟》 據稟暨礦圖均悉。查本部定章，凡商人請勘礦地，均須稟由本省勸業道或礦政局核明，發給勘礦執照，歷經辦理在案。茲據該職商等稟請在札，薩克齊，白翎兩蒙部落民地界內，試探晶石礦質，懇給勘照各節，仰即遵章前赴本省礦政局具稟，聽候核辦。此批。十月二十四日。

中國第一歷史檔案館等《中國近代兵器工業檔案史料》第一輯《蔭昌等奏請以各省預算宣統三年軍費作爲確定經費並通籌製用辦法摺宣統二年八月二十六日》 署陸軍部尚書臣蔭昌等跪奏，爲擬就各省預算軍費數目作爲確定經費，並通籌製用辦法，繕單恭摺具陳，仰祈聖鑒事。

竊以時處今日列强競爭，非擴充軍備無以自固，非預籌的餉無以增兵。臣部奏設陸軍財政處，清理軍費。叠據各省陸續咨報到部，除追加數目俟補報另案辦理外，其原册開列預算宣統三年出款數目，合京外新舊旗、綠各營，以及砲臺、學堂、局廠、牧場、驛站雜項事宜，綜計約銀一萬萬零五十餘萬兩。謹分別開具清單，恭呈御覽。

臣等復查本年七月三十日軍諮處大臣多羅貝勒載濤具奏敬陳管見一摺內稱：嗣後所有新軍旗營、綠營、巡防隊並雜項隊，以及關於新舊軍事之局廠、學堂等項，一切軍費均按照光緒三十四年、宣統元年用過數目，一律專歸軍用，不得挪作他項用款；即關乎舊軍各項事宜，有應行裁改整頓者，亦應由軍諮處、陸軍部會商辦法，以圖改良，不得任意裁併，其舊有之款，仍當專歸軍事之用，不得挪移指撥，致誤軍需各等語。奉硃批依議，欽此，由軍諮處行知臣部，欽遵在案。現在各省咨報預算，宣統三年軍費總數，因軍事擴張，逾於光緒三十四年、宣統元年用過數目，自應即以此次預算出款作爲明年軍費確數，仍遵照軍諮處奏案，不准挪作他用，亦不准任意短少。查近年德意志陸軍費計七億四千七百九萬餘馬克，法蘭西七億七千九百九十八萬餘佛郎，按之中國銀數，皆在三萬萬兩以上。以中國幅員之廣，軍備應極其完全，然合之京外新舊旗、緑各營，及一切砲臺、學堂、局廠、牧場、驛站等項，總計僅一萬萬餘兩，尚不及其三分之一。新軍項下，合併開辦、常年經費計算，只占四千六百二十九萬餘兩，軍力單薄已不待言。至一切應行裁改删並各事，只能行之以漸，而應行擴充之款，揆之今日時勢，又實爲急不及待。當此庫儲支絀之時，籌措爲艱，臣等不得不勉爲遷就，即以此次預算所定經費，會同軍諮處通盤籌畫，移緩就急，以資整理。

又查中國向來軍事，督撫分任其責，各顧省界，於全局國防用兵之計畫，往往血脈不能貫通，甚至此省入款，移作彼省軍用，則有協餉之名，殊非統一軍政、則政之辦法。夫各國所名爲國家行政經費者，由中央各部分配，無不通籌全國而制其用，斷無此疆彼界之可言。况軍政更爲國家行政之大端，絶無地方行政之性質，若不通盤籌畫，則聽其各自爲謀，隔閡將何所止。臣等再三商酌，惟有就此次各省咨送預算實數，由臣部會商軍諮處，統籌全局。凡一切軍制、軍需、軍實之急待擴充，及舊軍應行裁改各節，均爲切實整哩，嗣後由中央通籌挹注。但視國防之緩急，一泯從前省界之見，庶幾消弭畛域，統一軍儲，有裨國防實非淺鮮。擬清旨飭下度支部暨各省督撫臣遵照辦理，以資要需，而維大局。

除將此次擬定軍費確數及預算表册陸續咨行度支部查照外，所有擬就各省預算宣統三年軍費出款數目，作爲明年確定經費，並通籌製用辦法緣由，伏乞皇上聖鑒，訓示遵行。謹奏。

硃批：依議。

《商務官報》宣統二年九月初五日第二三期《資政院奏繪就資政院暨上下議院分圖覈估興修請撥款摺》 奏爲繪就資政院及上下議院分圖核估興修工款，請旨飭撥，恭摺具陳，仰祈聖鑒事。竊臣前於本年六月初四日具奏，進呈資政院及上下議院工程總圖，並陳明遵即飭繪詳細分圖核實估工，請旨撥款，以便剋期興修等因在案。旋即督同隨辦工程各員，飭據外國工程師，按照原繪總圖，悉心區畫，詳晰分繪。迄今數月，疊將建築工程逐項核估，並與該工程師訂明選材之法式，落成之限期，磋議經時，始克就緒。一面飭將地基按圖刨掘，堅築基礎，業於七月間次第興工，現已將築基工程漸次告竣。惟全院規模係倣外國制度，不但議場鐵穹原料，固須購自重洋，即其他營造所需，亦非盡中土産銷之品。加以安設電機，電燈及蒸汽管等件，均須先期定購，方免臨事張皇節。經臣飭令隨辦工程各員，一再研求，務爲撙節核實，估計各項用款，約需銀一百萬兩。擬懇飭下度支部歸入追加豫算，俟前項工程應用何款，隨時由臣院咨明，以便陸續支撥。將來工竣之時，於原估銀數，或尚有贏餘，或稍形短絀，均當逐細造報，咨部核銷。至此次建築，關係議院久遠之宏規，固未便形式苟完，致見譏於窳陋，亦不敢帑金徒耗，俾畧涉於虚糜。容俟全工告蕆，並即飭取該工程師及承辦中外商廠保固年限切結，分别由臣院及度支部存案，以昭詳覈而便稽查。此外如有未盡事宜，再當續行奏明辦理，所有建築資政院及上下議院繪就分圖並核估工款，請旨飭撥各緣由，理合恭摺具陳，伏乞皇上聖鑒訓示。謹奏。宣統二年十一月二十一日。奉旨：已録。

《商務官報》宣統二年九月二十五日第二四期《又奏京師及各省出品列入一等名數照商勳章程奏奬等片》 再，查農工商部附奏勸業會物品給奬一片内稱，製成特别優美物品，足以利用厚生者，按照商勳章程，奏請給予奬勵，以示優異等語。臣奉命審查，南洋勸業會物品，本此宗旨列入一等者，計共六十六名。其中以農産中之絲茶、工藝中之化學工業染織爲最多，鑛産、瓷陶、教育用品、各種美術次之，機械、武備、棉紗、麵粉、畜牧、水産亦各占其一二。計京師出品六，奉天出品一，直隸出品五，江蘇出品十九，湖北出品七，江西出品五，安徽出品三，浙江出品四，山東出品二，四川出品一，湖南出品三，廣東出品五，福建出品二，僑商出品三。以外各省物品得奬均在二等以下，或運道過遠，輸送維艱，或商智未開，徵集匪易，遂致來會陳列未得特别優美之品，事關奏奬，不得不慎之又慎，精益求精，自未便降格以求，致滋冒濫。所有列入一等，應照商勳章程奬勵者，由臣造具清册，咨造農工商部奏明辦理緣由，理合附片具陳，伏乞聖鑒。謹奏。

宣統二年十一月十一日，奉硃批：覽。欽此。

《商務官報》宣統二年十月二十五日第二八期《本部奏華商集股創辦公司振興實業彙案請奬摺》 奏爲華商集股創辦公司，振興實業，照章彙案，懇恩給奬，以資鼓勵，恭摺仰祈聖鑒事。竊臣部於光緒三十三年七月十三日具奏改訂奬勵華商公司章程一片，奉旨：依議，欽此。欽遵。並於上年十二月二十二日彙案奏奉俞允，准予獎勵在案。查原奏章程内開，集股二百萬元以上者擬准作爲臣部頭等議員，加五品銜；八十萬元以上者擬准作爲臣部二等議員，加五品頂戴；六十萬元者擬准作爲臣部三等議員，加六品銜；四十萬元以上者擬准作爲臣部四等議員，加六品頂戴；二十萬元以上者擬准作爲臣部五等議員，加七品頂戴。如商人原有職銜在所定等第之上，准其遞加一等，又自頭等議員以下，應由臣部分別給獎，每届年終彙奏一次各等語。兹查有二品頂戴直隸試用道譚學斐創辦溥利呢革布服公司，集股一百萬兩；度支部郎中李煜瀛創辦豆腐公司，集股一百二十萬元，均集股在一百萬元以上。二品頂戴湖北補用存記道程祖福創辦水呢廠股分公司，集股在六十萬元以上；三品銜儘先即選知府嚴良沛創辦鞏華製革公司，集股在五十萬元以上。該員等或研求實業挽外溢之利權，或廣集鉅資籌國民之生計，皆能提倡工藝，成效昭然，先後均由臣部註册保護在案。核其所集股本，實與臣部獎勵章程相符，兹届年終彙奏之期，除股分尚未招齊及甫經開辦、成效尚未昭著者，應從緩獎勵外，應請將二品頂戴直隸試用道譚學裴、度支部郎中李煜瀛均作爲臣部頭等議員，二品頂戴，湖北存記道程祖福作爲臣部三等議員，三品銜儘先即選知府嚴良沛作爲臣部四等議員。又查臣部奏定章程内載，如商人原有職銜在所定等第之上，准其遞加一等。該道員譚學斐、程祖福原有二品頂戴，知府嚴良沛原有三品銜，職銜較崇，應即無庸遞加。其郎中李煜瀛應照章遞加四品頂戴，以資獎勵。所有華商集股創辦公司，振興實業，照章年終彙案請獎緣由，理合恭摺具陳，伏乞皇上聖鑒訓示。謹奏。宣統二年十二月十二日。奉旨：已録。

《商務官報》宣統二年十一月初五日第二九期《本部奏議覆江督等奏請派張煜南考察南洋商務並招集華商經營實業摺》 奏爲遵旨議奏，恭摺覆陳，仰祈聖鑒事。竊宣統三年正月十二日，内閣抄出兩江總督張人駿會同江蘇巡撫程德全，奏請特派候補三品京堂張煜南考察南洋商務並招集華商經營實業一片，奉硃批：農工商部議奏，欽此。欽遵到部。查原奏内稱，江南勸業會地基館院，由候補三品京堂張煜南等捐資承領，另闢市場，若乘機畀以事權，飭令糾集公司，興辦農林工藝，並開采鑛産，商出資本，官任保護，數年之後，人民生計必舒，國税亦可期增入。查候補三品京堂張振勳，前由商部奏奉派充考察外埠商務大臣，兼督辦閩廣農工路鑛各事宜，已有成效可觀。張煜南久居南洋，經驗既多，信用尤著，仰懇特派考察南洋各埠商務，並招集華商，經營長江一帶各種實業各等語。臣等伏查農林工藝鑛産，爲今日刻不容緩之要圖，而長江一帶，尤屬財賦之區，各種實業，正宜次第擴充，如能經理得人，裨益實非淺鮮。候補三品京堂張煜南久居南洋，富有經驗，若派往南洋，招集華商，經營長江一帶實業，必有成效可觀。擬請准如該督撫所請，以資提倡，恭候命下，即由臣部通飭欽遵辦理。所有遵議緣由，是否有當，謹恭摺覆陳，伏乞皇上聖鑒訓示。謹奏。宣統三年二月初七日，奉旨：已録。

中國第一歷史檔案館《光緒宣統兩朝上諭檔》第三六册《宣統二年十二月十二日》 軍機大臣欽奉諭旨：農工商部奏華商集股創辦公司，振興實業，照章彙案，懇恩給獎一摺，又奏請將候補四五品京堂王鴻圖、廣西候補道羅乃馨作爲三等顧問官一片，均著依議。欽此。

軍機大臣署名：

臣奕，臣毓，臣那，臣徐。

十二月十二日。

中國第一歷史檔案館等《中國近代兵器工業檔案史料》第一輯《軍諮處陸軍部奏請將滬鄂川粤德五廠總辦咨調來京籌議辦法摺宣統二年十二月》 奏爲遵旨詳核各省製造軍械局辦法，恭摺會陳，仰祈聖鑒事。

宣統二年十二月十三日准軍機處片交，軍機大臣欽奉諭旨，考察各省製造軍械局廠三品卿銜朱恩紱奏考察各省製造軍械局廠完竣，籌擬辦法並將各項圖表繕表呈覽一摺，交軍諮處、陸軍部詳核具奏等因，欽此。欽遵鈔交到部。查原奏内稱：我國製造軍械，經營垂五十年，糜費六千餘萬，及按其實際，或則地勢不宜，或則辦理不善，或則製造不備，或則經費不敷，而又各爲風氣，積弊滋深。查各國軍械製造，凡國家建立之總廠、分廠，均直隸於陸軍大臣，事權至爲統一；我國製造各廠辦法紛歧，按之軍國情形，關係殊非淺鮮。謹就考察所及，勉籌辦法，區分六端，擬請飭下軍諮處、陸軍部詳悉核議，俾臻妥慎等語。

臣等竊維軍械爲軍隊命脈，軍隊之强弱，決於軍械之良窳，而全國武器糅雜紛歧，則尤爲軍事所大忌。軍諮處核覆陸軍部前奏分年預備事宜，已定畫一軍械年限。惟欲圖軍械畫一，非先將各省製造局廠辦法力謀統一不足以收整頓實效。該京堂原奏所陳六端，就現有基礎爲權宜之計，籌畫已甚周詳。查各省製造局廠規制既各不相謀，款項收數亦未一致，情形互異，因革不同，若徑由臣等居中擬定，遽議更張，倘事實有礙推行，轉非所以重軍實而謀統一之道。臣等公同商酌，所有槍砲各廠，關係全國軍械補充，必宜内外協商，慎謀經始，再行舉辦。茲擬先將滬、鄂、川、粤、德州各廠總辦人員，咨調來京，飭員集議，通盤合計，以資商榷。一俟籌議具有端倪，即行會商各省督撫，妥定辦法，再由臣等奏明請旨辦理。

臣等爲慎重製造起見，是否有當，謹恭摺會陳，伏乞皇上聖鑒，訓示遵行。

謹奏。

中國第一歷史檔案館等《中國近代兵器工業檔案史料》第一輯《陸軍部奏請將各製造軍械局廠收歸陸軍部管理摺宣統二年十二月》 奏爲遵旨查核，先行奏明請旨事。

宣統二年十二月十三日准軍機處片交，軍機大臣欽奉諭旨，考察各省製造軍械局廠三品卿銜朱恩紱奏考察各省製造軍械局廠完竣，籌擬辦法並將各項圖表繕表呈覽一摺，交軍諮處、陸軍部詳核具奏等因，欽此。欽遵抄交到部。查原奏内稱：我國製造軍械，經營垂五十年，糜費六千餘萬，及按其實際，或則地勢不宜，或則辦理不善，或則製造不備，或則經費不敷，而又各爲風氣，積弊滋深。查各國軍械製造，凡國家建立之總廠、分廠，均直隸於陸軍大臣，事權至爲統一；我國製造各廠辦法紛歧，按之軍國情形，關係殊非淺鮮。謹就考察所及，勉籌辦法，區分六端，擬請飭下軍諮處、陸軍部詳悉核議，俾臻妥慎等語。

臣等竊維軍械爲國軍命脈，器械良窳即兵力强弱所關，而全國武器製造紛歧，尤非慎重軍實之道。軍諮處核覆陸軍部前奏分年預備事宜，已定畫一軍械年限。惟欲圖軍械畫一，必須將各省製造局廠辦法力謀統一，方足以收整頓之效。該京堂所陳各節，事關改革，端緒紛繁，籌辦之初，自宜力求詳慎。茲擬先將滬、鄂、川、粤、德州五廠及各省機器局所，一律直隸臣部管理，分别接收。各廠承辦人員，仍督飭照常經理，以一事權，而免貽誤。俟由臣部接管後，再行通籌全局，切實考求，參照該京堂原奏各端，詳加酌核，會同商定辦法，奏明辦理，俾昭周妥。至各廠歲需經費尤關重要。查上年度支部擬定宣統三年製造局所預算之數，共銀四百七十八萬餘兩，又擴充兵工廠預算之數，計銀四百九十萬餘兩，均經提交資政院覆核會奏有案。臣部接管各廠擬定辦法後，應即遵照核實動用，以期無誤要需。恭俟命下，即由臣部分行欽遵辦理。

所有遵旨查核緣由，是否有當，謹恭摺先行會陳，伏乞皇上聖鑒訓示。

再，此摺係由陸軍部主稿，會同軍諮處辦理，合併聲明。謹奏，請旨。

中國第一歷史檔案館等《中國近代兵器工業檔案史料》第一輯《陸軍部籌擬各省製造軍械局廠接收後辦法大綱宣統二年》 籌擬各省製造軍械局廠接收後辦法大綱

一、滬廠。

查該廠地勢不宜，歷有成案可稽。若狃於目前之積重，而忘戰時之受損，外人且得以推測我軍務之措施矣，是此次辦法宜議改者一。每年開支經費百三十四萬餘，日出槍不過十二枝，十二枝之中，口徑又歧爲二，全國五廠之中，該廠用款最多，而出槍最少，宜議改者二。其餘如朱京卿所考查者謂，全廠用人過濫，辦事員司視同優差，不明製造學，不知管理法，云云，宜議改者三。至於議改之法，應先行規畫大綱，而以廠内詳細辦法，讓諸實行。接收之後，所謂大綱者如下：

甲、暫行收束。煉鋼爲製造供給原料，鋼廠驟難縮減，應即切實整頓辦理。槍彈、藥廠應暫行照常趕造。造砲臺大砲及砲彈機等多係舊式，造過山砲全年所出僅得九尊，糜費而無補於軍用，擬俟接收後，或停止，或暫行整頓，應再酌核辦理。造槍機器爲數甚少，且口徑又有七九、六八兩種之别，似不便設爲專廠，應俟接收後，酌量情形，移併他廠辦理。

乙、全部歸併。煉鋼事業必須設法另行擴充，俟有成局後，即將該鋼廠移並辦理。槍彈、藥廠俟他廠辦理有效後，即將該廠酌量移併。

以上所籌畫分兩期改併滬廠之法，一則不致曠廢緊要之製造，二則不致虚糜巨額之經費，但其全部實行改併期之遲速，則應視他廠辦理之遲速酌定之。

二、鄂廠。

查該廠地處適中，交通利便，爲全國各廠之所不及，故以地勢論，最宜擴充。但擴充云者，決非無目的之累積辦法，應先行審定軍械制式，即以該廠爲製造制式軍械之本廠，凡由他廠移併之機件，應概行修改，俾歸一律。現在廠有槍機能力僅得日出五十枝，爲縮短畫一全國軍械年限起見，應擴充製槍能力日出二百枝，而每槍約配彈千顆，應擴充製槍彈能力日出二十萬顆，其製藥廠能力亦應與之相稱。至造砲及砲彈兩宗業已停工，應無庸議。緣製砲工程浩大，技術亦較高深，而現有機件則純係舊式，極爲簡樸，處今日製砲藝術日新月異之時，斷非此等零星工機所能爲力。故砲身一項，不如徑向外洋訂購一定之制式，以暫補目前之缺點，而以該廠之砲架機附屬他部辦理，以供修理補充之用，較爲有利。

至煉鋼一件，或即現鋼廠設法擴充，或暫行訂由漢陽鐵廠代煉，以稍紓公家財力，亦屬一法。應俟接收各廠後，總匯各種情形，詳細妥籌。

三、粵廠。

查該廠逼近海口，小兵輪可以徑達。以交通論，亦僻在東南一隅，我海軍未得製海權以前，海路轉輪殆無可望，故其供給區域，遠亦不過左近鄰省而已，應無庸更事擴充。現在廠有槍機能力平均約日出十八枝，計兩年可成一鎮有餘之械，粵漢鐵路未通以前，應暫行照常趕造，以爲鄂廠之臂助。槍彈機現日出二萬五千顆，尚敷配用。惟現製之機關槍與步槍口徑不同，將來補充不便，礙難定爲制式。又每枝成本頗爲不輕，應於此次接收時仔細審查，再行酌定辦理。無煙藥製法不精，廠房不合，亟宜切實整理，以促進步。又全廠出品名目過多，應稍加改併，以免煩雜。且得逐漸收束，以爲將來移併腹地局廠之地步。

四、川廠。

查該廠内之機器局與兵工廠全然分立，同一製造軍械，似以新舊合併爲宜。但兵工廠尚未開辦，機器局又以老廢無用停工在案。現值邊務喫緊，自應亟行整頓辦理。惟據朱京卿所考查者謂，兵工廠廠房雖有五百餘間，然廠内雜以住宅，建築甚不合法，又尚未落成，暫難收用；且所訂購之機件不免有幾許之散失，固已難於克期開工矣。竊謂川廠情形，將來即令開工，亦多窒礙難行之處。緣製槍必先煉鋼，川廠既未設立鋼廠，則與其運鋼入川再行製槍，不如製成槍枝再行運川之爲得也。惟彈藥一項多屬於臨時急需，又係不便運搬之物，爲供給川、滇邊軍起見，應就該廠基礎整頓辦理。其現有之黑火藥廠係純用舊法，與民間出品無異，自可停造。機器學堂僅同小學程度，亦應停辦，以節浮費。

五、德廠。

查該廠爲專造彈藥之廠，每日出數約五萬顆上下。就此整頓，加以現存廠中之三千萬顆，兩年以後，約可敷北省各軍隊預備彈之用。惟彈藥存廠過多，一不便於補充，二則易生危害，應於北省要區建設武庫，以爲存儲軍械之用。又製造現用各槍彈時，應亟行調查各軍隊所用槍枝之種類及其數目，分別口徑，酌定製出彈數，預行配置妥當，以便補充，而免臨事齟齬之弊，是亦不可不籌及之者也。

中國第一歷史檔案館等《中國近代兵器工業檔案史料》第一輯《陸軍部奏訂陸軍部暫行官制摺宣統三年二月初九日》 奏爲遵擬陸軍部暫行官制，繕單、列表會陳，恭摺仰祈聖鑒事。

竊臣等會奏釐訂陸軍部暫行官制大綱一摺内稱，各司處科員以次員額暨一切詳細章程，應由新授陸軍大臣等會同妥慎籌商，另行奏明辦理等語。宣統二年十一月初三日奉上諭：陸軍部總持軍政，責任宜專，所擬各節，尚屬周妥。當此整軍經武之際，該大臣等務當認真整頓，切實進行，毋負委任，余着照所議辦理等因，欽此。仰見朝廷注重戎行、綜核名實至意，欽服莫名。

臣等竊以更訂部章，原冀推行盡利，非因時通變，無以爲整頓之資，非居簡馭繁，無以立進行之准。溯自光緒三十二年改設陸軍專部，舉兵部、練兵處、太僕寺三署事務合併組織，以爲全國軍政總匯機關。所設兩廳、十司，分掌兵馬暨關於軍備諸大端。新舊兼賅，義主融貫，過渡辦法，不得不並顧通籌。現在陸軍部一切職掌，凡與軍事行政無涉者，已逐漸劃撥。管理全署機關，自當務極簡括，方合立憲國軍署編制。臣等叠經集議熟商，擬分設承政、軍制、軍衡、軍需、軍醫、軍法等六司，並陸軍審計一處，暫設軍牧司、軍學處，爲將來改建軍馬總監及軍學院基礎。此外設參事、檢察專官，參訂一切法律章制，檢察軍隊、局廠、學堂；並設部副官，以備使令；分派調查員，駐紮各省，隨時監察報告，補中央耳目之未周；均直接大臣，各專責任。至舊設之軍實司，前經奏明應併入軍制司辦理；舊設之捷報處馬館，事涉驛站，亟應一併劃分。擬俟新舊事項辦有端倪，即奏明實行裁併。至從前廳司事務繁賾，員額較多，今職掌既多歸併，自宜實力核減，當由臣蔭昌等督飭各司處長酌擬員額，一再減削，計全部應設員司實較舊設減少三分之一。將來各司應行剔出事項逐漸劃清，尚可再行刪減。各司處長以次職員應以何項官階補充，亦經按照陸軍官佐等級分别擬訂。現在陸軍人員尚形缺乏，自應暫以階級相當、著有成績之各項文官酌量參用，以期分佈得宜。茲謹繕具職掌清單，並列清表進呈御覽。如蒙俞允，即由臣蔭昌等欽遵辦理。

再，此次所擬，係屬暫行官制，嗣後如尚有應行斟酌損益，及按照各部官制通則應歸一律之處，由憲政編查館會同陸軍部奏明更訂，請旨遵行。

所有遵擬陸軍部暫行官制緣由，是否有當，謹會同恭摺具陳，伏乞皇上聖鑒訓示。謹奏。

宣統三年二月初九日具奏，本日奉上諭：陸軍部會奏遵擬陸軍部暫行官制繕單列表呈覽一摺，陸軍大臣蔭昌，着補授陸軍正都統；陸軍副大臣壽勛，着補授陸軍副都統。余照所請，由該大臣等分别奏咨辦理。欽此。

職掌清單

謹將遵擬陸軍大臣、副大臣暨各員司職掌事宜，繕具清單，恭呈御覽。

軍制司：

掌全國陸軍一切制度、編制、征調、補充，及軍械製造、交通、建築等項事宜，分設七科。【略】

砲兵科：

一、掌砲兵專科事宜；

一、掌砲兵科軍士以下補充事宜；

一、掌砲隊常備、續備、後備官兵册籍事宜；

一、掌砲兵演習場調查、計畫事宜；

一、掌核辦各處軍械、軍火機器局廠、兵工各廠之建設、製造、保儲各項事宜；

一、掌槍、砲、子彈各項軍用物器械、材料，購製、存發、研究改良事宜；

一、掌砲兵射擊學堂及砲兵科專門學堂事宜。【略】

軍需司：

掌經理全國陸軍營隊、學堂、局廠之出納、會計，及軍需人員教育等項事宜。分設三科，並附設銀庫。

統計科：

一、掌匯核京内外陸軍預算、決算各類報告、册表，及行軍、遣戍籌畫預算各書宜；

一、掌釐訂、審查各項薪餉、津貼、川資、旅費等給與事宜；

一、掌釐訂、審查軍需法規事宜；

一、掌軍需人員職司、員額之規定，及教育勤務並補官任職，由軍衡司會同辦理各事宜；

一、掌款項經理，及擬訂收支、官吏或委員規則事宜；

一、掌本部直轄各鎮、各學堂、局廠經費，及派遣各國學生用款收發事宜；

一、掌本部籌備軍事教育各項經費事宜；

一、掌審計處及軍需學堂一切關涉事宜；

一、掌本部軍事教育各項經費存儲事宜；

一、掌收發現存各項登記並編訂報告事宜。【略】

陸軍審計處：

掌監督陸軍部署軍隊、學堂、局廠等處所用軍費確數，實行會計檢察，並覆核各項預算、決算。在陸軍會計法未經普行以前，本部舊管之銷算事宜併歸稽核。分設二科。

綜察科：

一、掌除本部以外，所有各軍隊、學堂、局廠等正雜用費，併建築、購辦各款，均須察核。其察核分平時、臨時兩項；

一、掌察核事件，以軍需司經理各項爲範圍。其範圍内所用款項，得調查其合同、表册、書票等項證據；

一、掌規定檢查章程，並參考軍需司所定規則，以行實地檢察各事宜。

中國第一歷史檔案館《光緒宣統兩朝上諭檔》第三七册《宣統三年二月十七日》 軍機大臣欽奉諭旨：農工商部奏華商試鍊純銻，請仿照成案，酌減出口税項，以恤商艱一摺；又奏京師自來水公司所需材料機器，請展免税釐一年一片，均著依議。欽此。

軍機大臣署名：

臣奕，臣毓，臣那，臣徐。

二月十七日。

中國第一歷史檔案館《光緒宣統兩朝上諭檔》第三七册《宣統三年二月十七日》 軍機大臣欽奉諭旨：農工商部會奏援照奏案，酌定勸業道大計辦法一摺，知道了。欽此。

軍機大臣署名：

臣奕，臣毓，臣那，臣徐。

二月十七日。

中國第一歷史檔案館《宣統政紀》卷四九《宣統三年二月中》 農工商部奏，議覆御史黄瑞麒奏礦宜提倡新法厚集資本各節。查原奏礦學人才亟宜培養，請將湖南黑鉛提煉廠擬撥歸實業學堂等語。查該廠現在是否停辦，該礦機料是否久置不用，如無窒礙，即照所請辦理。又原奏，化分礦質局，測量礦山區域，宜及早興辦等語。現在各省應設之化分礦質局，前經酌擬簡章頒行，自應飭該省迅速籌設。至清釐礦山區域，現在該省辦法，本據報部，應飭妥速籌辦。又原奏，指定官礦，大招商股，簡派總理，專治其事等語。查奏定各省勸業道職掌本有統轄礦務之責，湘省官礦，仍歸該道經管，以免紛歧，商辦之公司應准公舉總理辦理。又所擬刊發股票，先招股本一千萬兩，指定水口山礦及平江金礦，所出爲保息之用，惟湖南辦理公債票，曾指定水口山礦餘利提撥二十萬兩作爲息款。茲據稱，該礦每年可出三十萬餘兩，是否債票保息，不在此數。又平江金礦每年可出金二千餘兩，是否可靠，未敢憑虛核斷。應請飭湖南巡撫體察情形，妥籌酌辦，以昭詳慎。

俞陸雲《庸庵尚書奏議》卷一五《灤礦公司自行擔保發行實業債票片宣統三年三月初五日》 再，開平礦案，日久未結，與灤礦營業，實有密切關係。臣前奉諭旨，飭令堅持定見，徐籌抵制，仰見朝廷廑懷利權之至意，曷勝欽服。惟念抵制之法，空言不足爲功，必須内力充盈，方足以操勝算。查灤礦開辦數載，成效卓著，如能加意維持，與開平實力競爭，於收回之議，必能大有裨益。近聞開平英商，恃其資本雄厚，鋭跌煤價，以圖傾軋，若不速籌維繫灤礦之策，後患將不可勝言。茲據該公司股東會呈請廣籌銷路，寬備行本，擬在東南各埠及外海等處，徧設分銷處，租賃輪船，以資輸運，並請援照京師自來水成案，發給保息銀兩三年，每年四十萬兩，或准由公司自行擔保，發行實業債票一百五十萬兩，在餘利項下，分年攤還等語。臣維此礦關繫甚鉅，當此商業競争時代，所籌辦法固係切要之圖，惟庫款支絀，所請按年發給保息一層，實屬無從挹注。至所擬由公司自行擔保，發給實業債票，商借商還，核與各國實業債票通例，尚屬相符，自可照准。除飭妥慎經理，設法抵制，並咨農工商部查照外，理合附片陳明，伏乞聖鑒。謹奏。

中國第一歷史檔案館等《中國近代兵器工業檔案史料》第一輯《陸軍部奏陳籌辦軍械情形以期預籌的款而充軍實摺宣統三年四月初十日》 奏爲瀝陳臣部籌辦軍械情形，以期預籌的款而充軍實，恭摺仰祈聖鑒事。

本年三月十二日軍機處片交，軍機大臣欽奉諭旨，御史趙炳麟奏時局危迫請急修武備一摺，着該衙門知道，欽此。欽遵到部。原奏内稱：該御史於光緒三十三年三月，請精造軍械，講求馬政，奉先朝諭旨，交陸軍部辦理，迄今四年，陸軍部毫無舉動，全國槍砲不能敷一日之用。環顧四鄰，狡焉思逞。倘有一國發難，不戰自潰。及今不圖，後悔何及！擬請節省各項新政暨陸軍、海軍經費，專注重於購械、造械兩端，責成度支部籌的款二三千萬兩，購買新式槍砲，一面擇地立廠，自行製造各等語。

除馬政一項，臣部原擬南北分監，嗣因款項不敷，擬將南分監暫歸北分監合辦，均經前後奏准，仍當督飭進行外。其軍械一項，關係軍事命脈，匪但如該御史所稱，有兵無械與無兵等，且有械不精仍與無械等。此中學理事實，凡稍涉軍事藩籬及未窺軍事藩籬者，類能知能言。臣部總司軍政，尤須加意研求。故自前練兵處歸併臣部以來，外覘世局，内察國情，即籌標本並治辦法。所謂治標，即該御史所稱籌款購買是。所謂治本，即該御史所稱立廠自製是。然此兩端，言之均易，行之均難。無財不舉，有財無才仍不舉，無財以培其才則終不舉。臣等兼營並顧，不敢不勉爲其難。謹將臣部已經籌辦及現正籌辦之標本並治情形，爲我皇上縷悉陳之。

治標辦法，往往有巨款虛糜、利權外溢、種類紛歧諸弊。緣人之售械於我，類多廢品，其我之購械於人，又鮮實驗。從前所購槍砲，或彈膛損壞，或表尺偏差，病均坐此；不過取其價廉而已。欲以有實驗者多購新式新械，則價昂期迫，阻礙金融。且各省財政同一困難，於是零星訂購，湊聚成軍，而口徑遂愈多愈雜，子彈不能通用。臣部有鑒於此，故前尚書臣鐵與臣壽多方討論，以近畿各鎮拱衛畿輔，必以砲隊爲骨幹，又爲各軍之表率，且造砲尤爲極難，遂擬向德廠多購精砲。嗣以鉅費難籌，與度支部往復咨商，該部勉力籌措，始奏准僅購新砲六十尊，暫供一鎮及局廠仿製之用。旋因禁衛軍初次開辦，急切需砲，除仿製模型數尊外，已全數撥歸該軍應用。而價則分限五期，至今甫交及半。此外各省購買槍砲，經臣部核准者逾數十起，亦均奏咨有案。此其已經籌辦者。至現正籌辦之件，如臣廕前使德國，稔知該國廠内現存槍枝猶數十萬，其餘應行備戰之具，如山陸各砲、機關砲、氣球砲、衝鋒手彈、各項槍砲子彈及轉面電燈等項，雖不盡積有存貨，均能克期製造。上年到部後，與臣壽再四詳商，以爲急濟燃眉，仍須治標辦法。故本年正月條奏摺内，有速購大批軍械以備不虞之議。近曾面與德國在京廠商，將前所稔知之槍、砲、子彈、電燈等項，計稍敷目前備用之數，秘切擬訂。凡已有現存者，即與訂購，未有現存者，即與約期迅造，共價約需三千餘萬兩。並冀以十數年分期交付，庶財力可以稍紓。而該廠始終堅持總須在數年以内。現正力與磋磨，尚無成議，一俟稍有頭緒，即當奏明請旨，妥慎遵行。此臣部前後統籌治標辦法之實在情形也。

治本辦法，自前尚書臣鐵奉命履勘廠基，即擬南、北、中三廠分辦，歷經奏明在案。嗣復逐加估計，南、北兩廠開辦經費約須六七百萬，中廠擴充經費約須二百餘萬，常年經費尚均在外。總計原有經費，合滬、鄂、川、粵、德州五廠，不過三百餘萬。至滬廠提存關稅項下，尚不足三百餘萬，且上年正月以後，將此款撥歸學堂備用，則此後並無提存。當試辦預算之初，原已援照度支部特別用款章程，奏請另籌五百萬兩左右。嗣以全國用款出入相抵，不敷已達三千餘萬，則另款更無可籌，不得已擬在裁併舊營、整理新軍項下，籌撥四百餘萬，以彌廠費。而裁併整理項下所騰出之款，至今尚無成數；即有成數，亦未必能足四百餘萬。是此款果否足恃，尚不可知。然即經費能籌，而人才尤不易得。蓋兵工事業，槍砲有形跡可循，尚不難仿製惟肖，惟煉鋼、製藥爲槍砲之精神，其微妙超出於形跡以外，故雖有外洋教習及工程師，或派遣學生出洋就學，仍多不傳之秘，半恃竊取所長，再以精心試驗，方能漸得其精神。我國局廠開辦數十年或十數年不等，並非毫無進步，近年臣部力加提倡，進步較前尤速。如滬廠之槍、砲，粵、鄂兩廠之槍，德廠之子彈，均先後送部詳加考驗，凡制式、機件、膛綫、飛路、射力幾與外洋相埒，惟鋼、藥實遜外洋。且出數太少，滬、鄂、川、粵四廠並計，每日所造不滿百枝，口徑亦不畫一，以之供防營尚難敷用，以之供陸軍尤形不足。臣部欲救其病，遂不得不從籌款、求才入手。宣統元年五月，奏請簡派大員朱恩紱赴廠考察，原爲查款、考工起見。及上年冬，差竣到部分條報告，工匠中確有心得者不下二十餘人，深入鋼、藥門徑亦各有二三，惟五廠經費仍只三百餘萬。業經該員專摺奏報，由臣部接續綢繆。此其已經籌辦者。至現正籌辦之件，則以局廠事權統一爲最要。查朱恩紱原奏規畫全國局廠各條，均就整頓擴充事項言之。謀事權之統一，與臣等所見恰合。其預謀統一辦法，已於三月二十六日奏奉諭旨欽遵在案。此臣部前後統籌治本辦法之實在情形也。

以上各情，猶係犖犖大端，詳細無容縷述。總其歸宿，仍係無財不舉，有財無才仍不舉。無財以培其才則終不舉。此時果能由度支部籌有大宗的款三千餘萬兩，即可先辦治標。其裁併舊營、整理新軍之四百餘萬，如能設法盡數騰出，或另籌有專款，並可兼籌治本。至該御史請節省陸軍經費，際茲時局，臣等實不敢率行議裁，應由軍諮處、會議政務處妥籌辦理。

抑臣等更有進者，軍事經緯萬端，軍械猶屬一事。舉其大要約有三端：一後方之籌備。如糧秣、被服、工輜器具及一切軍用物品，有一不備，均關戰事安危。各國籌備周詳，有足供二三年應用者。現今機械日新，又有潛艇、飛機之制，吾國步影追踪，已恐不及，則籌備已難語完全矣。一軍事之教育。無論各級軍官，固須先具學科，再加經驗，而終濟之以忠勇樸誠，即兵丁之洲練，亦須各有國家思想，平時則服從惟謹，矩矱不逾，臨事則敵愾同仇，咫步無却，緩急乃有可恃，方足以收捍禦之功。各國軍國民主義行之百數十年，故人民均以充兵爲榮幸，吾國招募久成習慣，征兵已難猝行，而軍國民教育又甫經謀及，則教育亦難遽語完全矣。一軍行之迅速。夫千里饋糧，士不宿飽，自古已然，況今日軍輜之繁重，視昔倍蓰。各國輪車、海舶交通便利，以數萬里或萬餘里之遥，數日可達；而我國鐵路、運船均僅立基礎，微論邊遠固鞭長莫及，即内地亦不便轉輸，則軍行無由迅速矣。三者不備，縱軍械充足，尚不敢輕易言戰，矧軍械尚多闕如。臣等言念及此，輒終夜徬徨，罔知所措。特以帑藏空虛，皇上憂勤於上，計臣羅掘於下，猶且日不暇給，復何敢少涉鋪張。但國家鋭志圖强，軍政爲臣部專責，臣等受恩深重，具有天良，凡視力所能爲者，無不露膽披肝，殫心竭慮，以爲得尺得寸之計。倘智盡能索，而所謂尺寸之功届時亦終無所獲，則臣等負咎滋重，上無以對君父，下無以對國民。縱使嚴譴有加，臣等一身不足惜，其如大局何！此所爲終夜徬徨，罔知所措，不得不冒瀆宸聰者也。

所有瀝陳籌辦軍械情形，以期預籌的款緣由，伏乞皇上聖鑒訓示。謹奏。

奉硃批：着陸軍部會商該衙門妥籌辦理。欽此。

《兩廣官報》第一期《督院張批廣東勸業道詳遵飭籌議家族工廠辦法擬章呈核緣由文附件二》 詳摺均悉。查核籌議辦理各節，及摺開所擬章程，均尚妥協，仰即遵照辦理，並移行各屬，一體遵辦此繳摺存。四月二十九日發。

（甲）原詳

竊照宣統三年正月二十二日，奉憲台札開，照得本省各項賭博，先經本署部堂奏請，於本年三月初一日一律禁絶，欽奉諭旨，交度支部議奏，當經恭録分行在案。茲於宣統三年正月十六日，准度支部銑電開，粵省前奏禁賭，本部十四日覆奏，即照所奏期限飭禁，奉旨：依議。欽此。先電聞，餘咨詳等因到本署部堂，准此。查賭餉不敷之五十餘萬，及善後所需各款，固當從速籌措，惟鹽餉二百萬兩須自七月起，方能撥抵賭餉，中間數月，不能銜接，所短在六十萬兩之外，非暫募公債，無以資周轉，尤須趕三月初一以前，召集議員，開臨時會，將公債案議決，以資鼓舞而利推行。業經本署部堂電請度支部，將前奏公債一層，是否照准，迅速電示，俾得及早料理。應即由藩司勸業道將前項不敷及善後所需之數，聯絡紳商，從速籌集，以免貽誤而重要需，並由藩司將募集公債章程，博考深思，妥爲擬定詳送，以憑核定，分别交議。其禁賭善後事宜，如籌辦家族習藝所，嚴定犯賭懲治規條，均關緊要，昨經本署部堂分飭籌議在案，並應由提法司勸業道擬具辦法，詳候核奪。除分别咨行外，札道即便遵照辦理，並將發來告示，張貼曉諭，俾衆周知，計發告示十張，等因奉此，遵經將奉發告示張貼曉諭在案。伏查粤省幅幀遼闊，游民衆多。年來物力愈艱，生計益絀，强悍以盗爲歸宿，游惰藉賭以藏身。究之賭爲盗媒，源不清者，流不潔，因不善者，果不良，欲清其源，善其因，舍寓養於教無他策，而欲教養普及，實非開辦家族工藝廠不爲功。溯查光緒三十四年間，曾奉前憲張檄行籌議此事，職道當以廣屬之南番、東順、香新六縣，富户稍多，租嘗較厚，宜從大鄉鉅族舉辦，責成各地方官調查祠産，實力勸導，諭令公正紳耆，集衆公議提撥。一面覓地建廠，或就本族祠堂，延師購器，將族内閒人收留入廠，量其才力，各教一藝，酌限時期開辦，以爲模範。此外各廳州縣，有聞風興起者，亦准一律仿辦等由，會同藩司詳奉批准，通行各屬遵照。嗣由廣東諮議局提議，推廣全省家族工藝辦法，議請先辦家族工藝傳習所，以廣師資，復經擬定，此項傳習所附設增步工藝局内，詳准撥定經費，增建堂舍，招生肄習，並將辦理情形、規定學則，詳請咨部察核在案。興勸以來，漸有響應，節據揭陽縣畢業生林秉謙、合浦縣張氏族紳張文光、新會縣林氏族紳林鶴鳴、嘉應州李氏族紳李瑄聯、省城簡氏族紳簡鴻翔等，先後倡辦家族工藝廠，稟報成立。第以全省之大，閒民之多，工藝僅有此數，不免萬室一陶，亟應認真提倡，督率各屬，敦勸士紳，推廣籌設，以期普及。查上年諮議局議決工藝家族傳習所辦法，原分普通、美術兩種，派學徒若干人，畢業後各回本屬，興辦工藝等因，比值禁賭已申，義重消納游惰，與曩日之可待從容籌畫，欲謀完全教育者，情勢又自不同。似宜於普通工藝，擇其粗淺易學者，飭屬就地取材，先覓淺近工師，尅日興辦，以爲急則治標之計。其美術工藝，與普通工藝中之較精緻者，俟傳習所學徒畢業後回籍，隨時興辦，以符原案。惟是欲期事舉，端資集款，集款辦法，先於宣統元年經前憲袁劄據廣東諮議局議，以粤民嘗産，向分蒸嘗祭留名目，情形不同，支配各别，提撥難得其平，辦理必多窒礙。擬由地方官督同勸業員及公正族紳，分鄉勸導，視其嘗産之多寡，以爲取溢之權衡，或房族分辦，或數姓合辦，逐漸擴充，共圖發達。如有頑固紳耆，抗拒把持，或藉端滋擾，侵吞有據者，准該族人呈報地方官，另選賢能舉辦，情重拘罰革懲。於是年十月十九日，由衆表決，呈覆行道查照議案辦理，是此事先既徵集輿論，詢謀僉同，自應如議實行，以觀成效。至於辦理規則，雖當因地制宜，要無妨於提綱挈領之中，籌執簡馭繁之計，似應先行釐定專章，俾資遵守。謹擬籌辦家族工藝簡章七章都一十二條，繕具清摺，呈送鈞核，並以地方繁瘠，酌擬州縣功過，附列於後，俾知懲勸，俟奉核定，再行通飭各屬，按照定章，實力興辦。總之粤省游民素夥，賭禍已深，欲驅無業之衆，以歸生利之途，舍此别無良法。全在各姓紳耆共體時艱，交相策勵，由一姓而推於萬姓，由一鄉而推於衆鄉，由一縣而推於一郡，由一郡而推及全省，祖嘗多者大辦，祖嘗少者小辦。但使族中子弟，人人皆執一藝，取材既廣，成就必多，工藝既興，得食自易，萑苻之患，從此亦可漸消，是又在地方有司盡心倡導，視民事如家事，而後可期諸實效也。所有遵札籌擬家族工藝辦法緣由，是否有當，理合具文，詳請憲台察核批示祗遵。

（乙）清摺

第一章　宗旨

第一條，現因實行禁賭，游民無術謀生，恐致流而爲匪，組織家族工藝，教養兼施，以振興本族實業，養成箇人生活爲宗旨。

第二章　經費

第二條，粤省各屬，率皆聚族而居，丁口蕃衍，族大者，祠中嘗産尤多。應由地方官及勸業員，會督該族公正紳耆，詳細調查該祖祠向有嘗産若干，遞年入息若干，除開支春秋祠祭、墓祭、學費及必不可少之正項公用外，尚存若干。集衆公議，提撥數成，以爲開辦及常年經費。

第三條，如有祖嘗較薄，經費不敷，應勸諭殷富量力捐助，以襄美舉。倘族姓較小，嘗産無多，或聯一二三族合辦一廠，均聽其便。

第四條，粤人夙稱好養，各姓族中，席豐履厚之家不少，如有慷慨殷富，願念家族公益，能一人獨力創辦工廠一間，以惠族中子弟，捐銀至一千兩以上者，由地方官稟道核明，詳請奏准建坊，捐助至五百兩以上者，詳請督憲獎給功牌匾額，捐助至三百兩以上者，由道獎給匾額，以昭激勵。

第三章　擇地

第五條，查粤族祠堂，類多規模宏敞，深合附設工藝廠之用，應即就祠内附設，無須另行擇地，以省經費。

第六條，如有附近廟宇寺觀，堪以酌改借用者，亦聽其便。但此項工廠，專爲貧民生計而設，尚精神不尚形式，一切工程，祇求量爲改合，不取外飾美觀，所有購置機架器具，亦祇求足用，不取華麗，以杜虚糜而歸實際。至於先已借辦學堂警局之廟宇，不得强借。

第四章　選工

第七條，工廠既成，先挑選族中游惰貧民，收廠習藝，造具名册，稟由地方官轉繳查核。工額多寡，以款之盈絀及廠地可容人數爲斷，如有父兄姑息，並不送入工廠，以致流爲匪類，即由紳耆送官究辦，並將父兄照例治罪。

第五章　技藝

第八條，工廠藝徒，應擇其性質所近者，各教一藝，俾易造就。至所習之藝，亦擇本處地方之利於行銷者，如布疋、草席、毛巾、線襪，以及竹器、籐器之屬，俾易銷售。

第九條，工廠雖在收養游惰，仍貴化莠爲良，夜間工藝餘閑，或朔望停工，應選族中明達之人，授以粗淺國文、書算，俾得藝成之後，易於謀生，並宣講聖諭廣訓，暨各種善書，以期薰陶善良，潛移默化。

第六章　管理

第十條，該族提撥祖嘗若干，勸捐得款若干，廠中應如何支用，綜計開辦常年經費各若干，以及製成器物，銷售得價若干，應如何酌提充賞，並撥充廠中公用，均由該族紳耆，各就地方情形，妥爲籌畫，公同酌議，詳細管理章程，及藝徒勤惰賞罰規則，稟由地方官核明，通稟立案。

第十一條，所有廠中出入款項，由族中公正紳耆選舉勤慎殷實之人，妥爲經理，月結榜諸廠門，年結刊刷徵信録，務期家喻户曉。地方官專任稽查督率，考核成績，並不經手銀錢，如經管紳耆有侵漁浮冒情弊，爲衆攻訐，由地方官查明，分别撤换究追，以重公項。

第七章　賞罰用人附

第十二條，廠中應設總理一人，專管全廠事務支應，兼司貨一人，管理出入銀錢貨物，此二人必不可少，此外教習匠師，以及雜役人等，應就藝徒多寡，分别酌量延僱，餘概節省，以免冗濫。其籌款創辦紳耆，並管理員紳，如能辦有成績，由地方官查明，詳請優予奬勵，倘在事員紳怠惰貽誤，以及侵吞公款，亦即分别輕重，酌量記過撤换，追賠究罰，似此賞罰嚴明，庶足以示勸懲而收實效。

第十三條，凡有發明新器新法，改良工藝，銷途暢旺者，由地方官稟由本道，查驗屬實，詳請督憲按照部頒各項實業奬勵章程，分别奏咨給奬。

以上所議章程，係屬大概辦法，其詳細章程，各處地方情形不同，應由各該地方官督率紳耆，因地制宜，妥爲籌議，務期簡便易行，毋取煩瑣。

附則

各廳州縣爲親民之官，立教興養，責無旁貸，務宜因勢利導，認真董勸，刻日興辦。應於奉文之日起，先以六箇月考核牧令勤惰一次，大縣能勸辦至三十間，中縣辦至二十間，小縣辦至十間者，免議。逾額者，大縣每五間，詳請記功一次，中縣三間，記功一次，小縣兩間，記功一次，數多以次遞增。倘因循玩誤辦不及額，除山僻極苦之感恩、昌化等縣，准將實在情形稟明，酌予變通辦理外，餘均分别等差，詳請記過。逾期未辦，或有名無實者，擇尤詳請撤參，府州督催不力，一併詳請記過示懲。

第十七條，本廳俟全省審判廳成立，即遵奏案廢止。

第十八條，此次規定辦法，如有未盡事宜，由提法司隨時酌量增改，呈請督憲核定。

中國第一歷史檔案館等《中國近代兵器工業檔案史料》第一輯《陸軍部爲派員接收江南製造局事致該局總辦張士珩之照會宣統三年四月》爲照會事。

本部具奏遵旨查核三品京堂朱恩紱奏考察各省製造局廠完竣籌擬辦法一摺，於本年三月二十六日奉旨依議，欽此。業於三月三十日電達兩江總督轉知在案。查原奏内開，先將滬、鄂、川、粤、德州五廠及各省機器局所一律直轄本部管理，分别接收，各廠承辦人員，仍督飭照常經理。自應欽遵妥辦。

兹經片奏派令本部軍實司長李盛和，前赴滬廠接收。該廠内員司、工匠、兵夫、項款、房産、機器、材料、軍械一切，久經貴總辦張京卿士珩總司管理，經驗最深，歷資倚重，嗣後益當力負責任，奮勉圖功。除接收一應事宜，由該司長李盛和與貴總辦妥爲接洽外，其該廠内員司以次各事宜，仍由貴總辦遵照原奏，督飭該廠照常經理，以一事權而免貽誤。

相應鈔録原奏，恭録諭旨，一併照會貴總辦欽遵查照辦理可也。

右照會京卿張。

《兩廣官報》第四期《督院張准農工商部咨僑商回華應由本籍地方官妥爲保護緣由行東勸業道飭遵文附件一》爲札遵事。宣統三年五月初十日，准農工商部咨，宣統三年四月二十四日，據禮部候補主事黄遠謨等呈稱，瓊州中山外海，可耕之地甚少，民生困苦，惟恃南洋商傭，藉爲尾閭之洩。奈近來風俗薄惡，凡久客遠歸，動遭蹂躪，職等耳目所及，隱憂甚切，乞咨行粵督，札屬切實保護等情到部。查南洋華僑，以閩粤二省人最居多數，該僑商等久客回華，自應由本籍地方官妥爲保護，若如該職等所呈，是絶人内嚮之誠，殊屬不合。相應鈔録原呈，咨行貴督查照，轉飭各屬，切實保護可也。計附鈔件等因到本督院。准此，查僑商出洋回籍，迭奉諭旨，嚴飭原籍地方官妥爲保護，均經飭行遵照，並飭由道查明，發給護照，按月造册，連同發過護照，截存照根，呈核在案。准咨前因，合就札飭札到，該道即便遵照再行，申明定章，通飭各屬，嗣後遇有回籍僑民，務須認真保護，毋任土豪地棍，恃强凌虐，切切。此札。五月十五日判。

《原呈》

具呈，廣東瓊州府禮部候補主事黄遠謨；度支部候補郎中韓寓斗，候補主事林天侃、林瑞祺、王鼎新、韓鼎勳、李鼎藻；陸軍部學習主事李訓福，裁缺陸軍部學習主事李鼎芬；法部候補郎中行和章，學習主事韓延杰、黄有深、李鼎芳等，爲旅商回籍，多被抑勒，懇咨飭切實保護，以繫商情而裨地方事。竊瓊州中山外海，可耕之地甚少，民生困苦甲於全省，而源源挹注，惟靠南洋商傭，藉爲尾閭之洩。奈近來風俗薄惡，凡久客遠歸，動遭蹂躪，或藉口公益，指數勒捐；或藉端族事，坐額取盈；或捏貼佈施，而要索甚於盜賊；或誣稱舊欠，而敲剥極於倍屣，而其使人絶内嚮之心者，尤以外洋生子，非明罰暗賄，盡滿慾壑，不准收族爲最甚。查洋禁未開以前，家族間有此條以示箝制，今情變事殊，而里豪族蠹猶借此以肥貪囊，種種苛虐，令人膽戰，然猶望官爲保護也。乃一入衙門，而需索留難，倍於族里，是以旅商非實有父母兄弟妻子之不能割愛者，必不輕易言歸，受無端之魚肉。今者荷蘭强逼入籍，僑民既無法抵制，而淵魚叢爵，又演此不忍言之慘劇，以爲鸇獺之敺，勢不至使僑民盡爲彼族、而瓊州一帶生機盡絶不止。伏讀光緒二十九年二月二十三日上諭：各埠華商人等，凡有因事回華者，其身家財産，均責成該省督撫，嚴飭地方官，切實保護等因。欽此。聖恩何等深厚，意旨何等剴切，但一紙官書，往往視爲具文，徒束高閣，士紳尚未聞知，何況商民。致使朝廷恤商之仁，無由共見，職等耳目所及，隱憂甚切。爲此呈乞大人台、貝子爺爵、大人台前，俯賜咨行廣東總督，札飭瓊崖道及各州縣切實保護，並請將咨行事理遍示周知，另交由本縣自治局泐石縣門，使共聞共見，永永遵守，實爲德便。

中國第一歷史檔案館《光緒宣統兩朝上諭檔》第三七册《宣統三年五月十七日》 欽奉諭旨：農工商部奏南洋勸業會列入一等，應給奬勵各員，開單呈覽一摺；又片奏翰林院侍讀學士黄思永請賞加二品頂戴、安徽候補道許鼎霖奬給三代正一品封典等語，均著依議。欽此。

臣奕，臣那，臣徐，臣溥倫。

五月十七日。

《兩廣官報》第五期《督院張准外務部咨撫順烟台煤礦准免釐税緣由分行東布政司勸業道遵照文》 爲咨行事。宣統三年五月二十日，准外務部咨，宣統三年四月二十八日，接准東三省總督咨稱，撫順、烟台兩處煤礦一案，自經交涉司與日領事會同議結，業將議定細則並礦圖，備文咨呈在案。查該細則所議，兩礦之煤除照納出口、出井兩税外，其餘内地各項釐金、税賦、鈔課、雜派，一概豁免，並將對於兩煤礦煤觔豁免釐金等之處，通知各省等語，咨請通行各直省等因前來，相應咨行查照，通飭遵照辦理可也等因，到本督院。准此除分行外，合就札飭札到，該司道即便轉行遵照，毋違。此札。五月二十四日判。

中國第一歷史檔案館《宣統政紀》卷五七《宣統三年閏六月上》 又奏，裁撤安徽礦務總局，歸併勸業道管理，報聞。

《兩廣官報》第二〇期《督院張准督理税務大臣咨天津湧源公司機製麪粉免税年限填發運單均准照本處核定成案辦理緣由行東勸業道查照文》 爲札飭事。宣統三年八月初四日，准督理税務大臣咨開，宣統三年七月十六日准農工商部咨稱，據職商王祖壽稟稱，天津湧源麪粉公司前經報部註册在案，現籌改良辦法，另購全部鋼機，所出之麪粉較從前礳石，不僅潔白，更裨衛生。惟出麪既高，勢必通行外埠，第恐關卡爲難，可否援照海豐等公司成案，暫免税釐，以昭平允而輕成本等情，應咨行核復等因前來。查各處機器製造麪粉，免税年限，前經本處核定，自光緒三十三年八月起免徵五年，又填發運單亦經本處核定，凡係華廠所製，附由通商此口運往彼口，照章取具保結無庸發單外，其運入内地者，由各該公司遵照本處前頒單式蓋批，印刊填號，送由商會，轉呈關道加蓋關防、截留存根，發還商會，按月由各該公司具領填運，沿途各關卡查無夾帶影射，即予放行，俟抵運銷處所，呈由經過最後關卡繳銷，仍一面將填出省分埠名件數、斤兩號數按月呈報關道，以憑查考各等因，先後分行轉飭，遵辦在案。今天津湧源公司用機器製造麪粉，事同一律，所有免税年限及填發運單，均准照本處核定成案辦理。除分行外，相應咨行查照，轉飭所屬遵照可也等因，到本督院。准此，除分劄各關稅務司遵照辦理，及札東布政司，轉飭各釐廠卡一體遵照外，合就札飭札到，該道即便查照。

中國第一歷史檔案館等《中國近代兵器工業檔案史料》第一輯《黄慶瀾呈製造洋火藥章程清摺光緒三十二年至宣統三年》 謹將製造洋藥情形，酌擬章程，開具清摺，呈請憲鑒。

計用

一、造藥應用硝、磺、炭三項，擬按照英國傅蘭雅譯印製火藥法所載，每配藥百斤，用精提牙硝七十五斤，精提淨磺十斤，篩淨柳炭十五斤，暫行試造，倘有不相宜處，隨時酌改。

一、硝、磺、炭提篩精淨，則藥質輕而藥力遠。而尤以硝淨爲第一要義，硝不提淨，藥易變潮。擬將提淨純硝、純磺，均用藥水試驗，必硝中毫無鹽質，磺中毫無砂石，方令配用。

一、碾藥必須加工，則硝、磺、炭三項方能勻細。擬仍照仿真洋藥造法，每盤仍碾四日，務令勻細、潔淨而後止。惟碾時須緩碾、輕鏟，不可輕率鹵莽，致釀禍端。

一、須用上好燒酒。查西國製造火藥，多用酒精，惟所費較巨，可以改用上好燒酒，俾碾藥時藥性滋潤，不致自燃，且烘干後有酒性在内，尤易燃着。惟用次等燒酒，則酒内和水，反使藥性潮濕。擬仍照向章，每藥百斤，用上好燒酒五斤。須將酒試驗，用火燃過後並無餘水者，方可合用。

一、羅篩、羅櫃須格外加密。查磺、炭均須經羅櫃篩過，取其勻細潔淨者方可配用。洋藥碾過四日後，仍須用羅篩、羅櫃勻細播篩，方能粗細一律。蓋質點既細，則用時燃燒自易，而藥力方可猛烈擊遠。

一、洋藥造成後仍擬用水汽烘逼。查舊時造藥多用日光曝曬，自添造仿真洋藥後，始改曬爲烘。茲查用水烘之利有四：從前用太陽逼曬，逢雨即行停工，曠時糜費，莫此爲甚；烘則無論晴雨，按日可以出藥。利一。初晴時地下濕氣正盛，若冬日則冰雪尤多，一經太陽，濕氣遂往上蒸，藥粒外干内潮職是之故，若遇大風，尤易吹散糜費；烘則不論風霜雨雪，均無此患。利二。火藥熱至三百七八十度，便可燃燒，夏日有熱至四百餘度者，火藥色黑，尤易收熱；烘則沸水不過二百十二度，況由鐵管通過熱氣，決無轟烈之弊。利三。太陽有陰有旺，旺則藥較干，陰則藥較濕，不能勻稱；烘則熱之昇降、時之久暫，均有表爲率，乾燥可以一律。利四。故現在擬用水汽烘而不借太陽曬。

一、碾藥牛只向有染病倒斃等情，歷來均變價出售，計病牛每頭作價五千四百文，斃牛每頭作價三千六百文，小販所得甚微，所失甚大，殊非衛生、養民之道。擬此後病牛仍留局餵養，倒斃後係以巨石，投入江心，令司事眼同監視，庶免民間誤食致斃。

一、從前製造洋藥通扯，歷來經費、局用一併在内，每百斤約需錢六千文，現雖工料價值較前均各昂貴，而改曬爲烘又須多支煤價，然統計經費、局用一併在内，每造洋藥百斤需錢四千文，通盤計算，糜費全裁。擬請每年臘月停工時，如果造藥精良，擬擇司事及工役之尤爲出力者，酌請給奬以示鼓勵。

以上所擬章程八條，僅就卑府管見所及，是否有當，伏候鈞裁。

藝文

顧炳權《上海洋場竹枝詞・頤安主人〈滬江商業市景詞〉卷一〈創業專利〉》

自開專利動人心，競出新機卜賞音。世上聰明推白種，五行無處不搜尋。

顧炳權《上海洋場竹枝詞・頤安主人〈滬江商業市景詞〉卷一〈創業專利〉》

舊業翻新別出奇，有才創造必多貲。奏明專利無人奪，仿製應需限滿時。